# DICTIONNAIRE

DE LA LANGUE

# ROMANO-CASTRAISE.

Castres. — Imprimerie de Ch. CANTIÉ et A. REY.

# DICTIONNAIRE

DE LA LANGUE

# ROMANO-CASTRAISE

ET

DES CONTRÉES LIMITROPHES,

PAR

M. J.-P. COUZINIÉ,

CURÉ A SERVIÈS (Tarn).

CASTRES,

Imprimerie de **Cantié** et **A. Rey**, rue Sabbaterie, 7.

1850.

# ADIOUS
## A MOUN LIBRE.

Aban de te quitta, nou me podi defendre
De te douna un cousel dount me soun rappelat.
Escouto-lou, mou fil, de suito ba t'apprendre
A te pla coundesi quand tu m'aouras quittat :

Un joun te troubaras mesclat à d'aoutres libres,
Fièris, d'ambe rasou, de lours celèbres noums ;
Alabets resto mut car nou serion pas pigres
De te lança de traits que t'anirion à founs.

You souffrio per tu lou resto de ma bido ;
Al prèp d'aques Moussus calo-te, se te play.
Se te parlon, respoun d'uno fayssou candido ;
En agissen atal t'on plandras pas jamay.

MENGAUD.

---

On trouvera ce Dictionnaire chez tous les libraires de Castres et du département. Le dépôt est chez M. Montpellier, successeur de la veuve Challiol, à Castres.

# EPITRO.

## A MOUSSU COUZINIÈ,

RITOU DE SERVIÈS.

Moussu,

Jou, qu'aïmi coumo bous aquello lengo ritcho,
Qu'appelan la patouèzo et que n'es jamaï chicho
Per pintra coumo cal et toujours jantimen,
Tout ço qu'espelissen de nostr'entendomen,
Souï ardent partisant de bostre Dictiounari,
Mentioï, per ma fe, se disioï le countrari,
Car crezi francomen que le parla Gascou
N'ajet per se guida jamaï res de millou.

Atabes souï sigur, Moussu, que bostre libre,
Qu'es farguat d'ambe souèn et fait sur grand calibre,
Escrazo entièromen les libres d'aoutres cops
Qu'èroun faïtes esprès per esplica les mots.

Les paoures dabanciès, payres de Dictiounaris,
An bist mouri lours fils sul taouliè des libraris,
Perce qu'aparomen sabion pas fa le saout
Per descendre prou bas, ni per mounta prou naout.


Bous, Moussu, que sabets maï que cap de noutari,
Touto la parentat des mots d'un Dictiounari,
Et que despeï loungtemps abèts passat la crouès.
De l'ancien alphabet del lengatge patouès,
Nous moustrats claromen d'ount cado mot derribo,
Sa racino, soun trounc, soun chimèl, tout arribo,
Amaï trouban le mot, que cercan, emplouyat
Dins de berses caouzits que fan aoutoritat.
Bostre oubratge ensegnant es tabes delectable,
Abèts pla maridat l'utile à l'agreable.
L'amatur del patouès, amaï les francimans
Se le poden tasta ne debendran gourmands;
Et dibets espera que dins mens d'uno annado
La prumièro editiou sera touto emplouyado.


Mais me direts beleou, qu'aco n'es pas bertat,
Perce que le patouès es un paouc descridat,
Et que certens Moussus, lioüns d'aqueste siècle,
Troboun ouriginal, palot, payzan, espiècle,
Tal, qu'es un amatur del lengatge patouès.


Moussu, bous respoundreï qu'existo certen boues
Que n'a jamaï crengut la den de la bermino,
Atal es, pel sigur, nostro lengo moundino;
Quand Dious la nous dounèt, escribèt sur soun froun :
Que durario loungtemps, que durario toutjour.


Escoutats, Goudouli, quand grabic le Parnasso,
Appoulloun le metèt à la prumièro plaço,
Et l'y diguèt : Amic, aquel faoutur te cal!
Homèro ni Virgilo s'en sapièron pas mal ;
Al countrari, countens d'un parèl camarado,

L'embitèron le souèr à mangea la salado,
Et per le festeja trinquèron tant et maï

 Aqui dounc qu'es proubat, et pla clar, que jamaï
  Per tant que le mounde biellisco,
  Per tant qu'el Frances s'enrichisco,
  Per tant que Lioun franciman
  Appèle le patouès payzan ;
  Per tant qu'enemic le tracasse,
  Jamaï Bicari, ni Ritou,
  N'aouran dins le cor la doulou
  D'y fa *requiescat in pace*.
   Amen.


 Mais metretan que soun en trèn,
 Baou bous dire la parabolo
 Qu'un fort brabe mèstre d'escolo
 Fasquèt un jour, en s'enquiètan,
 Per randre mougne un franciman :

 Beyren pulèou la mar tarido,
 Toutis les morts tournats en bido,
 Et le glas plus caout que le foc,
 Aban que nostro lengo d'*oc*,
 Lengo claoufido d'harmonio,
 Et maï que coumblo de genio,
 Sio jamaï banido d'enloc.


 A Diou siats, Moussu l' Ritou,
 Jou, souï bostre humble serbitou.

       **Debar.**

A Labaou, lou 4 Decembre 1849.

# DICTIONNAIRE

# PATOIS-FRANÇAIS.

Castres. — Imprimerie de Grillon et Massiés.

# DICTIONNAIRE
## PATOIS-FRANÇAIS.

Grand in-8°, à deux colonnes,

PAR

**M. J. COUZINIE,**

CURÉ A SERVIÉS (Tarn).

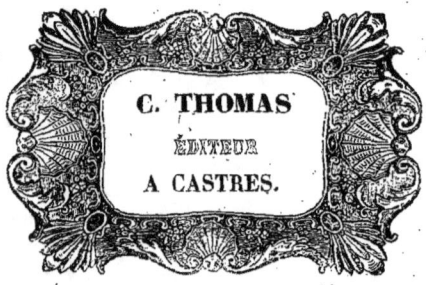

C. THOMAS
ÉDITEUR
A CASTRES.

ON SOUSCRIT:

| Chez C. THOMAS, | Grillon et Massiés | Chez les Libraires |
| Libraire-Éditeur, | Imprimeurs, | de Castres |
| Place-Royale, N. 1. | Rue du Temple, N. 13. | et |
| CASTRES. | CASTRES. | DU DÉPARTEMENT. |

1847.

# PRÉFACE.

Un observateur quel qu'il soit fera cette simple remarque, qu'au moment où l'éducation cherche à effacer l'idiome patois du milieu du peuple, cet idiome révèle sa grâce et sa vigueur par des productions poétiques du premier mérite.

Sans avoir la folle prétention de vouloir donner au patois une supériorité qu'il n'aura jamais, il faut bien cependant lui reconnaître une richesse à laquelle le français n'arrivera pas malgré les emprunts journaliers qu'il fait aux langues étrangères. Repoussant les dialectes méridionaux, le français, en vrai despote, ne veut plus enregistrer dans ses nombreux dictionnaires que les mots sanctionnés par la langue d'Oïl, il préfère avouer sa pauvreté, et se voir obligé d'allonger ses phrases plutôt que d'admettre les expressions que lui offriraient les patois de la langue d'Oc pour rendre tout de suite la pensée.

Là, où le français n'a ordinairement qu'un seul mot, le patois en a quatre ou cinq pour exprimer la même idée sous différentes formes et avec des modifications différentes. Par exemple, si vous parlez d'une étendue de terre semée en pré, vous ne pourrez employer en français que les deux seuls mots pré ou prairie, tandis que notre patois appellera une grande étendue de pré, *pradarié*, *pradario*, un grand pré, *prado*, un pré ordinaire *prat*, un petit pré, *pradel*, un tout petit pré, *pradelet* ou *pradelou*. Le mot français corbeille, en patois *desc*, *desco*, a bien le diminutif corbillon, *desquet*, *descou*, *desqueto*, mais il n'a pas le diminutif de ce diminutif *desquetou*, *desquetounel*, très-petite corbeille, et il est également obligé d'avoir recours à une périphrase au lieu de traduire par un seul mot les expressions patoises *descado* plein une corbeille, *desquetat* plein une petite corbeille, etc., etc.

Ce qui prouve encore les ressources du patois, c'est cette multitude de mots consacrés par l'usage dans le Midi, c'est-à-dire, là où l'on parle le patois. Ces mots sont tout à fait dans l'essence de la langue et peuvent invoquer une étymologie qu'on ne leur contestera pas. Notre patois emploie le mot *semal*, que les Gascons traduisent par *comporte* (parce que l'on *porte*, *cum*, avec quelqu'un), mais le français ne nous autorisera pas à nous servir d'un pareil mot, il nous imposera *tinette* du latin *tina*, petite cuve. Or le patois vous dira que *semal* a aussi son étymologie reconnue *simul*, ensemble, de compagnie, parce qu'on ne peut porter une tinette tout seul.

Dans le langage ordinaire, nous parlons d'un *esparsounié* pour signifier une espèce de métayer ou colon partiaire auquel le propriétaire donne la terre à cultiver, sous condition de partager les fruits et le profit que le sol pourra produire. Or, *esparsounié* ou *parsoumié* rend parfaitement le sens de ce que l'on veut dire, puisque c'est un homme qui prend sa part, *partem sumens*.

Nous disons toujours un pailler pour désigner la meule, le tas de paille qu'on a serrée pour la conserver en plein champ. Nous sommes dans le naturel puisque nous avons la racine *paillo* qui vient du latin *palea*; mais le français n'admettra pas le mot pailler dans ce sens, et lui fera signifier : Cour de ferme où il y a des pailles, des grains.

Le Midi, ayant une agriculture spéciale et des grains que le Nord ne cultive pas, a été obligé de leur consacrer un langage propre. Le maïs, par exemple, qui est d'un si grand secours dans le Midi, nécessite l'usage d'une grande quantité de mots qu'on chercherait inutilement dans les Dictionnaires français; mais comme avant tout il faut s'entendre, le besoin sanctionne tous ces mots. Ainsi nous avons *mil*, maïs, *milhasso*, tige, bâton, feuilles, qui enveloppent les épis; *milh'assie*, tas, pile de tiges de maïs, figurément amateur de la millasse; *milharguet*, *milhourguet*, maïs de fourrage ou pour fourrage; *milheyro*, champ de maïs; *escapit*, têtes de maïs; *calosses*, tiges du maïs. Je ne parle pas du *coucaril*, qui est l'axe ou support commun où repose immédiatement la semence du maïs, on l'appellera axe, rafle, pédoncule, réceptacle, placenta, le mot *coucaril* rend plus exactement la pensée puisqu'il a de l'analogie avec l'idée que nous représente le mot *coco de mil* dont il est composé.

Quelque empire que prenne le français, il n'en restera pas moins avéré que le patois sera longtemps en vigueur, puisqu'il offre des ressources que n'a pas le français. Dès-lors la nécessité d'un Dictionnaire patois ne saurait être douteuse; mais pour qu'il puisse avoir quelque utilité, il doit être universel; c'est-à-dire renfermer autant que possible le langage usuel et ordinaire dans toute son étendue et avec ses diverses désinences locales, afin que chacun dans le Midi de la France y puisse retrouver son idiome.

Dans ce but, j'ai classé 14,000 mots de notre patois. Par forme de synonime, j'ai ajouté tous ceux que m'ont fourni les diverses lectures d'auteurs patois. Afin de généraliser d'une manière plus sûre le Dictionnaire, j'ai incorporé à mon travail tout le Dictionnaire de l'abbé de Sauvages, de manière à faire voir le rapport ou la synonimie de son langage avec le nôtre. Ainsi, par exemple, au mot *pluga*, je renvoie à *cluga* qui a la même signification dans notre patois; *emmali* voyez *endeǧna*; *nêci* voyez *nigaout*, etc., etc. J'ai fait la même chose de tous les petits Dictionnaires qui sont à la fin des poètes patois qui ont paru; de cette sorte chacun se retrouvera dans mon travail.

La demande souvent renouvelée de mon Dictionnaire me fait un devoir de le livrer enfin tel qu'il est, quoique je sache d'une manière positive qu'il n'a pas toute la perfection dont il est susceptible. La sanction de mes amis me donne le droit d'espérer qu'il est digne d'être offert au public et qu'il sera favorablement accueilli par tous les amateurs de la littérature méridionale, car il renferme une multitude de mots et de locutions ignorés de ceux qui se sont livrés avant moi à de semblables recherches. M. Gustave de Clausade, de Rabastens (Tarn), qui s'occupe activement d'études spéciales sur la langue vulgaire du Midi, a contribué surtout à rendre mon travail moins imparfait en ajoutant au manuscrit de nombreuses observations, corrections et additions empreintes de la plus judicieuse et impartiale critique.

On fera probablement contre ce Dictionnaire une objection qui peut avoir un certain fondement de vérité et que je dois tâcher de prévenir et de résoudre d'une manière claire et précise. On dira que plusieurs mots classés dans le Dictionnaire ne sont pas véritablement patois, mais français avec des inflexions ou terminaisons patoises ou familières au langage méridional. Je crois que la seule et valable raison à invoquer contre cette difficulté, c'est que cette critique devrait plutôt retomber sur ceux qui patoisent le français et y introduisent une infinité de mots qui gardent leur physionomie française, malgré une faible altération dans la forme ou dans la terminaison purement patoises. Le français s'enrichit chaque jour d'une infinité de mots empruntés au grec, le patois, qui ne veut pas mourir d'encore, admet tous les mots qui lui sont nécessaires dans les rapports journaliers. Ainsi le patois s'est emparé de *telegrapho*, *reberbero*, *gaz*, *tounduzo*, etc., et ces mots, il s'en sert comme s'ils étaient véritablement de sa langue, parce qu'il en a besoin dans l'état actuel de notre société. Les rapports continuels des gens qui ne parlent que le français avec ceux qui parlent habituellement patois, est la cause de cette transformation qui se fera sentir jusqu'à ce que le français remplace entièrement tous les dialectes provinciaux.

Faisant un Dictionnaire ou répertoire du patois, j'enregistre tout simplement les mots de cette langue sans me mettre en peine de savoir si tel mot est patois d'origine romane, ou bien s'il a été introduit par le frottement du patois avec le français. Au point de vue historique de la langue, il pourrait bien être de quelque utilité de fixer cette transition du patois au français, qui présage pour l'avenir la transformation complète du premier.

Après ces observations générales, je dois à mes lecteurs quelques détails sur le plan que j'ai suivi dans mon travail; ce que j'ai à dire peut se réduire à la nomenclature des mots, à l'orthographe et à l'étymologie :

1° Par nomenclature, j'entends le nombre et la nature des mots dont se compose le Dictionnaire, ces mots appartiennent ou à la langue usuelle, ou aux arts et métiers. Quand les mots appartiennent aux arts et métiers, on les trouvera groupés près du mot principal qu'on pourrait appeler chef de série. Si quelqu'un de ces mots avait déjà été classé dans le Dictionnaire, on y renverrait pour en avoir l'explication ;

2° L'orthographe est dans les langues une des choses qui peuvent le moins être déterminées par des règles certaines et invariables. Sans doute la parole écrite n'étant que le tableau de la parole prononcée, il semblerait naturel que ce tableau en fût la représentation fidèle; cependant il n'en est pas ainsi. Trop de causes viennent concourir à ce désaccord pour qu'il soit possible, ni de le nier, ni de l'arrêter. De là, cette différence frappante dans l'orthographe qu'on trouve dans les divers auteurs. Chacun a écrit de manière à rendre le son qu'il articule sans se demander si son articulation est bien celle qui est propre au mot qu'il emploie.

Sans avoir la prétention de poser des règles invariables, je crois pouvoir dire que mon orthographe se simplifiera beaucoup et s'approchera davantage de la parole prononcée par la manière naturelle avec laquelle je l'aurai reproduite.

D'abord je dois dire que le patois n'admet pas d'*e* muet. Tous les *e* naturels ont un son aigu ; il est donc inutile de les surcharger de signes prosodiques. Il n'y aura que les *e* non naturels ou ouverts qui aient besoin d'être marqués, comme *él* l'œil, pour le distinguer d'*el* lui ; *pés* pieds, pour faire la différence d'avec *pes* poids, etc.

Toutes les fois que l'*i* après une voyelle ne forme pas à lui seul une syllabe mais concourt à une diphthongue, je l'ai remplacé par *y*, comme dans *payre* père, *mayre* mère ; sans cette différence d'orthographe, on ne pourrait pas distinguer bien souvent la signification des mots, comme *aï*, haïr, *ay*, j'ai.

Dans la langue romane du Midi, la lettre *h* placée après *l* a la propriété de mouiller cette dernière, et l'usage de figurer nos deux *ll* mouillés par *lh* est très-fréquent et très-commode en patois. J'ai adopté cette orthographe afin d'éviter l'embarras que pourraient trouver bien de lecteurs si on venait à manquer de les avertir de mouiller les *ll* comme dans *escubillé* et *esculla*; dans le premier mot les *ll* sont mouillés et non pas dans le second. Je lève toute difficulté en écrivant *escubilhé*.

Pour conserver au patois, dans lequel j'écris, son caractère, je maintiens l'*x*, quoique cette consonne soit dure et qu'elle pût être remplacée par le *j* ou *ch*. Mais puisque nous disons *xardin*, *xamay*, *xabal*, *xagrin*, je conserve cette orthographe en faisant observer toutefois que notre *x* patois n'a pas le son initial du *x* français. Notre *x* patois pourrait se rendre par *tz*, *dz*. Cependant pour que ceux qui emploient le *j* ou *ch* ne soient pas frustrés dans leurs recherches et ne m'accusent pas de ne pas connaître leur langage, j'ai classé tous les mots dont ils font usage avec cette orthographe ; ainsi ils trouveront leur *jardin*, *jamay*, *chabal*, *chagrin*.

Je dois admettre les deux articles *le* et *lou* qu'on met devant les noms selon les localités ; les uns disent *le payre* le père, les autres disent *lou pa* le pain ;

3º L'étymologie a été pour moi d'une recherche soutenue. En voyant avec quelle abondance les langues tant anciennes que modernes fournissent au patois, l'on ne peut méconnaître que ce n'est que des débris ou du contact de ces langues qu'il s'est formé lui-même. L'Hébreu, le Grec, le Latin, l'Italien, l'Espagnol, l'Allemand, l'Anglais, s'y trouvent fréquemment avec assez de ressemblance pour qu'on ne puisse pas s'y méprendre.

Je dois dire encore que pour toutes les étymologies grecques, je les ai écrites en caractères ordinaires par la raison que le plus grand nombre de mes lecteurs ne connaissant pas le grec, ne pourrait pas le lire dans cette forme étrangère ; tandis que le son qu'ils articuleront en le lisant en caractères ordinaires les mettra à même de juger si l'étymologie est juste, et si le mot se rapproche naturellement de la source qu'on lui assigne. C'est dans *Gattel* que j'ai pris les étymologies toutes les fois que je ne les ai pas trouvées moi-même.

Les nombreuses citations dont mon ouvrage se trouve enrichi, seront pour le lecteur comme autant de points de repos où il pourra se délasser de la fatigue qu'il aura eu à me lire. J'ai choisi pour exemples ce qu'il y a de plus beau dans nos poètes, tant anciens que modernes. Mais je déclare qu'admirateur de leur langage je ne puis l'être toujours des sentiments qu'ils lui font exprimer. Goudouli transporte par la noblesse de ses pensées, Jasmin par l'harmonie de ses vers, le Prieur de Pradinas par le naturel de ses tableaux, Pujol de Castres par la piété tendre que respirent ses cantiques, Daubian amuse par la misanthropie de sa verve: enfin Auger Gaillard dans son vieux langage, apporte un esprit fin, tournant agréablement une pensée parfois commune.

Je finis cette longue préface par une dernière réflexion, sans doute superflue pour les personnes dont j'ai l'honneur d'être connu : c'est que l'intention qui m'a guidé dans ce long travail a été seulement de me rendre plus familière une langue que mon ministère me faisait un devoir de parler. J'ai dû m'appliquer alors à m'exprimer purement et simplement; c'est dans ce seul but que j'ai consacré mes loisirs à classer des recherches et des observations. Mes amis seront la cause de mon imprudence, si le travail que je livre ne répond pas à l'attente des lecteurs. Pour moi, je n'aurai pas de regret d'y avoir consacré mon temps, puisque je l'aurai employé d'une manière utile pour mon ministère.

# AVERTISSEMENT.

Je dois à mes lecteurs l'explication des nombreuses abréviations qu'on rencontre dans le Dictionnaire.

D'abord, quand j'ai commencé mon travail, je n'avais à ma disposition que Daubian et Pujol de Castres, avec une édition de Goudouli; mais peu à peu les auteurs patois me sont arrivés en foule. Je dois à l'obligeance de M. Nayral, juge de paix de Castres, le Prieur de Pradinas, Jasmin, et quelques poésies de Carcassonne; M. Charles de Boussayrolles de Montpellier, m'a envoyé les œuvres complètes de l'abbé Favre, d'Auguste Rigaud, de Peyrottes, de Davau; M. Gustave de Clausade, de Rabastens, les poésies d'Auger Gaillard. Les œuvres de M. Lucien Mengaud, de Marcel Ceren, Vestrepain, me sont arrivées à la fin de mon travail. Enfin, le docteur Bru, de Castres, M. Debar, architecte de Lavaur, ont bien voulu me permettre de faire des emprunts dans quelques-unes de leurs compositions qu'ils m'ont fait connaître, de sorte que je puis dire que tout le monde a voulu concourir à rendre plus populaire une langue qui n'a besoin que d'être connue pour être appréciée et aimée.

*P. S.* — Je serais bien ingrat si je ne disais pas avec quelle sollicitude empressée, M. Combes Anacharsis de Castres, m'a fait faire connaissance avec deux de ses savants amis, M. Moquin-Tandon, professeur de botanique à Toulouse, et M. le docteur Noulet, également de Toulouse. Ces trois messieurs ont bien voulu m'aider de leurs conseils et m'encourager à mettre au jour un livre, qui, d'après eux, sera d'une très-grande utilité pour la conservation de notre langue. C'est avec regret que je n'ai pu profiter que médiocrement et de leurs lumières et de leurs bibliothèques si riches en auteurs Romans, mon travail se trouvant imprimé.

### Voici l'explication des abréviations des Auteurs cités.

| | | | |
|---|---|---|---|
| G. | Goudouli, *de Toulouse*. | PEYR. | Peyrottes, *de Carcassonne*. |
| D. | Daubian, *de Castres*. | RIG. | Rigaud, *de Montpellier*. |
| PUJ. | Pujol, *de Castres*. | A. G. | Auger Gaillard, *de Rabastens*. |
| PRAD. | Peyrot, Prieur de Pradinas, *de Millau*. | A. B. | Auguste Bru, *de Castres*. |
| J. | Jasmin, *d'Agen*. | VESTR. | Vestrepain, *de Toulouse*. |
| CAR. | Carcassonne, sans nom d'auteur. | MENG. | Mengaud, *de Toulouse*. |
| FAV. | L'abbé Favre, *de Montpellier*. | CÉRÉN. | Ceren, *de Toulouse*. |

### Explication des autres abréviations.

| | | | |
|---|---|---|---|
| S. m. | Substantif masculin. | T. de mét. | Terme de métier. |
| S. f. | Substantif féminin. | T. de charp. | Terme de charpentier. |
| Adj. m. f. | Adjectif masculin, féminin. | T. de cord. | Terme de cordonnier. |
| Adv. | Adverbe. | T. de char. | Terme de charron. |
| Fig. | Figurément. | T. de cord. | Terme de cordier. |
| V. act. | Verbe actif. | ; | Le point et virgule marque le changement de sens ou d'acception du même mot. |
| V. n. | Verbe neutre. | | |
| V. pro. | Verbe pronominal. | | |

# DICTIONNAIRE

# PATOIS-FRANÇAIS.

## A

### A

A, s. m. A, première lettre de l'alphabet; Préposition, vient du latin *ad*; Troisième personne du verbe *abe*, impersonnel : *Y'a fosso xens que balou pas gayre*, il y a beaucoup de gens qui ne valent guère; A, marque un rapport à un terme, à une fin, à un but; marque le temps, la posture, le geste, la manière de vivre, de s'habiller, la valeur, le prix. (Du latin *à*, *ad*.)

A, adv. A, cri pour faire avancer les bœufs, les vaches.

### ABA

ABADOT, s. m. Jeune abbé; Petit abbé.
ABAL, adv. Là-bas, tout à fait au fonds. (Du latin *ad* à, et *vallis* vallée, du côté de la vallée.)

PIERROT.

*Abal es Moussu Bosc.....*

XANETOUN.

*Digos yé donc qué mounté.*     D.

ABALA, v. act. Avaler, faire descendre dans l'estomac par le gosier; fig. Se soumettre à une chose fâcheuse; Dévorer. (Du latin *ad vallem ire*.)
ABALAN, *voyez* XENEROUS.
ABALANDRAR, *voyez* BALANÇA.
ABALAT, ADO, adj. Hâve, pâle, maigre et défiguré.
ABALI, v. act. Maudire : *Lous a toutes abalits*, il les a tous maudits.
ABALI (S'), v. n. Disparaître.

*Mathiou, lous Rèys soun biels, cal qué se rajunisquén;*
*Sinou, tout nou zou dit... caldra que s'abalisquen !*  J.

### ABA

ABALISCOS, adv. Imprécation par laquelle on exprime un vif désir d'être délivré de quelqu'un, ou de quelque chose.

*Abaliscos le gus, de qui la ma prouphanô*
*Ben dé reullsâ per sol l'aoutâ de la bertut,*
*Soun cop passo lou cop d'aquel aoutré perdut*
*Que fec un fougayrou del templé de Diano.*     G.

ABALOIR, s. m. Avaleur, dissipateur, qui mange son bien; Avaloire, partie du harnais sur la croupe; Outil de chapelier, de bourrelier.
ABALSÈS, s. m. Petit Chêne vert.
ABANDO, *voyez* BANDO (A).
ABANT, adv. Avant, Priorité d'ordre, de rang; Priorité de temps; Priorité de lieu. (Du latin *ab ante*.)

*Un paouc d'obont Toutsonts o lo jetta coumenço;*
*Car lou boun sémena (lou prouberbé és esprès)*
*Es quinzé jours obont, et quinzé jours oprés.*   PRAD.

ABAN-BEILLO, s. f. Avant-veille.
ABANÇA, *voyez* ABANSA.
ABAN-CORPS, s. m. f., t. d'archit. Avant-corps, partie d'un bâtiment en saillie.
ABANCOURUR, s. m. Avant-coureur, celui qui va *devant* quelqu'un, et qui en marque *par avance* l'arrivée; fig. Chose qui en précède une autre et qui l'annonce.
ABANDARGNE, EYRO, adj. et s. Avant-dernier, ère; qui est avant le dernier.
ABANDOU, s. m. Abandon, action de céder d'abandonner; adv. *A l'abandou*; sans direction

sans moyen d'existence. (De l'Allemand *a* privatif et *ban* lien.)

**ABANDOUNA**, v. act. Abandonner, quitter, délaisser entièrement, renoncer à; Ne plus prendre soin.

**ABANDOUNA (S')**, v. pro. S'Abandonner, se laisser aller, se livrer à quelque chose sans aucune retenue, sans aucune réserve. (De l'italien *abandonare*, venant du latin *bandum dereesre*, quitter ses drapeaux.)

**ABANDOUNAT, ADO**, adj. Abandonné, ée, Désert, inhabité, délaissé; fig. Perdu de débauche, de libertinage.

**ABANDOUNOMEN**, s. m. Abandonnement, délaissement entier; Déréglement excessif dans les mœurs.

**ABAN-GARDO**, s. f. Avant-garde, première ligne d'une armée rangée en bataille.

**ABAN-HIER**, adv. Avant hier, le jour qui précédait hier.

**ABAN-POSTO**, s. m. Avant-poste, le poste le plus avancé.

**ABANSA**, v. act. Avancer, pousser, faire aller en avant; Prévenir le temps; Faire aller plus vite; Avancer un employé; Payer par avance; Fournir à crédit; Faire les frais; Être prêt de finir une chose; Aller en avant; Approcher de quelqu'un ou de quelque chose; Faire vite, en faire beaucoup en parlant de certaines occupations. (Du latin *ab* de, par, et *antè* avant, d'où l'on a fait dans la basse latinité *abantiare* avancer.)

**ABANSA (S')**, v. pro. S'Avancer, s'approcher, se rapprocher.

**ABANSO**, *Abansi*, s. f. Avance, espace de chemin que l'on a devant quelqu'un; Ce qui est déjà fait ou préparé d'un ouvrage; Provisions; Paiement avant terme; Prévenances.

Bous abés pés gouxax l'airé trop counplasent;
A toutis your moustras un bisaxé risent :
Elis qué sur aco sé flettoun per *abanço*
D'abé lou bostré cor, ou qué n'an l'esperanço,
Tout ço qué sourtissés, galoppou d'arré bous ;
Aquo fa qué touxoun n'abés bint as talous.   D.

**ABANSOMEN**, s. m. Avancement, dans les grades, les dignités; t. d'archit. Avancement hors d'alignement.

**ABANTAXA**, v. act. Avantager, donner, faire des avantages à quelqu'un.

**ABANTAXA (S')**, v. pro. Se trop Avancer, s'engager imprudemment. (Du latin *ab*, *antè*, *agere*.)

**ABANTAXE**, s. m. Avantage, ce qui est utile, profitable; Supériorité sur quelqu'un; Ce qu'un père donne de plus à quelqu'un de ses enfants.

E tu qué per poti semblos estré noscut,
Noun murmurés jomaï, paouró, seras poscut.
Lou ritché, o t'ossista troubo trop d'*obontatgé*,
Sàp qué de l'omournié lou Cel és lou portatgé.   PRAD.

**ABANTAXOUS, ZO**, adj. Avantageux, euse; Utile, profitable, qui donne de l'avantage : *Aco's uno plaço abantaxouzo*; Qui s'avance trop en parlant; Qui promet plus qu'il ne peut faire : *Es trop abantaxous dins sas paraoulos*; il promet plus qu'il ne peut.

Dounques bous bous cresés encaro fort maainaxé,
Car noü parlas xamaï qué sounco dé bostré axé.
Sé pouïrio bé qu'anfin ceï casqués ans sur bous :
Et qué troubas aqui de tant *abantaxous* !   D.

**ABANTAXOUZOMEN**, adv. Avantageusement, d'une manière qui donne, qui produit de l'avantage : *L'aplaçado abantaxouzomen*.

**ABANTURA**, v. act. Aventurer; mettre à l'aventure, exposer au hasard d'être perdu : *as pla abanturat tout aco*, tu as bien hasardé tout cela. (Racine *abanturo*.)

**ABANTURA (S')**, v. pro. S'Aventurer, s'exposer : *Se cal pas trop abantura*.

**ABANTURIE, EYRO**, s. m. et f. Aventurier, ère, personne qui court le pays.

**ABANTURO**, s. f. Aventure, Accident, Événement inopiné. (De l'italien *aventùra*, fait d'*advenire*, arriver, survenir.)

T'en béndé pas, lo caouzo és pla séguro :
Pardiou ! l'Ebesqué ou maïquo per escrich :
Lou Rey mêmes, lou Rey, que n'o fach lo lecturo,
N'es estat to counten qu'o mondo per espres ;
Cal ausoro de Millaou fa mespres
Aprep uno talo *obonturo*,
Dount cado citouyen sentis l'esclobousuro.   PRAD.

**ABANTUROUX, ZO**, adj. Aventureux, euse.

**ABAOUCA**, voyez CALMA.

**ABAOUCA (S')**, voyez S'AMOURRA.

**ABAOUCA**, voyez ABOUCA.

**ABAOUTI**, v. n. S'Évanouir, tomber en défaillance, sans connaissance. (Du latin *evanescere*.)

**ABAOUTIMEN**, s. m. Évanouissement, défaillance, faiblesse.

**ABAOUZA (S')**, voyez S'AMOURRA.

**ABAOUZI**, voyez ABOUNDA.

**ABAOUZOMEN**, s. m. Prosternation.

**ABARA**, voyez EMBARRA.

**ABARBASSIT**, voyez BARBUT.

**ABARECIO**, s. f. Avarice, désir excessif d'amasser et de conserver des richesses; Amour de l'argent sans en jouir; Misère volontaire. (Du latin *avaritia*, *avidus œre*.)

Oquélés orpoillans qué sentou lou trésor,
Sons fa sembloüt dé rés, per joui d'oquel or,
Coumplotou dé néga lou mestré dé lo bourso.
Dé quond dé cruautat l'*oboriçio* és lo sourço.   PRAD.

**ABAREJHA**, voyez BARREXA.

**ABAREJHO**, voyez PELLE-MELLE.

**ABARI**, voyez ABOURI.

**ABARICIOUS**, *Xixe*, adj. Avaricieux, ladre; Vilain : *és trop abaricious*.

**ABARMI (S')**, voyez PREPARA.

**ABARO**, *Xixe*, s. m. Avare, qui aime trop l'argent, et ne le dépense pas : *Aço's un abaro finit*, c'est un avare. (Du latin *avarus*.)

**ABARO**, adj. Anguleuse, en parlant des noix qu'on ne peut détacher qu'avec peine de la coque. (Du latin *avarus* avare, parce que ces noix ne cèdent qu'à regret et avec avarice.)

**ABARREJA**, *Barreja*, v. act. Mêler, mélanger.

**ABARTASSIT**, adj. Couvert de buisson.

**ABASSAC**, voyez CAMBAL.

**ABASTA**, voyez ABOURI.

**ABASTARDI**, v. act. Abâtardir, faire dégénérer, corrompre.

**ABASTARDI (S')**, v. pro. S'Abâtardir; dégénérer, déchoir.

**ABASTARDISSOMEN**, s. m. Abâtardissement.

**ABASTARDIT, IDO**, adj. Abâtardi, ie, dégénéré. (Racine *bastard*.)

**ABAT**. s. m. Abbé, clerc, séminariste. (Du latin *abbas*.)

**ABAT DE MOULI**, s. m. Maître-valet d'un pressoir à huile.

## ABE

**ABATALIA** (S'), voyez se Derrouca.

**ABATAXE**, s. m. Abatage, action d'abattre des bois qui sont sur pieds; Travail nécessaire pour les abattre; Prix que coûte ce travail. (Racine *abattre*.)

**ABATÉSSA**, s. f. Reine d'un bal.

**ABATIS**, s. m. Abatis; Quantité de choses abattues, telles que bois, arbres, maisons, quilles.

Obont qué d'oquiloun l'holénado funesto
Sur l'aoubré encaro herd bengo souffla lo pesto,
Lou mestrè et lous borlets, lo pigasso o lo ma,
Per l'omour dal bestial s'en bau lou derroma.
Qualques cops dé l'hyber lo moliço oubstinado
Ten un més joust lo neou lo campagno omogabo.
Dins un to missont tems, sous oquel *obottis*,
Coussi tonqua lo fom del troupel qué potis ? PRAD.

**ABATISSES**, s. m. Abatis, les pieds, la tête, le cou, les ailerons des volailles; La tête, le cuir, les tripes des bêtes tuées.

**ABATOMEN**, s. m. Abattement, langueur, affaiblissement; État de faiblesse et de découragement.

**ABATTRE**, v. act. Abattre, mettre à bas; Jetter par terre; Démolir; Renverser, étendre par terre; Tuer; fig. Affaiblir, diminuer, abaisser.

Onen, fillos, éfons, joust lous aoubrés fruchiés,
Bénés toutés rompli los desquos, lous poniés.
*Obottés* pel tessou los poumos moliconos;
Omonas per bous aous los froncos et los sonos, PRAD.

**ABATTRE** (S'), v. pro. S'Abattre, se laisser tomber; Se dit d'un cheval à qui les quatre pieds manquent et qui tombe; On dit aussi qu'une volée de pigeons s'abat sur un champ; S'Apaiser en parlant du vent. (De l'italien *abattere*.)

**ABATTUT, UDO**, adj. Abattu, ue, découragé, languissant : *Abei es pla abattudo*, elle est bien abattue.

**ABAYSSA**, v. act. Abaisser, faire aller en bas, rendre plus bas : *Abaysset lou toun*; il baissa le ton.

**ABAYSSA** (S'), v. pro. S'Abaisser, devenir plus bas; fig. Manquer à sa dignité : *Te sios pla abayssat*, tu t'es bien abaissé. (Du latin barbare *bassus*.)

Ah ! qué de l'unibers lou mestrè és coritablé !
Tetro, qu'o tous bésouns se mostro fobourablé !
Sur l'homé et sul bestial *obaïsso* sous régards :
Dé sous soins lous effets brillou dé toutos parts. PRAD.

**ABAYSSOMEN**, s. m. Abaissement, diminution de hauteur.

**ABAZANI**, voyez Escruyssi.

**ABAZOURDI**, v. act. Abasourdir, étourdir par un grand bruit, consterner, jeter dans l'étonnement.

## ABB

**ABBAY**, interj. Bah! marque l'étonnement, le doute, la négation, le mépris, le dédain.

## ABD

**ABDICATIOU**, s. f. Abdication. (Du latin *abdicatio*.)

## ABE

**ABE**, v. act. Avoir, posséder d'une manière quelconque; Être doué de.....; Être affligé de.....; Éprouver. (Du latin *habere*, dont les italiens ont fait *avere*.)

Certos, nou dizi pas qu'un xoun nou bous imité :
L'axé ba meno tout ; mais crézi qu'à bint ans,
On es encar'al tems d'*abé* casqués galans. D.

**ABE**, *Axa*, v. n. Tirer une chose d'où elle était posée, arrangée; fig. Lasser; Mettre sur les dents; Rendre de fatigue : *Es agut*, il est rendu.

**ABE**, s. m. Avoir, ce qu'on possède de bien.

**ABECA**, v. act. Abécher, porter, donner la becquée.

**ABECADO**, s. f. Becquée.

**ABECEDE**, s. f. Abc, petit livre contenant les lettres de l'alphabet.

**ABEY**, *Juei, Aouey*, adv. de temps, Aujourd'hui, ce jour, le temps où nous sommes, où nous vivons. (Du latin *hodiè*.)

**ABEILHO**, s. f. Abeille, insecte de l'espèce des mouches qui produit le miel et la cire; prov. *Saxe coumo uno abeilho*, sage comme une abeille. (Du latin *apis*.)

L'*obeillo* hurousomen pot répora so perto,
Dé millo et millo flours lo compagno és couberto.
Né poumporo lou suc dins lous comps, dins lous prats,
Et surtout dins lous horts qué ne sou bigorrats. PRAD.

**ABEL**, *Apie, Bourgnou*, s. m. Rucher.

**ABELA** (S'), v. pro. Se mettre au beau en parlant du temps. (Du latin *bellus* beau, joli.)

**ABELAGNE, EYRO**, s. m. f. Avelinier, noisetier; coudrier.

**ABELAGNEIRADO**, s. f. Lieu planté de noisetiers; Jet de noisetiers dont on se sert pour lier des fagots, faire des paniers, des berceaux, etc.

**ABELANO**, s. f. Aveline, noisette.(Du latin *Avellina*.)

**A-BEL-BRASSAT**, adv. Corps à corps.

**A-BEL-CAYS**, adv. A belle dent.

**A-BEL-EYME**, adv. A vue d'œil. (Du latin *bellus* beau, *emere* acheter, comme si on disait : j'ai fait un bel achat.)

**ABELIANO**, voyez Citrounelo.

**ABELIE**, voyez Troupel.

**ABELIO**, voyez Abeilho.

**A-BELES-COPS**, adv. De temps en temps. (Du latin *bellus*, et du latin barb. *colpus* pour *colaphus*.)

**A-BEL-TAL**, adv. Sans choix.

**ABELUC**, voyez Attur.

**ABELUGAT**, voyez Amardit.

**ABE MARIA**, s. m. Ave Maria : *L'espaci d'un Abe Maria*, le temps d'un Ave Maria.

**ABEN**, s. m. Avent, temps consacré par l'église catholique à se préparer à la fête de Noël; on dit en parlant de la saison de planter les arbres : *Cal attendre as abens*; il faut attendre aux Avents. (Du latin *adventus*.)

**ABENA**, v. act. Fatiguer, importuner, ennuyer quelqu'un.

**ABENA** (S'), v. pro. Se Fatiguer en travaillant trop, ou trop longtemps. (De latin *venari*, par similitude qu'en Angleterre et dans quelques endroits du Midi, on a coutume de chasser, de fatiguer un bœuf pour en attendrir la chair.)

**ABENANT, O**, adj. Avenant, te, qui a bonne mine, bon air ; Gracieux.

**ABENAT**, *Sadoul, Rigol*, s. m. Excès de fatigue, de dégoût : *N'ei fax un abenat*; j'en suis excédé.

**ABENCA**, voyez Roussa.

**ABENGUDO**, s. f. Avenue, chemin ordinairement bordé d'arbres, qui conduit à quelque lieu, à quelque habitation. (Du latin *advenire* arriver.)

**ABENIR**, s. m. Avenir, le temps futur. (Du latin *advenire*.)

**ABENOMEN**, s. m. Événement, accident, aventure. (Du latin *eventus*, fait de *evenire*.)

# ABE

**ABEOURA**, v. act. Abreuver, faire boire les chevaux, etc.; Humecter profondément; Pénétrer en parlant de la pluie; fig. Nourrir d'une vaine espérance; Jouer un tour à quelqu'un. (Du latin *a* et *bibere* boire.)

Mé faxi pas d'aco ; cadun és pla lou mestré :
Boli pas qué m'aaïmés sé nou podi pas b'estre.
La soûlo caouso beei qué m'axo malcourat ,
Es qué penden loungtems bous m'axés *abeourat*.    D.

**ABEOURADOU**, s. m. Abreuvoir, lieu où l'on mène boire les animaux, le vase dont on se sert pour donner à boire aux oiseaux.

Mes dé la rassò émplumado
Prendras uno aoutro lixou ,
Sé vas, quand és alterado ,
La véirò à l'*abeouradou*.
Vers lou Cel levo la testo
Per randré graços à Diù
De l'aigo qué trovo presto
Quand a siùlat loung d'un riù.    Puj.

**ABEOURAXE**, *Abeourajhe*, s. m. t. de maçon, Coulis pour ficher un joint.

**ABEOURE**, *voyez* BEOURE.

**ABEOUZA (S')**, v. pro. Perdre sa femme, son mari. (Racine *beous*.)

**ABERA**, v. act. Avérer, vérifier; Faire voir qu'une chose est vraie. (Du latin *verus* vrai.)

**ABERMA**, *voyez* BERMA.

**ABERIT, IDO**, adj. Avisé, ée, dégourdi, éveillé.

**ABERRASSIOU**, s. f. Aberration. (Du latin *Aberratio*.)

**ABERSIOU**, s. f. Aversion, haine, dégoût, antipathie. (Du latin *aversio*, fait d'*avertere*.)

**ABERSO**, s. f. Averse, pluie subite et abondante. (Du latin *versare* verser.)

**ABERTADA**, v. act. Avérer, vérifier; Faire voir qu'une chose est vraie. (Racine *bertat*.)

**ABERTI**, v. act. Avertir, informer de.....; Donner avis; Instruire. (Du latin *advertere*, formé de *ad* à, et *vertere* tourner.)

Coumo l'on nou fa pas soubén prou d'atentiùu
Sur cé qué porto cop à la reputatiùu ,
Et qué caldrio touxoun , à l'egard d'un'amiguo ,
Se quicon ye fa tort , al mens qu'on l'*abertiguo* ;
Bei , sur aquel suxel , fort amicalomen ,
Beni per bous douña calqu'abertissomen.    D.

**ABERTISSOMEN**, s. m. Avertissement, avis, conseil; Avis pour faire payer l'impôt; t. de prat. Première pièce pour l'instruction des juges.

**ABES**, *Arofo, Boufo*, s. m. Balle, pellicule qui enveloppe le grain; Menue paille.

O forçò dé tustals , quond lo gronò és solido ,
Lo paillo dins lo grangeo ombé soin és cobido ;
Et lou grò qué demoro en so *boufo* mesclat,
Es ombé lou rostel en molo ocoumoulat.    PRAD.

**ABESCOPS**, *voyez* COPS (ABELES).

**ABESCAT**, s. f. Evêché, maison de l'évêque; Étendue de pays qui dépend d'un évêque.

**ABESQUE**, s. m. Evêque, prélat du premier ordre dans l'église : *Seras belcou abesque*. (Du latin *episcopus*.)

**ABESSO**, s. f. Abbesse, supérieure d'un monastère de religieuses ou d'une communauté ayant titre d'abbaye. (Du latin *abbatilla*.)

**ABESTI**, *voyez* ABESTIASSI.

**ABESTIASSI**, v. act. Abêtir; rendre stupide; bête : *Lou bi l'a tout abestiassit*, le vin l'a abruti. (Racine *bestio*.)

**ABESTIASSI (S')**, v. pro. S'Abêtir, devenir bête, stupide.

**ABET**, *voyez* SAPIN.

**ABETS**, *voyez* ABES.

**ABEZINA**, v. act. Avoisiner, être proche, être voisin de..... (Du latin *ad vicinia* voisinage.)

# ABI

**ABIA**, v. act. Se mettre en train, à biais; Montrer le chemin.

**ABIADA**, *voyez* AMIGNARDA.

**ABIAT**, adv. Vite, avec vitesse, promptement.

**ABIDA**, v. act. Aviver, faire vivre, substenter. (Du latin *ad vitam*, comme qui dirait attacher à la vie.)

**ABIDE, O**, adj. Avide, qui désire ardemment. (Du latin *avidus*, du verbe *avere*, avoir un désir ardent, immodéré.)

**ABIDITAT**, s. f. Avidité, désir immodéré, insatiable. (Du latin *aviditas*.)

**ABIDOMEN**, adv. Avidemment.

**ABIEDOR**, s. m. L'Avenir.

**ABILI**, v. act. Avilir, rendre vil, méprisable; Jeter dans une abjection honteuse; Couvrir d'opprobre.

**ABILI (S')**, v. pro. S'Avilir, faire quelque chose de vil, se dépraver. (Du latin *vilescere*.)

**ABILISSOMEN**, s. m. Avilissement.

**ABILLA**, *Afina, Attrapa*, v. n. Duper quelqu'un, le jouer; Affiner, surpendre par finesse. (Racine *abille*.)

**ABILHA**, *Obilla*, v. act. Habiller, donner des vêtements, des habits; Mettre à quelqu'un ses habits; Faire un habit; Critiquer quelqu'un, lui donner des ridicules.

Orribo qualquos fés per boulé fa trop léon
Qué sul cuer del potient s'imprimo uno zitzago ;
Mais lou corbou brisat fermo o l'instent lo plago.
Otal , paouré moutou , cal per nous *hobilla* ,
Dé tout bestit lonut qué t'onen despouilla.    PRAD.

**ABILHA (S')**, v. pro. S'Habiller, vêtir des habits; se Parer, se donner des vêtements neufs. (Du latin *habilus*.)

**ABILHAXE**, s. m. Habillement, vêtement, habit.

**ABILLE, O**, adj. Habile, doué de capacité, d'adresse, qui exécute bien ; Prompt, expéditif, intelligent, industrieux, fin, pénétrant ; Entendu. (Du latin *habilis*.)

MOUNBOSC.
Douncos bous bous cresès un ome fort *habille* ;
BRUNET.
Coumo bous banti pas , me creyres imbecile.    D.

**ABILLETAT**, s. f. Habileté, qualité des personnes habiles ; Capacité, adresse, industrie, finesse, pénétration. (Du latin *habilitas*.)

Ah ! paures , qu'ès asso ? quin cop de desfourtuno !
Ni soun *habilletat* , ni l'affecciu coumuno ,
Ni de sous recipés l'aprest en cent faissous
Nou l'an gandit del clot de sous predecessous.    G.

**ABILLEZO**, *voyez* ABILLETAT.

**ABILLOMEN**, adv. Habilement, avec habileté, avec adresse. (Du latin *habiliter*.)

**ABILHOMEN**, *Abillomen*, s. m. Habillement; tout ce qu'il faut pour habiller une personne.

## ABI

Belos, de qui le Cel mallèbo lou bisatgé,
Quand bol brouda de lums soun grand *abilhomen*,
Et dount la gaillardio forço ta doussomen
Qué tout cor ba bouca joust l'arquet d'un mainatgé. G.

**ABIMA**, v. act. Abîmer, gâter, faire périr, perdre entièrement; Battre quelqu'un. (Racine *abîme*.)

**ABIME**, s. m. Abîme, gouffre très-profond, profondeur immense; fig. chose impénétrable. (Du latin *abissus*.)

En pléjo cépendent lous nuatgés foundats
Délargou tout d'un cop dé tourrens suspenduts,
Qu'en sé précipiten del naout dé los mountagnos,
Brisou digos, porets, robatjou los compagnos.
Dirias qué dé lo mar l'*obimé* és débounda;
On bey dins un moumen lou bolloun innonndat. PRAD.

**ABINATA**, v. act. Aviner, imbiber de vin une barrique, un barrillet. (Racine *bi*.)

**ABINATA** (S'), v. pro. Se Donner au vin, en prendre avec excès.

**ABIS**, s. m. Vis, t. de méc. ; Pièce cannelée et en spirale. ( Suivant Ménage, du latin *gyrus*, Tour, Rond, d'où, dit-il, on a fait par syncope *vir* et ensuite *vis*.)

**ABIS**, s. m. Avis, opinion, sentiment, délibération, moyen proposé, avertissement, nouvelle; Suffrage de chaque juge, des experts; Placard, affiche par lequel on prévient le public. (De l'italien *avviso* de *visus*.)

Coussi, qué nou cal pas qué Moussu countradigo ?
A diré coumo yeou bouiés quèl sé reduigo ?
Et qué nou moustré pas, dins aquest'oucçasiiu,
Lous plasés qu'el attrob'à la countradictiiu ?
Anas, qu'en créirio d'estr'un hommé d'al coumu,
Sé sé bezio xamaai de l'*abis* de digu. D.

**ABIS** (UN), adv. Une foule, une grande quantité, beaucoup. On dit : *Gna en abis* et *gna que novis*, ou *nobis*, cette dernière version peut faire croire que *abis* est une altération de *novis*, (*novus*, nouveau) : *Plaou que nobis*, ou *que jamay pus*, il pleut comme s'il n'avait jamais plu, comme si c'était pour la première fois.

**ABIS** (TOUT PER), adv. En désordre, en perdition.

**A-BISTO-D'EL**, adv. A vue d'œil, sans mesurer, sans peser.

**ABIT**, voyez SIRMEN.

**ABITA**, v. n. Habiter, avoir sa résidence, être domicilié ; Faire sa demeure, loger; Atteindre. (Du latin *habitare*.)

Soiti qué bous aimés toutis dous tendromen,
Et qué bisquas surtout ammé countentomen.
Per yeou qué sadoul d'entendré dé soutizos
Et mémés d'esprouba tout cop dé maraoudizos,
M'en boou dins calqu'endréx qué sio pas *habitat*,
Per noun bésé pas pus dé xéns sans proubitat. D.

**ABITANT**, s. m. Habitant, qui réside, est domicilié, qui vit dans un pays, un lieu. (Du latin *habitans*.)

**ABITAPLE**, O, adj. Habitable, qui peut être ou qui est susceptible d'être habité.

**ABITATIOU**, s. f. Habitation, domicile, maison, logement : *Ayci moun abitatiou*. (Du latin *habitatio*.)

**ABITUA**, v. act. Habituer, faire contracter, faire prendre une habitude ; Accoutumer à.....

**ABITUA** (S'), v. pro. S'Habituer, prendre l'habitude, la coutume. (Du latin *habituare*.)

**ABITUDO**, s. f. Habitude, manière accoutumée ;

## ABO

Pratique ordinaire, usage, coutume ; Ce qu'on fait, fréquemment ou tous les jours. (Du latin *habitudo*.)

Lou chef das aboucats qué fuxio la despença
Despeï qué soun esprit, élançat bers lou Cel,
Se nourris de l'encens ouffrit à l'Éternel,
Countrofa l'endourmit ; un gourmet d'*abitudo*,
Franc discipié de Mars, qué la béatitudo
N'a pas encaro destacat,
D'al boun bi, soun tendré pécat. CARE.

**ABITUEL**, ELO, adj. Habituel, elle, tourné, passé en habitude.

**ABITUELOMEN**, adv. Habituellement, de coutume, par habitude.

**ABIZA**, v. n. Aviser, faire attention, réflexion à ce que l'on doit faire ; Oser entreprendre. (Du latin barbare *advisare*.)

**ABIZAT**, ADO, adj. Avisé, ée, prudent, entendu, capable, éveillé.

É per té goronti dal traité corbounat,
N'y jetés pas un gro qué nou sio colcinat.
Sons préné oquélés soins trimo touto l'onnado,
Sons faouto o lo récolto aouras dé gorgoillado ;
Mais oprés lou malhur qué t'orribet onton,
Seras pus *ob sat* et pus prudent augon. PRAD.

**ABIZOMEN**, s. m. Avisement, connaissance.

### ABJ.

**ABJURASSIOU**, s. f. Abjuration. (Du latin *abjuratio*.)

### ABL.

**ABLACA**, v. act. Accabler d'injures quelqu'un ; Être fatigué par la pluie, par l'orage.

**ABLACADO**, voyez SOULADO.

**ABLADA**, v. act. Emblaver, semer un champ en blé. (Du latin barbare *bladum*.)

**ABLAZI**, voyez BLAIZI.

**ABLAZIGA**, v. act. Meurtrir, assommer, froisser, perdre toute ses forces par l'effet ou du travail ou d'une maladie.

**ABLAZIGADURO**, voyez COURBATURO.

**ABLOUTA**, voyez AXUSTA.

**ABLUR**, s. m. Hableur, fanfaron, menteur, conteur. (De l'espagnol *hablar* parler.)

**ABLUTIOU**, s. f. Ablution de la messe, le vin et l'eau qui ont servi à laver les doigts du prêtre après la communion. (Du latin *ablutio*.)

### ABO

**ABORT**, s. m. Abord, accès, approche, en parlant d'une côte, d'un port ; fig. Abord d'une personne, accueil que fait une personne. (Du latin *ab ora* du bord.)

Nani, ba dirio pas : mais un tal persounaxé
Se fario de ma part escoupi sul bisaxé ;
Car boumirio sul nas à tout aquélos xens
Qu'à your prumier *abord* bous fan dé complimens. D.

**ABOUA**, v. act. Avouer, confesser, reconnaître qu'une chose est ou n'est pas, en demeurer d'accord.

*Aboui* qu'aoutrescots certos bous estimabi,
Mais yei piu renounçat despeï quicon qué sabi. D.

**ABOUA** (S'), v. pro. Se reconnaître, se confesser, s'avouer. (Du latin *advocare*, qui dans la basse latinité a été employé dans la même signification.)

**ABOUCA**, v. act. Verser, répandre. (Racine *bouco*, bucca.)

## ABO

**ABOUCASSARIO**, *Aboucassarie*, s. f. Avocasserie, t. de mép.; Profession d'avocat.
**ABOUCAT**, s. m. Avocat, celui qui fait profession de défendre des causes en justice; fig. Culbute qu'on fait ou que fait une charrette, une voiture : *Aben fax un aboucat*, nous avons versé. (Du latin *advocatus* appelé à.....)

Tondis qué dé l'Autouno odmiren los lorgessos
E qu'y fosen omas dé tontos dé richessos,
Qué fosés dins lo billo, escouliés, *oboucats*,
'Sus librés, sus popiés, nuech é jour oboucats?
Quittas-lo, crésés-mé, bénés o lo compagno,
Lous ploses innoucens bous y tendrau coumpagno. PRAD.

**ABOUCATEXA**, v. act. Avocasser; t. de mép. Faire la profession d'avocat.
**ABOUCINA**, v. act. Morceler, diviser par petites parties; Émiéter. (Racine *boussi*, buccella.)
**ABOUDA**, v. act. Vouer, consacrer; se mettre sous la protection d'un saint; Solliciter : *Sabi pas pus à qui m'abouda*, je ne sais plus à quel saint me vouer. (Du latin *vovere*.)
**ABOUGRIT**, adj. Rabougri, qui n'est pas venu à sa perfection, ni à sa juste grandeur.
**ABOUL, O**, adj. A qui la tête tourne, qui est pris de la tête. (Racine *bouli*.)
**ABOULA**, *voyez* PALMA.
**ABOULI**, v. act. Abolir, casser, annuler, mettre hors d'usage, ôter entièrement. (Du latin *abolere*.)
**ABOULIMEN**, s. m. Vertige, tournement de tête.
**ABOULISSIOU**, s. f. Abolition. (Du latin *abolitio*.)
**ABOUMINA**, v. act. Abominer, détester. (Du latin *abominare* repousser comme un mauvais augure, formé de *ab* de, hors, et *omen* augure.)
**ABOUMINAPLE, O**, adj. Abominable, qui excite l'aversion, la terreur; Chose désagréable. (Du latin *abominabilis*.)

Lous xuxés en clugan oou randut la sentenço,
Sans examina rés, sans lexi ma défenso :
Boou fax abuclomén, coumo your és bengut;
Mais nou m'oou pas troumpat, b'abio touxoun crégut,
Car lous omés dé beï soun tout d'*abouminaplés*,
Qu'aro yeeu bouldrio saoupré à cent millouns de diaplés.
D.

**ABOUMINAPLOMEN**, adv. Abominablement, d'une manière abominable : *M'a recapiut abouminaplomen*.
**ABOUMINATIOU**, s. f. Abomination, horreur, exécration; Action abominable; Excès d'impiété. (Du latin *abominatio*.)
**ABOUNA**, v. act. Abonner, donner un abonnement : *Te boli abouna al cabaret*, je veux t'abonner au cabaret.
**ABOUNA (S')**, v. pro. S'Abonner, faire un abonnement.
**ABOUNAT, ADO**, adj. Abonné, celui qui a fait un abonnement.
**ABOUNAXE**, s. m. Abonnement, convention ou marché au prix fixe et à terme limité, pour une chose dont le produit est casuel.
**ABOUNOMEN**, s. m. Marché que l'on fait avec l'entrepreneur d'une feuille périodique pour la recevoir pendant un certain temps, moyennant un prix fixe; Prix qu'on doit payer pour l'abonnement.
**ABOUNDA**, v. n. Abonder, avoir, être en abondance, en quantité; Venir en foule; Donner beaucoup. (Du latin *abundare*.)

## ABR

**ABOUNDAMEN**, adv. Abondamment.
**ABOUNDANÇO**, s. f. Abondance, grande quantité.
**ABOUNDANT**, *voyez* ABOUNDOUS.
**ABOUNDENÇO**, *voyez* ABOUNDANÇO.
**ABOUNDIBOU**, *voyez* RASSAZIANT.
**ABOUNDOUS, O**, adj. Abondant, te, qui abonde, qui produit abondamment, qui donne trop libéralement et sans discernement. (Du latin *abundans*.)

Tondis qu'os uels bésens se flouris lo pélouso,
Lou berdié nous onnounço uno onnado *oboundouso*.
Cado aoubré augon proumet soun tribut ol gronié,
Bé pourren, s'o Dious plaï, fa trouta lou ponié. PRAD.

**ABOUQUIOU**, adj. Versant, facile à verser en parlant des voitures, des charrettes; Chemins qui inclinent d'un côté. (Racine *bouco*, bucca.)
**ABOURDA**, v. act. Aborder, approcher quelqu'un pour lui parler; Aller à bord, prendre terre.
**ABOURDAPLE, O**, adj. Abordable, accessible; fig. Qui reçoit bien ou mal les gens.
**ABOURDAXE**, s. m. Abordage, action d'aborder, de toucher.
**ABOURDI**, *voyez* ABATTARDI.
**ABOURGALI**, v. n. Rendre libéral.
**ABOURGNA**, *voyez* EMBOURGNA.
**ABOURI**, v. n. Mener à bien, réussir.
**ABOURIA**, v. pro. Prendre métairie, entrer en qualité de métayer.
**ABOURIOU**, *voyez* PRIMAIC.
**ABOURNA**, v. act. Aborner, donner des limites, des bornes.
**ABOURNOMEN**, s. m. Abornement, action de s'aborner, effet de cette action.
**ABOURRA**, v. act. Abhorrer.
**ABOURTA**, *Ajourta*, v. n. Avorter, naître avant le terme. Ce mot ne s'emploie qu'en parlant de la femelle des animaux. (Du latin *aboriri*, naître avant le terme.)
**ABOUSCASSI**, v. n. Mettre une terre en bois. (Du latin *boscus*.)
**ABOUSSINA**, v. n. Mettre en petites pièces; Charcuter la viande, la découper mal. (Racine *boussi*, buccella.)
**ABOUTA**, v. n. Haler les chiens, les exciter les uns contre les autres; fig. Provoquer à la colère, l'exciter.
**ABOUTI**, v. n. Aboutir, toucher par un bout; fig. Se terminer, tendre. (Racine *bout*.)
**ABOUTISSANT**, s. m. Aboutissant, les côtés par où une maison, un champ tient ou aboutit à d'autres; fig. Les personnes avec qui on vit.
**ABOUTO**, adv. Cri qu'on fait à des chiens en claquant des mains pour les exciter à se jeter les uns sur les autres.
**ABOUXA (S')**, v. pro. S'Aboucher, se trouver dans un même lieu pour conférer avec quelqu'un. (Racine *bouche*.)
**ABOUZIGA**, v. act. Affricher, mettre une terre en friche.

## ABR

**ABRACA**, v. act. Braquer, tourner dans une certaine direction.
**ABRASCA**, *voyez* ESCAYSSA.
**ABRASSAC**, *Aoubersac*, s. m. Havresac, la carnassière d'un chasseur. (De l'allemand *haber* avoine et de *sack* sac.)
**ABRASSAGAT**, adj. Un plein Havresac.

## ABS

**ABRASSA**, v. act. Embrasser, serrer dans les bras, environner, entreprendre; Se charger de.... (Du grec *en* dans, *brachión* bras.)

**ABRAZA**, v. act. Braser, souder, étamer. (Du grec *brazein* être chaud, brûlant.)

**ABRAZAYRES**, *Xarramagnous*, s. m. Étameurs qui vont dans les campagnes pour braser, étamer.

**ABREBIASSIOU**, s. f. Abréviation. (Du latin *Abbreviatio*.)

**ABREXA**, v. act. Abréger, rendre plus court. (Du latin *abreviare*.)

**ABREXAT**, s. m. Abrégé, précis d'un ouvrage, d'une histoire; adv. *En abrexat*, en abrégé; en peu de lignes, de mots, etc.

**ABRIAL**. s. m. Avril, quatrième mois de l'année. (Du latin *aprilis*, formé de *aperire* ouvrir, parce que la terre ouvre son sein, à cette époque, pour la croissance des herbes et des fruits.) Prov. *Fa manxa de peys d'abrial*, faire faire différentes courses inutiles le premier jour d'avril. Ce proverbe, dans lequel le mot *poisson* a été substitué au mot *passion*, n'est qu'une allusion indécente à la passion de Jésus-Christ, arrivée le 3 avril, jour où les Juifs envoyèrent le Sauveur d'un tribunal à un autre et lui firent faire diverses courses inutiles par manière d'insulte et de dérision.

**ABRIC**, *Ressès*, s. m. Abri, lieu où l'on se met à l'abri du mauvais temps; fig. Prison: *Es à l'abric*, il est à l'abri, en prison. (Du latin *apricus* exposé au soleil et à l'abri du vent.)

Ol fort dé los colous orribo per hosard
Qué sul blat miech modur toumbo un pichot brouillard :
S'un zéphir omistous, sus l'espigo humectado,
N'oun hen per l'essuga jetta qualque holénado ;
Gco's fach : lou Souleï cop-sur-cop réporés,
É la suço o tal poun qué n'y demouro rés.
Per lo mettré o l'*obric* d'uno talo ruino
Omb'uno loungo cordo on brondis lo bruino. PRAD.

**ABRIGA**, v. act. Abrier, abriter, mettre à l'abri.

**ABRIOU**, voyez ABRIAL.

**ABRIVA**, voyez SUTTA.

**ABRIVADO**, voyez PALADO.

**ABRO**, voyez BORD.

**ABROUGASSIOU**, s. f. Abrogation. (Du latin *abrogatio*.)

**ABROUKI**, voyez ABOUGRIT.

**ABRUTI**, v. act. Abrutir, rendre stupide comme une brute.

**ABRUTI (S')**, v. pro. S'Abrutir, devenir, demeurer comme une bête : *S'es tout à fait abruti*. (Du latin *brutus* brute.)

**ABRUTISSOMEN**, s. m. Abrutissement, stupidité grossière.

## ABS

**ABSENÇO**, s. f. Absence, éloignement d'une personne ; fig. Égarement d'esprit, distractions sensibles. (Du latin *absentia*.)

**ABSENT**, O, adj. Absent, e, qui est éloigné, qui n'est pas présent. (Du latin *absens*.)

**ABSENTA (S')**, v. pro. S'Absenter, quitter pour quelque temps le lieu que l'on habite ordinairement. (Du latin *abesse*, formé de *ab* hors, et *esse* être.)

**ABSOULUDOMEN**, voyez ABSOULUT.

**ABSOULUT**, adv. Absolument, sans rémission. (Du latin *absolute*.)

**ABSOULUT, UDO**, adj. Absolu, ue, libre, impérieux, tranchant, volontaire. (Du latin *absolutus*.)

**ABSOUDRE**, v. act. Absoudre, décharger un accusé d'une faute, d'un péché ou d'un crime. (Du latin *absolvere*, formé de *ab* et de *solvere*.)

**ABSOULUTIOU**, s. f. Absolution, partie du sacrement de pénitence ; Pardon que reçoit le coupable. (Du latin *absolutio*.)

**ABSOURBA**, v. act Absorber, engloutir; fig. Consumer entièrement. (Du latin *absorbere*.)

**ABSTENE (S')**, v. pro. S'Abstenir, s'empêcher de faire quelque chose, se priver d'une chose. (Du latin *abs* de, hors, et *tenere* tenir, se tenir hors.)

**ABSTINENÇO**, s. f. Abstinence, privation volontaire des choses permises et agréables ; Jour où l'on s'abstient de viandes. (Du latin *abstinentia*.)

**ABSTRACTIOU**, s. f. Abstraction, différence qu'on fait d'une chose. (Du verbe *abstraho*.)

**ABSURDE**, O, adj. Absurde, qui est évidemment contraire à la raison, au sens commun. (Du latin *absurdus*, formé de *ab* de, et *surdus* sourd.)

**ABSURDITAT**, s. f. Absurdité, vice, défaut de ce qui est absurde.

**ABSURDOMEN**, adv. Absurdement.

## ABU

**ABU**, s. m. Aveu, approbation, consentement.

**ABUCLA**, v. act. Aveugler, rendre aveugle; fig. Tromper, leurrer.

Mais per bous sabés hé coussi b'aben réclat,
Et tout coumo Moussu serés pas *abuclat*. D.

**ABUCLADOMEN**, adv. Aveuglement, sans considération, sans réflexion, sans examen.

**ABUCLE**, O, s. m. ou f. Aveugle, qui est privé de l'usage de la vue ; fig. Sans jugement, sans connaissance, sans raison. (Du latin barbare *aboculus*, formé de *ab* de, hors, et *oculus* œil, et équivalant à *sine oculis* sans yeux.)

**ABUCLOMEN**, s. m. Aveuglement, privation de la vue ; fig. Erreur, égarement, conduite peu sage.

Al countrari, tout cop on your bex la feblesso
D'applaoudi sans razou ço qu'a dix your méstrésso.
Soun touxoun encantax das prépaouzés qué tén,
Amaï n'és pas à qui your soul *abuclomén*. D.

**ABUGADA**, v. act. Lessiver, faire la lessive à...; Mettre à la lessive. (Racine *bugado*.)

**ABURRELA**, v. act. Envéloter, t. de faneur ; Mettre, en véliotes ou petits tas, le foin, la luzerne.

**ABUS**, s. m. Abus, mauvais usage qu'on fait d'une chose; Désordre, erreur. (Du latin *abusus*.)

Touxoun a tengut dix : aco bous és l'*abus*,
Lou sounét d'oun parlas n'és bou qué pel retrus. D.

**ABUSIBOMEN**, adv. Abusivement.

**ABUSIF, IBO**, adj. Abusif, ive, qui est contraire aux règles, aux usages, qui renferme un abus.

**ABUZA**, v. act. Abuser, tromper ; User mal.

**ABUZA (S')**, v. pro. S'Abuser, se tromper : *S'és pla abuzat*. (Du latin *abuti*, formé de *ab* de, hors, et *uti* user.)

## ACA

**AÇA**, interj. Expression d'un grand usage et qui a beaucoup de significations diverses : *Aça partissi*, eh bien ! je pars ; *Aça calo te*, prends garde à toi, tais-toi.

**ACABA**, v. act. Achever, finir, terminer une

chose commencée ; fig. Gourmander, réprimander; Ruiner sans ressource ; Énivrer complètement. (Du latin *ad* à, et *caput* tête, chef, comme si l'on disait : mettre ou conduire à chef.

ACABADO, *voyez* ESCATS.

AÇABAL, *Açamoun*, adv. Ici, tout près : *Es açabal que ben, il est là bas, il vient.* (Du latin *vallis* vallée.)

A CABAL, adv. A cheval, se tenir bien ou mal à cheval, se mettre à cheval ou à califourchons sur... (Du latin *caballus*.)

ACABALA, v. act. Monter une ferme de bestiaux, d'instruments d'agriculture.

ACABALGA, v. act. Monter à califourchons.

ACABASSIT, *voyez* MALFRÉ.

ACABAT, ADO, adj. Achevé, ée, fini.

ACABOMEN, s. m. Achèvement.

ACACIA, s. m. Acacia, arbre de haute tige qui porte des fleurs légumineuses. (Du grec *akakia*, formé par réduplication d'*aka*, pour *akè* pointe, à cause des épines dont les branches de cet arbre sont semées.)

ACAGNARDI (S'), v. pro. S'Acagnarder, s'accoutumer à une vie fainéante. (Suivant Nicot du vieux mot français *cagnard*, bien exposé au soleil, à l'abri du vent.)

ACAHUT, *voyez* AQUEDUC.

ACAIRA, *voyez* ACAMPEXA.

ACAJOU, s. m. Acajou, arbre d'Amérique dont le bois sans aubier, et susceptible d'un beau poli, sert à faire des meubles. (Du latin *anacardium*.)

ACALA, v. act. Presser le caillé pour le mettre au moule des fromages.

ACALA (S'), v. n. Se Taire en parlant des enfants qui pleurent souvent et sans raison.

ACALOUNA, *voyez* ACAOUMA.

ACAMINA (S'), v. n. Prendre les devants, se mettre en chemin. (De l'italien *camino*.)

ACAMPA, v. n. Ramasser, récolter, serrer dans un grenier ; fig. s'Envenimer en parlant d'une plaie qui fait apostheme : *Lou pe acampo.*)

Lou rosin obertis qué l'ou cal *occompa*;
Quond moustejo és modur, on s'y pot pas troumpa.
Deja soun jus ogrado o lo goularda gribo.
Per s'en ossodoula, lou mountognol orribo. PRAD.

ACAMPAIRE, O, adj. Cueilleur, euse, qui ramasse, qui serre ; Avare : *Aco's uno acampairo, c'est une avare.*

ACAMPAJHE, *voyez* AMASSAXE.

ACAMPEXA, *Acampeja*, v. act. Chasser les enfants qui vont marauder.

ACAMPO BREN, *Escampo farino*, s. m. Personne qui n'entend pas l'économie, qui est avare pour de petites choses et prodigue pour d'autres qui sont plus conséquentes : *Aco's un acampo bren et un escampo farino.*

ACANA, v. n. Insulter, couvrir d'injures.

ACANA, *voyez* DEBATRE.

ACANTOUNA, v. act. Bâtir le coin d'une muraille, le plomber ; Pousser dans un coin; Pousser quelqu'un pour lui demander raison. (Du grec *gonia* angle.)

ACAOUMA, v. n. Suffoquer par un rapprochement trop fatigant. (Racine *càout*.)

ACAOUS, s. f. Chaux, pierre calcinée par le feu, qui entre dans la composition du mortier pour bâtir. (Du latin *calx*.)

ACAOUS D'AGUILLO, s. m. Chas ; Trou d'une iaguillo.

ACAPARA, v. act. Accaparer, acheter ; Amasser des denrées en grande quantité pour les vendre plus cher. (Du latin *ad parare*, acheter beaucoup.)

ACAPARA, *voyez* EMMANTOULA.)

ACAPAROMEN, s. m. Accaparement.

ACAPARUR, *Acaparayre*, s. m. Accapareur, monopoleur.

ACAPLA, v. act. Accabler, abattre, surcharger ; Tourmenter à l'excès ; fig. Accabler de politesses, d'honnêtetés, de bienfaits.

Mé dounas un xagriu qu'aissi mé désespero ;
Yeou deourio mé faxa, bous mètès en coulèro !
Ah! qué counèissèz pla tout l'amour qu'eï per bous !
Coussi poudés abé l'aïré ta rigourous !
Boulès pas mé guéri d'un tourmén qué m'*accablo*;
Bous és indiférent qué bous créguo coupablo ?
Diguas ço, qué bourdrés per bous desencuza
Yeou béscoutarèï tout, quand déouriès m'enguza. D.

ACAPLANT, O, adj. Accablant, e, qui accable; Importun, incommode.

ACAPLAT, ADO, adj. Accablé, ée.

Moun amo *accablado* dé mal
Vous démando d'ostré guérido,
Et d'habita dins vostré oustal
Per toutis lous jours de ma vido. Puj.

ACAPLOMEN, s. m. Accablement, état de celui qui est accablé par les chagrins, la maladie, etc.

ACAPRISSA (S'), v. pro. S'Entêter, s'opiniâtrer. (Raciné *capricī*.)

ACARA, *voyez* COUNFROUNTA.

ACARNA, v. n. Fournir la viande de boucherie à une maison.

ACARNA (S'), S'Acharner, s'attacher avec ardeur à nuire ; Persécuter opiniâtrement. (Du latin *ad* à, et *caro carnis* chair.)

ACARNASSIT, IDO, adj. Carnassier, ière, vorace, grand mangeur de viande. (Du latin *ad* à, et *caro*.)

ACARNOMEN, s. m. Acharnement.

ACATA, v. act. Couvrir. (Du latin *occultare*.)

ACATA, *voyez* ABAYSSA.

ACATAXE, *Acatajhe*, s. m. Couverture de lit; Tout ce qui sert à se couvrir au lit.

ACATO, *voyez* COUBERTO.

ACATSA, *voyez* ACAXA.

ACAVI, *voyez* CABI.

ACAXA, v. act. Arranger, mettre en ordre, fagoter.

ACAXADOMEN, Adv. Avec ordre, d'une manière propre, nette.

ACAXADURO, s. f. Propreté, netteté : *Y'a fosso acaxaduro dins l'oustal.*

ACAXAT, ADO, Adj. Propre, rangé, qui est bien soigné, qui soigne bien.

ACAZA (S'), *voyez* (SE CAZA.)

## ACC.

ACCELERATIOU, s. f. Accélération. (Du latin *acceleratio*.)

ACCEPTAPLE, O, adj. Acceptable.

ACCEPTATIOU, s. f. Acceptation. (Du latin *acceptatio*.)

ACCLAMATIOU, s. f. Acclamation. (Du latin *acclamatio*.)

ACCUMULATIOU, s. f. Accumulation. (Du latin *accumulatio*.)

ACCUSATIOU, *voyez* ACUSATIOU.

ACCOURDAPLE, O, adj. Accordable.

ACCOUSTAPLE, O, adj. Accostable.

ACO                    ACO     9

## ACH

**ACHAIRE**, voyez POUGNAL.

## ACI

**ACIBADA**, *Estrilla*, v. n. Battre, étriller quelqu'un : *L'a pla acibadat*, il l'a bien étrillé.

**ACIDITAT**, s. f. Acidité.

**ACIE**, s. m. Acier, fer combiné avec une portion de carbone. (Du latin barbare *aciarium*, dérivé d'*acies*, pointe).

**ACIEYRA**, v. act. Acérer, mettre de l'acier à un outil pour que le tranchant soit plus fin et plus dur.

**ACIOUT**, voyez ALERTO, AMARBIT.

**ACIPADO**, voyez PREZO.

**ACISA**, v. act. T. de maç., poser une assise, c'est-à-dire une rangée de pierres ou de briques horizontalement ; Elever la muraille à la même hauteur : *Nous cal assisa per nibela*. (Racine *asseoir*.)

**ACISELA**, v. n. T. d'agric. employé par les laboureurs et les travailleurs de terre dont les outils, tout en s'émoussant, prennent la forme d'un ciseau par la qualité de la terre qui ronge le fer.

**ACISO**, s. f. T. d'arch. Assise, rang de pierres posées de niveau dans un mur.

**ACISOS**, s. f. Assises, cour criminelle ; Durée des séances. (Du latin *assisa* ou *assisia*, qui vient de *a sedendo*.)

## ACL

**ACLAFA** (S'), v. pro. Se Courber pour éviter un coup, se croupir par peur et précipitamment.

**ACLAPA**, voyez ACATA.

**ACLATA** (S'), v. pro. S'Abaisser, s'incliner pour passer sous une porte trop basse ; on dit encore *Aclata* en parlant des poules qui se laissent prendre à la main et se tapissent contre terre : *Aclato, Aclato*, dit-on pour les exciter à se laisser prendre.

**ACLENA**, v. n. Fatiguer, épuiser, accabler. (Du latin *acclinare*, courber).

**ACLENAT**, ADO, adj. Harassé, ée, épuisé, outré de fatigue ou de lassitude : *Sout aclenat*. (Du latin *acclinis*, courbé.)

**ACLENCAT**, ADO, adj. Dépéri, e, vieilli, usé, en parlant des personnes déjà usées par la maladie ; Accoudé, appuyé sur ses coudes.

O l'oumbro d'un poumié, sus moun couyré occlencat,
Oqui de lo noturo you countémplé l'oubratgé,
Tondis qué sus moun cap enténdi lou romatgé
D'un gaï roussignoulét qué conto sos omours.
Moun el mirobillat admiro lous détours
D'un rojol qu'oun couneis d'aoutro ley qué so pento. PR.

**ACLIMATA**, v. act. Acclimater, accoutumer à la température d'un climat : *La me caldra aclimata*.

**ACLIMATA** (S'), v. pro. S'Acclimater, s'accoutumer dans un pays, un endroit : *Coumenço à s'aclimata*. (Racine *climat*.)

## ACO

**ACO**, pro. démonst. Cela, cette chose-là : *Aco d'aqui* ; on désigne une chose qu'on tient ; il exprime l'ironie, le dédain, la surprise. (Du latin *hoc*.)

Sé bous bésés aco yeou sérei pla troumpat,
Car béléou, paour'effan, bous crésés d'estré aïmat. D.

**ACO**, adv. de lieu. Chez, en la maison de... (De l'italien *appo*, auprès, chez.)

**ACOITAR**, voyez AFANA (S').

**ACOLITO**, s. m. Acolyte, dont l'office est de servir le prêtre à l'autel ; Enfants qui font les fonctions d'acolyte sans en avoir reçu l'ordre. (Du grec *Akólutos*, libre, parce que les acolytes, comme tous les ecclésiastiques, doivent être libres de tout autre engagement.)

**A COP SIGUR**, adv. Certainement, d'une manière sûre, à coup sûr. (Racine *Sigur*.)

**ACO RAY**, adv. A cela ne tienne, pour cela ni plus ni moins.

**ACORDIS**, s. m. Accord, convention, accommodement, consentement donné à une chose. (De l'italien *accordare*, dérivé de *ad*, à, et *corda*, corde d'instrument.)

**ACO'S**, locution patoise qui a différentes acceptions : *Aco's el qué b'a dits*, c'est lui qui l'a dit ; *Aco's per aco que souy bengut*, c'est pour cela que je suis venu, à ce dessin.

Aco's un babillard qué sap pas ço qué dis ;
Quand coumenço quicon xamaï pus nou finis.
Coussi n'a pas d'amic qué sio prou xaritaplé
Per yé fa saoupré almens qu'és un insupourtaplé ? D.

**ACOUBIDA**, *Acouïda*, voyez COUBIDA.

**ACOUBIT**, s. m, voyez COUBIT.

**ACOUCARA**, voyez ACOUQUINA.

**ACOUCARDI**, voyez ACAGNARDI.

**ACOUCHA**, voyez ACOUXA.

**ACOUCHAILLOS**, voyez ACOUXAILLOS.

**ACOUDAT**, adj. voyez COUIDAT, ACOUIDAT.

**ACOUDOIR**, s. m. Accoudoir, appui pour le coude, tablettes d'appui d'une fenêtre. (Racine *Couyré*, coude.)

**ACOUFESSIT**, IDO, adj. Qui se confesse souvent. (Du latin *Confessus*.)

**ACOUFIGNA** (S'), v. pro. Se rencogner dans un coin ; s'Asseoir sur les talons comme font les femmes qui prennent cette posture au lieu de s'asseoir sur une chaise.

La balesto, qui la mé sab ?
Qu'yeu m'én ané baïlla sul cap
An un lébraout qué dins la bigno
Countr'uno souco s'aooufigno G.

**ACOUDAT**, *Couydat*, adj. Gras-cuit. Pain gras-cuit, qui n'est point levé, qui n'a point d'yeux, pain mat.

**ACOUIRA** (S'), v. pro. S'Accouder.

**ACOUIRADOU**, voyez ACOUDOIR.

**ACOULA**, v. act. Butter. T. de jardinier, entourer de terre certaines plantes potagères pour les faire blanchir. (Du latin *ad*, à, et *colla*, cou, parce qu'on garnit les plantes de terre jusqu'au bout.)

**ACOULAT**, s. m. Compagnon, ouvrier dans un travail.

**ACOULADO**, s. f. Accolade, embrassement, salut. (Du latin *ad*, à, et *collum*, cou.)

**ACOUMENSA**, voyez COUMENSA.

**ACOUMODOMEN**, s. m. Accommodement, accord, réconciliation, moyen de se concilier, arrangement dans une affaire.

Qu'un *accoumodomén* élis crésou dé fa ?
Nou beyrou pas qué yéou, de boun grax ni per forço,
Yé banté lou sounet qué fa nostré digorço ;
Mé rétractaréi pas brico dé ço qu'ey dix :
Trobi qué bal pas rés.

**ACOUMOUDA**, v. act. Accommoder, procurer de la commodité ; Conformer, faire convenir, faire cadrer ; Arranger, agencer ; Ajuster. Il s'emploie quelquefois par ironie, dans un sens tout contraire, et signifie *Maltraiter de coups ou de paroles*; Rétablir, mettre en meilleur état, en meilleur ordre; Apprêter les viandes; bien Traiter ses chalands; ne pas Vendre trop cher, en parlant d'un marchand; bien Traiter les hôtes, en parlant d'un aubergiste.

ACOUMOUDA (S'), v. pro. S'Accommoder, se conformer à..., se Servir de...; se Trouver bien d'une personne, en être content; se Finir paisiblement, se terminer en bien; s'Accorder après avoir été brouillés. (Du latin *Accommodare*.)

ACOUMOUDANT, ANTO, adj. Accommodant, ante, complaisant, qui est facile, qui se fait aisément à tout, qui traite bien ses pratiques. (Du latin *Accommodans*, participe d'*Accommodare*.)

ACOUMPAGNA, v. act. Accompagner, aller de compagnie, reconduire, suivre par honneur : *Boli bous acoumpagna;* Assortir, convenir. (De l'italien *Accompagnare*, qui a la même signification.)

Et lou sero aoulot dé cansous
Lou *De Profundis* sé cantâbo,
Uno cacho d'ambé dé flous,
Al cementèri sé pourtâbo :
Dé filletos toutos én blan
L'*acoumpagnabour* en plouran ! J.

ACOUMPAGNOMEN, s. m. Accompagnement, ce qui est joint à quelque chose; Accord des instruments.

ACOUMPELI, v. n. Saisir, être pris, être hors d'action et de mouvement par l'excès du froid; Accabler. (Du latin *Compellere*, forcer, faire violence.)

ACOUMPLI, v. act. Accomplir, achever tout à fait; Effectuer, exécuter. (Du latin *ad*, augmentatif, et *complere*, remplir.)

ACOUMPLISSOMEN, s. m. Accomplissement, achèvement parfait, exécution entière.

ACOUPLA, *Aparia*, v. act. Accoupler, joindre deux choses ensemble, mettre deux bœufs ensemble sous le joug; Assortir, donner la pareille à une bête qu'on a déjà; Apparier le mâle et la femelle pour la génération. (Du latin *Copulare*.)

ACOUPLA (S'), v. pro. S'Accoupler, se Joindre pour la génération, en parlant des animaux.

ACOUPLOMEN, s. m. Accouplement, assemblage.

ACOUQUELA (S'), v. pro. Se grumeler, se mettre en petits grumeaux en parlant de la bouillie et autres choses qui doivent, en cuisant, rester en crème. (Racine *Coco*.)

ACOUQUELAT, ADO, adj. Grumeleux, euse, en grumeaux; fig., mal arrangé, mal habillé, mal fagotté.

ACOUQUINA, v. act. Acoquiner, attirer, attacher par l'habitude, accoutumer à la paresse.

ACOUQUINA (S'), v. pro. S'Acoquiner, s'attacher, se donner trop à ce qui plaît, prendre des habitudes. (Racine *couqui*, coquin, formé du latin *coquina*, cuisine.)

ACOURAL, s. m. Abée, ouverture par où coule l'eau d'un ruisseau ou d'une rivière pour faire aller un moulin. (Racine *Cours*.)

ACOURBA, v. act. Courber, abaisser.

ACOURBA (S'), v. pro. Se Courber, se plier, devenir courbe. (Du latin *Curvare*.)

ACOURCHA, *voyez* ACOURXA.

ACOURCI, *Acourxi*, *Acourxa*, v. act. Accourcir, rendre plus court, diminuer de longueur.

ACOURXA, *voyez* ACOURCI.

ACOURXI (S'), v. pro. S'Accourcir, devenir plus court. (Racine *Court*.)

ACOURDA, v. act. Accorder, mettre d'accord, remettre en bonne intelligence; Accorder une grâce. fig., unir des choses qui semblent contraires.

ACOURDA (S'), v. récip. S'Accorder, être d'accord, se mettre d'accord. (Racine *Acordi*.)

ACOURDAYRE, s. m. Qui met d'accord.

ACOURI, v. n. Accourir, se rendre vite vers quelqu'un ou dans quelque lieu. (Du latin *ad*, à vers, et *currere*, courir.)

ACOUROUCA, *voyez* ACOURROUTA.

ACOURROUTA, v. n. Glousser, se dit d'une poule qui se pose pour réchauffer ses poussins.

ACOURROUTA (S'), v. pro. S'Abriter par un mauvais temps.

ACOURXA, v. act. Accourcir, abréger le chemin. (Du latin *ad*, et *curtare*, accourir).

ACOURXI, *voyez* ACOURCI ou ACOURXA.

ACOUSSA, v. act. Donner la chasse à quelqu'un, le mettre en fuite, le suivre à coups de pierres. (Racine *Courso*.)

ACOUSSAT, DO, adj. Gêné, ée, dans ses affaires.

ACOUSTA, v. act. Accoster, aborder quelqu'un pour lui parler.

ACOUSTA (S'), v. pro. S'Accoster, s'approcher l'un de l'autre. (Du latin *ad*, à vers, et *costa*, côte.)

ACOUSTAIRA, v. act. Mettre de côté, serrer d'un côté; Mettre hors de danger. (Du latin *ad*, à, vers, et *costa*.)

ACOUSTUMA, v. act. Accoutumer, faire prendre une habitude, rendre une chose familière; Habituer quelqu'un; Avoir coutume de...

A bostrés counplimèns yéou souy b'*acoustumado :*
Mais és per m'insulta qu'ayssi m'abés ménado ? D.

ACOUSTUMA (S'), v. pro. S'Accoutumer, s'habituer à..., prendre l'habitude de... (Racine *Coustuimo*.)

ACOUSTUMAT, ADO, adj. Accoutumé, ée, habitué.

A L'ACOUSTUMADO, adv. A l'Accoutumée, à l'ordinaire.

ACOUTA, *voyez* COUTA.

ACOUTRA, v. act. Accoutrer, habiller, ajuster; Parer tout de travers. (Du latin *ad*, et *culturam*, culture.)

ACOUTROMEN, s. m. Accoutrement, habillement, ajustement ridicule.

ACOUTSA, *voyez* ACOUSSA.

ACOUXA, v. n. Accoucher, mettre au monde un enfant. (Du latin *accubare*, formé de *ad* et de *cubare*, être couché.)

ACOUXOMEN, s. m. Accouchement, enfantement; Action d'accoucher une femme.

ACOUXUR, s. m. Accoucheur, celui dont la profession est d'accoucher les femmes.

ACOUXUZO, *voyez* LÉBANDIEYRO.

ACOUYDA (S'), v. pro. S'Accouder, se reposer, s'appuyer sur les coudes. (Du latin *ad*, et *cubita*, de *cubitus*, coude.)

ACOUYDAT, adj. Pain mat dont la mie est affaissée.

## ACQ

ACQUIZICIOU, s. f. Acquisition. (Du latin *acquisitio*.)

## ACR

ACRABA (S'), v. récip. Se Cabrer, en parlant

du cheval; Sauter comme une chèvre, se dresser sur les pieds de derrière à l'exemple des chèvres. (Du latin *capra*, chèvre, parce que les chevaux qui se cabrent ressemblent aux chèvres lorsqu'elles se dressent.)

ACRASSI, v. n. Remplir de crasse, salir. (Racine *crasso*.)

ACRASSIMA, v. n. Sécher d'inquiétude, se tourmenter dans l'attente d'une chose. (Racine *crasso*.)

ACRASSIT, IDO, adj. Crasseux, euse, sale, gluant de crasse.

ACRETAT, s. f. Âcreté. (Du latin *Acritas*.)

ACRO, *voyez* FER.

ACROC, s. m. Accroc, déchirure que fait ce qui accroche; fig., Obstacle, retardement, difficulté. (Racine *croc*.)

ACROUCA (S'), v. pro. S'Accrocher, s'arrêter à quelque chose que ce soit; Se plier en forme de croc. (Racine *croc*.)

ACROUPI (S), v. pro. S'Accroupir, s'asseoir sur sa croupe ou sur ses talons; Sommeiller. (Racine *croupo*.)

ACROUPIT, IDO, adj. Accroupi, ie; Qui est assis sur sa croupe ou sur ses talons.

ACROUSTI, v. n. Se former une croûte.

ACROUXA, v. act. Accrocher, attacher à un croc. (Racine *croc*.)

ACROUXA (S'), v. pro. S'Accrocher, s'attacher.

## ACT

ACTIBA, v. act. Activer, mettre en activité, presser, hâter. (Racine *actif*.)

ACTIBITAT, s. f. Activité, force, vigueur, vertu d'agir. (Du latin *activitas*, formé d'*activus*, actif.)

ACTIF, IBO, adj. Actif, Active, qui agit, qui a la vertu d'agir, qui agit avec force, avec célérité. (Du latin *activus*, formé de *agere*, agir.)

ACTIOU, s. f. Action, mouvement, opération de l'âme; Chose que fait ou qu'à faite une personne. (Du latin *actio*.)

Et quand dins bostré cor un aoutré tén la plaço,
Dé m'aaïma cépandant abès fax la grimaço;
Aco's, dé bostro part, uno maoubézo *actiou*
Dount yéou mé benxaréi, bésés-bous, mort ou biou !
Soubénés-bous surtout qué souï pas perdounaïré,
Car nou respoundrio pas dé ço qué podi faaïré. D.

ACTIOUNARI, *Axiounari*, s. m. Actionnaire.

## ACU

ACUL, s. m. Accueil, réception bonne ou mauvaise qu'on fait à quelqu'un. (Du latin *ad*, et *colligere*.)

ACULA, v. act. Acculer, pousser et serrer dans un coin, pousser dans un endroit d'où l'on ne peut aller plus loin. (Du latin *ad*, et *culus*, derrière.)

ACULI, *voyez* CULI.

ACUMULA, v. act. Accumuler, entasser, mettre en tas. (Du latin *ad*, et *cumulare*.)

ACUPA, v. act. Occuper, employer, donner de l'occupation, donner de la peine; Exiger beaucoup de soins; Accuser quelqu'un.

ACUPA (S'), v. pro. S'Occuper, s'appliquer à...; Songer, faire attention à...; Blâmer, accuser quelqu'un. (Du latin *occupare*.)

ACUPAJHÉ, *voyez* AQUIPAXÉ.

ACUSA, v. act. Accuser, déférer en justice, révéler le crime de quelqu'un et rendre plainte contre lui; fig., Accuser la lenteur de...; Reprocher une faute.

O Pologno ! O Pologno ! ô nostro bièillo amigo ,
Sé poudios beyré aoumens coumo té régrètan !
Cadun respén sur tu dé grumillos dé san !
Dé té benja qué nous atrigo ! !
Bay, nous *acuzés* pas !... mais acuzo puléou
Un ministéri laché ; el soul és toun bourréou.
Acuzo aqués paourruts qué dunpéi méjo annado
En ma tégnon la foudro et nôu l'an pas lançado.
Tous soun tacats dé sang, dé sang d'un pupléfray !
Couro s'effaçara ? Jamay ! jamay ! jamay ! J.

ACUSA (S'), v. pro. S'Accuser, déclarer ses fautes, ses torts. (Du latin *accusare*.)

ACUSAPLÉ, O, adj. Accusable.

ACUSAT, s. m. Accusé en justice pour quelque crime. (Du latin *accusatus*.)

ACUSATIOU, s. m. Accusation, plainte contre quelqu'un, reproche d'une faute, d'un défaut (Du latin *accusatio*.)

ACUSATOU, s. m. Accusateur, celui qui accuse, qui poursuit quelqu'un en justice; Officier judiciaire chargé de poursuivre devant les tribunaux les personnes prévenues de crimes : *L'acusatou puplic*. (Du latin *accusator*.)

## ADA

ADALI (S'), v. n. Défaillir, manquer, dépérir, s'affaiblir faute de nourriture. (Du latin *ad* privatif, et *alere*, qui manque de nourriture.)

ADALIMEN, s. m. Défaillance, besoin de manger.

ADALIT, IDO, part. Défaillant, qui tombe en défaillance.

ADANSIT, IDO, adj. Qui aime à danser, qui est toujours disposé à danser. (Racine *danso*.)

## ADB

ADBERSARI, s. m. Adversaire.

ADBERSITAT, s. f. Adversité. (Du latin *adversitas*.)

ADBERSO, adj. Adverse, Contraire : *La partido Adberso*, la partie Adverse. (Du latin *adversus*.)

## ADD

ADDICIOU, s. f. Addition, opération par laquelle on trouve un nombre égal à plusieurs autres pris ensemble. (Du latin *additio*.)

ADDICIOUNA, v. act. Additionner, réunir plusieurs nombres en un seul qui en donne le total. (Racine *adiciou*.)

## ADE

ADÉJA, *voyez* ADEXA.

ADEMALOS, *voyez* MALOS (A).

ADERA, v. n. Adhérer, tenir fortement à....; Être du parti de quelqu'un; Consentir. (Du latin *adherere*, composé de *ad*, à, et *hæreo*, je tiens.)

ADERE, *voyez* RAXORE.

ADES, *voyez* TOUT ARO.

ADEXA, adv. Déjà, dès cette heure, dès à présent. (Du latin *jam*, et de la basse latinité *dejam*.)

## ADI

ADIOU, *Adissiès*. Interjection dont on se sert pour se saluer quand on se quitte. Adieu, bonjour. Il est convenu que *Adiou* se dit seulement d'égal à égal et quand on tutoie une personne. *Adissies* est plus respectueux. (Du latin *ad deum*.)

Aquélo, pel sigur, sé pot diré niquoiso !
Ben aïssi calqué cop, et quand a dix *adiou*
Tout finjs amb'aco, siés sans counbersatiou,
Né trazés pas pus rés ; bous fa souffri las peyros ! D.

ADIRE, adv. Ne pouvoir suffire à tout, ne pouvoir pas faire tout à la fois, ne pouvoir pas contenter plusieurs personnes. (Du latin *addicere*, dire, répondre).

## ADJ

ADJOINT, s. m. Adjoint, officier municipal, suppléant du maire, établi pour représenter le maire. (Du latin *adjunctus*.)
ADJUDICATARI, *Adxudicatari*, s. m. Adjudicataire, celui à qui l'on adjuge une chose.
ADJUDICATIOU, s. f. Adjudication. (Du latin *adjudicatio*.)

## ADM

ADMETRE, v. act. Admettre quelqu'un dans une société, dans une compagnie; Admettre les raisons, les excuses; Reconnaître pour véritable. (Du latin *admittere*.)
ADMINISTRA, v. act. Administrer, gouverner, régir; Administrer, conférer les sacrements aux malades. (Du latin *administrare*.)
ADMINISTRACIOU, s. f. Administration, gouvernement, conduite, direction de quelque bien, des affaires publiques; les Administrateurs; l'Administration des sacrements. (Du latin *administratio*.)
ADMIRA, v. act. Admirer, considérer avec étonnement, être surpris, étonné.

Coumbénès ambé yéou qu'un lengaxé parel
Es un paouc trop escur per qué sio naturel.
Cal pas tant s'afinta per diré sas pensados;
Lous termés récerquats las randou enbrouillados.
Sabi qu'acos lou goust dal tens à oun biben ;
An faxo la cansou qué yéou m'en boou bous dire ,
L'aouzissi pas xamaï qué touxoun nou l'*admiré*.  D.

ADMIRA (S'), v. pro. S'Admirer, avoir de l'admiration pour soi-même, se regarder avec complaisance dans une glace. (Du latin *admirari*.)
ADMIRAPLE, O, adj. Admirable, qui attire, qui mérite l'admiration. (Du latin *admirabilis*.)
ADMIRAPLOMEN, adv. Admirablement, d'une manière admirable, avec une perfection extraordinaire. (Du latin *admirabiliter*.)
ADMIRATIOU, s. f. Admiration, étonnement. (Du latin *admiratio*.)
ADMISSIOU, s. f. Admission. (Du latin *admissio*.)

## ADO

ADOUA, v. act. Rhabiller, remettre en son lieu une partie rompue ou luxée; Accommoder, mettre en ordre. (Du latin barbare *adobare*, qui signifiait armer.)
ADOUAYRE, AYRO, s. m. f. Renoueur; Bailleul, celui qui fait profession de remettre les os disloqués et les côtes enfoncées ou rompues. (De Nicolas Bailleul, père du surintendant des finances du même nom sous la reine Anne d'Autriche, célèbre par son humanité envers les pauvres.)
ADOUBA, v. n. Adouber, ajuster, parer, arranger; Assaisonner. Par ironie et fig., Mal arranger une chose. (Du latin barbare *adobare*.)
ADOUBADOU, *voyez* TUADOU, BOUXARIÉ.
ADOUBAJE, *voyez* RELIAXE.
ADOUBAYRE, *voyez* ADOUAYRE.
ADOUBUN, *voyez* APREST.
ADOUCI, v. act. Adoucir, rendre plus doux; Corriger la rudessse, les inégalités d'une chose;

Calmer; Diminuer, baisser. (Du latin *dulcocare*, fait de *dulcis*, doux.)

Qu'un ben tiédé sé lèbo! eh! lou tems *s'adoucis* ;
Bésén déja lo néou sé foundré o bèlis boucis.
Dé soun blonc coutillou lasso d'estré hornescado,
Lo terro, arométiou, d'un bert séro porado.   PRAD.

ADOUCISSANT, ANTO, adj. Adoucissant, te, qui adoucit.
ADOUCISSOMEN, s. m. Adoucissement, l'action par laquelle on adoucit; Correctif; Diminution dans le prix.
ADOULEZIT, *voyez* ENDOULEZIT.
ADOUMESTICA, *Adoumexi*, v. n. Domestiquer, apprivoiser. (Du latin *domesticus*.)
ADOUMEXI, v. n. Apprivoiser, rendre doux, moins farouche; fig., Changer, en parlant du temps. (Du latin *domesticus*, de *domus*, maison.)
ADOUN, *Alabets*. *Voyez* ALARO.
ADOUNA (S'), v. récip. S'Adonner, se plaire particulièrement à...; s'Attacher, s'appliquer, se livrer avec passion à...; Se Donner à quelqu'un corps et bien. (Du latin *ad*, à, et du verbe *dare*, donner.)
ADOUNIZA, v. act. Adoniser, parer, Ajuster avec affectation. (De *Adonis*, favori de Vénus.)
ADOUPTA, v. act. Adopter, prendre, dans les formes prescrites, quelque personne pour fils ou pour fille; fig., Adopter de mauvaises manières (Du latin *adoptare*.)
ADOUPTIF, *Adouttif*, IBO, adj. Adoptif, ive.
ADOUPTIOU, s. f. Adoption. (Du latin *adoptio*.)
ADOURA, v. act. Adorer, rendre à Dieu le culte qui lui est dû; Aimer avec passion. (Du latin *adorare*, formé de *ad*, à, et de *os*, bouche, parce que, dans leurs prières et leurs cérémonies religieuses, les Romains portaient la main à la bouche.)

*Odouren* en tout tems lo satjo Proubidenço;
Mais per nous-aous sur tout quand fo tont dé despenso,
Rédoublen nostré omour en conten so hountat,
Et sien récouneyssens cadun dins nostré estat.   PRAD.

ADOURAPLE, adj. Adorable, qui est digne, qui mérite d'être adoré. (Du latin *adorabilis*.)
ADOURATIOU, s. f. Adoration, action par laquelle on adore; l'Adoration est due à Dieu seul; fig., Passion aveugle pour une personne. (Du latin *adoratio*.)
ADOURATOUS, s. m. Adorateurs, statues représentant des anges adorateurs qu'on place près d'un tabernacle, dans les églises. (Du latin *adorator*.)
ADOUSSA, v. act. Adosser, mettre dos à dos, fig. Appuyer contre. (Racine *dos*.)
ADOUZILLIA, v. act. Mettre le vin en perce; Mettre le vin en vente. (Racine *douzil*.)

## ADR

ADRACA, *voyez* EYSUYA.
ADRAYA, v. act. Dresser à faire plus facilement. En terme de métier; Enfrayer, mettre en train quelque chose de neuf.
ADRAYA, (S'), v. pro. Fatiguer bien moins par l'adresse qu'on acquiert à faire une chose.
ADRELÒ, *Aous*, t. de cordon.
ADRESSA, v. act. Adresser, envoyer directement à quelqu'un, en quelque lieu; Parler directement à quelqu'un; Redresser une chose.
ADRESSA (S'), v. pro. S'Adresser, aller trouver

quelqu'un, avoir recours à lui. (Suivant Ménage, du latin barbare *addirectiare*.)

Tout dé suito, calqu'un dé bostro couneyssenço
Bénio per bous parla d'un afa fort pressat;
Et, coumo y'èrès pas, à yéou s'es *adressat*
Per bous diré qué cal.... Mardïou !... Coussi s'apèlo?..
Nou m'en souben pas; n'oy pas pus dé cerbèlo. D.

ADRESSO, s. f. Adresse, le dessus d'une lettre, d'un paquet; Lieu où l'on adresse une lettre, un paquet; Indication qu'on donne à quelqu'un pour aller en quelque lieu; Dextérité, aptitude, savoir faire; Ruse, finesse. (Racine *adrex*.)

ADREX, EXO, adj. Adroite, te, qui a de l'adresse, de la dextérité; Fin, rusé. (Du latin *dexter*, adroit.)

ADREXOMEN, adv. Adroitement, avec adresse.

## ADU

ADUECH, voyez ADREX.

ADULTERO, s. m. Adultère, commerce illégitime avec une personne mariée. (Du latin *adulterium*.)

ADUXA, *Axuda*, v. act. Aider, servir, rendre service. (Du latin *adjuvare*, aider.)

## AER

AERA, *Aourexa*, v. act. Aérer, donner de l'air, mettre en bel air, chasser le mauvais air. (Du grec *aér*.)

## AFF

AFFA, s. m. Affaire, marché, convention, traité, vente, achat; Soin, peine, embarras; Procès, querelle, différend; Action de guerre; Avoir à parler à quelqu'un; Nécessités naturelles. (Racine *fa*.)

Ah! messius, finissez !.. Qué ! n'abès pas bergougno?
Per un *afa* dé rés bous anas cerca rougno. D.

AFFABILITAT, s. f. Affabilité, caractère de douceur, de bonté, manière honnête de parler aux gens. (Du latin *affabilitas*, formé de *ad*, et *fari*, parler.)

AFFACHA, voyez PELA (LAS CASTAGNOS).
AFFACHADO, voyez ROUSTIDO (CASTAGNO).
AFFACHOMEN, voyez TUARIE.
AFFADI, v. act. Affadir, rendre fade; Donner du dégoût. (Racine *fade*.)
AFFADISSOMEN, s. m. Affadissement, effet que produit la fadeur.
AFFAGOUTA, v. act. Fagotter, mettre en fagots; fig., Mettre en mauvais ordre, mal arranger. (Racine *fagot*.)
AFFAILHOUCA, voyez ABAOUTI (S').
AFFAMA, v. act. Affamer, causer la faim, ôter les vivres, la nourriture. (Du latin *famesco*, de *fames*, faim.)
AFFAMAT, ADO, adj. Affamé, ée, pressé par la faim; fig., Avide, qui désire ardemment une chose.
AFFANA (S'), v. pro. Se diligenter, s'empresser, s'agiter, se fatiguer.

Dins soun tens s'amasset tout lou fruit abourïou,
Aro cadun s'*affané* à culi lou tardïou. PRAD.

AFFAPLE, O, adj. Affable, qui écoute avec bonté ceux qui ont affaire avec lui. (Du latin *affabilis*.)

Lou paysan oppuyat dé bostro prountection
Sentirio pel mestié creyssé soun offection;
Un cop d'uel, un souriré, uno paraoulo *offablo*,
Un rés lour fo trouba lo péno suppourtablo. PRAD.

AFFAPLOMEN, adv. Affablement, avec affabilité. (Du latin *affabiliter*.)
AFFARAJHA, voyez AFFARAXA.
AFFARAXA, v. act. Affourrager, donner du fourrage au bétail; Semer un champ en fourrage. (Racine *farraxo*.)
AFASCA, voyez SADOUILHA ou AFFASTIGA.
AFFASCOUS, voyez FASTIGOUS.
AFFASTIGA, v. n. Dégoûter; Provoquer le vomissement par quelque saleté. (Du latin *fastidire*.)
AFFASTIGOUS, voyez ANNUYOUS.
AFFAYRA (S'), v. pro. Se presser, se donner beaucoup de mouvement, mettre de l'empressement pour....
AFFAYRAT, ADO, adj. Affairé, ée, qui a beaucoup d'affaires, accablé d'affaires; fig., Affecté, qui est ridicule par les soins qu'il se donne.

Lou maréchal, anfaou bourat,
Ero aqui doun fort *afayrat*,
Quand lou révèrèn péro Ambrouèza
S'avanço per ïé cerca nouèza.
Lou preu bras dessus, bras dessous,
S'alongoun aou soou toutes dous,
E vira, revira, bourdouyra.
Per bonhur l'aoutre avié la fouyra,
Mais tant faguet, tant halénet,
Que pero Ambrouèza se purguet
E partajet una couranta
Que n'aourié fach dansa cinquanta. FAV.

AFFAYROMEN, *Affayradis*, s. m. Affairement.
AFFAYRI (S'), v. pro. Disparaître, s'évanouir, se perdre.
AFFAYSSA, v. act. Affaisser, faire plier sous le poids; fig., Accabler, affaiblir.
AFFAYSSA (S'), v. pro. S'Affaisser, se tasser, en parlant des terres; s'Abaisser par son propre poids. (Racine *fays*.)
AFFAYSSOMEN, s. m. Affaissement, abaissement causé par la propre pesanteur des choses posées les unes sur les autres : *Y'a un grand affaïssomen*; fig., Accablement, faiblesse : *Soui encaro dins un grand affaïssomen*, je suis encore dans un grand affaissement.
AFFAZANDAT, ADO, adj. Ridiculement affairé, en parlant de certaines personnes qui veulent faire accroire qu'elles ont beaucoup d'affaires.
AFFEBLI, v. act. Affaiblir, rendre faible, moins fort; fig., Diminuer l'activité, la vivacité, l'autorité.
AFFEBLI (S'), v. pro. S'Affaiblir, perdre de force, de vivacité. (Du latin *flebilis*, déplorable, digne de larmes.)
AFFEBLISSOMEN, s. m. Affaiblissement, diminution de forces, de vigueur, de vivacité.
AFFEGNANTI, v. act. Apparesser, appesantir l'esprit, le rendre paresseux.
AFFEGNANTI (S'), v. pro. Fainéanter, faire le fainéant. (Du latin *facere*, faire, et *nihilum*, rien.)
AFFENA, voyez AFFENAXA.
AFFENASSA, voyez APRADI.
AFFENAXA, v. act. Affourrager, donner du fourrage à un cheval sans peser, tant par jour.
AFFENAXE (A L'); Mettre un cheval à l'affe-

nage, tant par jour, sans peser le fourrage. (Du latin *fœnum*, foin, fourrage).

**AFFERMA**, v. act. Affermer, louer des terres, des maisons, des campagnes, les donner à ferme; Prendre à ferme. (Du latin *firma*, ferme.)

**AFFERMI**, v. act. Affermir, rendre ferme, consolider. (Du latin *firmare*.)

**AFFERMO**, s. f. Bail ou Louage, moyennant certains prix qu'on donne tous les ans au propriétaire. (Du latin *firma*.)

**AFFESSIOU**, *voyez* AFFETXIOU.

**AFFETTA**, v. act. Affecter, feindre, contrefaire une chose; Faire ostentation de quelque chose; Faire quelque chose avec un dessein marqué; fig., Toucher, faire impression. (Du latin *affectare*.)

**AFFETTA (S')**, v. pro. S'Affecter, ressentir de fâcheuses impressions, prendre de chagrin.

**AFFETTAT, ADO**, adj. Affecté, ée, recherché, mis avec trop de soin; fig., Touché, ému.

**AFFETTATIOU**, s. m. Affectation, attachement à dire ou à faire certaines choses d'une manière singulière; Envie de donner aux qualités que l'on possède plus d'étendue qu'elles n'en ont naturellement. (Du latin *affectatio*.)

**AFFETTUOUSOMEN**, adv. Affectueusement.

**AFFETXIOU**, s. f. Affection, bienveillance, amitié qu'on a pour quelqu'un; Amour, tendresse, attachement. (Du latin *affectio*.)

**AFFETXIOUNA**, v. act. Affectionner, Aimer, Avoir de l'inclination pour...

**AFFETXIOUNA (S')**, v. pro. S'Affectionner, s'attacher avec beaucoup de soin; s'Appliquer avec une ardente passion : *Se y'es tout à fet affetxiounat*. (Du latin *affectio*.)

**AFFIDA**, v. act. Fier, commettre à la fidélité de... (Du latin *fidere*, se fier.)

**AFFIDAT, ADO**, adj. Affidé, ée, Personne à qui l'on se fie, sur qui l'on peut compter. (Du latin *fisus*, de *fidere*, se fier.)

**AFFILA**, v. act. Affiler, donner le fil à un instrument qui coupe; Aligner, mettre à la file; Rendre pointu. (Racine *fial*, *filium*.)

**AFFILATA**, *voyez* AFFINA, TROUMPA.

**AFFILIA (S')**, v. pro. S'Affilier, s'associer. (Du latin *filiare*, pour *filium adoptare*.)

**AFFIN**, conj. Afin.

Moussu, y'a un omé abal qu'aro bous ben cerca
Pel suxet dé quicon qué bol pas esplica;
L'ey bel cop trantaïnat *affin* qué ba diguesso :
M'a dix tant soulomén qu'és un afa qué presso.   D.

**AFFINA**, v. act. Affiner, rendre plus fin, moins grossier, meilleur; fig., Surprendre par quelque finesse. (Du latin *afingere*, formé de *ad*, à, et *fingere*, façonner.)

**AFFINCHA**, *voyez* S'AFFINTA.

**AFFINITAT**; s. f. Affinité, sorte de parenté que l'on contracte par le mariage; Liaison que les personnes ont ensemble. (Du latin *affinitas*.)

**AFFINTA (S')**, v. pro. S'Appliquer, tâcher de copier ce qu'on voit. (Du latin *fingere*, façonner.)

**AFFIRMA**, v. act. Affirmer, assurer, soutenir qu'une chose est vraie; Faire, en justice, une déclaration avec serment. (Du latin *affirmare*.)

**AFFIRMATIBOMEN**, adv. Affirmativement.

**AFFIRMATIOU**, s. m. Affirmation, assurance avec serment · *Es en affirmatiou*. (Du latin *affirmatio*.)

**AFFIROULAT, ADO**, adj. Éveillé, ée, dégourdi, charmant par sa vivacité.

**AFFISCA**, *voyez* ABOUTA, ANIMA.

**AFFIXA**, v. act. Afficher, mettre des affiches; Attacher, mettre un placard pour avertir de quelque chose; t. de cord., Afficher, couper sur la forme les bouts du cuir. (Du latin *affigere*.)

**AFFIXO**, s. f. Affiche, placard pour avertir le public de quelque chose.

**AFFIZA**, v. act. Confier, livrer avec confiance. (Du latin *ad*, et *fidere*.)

**AFFIZAT (À L')**, adv. En confiance, en toute sûreté. (Du latin *fisus*, qui se fie.)

**AFFLAMBA**, v. n. Irriter une plaie; Flamber.

**AFFLAQUI**, v. act. Affaiblir, diminuer ou abattre les forces; Énerver. (Racine *flac*.)

**AFFLAQUIT, IDO**, adj. Affaibli, ie, sans force, sans vigueur.

**AFFLIXA**, v. act. Affliger, donner de l'affliction, causer de la douleur, de la peine, de déplaisir; Mortifier; Désoler. (Du latin *affligere*.)

Boun prégui, moustras mé, qué sio pla, qué sio mal,
Qu'à d'amigos anfin lou pogué escrioure aïtal;
Al mens, guérissez-mé d'al soubxoun qué m'*afflixo*.   D.

**AFFLIXA (S')**, v. récip. S'Affliger, s'attrister, avoir du chagrin, de la douleur.

**AFFLIXANT, ANTO**, adj. Affligeant, ante, qui cause de la peine.

**AFFLIXIOU**, s. f. Affliction, douleur causée par quelque accident ou par quelque chose de fâcheux. (Du latin *afflictio*.)

Lou moundé és uno mar, ount coumo joust dé bélos
L'omé sent cado joun calqué bén d'*affliction*,
Mais nostré Rey coumoul dé touto perfectiou,
Uros osté d'el Cel trépejo las estelos.   G.

**AFFLOURI**, v. act. Affleurer, réduire deux corps contigus au même niveau; Toucher, joindre de fort près.

**AFFLOUROUNCA**, *voyez* DESFLOURI.

**AFFLOUROUNCA (S')**, *voyez* S'EMPLASTRA.

**AFFLUENÇO**, s. f. Affluence, concours; Abondance de gens. (Du latin *affluentia*.)

**AFFLURA**, *Flou à flou*, v. act. Affleurer, effleurer, n'enlever que la superficie; Toucher légèrement.

**AFFOUAT, ADO**, adj. Actif, ive, ardent, appliqué.

**AFFOUGA**, v. act. Embraser, mettre en feu.

**AFFOULA**, v. act. Émousser, se reboucher en parlant des outils tranchants ou aigus; Blesser, offenser les nerfs. (Racine *foula*.)

**AFFOURMIC**, *voyez* FOURMIC.

**AFFOURRAXA**, v. act. Affourrager, faire provision de fourrage. (Racine *fourraxe*.)

**AFFOURTI**, v. n. Assurer, soutenir, affirmer une chose. (Du latin *fortis*.)

**AFFOURTUNAT, ADO**, adj. Aisé, ée, riche.

**AFFRAYRA (S')**, v. récip. S'Associer, faire société avec quelqu'un. (Du latin *frater*.)

Mais, tout presté o porti, l'hosté plé d'ottentious,
Lo bouteillo o lo ma l'y ben fa sous odious.
Jacqués, un o aquel clas, fo pas lo sourdo aureillo,
S'osséto, é brabomen s'*offrayro* on lo bouteillo.   PRAD.

**AFFRANXI**, *Affranqui*, v. act. Affranchir, mettre en liberté; Payer le port d'une lettre au bureau d'où elle part. (Du latin barbare *francus*.)

**AFFRANXISSOMEN**, *Affranquissomen*, s. m.

## AGA

Affranchissement, port de lettre payé au bureau d'où elle part.

**AFFRÉJOULIC**, voyez FREXELUC.

**AFFRI**, voyez AFFRIX.

**AFFRIX**, *Affix*, adj. Attaché, assidu, ardent, avide d'apprendre : *Y és pla affrix*. (*Affixus*.)

**AFFROUN**; s. m. Affront, injure, outrage de parole ou de fait; Déshonneur, honte. (De l'italien *affronto*.)

Améns qu'on nous boulguès se brouilla per touxoun
On déou pas à digus fairé un parel *affroun*;
Car xamai Moussu Rose nou m'aourio perdounado
S'axès sapiut qué yeou m'en éri pas anado, D.

**AFFROUNTA**, v. act. Affronter, attaquer de front et avec hardiesse; Braver avec intrépidité; s'Exposer hardiment. (Racine *affroun*.)

Olaro, oquel bestial paurue de so noturo,
*Offrounto* tout donger per quista dé posture; PRAD.

**AFFROUNTADOMEN**, adv. Effrontément, impudemment.

**AFFROUNTARIE**, s. f. Effronterie, impudeur, hardiesse. (Racine *affroun* et du latin *effrons*.)

**AFFROUTAT, ADO**, adj. Effronté, ée, impudent. (Du latin *effrons*, qui est formé de *e*, et *frons* front.)

Parlarèn, sé boulés d'aco calqu'aoutré xour;
Per aro, digas-mé coussi ba bostré amour.
Sabi qué Xanètoun dé bous és fort aïmado,
Mais bous direi pourtant qu'acos uno *affrountado*.
Gna fosso qué dé bous farian pla maît dé cas,
Et l'aoutro dé sigur nou bous mérito pas. D.

**AFFROUS, O**, adj. Affreux, euse, qui donne l'épouvante; Qui inspire l'effroi; Qui est laid en parlant de l'extérieur; Obscénité, dévergondage. (Du latin *afer* africain, parce que la noirceur de leur peau leur donne un air effrayant.)

Bouldrio. . . . . . . . . . . . . . . . . . . .
Per bous poudé sourti pla léou de l'endigenço,
Bous douna ço qué cal per biouré dins l'aizenço,
Car en bous retirant d'aquel estat *affrous*,
Yeou serio satisfait encaro maït qué bous. D.

**AFFROUZOMEN**, adv. Affreusement, d'une manière affreuse; Beaucoup, fort, extrêmement.

**AFFUBLA**, v. act. Affeubler, vêtir, couvrir d'une manière étrange, peu convenable et sans goût. (Du latin barbare. *affibulare* couvrir, formé de *fibula*, agrafe avec laquelle les anciens fermaient leurs manteaux par devant.)

**AFFUPLOMEN**, s. m. Affublement.

**AFFUSTA**, v. act. Affûter, aiguiser; Ajuster, viser, mirer, tirer droit. (Racine *affut*.)

**AFFUSTAXE**, s. m. Affûtage, l'art d'aiguiser; Peine, soin pour affûter les outils; Tous les outils nécessaires à un menuisier; Une couple de varlopes.

**AFFUT**, s. m. Affût, charriot de bois qui sert à soutenir le canon et à le faire rouler; Lieu où l'on se cache pour attendre le lièvre ou quelque animal et le tirer quand il paraît; Vigilance; Guet. (Du latin *fustis*, bâton.)

## AGA

**AGABELA**, *Engabela*, v. act. Javeler, t. de moissonneur; Mettre le blé en javelles. (Racine *gabelo* ou *garbo*.)

**AGAÇA**, *Acoula*, v. act. Agacer, causer aux dents une sensation désagréable qui les empêche de mordre, et provient de l'effet des fruits verts et acides; Picoter; Attaquer; Provoquer par de petites attaques à quelque action; Mécontenter quelqu'un, l'irriter. (Du grec *akazein* piquer, irriter.)

Pastré, touto lo nuech as bel crida souyrasso;
Pos pas pora lou loup dé l'entour dé lo jasso.
Toun mastis japo prou; mais malgré soun coula
Quond lou sènt trop hordit l'aouso pas *ocoula*. PRAD.

**AGACHA**, voyez AGAXA.

**AGAÇIA**, voyez ACACIA.

**AGAFFA**, v. act. Gaffer, happer, prendre avec vitesse, avec colère une chose, la prendre lestement, à la volée; Mordre, en parlant des chiens; Suspendre à un clou, à un crochet.

Aco's fosso d'ounou qué bous boulés mé fairé,
Mais sapias qu'un amic sé fa pas tant en l'airé,
Amens qué nou fouguès anfin per sé truffa,
Ambel prumié bengut sé cal pas *agaffa*. D.

**AGAFFAL**, s. m. Reproche peu mérité; Sortie violente contre quelqu'un.

**AGAIRA**, voyez DERROUCA.

**AGALAUCIE**, voyez GARRABIÉ.

**AGALAVARDI**, voyez ENGOURMANDI.

**AGANCHA**, voyez GAGNA.

**AGANIT, IDO**, *Réganit, ido*, adj. Retrait, te, mal nourri; Mûri avant le temps en parlant des fruits, des grains; fig. Maigre, sec, exténué, décharné en parlant d'une personne.

Lé prumié, sus ma dreïto, és un grand fréluquet
Qu'on dirio qu'a fusat coumo las herbos naoutos ;
Pallé, l'airé *aganit*, am'un parel de gaoutos
Coumo dé tampos d'alphabet.
Uno barbo de bouc éncadro sa figuro,
Fadourlenc én lourgnoun, drollé, carricaturo,
Planto qu'és sans aoudou, silhouetto en papié,
Escapado én preufil dal crayoun dé Daumié. DAV.

**AGANSA**, voyez AGAFFA.

**AGANTA**, v. act. Saisir, prendre au collet, empoigner.

Pus rédé! cridou lous qué passou;
Oïh! veïa cóumo lou répassou.
Veïa, aquel paoure béligas!....
—Fai toun cami, tus. — Mé plaï pas.
Aqui gnia prou; per centenadas
Vous fan brounzina las caladas,
Cridou, fan un vacarme afrous;
Fan plouré lous cos dé bastous,
Et sus l'esquina, et sus la testa;
Gnia qué s'arapou per la vesta :
Jean flanca à Pieré un bon souflet,
Pieré vous l'*aganta* aou toupet,
Yé derrabo dos ou trés flotas;
Gnia qué s'én van sans papiotas. BIG.

**AGAOUSSÉS**, voyez RESTANCOBÏOOU.

**AGAOUTA**, voyez ENGAOUTA.

**AGARA**, voyez AGAXA.

**AGARO**, prép. Vois, regarde, quelquefois on dit par ironie : *Agaro-lo!* voyez-là.

**AGARO TE!** interj. Voyez un peu!

**AGASSA**, voyez AGAÇA.

**AGASSAT**, *Agassou*, s. m. Le petit de la pie ou Agace; fig. Enfant à qui on présente un fruit ou toute autre chose qu'il veut prendre avec la bouche.

(Racine *agaça*, parce que ces oiseaux sont faciles à agacer.)

AGASSIC, s. m. Agacin, Cor, calus, durillon aux doigts des pieds, dans l'endroit le plus pressé par les souliers; Verrue, poireau, sorte de durillon qui vient aux mains; l'OEil le plus près de la souche; fig. Bosse.

AGASSO, s. f. Agace, pie, oiseau fort connu (Racine *agassat*.)

Lou merlé, lou pinsard, lo gribo, lo faubeto,
Lou gach qué bol porla, l'*ogasso* qué coquéto;
Tout musicien olat frédouno o so foïssou
O l'hounour del Printems so pichoto consou.   PRAD.

AGASSOU, *voyez* AGASSAT.
AGATIS, *voyez* DEGATS
AGAXA, v. act. Voir, regarder, considérer, délibérer; Fixer une chose. (Du latin *aspicere*.)

Nou sabi pas coussi hous ahes prou d'aoudaço
Per gaouza soulomen m'*agaxa* pus en faço!
Car l'on pouyrio cerca tout un an amaï dous,
Sans qu'on troubès digus qué balgo mèns qué bous. D.

### AGH

AGHI, *voyez* AÏ.
AGHIE, *Aghieyro*, s. m. Évier, conduit pour les eaux d'une cuisine : *Xeto bo per l'aghie;* Pierre creusée où on lave la vaiselle. (Du latin *aquarium*.)

### AGI

AGILITAT, s. f. Agilité.

### AGL

AGLADI, *voyez* se FENDILHA, se CREBASSA.
AGLAND, s. m. Gland, fruit du chêne; Petit pivot en fer pour assujettir l'essieu d'une charrette, dans le chassis; Ornement qui ressemble au gland. (Du latin *glans*.)

Quond lous *glonds* sul gosoun dé l'aoubre toumboroou,
Coussi tous pourcélets s'en orrigoulloroou;
Piey quond foras mosel, beyras qu'une solatgé,
Lo car sero pus fermo, é foro maï d'usatgé.   PRAD.

AGLANDIE, s. m. Chêne qui porte beaucoup de gland.
AGLATI (S'), *voyez* S'ACLATA.

### AGN

AGNEL, s. m. Agneau, petit d'une brebis qui n'a pas un an : *Aco sou de poulits agnels;* fig. Homme ou Animal très-doux. (Du latin *agnus*.)

Aro és tems dé parla dé pastrés é dé fédos,
D'oniels é dé moutous, dé pargués é dé clédos,
Dé lono, dé froumatgé é dé burré é dé lach.   PRAD.

AGNELA, v. n. Agneler, mettre bas en parlant des brebis ; au fig. Geindre languissamment en parlant des enfants qui pleurent longtemps. (Racine *agnel*.)
AGNELAT, s. m. Un Agneau d'un an.
AGNELO, *voyez* REMOUNTELOU.
AGNELOUS, s. m. Jeunes et petits Agneaux; fig. Jeunes enfants: *Paoures agnelous*. (Du latin *agnellus*.)

Atal, tendré *ognelou*, sons té plogné souffrissés,
Per nous fo de copels, que coupen tous onissés. PRAD.

AGNOS, s. f. Clous longs, forts, à tête de champignon dont on se sert pour bâtir une barque.
AGNEUCHA (S'), *voyez* S'ANNUXA.
AGNUE, *voyez* ANEIT.

### AGO

AGOUNIO, s. f. Agonie, dernier combat de la nature contre la mort; État d'un malade à l'extrémité : *Es à l'agounio*. (Du grec *agôn* combat.)
AGOUNIZA, v. n. Agoniser, être à l'agonie.
AGOUNIZENT, O, adj. Agonisant, e ; Qui est à l'agonie.
AGOURMANDI, v. act. Affriander, rendre friand, plus délicat sur les choses qui se mangent ; Attirer par quelque chose d'agréable ou d'utile. (Du persan *kroumand*, gourmand.)
AGOURRINA (S'), v. pro. S'Acoquiner ; Vivre dans l'indolence, la paresse ; Vivre en désœuvré, en libertin.
AGOURRUDA, *voyez* S'AGOURUFFA.
AGOURUFFA, v. act. Chiffonner, Serrer quelque chose ; Froisser, fripper, donner des mauvais plis au linge, au papier.
AGOURUFFA (S'), v. pro. S'Accroupir de froid; s'Asseoir sur les talons; se Cacher de crainte ou de frayeur.

Quand lou Cel, en plen jour, s'amantoulo d'oumbratgé,
Et lou Sers et l'Aouta se gourmoun toutis dous,
Lou bestial, espaourit d'un ta rabent aouratgé,
Se cour *agouruda* dins sous amagadous.   G.

AGOUST, s. m. Août, nom du huitième mois de l'année. (Par corruption du latin *Augustus*, nom de l'empereur Auguste, à qui il fut consacré.)
AGOUSTENC, adj. Aoûté, maigre, souffrant.
AGOUSTEXA, v. act. Aoûter, se ressentir des fortes chaleurs du mois d'août.
AGOUTA, *voyez* BRANDI, TARI.
AGOUTO, s. f. Écope de bateau pour en vider l'eau.

### AGR

AGRADA, v. n. Plaire, convenir.

Cado xoun on yé bex calqué galant noubel;
Toutis arremassaïs farioou matt d'un troupel,
Tout aco, pel segur, bous *agrado* pas gayré,
Coussi ba supourtas, pér qué la laissa faïré.   D.

AGRADA (S'), v. récip. Se Convenir l'un l'autre ; s'Aimer.

Aro n'ei pas qué fa, bous couneissi de resto,
Bous aïssi, tenés, cent cols maït qué la pesto,
Crezi bé qu'aïci tal bous bous *agradariés,*
Per fa coumo abès fax, et que m'espouzariés.   D.

AGRADELO, *voyez* BINETO SALBAXO.
AGRADOMEN, s. m. Agrément; Approbation, consentement.
AGRAFFA, v. act. Agrafer; attacher avec des agrafes; Saisir avec les mains.
AGRAFFO, s. f. Agrafe, sorte de crochet qui passe dans un anneau ou ouverture appelée *porte*, et qui sert à attacher ensemble diverses choses; Crampon de fer dont on se sert pour retenir les pierres. (Du grec *agra*, prise, et *haphé*, attouchement, parce que l'agrafe fait que deux choses se touchent et se joignent.)
AGRANDI, v. act. Agrandir, faire, rendre plus grand.

AGRANDI (S'), v. récip. S'Agrandir, étendre son logement, ses possessions.
AGRANDISSOMEN, s. m. Agrandissement, accroissement. (Racine *gran*.)
AGRAOULO, *voyez* Gnailho.
AGRAS, *Agrasses*, s. m. Verjus, raisin cueilli avant sa maturité.

L'homé, coum'un razin quillhat sur la souqueto,
Diu senti qualqué jour lou tal de sa piqueto.
Dins lou clot per panier l'Auribo met à bas,
Le négré dan le blanc, le madur dan l'*agras*. G.

AGRASSOL, *voyez* Groseillo.
AGRAT, s. m. Consentement, approbation : *Aco's à moun agrat*. (Du latin *gratum*.)
AGRAVA, *voyez* Graba.
AGRE, O, adj. Aigre, piquant au goût.
AGRE, *Senti l'agre*, v. n. Connaître le faible d'une personne. (Du latin *acer, acris*, aigre.)
AGREA, v. act. Agréer, accueillir; Trouver bon; Recevoir favorablement; Accorder. (Du latin *gratus*; du latin barbare *ad gratare*.)
AGREAPLE, O, adj. Agréable, qui plaît, qui convient.
AGREAPLOMEN, *Agradaplomen*, adv. Agréablement, d'une manière agréable. (Racine *agrea*.)
AGREFIEN, *voyez* Bigarreou.
AGRELET, O, adj. Aigrelet, ette, un peu aigre; Acéteux qui tient du goût du vinaigre.
AGREPEZIT, IDO, adj. Engourdi, ie, par le froid.
AGREVEOU, *voyez* Grifoul.
AGREXA, v. n. Commencer à aigrir; Devenir aigre.
AGREXA, v. act. Agréger, recevoir, admettre quelqu'un dans un corps. (Du latin *aggregare*, formé de *ad*, auprès, et de *grex*, troupeau.)
AGRI, v. act. Aigrir, devenir aigre; fig. Irriter, exciter à la vengeance. (Racine *agre*.)
AGRICULTUR, s. m. Agriculteur, qui cultive la terre; Celui qui travaille comme propriétaire. (Du latin *agri cultor*.)
AGRICULTURO, s. f. Agriculture, l'art de travailler la terre. (Du latin *agricultura*.)
AGRIFFA (S'), v. pro. S'Agriffer, s'attacher avec les griffes. (Racine *griffo*.)
AGRIMOULIE, *voyez* Groseillie.
AGRIOTO, *voyez* Griotto.
AGROU, s. f. Aigreur, qualité de ce qui est aigre; fig. Disposition d'esprit, d'humeur, qui porte à offenser les autres par des paroles piquantes, ou par des procédés désobligeants. (Du latin *acor*.)
AGROUS, s. f. Aigreurs; Rapports acides causés par des aliments mal digérés. (Racine *agre*.)
AGROUMANDI, v. act. Affriander, rendre friand; Attirer par quelque chose d'agréable au goût. (Racine *grouman*.)
AGROUMELI (S'), v. pro. Se Blottir, s'accroupir; se Ramasser sur soi-même. (Racine *grumel*.)
AGROUMILIA, *voyez* Agrupezi.
AGROUPELA, v. act. Grouper, rapprocher en groupe. (De l'italien *groppo*.)
AGRUMELA, v. act. Pelotonner, mettre en pelotons. (Racine *grumel*.)
AGRUNELIE, *voyez* Prunelie.
AGRUNELOS, *voyez* Prunels.
AGRUPEZI (S'), Se Mettre en un monceau, en un peloton.

## AGU

AGUERLHI, *Aguerlha*, v. act. Voiler; Tordre en parlant d'une broche, d'une aiguille.

AGUERRI, v. act. Aguerrir, accoutumer aux dangers, aux fatigues de la guerre; Accoutumer à tout ce qui paraît d'abord pénible et effrayant.
AGUERRI (S'), v. pro. S'Aguerrir; se Hazarder, s'Aventurer. (Racine *guerro*.)
AGUILHAT, ADO, *Toucadou*, s. m. Aiguillade; l'Aiguillon d'un laboureur. Le bout pointu sert à piquer les bœufs; le Gros bout, armé d'un fer aplati; *Lou barbouïssat*, est la curette avec quoi on détache la terre du soc. (De l'italien *aguglione*.)

Et lo terro gemis joust un fays de berglas :
Coussi lo troboillo? Tondis qu'o cado pas
Tous bioous sur lou grésill forian l'escorlimpado,
Tu quitterios de guerp l'estebo et l'*aguillado*. Prad.

AGUILHE, s. m. Aiguillée, certaine longueur de fil, de soie, pour travailler à l'aiguille. (Racine *aguilho*.)
AGUILHETTO, s. f. Aiguillette, cordon ferré des deux bouts dont les femmes se servent pour serrer leur corset; Marque distinctive de certains militaires; Petite broche de fer, suspendue à la boutonnière d'un soldat, dont il se sert pour nettoyer la lumière de son fusil. (Du latin *acicula*, dérivé d'*acus*, pointe.)
AGUILHO, s. f. Aiguille, petite broche d'acier fort déliée, pointue par un bout, percé par l'autre et qui sert à coudre. (De l'italien *aguglia*, dérivé du latin *acicula*.)
AGUILHOU, s. f. Aiguillon, bâton délié et pointu qui sert à piquer les bœufs; Petit piquant des abeilles, etc. (De l'italien *aguglione*.)
AGUISSAPLE, O, adj. Haïssable; Détestable, ennuyeux, fatigant. (Du latin *odibilis*.)
AGUISSAPLIZO, s. f. Déplaisir, ennui que cause une personne par ses manières.
AGULIARIE, s. f. Aiguillerie, fabrique d'aiguilles.
AGULIOS DE MAR, s. f. Squiles.
AGUT, UDO, part. Perdu, ue; Désespéré, en parlant d'un malade, d'un commerçant; *Es agut*.
AGUZA, v. act. Aiguiser, rendre aigu, plus pointu ou plus tranchant; fig. Désirer ardemment. (Du latin *acutus*.)

Aro és lou cop, Pogés, dé répréné l'estebo;
Aro n'ajos pas poou dé mourfoundré lo glèbo;
Lo pos bira sons crento; é baoutrés, Bignieyrous,
Osugas ol pus léou lous coutels poudodous. Prad.

AGUZADOUYRO, adj. Affiloire, pierre à aiguiser; Endroits sur les parapets d'un pont où les passants s'amusent à aiguiser leur couteau.
AGUZAYRE, *Amoulayre*, s. m. Émouleur, Celui qui aiguise les couteaux, les ciseaux; Gagne-petit. (Du latin *acutor*.)
AGUZET, *voyez* Aguzayre.
AGUZI (S'), *voyez* s'Acouquina.

## AIA (*)

AÏ, v. act. Haïr, détester, avoir du dégoût, de la répugnance; Avoir en horreur; Avoir de la rancune; Vouloir mal à..... (Du latin *odire*.)

---

(*) D'après l'orthographe que j'ai adoptée dans la préface, tous les mots où l'*i* après une voyelle ne forme pas à lui seul une syllabe, mais concourt à une diphthongue, doivent être écrits par *y*. Ainsi, vous devez chercher par *y* les mots que vous ne trouverez pas ici par *i*.

ALA

Quaoucan ara mé vendra dire :
Moun paouré ami, vous voulés rire,
Dins lou Loimbre avés pas countat
D'aou papa lou mendre souldat.
Coussi ! qu'aquela bela troupa
Avié renouncat à la soupa?...
Noun pas : mais *haïs lous assaous*,
E n'aîno pas lour petassaous. FAV.

AIADO, *voyez* AYLHADO.

## AIE

AIELA, *voyez* ESCANDEILHA.
AIELAYRE, *voyez* ESCANDEILHAYRE.

## AIS

AISSAPLE, O, *voyez* AGUISSAPLE.
AISSAPLIZO, *voyez* AGUISSAPLIZO.

## AJH

AJHASSA (S), *voyez* S'AXASSA.
AJHAVELA, *voyez* GAVELA.
AJHI, *voyez* AXI.
AJHINOUILHA, *voyez* AXINOUILHA.
AJHOUCA, *voyez* AXOUCA.
AJHOUCADOU, *voyez* AXOUCADOU.
AJHOUGNE, *voyez* XUGNE.
AJHUDO, *voyez* AXUDI.
AJHUSTOU, *voyez* AXUSTOU.

## AKI

AKISSA, *voyez* ADOUTA.

## ALA.

AL, s. m. Ail, oignon d'une odeur très-forte qui vient par petites gousses ; l'assemblage de ces gousses s'appelle tête d'ail : *Uno cabosso d'al.*

Del dinna cépendent orribo lou moumen ;
O l'oumbro d'un gorric lo troupo es ossemblado;
Cadun dé soupo o l'*aïl* mongeo uno escudelado,
Piey toquo lou friquot et lou bi del pégal;
Un coupet d'aygo fresquo olaro es un régal. PRAD.

ALA, adv. Là-bas, tout près d'ici.

Libéralo sosou nous coumblos dé présens,
Oïci l'omello ris en régognen los dens,
Olaï brillo l'aouberjo é lo pruno fleurado ;
Pus luen penjo soun col lo figo bisoillado. PRAD.

ALABARDI (S'), *voyez* SAOUTA.
ALABETS, *voyez* ALARO.

Alabex, én pertout las guerros finisquèroun ;
D'énémix acharnats én tranblan s'eubrassèroun;
Las foudros d'aïchi-bas cessèroun dé trouna,
Et sus siètis royals qué l'ourgul enbirouno,
Lés reysés, en pourtan las mas a lour couronno,
Bézoun l'aïgo én furou qué lés bén destrouna. DAV.

ALACA (S'), v. pro. Se vautrer dans la boue, dans la fange; se Mouiller jusqu'à la peau. (Racine *lac.*)

ALADO, s. f. Air du feu : *Préné uno alado.*

ALAGA, v. n. Verser, coucher ; les longues pluies versent les blés.

ALAGHIA, *voyez* ALASSA.

ALAYRE, *Arayré* ou *Layré*, s. m. Charrue, machine à labourer la terre trainée par des bœufs ou des chevaux. (Du latin *aratrum.*)

Mé countabo otobé qu'un Princé obio quittat,
Per plonta de caoulets, lo Courouno é l'Estat.
Sus d'exemples poreils jutjas só lou bouriaïré
Claro ero ourguillous dé la bolé l'olaïré. PRAD.

ALA

La Charrue est composée de :
AOUREILLOUS, s. m. Lame de fer qui défend le cep.
CABILLO, s. f. Atteloire, cheville en fèr, en bois, qui s'enfonce jusqu'à la tête dans le trou du timon pour tirer la charrette ou la reculer.
CAMBETO, s. f. Partie coudée de la charrue.
COUTEL, s. m. Coutre, espèce de grand couteau qui fend la terre et coupe les ronces.
DENTAL, s. m. Cep, soupeau, bois qui fixe le soc d'une charrue.
ENTREFIXOS, s. f. Clavettes qu'on passe dans l'ouverture des arcs-boutants.
ESTEBO, s. f. Le Mancheron, la partie qu'on tient avec la main quand on laboure.
GABEN, s. m. Soc, fer large et pointu qui fouille la terre et qui est au bout du cep.
LUNETTOS, s. f. Esse, morceau de fer en forme d'S.
PLATO, s. f. Lame de fer qui défend le cep.
POSTE DE MOUSSO, s. f. Planche qui sert à renverser la terre.
REILLO, s. f. Espèce de soc plus large.
TENDILLOS, s. f. Deux verges en arc-boutant qui assujettissent le cep au corps de la charrue.
TESCOU, s. m. Le Coin de la charrue qui assujettit le mancheron à la queue du soc.
TIRADOU, s. m. Le Timon, la flèche de la charrue.
TRAZEGAT, s. m. Support portant un anneau dans lequel on met le timon de la charrue quand on laboure.

ALAMBIC, s. m. Vaisseau pour distiller. (De l'article arabe *al*, le, et du mot grec *ambix*, vase, pot.)

ALAMBICA, v. act. Alambiquer ; Embrouiller une affaire.

ALANDA, v. act. Ébraser, élargir en dedans la baie d'une porte, d'une fenêtre ; Ouvrir les deux battants ; Tout battant onvert.

La mar és dabant él ; lé chef qué las coumando
Estén sa ma sus flots, et l'abime s'*alando*,
Daîchan per sous souldats un cami tout traçat;
Israël, estounat d'al miraclé qu'esclato,
En trabéxau lés flots dé la mar escarlato,
Admiro lou poudé dé la Dibinitat. DAV.

ALANDIMEN, s. m. Ébrasement, élargissement ; Intérieur d'une porte, d'une fenêtre.

ALANQUIT, *Rélanquit*, adj. Souffrant, affaibli ; Qui ne peut pas suivre. (Racine *ana.*)

ALANT, O, adj. Allant, ante, qui aime à aller, à courir. (Du latin *euns, euntis*, allant.)

ALANTI, v. act. Avancer un ouvrage, faire vite; Manger vite, manger son bien. (Racine *alant.*).

ALANTIMEN, s. m. Avancement.

ALAOUJEYRI, *voyez* ALAOUXEYRI.

ALAOUXEYRI, v. act. Alléger, rendre plus léger, diminuer le poids d'un fardeau.

ALAOUXEYRI (S'), v. pro. Se dévêtir, ôter quelque habit, en prendre un plus léger. (Du latin *alleviare.*)

ALAPAS, *voyez* BLATZAN.

ALARGA, *Espalarga*, v. n. Écarter, entr'ouvrir les jambes. (Du latin *largus.*)

ALARMA, v. act. Alarmer, donner l'alarme; fig., Causer de l'inquiétude, du souci, de l'épouvante.

Quoiqu'on axé boun drex souben on pert la caouzo,
L'on sé met en coulèro et peï l'on s'arrémaouzo.
Pouiriés perdré la bostro, et siés pas *alarmat!* D.

## ALB

**ALARMA (S')**, v. pro. S'Alarmer, s'épouvanter, prendre l'alarme. (Racine *alarmo*.)

**ALARMAYRE**, s. m. Alarmiste, qui jette l'alarme trop facilement. (Racine *alarmo*.)

**ALARMO**, s. f. Alarme; Cri, signal pour faire courir aux armes; le Tocsin : *Souno l'alarmo*; fig., Toute sorte de frayeur, d'épouvante subite. (De l'italien *all'arme*, aux armes.)

Tout lou moundé és os comps; lous houstals sou déserts.
Otal quond del tombour lou soun frappo lous airs,
E qué d'uno botaillo onnounço los *olarmos*,
Cadun quitto so caso é bo préné los armos. PRAD.

**ALARO**, *Alabets*, adv. Alors; Dans ce cas : *Alaro coumo alaro*, dans ce cas. (Du latin *ad illam horam*.)

Lo tempesto s'oflaco; en oquel trin hourriblé
Succédo, paouc-o-paouc, un tems dous é pésiblé;
Croutat jusqu'o lo cinglo, *olaro* lou Pogés
Bo beyré soun doumainé é n'oun né trobo gés. PRAD.

**ALARXI**, v. act. Élargir, étendre, déployer en long et en large. (Du latin *largus*.)

**ALARXISSOMEN**, s. m. Élargissement, augmentation de largeur.

**ALASSA**, v. act. Harasser, lasser, fatiguer. (Du grec *arassein*.)

Sé per aco rés noun pressa per vous,
Pressa per ieou, moun cor és trop jalous
Dé vous paga dé sa récounouyssença,
Noun en entié cé qué vous és dégut
(Car só pot pas), mais émbe diligença
Quaouque pichot à conte, terme échut.
Sé noun ou faou, n'és pas per négligença :
Vous souven bé qué, dins un aoutre tén,
Tau ben qué maou, pécayré! m'acquitave
L'hiver, l'estiou, l'aoutouna et lou printén,
D'aquél dévé, tant qué vous *alassave*. FAV.

**ALATA**, *voyez* DELARGA.

**ALATEXA**: *Foulatexa*, v. n. Battre des ailes, en parlant des oiseaux qui, par plaisir et sans voler, battent des ailes. (Du latin *ala*, aile.)

Sus l'espigo, en conten, la cigalo *olotéjo*;
Sul prat noubel toundut lo longousto trépéjo,
E lou bobaou lusent ol copel estocat
Lo nuech fo lo founctiou d'un colel olucat. PRAD.

**ALATRA (S')**, *voyez* ISSALATA (S').

**ALAXA**, v. act. Allaiter, nourrir de son lait. Au fig. Caresser quelqu'un, l'attirer. (Du latin *adlactare*.)

**ALAYAT**, ADO, adj. Harassé, ée, abattu, épuisé de fatigue.

**ALAYROU**, s. m. Aileron, l'extrémité de l'aile d'un oiseau. (Du latin *ala*, aile.)

## ALB

**ALBA**, s. m. Saule, arbre dont on emploie les branches pour faire des cerceaux. (Du latin *alba*, blanc, à cause de la couleur de son bois.) *Perxos d'Alba*, Plantard, branche de saule qu'on plante pour lui faire prendre racine.

**ALBASTRE**, s. m. Albâtre, pierre de la nature du marbre; moins dure et plus transparente : *Blanc coumo l'albastre*. (Du grec *albastron*.)

**ALBAYRA**: *Albieyra*, v. n. Geler légèrement; fig., commencer à mûrir. (Du latin *albere*.)

**ALBAYRADO**, *Albieyrado*, s. f. Gelée blanche. (Racine *albayra*.)

**ALBIEYRA**, *voyez* ALBAYRA.
**ALBIEYRADO**, *voyez* ALBAYRADO.
**ALBIEYRO**, s. f. Gelée blanche.
**ALBO**. *Aoubo*, s. f. Aube, la première lueur du jour; Vêtement ecclésiastique. (Du latin *alba*.)

Dé la campagno anfin naou pichous trus s'entendon
Et l'*aoubo* blanquignouzo, arriban lantomen,
Bey qué, dins dous oustals, dios filletos l'attendon
Pla différentomen. J.

**ALBRE**, s. m. Arbre, le plus grand des végétaux; en général, toute Pièce de bois, de fer qui, dans une mécanique, sert à faire mouvoir différentes roues. (Du latin *arbor*.)

Quand un gros *albré* toumbo, et toumbo d'ambé brus,
Armado dé faoussets, la foulo qué lou beillo
Court sur el; et taleou lou colosso feillut
Se sen tout débranca, se sen mettre tout nut,
Pel poplé à qui prestet l'oumbro dé sa cabeillo! J.

**ALBRET**, s. m. Arbret, arbrot, petit arbre garni de gluaux pour prendre des oiseaux. (Racine *albre*.)

**ALBRENC**, *Albrun*, *Albun*, s. m. Aubier, où la couche ligneuse entre l'écorce et le cœur de l'arbre : les planches où il y a d'aubier sont sujettes à la vermoulure. (Du latin *alburnum*, formé d'*album*, blanc.)

**ALBRUN**, *voyez* ALBRENC.

## ALC

**ALCOBO**, *voyez* ARCOBO.

## ALE

**ALE**, *Aleno*, s. f. Haleine, air attiré et repoussé par les poumons; Respiration. (Du latin *halitus*.)

Oquel Satgé, aoutrés cops, per so grondo éloquenço,
Sé fosquet odmira d'uno augusto audienço;
Tout cop qué per porla sé lébabo ol Porquet,
Dé poou dé perdre un mout dé soun sobent coquet,
Présidens, Counseillers, Oboucats, Percuraïrés,
Toutés téniau l'*holé* coumo dé Cobussaïrés. PRAD.

**ALEBA**, v. act. Controuver, inventer une fausseté (du latin *ad*, et *levare*, supposer.)

**ALEBARDO**, s. f. Hallebarde.

Messius, diguet à la brigado :
Cadaroussa és may qu'estounado
Qué la métés touto en baral?
Ounté avès vostre général?
Es él et yeou qu'ayço régardo.
Un qu'avié gagnat l'*alébardo*
Peu avédre servit quinze ans
Las messos das Pénitens blans,
Es yeou, dis, à vostre service.....
Eh bé! tant mius, m'én réjouisse,
Yé répliquét l'embassadur
Toucas-mé la ma, Mounségnur. FAV.

**ALEDRO**, *voyez* GUITO.

**ALEFAN**, s. m. Éléphant, le plus gros, le plus intelligent des quadrupèdes, qui a une trompe, des dents ou défenses qui fournissent l'ivoire. (Du latin *elephantus*.)

**ALEGA**, v. act. Alléguer, rapporter, mettre en avant; Chercher de nouvelles difficultés; Renvoyer toujours. (Du latin *allegare*.)

**ALEGANT**, ANTO, adj. Ennuyeux, euse, conteur, assommant; Insupportable.

**ALEGATIOU**, s. f. Ambages, embarras de paroles. (Du latin *allegatio*.)

**ALEGNEYRA**, v. act. Fagotter, mettre en fagots; Mettre le gros bois en pile. (Racine *legno*.)

**ALLELUYAS**, s. f. Histoire courte qu'on fait pour s'excuser. (Du mot hébreu.)

**ALEMANDO**, adj. Allemande : *Rassego alemando*.

**ALENA**, v. act. Halener, sentir l'haleine de quelqu'un; Pousser l'haleine sur quelqu'un. (Du latin *adhalare*.)

**ALENADO**, s. f. Halenée, respiration accompagnée d'une odeur désagréable. (Du latin *halitus*.)

Lou Ciel ero tout blu; l'on nou bezio nat crun,
Un bel sourel de mars rajabo,
Et dins l'ayré déjà lou ben fresquet lançabo
Sas *alenados* de parfun.            J.

**ALENADOU**, voyez SOUSPIRAL.

**ALENO**, voyez ALE.

**ALENGA**, v. act. Emboucher quelqu'un, l'instruire de ce qu'il a à dire. (Racine *lengo*.)

**ALENGAT**, ADO, adj. Babillard, de, bavard, qui parle beaucoup.

**ALEO**, s. f. Allée, lieu propre à se promener, qui s'étend en longueur et qui est bordée d'arbres, de buis.

**ALERTO**, s. f. Alerte, alarme; adj. Vif, gai, éveillé, en parlant des jeunes gens. (De l'italien *all'erta*. *Erta* signifie un chemin qui va en montant, d'où l'on peut tout découvrir.)

(L'aïgo)
Briso dins so furou poïssieyros é moulis,
Innoundo prats, berdiés, comps, bignos et toillis.
Jomaï n'obion obut uno to forto *olerto* :
Lou bolloun és négat, é lo plono és couberto.   PRAD.

**ALETS**, *Palos*, s. m. Aubes d'une roue de moulin, palettes inclinées qui, prenant l'eau, font tourner une roue. (Du latin *ala*, aile.)

**ALEVA**, voyez SE LEBA.

### ALF

**ALFABET**, s. m. Alphabet, recueil et suite de toutes les lettres d'une langue. (D'*alpha* et *béta*, les deux premières lettres de l'alphabet grec.)

**ALFAZEGO**, s. f. Sarriette, plante annuelle d'une odeur aromatique et pénétrante.

**ALFEBRO**, s. m. Orfèvre, celui qui vend, qui fait des ouvrages d'orfèvrerie : *Aco n'es pas mestié d'alfèbro*. (Du latin *auri faber*.)

### ALG

**ALGAYRADO**, s. f. Algarade, fredaine, folie de jeunesse. (De l'espagnol *algarada*.)

### ALI

**ALIA**, v. act. Allier, mêler, joindre.

**ALIA** (S'), v. récip. S'Allier, s'unir par mariage; Se combiner, se mêler, s'incorporer, en parlant des choses corporelles. (Du latin *alligare*.)

**ALIAT**, ADO, adj. Allié, ée, parent; Joint par affinité.

**ALIAXE**, s. m. Alliage; Parenté. (Racine *alia*.)

**ALIBEOU**, s. m. Baliveau, jeune arbre réservé dans la coupe d'un taillis. (Suivant Ménage, du latin *vallus*, pieu.)

**ALIBRE**, voyez ALETS.

**ALIE**, s. m. Alisier, arbre à fleurs roses qui produit un petit fruit rouge. (Suivant Ménage, du latin *aria*, nom de cet arbre.)

**ALIENA**, v. act. Aliéner, vendre; Transporter la propriété; fig., Donner de l'aversion, faire perdre l'affection. (Du latin *alienare*, ou *alienum facere*.)

**ALIENAT**, ADO, adj. Aliéné, ée, fou.

**ALIENATIOU**, s. f. Aliénation. (Du latin *alienatio*.)

**ALIENAPLE**, O, adj. Aliénable.

**ALIENÇO**, s. f. Alliance, union de deux personnes par mariage; Parenté, affinité; Union, mélange de choses; Bague de mariage. (Du latin *adligantia*, fait de *ad*, à, et *ligare*, lier.)

**ALIEXA** (S'), v. récip. S'Aliter, se mettre au lit par maladie. (Racine *liex*.)

**ALIGNA**, v. act. Aligner, ranger, dresser sur une même ligne. (Du latin *ad lineam*.)

**ALIGNADO**, *Lignado*, s. f. Rangée, file. (Du latin *linea*.)

**ALIGNOMEN**, s. m. Alignement, action d'aligner. (Racine *aligna*.)

**ALIGO**, voyez ALIO.

**ALIMEN**, *Olimen*, s. m. Aliment, tout ce qui entretient et nourrit le corps. (Du latin *alimentum*.)

Qué toun sort aro és tristé, infourtunat peyssou !
Crégnés-pas, és bertat, lou croc dé l'omeyçou,
Ni del traité fiolat los funestos entrabos;
D'oco sios o l'obric rescoundut dins tos cabos;
Mais engourdit dé frech, é faouto d'*olimen*,
Joust lo bouto del gel périssés lentomen.    PRAD.

**ALIMENTA**, v. act. Alimenter, nourrir, fournir les aliments nécessaires. (Du latin *alimentum dare*.)

**ALINXA**, v. act. Alinger, donner du linge à quelqu'un, pourvoir quelqu'un de linge. (Racine *linxe*.)

**ALIO**, s. f. Alize, fruit de l'alisier.

**ALIROU**, voyez ALAYROU.

**ALISPA**, v. act. Caresser de la main; fig., Cajoler, flagorner quelqu'un pour gagner ses bonnes grâces; Battre quelqu'un.

Beï, sans ana pus len, siés anat embrassa
Calqu'un d'incounégut qué bénio dé passa :
Y'*alispabes* las mas, las y téniés sarrados;
Aqui bous y'abès fax d'amitiés è carrados.     D.

**ALISPAL**, s. m. Volée de coups.

**ALIZA**, v. act. Lisser, polir, repasser le linge; Blanchir des ais. (Du latin *levare*.)

**ALIZAXE**, s. m. Ce qu'on a à lisser, à repasser.

**ALIZAYRO**, s. f. Repasseuse de linge, qui le repasse avec le fer chaud.

### ALL

**ALLOC**, prép. Au lieu de. (Du latin *ad locum*.)

Cap d'omé nou bal res, certos, al xoun de bei,
Lous qu'on crei brabos xens cal pas que balgoun gaïré,
D'abord que los couquis sou sigurs de your plaïré,
*Alloc* de lous cassa, lous tené mespresats,
Pulcou qu'à calqu'un maï your fan ounestétats.    D.

### ALM

**ALMANACH**, *Armanat*, s. m. Almanach.

**ALMAYT**, adv. Plus. (Du latin *ad multum*.)

**ALMENS**, adv. Au moins, du moins. (Du latin *ad minus*.)

Avant dé né tira venjença,
Fazé-mé saoupre ab qué pensa
Touta vostra paternitat,
Sur aquel trait d'iniquitat ;

## ALT

Mais *noumens* qué chacun s'esplique
D'un style net é pathétique,
E n'anés pas vous quéréla
Per révezi quaou déou parla.      FAV.

**ALMOYNO**, s. f. Aumône, ce qu'on donne aux pauvres par charité. (Du latin *eleemosina*.)

**ALMOUYNOUS**, adj. Aumônier, qui donne, qui fait l'aumône avec plaisir aux pauvres.

## ALO

**ALO**, s. f. Aile, ce qui sert aux oiseaux et à quelques insectes à voler; Partie charnue d'un oiseau cuit. (Du latin *ala*.)

Jamay paur de tan prep nou me sasiguec mi,
Qu'un cop me souy pensat demoura à miech cami :
Coum un Icarus fec quant tal qu'uno passero
Voulguec passa la mar au sas *alos* de cero,
Et quant voulec trop naout lou souleï li foundec
Las *alos* qu'el abio ; pey dins la mar tounbec.    A. G.

**A-LOGO**, voyez ALLOC.

**ALOI**, s. m. Aloi, certain degré de bonté lequel résulte du mélange de plusieurs métaux qui ont quelque conformité; fig., Bonne ou mauvaise qualité d'une chose : *N'es pas de boun aloï*, n'est pas de bon aloi. (Du latin *alligatio*.)

**ALONGHIS**, voyez RETART.

**ALOS**, s. f. Les bords d'un chapeau; les Ailes d'une maison, d'un bâtiment; fig., *Bayssa l'alo*, ne dire mot; Avouer son tort; Être souffrant, malade; *Baysso pla las alos*. (Du latin *ala*.)

**ALOUETO**, s. f. Dauphinelle ou Pied d'alouette.

**ALOUNGA**, v. act. Allonger, rendre plus long; fig., Faire paraître plus long; Faire durer davantage; Prolonger, retarder; Allonger, en parlant d'un chemin; Mettre de l'eau ou bouillon, à la sauce. (Du latin *ad longum ducere*.)

L'un sentio d'un estoc desclaba sas coutelos
Per ount s'estourrissio la sang à bel rajol,
L'aoutré que milo pics *aloungaoun* pel sol
Bezio soun paouré cos despartit en estelos.    G.

**ALOUNGA (S')**, v. pron. S'Allonger, s'étendre, devenir plus long.

**ALOUNGAT, ADO**, adj. Allongé, ée, étendu de tout son long.

**ALOUNGOMEN**, s. m. Allongement.

**ALOUNT**, adv. Où, dans le lieu; Tout le long de....

Endaquou maït qu'aïssi, Moussu, nous parlaren.

Sera d'*alount* bouldres; per ma fé, qui bous cren !   D.

**ALOUXA**, v. act. Loger, habiter une maison; Retirer quelqu'un, lui donner l'hospitalité. (Du latin *locare*.)

**ALOUNZA**, voyez ROUSSA.

## ALT

**ALTÆA**, s. m. Althæa, arbrisseau qu'on nomme aussi guimauve royale. (Du grec *althaia*, guimauve.)

**ALTERA**, v. act. Altérer, changer l'état d'une chose; Causer une grande soif; Émouvoir, troubler.

Mais qu'és oïço? Grond Diou ! cresé qué ploou dé flamo ;
Lou brondou del souleï nous coy jusquos o l'amo;
Sous fougousés chobals dé fotigo *ollérats*,
Bubou l'humou dés comps, poumpou lou suc des prats.
                                                PRAD.

**ALTERA (S')**, v. récip. S'Altérer, se corrompre, se changer en mal; Se mettre en colère. (Du latin *alterare*, formé d'*alterum reddere*.)

**ALTERAPLE, O**, adj. Altérable.

**ALTERATIOU**, s. f. Altération, changement de bien en mal; Émotion d'esprit; Grande soif; Changement dans la figure. (Du latin *alteratio*.)

**ALTERCATIOU**, s. f. Altercation. (Du latin *altercatio*.)

**ALTERNATIBOMEN**, adv. Alternativement.

**ALTO**, s. f. Halte, pause que font les gens de guerre dans une marche; Lieu où se fait la pause. (De l'allemand *halten* s'arrêter.)

## ALU

**ALUCA**, *Aluma*, v. act. Allumer, mettre le feu à un combustible; Faire prendre feu à une chose destinée à donner de la lumière; au fig., Enflammer, exciter. (Du latin *ad* à, et *lumen* lumière.)

Sant Xan atten beleou que calqu'un l'abertigo;
Manden yé Galigné per que lou nous serbigo.
Galigné sul moumen *aluquet* lou fanal,
Sa fenno seguiguet, ( aduxo quand ba cal. )    D.

**ALUCAYRE, O**, s. m. f. Allumeur, celui qui est chargé d'allumer régulièrement des chandelles, des reverbères.

**ALUDA (S')**, v. pro. Se Rouler par terre en parlant des enfants; se Vautrer en parlant des mules, des ânes : *L'aze saludo*. (Du latin *volutare* se rouler.)

**ALUMA**, voyez ALUCA.

**ALUMAYRE**, voyez ALUCAYRE.

**ALUMOS**, voyez BOULANXE.

**ALUN**, s. m. Alun, sel dont on se sert pour fixer les couleurs. (Du latin *alumen*.)

Touto bouillento oprès dins lo peço obourrido,
Per lou traoue del boundou lo drocado és cobido.
Soubeni on dé binagré, ou d'*olun*, ou dé sal,
Sé fo qualqué engrédien qué réparo lou mal. PRAD.

**ALURA**, v. act. Manger des yeux, regarder fréquemment avec des yeux de concupiscence.

**ALURA (S')**, Prendre bon train, de bonnes manières.

**ALURAT, ADO**, adj. Qui est bien manière, qui parle bien, qui se présente avec grâce. ( Racine *aller*.)

**ALURO**, s. f. Allure, façon de marcher d'un cheval, d'un cerf, etc.; fig., Démarche d'une personne.

**ALURO**, s. f. Allure, tournure : *A fort bouno aluro*. ( Racine *aller*.)

**ALUS**, s. m. Levier, verge de fer, de bois, soutenue sur un seul point d'appui propre à lever, à remuer quelque fardeau.

**ALUSSA**, v. act. Battre rudement, brutalement quelqu'un.

**ALZENO**, s. f. Alène, instrument de cordonnier, de bourrelier. (De l'espagnol *alesna*.)

## AMA

**AMADOU**, s. m. Amadou, espèce de mèche faite avec l'agaric de chêne.

La pel das homes sans coulou
Es pus séca qué d'*amadou*,
Et la fenna la pus gaïarda
N'a pas may de car qu'uno sarda.   FAV.

**AMADOUA**, v. act. Amadouer, flatter, caresser pour attirer à soi.

**AMADURA**, v. n. Rendre mûr, venir à maturité. (Du latin *maturare*.)

Oujourd'huey qué sé sent dins lo bigou dé l'atgé ;
Bol fixa del Soulel lous régards sous oumbratgé,
N'o bésoun en effet per estré *omodurat*. PRAD.
(lou razin.)

**AMAGA**, v. act. Cacher, mettre une personne, une chose en un endroit où l'on ne puisse pas la découvrir ; Couvrir ; Céler ; Dissimuler. (Du latin *ad manum habere*.)

Hier tant que le Caüs, lou Chót et la Cabéco
Trataoun à l'escur de lours menuts affas,
Et que la tristo Neit per moustra sous lugras
Del grand calel del Cel *amagabo* la meco. G.

**AMAGA (S)**, v. pro. Se Cacher, ne pas se montrer pour quelque chose.

**AMAGADOU**, *voyez* AMAGATAL.
**AMAGAT (D')**, adv. En cachette ; A l'inscu.
**AMAGAT, ADO**, adj. Caché, ée, dissimulé.

Trop loung-tems *omogat*, lou grond astré del Cel
Quitto so capo soumbro é soun négré montel ;
É del tiédé zephir dija lo douço boléno
Dés rious emprisounats o foundut lo codéno. PRAD.

**AMAGATAL**, *Amagatori*, s. m. Cachette où l'avarice fait serrer certaines choses.
**AMAGO**, *Amago que tu l'as*, s. m. Le jeu de cache-cache, nommé aussi cligne musette.
**AMAGRI**, v. n. Maigrir, devenir maigre ; Démaigrir, rendre une pièce de charpente moins épaisse. (Racine *magre*.)
**AMAGRISSOMEN**, s. m. Amaigrissement.
**AMAY**, adv. *Amay, pourbu que bengo !* pourvu qu'il vienne ; *Amay tu !* et toi aussi ; *Amay seren, amay riren*, plus nous serons, plus nous rirons.

Tant mieux, sambriou, tant mieux aco's ço que yeou boli
Bous ayci me fazés aro nada dins l'oli,
Car aïssi las xens, *amaï* xuscos al pun
Que rouxirio, bezes, d'estré al grax de calqu'un. D.

**AMAYRIT, IDO**, adj. Attaché à sa mère, qui l'aime beaucoup. (Racine *mayre*.)
**AMAYTINA**, *voyez* S'AMATINA.
**AMAYZA**, *voyez* ARAIZA.
**AMALBIC**, s. m. Althæa, espèce de mauve.
**AMALGAMA**, v. act. Amalgamer, brouiller, mélanger. (Du grec *hamà* ensemble et *gamein* marier, joindre.)
**AMALHIT**, *Accouydat*, *voyez* AMAZERAT.
**AMALI**, v. act. Rendre méchant, exciter, irriter.
**AMALUCA**, *voyez* EMMALUGA.
**AMALUGAT, ADO**, *Emmalugat*, adj. Froissé, ée, meurtri par des contusions. (Du latin *malum*.)
**AMANADA**, v. act. Serrer, empoigner. (Du latin *manus*.)
**AMANDA**, v. act. Amender, corriger, changer en mieux.
**AMANDA (S')**, v. pro. S'Amender, se corriger. (Du latin *emendare*.)
**AMANDOMEN**, s. m. Amendement, changement en mieux. (Racine *amanda*.)
**AMANEL**, *voyez* MANAT.
**AMANELA**, v. act. Empaqueter, mettre à poignées. (Du latin *manus*.)
**AMANT, O**, s. m. f. Amant, e, celui qui aime avec passion une personne d'un autre sexe. (Du latin *amans*.)

**AMANTOULA (S')**, v. pro. Se Couvrir d'un manteau.

Quand lou Cel, en plen jour, s'*amantoulo* d'oumbratgé
Et lou Sers et l'Aouto se gourmoun toutis dous,
Lou bestial espsourit d'un ta raben aouratgé
Se cour agourruda dins sous amagadous. G.

**AMAR, O**, adj. Amer, ère, qui a une saveur désagréable ; fig., Triste, pénible, douloureux. (Du latin *amarus*.)
**AMARBIT, IDO**, adj. Éveillé, ée, alerte, dégourdi, diligent.
**AMAREJHA**, *voyez* AMARGA.
**AMARGA**, v. n. Avoir de l'amertume, être amer ; fig., Répugner. (Racine *amar*.)

D'un esclabatche hountous l'éternel té descargo :
Quél pa d'un ennemic és pèsant ! et qu'*amargo*
Al prés d'aquél qué Dious té pasto dins lé Cel !
Am'a quél pa ta bou qué plaoura dins les aïres,
Talcou qué toucaras la terro de tous païres,
Beïras raija per tu dé rigolos dé mel. DAV.

**AMARGANT'**, *voyez* AMAR.
**AMARGASSO**, s. f. Pie-grièche, plus petite que les autres, qui a le bec et les ongles crochus.
**AMARGUEXA**, *voyez* AMARGA.
**AMAREL**, *Amarelou*, s. m. Petite quantité de grain, de pois, de fèves qu'on porte au fond d'un sac.
**AMARELA**, v. act. Faire de petites portions de grain ; Diviser en petites quantités.
**AMARIGNE**, *voyez* BINBIGNE.
**AMARINO**, *voyez* BINS.
**AMAROMEN**, adv. Amèrement, avec amertume. (Du latin *amaré*.)
**AMARRA**, v. act. Amarrer, lier, attacher un bateau. (Du bas-breton *amarr* lier.)
**AMARVIDOMEN**, adv. Diligemment.
**AMARVIT**, *voyez* AMARBIT.
**AMAS**, s. m. Amas, assemblage de plusieurs personnes ou de plusieurs choses ; Tumeur, grosseur, dépôt qui se forme sur quelques parties du corps. (Du latin *massa* masse.)

Al mitan, saquéla, de tant d'amos tarados,
Bésen, dé loung en loung, quasquos flambos sacrados
Qué mostroun l'abéni tout lusent dé bounhur ;
Et dins aquel *amas* dé fango barréjado
Eï troubat un boun cor, un esprit qué m'agrado,
Et mas mas an toucat d'or pur. DAV.

**AMASSA**, v. act. Amasser, accumuler, entasser, amonceler ; Cueillir ; Assembler beaucoup de personnes ; Relever de terre ce qui est tombé. (Racine *amas*.)

Saïqué coumo so biondo és tout escompillado,
Per uno soulo ma pot pas estré *omossado* ;
L'y cal per lo réjougné un escach d'Emplégats,
É s'en pot bé trouba qu'au lous dets empégats. PRAD.

**AMASSAYRE, O**, part. Qui amasse, qui aime à ramasser.
**AMASSAXE**, *Amassajhe*, s. m. Cueillette des châtaignes, des poires, etc.
**AMATINA (S')**, v. pro. Se Lever matin, être matineux. (Racine *mati*.)
**AMATUR**, s. m. Amateur, celui qui a beaucoup d'attachement, de goût pour une chose, un art, une science. (Du latin *amator*.)
**AMAZERA**, v. act. Condenser, presser, pâtiner la pâte.

## AME

**AMAZERAT**, adj. Gras-cuit, massif, pain trop dur ; Défaut du pain qui n'est pas levé, qui est pesant et indigeste ; fig., Enfant bien nourri, bien gras, dont les chairs sont fermes.

## AMB

**AMBE**, prép. Avec, ensemble, conjointement. (Du latin *ambo*, les deux.)

L'abes assegurat que faries tout per el,
Et quand ei boulgut saoupre *ambe* bous quis aquel,
N'aben pas mait sapiat l'endrex ount démourabo
Que dount ero sourtit et coussi s'appelabo.    D.

**AMBITIOU**, s. f. Ambition, désir immodéré d'acquérir des honneurs, de la gloire, de l'autorité. (Du latin *ambitio*.)

**AMBITIOUNA**, v. act. Ambitionner, rechercher avec ambition, empressement. (Du latin *ambio*, d'*ambire*.)

**AMBITIOUS**, SO, adj. Ambitieux, euse, qui a de l'ambition. (Du latin *ambitiosus*.)

**AMBITIOUSOMEN**, adv. Ambitieusement.

**AMBLADO** (D'), adv. D'Emblée, du premier effort, du premier coup.

**AMBRE**, s. m. L'Amble, sorte d'allure d'un cheval entre le pas et le trot. (Du latin *ambulare* marcher.)

**AMBRE**, s. m. Ambre, substance résineuse et très-odorante. (De l'arabe *ambar*.) Prov. *Fi coumo l'ambre*; Fin, rusé, adroit, qui se sort facilement de peine.

## AME

**AME**, voyez AMBE.

**AMELLIE**, s. m. Amandier, arbre qui porte les amandes. (Racine *amello*.)

Sous crégné dé l'hiber lou funeste retour,
L'*omellie* se desplego o l'esclat d'un bel jour.    PRAD.

**AMELLO**, s. f. Amande, le fruit de l'amandier, la chair du noyau de l'amande, le dedans de tous les fruits à noyau. (Du latin *amandala*, corruption d'*amygdala*.)

**AMELLOS-ENSUCRADOS**, s. f. Amandes à la praline, cuites dans le sucre brûlant ; *Amellos-ensucrados*, Amandes lissées, couvertes de sucre. (D'un officier du maréchal *Du-Plessis-Pralin*, qui le premier en prépara de cette façon.)

**AMELLOU**, s. m. Amande, la chair du noyau de l'amande.

**AMEN**, mot hébreu qui signifie *Ainsi soit-il*. En général, on s'en sert pour témoigner qu'on souhaite une chose : *Dizi amen de tout*, je dis toujours oui.

**AMENANSOS**, voyez FAYÇONS.

**AMENÇI**, v. act. Amincir, rendre plus mince. (Racine *mence*.)

**AMENDRI**, v. act. Amoindrir, diminuer, rendre moindre. (Racine *mendre*.)

**AMENLOU**, voyez AMELLOU.

**AMENITAT**, s. f. Aménité.

**AMENUDA**, voyez EMBRICA.

**AMENUDA**, v. act. Rendre menu, mettre à petits morceaux. (Racine *menut*.)

**AMERCADA**, v. n. Baisser de prix. (Racine *mercat*.)

**AMERITA**, v. act. Mériter, être, se rendre digne de....... (Du latin *mereri* ou *meritare*.)

**AMERTUMO**, s. f. Amertume, saveur amère ; Affliction. (Du latin *amaritudo*.)

## AMI

**AMIAPLE**, O, adj. Amiable, doux, gracieux : *Es fort amiaple*. (Racine *amic*.)

**AMIAPLO** (A L'), adv. A l'amiable, sans procès.

**AMIAPLOMEN**, adv. Amiablement, d'une manière amiable.

**AMIC**, IGO, s. m. f. Ami, ie, celui avec lequel on est lié d'une affection mutuelle. (Du latin *amicus*.)

Sies un paouc trop ergnous, et quand on es *amits*....?
Rayas-bo, se bous plai, d'alount b'abes escrits.
Aboui qu'aoutres cots, certos bous estimabi ;
Mais y'ei pla renounçat, despei quicon que sabi.    D.

**AMICAL**, O, adj. Amical, le, qui part de l'amitié, dicté, inspiré par l'amitié.

**AMICALOMEN**, adv. Amicalement, d'une manière amicale.

Coumo l'on nou fa pas soubén prou d'attentiou
Sur ço que porto cop à la reputatiou,
Et que caldrio touxoun à l'egard d'uno amigo,
Se quicon yé fa tort, al mens qu'on l'abertigo ;
Bei, sur aquel suxet, fort *amicalomen*,
Beni per bous douna calqu'abertissomen.    D.

**AMIDOUN**, s. m. Amidon, espèce de fécule qu'on retire des végétaux et surtout du blé, et qui, en se séchant, devient une pâte friable et blanche dont on fait l'empois et la poudre à poudrer. (Du grec *amulon*, farine faite sans meule.)

**AMIGNARDA**, v. act. Mignarder, rendre mignard. (Racine *mignard*.)

**AMINCI**, v. act. Amincir, rendre plus mince.

**AMIRAL**, s. m. Amiral.

**AMISTALOMEN**, adv. Amiablement.

**AMISTANÇA**, v. act. Caresser, flatter, amadouer ; fig., Maltraiter, rudoyer. (Racine *amic*).

**AMISTANÇOS**, s. f. Amitiés, caresses ; fig., Coups.

**AMISTAT**, voyez AMITIÉ.

**AMISTOUS**, OUSO, adj. Caressant, ante, doux, insinuant. On dit aussi *Amistousal*. (Du latin *amicus*.)

Al countrari, car yeou bouh soui fort ouplixado,
Bostr'abertissomen pot pas m'abé faxado ;
Aco's de bostro part talomen *amistous*
Que bous direy tabé ço que dizou de bous.    D.

**AMISTOUSOMEN**, *Amistalomen*, adv. Amiablement.

**AMIT**, s. m. Amict, linge dont le prêtre se couvre les épaules lorsqu'il s'habille pour dire la messe. (Du latin *amictus*, fait d'*amicio*, je couvre.)

**AMITIÉ**, *Amistat*, s. f. Amitié, affection que l'on porte à quelqu'un ; Grâce, faveur, plaisir. (Du latin *amicitia*.)

Bei, sans ana pus len, sies anat ombrassa
Calqu'un d'incounegut que benio de passa ;
Y'alispabés las mas, las y tenies sarrados,
A qui bous y'abes fax d'*amitiés* à carrados.    D.

**AMITOUNA**, voyez MITOUNA.

**AMIX** (FA), v. n. Toucher la main à quelqu'un en signe d'amitié, de réconciliation après quelque querelle.

Qu'un accoumodomen crezoun elis de fa ?
Noun beirou pas que yeou de boun grax ni de forço
Ye banti lou scunet qu'a fax nostro digorço.
Me retractarai pas brico de ço qu'ei dix ;
Trobi que bal pas res.

Bous caldra faire *amix*.    D.

## AMO

**AMO**, s. f. Âme, ce qui est le principe de la vie dans tous les êtres vivants; dans l'homme; Ce qui sent, veut, pense, aime, se souvient, juge, raisonne; Personne; N'avoir ni vivacité, ni sentiment: *N'a pas d'amo*; Mourir : *Ben de randre l'amo*, il vient de mourir. (Du latin *anima*.)

**AMOR**, voyez AMOUR.

**AMORÇO**, s. f. Amorce, poudre qu'on met dans le bassinet d'un fusil, d'un pistolet, etc. (Suivant Ménage du latin *admorsare*, dérivé de *morsus*, morsure, action de mordre.)

Lous osses d'aquélas mazétas
Rampélou coumo de cliquétas;
E sé désséçou jous lous plis
Daou pergami que lous couvris :
Noun an ni couraje, ni força,
Sous fuzils n'an pas jés d'*amorça*,
E pourien pas lous bouléga
Quand lous aourién saoupus carga. FAY.

**AMORRI, IO**, adj. Nigaud, de, imbécille : *Que sios amorri!* que tu es nigaud!

**AMOUCHOUNA**, voyez AGOURRUFA.

**AMOUDA (S')**, voyez ADRAYA (S').

**AMOULA**, v. act. Émoudre, aiguiser, passer sur la meule. (Du latin barbare *exmolere*, ou de *à molá*.)

Avan dé fayre aquel oufice,
Fula sas pochas é sourtis
Lou rituel é sous outis;
Passa aquestes dessus la mola,
É lous essaga à soun estola;
Vous diray qué, per un curat,
*Amoulava* bén à moun gral, FAY.

**AMOULAYRE**, *Aguzet, Gagno-petit*, s. m. Émouleur; Gagne-petit, émouleur ambulant: *Ea touxoun coumo un esclop d'amoulayre*, il parle toujours, il babille sans cesse.

**AMOULI**, *Ramouli*, v. act. Amollir, rendre doux, adoucir. (Du latin *mollire*.)

**AMOULI (S')**, v. pro. S'Amollir, devenir plus lâche, plus mou.

**AMOULOUNA**, v. act. Amonceler, entasser, rassembler.

**AMOULOUNAJHE**, s. m. Fanage d'un pré.

**AMOULOUNAYRE**, s. m. Faneur, qui ramasse le foin.

**AMOUN**, adv. Amont, en remontant; Là haut. (Du latin *ad montem*.)

**AMOUNTAYRA**, v. act. Amonceler, mettre en tas, Agglomérer. (Du latin *ad montem*.)

**AMOUNEDAT, ADO**, Qui a beaucoup d'argent. (Racine *mounedo*.)

**AMOUR**, s. f. Amour, attachement à ce qui est ou paraît aimable; Tendre attachement pour une personne; Passion d'un sexe pour l'autre; Penchant, désir ardent. (Du latin *amor*.)

Perço que y'a de xens qu'an per yeou calqu'*amour*,
Que lous bozes rouda soubén à moun entour,
Que bous lous aimaries, mais que cap nou s'en xaouto.
Digas-me, se bous plai, s'aqui y'a de ma faouto? D.

**AMOURA**, voyez AMOURRA (S').

**AMOURACHA**, voyez AMOURAXA (S').

**AMOURAXA (S')**, v. pro. S'Amouracher, s'engager en de folles amours. (Racine *amour*.)

**AMOURSA**, v. act. Amorcer, mettre de la poudre fine dans le bassinet d'une arme à feu; t. de charp., Commencer dans une pièce de bois un trou que l'on finit avec la tarière. (Racine *amorso*.)

**AMOURETTOS**, s. f. Amourette, attachement faible et passager. (Racine *amour*.)

**AMOURIE**, s. m. Mûrier, arbre dont les feuilles servent à nourrir les vers à soie. (Du latin *morus*.)

Fillos, dé l'*omourié* lou broutou s'esporpillo,
Mettès bité o coua lous yaus dé lo conillo;
Qué pendent quatré cops cal qué mudé dé pel,
Obout dé s'entorra dins soun ritché toumbel. PRAD.

**AMOURIEYRO**, s. f. Pépinière, lieu planté de mûriers.

**AMOURO**, s. f. Mûre, fruit du mûrier : *Amouro de restoul*, la mûre des chaumes, la plus délicate et la plus succulente de toutes; *Amouro de bartas*, mûre de haie.

Qual risquo arometiou dé monqua dé posturo?
L'ogrunel és tout négré é l'*omouro* és moduro. PRAD.

**AMOUROUS, OUSO**, Amoureux, euse, qui aime d'amour; Enclin à l'amour. (Du latin *amor*.)

Ah, grand Dious! hé per que sou-yeou tant *amourous*!
D'aquel maoudit amour se poudrai me desfaire,
Me beyriés pas ayci bous impourtuna gairé. D.

**AMOUROUSOMEN**, adv. Amoureusement, avec amour.

**AMOURRA (S')**, v. pro. Tomber sur le visage, sur le nez.

Mais rés nou mé luzix; malgré lé floc tridoli,
*Amourrat* sus tisous l'hiber me coutséguix;
Et moun paouré calel despourbézit d'oli,
Mé réfuso soun lum et paouc à paouc mourix. DAV.

**AMOURTI**, v. act. Amortir; faire perdre de la force; Rendre moins violent, moins ardent; Affaiblir la vivacité des douleurs : *L'emplastre b'a m'a pla amourtit*, l'emplâtre me l'a bien affaibli. (Du latin *mors*, fin, terme, mettre à fin, détruire.)

Lo biso d'un buffal o dissipat l'aouratgé,
Lo grêlo hurousomen n'o pas fach grond doumatgé.
Lo pléjo o dé sous cops *omourtit* lou fissou;
Sens oquel mesclodis aurion fach lo moïssou. PRAD.

**AMOUSSA**, voyez ATTUDA.

**AMOUSTELI**, voyez ESTEQUIT.

## AMP

**AMPLE, O**, adj. Ample, long, large, étendu au-delà de la mesure ordinaire; se Mettre à l'aise : *Se mettre à l'ample*; fig., Donner la liberté, laisser aller : *Douna l'ample*. (Du latin *amplus*.)

**AMPLETO**, voyez ENPLETO.

**AMPLIFICATIOU**, s. f. Amplification. (Du latin *amplificatio*.)

**AMPLOI**, s. m. Emploi, usage qu'on fait d'une chose; Occupation, travail. (Racine *emplega*.)

**AMPLOMEN**, adv. Amplement, d'une manière ample, généreuse.

**AMPLOU**, s. f. Ampleur, étendue, en parlant d'habits, de meubles. (Du latin *amplitudo*.)

**AMPUTATIOU**, s. f. Amputation. (Du latin *amputatio*.)

## AMU

**AMUPLOMEN**, s. m. Ameublement.

AMUTA, v. act. Ameuter, exciter à la sédition : Lous cal pas amuta. (Racine muto.)

AMUZA, v. act. Amuser, arrêter inutilement, faire perdre le temps; Faire passer le temps agréablement; Amuser quelqu'un, détourner quelqu'un des choses qu'on ne veut pas qu'il voie. (De l'Allemand musen, être oisif.)

Oquélès jocs pourtant qu'omusou lous oubriés,
Fau fa, quond durou trop, loungo paouso os poniés.....
PRAD.

AMUZA (S'), v. pro. S'Amuser, perdre son temps; s'Occuper par simple divertissement.

AMUZANT, O, adj. Amusant, e, qui amuse, charme l'ennui.

AMUZOMEN, s. m. Amusement, ce qui amuse, sert à dissiper l'ennui; Occupation agréable. (Racine amuza.)

## ANA

AN, adv. Avec.

Causissés un cordus dé bouquets entourat;
Qué dos ploumos en crous del dubet despouillados,
É pegousos dé besc, per-dessus sian quillados.
Bous cal un masclé biel qué sacho roppéla;
Car lo fémo, el besoun, tout escas sap pioula.
Désempégas lous dets an d'aïgo ou d'escupino;
Omogas pla lo gabio ount conto lo cordino. PRAD.

AN, s. m. An, année : L'an delà, il y a deux ans. (Du latin annus.)

Ma foi, nou besi pas, per tant que m'examiné,
Cap de suxet aïci per que véou me xagriné.
N'ei que binto-dous ans, ei fort bouno santat;
Debi pas res en loc, car soui pas endeoutat;
L'arxen me manquo pas, ei la bourso garnido,
Xouïssi coumo cal das plazes de la bido;
Xogui das instrumens, dansi pla, soui poulit;
Las fillos trobou pas qu'àxo l'aïré mouzit. D.

ANA, v. n. Aller, marcher, avancer, se mouvoir; Partir. (De l'italien andare.)

Per fini la journada,
Anén-nous réndre à la veiaïda.
Vénez, vénez, anén amoun
Nous réjouï dins lou saloun.
La malaouta, bén réjouïda,
Disou qu'és à mitat guerida.
En dansan, papus de doulous.
Adiou la méra et las bapous. RIG.

ANA, s. m. Manière de vivre; État de santé.

ANADO, s. f. Société, endroits que fréquente une personne

## ANB

ANBOI, voyez ENBOI.

ANBOIS, Grayle, s. m. Hautbois, instrument à vent et à anche dont le son est fort clair. (Suivant Ménage, cet instrument est appelé Hautbois parce que le ton est plus haut que celui des violons.)

ANBOISES, s. m. Joueurs de hautbois.

## ANC

ANCHEROS, s. f. Enchère, offre que l'on fait au-dessus de quelqu'un pour une chose qui se vend au plus offrant. (Racine car, cher.)

ANCHOIO, voyez ANXOVO.

ANCIEN, NO, adj. Ancien, ne, qui est depuis longtemps: Es fort ancien; Personne âgée. (Du latin anté, avant.)

ANCIENETAT, s. f. Ancienneté, antiquité, priorité d'âge. (Du latin antiquitas.)

ANCIENOMEN, adv. Anciennement; Autrefois: Anabo pla millou ancienomen, ça allait bien mieux anciennement.

ANCO, s. f. Hanche, partie du corps humain dans laquelle est emboîté le haut de la cuisse. (Du latin barbare anca.)

Quond lo nuech jous so capo o rescoundut lou jour,
É qué del postural lou pastré és dé retour,
Monjon nostro soupéto ossétats sur lo bonquo,
Pas coumo lous Moussus, mais soulomen d'uno onco.
PRAD.

ANCO, voyez Aco.

ANCRA, v. n. Ancrer, jeter l'ancre.

ANCRA (S'), v. récip. S'Ancrer, s'établir. (Du latin anchora.)

ANCRE, s. m. Ancre, instrument de fer qu'on jette au fonds de l'eau pour arrêter les vaisseaux. (Du latin anchora.)

ANCRIE, Tinelo, Escritori, s. m. Encrier, petit vase où l'on met de l'encre.

ANCRO, s. f. Encre, liqueur noire pour écrire. (Du latin barbare incaustrum.)

A boulgut uno plumo et de papié tabés,
Per d'ancro y'en abieu encaro calquo brico;
D'aquel biaïs per escrix aïci ba bous esplico. D.

## AND

ANDOT, s. m. Moissine, trochet, brin de sarment auquel tiennent des grappes de raisin.

ANDOUILLO, s. f. Andouille, boyau de porc rempli avec la chair de porc et l'ail en grain. (Suivant Ménage, du latin indusiola, diminutif d'indusia ou indusium, Vêtement sur la peau, à cause de la robe de l'andouille.)

ANDROUN, voyez BANELLO.

ANDUZAT, Palabes, s. m. Louchet, outil de labour qu'on pousse verticalement de la main qui repose sur la poigné (manillo), et principalement du pied qui presse sur le talon (la marcadouyro.)

## ANE

ANEANTI, v. act. Anéantir, détruire entièrement.

Tout s'anéantissio dins aquel tens d'ouratche;
Las hertus, lés talans, la forço, lé couratche,
Jés!..... qué tant n'abén bist abant lé tens ségats;
Les unis mourissiau per nostros libertats;
D'aoutrés, le cap glaoufit dé sublimos pensados,
N'abiou pas acabat leurs obros coumençados,
Qué la mort lés abio truquats! DAV.

ANEANTI (S'), v. récip. S'Anéantir, se dissiper, se détruire. (Racine néant.) S'Anéantir en terme de dévotion, s'humilier profondément ; Rentrer en esprit dans son néant.

ANEANTISSOMEN, s. m. Anéantissement, destruction totale; fig., Abaissement devant Dieu, humilité.

ANEYT, Anech, adv. Cette nuit, ce soir. (Du latin hác nocte.)

ANEYTTA (S'), s'Aniexa, v. n. S'Anuiter, se retarder à la nuit.

ANEL, s. m. Anneau, cercle fait d'une matière dure et qui sert à attacher quelque chose; Bague qu'on porte au doigt; fig., Poulit coumo un anel. (Du latin anellus.)

## ANI

**ANELA**, v. act. Boucler les cheveux.
**ANELO**, s. f. Anneau de rideau. (Du latin *annulus*.)
**ANEN-ANEN**, adv. Allons, allons; Finissons : *Anen, anen, qu'aco sio finit.*

## ANF

**ANFANSO**, s. f. Enfance, premier âge de l'homme. (Du latin *infantia*.)
**ANFER**, *Enfer, Iffer*, s. m. Enfer, lieu où les damnés sont punis; Lieu de bruit, de désordre; Vacarme; Lieu où l'on est tourmenté; Grande souffrance. (Du latin *infernus*.)

Un ome mal fargat et de maoubezo mino
Dematis es bengut xuscos dius la couzino,
Y'a daissat un escrix sur de papier timbrat,
Que lou diaples d'*anfer* n'aourio pas dexifrat.     D.

**ANFIN**, adv. Enfin, finalement, après tout, bref. (Du latin *in fine*.)

Digueroun dounc aqui (tustan sur bostro fardo)
Que bous deouries maïna de ço que bous regardo,
Que quand on bol *anfin* critica sur las xens,
Cal s'estre regardat soi-mêmés fort lounglems
Calqu'un diguet tabés aqui demest la foulo,
Que souben lou toupi bouldrio mascara l'oulo.    D.

**ANFLA**, v. n. Enfler, devenir gros par l'introduction du vent, d'un fluide, par une cause de maladie; Appliquer un soufflet : *Se parlos mayt, t'anfli*, si tu parles encore, gare.
**ANFLA** (S'), v. pro. S'Enfler, augmenter de grosseur, de volume pour cause de maladie. (Du latin *inflare*.)
**ANFLE, O**, adj. Enflé, ée, qui a de l'enflure. (Du latin *inflatus*.)
**ANFLURO**, s. f. Enflure, tumeur, grosseur, bouffissure.

## ANG

**ANGLE**, s. m. Angle, ouverture formée par deux lignes qui se rencontrent en un point; l'Endroit où les deux lignes aboutissent en se rencontrant. (Du latin *angulus*.)
**ANGOLA**, s. m. Chat d'Angora ou Angora, chat à poil long et soyeux, originaire d'*Angora*, dans l'Asie-Mineure.

## ANI

**ANIBELA**, v. act. Niveler, mettre de niveau. (Racine *nibel*.)
**ANIEXA** (S'), v. pro. S'Anuiter, s'exposer à être surpris par la nuit.
**ANILHA**, v. n. Hennir, il se dit du cri ordinaire du cheval.
**ANILOUS**, *voyez* AGNELOUS.
**ANIMA**, v. act. Animer; fig., Donner du mouvement de la force, de l'action, de la vivacité; Exciter, encourager; Irriter, mettre en colère.

Brillant astré del Cel, dount lo marcho ropido
Del tems que nous escapo ès lo réglo é lou guido;
Tu qué dé lo noturo *animos* lous ressorts,
Souleł, dé moun esprit redoublo lous transports; PNAD.

**ANIMA** (S'), v. pro. S'Animer, s'exciter mutuellement, se mettre en colère. (Du latin *animare*.)
**ANIMAL**, s. m. Animal; fig., Homme stupide, grossier. (Du latin *animal*.)
**ANIMALIZO**, s. f. Bêtise, nigauderie.

## ANQ

**ANIMATIOU**, s. f. Animation. (Du latin *animatio*.)
**ANIMOUSITAT**, s. f. Animosité, haine, aversion, ressentiment contre. (Du latin *animositas*.)
**ANIOULA** (S'), v. n. Se Couvrir en parlant du ciel. (Du latin *nubila, orum*.)
**ANIS**, s. m. Anis, plante aromatique dont la graine est employée en médecine et par les distillateurs : *Anis ensucrat*, Dragées faites avec l'anis. (Du latin *anisium*.)
**ANISSES**, s. m. Laine lanice, ou poil d'agnelins qui sert à faire des chapeaux; fig., Cheveux.
**ANITOR**, *voyez* NAZITOR.
**ANIZA**, v. n. Nicher, faire son nid.
**ANIZA** (S'), v. pro. Se Nicher, se placer, Trouver un bon établissement. (Du latin *nidulari*.)
**ANIZETTO**, s. f. Anisette, liqueur faite avec l'anis. (Racine *anis*.)

## ANN

**ANNADIE**, adj. Annuel; ce mot ne s'emploie guère qu'au fig., en parlant de tel arbre qui ne porte pas de fruit tous les ans. (Du latin *annualis*.)
**ANNADO**, s. f. Année, douze mois; Récolte d'une année : *La bouno annado*, en janvier, souhait pour une heureuse année. (Du latin *annus*.)

Aco's be pla bertat, mais n'ey pas que bint ans :
Languirio talomen d'alount m'aouriés menado,
Que m'y beyries al clôt dins la prumieiro *annado*.
Mais se boules aïci que biscan toutis dous,
Espouzen quand bouldres, me languis maï qu'à bous.    D.

**ANNEXO**, s. f. Annexe, église qui relève d'une cure. (Du latin *adnexus*.)
**ANNIBERSARI**, s. m. Anniversaire.
**ANNUELOMEN**, adv. Annuellement.
**ANNUI**, s. m. Ennui, langueur, déplaisir de l'esprit, fatigué, rebuté. (Du grec *ania*.)
**ANNUYA**, v. act. Ennuyer, causer de l'ennui.
**ANNUYA** (S'), v. pro. S'Ennuyer, éprouver de l'ennui; Trouver le temps long.
**ANNUYANT, O**, adj. Ennuyant, te.
**ANNUYOUS, OUSO**, *Annuxous*, adj. Ennuyeux, euse, qui ennuie.

## ANO

**ANOUNÇA**, v. act. Annoncer, faire savoir, publier, manifester; Avertir de.....; Prédire, être le signe. (Du latin *annuntiare*.)
**ANOUNÇA** (S'), v. pro. S'Annoncer, se faire connaître d'une manière particulière.
**ANOUNCIATIOU**, s. f. Annonciation. (Du latin *Annuntiatio*.)
**ANOUNCIOS**, *Nouncios*, s. f. Annonces, les bans de mariage. (Du latin *annunciatio*.)
**ANOUPLI**, v. act. Ennoblir, rendre noble, plus distingué. (Racine *nople*.)
**ANOUZIT, IDO**, adj. Rabougri, ie.

## ANP

**ANPERUR**, *voyez* EMPERUR.
**ANPIRA**, *voyez* ENPIRA.

## ANQ

**ANQUETO**, s. f. Enquête, recherche qui se fait par ordre de justice en matière civile. (Du latin *inquisitio*.)

## ANS

**ANSEILLE**, *voyez* ENSEILLE.

**ANSO**, s. f. Anse, sorte de demi cercle attaché à un panier, à un vase, et dans lequel on peut passer le doigt, la main ou le bras. (Du latin *ansa*.)

## ANT

**ANTA**, v. act. Hanter, fréquenter, voir souvent quelqu'un ; Paraître souvent, se montrer habituellement dans un lieu ; prov., *Digo me qui antos et te dirai qui sios*. (Du latin *habitare*.)

**ANTA**, v. act. Enter, greffer, faire une ente. (Du latin *inserere*.)

Gordas-bous, quond *ontas*, dé counsulta lo Luno,
D'oquello bieillo crrou bous entestés pas pus ;
Un hommé qu'o boun cap n'o descoubert l'obus.
PRAD.

**ANTAN**, adv. L'an passé.

**ANTICAILHO**, s. f. Antiquaille, chose vieille, de peu de valeur.

**ANTICIPATIOU**, s. f. Anticipation. (Du latin *anticipatio*.)

**ANTIENNO**, s. f. Antienne, verset qui s'annonce avant le chant d'un psaume ; fig., Mauvaise querelle ; Vieille histoire : *Qu'unos antiennos bas canta*, Qu'allez-vous dire. (Du latin *antiphona*.)

**ANTIFO**, *voyez* BATTRE LA PABANO.

**ANTIQUITAT**, s. f. Antiquité. (Du latin *antiquitas*.)

**ANTO**, s. f. Ente, greffe, scion d'arbre greffé sur un autre arbre ; Parapet, garde-fou d'un pont. (Du latin *insitio*.)

**ANTRAILHOS**, s. f. Entrailles, intestins, boyaux. (Du latin barbare *interalia*.)

Qué trés ou quatré fés, obent los semenaillos,
Lo reillo dé lo terro esquincé los *ontraillos*. PRAD.

## ANU

**ANULLA**, v. act. Annuler, rendre nul, casser, abolir. (Racine *nul*.)

## ANX

**ANXANÇO**, s. f. Engeance, race ; fig., en parlant des personnes, il ne se dit qu'en mauvaise part : *Aco's uno paouro anxanço*. (Du latin *gens*, nation.)

**ANXEL**, ELOU, s. m. Petit ange ; Petit enfant : *Lou meou anxel*. (Du latin *angelus*.)

Otal porlet lo bieillo. Aurias bist l'ossemblado,
O soun tristé récit immoubilo, estounado,
É dé froyou tronsits, très paourés ongelous
Dè lour maïre, en plouren, téné lous coutillous.
PRAD.

**ANXELICO**, s. f. Angelique, sorte de plante odorante dont on confit la tige.

**ANXELUROS**, s. f. Engelure, enflure douloureuse aux mains, aux pieds, causée par le froid. (Du latin barbare *ingelatura*, formé de *in*, dans, et *gelare* geler.)

**ANXO**, s. m. Ange, messager, esprit celeste qui annonce les ordres de Dieu ; fig., Personne très-pieuse ; Enfant très-sage : *Es coumo un anxo*. (Du grec *aggelos*, messager.)

Nou me rafusi pas à dire, se ba cal,
Qu'a fort bouno faissou quand es sur un xabal ;
Encaro s'a bezoun de calqu'aoutro louanxo,
Dirci que danso pla, qu'es poulit coumo un *anxo*.

Mais se mc cal haula, certos aquel sounet,
Ma foi nou podi pas, ét souf bostre baïlet. D.

**ANXO BUFFAREL**, s. m. Ange bouffi ; Petit enfant, habillé de blanc, qui jette des fleurs devant le saint sacrement.

**ANXOYO**, s. f. Anchoi, petit poisson de mer sans écailles : *Un barricat d'anxoyos*.

## AOU

**AOUBADO**, s. f. *voyez* SERENADO. L'*Aoubado* se fait le matin, à l'aube du jour.

**AOUBALESTRIE**, *voyez* BALESTRIE.

**AOUBAN**, t. de charp. Auban.

**AOUBE**, *voyez* OBE.

**AOUBECHE**, *voyez* ALBRUN.

**AOUBENO**, s. f. Aubaine, évènement dont il résulte ordinairement quelque profit. (Du latin *adventus*, évènement.)

**AOUBERGNAS**, s. m. Anvergnat, qui est d'Auvergne ; fig., Grossier, impoli : *Aquel aoubergnas !*

**AOUBERJHE**, *voyez* AOUBERXE.

**AOUBERJHINO**, *voyez* AOUBERXINO.

**AOUBERXA**, v. act. Héberger, recevoir, loger chez soi. (De l'allemand *herbergen*.)

**AOUBERXÉ**, s. m. Pêcher, arbre qui produit les pêches.

**AOUBERXINO**, s. f. Aubergine, mélogène, plante dont le fruit est fort employé dans les cuisines.

**AOUBERXISTO**, Louxissie, Cabaretie, Oste, s. m. Aubergiste, celui, celle qui tient une auberge. (Racine *aouberxo*.)

Castelpers maquet pas, parlet à l'*aouberxisto*
Que despey calque tems abio touxoun en bisto ;
Y'ourdouuet lou répaïs, coumandet dous caoulets.
Fazes-bo, ye diguet, qu'on s'en leque lous dets ! D.

**AOUBERXO**, s. f. Auberge, maison où l'on trouve à manger, à boire, à loger en payant. (Du latin barbare *heriberga*, ou de l'italien *albergo*.)

**AOUBERXO**, s. f. Alberge, sorte de pêche dont la chair est jaune et ferme.

**AOUBIEIRAT**, *voyez* ALBIEYRAT.

**AOUBIEIRO**, *voyez* ALBIEYRO.

**AOUBO**, *voyez* ALBO.

**AOUBOVI**, *voyez* BIDALBO.

**AOUBRE**, *voyez* ALBRE.

**AOUBREJHA**, *voyez* ESCARRA.

**AOUBRESPI**, *voyez* BOUISSOU BLANC.

**AOUBRESSA**, *voyez* ABRASSAC.

**AOUBRICOT**, s. m. Abricot, fruit à noyau.

Bésen deja soli l'obouribo cérieyro,
Oquel fruit sobourous qu'és dé toutés l'aynat
É qu'éblouis leus uels dé soun rougé incornat,
Ben gorni lous desserts ombé lo fraiso aoudouso
É lo fromboizo ombrado, é lo granzeillo isprouso ;
Lou perou muscodel, l'*aoubricot* ogrélet,
É lo poumo jounenquo, é lou prunel biculet. PRAD.

**AOUBRICOUTIE**, s. m. Abricotier, arbre originaire d'Arménie, qui porte les abricots.

**AOUC**, s. m. Jars, le mâle de l'oie. (Du latin barbare *auca*.)

**AOUCAYRE**, Gardeur d'oies ; prov., *Qui bal pas gayre lou fan aoucayre*.

**AOUCO**, s. f. Oie, sorte d'oiseau aquatique et qui sert beaucoup dans l'usage de la vie ; fig., Fille à long cou et mauvaise tournure : *Semblo uno aouco*. (Du latin barbare *auca*.)

**AOUCOU**, s. m. Oison.

**AOUDAÇO**, s. f. Audace, hardiesse insolente, excessive. (Du latin *audacia*.)

> Nou sabi pas coussi bous abés prou d'*aoudaço*
> Per gaouza soulomeu m'agaxa pus en faço!
> Car l'on pouirio cerca tout un an, amaï dous,
> Sans qu'on troubes digus que balgo mens que bous.   D.

**AOUDACIOUS**, OUSO, adj. Audacieux, se, qui a, qui marque de l'audace : *Es trop aoudacious.* (Du latin *audax*.)

**AOUDACIOUSOMEN**, adv. Audacieusement, insolemment. (Du latin *audacter*.)

**AOUDIENSO**, s. f. Audience, séances des juges dans les causes qui se plaident; Lieu où se tient l'audience. (Du latin *audientia*.)

> Yeou dins moun ïech proufoundamen
> Endourmit couma un prézidén
> Qu'éspera émée foça paciença :
> La fin d'una lenga *aoudiença*,
> Té vaou rêva que véze Hector :
> N'éra pas viou, n'éra pas mor;
> Mais avié fort michanta mina,
> Aube una coulou dé bussina.
> Era triste, salle, fangous,
> Tout esfoulissat, tout sannous,
> Plé dé las crotas qu'amassava
> Quan Acgila lou rebalava :
> Lazéquifa, éra tan maou més
> Qué mé lou sériéy pas rêmés.   FAV.

**AOUDITORI**, *Aouditoiro*, s. m. Auditoire.

**AOUDÓU**, s. f. Odeur, émanation de certains corps qui affecte l'odorat; fig., Réputation. (Du latin *odor*.)

> Et part; et la jouyno orphelino
> Que son fray meno pel la ma,
> Cats à la gleyzo, à la sourdino,
> D'un ayré tranquille camino ;
> Uno *aoudou* de laouré que la fay frissouna,
> Souben la bén enbrouna
> Al ciél d'anéy res enqu'éro d'aouréjo;
> Lou tems s'es encrumit, brumejo   J.

**AOUDOULIE**, voyez FARRAT.
**AOUFFEGA**, v. act. Étouffer.
**AOUFFEGA (S')**, v. pro. Se Pâmer à force de crier ; on le dit des enfants au maillot : *Plouro que s'aouffego.*
**AOUGAN**, voyez OUNGAN.
**AOUJHAN**, voyez AOUXAN.
**AOUJHOL**, voyez AOUXOL.
**AOULE**, voyez MISSANT.
**AOUMEDO**, voyez OURMARADO.
**AOUMELO**, voyez MOULETO.
**AOUMEN**, s. m. Augment, supplément au douaire. (Du latin *augmentum*.)
**AOUMENTA**, v. act. Augmenter; Croître ; Hausser le prix. (Du latin *augmentare*.)

> Dé tems en tems lo grèlo aumento lou robatgé :
> Lou tron pus animat s'escappo del nuatgé,
> Esclato, serpentéjo, é toumbo sus clouquiés,
> Olaro on lons Ritous toutés lous Porrouquiés,
> Dins lo Gleyzo ossemblats coumo lous jours dé festo
> Dé boun cor prégou Dious d'escorta lo tempesto.   PRAD.

**AOUMMENTATIOU**, s. f. Augmentation, accroissement; Accrue, fausse maille ou maille surnuméraire qu'on fait à un filet dont on veut augmenter la largeur. (Du latin *augmentatio*.)
**AOUNA**, v. act. Auner, mesurer à l'aune.

**AOUNAYRE**, s. m. Auneur, celui qui mesure à l'aune.
**AOUNAXE**, s. m. Aunage, mesurage à l'aune.
**AOUNO**, s. f. Aune, mesure de longueur, aujourd'hui remplacée par le mètre ; l'aune vaut 1 mètre 19 centimètres; fig., [*Saoupre ço que ne bal l'aouno;* Avoir fait l'épreuve d'une chose. (Du latin *ulna*.)
**AOUPIATO**, voyez OUPIATO.
**AOURAXE**, s. m. Orage, grosse pluie mêlée d'éclairs et de tonnerre.
**AOUREILHA**, v. act. Étriller quelqu'un en le prenant par les oreilles. (Racine *aoureilho*.)
**AOUREILHAL**, s. m. L'Action de tirer l'oreille.
**AOUREILHARD**, adj. Oreillard, qui a les oreilles longues et mal plantées. (Racine *aoureilho*.)
**AOUREILHETO**, s. f. Baignet fait avec la fleur de la farine ; on jette cette pâte dans l'huile bouillante et la cuisson la gonfle en forme d'*oreille*. (Racine *aoureilho*.)
**AOUREILHO**, s. f. Oreille, organe de l'ouïe : *A bouno aoureilho*, il entend aisément; *N'a xuscos à las aoureilhos*, il est plongé tout entier dans..... ; *Se fa tira l'aoureilho*, céder avec difficulté; t. d'art, Lame, partie saillante. (Du latin *auricula*.)

> Moun Diou, diguét en sé frétan,
> Véja l'aqui, piqués pas tan.
> Mais la coumpagné touta entieyra
> S'acoussèt vité à la banieyra,
> E tant luchèt, tant s'escoufet
> Qué tout lou drapéou s'estripet.
> Pière n'empourtèt una peña
> A la plaça d'un floc d'*aoureia*
> Qu'avié perdut dins lou débat.   FAV.

**AOUREILHOUS**, voyez ALAYRE.
**AOUREILHUT**, voyez AOUREILHARD.
**AOUREJHA**, voyez AOUREXA.
**AOUREXA**, v. act. Aérer, faire refroidir, exposer à l'air une tisane. (Du latin *aer*.)
**AOURIBELO**, *Cap d'Aouribelo*, adj. Alerte, étourdi, qui n'écoute rien : *Sios un rette cap d'aouribelo*, tu es bien étourdi.
**AOURIEYRA**, v. act. Mener au bord; Placer au bord d'un chemin, d'un champ ; Travailler un champ jusqu'au bord.
**AOURIEYRO**, s. f. Les Bords d'un champ, d'un chemin ; fig., Être au moment de....
**AOURIOL**, s. m. Loriot, oiseau jaune à ailes noires. (Du latin *aureolus*, couleur d'or.)
**AOURIOLOS**, voyez XANETOS.
**AOURIPELLE**, voyez AXIPELLE.
**AOURO**, voyez BEN.
**AOUS**, voyez AGOUST.
**AOUS**, *Aousses*, s. m. Toison de mouton, de brebis ; la Laine que l'on a tondu sur un mouton, une brebis; fig., la Chevelure.
**AOUSSA**, v. act. Hausser, élever, rendre plus haut.
**AOUSSE**, voyez LEBET.
**AOUSSEL**, voyez AOUZEL.
**AOUSSOS**, s. f. Hausse, morceau de cuir qu'on met à des souliers.
**AOUSTA**, voyez AGOUSTEXA.
**AOUSTERITAT**, *Ousteritat*, s. f. Austérité. (Du latin *austeritas*.)
**AOUTA**, s. m. Autel, table pour dire la sainte messe. (Du latin *altar* ou *altare*, qui vient de *altus*, haut.)
**AOUTA**, voyez OOVRO.

## AOU

**AOUTANT**, adv. Autant, marque l'égalité : *Aoutant d'aygo que de bi ;* la comparaison : *Aoutant de bou que de paoure.* (Du latin *aliud tantum*.)

**AOUTORISA**, *Aoutourisa*, v. act. Autoriser, rendre maître, donner liberté, donner pouvoir. (Du latin *auctorem dare*.)

**AOUTOUN**, *voyez* RELUBRE.

**AOUTORISATIOU**, *Aoutourisatiou*, s. f. Autorisation, permission, pouvoir. (Du latin *auctoritas*.)

**AOUTORITAT**, *Aoutouritat*, s. f. Autorité, puissance légitime ; Droit de se faire obéir : *A josso aoutoritat.* (Du latin *auctoritas*.)

**AOUTOUNO**, s. f. Automne, la troisième des saisons de l'année. (Du latin *autumnus*.)

De l'*aoutouno* primaigo albieyro
Beuis lou grand Mestre del tems !
Tubos et rouzal del printemps !
Benissez l'apertieyro.            Puj.

**AOUTRE, O**, pron. et adj. Autre ; Marque distinction, différence : *Nous autres, nous aoutres.* (Du latin *alter*.)

**AOUTRES COXS**, adv. Autrefois, anciennement : *Aoutres coxs anabo pla*, autrefois ça allait bien.

**AOUTROMEN**, adv. Autrement d'une autre manière.

**AOUTRO PART**, adv. Autre part, ailleurs.

**AOUTOUR**, s. m. Auteur, celui qui est la première cause d'une chose. (Du latin *auctor*.)

**AOUTUROUS, O**, adj. Altier, re, qui a de la fierté ; Superbe. (Du latin *altus*, élevé.)

**AOUXAN**, s. m. Volaille qu'on élève dans une ferme ; fig., Filles légères qui n'écoutent aucun avis : *Qu'un missant aouxan !*

**AOUXOL**, s. m. Aïeul, le père du père ou de la mère ; le Vieillard le plus ancien. (Du latin *avus*.)

**AOUZART**, s. m. Houssard, housard ou hussard, cavalier armé à la légère ; fig., Homme souffrant, chétif : *Un poulit aouzart*, joli homme.

**AOUZEILLE**, *voyez* AOUZERI.

**AOUZEL, ELOU**, s. m. Oiseau à deux pieds, avec des plumes et des ailes : *As bist aquel aouzel ?* (De l'italien *augello*, ou du latin barbare *avicellus*.)

**AOUZELAS**, s. m. Nom générique sous lequel on comprend tous les grands oiseaux.

**AOUZELAYRE**, s. m. Oiseleur, celui qui fait métier de prendre des oiseaux.

**AOUZELIE**, adj. Sourd, qui crie en parlant : *Crido coumo un aouzelie*, il crie comme un sourd.

**AOUZERI**, *Aouzeille*, s. m. Criard, qui a la voix éclatante et parle haut.

**AOUZI**, v. act. Ouïr, entendre, écouter ; Ouïr des témoins, recevoir leurs dépositions. (Du latin *audire*.)

*Aousissex* dins lés camps la laouzeto que pioulo
Dé frech et dé talen : sous pioulets fan piétat !
Et sus la néou, descaous, lé paouré espeillinsat
    Fissat pel ben brutal qué sioulo,
Al pourtal d'un richard crido la caritat !   Dav.

**AOUZI DIRE**, s. m. Ouï dire.

**AOUZIDO**, s. f. Ouïe, sens par lequel on reçoit les sons. (Du latin *auditio*.)

**AOUZIDOS**, s. f. Fenêtre, ouvertures d'un clocher par où le son se répand.

**AOUZIENT**, *Aouzent*, adj. Temps calme qui laisse bien entendre. (Du latin *audiens*.)

**AOUZITIOU**, s. f. Audition, action d'ouïr des témoins. (Du latin *auditio*.)

## APA

**APACHOUNA**, *voyez* PASTINGA.

**APAIA**, *voyez* APPAILHA.

**APAILHA**, v. act. Faire la litière aux chevaux, aux bœufs ; Garnir de paille. (Racine *paillo*.)

**APAILHASSA (S')**, v. pro. Se Camper, se flanquer, se jeter sans aucune précaution, comme font certaines femmes qui s'assoient sans regarder si elles incommodent les voisins.

**APALLI**, *voyez* PALLEXA.

**APAOURI**, v. act. Appauvrir, réduire à l'état de pauvreté.

**APAOURI (S')**, v. pro. S'Appauvrir, devenir pauvre ; fig., Perdre de ses forces, s'affaiblir. (Racine *paoure*.)

**APAOURISSOMEN**, s. m. Appauvrissement.

**APAOUTA (S')**, v. pro. Tomber sur ses mains.

**APAOUZA**, v. act. Apposer, mettre, appliquer à.... ; Opposer, mettre une chose pour faire obstacle à une autre. (Du latin *opponere*.)

**APAOUZA (S')**, v. pro. S'Opposer, être, se rendre contraire, empêcher, ne pas consentir.

**APAQUETA**, v. act. Empaqueter, mettre en paquets, emballer, serrer, envelopper. (Racine *paquet*.)

**APARA**, v. act. Défendre quelqu'un, le protéger.

**APARA (S')**, v. pro. Se Défendre, repousser une attaque. (Du latin *parare*.)

**APARABAN**, adv. Auparavant, premièrement, avant toutes choses : *Aparaban cal dexuna.*

**APAREILHA**, v. act. Appareiller, joindre, assembler, réunir deux choses pareilles, comme chevaux, etc. ; Égaliser, mettre de niveau ; t. d'archit., Donner les mesures justes pour la taille des pierres ; Réussir quelque chose : *Aco's pla apareilhat.* (Racine *parel*.)

**APAREILHAT, ADO**, adj. Réussi, sie, arrangé.

**APAREILHUR**, s. m. Appareilleur, celui qui a soin de tracer les pierres, d'en arrêter la coupe avec précision.

**APAREL**, s. m. Appareil, assemblage de choses disposées avec ordre, éclat, pompe qui accompagne ; Tout ce qui est nécessaire pour une opération, un pansement : *Me cal tout aquel aparel.* (Du latin *apparatus*.)

**APARENÇO**, s. f. Apparence, extérieur : *Seloun touto aparenço*, il est presque certain. (Du latin *apparere*.)

**APARENT, O**, adj. Apparent, te, visible, évident, remarquable, considérable. (Du latin *apparens*.)

**APARENTA**, v. act. Apparenter, donner des parents par alliance.

**APARENTA (S')**, v. pro. S'Apparenter, se donner des parents par alliance : *S'es pla mal aparentat.* (Du latin *parens*.)

**APARETRE**, v. n. Apparaître, se rendre, devenir visible ; s'Imaginer, trouver que.... (Du latin *apparere*.)

Mais uq ser coumo ol liech you bénio dé mé mettré,
Soun armo ol found dés pès mé benguet *opporetrré.*
Dé froyou joul lensol you fourrèré lou cap,
Car saïqué un gro dé mil m'aurio serbit dé tap.   Prad.

**APARIA**, v. act. Apparier, mettre ensemble des choses pareilles ; Mettre ensemble un mâle et une femelle. (Du latin *par, paris*, pareil.)

**APARIA**, v. act. Épeler, nommer les lettres, les appeler pour en former des syllabes, des mots : *Coumenço d'aparia.* (Du latin *apellare*.)

APAROMEN, adv. Apparemment, vraisemblablement, sans doute.

APARRAT, passerou de pixougne, s. m. Le Moineau, passereau.

APARTENE, v. n. Appartenir, être de droit à quelqu'un; Être parent de...., allié de.... (Du latin pertinere.)

APARTENENÇO, s. f. Appartenance, ce qui appartient à...., ce qui dépend de...; Dépendance. (Racine apartene.)

APARTOMEN, s. m. Appartement, portion de maison où une famille, une personne peut loger. (Du latin barbare partimentum, fait de partiri, partager.)

D'aqui, lou michan garnimén
Espincha è véy l'aparlémen
Ounté Prian, sus sa térina,
Téndié noblamen médécina
Entournéjat dé pissadous.
Aco métés lou trayte én gous
D'ana saoupre quinta pitança
Fumava dins tan dé faïança;
Car dé ïou crézió, lou grouman;
Véyre à taoulo lou viel Prian;
É tan dé mès îé fazién léga
Qué îé prén una pétéléga
Dé s'infourma s'aquél gran rèy
Sé nouris dé car ou dé péy;
Lous iols, lou nas, la mayssa ouverta,
Pirrhus èra aqui tan alerta
Qué, s'aquél moumén èra intrat,
Crézi qu'aourié tout énvalat.  FAV.

APASTURA, v. act. Paître, faire paître, donner à manger aux bestiaux; Abecquer, donner la becquée à un oiseau. (Du latin pascere, pasco.)

APASTURADO, s. f. Quantité de feuille qu'on donne aux vers-à-soie: Aco's la segoundo apasturado. (Racine apastura.)

APARASSAT, voyez ESPATA.

APAXELA, voyez PAXELA.

APAYZA, v. act. Apaiser, adoucir, calmer la colère, l'émotion.

APAYZA (S'), v. récip. S'Apaiser, s'adoucir, se modérer. (Du latin ad pacem ducere, amener à la paix.)

APATI, v. n. Mourir de faim, être dans le plus grand besoin. (Du latin pati.)

APAYZANDI (S'), v. n. Devenir grossier, rustre, peu civil. (Racine païzan.)

APAZIMA (S'), voyez APAYZA.

## APE

APEBA, voyez (A) PEOU.

APEL, s. m. Appeau, une chanterelle, oiseau qui appelle et fait venir les autres oiseaux pour les faire tomber dans le piége. (Du latin appellare.)

APEL, s. m. Appel, signal qui se fait avec le tambour ou la trompette pour assembler les soldats.

APEL (FA), v. act. Faire appel, avoir recours au juge supérieur.

A l'égard dal proucés y'abes d'espoir encaro;
Quand nous an mal xuxats calqu'un maït ba reparo,
S'axis pas de bira las cambos bes lou cel,
Mais sabes la boun drex bous cal faïre un apel.  D.

APELA, v. act. Appeler, nommer; dire le nom de....; Donner un nom; Envoyer chercher quelqu'un.

APELA (S'), v. récip. S'Appeler, porter un nom. (Du latin appellare.)

Et quand ei boulgut saoupré ambé bous qui's aquel
N'abes pas maït sapiut l'endrex ount démourabo
Que dount ero sourtit et coussi s'apelabo.  D.

APENA (S'), Se Donner de la peine.

APENDRIS, s. m. Apprenti.

Mais quaou countarié l'aboundança
Das esploués, das traits dé vaïança
Qué faguet dins aquel rambal
Lafuïado lou marechal!
Es aquel qué sé distengava
Dé la manièra qué picava,
Aourias dich qué lous pus hardis
N'eroun pas qué sous apendris.  FAV.

APEOU, s. m. Pied; t. de nageur, Prendre pied: Trobi pas apeou, je ne touche pas le fond. (Du latin a pede.)

APERDIS, voyez PERDIGAL.

APERPAOUS, adv. A propos, au reste, du reste: A perpaous, couro me pagos? au reste, quand me paieras-tu?

APERSAOUPRE ou Apersaoure, v. act Apercevoir, commencer à voir, découvrir; fig., Remarquer.

APERSAOUPRE (S'), v. pro. S'Apercevoir, connaître, découvrir, remarquer. (Du latin percipere.)

Sur qu'un prepaous que sio cal que trobe à redire.
Mais certos pla souben y'en a mêmes per rire;
Co qu'aoura dits bint cots, apei ba countrodis
D'abord que s'apersaou que calqu'aoutré ba dis.  D.

APERTIEYRO, Pertieyro, adv. De suite, sans choix.

APETIS, s. m. Appétit, désir, besoin de manger : A boun apetis. (Du latin appetitus.)

Mais s'és encaro pounjounat
D'un apetis dézourdounat;
Sé lou june a la fan canina
Y'an coulat lou ventré à l'esquina,
Oh! poudés dire: fin d'agnel,
Lou tigre n'es pas pus cruel,
Et, dins la raja qué l'énména
Prénés garda à vostra coudèna;
Car una fés qué la tendrié
Embé las déns l'estriparié.  FAV.

APETISSA, v. n. Donner de l'appétit. (Du latin appetere.)

APETISSANT, O, Apetissent, o, adj. Appétissant, te, qui donne, qui excite l'appétit.

APEY, adv. Après, dans peu. (Du latin post.)

APEZA, voyez APEOU.

APEZANTI, v. act. Appesantir, rendre plus pesant, plus lourd.

APEZANTI (S'), v. pro. S'Appesantir, devenir plus lourd, plus pesant, moins vif : S'es pla apezantit. (Racine pezant.)

## API

API, voyez APIT.

APIALA, Apialouta, v. act. Appiler, empiler, mettre en piles, en monceaux. (Racine pialo, ou pilo.)

A PIC, adv. A pic, perpendiculairement : Mounto à pic, il monte à.... (De l'italien à pico.)

APIALAJHE, voyez APIT.

**APIALOUNA**, voyez PIEXA.

**APILA**, voyez APIALA.

**APIT**, s. m. Céleri, plante potagère annuelle, qu'on mange en salade : *Uno salado d'apit*. (Du latin *apium*.)

**APITARRA**, v. act. Donner à manger des choses agréables et en quantité : *Bous boli pla apitarra*, je veux vous régaler.

**APITARRA (S')**, v. pro. Se Gorger, s'empifrer.

**APITOUYA (S')**, v. pro. S'Apitoyer sur le sort de quelqu'un.

**APITRESSA**, voyez DESPROUFITA.

**APIXOUNA**, v. act. Apetisser, rapetisser, rendre plus petit.

**APIXOUNA (S')**, v. pro. S'Apetisser, devenir plus petit. (Racine *pixou*.)

### APL

**APLANA**, *Aplani*, v. act. Aplanir, rendre uni, enlever les inégalités d'une surface. (Du latin *planus*, uni.)

**APLANAJHE**, s. m. Aplanissement.

**APLAOUDI**, v. act. Applaudir, battre des mains pour approuver ; fig., Marquer son approbation.

Aïmo prou de mourdi mais b'aïmario pla mens
Sejnou risiès pas tant quand escorxo las xens :
A bous aoutrés anfin cal bé que l'on s'én préngo
D'abord qu'*aplaoudissés* à sa maoubezo lengo. D.

**APLAOUDI (S')**, v. pro. S'Applaudir, se savoir bon gré de quelque chose, se féliciter soi-même. (Du latin *applaudere*.)

**APLAOUDISSOMEN**, s. m. Applaudissement.

**APLATI**, v. act. Aplatir, rendre plat. (Racine *plat*.)

**APLECHA**, voyez ESPLEXA.

**APLECHAIRE**, voyez XOUATIE, MOUSSIE.

**APLEJHI**, voyez PLEXOUS.

**APLICA**, v. act. Appliquer, mettre une chose sur une autre de manière qu'elle y adhère ; Adapter ; Faire l'application d'une loi ; Appliquer son esprit à.

**APLICA (S')**, v. pro. S'Appliquer, s'attacher avec application. (Du latin *applicare*.)

**APLICAPLE, O**, adj. Applicable.

**APLICAT, ADO**, adj. Appliqué, ée, studieux.

**APLICATIOU**, s. f. Application, attention. (Du latin *applicatio*.)

**APLOUM**, *Aploun*, s. m. Aplomb, ligne perpendiculaire à l'horizon ; Instrument de maçon, de charpentier, pour élever perpendiculairement. (Du latin *plumbus*.)

### APO

**APOSTOUL**, s. m. Apôtre, nom de chacun des douze disciples choisis par Jésus-Christ ; fig., *Fa lou boun apostoul*, Faire le bon apôtre, prendre le ton, les manières de l'homme de bien purement par intérêt. (Du latin *apostolus*.)

**APOUGNA**, voyez POUGNA.

**APOUINTA**, voyez APUNTA.

**APOUMACELA**, v. act. Entasser, mettre en tas.

**APOUNCHA**, voyez APOUNXA.

**APOUNXA**, *Apunta*, v. act. Aiguiser, en parlant d'un outil de fer ; Tailler la pointe à un pieu, à un échalas. (Racine *pounxo*.)

Y'a d'hommes qu'an pe'l mal uno pentó cruélo ;
Talèou qué dins le mounde uno glorio noubèlo
Parex, sur soun esclat ban lança dé fissous ;
Et lour cor, qu'és pastat d'uno bassesso endigno,
*Apounchan* lôs arpious d'un ounglo qué graoufigno.
Nous fa diré qué soun pichous ! DAV.

**APOUNXA (S')**, v. pro. S'Appliquer : *A bel s'apounxa !* il a beau faire.

**APOURTA**, v. act. Rapporter, en parlant des chiens qui apportent le gibier qu'on a tué.

**APOURTA (S')**, v. pro. Donner lieu, fournir l'occasion : *Se y'es apourtat*, il l'a bien voulu. (Du latin *portare*.)

**APOUSTA**, v. act. Aposter, placer quelqu'un en un lieu pour épier, observer, surprendre. (Racine *pousta*.)

**APOUSTAT**, s. m. Apostat, celui qui a apostasié.

**APOUSTROUFA**, v. act. Apostropher, adresser à quelqu'un une réprimande, un reproche, un trait mortifiant. (Du grec *apostréphô*, je détourne.)

**APOUTICARI**, *Apouticayré*, s. m. Apothicaire, celui qui vend et prépare les remèdes pour les malades. (Du grec *apothêkê*.)

Pantaloun poudié pas sans pénas
Veyré escaouda tant dé coudénas,
É per manténe lou traval
Qu'avien coumençat ayçaval,
Jujèt que das *apouticayris*
Lous outis éroun nécessaris.
Anèn, métès-vous à jinoul,
Yé dis, é tiras-nous d'emboul. FAV.

**APOUTICARARIE**, *Apouticario*, s. f. Apothicairerie, lieu, boutique où l'on garde et où l'on vend les drogues.

### APP

**APPARITIOU**, s. f. Apparition. (Du latin *apparitio*.)

**APPLICATIOU**, s. f. Application. (Du latin *applicatio*.)

### APR

**APRADI**, v. act. Semer un champ en pré. (Racine *prat*.)

**APRATICA (S')**, v. pro. Pratiquer, s'achalander. (Racine *pratico*.)

**APRATICAT, ADO**, adj. Achalandé, ée, qui a beaucoup de chalands, qui vend beaucoup.

**APREANDA**, voyez APRIANDA.

**APRECIA** ; v. act. Apprécier, évaluer, mettre un prix ; Estimer quelqu'un ou quelque chose à sa juste valeur. (Du latin *appretiare*.)

**APREYCI**, *Aprayci*, *Aprequis*, adv. Par ici, aux environs.

**APRENDIS, O**, s. m. f. Apprenti, ie, celui qui est sous un maître pour apprendre un métier ; Celui qui n'est pas habile dans un état. (Racine *aprene*.)

**APRENDISSAXE**, s. m. Apprentissage, l'état d'un apprenti ; le Temps qu'il donne pour apprendre son état : *Dous ans d'aprendissaxe et cent frans d'arxen*.

Sons doute ero noscut per pourta lou mourtié *(bounet)*
Car sons *aprendissatge* enlèbet lou mestié.
Ol diré général dé toutés sous Counfrairés,
D'un cop d'uel soun esprit sosissio lous offairés PRAD.

**APRENE**, v. act. Apprendre, acquérir quelque connaissance ; Contracter volontairement l'habitude de faire quelque chose ; Mettre, graver dans sa mémoire ; Être averti, instruit, informé de... (Du latin *ab*, *de*, et *prehendere*, prendre.)

Ço qu'anfin bous ei dits pot b'anfin bous surprené,
Mais es uno bertat qu'ei boulgut bous *aprené* ;
Sentissi que moun cor es tout pourtat per bous ;
Se gaouzabi, ténès, bous fario lou poutous. D.

**APREP**, *Apres*, adv. Après, ensuite, tout de suite après : *Aprep dema*, après demain.

## APR

D'un persounaxe attal on es pla leou sadoul;
Cependan quand se sei porto de pego al xioul,
Car aici la souben que se y'es emplastrado
Bous y'a tranquillomen passat l'*aprep* dinnado.   D.

**APREQUI**, *Apraqui*, adv. Par là; Assez.
**APRES**, O, adj. Appris, se, sage, bien élevé. (Racine *aprene*.)
**APRES**, adv. Après, ensuite.

Lou qué bol o pérpaous empléga lo séménço,
Un paouc d'obont Toutsons o lo jetta coumenço;
Car lou boun séména (lou prouberbé és esprès)
És quinzé jours obont, ó quinzé jours oprès.   PRAD.

**APREST**, s. m. Apprêt, préparatif; Assaisonnement des mets; t. de métiers, *Cati*, Manière d'apprêter les étoffes, les cuirs: chez les chapeliers on nomme *Aprest* de l'eau bouillie où il y a de la gomme qui sert à donner plus de lustre et de corps aux chapeaux. (Du latin *apparatus*.)

**APRESTA**, v. act. Apprêter, assaisonner les mets; Catir les étoffes; t. de corr., Chiper, apprêter certaines peaux, donner le chipage.

Castelpers encantat d'estre pas countrodit:
Coumandarei, diguet, un bel caoulet farcit,
Beyres coussi San-Xan lou*s apresto* à merbeillo;
Ye met de cambaxou, de lart dins cado feillo.   D.

**APRESTA (S')**, v. pro. S'Apprêter, s'habiller, se costumer. (De l'italien *apprestare*.)

Otal quond del tómbour lou soun frappo lous airs,
É qué d'uno botaillo ennounço los olarmos,
Cadun quitto so caso é bo préné los armos.
Lous gronds é lous pichous courrou*s*sus l'énómic;
Lou pus poultroun *s'opresto* o l'y soca soun pic. PRAD.

**APRESTAYRE**, s. m. Apprêteur; t. de métier, Celui qui donne l'apprêt.
**APRESTAXE**, s. m. Assaisonnement des viandes.
**APRIANDA**, v. act. Appréhender, craindre. (Du latin *prehendere*.)
**APRIBA**, v. act. Apprivoiser, rendre doux et moins farouche un oiseau, une bête.
**APRIBAZA**, v. act. Apprivoiser, accoutumer, prendre l'habitude. (Racine *priba*.)
**APRIEYÇA (S')**, v. pro. Se Presser, se dégourdir pour faire une chose.
**APRIEYÇAT, ADO**, adj. Embesogné, ée, occupé, pressé.
**APRIGOUNDI**, voyez APRIOUNDI.
**APRIMA**, v. act. Appointer, émincer, aménuiser.
**APRIOUNDI**, v. act. Approfondir, rendre plus profond, creuser plus avant; fig., Examiner, tâcher de pénétrer les choses les plus cachées. (Racine *prioun*.)
**APRIVADA**, voyez APRIBA.
**APROUBA**, v. act. Approuver, agréer une chose, y donner son consentement; fig., Juger louable, digne d'estime; Autoriser par un témoignage authentique. (Du latin *approbare*.)

Ma foi, moun paouré amic, bous *aprobi* pas gaire
Lou mal n'es pas ta grand que bous lou boules faire;
So Mounbosc es xarmat qu'on bante sous sounex
Aquo nou diourio pas bous fa ni caout ni frex.   D.

**APROUBATIOU**, s. f. Approbation, consentement donné; Témoignage favorable. (Du latin *approbatio*.)
**APROUBESI**, v. act. Approvisionner, faire fournir des approvisionnements. (Du latin *providere*.)

## AQU

**APROUFITA**, v. act. Profiter, tirer parti, avantage; Faire du progrès; Croître, se fortifier; Apprendre un état, une science. (Du latin *proficere*.)

On curo en ottendon tinos é boulidous;
Lo draquo qué s'en tiro és bouno pés fessous.
Perqué l'escomporias? cap qué tout s'*oproufité*.
Sé qualqué boïssel put, qué sé réparé bité.   PRAD.

**APROUFOUNDI**, voyez APRIOUNDI.
**APROUFOUNDISSOMEN**, s. m. Approfondissement, action d'approfondir.
**APROUMETRE**, v. act. Promettre, donner une assurance verbale; Donner sa parole; s'Engager. (Du latin *promittere*.)
**APROUMESSO**, s. f. Prommesse, assurance qu'on donne de faire ou de dire: *Fa be prou d'aproumessos*, il se fond en promesses. (Du latin *promissio*.)
**APROUPRI**, v. act. Rendre propre, nettoyer, rendre net. (Racine *propre*.)
**APROUPRIA**, v. act. Approprier, rendre propre à la destination. (Du latin *appropriare*.)
**APROUPRIA (S')**, v. pro. S'Approprier, prendre pour soi; Usurper la propriété d'autrui: *Ba s'es approupriat*, il s'en est emparé.
**APROUPRIATIOU**, s. f. Appropriation. (Du latin *appropriatio*.)
**APROUXA**, v. act. Approcher, avancer vers....; Mettre proche; Avancer vers quelqu'un, vers quelque chose. (Du latin *appropriare*.)

Siés surprezo beleou que yéou siogo tournado;
Mais aquestés Messius aici m'an entrenado;
M'oou bisto de fort len et se soun *aprouxais*
Per me counta quicon que bous your abes fax.   D.

**APROXES**, s. m. Matériaux nécessaires pour une construction; les Alentours d'une maison.

## APU

**APUA**, *Apuya*, v. act. Appuyer, soutenir avec un appui; Poser sur...; fig., Protéger, aider, favoriser; Poser sur...., être porté par....

Dins un comp ount lo nerou souleillado o coulat,
Méttou joust uno tioulo un plein pougnet dé blat.
Lo paouro qu'o tolen, bey lo grono, lo croquo,
É péris joul plofound qu'*oppuyabo* uno broco.   PRAD.

**APUA (S')**, v. pro. S'Appuyer, se soutenir, se reposer sur.... (Du latin barbare *appodiare*, fait de *podium* qui, chez les Latins, signifiait une saillie d'environ *un pied* autour du comble d'un bâtiment, servait d'*appui* à ceux qui voulaient regarder en bas.)
**APUI**, s. m. Appui, chose sur quoi l'on s'*appuie*; Chose qui *appuie*; fig., Faveur, protection: *Tu as un boun apui*.
**APUN**, s. m. Appoint, complément d'une somme. (Du latin *ad punctum*.)
**APUNTA**, v. act. Pointer, diriger quelque chose vers un point; Rendre pointu.
**APUNTOMEN**, s. m. Appointement, gage annuel qu'on donne à un employé, à un commis: *A un bel apuntomen*.
**A-PU-PRES**, adv. A peu près; Presque; Entièrement.
**APUPUT**, voyez PUPUT.

## AQU

**AQUADUC**, s. m. Aqueduc, canal pour porter les aux. (Du latin *aquæ ductus*.)

AQUEDUC, voyez AQUADUC.
AQUEL, ELO, pro. démonst. Celui-là, celle-là. (Du latin *hic*, *hæc*.)

Mais abouas que siès un d'*aqueles* espritx
Qué n'aprohou pas res qué d'aoutres axou ditx :
Nou poudes pas soufri qu'on plouré ni qu'on cante,
Qu'on critique digus, ni memes qu'on lous bante. D.

AQUERUR, s. m. Acquéreur, celui qui acquiert.
AQUERI, v. act. Acquérir, faire une acquisition; se Procurer à soi-même ou à un autre quelque avantage. (Du latin *acquirere*.)
AQUESTE, O, adj. Celui-ci, celle-ci.
AQUI, adv. de lieu. Là : *Aqui toumbet mort*. (Du latin *hic*.)
AQUIPAXE, s. m. Équipage.
AQUISITIOU, s. f. Acquisition, la chose acquise. (Du latin *acquisitio*.)
AQUIT, s. m. Acquit, quittance, décharge, certificat de paiement.
AQUITA, v. act. Acquiter, rendre quitte de quelque chose; Payer. (Du latin *quietus*, tranquille, d'où l'on a formé le mot barbare *acquietare*, acquiter.)
AQUITAL, *Aquitalsos*, adv. Là, là même.
AQUITOMEN, s. m. Acquitement.

## ARA

ARABICO, adj. Arabique, qui est d'Arabie : *Goumo arabico*.
ARABOOUT, voyez BOUTO, CROZO
ARACA, voyez TRANSBAZA.
ARADO, voyez LAOURADO.
ARAJHO, voyez COUYOULO.
ARAN, s. m. Fil d'archal, fil de fer, de laiton. (Du latin *aramen*.)
ARANBA, voyez ACOUSTAYRA (S').
ARANGA, v. act. Haranguer, prononcer une harangue; Parler avec emphase. (Du latin *ad aram*, parce que les premières harangues se faisaient devant les autels.)
ARAOULIT, voyez AGREPEZIT.
ARAPA, voyez ARRAPA.
ARAPO-FERE, voyez MANADO.
ARAYRE, voyez ALAYRE

## ARB

ARBITRARI, s. m. Arbitraire.
ARBITRAXE, s. m. Arbitrage, jugement par arbitres. (Du latin *arbitrium*.)
ARBITRE, s. m. Arbitre, juge choisi par les parties. (Du latin *arbiter*.)
ARBOURISTO, s. m. Arboriste, celui qui cultive les arbres. (Du latin *arbor*.)
ARBOUTAN, s. m. Arc-boutant, pilier terminé en forme de demi-arc qui sert à soutenir une voûte; la Barre d'une porte; Chacune des deux verges qui servent à tenir en état les montans d'un carrosse. (Du latin *arcus pultans* ou *pulsans*.)
ARBUDEL, voyez ENBUT DE SALCIÇO.

## ARC

ARCADO, *Arco*, s. f. Arche d'un pont comprise entre deux piles. (Du latin *arcus*.)
ARCANEL, *Arcansiel*, s. m. Arc-en-ciel, météore en arc. (Du latin *arcus in cœlo*.)

L'*arcanel* de la matinado
Tiro lou bouyé de la laourado.

ARCELA, v. act. Harceler, persécuter, provoquer, importuner; Tourmenter. (Du latin *arcere*.)
ARCENIZO, voyez ARSINIZO.
ARCEOU, s. m. Arceau, arc d'une voûte. (Du latin *arcus*.)

Et quand debat sous pes la malhurouzo fillo
Sen craqua lou laouré debant lou sent oustal,
Et qué rasco del cap, tandis que Paul balillo,
  La couronno de çanatillo
  Que penjo à l'*arceou* del pourtal,
  Se couucy plus; res nous l'arresto,
  Intro coumo s'anabo à festo.    J.

ARCHE, voyez ARXE.
ARCHIBAN, voyez ARXIBANC.
ARCHITETTO, s. m. Architecte, celui qui sait l'art de bâtir, qui prend et conduit les ouvrages d'un bâtiment. (Du grec *architektóu*.)
ARCHITETTURO, s. f. Architecture, art de bâtir, de construire, d'orner.
ARCHO DE NOE, s. f. L'Arche de Noé; fig., Assemblage de choses qui ne devraient pas se trouver réunies : *Aquel oustal semblo l'Archo de Noe*. (Du latin *arca*.)
ARCO, s. f. Grand coffre servant d'armoire. (Du latin *arca*.)
ARCOBO, *Alcobo*, s. f. Alcove, enfoncement pratiqué dans une chambre pour y placer un lit. (De l'espagnol *alcoba*, chambre à coucher.)

## ARD

ARDAILLOU, s. m. Ardillon, petite pointe de métal au milieu d'une boucle. (De l'italien *ardiglione*.)
ARDENT, O, adj. Ardent, te, qui est en feu, allumé, enflammé, qui brûle; fig., Violent, véhément, passionné, plein de zèle. (Du latin *ardens*.)
ARDENTOMEN, adv. Ardemment, avec ardeur. (Du latin *ardenter*.)
ARDIDO, *Liardo*, s. f. Pièce de deux liards.
ARDIDO, adj. Hardie, effrontée. (Du latin *ardens*.)
ARDIDOMEN, adv. Hardiment, d'une manière hardie, effrontée, courageuse, leste.
ARDIESSO, s. f. Hardiesse, bravoure, courage, intrépidité; audace, présomption, licence, effronterie, insolence, impudence. (Du latin *audacia*.)
ARDIOL, s. m. Orgueil, grain d'orge; Orgeolet, petit bouton qui vient sur les paupières. (Du grec *orgilos*, ou *orguó*, je suis enflé.)
ARDIT, IDO, adj. Hardi, ie, brave, courageux, intrépide, assuré, ferme, présomptueux, téméraire; Imprudent, insolent, impudent, effronté. (Du latin *ardens*.)

Abes escrix aqui de caouzos fort poulidos;
Mais bous sies un drollo et de las pus *ardidos*.
M'en boou d'aquesté pas à toutis lous cantous,
Publia ço que cal que l'on pensé dé bous.     D.

ARDOIZO, *Laouzo*, s. f. Ardoise, pierre tendre, brune, qui se lève par feuilles, dont on couvre les bâtiments. (D'*ardesia*, nom latin du pays d'*Ardès*, en Irlande, d'où les premières ardoises ont été tirées.)
ARDOS, s. f. Hardes, tout ce qui sert à l'habillement; *Cerco tas ardos et partis*, cherche tes hardes et pars.
ARDOU, s. f. Ardeur, chaleur forte; Vivacité dans l'action; Zèle, courage. (Du latin *ardor*.)

## ARE

ARÉ, *voyez* MARRO.
AREGACHA, *voyez* REGASSA.
AREIRE, adv. Derechef, encore.
ARENA, *voyez* DERRENNA.
ARENC, s. m. Hareng, poisson de mer fort connu. (Du latin *harengus*, de *oresco*.)
ARENCA, *voyez* ARRUCA (S').
ARENCADO, s. f. Hareng blanc.
ARENDA, *voyez* ARRENDA.
ARESCA, *voyez* ENBERMA.
ARESCLE, *voyez* ARISCLE.
ARESCLO, *voyez* ESTARENGLO.
ARESTA, *voyez* ARRESTA.
ARESTO, s. f. Arète, os en forme d'épine qui arrête et soutient la chair du poisson; t. de charp., Côté angulaire d'une pièce de bois équarrie, on appelle vive arète les angles bien marqués. (Du latin *arista*, barbe.)
ARESTOL, *voyez* CAÇELADO.
AREZOUNA, *voyez* QUESTIOUNA.

## ARG

ARGAOUT, *Brisaout*, s. m. Souquenille, Sarrau, surtout de grosse toile, ou de grosse étoffe, pour se garantir du froid ou pour conserver les habits : *Que péte l'hyber, ei un boun argaout*, vienne l'hiver, je ne crains pas.
ARGAOUT, *voyez* ARLOT.
ARGOUTAT, ADO, adj. Décidé, ée, leste, qui se tire facilement d'un embarras.
ARGUMENTA, v. act. Argumenter pour convaincre quelqu'un. (Du latin *argumentari*.)
ARGUZIN, adj. Galopin, leste, éveillé.

## ARI

ARIBA, *voyez* APASTURA.
ARIBADO, *voyez* APASTURADO.
ARIDE, O, adj. Aride, stérile par sécheresse. (Du latin *aridus*.)
ARIDELO, s. f. Haridelle, méchant cheval maigre : *N'as pas xamai que d'aridélos*, tu es toujours mal monté. (Du latin *arida*, maigre.)
ARIDITAT, s. f. Aridité. (Du latin *ariditas*.)
ARIÉTO, s. f. Ariette, air vif et léger (De l'italien *arietta*.)
ARIGOULA, *voyez* ARRIGOULA.
ARISCLE, s. m. Sarche, large cerceau pour les caisses de tambour · *Tusto tant sur l'ariscle que su'l tambour*; Cercle des cribles des sas; les Archures d'un moulin à farine, qui sont des planches courbées qui embrassent les meules par côté, et les couverseaux les recouvrent; Hausses composées de palettes disposées en rond pour agrandir le lessivier.
ARISTOCRATO, adj. Aristocrate, membre ou partisan de l'aristocratie où le gouvernement est exercé par plusieurs personnes considérables. (Du grec *aristokratéia*.)

## ARJ

ARJHELAS, *voyez* GADOOUS.
ARJHEN VIOOU, *voyez* ARXEN BIOOU.

## ARK

ARKE, *voyez* ARCANEL.

## ARL

ARLEQUIN, s. m. Arlequin, bateleur, bouffon dont les vêtements sont chargés de pièces de diverses couleurs. (Du premier bouffon de ce genre qui vint d'Italie à Paris, sous Henri III. Comme il allait souvent chez MM. de Harlay, ses camarades l'appelèrent *Harlequino*, petit Harlay, et ce nom est demeuré à ses successeurs.)
ARLEQUINADO, s. f. Arlequinade, bouffonnerie; Étourderie.
ARLOT, s. m. Décidé, leste, hardie, en parlant d'une fille peu retenue : *Qu'un arlot*, quelle......!

## ARM

ARMA, v. act. Armer, donner, fournir des armes; Garnir une chose de ce qui lui donne de la force; Armer un fusil, un pistolet, mettre le chien en état de partir. (Du latin *armare*.)

Endaco lou signal se douna ;
Fifre, haouboy, troumpéta, tout sona ;
L'èco dévénguèt à soun tour
Fifre, haouboy, troumpéta e tambour,
E só livrèt una batoïa
Que faguèt trambla la muraïa.
Lous menuziès *armats* d'ayssés,
Dé manayras e dé ressés,
Mais sans couraje, s'avancèroun ;
Lous énémis lous espoussèroun
Coumo un méstrè dins la fouïé
Ramouno un pichot escouïé.    FAV.

ARMA (S'), v. pro. S'Armer, se munir d'armes; Prendre les armes pour attaquer, pour se défendre.

Ol costel en effet, o péno s'és roudut,
Qu'un torriblé coumbat dins l'aïré és entendut.
Toutés lous élémens sé déclarou lo guerro ;
Lou Cel semblo s'*orma* per escrosa lo terro.   PRAD.

ARMACIE, s. m. Espèce de devin qui se dit tourmenté par les âmes de ceux qui souffrent dans le purgatoire. Cette réputation leur attire quelque consultation dont ils tirent rétribution. (Racine *armo* pour *amo*.)
ARMADO, s. f. Armée, troupe de soldats.

Abuclado pèl Dious que Pharaoun rénégo,
Dins los camps de Memphis l'*armado* sé desplégo,
Espandissén pertout d'immansés bataillous;
Lo désert restountis d'un grand barral de guerro,
Et le bén de la mar, que buffo sur la terro,
Dins l'aïré fa flouta dex millo pabillous.   DAV.

ARMANAT, Almanach, calendrier : *Mentur coumo un armanat*. (De l'arabe *manah*, supputer.)
ARMARI, s. m. Armoire, meuble en forme de buffet qui sert à serrer des habits, du linge. (Du latin *armarium*, parce qu'on y mettait autrefois les armes.)
ARMELO, *Gança*, s. f. Gance de chaudron; Gros peloton flasque de laine.
ARMETO, s. f. Ame du purgatoire.
ARMINETO, s. f. Erminette, outil de charpentier en forme de hache recourbée.
ARMO, s. f. Arme, tout ce qui sert à attaquer ou à se défendre : *A armos égalos*; Faire ou tirer des armes.
ARMOMEN, t. m. Armement.
ARMOS, s. f. les âmes du purgatoire; Le jour

des morts: *Festo d'armos.* (Du latin *anima*, amo.)
ARMOUNIO, s. f. Harmonie.
ARMURIE, s. m. Armurier, ouvrier qui fabrique ou qui vend des armes, comme fusils, pistolets. (Racine *armo.*)

## ARN

ARNA, *voyez* DARNA.

ARNES, *Arnezes, Hornes*, s. m. Harnais, tout ce qu'il faut pour harnacher un cheval ; fig., Habit. (De l'italien *arnere.*) Grognon, inquiet, qui se plaint de tout : *Q'un arnes!*

Mais oïci lou grand jour, lou jour dé lo soulenco ;
Déja dins lo couffréto estoundéjo lou ris,
É dins l'oulo soupieyro uno garcho boulis.
Oquel jour per l'housial és uno majo-festo,
O lo colré otobé tout lou moundé s'oppresto.
Mestré, mestro, goujats, chombrieyro é mojoural,
Sou déja rébestits dé l'*hornes* dimergal.  PRAD.

ARNESCA, v. act. Harnacher un cheval, mettre le harnais ; fig., Vêtir, habiller d'une manière bizarre. (Racine *arnes.*)
ARNO, *voyez* DARNO.

## ARO

ARO, adv. A présent, à cette heure. (Du latin *hâc horâ.*)

Moussu, y'a un ome abal qu'*aro* ben bous cerca.
Pel suxet dé quicon que bol pas esplica ;
L'ei belcop tintarnat afin que ba diguesso,
M'a dix tant soulomen qu'es un affa que presso.  D.

AROFO, s. f. La balle du blé et surtout de l'avoine, dont les pauvres font des espèces de matelas.
AROMETEOU, adv. Dans un moment, tout à l'heure : *Bendrei arometeou*. AROMETEOU ou plutôt *Arometeous*, dérive de *hora metipsa* pour *ipsamet*, l'heure même, *Aromelous*, à l'heure même, sur le champ. — Le français *même*, de l'italien *medesimo*, a été fait du latin *metipsimus*, qu'on a dit pour *ipsimus met*.

N'és pas lou tout, Pogés, dé téné lo récolto,
Lou comp *arométiou* té démondo uno bolto.
Sé lou qué té rapporté o toun couutentomen,
Lou cal bien bouléga : coumo s'y fo, s'y pren.  PRAD.

A ROUNÇIENÇO, adv. En profusion, en grande quantité : *Né toumbabo à rounçienço.*
AROS, *voyez* ARROS.
AROUINA, v. act. Ruiner.

Ayci moun histouèra :
Souy das Grés qu'an agut la glouéra
D'*arouina* lou rey Prian,
É pioy d'ana cerca soun pan.
Moun pèra, noummat Adomasta,
Aymable couma una lingasta,
Oupulén couma un viél bouché,
É plé d'hounou couma un huché,
En mourissen, aquél bou péra,
A mas trés sores é ma méra,
Assignet per égalas pars
La légitima das bastars.  FAV.

## ARP

ARPA, v. act. Harper, prendre et serrer fortement avec la main : *Se lou podi arpa.* (Du grec *harpazéin.*)

ARPADO, s. f. Coup de griffe : *M'a bayllat uno arpado.*
ARPAILHAN, *voyez* ARGUZIN.
ARPATEJHA, *voyez* ARPATEXA.
ARPATEXA, v. act. Se Griffer à quelque chose ; Tâtonner, chercher à se prendre à quelque chose : *Qu'arpatexos tant!*

Pharaoun lés seguits : dins sa courso rapido
N'a pas per s'esclaira la flambo que lés guido ;
Un magiqué poudé lé tén encadénat ;
Dins l'oumbro dé la neit lés chabals *arpatéjoun*.
Et tandis qu'és souldats dé fatigo ranquejoun,
Lé popié d'Abraham dins Suéz ós dintrat.  DAV.

ARPEN, s. m. Arpent, étendue de terre qui contenait ordinairement cent perches carrées, à raison de dix-huit pieds par perches. Il répond dans les nouvelles mesures à 51 ares environ de superficie. (Du latin barbare *arpendium*, fait par contraction d'*arripendium*, mesurage des champs au moyen d'une corde ; d'*arrum, arri*, champ, et *pender*, je pends.
ARPENTA, v. act. Arpenter, mesurer la superficie des terres ; fig., Marcher vite : *B'a agut leou arpental.*

Tontot en sentinello, o lo pouncho del jour,
Del lopin boultijaîré ottendrés lou rétour.
Tontot en *orpenten* lous trucs é los mountagnos,
Toumborés lo perdisé en miech dé sos coumpagnos.  PRAD.

ARPENTAXE, s. m. Arpentage, mesurage par arpent ; Honoraire des arpenteurs : *L'Arpentaxe m'a pla coustat.*
ARPENTAYRE, s. m. Arpenteur, celui qui mesure avec la toise ou le mètre : *Cal abé l'arpentayre*; fig., Grand marcheur : *Sémblo un arpentayre.*
ARPENTUR, *voyez* ARPENTAIRE.
ARPI, *voyez* GRAOUPIGNA.
ARPIOU, *voyez* GRIFFOS.
ARPO, *Gaffo*, Harpin de batelier, croc : *Trapo l'arpo.* (Du grec *harpagé.*)
ARPOS, *Irpos*, s. f. Les griffes d'un chat ; fig., les ongles d'une personne. (Du grec *harpagé.*)

Victima dé soun imprudénça,
Un passérou sera engajat
Entré las *arpas* d'un viel cat
Qué roundinava sa sentença.
Adèla arriva, et vitamén
Délivra la paoura bestièta,
L'escaoufa un paou dé sa bouquéta
Et lou récata dins soun sén.  BIG.

ARPUT, UDO, adj. Crochu, ue.

## ARQ

ARQUET, s. m. Archet de violon ; Arc d'acier, aux deux bouts duquel il y a une corde attachée dont les ouvriers se servent pour tourner ou pour percer. (Du latin *arcus.*)

## ARR

ARRA, v. act. Arrher, s'assurer d'une chose en donnant des arrhes. (Racine *arro.*)

Sant Xan axet agut de mounde, uno nizado
Per pourta lous noou plats que fourmabou l'intrado ;
Y'axet dé marmitous et d'aoutres xéns *arrats*
Que pourtabou cadun calque parel de plats.  D.

**ARRACA**, v. n. Puer, sentir mauvais : *Put qu'arraco*, il infecte ; Faire de la peine : *Y'arraco de trabailha*, il fuit le travail.

**ARRAJHA**, voyez Souleilha.

**ARRAMASSA**, v. act. Ramasser, rejoindre ce qui était épars ; Prendre ce qui est à terre. (Racine *ramas*.)

**ARRANCA**, *Derranca*, v. act. Arracher. (Du latin *eradicare*.)

Aco's, bezes, l'actiou la pus negro que y'axo ;
Yeou per dex milo francs bouldrio pas l'abé faxo,
Car se m'ero arribat de faire un trait parel
Crezi que sul moumen m'*arrancario* lou fel.   D.

**ARRANCA**, v. act. Incliner un vase pour verser ce qu'il contient.

**ARRANCA** (S'), v. pro. Se Mettre de côté pour éviter une charrette, un coup, etc.

**ARRAPA**, v. act. Prendre, saisir avec la main ; fig., Prendre, se dit des arbres qui prennent racine après avoir été transplantés. (Du latin *rapere*.)

**ARRAPUT, UDO**, adj. Nerveux, euse, fort ; Qui grimpe leste sur un arbre.

**ARRAZA**, v. act. Araser, mettre de niveau un mur, un bâtiment ; Combler, remplir, mettre de niveau. (Racine *raza* ou *rayré*.)

**ARRE**, adv. Commandement pour arrêter les bœufs, les vaches.

**ARRECLA**, v. act. Régler, soumettre à un ordre uniforme ; Conduire, régir, gouverner ; Arrêter, décider, finir une affaire ; Donner la pension, la nourriture aux bestiaux.

**ARREMAOUZA**, v. act. Mener à bord, mettre en lieu de sureté.

**ARREMAOUZA** (S'), v. pro. Se Calmer, se remettre d'une peur.

Quoiqu'on axo boun drex, souben on perd sa caouzo,
L'on se met en coulèro et pei on se *remaouzo*.
Pouiries perdre la bostro et sies pas alarmat ?   D.

**ARREMASSA**, voyez Arramassa.

**ARREMOUNTA**, v. act. Enrichir, faire la fortune de quelqu'un, lui procurer un bien-être.

**ARREMOUSTRA**, v. act. Remontrer, représenter, avertir. (Du latin *monstrare*.)

**ARREMOUSTRANÇOS**, *Arremoustracious*, s. f. Remontrances, avertissement, conseil.

**ARRENDA**, v. act. Arrenter, donner ou prendre à rente une terre, une maison. (Racine *rendo*.)

**ARRENGA**, v. act. Arranger, mettre dans un ordre convenable ; Façonner ; fig., Accommoder un différent.

O dé soins différens s'occupou lous boïlets ;
Jean penso per sous bioous, Peyré per sous mulets ;
L'un pétasso d'esclops, l'aoutré *orrengo* d'esquilos :
Oco bous fo pietat, gens qu'hobitas los billos,   Prad.

**ARRENGA** (S'), v. pro. S'Ajuster, s'habiller ; s'Accommoder d'une chose. (Racine *renc*.)

**ARRENGOMEN**, s. m. Arrangement, ordre, esprit d'ordre dans la dépense ; Conciliation ; Mesure pour finir une affaire.

**ARREST**, s. m. Arrêt, jugement d'une cour souveraine, sans appel ; Tout ce qui arrête ; t. militaire : *Metré as arrest*, mettre aux arrêts, défendre de sortir d'un lieu ; t. de chasse, Chien qui arrête le gibier. (Du grec *areston*.)

Mais lou chef, per un bén dé pès,
Mandét lou serjan as *arès*.

Couma aco las barbas caléroun
É las espazas oupinéroun.   Fav.

**ARRESTA**, v. act. Arrêter, retenir, empêcher d'avancer ou de dire ; Saisir au corps, saisir par voie de justice ; Empêcher de fuir ; Faire demeurer, retenir ; Déterminer, décider de faire, fixer des conditions ; Régler un compte, conclure un marché ; t. de jardinier : *Arresta lous melous, las fabos*, Oter les fleurs qu'ils ont de trop.

Aro n'abes prou dix ; bous coumpreni de resto ;
Perque nou parlas clar ? Anfin que bous *arresto* ?   D.

**ARRESTA** (S'), v. pro. S'Arrêter, cesser d'aller ; s'Amuser, tarder ; se Déterminer à..... (Du grec *areston*.)

**ARRESTATIOU**, s. f. Arrestation, action d'arrêter quelqu'un ; Prise de corps.

**ARRESTAT**, s. m. Arrêté d'un magistrat, décision d'une autorité administrative.

**ARRESTES**, s. m. Arrêts, punition militaire.

**ARRETTI** (S'), v. n. Se Raidir, devenir raide.

**ARREYRE**, adv. Encore, derechef, autrefois. (Du latin *rursùm*.)

**ARRI, ARRI**, adv. Ça, ça ; Debout, debout, c'est ce que l'on dit pour exciter au travail : *Arri, arri!*

**ARRI, AÏ**, interj. Cri qu'on fait pour faire avancer les ânes.

**ARRIBA**, v. act. Arriver, aborder, parvenir à un lieu où l'on voulait aller ; Réussir, atteindre un terme, avoir lieu. (De l'italien *arrivare*, ou du latin *ad ripam*.)

Anfin, la machina fatala,
Graça aou bestiaou qué la rebalaba,
*Ariva* aou mitan d'Iliboun :
Seguét pas d'afoun un miîoun
Qu'aquelas fouïés nous cousteroun,
Mais quatre cens frans té saoutéroun ;
Car m'en faguère de ma par,
Yeou tout soul, sés soous mens un lar.
Perqué dé soumas tan immansas ?
É perqué tant d'estravagansas ?
Per ména lous ras aou granié
É lou Reynard aou galinié.   Fav.

**ARRIBADO**, s. f. Arrivée, la venue de quelqu'un ou de quelque chose ; Le temps où une personne ou une chose arrive en quelque endroit ; Avenue d'une ville, d'une maison - *L'aben troubat à l'arribado*.

Lo mouilho dé Titoun, quond fosio so tournado,
Dé larmos ol printemps, orrousabo los flours ;
Huey passo coumo un lioùs sons répèndre dé plours.
Del lun dé l'Unibers l'*orribado* trop proumpto,
Lo surprend tailemen qué, sio despiech, sio hounto,
Entré oburé onnounçat lo bengudo del jour,
S'estrémo, é lou soulel és d'obord dé rétour.   Prad.

**ARRIEYRAXE**, voyez Derraygaxe.

**ARRIGOULA** (S') v. pro. Se Fatiguer, s'ennuyer, se rebuter.

**ARRIGOULAT**. s. m. Excès de fatigue, de peine.

**ARROS**, s. f. Arrhes, argent qu'on donne pour assurance de l'exécution d'un marché. (Du grec *arrhabôn*.)

**ARROSOIR**, s. m. Arrosoir, vase pour arroser. Du latin *ros*, pluie.)

**ARROUNDI**, v. act. Arrondir, rendre rond ; fig., Augmenter son avoir. (Du latin *rotundare*.)

**ARROUNDISSOMEN**, s. m. Arrondissement, portion de territoire administrée par un Sous-Préfet.

**ARRUCA (S')**, v. pro. Se Courber, se serrer de crainte, de frayeur, de surprise : *Gna per s'arruca.*

Es qu'en Juillet bouillou nous reudre esclâbos,
Rixes en noun et paoures en balou ;
Caillo lous beyre *arruguats* dins las câbos
Serbi loun-tems de deziragnadou.
Aro may fiers, d'estre escampillats de foro,
Ban en sourciés announça l'abeni ;
Mais poussedan lou drapéou tricoloro,
Et qui ten bey beni !!! J.

## ARS

**ARSENAL**, s. m, Arsenal, lieu destiné à recevoir les poudres et toutes les armes pour la guerre. (Du latin *arx*, citadelle, et *navalis*, navale.)

**ARSENIC**, s. m. Arsenic, substance métallique d'un gris brillant et qui est un poison violent. (Du grec *arsenikon*.)

**ARSENIZO**, s. f. Armoise ou herbe de St-Jean : *Tisano d'arsenizo.* (Du latin *artemisia*.)

**ARSOU**, s. m. Arçon, morceau de bois plat et courbé qui soutient la selle du cheval; Instrument de chapelier en forme d'archet; Violon pour battre la laine et la mettre en état d'être employée. (Du latin *arcus.*)

**ARSOUNA**, v. act, Arçonner; t. de chapelier, Préparer la laine ; Actionner.

## ART

**ART**, s. m. Art, profession, métier, savoir. (Du latin *ars*.)

Quante gran aoutur !......
Car, jujas, era l'envéntur
D'aou bistourtié, dé la paniéyra
É dé la sartan-castaniéyra :
Couma as beous-*ars* s'era adounat,
Avié . mardi, perfectiounat
(Save pas sé n'avès à Troïa)
La graziña é la lécafroïa. FAV.

**ARTA**, v. act. Faire mettre quelqu'un en colère; Irriter.

**ARTÈ!** interj. Vois, entends : *Artè agaro-lou!* voyez-le!

**ARTEILHA (S')**, v. pro. Se Heurter les doigts du pied contre quelque chose.

**ARTEILHADO**, s. f. Heurt, coup, blessure aux orteils. (Racine *artel*.)

Boutas, iè dize, ajès pas poou ;
Diou merci, la carga és laoujeyra,
É, sé trouvan buscaïa ou peyra,
Quan sousariéy quaouque *arteïaou*,
Sera pas vous qu'aoures lou maou. FAV.

**ARTEL**, s. m. Orteil, doigt du pied ; on appelle le plus petit l'*Artel cout.* (Du latin *articulus*.)

**ARTERO**, voyez **PUNTIE**.

**ARTICLE**, s. m. Article, partie d'une loi, d'un mémoire, d'un contrat; fig., Personne bonne ou mauvaise. (Du latin *articulus*.)

T'ou dize encaro un cop, malgré tout soun couratgé
Ay pla poou qu'à miex fax nou planté aqui l'oubratgé,
Ou qu'oun lou fasquo pas o toun countentomen.
Un *orticlé* surtout mé fo grond pessomen. PRAD.

**ARTICULA**, v. act. Articuler, prononcer distinctement. (Du latin *articulare*.)

**ARTIFICI**, s. m. Artifice, ruse, fraude ; Composition de matières inflammables pour les feux d'artifice ; Feux d'artifice. (Du latin *artificium*.)

**ARTIFICIE**, s. m. Artificier, celui qui fait des feux d'artifice.

**ARTIFICIEL**, O, adj. Artificiel, le, fait par l'art.
**ARTIFICIEN**, O, adj. Artificiel.
**ARTIFICIEN**, s. m. Artificier, celui qui fait des feux d'artifice.

**ARTILHARIÉ**, *Artillario*, s. f. Artillerie, attirail de guerre composé de canons, bombes, mortiers, etc. ; les Soldats qui servent dans l'artillerie : *Es dins l'artilharie.* (Du vieux mot *artiller*, rendre fort par art.)

**ARTISAN**, s. m. Artisan, homme de métier, ouvrier : *Lous paoures artisans.* (Du latin *ars*, *artis*.)

**ARTISTO**, s. m. Artiste, celui qui travaille dans un art : *Es un boun artisto.* (Du latin *ars*.)

**ARTISTOMEN**, adv. Artistement, avec art et industrie : *Aco's artistomen arrengat.*

**ARTIXAOU**, s. m. Artichaut, plante potagère vivace, originaire d'Italie, dont le calice sert d'aliment avant sa maturité ; *Uno poumo d'artixaou.* (Suivant *le Duchat*, du latin *radix calda*, racine chaude.)

## ARX

**ARXABESCAT**, s. f. Archevêché, diocèse d'un archevêque ; Son palais : *Beni de l'arxabescat.*

**ARXABESQUE**, s. m. Archevêque, prélat métropolitain qui a un certain nombre d'évêques pour suffragants : *L'Arxabesque passara oungan.* (Du grec *archiépiskopos*.)

**ARXÈ**, s. m. Archer, petit officier de justice et de police employé à veiller à la sûreté publique *Aïciy'a lous arxès:* à Saisir les malfaiteurs ; à Exécuter quelque ordre de justice : *Y boli manda lous arxès.* fig., Fille peu modeste : *Semblos un arxè.* (Du latin *arcus*, parce que les archers combattaient avec un arc.)

**ARXEN**, s. m. Argent, métal blanc, le plus précieux après l'or ; Monnaie. (Du latin *argentum*.)

Sans *argen* et sans pa, sans un paouc dé broucaillo
Per rescalfa soun cos dé bésoun adalit ;
Dal bouci de cantel qué lé ritché dégaillo,
El amé sous pitchous n'en fayon pa bénit.  DAY.

**ARXEN BIOU**, s. m. vif argent, du mercure.

**ARXENTA**, v. act. Argenter, appliquer l'argent sur le métal.

**ARXENTARIÉ**, *Arxentario*, s. f. Argenterie, vaisselle et autres meubles d'argent, soit de ménage, ou d'église.

**ARXENTAT**, ADO, adj. Argenté, ée, couvert de feuilles d'argent; Qui a beaucoup d'argent.

Quond enfi dé lo nuech-lou colel *orgentat*
Coumenço dé brillo d'uno douço cloriat,
É qu'oquel tristé aussel qué n'y bey pas qu'o l'oumbro,
Sé délargo en mioulen dé so coberno soumbro,
Toutés plégou poniés, countens dé lour journal,
É dé moust bouchordats cominou d'oou l'houstal. PRAD.

**ARXENTOUS**, adj. Argenteux, qui donne beaucoup de profit : *Mestic fort arxentous.*

**ARXIBANC**, s. m. Banc à dossier de bois, placé en devant des vastes cheminées des paysans.

O lo clortat d'un lun penjat o lo trobado,
Sul bonc qu'es o l'entour s'ossetto l'houstolado.
Lou mestré qué sé pimpo ol cap dé l'*orchibanc*,
Fourbio en orré lo floto é coupo lou pa blanc.  PRAD.

**ARXIPRESTRE**, *Arxipestre*, s. m. Archiprêtre, curé qui a la prééminence sur les autres.

### ASC

**ASCLA**, v. act. Fendre, éclater du bois. (Du latin *eclatum*, supin de *efferre*.)

**ASCLAYRE**, s. m. Fendeur de bois pour le chauffage; Qui n'écoute aucune raison : *Touxoun tusto coumo un asclayre*, il va toujours à sa guise.

**ASCLO**, s. f. Bûche, éclat d'une pièce de bois à brûler : *Enpuzo l'asclo*.

**ASCLOU**, s. m. Petite bûche.

### ASM

**ASMATICO**, s. m. Asthmatique, celui qui est travaillé d'un asthme. (Du grec *asthma*.)

**ASME**, s. m. Asthme, courte haleine. (Du grec *asthma*.)

### ASP

**ASPERSA**, v. act. Asperger, jeter l'eau bénite sur les fidèles. (Du latin *aspergere*.)

**ASPERSIOU**, s. f. Aspersion, l'action de jeter l'eau bénite avec l'aspersoir; le Moment où se fait l'aspersion.

**ASPERSOU**, *Esparsou*, s. m. Aspersoir; fig., Tête mal peignée : *Semblo un aspersou*, il ressemble à un aspersoir.

**ASPERXO**, *Esperxo*, s. f. Asperge, plante dont les jeunes tiges servent d'aliment. (Du grec *asperagos*.)

**ASPET**, s. m. Aspect, vue, perspective. (Du latin *aspectus*.)

**ASPIC**, voyez ESPIC.

**ASPIRA**, v. act. Aspirer; Prétendre, porter ses désirs à. (Du latin *aspirare*.)

**ASPIRANT**, s. m. Aspirant, celui qui aspire à entrer dans une charge, dans un corps. (Du latin *aspirans*.)

**ASPRE**, O, adj. Apre, rude, désagréable au goût. (Du latin *asper*.)

**ASPREXA**, *Isprexa*, v. n. Tirer sur l'amer; l'acide, en parlant des fruits.

### ASS

**ASSA**, adv. Çà! oh çà! *Assa, ayso se gasto!* ceci se gâte.

**ASSA**, adv. de lieu. Ici, tout près.

**ASSABAL**, adv. de lieu. Là-bas, pas bien loin.

**ASSADOUILHA**, v. act. Soûler, rassasier avec excès, gorger de nourriture. (Racine *sadoul*.)

**ASSADOUILHA** (S'), v. pro. Se soûler, manger et boire avec excès; se Rassasier.

Lou rosin obertis què lou cal occumpa;
Quond mousitèjo és modur, on s'y pot pas troumpa.
Déja souri jus ogrado o lo goulardo gribo,
Pér s'en *ossodoula* lou mountognol orribo.  PRAD.

**ASSALBAXI** (S'), v. pro. Prendre un air sauvage, devenir farouche. (Racine *salbaxe*.)

**ASSALI**, v. act. Assaillir, attaquer vivement. (Du latin barbare *adsalire*, pour *assilire*.)

**ASSAMOUN**, adv. de lieu. Là-haut.

**ASSANA**, voyez GUERI.

**ASSAOUT**, s. m. Assaut, attaque pour emporter de vive force une ville, une place; Alerte, alarme; t. d'escrime, Combat au fleuret. (Du latin *assaltus*.)

Car yeü me souy troubat en cinq cens escalados,
En rancountros, *assaût* cubert de pistolados;
Amay me souy troubat assigiat fort souben
Que n'abian sounque d'aygo et qualque paüc de bren;
Mais ieü en tals aflas abio may de couratge,
Milo cox que n'ey pas fazen aquést'oubratge.  A. G.

**ASSAOUVAJHI**, voyez ASSALBAXI.

**ASSASSIN**, s. m. Assassin, celui qui tue en trahison. (Suivant une opinion assez accréditée, du *vieux de la montagne*, célèbre dans les croisades, prince des *assassins*, dont les sujets allaient sur son ordre tuer, *assassiner* ceux qui lui déplaisaient; ou de l'arabe *asasa*, tendre des embûches.)

Phébus rond talomen so prégario efficaço,
Qué dé soun *ossossin* oubten oquélo graço.
Jouguet olaro un aïré é to tendré é to dous,
Qué, toucat dé so péno, un Dauphi piétodous,
Coumo onabo toumbo dins lo plono solado,
Lou récosset en l'air sur so croupo escoillado.  PRAD.

**ASSASSINA**, v. act. Assassiner, tuer de guet-à-pens, de dessein formé, en trahison; Gâter une chose, la mal faire : *Aco's assassinat*.

**ASSASSINAT**, s. m. Assassinat.

**ASSATA**, voyez SATA.

**ASSAZANT**, O, *Assezant*, adj. Incommode, insupportable, impatientant : *Sios un assazant*.

**ASSAZOUNA**, v. act. Assaisonner, accommoder les viandes, les aliments de manière à flatter le goût. (Du mot *saison*, conduire les choses à leur saison, à leur état de perfection.)

**ASSAZOUNOMEN**, s. m. Assaisonnement, apprêt; Ce qui sert à accommoder quelque viande.

**ASSELA**, v. act. Prendre de bond ou de volée ce qu'on jette; Recevoir dans la main ce qu'on laisse tomber d'une fenêtre ou du haut d'un arbre. (Du latin *cœlum*.)

**ASSEMBLA**, v. act. Assembler, rapprocher différents objets, réunir en un même lien; t. métier, joindre, emboîter, unir des pièces de bois. (Racine *sembla*.)

**ASSEMBLA** (S'), v. pro. S'Assembler, se réunir.

**ASSEMBLADO**, s. f. Assemblée, réunion, lieu où se réunissent les protestants.

**ASSEMBLAXE**, s. m. Assemblage, jonction de pièces : *L'assemblaxe ba pla*, l'assemblage est bon.

**ASSEMA**, voyez ASSAZOUNA.

**ASSEMPLI**, *Assimpli*, voyez AMENCI.

**ASSENCIAT**, ADO, adj. Sensé, ée, sage, posé. (Racine *sen*.)

**ASSENCIOU**, s. f. Ascension, fête en mémoire de l'ascension de Jésus-Christ. (Du latin *ascensio*.)

**ASSENTI**, voyez FELAT.

**ASSENTIMEN**, s. m. Assentiment, adhésion volontaire, approbation. (Du latin *assensus*.)

**ASSERO**, voyez HIER AL SER, HIER BESPRE.

**ASSERTIOU**, s. f. Assertion. (Du latin *assertio*.)

**ASSIBADA**, v. act. Donner l'avoine; fig., Rosser quelqu'un : *L'oou pla assibadat*, on l'a rossé.

**ASSIDUDOMEN**, adv. Assidûment, avec assiduité. (Du latin *assiduus*.)

**ASSIDUITAT**, s. f. Assiduité, exactitude, application. (Du latin *assiduitas*.)

**ASSIDUT**, UDO, adj. Assidu, ue, exact, qui a une application soutenue. (Du latin *assiduus*.)

**ASSIETA**, *Asseta*, *Seyre*, v. act. Asseoir, poser sur une base.

**ASSIETA** (S'), v. pro. S'Asseoir dans un siège, sur une chaise. (Du latin *assidere*.)
**ASSIETADO**, *voyez* SIETADO.
**ASSIETO**, *Sieto*, s. f. Assiette, sorte de vaisselle plate qu'on sert à table, sur laquelle chacun des convives met les viandes qu'il veut manger. (Autrefois, la vaisselle nommée *assiette* servait à désigner l'*assiette* ou la place de chaque convive.)
**ASSIEXA**, v. act. Assiéger, mettre le siège devant une place ; Être retenu par.... ; fig., Importuner par une présence continuelle. (Du latin *obsidere*.)
**ASSIGNA**, v. act. Assigner, indiquer, faire connaître ; Marquer, destiner : Affecter ; Faire une assignation de paiement, donner un exploit. (Du latin *assignare*.)

Anèn bite al debes
Celebra parmi lous plazes,
Qu'aquelo coumpagno présento,
L'antique défensou que nous enreximento,
Sant-Ibes, en un mot; mais aban., arresten
Qu'unes seran lous plats que nous empourtaren.
Faguen aoutant de lots, et qu'un sort équitaplé
Les *assinne* à cadun, sans aoutré préalaplé.

**ASSIGNAT**, *Assinnat*, s. m. Assignat, papier-monnaie créé en 1789 et annulé en 1796 : *Ba pagat en assignats*, il a payé en assignats.
**ASSIGNATIOU**, *Assinnatiou*, s. f. Assignation, exploit ; Citation devant un juge. (Du latin *assignatio*.)
**ASSIGURA**, v. act. Assurer, affermir, rendre témoignage de...., rendre sûr. (De l'italien *assicurare*.)

Birats-bous et dintrats dins aqueste bousquet,
Das timides lapins y beyres lou traouquet;
Et memes se poudes abe la patienço
D'attendre à qualqué pas, dins un proufoun silenço,
Soun prosque *assigurat* que lous beyres sourti,
Faire lou tour d'al traouc, courre, se deberti.

**ASSINNA**, *voyez* ASSIGNA.
**ASSINNATIOU**, *voyez* ASSIGNATIOU.
**ASSISTA**, v. act. Assister, seconder, aider, secourir ; Aider quelqu'un dans ses fonctions ; Accompagner quelqu'un pour quelque action ; Être présent à quelque chose par devoir : *Assista al sermou*. (Du latin *assistere*.)
**ASSISTANS**, s. m. Assistants, personnes présentes, qui aident. (Du latin *assistens*.)
**ASSISTENÇO**, s. f. Assistance, aide, secours ; Réunion de personnes assemblées en quelque lieu. (Du latin *assisto*.)

Tout l'espouer d'aquéles gazas
Era Nostra-Dama Pallas ;
É per fèt de soun *assistança*
Aourien grujat vostra pitança :
Sé n'avien pas perdut l'esprit ;
Mais ara l'afayre ès finit.
Y'an pas una mespoula à mordre,
La Déessa i'a mes bon ordre,
É couma feou sérés d'acor
Qué Pallas n'a pas agut tor.      FAV.

**ASSIVADA**, *voyez* ROUSSA.
**ASSIZA**, *voyez* ACISA.
**ASSIZOS**, *voyez* ACISOS.
**ASSOU**, *voyez* NAOUC.
**ASSOUBI**, v. act. Assouvir, apaiser une faim vorace ; Satisfaire une passion violente. (Du latin barbare *adsopiare*.)
**ASSOUCIA**, v. act. Associer, prendre quelqu'un pour compagnon, pour associé ; Recevoir dans une société de commerce ou d'intérêt. (Du latin *associare*.)
**ASSOUCIAT**, ADO, adj. Associé, ée, celui, celle qui est en société avec....
**ASSOUCIATIOU**, s. f. Association, congrégation pieuse. (Du latin *associare*.)
**ASSOULA**, v. act. Poser par terre, jeter par terre. (Racine *sol*.)
**ASSOUMA**, v. act. Assommer, tuer avec quelque chose de pesant, comme une massue, etc. ; Battre avec excès ; fig., Fatiguer, importuner ; Chagriner, ennuyer. (Du français *somme*, dans le sens de charge, fardeau, d'où nous avons fait *Bête de somme*.)
**ASSOUMANT**, O, adj. Assommant, te, fatigant à l'excès.
**ASSOUPI**, v. act. Assoupir, endormir à demi, disposer au sommeil ; Calmer, adoucir.
**ASSOUPI** (S'), v. pro. S'Assoupir, s'endormir. (Du latin *soporare*.)
**ASSOUPISSOMEN**, s. m. Assoupissement, sommeil léger.
**ASSOURDA**, *voyez* ASSOURDI.
**ASSOURDI**, v. act. Assourdir, rendre sourd, étourdir. (Racine *sourd*.)
**ASSOURTI**, v. act. Assortir, joindre ensemble des choses ou des personnes qui se conviennent ; Fournir une boutique de toutes les marchandises propres au commerce que l'on fait : *Aquelo boutigo es pla assourtido* ; Convenir à.... (Du latin *sors, sortis*, état, condition.)
**ASSOURTIMEN**, s. m. Assortiment, assemblage de choses qui conviennent ensemble ; Boutique bien garnie.
**ASSOUSTRA**, v. act. *voyez* ANRECLA.
**ASSUCA**, *voyez* ASSOUMA.
**ASSURA**, v. act. Assurer, étayer, mettre d'aplomb ; Rendre ferme ; Rendre témoignage, affirmer ; Pourvoir à la sûreté, faire qu'on n'ait point peur ; Prendre une assurance. (De l'italien *assicurare*.)
**ASSURENÇO**, s. f. Assurance, certitude, sécurité, état où l'on est hors de péril ; Hardiesse ; Garantie des pertes éventuelles.
**ASSUROMEN**, adv. Assurément, certainement.
**ASSUTA** (S'), v. pro. Se Dégourdir, faire vite. (Racine *sutta*.)
**ASSUXETI**, v. act. Assujétir, arrêter une chose de manière qu'elle soit sans mouvement ; fig., Ranger sous sa domination. (Du latin *subjicere*.)
**ASSUXETISSANT**, O, adj. Assujétissant, te, qui rend extrêmement sujet, qui gêne beaucoup.
**ASSUXETISSOMEN**, s. m. Assujétissement, soumission, contrainte qui gêne.

## AST

**ASTA**, *voyez* ENBROUXA, ENNASTA.
**ASTE**, s. m. Broche, verge de fer pointue d'un bout pour embrocher les viandes et les rôtis. (Du latin *hasta*.)
**ASTELIE**, *voyez* ASTIES.
**ASTENE**, *voyez* ABSTENE (S').
**ASTIC**, s. m. Astic, outil de cordonnier pour lisser les semelles.
**ASTICA**, v. act. T. de cordon. Lisser les semelles avec l'astic.
**ASTIES**, s. m. Hâtiers, grand chenet de cuisine

à crans pour mettre plusieurs broches, ou simplement deux morceaux de bois ou de fer avec des crans pour le même usage. (Racine *asto*.)

**ASTRE**, s. m. Astre, corps lumineux qu'on voit au ciel ; fig., Bel, joli : *Semblo un astre*, beau comme un astre. (Du grec *astron*.)

Diou vous acoumpagne, bel *astre*,
É vous saouve de tout dézastre ;
De tout prouces, de tout garguil ;
Amay naoutres. Ensin-souet-il.
Tus ara bayla tas esquinas ;
Mais, moun fil, n'ay pas mas boutinas,
Mous estrious, ni mous espérous ;
Couma fayre? d'éscarlambous
Sus una tan paoura mountura....
Qué s'acoumode.... à l'avantura....
Moun fil, aoumen bruquessés pas,
Souven-té qu'encaro ay mouri nas. FAY.

**A TOUT ASTRE BOUN ASTRE**, adv. Au hasard ; Sans réflexion, sans connaissance : *Souï arribat à tout astre boun astre*, je suis arrivé au hasard.

**ASTROLOGO**, *Astrologo*, *Estourlogo*, s. m. Grand bavard qui parle de tout, et surtout devant les personnes qui ne peuvent le contredire : *Semblo un astrologo*. (Du grec *astron*, astre, et *logos*, discours.)

## ATT

**ATTABE**, adv. Aussi, à cause de cela. (Du latin *ita*.)

Demandi pas millou ; sans cap de coumplazenço,
Cal dire sur aco francomen ço que l'on penso :
S'es pla fax ba direz, se bal paouc *attabé*. D.

**ATTABELA**, v. act. Javeler, amonceler plusieurs gerbes ensemble, empiler les gerbes. (Du latin *capella*, diminutif de *capus*, poignée.)

**ATTACA**, v. act. Attaquer, commencer une attaque ; Assaillir ; Provoquer par des paroles : *Tu as attacat*, tu as provoqué. (De l'italien *attaccare*.)

Mais vous faïé veyre lou trin
Qué faguet un aoutre mutin
Appelat Guiaoume Labuta,
Noun sé plazié qu'à la disputa.
Moun Diou, lou michan garnimen !
*Ataquave* endiféramén
Tout cé qué t'avié dins l'armada :
Ouficiès, serjans, éspécada,
Manobros, charouns, courdouniés,
Taïurs, é jusqu'as aoumouniés. FAY.

**ATTACA (S')**, v. récip. S'Attaquer à..., se prendre à quelqu'un, à quelque chose ; Offenser quelqu'un.

**ATTACAN-DE-PAS**, s. m. Coupe-jarret ; Assassin, qui va attaquer. (Racine *attaca*.)

**ATTACO**, s. f. Attaque, combat ; fig., Commencement de maladie.

**ATTACOMEN**, s. m. Attachement.

**ATTAILHOUNA**, *voyez* ABOUSSINA.

**ATTAL**, adv. Ainsi, de cette manière.

Lou sounet qu'ei lexit es pourtant ço que cal.
Abez bostros rasous quand ba crezes *attal* ;
Yeou, per creire aoutromen, attabés ei las meounos ;
Cal dounços un cadun aïci garda las seounos. D.

**ATTALA**, v. act. Atteler, attacher des chevaux ou des bœufs à un carrosse, à une charrette. (Du latin barbare *adtelare*, fait de *telum*, trait, flèche, parce que le timon d'un carrosse est comme une espèce de flèche.) Donner de bois à une vigne qu'on veut arracher.

**ATTALA (S')**, v. récip. Se prendre de bec ; Se mettre à parler, à boire, à jouer.

**ATTALAXE**, s. m. Attelage, nombre de chevaux pour traîner une voiture, une charrette.

**ATTALAXES**, s. m. Tout ce qui est nécessaire pour faire une chose.

**ATTANCA**, *voyez* TANCA.

**ATTAOULA**, v. act. Attabler, mettre à table, retenir à table.

**ATTAOULA (S')**, v. pro. S'Attabler, se mettre à table pour y demeurer longtemps. (Racine *taoulo*.)

**ATTAPA**, *voyez* TAPA.

**ATTAPAOUC**, adv. Aussi ; Non plus.

**ATTAPI**, v. act. Fouler, patiner une terre qui devait être souple, meuble.

**ATTAPLA**, adv. Aussi bien.

**ATTAQUAPLE**, O', adj. Attaquable.

**ATTARDA**, *Pougna*, v. act. Attarder, mettre quelqu'un en retard.

**ATTARDA (S')**, v. pro. S'Attarder, se mettre tard en route, se retirer trop tard. (Racine *tart*.)

**ATTARI**, v. act. Tarir, mettre à sec. (Du latin *arire*, pour *arere*.)

**ATTARRA**, *Atterra*, v. act. Atterrer ; Jeter par terre, abattre ; fig., Accabler. (Du latin *ad terram*.)

**ATTAVELA**, *voyez* ATTABELA.

**ATTAYZA, (S')**, v. pro. Se Calmer, diminuer, cesser, en parlant du vent, d'un orage ; se Taire, en parlant d'une personne colère. (Du latin *tacere*.)

**ATTE**, s. m. Acte, contrat, écrit fait devant un notaire ; Mouvement vertueux de l'ame : *Atte de fe*, *de caritat*. (Du latin *actus*.)

**ATTEBEZI**, v. act. Attiédir, rendre tiède : *Met bo à attebezi*. (Racine *tebes*.)

**ATTEGNE**, v. act. Atteindre, toucher à une chose qui est à une certaine distance ou élévation : *Y podi pas attegne* ; joindre quelqu'un : *M'a attenx à la barrieyro* ; Assister à quelque chose : *N'a pas pougut y'attegne* ; Prendre sa part de quelque chose : *Y'a attenx un bricou*. (Du latin *attingere*.)

Prengueri sur aco d'abord bostro defenso,
Your digueri que bous fazies tout en counscienço ;
Que quand nous mourdissés dins fosso d'ouccasious
Bous fazes tout aco per la gloiro de Dious.
Mais me tengueri dix que s'aimas Nostre-Seigne
Diouries pas dexioussa lous qué poudes *attegne*. D.

**ATTEILHE**, s. m. Atelier, lieu où l'on travaille sous un même maître ; Lieu de travail d'un artiste ; Magnanière, lieu où l'on élève les vers à soie : *Abes un poulit atteilhe*. (Suivant quelques-uns, ce que d'autrefois plusieurs ouvriers réunis et utiles à l'exploitation d'une ferme, tels que les charpentiers, charrons, forgerons, travaillaient dans les mêmes basse-cours où l'on *attelait* les bœufs, les chevaux aux voitures et charrettes.)

**ATTELA**, *voyez* ATTALA.

**ATTELAXE**, *voyez* ATTALAXE.

**ATTENANT**, adj. Attenant, contigu, tout proche : *Es attenant la gleyzo*. (Du latin *attinens*.)

**ATTENDEN (EN)**, adv. En Attendant ; Avec cela ; Cependant ; Jusqu'à ce que : *En attenden que pague cal manxa*.

**ATTENDRE**, v. act. Attendre, être dans l'attente, l'espérance ou la crainte ; Espérer, se promettre : *Attendi qu'aco m'arribara pas*.

## ATT

Car dins un certen tems on courris et l'on troto,
Pey ben un aoutre tems ount on fa la bigoto.
De certainos razous fan prene aquel partit
Quand lou bisaxe és prest à parettre raflit.
Aïtal on n'*atten*.pas que lou mounde nous quitté.   D.

**ATTENDRE (S')**, v. pro. S'Attendre, se tenir comme assuré; Compter sur : *Me y podi attendre*; s'Appliquer, être attentif, assidu à l'ouvrage : *Se y atten pla*. (Du latin *attendere*.)

**ATTENDRI**, v. act. Attendrir, rendre plus tendre, moins dur; Rendre sensible à la pitié : *Aco l'a attendrit*.

**ATTENDRI (S')**, v. pro. S'Attendrir, s'émouvoir : *Anfin s'es attendrit*. (Racine *tendre*.)

**ATTENDRISSOMEN**, s. m. Attendrissement, état de l'ame émue de tendresse.

**ATTENTA**, v. n. Attenter, commettre un attentat, former une entreprise contre les lois dans une chose capitale : *Oou attentat à la libertat*. (Du latin *attentare*.)

**ATTENTAT**, s. m. Attentat.

**ATTENTIF, IBO**, adj. Attentif, ive, qui a de l'attention, de l'application : *Es fort attentif*. (Du latin *attentus*.)

**ATTENTIBOMEN**, adv. Attentivement, avec attention.

**ATTENTIOU**, s. f. Attention, application; Égard, soin : *Aco's uno grando attentiou de sa part*. (Du latin *attentio*.)

**ATTENTIOUNAT, ADO**, adj. Attentionné, ée, qui a des égards.

**ATTENTO**, s. f. Attente, espérance.

**ATTEOUGNA**, v. act. Atténuer, diminuer les forces. (Du latin *attenuare*.)

**ATTERI**, voyez TARI.

**ATTESSA**, voyez ALAXA.

**ATTESSADO**, voyez TETADO.

**ATTESTA**, v. act. Attester, assurer, certifier : *Podi pla attesta*, je puis bien attester. (Du latin *attestari*.)

**ATTESTA**, v. act. Étêter, couper la tête d'un arbre; Surbaisser les branches. (Du latin *testa*, tête.)

**ATTESTA (S')**, v. pro. S'Entêter, s'opiniâtrer, s'obstiner.

**ATTESTATIOU**, s. f. Attestation. (Du latin *attestatio*.)

**ATTIBA**, v. act. Activer, mettre en activité; Hâter, presser.

**ATTIBITAT**, s. f. Activité, force, vigueur. (Du latin *activus*.)

**ATTIBOMEN**, adv. Activement, avec lesteté. (Du latin *actuosè*.)

**ATTIRA**, v. act. Attirer, tirer à soi; fig., Obtenir par adresse; Attraper finement; Gagner par des manières flatteuses et agréables : *Sap pla attira lou mounde*, il sait bien attirer ses gens. (Du latin *ad*, à, et *trahere*, tirer.)

**ATTIRAL**, s. m. Attirail, grande quantité de choses nécessaires à.... (Racine *attira*.)

Figuro-té d'abord nostro jouyouso cliquo,
Taléou mietchjour sounat s'escapan dé l'oustal,
Cantan, gisclan, dansan, sur lés bords dal canal;
   Escourtado d'uno bourriquo
   Qué nous carréjo l'*attiral* :
   Lé pa, lé bi, tout ço qué cal,
   En entounan uno musiquo
   D'un bruch tout à fait infernal.   DAV.

**ATTIRANT, O**, adj. Attirant, te, qui attire; Engageant. (Racine *attira*.)

## ATT 41

**ATTIRO**, s. f. Étire, masse de fer plate et carrée que les corroyeurs tiennent à la main pour épreindre l'eau des cuirs.

**ATTISSA**, v. n. Avoir le tic de faire une chose; Prendre à tâche de faire une chose; Molester habituellement quelqu'un : *L'a attissat*, il l'a pris à guignon.

**ATTIZA**, v. act. Attiser, rapprocher, disposer les tisons pour les faire mieux brûler. (Du latin *ad*, et *titio*, tison.)

**ATTOUPINA (S')**, v. pro. S'Emmitoufler, s'empaqueter la tête pour se tenir chaudement.

**ATTOURNA (S')**, v. récip. Se Revancher, reprendre la pareille, soit en bien, soit en mal; prov. : *Qui pla s'attourno, à l'oustal tourno*.

**ATTOURTI**, v. act. Tortuer, tordre, forcer, voiler. (Du latin *torquere*.)

**ATTOUX**, s. m. A-tout, t. de jeu de cartes; la Couleur dans laquelle on joue; Triomphe : *N'a pas cap d'attoux*, il n'a pas...

**ATTRACA**, v. act. Empiler des planches, les mettre en pile.

**ATTRAIT**, s. m. Attrait, penchant pour..... ; Beauté, grâces d'une personne.

Quan séras vengut à la porta
Dé soun magique apartémén,
Gratariés inutillamén,
Sé, per adouci la cruéla,
T'éres pas munit d'una viéla.
Mais, én té jougan l'èr mignoun :
Jé suis sur le poun d'Avignoun,
Sé sarara per té réspoundre,
É cessara dé sé réscoundre,
Per té fayre veyre dé prés
Lou diable én toutes sous atrés.   FAV.

**ATTRANSI (S')**, v. pro. S'Assoupir. (Du latin *transire*, parce qu'on passe doucement et légèrement dans le sommeil.) Fig., Vieillir, changer.

**ATTRAPA**, v. act. Attraper, prendre à un piège; Atteindre en courant; Saisir; Tromper, surprendre; Gagner; Recevoir; Imiter. (Du latin *rapere*.)

Pierras, hountous é fol, dé ratgeo orticulabo
Oquel mot to gronat qué dis lou moréchal
Quond s'escaoudo o lo forgeo ou qu'*ottrapo* un mochal.   PRAD.

**ATTRAPO**, s. f. Attrape, apparence trompeuse : *Attrapo nigaout*. (Racine *trapo*.)

**ATTRIBUA**, v. act. Attribuer, rapporter à une personne, à une cause; Penser, croire, assurer qu'une personne ou une chose a telle qualité. (Du latin *attribuere*.)

**ATTRIBUA (S')**, v. pro. S'Attribuer, prendre pour soi ou sur soi, s'approprier.

**ATTRIBUTIOU**, s. f. Attribution. (Du latin *attributio*.)

**ATTRICA**, voyez ATTRISSA, ESTARUSSA.

**ATTRISTA**, v. act. Attrister, rendre triste; Affliger.

Couro cessos, hyber, d'*ottrista* lo noturo?
Hélas! tout és perdut sé to moliço duro.
Lo posturo s'ocabo, é lous paourés troupels
Dins lo jasso enfermats, bictimos dé tous gels,
N'au pas rés o brouta qué qualquo fueillo seco
Qu'en luoc dé lous nourri, lous mogris, lous endéco.   PRAD.

**ATTRISTA (S')**, v. pro. S'Attrister, s'affliger. (Du latin *tristis*.)

**ATTROUBA**, v. n. Trouver, reconnaître.

## AVI

**ATTROCE**, O, adj. Atroce, énorme. (Du latin *atrox*.)
**ATTROUCITAT**, s. f. Atrocité, cruauté. (Du latin *atrocitas*.)
**ATTROUPA**, v. act. Attrouper, assembler en troupe.
**ATTROUPA (S')**, v. récip. S'Attrouper, s'assembler en troupe. (Racine *troupo*.)
**ATTROUPELA**, voyez ATTROUPA.
**ATTROUPOMEN**, s. m. Attroupement, assemblée tumultueuse de gens.
**ATTRUMA (S')**, v. pro. S'Assombrir, devenir sombre en parlant du temps : *Lou tems s'attrumo* ; fig., Passer de la joie aux pleurs, comme les enfants.
**ATTUDA**, v. act. Éteindre, faire mourir le feu, la chandelle. (Du latin *extinguere*.)
**ATTUDOIR**, *Éteignoir*, s. m. Éteignoir, petit instrument en cornet de ferblanc pour éteindre une chandelle.
**ATTUEL**, LO, adj. Actuel, elle.
**ATTUELLOMEN**, adv. Actuellement.
**ATTUR**, s. m. Désir d'apprendre.
**ATTURA (S')**, v. réfl. S'Appliquer à une chose, ne pas se rebuter.

### ATU

**ATUBAL**, voyez LUQUET, ALUMETO.
**ATUFEGA**, voyez ARRENGA.
**ATUPA**, voyez ROUSSA.

### ATX

**ATXIOU**, s. f. Action, chose que fait ou qu'a faite une personne; Colère, emportement. (Du latin *actio*.)
**ATXIOUNA**, v. act. Actionner, intenter un procès; Donner de l'activité à quelqu'un.

### AVA

**AVAL**, voyez ABAL.
**AVALI**, voyez ABALI.
**AVALISCO**, voyez ABALISCO.
**AVANSA (S')**, voyez ABANSA (S').
**AVANTAJHA**, voyez ABANTAXA.
**AVANTIEYRASSO**, voyez DABANTIEYRASSO.
**AVARI**, voyez ABOURI.

### AVE

**AVELANIE**, voyez ABELAGNE.
**AVELANIEYRO**, voyez ABELAGNEYRADO.
**AVELANO**, voyez ABELANO.
**AVENA**, voyez ESPARGNA.
**AVENA**, voyez ABENA.
**AVENEN**, voyez BENGUDO (D'UNO).
**AVENGU**, voyez ABOURIT.
**AVENI**, voyez ADIRE.
**AVENS**, voyez ABEN.
**AVEOUZA (S')**, voyez ABEOUZA (S').
**AVER**, voyez DEQUE.
**AVERA**, voyez ABE.
**AVES**, voyez OUMBRENC.

### AVI

**AVIS**, voyez BIS.
**AVIS**, voyez SENTIMEN.
**AVIZA**, voyez ADIZA.
**AVISAMEN**, voyez ABIZOMEN.
**AVIVA**, voyez DERREBEILHA.

## AXI

### AVO

**AVOOU**, voyez MISSANT.

### AVU

**AVU**, *Abu*, s. m. Aveu, reconnaissance d'avoir dit ou fait une chose.

### AXA

**AXA**, voyez ABE.
**AXA**, v. act. Hacher, couper en petits morceaux; fig., Couper mal proprement. (Du latin *ascia*, hache.)
**AXAÇILHO (DE MISANTO)**, Défaut d'une personne qui en dormant se remue toujours et incommode la personne avec qui elle couche. (Racine *axassa*.)
**AXADOU**, s. m. Hachoir, table sur laquelle on hache : *Coutel axadou*, grand couteau à hacher.
**AXASSA**, v. act. Asseoir, poser sur une chose de ferme. (Du latin *jacere*.)
**AXASSA (S')**, v. pro. Se Coucher, se placer ; Trouver une bonne place.
**AXAT**, ADO, adj. Agé, ée, vieux, avancé en âge. (Racine *axe*.)
**AXAT**, s. m. Achat, acquisition faite à prix d'argent; Chose achetée. (Du latin *ad et captare*.)

### AXE

**AXE**, s. m. Age, durée commune de la vie ; les différents degrés de la vie d'un homme; Temps qu'il y a qu'on est en vie. On dit aussi *Axe* par relation à divers temps marqués par les lois pour certaines fonctions de la société civile : *N'a pas encaro l'axe*, il n'a pas encore l'âge.
**AXES**, s. m. Accès, abord; facilité ou difficulté d'approcher d'un lieu ou d'une personne; Émotion de la fièvre et tout le temps qu'elle dure sans intermission : *A agut un axès de binto-quatre ouros*, il a eu un accès de vingt-quatre heures. (Du latin *accessus*.)

> Jamay vint *acesses* dé febres,
> Hivernadas jusqu'aou printéns,
> N'an pas tan fach claqua las dens
> Couma la malhérouza crisa
> Ouute adoun mé jitet Anchiza,
> Mardiou ! tan mé dévariét,
> Tan ma cervéla s'embrouïét,
> Qu'en doublan lou pas né pèrdère.
> Ma fènna, amay la planiguère.
> Mais, cazimen aou raoufélèt,
> Ascagnòu cridava : *Tétét !*....
> Dé tétét, papa..... cadédouncha !
> Paouré manit, ay pas l'espouncha.....
> Marcha, ta mayre vén dariès
> Embe sous tétis è toun brès. FAV.

### AXI

**AXI**, v. n. Agir, être en action ; Faire quelque chose; Être libre dans les mouvements. (Du latin *agere*.)
**AXIS (S')**, v. imp. Il s'agit, il est question ; il est temps.
**AXIDENT**, s. m. Accident, cas fortuit, événement imprévu, malheur ; Chose fâcheuse qui arrive. (Du latin *accidens*.)
**AXILLE**, O, adj. Agile, qui a de l'agilité, qui est leste. (Du latin *agilis*.)
**AXILLITAT**, *Agilitat*, s. m. Agilité, légèreté, souplesse. (Du latin *agilitas*.)

## AXO

**A-XINOULS**, adv. A genoux, pénitence des écoliers : *Es estat à xinouls*, il a été à genoux.

**AXINOUILHA (S')**, v. pro. S'Agenouiller, se mettre à genoux; fig,, Cheval qui trébuche : *S'axinouilho souben*. (Du latin *genu*.)

Près d'un poulit castel on bèx uno gleysetto
Ount ba s'*axinouilla* lé paouré bouyatjur.
Agrado à l'èl dé Dious, et la santo Biergetto,
Quand on prègo dabant sa jantio capèletto,
Fa lusi sur l'aouta l'estèlo dal bounhur.    DAV.

**AXINOUILHOIR**, s. m. Agenouilloir, prie-Dieu.

**AXINTO**, s. f. La petite absinthe qu'on emploie contre les fièvres. (Du latin *absynthium*.)

**AXIOULA**, v. act. Éculer, plier en dedans les derrières des souliers.

**AXIOULA (S')**, v. pro. Tomber sur son dos, sur son cul : *Me souy axioulat*, je me suis laissé choir.

**AXIOULAT**, adj. Éculé, soulier dont les quartiers sont affaissés par derrière.

**AXIOUTA**, v. act. Agioter, vendre, acheter pour en tirer un certain profit ; Faire un profit usuraire. (De l'italien *aggio*.)

**AXIOUTAXE**, s. m. Agiotage, profit usuraire : *Coumpreni pas aquel axioutaxe*, je me perds à voir telle chose.

**AXIOUTUR**, s. m. Agioteur, celui qui fait l'agiotage.

**AXIPELLE**, s. m. Érisypèle, maladie de la peau avec inflammation. (Du grec *erusipelas*.)

**AXIPOUTA**, v. n. Arranger mal, sans goût.

**AXIPOUTA (S')** v. pro. Se mal habiller, se mal ajuster.

**AXIQUETA**, v. act. Charcuter, déchiqueter, couper à petits morceaux en faisant diverses taillades.

**AXIS**, s. m. Hachis, ragoût de viande achée. (Du latin *ascia*, parce qu'on hache les viandes.)

**AXISSENT**, O. adj. Agissant, ante, qui se donne beaucoup de mouvement en parlant d'une personne; Qui opère avec force en parlant d'un remède. (Du latin *agens*.)

**AXITA**, *Brandi*, v. act. Agiter, secouer.

**AXITA (S')**, v. pro. S'Agiter, se tourmenter, s'inquiéter, se troubler, se donner du mouvement. (Du latin *agitare*.)

**AXITATIOU**, s. f. Agitation, mouvement, trouble, inquiétude. (Du latin *agitatio*.)

## AXO

**AXOUCA (S')**, v. n. Jucher, se percher sur un bâton, une branche pour dormir, en parlant des poules; fig., se Placer, grimper en parlant des enfants qui grimpent partout. (Du latin *jugum*, dans le sens de perche mise de travers.)

**AXOUCADOU**, s. m. Juchoir, perchoir, endroit où juchent les poules; fig., le Lit.

**AXOULUDOMEN**, adv. Absolument, d'aucune manière. (Du latin *absolutè*.)

**AXOULUT, UDO**, adj. Absolu, e, impérieux ; Hautain. (Du latin *absolutus*.)

**AXOULUT**, adv. Absolument.

**AXOULUTIOU**, s. f. Absolution, sentence du prêtre qui remet les péchés dans le tribunal de la pénitence. (Du latin *absolutio*.)

**AXOURNOMEN**, s. m. Ajournement.

**AXOUTO**, s. f. Absoute, prière que fait l'église pour les morts.

## AYE

## AXU

**AXUDA**, v. act. Aider, secourir, être utile.

**AXUDA (S')**, v. récip. S'Aider mutuellement; se Servir de..... (Du latin *adjuvare*.)

Ei bel entemena cent suxets differens,
Ye parla de la plexo et peyssos d'al bel tems,
Qu'un què sio lou prepaous dount alaro on *s'axudo*,
D'abord acò taris, deben aoutre cop mudo.    D.

**AXUDI**, s. m. Aide. (Du latin *auxilium*.)

**AXUSTA**, *Empeouta*, v. act. Ajouter, joindre. (Du latin *ad juxta*.)

Tout ama bourgala sé piqua,
Quan vey qué cè qué douna play,
Dé l'*ajusta* quicon dé may.
La reyna ouvris una libéta,
È n'en sourtis una ligneta
Un bourdet, dous tiranizés,
È noun say quan d'aoutres éfés
De la mèma magnificença.
Ajère beou fa rèzistença,
Faonguèt qué moun pichot merdous
Empourtesse aquèles bijous.    FAV.

**AXUSTA**, v. n. Ajuster, viser, mirer.

**AXUSTOMEN**, s. m. Ajustement.

**AXUSTOU**, *Empeoutou*, s. m. Allonge, ajoutage, chose ajoutée à une autre.

**AXUTORI**, s. m. Aide, secours : *Manco pas d'axutoris*. (Du latin *adjutorium*.)

## AY

**AY !** interj. de surprise Ha ! ha : *Ay sies arribat*, ha, vous voilà ! Souvent c'est un cri de douleur : *Ay ! benés*.

## AYC

**AYCI**, adv. de lieu, Ici : *Ayci boli demoura*, je veux rester ici. (Du latin *hic*.)

M'oou dix qu'érés *ayci* dins aquesté moumen,
Et d'abord ei sentit la pus grando impatiènço
De beni bous trouba per fayré couneissenço.    D.

**AYCI-N-LA (D')**, adv. Dorénavant, désormais, à l'avenir.

**AYCITAL**, adv. Ici : *Aycital tout ba mal*, ici tout va mal.

Perço que n'aïmi pas que digus la peltire ;
Tabés per un boun cop ba ye boli pla dire :
Bei, per aquel suxet souy bengut *aicital*.
Car y'en boli parla, mêmes sul tonn que cal.    D.

## AYE

**AYÉ**, *Ayeïro*, s. m. Évier, conduit par où s'écoulent les eaux d'une cuisine : *l'Ayé es plé*. (Du latin *aqua*.)

L'armo olaro mé crido : « Escouto, Cothorino,
« N'ai pas restitual un bouïssel dé forino
« Qué sé mesclet onton on lo miouno ol mouli ;
« Baï lo rondré, é sul cop dé péno you baou soli ».
You, per lou soüsfa sul cas què mé prépaouso,
L'y disé : Onas en pax perqué sés bouno caouso :
Pierras, ségas tronquillé, oco séro rondut;
Déja mémé ou sério s'érés pus leou bengut :
Sons faouto o-bel-déma beyraï lo mouliniéyro.
L'armo olaro en sourtén per lou traouc dé *l'èguicyro*,
Per mé fa sous odious crido trés cops : Roucou !
Sons douté éro bengut en formo dé pijou.    PRAD.

## AYG

**AYGADIEYRO**, voyez AYEIRE.
**AYGAJHE**, voyez AYGAXE.
**AYGALOSSI**, voyez PLEXADO.
**AYGALOUS, OUSO**, adj. Aqueux, euse, qui est plein d'eau, qui en contient trop; Humide, qualité défectueuse dans bien des choses : *Milhas aygalous, Rasins aygalouses.* (Du latin *aquosus.*)
**AYGARDEN**, s. m. Eau-de-vie, liqueur spiritueuse et inflammable, extraite par la distillation des vins, des cidres, des graines, etc. (Du latin *aqua ardens.*)
**AYGARDENTIE**, s. m. Celui qui fabrique l'eau-de-vie, qui la porte dans les rues, dans les campagnes. (Racine *aygarden.*)
**AYGASSEJHA**, v. n. Tremper dans l'eau.
**AYGASSEXAYRE, O**, adj. Qui aime l'eau ; Qui se plaît et se délecte dans l'eau. (Racine *aygo.*)
**AYGASSO**, s. f. Eau trouble, sale.
**AYGAT**, s. m. Crue subite de la rivière ; Débordement. (Racine *aygo.*)
**AYGAXE**, s. m. La Rosée de la nuit ; le Serein. (Racine *aygo.*)
**AYGHIEIRO**, voyez AYER.
**AYGO**, s. f. Eau, liquide transparent qui a la propriété de mouiller tout ce qu'il touche : Rivière ; Source ; Pluie ; Humeur ; Sueur ; Suc des fruits : fig. Perdre sa peine ; Gagner à peine sa vie : *A recapiut l'aygo,* il a été ondoyé ; *Escampa d'aygo,* Uriner. (Du latin *aqua.*)

Fazes dounc coumo yeou, res nou m'escandalizo ;
Layssi faïre un cadun que biscoun à your guizo......
Manxi quand ei talen, dourmissi quand ei soun,
Layssi passa tabes l'*aygo* dexoust lou poun.    D.

**AYGO-FORT**, s. m. Eau-forte, liqueur acide qui ronge et dissout les métaux, excepté l'or. (Du latin *aqua fortis.*)
**AYGO DE MERLUSSO**, s. f. Trempis, eau dans laquelle a trempé la morue. (Racine *aygo* et *merlusso.*)
**AYGO MOULIGNEYRO**, s. f. Fig. Eau qui entre dans les moulins en grossissant. (Racine *aygo* et *mouli.*)
**AYGO PANADO**, s. f. Eau pannée.
**AYGOS**, s. f. Lavure de la vaisselle.
**AYGO SAL**, s. f. Sel détrempé dans l'eau qu'on fait avaler dans certains accidents ; Saumure, liqueur formée du sel fondu et du suc de la chose salée. (Du latin *aqua* et *sal.*)
**AYGO SEGNADIE**, s. m. Bénitier, espèce de cuvette qu'on met à l'entrée des églises où l'on prend de l'eau bénite ; Sorte de vase qu'on met au chevet du lit et qu'on remplit d'eau bénite.
**AYGO SEGNADO**, s. f. Eau bénite. (Du latin *aqua* et *signata,* bénite par les signes de croix.)
**AYGRAS**, voyez AYLHADO.
**AYGREJHA**, voyez AGREXA.
**AYGRETO**, voyez BINETO.

## AYL

**AYLÂI**, adv. Finissons-là ; Brisons.
**AYLHA**, v. act. Assaisonner d'ail ; fig. Faire payer trop cher. (Racine *al.*)
**AYLHADO**, s. f. Aillade ; Soupe, sauce à l'ail ; Amende : *N'e pagara l'aylhado,* il en paiera la façon ; Coups, rincée. (Racine *al.*)
**AYLHO**, s. f. Ail d'un seul grain.
**AYLLET**, jeune plant d'ail qu'on mange avant sa maturité ; fig., le Point difficile d'une affaire : *Aco's aqui l'al.* (Du latin *allium.*)
**AYLHURS**, adv. Ailleurs ; Dans un autre endroit ; D'un autre côté ; Autre part.
**D'AYLLURS**, D'un autre côté ; De plus ; Outre cela. (Du latin *aliorsùm.*)
**AYLIN**, voyez DEDINS.

## AYM

**AYMA**, v. act. Aimer, avoir de l'affection, de l'attachement pour...... ; Aimer à...,... ; Prendre plaisir à...... ; Préférer : *Ayme mayt.* (Du latin *amare.*)

Calque cop, es bertat, la raxo me nemeno ;
Mais, paouro Xanetoun, bous *aymi* talomén
Que sembli debariat, soui dins l'egaromen
Car soiti que digus bous trobe pus aimaplo ;
Bouldrio bous saoupré bei tout-à-fait miseraplo.    D.

**AYMA (S')**, v. pro. S'Aimer, se dit de l'attachement de deux ou plusieurs personnes les unes pour les autres, surtout des jeunes gens avec des jeunes filles ; se Plaire dans un certain endroit ; Pousser en parlant des plantes, des arbres qui croissent vite dans certaines terres
**AYMABILITAT**, *Amabilitat*, s. f. Amabilité.
**AYMABLE, O**, adj. Aimable, capable d'être aimé ; Qui mérite d'être aimé. (Du latin *amabilis.*)
**AYMAPLIZO**, s. f. Amabilité, prévenance ; fig. Chose désagréable ; Ennui qu'on occasionne à une personne. (Du latin *amabilitas.*)
**AYMAPLOMEN**, adv. Aimablement, d'une manière aimable. (Du latin *amabiliter.*)

## AYN

**AYNAT, ADO**, s. m. f. Aîné, ée, le plus âgé en parlant des enfants ; Qui est avant un autre ; Qui a plus d'âge. (Du latin *antè natus.*)

Entré toutes lous yoous qué troubo ol nisolié,
Causis, é joul dubet d'uno clouquo'scaufado,
N'omago en noumbré imper uno bouno escouado.
Lou germé és onimat per oquélo colou,
É dins bingt é dous jours dél clos sort lou poulou.
L'oinat n'és pas noscut, qué lous coddets en foulo
Cridou déja piou piou, joul bentré dé lo poulo. PRAD.

## AYR

**AYRAL**, s. m. Les Êtres d'une maison ; Maison ; Biens ; Propriété.

Ausen dins lou bolloun gémi lo tourtourélo,
Oltour del golotas brésilla l'hiroundélo ;
Gosouillo dé plosé d'obé troubat l'*oïral*
Quant éro onton soun niou qué n'és pus qu'un cosal.
                                      PRAD.

**AYRE**, s. m. Air, vent ; Manières, extérieur d'une personne ; Ressemblance ; Affecter un ton au-dessus de son rang : *Se douna trop d'ayre ;* Paraître disposé à...... ; Suite de sons pour une chanson, etc. : *Aquel ayre n'es pas poulit.* Fa prene l'*ayre,* Aérer ; Vivre de peu : *Biou de l'ayre dal temps.* (Du latin *aer.*)
**AYRE**, *Adrest*, s. m. Airelle ; Myrtille ; Arbrisseau du genre des bruyères à petites baies molles et noirâtres.
**AYRETO**, voyez FARGO.
**AYREXA**, v. act. Aérer, donner de l'air, mettre en bel air, en bon air, en grand air ; Faire refroidir. (Du latin *aer.*)
**AYRO**, voyez SOL.

## AYZ

**AYROL**, s. m. Champignonnière, endroit dans un pré où les champignons croissent tous les ans; Jonchée.

## AYS

**AYS**, *Aïssel*, *Fuzol*, s. m. Essieu de charrette, pièce de fer, de bois, qui traverse les roues. (Du latin *axis*.)

**AYSSADETO**, voyez AYSSADOU.

**AYSSADO**, s. f. Houe, outil de jardinier pour couper les herbes d'une planche. L'*Ayssado* est d'un grand usage dans la campagne pour les millets : *Pourtaras l'ayssado*.

**AYSSADOU**, **AYSSADOTO**, s. m. f. Serfouette; Petite houe.

Quond soun moundé ésen drés, tal qu'un copiol d'ormado,
Sé targo, é douno l'ordré o touto l'houstolado :
Onen, sou dis, éfons, aro és houro d'y fa,
Noun pas ol fougayrou quond sé colio caufa....
O so boix, tout s'onimo, omaï sons esta gaïré,
Jean margo l'*oïssodou*, Peyré opplécho l'oraïré,
Ondriou penso lous bicous, Estébé lous mulets, PRAD.

**AYSSA**, voyez AÇA.
**AYSSAVAL**, voyez AÇABAL.
**AYSSEJHA**, voyez RAOUGNA.
**AYSSEL**, voyez AYS.
**AYSSELO**, s. f. Aisselle, partie creuse sous l'épaule à la jonction du bras. (Du latin *axilla*.)
**AYSSESTE**, ESTO, voyez AQUESTE.
**AYSSETO**, s. f. Hachette ou Essette, outil de charron, de charpentier. (Du latin *ascia*.)
**AYSSO**, pron. démonst. Ceci ; Cette chose-ci : *Aysso ba mal*, ceci va mal. (Du latin *hic*.)
**AYSSOL**, s. m. Esseau, Aisette, instrument de tonnelier et de sabotier, dont le manche d'environ six pouces porte un fer recourbé, large et tranchant d'un côté, et de l'autre une panne ou marteau. (Du latin *ascia*.)

## AYT

**AYTAL**, adv. Ainsi, de cette manière, de la sorte. (Du latin *taliter*.)

Aquelo precaoutiou, certos es be pla raro,
Ba boules dounc *aytal*, reclen pas res encaro,
Mais cal que perdounes mas impourtunitax,
Bous boli faire beze un oumbraxe qu'ei fax. D.

**AYTAMBE** voyez ATTABE.
**AYTAPÁOU**, voyez TAPAOUC.

## AYZ

**AYZADOMEN**, adv. Aisément, commodément, facilement : *Es bengut ayzadomen*.

**AYZAT**, ADO, adj. Aisé, ée, qui se fait sans peine, sans efforts; Commode; Assez riche; fig. Qui se met à l'aise en faisant souffrir les autres.

As xuxes cepandan on your parlo, on lous bex.

Nani, xamaï cal pas ana lous rabastraire,
Quand on es la ségur de gagna soun affaire;
Car aco's un prouçès *ayzat* à qui que sio :
Lou pastre de Raouli tout soul ba xuxario. D.

**AYZE**, s. m. Aise; Contentement; Commodité; État commode, état où l'on n'est pas du tout gêné.

Tout musicien olat frédouno o so foïssou

O l'hounour del Printems so pichoto consou.
Loïssen-lous s'égoya, qu'o lour *aysé* consounou,
Onen beyré, Pogés, tous gorries que boutounou. PRAD.

**AYZENÇO**, s. f. Aisance, certaine facilité dans les actions, les discours, les manières ; Commodité; Biens.

Bouldrio.......
Per bous poudé sourti pla leou de l'endixenço ;
Bous douna ço que cal per bioure dins l'*ayzenço*,
Car en bous retiren d'aquel estat affroux
Yeou serio satisfait encaro maït que bous. D.

**AYZIT**, IDO, adj. Commode, bien à la main en parlant d'un outil ; Léger, qui marche leste : *Marxo ayzit*; Qui n'a pas grand chose.

## AZA

**AZAGA**, *Orrosa*, v. act. Arroser, conduire l'eau dans des prés, dans des terres arides. (Du latin *adrorare*.)

É per oflqué l'aïgo *orrosé* bostré prat,
Ténés lo routo libro é lou besal curat. PRAD.

**AZAGADO**, s. f. Pièce ou planche de jardin déjà arrosée ; l'Arrosement.

**AZAGAT**, ADO, adj. Arrosé, ée.

**AZAGAXE**, s. m. Arrosage, arrosement; le Droit d'arroser.

**AZAGAYRE**, O, s. m. Celui, celle qui arrose.

**AZAIGA**, voyez AZAGA.

**AZAIGADOUIRO**, s. f. Pelle à arroser.

**AZARDA**, v. n. Hasarder; Essayer : Éprouver ; Mettre en avant; Exposer au hasard; Risquer.

Ainsi, moun paoure amic, per tant que te tracasses,
Cregos que soui segur quand *azardi* mous passes.

**AZARDA** (S'), v. pro. Se Hasarder, se mettre en péril. (De l'italien *azardo*, ou de l'espagnol *azar*.)

**AZARDOUS**, O, adj. Hasardeux, euse, qui s'expose ; Imprudent, téméraire.

**AZARDOUSOMEN**, adv. Hasardeusement, avec risque, péril.

**AZART**, s. m. Hasard, fortune, cas fortuit ; Sort, risque, péril, danger : *Per azart*, fortuitement. (De l'italien *azardo*.)

Mettés aro en pratiquo oquel art admirablé,
Qu'en un aoubré offronquit tronsformo un sauvotjou,
Disou qué per *hosard* aoutrés cops un postrou
Fique, en pétossen so pichoto chaumieyro,
Un broutou destocat d'uno bronquo fruchieyro,
Dins lou trounc d'un bouissou noubélomen ressat ;
É qu'oquel suiget fronc per lo sabo poussat,
Dins lo fendo del souc prenguet uno aoutro bido ;
Lo mouniéro d'onta d'oqui douno és solido. PRAD.

**AZAYRA** (S'), v. n. Prendre l'air; Paître avec la fraîcheur, en parlant des bestiaux. (Racine *ayre*.)

## AZE

**AZE**, s. m. Ane, bête de somme ; fig., Homme stupide, ignorant : *Qu'un aze*; t. de charp., Pièce de bois courte, horizontale, sur laquelle reposent les deux bouts de deux pièces trop courtes : *Mettra un boun aze*. (Du latin *asinus*.)

L'*aze* d'aou bon papa Siléna
Un jour countra la raça huména
Anèt pourta sa plenta aou Ciel;
Jupiter qué lou trouvèt bél,

Yé dis : —Ah ! ah ! déqué té ména?....
— Vézès lou sujet de ma péna,
Yé réspoundèt lou grisoun ;
Soun lous vilèns cops dé bastoun
Dé quaou l'home que toujours pica
Régala aval ma chèra clica ;
Sérié teus de lous fa.fini :
Aqui cé qué m'a fach véni.
Lou Diou qué lança lou tounèra
Ye dis : — Rétorna sus la tèra,
É diras à tous maou-bastis,
Ayci vostre sort, abèstis :
« Tant que pudira vostra urina,
» Aourès de tustaous sus l'esquina ;
» Entre qué sentira lou mus,
» Vous jure qué n'aourés pas pus. »
Tout réjouït en conséquença
D'una tant poulida sentença,
L'incoumparable pécata
Ruèt , pétèt, et cœtera ;
É , souèt de joïa ou de vergougna ,
Saoutèt d'aou Ciel dins la Gascougna.
Aqui countèt as étalouns
L'arèt sus lous cops de bastouns.
Las saoumas, qué soun dé fémélas,
N'én cachéroun pas las nouvélas
É tout aze las ap rénguèt,
Tant îon aco s'éspandiguet.
Toutes , d'aquel moumen én fora,
Qué sié dedin , qué sié défora ,
D'abor qué trovoun dé soun pis
Voloun saoupre à déqué sentis ;
Mais dé veyre qué put qu'empèsta,
Vers Jupiter haoussou la tèsta ,
É dizoun én moustran las déns :
— Ah ! grand Diou, qué n'y a per dé tens !
FABRE.

AZE, s. m. Le Boyau gras, gros boyau.
AZE-BOU , s. m. Cheval fondu, jeu d'enfants dans lequel les uns s'élancent sur le dos des autres, qui se tiennet courbés : *Fazen à l'aze-bou?* nous jouons au cheval fondu ?
AZE (FA COURRE L'), Sorte de charivari qu'on fait à un homme qui s'est laissé battre par sa femme ; on le représente tourné vers la queue qu'il tient en guise de bride : *Y'oou fax courre l'aze,* on lui a fait courir l'âne.
AZENGA , *voyez* ARRENGA.

## AZI

AZINIE, s. m. Anier, celui qui a des étalons soit cheval soit âne, pour saillir les juments ; Celui, celle qui conduit des ânes : *Ayci l'azinie.*
AZIROU , s. m. Anon, le petit de l'âne ; fig., Ignorant.
AZIR , s. m. Haine , inimitié. (Du latin *odium.*)
AZIRA , v. n. Haïr , avoir de l'aversion pour....

## AZO

AZOUILHA , v. act. Ouiller , ajouter du vin dans un tonneau pour le remplir tout à fait.
AZOUNBRA (S'), v. n. Se Mettre à l'ombre tandis que les autres travaillent. (Du latin *umbra.*)
AZOUNDA , v. n. Regorger, en parlant d'une liqueur qui se répand par les bords. (Du latin *unda,* onde.)
AZOURTA , v. n. Avorter, accoucher avant terme ; il ne se dit que des animaux : *La cabalo a azourtat.* (Du latin *aboriri.*)

## AZU

AZUR , s. m. Azur, sorte de couleur bleue. (De l'italien *azurro.*)
AZURA , v. act. Azurer, mettre de l'azur ; Mettre du linge dans l'eau où est l'azur : *Me cal azura l'abillomen blanc ,* il me faut azurer l'habit blanc.

## BAB

BA , interj. Bah ! qui marque l'étonnement, l'insouciance , le mépris.

Digos dounc al serious xuscos ount sios estat.

Ha *ba!* se tu sabios, m'a touxoun détestat ;
Nou me bol pas aïma per tant que la ne prégue ,
Mais amb'un roc al col caldra que yeou me negue. D.

BA (FA), T. du jeu de quilles ; celui qui a abattu plusieurs quilles a le droit de jouer autant de coups qu'il en a abattues, mais s'il fait *ba* il joue un seul coup et chacune de celles qu'il abat compte pour autant de points qu'il avait le droit de jouer de fois.
BABA , v. n. Baver, jeter de la bave. (Racine *babo.*)
BABA (FA) , v. n. Exciter l'admiration : *Fa baba de beze,* fait plaisir de voir.
BABAIRE , O , adj. Baveux , euse, qui bave.
BABAOU , s. m. Babeau ; Fantôme ; Peur qu'on fait aux petits enfants, souvent mal à propos : *Garo lou babaou !*

BABARAOUDA , v. act. T. de nourrice , Folâtrer, courir toujours comme les jeunes enfants qui commencent à marcher : *Coumenço à babaraouda,* il commence à folâtrer.
BABARAOUDO , s. f. La Courtillière , ou le taupe-grillon , gros insecte armé de deux mains comme celles des taupes, et qui fait de grands ravages dans les jardins. (Un remède immanquable pour les détruire, c'est de jeter une goutte d'huile de lin avec de l'eau dans l'entrée du boyau qu'elles ont fait.)
BABARDA , *Babardexa,* v. n. Bavarder , parler indiscrètement de choses frivoles et qu'on devrait tenir cachées. (Racine *babart.*)
BABARDISO , s. f. Bavardise, propos de bavard.
BABAREL , *voyez* BABETO.
BABAROISO , s. f. Bavaroise , infusion de thé avec du sirop de capillaire au lieu de sucre : Verrée agréable et rafraîchissante : *Prene uno babaroiso.*
BABAROT , s. m. Petit enfant ; t. de nourrice : *Pixou babarot.*
BABAROUTA , *voyez* BABARAOUDA.
BABART , ARDO, adj. Bavard , arde, celui,

celle qui parle sans discrétion et sans mesure. (Suivant Robert Étienne et Nicot, du grec *babax*, homme vain, grand parleur.) *Terro babardo*, terre qui, après avoir bien promis au commencement, ne mûrit pas la récolte.

Aco's per radouta que prenes la paraoulo?
Repliquo bihomen, en tusten sur la taoulo,
Lou brabe Thoumassou. *Babart!* so t'en bas pas,
Te faou saouta d'aqueste pas
Dins aquelos demoros soumbros
D'ount Plutoun gouberno las oumbros! D.

BABAYRE, O, *voyez* BADAIRE.
BABELO, s. f. Bourre de soie, la partie la plus grossière dont on fait une étoffe.
BABETO, s. f. Bavette, linge qu'on met au devant de l'estomac des enfants baveux; Tablier à bavette que portent les sœurs grises; Barbette, guimpe qui couvre le sein d'une religieuse. (Racine *babo*.)
BABIL, s. m. Babil, superfluité excessive de paroles; Habitude de parler beaucoup et sans réflexion. (Racine *babilha*.)

Sous jomaï sé pausa, coupaïrés é coupaïros,
Los dornieyros surtout encaro pus horjaïros,
Countugnou lou *bobil* tout lou manné del jour. PRAD.

BABILHA, v. n. Babiller, parler beaucoup, avoir du babil. (Suivant Grotius, Nicot, etc., de *Babel*, où se fit la confusion des langues.)
BABILHART, ARDO, adj. Babillard, arde, qui aime à parler beaucoup; Indiscret.
BABINO, *voyez* MOUSTAXOS, POT.
BABIOLO, s. f. Babiole, chose puérile, menterie.
BABO, s. f. Bave, salive épaisse et visqueuse qui découle de la bouche; sorte d'Écume que jettent certains animaux; Liqueur visqueuse qui est dans la coque du limaçon: *Babo d'escagarol.* (De l'italien et de l'espagnol *bava*.) Bourre de soie.
BABOIOS, *voyez* BABIOLOS.
BABURO, s. f. Bavure, petite trace que laissent les joints d'un moule.

## BAC

BAC, *Port*, s. m. Bac, bateau; Lieu de départ et d'arrivée des barques d'une rivière. (De l'allemand *bach*, rivière, ruisseau.)
BACA, v. n. Vaquer, être vaquant, en parlant d'un logement, d'une terre qui n'est point travaillée; s'Appliquer à une chose, s'y adonner, la faire. (Du latin *vacare*.)

Bénés oïci, Jouinesso, aró pérque *bocas*;
Dé l'escolo és bé tems qué futgés lou trocas.
Beyrés pa d'un Régent lo mino réfrougnado,
Ni d'un bil Courrectou lo ma toujour ormado. PRAD.

BACANSOS, s. f. Vacances, temps pendant lequel une place n'est pas remplie; Cessation annuelle des études: *Sien en bacansos;* nous sommes en vacances.
BACANT, s. m. Vacant, lande; Friche, terre vacante. (Du latin *vacans*.)
BACARIE, *Bacario*, s. f. Vacherie.
BACARME, s. m. Vacarme, grand bruit de gens qui se querellent ou se disputent.
BACARRA (FA), v. n. Jeûner forcément: *Nous caldra fa bacarra*, il nous faudra jeûner.
BACATIES, *voyez* BACAYRES.
BACATIOU, s. f. Vacation, métier; profession: *N'a pas cap de bacatiou*. (Du latin *vacatio*.)

BACAYRE, s. m. Vacher, celui qui mène des vaches. (Du latin *vacca*.)
BACAYRIAL, s. m. Giboulée, ondée de pluie, soudaine et de peu de durée, quelquefois mêlée de grêle.
BACEGO, *voyez* TIMOU, GUIDO.
BACEL, *voyez* BATEDOU.
BACELA, *voyez* CLAPA.
BACHAS, *voyez* XAOUXAS.
BACHAS, *voyez* BAXAL.
BACLA, v. act. Bâcler, fermer une porte ou une fenêtre par derrière avec une barre; Terminer, arranger une affaire. (Du latin *baculus* ou *baculum*, dont on a fait dans le temps de la basse latinité, *baculare* fermer avec un bâton.)
BACO, s. f. Vache, femelle du taureau; Peau de vache corroyée; Grand coffre plat, couvert de cuir, sur les voitures. (Du latin *vacca*.)

Quan l'ouvraje séguèt finit,
Aça, dize, Diou sié bénit!
Per nous rendre Jupiter proupice,
Anèn té fayre un sacrifice.....
Mé direz: Dé qué tuarèn?.....
Certa, mous enfans, ce qu'aourén
De pus gras dins nostro paourieyra:
Ara, d'un pezoul, d'una nièyra,
Lou mounde countenta lou Ciel,
Faouta de *vaca* é de védèl,
Un pezoul dé la béla ména;
De lou trouva sèn pas én péna.
Cerque, é m'en tomba un jous la man,
Gros é gras couma un ourtalan.
De drech déviey fayre l'ouficé
D'aquel auguste sacrifice. FAY.

BACOS, s. f. Maquereaux, taches aux jambes après s'être chauffé de trop près.
BACOU, s. m. Porc salé.

## BAD

BADA, v. n. Bayer, badauder, niaiser, s'amuser à des riens; fig., Bâiller, s'entrouvrir: *La porto bado*. (Du latin barbare *balare*.)

Yeou n'aourio pos cregut xamai de dins la bido,
Que bous m'axesses fait aquelo repartido;
Cepandan ey coumpres taleou qu'abes *badat*,
Qu'aro tout ço qu'ey dix bous a pas agradat. D.

BADAFE, *voyez* ESPIC.
BADAILHA, v. n. Bâiller, ouvrir involontairement la bouche par lassitude, par ennui, par envie de dormir; Rendre le dernier soupir. (Du latin barbare *badicare*, diminutif de *badare*, dont les italiens ont fait *badigliare*.)
BADAILHAYRE, O, adj. Bâilleur, euse, qui bâille souvent.
BADAILHOL, s. m. Bâillon, petit bâton qu'on met dans la bouche pour empêcher de crier ou de mordre.
BADAIRE, *Baderlo*, s. m. Badeau, niais, nigaud. (Du latin barbare *badare*, béer, regarder la bouche ouverte.)
BADAL, s. m. Bâillement; la Fin de la vie qui se termine par deux ou trois bâillements.

A força dé saouta m'esquive,
Mé saré dé l'aoutaou, t'arivo,
É trove mas gens habiías;
Mais, ma fouc, m'aou dérevélat.
Fazien dé *badaous* d'una touéza;
Ma fénna mé sounét: Sournouéza!...

48 BAG

È moun pèra, én s'éstiraïan,
Cridava : *Antouèna ! ount'és ma gran.* FAY.

BADAOU, voyez BADECO.
BADECO, s. m. Niais, imbécille.
BADERLEXA, v. n. Badauder, nigauder, plaisanter.
BADERLO, voyez BADAIRE.
BADINA, v. act. Badiner, plaisanter légèrement quelqu'un; Faire le badin, folâtrer. (Du latin *nugari.*)

D'aou tén qu'èl ansin amoulava
È qué, tout amoulan siblava,
Couma fay tout habile ouvriè
Qué *badina* dé soun mestié,
Dé la mar sourtis dos coulobras
Qu'avièn pas l'èr dè las pus sobras,
È siblavoun pus rède qu'èl, FAY.

BADINAIRE, O, adj. Badin, ne, enjoué, folâtre, plaisant. (Du grec *paidnos*, puéril.)
BADINARIE, *Badinario*, s. f. Badinerie, bagatelle, frivolité.
BADINAXE, s. m. Badinage, action de badiner, action, discours de badin; Galanterie; Chose peu importante, chose aisée.

Fagos pas lou maïnaxe,
Laisso per un moumen tout. aquel *badinaxe*,
Diguo dounc al serious xuscos ount sios estat. D.

BADINO, s. f. Badine, petite canne, petite baguette; Branlant de croix sans coulant, terminée en pendeloques.

BAF

BAFFRA, v. n. Bâfrer, manger avidemment, avec excès; Dévorer son bien. (Du latin barbare *bellè vorare* ou *bis labrare.*)
BAFFRUR, s. m. Bâfreur, grand mangeur, gourmand.

BAG

BAGABOUN, DO, adj. Vagabond, de, qui erre çà et là; Libertin. (Du latin *vagabundus.*)

Dé coscado enfi qué m'o chormat lo bisto
S'encaro un bricon maï bolè ségré lo pistò,
Bésé qué fièromen bo per saouts é per bounds
Fixa dins trés moulis sous escarts *bogobounds.* PNAD.

BAGABOUNDAXE, s. m. Vagabondage, état de vagabond.
BAGABOUNDEXA, v. act. Vagabonder, faire le vagabond. (Du latin *vagari.*)
BAGADELO, voyez BAGADO.
BAGADO, s. f. Nœud coulant. (Racine *bago.*)
BAGAMOUN, voyez BAGABOUN.
BAGANAOUDO, s. f. Espiéglerie, étourderie.
BAGAOUT, *Birol*, s. m. Verveux, truble, filet de pêcheur en forme de poche dont les bords sont attachés à la circonférence d'un cercle, auquel on ajoute un manche plus ou moins long.
BAGATELO, s. f. Bagatelle, chose de peu de prix et peu nécessaire; Chose peu importante, de peu de conséquence. (Du français *bague.*)

Digas ço que bouldres per bous dezencuza,
Yeou l'escoutarei tout, quand déouries m'enguza.
Fazes me creire almens qu'es uno *bagatèlo*,
Car yeou m'abuclarey per bous creyre fidèlo. D.

BAGAXE, s. m. Bagage, équipage qu'on porte sur des charrettes. (De l'allemand *pack*, sac de hardes.)

Mais per qu'uno razou tenes aquel lengaxè?
Yeou bous dizi qu'anfin bous cal pléga *bagaxe.* D.

BAGETTO, s. f. Baguette, houssine; Bâton mince et délié; Verge de fer pour bourrer une arme à feu; deux petits Bâtons pour battre le tambour; t. d'archit., Moulure ronde imitant une baguette. (Du latin barbare *baculetta.*)
BAGNA, *Trempa*, v. act. Dresser le potage, tremper la soupe; Mouiller, jeter, répandre de l'eau sur quelque chose.
BAGNA (SE), v. pro. Se Baigner, prendre un bain; se Mouiller par la pluie qui tombe. (Racine *ban* ou *bèn.*)
BAGNADURO, s. f. Mouillure provenant ou de la sueur, ou de la pluie.
BAGNE, voyez GARDO DIGNO.
BAGNEXO, s. f. Bourache; t. de pêcheur, Nasse, panier de jonc en forme de capuchon pointu: l'ouverture est en forme d'entonnoir, et le poisson une fois engagé ne peut plus en sortir.
BAGO, s. f. Bague, anneau de métal, avec ou sans pierre, que l'on met au doigt. (Du latin *bacca*, anneau de chaîne.) Vague de la mer. (Du latin *vaga.*)
BAGOMEN, adv. Vaguement, d'une manière vague.
BAGUE, O, adj. Vague, qui n'est pas fixé, qui n'est pas arrêté, indécis. (Du latin *vagus.*)

BAI

BAIN, s. m. Bain. On dit dans l'Ariège *Ban*, de *balneum.*
BAIN, O, adj. Vain, ne, inutile: Qui a de la vanité, orgueilleux. (Du latin *vanus.*)
BAINOMEN, adv. Vainement.
BAIOS, voyez BABIOLOS.
BAIOUCADO, voyez BAXACADO.

BAJ

BAJHANO, voyez CASTAGNOU.
BAJHOUCADO, voyez BAXACADO.

BAL

BAL, s. m. Bal, assemblée de personnes qui dansent au son d'instruments. (Du grec *balló*, je frappe.)

Al cabarèt, al *bal*, al xoc, à la taoulo,
Dins un discours ou badin ou suspet,
On fa serbi la dibino paraoulo,
Dinno pertout del pus proufoun respect. PUJ.

BAL, s. m. Bail, sorte de contrat.
BALACHA, voyez BALAXA.
BALACHOU, voyez BALAXOU.
BALAJHA, voyez BALAXA.
BALAJHO, voyez BALAXO.
BALAFRA, v. act. Balafrer, blesser en faisant une balafre. (Racine *balafro.*)
BALAFRO, s. f. Balafre, estafilade au visage, cicatrice qui reste au visage quand la blessure est guérie. (Suivant le *Duchal.*, du latin *bis labrum*, double lèvre.)
BALALIN, BALALAN, adv. Air d'insouciance; Balancement des bras pendants.
BALAN, s. m. Branle, mouvement qu'on fait pour sauter.
BALANDRAN, s. m. Les Glas pour un enfant.

**BALANDRAN**, voyez CALLEBO DE POUX.

**BALANÇA**, v. act. Balancer, tenir en équilibre, faire mouvoir en balançant; fig., Examiner, compenser une chose par une autre; Être en suspens, irrésolu, indéterminé; se Pencher d'un côté et d'un autre.

**BALANÇA (SE)**, v. pro. Se Balancer. (Du latin *librare*.)

**BALANÇADOU**, voyez DRINDOL.

**BALANCIÉ**, s. m. Balancier, contre-poids; Bâton de danseur de corde; Balancier de pompe, de romaine, de balance. (Du latin *libramentum*.)

**BALANÇO**, s. f. Balance, instrument formé de deux bassins suspendus à un fléau pour peser; Incertitude, irrésolution. (Du latin *bis* deux fois, et *lanx* bassin.)

Aco's él que sul fi remetio la *balanço*, (Henri IV)
Taleou que la razou se plagno d'un affroun;
Aco's el que prenio la fourtuno pel froun
Que clabelabo pey sul ceptre de la Franço. G.

**BALANÇOMEN**, s. m. Balancement, mouvement alternatif d'un corps qui se balance.

**BALAPLE**, O, adj. Valable, recevable, admissible. (Du latin *valere*.)

**BALAPLOMEN**, adv. Valablement, d'une manière valable.

**BALARIANO**, s. f. Valériane, plante dont la racine est d'un grand usage en médecine. (Du latin *valeriano*, d'un nommé Valérius qui la mit le premier en usage; et suivant d'autres, de *valere* avoir de pouvoir, à cause de ses grandes qualités.)

**BALASIEGUA**, voyez EFFATRAT.

**BALASSOU**, s. m. Balasse, couëtte de lit, formée de balle d'avoine, enveloppée dans de la toile.

**BALASSOS**, voyez BARASTOS.

**BALAT**, s. m. Fossé, fosse creusée en long. (Du latin *vallis* vallée.) Balat peyrie, Pierrée, conduit fait en terre, en pierres sèches pour l'écoulement des eaux.

**BALAXA**, v. act. Balayer, ôter les ordures avec un balai; par ext., Nettoyer accidentellement un lieu avec un vêtement qui traîne; Dissiper. (Du latin *everrere*.)

Cé qué maï lou piquet d'oquélo dobolado,
N'éro-pas lou tustal qu'en toumben se fiquet,
Mais l'insultent hounou qué cadun l'y fosquet,
En benguen tour-o-tour ombé uno grond godasso,
Dé l'alo del copel l'y boloja lo plaço. PRAD.

**BALAXADURO**, *Escubilhé*, *Roudl*, s. f. Balayures, ordures amassées avec un balai. (Racine *balaxa*.)

**BALAXAIRE**, O, s. m. f. Balayeur, euse, celui qui balaye, qui est chargé de balayer.

**BALAXO**, *Balajo*, *Engrano*, s. f. Balai, plusieurs poignées de verges, de jonc ou de plumes liées et emmanchées au bout d'un bâton, dont on se sert pour ôter les ordures. (Suivant le père Labbe du latin *butela*, bouleau.) Prov., Balaxo nobo fa l'houstal poulit, trad. fam. Balai neuf fait maison belle.

Se yeou foou de galans, nou ye podi pas may,
Las xens m'an attroubat un aïré que your play,
S'agradoun ambé yeou; boules que sio salbaxo,
Qu'ango prene d'abord un calos de *balaxo* ? D.

**BALAXOU**, s. m. Balayette, petit balai.

**BALCO**, s. f. Pile de fagots à brûler; les piles sont de 25, de 50, de 100 fagots.

**BALCOUN**, s. m. Balcon, espèce de petite saillie qui est sur le devant d'une maison et qui est entouré de balustrades. (De l'italien *balcone*.)

**BALDEQUIN**, s. m. Baldaquin, espèce de dais supporté par des colonnes au-dessus d'un autel. (De l'italien *baldaquino*.)

**BALE**, v. n. Valoir, être d'un certain prix; Mettre dans un jour avantageux, donner de l'importance; se Faire valoir, exalter son mérite réel ou supposé, son autorité. (Du latin *valere*.)

Lou fripoun qu'ammé yeou bous sabes que plaidexo,
Amb'elis cado xoun lou beyres que passexo;
Sabou que *bal* pas res, ni xamai res balgut;
Aco n'empaxo pas, touxoun es pla bengut. D.

**BALENO**, s. f. Baleine, poisson de mer d'une grosseur extraordinaire; Partie des fanons ou barbes de baleine dont on fait un grand usage pour parapluie : *Dious nous garde dal bran de la baleno et dal cant de la sireno*, Dieu nous garde du vent de la baleine et du chant de la sirène. (Du latin *balæna*.)

**BALENT**, O, adj. Vaillant, e, valeureux, courageux; Entreprenant : *Aco's un balent*. (Du latin *valens*.)

Lous gronds ó lous pichous courrou sus l'énemic;
Lou pus poultroun s'opresto o l'y soca soun pic.
Dé mémes ol trobal lou mens *borilent* s'escrimo,
Del bras é dé lo boix lou Pogés lous onimo;
L'ausissès quon quaouqu'un s'aouso un bricou pausa,
Grida coumo un obuglé : You bésé cal y fa. PRAD.

**BALENTAS**, s. m. Vaillant, pénible.

**BALENTIE**, *Balentizo*, s. f. Vaillantise, action de valeur. (Du latin *valentia*.)

**BALESTO**, s. f. Arbalète dont s'amusent les enfants. Elle est composée d'un demi-cercle de tonneau, cloué par son milieu au bout d'un morceau de bois cannelé; d'une corde qui fait bander le cercle et d'une petite détente qui fait débander la corde, laquelle lance un petit brin d'osier ou de chènevotte. (Du latin *balista*.)

**BALESTRIE**, s. m. Arbalétrier, t. de charp. L'arbalétrier avec le poinçon et l'entrait forment une ferme.

**BALET**, s. m. Balcon sur la rivière.

**BALETUDINARI**, RIO, adj. Valétudinaire.

**BALIBERNOS**, s. f. Balivernes, sornettes, discours frivoles.

**BALIDA**, v. act. Valider, rendre valide, valable. (Racine *valide*.)

**BALIDE**, O, adj. Valide; Valable, qui a les conditions requises par la loi. (Du latin *validus*.)

**BALIDITAT**, s. f. Validité, qualité de ce qui est valide. (Du latin *validitas*.)

**BALIDOMEN**, adv. Validement, d'une manière valide. (Du latin *validé*.)

**BALIZO**, s. f. Valise, long sac de cuir pour les voyages à cheval.

**BALINDROS**, interj. Peste de toi! *Balindros ! que m'as fax poou!* trad. fam., Peste de toi! qui m'as fait peur!

**BALO**, *Balot*, s. f. Balle, paquet de marchandises, lié et enveloppé; Boulet de plomb pour charger les armes à feu; Bouchon de filasse ou de papier que les enfants chassent par le moyen d'un piston de la canonière de sureau; Faire ses délices d'une chose. (Du grec *ballein*, jeter, secouer.)

**BALOU**, s. f. Valeur, ce que vaut une chose; Équivalant. (Du latin *valor*.)

**DALOUAR**, voyez BOULEVARD.

BALOUARD, *voyez* GARRAMAXOS.
BALOUN, s. m. Vallon, petite vallée, espace entre deux côteaux. (Du latin *vallis*.)

Déja dé luen s'entend lou signal del robatgé,
L'air sifflo, lou lious brillo, embraso lou nuatgé;
Lou tron groundo, s'obonço, é sous rettés esclats
Dé *bolloun* en *bolloun* sons cesso rédoublats,
Sou précédats dé luns dont lo clortat subito
Dé l'uel lou pus hordit ébranlo lo guérito.    PRAD.

BALOUTA, v. act. Ballotter; Discuter une affaire, l'agiter de part et d'autre; Réprimander vivement.
BALSA, v. n. Valser, danser la valse.
BALSO, s. f. Valse, air d'une danse très-usitée en Allemagne et qui ne consiste qu'à tourner en grand nombre autour d'une salle en pirouettant deux à deux.
BALUSTRADO, s. f. Balustrade, appui servant d'ornement; Sainte-Table. (Du latin *balustrum*.)
BALUSTRE, s. m. Balustre, petite colonne tournée servant d'ornement. (Du latin *balustrum*.)
BALZAMINO, s. f. Balsamine, plante annuelle, originaire des Indes. (Du latin *balsamum*.)
BALZIERO, *voyez* GARBIE.

## BAN

BAN, s. m. Force qu'on emploie pour faire quelque chose; Jeu, mouvement qu'on donne dans une société.
BAN, s. m. Santé; Bains qu'on prend pour se laver ou se soulager. (Du latin *balneum*.)
BANA, v. n. Pousser des cornes.
BANAR, *voyez* BANUT.
BANASTADO, *voyez* BARASTADO.
BANASTO, *voyez* BARASTO.
BANASTOU, *voyez* BARASTOU.
BANBOÇO, s. f. Bamboche, fredaine, ribotte. (De l'italien *bambocio*.)
BANBOUÇA, v. act. Faire des fredaines, ribotter.
BANBOUÇUR, s. m. Bambocheur, qui fait des fredaines; Libertin.
BANC, s. m. Banc, long siége où plusieurs personnes peuvent s'asseoir; on rend par différents noms le banc selon l'usage que l'on en fait: *Banc de menusie*, Établi de menuisier; *banc de bouxe*, Étaux, étal de boucher; *Banc de bugadieyro*, Selle ou batte de lavandière; *Banc das marguillés*, l'OEuvre.
BANC, s. m. Chevreteau, grosse pièce de bois en travers, dans laquelle est engravée la couette ou crapaudine sur laquelle tourne le tourillon d'un arbre de moulin. (Du latin *bancus*.)
BANCADOS, s. f. T. de tiss., Cadre du métier.
BANCAL, s. m. Bancal, homme, femme qui ont les jambes tortues; Sabre.
BANCAL, *voyez* PLATOBANDO.
BANCO, s. f. Espèce de banc mal travaillé; Commerce d'argent.

Quond lo nuech jous so capo o rescoundut lou jour,
É qué del posturál lou pastré os dé rétour,
Monjon nostro soupéto ossétats sus lo *bonquo*,
Pas coumo lous moussus, mais soulomen d'uno onco.
    PRAD.

BANCOROUTIE, s. m. Banqueroutier, celui qui a fait banqueroute.
BANCOROUTO, s. f. Banqueroute, faillite ordinairement frauduleuse d'un négociant. (De l'italien *banco rotto*, parce qu'en Italie les commerçants avaient des bancs; quand un faisait mal ou qu'il était en faillite on rompait son banc.)

Des grands et petits comerçants
Lous afas prendroou la dérouto;
Détaillés et négociants,
Fares toutes *bancorouto!*
Un marxan noubel
Nous porto dal cel
Belcop maï que d'or et de cedo,
Et bailo de tout sans mounedo.    PUJ.

BANDA, v. act. Bander, tendre avec effort; Lier, serrer avec un bandeau.
BANDA (SE), v. pro. S'ivrogner.
BANDEROLO, *voyez* BANDOUILLEYRO.
BANDI, *voyez* BANI, CASSA.
BANDIERO, *voyez* RAMEL.
BANDIT, IDO, adj. Bandit, vagabond; Homme sans aveu; Libertin. (De l'italien *bandito*, banni.)
BANDO, s. f. Bande, morceau d'étoffe ou de toile long et délié dont on se sert pour bander; Lien de fer; Ornement plus long que large; les Côtés intérieurs d'un billard; Troupe, compagnie. (Suivant les uns, du latin *pandus*, fait de *pandere*, déplier; suivant d'autres, du grec du Bas-Empire *bandon*, dont on a fait, dans la basse latinité, *bandum*, drapeau.)

Lou dézéspouér doun arapet
La *banda* que sé réfrougnava
Daou danjé que la menaçava;
Dé pertout vénoun a la mans;
Jés séguèroun pas fainéants.
Tout piquet, dins aquela festa,
Daou pé, dé la man, dé la testa;
E buta, é gara, tu n'aouras.    FAV.

BANDOUL, adv. T. de sonneur, à la Volée.
BANDOUILHEYRO, s. f. Bandoulière, bande de cuir qui croise sur la poitrine d'un soldat et supporte le fusil.

Yéou, couma princé é gran guérié,
Ajère à moun particuié
La *bandouïleyra* dé Gannacha,
L'armet dé couyre é la moustacha
Qué Pirrhus se fazié carga
Quan voulié tout espoouruga.    FAV.

BANELO, s. f. Venelle, petite rue entre deux maisons. (Suivant Du Cange, de *venella*, diminutif de *vena*, veine.)
BANEOU, s. m. Vanneau, espèce d'oiseau de la grosseur d'un pluvier et qui a une huppe noire sur la tête.
BANI, v. act. Bannir, expatrier; Chasser d'un pays; Éloigner de soi. (Du latin *bannum*.)
BANIEYRO, s. f. Bannière, grand morceau d'étoffe frangée et brodée, avec figures, suspendu à un bâton transversal, au haut d'un long manche, que l'on porte dans les processions. (Du mot *ban*, qui signifiait l'ordre du prince, pour entrer en campagne.)
BANISSOMEN, s. m. Bannissement, condamnation qui bannit. (Racine *bani*.)
BANITAT, s. f. Vanité, mondanité; frivolité; Orgueil. (Du latin *vanitas*.)

Quand a de *banitat* que mesprezo las xens,
Ye trobou lou cor naout et de grands sentiments;
Mêmes d'uno salopo, un cop que your agrado,
Diroou qu'es sans faiçous et se ten néglixado.    D.

BANITOUS, O, adj. Vaniteux, euse, qui a une vanité puérile.

BANO, *Corno*, s. f. Corne, partie dure qui sort de la tête de quelques animaux et qui leur sert de défense et d'ornement ; *Banos de semal*, Cornes de cornue ; *Banos d'escudelo*, Oreilles d'écuelle. (De l'espagnol *bana*.)

Pecayre! ounte ira aquelo faça
Pléna dé fiertat é d'aoudaça
Que distingava moun couzi,
Quan englandava l'énômi,
Quan rousségava per las *banas*
Ménélas davan sas tartanas?
Ou, qu'en lançan dé serpentcous :
Das Grés émprénié lous batéous ? FAV.

BANQUE, *voyez* BANQUET.
BANQUET, s. m. Banquet, festin ; Petit banc.
BANQUETO, s. f. Banquette, petit banc ; Trottoir le long d'un quai, d'un pont.

Ah! prince, qué vous s'és gracious !
Mé respoun-éla ; asséten-nous
Sus una d'aquèstas *banquètas* ;
Vous ié countaray dé caouzétas
Que ségu, quan las aouzirés,
Dins ço que faou m'aprouvarés. FAV.

BANQUIE, s. m. Banquier, celui qui tient banque et fait commerce d'argent. (De l'italien *banco*.)
BANS, *Nouncios*, s. m. f. Bans, publication de mariage : *Oou publiat lous scous bans*. (Du vieux mot allemand *bann*, qui signifie proprement publication.) Bains d'eau froide, d'eau chaude.
BANTA, v. act. Vanter, louer beaucoup ; Prôner le mérite de quelqu'un, le prix de quelque chose. (Du latin *venditare*, employé par Cicéron.)
BANTALOFO, *voyez* BANTOLOUFO.
BANTARIE, *Bantario*, s. f. Vanterie, vaine louange qu'on se donne à soi-même : *Aco's uno bantarie de sa part*.
BANUT, DO, adj. Qui a des cornes.
BANTRILOCO, s. m. Ventriloque, qui semble parler du ventre. (Du latin *ventri loquor*.)

## BAO

BAOUCADO, *voyez* XOUNCADO.
BAOUCHINARD, *voyez* BAOUXINART.
BAOUDANOS, s. m. Des Tripes, des gras-doubles : *Manxo de baoudanos*.
BAOUDANOS (MANXO), s. m. Mangeur de tripes.
BAOUDRI, *voyez* PRAOUTI.
BAOUJHARIE, *voyez* BAOUXES.
BAOUJHOULA, *voyez* BOUXOUNA.
BAOUME, s. m. Baume, plante aromatique ; Liqueur odorante qui découle de certains arbres ; fig., Soulagement. (Du latin *balsamum*.)

De millo é millo flous lo compagno és couberto,
D'oquélos del ginest lo coumbo os topissado,
D'oquélos del bouissou lo plono és porfumado.
Qu'un *baoumé* per lou nas! qu'un régal per lo bisto!
Dé tous bijoux, Printems, cal pourrio fa lo listo ? PRAD.

BAOUMO, *voyez* CABERNO.
BAOURI, *voyez* GOOUGNO.
BAOURIEN, O, s. m. f. Vaurien, fainéant, vicieux, libertin.
BAOUS, *Roco*, s. m. Précipice sur le bord de la rivière. (Du latin *vallis*.)
BAOUTEXA, v. act. Houer, travailler à la houe ; Ameublir, rendre meuble une terre dont la superficie est devenue dure ; Seconde façon qu'on donne aux planches d'un jardin, aux champs, avant de les ensemencer. (Du latin *mobilitare*, ou *bis arare*.)
BAOUX, O, s. m. f. Fou, folle ; Enjoué.

Bous boli pas pus beze, aco deou bous sufire.
Mais m'en baou d'aissital, car de bous soui fort las.

On lou pendrio per *baoux*, s'on lou couneissio pas. D.

BAOUXES, s. f. Fadaises, badinage, drôleries.
BAOUXINART, ARDO, adj. Folâtre, badin, farceur.

## BAP

BAPOU, s. f. Vapeur, espèce de fumée qui s'élève des choses humides, échauffées; Liquide dilaté dans l'atmosphère ; Affections hypocondriaques. Les machines qui vont au moyen de la vapeur sont mues par l'action de la vapeur d'une chaudière tenue constamment en ébullition. (Du latin *vapor*.)

Disou qu'os uels d'Eolo, un jour lous scélérats
Fourcérou lo coberno ount lous ténio sorrats ;
É qué, per esquiba dé soun Diou lo bengenço,
Oqui benguet, d'un bol, sé claouré oquélo engenço,
Dé bopours tréboulat, lou grond astré del jour,
Ogacho dé trobers oquel négré séjour. PRAD.

BAPOURAT, ADO, adj. Évaporé, ée, dissipé.
BAPOUROUS, O, adj. Vaporeux, euse, qui est sujet aux vapeurs.

## BAR

BAR, *voyez* BART.
BARA, *voyez* BARRA.
BARACOU, *voyez* BOURRACOU.
BARACAOU, *voyez* ESCOUBXADOU.
BARADURO, s. f. Boucheture.
BARAGUA, *voyez* RANDURA.
BARAGUADO, *voyez* RANDE.
BARAILHA, v. act. Se donner de mouvement, s'occuper ; Radoter. (Du latin *variare*.)
BARAILHUR, s. m. Babillard ; Querelleur.
BARAL, *Varal*, s. m. Bruit confus ; Occupation d'un ménage ; le Mouvement d'une maison.

Quond au prou dégouésat é sul tiers é sul quart,
Parlou dé tout oco qué lour ben per hosard :
Dé guerro, dé pouliço, é dé perto é dé lucré,
Lou tout, coumo s'entend, pla saupoudrat dé sucré,
Tout lou manné del jour countugno oquel *boral* ;
Otal charmou lo péno estocado ol trobal. PRAD.

BARALIA, *voyez* PALISSADA.
BARAOU, *voyez* BARRIAL.
BARASTADO, s. f. Plein une manne.
BARASTO, *Banasto*, s. f. Manne, paniers de bât jumeaux qu'une bête de somme porte sur un bât.
BARASTOU, s. m. Petite manne ; Claie aux punaises, espèce de tissu d'osier entrelacé pour prendre les punaises.
BARATA, v. n. Hâbler, parler beaucoup sans qu'on écoute nullement. (De l'espagnol *barattar*, brouiller.)
BARATAIRE, O, adj. Babillard, arde, hableur, grand parleur.
BARATO, s. m. Conteur, babillard ; Baratte, sorte de barril qu'on remplit de crème de lait pour faire le beurre.
BARBA, v. act. Barbifier, faire la barbe. (Du latin *barba*.)
BARBALIA, *voyez* BABILHA.

**BARBARIO**, s. f. Barbarie, cruauté. (Du latin *barbaria*.)

Fil dé Josep é dé Maria,
A tus salut, louenja, amour.
Un siècle plé dé *barbaria*
Souris quan reçavès lou jour.
L'Errou, sous séduisens fantomés
Rétténguen lou moundé attristat,
Estouffavou, permi lous homés,
L'amour é la fraternitat. PEYR.

**BARBARO**, *Barbare*, s. m. Barbare, cruel, inhumain. (Du latin *barbarus*.)

Oqui chourro l'hyber lous très quarts dé l'ounado.
Qué n'oun pot, l'horré mal, l'y rétèné toujour !
Mais cad'on, lou cruel, nous mestréjo o soun tour.
Hélas ! oîci l'oben oquel mounstré *borbaro*;
Omb'un sceptré dé ferré o régna sé préparo. PRAD.

**BARBASTA**, *voyez* ALBIEYRA.
**BARBASTO**, *voyez* ALBIEYRO.
**BARBAT**, s. m. Sautelle, sarment avec racines: *Planto quasqués barbats*.
**BARBATA**, *voyez* GOURGOUTA.
**BARBATA**, *voyez* BARATA.
**BARBEOU**, *Babeou*, s. m. Barbeau, poisson de rivière ainsi nommé à cause de ses barbillons.

N'ei pas taleou lançat moun inquet pla garnit
Qu'un énorme *barbeou* s'y trobo engourmandit.
Al moumen de leba, trobi de resistenço;
Tandis qu'acos atal, cal axi de prudenço;
Le meni cats al bord; mais mon gros prisounié,
Quan bexet que prenio l'anso de mon panié,
Que y'anabi jouga calque tour de traliso,
Se debat talomen que dal cop sé mesfiso.
A forço de tira, le crin peto as bouchouns;
Yeou, en glissan, cabussi et couli cats al founs.
Coussi fa per sourti d'aquelo tristo nicho?
Abiou bel me debattre aoutant qu'un gros canicho,
Sus l'aygo poudio pas counserba mon aploum,
Car nadabi à pu pres coumo un boussi do ploum. V.

**BARBIE**, *Fratoir*, s. m. Barbier, celui dont la profession est de faire la barbe : *Ount y'a de barbie?* (Du latin *barba*.)
**BARBILHAT**, s. m. Barbillon, sorte de petit poisson.
**BARBO**, s. f. Barbe, poils du menton : *A uno forto barbo*; longs Poils de certains animaux ; fig., *Fa la barbo à qualqu'un*, duper quelqu'un.

Soun pas surprés d'aquel rénoum
Quand Agen bex sourti d'al miech de las marotos,
Las *barbos* et las papillotos,
Un ponéto famus dount és tant ourguillous;
D'aquèlo rarétat mé mostros la pareillo,
Puisque Nimes tabès poussédo sa merbeillo
Nascudo dins les pas pichous.
Aquel, almens, dins sa manièro,
A dous mouyens per nous serbi,
Car fa sourti de sa pastièro
Dé qu'instruire et dé qué nourri. DAV.

**BARBOLO**, s. f. Fraise, barbe de coq : *A de grossós barbolos*.
**BARBOROUS**, s. m. Rouge-gorge, oiseau.
**BARBOUILHA**, v. act. Barbouiller, salir gâter ; Peindre grossièrement : *Aco's pla barbouilhat*; Bredouiller, parler d'une manière peu distincte et mal articulée : *Fa pas que barbouilha*. (Du latin barbare *barbulare*, fait de *barbula*, diminutif de *barba*.)

**BARBOUILHAXE**, s. m. Barbouillage, ouvrage mal peint; Discours obscur; Griffonnage : *Counpreni pas res an aquel barbouilhaxe*.
**BARBOUILHUR**, O; adj. Bredouilleur, euse ; Artisan qui peint grossièrement : *Sios pas qu'un barbouilhur*.
**BARBOUISSAT**, s. m. Curoir, curette, morceau de fer aplati, qui est au gros bout de l'aiguillade d'un laboureur, avec lequel il cure la charrue.
**BARBOUTI**, *voyez* MARMOUTA.
**BARBUT**, UDO, adj. Barbu, ue, qui a une forte barbe ; Qui a le menton saillant : *Es fort barbut*. (Du latin *barba*.)

Mais dé poou qu'un coubés, coumo pot orriba,
D'un moulounet d'uillats dount o fach lo triaillo,
Dins uno cabo d'aoubré oné fa rescoundaillo.
Quond del mestré és beillat; lou drollé n'aouso pas;
Cal qu'y siasqué otobé per traïré del bortas,
Aumens lou dornié jour, lo sorbo tard bengudo,
Lou coudoun poressous, ó lo nesplo *borbudo*;
S'espéro ol lendéma, cal pas qué sio surprés
Quond ou bendro culi dé n'y trouba pas rés. PRAD.

**BARCADO**, s. f. Batelée ou charge d'un bateau : *Uno barcado de mounde*. (Racine *barco*.)
**BARCATIE**, IEYRO, s. m. f. Batelier, ière, celui, celle dont le métier est de conduire un bateau; Qui passe la rivière : *Cal crida al barcatie*. (Racine *barco*.)
**BARCO**, s. f. Barque, bateau dont on se sert sur les rivières. (Du latin *barca*.)
**BARCOT**, *Garrabot*, s. m. Batelet, petit bateau à l'usage des riverains et des pêcheurs ; on appelle les plus petits *Nego-fol*.
**BARDA**, v. act. Barder un cheval, un âne, etc.
**BARDIE**, *Pastayre*, s. m. Marcheur, ouvrier briquetier qui corroie la terre en la piétinant.
**BARDIEYRO**, s. f. Marchenu, petite fosse dans laquelle on corroie la terre dans une briqueterie.
**BARDISSA**, v. act. Enduire de boue.
**BARDO**, *Bardou*, s. f. Bâtine, bardelle, selle de grosse toile et de bourre.

Quatre cens azes de Camarga,
Qué fignoulavou jout la carga,
Pourtavou sus soun cuou cournut
Lous marchans mountats à péou nut;
Et sans estriou, brida, ni *barda*,
Aquela troupa maou gaïarda
Surpassava, à cé qué crézié,
La pus bèla cavalarié. FAV.

**BAREJHA**, *voyez* BAREXA.
**BAREJHADIS**, *voyez* BAREXADIS.
**BARGA**, *Barja*, v. act. Parler beaucoup ; Parler indiscrètement ; Échanvrer, briser, broyer le chanvre, le lin.

Mais, mardi, charmanta couzina,
Tout home qué *barja* nou dina ;
Toucas aquel ventre, qu'és lis !....
Anén, Prince, dé qué sertis ?
Fay-nous vite espandi la napa
E prepara una bona estapa;
Yeou, moun fil, moun péra é mas géns,
T'encantaren das cos dé déns
Qu'anan planta sus la vitaïa.
Lous vaou souna. FAV.

**BARGADOUIRO**, s. m. Babillard, indiscret.
**BARGAIRE**, *Bargale*, s. m. f. Parleur; Chanvrier, broyeur.

## BAR

Baoutrés, diguet Damoun, noun ses qué dé *borjaïrés*.
Sé sobias qu'és oco qué lo cargo d'un rey,
Dirias : Bal maï serbi qué de douna lo ley. PRAD.

**BARGANILLO**, *Barganelo*, s. f. Chenevotte qui tombe quand la chanvrière broie les bottes de lin ou de chanvre.

**BARGAZOUS**, s. f. La Saison, le temps où l'on broie le chanvre.

**BARGOS**, s. f. Machacoire, macque, brisoir, instrument de bois, garni de dents, qui sert à broyer le chanvre, le lin.

Olaro un simplé mout, lochat sons ottentiou,
D'essoja lous pougnets pot ména l'occosiou :
Témoin cé qu'orribet oi foseyré dé cargos,
Pierras, qu'és dégourdit coumo un porel dé *bargos*,
Boulguet faïré o lo lucho ombé Jean lou Coutal;
Oquesté qu'és prou fier é mêmé un paouc brutal,
L'y dis : Béni, bodaoud, qué trouboras toun mestré
PRAD.

**BARGUIGNA**, v. act. Baragouiner, parler mal une langue. (Racine *barragoïn*.)

**BARGUN**, *voyez* BARGANILLOS.

**BARI**, *voyez* BARRI.

**BARIA**, v. act. Varier, diversifier; Manquer de fixité; fig., Parler sans suite, radoter. (Du latin *variare*.)

**BARIANT**, O, adj. Variant, ante, qui change souvent.

**BARIAPLE**, O, adj. Variable, sujet à varier.

**BARIAT**, ADO, adj. Varié, ée, qui présente de la variété.

**BARIATIOU**, s. f. Variation, changement. (Du latin *variatio*.)

**BARIETAT**, s. f. Variété, diversité, mélanges. (Du latin *varietas*.)

**BARJHA**, *voyez* BARGA.

**BARJHAOU**, *voyez* BARGAYRE.

**BARJHILIOL**, *voyez* BARGANILHOS

**BARJHOS**, *voyez* BARGOS.

**BARLAC**, *voyez* LAC.

**BARLACA**, *voyez* TREMPA.

**BARLOCO**, s. m. Vantard, babillard; adverb., Ne savoir ce qu'on dit. (De l'espagnol *barlucca*.)

**BARNAJHE**, *voyez* FATRASSES.

**BARO**, *voyez* BARRO.

**BAROMEN**, *voyez* CREBOCOR.

**BAROU**, s. m. Baron, titre de noblesse. (Du latin *baro*.)

**BAROU**, *voyez* BARROU.

**BAROU**, *voyez* QUISSOU.

**BARQUET**, s. m. Baquet, auge de maçon, de plâtrier où l'aide-manœuvre jette le mortier qu'il porte. (Du français *bac*, dont *baquet* est un diminutif.)

**BARQUETAT**, s. m. Augée de plâtre, de mortier.

**BARQUETO**, s. f. Barquette, sorte de pâtisserie.

**BARQUIE**, *voyez* BARCATIE.

**BARRA**, v. act. Barrer, fermer par derrière avec une barre; Passer des traits de plume sur l'écriture; Clore, fermer le passage; fig., Être saisi de.... (Racine *barro*.)

**BARRABIN BARRABAN**, adv. Tomber avec fracas.

**BARRACO**, s. f. Baraque, hutte, maison peu solide, petit logement. (De l'espagnol *barraca*.)

**BARRAGNA**, s. m. Barragoin, langage imparfait et corrompu. (Du bas-breton *bara*, pain, et *guin*, vin.)

**BARRAKETO**, *voyez* ESCABOLO.

## BAR 53

**BARRANCOU**, *voyez* BARROU.

**BARRAT**, ADO, adj. Rayé, ée, de diverse couleur.

**BARRÉOU**, s. m. Barreau, espèce de barre qui sert de clôture à une fenêtre, ou au-dessus d'une porte. (Racine *barro*.)

**BARRET**, s. m. Bonnet d'enfant; Barrette, calotte. (De l'italien *berretta*.)

**BARRETTO**, s. f. Barrette, tringle de fer qu'on passe dans les anneaux des rideaux d'un lit, d'une fenêtre. (Racine *barro*.)

**BARREXA**, *Barreja*, v. act. Mêler, mélanger, brouiller.

Lé mal amé lé bé tout aïchi se *barrejo*,
Lo bici lèbo'l cap, la mouralo ranquéjo,
L'homme amé l'homme, hélas ! es toujour en duel,
L'on crério qu'en besen aquélo affrouso guerro,
Tristo, en plours, la bertut a desartat la terro,
Et qu'es tournado dins lé Cel. DAV.

**BARREXADIS**, s. m. Mélange.

**BARRI**, s. m. Faubourg.

**BARRIAL**, *Pegal*, s. m. Baril, barillet à l'usage des journaliers. (De l'ancien mot gaulois *barr*, qui signifie tout ce qui sert à renfermer quelque chose.)

**BARRIALET**, s. m. Cocon d'une ferme particulière, les deux bouts sont plus gros que le milieu; Paquet de cire filée qu'on fait bénir à la fête de la Purification; Ornement de femme, en or. (Racine *barrial*.)

**BARRICADA**, v. act. Barricader, fermer une porte avec quelque chose qui empêche d'entrer.

**BARRICADA** (SE), v. pro. Se Barricader, s'enfermer, ne voir personne.

**BARRICADO**, s. f. Barricade, espèce de retranchement; Palissades. (Racine *barrico*.)

**BARRICADO**, s. f. Plein une barrique.

**BARRICAT**, s. m. Barriquaut, sorte de petite futaille; fig., une Personne grosse et courte.

**BARRICO**, s. f. Barrique, futaille. (De l'ancien mot gaulois *barr*, qui signifie tout ce qui sert à renfermer quelque chose.)

Et peys, Plutarquo dis dedins sas politiquos
Que lous que parlou tant semblou bégios *barriquos*
Que tindou bel cop may quan n'an pas ré dedins. A. G.

**BARRICOT**, s. m. Barriquaut, petite futaille.

**BARRIE**, s. m. Pièce de bois servant à barrer une porte, où à assujétir plusieurs pièces ensemble. (Racine *barro*.)

**BARRIEYRAIRE**, s. m. Le Préposé aux barrières; Celui qui ouvre et ferme les barrières. (Racine *barro*.)

**BARRIEYRO**, s. f. Barrière, bureau établi sur les grandes routes pour la levée des taxes affectées à leur entretien. (Racine *barro*.)

Prénés gardo otobé qué sons uno *borrieyro*
Pot sauta dins lo bigno uno cabro lébrieyro;
Lo dent d'oquel bestial és mourtalo os bourjous;
Qué s'embouïssouné au-mens oprés los fouséous.
PRAD.

**BARRIL**, s. m. Barril, sorte de petit tonneau.

**BARRIOULA**, v. act. Barioler, peindre de diverses couleurs, mais sans règle. (Du latin barbare *variolatus*, fait par corruption de *variegatus*, bigarré.)

**BARRIOULAT**, ADO, adj. Bariolé, ée, marqué de certaines taies ou taches.

**BARRO**, s. f. Barre, pièce de bois, de fer, étroite et longue; Trait de plume que l'on passe sur un mot pour l'effacer. (Du latin *vara*.)

BARROCO, adj. Baroque, esprit bizarre. (De l'espagnol *barrucco*.)

BARROMÈTRO, s. m. Baromètre, instrument météorologique qui sert à marquer les variations de l'air ; fig., Différence dans le caractère. (Du grec *baros*, poids, et *métron*, mesure.)

BARROS, s. f. Barres, espèce de jeu de course.

BARROT, s. m. Brique plus petite que la brique ordinaire.

BARROU, s. m. Chevillon, petit bâton tourné au dos d'une chaise.

BAROUILHA, v. act. Verrouiller ; fermer la porte avec un verrou.

BARROUL, s. m. Un Verrou, pièce de fer au milieu de laquelle tient un bouton ou une queue recourbée, et qui va et vient entre deux crampons *(bergolos)* ; on l'applique à une porte pour la fermer en dedans : *Porto de faoure, barroul de fusto*, Porte de forgeron, verrou de bois. (Du latin *veruculum*.)

Toujours tu romporas coumo uno cogoraoulo :
Dé tous bersés sons suc, tout lou moundé és sodoul :
Del gropie d'Opoulloun, pos boïssa lo codaoulo,
Mais trouboras, RIMUR, tras lo porto un *bourroul*.
PRAD.

BARRUGO, *voyez* BERRUGO.

BART, s. m. Fange, limon, et plus ordinairement Terre préparée par les tuiliers, les potiers, pour leur ouvrage ; Terre dont se servent les pauvres pour bâtir à la place du mortier de chaux.

BARTABELA, v. act. Fermer au loquet.

BARTABELEXA, v. act. Déclencher, presser sur le loquet pour ouvrir une porte.

BARTABELO, *Cadaoulo*. s. f. Clenche, loquet de porte, sa bascule.

BARTAS, s. m. Hallier ; Buisson épais ; Touffe de ronces, d'épines.

En arpatéjan per lou soou,
En m'espignan lon das *bartasses*,
En fazén tan dé michan passes
Qué né pérdère mous souïés,
Cridave : *Ma fenna*, *ounté siès ?*
Oou ! Creüza, m'amour, ma quéqua,
T'aourienti frizada à la gréqua ?
FAV.

BARTASSADO, *voyez* BOURTIGAS.

BARTASSEJHA, v. act. T. de chasse, Chercher un lièvre dans les halliers.

BARTOCOUXO, s. m. Nigaud.

BARTOLO, s. m. Sans souci, que rien n'inquiète.

BARULA, *voyez* RULLA.

BARUTA, *voyez* PASSA.

BARUTEL, *voyez* BIROULET.

BARUTELAYRE, *voyez* BARATAYRE.

BARUTELIEYRO, *voyez* MOULI A PASSA.

## BAS

BAS, *Débas*, s. m. Bas, la partie inférieure d'une maison, etc. (Du latin *bassus*.)

BAS, ASSO, adj. Bas, basse, qui est situé dans un lieu peu ou point élevé, par rapport à ce qui est plus haut ; Qui a peu d'eau ; Vil, sans générosité, sans honneur. (Du latin *bassus*.)

BAS, adv. Doucement, à voix basse ; Être dangereusement malade ; Être mal dans ses affaires : *A bas*, à terre, descendez, exclamation de fureur populaire : *A bas, à bas!/*

BASCALA, v. n. Éclater de rire ; Rire avec bruit.

BASCALAL, ADO, s. m. f. Éclat de rire.

BASSACO, *voyez* BAXACO.

BASSACO, *voyez* MARFEGO.

BASSEGOU, *voyez* MANÈXE.

BASSAL, s. m. Vassal, celui qui relevait d'un seigneur.

BASSESSO, s. f. Bassesse, caractère de ce qui est bas, vil, contraire à l'honneur. (Racine *bas*.)

BASSET, s. m. Basset, chien de chasse qui a les jambes courtes et tortues ; fig., Homme court. (Racine *bas*.)

BASSI, s. m. Bassin, sorte de grand plat rond, ou ovale ; Pièce d'eau dans un jardin ; Réservoir d'eau pour entretenir les canaux, les écluses ; le Plat dont on fait la quête dans l'église. (Du latin barbare *bacinus*.)

BASSIBIE, *voyez* PILLARD.

BASSINET, s. m. Bassinet, partie de l'arme à feu où l'on met l'amorce. (Racine *bassi*.) Payer quelque chose qu'on n'était pas disposé à payer : *A calgut craxa al bassinet*.

BASSINO, s. f. Bassine, sorte de bassin dont se servent les fileurs de soie. (Racine *bassi*.)

BASSIO, s. f. Lèche-frite, ustensile de cuisine pour recevoir le jus qui tombe d'une volaille à la broche. (Du latin *vas*.)

BASSO, s. f. Basse, la partie en musique qui est la plus basse ; Celui qui la chante ; l'Instrument qui la joue. (Du latin *bassus*.)

BASSO-COUR, s. f. Basse-cour où sont ordinairement les écuries, les volailles. (Du latin *cor, cortis*.)

Quond dé lo *bassocour* lou chantré sé rébeillo,
Lo lochieyro sé lébo, è part ombé lo seillo,
Bo quicha lou soumés ; é sé rajo trop prin,
En lou souboteguen lou met en pus bel trin.
PRAD.

BASSOCULO, s. f. Bascule ; t. de serrurier, espèce de Presse dont ils se servent pour percer au vilebrequin des pièces de forge ; Poids public à bascule pour peser les charrettes. (Du français *bas* et du suédois *kulle*, qui signifie *tête*, action de mettre en bas ce qui était en haut.)

BAST, s. m. Bât, selle pour les bêtes de somme. (Du grec *bastos*, bâton avec lequel on porte des fardeaux.

BASTARD, O, s. m. Bâtard, e, enfant né hors de légitime mariage. (Du grec *bassara*, prostituée.)

Et lous ingrats pourtan soun tous fils de Juillet ;

N'en soun que lous *bastards!* cambiou las founs en gourgos
Nous déboun de boun blat et nous bailloun do pourgos.
J.

BASTARDÉOU, s. m. Bâtardeau, sorte de cloison ou digue qui sert à faire toutes les constructions ou réparations dans l'eau. (Du grec *bastos*, bâton, le Bâtardeau n'étant souvent qu'une cloison de bâtons repliés en forme de claies sur des pieux fichés dans l'eau.)

BASTARDO, adj. *Escrituro bastardo*, espèce d'écriture qui est entre la ronde et l'italienne ; *Limo bastardo*, lime qui tient le milieu entre les limes rondes et les limes fines.

BASTE, O, adj. Vaste, d'une grande étendue. (Du latin *vastus*.)

BASTE, adv. Baste pour cela ! Passe pour cela ; Plût à Dieu. (De l'italien *bastare*.)

Séro dounc, dis Guilhem, coumo oquel qué dins l'oulo
Bouliò qué cado jour cadun mettés so poulo ?
Certo oquo sério trop ; *basté* qu'ojen de pa :
PRAD.

BASTI, v. act. Bâtir, construire, édifier. (Racine *bastou*, parce que dans les premiers temps on ne bâtissait qu'avec des perches et de longs bâtons.)

Aquel sang crido, et fort, et sa bois es francezo ;
Omes ! coumprenes-lo ! se l'abes pas coumprezo ;
Justiço pel l'oustal tabien que pel palay !
Lou puple à bostres els nou sera donne jamay
Que de tros de car bouno à *basti* la muraillo
Qu'opposas à la mort quand la mort bous mitraillo !   J.

BASTIDO, *voyez* BASTISSO.
BASTIE, *Bourrelié*, s. m. Bâtier, bourrelier, artisan qui fait les harnais des bêtes de somme, et vend tout l'équipage des mulets. (Racine *basti*.)
BASTIMEN, s. m. Vaisseau ; Bâtiment ; Maison, habitation. (Racine *basti*.)
BASTISSO, s. f. Bâtisse, état, entreprise d'un bâtiment quant à la maçonnerie. (Racine *basti*.)
BASTO, *Lambourdo*, s. f. T. de charp. Pièce de bois en écharpe pour assujétir provisoirement plusieurs pièces ; Quantité de cercles qu'on met sur un tonneau de chaque bout.
BASTOS, *voyez* PANELS.
BASTOU, *Trico*, s. m. Bâton, long morceau de bois qu'on peut tenir à la main, servant à divers usages. (Du grec *bastos*, bâton.)

Se nou finisses pas aquel tiroligossi,
Podes counta, maraout, qu'amm'un *bastou* te rossi.   D.

BASTOUNA, v. act. Bâtonner, donner des coups de bâtons. (Racine *bastou*.)
BASTOUNADO, s. f. Bastonnade, coups de bâtons.

## BAT

BATA, *Bridoula*, v. act. Brider, garnir d'un morceau de cuir, ou de vieux chapeau, le devant d'un sabot pour que le bois ne blesse pas le col du pied.
BATACLAN, s. m. Bruit, tapage.
BATADOU, *voyez* DOUMAYSELO.
BATALYAYRE, *voyez* BATAYLLUR.
BATAN, s. m. Battant, morceau de fer qui pend au milieu d'une cloche, et qui, frappant sur les bords, la fait résonner ; Chaque moitié d'une porte qui s'ouvre en deux parties ; t. de menuisier, Morceau de bois qui bat, qui porte sur un autre.

Ansin la campano
As truts del *batan*
Lanço en brounzinan
Soun tindomen noubial sul roc et dins la plano.   J.

BATANA, v. act. Bavasser, parler beaucoup.
BATANAYRE, *voyez* FOULAYRE.
BATANO, s. m. Parlier, babillard.
BATARIE, *Bataria*, s. f. Batterie, lieu où l'artillerie est à couvert et en état de tirer sur l'ennemi ; la Pièce d'acier qui couvre le bassinet des armes à feu ; Batterie de cuisine.
BATAYLHA, v. n. Batailler, contester ; Bavarder. (Racine *bataylho*.)
BATAYLHE, *voyez* FIOC BATAYLHE.
BATAYLHO, s. f. Bataille, combat général entre deux armées ; fig., Bateste, dispute. (Du latin barbare *batualia*, formé du vieux latin *batuere*, battre.)

Diga-mé sé lous paourés diables
Dévoun estre fort rédoutables.
Soun pourtan, ou mé troumpe fort,

Ce qu'Avignoun a dé pu fort ;
Car, dins un danjé de *bataïa*,
L'on n'empléga pas la roussaïa,
Et souy bén ségu qu'an caouzit.
Cé qu'avién dé pus espoumpit.   FAY.

BATAYLLOUN, s. m. Bataillon, corps de troupes faisant partie d'un régiment.
BATAYLLUR, s. m. Batailleur, querelleur.
BATEDIS, s. m. Panaris, tumeur flegmoneuse qui vient au bout des doigts.
BATEDOU, *Macadou*, s. m. Battoir, instrument de bois pour battre le linge quand on lave la lessive.

Bay, souy torto ; mais quand lababi,
Se quaouque freluquet sero approuxat de jou,
L'i aouyoy flanquat sus pots un cop de *macadou*.   J.

BATEGA, *voyez* PANTAYSSA.
BATEJHA, *voyez* BATEXA.
BATEJHAILOS, *voyez* BATEXAILHOS.
BATEME, s. m. Baptême, sacrement par lequel on est fait chrétien. (Du grec *baptismos*.)

Sus lous founts del *bateme*
Sé t'ay fach boun chrétien,
Garda aoumen moun systeme,
Seras boun citouyen.
La prouvidença
Té beniro,
E l'espérença
Té bressaro.   PEY.

BATEN, *voyez* BATAN.
BATEOU, s. m. Bateau, espèce de barque dont on se sert pour passer les rivières ; Bateau à vapeur. (Du latin *batellus*.)
BATESTO, s. f. Rixe, querelle accompagnée de menaces et quelquefois de coups.

Quaoucus que la venjença anima
D'una couléra léjitima,
Quand sérié dous couma un agnel,
A doun chanja dé naturèl ;
Trambla, vèn palle, s'esfoulissa,
Lous fols ié sannoun dé maliça,
Sara lou poun én gruméjan,
S'esprima pas qu'en blèzéjan,
E pus prounté que la tempesta
Couris sans crénta à la *batèsta*.   FAY.

BATEXA, v. act. Baptiser, donner le baptême ; Consacrer, bénir ; fig., Donner un sobriquet à quelqu'un ; Mettre de l'eau au vin. (Du latin *baptizare*.)
BATEXAYLHOS, s. f. Convoi de baptême ; la Fête qu'on donne à cette occasion.
BATEYRES, s. m. Batteurs, ceux qui battent le blé. (Racine *batre*.)
BATEZOUS, s. f. Le Dépicage ou la séparation du grain de l'épi.
BATICOL, s. m. Le Cou d'un cochon. (Racine *col*.)
BATILHO, s. f. Gaule, houssine ou jet de houx dont on se sert pour les fléaux pour battre le blé, la laine sur une claie.
BATISTARI, s. m. Baptistère, extrait de baptême.
BATISTO, s. f. Batiste, toile de lin ou de chanvre dont le fil est très fin et le tissu très serré.
BATO, s. f. Le Pied, la Corne des bœufs, des brebis, des pourceaux.
BATO, *Bridoulo*, s. f. Bride, morceau de cuir, de chapeau qu'on met au-dessus d'un sabot pour y retenir le pied sans se blesser ; sorte de Battoir pour battre la brique pendant qu'elle sèche.
BATO, *Doumayzèlo*, s. f. Hie, demoiselle, outil de paveur pour enfoncer le pavé. (Racine *batre*.)

—BATO-COUO, *Bergeyreto*, s. f. Hoche-queue, avandière, oiseau qui remue sans cesse la queue.

Quond tout es opploujt, lo festo *bergeyreto*, (Bato couo)
Qué séguissio l'oraïré en rémérien so couéto,
Sé mudo é ho gruja joust un aoutré bouyé.   PRAD.

BATOMEN, s. m. Battement.
BATOUL, *voyez* BORGNE.
BATRE, v. act. Battre, donner des coups pour faire mal ; Maltraiter quelqu'un.

Lo colcado coumenço, é déja lous flogels
Del fabré, sus l'enclumé, imitou lous mortèls,
En bottent lo séguiol qu'és dé duro dessarro,
Tondis qué sul froument dés miols troto lo garro.   PRAD.

BATRE (SE), v. récip. Se Battre, se frapper, se porter des coups ; Combattre avec l'ennemi. (Du latin *batuere*.)
BATRE, v. act. Fouler le grain.
BATUDO, s. f. Battée, quantité de feuilles de papier que les relieurs et les papetiers battent à la fois ; Battue, quantité de ce qu'on a travaillé.

## BAV

BAVA, *voyez* BABA.
BAVO, *voyez* BABO.

## BAX

BAXACADOS, s. f. Bouffées, secousses violentes ; Niaiseries, sottises qui font rire.
BAXAL, s. m. Cuvette, bassin de fontaine ; Bachon, grand bassin en bois où l'on jette les rinçures des verres dans une salle à manger.
BAXALAN, ANDO, adj. Bavard, arde, vantard.
BAXE, adj. *Poucel baxe*, Cochon mal conformé dont l'épine forme croupion.
BAXENA, v. act. Échauder, faire renfler les légumes.
BAXILLA, *Trantoula*, v. n. Vaciller, branler, chanceler ; fig., Hésiter en répondant ; être Irrésolu. (Du latin *vacillare*.)
BAXILLANT, O, adj. Vacillant, ante ; Incertain, irrésolu.
BAXINA, v. act. Vacciner, inoculer la vaccine.
BAXINO, s. f. Vaccine, inoculation du vaccin qu'on croyait préserver de la petite-vérole. La découverte de ce mode d'inoculation est due au docteur Jenner, médecin anglais. (Du latin *vacca*.)
BAXO, s. f. T. de tuillier, Battoir pour applanir l'ouvrage pendant qu'il sèche.
BAXORLO, *voyez* FADOURLI.

## BAY

BAYALAYGO, s. f. Poche ou sac de la partie inférieure des grosses tripes d'un cochon.
BAYARDAT, s. m. Plein un bayart, une civière.
BAYART, s. m. Bayart, sorte de civière pour porter des fardeaux.
BAYAT, *Bayoulat*, adj. Pain baisé.
BAY-FONDS, s. m. Bas-fond, terrain bas, ordinairement fertile. (Du latin *bassus*, *fundus*.)
BAYLLA, v. act. Bailler, donner, livrer ; Mettre en main ; Appliquer un soufflet. (Du grec *ballein*) ; envoyer.)

O ! del Christ espousa fidella,
Amiga de l'humanitat,
Qual pot apprecia lou zèla
Dé vostra ardenta caritat ?

Estèla qué la Prouvidença
Nous a *baylat* per nous guida,
S'és un trésor qué la souffrença
Es hérousa dé pousséda.   PEY.

BAYLE, s. m. Chef secondaire dans une corporation ; Celui qui est chargé de convoquer lés assemblées.
BAYLET, s. m. Valet, domestique, serviteur ; Une des figures du jeu de cartes ; Instrument de fer pour fixer le bois sur l'établi ; t. de tanneur, Fer en forme de V pour arrêter le cuir sur l'établi ; Domestique qui travaille à l'ordre de son maître mais qui ne partage pas comme le métayer. (Du latin barbare *valetus*.)

Moun pus grand ennemic, mêmes dins sa coulèro,
Nou me souatario pas beléou tant de misèro....
Mais lou bostre *baylet* ben d'un ayre pressat,
Ei poou qu'al bostre oustal quicon se sio passat.   D.

BAYLETEXA, v. n. Valeter, avoir par intérêt une assiduité servile auprès de quelqu'un. (Racine *baylet*.)
BAYLETOU, s. m. Valeton, petit valet.
BAYO, s. f. Fausse nouvelle, faux bruit.
BAYOL, s. m. Baisure, l'endroit par lequel un pain en a touché un autre dans le four.
BAYOULA, v. act. Faire baiser ou toucher les pains au four.
BAYOUNETO, s. f. Bayonnette, sorte de lame d'épée courte et large qu'on met au bout d'un fusil. (De la ville de Bayonne où cette arme fut inventée.)
BAYSSA, v. act. Baisser, mettre plus bas ; Devenir plus bas ; Diminuer de prix, de valeur ; s'Affaiblir, diminuer.
BAYSSA (SE), v. pro. Se Courber, soit volontairement, soit par l'effet de l'âge ou de la maladie.

Sabes que l'on ponyrio *baissa* bostre caquet.

Yeou me truffi de bous coumo d'un ferluquet.   D.

BAYSSALHOS, *Saousailhos*, Les débris du jardinage qu'on prépare pour la place ; Ce qu'on ne veut point mettre pour manger.
BAYSSEL, s. m. Vaisseau, bâtiment de bois construit pour naviguer par mer et sur les grands fleuves. (Du latin *vas*, *vasis*.)

Huey soun toun mogistral pot perdré soun poys ;
Trobo, disou, maubais qué dé nostré Louis
Lous *boissels* sur lo mar onou tenta fourtuno :
Qu'és plosento ! eh ! sap pas qué lo mar és coumuno ?   PRAD.

BAYSSELIE, s. m. Dressoir pour égouter la vaisselle. (Racine *baisselo*.)
BAYSSELO, s. f. Vaisselle, tout ce qui sert à l'usage ordinaire de la table, comme plats, assiettes, etc. ; Tout ce qui est nécessaire pour les vendanges, comme barriques, cornues, etc. (Du latin *vas*, *vasis*.)

Lo fuillo del figuié pot guéri lo *boisselo*,
Pourbu qué lo mesclés ombé oquélo mousselo
Qué l'ordou del soulel n'o pouscut romouli !
Un ponié posturenc né cal faire bouli.
Touto bouillento oprès dins lo péço obourrido,
Per lou traouc del boundou lo drocado és cobrido.   PRAD.

BAYZA, v. act. Baiser, appliquer les lèvres sur le visage, la main, en signe d'affection, de tendresse. (Du latin *basiare*.)
BAYZADURO, *voyez* BAYLLOL.

## BAZ

BAZA, v. act. Baser, appuyer sur une base; Se fonder sur....; Se baser sur....

BAZACLE, s. m. Basacle, moulin de Toulouse; fig., Grand local.

Per l'amour de l'baounou, le jouene conqueran,
Armat des pes al cap, courrio dins los gimnases.
Aro aco's de chabals, dins bint ans sera d'azes
Qué dins le cirque brillaran.
Et quand bouldren douna calque famus spectaclé,
Enbitaren le mounde à se randre al *bazacle*.

BAZANAT, ADO, adj. Basané, ée, hâlé, brulé, qui a le teint noir.

BAZANO, s. f. Basane, peau de mouton tannée et préparée pour la reliure; fig., le Ventre : *Q'uno basano!* quel ventre!

BAZANUT, UDO, adj. Ventru, ue, qui a un gros ventre.

BAZE, s. m. Vase, vaisseau pour contenir des fleurs. (Du latin *vasis*.)

Qué per el lou rousié sé desplégué obont houro;
Souy-pas briquo embéjous del plosé que sobouro
Quond bey sus dé grodins cent *basés* olondats,
O forço dé trobal dé flours toutés boudats. PRAD.

BAZELIC, s. m. Basilic, plante très-aromatique.
BAZIN, s. m. Bazin, étoffe de fil de coton.
BAZO, s. f. Base, tout ce qui sert de soutien à quelque corps qui est posé dessus : *A uno bouno baso*. (Du latin *basis*.)

BAZO, *Praoudo, Limpo*, s. f. Vase, bourbe qui est au fond de la mer, d'une rivière, d'un vivier : *Y'a fosso bazo*.

É per oû qué l'aïgo orrosé bostré prat,
Ténès lo route libro é lou bésal curat.
Emplostras lou surtout d'oquélo *limpo* grasso
Qué lo plèjo en hiber dins lo sompo romasso. PRAD.

BAZOUS, O, adj. Vaseux, euse, qui a de la vase.

## BEA

BE, *Deque*, s. m. Bien, avoir, propriété : *A fosso be*. (Du latin *bonum*.)

Poussèdi lou Dious adourable
D'ount decoulou toutis lous *bés*.
Aquel trezor inepuizable
Fa qu'ei pas pus bezoun de res. PUJ.

BE, *Pla*, adv. S'en manco be que l'atrape. (Du latin *bené*.)
BEATILHOS, voyez MENUDAILHOS.
BEATO, s. f. Béate, fausse dévote : *Aquelo beato parlo touxoun mal*. (Du latin *beata*.)

## BEB

BEBEYRE, O, s. m. f. Buveur, euse, qui boit, aime le vin : *Es un gran bebeyre*. (Du latin *bibens*.)
BEBO, *Magnan*, s. f. Ver à soie : *Fazen de bébos*.

## BEC

BEC, s. m. Bec, partie dure et ordinairement pointue qui sert à l'oiseau pour manger et se défendre : *D'un cop de bec l'a tuat*; fig., Grande parleuse : *A boun bec*. (De l'ancienne langue gauloise où *bec* avait la même signification.)

Ausen dins lou holloun gémi lo tourtourélo,
Oltour del golotas brésilla l'hiroundélo;
Gosouillo dé plosé d'obé troubat l'oïral
Ount éro opton soun niou qué n'és pus qu'un cosal.
O lou tourna bosti bésés coussi trobaillo,
Per loutja quond bendro so pichoto mormaillo,
Cerco lous motérials tout diguen so consou :
Soun *bec* és tout ol cop lo tiblo é lou moçou. PRAD.

BECADO, *Becat*, s. f. Becquée, ou béquée, ce qu'un oiseau prend avec le bec pour donner à ses petits.

BECADURO, voyez ACCROC.
BECAMOUNDO, s. f. Becabunga, plante médicale.
BECASSINO, s. f. Bécassine, oiseau de passage plus petit que la bécasse.
BECASSO, s. f. Bécasse, oiseau de passage à long bec : *Sourt coumo uno becasso*.
BECAT, voyez BECADO.
BECAT, voyez BIGOS.
BECHAR, voyez BIGOS.
BECHIC, voyez XAGRIN.
BECO, s. m. f. Nigaud, sot, niais : *Sios un beco, se ba fas*.
BECO-FIGO, s. f. Bec-figue, oiseau vivant de figues et d'insectes.
BECUT, *Cesserou*, s. m. Pois-chiche.

## BED

BEDDAYNE, s. m. Bec-d'âne, outil de menuisier, de charpentier, de charron : *Cal fa ambé lou beddayne*.

BEDEL, *Budel, Casso-gousses*, s. m. Bedeau, le suisse d'une église. (De *pedellus*, employé dans la basse latinité comme diminutif de *pes, pedis*, pied, parce que les bedeaux, dans leurs fonctions, sont toujours à pied.)

BEDEL, voyez BUDEL.
BEDELA, voyez BUDELA.
BEDELO, voyez BUDELO.
BEDENO, *Bazano*, s. f. Bedaine, gros ventre. (Du latin *bis*, deux fois, et du français *dondaine*, nom d'un ancien instrument de guerre; cet instrument étant gros et court fit appeler les gros ventres *bedondaines*, et ensuite *bedaines*.)
BEDIGAS, voyez AGNELAT.
BEDISSO, s. f. Scion d'osier dont on fait les cages, les paniers.

## BEE

BEEE, adv. Cri du berger pour appeler ses moutons.

## BEF

BEFI, adj. Pâle, décharné, souffrant; Celui qui, contrairement au plus grand nombre, avance la machoire inférieure devant la supérieure.

## BEG

BEGHI, s. m. Béguin, têtière d'enfant; Coiffe pour enfant nouveau-né.
BEGNET, voyez FRITURO.
BEGNOIRO, s. f. Baignoire, vaisseau où l'on se baigne dans sa maison. (Racine *ben*.)
BEGOUL, s. m. Cri de souffrance.
BEGOULA, voyez GULA.
BEGUE, *Quèque, o*, adj. Bègue, qui parle difficilement.
BEGUEYA, *Beguexa*, v. n. Bégayer, avoir un

défaut de langue qui empêche de prononcer certains mots. (Suivant Huet, du latin barbare *bigaro*, répéter.)
**BEGUDO**, s. f. Rafraîchissement, coup à boire.
**BEGUDO**, *voyez* CABARET.

### BEI

**BEI**, adv. de temps. Aujourd'hui. (Du latin *hodiè*, qu'on traduit en bien des endroits par *heui*.)
**BEILHA**, v. n. Veiller, s'abstenir de dormir ; Passer la nuit auprès d'un malade. (Du latin *vigilare*.)

T'en soubenes, ma so! quand notre paoure pay
Dizio, la ney que lou *beillaben* :
Te, pichouno, souy pla malaou !
Gardo bien Paul, aoumen, car senti que m'en baou!
Plourabos, el tabé, jou tabé; tous plouraben !  J.

**BEILHADO**, s. f. Veillée, réunion de personnes pour passer une partie de la nuit sans dormir. (Du latin *vigilia*.)

Vous pourié dire sa pensada....
Iér, toutes dous à la *roïada*,
Tan mé fazien perdre lou son
( N'és pas qué i'ajesso quicon,
Car ségu moun home m'adora),
Qué la volé mètre défora ;
É per vous têne lou cor gay,
Sé voulès vous la d'ounaray.  FAV.

**BEILHAYRE**, O, s. m. f. Veilleur, euse, celui qui va à la veillée, celui qui veille auprès d'un mort, auprès d'un malade.
**BEILHO**, s. f. Veille, le jour précédent ; fig., sur le point : *Es à la beilho de se marida*, il est sur le point de se marier. (Du latin *vigilia*.)
**BEILHOLO**, s. f. Veilleuse, petite lampe qu'on laisse allumée dans une chambre pendant la nuit.
**BEINJAMIN**, s. m. Benjamin, enfant gâté : *Aco's lou Beinjamin de la famillo*, il est le Benjamin de la famille. (De Benjamin, dernier des enfants de Jacob, pour lequel celui-ci avait une prédilection particulière. C'est par allusion à cette préférence que l'on appelle un enfant gâté, *lou Beinjamin*.)
**BEIRE**, *voyez* BEYRE.
**BEIT**, adj. num. Huit. (Du latin *octo*.)

En loxo das prumies anguet fréro Debrus,
Car touxoun el a poou qu'attendou pas digus ;
Sépt ouros an sounat et ne sou prep de *beit*,
Cal, sa diguet Debrus, que lou soupa sio queit.  D.

**BEITIEME**, O, adj. Huitième.

### BEL

**BEL**, adv. Beau : *A bel fa*, à bel trabailha, il a beau faire, beau travailler; *A bel eyme*, à vue d'œil ; *A bélés cops*, parfois ; *A bélos pagneyrados*, à coups de paniers.
**BEL** (FA LOU BEL), adv. Conduite, manière d'agir hypocrite ; Flatter en présence et déchirer après : *Daban fa lou bel bel, mais apey.....*, il flatte devant, mais ensuite.....
**BEL**, O, adj. Beau, belle, en parlant des personnes qui ont de la beauté ; Agréable, bienséant, honnête. (Du latin *bellus*.)

Tu mémes ol gronié causis sur tout lou blat,
Lou pus *bel*, lou pus gros, lou millou curbélat,
Fet qué, netto dé juel, d'oniélo, dé rébbulo,
Del pa, dins tous silious lo grono toumbé soulo ;
É per té goronti del traité corbounat,
N'y jettés pas un gro qué noun sio colcinat.  PRAD.

**BÉLA**, v. n. Bêler, faire un bêlement : *Touto fedo que bèlo pert un boussi*. (Du latin *balare*.)
**BELARIOS**, *voyez* BELUROS.
**BEL COP**, *Fosso*, *Fort*, adv. Beaucoup, quantité, grand nombre. (Du latin *bella copia*.)

Yeou declari tabes (la justiço m'y porto )
Que n'a pas de défaout, mêmes de cap de sorto.

Per yeou que soui pus franc, y'en ei *bel cop* troubats,
Amaï soui das prumies que lous y'axo moustrats,
Quand uno aimo calqu'un, per qu'aco lou courrexe,
L'on ye dis sous défaous, sans qu'on lou maïnaoxcé. D.

**BELEGAN**, s. m. Vaurien, mauvais sujet.

Quond nourri fach crouza lou bingtième é lo taillo,
Oco sero lou tout s'ei dé quitté lo paillo.
Sé cal pourtant nourri lo fenno é lous éfons ;
Cal, pas estré espeillats coumo dé *béligons*.
Quond lou bentré és déju lou bras nou jogo gaïré.  PRAD.

**BELEOU**, adv. Peut-être.
**BELEX**, *Belets*, *voyez* ENBELEX.
**BELEJHA**, *Beleja*, *voyez* ENBELEXA.
**BELEZOS**, *voyez* BELIZOS.
**BEL-FIL**, *Xendré*, s. m. Beau-fils, gendre.
**BEL-FRAYRE**, s. m. Beau-frère, celui qui a épousé notre sœur ou dont nous avons épousé la sœur ou belle-sœur.
**BELJE**, s. m. Volant d'un moulin à vent.
**BELIGAS**, *voyez* BELEGAN.
**BELIZOS**, *Beluros*, s. f. Parures de femme.
**BELLIQUOUS**, OUSO, adj. Belliqueux, euse.
**BELO**, s. f. Volant, ailes d'un moulin à vent.
**BELO-DE-NUIT**, s. f. Belle-de-nuit, plante qui s'ouvre le soir et se ferme pendant le jour.
**BELO-FILHO**, *voyez* NORO.
**BELO-MAYRE**, s. f. Belle-mère, celle dont on a épousé la fille ou le fils.
**BELO-SOR**, s. f. Belle-sœur, la femme de notre frère, la sœur de notre femme.
**BELOU**, *Beloto*, *Isabel*, s. f. Élisabeth, nom de femme.
**BELOUS**, s. m. Velours, sorte d'étoffe de soie e coton à poil court et serré. (Du latin *villosus*, velu.)
**BELOUTAT**, adj. Velouté.
**BEL-PAYRE**, s. m. Beau-père.
**BELUGA**, v. n. Étinceler, briller, pétiller.
**BELUGHETOS**, s. f. Sornette, histoires pour rire, contes.
**BELUGO**, s. f. Bluette, petite étincelle. (Racine *blu*, à cause de la couleur ordinairement bleue de ces étincelles.

Tantot nous vénié quaouque roc,
Tantot dé *bélugos* dé fioc, (de l'Etna).
Ioy s'avalissié tela vila,
Déman dansava la Sicila,
Dins aquel peis un passan
Véy toujour quicon d'amusan.  FAV.

**BELUROS**, *voyez* BELIZOS.

### BEM

**BÉMI**, s. m. Bohème, celui qui court le pays en disant la bonne aventure ; Homme, personne, qui joue toute espèce de rôles pour arriver à ses fins.
**BÉMIZOS**, s. f. Flatteries outrées.

### BEN

**BEN**, s. m. Vent, air en mouvement. (Du latin *ventus*.)

Aqui lou Rey, dins un traoucas
Regna à la cima d'un roucas,
Sus lous *vens* é sus las tempestas,
Vilèns sujets, michantas testas;
Qu'èn roundinan, lous esfrountats,
Foucarien prizous, cadénas;
Métrièn, en fazen la driansa,
Er, ciél, mar, tera, tout en dansa;
É vous rambaïarien acos
Qu'aourias pèna à trouva lou flos,
Graça à Jupiter an un méstre
Qu'a souven prou péna dé l'éstre.      FAV.

**BEN DE FOURCO**, s. m. Fourchon, ou branche d'une fourche. (Du latin *dens*, *dentis*.)

**BEN**, *Bèns*, *Ban*, s. m. Bains, eau, ou autre liqueur dans laquelle on se baigne; Action de se baigner, son temps; Eau de bain; Eaux naturellement chaudes, où l'on va pour se baigner. (Du latin *balneum*.)

**BENA**, v. act. Vener, faire mortifier la viande pour l'attendrir. (Du latin *venari*.)

**BEN-ADREX**, adj. Capable de travailler; Qui n'a aucune infirmité.

**BENALITAT**, s. f. Vénalité. (Du latin *venalitas*.)

**BENAJHE**, voyez BENEZIT, HUROUS.

**BENAT**, ADO, adj. Vené, ée; Viande mortifiée; Veiné, ée, qui a des veines. (Du latin *venā*.)

**BENDA**, v. act. Bander, lier, serrer avec une bande ou un bandeau; Tendre avec effort. (Racine *bendo*.) Embattre une roue de voiture, appliquer et clouer la bande de fer.

**BENDAXE**, s. m. Bandage, circonvolution de bande autour de quelque partie du corps blessée, luxée ou fracturée.

**BENDAXE**, *Cint*, s. m. Bandage, brayer pour les hernies ou descentes. (Racine *bendo*.)

**BENDEL**, s. m. Bandeau qui couvre les yeux et ceint le front; fig., Aveuglement volontaire.

**BENDEMIA**, v. act. Vendanger, faire la récolte des raisins. (Du latin *vindemiare*.)

**BENDEMIADOU** (PAGNÉ), s. m. Panier de vendangeur, propre à recevoir, à ramasser les raisins.

**BENDEMIAYRES**, *Vendémiayre*, s. m. Vendangeurs, ceux qui aident à faire les vendanges.

Dé méma nostres *Vendémiaïrés*,
Qué sou dé fort bons travalaïrés,
Ramplissou, vidou sous pagniés,
Gés volou pas resta dergniés;
É tout cantan la cansounéta,
Chacun acava la renguètta.      RIG.

**BENDEMIO**, s. f. Vendange, la récolte des raisins pour faire le vin, les raisins destinés à faire ce vin. Au pluriel *Bendemios*, le temps où se font les vendanges. (Du latin *vindemia*.)

D'oquel aussel finet lous cossaïrés gourmans,
Sou tout lou loung del jour dins los bignos errans.
Lou mestré mesfisent, topit dins lo coudés,
Per sauha sa *bendemio* o bel fa sentinélo,
Joust soun nas un coddet dé gorges rébeillat,
Casso en luoc d'un aussel, uno aubergeo, un uillat.      PRAD.

**BENDEYRE**, O, s. m. f. Vendeur, celui qui vend et fait commerce de quelque chose. (Du latin *venditor*.)

**BENDICATIF**, IBO, adj. Vindicatif, ive, qui ne pardonne pas; Qui aime à se venger. (Du latin *vindicatio*.)

**BENDO**, s. f. Bande, bandage, morceau d'étoffe dont on se sert pour bander et pour envelopper;

Lien de fer; Bande de charrette, de voiture. (Du latin *bandum*, drapeau.)

**BENDRE**, v. act. Vendre, céder pour un prix; Découvrir, dénoncer; Trahir, révéler un secret par intérêt. (Du latin *vendere*.)

Quond lous pouls sou grondets, lo mestro lous copouno,
Lo biando ol cornoval n'és pus grasso é millouno;
Mais lo tostorès pas, sons doutó, pacuros gens,
Oïmorés mai lo *bendré* ou né fa dé présens.      PRAD.

**BENDRE** (SE), v. pro. Se vendre en parlant d'un remplaçant pour le service.

— És qué l'homme del poplé és gaoufit d'ignourença,
Se perfès, dins soun cor, quaoùiqués glaous dé sciença
Lou podou rendré utile à la souciétat;
Sé pertout sa paraoula aouza sé fayre éntendré;
Sé préïera la mort péléou qué dé *sé vendré*,
Tot ou tard dé la véritat
Toumba martyr, — é soun couragé,
As régars dé l'aoutoritat,
És una insulta, és un outragé,
É sans li perdouna las paraolas qu'o dich,
Lou bourréou de sas mans li brûla soun escrich!      PEY.

**BENEDICITE**, s. m. Bénédicité, prière avant le repas. (Du latin *benedicite*.)

**BENEDICTIOU**, s. f. Bénédiction, le salut du saint sacrement.

Ah! coussi ploou déja! qu'uno *bénédictiou!*
Qu'uno aubéno sur-tout per lou morsenc tordiou!
                                                              PRAD.

**BENEFICI**, s. m. Bénéfice, profit, avantage. (Du latin *beneficium*.)

**BENERA**, v. act. Vénérer, révérer les choses saintes; Avoir une estime respectueuse pour..... (Du latin *venerari*.)

**BENERAPLE**, O, adj. Vénérable, digne de vénération; Titre d'honneur. (Du latin *venerabilis*.)

Là loxo prep dal four, et qu'es pla d'alount cal,
S'assemblet abant yer lendemà de Nadal;
Lou *beneraple* aqui mountet dessus un trône,
D'ount prexet al rebes d'aquel que fa lou prône.
L'un anounço lou xune et nous y fa pensa,
L'aoutre indiquet lou xoun que caillo pitansa.      D.

**BENERATIOU**, s. f. Vénération, profond respect pour les choses saintes; Estime respectueuse pour une personne. (Du latin *veneratio*.)

**BENEZI**, v. act. Bénir, consacrer au culte avec des cérémonies; Remercier: *Dious te benisco*, Dieu te bénisse, façon familière de souhaiter du bien à quelqu'un qui éternue; c'est un acte de civilité respectueuse qu'on dédaigne beaucoup à présent. (Du latin *benedicere*.)

**BENEZIT**, IDO, adj. Bénit, e.

**BENGUDO**, s. f. Venue, arrivée; Croissance, taille.

Del lun dé l'Unibers l'orribado trop proumpto,
Lo suprend talomen qué, sio despiech, sio hounto,
Entré oburé onnounçat lo *benguda* del jour,
S'estrémo, ó lou souïel és d'obord dè rétour.      PRAD.

**BENI**, *Veni*, v. n. Venir. (Du latin *venire*.)

É lou démoun, inquiet dins lous négrés abimes,
S'en vo soul......; é l'azilé ounté régnou lous crimés
És troublat per lous mots: *vèn pas qu'èl*, *vèn pas qu'èl*?
É tandis que l'infer vey toumba sa puissença,
Lou Ciel sé rejouis dé saouva l'innouçença
Qué gémis déjoust lou souïel.      PEYR.

## BEN

**BENIEL**, O, adj. Véniel, qui mérite pardon. (Du latin *venialis*.)

**BENIELOMEN**, adv. Véniellement, légèrement.

**BENIMOUS**, *voyez* BRÉNOUS.

**BENITIÉ**, *voyez* AYGO SÉGNADIÉ.

**BENO**, s. f. Veine, petit conduit qui contient le sang et le rapporte des extrémités du corps au cœur. (Du latin *vena*.)

**BENTA**, v. act. Vanner, nettoyer le grain par le moyen du vent; Éventer, donner du vent. (Du latin *ventilare*.)

**BENTADO**, s. f. Coup de vent.

**BENTAL**, s. m. Éventail, ce qui sert à éventer. (Du latin *ventus*.)

**BENTAYLLOU**, s. m. Soupape d'un soufflet de forge.

**BENTEXAT**, *Bentayrat*, adj. Venté, qui est exposé au vent; Éventé, qui est gâté, corrompu par le moyen de l'air. (Racine *ben*.)

**BENTO**, *Bendo*, s. f. Vente, aliénation à prix d'argent. (Du latin *venditio*.)

Quond o quittat soun aous, en miech d'un ribotel,
Per lou loba del surgé on plounjo lou troupel;
En fourmo dé mouchoun piey lo lono plégado,
És, jusquos o lo *bento*, ol gronié despausado. PRAD.

**BENTOLOFOS**, s. m. Vantard, babillard, conteur.

**BENTORIO**, *voyez* BENTOURINADO.

**BENTOURINADO**, s. f. Bouffée, coup de vent, tourbillon. (Racine *ben*.)

**BENTRAYLHOS**, *Bentrescos*, s. f. Vidange d'un poisson, d'une volaille ou de tout autre animal; Tout ce qu'on jette en le vidant. (Racine *bentre*.)

**BENTRAT**, s. m. Ventrée, portée, tous les petits que les femelles d'animaux font en une fois; Repas qu'on fait avec une nourriture; fig., Dégoût, ennui qu'on a éprouvé à faire une chose. (Racine *bentre*.)

**BENTRE**, s. m. Ventre, la capacité du corps d'un animal où sont enfermés les boyaux. (Du latin *venter*.)

Laus quatre ordres dé la bézaça
Prechavou bé per la fricassa;
Mais la fan dé sous audítous
Avié tapat lous aouzidous :
*Bentre* affamat es sans aoureïas.
Chacun recataba sas peïas. FAV.

**BENTRESCO**, *voyez* BENTRAYLHOS.

**BENTRE (PETIT)**, s. m. Abdomen, le bas-ventre.

**BENTRIEYRO**, s. f. Ventrière, la partie du harnais d'un cheval qui passe sous le ventre. (Racine *bentre*.)

**BENTRUT**, UDO, adj. Ventru, ue, qui a un gros ventre.

**BENTOULA**, *voyez* LOUFFA.

**BENTUN**, s. m. Bourriers, pailles qui se mêlent dans le blé battu. (Racine *ben*, parce que c'est l'effet du vent qui produit ce mélange.)

**BENURA**, v. n. Rendre heureux.

**BENXA**, v. act. Venger, tirer raison, satisfaction d'un outrage.

**BENXA (SE)**, v. pro. Se Venger, se faire raison; Tirer raison, satisfaction; fig., se bien Tirer d'un travail, le terminer avec honneur. (Du latin *vindicare*.)

**BENXENÇO**, *Bengençc*, s. f. Vengeance, désir, action de se venger; ses effets. (Du latin *vindicta*.)

## BER

Butan jusquos al bout la *béngençp* célesto,
Dious bol pas espargna mêmes lé paouc qué resto.
Fugisquen! fugisquen! s'acrido Pharaoun.
N'abio pas acabat sa plainto coumençado,
Qué la mar sus fuyards tout d'un cop s'es tampado,
Et toutés an restat al founzé coumo'n ploum. DAV.

**BENXIOU**, IBO, *Benjiou*, adj. Vindicatif, ive, porté à la vengeance : *Sios un benxiou*. (Racine *benxenço*.)

## BEO

**BEOU L'AYGO**, s. m. Abstème.

**BEOURAXE**, *Beouraje*, s. m. Breuvage, boisson, liqueur à boire; Médecine qu'on donne aux animaux; t. de maçon, Coulis pour ficher un joint. (Du latin barbare *beveragium*, de *bibere*.)

**BEOURE**, s. m. Buvée, le breuvage qu'on donne aux cochons.

**BEOURE**, v. act. Boire, avaler quelque liqueur; Prendre de vin plus que de raison; s'Énivrer. *Beoure à galet*, Boire à la régalade; *Beoure à pot*, Boire au pot, c'est-à-dire ayant le goulot sur les lèvres; fig., Endurer avec patience quelque chose de fâcheux; Souffrir doucement et sans murmurer : *B'a m'a calgut beoure*.) Du latin *bibere*.)

Toujours pur s'endobalo, é lou tossou coumoul :
Enfi, quond au *bégut* é trincat lour sodoul,
É qu'oun resto pus rés o mettré dins lo panso,
S'en bau ol coumunal fa quatré tours dé danso. PRAD.

**BEOUS**, O, s. m. f. Veuf, veuve, qui n'a plus de femme, qui n'a plus de mari. (Du latin *viduus*.)

Car, què *beou* trop perd la rézoun,
Qué perd la rézoun es capable
De *toute mauvaise actioun*,
É dévén la proïa d'aou diable.
Dejà cet horrible démoun
Prépare fagots et charboun
Per vous fayre rousti lou rable. FAV.

**BEOUTAT**, s. f. Beauté, juste et belle proportion dans les formes; Qualité qui rend une chose aimable, agréable; Belle femme; Belle fille. (Racine *bel*.)

**BEOUZO**, s. f. Scabieuse, plante vivace, amère. (Racine *beouzo*, *vidua*, à cause de sa couleur brune.)

## BEQ

**BEQUILHO**, s. f. Béquille, long bâton surmonté d'une traverse, servant d'appui aux infirmes et aux boiteux.

Sabio qué cap de biel nou mourio dins l'oustal,
Et que de payre en fils dedins nostre famillo;
Quand caillo prene la *bequillo*
Se pourtabou à l'Espital. J.

## BER

**BERBAL**, O, adj. Verbal, de vive voix seulement; Rapport par écrit qu'un officier de justice fait de ce qu'il a vu, de ce qui a été dit et fait entre les parties. *Proucès-berbal*, Acte qui constate un délit. (Du latin *verbum*.)

**BERBALIZA**, v. n. Verbaliser, dresser, faire un procès-verbal.

**BERBALOMEN**, adv. Verbalement, de vive voix.

**BERBEKIN**, *voyez* BIROUTQUI.

**BERBENO**, s. f. Verveine, plante annuelle usitée

en médecine, espèce d'héliotrope. (Du latin *verbena*.)

**BERBEZINO**, s. m. Mirmidon, petit enfant.

**BERBIAXE**, s. m. Verbiage, paroles inutiles, superflues. (Du latin *verbositas*.)

**BERCA**, v. act. Ébrécher, faire une petite brèche à un couteau, à un outil dont la trempe est trop aigre, et quand la trempe est trop douce on dit se Reboucher, s'*Affoula*. (Racine *berco*.)

**BERCADURO**, voyez BERCO.

**BERCO**, s. f. Brèche, petite fracture le long de la lame d'un couteau ou du taillant de quelque autre instrument de fer dont on se sert pour couper. (De l'allemand *brechen*, rompre, briser.) Fig., Tort, dommage, diminution.

**BERDAOULO**, s. f. Verdier, oiseau de la grosseur d'un moineau et dont le plumage est vert. (Racine *bert*.)

**BERDASTRE**, O, adj. Verdâtre, qui tire sur le vert. (Racine *bert*.)

**BERDET**, s. m. Verdet, vert-de-gris, sorte de drogue composée de cuivre et de marc de raisin qui sert à faire les couleurs vertes; Rouille verte, vénéneuse sur le cuivre. (Racine *bert*.)

**BERDEXA**, *Verdeja*, v. n. Verdir, devenir vert. (Racine *bert*.)

Se l'hort d'un qu'on hais on lou vech qu'el *verdegio*,
Per estre pla menat, on y porto d'émbegio.    A. G.

**BERDIE**, voyez XARDIN, ORT.

**BERDOU**, s. f. Verdure, herbe, feuilles vertes. (Racine *bert*.)

**BERDOU**, s. m. Verdier, oiseau dont le plumage est vert.

**BERDURETO**, s. m. Entre deux vins : Es un bricou sur la *berdureto*, il est un peu ivre.

**BERDURO**, s. f. Verdure, tout ce qui se pare de vert au printemps.

Un cop yeou prenio la frescuro
Al soulel coulc sur la *berduro*,
Et countro lou roussignoulet
Fazio tinda moun flageoulet.    G.

**BEREDIQUE**, O, adj. Véridique, vrai, sincère. (Du latin *veredicus*.)

**BEREN**, voyez BERIN, BRIN.

**BERGADEL**, ELO, s. m. f. Nasse faite d'osier, elle est construite comme le verveux.

**BERGANDAYLHO**, s. f. Malfaiteurs, brigands. (Racine *brigan*.)

**BERGAMOTO**, s. f. Bergamote, sorte de poire fondante; espèce de Boîte faite avec l'écorce d'une orange qui a une odeur très prononcée. (Suivant *Caseneuve*, de la ville de *Bergame*, en Italie, d'où cette poire nous est venue.)

**BERGAT**, ADO, adj. Vergé, ée, tavelé, Moucheté en parlant des serpents et autres animaux nuisibles. (Du latin *varius*, de diverses couleurs.)

**BERGAT**, s. m. Temps qu'on emploie pour battre une enjambée de blé; Engin de pêcheur.

**BERGEYRETO**, voyez BATO-COUO.

**BERGLAS**, voyez GLACINO.

**BERGNE**, s. m. Vergne, nom vulgaire de l'aune. (Du latin *verda*, sous-entendu *arbor*; Arbre printanier, parce qu'il pousse beaucoup au printemps.)

**BERGNADOS**, s. f. Aunettes, jeunes pousses de l'aune.

**BERGO**, s. f. Petite Barre de fer carré; t. de tisserand, Verge qui sépare les fils. (Du latin *virga*.)

**BERGOL**, s. m. Bergot, sorte de nasse dont se servent les pêcheurs pour pêcher aux bords des rivières.

**BERGOLOS**, s. f. Vertevelles, brides, gances de fer dans lesquelles on fait glisser un verrou.

**BERGOUGNO**, s. f. Vergogne, honte, timidité. (Du latin *verecundia*.)

Boules dounces que yeou bous parlé clar et net :
He bé! trobi fort laid aquel bostre sounet.
Pouirio bé, coumo bous, estre un gasto bezougno ;
Mais ba moustrario pas, n'aourio trop de *bergougno*.    D.

**BERGOUGNOUS**, OUSO, adj. Honteux, euse, timide. (Du latin *verecundus*.)

Nostré Ritou, l'aoutré jour mé disio
Qué lou Rey d'un pois qué s'oppélo lo Chino,
Estimo talomen del laurayré l'oigino,
Qu'el mêmes pren l'estèbé, é n'ès pas *bergounjous*
Dé rébira lo terro é troça dé sillous......    PRAD.

**BERIFIA**, v. act. Vérifier, faire voir la vérité d'une chose ; Comparer des écritures pour connaitre si elles sont de la même main. (Du latin *verus* vrai, et *facere* faire.)

**BERIFICA**, voyez BERIFIA.

**BERIFICATIOU**, s. f. Vérification, examen de la vérité, d'un écriture, d'un passage, etc. (Du latin *verificatio*.)

**BERIFICATUR**, s. m. Vérificateur, celui qui est chargé de vérifier les comptes, les poids, les mesures.

**BERIN**, voyez BRIN.

**BERINGHIERO**, voyez BRINGHIEYRO.

**BERIO**, voyez GORP.

**BERISSO**, voyez BEDISSO.

**BERITAPLE**, O, adj. Véritable, conform à la vérité. (Du latin *verus*.)

**BERITAPLOMEN**, adv. Véritablement, conformément à la vérité.

**BERITAT**, *Bertat*, Vérité, chose vraie, véritable. (Du latin *veritas*.)

**BERLENGO**, s. m. Indiscret, parleur. (Racine *lengo*.)

**BERLINO**, s. f. Berline, espèce de voiture inventée à Berlin.

**BERLOS**, s. f. Berle, sorte de plante ombellifère qui croit dans les lieux humides, et qu'on nomme aussi Ache d'eau. (Du latin *berula*, nom donné à cette plante par les botanistes du moyen-âge.)

**BERLO**, voyez ESTELO, ESCLAPO.

**BERLO**, voyez BORD.

**BERMAT**, voyez MERMA.

**BERMEGNEYRO**, adj. Mouche qui dépose où un œuf ou un ver sur les viandes. (Du latin *vermis*.)

**BERMEL**, EYLHO, adj. Vermeil, eille, qui est d'un rouge un peu plus foncé que l'incarnat; il se dit surtout des fleurs et du teint. (Du latin *vermiculus*, petit ver, vermisseau, à cause du vermisseau qui fournit la cochenille avec laquelle on teint en écarlate.)

**BERMENA**, v. n. Incommoder, fatiguer ; fig., Gourmander quelqu'un.

**BERMENA** (SE), v. pro. Devenir véreux, en parlant des fruits. (Du latin *vermis*.)

**BERMENAT**, ADO, *Bermenous*, *Molicono*, adj. Véreux, euse, qui a des vers.

**BERMENO**, voyez BERDENO.

**BERMICELI**, s. m. Vermicelle, espèce de pâte faite en filaments menus et longs qui ressemblent à des vers. (De l'italien *vermicelli*, petit ver.)

**BERMINO**, s. f. Vermine, en général toutes sortes d'insectes incommodes, comme poux, puces, punaises ; il se dit plus particulièrement des poux. (Du latin *vermis*.)

L'aoubré tout coumo l'hommé és sutget o rompagno,
Pla souben lo *bermino* ou lo rougno lou gagno ;
Sé d'oquel mal hountous lou fer oun lou guéris,
Lou longuimen lou mino, enfi séquo è péris. PRAD.

**BERMINO**, s. f. Vermisseau qui ronge les jeunes plantes. (Du latin *vermis*.)

**BERNADO**, s. f. Mante religieuse ; Espèce d'insecte ainsi appelée parce qu'elle joint souvent les pattes de devant et semble prier. Les enfants s'amusent à lui faire faire cet exercice en lui disant :

Prego, prego Dious *Bernado*
Aoutromen seras dannado,

Prie, prie Dieu *Bernado*,
Autrement tu seras damnée.

**BERNIC**, adv. Qui marque le désappointement d'une personne qui avait trop présumé de son ascendant : *Crezio de me trapa, mais bernic ; Entendio de me fa paga, bernic* ; il croyait m'attraper, point du tout ; il entendait me faire payer, mais point du tout.

**BERNIS**, s. m. Vernis, gomme qui sort du bois de genièvre ; Composition de gomme et d'esprit de vin avec lequel on donne aux tableaux, au bois de menuiserie, un lustre agréable ; Enduit qu'on met sur les pots de terre. (Du latin barbare *vernix*.)

**BERNISSA**, v. act. Vernisser, vernir ; Appliquer le vernis sur le bois, le fer.

. . . . . . . La muso d'aouey. . . . .
Estaco de laouries sul cap d'un miserable
Per quelques pugnats d'or *bernisso* soun afroun,
Et lo prén al carcan ou sul fens d'un estaple
Per le pourta sul Panthéoun.

**BERNISSUR**, s. m. Vernisseur, celui qui fait ou emploie le vernis.

**BEROMEN**, adv. Vraiment.

**BEROUNICO**, s. f. Véronique, plante médicale.

**BERP**, s. m. Ver, petit insecte long et rampant qui n'a ni os, ni vertèbres ; fig., *Tua lou berp*, déjeuner légèrement ; *Lou berp pico*, Commencer d'avoir faim ; *Tira lou berp d'al nas*, Pénétrer dans les secrets de quelqu'un sans qu'il s'en soupçonne. (Du latin *vermis*.)

**BERPOU**, s. m. Vermisseau.

**BERP SOULITARI**, s. m. Ver solitaire.

**BERPERIE**, s. m. Mercuriale mâle.

**BERQUIEYRO**, s. f. Dot, bien apporté par la femme en mariage.

**BÈRRE**, *Berri*, s. m. Verrat, pourceau non châtré ; fig., Homme qui a un air brutal. (Du latin *verres*.)

**BERRINAYLHO**, s. f. Petite canaille, enfants qui font de bruit.

**BERROUL**, *voyez* BARROUL.

**BERROULIA**, *voyez* BARROUILHA.

**BERRUGO**, s. f. Verrue, poireau, sorte d'excroissance de chair qui vient aux mains. (Du latin *verruca*.)

**BERS**, *Debès*, adv. Vers tel endroit. (Du latin *versus*.)

**BERSA**, v. act. Verser, répandre, épancher ; Faire tomber sur le côté en parlant des voitures et des personnes qui y sont dedans. (Du latin *versare*.)

**BERSA D'AYGO**, *voyez* PISSA.

**BERSAN**, s. m. Le Revers d'une montagne : *Xamay lou bersan d'oumbrenc bal pas gayre*.

**BERSES**, s. m. Vers, poésie. On suppose à tort que *Berses* (vers) n'a pas de singulier : *Manquo un bers al couplet*.

Naní, ba serei pas, bous direi ma pensado ;
Xamaï, per qui que sio, nou l'ei pas deguizado ;
Car un xour calqu'un maït me moustret per escrix
De *berses* qu'abio faïs, et que crezio poulits ;
Ye digueri d'abord, en bexan soun oubraxe,
Qu'espaouzabo las xens à ye rire al bizaxe. D.

**BERSET**, s. m. Verset, passage de l'Écriture sainte ; Paroles de l'office divin tirées de l'Écriture et suivies d'un répons ; Couplet de chanson, de cantique. (Du latin *versus*.)

**BERSIOU**, s. f. Version, manière de raconter un fait. (Du latin *versio*.)

**BERT, DO**, adj. Vert, e, qui a la couleur des herbes ; fig., Avoir de la vigueur en parlant d'un homme ; Qui n'est pas sec ; tout Dévorer : *Manxo bert et sec*, il mange le vert et le sec. (Du latin *viridis*.)

**BERTAT**, *voyez* BERITAT.

**BERTAT, ADO**, adj. Vrai, aie, qui est tel qu'on l'énonce ; Certain. (Du latin *verus*.)

A bostres coumplimens yeou souy b'acoustumado,
Mais es per m'insulta qu'aïci m'abes menado !

Nani : mais es *bertat* qu'abes touxoun agut
Un ayre trop gratious ambel prumié bengut ;
Uo cadun sur aco, bous ben fa lous els douces,
Et yeou bous aymi pas tantis de pissogousses. D.

**BERTADIE, EYRO**, adj. Vrai, aie, qui a coutume de dire la vérité. (Du latin *verus*.)

**BERTEL**, s. m. Espèce de Poids qu'on met au fonds d'un fuseau.

**BERTEYLHENC**, s. m. Poire précoce d'un bon goût : sa forme est comme celle du *bertel*, une espèce de lentille.

**BERT ESPERO**, s. m. Espoir trompeur, vain espoir : *Aco's de bert espero*, c'est d'un vain espoir.

**BERTOUL**, *voyez* BERTUEL.

**BERTOULAYGO**, *voyez* BOURDOULAYGO.

**BERTUEL**, s. m. La Truble, filet de pêcheur en forme de capuchon.

**BERTUOUX, OUSO**, adj. Vertueux, euse, qui a de la vertu ; Qui a une grande efficacité. (Du latin *virtus*.)

**BERTURIOUS**, *voyez* BIGOUROUS.

**BERTUT**, s. f. Vertu, tendance vers le bien ; Chasteté, en parlant des femmes ; Propriété, efficacité : *A fosso bertut* ; Vigueur, en parlant des plantes, des arbres : *Es dins sa bertut*. (Du latin *virtus*.)

**BERUGO**, *voyez* BERRUGO.

**BERXA**, v. act. Jauger, mesurer avec la jauge la capacité d'un vaisseau quelconque. (Racine *berxo*.)

**BERXAYRE**, s. m. Jaugeur, celui dont l'emploi est de jauger.

**BERXÉ**, s. m. Verger, jardin complanté d'arbres. (Du latin *viridarium*.)

**BERXO**, s. f. Velte, jauge, mesure dont on se sert pour jauger une futaille. (Du latin *virga*.)

**BERXUS**, s. m. Verjus, raisin cueilli avant sa maturité. (De *xus bert*.)

## BES

**BÈS**, adv. Vers, du côté de....
**BESC**, s. m. Gui de chêne, de pommier, etc.; Glue pour prendre les oiseaux; fig., Difficulté qu'on trouve à faire une chose : *Y'a de besc*. (Du latin *viscum*.)
**BESPERAL**, s. m. Vespéral, livre pour chanter vêpres. (Racine *bespros*.)
**BESPO**, *Guespo*, s. f. Guêpes, insectes qui vivent comme les abeilles. (Du latin *vespa*.)
**BESPRADO**, s. f. Soirée, veillée. (Du latin *vesper*.)
**BESPRE**, s. m. Le Soir : *Sul bèspre*, vers le soir. (Du latin *vesper*.)

Sul bespré tout s'ocompo é fon lou desperti;
É sobès sé pores qu'obian dinnat de moû.    PRAD.

**BÈSPROS**, s. f. Vêpres, l'office du soir. (Du latin *vespera*.)
**BESSETOS**, s. f. Nagée sur le dos ou à la renverse; c'est un espèce de délassement quand on nage.
**BESSICATOIRO**, *Bessicatori*, voyez BEZICATOIRO.
**BESSIL**, s. m. Vesceron, le lupin blanc, espèce de légume ou fève aplatie très-amère, qui se multiplie dans les blés. (Racine *besso*.)
**BESSO**, s. f. Vesce, plante annuelle. Les vesces qu'on cultive sont la vesce noire et la vesce blanche qui fournissent un très-bon fourrage. (Du latin *vicia*.)
**BESSOUNADO**, s. f. Accouchement de jumeaux. (Racine *bessous*.)
**BESSOU**, **OUNO**, s. m. f. Jumeaux, jumelle; des enfants jumeaux; des cerises, des pommes jumelles. (Du latin *bis*.)
**BESTI**, v. act. Vêtir, habiller, donner, faire des habits à quelqu'un. (Du latin *vestire*.)
**BESTI** (SE), v. récip. Se Vêtir, s'habiller.
**BESTIAL**, s. m. Bétail, troupeau de bêtes qu'on mène paître. (Du latin *bestia*.)
**BESTIALADOS**, s. f. Bêtises.

Y'a de caouzos aqui que sou pas mal troubados.

Samhriou, per lou flata, bantas de *bestialados*.    D.

**BESTIALENC**, O, adj. Qui aime les bêtes et les soigne avec plaisir.
**BESTIARI**, s. m. Vestiaire, lieu où l'on s'habille; Ce qu'on a pour s'habiller. (Du latin *vestiarium*.)
**BESTIASSO**, s. f. Bestiasse, bête, pécore, personne dépourvue d'esprit. (Racine *bestio*.)
**BESTIBULO**, s. m. Vestibule, pièce qui est à l'entrée d'un édifice et qui ne sert que de passage à plusieurs autres. (Du latin *vestibulum*.)
**BESTIMEN**, s. m. Vêtement, habit. (Du latin *vestis*.)
**BESTIO**, s. f. Bête, animal irraisonnable; fig., Personne stupide qui n'a point d'esprit.
**BESTIOLO**, s. f. Bestiole, petite bête; Personne qui a peu d'esprit. (Racine *bestio*.)
**BESTIOMEN**, adv. Bêtement, sottement.
**BESTIT**, IDO, adj. Clissé, ée.
**BESTIXE**, s. m. Vestige, restes d'anciens édifices. (Du latin *vestigium*.)
**BESTIZO**, s. f. Bêtise, Défaut d'intelligence; Ignorance crasse; Stupidité, sottise. (Racine *bestio*.)
**BESTO**, s. f. Veste, espèce d'habit à courtes basques. (Du latin *vestis*.)

## BET

**BETERAN**, s. m. Vétéran, militaire en retraite. (Du latin *veteranus*.)
**BETERENÇO**, s. f. Vétérance, qualité de vétéran.
**BETERINARI**, s. m. Vétérinaire, celui qui connaît le traitement des animaux. (Du latin *veterinarius*, fait de *veterina*, *orum*, bêtes de somme.)
**BETO**, voyez XOYO.
**BETUSTAT**, s. f. Vétusté, ancienneté des édifices. (Du latin *vetustas*.)

## BEX

**BEXA**, v. act. Vexer, opprimer, persécuter. (Du latin *vexare*.)
**BEXANT**, O, adj. Vexant, qui vexe, qui ennuie.
**BEXATIOU**, s. f. Vexation; Oppression, persécution. (Du latin *vexatio*.)
**BEXETA**, v. n. Végéter, croître comme toutes les plantes; fig., Vivre dans l'imbécillité, la détresse, l'oisiveté. (Du latin *vegetare*.)
**BEXETATIOU**, s. f. Végétation, action de végéter; Accroissement. (Du latin *vegetatio*.)
**BEXILENÇO**, s. f. Vigilance, attention soigneuse et active. (Du latin *vigilantia*.)
**BEXILENT**, O, adj. Vigilant, te, plein de vigilance. (Du latin *vigilans*.)
**BEXILHO**, s. f. Vigile, veille de certaines fêtes; Jour où l'on doit s'abstenir de manger de la viande. (Du latin *vigilia*.)

## BEY

**BÈY**, adv. Aujourd'hui, ce jour où l'on est.
**BEYRAT**, s. m. Verrée, plein un verre.
**BEYRE**, s. m. Verre, substance que la fusion a rendue solide, cassante et transparente; Vase de verre pour boire : *Labo un beyre*, lave un verre; son contenu : *un Beyre de bi*, un verre de vin. (Du latin *vitrum*.)
**BEYRIÉ**, s. m. Verrier, celui qui fait le verre, les ouvrages en verre.
**BEYRIEYRO**, s. f. Verrerie, lieu où l'on fabrique le verre, où l'on fait les ouvrages de verre.

## BEZ

**BEZADA**, voyez FOULATRA.
**BEZAL**, s. m. Rigole d'arrosement des prés.
**BEZALA**, v. act. Faire des rigoles.
**BEZALIEYRO**, voyez BEZAL.
**BEZAOU**, voyez BEZAL.
**BEZASSO**, s. f. Besace, espèce de long sac ouvert par le milieu et fermé par les deux bouts; fig., Misère. (Du latin *bis sacca* pour *bis saccus*.)
**BEZE**, v. act. Voir, apercevoir, distinguer par les yeux; Faire visite; Fréquenter, hanter. (Du latin *videre*.)

Dins un rec me sioy *vist è mé sioy* vist hourrible!
Ay vist la courrupsioû qu'o prouduit lou cancer;
Ay vist l'abcès d'un mal trop cruel, trop terrible;
Ay vist,.... l'os presque à descouvert.    PEYR.

**BEZEDOU**, voyez BISIPLE.
**BEZEGUO**, voyez CABOSSO D'AL.
**BEZI**, NO, s. m. f. Voisin, ne, qui loge, qui demeure auprès. (Du latin *vicinus*.)
**BEZIADOMEN**, adv. Douillettement, avec grand soin.
**BEZIADURO**, s. f. Mignardise, délicatesse, soin excessif.
**BEZIAT**, ADO, adj. Mignard, douillet, gâté.

**BEZICATOIRO**, s. m. Vésicatoire, médicament extérieur qui fait venir des vésicules sur la peau. (Du latin *vesicatorius*.)

**BEZICLOS**, s. f. Bésicles, sorte de Lunettes qui s'attachent à la tête moyennant des branches. (Du latin *bis oculi*.)

**BEZINALOMEN**, adv. Tout voisin, tout près.

**BEZINAT**, s. m. Voisinage, lieux proches; les Voisins. (Du latin *vicinia*.)

Quond del fé prou sécat, lou ser fau lous moulous,
Dé tout lou *bésinat* bénou lous effontous,
Jusquos ol cachoniou qué sort dé lo bressolo,
Escola sur lo pilo, é fa lo cobriolo. PRAD.

**BEZINAXE**, *voyez* BEZINAT.

**BEZINEXA**, v. n. Voisiner, fréquenter les voisins. (Du latin *vicinus*.)

**BEZIPLE**, O, adj. Visible, évident, manifeste. (Du latin *visibilis*.)

**BEZIPLOMEN**, adv. Visiblement, d'une manière visible; Évidemment.

**BEZOUCH**, *voyez* BEZOUX.

**BEZOUGNO**, s. f. Besogne, travail, ouvrage; Affaire embarrassante. (Du français *besoin*, comme si l'on disait *travail pour subvenir aux besoins de la vie*.)

Mestre, per ount anan coumença la *bezougno*?
Me dis Pegazo : anguen dret à la Pouligougno,
Et se n'en pas roustits praquel soulel arden,
Aqiou troubaren pla de que vire un moumen.

**BEZOUN**, s. m. Besoin, nécessité; Pauvreté, indigence; Nécessités naturelles.

**BEZOUX**, s. m. Serpe à tailler les haies.

**BEZUCA**, *Bezuquexa*, v. act. Chipoter, s'occuper à peu de chose; Pignocher, manger négligemment, sans besoin.

**BEZUCARIÉ**, s. f. Bagatelle, vétille.

**BEZUCAYRE**, O, s. m. f. Chipotier, homme adroit qui sait s'occuper.

**BEZUCOUS**, s. m. Vétilleux, minutieux.

**BEZUCOUS**, OUSO, adj. Minutieux, euse, qui demande beaucoup de soin et d'attention.

**BEZUKEJHA**, *voyez* BEZUCA.

## BIA

**BI**, s. m. Vin, liqueur qu'on tire du raisin. (Du latin *vinum*.)

Guilhomo, franciman, coumpagnou pastissié,
Anzic crida de *bi* per un drolle fayssié.
Hau bi de biguo, bi, hau bi à quatre doublos,
Et dissec : ça, peïs : allons faire un effort,
Allons boire d'un vin qui doit être bien fort,
Car le crieur a dit qu'il est en quatre doubles. G.

**BIALA**, *voyez* BELA.

**BIALOMEN**, s. m. Bêlement.

**BIANDO**, s. f. Viande, la chair des animaux dont on se nourrit; Biens, possession, fortune : *A fosso biando*. (Du latin barbare *vivanda*, fait de *vivere*, que les italiens ont conservé.)

**BIARDA**, *voyez* DESCAMPA.

**BIASSO**, *Bigasso*, s. f. Besace : *Pourta la biasso*, Prendre les provisions de bouche nécessaires à un journalier pour passer la journée; *Prene la biasso*, Aller à l'aumône. (Du latin *bis sacca*.)

**BIATICO**, s. m. Viatique, l'eucharistie qu'on donne aux malades. (Du latin *viaticum*.)

**BIAXA**, *Biajha*, v. act. Transporter des marchandises, des fardeaux. (Du latin *via*.)

**BIAXE**, EYRO, *Biajhe, eyro*, adj. Viager, qui est à vie, dont on doit jouir durant la vie. (Du latin *vita*.)

**BIAXE**, *Biatge*, s. m. Charge pour un voyage; Salaire pour un transport.

Me sentissi tout transpourtat
D'amour et de couracha ;
Que me languis d'estre arribat
Prep dal dibin mainache.
Coumo el pot soul me counlenta,
Boli tenta
De l'empourta,
Gagnarei moun *biache*. PUJ.

**BIAYS**, s. m. Adresse, habileté, esprit.

Podi parla tout naout, y'a pas digus aqui?
Parlo de calque *biays*, aïci que yeou t'aouzigo,
Mais surtout fai-bo leou, cal que t'en abertigo. D.

**BIAYS**, s. m. Biais, ligne oblique; fig., Moyen de réussir dans une affaire; se Mettre en main pour faire une chose; adv. d'aucune manière, d'aucune façon : *De cap de biays*. (De l'ancien gaulois *bihay*, de travers.)

Semblario, gaïrebé que prenes aquel *biays*,
Per me dire tabe que lous meous sou mal fais.
A mous berses anfin troubaries à redire ? D.

**BIAYSSUT**, UDO, adj. Adroit, te : *Es fort biayssut*.

**BIAYZA**, v. n. Biaiser, poser de Biais : *Biayzo bo un boussi*; Fig. Ne pas agir sincèrement.

**BIAYZEJHA**, *voyez* BIAYZA.

## BIB

**BIBAC**, s. m. Bivouac ou Bivac, garde extraordinaire qu'on fait pendant la nuit et en plein air, pour la sûreté d'un camp. (De l'allemand *biwacht*.)

**BIBACA**, v. n. Bivouaquer ou Bivaquer, passer la nuit en plein air et dehors.

**BIBACITAT**, s. f. Vivacité, promptitude, activité, ardeur. (Du latin *vivacitas*.)

**BIBANDIÉYRO**, s. f. Vivandière, cantinière, celle qui suit les troupes et leur vend des vivres; fig., Femme peu estimable. (Du latin *vivere* vivre.)

**BIBANT**, s. m. Vivant. (Du latin *vivens*.)

**BIBENT**, O, adj. Vivant, te, qui est en vie.

**BIBEROUN**, s. m. Biberon, petit vase à bec ou tuyau pour faire boire; Ivrogne, celui qui aime à boire, qui boit beaucoup. (Du latin *bibere*.)

**BIBIE**, *Pesquié*, s. m. Vivier, pièce d'eau où l'on nourrit, où l'on conserve du poisson. (Du latin *vivarium*, fait de *vivens*, vivant, parce qu'on conserve le poisson vivant.)

**BIBIFIA**, v. act. Vivifier, donner de la force, de la vigueur. (Du latin *vivificare*.)

**BIBLIOTECO**, s. f. Bibliothèque, lieu garni de livres; Armoire pour mettre des livres. (Du grec *biblión* livre, et *teké* boîte.)

**BIBLIOUTECARI**, s. m. Bibliothécaire.

**BIBOMEN**, adv. Vivement, avec ardeur.

**BIBOS**, s. f. Avives, glandes qui s'enflant à la gorge des chevaux, causent une maladie qu'on appelle aussi Avives. (Du latin *aqua viva*, eau vive, parce que c'est en buvant des eaux vives, lorsqu'ils ont chaud, que les chevaux contractent cette maladie.)

**BIBOUTEXA**, v. act. Vivoter, vivre doucement et pauvrement. (Racine *bioure*.)

## BIC

**BICARI**, s. m. Vicaire, suppléant d'un curé. (Du latin *vicarius*, fait de *vicis*, au pluriel *vices*, lieu, place.)

Couma anave douna man-forta,
Vèze passa davan ma porta
Un espéça de capelan
Qu'èra pressat, é per la man
Ménava un énfantét for jouyne :
Lou préniéy, ma fouè, per un mouyne.
Qui va là ? ïé cridére... Ave,
Mé réspoundèt, Moussu l'abé...
Ay ! ès tus, *vicari* l'anthéa ?...
— Oy, mé diguét, moun paoure Enéa...
— Bon, é coussi vay la santat ?
Toun viél raoumas t'a-ti passat ?
—O mardiou ! las malaoutiès passoun
Mais lou laguis qué mé tracassoun,
Say que passaran pas antaou. FAV.

**BICARIA**, v. n. Vicarier, faire les fonctions de vicaire ; Rester dans la place de vicaire, leur durée.

**BICARIAT**, s. m. Vicariat, fonctions de vicaire, leur durée.

**BICI**, s. m. Vice, défaut, imperfection; Désordre, libertinage, corruption. (Du latin *vitium*.)

**BICIA**, v. act. Vicier, altérer, gâter, corrompre. (Du latin *vitiare*.)

**BICINAL**, adj. Chemin vicinal. (Du latin *vicinus*.)

**BICIOUS**, OUSO, adj. Vicieux, euse, qui a quelque défaut ; Enclin, adonné au vice ; Ombrageux, rétif, qui mord, qui rue, en parlant des chevaux.

**BICIOUSOMEN**, adv. Vicieusement, d'une manière vicieuse.

**BICISSITUDE**, s. f. Vicissitude, instabilité, mutabilité des choses humaines. (Du latin *vicissitudo*.)

**BICTIMA**, v. act. Victimer, rendre victime ; Accabler d'exigeances. (Du latin *victimare*.)

**BICTIMO**, s. f. Victime ; fig., Personne sacrifiée aux intérêts, aux passions d'autrui. (Du latin *victima*.)

Per uno graço tant sublimo,
Moun Dious ! de que bous présenta ?
Me demandas uno *bictimo*
Dinno de bostre sant aouta.
Podi dins aquesto journado
Bous ouffri moun cor attendrit,
Car moun ouffrando es azagado
De tout lou sang de Jesu-Crit. Puj.

**BICTOIRO**, *Bittorio*, s. f. Victoire, avantage remporté à la guerre ; Gain d'une bataille. (Du latin *victoria*.)

**BICTOURIOUS**, O, *Bittourious*, o, adj. Victorieux, euse, qui a remporté la victoire.

## BID

**BIDA**, v. act. Vider, rendre vide, ôter ce qu'il y a dans une chose.

**BIDALBO**, s. f. La Vigne blanche ; La Vierne à larges feuilles, plante sarmenteuse des haies ; fig., Faible, languissant. (Du latin *vinea alba*.)

**BIDASSO**, s. f. Vie chétive, mauvaise ; Vie déréglée.

**BIDE**, O, adj. Vide, où il n'y a rien. (Du latin *viduus*.)

**BIDO**, *Vido*, s. f. Vie, état où est l'homme tant que son âme est unie à son corps ; Espace de temps qui s'écoule depuis la naissance jusqu'à la mort ; la Manière de vivre en ce qui concerne la nourriture, en ce qui regarde les commodités ou incommodités de la vie, en ce qui regarde la conduite et les mœurs. (Du latin *vita*.)

N'ay pas dégus qué mé ségoundé,
O destin trop capricious !
Lio-t'y dé bounhur dins lou moundé
En perdén cè pus précious ?
Dins ma désoulatiou, peccayré !
La *vida* m'és un fays pla gréou.
Incabal qué podé-t'y fayre
Quan moun péra és dins lou toumboou. PEYR.

**BIDOT**, voyez SIRMEN.

**BIDOUN**, s. m. Vidon, vase de ferblanc à l'usage de chaque soldat en marche. (Du latin *vita*.)

**BIDOURLI**, voyez QUISCABEL.

## BIE

**BIEL**, BO, *Viel*, *lo*, adj. Vieux, vieille, fort avancé en âge, qui est du temps passé ; Endommagé, usé. (Du latin *vetus*.)

Vénés, que vous vole fa rire,
Per cé que me resta à vous dire.
Mé vézes bén *viél* é bén flac :
Endaco tout soul dins un sac
Voudriey pléga touta l'escorta
Qu'aven aqui davan la porta.
Sé lous éniassaven en bloc
É que lous penjessoun aou croc
D'una roumana méjanciera,
La carga sérié tant laoujeyra,
Que béléou toutes tant que soun
Farien pas mounta lou boujoun. FAV.

**BIEILHARD**, s. m. Vieillard, homme d'un grand âge. (Racine *biel*.)

É sé d'éfans dél Nil, dé l'Ohio, dé l'Uphrata,
Gémissou désoulats lion d'una terra ingrata
Qué lous aouro banits dé soun sé maternel ;
Victimes dé la tyrannia,
Sé vénou dins l'Occitania
Joui del vray bounhur qu'és déjoust nostré Ciel,
Al *viellar* affayssat d'un fagot dé ramada,
Qué gagna daou lou souer sa cabana infumada,
Sé démandou d'un air mouquet,
En véchén lou canal, nostré bel héritage :
Qual és aquel d'aqui qu'o fach aquel ouvrage ?
Lou viel'ar respoundro : *lou célébré Riquet !!*. PEYR.

**BIEILHARIES**, s. f. Vieillerie, chose vieille, usée, de peu de valeur.

**BIEILHAS**, ASSO, s. m. f. Vieillard, vieille, pris en mauvaise part. (Racine *biel*.)

**BIEILHESSO**, s. f. Vieillesse, grand âge. (Du latin *vetustas*.)

Per fa dé cobussats causissés lous pus bels,
Qué l'obit dé soun loung couchat dins uno ournieyro,
Oné soli lou nas per uno cotounieyro.
Oqui creys, met dé barbo, é quond és fier, goillard,
Démescouno so maîré, é fo fomillo o part.
Otal, quond dé *bieillesso* ou dé frech és crébado,
Per sous joubés éfons lo souquo és romploçado.
PRAD.

**BIELHI**, v. n. Vieillir, devenir vieux, paraître vieux ; en parlant des choses, Passer de mode. (Racine *biel*.)

**BIEILHO**, s. f. Vielle, sorte d'instrument à corde et à roue. (De l'espagnol *vihuela*.)

**BIEILHOT**, *Bieillou*, s. m. Vieillot, qui commence à vieillir. (Du latin *vetulus*.)

**BIELHUNO**, s. f. Vieillesse.

BIÉLIOS, *voyez* FIALFROS.
BIÉNBENGUDO, s. f. Bienvenue, arrivée dans un lieu ; Entrée dans un corps, une société. (Du latin *benè venire*.)
BIEN-DISANT, O, adj. Bien-disant, qui parle avec grâce, qui en impose par ses paroles. (Du latin *benè dicens*.)
BIENFAISANT, O, adj. Bienfaisant, e, qui aime à faire le bien, qui fait le bien. (Du latin *benè faciens*.)
BIENFAIT, s. m. Bienfait, grâce, service, plaisir (Du latin *benè factum*.)
BIENFAITUR, s. m. Bienfaiteur, celui, celle qui a fait du bien à quelqu'un. (Du latin *benefactor*.)
BIENHUROUS, O, adj. Bienheureux, euse, fort heureux ; Ceux qui jouissent de la béatitude céleste.
BIERO, *voyez* BRANCARD.
BIEROUN, *voyez* BIBEROUN.
BIERRO, s. f. Bière, sorte de boisson qui se fait d'orge, de froment et de houblon. (De l'allemand *bier*.)
BIERXO, *Vierjo*, s. f. Vierge, la mère de Jésus-Christ. (Du latin *virgo*.)

É prés d'él toumba à ginouls, — « Sira,
« (Li dis), al noun del Rey dés reys
« É dé la *Vierja* qué m'inspira,
« Véné pas bous dicta dé léys ;
« Car n'ay pas aquel avantagé :
« Mais ay désartat moun villagé
« Per véni bous ouffri moun bras.
« Bous qué d'*Agnés* fay lou délicé,
« Sé m'accourdas aquel servicé,
« Siégas ségu qué triounphas. »   PEYR.

BIETTAZE, *voyez* AOUBERXINO.

### BIG

BIGA, *voyez* TROUCA.
BIGAL, s. m. Moucheron, cousin, insecte incommode par son bruit et ses piqûres ; fig., un Ivrogne.
BIGASSO, *voyez* BIASSO.
BIGARRA, v. act. Bigarrer, diversifier de couleurs. (Du latin *bis variare*.)
BIGARRAT, ADO, *Bigorrat*, ado, adj. Bigarré, ée.
BIGARREOU, s. m. Bigarreau, grosse cerise à chair ferme et charnue, bigarrée de noir, de rouge et de blanc. (Racine *bigarra*.)
BIGARRURO, s. f. Bigarrure, variété de couleurs tranchantes et qui ne s'assortissent pas ; Chose disparate.
BIGNE, s. m. Vignoble, lieu planté de vignes. (Du latin *vinea*.)
BIGNEROUN, s. m. Vigneron, celui qui cultive la vigne.
BIGNO, s. f. Vigne, arbrisseau sarmenteux qui porte le raisin ; Certain espace de terrain planté de vigne. (Du latin *vinea*.)

Lo *bigno* sé comayo ó lou sont olimen
Sé préparo o roja pel conal dol sirmen.   PRAD.

BIGNOPLE, *voyez* BIGNE.
BIGNOU, *voyez* BAGNEXO.
BIGORNO, *voyez* BIORNO.
BIGOS, s. m. Houe, hoyau, bident, binette, instrument de jardinier. (Du latin *bis dens*.)
BIGOSSO, *Fourcado*, Fourche coudée pour charger le fumier.

BIGOT, *voyez* FOURCADO.
BIGOT, O, s. m. f. Bigot, ote, Faux et fausse dévote, hypocrite. (De l'anglais *by god*, par Dieu : parce que les bigots prennent sans cesse Dieu à témoin de la pureté de leurs intentions.)

Se truferou de bous, amaI fort amplomen.
Que ye serbis, dizioou, de fa tant la moudesto,
Quan soun aïré *bigot* rospouo pas amm'el resto ?
La bezeu, es berlat, prega Dious coumo cal ;
Mais quan ben de la gleyzo, es un diaple à l'oustal.   D.

BIGOU, s. f. Vigueur, force pour agir ; Ardeur, courage. (Du latin *vigor*.)

Oujourd'huey qué sé sent dins lo *bigou* de l'atgé,
Bol fixa del soulel lous régars sous oumbratgé ;
N'o bésoun en effet per estré omodurat.   PRAD.

BIGOUROUS, OUSO, adj. Vigoureux, euse, qui a de la vigueur ; Robuste, fort.

Malgré lou colimas quó nous fo tont dé péno,
Dé moundé é dé bestial l'aïro n'és pas mens pléno.
Jous efforts rédoublats d'un pougnet *bigourous*,
An déja succoumbat del gorbié lous cresious.   PRAD.

BIGOUROUZOMEN, adv. Vigoureusement, avec force, vigueur, d'une manière vigoureuse. (Racine *bigou*.)
BIGOUSSADO, s. f. La Charge, ce qu'on peut porter de terre, de fumier, etc., avec le hoyau.
BIGOUSSAYRE, s. m. Ouvrier qui travaille la terre avec le hoyau.
BIGOUSSOU, s. m. Petite binette à l'usage des jardiniers. (Racine *bigos*.)
BIGRE, O, adj. et s. Bigre, pauvre hère ; fig., Petit malin : *Aquel bigre, l'a attrapat!* ce petit drôle l'a attrapé.

Moun Diou, sécous ! sécous ! sécous !
Annéta un jour ansin cridava,
Quand un gros loup acécutava
Sas cabrétas et sous moutous ;
Mais, lou *bigré!* tant s'en chaoutava
Couma s'avié dich dé cansous.   RIG.

### BIJ

BIJOU, s. m. Bijou, petit ouvrage curieux ou précieux servant à la parure d'une personne ; Jolie maison bien arrangée. (Suivant Ménage, du latin *bis jocus*, jouet.)
BIJOUTARIE, *Bijoutario*, s. f. Bijouterie, commerce de bijoux.
BIJOUTIER, s. m. Bijoutier, celui qui fait commerce de bijoux.

### BIL

BIL, O, adj. Vil, méprisable, bas. (Du latin *vilis*.)
BILAGNE, *Escubilhè*, *Rouil*, s. f. Vilenie, ordure, saleté ; fig., Méchant, en parlant des enfants.
BILAN, s. m. Bilan, état de l'actif et du passif.
BILANDRIE, ERO, adj. Personne qui habite la ville ou qui en a le ton.
BILASSO, s. f. Villace, grande ville. (Racine *bilo*.)
BILAXE, s. m. Village, assemblage de maisons dans la campagne plus considérable qu'un hameau et moins qu'un bourg. (Du latin barbare *villagium*.)
BILAXES, ZO, s. m. f. Villageois, oise, habitant d'un village ; Qui a les allures d'un villageois. (Racine *bilaxé*.)

## BIM

**BILEN, O,** adj. Vilain, qui n'est pas beau, qui déplait à la vue; Incommode, désagréable; Dangereux, en parlant des maux; Méchant. (Du latin *villanus*, autrefois paysan, roturier.)

**BILIETO,** *voyez* BILHETO.

**BILIPANDA,** v. act. Vilipender, déprimer, mépriser, décrier. (Du latin *vilipendere*.)

**BILHA,** v. act. Biller, garrotter des fagots, la charge d'une charrette. (Racine *bilho*.)

**BILHART,** s. m. Billard, sorte de jeu; Table sur laquelle on y joue. (Du latin *pila*, boule à jouer.)

**BILHARDIÉ,** s. m. Celui qui tient billard, qui fréquente les billards.

**BILHET,** s. m. Billet, petite lettre sans cérémonie; Marque qu'on donne à ceux qu'on veut admettre quelque part; Lettre de change. (Du latin barbare *billetus*, diminutif de *billus*, fait de l'allemand *bille*, qui signifie la même chose.)

**BILHETO,** s. f. Avertissement à un jeune soldat de se tenir prêt à partir; Billet de logement.

**BILHO,** s. f. Bille, petite boule d'ivoire avec laquelle on joue au billard. (Du latin *pila*.)

**BILHOT,** *Bilhou,* s. m. Garrot, bille pour serrer le moulinet d'une charrette; Billot, bâton court dont on menace quelqu'un. (Racine *bilho*.)

Chacun marcha, un *biot* en man.
Lou maréchal, qu'éra davan,
Abordo lou serjan dé garda
É lou toumba d'una nazarda;
Sous amis, dé lou veyré aou soou,
Toumberoun atabé dé poou;
É l'hounou d'aquela journada
Restèt entièyra à Lafulada. FAV.

**BILHOU,** s. m. Garrot, bille avec quoi on serre la corde d'une charrette.

**BILLO,** s. f. Bile, pituite, humeur du corps humain; Colère. (Du latin *bilis*.)

Béjo, Jonou, dé qu'uno counsequenço
És d'obeyré per mairo un homé dé prudenço :
Sons el, beleou, sur lous dits é rédits,
Qué nous escaufabo lo *bilo*,
Ol lioc dé courri sus bondits,
Onaben embronda lo bilo. PRAD.

**BILLO,** s. f. Bâtonnet, jeu d'enfant dans lequel on renvoie un morceau de bois pointu des deux bouts en frappant sur l'un d'eux avec un billot.

**BILLOUS, OUZO,** *Bilhous,* adj. Bilieux, euse, qui abonde en bile, qui est incommodé par la bile. (Racine *billo*.)

**BILO,** s. f. Ville, assemblage d'un grand nombre de maisons disposées par rues. (Du latin *villa*.)

Déqué la dé noou dins la *vila?*
Mé sembla que n'és pas tranquila !
Qu'és ayço? l'a fioc en quicon?...
N'éro pas qu'à moun prémié soû
Quan una brujou ranfourçada
M'a fach escampa la flassada;
Souy mountat d'abor aou grenié,
É d'aqui sus lou pichounié,
Certa, tout éra en gara-gara :
Aqui fioc, alay tintamara;
Diga-mé, moun cher capelan,
Déqué diaouqua és aquel sagan ? FAV.

## BIM

**BIME,** *voyez* BIN.

**BIMEXA,** *voyez* FLACA, FLEXI, FIPLA.

**BIMIGNÉ,** s. m. Osier, souche dont les jets ou scions servent à faire des paniers, à lier. (Du latin *vimen*.)

**BIMOS,** s. f. Osier, variété de saule; ses jets sont fort pliants.

## BIN

**BIN,** s. m. Scion, brin d'osier franc. On distingue en patois par des mots différents l'usage qu'on veut faire de l'osier : si c'est pour lier des cerceaux, on dit simplement *Bins*; si c'est pour faire des paniers on dit *Bimos, Bins, Bédissos*.

**BIN,** *Xouncas,* s. m. Jonc, plante qui croît dans les endroits humides : *Missant prat qué fa pas qué dé bins!* mauvais pré qui ne fait que des joncs !

**BINA,** v. act. Biner, donner à la vigne un second labour; Dire deux messes dans la même église, le même jour; Desservir deux cures. (Du latin *binare*.)

**BINADO,** s. f. Piquette, boisson faite d'eau et de marc de raisin; Méchant vin. (Racine *bi*.)

**BINAGRA,** v. act. Vinaigrer, assaisonner avec du vinaigre.

**BINAGRE,** s. m. Vinaigre, vin rendu aigre par artifice. (Racine *bi agre*.)

Touto bouillento oprés dins lo péço obourrido,
Per lou traouc dél boundou lo dròcado és cobido.
Soubent on dé *binagré*, ou d'olum, ou dé sal,
Sé fo qualqué engrédien qué réparo lou mal. PRAD.

**BINAGRELO,** s. f. Oseille des prés.

**BINAGRETO,** *Binagridyro,* s. f. Vinaigrier, burette pour le vinaigre. (Racine *bi*.)

**BINAIRE,** s. m. Ouvrier occupé à biner une vigne. (Racine *bina*.)

**BINAT,** adv. *I'a binat;* grande abondance de vin.

**BINAXE,** s. m. Binage, seconde façon qu'on donne à un champ, à une vigne; Binage, petit repas qu'on fait quand on a conclu un marché. (De l'ancien droit que le seigneur avait sur les *vins* qui étaient produits sur le territoire de sa seigneurie.)

**BINBIGNE,** s. m. Souche d'osier franc qu'on recèpe tous les ans : *Mé cal tailha lous binbignès.* (Du latin *vimen*.)

**BINCRE,** v. act. Vaincre, remporter un avantage sur ses ennemis : *Lous aben bincuts;* Surmonter un obstacle : *Facillomen l'a bincut;* Fléchir, persuader : *Ba y'a tout calgut per lou bincre.* (Du latin *vincere*.)

**BINCUR,** s. m. Vainqueur, celui qui a vaincu : *Aco's lou bincur.* (Du latin *victor*.)

............ Es partit, et deja ben s'abatre
Al miech d'un gran hazart, sorto d'amphiteatre,
Ount damos et moussus del naout de lour trestat
Sou bengudis jutcha lou *bincur* del coumbat.

**BINCUT, UDO,** adj. Vaincu, ue, battu, subjugué: *Sios bincut.* (Du latin *victus*.)

**BINETO,** s. f. Vinette, oseille, plante potagère rafraîchissante qu'on cultive dans les jardins : *Faras uno mouleto à la bineto.* (Racine *bi*, à cause du goût acide de l'oseille.)

**BINGA,** v. n. Gambader, sauter, en parlant des enfants : *Fa pas que binga.*

**BINGO LOUNG,** s. m. Homme très-grand et mince de corps : *Agaxo aquel bingo loung!*

**BINGOY,** *voyez* GUINGOY.

**BINOULIE,** *voyez* BIGNEROUN.

**BINT,** adj. num. Vingt, deux fois dix : *Lou bint d'aquesté més.* (Du latin *viginti*.)

BINTENO, s. f. Vingtaine, le nombre de vingt : *Uno binteno de persounos.* (Racine *bint.*)
BINTIÈME, adj. Vingtième : *Lou bintième d'al mès.*

## BIO

BIO, s. f. T. de tiss. 32 fils de la chaîne.
BIOCH, *voyez* BIDÉ.
BIOL, s. m. Viól, violence faite à une femme, à une fille qu'on veut prendre de force. (Racine *bioulenço.*)
BIOL, s. m. Servitude d'un sentier à travers la propriété d'un autre. (Du latin *via.*)
BIOLO, *voyez* BIELHO.
BIOOU, s. m. Bœuf, taureau châtré. (Du latin *bos.*)

Pallas, dé veyre dé proufanas
Espeña sas gens à soutanas,
Dé sé veyre éla à la merci
Dé dous malhurous sans souci,
Pallas s'esfrayet d'una sorta
Que cujet toumba réde morta.
Mais, lou mati, quan séguet jour,
Bén nous ou rendet à soun tour.
Toutéscas soun gros simulacre
Seguet pourtat dins un fiacre
Qu'una cata faguet un iooú ;
Una agassa acouchèt d'un *bioou;*
Daous lou ciel couma una fuzada
Un aze prenguét la youlada ;
Dins la furou dous agnelous
Sannéroun un troupel dé lous.  FAV.

BIOOU DE NOSTRE-SEIGNE, s. m. Lygée. Il est long de quatre lignes, sans ailes, rouge sale; il a une tache noire au milieu du corselet et un gros point noir sur chaque étui ; il est très-commun dans les jardins et sur le tronc de certains arbres.
BIOURLE, *voyez* BRAOU.
BIORNO, s. f. Bigorne, bout d'enclume qui finit en pointe et qui sert à tourner les grosses pièces en rond. (Du latin *bicornis*, qui a deux cornes.)
BIOU, IBO, adj. Vif, ive, vivant, vivante; qui est en vie; Qui a beaucoup de vigueur; Qui fait une impression violente; Colère, emporté. (Du latin *vivus.*)

Certos, n'aprobi pas las caouzos que ban mal
Et bey gayre digus n'axis pas coumo cal.
Las xens per tout lou mounde an trop de coumplazenço,
Per d'aoutres attabes an trop de maldizenço ;
Se bous bantou calqu'un, es pourtat à las nious ;
D'aoutres soun brabomen escourxats toutes *bious;*
Tout ba per flataries, ou tout ba per maliço ;
Coussi que ba bires, aco's uno inxustiço.  D.

BIOULA, v. act. Violer, faire violence à une fille, à une femme ; Dévoiler un secret. (Du latin *violare.*)
BIOULAN, *Bioulandas*, s. m. Débauché, abandonné, libertin.
BIOULATIOU, s. f. Violation, action de violer. (Du latin *violatio.*)
BIOULE, *voyez* PIBOUL.
BIOULENÇO, s. f. Violence, impétuosité; Colère. (Du latin *violentia.*)

Quan dins l'espaça
Tout nay, tout passa,
Couma lou lis
Quan espèlis ;
Lou michan douta,
Lou boun redouta
L'éternitat

Qu'és véritat.
L'impia, anfin, din l'indoulença
Sé fo *violença*
Dé dire à son terribla adiou :
« Exista un Diou. »
É per una ama
Touta dé flama
Ré n'és tan bel
Couma lou Cel.  PEYR.

BIOULENT, O, adj. Violent, ente, impétueux; Colère; Souffrant, douloureux. (Du latin *violens.*)
BIOULENTA, v. act. Violenter, faire faire par force. (Racine *bioulent.*)
BIOULENTOMEN, adv. Violemment, avec violence.
BIOULET, O, adj. Violet, ette, qui est de couleur violette. (Du latin *violacens.*)
BIOULETO, *Pazimen*, s. f. m. Carreau dont on pave le dedans d'une maison.
BIOULETO, *Canitorto, Flou de mars, Flouretto*, s. f. Violette, plante d'une odeur très-agréable. (Du latin *viola.*)
BIOULIE, s. m. Violier, giroflée, plante qui porte des fleurs jaunes, blanches, rouges, violettes, d'une odeur douce et agréable. (Du latin *viola.*)
BIOULOUN, s. m. Violon, instrument de musique à quatre cordes dont on joue avec un archet. (Suivant Ménage, de l'espagnol *violin.*)

Despei loungténs, amic, lé dégoust, lé désaïré
M'abion sasit al pun qu'abio pas pus dé boués :
Eri tristé, et rebur, et moun *biouloun* patoués,
Penjat al rasteilié, jougabo pas cap d'aïré.  DAV.

BIOULOUNA, v. act. Jouer du violon.
BIOULOUNAYRE, s. m. Violon, Celui qui fait profession de jouer du violon.
BIOURE, v. n. Vivre, jouir de la vie ; Se nourrir ; Subsister ; Dépenser ; Se conduire, se comporter. (Du latin *vivere.*)

Pioy mèttéro ma jouissença
A *vioure* ambé dé libertins,
Entré lou vicé é l'ignourença,
Parmi lous bals é lous festins.
Tout, déjouts la youta célesta,
Per yéou semblava rajouyni.
Dé tout acos ara mé resta
Un dous é cruel souvéni.  PEYR.

BIOURES, s. m. Vivres, toutes les choses dont se nourrissent les hommes ; Provision de bouche. (Racine *bioure.*)
BIOUSO, *voyez* BEOUS, BEOUSO.

## BIP

BIPÈRO, s. f. Vipère, serpent venimeux qui fait ses petits vivants, c'est du moins ce qu'on a cru pendant longtemps; fig., Méchant, violent, colère. (Du latin *vivipara.*)

Sans crénta aven bravat l'infama caloumnia
Qué sé play d'esclafa joust sous pès lou génia ;
L'Euvia al cor d'acié qué sé nourris d'afrouns,
L'afrousa Jalousié, qu'una cruella flama,
Ensi qu'una *vipéra* entourtilla soun ama,
É qué la dévouris d'h-founs.  PEYR.

BIPLO, s. f. Bible, recueil qui contient l'Ancien et le Nouveau Testament. (Du grec *biblos.*)
BIPLOTECAYRE, s. m. Bibliothécaire, celui qui

## BIR

a soin d'une bibliothèque.
**BIPLOTECO**, s. m. Bibliothèque, lieu où l'on garde des livres; Amas de livres rangés en un endroit destiné à les contenir.

## BIR

**BIRA**, v. act. Tourner, mouvoir en rond; au jeu de cartes, Retourner; Retourner un habit; Chasser une bête qui fait du dégât dans un champ; fig., Relancer quelqu'un; Perdre la tête. (Du latin *gyrare*.)

Quan ajèt fach, la bòna lama,
Nous dis d'un toun plé dé douçou :
— Véja m'aqui poulit garçou;
De quinte coustat qué mé *vire*
Tout vay bèn, ïa pas rès à dire.
Lous Grès mé voloun fa mouri,
V'aoutrès mé voulès pas nouri;
È vézé qu'ay, sus cé qué coua,
Chanjat la corda per la roua.
Sarnipa! qué mé facougue antaou
Passa dé la febre aou maou caou,
Sans espéra gés dé rémédi!
Boutas, Messius, fazès-mé crédi :
È per v'aoutrès, sé m'espargnas,
Prégaray Diou couma un dragas. FAV.

**BIRADIS, ISSO**, adj. Facile à s'émouvoir, à changer de manière de penser, d'agir.
**BIRADO**, s. f. Peur, émotion, secousse; Maladie de peu de durée; Penchant, allures, pente, habitude.

JONÉTO.

D'ount l'oï bénés, Mortrou, sios touto esfolénado?

MORTROU.

Nou jomaï pus, Jonéto, uno talo *birado*.
Met-mé lo ma sul cor; béjo coussi mé bat. PRAD.

**BIRAL DE MA**, s. m. Tour de main, promptement, dans un instant. (Racine *biral*.)

Remarquas, quoique sur de fadezos,
De tournuros que ya que nou sou pas mal prezos,
Amaï nou y'ei pas mes d'al ser al lendema
Bei certos agut fax dins un *biral de ma*. D.

**BIRBAYLHOS**, *voyez* BRUSCAILHOS.
**BIRO**, s. f. Retourne, au jeu de cartes la carte qu'on retourne.
**BIRO**, s. f. Tour que fait un berger pour serrer les bêtes qui s'écartent, qui vont faire du dégât. (Racine *bira*.)
**BIROBIQUI**, s. m. Vilebrequin, outil qui sert à trouer, à percer du bois, etc. (Suivant Le Duchat, c'est une corruption de *virebrequin* qu'on dit encore en Anjou, et qui est formé de deux mots : *virer*, tourner, et *brequin*, nom de la mèche de cet outil.)
**BIROBOUQUET**, s. m. Bilboquet, petit bâton tourné, avec une cavité à l'un de ses bouts et une pointe à l'autre; on jette en l'air une boule attachée à une corde qui tient au milieu du *bilboquet*, et l'on tâche de la faire retomber et rester soit dans la cavité, soit dans la pointe. (Suivant Ménage, du français *bille*, petite boule, et *boquet*, petit morceau de bois.)
**BIROGAOUT**, *voyez* SOUFFLET.
**BIROL**, s. m. Truble, filet de pêcheur en forme de poche dont les bords sont attachés à la circonférence d'un cercle de bois auquel on ajuste un manche plus ou moins long.

## BIS

**BIROLO**, s. f. Virole, anneau qu'on met à un manche d'outil. (Du latin *viria*.)
**BIRO SOULEL**, s. m. Tournesol, plante; Ombrelle.
**BIROU**, *Ximbel*, s. m. Vrille, gibelet, petit foret pour percer un tonneau.
**BIROULA**, v. act. Pêcher avec le truble; Mettre une virole à un manche.
**BIROULET**, s. m. Tourniquet, morceau de bois en forme de coin, assujetti par un bout avec un clou pour fermer une porte d'armoire.
**BIROUNA**, v. act. Percer avec une vrille.
**BIROUNIEYRO**, *voyez* BIROUNO.
**BIROUNO**, s. f. Grosse vrille dont on se sert pour percer.

Pirrhus, munit d'una *virouna*,
Tant vira, revira, bourjouna,
A drécha, à gaucha, èn bas, èn naou,
Qué cruvèla un aoutre pourtaou;
È nous lé fay d'un cop dé tèsta
Un traou sufizèn per lou rèsta. FAV.

**BIRTUEL**, s. m. Le Verveux, filet de pêcheur formé de deux réseaux pointus dont l'un entre dans l'autre; ils sont tendus et renflés par des baguettes pliées en cerceau.
**BIRXINITAT**, s. f. Virginité, état d'une personne vierge. (Du latin *virginitas*.)

## BIS

**BIS**, s. m. Vis, pièce cannelée en spirale. (Du latin *gyrus*.)
**BISBIL**, s. m. Bisbille, querelle; Dissension. (De l'italien *bisbiglio*.)
**BISCA**, v. n. Bisquer; Pester, éprouver du dépit.
**BISCANTA**, v. n. Divulguer, rendre public ce qui était secret. (Du latin *bis cantare*.)
**BISCAYÈN**, s. m. Biscaïen, petit boulet en fer.
**BISCAYRE, O**, adj. Qui bisque facilement, qui prend vite du dépit.
**BISCAYRE (DE)**, adv. De biais, t. d'art.
**BISCOTIN**, s. m. Biscotin, sorte de petit biscuit ordinairement rond et très-dur. (Racine *biscuit*.)
**BISCOUS, OUSO**, adj. Quinteux, euse, capricieux, qui prend facilement du dépit.
**BISCRO**, s. f. Arêtier, le faîtage d'un toit, la plus haute pièce de charpente qui le forme.
**BISCUIT**, s. m. Biscuit, pâte faite de la plus fine fleur de froment, de sucre et d'œufs; Pain cuit deux fois qu'on mange sur mer. (Du latin *bis coctus*.)
**BISQUEYT, O**, adj. Brique frite, qui a éprouvé dans le four une espèce de fusion.
**BISOILLAT**, *voyez* CREBASSAT.
**BISSOL**, s. m. Élevures, sorte de pustules qui viennent sur la peau.
**BISSOULAT**, adj. Couvert d'élevures, de boutons.
**BIST-QUE**, conj. Vu, parce que, attendu que. (Racine *beze*.)
**BISTA**, *Biza*, v. act. Viser, regarder, mirer un but pour y adresser. (Du latin *videre*.)
**BISTAYLHO**, *voyez* BISITO.
**BISTO**, s. f. Vue, faculté de voir; Inspection; Étendue de pays, objets qu'on peut voir à la fois d'un même lieu; Fenêtre, ouverture d'une maison par où l'on voit les lieux voisins; fig., But qu'on se propose; Connaître pour avoir vu précédemment; Surveiller, observer. (Du latin *visus*.)
**BISTOU**, s. m. Le Point visuel de l'œil. (Du latin *visus*.)

## BIZ

**BISTOURTIE**, s. m. Bistortier, sorte de pilon de bois dont on se sert pour la pâtisserie.

### BIT

**BITALIO**, voyez Bitualio.
**BITE**, adv. Vite, avec vitesse et célérité ; Tôt. (Du latin *vegetus*, vif.)

*D'oqui quond soun deougut lou deimé aura tirat,*
*É qué do bostré drech ombers bous serei quitte,*
*Lou paouc qué sera miou me caldra bendre bite.* PRAD.

**BITESSO**, s. f. Vitesse, célérité, promptitude. (Du latin *vegetus*.)
**BITOMEN**, adv. Vitement, vite.

*Baïlo dounc bitomen, m'as be prou tracassat......*
*Aro te furgaras xuscos deman passat.* D.

**BITRA**, v. act. Vitrer, mettre des vitres, garnir des vitres. (Racine *bitro*.)
**BITRAXE**, s. m. Vitrage, action de vitrer ; Cloison vitrée. (Racine *bitro*.)
**BITRIÉ**, *Bitrayre*, s. m. Vitrier, ouvrier qui pose les vitres : *Diras al bitrié de me beni metre uno bitro*.
**BITRIOL**, s. m. Vitriol, sel astringent.
**BITRO**, s. f. Vitre, assemblage de plusieurs pièces de verre qui se met à une ouverture pour donner du jour en garantissant de l'air ; fig., les Yeux. (Du latin *vitrum*.)

*Lés fouets restountissoun,*
*Las bitros frémissoun,*
*Lés chabals courrissoun*
*As quatré pés juns ;*
*L'aïré n'én brounzino,*
*Et dins la berlino*
*Qué lé ben flambino,*
*Bézèn pas qué luns.* DAV.

**BITRIOULA**, v. act. Passer au vitriol.
**BITUAYLHOS**, s. f. Victuailles, vivres et provisions de bouche. (Du latin *victus*.)

### BIX

**BIXILENÇO**, s. f. Vigilance, attention sur quelqu'un ou sur quelque chose. (Du latin *vigilantia*.)
**BIXILENT**, O, adj. Vigilant, ante. qui a de la vigilance ; Soigneux, appliqué. (Du latin *vigilans*.)
**BIXILHO**, voyez Bexilho.

### BIZ

**BIZA**, s. m. Visa, formule qui se met sur un acte, et qui, signée par celui qui en a le droit, rend cet acte authentique. (Du latin *visa*, sous-entendu *res*.)
**BIZA**, *Bista*, v. act. Viser, mirer, regarder un but pour y adresser un coup. (Du latin *visere*.)
**BIZARRADO**, s. f. Bouffée du vent de bise.
**BIZARRARIE**, s. f. Bizarrerie, caprice.
**BIZARRE**, O, adj. Bizarre, fantasque, extravagant, capricieux.
**BIZARROMEN**, adv. Bizarrement, d'une façon bizarre.
**BIZAXE**, s. m. Visage, la face de l'homme. (Du latin barbare *visagium*.)

*Que serbis de menti et fa de l'home satge ?*
*Cicero dis fort pla que lous éls et visatge,*
*Et la lengo tambe, mentou lou pus souben.* A. G.

**BIZECLE**, s. m. Biseigle, instrument de buis dont les cordonniers se servent pour polir plusieur parties des souliers. (Du latin *bis acutus*.)
**BIZEGU**, s. m. Bisaigue, outil de fer acéré des deux bouts, dont l'un est en bec-d'âne et l'autre en ciseau ; les charpentiers s'en servent pour les mortaises, les tenons. (Du latin *bis acutus*.)
**BIZÈL**, s. m. Biseau, extrémité coupée en talus dans les outils tranchants, comme les ciseaux, bec-d'âne.
**BIZIÈYRO**, s. f. Visière, la partie du casque, d'une casquette qui défend les yeux. (Du latin *visus*.)
**BIZIOU**, s. f. Vision, révélation faite aux élus ; fig., Idée folle, extravagante ; Spectre, fantôme. (Du latin *visio*.)
**BIZIOUNARI**, O, adj. Visionnaire, qui a des idées folles, extravagantes.
**BIZIPLE**, O, adj. Visible, qui est, qui peut être vu ; fig., Évident, manifeste. (Du latin *visibilis*.)
**BIZIPLOMEN**, adv. Visiblement, évidemment, manifestement.
**BIZITA**, v. act. Visiter, aller voir quelqu'un chez lui, faire visite. (Du latin *visitare*.)

*Qu'orribos o prépaous sosouneto fruchieyro !*
*Tu sios, né douté pas, en dato lo. prémieyro,*
*É dé t'ou disputa tos surs auriau pla tort ;*
*Car n'es pas dich qu'Odam troubesso dins soun hort,*
*Quond l'oget bisitat del founds jusqu'o lo cimo,*
*Ni lou gro de l'Estiou, ni lo flour de lo Primo ;*
*Encaro mens lo néou dé l'Hyber fréjoulut :*
*Sé sério bé jolat, lou paouré, éro tout nut.* PRAD.

**BIZITATIOU**, s. f. Visitation ; Fête en mémoire de la visite faite par la Sainte Vierge Marie à Sainte Élisabeth. (Du latin *visitatio*.)
**BIZITO**, s. f. Visite, action d'aller voir quelqu'un par civilité, devoir, etc. ; Personne en visite ; Action d'un médecin qui va voir un malade. (Du latin *visitatio*.)
**BIZO**, s. f. Bise, vent sec et froid qui souffle en hiver, du Septentrion. (De l'allemand *bisa*.)

*Per lo prégario enfin lou Cel és désormat ;*
*L'hourisoun s'esclorcis, l'aïré és oposimat.*
*Lo biso d'un buffal o dissipat l'ouratgé,*
*Lo grélo hurousomen n'o pas fach grond doumatgé.* PRAD.

### BLA

**BLA**, voyez Blat.
**BLACAS**, voyez Garric.
**BLADETO**, s. f. Qualité de blé fin, qui fait un pain très-blanc. (Racine *blat*.)
**BLADIÉ**, s. m. Blatier, marchand de blé en gros et en détail. (Racine *blat*.)
**BLAGA**, v. n. Blaguer, mentir, conter.
**BLAGO**, s. f. Blague, menterie ; Sac à tabac.
**BLAGUR**, s. m. Blagueur, conteur ennuyeux ; menteur.
**BLAMA**, voyez Blayma.
**BLAMAPLE**, O, adj. Blâmable, digne de blâme.
**BLAMO**, voyez Blayme.
**BLANC**, s. m. Blanc, la couleur blanche, Marque blanche à un but ; fig., Être innocent. (De l'allemand *blanck*.)
**BLANC D'ESPAGNO**, s. m. Blanc d'Espagne, nom de la craie lavée et façonnée en pains cylindriques que l'on emploie à différents usages.
**BLANCOU**, s. f. Blancheur, la couleur blanche. (Racine *blanc*.)
**BLANDO**, s. f. Salamandre ; Mouron ; Sourd,

genre de reptile à corps allongé, à tête plate. Une sorte de liqueur laiteuse, contenue sous la peau de cet animal, et qui s'en échappe par une infinité de trous, semble pour quelques moments le défendre contre les atteintes du feu, de là on a cru que la Salamandre pouvait vivre dans le feu; fig., Estomac très-actif.

**BLANQUEJHA**, *voyez* BLANQUEXA.

**BLANQUET**, s. m. Blanquette, sorte de poire d'été.

**BLANQUETO**, s. f. Blanquette, petite poire d'été, blanche; petit Vin blanc du Languedoc; Fricassée blanche. (Racine *blanc*.)

**BLANQUEXA**, v. n. Blanchir, paraître blanc, être blanchâtre.

**BLANQUI**, *voyez* BLANXI.

**BLANQUINOUS**, OUSO, adj. Blanchâtre, tirant sur le blanc.

**BLANQUISSAXE**, s. m. Blanchissage, lieu où l'on blanchit les étoffes, les toiles, la cire; l'Action de blanchir le linge; Ce qu'il en coûte pour le faire blanchir. (Racine *blanc*.)

**BLANXARIE**, *Blanquissario*, s. f. Blanchisserie, lieu où l'on blanchit les toiles, où l'on prépare les peaux.

**BLANXÈ**, s. m. Blancher, chamoiseur, peaussier, artisan qui prépare les peaux pour divers usages. (Racine *blanc*.)

**BLANXI**, *Blanqui*, v. act. Blanchir, donner, faire prendre à une chose la couleur blanche; Rendre net, propre; Nettoyer le linge de quelqu'un; fig., Faire connaître son innocence; t. de cuisine, Faire revenir la viande dans l'eau tiède, blanchir les racines, etc. (Racine *blanc*.)

**BLANQUISSUZO**, *Blanquisseyro*, *Labandieyro*, s. f. Blanchisseuse, celle qui lave le linge pour des familles entières.

**BLAOU**, s. m. Meurtrissure, contusion livide. (Racine *blu*.)

Pla dé siècles despèi soun passats sus lé globo,
Daichan dé soun triounphe uno éternèlo probo;
La terro qu'habitan es couberto de *blaous*,
Si Dious a fait perïout tantos d'esquissaduros,
Es per moustra, sans doute, à las raços futuros
Qué soun bras tout-puissent és toumbat sus nous aous.
DAV.

**BLAOUDO**, *voyez* BLODO.

**BLASFEMÁ**, v. n. Blasphémer, proférer un blasphème. (Du latin *blasphemare*.)

**BLASFEMAIRE**, s. m. Blasphémateur, celui qui profère un blasphème.

**BLASFÉMO**, s. m. Blasphème, parole impie qui outrage la divinité, la religion, ce qui est saint, vénérable. (Du latin *blasphemia*.)

Countra Diou voumi lou *blasféme*
É mespreza l'humanitat,
Fasio lou gàou lou pus estrémé
Dins moun cor plé d'iniquitat.
Sé d'una malaoutié funesta
Lou Ciel o sachut mè puni,
Del passat encara mé resta
Un doux é cruel souveni.
PEYR.

**BLASSA**, v. act. Blesser, donner un coup qui fait plaie, contusion ou fracture, qui cause douleur; fig., Porter préjudice, faire tort, offenser, choquer.

**BLASSA** (SE), v. pro. Se Blesser, se faire involontairement quelque mal. (Du grec *plésso*.)

**BLASSAT**, s. m. Blessé, qui a reçu une blessure, en parlant surtout des soldats.

**BLASSURO**, s. f. Blessure, plaie, contusion; Coup qui entame les chairs.

**BLAT**, s. m. Blé, fruit, semence propre à faire du pain. (Du latin barbare *bladum*.)

D'oquel mal gorontit, graços o Nostré-Seigné,
Lou *blat* encaro risquo; encaro oben o creigné
Qué lo rouillo l'ottrapé ou l'horré corbounat,
Ou qué d'un cop dé bent toumbé o terro engrunat. PRAD.

**BLAVETO**, *voyez* BLUET.

**BLAYMA**, *Blama*, v. act. Blâmer, condamner, désapprouver une personne ou une chose; Réprimander, reprendre. (Du latin *blasphemare*.)

Home trop abuclat, rappelo-te sans cesso
Qu'aco's tu qu'és soumés à l'empiri dal tems;
Qu'el soul n'a pas de fi... que si dins ta junesso
Qualque cerbel malaout ou de mechianto fé,
T'a t'engut un aoutre lengatché,
Aban de me *blama*, beni, seguissi-me;
Anen faire un pichon bouyatche
Dins aquel endrex counsacrat
A las doulous, à las priéros,
Al repaous de l'eternitat.
PUJ.

**BLAYME**, s. m. Blâme, désapprobation.

**BLAYZAN**, s. m. Bouillon blanc; Molène, bonhomme, plante agreste.

**BLAYZI**, v. n. User.

**BLAYZIT**, IDO, adj. Usé, ée, flétri.

**BLAZA**, v. act. Blaser, affaiblir, user. (Du grec *blazéin*, être stupide.)

**BLAZAT**, ADO, adj. Usé, ée, affaibli.

**BLAZI**, *voyez* BLAYZI.

**BLAZIGA**, *voyez* ABLAZIGA.

**BLAZO**, *voyez* BABELO.

## BLE

**BLEDERABO**, s. f. Betterave, plante potagère. (Du latin *beta rubra*.)

**BLEDO**, s. f. Bette, Blette, poirée, espèce de betterave dont on ne mange que les feuilles; fig., Personne qui n'a aucune force de caractère. (Du grec *bliton*, ou du latin *blitum*.)

**BLEDORABO**, *voyez* BLEDERABO.

**BLÈME**, O, adj. Blême, pâle.

**BLES**, ESSO, *Quèque*, o, adj. Bègue, qui bégaie, qui a un défaut de langue qui l'empêche de parler couramment; fig., Celui qui assaisonne ses discours de quelque juron.

**BLESSEJHA**, *voyez* BLESSEXA.

**BLESSEXA**, v. n. Bégayer, avoir un défaut de langue qui empêche de prononcer certains mots; il se dit aussi d'un Embarras dans la langue produit par l'ivresse. (Suivant Huet, du latin *bigare*, répéter, fait de *bis*.)

**BLESSEXADIS**, s. m. Grassayement, bégaiement.

**BLETOU**, *voyez* CLABEL, RIBOU, RIBURO.

**BLETOUNA**, *voyez* RIBA.

**BLETS**, s. m. La Blette des champs. (Du grec *bliton*.)

**BLEZE**, *Calel*, s. m. Mèche d'une lampe; la Lampe.

**BLEZIT**, *voyez* BLAYZIT.

**BLEZO**, *voyez* SANTONITOUCHO.

## BLO

**BLOC**, s. m. Bloc, gros morceau de marbre, de pierre qui n'est point encore taillée; Vendre, acheter *en bloc*, en total. (De l'anglais *bloc*.)

## BOG

Oh! qu'aqués grandis *blocs* qu'a fait saouta la mino,
Qu'an pourtat sans flaca bint siècles sus l'esquino,
Gardoun dé soubénis dins lours flancs descarnats!
Dabant aqués débris, l'artisto s'extasio,
Et dits, en lés bézén : Oh! qué dé pouésio
Dins aqués rocs escarraougnats!    Dav.

BLODO, s. f. Blaude, blouse, chemise de grosse toile que les charretiers mettent en guise de surtout par dessus leurs habits.
BLOUCA, v. act. Boucler.
BLOUCO, s. f. Boucle, instrument de métal, rond ou carré, composé du corps de la boucle, d'une chape, d'un ardillon et d'une goupille. (Du latin barbare *buccula*.)

Nostre hiel s'endourmis, soun flatur ba remarco,
Et dis as bezis : Douçomen ;
Al despens de l'ounclou nous cal rire un moumen :
L'y baou prene la tabatieyro,
Las *bouclos* das souliés, las de la jarrétieyro,
Las mostros ensi que l'arjen.    Carc.

BLOUN, DO, adj. Blond, onde, d'une couleur moyenne entre le doré et le châtain clair. (Du saxon *blond*.)
BLOUNDO, s. f. Blonde, espèce de Dentelle de soie.
BLOUNDIN, INO, adj. Blondin, ine, jeune homme qui fait le beau.
BLONQUEJA, *voyez* Blanqueja.
BLOUS, *voyez* Pur.

## BLU

BLU, s. m. Bleu, couleur d'azur qui tient de celle du ciel. (De l'allemand *blau*.)
BLUASTRE, O, adj. Bleuâtre, tirant sur le bleu.
BLUET, s. m. Bluet, plante annuelle à fleur bleue qui croît ordinairement dans les blés ; on la nomme encore Aubifoin, Jacée des blés, Blavéole.
BLUET, s. m. Alcyon, sorte d'oiseau aquatique d'un bleu très-brillant.

## BOB

BO, *voyez* Boun.
BOBAOU LUSENT, *voyez* Luscrambo.
BOBEXO, *Bobésso*, s. f. Bobèche, partie du chandelier où se met la chandelle : *Met y la bobéxo*. (Suivant le Duchat, par corruption, de *bavesche*, qui se disait autrefois dans le même sens, peut-être à cause de la *bave* de la chandelle qui tombe dessus.)

## BOC

BOCHO, *voyez* Boxos.

## BOD

BODAL, *voyez* Badal.

## BOG

BOGO, s. f. Vogue, crédit, le grand cours, la mode d'une chose : *A la bogo*. (De l'allemand *wogen*, se mouvoir.)

Sur aco bous direi que yer, dins un oustal,
Fougueres louanxat ; amai pla coumo cal.

Aquelos caouzos, bei, sou talomen de *bogo*
Qu'on aouzis cado xoun louanxa qui que siogo.    D.

## BOH

BOHUT, *voyez* Taut.

## BOI

BOICI, prép. Voici, contraction de deux mots : *vois ici*.
BOILA (Se), v. pro. Se Voiler, se couvrir d'un voile ; s'Envoiler, t. de métier, se courber à la trempe, en parlant du fer.
BOILA, prép. Voilà.
BOIS, *Boués*, s. m. Bois, la substance dure et compacte d'un arbre. (Du latin barbare *boscium*.)

Diga-mé, Casimir, tus qué sios bon paillassa ;
Tus qu'as dréssat perfés, en mitan d'una plaça,
Quaouquas planchas dé *boy* per recita dé vèrs ;
Tus qu'as des païsans souvén fach lous délicés,
Voudrios, per countenta toun humou, tous caprices,
Qu'abandounessé anfin d'amics qué mé soun chers !   Peyr.

BOIS, *Boués*, *Boux*, s. f. Voix, son qui sort de la bouche d'une personne qui parle ; Suffrage.

Sap pas qu'él fa toumba lés latches goubernaïrés
Coumo toumbo lé blat joux l'oulan das ségaïres ?
Qu'és cèdrés dal Liban dabant él soun toumbats ?
Qué la mar à sa *boués* souméso, oubéïssento, –
Taléou qué lou beïra fugira d'espoubénto,
Qué dins l'aïré sous flots seran pétrifiats !   Dav.

BOISSELO, *voyez* Baissèlo.
BOITA, Boiter, clocher, ne pas marcher droit à cause de quelque incommodité aux parties qui servent à marcher. (Racine *boito*.)
BOITADO, s. f. Une boîte de tabac, de...
BOITIÉ, s. m. Boîte de montre. (Racine *boito*.)
BOITO, s. f. Boîte, coffret à couvercle ; Tabatière ; Boîte où l'on jette les lettres pour la poste ; Pièce de fonte dans laquelle entre l'essieu d'une roue. (Du latin *buxa*.)
BOITURA, v. act. Voiturer, transporter dans, sur une voiture. (Du latin *vectare*.)
BOITURIÉ, s. m. Voiturier, conducteur de voiture ; Roulier, charretier.
BOITURIN, *voyez* Boiturié.
BOITURO, s. f. Voiture, carrosse. (Du latin *vectura*.)
BOIZA, v. act. Boiser, garnir de menuiserie une chambre. (Racine *bois*.)
BOIZA (Se), v. pro. Se Corder, se former en cordes en parlant de certaines plantes potagères et charnues, comme les Salsifis, les Scorsonères, dont le cœur se durcit et devient filamenteux. (Racine *bois*.)
BOIZARIO, *Boizarié*, s. f. Boiserie, ouvrage de menuiserie pour revêtir quelque partie intérieure d'un édifice.
BOIZAXE, s. m. Boisage, le bois nécessaire pour une construction. (Racine *bois*.)
BOIZAT, ADO, adj. Boisé, ée, terre, pays garni de bois.

## BOL

BOL, s. m. Vol, larcin. (Du latin *volatus*.)
BOL, s. m. Volée ; Bande d'oiseaux. (Du latin *volatus*.)

Ol troumparé coubit dé bostré roppélaïré,
É dé s'empétéga n'oun tordoro pas gaïré.

Per sé déborrossa boudro préné lou *bol;*
Mais l'alo ounchado, odiou, lo cordino és ol sol.
PRAD.

BOL, s. m. Bol, petit vase en forme de demi globe : *Un bol de café.* (Du grec *bólos*, morceau, bouchée.)
BOLAJO, *voyez* BALAXO.
BOLO, s. f. Boule, bois tourné en rond dont on se sert pour jouer aux quilles. Il est percé d'un trou pour mettre le pouce, et d'une espèce de mortaise pour les autres doigts de la main; fig., Personne courte et grosse. (Du latin *bulla*, bulle d'eau, à cause de sa forme sphérique.)

Sus nostra paoura bola,
Quan tout és vanitat,
Sé té cal una idola,
Caouzis l'humanitat.
La prouvidénça
Te béniro,
É l'ésperénça
Té bressaro.
PEYR.

BOLO DE GARRIC, s. f. Pomme de chêne, Petite excroissance qui vient en forme de petite boule sur les feuilles du chêne et dont se servent les enfants pour jouer.
BOLO-GUIRAOUT, s. m. Coccinelle. On l'appelle vulgairement Bête-à-bon Dieu, Vache-à-bon Dieu ; ces insectes sont d'une forme ronde, convexe. Les enfants mettent la Coccinelle sur un doigt, et pour l'exciter à voler disent à plusieurs reprises :

*Bolo, Bolo-guiraout,*
*Que dema fara caout.*

Vole, vole Coccinelle,
Il fera chaud demain.

BOLOJA, *voyez* BALAXA.
BOLOS, *voyez* BOOULO.
BOLOUNIE, *voyez* FARIGNE.
BOLTO, *voyez* BOOUTO.

### BOM

BOMBAYLLOS, *voyez* FIALFROS.
BOMI, s. m. Vomissement, l'action de vomir ; Bondissement de cœur, envies de vomir, soulèvement d'estomac. (Du latin *vomitus.*)

### BON

BON, *voyez* BAN.
BONOS, *voyez* BOUNOS.

### BOO

BOOU, s. m. Bol, terre, espèce d'ocre dont se servent les charpentiers pour faire des marques.
BOOULO, s. f. Borne, pierre ou autre marque qui sert à indiquer la séparation d'un champ d'avec un autre. (Par corruption de *boune*, dérivé du grec *bounos*, monceau de terre.)
BOOUTO, *voyez* BANELO.
BOOUTO, s. f. Façon, labour qu'on fait à la terre. (Racine *baoutexa.*)

N'és pas lou tout, Pogés, dé téné lo récolto,
Lou comp aromélióu té démondo uno *bolto.*
Sé bos qué té ropporté o toun countentomen ;
Lou cal bien boulega : coumo s'y fo, s'y prén. PRAD.

### BOP

BOPOUS, *voyez* BAPOUS.

### BOR

BORAL, *voyez* BARAL.
BORD, s. m. Bord, extrémité d'une chose, ce qui la termine ; Berge, bord de la rivière, d'un chapeau. (Du latin *ora.*)

Ramoun, es pla cruèl de fugi d'aquel port,
Quand Mèstres en Juillet, ne toucaben lou *bord*,
N'abian qu'à jeta l'ancre.
J.

BORDO, s. f. Étable à cochon.
BORDO, s. f. Borde, petite maison de campagne ; Métairie ; Ferme. (De l'allemand *bord*, petite maison.)
BORDO, *voyez* PAILHO.
BORGNE, O, s. m. f. Borgne, celui, celle à qui il manque un œil. (Du celtique *born.*)

Ai pla poou, dis Frouncoun, qué bous fasés lou fi ;
Mais yeou sons esta mal bolé faire uno fi.
Coupen paillos, onen ; crésés qu'on s'en souscité ?
Per bous opparomen n'oben pas prou mérité,
Lo *borlho* qu'és pus ritcho és oco qué bous cal. PRAD.

BORGNO, s. f. Contusion, bosse à la tête.
BORGUN, *voyez* BARGUN.
BORIO, *voyez* BORDO.
BORJAYRE, *voyez* BARGAYRE.
BORLHE, *Bourlhas*, adj. Badin, qui amuse par ses paroles joyeuses.
BORNI, *voyez* BORGNE.
BORNO, *Boóulo*, *Partizou*, s. f. Borne, séparation qui divise les propriétés. (Du grec *bounos*, monceau de terre.) Pierre qu'on met aux coins des rues ou contre les murs de peur que les roues des charrettes ne dégradent les murailles.
BORT, *voyez* BORD.
BORTAS, *voyez* BARTAS.

### BOS

BOS, *Doous*, adv. Vers, aux environs. (Du latin *versus.*)

Per you, dis lou Bouyé, qué porlet o soun tour,
Uno nuech d'un Dimengé, escuro coumo un four,
Del prat ombé mous bioous, coumo mé rétirabo,
Té bésé un Loupgorou qué *doous* yeou caminabo. PRAD.

BOSC, *Bos*, s. m. Bois, lieu planté d'arbres ; Forêt. (Du latin barbare *boscinus*, fait de *boscus.*)

La térrou de la loubatièro
Qu'aben bist l'annado darnièro
Plé d'un noblé deber, persiègre sans pietat
Lous boulurs éternels das *bosques* de l'estat,
L'aïré triste, pensif, arpentabo la salo
En se graten lou t..... et l'espino dorsalo. CARC.

BOSSIOU, IBO, *voyez* DOUBLENC.
BOSSO, s. f. Bosse, grosseur extraordinaire au dos ou à l'estomac qui vient de mauvaise conformation ; Enflure ou élevure causée par une contusion ; Élévation d'un terrain. (Du grec *phussa*, enflure.)

Aqui cé qu'ay gagnat pér célébra ta festa.
Ay lou..... escourchat, dos *bossas* tras la testa
Qué mé foou fossa mal. — Cé qué mé rend mouquet,
És coumma ay pas pougut té fayré lou bouquet. PEYR.

BOSTRE, O, adj. Votre, ce qui est à vous. (Du latin *vester.*)

## BOT

**BOT**, s. m. Vœu, promesse faite à Dieu. (Du latin *votum*.)

*Nostré bot és ausit, onon estré exauçats;*
*Phébus sus nostrés comps d'espigos hérissats,*
*Dardo toutés lous traits dé so faço embrosado.* PRAD.

**BOT**, *voyez* OUTRE.
**BOTE**, s. m. Vote, vœu émis, suffrage donné. (Du latin *votum*.)
**BOTO**, s. f. Botte, chaussure de cuir montant jusqu'aux genoux; Faisceau lié de choses de même nature; t. d'escrime, Coup que l'on porte. (De l'italien *botta*.) Fig., *Cira las botos*, Administrer un malade.)
**BOTO**, s. f. La Fête votive d'un lieu. (Du latin *votum*.)
**BOTO**, *Xampo, Pesquié*, s. f. Mare, amas d'eau dormante.

## BOU

**BOU, NO**, adj. Bon, bonne; utile, avantageux. (Du latin *bonus*.)
**BOU**, *voyez* BOUC.
**BOU**, *voyez* BOUT.
**BOUA**, *voyez* ABOUDA.
**BOUBET**, s. m. Bouvet, rabot pour faire des rainures.
**BOUBINA**, v. act. Bobiner, dévider du fil sur la bobine.
**BOUBINAYRO**, s. f. Bobineuse, ouvrière qui dévide sur la bobine.
**BOUBINO**, s. f. Bobine, fuseau pour dévider le fil, la soie, etc. (Suivant Soumaise du latin *bombyx*, à cause de la ressemblance de ce fuseau garni de fil avec le cocon que le ver à soie forme en filant.)
**BOUBOU**, s. m. Bonbon, toutes les petites friandises qu'on donne à manger aux enfants. (Du latin *bonus*.)
**BOUBOURADO**, *voyez* CALOURADO.
**BOUC**, s. m. Bouc, le mâle de la chèvre; fig., Homme mal peigné. (Du latin barbare *buccus*, ou de l'allemand *bock* qui a la même signification.)
**BOUCA**, *voyez* ABOUCA.
**BOUCABULARI**, s. m. Vocabulaire.
**BOUCADO**, s. f. Bouchée, plein la bouche; Petit morceau de quelque chose à manger. (Racine *bouco*.)
**BOUCAL**, s. m. Embouchure, l'endroit où un ruisseau se jette dans la rivière. (Racine *bouco*.)
**BOUCAL**, *Bocal*, s. m. Vase, bouteille de verre, etc., à cou fort court et à large ouverture.
**BOUCALO**, adj. Vocale, qui s'exprime par la voix. (Du latin *vox*.)
**BOUCALOMEN**, adv. Vocalement.
**BOUCAN**, *Sagan*, s. m. Querelle, tapage, bruit. (Du latin *vox*.)
**BOUCARAN**, *voyez* BOUCRAN.
**BOUCATIOU**, s. f. Vocation, mouvement intérieur par lequel Dieu appelle à un genre de vie; Inclination, penchant pour un état. (Du latin *vocatio*.)

*Sus d'exemplés poreils jutjas sé lou bouriaïré,*
*Olaro éro orguillous dé sa bolé l'oraïré,*
*É sé per lou trobal sé sentio d'offectiou,*
*Quond bésio dé tal moundé vima so boucotiou.*
PRAD.

**BOUCHA**, *voyez* BOUXA.
**BOUCHAR**, *voyez* BOUXART.
**BOUCHOS**, *voyez* POULOS.
**BOUCI**, *Boucinél, Bricou*, s. m. Petit morceau, petite portion d'une chose. (Du latin *bucella*.)

*Quand dé bounis boucis bostro taoulo és glaufido,*
*Quand lé paouré adalit à bostro porto crido :*
*« Eï talen, eï talen, » qu'alabex clouquax l'èl;*
*Quand sus milo plasés fasex courré la bido,*
*És justé qu'abalex un bricounét dé fèl.* DAV.

**BOUCINA**, *voyez* ABOUCINA.
**BOUCINEJHA**, *voyez* ABOUCINA.
**BOUCLA**, v. act. Boucler, mettre une boucle, Assujettir avec une boucle. (Racine *bouclo*.)
**BOUCLO**, *voyez* BLOUCO.
**BOUCO**, s. f. Bouche : *Bouco de four*, bouche d'un four. (Du latin *bucca*.)

*Sacha qué dé tout téns la bouca del pouèta,*
*Dé la touta puissença és la soula interpréta,*
*É qué la pouésia és la lenga des Diòus.*
*Savén qué sèn pas forts per fa vibra la lyra;*
*Aoumens cé qué fasèn qué la natura inspira*
*Perfuma nostre cor d'un encéns religioùs.* PEYR.

**BOUDEFLA**, *voyez* S'ENFLA.
**BOUDEFLE**, *voyez* BOUFFIT.
**BOUDENA**, v. n. Crever d'embonpoint.
**BOUDIFLA**, *voyez* S'ENFLA.
**BOUDIFLO**, *voyez* BOUTARIGO, BOUTIOLO.
**BOUDIFLOS**, *voyez* POULOS.
**BOUDIN**, *Tripo negro*, s. m. Boudin, boyau rempli de sang, de graisse, avec assaisonnement; Ce qui a sa forme; Boucle de cheveux; t. d'archit., gros Cordon de la base d'une colonne. (Suivant Saumaise, Nicot, du latin *botulus*.) Au fig., Homme transporté de colère.
**BOUDOLI**, *voyez* BOUZOLO, OUYRE.
**BOUDOS**, s. m. Bouchon; *Tout à un boudos*, Tout bouchonné, chiffonné; *Un gros boudos*, un Gros paquet.
**BOUDOUGNO**, *voyez* LOUPIO.
**BOUDOUL**, *voyez* BOUZOLO.
**BOUDOUSCO**, s. f. Le Marc du miel, la cire d'une gaufre ou gâteau dont on a exprimé le miel; on s'en sert pour faire des fumigations; Bourbe, grosse saleté; Difficulté dans une affaire.
**BOUDOUSCO**, *voyez* COUTOUFELO.
**BOUDRIE**, s. m. Baudrier, bande de cuir pour porter l'épée, le sabre, le tambour. (Du latin barbare *baldringum*, qui a été formé de *balteum*.)
**BOUDROC**, *Boudroucou, Patraoussou*, s. m. Petit enfant qui commence à marcher.
**BOUDUFFO**, *voyez* GAOUDUFFO.
**BOUEZAJHE**, *voyez* BOISAXE.
**BOUFFA**, v. n. Bouffer, manger avec avidité, goulument : *A pla bouffat*. (De l'allemand *puffen*, enfler les joues.)
**BOUFFADO**, s. f. Bouffée, action passagère du vent, de la fumée, de la chaleur.
**BOUFFAYLHOS**, s. f. Provisions de bouche.
**BOUFFAYRE**, O, s. m. f. Gros mangeur.
**BOUFFAL**, s. m. Repas. (Racine *bouffa*.)
**BOUFFARONO**, *voyez* BUFFECO.
**BOUFFES**, *voyez* BUFFET.
**BOUFFIT, IDO**, adj. Bouffi, ie, enflé.
**BOUFFO**, *voyez* ABES, COULÈFO.
**BOUFFOUN**, s. m. Bouffon, farceur, jongleur qui amuse. (Du latin barbare *buffo*.)
**BOUFFOUNA**, v. n. Bouffonner, agir ou parler pour faire rire.

BOU

BOU 75

BOUFFOUNARIÉ, *Bouffounario*, s. f. Bouffonnerie, badinage.
BOUGAL, *voyez* BOURGAL.
BOUGNAS, s. m. Copieuse déjection d'excrément; fig., Personne sale et dégoûtante.
BOUGNASSOU, s. m. Femme, fille qui s'accroupit sur les talons auprès du feu.
BOUGNETO (RIS COUMO UNO), adv. Rire gras, comme font les jeunes enfants.
BOUGNO, *voyez* TURLO.
BOUGRAN, s. m. Bougran, étoffe.
BOUI, interj. de Dédain, d'indifférence.
BOUÏ, adj. Bœufs, vaches, veaux. (Du latin *bos, bovis.*)

Lou pastré, dé rescost, l'y bous forio dintra,
Beillas-lou, cresès-mé, car sé pot ou fora.
Fosès-né téné luen otobé lo bouïno ;
N'y loïssés pas noun plus païssé lo cobolino. PRAD.

BOUIÈ, *voyez* BOUYÉ.
BOUJA, *voyez* BOUXA.
BOUJHA, *voyez* BUXA.
BOUJHE, *voyez* BUXET.
BOUL, s. m. Bouillon, bulle, partie qui s'élève d'un liquide agité par le feu. (Racine *bouli*. Du celtique *boul*, globe.)

Salbax-lés ! salbax-lés ! D'aquélos créaturos
La mort qu'és én suspén redoubla las tourturos.
De cordos ! un barcot ! an cridat ; mais digus
An aquel sort affrous jamaï nou lés arranquo !
Dé l'albre qué lés tén bézén parti la branquo,
Toumboun al miech das *bouls*, et lés bézén pas pus ! ! DAV.

BOULA, v. n. Voler, se mouvoir, se soutenir en l'air par le moyen des ailes ; fig., Courir avec une grande vitesse. (Du latin *volare*.)

Del gran caoüt joust sous pès lo terro sé crébasso.
Olaro on nou bey pus un aüssélou *boula* ;
Cadun joust un fuillatgé és topit sons pioula. PRAD.

BOULAC, s. m. *Gançó, Estaco*, s. f. Lien de balai.
BOULACA, v. act. Lier un balai.
BOULADO, s. f. Volée, vol d'oiseaux ; Branle des cloches ; fig., Coups de bâton ; Pièce de traverse au timon d'un charriot, d'une voiture, à laquelle sont attelés les chevaux du second rang ; adverb., En l'air, sans réflexion, sans occupation ni peine. (Du latin *volatus*.)
BOULAN, s. m. Meule flamière, courante et concave, qui tourne. (Du latin *volans*.)
BOULANXARIÉ, *Boulanxario*, s. f. Boulangerie, ce qui concerne l'état de boulanger ; Lieu où se fait, se conserve le pain. (Racine *boulanxè*.)
BOULANXÉ, *Boulanjhé*, s. m. Boulanger, boulangère, celui, celle qui fait et vend du pain. (Du latin *polentarius*.)

Al *boulangiè* douni la pel
Per ne fa doubla soun mantel,
Car lou boun home, fort souben,
M'a fach mangia de fort boun bren. A. G.

ALUMOS, s. f. Allume flambart, t. de boulanger.
BOULATEXA, *Boulateja*, v. n. Voleter, voler avec peine, comme les petits oiseaux. (Du latin *volitare*.)
BOULBENO, adj. Boulbène, terre argilo-sablonneuse.

BOULBERSA, v. act. Bouleverser, renverser, déranger, troubler ; fig., Causer une surprise désagréable ; Altérer. (Du celtique *boul*, globe, et du latin *vertere*, renverser.)
BOULCAN, s. m. Volcan, montagne, gouffre qui vomit du feu.
BOULDRO, *voyez* BRAOUDO.
BOULE, v. n. Vouloir, avoir l'intention de....; Se déterminer à....; Consentir, exiger ; Vouloir mal, garder rancune : *Y bol mal*. (Du latin *volo, velle*.)

Siés faxat countro yéou béléou mal a perpaous ;
Et quand on a quicon on ba dis, on s'esplico.

Maïs yéou nou *boli* pas bous parla cap de brico. D.

BOULEC, *voyez* BOULEGADIS.
BOULEGA, v. act. Mouvoir, remuer, soulever, changer de place ; Marcher ; Reprocher, réprimander ; Tracasser.

Atal dedins un parc le lioun se *boulégo*.
Al mitan dos moustis, del pastre et deys agnèls,
Atal à cop de dens, de couo, d'irpos et d'els,
Les espaouris, esquisso, endoulomo, moussego. G.

BOULEGADIS, s. m. Remue-ménage, dérangement de meubles ; Trouble.

Qu'une *boulégodis* ! tout, jusqu'ol mendré drillo,
Cargo biasso, borral, bigos sus so roupillo. PRAD.

BOULEGAIRE, O, adj. Remuant, ante, frétillant, ante.
BOULEGADO, *voyez* TROUPO.
BOULEGAL, s. m. Reproche, réprimande.
BOULEGUETO, s. f. Sorte de danse dont les mouvements sont vifs et précipités.
BOULEGUET, s. m. Tracassier, qui se remue, s'agite toujours : *Es pla bouleguet aquel drolle.*
BOULEJHA, *voyez* TOUCA (SE).
BOULEMI, MIO, *Bémi, mio*, s. m. f. Patelin, ine, homme, personne souple, artificieux, insinuant pour tromper et venir à ses fins.
BOULEMIZO, *voyez* BEMIZO.
BOULET, s. m. Boulet, boule servant à charger une pièce d'artillerie ; Jointure au-dessus du pateron de la jambe du cheval ; Boulet de cordonnier. (Du latin *bulba*.)

Maïs LANOS, segoun dins la Franço,
Segoun dins l'unibèr, que begno d'estari,
N'èro pas un homme à mouri
Coumo d'aoutres, d'un cot de lanço
Ni d'un cop de fuzil ; nou ! nou !
Calguet un gros *boulet*, un gros cop de canou
Per escartailla sa bito ;
Amay lou résto de soun corp,
Qu'enquèro per l'aounou palpito,
Lutèt naou jours countro la mort. J.

BOULETO, s. f. Boulette, petite boule dont s'amusent les enfants ; Petite boule de hachis.
BOULETS, *voyez* CAMPATROL.
BOULEVAR, s. m. Boulevart, promenade plantée d'arbres autour d'une ville.
BOULI, v. n. Bouillir, cuire dans l'eau ou dans quelque autre liqueur jusqu'à ébullition ; fig., Il se dit du sang des personnes pour marquer l'ardeur, l'impatience : *Lou sang me boulis*. (Du latin *bullire*.)
BOULIDOU, *voyez* TINO.
BOULIT, s. m. Bouilli, viande bouillie ; Ce qui a fait la soupe : *Porto nous lou boulit*. (Racine *bouli*.)

**BOULOUM**, *voyez* MOUNTAYROU.

**BOULOUN**, s. m. Boulon, cheville avec une tête ronde, bout percé ou taraudé, pour arrêter ou fixer une chose contre une autre.

**BOULOUNA**, v. act. Boulonner, arrêter avec un boulon.

**BOULOUNTA**, v. n. Complaire, faire la volonté, servir les désirs de quelqu'un. (Du latin *voluntas*.)

**BOULOUNTARI**, s. m. Volontaire, celui qui entre au service sans y être obligé.

**BOULOUNTARI**, O, adj. Volontaire, offert, fait consenti, sans contrainte; Qui ne prend que sa volonté pour guide, qui ne veut faire que sa volonté. (Du latin *voluntarius*.)

**BOULOUNTARIOMEN**, adv. Volontairement, sans contrainte. (Du latin *voluntarié*.)

**BOULOUNTAT**, s. f. Volonté, ce qu'on a l'intention qui soit dit ou fait; adverb., Comme on veut, *A boulountat*. (Du latin *voluntas*.)

Moun Diou, crido el olaro en régorden lou cel,
En mé néguen lou blat mé doustas lou contel.
Qué bostro *boulountat* siasquo dounc occoumplido;
Nourrissés lous aussels, prendrés soin dé mo bido. PRAD.

**BOULUGO**, *voyez* BELUGO.

**BOULOUNTIÉ**, adv. Volontiers, de bon gré, de bon cœur. (Du latin *voluntarié*.)

**BOULTIXA**, v. n. Voltiger, flotter au gré du vent; Être inconstant, passer son temps tantôt à une chose tantôt à une autre. (Racine *boula*.)

**BOULTIXUR**, s. m. Voltigeur, soldat armé à la légère et qui se porte rapidement d'un côté et d'un autre pour les reconnaissances.

**BOULUBILITAT**, s. f. Volubilité, articulation nette et rapide. (Du latin *volubilitas*.)

**BOULUME**, s. m. Volume, étendue, grosseur d'un corps, d'un paquet; Livre relié ou broché. (Du latin *volumen*.)

**BOULUMINOUS**, O, adj. Volumineux, euse, qui est fort étendu.

**BOULUPTAT**, s. f. Volupté, plaisir du corps et des sens. (Du latin *voluptas*.)

Aladoun dins moun ama,
La sénta *vouluptat*
Qué t'énspira é t'enflamma,
Fo ma félicitat.
Ma lyra dé pouéta,
Cantén toujour,
Dins l'espaça répéta
Tous cants d'amour. PEYR.

**BOULUR**, s. m. Voleur, fripon, celui qui prend à autrui ce qui ne lui appartient pas. (Du latin *vola*, paume, creux de la main, dont on a fait *involare*, mettre dans le creux de la main, dérober. Dans le *Magasin pittoresque*, on donne au mot voleur une autre étymologie : on dit que du temps où la fauconnerie était en vigueur, ceux qui voulaient des faucons à bon marché attendaient les marchands sur la route et leur enlevaient les oiseaux; de là vient le mot *voleur*, inventé pour désigner ceux qui volaient des oiseaux de vol.)

Oquel chi, de bouno heuro o monetché dressat,
É munit d'un coulard dé pounchos hérissat,
Toujours lou nas ol ben é l'aurcillo quillado,
Del loup é del *boulur* décélo l'orribado. PRAD.

**BOULUTO**, s. f. Volute, partie d'un chapiteau qui représente une écorce d'arbre, tortillée et tournée en ligne spirale. (Du latin *voluta*.)

**BOULZA**, v. act. Souffler le feu au moyen d'une peau qu'on ouvre par un mouvement de la main.

**BOULZAYRE**, O, adj. Celui qui fait la passion de souffler le feu. (Onomatopée, mot imitatif du bruit produit par le vent qu'excite le soufflet.)

**BOULZES**, *voyez* BOULZOS.

**BOULZINA**, v. n. Chantonner, chanter à demi-voix; Bourdonner; Tinter, on le dit du tintoin des oreilles.

**BOULZINOMEN**, s. m. Bourdonnement, bruissement; Bruit continuel dans les oreilles.

**BOULZOS**, s. f. Soufflets dont se servent les chaudronniers ambulants. C'est une peau de chèvre qui d'un bout a un bec par où passe le vent, de l'autre il y a une large ouverture qu'on ouvre à volonté en élargissant la main; il s'y introduit un volume d'air qu'on y retient en serrant vite la main, et on le renvoie en pressant dessus; fig., les Joues gonflées.

**BOUM**, Onomatopée. Bruit sourd que fait un corps en tombant : *Entendéri boum !* j'entendis boum !

**BOUMBA**, v. act. Bomber, rendre convexe; Faire le dos d'âne; fig., Battre, rosser quelqu'un. (Racine *boumbo*.)

Fol d'avédre manquat soun cop,
Lou ladre prén lou gran galop,
*Boumba* lou sifre sus la mayssa,
Toumba lou tambour sus la cayssa,
Copa las réglas das maçouns
Sus las espallas das charrouns
Et réven cargat dé lézénas
Arapadas à sas coudénas. FAV.

**BOUMBANÇO**, s. f. Bombance, chère extraordinaire et abondante. (Du latin barbare *pompantia*, fait de *pompa*, pompe, appareil.)

Quan perfés, al graniél, voudrén fayré *boumbança*
Pourtaras lou fricot per rampli nostra pança,
Ta nobla counditiou laro may d'un jalous.
Quan aourén pla soupat, répendras tas paniéyras,
Et couma al Pioch surtout l'yo de tristas carriéyras,
Mountarén toutés set sus tus d'escambarlous. PEYR.

**BOUMBARDA**, *voyez* BOUNBARDA.
**BOUMBET**, *voyez* XILET.
**BOUMBI**, v. act. Battre, frapper.
**BOUMBISSAL**, s. m. Grand coup de poing.
**BOUMBO**, s. f. Bombe, grosse boule de fer, creuse, remplie de poudre, dont on fait usage à l'armée. (Du latin *bombus*, bruit du tonnerre, du cor.) Pé de *boumbo*, adj., Pied-bot, contrefait : *Es pé de boumbo*. (Du vieux mot *bot*, crapaud.)

**BOUMBOURINADO**, *voyez* BOUTADO, BOUTEILHO.

**BOUMI**, v. act. Vomir, rejeter par la bouche ce qui était dans l'estomac; Jeter, lancer, pousser au dehors; Dire des injures. (Du latin *vomere*.)

Nani ba dirio pas, mais un tal persounaxe
Se fario de ma part escoupi sul bizaxe;
Car *boumirio* sul nas à tout aquelos xens
Qu'à your prumier abord bous fan de couplimens. D.

**BOUMICA**, s. m. Vomique, noix qui fait mourir les chiens. (Du latin *vomica*, de *vomere*.)
**BOUMIDURO**, s. f. Dégobillis, ce qu'on a vomi.
**BOUMISSEYRE**, O, adj. Qui vomit facilement.
**BOUMISSOMEN**, s. m. Vomissement, l'action de vomir. (Du latin *vomitus*.)
**BOUMITIF**, s. m. Vomitif, remède qui provoque le vomissement. (Du latin *vomitus*.)

**BOUN**, s. m. Bon, écrit qu'on donne à une personne pour qu'elle aille toucher une somme ou recevoir un objet.

Eh bé , pertout atal ! pertout lou puple a l'atge ;
Es majur , hol sous drets , s'en bay ten que lous atge !
Per estre un homme anfin al siècle de razou ,
Li caldra doun toujour un *boun* del couletou ?  J.

**BOUN, O**, adj. Bon, bonne, qui a de la bonté ; Indulgent, facile à vivre ; Qui a les qualités propres, convenables à sa nature ; adverb., *Aco's de boun dire*, c'est facile à dire. (Du latin *bonus*.)

Oïci , quond l'intérêt ben brouilla lous espriis,
L'oncien , lou pus lettrut, oppaïso léou sous crits ;
Dresso soun tribunal sus un banc de herduro ,
Soun codé és lou *boun* sens, so réglo és lo noturo.
Oqui soul sons hussiés , sens fraïssés , sons ropport,
El jutgeo , et d'un soul mot met soun mounde d'occord.
PRAD.

**BOUNDOULAOUS**, voyez FOUSSOULOUS.
**BOUNABANTURO**, s. f. Bonne aventure, prétendue prédiction de la destinée de chacun dont on abuse les sots. (Du latin *bona adventura*, les biens à venir.)
**BOUNASSO (A LA)**, adv. Franchement, avec simplicité.
**BOUNBA**, voyez BOUMBA.
**BOUNBARDA**, v. act. Bombarder, jeter des bombes dans une place forte qu'on assiège.
**BOUNBARDO**, s. f. Bombarde, canonnière de sureau, petit bâton de sureau dont on a ôté la moelle, et avec lequel les enfants chassent, par le moyen d'un piston, de petites boules de filasse ou de papier : *Entendras la meou boumbardo*. (Par onomatopée, du bruit que fait la bombarde.)
**BOUNBOUN**, voyez BOUBOU.
**BOUNBOUNEJHA**, voyez BROUNJINA.
**BOUNDA**, v. act. Bondonner, fermer une futaille avec un bondon ; Faire une digue avec de la terre ou autre chose pour ramasser les eaux. (Racine *boundo*.)
**BOUNDAT**, s. m. Bonde, trou rond d'une barrique ; d'un tonneau, pour verser la liqueur dedans ; Tape de bois qui sert à boucher cette ouverture. (Suivant *Ménage* de l'allemand *spund*, bondon de tourneur ; fig., Personne courte et grosse.
**BOUNDINA**, voyez TINDA.
**BOUNDO**, s. f. Bonde, trou rond d'une barrique pour verser dedans la liqueur ; Digue qui retient l'eau pour arroser, laver. (De l'allemand *spund*.)
**BOUNET, O**, *Cofo*, s. m. f. Bonnet, espèce d'habillement de tête : *Metre lou Bounet de travès*, mettre le bonnet de travers, signe d'inquiétude ; *sur l'aoureillo*, sur l'oreille, en signe de joie ; *Bounet de libertat*, Bonnet rouge, coiffure qu'adoptèrent en 1791, comme un signe de liberté, les ardents révolutionnaires, à l'occasion des soldats du régiment suisse de Château-vieux, dont les plus mutins, s'étant révoltés contre leurs chefs, furent condamnés et envoyés aux galères. La municipalité de Paris demanda leur grâce à l'Assemblée nationale qui l'accorda. Ils revinrent comme ils avaient été tirés de la chaîne, coiffés du bonnet rouge, et ils furent reçus en triomphe par leurs protecteurs qui, affublés du même bonnet, les promenèrent avec acclamation dans le jardin du Palais Royal.

Endaco , Pirrhus m'én voulé ;
Mais trouvèt cé qué lé caïé ;
Dos fés fiéramén sus ma tèsta

Enfounze ma *bouneta*, é zesta ,
Lou plante aqui per reverdi.
El s'aviza dé m'acouti ;
Mais éntre couménça dé coure ,
Moussu bruqua , é tomba dé moure :
Antaou l'on rénja lous brègous.  FAV.

**BOUNETADO**, s. f. Révérence, salut du bonnet.
**BOUNETAYRE**, *Bounetié*, s. m. Bonnetier, celui qui fait des bonnets.
**BOUNETO**, voyez BOUNET.
**BOUNIFASSO**, s. m. Bon homme, complaisant, bienfaisant. (Du latin *bona faciens*.)
**BOUNIFIA**, v. act. Bonifier, mettre en meilleur état.
**BOUNIFIA (Se)**, v. pro. Se Bonifier, devenir meilleur. (Du latin *bonus* et *facere*.)
**BOUNOMEN**, adv. Bonnement : d'une manière simple et peu fine ; de Bonne foi, naïvement. (Du latin *boné*.)

Mais se benio calqu'un amm'un aïre amistous
Que bous saoutes al col, prest a fa de poutous,
En diguen qu'es xarmat de faire couneissenço,
Pouiries pas *bounomen* ye faire impertinenço.  D.

**BOUNOS (DE)**, adv. De bonne, de mauvaise humeur.
**BOUN-SENS**, s. m. Bon sens, portion de jugement accordé à tout homme bien organisé et sans passion. (Du latin *bonus sensus*.)
**BOUN-SOIR**, s. m. Bonsoir, salut sur la fin du jour. (Du latin *bona sera*.)
**BOUNTAT**, s. f. Bonté, qualité d'une chose qui est bonne ; en parlant des personnes, Inclination à faire du bien, sensibilité, tendance à la bienfaisance, à l'obligeance ; trop grande Facilité, faiblesse. (Du latin *bonitas*.)

Odouren en tout tems la satjo Proubidenço ;
Mais per nous-aous sur-tout , quond fo tant dé despenso ,
Rédouhlen nostré omour en conten so *bountat*,
É sien récouneyssens cadun dins nostré estat.  PRAD.

**BOUNUR**, s. m. Bonheur, état heureux ; suite de plaisirs, de jouissances ; adv., Heureusement ; *Per bounur*. (Du latin *bona hora*, bonne heure, parce que l'astrologie faisait dépendre le bonheur ou le malheur de l'heure de sa naissance.)

Douna porto *bounhur* : aqui perqué , pouèto ,
Bézen flouri la pax dins ta douço rétrèto.
S'és pourtant das michans trop souben mousségat ,
S'és per paourés d'esprit quelque cop mal jutchat,
Té lasses pas praco de fa de bounos obros !
Lés camps an lours ourtils , lés jardins lours coulobros ,
Benjo-té per la caritat.  DAV.

**BOUNXOUN**, s. m. Bon jour, salut qu'on fait le matin.
**BOUNZINA**, v. n. Chantonner ; Marmotter entre ses dents ; Entendre dire vaguement, légèrement quelque chose.
**BOUPOLO**, *Teto crabo*, s. m. Engoulevent, genre d'oiseaux de l'ordre des passereaux ; ils ne volent que le soir. On croit, mais à tort, qu'ils tettent les chèvres.
**BOUQUÉ**, voyez BOUQUET.
**BOUQUET**, s. m. Bouquet, assemblage de fleurs liées ensemble ; Fleurs. (De l'italien *boschetto*.)
**BOUQUETEIS**, s. m. Bouquetiers, vases où l'on met des fleurs en forme de bouquet ; Personnes passionnées pour les fleurs.
**BOUQUETIERO**, voyez BOUQUETIEYRO.

BOUQUETIÈYRO, s. f. Bouquetière, celle qui vend et fait des bouquets naturels.

BOUQUIN, s. m. Bouquin, vieux livre; Bouquin, espèce de petit tuyeau d'argent, de corail, etc., dont on se sert pour fumer les cigares.

BOUQUINISTO, s. m. Bouquiniste, celui qui achète et revend de vieux livres.

BOURA, *voyez* BOURRA.

BOURACE, O, adj. Vorace, qui dévore les aliments, qui mange avec avidité. (Du latin *vorax*.)

BOURACITAT, s. f. Voracité, avidité à manger. (Du latin *voracitas*.)

BOURADO, *voyez* BUTADO.

BOURAJHO, *voyez* BOURRAXO.

BOURASSO, *voyez* BOURRASSO.

BOURATIÉ, ÈYRO, s. m. f. Laboureur à moitié fruit; Métayer. (Du latin *bis arator*.)

BOURBOULIADO, *voyez* GOURGOUILHADO.

BOURBOUSSADO, *voyez* BARBOUYSSAT.

BOURDA, v. act. Border, garnir le bord; Placer au bord; Orner le bord. (Racine *bord*.)

BOURDALIE, *voyez* BOURATIÉ.

BOURDEL, s. m. Bordel, maison de débauche. (De l'allemand *bord*, nom donné anciennement en Allemagne aux appartements souterrains qu'habitaient les femmes pour n'être point insultées. Les hommes ayant, avec le temps, pénétré dans ces retraites, qui d'asiles de chasteté qu'elles étaient, devinrent des lieux de prostitution, leur nom servit à désigner les lieux de débauche.)

BOURDESC, O, adj. Brusque, violent, emporté, fantasque ; *Sies talomen bourdesc qu'on pot pas bous res dire*, vous êtes si brusque qu'on ne peut vous rien dire.

BOURDIE, *voyez* BOURATIÉ.

BOURDIFALIOS, *voyez* REPOS.

BOURDO, s. f. Bourde, fausse nouvelle débitée pour plaisanter. (Du latin barbare *burla*.)

Cal beyré oquel oubrié quond d'intro dins lo bigno :
O l'un dis uno *bourdo*, o l'aoutré del det guigno ;
Mèno un tal bolojun qué d'aou-pertout s'ausis ;
Cargo, claquo del fouet, né dis un é portis. PRAD.

BOURDOU, s. Bourdon, long bâton que portent les pèlerins en voyage, il est surmonté d'une pomme et d'une petite gourde. (Du latin *burdo*.)

BOURDOUYLHO, s. m. Brédouilleur, qui parle d'une manière peu distincte. (Racine *bredouylha*.)

BOURDOULAYGO, s. f. Pourpier des jardins. (Des mots *bord de l'aygo* ou du latin *portulaca*.)

BOURDOUS, *Patarot*, s. m. Façon de travailler la vigne qui ressemble à de petits monceaux de terre ; Ceinture d'Orion ou les trois rois. Constellation de trois étoiles de première grandeur, disposées en ligne droite et à distance égale l'une de l'autre.

BOURDUFFAYLHOS, s. f. Choses de peu de valeur.

BOURDURO, s. f. Bordure, tout ce qui entoure quelque chose, soit pour orner, soit pour fortifier. (Racine *bord*.)

BOURE, *voyez* BOURROU.

BOURETO, *voyez* BOURRO DE SEDO.

BOURGADO, s. f. Bourgade.

BOURGAL, LO, adj. Généreux, euse : *Es fort bourgal aqueste cop*, il est bien généreux cette fois.

BOURGNOU, *voyez* BUC.

BOURIAYRE, *voyez* BOURATIÉ.

BOURIÉS, s. m. T. de cordonnier et de corroyeur, Écharnures, menus morceaux de cuir qu'on retranche d'une semelle.

BOURIL, *voyez* BOURRIL.

BOURISCADO, *voyez* BOURRIQUETADO.

BOURISQUE, *voyez* BOURRIQUET.

BOURMENEC, *voyez* BERMENAT.

BOURNA, v. act. Borner, mettre des bornes; Restreindre.

BOURNA (SE), v. pro. Se Borner, se contenter de..... ; se Modérer. (Racine *borno*.)

BOURNAT, ADO, adj. Borné, ée, médiocre, sans lumière.

BOURNAT, *voyez* BUC.

BOURNAXE, s. m. Bornage, plantation de bornes.

BOURNIQUEL, *Clugomexos*, s. m. Qui ne voit qu'avec peine ; Qui va toujous levant la tête pour voir en clignotant.

BOURO, *voyez* BOURRO.

BOURRA, *Tapa*, v. act. Bourrer, mettre de la bourre dans une arme à feu pour fixer la charge; Frapper, maltraiter.

BOURRA (SE), v. pro. Se Battre, en parlant des querelles ; au fig., s'Empiffrer, se gorger ; *S'es bourrat de salciso*, il s'est gorgé de saucisse.

BOURRACAN, s. m. Bouracan, étoffe qui rejette la pluie.

BOURRADOU, s. m. Instrument pour bourrer.

BOURRAL, s. m. Bourrade, volée de coups.

BOURRAOUT, s. m. Sorte de grosse Figue violette.

BOURRAS, *Bourrassès*, s. m. Bourras, grosse toile dont on se sert pour étendre la laine. (Racine *bourro*.)

BOURRASSEL, *Pernil*, s. m. Braie, espèce de chemise qu'on ceint à un enfant qui est encore sujet à se salir.

BOURRASSO, s. f. Braie.

Lous pastres partissou, s'en vau
Dins la bordo famouso :
Aqui trovou l'aze, lou bioou
Que d'uno haleno audouzo
Calfou l'effan, tendro, beziat,
Sur un paouc de paillo coulcat.
On descouvris sa Majestat
A travers sa *bourrasso*.
La Vierjeto que la'stroupat
L'adoro amaï l'embrasso. Puj.

BOURRAXO, s. f. Bourrache, plante annuelle, elle est cordiale, propre à tempérer l'acreté du sang. (Du latin *buglossus*.)

BOURRE, *voyez* BOURROU.

BOUREILHIÉ, *voyez* BATTIE.

BOURREOU, s. m. Bourreau, l'exécuteur de la haute justice, Celui qui exécute les jugements criminels; fig., Homme cruel, inhumain : *Que sios bourrèou*, que tu es cruel ; on dit d'un homme laborieux ; *Aco's un bourrèou de trabal*, c'est un bourreau de travail; d'un dissipateur : *Aco's un bourreou d'arxen*, c'est un bourreau d'argent. (Suivant *Huet* de l'ancien mot gaulois *boyereau*, diminutif de *boye* qui s'est dit pour *borreau*.)

É sus la croux ta voués sincèra,
Per tous *bourreous* sèsits dé poou,
Crida : « *Perdounas-li, moun pèra*,
« *Car savou pas tout cé qué foou*. »
Aladoun al Ciel va toun ama
Per vèlia sus l'humanitat
Qué déspioy s'escaoufa, s'enflamma
D'amour é dé fraternitat. PEYR.

**BOURRET**, s. m. Veau, jeune bœuf; fig., Vilain, méchant : *Aquel bourret*, ce vilain.

**BOURRETAYLHO**, s. f. Troupeau de veaux, de génisses, de jeunes vaches.

**BOURRETAYRE**, *Bacayre*, s. m. Celui qui mène des génisses, des jeunes vaches.

**BOURRETO**, s. f. Génisse, vache qui n'a point porté.

**BOURREYO**, s. f. Bourrée, sorte de danse gaie.

**BOURRICO**, s. f. Anesse, femelle de l'âne; fig., Personne ignare, soit homme, soit femme. (Du latin *burrica*.)

Et sous paoures talous,
Coomo un chabal de friso herissats d'esperous
N'au pas jamay fouissat qu'uno magro *bourrico*.

**BOURRICOU**, s. m. Anon; fig., Personne peu instruite.

**BOURRIQUET**, s. m. Bourriquet, petit ânon; fig., Ignorant.

**BOURRIQUETADO**, s. f. Anerie, faute grossière : *Aco's uno bourriquetado de mayt*, c'est une ânerie.

**BOURRIL**, *Trochel*, s. m. Bouchon, duvet, coton ou bout de fil qui déparent les étoffes. (Racine *bourro*.) *Bourril de neou*, flocon de neige.

Tandis qu'à bels *bourrils* la nèou que Dious dabano,
Enfarino les tets, et lés mount, et la plano,
Et qué l'hiber testut mé ten coummo'n estoc,
Engrépezit al pé dal foc,
Pensos pas qué celfan ma Muso fréjulugo
A la flamado d'un gabel,
Cerqui dé fa sourti dé moun paouré cerbel,
Malaoutis et jalat, la célesto béillugo
Qu'illumino lé froun dal cantré dé Martel? DAV.

**BOURRILHOU**, diminutif de *Bourril*, s. m. Petit bouchon, petit flocon.

**BOURRILHUT**, UDO, adj. Cotonneux, euse, plein de bouchons.

**BOURRO**, s. f. Bourre, poil des bœufs, des vaches que les tanneurs vendent aux bourreliers; Ce qu'on met dans les armes à feu pour retenir le plomb, la poudre dont on les charge; fig., les Cheveux : *L'a trapat per la bourro*, il l'a pris aux cheveux. (Du latin *burra*.)

**BOURRO**, *Dourro*, s. f. Masse de bois des bûcherons pour fendre le bois de chauffage.

**BOURROMESCLA**, v. act. Bouleverser, mettre pêle-mêle.

**BOURROU**, *Bourxou*, s. m. Bourgeon, bouton qui pousse aux arbres et d'où il sort ensuite des branches, des fleurs ou de fruit. (Du latin barbare *burrio*, fait de *burra*, qui dans la basse latinité signifiait *bourre*, parce que les bourgeons des plantes sont ordinairement un peu velus.)

Car lou *bourrou* de may
Pleno lou cabot et lou chay. J.

**BOURROUNA**, v. n. Bourgeonner, jeter, pousser des bourgeons en parlant des arbres. (Racine *bourrou*.)

**BOURROUN, BOURROUN**, adv. Tout pêle-mêle; Avec précipitation, sans aucun ordre.

**BOURRUT**, UDO, adj. Bourru, ue, velu; fig., d'un caractère fâcheux, brusque et chagrin. (Racine *bourro*.)

**BOURSIÉ**, ÈYRO, s. m. f. Boursier, ière, qui tient l'argent d'un ménage, d'une société.

**BOURSO**, s. f. Bourse, Petit sac fermant avec des cordons où l'on met l'argent qu'on veut porter sur soi; Double carton pour serrer le corporal à la messe; Filet en poche pour mettre à l'entrée d'un terrier. (Du grec *bursa*, cuir.)

**BOURTIGAS**, s. m. Hallier, buisson fort épais. (Racine *ourtis*.)

**BOURXES, EZO**, s. m. f. Bourgeois, oise, habitant d'une ville, qui y exerce une profession; parmi les ouvriers, Celui qui fait travailler : *Trabailhi pèl bourxes*, je travaille pour le bourgeois; le plus aisé d'un hameau, d'un petit lieu : *La Bourxèzo bendra tantos*, la bourgeoise viendra ce soir. (De *bourg*, autrefois synonyme de ville.)

Quand fasquèt jour dourmioy; moun *bourges* me rebéillo,
Me fixo de trabes, trambli coumo la feillo. J.

**BOURXOUNA**, *voyez* BOURROUNA.
**BOURXOUS**, *voyez* BOURROUS.
**BOUS**, le pluriel de TU. (Du latin *vos*.)
**BOUSCARDIE**, *voyez* BOUSCASSIÉ.
**BOUSCARDIÈYRO**, *voyez* LEGNÉ.
**BOUSCARIDO**, *voyez* MOUSCAYROLO.

**BOUSCASSIÉ**, s. m. Bûcheron, qui travaille à abattre du bois dans une forêt; fig., Celui qui habite les bois. (Du latin *boscus*.)

**BOUSCASSIÈYRO**, adj. Serpe de bûcheron.

**BOUSCAXE**, *Bouscage*, s. m. Bocage, petit bois.

Souven dins lou foun d'un *bouscagé*
Mé souï trouvat aou més dé may,
Per jouï d'un brillant ramage,
Qué lou chantr'emploumat yc faï.
Lou cor a péna à sé défendre
Dé tant d'accords plés dé douçous,
Sé tus véniés t'y faïr'entendré
Sériés couverta d'aousselous. RIG.

**BOUSIGA**, *voyez* DEBOUSIGA.

**BOUSQUET**, s. m. Bosquet, petit bois, touffe de bois. (Du latin *boscus*.)

**BOUSSA**, v. n. Devenir bossu, commencer à se renfler, à enfler; Contusion qui s'élève sur le corps. (Racine *bosso*.)

**BOUSSADO**, *voyez* ESQUIPOT.
**BOUSSELA**, *voyez* BOUSSA.
**BOUSSELO**, *voyez* CABOSSO.

**BOUSSI**, s. m. Morceau. (Du latin *buccea*, petite bouchée.)

**BOUSSINEL**, *Boussinot, Boussinou*, s. m. Un petit morceau.

**BOUSSO**, *voyez* BOURSO, FALSET.

**BOUSSOLO**, s. f. Boussole, boîte balancée sur quatre pivots où il y a une aiguille frottée d'aimant qui soutient une rose de carte, divisée en trente-deux vents. Cette aiguille se tourne vers le Nord. (Du latin du moyen-âge *bussola* ou *buxula*, boîte, fait de *buxus*, buis, matière ordinaire des boîtes.)

**BOUSSOLO**, T. de pêche, Nasse.

**BOUT**, s. m. Bout, extrémité d'un corps, d'un espace; petite Partie d'une chose longue : *Un bout de cordo*, un bout de corde; Fragment, reste d'une chose : *Un bout de candelo*, un bout de chandelle; Ce qui termine une chose, la garnit : *Un bout de canno, de paroplèxo*, un bout de canne, de parapluie; Dernier terme, dernier instant : *Es al bout de sa courso*, il est au bout de sa course; Fil à quatre brins : *A quatre bouts*; Arriver à la fin de l'année sans emprunter : *Nouzan lous bouts*. (Du grec *buthos*, fond, bout.)

Né véndras pas à *bout*. — contr'ellos as bel fayré.
Per yéou, dins lou jargoun qué m'énségnét ma mayré,
Té volé castillia coumma un simplé éscouyé,
Sé dins toun amour-propra én sécret appriandas

Qué té fagué én public dé verdas réprimandas,
Per dé qu'as proufanat nostré paouré granié? PEYR.

BOUTA, v. act. Voûter, faire une voûte; fig., Courber, se voûter par l'âge ou les infirmités. (Racine *bouto*.)

BOUTA, *voyez* METTRE, PLAÇA.

BOUTA, v. n. Voter, donner son vote, son suffrage. (Du latin *votum*.)

BOUTA, v. n. Bouder, faire la mine par humeur, par caprice; Fouiller en parlant des taupes; Botter, mettre, faire les bottes à quelqu'un; Donner, lancer.

BOUTADO, s. f. Boutade, bouderie, état d'une personne qui boude; Fâcherie: Taupinière, petit monceau de terre que la taupe élève en fouillant; fig., Abcès qui se forme.

BOUTADOU, *Broucadou*, s. m. Affiquet, soutien que les femmes portent à la ceinture pour soutenir leurs aiguilles lorsqu'elles font des bas.

BOUTAN, s. m. Votant, celui qui vote, qui a le droit de voter. (Du latin *votans*.)

BOUTANEL, s. m. Petit enfant.

BOUTANO, s. m. Cruchon à huile.

BOUTARIGO, *Boutiolo*, s. f. Vessie, urinaire d'un animal.

BOUTAT, ADO, adj. Voûté, ée.

BOUTAYRE, O, adj. Boudeur, euse, qui a l'habitude de bouder.

BOUTE, *voyez* GREFFE.

BOUTEL, *voyez* POUMPIL.

BOUTEL, s. m. Cruchon.

BOUTELA, v. act. Botteler, mettre en bottes. (Racine *boto*.)

BOUTELAYRE, *Fenassié*, s. m. Botteleur, celui qui met le foin, la paille en bottes.

BOUTELIÉ, s. f. Plant de courge.

BOUTELIO, s. f. Potiron, espèce de citrouille.

BOUTELIOU, *voyez* GRANO DE COUXO.

BOUTEYLIA, v. act. Mettre un liquide en bouteille.

BOUTEYLHADO, s. f. Cruchée, potée, plein une cruche.

BOUTEYLHAT, s. m. Plein un cruchon.

BOUTEYLHE, *voyez* AYE.

BOUTEYLHO, *Dourno*, *Crugo*, s. f. Cruche, bouteille, vaisseau de capacité, à large ventre et à cou étroit, pour les liquides; son Contenu. (Du latin barbare *buticula*.)

Jaques, lou ménestrié, benio dé manja festo,
Per arriba chéz el abio do jour dé resto;
Mais, tout presté o parti, l'hoste plé d'attentions,
Lo *bouteilho* o lo ma, l'y ben fa sous odious. D.

BOUTEYLHOU, s. m. Cruchon, petite cruche.

BOUTICAYRE, s. m. Boutiquier.

BOUTIÉ, s. m. Bottier, cordonnier qui fait des bottes. (Racine *botto*.)

BOUTIGNADO, *voyez* MOUNINADO.

BOUTIGNAYRE, *voyez* BOUTAYRE.

BOUTIGO, s. f. Boutique, lieu au rez-de-chaussée où l'on travaille, où l'on vend; Marchandises qui y sont contenues; *Aquelo boutigo bal pla*, cette boutique vaut beaucoup; Tous les outils d'un artisan: *Sa boutigo y costo pla*, ses instruments lui coûtent cher. (Suivant Morin, du grec *apothéké*, magasin. On a dit d'abord *pothéque*, ensuite *bothéque*, puis *bouthéque*, et enfin *boutique*.)

Ah! Messius, s'ou dis, Diou say sié...
Véne dé fayre una émbassuda

Qué béléou sérié pas pagada
Quan la métèssés un éscut,
Suze, vézès, coumo un perdut.
Ere dis un pas ésfrouïable;
Mais m'én souy tirat couma un diable.
Tout aze qué mé counouyssès,
M'a faougut léji dé papiès,
Qué m'an dounat may dé fatigua
Qué tout lou trin dé ma *boutigua*.
Endaco, sus cé qué m'an dich,
Ay dévignat un gros éscrich. FAY.

BOUTIOLO, *Botorigo*, s. f. Cloche, les bouteilles ou bulles qui s'élèvent sur l'eau par la chute de grosses gouttes de pluie; Vessie; Petite ampoule sous l'épiderme. (Du latin *bullula*.)

BOUTIOULA, v. n. Éprouver une éruption vésiculaire qui se fait à la peau, comme des piqûres de moucherons accompagnées de démangeaison. (Racine *boutiolo*.)

BOUTIS, adj. Sabot tout de bois, sans bride au-dessus.

BOUTO, s. f. Voûte, ouvrage de maçonnerie en arc. (Du latin barbare *voluta*, *volta*, ou *vota*.)

Aïchi, sus dé pillés, soun jétados très *boutos*
Qué portoun sus lour cap lés baïchels et dos routos.
Et déjoux lé Canal,
Fresquel, en flouréjan lés pibouls dal ribatche,
Passéjo lantomen, à trabex lé fuillatche,
Sas oundos dé cristal, DAV.

BOUTO, *voyez* BARRICO, OUYRE.

BOUTO-CLOT, *Fangas*, s. m. Fondrière, creux, bourbier.

BOUTO-FIOC, s. m. Boute-feu, qui excite les querelles, les discordes.

Lous habitans dé Cadaroussa
N'érou pas d'un humou fort douça;
Mais lou prencipal *boutafioc*
Era leu maréchal d'aou lioc.
Yé faguet fayré una soutiza
Et lous jitèt dins una criza
Qué y'aourié destruit sa citat,
Sans lou sécous dé la béoutat. FAY.

BOUTO-ROUO, s. f. Boute-roue, borne qui défend de l'atteinte des voitures.

BOUTOU, s. m. Bouton, bourgeon, germe des arbres; petit Rond de métal ou de bois recouvert d'étoffe pour attacher ensemble les parties d'un vêtement; Ce qui a la forme d'un bouton; fig., Bulbe, élevure sur la peau: *M'es bengut un boutou al bras*; la Tête: *Boli que lou boutou me saoute*. (Suivant Du Cange, du latin barbare *botontini*, qui a signifié des petites éminences de terre servant de limites et dont le nom, à cause de la ressemblance de forme, a passé aux boutons, soit des fleurs, soit des habits.)

BOUTOU, s. m. Moyeu, partie centrale de la roue où s'emboitent les rais.

BOUTOU D'ARXEN, s. m. Bouton d'argent, plante dont les fleurs sont blanches et de la forme d'un *bouton*.

BOUTOU D'OR, s. m. Bouton d'or, nom commun de quelques plantes à fleurs doubles et jaunes que l'on cultive pour l'ornement.

BOUTOUNA, v. act. Boutonner, passer les boutons dans les boutonnières.

BOUTOUNAT, ADO, adj. Boutonné, ée; Caché, mystérieux dans ses discours.

BOUTOUGNÈYRO, s. f. Boutonnière, entaille bordée de fil pour passer les boutons ; fig., Incision.
BOUTS, voyez Bois.
BOUTURO, s. f. Bouture, branche garnie de boutons, séparée et replantée ; Rejeton. (Du vieux mot français *bouter*, mettre.)
BOUXA, *Buxa*, v. act. Verser, répandre ; Fermer un vase, une bouteille.
BOUXA (SE), v. pro. Se remuer, se mouvoir. (Du latin barbare *buccare*.)
BOUXARDA, v. act. Bretter, Breteler, t. de maçon, Rustiquer, tailler une pierre avec un marteau dentelé.
BOUXARDAT, voyez BOUXART.
BOUXARDO, s. f. Marteau bretté ou dentelé pour rustiquer une pierre.
BOUXARIÉ, *Bouxario, Tuarié*, s. f. Boucherie, lieu où l'on tue les bestiaux, où l'on arrange et débite la viande : *Pouden pas ana à la bouxarié cado xoun* ; fig., Tuerie, carnage : *Semblo uno bouxarié*. (Racine *bouco*.)
BOUXARROU, s. m. Sale, vilain, barbouillé.
BOUXART, ARDO, adj. s. m. f. Sale, crasseux, barbouillé.
BOUXE, s. m. (Première syllabe longue.) Bouge, partie la plus élevée d'un moyeu de roue, d'une futaille, d'une quille ; t. de pêcheur, la Chape d'un filet. (De l'allemand *bogen*, arc.)
BOUXÉ, s. m. (Première syllabe brève.) Boucher, celui qui tue du gros et du menu bétail et en vend la viande par morceaux ; fig., Homme féroce, sanguinaire ; Chirurgien ignorant, maladroit. (Racine *bouco*, parce que le boucher vend la viande pour la bouche des hommes.)
BOUXEYRO, s. f. Bouchère, la femme d'un boucher.
BOUXICOU, s. m. Petite bourse ; Magot que font certaines personnes. (Racine *bourso*.)
BOUXOL, s. m. Moyeu, jaune d'œuf.
BOUXOUN, *Bouchoun, Tap*, s. m. Bouchon, ce qui sert à boucher une bouteille, etc. Cabaret. (Racine *bouxa*.)
BOUXOUNA, v. act. Décrasser le visage ; Blanchir une maison.
BOUYANT, ANTO, adj. Voyant, ante, qui se voit de loin, a de l'éclat, en parlant des couleurs. (Du latin *videns*.)
BOUYAXA, v. n. Voyager, faire un voyage, aller en pays éloigné. (Du latin *viam agere*.)

D'ount benés, troupos laoujeyros?
Ount fujisses en boulan?
Dins las terros estranjeyros,
Perque bouyajas cad'an ? PUJ.

BOUYAXE, s. m. Voyage, chemin qu'on fait pour aller d'un lieu à un autre lieu. (Du latin barbare *viagium*.)
BOUYAXUR, s. m. Voyageur, celui qui a voyagé ; Celui qui est actuellement en voyage. (Racine *bouyaxe*.)

Del vouyajur l'âma és troublada
Quan s'aprocha dé soun péys :
Ensi, la mioûna èra agitada
A la Quilla dés cinq camis.
Aqui, mous ginouls flachiguèrou,
Ma bouca bèniguèt lou ciel,
É mous yols ambé gaou véchèrou
Fuma lou tioûlat paternel. PEYR.

BOUYDO, *Presso*, s. f. Affluence, presse.

BOUYÉ, s. m. Bouvier, celui qui conduit des bœufs. (Du latin *bos*.)

Sul ser, tont qué sé pot, lo gobèlo liado,
Es, dé poou dé mal tems ; en pilos orrengado,
Piey dins l'aïro ol puleou pourtado pel *bouye*,
Fourmo uno piramido oppélado gorbié. PRAD.

BOUYÉ, s. m. Commissaire préposé à l'inspection des chemins. (Du latin *viarius*.)
BOUYLHENT, O, adj. Bouillant, ante, qui bout ; Extrèmement chaud ; Très-chaud.

Touto *bouylhento* après dins la peço mouzido.
Per lou traouc dal boundat la moustado es cabido. D.

BOUYLHOUN, s. m. Bouillon, eau bouillie avec la viande. (Du latin *bulla*.)

Sabioy qu'aquelo fenno à figuro sébèro,
Que begno lou mati, d'ambé l'oulo al coustat,
Pourtabo à ma grand may, malaouzo et jouyno enquèro,
Lou *bouylhoun* de la caritat. J.

BOUYLHOUNA, v. n. Mettre du bouillon à la soupe ; S'élever en bouillons, par bouillons ; Jeter des bouillons. (Du latin *bullare*.)
BOUYLHOUNUR, s. m. Qui aime beaucoup le bouillon.
BOUYLHOT, s. m. T. de bot. Fausse camomille.
BOUYLHOT (GROS), s. m. T. de bot., l'OEil-de-bœuf.
BOUYSSOUNA, voyez ENBOUISSONA.
BOUYRA, voyez BOURRA.
BOUYS, s. m. Buis, arbrisseau toujours vert ; son bois jaunâtre, très-dur, est employé au tour.
BOUYSSA, voyez GOUYSSA.
BOUYSSEL, s. m. Boisseau, le quart de l'ancienne mesure. (Du latin barbare *bussellus*.)
BOUYSSELAT, s. m. Boisselée, ce qui est contenu dans un boisseau.
BOUYSSO, voyez GOUYSSO.
BOUYSSOU, s. m. Le Prunelier ou prunier sauvage qui croît dans les haies.
BOUYSSOU BLANC, s. m. Aubépine dont les fruits ou baies sont appelés senelles. (Du latin *spina alba*.)
BOUYSSOUNADO, s. f. Piqûre faite avec un buisson ; Jet d'un buisson dont on veut faire un bâton.
BOUZA, v. n. Enduire de bouse de bœuf les roues neuves, ou tout autre chose qu'on veut calfeutrer avec de la bouse de bœuf. (Racine *bouzo*.)
BOUZADO, s. f. Tas de crotin que les chevaux, ânes, mulets, bœufs rendent en une fois. (Racine *bouzo*.)
BOUZIÉ, s. m. Bousier, ou Bouzier, insecte qui vit dans la bouse ou autres fumiers.
BOUZIGA, voyez DEBOUZIGA.
BOUZIGA, voyez FOUZILHA.
BOUZIGO, s. f. Friche, terre inculte ; Essart, champ nouvellement défriché dont on a arraché le bois, les troncs, les épines, pour y semer du blé.

L'intérêt bèn, Pogés, t'ouffri d'aoutros fotigos,
Pos creyssé toun doumainé en fosquen dé *bouzigo*. PRAD.

BOUZIN ; s. m. Bruit.
BOUZINA, voyez BOULZINA.
BOUZO, s. f. Bouse, fiente de bœuf, de vache, de cheval, d'âne, de mulet ; Espèce de champignon. (Du grec *boustasia*, ou de *bous*, bœuf.)
BOUZOLO, s. f. Ventre, en parlant des enfants.
BOUZOULUT, voyez PANSUT.

## BOX

**BOXOS**, s. f. Jeu de la boule ou de la courte boule : *Xouga à boxos*.

## BOZ

**BOZO**, voyez Sesco.

## BRA

**BRABA**, v. act. Braver, regarder avec mépris, avec hauteur ; Morguer. (Racine *brabe*.)

**BRABE, O**, adj. Brave, se dit généralement des qualités d'une personne : *Es pla brabe*, il est honnête ; *Es uno brabo fenno* ; Qui se porte bien : *Es pla brabe*. (Du latin *bravium*, prix de la victoire.)

Cap d'ome nou bal res., certos, al xoun d'abei ;
Lous qu'on crey *brabos* xens, cal pas que balgou gaîré
D'abort que lous couquis sou segurs de your plaîré.  D.

**BRABETAT**, s. f. Honnêteté, probité, conformité à l'honneur, à la vertu. (Du latin *probitas*.)
**BRABOMEN**, adv. Bravement, adroitement.

Brunet.

Almens guerisses-me d'un soupsoun que m'affixo.

Xanetoun.

Nani, per un galan l'ei *brabomen* escrixo ;
Cregas ço que bouldres, prenès bostre partit,
Yeou me xaouti d'aco coumo d'un escoupit.  D.

**BRACA**, v. act. Braquer, tourner d'un certain côté.
**BRACOUNEXA**, v. n. Braconner, chasser sur les terres d'autrui pour profiter du gibier. (De *braque*, nom de certains chiens de chasse.)
**BRACOUNIÉ**, s. m. Braconnier, celui qui braconne, qui tue sans ménagement le plus de gibier qu'il peut.

Acata, én véjén tan dé banas,
Cridèt émbe un grand cacalas :
« Ay ! mèstre, qué dé Ménélas !
Aquèstes mé rendoun la joïa
Qué l'aoutrè mè lèvèt à Troïa ;
Pardiue, és bén vostre mèstié !
Aco n'és pas èstre coustié ;
S'un jour, pèr hazar, dé la cassa
Vous caou tira vostra vidassa,
Quinte *bracounié* mé sérés !
Anèn, aquèste gibié frés
Faou qué sé manje tout dé suita :
Vaou doun prépara la marmita.  Fay.

**BRAFRA**, voyez Baffra.
**BRAGA**, *Caoussa*, *Culouta*, v. n. Prendre la culotte, la donner à un enfant, la remettre après qu'elle a été lâchée. (Racine *bragos*.)
**BRAGETTO**, s. f. Brayette, la fente du devant des anciennes culottes.
**BRAGETTO-MOUZIT**, s. m. Culottin, petit enfant nouvellement en culottes.
**BRAGOS**, *Culotos*, *Caoussos*, s. f. Culotte, partie du vêtement de l'homme, qui couvre depuis la ceinture jusqu'au dessous des genoux ; *S'en tira ambe las bragos netos*, adv., se tirer heureusement d'un mauvais pas. (Du latin barbare *braccæ*.)
**BRAIA**, voyez Braga.
**BRAIETO**, voyez Bragetto.
**BRAIOS**, voyez Bragos.
**BRALLA**, v. act. Branler ; Être agité ; Pencher d'un côté et d'autre : *Coumenço à bralla* ; Être immobile ou par impuissance : *Y'a un mes qu'es al leyt que brallo pas* ; ou par mauvaise volonté : *Y'ei dits d'ana cerca d'aïgo, et n'a pas brallat*. (Ménage dérive ce mot du latin *vibrare*.)
**BRALLA**, v. n. Être dans la joie : *Fa pas que bralla*.
**BRALLÈ**, s. m. Branle, agitation, mouvement : *Se douno pas cap de brallè* ; fig., Premier mouvement, première impulsion donnée dans une affaire : *Aco's èl que b'a mes en brallè* ; Sorte de danse de plusieurs personnes qui se tiennent par la main : *Eren toutes en brallè*. (Racine *bralla*.)

Per un garsou letrut, Grépis banto soun fil
Et penso que sera qualqu'home de calibre,
Mais lou regent a dit que jamay nou pren libre
Se nou li fa dansa le *brallè* del troumpil.  G.

**BRAM**, s. m. Cri.
**BRAMA**, v. n. Braire ; les ânes braient ; *Bramo coumo un aze*, il brait comme un âne ; Pleurer haut et fort : *Plouro pas, bramo*, il ne pleure pas mais il brait ; Chanter, crier en braillant : *Aco se pot dire brama*. (Du latin barbare *bragare*.)

Eh ! perque bous boulès aïci que l'on rouxigo,
Quant on n'a pas fax res dount on se repentigo ?
Sabi qu'aquel escrix es fax de la meou ma ;
Mais y'a pas de suxet aqui de tant *brama*.  D.

**BRAMADO**, s. f. Temps que pleure un enfant.
**BRAMAYRE, O**, s. m. f. Braillard, qui pleure, qui crie.
**BRAMAYRAC**, s. m. Gueulard qu'on entend de loin. (Racine *brama*.)
**BRAMECO**, s. m. Pleureur, qui pleure facilement.
**BRAMO-FAN**, s. m. Affamé, un crie-famine qui se plaint sans raison.
**BRANC**, voyez Ben.
**BRANCARD**, s. m. Brancard, litière à bras, lit portatif ; Chacune des deux pièces longues d'une charrette, d'une voiture. (Du latin barbare *branca*.)
**BRANCAT**, voyez Brancard.
**BRANCAXE**, s. m. Branchage, les émondes, les élagures, l'abatis, les menues branches d'un arbre. (Racine *branco*.)
**BRANCO**, s. f. Branche d'arbre, rameau ; Largeur d'un drap de lit ; t. de cordon., *De branco miexo*. (Du latin barbare *branca*.)
**BRANCUT, UDO**, adj. Branchu, ue, qui a plusieurs branches.
**BRANDA**, v. n. Éclairer, luire, brûler ; fig., Avoir grande soif : *Brandi de set*, je meurs de soif. (De l'allemand *brand*, embrasement.)
**BRANDI**, v. act. Branler, secouer, brandiller ; fig., Égoutter la salade ; Avertir vivement quelqu'un. (Suivant Ménage, du latin *vibrare*.)

Oco's fach : lou soulel cop sur cop reporés,
É lo suço o tal poun qué n'y démouro rés.
Per lo mettré o l'obric d'uno talo ruino,
Omb'uno loungo cordo on *brondis* lo bruino.  Prad.

**BRANDI (Se)**, v. pro. Se Secouer, se remuer fortement, s'agiter.
**BRANDIDO**, s. f. Secousse, saccade ; Reproche ; Maladie.
**BRANDIMEN**, s. m. Brandillement, mouvement.
**BRANDISSAL**, *Plumassal*, s. m. Volée, rincée de coups.
**BRANDIT, IDO**, adj. Fini, ie, terminé.

Jougan qualquo bouteillo ol briscan, o los quillos;
Tondis qu'un paouc pus luen perlufèjou los fillos
Soulos ; car des gorçous sé sé triabou pas,
Lou Bitou lour forio del mesclodis un cas ;
Omaï crègnou d'aillurs qué lo maïré obertido ,
Entr'estré dins l'houstal lour baillé lo *brondido*.
          Prad.

BRANDOUL, s. m. Branle, agitation de ce qui est remué, tantôt d'un côté, tantôt d'un autre : *Sounabo al brandoul*.
BRANDOULA, v. act. Brandiller, branler.
BRANLA, v. n. Danser. (Du latin *ballare*.)
BRANLE, *voyez* BRALLE.
BRANLOUTA, v. n. Chanceler, se mouvoir; Trembler.
BRANSOULA (SE), v. pro. Se Secouer, se balancer.
BRAOU, s. m. Taureau.
BRAOUDO, *Praouto*, s. f. Gachis, crotte, margouillis.
BRAS, s. m. Bras : *Lou Bras drex*, à force de bras : *A forço de bras* ; Avoir sur les bras, à sa charge, être importuné, tourmenté : *Ey tant de mounde sus brasses* ; Oter tout moyen d'agir : Décourager entièrement : *Aco m'a coupat cambos et brasses*. (Du latin *brachium*.)

Bolé qué joust mous pés ma lyra s'espountigué ;
Bolé qué moun *bras* drech sé séqué jusqu'à l'os ;
Bolé qu'à moun gousié ma lénga sé flétrigué ,
É qué moun aousidou n'aché pas pus d'échos. Peyr.

BRASKÉ, *voyez* BROUZESC.
BRASSADÈLS, s. m. Espèce de Filet pour porter une brassée de fourrage.
BRASSADO, s. f. Brassée, ce que l'on peut tenir entre les bras ouverts.
BRASSARIÉ, *Brassario*, s. f. Brasserie, lieu où l'on fait la bière.
BRASSAT, *voyez* BRASSADO.
BRASSAT (A BEL), adv. Entre les bras.
BRASSEJHA, *voyez* BRASSEXA.
BRASSELET, s. m. Bracelet, bijou qui couvre le dessus du poignet.
BRASSEXA, *Brassejha*, v. n. Gesticuler, remuer, agiter les bras.
BRASSIÉ, s. m. Journalier qui travaille la terre.
BRASSIEYRO, s. f. Lisière pour soutenir un enfant.
BRASSO-CORS (A), adv. A bras-le-corps, c'est-à-dire le bras passé autour du corps.
BRASSOU, s. m. Rais, pièce de bois mince et droite qui unit le moyeu aux jantes d'une roue. (Du latin *brachium*.) Fig., les petits bras d'un enfant.
BRASTEGA, v. n. Clabauder, crier, brailler.
BRASTEGAYRE, *voyez* BRAILLAYRE.
BRAVAMEN, *voyez* BRABOMEN.
BRAVE, *voyez* BRABE.
BRAVE, *voyez* BUDELOU.
BRAVEJHA, *voyez* BRABA.
BRAYLHA, *Brastega*, v. n. Brailler, criailler, faire grand bruit. (Du latin barbare *bragare*.)
BRAYLHAYRE, O, adj. Brailleur, euse, qui parle haut, mal à propos.
BRAZA, v. act. Braser, souder quelque pièce de fer avec une soudure particulière faite de cuivre, de borax, de verre pilé que l'on fait fondre sur un brasier ardent. (Du grec *brazein*, être chaud.)
BRAZAS, *voyez* BRAZIÉ.
BRAZIÉ, s. m. Brasier, feu de charbons ardents. (Racine *brazo*.)

Huroux qué dins un bosc, sus un topis dé mousso ,
Pot aro del zéphir huma l'holéno douço !
Ou qué per omourti lou *brosié* dé l'estiou ,
Sé plougneo jusqu'ol col dins lou cristal d'un riou.
          Prad.

BRAZIÈYRO, s. f. Brasier, bassin de métal pour la braise ardente. (De l'italien *brasièros*.)
BRAZO, s. f. Braise, menus charbons ardents. (Du grec *brazein*.)
BRAZUCA, *voyez* TISOUNA.
BRAZUCADO, *voyez* GRILHADO.

### BRE

BREBET, s. m. Brevet, privilège accordé à un inventeur. (Du latin *brevetum*.)

Ulissa me mandèt alay
Embe un *brébét* dé portafay.
Quan él ié vengèt me poussère ,
Dé façoun qué ié dévénguère
Carétou, pioy finalomen
Mulatié, dins soun régimen.
Nou, sé trouvarié pas en Greça
Dous mulatiés dé moun éspéça.
          Fav.

BREBETA, v. n. Bréveter, donner le brevet d'invention.
BREBIARI, s. m. Bréviaire, livre qui contient l'office de chaque jour pour un prêtre, un religieux. (Du latin *breviarium*.)
BREDOUILHA, *Barbouilha*, v. n. Balbutier, bredouiller, parler peu distinctement : *Parlo bas, bredouilho*. (Du latin *balbutire*.)
BRÉDOUYLHUR, s. m. Bredouilleur, qui parle mal, peu distinctement.
BREDOULO, *voyez* BRIDOULO.
BREF, adv. Bref.
BRÉGAN, *voyez* BRIGAN.
BREGANDA, *voyez* BRIGANDA.
BREGANDAXE, *voyez* BRIGANDAXE.
BREGANDEXA, *voyez* BRIGANDA.
BREGNOS, *voyez* BENDEMIOS.
BREGO, s. f. Querelle, noise.
BREGOUS, *voyez* TAPAXUR.
BRELAN, s. m. Brelan, jeu de cartes.
BREN, s. m. Bran de son, ce qui reste de la farine sassée. (Du bas breton *bren*.)

Perquè dounc t'enraja ? — La câousa és pla cerléna.
Dé qué risquas, anfin, dins lou rec d'Hypoucréna
T'anarén abioûra , manjaras-fosso *brén* ,
Car nosiré amic Didié dé té nourri sé piqua. —
É n'és pas quicon d'éstré un asé pouétiqua ?
Vay , vay , cado mati toutés t'éstréyarén. Peyr.

BRENAXE, s. m. Dommage, dégat. (Racine *brenous*.)
BRENOUS, OUSO, adj. Venimeux, euse, vénéneux. (Du latin *venenosus*.)
BRES, s. m. Berceau, sorte de petit lit où l'on couche les enfants à la mamelle. (Du latin *versus*.)

Mais sans canou , sans tambour, sans troumpeto ,
Tapla grandis l'efan del puple al *bres*.   J.

BRESCA, v. act. Démieller, enlever des ruches les gaufres ou rayons de miel ; Travailler la pâte en la jetant rudement afin d'y introduire l'air qui la fait renfler ou lever.
BRESCAT, ADO, adj. Qui a des yeux, c'est-à-dire certains vides, certains trous, comme le pain bien travaillé.

**BRESCO**, s. f. Une Gaufre de miel.
**BRESENA**, *voyez* MARMOUTA.
**BRESPAYLHA**, v. n. Manger avec appétit ; fig., Faire quelque chose lestement.
**BRESPE**, s. m. Soir, soirée.
**BRESSA**, v. act. Bercer un enfant pour l'endormir. (Du latin *versare*.)

Pouétas! qué cercas una glouèra éternella,
Layssas-mé préné plaça à vostré sént banquèt ;
Sé mésclé à vostrés cants ma lenga maternella,
La fagués pas rougi, car a *bréssat* Riquet! PEYR.

**BRESSA (SE)**, v. pro. Se Balancer en marchant.
**BRESSAYROLO**, s. f. Berceuse, femme, fille, qui dans une maison a la fonction de bercer, de promener un enfant.
**BRESSENBLAPLE**, O, adj. Vraisemblable, probable. (Du latin *verisimilis*.)
**BRESSENBLAPLOMEN**, adv. Vraisemblablement.
**BRESSENBLENÇO**, s. f. Vraisemblance, apparence de vérité.
**BRESSO**, *Pagnieyro* ; s. f. Manne que les charretiers suspendent sous leur charrette.
**BREXO**, s. f. Brèche, ouverture faite à une muraille ; fig., Diminution, dommage. (Du l'italien *bricia*.)
**BREZA**, *voyez* BREZILHA.
**BREZEGOU**, s. m. Houx-frelon, buis piquant, petit houx. Il différe du houx ordinaire en ce que ses feuilles qui ressemblent à celles du buis n'ont qu'une seule épine à leur pointe, tandis que le houx a ses feuilles armées de beaucoup de pointes.
**BREZENA**, *voyez* MARMOUTA.
**BREZIL**, s. m. Gazouillement des petits oiseaux ; Givre, brouillard glacial.
**BREZILHA**, v. n. Gazouiller, gringotter, fredonner en parlant des oiseaux. (Du latin *fringultire*.)

Lés aouzélous qué lé fret, escampillo,
A moun entour arribous à saoutets ;
Moun pitchou foc fa qué cadun *brésillo*,
Et qué suspen un moumen sous pioulets.....
En mé quitan ban pioula dins lés aïrés ;
La mort lés sièc, et sans fa dé quartié,
Lés fa toumba joux lé ploumb dés cassaïrés,
Ou dins lé bec d'un aouzel carnassié. VESTR.

### BRI

**BRIAN**, s. m. Espèce de Dartre.
**BRIBANDEJHA**, *voyez* BIBANDEXA.
**BRIC OU DE BROC**, adv. D'une façon ou d'autre.
**BRICAYLHOU**, s. m. Très-petit Morceau.
**BRICO**, *voyez* TEOULO, PAZIMEN.
**BRICO**, *Xés, Rès*, adv. Pas de tout.
**BRICOLO**, s. f. Bricole, partie du harnais qui s'attache au poitrail ; Bande de cuir pour traîner un fardeau ; au jeu de billard, Retour d'une bille qui a frappé une bande ; adv., *de Bricolo*, Indirectement : *Ba touxoun per bricolo*. (De l'espagnol *brincar*, cabrioler.)

L'aouba adéja
Coumençaba dé pounchéja,
Quan anère jougne ma cola,
Per drech cami ou per *bricola*,
Tan groussissié dé tout coustat
Qué né sèguère espouvéntat.
D'onté aouras, diziey, dé vitaïa
Per nouri tan dé cassibraïa ?.....
Certa, qué junoun ; per ma fé,
Las cagaraoulas junoun bé

É pamen restoun pas dó vioure.
Mas gens rétrazién fort aou cioure
Dé tan qu'avien déjà patit ;
Endacò prénién soun partit,
É vézien pas dins l'abstinença
Qu'un réstori dé péniténça. FAV.

**BRICOU**, s. m. Petit morceau, petite part.

Mais moustrats-bous almens un *bricou* rasounaplé.

Repetarei se cal, aoutre cop, amay dous,
Que l'oubraxo bal pas lous quatre fers d'un gous. D.

**BRICOUNEJHA**, *voyez* EMBRICA.
**BRICOUNEL**, *voyez* BRICAILHOU.
**BRIDA**, v. act. Brider, mettre la bride à un cheval, à un mulet ; Ceindre, lier, serrer ; fig., Lier par un contrat. (Racine *brido*.)

En me parlan aïtal, me troumpas....., mais n'importo,
Me luïssarei *brida*, car bous sies la pus forto. D.

**BRIDEL**, s. m. Bridon, bride sans mors, à mors-brisé.
**BRIDO**, s. f. Bride, partie du harnais composé de la Têtière, *Testieyro*, des Rênes, *Lounxos*, du Mors, *Mors*, et de la Gourmette, *Gourmetto* ; Lien de fer autour d'une pièce de bois qui menace de se fendre : *Y cal uno forto brido* ; Brée, garniture en fer d'un manche de marteau : *Fay-me de bridos pel martel*. (Du saxon *bridel*.)

Le signal es dounat, à la boux que lour crido
De sarra lous talous et de latcha la *brido*,
Soun partis, à mous éls deja disparescuts
Coumo l'aouzel dins l'aïre au filat dins la liço.

**BRIDOUN**, *voyez* BRIDEL.
**BRIDOULA**, v. act. Éclisser les sabots, les garnir de brides d'osier.
**BRIDOULOS**, s. f. Éclisses, osier qu'on fend et dont on bride les sabots pour les porter. (Racine *brido*.)
**BRIGA**, v. act. Briguer, poursuivre, rechercher avec ardeur, avec empressement. (Du latin barbare *briga*.)
**BRIGADIÉ**, s. m. Brigadier, celui qui commande une brigade.
**BRIGADO**, s. f. Brigade, division d'une armée ; Troupe de gens de guerre d'une même compagnie, sous un chef appelé Brigadier. (De l'italien *brigata*.)
**BRIGAN**, s. m. Brigand, voleur de grand chemin ; fig., Mauvais sujet. (Suivant les étymologistes, du nom des *Brigantes*, peuples d'Hibérie, qui, sous l'empire romain, passèrent en Angleterre, dont ils ravagèrent toute la partie septentrionale.)

Léou pamén cérténa aventura
Yé bouléguét la pouritura.
Pirrhus, la perla das *brigans*
Yé fouytava un dé sous enfans,
É pioy lé métié sus las fessas
Dé grans cos dé pès per coumprèssas ;
Dizoun méma qué sourdamen
Y'avié fiquat per lavamén,
Sus la fin un cop de faouciïa
Qu'éra anat jusqu'à la bédiïa. FAV.

**BRIGANDAXE**, s. m. Brigandage, vol sur les grands chemins ; Concussion, rapine.
**BRIGANDEXA**, v. n. Brigander, voler, vivre en brigand.
**BRIGO**, s. f. Brigue, cabale, faction, parti. (Du latin barbare *briga*.)

## BRI

**BRIGOULA**, *voyez* Embrica.
**BRILHA**, v. n. Briller, donner de l'éclat; Avoir Avoir de l'éclat. (Suivant le *Duchat*, du latin barare *radiculare*.)

Taleou bézé la mouléto,
Coumençan dé préné ban ;
Sans faïchous, sans étiquéto,
Bitomen nous entaoulan.
L'un manjo, l'aoutre babillo ;
Mais pertout la joyo *brillo ;*
Cadun mostro soun esprit,
Et dal jus dé las bouteillos
Qué nous rumo las aoureillos
N'escapo qualque resquit.     Dav.

**BRILHADO**, s. f. T. de botanique, Liseron.
**BRILLO**, *voyez* Bilho.
**BRILLOS**, s. f. Ris de veau, glandules sous la gorge des veaux, d'un manger délicat.
**BRIN**, s. m. Brin d'une plante, d'herbe. (Suivant *Huet*, du latin *virga*.)
**BRIN**, *Berin*, s. m. Venin, liqueur pernicieuse et souvent mortelle de certaines plantes, de certains animaux. (Du latin *venenum*.)

Nou, nou, sourd à la boués dé tantos dé merbeillos,
L'errou, despeï lountgténs a tampat sas aoureillos ;
Lou *bérin* dins soun cor és dintrat à grands flots,
Et butat bers lé mal per l'ésprit dé rébolto,
Dislo : Das ennémix fareï grando récolto,
Abant la fi dal jour toumbaran joux mous cops.   Dav.

**BRINCO**, *voyez* Branco, Ramel.
**BRINDA**, *voyez* Beoure.
**BRINDO**, *voyez* Gorp.
**BRINDOL**, *Drindrol*, s. m. Escarpolette, brandilloire, balançoire que font les enfants au moyen de deux branches d'arbre qu'ils attachent par les extrémités, et sur lesquelles ils s'asseoient en se balançant.
**BRINDOULA**, *Drindoula*, v. act. Brandiller, se balancer. (Du latin *vibrare*.)
**BRINGHIEYRO**, s. f. Bassin d'une chaise percée.
**BRIOU**, s. m. Intervalle de temps; adv., *A brious*, Tantôt l'un, tantôt l'autre.

Là conobieyro es presto omaï lou conobou ;
La terrado es coufido omb'un paouc de migou,
Que sousqué encaro un *briou* de poou de desfourtuno
Qu'ottendo que de Mars siasquo roundo lo luno.   Prad.

**BRIOUXA**, v. act. Fourgonner, remuer, retirer la braise avec le fourgon.
**BRIOX**, s. m. Fourgon, instrument de boulanger pour remuer, retirer la braise du four.
**BRIQUET**, *Ferret*, s. m. Briquet, petite pièce de fer dont on se sert pour tirer du feu d'un caillou ; Sabre cour de l'infanterie; en t. de serrurier, petit Couplet qui ne peut être plié que d'un sens, propre à assembler les tables à manger, etc.
**BRIZA**, v. act. Briser, rompre, mettre en pièces : *Ba tout brizat;* fig., Fatiguer par un mouvement trop rude. (Du latin barbare *brisare*.)

En pléjo cépendent lous nuatgés founduts
Délargou tout d'un cop dé tourrens suspenduts,
Qu'en sé précipitén del naout dé los mountagnos,
*Brisou* digos, porets, robatjou los compagnos.   Prad.

**BRIZADO**, s. f. Brife, nom donné par les personnes qui élèvent les vers à soie, au grand appétit de ces insectes quelques jours avant de faire les cocons.
**BRIZAL**, *voyez* Bricou, Boussi,

## BRO

**BRIZAOUT**, s. m. Sarrau de toile en forme de large scapulaire à l'usage des paysans.

Y pourtareï dal nostre prat (à Jésus)
Qualquo jantio floureto,
Prep del fareï dal boun Bernard,
Me tendra sa maneto ;
Alaro lou preni tout siaout
Joust lou *brizaout*,
Et dins un saout
Faoou poudro d'escampeto.   Puj.

**BRIZÉTO**, *voyez* Bricounel.
**BRIZO-RAZOUS**, s. m. Brise-raison, celui qui parle sans suite.
**BRIZO** ou **BRICO**, *voyez* Mico, Bricou.

## BRO

**BROBEJA**, *voyez* Manxina.
**BROC**, s. m. grand vase à mettre du vin.
**BROC**, s. m. Scion de bois, petite branche d'arbre.
**BROCO**, s. f. Bâton, buchette ; Aiguille à tricoter ; Outil de maréchal. (Du latin barbare *brachiæ*, bâtons pointus.)

Dins un comp ount lo néou souleillado o coulat,
Mettou joust uno tioulo un plein pougnet dé blat.
Lo paouro qu'o tolen, bey lo grono, lo croquo,
É péris joui plofound qu'oppuyabo uno *broquo*.....
                                                    Prad.

**BROCOLI**, s. m. Brocoli, chou d'Italie ; Chou en fleur. (De l'italien *brokoli*.)
**BROCOS**, s. f. Aiguilles à tricoter.
**BRODEQUIN**, s. m. Brodequin, demi botte fendue par devant et qui se lace. (Suivant *Caseneuve*, de l'espèce de cuir dont cette chaussure était anciennement faite et que l'on appelait *Brodequin*.)
**BRODO**, *voyez* Cagno.
**BRONDI**, *voyez* Brandi.
**BROU**, *voyez* Brout.
**BROUCA**, v. n. Tricoter, former des mailles avec de longues aiguilles. (Racine *broco*.)
**BROUCA**, *voyez* Planta.
**BROUCADO**, s. f. Tricotage, travail, ouvrage d'une personne qui tricote.
**BROUCADOU**, s. m. Marteau de maréchal pour ferrer les chevaux ; Support de tricoteuse.
**BROUCAILLA**, *voyez* Bruscaylha.
**BROUCANTA**, v. act. Brocanter, acheter, vendre, troquer. (Du latin *recantare*, se dédire, parce que les revendeurs ont 24 heures pour rendre ce qu'ils avaient comme acheté.)
**BROUCANTAYRE**, *Broucantur*, s. m. Brocanteur ; Tripotier : *Aco's un broucantayré*.
**BROUCO**, *voyez* Guingaçou.
**BROUCAYRO**, s. f. Tricoteuse ; Femme, fille qui tricote.
**BROUDA**, v. act. Broder, faire avec l'aiguille, sur une étoffe, des ouvrages en relief : *Apren à brouda;* fig., Embellir, orner un conte, y ajouter : *Ba brodos pla*. (De *border*, parce que les broderies se mettent ordinairement au bord des habits.)
**BROUDAYRE**, O, s. m. f. Brodeur, cuse, celui, celle qui brode.
**BROUDARIE**, *Broudario*, Broderie, ouvrage de celui qui brode.
**BROUÏNA**, *voyez* Rouzina.
**BROUÏNO**, *voyez* Rouzino.
**BROUKETO**, *voyez* Brouqueto.
**BROUNCUT**, *voyez* Raboutut.

**BROUNDI**, *voyez* BRANDI.

**BROUNDO**, *voyez* BROUSSAILHOS.

**BROUNXA**, *Brouncha*, v. n. Broncher, faire un faux pas; Remuer de place : *N'a pas brounxat d'aqui*.

**BROUNZA**, v. act. Bronzer, peindre en couleur de bronze; Passer en noir des peaux propres à faire des gants, des souliers; fig., Enivrer quelqu'un. (Racine *brounzo*.)

**BROUNZADO** (PEL), s. f. Peau bronzée, passée au noir.

**BROUNZI**, v. n. Bruire, rendre un bruit sourd.

Es atal qu'an *brounzit* loung-téns per las aoureillos
Aquélis qu'an créat, aïchi-tal, dé merbeillos
Qué fan un régné gran ;
Mais démest lés sabans qu'an serbit l'industrio,
Riquet, sul prumié reng, butat per soun genio,
Féc un pas dé géan !.....

**BROUNZIDOU**, s. m. Instrument d'enfant fait d'une lame de bois attachée au bout d'un cordon qu'on fait tourner avec vitesse, ce qui produit dans l'air un frémissement assez fort.

**BROUNZIMEN**, s. m. Bruissement, tintement des oreilles.

**BROUNZINA**, *voyez* BOULZINA.

**BROUNZINAYRE**, *voyez* REPOUTEGAYRE.

**BROUNZO**, s. f. Bronze, métal qui résulte d'un alliage de cuivre et d'étain. (Du latin *frontis*.)

Qué las loys é lous arts flurigou,
Béziés, sus toun sol glourioux !
Qué lou coummerce industrioux
Ambé las sciencas s'unigon;
É mous cants farcou ressoundi
Lous échos, afin qué rédigou :
Jamay l'envia al *brounzé* o pas pougut mourdi ! PEYR.

**BROUQUETO**, s. f. Brochette, petite broche de bois, de fer, etc., dont on se sert pour tenir la viande en état à la broche ; Morceaux de foie, de gésier, mêlés de jambon ou autre chose, passés et rôtis dans de petites brochettes de fer, d'argent, etc. ; Petit brin de paille ou d'osier dont on se sert pour donner à manger à de petits oiseaux ; t. de tuilier, Petit brin d'osier que l'ouvrier passe dans le moule pour en détacher la terre.

**BROUQUYL**, s. m. Broutille, menues branches pour aider à allumer le gros bois : *Axo quasques brouquyls*.

**BROUSSA**, v. n. Tourner, se grumeler, en parlant du lait, d'une sauce; Brosser, nettoyer avec une brosse.

**BROUSSAYLHOS**, s. f. Broutille, bûchette, ramille, menu bois de branches rompues. (Du latin barbare *bruscia*.)

**BROUST**, s. m. Brout, pousse de taillis. (Du celtique *broust*, bourgeon.)

**BROUSTA**, v. n. Manger avec plaisir.

**BROUSTIA**, *voyez* PENXENA.

**BROUSTILHO**, s. f. Broutilles; Fagot. (Du latin *brustum*.)

**BROUSTIO**, *Brousto*, adv. Chaud, en parlant des enfants qui dans le berceau sont bien chauds.

**BROUT**, s. m. Brin de plante, de fleur : t. de boucher, le Bout des côtes ou carré de côtelettes. (Du celtique *broust*, bourgeon.)

**BROUTA**, *Broutouna*, v. n. Bourgeonner.

**BROUTA**, v. act. Brouter, manger en place les végétaux. (Racine *brout*.)

Lou ser, quoand lou bestial, o forço dé *brouta*,
S'és pla forcit lou bentré ó qu'és las dé tronta,
Lou pastré en l'essorsen lou coumpto é mouls los fédos.
PRAD.

**BROUTE**, *voyez* BROUT.

**BROUTOU**, s. m. Bourgeon, bouton développé ou non, qui renferme les branches, les feuilles, les fruits.

Disou qué per hosard aôutrés cots un postrou
Fique, en pétossen so pichoto chaumieyro,
Un *broutou* destocat d'uno bronquo fruchieyro
Dins lou tronc d'un bouissou noubèlomen ressat,
É qu'oquel sutget fronc per lo sabo poussat
Dins lo fondo del souc prenguet uno aoutro bido ;
Lo monièro d'onta d'oqui dounc és solido. PRAD.

**BROUTOUNA**, *voyez* BROUTA.

**BROUXA**, v. act. Brocher, plier et coudre les feuilles d'un livre.

**BROUXA**, v. act. T. de cordon., Brocher, attacher avec des clous ; t. de marèch., Enfoncer des clous avec le brochoir.

**BROUXEYRO**, *voyez* TRASSO.

**BROUXETO**, s. f. Brochette, petite broche de bois ; Petit bâton pour donner à manger aux oiseaux ; fig., Être élevé avec délicatesse et soin.

**BROUXOYR**, s. m. Brochoir, marteau avec lequel un maréchal cogne les clous dans la corne de l'animal qu'il ferre.

**BROUXURO**, s. f. Brochure, ouvrage qui n'est pas relié mais simplement broché ; Petit ouvrage de peu de feuilles.

**BROUYLHA**, v. act. Brouiller, mêler, mettre de désordre ; Mettre en mauvaise intelligence.

Digas-me, se bous plaï, qu'és doun aco qu'abes ?
Semblo que sien *brouillats* : m'agaxas de trabes. D.

**BROUYLHA** (SE), v. pro. Se Brouiller, cesser d'être amis. (De l'italien *brogliare*.)

**BROUYLHARIE**, *Broulhario*, s. f. Brouillerie.

**BROUYLHARD**, s. m. Brouillard, vapeur épaisse dans l'air, nuit aux récoltes. (Du latin *pruina*.)

**BROUYLHARDA**, v. n. Brouillasser, brouir. Il se dit des blés et des fruits, lorsque attendris par une gelée blanche, ils sont brûlés par un coup de soleil qui survient.

**BROUYLHOUN**, s. m. Brouillon, brouillard; papier sur lequel on écrit d'abord pour transcrire ensuite avec plus de soin ; fig., Celui qui met la confusion, la discorde.

**BROUZENT**, *voyez* ROUZENT.

**BROUZESC**, adj. Cassant, fragile, en parlant de certains bois ; fig., Rude, sec, peu communicatif, en parlant des personnes. (De l'italien *brusco*.)

**BROXO**, s, f. Broche, sorte de verge de fer pour embrocher la viande ; Cheville de fer dans une serrure, qui entre dans la forure de la clef ; Outil de cordonnier pour brocher les talons ; Outil de forgeron pour percer un fer à cheval. (Du latin barbare *brochæ*.)

## BRU

**BRU**, NO, adj. Brun, une, Tirant sur le noir : *De pa bru*, du pain bis, noir. (Du flamand *bruyn*.)

**BRU**, *voyez* BRUX.

**BRUC**, s. m. Brusc, bruyère dont on se sert pour faire les balais et pour ramer les vers à soie. (Suivant Trevoux, du vieux mot gaulois *bruir* ou *brouir*, qui signifie brûler, parce qu'on brûle les bruyères pour les défricher et en faire des terres à blé.)

**BRUCA**, v. n. Toucher légèrement.
**BRUGASSIÉ**, EYRO, s. m. f. Habitant des bruyères; Celui qui fait la bruyère et la vend.
**BRUGUETS**, s. m. Rameau de cocons, ou la bruyère sur laquelle les vers à soie font leurs cocons.
**BRUGHIEIRO**, voyez BRUGO.
**BRUGO**, s. f. Bruyère, petit arbrisseau qui s'élève peu et qui sert au chauffage des pauvres.
**BRUGOS**, s. f. Pays de bruyère; Terrain couvert de bruyère. (Suivant Trevoux, du vieux mot *brouir*, qui signifie brûler, parce qu'on brûle les bruyères pour défricher.)
**BRULLA**, v. act. Brûler, consumer par le feu; Se servir pour se chauffer; S'éclairer; Détruire, en parlant du froid sur une récolte; fig., Brûler une étape, passer outre : *A brullat uno estapo ;* Être dévoré par la fièvre : *Es caout que brullo.* ( De l'italien *brusciare*.)

Amour, amour, ta douçou bioulento
Oublixo un Dious à prene un corps mourtel.
Dious sé présento
Coumo un agnel :
Et tu per nous l'immolas sur l'aoutel,
Unis amb'el moun amo languissento
En me *brullen* d'un amour éternel.     PUJ.

**BRULLADOU**, s. m. Rôtissoire, ustensile de tôle ou de plaque de fer battu pour rôtir du café.
**BRULLAT**, ADO, adj. Hâvi, ie, desséché par le feu ; Rissolé.
**BRULLO-FER**, voyez GASTOFER.
**BRULLO-SALSOS**, *Gasto-salsos*, s. m. Gargotier.
**BRULLURO**; s. f. Brûlure, impression faite sur la peau par le feu.
**BRUMA**, v. act. Écumer, jeter de l'écume ; Être dans la colère ; fig., Disparaître : *A brumat ;* Brouir, brouillasser ; la gelée, le vent, certaines rosées brouissent les feuilles des arbres, le blé. (Du latin *bruma*.)
**BRUMACO**, voyez ROUZINO.
**BRUMAT**, ADO, part. Bruiné, ée.
**BRUMIOU**, adj. Sujet, exposé à la bruine, au brouillard. (Du latin *brumalis*.)
**BRUMO**, s. f. Brouissure des feuilles des arbres; Brume, brouillard ; Épidémie, atteinte de fièvre. (Du latin *bruma*.)
**BRUMO**, voyez ESCUMO.
**BRUMOS**, *Tubos*, s. f. Brouillard de l'hiver.
**BRUN**, O, adj. Brun, brune, couleur tirant sur le noir. (De l'italien *bruno*.)

La fillo qu'aïmou pla your pares accoumplido :
Fouguès gorxo sans dens, la trobou fort poulido ;
S'es negro per fa poou, s'es coumo lou cremal,
Dirooù qu'es uno *bruno* et qu'es pla ço que cal.     D.

**BRUNI**, v. act. Brunir ; Polir, lisser.
**BRUNO**, s. f. Brune, sur le soir.
**BRUQUET**, voyez MOUSSAYROUS.
**BRUS**, voyez BRUC.
**BRUS**, voyez BUC.
**BRUSCA**, v. act. Brusquer, faire une brusquerie à quelqu'un, l'offenser par des paroles rudes. (De l'italien *brusco*, prompt.)
**BRUSCARIÉ**, *Bruscario*, s. f. Brusquerie, insulte.
**BRUSCAYLHA**, v. act. Fagotter, ramasser les broussailles, le menu bois.
**BRUSCAYLHAIRE**, O, s. m. f. Celui, celle qui va ramasser les broussailles.

**BRUSCAYLHO**, s. f. Broussailles, ramille. (Du latin barbare *bruscia*.)
**BRUSCO**, voyez GADOOUS.
**BRUSQUE**, O, adj. Brusque, vif, rude, incivil.
**BRUSQUOMEN**, adv. Brusquement.
**BRUSOU**, voyez BRUX.
**BRUSTI**, voyez ESPOULSETO.
**BRUT**, O, adj. Brut, te, raboteux, ébauché. (Du latin *brutus*.)
**BRUTAL**, O, adj. Brutal, le, rustre, grossier, emporté. (Du latin *brutus*.)

Nou dizi pas qu'axes un aïré ta *brutal*.
Mais ycou bouldrio bous beze axi coumo la cal.     D.

**BRUTALAS**, adj. Brutal.
**BRUTALEXA**, v. act. Brutaliser, traiter brutalement de paroles ou d'action.
**BRUTALITAT**, s. f. Brutalité, parole, action brutale ; Grossièreté.
**BRUTALIZOS**, s. f. Brutalité d'action ou de parole.
**BRUTALOMEN**, adv. Brutalement, d'une manière dure, grossière.
**BRUTÉLO**, s. f. Bretelle, sangle, courroie pour porter une hotte, une chaise à porteur ; Tissu de fil pour soutenir les culottes.

Tout escas l'on passat bénio dé tréscoula,
Que d'un pichot présen bous boulio régola.
M'onéré soubéni dé bous obé ausit diré,
Qué d'estré pla brogat, és un plosé dé siré.
You coumbéné otobé qu'oco tey lou cor gaï :
M'imoginèré dounc qué bous oïmorias maï,
( Poraoulos pudeu pas,) un porel dé *bertelos*,
Qué crestos é truquets, qué rubans é dentélos.     PRAD.

**BRUTO**, s. f. Brute, animal ; fig., Homme sans esprit ni raison. (Du latin *brutum*.)
**BRUX**, *Bruch*, s. m. Bruit ; Nouvelle ; Démêlé, querelle, murmure ; Soulever une querelle. (Du latin *rugitus*, rugissement, ou du grec *bruché*, murmure.)

Mais qu'un *bruch* tout d'un cop s'aouzis sus uno ribo !
An cridat al sécours, et la foulo qu'arribo.
En courren sus sous bords, répéto ambé doulou :
Salbax-les ! salbax-les ! ou sinou léou périssoun ! !
Dé millés d'assistans lés bisatchés pallissoun !
Dious ! qu'és aco qu'an bist ! oh surpréso ! oh terrou !     DAV.

**BRUYANT**, O, adj. Bruyant, te, qui fait grand bruit.
**BRUZI**, voyez BROUNZINA.

## BUA

**BUADIEYRO**, voyez BUGADIEYRO.
**BUADO**, voyez BUGADO.
**BUADOU**, voyez BUGADOU.
**BUALIA**, voyez BUGAYLHA.
**BUAYLHA**, *Bugaylha*, v. act. Séparer avec un balai la baile d'avec le blé quand on vanne.

Penden quó dins lou sol lou mestré lou troballio,
Omb'un pichot romel lo sirbento *buailho*.     PRAD.

## BUC

**BUC**, s. m. Ruche de mouches à miel ; fig., Gros mangeur.

Souben, daÿchan soun luth et sasissen l'aïchado,
La terro per sas mas éro débouzigado ;
Et quand boulguet sus *bucs* exerça soun incel,

## BUF

L'homé dé goust, charmat dé sas beillos sabentos,
En bézén trabailla sas abeillos balentos,
A boulgut furlupa soun mel.   DAV.

BUC, *voyez* RAZIGOT.
BUCADO, *voyez* ACROC.
BUCHET, *voyez* BUXET.

## BUD

BUDA, *voyez* BUXA.
BUDÈL, s. m. Veau, petit de la vache; fig., le Bedeau d'une église; Éboulement de terre. (Du latin *vitulus*.)
BUDÈLA, v. n. Vêler, mettre bas, en parlant des vaches; fig., Vomir pour avoir trop mangé; s'Ébouler, en parlant des terres. (Du latin *vitula, œ*, génisse.)
BUDÈLO, *Budèloto*, s. f. Génisse; *Budèlou*, Bouvillon. (Du latin *vitula*.)

## BUF

BUF, s. m. Souffle. (Du latin *flatus*.)
BUFFA, v. act. Souffler, faire du vent sur.....; Faire du vent sur le feu pour l'allumer; Éteindre la chandelle; fig., Inspirer; Faire le fier. (Du latin *insuflare*.)

Dès qué l'hiber nous capélo dé glaço,
A tout moumén cal *buffa* mous ditous;
Sé lou soulél nous amago sa faço,
Aco's labets qué soun pus malhurous.
Per mé calfa, m'én baou per las randuros,
M'énsanni tout per abé qualque broc;
Faou moun fagot, et dessus quatré turros,
Miél mort de fret, m'aluqui un paouc dé foc.   VESTR.

BUFFADO, s. f. Bouffée de vent.

Es sur la mar qué lous boucanurs
Faguèroun lou pus grans malhurs.
D'abord, à força dé *buffadas*,
Tan boulèguèroun las oundadas
Qué pertout èmbe un bruch counfus
Sé viréroun déjout dessus.   FAV.

BUFFAL, s. m. Bouffée de vent; Souffle.
BUFFALIÉ, *voyez* BASSINOIRO.
BUFFARÈL, adj. *Anxo buffarèl*, Ange bouffi; Enfants qu'on habille de blanc aux processions et qui jettent des fleurs au-devant du St-Sacrement.
BUFFARATO, *voyez* BUFFETO.
BUFFAYRE, s. m. Joueur d'instrument à vent; fig., Bavard; Chauffeur, celui qui tire la balançoire d'une forge.
BUFFEC, O, adj. Véreux, euse, noix creuse, noix avortée lorsqu'elle était en bave; fig., Personne toujours convalescente, pâle et sans couleur.

Tant dé béoutats, Riquet, dé las mas sourtisquèroun;
Dex sièclés, en passan, per las faïré trimèroun
    En *buffèquis* efforts.
Lé proujèt èro grand! perqué s'accomplisquesse,
Dious boulguèt qu'aïchi-bas toun génio nasquesse:
    Qu'a moustrat dé trésors.   DAV.

BUFFET, s. m. Soufflet, meuble de cheminée.
BUFFET, *Estagnè*, s. m. Buffet, meuble, armoire pour la vaisselle et le linge de table; Pour serrer les restes d'un repas. (Du latin barbare *bafetagium*.)
BUFFETO, s. m. Bavard.
BUFFLE, s. m. Buffle, sorte de bœuf sauvage; Cuir de buffle. (Du latin *bufalus*.)

## BUG

BUGADA, v. act. Lessiver, mettre à la lessive.
BUGADIEYRO, s. f. Buandière, celle qui fait et lave la lessive.
BUGADO, *Ruscado*, s. f. Lessive; fig., Maladie qui a fait de grands ravages dans une personne. (Du latin *buo* ou *imbuo*, j'imbibe.)
BUGADOU, *Dourc*, s. m. Cuvier pour la lessive; fig., Gros mangeur.
BUGADOUNAT, s. m. Un Plein Cuvier.
BUGNET, *Begnet*, *voyez* FRITURO.

## BUL

BULETIN, s. m. Bulletin; Suffrage donné par écrit dans un petit billet; État des contributions que chacun doit payer. (Du latin *bulla*.)
BULGARI, s. m. Vulgaire.

## BUO

BUOILHA, *voyez* BUAYLHA.

## BUR

BURALISTO, s. m. Buraliste, celui qui tient un bureau pour recevoir certains droits.
BURE, *voyez* BURRE.
BURÈL, O, adj. Belge, laine sans préparation tirant sur le brun.
BUREOU, s. m. Bureau, comptoir, table pour écrire, pour serrer des papiers. (Du mot *bure*, parce que les premiers bureaux ont été couverts de cette étoffe.)
BURETADO, s. f. Plein une burette d'huile, de vin.
BURETO, s. f. Burette, vase à petit goulot où l'on met de l'huile; Petit vase où l'on met l'eau et le vin pour la messe. (Suivant Du Cange, de *buverette*, formé de *boire*.)
BURIN, s. m. Burin, instrument d'acier pour graver.
BURINA, v. act. Buriner, travailler au burin, graver.
BURRA, v. act. Beurrer, étendre du beurre sur du pain.
BURRE, s. m. Beurre, crème épaissie à force d'être battue; proverb., *Proumetre maïl de burre que de pa*, Abuser par de belles promesses.

Aro és tems dé porla dé pastrés é dé fédos,
D'oniels é dé moutous, dé pargues é dé clédos,
Dé lono, dé froumatgé, é dé *burré* é dé lach.   PRAD.

BURRE-GRIS, s. m. Beurré, sorte de poire fondante.
BURRELA, *voyez* ABURRELA.
BURRELS, *Moulou*, s. m. Veillottes, petits tas de foin dans un pré.

Tondis qué l'un fourquéjo é qué l'aoutré rostèlo,
Lous doillarés o l'oumbro ounchou lo gorgomèlo.
Quond del fé prou sécat lou ser fau lous *moulous*.   PRAD.

## BUS

BUSC, s. m. Busc, petit bâton plat et droit en forme de lame dont les femmes se servent pour tenir en état leur corset. (Du latin *boscus*, bois.)
BUSCA, v. act. Échancrer, tailler, vider, couper en dedans en forme de croissant.
BUSCAIO, *voyez* ASCLO.
BUSCALIA, *voyez* BRUSCAYLHA.

## BUT

BUSCO, *voyez* ASCLO.

### BUT

BUT, s. m. But, la fin qu'on se propose; Vues, desseins; adverb., *De but en blanc*, Inconsidérément, sans réflexion; *But à but*, Sans avantage de part ni d'autre.

O soun sacre otobé juret o Nostré-Seigné
Dé troboilla sons cesso ol bé dé sous sujets;
Oquos oqui lou *but* dé toutés sous proujets.  PRAD.

BUTA, v. act. Faire avancer, pousser; fig., Réprimander quelqu'un. (Du latin barbare *butare*.)

BUTABAN, s. m. Bute, boutoir, paroir, instrument dont les maréchaux se servent pour couper la corne des chevaux. (Des mots *buta aban*.)

La facultat das maréchals,
Dignés médécis das chivals,
Agréjas aou cor das crestayres,
Fiers ivrougnas, rudes manjayres,
Pourtavou d'un air triounfan
Soun redoutable *butavan*.
Soun éstendar représentava
Un aze qu'un d'élés caoussava,
Et qué sus la déns ié réndié
Amplamén graça à cops dé pè.
La déviza éra : *Ma téndressa*
*Yé rén caréssa per caréssa*.   FAV.

BUTADO, s. f. Secousse, poussée, choc; Pousser un travail, un ouvrage; Butée, ouvrage qui soutient la poussée d'une voûte, d'un mur.

BUTI, *voyez* BRANDI.

BUTIDO, *voyez* XICANAOUDO.

BUTIN, s. f. Butin, tout ce qu'on prend sur les ennemis en temps de guerre. (De l'allemand *bute*.)

## BUZ

BUTO, s. f. Soutien d'un mur, d'un plancher; Bouteroue, borne. (De l'italien *botta*.)

BUTOBAN, *voyez* BUTABAN.

BUTOR, s. m. Butor, sot, grossier, dur. (Du latin *bos taurus*.)

BUTO RODO, *voyez* BOUTO ROUO.

### BUX

BUXA, v. act. Vider, verser, désemplir quelque chose; fig., Aller du ventre. (Du latin *versare*.)

Pel dorníé cop, enfi, lo glébo rébirado,
Cacho dins lous sillous l'espoir dé l'aoutro onnádo,
Entré obeyré *boujat* lou sac séménodou,
On espoultis lo mouto o gronds cops d'oïssodou.  PRAD.

BUXET, s. m. Sorte de cloison avec la brique et le bois; Budget, état des dépenses arrêtées par une administration.

BUXET, *Pounxil perlo*, s. m. Poussette, jeu d'enfants auquel celui-là gagne, qui en poussant son épingle du bout du doigt la fait chevaucher sur celle de son adversaire.

BUXETA, v. act. Bâtir avec la brique et les solives.

BUXETOS (FA), ou *la Nico*, v. n. Donner l'eau en bouche; Faire montre ou parade pour exciter l'envie de ceux qui n'en ont pas, comme font les enfants qui montrent en le cachant bien vite ce qu'on leur a donné.

### BUZ

BUZAC, *Guzac*, s. m. Le Milan royal, oiseau de proie. (Du latin *milvus*.)

## CA

CA, *voyez* CAT.

### CAB

CABA, v. act. Caver, creuser, miner. (Du latin *cavare*.)

CABAL, s. m. T. collectif, qui se dit en général de tout le gros bétail d'une ferme; fig., Jeunes filles qui n'écoutent guère les avis qu'on leur donne. (De l'italien *cavallo*.)

Dins lous aïres olaro, ol diré deys onciens,
Sus un carri brûlent moundé de mogiciens
Talomen débouliças qué, sélour lour embéjo,
Podou faïré ount lour plaï toumba lo peyro fréjo.
Mais disou, per bounhur, qu'oquel horré *cobal*
S'embaouro ol mendré bruch qué sé fo ençobal.  PRAD.

CABALA, v. n. Cabaler, intriguer pour accroître un parti; Tâcher de réussir par des menées sourdes. (De l'hébreu *kabbalach*.)

CABALARIÉ, *Cabolario*, s. f. Cavalerie, soldats à cheval. (De l'italien *cavalleria*.)

CABALCADO, s. f. Cavalcade, marche de gens à cheval avec ordre et cérémonie; Promenade à cheval. (De l'italien *cavalcata*.)

CABALET, s. m. Bigorne, banc de corroyeur; Chevalet des scieurs de long.

CABALETADO, s. f. T. de charp. Chevalet volant des charpentiers.

CABALEXA, v. n. Trafiquer, négocier; Cabaler.

CABALO, s. f. Cavale, la femelle du cheval; Jument. (De l'italien *cavallo*.)

CABALO, s. f. Cabale, complot de plusieurs personnes pour favoriser un parti; les personnes mêmes qui complotent, qui intriguent : *Es de la cábalo*. (De l'hébreu *kabbalach*.)

CABALUR, s. m. Cabaleur, celui qui cabale.

CABANO, s. f. Cabane, petite maison couverte de paille ou de chaume : *Es à la cabano*; Terrier où nichent les lapins : *Es dintrat dins aquelo cabano*. (Du grec *kapané*.)

CABANIÉIRO, *voyez* LAXEIRO.

CABAOU, *voyez* CABAL.

CABARÉ, *voyez* CABARET.

CABARET, *Louxis*, s. m. Lieu où l'on vend du vin en détail, où l'on donne à boire et à manger : *Es anat al cabaret*. (Du grec *kapélos*.)

Sé doou la gaoucha té rètirés,
Garibda t'atén; sé té vires

A drécha , la bella Silla
T'espèra per té régala ;
Aco soun, sus las avengudas,
Dos houstessas for coumougndas;
Couma qué fagués, faou qu'intrés
Dins un d'aquèles cabarés,
T'an vous charmoun per sas manièras.
Sé dis bé qué soun un paou chéras,
Qu'émbaloun per soun pagamén
Toutas las géns d'un bastimén ,
É per subrescot la tartana,
Sé per aqui l'an méza én pana.
Aco's mercat fach. FAV.

CABARETIÉ, *Louxissié*, *Oste*, s. m. Cabaretier, celui qui tient cabaret ; au fig., Celui qui fréquente le cabaret : *Aco's un cabarétié*. (Du grec *kapêlos*.)

CABARLETOS, voyez CABARLOTOS.

CABARLOTOS, *Cambarellos*, adv. A chevauchons, à califourchons : *M'à pourtat à cabarlotos*.

CABARLIAOUT, s. m. Cabot, espèce de petit poisson.

CABAS, s. m. Cabas, panier de jonc pour mettre des figues, des raisins, du poisson ; fig., Mauvaise tête : *Qu'un cabas !* (Du grec *kabos*.)

CABAYLHÉ, s. m. Cavalier, homme ; Militaire à cheval. (De l'italien *cavaliere*.)

*Cabailles* et chabals an redoulat pel sol,
S'an demoulit l'espallo et s'an roumput le col.
En saouten sul coustat, un aoutre qu'es ibrougno,
S'en ba coumo un truchan roulla pel pouligougno.

CABAYLHEYRO, adj. Pièce, poutre cintrée qui forme croupe.

CABAYLHIÈYROMEN, adv. Cavalièrement, lestement.

CABBAL, *Capbal*, adv. En bas, de haut en bas : *Es toumbat cabbal*. (De *cap bal*, la tête en aval, c'est-à-dire en dessous.)

CABBLE, voyez CAPLÉ.

CABECO, adj. Nigaud, imbécile : *Què sios cabeco*.

CABECO, s. f. Chevèche, nom qu'on donne quelquefois à la chouette.

CABEDE, s. m. Chabot, poisson qui se trouve dans les rivières rapides : *Ei trapat un cabede*. (Du latin *caput*, parce que ce poisson a la tête plus grosse que le reste du corps.)

CABEILHO, s. f. Panache d'un arbre, sa tête.

CABEJHA, voyez CAPEXA.

CABEL, voyez CABOUL, ESPIC.

CABEL, voyez PEL.

CABELA, adv. Pas loin, assez près.

CABENSO, s. f. Logement, place, espace. (Racine *cabi*.)

CABERNO, *Crozo*, s. f. Caverne, antre, creux ; Maison basse et peu éclairée : *Semblo dins uno caberno*. (Du latin *caverna*.)

Ol tour d'oquèlo masso on bey quatré guéritos
Qué lous bens lous pus fols au causit per lours gîtos.
Disou qu'os uels d'Eclo, un jour lous scélérats
Fourcérou lo *coberno* ount lous ténio sorrats. PRAD.

CABERNOUS, OUSO, adj. Caverneux, euse.

CABÈS, *Cabessial*, s. m. Chevet d'un lit, le côté où l'on met la tête ; Traversin, long oreiller ; la Partie la plus élevé d'une chaussée : *Al cabès de la palsieyro*, au chevet de la chaussée. (Du latin barbare *capettum* de *caput*.)

CABESSAL, *Cabessaou*, s. m. Torchon dont on essuie les mains après qu'on les a lavées ; fig., Femme, fille sale, malpropre ; petit Sac demi plein que les manœuvres mettent sur la tête pour reposer ce qu'ils portent. (Du latin *caput*.)

CABESSIÉ, s. m. Le Chevet d'un lit, le dossier. (Du latin barbare *capeltum*.)

CABESSO, voyez CAP.

CABESTRE, s. m. Chevêtre, licou, licol. (Du latin *capistrum*.)

CABETO, *Damoxano*, s. f. Dame-jeanne, grosse bouteille revêtue de jonc. (Du latin *cavea*, petite cave.)

CABEYRE, voyez CABEDE.

CABI, v. n. Serrer, loger, enfermer. (Du latin *capere*, contenir.)

CABI (SE), v. pro. Se Placer quelque part.

CABILIÉ, voyez CABILHEYRO.

CABILHA, v. act. Cheviller, mettre des chevilles : *Ba cal pla cabilha*. (Racine *cabilho*.)

CABILHAT, s. m. Les Chevilles du pied : *Me souï toucat lou cabilhat*.

CABILHEYRO, voyez ESPEOUILLO.

CABILHO, s. f. Cheville, petit morceau de bois ou de métal qu'on met dans un trou pour assujettir quelque chose : *Y cal uno forto cabilho* ; Malléole, cheville du pied : *La cabilho me fa mal* ; Plantoir de jardinier : *Cerco la cabilho* ; Atteloire, cheville de charrette qui se met dans le timon quand on attèle : *Baïlo-me la cabilho*. (Du latin *clavicula*.)

CABILHOT, s. m. Petit morceau de bois en saillie, auquel on accroche, on suspend quelque chose : *Penxo-lou al cabilhot* ; Fichoir, épingle : *Faï téné la fardo ambe lous cabilhots*.

CABINET, *Limando*, s. m. Armoire, meuble de menuiserie à tiroirs : *Dourbis lou cabinet* ; Lieu couvert de verdure dans un jardin. (Du latin barbare *cavinetum* ou *cavum*, enfoncement.)

CABINETAT, s. m. Plein une armoire : *N'a un plen cabinetat*.

CABIROLO, s. f. Cabriole, saut qu'on fait en portant la tête en bas et les jambes en haut : *A fax la cabirolo*. (Du latin *capreola*.)

CABIROU, s. m. Chevron, bois équarri dont on se sert pour la charpente d'un couvert. (Du latin *capro*.)

CABIROULA, v. n. Cabrioler, rouler culbuter.

CABIROULADO, s. f. Roulade, action de rouler de haut en bas.

CABIROUNA, v. act. Placer, mettre les chevrons à un toit de maison.

CABIROUNAYLLO, s. f. Chevrons, tout ce qu'on emploie pour chevrons.

CABITAT, s. f. Cavité, creux, vide dans un corps solide. (Du latin *cavitas*.)

CABO, s. f. Cave, lieu ordinairement souterrain et voûté pour conserver le vin ; Enfoncement, cavité ; fig., Terrier, clapier, tanière.

Aco sériè pas rès encara,
Mais lou marin buffa é sépara
Trés galèras qué met à flos
Counira d'aoutels qué soun dé ros.
Lou Grec sus aquèla entréfèta,
Couma sé n'aviè fach l'emploia,
N'emmena aoutras trés à gran pas
É las rescoun dins un sablas,
Daou tens qn'Orounta dessus una
Vous cavussa enco dé Neptuna.....
Adoun lou diou que treboujava
Un mioch dé nectar dins la *cava*,
É qué lou trouvava virat :
« Oh ! s'ou fay , quicon s'és passat ! »
É sus l'ayga en lévan la testa ,
Vey qué , d'una grossa tampesta.

CAC            CAD

Lous Trouïens soun estats batus,
É qué sèt vaysséous soun perdus.
Coumprenié bé qu'un tour tan hore
Venié dé sa diablo dé sore.
És égal, s'adressan as vens :
« Qu'ès ayço, ié dis, insoulens !
« Esti vostra béla ouriginà
« Qué vous rèn l'humou ta faquina ?
« Aprénès, banda dé pihars,
« Qué dé quaon qué ségués bastars,
« Crénisse pas lous fils dé putas ! »
Coussi ! qué dé vostras flabutas
V'aeutres jougares per aycis
Sans mé démanda moun avis ?
Faou qué vous..........      FAV.

**CABOSSO**, s. f. Grosse tête; Tête d'ail : *Uno cabosso d'al*. (Du latin *caput*.)
**CABOSSO DE MIL**, *voyez* CABOUL.
**CABOUL**, *Cabouylho*, s. m. Épi, tête, fruit du maïs. (Du latin *caput*.)
**CABOUSSA**, v. n. Grossir, se renfler; on le dit des oignons ; fig., Grandir, en parlant d'un enfant. (Du latin *caput*.)
**CABOUSSIAT**, *voyez* FLAXEL.
**CABOUSSEXA**, v. n. Branler la tête en signe d'approbation ou d'improbation, sans répondre; Faire le têtu. (Du latin *caput*.)
**CABOUSSOLO**, s. f. Têtard, larve de la grenouille et du crapaud. (Du latin *caput*.)
**CABOUSSUT**, UDO, adj. Qui a une tête ; Têtu, opiniâtre, qui ne cède pas facilement. (Du latin *caput*.)
**CABRA** (SE), Se Cabrer. Voyez l'étymologie de s'Acraba.
**CABRI**, *voyez* CRABIT.
**CABRIDA**, *voyez* CRABIDA.
**CABRIOULA**, *voyez* CABIROULA.
**CABRIOULET**, s. m. Cabriolet, sorte de voiture légère montée sur deux roues, et à un seul cheval.
**CABRIÉ**, *voyez* CRABAYRE.
**CABRO**, *voyez* CRABO.
**CABROU**, *voyez* CABIROU.
**CABUCEL**, *voyez* TAMPADOU.
**CABUCELA**, *voyez* ACATA.
**CABUS**, **CABUSSAL**, *voyez* PROUBAXO.
**CABUS**, *voyez* CAPUS.
**CABUS**, *voyez* CABUSSET.
**CABUSSA**, v. act. Faire le plongeon; Plonger dans l'eau, faire la culbute. (Du latin *caput*.)

Parlen das aouzels pescayres
Armats d'un croc et d'un bec,
Que bouyaxoun dins lous aïrets
Et *cabussoun* dins un rec.      PUJ.

**CABUSSAYRE**, s. m. Plongeur, celui qui sait plonger.
**CABUSSET**, s. m. Une Culbute; une Plongée; un Provin.
**CABUSSOU**, *Cabucet*, s. m. Le petit Plongeon ; la petite Poule d'eau. (Du latin *caput*.)
**CABUSSOLO**, *voyez* CABOUSSOLO.

### CAC

**CACALAS**, *voyez* ESCLAT DE RIRE.
**CACALASSA**, *voyez* ESCLATA, ESPOUFIDA.
**CACAFOUNIO**, s. f. Cacophonie, discordance dans les sons. (Du grec *kakos*, mauvais, et *phôné*, voix.)
**CACALACA**, *voyez* CACARACA.

**CACARACA**, s. m. Coquericot, le chant du coq; Noix sortie de la coque.
**CACARACO**, *voyez* CATARACTO.
**CACAY**, s. m. Caca, excrément; Chose malpropre. (Du latin *cacare*.)
**CACELADO**, *voyez* NEYSSEDURO.
**CACHA**, *voyez* CAXA.
**CACHADURO**, *voyez* CAXADURO.
**CACHO-FOUÉ**, *voyez* XAMBRIÈYRO.
**CACHO-NIOU**, *voyez* ESCOUAS.

### CAD

**CADABEROUS**, OUSO, adj. Cadavéreux, euse.
**CADABRE**, s. m. Cadavre, corps mort; fig., Personne maigrie par la maladie. (Du latin *cadaver*.)
**CADAI**, *voyez* EMPEZO.
**CADAIS**, s. m. Cambouis.
**CADANSA**, v. n. Cadencer, faire des cadences; Chanter agréablement. (Du latin *cadere*.)
**CADANSO**, s. f. Cadence, la mesure du son qui règle le mouvement de la danse; fig., Commencement de querelle, de dispute.
**CADAOULA**, v. act. Fermer au loquet ; Essayer d'ouvrir sans pouvoir entrer.
**CADAOULO**, s. f. Cadole, clinche, poucier, loquet d'une porte. (Du latin *cadere*.)
**CADASTRA**, v. act. Cadastrer, mesurer l'étendue des biens, lever leur plan pour qu'ils soient inscrits au cadastre. (Racine *cadastré*.)
**CADASTRE**, s. m. Cadastre, registre public contenant la quantité, l'estimation des bien-fonds, les noms des propriétaires. (Du latin barbare *capitastrum*, de *caput*, tête, parce qu'on a d'abord imposé les personnes, ensuite les biens.)
**CADE**, s. m. Cade, espèce de grand genévrier, dont on tire une huile fétide qu'on emploie en médecine.
**CADÉ**, *voyez* CATTET.
**CADÉ**, *voyez* CADUN.
**CADEDI**, *voyez* SANTOBIDO.
**CADÉL**, *Goussou*, s. m. Petit Chien. (Du latin *canis*.)
**CADELA**, v. n. Chienner, faire des chiens, se dit des chiennes qui mettent bas; s'Ébouler en parlant des terres. (Du latin *cadere*, tomber.)
**CADELADO**, s. f. Portée, ventrée d'une chienne.
**CADELAN**, *voyez* CAP-D'AN.
**CADELEYT**, s. m. Bois de lit; Couchette.
**CADENAT**, s. m. Cadenas.
**CADENETO**, *Cadenoto*, s. f. Chaînette, petite chaîne.
**CADENO**, s. f. Chaîne, lien composé d'anneaux entrelacés les uns dans les autres; la Chaîne d'une étoffe. (Du latin *catena*.)

Noples et Reïs ! malgré bostro puissenço,
Aqueles vans dount fazes paouc de cas,
Bous coubriran d'uno affrouzo indijenço
Lous fers as pès, la *cadeno* à las mas.      PUJ.

**CADEOU**, s. m. Cadeau, présent, don.
**CADIEYRAYRE**, *Cadierayre*, s. m. Facteur, marchand de chaises.
**CADIÈYRO**, *Cadièro*, s. f. Chaise, espèce de meuble sur lequel on s'assiet; sorte de Chaise élevée d'où un prédicateur parle à ses auditeurs. (Du latin *cathedra*.)
**CADIEYROU**, *Cadièrou*, s. m. Petite Chaise à l'usage des enfants.
**CADIS**, s. m. Cadis, sorte d'étoffe de laine.
**CADO**, terme distributif précédant toujours le

substantif : *Cado xoun a sa peno*, chaque jour a sa peine.

Se bous bezez aco, yeou serei pla troumpat,
Car béléou, paour'effan, bous crezes d'estre aïmat.

Ba me dis *cado xoun*, amai certos ba cresi,
Né soui mêmes segur, malgré tout ço que bezi.   D.

CADOXOUN, s. m. Jour ouvrable, jour de travail : *Un cadoxoun, ray*.

CADRA, v. act. Cadrer, convenir, figurer. (Racine *cadre*.)

Soui pecadou, Dious de manificenço !
Loucharies doun joust moun paouré téoulat ?
Moun indiljenço,
Ma paourétat,
*Cadrario* pas an bostro Majestat ;
Mais prounouuças un soul mot d'induljenço ,
Serei guerit dé moun indiunitat.   Puj.

CADRAN, s. m. Cadran, horloge solaire. (Du latin *quadrum*.)

CADRE, s. m. Cadre, bordure de bois autour d'un tableau. (Du latin *quadrum*.)

CADRE DE XUMINIÉYRO, *voyez* XAMBRALLÉ.

CADUC, adj. Caduc, mal caduc, épilepsie. (Du latin *caducus, de cadere*.)

CADUN, O, pronom distributif. Chacun, une.

Tan dich, tan fach, *chacun* travaïa
A démouli porta é muraïa
Per fayro intra lou cavalot.
Aquel lou buta couma un sot,
L'aoutre lou tira èmbe uno corda.
Faïé véyre, misèricorda,
Lou sagan qu'aqui sé fazié
En rèbalan aquel ouvrié
Dé lon las carreyras de Troïa.   Fay.

## CAF

CAFART, ARDO, s. m. f. Cafard, de, hypocrite, bigot. (De l'arabe *caphar*, qui de chrétien s'est fait turc.)

CAFÉ, s. m. Café, fève du cafier, sa liqueur ; Lieu où l'on prend le café. (De l'arabe *cahouch*, ou du latin *cafæum*.)

Lou *café*, fach embé dé cézes,
Favas, bihous, geyssas é pézés,
Roustis aou foun d'una sartan,
Séguét sucrat én d'oryjatan.
Aqui cé qu'és d'éstre mounarqua.   Fay.

CAFETIÉYRO, s. f. Cafetière, vase pour faire le café ; ou toute autre tisane.

CAFETISTO, *Cafetié*, s. m. Cafetier, celui qui tient un café ; un Limonadier.

CAFIRA, *voyez* CAPBIRA.

CAFOUYÉ, s. m. Chenet, landier, ustensile de cuisine pour soutenir le bois.

CAFROUN, s. m. T. de charp. Morceau de tuile-canal pour relever les premiers tuiles d'un toit vers la rue.

## CAG

CAGA, v. n. Chier, aller à la selle. Ce mot est bas dans la première acception ; on l'emploie pour signifier un éboulement, pour dire qu'une fusée de coton, de laine s'éboule, parce que le fil est trop lâche et n'a pas été pelotonné assez serré ; pour exprimer le mépris d'une chose, d'une personne. (Du latin *cacare*.)

CAGADO, s. f. Cacade.

CAGADO, s. f. Chiûre de puce, de mouche ; fig., Entreprise, chose de peu de conséquence.

CAGADOU, OUYRO, s. m. f. Latrines, Lieux d'aisance.

CAGADURO, *voyez* CAGADO.

CAGAGNO, *Cagarélo*, s. f. Diarrhée, flux du ventre.

CAGAL, s. m. Chiûre.

CAGARAOULO, *voyez* ESCAGAROL.

CAGARELO, s. f. Crotin de brebis, de chèvre, de lapin.

CAGARIL, s. m. Pommes, châtaignes retraites ; Ce mot s'emploie pour toute production qui n'est pas à son point de développement.

CAGAROUSSO, *voyez* CAGAGNO.

CAGAYRE, O, s. m. f. Chieur, euse.

CAGEOU, s. m. Chie-en-lit, petit enfant qui a coutume de se salir.

CAGNAR, *voyez* RECES.

CAGNARD, s. m. Cagnard, fainéant, paresseux, malpropre. (Du latin *canis*.)

CAGNARDIÉ, *voyez* FEGNANT.

CAGNARDISO, s. f. Cagnardise, fainéantise, paresse, malpropreté.

CAGNO, *Gousso*, s. f. Chienne, femelle du chien ; la Paresse. (De l'italien *cagna*.)

CAGNOT, OTO, s. m. f. Petit Chien, petite chienne ; Chevrette, petit chenet sans branche pour soutenir le bois du feu ; Morceau de planche pour lier deux pièces ensemble ; Petit enfant qui tête avec avidité. (Du latin *canis*.)

CAGNOUS, OUSO, adj. Cagneux, euse, qui a les genoux tournés en dedans, qui bat les chevilles avec les souliers.

CAGNOUTA, *Cadela*, v. n. Chienner, en parlant des chiennes qui mettent bas ; fig., Faire mal une chose assez facile.

CAGNOUTADO, *Cadelado*, s. f. Portée, ventrée d'une chienne ; fig., Chose mal faite.

CAGO-DIGNÉS, *voyez* CANSALADO.

CAGO DIGNÉS, *Cago prin*, *Cago sec*, s. m. Avare, grigou, ladre, vilain.

CAGO-NIS, *voyez* ESCOUAS.

CAGOROTOS, *voyez* CROTOS DE MAGNAN.

CAGOTREPO, *voyez* CAOUSSOTREPO.

## CAI

CAÏNA, *Taïna*, v. n. Gémir, se plaindre comme les chiens qu'on fait souffrir ; fig., Attendre avec impatience. (Du latin *canis*.)

CAIO, *voyez* CALLO.

## CAL

CAL, CALO, adj. Quel, quelle. (Du latin *qualis*.)

CAL, *Cáou*, *Fáou*, v. impers. Il faut : *Cal paga*, il faut payer.

CALA, *Couta*, v. act. Caler, mettre une cale sous un meuble, une table pour l'assujétir. (Du latin *chálare*.)

CALA, (SE) v. pro. Se Taire, se soumettre.

CALADA, *voyez* PABA.

CALADAYRE, *voyez* PABAYRE.

CALADO, *voyez* PABAT.

CALADOU, *voyez* PAN CARRAT.

CALAMAN, *voyez* BRISCO.

CAL

**CALAMITAT**, s. f. Calamité, malheur public. (Du latin *calamitas*.)

**CALAMITOUS**, adj. Calamiteux, il se dit des temps de calamités publiques.

**CALANDRA**, voyez CALANDRE.

**CALANDRA**, v. act. Calandrer, lustrer avec la calandre.

**CALANDRE**, s. m. Calandre, sorte de grosse alouette; Machine pour lustrer les draps; bon Drille, jeune apprenti marchand.

**CALANDRIE**, s. m. Calandrier.

**CALANDRO**, voyez CALANDRE.

**CALBERO**, s. m. Calvaire, lieu, montagne où Jésus-Christ a été crucifié. (Du latin *calvaria*, fait de *calva*, crâne, parce qu'on y enterrait les criminels après les y avoir exécutés; Élévation sur laquelle est plantée une croix.

**CALBINISTO**, s. m. f. Calviniste, celui, celle, qui est sectateur de Calvin.

**CALCA**, voyez PRAOUTI.

**CALCINA**, voyez CARCINA.

**CALCUL**, s. m. Calcul, compte, supputation. (Du latin *calculus*.)

**CALCULA**, v. act. Calculer, compter, faire un calcul; Conjecturer, prévoir.

**CALCULAYRE**, s. m. Calculateur, qui calcule bien.

**CALCUN**, O. Quelqu'un, une.

**CALE**, v. imp. Falloir.

**CALEBILO**, s. f. Calville, sorte de pomme.

**CALEL**, *Carel*, *Lun*, s. m. Lampe ordinairement de laiton ayant une queue pour la suspendre; fig., le Soleil.

*Couma una nibou soumbra
Que tapa lou sourèl,
Vésè à travers una oumbra
L'esclat dé toun calél.
Mais sé per l'oupulença
Fas imprima,
Yeou, dins moun indigença,
Savé t'ayma.* PEYR.

**CALELHOU**, s. m. Lampion, petit vase de ferblanc qu'on met dans les lanternes avec d'huile et de coton.

**CALESSIO**, s. f. Ennuyeuse, incommode, en parlant d'une femme, d'une fille qui vient s'établir chez les autres.

**CALFA**, v. act. Chauffer, donner de la chaleur.

*Mais d'un fuillatgé espés lo nuisiblo poruro
Lou cacho ol fougayrou qué caoufo lo noturo.* PRAD.

**CALFA (SE)**, v. pro. Se Chauffer, être près du feu. (Du latin *calefacere*.)

**CALFAXE**, s. m. Chauffage, ce qu'on consume de bois pour se chauffer.

**CALFOLEYT**, s. m. Bassinoire, sorte de bassin pour chauffer un lit.

**CALFO-PANSO**, *Placo*, s. f. Contré-cœur, plaque de fer qu'on assujetit au milieu du mur de la cheminée pour le conserver et pour renvoyer la chaleur.

**CALFO-PÉ**, s. m. Chauffe-pied, chaufferette, ustensile de bois doublé de tôle percée de plusieurs trous dans le haut, dans laquelle on met du feu pour chauffer les pieds.

**CALFUTRA (SE)**, v. pro. Se Calfeutrer, boucher les trous d'une porte, d'une fenêtre. (De l'italien *calfatare*.)

**CALHIBA**, voyez CABILHA.

**CALIADO**, voyez CAYLHAT.

CAL 93

**CALIAOU**, voyez CAYLHAOU.

**CALIBARI**, voyez XARABALI.

**CALIBO**, s. f. Caillebotte, lait caillé en grumeaux.

**CALIBRA**, v. act. Calibrer, passer au calibre, mesurer, égaler au calibre.

**CALIBRE**, s. m. Calibre, proportion de l'ouverture d'un canon, d'un fusil et de la balle; Outil d'arts et métiers; Instrument pour fixer les dimensions, prendre les mesures. (De l'arabe *calib*, moule.)

**CALICI**, s. m. calice, coupe qui sert à la messe pour la consécration du vin. (Du latin *calix*.)

*Mais que farey dins lou délici
Dount me rabis bostre sant doun?
Jesus! prendrei bostre calici,
Imboucarey bostre sant noun.* PUJ.

**CALICO**, s. m. Calicot, sorte de toile de coton.

**CALIE**, voyez CALIOL.

**CALIFIA**, v. act. Qualifier, donner un titre, une épithète à quelqu'un.

**CALIFICATIOU**, s. f. Qualification, attribution d'un titre, d'une épithète.

**CALIGOT**, s. m. Gros morceau de pain.

**CALIGNAIRE**, voyez GALANT.

**CALIMAS**, *Gamboul*, s. m. Chaleur excessive; Temps fort à l'orage.

*Jantis pastourelets que déjoust las oumbretos
Sentes apazima lo calimas del jour,
Tant que los auzelets per saluda l'amour
Anflou le gargaillol de milo cansounetos.* G.

**CALIOL**, OLO, *Calhol*, olo, adj. Bigarré, ée, bœuf, vache de deux couleurs.

**CALIOU**, s. m. Charbons embrasés, ardents; Braise.

**CALIOU**, voyez PORC.

**CALLAT (TOUT)**, adv. Au sûr, sans se tromper.

**CALLAT**, voyez CALLOU.

**CALLEBA**, v. n. Faire la bascule; se Jeter à terre. (Du latin *caput levare*.)

**CALLEBO**, s. f. Bascule de puits; Cigogne pour puiser. (Racine *calleba*.)

**CALLEOU**, s. m. Bascule, planche, poutre qui fait la bascule quand on y met le pied.

**CALLIOU-CALLEOU**, s. m. Balançoire, branloire, espèce de jeu dans lequel deux enfants, étant chacun sur le bout d'un ais, d'une planche posée en travers et en équilibre sur quelque chose d'élevé, s'amusent à se faire hausser et baisser alternativement.

**CALLO**, s. f. Caille, oiseau de passage dont la chair est fort délicate. (De l'italien *quaglia*.)

**CALLOU**, s. m. Cailleteau, jeunes cailles.

**CALMA**, v. act. Calmer, apaiser, rendre calme.

**CALME**, s. m. Calme; Repos; Bonace. (Suivant Huet, du latin *malacia*; de *malacia* on aurait fait *malacus*, et, par transposition de lettres, *calamus*, puis *calmus*, d'où est venu notre mot *calme*.)

*De l'aouratge emmalit d'uno guerro coumuno
Tu bouillos treboula le calme di la pats,
Mais tous cops in noun-ré fouguéran dissipats
Taleou que d'un Dalphi Diou fazec un Neptuno.* G.

**CALO**, *Coto*, Cale, s. f. Morceau de bois aplati qu'on place sous une table, une poutre pour les mettre de niveau, les assujetir. (Du grec *chalan*.)

**CALOS**, *Trous*, s. m. Trognon de chou; fig.,

adverb., *Regagnat coumo un calos*, Brutal dans ses paroles, dans ses manières; Manche de balai.

Se yeou foou de galans nou ye podi pas may;
Las xens m'an atroubat un aîre que your play,
S'agradoun ambé yeou; boulés que sio salbaxo,
Qu'ango prené d'abord un *calos* de balaxo? D.

CALOSSES, s. m. Les Trognons du maïs qu'on laisse dans les champs quand on le coupe.

CALOTO, s. f. Calotte, petit bonnet qui ne couvre que le haut de la tête; Coup de plat de la main sur la tête; t. de méd., Emplâtre agglutinatif dont on recouvre la tête d'un teigneux. (Du latin *calentia*, habillement de tête.)

CALOU, s. f. Chaleur, ardeur du soleil; Chaud; Amour des animaux. (Du latin *calor*.)

Iber ambe touto la glaço,
*Calou* brullanto de l'estiou,
Benissès per tout bostre Dieu
Cado an, de raço en raço, Puj.

CALOUMNIA, v. act. Calomnier, blesser l'honneur de quelqu'un par de fausses imputations. (Du latin *calumniari*.)

CALOUMNIO, s. f. Calomnie, fausse accusation ou imputation qui blesse l'honneur de quelqu'un. (Du latin *calumnia*.)

CALOUMNIOUS, OUSO, adj. Calomnieux, euse.

CALOURADO, s. f. Vapeur chaude et étouffante; Espèce d'évanouissement, de faiblesse qui vient à un malade. (Du latin *calor*.)

CALOUROUS, OUSO, adj. Chaleureux, euse.

CALOUTA, v. act. Calotter, donner des calottes, des coups du plat de la main.

CALPRE, s. m. Arbre des forêts.

CALQUE, O, adj. Quelque.

CALQUIÉ, s. m. T. de tiss., Entaille qui tient les pédales assujéties.

CALS, *Craounel*, s. m. Cage à poules; espèce de volière avec un seul fonds qu'on pose à terre et sous laquelle on nourrit des poules.

CALSOU, s. m. Caleçon, espèce de culotte qu'on met sous le haut-de-chausses. (De l'italien *calzoni*.)

CALU, *voyez* FALOUR.

CALU, *voyez* SUP.

## CAM

CAMAIA, *voyez* CAMAYA.

CAMARA, *voyez* CLOISOUN.

CAMARADO, s. m. Camarade, compagnon de chambre, de lit. (Du grec *kamara*, chambre voûtée, parce que les camarades logent souvent dans la même chambre.)

Atal, moun hiel *camarado*,
Nostro festo finisquet;
Fousquet toujours barrejado
Dé plazés et de regret.
Plazés, bounhur et disgraço
Tour à tour prénoun lour plaço :
Lé Destin fa soun mestié;
Mais à yeou, ço qué m'agrado
Es de garda la pensado
Qu'ei toujours toun amitié. DAY.

CAMART, ARDO, s. m. f. Camard, de, qui a le nez aplati. (Du latin *camus*.)

CAMAYA, v. act. Charbonner une muraille, barbouiller du papier, salir avec quelque couleur. (De *camehuia*, nom que les orientaux donnent à l'onyx formé par des couches de différentes couleurs.)

CAMAYADURO, s. f. Barbouillage, marque, tache.

CAMBADO, s. f. Enjambée, espace qu'on enjambe. (Racine *cambo*.)

Tout caoudèt dé lon daou cami,
Entre la flama é l'énémi,
Vous faié veyre las *cambadas*
Qué faziey dessus las caladas.
L'on és lestés quan on a poou,
E qu'on sé brulla sus lou soou. FAY.

CAMBAJHOU, *voyez* CAMBAXOU.

CAMBAL, s. m, Le Côté d'une culotte, la partie qui habille une jambe. (Racine *cambo*.)

CAMBAL, adv. de lieu. Là-bas. (Du latin *caput ad vallem*.)

CAMBALETO, *voyez* PASSO-CINQ.

CAMBALIA, *voyez* CAMBAYLHA.

CAMBALIÉ, *voyez* CAMBAYLHÉ.

CAMBALOTO, *voyez* CULBUTO.

CAMBALOU, s. m. Jambier, long morceau de bois dont se servent les bouchers pour suspendre par les jambes les bêtes tuées. (Racine *cambo*.)

CAMBARELOS, *voyez* CABARLOTOS.

CAMBAXE, s. m. Jambage, pilier, poteau, soutien; Petit mur latéral sous le manteau d'une cheminée, du montant d'une porte, etc. (Racine *cambo*.)

CAMBAXOU, s. m. Jambon, cuisse de cochon salée. (Racine *cambo*.)

CAMBAYLHA, v. n. Mettre les jarretières, faire tenir les bas avec un ruban autour de la jambe.

CAMBAYLHÉ, *Cambaylho*, *Xaratieyro*, s. f. Jarretière, ruban de fil dont on se sert pour faire tenir les bas.

CAMBE, *Carbes*, s. m. Chanvre, plante dont l'écorce sert à faire la toile, les cordes. (Du grec *kannabis*.)

CAMBETO, s. m. Mancheron, la partie d'une charrue, qui est coudée comme une jambe pliée au genou; Surbout, grosse pièce de bois portant la meule d'un moulin et tournant sur un pivot. (Racine *cambo*.)

CAMBI, s. m. Change, troc d'une chose contre une autre. (Du latin *cambium*.)

CAMBIA, v. act. Changer, donner, céder une chose pour une autre, s'en défaire pour la remplacer par une autre : *Nous cal cambia aquel payrol*; Quitter une personne, une chose pour une autre : *Aben cambiat de four*; n'Être plus le même : *A pla cambiat*; Changer de linge, de vêtement : *Bay cambia*; Soigner un malade, le nettoyer : *Benen de lou cambia*. (Du latin *cambiare*.)

CAMBIADIS, adj. Changeant, variable; Inconstant.

CAMBIAYRE, O, adj. Changeur, euse, troqueur; Volage, inconstant.

CAMBINIEIRO, *voyez* CANABIEYRO.

CAMBIOMEN, s. m. Changement; Mutation; Variation : *Y'a cambiomen*, il y a changement.

CAMBIOUTEIHA, v. n. Changer souvent.

CAMBILOR, *voyez* GARREL.

CAMBO, s. f. Jambe, partie du corps depuis le genou jusqu'au pied; Pièce de bois qui va soutenir un pilier ou un mur : *Uno cambo de forço*; Pied d'arbre depuis la terre jusqu'à l'endroit où les branches se séparent. (De l'italien *gamba*.)

CAMBOBIRA, *Cambovira*, v. act. Bouleverser; Renverser; Culbuter; Mettre sens dessus dessous.

Tout, hélas! dins lé cél, tout a cambiat de faço;
Toutis lous élémens rédoloun dins l'espaço,
Sans ségui lé cami qué Dious lour a traçat.
Les jours ambé las neits an roumput lour cadéno,
Toutis han a l'hazard, et la ma que les meno
Coumo'l jour dal cahos h'a tout *cambobirat*.   DAY.

CAMBO DE BANC, *voyez* BANCAL.
CAMBO DE BOIS, *de bouès*, s. m. Jambe de bois, celui qui a une jambe de bois.
CAMBOMILO, *Camomillo*, s. f. Camomille, plante vivace, amère au goût : *Tisano de cambomilo*. (Du grec *chamaimélon*.)
CAMBOS (NOSTRO-DAMO DE LAS), adv. Prendre la fuite, s'en aller bien vite : *Recoumando-te à nostro-Damo de las cambos*, pressez-vous de fuir.
CAMBOU, s. m. Genou, pièce de bois courbe contre laquelle on cloue les planches d'une barque.
CAMBRA, v. act. Cambrer, courber en arc, en voûte. (Du latin *camerare*.)
CAMBRO, *voyez* CRAMBO.
CAMEL, s. m. Chameau, quadrupède fort utile; fig., Badaud, nigaud. (Du latin *camelus*.)
CAMELEXA, *Camelejha*, v. n. Badauder, s'amuser à regarder des choses qui n'en valent pas la peine.
CAMELOT, s. m. Camelot, sorte d'étoffe faite originairement de poil de chameau. (Du grec *kamélos*.)
CAMFRE, s. m. Camphre, résine végétale volatile. (De l'italien *camphora*.)
CAMI, s. m. Chemin, voie, route; Espace à parcourir; Moyen, expédient; Avancer sa fortune; Réussir, parvenir; t. de métier, Jeu d'une scie. (De l'italien *camino*.)

Olerto, olerto, éfons lou soulel fo *comi*;
Lo nuech, non pas lou jour, es focho per dourmi.   PRAD.

CAMI DE SANT-XAQUES, s. m. Chemin de saint-Jacques que les astronomes appellent la *voie lactée*. (Cette dénomination de chemin de *saint-Jacques* vient de ce que, selon la chronique fabuleuse de l'archevêque Turpin, saint-Jacques apparut à Charlemagne dans la voie lactée que ce prince considérait alors, et qu'il lui indiqua cette direction pour se transporter en Espagne et y découvrir son tombeau.)
CAMIAS, *voyez* BLODO.
CAMINA, v. n. Cheminer, aller, marcher.

Et part; et la jouïno orphelino,
Que soun fray meno per la ma,
Cats à la gleyzo, a la sourdino,
D'un ayre tranquille *camino*.   J.

CAMINADO, *Capelagné*, s. f. Presbytère, Maison curiale.
CAMINAYRE *Cantougné*, s. m. Cantonnier, terrassier chargé dans un canton de l'entretien des routes; Celui qui marche facilement. (Racine *cami*.)
CAMINOLO, *voyez* CARRIEYROU.
CAMISO, s. f. Chemise, vêtement de toile sur la peau; Mur de revêtement. (Du latin barbare *camisia*.)
CAMISOLO, s. f. Camisole, petite robe d'enfant : *Porto encaro camisolo*, il est encore en robe.
CAMMAS, s. m. Hameau, petites maisons champêtres à une courte distance les unes des autres. (Cammas ou Campmas, vient de *caput mansi*, la principale manse; Habitation champêtre, le mas principal.)

CAMOUFLET, s. m. Camouflet, mortification, affront. (Du latin *calamo flatus*, soufflé avec une paille.)
CAMOUKET, *voyez* CAMOUFLET.
CAMP, s. m. Champ, pièce de terre labourable. (Du latin *campus*.)

Quond tous prémiers regards, ol rétour dés bels jours,
Mirgoillahou lous *comps* dé berduro é dé flours,
Qual aurio débignat qu'oquélo bigorruro
Sério lou mogosin dé nostro nourrituro?   PRAD!

CAMPA, v. act. Camper, dresser un camp; Instruire, avertir quelqu'un, lui donner connaissance.
CAMPAGNARD, O, s. m. f. Campagnard, de, qui habite la campagne; Peu poli. (Racine *campagno*.)
CAMPAGNÉ, EYRO, s. m. f. Sonneur, celui qui sonne les cloches. (Racine *campano*.)
CAMPAGNO, s. f. Campagne, grande étendue de terrain plat et découvert; Habitation hors de la ville.; Expédition militaire; fig., *Batre la campagno*, Battre la campagne, déraisonner ; s'Écarter de son sujet dans un discours. (De l'italien *campagna*.)
CAMPANAL, s. m. Le Clocher, l'endroit où l'on sonne les cloches. (Racine *campano*.)
CAMPANAXE, s. m. Casuel, revenu que produit au sonneur la cloche qu'il sonne aux sépultures.
CAMPANEXA, *Campanejha*, v. act. Brinbaler les cloches.
CAMPANÉJHE, *voyez* CLEYOUN.
CAMPANETO, *voyez* CAMPANULO.
CAMPANIÉ, *voyez* CAMPAGNÉ.
CAMPANO, s. f. Cloche, instrument de métal, creux, évasé, ayant au milieu un battant pour sonner. (Du latin *campana*.)

De la *campano*, ansi naou pichous truts s'entendoun,
Et l'aoubo blanquignouzo, arriban lantomen,
Bey que, dins dous oustals, dios fillotos l'attendoun
Pla differentomen.   J.

CAMPANULLO, s. f. Campanelle, campanette, liseron. (De leur forme de *campano*.)
CAMPARDIN, O, s. m. f. Éveillé, ée, roué, fin.

Yeou crezi miexomen qu'aquelo *campardino*
Lou menara pus len que nou ba s'imaxino.   D.

CAMPAT, s. m. Champ semé : *Un campat de fabos*. (Racine *camp*.)
CAMPAYROL, *Boulet*, s. m. Champignon, plante spongieuse dont plusieurs espèces sont bonnes à manger. (Suivant Ménage de *campus*.)
CAMPESTRE, s. m. Terrain inculte, agreste. (Du latin *campestris*.)
CAMPET, s. m. Campèche, grand arbre résineux dont on emploi le bois pour teindre en noir et en rouge; Petit Champ.

Un jour, que dourmio sur de tros (M<sup>al</sup> LANNES)
De *campet* et de coupo-ros;
Un rèbe à figuro rizento
Lou flourejo de l'alo; à peno l'a toucat,
Qu'uno bierges armado à sous èls se présento;
Es supèrbo, és éblouissento,
Lous reyouns d'un sourel li courounou le cat.   J.

CAMPEXA, *Campejha*, *Accoussa*, v. act. Poursuivre quelqu'un, le galoper, courir après lui pour lui donner l'épouvante. (Racine *camp*.)
CAMPIS, *voyez* BASTARD.

CAN, *voyez* CAMP.
CANÁ, v. act. Canner, mesurer à la canne. (Du latin *canna*.)
CANABAL, s. m. Chènevrière, champ semé de chanvre. (Du latin *cannabis*.)
CANABERO, *voyez* CARABENO.
CANABIÈYRO, *voyez* CANABAL.
CANABOU, s. m. Chenevis, semence, graine du chanvre. (Du grec *kannabis*.)
CANADELO, *voyez* QUISSOU.
CANAL, s. m. Canal, conduit par où l'eau passe; Rivière factice; fig., Voie, moyen, entremise; Tuyaux creux, cavité droite et longue. (Du latin *canalis*.)

Ensi, dé Riquèt l'àma avida
D'amour, dé glouèra é dé trabal
Entré dos mars jetta un *canal*
Al fond dé la França ravida.
Avàn dé lou veyré acavat,
Lou tréspas mayssounnét sa vida;
Hioy soun jour dé trioumphé és anfin arrivat !
PEYR.

CANAOU, *voyez* CANAL.
CANAOULO, s. f. Grand Collier de bois qu'on met aux bœufs et qu'on orne de plusieurs sonnailles ; sorte d'Échaudée.
CANAPÉ, s. m. Canapé, lit de repos. (Du latin *conopeum*, lit d'accouchée.)
CANARD, *voyez* CANART.
CANARDÁ, v. act. Canarder, tirer étant à couvert ; Ajuster. (Racine *çanart*.)
CANARDÈLO, s. m. Canard sauvage.
CANARDIÉ, adj. Canardière, fusil très-long pour la chasse aux canards.

La découvèrta, cadédis !
Vous lous métèt èn apètis.
Vite, prén dins sa jibéciéyra
Déqué carga sa *canardièyra*,
Qu'Acata, garçou bèn après
Y'avié pourtada èn cas dé rès ;
Sé courba, aprocha, lous afustá ;
La canardièyra èra fort justa,
É lou chi fazié pas faou floc.
D'aou prémiè cop, pouf ! patafloc !
Un ; d'aou ségoun, dous ; d'aou trouèziéma,
Très ; anfin jusquas aou sétiéma,
Chaca cop tan bèn lous pinsèt
Qué né rèstèt pas mén dé sèt.
FAV.

CANÁRI, s. m. Canari, serin des Canaries ; fig., Attrapé, étonné, désappointé : *Sios un poulit canari*. (Du latin *canariœ insulœ*.)
CANART, *Guit'*, s. m. Canard, oiseau aquatique et de basse-cour ; un Barbet. (Du latin *anas*.)
CANASTÈLO, s. f. Instrument de pêcheur en forme de V, dans les branches duquel il plie un tramail. C'est un morceau de bois fendu.
CANASTELO, *voyez* BARASTO.
CANATILHO, s. f. Cannetille, fil d'or, d'argent tortillé.

Et quand dèbat sous pès, la malhurouzo fillo
Sent craca del cat, tandis que Paul babillo,
La courouno de *canatillo*
Que penjo à l'arcèou del pourtal
Se couney pus........
J.

CANAXE, s. m. Cannage, mesurage d'étoffes à la canne, de bois, de planches. (Racine *cano*.)
CANAYLHO, s. f. Canaille, vile populace, gens sans honneur, sans probité, sans délicatesse : *Aco's de canaylho*; Enfants bruyants : *Deforo canaylho!* (Du latin *canis*, chien, comme qui dirait race de chien.)

Ounestos gens dal ga insoulento *canailho*,
Cos courrens dal bourreou que couchats sur la paillo.
G.

CANCAN, s. m. Cancan, bruit, récit plein de médisance.
CANCAGNÉ, s. m. Cancanier, celui qui fait des cancans, des commérages.
CANCAT, *voyez* CANSAT.
CANCE, *Cancer*, s. m. Cancer, tumeur maligne, dure, livide et plombée, environnée de plusieurs vaisseaux gonflés et variqueux.
CANCÉS, *voyez* BIRADO, CABES, AOURIÈYRO.
CANDE, O, adj. Candi, e, (sucre) dépuré et cristallisé ; Pur, clair, transparent ; fig., Figure où respire la bonté, la sincérité : *A un ayre cande*, il a un air de candeur. (Du latin *candidus*.)
CANDEL, *voyez* GRUMEL.
CANDELAYRE, s. m. Chandelier, celui qui fait les chandelles. (Racine *candelo*.)
CANDELETO, *voyez* QUILHO DAL REY.
CANDELIÉ, s. m. Chandelier, ustensile pour mettre la chandelle, la bougie, les cierges. Il a une patte ou pied, la tige et le culot ou l'on pose la chandelle.
CANDELO, s. f. Chandelle, longue mèche de coton recouverte de suif, de cire, pour éclairer ; fig., t. de charp., Poteau debout et à-plomb ; adv., *A la candèlo*, Vendre, acheter aux enchères. *Candèlo* est un terme commun à plusieurs arts et métiers. (Du latin *candela*.)

Aça, diguèra è mous amis,
Faguèn pas couma dèmatis,
Mangén pas à la bèla estèla,
Vaou may qu'alumèn la *candela*
E qué nous métèn aou souplot
Per estré mèstres daou fricot.
Alay d'aoubrès à miïassada,
Entouras d'una bartassada
Aous défèndran das aousselàs
Qué nous an tan maou régalas.
FAV.

CANDELO (NOSTRO-DAMO DE LA), s. f. La Chandeleur, fête de la présentation de J.-C. et de la purification de la Sainte-Vierge. (Du latin *candela*.)
CANDELOU, s. m. Petite bougie ; Bout de cire filée.
CANDELOU (NOSTRO-DAMO D'AL), *voyez* CANDELO (NOSTRO-DAMO DE LA).
CANDELOU, *Petayro*, s. m. Petit flambeau de résine usité dans les maisons pauvres pour économiser l'huile du *calel*.
CANDELOUNAYRE, s. m. Fabricant de chandelles de résine.
CANDELOUSO, v. CANDELO (Nostro-Damo de la.)
CANDI, adj. Candi, dépuré, cristallisé. (De *Candie*, ancien nom de l'île de Chypre, d'où nous venait cette espèce de sucre.)
CANDI, *voyez* CAMBE.
CANDIDAT, s. m. Candidat, prétendant, celui qui se présente aux élections, celui qui a des chances d'être élu. (De *candida*, blanche, parce que chez les Romains celui qui aspirait à une place, à une charge, prenait une robe blanche.)

CAN  CAN  97

**CANDOU**, s. f. Candeur, bonne foi; Sincérité, pureté d'âme. (Du latin *candor*.)

**CANDOU** ou *Reylhaxe*, s. m. Abonnement avec le maréchal taillandier, qui s'oblige à ferrer, traiter, panser les chevaux, etc., entretenir, réparer les outils aratoires pendant un an, moyennant tant par an, en argent ou en denrées.

**CANEL**, s. m. Cornet de papier roulé; Époulle, bobine, fil de la trame sur l'époullin. (Racine *cano*.)

**CANEL**, *Quilhou*, *Quil*, s. m. Bout de roseau qu'on dresse sur le sol après avoir mis dessus les mises d'argent pour jouer au bouchon. Que le bouchon soit de roseau, de liège, de bois, etc., il s'appelle *canel*, diminutif de *cano*.

**CANELA**, v. act. Canneler, Faire des cannelures; Faire des bobines, des époullins pour tisser; fig., Monter en tuyau, en parlant des herbes. (Racine *cano*.)

**CANELAYRO**, s. f. Ouvrière chargée de faire les époullins pour tisser.

**CANELIEYRO**, s. f. Le Trou d'une cuve où l'on place la cannelle.

**CANELO**, s. f. Cannelle, seconde écorce du cannelier, aromatique, odoriférante; Morceau de bois creusé par où le vin sort de la cuve quand on a foulé les raisins; Pissote, cannelle d'un lessivier. (Racine *cano*.)

**CANELO**, s. f. T. de moulin, Abée, bée, ouverture par laquelle passe l'eau qui fait tourner la meule d'un moulin.

**CANELURO**, s. f. Cannelure, petit canal creusé le long du fût d'une colonne: *Aquelo caneluro pares trop*.

**CANETO**, voyez **CANEL**.

**CANGRENA** (SE), v. récip. Se Gangrener, se corrompre et devenir gangreneux.

**CANGRENO**, s. f. Gangrène, mortification de quelque partie du corps qui se communique aisément aux parties voisines. (Du grec *gaggraina*.)

**CANI**, INO, adj. Malin, igne, méchant, taquin. (Du latin *canis*.)

**CANICULO**, s. f. Canicule, grande et brillante étoile qui se lève avec le soleil, du 24 juillet au 23 août; Grande chaleur. (Du latin *canicula*.)

**CANILHAT**, s. m. Chenille, insecte, reptile, qui ronge les feuilles et les fleurs.

**CANILHO**, s. f. Chenille, insecte à plusieurs pieds qui ronge les feuilles des arbres, des choux. (Du latin *canicula*.)

**CANIS**, voyez **CANI**.

**CANISSO**, s. m. Caniche, chien barbet. (Du latin *canis*.)

**CANITORTO**, s. m. Violette, plante dont la fleur répand une odeur suave. (Du latin *caput tortum*.)

**CANITOURTIE**, s. m. Violette, plant, pied de violette.

**CANO**, s. f. Canne, bâton, jonc pour s'appuyer en marchant; Mesure de longueur représentée par 1 mètre 79 centimètres. (Du latin *canna*.)

Quant à yeou pensi pas que y'axo cap de mal,
Et crezi que bibes certos coumo ba cal;
Mais las xens sur un res d'abord cercou xicano;
Quand y'en a per un det ne mettoun uno *cano*.   D.

**CANOS**, *Flous*, s. f. Fleurs du vin, petits flocons qui paraissent sur le vin, dans les tonneaux ou les bouteilles.

**CANOU**, s. m. Canon, grosse et longue pièce d'artillerie; Partie des armes à feu où l'on met la poudre et le plomb; la Tuyère d'un soufflet; le Canon d'une cheminée: le Canon de la messe. (Du grec *kanôn*.)

Louis bol ét préténd sans que dégus mestrégé,
Que sur l'oïral morin tout boïssel sé possédé,
Et sé moussu l'Onglès n'énténd pas lo rozou
Del *conou* de lo Franço opprendra lo loïçou.   PRAD.

**CANOUNA**, v. act. Canonner, battre à coups de canon; fig., Monter en tuyau, en parlant des plantes.

**CANOUNADO**, s. f. Canonnade, décharge réitérée de canons; fig., Effet des vents que certaines personnes lâchent: *Enten la canounado*.

**CANOUNICAT**, s. m. Canonicat, bénéfice d'un chanoine.

**CANOUNIÈ**, s. m. Canonnier, soldat qui sert un canon.

**CANOUNIÈYRO**, s. f. Canonnière, ouverture dans une muraille pour tirer à couvert.

**CANOUNISA**, v. act. Canoniser, inscrire au catalogue des saints; fig., Louer avec excès. (Racine *canou*.)

**CANOUNXE**, *Canounjha*, s. m. Chanoine, celui qui possède un canonicat; fig., Désœuvré. (Du latin *canonicus*.)

**CANSALADO**, *Cago-dignès*, s. f. La Fleur et la Graine des ormeaux.

**CANSAT**, ADO, adj. Cassé, ée, malade, las, fatigué. (Du latin *cassus*.)

**CANSOU**, s. f. Chanson, petite pièce de vers pour être chantés. (Du latin *cantio*.)

**CANSOUNA**, *Cansounejha*, v. act. Chansonner, faire des chansons contre quelqu'un.

**CANT**, s. m. Chant, élévation et inflexion de la voix sur différents tons. (Du latin *cantus*.)

Sé dins moun *cant* parlé yostré lengagé,
Escoutas-lou, car és tout naturel.
A vous ayma sé toujour vous éngagé
Es qué l'amour à l'hommé ouvris lou ciel.
Sé lou traval à l'hommé és nécessary,
Vous apprendray qué Dioù soul n'és l'aoutur.
En rédiguént lous *cants* del prouletari,
Paoures ouvriès, révarés lou bounhur.   PEYR.

**CANT**, adv., Combien, de quel prix. (Du latin *quantum*.)

**CANTA**, v. act. Chanter, former des sons variés avec la voix; Dire, rabâcher; fig., Hausser le prix d'une chose. (Du latin *cantare*.)

*Cantas* damos, *cantas* doumaizèlos tant bounos!
Se sabiès qu'on bous aïmo, et que siès panadounos
Quand d'uno blanco ma que s'amago dal cel,
Dounas en sourigan et la larmo dins l'él
A la fillo miex nudo, à sa maïre que crento
De la trouba pau ser bestido et trop countento...
Oh! boun prègui, *cantas*, car dins bostros cansous
Lou paoure dis que trobo un baoumé à sas doulous.   A. B.

**CANTAYRE**, O, s. m. f. Chanteur, euse, qui chante souvent et bien; Chantre d'église. (Du latin *cantor*.)

Certos, souï maï descouncertat;
Cal siés bous, bel *cantayré*?
An bostre frances rafinat
Bous coumpreni pas gayre.   PUJ.

**CANTALOU**, s. m. Cantaloup, variété de melon à côtes.

**CANTARELEXA**, *Cantarelejha*, v. n. Chantonner, chanter à demi-voix.

**CANTARILHO**, s. f. Cantharide, grosse mouche

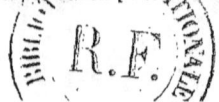

de la famille des vésicants, réduite en poudre; elle est la base des vésicatoires. (Du latin *kantharis*.)

CANTE, *Cugne, voyez* QU'UN.

CANTÈL, s. m. Chanteau, morceau d'un grand pain. (Du latin barbare *cantellus*.)

Jaques qu'èro munit d'un *contelet* dé pa,
D'un quignoun de fourmatge et d'un tros de fougasso,
Tray toūt prumieyromen lo micho o lo souyrasso
Que l'ojèt engouladó en dous ou tres mochals.   PRAD.

CANTÈL (DE), adv. De Champ, t. d'art; on le dit d'un corps plat posé debout sur la tranche ou sur la partie la plus mince.

CANTELA, v. act. Découper un pain en chanteaux.

CANTELOU, s. m. Petit chanteau.

CANTICO, s. m. Cantique, hymne, chant d'action de grâce. (Du latin *canticum*.)

CANTINO, s. f. Bouteille de verre; *Cantino bestido*, Grande bouteille nattée ou garnie de jonc ou de paille. (Du l'italien *cantina*.)

CANTINADO, s. f. Plein une bouteille.

CANTIGNEYRO, s. f. Cantinière, celle qui vend du vin et du tabac aux soldats.

CANTO-PLOURO, s. f. Ventouse pour tirer le lait à une femme.

CANTOU, s. m. Canton, pays compris entre certaines bornes ou limites. (Du grec *kanthos*.)

CANTOU, *Couèn*, s. m. Coin, angle saillant, carrefour; fig., *Bira lou cantou*, Perdre la tête. *Cantou* s'emploie souvent pour Petite rue; ainsi l'on dit à Toulouse *le cantou de la Mataleno*, qu'on traduit improprement par le coin de la Madeleine; le Coin du Capitole.

Abes escrit aqui de caouzos fort poulidos;
Mais bous siès uno drollo et de las pus ardidos.
M'en boou d'aqueste pas à toutes lous *cantous*
Publia ce que cal que l'on pense de bous.   D.

CANTOUNAT, s. m. Coin plein de choses entassées.

CANTOUGNÈ, s. m. Cantonnier, terrassier chargé dans un canton de l'entretien des routes. (Du grec *kanthos*.)

CANTOURLEXA, *Cantourlejha*, v. n. Fredonner, gringotter un air.

CANULLO, s. m. Canule, petit tuyau qu'on met au bout d'une seringue. (Racine *canou*.)

Én nous véjèn quita sa cour,
La bèla Andromaqua, à soun tour,
Gratifièt lou jouyne Iüla
D'una bèla é grossa *canula*.
L'énfan la prén per un siblèt,
N'embouqua lou pichot traouquèt,
É mé digus sé 'té busava!
Lou flajoulèt tan t'agradava,
Maougré la craouma qué l'avie,
Qu'amén, diguère, moun ouvriè
Aoura dé gous per la muzique.   FAY.

CAO

CAOU, *Cu, Qui*, interrogatif. Qui.

CAOU, *voyez* CAL.

CAOU, *voyez* CAOULET

CAOU, *voyez* CAOUT.

CAOUCA, *voyez* FOULA, BATRE.

CAOUCADO, *voyez* SOULADO.

CAOUDO, s. f. Chaude, t. de forgeron, Chauffer le fer suffisamment pour être forgé. (Racine *caout*.)

CAOUDOMEN, adv. Chaudement.

CAOUFOUR, s. m. Chaufour, fourneau à faire la chaux.

CAOUFOURGNÈ, s. m. Chaufournier, ouvrier qui fait la chaux.

CAOULADO, s. f. Du Caillé.

Meti moun riban blu, ma doublo giroufládo,
Moun cantel de pa blanc, moun mel et ma *caoulado*.   G.

CAOULAT, s. m. Plant de chou; Graine de chou. (Racine *caoulet*.)

CAOULET, s. m. Chou, plante potagère dont il y a un grand nombre d'espèces : *Un caoulet capus*. (Du latin *caulis*.)

CAOULILHOS, s. f. Semottes, rejetons de chou : *N'aben pas que de caoulilhos*.

CAOUMIÉ, adj. Sensible au chaud : *Es fort caoumiè*. (Racine *caout*.)

CAOUQUELO, s. f. Chatouillement, sensation qui vient de cette action.

CAOUQUILHAXE, s. m. Coquillage, tout ce qui a de coquille.

CAOUQUILHO, s. f. Coquille, enveloppe pierreuse des mollusques testacés. On appelle Clorisse, Arcèli, dans le Bas-Languedoc, ces mollusques testacés, appelés vulgairement *Caouquilho*. Fig., et adverb, *Ramassa sas caouquilhos*; Prendre ses hardes et partir.

CAOUCUS, s. Quelqu'un, quelqu'une.

CAOUDÉJHA, *voyez* AOUREXA.

CAOUDEJHADO, *voyez* CAOUDO.

CAOUDIEYRO, *voyez* CALOU.

CAOUS, s. f. chaux, pierre calcinée par le feu qui entre dans la composition du mortier ; Chas d'aiguille, le trou d'une aiguille. (Du latin *calx*.)

CAOUSSA, v. act. Chausser, mettre des bas et des souliers à quelqu'un; Faire des souliers pour... Butter un arbre, une plante. (Du latin *calceare*.)

CAOUSSA, v. act. Recharger une houe, un essieu, etc., appliquer d'autre fer quand le premier est usé.

CAOUSSE, s. m. Causse, terrain marneux et peu fertile. (Racine *caous*.)

CAOUSSETO, s. f. Chaussette, demi-bas; Bas d'enfant.

CAOUSSIDO, s. f. Chardon hémorrhoïdal.

Cal d'uno règuo o l'aoutro oubserba lo distenço ;
Se malhurouzomén un drolle, o codelard,
Sons lo segré dé 'l'uel l'escompilo o l'hozard,
Oïci quoud és noscudo, obès uno esclorcido
Ount creys, en lioc dé blat, lo rouncé et lo *colcido*.   PRAD.

CAOUSSIÈ, *voyez* CAOUSSOS.

CAOUSSIGNÈ, s. m. Chaufournier, ouvrier qui fait la chaux; t. de tann., Plain chaux éteinte dans l'eau où les tanneurs mettent à tremper les cuirs pour les peler. (Racine *caous*.)

CAOUSSINA, v. act. Chauder, mêler de la chaux avec les terres d'un champ pour l'amender; Chauler, passer le blé à l'eau de chaux avant de le semer. (Racine *caous*.)

Faï qué netto de juel et d'aniélo ou réboulo
Del pa dins tous sillous lo grono toumbè soulo ;
Et per te goronti del traité corbounat
Né jettés pas un gro qué nou sio *colcinat*.   PRAD.

CAOUSSINO, s. f. Usine de tanneur où l'on passe les peaux à la chaux. (Racine *caous*.)

## CAP

**CAOUSSINO**, adj. Pierre calcaire : *Peyro caoussino*.
**CAOUSSOS**, voyez Bragos.
**CAOUSSOTREPO**, s. f. Chaussetrape, pointes de fer qu'on sème par où doit passer la cavalerie; Chardon étoilé. (Du latin barbare *calcitrapa*.)
**CAOUSSOUS**, s. m. Chaussons; Demi-bas.
**CAOUSSURO**, s. f. Chaussure, ce qui chausse le pied. (Du latin *calcarium*.)
**CAOUT**, s. m. Chaud, chaleur. (Du latin *calidus*.)
**CAOUT, DO**, adj. Chaud, de, qui a, qui procure ou conserve la chaleur : *Es encaro caoudo*.
**CAOUTIOU**, s. f. Caution, garantie, sûreté. (Du latin *cautio*.)

De moun salut dins el bezi lou gache,
Espèri tout d'uno talo *caoutiou*.            Puj.

**CAOUTIOUNA**, v. act. Cautionner, s'obliger ou se rendre caution; Répondre d'une chose.
**CAOUTIOUNOMEN**, s. m. Cautionnement, acte par lequel on s'oblige pour un autre; Ce que l'on engage pour la sûreté d'une promesse. (Racine *caoutiou*.)
**CAOUZA**, v. n. Causer, être cause de.... (Du latin *causare*.)
**CAOUZE**, voyez Cestre, Daco.
**CAOUZI**, v. act. Choisir, faire un choix, préférer une personne, une chose. (Du latin *colligere*.)
**CAOUZIDO**, s. f. Choix, élite; Action de choisir.
**CAOUZISCO**, adv. A la bonne heure.
**CAOUZO**, s. f. Cause, occasion, motif; Chose. (Du latin *causa*.)

## CAP

**CAP**, s. m. Tête; Chef; Bout, extrémité; adverb., *Aco's lou cap*, C'est là l'essentiel. (Du latin *caput*.)
**CAP**, adj. Aucun, personne.
**CAPA**, v. act. T. de tondeur.
**CAPA (SE)**, v. pro. Se Cosser, il se dit des béliers qui se heurtent de la tête les uns contre les autres. (Du latin *caput*.)
**CAPACITAT**, s. f. Capacité, étendue qui peut contenir; Intelligence, habileté. (Du latin *capacitas*.)
**CAPAPLE, O**, adj. Capable, qui a de la capacité; Être capable d'une action; Qui peut se porter à... (Du latin *capax*.)
**CAPARASSOU**, voyez Mouscal.
**CAPAS**, *Capbas*, s. m. Mauvaise tête; Entêté. (Du latin *caput*.)
**CAPAYRE**, s. m. Mouton qui se cosse, se heurte contre un autre : *Es capayre*. (Du latin *caput*.)
**CAPAYROU**, s. m. Chaperon, bande de velours que les officiers municipaux portaient sur l'épaule; le Haut d'une muraille de clôture fait en forme de toit. (Du latin *capparone*, ablatif de *capparo*, qui a signifié chape.)

Ieü douni peyssos uno cambo
Al paûre Jan vaylet de crambo;
Et l'aûtro cambo pes talhurs,
Per so qu'èlis sou de troumpurs ;
S'ieü la jour dabu toutos dos,
Cadun derraûbario un os
Coumo derraûbou lou velous
Quant elis fan lous *capayrous*.        A. G.

**CAPBAL**, adv. En bas, de haut en bas.
**CAPBILHA**, v. act. Culbuter, tomber la tête première. (Du latin *caput*.)

## CAP    99

**CAPBIRA**, v. act. Chavirer, mettre en haut ce qui était en bas, et réciproquement; Brouiller, mêler : *Ba tout capbirat*. (Du latin *caput girare*.)
**CAP-D'AN**, s. m, Anniversaire de la mort d'une personne. (Du latin *caput anni*.)
**CAP-DE-PORC**, *Intener*, s. m. Nigaud, insouciant; Ingrat.

Cal bé que de troumpa nou rande pas hurous,
Perque Batisto al miey d'un triounfe ta dous,
Mut coumo un *intener*, tristé coumo la beillo,
Nou s'aounejo qu'as mots terribles de la bieillo.    J.

**CAP-D'AZE**, s. m. Scabieuse, plante vivace, amère.
**CAP-DE-LEYT**, s. m. Châlit, bois de lit. (Du latin *caput lecti*.)
**CAP-D'OUSTAL**, s. m. Le Chef d'une maison, le Père. (Du latin *caput hospitii*.)
**CAPEIROU**, voyez Capayrou.
**CAPEJHA**, voyez Capexa.
**CAPEL**, *Capeou*, s. m. Chapeau, couverture de tête des hommes faite de laine ou de poil, d'osier, etc; Chapeau de paille, de velours, orné de rubans, de fleurs, à l'usage des femmes. (Du latin barbare *capellum*.)

De moun bel jour noubial te fayoy lou tableou,
Moun *capel* retintat, moun frac ber dous cot neou,
Et ma camiso en telo grosso.
D'amb'un daban de calico.            J.

**CAPELA**, *Capelan*, s. m. Prêtre, ecclésiastique. (Racine *capelo*.)
**CAPELADO**, s. f. Salut, coup de chapeau pour saluer quelqu'un; Couvert d'un moulin à vent. (Racine *capel*.)

Mais ol siré Apoulloun é touto so rossado,
Fasquen, coumo se diou, puleou lou *copelado*.    Prad.

**CAPELAN**, voyez Capela.
**CAPELIE**, s. m. Chapelier, celui qui fait ou vend des chapeaux. (Racine *capel*.)
**CAPELAGNE**, s. f. Chapellenie; Presbytère, maison curiale. (Racine *capelo*.)
**CAPELE**, voyez Capelou.
**CAPELO**, s. f. Chapelle, petite église; Lieu d'une église, d'une maison où l'on dit la messe; fig., le Lit; le Cabaret. (Du latin *capella*.)
**CAPELO**, voyez Escaletos.
**CAPELOU**, s. m. Petit Chapeau, chapeau d'enfant. (Racine *capel*.)
**CAPETO**, s. f. Mantelet, sorte de vêtement qui sert aux femmes pour se couvrir la tête. (Du latin *capa*.)
**CAPEXA**, *Capejha*, v. n. Dandinner la tête en dormant, la laisser tomber. (Du latin *caput*.)
**CAPIAL**, s. m. Mur de tête d'une maison, celui qui bouche la maison dans sa largeur. (Du latin *caput*.)
**CAPIE**, s. m. Chapier, celui qui porte une chape à l'église.
**CAPIGNA**, v. n. Asticoter, quereller, picoter, comme font les enfants qui toujours se querellent.
**CAPIGNAYRE, O**, *Capignous, ouso*, adj. s. Querelleur, euse, asticoteur, pointilleux.

Sayque crezié, lou *capignous*,
Dé vèni tira dé ma nuqua
Una aoutra tèsta dé péruqua
Coumà aquéla daou rèy Prian;
Ah! Diou merci, la défendian

D'una pus soulida manièra
Qué noun avié fach lou beou-péra.    FAV.

**CAPILIA**, voyez CAPBILHA.
**CAPILLERO**, s. f. Capillaire, genre de plante employée en médecine comme pectorale. (Du latin *capillus*, cheveux.)
**CAPITACIOU**, s. f. Capitation, taxe par tête. (Du latin *caput*.)
**CAPITAL**, s. m. Capital, fonds principal d'une dette, d'une rente; Principale occupation, l'essentiel, le point important. (Du latin *caput*.)

É bous aous que grujas luen de bostres *bossals*
Dé grossés rébenguts, souben lous *copitals*;
Boldrio pas maï, seignous, ona dins bostros terros
D'uno foulo d'oubriés onima los espèrros?    PRAD.

**CAPITALISTO**, s. m. Capitaliste, celui qui possède des capitaux de fortes sommes d'argent qu'il fait valoir dans le commerce.
**CAPITALO**, s. f. Capitale, la ville principale d'un état, d'une province. (Du latin *caput*.)
**CAPITAYNE**, *Capitani*, s. m. Capitaine, chef d'une compagnie de soldats; Celui qui mène la bande. (Du latin *caput*.)
**CAPITAZE**, s. m. Le plus borné, le plus nigaud d'une classe. (Du latin *caput asini*.)
**CAPITEL**, voyez COUBERTOU.
**CAPITOLO**, s. m. Capitole, forteresse à Rome; Maison de ville à Toulouse. (Du latin *caput olus*. Quoi qu'en dise Napoléon Landais, cette étymologie de *capitole* n'est pas soutenable; aucun auteur sérieux n'a pu parler du nommé *Olus*, personnage inventé à plaisir. Le Capitole fut ainsi appelé parce qu'on trouva, dit-on, en creusant ses fondements, une tête humaine, *caput*; c'est là ce que dit l'histoire et je ne doute pas que ce ne soit une fable; mais qu'a donc a fait intervenir *olus* dans tout cela ? Des auteurs sans crédit et sans critique. Il y autant de raison pour croire que *capitole* vient de *caput oli*, tête d'Olus, que pour croire que *camisole* vient de chemise d'Olus, taillée à la façon de celle d'Olus; *cariole* serait par la même raison le char d'Olus.)
**CAPITOUL**, s. m. Capitoul, nom que l'on donnait autrefois aux échevins ou officiers municipaux de Toulouse.
**CAPITOUS**, O, adj. Capiteux, euse, qui porte à la tête, qui enivre facilement. (Du latin *caput*.)
**CAP-LAOUXE**, EYRO, s. m. f. Tête légère; Évaporé. (Du latin *caput leve*.)
**CAP-LATIÉ**, s. m. Coyau, bout de chevron saillant. (Du latin *caput latum*.)
**CAPLE**, s. m. Câble, grosse corde d'une charrette; pour soulever de grands poids. (De l'anglais *cable*.)
**CAP-NEGRO**, s. f. Fauvette à tête noire.
**CAPO**, s. f. Chape, ornement d'église que portent les chantres; Roulière, manteau de roulier en laine et en crin; en t. de mécanique, Trou percé dans le bois, le fer, et destiné à recevoir les extrémités de l'essieu d'une poulie, d'une balance, etc. (Du latin *capa*.)

Lou printéns sé préparo o coumença so courso.
Trop lounténs omogat, lou grond ostré del Cel
Quitto so *capo* soumbro et soun négro montel.    PRAD.

**CAPOTO**, s. f. Capote, espèce de manteau de soldat quand il n'est pas en tenue; Couverture en cuir d'un cabriolet; Espèce de voiture; Coiffure de femme. (Du grec *kappa*.)

**CAPOTO ROUXO**, s. f. Guillotine; Supplice de la guillotine. (Du latin *caput*.)
**CAPOU**, s. m. Chapon, coq châtré; Morceau de pain bouilli dans un pot qu'on sert sur les potages maigres; Croûte de pain frottée d'ail qu'on met dans la salade; Rigaux, biscuit; t. de chaufournier, espèces de Noyaux dans les pierres, causés par une mauvaise calcination. (Du latin *capo*.)

Yéou qué noun cante, ni nou siblé
Qué quan t'a quicon dé tériblé,
Témouèn la vila qu'aou Countat
Assiéjèt un Vice-Légat,
Home a fayre man-bassa à taoula,
Sus vint *capous* de Rocamaoula;
Ioy vaou canta lous pétassaous,
La malhurança é lous assaous
Qu'ajèt un prince de Frigia
En caminen vèr l'Italia.    FAV.

**CAPOULA**, voyez EMBRICA.
**CAPOUN**, s. m. Palier d'un escalier.
**CAPOUNA**, v. act. Chaponner, châtrer les coqs. (Du latin *capo*.)

Quond lous pouls son grondets lo mestro lous *copouno*,
Lo biando ol cornobal nés pus grasso et millouno;
Mais lo tostorés pas sons douté, paouros géns,
Oïmarés mayt lo bendré ou né fo dé présens.    PRAD.

**CAPOURAL**, s. m. Caporal, bas officier d'infanterie au-dessous de sergent. (De l'italien *caporale*.)
**CAPOUTA**, v. n. Tapoter.
**CAPOUTENTIOU**, t. de jeu de boules.
**CAP-PELAT**, DO, *Cap plumat*, do, adj. Chauve, qui n'a plus de cheveux.
**CAPRIÇA** (SE), v. pro. S'Entêter, adopter par caprice, se capricier.
**CAPRICI**, *Capriço*, s. m. f. Caprice, fantaisie, boutade. (Du latin *capra*, chèvre, à cause des sauts brusques et de la marche inégale de cet animal.)
**CAPRICIOUS**, ZO, adj. Capricieux, euse, entêté; Fantasque.

Rapélas-bous d'aco, fillos *capriciouzos*
Qu'aspirats a bous marida;
Per bioure en pats, per estre hurouzos,
Ba bézets, bous cal courréja.    CARC.

**CAPRIÉ**, s. m. Câprier, arbuste qui porte des câpres. (Du grec *kapparis*.)
**CAPRO**, s. f. Câpre, bouton de câprier confit au vinaigre.
**CAP-ROUXE**, voyez CARDINAT.
**CAP-SEC**, adj. Couronné, en parlant des peupliers qui se dessèchent par la tête en vieillissant. (Du latin *caput*.)
**CAPSULO**, *Amorço*, s. f. Capsule, composition de cuivre et de poudre fulminante. (Du latin *capsula*.)
**CAPTIBA**, v. act. Captiver, rendre captif; Assujétir. (Du latin *captivare*.)
**CAPTIBITAT**, s. f. Captivité, esclavage; Sujétion extrême. (Du latin *captivitas*.)
**CAPTIF**, IBO, adj. Captif, ive, esclave, dépendant. (Du latin *captivus*.)
**CAPTURA**, v. act. Capturer, faire capture; Saisir. (Du latin *capere*.)
**CAPTURO**, s. f. Capture, butin; Arrestation d'un criminel: *Bouno capturo*. (Du latin *captura*.)
**CAPUCIN**, s. m. Capucin, religieux ainsi nommé à cause du capuchon; Instrument de cuisine pour flamber le rôti. (Du latin *capucinus*.)

**CAPUCINADO**, s. f. Secousse de la tête que faisaient pour la découvrir ceux qui portaient des capuchons.

**CAPUCINO**, s. f. Capucine, pièce de fusil; fleur potagère. (Racine *capuçou*.)

**CAPUÇO**, voyez CAPUÇOU.

**CAPUÇOU**, *Capuxoun*, s. m. Capuchon, étoffe dont on se couvre la tête et les épaules pour se défendre du mauvais temps. (Du grec *kappa*.)

**CAPUS**, adj. Cabus, pommé, chou dont les feuilles sont entassées les unes sur les autres en forme de tête. (Du latin *caput*.)

**CAPUSSAYLHO**, s. f. Choux cabus qu'on vend avant leur maturité.

**CAPUZA**, v. act. Charpenter, menuiser, tailler du bois en petits morceaux; Faire grossièrement.

**CAPUZADOU**, s. m. Billot sur lequel travaille le sabotier, etc.

**CAPUZAYRE**, s. m. Celui qui sait s'occuper, qui passe son temps à faire des riens; fig., Qui ne se décide jamais, qui allonge toujours.

## CAQ

**ÇAQUE-LA**, adv. Cependant, d'ailleurs, nonobstant.

**CAQUET**, s. m. Caquet.

**CAQUETA**, v. act. Caqueter, babiller.

**CAQUETARIE**, s. m. Caquetterie, caquétage.

## CAR

**CAR**, s. f. Chair, viande. (Du latin *caro*.)

O Roumens! ô Thenou! qu'un plaze delectable
Qu'aquel de lour poude faire craca lou rable
Quan soun queis à prepauos et qu'un boun salpiquet
Relèbo de your *car* l'agreable fumet.   CARC.

**CAR**, conj. Car, c'est pourquoi. (Du latin *quare*.)

Aco's pla soun pourtrèt, amaï d'aprep naturo,
Car certos es beriat que n'a pas d'aoutro alluro.   D.

**CAR**, O, adj. Cher, ère, qui coûte beaucoup. (Du latin *carus*.)

**CAR**, adv. Cher, à haut prix : *Costo car de se benxa*, il coûte cher de se venger. (Du latin *carè*.)

**CARA**, voyez CARRA (SE).

**CARABANO**, s. f. Caravane; Bamboche, libertinage, mauvaises farces. (Du persan *karaouan*.)

**CARABASSO**, s. f. Cravache, sorte de fouet formant badine dont font un usage fréquent ceux qui montent à cheval.

**CARABEGNAL**, s. m. Lieu planté de roseaux, une cannaie. (Racine *carabeno*.)

**CARABENO**, *Carbeno*, s. f. Roseau, plante à nœuds avec une tige élevée dont on se sert pour faire des espaliers. (Du latin *calamus*.)

**CARABIGNÉ**, s. m. Carabinier, cavalier armé d'une carabine.

**CARABINO**, s. f. Carabine, petite arquebuse de cavalier.

**CARACOULA**, v. n. Caracoler, faire des caracoles. (De l'espagnol *caracol*, limaçon, dont un cheval imite les contours en caracolant.)

**CARADO**, voyez CARRADO.

**CARAIROU**, voyez CARRIEYROU.

**CARAL**, voyez ROUDAL.

**CARAL**, voyez CARRAL.

**CARAMEL**, s. m. Caramel, sucre fondu et durci. (De l'espagnol *caramelo*.)

**CARAMELO**, s. f. Chalumeau, flageolet champêtre fait avec un tuyau de blé ou d'écorce d'arbre. (Du latin *calamellus*.)

**CARAMELOS**, s. f. Quatre Bâtons petits dont se servent les muletiers pour atteler ; ils les passent dans les trous de la *xouato*, espèce de joug, et les gances du collier. (Racine *caramèlo*, à cause de sa forme.)

**CARANTEN**, O, adj. Quarantain, aine : *Rouzié caranten*, qui produit plusieurs fois l'année.

**CARANTENO**, s. f. Quarantaine, nombre de quarante; Approchant de quarante. (Du latin *quadraginta*.)

**CARANTIÈME**, adj. Quarantième : *N'aoura pas un carantième*.

**CARANTO**, *Cranto*, adj. num. Quarante, quatre fois dix. (Du latin *quadraginta*.)

**CARAOU**, voyez ROUDAL, REC.

**CARATTARI**, s. m. Caractère, marque, empreinte, signe; Naturel, dispositions. (Du grec *charaktèr*.)

**CARBA**, v. act. Mettre les anses à un chaudron, à un panier, etc.

**CARBATOU**, s. m. Friquet, moineau de petite espèce.

**CARBEGNAL**, voyez CANABAL.

**CARBES**, *Carbe*, s. m. Chanvre, plante dont l'écorce donne des filaments qui servent à faire de la toile, des cordes. (Du latin *cannabis*.)

**CARBETOS**, s. f. Chevrette, ustensile de cuisine que l'on suspend à la crémaillère où elle sert à soutenir les pots, la poêle : *Las carbetos, las carbetos sou sul fioc, rebiro-te, Margot*, disent les enfants en sautant, se tenant par les deux mains et se retournant brusquement.

**CARBO**, *Querbo*, s. f. Anse de panier, de chaudron, etc.

**CARBOS DAL COL**, s. f. Vertèbres du cou.

**CARBOU**, s. m. Charbon, bois éteint avant son entière combustion et réservé pour le rallumer au besoin.

**CARBOU DE PEYRO**, s. m. Charbon de pierre, charbon minéral. (Du latin *carbo*.)

**CARBOU**, s. m. Charbon, espèce de furoncle le plus souvent pestilentiel. (Du latin *carbo*.)

**CARBOUGNÉ**, s. m. Charbonnier, celui qui fait ou vend le charbon; Noir, sale : *Semblos un carbougné*.

**CARBOUGNEYRO**, s. f. Charbonnière, celle qui vend le charbon; Lieu où l'on met le charbon; Houllère.

**CARBOUNAT**, s. m. Charbonné, blé niellé, touché par un brouillard qui le change en une poussière noire.

**CARBOUNCLE**, voyez CARBOU.

**CARBOUNEL**, voyez COUAT.

**CARBOUNILHO**, s. f. Escarbilles, petits morceaux de braise éteinte; Fraisil, poussier.

**CARBOUS**, s. m. Charbons ardents; Braise. (Du latin *carbo*.)

**CARCALAS**, s. m. Crachat gros et gluant.

**CARCAN**, s. m. Carcan, collier de fer attaché à un poteau dans un lieu public qu'on met au cou des criminels; Collier pour attacher certains animaux. (Du grec *karkinos*.)

**CARCASSÈLO** (FA), v. act. Faire la Courte échelle, épauler, tendre le dos à quelqu'un pour l'aider à atteindre, à monter.

**CARCASSO**, s. f. Carcasse, ossements du corps d'un animal mort mais encore joints; Son corps sans ses membres : *Carcasso de poulo*; fig., Corps, charpente de bâtiment ; Personne très-maigre. (Du latin *arca*, en y préposant un *c*.)

    Dious parlo ; et ta nudo *carcasso*
    S'orno de milo prouductious,
    Et dessus ta seco surfasso
    Serpentou rebieyros et rious.     PUJ.

CARÇAYSSOU, *voyez* BRANCAT, FOURCAT.
CARCHOFLE, *voyez* ARTIXAOU.
CARCI, *Carcinou*, s. m. Petit Fromage sec et piquant.
CARCINA, v. act. Calciner, réduire en poudre par le feu.

    Quond, ó forço dé bras, un pélenc escourgat
    Dé touto bourdufaillo és enfi descorgat,
    Ombé oquélo brondillo on fo lo fournélado ;
    On espondis oprés lo mouto *colcinado*.     PRAD.

CARCINA (SE), v. pro. Se Calciner, sécher d'ennui et d'impatience. (Du latin *calx, calcis*.)
CARDA, v. act. Carder, peigner avec la carde, avec les chardons ; fig. Traiter une chose mal ; Maltraiter quelqu'un, le battre. (Racine *cardo*.)
CARDADO, s. f. Cardée, la quantité de laine, de coton qu'on enlève d'une carde ; Loquette, feuillet, petit rouleau de coton ou de laine cardée.
CARDAL, s. m. Volée de coups.
CARDAXE, s. m. Lainage, c'est la façon qu'on donne aux draps en les tirant avec les chardons pour en faire sortir le poil.
CARDAYRE, O, s. m. f. Cardeur, euse, ouvrier qui carde la laine. (Racine *cardo*.)
CARDET, *voyez* SANISSOU.
CARDIE, s. m. Cardier, celui qui fait, qui vend les cardes.
CARDINAL, s. m. Cardinal, prélat de l'église romaine. (Du latin *cardinalis*.)
CARDINAT, *Cardino*, *Cap-rouxe*, s. m. Chardonneret, joli petit oiseau à plumage varié qui mange la graine des chardons. (Racine *cardou*.)
CARDO, s. f. Carde, sorte de peigne pour carder.
CARDO, s. f. Cardon, plante potagère, du même genre que l'artichaut, et dont les feuilles sont bonnes à manger. (Du latin *carduus*.)
CARDOU, s. m. Chardon, plante dont la tête est couverte de piquants. (Du latin *carduus*.)

    Sé boulé dé cordis rompli bostro boulieyro,
    Obont lous prémiés frechs de lo sosou dornieyro,
    Onas dé boun moti dins un comp aubieyrat,
    Causissès un *cordus* dé bouquets entourat ;
    Qué dos plumos en crous del dubet despouillados,
    É pégousos dé besc, per-dessus siau quillados.     PRAD.

CARDOUS, *voyez* PRESURIE.
CARE, *voyez* CARREX.
CAREIROU, *voyez* CARRIEYROU.
CAREJHA, *voyez* CARREXA.
CAREJHADIS, *voyez* CARREXADIS.
CAREJHAIRE, *voyez* CARREXAYRE.
CAREL, *voyez* CALÉL.
CARELIO, *voyez* LAMPO.
CARELO, *voyez* CARRELO.
CAREME, *Caremo*, s. m. Carême, les six semaines d'abstinence et de jeûne qui précèdent les fêtes de pâques. (Du latin *quadragesima*.)
CARESSA, v. act. Caresser, faire des caresses à ; Bien recevoir quelqu'un. (De l'italien *carezzare*.)
CARESSANT, O, adj. Caressant, ante, qui aime à caresser ou qui se fait caresser par ses prévenances : *Es pla caressant*.
CARESSO, s. f. Caresse, témoignage extérieur d'affection ; Geste, parole qui témoigne l'amour.

    Té, hota, lé fay la princéssa,
    En té baylan una *caressa*,
    Fiqua m'aco din toun faoudaou.
    Vézés bé qué toun payre és baou ;
    L'escoutés pas : Quaou souy ?— Ma tanta.
    — Bon, souy poulida ?— Sès charmanta.
    — É m'aymes ben ?— Dé tout moun cor.
    — Quinté sénet ! Lou fil d'Hèctor,
    Qu'à paou prés sérié de soun ajé,
    Tendrié pas un miïou lengajé.     FAY.

CARESTIÉ, *Carestio*, s. f. Cherté, prix excessif ; Disette. (Du latin *caritas*.)
CARESTIOUS, O, s. m. Cher, ère, renchéri, qui met la marchandise à un trop haut prix : *Es top carestious*. (Du latin *carus*.)
CARETAL, *voyez* CARRETAL.
CARETIE, *voyez* CARRETIE.
CARETO, *voyez* CARRETO.
CARGA, v. act. Charger, mettre une charge, un fardeau sur... ; Mettre la charge : *Carga un fusil* : Peser sur... : *Ço qu'a manxat y cargo l'estoumac* ; Imposer une charge, une condition onéreuse : *M'oou cargat de trop de tayllos* ; Accabler de coups : *L'as cargat en réclo* ; Accuser, deposer contre : *L'as pla cargat* ; Donner la charge de... : *M'a cargat de tampa* ; Poser sur... : *As trop cargat lou planxé*.

    Petits rious dount l'argen beziadomen gourrino,
    Pradets ount lou plazé nous embesco lous els,
    Quand la jhouno sazou, lous *cargo* de ramels,
    Aouzets coussi se plan uno nympho moundino.     G.

CARGA (SE), v. pro. Se Charger, mettre un fardeau sur ses épaules ; Prendre soin, s'obliger : *Me souy cargat* ; s'Obscurcir, en parlant du temps : *Lou tens s'es pla cargat*. (Du latin barbare *carricare*.)

    Mais lou salsé és en sabo é pousso sous coutous ;
    Lou rousié, lou lilla sé *cargou* dé boutous.     PRAD.

CARGADOU, *Sémaylhié*, s. m. Chargeoir, l'endroit d'une vigne où l'on charge la vendange.
CARGAYRE, O, s. m. f. Chargeur, celui qui charge une charrette ; Qui sert à charger : *Aco's un paourc cargayre*.
CARGHETO, *voyez* ANDOT.
CARGO, s. f. Charge, fardeau : *Porto uno forto cargo* ; Imposition, dépense : *Touxoun calquo noubélo cargo* ; Soin, garde : *Es à ta cargo* ; la Poudre, le Plomb d'une arme à feu : *Bal pas la cargo* ; Preuves, indices contre un accusé : *Y'a pla de cargos countro el*. (Du bas-breton *carg*, faix.)

    Tondis qué lou Coutal part per lou dornié biatgé,
    Dé toutés l'offectiou rédoublo per l'oubratgé.
    Sabou qué dé lo bigno obout qué dé porti
    Cal rompli los sémals pel lendéma moti,
    É qué per oco fa n'au pas de temps dé restos ;
    Otobé suitou reddé, é los *cargos* sou prestos.     PRAD.

CARGO-CELO, *voyez* CANCASSELO.
CARGO-PEILLO, s. f. Petite pluie épaisse et pénétrante, bruine ; on dit, en parlant du ciel qui l'annonce : *Plooura pas brico*, *fara sounquo cargo-peillo* ; *Aco's cargo-peillo*. *Qu'un tens fa ?* — *Cargo-peillo*. Je ne crois pas qu'on emploie jamais

l'article devant ce substantif composé; il doit être féminin.

**CARGNÈ**, s. m. Charnier, lieu couvert où l'on met plusieurs morts d'une même famille : *Oou doubert lou cargnè*. (Du latin *carnarium*.)

**CARGOMEN**, s. m. Chargement, cargaison.

**CARIEIRO**, voyez CARRIEYRO.

**CARINCA**, voyez CRIDA.

**CARIOLO**, voyez CARRIOLO.

**CARITAPLE, O**, adj. Charitable, qui fait l'aumône. (Racine *caritat*.)

**CARITAPLOMEN**, adv. Charitablement, avec charité.

**CARITAT**, s. f. Charité, bienveillance habituelle, indulgence, commisération, amour, secours que l'on accorde. (Du latin *caritas*.)

Amics, achaz la fè, car la fé saouva l'âma;
Esperas é prégas, fléchirez l'Éternel,
É sé la *caritat* bous brula dé sa flamma,
L'Uniuers aladoun sero coumma lou ciel! PEYR.

**CARLIN**, s. m. Carlin, doguin, petit chien autrefois fort à la mode; fig., Personne, camarade; Peuplier de la Caroline.

**CARMAGNOLO**, s. f. Carmagnole, habit, danse, air, qui furent fort en vogue à la fin du dernier siècle.

**CARMANTRAN**, s. m. Carême-prenant.

**CARNABAL**, s. m. Carnaval, temps consacré à des divertissements extraordinaires, qui dans les pays catholiques commence à l'Épiphanie et finit le mercredi des Cendres; Mannequin, homme de paille qu'on porte dans les rues le mercredi des Cendres; Personne mal habillée; Fille, femme de joie. (De l'italien *carnevale*, ou du latin *carne vale*, adieu la chair.)

**CARNABALADO**, s. f. Débauche; Amusement de carnaval.

**CARNABALEXA**, v. n. Faire débauche, se donner aux plaisirs.

**CARNADURO**, s. f. Carnation, le teint du visage. (Du latin *caro*.)

**CARNAL**, s. m. Charnage, temps auquel il est permis de manger de la viande.

**CARNAS**, s. m. T. de tanneur, Résidu de la colle, ce qui n'a pas été fondu des oreilles, pattes, museau, des cuirs. (Du latin *caro*.)

**CARNASSIE, EYRO**, adj. Carnassier, ère, qui mange beaucoup de viande. (Du latin *caro*.)

**CARNASSIEYRO**, *Abrassac*, s. f. Carnassière, sorte de petit sac pour mettre le petit gibier tué à la chasse.

**CARNAXE**, s. m. Carnage, massacre d'hommes à la guerre; Tuerie de bêtes à la chasse. (Du latin *caro*.)

Coumo lou loup cruel et coubes al *carnatge*,
Anirio dins un parc gourdilha lous moutous,
Se lou pastre, fournit de bras et de couratge,
Nou l'y fazio fuma quàlques cops de bastous. G.

**CARNIFAYLHO**, s. f. Grande Quantité de viande; Viande de mauvaise qualité. (Du latin *caro*.)

**CARNISSOU**, s. m. Carnosité, excroissance charnue. (Du latin *caro*.)

**CARNUT, UDO**, adj. Charnu, ue, bien fourni de chair. (Du latin *carnosus*.)

**CARO**, voyez MINO, FIGURO.

**CAROMEN**, adv. Chèrement, à haut prix. (Du latin *caré*.)

**CAROUGNADO**, voyez CARRAOUGNADO.

**CARPA**, v. n. Battre quelqu'un.

**CARPA (SE)**, v. pro. Se Prendre aux cheveux. (Du latin *carpere*.)

**CARPAL**, s. m. Volée de coups; Coups de mains : *Te bayli un carpal*, je te donne, etc.

**CARPAN**, *Cascarinet*, s. m. Toque, bonnet d'enfant; Bourlet, espèce de bandeau rembourré dont on entoure la tête des enfants pour les empêcher de se blesser en tombant.

**CARPAN**, voyez CARPAL.

**CARPO**, s. f. Carpe, poisson de lac ou de rivière, fort connu; Grappe, rafle, ce qui reste d'une grappe après qu'on a sorti le grain.

Passen; al ras dal brel aben bist-un pescaïre;
Lé crin es desplégat, et lé ber enguzaïre,
Amé le traïté anquet, soun lançats al canal.
O surprèso! uno escarpo a boulingat dins l'aïre,
Ei deja sul talus fo soun darnié badal. DAV.

**CARPOTREPO**, voyez CAOUSSOTREPO.

**CARRA**, v. act. Carrer, rendre carré.

**CARRA (SE)**, v. pro. Se Carrer; Marcher d'un air fier, arrogant; se Parader. (Du latin *quadrare*.)

**CARRADO**, s. f. Charretée, ce que porte une charrette : *Uno brabo carrado*, une voie de bois. (Racine *carreto*.)

**CARRAL**, s. m. Mâchefer, scorie du fer dans une forge.

**CARRAS**, s. m. forte Charrette pour traîner des fardeaux très-lourds; espèce de Pont-levis qu'on jette sur une rivière pour laver les laines, puiser de l'eau. (Du latin *carrus*.)

**CARRAOUGNADO**, s. f. Charogne, corps d'une bête morte exposé et corrompu; Viande de mauvaise qualité, ou qui commence à se gâter; Insulte qu'on adresse à une femme de mauvaise vie : *Aquelo carraougnado*. (Du latin *caro*.)

**CARRAT**, s. m. Carré, figure, forme carrée; t. de tan., Fosse où l'on met les cuirs à préparer. (Du latin *quadratum*.)

**CARRE**, adv. *Fayre lou carre*, Faire du bruit, lever une querelle; *Sios lou carre*, tu es le diable.

**CARREL**, s. m. Encoche, entaille, dans laquelle passe la corde pour mouvoir un fuseau de laine ou de coton; Charriot de cordier.

**CARRELA**, v. act. Brouetter, traîner sur une brouette un fardeau. (Du latin *carrus*.)

**CARRELA**, v. act. Carreler, poser des carreaux, paver avec des carreaux; Raccommoder de vieux souliers.

**CARRELAXE**, s. m. Carrelage, ouvrage de carreleur, son prix; les Carreaux, leur prix.

**CARRELET**, s. m. Carrelet, sorte d'aiguille de cordonnier; espèce de Lime.

**CARRELLO**, s. f. Brouette, espèce de tombereau qui n'a qu'une roue et deux bras; la Poulie d'un puits, d'un galetas. (Du latin *carrus*.)

**CARRELLOS**, s. f. Roulette d'enfant, machine roulante où les petits enfants se tiennent debout sans pouvoir tomber. (Du latin *carrus*.)

**CARREOU**, s. m. Vitre, carreau; Couleur, signe du jeu de cartes; t. de tailleur, Fer pour abattre les coutures. (Du latin *quadrellum*.)

**CARRET**, s. m. T. de cord., Traîneau ou traisne.

**CARRETA**, v. act. Voiturer, transporter sur une charrette : *Lou cal carreta pertout*. (Du latin *carrus*.)

**CARRETAL**, s. m. Ornière, trace profonde que font dans les chemins les charrettes; *Cami carretal*, Chemin où peut passer une charrette. (Racine *carreto*.)

**CARRETAL**, *Capial*, s. m. Chartil, remise pour les charrettes.

**CARRETIÉ**, s. m. Charretier, celui qui conduit une charrette, qui gagne sa vie à voiturer. (Racine *carreto*.)

**CARRETO**, s. f. Charrette, voiture à deux roues, à limons et ordinairement à ridelles. (Du latin *carrum*.)

Quand la neït mostro as éls d'effrayantis tabléous,
Quand lé bourrou de Maï dépéris sus la souquo,
Quand la grello én toumban engruno lés carrêous,
Quand sul bord d'un foussat la *carreto* s'abouquo,
Quand trouban lés poulets estouffats joust la clouquo,
La breïcho, sur Mouncla, fa plaoure aquélis fléous,
Qué lou demoun maliu nous buffo per sa bouquo.  DAV.

La charrette est compsée de :

**AGLAN**, s. m. Gland, pivot en fer en forme de gland, qui tient l'écartement de l'essieu.

**AGUILLO**, s. m. Aiguille.

**ARMELOS**, *voyez* **BERGOLOS**.

**AYS**, *Ayssel*, *Fuzol*, s. m. Essieu, pièce de fer ou de bois qui passe par le moyeu d'une roue.

**BERGOLO**, s. f. Bride, ganse de fer dans laquelle roule le moulinet.

**BILHOUS**, s. m. Garots, bille avec quoi on serre la corde d'une charrette.

**CARROLIEX**, s. m. Chartil, corps de charrette.

**DOURMENS**, s. m. Montants du corps de la charrette.

**MÉCANICO**, s. f. Enrayoir, enrayure.

**OLZE**, s. m. Clavette de l'essieu.

**PALETS**, s. m. Palet, morceau de fer plat et rond qu'on met entre les roues et les montants pour défendre du frottement des roues.

**PALMADELOS**, s. f. Traverses qui portent le plancher d'une charrette.

**RANXES**, s. m. Ranchers, épars, les pieux des ridelles d'une charrette.

**TAYLLEYROS**, s. f. Ridelles, côté d'une charrette en ratelier pour retenir la charge.

**TIRADOU**, *Guido*, s. m. Le Timon, la flèche.

**TOUR**, s. m. Moulinet qui sert à bander le cable pour assujettir la charge.

**TRABO**, *Talico*, *Ximaino*, s. f. Pièce de bois qui se place au haut des ridelles et empêche l'écartement sur les roues; on l'emploie surtout quand on charge le foin, afin d'éviter le frottement sur les roues.

**TRESCABILHO**, s. f. Reculement, court bouton, cheville qui est à demeure au bout du timon et aide le reculement.

**XAMBRIÉYRO**, s. f. Chambrière, gros bâton, support sous une charrette.

**XANTIGNOLOS**, s. f. Chantignole, pièce de bois qui assujettit l'essieu d'une charrette contre les limons.

**CARRETOU**, s. m. Charriot, petite charrette.

**CARRETOUNAT**, s. m. Plein un charriot; la Charge d'un charriot.

**CARREX**, s. m. Le Charroi; le charriage; le Salaire : *Tant per carrex*, tant par charroi.

**CARREXA**, *Carejha*, *Carreta*, v. act. Charrier, voiturer. (Racine *carreto*.)

Pendent qué dins l'érié lou mestre lou treballio,
Omb'un pichot romel lo serbento buaillo;
Enfi, net é morchand, dins un sac bolounié
So bougeo ó pel borlet sé *corréjo* ol gronié.  PRAD.

**CARREXADIS**, *Carrejhadis*, s. m. Ce qui doit être transporté, charrié.

**CARREXAYRE**, *Carejhayre*, s. m. Charroyeur, voiturier; Chasse-mulets, valet de meunier qui charrie le blé et la farine.

**CARRI**, **CARRIOL**, *voyez* **CARRETO**.

**CARRICATURO**, s. f. Caricature, personne d'un air, d'une tournure ridicule. (De l'italien *carricatura*.)

**CARRICO**, *Carric*, s. f. Carrick, redingote à collet très-ample ou à plusieurs collets.

**CARRIÉYRO**, s. f. Rue, chemin dans une ville.

Qué mé pot fayré un noum qué lou baou délsia?
Yéou réyé lou bonhur dins moun oubscuritat;
Tandis qué lou flambeou dé la philosophia,
Couma un fanal saouvur mé donna sa clartat.
Moun àma, à la grandou, préféra la paoudiéyra;
Car un éfan del poplé, al sé dé sa *carriéyra*,
Subis, despioy loun-tems lou sort humilian
Qué l'oublija à pourta lou joug dé l'esclavagé.
Mais countén d'un espouer que bressa moun jouyné âgé,
Ay la satisfactioû dé vioùré én travaillan.  PEYR.

**CARRIÉYRO**, s. f. T. de tailleurs d'habits, grande caisse qu'ils tiennent sous leur large table, où ils jettent tous les coupons des étoffes qu'ils travaillent.

**CARRIEYROL**, *voyez* **CARRIEYROU**.

**CARRIÉYROU**, s. m. Sentier, chemin étroit à travers les bois.

Per un *carèyrou* fort roumpén,
Ulissa anava tout cantén,
A cé qué dis la Renouméa,
Aou mas dé soun varlet Euméa.
Aqueste, én véjén lou Roumiou
Sé récoumandét vite a Diou;
Se tapét lou nas é la faça
É lou ménét dins una jassa
Ounte lous passans per un soou,
Sé véniên jayré sans lençoou.  FAV.

**CARRILHOUN**, s. m. Carillon, battement de plusieurs cloches accordées à différents tons; fig., Crierie, bruit, tapage.

Ma tartalassa dé Junoun,
Qu'ara fa tant dé *carîloun*,
La vas veyre véni pus douça
É pus soupla qu'una simoussa.
Adoun, siègue à drech, ou à tor,
Sera daou partit daou pus for.  FAV.

**CARRILHOUNA**, v. n. Carillonner, sonner le carillon; fig., Tapager, crier. (Du latin barbare *quadrillonare*.)

**CARILHOUNUR**, s. m. Carillonneur, tapageur, qui lève une querelle.

**CARRIOLO**, s. f. Carriole, petite charrette couverte, ordinairement suspendue. (Du latin *carrus*.)

**CARRIOLOS**, *voyez* **CARRELOS**.

**CARRIOT**, s. m. Chariot, voiture propre pour charrier, voiturer.

**CARRIOULA**, v. act. Charrier, voiturer, transporter dans une carriole. (Racine *carriolo*.)

**CARROGNO**, s. f. Carogne, nom injurieux qu'on donne à une fille ou femme débauchée. (Racine *carraougnado*.)

**CARROLIEX**, s. m. Chartil, le corps d'une charrette. (Des mots *carro* de *carrus* et *lecti* de *lectus*, lit de charrette.)

**CARROMEN**, adv. Carrément, à angles droits. (Du latin *quadrum*.)

**CARROSSO**, s. m. Carrosse, voiture fermée, à quatre roues. (Suivant le P. Ménestrier, de l'italien *carro rosso*, char rouge, parce que les Florentins, lorsqu'ils allaient à la guerre en faisaient marcher à leur tête un de cette couleur sur lequel était une croix.

D'abord qué l'aoubo estalan sa blancou,
Encrumira las sept luts de la cloucou ;
Nolin, Cazeau, Paquin sourire en boucou,
D'ambe toun fray, tous dus nebouts et jou ;
Partèn sans brut, à faouto de *carrosso*,
Sur un trousqui mal grechat et fort lourd,
Qu'un bjèl chibal abuglé, tor et sourd,
Sul grand cami, d'ambé péno trigosso,
Per mérita cinquanto sos per jour.
Arribaren, mais nou sabèn pas couro !    J.

**CARROTO**, s. f. Carotte, plante potagère dont la racine charnue est douce et employée comme aliment; fig., *Tira uno carrotto*, tromper quelqu'un. (De l'italien *carota*.)

**CARROUSSA**, voyez CARRIOULA.

**CARROUSSAT**, s. m. Carrossée, la quantité de personnes que contient un carrosse ; Charretée, ce que contient une charrette. (Du latin *carrus*.)

**CARROUSSIÉ**, s. m. Carrossier, ouvrier qui fait les carrosses. (Racine *carrosso*.)

**CARRURO**, s. f. Carrure, largeur du dos aux épaules et au dessus; Largeur d'un habit en cet endroit. (Racine *carra*.)

**CARTAPLE**, s. m. Exemple d'écriture que font les enfants dans les classes. (Du latin *carta*.)

**CARTAYRE**, s. m. Cartier, celui qui fait et vend des cartes à jouer. (Du latin *carta*.)

**CARTAYROU**, voyez CARTOU.

**CARTEL DE PARTAXE**, s. m. Écrit, acte, expertise qui fixe la part qui revient à chacun dans une succession.

**CARTEL D'ESPILLOS**, s. m. Quarteron d'épingles: *Un cartel d'espillos*. (Du latin *carta*.)

**CARTIÉ**, s. m. Quartier, gros morceau ; Partie d'un soulier ; Phase de la lune ; certaine Étendue d'une ville ; Caserne, lieu qu'occupent les soldats. (Du latin *quarta pars*.)

**CARTIÉ-MESTRE**, s. m. Quartier-maître, officier chargé de la comptabilité d'un régiment.

**CARTIEYRO**, s. f. Minot, vaisseau qui contient la moitié d'une mine ou le quart d'un setier.

**CARTILAXE**, s. m. Cartilage, partie blanche, unie, élastique, qui se trouve au bout des os. (Du latin *cartilago*.)

**CARTILAXINOUS, OUSO**, adj. Cartilagineux, euse.

**CARTO**, s. f. Carte pour jouer ; Liste des mets qu'on trouve chez un restaurateur; grande Feuille de papier contenant la représentation du globe terrestre; fig., *Bira la carto*, Perdre le sens ; *Perdre la carto*, se Troubler. (Du latin *carta*.)

**CARTOU**, s. m. Carton, feuille épaisse faite de papiers collés ; Boîte en carton ; fig., petite Bouteille de vin contenant le quart d'une mesure.

**CARTOUNA**, v. act. Cartonner, revêtir de carton.

**CARTOUNAYRE**, s. m. Cartonnier, fabricant de carton ; Celui qui travaille le carton. (Du latin *carta*.)

**CARTOUNIÉ**, voyez CARTOUNAYRE.

**CARTOUSSO**, *Cartoucho*, s. f. Cartouche, charge pour un canon, un fusil, roulée dans du papier ou carton. (De l'italien *cartoccio*.)

## CAS

**CAS**, s, m. Cas, accident, aventure, événement; Situation dans laquelle on se trouve par rapport à un événement : *Dins aquel cas*, dans ce cas. Les substantifs masculins en *as* forment le pluriel en *asses*, exemple : *Embarras, embarrasses*, mais par exception, *Cas* fait au pluriel *cases* : *Lous cases soun différens*.

Fosso d'aoutres que bous n'ambe fax mait de *cas*.

Elis bous an troumpat, et yéou nou ba faou pas.
D.

**CASCA**, v. n. Chasser, mettre hors de partie.

**CASCAYLHA**, *Cascailhexa*, v. n. Résonner, retentir comme un vase fêlé, une assiette fendue.

**CASCAL**, voyez ESCAL.

**CASCARINET**, voyez CARPAN.

**CASCARINETO**, voyez BOLO DE GARRIC.

**CASQUE**, s. m. Casque, armure de tête pour la guerre. (Du latin *cassis*.)

**CASQUES COTS**, adv. Quelques fois.

**CASQUETO**, s. f. Casquette, espèce de coiffure pour les hommes, ayant une visière en cuir ou en carton. (Du latin *cassis*.)

**CASSA**, v. act. Chasser, mettre dehors avec violence, faire sortir de quelque lieu ; Renvoyer ; Poursuivre, tâcher de prendre à la course. (Du latin barbare *cacciare*.)

Qué séméné so grono olaro un paouc éspés,
En cossen lous aussels qu'oun n'y loissoriau rés.
PRAD.

**CASSA**, v. act. Casser, annuller une sentence, un testament. (Du latin *cassus*, vain.)

**CASSADO**, s. f. Plein une casse. (Du latin *capsa*, cassette.)

**CASSANO**, voyez CINTURO.

**CASSANT, O**, adj. Cassant, te, fragile, sujet à se casser, (Du latin *quassans*, qui ébranle.)

**CASSAT, ADO**, adj. Chassé, ée ; Cassé, affaibli, tremblant ; de Rebut, cassé : *Papié cassat*. (Du latin *quassus*, de *quatio*, ébranler.)

**CASSAYRE**, s. m. Chasseur, celui qui chasse. (Du latin *cassa*.)

Mos té baou beyré dous *cossaïres*,
Ol dorré d'un paoure lopin,
Qué fosfo trouta l'escorpin,
É qu'èro mal dins sous offaires.    PRAD.

**CASSE**, voyez GARRIC.

**CASSELADO**, voyez NEYSSADURO.

**CASSEROLO**, s. f. Casserole, ustensile de cuisine à queue ; espèce de Poêlon. (Du latin *capsa*, cassette.)

**CASSEROULADO**, s. f. Plein une casserole.

**CASSET**, voyez PADE.

**CASSIO**, *Casse*, s. f. Casse, fruit que porte le cassier franc et qui est un purgatif doux. (Du grec *cassia*.)

**CASSIBRALIO**, voyez MARMAILHO.

**CASSIGOULA**, voyez GRATILHA.

**CASSILIO**, voyez CASSO.

**CASSO**, s. f. Casse, poêlon de cuivre dont on se sert pour tremper la soupe, puiser de l'eau dans un seau. (Du latin *capsa*.)

**CASSO**, s. f. Chasse, action de chasser, de poursuivre les bêtes ; le Gibier qu'on a pris; Congé qu'on donne à quelqu'un : *Douna la casso*. (De l'italien *caccia*.)

**CASSO-COUQUIS**, s. m. Le Couvre-feu qu'on sonne vers dix heures de la nuit.

**CASSOLO**, s. f. T. de meunier, Auget placé au dessous de la trémie, qui verse peu à peu le blé sous la meule au moyen des secousses qu'il reçoit du cliquet.

**CASSOULETO**, s. f. Julienne, plante d'une agréable odeur.

**CASSUR**, *voyez* CASSAYRE.

**CASTAGNA**, v. act. Ramasser les châtaignes.

**CASTAGNADO**, s. f. La Saison des châtaignies.

**CASTAGNAL**, s. m. Châtaigneraie, lieu planté de châtaigniers.

**CASTAGNAYRES, OS**, s. m. f. Vendeurs de châtaignes; Ceux qui les ramassent à la récolte.

**CASTAGNÉ**, s. m. Châtaignier, grand arbre qui produit les châtaignes.

**CASTAGNIÈYRO** (PADENO), s. f. Poêle aux châtaignes, ustensile de cuisine dont le corps est percé de petits trous pour rôtir les châtaignes.

**CASTAGNO**, s. f. Châtaigne, fruit du châtaignier. (Du latin *castanea*.)

Quond lou brouillard coumenço o coubri los mountognos
Qué lo pléjo ó lous bens obattou los *costognos*,
On bo joust costogniés occompa lous pélous,
É dé poou dé jolado on né fo dé moulous. PRAD.

**CASTAGNOU**, s. m. Châtaigne blanche, dépouillée de sa coque et de sa pellicule après qu'elle a été séchée à la fumée et à la chaleur d'un suoir à châtaignes. L'abbé de Sauvages l'appelle *Châtaigne bajane*, du latin *bajanus* qui est de *baïa*, ville d'Italie où l'on aurait commencé à apprêter ainsi les châtaignes.

**CASTEL**, s. m. Château, grande maison de seigneur ou d'un riche. (Du latin *castellum*.)

**CASTELAS**, s. m. Grand château, vieux château.

**CASTELET**, s. m. Châtelet; Jeu d'enfant.

**CASTELEXA**; *Castelejha*, v. n. Cousiner, faire le parasite chez les gens riches sous prétexte de parenté; fig., Figurer des châteaux comme quand le temps est à l'orage.

**CASTELS**, s. m. Nuages d'orage, noirs, épais.

**CASTELEXAYRE**, *Castelejhayre*, s. m. Tondeur de nappes; Parasite. (Racine *castel*.)

**CASTETAT**, s. f. Chasteté, continence, abstinence des plaisirs de la chair. (Du latin *castitas*.)

**CASTIA**, v. act. Châtier, corriger, punir les fautes.

**CASTIA** (SE), v. pro. Se Châtier, changer de vie, se corriger. (Du latin *castigare*.)

**CASTOR**, s. m. Castor; Chapeau de poil de castor; Chapeau. (Du grec *kastór*.)

## CAT

**CAT**, *Gat*, s. m. Chat, animal domestique qui prend les rats et les souris.

Cinq houros an sounat à la grosso campano.
Tout es triste; et la néou, qu'à cado moumén crech,
Espessis en toumban sa couberto de lano,
Et, dins uu recantou, le *gat* miaoulo de frech. DAV.

**CATA**, *voyez* CATOUNA.

**CATAFALCO**, s. m. Catafalque, décoration funèbre au dessus d'un cercueil dans une église. (De l'italien *catafalco*.)

**CATAGAN**, s. m. Catogan, cadogan, nœud qui retroussait, dans l'ancien régime, les cheveux et les attachait fort près de la tête. (Nom d'un anglais.)

Y'a bén un garçou daou dévouér
Qué mé vicoulouna chaca souèr,
É quan porta, lou démènche,
Lou *catagan* embé la pénche,
Ês poulit qué lou mancharias;
Mais né sén pas qu'as adissias.
Pas may; sé ma fréjou l'estouna,
Tan pis pèr él, una persouna
Couma ïeou nobla, é d'aco béou
Yé caou dé gens d'un aoutre péou. FAY.

**CATALANOS**, *voyez* AGRAFOS.

**CATALOGO**, s. m. Catalogue, liste, dénombrement avec ordre. (Du grec *katálogos*.)

**CATAPLASME**, s. m. Cataplasme, médicament externe pour ramollir, résoudre ou fortifier. (Du grec *kataplasma*.)

**CATAPUSSO**, s. f. Catapuce, épurge, gratiole, purgatif violent.

**CATARAOUGNA**, *Cataraougnexa*, v. n. Quereller, tracasser, inquiéter, taquiner. (Racine *cat* et *raougna*.)

Yeou debiui fort pla qu'un es aquel affaire.
S'axis qu'ambe Mounbosc bous siès *cataraougnats*
Per de bèrses qu'aïci y'abès fort mesprezats. D.

**CATARATTO**, s. f. Cataracte, humeur qui obscurcit et fait perdre la vue. (Du grec *kataraktés*.)

**CATARINELO**, s. f. Hypocrite, faux dévot.

**CATARRI**, s. m. Catarrhe, fluxion d'humeurs âcres sur une partie du corps; Gros rhume. (Du grec *kata rhéó*, je coule en bas.)

Lou raumas impourtun, lo grapo fotiguento,
Lou *catarri* bouflt, l'ongèluro prusento,
Lo pugnastro fluxiou, lo rauféïouso tous,
É milo aoutrés rombals qu'ignorou lous douctous. PRAD.

**CATAS**, s. m. Gros chat; Chat méchant; fig., Enfant qui égratigne ses camarades : *Catas minas, lou fouet à las mas*. (Racine *cat*.)

**CATASSIME**, s. m. Catéchisme, instruction sur les principaux points de la foi; Livre qui les contient; Assemblée d'enfants pour recevoir cette instruction. (Du grec *katéchismos*.)

**CATASTROFO**, s. f. Catastrophe; Fin malheureuse, évènement funeste. (Du grec *katastrophé*.)

**CATEDRALO**, s. f. Cathédrale, église principale d'une ville. (Du latin *cathedra*.)

**CATO**, *Gato*, s. f. Chatte, femelle du chat. (Racine *cat*.)

**CATOBAGNADO**, *Santonitousso*, s. f. Chattemite, poule mouillée, hypocrite : *Semblo uno catobagnado*.

**CATOMIAOUNO**, s. f. Chattemite, hypocrite qui affecte pour tromper un air doux, humble et flatteur : *A l'aïre d'uno catomiaouno*. (Du latin *catus mitis*.)

**CATORGO**, s. f. Colin-maillard, jeu où l'un des joueurs a les yeux bandés et cherche à toucher et à reconnaître quelqu'un : *Fazen à la catorgo?*

**CATORZE**, adj. num. Quatorze : *Y'a catorze xouns que dourmis pas*. (Du latin *quatuordecim*.)

**CATOU**, *Gatou*, s. m. Chaton, petit chat; le Chaton des noyers, du noisetier, etc. : *Lous catous sourtissou*. (Racine *cat*.)

**CATOUGNÈYRO**, s. f. Chatière, trou pratiqué à une porte pour donner passage à un chat : *Tampo la catougnèyro*.

**CATOULIC, O**, s. m. f. Catholique, celui, celle qui professe le catholicisme : *Aco's un boun catoulic*. (Du grec *katholikos*.)

## CAX

**CATOULIZA**, v. n. Catholiser, rendre catholique celui qui ne l'était pas : *L'aben catoulizat à la fi.*
**CATOULIZA** (Se), v. pro. Se Catholiser, se faire catholique : *S'es catoulizat per se marida.*
**CATOUNA**, v. n. Mettre bas, en parlant de la chatte : *Catounara lèou*; fig., Vomir : *Ben de catouna.*
**CATOUNADO**, s. f. Chattée, portée d'une chatte : *Uno poulido catounado.*
**CATOUNEL**, *Gatounel*, voyez CATOU.
**CATRUPLA**, v. act. Quadrupler, ajouter trois fois autant.
**CATRUPLO**, s. f. Quadruple, pièce d'or qui vaut quatre fois une simple. (Du latin *quadruplum*.)
**CATTÈT**, O, adj. Cadet, ette, le second de deux ou de plusieurs enfants; *Cattèttou*, diminutif de *Cattèt*, a la même signification. (Suivant Ménage, du latin barbare *capitetum*, diminutif de *caput*, *cattèt*, petit chef, à la différence de l'aîné, qui est le premier chef d'une famille.)
**CATTIOU**, voyez CAOUTIOU.
**CATTIOUNA**, voyez CAOUTIOUNA.

## CAU

**CAUFA**, voyez CALFA.
**CAUS**, s. m. Effraie, chat-huant; fig., Homme mélancolique, qui vit retiré. (Du latin *bubo*.)
**CAUTO**, s. f. Hutte, maisonnette faite avec de la terre, du bois et de la paille. (De l'allemand *hutte*.)

## CAV

**CAVA**, voyez CABA.
**CAVALE**, voyez GARBIEYRO.
**CAVALE**, *Cabaliè*, s. m. T. de dévideuse, un Chevalet; les dévideuses font des chevalets lorsque, se servant d'un dévidoir à main, *traboul*, elles prennent une branche du dévidoir pour une autre, elles font croiser ou chevaucher le fil, ce qui brouille ou mêle l'écheveau.
**CAVILIADO**, voyez CABESSAL.
**CAVILIO**, voyez CABILHO.

## CAX

**CAXA**, v. act. Cacher, serrer, presser, appuyer dessus; Exprimer en pressant. (De l'espagnol *escarchar*.)
**CAXA** (LAS COURDUROS), voyez COURDURO.
**CAXADOU**, s. m. Chassoir, outil dont se servent les tonneliers pour chasser ou faire descendre les cerceaux quand ils lient des futailles.
**CAXADURO**, voyez NAYSSADURO.
**CAXAL**, s. m. Serre, coup de main violent. (Racine *caxa*.)
**CAXÉ**, s. m. Point d'appui pour un levier : *Cal mettre un caxé.*
**CAXET**, s. m. Cachet, petit sceau avec lequel on ferme des lettres; fig., Saleté qu'un enfant fait à son linge : *Lou caxet.* (Suivant Saumaise, du mot *cacher*, parce que le cachet *cache* le contenu de la lettre.)
**CAXETA**, v. act. Cacheter, mettre, appliquer le cachet; Fermer un paquet; Goudronner du vin en bouteille.
**CAXO-NIOU**, voyez ESCOUAS.
**CAXOT**, s. m. Cachot, lieu d'une prison, bas, obscur, étroit, où l'on met les criminels. (Racine *caxa*. De l'italien *caciare*.)
**CAXOU**, s. m. Ferret, afferon, ferblanc au bout d'un lacet, d'une aiguillette; Encadrement au bout d'une table, d'une commode. (Du latin *caput*.)
**CAXOUNA**, v. act. Ferrer une aiguillette, mettre une traverse par bout; Encadrer.
**CAXOUNADO**, s. f. Cassonnade, sucre non raffiné qu'on apporte en Europe dans des caissons. (Du portugais *cassonada*, fait de *casson*, caisson.)

## CAY

**CAYÉ**, s. m. Cahier, assemblage de feuilles de papier. (De *quaternio*, qui est au nombre de quatre.)
**CAYLHA**, v. act. Cailler le lait. (Du latin *coagulare*.)
**CAYLHADO**, s. f. Caillé, lait coagulé.

Sus un fioc tompérat, obont fa lo *colliado*,
Lou lach ris un moumen, é lo crémo és triado.
PRAD.

**CAYLHAOU**, s. m. Caillou, pierre dure qui donne des étincelles au briquet; Pierre qu'on jette. (Du latin *calculus*.)

D'estre enlebat pel ben, un que cren le dantgé,
D'un paquet de *cailhaous* ben de farchi sa pótcho,
Et l'aoutre qu'es trop gras per qu'a fach la bolotcho,
L'an sayt creba de fam per que sio pus lautgé.

**CAYLHAT**, s. m. Caillé, fromage mou.

Tout dé suito és jettat dins un ground couloudou,
É per lou fairé préné on y trai lou présou,
Séloun lo quontitat, pléno ou miéjo culieyro;
N'és pas puleou *coillat*, qué nostro cobonieyro.....
PRAD.

**CAYLHOL**, adj. Vairon; Bigarré, de deux couleurs; fig., Chose, nouvelle peu vraisemblable.
**CAYLHOBOUTIN**, *Cailleboutin*, *Caleboutin*, t. de cordon., Panier ou fond de chapeau pour tenir le fil.
**CAYLHO-LAX**, s. m. Caille-lait, plante dont les fleurs caillent le lait.
**CAYRA**, v. act. Équarrir, tailler à angles droits. (Racine *cayre*.)
**CAYRE**, *Guin*, s. m. Angle saillant d'une poutre, d'une planche; le Carré d'une porte. (Du latin *quadrangulus*.)
**CAYRE**, *Tarras*, s. m. Motte de terre.
**CAYRIÉ**, *Cabessal*, s. m. Essuie-mains, torchon; Charrier, grosse toile pour la cendre au dessus du cuvier; fig., Fille, femme sale.
**CAYRIÉYRAS**, s. m. Insulte qu'on adresse aux femmes, filles de mauvaise vie : *Aquel carièyras gaouso riré.*
**CAYRIÉYRAT**, s. m. Charrée, cendres qui restent sur le charrier après qu'on a coulé la lessive.
**CAYS**, s. m. Les Dents; la Mâchoire : *Manxa à bel cays*, manger à belle dent.

Sul trépié l'oulo orribo, é d'obord s'escolcis,
Lo fourchéto d'Odam porto ol *cays* lous boucis. PRAD.

**CAYSSA**, voyez CAOUSSA.
**CAYSSADO**, s. f. Plein une caisse. (Racine *caysso*.)
**CAYSSAL**, s. m. Dent mâchelière.

Jacqués qu'éro munit d'un contèlet dó pa,
D'un quignoun dé froumatgé é d'un tros dé fougasso,
Traï tout prémieyromen lo micho o lo souyrasso,
Qué l'ojet engoulado en dous ou trós mochals,
É piey per omusa sous robustés *coissals*,
L'y jetto lo fougasse, omaï piey lou froumatgé; PRAD.

**CAYSSAOU**, *voyez* CAYSSAL.
**CAYSSETO**, s. f. Petite Caisse, petit coffre.
**CAYSSO**, *Coffré*, *Arco*, s. f. Caisse, coffre de bois pour serrer des marchandises; Tambour; Bière d'un mort; fig., bonne Poitrine, bonne Voix. (Du latin *capsa*.)

Lo gran, même lo gran, pus seco qu'un rostel,
Dè lo *caisso* o solit tentos sos ontiquaillos.     PRAD.

**CAYSSOU**, s. m. Caisson, petit coffre; sorte de grand Coffre sur des roues pour les vivres, les munitions.
**CAYTIVIÉ**, *voyez* MISERO; SALLETAT.

### CAZ

**CAZA**, v. act. Caser, placer, mettre en ordre; Faire entrer. (Racine *cazo*.)
**CAZACO**, s. f. Casaque, habit à l'ancienne mode. (Suivant Ménage, de *cosaque*, peuple d'où nous vient cette sorte d'habillement.)
**CAZAL**, s. m. Vieille maison.
**CAZAMATO**, s. f. Casemate, petite habitation. (De l'espagnol *casamata*.)
**CAZANIE**, s. m. Casanier, qui ne sort presque pas de son logis. (Du latin *casa*.)
**CAZAQUIN**, s. m. Casaquin, habillement de femme qui est une demi-robe; fig., *Y'a plougut sul cazaquin*, Elle a été rossée.
**CAZERGNE**, s. m. Celui qui habite la caserne; fig., Casanier.
**CAZERNO**, s. f. Caserne où logent les gens de guerre. (Du latin *casa*.)
**CAZIMIR**, s. m. Casimir, étoffe de laine croisée et légère. (Du nom de son fabricant.)
**CAZO**, s. f. Case, au jeu de trictrac chacune des douze flèches; Maison. (Du latin *casa*.)
**CAZUEL**, s. m. Casuel, revenu fortuit d'une cure. (Du latin *casus*.)
**CAZUISTO**, s. m. Casuiste, théologien qu'on consulte sur les cas de conscience.

### CEB

**CEBEL**, *voyez* CEBETO.
**CEBIEIRO**, s. f. Oignonière.
**CEBO**, s. f. Oignon, plante potagère. (Du latin *cepa*.)
**CEBETOS**, s. f. Oignonettes, petits oignons.

### CEC

**CECEROU**, *voyez* CESSEROU.

### CED

**CEDA**, v. act. Céder, laisser, abandonner; Faire concession d'une chose; Succomber, se soumettre, se reconnaître vaincu; se Laisser fléchir; Ne plus contester; Plier, s'affaisser, en parlant d'un appui, d'une voûte. (Du latin *cedere*.)

La lenga facha en ziga-zaga,
Voultijava couma una daga.
Sous iols èroun coulou dé san,
L'on ié vézié pas gés dé blan,
É jamay Béza ni sa cliqua
N'a cantat pus hora muziqua.
Entré qué touquèroun lou seou,
Ou per poulitèssa, ou dé poou,
Princés, bourgés é populaça,
Toutés ié *cedèroun* la plaça.
Per bonhur dooùs Laocoon

Sé viréroun couma quicou
É l'énlassèroun sa famila,
L'una soun fil, l'aoutra sa fila,
E pioy, à força dé poutous
Ié lous manjèroun toutes dous.     FAY.

**CEDAS**, *voyez* SEDAS.
**CEDASSAYRE**, *voyez* SEDASSAYRE.
**CEDAT**, ADO, adj. Fêlé, ée, cassé, fendu. (Racine *cedo*.)
**CEDO**, s. f. Soie, produit de certains vers où chenilles; Poil long et dur du cochon, du sanglier, etc. (Du latin *seta*.)
**CEDOUS**, s. m. Lacets pour prendre les oiseaux, faits ordinairement avec un poil de cheval.
**CEDULLO**, s. f. Cédule, citation devant le tribunal. (Du latin *schedula*.)

### CEG

**CEGA**, *voyez* SEGA.

### CEL

**CEL**, s. m. Ciel, l'espace qui est entre la terre et les astres; Séjour de Dieu, des bienheureux; l'Air, l'atmosphère; Haut d'un lit; Palais de la bouche. (Du latin *cœlum*.)

La pastouro Liris es ta jantio et poulido
Que s'en posco trouba joust là capo del *cel*;
As fredous qu'elo fa sur un ayre noubel
La sereno de mar se troubario rabido.     G.

**CELA**, v. act. Sceller, arrêter, fixer une pièce de bois, de fer. (Du latin *sigillare*.)
**CELE**, s. m. Scellé, sceau qu'on appose à des serrures, à un cabinet, etc., par autorité de justice. (Du latin *sigillum*.)
**CELEBRA**, v. act. Célébrer, solenniser; Faire une cérémonie de la religion avec pompe: *Dema celebran Sant-Xan*. (Du latin *celebrare*.)

Mous fraîres, vour diguet, en tratan sa matieyro:
Dizoun que Sant-Eloi s'apélo lou gourman
Perço que la seou festo arribo dous cots l'an;
La dal nostre patrou seguis la mémo traço
Car ben quand fa pla caout, tourno, quand y'a de glaço;
Malgr'aco n'anguen pas ni a son cap d'escaïs,
La nous cal *celebra*, cal fayre un boun repaïs.     D.

**CELEBRAN**, s. m. Célébrant, prêtre qui officie.
**CELEBRE**, adj. Célèbre, fameux, renommé: *Es dexa celèbre*. (Du latin *celeber*.)
**CELEBRITAT**, s. f. Célébrité. (Du latin *celebritas*.)
**CELIBAT**, s. m. Célibat, état d'une personne non mariée.
**CELIBATARI**, s. m. Célibataire, état d'une personne qui n'est point mariée: *Aco's un celibatari*. (Du latin *cœlebs*.)
**CELULLO**, s. f. Cellule, petite chambre d'un religieux; Petite chambre: *Es touxoun dins sa cellullo*.

### CEM

**CEMENTÈRI**, *Cimentèri*, Cimetière, lieu destiné à enterrer les morts: *Lou cementèri nous atten*; fig., Avaloir, gros mangeur: *Aco's un cementèri de soupo*. (Du latin *cœmeterium*.)

L'home d'Agen n'es plus, lou toumbel nou l'arracho.
Dins lou mounde sabent qui lou ramplaçara?

Diguu! Lou gran bide que dacho
De lountems nou se ramplira.
De las plantos sa muzo espliquèt lou mystèri;
Lou passat, à sa luts, s'esclayret tout d'un col;
Mais tabe de sous os counserban lou dépot;
Agen, fier, moustrara dins soun gran *cementèri*
Quatre-bints ans de gloiro embarrats dins un clot!! J.

## CEN

CENDRAILLO, *voyez* FANFRE.
CENDRAOUSSOU, adj. Qui est toujours dans les cendres : *Sios un cendraoussou.* (Racine *cendres.*)
CENDRAS, *Cendriè*, s. m. Le Cendrier d'une cuisine; Grand tas de cendres; la Charrée ou la cendre qui a servi à faire la lessive : *Cal xeta lou cendras.*
CENDRES, s. f. Cendres; résidu d'un combustible consumé par le feu : *Aco's de paouros cendres; Las cendres*; les cendres que le prêtre met en forme de croix sur le front des fidèles, le premier jour du carême : *Anan prene las cendres.* (Du latin *cineres*, de *cinis.*)
CENDREXA, *Cendrejha*, v. act. Remuer les cendres; Salir avec les cendres : *B'as tout cendrexat.*
CENDRIÈ, *voyez* CENDRAS.
CENDROUS, O, *Cendrillous*, o, adj. Cendreux, euse, couvert de cendres; Fer qui prend mal le poli.
CENDROUSETO, *voyez* CENDRAOUSSOU.
CÉNE (PIXOU), s. m. Petit chêne; Plante médicale qu'on emploie dans les cas d'hydropisie.
CENGLADO, *voyez* TRINCADO DE MAL DE BENTRE.
CENJHA, *voyez* CINTA.
CENSAT, ADO, adj. Censé, ée, estimé, réputé, regardé comme...; Sensé, qui a la raison, le bon sens. (Du latin *sensatus.*)
CENSURA, v. act. Censurer, blâmer, désapprouver. (Du latin *censura.*)
CENT, s. m. Cent. (Du latin *centum.*)
CENTENARI, s. m. Centenaire.
CENTENAT, *s. m.* Une centaine; A peu près cent.
CENTENO, s. f. Centaine, brin de fil ou de soie par lequel tous les fils d'un écheveau sont liés ensemble.

Lou gouber d'un royaoumé és talomen péniplé,
Qn'oquel que lou pousscédo o bel fa l'impousssiblé,
Pot pas toujours pora certains empochomens
Qué bénou tout d'un còp dé sous orrenjomens.
Coupa, couma se dis, lou cap é lo cenquéno,
Lou qué ten, en un mot, lo quo dé lo podéno,
És toujours dé l'houstal lou pus emborrossat. PRAD.

CENTIMO, s. f. Centime, la centième partie d'un franc; Cinq francs : *Ne boli quatre centimos, ou bint francs*, j'en veux vingt francs. (Du latin *centum.*)
CENTOREO, *Centouréo*, s. f. Centaurée, plante employée en médecine : *Tisano de centoréo.* (Du latin *centauria.*)
CENTRA, v. act. Centrer, t. d'art. Trouver le centre, pointer le centre d'un corps.
CENTRE, s. m. Centre, point du milieu d'un corps; fig., Être où l'on se plaît, à ce qui convient le mieux. (Du latin *centrum.*)
CENT XOUNS, s. m. Cent jours, nom donné à l'interrègne du 21 mars au 29 juin 1815.

## CEO

CÉOU, *voyez* CEL.

CÉOUCLA, *voyez* SALCLA.
CÉOUCLADOU, *voyez* SALCLET.
CEOUCLE, *voyez* SALCLE.

## CEP

CEPANDANT (PER UN), adv. Pour un bref délai, pour un moment : *Ye demandabo pas per touxoun, res que per un cepandant, il ne la demandait pas pour toujours, mais seulement pour peu de temps*; *Aco's pla lounc per un cepandant*, c'est bien long pour une chose qui ne doit pas durer. Dans ce cas *cepandant* est un substantif, à ce qu'il semble.
CEPENDANT, adv. Cependant, néanmoins, malgré cela.

## CER

CERAT, s. m. Cérat, sorte de pommade dont la cire et l'huile sont la base. (Du latin *cera.*)
CERBEL, s. m. Cervelas, petit saucisson fait avec la viande de cochon, des œufs et de la mie de pain.
CERBELO, s. f. Cervelle; fig., Esprit, jugement. (Du latin *cerebellum.*)

Ho! mais que demouras... un moumen de patienço :
Tout de suito calcun de bostro couneissenço
Benio per bous parla d'un affa fort pressat;
Et coumo y'eres pas, à yeou s'es adressat,
Per bous dire que cal... mardiou... coussi s'appelo?
Nou m'en soubeni pas. n'ei pas pus de *cerbelo*. D.

CERBI, s. m. Cerf, quadrupède fauve. (Du latin *cervus.*)

Mountèt à la cima d'un roc :
D'aqui vèjet, sans lurgna gayre,
Très *cèrfs* qu'aouriên tirat l'arayre,
Grasses, espélan dins sa pèl,
É sègnis dé tout un troupèl
Qué pasturgava dins la plana
Moustran tout escas quaouqua bana. FAY.

CERCA, v. act. Chercher, se donner des soins pour trouver; Commencer une querelle. (De l'italien *cercare.*)

Bous me parlas fort naout, et trobi que bostre ayre...
Ma foi bous cal *cerca* calcun de pus flatayre. D.

CERCO-POUX, *voyez* CERCOS.
CERCO, *Serso*, s. f. Cerce, t. d'archit., Courbe d'une voussure; petite Règle dont on se sert pour chercher un point, une courbe. (De l'italien *cerchio.*)
CERCOS, *Cerco-poux*, s. f. Crochet, instrument à pêcher les seaux ou toute autre chose susceptible d'être accrochée. (Racine *cerca.*)
CEREMOUGNE, *Cérémounio*, s. f. Cérémonie, formes extérieures et régulières du culte religieux; Manière de recevoir, de traiter, de respecter. (Suivant quelques-uns du latin *Cereris munia*, oblations faites à Cérès, parce que les gerbes affectées à cette Déesse l'étaient avec une très-grande solennité.)
CEREMOUNIOUS, OUSO, adj. Cérémonieux, euse.
CERFUL, s. m. Cerfeuil, plante annuelle, potagère : *Uno salado de cerful.* (Du latin *coerefolium.*)
CERIÈ, *Ciriè*, s. m. Cerisier, arbre qui produit les cerises. (Du latin *cerasus.*)
CERIEYRAT, s. m. La Production d'un cerisier.

CERIÈYRO, s. f. Cerise, fruit à noyau dont la peau est rouge. (Du latin *cerasium*.)

CERNA, v. act. Cerner, entourer. (Du latin *circinare*.)

CERTEN, O, adj. Certain, ne, vrai, sûr, indubitable; Assuré, sur quoi l'on peut compter. (Du latin *certus*.)

CERTENETAT, s. f. Certitude, assurance pleine et entière.

CERTENOMEN, adv. Cetainement, sans aucun doute. (Du latin *certè*.)

Sur yeou *certenomen* y'abe fort à dire,
Mais à bostre suxet y a pas res qu'on n'admire. D.

CERTIFIA, v. act. Certifier, témoigner, assurer la vérité d'une chose. (Du latin *certum facere*.)

CERTIFICA, *voyez* CERTIFIA.

CERTIFICAT, s. m. Certificat, écrit faisant foi d'une chose. (Racine *certifia*.)

CERTITUDO, s. f. Certitude, assurance pleine. (Du latin *certitudo*.)

CERTOS, adv. Certes, certainement, assurément. (Du latin *certè*.)

*Certos*, nou boli pas imita de franquizos
Que menariou tout drech à faïré de soutizos. D.

CERUZO, s. f. Céruse, oxide blanc de plomb. (Du latin *cerussa*.)

CERVELA, *voyez* CERBELAT.
CERVELO, *voyez* CERBELOS.

## CES

CESSA, v. n. Cesser, interrompre; Discontinuer. (Du latin *cessare*.)

CESSATIOU, s. f. Cessation, discontinuation. (Du latin *cessatio*.)

CESSEROUS, *Cesses*, *Becuts*, s. m. Pois chiches. (Du latin *cicero*, Cicéron, nom du célèbre orateur romain Marcus Tullius, parce que ce grand homme avait un grand goût pour ce légume, et d'autres disent parce que son nez était entouré comme de pois chiches.)

CESSIOU, s. f. Cession, transport, démission, abandon : *M'en fa cessiou*. (Du latin *cessio*.)

CESSIOUNARI, s. m. Cessionnaire.

CESSO, *voyez* CESSOU.

CESSOU, s. m. Arrêt de chemise pour l'empêcher de se fendre; Sous-carré.

CESTRE, adv. Chose, mot dont on se sert pour désigner ce qu'on ne sait pas nommer, soit parce qu'il n'a pas de nom connu, soit parce qu'on ne se le rappelle pas : *Cestre... digos à cestre*.

## CHA

CHABAL, *voyez* XABAL.
CHABLA, *voyez* PIZA.
CHABRIOULA, *voyez* LAMBRUSQUEXA.
CHABRIOULE, *voyez* LAMBRUSCO.
CHAFRE, *voyez* PEYRO DE DAYLHO.
CHAGOUTA, *voyez* XABOUTA.
CHAGRIN, *voyez* XAGRIN.
CHAGRINA, *voyez* XAGRINA.
CHAI, *voyez* TINAL.
CHAIRE, *voyez* TOUMBA.
CHALA (SE), *voyez* AMUZA (S').
CHALAMINO, *voyez* AMBOIS.
CHALTRE, *voyez* XALTRE.
CHALTROUS, *voyez* XALTROUS.
CHALTROUSO, *voyez* XALTROUSO.

CHAMALIA, *voyez* XAMAYLHA.
CHAMALIUR, *voyez* XAMAYLHUR.
CHAMARRA, *voyez* XAMARRA.
CHAMARAT, *voyez* XAMARRAT.
CHAMBOUTA, *voyez* XAMBOUTA.
CHAMBRALLE, *voyez* XAMBRANLE.
CHAMBRIEYRO, *voyez* XAMBRIEYRO.
CHAMINIEYRO, *voyez* XEMINIEYRO.

CHAMOIS, s. m. Chamois, espèce d'antilope qui vit sur les montagnes d'Europe.

CHANFREN, s. m. Chanfrein, petite surface ou plan oblique, formé par l'arête abattue d'une pierre ou pièce de bois. (Suivant Ménage, du latin *camus*, mors, muselière, et *frenum*, frein.)

CHANFRENA, v. act. Chanfreiner; t. de maç., etc., Abattre les arêtes d'une pièce de bois ou d'une pierre, etc.

CHANJHA, *voyez* CAMBIA.
CHANTEOU, *voyez* XANTEOU.
CHANTIÉ, *voyez* XANTIÉ.
CHANTIGNOLO, *voyez* XANTIGNOLO.

CHANTOURNA, v. act. Chantourner, couper en dehors, ou évider en dedans, une pièce de bois suivant un profil.

CHANTRE, *voyez* XANTRE.
CHAOUCHA, *voyez* PRAOUTI.
CHAOUCHOLO, *voyez* XAOUXOLO.
CHAOUMA, *voyez* XAOUMA.
CHAOUMASSO, *voyez* CALIMAS.
CHAOUPI, *voyez* PRAOUTI.
CHAOURA, *voyez* ACAOUMA.
CHAOURIMA, *voyez* PERBOULI.
CHAOUTA (SE), *voyez* XAOUTA (SE).
CHAPEL, *voyez* CAPEL.
CHAPELET, *voyez* XAPELET.
CHAPELETAYRE, *voyez* XAPELETAYRE.
CHAPEOU, *voyez* CAPEL.
CHAPEROUN, *voyez* SAPEROUN.
CHAPINA, *voyez* XAPINA.
CHAPINAYRE, *voyez* XAPINAYRE.
CHAPITEOU, *voyez* XAPITEOU.
CHAPITRA, *voyez* XAPITRA.
CHAPITRE, *voyez* XAPITRE.

CHARABAN, s. m. Char-à-bancs, voiture qui a plusieurs bancs sur lesquels on s'assiet de côté. (Racine *char-à-banc*.)

CHARCUTIÉ, s. m. Charcutier, celui qui tue des cochons et en vend la chair cuite ou crue. (De chair cuite.)

CHARLATAN, *voyez* XARLATAN.
CHARLATANARIÉ, *voyez* XARLATANARIÉ.
CHARLATANISME, *voyez* XARLATANISME.
CHARMA, *voyez* XARMA.
CHARMANT, *voyez* XARMANT.
CHARME, *voyez* XARME.
CHARMILIO, *voyez* XARMILHO.

CHARPANTARIE, *Chapontarié*, s. f. Charpenterie.

CHARPANTIÉ, *Xarpentié*, *Carpentié*, s. m. Charpentier, artisan qui travaille en charpente dans la construction d'une maison. (Du latin *carpentarius*.)

CHARPANTO, s. f. Charpente, ouvrage de grosses pièces de bois taillées et équarries.

CARABALI, *voyez* XARRABALI.
CHARAMAGNOU, *voyez* XARRAMAGNOU.

CHARROUN, *Roudié*, s. m. Charron, ouvrier qui fait des trains de carrosse, des charriots, charrettes, etc.

CHARROUNAXE, s. m. Charronage.

CHASSO, s. f. Chasse, instrument pour enfoncer un cercle au tour d'un moyeu de roue.
CHAUFFOIR, s. m. Chauffoir, chauffe-chemise, machine en osier dont le dessus est en forme de dôme, et sur laquelle on étend les chemises ou linge qu'on veut faire chauffer au moyen d'un petit poêle placé dessous.

## CHE

CHEBRO-FUILHO, voyez SERBOMAYRÉ.
CHEF, s. m. Chef, celui qui est à la tête de... (Du latin *caput*.)
CHEMIGNERO, voyez XEMIGNEYRO.
CHEMISETO, *Camiseto*, s. f. Chemisette, vêtement qui se met sur ou sous la chemise : *La chemiseto n'es pas blanco*. (Racine *camiso*.)
CHERINGLA, voyez XERINGLA.
CHERINGLO, voyez XERINGLO.
CHÈRO, s. f. Chère, régal, bon repas. (Du latin *caro*.)
CHEZ, prép. Chez, en la maison de.

## CHI

CHI, voyez GOUS.
CHICA, voyez XICA.
CHICANA, voyez XICANA.
CHICANAYRE, voyez XICANAYRE.
CHICANO, voyez XICAÑO.
CHICANAOUDO, voyez XICANAOUDO.
CHICANARIÉ, voyez XICANARIÉ.
CHICAÑO, voyez XICAÑO.
CHICANUR, voyez XICANUR.
CHICHE, voyez XIXE.
CHICO, voyez XICO.
CHICOS ET MICOS, voyez XICOS ET MICOS.
CHICOUREYO, voyez XICOUREYO.
CHICUR, voyez XICUR.
CHIEN, s. m. Chien, pièce d'un fusil qui tient la pierre : *Lou chien n'es pas partit*.
CHIFOUNA, voyez XIFOUNA.
CHIFRA, voyez XIFRA.
CHIFRAYRE, voyez XIFRAYRE.
CHIFRO, voyez XIFRO.
CHIMA, voyez XIMA.
CHIMAGREO, voyez XIMAGRÉO.
CHINGLA, voyez XINGLA.
CHINI, s. m. Chenil, lieu où l'on met les chiens de chasse.
CHINOIS, s. m. Chinoise, petite orange.

## CHO

CHOCOLAT, s. m. Chocolat, sorte de pâte solide, composée principalement de cacao, de sucre et de canelle. (Mot indien que nous avons reçu des Espagnols qui nous ont donné à la fois et le nom et la chose.)
CHOT, voyez XOT.
CHOTE, voyez XOTO.
CHOUFLUR, s. m. Chou-fleur, espèce de chou dont on mange la graine quand elle est blanche et ferme.
CHOURLA, voyez XURLA.
CHOURRA, voyez XAOUMA.

## CHU

CHUCA, voyez XUCA.
CHUCHA, voyez XUXA.
CHUCHÉ, voyez XUXÉ.

CHUCHOMEN, voyez XUXOMEN.
CHUNCHAT, voyez XUNXAT.

## CIA

CIAL, voyez CIGAL.
CIALO, voyez CIGALO.

## CIB

CIBADILHO, s. f. Civadille, Sibadille, Graine qui détruit les lentes ou les œufs de la vermine qui s'engendre sur la tête.
CIBADO, s. f. Avoine, plante dont la graine sert de nourriture aux chevaux. (Du latin *cibaria*; nourriture.)
CIBET, s. m. Civet, ragoût fait avec le dedans et quelques parties d'un lièvre, d'un lapin. (Du latin *cæpa* ou *cæpæ*, oignon, parce qu'on assaisonne un civet d'oignon.)
CIBIEYRO, voyez BAYART.
CIBIL, adj. Civil, honnête, bien élevé. (Du latin *civilis*.)
CIBILITAT, s. f. Civilité, manière honnête, polie; Livre qui enseigne la civilité. (Du latin *civilitas*.)
CIBILIZA, v. act. Civiliser, rendre sociable.
CIBOIRO, *Cibori*, s. m. Ciboire, vase sacré pour conserver les saintes hosties. (Du latin *cibarium*.)
CIBOULETTO, s. f. Ciboulette, petit oignon bon à manger. (Du latin *cæpula*, de *cæpa*.)

## CIC

CICAP, *Sicap*, s. m. Volonté, invention. (Du latin *suum caput*.)
CICATRIÇO, s. f. Cicatrice, marque d'une plaie, d'un ulcère qui reste après la guérison; fig., Défaut dans le bois, dans la pierre. (Du latin *cicatrix*.)
CICATRIZA (SE), v. récip. Se cicatriser, se refermer en parlant d'une plaie : *S'es presque cicatrizat*.
CICOUREIO, voyez XICOUREYO.
CICOUTRI, s. m. Aloès succotrin. Le suc qu'on en tire est très-amer.

## CID

CIDRE, *Cidro*, s. m. Cidre, boisson faite de jus de pommes pressurées : *Uno bouteilho de cidro*. (Du grec *sikèra*.)

## CIE

CIEL-DUBER ou CIEL-OUBER, s. m. Ciel-ouvert.
CIERXE, s. m. Cierge, chandelle de cire à l'usage des églises. *Lou cierxe pascal*, celui qu'on allume pendant le temps pascal. (Du latin *cerius* pour *cereus*.)

Dins la gleizo, al matis, lés *cierges* s'allumaboun;
Lé cant douléns das morts lantomens s'entounet;
Qualques bieillix amix én plouran l'escourtaboun;
Et dins le clot oubert, quand lés classés cessaboun,
Lé paouré païré descendet.                    DAV.

## CIG

CIGAL, *Cial*, s. f. Seigle, sorte de blé plus brun, plus long que le froment.
CIGALO, s. f. Insecte qui en frottant fortement contre les aspérités de son ventre deux membranes élastiques dont il est pourvu, produit un bruit aigu qu'on appelle chant. (Du latin *cicada*.)

Déja dé soun cric cric, lou grel íssourdo prou,
É lo fournissé obaro ol comp fo corrieyrou.
Sus l'espigo, en conten, lo *cigalo* olotéjo ;
Sul prat noubel toundut lo longousto trepejo. Prad.

**CIGARRO**, s. f. Cigarre, petit rouleau fait avec une feuille de tabac que l'on fume. (De l'espagnol *cigarro*.)

**CIGOUGNA**, *voyez* Enqueta.

**CIGOUGNO**, s. f. Cigogne, gros oiseau de passage à long cou ; fig., Fille grande et de mauvaise mine. (Du latin *ciconia*.)

### CIL

**CIL**, s. m. Cil.

**CILHOS**, s. f. Cils, poils des paupières. (Du latin *cilium*.)

**CILIO**, *voyez* Cilhos.

### CIM

**CIMADO**, *voyez* Cimo.

**CIMBALOS**, s. f. Cimbales, deux bassins de métal creux qu'on frappe l'un contre l'autre dans la musique militaire. (Du latin *cymbalum*.)

**CIMBOUL**, *Cimboullo*, s. m. Sonaille, sonnette attachée au cou des bœufs, mulets, etc., qui paissent ou voyagent. (Du latin *cymbalum*.)

**CIME**, s. f. Punaise, vermine plate et puante. (Du latin *cimex*.)

**CIMIÉ**, *Barastou*, s. m. Claie, natte aux punaises, ou pour prendre les punaises. (Racine *cime*.)

**CIMO**, s. f. Cime, le sommet d'un arbre, d'une montagne. (Du latin *cima*.)

**CIMOUS**, s. m. La Lisière d'une toile, d'un drap ; Bandelettes d'un enfant au maillot. (Racine *cimo*.)

**CIMOUSSA**, v. act. Emmailloter, bander, serrer un enfant au maillot. (Racine *cimo*.)

### CIN

**CINABRE**, s. m. Cinabre, minéral rouge. (Du grec *kinabra*, mauvaise odeur.)

**CINDRA**, v. act. Cintrer, faire un cintre, établir la charpente sur laquelle on doit bâtir une voûte, un pont. (Racine *cindre*.)

**CINDRE**, s. m. Cintre, forme demi circulaire ; Courbure d'une voûte ; Arcade de bois sur laquelle ou bâtit une voûte et qui en soutient les pierres en attendant que les clefs y soient mises. (Du latin *cinctura*.)

**CINGLA**, *voyez* Singla.

**CINGLA**, v. act. Sangler, ceindre, serrer avec une sangle, des sangles ; fig., Appliquer avec force un soufflet, etc.

**CINGLO**, s. f. Sangle, bande large et plate pour serrer. (Du latin *cingulum*.)

Croutat jusquo'o lo *cinglo*, olaro lou Pogès
Bo beyre sou Doumainé é n'oun né trobo gés :
Ombé los dés bésis mesclados, counfounduos,
Sos peços, tout d'un cop, l'y sou mescounéscudos.
Prad.

**CINQ**, adj. de nombre, Cinq, trois et deux. (Du latin *quinque*.)

A mesuro qu'apei tout aco se couffs
Deben pus excellent que lou millou pastis ;
Sans counta qu'aquitel on y atrobo pas d'osses
Per yeou ne manxarey, diguet, cinq ou sieys trossos.
D.

**CINQUANTENO**, s. f. Cinquantaine.

**CINQUANTO**, adj. de nombre, Cinquante.

**CINQUIÈME**, adj. Cinquième.

**CINT**, *voyez* Bendaxe.

**CINTA**, v. act. Ceindre, entourer, environner. (Du latin *cingere*.)

**CINTO**, *Cinturo*, s. f. Ceinture, ruban, cordon autour du milieu du corps ; l'Endroit du corps où l'on attache une ceinture. (Du latin *cinctura*.)

**CINTUROUN**, s. m. Ceinturon, sorte de ceinture de cuir à laquelle sont attachés des pendants où l'on passe l'épée. (Racine *cinturo*.)

**CINZE**, *voyez* Cime.

### CIP

**CIPRIÉ**, s. m. Cyprès, arbrisseau résineux toujours vert. (Du latin *cupressus*.)

### CIR

**CIRA**, v. act. Cirer, frotter avec la cire. (Du latin *cerea*.)

**CIRAXE**, s. m. Cirage, composition de cire, de noir de fumée pour cirer les souliers. (Racine *cira*.)

**CIRCOUSTENÇO**, s. f. Circonstance, particularité d'un fait ; Occasion, conjoncture. (Du latin *circumstantia*.)

**CIRCUIT**, s. m. Circuit, tour. (Du latin *circuitus*.)

**CIRCULA**, v. n. Circuler, se mouvoir en rond ; Passer de main en main ; Rouler dans les rues. (Du latin *circulare*.)

**CIRCULARIO**, s. f. Circulaire, lettre adressée à plusieurs.

**CIRCULATIOU**, s. f. Circulation, mouvement de tout ce qui circule.

**CIRI**, s. m. Le Cierge pascal. (Du latin *cereus*.)

**CIRO**, s. f. Cire, substance molle, jaunâtre, inflammable, produite par les abeilles ; Bougie. (Du latin *cera*.)

**CIRURGIEN**, *Surxen*, s. m. Chirurgien, celui qui fait les opérations de la chirurgie pour la guérison des blessures, plaies, etc. (Du grec *cheirourgia*, opération manuelle.)

### CIT

**CITA**, v. act. Citer, alléguer un fait ; Indiquer, nommer : *Qui cito l'aoutur, n'es pas mentur* ; Appeler pour comparaître devant un juge, un tribunal : *L'a fax cita*. (Du latin *citare*.)

**CITADELO**, s. f. Citadelle, forteresse qui commande une ville. (De l'italien *citadella*.)

**CITADIN**, s. m. Citadin, habitant d'une cité, d'une ville ; Bourgeois. (Du latin *civis*.)

**CITATIOU**, s. f. Citation, ajournement ; assignation devant un juge, un tribunal. (Racine *cita*.)

**CITRE**, *voyez* Nigaout.

**CITROUN**, s. m. Citron, fruit du citronnier. (Du latin *citrum*.)

**CITROUNIÉ**, s. m. Citronnier, arbre du genre des orangers qui porte des citrons.

**CITROUNELO**, s. f. Citronelle ; Mélisse, herbe fine odoriférante ; Espèce d'Absinthe : *De tisano de citrounelo*.

**CITOUYEN**, O, s. m. f. Citoyen, Citoyenne, qualification que dans la révolution on avait substitué à Monsieur et Madame, comme plus conforme à la dignité et l'indépendance des Français devenus libres. (Du latin *civis*.)

Dé *citouyéns* m'oou dich : — Anen, pouèta, canta,

Es hioy lou prèmié jour dé millà hioch cèn cranta,
Annada qué séro l'aouba dé l'avéni !
L'avéni ! mot puissèn, senta et sublima époqua
Qué lou pople à-ginouls invoqua
Perqué tardé pas à véni.    PEYR.

## CIV

CIVADILLE, *voyez* CIBADILLO.

## CIZ

CIZAILHOS, s. f. Cisailles, gros ciseaux qui servent à couper des plaques de métal. (Racine *cizéous*.)

CIZÈL, s. m. Ciseau, instrument plat et tranchant par un bout et qui sert à travailler le bois, la pierre.

CIZELA, v. act. Ciseler, travailler avec le ciseau ; Faire une ciselure. (Du latin *sicilire*.)

CIZELURO, s. f. Ciselure, ouvrage ciselé ; Ce qui est fait sur la pierre avec le ciseau et le maillet.

CIZEOUS, s. m. Ciseau, instrument pour couper les étoffes, la toile, etc. (Du latin *sicilum*.)

CIZO, s. f. Rangée de pierres dans une muraille.

## CLA

CLA, *voyez* CLAR.

CLABA, v. act. Fermer à clef ; Mettre la clef à une voûte : *Aben clabat*. (Racine *claou*.)

CLABÈL, s. m. Clou, petit morceau de fer pointu et à tête pour fixer, suspendre ; *Clabèl de desferro*, Caboche, clou qu'on tire du pied d'un cheval parce qu'il ne peut plus servir ; *Clabèl de xiroflé*, Clou de girofle. (Du latin *clavus*.)

CLABELA, v. act. Clouer, attacher, fixer avec des clous. (Racine *clabèl*.)

CLABELADO, s. f. Raie, poisson de mer.

CLABELIÉ, s. m. Cloutier, ouvrier qui fait les clous. (Racine *clabèl*.)

CLABELIEYRO, s. f. Cloutière, petite enclume percée, propre à former la tête des clous.

CLABELINO, s. f. Clavée, claveau, maladie contagieuse qui s'attaque aux moutons, aux brebis : elle se manifeste par des boutons. (Du latin *clavus*.)

CLABETO, *Tresfixo*, s. f. Clavette, clou plat que l'on passe dans l'ouverture faite au bout d'une cheville, d'un bâton pour les arrêter. (Du latin *clavis*.)

CLABICULO, s. f. Clavicule, chacun des deux os qui ferment la poitrine par en haut et qui l'attachent aux épaules. (Du latin *clavis*.)

CLABIÉ, s. m. Clavier, petite chaîne ou cercle d'acier ou d'argent servant à tenir plusieurs clefs ensemble. (Du latin *clavis*.)

CLACA, v. n. Claquer, faire un certain bruit aigu et éclatant ; fig., Donner une claque. (Onomatopée.)

CLACA, *voyez* BAFFRA.

CLACO, s. f. Claque, espèce de sandales fort larges que l'on met par dessus les souliers pour les garantir de l'humidité et de la crotte ; Claque, coup de main sur la tête qui fait du bruit ; Espèce de chapeau aplati ou brisé qu'on porte sous le bras.

CLAFI, *voyez* CLAOUFI.

CLAMATIÉ, s. m. Acclamateur, criard, brailleur. (Du latin *clamo*.)

CLAMOU, s. f. Clameur. (Du latin *clamor*.)

CLAN, *voyez* BAN.

CLAOU, s. f. Clef, instrument pour ouvrir, fermer une serrure ; Ce qui sert à monter une montre, etc. ; Pierre qui ferme une voûte, un arceau ; Lames de fer qui arment une pièce pour empêcher l'écartement des murailles. (Du latin *clavis*.)

CLAOU-DE-POUN, *voyez* ESPEROU.

CLAOUFI, v. act. Remplir entièrement.

CLAOUFIT, IDO, adj. Plein, eine, rempli, farci, qui regorge.

Proxe d'aquel poulit castel
*Claoufit* de tros de bieillo architecturo,
De merbeillos de la naturo,
Et floucat d'un noun ta bel ;
Uno gléyzeto presque nudo
Al pè d'un roc es assetudo.    J.

CLAOUPORTO, s. f. Cloporte, sorte d'insecte à plusieurs pieds.

CLAOUPRE, *Claoure*, v. n. Contenir, entrer dans un endroit, y trouver place.

CLAOURE, v. act. Fermer le bétail, le rentrer ; Contenir, renfermer, trouver place. (Du latin *claudere*.)

CLAOU TORTO, s. f. Espèce de clef en demi-rond qu'on passe dans un trou d'une porte pour faire couler un verrou qui la ferme. (Racine *claou*.)

CLAOUTRIÉ, *voyez* CLABELIÉ.

CLAOUZO, s. f. Clause, disposition particulière d'un traité, d'un accord. (Du latin *clausula*.)

CLAOUZOU, s. m. Petit enclos pour des cochons, des lapins ; Clausoir, t. de maçon, petit carreau ou boutisse qui ferme une assise dans un mur ou termine une rangée. (Racine *claou*.)

CLAOUZOUN, s. f. Cloison, séparation que l'on fait en brique ou en charpente dans une chambre ou dans une maison. (Du latin *claudere*.)

CLAOUZOUNA, v. act. T. de maçon, Claver, finir une rangée.

CLAOUZUGO, *voyez* BANELO.

CLAP, s. m. Pierre.

CLAPA, *voyez* TUSTA.

CLAPA, *voyez* BATRE.

CLAPAL, *voyez* BRANDISSAL.

CLAPAYRA, *voyez* DEROUCA.

CLAPAYRE, s. m. Celui qui frappe, bat, maltraite.

CLAPIÉ, *voyez* GARENO.

CLAPIÉ, s. m. Clapier, petits trous creusés exprès où les lapins se retirent. (Du grec *klépein*, dérober ; le clapier est un lieu où le lapin se cache et se dérobe à la vue.)

CLAPO, *voyez* REBOUMBO, MADRIÉ.

CLAR, O, adj. Clair, re, sans nuages ; Transparent, qui n'est pas troublé ; en parlant du temps, Serein. (Du latin *clarus*.)

CLAREXA, v. n. Devenir clair ; se Lever, en parlant du temps. (Racine *clar*.)

L'albo qué *claréjo*
Quitto lés balouns.
Lé soulel daouréjo
La cresto das mouns ;
Soun pel d'or safrano
Lés rocs et la plano,
Lés rious et lous prats.
Rédoublan l'attaquo,
Lé couché destraquo
Lés chabals roussats ;
Et cugnats dé costo
Rédoulan la costo
Am'un trin dé posto
En destimbourlats.    DAV.

CLAREJHA, *voyez* CLAREXA.

## CLA

**CLARIFIA**, *Clarifica*, v. act. Clarifier; Rendre clair, net. (Du latin *clarum facere*.)
**CLARIFICATIOU**, s. f. Clarification, action, moyen, établissement pour clarifier l'eau.
**CLARINETO**, s. f. Clarinette, instrument à anche. (Du latin *clarus* aigu.)

    Len de las *clarinetos*,
    Das bioulouns, das tambours,
    Gousten toutos souletos
    Lous celèstes amours.
    Mesclen nostre cant tendre,
    Dins aqueste bèl jour,
    Al bruch sourt que fa entendre
    Lou mouhemen dal tour.     Puj.

**CLAROMEN**, adv. Clairement, nettement, sans obscurité. (Du latin *claré*.)

    Boulès aïci que yeou bous parle *claromen*,
    Et bous digo tabe, bèï, pla moun sentimen :
    Bostro faïssou d'axi nou m'agrado pas bricò,
    Bous coumpourtas de biaïs que cadun bous critico.   D.

**CLARTAT**, s. f. Clarté, effet de la lumière qui fait distinguer les objets; Lumière. (Du latin *claritas*.)

    L'abucle y trobo la *clartat*,
    Lou sourt y rancountro l'aouzido ;
    L'infirme y ressaou la santat,
    Lou mort y repren la bido.     Puj.

**CLAS**, *Classes*, s. m. Glas, le son d'une cloche que l'on tinte pour une personne qui vient d'expirer; fig., Mauvaise nouvelle : *Un paoure clas*. (Du grec *klaiô*, je pleure.)

    A tout moumén lé sol frèmis joux nostrés passés,
    Dins l'aïré n'entendon qué lé crit das courbassés :
    Aquél crit, dé la mort semblo souna lé *clas*!
    Sans doute aquel aousel, hosté das céméntèris,
    Descoubrix dal mal téns les hourriblés mystèris,
    Et lés grandis malhurs que ban plaoure aïchi-bas.   Dav.

**CLASSA**, v. act. Classer, ranger, distribuer par classes, suivant un certain ordre. (Racine *classo*.)
**CLASSEXA**, v. act. Sonner longtemps le glas pour une ou pour plusieurs personnes. (Racine *clas*.)
**CLASSIFICATIOU**, s. f. Classification, action de classer, de ranger par classes. (Racine *classo*.)
**CLASSIFICATOU**, *Classificatur*, s. m. Classificateur, celui qui est chargé d'établir les classes. (Racine *classo*.)
**CLASSO**, s. f. Classe, rang, ordre de personnes, de choses; Salle de collége; Leçon de professeur; Temps que dure cette leçon : l'Année où chacun tire son sort. (Du latin *classis*.)
**CLASSOMEN**, s. m. Classement, action de classer; État, distribution par ordre. (Racine *classo*.)
**CLASTRE**, s. m. Cloître, la partie d'un monastère faite en forme de galerie. (Du latin *claustrum*.)
**CLASTREJHA**, *voyez* CASTELEXA.
**CLASTRO**, *voyez* CAMINADO.
**CLAVA**, *voyez* CLABA.
**CLAVEL**, *voyez* CLABEL.
**CLAVELA**, *voyez* CLABELA.
**CLAVELADO**, *voyez* CLABELADO.
**CLAVIE**, *voyez* CLABIE.
**CLAYOUN**, *voyez* CLEYOUN.
**CLAYREXA**, v. n. Poindre, commencer à luire. (Du latin *clarescere*.)
**CLAYRIEYRO**, s. f. Éraillure, défaut ordinaire aux crèpes, mousselines, toiles, etc., dont les fils de la trame se ramassent en paquet et laissent des vides; Clairière, trouée, endroit dans une vigne, un bois, tout à fait dégarni. (Racine *clar*.)
**CLAYRIEYRO**, *voyez* MANCO.

## CLE

**CLEDO**, s. f. Claire-voie, porte à barreaux qui ferme une ouverture de jardin, d'écurie; Claie de gaules à battre la laine; Claie à passser le sable ou le gravier. (Du grec *klédos*, clôture.)
**CLEDOU**, s. m. Petite porte avec des gaules à claire voie. (Racine *cledo*.)
**CLEGNA**, *voyez* CLUGA.
**CLENC**, O, adj. Maladif, ive, chétif, languissant.
**CLERC**; s. m. Celui qui écrit ou travaille sous un avocat, un notaire; Tonsuré; Enfant de chœur. (Du latin *clericus*.)
**CLERXE**, s. m. Clergé, le corps des ecclésiastiques d'une ville, d'une paroisse. (Du latin *clerus*.)
**CLESC**, *Closc*, s. m. Coque d'œuf; Coque de noix; Noyau de prune, de cerise, etc. (Du grec *koché*, coquille.)

    Zou dit bé la causou qué nous canto toun fil :
    Sur nostre aouré fruté fan al picomandil;
    Et pus fis que nous aons, que lou toucaben presque,
    Es se bourron lou fruit et nous jeton lou *clesque*.   J.

**CLESQUEXA**, v. n. Tinter, résonner fêlé.
**CLEYOUN**, s. m. Clayon, petite claie sur laquelle on met des vers à soie. (Racine *cledo*.)
**CLEYOUNAT**, s. m. Plein un clayon.

## CLI

**CLICA**, *voyez* CLACA.
**CLICO**, s. f. Clique, société de gens qui s'unissent pour cabaler, pour tromper.
**CLIMAT**, s. m. Climat, région, pays eu égard à la température de l'air. (Du grec *klima*.)

    Maïs sé l'annado qué coumenço
    Coumblo moun désir lé pus dous,
    Saras parfaitomen hurous
    Joux lé bèl cèl dé Proubenço.
    Aquel *climat* délicious
    Ribal d'aquel de l'Italio,
    Ren per l'effet de sa magio
    Soun sol en pouétos fécoun.
    Quan tu mé disés qu'un mitroun
    Excello dins la pouésio,
    Bési per aqui qué lé génio
    Cerquo pas lé reng ni lé noun.     Dav.

**CLINCLAN**, s. m. Clinquant, lames ou feuilles de cuivre qui brillent beaucoup.
**CLIQUETO**, *voyez* Rosso.
**CLIQUETOS**, s. f. Cliquette, instrument fait de deux os ou deux morceaux de bois qu'on met entre les doigts et desquels on tire quelques sons mesurés en les battant l'un contre l'autre. (Fait par onomatopée.)
**CLISTÈRI**, *Labomen*, s. m. Clystère, remède donné par l'anus, lavement.

    Endaco lou vièl sè léva,
    É crida à Pirrhus tan que pot :
    Magrabiou lou poulissounot!
    Régardas aquéla figura,
    Coussi m'a més ma génitura!
    Vay, Diou té réndo, scélérat,
    Lou *clistèri* qué t'as dounat!
    Oh mé! lou mendre apouticayre

## CLU

Fariè-ti pire qu'aquel layre?...
Coussi! métre aou cuou dé moun fil
Una faoucita per douzil!....  FAY.

## CLO

CLOCO, s. f. Coup de cloche, tintement.
CLOPA, voyez CLAPA.
CLOPIN-CLOPAN, adv. Clopin-clopant, marcher avec peine et en clopant.
CLOSC, voyez CLESC.
CLOSCO, s. f. Caboche, le crâne, la tête.
CLOSQUES, voyez CLESQUES.
CLOT, s. m. Creux de la main; Cavité; fig., Al clot, au cimetière. (Du latin *scrobs, scrobis*, fosse pour planter la vigne.)
CLOUCADO, s. f. Couvée d'œufs de poule; Troupe de poussins.
CLOUCHA, voyez ESQUILA.
CLOUCHADO, voyez COUADO.
CLOUCHO, voyez CLOUCO.
CLOUCI, voyez CLOUSSI.
CLOUCO, s. f. Couveuse, mère-poule. (Racine *cloussi*.)

Toujour en mêmé trin é mêmo symphounio,
Tournou bira cosaquo oprès lo cérémounio.
Déjà flaïro dé luen lou fun d'un grond régal;
Dins un toupi couflis lo *clouquo* ombé lou gal.  PRAD.

CLOUCO, adj. Blette, qui est trop mûr et demi pourri.
CLOUQUIÉ, s. m. Clocher; l'endroit où sont placées les cloches. (Du latin barbare *cloca*.)
CLOUS, s. T. de cordon, Clous à tête carrée.
CLOUS, s. m. Gloussement, cri naturel de la poule; fig., Plainte, soupir d'un malade. (Racine *cloussi*.)
CLOUSSEYRE, s. m. Qui se plaint toujours.
CLOUSSI, v. n. Glousser; Se plaindre, soupirer; Exposer beaucoup de besoins pour obtenir quelque soulagement. (Du latin *glocire*.)

L'oïnat n'és pas noscut, qué lous coddets en foulo
Cridou déja piou piou, joul bentré dé lo poulo.
Olaro dé soun liech sé lèbo lo Josen,
É dobont sous éfons comino en *cloussignen*.  PRAD.

CLOUSSI, s. m. Gloussement, cri de la poule qui glousse.
CLOUTA, Estre cloutut, v. n. Baisser, devenir, être plus bas; Laisser un creux. (Racine *clot*.)
CLOUTUT, UDO, adj. Creux, euse, vide, profond; Offrant une cavité. (Racine *clot*.)

## CLU

CLUA, Cluca, Cluga, v. act. Cligner, fermer les yeux à demi, les bander comme au jeu de colin-maillard. (Du latin *clinare* pour *inclinare*.)
CLUATEXA, voyez CLUGATEXA.
CLUET, Cluguet, s. m. Colin-maillard; cligne-musette, sorte de jeu où l'un des joueurs, qui a sur les yeux un bandeau, poursuit les autres jusqu'à ce qu'il en ait saisi un qu'il est obligé de nommer. (Racine *clua*.)
CLUGA, voyez CLUA.
CLUGATEXA, v. act. Ciller, clignotter les yeux, remuer fréquemment les paupières. (Racine *clua*.)
CLUOMEXOS, Clugomexos, s. m. Badaud, niais, nigaud.
CLUP, Club, s. m. Club, assemblée de personnes réunies à jours fixes pour s'entretenir des affaires publiques. (De l'anglais *club*.)

## COB

CO, Gous, Xi, s. m. Chien, animal domestique qui aboie; fig., Sale; proverb., *Fa coumo lou co do Xan de Nibélo, que fuxis quant on l'apélo*. Ce proverbe vient d'un Jean de Montmorency, seigneur de Nivèle, qui, cité au parlement pour avoir donné un soufflet à son père, fuyait du côté de Flandres avec d'autant plus de vitesse que les sommations devenaient plus pressantes. On le traitait de chien à cause de l'horreur qu'on avait de son crime. (Du grec *kuôn*, et du latin *canis*.)
COBAL, voyez CABAL.
COBASSO, voyez TROUNC D'ALBRE.
COBIT, voyez CABIT.
COBOLIN, voyez CABALINO.
COBONIÈYRO, voyez LAXEYRO.
COBUSSAT, voyez PROUBAXO.

## COC

COCLÉARIA, s. m. Cochléaria, plante très-âcre dont on se sert en médecine.
COCO, s. f. Gâteau, espèce de pâtisserie faite de farine, d'œufs et de sucre; Paine blan; Épi de millet. (Du latin *coctus*, cuit.)
COCO, (prononcez bref) s. m. Coco, le fruit du cocotier dont la coque ligneuse sert à faire des chapelets; espèce de Tisane agréable qu'on vend en été dans les rues.
COCO DE FUS, s. f. Coche, entraille d'un fuseau pour loger le fil. (De l'italien *cocca*.)
COCO DE MIL, voyez CABOUL.
COCO LEBAN, s. f. Coque du Levant, petites baies sphériques d'un brun noirâtre de la grosseur d'un pois qu'on apporte du Levant. On s'en sert pour enivrer le poisson.

## COD

CODAOULO, voyez CADAOULO.
CODE, s. m. Code, recueil de lois: *Aco's dins lou code*. (Du latin *codex*.)
CODEL, voyez CADEL.
CODOU, voyez CAYLHAOU.

## COF

COFRE, s. m. Coffre, meuble en forme de caisse, à couvercle, pour serrer les vêtements, l'argent. (Du latin *cophinus*.)
COFO, s. f. Coiffe, vêtement de tête. (Du latin barbare *cufa* ou *cuphia*.)

## COG

COGONIS, voyez ESCOUAS.
COGORAOULO, voyez ESCAGAROL.

## COL

COL, s. m. Cou, partie du corps qui joint la tête aux épaules; Tordre le cou à quelqu'un, à quelque animal: *Tosse lou col*; le Cou du pied; le goulot d'une bouteille, la margelle d'un puits. (Du latin *collum*.)

Otal, saouf lou respect, quond l'emplégat dé tailos,
Dins uno Pogésio dintro per fa bistailos,
É qu'empourto crémal, forrat, oulo, payrol;
Lo mestro, sé poudio, li toursério lou *col*.  PRAD.

**COLCA**, *voyez* ENGRUNA.
**COLCIDO**, *voyez* CAOUSSIDO.
**COLCIES**, *voyez* GARRAMAXOS.
**COLCINAT**, *voyez* CAOUSSINAT.
**COL CREBAT**, adj. Déboîté, estropié par une chute, un coup.

Al cap d'un gros moumen d'uno courso fourçado,
Entourat dé périls dé toutis lés coustats,
Attrapan lés trousquis al pé la mountado,
En remercian lé Cel d'esire pas *col crebats*. DAV.

**COLE**, *voyez* COULA, FESTEXA.
**COLEL**, *voyez* CALEL.
**COLERA**, s. m. Choléra-morbus, évacuations de la bile par haut et par bas, accompagnées de symptômes très-graves. (Du grec *cholé*, bile, *rheó*, je coule.)
**COLIDOR**, *Couridor*, s. m. Corridor, sorte de galerie qui sépare des appartements, qui traverse une maison. (De l'italien *corridore*.)
**COLITAMPOUN**, *voyez* POUTINTOU.
**COLLEVO**, *voyez* CALLEBO.
**COLO**, s. f. Colle, matière gluante et tenace dont on se sert pour joindre deux surfaces; Pessonure, ratissure des peaux blanches qui sert à faire la colle des cartonniers. (Du grec *kolla*.)
**COLO**, s. f. Réunion d'ouvriers, compagnies de journaliers. (Du latin *colo*, je cultive.)

Qu'uné boulégodis ! tout jusqu'ol mendré drillo,
Cargo biasso, borral, bigos sus so roupillo.
Del cric crac deis esclops lo plaço rétentis ;
Bref, lou mercat sé sarro, é lo *colo* pòrtis. PRAD.

**COLOSSO**, s. m. Colosse, personne extraordinairement grande et forte. (Du latin *colossus*.)
**COLOUSSES**, *voyez* CALOSSES.
**COLPOURTUR**, *Coulpourtur*, s. m. Colporteur, petit mercier qui porte dans les rues et à la campagne des menues merceries dans des balles. (Du latin *collo portare*.)
**COLSES**, *voyez* POURGOS.
**COLSO**, *voyez* BEMIO.
**COLTORTO**, s. f. Torcol, genre d'oiseau grimpeur.

## COM

**COMBIA**, *voyez* CAMBIA.
**COMBO**, *voyez* CAMBO.
**COMI**, *voyez* CAMI.
**COMOYA**, *voyez* CAMAYA.
**COMPIS**, *voyez* RELOPI.
**COMPISSADO**, *voyez* RUADO.

## CON

**CONIS**, *voyez* TORNI.
**CONTE**, *voyez* COUNTE.
**CONTEL**, *voyez* CANTEL.
**CONTRE**, *voyez* COUNTRO.
**CONTROBANDUR**, *voyez* COUNTROBANDIÉ.
**CONTRO-PES**, *voyez* COUNTRO-PES.
**CONTOU**, *voyez* CANTOU.

## COP

**COP**, s. m. Coup, atteinte, en frappant, en battant; Marque d'un coup qu'on a reçu; Meurtrissure; Charge d'un arme à feu; Verrée, contenu d'un verre; adv., *Un cop*, une fois. ( Du latin barbare *colpus*.)

**COP DE CAP**, s. m. Coup de tête, imprudence.
**COPEJA**, *voyez* CAPEXA.
**COPEL**, *voyez* CAPEL.
**COP SUR COP**, adv. Coup sur coup, tout de suite, sans interruption : *Cop sur cop arribèrou*; adv., *Tout d'un cop*, tout à la fois.
**COPS (A-BÈLES)**, adv. Quelques fois.
**COPUSODOU**, *voyez* CAPUSADOU.
**COP SIGUR**, adv. Assurément, sans faute.

## COR

**COR**, s. m. Cœur, partie du corps de l'animal qui est dans lui le principe de la vie; Courage; Attention, surveillance. (Du latin *cor*.)

A soun cant libre et fier la terro sé rebeillo ;
Oh ! qué canté toujour, car soun cant sa merbeillo;
Lés *cors* battoun d'espouer, les Hébrus soun lébats ;
Et lé pople, en passan sur lé sol qué trepéjo,
Dé Jouseph al toumbel sentis la cendré fréjo
Tressailli dé plazé joux lés pès das souldats. DAV.

**COR**, s. m. Cor, sorte de durillon qui vient aux pieds. (Du latin *cornu*.)
**COR**, s. m. Chœur, partie de l'église où l'on chante l'office divin. (Du latin *chorus*.)
**CORBOUNAT**, *voyez* BROUYLHARDAT.
**COR DE CAPOU**, s. m. Cerise grasse, ferme, en forme de cœur.
**COR-DE-GARDO**, s. m. Corps-de-garde, poste militaire, le lieu qu'il occupe: *Ero al cor-de-gardo*.
**CORDIAL**, adj. Cordial, amical, plein d'affection. (Du latin *cor*, *cordis*.)
**CORDINO**, *voyez* CARDINAT.
**CORDO**, s. f. Corde, tortis de substances flexibles et allongées, telles que le lin et le chanvre; Gros fil de boyau ou de métal pour certains instruments de musique; Ce qui sert à tendre un arc; Bouffe, corde garnie d'hameçons. (Du latin *chorda*.)

Sabioy qu'aquelo biaço, en trabes sur dios *cordos*,
Ount de pa coupat mettioy souben lous dits,
Ero de moun grand pay, qu'anabo per las bordos
Demanda de que bioure à sous anciens amits. J.

**COR-DOULOU**, s. m. Crève-cœur, grand déplaisir. (Du latin *cor*, *dolor*.)
**CORDUS**, *voyez* CARDOU.
**CORGA**, *voyez* CARGA.
**CORIDOR**, *voyez* COLIDOR.
**CORNO**, s. f. Corne, partie dure allongée en pointe sur la tête de quelques animaux; Partie dure qui est aux pieds du cheval, de l'âne, etc.; Pointes, membranes à la tête du limaçon; par extension, Pointe, angle. (Du latin *cornu*.)
**CORPULENÇO**, *voyez* COURPULANÇO.
**CORQUIXA**, v. act. Presser, serrer, mettre les pieds sur la gorge. (Racine *corquixa* ou *caxa*.)
**CORQUOUYSSOU**, s. m. Angine, maladie de la gorge qui s'annonce par une cuisson avec inflammation.
**CORRA (SE)**, *voyez* CARRA (SE).
**CORREJA**, *voyez* CARREXA.
**CORRELO**, *voyez* CARRELO.
**CORRIEYROU**, *voyez* CARRIEYROU.
**CORS**, s. m. Corps, partie de l'animal composée d'os, de muscles, de nerfs; Ensemble d'un individu; Cadavre; Principale partie d'une chose; Substance, solidité d'une étoffe; Force intérieure du vin; Société, union, compagnie particulière d'un état; Armée, régiment. (Du latin *corpus*.)

Yostro vertat que pot pas me troumpa,

Mostro à ma fé vostre *cors* adourable
Quoique mous els vejou pas que de pa. Puj.

## COS

COSAL, *voyez* CAZAL.
COSSOUL, s. m. Consul, ancien magistrat avant la Révolution. (Du latin *consul*.)
COST, s. m. Coût; Frais, dépens; Ce que coûte une chose. (Racine *cousta*.)
COSTEL, *voyez* CASTEL.
COSTO, s. f. Côte, os long, courbé et plat, situé au côté de l'homme, de l'animal ; Penchant d'une montagne, d'une colline : *Forto costo*. (Du latin *costa*.)
COSTO A COSTO, adv. Côte à côte, l'un près de l'autre.
COSTO (DE), *voyez* COSTO A COSTO.
COSTOGNOS, *voyez* CASTAGNOS.
COSTOS, s. f. Filasse, fleuret de soie ; Côtes, nervures des feuilles, des plantes ; Tranche de melon : *Uno costo de mélou*. (Du latin *costa*.)

## COT

COTÉRO, *voyez* COUSTICO.
COTI, *voyez* ESCOUTIAT.
COTO, s. f. Cote, combien ; Part d'impôt : *Cadun pagara seloun sa coto*. (Du latin *quota*.)
COTO, s. f. Cale, écaille pour assurer une table, un meuble qui vacille ; Pierre ou tout autre chose qu'on met pour arrêter une roue, l'empêcher de reculer : *Cal metre uno bouno coto*.
COTO, *Salle*, s. f. m, Cotte, vêtement extérieur d'un enfant au maillot. (De l'italien *cotta*.)
COTO MAL TAILLDAO, s. f. Mauvaise affaire.
COTOUNIÉRO, *voyez* CATOUNIÈYRO.
COTOUS, *voyez* CATOUS.

## COU

COUA, v. act. Se dit des fruits et surtout des sorbes, des azeroles, des petites poires *(perots)*; qu'on recueille vertes et qu'on fait mûrir sur la paille. *Lous perots soun couats*, c'est-à-dire mous, noirs, arrivés à un degré parfait de maturité et presque de décomposition.
COUA, v. act. Couver des œufs pour les faire éclore ; fig., Choyer, mitonner un enfant. (Du latin *cubare*.)
COUADO, s. f. Couvée, œufs couvés à la fois. (Racine *coua*.)
COUAL, s. m. Queue, cheveux de la nuque noués et pendants ; Queue de cheval ; le Derrière d'un mouton, d'un veau. (Racine *couo*.)
COUARDA, *Raca*, v. n. Se montrer couard, lâche, poltron. (Du latin barbare *codardus*, formé de *cauda*, queue, parce que c'est une marque de timidité dans les animaux d'avoir la queue pendante entre les jambes.)
COUARDISO, s. f. Couardise, poltronnerie, lâcheté.
COUART, DO, adj. Couard, e, poltron, lâche. (Racine *couarda*.)
COUAT, adj. Couvé, à demi gâté ; Charbonné, attaqué du charbon.
COUATEXA, v. n. Frétiller, s'agiter par des mouvements vifs et courts, comme fait le poisson hors de l'eau ; Quoailler, en parlant des chevaux. (Racine *couo*.)
COUAYLHA, *Rescouaylha*, v. n. Mûrir, en parlant des fruits qui ne sont bons que quand ils sont devenus blettes, mous.
COUAYLHOS, *Coualios*, s. f. Couvain des vers à soie, œufs tardifs à éclore. (Racine *coua*.)
COUBEN, s. m. Couvent, monastère ; Religieux qui l'habitent. (Du latin *conventus*.)

Aprés aquèl discours dé méra,
Vénus, dé tan subtila qu'èra,
S'avalis, sé rén à l'oustaou,
E fay sentinèla aou pourtaou.
Yéou, toutéscas, èra défora
D'aquéla funèsta démorá,
Qué véze gléyzas et *couvéns*,
Bén illuminas, fort luzéns;
Pertout, rélévan las cazernas,
Lous oustaous chanjas én lanternas.
Virave pas lous iols énloç
Qué noun véjèsse tout en floc;
É d'aco poudés bé counclure
Que ié véziey per mé coundure
Amay que s'ajèsse agut frech,
Y'avié prou braza dins l'endrech. FAY.

COUBERT, s. m. Couvert, une cuillère et une fourchette ; Ombre, abri, toit. (Racine *coubri*.)

Per sé mettre *o coubert* d'un tems to rigourous,
Jusquos dins lous houstals bènou lous aussélous. PRAD.

COUBERTA, v. act. Couvrir, mettre à couvert ; Mettre le couvert, le dessus d'une porte, d'une fenêtre ; Couvrir une maison.
COUBERTAYRE, s. m. Couverturier, artisan, marchand qui fait ou vend des couvertures. (Racine *coubri*.)
COUBERTO, *Flassado*, *Flessado*, s. f. Couverture d'un lit, d'un livre ; le Dessus d'une porte, d'une fenêtre ; Chartil, lieu pour remiser les charrettes.
COUBERTO, *Porxe*, s. f. m. Porche, portique, lieu couvert à l'entrée d'une église. (Racine *coubri*.)
COUBERTOU, s. m. Couvercle de pot, de plat, de cafetière, etc.

A forço qu'aquital lous brasses your tramblèrou
Las salsos à cadun pes souliés s'escampèrou,
Lous *coubertous* das plats simplomen de ferblan
Trambloutèrou lounten en façan drin dran dran. D.

COUBERTOUYRO, s. f. Couvercle de marmite, ordinairement de fer battu. (Racine *coubri*.)
COUBES, O, adj. Convoiteux, euse, qui convoite ; Avide, rapace. (Racine *coubezexa*.)
COUBEZEXA, *Coubezejha*, v. n. Convoiter, désirer avec avidité, avec une passion déréglée ; Regarder avec envie.
COUBEZIÉ, *Coubezenço*, s. f. Convoitise, cupidité, avidité.
COUBIDA, *Couida*, v. act. Inviter, prier quelqu'un à un festin, à une partie de plaisir. (Du latin barbare *coinvitare*.)
COUBIDAT, ADO, adj. Invité, ée.
COUBIT, s. m. Invitation, réunion, repas. (Du latin *convivium*.)

Derré lou trounc d'un aoubré onas bous piey pousta;
Né possoro pas cap qu'oun bolgo ripousta
Ol troumpaire *coubit* dé bostré roppèlaïré,
É dé s'empetéga noun tordoro pas gaïre, PRAD.

COUBLE, *voyez* COUPLE.
COUBLE, *voyez* TRABÈTO.
COUBLO, *voyez* COUPLO.

COUBRI, *Curbi, Acata*, v. act. Couvrir quelque chose; Mettre plusieurs couvertures; Servir d'abri; Féconder, en parlant de certains animaux; Cacher, dissimuler; Dominer, en parlant de la voix; s'Obscurcir, en parlant du ciel. (Du latin *cooperire*.)

COUBRIZOUS, *Curbizous*, s. f. Semailles, temps de semer : *De poulidos coubrizous*. (Racine *coubri*.)

COUBRO-FIOC, s. m. Couvre-feu, ustensile de fer, de terre, qu'on met devant le feu pour le couvrir et empêcher les charbons de s'écarter.

COUBROPIE, *Coubropé*, s. m. Couvre-pied, petite couverture qui ne couvre que la partie inférieure d'un lit.

COUBRO-PLAT, *Courbo-plat*, s. m. Couvre-plat, ce qui couvre un plat : *Porto lou coubro-plat*.

COUBRUR, s. m. Couvreur, artisan qui couvre les maisons d'ardoise. (Racine *coubri*.)

COUCA, v. act. Entailler, faire la coche, la canelure à un fuseau. (De l'italien *cocca*.)

COUCARDO, s. f. Cocarde, nœuds de rubans, morceau d'étoffe rond; Signe national au chapeau des militaires. (Par corruption de *coquarde*, touffe de plumes de coq que les soldats Croates, Hongrais, Polonais, portaient sur leurs bonnets.

COUCAREL, *voyez* FRICAOÛT.

COUCARIL, *Escardel*, s. m. Rafle, t. de bot., Axe, support commun où repose immédiatement la semence du millet; Réceptacle, pedoncule; fig., Remplaçant, complaisant qui se laisse faire facilement : *Fa coucaril*. (Racine *coco*.)

COUCAROU, *voyez* PATARI.

COUCAYRE, O, s. m. f. Marchand, de, fabricant, te, de gâteaux. (Du latin *coctor*.)

COUCHA, *voyez* BUTA, FOUÉTA.

COUCHADO, *voyez* COUXADO.

COUCHÉ, *voyez* COUXÉ.

COUCHO EN COUCHO, *voyez* COUXO EN COUXO (DE).

COUCHOCHI, *voyez* BUDEL, CASSO-GOUSSÈS.

COUCHOUS, *voyez* LESTE.

COUCHOUYRE, *voyez* COUXOUYRE.

COUCHUSO, *voyez* ESCOUXOUS.

COUCONIE, *voyez* POULALIÉ.

COUCOU, s. m. Cocon, coque de ver à soie qui se change, s'est changé en chrysalide.

COUCOUGNEYRO, *voyez* OULIÉYRO.

COUCOUNA, v. n. Former le cocon, en parlant des vers à soie.

COUCOUNAYLHO, s. f. Les cocons faits, l'ensemble des cocons.

COUCOUNBRE, s. m. Concombre, plante potagère annuelle très connue. (Du latin *cucumis*.)

COUCOURESCO, *Couticoutesco*, s. m. Coquerico, le chant du coq.

COUCOUTIÉ, s. m. Coquetier, petit vase où l'on met un œuf pour le manger à la coque.

COUCUT, s. m. Coucou, sorte d'oiseau; fig., *Merdo de coucut*, la Sève des pruniers, des cerisiers, qui se forme comme une espèce de gomme, prov., *Al tèms dal coucut, lou mati bagnat et lou ser eysut*. (Du latin *cuculus*.)

COUDENO, *Subrelart*, s. f. Couenne; peau de pourceau; fig., Saleté, crasse. (Du latin *cutena*.)

COUDERC, s. m. Pâturage; paccage, devant de maison de campagne où l'herbe croit, et où les poules, les agneaux paissent

COUDERLO, s. f. Espèce de champignon avec lequel on empoisonne les chiens, les rats; espèce de Cressons.

COUDERLOS, s. f. Poires, pommes tapées; Tranches de ces fruits sèchés pour les manger en hiver.

COUDIÉ, s. m. Coffin, étui de bois à queue dans lequel les faucheurs mettent tremper leur pierre à aiguiser; fig., Sale, malpropre.

COUDOUGNADO, *Coudougno, Coudougnié*, s. f. Cognassier, arbre qui produit les coings; Borne vivante entre deux propriétés. (Racine *coudoun*.)

COUDOUGNAT, s. m. Eau; Marmelade de coings.

Lèbi lou bras, mous dits d'un pot tocou lou bord ;
M'aloungui may, tiri pus fort,
A mjey sur jou lou pot s'abouco,
Lou papé craquo, et qu'aoucoumet
Mol et negre coumo un jayet,
Sur moun cap toumbo et coulo à l'entour de ma bouco ;
Tiri la lengo, espaourit, estounat,
Gousti...... Triounfé aco's de *coudougnat*.   J.

COUDOUGNÉ, s. m. Coudonnier, arbre.

COUDOUGNEYRO, *voyez* COUDOUGNADO.

COUDOUGNO, *voyez* COUDOUGNADO.

COUDOUISSA, *voyez* COUDEXA.

COUDOUMBRE, *voyez* COUCOUMBRE.

COUDOUN, s. m. Coing, fruit du cognassier, jaune, pâle, et couvert d'un léger duvet. (Du latin *cotoneum*.)

COUDRA, v. act. Coudrer, brasser les cuirs, les remuer dans la cuve avec le tan.

COUDRILHO, s. f. Côterie, troupe, assemblée : *Aco's de lo mémo coudrilho*, c'est la même engeance.

COUET, *Manelo*, s. m. Paquet, poupée d'étoupes pour être filée à la quenouille. (Racine *couo*, à cause de la ressemblance.)

COUETO, s. f. Petite Queue.

COUFA, v. act. Coiffer, couvrir, parer, orner la tête; Mettre une enveloppe à une bouteille, à un doigt blessé; Aller bien ou mal à l'air du visage, en parlant d'une coiffure: *Aquel capel la coffo pla*, ce chapeau lui va bien.

COUFA (SE), v. pro. Se Coiffer; s'Engouer de quelqu'un.

COUFA, s. m. Coiffe d'une femme. (Du latin *cuffa*.)

COUFAL, *voyez* CARPAL, BOURRAL.

COUFETO, *Coufoto*, s. f. Petite Coiffe.

COUFESSA, v. act. Confesser, avouer; se Confesser, déclarer ses péchés à un prêtre; Entendre une confession. (Du latin *confiteri*.)

Sé Sioun jamay sé *counfèsse*
D'aou tour qué nous jouguet aqui,
E qué d'absoudre aquel couqui
Quaouque mouyne ignouren s'avize,
(Ou faray couma vous ou dize,)
Quan sérié Carme ou Courdélié,
Diray qué sap pas soun méstié.     FAV.

COUFESSAYRE, O, s. m. f. Pénitent, te, qui se présente pour la confession.

COUFESSIOU, s. f. Confession, aveu de ses fautes; Déclaration de ses péchés à un prêtre. (Du latin *confessio*.)

COUFESSIOUNAL, s. m. Confessionnal, lieu où un prêtre entend les confessions.

Et tout d'un cot, as els do la noço interdito,
Lou *coufessiounal* s'oubro et l'abuclo n'en sort.
« Te, Batisto, s'a dit, perqu'as boulgut ma mort,
« Qu'à ta noço moun sang serbe d'aigo benito !!    J.

COUFESSOU, s. m. Confesseur, celui qui est chargé d'entendre les confessions. (Du latin *confessor*.)

COUFI, *voyez* POUYRI.

COUFIN, *voyez* CANTOU.

**COUFLA**, *Boudufla*, v. act. Gonfler, enfler; Souffler une vessie : *Couflo la boutarigo;* Bouffer une bête tuée pour donner de l'apparence à sa chair; fig., Badiner quelqu'un. (De l'italien *gonfiare*.)

**COUFLA (SE)**, v. pro. S'Enorgueillir, se rengorger; Faire l'homme d'importance; se Renfler, grossir en parlant des fruits.

**COUFLE, O**, adj. Gonfle; Plein, rempli, dodu; Las d'un chose, d'un travail : *Ne souy coufle.*

**COUFLET**, *voyez* Buffet.

**COUFLOBOUGRES**, *voyez* Fabouns.

**COUFO**, *voyez* Cabas.

**COUFRET**, *Lieto*, s. m. Coffret, petit coffre; espèce de Carton pour serrer des parures. (Racine *cofré*.)

**COUGA**, *voyez* Coua.

**COUGA**, *voyez* Proubaxa.

**COUGADO**, *voyez* Couado.

**COUGNA**, *voyez* Bel-frayre, Belo-sor.

**COUGNE**, *voyez* Cantou.

**COUGO**, *Couo*, s. f. Queue, prolongement de la colonne vertébrale chez les animaux quadrupèdes. Dans les poissons, partie du corps qui suit l'anus : *Uno couo de sardo;* Extrémité du corps des oiseaux; Partie allongée par laquelle les fleurs, les feuilles, les fruits, tiennent aux plantes, aux arbres; Cheveux de la nuque noués et pendants : Extrémité traînante d'une robe, d'une soutane. Queue se dit de beaucoup d'autres choses qui ont quelque ressemblance avec une queue : *La couo de la palo*, etc. (Du latin *cauda*.)

**COUGO DE RAT**, s. m. Queue de rat, espèce de Lime ronde; Amaranthe.

**COUGO DE MANDRO**, *voyez* Escurèt.

**COUGO LOUNGO**, s. f. Espèce de figue à longue queue.

**COUGOURLIÉ**, s. m. Pied de courge.

**COUGOURLO**, *voyez* Couxo.

**COUÏ COUÏ**, adv. Cri des jeunes cochons.

**COUÏDA**, *voyez* Coubida.

**COUÏDATS**, *voyez* Coubidats.

**COUÏE**, *voyez* Coulie.

**COUÏNA**, v. n. Groiner, grogner, crier, en parlant du pourceau; Murmurer, se plaindre.

**COULA**, v. act. Coller, joindre avec de la colle; Enduire de colle; au billard, Pousser une bille de manière qu'elle reste tout près de la bande; Décuver, tirer le vin de la cuve. (Du grec *kollaô*.)

**COULA**, v. act. Couler, passer un liquide à travers un linge, du drap, etc.; Coûter, être acheté à un certain prix : *Me colo pla*, me coûte cher. (Du latin *colare*.)

**COULA**, v. act. Chômer, fêter, solenniser un jour en cessant de travailler. (Du latin *colere*.)

**COULA**, *Coulié*, s. m. Collier, partie du harnais qu'on met au cou des chevaux de charrette ou de labour. (Du latin *collum*.)

**COULA**, s. m. Alose, poisson de mer.

**COULADIS**, *Couladisse*, s. m. f. Coulis, coulisse.

**COULADO**, s. f. Embrassement, salut. (Racine *col*.)

**COULADOU**, *voyez* Estourridou.

**COULAYRE**, *voyez* Passoir.

**COULAZOUS**, s. f. Le Temps de décuver.

**COULC**, adj. Couchant : *A soulel coulc.* (Racine *coulca*.)

Un cop yeou prenio la frescuro
A soulel coulc, sur la berduro,

Et countro lou roussignoulet
Fazio tinda moun flajoulet.                 G.

**COULCA**, v. act. Coucher, mettre au lit; Étendre, renverser.

**COULCA (SE)**, v. pro. Se coucher; Baisser. (Du latin *collocare*.)

Me soui *coulcat* mais sans pode dourmi,
Tandis que moun esprit fazio fosso cami
Dins les cams de la poulitico,
Et que moun paoure domestico
Boumissio, presque sous mous els,
Tripos et budels.

**COULCE**, s. m. Lit de plume.

**COULEFO**, *Coutoufelo*, s. f. Gousse, enveloppe qui couvre les pois, les fèves. (De l'italien *guscio*.)

**COULEFO DE RAZIN**, s. f. Peau de raisin.

**COULERETO**, s. f. Collerette, sorte de collet de mousseline qui couvre la gorge et les épaules. (Du latin *collum*.)

**COULERIC, O**, adj. Colérique, colère, prompt à se mettre en colère. (Racine *coulero*.)

**COULERO**, s. f. Colère, violente émotion, accès momentané de fureur : *La coulero m'emporto.* (Du grec *cholera*.)

É pioy èmbe sa man divino,
M'empacouma, é dessus la babino
Mé fay un poutou lon é dous,
Qu'ère mor se n'avié fach dous.
É bé, mé dis, ma chasta mèra,
Manit, pèrque siés en *coulera*?
Plan, plan, qu'aco té tuara!
Ta mèra se dezoulara.
Veyrian crèva d'aquel afayre
Toun énfan, ta fenna é toun payré
Pardié, sériès bèn avançat
D'estre aqui quatre trépassats.
Sans l'éou, tas gens abandounas
Éroun dagas é rabinas.                      FAV.

**COULEROUS**, *voyez* Couleric.

**COULET**, s. m. Collet, partie d'un vêtement autour du cou. (Du latin *collum*.)

**COULETA**, v. act. Colleter, prendre au collet pour arrêter, saisir au cou pour faire violence.

**COULEXE**, *Coulèjhe*, s. m. Collège, lieu destiné à enseigner les lettres, les sciences. (Du latin *collegium*.)

**COULICO**, s. f. Colique, maladie qui cause des douleurs dans le bas-ventre. (Du grec *kôlikos*.)

**COULIE**, s. m. Collier, ornement autour du cou; Cercle, chaîne autour du cou; Nombre de chevaux d'une charrette : *Carreto à tres couliès.* (Du latin *collum*.)

**COULIMPA**, *voyez* Glissa.

**COULIMPADO**, *voyez* Glissado.

**COULINO**, s. f. Colline, petite montagne qui s'élève insensiblement au-dessus de la plaine. (Du latin *collis*.)

Et vous, valouns, mountagnos et *coulinos*,
Jardins cargats de legun et de fruit;
Dèzers coubers de cédros et d'espinos,
Louas sans fi la ma qu'a tout prouduit.    Puj.

**COULINTOUS**, *Coulindrous*, *voyez* Groseillo.

**COULIS**, s. m. Coulis, suc de viande. (Racine *coula*, *cousta*.)

**COULISSA**, *voyez* Glissa.

**COULISSEOU**, s. m. Coulisseau, languette qui tient lieu de rainure. (Racine *coulissa*.)

COULISSO, *Renuro*, s. f. Coulisse, longue rainure par laquelle on fait couler, aller et venir un chassis, une fenêtre. (Racine *coula*.)

COULLATIOU, s. f. Collation, repas léger qu'on fait au lieu du souper. (Du latin *collatio*.)

COULLATIOUNA, v. act. Collationner, conférer une copie avec l'original pour voir si elle y est conforme; Faire le repas appelé *collation*.

COULLETOU, s. m. Collecteur, celui qui fait la levée des impôts. (Du latin *collector*.)

Aquel journal se troumpo, ou nou sey pas poëto !
Car anfin dedins ma retrèto,
May canti, may moun riou groussis
Et gayre à l'Espital aquel riou nou counduis.
Puleou m'a counduit, al countrari,
Dins un grand bureou de noutary ;
Et dunpey, fier de ma grandou,
Jou, lou prumié de ma familho,
Bezi moun pichou noum que brillo
Sur la listo del *coulletou*.      J.

COULLOUCA, v. act Colloquer, placer, mettre, ranger. (Du latin *collocare*.)

COULOBRE, adj. Effrontée, dévergondée, méchante, en parlant d'une fille : *Aco's un coulobre*, c'est une, etc. (Du latin *coluber*, couleuvre.)

COULOU, s. f. Couleur, substance colorante pour la peinture, la teinture. (Du latin *color*.)

COULOUBRIGNÉ, *voyez* SAGUT.

COULOUGNA, *voyez* RACA.

COULOUGNETO, *voyez* RACUR.

COULOUMBINO, s. f. Colombine, fiente de pigeons servant d'engrais. (Du latin *columba*.)

COULOUMBO, s. f. T. de tonn., Colombe, espèce de grande varlope renversée. (Du latin *columba*.)

COULOURA, v. act, Colorer, colorier; donner la couleur à... (Du latin *colorare*.)

COULOUNNO, s. f. Colonne, piller de forme ronde pour soutenir ou pour orner. (Du latin *columna*.)

COUMANDA, v. act. Commander, prescrire, ordonner; Conduire, être en chef; Avoir le droit, l'autorité, le commandement; Donner ordre de confectionner; Faire apprêter, disposer, arranger. (Du latin barbare *cummandare*, fait de *cum*, avec et *mandare*, ordonner.)

Ma foi, pes coumpliments cal touxounqu'on lous rando,
L'ounestat ba bol, l'usaxo ba *coumando*.      D.

COUMANDANT, s. m. Commandant, qui donne des ordres, qui commande des troupes; Chef de bataillon; Celui qui commande une place.

COUMANDAYRE, O, adj. Celui qui commande, qui est toujours à donner des ordres; Qui gouverne, ordonne.

COUMANDO, s. f. Commande, ce qu'on commande à un ouvrier de faire, à un marchand de fournir. (Racine *coumanda*.)

COUMANDOMEN, s. m. Commandement, ordre, loi, précepte; Exploit avec sommation de payer.

COUMBAT, s. m. Combat.

COUMBLA, v. act. Combler, remplir autant qu'il est possible; remplir un creux, un vide. (Du latin *cumulare*.)

COUMBLE, O, adj. Comble, plein.

COUMBLE (PER), adv. Pour comble, par surcroît.

COUMBLOMEN, s. m. Comblement, ce qui remplit, qui comble.

COUMBO, s. f. Combe, vallon. (Du grec *kumbos*.)

COUMEDIEN, O, s. m. f. Comédien, ne, celui qui joue la comédie; Farceur; fig., Hypocrite.

COUMEDIO, s. f. Comédie, pièce de théâtre; Lieu où se joue la comédie; Hypocrisie; Actions plaisantes, ridicules. (Du grec *komôdia*.)

Mais aco Cendrillon, cridi dins ma folio ;
  Silenço ! me dit moun bezi.
Eh ! Moussu, perque doun ? Oun sèn, oun sèn aici ?
  Grand palot ! à la *coumedio !*      J.

COUMEDITAT, s. f. Commodité, chose, état, situation commode; Occasion commode; Proximité des lieux : *Es à coumouditat*, à portée. (Du latin *commoditas*.)

COUMEDITATS, s. f. Commodités, lieux d'aisance.

COUMENÇA, v. act. Commencer, donner commencement, origine; Entreprendre, entamer; Donner, prendre les premières leçons; se Mettre à faire, à dire. (De l'italien *cominciare*.)

COUMENÇANT, s. m. Commençant, celui qui est aux premiers éléments d'un art, d'une science.

COUMENÇOMEN, s. m. Commencement, la première partie d'une chose; Temps où une chose commence ou a commencé.

COUMENÇOU, s. m. Commencement d'un ouvrage.

COUMENTARI, s. m. Commentaire.

COUMERÇA, v. act. Commercer, trafiquer, faire commerce. (Racine *coumerce*.)

COUMERÇANT, s. m. Commerçant, celui qui trafique, qui commerce.

Das grans et petits *coumerçans*.
Lous affas prendraou la derouto,
Détaillés et négouciaus !
Farés toutes bancoronto.
Un marchan noubel
Nous porto dal Cel
Belcop mayt que d'or et de cedo,
Et baylo de tout sans mounedo.      Puj.

COUMERCE, s. m. Commerce, échange, trafic, négoce. (Du latin *commercium*.)

COUMETO, s. f. Comète, corps céleste extraordinaire, lumineux, accompagné d'une traînée de lumière qu'on appelle queue, chevelure. (Du grec *cométés*.)

COUMETRE, v. act. Commettre, faire. (Du latin *committere*.)

COUMICIOU, s. f. Commission, charge qu'on donne à quelqu'un de faire quelque chose. (Du latin *commissio*.)

COUMICIOUNARI, s. m. Commissionnaire, celui qui fait les commissions.

COUMIQUÉ, O, adj. Comique, plaisant, propre à faire rire. (Du latin *comicus*.)

COUMIS, s. m. Commis, employé; Préposé d'un octroi. (Du latin *commissus*.)

COUMISSARI, s. m. Commissaire, officier commis pour exercer une fonction, maintenir la police. (Racine *coumis*.)

COUMISSIOUNARI, s. m. Commissionnaire.

COUMO, adv. Comme, parce que, vu que; Tant, autant que, ainsi que; Presque. (De l'espagnol *como*.)

COUMODE, O, adj. Commode, d'un usage utile et facile. (Du latin *commodus*.)

COUMODO, s. f. Commode, meuble à tiroirs pour serrer du linge, des vêtements. (Du latin *commoda*.)

COUMODOMEN, adv. Commodément, agréablement. (Du latin *commodè*.)

COUMOUDITAT, s. f. Commodité. (Du latin *commoditas*.)
COUMOUL, s. m. Comble, plein, par dessus les bords : *Es coumoul*. (Du latin *cumulus*.)
COUMOULA, v. act. Combler.
COUMOULO, s. f. Mesure comble et non rasée : *Uno coumoulo de castagnos*. (Racine *coumoul*.)
COUMOULUN, s. m. Le Comble, le par dessus.
COUMPAGNO, s. f. Compagne, personne qui va avec une autre ; Compagnie, plusieurs personnes qui sont auprès d'une autre pour l'entretenir agréablement ; Personnes réunies pour le plaisir d'être ensemble ; Gens de guerre sous un capitaine. (Du latin *cum*, avec, et *panis*, pain ; qui mange le pain avec un autre ou du même pain qu'un autre.)
COUMPAGNOU, s. m. Compagnon, celui qui est le plus souvent avec un autre camarade ; Gaillard, drôle, éveillé ; Ouvrier qui a fait son apprentissage et qui travaille chez un maître.
COUMPAGNOUNAXE, *Coumpagnounajhe*, s. m. Compagnonnage, le temps qu'on est compagnon dans un métier ; Société d'ouvriers ; Conduite qu'on fait à un ouvrier partant.
COUMPANAXE, *Coumpanajhe*, *Coumponatge*, *Ourdinari*, s. m. Tout aliment entre le pain et la boisson ; Ce qu'on mange avec du pain. (Du latin *cum pane*.)

Moun proufiech ieu ey fach d'uno histoiro fort bèlo
D'un Antonius Verus, payre de Marc-Aurélo,
Qu'à soun filh el dounec de mèstres cinq ou siéz
Per tal qu'el aprenguèz de forsò de mestièz ;
Car el disio qu'un home el n'ero gayre satge
Que nou mangio jamay sounque d'un *coumpanatge*,
(So disio el), se l'home el pert lou gouts d'aquel,
Se pot èstre qu'el laysso aquo qu'es bon per el.     A. G.

COUMPARA, v. act. Comparer, examiner, établir, marquer les rapports, la ressemblance ; Égaler, mettre sur la même ligne ; Faire une comparaison. (Du latin *comparare*.)
COUMPARAPLE, O, adj. Comparable, qui peut être mis en comparaison. (Du latin *comparabilis*.)
COUMPARAZOU, s. f. Comparaison, parallèle : *Y'a pas de coumparazou* ; Discours par lequel on marque la ressemblance entre deux personnes, deux choses.
COUMPARETRE, v. n. Comparaître, se rendre, paraître, se présenter devant un juge de paix. (Du latin *comparere*.)
COUMPARTIMEN, s. m. Compartiment, ce qui divise en plusieurs portions un coffre, un tiroir, etc. (Du latin *compartiri*.)
COUMPAS, s. m. Compas, instrument à deux branches réunies, mobiles et pointues pour mesurer, prendre des distances. (De l'italien *compasso*.)

L'home envouyat del ciel jamay sé troumpa pas !
É Pierre-Paul Riquet, munit d'un vièl *coumpas*,
Véchèn qué milla rècs dins una coursa hérousa
Poudiou toutés sé rèndré als peyrals de Naourouza,
Qué lou cours partajat anirio d'aqui'stan,
Una par à Bourdèous é l'aoutra dins l'estan.     PEY.

COUMPASSA, v. act. Compasser, mesurer avec le compas : Régler, bien peser toutes choses.
COUMPASSIOU, s. f. Compassion, mouvement de l'âme qui rend sensible aux maux d'autrui. (Du latin *compassio*.)

Mais encaro pus luen porto lo *coumpotiou*,
Car bol qu'o sous despens, outro l'éducatiou,
Oquélés éfontets ajou penden lour bido
Téoulo, coubert, bestit, omar bourso gornido.     PRAD.

COUMPATI, v. n. Compatir, être touché de compassion pour les maux d'autrui ; Accorder, convenir ensemble.
COUMPATISSENT, O, adj. Compatissant, ante, porté à la compassion ; Humain, sensible. (Du latin *compatiens*.)
COUMPAYRE, *Coumpèro*, s. m. Compère.
COUMPESJA, voyez ENREXISTRA.
COUMPLICITAT, s. f. Complicité.
COUMPLOT, s. m. Complot, dessein criminel, concerté secrètement entre plusieurs personnes.
COUMPLOUTA, v. act. Comploter, conspirer.

Oquélés orpeillans qué sentou lou trésor,
Sons sa semblont dé rés, per joui d'oquel or,
*Coumplotou* dé néga lou mestré dé lo bourso.     PRAD.

COUMU, s. m. Commodité, lieux d'aisance. (Du latin *communis*.)
COUMU, NO, *Coumun*, *no*, adj. Commun, e, ce à quoi tout le monde participe ou a droit de participer ; Qui concerne, touche, regarde tout le monde ; l'Opposé de rare ; Bas, vulgaire ; Qui se trouve aisément, fréquemment. (Du latin *communis*.)

Anas, el creyrio d'èstre un ome dal *coumu*
Sé se bezio xamay de l'abis de digu.     D.

COUMUNAL, s. m. Communal, qui appartient à la commune, aux propriétaires d'un même hameau.
COUMUNIA, v. act. Communier, donner la communion ; Recevoir l'eucharistie. (Du latin *communicare*.)
COUMUNIANT, s. m. Communiant, celui qui est d'âge de communier, en état de communier. (Du latin *communicans*.)
COUMUNICA, v. act. Communiquer, donner connaissance ; Faire part de... ; Avoir relation, commerce ; Aboutir l'un dans l'autre. (Du latin *communicare*.)

Lous cossouls m'an cargat do beni bous cerqua
Per quicon qu'elis an à bous *coumunica*.     D.

COUMUNICATIF, IBO, adj. Communicatif, ive, qui aime à se communiquer, à faire part aux autres de ses sentiments, de ses opinions.
COUMUNICATIOU, s. f. Communication, action de faire part ; Commerce, familiarité, correspondance ; Moyen de communiquer d'un endroit à un autre : *Porto de communicatiou*. (Du latin *communicatio*.)
COUMUNIOU, s. f. Communion, action de communier ; Antienne qui se chante pendant la communion du prêtre ; Moment où les fidèles vont recevoir la communion. (Du latin *communio*.)
COUMUNO, s. f. Commune, corps des habitants d'une ville, d'un bourg, d'un village ; Local, maison où s'assemblent les autorités, les communes d'une commune.
COUMUNOMEN, adv. Communément.

Quond enfi del colel lo flamo troumbloutéjo,
É qu'en biren soun fus lo chombriyero copéjo,
Onon fa lo prégario é nous joucon ol liech,
Tronquillés, sons rémords, oqui posson lo nuech.
Talo és *coumunomen* tout l'hyber nostro bido..     PRAD.

COUMUNOUTAT, s. f. Communauté. (Du latin *communitas*.)
COUNBAT, s. m. Combat, action de combattre, de se battre ; Animaux qui se battent les uns contre

les autres ; fig., État d'agitation, de trouble, de souffrance. (Racine *coumbatre*.)

Malhur à jou quand dins uno carrièro
Dus regimens se battion! me battioy ;
Mais cots de puns, cots de sabres de boy,
Sur tout moun corp petabon de manièro
Que jou, paouras, jou, dins cado *coumbat*,
Lou men hardit, èri lou may boumbat. J.

COUNBATANT, s. m. Combattant, soldat faisant partie d'une armée.

COUNBATRE, v. act. Combattre, attaquer, se défendre en portant des coups; Lutter; fig., s'Opposer, résister à.... (De l'italien *combattere*.)

COUNBENANT, O, adj. Convenant, e, conforme, sortable, bienséant. (Du latin *conveniens*.)

COUNBENAPLE, O, adj. Convenable, décent; Qui est à propos; Expédient.

COUNBENAPLOMEN, adv. Convenablement, d'une manière convenable. (Du latin *convenienter*.)

COUNBENI, v. n. Convenir, demeurer d'accord; Donner son adhésion; Avouer; Être conforme; être sortable; Plaire, agréer.

Counbendres ambe yeou que certènos bertats
Sou pas bounos à dire à de xens mascarats. D.

COUNBENI, (SE), v. récip. Se Convenir, avoir du rapport dans l'esprit, les goûts, le caractère; Être au gré l'un de l'autre : *Nous aoutres nous counbenèn*. (Du latin *convenire*.)

COUNBENENÇO, s. f. Convenance, rapport, conformité; Décence, bienséance : *N'a pas gardat cap de coumbenenço*. (Du latin *convenientia*.)

COUNBENENT, voyez COUNBENAPLE.

COUNBENTION, s. f. Convention, accord, pacte, ce dont on convient avec un autre; Article d'un contrat de mariage. (Du latin *conventio*.)

COUNBERSA, v. n. Converser, s'entretenir familièrement. (Du latin *conversari*.)

COUNBERSATIOU, s. f. Conversation, entretien familier. (Du latin *conversatio*.)

COUNBERSIOU, s. f. Conversion, changement de mœurs, de croyance, de mal en bien. (Du latin *conversio*.)

COUNBERTI, v. act. Convertir, faire changer de mœurs, de sentiments, de mal en bien; Faire changer quelqu'un de résolution, d'opinion, de parti. (Du latin *convertere*.)

COUNBERTI (SE), v. pro. Se Convertir, changer de mœurs.)

COUNBINA, v. act. Combiner; Associer selon un certain ordre; Régler dans son esprit. (Du latin *combinare*.)

COUNBINAZOU, s. f. Combinaison; Action de combiner, talent de combiner. (Du latin *combinatio*.)

COUNBINCRE, v. act. Convaincre, réduire par le raisonnement, par des preuves évidentes, à demeurer d'accord d'une vérité.

COUNBINCRE (SE), v. pro. Se Convaincre, s'assurer de la vérité, de la réalité.... (Du latin *convincere*.)

COUNBINCUT, DO, *Counbencut, do*, adj. Convaincu, e, forcé d'avouer, de reconnaître la vérité.

COUNBLA, voyez COUMBLA.

COUNBLE, voyez COUMBLE.

COUNBOI, s. m. Convoi, transport d'un corps mort; Cortège qui l'accompagne à la sépulture; Transport de provisions pour un camp, une place. (Du latin barbare *conviare*, fait de *cum* et *via*.)

COUNBOITA, v. act. Convoiter, désirer avec avidité, avec une passion déréglée. (Du latin barbare *convotare*, fait de *cum* et *votum*.)

COUNBOUCA, v. act. Convoquer, faire assembler par autorité juridique; Inviter les membres d'une société, d'un corps à se réunir. (Du latin *convocare*.)

COUNBOUCATIOU, s. f. Convocation, action de convoquer.

COUNBULSIOU, s. f. Convulsion, mouvement involontaire des muscles avec secousse et violence. (Du latin *convulsio*.)

COUNÇAOUPRE, *Counceoure*, v. act. Concevoir, avoir une idée juste de....; Comprendre. (Du latin *concipere*.)

COUNCENTRA, v. act. Concentrer; Réunir au centre, à un centre; fig., Cacher sa douleur, n'en rien faire paraître. (Du latin *cum* et *centrum*.)

COUNCERNA, v. act. Concerner, regarder, appartenir; Avoir rapport à.... (Du latin *concernere*.)

COUNCERT, s. m. Concert, harmonie d'instruments; fig., Intelligence de personnes qui concourent à une même fin. (Du latin *concentus*.)

Mais qu'un *councert* lo bel sé fo dins lou bouscatgé!
D'un régimen d'aussels entenden lou romatgé ;
Oqui lou répétit, l'auriol, lou roussignol,
Jous un noissent fuillatgé uflou lou gorgoillol. PRAD.

COUNCERTA, v. act. Concerter, conférer ensemble pour l'exécution d'un projet, la réussite d'une affaire.

COUNCERTA (SE), v. récip. Se Concerter, s'entendre, convenir de la manère dont on agira : *Se sou pas councertats*. (Racine *councert*.)

COUNCILIA, v. act. Concilier, accorder ensemble des personnes ou des choses qui étaient ou paraissaient être contraires.

COUNCILIA (SE), v. récip. Se Concilier, s'accorder sur un point. (Du latin *conciliare*.)

COUNCILIATIOU, s. f. Conciliation, action de concilier des personnes, de mettre fin à leurs contestations. (Du latin *conciliatio*.)

COUNCITOUYEN, s. m. Concitoyen.

COUNCLURE, v. act. Conclure, achever, terminer; Convenir de....; Déterminer, décider. (Du latin *concludere*.)

COUNCLUSIOU, s. f. Conclusion, fin d'une affaire, résumé d'un discours. (Du latin *conclusio*.)

COUNCO, s. f. Réservoir, cavité en forme de bassin tracée au fond d'un puits. (De l'italien *concia*.)

COUNCORDO, s. f. Concorde, union, paix, bonne intelligence. (Du latin *concordia*.)

COUNCOURDA, v. n. Concorder, être d'accord, tendre au même but. (Du latin *concordare*.)

COUNCOURI, v. n. Concourir, coopérer, s'unir pour une même fin. (Du latin *concurrere*.)

COUNCOURS, s. m. Concours, affluence de monde; Action réciproque de plusieurs personnes ou de différentes choses pour un même effet, une même fin. (Du latin *concursus*.)

COUNCUBINAXE, s. m. Concubinage, état d'un homme et d'une femme qui vivent ensemble sans être mariés. (Du latin *concubinatus*.)

COUNCUBINO, s. f. Concubine, celle qui sans être mariée vit avec un homme comme si elle était sa femme. (Du latin *concubina*.)

COUNCURRENÇO, s. f. Concurrence, prétention de plusieurs personnes à la même chose ; *Y'a councurrenço*; Rabais que font les marchands dans les prix pour obtenir un plus grand nombre d'acheteurs; Voitures publiques qui suivent la même route que d'autres déjà établies. (Du latin *concurro*, de *concurrere*.)

COUNCURRENT, s. m. Concurrent, celui qui concourt pour la même chose, dans le même temps ; Qui est en concurrence avec un ou plusieurs autres. (Du latin *concurrens*, de *concurrere*.)

COUNDANNA, v. act. Condamner, rendre un jugement contre quelqu'un ; Blâmer, désapprouver ; Assujétir, contraindre à.... ; Juger un malade en danger ; Fermer une porte, une fenêtre, de manière à ce qu'on ne puisse pas l'ouvrir.

COUNDANNA (SE), v. pro. Se Condamner, s'imposer l'obligation de... (Du latin *condemnare*.)

COUNDANNATIOU, s. m. Condamnation, jugement qui condamne ; Ce à quoi on est condamné. (Du latin *condemnatio*.)

COUNDESCENDENÇO, s. f. Condescendance, complaisance qui fait qu'on se rend aux volontés d'autrui. (Racine *coundescendre*.)

COUNDESCENDRE, v. n, Condescendre, se rendre aux sentiments, à la volonté d'autrui ; Compatir aux faiblesses. (Du latin *cum descendere*.)

COUNDI, *Coundi*, v. act. Conduire, mener, guider ; Faire aller l'eau d'un endroit à un autre ; Accompagner quelqu'un par honneur, par sûreté ; Inspecter, diriger ; Mener à...., en parlant d'une route.

COUNDEZI (SE), v. pro. Se Conduire, marcher sans guide ; se Comporter ; Agir ; se Sortir d'embarras. Se *Coundezi* signifie encore se Marier, entrer en condition, se placer : *Aquelo drollo s'es pla coundezido*, cette fille s'est bien mariée ou bien placée, selon le sens de la phrase. (Du latin *conducere*.)

COUNDISCIPLE, s. m. Condisciple, compagnon d'étude. (Du latin *condiscipulus*.)

COUNDITIOU, s. f. Condition, état, qualité d'une personne ; Rang dans la société ; État de vie ; Noblesse ; Parti avantageux ; Formule, chose à observer pour la validité ; Obligation imposée par quelque convention. (Du latin *conditio*.)

COUNDITIOUNA, v. act. Conditionner, soigner ; Prévoir que toutes choses soient à leur place. (Racine *counditiou*.)

COUNDUIRE, voyez COUNDEZI.

COUNDUIT, s. m. Conduit, canal, tuyau pour le passage d'un fluide. (Du latin *conductus*.)

COUNDUITO, s. f. Conduite, action de conduire, mener, guider ; Manière d'agir, de se gouverner, de se conduire ; Conduite qu'on fait à un ouvrier qui va faire son tour. (Du latin *conduco*, j'accompagne, je conduis.)

COUNDURE, voyez COUNDUIRE.

COUNDUTTOU, s. m. Conducteur, celui qui conduit une diligence. (Du latin *conductor*.)

COUNEYSSE, v. act. Connaître, avoir une notion, une idée de... ; Avoir quelque liaison avec... ; Discerner, distinguer ; Être instruit dans... ; Conserver ses facultés. (Du latin *cognoscere*.)

Et quand ey boulgut saoupre ambe bous qui's aquel,
N'abes pas mail sapiut l'endrex ount demourabo.
Que d'ount ero sourtit et coussi s'apelabo ;
Aoutromen dits ansin nou l'abjes pas pus bist,
Et lou *couneyssiez* pas mayt que yeou l'Antechrist. D.

COUNEYSSENÇO, s. f. Connaissance ; Idée, notion qu'on a de quelque chose ; Savoir ; Personnes qu'on connaît ; Raison, exercice des facultés de l'âme. (Du latin *cognitio*.)

COUNEYSSUR, s. m. Connaisseur, qui se connaît à quelque chose. (Du latin *cognitor*.)

COUNFERENÇO, s. f. Conférence, entretien de plusieurs sur une affaire ; Instruction religieuse ; Réunion d'ecclésiastiques pour traiter un point de dogme ou de morale. (Du latin *conferre*.)

COUNFIA, v. act. Confier, commettre à la garde, au soin, à la fidélité de.... (Du latin *confidere*.)

COUNFIA (SE), v. pro. Se Confier, faire fond sur... ; Mettre sa confiance...

COUNFIANT, O, adj. Confiant, e, disposé, porté à la confiance. (Du latin *confidens*.)

COUNFIDANT, O, adj. Confident, e, Celui à qui on découvre ses secrets. (Du latin *confidens*.)

COUNFIDENÇO, s. f. Confidence, communication qu'on donne ou qu'on reçoit d'un secret. (Du latin *confidentia*.)

COUNFIENÇO, s. f. Confiance, espérance ferme en quelqu'un, en quelque chose ; Sécurité. (Du latin *confidentia*.)

Mais à bostro amitié n'ei pas pus *counfienço* ;
De digus bous ayci fazes pas difficultat,
Et d'amits coumo bous, à qui tout es egal,
Xamay nou seroou pas aquelis que me cal. D.

COUNFIDENT, O, adj. Confident, te, celui à qui on se confie, à qui on découvre ses secrets.. (Du latin *confidens*.)

COUNFINA, v. act. Confiner, reléguer dans un lieu. (Du latin *confinis*.)

COUNFIRMA, *Couffirma*, v. act. Confirmer, rendre plus assuré ; Appuyer par des raisons nouvelles, prouver davantage ; Conférer le sacrement de confirmation ; Recevoir ce sacrement ; fig., Appliquer un soufflet à quelqu'un. (Du latin *confirmare*.)

COUNFIRMANT, O, adj. Qui va recevoir la confirmation : *Lou prumié cop que l'abésque benguet, y'abio pas que bint counfirmantos*,... vingt personnes préparées à recevoir ce sacrement et qui le reçurent.

COUNFIRMATIOU, *Couffirmatiou*, s. f. Confirmation, assurance plus expresse d'une chose qui avait déjà été publiée ; Sacrement qui confirme dans la grâce du baptême. (Du latin *confirmatio*.)

COUNFISCA, v. act. Confisquer, adjuger au fisc pour cause de crimes, de contravention. (Du latin *confiscare*.)

COUNFISCATIOU, s. f. Confiscation ; Choses confisquées.

COUNFISSUR, s. m. Confiseur, celui qui confit, vend des confitures, des dragées, etc.

COUNFITURO, s. f. Confiture, fruits, racines, confits : *Manxabo de counfituros*. (Du latin *conficere*.)

Eh be ! coummo la may, la poou sur sa figuro,
El saouto cats à jou, cridan : ma *counfituro* !
Mais jou nou poudioy pas fa coumo lou lioun :
Lou pot ero miey bide et s'en bezio lou foun. J.

COUNFORME, O, adj. Conforme, semblable, qui est égal. (Du latin *conformis*.)

COUNFORMOMEN, adv. Conformément, d'une manière conforme.

COUNFOUNDRE, v. act. Confondre, mêler, brouiller des choses ensemble, mettre en désordre ; ne pas Faire distinction entre de personnes ou des choses différentes ; Prendre l'un pour l'autre ; Convaincre en humiliant, en couvrant de honte.

Sabi que cerquares aro quasques detours ;

N'oun troubares pas cap que sio d'un grand secours,
Yeou crezi qu'amb'aisso gna prou per bous *counfoundre.*
Coussi boun tirares? qu'aoures-bous à respoundre? D.

**COUNFOUNDRE** (Se), v. pro. Se Confondre, se troubler; Disparaître; s'Anéantir, s'user. (Du latin *confundere.*)

**COUNFOUNDUT**, UDO, adj. Confondu, ue.

**COUNFOURMA**, v. act. Conformer, rendre conforme, convenable; Accorder avec. (Du latin *conformare.*)

**COUNFOURMA** (Se), v. pro. Se Conformer, s'accommoder, agir conformément à...

**COUNFOURMATIOU**, s. f. Conformation; Constitution et proportion naturelle des parties d'un corps. (Du latin *conformatio.*)

**COUNFOURMITAT**, s. f. Conformité. (Du latin *conformitas.*)

**COUNFRARIÉ**, *Counfrario, Couffrario*, s. f. Confrérie, société de personnes religieuses pour des exercices pieux. (Du latin *cum* et *fraternitas.*)

**COUNFRAYRE**, s. m. Confrère, membre d'une association religieuse. (Du latin *cum fratres.*)

**COUNFRERO**, voyez COUNFRAYRE.

**COUNFROUNT**, s. m. Les Aboutissants d'une pièce de terre, les tenants, les limites. (Du latin *cum* et *frons, frontis.*)

**COUNFROUNTA**, v. act. Confronter, comparer une chose avec une autre pour voir si elle est semblable; Présenter à un accusé les témoins qui ont déposé contre lui; Confiner, limiter, avoisiner, aboutir. (Du latin *cum* et *fronte.*)

**COUNFROUNTATIOU**, s. f. Confrontation, des témoins avec l'accusé, des marchandises avec l'échantillon. (Racine *counfrounta.*)

**COUNFUS**, O, adj. Confus, e; confondu, embarrassé, honteux. (Du latin *confusus.*)

**COUNFUSIOU**, s. f. Confusion, embrouillement, désordre; Honte. (Du latin *confusio.*)

**COUNFUSIOUNNA**, v. n. Remplir de confusion; Faire honte à quelqu'un.

**COUNFUSOMEN**, adv. Confusément, d'une manière confuse. (Du latin *confuse.*)

**COUNGREA**, v. act. Engendrer, produire, en parlant des insectes, des herbes, etc. (Du latin *cum creare.*)

**COUNGREGATIOU**, s. f. Congrégation, espèce de confrérie dirigée d'après certains statuts. (Du latin *congregatio.*)

**COUNGRIA**, voyez COUNGREA.

**COUNJHÉ**, voyez COUNXET.

**COUNNIBA**, v. n. Conniver, participer au mal qu'on peut et doit empêcher en le dissimulant.

**COUNNIBENÇO**, s. f. Connivence, complicité. (Du latin *conniventia.*)

**COUNOUISSE**, voyez COUNEYSSE.

**COUNOUISSENÇO**, voyez COUNEYSSENÇO.

**COUNOUL**, voyez COUNOUYLHO.

**COUNOUYLHADO**, s. f. Quenouillée, poupée, la quantité de filasse nécessaire pour garnir une quenouille.

**COUNOUYLHO**, s. f. Quenouille, petit bâton entouré par le haut de matières propres à être filées; petit Arbre fruitier à tige droite, garni de branches de haut en bas. (De l'allemand *kunkel.*)

Osséten-nous joust oquesto bolseyro,
T'ou baou counta dé post o fi.....
Obal, ol bord dé lo rébieyro,
Ossétado sus l'herbo, en gordon moun troupel,
Qué sé corrabo o plec, en miech d'uno rostouillo,
You coumençaba o gorni mo *counouillo*;

N'obio pas ocobat d'espézi lou trochel,
Qué dé détras uno bicasso
Té solis un gros houménas... PRAP.

**COUNPARA**, voyez COUMPARA.

**COUNPARAPLE**, voyez COUMPARAPLE.

**COUNPARAZOU**, voyez COUMPARAZOU.

**COUNPARÈTRE**, voyez COUMPARÈTRE.

**COUNPARTIMEN**, voyez COUMPARTIMEN.

**COUNPAS**, voyez COUMPAS.

**COUNPASSA**, voyez COUMPASSA.

**COUNPASSIOU**, voyez COUMPASSIOU.

**COUNPATI**, voyez COUMPATI.

**COUNPATIPLE**, voyez COUMPATIBLE.

**COUNPATISSENT**, voyez COUMPATISSENT.

**COUNPELI**, v. n. Saisir, s'emparer: *Lou frex l'a counpelit*, le froid l'a saisi.

**COUNPENSA**, v. act. Compenser, réparer, balancer le désavantage, la perte; Dédommager. (Du latin *compensare.*)

**COUNPENSATIOU**, s. f. Compensation, dédommagement. (Du latin *compensatio.*)

**COUNPÈRO**, s. m. Compère, homme fin, rusé, adroit; Celui qui est d'intelligence, qui aide à tromper: *Soun counpèro.* (Du latin *cum patre.*)

**COUNPETENÇO**, s. f. Compétence, puissance de juger; Droit de connaître une affaire. (Du latin *competentia.*)

**COUNPETENT**, O, adj. Compétent, te, qui est dû; Suffisant, convenable.

**COUNPLAYRE**, v. n. Complaire, se rendre agréable; s'Accommoder, se conformer au goût, au sentiment de quelqu'un pour lui plaire. (Du latin *complacere.*)

**COUNPLAYRE** (Se), v. pro. Se Complaire, se plaire, s'admirer: *Es touxoun à se counplayre.*

**COUNPLAZENÇO**, s. f. Complaisance, condescendance honnête aux volontés d'autrui; Attention.

Aco semblo pas res, mals hòstros *counplazenços*
Y'arrancoun aycital aquelos maldizenços. D.

**COUNPLAZENT**, O, adj. Complaisant, e, qui a de la complaisance; Officieux, serviable. (Du latin *complacens.*)

**COUNPLENTO**, s. f. Complainte, récit triste en chanson. (Du latin *cum* et *planctus.*)

**COUNPLET**, O, adj. Complet, e, à quoi il ne manque rien. (Du latin *completus.*)

**COUNPLETA**, v. act. Compléter, rendre complet. (Du latin *complere.*)

**COUNPLETOMEN**, adv. Complètement, d'une manière complète.

**COUNPLEXIOU**, s. f. Complexion, tempérament, constitution. (Du latin *complexio.*)

**COUNPLICA**, v. act. Compliquer, mêler, embrouiller. (Du latin *complicare.*)

**COUNPLICATIOU**, s. f. Complication, concours, réunion de choses de différente nature. (Du latin *complicatio.*)

**COUNPLICI**, s. m. Complice, qui a part au crime d'un autre. (Du latin *complice*, ablatif de *complex.*)

**COUNPLIMEN**, s. m. Compliment, paroles civiles, obligeantes, pleines d'affection, de respect; Discours fâcheux, propos désobligeant, incivil: *Un paoure counplimen.* (De l'italien *cumplimento.*)

**COUNPLIMENTA**, v. act. Complimenter, faire compliment, prendre part à...

**COUNPLIMENTOUS**, OUSO, adj. Complimenteur, euse, celui, celle qui aime à faire des compliments. (Racine *counplimen.*)

**COUNPLIOS**, s. f. Complies, dernière partie de l'office divin après vêpres. (Du latin *completorium*.)

**COUNPLOT**, s. m. Complot, dessin criminel concerté secrètement; fig.; Intention, volonté de faire une chose sans prévenir. (De l'anglais *plot*.)

**COUNPLOUTA**, v. act. Comploter; Conspirer, se liguer, arrêter une chose.

**COUNPOTO**, s. f. Compote, fruits cuits lentement avec du sucre; Ragoût de pigeons; Trop bouilli, marmelade. (Du latin *composita*.)

**COUNPOURTA**, v. act. Comporter, être en proportion, en rapport : *L'un counpourtant l'ooutre*. (Du latin *comportare*.)

**COUNPOURTA** (SE), v. pro. Se Comporter, se conduire bien ou mal en quelque chose; Vivre d'une manière régulière.

**COUNPOUTIÉ**, s. m. Compotier, vase pour mettre, pour servir les compotes. (Racine *counpoto*.)

**COUNPOUZA**, v. act. Composer, faire un ouvrage d'esprit, d'art. (Du latin *componere*.)

**COUMPOUZITIOU**, s. f. Composition, action de composer quelque chose; Mélange et incorporation de drogues. (Du latin *compositio*.)

**COUNPREANSIBLE**, adj. Compréhensible, qui peut être compris, conçu, entendu. (Du latin *comprehensibilis*.)

**COUNPRENE**, v. act. Comprendre, concevoir; Faire mention de... (Du latin *comprehendere*.)

Aro n'abes prou dit; bous *coupreni* de resto :
Perque nou parlas clar? anfin que bous arresto? D.

**COUNPRENORI**, s. m. Esprit, compréhension, faculté de concevoir, de comprendre : *N'a pas prou de counprenori*, il n'a pas assez d'intelligence. (Racine *counprene*.)

**COUNPRESSO**, s. f. Compresse, linge en plusieurs doubles que les chirurgiens mettent sur une plaie. (Racine *presso*.)

**COUNPRIMA**, v. act. Comprimer, presser avec violence; fig. : Empêcher d'éclater. (Du latin *comprimere*.)

**COUNPROUMETRE**, v. act. Compromettre, mettre dans l'embarras, exposer à des désagréments. (Du latin *compromittere*.)

**COUNPROUMIS**, s. m. Compromis, soumission à l'arbitrage; Acte qui la contient. (Du latin *compromissum*.)

**COUNQUÉRAN**, s. m. Conquérant, celui qui fait des conquêtes.

Dious l'a triat démest la raço criminello,
Perqu'à sous descendénts serbisquès dé moudèlo :
En daichan al tour d'él un hourrible tabléou,
Coumo'n gran *counquéran*, dins un camp dé bataillo,
Après ab lançat en pertout la mitraillo,
Al miech dal mounde mort a plantat soun drapeou.
LAY.

**COUNQUERI**, v. act. Conquérir, gagner par les armes.

**COUNQUÉTO**, s. f. Conquête, ce qu'on a conquis.

**COUNSACRA**, v. act. Consacrer, dédier à Dieu avec certaines cérémonies; Prononcer les paroles sacramentales sur le pain et le vin; Destiner, dévouer, sacrifier.

**COUNSACRATIOU**, *Counsecratiou*, s. f. Consécration, action par laquelle le prêtre consacre à la messe; le Moment de la consécration. (Du latin *consecratio*.)

**COUNSECUTIF**, IBO, adj. Consécutif, ive, qui suit immédiatement.

**COUNSENT**, O, adj. Consentant, e, qui consent. (Du latin *consentiens*.)

**COUNSENTI**, v. n. Consentir, ne point s'opposer; Vouloir bien; Adhérer; Tomber d'accord. (Du latin *consentire*.)

**COUNSENTOMEN**, s. m. Consentement, approbation. (Du latin *consensus*.)

**COUNSEQUENÇO**, s. f. Conséquence, suite qu'une action peut avoir. (Du latin *consequentia*.)

**COUNSEQUENÇO** (EN), adv. En conséquence, par suite de...

Lou meriti n'es pas l'oubjet que lous atiro,
Gna be, que pel segur, meritou tant que bous
Et que n'an pas touxoun biut gouxats as talous;
D'aqui l'on pot fort pla traire la *counsequenço*
Que per bostres galans siès pas sans coumplazenço. D.

**COUNSEQUENT**, O, adj. Conséquent, e, qui raisonne, agit conséquemment. (Du latin *consequens*.)

**COUNSERBA**, v. act. Conserver, garder soigneusement; Ne pas perdre, ménager; Empêcher l'altération, le dépérissement; Garder dans quelque vue, dans quelque dessein; fig., Avoir présent à l'esprit.

Un moudesto silenço,
Un assidut trabal,
*Counserbou* l'inoucenço
Et la pax de l'oustal. PUJ.

**COUNSERBA** (SE), v. pro. Se Conserver, se garder; ne pas se Gâter; Prendre grand soin de soi; ne pas Vieillir. (Du latin *conservare*.)

**COUNSERBATIOU**, s. f. Conservation, action par laquelle une personne, une chose est conservée. (Du latin *conservatio*.)

**COUNSERBO**, s. f. Pot à confitures; Espèce de bouteille à grande ouverture où l'on conserve des fruits, soit à l'eau-de-vie, soit au vinaigre. (Racine *counserba*.)

**COUNSERBOS**, s. f. Conserves, sorte de lunettes pour conserver la vue.

**COUNSIDERA**, v. act. Considérer, regarder attentivement; Examiner avec soin; Avoir égard; Estimer, faire cas, avoir de la considération pour.... (Du latin *considerare*.)

Cértos, paouro Toinoun, yeou bous estimi fort,
Et bous estimarèi mèmes xuscos à la mort.
Saourio pas dire prou coussi bous *counsidèri*,
Mais me cal ambe bous demoura d'alount n'èri. D.

**COUNSIDERAPLE**, O, adj. Considérable, qui doit être considéré.

**COUNSIDERAPLOMEN**, adv. Considérablement, beaucoup.

**COUNSIDERATIOU**, s. f. Considération, attention; Égard. (Du latin *consideratio*.)

**COUNSIENTIO**, *Coussienso*, s. f. Conscience, sentiment naturel, intérieur, du bien et du mal : *La counsientio y reproxo*; Probité : *N'as pas doune de counsientio?* adverb., En conscience, en vérité. (Du latin *conscientia*.)

**COUNSIENTIO**, s. f. Trépan, machine dont se servent les serruriers, les tourneurs, pour faire tourner un foret, un vilebrequin dans une position verticale.

**COUNSIERXE**, s. m. Concierge, garde d'un hôtel, d'un château, d'un palais, d'une prison. (Du latin *conservus*, fait de *conservare*.)

**COUNSINNA**, v. act. Consigner, déposer juridiquement; Insérer, mettre dans une histoire, dans un rapport; Donner une consigne, un ordre à une sentinelle; Défendre de laisser sortir : *La troupo es counsinnado à la cazerno.* (Du latin *consignare.*)

**COUNSINNATIOU**, s. f. Consignation, dépôt juridique d'argent en mains tierces. (Du latin *consignatio.*)

**COUNSINNO**, s. f. Consigne, ordre donné à une sentinelle; Punition militaire; Défense de sortir. (Racine *counsinna.*)

**COUNSISTA**, v. n. Consister, être composé de..., formé de..., être de telle ou telle nature. (Du latin *consistere.*)

**COUNSISTENÇO**, s. f. Consistance, état de solidité, de stabilité. (Racine *counsista.*)

**COUNSISTORI**, s. m. Consistoire; Assemblée des cardinaux convoquée par le pape; Assemblée de ministres, d'anciens des protestants, des juifs.

**COUNSOLO**, s. f. Console, sorte de meuble; Saillie destinée à soutenir quelque ornement. (Du latin *consolidare.*)

**COUNSOME**, s. m. Consommé, bouillon succulent d'une viande très-cuite. (Du latin *consummatus.*)

**COUNSOULA**, v. act. Consoler, soulager, adoucir, diminuer l'affliction, le déplaisir.

É lou riché a dins el un tic hereditary
Qué lou porta à néga qu'és puissen despioy hier,
É qué s'és engrayssat del sang del prouletary.
Mais aco soul lou rénd é susceptible é fier.
Paourés! s'és ouprimats, vostré sor m'inquièta;
S'ay per vous proutéja la lyra del pouèta,
Mous cants *counsoularoou* vostré cor alarmat.
Sachaz qu'én sourtiguèn del hèntré dé ma mèra
Un anja sé diguèt : « Aquél éfan sus terra
Séro del riché hait, del paouré pople aymat! » PEYR.

**COUNSOULA** (SE), v. pro. Se Consoler, avoir moins d'affliction. (Du latin *consolare.*)

**COUNSOULANT**, O, adj. Consolant, te, qui console, qui est propre à consoler : *Ço que y a de counsoulant.* (Du latin *consolans.*)

**COUNSOULATIOU**, s. f. Consolation, soulagement donné à l'affliction, à la douleur. (Du latin *consolatio.*)

**COUNSOULIDA**, v. act. Consolider, rendre solide.

**COUNSOULIDA** (SE), v. pro. Se Consolider, devenir solide; s'Affermir. (Du latin *consolidare.*)

**COUNSOUMA**, v. act. Consommer, détruire par l'usage. (Du latin *consummare.*)

**COUNSOUMATIOU**, s. f. Consommation, usage d'aliments, de combustibles; Débit, emploi de marchandises. (Du latin *consummatio.*)

**COUNSULTA**, v. act. Consulter, prendre avis, conseil ou instruction. (Du latin *consultare.*)

**COUNSULTA** (SE), v. pro. Se Consulter, examiner ce qu'on doit faire; Délibérer.

**COUNSULTATIOU**, s. f. Consultation, avis d'un avocat, d'un médecin. (Du latin *consultatio.*)

**COUNSULTO**, voyez COUNSULTATIOU.

**COUNSUMA**, v. act. Consumer, détruire, user, réduire à rien. (Du latin *consumere.*)

**COUNSUMIT**, IDO, adj. Consumé, ée, par le feu, par la putréfaction. (Du latin *consumptus.*)

**COUNTA**, v. act. Compter, faire, assembler des comptes; Solder; Réputer, estimer, regarder comme...; Faire nombre; Être du nombre; Venir à compte; Arrêter un compte; Croire, se proposer;

Conter, faire un conte, dire, raconter. (Du latin *computare.*)

Yè trove moun mounde, lous *conte*
Quatre, cinq fés; mais à moun coute,
Quatre, cinq fés m'én manquét un.
Lous rééonnière èmbe dé lun;
Ni per aquéla, dins la cliqua
Toujours la mèma arimètiqua.
Faou las réglas dé divisioun,
D'adicioun é dé soustractioun,
Car né save aoumen trés dé quatre,
Toujour un dé mén : certa quatre!
Que diable ! sus tan paou dé gens,
N'as, diziey sans cessa, nn dé méns !...
Quaou pot èstre àquel qué te manqua?
A forço dé grata moun anqua
Per mé récourda quaou sèrié,
Ay ! Foullira, aco's ta mouié... FAY.

**COUNTADOU**, s. m. Comptoir, longue table à tiroir pour montrer, détailler les marchandises, pour compter et serrer l'argent.

**COUNTAXIOU**, s. f. Contagion.

**COUNTAXIOUS**, OUSO, adj. Contagieux, euse.

**COUNTE**, s. m. Compte, nombre, calcul; Note de choses fournies ou reçues. (Du latin *computum.*)

Cap de fillo xamay boules pas abé tort.
Se l'on hol se faxa, cridas touxoou pus fort;
Mais se bous, francomen, ayci me randies *counte*..... D.

**COUNTE**, s. m. Conte, narration, récit d'une aventure surtout fabuleuse; Récit plaisant. (Du grec *konton*, abrégé.)

Un loung silenço sé fazio,
Et debanen lou peze que nouzaben,
Nous sous setuts sul souquet, escoutaben
Lous *countes* biels qu'uno biello dizio. J.

**COUNTE**, *Comte*, s. m. Comte, seigneur revêtu d'une dignité au dessus du baron. (Du latin *comes.*)

**COUNTE** (A), adv. A-compte, donner tant sur ce qu'on doit.

**COUNTENE**, v. act. Contenir, comprendre, renfermer dans certaine capacité, certaine étendue, certain espace. (Du latin *continere.*)

**COUNTENE** (SE), v. pro. Se Contenir, se retenir, se modérer, s'empêcher de...

**COUNTENENÇO**, *Cabenso*, s. f. Contenance, capacité; Maintien, posture, exactitude. (Du latin *continentia.*)

**COUNTENPLA**, v. act. Contempler, considérer attentivement.

Qu'on vey dé cruels éspectacles
Quan on *countémpla* l'univers!
Lou paouré a tallamén d'oubstacles
Per trioumpha dé soun revers,
Qué pérd el-mème counsiénça,
Qué supporta ambé patiença
Lou mal estacat à soun sor;
Qué lion dé maoudiré sas pénas,
N'aouza pas brisa sas cadénas
Qué quan al Ciel prén soun essor. PEYR.

**COUNTENPLATIOU**, s. f. Contemplation, continuité d'attention à un objet présent, ou à son image quand il est absent. (Du latin *contemplatio.*)

**COUNTENTA**, v. act. Contenter, donner du contentement, de la satisfaction; Plaire; Appaiser, satisfaire les sens. (Racine *countent.*)

**COUNTENTA** (SE), v. pro. Se Contenter, se satisfaire; Borner ses désirs à...; se Tenir, se borner à...

**COUNTENT**, O, adj. Content, te, qui a l'esprit satisfait, dont les désirs sont satisfaits; Satisfait de... (Du latin *contentus*.)

Bous trobi fort plazent et fort ouriximal
De beni m'insulta xuscos dins moun oustal :
Mais per n'aouzi pas pus que n'aimi bint ou trento,
Laissas-me coumo soui, ne serey fort *countento*.   D.

**COUNTENTOMEN**, s. m. Contentement, joie, plaisir, satisfaction. (Racine *countent*.)

**COUNTESTA**, v. act. Contester, refuser de reconnaître des droits, des prétentions ; Débattre, disputer. (Du latin *contestari*.)

**COUNTESTATIOU**, s. f. Contestation, débat, dispute. (Du latin *contestatio*.)

**COUNTINUA**, *Countugna*, v. act. Continuer, poursuivre la même chose ; Prolonger, faire qu'une chose ait suite ; Persévérer dans ; Persister, durer, ne pas cesser. (Du latin *continuare*.)

**COUNTINUATIOU**, s. f. Continuation, action de continuer ; Durée de la chose. (Du latin *continuatio*.)

**COUNTINUEL**, O, adj. Continuel, le, qui dure sans interruption, qui ne cesse point, ou très-peu. (Du latin *continuus*.)

**COUNTINUELOMEN**, adv. Continuellement, sans cesse, sans interruption. (Du latin *continué*.)

**COUNTINUITAT**, s. f. Continuité. (Du latin *continuitas*.)

**COUNTOROLLE**, s. m. Contrôle, registre de vérification ; Droit auquel elle assujétit ; Marque sur l'argenterie qui a le titre, qui a payé ce droit. (Des mots *countro* *rolle*, rôle opposé à un autre.)

**COUNTOROULLA**, v. act. Contrôler, mettre le vu sur le contrôle ; fig., Critiquer, censurer.

**COUNTOROULLUR**, s. m. Contrôleur, officier qui tient les contrôles.

**COUNTOURSIOU**, s. f. Contorsion ; Grimace, attitude forcée.

Dabont al lou mostis sus soun ouquo ossetat,
Fo millo *countoursious*; pés pots passo lo lengo,
Japo, gémis, frétillo, enquio qué so part bengo.
   PRAD.

**COUNTRADIRE**, v. act. Contredire, contester, dire le contraire. (Du latin *contradicere*.)

**COUNTRADIRE** (SE), v. pro. Se Contredire, être contraire, opposé.

**COUNTRADITTIOU**, s. f. Contradiction, opposition de sentiments, d'idées ; Contrariété. (Du latin *contradictio*.)

**COUNTRADO**, s. f. Contrée, certaine étendue de pays. (De l'espagnol *contrada*.)

Ben, plejo, bruino, jalado !
Louas, benissez lou Seignou;
Moustras sa bountat, sa grandou,
De *countrado* en countrado.   PUJ.

**COUNTRARI**, s. m. Contraire, chose opposée à une autre ; Nuisible. (Du latin *contrarius*.)

Lou pairé dè l'éfon trouhabo lo berquieyro
Qué pourtabo lo fillo un bricou trop laugieyro.
Lou pairé dé lo fillo ol *countrari* disio
Qué suibant soun estat trop dé dot l'y fosio ;   PRAD.

**COUNTRARIA**, v. act. Contrarier, contredire; Parler, agir contre les idées, le désir d'autrui.

**COUNTRARIA** (SE), v. pro. Se Contrarier ; Être opposé ; se Contredire. (Du latin *contradicere*.)

**COUNTRARIETAT**, s. f. Contrariété, opposition, obstacle, difficulté. (Du latin *contrarietas*.)

**COUNTRASTA**, v. act. Contraster, être en opposition, former des contrastes. (Du latin *contrastare*.)

**COUNTRASTE**, s. m. Contraste, différence, opposition des caractères, de l'esprit, des sentiments. (Racine *countrasta*.)

**COUNTRAT**, s. m. Contrat ; convention écrite et notariée. (Du latin *contractus*.)

**COUNTRATTA**, v. act. Contracter, faire un contrat, une convention ; Former, acquérir. (Du latin *contrahere*.)

**COUNTRIBUA**, v. n. Contribuer, payer sa part d'une imposition, d'une dépense commune ; Aider, coopérer, être en partie cause. (Du latin *contribuere*.)

**COUNTRIBUAPLES**, s. m. Contribuables, ceux qui doivent contribuer au paiement des impositions.

**COUNTRIBUTIOU**, s. f. Contribution, levée des deniers, impôt : *Las countribuitous aoumentou touxoun*. (Du latin *contributio*.)

**COUNTRISTA**, v. act. Contrister, donner du chagrin, rendre triste. (Du latin *contristare*.)

**COUNTRITIOU**, s. f. Contrition, regret, douleur d'avoir offensé Dieu. (Du latin *contritio*.)

Tout és finit per yéou ! Moun Dicu qu'és tant bon péra,
Vol mettre dins moun cor la *countritiou* sincéra ;
Sé m'a dounat lon mal éra per m'esprouva.
Ara, quan lou léprous vo fayre peniténça,
Anén, anén, moun âma, implora l'indulgença
D'Aquel dount lous décrets té diévoou resprouva.
   PEYR.

**COUNTRO**, prép., sert à marquer l'opposition, Contre ; marque la proximité, Auprès, proche ; Malgré, sans égard pour... (Du latin *contrà*.)

Aquel ome, dizen, qu'abio fosse dé fam,
Trabesset endacon, your prenguet lou daban,
Lous anguet espera *countro* la tres perdrizes.
Lou loc es pla marxan, s'appelo nou t'y fizes.   D.

**COUNTRO-BALANÇA**, v. act. Contre-balancer, égaler avec des poids ; Compenser. (Des mots *contro* et *balança*.)

**COUNTROBANDIÈS**, s. m. Contrebandiers, ceux qui font la contrebande.

**COUNTROBANDO**, s. f. Contrebande, chose, commerce de choses dont la vente est prohibée. (De l'italien *contrabbando*.)

**COUNTROBEN**, s. m. Contrevent, volet en dehors. (Du latin *contrà ventum*.)

**COUNTROBERSA**, v. n. Faire la controverse. (Du latin *controversari*.)

**COUNTROBERSO**, s. f. Controverse, débat, dispute. (Du latin *controversia*.)

**COUNTRO-CARRA**, v. act. Contre-carrer, s'opposer directement à quelqu'un, à ses desseins, à ses projets. (Racine *countro*, *carra*.)

**COUNTRO-CLAOU**, s. m. Contre-clef ; t. d'archit., Voussoir joignant la clef d'une voûte à droite et à gauche ; fig., Fausse clef. (Racine *countro claou*.)

**COUNTRO-COP**, s. m. Contre-coup, répercussion d'un corps sur un autre ; fig., Suite, effet, influence pour quelqu'un d'un événement malheureux arrivé à un autre.

**COUNTRO-COR** (A), adv. A Contre-cœur, avec regret, avec répugnance. (Racine *countro*, *cor*.)

**COUNTRODANSO**, s. f. Contredanse, danse vive

et légère, à figures, qui s'exécute à 4, à 6 et à 8 personnes; son Air. (Racine *countro*, *danso*.)

**COUNTRODIRE**, *voyez* COUNTRADIRE.

**COUNTROFA**, v. act. Contrefaire, imiter, représenter en imitant; Déguiser; Rendre difforme, défiguré. (Du latin *contrafacere*.)

**COUNTROFA** (SE), v. pro. Se Contrefaire; Déguiser son caractère; Dissimuler, feindre.

**COUNTROFAX, O**, adj. Contrefait, e, imité, falsifié; Malfait, difforme.

**COUNTRO-FORT**, s. m. Contre-fort, mur contreboutant qui en appuie un autre; Pièce de cuir à la tige d'une botte, d'un soulier, pour les fortifier. (Racine *countro*, *fort*.)

**COUNTRO-MANDA**, v. act. Contre-mander, révoquer un ordre donné. (Racine *countro*, *manda*.)

**COUNTROMARCA**, v. act. Contremarquer, apposer une contre-marque.

**COUNTRO-MARCO**, s. f. Contre-marque, seconde marque apposée à un ballot, à des marchandises, à la vaiselle d'argent; Second billet de spectacle pour sortir et rentrer. (Racine *countro*, *marco*.)

**COUNTRO-MARXO**, s. f. Contre-marche, hauteur d'une marche d'escalier; Pièce sous cette marche; Marche d'une armée, contraire à ce qu'elle paraissait vouloir faire; Évolution de la tête à la queue. (Racine *countro*, *marxo*.)

**COUNTRO-MÈSTRE**, s. m. Contre-maitre, celui qui dirige les ouvriers, qui a inspection sur eux. (Racine *countro*, *mèstre*.)

**COUNTRO-PARTIDO**, s. f. Contre-partie, partie de musique opposée à une autre; Partie adverse, celle qui a une opinion, un parti contraire. (Racine *countro*, *partido*.)

**COUNTRO-PÈ**, s. m. Contre-pied, le contraire de quelque chose. (Racine *countro*, *pè*.)

**COUNTRO-PÈL**, s. m. Contre-poil, le rebours, le sens contraire du poil: *A countro-pèl*.)

**COUNTRO-PES**, s. m. Contre-poids, poids qui en contre-balance d'autres. (Racine *countro*, *pes*.)

**COUNTRO-POUYZOU**, s. m. Contre-poison, remède propre à combattre l'effet du poison. (Racine *countro*, *pouyzou*.)

**COUNTRO-PUN**, s. m. Contre-point; point opposé.

**COUNTRO-PUNTO**, s. f. Contre-pointe, courtepointe, couverture de lit piquée et de parade.

**COUNTRORDRE**, s. m. Contre-ordre, révocation d'un ordre. (Racine *countro ordre*.)

**COUNTRO-REBOULUTIOU**, s. f. Contre-révolution, retour à un gouvernement détruit par une révolution; Révolution en sens contraire de la première.

**COUNTRO-SÈN**, s. m. Contre-seing, signature de celui qui contresigne. (Racine *countro*, *sèn*.)

**COUNTRO-SENS**, s. m. Contre-sens, sens contraire au sens naturel. (Du latin *contrarius sensus*.)

**COUNTRO-SINNA**, v. act. Contre-signer, signer en qualité de secrétaire au dessous de celui au nom duquel les lettres sont expédiées; Signer sur l'enveloppe d'une lettre, afin qu'elle parvienne franc de port. (Du latin *contrà signare*.)

**COUNTRO-TEMPS**, s. m. Contre-temps, accident imprévu, inopiné, qui empêche ou retarde le succès. (Du latin *contra tempus*.)

**COUNTROVERSO**, *voyez* COUNTROBERSO.

**COUNTRO-XOUN**, s. m. Contre-jour, endroit opposé au grand jour, où le jour ne donne pas à plein.

**COUNTUGNA**, *voyez* COUNTINUA.

**COUNTUGNO**, adv. Continuellement, sans interruption. (Du latin *continuò*.)

> Défét, ïanan sus ma paraoula;
> Vint moussis garnisoun la taoula,
> Prégan Dìou, rizèn aou fricot,
> Couma un frater à l'ésquipot,
> Quan y'aouzis toumba dé pecugna;
> Mais riguèren pas dé *countugna*. FAV.

**COUNVENI**, *voyez* COUNBENI.

**COUNXÈT**, s. m. Congé, permission, ordre de s'en aller, de se retirer, de s'absenter; Sommation du propriétaire au locataire de vider les lieux; Déclaration du locataire au propriétaire qu'il entend sortir à un tel terme; Permis de faire passer des boissons, des marchandises qui ont payé le droit; t. de menuis., Moulure creuse en quart de rond. (De l'italien *congedo*.)

> Ha ça, bos-tu, Marcel, que xouguen doutze francs,
> Ou se bus un repaïs per sieys bounes efans,
> Que siogos pas aymat de la filho que dises,
> Que n'axos pas soun cor encaro que t'en fises,
> Amay que quand bouldrei te doune toun *counxèt*. D.

**COUNXURA**, v. act. Conjurer, former un complot; Prier instamment. (Du latin *conjurare*.)

**COUO**, *voyez* COUGO.

**COUO-NI**, s. m. Nichet, œuf que l'on met dans un nid pour que les poules y aillent pondre. (Racine *coua*.)

**COUONI**, *Calfopè*, s. m. Chaufferette, sorte de boite de ferblanc dans laquelle on met du feu pour tenir les pieds chauds; Couvert, pot garni de feu que certaines femmes mettent sous elles.

**COUOROUS**, s. m. Rouge-queue, oiseau de passage.

**COUOUPERA**, v. act. Coopérer, opérer conjointement avec d'autres. (Du latin *cooperari*.)

**COUP**, s. m. Mesure de capacité; Plein la main; Calot, fond de chapeau. (Du latin *copia*, abondance.)

**COUPA**, v. act. Couper, trancher, diviser, séparer un corps par un tranchant; Tailler suivant les règles de l'art; Ajouter à un liquide un autre liquide, et particulièrement de l'eau; Devancer en poursuivant; Oter la communication; Faire un grand tort, mettre dans un embarras extrême; Interrompre; Séparer un jeu de cartes pour mettre le dessus dessous; Abréger. (Du grec *kopein*.)

> Vite!... alerta!... en cridan antaou
> Davalet (Eolo) é faguet un traou,
> D'un cop dé tèsta à la muraïa,
> Dounte touta sa bagassaïa,
> Revoulumada en tourbiïoun,
> Sourtiguèt èn gran cariïoun,
> È toumbèt toutas las guindoulas,
> Las agrunélas, las méspoulas.
> Coupet dé grèls couma lou bras;
> Pus l'on destecoulet quatre mas;
> Pecayre! embourgnet dé poussièyra
> Dé gèns que venièn dé la fièyra;
> Desquïèt, d'un pountil en bas,
> Un aze tout cargat dé plas.
> Mais tout aco vaou pas lou dire,
> É la jouynessa ayma dé rire. FAV.

**COUPA** (SE), v. pro., se Couper, s'entamer la chair; se Contredire.

**COUPAPLE, O**, adj. Coupable, qui a commis une faute, un délit; Qui a des torts. (Du latin *culpabilis*.)

Boules pas me gueri d'un tourmen que m'accaplo,
Bous es indifferent que bous crego *coupaplo*;
Digas ço que bouldres per bous dezencusa,
Yeou b'escoutarei tout quand deouries m'enguza. D.

**COUPADO**, s. f. Mesure d'étendue de terre. (Racine *coupa*.)

**COUPAYRE**, O, s. m. f. Coupeur, celui, celle qui coupe les grappes en vendange, le blé à la moisson, ou le bois quand on coupe. (Racine *coupa*.)

**COUPÉOU**, *Messourgo*, s. m. Copeau, ce que les charpentiers, menuisiers, tourneurs, etc., séparent, enlèvent avec leurs outils du bois qu'ils travaillent. (Racine *coupa*.)

**COUPET**, *Coupé*, s. m. Petit Coup; un Coup à boire; le Chignon, le derrière de la tête; fig., la Tête; le Derrière de l'œil, d'une hache, d'un hoyau; le Coupé, la partie de devant de certaines diligences. (Du latin barbare *colpus*, fait par corruption de *colaphus*.)

**COUPIA**, v. act. Copier, faire une copie; Imiter. (Racine *coupio*.)

**COUPIO**, *Copio*, s. f. Copie, écrit fait d'après une autre transcription; Assignation, citation. (Du latin *copia*.)

**COUPIOUS**, OUZO, adj. Copieux, euse, abondant, ample. (Du latin *copiosus*.)

**COUPIOUSITAT**, s. f. Abondance.

**COUPIOUZOMEN**, adv. Copieusement, abondamment. (Du latin *copiosè*.)

**COUPLE**, *Parel*, s. m. Couple, deux choses de même espèce réunies; Paire d'animaux. (Du latin *copula*.)

**COUPLET**, s. m. Couplet, stance d'une chanson; t. de ser., Pattes unies par une charnière. (Du latin *copula*.)

**COUPLO**, s. f. Couple, attelage. (Du latin *copula*.)

**COUPO**, s. f. Coupe, action, manière de couper; Étendue de bois qui est ou doit être coupé; Art, façon de tailler les pierres : *Uno falso coupo*. (Racine *coupa*.)

**COUPO-CAP**, s. m. Casse-tête, grande contention d'esprit; Peine.

**COUPO-COL**, s. m. Casse-cou, brise-cou; Escalier, endroit dangereux où il est aisé de tomber : *Aco's un beritaple coupo-col*.

**COUPO-GORXOS**, s. m. Coupe-gorge, passage dangereux à cause des voleurs; Lieu où l'on assassine, rançonne, (Racine *coupo*, *gorxos*.)

**COUPOMEN DE CAP**, voyez COUPO-CAP.

**COUPOROS**, s. m. Couperose, sulfate de fer: *Un quart de couporos*. (Du latin *cupri ros*, rosée, eau de cuivre.)

**COUPOUN**, s. m. Coupon, petit reste d'une pièce d'étoffe ou de toile. (Racine *coupa*.)

**COUPURO**, s. f. Coupure, séparation, division faite par quelque chose de coupant; Blessure. (Racine *coupa*.)

**COUQUA**, voyez COUCA.

**COUQUEL**, s. m. Grumeau : *Y'a fosso couquels*; fig., petit Enfant; Fille, femme sans arrangement : *Semblos un couquel*.

**COUQUELEXA**, voyez ACOUQUELA.

**COUQUELOUS**, UT, UDO, adj. Grumeleux, euse.

**COUQUI**, INO, s. m. f. Coquin, ine, fripon, voleur; Homme lâche, infâme. (Du latin *coquinus*, cuisine, grand amateur de la cuisine, comme sont les gueux, les mendiants. *Coquinus* s'est dit originairement des plus bas officiers de cuisine, et ensuite des gens les plus vils et les plus méprisables.

Counbène bé d'aco d'aqui;
Mais s'aquel prince es un *couqui*,
Qué sans témouens è sans noûtari,
Sans las letras daou Gran-Vicari,
Sans lou mendre certificat
Couma quouè nous an publiat,
Vouguèsse èmbe sas manièrelas
Mé mèna couma las coutétas;
Oh ! souvèn-té, ma chèra Annou,
Qué Didoun aymo trop l'hounou
Per nou lou vira d'un emplastró,
A la fi d'un ta gran désastre. FAY.

**COUQUINARIÉ**, *Couquinario*, s. f. Coquinerie, action de coquin.

**COUQUINAYLHO**, s. f. Coquinaille, bande, troupe de gueux.

**COUQUINEXA**, v. n. Coquiner, gueuser, mener la vie d'un coquin : *Aco's couquinexa*.

**COUQUINO**, s. f. Coquine, femme de mauvaise vie.

**COUQUINOT**, s. m. Coquinet, petit voleur.

**COUR**, s. f. Cour, espace découvert, dépendant d'une maison entourée de bâtiments ou fermée de murs : Résidence d'un souverain avec sa suite; le Souverain, son conseil, ses officiers : *La cour es un mercat ount lous omès sé bendou*; Respects, assiduités qu'on rend à quelqu'un. (Du latin *cors*, *cortis*, basse-cour.)

**COURADILHOS**, s. f. Fressure; t. de boucher, le cœur, la rate, le foie d'un agneau, etc.

**COURAL**, voyez ACOURAL.

**COURAL**, s. m. Cœur de chêne : *Coural de garric*. (Du latin *cor*.)

**COURANTO**, voyez COURENTO.

**COURAXE**, s. m. Courage, force d'âme qui rend l'homme hardi, qui le soutient dans le péril, dans les revers. (Du latin barbare *coragium*, de *cor*.)

**COURAXOUS**, OUSO, adj. Courageux, plein de courage.

**COURAXOUZOMEN**, adv. Courageusement, avec fermeté.

**COURBA**, v. act. Courber, rendre courbe une chose droite; Donner une figure, une forme courbe; S'incliner. (Du latin *curvare*.)

**COURBA** (SE), v. pro. Se courber, devenir courbe; Se plier.

**COURBADO**, s. f. Corvée, travail, service gratuit; Travail qu'on fait sans profit et à regret; Démarche pénible et désagréable. (Du latin barbare *corvada*, de *curvatus*.)

**COURBAN**, s. m. Courbe, toute espèce de bois qui peut servir à faire des courbes, des jantes. (Du latin *curva*.)

**COURBATAS**, voyez GORP.

**COURBATURO**, s. f. Courbature, douleur.

**COURBÈL**, s. f. Cercle à cuve fait de plusieurs jantes assemblées par des chevilles en fer. (Du latin *curvus*.)

**COURBI**, voyez CURBI.

**COURBO**, s. f. Jante de roue. (Du latin *curva*.)

**COURBO**, s. f. Courbature, maladie du cheval courbatu.

**COURBO PLAT**, voyez COURBO-PLAT.

**COURBOUYLHOUN**, *Corbouillouu*, s. f. Court-bouillon, mélange de vin, sel, poivre, romarin, dans lequel on fait cuire le poisson.

**COURCHO**, voyez DRESSIÈYRO.

**COURCOUYSSOU**, s. m. Fer-chaud, chaleur très violente qui monte de l'estomac jusqu'à la gorge.

COURDOU, s. m. Cordon, petite corde de fil, de soie, de coton ; Rang de pierres, de briques, qui règne tout au tour d'un bâtiment.

COURDOUGNÉ, s. m. Cordonnier, artisan qui fait et vend des souliers, des bottes. (Par corruption de *cordouanier*, fait de *cordouan*, espèce de cuir qui vient de *Cordoue* en Espagne.)

Le cordonnier se sert pour travailler de :
ALZENO, *voyez* ALZENO.
ASTIC, *voyez* ASTIC.
AOUSSOS, *voyez* AOUSSOS.
BIZÈCLE, *voyez* BIZÈCLE.
BOURIÈS, *voyez* BOURIÈS.
CAYLHOBOUTIN, *voyez* CAYLHOBOUTIN.
CARRELET, *voyez* CARRELET.
CIRO, *voyez* PEGO DE COURDOUGNÉ.
CLOUS, *voyez* CLOUS.
DEN DE LOUP, *voyez* DEN DE LOUP.
DRESSO, *voyez* DRESSO.
FER A CABILHO, *voyez* FER A CABILHOS.
FER A CAMBURO, *voyez* FER A CAMBURO.
FER A COSTO, *voyez* FER A COSTO.
FER A EMBOITAXE, *voyez* FER A EMBOITAXE.
FER A PICURO, *voyez* FER A PICURO.
FER A PIXOU PUN, *voyez* FER A PIXOU PUN.
FER A UNI, *voyez* FER A UNI.
FER A XUNTURO, *voyez* FER A XUNTURO.
LIGNOL, *voyez* LIGNOL.
MAILHOCHO, *voyez* MAILHOCHO.
MANICLO, *voyez* MANICLO.
PATOUN, s. m. T. de cordon., Pâton, bout de cuir.
PEGO, *voyez* PEGO DE COURDOUGNÉ.
PEYRO A AGUZA, *voyez* PEYRO A AGUZA.
PINÇOS, *voyez* PINÇOS.
PLANXO, s. f. Écofrai, planche sur laquelle les cordonniers taillent les empeignes, les quartiers des souliers.
POT A L'ANCRO, *voyez* POT A L'ANCRO.
RASPO, *voyez* RASPO.
RELÈBO CARTIÉ, *voyez* RELÈBO CARTIÉ.
RELÈBO GRABURO, *voyez* RELÈBO GRABURO.
ROULETO A EMBOITAXE, *voyez* ROULETO A EMBOITAXE.
ROULETO A FAL PUN, *voyez* ROULETO A FAL PUN.
ROULETO A PICURO, *voyez* ROULETO A PICURO.
SEMENÇO, *voyez* SEMENÇO.
TAXOS, *voyez* TAXOS.
TIRO-PIÈ, *voyez* TIRO-PIÈ.
TRANXET, *voyez* TRANXET.
TRESPUNTO, *voyez* TRESPUNTO.

Un cordonnier
AFFIXO, *voyez* AFFIXA.
BROXO, *voyez* BROUXA.
CAMBRO, *voyez* CAMBRA.
ENSEDO, *voyez* ENSEDA.

COURDOUNET, s. m. Cordonnet, petit cordon; petite Tresse ; sorte de Ganse pour border un habit, un chapeau. (Racine *cordo*.)

COURDURA, v. act. Coudre, attacher, joindre par une couture. (Du latin barbare *cusare*.)

COURDURIÉ, *Sastré*, *voyez* TAYLHUR.

COURDURO, s. f. Couture, art, action, manière de coudre, d'unir en cousant; Rangs de points à l'aiguille ; Façon dont une chose est cousue ; Lieu où l'on coud; t. de chirurg., Cicatrice qui reste d'une plaie : *La courduro se boy.*

COURDURIÈYRO, *Coutturièyro*, s. f. Couturière, celle qui travaille en couture, qui fait des chemises, des vêtements des femmes. (Racine *courdura*.)

COURDA, v. act. Corder, faire de la corde ; Lier avec une corde. (Du latin *chorda*.)

COURDADO, s. f. Cordée, chapelet de différentes choses enfilées.

COURT D'ALENO, s. m. Courte-haleine, asthmatique.

COURDAXE, s. m. Cordage, assemblage de cordes pour la manœuvre d'un vaisseau. (Racine *courda*.)

Tu que fas le tutèt al cap de toun *courdatge*
Per prene traytomen mouscos et mouscaillous,
Yeu meni tararaigno à toun desabantatge
Un brounzinayre bol de grosses fousselous. G.

COURDEJHA, *voyez* FIALA, S'ESTIRA.

COURDÈL, s. m. Cordeau, petite corde de jardinier, de maçon.

COURDELA, v. act. Lacer un corps de jupe avec un lacet.

COURDELADO, *voyez* COURDADO.

COURDELAT, s. m. Cordelat, bure, étoffe grossière qui se fabrique dans le département du Tarn.

COURDELEXA, v. act. Cordeler, tresser, tordre en forme de corde.

COURDELO, s. f. Ruban de fil.

COURDIÉ, s. m. Cordier, artisan qui fait et vend de la corde. (Racine *cordo*.)

COURDIL, s. m. Cordelette, petite corde.

COURDILHA, *voyez* COURDELEXA.

COURDILHOS, *voyez* COURADILHOS.

COUREDOU, *voyez* COURREDOU.

COUREGUDO, *voyez* COURREGUDO.

COUREJHA, *voyez* COURREXA.

COUREJHO, *voyez* COURREXO.

COURREJHOUS, *voyez* COURREXOUS.

COURENT, s. m. Courant, le fil de l'eau ; Prix général ; Taux. (Du latin *currens*.)

COURENTO, *Couranto*, s. f. Courante, diarrhée, cours de ventre.

Ocos dounc fach, dis-el, mo bido és oïs obois,
Tiren, pel dorniè cop, un aïré dé l'hautbois.
Mouillo l'enchè, lou plaço, è d'uno ma tromblento,
Jougo ol millou qué pot, l'aïré de lo *courento*. PRAD.

COURLIOU, s. m. Grand Pluvier, espèce d'oiseau.

COURNA, v. n. Corner, sonner d'une corne ; Répéter pour insinuer. (Racine *corno*.)

COURNET, s. m. Cornet, petit cor, petite trompe ; Papier roulé en cône. (Racine *corno*.)

COURNETO, s. f. Cornette, sorte de coiffe dont sont habillées les sœurs grises. (Racine *corno*.)

COURNIÇO, *Cournixo*, s. f. Corniche, ornement en saillie au dessous du bord d'un plafond, au haut d'une cheminée, d'une armoire ; Ornement en saillie au dessus de la frise et servant de couronnement. (Du latin *coronis*.)

COURNIÇOUN, *Cournixoun*, s. m. Cornichon, petit concombre vert confit au vinaigre. (Racine *corno*.)

COURNUDEL, *voyez* CROUNDEL.

COURNUT, *Cubal*, *Cournudo*, s. m. Cornud, grande tinette pour les vendanges, pour dépouiller un cochon. (Racine *corno*.)

COURO, adv. Quand, à quelle heure ? à quel moment ? (Du latin *quando*.)

COUROUBIOS, *voyez* COUROUPIOS.

COUROUNNA, v. act. Couronner, mettre une couronne sur la tête ; Perfectionner ; Mettre le dernier ornement ; Récompenser, Honorer la vertu ; Achever, terminer. (Du latin *coronare*.)

**COUROUNA** (SE), v. act. Se Blesser, en parlant d'un cheval, à la couronne ou à la partie qui est immédiatement au-dessus du sabot; en parlant des arbres, se Couronner, lorsqu'ils se dessèchent par la tête.

**COUROUNDAJHE**, voyez BUXET.

**COUROUNDAT**, voyez CROUNDAT.

**COUROUNÈL**, s. m. Colonel, officier qui commande un régiment d'infanterie ou de cavalerie. (Du l'italien *colonello*, fait de *colonna*, colonne, parce que le colonel à la tête de son corps doit être ferme et stable comme une colonne.)

**COUROUNO**, s. f. Couronne, ornement circulaire de la tête; Ce qui a la forme d'une couronne; t. de bot., Ce qui couvre le sommet de plusieurs semences : *La courouno sul cap, sus musclés un mantel*. (Du latin *corona*.)

Oh! bous aoutres, Moussus, que fazés en canten
Brulla de bostre fioc l'âmo que bous enten,
De la boués la pus douço et la pus amistouzo
Cantas-nous, se bous play, l'almoïno pietadouzo,
Et dal paoure inoundat, benides cado xoun,
Creyrès abe d'un rey la *courouno* sul froun. A. B.

**COUROUNOMEN**, s. m. Couronnement, cérémonie pour couronner un souverain; Partie supérieure d'un édifice, d'un vase; Ornement supérieur.

**COURPOURAL**, s. m. Corporal, petit linge carré sur l'autel pour poser l'hostie et le calice : *Lou courpoural pla net, lou calici luzent*. (Du latin *corporale*.)

**COURPOURATIOU**, s. f. Corporation, association autorisée de gens de même profession, de même état de vie. (Racine *cors*.)

**COURPOURÈL**, O, adj. Corporel, le, qui a un corps, qui appartient au corps. (Du latin *corporalis*.)

**COURPULANÇO**, s. f. Corpulence, grosseur, volume du corps de l'homme. (Racine *cors*.)

Sensible o bostres mals, paoures cultibotous,
El bol qué d'aro en laï bostre faï sio pus dous,
É qu'ouqués richards qué dé lour *courpulenço*
Dins dé corriols daurats permenou l'innoucenço,
Coumo fan des comis maï qué bous aous estral,
Quond lous petossorés bous pagou lou journal. PRAD.

**COURPULENSO**, voyez COURPULANÇO.

**COURQUICHA**, voyez CORQUIXA.

**COURRE**, v. act. Courir, marcher, aller plus vite que le pas; Errer çà et là; Aller d'un côté et d'autre; Couler, s'écouler en parlant des liquides, du temps, des intérêts de l'argent; se Répandre, en parlant d'un bruit, d'une nouvelle; Voyager; Fréquenter; Vagabonder. (Du latin *currere*.)

**COURREDOU**, s. m. Corridor, allée d'une maison, galerie étroite, passage entre des appartements. (De l'italien *corridore*.)

**COURREDOUS**, voyez CARRELOS.

**COURREGUDO**, Troto, s. f. Course, allée d'un lieu dans un autre. (Racine *courre*.)

**COURRENT**, O, adj. Courant, e, qui court. (Du latin *currens*.)

**COURRENTOMEN**, adv. Couramment, rapidement, avec facilité.

**COURRESPOUNDENÇO**, s. f. Correspondance, commerce des lettres; Course des gendarmes qui vont porter des ordres ou en recevoir.

**COURRESPOUNDRE**, v. n. Correspondre, répondre de son côté par sentiments à l'affection....., Avoir une correspondance de lettres avec quelqu'un. (Du latin *cum respondere*.)

**COURRESPOUNDRE** (SE), v. récip. Se Correspondre, se rapporter, symétriser ensemble.

**COURREXA**, v. act. Corriger, réprimander, faire perdre un ou plusieurs défauts; Châtier, punir.

**COURREXA**, v. act. Corriger, réprimander, châtier; Faire perdre un ou plusieurs défauts : *Lou ne cal courrexa*; Oter ce qui était défectueux; Réparer, tempérer.

**COURREXA** (SE), v. pro. Se corriger, s'amender, devenir meilleur. (Du latin *corrigere*.)

Ah! me *courrejarei* : quittarei la carrièyro
De mous detestables remords;
Et lorsque serei sur la pento
D'aquel triste cami que meno chez lous morts,
Serei tant preparat qu'y descendrei sans crento,
Sans regret coumo sans esforts. PEYR.

**COURREXIOU**, s. f. Correction, admonition, châtiment pour rendre meilleur; Châtiment. (Du latin *correctio*.)

**COURREXO**, *Lounxo*, s. f. Courroie, lien de cuir; fig., *Alounga la courrexo*, Donner, prendre des permissions, des libertés. (Du latin *corrigia*.)

**COURREXOU**, s. m. Courroie, cordon des souliers. (Racine *courrexo*.)

**COURREYRE**, O, s. m. f. Coureur, qui marche facilement, sans se fatiguer; Coureur, libertin, vagabond; *Courreyro* est toujours pris en mauvaise part. (Du latin *currens*.)

**COURRIÉ**, s. m. Courrier, celui qui court la poste pour un service public. (Du latin *currens*.)

Al brux d'aquel sinistre et funeste ouragan,
Beléou sombre *courrié* d'un desastre pus gran,
La Franço qu'a touxoun l'el doubert sul que plouro,
Et que per counsoula n'aten pas xamaï l'houro;
En masso s'es lebado; et lou signal dounat
Clabélou un triple fer al fléou descadenat.
La Loiro à peno beï l'el de fioc que l'agaxo
Que tourno dins soun leït escumouzo de raxo;
Et lou Rhoné surpres d'un elan tant pïous
De sous debordomens arresto las furous. A. B.

**COURROU**, *Roulleou*, s. m. Rouleau, cylindre de bois, de fer, dont on se sert pour faire avancer un corps pesant, une pièce de bois, une pierre. (Racine *courre*.)

**COURROUBIO**, voyez COUROUPIO.

**COURROUMPRE**, v. act. Corrompre, gâter, altérer, changer en mal; Débaucher; Gagner à force d'argent. (Du latin *corrumpere*.)

**COURROUMPRE** (SE), v. pro. Se corrompre, se gâter, devenir mauvais.

**COURROUPIO**, s. f. Caroube, gousse du caroubier; son fruit est un légume gros, long et aplati qui sert d'aliment.

**COURROUSSA**, v. act. Courroucer, irriter, mettre en courroux; Gourmander. (Du latin *coruscare*, lancer des éclairs, parce que l'homme en courroux fait éclater par ses paroles le feu de sa colère.)

**COURROUSSA** (SE), v. pro. Se courroucer, se quereller, se mettre en colère.

**COURROUSSES**, s. m. Courroux, colère, reproches; Plaintes. (Du latin *coruscatio*.)

S'on bol bous escouta reçourez cals et gousses,
Amaï dires qu'eï tort de bous fa de *courrousses*. D.

**COURROUTA**, voyez ACCOURROUTA.

COURROUTADO, s. f. Toute la troupe, toute la suite.

COURRUPTIOU, s. f. Corruption, altération, dépravation; Putréfaction, pourriture; Dépravation dans les mœurs. (Du latin *corruptio*.)

L'avéni, mystèry qué soundé,
Fo touta ma counsoulatiou,
Despioy qu'ay trouvat dins lou mounde
L'égouïsmé é la *courruptiou*;
Despioy qu'una afrousa miséra
S'éspandis per touta la terra
Ensi qu'un funèbré lençol;
Despioy qu'on vey dins la carrièyra
La malhérouza classa ouvrièyra
Qué sus soun froun porta lou dol !    PEYR.

COURS, s. m. Cours, direction d'un fluide qui suit sa pente; Marche habituelle des affaires, de la justice, des évènements; Prix commun, momentané; Vogue d'une chose à la mode; Dévoiement : *Un cours de bentre*; t. de charp., Compartiment d'un comble, d'un plancher. (Du latin *cursus*.)

N'és dé mêmé dé l'homé : huey flouris, déma passo.
Proubidenço odourablo, otal dé nostrés jours,
Coumo dé los sosous, as mésurat lou *cours*.    PRAD.

COURSAT, ADO, adj. Corpulent, fort, robuste; Plein. (Racine *cors*.)

COURSAXE, s. m. Corsage, taille d'un homme; Vêtement qui doit habiller.

COURSEGAS, s. m. Gros corps; Corps faible, malade.

COURSET, s. m. Corset, partie du vêtement habituel des femmes qui enveloppe et serre exactement la taille. (Racine *cors*.)

COURSO, s. f. Course, allée d'un lieu à un autre; Assaut de vitesse; Voyage d'un courrier; Trajet en fiacre; Ce que l'on paie. (Du latin *excursio*.)

Pioy l'archa sus lou lac, dins sa *coursa* rapida,
O fach riré dé gaou sa surfaça poulida;
Lou bounhur dé soun det semblava nous béni;
Dé plazé, lous zéphirs escoutén lou cantiqua
Qué per tus rédisio ma lyra prouphètiqua,
Nous butavan daou l'avéni.    PEYR.

COURT, O, adj. Court, e, qui a peu de longueur : *Aquelo besto es courto*; Qui a peu de durée; Bref, succint; Qui oublie facilement. (Du latin *curtus*.)

COURT, adv. Court, sans longueur, sans étendue; Couper court, tenir de court : *Coupa court*.

COURTEXE, s. m. Cortége, suite de personnes qui accompagnent en cérémonie. (De l'italien *corteggio*.)

COURTINOS, voyez PANTOS.

COURTIZA, v. act. Courtiser, faire la cour à quelqu'un par intérêt, par amour.

COURTIZAN, s. m. Courtisan, celui qui courtise, qui veut plaire.

COURTOIS, OIZO, adj. Courtois, civil, poli, affable. (De l'italien *cortese*.)

COURTOOU, s. m. Courtaud, qui est d'une taille courte et grosse. (Racine *court*.)

COURTO-PAYLHO, s. f. Courte-paille, manière de tirer au sort avec plusieurs pailles dont l'une est plus courte que les autres.

COURUR, voyez COURREYRE.

COUSCOUL, *Ressèrc*, voyez ESCOUSCOUL.

COUSCOULIOS, voyez COUTOUFÉLOS.

COUSCRIT, s. m. Conscrit, celui qui est sujet à la conscription; Soldat récemment incorporé. (Du latin *conscriptus*.)

COUSCRITTIOU, s. f. Conscription, enrôlement fixé par la loi; Levée de jeunes gens appelés au service militaire. (Du latin *conscriptio*.)

COUSI, *Bigal*, s. m. Cousin, insecte très-incommode par ses piqûres. (Du latin *culcinus*.)

COUSI, NO, s. m. f. Cousin, cousine, qui sont sortis de deux frères ou deux sœurs. (Suivant Ménage, de *congenus*, formé de *cum* et *genus*.)

COUSIGNÉ, EYRO, s. m. f. Cuisinier, cuisinière. (Racine *cousino*.)

Coumbeni qu'es fort lén, cal passa la rebièyro,
Mais Sant-Xan bal tout soul et Cadaous et Poulburieyro;
Aco's lou *cousigné* qu'èro de moussu Aouriol,
A fricassat aqui per may d'un gargaillol.    D.

COUSINA, *Cousinexa*, v. n. Cuisiner, faire la cuisine, apprêter à manger. (Racine *cousino*.)

COUSINEXA, v. act. Cousiner, appeler quelqu'un cousin; Traiter de parents.

COUSINO, s. f. Cuisine, l'endroit où l'on prépare les mets; Art, manière d'apprêter les mets. (Du latin *coccina*.)

......La muso d'aouey.....
Cassado del saloun s'abat sur la *cousino*,
Dibourçado del méstre, embrasso le baylet;
Et, coumo un gous canicho, aplatis soun esquino
Per uno quèisso de poulet

COUSPIRA, v. act. Conspirer, s'unir d'esprit et de volonté pour un même dessein; Faire une conspiration. (Du latin *conspirare*.)

Qu'és triste lou destin d'un paouré Prouletary,
És toujour mésprisat é toujour malhurous.
La crénta dé la fan lou rèndou tributary
Dès grands; é nouvel Christ, couma él porta la croux !
Tout *couspira* countr'él, lou ciel, la terra, l'ounda;
É couma anéantit dins una nioch proufounda,
Per lou riche és banit dé la souciétat.
Diou grand ! Diou toutpuissèn ! dount la drecha dispensa
Lou remord as michans, as bouns la récoumpensa,
És bé téns d'odouci sous mals qué fan piétat.    PEYR.

COUSPIRATIOU, s. f. Conspiration, conjuration, entreprise secrète; Trame contre quelqu'un. (Du latin *conspiratio*.)

COUSSEGAL, voyez MESCLO.

COUSSEJHA, voyez ACOUSSA.

COUSSEL, s. m. Conseil, avis donné ou demandé sur ce qu'on doit, on ne doit pas faire; Celui de qui on prend conseil; Ceux qui conseillent, qui se réunissent dans certaines occasions pour délibérer; Endroit, local où s'assemble le conseil. (Du latin *consilium*.)

A mous berses anfin troubaries à redire ?
BRUNET.

N'es pas precisomen aco que yeou bous boli dire :
Mais à l'aoutre, bezes, ye douneri *coussel*
De ne faïre pas pus, que se truffariçou d'el.    D.

COUSSERO, *Coulse*, s. f. m. Coite, lit de plume. (Du latin *culcita*.)

COUSSEYLHA, v. act. Conseiller, donner conseil, des conseils. (Racine *coussel*.)

COUSSEYLHÉ, s. m. Conseiller, celui qui est membre d'un conseil.

COUSSI, voyez AXA, EMBRICA.

COUSSI, adv. Comment, de quelle sorte, de quelle manière. (Du latin *quomodo*.)

**COUSSOU**, *voyez* Quissou.
**COUSSOUNA**, *voyez* Quissouna.
**COUSSUT**, UDO, adj. Cossu, riche; élégant, richement habillé.
**COUST**, s. m. Coût, ce qu'une chose coûte; prov., *Lou coust ne fa perdre lou goust.*
**COUSTA**, v. act. Coûter, être acheté à un certain prix; Valoir tant; Être acheté, vendu, proposé à un prix; fig., de fatigue, de peines, de soins. (Du latin *constare*.)

 Els an agutz de bous coussels
 Quant se loutgiou toutis entre els,
 Et se trattou coste que coste
 Ses douna proufiech à cap d'hoste.
 Per aquo d'els jeu ey aprez
 D'ana delant nou *costo* res.  A. G.

**COUSTALS**, *voyez* Trabesses.
**COUSTAT**, s. m. Côté, partie droite ou gauche du corps, de l'aisselle à la hanche; Côté de cuir pour souliers: *Del coustat del dounzel.* (Du latin *cotta*, côte.)
**COUSTATA**, v. act. Constater, établir la vérité d'un fait.
**COUSTAYRA**, *voyez* Accoustayra.
**COUSTÉLO**, *Cousteletto*, s. f. Côtelette, petite côte de mouton, d'agneau, de veau. (Du latin *costa*.)

 L'un sentio d'un estoc desclaba sas *coustelos*
 Per ount s'estourissio lou sang à bel rajol;
 L'aoutre, que milo pics aloungaoun pel sol,
 Bezio soun paoure cos despartit en estelos.  G.

**COUSTELETO**, *voyez* Coustélo.
**COUSTENÇO**, s. f. Constance, fermeté d'âme, persévérance dans ses résolutions. (Du latin *constantia*.)
**COUSTENT**, O, adj. Constant, e, qui a de la fermeté; Persévérant. (Du latin *constans*.)
**COUSTERNA**, v. act. Consterner, frapper d'étonnement; Abattre le courage. (Du latin *consternare*.)
**COUSTERNATIOU**, s. f. Consternation, étonnement, abattement. (Du latin *consternatio*.)
**COUSTETOS**, *voyez* Costos.
**COUSTEZI**, *voyez* Pelleca.
**COUSTICO**, adj. Caustique; Mordant, satirique. (Du grec *kaustikos*.)
**COUSTICO**, s. m. Cautère, petit ulcère volontairement à une partie extérieure du corps par le moyen d'un caustique. (Du grec *kaustikos*, brûlant.)
**COUSTIÉ**, adv. Y tiro pas coustié, il n'est pas le dernier: il ne se fait pas prier.
**COUSTITUA**, v. act. Constituer, établir; faire établir une dot sûre. (Du latin *constituere*.)
**COUSTITUTIOU**, s. f. Constitution, loi fondamentale, constitutive d'un État; Établissement, création d'une rente; t. de méd., Manière d'être de tous les organes du corps humain; Tempérament. (Du latin *constitutio*.)
**COUSTOUS**, s. m. Les Côtés, les montants d'une cage. (Racine *costo*.)
**COUSTOUS**, OUZO, adj. Coûteux, euse, qui cause, nécessite de la dépense, beaucoup de dépense. (Racine *cousta*.)
**COUSTRENT**, adj. Gêné, sans argent.
**COUSTRENXO**, *Coustrencho*, s. f. Contrainte, acte judiciaire pour contraindre; Citation, décret de prise de corps; *Porto coustrenxo*, Huissier, archer, pousseculs, recors: *Me y caldra fa uno coustrenxo.* (Du latin *constringo*.)
**COUSTRUIRE**, v. act. Construire, bâtir, élever. (Du latin *construere*.)
**COUSTRUTXIOU**, s. f. Construction, bâtisse. (Du latin *constructio*.)
**COUSTUBA**, *Coustipa*, v. act. Constiper, resserrer le ventre de telle sorte qu'on ne puisse aller librement à selle. (Du latin *constipare*.)
**COUSTUMA**, v. act. Costumer, habiller selon le costume. (Racine *coustume*.)
**COUSTUME**, s. m. Costume, habillement conforme à chaque position, à chaque état; Habillement distinctif d'un fonctionnaire public. (De l'italien *costume*.)
**COUSTUMIÉ**, EYRO, ad. Coutumier, ère, qui a coutume de faire; Ordinaire, habitué, familier.
**COUSTUMO**, s. f. Coutume, usage, ce que l'on fait ordinairement. (De l'italien *costuma*.)

 Enfans, tout sé prèn pèr *coustuma*,
 La clartat vèn après la bruma;
 Ioy la guèrra è deman la pès.
 Couma aco, manjas é buvès,
 E mouquas-vous dé la pouliça,
 Lou Ciel, noun say pèr quinta tissa,
 Bravamèn vous a fach salia
 Lou fricot qu'anas ènvala.  Fav.

**COUTA**, v. act. Accoter; Caler, mettre une cale, un coin, pour consolider une chose, une table, etc., les roues d'une charrette pour l'empêcher de reculer; fig., Se perdre dans un discours, s'arrêter; Réduire quelqu'un au silence.
**COUTA**, v. act. Coter, marquer, numéroter. (Du latin *quotare*.)
**COUTAL**, *voyez* Carrexayre.
**COUTAT**, adj. Coté, ferré, qui possède parfaitement la matière dont il parle; Rangé dans ses comptes: *Un ome coutat.*
**COUTEL**, s. m. Couteau, instrument d'un manche, d'une lame qui ne coupe que d'un côté. (Du latin *cultellus*.)

 Quand del coumu malhur uno niboul e scuro
 Entrumic la clartat de moun astre plus bel,
 Yeou dizi quand la mort dan lou fial d'un *coutel*
 Crouxec le grand Hanric sul libre de naturo.  G.

**COUTEL**, s. m. T. de tan., Dragoir, instrument avec lequel on enlève la peau; Butoir, autre couteau de corroyeur, l'un sour, l'autre tranchant: *Coutel rascle*, espèce de Couteau avec des dents, avec lequel on fait tomber le poil des peaux.
**COUTELAS**, s. m. Coutelas, grand couteau.
**COUTEL LATIÉ**, s. m. Coutre, instrument à l'usage des boisseliers pour refendre du merain, des lattes.
**COUTELIÉ**, s. m. Coutelier, celui qui fait et vend des couteaux, des ciseaux, des rasoirs. (Racine *coutèl*.)
**COUTÉLO**, *Ganibo*, s. f. Grand Couteau à deux manches, dont on fait usage pour couper le pain, la soupe.
**COUTÉLO**, s. f. Tarière, instrument dont quelques insectes sont pourvus et qui leur sert à faire des incisions dans les végétaux ou dans la peau des animaux.
**COUTÉLOU**, s. m. Un petit Couteau: prov., *A perdut lou coutelou*, il a perdu la tête, l'esprit; Faire au jeu de cache-cache: *Fa al coutélou.*
**COUTI**, s. m. Coutil, espèce de toile faite de fil de chanvre pour les lits de plume.

**COUTICOUTÉSCO**, s. m, Par onomatopée, le Cri de la poule qui sort de pondre.

**COUTILHOU**, s. m. Cotillon, jupe de dessous. (Du latin *crocotula*.)

Qu'un ben tiede se lebo !,.. eh! lou tèms s'odoucis ;
Bezen deja lo neou se foundré o bel boucis.
Dé soun blonc *coutillou* lasso d'estre ornescado,
Lo terro orometeou d'un bert sero porado.   PRAD.

**COUTILHOUNAYRE**, *voyez* SARGAYRÉ.

**COUTIS**, *Coutisses*, s. m. Brouillement, se dit de tout ce qui est brouillé, comme les cheveux qu'on n'a pas peigné depuis longtemps, fil brouillé; fig., Bruit confus que font des personnes qui ne s'entendent pas : *Qu'un coutis!* quel désordre!

**COUTISSA**, v. act. Brouiller, bouchonner, chiffonner quelque chose.

**COUTISSAT**, ADO, adj. Brouillé, ée ; Échevelé, ébouriffé.

**COUTIZA** (SE), v. pro. Se Cotiser, se taxer soi-même pour une dépense commune ; se Réunir et donner selon ses moyens pour former une somme. (Du latin *quotus, quota*.)

**COUTOU**, s. m. Coton, bourre, laine, duvet des semences du cotonnier. (De l'italien *cotone*.)

**COUTOUFÉLO**, *Coutoulèso, Coulèso*, s. f. Gousses, cosses des pois, des fèves. (De l'italien *guscio*.)

**COUTOULINO**, s. f. Cotonine, toile de coton.

**COUTOULINAYRE**, s. m. Celui qui fait, qui vend la cotonine.

**COUTOUNADO**, s. f. Cotonnade, étoffe de coton.

**COUTOUYA**, v. act. Soigner, prendre soin d'un malade, d'un enfant.

**COUTRAL**, *Coutralas*, s. m. Nigaud, badaud ; un Gros morceau.

**COUTRALIZO**, s. f. Balourdise, ânerie.

**COUTRILLADO**, *voyez* COUDRILHO.

**COUTRE**, *voyez* COUTEL LATIÉ.

**COUTRIE**, *voyez* LAYRE.

**COUVER**, *voyez* COUBERT.

**COUVIDA**, *voyez* COUBIDA.

**COUXA**, v. n. Coucher, reposer dans un lit, passer la nuit dans un lieu. (Du latin *cubare*.)

**COUXA** (SE), v. pro. Se Coucher, se mettre au lit.

**COUXADO**, s. f. Couchée, fin d'une journée de route ; Gîte d'un voyageur ; Ce qu'on paye pour coucher et souper dans une auberge : *Quinze soous per la couxado*.

**COUXASSO**, s. f. Pampe, pied de courge. (Racine *Couxo*.)

**COUXAT**, s. m. Bouillie où il entre de la courge.

**COUXÉ**, *Coché*, s. m. Cocher, celui qui mène un carrosse.

Del moûli de Maquens franchissoun los oustals ;
Redeloun cap as Bans en grando diligenço.
Nostré *couchè* jaloux, per faïré çouncurrenço
D'un cop dé fouet hardit ranimo lés chabals.
Las bestios, qu'an sentit lé fouet sus las coustelos,
Filoun sus lé cami coumo las hiroundellos ;
Sus las alos dal bén nostré char és pourtat.
Tout disparés as èls : albrés, clouquiés, mountagnos. DAV.

**COUXÉTO**, s. f. Poire à poudre de chasseur. (Racine *couxo*.)

**COUXO**, s. f. Courge, plante potagère qui renferme beaucoup d'espèces : la *Couxo coumuno*, le Potiron ; la *Couxo melouno*, la Citrouille ; la *Couxo de bi*, la Calebasse. (Du latin *cucurbita*.)

**COUXO**, *Couito*, s. f. Hâte, presse : *A couxo de s'en ana*, il est pressé de partir.

**COUXO EN COUXO**, adv. De Presse en presse ; à la Hâte.

**COUXOOUDO**, s. f. Joubarbe, plante qui croît sur les vieux murs.

**COUXOS**, *Gourdos*, s. f. Gourde, calebasse dont se servent les nageurs.

**COUXO PLUMAT**, adj. Chauve, qui n'a pas de cheveux.

**COUXOUR**, *Couxouyre*, adj. Qui cuit bien, facilement.

**COUXOUYRE**, *voyez* COUXOUR.

**COUYDA**, v. act. Couder, plier, courber en forme de coude : *N'es pas prou couydat*. (Racine *couyde*.)

**COUYDADO**, s. f. Une Coudée ; un Coup de coude : *M'a baylat uno couydado*.

De l'Atlas, dal Taurus las cimos élebados
Supportoun dé l'aïgat maï dé quinze *couïdados*,
L'aclo cerquo pertout ounl pouïra s'abrita ;
Mais sas alos an bel battre, franchi l'espaço,
L'aïgo n'a pas lachat le pus pitchouno plaço ;
Tout és coubert pertout, pouïra pas s'arresta.   DAV.

**COUYDAT**, ADO, adj. Coudé, ée, plié ; Pain mal levé, qui n'a pas été assez travaillé.

**COUYDE**, *Couyre*, s. m. Coude, partie extérieure du bras à l'endroit où il se plie ; Angle que font en certains endroits une muraille, un chemin, un ruisseau ; fig., *Leba lou couyde*, se Griser, boire beaucoup. (Du latin *cubitus*.)

**COUYDEXA**, v. act. Coudoyer, heurter quelqu'un du coude.

**COUYDIEIRO**, *voyez* ACOUDOIR.

**COUYOULO**, *Raxo*, s. f. Averon, folle avoine.

**COUYRE**, s. m. Cuivre, métal rougeâtre, très-sonore, dur et malléable ; Batterie de cuisine. (Du latin *cuprum*.)

**COUYRETO**, *voyez* MARMITO.

**COUYSSI**, *Couchi*, s. m. Coussin, sac rembourré pour s'appuyer ou s'asseoir dessus ; Espèce d'oreiller long ; Ce qui en a la forme ; le Talus supérieur d'une chaussée. (De l'allemand *küssen*, ou de l'espagnol *cuscino*.)

**COUYSSIGNEYRO**, s. f. Carreau, oreiller : *Porto me la couyssigneyro*.

**COUYSSINET**, s. m. Coussinet, morceau de bois ou de métal creusé en demi-cylindre pour recevoir le bout d'un arbre de mécanique ; *Me manco encaro lous couyssinets*. (Racine *couyssi*.)

**COUYTA**, *Sutta*, v. n. Hâter, se dépêcher, faire vite : *Couyto-te*, empresse-toi.

**COUYTIOU**, *voyez* COUXOUYRE.

**COUYTOMEN**, *Suttomen*, adv. Promptement, en diligence.

**COUZEDOU**, s. m. Escourgeon, lanière de cuir dont on se sert pour monter un fléau, coudre un bât. (Du latin *corium*.)

**COUZI**, *voyez* COUSI.

**COUZINA**, *voyez* COUSINA.

**COUZIGNÉ**, *voyez* COUSIGNÉ.

**COUZINO**, *voyez* COUSINO.

## COY

**COYLLADO**, *voyez* CAYLHAT.

**COYRE**, *Coze*, *Queyre*, v. act. Cuire, préparer par le feu les aliments ou autres choses pour divers usages ; Être exposés à une ardente chaleur. (Du latin *coquere*.)

## CRA

**COYTO**, *Queyto*, s. f. Cuisson, ce que l'on cuit chaque fois.

## COZ

**COZACO**, s. m. Cosaque, sorte de milice établie en Pologne; fig., Homme dur, méchant. (Du latin *cosacos*, de *cosaci*.)

## CRA

**CRABA** (Se), v. pro. Se Cabrer, se dresser sur les pieds de derrière, en parlant des chevaux. (Du latin *capra*, chèvre.)

**CRABAYRE**, s. m. Chevrier, pâtre des chèvres; Joueur de cornemuse. (Racine *crabo*.)

**CRABAOUDEXA**, v. act. Folâtrer : Se dissiper, en parlant des filles volages.

**CRABAOUDIE**, adj. Volage, dissipé.

**CRABAOUDIZO**, s. f. Dissipation, folâtrerie.

**CRABASSO**, s. f. Cravache, sorte de fouet de cavalier; fig., Jeune fille très-volage.

**CRABATO**, s. f. Cravate, linge qui se met autour du cou, qui se noue, et dont les deux bouts pendent par devant. ( Des *Cravates*, aujourd'hui *Croates*, de qui les Français empruntèrent cette partie d'habillement, pendant la guerre qu'ils eurent en 1636 avec l'empereur.)

**CRABIDA**, v. n. Chevroter, mettre bas, en parlant de la chèvre. (Racine *crabo*.)

**CRABIÉ**, s. m. Chevrier, celui qui mène des chèvres.

**CRABIT**, s. m. Chevreau, cabri, petit de la chèvre. (Du latin *capreolus*.)

Aro, ol prumié siscial del motinous aussel
Saouto coumo un *cobrit* del liech sens cubercel. PRAD.

**CRABIT**, s. m. Chèvre, machine à élever des fardeaux; Outil de charron qui lui facilite le moyen de planer un morceau de bois; Chevrette, pièce qui est au-dessus des montants de la scie des scieurs de long, et qui sert à l'homme qui est en haut à relever la scie; Genouillère.

**CRABIT** (A), adv. A chèvre-morte, porter à cheval sur les épaules.

**CRABO**, s. f. Chèvre, femelle du bouc; Machine pour élever des fardeaux; Chevalet, pièce de bois ayant deux jambes dont on se sert pour scier de long de grosses billes de bois; Deux croix de Saint-André sur lesquelles on pose des morceaux de bois pour les scier.

**CRABO**, *Boudègo*, s. f. Cornemuse, instrument à anche et à vent; Echelle pour cueillir les fruits; Machine à quatre pieds assujétis à une traverse, dont se servent les plâtriers, les maçons, pour échafauder, Fille volage. (Du latin *capra*.)

L'aoutro fa pas atal, et dizou qu'es fort *crabo*. D.

**CRABOS**, *Tubos*, s. f. Brouillard partiel qui se traine sur les montagnes après un orage.

**CRACA**, v. n. Craquer, faire du bruit en se rompant; Mentir, hâbler : *Fa pas que craca*. (Mot fait par onomatopée.)

**CRACO**, s. f. Craquerie, hâblerie, mensonge : *Aco's uno craco*, c'est un mensonge.

V'aoutrés s'ès dé gens d'una mèna,
Qué las *cracas* vous fan pas péna;
N'éu dirias cin cèns per un lar,
É vous noun sès qu'un babiïar.
Souy ségu, couma sèn à taoula

Qué moun mèstre fuma una maoula,
É qué dègus nou lou veyra
Qué quan l'on ressuscitara. FAV.

**CRACUR**, s. m. Craqueur, menteur, hâbleur : *Aco's un cracur*, c'est un menteur.

**CRAMA**, *Crema*, v. n. Brûler, consumer, anéantir par le feu; fig., Avoir grande soif : *Crami de set*. (Du latin *cremare*.)

**CRAMBA**, voyez CAMBRA.

**CRAMBADO**, s. f. Chambrée, nombre de soldats ou de personnes qui logent dans la même chambre. (Racine *crambo*.)

**CRAMBIL**, s. m. Petite chambre, chambrette.

**CRAMBO**, s. f. Chambre, pièce d'une maison, pièce où l'on couche; Lieu des assemblées des députés; Ceux qui composent ces assemblées.

La cour! n'es qu'un fieyral ount lous omes se bendou;
La *crambo*! qu'un mercat ount lous benduts s'entendou. J.

**CRAMBOUL**, voyez CRAMBOULAXE.

**CRAMBOULA**, v. act. Caramboler; au jeu de billard, Toucher d'un même coup deux billes avec la sienne.

**CRAMBOULAXE**, s. m. Carambolage, action de caramboler; fig., Faire tomber plusieurs personnes ou plusieurs choses d'un seul coup.

**CRAMOIZI**, s. m. Cramoisi, rouge foncé.

**CRAMPIOT**, s. m. Ergot, petit ongle pointu au derrière du pied du coq; fig., les Doigts d'une personne. (Racine *crampou*.)

**CRAMPO**, voyez GRAMPO, RAMPO.

**CRAMPOU**, s. m. Crampon, morceau de fer coudé pour attacher fortement, fixer, empêcher de glisser, de s'écarter. (De l'allemand *krampe*.)

**CRAMPOUNA**, v. act. Cramponner, attacher avec des crampons.

**CRAMPOUNA** (Se), v. pro. Se cramponner; s'attacher fortement. (De l'allemand *krampe*.)

**CRANC**, s. m. Cran, coche, entaille, ganse. (Du latin *crena*.)

**CRANC**, O, s. m. f. Pénard, impotent, malade : *Aco's un cranc*.

**CRANE**, s. m. Crâne, boîte osseuse qui renferme le cerveau; fig., Crâne, écervelé, fou : *Aco's un crane*. (Du grec *kranion*.)

**CRANTO**, n. de nombre. Quarante.

**CRAOUCIC**, s. m. Crochet en fer emmanché à un bâton pour atteindre, attirer quelque chose; t. de tann., Espèce de crochet de bois portant un poids pour tenir les cuirs tendus sur l'établi.

**CRAOUMO**, voyez CRASSO.

**CRAOUNEL**, voyez CALS.

**CRAPULO**, s. f. Crapule, vile et continuelle débauche; Misère occasionée par la débauche. (Du grec *kraipalé*.)

**CRAPULOUS**, OUZO, adj. Crapuleux, euse.

**CRASSAL**, s. m. Crassé, ce qui vaut le moins; le Rebut, le reste. (Racine *crasso*.)

**CRASSI**, v. n. Salir, tacher, rendre crasseux.

**CRASSI** (Se), v. pro. Se salir, se tacher; Perdre le lustre. (Racine *crasso*.)

**CRASSIMA**, *Crassi*, v. n. Sécher sur pied d'ennui, d'impatience en attendant quelqu'un.

**CRASSO**, s. f. Crasse, ordure attachée au corps, sur la peau, dans le poil des animaux; Ordure, saleté, malpropreté; fig., Naissance, condition obscure; Gens de mauvaise réputation, de fidélité fort suspecte : *La crasso de l'endrex*; Avarice sordide; Ecume des métaux en fusion; Ecailles que le marteau détache de quelques métaux. (Du grec *grassos*, ou du latin *crassities*.)

CRASSOUS, OUZO, s. m. f. Crasseux, euse, plein, couvert de crasse; Avare d'une manière sordide : *Aco's un crassous;* Marchand épicier qui vend de l'huile, des chandelles, etc. : *Marxan crassous.*

CRAXA, *Escupi*, v. act. Cracher, pousser dehors la salive, le flegme et autres matières qui incommodent dans la gorge, la bouche et les poumons; fig., Contribuer de son argent; t. de mét., Jaillir hors du moule : *Lou ploun nous craxabo pes pots.* (Du latin *screare.*)

CRAXAYRE, s. m. Cracheur, celui qui crache souvent : *Pesto de craxayre!*

CRAXAS, *Carcalas*, s. m. Gros et gluant crachat; Croix ou étoile d'ordre brodée sur l'habit : *Pourtabo lou craxas.*

CRAXOMEN, s. m. Crachement, action de cracher.

CRAYOUN, s. m. Crayon, substance terreuse, pierreuse, minérale, dont on se sert pour dessiner, tracer des lignes; Petite baguette de bois creusée et remplie de mine de plomb, (Du latin *creta*.)

CRAYOUNA, v. act. Crayonner, tracer, dessiner au crayon.

## CRE

CREA, v. act. Créer, tirer du néant, donner l'être; il se dit proprement de Dieu : *Dious a creat lou mounde per puro bountat;* fig., Imaginer, inventer; Établir une charge, Se faire de nouveaux besoins, de nouveaux plaisirs. (Du latin *creare.*)

CREANCIE, s. m. Créancier à qui on doit de l'argent; généralement on prend ce mot à contre-sens pour celui qui doit de l'argent à un autre : *De paoures creanciés*, c'est-à-dire qui ne payeront jamais. (Du latin *creditor.*)

CREANÇO, *Creenço*, s. f. Créance, somme due; Titre d'un créancier. (Du latin *creditum.*)

CREATIOU, s. f. Création, action de Dieu tirant les êtres du néant; Action de créer; Ses effets. (Du latin *creatio.*)

Sa voués parla à las mars, tant soun ama o grandit!
« Despioy la *créatiou*, vostras planas humidas,
» O mars! aviocou rèstat dins soun lioch endourmidas.
» Sé quaouqué bastimén, jouts un homé hazardous,
» Troublava vostré son, vous méttias en courrous,
» Lou fasias abourda d'incounouscuts rivagés,
» E l'homé sérvissio dé pitança as saouvagés,
» Ou dins vostrés infers v'aoutrés l'engloutissias.
» Ouy! calio qué diguèssé à la vida : adissias!
» Yéou vous bolé rènja jouts moun oubéissença.
» Bolé que lous batéous, al grat dé ma puissença,
» Dé Bourdéous à l'estan s'en anou sans rétar
» En braven lous canous del col dé Gibraltar.
» N'aourcou pas pus bézoun dé tournéja l'Espagna.
» Faray del Lénga-d'Oc un païs dé caoucagna.
» Lou superbé canal qué vaou fa dé mas mans
» Aouro dé tout coustat dé bords lous pus charmans;
» Lous vouyajurs pourroou, sus l'una é l'aoutra riva,
» Veyré rougi la grapa é verdécha l'ouliva;
» É lou Miechjour per el réçaoupro lous trésors
» Qué las mars pourlaroou dins nostrés richès pors. »
PEYR.

CREATOU, s. m. Créateur, celui qui a tiré du néant, Dieu : *Dious es lou creatou dal cél et de la terro;* fig., Inventeur : *Chappe es lou creatou dal telegrapho.* (Du latin *creator.*)

CREATURO, s. f. Créature, être créé; Tout ce qui fait partie de la création; Personne, surtout en parlant d'une femme : *Aco's uno lédo creaturo;* Protégé; Homme qui doit sa fortune à un autre : *Aco's sa creaturo.* (Du latin *creatura.*)

CREBA, v. n. Crever, faire éclater, percer; Fatiguer à l'excès; Faire trop manger, trop boire : *Nous a faytes creba;* Se rompre, s'ouvrir par un effort violent; Mourir, mourir de mort violente : *Baste que crebèsso lèou!* t. de jeu, Dépasser le nombre de points et perdre par cela seul : *As crebat.* (Du latin *crepare.*)

CREBA (SE), v. pro. Se crever, se rompre; fig., Se crever de fatigue, de travail, de bonne chère.

Del nuatgé espessit lous trochels qué dobalou,
En dubot orgental sur lo terro s'occalou.
Sons oquel blonc surtout, lou blat prou mal bestit,
Sério béléou crebat del frech qu'aurio sentit. PRAD.

CREBADURO, s. f. Crevasse, rupture; Hernie, descente.

CREBASSA, v. act. Crevasser, faire des crevasses.

CREBASSA (SE), v. pro. Se crevasser, se fendre, s'entr'ouvrir; Se gercer. (Racine *creba.*)

L'aïré, mièjo houro oprés, és presté o s'enfloma.
Olaro lou troupel qu'és prou las dé chauma,
Quitto lou postural é s'en tourno o lo jasso;
Del grond caout joust sous pès lo terro sé *crebasso.* PRAD.

CREBASSO, s. f. Crevasse, fente; Gerçure; Mules, engelures aux talons.

CREBAT, s. m. Faible, qui ne peut pas prendre peine; Celui qui a une descente, une hernie : *Es crebat.*

CREBO-COR, s. m. Crève-cœur, grand déplaisir; Grande mortification; Peine amère : *Aco's un gran crébo-cor.*

CREDENÇO, s. f. Crédence, petite table dans une église pour poser les burettes, etc. (De l'allemand *kredentz.*)

CREDIT, s. m. Crédit, délai pour le paiement; Réputation de solvabilité; Autorité, pouvoir, considération; proverb., *Crédit es mort, lous missans pagayrès l'an tuat.* (Du latin *creditum.*)

CREDULITAT, s. f. Crédulité, facilité à croire sans examen. (Du latin *credulitas.*)

CREDULLE, O, adj. Crédule, qui croit trop facilement. (Du latin *credulus.*)

CREGNE, *voyez* CRENTA.

CREI, *voyez* CREYS.

CREMA, *voyez* CRAMA.

CREMADOU, *Roustidou*, s. m. Sécheron, endroit, terre sèche et aride; Lieu exposé aux ardeurs du soleil. (Racine *crama.*)

CREMAL, s. m. Crémaillère, ustensile de cuisine en fer, dentelé et recourbé, pour suspendre la marmite, etc. : *Negré coumo lou cremal.* (Du grec *kremathra.*)

CREMAZOU, *voyez* COURCOUYSSOU.

CREMEL, *voyez* CALS, GALIGNÈYRO.

CREMEZI, *voyez* CRAMOIZI.

CREMIOU, adj. Bois qui brûle bien : *Pla cremiou.* (Racine *crama.*)

CREMO (SANT), s. m. Chrême, dans l'église catholique, huile sacrée pour les sacrements. (Du grec *chrisma.*)

CREMO, s. f. Crême, partie la plus grasse du lait avec laquelle on fait le beurre; fig., Ce qu'il y a de meilleur; Mets composé de lait et d'œufs. (Du latin *cremor.* Suivant Scaliger, *crême* est un ancien mot usité avec la même signification dans la Gaule Cisalpine; et c'est de là, dit-il, que vient le nom de la ville de Crémone, ainsi appelée par les Gaulois à cause de la fertilité de son terroir.)

**CRÉMO**, s. f. Qualité du bois qui brûle bien : *De bouno crèmo*. (Racine *crama*.)

**CRENTA**, *Crendre*, v. act. Craindre, redouter, appréhender, Avoir peur; avoir une crainte mêlée de servilité ; Avoir une crainte mêlée de respect ; Donner sujet de craindre. [Du latin barbare *cremere* pour *tremere*.]

Oïci dégus noun plaïjo, oïci tout és tronquillé,
É lou meus entendut *craint* pas lou pus hobillé.   PRAD.

**CRENTO**, s. f. Crainte, appréhension pour....; Appréhension mêlée d'amour et de respect ; Crainte servile qui naît de la seule peur du châtiment. (Du latin *tremor*.)

**CRENTOUS, OUZO**, adj. Craintif, ive, timide; Retenu ; Embarrassé. (Racine *crento*.)

Lous aoutrés per groupa lo perdisé *craintibo*,
Dins un comp ount lo néou souleillado o coulat,
Mettou joust uno tioulo un plein pougnet dé blat.
Lo paouro qu'o tolen, bey lo grono, lo croquo,
É péris joul plofound qu'oppuyabo uno broquo.....   PRAD.

**CRENTOUZAS**, voyez CRENTOUS.
**CRENTOUZOMEN**, adv. Craintivement, avec crainte.
**CRESCUDO**, *Creïs*, s. f. Crue, croissance.
**CRESCUDOS**, s. f. Le Point d'un bas, où il faut l'élargir en le tricotant. (Racine *creysse*.)
**CRESPA**, v. act. Crêper, friser les cheveux en les faisant boucler; Donner l'apparence du crêpe.
**CRESPE**, *Grespe*, s. m. Crêpe, sorte d'étoffe un peu frisée et fort claire ; Morceau de crêpe en signe de deuil : *Porto lou crespe*. [Du latin *crispus*.]

Ma lyra, tayza-té !—Souldats, versas dé larmas,
É dé *grespes* de dol couvrisses vostras armas,
La paoura Jhanna d'Arc qu'avio tant méritat
Dé laouriés et d'aoutels, couma una grand guerrieyra,
Vo mouri dins Rouan, eusi qu'una sourcieyra,
        Sus la plaça dal viel mercat.   PEYR.

**CRESPI [St]**, s. m. Saint Crépin, avoir, argent comptant, tout ce qu'on possède : *A perdut tout soun sant Crespi*. (Saint Crépin est le patron des cordonniers, et ceux qui courent le pays portent leurs outils dans un sac qu'ils appellent un *Saint Crépin*.)

**CRESTA**, v. act. Cocher, il se dit proprement du coq qui couvre la poule ; fig., Avoir le dessus en parlant des enfants qui luttent en se roulant par terre. (Racine *cresto*.)

**CRESTAYRE**, voyez SANAYRE.
**CRESTIA**, s. m. Chrétien, qui est baptisé et fait profession de la foi de Jésus-Christ ; Qui appartient à la religion chrétienne. (Du grec *christos*.)
**CRESTO**, s. f. Crête, excroissance charnue, rouge, souvent dentelée sur la tête des coqs et autres gallinacées ; Cime d'un mont, d'un rocher ; Terre relevée au bord d'un fossé. (Du latin *crista*.)
**CRESTOU**, s. m. Chaperon, pan de muraille aigu, ce qui forme la crête d'une muraille. (Racine *cresto*.)
**CRETO**, *Fento*, s. f. Crevasse, fente de ce qui se crève, s'entr'ouvre.
**CREYRE**, v. act. et n. Croire, estimer une chose véritable ; Penser, présumer, avoir opinion que...; Avoir la foi; Ajouter foi à... (Du latin *credere*.)

Crezi pas d'abé fach cap de maoubez'actiou.   D.

**CREYRE (SE, S'EN)**, v. pro. Se Croire, s'imaginer être, se regarder comme ; s'en Croire, s'e orgueillir, marcher avec affectation.
**CREYS**, s. m. Croissance, augmentation successive de grandeur. (Racine *creysse*.)
**CREYSSE**, v. n. Croître, devenir plus grand, prendre de l'accroissement en parlant des animaux et des végétaux ; Augmenter, accroître. (Du latin *crescere*.)
**CREYSSELOUS**, s. m. Cresson, plante crucifère, anti-scorbutique, qui croit dans les eaux vives. (Du latin *cresco*, croître.)

Beni sié Dïou! nostra Créüza,
Souy ségu qu'én vénen s'amuza
A-ramassa quaouques *créyssous*,
D'espargous ou de caoulichous :
Ma foué, iéou n'ay couma una énveja.
Nostre viel me fay : « Véja, véja,
« Canta, Moussu lou chivalo,
« Sus lou trayal dé sa mouïé.
« Amay, pardi, l'as bén trouvada
« Per nous acampa d'ansalada !   FAY.

**CREYSSELOUS DE PRAT**, s. m. Cardamine, cresson des prés.
**CREYSSELOUS**, s. m. Les Douleurs ou les glandes de croissance que les jeunes gens ressentent quelquefois aux aines, où ces glandes sont placées. (Du latin *cresco*.)
**CREYSSEN**, voyez LEBAN.
**CREYSSENÇO**, s. f. Augmentation, accroissement de famille. (Du latin *crescens*.)
**CREYSSOU**, voyez CREYSSELOUS.
**CREZENÇO**, s. f. Croyance, ce qu'on croit en matière religieuse ; Persuation intime ; Sentiment, opinion. (Racine *creyre*.)
**CREZINADO**, voyez BISCRO.

## CRI

**CRIC**, s. m. Cric, instrument à roue dentée et à tige pour soulever un fardeau.
**CRICA**, *Craca*, v. n. Craquer, il se dit du bruit que font certains corps en se frottant violemment ou en éclatant. (Mot fait par onomatopée.)
**CRIC, CRAC**, Mot qu'on emploie par onomatopée, pour exprimer le bruit que fait une chose qui se casse ou qu'on déchire : *Entenden, cric crac*.
**CRID**, s. m. Cri, son inarticulé, poussé avec effort ; Plainte, vœu, désir : *Y'a pas qu'un crid*. (De l'anglais *cry*.)
**CRIDA**, v. n. Crier, proclamer pour vendre ou retrouver quelque chose ; Proclamer judiciairement ; Publier ; Nommer à haute voix ce que l'on vend dans les rues ; Crier vengeance, la demander, l'implorer à grands cris : *Aco crido benxenço;* Jeter des cris, parler sur un ton aigre, élevé ; Préférer avec cri certaines paroles d'alarme ; Appeler quelqu'un à haute voix ; Rendre un son aigre par le frottement : *Aquel pibot crido ;* Improuver hautement ; se Plaindre avec aigreur de... ; Gronder à grand bruit. (Du latin *clamitare*.)
**CRIDADIS**, s. m. Criaillerie, crieries répétées.
**CRIDAYRÉ**, s. m. Crieur public, celui qui proclame.
**CRIDAYRE, O**, adj. Crieur, euse, celui, celle qui a l'habitude de crier ; Criard, qui gronde toujours : *Sios uno cridayro*.
**CRIDOS**, s. f. Criée ; Ban des vendanges. (Racine *crida*.)
**CRIGNIEYRO**, s. f. Crinière, tous les crins qui

garnissent le cou d'un cheval, d'un lion; fig., Chevelure : *Qu'uno crignièyro !*

CRIME, s. m. Crime, action méchante et punissable par les lois; Péché mortel; Faute énorme; grave Infraction des lois de la nature. (Du latin *crimen.*)

CRIMINÈL, O, s. m. f. Criminel, celui qui est coupable d'un crime, qui est accusé d'un crime. (Racine *crime.*)

CRIN, s. m. Crin, poil long et rude de la queue du cheval. (Du latin *crinis.*)

Per ottropa d'aussels quontés d'aoutrès trimals !
Lous uns bau de lours *crins* despouilla lous chobals,
É né fau dé lossets ount sé penjo lo gribo ; PRAD.

CRISPA, v. act. Crisper, causer des crispations; Inquiéter, vexer. (Du latin *crispare.*)

CRIST, s. m. Christ, la seconde personne de la sainte Trinité, incarnée, sa représentation sur la croix : *Un poulit Crist* ; fig., Personne extrêmement maigre : *Semblo un Crist.* (Du grec *christos.*)

Tal que lou *Crist*, martyr dés pus sublimès,
Qué mouriguét per toutès sus la croux,
A dé tyrans qué s'embrieygou dé crimès,
Yeou tacharay d'apayza lou courroux.
Encourajaz lou chantre poupulary,
Paourès ouvriés, én travaillèn en chur,
Quan rédirès lous cants del prouletary,
Vostrès pichots revarou lou bonhur. PEYR.

CRISTAL, s. m. Crystal, verre fort clair et fort net. (Du latin *crystallum.*)

CRISTÈRI, s. m. Clystère, remède donné par l'anus; Lavement. (Du grec *kluster.*)

CRIT, voyez CRID.

CRITICA, v. act. Critiquer, reprendre, trouver à redire ; Censurer, blâmer. (Du latin *criticus.*)

CRITICO, s. f. Critique, censeur importun qui trouve à redire à tout; Censure maligne de la conduite d'autrui. (Du grec *kritikos.*)

Ombé un despiech joloux, los fillos del billatgé,
Régardou lo frescou d'oquel poulit bisatgé;
Noun pas qu'obsoulumèn lou trobou sons défaout,
Mais, malgré lour *critiquo*, encaro és trop fricaout. PRAD.

CRITICUR, *Criticayre*, s. m. Critique, censeur, qui trouve à redire, qui blâme : *Aco's un criticur sempiternèl.*

CRITIQUE, O, adj. Critique, dangereux, difficile à passer. (Du latin *criticus.*)

CRIZO, s. f. Crise, effort que fait la nature dans les maladies par la sueur, les évacuations, etc. ; fig., Moment périlleux, décisif dans les affaires. (Du grec *krisis*, Jugement, parce que c'est une espèce de combat entre la nature et la cause morbifique qui fait juger de l'état et de l'issue de la maladie.)

## CRO

CROC, *Cro*, s. m. Croc, instrument à une ou plusieurs pointes recourbées, pour Accrocher, attacher, suspendre; longue Perche armée d'une pointe ou d'un crochet seulement; adv., *Al croc*, à l'attente d'une chose fort incertaine : *La paouro fillo es al croc.* (Dérivé du celtique *croc.*)

Qué dins Roumo en un mot, s'éro souben trouvat,
Qué dé boillents guerriers en sourten del coumbat,
Penjabou bité ol *croc* lous aoutissés dé güerfó,
Per sé sosi d'oquel qué rébiro lo terro. PRAD.

CROCO LART, s. m. Écornifleur; Gourmand.

CROCO SAL (A), adv. Croque sel, à croque sel, sans autre assaisonnement.

CROS, voyez CLOT.

CROSSO, s. f. Crosse, bâton pastoral d'un évêque courbé par le haut; le Fût d'un fusil. (Racine *croc*, à cause de sa forme recourbée.)

CROSSOS, s. f. Potences d'une personne estropiée. (Racine *croc.*)

CROTO, s. f. Boue des rues; Fiante des chevaux, des brebis, des lapins, des souris. (Suivant Ménage, de *creta*, terre gluante et ténace, ou de *crusta.*)

CROTO, voyez BOUTO, CABO.

CROUCA, v. act. Croquer, manger des choses qui croquent; Manger avec avidité ; Attendre quelqu'un.

Per countempla lou doun lou pus bel dé l'Autouno,
Onon *crouqua* l'uillat, é préferablomen,
Oquel qu'o lo quo rougeo é craquo joust lo dent. PRAD.

CROUCANDO, s. f. Croquante; Tourtre croquante.

CROUCHÉ, voyez CROUXET.

CROUCHOU, voyez CROUSTIL DE PA.

CROUCHOUNA, voyez ACCROUXA.

CROUCUT, UDO, *Crouchut*, adj. Crochu, ue, recourbé, croche.

CROUYSSI, *Cruyssi*, v. n. Craquer; faire du bruit en se rompant.

CROUNDAT, *Couroundat*, s. m. Bauge, torchis, terre grasse mêlée de paille pour former des cloisons qu'on appelle *colombage*, à cause des pièces de bois qu'on appelle *cart*. ord. *croundo*; ce remplissage est soutenu entre les colombes par les bâtons appelés *esparrous*. Il y a une différence entre le *croundàt colombage* et le *lou buxet* où il entre de maçonnerie. Le *croundat* est une cloison en terre, paille et bois; l'autre demande des colombes, de la brique, du mortier.

CROUNDEL, *Couroundèl*, s. m. Rondeau, volet, petit ais de bois sur lequel on trie les menues choses ; Tranchoir, plateau sur lequel on coupe la viande : *Serbis-te dal croundèl.*

CROUNDO, s. m. Colombe, poteau, pièce de bois posée à plomb dans une sablière, *solo*, pour faire une cloison. (Du latin *columba.*)

CROUNPA, v. act. Acheter, acquérir quelque chose à prix d'argent; fig., Obtenir quelque chose avec beaucoup de peine, de difficulté. (Du latin *captare.*)

Aquel aounou, pourtan, trop cher pago sa rento,
Et cadan me trobi counfus
En beyren que moun chiffro aoumento,
Mémo sans que *croumpi* res plus. J.

CROUNPAYRE, O, adj. Acheteur, euse, celui qui achète.

CROUNPO, s. f. Achat, emplette.

CROUP, s. m. Croup, maladie propre à l'enfance et qui consiste dans l'inflammation de la membrane muqueuse de la respiration. (De l'écossais *roup.*)

CROUPI, v. n. Croupir, se corrompre faute de mouvement en parlant d'un liquide ; Languir, rester dans le vice, la pauvreté : *Aqui croupis.*

CROUPIÈYRO, s. f. Croupière, longe de cuir rembourré sur la croupe, sous la queue. (Racine *croupo.*)

CROUPIOUN, s. m. Croupion, partie où tiennent les plumes de la queue d'un oiseau.

CROUPO, Croupio, s. f. Croupe, les hanches et le haut des fesses du cheval; Cime d'une montagne prolongée et arrondie; prov. : Té toumbara quicon sur la croupo, Il t'arrivera quelque chose de fâcheux. (Du latin barbare cruppa.)

CROUS, voyez CROUX.

CROUSSI, voyez CRUYSSI.

CROUSTADO, s. f. Tourte, pièce de pâtisserie qu'on fait cuire dans une tourtière; elle renferme ordinairement des viandes hachées ou coupées à petits morceaux. (Racine crousto.)

CROUSTAS, s. m. Escarre ou Escharre, croûte noire sur la peau, sur une plaie; Espèce de gale qui se forme sur une plaie. (Racine crousto.)

CROUSTE, voyez CROUSTIL.

CROUSTEJHA, voyez CROUSTILHA.

CROUSTET, voyez CROUSTIL.

CROUSTIL, s. m. Croustille, grignon, morceau de l'entamure du pain. (Racine crousto.)

Et quand ey prou fatiguat mas cambettos,
Aco's la sét qué mé bén altéra;
Las aïgos soun dins lou riou tant clarettos
Qu'ambé plazé las y baou fourrupa;
I'és croustillous qu'amassi la journado.
Sá gna qualqu'un qué sé trobé trop dur,
I.é faou trempa dédins l'aïgo argentado
En larméjan joux lé saouzé-plourur. DAV.

CROUSTILHA, v. act. Croustiller, grignotter le pain; Manger avec appétit.

CROUSTO, s. f. Croûte, partie extérieure, solide du pain; Pâte cuite qui renferme la viande cuite d'un pâté, d'une tourte; le Gratin ou la partie de la bouillie qui demeure attachée au fond du poêlon; Manger peu, prendre une croûte : Manxa uno crousto. (Du latin crusta.)

CROUSTO-LEBAT, s. m. Pain gras-cuit, pain qui a été surpris par la chaleur du four dont l'effet est de séparer la croûte de la mie : Quand lou pa es crousto-lebat se mouzis.

CROUSTOU, Croustel, voyez CROUSTIL.

CROUTA, v. act. Crotter, couvrir de crotte, salir avec la crotte, en faire jaillir sur....

CROUTA, voyez BOUTA.

CROUTA (SE), v. pro. Se crotter, se salir de crotte. (Racine croto.)

CROUTADO, s. f. Crottin, excrément solide du cheval. (Racine croto.)

CROUTOU, voyez CABOT.

CROUTOUS, OUZO, adj. Crotté, ée, sali couvert de crotte.

CROUX, s. f. Croix, représentation de Jésus-Christ en croix; Choses croisées : En croux; Décoration d'ordre : Gagna la croux; Signe qu'on fait en portant la main droite au front, aux deux épaules et à la poitrine : Lou sinne de la croux; fig., Peine, tourment; proverb., Y pos fa uno croux; Y'a fax uno croux, tu n'y reviendras pas. (Du latin crux.)

Per Angélo, nou penso à res plus qu'à la crouts;
Estre nobio, aco tout per elo, et l'estourdido
Sen espoumpa soun co quand enten dire à touts :
Ah! qu'es poulido! qu'es poulido!! J.

CROUXET, s. m. Crochet, petit croc; Agraffe, Tout ce qui est destiné à retenir différents objets, à les tenir suspendus; petite Boucle de cheveux sur les tempes; Crochet de menuisier, de portefaix, de tondeur; Brique plate, mince, portant un crochet à un de ses bords, dont on couvre une tour, un pigeonnier : Coubri en crouxet. (Racine croc.)

CROUXETA, v. act. Crocheter, arrêter, suspendre à un crochet; Agraffer.

CROUXETO, s. f. Anneau, porte à quoi s'accroche le crochet. (Racine croc.)

CROUYAPLE, O, adj. Croyable, qui peut ou qui doit être cru; Dont on ne se fait pas l'idée : N'es pas crouyaple. (Du latin credibilis.)

CROUZA, v. act. Croiser, disposer en forme de croix; Traverser un chemin : Crouza lou cami; Rayer en marquant d'une croix : Crouza un counte; Apparier des animaux de deux races; fig., Avoir un côté qui passe plus que l'autre, en parlant des vêtements; Finir toute espèce de relation avec une personne : Aben crouzat; Age où les canards croisent les ailes : Coumenço de crouza.

CROUZA (SE), v. pro. Se croiser, se rencontrer, en parlant de deux lignes, de deux chemins, de deux individus. (Racine croux.)

CROUZADO (A LA), Manière de lever la paille quand on a battu le blé : deux personnes armées de fourches lèvent simultanément une même quantité de paille en croisant les fourches : Fazes à la crouzado.

CROUZADOU, voyez CROUZIE.

CROUZIE, s. m. Bivoie, carrefour, endroit où des chemins se croisent. (Racine croux.)

CROUZIEYRO, voyez PLACART.

CROUZILHOU, s. m. Croisillon, traverse d'une croix, d'une croisée.

CROYSSAN, s. m. Croissant, fer recourbé en croissant dont se servent les jardiniers pour tailler les haies, les charmilles, il est emmanché d'un long bâton. (Du latin crescens, parce que la lune lorsqu'elle a cette forme va toujours en croissant jusqu'à son plein.)

## CRU

CRU, s. m. Cru, terroir où croit une chose; Ce qu'on dit de soi-même, sans autorité, sans citation : De soun cru.

De vous ieü lous prendrio, s'èrou de vostré cru,
Mas nou lous voli ges per so qu'ols sou d'aütrus,
Jamay ieü nou serey d'aquelis requatayres. A. G.

CRU, ZO, adj. Cru, e, qui n'est point cuit; Non préparé; Eau qui ne dissout pas le savon; fig., Sans préparation, sans ménagement, sans égards, sans politesse : Tout cru. (Du latin crudus.)

CRUAOUTAT, s. f. Cruauté, inhumanité, inclination à répandre le sang, à faire souffrir les autres; Action cruelle; Dommage, tort. (Du latin crudelitas.)

CRUCHI, voyez CRUYSSI.

CRUCIFIA, v. act. Crucifier, attacher à une croix; Mettre en croix. (Du latin crucifigere.)

CRUCIFIX, s. m. Crucifix, représentation de Jésus-Christ en croix : As pès d'un crucifix. (Du latin crucifixus.)

CRUDITAT, s. m. Crudité, qualité de ce qui est crû; Mets crus et indigestes; Humeurs crues dans l'estomac; fig., Discours peu obligeant, peu poli. (Du latin cruditas.)

CRUEL, ELO, adj. Cruel, elle, inhumain; Sanguinaire; Qui aime à faire souffrir, se réjouir des souffrances d'autrui; Qui porte le caractère de la cruauté; Douloureux, insupportable; Qui trouble, agite, inquiète, tourmente. (Du latin crudelis.)

CRUÈLOMEN, adv. Cruellement, avec cruauté, d'une manière cruelle.
CRUÈLOS, voyez ESCROUÈLOS.
CRUGO, voyez BOUTEYLHO.
CRUOUTAT, voyez CRUAOUTAT.
CRUS, s. m. Creux, cavité.
CRUS, ZO, adj. Creux, euse, qui a de la profondeur, dont l'intérieur forme une cavité. (Du latin cavus.)
CRUSSENTÈLO, s. f. Cartilage qui se trouve surtout aux extrémités des os.
CRUSSI, voyez CRACA.
CRUSSIFIX, voyez CRUCIFIX.
CRUVÈL, voyez CURBÈL.
CRUZA, v. act. et n. Creuser, rendre creux; Fouiller la terre en creusant; fig., Approfondir une chose.

Anfin s'endourmiguèt.—Dins sa méditatioù,
Una anja à sous regards parèsquèt en visioù,
É véchèt aladoun dins un rêvè admirablé
Un mensoungé qu'un jour sé rêndio véritablé:
Lou golfé dé Lyoun é lou grant Océan
Sé jougnoou toutés dous à sous pés dé géan;
En crusèn dé valats én miéch de las campagnas,
En coumblèn dé vallouns, én traouquèn dé mountagnas,
Avioou fach un canal despioy Cètta à Bourdéous,
Ountè dé l'una à l'aoutra anayon dé batéous.
Tal en soungé, Jacob véchèt sus una èscala,
D'anjas à cada ray faguèn mounta davala:
É tal Riquét véchèt!          PEYR.

CRUZA (SE), v. pro. Se creuser, se fatiguer, se perdre en réflexions. (Du latin cavare.)

Dious bolgo, faribolo Anxèlo,
Qu'en espouzen Batisto l'infidèl
N'axes pas cruzat un toumbèl!          J.

CRUYCI, voyez CRACA.
CRUYCIT, voyez ESCRUYCIT.

## CUB

CU, pron. relatif. Qui.
CUBA, v. act. Cuber, réduire à un cube un autre solide, tel qu'un cône, un cylindre; en Mesurer la solidité. (Du latin cubus.)
CUBA, v. n. Cuver, préparer dans la cuve; Reposer dans l'ivresse: Cuba soun bi. (Du latin Cupa, cuve.)

Otobé quand o bist uno traço himourouso,
Pren dé l'hounc pla botut lo rocino pégouso,
Lo cugno dins lo fendo ount tronspiro lou bi,
É lou laïsso cuba jusquos o Saint-Morti.          PRAD.

CUBAT, s. m. Grande cornue; Huche d'un tueur de cochons dans laquelle on échaude ces animaux pour les épiler. (Du latin cupa.)

A perpaous, un tal broc n'es pas mes en usatge
Per entraouca bruguets ni per pausa sedous,
Ni per fa crabo'es crabo entre mas de maynatge,
Ni ta patic per fourni mercos as jougadous.
Mens le qu'al cubat repousso la grunado,
Mens le que del calel ten la meco atizado.          G.

CUBERT, voyez COUBERT.
CUBERTO, voyez COUBERTO.
CUBERTOU, COUBERTOU.
CUBETO, s. f. Cuvette, vase pour se laver les mains; Vase pour recevoir les eaux d'une fontaine. (Du latin cupa.)
CUBRECIEL, voyez SURCIÈL.

CUBRI, voyez GURBI.

## CUC

CUCO, voyez BLANDO.

## CUD

CU-DE-LAMPO, s. m. Cul-de-lampe, ornement qui pend de la voûte, qui supporte une statue, un vase; t. d'imprim., Fleuron à la fin d'un chapitre.

## CUE

CUER, voyez QUER.

## CUF

CUFÈLO, voyez COUTOUFÈLO.

## CUG

CUGNA, v. act. Cogner, coinser, frapper pour faire entrer comme un coin; Presser, serrer.
CUGNA (SE), v. pro. Se serrer, se presser les uns contre les autres. (Racine cun.)
CUGNEYRO, s. f. Emplacement d'un coin pour fendre et éclater un corps dur.

## CUI

CUIECHO, voyez QUEYTO.
CUIO DE RA, voyez COUO DE RAT.

## CUJ

CUJHA, voyez CUXA.

## CUL

CULASSIÈ, Curassiè, s. m. Cuirassier, cavalier revêtu d'une cuirasse; fig., Homme faible de corps, de constitution: Qu'un culassiè!
CULASSO, s. f. Culasse, le fond d'une arme à feu.
CULBUTA, v. n. Culbuter, renverser quelqu'un; Ruiner, détruire la fortune de quelqu'un; Supplanter. (Racine buta.)
CULBUTO, s. f. Culbute, saut fait cul par dessus tête; Chute: A fax la culbuto, il a fait la culbute.
CULÈFO, voyez COUTOUFÈLO.
CULI, v. act. Cueillir, détacher de la branche, de la tige; Récolter, ramasser, recueillir; fig., Faire honnêteté à quelqu'un, le bien recevoir. (Du latin colligere.)

Aro entré sé lèba, lo bésado Lisetto,
Dé Mars, en fouletren, bo culi lo flouretto
Per faïré uno guirlando o soun cher onilou,
Dount lo raoubo o lo néou disputo lo blancou.          PRAD.

CULIDO, s. f. Cueillette, amas de ce qu'on a cueilli.
CULIÈ, s. m. Cuiller, cuillère, ustensile de table et de cuisine pour servir et manger le potage; Outil de sabotier pour curer les sabots; la Drague d'un pêcheur de sable. (Du latin cochlear.)
CULIÈYRAT, s. m. Cuillerée, plein une cuillère.
CULIÈYRO, s. f. Une Grande cuillère pour servir le potage; Bâton dont on se sert pour détremper et remuer la bouillie ou la milliasse; proverb., Caldra ferra la culièyro oungan, tant y'a de mil!
CULIÈYROU, s. m. Petite cuiller à l'usage des enfants.
CULOTO, s. f. Culotte, vêtement d'homme de la

ceinture jusqu'aux genoux. (Du mot *cul*, derrière, que couvre spécialement la culotte.)

Y'axét un certén nas que trop loungtens mifFèt,
Et que per quicon mayt darré lous seguiguèt :
Fouguèt un gros gailhart de prou maoubèso mino,
D'aquelis que fan pas de fioc à youre cousino ;
Gayrebe n'abio pas de *culotos* al xioul.  D.

La Culotte se compose de :

BRAGUETO ou *Pounlebis*, s. f. Braguette, ouverture sur le devant de la culotte.
CAMBALS, s. m. Fourreaux où passent les jambes.
CINTURO, s. f. Ceinture qui retient la culotte aux reins.
CULOUTA, v. act. Culotter, mettre des culottes ; Faire des culottes : *Culoutabo touto la bilo.*
CULOUTAT, ADO, adj. Culotté, ée, qui porte des culottes ; *Pipo pla culoutado*, pipe culottée dont le vase est bien garni de noir de tabac brûlé.
CULPO, voyez CUPO.
CULTE, s. m. Culte, honneur qu'on rend à Dieu par des actes de religion. (Du latin *cultus*.)
CULTIBA, v. act. Cultiver, donner les façons nécessaires à la terre pour la rendre plus fertile. (Du latin *colere*.)
CULTIBATOU, s. m. Cultivateur, celui qui cultive la terre. (Du latin *cultor*.)
CULTURO, s. f. Culture, l'art de cultiver la terre. (Du latin *cultura*.)

N'ojés pas pessomen qué d'oquélo *culturo*,
Piey dins l'atgé modur, noun bous pagué omb'usuro.  PRAD.

## CUN

CUN, s. m. Coin, morceau de fer ou de bois en angle pour fendre ; un Gros morceau : *Un cun de pa*. (Du latin *cuneus*.)

## CUP

CUPA, v. act. Accuser.
CUPIDITAT, s. f. Cupidité, convoitise, désir immodéré des richesses. (Du latin *cupiditas*.)
CUPO, s. f. Faute : *M'a xetat la cupo dessus*, il a rejeté la faute sur moi. (Du latin *culpa*.)

## CUR

CUR, s. m. Coulant d'une croix que les femmes portent au cou. (Du latin *cor*.)
CURA, v. act. Curer, nettoyer quelque chose de creux ; t. de vétérinaire, Cheval qui jette à un certain âge ; Curer une vigne, la nettoyer de tout le bois inutile. (Du latin *curare*.)

N'és un, mé troumpé pas. Oquel laid cap dé seillo
Omb'un brondou fumous o déloutjat l'obeillo.
Lo paouro répoutégo en béjen lou brutal
Qué gasto so bésougno é li *curo* l'houstal.  PRAD.

CURADIS, s. m. Curage, action de curer, nettoyer.
CURADO, s. f. Ce qu'on enlève d'une étable en la curant.
CURADOU, s. m. Curoir.
CURAYRE, s. m. Cureur de puits.
CURAT, ADO, adj. Creux, vide.
CURATARIÉ, s. f. Tannerie ; Rue où logent les tanneurs.
CURATIÉ, s. m. Corroyeur, tanneur. (Racine *quèr*.)

CURAXE, s. m. Curage, action de curer ; les Frais qu'on fait pour curer. (Racine *cura*.)
CURBÈL, *Curbèlo*, s. m. f. Crible, instrument à fond percé de trous pour nettoyer le grain ; Crible de fil de fer : *Curbèl d'aran ;* Crible qui ne laisse presque rien tomber : *Aquel curbèl es saxe.* (Du latin *cribrum*.)

Ay ! ié cride tout esfrayat,
Hector ! é doun diable sourtisses !
Siès aqui bèfi qué pudisses.
D'ounte vèn qué vézè ta pèl
Pus traouquijada qu'un *curvèl*,
É la cara bèn may frounzida
Qu'oun n'és una figa passida.  FAV.

CURBELA, v. act. Cribler, nettoyer avec le crible ; Passer par le crible ; Percer comme un crible. (Du latin *cribrare*.)
CURBELADURO, s. f. Criblure, mauvais grain séparé du bon par le crible ; Ordures séparées du grain par le crible.
CURBELAYRE, s. m. Cribleur, celui qui crible le blé ; Criblier, celui qui fait et vend les cribles.
CURBÈLAT, adj. Criblé, purgé par le crible.
CURBELET, s. m. Gaufre, pâtisserie fort mince, cuite entre deux fers : *As bounes curbelets de Soual.*
CURBELO, s. f. Crible cylindrique et horizontal qu'on fait mouvoir avec une manivelle.
CURBI, v. act. Couvrir, mettre une chose sur une autre pour la cacher, la conserver, l'orner ; Mettre une ou plusieurs couvertures sur une personne qui est au lit ; Ensemencer un champ et recouvrir le grain. (Du latin *cooperire*.)
CURBICEL, *Cubricel*, s. m. Le Ciel d'un lit.
CURBIZOUS, *Coubrizous, Courbizous*, s. f. La Saison de couvrir, de semer le blé.
CURET, s. m. Cureur, vidangeur : *Plaço al curet.* (Racine *cura*.)
CURETO, s. f. Curette, tout ce qui sert à curer, nettoyer ; la Rouane des sabotiers, elle est un peu recourbée et le bout qui est tranchant des deux côtés. (Racine *cura*.)
CURIOUS, O, s. m. f. Curieux, euse, qui a de la curiosité, l'envie de voir, de savoir ; Rare, extraordinaire, nouveau ; Indiscret, importun. (Du latin *curiosus*.)

Yeou te besi touxoun d'uno humou fort risento,
Gayre cap de soucí xamai nou te tourmento,
Tu sios anfin fort gay : mais serio pla *curious*,
Do saoupre qu'es aco que te rand ta xouyous.  D.

CURIOUSITAT, s. f. Curiosité, désir indiscret de savoir les secrets, les affaires d'autrui ; Passion, désir de voir, d'apprendre ; Chose rare, extraordinaire : *Aco's uno curiousitat.* (Du latin *curiositas*.)
CURO, s. f. Cure, attention, soin, souci ; Bénéfice, fonctions, logement d'un curé ; Traitement, guérison d'une maladie, d'une plaie. (Du latin *cura*.)
CURO-AOUREILLO, s. f. Cure-oreille, petite cuillère d'argent, d'écaille ou de toute autre matière qui sert à enlever la cire des oreilles.
CURO COUMU, s. m. Vidangeur.
CURO-DEN, s. m. Cure-dent, instrument propre à curer les dents : *N'as pas bezoun de curo-den, se n'as pas dinnat.*
CURO-FIOC, s. m. Cure-feu, outil de forge pour ôter le mâchefer.
CURO-PÈ, s. m. Cure-pied, instrument pour nettoyer le dedans du pied d'un cheval ; Décrottoir,

142 DAB

lame de fer fixée aux portes extérieures sur laquelle on passe les souliers pour les curer.
CURO-PRIVA, voyez CURO COUMU.
CURUN, s. m. Curures des fossés.

## CUS

CUSSOU, voyez QUISSOU.

## CUT

CUT (A), adv. N'Avoir plus rien.
CUTA, v. n. Gagner tout, mettre une personne sans le sou, à la peau. (Dn latin *cutis*, peau, parce qu'il ne reste que la peau à celui qui est dans cet état.)
CUTA, voyez CLUGA.

DAM

CUTOS, voyez CLUGOS.

## CUX

CUXA, v. n. Faillir, ne pas manquer de beaucoup.

## CYL

CYLENDRE, s. m. Cylindre, gros rouleau de pierre, de bois, employé dans les mécaniques. (Du latin *cylindrus*.)

## CYP

CYPRIÉ, s. m. Cyprès, arbre résineux toujours vert. (Du latin *cupressus*.)

## DAB

DA, voyez DOUNA.
DABALA, voyez DEBALA.
DABALADO, voyez DEBALADO.
DABAN, s. m. Devant, partie antérieure, celle qui se présente la première; *Un daban de moutou*, Épaulée, quartier de devant sans l'épaule. (Du latin *ab ante*.)
DABAN, adv. Avant, auparavant; En face; Vis-à-vis; En présence.
DABANA, v. act. Dévider, mettre en écheveaux, en pelotons; fig., Parler vite, beaucoup; Raconter plusieurs choses. (Du latin barbare *devacuare*, vider.)
DABANAYRE, O. s. m. f. Dévideur, dévideuse, celui, celle qui dévide le fil; prov., *Qui bal pas gayre on lou fa dabanayre*, Qui ne peut travailler guère on le met dévideur.
DABANCIE, voyez DEBANCIE.
DABAN-DARRE, adv. Devant-derrière, à l'envers.
DABAN DE FIOC, s. m. Couvre-feu.
DABANEL, *Peril*, s. m. Dévidoir, instrument pour dévider les écheveaux; fig., Degourdi, leste, qui fait vite.
DABANTAL, *Debantal*, *Parodaban*, voyez FAOUDAL.
DABANTIER, adv. Avant-hier.
DABANTIERASSO, adv. Il y a longtemps; Ce jour est déjà loin.
DABANTIEYRO, s. f. Devantière, long tablier ou jupe fendue par derrière que porte une femme à cheval.
DABANTOURO, adv. Avant l'heure; Prématurément. (Du latin *ante horam*.)
DABANTURO, s. f. Devanture, les planches qui ferment une boutique. (Racine *daban*.)
DABEGADOS, voyez DABUGADOS.
DABIT, s. m. Davier, sergent, outil de tonnelier pour faire entrer les cerceaux autour d'un tonneau. (De l'allemand *taubo*, pigeon, parce que la pince de cet instrument est faite comme le bec d'un pigeon.)
DABORD, adv. D'abord, incontinent, aussitôt; Avant tout, premièrement.

## DAM

Cal dire sus aco francomen ço qu'on penso;
S'es pla fax ba dires, se bai paouc atabe.

*Dabord qu'aco's attal, ma foi, ba boli be.* D.

DABUGADOS, adv. Ce n'est pas sans cause.

## DAC

D'ACO, génitif. Chose, mot dont on se sert pour désigner ce qu'on ne sait comment nommer; De cela.

## DAL

DALIA, s. m. Dalhie, genre de plante, nommée aussi géorgine, d'un grand nombre de variétés.
DALIA, voyez DAYLHA.
DALIAJHE, voyez DAYLHAZOUS.
DALIAYRE, voyez DAYLHAYRE.
DALIO, voyez DAYLHO.
DALMATICO, s. f. Dalmatique, vêtement des diacres et sous-diacres qui servent le prêtre à l'autel. (Les dalmatiques étaient anciennement des tuniques garnies de longues manches dont l'usage venait de Dalmatie.)
DALTRE, voyez DARTRE.
DALTROUS, OUZO, adj. Dartreux, euse, qui est de la nature des dartres.

## DAM

DAM, s. m. Tort, perte, dommage.
DAMA, v. act. Damer; au jeu de dames, mettre deux dames l'une sur l'autre.
DAMBE, voyez AMBE.
DAMAGAT, adv. En cachette, à la dérobée.
DAMAS *Petit*, s. m. Damas, prunes dont le plant est venu de Damas, ville de Syrie; Sabre d'un acier très-fin et bien tranchant; sorte de Linge ouvré qui se fabrique en Normandie.
DAMASSA, v. act. Damasser, fabriquer une toile en façon de *damas*.
DAMIE, s. m. Damier, échiquier sur lequel on joue aux dames.

**DAMO**, s. f. Dame, titre qu'on donne aux femmes de qualité, et généralement aux femmes d'une condition honnête ; au jeu de trictrac et au jeu de dames, petit Morceau de bois rond, plat, blanc ou noir, dont on se sert pour jouer ; au jeu de cartes, la Seconde figure du jeu ; t. de paveur, Hie, demoiselle, instrument dont on se sert pour enfoncer le pavé. (Du latin *domina*.)

**DAMO** ou **BEOU L'OLI**, *voyez* RATIÉ.

**DAMO-XANO**, s. f. Dame-jeanne, grande bouteille recouverte de nattes.

**DAMUN**, s. m. Injure, en parlant en général des dames.

## DAN

**DANDINA** (SE), v. pro. Se Dandiner, branler le corps ; n'Avoir pas de contenance. (De *din din*, ou *dan din*, son des cloches en branle.)

**DANJHEIROUS**, *voyez* DANXÈYROUS.

**DANNA**, v. act. Damner, punir des peines de l'enfer ; Causer de la peine à quelqu'un, l'importuner, le tourmenter à l'excès. (Du latin *damnare*.)

**DANNATIOU**, s. f. Damnation, état d'un damné. (Du latin *damnatio*.)

**DANRÉO**, s. f. Denrée, tout ce qui se vend pour la nourriture des hommes et des animaux. (Du latin barbare *denariata*, c'est-à-dire ce qu'on pouvait avoir pour un denier.)

Lou mariaje à la fin bénit,
L'ouffranda facha, é tout finit,
Doous la cour la noça défila,
É gran fanfara per la vila.
Ioch jours, dé l'un à l'aoutre bout,
Sé faguèt de foutés pertout.
Tout èra bralles ou bourrèas;
Sé pot pas creyre las *danrèas*
Qué dins Cartaja s'énvalét,
É lou vi qué sé ié buguét.                         FAV.

**DANSA**, v. n. Danser, mouvoir le corps en cadence, à pas mesurés et au son de la voix et des instruments ; fig., Donner de l'exercice à quelqu'un, de l'embarras, le mal mener. (Du latin *saltare*, ou de l'italien *danza*.)

L'arxen me manco pas, eï la bourso garnido,
Xouïssi coumo cal das plazes de la bido;
Xogui das instrumens, *dansi* pla, souï poulit;
Las filhos trobou pas qu'axo l'aïre mouzit.    D.

**DANSAYRE**, O, s. m. f. Danseur, danseuse ; fig., Léger.

**DANSO**, s. f. Danse, mouvement cadencé du corps au son de la voix ou des instruments ; Réunion de personnes qui dansent ; le Local ; fig., s'Engager dans une affaire, dans un procès. (De l'italien *danza*.)

En countemplan la campagno,
Lés brels, las aïgos, lé prat,
Bézèn darnié la mountagno
Lé soulél miech amagat,
Paouc à paouc la neït s'abanso ;
Finissen lés jocs, la *danso*,
Léou s'amourtis lé baral ;
Et nostro jouyouso cliquo
Amé l'haïssablo bourriquo
S'entournèroun à l'oustal.                        DAV.

**DANTÉLO**, s. f. Dentelle, ouvrage à jour de fil, de soie. (De *dent*, parce que les premières dentelles ont été découpées en forme de dent.)

Muscadinos et muscadins
Alterats de modos noubèlos,
Cerques pas dins sous magazins
Ni barlocos, ni *dantèlos*.                     PUJ.

**DANTISTO**, s. m. Dentiste, chirurgien qui s'occupe de ce qui concerne les dents.

**DANXÉ**, s. m. Danger, péril, risque ; Ce qui expose à une perte de... (Du latin *damnum*, dont on a fait dans la basse-latinité *damnarium* et *damjarium*.)

Debout ! douncos, dirèt as souldats de touto armo ;
Se la Franço en *danxé* xèto soun erid d'alarmo !...
Debout !... se cal courri sul brounzo dirixat
Countro lou bièl drapéou de nostro libertat !
Debout !... se cal ana pertout ount y'a de trabos
Clabela sus tyrans lou collié das esclabos !
Doumayzèlos, debout !... se pel paoure qu'à frex
Bous cal brouda de flous, canta tendrés couplex.
Debout !... quand toutes, fils d'uno mémo countrado,
Bezèn per calque flèou la tèrro rabaxado !...
Trop fiérs se poudièn randre, al préx do nostre sanc,
Touxoun la Franço burouzo et rèyno al prumié banc !
                                                                A. B.

**DANXÈYROUS**, OUZO, adj. Dangereux, euse, en parlant des choses qui mettent en danger, en parlant des personnes à qui on ne peut se fier ; Prêt à recevoir quelque coup, à mourir ; Chose qui arrivera immanquablement.

## DAO

**DAOU**, prép. Vers.

**DAOUCUS-COPS**, adv. Parfois, quelquefois.

**DAOUFINENCO**, s. f. Marron, espèce de châtaigne.

**DAOUMAJHE**, *voyez* DOUMAXE.

**DAOUNT**, *voyez* DOUNT.

**DAOURA**, v. act. Dorer, couvrir d'or moulu ou en feuilles ; fig., Adoucir par de belles paroles, par des apparences spécieuses un refus : *Sabio pas coussi daoura la pilulo*, il ne savait comment me dorer la pillule. (Du latin *deaurare*.)

O péno sous royoung dés puechs *daourou* lo cimo,
Qué lou fioc de lo beillo o l'instent sé ronimo.   PRAD.

**DAOURUR**, s. m. Doreur, celui qui fait métier de dorer.

**DAOURURO**, s. f. Dorure, or mince appliqué sur un ouvrage.

**DAOUSSITO**, adv. Tout de suite.

## DAP

**DAPAS**, adv. Pas à pas, lentement ; Avec précaution et réflexion. (Racine *pas*.)

Èren dex coumpagnous coubidats o lo festo,
Qué né toumbèren bé quatré conous per testo.
Los fillos, cal tout diré, ou préniau pus *d'opas*,
Mais per oco, bésés, cap l'escupissio pas.         PRAD.

**DAPASSIÉ**, s. m. Lent, tardif ; Réfléchi : *Aco's un dapassié*.

**DAPASSOU**, *voyez* DAPAS.

## DAQ

**D'AQUI-EN-LA**, adv. De ce point-ci jusque-là : *D'aqui en la es tout seou*.

**D'AQUI-ENTRE-AQUI**, adv. D'un moment à l'autre ; De temps en temps.

## DAR

DARAÏ, voyez DERRAÏC.
DARDA, v. act. Darder, lancer à-plomb, en parlant du soleil qui darde ses rayons. (Du celtique *dar*, pointe.)
DAR EN LAÏ, voyez D'ARO EN LA.
DARGNIE, EYRO, s. m. f. dernier, ère, qui est après les autres ; Après quoi on commence soit l'office, soit toute autre chose : *Souno lou dargnié*, on sonne le dernier ; État de misère, de souffrance, de maladie : *Es à sous dargniés*, il est à ses derniers moments. (Par contraction de *derrenier*, qu'on disait autrefois dans le même sens, et qui avait été fait du latin barbare *deretranarius*, formé de *retro*, derrière.)

La fi d'aquel sounet a quicon de xarmant ;
Bouldrio per fosso arxen ne saoupre faire aoutant.
Aquel *dargnié* couplet me pares admiraple. D.

DARGNIÉ (ABE LOU), adv. Dernier, orgueil, vanité d'un raisonneur, d'un taquin, d'un enfant qui ne veut point laisser sans réponse ou sans se venger celui qui le contredit.
DARGNEYROMEN, adv. Dernièrement, il n'y a pas longtemps.
DARIÉ, voyez DARRÉ.
DARNA, v. n. En parlant du drap, Mangé par la teigne.
DARNAT, ADO, part. Piqué, ée.
DARNO, s. f. Teigne, ver qui ronge les étoffes, les habits ; fig., Mauvais caractère ; Avare, querelleur.
DARO-EN-LA, adv. de temps, Dorénavant, désormais, à l'avenir.
DARRÉ, s. m. Derrière, la partie opposée au devant : *Boli un darre d'agnèl*, je veux un derrière d'agneau ; *M'es touxoun darré*, il me poursuit partout ; *Darré, darré !* frappez derrière, dit-on à un cocher dont la voiture est chargée de polissons. (Du latin *de retro*.)
DARRIE, voyez DARGNIÉ.
DARRIGA, voyez DERRABA.
DARTRE, s. m. Dartre, maladie de la peau en forme de gratelle ; il y en a de deux espèces, l'une simple, *lou Dartre farinous*, l'autre vive, qui rend la peau rouge et enflammée, *lou Dartre biou*. (Du grec *dartos*.)
DARTROUS, OUZO, adj. Dartreux, euse.

## DAT

DATA, v. act. Dater, mettre la date à une lettre, à un écrit, à un compte. (Du latin *datum*, parce qu'au bas d'une lettre, ou d'un écrit, on mettait *datum tali loco*.)
DATO, s. f. Date, époque, chiffre qui l'indique ; Jour auquel une lettre a été écrite, un acte passé.
DATO, s. f. Datte, fruit du palmier, sorte de prune.
DATS, s. m. Dés, petit cube d'os ou d'ivoire à faces marquées de points de 1 à 6 pour jouer. (Du latin *datus*, donné ou jeté.)

## DAU

DAUS, voyez BERS, A L'ENTOUR.

## DAV

DAVALA, voyez DEBALA.
DAVALADOU, voyez DEBALADO.
DAVAN, voyez DABAN.

DAVANCH-OURO, voyez DABANT-OURO.
DAVAN-DARRIE, voyez DABANDARRE.
DAVANTIÉS, voyez DABANTIÉR.
DAVANTIEYRASSO, voyez DABANTIEYRASSO.
DAVI, voyez DABIT.

## DAY

D'AYCI EN LA, adv. Dorénavant, désormais, à l'avenir.
D'AYCI-EN-FORO, adv. D'hors et déjà.
DAYLHA, v. act. Faucher, couper avec la faux.

Soubent en sous bossals aïmo dé fa lo raillo ;
Quond né troubo quaouqu'un ou qué ségo ou qué *daillo*,
Qué laouro ou qué s'occupo o qualqu'aoutré trobal,
L'interroujo sur tout jusqu'ol mendré détal. PRAD.

DAYLHAYRE, s. m. Faucheur, celui qui fauche l'herbe au pré : *Me cal fosso daylhayres*.
DAYLHAZOUS, s. f. Fauchage, l'action de faucher ; le Temps, la saison de faucher.
DAYLHO, s. f. Faux, grande lame au bout d'un long manche pour faucher ; elle porte à la partie opposée à la pointe le *talon* qui sert à la monter sur son manche, auquel elle est retenue par un anneau de fer *(lou blaou)* et des coins ; le manche a vers le milieu de sa longueur un morceau de bois recourbé appelé main, et une *crosse* au bout.

Pouèn dé tout ; quan sèn à Butrota,
Moun paren, boun coumpatriota,
Mé pren bras déssus bras déssous,
É mé fay cinquanta poutous ;
Paouza sa *daïa*, sé façouna,
Carga bravamén sa courouna,
Passa soun habit galounat....
Anfin, éra rey, lou crévat ! FAY.

DAYLHURS, adv. D'ailleurs, pour un autre sujet *Daylhurs bendrio pas saquela*.

*Daylhurs*, Moussu, qui sap ? prenés un paouc maït d'axe.
D.

DAYSSA, *Layssa*, v. act. Laisser, quitter, abandonner ; ne pas Emporter ; Oublier ; Céder, léguer. (Suivant Casencuve, du latin *laxare*, laisser. Suivant d'autres, de l'allemand *lassen*.)

Ensi daïcho, crèï-mé, *daïcho*, daïcho l'embéjo
Distilla lé pouïsou qué sa bouco carréjo ;
Al public counéchur toun sabé-fairé plat',
Et tandis qu'a maï d'un fa naïché d'embéjétos,
Elis, sans s'én douta, té fan las escalétos,
Car cado truc l'anaouço maï. DAY.

DAYSSOM'ESTA, s. m. Faiblesse ; Paresse, nonchalance.

## DE

DÈ, s. m. Dais, poêle soutenu par quatre appuis sous lequel on porte le saint Sacrement dans les processions. (Du latin *dossium*.)
DE, prép. Pendant, durant : *Es arribat de neyt*, il est arrivé durant la nuit ; Sur, touchant : *Parlo de tout*, il parle sur tout ; Par : *Es aymat de toutis*, il est aimé par tous ; indique de quelle matière une chose est faite : *Un abilhomen de drap*, un habit de drap ; la cause : *Es mort de xagrin*, il est mort de chagrin. (Du latin *de*.)

## DEB

DEBABA, *Debabela*, v. act. Oter la bave des cocons avant de les vendre. (Racine *babo*.)

**DEBALA,** *Devala,* v. act. Dévaler, descendre; Faire descendre. (Du latin barbare *devallare*.)

Fin dé dizèta... bon! éh bé,
Ténès, l'aouzisse qué *devala*,
Yé pourés parla din la sala.
Dé fait, mounségnur Doria
Lou séguis tout diguén : ah! ah!
Qu'és ayço? véués veyre en troupa
Só per ayci dounan la soupa?   FAY.

**DEBALA,** *voyez* **DEZENBALA.**
**DEBALIZA,** v. act. Dévaliser, dérober à quelqu'un ses hardes, le dépouiller.
**DEBANA,** *voyez* **DABANA.**
**DEBANA,** *voyez* **DEBANICA.**
**DEBANADOU,** *voyez* **DABANEL.**
**DEBANAYRE,** *voyez* **DABANAYRE.**
**DEBANÇA,** v. act. Devancer, gagner le devant; Arriver avant un autre.
**DEBANCIES,** s. m. Devanciers, ancêtres.
**DEBANDA,** v. act. Débander, détendre un arc, etc.; Oter un bandage, une bande.
**DEBANDADO (A LA),** adv. A la débandade, sans ordre, confusément.
**DEBANEL,** *voyez* **DABANEL.**
**DEBANICA,** *Descourna,* v. n. Écorner, rompre la corne à un bœuf. (Racine *bano*.)
**DEBAN,** *voyez* **DABAN.**
**DEBAOUXA,** v. act. Débaucher, jeter dans la débauche; Faire manquer à son devoir; Engager. (Suivant Ménage, du mot *bauche,* qui signifiait anciennement *boutique;* Débaucher, tirer quelqu'un de sa boutique, le détourner de son devoir.)
**DEBAOUXO,** s. f. Débauche, dérèglement; Libertinage, désordre; honnête Réjouissance dans un repas. (Racine *debaouxa*.)
**DEBARBOUYLHA,** v. act. Débarbouiller, nettoyer le visage à quelqu'un.
**DEBARBOUYLHA (SE),** v. pro. Se Débarbouiller en parlant du temps qu'il se lève.
**DEBARCA,** v. act. Débarquer; Oter d'une barque, d'un vaisseau, les marchandises pour les mettre à terre; Quitter le vaisseau après avoir fait la traversée qu'on voulait faire; fig., Arriver chez quelqu'un. (Du latin barbare *barca*.)

Abal, très marinés dins un transport sublime,
Se xetou à cors perdut al proufoun d'un abîme;
Se perdou, dispassessou, et triplan you'r elan,
*Débarcou uno famillo adalido de fan.*   A. B.

**DEBARIA,** v. act. Troubler, inquiéter; Chagriner; Mettre en désordre.
**DEBARIA (SE),** v. pro. Se Dissiper; se Désespérer.
**DEBARIAT,** ADO, adj. Dissipé, ée, volage, tripe-tout.

Calque cop, es bertat, la raxo mé némeno,
Mais, paouro Xanetoun, bous aymi talomen,
Qué sembli *débariat,* soui dins l'égaromeu.

**DEBARIZA,** *voyez* **DEBALIZA.**
**DEBARRA,** v. act. Débarrer, ôter la barre, ce qui ferme une entrée; Lâcher, laisser sortir. (Racine *barro*.)
**DEBARRASSA,** v. act. Débarrasser, tirer d'embarras; Délivrer de quelque chose qui nuit; Dégager. (Racine *barro*.)
**DEBARROUYLHA,** v. act. Déverrouiller, ôter les verrous. (Racine *barro*.)

L'aoutro, lou froun mouillat d'uno fredo sujou,
Junis sas dios mas, s'aginouillo,
Et dit, tout bas, penden qué soun fray *débarrouillo,*
O moun Diou! perdouno-me jou.   J.

**DEBARUTA,** v. n. Débiter un discours avec précipitation; Parler vite; Raconter beaucoup de choses.
**DEBAS,** s. m. Bas, la partie inférieure d'une maison; adv., Là-bas.
**DEBAS,** s. m. Bas, vêtement qui couvre le pied et la jambe.
**DEBASSARIÉ,** s. f. Profession de bonnetier.
**DEBASSAYRE,** s. m. Bonnetier, celui qui fait des bas au métier; Chaussetier.
**DEBASSES,** *voyez* **DEBAS.**
**DEBASTA,** v. act. Dévaster, ruiner, désoler, saccager un pays; Débâter, ôter le bât à une bête de somme. (Du latin *devastare*.)
**DEBASTATIOU,** s. f. Dévastation, désolation, ruine d'un pays. (Du latin *devastatio*.)
**DEBAT,** s. m. Débat, différent, contestation. (Racine *batre*.)
**DEBATA,** *voyez* **DESBATA.**
**DEBATRE,** v. act. Débattre, contester de paroles, disputer; Gauler les noix, etc.
**DEBATRE (SE),** v. pro. Se Débattre, se démener, s'agiter par l'effet d'une douleur.
**DEBELOPOMEN,** s. m. Développement; Éclaircissement.
**DEBELOUPA,** v. act. Développer, enlever, ôter l'enveloppe; Éclaircir, expliquer, débrouiller. (Du latin *evolvere*.)
**DEBENDA,** v. act. Débander, ôter, arracher les bandes d'une plaie. (Racine *bendo*.)
**DEBENI,** v. n. Devenir, commencer à être ce qu'on n'était pas; Avoir telle ou telle destinée; *Que débendrey!* Disparaître, ne plus paraître. (Du latin barbare *devenire*.)
**DEBER,** s. m. Devoir, ce à quoi on est obligé par la nature, les lois, la place, les fonctions, l'état; Communion pascale. (Du latin *debere*.)
**DEBERDEGA,** v. act. Dégourdir quelqu'un de mou, le faire lever matin.
**DEBERDIA,** *voyez* **DEBERDEGA.**
**DEBERGOUGNA,** v. act. Diffamer quelqu'un en sa présence pour lui faire honte.
**DEBERGOUGNAT,** ADO, adj. Devergondé, ée, sans honte, sans pudeur, de mœurs scandaleuses. (Du latin *de verecundiá*.)
**DEBERGOUNDAT,** *voyez* **DEBERGOUGNAT.**
**DEBERGOUNDAXE,** s. m. Dévergondage, vie licencieuse.
**DEBERROUILHA,** *voyez* **DEBARROUYLHA.**
**DEBERS,** s. m. Devers, gauchissement d'une pièce de bois. (Du latin *deversùm*.)
**DEBERSA,** v. act. Gauchir, incliner un corps. (Du latin *vertere*.)
**DEBERTI,** *voyez* **DIBERTI.**
**DEBES,** adv. Vers, du côté de..... (Du latin *versùm*.)
**DEBIGNA,** v. n. Contrefaire quelqu'un; Imiter ses manières, le son de sa voix.
**DEBIGOUSSA,** v. pro. Se Dandiner, se balancer en marchant; n'Avoir pas de contenance.
**DEBIGOUSSAT,** ADO, adj. Contrefait, te, estropié, dégingandé, sans contenance.
**DEBILHA,** *Déliza,* v. n. Abuter, tirer au sort pour savoir qui jouera le premier. (Racine *bilho*.)
**DEBILHARDA,** v. act. Débillarder, Dégrossir une pièce de bois.

**DEBILLE, O,** adj. Débile, faible, affaibli faute de nourriture. (Du latin *debile*.)

**DEBINA,** v. n. Deviner, prédire l'avenir; Découvrir ce qui est caché; Présupposer. (Du latin *divinare*.)

Yeou débini fort pla qu'un es aquel affaïre. D.

**DEBINAYRE,** *Sourcié*, s. m. Devineur, sorcier, devin qui se donne pour découvrir les choses cachées, ou prédire l'avenir. (Du latin *divinans*.)

A péna Anchiza finiguét
Qué, per ma fé, lou tron pétét.
Diable sié, sé créziey moun payre
Un tan habille *débinayre*.
Una éstéla d'un grand esclat
Passét drech sur nostré teoulat,
E nous moustrét embe sa quouéta
Lou cami dé la descampeta.
Dizoun qué layssava uno aoudou
D'ér, de Ciel, dé glouéra è d'hounou;
Se pot; mais, sé l'avié pas vista,
L'aouriez pas séguida à la pista. FAV.

**DEBIS,** s. m. Devis, état détaillé de ce que doit coûter un ouvrage.

**DEBISSA,** *Esparraca*, v. act. Détruire, renverser, mettre à bas.

**DEBISSA,** v. act. Dévisser, ôter les vis qui servent à tenir quelque chose. (Racine *abis*.)

**DEBIT,** *Debito*, s. m. Débit, vente en détail; adv., *De boun debit*, Recherché, de bonne défaite : *Sios pas de boun debit*, dit-on d'une laide.

**DEBITA,** v. act. Débiter, vendre et distribuer en gros et en détail de la marchandise; fig., Répandre des nouvelles; Déclamer, prononcer un discours; Couper et refendre le bois de longueur; Marquer le bois selon les longueurs convenues. (Du latin *debitor*.)

**DEBIZA,** *Partaxa*, v. act. Diviser, partager, séparer par parties; Abuter, décider par le sort. (Du latin *dividere*.)

**DEBIZA,** v. n. Deviser, rire, passer son temps à badiner.

**DEBIZIOU,** s. f. Division, séparation, partage d'un tout en parties; Mésintelligence, désunion, discorde; Partie d'un corps d'armée. (Du latin *divisio*.)

**DEBIZO,** s. f. Devise, pensée exprimée brièvement. (Du latin barbare *divisa*.)

**DEBLATA,** v. act. Dégoiser.

**DEBLAYA,** v. act. Déblayer, débarrasser une cour, une maison, une chambre des choses qui y sont. (Du latin barbare *debladare*, qui a signifié d'abord ôter le blé, *bladum*.)

**DEBLAYOMEN,** s. m. Déblai, action de déblayer; Enlèvement des terres pour niveler.

**DEBORDOMEN,** s. m. Débordement; Dissolution de mœurs, débauche.

**DEBOT, O,** s. et adj. Dévot, e, qui a de la piété, pieux; Qui excite à la dévotion. (Du latin *devotus*.)

Or, diga-mé, perque Junoun,
Qu'ès reyna das Dious, é qué limpa
Lou milhou nèctar de l'Oulimpa,
Ménava un prince tan *dévot*
Couma l'on ména un bouriscot?
Per una Dioussa tan hurouza,
Pardine! èra bèn béchicouza!
Las grans géns d'amoun serien-ti,
Couma aquélés qu'avèn ayci? FAV.

**DEBOTOMEN;** *Deboutiouzomen*, adv. Dévotement, pieusement. (Du latin *devoté*.)

**DEBOUA,** v. act. Dévouer, dédier, consacrer.

**DEBOUA (SE),** v. pro. Se Dévouer, se sacrifier, se livrer sans réserve. (Du latin *vovere*.)

**DEBOUCASSAT,** voyez DEBOUCAT.

**DEBOUCAT,** adj. Libre, peu mesuré dans ses paroles, mal embouché. (Racine *bouco*.)

**DEBOUCLA,** v. act. Déboucler, ôter les boucles des souliers, d'une courroie. (Racine *bouclo*.)

**DEBOULIT,** voyez DESCADENAT.

**DEBOUNDA,** v. act. Débondonner, débonder, lâcher la bonde d'un étang, d'un ruisseau. (Racine *boundo*.)

**DEBOUNDA (SE),** v. pro. Aller du ventre.

**DEBOUOMEN,** s. m. Dévouement, abandonnement aux volontés des autres.

**DEBOUNDA, s'*Azounda*,** v. n. Déborder, refluer, sortir de son lit en parlant des rivières; Passer les bords en parlant des étoffes. (Racine *bord*.)

**DEBOURRA,** v. act. Dépiler, ébourrer; Planer) t. de tanneur; Ôter la bourre d'un fusil. (Racine *bourro*.)

**DEBOURRAL,** s. m. Volée de coups.

**DEBOURSA,** v. act. Débourser, tirer de sa bourse, de sa caisse pour payer. (Du latin *debursâ*.)

**DEBOURSAT,** s. m. Déboursé, argent avancé pour quelqu'un.

**DEBOURSILHA,** v. act. Boursiller, contribuer d'une petite somme.

**DEBOUSCA,** v. act. Enlever le bois qu'on a coupé dans une forêt. (Du latin barbare *deboscare*.)

**DEBOUTA,** v. act. Débouter, supplanter; Mettre à bas; Débotter, tirer les bottes à quelqu'un.

**DEBOUTIOU,** s. f. Dévotion, piété envers Dieu, la Sainte Vierge, les Saints.

**DEBOUTIOUS, OUSO,** adj. Dévotieux, euse. Vieux mot français tombé presque en désuétude, mais encore très usité en patois.

**DEBOUTOUNA,** v. act. Déboutonner, ôter les boutons des boutonnières.

**DEBOUTOUNA (SE),** v. pro. Se Déboutonner, parler librement, dire ce qu'on pense. (Racine *boutou*.)

**DEBOUZIGA,** v. act. Défricher une terre inculte; Essarter un champ.

Anfin tout aïchi-tal a cambiat dé naturo :
La terro qu'aoutrés cops restabo sans culturo,
És coumoulo dé fruits;
Joux les trucs dal bigos lé sol sé *débouzigo*,
Et les camps qué bézion débourats per l'ourtigo,
D'espigos soun glaoufits. DAV.

**DEBOUXA,** v. act. Déboucher, ôter ce qui bouche; Sortir d'un défilé. (Racine *bouxa*.)

**DEBOYTA,** v. act. Déboîter, disloquer un os; Disjoindre la menuiserie. (Racine *boito*.)

**DEBRAGA,** v. act. Quitter, ôter les culottes à quelqu'un. (Racine *bragos*.)

**DEBRAMCA,** v. act. Ébrancher, dépouiller un arbre de ses branches. (Racine *branco*.)

**DEBRAYLHA,** v. act. Ébranler, ôter la solidité, l'aplomb; Toucher, émouvoir, attendrir.

**DEBRAYLHAT, ADO,** adj. Débraillé, découvert avec indécence. (Du latin barbare *disbraculatus*.)

**DEBREMBA,** v. act. Oublier, perdre le souvenir; Laisser par inadvertance.

D'aquel maoudit amour, se poudio me desfayre,
Me beyries pas ayci bous impourtuna gayre;
Mais ba bous caxi pas, bint cots aourio boulgut
Poude bous *debremba* : y'éi fax ço qu'ei pougut. D.

## DEC

DEBREMBAT, ADO, adj. Oublieux, euse, qui oublie facilement.

DEBRIDA, v. act. Débrider, ôter la bride à un cheval ; Ôter la corde qui bridait une poutre ; fig., Manger beaucoup : *Debrido pla*, adv., Sans débrida, tout d'un trait, de suite, sans interruption. Racine *brido*.)

 Aqui déssus, per tour dé col
 M'enzéngue tourna moun licol,
 Porte Anchiza, rébale Ascagna,
 Vite nous métén én campagna,
 É porte tout sans *débrida*
 Aou pus naou truc daou mount Ida.   Fav.

DEBRIDADO, s. f. Sans débrider, tout d'une traite ; Trajet ; Course.

DEBRIS, s. m. Débris, les restes d'un édifice après la destruction. (Racine *briza*.)

DEBROUTA, v. n. Ébourgeonner, ôter les bourgeons superflus d'un arbre à fruit. (Racine *brout*.)

DEBROUYLHA, voyez DEZEMBROUYLHA.

DEBRUGA, v. act. Détacher les cocons des rameaux de bruyère quand ils sont totalement faits par le ver à soie. (Racine *brugo*.)

DEBUSCA, v. act. Débusquer, chasser, supplanter. (Du latin barbare *deboscare*.)

DEBUT, s. m. Début, commencement d'une entreprise, d'un discours, d'un ouvrage.

DEBUTA, v. n. Débuter, commencer, faire les premières démarches dans un genre de vie.

Besi que tout aisso nou *debuto* pas mal,
Car aquel ten dexa soun brabe mourdissal.   D.

## DEC

DEÇA, prép. Deçà, de ce côté-ci.

 Labets en se trian toumbo *deça*, delà.

DECADO, s. f. Décade, espace de dix jours dont on voulait composer la semaine pendant la révolution française. (Du grec *dekas*.)

DECAMPA, v. n. Décamper, fuir, s'en aller vite. (Racine *camp*.)

Boun pregui, finigan un discours ta bilen ;
A bous tout couma à yeou nous menario trop len ;
Et dexa d'aissital yeou serio *decampado*,
S'aro n'attendio pas calqu'un que m'a menado.   D.

DECEDA, v. n. Décéder, mourir de mort naturelle. (Du latin *decedere*.)

DECELA, v. act. Déceler, découvrir ce qui était caché. (Du latin *de celare*.)

Del loup et del boulur *decelo* l'orribado.   Prad.

DECENBRE, s. m. Décembre, le dernier mois de l'année. (Du latin *december*.)

DECENÇO, s. f. Décence, bienséance, honnêteté extérieure, convenance.

DECENDENT, s. m. Descendants ; Postérité. (Du latin *descendens*.)

Transmetra qualqué xoun à nostrés *decendens*.   J.

DECENDRE, v. n. Descendre, transporter en bas ; Mettre plus bas ; Suivre le cours, la pente ; se Mouvoir de haut en bas. (Du latin *descendere*.)

DECENT, O, adj. Décent, e, modeste, conforme à la décence. (Du latin *decens*.)

DECENTO, s. f. Descente, pente par laquelle on descend ; Hernie, déplacement des boyaux par la rupture du péritoine. (Du latin *descensio*.)

DECENTOMEN, adv. Décemment, avec décence. (Du latin *decenter*.)

DECERBELAT, ADO, adj. Écervelé, ée, léger, évaporé, sans jugement. (Racine *cerbelo*.)

DECES, s. m. Décès, mort naturelle d'une personne.

DECHICA, voyez AXIQUETA.

DECIDA, v. act. Décider, porter son jugement sur une chose douteuse ou contestée ; Terminer un différend ; Déterminer quelqu'un à... ; Ordonner, disposer, régler. (Du latin *dicedere*.)

DECIDA (SE), v. pro. Se Décider, prendre son parti.

DECIDADOMEN, adv. Décidément, d'une manière décidée.

DECIDAT, ADO, adj. Décidé, ée, résolu, déterminé ; Capable d'un coup de main.

DECINDRA, v. act. Décintrer, ôter les cintres d'une arche, d'une voûte. (Racine *cindre*.)

DECISIF, IBO, adj. Décisif, ive, qui résoud, termine.

DECISIOU, s. f. Décision, résolution, jugement, chose jugée. (Du latin *decisio*.)

DECLAMA, v. act. Déclamer, parler avec chaleur contre quelqu'un ; Réciter à haute voix en variant le ton et les gestes. (Du latin *declamare*.)

DECLARA, v. act. Déclarer, manifester, faire connaître ; Notifier par acte public ; Révéler, déceler. (Du latin *declarare*.)

DECLARATIOU, s. f. Déclaration ; Déposition, plainte. (Du latin *declaratio*.)

DECLIN, s. m. Déclin, Décadence.

DECLINA, v. n. Décliner, déchoir, tendre à sa fin. (Du latin *declinare*.)

DECOSTO, adv. Tout auprès. (Racine *costo*.)

DECOULA, v. n. Découler, tomber goutte à goutte. (Du latin barbare *colare*.)

DECOULA, *Descapita*, v. act. Décoller, couper le cou à quelqu'un par autorité de justice ; Détacher une chose qui était collée. (Racine *col*.)

DECOUPA, v. act. Découper, tailler en morceaux, dépecer une volaille. (Racine *coupa*.)

DECOUPA (SE), voyez COUPA (SE).

DECOUPLA, v. act. Découpler, détacher, délier les chiens, etc. (Racine *couplo*.)

DECOUPLAT, ADO, adj. Découplé, ée ; Leste, hardi.

DECOUPURO, s. f. Découpure, taillade faite pour ornement à du papier, à une étoffe ; la Chose elle-même.

DECOURA, v. act. Décorer, orner, embellir, conférer une marque d'honneur. (Du latin *decorare*.)

DECOURAT, s. m. Décoré, membre de la Légion-d'honneur. (Du latin *decoratus*.)

DECOURATIOU, s. f. Décoration, embellissement, ornement en peinture, sculpture. (Du latin *decoratio*.)

DECRET, s. m. Décret, loi, ordre. (Du latin *decretum*.)

DECRETA, v. act. Décréter, ordonner par une loi ; Faire le décret, la saisie, la vente d'un bien. (Racine *decret*.)

DECROUTA, v. act. Décrotter, ôter la crotte ; Nettoyer les souliers, les habits. (Racine *croto*.)

DECROUTUR, s. m. Décroteur, celui qui fait métier de nettoyer les souliers.

## DED

DEDAL, s. m. Dé, petit cylindre creux et parse-

mé de petits trous tout autour pour pousser l'aiguille quand on coud. (Du latin *digitale*.)
**DEDAOU**, *voyez* **Dedal**.
**DEDAYLHAT**, s. m. Plein un dé.
**DE DELA**, adv. De l'autre côté, au delà : *Demoro de dela l'aygo*.
**DEDEGNA**, v. act. Dédaigner, marquer du dédain ; Mépriser. (Du latin *dedignari*.)
**DEDEGNOUS, OUSO**, adj. Dédaigneux, euse.
**DEDÉN**, s. m. Dédain, sorte de mépris exprimé par le ton, le geste, les regards.
**DE-DESSAI**, *voyez* **Deça**.
**DEDINS**, s. m. Dedans, la partie intérieure d'une chose ; prép. Dans, dans l'intérieur. (Du latin *de, intus*.)

Mais beyrets d'un aoutre coustat,
Dins qualque biel carriol, à trabets qualquo fendo,
S'esplandi de grigous qu'arribon d'un castel ;
Et pleno de rastoul qué li crebo la pél,
Tourtejan d'un coustat et borgno o ments d'un él,
Uno rosso traïna bint milo francs de rendo.

**DEDIRE**, v. act. Dédire, désavouer ce qu'une personne a dit ou fait pour nous.
**DEDIRE (Se)**, v. pro. Se Dédire, se rétracter, dire le contraire de ce qu'on a dit. (Du latin *de, dicere*.)
**DEDOUMAXA**, v. act. Dédommager, réparer un dommage ; Indemniser. (Racine *doumaxe*.)
**DEDOUMAXOMEN**, s. m. Dédommagement, indemnité ; Consolation ; *Ey encaro aqui un dedoumaxomen*.
**DEDOUPLA**, v. act. Dédoubler, ôter la doublure ; Partager en deux. (Racine *doupla*.)
**DEDUYRE**, v. act. Déduire, soustraire, rabattre d'une somme. (Du latin *deducere*.)

## DEF

**DEFABOURAPLE, O**, adj. Défavorable, préjudiciable, désavantageux. (Racine *fabou*.)
**DEFAOUT**, s. m. Défaut, imperfection ; Manque, privation ; Mauvaise habitude ; adv., A défaut, à la place de... (Du latin *defectus*.)
**DEFAYLHENÇO**, s. f. Défaillance, faiblesse, évanouissement ; Pamoison ; Besoin de manger. (Du latin *defectio*.)

La caritat, moun Dious, soulatchas ma souffrenço !
Soun agut dé bésoun ; toumbi dé *défaïllenço* ;
Un bouci dé panet, lé Cel bous lé rendra !
Mous paoures maïnatchous, et lour maïré qué plouro,
Souffrissoun pla tabès ; m'atrigo d'aousi l'houro
Qué nostré Ségné nous prendra. Dav.

**DEFENDRE**, v. act. Défendre, soutenir, protéger contre ; Enjoindre de ne pas dire, de ne pas faire ; Prohiber, interdire ; Résister aux attaques de l'ennemi, garder une place ; Faire l'office de défenseur.

Parlo, parlo, tourna, faï restounti la bouto
D'aquel accent qu'a sapiut mestréja
Les flots dal poplé qué l'escouto ;
Cadun, cadun, aïchi sé sentis entréna ;
Cadun, en t'escoutan *defendre*,
Trebo que n'a pas prou d'aoureilhos per t'entendre,
Ni prou d'éls per té regarda. Dav.

**DEFENDRE (Se)**, v. pro. Se Défendre, se garantir ; se Tenir en garde ; se Disculper. (Du latin *defendere*.)

**DEFENDUT, UDO**, adj. Défendu, ue, prohibé.
**DEFENSO**, s. f. Défense, protection, appui contre un ennemi ; Prohibition, ordre de ne point dire, faire ; Justification, apologie ; Réponse en justice ; Épine, aiguillon ; grosses Dents des sangliers, des cochons. (Du latin *defensio*.)

Prengueri sur aco d'abord bostro *defenso*,
Your digueri que bous faziés tout en counscienço. D.

**DEFENSOU**, s. m. Défenseur, celui qui protège, soutient, défend ; Avocat. (Du latin *defensor*.)
**DEFERA**, v. act. Déférer, condescendre, céder par égard. (Du latin *defero*.)
**DEFET** *voyez* **En effet**.
**DEFETTUOUS, OUSO**, adj. Défectueux, euse, qui a des défauts, qui n'a pas les qualités requises. (Du latin *defectus*.)
**DEFICIT**, s. m. Déficit, ce qui manque. (Du latin *deficit*.)
**DEFILA**, v. n. Défiler, aller à la file ; Aller sur un petit front. (Racine *filo*.)
**DEFINI**, v. act. Définir ; déterminer le temps, le lieu ; Arrêter une chose. (Du latin *definire*.)
**DEFINITIBOMEN**, adv. Définitivement ; Enfin ; Tout à fait. (Du latin *definite*.)
**DEFLOURA** *voyez* **Susfloura**.
**DEFORO**, s. m. Dehors, la partie extérieure ; adv., Hors de... ; A la porte : *Deforo, deforo !* (Du latin *foras*.)
**DEFOUNÇA**, v. act. Défoncer, ôter le fonds d'un tonneau ; Fouiller profondément un champ, un terrain.
**DEFROUCA (Se)**, v. pro. Se Défroquer, quitter le froc. (Du latin *floccus*.)
**DEFROUNZI**, v. act. Défroncer, ôter, défaire les plis qui froncent. (Racine *frounzi*.)

## DEG

**DEGAFFA**, v. act. Décrocher, ôter, détacher ce qui était accroché.
**DEGALIZA**, v. act. Égaliser, faire le même point au jeu. (Racine *egaliza*.)
**DEGANISSA (Fa)**, v. n. Tourmenter, asticoter, faire inquiéter.
**DEGANSA**, v. act. Décrocher les agrafes d'un chapeau, en abattre les bords. (Racine *ganso*.)
**DEGAOUGNA**, v. n. Grimacer, contrefaire quelqu'un.
**DEGAOUGNAYRE, O**, adj. Qui sait contrefaire, singer quelqu'un soit dans ses paroles ou dans sa démarche.
**DEGAOULA**, v. act. Gâter, détruire le jable d'un tonneau.
**DEGAOUXI**, v. act. Dégauchir, ôter l'irrégularité du bois, le redresser ; Rendre moins gauche, moins maladroit. (Racine *gaouxe*.)
**DEGAOUXISSOMEN**, s. m. Dégauchissement, action de dégauchir ; la Partie dégauchie.
**DEGARA**, v. act. Inquiéter, tourmenter quelqu'un pour l'engager à faire une chose ; Débaucher.
**DEGARA (Se)** v. pro. Se Dissiper, ne pas se donner un moment de relâche. (Racine *egara*.)
**DEGARAT, ADO**, adj. Dissipé, ée, débauché, turbulent.
**DEGARGAMELA (Se)**, v. pro. S'Égosiller, s'égueuler, s'enrouer à force de crier.
**DEGARNI**, v. act. Dégarnir, ôter la garniture, ce qui garnit, ce qui orne, meuble ou défend.

DEGARNI (SE), v. pro. Se Dégarnir, perdre ses feuilles, ses cheveux. (Racine *garni*.)

DEGARROUTA, v. act. Délivrer, détacher quelqu'un qui était garrotté. (Racine *garrouta*.)

DEGARROUNA, v. act. Couper le jarret d'un cochon, d'un animal; t. de charp. Faire un tenon oblique au lieu de le faire droit. (Racine *garrou*.)

DEGAS voyez DEGAST.

DEGASPA voyez ESCARPA.

DEGASPADOU, voyez ESCARPADOU.

DEGAST, s. m. Dégât, ravage, perte, ruine, destruction. (Du latin *devastare*.)

DEGATIGNA (SE), voyez XAGRINA (SE).

DEGAXA, v. act. Dégager, débarrasser; Délivrer; Retirer ce qui était trop engagé; Retirer ce qui était engagé, hypothéqué. (Racine *gaxe*.)

DEGAXAT, ADO, adj. Dégagé, ée, libre, aisé, éveillé.

Goujat, sou li fosquet un biel tout grupellous,
Dé toun pafré sios fil del cap jusqu'òs colous.
Coumo el as ol repaïs lo dent prou *degotjado*
El lou bras enraillat quond cal fa lo combado. PRAD.

DEGAXOMEN, s. m. Dégagement; Commodité.

DEGAYLHA, v. act. Gâter, détériorer; Mettre en mauvais état.

DEGAYSSA, v. act. Épamprer, ôter de la vigne, des arbres, des plantes, les pampres inutiles.

DEGAYSSOUNA, v. act. Ébourgeonner, ôter les bourgeons, le sauvageon d'une jeune greffe; Enlever une marcotte.

DEGEYNO, s. f. Dégaîne; Façon, manière; Tournure.

DEGLEXI, voyez DEXUNTAT.

DEGOL, Peltiri, s. m. Bruit; Chagrin, tracasserie; Tintamarre.

DEGOUBIA, voyez DEGOUBILHA.

DEGOUBILHA, v. act. Dégobiller, vomir; Dégoiser, jaser; Parler mal à propos.

DEGOULIA, voyez DEGOURA.

DEGOURA, Deboura, v. act. Dévorer, déchirer sa proie avec les dents; Manger goulument et avec avidité; Tourmenter en parlant d'un mal; Consumer en parlant du feu. (Du latin *vorare*.)

Coumo tu, lou missant ANXÓ,
En tyran ben nous trata :
El nous *deboro*, el nous manjo
Quand lou boulen escouta. PUJ.

DEGOURDI, v. act. Dégourdir, façonner, polir.

DEGOURDI (SE), v. pro. Se Dégourdir, se défaire de sa simplicité, de sa gaucherie; Faire vite lestement une chose; Perdre de sa modestie, de sa pudeur.

DEGOURDIT, IDO, adj. Dégourdi, ie, éveillé, fin, rusé.

L'ouncle que del nebout bol prenè lou portit,
Dis : es bertat moun fraïré éro un bostou bestit;
Diou l'ajo perdouuat! prou *degourdit* o taoulo,
Ero lent dol journal coum'uno cogoraoulo. PRAD.

DEGOURXA, v. act. Dégorger, vider un tuyau; Débarrasser ce qui était engorgé; Régorger. (Racine *gorxo*.)

DEGOUST, s. m. Dégoût, éloignement, aversion pour les aliments; Manque d'appétit; fig. Aversion, répugnance pour une chose, une personne. (Racine *goust*.)

DEGOUSTA, v. act. Dégoûter, donner du dégoût, du rebut; Ôter l'appétit.

DEGOUSTA (SE), v. pro. Se Dégoûter, prendre du dégoût. (Racine *goust*.)

DEGOUSTANT, ANTO, adj. Dégoûtant, te, qui donne du dégoût, fort sale.

DEGOUSTAT, ADO, adj. Dégoûté, e, qui n'a aucune envie de manger, de continuer une chose.

DEGOUTA, v. n. Dégoutter, couler goutte à goutte en parlant d'un toit, d'un tonneau, etc. (Du latin *gutta*.)

DEGOUTANT, ANTO, adj. Dégouttant, te, qui tombe goutte à goutte; tout Trempé de sueur.

DEGOUZILHA (SE), v. pro. S'Égosiller, crier à se faire mal au gosier. (Racine *gouzié*.)

DEGRABA, v. act. Sortir le gravier, le sédiment qui s'est formé dans un tuyau; Débarrasser une barque engagée dans le sable, le gravier. (Racine *grabo*.)

DEGRADA, v. act. Dégrader, démettre de quelque grade, d'une fonction avec ignominie; Avilir, déshonorer; Faire du dégât, causer de la dégradation. (De la particule *de*, et de *grade*, *gradus*.)

DEGRADA (SE), v. pro. Se Dégrader, s'avilir par une action, une conduite honteuse.

DEGRADATIOU, s. f. Dégradation, destitution ignominieuse d'un grade, d'une fonction; Dégât dans les bois, etc.; Dépérissement d'une maison, d'un champ.

DEGRAFFA, v. act. Dégrafer, détacher ce qui était attaché avec une agrafe. (Racine *agraffo*.)

DEGRANA, v. act. Égrener, faire sortir le grain de l'épi, la graine de la capsule. (Racine *grano*.)

DEGRAYSSA, v. act. Dégraisser, ôter la graisse; Faire disparaître la graisse d'un habit; t. de manufacturier, Dégraisser une étoffe, la traiter pour en faire sortir la graisse ou l'huile. (Racine *graysso*.)

DEGRAYSSAXE, s. m. Dégraissage, action de dégraisser la laine, les étoffes.

DEGRE, s. m. Degré, proximité ou éloignement de parenté. (Du latin *degressus*.)

DEGREBA, v. act. Dégrever, diminuer une imposition. (Racine *greba*.)

DEGREOU, prép. Désagréable, fâcheux, contrariant. (De la particule privative *de* et du latin *gratum*, agréable.)

DEGRINGOULA, v. act. Dégringoler, descendre vite et malgré soi.

Deforo, diaplatou! deforo!
Aqueste, és un pecat que nou perdouni pas!
Et lou canounge, armant soun bras,
De la forço que l'y demoró,
Pren moun escalo, la butis,
*Degringoli*, lou pot qué tenio per uno anso
Mé sièt, et l'y rasclan la panso
Toumbo à sous pés et s'espoutis. J.

DEGRUDA, voyez DEGRUNA.

DEGRULIA, voyez ESCALA.

DEGROUSSI, v. act. Dégrossir, ôter le plus gros pour commencer à donner les formes; Ébaucher, donner les premiers principes d'une science, d'un art. (Racine *gros*.)

DEGRUNA, v. act. Égrapper, détacher le raisin de la grappe; Égrener le millet. (Racine *grut*.)

DEGUENILHAT, ADO, adj. Enguenillé, couvert de guenilles.

DEGUEYNO, s. f. Dégaine, façon, manière.

DEGUIGNA, voyez DEGAOUGNA.

DEGUIZA (SE), v. pro. Se Déguiser, se travestir, se masquer, cacher son caractère; Feindre, se montrer autre que l'on est. (Racine *guizo*.)

DEGUIZAT, ADO, s. m. f. Déguisé, masqué.

150 DEL

Lo mestro, en pétossen, nous debito sós proisos :
Nous fosquet creyré un ser qu'obio troubat lou drac
Deguizat en chobal qué fosio pototrac. PRAD.

DEGUIZOMEN, s. m. Déguisement, ce qui sert à déguiser une personne ; Feinte, artifice pour cacher la vérité.
DEGULIA, *voyez* DESFA.
DEGUS, *Digus*, pro. Personne. (Du latin *nullus*.)

Sè s'y trobo un nigaoud, l'y jogou qualqué tour,
Per riré è bodina, noun per l'y faire injuro,
Omb'un plen poun dé grups l'y labou lo figuro.
Lou paouré sobóunat, interdit è counfus,
Biou douçomen l'offrount sons s'en préné o *dégus*.
PRAD.

DEGUT, *Diougut*, s. m. Dû, ce qui est dû. (Du latin *debitus*.)
DEGUZA, *Escridassa*, v. act. Diffamer, décrier, assaillir d'injures. (Racine *gus*.)

DEJ

DEJHALADOU, *voyez* DEXALADOU.
DEJHINGANDAR, *voyez* DEBISSA.
DEJHOUCA, *voyez* DEXOUCA.
DEJHOUGNE, *voyez* DEXUGNE.
DEJHOUT, *voyez* DEXOUST.
DEJHU, *voyez* DEXU.
DEJHUNA, *voyez* DEXUNA.

DEL

DELA, adv. De l'autre côté ; Delà, de ce lieu. (Du latin *illac*.)
DELABRA, v. act. Délabrer, déchirer, mettre en lambeaux ; Mettre en mauvais état. (Du milanais *deslaberare*.)
DELABROMEN, s. m. Délabrement, ruine, état de dépérissement.
DELAGASTA, *voyez* DERRANCA.
DELARDA, v. act. Délarder, t. de charpent., Rabattre en chanfrein les arêtes d'une pièce de bois.
DELARGA, v. act. Sortir les bestiaux, les mener paître ; Lacher une parole, un mot.
DELARGA (SE), v. pro. Être généreux, libéral contre son habitude. (Du latin *largus, larga*, large.)

Dé noubèls hobitans lo terro és ocolado ;
Per trauca lour estuch, mousceos è mousceoillous,
Dins un tristé silenco ottendioou los colous.
Aro tout sè *delargo*; entenden dins lous airés
Murmura boundoulaous, é cousis, é ressaïrés. PRAD.

DELASSA, v. act. Délasser, ôter la lassitude ; Récréer. (Racine *las*.)
DELASSA (SE), v. pro. Se Délasser, prendre du repos.
DELASSOMEN, s. m. Délassement, repos, relâche après le travail ; Chose propre à délasser le corps ou l'esprit.
DELATA, v. act. Délatter, ôter les lattes d'un toit. (Du latin *latus, lata*, qui est porté.)
DELATA, *voyez* DELATA.
DELAYS, s. m. Délai, retardement, remise à un autre temps. (Du latin *dilatio*.)
DELAYSSA, v. act. Délaisser, abandonner ; Quitter. (de *laxare*, suivant Ménage, ou de l'allemand *lassen*, qui signifie la même chose.)

Digas-me, se bous play, ha bous dayssi pensa,
Se lous souhsouns qu'abès an degut m'ouffensa ?
Meritariés, anas, qu'aro bous *delaysèssi*,
Qu'aco fougués finit et que bous debrembèssi. D.

DELAYSSOMEN, s. m. Délaissement, manque total de secours ; Abandon entier.
DELECTA (SE), *Deletta (Se)*, v. pro. Se Délecter, prendre beaucoup de plaisir. (Du latin *delectare*.)
DELECTATIOU, *Delettatiou*, s. f. Délectation, plaisir qu'on savoure avec réflexion. (Du latin *delectatio*.)
DELEGA, v. act. Déléguer, députer ; Envoyer quelqu'un avec pouvoir d'examiner, de faire… (Du latin *delegare*.)
DELEGATIOU, s. f. Délégation, commission pour connaître, agir au nom de… (Du latin *delegatio*.)
DELENC, s. m. Fièvre lente, dépérissement ; Consomption. (Du latin *delens*, de *delere*, ruiner, détruire.)
DELEYA, v. act. Délayer, détremper avec de l'eau ou toute autre liqueur. (Du latin *diluere*.)
DELIA, v. act. Délier, défaire le nœud, le lien ; Détacher ce qui est lié ; Finir un travail ; Prendre un temps pour se reposer et manger. (Du latin *deligare*.)
DELIAT, ADO, adj. Délié, e, qui n'est plus lié ; Grêle, mince, menu ; Dégourdi.
DELIBERA, v. act. Délibérer, examiner, discuter le pour et le contre ; Résoudre. (Du latin *deliberare*.)
DELIBERADOMEN, adv. Délibérément, hardiment.
DELIBERAT, ADO, adj. Délibéré, e ; Déterminé, résolu.
DELIBERATIOU, s. f. Délibération, consultation ; Résolution prise par suite d'une discussion ; Acte qui la contient. (Du latin *deliberatio*.)
DELIBRA, v. act. Délivrer, mettre en liberté ; Affranchir d'un mal ; Délivrer d'un importun ; Livrer, mettre entre les mains ; Accoucher.
DELIBRA (SE), Se Délivrer, se débarrasser. (Du latin *liberare*.)
DELIBRANSO, *Delibrenso*, s. f. Délivrance, affranchissement d'un mal, d'un danger.
DELICAT, ADO, adj. Délicat, e, délicieux, agréable au goût ; Difficile : Susceptible, aisé à blesser ; Faible, qui a besoin de ménagement ; Fin, délié. (Du latin *delicatus*.)
DELICATESSO, s. f. Délicatesse, qualité de ce qui est délicat ; Susceptibilité, scrupule ; Répugnance pour le manger. (De l'italien *delicatezza*.)
DELICATOMEN, adv. Délicatement, d'une manière délicate. (Du latin *delicaté*.)
DELICI, s. m. Délice, plaisir, volupté. (Du latin *delicium*.)
DELICIOUS, OUZO, adj. Délicieux, euse, extrêmement agréable ; Exquis, parfait.
DELICIOUSOMEN, adv. Délicieusement, avec délices.
DELIEXA, v. n. Quitter son lit ; Déliter, t. de maçon, Ne pas poser une pierre dans le sens qu'elle était dans la carrière. (Racine *liex*.)
DELIO, s. f. Déliaison, t. de maçon, sorte d'arrangement des pierres dans un mur, afin que les joints ne se rencontrent jamais. (Racine *lio*.)
DELIRA, v. n. Délirer, être en délire. (Du latin *delirare*.)
DELIRI, s. m. Délire, égarement d'esprit causé par la maladie. (Du latin *delirium*.)

DELIT, s. m. Délit, grave contravention aux lois. (Du latin *delictum*.)
DELIXENÇO, s. f. Diligence, célérité, promptitude; Voiture plus rapide que les autres. (Du latin *diligentia*.)
DELIXENT, O, adj. Diligent, e, expéditif, prompt.
DELIXENTA, v. n. Diligenter, faire, agir avec diligence.
DELIXENTOMEN, adv. Diligemment, promptement.
DELORGA, voyez DELARGA.
DELOUA (SE), v. pro. Se Démettre, se disloquer, déplacer un os. (Du latin *de* et *locare*, sortir de place.)
DELOUAT, ADO, adj. Démis, e, disloqué; Déboîté.
DELOUXA, v. act. Déloger, faire quitter un logis, une place, un poste; Quitter un logement. (Racine *louxa*.)
DELUSTRA, v. act. Délustrer, ôter le lustre d'un drap. (Racine *lustra*.)
DELUXE, s. m. Déluge; grande Inondation : *Après yeou lou deluxe*, après moi le déluge, propos des gens qui ne tiennent à rien. (Du latin *diluvium*.)

Qu'es triste lou païs qu'un *deluxe* menaço!
Que sa bisto d'effraï bous transis ét bous glaço!...
Lou cèl negre pertout..., dins lous aïres un bex
De mountagnos de nious qu'enfioco l'embelex.
Ranfermat dins your flan, lou trouneyre en coulèro
De sous sours rouflomens espoubento la terro.
Maïs las de sa prizou, d'un esclat las dourbis,
S'escapo tout en fioc, toumbo, embrazo, destruis.
Per coumble de malhur, en xayanto coulouno,
De la terro à las nious la troumbo tourbilhouno;
Trop grosso de furou, se briso dins soun bol
Et boumis sur l'endrex lou rabaxe et lou dol! A. B.

### DEM

DEMAI, *Doumai*, adv. Demain. (Du latin *de mane*.)

Maïs, hélas! anèit bïou per s'escanti *demaï* D.

DEMANDA, v. act. Demander, prier quelqu'un d'accorder quelque chose; Interroger, faire une question; Chercher quelqu'un pour le voir, lui parler; fig., Demander l'aumône. (Du latin barbare *demandare*.)
DEMANDO, s. f. Demande, question : *Aïci la demando*.

Lou Cèl pot pas rejeta nostro ouffrando :
Oubtendren tout ambe l'Agnèl de Diou.
Pèro Etèrnèl, sus nostro humblo *demando*,
Accourdats-nous vostro benedictiou. PUJ.

DEMAN-PASSAT, adv. Après-demain.
DEMANTAYLHA, voyez ESTRANTAYLHA.
DEMANTIBULA, v. act. Démantibuler; Rompre; Mettre en pièces. (De la particule *de*, et de *mandibula*, machoire.)
DEMANXAZOU, s. f. Démangeaison, espèce de picottement entre cuir et chair qui excite à se gratter; fig., Envie de dire, de faire.
DEMARGA, v. act. Démancher, ôter le manche.
DEMARGA (SE), v. pro. Se Démancher; Se dédire de sa vocation; Aller mal, en parlant d'une affaire. (Racine *margue*.)
DEMARMAILHA, voyez BROUYLHA.
DEMASCA, v. act. Démasquer, ôter le masque à quelqu'un; fig., Faire connaître un homme tel qu'il est.
DEMASCA (SE), v. pro. Se Démasquer, se découvrir, se faire connaître tel qu'on est; Mettre au jour ses projets, ses vices, ses défauts. (Racine *masca*.)
DEMASTICA, v. act. Démastiquer, ôter, enlever le mastic. (Racine *mastic*.)
DEMATIS, adv. Ce matin, à la pointe du jour. (Du latin *de mane*.)
DEMAYRA, voyez DESTETA.
DEMAYSSA, v. act. Briser les mâchoires.
DEMELA, v. act. Démêler, séparer ce qui est mêlé; fig., Apercevoir, reconnaître; Contester, quereller.
DEMELA (SE), v. pro. Se Démêler, se tirer heureusement d'une affaire. (Racine *mela*.)
DEMELOIR, s. m. Démêloir, peigne à démêler les cheveux.
DEMEMOURIA, voyez DEBREMBA.
DEMENA (SE), v. pro. Se Démener; se Débattre, s'agiter; Se donner du mouvement. (Racine *mena*.)
DEMENAXA, v. act. Déménager, transporter des meubles d'un logement à un autre. (Racine *menaxe*.)
DEMEMBRA, v. act. Démembrer, séparer, détacher une ou plusieurs parties. (Racine *membre*.)
DEMENTI, v. act. Démentir; Contredire; Être d'un avis contraire; Prouver le contraire.
DEMENTI (SE), v. pro. Se démentir; Se dédire; Se relâcher. (Racine *menti*.)
DEMENTIT, s. m. Démenti, négation formelle et outrageante de ce qu'un autre nous dit ou dit avant nous; fig., Affront de ne pas réussir. (Racine *menti*.)
DEMESCONTE, voyez MESCOUNTE.
DEMESCOUNEYSSE (SE), v. pro. Se méconnaître; Oublier ce qu'on a été, ce qu'on est; Oublier le respect à un supérieur; Faire le fier envers ses égaux. (Racine *couneysse*.)
DEMESPEZA (SE), v. pro. Diminuer de poids.
DEMESSE, adv. A cause de.
DEMEST, prép. Entre, au milieu, parmi.

Calqu'un diguèt tabes aqui, *demest* la foulo,
Que souben lou toupi bouldrio mascara l'oulo. D.

DEMETTRE, v. act. Démettre, disloquer, déplacer un os; fig., Déposer, destituer : *L'an demes de sa plaço*.
DEMETTRE (SE), v. pro. Se démettre, se défaire de sa charge, de son emploi, de sa dignité; Renoncer à un droit, une prétention. (Du latin *demittere*.)
DEMETTRE, adv. Tandis que; En attendant que.
DEMETTRE TANT, adv. En attendant, cependant.
DEMEZI, v. n. Diminuer; Sécher; fig., Souffrir, pâtir. (Du latin *demisi*, prét. de *demitti*.)
DEMIÉ, voyez MIEX.
DEMINUA, v. act. Diminuer, rendre plus petit; Amoindrir. (Du latin *diminuere*.)
DEMINUTIOU, s. f. Diminution, amoindrissement; Rabais.
DEMISSOUÈRO, s. m. Dimissoire, lettre par laquelle un évèque délègue un autre évèque pour conférer les ordres à celui qu'il lui envoie. (Du latin *dimissorius*, de *dimittere*, envoyer.)
DEMORDRE, v. n. Démordre, lâcher ce qu'on tient avec les dents; Se départir d'une entreprise, d'une demande. (Du latin *demordere*.)

**DEMORO**, s. f. Demeure, habitation, lieu que l'on habite. (Racine *demoura*.)

> Del naout de sa *demoro* santo,
> Dious despartis tout ço que cal :
> Al roc, à la bèstio, à la planto,
> Cadun sap et fa soun trabal.   PUJ.

**DEMORO!** adv. Attends, attends, menace qu'on fait à un malfaiteur : *Demoro, demoro!* (Du latin *mora*.)

**DEMOULI**, v. act. Démolir, détruire, abattre pièce à pièce un ouvrage de maçonnerie. (Du latin *demoliri*.)

**DEMOULISSIOU**, s. f. Démolition; Matériaux, décombres qui proviennent d'une démolition. (Du latin *demolitio*.)

**DEMOUN**, s. m. Démon, esprit malin, esprit infernal; Diable; fig., Personne méchante. (Du grec *daimón*.)

> É lou *démoun*, inquièt dins lous négrés abimés,
> S'en vo soul; — é l'azile ounté règnou lous crimés
> És troublat per lous mots : *Vén pas qu'èl! vén pas qu'èl!*
> É tandis qué l'infer vèy toumba sa puissenço,
> Lou Ciel sé réjouis dé saouva l'inoucença
> Qué gémis déjoust lou soulèl.   PEYR.

**DEMOUNTA**, v. act. Démonter, renverser, jeter son cavalier par terre : *L'a demountat ;* Désassembler les parties d'un tout; Agiter, tourmenter pour obtenir quelque chose de quelqu'un. (Racine *mounta*.)

**DEMOUPLA**, v. act. Démeubler, ôter les meubles d'une chambre; Dégarnir une maison. (Racine *mople*.)

**DEMOURA**, v. n. Demeurer, faire sa demeure, sa résidence; S'arrêter en chemin; Tarder, rester; Être de reste. (Du latin *demorari*.)

**DEMOURRA**, *Demourrica*, v. n. Se blesser en tombant sur la figure. (Racine *mourre*.)

**DEMOURRICA** (SE), v. pro. Se briser la figure ; Donner de la tête, du nez contre un corps dur.

**DEMOUSTRA**, v. act. Démontrer, prouver d'une manière évidente; Témoigner par des marques extérieures.

**DEMOUSTRA** (SE), v. pro. Se démontrer, faire connaître ses sentiments par sa conduite. (Du latin *demonstrare*.)

**DEMOUSTRATIOU**, s. f. Démonstration, preuve évidente et convaincante. (Du latin *demonstratio*.)

**DEMPÈY**, *Dezempèy*, adv. Depuis, depuis ce temps.

> Es arribat et nou bèn pas me beyre !
> Et sat qu'es de ma nèy l'estèlo, lou sourel !
> Et sat que soulo, aici, *dempèy* siéz mes l'espèri !
> Que counti lous moumens despèy que me quitèt ;
> Oh ! que bengo teni ço que me proumetèt
> Per que posco teni ço que l'y proumetèri,
> Car sans el, aici-bas, que faou? qu'as plazes èy?
> Lou mal bargo ma bido et me la ran affrouzo
> Jour pes aoutres toujours! et per you malhurouzo
> Toujoun nèy ! toujoun nèy !   J.

**DEMPIÈY**, *voyez* DEMPÈY.

**DEMUNI**, v. act. Démunir, ôter les munitions, les provisions, les meubles.

**DEMUNI** (SE), v. pro. Se démunir, se priver en donnant. (Racine *muni*.)

**DEMURAYLHA**, v. act. Démurer, ouvrir ce qui était muré. (Racine *muraylho*.)

**DEMUSCLA** (SE), v. pro. S'épanler, prendre grande peine. (Racine *muscle*.)

**DEMUSCLASSA**, *voyez* DEMUSCLA.

## DEN

**DEN**, s. f. Dent, chacun des petits os implantés dans les mâchoires et servant à manger; on divise les dents en incisives : *Las xinxibos;* en canines ou œillères : *Lous ulhials ;* et en molaires : *Lous cayssals*. (Du latin *dens, dentis*.)

> D'aqui se jeta dins l'armada
> É saouta sus la moulounada ;
> Tusta l'un, met l'aoutre jout el ,
> Graoufigna aqueste, mord aquel,
> Emporto chaque floc qu'arapa ,
> Rén vint souflés per una tapa ;
> É dins tout aco perdèt pas
> Qué lous pèous, las *dens* et lou nas.   FAV.

**DENANTOURA**, *voyez* ENCULI.

**DENAOUT**, s. m. Le Haut d'une maison. (Du latin *altus*.)

**DENARRIDA**, v. act. Espader, affiner le chanvre, le lin.

**DENATURA**, v. act. Dénaturer, changer la nature d'une chose. (Racine *naturo*.)

**DENAZICA**, v. act. Couper le nez ; Aplatir le nez en tombant. (Racine *nas*.)

**DENBOUYLHA**, *Dezenbouylha*, v. act. Débrouiller, démêler. (Racine *enbouylha*.)

**DENCARRA**, *Dezencarra*, v. act. Dételer les bœufs, les chevaux qui étaient attelés. (Du latin *carrum*, chariot.)

**DEN DE LOUP**, s. f. Dent de loup, petit instrument pour polir le papier; t. de cordonn., Bouisse ou Buis pour bomber les semelles.

**DENEBA**, v. act. Enlever la neige d'une rue, d'une cour. (Racine *nèou*.)

**DENENBRAT**, *voyez* NIGAOUT.

**DENEGA**, v. act. Dénier, nier un fait, un crime, une dette; Refuser ce que l'équité, la justice ne veulent pas qu'on refuse. (Du latin *denegare*.)

**DENIÈYROLO**, *voyez* DIGNÈYROLO.

**DENIZA**, v. act. Dénicher, ôter du nid; fig., Faire sortir par force quelqu'un d'un poste : *Trazièn mal à lou deniza*, nous tirâmes bien mal à le dénicher; Trouver, découvrir après bien de recherches : *Anfin l'abèn denizat al galatas*, enfin nous l'avons découvert au galetas; S'évader, s'enfuir : *A denizat despèy lountens*, il s'est évadé depuis longtemps. (Racine *ni*.)

**DENNASTA**, *voyez* DEZENNASTA.

**DENOU**, s. m. Démenti, reproche de mensonge. (Du latin *non*.)

**DENOUGAYLHA**, v. act. Écaler les noix, ôter l'écale.

**DENOUNÇA**, v. act. Dénoncer, déclarer, publier; Déférer en justice. (Du latin *denuntiare*.)

**DENOUNÇO**, s. f. Dénonciation, déclaration, accusation; délation en justice. (Du latin *denuntiatio*.)

**DENOUTA**, v. act. Dénoter, désigner, marquer, être le signe de. (Du latin *denotare*.)

**DENOUZA**, v. act. Dénouer, défaire un nœud. (Racine *nouzèl*.)

**DENOUZADOU**, s. m. Dénoûment, solution d'une chose difficile ; l'Endroit où se trouve un nœud.

**DENTA**, v. act. Denteler, faire des entailles, des dents à un instrument. (Racine *den*.)

**DENTADO**, s. f. Dentée, coup de dent d'un chien, etc.

**DENTAL**, *Dentaou*, *voyez* ALATRE.

**DENTAOULA**, v. act. Sortir de table quelqu'un,

## DEP

le forcer à quitter ; t. d'art, Fausser une faulx, une scie : *As finit per la dentaoula*, tu as fini par la fausser. (Racine *taoulo*.)

DENTILHO, s. f. Lentille, espèce de légume. (Du latin *lens, lentis*.)

Bal beyré fresquéja sus coustals, sus troberses,
Los gieyssos, lous becuts, los *entillos*, lous ersés. PRAD.

## DEO

DEOU, voyez DIOUS.
DEOURE, v. act. Devoir, être obligé à payer, à acquitter des dettes ; Avoir des dettes ; Avoir l'intention de... (Du latin *debere*.)
DEOUTAREL, s. m. Petite dette.
DEOUTE, s. m. Dette, ce qui est dû. (Du latin *debitum*.)

Lou Rey, toujour plé dé bountat,
Sol pas nous impausa cap dé moubélo cargo ;
Mais lous onciens impots lous l'y pogorian pas ?
N'escoutés pas oquel mounde qué bargo.
Lou Rey sé trouborio dins un grond emborras,
S'éro pribat d'uno talo ressourço :
Huey cal qué pagué dé so bourso
Lous *dioutes* dé sous déboncies. PRAD.

## DEP

DEPAOUZA, v. act. Déposer, confier, mettre en dépôt, remettre à... (Du latin *deponere*.)
DEPARA, v. act. Déparer, ôter ce qui pare ; Rendre moins agréable. (Racine *para*.)
DEPART, s. m. Départ, action de partir ; le Jour du départ. (Racine *parti*.)
DEPARTOMEN, s. m. Département, partie étendue de territoire administrée par un préfet. (Du latin *partiri*, partager.)

Un tarriple bén, un bourrèou
Que sap pas sourti de sa groto
Sans precipita dins la croto
Lous habitans dal Païs-Bas,
Per aoumenta your embarras
Destaco dal soumbre ribatge
Un nuatge
Que ramplis dé térrou tout lou *departomen*. CARC.

DEPASSA, v. act. Dépasser ; Passer outre, au-delà ; Devancer. (Racine *passa*.)
DEPENDENÇO, s. f. Dépendance, sujétion, subordination.
DEPENDRE, v. n. Dépendre, être subordonné à quelqu'un ; Être sous l'autorité, la domination ; Résulter, être l'effet, la conséquence. (Du latin *dependere*.)
DEPENDENT, O, adj. Dépendant, e, qui dépend, qui relève.
DEPERI, v. n. Dépérir, tomber en ruine ; s'Affaiblir, diminuer. (Du latin *deperire*.)
DEPERISSOMEN, s. m. Dépérissement ; Altération, affaiblissement.
DEPÉS, adv. Debout, sur pied. (Du latin *pes*, pied.)
DEPISTRA, v. act. Dépister, découvrir le gibier à la piste. (Racine *pistro*.)
DEPLOURA, v. act. Déplorer, plaindre fort ; Avoir pitié. (Du latin *deplorare*.)
DEPLOURAPLE, O, adj. Déplorable, digne de compassion.
DEPOT, s. m. Dépôt, tout ce que l'on met entre les mains de quelqu'un pour qu'il le garde ; Lieu où l'on dépose, où l'on rassemble certaines choses ; Maison de détention, prison : *Es al depot*, il est en prison ; Amas d'humeurs, abcès : *Y'es bengut un depot al xinoul* ; Sédiment des urines, des liqueurs : *Y'a fosso depot al founs*. (Du latin *depositum*.)
DEPOUTA, v. act. Dépoter, ôter d'un pot, d'un vase, une plante ; lui Renouveler la terre. (Racine *pot*.)
DEPOURTA, v. act. Déporter, bannir ; Conduire au lieu de l'exil. (Du latin *deportare*.)
DEPOURTATIOU, s. f. Déportation, exil dans une colonie. (Du latin *deportatio*.)
DEPOUZA, v. act. Déposer, priver d'une charge, d'une dignité ; Confier, mettre en dépôt ; Dire en témoignage ce qu'on sait de... (Du latin *deponere*.)
DEPOUZITARI, s. m. Dépositaire, celui à qui on a confié un dépôt, un secret. (Du latin *depositarius*.)
DEPOUZITIOU, s. f. Déposition, ce qu'un témoin dépose. (Du latin *depositio*.)
DEPUTA, v. act. Députer, envoyer comme député. (Du latin *deputare*.)
DEPUTAT, s. m. Député, envoyé d'un corps constitué, d'une province, d'un département. (Du latin *deputatus*, de *deputare*.)

Es que l'home del pople en léchigan la Charta,
Sus l'article premié se chagrina quan vey
Lous homes que sou pas egals davan la ley ;
E sé plan del Poudé, — que cada jour s'escarta
D'aquel principe sént de nostro libertat.
Incara se poudio noumma soun *deputat*
Per defendre soun drech è la caousa coumuna !
Naní : — Lou pichot pople, al sé de la tribuna,
N'o pas jes de soustiéus ! — Ount es l'Egalitat
Doun lou noum messourguié nous a bressat d'avança ?
Ah ! tout es mut djns nostra França !
E pa mens tout Français es un de sous efans !
Del gus couma del riche es la méma patria !
Mais lou pople es à part de l'aristocratia ;
E per éstre electou, cal fayre.... *douz cens frans !* PEYR.

DEPUTATIOU, s. f. Députation, envoi d'un député.

## DEQ

DEQUE, interj. Quoi : *Deque dis ?* que dit-il, que vient-il chanter ?
DEQUE, s. m. Avoir, propriété, bien-fonds.

Yeou dounario sabi pas que
Per pondre biôure à la campagno,
Ocupat soulomen à soigna moun *deque* :
Mais mous pichous, mais ma coumpagno,
Mais lous alias d'un sot estat,
Dount, malgré yeou, souy affublat,
Cado xoun y mettoun oubstacle. CARC.

## DER

DERRABA, *Derranca*, v. act. Arracher, détacher avec effort. (Du latin *abradicare*.)
DERRACINA, v. act. Déraciner, arracher de terre une plante, un arbre avec ses racines ; Extirper, ôter. (Du latin *eradicare*.)
DERRAMA, v. act. Effeuiller, dépouiller de feuilles. (Racine *ramo*.)
DERRANCA, v. act. Arracher, détacher avec effort ; Séparer par force.

Per lou *derranca* sans piétat. J.

DERRANCAYRE DE DENS, s. m. Arracheur de dents.

**DERRANTÈLA**, v. act. Housser, ôter les araignées avec un balai. (Racine *rantèlo*.)
**DERRANTÈLADOU**, s. m. Houssoir, balai de branches, de plumes, pour ôter les toiles d'araignée; fig., Personne grande et fluette : *Semblo un derrantèladou.*
**DERRAOUBA**, v. act. Voler, ravir, dérober. (Du latin barbare *raubare*.)
**DERRAPA**, v. n. Déraper, arracher, faire lâcher prise. (Du latin *rapere*.)
**DERRATA**, v. act. Dérater, ôter la rate; fig., Débaucher; Se faire donner quelque chose par une personne peu libérale.
**DERRATAT**, ADO, adj. Dératé, ée, gai, éveillé, rusé, étourdi, léger; un peu Fou.
**DERRAYC**, GO, adj. Tardif, ive, de l'arrière saison.
**DERRAYGA** (SE), v. pro. S'arrérager; Se retarder; Arriver tard.
**DERRAYGAXE**, s. m. Arrérages, revenu arriéré; Ce qui est dû d'une rente d'un loyer. (Du latin *de retro*, en arrière.)
**DERRAZOUNA**, v. n. Déraisonner, tenir des propos dénués de raison. (Racine *razou*.)
**DERRAZOUNAPLE**, O, adj. Déraisonnable, qui manque de raison.
**DERREBEYLHA**, v. act. Éveiller, interrompre le sommeil ; Dégourdir, rendre plus vif; prov., *Qui derrebeylho lou co quand dort, se lou mourdis y fa pas tort;* celui qui éveille le chien qui dort, s'il est mordu c'est sans aucun tort. (Du latin *evigilare*.)

Mé *dérévéie* as cris; d'un saou
Grimpe à la cima de l'oustaou,
Ounte, dessus una verdésca,
En estiou caouda, en hiver fresca,
Aouzisse un diable de sagan,
E save pas ounte lé fan.
Espinje adoun per una gorga,
E, sans vous dire una messorga,
Saguère escalugat d'aou floc
Qu'èra alumat dins tout lou lioc. FAV.

**DERRECLA**, v. act. Dérégler, mettre hors de la règle, dans le désordre.
**DERRECLA** (SE), v. pro. Se dérégler, se déranger. (Racine *réclo*.)
**DERRECLOMEN**, s. m. Déréglement, conduite déréglée.
**DERRENGA**, v. act. Déranger, ôter de son rang, de sa place; fig., Causer de l'embarras; Interrompre dans ses occupations.
**DERRENGA** (SE), v. pro. Se déranger, sortir du lieu où l'on est, de la place qu'on occupe; Cesser d'avoir une bonne conduite. (Racine *renc*.)
**DERRENGOMEN**, s. m. Dérangement, désordre, confusion.
**DERRENNA**, v. act. Éreinter, rompre ou fouler les reins; Battre rudement quelqu'un.
**DERRENNAT**, ADO, *Despoutentiat, ado*, adj. Éreinté, ée, déhanché, dont les os du fémur sont déboîtés.
**DERREYLHA**, v. act. Dégonder, enlever une porte, une fenêtre de dessus ses gonds.
**DERRIBA**, v. act. Dériver, ôter, limer la rivure; Aborder. (Du latin *derivare*.)
**DERRIDA**, v. act. Dérider; fig., Réjouir, rendre gai, moins grave. (Du latin *deridare*.)
**DERROBA**, *voyez* DERRABA.
**DERROUBILHA**, v. act. Dérouiller, ôter la rouille; Façonner, polir. (Racine *rouillo*.)

**DERROUCA**, v. act. Chasser à coups de pierre; Abattre à coups de pierres. (Racine *roc*.)
**DERROULLA**, v. act. Dérouler, étendre ce qui était roulé.
**DERROUMEGA**, v. act. Essarter un champ, en arracher les ronces. (Racine *roume*.)
**DERROUTA**, v. act. Dérouter, détourner quelqu'un de sa route; fig., Déranger les vues, les projets de quelqu'un.
**DERROUTA** (SE), v. pro. Se Dérouter, se déconcerter. (Racine *routo*.)
**DERROUTO**, s. f. Déroute, fuite de troupes défaites ou épouvantées; Désordre dans les affaires.
**DERRUSCA**, v. act. Écorcer, ôter l'écorce du bois comme font les tanneurs; fig., Battre rudement quelqu'un.
**DERRUSCAL**, s. m. Volée de coups.
**DERRUSCAYRE**, s. m. Celui qui écorce les chênes pour les tanneurs.

## DES

**DESANAT**, *voyez* DEZANAT.
**DESAOUREILLA**, *voyez* DEZAOUREYLHA.
**DESAÏ**, *voyez* DEZAÏ.
**DESAÏCI**, *voyez* DEZAÏCI.
**DESBADAOULA**, *voyez* ALANDA.
**DESBADAOULA**, *voyez* CREBASSAT.
**DESBATA**, v. act. Ôter les brides d'un sabot.
**DESBEROULIA**, *voyez* DEBAROUYLHA.
**DESBIAYSSA**, *voyez* MALADREX.
**DESBLAZA**, *voyez* DEBABELA.
**DESC**, s. m. Panier pour mettre diverses choses, il a une ganse pour le mettre au bras. (Racine *desco*.)
**DESCABALGA**, v. act. Mettre pied à terre, descendre de cheval. (Racine *cabalo*.)
**DESCABESTRA**, v. act. Déchevêtrer, ôter le licou d'une bête de somme. (Racine *cabestre*.)
**DESCABESTRAT**, ADO, adj. Libertin, dévergondée, fille sans pudeur, sans frein.

Que boules? atabes gnia per s'agourrufa,
Quand on sap, coumo yeou, las caousos que bous fa ;
Car es, sans yé fa tort, *uno descabestrado*. D.

**DESCABILHA**, v. act. Déchasser, faire sortir de force une cheville. (Racine *cabilho*.)
**DESCABOUYLHA**, v. act. Nettoyer, développer le mil ou maïs quand il est mûr, séparer l'épi des feuilles qui le tenaient serré; Tout ce qui a rapport avec le maïs est pour ainsi dire étranger au français, qui aussi refuse tous les mots dont nous aurions besoin pour exprimer les différentes opérations qui sont nécessaires pour la culture de cette plante. (Racine *caboul*.)
**DESCABOUYLHADO**, s. f. Réunion de personnes qui vont nettoyer le millet.
**DESCABOUYLHAYRES**, OS, s. m. f. Personnes employées à nettoyer le millet.
**DESCABUSSA**, v. act. Renverser, faire tomber d'un coup de pierre, de fusil. (Racine *cabussa*.)
**DESCADAOULA**, v. act. Lever la cadole d'une porte pour l'ouvrir.

Dé poou qué tourna s'ajassèsse
É qué lou son lou réprènguesse,
Nostré Daoufin *descadaoulèt*.
Lou mounarqua que l'aouziguèt,
Crida : « quaou fa? » . . Souy Telémaqua,
Couma yaou parti per Itaqua,
Y'ay pas vougut ana, sandis,

Sans vous dire aoumen gramécis.
Dourmissés qu'encara ès dé bon'houra. Fav.

**DESCADENA**, v. act. Déchaîner, ôter la chaîne; Ouvrir un cadenas.
**DESCADENA** (Se), v. pro. Se Déchaîner, s'emporter contre quelqu'un. (Racine *cadeno*.)
**DESCADENAT**, ADO, adj. Endiablé, ée, méchant, taquin.
**DESCADO**, s. f. Une Corbeille de fruits, de linge, etc.
**DESCALA**, *Escala*, v. act. Écaler des noix, les cerner, en détacher le brou ou l'écale. (Racine *escal*.)
**DESCALABRA**, voyez Pirol, Baoux.
**DESCALADA**, voyez Despava.
**DESCAMBATA**, v. act. Courir à toute jambe; Marcher plus qu'on ne peut. (Racine *cambo*.)
**DESCAMBALIA**, voyez Descambaylha.
**DESCAMBARLOUS**, voyez A cabarletos.
**DESCAMBAYLHA**, v. act. Ôter les jarretières. (Racine *cambo*.)
**DESCAMBIA**, v. act. Changer une pièce d'or contre de l'argent, une pièce d'argent contre des sous. (Racine *cambia*.)
**DESCAMPA**, v. n. Décamper, fuir, s'en aller vite. (Racine *camp*.)

Bos-tu qué per escrits nous moustren sans faïssous
Cal és lou pus aïmat anfin dé toutes dous,
Et qué l'aoutré dabord, sans tambour, ni troumpeto,
*Descampe* d'aycital tout coumo qui lou fouéto ? D.

**DESCANILHA**, v. act. Écheniller, ôter les chenilles des arbres, des choux. (Racine *canilho*.)
**DESCANTA**, v. n. Déchanter, chanter faux et mal. (Racine *canta*.)
**DESCANTOUNA**, v. act. Écorner, mutiler le coin, l'angle d'une pierre. (Racine *cantou*.)
**DESCAOUS**, O, adj. Nu pied, sans souliers; Qui a une mauvaise chaussure; fig., on dit d'une chose rare : *Gna pas pes descaous*, il n'y en a pas pour tous.
**DESCAOUQUILIA**, voyez Cuta.
**DESCAOUSSA**, v. act. Déchausser, quitter les souliers; Quitter les culottes, les chausses. (Racine *caoussa*.)
**DESCAOUSSELA**, v. act. Déchausser le pied d'un arbre, de la vigne pour les fumer. (Racine *caoussa*.)
**DESCAOUZI**, v. n. Surmonter, ne donner aucun relâche; Chasser d'un lieu; Forcer à la retraite.
**D'ESCAPADO**, adv. Par échappée, à l'échappée, à la dérobée. (Racine *escapa*.)
**DESCAPELADO**, voyez Capelado.
**DESCAPITA**, v. act. Décapiter, couper la tête à quelqu'un par autorité de justice. (Du latin *caput*.)
**DESCARAMENA**, v. imp. Pousser, exciter à mal faire; Rendre lutin.
**DESCARAT**, ADO, adj. Hideux, euse, horrible à voir; Transporté.

Escantit és le lum, usat es le bel moble
De qui la Terro fec l'aunou de soun houstal.
La *descarado* mort un cop tout à bel tal,
Eudrom dedins lo clot le pages et le noble. G.

**DESCARBA**, *Descarbata*, v. act. Rompre l'anse d'un panier, d'un chaudron, d'une cruche.
**DESCAREMA**, v. pro. Rompre l'abstinence du carême en mangeant de la viande; Manger pour la première fois du fruit nouveau : *D'oungan me souy pas descaremat de razins*, je n'ai pas encore mangé de raisins de cette année; *Tastas d'aquelos cerieyros, almens uno, per bou'n descarèma*, pour pouvoir dire que vous en avez mangé de cette année. (Racine *careme*.)

**DESCARGA**, v. act. Décharger, ôter la charge; Débarrasser d'un fardeau; Soulager en allégeant; Décharger une arme à feu; fig., Décharger quelqu'un d'un soin, d'une affaire, d'une dette; Décharger son cœur, se soulager en confiant sa peine : *Me souy pla descargat*, je me suis bien soulagé ; se Reposer sur quelqu'un d'une affaire : *M'en descargui*, je m'en décharge. (Racine *carga*.)

Pendent qué dé soun fruit lo souquo és *descorgado*,
Lou mestré sus sos géns ten lo bisto fixado; Prad.

**DESCARGO**, s. f. Décharge, lieu de dépôt où l'on met ce dont l'usage n'est pas habituel; Coups d'armes à feu tirés à la fois : *Beni d'entendre uno descargo*, je viens d'entendre une décharge; Déposition de témoins en faveur de quelqu'un : *Ey plusiurs témoins à descargo*, j'ai plusieurs témoins à décharge; Soutien au dessus des portes, des fenêtres pour soulager les couvertures : *A bezoun d'uno descargo*, il est besoin d'un soutien. (Racine *cargo*.)
**DESCARGOMEN**, s. m. Déchargement, action de décharger; Diminution dans les tailles.
**DESCARNA**, v. act. Décharner, ôter la chair de dessus les os, de dessus les cuirs qu'on va tanner; Amaigrir. (Racine *car*.)
**DESCAT**, voyez Descado.
**DESCATA**, v. act. Découvrir, ôter le couvert d'un pot, d'une maison. (Racine *acata*.)
**DESCATA**, v. act. Écailler un poisson. (Racine *escato*.)
**DESCATALANA**, voyez Degansa.
**DESCAXETA**, v. act. Décacheter, ouvrir ce qui est cacheté; Rompre un cachet. (De l'italien *caciare* chasser.)
**DESCAYRE**, s. m. Vannier, artisan qui travaille en osier, qui fait des paniers, des corbeilles.
**DESCAZA**, voyez Delouxa.
**DESCENCHA**, voyez Decinta.
**DESCHALANDA**, v. n. Perdre ses chalands.
**DESCILHA**, v. act. Ouvrir les yeux.
**DESCLABA**, v. act. Ouvrir avec la clef une porte, une armoire; Desserrer les dents; Parler. (Racine *claou*.)
**DESCLABELA**, v. act. Déclouer, ôter les clous; détacher ce qui était cloué. (Racine *clabél*.)
**DESCLOUSCA**, v. act. Écaler des noix, des prunes, des cerises; Casser la tête à quelqu'un. (Racine *closc*.)
**DESCO**, s. f. Corbeille d'éclisses, panier large peu profond avec une anse.
**DESCOU**, *Desquet*, s. m. Corbillon, petit panier. (De l'espagnol *cesto*, *cestâ*.)
**DESCOUAT**, voyez Descouata.
**DESCOUATA**, *Descoueta*, *Escouata*, v. act. Écouer, écourter, couper la queue à un cheval, à un chien; Casser le manche, la queue à un pot. (Racine *cougo*.)

Lou Rey qu'aqui sé signalava,
Nous ïé mandet dous plés cabas
Dé bèlas plantas d'alapas,
Un souc dé chayne for soulide,
É, dins lou len-que me rescride
Sas tau dé libéralitas,
Ariva d'aoutras rarétas,
Aou countentamén de ma troupa,

Surtout dé toupis per la soupa
É qu'avién *descouélat* esprés,
Per nous fourni dé candelés;
Quinze toumbarelas dé peyra,
Quatre dé sabla dé révieyra,
Per coumença quan té sérian
La vila qué basti dévian..... FAV.

**DESCOUBERTO**, s. f. Découverte, invention. (Racine *coubri*.)

Huruúso *descouberto!* entr'entendré oquel bruch,
Lou loup espoubentat descompo, encaro fuch. PRAD.

**DESCOUBERTO** (FA LA), v. act. Faire la couverture, replier le drap du chevet sur la couverture. On fait le lit le matin et la couverture avant de se coucher.

**DESCOUBIDA**, voyez DEZEMBITA.

**DESCOUBRI**, v. act. Découvrir, ôter le couvert d'une maison, d'un plat; Parvenir à connaître ce qui était caché; Commencer d'apercevoir. (Racine *coubri*.)

**DESCOUCA**, v. act. Casser la coche d'un fuseau. (Racine *coco*.)

**DESCOUCOUNA**, v. act. Détacher, ôter les cocons des rameaux.

**DESCOUDENA**, v. act. Découenner, ôter la couenne; Décrasser. (Racine *coudeno*.)

**DESCOUFA**, v. act. Décoiffer, ôter, défaire la coiffure, les cheveux, etc., l'enveloppe du bouchon d'une bouteille. (Racine *cofo*.)

**DESCOUFESSIT**, IDO, adj. Qui ne se confesse plus, qui en a perdu l'habitude. (Racine *coufessa*.)

**DESCOUFLA**, v. act. Dégonfler, rendre flasque; fig., Ouvrir son cœur, le décharger; Donner l'essor à son ressentiment; Soulager sa douleur, son dépit. (Racine *coufla*.)

**DESCOUKELA**, voyez DESCOUQUELA.

**DESCOULA**, v. act. Décoller, détacher ce qui était collé. (Racine *colo*.)

**DESCOULEFA**, *Descoutonfela*, v. act. Écosser des pois, des fèves. (Racine *coulèfo*.)

**DESCOULOURA** (SE), v. pro. Se Décolorer; se Ternir; Perdre sa couleur. (Racine *couloura*.)

**DESCOUMANDA**, v. act. Décommander, contremander, révoquer l'ordre qu'on avait donné. (Racine *coumanda*.)

**DESCOUMBRA**, v. act. Décombrer, ôter les décombres, les plâtras; Déblayer, débarrasser.

**DESCOUMBRE**, s. m. Décombre, déblai, gravois, ruine, plâtras. (Suivant Ducange, de la particule privative *de* et du latin barbare *combri*, qui dans le moyen-âge a été dit des arbres abattus dans les forêts et qui en ferment le passage, ensuite du bois de faîtage d'un toit et autres matériaux de démolition.)

**DESCOUNCERTA**, v. act. Déconcerter, troubler quelqu'un, l'embarrasser, l'interdire. (Racine *councert*.)

**DESCOUNSIDERA**, v. act. Déconsidérer, ôter, faire perdre la considération, l'estime à quelqu'un. (Racine *counsidera*.)

**DESCOUNSOULA**, v. n. Décourager; Attrister, déconforter.

**DESCOUNTENENCIAT**, ADO, adj. Décontenancé, ée, qui a perdu contenance; Qui ne sait plus quelle contenance tenir.

**DESCOUPETA**, v. pro. Injurier, diffamer quelqu'un, lui dire toute sorte de sottises. (Du latin *caput*.)

**DESCOUPLA**, v. act. Découpler, déparier. (Racine *couple*.)

**DESCOUPLAT**, ADO, adj. Décidé, ée, leste, dégourdie, légère.

**DESCOUQUELA**, v. act. Écraser, diviser les grumeaux de la pâte, de la bouillie.

**DESCOURAXA**, v. act. Décourager, ôter, abattre le courage; Faire perdre l'envie. (Racine *couraxe*.)

**DESCOURAXOMEN**, s. m. Découragement; Abattement.

**DESCOURDA**, v. act. Délacer, ôter la corde qui tenait attaché, serré. (Racine *cordo*.)

**DESCOURDURA**, v. act. Découdre, défaire la couture, détacher ce qui était cousu; fig., Déchirer la réputation de quelqu'un. (Racine *courdura*.)

Bous aoutres couneissez fort pla soun escrituro,
Beyrez dins un moumen coussi nous *descourduro*. D.

**DESCOURDURO**, s. f. Décousure, l'endroit décousu d'un linge, d'une étoffe.

**DESCOURNA**, v. act. Écorner, rompre les cornes d'une vache, d'un mouton; Meurtrir les angles d'une pierre, etc. (Racine *corno*.)

**DESCOUSEYLHA**, v. act. Déconseiller, dissuader, détourner, persuader de ne pas faire. (Racine *cousseylha*.)

**DESCOUSTUMA**, *Despribaza*, Désaccoutumer, faire perdre une habitude, une coutume. (Racine *coustumo*.)

**DESCOUTISSA**, v. act. Démêler, débrouiller ce qui était mêlé; Appercevoir, reconnaître; Éclaircir.

**DESCOUTOUFELA**, voyez DESCOULEFA.

**DESCOUXA**, v. n. Découcher, coucher hors de chez soi, de son logis, de son lit.

**DESCRASSA**, v. act. Décrasser, ôter la crasse; Épurer, nettoyer. (Racine *crasso*.)

**DESCREDIT**, s. m. Discrédit, diminution; Perte de crédit.

**DESCREDITA**, v. act. Discréditer, faire perdre le crédit. (Racine *credit*.)

**DESCRESTIANA**, v. pro. Pester, crier; se Tourmenter. (Racine *crestia*.)

**DESCRIDA**, v. act. Décrier, ôter l'honneur, la réputation, l'estime.

**DESCRIDA** (SE), v. pro. Se Décrier, perdre son crédit par sa faute.

**DESCRIDO**, s. f. Décri, mauvaise réputation; Perte de crédit.

Lous debertissomens, elle nou cerco pus,
Mais *descrido* las xens, n'espargno pas digus. D.

**DESCROUSTA**, v. act. Écroûter, ôter la croûte d'un pain; Écailler un enduit de plâtre; Lever la croûte d'une plaie. (Racine *crousto*.)

**DESCROUSTILHA**, voyez DESCROUSTA.

**DESCROUXETA**, v. act. Décrocher, dégrafer; ôter ce qui était accroché; Briser, rompre, déchirer avec les pattes en parlant des bêtes carnassières. (Racine *croc*.)

**DESCRUZA**, v. act. Décruer, lessiver le fil cru avec de bonnes cendres et le laver en eau claire avant de le teindre. (Racine *cru*.)

**DESCUBERTO**, voyez DESCOUBERTO.

**DESCUFELA**, voyez DESCOUFA.

**DESCUSCA**, voyez DESPROUFITA.

**DESEMBANASTA**, voyez DEBASTA.

**DESEMPEYTRA**, voyez DESPETRA.

**DESFA**, *Desfayre*, v. act. Défaire, détruire ce qui était fait ; Maigrir, exténuer.

**DESFA** (SE), v. pro. Se Défaire, se débarrasser de ce qui nuit ; Chasser d'auprès de soi ; Placer, vendre : *Poudio pas xamay m'en desfa*, je ne pouvais jamais le vendre.

**DESFAÇA**, *voyez* ESFAÇA.

**DESFAOUFILA**, v. act. Effiler, défaire fil à fil un tissu ; Ôter la couture par laquelle on avait faufilé. (Racine *fals* et *fil*.)

**DESFAYT**, *Desfax*, adj. Défait, amaigri, exténué.

Lou pu grand pèstomen que truquo l'homme aci,
Aco quand nostro may, biello, feblo, *desfeyto*,
S'arremouzo touto, et s'allieyto
Coundennado pel medeci.                     J.

**DESFECIJHA**, *voyez* DESPITA (SE).

**DESFERRA**, v. act. Déferrer, ôter les fers d'un cheval, d'un lacet, de ce qui est ferré.

**DESFERRA** (SE), v. pro. Se Déferrer, perdre son fer, sa ferrure ; se Déconcerter.

**DESFERROS**, *Farrutos*, s. f. Les Clous qu'on enlève du pied du cheval quand on fait un rassis, *relebat*. (Racine *fer*.)

**DESFEYLHA**, v. act. Défeuiller, ôter les feuilles d'un arbre.

**DESFEYLHA** (SE), v. pro. Se Défeuiller, perdre ses feuilles. (Racine *feilho*.)

**DESFIALA**, v. act. Effiler du vieux linge.

**DESFIALA** (SE), v. pro. S'Effiler, s'en aller par fils. (Racine *fial*.)

**DESFIALFRA**, v. act. Parfiler, effilocher.

**DESFIÇOUNA**, v. act. Gâter, endommager l'amorce d'une vrille, d'un amorçoir.

**DESFIELIA**, *voyez* DESFEILHA.

**DESFIGURA**, v. act. Défigurer, gâter la figure ; Rendre difforme. (Racine *figuro*.)

**DESFIT**, s. m. Défi, provocation ; Appel à un combat singulier.

**DESFIZA**, v. act. Défier, faire un défi à quelqu'un ; le Braver. (Du latin *diffidere*.)

**DESFLOURA**, v. act. Défleurir, écrémer un fruit, prendre le plus beau.

**DESFLOURI**, v. act. Défleurir, patiner le fruit, lui ôter sa fleur. (Racine *flouri*.)

**DESFLURI**, v. act. Nouer, passer à l'état de fruit en parlant des fleurs.

**DESFOUNÇA**, v. act. Défoncer, ôter les fonds d'un tonneau ; Fouiller la terre à deux ou trois pans de profondeur, en retournant les terres, ôtant les pierres. (Racine *founs*.)

**DESFOUNZA**, *voyez* DESFOUNÇA.

**DESFOURMA**, v. act. Déformer, ôter, gâter les formes. (Racine *formo*.)

**DESFOURTUNO**, s. f. Infortune, événement fâcheux ; État d'adversité, de malheur, de misère. (Racine *fourtuno*.)

**DESFRAYA**, v. act. Défrayer, payer les frais ; Dédommager. (Racine *fraysses*.)

**DESFRIXA**, v. act. Défricher, disposer pour la culture une terre inculte. (Racine *frixo*.)

**DESFRIZA**, v. act. Défriser, ôter, défaire la frizure ; Tromper l'attente. (Racine *friza*.)

**DESFROUNZI**, v. act. Défroncer, ôter, défaire les plis qui froncent. (Racine *froun*.)

**DESGAFA**, *voyez* DESCROUXETA.

**DESGAOULA**, v. act. Détruire le jable d'un tonneau.

**DESGARGAMELA** (SE), *voyez* DEGARGAMELA (SE).

**DE SIEC**, adv. De suite, tout de suite. (Du latin *series*.)

**DESIR**, s. m. Désir, souhait. (Du latin *desiderium*.)

**DESIRA**, v. act. Désirer, souhaiter, former des vœux ; Porter ses désirs vers... ; Avoir la volonté, l'envie. (Du latin *desiderare*.)

Un bonhur coum'aquel es tout ço que *desiri*,
Se lou me rafusas, beirey pas res de piri.    D.

**DESIROUS, OUSO**, adj. Désireux, euse, qui souhaite avec ardeur.

**DESISTA** (SE), v. pro. Se Désister, se départir ; Renoncer à... (Du latin *desistere*.)

**DESKET** *voyez* DESCOU.

**DESKETAYRE**, *voyez* DESCAYRE.

**DESMAMA**, *voyez* DESTETA.

**DESNAZA**, *voyez* ENNAZICA.

**DESORDRE**, s. m. Désordre, défaut, renversement d'ordre ; Trouble, confusion ; Dérèglement de mœurs. (Racine *ordre*.)

**DESOUBEI**, v. n. Désobéir, ne pas obéir à celui qui a le droit de commander ; Faire contre l'ordre de... (Racine *oubei*.)

**DESOUBEYSSENÇO**, s. f. Désobéissance, refus, défaut d'obéissance.

**DESOUBLIXA**, v. act. Désobliger, faire du déplaisir ; Rendre un mauvais service. (Racine *oublixa*.)

**DESOULA**, v. act. Désoler, affliger extrêmement ; Importuner à l'excès. (Du latin *desolare*.)

**DESOULATIOU**, s. f. Désolation, extrême affliction. (Du latin *desolatio*.)

**DESOURDOUNA**, v. act. Désordonner, mettre en désordre. (Racine *ourdouna*.)

**DESOURGANISA**, v. act. Désorganiser, troubler l'ordre ; Détruire.

**DESOURIANTA**, v. act. Désorienter, faire perdre la connaissance du chemin. (Racine *ourianta*.)

**DESOUSSA**, v. act. Désosser, ôter les os, les arêtes : Battre quelqu'un. (Racine *os*.)

**DESPABA**, v. act. Dépaver, ôter le pavé ; fig., Marcher rondement. (Racine *paba*.)

**DESPABO** (DE), adv. Désœuvré, disposé, disponible : *Se lou troubabi de despabo*, ray, si je le trouvais disponible, passe.

**DESPABOUNA**, v. act. Œilletonner, ôter les œilletons des artichauts et autres plantes.

**DESPAIZA**, v. act. Dépayser, tirer quelqu'un de son pays ; Déconcerter.

**DESPAIZA** (SE), v. pro. Se Dépayser ; Voyager. (Racine *païs*.)

**DESPALA**, v. n. T. de vétérinaire, Perdre les dents de lait en parlant des jeunes chevaux : *N'a pas encaro despalat*.

**DESPALLAT, ADO**, adj. Qui a l'épaule rompue, démise. (Racine *espallo*.)

**DESPANTOULIA**, *voyez* DESPANXERLAT.

**DESPANXERLAT, ADO**, adj. Débraillé, ée, qui a la poitrine, la gorge découverte et avec indécence.

**DESPARRABISSA**, *voyez* ESPARRABISSA.

**DESPARENTA**, v. n. Méconnaître les parents ; les perdre.

**DESPAREYLHA**, *voyez* DESPARIA.

**DESPARIA**, *Dezaparia*, v. act. Déparier, dépareiller ; Découpler, séparer le mâle de la femelle. (Racine *parel*.)

**DESPARLA**, v. n. Déraisonner, extravaguer. (Racine *parla*.)

**DESPART**, *voyez* Depart.
**DESPARTI**, *Partaxa*, v. act. Partager, distribuer. (Du latin *partiri*.)
**DESPARTINA**, *voyez* Espertina.
**DESPARTISSIOU**, *voyez* Partaxe.
**DESPAXA**, v. act. Dépêcher, hâter, faire vite.

Oquélés Perpausats, ombé lour toujo trougno,
Obioou bel bous crida dé *despocha* besouguo,
En metten dé trobets lou copel bourdat d'or,
Dégus dè lo sutta nou sé sentio lou cor. Prad.

**DESPAXA** (Se), v. pro. Se Dépêcher, se hâter. (Du latin barbare *depediscare*.)
**DESPAXAT**, ADO, adj. Dégourdi, éveillé, ée, leste.

Poudes aqui dessus segui vostro pensado.
Yeou per me marida soui pas embarrassade,
Car aici bostre amic non seria pas faxat,
Qu'amb'el parel afla souguesso *despaxat*. D.

**DESPAYSSELA**, v. act. Déchalasser, ôter les échalas après les vendanges.
**DESPAYZA**, *voyez* Despaïza.
**DESPAZIMENTA**, v. act. Décarreler, ôter les carreaux d'une chambre; Oter les dalles. (Racine *pazimen*.)
**DESPEY**, *Dezempey*, adv. Depuis, depuis le temps.
**DESPEYRA**, v. act. Épierrer un champ, un jardin, en sortir les pierres, le gravier. (Racine *peyro*.)
**DESPELIA**, *voyez* Escourxa.
**DESPENDRE**, v. act. Dépenser, employer de l'argent: *B'a tout despendut*. (Du latin *dependere*.)
**DESPENS** (Al), adv. Aux Dépens, au préjudice.
**DESPENSA**, v. act. Dépenser, employer de l'argent, aimer à faire de la dépense. (Du latin *dispendere*.)
**DESPENSES**, s. m. Dépens, frais qu'on fait dans la poursuite d'une affaire: *Aco sera pla à sous despenses*. Au détriment, au préjudice: *S'amuso pla à mous depenses* : Il s'amuse à mes dépens. (Du latin *dispendium*.)

Eclo, rey de la poulailho!
Tyrannisos tous sujets,
A your *despens* fas ripailho
Se troumpou pas tous proujets. Puj.

**DESPENSIE**, EYRO, adj. Dépensier, ière, qui aime à dépenser, qui dépense beaucoup et sans nécessité.
**DESPENSO**, s. f. Dépense, emploi d'argent; État de ce qui a été ou doit être dépensé; Office, lieu où l'on serre la garniture et la fourniture de la table. (Du latin *expensum*.)
**DESPENXA**, v. act. Dépendre, détacher, ôter une chose pendue, suspendue, attachée à un croc, etc. (Du latin *dependere*.)
**DESPESSA**, v. act. Dépécer, mettre en pièces, à morceaux; Démailloter un enfant.
**DESPESCA** (Sé) *voyez* Se Despetega.
**DESPESSEZI**, *voyez* Clarifica.
**DESPETEGA**, v. pro. Se dépétrer, se tirer d'un embarras. (Racine *petégo*.)
**DESPETRA**, v. act. Dépétrer, débarrasser; Dégager (Du latin *de* et *petra*.) Comme qui dirait tirer d'entre les pierres.
**DESPETRA** (Se) v. pro. Se dépétrer, se débarrasser; Fuir.
**DESPEZOUILHA**, v. act. Épouiller, ôter les poux; En délivrer quelqu'un. (Racine *pézoul*.)

**DESPICHOUS**, *voyez* Despitous.
**DESPIEÇA**, v. act. Dépiécer, démembrer.
**DESPIEX**, s. m. Dépit; Chagrin mêlé de colère. (Du latin *despectus*.)

Car bezes dal *despiex* qu'aquel gouxat y bengo
Res nou me pot para de sa maoubezo lengo. D.

**DESPILLA**, v. act. Sortir les épingles dont on s'était servi pour s'habiller. (Racine *espillo*.)
**DESPIOUZA**, v. act. Épucer, ôter les puces. (Racine *piouzé*.)
**DESPIT**, s. m. Dépit, agitation mêlée d'impatience. (Du latin *dispectus*.)
**DESPITA**, v. act. Dépiter, inquiéter, chagriner.
**DESPITA** (Se) v. pro. Se dépiter, se fâcher, se mutiner.
**DESPITOUS**, OUSO, adj. Quinteux, euse, Difficile, colère.
**DESPLAÇA**, v. act. Déplacer, ôter une chose de sa place; Déplacer quelqu'un; Retirer une marchandise de sa place, à la foire, au marché, après l'avoir achetée.
**DESPLAÇA** (Se) v. pro. Se Déplacer, changer de place, de demeure. (Racine *plaço*.)

Perdez bostré proucés, quand perdriez cent cols may,
Et nou flagougnés pas calqu'un qué mé desplay. D.

**DESPLANTA**, v. act. Déplanter, arracher une chose plantée pour la planter ailleurs.
**DESPLANTADOU**, s. m. Déplantoir; Outil avec lequel on déplante des racines ou des plantes.
**DESPLAYRE**, v. n. Déplaire, ne plaire pas; Donner du chagrin, du dégoût.
**DESPLAYRE**, (Se) v. pro. Se Déplaire, s'ennuyer, se trouver mal. (Racine *playré*.)
**DESPLAZE**, s. m. Déplaisir; Chagrin, douleur, mécontentement.
**DESPLAZENT**, O, adj. Déplaisant, te, désagréable; Qui fâche, chagrine, déplait. (Racine *plazent*.)
**DESPLEGA**, v. act. Déplier, déployer; Étaler; Étendre une chose qui était pliée. (Racine *pléga*.)
**DESPLEGO**, s. f. Étalage; Ce qu'on a fait, ce qu'en a dit sur une chose, une personne.
**DESPLISSA**, v. act. Déplisser, ôter les plis faits à l'aiguille; Défaire un surplis plissé à neuf. (Rac. *plissa*.)
**DESPORTI**, *voyez* Esperti.
**DESPOUDERAT**, ADO, adj. Contrefait, te.
**DESPOUGNE**, *voyez* Despoundre.
**DESPOUNDRE** (Se) v. n. Cesser de pondre en parlant des poules. (Racine *poundré*.)
**DESPOUNXA**, *Despouncha*, v. act. Épointer, émousser, casser la pointe. (Racine *punto*.)

L'auto désourdounat de sous reddés buffals,
*Despouncho* lous clouquiés, ébranlo lous houstals. Prad.

**DESPOUPA**, *voyez* Desteta.
**DESPOUSSEDA**, v. act. Déposséder, ôter à quelqu'un ce qu'il possède; Le priver de la possession. (Racine *pousseda*.)
**DESPOUTENTIA**, v. act. Estropier, maltraiter. (Racine *poutenço*.)
**DESPOUTERLA**, v. act. Égueuler, casser les bords ou le goulot d'un vase. (Racine *pot*.)
**DESPOUYLHA**, v. act. Dépouiller, deshabiller, ôter la peau, l'écorce; Priver, dénuer.
**DESPOUYLHA** (Se) v. pro. Se Dépouiller, quitter ses habits, perdre sa peau en parlant de certains animaux; Ses feuilles en parlant des arbres. Se priver en faveur de... (Du latin *spoliare*.)

DESPOUYLHO, s. f. Dépouille, hardes d'un mort.

DESPRECIA, v. act. Déprécier, ravaler le mérite de quelqu'un, le prix, la valeur d'une personne, d'une chose. (Du latin *depretiare*.)

DESPREZA, v. act. Dépriser, priser au-dessous de sa valeur.

DESPRIBAZA, v. n. Faire perdre la coutume, l'usage d'une chose. (Racine *priba*.)

DESPROUBEZI (SE), v. pro. Se Dépourvoir.

DESPROUBEZI, v. act. Dépourvoir, démunir, dégarnir. (Racine *proubezi*.)

DESPROUFITA, v. act. Gâter, perdre; Dissiper mal à propos; Mal employer; Charcuter; Découper mal. (Racine *proufita*.)

Qué lô Diaplé bous crame et lé qu'a fayt la lé !
Et qué m'empaxarets de prené moun plazé !
Mais, Messius, attendets cal pas ana ta bite,
On berbaliso pas saas qué l'on aou merite
Per un missant fusil qué m'a *desproufitat*
Mé fayats un berbal sans brico de piétat ?
Sé n'ey pas dé moyuens per soigna ma brulluro
Crezés qué n'aourié may per bostro prouceduro ?
VESTR.

DESPROUPRIA, v. act. Désapproprier, faire perdre les droits de propriété à quelqu'un. ( Du latin *ex et propriare*, s'approprier.)

DESPUNTA, *voyez* DESPOUNXA.

DESPUPLA, v. act. Dépeupler, dégarnir un pays d'habitans ; On le dit aussi des bois, des rivières qu'on dégarnit de gibier et de poisson. (Du latin *depopulare*.)

DESQUYLHA, v. act. Abattre des quilles ; Abatre quelque chose. (Racine *quilho*.)

DESQUE, conj. Dès que, aussitôt que ; Puisque.

Boli saoupré coum'el qu'un és lou qué troumpas
Et *desque* aben agut touis dous la pensado
Dé saoupré al xoun d'abei lou qué mait bous agrado:
Cal qué ba nous diguas.   D.

DESREILHA, *voyez* DERAYLHA.

DESSALA, v. act. Dessaler, faire qu'une chose n'est plus aussi salée. (Racine *sala*.)

DESSALA, v. act. Déceler, découvrir ce qui est caché ; Dire le secret. (Du latin *de et celare*.)

DESSALCLA, v. act. Oter, enlever les cercles, cerceaux d'une barrique. (Racine *salcle*.)

S'obés cap dé borriquo ou sèmal dessauclado,
Joust lo gallo d'Ormand qu'ol puléou sio possado. PRAD.

DESANFLOURA, *voyez* DESFLOURA.

DESSANGLA, v. act. Dessangler, défaire, lâcher les sangles. (Racine *sanglo*.)

DESSAOUDA, v. act. Dessouder, ôter, défaire, fondre la soudure. (Racine *saouda*.)

DESSARRA, v. act. Desserrer, relâcher ce qui était serré ou trop serré. (Racine *sarra*.)

DESSARRO, s. f. Desserre, action de desserrer.

DESSECA, v. act. Dessécher ; Rendre sec, plus sec.

DESSECA (SE) v. pro. Se Dessécher; Périr d'ennui. (Du latin *desicare*.)

DESSELA, v. act. Desseller, ôter la selle d'un cheval, d'un mulet, etc. (Du latin *selo*.)

DESSEMBLANT, *voyez* RESSEMBLANT.

DESSEN, s. m. Dessein, intention, projet, résolution ; Dessin, plan, croquis, représentation au crayon d'objets naturels ou de l'art : A Dessen, exprès, avec intention. (De l'italien *discegno*.)

DESSENTERI, s. m. Dissenterie, dévoiement avec douleur d'entrailles ; Espèce de flux de sang. (Du grec *dusenteria*.)

DESSEPARA, v. act. Séparer ceux qui se battent; Désunir ce qui était uni ; Eloigner. (Racine *separa*.)

DESSERBI, v. act. Desservir ; Oter les mets de dessus la table ; Faire le service d'une cure ; nuire à quelqu'un, lui rendre un mauvais service. (Racine *serbi*.)

DESSERT, s. m. Dessert, fruits, etc., servis à la fin du repas. Fig. Peine, chagrin, nouvelle accablante et imprévue. (Racine *serbi*.)

Dins lou tén qu'autaou sé chagrina,
Vésén sourti dé la couzina,
Tan dé besougna per *desser*
Qu'én véritat fazié saouver ;
Et tout dé gourmandizas raras !
Siéx grans plas d'amellas amarras,
Cin dé tapa-cuous bén nourris,
Trenta sietas d'aglans ronstis,
Douje dé couroubias for douças,
Sét dé génébres, noou d'arboussas,
D'agrassas culis à prépaous,
Bona graouzeia a l'ayga-saou,
É dé biscuis, dé tériaca
Per lou mén una pléna saca.
Anfin, nous ayien proudigat
Cé qué y'a dé pus délicat
Dins l'armari dé la natura.   FAV.

DESSEZI, v. pro. Se Dessaisir, relâcher, abandonner ce qu'on avait en sa possession. (Racine *sezi*.)

DESSILLIA, *voyez* DESCYLHA.

DESSINGLA, *voyez* DESSANGLA.

DESSINNA, v. act. Dessiner, tracer les premiers traits d'une figure ; Faire un dessin. (Du latin *designare*.)

DESSOUCA, v. act. Arracher les souches.

DESSUBRE, *voyez* DESSUS.

DESSUS, *Denaout*, s. m. Dessus, la partie supérieure.

DESSUS-DEXOUST, adv. Dessus-dessous ; Tout bouleversé. (Du latin *de super*.)

DESSUS-EN-SUS, adv. Légèrement, sans y toucher presque. (Du latin *de sub*.)

DESSUS, adv. Sur, dessus. (Du latin *super*.)

Apen, apen, effans, tustas m'aqui *dessus*,
Amaï, sé mé crezés n'espargnés pas digus.   D.

DESSUBXA, v. act. Dessuinter, enlever, ôter le suint de la laine. (Racine *surxe*.)

DESSUXA, v. act. Ramoner une cheminée, en ôter la suie. (Racine *suxo*.)

DESSUZA, v. pro. S'essuyer, ôter l'eau, la sueur en se frottant. (Racine *suzou*.)

DESTACA, v. act. Détacher ce qui était attaché ; Oter, défaire ce qui sert à attacher ; Causer le détachement ; Dégager d'un attachement : Aco m'a pla *destacat*; Oter les tâches d'un habit. (De l'italien *distacare*.)

Basté aco sé pouguesso,
Et qu'à bous debremba moun cor sé resoulguesso !
Mais desqué podi pas mé *destaca* dé bous.   D.

DESTACOMEN, s. m. Détachement, dégagement d'une passion ; Troupe de soldats détachés d'un corps pour une expédition. (Racine *destaca*.)

DESTALA, v. act. Détaler, ôter l'étalage, resserrer ce qui était étalé ; Dételer, détacher les

22

chevaux attelés, etc. (Racine estala.)

**DESTALENTA**, v. n. Appaiser la faim; Calmer la faim.

**DESTANCA**, v. act. Débarrer, déclore, ôter les buissons, ou tout ce qui empêche de passer.

**D'ESTAOUTIÉ**, voyez ESTAOUTIÉ.

**DESTAPA**, v. act. Détaper, déboucher, ôter le bouchon. (De l'espagnol destapar.)

**DESTARARAGNA**, voyez DERANTELA.

**DESTENDRE**, v. act. Détendre, relâcher; Détacher. (Racine tendre.)

**DESTENTO**, s. f. Détente, pièce du ressort d'un fusil pour le faire partir.

**DESTEOULISSA**, v. act. Enlever les tuiles d'une maison.

**DESTERITAT**, s. f. Dextérité, adresse des mains. (Du latin dexteritas.)

**DESTERMINA**, v. act. Tourmenter, vexer, fatiguer. (Du latin exterminare.)

**DESTERRA**, v. act. Déterrer, retirer de terre; Découvrir une personne ou une chose. (Du latin de terrâ.)

**DESTETA**, v. act. Sevrer un enfant, le tirer de la nourrice. (Racine teto.)

Aro bèsen so testo ol cap d'un loung tutel
S'éléba fiéromen dé lach touto couflado,
Noun démondo rés maï qué d'estré destétado. PRAD.

**DESTETADOU**, adj. En âge d'être sevré.

**DESTILLA**, v. act. Distiller, tirer le suc, l'esprit par l'alambic; Tomber goutte à goutte. (Du latin distillare.)

**DESTIN**, s. m. Destin, fatalité; Sort particulier de chacun. (Du latin destinatum.)

Couma charmas moun existénça !
Clarmoun, toujours te béniray;
Es dins toun sé qu'ay prés nayssença,
Es dins toun sé qué mouriray.
Huroux lou qu'après la tampèsta,
Escapat al destin cruel,
Pot ana repaousa sa testa
Dejoust lou tioulat paternel. PEYR.

**DESTINBOURLAT, ADO**, adj. Détraqué, éc, un peu fou.

**DESTINGA**, v. act. Distinguer, mettre de la différence; Remarquer une personne, une chose parmi d'autres. (Du latin distinguere.)

**DESTINGA (SE)**, v. pro. Se Distinguer, se signaler, se faire connaître d'une manière avantageuse.

**DESTINNA**, v. act. Destiner; Projeter; Réserver pour... (Du latin destinnare.)

**DESTINNADO**, s. f. Destinée; Vie; Fin de la vie; Genre de mort.

Moun cor ! mounto à ta destinnado,
Sios fach per lou souberen bé :
Fugis la joyo empouizounado
Del mounde et de soun fals plazé. PUJ.

**DESTINNATIOU**, s. f. Destination; Emploi projeté d'une chose, d'une personne; Lieu où l'on se rend. (Du latin destinatio.)

**DESTINTA**, v. act. Déteindre, faire perdre la couleur; Perdre la couleur. (Racine tinta.)

**DESTINTIOU**, s. f. Distinction, marque extérieure qui sert à distinguer; Différence. (Du latin distinctio.)

**DESTITUA**, v. act. Destituer, révoquer d'un emploi, en priver quelqu'un. (Du latin destituere.)

**DESTITUTIOU**, s. f. Destitution, déposition, privation d'un emploi. (Du latin destitutio.)

**DESTOSSE**, v. act. Détordre, décorder; Détortiller du fil, une corde. (Racine tosse.)

**DESTOURA**, voyez DEXALA.

**DESTOURBA**, voyez DESTOURNA.

**DESTOURBI**, voyez DESTOURNI.

**DESTOURNA**, v. act. Détourner, distraire; Dissiper; Dissuader; Changer le cours,

**DESTOURNA (SE)**, v. pro. Se Détourner, se distraire facilement; fig., Changer, se mettre à l'orage en parlant du temps. (Du latin de et tornare.)

**DESTOURNI**, s. m. Occupation; Incident; Obstacle; Contre-temps.

**DESTRACA**, v. act. Détraquer, dérégler une machine; Dérégler, détourner d'une vie réglée.

Qui dron minjo, dis lou prouberbe,
Lou prouberbe n'es qu'un mentur,
Car de moun appetit deja senti l'attaco;
Moun brigal dé pa l'eï flambat;
M'en cal may : nou n'ey plus, lou talen me destraco. J.

**DESTRACA (SE)**, v. pro. Se Détraquer, se dérégler en parlant des machines, et au fig. des personnes. (De la prép. de qui exprime séparation, et du vieux mot trac qui a signifié trace, vestige.)

**DESTRAGNA**, v. act. Étranger quelqu'un, le chasser par un accueil froid; Désaccoutumer, Déshabituer.

**DESTRANTAYLHA**, v. act. Ébranler; Déranger; Affaiblir.

Et trabaillou pourtan à la destrantailla. J.

**DESTRASONNA; Dentresonna**, v. act. Éveiller quelqu'un en sursaut, le réveiller avant le temps.

**DESTRASTA**, v. act. Oter les planches d'un plancher.

**DESTRE**, voyez TREL.

**DESTREGNE**, voyez DESTREXI.

**DESTREMPA**, v. act. Détremper, délayer dans quelque liquide. (Racine trempa.)

**DESTREX, O**, adj. Étroit, e, qui a peu de largeur; Étranglé. (Du latin strictus.)

**DESTREXI**, v. act. Étrécir, rendre plus étroit. (Du latin stringere.)

**DESTRIA, Destourna**, v. act. Détourner, empêcher.

**DESTRIGA**, voyez DESTRIA.

**DESTROUMPA**, v. act. Détromper, désabuser, tirer d'erreur. (Racine troumpa.)

**DESTROUPA**, v. act. Dépaqueter, enlever l'enveloppe.

Deouries pas dexioussa lous que poudes atteigne.
Quand la lengo bous prus et que la destroupas,
Boumis tout ço que sap, amaï ço que sap pas. D.

**DESTRUCTUR**, s. m. Destructeur, celui qui détruit, ravage, fait mal à...

**DESTRUIRE**, v. act. Détruire, démolir, renverser; Abattre; Faire disparaître; Anéantir.

Eusi qu'un estavèl après un gran plojal
Qué dé mayré sourtis, forma un bruch infernal
En davalèn dé las mountagnas,
Per fayré dè vallats cruza dé touta par,
Révala, destruis tout avan d'èstré à la mar,
É met l'esfray dins las campagnas.
Ensi la jouyna filla, escapada dos cans,
Del trop cruel Anglés sé rolla sus lous camps,
É d'él, nostra França és la toumba.
É cadun benissio, dins un hymna pioux,

## DET

Lou Diou qu'avio rendut lou bras victourioux
De Jhanna d'Arc, senta couloumba.   PEYR.

DESTRUIRE (SE), v. pro. Se Détruire, se tuer; se Suicider. (Du latin *destruere*.)
DESTRUXIOU, s. f. Destruction, ruine entière. (Du latin *destructio*.)
DESTRUSSI, *voyez* DESTRUCTUR.
DESTUDA, *voyez* ATUDA.
DESUBRAT, ADO, adj. Désœuvré, ée, qui n'a rien à faire, qui ne sait pas s'occuper. (Du latin *desidiosus*.)
DESUBRENÇO, *Desubromen*, s. m. f. Désœuvrement; État d'une personne désœuvrée.

## DET

DET, s. m. Doigt : *lou Det gros*, le Pouce ou le gros doigt; *lou Det couï*, le Petit doigt. (Du latin *digitus*.)

Omai coumo lour biendo éro fort dispersado,
Colio, per forço mas, qué fouguesso omossado ;
É pormi tontés d'emplégats,
S'en troubabo qu'obiau lous *dets* fort empégats.   PRAD.

DETADO, s. f. Tache, marque que fait un doigt sur le linge ou autre chose.
DET DÉ PÉL, s. m. Doigtier, petit morceau de peau ou d'étoffe cousu au doigt d'un gant pour envelopper un doigt.
DETAL, s. m. Détail ; Particularités; Circonstances de...; Parties nombreuses, minutieuses d'une affaire ; en Détail, par petites portions.

Per te distraïre un paouc dins ta manièro d'estre ,
Per te faire joui d'un moumen dé gaïtat,
T'enhoyi lé *détal* d'un esperti campestre
Ount lés jocs, lés plasés fousquéroun dé mitat.   DAV.

DETAYLHA, v. act. Détailler, vendre en détail ; Couper en pièces ; fig. , Faire un récit circonstancié. (Racine *taylha*.)
DETAYLHE, s. m. Détailleur, marchand qui vend en détail.
DETERMINA, v. act. Déterminer, fixer les bornes; Prendre, faire prendre une détermination.

Bous coumpourtas d'un biaïs que cad'un bous critiquo.
Se bous courrexas pas, beses, aqui dessus,
Soui pla *determinat* à bous parla pas pus.   D.

DETERMINA (SE), v. pro. Se Déterminer, prendre un parti, une résolution. (Du latin *determinare*.)
DETERMINATIOU, s. f. Détermination, résolution qu'on prend après avoir examiné. (Du latin *determinatio*.)
DETESTA, v. act. Détester, avoir en horreur.
DETESTA (SE), v. pro. Se Détester : s'Abhorrer l'un l'autre.
DETESTAPLE, O, adj. Détestable ; Exécrable, très-mauvais dans son genre, sa qualité.
DETESTAPLOMEN, adv. Détestablement ; extrêmement mal.
DETOUR, s. m. Détour, sinuosité; Chemin qui éloigne du droit chemin ; Circuit ; fig., Adresse, ruse ; Subtilités, vues secrètes, moyens cachés. (Racine *tour*.)

Que b'empaxo ? L'actiou qu'aïcital m'abes faxo.
Sabi que cerquares aro quasques *detours*,
N'oun troubares pas cap que sio d'un grand secours.   D.

## DEX

DETRAS, *voyez* DARRE.

## DEV

DEVANCIES, *voyez* DEBANCIES.
DEVARIA, *voyez* DEBARIA.
DEVEIRE, *voyez* DEOURE.
DEVERDEJHA, *voyez* DEBERDEXA.
DEVERGOUGNA, *voyez* DEBERGOUGNA.
DEVIGNA, *voyez* DEBINA.
DEVIGNAYRE, *voyez* DEBINAYRE.
DEVISTA, *voyez* BISTA.

## DEX

DEX, adj. numéral, Dix, nombre pair, 9 et 1. (Du latin *decem*.)

Penden *dex* ou douze ans sans paouzo seménat,
Oquel terren tout noou porto uno mar dé blat.   PRAD.

DEXA, adv. Déjà, dès cette heure; Auparavant. (Du latin barbare *de jàm*.)
DEXALA, v. act. Dégeler, faire fondre ce qui est gelé ; Éprouver l'influence du dégel. (Racine *xal*.)
DEXASSA, v. act. Lever la litière des vers à soie. (Racine *xas*.)
DEXASSO, s. f. Litière, ce qu'on enlève de crottes des vers à soie.
DEXENERA, *s'Abastardi*, v. n. Dégénérer, s'abâtardir ; Changer de bien en mal. (Du latin *degenerare*.)
DEXERI, v. n. Digérer, faire la digestion ; Souffrir patiemment. (Du latin *digerere*.)
DEXESTIOU, s. f. Digestion, coction, décomposition des aliments dans l'estomac. (Du latin *digestio*.)
DEXET, s. m. Déchet, diminution en qualité, en quantité ou en valeur. (Du latin *decessio*.)
DEXETA (SE), v. pro. Se Déjeter, se courber, se retirer en parlant du bois qui travaille. (Du latin *jacere*.)
DEXIFRA, v. act. Déchiffrer, lire ce qui est mal écrit ; Expliquer des écritures antiques. (Racine *xifro*.)
DEXIOUSSA, v. n. Contrarier, inquiéter ; Donner du souci; Critiquer les autres, relever leurs défauts.

Mais me tenguerou dit que s'aimas Nostre Seigne ,
Deouries pas *dexioussa* lou que poudes atteigne.   D.

DEXIQUETA, v. act. Déchiqueter, tailler, couper en petites bandes, à petits morceaux. (De l'espagnol *chico* petit.)
DEXISCLETA, v. act. Loqueter, lever le loquet d'une porte afin de l'ouvrir.

Et la porto se *desiscleto* ,
Et la paouro Margarideto
Se leho , oubro sous bras , fay dus pas en aban ;
Mais Paul , soun pichou fray , dintro soul , en cridan : J.

DEXOUCA, v. act. Déjucher, faire descendre les poules du juchoir ; fig., Déplacer, chasser d'un lieu élevé. (Racine *xouc*.)

Ol bort d'un ribotel, sus un pont dé peyretos,
Ounchados on dé besc on met quaouquos poilletos ;
Dé sel miech ogonit, entré sé *dejouca*,
L'aussel bey l'aïgo , y bolo , é sé ben embesca.   PRAD.

DEXOUST, s. m. Dessous, la partie inférieure d'une chose ; le Bas d'une maison.

DEXOUST, adv. Sous, dessous, plus bas.
DEXTRAL, voyez Piqasso.
DEXU, UNO, adj. A jeûn, sans avoir mangé de la journée. (Du latin *jejunus*.)

Quoand lou bentré és *dexu* lou bras nou xogo gaïré.
PRAD.

DEXUGNE, v. act. Déjoindre, faire que ce qui était joint ne le soit plus.
DEXUGNE, voyez Dezencarra, Dezatela.
DEXUNA, v. n. Déjeûner, faire le repas du matin. (Racine *xuna*.)

Davan sa Cour qué lé fa pléti,
Mé cridét, en quitan soun séti :
« Beou-fréra, avès-ti *dejunat*? »
— Nani, io diguère, cougnat;
Mais dins lou ventre mé fourfouïa
Per aqui qui con qué gourgouïa,
Soun mas tripas. Mais lou voudrié
Veyre davan vostra moufé. FAV.

DEXUNA (SE), v. pro. Se Priver, se passer de quelque chose pour la donner.
DEXUNA, s. m. Déjeûner, repas du matin.
DEXUNTA, v. act. Disjoindre, séparer ce qui était joint. (Du latin *disjungere*.)

## DEY

DEYGNA, v. act. Daigner, avoir pour agréable: s'Abaisser jusqu'à vouloir bien ; Faire la faveur de... (Du latin *dignari*.)
DEYMA, v. act. Dîmer, lever la dîme ; Frustrer quelqu'un. (Du latin *decima*.)
DEYME, s. m. Dîme, dixième partie des fruits prélevée par le curé avant la révolution de 89.

## DEZ

DEZABANTAXA, v. act. Désavantager; faire perdre l'avantage; Décréditer quelqu'un; Nuire à quelqu'un. (Racine *abantaxa*.)
DEZABANTAXE, s. m. Désavantage, dommage, préjudice.

Yéou méni, tararaigno, à toun *dezabantaxe*,
Un brounzinayre bol de grosses foussolous,
Que de toun cos arput auran pic o pelado
Daban que dins un trauc te trobes estujado. G.

DEZABANTAXOUS, OUSO, adj. Désavantageux, euse.
DEZABANTAXOUSOMEN, adv. Désavantageusement, qui cause ou peut causer du désavantage.
DEZABIEN, voyez Inconbenient.
DEZABILHA, v. act. Déshabiller, quitter, ôter les vêtements; prov. *Se cal dezabilha aban d'ana al leyt*, ne donnez pas tant que vous en aurez besoin. (Racine *abit*, *abilhomen*.)
DEZABILHÉ, s. m. Déshabillé, habillement de paysanne.
DEZABITUA, v. act. Déshabituer, faire perdre une habitude.
DEZABITUA (SE), v. pro. Se Déshabituer, se désaccoutumer de... (Racine *abitudo*.)
DEZABOUA, v. act. Désavouer, nier d'avoir dit ou fait quelque chose ; ne Vouloir plus reconnaître pour sien. (Racine *aboua*.)
DEZABUCLA, v. act. Désaveugler, détromper, tirer d'une erreur profonde. (Racine *abucle*.)
DEZABUZA, v. act. Désabuser, détromper, tirer d'erreur. (Racine *abuza*.)

DEZACOUPLA, voyez Descoupla.
DEZACOUSTUMA, v. act. Désaccoutumer, faire perdre une habitude, une coutume.
DEZACOUSTUMA (SE), v. pro. Se Désaccoutumer, se déshabituer de... (Racine *coustumo*.)
DEZACROUCHA, voyez Descroucheta.
DEZAFLURA, v. act. Désafleurer, donner à deux corps une saillie différente.
DEZAFOUA, v. act. Enlever le morfil d'un outil, le rendre propre au travail.
DEZAGRAFA, voyez Despenxa.
DEZAGHICI, voyez Dezaïci.
DEZAGRADA, v. n. Désagréer, déplaire, ne plus convenir; Provoquer l'éloignement : *Me dezagrado*. (Racine *agrada*.)

Ço qué Moussu bous dis me *desagrado* pas ;
Boli saoupre coum'ei qu'un es lou qué troumpas. D.

DEZAGRADOMEN, s. m. Désagrément, sujet de chagrin, de dégoût, d'ennui.
DEZAGREA, v. n. Desgréer, déplaire.
DEZAGREABLE, O, adj. Désagréable, qui déplaît, qui cause de l'embarras, de l'ennui, de la tristesse, de la peine. (Racine *agrea*.)
DEZAGREAPLOMEN, adv. Désagréablement, d'une manière désagréable.
DEZAGUICI, voyez Dezaïci.
DEZAÏ, voyez Aï.
DEZAÏCI, s. m. Déplaisir, niche qu'on fait à quelqu'un; Mécontentement.
DEZALTERA, v. act. Désaltérer, ôter la soif.
DEZALTERA (SE), v. pro. Se Désaltérer, étancher sa soif. (Racine *altera*.)
DEZAMANA, voyez Dezacoustuma.
DEZANAT, ADO, adj. Épuisé, ée, perdu, affaibli.
DEZANCAT, ADO, adj. Déhanché, ée, qui a les hanches rompues, disloquées. (Racine *anco*.)
DEZANIXA, voyez Denisa.
DEZANNUYA, voyez Dezennuya.
DEZAOUREILHA, v. act. Essoriller, couper les oreilles d'un chien; Couper les cheveux fort court. (Racine *aoureilho*.)
DEZAPARIA, voyez Desparia.
DEZAPEZA, voyez Alayat, Abencat.
DEZAPRIBAZA, voyez Despribaza.
DEZAPROUBA, v. act. Désapprouver, trouver mauvais; Blâmer; Condamner. (Racine *aprouba*.)
DEZAPUNTA, v. act. Émousser une pointe; fig., Manquer de parole; Contrarier dans l'attente. (Racine *apunta*.)
DEZARMA, v. act. Désarmer, ôter les armes; fig., Calmer. (Racine *arma*.)

La pats feyto, nous *dezarmaben*,
Et de souldats begnan picoureyurs,
Oh! qu'ey franchit de segos et de murs !
Que de guindouls et de prunos panaben! J.

DEZARNEZA, *Dezarnesca*, v. act. Deharnacher, ôter les harnais à un cheval. (Racine *arnes*.)
DEZARTA, v. act. Déserter, abandonner un lieu; Quitter le service sans congé. (Du latin *deserere*.)

Portes dounc, Escouliès, Oboucats, Ploïdejaires,
Qu'obes dounat relatge ol trintran deis affayres,
*Desortas* lo compagno, aro lou tenes ou dis. PRAD.

DEZARTUR, s. m. Déserteur, soldat qui déserte, qui a déserté. (Du latin *desertor*.)
DEZARXENTAT, ADO, adj. Désargenté, ée, qui n'a pas d'argent; Sans le sou. (Racine *arxen*.)

DEZASSEZOUNA, v. act. Dessaisonner un champ en faisant un labour qui n'est pas de saison; en y semant des grains qui ne peuvent pas y venir.
DEZASSIPA, voyez Dissipa.
DEZASSORGA, voyez Desaltera.
DEZASTRE, s. m. Désastre, accident funeste; grand Malheur (de la particule privative *de* et du subs. *astre* manque d'un astre favorable.)

Al désordré coumplet qué régno dius lous astrés,
Lès hommés ménaçats das pus grandis *désastrés*,
Pél soumbré désespoir sé bésoun agafats.
Et bél das témplés sants las portos alandados
Récéboun per millés las ámos egarados,
Qué démandoun à Dious graço per lours pécats. DAV.

DEZASTROUS, OUSO, adj. Désastreux, euse.
DEZATALA, voyez Dezatela.
DEZATELA, v. act. Dételer, Détacher les chevaux, etc., attelés. (Racine *atala*.)
DEZAVANTAJHA, voyez Dezabantaxa.
DEZARIA, voyez Derroutat.
DEZAXUSTA, v. act. Désajuster, défaire, déranger ce qui était ajusté. (Racine *axusta*.)
DEZAYRA, voyez Desfigura, Desproufita.
DEZAYRE, s. m. Malaise, suffocation, indisposition qui empêche de trouver un moment de repos.

Embérugat tabés per lé mêmé *dezaïre*,
L'agricultou pénat daïcho toumba l'araïre
Al coustat de soun mil;
Et Béziers, coumo'n bex uno maïre jalouso,
Lés éls négats dé plours, semblo dire à Naourouso :
Oh! rendi-mé mou fil. DAV.

DEZAZIMA, voyez Egarat.
DEZEMBALA, v. act. Désemballer, tirer, ôter d'une balle ce qu'elle contient. (Racine *balo*.)
DEZEMBALAYRE, s. m. Désemballeur, celui qui désemballe les marchandises.
DEZEMBALAXE, s. m. Désemballage; action de Déballer.
DEZEMBANASTA, voyez Debanasta.
DEZEMBARCA, voyez Debarca.
DEZEMBARASSA, voyez Debarrassa.
DEZEMBASTA, voyez Debasta.
DEZEMBESCA, v. act. Dégluer, ôter la glu des ailes d'un oiseau. (Racine *besc*.)
DEZEMBITA, v. act. Désinviter, révoquer une invitation. (Racine *embita*.)
DEZEMBOUYLHA, v. act. Débrouiller, démêler. (Racine *embrouylha*.)
DEZEMBRAIA, voyez Debraga.
DEZEMBRENA, v. act. Désenvenimer; ôter le venin, en diminuer la force; fig. Serfouir, remuer la terre, au tour des plantes qui ont souffert du vent. (Racine *embréna*.)
DEZEMBRIEYGA, v. act. Désenivrer, ôter, faire cesser l'ivresse; dégriser. (Racine *embrieyga*.)
DEZEMBRUGA, v. act. Détacher les cocous des rameaux. (Racine *embruga*.)
DEZEMPESCA, voyez Despetra.
DEZEMPÏEIS; voyez Dezenpey.
DEZEMCABESTRA, v. n. Se Délicoter; il se dit d'un cheval qui se défait de son licou.
DEZENCADENA, v. act. Déchaîner, ôter, tirer de la chaîne.
DEZENCARRA, v. act. Dételer les bœufs, etc.; les sortir de la charrette. (Racine *encarra*.)
DEZENCAYSSA, v. act. Décaisser, tirer, ôter d'une caisse. (Racine *caysso*.)

DEZENCOUMBRA, v. act. Décombrer, ôter les décombres, les immondices.
DEZENCROUZA, voyez Dezentarra.
DEZENCUSA (SE), v. pro. S'excuser, se disculper, se justifier. (Racine *escusa*.)

Diguas ço qué bouldrés per bous *dezencuza*,
Yeou béscoutarei tout, qnand diouriés m'enguza. D.

DEZENCUSO, s. f. Excuse, raison pour excuser; prétexte pour ne pas faire.

Coussi bous aissital alloc destré counfuso
Beleou mé cercares quicon per *dezencuso* ! D.

DEZENDOURMI, v. act. Désendormir ; Dégourdir un pied endormi. (Racine *dourmi*.)
DEZENFANGA, v. act. Débourber, tirer d'un bourbier. (Racine *fango*.)
DEZENFARDELA, voyez Despaqueta.
DEZENFILA, v. act. Défiler, ôter le cordon, le fil qui était passé dans quelque chose.
DEZENFOURNA, v. act. Défourner, ôter du four. (Racine *enfourna*.)
DEZENGAXA, v. act. Désengager, un soldat; Dégager, retirer ce qui était gagé. (Racine *gaxe*.)
DESENGOURXA, v. act. Désengorger, dégorger, déboucher, débarrasser ce qui était engorgé. (Racine *engourxa*.)
DEZENGRABA, voyez Degraba.
DEZENGRUNA, voyez Degruna.
DEZENGUYLHA, *Dezenjhouna*, v. act. Défiler, ôter le fil qui était passé dans le trou d'une aiguille.
DEZENLASTA, voyez Dezennasta.
DEZENNASTA, v. act. Tirer, ôter de la broche. (Racine *aste*.)
DEZENNUYA, v. act. Désennuyer, chasser, oter, dissiper l'ennui. (Racine *annui*.)
DEZENPAQUETA, v. act. Dépaqueter, déplier, ouvrir un paquet. (Racine *paquet*.)
DEZENPARA, v. act. Désemparer, quitter le lieu où l'on est; *sans Dézempara*, sans Désemparer, tout de suite (De l'espagnol *desemparar*.)
DEZENPAXA, voyez Despaxa.
DEZENPEGA, v. act. Sortir la poix, la glue, etc. qui s'est attachée aux doigts. (Racine *enpega*.)

*Dézenpégas* lous dets an d'aïgo ou d'escouprino. PRAD.

DEZENPEITA, voyez Despetra.
DEZENPETEGA, v. pro. Se Débarrasser, se délivrer, se tirer de peine. (Racine *empétéga*.)
DEZENPETRA, voyez Dezenpetega.
DEZENPEY, adv. de temps. Depuis, depuis le temps que.

Amai pla 'ei perdut d'al xoun qué bous bexéri
Et qué per moun malhur à bous yeou méstaquéri;
L'ei perdut *dezenpei* qué bous m'abiés xarmat
Et qu'éri prou nigaout per creire d'estré aimat. D.

DEZENPEZA, v. act. Désempeser, ôter l'empois du linge en le faisant tremper. (Racine *enpes*.)
DEZENPOUYZOUNA, v. act. Désempoisonner, détruire l'effet du poison. (Racine *pouyzou*.)
DEZENPRISOUNA, v. act. Désemprisonner, tirer de prison; fig. Quitter, faire quitter un habit, des souliers petits, étroits. (Racine *prizou*.)
DEZENPUZA, v. act. Détiser, ôter, écarter les tisons.
DEZENRAYA, v. act. Désenrayer, ôter ce qui empêchait les roues d'une voiture, d'une charrette de tourner. (Racine *rays*.)

**DEZENRESTA**, v. act. Désenfiler, ce qui était attaché, à la suite l'un de l'autre.

**DEZENSOULPRA**, v. act. Oter, tirer le soufre. (Racine *soulpré*.)

**DEZENSOURCELA**, v. act. Désensorceler, délivrer, guérir de l'ensorcellement. (Racine *sort*.)

**DEZENTARRA**, v. act. Déterrer, tirer de terre; Exhumer un corps; Découvrir quelqu'un qui ne voulait pas être connu. (Racine *terro*.)

**DEZENTERA**, voyez DEZENTARRA.

**DEZENTOURA**, v. act. Oter ce qui est à l'entour. (Racine *tour*.)

**DEZENTOURTIBILHA**, v. act. Désentortiller, dévider, défaire ce qui est entortillé.

**DEZENTUTA**, v. act. Dénicher, faire sortir un animal de son trou.

**DEZERBA**, v. act. Essarter un champ, un jardin, enlever les herbes, les épines, etc. (Racine *erbo*.)

**DEZERITA**, v. act. Déshériter, priver d'une succession, d'une hérédité. (Racine *erita*.)

**DEZERT**, s. m. Désert, lieu inhabité; Terre inculte. (Du latin *desertum*.)

**DEZERTA**, voyez DÉZARTA.

**DEZESPEY**, adv. Depuis; depuis que, depuis le temps que...

La coundannoun à mort *déséspez* très cents ans.    J.

**DEZESPERA**, v. act. Désespérer, faire perdre l'espérance; Causer le désespoir; Tourmenter, affliger vivement, chagriner. (Du latin *desperare*.)

**DEZESPOIR**, s. m. Désespoir, découragement, délire de la douleur, chagrin violent. (Du latin *desperatio*.)

O noum puissent! quand lou pecat mé tento,
Me ranimas ét mé randes pur fort,
Couvertisses lou *desespoir*, la crento
Eu coufienso à l'houro de la mort.    PUJ.

**DEZINFAMA**, voyez DÉGUZA.

**DEZINFECTA**, v. act. Désinfecter, ôter l'infection. (Racine *infecta*.)

**DEZINNA**, v. act. Désigner; Dénoter par des signes précis; Marquer précisément; Nommer, destiner à... (Du latin *designare*.)

**DEZINTERESSA**, v. act. Désintéresser; Mettre hors d'intérêt en indemnisant. (Racine *interessa*.)

**DEZINTERESSAT**, ADO, adj. Désintéressé, ée, qui ne fait rien par passion, par intérêt.

**DEZIR**, voyez DÉSIR.

**DEZIRA**, voyez DÉSIRA.

**DEZIROUS**, OUSO, voyez DÉSIROUS.

**DEZOLAT**, voyez DESCOUVERT.

**DEZOULA**, v. act. Désoler, ruiner, détruire; Affliger; Attrister.

**DEZOULA**, (SE) v. pro. Se désoler, se livrer au chagrin. (Du latin *desolare*.)

**DEZOULATIOU**, s. f. Désolation, extrême affliction. (Du latin *desolatio*.|

Chero récolto, helas! fruit de tont de trobals
Bas sons douté essuga dé rottes petossals.
Qu'uno *desoulotiou*! sul point d'estré omossado
Belcou dins un moumen nous seras enlebado.    PRAD.

**DEZOUNDRA**, voyez DISOUNDRA.

**DEZOUNESTE**, O, adj. Déshonnête, contraire à la pudeur, à la bienséance. (Du latin *inhonestus*.)

**DEZOUNGLA**, v. pro. Perdre les ongles; fig. faire un travail pénible. (Racine *ounglo*.)

**DEZOUNOU**, s. m. Déshonneur, honte, infamie.

**DEZOUNOURA**, v. act. Déshonorer, perdre d'honneur; Diffamer, ravir l'honneur à une femme, une fille.

**DEZOUNOURA** (SE) v. pro. Se déshonorer, se couvrir de honte par une conduite, une action indigne. (Racine *ounoura*.)

**DEZOURDOUNA**, v. act. Désordonner, mettre en désordre. (Racine *ourdouna*.)

**DEZOURDOUNAT**, ADO, adj. Désordonné, ée, déréglé, sans ordre.

**DEZOURGANISA**, v. act. Désorganiser, troubler, détruire l'ordre; l'organisation d'un corps. (Racine *ourganiza*.)

**DEZOUSSA**, voyez DESOUSSA.

**DEZUBRANÇO**, s. f. Désoccupation, état d'une personne désoccupée; Désœuvrement.

**DEZUBRANSA**, voyez DEZUBRANÇO.

**DEZUBRAT**, ADO, adj. Désœuvré, ée, qui n'a rien à faire; qui ne fait rien. (Du latin *desidia*.)

Encaro siez aïci; bous aouttes m'abes l'ayre
D'estre de *dezubrats* à saoupre pas que fayre.    D.

**DEZUNI**, v. act. Désunir, séparer ce qui était uni; Rompre l'union. (Racine *uni*.)

**DEZUNIOU**, s. f. Désunion, mésintelligence, division. (Racine *uniou*.)

## DIA

**DIACRE**, s. m. Diacre, ecclésiastique promu au diaconat. (Du grec *diakonos*.)

**DIAMAN**, s. m. Diamant, pierre précieuse la plus pure et la plus précieuse de toutes; Outil de vitrier pour couper le verre. (Du grec *adamas*.)

**DIAMÈTRE**, s. m. Diamètre, ligne droite qui passant par le centre et se terminant à sa circonférence divise le cercle en deux portions égales. (Du grec *diametros*.)

**DIANTRE**! interj. Diantre, pour diable!

**DIAPLA**, v. act. T. de manuf. Brifauder, donner le premier peignage à la laine. (Racine *diaple*.)

**DIAPLAS**, s. m. Personne mal faite, quelquefois malfaisante; Pauvre souffrant.

La negro tararaigno es l'orre satanas
(Abalisco) cambiat d'Angelet en *diaplas*.    G.

**DIAPLATOU**, s. m. Diablotin, petit diable; Méchant, petit enfant.

**DIAPLE**, s. m. Diable, démon, Satan; fig.; Homme méchant, colère, déterminé; Espiègle, doux, accomodant, d'un bon caractère; Homme malheureux qui est dans la misère; Faire le diable, s'emporter; Vivre avec peine malgré son travail: *Tiro lou diaple per la coua*. (Du latin *diabolus*.)

Un homme sur léqual l'esprit dal Cel répaouso,
A cridat al démoun: parlo s'és bouno caouso.
Mais lo *diable* toujour, marchan dé réculous,
En régagnan las dens, risio d'un rire affrous.
Mouncla n'es counsternat, et quand bén l'houro tardo,
Si qualque pastre abanjurous
Leng dal bilatche se retardo,
S'imagino touxour dé sénti pés taleus
La sourciéro qué le régardo.    DAV.

**DIAPLE**, s. m. Diable, espèce de grosse voiture pour transporter des fardeaux très lourds; espèce de double Toupie en bois, creuse, percée à chacune de ses extrémités d'un trou rond, on la fait tourner au moyen d'un cordon attaché à deux petits bâtons, et de ce mouvement nait un bruit très fort, un bruit de *diaple*.

**DIAPLOMEN**, adv. Diablement, excessivement, avec profusion.

## DIB

**DIBENDRES**, s. m. Vendredi, cinquième jour de la semaine. (Du latin *dies veneris*.)
**DIBERS, O**, adj. Divers, se, différent; Dissemblable. (Du latin *diversus*.)
**DIBERTIOU**, s. f. Diversion; Distraction. (Du latin *diversio*.)
**DIBERSITAT**, s. f. Diversité, variété, différence. (Du latin *diversitas*.)
**DIBERSOMEN**, adv. Diversement, en diverses manières.
**DIBERTI**, v. act. Divertir, récréer, réjouir. (Du latin *divertere*.)
**DIBERTI (SE)**, v. pro. Se Divertir, s'amuser, se récréer.
**DIBINITAT**, s. f. Divinité. (Du latin *divinitas*.)
**DIBIZA**, *voyez* DEBIZA.
**DIBORÇO**, s. m. Divorce, rupture légale d'un mariage; fig., Désunion, séparation. (Du latin *divortium*.)
**DIBOURÇA**, v. n. Divorcer, faire divorce.

## DIC

**DICERNA**, v. act. Discerner, distinguer, faire la différence. (Du latin *discernere*.)
**DICERNOMEN**, s. m. Discernement, justesse d'esprit.
**DICIPLE**, s. m. Disciple, celui qui apprend d'un maître une science, celui qui suit la doctrine de : *Aquel qué bol estre moun disciple, cal qué porte sa croux*, celui qui veut être mon disciple doit porter sa croix. (Du latin *discipulus*.)
**DICIPLINA**, v. act. Discipliner, régler, tenir dans l'ordre; Soumettre à la discipline. (Du latin *disciplinare*.)
**DICIPLINO**, s. f. Discipline, instruction, éducation, règlement, ordre; Instrument de pénitence. (Du latin *disciplina*.)
**DICTA**, *voyez* DITTA.

## DIE

**DIÈTO**, s. f. Diète, régime de vie; Abstinence d'aliments plus ou moins sévère. (Du grec *diaita*.)

## DIF

**DIFFAMA**, v. act. Diffamer, décrier, déshonorer, perdre de réputation. (Du latin *diffamare*.)
**DIFFERA**, v. act. Différer, retarder, renvoyer; Être dissemblable; n'Être pas du même avis. (Du latin *differo*.)
**DIFFERENÇO**, s. f. Différence, diversité, distinction. (Du latin *differentia*.)

*De bostre axe amb'el meou y'a pas grand differenço.* D.

**DIFFERENT, O**, adj. Différent, e, qui diffère; Divers. (Du latin *differens*.)
**DIFFERENT**, s. m. Différend, contestation, débat, querelle.
**DIFFERENTOMEN**, adv. Différemment, d'une manière différente.
**DIFFICILLE, O**, adj. Difficile, pénible, mal aisé, plein d'obstacles; Embarrassant; Délicat sur le choix des personnes et des choses. (Du latin *difficilis*.)

**DIFFICILOMEN**, adv. Difficilement, avec peine et difficulté.
**DIFFICULTAT**, s. f. Difficulté, ce qui rend mal aisé, difficile; Contestation, démêlé. (Du latin *difficultas*.)
**DIFFICULTOUS, OUSO**, adj. Difficultueux, euse, qui se rend difficile sur tout.
**DIFFORME, O**, adj. Difforme, laid, défiguré, mal fait. (Du latin *difformis*.)

*Qu'en roudélen, enfi, groussigo dé forçou*
*Qué pousqués opplécha dessus so masso énormo,*
*D'un fontômé estroyent lo figuro disformo.* PRAD.

**DIFFOURMITAT**, s. f. Difformité, défaut remarquable dans la forme; Laideur. (Du latin *difformitas*.)

## DIG

**DIGNAYROLO**, s. f. Tirelire, petit vase de terre en forme de boîte pour mettre de l'argent par une petite ouverture pratiquée dans le haut. (Racine *digne*.)
**DIGNÉ**, s. m. Denier, monnaie de cuivre, le douzième d'un sou. (Du latin *denarium*.)
**DIGNEIROLO**, *voyez* DIGNAYROLO.
**DIGNES**, *voyez* CANSALADO.
**DIGNITAT**, *voyez* DINNITAT.
**DIGO**, s. f. Digue, amas de terre, de pierre, de bois pour arrêter les eaux.
**DIGUS**, pro. Personne. (Du latin *nullus*.)

*Mais à bostro amitié n'ei pas pus counfienço*
*De digus bous aïci fazes pas différenço*
*Et d'amits coumo bous, aqui tout es egal,*
*Xamai nou serocu pas aquelis qué mé cal.* D.

## DIL

**DILAPIDA**, v. act. Dilapider, voler. (Du latin *dilapidare*.)
**DILATA**, v. act. Dilater, étendre; Elargir.
**DILIXENÇO**, *voyez* DÉLIXENÇO.
**DILIXENT, O**, *voyez* DÉLIXENT.
**DILIXENTOMEN**, *voyez* DÉLIXENTOMEN.
**DILUS**, s. m. Lundi, deuxième jour de la semaine : *fa lou dilus*, faire la journée blanche, comme certains ouvriers.

*Ero un dilus, mous dets ans sacababoun;*
*Fazian as jots, éri Rey, m'escourtaboun.*
*Mais, tout d'un cop, qui ben me desturba ?*
*Un biel setat sur un faoutur d'aouba,*
*Qué sur dus pals dus carretés pourtaboun:* J.

## DIM

**DIMAS**, s. m. Mardi, le troisième jour de la semaine : *Bous coubidi per dimas*, je vous invite pour mardi (Par contraction de *Dies Martis*, jour consacré au Dieu Mars.)
**DIMECRES**, s. m. Mercredi, le quatrième jour de la semaine. (Du latin *Dies Mercurii*.)
**DIMENSIOU**, s. f. Dimension, étendue des corps; Mesures pour le succès. (Du latin *dimensio*.)
**DIMENXAL**, adj. Du dimanche; réservé au dimanche, ou pour le dimanche.
**DIMENXE**, s. m. Dimanche, premier jour de la semaine que l'église a ordonné de sanctifier.
**DIMERGAL**, *voyez* DIMENXAL.
**DIMINUA**, *voyez* DÉMINUA.
**DIMINUTIOU**, *voyez* DÉMINUTIOU.
**DIMO**, s. f. Dîme, la dixième partie des fruits de

la terre, que l'on payait à l'église ou aux seigneurs. (Du latin *decima*, sous entendu *pars*.)

## DIN

DIN D'AMOUN, adv. D'en haut.
DINDO, *voyez* Pioto.
DINDON, *voyez* Piot.
DINKOS, *Inkios, Xuscos*, adv. Jusqu'à ce que.
DINNA, s. m. Dîner, le repas qu'on fait sur le midi.

Pendent tout lou *dinna*,
El lou trato d'ounclou, lou serbis, lou caresso,
Cadun es encantat d'uno talo tendresso
Et pares regretta d'abe pas un parent
Aoutant dous, aoutant prebenent.

DINNA, v. n. Dîner, prendre le repas de midi. (Suivant Ménage de *desinare*, cesser; parce qu'on cesse de travailler à midi, pour se reposer et manger.)
DINNADO, s. f. Dînée, lieu où l'on dîne en voyage; la Dépense qu'on fait pour ce repas.
DINNAYRE, O, s. m. f. Dîneur, se; qui est invité à dîner.
DINNE, O, adj. Digne, qui mérite, en bonne et mauvaise part, (Du latin *dignus*.)
DINNITARI, s. m. Dignitaire.
DINNITAT, s. f. Dignité, mérite; Gravité, noblesse dans la conduite; Charge considérable. (Du latin *dignitas*.)

Pus tar, t'én vas sus la mountagna;
Un paouré poplé té séguis;
Et la foula que t'accoumpagna
Prés de tus jamay noun languis.
Per tas paraoulas tant sublimas,
L'hommé coumprén sa *dignitat*,
É chéris tas douças maximas
D'amour é dé fraternitat. Peyr.

DINNOMEN, adv. Dignement, selon ce qu'on mérite; Très bien, avec dignité.
DINQIOS, *voyez* Dinkos.
DINS, prép. Dans, marque le temps, le lieu: *Dins l'oustal*; dans la maison, indique le rapport du contenu au contenant: *A més lou bi dins un barricat*, il a mis le vin dans un tonneau; avec, selon: *Dins ma pensado*, dans ma pensée; marque l'état: *Es dins l'embarras*, il est dans l'embarras; marque le temps ou on exécute les choses: *Dins un an*, dans un an. (Du latin *in*.)
DINTRA, v. n. Entrer, passer du dehors au dedans; pénétrer dans... Servir à la composition, à la formation; Embrasser la profession de... (Du latin *intrare*.)
DINTRA, v. act. Relever une femme de couches.
DINTRADO, s. f. Entrée, lieu par où l'on entre; Droits que l'on paye à l'entrée d'une ville.

## DIO

DIOUCESO, s. m. Diocèse, étendue de pays sous la juridiction d'un évêque. (Du grec *dioikèsis*.)
DIOUGUDOMEN, adv. Dûment, selon la raison, les formes, le devoir.
DIOUGUT, s. m. Dû, ce à quoi on est obligé.
DIOUNE, Espèce de serment.
DIOURE, *voyez* Deouré.
DIOUS, s. m. Dieu, le premier, le souverain être par qui tout existe qui n'a ni commencement ni fin. (Du latin *Deus*.)

Mais nou diguerou pas, certos Madoumaizello,
Qu'on bous déougues cita per serbi de moudèlo:
Diguerou qué l'on pot estre agréable à *Dious*
Sans ana pes oustals pér fa dé courrectious. D.

DIOUS, *voyez* Bers.

## DIP

DIPLOME, s. m. Diplôme, titre émané d'une compagnie, d'un corps; Brevet d'adoption. (Du grec *diploma*.)

## DIR

DIRE, v. act. Dire, parler, exprimer, expliquer, faire entendre par la parole; Réciter; Raconter; Offrir un prix; Trouver qu'il manque quelque chose. (Du latin *dicere*.)

Lou maréchal-ferrant qu'és un hommé espertat,
Et qué né sap dé loung!... a cercat, a birat....
Jamaï n'a pas sapiut, tant sentissio dé peno,
Coussi dins aquél cos lé démoun és dintrat:
An *ditis* dé paters, Dious ba sap..., per centéno!
Dins la gleïzo à Limoux an dit uno noubéno,
Et lé diablé s'en és anat Day.

DIRE, s. m. Dire, rapport, assertion.
DIRECT, O, adj. Direct, te; qui va tout droit, sans détour, droit. (Du latin *directus*.)
DIRECTIOU, s. f. Direction, conduite; Emploi de directeur; Ligne suivant laquelle un corps se meut. (Du latin *directio*.)
DIRECTOIRO, s. m. Directoire, livre qui règle l'office pour toute une année.
DIRECTOMEN, adv. Directement, en ligne droite. (Du latin *directè*.)
DIRECTUR, s. m. Directeur, celui qui conduit, règle, préside, administre; Celui qui a soin de la conscience de quelqu'un. (Du latin *director*.)
DIRIXA, v. act. Diriger, tourner vers.... Avoir la direction, l'administration; Conduire, régler. (Du latin *dirigere*.)

## DIS

DISANT (BIEN) s. m. Biendisant, qui enjôle par ses belles paroles. (Du latin *benè dicens*.)
DISCORDI, s. m. Discorde, division, querelle. (Du latin *discordia*.)
DISCOUNBENI, v. n. Disconvenir, ne pas être convenable, ne pas demeurer d'accord d'une chose. (Racine *counbeni*.)
DISCOUNTINUA, v. act. Discontinuer, interrompre, ne pas continuer une chose commencée. (Racine *continua*.)
DISCOUNTINUATIOU, s. f. Discontinuation, interruption pour un temps.
DISCOURI, v. n. Discourir, parler sur un sujet, sur une matière. (Du latin *discurrere*.)
DISCOURS, s. m. Discours, propos, entretien. (Du latin *discursus*.)
DISCRET, O, adj. Discret, e, prudent, judicieux, sage, retenu dans ses paroles, ses actions; Fidèle au secret. (Du latin *discretus*.)
DISCRETIOU, s. f. Discrétion, circonspection, prudence, dans ses paroles, dans ses actions; Habitude de garder le secret. (Du latin *discretio*.)
DISCRETIOU (A) adv. A discrétion, autant qu'on veut; Au dépens d'autrui.
DISCRETOMEN, adv. Discrètement, avec discrétion.
DISCULPA, v. act. Disculper, justifier d'une

## DIS

**chose** imputée. (Du latin *dis*, prép. négative, et *culpa*, faute.)

**DISCULPA** (SE), v. pro. Se disculper, se justifier d'une imputation.

**DISCUTA**, v. act. Discuter, examiner avec soin, disputer, contester. (Du latin *discutere*.)

**DISCUTIOU**, s. f. Discussion, examen; Contestation, dispute. (Du latin *discutio*.)

**DISFORME, O**, adj. Difforme; Laid; Défiguré; Mal proportionné.

**DISFOURMITAT**, voyez DIFFOURMITAT.

**DISGRAÇO**, s. f. Disgrace, perte des bonnes graces d'une personne puissante; Infortune, malheur. (Racine *graço*.)

**DISGRATIA**, v. act. Disgracier, cesser de favoriser, priver de la protection.

**DISGRATIOUS, O**, adj. Disgracieux, euse, désagréable.

**DISLOUCA**, v. act. Disloquer, démettre, débotter les os. (De la prép. latine *dis* qui marque division et de *locare*, placer.)

**DISOUNRA**, voyez DISOUNDRA.

**DISPAOUS, O**, adj. Dispos, agile, léger.

**DISPARETRE**, v. n. Disparaître, cesser de paraître, se cacher; Ne se trouver plus, ne point laisser de traces. (Racine *paretre*.)

La malhurouzo fillo....
Sé couney plus; res nou l'arresto
Intro coumo s'anabo à festo
Et dins la biello gleyzo, oun sé sarrou sans brut
Leou touts an *disparescut*     J.

**DISPARITAT**, s. f. Disparité, différence entre deux choses ou deux personnes. (Du latin *disparitas*.)

**DISPENSA**, v. act. Dispenser, excepter de la règle, exempter. (Du latin *dispensare*.)

**DISPENSO**, s. f. Dispense, exemption de la règle ordinaire; Permission.

Coussi, maougré lou parentaje,
Avès aouzat fa lou mariaje?
Car sias frayrés Hector é tus.
Baoujas, mé respoun Hélénus,
Lous Reys sén prou dé counséquénça
Per avédre touta *dispensa*;
É sayqué sans trop s'espaouza
Qu'aou las douna n'én pot uza.
Sérié béou dé nous priva, n'aoutrés,
Dé cé qué permetten as aoutrés.     FAV.

**DISPERSA**, v. act. Disperser, répandre, jeter çà et là; Distribuer en divers lieux. (Du latin *dispergere*.)

Omaï! coumo lour biando ero fort *dispersado*,
Colio per forço mas, qué fouguesso omossado;
Et pormi tontes d'emplégats
S'en troubabo qu'obicou lous dets fort empégats.     PRAD.

**DISPOUNIBLE, O**, adj. Disponible, dont on peut disposer.

**DISPOUZA**, *Dispaouza*, v. act. Disposer, arranger, mettre dans un certain ordre; Préparer à.... (Du latin *disponere*.)

**DISPOUZA** (SE), v. pro. Se disposer, se préparer à....

**DISPOUZITIOU**, s. f. Disposition, arrangement; Volonté, dessein, résolution; Aptitude; Penchant; État de la santé. (Du latin *dispositio*.)

**DISPROUPOURTIOU**, s. f. Disproportion, manque de proportion; Disparité, inégalité. (Racine *proupourtiou*.)

## DIX

**DISPUTA**, v. act. Disputer, contester, être en débat, en querelle. (Du latin *disputare*.)

**DISPUTA** (SE) v. réc. Se disputer, avoir contestation, querelle.

**DISPUTO**, s. f. Dispute, débat, contestation, querelle. (Du latin *disputatio*.)

**DISSATTE**, s. m. Samedi. (Du latin *dies sabbati*.)

**DISSESTRE**, L'autre jour.

**DISSIMULA**, v. act. Dissimuler, cacher, déguiser, feindre.

**DISSIMULA** (SE) v. pro. Se dissimuler, se cacher à soi-même. (Du latin *dissimulare*.)

**DISSIMULATIOU**, s. f. Dissimulation; Art, soin de cacher ses sentiments, ses projets. (Du latin *dissimulatio*.)

**DISSIPA**, v. act. Dissiper, consumer en prodigalités; Faire cesser, appaiser; Chasser, détourner l'esprit de...; Distraire, soulager.

**DISSIPA** (SE) v. pro. Se dissiper, se distraire, prendre de la dissipation; S'évanouir, disparaître, se disperser. (Du latin *dissipare*.)

**DISSIPATIOU**, s. f. Dissipation; fig., Distraction. (Du latin *dissipatio*.)

**DISSUADA**, v. act. Dissuader, détourner quelqu'un d'un dessein. (Du latin *dissuadere*.)

**DISTENÇO**, s. f. Distance, intervalle d'un endroit à un autre; Différence de rang. (Du latin *distantia*.)

**DISTENTIOU**, s. f. Distinction, marque extérieure qui sert à distinguer; Différence; Noblesse, mérite; Illustration. (Du latin *distinctio*.)

**DISTINGA**, v. act. Distinguer, mettre de la différence, de la distinction, entre...; Remarquer une personne, une chose parmi d'autres.

**DISTINGA** (SE) v. pro. Se distinguer, se faire connaître d'une manière très avantageuse; Se signaler (Du latin *distinguere*.)

**DISTRACTIOU**, s. f. Distraction, inapplication, aux choses qui devraient occuper; Moyen de se distraire de l'ennui. (Du latin *distractio*.)

**DISTRAYRE**, v. act. Distraire, détourner; Oter une partie d'un tout; Détourner de quelque application, d'un dessein, d'une résolution. (Du latin *distrahere*.)

**DISTRAYRE** (SE) v. pro. Se distraire, prendre des délassements; Se divertir.

**DISTRAYT, O**, adj. Distrait, te, qui a peu d'application.

**DISTRIBUA**, v. act. Distribuer; Disposer; Arranger; Partager entre plusieurs, départir. (Du latin *distribuere*.)

**DISTRIBUTIOU**, s. f. Distribution, action de distribuer, partage d'une chose entre plusieurs. (Du latin *distributio*.

**DISTRIC**, s. m. District, étendue de juridiction.

## DIT

**DITTA**, *Dicta*, v. act. Dicter, prononcer mot à mot pour faire écrire. (Du latin *dictare*.)

Lou fil del mestré es un oubrié,
Qué sé sobias, bal un grefié,
Per saoupré orrenga l'escrituro.
Oquel ou m'o més sul popio;
Yeou l'y *dictabé*, él éscribio...     PRAD.

**DITTO**, voyez DIXO.

## DIX

**DIXENO**, *Dixeno*, s. f. Dizaine; Chapelet composé de dix grains.

DIXO, s. f. Réputation; Vogue. (Du latin *dicta*.)
DIXOOUS, *Dijoou*, s. m. Jeudi, cinquième jour de la semaine. (Du latin *dies Jovis*, le jour de Jupiter.)

Lou jour mêma, qu'éra un *dijoou*,
Trouvan ras d'una mounticula,
Un viel tèmple dè sént-Hercula;
Lou divèndres dins un valoun
Una capèla dé Junoun;
Lou dissate, una ploja hounesta
È lou dimènche una tempèsta,
Lou dilus Caribda é Silla;
Anfin, lou dimas, dè l'Etna
Souriguèt quaouquas bagatélas
Qué nous brulléroun nostras vélas. FAY.

DIXOUNARI, s. m. Dictionnaire, recueil alphabétique des mots d'une langue. (Du latin *dictionarium*.)

### DIZ

DIZENO, *voyez* DIXENO.
DIZETO, s. f. Disette, manque, cherté des vivres; Besoin des choses nécessaires. (Du latin *diseta*.)
DIZETOUS, OUSO, adj. Disetteux, euse, qui éprouve la disette; qui est accompagné de la disette.
DIZOUNDRA, v. n. Égratigner, défigurer, cicatriser.

### DOB

DOBO, *Dogo*, s. f. Daube, étuvée de bœuf. (Du teutonique *dubba*, frapper, parce que dans cet apprêt la viande après avoir été battue se macère dans la sauce.)
DOBOLADO, *voyez* DABALADO.
DOBONTAL, *voyez* FAOUDAL.

### DOG

DOGO, *voyez* DOBO.
DOGOUL, s. m. Dogue, sorte de gros chien, fort et courageux. (Du saxon *docke* ou *dogge*, qui signifie la même chose.)

### DOL

DOL, s. m. Deuil, vêtement noir en signe de tristesse; Ornements, étoffes de deuil; Cortège.(Du latin barbare *dolium*.)

Coussi pourrian canta, raça injusta è groussièyra,
D'issacrables tyrans qué nostré cor haïs,
Las hymnas dé Sioun sus la terra estrangéyra,
Quan un *dol* éternel és dins nostré païs? PEYR.

DOLDRE, v. n. Sentir, éprouver de la douleur; Payer cher une chose : *M'én douldra*; Il m'en coûtera. (Du latin *dolere*.)
DOLDRE (SE) v. pro. Ressentir des douleurs; Éprouver une douleur.

Dins l'amo nou bés pas; saben prou dount sé *dol*,
Bouldrio faïre un galan, mais qué cap nou la bol. D.

### DOM

DOMO, *dome*, s. m. Dôme, voûte demi-sphérique au-dessus d'un édifice. (Du grec *doma*.)

Paris! ay countemplat tous *domés*,

Ta Coulounna é toun Panthéoun;
Mais éré soul parmi tant d'hommés;
È souspiravé aprés Clarmoun.
Al Louvré moun cor préférava
Nostré antique é fumous castel
Qué dé las tourrés abrigava
Moun paouré tioulat paternel. PEYR.

### DOO

DOOU, *voyez* DOL.
DOOURE, *voyez* DOLDRE.

### DOP

DOPOSSET, *voyez* DAPAS.

### DOR

DORTOIR, s. m. Dortoir, grande salle où l'on couche, où il y a plusieurs lits.

### DOS

DOS, s. m. Dos, anus, le fondement. (Du latin *dorsum*.)
DOS, adj. Deux, nombre double de l'unité. (Du latin *duo*.)

### DOT

DOT, *berquiéyro*, s. f. Dot, bien apporté par la femme en mariage. (Du latin *dos*.)

Lou païré dé lo fillo, ol countrari dizio
Qué suiban soun estat, trop dé *dot* l'y fozio. PRAD.

### DOU

DOUANO, s. f. Douane, bureau de visite des marchandises et d'acquits des droits. (De l'italien *dogana*.)
DOUANIÉ, s. m. Douanier, commis de la douane.
DOUAT, *Doubat*, s. m. Conduit pour l'écoulement des eaux.
DOUAT, ADO, adj. Doué, ée, favorisé, orné. (Du latin *dotatus*.)
DOUBERT, O, adj. Ouvert, te, qui n'est point fermé; Visage ouvert, franc, sincère : *A un ayré doubert*. (Du latin *apertus*.)

Exomino sur tout sé lou pé del foulayré
O to pla segoundat lo ma del bendemiayré,
Qué cap dé grup entié n'oun nadé ol boulidou,
Et lou tapo én loïssen miech *dubert* lou boundou. PRAD.

DOUBLA, v. act. Doubler, mettre le double, augmenter au double; Mettre une doublure. (Du latin *duplicare*.) Atteler deux paires de bœufs, de mulets à la même charrette.
DOUBLE, O, adj. Double, qui pèse, contient, vaut une fois plus; fig. Dissimulé, perfide, traître. T. de bot. Composé de plusieurs feuilles, de calices, etc. (Du latin *duplex*.)
DOUBLENC, s. m. Agneau qui prend deux ans.
DOUBLIDA, v. n. Oublier, manquer de mémoire, perdre le souvenir. (Du latin *oblivisci*.)

Et nou *doublides* pas qu'abès un xoubé effan
Qu'a bézoun dé trabal trés ou quatre cots l'an. PRAD.

DOUBLIDOUS, OUSO, *Oublidous*, adj. Oublieur, euse, qui oublie facilement.
DOUBLIÈYRO, s. f. Provisions, habits, etc., en double que possède une personne.
DOUBLIS, s. m. Charrue tirée par deux mules.
DOUBLIT, *voyez* OUBLIT.

**DOUBLOMEN**, adv. Doublement, en deux manières.

**DOUBLURO**, s. f. Doublure, ce qui sert à garnir, fortifier en dessous une étoffe. Prov. *Fi countro fi cal pas dé doubluro ;* on ne trompe pas plus fin que soi.

**DOUBRI**, voyez DURBI.

**DOUÇASTRE**, adj. Douceâtre, d'un doux fade. (Racine *doux*.)

**DOUCETTO**, s, f. Doucette, mâche, plante annuelle qu'on mange en salade.

**DOUCILLE**, O, adj. Docile, doux, soumis, facile à gouverner. (Du latin *docilis*.)

**DOUCILLITAT**, s. f. Docilité, qualité qui rend docile, soumis, propre à être gouverné, instruit. (Du latin *dacilitas*.)

**DOUCILLOMEN**, adv. Docilement, avec soumission.

**DOUCINO**, s. f. Doucine, moulure moitié concave, moitié convexe ; t. de menuisier ; Rabot à moulures, ou pour pousser les moulures.

**DOUCINOUS**, voyez DOUÇASTRE.

**DOUÇO-AMÈRO**, s. f. Douce-amère, plante solanée, médicale.

**DOUÇOMEN**, adv. Doucement, d'une manière douce ; Délicatement ; Lentement ; Sagement, Sans précipitation ; Sans éclat ; Sans bruit.

*Ben douçomen coumo qui pano.* G.

**DOUÇOUS**, s. f. Douceurs, qualité de ce qui est doux ; Saveur douce ; Vertu qui modère l'impatience, la colère. (Du latin *dulcedo*.)

*L'an prés per la douçou, y'au parlat rudomen.*
*Xamaï n'a pas boulgut cambia dé séntimén.* D.

**DOUÇOUS**, s. f. Douceurs, friandises ; Choses flatteuses.

**DOUCTOU**, s. m. Docteur, homme savant, habile. (Du latin *doctor*.)

*Mais grandissés, creyssés én âgé,*
*É t'élanças dâou l'avéni ,*
*Afin d'espouti l'esclavagé*
*D'un moundé qué vol rajouyni.*
*A doujé ans t'én vas dins lou templé ;*
*Lous douctous, claoufits dé fiertat,*
*En tus résou lou raré exémplé*
*D'amour é dé fraternitat.* PRYN.

**DOUÇUROUS**, ZO, adj. Douceureux, se, doux, sans être agréable ; Air affecté, étudié.

**DOUELO**, s. f. Douelle, t. d'architecture ; Coupe de pierre à voûte. (Du latin barbare *dogella*.)

**DOUELOS**, *Douos*, s. f. Douve, chacune des planches cintrées qui servent à la construction d'un tonneau. (Du latin barbare *dogella*.)

**DOUELOS** *Taoulut, Arisclé*, s. f. Morceaux de bois réguliers pour agrandir les cuviers, quand on fait la lessive.

**DOUGO**, voyez DOUO.

**DOULEENÇO**, s. f. Doléance, plainte. (Du latin *dolere*.)

**DOULENT**, O, adj. Dolent, te, Triste, affligé, souffrant. (Du latin *dolens*.)

**DOULOU**, s. f. Douleur, mal du corps ou de l'esprit ; Sensation pénible, qui serre, déchire le cœur. (Du latin *dolor*.)

*Mais, entendi quacuqu'un ! Oh ! pas may de douloui !*
*Moun co mé troumpo pas ! Aco's el ! bachi lou !* J.

**DOULOUROUS**, ZO, adj. Douloureux, euse, qui cause, qui marque la douleur ; Très sensible.

**DOULOUROUZOMEN**, adv. Douloureusement, avec douleur.

**DOUMA**, voyez DEMA.

**DOUMAÏNE**, voyez DOUMÈNO.

**DOUMAXA**, v. act. Porter dommage, nuire à quelqu'un. (Racine *domaxe*.)

**DOUMAXE**, s. m. Dommage, perte, préjudice, dégât. (Du latin barbare *damnagium*.)

*Ét bos mouri !.... paourot, saryo doumatgé !*
*Tu, tant poulit.... gaousayos t'enterra !*
*Resto aïchi-bas, adourablé maïnatché ;*
*Resto, creï-mé, lé moundé t'aïmara.*
*Mais sé Dious, sourd à nostro humblo priéro,*
*Té prend am'el al célesté troupel,*
*Bol qué tous cants, entenduts sur la terro,*
*Siosquoun per tu répétats dins lé Cel.* DAY.

**DOUMAYZÈLO**, s. f. Demoiselle, terme devenu commun à toutes les filles d'honnête famille ; Personne qui prend les airs et l'ajustement d'une demoiselle sans en avoir les moyens ; Genre d'insectes à quatre ailes allongées, semblables à de la gaze.

**DOUMAYZELLO**, voyez BATO.

**DOUMAYZELLOTO**, s. f. Jeune et petite demoiselle.

*La fillo del paxès, miexo doumaïzéloto,*
*A cargat sous ribans, et sa poulido coffo.* PRAD.

**DOUMAYZELUN**, s. m. Ce qui singe les demoiselles.

**DOUMÉJHE**, voyez APRIBAT.

**DOUMÈNO**, s. m. Domaine, bien, fonds, héritage. (Du latin *dominium*.)

**DOUMESTICA**, voyez ADOUMESTICA.

**DOUMESTICO**, s. m. Domestique, serviteur, servante ; Apprivoisé, privé, en parlant des animaux. (Du latin *domesticus*.)

*Passabo pas dé xoun qué qualqué doumestico*
*Nou souguesso battut, nou souguesso cassat :*
*Aquelo fenno despotiquo,*
*Dins l'espaci d'un mes, b'axet tout remplaçat.*

**DOUMEXE**, adj. Domestique, privé, doux, en parlant des animaux ; Fruit, arbre greffé.

**DOUMICILIA** (SE), v. pro. Se domicilier, se fixer dans un domicile. (Racine *doumicille*.)

**DOUMICILLE**, s. m. Domicile, habitation, maison, logis où l'on fait sa demeure ordinaire. (Du latin *domicilium*.)

**DOUMINA**, v. act. Dominer, commander ; Avoir autorité ; Tenir en sujétion ; Être plus haut, au dessus de..... Être plus apparent (Du latin *dominari*.)

**DOUMINATIOU**, s. f. Domination, puissance, autorité suprême. (Du latin *dominatio*.)

**DOUN-MAÏ**, voyez AL MAY.

**DOUN**, s. m. Don, présent ; gratification, largesse ; Faculté, talent, aptitude à.... (Du latin *donum*.)

**DOUNA**, v. act. Donner, faire don, faire présent ; Appliquer ; Faire naître ; Suggérer ; Rapporter, en parlant des arbres, vignes, etc. (Du latin *donare*.)

*Lé qué douno aïchi-bas, Dious amoun lé proutèjo,*
*Lé païchis dé bounhur, nou cesso dé l'aïma,*
*Gandix soun camp dal frech, soun oustal dé la pleijo ;*
*Jamaï sur soun couïchi lé rémord nou l'assièjo,*
*És hurous ; tout y rix ; fa tant bé dé douna !...* DAY.

DOUNADO, s. f. Donnée, aperçu d'une chose.
DOUNAYRE, adj. Libéral, le, gracieux, qui donne facilement. (Du latin *dans* ou *donans*.)
DOUNATARI, s. m. Donataire, celui à qui l'on fait une donation.
DOUNATIOU, s. f. Donation, don fait par acte public. (Du latin *donatio*.)
DOUNATOU, s. m. Donateur, celui qui fait, ou a fait une donation. (Du latin *donator*.)
DOUNC, *Douncos*. Donc, particule qui sert à marquer la conclusion d'un raisonnement. (Suivant Sylvius, du latin *tunc*.)

Aïmas qu'on parlé franc? Cal *douncos* ba bous diré,
Bostro maoubézo humou presto soubén à riré. D.

DOUNDA, v. act. Dompter, assujettir les animaux, leur ôter leur férocité. (Du latin *domare*.)

Prenés dounc lou bigos per né *dounda* lo terro
Jusqu'o tont qué sio souplo onas y ĉa lo guerro. PRAD.

DOUNDES, OS, adj. Dompté, ée, déjà fait au travail; fig. Calme, tranquille, en parlant des personnes.
DOUNDOUN, s. f. Dondon, femme, fille qui a de l'embonpoint et de la fraîcheur. (Du vieux mot *dondaine*, qui signifiait *ballon*, qui a la peau tendue comme le cuir d'un ballon.)
DOUNO, s. f. Terme de jeu, Donne, distribution des cartes.
DOUNOS, s. f. Distribution d'aumônes.
DOUNT, pro. relatif, Dont, de qui, duquel de laquelle; De qui, adv.
DOUOS, s. f. Douve, petit ais dolé qui sert à la construction d'un tonneau. (Du latin barbare *dogella*.)

Car la forço dal moust qué boulis ambé fougo,
Pourrio bé, faouto d'aïré, esposta calquo *douo*. PRAD.

DOUPLA, *voyez* DOUBLA.
DOUPLE, s. m. Double, une fois autant; adj. Qui pèse, contient, vaut une fois plus. (Du latin *duplex*.)

Lou comp d'oquel répaous séro tout récréat,
É piey té reforo per lou *doublé* dé blat. PRAD.

DOURC, s. m. Pot; Vase pour conserver la graisse.
DOURCADO, Plein une cruche.
DOURCO, s. f. Cruche de terre.
DOURDA, *voyez* DARDA.
DOURDO-MOUTO, *voyez* SIAOUT.
DOURKE, *voyez* BARRIQUAT.
DOURKETO, *voyez* BOUTEL.
DOURMAR, *voyez* BOURMIAOUT.
DOURMEN, TO, adj. Dormant, te, qui ne coule pas, qui ne s'ouvre pas. (Du latin *dormiens*.)
DOURMENS, *voyez* CARRETO.
DOURMI, *Droumi*, v. n. Dormir, être dans le sommeil; fig., Agir lentement; ne pas couler en parlant des eaux. (Du latin *dormire*.)

Disou qué per *dourmi* sègur,
N'y o rés dé tal qu'un bentré dur,
N'oun pas per espéta los tripos,
Sériau-bé piey dé paouros nipos;
Mais toujours l'y faou lo rosou,
É piey l'y disé : oqui n'o prou.
Otal, cousi, débés-bous faïré,
Sé soï boulés demoura gaïré;

É boulen qué s'oï démourés
Enquio qué bous cussounorés.
Douncos, per pla possa l'onnado,
Qu'oben despieys paouc coumençado,
Crésés-mé, bubés dé boun bi,
Ténés couflado lo bédéno.
Mettés un boun asté ó podéno;
É truffas-bous del médéci :
Lo cibado fo lou roussi. PRAD.

DOURMIAOUT, DO, adj. Dormeur, euse, qui aime à dormir; un Roupilleur.
DOURMIDO, s. f. Mue, sommeil en parlant des vers à soie.
DOURNO, *voyez* BOUTEYLHO.
DOURRO, *voyez* BOURRO.
DOURSIÉ, *voyez* DOUSSIÉ.
DOUS, ÇO, adj. Doux, ce, qui n'a rien d'amer, de piquant, de salé; Qui est agréable au goût; fig. Tranquille, paisible; Traitable, humain. (Du latin *dulcis*.)

Un cadun sur aco bous bén fa lous éls *douces*.
Et yeou, bous aïmi pas tantis dés pissogoussés.

DOUS, adj. num. Deux; Deux fois un. (Du latin *duo*.)

Car on pourrio cerca tout un an amaït *dous*,
Sans qu'on troubés digus qué balgo mens qué bous. D.

DOUSSETO, *voyez* DOUCETO.
DOUSSIÉ, s. m. Dossier, partie d'une chaise, d'un fauteuil, d'un lit, pour appuyer le dos.
DOUSSO-AMÉRO, *voyez* DOUÇO-AMÉRO.
DOUSTA, *Raspi*. Oter, arracher des mains. (Du latin *obstare*.)

Vesen qu'on m'a *doustat* touts mous moyens de viure,
Ieu me souy azardat, moun Rey, de vous escriure.
Mas be me costo prou per un coumensamen,
Jamay nou me trouberi en un tal pensamen. A. G.

DOUTA, v. act. Doter, donner, établir une dot; Assigner un revenu à une personne, à un établissement. (Du latin *dotare*.)
DOUTTA, v. n. Douter, être dans le doute, dans l'incertitude; Soupçonner; Pressentir, prévoir. (Du latin *dubitare*.)
DOUTTATIOU, s. f. Doute, dubitation, soupçon.
DOUTTE, s. m. Doute, incertitude, irrésolution. (Du latin *dubium*.)
DOUTTOU, s. m. Docteur, homme savant, habile ou qui s'efforce de le paraître. (Du latin *doctor*.)
DOUTTOUS, OUZO, adj. Douteux, euse, incertain; dont la chance est équivoque.
DOUTTRINA, v. act. Endoctriner, enseigner; Faire la leçon. (Du latin *doctrina*.)
DOUTTRINO, s. f. Doctrine; Catéchisme. (Du latin *doctrina*.)
DOUXE, adj. num. Douze, dix et deux.

Pendent dex ou *douxé* ons sons paouso sémenat,
Oquel torrein tout noou porto un mar dé blat. PRAD.

DOUXENO, s. f. Douzaine, nombre de douze.

Sé toutés né manxan, né cal uno *douxéno*.
Sa diguét Castelpers, mais sougas pas én péno. D.

DOUYE, *voyez* DOUYLHET.
DOUYEN, s. m. Doyen, le plus ancien d'âge. (Du latin *decanus*.)
DOUYLHET, O, adj. Douillet, te, délicat, tendre, qui ne peut souffrir la moindre incommodité.

DOUYLHO, s. f. Douille, trou d'un outil de fer dans lequel on met un manche de bois.
DOUYRE, voyez XANO.
DOUZIL, s. m. Douzil, dusil, dusi, broche, fausset d'un tonneau ; *A bist Nostre Seigné per douzil*, il a bu un coup de trop.

## DOZ

DOZO, s. f. Dose, quantité déterminée par poids et par mesure des ingrédients qui entrent dans un remède composé. (Du grec *dosis*.)
DOZO-BEYT, adj. num. Dix-huit.
DOZO-NOOU, adj. num. Dix-neuf.

## DRA

DRAC, s. m. Le Diable lutin, esprit follet.

Nous fasquet creiré un ser qu'abio troubat lou *drac*.
Deguizat en chobal qué fosio pototrac.      PRAD.

DRACO, voyez LIO, MAYRE, FOUNZAYLHO.
DRACADO, voyez MOUSTADO.
DRAGA, v. act. Draguer, pêcher le sable avec la drague.
DRAGO, *Culhièyro*, s. f. Drague, pelle recourbée pour tirer du sable du fond des rivières. (De l'anglais *drag*, traîner.)
DRAGOUN, s. m. Dragon, soldat qui porte un casque et combat à pied et à cheval ; fig., Personne turbulente, acariâtre ; Enfant mutin, méchant : *Semblos un Dragoun*, tu ressembles à un dragon.
DRAGOUNAS, s. m. Dragonne, femme méchante, emportée.
DRAGOUNO, s. f. Dragonne, ornement en cuir, en soie, qui se met à la poignée d'un sabre, d'une épée.
DRAKEXA, voyez TREBA.
DRAJHE, voyez CURBEL.
DRAL, voyez PÈL DE CURBEL.
DRALIA, voyez CURBELA.
DRANDOL, voyez DRINDROL.
DRAP, s. m. Drap, étoffe de laine ; grande Pièce de toile pour le lit. (Du latin barbare *drappum*.)
DRAPA, v. act. Draper, couvrir, orner, garnir de drap ; Représenter, former les draperies, les vêtements d'une figure.
DRAP-DAS-MORS, s. m. Drap des morts, drap mortuaire qu'on met sur une bière ou une représentation.
DRAPARIÈ, s. f. Draperie, manufacture de draps ; Draps divers ; Ornements d'étoffe ; Représentation des vêtements.
DRAPEL, voyez BOURRASSO.
DRAPEOU, s. m. Drapeau, enseigne d'infanterie. (Du latin barbare *drapellum*.)

Arresta, arresta Anglés, toun sor finira léou !
Oh ! nou, veyras pas pus trioumpha toun *drapeou*,
Nostra vierja o représ sa lança :
Anen, — fougis, fougis ambé tous léopars.
Lou Francés, malgré tus, sus nostrés fiers rampars,
Planta la banièyra de França.      PEYR.

DRAPET, s. m. Drap de ménage.
DRAPIÈ, s. m. Drapier, fabricant, marchand de draps. (Racine *drap*.)

## DRE

DRE, voyez DREX.
DRESSA, v. act. Dresser, lever, tenir droit ; Monter, tendre ; fig., Mettre la forme nécessaire ; Écrire ; t. d'art. Équarrir, niveler, polir, égaliser, rendre droit. (De l'italien *drizzare*.)

Lous pelsés dins d'obord sus soun cap sé *dresserou* ;
Per ana pus abau, las cambos y manquèrou.      PRAD.

DRESSAT, ADO, adj. Dressé, éc, adroit, capable de faire une chose ; Qui s'entend à faire.

O quel xi dé bouno oure ol monexé és *dressat*.      PRAD.

DRESSIÈYRO, s. f. Dressière, sentier, chemin de traverse.
DRESSO, s. f. Dresse, morceau de cuir entre les semelles pour redresser le soulier quand il tourne.
DRE-T-ENDRE, voyez BIS-A-BIS.
DREX, *Drech*, s. m. Droit, ce qui est juste ; Prétention fondée ; Autorité, pouvoir légitime ; Jurisprudence, science des lois ; Justice ; Liberté, faculté de disposer de... ; Prérogative, privilége ; Imposition ; juste Prétention à une chose. (Du latin *directum*.)
DREX, s. m. Endroit, le beau côté d'une étoffe.
DREX, *Drech*, adv. Droit, directement.

Certos, nou boli pas imita de franquizos
Qué menarion tout *drech* à faire de soutizos.      D.

DREX, O, *Drech*, o, adj. Droit, te, perpendiculaire à l'horizon, qui n'est penché, courbé d'aucun côté ; fig., Sincere, équitable. (Du latin *directus*.)
DREXÉ, EYRO, *Dreché*, eyro, adj. Droitier, ière, qui se sert ordinairement de la main droite.

Paméns, siègué dich entré n'aoutrés,
Car en parlen coumma sé déou,
A moun entour né vésé d'aoutrés
Qué sou may dé plané qué yeou.
Mais bous qué s'és dins l'oupulença
Quan vesés souffri l'indigença,
Ambé plazé la soulajaz :
S'és tallamén digné d'envécha,
Quó cé qué douna vostra *drecha*
Jamay la gaoucha nou sap pas.      PEYR.

DREXIÈ, *Drexé*, *Puntiè*, adj. Qui pointe juste, qui tire droit. (Du latin *directus*.)
DREXIEYRO, voyez DRESSIÈYRO.
DREXURIE, voyez DREXIÈ.

## DRI

DRIGNOUN, voyez CARILHOUN.
DRILHANSO, s. f. Bamboche ; Dissipation ; Joie.
DRILHO, s. m. Drille, autrefois soldat ; Bambocheur. (De l'allemand *trill*, serviteur.)
DRINDRAN, s. m. Bruit, son des cloches qu'on agite souvent.
DRINDRIN, s. m. Drelin, son d'une sonnette qu'on agite.
DRINDROL, s. m. Escarpolette, siège suspendu par des cordes pour se balancer.

## DRO

DROCADO, voyez MOUSTADO.
DROGO, s. f. Drogue, matières premières pour les médicaments ; Ingrédients pour teindre ; fig., Chose fort mauvaise ; Jeu aux cartes dans lequel le perdant se met sur le nez un morceau de bois fendu qu'il garde jusqu'à ce qu'il ait gagné. (Suivant Ménage de l'Anglo-saxon *druggo*.)

# 172 EBA

Sé fa pel qualquo *drogo* ombé lo roscloduro,
Qué s'espondis sul pa coumo la counfituro. PRAD.

**DROITURO**, s. f. Droiture, équité, justice.
**DROITURO** (EN), adv. Directement.
**DROLLE, O**, adj. Drôle, insolent; Maraud, mauvais sujet; Plaisant, risible, divertissant. (Suivant Caseneuve du Danois *drôle*, qui signifie *démon familier*.)

Ciel! encaro d'aoutros secoussos;
Boli m'escapa, mais un fun
De *drolles* affadits se boutoun à mas troussos
En cridan darré mous talous :
Al masco! al masco moustinous. J.

**DROLLOMEN**, adv. Drôlement, plaisamment.

S'és bertat qué m'aïmas ba fazes *drollomen*. D.

**DROUGA**, v. act. Droguer, médicamenter, donner trop de médicaments; Muser, badauder.
**DROUGUISTO**, *Drouisto*, s. m. Droguiste, celui qui vend des drogues; Pharmacien.
**DROULLARIÉ**, s. f. Drôlerie, chose drôle; Bouffonnerie.
**DROULLATAYLHO**, s. f. Petits enfants. (Racine *drolle*.)

## DRU

**DRU**, adv. Dru, fort, en grande quantité.
**DRUBI**, voyez DURBI.
**DRUDE**, voyez DRU.

## DU

**DU**, voyez Duc.

## DUB

**DUBET**, s. m. Duvet, menue plume courte et délicate. (Du latin barbare *tufetum*.)

## DUC

**DUC** s. m. Le grand Duc, oiseau de proie. (Du latin *bubo*.)
**DUCAN**, voyez DOUYEN.
**DUCESSO**, s. f. Duchesse, femme de duc; sorte de coiffure.

## DUE

**DUEL**, s. m. Duel, combat d'homme à homme. (Du latin *duellum*.)
**DUELIO**, voyez DOULIO.

## DUG

**DUGA**, voyez BADA.
**DUGANEL**, voyez NIGAUD.

## DUN

**D'UNES COPS**, adv. Quelques fois.

## DUP

**DUPA**, v. act. Duper, tromper habilement. (Du latin *decipere*.)
**DUPARIÉ**, s. f. Duperie, sottise à ses dépens.
**DUPO**, s. f. Dupe, celui qui est trompé.

## DUR

**DUR, O**, adj. Dur, e, ferme, difficile à pénétrer; Pénible, difficile à faire; Désagréable; Insensible, inhumain. (Du latin *durus*.)
**DURA**, v. n. Durer, continuer d'être; Être d'un long usage. (Du latin *durare*.)
**DURADO**, s. f. Durée, le temps que dure une chose.

Al poou qu'oquel esclat séro pas dé *durado*;
Sons douté auro lou sort dé lo fenno fordado.
Bésés coussi polléjo, o l'houro qué porlon,
Oquel berd to founçat, oquel pourpré brillon? PRAD.

**DURAL**, s. m. Calus, durillon, peau durcie. (Du latin *durum*.)
**DURANT**, prép. Durant, pendant.
**DURAPLE, O**, adj. Durable, qui dure, qui doit durer longtemps.
**DURBI**, *Dourbi*, v. act. Ouvrir, commencer à creuser, à fouiller; Étendre, écarter. (Du latin *aperire*.)
**DURBI (SE)**, v. pro. S'Ouvrir, se confier à quelqu'un, lui faire part de ses peines, lui confier ses secrets.
**DURCI**, v. act. Durcir, rendre dur, devenir dur. (Racine *dur*.)
**DURETAT**, s. f. Dureté, fermeté, solidité; fig., Insensibilité, rudesse, inhumanité; Tumeur durcie, (Du latin *duritas*.)
**DUROMEN**, adv. Durement, avec rudesse. (Du latin *duré*.)

## DUS

**DUSQUIOS**, voyez XUSCOS.
**DUSSES COPS**, voyez D'UNES COPS.

## EBA

**EBACUA**, v. act. Évacuer, vider; Faire sortir la bile. (Du latin *evacuare*.)
**EBACUATIOU**, s. f. Évacuation; t. de méd. Sortie des matières sécrétées ou excrémentielles par un organe quelconque; Matières évacuées. (Du latin *evacuatio*.)
**EBADA (S')**, v. pro. S'Évader, échapper; s'Éloigner furtivement. (Du latin *evadere*.)

## EBA

**EBALUA**, v. act. Évaluer, apprécier; Estimer une chose selon sa valeur. (Racine *balou*.)
**EBALUATIOU**, s. f. Évaluation, prix auquel on évalue; Estimation, appréciation. (Racine *balou*.)
**EBANOUI**, voyez ABAOUTI.
**EBANOUÏSSOMEN**, voyez ABAOUTIMEN.
**EBANXÈLI**, s. m. Évangile, loi, doctrine de Jésus-Christ; Livre qui les contient : l'*Ebanxèli* n'es

*pas mentur; coumo faren, troubaren*, l'évangile n'est pas menteur ; comme nous ferons, nous trouverons. (Du latin *evangelium*.)

EBANXELISTO, s. m. Évangéliste, chacun des quatre écrivains sacrés qui ont rédigé l'évangile. (Du latin *evangelista*.)

EBAPOURA (S'), v. pro. S'Évaporer, se dissiper en vapeurs; fig., se Dissiper, perdre de sa modestie : *S'es pla ebapourado*, elle s'est bien dissipée. (Du latin *evaporare*.)

EBAPOURAT, ADO, adj. Évaporé, ée, trop dissipé, qui a l'air un peu fou, simple : *A l'ayre ebapourat*, il a l'air un peu fou.

EBAZA, *Alanda*, v. act. Évaser, élargir l'ouverture, une ouverture.

EBAZA (S'), v. pro. S'Évaser, s'ouvrir, s'élargir. (Du latin *vasum*, vase, parce que son ouverture va en s'élargissant.)

EBAZOMEN, s. m. Évasement, état de ce qui est évasé.

### EBE

ÈBE, interj. He bien ! pour interroger, pour s'opposer, pour marquer l'insouciance : *Èbe m'en trufi*, eh bien ! je m'en moque.

EBEJHO, *voyez* ENBEXO.

EBENISTARIE, *Ebenistario*, s. f. Ébénisterie, métier, ouvrage de l'ébéniste.

EBENISTO, s. m. Ébéniste, celui qui travaille et vend l'ébène, qui travaille en marqueterie, etc. (Du grec *ebenos*.)

EBENOMEN, s. m. Événement, fait, accident, aventure remarquable. (Du latin *eventus*.)

### EBI

EBIDENÇO, s. f. Évidence, certitude manifeste. (Du latin *evidentia*.)

EBIDENT, O, adj. Évident, te, clair, visible, manifeste. (Du latin *evidens*.)

EBIDENTOMEN, adv. Évidemment, d'une manière évidente : *A ebidentomen tort*, il a évidemment tort. (Du latin *evidenter*.)

EBITA, v. act. Éviter, fuir ; Faire en sorte de ne pas rencontrer ; Esquiver ce qui nuit, déplaît ; se Garantir, se préserver de...; épargner. (Du latin *evitare*.)

Moun Dious, ai trop pecat
Per *ebita* vostro vengenço :
N'ai que trop meritat
Lou tort d'un reproubat.
Moun deplourable estat
Passo vostro clemenço.
Moun Dious, moun Dious, perdou, moun Dious, perdou!
Puj.

### EBL

EBLOUI, v. act. Éblouir, troubler la vue par une trop grande lumière; Empêcher de voir par un éclat trop vif ; fig., Surprendre l'esprit par quelque chose de brillant ; Tenter, séduire, tromper : *Toutos sas paraoulos m'oou eblouit*, toutes ses paroles m'ont ébloui. (De l'italien *abbagliare*.)

EBLOUYSSANT, O, adj. Éblouissant, te, qui éblouit.

EBLOUYSSOMEN, s. m. Éblouissement, trouble causé par la suspension des facultés intellectuelles.

### EBR

EBRALLA, v. act. Ébranler, ôter la solidité par des secousses; Toucher, émouvoir, attendrir, étonner : *De l'entendre m'a ebrallat*, il m'a étonné en l'entendant.

Aou discour d'aquel celerat,
Toutes tan qué sian frémiguéren,
É, pécayre, lou crézéguéren ;
Embé sous plours nous *ebranlet*,
É soun caquét nous enjaoulet.
Cé qu'avien pas fach, ni Tidéa,
Ni lou fier bastar dé Péléa,
Ni déch annadas dé boucan,
Sé faguet d'un vira dé man.          FAV.

EBRIAY, *voyez* ENBRIEYC.

### ECH

ECHAFAUD, s. m. Échafaud, espèce de théâtre en charpente pour le supplice des criminels. (De l'allemand *schaffot*.)

ECHAFAOUDA, v. act. Échafauder, dresser les échafauds pour bâtir, pour plâtrer.

ECHAFAOUDAXE, s. m. Échafaudage, construction des échafauds pour bâtir, plâtrer, etc.

ECHARPO, *Issarpo*, s. f. Écharpe, large bande d'étoffe que l'on portait autrefois de la droite à la gauche en forme de baudrier ; Vêtement, ornement des femmes sur les épaules ; large bande d'étoffe blanche, rouge et bleue que les officiers municipaux portent quand ils sont en fonction ; espèce de bande dont on se sert pour soutenir un bras malade ; t. de charp. Pièce en diagonale pour assujétir un bâtis, ou plusieurs pièces à la fois. (De l'italien *ciarpa*.)

### ECL

ECLO, s. f. Aigle, le plus fort, le plus grand des oiseaux de proie. ; l'Aigle impérial. (Du latin *aquila*.)

Et qué dal tems dal lis, et qué dal tems dé l'*eclo*,
Glioiro à part : aquel drex y fouguesso enlebat ;
Rai ! per lors, dé soun sang, nou l'abio pas croumpat.          J.

### ECO

ECO, s. m. Écho, réfléchissement, répétition des sons. (Du grec *echos*.)

Sos consous, qué rédis l'*écho* del bésinatgé,
Sus l'alo dés zéphirs bolou jusqu'ol bilatgé,          PRAD.

ECONOMICOMEN, adv. Économiquement ; avec Ordre, économie.

ECONOMIO, s. f. Économie, ordre, règle dans la dépense, dans le ménage : *Y'a fosso économio*, il y a beaucoup d'économie ; Argent épargné : *Aco's sas économios*, ce sont ses épargnes. (Du grec *oikonomia*.)

ECONOMISA, v. act. Économiser, administrer, gouverner avec économie ; Épargner, ménager.

ECONOMO, s. m. Économe, celui qui a soin de la dépense d'une maison ; Celui qui régit un domaine, un établissement public.

### ECR

ECRAN, s. m. Écran, sorte de meuble dont on se sert pour se garantir de l'ardeur du feu et du vent dans un appartement : *Lou t'ei troubat darré l'ecran, coumo se xalabo*, je l'ai trouvé derrière l'écran, comme s'il gelait. (Du latin *crates*, claies.)

## ECU

**ECUSSOUN**, s. m. Écusson; t. de jard. Morceau d'écorce garnie d'un œil ou d'un bouton, enlevé de dessus un arbre, que l'on insère entre le bois et l'écorce d'un autre arbre, après y avoir fait une entaille. (Du latin *scutum*.)

## EDI

**EDIFIA**, *Edifica*, v. act. Édifier, porter à la vertu, à la piété, par les exemples, les discours. (Du latin *œdificare*.)
**EDIFICA**, v. act. Édifier, bâtir, construire : *Es puleou demoulit qu'edifical*, il est plutôt détruit que bâti. (Du latin *œdificare*.)
**EDIFICATIOU**, s. f. Édification; Discours édifiant, conduite édifiante. (Du latin *œdificatio*.)
**EDIFICE**, s. m. Édifice, bâtiment, construction considérable. (Du latin *œdificium*.)

## EDU

**EDUCA**, v. act. Éduquer, faire l'éducation, contribuer à l'éducation. (Du latin *educere*, *educo*.)
**EDUCATIOU**, s. f. Éducation, soin pour élever, instruire, pour former l'esprit et les mœurs. (Du latin *educatio*.)

## EFA

**EFAÇA**, *voyez* ESFAÇA.

## EFF

**EFFAN**, s. m. Enfant, individu de l'espèce humaine jusqu'à l'âge de dix ou douze ans: par extension, Personne d'un caractère doux, sociable : *Acó's un boun effan*, c'est un bon enfant; Enfant de chœur dont l'emploi est de chanter au chœur; Accolyte : *Lous effans de cor sou lous pus pendarts*, les enfants de chœur sont les plus pendards.
**EFFÈT**, s. m. Effet, résultat, produit d'une cause ; Lettre de change, billet ; Portion de propriété ; Meubles, hardes. (Du latin *effectus*.)

Ah! qué dé l'unibers lou mestré és coritablé;
Terro, qu'o tous bésouns sé mostro fobourablé!
Sus l'home é sul bestial obaïsso sous régards :
Dé sous soins lous *effets* brillou dé toutos parts. Prad.

**EFFÈT (EN)**, adv. Effectivement.
**EFFETTIBOMEN**, adv. Effectivement, en effet; réellement. (Du latin *effectivè*.)
**EFFICACE**, O, adj. Efficace, qui produit son effet : *L'Abertissomen es estat efficace*, l'avertissement a produit son effet. (Du latin *efficax*.)
**EFFICACITAT**, s. f. Efficacité, force, vertu pour produire un effet. (Du latin *efficacitas*.)
**EFFICAÇOMEN**, adv. Efficacement, d'une manière efficace. (Du latin *efficaciter*.)

## EFL

**EFLA**, *voyez* ANFLA, GOUNFLA.
**EFLE**, *voyez* ANFLE.

## EFO

**EFON**, *voyez* EFFAN.

## EGA

**EGAL**, O, adj. Égal, e, pareil, le même en nature, en qualité, condition, quantité; Uni, de niveau; toujours le Même, de même humeur ; à quoi l'on attache peu d'importance; Indifférent. (Du latin *œqualis*.)

O dinne marinié, sans bous moun existenço
S'anabo termina; mais d'uno recoumpenso...
Arresto, ça me dits, me soun lançat esprès
Per counserba tous xouns, noun pas per l'intérès ;
Aco's nostre deber, aco's la le suprémo,
D'estre toutjoun utile à l'*egal* de soi-mémo.
Que siosque sur la terro, ou dins l'aïgo ou pel foc,
La Proubidenço es grando et se trobo en tout loc.
VESTR.

**EGALA**, *Egaliza*, v. act. Égaler, rendre égal, rendre uni. (Du latin *œquare*.)
**EGALITAT**, s. f. Égalité, conformité, parenté; Rapport entre les choses égales. (Du latin *œqualitas*.)
**EGALIZA**, *voyez* EGALA.
**EGALOMEN**, adv. Également, d'une manière égale ; Autant, pareillement.
**EGARA**, v. act. Égarer, mettre, tirer hors du droit chemin : *Nous abès egarats*, vous nous avez égarés; fig., Jeter dans l'erreur; Écarter des principes, des règles; Perdre pour le moment.
**EGARA (S')**, v. pro. S'Égarer, se tromper de chemin. (Du latin *exvarare*.)
**EGARD**, s. m. Égard, attention particulière.... Marques d'estime ; Attention ; Respect ; adv. *à l'égard*, à l'égard, pour ce qui concerne, regarde.
**EGAROMEN**, s. m. Égarement, erreur ; Aliénation d'esprit ; Déréglement.
**EGAYA**, v. act. Égayer, réjouir, rendre gai. (Du latin *hilarare*.)
**EGAYA (S')**, v. pro. S'Égayer, se distraire, se réjouir.

Tout musicien olat frédouno o sò foïssou
O l'hounour dal Printems so pichoto consou.
Loïssen-lous s'*egoya*, qu'o lour aïse consounou,
PRAD.

## EGL

**EGLACH**, *voyez* FRAYOU.

## EGO

**EGO**, HEGO, *voyez* CABALO.
**EGOÏSTO**, s. m. Égoïste, celui qui ne parle, ne s'occupe que de soi, fait un Dieu de sa personne. (Du latin *ego*, moi.)
**EGOU**, *voyez* EOUSSES.
**EGOURXA**, v. act. Égorger, couper la gorge ; Tuer, massacrer.
**EGOURXA (S')**, v. récip. S'Égorger, se quereller, se disputer. (Racine *gorxo*.)
**EGOUTAL**, *voyez* PALOTO.

## EIG

**EIGLARI**, *voyez* DESASTRE.

## EIS

**EISSAC**, *voyez* PARTAXE.
**EISSAGA**, *voyez* PARTAXA.
**EISSALANCA**, *voyez* DERENNA.
**EISSERMEN**, *voyez* SIRMEN.

## EL

**EL**, ELO, pron. Lui, Elle. (Du latin *ille*, *illa*.)

Obb'aqui pel segur y'aourio d'impertinenço Sé d'*elos* à your nas, dizien tout ço qu'on penso. D.

**ÈL**, Iol, Iuèl, s. m. OEil, organe de la vue : *A boun èl*; fig., Manière de voir, de considérer, d'apprécier : *Bezi de boun èl que se courrexo*, je vois avec plaisir qu'il se corrige ; Expression d'une passion : *A bist d'un èl d'enbexo*, il voit d'un œil d'envie; au premier Aspect ; Jeter les yeux sur ; Regarder avec un peu d'attention ; Seul à seul avec quelqu'un : *Se nous pouden trouba entre quatre èls*, si nous pouvons nous rencontrer entre quatre yeux. (Du latin *oculus*.)

Qui qué sio cado xour bous siec et bous peltiró.
L'on béi dins bostrès *els* quicon qué lous atiro. D.

**ÈL DE BIOOU**, s. m. OEil de bœuf, fenêtre ronde ou ovale.

## ELA

**ELAÏSSE (FA)**, *voyez* Dispita.
**ELANÇA**, v. n. Élancer, éprouver des élancements.
**ELANÇA (S')**, v. pro. S'Élancer, se jeter en avant; se Lancer avec impétuosité. (Racine *lança*.)
**ELARXI**, v. act. Élargir, rendre plus large, étendre; fig., Mettre hors de prison : *Lous an élarxis dematis*, ils sont sortis de prison ce matin.
**ELARXI (S')**, v. pro. S'Élargir, devenir plus large, s'étendre. (Racine *larxe*.)
**ELASTICO**, adj. Élastique, qui a du ressort, qui le produit; Qui se redresse, réagit après la pression. (Du latin *elasticus*.)

## ELE

**ELEBA**, v. act. Élever, hausser, mettre plus haut ; Construire ; Soigner, instruire ; Parler haut; Manquer de respect : *Cal pas tant eleba la bois*, il ne faut pas tant crier. (Du latin *elevare*.)
**ELEBATIOU**, s. f. Élévation, exhaussement; moment de la messe où le prêtre Élève l'hostie ; Élan, mouvement affectueux de l'âme vers Dieu. (Du latin *elevatio*.)
**ELEBO**, s. m. Élève, écolier, disciple : *Ès estat boun elebo*.
**ELECTIOU**, *Élettiou*, s. f. Élection, action, délire. (Du latin *electio*.)
**ELECTOU**, *Elettou*, s. m. Électeur, celui qui élit, qui en a le droit. (Du latin *elector*.)
**ELEGANÇO**, s. f. Élégance, recherche, grâce et noblesse dans la parure, dans les manières. (Du latin *elegantia*.)
**ELEGANT, O**, adj. Élégant, qui a de l'élégance; qui est Recherché dans sa parure. (Du latin *elegans*.)

## ELI

**ELI**, *voyez* Lili.
**ELIOTROPO**, s. f. Héliotrope, plante. (Du grec *héliotropion*.)
**ELIOU**, *voyez* Embelex.
**ELIOUSSA**, *voyez* Embelexa.
**ELIXIR**, s. m. Élixir, liqueur spiritueuse. (De l'arabe *aalakshir* essence.)

## ELL

**ELLE**, adj. Droit, bien tourné : *Es drex coumo un elle*, il est droit comme un i.
**ELLOC**, *voyez* Enloc.

**ELLUZI**, *Enluzi*, v. act. T. de maçon, enduir une muraille de mortier et la dresser à la truelle.

## ELO

**ELOIGNA**, v. act. Éloigner, écarter.
**ELOIGNA (S')**, v. pro. S'Éloigner, se retirer, s'absenter ; Éviter une personne ; fig., Manquer à ses devoirs. (Racine *len*, *longe*.)
**ELOUQUENÇO**, s. f. Éloquence, art, talent de bien dire, de persuader. (Du latin *eloquentia*.)
**ELOUQUENT, O**, adj. Éloquent, te, qui s'énonce avec éloquence. (Du latin *eloquens*.)
**ELOXÈ**, s. m. Éloge, louange d'une personne ou d'une chose. (Du latin *elogium*.)

## ELS

**ELS**, *voyez* Bourrous.

## ELU

**ELUDA**, v. act. Éluder, rendre vain; Rendre sans effet; Éviter. (Du latin *eludere*.)

## EMA

**EMANCIPA**, v. act. Émanciper, mettre hors de tutelle, hors de la puissance paternelle. (Du latin *emancipare*.)
**EMANCIPA (S')**, v. pro. S'Émanciper, prendre trop de liberté, de licence; se Débaucher.
**EMAXENA**, *Imaxéna*, *Imaxina*, v. act. Imaginer, combiner ; se Représenter dans son esprit; Former une idée ; Concevoir, croire, penser, trouver, découvrir, inventer. (Du latin *imaginari*.)
**EMAXENA (S')**, v. pro. S'imaginer, se représenter dans l'esprit, se figurer, se persuader.
**EMAXENATIOU**, s. f. Imagination, faculté d'imaginer, d'inventer ; Pensée, idée qu'on se forme d'une chose; Opinion peu fondée. (Du latin *imaginatio*.)

## EMB

**EMBABOUTI**, *voyez* Enbabina.
**EMBACOUNA**, *voyez* Enbaouma.
**EMBARRAS**, *voyez* Enbarras.
**EMBARRASSAT**, *voyez* Enbarrassat.
**EMBAOURA**, *voyez* Enxaoura.
**EMBAYSSO**, *voyez* Enbaysso.
**EMBEJO**, *voyez* Enbexo.
**EMBESSA**, *Empléga*, *Embersa*, *Emmersa*, *Emplouya*, v. act. Employer ; se Servir d'une chose ; Occuper, en parlant des personnes, leur donner de l'ouvrage ; Marier, établir.
**EMBOURRISSA**, *voyez* Enbouylha.

## EME

**EMENDO**, *Embendo*, s. f. Amende, peine pécuniaire, imposée par justice. (Du latin *emenda*, dérivé de *emendare*, corriger.)

Liza, aquel jour, pléna de zéla,
Y'é dédiava una capela
Qu'avié sa porta facha esprès
Pourtada sur quatré escaiès,
Sa bona claou, forta saraïa ;
Braves gafous, bèla muraïa,
Ounté soun barbouïur escrivié
*Emenda* à qaou fé pissarié.
Amay *punicioun courpourela*
Sé fé paouzavoun sentinéla :
Créze for qu'alay couma ayci
Tan vouló dire : *cagas-y*.                FAV.

EMENTO, *voyez* MENTO.
EMERBEYLHA, v. act. Émerveiller, étonner, donner de l'admiration. (Racine *merbeylho*.)
EMETICO, *voyez* METICO.

## EMI

EMIANS, s. m. Façons: *Fagos pas tant d'émians*, ne faites pas tant de façons.
EMIGRA, v. act. Émigrer, abandonner son pays pour se réfugier, se fixer dans un autre. (Du latin *emigrare*.)
EMIGRAT, s. m. Émigré, celui qui a abandonné son pays pour aller s'établir dans un autre; Il se dit particulièrement des français qui pour sauver leur tête de l'échafaud révolutionnaire, et sans y être autorisés, étaient sortis de France pendant la Révolution, et qui n'y étaient pas rentrés dans le délai prescrit.
EMINO, s. f. Hémine, mesure de capacité pour les grains: *Né bouldrio uno émino*. (Du grec *hemisus*, demi.) Prov., *Mouligné pano farino, d'un sestié né fa uno émino; d'uno émino né fa un coup, lou mouligné b'a pano tout*, le meunier vole la farine, d'un septier en fait une hémine, d'une hémine il réduit à une poignée; le meunier vole le tout.
EMISSARI, s. m. Émissaire; Envoyé, exprès.

## EMM

EMMAGAZINA, v. act. Emmagasiner, mettre en magasin. (Racine *magazin*.)
EMMALI, *voyez* ENDEGNA.
EMMALIÇA, v. n. Irriter, envenimer; Courroucer quelqu'un; fig., Irriter une plaie, un mal. (Racine *mal*.)
EMMALIÇAT, ADO, adj. Courroucé, ée, irrité.
EMMALUGA, v. act. Meurtrir, estropier.
EMMALUGAT, ADO, adj. Meurtri, ie, estropié, blessé.
EMMANDA, *voyez* NEMANDA.
EMMANOUTAT, *voyez* ENMANOUTAT.
EMMANTOULA, *Emmantela*, v. act. Couvrir d'un manteau, envelopper dans un manteau. (Racine *mantèl*.)
EMMANTOULA (S'), *Emmantela (S')*, v. pro. Se Couvrir d'un manteau; Acheter un manteau.
EMMENUCA, *voyez* ENDRICA.
EMMERDA, *Emmerdouzi*, v. act. Embrener, salir de matières fécales; Mépriser quelqu'un; Manquer à quelqu'un. (Racine *merdo*.)
EMMERSA, *voyez* EMBESSA.
EMMOURRIDOS, s. f. Hémorrhoïdes, dilatation de la veine hemorrhoïdale; Écoulement de sang de l'anus. (Du grec *haimorrhois*.)
EMMOUSTA, *voyez* MOUSTAXA.
EMMOUSTEZI (S'), v. pro. S'Engluer de moût les mains ou les habits.

## EMO

EMOUTIOU, s. f. Émotion, agitation, mouvement dans le corps ou dans l'âme. (Du latin *emotio*.)

## EMP

EMPACA, v. act. Enfoncer avec les pieds pour faire contenir davantage.
EMPACH, *voyez* EMBARRAS.
EMPACHA, *voyez* EMPAXA.
EMPACHES, *voyez* EMBARRASSES.
EMPAFA, *voyez* ENGOULA.

EMPALA, v. act. Empaler, enfoncer un pal aigu dans le fondement et le faire sortir par les épaules; Prendre avec une pelle; t. d'art. Enfoncer la barre d'une presse dans l'œil de la vis, les billots d'un tour. (Racine *pal*.)
EMPALAZOU, s. f. Autel, pierre qui est en saillie à l'entrée d'un four; Ce qui doit entrer d'une barre de presse dans le trou de la vis.
EMPANSELA, *voyez* EMPAYSSELA.
EMPASTA, *voyez* ENPASTA.
EMPAXA, *Empacha*, v. act. Empêcher, apporter de l'opposition; Faire, mettre obstacle à...
EMPAXA (S'), *Empacha (S')*, v. pro. S'Empêcher, s'abstenir, se défendre de... (Du latin *impedicare*, enlacer, embarrasser.)

Saboù que bal pas rés, ni xamai rés balgut,
Aco n'empaxo pas, touxoun os pla bengut.    D.

EMPAXOMEN, *Empachomen*, s. m. Empêchement, opposition, obstacle; Tout ce qui empêche l'exécution.
EMPAYLHA, v. act. Empailler, garnir, envelopper de paille; Remplir de paille. (Racine *paylho*.)
EMPAYSSELA, *voyez* ENPAYSSELA.
EMPEGA, *voyez* ENPEGA.
EMPEGNO, *voyez* ENPEGNO.
EMPEITA, *voyez* ENPETEGA.
EMPEOU, *voyez* ENPEOUT.
EMPEOUTA, *voyez* ENPEOUTA.
EMPERUR, *Ampurur*, s. m. Empereur, souverain d'un empire; Napoléon. (Du latin *imperator*.)

Mais aquelo richesso ero trop cher croumpado;
Sa mort, sur l'abenir lanço un crun de malhur;
Tout es triste, et la biello armado,
Pel prumié cop, besquet ploura soun *Emperur*.    J.

EMPETEGA, v. act. Empêtrer, embarrasser, mettre dans la peine quelqu'un.
EMPETEGA (S'), v. pro. Se Charger d'une chose difficile, dont la réussite est bien incertaine, au dessus de ses forces, de son savoir faire.
EMPEZA, *voyez* ENPEZA.
EMPEZAYRO, *voyez* ENPEZAYRO.
EMPILA, *voyez* AMOUNTAYRA.
EMPLASTRA, *voyez* ENPLASTRA.
EMPLASTRE, *voyez* ENPLASTRE.
EMPOUCHA, *voyez* ENPOUXA.
EMPOUGNA, *voyez* ENPOUGNA.
EMPOULO, *voyez* ENPOULO.
EMPOUYZOUNA, *voyez* ENPOUYZOUNA.
EMPOUYZOUNOMEN, *voyez* ENPOUYZOUNOMEN.
EMPRENE, *voyez* ENPRENE.
EMPRES, ZO, participe, Allumé, ée.
EMPREZURA, *voyez* ENPREZURA.
EMPRIEYSSA, *voyez* ENPRIEYSSA.
EMPRIGOUNDI, *voyez* APRIOUNDI.
EMPRIMA, *voyez* IMPRIMA.
EMPRIMARIE, *voyez* IMPRIMARIE.
EMPRIMUR, *voyez* IMPRIMUR.
EMPUDISSINA, *voyez* ENPUDISSINA.
EMPUZA, *Entuza*, *Empusa*, v. act. Attiser, rapprocher, disposer les tisons pour les faire mieux brûler; *Entuza lou foc*, Attiser le feu.

## EMU

EMULATIOU, s. f. Émulation, désir noble, d'égaler, de surpasser quelqu'un dans quelque chose de louable. (Du latin *emulatio*.)

**EN**

EN, prép. qui sert à marquer le lieu, le temps, l'état, la manière; adv. Dans, Durant, Pendant. (Du grec *en*.)

**ENA**

ENAIZA, *voyez* ISSAGA.
ENANA (S') v. pro. S'en aller; *S'es enanat*, Il s'en est allé.
ENART, *voyez* ENNARC.
ENASTA, *voyez* ENNASTA.

**ENB**

ENBABINA, v. act. Embabouiner, engager par des paroles flatteuses à faire quelque chose; Étourdir, fatiguer.
ENBABINAYRÉ, O, s.m. f. Enjoleur, euse; Bavard, babillard; Conteur.
ENBABIOULA, *voyez* ENBABINA.
ENBABIOULUR, *voyez* ENBABINAYRÉ.
ENBAFFA, v. act. Embarrasser par trop d'abondance; ne pas savoir se jouir; Gorger, fatiguer.
ENBAI, v. act. Envahir, usurper, prendre par force, par fraude, injustement. (Du latin *invadere*.)
ENBAÏSSOMEN, s. m. Envahissement; Empiétement.
ENBALA, v. act. Emballer, mettre dans une balle; fig., Conduire et faire monter en voiture quelqu'un; avaler, manger, dévorer. (Racine *balo*.)
ENBALAS, *voyez* BAYART.
ENBALASTA, *Enbanasta*, v. act. Charger sur une bête de somme des paniers ou mannes.
ENBALASTRA, v. act. Embarrasser quelqu'un de quelque chose; Le charger d'une chose qui lui est gênante.
ENBALASTRA (S') v. pro. S'Embarasser de quelque chose; se Charger d'une chose gênante.
ENBALAXE, s. m. Emballage; Ce qui sert à emballer; Ce qu'il en coûte pour emballer.
ENBALAYRÉ, s. m. Emballeur, qui emballe des marchandises, des hardes.
ENBALMA (S') v. pro. S'Ébouler, tomber en s'affaissant en parlant des tertres. (Racine *enbalme*.)
ENBALME, s. m. Éboulement, fondis. (Du latin *bolus*, motte de terre.)
ENBANICA, *voyez* DEBANICA.
ENBAOUGNA, *voyez* DEGAOUGNA.
ENBAOUMA, v. act. Embaumer, remplir de baume un corps mort, pour empêcher sa corruption; Parfumer, répandre une odeur suave. (Racine *baoume*.)
ENBAOURA, *voyez* S'ESPAOURI.
ENBAOUXA, v. act. Embaucher, engager un ouvrier; Enrôler par adresse. (Suivant Chorier de l'ancien allemand *ambachtein* travailler, fait d'*ambacht*, travail.)
ENBARCA, v. act. Embarquer, mettre dans un navire, dans une barque; fig., Engager dans....
ENBARCA (S') v. pro. S'Embarquer, entrer dans un navire pour partir; s'Engager, contracter l'obligation de... (Racine *barco*.)
ENBARAGNA, *voyez* RANDURA.
ENBARRA, v. act. Enfermer, renfermer, serrer. (Racine *barro*.)
ENBARRAS, s. m. Embarras, obstacle dans un chemin; Irrésolution dans le parti à prendre, le moyen de se tirer d'un pas difficile; Peine causée par une multitude d'affaires, par le manque de quelque chose; Grande importance que veut se donner une personne. (Racine *barra*.)

Lous magistrats, per tout pla dire,
Sou pas dé gens dé nostré bras:
E sé d'un jugé as vougut rire
M'as més dins un fier *embarras*.
Per la rancuna que mé garda,
Aouray la prisou per lougis:
Coumm'acod'aqui té regarda
Musa, vay-ten, crey-mé fougis. PEYR.

ENBARRASSA, v. act. Embarrasser, causer donner de l'embarras; Empêcher la liberté des mouvements; Engrosser, rendre une femme enceinte.
ENBARRASSA (S') v. pro. S'Embarrasser, s'entortiller, s'empêtrer dans; fig., s'Inquiéter, se mettre en peine.

Aquel xoun és réclat, quicon maït m'*enbarrasso*.
Bouldrio saoupré diguet qui fara la fricasso.

ENBARRASSANT, O, adj. Embarrassant, te, qui cause de l'embarras.
ENBARRASSAT, ADO, adj. Embarrassé, ée; Entrepris, qui manque de mémoire; Enceinte.

Lou que ten, éu un mot, lo quo dé lo podeno,
Es toujour dé l'houstal lou pus *emborrossat*. PRAD.

ENBARRASSES, s. m. Embarras, tout ce qui empêche, arrête, met obstacle. (Suivant *Ménage*, de *barre*; Embarras, état d'un homme qui est comme enfermé dans des *barres* ou *barrières*.)
ENBARRASSIOU, IBO, adj. Embarrassant, te, qu'on ne sait où placer.
ENBARRASSOUS, ZO, *voyez* ENBARRASSANT.
ENBARTASSA, *voyez* ENBOUYSSOUNA.
ENBASSO, s. f. Embáse, assiette, siège; partie renflée d'une pièce de serrurerie. (Du grec *embasis*.)
ENBASTA, v. act. Embâter, mettre le bât à une bête de somme. (Racine *bast*.)
ENBASTARDI (S') v. pro. S'Abâtardir, dégénérer, déchoir. (Racine *bastart*.)
ENBASTOUNA, v. act. Bâtonner, donner des coups de bâton; Battre quelqu'un. (Racine *bastou*.)
ENBAYSSO, s. f. Outre, peau de bouc cousue en sac pour les liquides, surtout pour transporter le vin.
FNBE, *voyez* AMBE.
ENBECILLE, O, *Inbécille*, adj. Imbécille, qui a l'esprit faible, qui est dépourvu de raisonnement, de sens; Sot, idiot, stupide. (Du latin *imbecillis*.)
ENBEJO, *voyez* ENBEXO.
ENBEJASSO, *voyez* ENBEXO.
ENBEJETO, *voyez* BUXETOS (FA.)
ENBELEX, *Lious, Belej*, s. m. Éclair. (Du latin *bella*, belle; *lux*, lumière.)

Deja dé luen sentend lou signal del robatgé,
L'air sifflo, lou *lious* brillo, embraso lou nuatgé;
Lou tron groundo, s'obonço, é sous rettés esclats
Dé ebulloun en bolloun sons cesso redoublats,
Sou précèdats dé luns dount lo clortat subito
Dé l'uel lou pus hordit ébranlo lo guérito. PRAD.

ENBELEXA, *Lioussa, Beleja*, v. impers. Éclairer, faire des éclairs.
ENBELI, v. act. Embellir, rendre beau, plus beau; Orner, parer. (Racine *bel*.)

Mais qu'un pintré noubel *embellis* lo notnro!
Lo terro o bisto d'uel pren uno aoutro figuro. PRAD.

**ENBELINA**, *voyez* ENBABINA.
**ENBELINAYRE**, *voyez* BEMI.
**ENBELISSOMEN**, s. m. Embellissement, ornement.

**ENBELOPO**, s. f. Enveloppe, ce qui sert à envelopper; Dehors, apparence; Papier plié, cacheté. (Racine *enbeloupa*.)

**ENBELOUPA**, v. act. Envelopper, couvrir d'une enveloppe; fig., Comprendre dans...

**ENBELOUPA (S')** v. pro. S'Envelopper, se couvrir, se revêtir. (Du latin *involvere* qui a la même signification, dont on a fait dans la basse latinité le mot *involpare*, suivant *Huet*.)

**ENBEMIA**, v. act. Emboliner, enjôler; Séduire, attraper, tromper par ses belles paroles. (Racine *bemi*.)

**ENBENTA**, v. act. Inventer, imaginer, découvrir, trouver quelque chose de nouveau dans les sciences, dans les arts par la force de son génie; Supposer, controverser. (Du latin *invenire*.)

**ENBENTA**, Éventer, découvrir une affaire secrète, faire échouer un projet.

**ENBENTA (S')** v. pro. S'Éventer, prendre mal par le contact de l'air extérieur. (Racine *ben*.)

**ENBENTARI**, s. m. Inventaire, rôle, mémoire, état, liste, dénombrement. (Du latin *inventorium*.)

> Mous els tant jouyous d'ordinari
> Tristes pel prumié cot faziou un *imbentari*
> Dé nostro biello crambo ouberto as quatré bens;
> A tres lieys fierlangous, siez biels rideous de telo
> Penjabou paouromen, et quand éron barrats,
> Aouyon gounflat coumo uno belo
> Sé lou tems et lous rats
> ous abiou pas mes à jour coumo uno grelo.       J.

**INBENTIOU**, *Enbentiou*, s. f. Invention, faculté, action d'inventer; Chose inventée; Création, découverte. (Du latin *inventio*.)

**ENBENTRA**, v. act. Éventrer, fendre le ventre; Ouvrir un paquet, une balle. (Racine *bentre*.)

**ENBENTUR**, O, *Inbentur*, *Inbentayré*, s. m. f. Inventeur, euse, celui, celle qui invente, qui a inventé. (Du latin *inventor*.)

**ENBEOURA**, v. act. Leurrer, tromper quelqu'un. (Racine *beoure*.)

**ENBEOURE (S')** v. pro. S'Emboire, s'imbiber, en parlant des liquides qui sont absorbés en pénétrant dans... (Du latin *imbibere*.)

**ENBEOURE**, v. act. T. de Couture; Faire boire, coudre lâche et un peu plissé.

**ENBERBEZIT**, *voyez* ENTRENECAT.

**ENBERDEGA (S')** v. pro. Ironie, prendre mal à force de se soigner. *Pren gardo! t'enberdégaras.*

**ENBERENA**, *voyez* ENBRENA.

**ENBERMA**, v. act. Embêquer, broquer, percer le petit poisson avec l'hameçon pour servir d'amorce. (De *berp*, parce que ordinairement on broque avec des vers.)

**ENBERNISSA**, v. act. Vernisser la poterie; Vernir les meubles. (Racine *bernis*.)

**ENBERS**, *Enbert*, prép. Envers, à l'égard de... (Du latin *inversus*.)

**ENBÈS**, *Rebès*, s. m. Envers, côté le moins beau d'une étoffe; Côté du repli de la couture du linge, sens contraire.

**ENBESC**, *Besc*, s. m. Glu, composition visqueuse et tenace pour prendre les oiseaux. (Du latin *viscum*.)

**ENBESCA**, *Maca*, v. n. Engluer de petits bâtons pour prendre des oiseaux; Oiseler.

> Pradels ount lou plazé nous *embesco* lous éls,
> Quand la joüeno sazou bous cargo dé ramels...    G.

**ENBESCA (S')** v. pro. S'Engluer; s'Attraper, prendre avec la main quelque chose de sale. (Racine *enbesc*.)

**ENBESCAYRE**, *Macayre*, s. m. Celui qui prend les oiseaux à la glu.

**ENBESSA**, *voyez* ENPLEGA.

**ENBESTI**, v. act. Investir, environner, entourer, envelopper; Cerner, assiéger, bloquer. (Du latin *investire*.)

**ENBESTISSOMEN**, s. m. Investissement, tout ce qui sert à investir. (Du latin *investimentum*.)

**ENBESTIA**, v. n. Embêter, enjoler, surprendre par ses belles paroles; Attraper; Fatiguer, importuner, ennuyer. (Racine *bestio*.)

**ENBETUMA**, *Enfumarga*, v. act. Envenimer, animer, rendre plus colère.

**ENBEX**, *voyez* ENBÈS.

**ENBEX**, adv. A sens contraire; A la renverse. (Du latin *inversus*.)

**ENBEXA**, *Enbeja*, v. act. Envier, souhaiter pour soi; Porter envie à... Être envieux de... Ambitionner, rechercher avec ambition, désir. (Du latin *ambire*.)

**ENBEXA**, *voyez* RANBERSA.

**ENBEXO**, *Enbejio*, *enbejo*, s. f. Envie, chagrin, déplaisir causé par le succès, le bonheur, les avantages d'autrui; Besoin; Disposition à... Appétit dépravé; Signe, apporté en naissant. (Du latin *invidia*.)

> N'aurié prou passat soun *enveja*,
> Mais un countra-ten lou réfréja;
> Per dédin un dé nostras dens
> D'un tustaou ié tomba dos déns.
> É l'en ténien un aoutre preste
> Céq que lou rendét pus hounèste.       FAV.

**ENBEXO DE BOMI**, s. m. Nausée, envie de vomir.

**ENBEXOUS**, OUZO, *Enbejous*, adj. Envieux, euse, qui porte envie, qui est tourmenté par l'envie; Qui est jaloux de... (Du latin *invidiosus*.)

> Et douncos bous creses qué sio fort *enbexouzo*
> Dal noumbré dé galans dount siés tant ourgueilhouso,
> Et qué sio pas aizat à cadun dé pensa
> Coussi bous y prenés per lous amistansa?       D.

**ENBIA**, *voyez* DÉLARGA.

**ENBINA**, *voyez* ABINA, ABINATA.

**ENBIROUNA**, v. act. Environner, entourer, enfermer; être au tour de...

**ENBIROUNA (S')** v. pro. S'Environner, s'entourer.

> L'uno, Reyno d'un jour, dé flatturs s'*embirouno*,
> Boto sa crouts et sa courouno
> D'un gros bouquet flóco soun sé;
> Et sé palayzo et sé poumpouno
> Et sé miraillo dan plazé.

**ENBIROU (A L')** adv. A peu près.

**ENBIROUS**, s. m. Environs, lieux circonvoisins, d'alentour. (Du latin barbare *in gyrum*.)

**ENBITA**, v. act. Inviter, convier; Engager à... Prier de se trouver à... (Du latin *invitare*.)

> Digos, ma sor, perqué nou t'an pas *enbitado*?   J.

**ENBITA (S')** v. pro. S'Inviter, arriver de soi-même sans être invité.

**ENBITAT, DO,** adj. Invité, ée, prié : *Senblos uno enbitado.*

**ENBITATIOU,** s. f. Invitation; Lettre par laquelle on invite. (Du latin *invitatio.*)

**ENBIZAXA,** v. act. Envisager, regarder au visage, en face; Considérer en esprit. (Racine *bizaxe.*)

**ENBLANCA,** v. act. Blanchir; Habiller de blanc.

**ENBLANCA (S')** v. pro. S'Habiller de blanc.

**ENBLANCADOS,** s. f. Filles habillées de blanc, soit pour une procession, soit pour l'enterrement d'une fille. (Racine *blanc.*)

**ENBLAYMA,** *voyez* ESTOUNA.

**ENBLIDA,** *voyez* OUBLIDA, DEBREMDA.

**ENBLUAT,** adj. Vêtu de bleu; fig., Gendarme. (Racine *blu.*)

**ENBOI,** s. m. Envoi, chose envoyée. (Racine *enbouya.*)

**ENBOITA,** v. act. Emboîter, Enchâsser une chose dans une autre.

**ENBOITA (S')**, v. pro. S'Emboîter, s'enchasser dans. (Racine *boito.*)

**ENDOITOMEN,** s. m. Emboîtement, état de ce qui est emboîté.

**ENBOUBINA,** v. n. Embobiner, amadouer; Fatiguer par ses paroles.

**ENBOUBINA,** v. act. Bobiner, dévider sur la bobine. (Racine *boubino.*)

**ENBOUCA,** *voyez* ENBUCA.

**ENBOUCHAT,** *voyez* BAYOL.

**ENBOUDOUSSA,** v. act. Bouchonner, chiffonner; Envelopper.

**ENBOUETA,** *voyez* ENBOITA.

**ENBOUFFIT, IDO,** adj. Bouffi, ie, enflé.

**ENBOUL,** s. m. Brouillis de fils noués, mêlés, tortillés; fig., Difficultés : *Dins qu'un enboul bous bezi,* dans quelle difficulté je vous vois. (Du latin barbare *brolium.*)

Aquestés dous, sézis d'alarmos,
Courrissoun, l'arozoun de larmos;
Per sous souéns la fan respira,
Éla coumença è souspira;
Mais soun iol, tout plé d'inquiétuda,
Sembla accusa d'ingratituda
Astianas qu'era à ginoul
É risié pas d'aquel *enboul.*     FAY.

**ENBOULACA,** v. act. Lier un balai.

**ENBOULEMIA,** v. n. Cajoler, tenir à quelqu'un des propos obligeants, dans le dessein d'obtenir quelque chose que l'on désire.

**ENBOULO,** *Boutano,* s. f. Ampoule, vase pour mettre de l'huile. (Du latin *ampulla.*)

**ENBOUNIGOU,** *voyez* MOUNIL.

**ENBOUNIL,** *voyez* MOUNIL.

**ENBOUNNA,** v. act. Maltraiter, assommer à coups de poings.

**ENBOURDADO,** *voyez* SEDASSAT.

**ENBOURDESCAT,** *voyez* BOURDESC.

**ENBOURDIE,** *voyez* SEDASSAYRE.

**ENBOURDO,** *voyez* SEDAS.

**ENBOURGNA,** v. act. Éborgner, rendre borgne; Crever un œil ou y faire grand mal; Ébourgeonner, ôter les bourgeons superflus. (Racine *borgne.*)

Lous aoutres, en crévan daou rire,
Véja-lou, se metoua à dire,
S'ès gaïardomén ivrougnat,
Et nous dis qué l'an *embourgnat.*
Escoutas-lou bèn coussi crida;
Sembla qué dèou perdre la vida,
Dé la manieyra que yé vay :

Té siès fach maou? Plét à Diou may.
Counta à Neptuna toun desastre,
Que yé vendra métre un emplastré,
Mais per n'aoutres, vilen brutaou,
Layssa-nous chacun én repaou.     FAY.

**ENBOURGNA (S'),** v. pro. S'Ivrogner, se griser : *Te sios enbourgnat,* tu t'es grisé.

**ENBOURRA,** v. act. Drousser, carder la laine. (Racine *bourro.*)

**ENBOURRADOU,** s. m. Drossette, grande carde à longues dents qui sert à briser la laine et lui donner la première façon.

**ENBOURRAYRE,** s. m. Drosseur, peigneur de laine.

**ENBOURTIGA (S'),** v. pro. Se Blesser dans des buissons. (Racine *bourtigas.*)

**ENBOUTELA,** v. act. Botteler, lier, mettre le foin en bottes. (Racine *boto.*)

**ENBOUTELAXE,** s. m. Bottelage, action de lier en bottes; Coût pour le bottelage.

**ENBOUTELAYRE,** s. m. Botteleur, celui qui met le foin, la paille en bottes.

**ENBOUTEYLHA,** v. act. Mettre en bouteilles du vin, un liquide. (Racine *bouteylho.*)

**ENBOUTI,** v. act. Amboutir, rendre convexe, faire bomber; Bossuer, faire des bosses à la vaisselle d'étain, de cuivre, par des coups, des chutes.

**ENBOUTI,** *voyez* ENTUTA.

**ENBOUTIDURO,** *Bosso,* s. f. Les Bosses de la vaisselle.

**ENBOUTIGA,** *voyez* EMMAGASINA.

**ENBOUX,** s. m. Levure, premières mailles par lesquelles on commence un filet, c'est la partie qui tient à la corde.

**ENBOUXOIR,** s. m. T. de cordon. Ambochoir ou Embouchoir, moule sur lequel on fait la tige d'une botte et dont on se sert pour leur maintenir une bonne forme.

**ENBOUXURO,** s. f. Embouchure, ouverture d'un canon, d'un vase; en musique, Manière d'emboucher un instrument à vent; Partie où on l'embouche; Entrée d'un fleuve, d'une rivière : *A l'embouxuro de la neyt,* à l'entrée de la nuit. (Racine *bouco.*)

**ENBOUYA,** v. act. Envoyer, dépêcher à ou vers...; Donner ordre d'aller; Faire l'envoi, un envoi; Faire porter; Parvenir. (Du latin *inviare,* fait de la prép. *in* en, et du subst. *via,* chemin.)

**ENBOUYLHA,** v. act. Brouiller, mettre pêle-mêle; Mêler un écheveau; Mettre du désordre dans les affaires, de la confusion dans les choses.

**ENBOUYLHA (S'),** v. pro. Se Brouiller, se troubler, s'embarrasser en parlant. (De l'italien *imbrogliare.*)

**ENBOUYRICA,** v. n. Empifrer, faire manger excessivement; Farcir quelqu'un de viandes.

Alcinous, qu'era afamat,
S'ataoula, Ulissa à soun coustat,
É per yé fa fayre boumbança
L'*embouyrica* de pitança ;
Jamay noun s'en éra tan vis
Couma s'en sérviguet aquis ;
É pourtant aou bout de la festa
Y'ajet pas que d'osses de resta.     FAY.

**ENBOUYRICA (S'),** v. pro. S'Empifrer, se gorger en parlant des enfants : *Té sios pla enbouyricat, al mens!* tu t'es bien empifré au moins.

**ENBOUYSSOUNA,** v. act. Clore un champ, un

jardin avec des buissons ; Défendre un arbre, une plante avec des buissons. (Racine bouyssou.)

ENBOUYSSOUNA (S'), v. pro. Prendre un buisson ; se Piquer avec un buisson.

ENBOUZÉNA (S'), v. pro. S'Ébouler, crouler en parlant des tertres qui longent les champs.

A mezura qué se courbava
Lachet un pet qu'empouyzounava
É qué cujèt embauzouna
L'Italia é lou moun Etna.
La mar né fermiguèt dé-crenta ,
É sus la plaja à-béles trenta,
Lous coumpagnous d'aquel pudèn
S'assembléroun dins lou moumèn.  FAV.

ENBOUZENADURO, Budèl, s. f. L'Éboulement, toute la terre qui s'est éboulée.

ENBRAÏA, voyez CULOUTA, BRAGA.

ENBRANCA (S'), v. pro. Se Joindre, faire sa jonction avec... (Racine branco.)

ENBRANCOMEN, s. m. Embranchement, réunion de chemins.

ENBRANDA, voyez ALUCA.

ENBRASSA, v. act. Embrasser, serrer, étreindre dans ses bras : M'a embrassado que xamay pus, Elle m'a embrassé, etc. ; Entreprendre un état, le choisir, s'y dévouer : A embrassat l'estat de capela, il a embrassé l'état de prêtre.

Dious ! qu'ey jou bis ! qu'ey jou bis... moun gran pay,
Moun biel grand'pay que ma famillo entouro ;
Dins ma doulou , nou bezi qu'el : deja
Saouti sur el per lou poutouneja...
Pel prumié cot, en m'embrassan, el plouro.
Qu'as à ploura ? perque quitta l'oustal ?
Perque dacha de pichous que l'adoron ?
Ount bas, Payri ? — moun fil, à l'espital...
Aco's achi que lous Jansemins moron.  J.

ENBRASSA (S'), v. réc. S'Embrasser, se presser dans les bras l'un de l'autre. (Du grec en dans, et brachion bras.)

ENBRASSADO, s. f. Embrassade, action de deux personnes qui s'embrassent.

ENBRASSOMEN, s. m. Embrassement, action de s'embrasser : Que garde sous embrassomens, s'y cal pas fiza, qu'il garde ses embrassements, il ne faut pas s'y fier.

ENBRAZA, Enbranda, v. act. Embrâser, mettre en feu : Lou trouneyre a enbrazat un oustal, le tonnerre a incendié une maison. (Du grec embrazein.)

L'Etna, redoutable fournèl,
Sembla qué voou rousti lou ciél
Das tourrens dé fioc qué ié lança ;
É sus l'Illa qué mèt en dansa,
Fay toumba, dous més dé l'estiou,
Una ploja dé récaliou
Qué la mantèn séca é caoudeta ,
Talamen bèn qu'una alumèta,
Qu'on ié plantésse ounte qué sié,
Couma un gavél l'enbrandarié.
Chaqua jour cèn cos dé touùera
Y'announçoun tramblamèn dé terra.  FAV.

ENBRAZA (S'), v. pro. S'embrâser, prendre feu : S'es enbrazat, saben pas coussi, le feu a pris nous ne savons comment.

ENBRAZOMEN, s. m. Embrâsement, grand incendie.

ENBRAZURO, s. f. Embrâsure, ouverture dans un mur pour une porte, une fenêtre ; Espace vide d'une fenêtre : Dins l'enbrazuro d'uno fenestro y digueri soun mot, dans l'embrâsure d'une fenêtre je lui dis son mot.

ENBRENA, v. act. Envenimer, infecter de venin, le communiquer ; Brûler, en parlant d'un vent froid qui brûle les plantes, le blé : Aquel ben b'a tout enbrenat, ce vent a tout brûlé. (Racine brin ou berin.)

ENBRICA, Enbricaylha, Emmenuca, Enbrenica, v. act. Émier, émietter la mie de pain, la réduire en miettes ; Couper à petits morceaux ; Dépécer : B'as tout enbricat, b'as fax peri, tu as tout taillade, tu l'as gâté. (Du latin exgrumicare, fait de grumus grumeau.)

ENBRIEYC, GO, Embriayc, go, adj. Ivre, qui a le cerveau troublé par les fumées du vin ou autre liqueur. (Du latin ebrius.)

ENBRIEYGA, Enbriayga, v. act. Énivrer, rendre ivre ; Empoisonner la rivière : Qualcun a enbrieygat la rebièyro, quelqu'un a empoisonné la rivière. (Du latin inebriare.)

ENBRIEYGA (S'), v. pro. S'Énivrer, boire jusqu'à l'ivresse : s'Enbrieygo cado xoun, il s'énivre chaque jour.

ENBRINDA, Escouysendre, v. act. Déchirer, briser, user, mettre en lambeaux ses habits.

Gregory coum'un loup se xito sul grefié,
Le plego sul bureou coum'un ful de papié,
S'armo d'un pé de banc, et garo coustoletos !
Dous aoutres, d'un cantou se rouzegou las crestos;
Buletins de las lès bolou dé tout coustat,
Lou libre des couseis toumbo tout enbrindat.

ENBRINDAT, ADO, adj. Dépenaillé, ée, déguenillé, couvert de haillons ; S'enba tout enbrindat, fa poou, il s'en va tout déguenillé, il fait peur.

ENBROUL, voyez ENBOUL.

ENBROUNCA (S'), voyez ENFIOUCA (S').

ENBROUXA, v. act. Embrocher, mettre à la broche ; Passer l'épée à travers du corps de quelqu'un : L'a enbrouxat de part en part, il l'a embroché de part en part. (Racine broxo.)

ENBROUYLHA, v. act. Embrouiller, mettre de la confusion, de l'obscurité.

ENBROUYLHA (S'), v. pro. S'Embrouiller, perdre le fil de ses pensées, de son discours : S'es talomen enbrouylhat que n'a pas sapiut que dire, il s'est tellement embrouillé qu'il n'a su que dire. (De l'italien imbrogliare.)

ENBROUYLHAMINI, s. m. Brouillamini, désordre, confusion : Y'aun enbrouylhamini ount digus nou y bei goutto, il y a un tel embrouillamini que personne n'y voit goutte.

ENBROUYLHUR, s. m. Embrouilleur, celui qui embrouille, qui perpétue une affaire, la complique : Aco's un enbrouylhur, c'est un embrouilleur.

ENBRUGA, v. act. Ramer les vers à soie, placer sur les tables de petits balais de bruyère pour y faire monter les vers. (Racine bruc.)

ENBRUMA, v. act. Dorer légèrement; s'Obscurcir.

S'arribo qualque cop, dius un rude bouyatcho,
Qu'un piétoun sul cami bex s'enbruma le Cel,
La pouncho dal clouquié, qu'ès d'un huroux presatche,
Sé mostro coum'un lun que fa fugi l'ouratcho
Aou-taleou que parex la Damo dal castel.  DAV.

ENBU, voyez ENBUT.

ENBUCA, v. act. Appâter, engraisser des volailles, des oies, des canards en les gorgeant de millet : Aben coumençat d'enbuca las aoucos, nous avons commencé de gorger les oies ; fig., Presser

## ENC

quelqu'un de manger : *Se l'abio escoutado m'aourio enbucat*, si je l'avais écoutée, elle m'aurait gorgé. (Racine *bouco*.)

**ENBUCAYRO**, s. f. Celle qui est chargée d'appâter, de gorger les volailles, les oies, etc.

**ENBUGA**, voyez ESTAGNA.

**ENBULLA**, v. n. Attraper, jouer quelqu'un; lui en faire. Accroire : *M'a enbullat, podi pas ne descounbeni*, il m'a joué, je ne puis en disconvenir.

**ENBUSCADO**, s. f. Embuscade, embûche dans un lieu couvert, dans un bois, pour surprendre l'ennemi. (De l'espagnol *enboscada*.)

**ENBUT**, s. m. Entonnoir, instrument évasé par le haut et muni d'un tuyau pour entonner un liquide : *Axo l'enbut se bos pas b'escampa*, prends l'entonnoir si tu ne veux pas le verser. Il y en a de plusieurs espèces et pour différents usages. Pour le vin, l'*enbut*; pour la saucisse, l'*enbut de la salcisso*; la boudinière, Entonnoir pour faire les boudins. (Du latin *in* en, *bucca* bouche, parce que le tuyau de l'entonnoir est placé dans la bouche ou l'ouverture des choses pour lesquelles on l'emploi.)

**ENBUTA**, *Entuta*, v. act. Entonner la saucisse : *L'enbutes pas trop sarrat*, ne l'entonnez pas trop serré.

## ENC

**ENCABA**, v. act. Encaver, mettre et arranger des vins dans une cave ; fig., Sonder quelqu'un, le faire parler adroitement; Approfondir une chose : *Sap talomen pla bous encaba, que b'a bous axo tout*, il sait tellement vous prendre, qu'il vous fait tout dire. (Racine *cabo*.)

**ENÇABAL**, adv. de lieu, De notre côté, de l'endroit d'où je viens : *Ençabal segan pas encaro*, de notre côté nous ne coupons pas encore le blé.

**ENCABESTRA**, v. act. Enchevêtrer, mettre un chevêtre, un licou ; fig., Arrêter, moriginer quelqu'un : *Bai, bai! t'encabestraroou!* Va, va! on te mettra à la raison.

Vésé transi la flou dé ma jouynèssa,
A la béoutat, de saug-frech, disé : Adioù!
Car *inçabal* qué mé fo la tendressa,
Quand in-amoun séro touta per Dioù ? PEYR.

**ENCADASTRA**, v. act. Enregistrer, marquer, désigner sur le cadastre. (Racine *cadastre*.)

**ENCADENA**, v. act. Enchaîner, lier, attacher avec une chaîne. (Racine *cadeno*.)

Sufis qu'abioy tentat dos ou tres descapados,
Las cadenos al col me fousqueroun clabados,
Et tout *encadenat* piri qu'un galerien,
Malgre you me calguet ana daban l'adjouen. VESTR.

**ENCADRA**, v. act. Encadrer, mettre dans un cadre ; Entourer d'ornements en forme de cadre : *Aquelos fayçous b'encadrou pla*, ces façons encadrent bien. (Racine *cadre*.)

**ENCADROMEN**, s. m. Encadrement, action d'encadrer, ses effets.

**ENCALAT**, voyez CAYLHAT.

**ENCAMBA**, v. act. Enjamber, faire un grand pas pour passer dessus : *N'eï pas pougut encamba lou balat*, je n'ai pas pu enjamber le fossé. (Racine *cambo*.)

**ENCANAYLHA** (S'), v. pro. S'Encanailler, fréquenter de la canaille, s'allier à la canaille. (Racine *canaylho*.)

**ENCANT**, *Incant*, s. m. Encan, cri public pour vendre à l'enchère ; Vente qui se fait ainsi : *Beni dé l'incant*, je viens de l'encan. (Du latin *in quantum* pour combien.)

**ENCANTA**, *Incanta*, v. act. Vendre à l'enchère; Enchanter, charmer, ensorceler : *Calcun t'a encantado*, quelqu'un t'a enchantée ; fig., Surprendre, séduire, ravir, charmer. (De l'italien *incantare*.)

Per yeou souy *encantat* d'aquel coumençomen. D.

**ENCANTAT**, ADO, adj. Enchanté, ée, plein d'enchantement ; par exagération, très-Satisfait ; Transporté de joie.

**ENCANTAYRE**, voyez INCANTAYRE.

**ENCANTOMEN**, s. m. Enchantement ; fig., Ce qui est surprenant, merveilleux, vif, ravissant : *Eri dins l'encantomen de l'entendre*, j'étais dans l'enchantement en l'entendant.

**ENCAOUSSINA**, v. act. Chauler, passer le blé à l'eau de chaux avant de le semer. (Racine *caous*.)

**ENCARESTI**, v. n. Enchérir, devenir plus cher, hausser de prix. (Racine *car*.)

**ENCAREYRA**, voyez ACAMINA.

**ENCARO**, adv. Encore, de nouveau, de plus, du moins : *Encaro se ne proufitabo*, si elle en profitait, passe. (De l'italien *ancora*.)

**ENCARRA**, v. act. Atteler, mettre les bœufs, les mules à la charrette : *Podes encarra quand bouldras*, tu peux atteler quand tu voudras. (Du latin *in carro*. à la charrette.)

**ENCASTRA**, voyez ENCLASTRA.

**ENCASTRE**, voyez ARISCLE, COURBEL.

**ENCAYSSA**, v. act. Encaisser, mettre dans une caisse, en caisse ; Faire le lit d'un ruisseau : *Lou nous cal prou encayssa*, il nous faut faire un lit profond. (Racine *caysso*.)

**ENCAYSSOMEN**, s. m. Encaissement, art d'encaisser ; Charpente en caisse : *L'encayssomen es fort bou*, l'encaissement est fort bon.

**ENCENÇA**, v. act. Encenser, donner de l'encens avec l'encensoir ; fig., Flatter, louer : *Es touxoun à l'encença*, il le loue continuellement. (Racine *encens*.)

**ENCENÇAYRE**, s. m. Encenseur, celui qui est chargé de l'encensoir aux cérémonies. (Racine *encès*.)

Tus, pren-me toun sac é tas quiïas,
Lous Dious de Troïa é sas gueniïas,
Candéla, naveta, *encensouèr*,
Embe aco, sans dire bounsouèr,
Met davan toun fil é toun payre
É fuxis coumà un amoulayre. FAV.

**ENCENCIE**, s. m. Encensoir, cassolette suspendue à trois petites chaînes maintenues à un anneau, pour encenser : *Bay-t-en garni l'encensiè*, Va garnir l'encensoir.

**ENCENS**, voyez ENCÈS.

**ENCENTO**, adj. Femme enceinte : *Es encento de tres meses*, elle est enceinte de trois mois. (Du latin *incincta* ou *non cincta*, qui ne porte point de ceinture pour ne pas être gênée dans ses habits.)

**ENCÈS**, s. m. Encens, espèce de résine odorante qu'on brûle en l'honneur de la Divinité. (Du latin *incensum*, de *incendere*, brûler.)

Aqui l'auta dount la vertut sublimo
Juscos al cel pourtara ta ferbou,
Coumo un *encens* d'uno agradablo aoudou,
Seras unit à la santo victimo. PUJ.

**ENCHASSA**, voyez ENCLASTRA.

ENCHAOUTA, voyez XAOUTA (SE).
ENCHO, voyez ENXO.
ENCHOUTA (S'), voyez IBROUGNA (S').
ENCLABA, v. act. Enclaver, enfermer, enclore une chose dans une autre : *B'aben enclabat dins sa pourtiou*, nous l'avons enclavé dans sa portion; Enclouer un cheval, piquer au vif un cheval en le ferrant.

Mais ô crimé ! ô doulou! lous ministrès soun sourds ;
Et d'hornès dé Juillet *enclaban* nostro aoudaço
Sans poulsa, cap bachat, lou fuzil al repaous,
Dachoun mouri de frays que moroun per nous aou. J.

ENCLABA (S'), v. pro. S'Enclouer, se dit d'un cheval qui s'enfonce un clou dans le pied ou une pierre dans le fer : *Me cal descendre que lou xabal s'es enclabat*, je dois descendre, mon cheval s'est encloué.
ENCLAOURE, v. act. Enclore, clore de murs, de fossés, de haies; Fermer dans une écurie : *Bai enclaoure lou bestial*, allez fermer l'écurie. (Du latin *includere*.)
ENCLAOUS, s. m. Enclos, enceinte de murs, de haies; Espace qu'elle renferme. (Du latin *inclusum*.)

Ol ras d'oquel *enclaous* jai lou pastre soulot.
Un mostis, fier, hordit, toujours en sentinélo,
Del pastré é del troupel és lo gardo fidélo. PRAD.

ENCLAOUZI, voyez MURAYLHA, RANDURA.
ENCLASTRA, v. act. Encastrer, enchasser, joindre par le moyen d'une entaille : *B'a cal enclastra pla xust*, il faut enchasser bien juste. (De l'italien *incastrare*.)
ENCLESCA (S'), *Enclousca (S')*, v. n. Se Donner une indigestion pour avoir avalé les noyaux des cerises, des prunes, ce qui empêche d'aller à selle. (Racine *clesc*.)
ENCLINA, v. act. Incliner, baisser, pencher, courber; Avoir du penchant pour...; Être porté à ; Pencher d'un côté en parlant d'un corps. (Du latin *inclinare*.)
ENCLINA (S') v. pro. S'Incliner, se baisser, se pencher; Pencher la tête par respect. *Quand sovno l'élébatiou sé cal enclina*, à l'élévation de la messe il faut s'incliner.
ENCLINATIOU, s. f. Inclination; Mouvement de tête; fig., Disposition, pente à...; Affection, amour : *Mé sentissi uno grando enclinatiou per aquel estat*; Je me sens une grande disposition pour cet état. (Du latin *inclinatio*.)
ENCLOUTA, v. act. Emboutir; Approfondir, creuser plus avant : *Abés trop encloutat aquel oustal*, vous avez trop enfoncé cette maison. (Racine *clot*.)
ENCLOUTAT, ADO, adj. Enfoncé, ée; Creux, placé bas, dans un vallon.
ENCLUMI, *Encluzi*, *enclume*, s. m. Enclume; Masse de fer sur laquelle on bat les métaux. *Tant baldrio tusta sur un enclumi*; tant il vaudrait frapper sur une enclume. L'Enclume est portée sur un billot fortement arrêté, *lou souc*. Le dessus de l'Enclume s'appelle table, *taoulo*; la bigorne est la partie de l'enclume qui se termine en corne, *la bigorno*. (Du latin *incus*.)

Lo colcado coumenço et deja lous flojels
Del faoure sub l'*Enclumi* imitou lous mortels. PRAD.

ENCLUZAYRE, s. m. Éclusier, celui qui gouverne, surveille une écluse.

Mais, què bèsi! pùs leng, al sé d'uno aïgo calmo,
D'un énormé batan doubrissou la respalmo;
Et per un art sabeu,
Lançat al mioch das bouls, al grat das *encluzaires*,
Un baichel paouc à paouc s'anounço dins les aires,
Sur dé brumos d'argen. DAV.

ENCLUZO, s. f. Écluse, clôture et porte pour retenir et lacher à volonté l'eau d'un canal (Du latin *exclusus*.)
ENCO, voyez CANELO.
ENCO, voyez CHEZ.
ENCOUBLOS, voyez TRABOS.
ENCOUCA, voyez PESSA, SIMOUSSA.
ENCOUDENIT, voyez SALLE, GRAYSSOUS.
ENCOUFRA, v. act. Encoffrer, serrer dans un coffre, surtout par avarice ou par friponnerie : *T'en encoufrat*; fig. Coffrer, mettre en prison : *l'an encoufrat de matis*; on l'a coffré ce matin. (Racine *cofre*.)
ENCOULA, v. act. Encoller, donner un apprêt de colle ou de gomme. (Racine *colo*.)
ENCOULERI, adj. Échauffé de colère.
ENCOULO, *Espérou*, s. f. Culée, contrefort, mur ou pilier buttant.
ENCOULURO, s. f. Encolure, partie du cheval, de la tête aux épaules et au poitrail : *Aquel xabal a uno poulido encouluro*; Ce cheval a une belle encolure. (Racine *col*.)
ENCOUNBRA, v. act. Encombrer, embarrasser, de décombres, de gravois : *Abés encounbrat aquelo carrièyro*; Vous avez encombré cette rue. (Du latin barbare *incombrare* fait *de combri* abatis de bois.)
ENCOUNBRE, s. m. Encombre, amas, apparence : *Fa pas pla d'encounbre*, cela ne fait pas beaucoup d'encombre.
ENCOUNBROMEN, s. m. Encombrement, embarras, tout ce qui encombre : *Y a encounbromen de tout dins l'oustal*, il y a trop de tout dans la maison. (Du latin barbare *combri* abatts de bois.)
ENCOUNOUYLHA, v. act. Charger une quenouille de matières à filer : *N'as pas encaro encounouylhat*; Tu n'as pas encore chargé ta quenouille. (Racine *counouylho*.)
ENCOUNTRO, prép. Encontre, contre, s'opposer : *Touxoun ba à l'encountro*; Il va toujours à l'encontre. (Du latin *contra*.)
ENCOURA, *Encouraxa*, v. act. Encourager, donner du courage; Inciter, pousser à...
ENCOURAXA, v. act. Encourager, donner du courage; Animer, exciter : *M'a encouraxat à countinua*; Il m'a encouragé à continuer. (Racine *couraxe*.)
ENCOURAXOMEN, s. m. Encouragement, ce qui encourage, ce qui anime, qui excite : *A bezoun d'encouraxomen*; Il a besoin d'encouragement.
ENCOURDA, *Encourdela*, v. act. Enlacer, corder, lier d'une corde; Enfiler des cocons, des grains de chapelet; Ranger en forme de corde, soit la paille, soit toute autre chose : *Anan encourda toutes lous calosses*, nous allons mettre en cordes les tiges de maïs.
ENCOURNA, v. n. Frapper des cornes, prendre avec les cornes en parlant des bœufs. (Racine *corno*.)
ENCOURS, s. m. Cours, espace, dans une rivière, entre deux chaussées : *Aquesté encours és bou per la pesco*, cet espace est bon pour la pêche; Terme de charpentier, travée, espace entre deux poutres; Courant de comble considéré dans sa longueur

**ENCOYGNURO**, s. f. Encoignure, meuble qu'on place dans l'angle de deux murailles : *Cerco dins l'encoygnuro*, cherche dans l'encoignure. (Racine *cun*.)

**ENCRANCA**, v. act. Embourber, mettre une charrette dans un bourbier, ne pouvoir la dégager : *Aben encrancat*, nous avons embourbé. (Racine *cranc*.)

**ENCRESTA**, v. act. Terme de maçon, chaperonner un mur de clôture : *N'aben pas pus qu'à encresta per abe finit*, nous n'avons qu'à chaperonner pour finir. (Racine *cresto*.)

**ENCRESTOMEN**, voyez CRESTOU.

**ENCREYRE (S')** v. n. S'en faire accroire, croire pouvoir en imposer ; s'Énorgueillir ; Présumer trop de soi, se vanter : *s'Encrey trop saquela*, cependant il s'en croit trop. (Racine *creyre*.)

**ENCROUCA**, v. act. Accrocher, attacher, suspendre à un clou, à un crochet ; Terme de pêcheur, jeter un grapin, un croc ; Plier en forme de croc.

**ENCROUCA (S')** v. pro. S'accrocher, s'attacher, s'arrêter à quelque chose : *Me souy encroucat ount ey pougut*, je me suis accroché où j'ai pu. (Racine *croc*.)

**ENCRUME (S')**, voyez ATRUMA (S').

**ENCULA**, v. n. Donner la sellette à quelqu'un, ce qui se pratique en faisant taper le derrière de quelqu'un sur une sellette, ou sur une pierre : *Lou nous cal encula coumo cal*, il nous faut lui donner la sellette en règle. (Du latin *culus*.)

**ENCULI**, v. act. Cueillir, ramasser avant le temps, avant la maturité : *B'abés tout enculit, n'es pas madur*, vous avez tout ramassé avant le temps, ce n'est pas mur. (Racine *culi*.)

## END

**ENDABALA**, v. act. Disloquer une épaule par une chute ou un trop grand poids : *M'a endabalat l'éspallo*, ce fardeau m'a disloqué l'épaule ; Surcharger une poutre, la faire rompre. (Racine *debala*.)

**ENDACON**, adv. Quelque part, en quelque lieu : *Lou troubaren endacon*, nous le trouverons quelque part.

**ENDAGNEYRO**, *Lendat*, s. f. Seuil d'une porte : *Éri encaro sur l'endagneyro de la porto*, j'étais encore sur le seuil de la porte.

**ENDAREIRA (SE)**, voyez DERAYGA (SE.)

**ENDAREIRAJHA**, voyez DERRAYGAXES.

**ENDAREN**, voyez DERENNA.

**ENDARGNE**, *Endarier*, adv. En dernier lieu, il n'y a pas longtemps : *Nous trouberen en dargné à la fargo*, nous nous trouvâmes en dernier lieu à la forge.

**ENDEBENI**, v. n. Rencontrer, faire quelque chose par hazard.

**ENDEBENI (S')**, v. pro. S'accorder, sympathiser : *s'Endebenou pas brico*, ils ne s'accordent pas du tout ; S'il arrive, si le cas arrivait : *Se s'endeben que passe bous bendrey beze*, Si je passe, je viendrai vous voir.

**ENDEBINA**, *Debigna*, v. n. Deviner ; Découvrir ce qui est caché ; Prédire l'avenir : *Tray pas mal de b'endebina*, il ne se fait pas mal de deviner. (Du latin *divinare*; en italien *indovinare*.)

**ENDEBINAYRE**, *Debignayre*, *Sourcié*, s. m. Devin, celui qui se donne pour prédire les choses à venir et découvrir les choses cachées : *Cal ana trouba l'endebinayre*, il faut aller consulter le devin.

*Per saoupré aco d'aqui caldrio l'endebinayre.* D.

**ENDEBIO**, s. f. Endive, plante potagère ; Salade. (Du latin *intubus, i.*)

**ENDECA**, voyez ENFECTA.

**ENDECIS**, O, adj. Indécis, e, en parlant d'une chose qui n'est pas décidée : *Aco's uno caouso fort endeciso*, c'est une chose fort indécise. En parlant des personnes, qui a de la peine à se décider, à se déterminer, qui hésite. (Du latin *indecisus*.)

**ENDEGNA**, *Endigna*, *Endinna*, v. n. Irriter une plaie, un ulcère : *La lano endegno*, la laine irrite une plaie. (Du latin *indignari*.)

**ENDEGNA (S')**, v. pro. S'envenimer, s'irriter.

**ENDEGNOUS**, OUZO, *Endinnous*, o, adj. Délicat, te, susceptible, à qui la moindre égratignure cause une plaie, un ulcère : *Es tout ple endegnous*, il est facile à contracter des plaies. (Du latin *indignans*.)

**ENDEMEZI**, voyez XALOUZIÉ, EMBEXO.

**ENDEOUTA (S')**, v. pro. S'Endetter, faire des dettes : *Nous sien pla endeoutats oungan*, nous nous sommes endettés cette année.

**ENDEOUTAT**, ADO, adj. Endetté, ée, obéré de dettes.

*N'el qué binto-dous ans, el fort bouno santat,
Debi pas res en loc car soui pas endeoutat ;
L'arxen mé manco pas, el la bourso garnido,
Xoussi coumo cal das plazés dé la bido.* D.

**ENDERBI**, voyez DALTRE, DARTRE.

**ENDERBOU**, *Rat buffou*, s. m. Musaraigne : Espèce de souris des champs, à long museau : *l'Enderbou ba fa tout peri à l'ort*, la Musaraigne gâte tout au jardin.

**ENDES**, voyez TRESPÉS.

**ENDEVENI**, voyez ENDEBENI.

**ENDIABLA**, voyez ENDIAPLA.

**ENDIALENC**, O, *Enguialenc*, adj. Étiré, ée ; Long, mince, qui n'a pas de corps. (Racine *endialo*.)

**ENDIALO**, *Enguialo*, s. f. Anguille, poisson d'eau douce, en forme de serpent, sans écailles, revêtu d'une peau dont on le dépouille facilement : prov. *Maytt on sarro l'endialo mayt escapo*, plus on serre l'anguille moins on la tient. (Du latin *anguilla*.); Pièce de bois qui coulisse dans les jumelles d'un pressoir et repose sur le couvercle de la maie ; *Abaysso l'endialo*.

**ENDIAPLA**, v. n. Endiabler, enrager : *Me fa endiapla*, il me fait endiabler.

**ENDIAPLA (S')**, v. pro. S'Endiabler, pester. (Racine *diaple*.)

**ENDIBIDU**, s. m. Individu ; Personne. (Du latin *individuum*.)

**ENDIBIDUELOMEN**, adv. Individuellement, d'une manière individuelle : *Nous an interrougats endibiduelomen*; On nous a interrogés individuellement. (Du latin *individué*.)

**ENDICA**, v. act. Indiquer, montrer avec le doigt ; Marquer, désigner, donner à connaitre. (Du latin *indicare*.)

*L'un announço lou xuné et nous y fa pensa,
L'aoutré endiquet lou xoun qué calio pitansa.* D.

**ENDICATIOU**, s. f. Indication, ce qui indique : *N'abes pas bezoun d'aoutro endicatiou*. (Du latin *indicatio*.)

**ENDIÇO**, s. f. Indice, signe apparent et probable d'une chose : *N'aben pas encaro cap d'endiço*, nous n'avons encore aucune indice. (Du latin *indicium*.)

**ENDIÉNO**, s. f. Indienne, toile de coton peinte)

(Du latin *india*, parce que dans les Indes on peint des figures, des fleurs sur des toiles de coton.)

**ENDIFFERENÇO**, s. f. Indifférence, froideur : *A fosso endifferenço per tout*, il est indifférent pour tout. (Du latin *indifferentia*.)

**ENDIFFERENT**, O, adj. Indifférent, te; Qui ne préfère rien, n'aime rien, ne s'intéresse à rien, n'est touché de rien : *Aco's un endifferent*, c'est un indifférent; Qui peut se faire également bien de différentes manières; Qui n'est en soi ni bon, ni mauvais; Qui importe peu, dont on ne se soucie pas. (Du latin *indifferens*.)

**ENDIFFERENTOMEN**, adv. Indifféremment, avec indifférence; Froideur; Sans choix; Sans distinction : *Prenes-bo endifferentomen*; Prenez-le froidement.

**ENDILHA**, voyez NILHA.

**ENDIMENXA**, *Endimenja*, v. act. Endimancher, mettre les plus beaux habits; fig., Arranger une chose, la rendre propre : *Abés pla endimenxat l'oustal*, vous avez bien approprié la maison.

**ENDIMENXA (S')** s'*Endimenja*, v. pro. S'Endimancher, mettre ses plus beaux habits : *Nous cal toutes endimenxa aquel xoun*, il nous faut tous endimancher ce jour-là. (Racine *dimenxe*.)

**ENDINNA**, *Endigna*, v. act. Indigner, exciter l'indignation : *Aquelo respounso m'a endinnat*, cette réponse m'a indigné. (Du latin *indignari*.)

**ENDINNA (S')**, *S'Indigna*, v. pro. S'Indigner, concevoir de l'indignation.

**ENDINNAT**, ADO, adj. Indigné, ée, Plein d'indignation : *Es endinnado, que l'axo recapiudo aytal*, elle est indignée que je l'aie ainsi reçue. (Du latin *indignatus*.)

**ENDINNATIOU**, s. f. Indignation, colère contre ce qui est injuste, honteux et indigne : *Cal senti d'endinnatiou de bezé parla et rire dins la gleyzo*, il faut sentir d'indignation de voir rire, parler dans l'église. (Du latin *indignatio*.)

**ENDINNE**, O, adj. Indigne, qui n'est pas digne, ne mérite pas; Méchant, odieux, condamnable. (Du latin *indignus*.)

**ENDINNITAT**, *Indignitat*, s. f. Indignité, qualité d'une personne indigne; Qualité odieuse de ce qui est indigne; Énormité : *Acos uno indignitat*. (Du latin *indignitas*.)

Soi pecadou, Dious dé magnificenço!
Louchariés-bous joust moun paouré teoulat?
Moun indigenço,
Ma paouretat
Cadrario pas an Vostro Majestat;
Mais prounounças un soul mot d'indulgenço
Serei guerit dé moun *endinnitat*. Puj.

**ENDINNOMEN**, adv. Indignement, d'une manière indigne. (Du latin *indigné*.)

**ENDIRECT**, O, adj. Indirect, te, Détourné, écarté sinueux; fig., Indirect, fait comme sans dessein: *Y'es bengut d'uno manieyro endirecto*, cela lui est venu d'une manière indirecte. (Du latin *indirectus*.)

**ENDIRECTOMEN**, adv. Indirectement, d'une manière indirecte, détournée : *B'ey sapiut endirectomen*, (Du latin *indirecté*.)

**ENDISCRET**, O, adj. Indiscret, te, qui manque de discrétion; Étourdi, imprudent : *Cal aboua qu'es pla endiscreto*, il faut avouer qu'elle est bien indiscrète; Inconvenant : *Aco's endiscret de questiouna las xens*, c'est inconvenant de questionner les gens; Qui ne garde aucun secret. (Du latin *indiscretus*.)

**ENDISCRETIOU**, s. f. Indiscrétion, manque de discrétion; Action indiscrète. (Du latin *indiscretio*.)

**ENDISCRETOMEN**, adv. Indiscrètement, avec indiscrétion : *Es bengut fort endiscretomen escouta ço que disien*, il est venu indiscrètement écouter ce que nous disions. (Du latin *indiscretè*.)

**ENDISPAOUZA**, v. act. Indisposer, mettre dans une disposition peu favorable; Fâcher, aigrir, aliéner : *Tout aco m'a pla endispaouzat contro el*, tout cela m'a indisposé contre lui. (Racine *dispaouza*.)

**ENDISPAOUZAT**, ADO, adj. Indisposé, ée; Incommodé, un peu malade; fig., Prévenu désavantageusement; Fâché, aigri : *Ey counegut qu'ero fort endispaouzat countro bous*, j'ai connu qu'il était fâché contre vous. (Du latin *indispositus*.)

**ENDISPENSAPLE**, O, adj. Indispensable, dont on ne peut se dispenser. (Du latin *indispensatus*.)

**ENDISPENSAPLOMEN**, adv. Indispensablement; Nécessairement; Par une loi, un devoir rigoureux, indispensable.

**ENDISPOUZA**, voyez ENDISPAOUZA.

**ENDISPOUZITIOU**, s. f. Indisposition; Incommodité, maladie légère; fig., Disposition peu favorable, prévention désavantageuse; Éloignement, aversion pour... (Du latin *indispositio*.)

**ENDISTENTOMEN**, adv. Indistinctement, d'une manière indistincte, confusément; Sans choix, sans préférence ; sans acception de personnes.

**ENDIXENÇO**, s. f. Indigence, grande pauvreté : *Es dins la pus grando endixenço*, il est dans la plus grande indigence. (Du latin *indigentia*.)

Per poudé bous sourti pla leou dé l'*endixenço*,
Bous douna ço qué qual per bioure dins l'aizenço. D.

**ENDIXENT**, O, s. m. f. Indigent, te, très pauvre, très nécessiteux : *Axas compassiou de l'endixent*. (Du latin *indigens*.)

**ENDIXEST**, O, adj. Indigeste, difficile à digérer. (Du latin *indigestus*.)

**ENDIXESTIOU**, s. f. Indigestion, mauvaise coction des aliments dans l'estomac; fig., Dégoût, fatigué, ennui d'une chose, d'une personne : *Ey uno endixestiou de la beze*, j'ai un grand ennui de la voir. (Du latin *indigestio*.)

**ENDOCON**, voyez ENDACON.

**ENDORTO**, voyez LIO.

**ENDOULENTI**, voyez ENDOULEZI.

**ENDOULEZI**, v. n. Meurtrir, rendre endolori, occasionner de la douleur : *Aquelo carreto m'a tout endoulezit*.

Et yeou, tabé, DEBOUT!... sé malgré ma faiblesso
Aimas qué calqué cop bous cauté la tristesso
Qué xagrino moun cor, quand bezi tant souffri
Lou paouré, qué soubén podi pas secouri;
Hurous s'aquel xagrin dé ma muso patezo
N'*endoulezis* pas trop l'almoufinouzo Castreso. A B.

**ENDOULEZIT**, IDO, adj. Endolori, ie, qui ressent de la douleur; Douloureux, meurtri. (Racine *doulou*.)

**ENDOUMAXA**, *Endoumajha*, v. act. Endommager, causer du dommage à une chose. (Racine *doumaxe*.)

**ENDOURMI**, v. act. Endormir, faire dormir; par extension, Engourdir : *Me souy endourmit la, ma d'un cop de martel*, jè me suis engourdi la main d'un coup de marteau; fig., Ennuyer beaucoup; Amuser pour tromper, pour empêcher d'agir : *Lous a endourmits sur aco, et a faxt soun cop*, il les a amusés sur cela et a fait son coup. (Racine *dourmi*.)

ENE

Sé boulés saoupré la richessa
Qué poussédé de dius moun oustal,
Véses : ay la pax, la sagessa,
La pouésia é lou traval,
Sé dé lusidas dé génia
Bressou moun ama d'harmounia
É *s'endourmissou* màs doulous
Ou déyé tout à la natura ; —
E quan travaillé, sa man pura
Sur ma vida jètta dé flous. PEYR.

ENDOURMI (S'), v. pro. S'Endormir, commencer à dormir : *Ben de s'endourmi* ; fig., Négliger une affaire ; Manquer d'activité, de vigilance, d'attention : *Se cal pas endourmi sur un afa coumo aco*, il ne faut pas s'endormir sur une pareille affaire.

ENDOURMITORI, s. m. Narcotique ; Poudre, drogue assoupissante. (Racine *dourmi*.)

ENDOUSSA, v. act. Endosser, mettre sur son dos ; Mettre l'endossement ou signature au dos d'un billet, qui oblige à le rembourser faute de paiement ; terme de relieur, Endosser un livre, former la rondeur du dos. (Racine *dos*.)

ENDOUTTRINA, v. act. Endoctriner, faire la leçon à quelqu'un sur ce qu'il doit dire ou faire : *Sios estat pla endouttrinat*, tu as été bien endoctriné. (Racine *douttrino*.)

ENDREX, s. m. Endroit, lieu natal ; Patrie ; Habitation. (Suivant Nicot du latin *in directum*, et suivant Ménage d'*in directo*.)

Yeou béni d'un *endrex* ount sé sou pla truffats
D'al paouré Guiraldenq, amai yeou m'y souí fax. D.

ENDRIGNA, voyez ENQUIETA (S').

ENDUIRE, v. act. Enduire, couvrir d'un enduit ; Induire, porter, pousser. (Du latin *inducere*.)

ENDUIT, s. m. Enduit, couche d'une matière appliquée : *Un enduit de plastre fara l'afa*, un enduit de plâtre suffira. (Du latin *inductus*.)

ENDURA, v. act. Endurer, souffrir ; Supporter avec patience ; Permettre, supporter : *Et enduros que le fago de pareilhos soutizos !* Et tu supportes qu'il te fasse de pareilles sottises ! (Du latin barbare *indurare*.)

ENDURANT, O, adj. Endurant, te, patient, qui souffre aisément les contrariétés, les injures : *O que la fenno, n'es pas enduranto !* Oh que la femme n'est pas endurante !

ENDURCI, v. act. Endurcir, rendre dur, fort, robuste ; fig., Insensible, impitoyable : *La plaço qu'a, l'a endurcit*, sa place le rend dur.

Lou mal tems o dé l'aïgo *endurcit* lo surfaço ;
Un filet, tout escas, né coulo joust la glaço. PRAD.

ENDURCI (S'), v. pro. S'Endurcir, devenir dur : *s'Endurcis cado xoun dins lou bici*, il s'endurcit chaque jour dans le vice. (Racine *dur*.)

ENDURCIT, IDO, adj. Endurci, ie ; Intraitable : *Es talomen endurcit qué n'escouto pas res*, il est tellement endurci qu'il n'écoute rien.

ENDURCISSOMEN, s. m. Endurcissement, augmentation de la consistance d'un corps ; fig., Dureté de cœur ; État d'une âme qui n'a plus de sentiment pour la vertu, pour les choses de Dieu ; Opiniâtreté stupide dans le mal. (Du latin *durities*.)

ENDUZAC, voyez ANDUZAT.

ENE

ENEJHA, voyez ANNUXA.
ENEJHOUS, voyez ANNUYOUS.

ENF

ENEMIC, *Inimic*, s. m. Ennemi, celui qui hait quelqu'un, qui lui veut de mal ; Le parti avec qui on est en guerre : *Rencountréren l'enemic*, nous rencontrâmes l'ennemi ; Celui qui a de l'aversion pour... (Du latin *inimicus*.)

L'harenga èra courta, mais viva.
Sa troupa partis, voula, arriva,
Empressada é présta au tricot
Couma leus mouynes au fricot
La festa daou patroun dé l'ordre.
L'*énémic* encara én dézordre
Maou campat é bravamén las
Aquél moumén l'aténdié pas. FAY.

ENF

ENFADEZIT, IDO, adj. Enjoué, ée ; Affolé : *Sies pla enfadezits paoures gouxats !* (Racine *fat*.)

ENFAISSA, voyez FAGOUTA.

ENFAISSAJHE, voyez FAGOUTAXE.

ENFAGOUTA, *Affagouta*, *Fagouta*, v. act. Fagoter, mettre, ramasser, serrer en fagots. (Racine *fagot*.)

ENFALENA, v. n. Infecter, exhaler une mauvaise odeur ; Répandre une odeur fétide : *Put qu'enfaleno*, il infecte. (Racine *aleno*.)

ENFANGA, v. act. Embourber, empêtrer dans la boue, une charrette, un cheval : *Aben enfangat*, nous avons embourbé.

ENFANGA (S'), v. pro. S'Embourber, s'engager dans une mauvaise affaire : *Ey poou que me screy enfangat*, je crains de m'être engagé dans une mauvaise affaire. (Racine *fango*.)

ENFANTILHA, v. n. Tomber dans l'enfance, agir comme un enfant ; Déraisonner. (Racine *efan*.)

ENFANTILHAXE, s. m. Enfantillage, manières qui ne conviennent qu'aux enfants ; fig., Affaiblissement de la raison, de la connaissance chez les vieillards. (Du latin *infans*.)

ENFARINA, v. act. Enfariner, poudrer de farine, le poisson, les pannetons. (Racine *farino*.)

ENFAZO, s. f. Emphase, pompe affectée, déplacée dans la prononciation, le discours. (Du grec *emphasis*.)

Quan, én granda *énfaza*, moun péra,
Ajèt bén tratat la matièra,
Vous mandet au Diou dé las mars
Lou fun d'un parel dé canars,
A Febus lou dé dos margassas,
A Junoun lou dé très agassas
D'una groïa aou Diou dé l'hiver,
Dé cinq mouyssés à Jupiter. FAY.

ENFECI, voyez ENFECTA.

ENFENESTRA (S'), v. pro. Se mettre, se tenir à la fenêtre. (Racine *fenestro*.)

ENFERA, voyez ENFERRIA.

ENFERIOS, voyez TRABOS.

ENFERMA, v. act. Enfermer, mettre un être dans un lieu d'où on ne puisse sortir ; Mettre dans une maison de force, de correction : *S'es fayt enferma* ; Serrér sous fermeture ; Environner, clôre de toute part.

ENFERMA (S'), v. pro. S'Enfermer, fermer la porte sur soi : *S'és enfermat chez él, y'a pas mouyen de lou beze* ; Il s'est enfermé chez lui, on ne peut plus le voir. (Racine *ferma*.)

ENFERRIA, v. act. Enferrer, percer avec un fer aigu.

ENFERRIA (S'), v. pro. S'Enferrer, se jeter sur

un fer aigu; fig., Se nuire inconsidérément à soi-même; Se contredire, se couper. (Racine *fer*.)

ENFETTA, v. n. Infecter, exhaler une mauvaise odeur, répandre une odeur fétide. (Du latin *inficere*.)

ENFIALOUSA, *voyez* ENCOUNOUYLHA.

ENFILA, *Enfiala*, v. act. Enfiler, passer de la soie, de fil ou tout autre chose dans le trou d'une aiguille, d'une perle; Entrer dans une rue, dans un chemin : *Enfilet la grand'routo, et lou bexèren pas may*, il prit la grand'route, et disparut. (Racine *fial*.)

ENFILADO, s. f. Enfilade, longue suite de chambres sur une même file, de maisons dans une rue; Chemin droit qui se voit tout-à-coup.

ENFIOUCA (S'), v. pro. S'Allumer, s'animer, se mettre en colère. (Racine *fioc*.)

Per tant qu'axés razou dins aço qué dizés,
On nou s'*enfioco* pas pourtant coumo fazés. D.

ENFIOULA, *voyez* PINTOUNEXA.

ENFLAMMA, v. act. Enflammer, mettre en feu; Échauffer, causer de la chaleur.

ENFLAMMA (S'), v. pro. S'Enflammer; Prendre en feu; s'Irriter.

ENFLAOUMA, v. act. Enchifrener, causer l'enchifrènement.

ENFOUNÇA, v. act. Enfoncer, pousser vers le fonds; Faire entrer plus avant; Rompre, briser, en poussant : *Calguet enfounça la porto per dintra*, il fallut briser la porte pour entrer.

ENFOUNÇA (S'), v. pro. S'Enfoncer, aller au fonds; *Me souï enfounçat xuscos ſlou xinoul*, je me suis enfoncé jusqu'au genou; Se ruiner par une trop grande dépense. (Racine *founs*.)

ENFOUNÇOMEN, s. m. Enfoncement; Partie la plus reculée, la moins apparente.

ENFOUNIL, *voyez* ENBUT.

ENFOURCA, v. act. Prendre avec une fourche; Enfourcher un cheval, monter à cheval jambe de çà, jambe de là. (Racine *fourco*.)

ENFOURNA, v. act. Enfourner, mettre dans les fours : *Aben coumençat d'enfourna*, nous avons commencé d'enfourner. (Racine *four*.)

ENFOURNA (S'), v. pro. S'Engouffrer, s'entonner, en parlant des vents qui entrent avec violence dans un étroit passage.

ENFUMARGA, v. n. Irriter une personne, la monter : *Calqu'un l'aoura enfumargat*, quelqu'un l'aura monté.

ENFUROUNA, *voyez* ENFUMARGA.

## ENG

ENGABELA, v. act. Javeler, lier, serrer en javelles le blé, le sarment : *Aro anan engabela lou sirmen*, nous allons javeler le sarment. (Racine *gabelo*.)

ENGABIA, v. act. Encager, mettre en cage; fig., Mettre en prison : *Urou omen l'an engabiat*, heureusement on l'a mis en prison. (Racine *gabio*.)

ENGALAFATA, *voyez* ENGARGASSA.

ENGALINA, *voyez* ATTISSA (S').

ENGANA, v. n. Tromper, abuser de la simplicité, de la bonne foi de quelqu'un.

ENGANA (S'), v. pro. Se Tromper à son préjudice; Être dupe de sa bonne foi.

ENGANADOUYRO, s. f. Escroquerie; Lieu où l'on est trompé, leurré, dupé : *Angas pas aqui te fa serbi, aco's uno enganadouyro*; n'allez pas vous faire servir là, vous seriez dupé.

ENGANO, *voyez* ATTRAPO.

ENGANOUSSA, *voyez* ENGARGASSA.

ENGAOUTA, v. act. Mettre en joue un fusil pour le tirer; Dégauchir plusieurs pièces à la fois pour les mettre de niveau : *Engaouto-me aquel cours, bey s'es de nibèl*, dégauchis ce cours, vois s'il est de niveau. (Racine *gaouto*.)

ENGAOU Y TOURNEN, adv. Souhait que se font des gens qui se séparent pour quelque temps; Dieu veuille que nous nous retrouvions ici bien portants; *En gaou nous y trouben mayt*, que nous nous y retrouvions en bonne santé! (Du latin *in gaudio*, en joie, en santé.)

ENGARBIEYRA, v. act. Gerber, entasser les gerbes, en attendant de les battre : *Pouden pas engarbieyra res que balgo, es tout mousles*, nous ne pouvons pas gerber encore, c'est trop humide. (Racine *garbo*.)

ENGARGASSA, v. n. Engouer, embarrasser le gosier; Boucher l'entrée d'une serrure, mêler une serrure : *As engargassado la claou podi pas dourbi*, tu as mêlé la clé, je ne puis pas ouvrir.

Aqui qu'al segouin plat l'aresto d'un coula
Al gousié s'*engargasso* ét m'anabo escana;
Coumençabi deja dé fa pla piétro moïna
Sé m'abiou pas baillat dé patats sur l'esquino
Al risco dé mé fa biroula lé cerbèl,
Eri ségur qu'alors mé cailho cluca l'él. VESTR.

ENGARLANDA, v. act. Guirlander, orner de guirlandes; Décorer, embellir. (Racine *garlando*.)

ENGAROUNA, *voyez* AXIOULA.

ENGARRA, v. n. Estropier, couper, blesser le jarret; Offenser un muscle, un tendon; terme de charpentier, faire un tenon à faux équerre : *Soubente d'engarra aquel tenou*, rappelle-toi de faire ce tenon à faux équerre.

ENGARRANCIT, IDO, adj. Qui a la crampe.

ENGARRAT, ADO, adj. Impotent, te, estropié, perclus : *Es tout engarrat*.

ENGART, s. m. Hangar, espèce de remise ouverte par devant, destinée pour des charriots, pour des charrettes : *Nous sien abrigats xoust l'engart*, nous nous sommes abrités sous le hangar. (Suivant Ducange, du latin *angarium*, lieu où l'on gardait les chevaux de louage, appelés *equi angariales*.)

ENGAVELA, *voyez* ENGABELA.

ENGAXA, v. act. Engage, donner pour assurance; Mettre en gage; Provoquer, commencer; Déterminer, inviter, obliger à...; Obliger à : *Aco's el que m'a engaxat à beni*, c'est lui qui m'a engagé à venir. Terme d'arts, Faire entrer l'un dans l'autre; terme militaire, Enrôler : *S'es engaxat dins lous canoniès*; Il s'est engagé dans les canoniers. (Racine *gaxe*.)

ENGAXA (S'), v. pro. S'Engager, former, contracter un engagement; s'Endetter, s'obliger pour quelqu'un; terme militaire, s'Enrôler : *s'Es engaxat et a pla fayt*, il s'est enrôlé, il a bien fait.

ENGAXANT, TO, adj. Engageant, te, insinuant, attrayant; Qui flatte, attire, engage insensiblement.

ENGAXANTO, s. f. Engageante, espèce de manchettes que portaient les femmes autres fois.

ENGAXOMEN, s. m. Engagement; Ce à quoi on s'est engagé : *Ayci abes l'engaxomen qu'a pres*, voici l'engagement qu'il a pris; Promesse, lien, union qui ôte la liberté : *Aco's un engaxomen dount podi pas me dedire*, c'est un engagement dont je ne me puis pas me dédire; t. milit. Enrôlement,

son prix : *A dexà fricassat soun engaxomen, il* a déjà dissipé son enrôlement.
**ENGIN**, *voyez* ENXIN.
**ENGLANDA**, v. n. Écraser, affaisser.
**ENGLAOUBA**, v. act. Englober, réunir plusieurs choses pour en faire une ; Comprendre dans : *Nous an toutis englaoubas dins la denounço*, nous sommes tous englobés dans la dénonce. (Du latin *inglomerare*.)
**ENGLAZI**, s. m. Effroi, frayeur.
**ENGLOUCADURO**, *Engloutiduro*, s. f. Bosse faite à quelque ustensile de cuivre, d'étain, d'argent.
**ENGLOUTI**, *Englouta*, v. act. Engloutir, absorber, faire disparaître ; fig., Consumer, dissiper ; Bossuer la vaisselle : *Fay attentiou d'englouti pas lou payrol*, fais attention de ne pas bossuer le chaudron. (Du latin *inglutire*.)
**ENGOUA (S')**, v. pro. S'Engouer, prendre, concevoir de l'engouement, un amour, une admiration outrée pour... (Du latin *angere*, serrer.)
**ENGOUFFRA (S')**, v. pro. S'Engouffrer, entrer et se perdre dans... en parlant du vent, des eaux. (Racine *gouffre*.)
**ENGOULA**, *Engouli*, v. act. Engouler, engloutir, avaler goulûment : *B'a agut leou engoulat*, il l'a eu bientôt englouti. (Du latin *in gula*.)

Qu'y troubet dounc? dé frucho é dé frucho d'autouno ;
Mais per malhur, hélas ! touto fousquet pas bouno.
D'un aoubré défendut soliguet un grond mal ;
Dé soun fruit nostré pairé *engoulet* un rétal. PRAD.

**ENGOURDI**, v. act. Engourdir, rendre gourd, comme perclus, sans mouvement, sans sentiment : *Lou frexm'a talomen engourdit que sentissi pas las mas*, le froid m'a tellement engourdi que je ne sens plus les mains.

Qué toun sort aro és tristé, infourtunat peyssou !
Crégués-pas, és bertat, lou croc dé l'omeyçou,
Ni del traïté fiolat los funcstos entrabos,
D'oco sios à l'obri rescoundut dins tos cabos ;
Mais *engourdit* de frech, é faouto d'olimen,
Joust lo bouto dé gel périssés lentomén. PRAD.

**ENGOURDI (S')**, v. pro. S'Engourdir, perdre momentanément le sentiment ; Diminuer d'activité ; Devenir paresseux. (Du latin barbare *gurdus*, qui, chez les auteurs de la basse latinité, signifie *stupide, lent, paresseux*.)
**ENGOURDISSOMEN**, s. m. Engourdissement ; Paresse, lenteur causée par le froid.
**ENGOURGA (S')**, v. pro. Se Boucher, s'embarrasser, en parlant des tuyaux, des conduits, des prises d'eau.
**ENGOURMANDI**, v. act. Affriander, attirer.
**ENGOUYSSA (S')**, v. pro. S'Engouer en mangeant, s'embarrasser le gosier pour n'avoir pas assez mâché, s'étrangler.
**ENGRABA**, v. act. Couvrir de gravier, répandre le gravier ; Enchâsser dans la pierre, dans le bois, un corps, lui faire une place : *Cal engraba aquel pitoun que sourtigo pas brico*, il faut enchâsser ce piton qu'il ne paraisse pas. (Racine *grabo*.)
**ENGRABA (S')**, v. pro. S'Engraver, s'engager dans le sable en parlant d'un bateau : *Nous sien engrabas al mitan de l'aygo*, nous nous sommes ensablés au milieu de la rivière.
**ENGRAGNO**, *Engragnoto, Engronouytho*, s. f. Grenouille, petit animal aquatique. (Du latin *ranuncula*.)

**ENGRANA**, v. act. Engrener, mettre le blé, le grain dans la trémie pour moudre ; Nourrir de grain la volaille ; fig., Engrener, t. de mécan. Faire entrer l'un dans l'autre, en parlant des dents des roues : *Aco n'engrano pas xust*, cela n'engrène pas juste ; Balayer, nettoyer ; t. de pêche, Amorcer le poisson : *Anan engrana*. (Du latin *granum*, grain.)
**ENGRANAL**, s. m. Appât, pâture pour attirer le poisson.
**ENGRANAXE**, s. m. Engrenage ; t. de mécan. Disposition des roues qui s'engrènent : *Ambe un aoutre engranaxe n'aben prou*, un autre engrenage suffira.
**ENGRANO**, *voyez* BALAXO.
**ENGRAOUGNA**, v. act. Érafler, écorcher légèrement, égratigner : *M'a engraougnat*, il m'a égratigné. (Du latin barbare *gratare* ou *ingratinare*.)
**ENGRAOUGNADO**, s. f. Égratignure, légère blessure qui se fait en égratignant.
**ENGRAOUPIGNA**, *voyez* ENGRAOUGNA.
**ENGRAOUPIGNADO**, s. f. Égratignure, griffade de chat : *As atrapat uno brabo engraoupignado*, tu as attrapé une bonne griffade.
**ENGRAOUTADO**, *voyez* ENGRAOUPIGNADO.
**ENGRAVA**, *voyez* ENGRABA.
**ENGRAYS**, s. m. Engrais, fumier, etc., dont on amende les terres ; Ce qu'on donne aux volailles pour les engraisser ; Ce dont on engraisse les cochons, les volailles. (Racine *grays*.)

Otal dé l'Unibers lou mestré piétodous,
Fo plooure d'un nuatgé un *engrais* oboundous. PRAD.

**ENGRAYSSA**, v. act. Engraisser, rendre, faire, devenir gras : *Aben engrayssat un brabe tessou*, nous avons engraissé un gros cochon ; t. d'agric. Rendre fertile par les amendements ; Devenir gras : *Engraysso cado xoun*.
**ENGRAYSSA (S')**, v. pro. S'Engraisser, devenir gras ; fig., Faire de grands profits, s'enrichir : *S'engraysso cado xoun al despens de nous aoutres*, il s'enrichit à nos dépens chaque jour.
**ENGREPEZIT, IDO**, *Agrepezit, ido*, adj. Engourdi, ie, de froid ; Transi de froid : *Es tout engrepezit al cantou d'al fioc*, il est tout engourdi de froid au coin du feu.

Moussu, l'y dis l'oïnat, fosen dol dé lo mairé,
É soulet sens secours oben loïssat lou pairé
*Engrepesit* dé frech, tout occoblat dé mal ;
N'ès béléou d'ouesto houro o soun dorniè bodal. PRAD.

**ENGREPIA**, *voyez* ATTAOULA.
**ENGRIZOLO**, s. f. Lézard gris ; fig., Maigre, chétif. (Racine *gris*, à cause de sa couleur.)
**ENGRUMELA**, v. act. Pelotonner, dévider, réduire en pelotes le fil d'un écheveau, d'une fusée. (Racine *grumel*.)
**ENGRUNA**, v. act. Égrener, faire sortir le grain de l'épi ; Détacher le grain de la grappe : *Lou ben engrunabo pla de matis*, le vent égrenait ce matin ; Émier le pain : *L'as tout engrunat* ; Briser, mettre en pièces ; Rouer de coups ; Dire force prières, force *pater* : *Es ala qu'engruno de paters*. (Racine *gro, grut*.)
**ENGRUNADO**, s. f. Grains de raisins égrenés et tombés par terre sous la souche.
**ENGRUNAYRE**, s. m. Ouvrier, journalier, qui égrène.
**ENGUEN**, s. m. Onguent, médicament d'une consistance molle qui s'applique à l'extérieur.

## ENM

**ENGUEN GRIS**, s. m. Onguent mercuriel contre la gale et toute sorte de vermine.

**ENGUEN DE MITOUN-MITEYNO**, s. m. Onguent de charlatan, qui n'a aucune vertu : *Ba! aco's d'enguen de mitoun-miteyno, se y fa pas be y fara pas mal*, c'est l'onguent de miton-mitaine, s'il ne fait pas du bien, il ne fera pas du mal. (Du latin *unguen*.)

**ENGUERPIT**, voyez ENGREPEZIT.

**ENGULI**, voyez ENGOULA.

**ENGUILHA**, v. act. Enfiler une aiguille ; Dévorer en mangeant ; Débiter un discours. (Racine *guilho*.)

**ENGUZA**, v. n. Duper, leurrer, attraper quelqu'un : *L'a talomen pla enguzat que y'a pas layssat res*, il l'a tellement leurré qu'il ne lui a rien laissé. (Racine *gus*.)

**ENGUZA (S')**, v. pro. S'Acoquiner, fréquenter des gueux.

**ENGUZAYRE**, voyez ENGUZUR.

**ENGUZUR**, s. m. Abuseur, trompeur ; Escroc : *Aco's un enguzur, l'escoutes pas*, c'est un escroc, ne l'écoutez pas.

## ENI

**ENILHA**, voyez ANILHA, NILHA.

## ENJ

**ENJHAOURI**, voyez ENXAOURI

**ENJHINCOUS**, voyez ENXENIOUS.

**ENJHIPA**, voyez XIPA.

**ENJHOUCA**, voyez ENXOUCA, AXOUCA.

**ENJOUCA**, voyez AXOUCA.

## ENK

**ENKIÉ**, voyez CANELIEYRO.

## ENL

**ENLA**, *Enlaï*, adv. de lieu, Tout près ; Là-bas. (Du latin *illàc*.)

**ENLEBA**, v. act. Enlever, lever en haut : *Aco's estat enlebat d'un cop de ma*, cela a été enlevé d'un coup de main ; Ravir, emmener, Emporter par force ; Oter de dessus : *Cal enleba la pèl*, il faut enlever la peau ; Faire disparaître : *Aquel sabou enlèbo toutos las tacos*, ce savon fait disparaître toutes les taches ; Acheter toutes les marchandises à la hâte ; fig., Transporter d'admiration : *Parlabo talomen pla de Nostre Segne que nous a toutis enlebats*, il parlait tellement bien de Notre-Seigneur qu'il nous a tous enlevé. (Racine *leba*.)

Sons douté éro nosent per pourta lou mourtié ;
Car sons opprendissatgé *enlèbet* lou mestié. PRAD.

**ENLIASSA**, voyez ENPAQUETTA.

**ENLOC**, adv. de lieu, Nulle part, en nul endroit. (Du latin *nullo loco*.)

**ENLUZI**, voyez ELLUZI.

## ENM

**ENMANOUTA**, v. act. Emmenotter, mettre les menottes à quelqu'un. (Racine *manouta*.)

**ENMANOUTAT**, ADO, adj. Manchot, e, estropié, privé d'une main, d'un bras ; *Lou recouneysserio, ero enmanoutat*, je le reconnaîtrais, il était manchot. (Racine *ma*.)

**ENMAYSANTI**, v. n. Rendre plus méchant ; Animer, pousser à la vengeance : *Aco's elo que l'en-maysantis*, c'est elle qui le pousse à la vengeance. (Racine *mayssant*.)

**ENMENA**, v. act. Emmener, mener d'un lieu où l'on est dans un autre. (Racine *mena*.)

Pirrhus és couma una ribicyra
Qu'*emmena* razas, pons, peyssièyra,
Mola, moulin è mouliuié,
É tan d'azés que trouvarié. FAY.

**ENMOUNINA (S')**, v. pro. S'Énivrer, boire jusqu'à l'ivresse : *S'ero un bricou enmouninat*, il s'était un peu grisé.

**ENMOURRIALA**, v. act. Emmuseler, mettre une muselière à un chien, à un âne : *Caldra enmourriala lous gouces*, il faudra emmuseler les chiens. (Racine *mourre*.)

## ENN

**ENNAOUÇA**, voyez ENNAOUTA.

**ENNAOUT**, adv. En haut, en un lieu élevé, au-dessus, au sommet. (Racine *naout*.)

**ENNAOUTA**, v. act. Hausser, rendre plus haut, donner plus de hauteur ; Élever, exhausser ; Lever, porter plus haut : *Podes encaro b'ennaouta d'uno cano*, tu peux l'élever encore d'une canne ; Élever la voix, le ton : *N'as pas bezoun de tant ennaouta la bois, te crenti pas*, tu n'as pas besoin de tant élever la voix, je ne te crains pas.

**ENNAOUTA (S')**, v. pro. Se Hausser, s'élever, se mettre plus haut. (Racine *naout*.)

**ENNARC**, *Taoulô*, s. m. Échafaud, assemblage de bois de charpente pour porter les tables sur lesquelles se font les vers à soie.

On suppose à tort que *Ennars* n'a pas de singulier et qu'il s'applique uniquement aux étagères pour l'éducation des vers à soie. Un maçon fait un *ennart* avec deux barriques sur lesquelles il pose une planche : monté dessus, il est *ennaoutat*, pour *ennaltat* ou *ennartat*, trois synonymes dérivés de *in altatus*, exhaussé, élevé sur : *Cal un ennart per arriba à la fenestro*.

**ENNARTA**, v. act. Élever, percher, mettre haut ; Faire voir ; Exposer aux vents ; Mettre en colère : *Me fario ennarta de l'entendre*, il me mettrait en colère de l'entendre raisonner.

Uno gleizeto presque nudo,
Al pé d'un roc es assetudo ;
Touto glouriouso d'*ennarta*,
Mai que la gareno jelouso
Soun biscre benezit, frizat dal ben d'aouta. J.

**ENNASTA**, v. act. Embrocher, mettre à la broche : *Podes coumença d'ennasta la piolo*, tu peux commencer d'embrocher la dinde ; Embrocher quelqu'un, lui passer l'épée à travers le ventre : *L'a ennastat coumo un grapaout*, il l'a embroché comme un crapaud. (Racine *aste*.)

**ENNAYRA**, v. act. Soulever, lever un peu, lever doucement. (Racine *ayre*.)

**ENNAZICA**, voyez DENAZICA.

**ENNEGRA**, v. act. Vêtir de noir, habiller de noir. (Du latin *denigrare*.)

**ENNEGRAT**, ADO, adj. Vêtu, ue, de noir ; fig., s. m. un Prêtre : *Bezés amoun l'ennegrat*, tu vois là haut M. le curé. (Racine *negre*.)

**ENNEGREZI**, v. act. Noircir, rendre noir ; Tacher, barbouiller de noir : *A ennegrezit lou planxé*, il a noirci le plancher.

**ENNEGREZI (S')**, v. pro. Se Noircir, se brouiller en parlant du temps : *Lou tems s'es ennegrezit tout* d'un cop, le temps s'est brouillé coup sur coup. (Racine negre.)

## ENO

ENO, s. f. Haine, passion qui fait haïr; Dégoût, répugnance; Brouillerie, discorde: *A d'eno countro toutes lous de l'oustal*, il a de la haine contre les personnes de la maison. (Du latin *odium*.)

ÉNORME, O, adj. Énorme, excessif en grosseur, en grandeur; fig., Affreux, qui fait horreur. (Du latin *enormis*, fait de *e hors*, et *norma* règle.)

ÉNORMOMEN, adv. Énormément, d'une manière énorme: *Manxo enormomen*, il mange énormément.

ENOURGUYLHI, v. act. Énorgueillir, rendre orgueilleux. (Racine *ourgueil*.)

ENOURGUYLHI (S'), v. pro. S'Énorgueillir, tirer vanité: *Agaxas coussis enourguylhis de ço que porto*, voyez comme elle s'énorgueillit des habits qu'elle porte.

ÉNOURMITAT, s. f. Énormité, atrocité. (Du latin *enormitas*.)

ENOUS, OUZO, adj. Haineux, euse, naturellement porté à la haine; Rancuneux: *Soun toutes fort enouzes, perdounoun pas xamay*, ils sont tous haineux, ils ne pardonnent jamais.

## ENP

ENPALA, *voyez* EMPALA.
ENPALAZOU, *voyez* EMPALAZOU.
ENPAPILHOUTA, v. act. Papilloter, mettre les cheveux dans les papillottes: *L'as pla enpapilhoutado xoube*, tu l'as empapillottée bien jeune. Racine *papier*, parce qu'on s'en sert pour papilloter.)

ENPAQUETA, v. act. Empaqueter, mettre en paquet; Emballer; Serrer; Envelopper: *Aban qu'axen tout enpaquetat*, avant que nous ayons tout empaqueté.

ENPAQUETA (S'), v. pro. S'Empaqueter, se bien envelopper. (Racine *paquet*.)

ENPARA (S'), v. pro. S'Emparer, se saisir d'une chose, s'en rendre maître: *A finit per s'enpara de la carreto*, il a fini par se rendre maître de la charrette; Envahir; occuper *L'aigo a finit per s'enpara dal cami*, la rivière a fini par envahir le chemin; fig., Asservir, dominer, maîtriser: *Lou frex s'es talomen enparat d'el que pouden pas lou rescalfura*, le froid le domine tellement que nous n'avons pu le réchauffer. (De l'espagnol *enparar*, mettre en séquestre.)

ENPASTA, v. act. Empâter, remplir, couvrir de pâte.

ENPASTA (S'), v. pro. S'Empâter, se tacher avec des pâtes; s'Embourber; Manger des aliments pâteux. (Racine *pasto*.)

ENPAXA, *voyez* EMPAXA.
ENPAXOMEN, *voyez* EMPAXOMEN.
ENPEGA, v. act. Empoisser, poisser, enduire, frotter de poix; Attraper quelqu'un: *M'as pla enpegat*, tu m'as bien attrapé; Coller une chose: *B'a nan enpega*. (Racine *pego*.)

ENPEGAT, ADO, adj. Poissé, ée; Attrapé, embarrassé: *Aquel d'aqui se y trobo enpegat*, celui-là s'y trouve embarrassé.

ENPEGNO, s. f. Empeigne, dessus et côtés des souliers.

ENPENAT, ADO, adj. En Peine, embarrassé; Souffrant, douloureux. (Racine *peno*.)

*Aquelo mort benio de ploumba ma pensado :*
*Sabioy dejà, sabioy la bertat enpenado ;*

Plus de jots! plus d'amazomens!
Mous els tant jouyous d'ordinari,
Tristes, pel prumic cop faziou un imbentari
De nostro biello crambo, ouberto as quatre bens. J.

ENPÉOUT, s. m. Empeau, ente en écorce; une Greffe; t. de charp. Pièce ajoutée à une autre: *Metren un empéout al bout*, nous ajouterons par un bout.

ENPÉOUTA, v. act. Greffer un arbre: *Me cal enpéouta de bouno ouro*, il faut greffer de bonne heure; Rempiéter, ajouter un bas: *As pla bezoun d'enpéouta lous debasses*, tu as bien besoin de remplécer les bas; Ajouter une pièce à une autre de trop courte.

ENPERTEZI, *voyez* FOROBIA, FAYRI.

ENPES, s. m. Empois, sorte de colle faite avec l'amidon. (Du bas-breton *ampes*.)

ENPES, s. m. T. de bot. grande Consoude.

ENPESTA, v. act. Empester, infecter de peste, de mal contagieux; Répandre, communiquer une odeur fétide; fig., Débaucher, répandre le mal. (Racine *pesto*.)

ENPETEGA, v. act. Empêtrer, embarrasser. (Racine *petego*.)

ENPETEGA (S'), v. pro. S'Empêtrer, s'embarrasser.

ENPEZA, v. act. Empeser, passer à l'empois; Empeser une pièce sur le métier.

ENPEZAXE, *Empesage*, s. m. Tout le linge qu'on a passé, ou qu'on doit passer à l'empois.

ENPEZAYRO, *Alizayro*, s. f. Femme, fille qui va repasser le linge dans les maisons, ou chez elle.

ENPEZO, s. f. Chas de tisserand, colle faite avec du son bouilli: *l'Enpezo s'agrira bite*, le Chas aigrira vite. (Racine *enpes*.)

ENPIETA, v. act. Empiéter, usurper sur un terrain. (De la prép. *en* dans et de *pied*, mettre les pieds dans.)

ENPIFRA, v. act. Empiffrer, faire manger excessivement.

*On lés boy lé tres may, enpifrats dé bestiso*
*A l'Isaure poufta lour paouro marchandiso.*

ENPIFRA (S'), v. pro. S'Empiffrer, manger avec excès; Devenir très replet: *s'Enpifro de car xuscos al bec*, il s'empifre jusqu'au bec.

ENPILA, *voyez* AMOUNTAYRA.

ENPIRA, v. act. Empirer, rendre pire, le devenir: *Fa pas que touxoun enpira*, il empire toujour. (Racine *piri*.)

ENPIRI, *Enpiro*, s. m. Empire, monarchie puissante et plus grande qu'un royaume; Son étendue; Droit, pouvoir de commander; Autorité, puissance: *A pres fosso enpiri dins l'oustal*, il a pris un grand empire dans la maison. (Du latin *imperium*.)

ENPLAÇOMEN, s. m. Emplacement, place propre à bâtir, à planter: *Aben un superbe enplaçomen*, Nous avons un superbe emplacement. (Racine *plaço*.)

ENPLASTRA, v. act. Appliquer des emplâtres; Donner un soufflet: *L'a enplastrat coumo cal*, il lui a donné un soufflet en règle; Plâtrer, jetter du plâtre comme engrais.

*Emplastras lou surtout d'oquelo limpo grasso,*
*Qué lo plejo en byber dins lo sompo romasso.* PRAD.

ENPLASTRA (S'), v. pro. Se Flanquer, se placer en quelque endroit en incommodant quelqu'un:

*S'es bengut enplastra sur ma carreto*, il s'est venu fourrer sur ma charrette; Faire une visite peu agréable, ennuyeuse.

Car aici la souben qué se y'és *enplastrado*
Bous y'a tranquilomen passat l'aprep dinnadô. D.

**ENPLASTRE**, s. m. Emplâtre, médicament externe, solide, glutineux, se ramollissant par la chaleur et adhérant à la partie sur laquelle on l'applique : *Metras un enplastre de pego de boulougno*, tu mettras un emplâtre de poix de bourgogne ; fig., Personne infirme, malsaine, incapable d'agir : *N'es pas qu'un enplastre*, ce n'est qu'un emplâtre. (Du grec *emplastron*.)

**ENPLASTRE**, *Birogaout*, s. m. Soufflet violent : *Y'a baylat un enplastre*; Elle lui a donné un violent soufflet.

**ENPLEGA**, v. act. Employer, mettre en usage, se servir de....; Donner de l'ouvrage, de l'occupation : *Beni beze se bouldriés m'enplega*, je viens voir si vous voudriez m'employer ; Piler, empiler la brique crue. (Du latin *implicare*.)

Moussus, garda-bou-lo ! digun nou la domando
A bostro jouyno francimando !
D'amb'elo boulen fa counechenso, aco prou.
Oh ! bou la parlara lou puple ; ensegnas-lou !
Employas per acos, cinq, siès, ans de sa bito !
Aouro dios lengos el, las prendra per moumens;
L'uno pel sans faysous, l'aoutro pel la bizito
Coumo bous aous fazés dé dus habillomens. J.

**ENPLEGA (S')**, v. pro. S'Employer, s'occuper, s'appliquer à.... *Proumeti de m'enplega per lou trayre de peno*, je promets de m'employer pour le tirer de peine.

**ENPLENA**, v. act. Emplir, rendre plein ; Remplir, combler : *Gna pas prou per enplena lou sac*, il n'y en a pas assez pour remplir le sac. (Du latin *implere*.)

**ENPLÈTO**, *Anplèto*, s. f. Emplette, achat de marchandises, ces marchandises : *Bous boli moustra mas enplètos*, Je veux vous montrer mes emplettes. (Du latin *impleta*, fait du verbe *implere* emplir ; parce que les marchands emplissent leurs magasins de marchandises. Morin.)

**ENPLOUYA**, voyez ENPLEGA.

**ENPLOUYAT, ADO**, s. m. f. Employé, ée, celui qui a un emploi ; Commis de bureau. (Du latin *implicatus*.)

**ENPORTOMEN**, s. m. Emportement, colère : *Es dins un grand enportomen*, il est dans une grande colère. (Racine *pourta*.)

He bé, tenés anfin, sans cap d'*enportomen*
Dounas l'esplicatiou d'aisso tant soulomen. D.

**ENPORTO-PEÇO**, s. m. Emporte-pièce, instrument pour découper et qui emporte la pièce : *Faras ambe l'enporto-peço*, tu feras avec l'emporte-pièce.

**ENPOUGNA**, v. act. Empoigner, prendre et serrer avec les mains ; Arrêter quelqu'un : *L'a enpoughat lestomen*, il l'a empoigné lestement. (Racine *pougno*.)

**ENPOULA (S')**, v. pro, Se faire des ampoules aux mains pour avoir trop travaillé : *Agaxo de t'enpoula pas las mas*, vois de ne pas trop travailler. (Racine *enpoulo*.)

**ENPOULAT, ADO**, adj. Ampoulé, ée ; Enflé, en parlant du style.

**ENPOULO**, s. f. Ampoule, cloche, petite enflure pleine d'eau qui survient à la peau : *Ey uno enpoulo à la ma*, j'ai une ampoule à la main. (Du latin *ampula*.)

**ENPOUPINA**, v. n. Assourdir, fatiguer, ennuyer par ses paroles : *M'a enpoupinat touto l'aprepdinnado ;* elle m'a assourdi toute l'après-dîner.

**ENPOURTA**, v. act. Emporter, enlever, ôter d'un lieu : *Lou ben a enpourtat lou paliè*, le vent a emporté toute la paille ; Porter dehors ; Entraîner, arracher, enlever : *L'aygo a enpourtat la terro dal trabès*, la pluie a emporté la terre du côteau ; Emporter avec effort, rapidité, violence ; Jeter l'âme dans un excès, en parlant d'une passion : *La coulèro la n'enpourtat*, la colère l'a emporté ; Peser d'avantage : *Aqueste ba n'enporto*, celui-ci pèse davantage. (Du latin *asportare*.)

**ENPOURTA (S')**, v. pro. S'Emporter, se livrer, s'abandonner à de violents mouvements de colère : *A tout moumen s'enporto per res*, à chaque moment il s'emporte de rien.

**ENPOUXA**, v. act. Empocher, mettre en poche avec empressement, avidité : *Bite b'a enpouxat sans que ba bexèssen*, vite il l'a empoché sans que nous le vissions. (Racine *poxo*.)

**ENPOUYLA**, voyez ENROUSSA.

**ENPOUYZOUNA**, v. act. Empoisonner, donner du poison pour tuer, ou pour altérer le tempérament; Faire mourir par le poison : *Aquèles campayrols lous an enpouizounats*, ces champignons les ont empoisonnés ; Répandre une odeur fétide, morbifique.

Coussi ! vous siés *empouyzounada* :
Yé diguét Annéta estounada;
Oh,, ma chéra sore ! pardi
Aoumen mé dévias averti.
Per vostré entaramen ; pécayre !
Seray pas déman, sans afayre.
Pardine, mourissés pus plan ;
Dounas-mé dous jours ; car, véjan,
D'abord faou croumpa dé candélas
È lous curas las aimoun bélas....
Quan doubaren per l'oufranda ?...
Véze la despénça for granda;
Car, coumo s'és dé boun oustaou,
Faou bé fa sourti l'espitaou,
Lou drap dé mor, la babaraouda,
Jamay la plaga nou sé saouda
Qué noun yé crachen cent escus :
Counla sus mén és un abus ;
É counvénès, ma chéra Eliza,
Qu'avez fach una grand'soutiza....
Qué dé laguis mé dounas !...
Qué diaouça, vous *empouyzounas* !...
Ah, foucha! oubildave lous classes,
Qué dé costis ! qué dé tracassés!

Fav.

**ENPOUYZOUNA (S')**, v. pro. S'Empoisonner, se tuer, se faire périr par le poison. (Racine *pouysou*.)

**ENPOUYZOUNOMEN**, s. m. Empoisonnement ; Action d'empoisonner.

**ENPOUYZOUNUR**, s. m. Empoisonneur, celui qui empoisonne ; par extension, Mauvais cuisinier ; Pharmacien : *Aco's un fi enpouyzounur*, c'est un fin empoisonneur.

**ENPRENE (S')**, v. n. S'Allumer, s'enflammer. (Racine *prene*.)

**ENPRENTO**, s. f. Empreinte, impression, marque : *L'enprento se bey encaro*, la marque se voit encore. (Du latin *impressio*.)

**ENPRESSA (S')**, v. pro. S'Empresser; Agir avec un zèle actif; Se donner beaucoup de mouvement : *S'empresset de lou beni beze*, il s'empressa de venir le voir. (Racine *pressa*.)

**ENPRESSOMEN**, s. m. Empressement, hâte de faire; Soins empressés : *A mes un grand enpressomen à beni lou counsoula*, il a mis un grand empressement à venir le consoler.

**ENPREZURA**, v. n. Faire cailler le lait.

**ENPRIEYSSA (S')**, v. pro. S'Empresser, agir avec diligence.

**ENPRIZOUNA**, v. act. Emprisonner; Mettre en prison; Obstruer la vue : *Nous abez pla enprizounats*. (Raciae *prisou*.)

**ENPRIZOUNOMEN**, s. m. Emprisonnement, action d'emprisonner, état d'une personne en prison : *L'enprizounomen, es ço que y'es pus amargant*, la prison, est ce qui lui est le plus amer.

**ENPRUNT**, s. m. Emprunt, action d'emprunter; Somme empruntée : *A calgut que faguesso un emprunt*, il a dû faire un emprunt.

**ENPRUNTA**, v. act. Emprunter, demander et recevoir un prêt : *Boli enprunta per paga la berquieyro*, je veux emprunter pour payer la dot. (Du latin barbare *emprestare*.)

**ENPUDISSINA**, v. act. Empuantir, infecter, répandre, communiquer une mauvaise odeur. (Racine *pudi*.)

**ENPUZA**, *Entuza*, v. act. Attiser le feu, approcher les tisons : *Enpuzo l'asclo*, Approche la bûche.

### ENQ

**EN QUE**, adv. En quoi, de quelle manière.

D'eles nou boules pas que yeou siogo xalous?
Sou fort pla reçapiuts : *en que soui pus urous*?    D.

**EN QUE**, adv. A la place, dans le cas : *S'eri en que el, bendrio per paga*, si j'étais à sa place, je vendrai pour payer.

**ENQUIET, O**, adj. Inquiet, te; Qui a de l'inquiétude, de l'agitation, du trouble : *Sabi pas qu'a, mais es enquiet*, je ne sais ce qu'il a, mais il est inquiet; Mécontent de sa position; Remuant. (Du latin *inquietus*.)

**ENQUIETA**, v. act. Inquiéter, donner de l'inquiétude, rendre inquiet : *Aquel maynaxe l'enquieto fort*, cet enfant lui donne bien de l'inquiétude; Chagriner, troubler dans la possession, l'exécution: *Aro qu'ey coumençat de basti, lou bezi ben m'enquieta*, à présent que j'ai commencé de bâtir, le voisin vient me troubler. (Du latin *inquietare*.)

**ENQUIETA (S')**, v. pro. S'Inquiéter, se donner de l'inquiétude, se mettre en peine de...; se Mettre en colère.

É per él sièguet venduda
A l'Angiés per un paou d'or! —
É Charlés qué la perduda
S'enquieta pas dé soun sor! —
Ah! dins la natiou francéza,
Lou bénfach del poplé péza
Sus lou cor ingrat d'un rèy !
Sé lou poplé ayma la glouèra,
Lous rèys, après la victouèra,
Perdou léon d'él la memouèra;
Encara acos hioy se vey !!!    Peyr.

**ENQUIETOUS**, *Izagnous*, adj. Inquiet; Facile, porté à s'inquiéter : *Es fort enquietous*, il est porté à s'inquiéter. (Du latin *inquietus*.)

**ENQUIETUDO**, *Izagno*, s. f. Inquiétude, trouble de l'âme causé par l'incertitude, la crainte, les passions; Impatience; Agitation d'esprit: *l'Enquietudo qu'a l'enpaxo de dourmi*, l'inquiétude qu'il a lui enlève le sommeil. (Du latin *inquietudo*.)

**ENQUIQUIRICA (S')**, v. pro. Se percher, en parlant du coq qui se perche en chantant.

### ENR

**ENRACA**, voyez Enfaléna.

**ENRACINA (S')**, v. pro. S'Enraciner, prendre racine : *Aques albres se sou pla enracinats*, ces arbres se sont bien enracinés. (Racine *racino*.)

**ENRACINAT, ADO**, adj. Enraciné, ée; fig., endurci dans le mal; Attaché à une chose.

Mais touxoun, malgré yeou, bous ei dins la pensado,
Perçoqué dins moun cor siés trop *enracinado*.    D.

**ENRAMELA**, v. act. Couvrir, orner de feuilles, de fleurs : *An enramelat lou daban de l'oustal*, on a orné de guirlandes le devant de la maison. (Racine *ramel*.)

**ENRAOUCA (S')**, *Enraouquezi*, v. pro. S'Enrouer, devenir rauque : *Me souy enraoucat yer al ser*, je me suis enroué hier au soir. (Racine *raouc*.)

A canta lou printems té siòs miex *enraoucado*.    Prad.

**ENRAOUCOMEN**, s. m. Enrouement.

**ENRAOUMASSA (S')**, v. pro. S'Enrhumer, gagner un rhume : *S'es talomen enraoumassado que pot pas parla*, elle s'est tellement enrhumée qu'elle ne peut pas parler. (Racine *raoumas*.)

**ENRAOUMASSAT, ADO**, adj. Enrhumé, ée; Souffrant d'un rhume.

Mais parlen dal fumet dé tout aquélis plats,
Farian missa las xens lous pus *enraoumassats*.    D.

**ENRAXA**, *Enrajha*, v. n. Enrager, être saisi de la rage; Être saisi de colère contre...

Tout aco nous cal fa, noun pas lous autratgia,
Et d'aquelo fayssou lous faren *enratgia*.    A. G.

**ENRAXA (S')**, *S'enrajha*, v. pro. S'Enrager, faire violence, s'inquiéter : *Caldrio poude s'enpaxa de s'enraxa*, il faudrait pouvoir s'empêcher de s'inquiéter. (Racine *raxo*.)

**ENRAYA**, v. act. Enrayer, garnir une roue de rais : *Anan tout dé suito enraya bostros rodos*, tout à l'heure nous allons enrayer vos roues; Enrayer une charrette, une voiture, autrefois, avec une barre qu'on mettait sur le moyeu de la roue et qu'on attachait par les deux bouts au limon de la charrette, de sorte que ce fort frottement enrayait; aujourd'hui on fait plus facilement et plus vite avec une mécanique qui enraye les deux roues à la fois: *Aouren bezoun d'enraya*; fig., s'Arrêter, mettre un terme; Aller plus doucement : *Abio bezoun d'enraya*. (Racine *rays*.)

**ENRAYADOU**, s. m. Chantier pour enrayer les roues.

**ENRAZA**, v. act. Faire affleurer une porte, etc., avec la muraille, afin qu'il n'y paraisse point d'enfoncement : *Aco's pla enrazat*, c'est bien affleuré. (Racine *ras*.)

**ENRAZOMEN**, s. m. État de ce qui affleure bien, qui est du même niveau : *Aquel enrazomen n'es pas xust*, Cela n'affleure pas juste.

**ENREGA**, v. act. Enrayer, tracer des raies, des sillons avec la charrue, ou tout autre outil comme font les jardiniers : *A dexa enregat uno taoulo per planta de salado,* il a déjà enrayé une planche pour planter la salade. (Racine *rego.*)

**ENRESSA**, voyez ENCOURDA.

**ENRESTA**, v. act. Enfiler, corder, tresser des oignons, de l'ail : *Nous cal enresta las cebos, l'al,* il nous faut corder les oignons, l'ail. (Racine *rest.*)

**ENREXI**, v. act. Enrichir, rendre riche : *Aco's soun saoupre-fa que l'a enrexit,* c'est son savoir-faire qui l'a enrichi.

**ENREXI (S')**, v. pro. S'Enrichir, devenir riche : *S'es pla enrexit bite,* il s'est enrichi vite. (Racine *rixe.*)

**ENREXIMENTA**, v. act. Enrégimenter, incorporer dans un régiment. (Racine *reximen.*)

**ENREXISTRA**, v. act. Enregistrer, mettre, porter sur un registre pour rendre plus authentique : *Bite cal ana ba fayre enrexistra,* il faut vite le faire enregistrer. (Du latin *registrare.*)

**ENREXISTROMEN**, s. m. Enregistrement, action d'enregistrer : *Encaro l'enrexistromen n'es pas fax,* l'enregistrement n'est pas fait; Transcription d'un acte dans un registre pour en constater l'authenticité; Impôt sur les actes ; Administration, bureaux pour cette recette: *Cal ana à l'enrexistromen abey, dema serio trop tart,* je dois aller aujourd'hui à l'enregistrement, demain je n'y serai plus à temps. (Racine *enrexistra.*)

**ENREYLHA**, v. act. Blesser avec le soc de la charrue les pieds des bœufs, des vaches, ce qui arrive quand la flèche est courte, ou que les bœufs reculent trop : *L'ey enreylhat as dous pès,* tu l'as blessé des deux pieds.

**ENREYLHAT, ADO**, adj. Engourdi, ie; Endormi : *As l'aire tout enraylhat,* Tu as l'air tout endormi.

**ENRIBANTA**, v. act. Enrubaner, orner de rubans; Attacher des rubans : *Aben enribantat lou pixou mulèt,* nous avons orné de rubans le petit mulet. (Racine *riban.*)

**ENROLLOMEN**, s. m. Enrôlement; Action de s'enrôler; Acte qui le constate : *A l'enrollomen dins sa poxo,* il a l'enrôlement dans sa poche.

**ENROULLA**, v. act. Enrôler, mettre sur les rôles des gens de guerre ou de mer.

**ENROULLA (S')**, v. pro. S'Enrôler, se faire soldat; se faire recevoir dans une société. (Racine *rolle.*)

**ENROUMEGA**, v. pro. Se Prendre, se blesser dans les ronces : *Me souy pla enroumegat las cambos,* les ronces m'ont bien blessé les jambes. (Racine *roume.*)

**ENROUNZA**, voyez ENROUMEGA.

**ENROUSSA**, v. act. Mal monter quelqu'un, le pourvoir d'une rosse de cheval. (Racine *rosso.*)

**ENROUXA**, v. act. Habiller de rouge, Teindre en rouge : *T'an be pla enrouxat, paoure pixou !* on t'a bien habillé de rouge, pauvre petit!

**ENROUXAT**, s. m. Fig., un Gendarme ou soldat : *Ayci lous enrouxats,* voici les gendarmes. (Racine *rouxe.*)

**ENROUZOULA (S')**, v. pro. S'Exposer à l'humidité, à la fraîcheur de la nuit; fig., et par ironie, se Lever tard du lit. (Racine *ros* ou *rouzal.*)

## ENS

**EN-SA**, adv. De ce côté, devers soi.

**EN-SA-BAL**, adv. De nos côtés, dans nos environs : *En-sa-bal toutis se portoun pla,* chez nous, tous se portent bien.

**ENSABLA**, voyez ENSAPLA.

**ENSACA**, v. act. Ensacher, mettre dans un sac; Presser, entasser, on secouant un sac pour qu'il contienne davantage : *Ensacas un paouc per que tout y dintre,* pressez assez pour que tout y entre. (Racine *sac.*)

**ENSACA (S')**, v. pro. Faire effort pour entrer dans un habit, un pantalon : *A calgut s'ensaca un quart-d'ouro,* il a fallu un quart-d'heure pour entrer dans son pantalon.

**ENSACADOUYRO**, s. f. Garot de meunier pour ensacher la farine en la foulant dans les sacs.

**ENSAI**, voyez ENSA.

**ENSALADIE**, *Saladié*, s. m. Saladier, plat ou jatte où l'on met la salade. (Racine *salado.*)

**ENSALADO**, *Salado*, s. f. Salade, mélange de certaines herbes assaisonnées avec d'huile, du vinaigre et du sel : *Uno bouno salado et de milhas frex per gousta,* une bonne salade et de la millasse pour goûter. (Du latin *sal,* sel qui est un des apprêts de ce mets.)

**ENSANGLANTA**, *Ensannouzi*, v. act. Ensanglanter, remplir de sang, souiller de sang. (Racine *sang.*)

**ENSANGLANTA (S')**, v. pro. S'Ensanglanter, se souiller de sang; se Couper, se déchirer et se salir de sang : *Te sios tout ensanglantat per lous separa,* pour les séparer tu t'es tout ensanglanté.

**ENSAPLA**, v. act. Ensabler, faire échouer sur le sable une barque; Répandre du sable dans les carrières d'un jardin, les promenades d'une ville : *Oungan caldra ensapla toutos las carrièros de l'ort,* il faudra sabler, cette année, les carrières du jardin. (Racine *saple.*)

**ENSAX**, s. m. Essai, épreuve qu'on fait de quelque chose; Expérience : *Boli fa un ensax, à l'azart,* je veux faire un essai, au hasard. (De l'italien *assagio.*)

**ENSAXA**, v. act. Essayer, éprouver une chose, en faire l'essai : *Nous cal ensaxa aquel xabal, beyren se poudem n'oun acoumouda,* il nous faut essayer ce cheval, nous verrons si nous pouvons nous en accommoder. *Boli ensaxa de me leba tout soul,* Faire tentative, efforts. (De l'italien *assaggiare.*)

Crezi qu'aquel secret bous serbirio pas gayré,
Poudés poun b'*ensaxa*, coumenças de ba fayré.   D.

**ENSAXA (S')**, v. pro. S'Essayer, s'éprouver, tenter : *Me soui ensaxat de manxa,* j'ai essayé de manger.

**ENSEBELI**, v. act. Ensevelir, envelopper dans un drap un corps pour le mettre en terre. (Du latin *sepelire.*)

**ENSEDA**, v. act. Terme de cordonnier; Ensoyer, attacher la soie de cochon au bout du fil qu'on emploie pour coudre le soulier : *N'as pas ensedat coumo cal,* tu n'as pas ensoyé comme il faut. (Racine *sedo.*)

**ENSEMBLE**, *Ensen*, adv. Ensemble, l'un avec l'autre, les uns avec les autres. (Du latin barbare *insimul.*)

**ENSERIO**, voyez EMBEXO.

**ENSEYGNA**, v. act. Enseigner, instruire, donner à quelqu'un des lumières, des connaissances qu'il n'avait pas : *L'a calgut enseigna de tout,* il a fallu lui tout enseigner; Faire connaître. (Suivant Saumaise, du latin *insinnare,* Insinuer, suggérer : Suivant d'autres, du latin barbare *insignare,* comme qui dirait *signa dare.*)

Et per nous pla vengia d'un maissant enemic,
Cal fa coumo disec Diogenes lou Cynic.

ENS ENT 193

Un jour un li disec : « *Ensenio-me* la sorto
Dé mé poudé vengia d'un qu'embégio mé porto ? »
Diogenes li disec : « Nou li digos poun mal
Mas regardo tout-jour dé viouré coumo cal. »       A. G.

**ENSEYGNO**, s. f. Enseigne, marque, indice, servant à faire connaître quelque chose ; Tableau que l'on attache à la porte d'un marchand, d'un aubergiste : *Pourbu que bexo l'enseigno, rai*, pourvu qu'il voit l'enseigne, c'est assez ; prov. Avec connaissance et sur de bonnes preuves, de bonnes raisons : *Soui bengut à bouno enseigno*. (Du latin *insigne, de signum*.)

**ENSEYGNOMEN**, s. m. Enseignement, action, art d'enseigner ; Profession, condition de celui qui enseigne.

**ENSEYLHA**. v. act. Planter de petits jalons dans un champ pour tracer des sillons bien droits ; Indiquer où doivent être ces sillons avant de semer.

**ENSEYLHÉ**, s. m. T. de charp. Pied droit, support sous une poutre : *Aqui cal un poulit enseylhé*, là il faut un bon support.

**ENSI**, adv. Ainsi, de cette manière, de cette sorte ; Par conséquent ; C'est pourquoi : *M'as mentit, ensi te crezi pas mayt*, tu m'as menti, je ne te crois plus. (Suivant Ménage du latin *insic*.)

*Ensi* sé mé crezés serés pla pus moudesto,
Sur de caousos qu'aici l'an pas hounou dé resto.     D.

**ENSOUCA**, v. act. Placer le mouton d'une cloche. (Racine *souc*.)

**ENSOUCOMEN**, *Ensoucadou*, *Souc*, s. m. Le mouton d'une cloche ; Aideau, pièce de bois placée en travers des ridelles pour élever la charge au-dessus du limonier : *Serco un fort ensoucomen per blassa pas la bestio*, cherche un fort aideau pour ne pas blesser la bête. (Racine *souc*.)

**ENSOULPRA**, v. act. Ensoufrer, enduire de soufre, soit la chenevotte, soit de petits morceaux de bois pour allumer une chandelle, une lampe : *Nous cal ensoulpra de luquets*, il nous faut ensoufrer les allumettes. (Racine *soulpre*.)

**ENSOURCELA**. v. act. Ensorceler, donner par un prétendu sortilège ou maléfice, une maladie extraordinaire ou de corps ou d'esprit ; Jeter un sort sur quelqu'un : *Calqu'un m'a ensourcelat*, quelqu'un m'a jeté un sort dessus. Fig., Inspirer un violent amour : *Sios ensourcelado, y'a pas de miéx*, tu es ensorcelée, il n'est possible autrement. (Racine *sort*.)

Digo-mé coussi fas per abé tant dé lengo,
Per nous *ensourcela* dé tous poulidés cants
Per qu'un anxo prenaout sur sas alos te prengo
Et té mostré à la terro entourat dé diamants.
                                                      A. B.

**ENSOURCELAYRE**, s. m. Celui qui ensorcelle.

**ENSOURCELOMEN**, s. f. Ensorcellement, action d'ensorceler ; Son effet ; Maléfice, charme ; Enchantement. (Racine *sourcelèxe*.)

**ENSOURDA**, v. act. Faire une ruilée, ou passer un filet de mortier à l'endroit où un toit s'appuie à un mur plus haut, et qui empêche l'eau de s'introduire entre ce mur et le toit : *Cal pla ensourda countro la murayilho*, il faut faire la ruilée bien contre la muraille.

**ENSOURDOMEN**, s. m. Enfaîtage, ruilée enduit de mortier qui assujétit les tuiles faîtières et jette l'eau sur le toit. *A bezoun d'un boun ensourdomen*, cela a besoin d'un bon enfaîtage.

**ENSOUSSINA** (S'), v. n. Se mettre en souci, se mettre en peine : *Me soui pla ensoucinado per tu*, je me suis mise bien en peine pour toi. (Racine *souci*.)

**ENSOUVENI** (S'), voyez SOUBENI (SE).

**ENSUYTO**, adv. Ensuite, après, à la suite de...

ENT

**ENTA**, voyez ANTA.
**ENTA**, voyez L'EMBIROU (A).
**ENTABELA**, voyez ATABELA.
**ENTALOUSSA**, v. act. Embarrasser, arrêter, ralentir dans la course : *L'as pla entaloussat*, tu l'as bien embarrassé.

**ENTANCHA**, voyez ALENTI.

**ENTAOULA** (S'), v. pro. S'Attabler, se mettre à table, pour y demeurer longtemps, pour jouer : *Se sou entaoulats xuscos miéxo neyt*, ils se sont attablés jusqu'à minuit. (Racine *taoulo*.)

Dé soun mestre *entaoulat* qué fo croqua los dents,
Marquo deys uels, del nas toutés lous moubéments.
                                                     PRAD.

**ENTARRA**, voyez ENTERRA.

**ENTAYLHA**, v. act. Entailler, faire une entaille dans une pièce de bois, pour y en emboîter une autre : *Entaylho bo miéx à miéx*, entaille à demi bois. Enchasser un corps dans un autre : *Bous cal entaylha aquel bouloun dins la peço*, il faut enchasser ce boulon dans la pièce. (Du latin *intaliare*.)

**ENTAYLHO**, s. f. Entaille, coche faite dans une pièce de bois pour y emboîter une autre ; Coupure dans les chairs : *Me souy fax uno brabo entaylho*, Je me suis fait une forte entaille ; Outils dont se servent les menuisiers pour contenir certains ouvrages : *Me cal fa ambe l'entaylho*. (Racine *entaylha*.)

**ENTELETA**, v. act. Entoiler un drap, le mettre sous toile : *Benen de fini d'enteleta*, nous venons de finir d'entoiler. (Racine *telo*.)

**ENTEMENA**, v. act. Entamer, faire une petite déchirure, une petite incision : *Bas entemenat de dous coustats* ; Tu l'as entamé de deux côtés ; Oter une petite partie d'un tout : *A entemenat d'entemena lou paouc qu'abio*, il a commencé de manger son capital ; Commencer : *A entemenat un afa que lou menara len*, il a commencé une affaire qui le menera loin. (Du grec *entéméin*, tailler, couper, fait d'*en* dans, et de *temnéin*, couper.)

Nou foou pas coumo bous qué pertout ount anas
D'abord mé siés dessus, aqui m'*enteménas*.     D.

**ENTEMENOU**, s. m. Entame, premier morceau coupé d'un pain : *Dounas me l'entemenou per gousta* ; Donnez-moi l'entame pour goûter.

**ENTENDOMEN**, s. m. Entendement ; Sens, jugement : *Crezi que n'a pas cap d'entendomen*, je crois qu'il n'a aucun sens.

**ENTENDRE**, v. act. Entendre, recevoir l'impression des sons par l'organe de l'ouïe ; Prêter l'oreille et prendre la patience d'écouter : *M'a calgut entendre toutes y'ours razous*, j'ai dû entendre toutes leurs raisons ; fig., Comprendre, concevoir en son esprit : *Podi pas entendre ço que bolou*, je ne puis pas comprendre ce qu'ils veulent ; Savoir la signification ; Assister aux offices de l'église : *Anan entendre la messo grando*, nous allons assister à la grand'messe. (Du latin *intendere*.)

**ENTENDRE** (S'). v. pro. S'Entendre, se comprendre en parlant des personnes, pouvant être facilement compris en parlant des choses; s'Entendre à.. Se connaître à quelque chose : *S'enten pla à bendré*, elle se connaît à vendre; Être d'intelligence avec, d'accord, agir de concert avec un autre : *S'entendou coumo de boulurs en fieyro*, ils s'entendent comme des larrons en foire; Se comprendre mutuellement : *Nous entenden fort pla*.

ENTENDU (BIEN) adv. Bien entendu, sans doute, assurément : *Bien entendu que bendras touxoun*, tu viendras toujours, bien entendu.

ENTENDUT, UDO, adj. Entendu, ue, habile, capable, suffisant : *Aco's un ome fort entendut dins la partido*, c'est un homme entendu dans la partie.

ENTERADO, voyez ENTERROMEN, CONVOY.

ENTERRA, *Entarra*, v. act. Enterrer, inhumer, mettre en terre un corps mort; Enfouir, cacher, déposer dans la terre; Survivre à quelqu'un; fig., Butter la salade pour qu'elle blanchisse : *Cal ana enterra de barraqueto*, il faut aller butter l'escarole. (Racine *terro*.)

*S'en ana biouré souls, aco's un tristé sort :*
*On nou s'enterro pas abant qué d'estré mort.*   D.

ENTERRAYRE, *Toumbassié*, s. m. Fossoyeur, celui qui fait les fosses pour les morts, qui les enterre.

ENTERROMEN, *Entarromen*, s. m. Enterrement, convoi funèbre : *An fax un bel entarromen à n'aquel moussu*, on a fait un bel enterrement à ce monsieur.

Sé.... quan diriés *d'entéramens*,
Despioy qué tus as rendut l'ama
Qu'a fach lou curat dé Pergama?
A paou-près devigna.... el pas mot;
Mais lous jols luzens couma un chot
Qué vous ficsa dins las ténèbras
Après cent grimaças funèbras,
« Vay, mé crida, fil dé Venus
Vay Troïa é Prian soun perdus. »   FAV.

ENTESTA, v. n. Entêter, faire mal à la tête, par des vapeurs, des odeurs : *Aquelo sentou m'a entestat*; Cette odeur m'a entêté. (Racine *testo*.)

ENTESTA (S'), v. pro. S'Entêter, s'opiniâtrer, s'obstiner, se prévenir : *Angos pas t'entesta à n'aco*, ne vas pas t'opiniâtrer à cela.

ENTESTEZIT, adj. Abougri, avorté.

ENTIÉ, EYRO, adj. Entier, ière, complet; Qui a toutes ses parties; Obstiné, opiniâtre : *Es entié coumo un xabal*, il est opiniâtre comme un cheval; Cheval, âne qui n'est pas hongre, châtré : *Aquel xabal es entié*. (Du latin *integer*.)

ENTIÈYROMEN, adv. Entièrement, totalement, en entier, tout-à-fait.

ENTILIOS, voyez DENTILIOS.

ENTIMOUNA, v. n. S'Enivrer, boire plus qu'il ne faut : *Crezi qu'as un brico entimounat*, je crois que tu as un peu bu.

ENTINDOUNA, v. act. Engerber, mettre des barriques sur les chantiers : *Agaxas de pla entindouna*, voyez de bien engerber les barriques.

ENTINNA, v. act. Encaver la vendange, etc.

ENTIPOUNA, voyez ENPIFRA.

ENTONCHA, voyez SUTTA.

ENTORSO, s. f. Entorse, distension violente et subite, des nerfs, d'une partie, surtout du pied. (Du latin *intorqueo*, je tords.)

ENTOUCON, voyez ENDACON.

ENTOUNA, v. act. Entonner, chanter le commencement d'un air, les premières paroles d'une hymne, etc.; Boire beaucoup : *Aquel oubrié aymo d'entouna*, cet ouvrier-là aime à boire. (Racine *toun*.)

ENTOUNATIOU, s. f. Entonation, action, manière d'entonner en plain-chant. (Du latin *intonatio*.)

ENTOUPINA, v. act. Mettre au pôt, dans un pôt.

ENTOUPINA (S'), v. pro. Se couvrir trop, par trop de précaution : *Te sios be pla entoupinat*, tu t'es trop couvert.

ENTOUR, s. m. Entour, environs, circuit; fig., société intime : *B'a coumunicat à sous entours*, il l'a communiqué à ses voisins; adv. A l'entour, aux environs ; *A l'entour de nadal bendrés querre l'arxen*, aux environs de la Noël vous viendrez chercher l'argent. (Racine *tour*.)

Perçoqué y'a dé xens qu'an per yeou qu'alqu'amour,
Qué lous bezés rouda souben à moun *entour*,
Qué bous lous aimariés, mais que cap nou s'en xaouto,
Diguas-mé, sé bous plaai, s'aqui y'a dé ma faouto.
   D.

ENTOURA, v. act. Entourer, ceindre, environner; fig., Former le cortège, la société; se Réunir, s'empresser au tour de quelqu'un : *On l'ou trobo entourat d'uno troupo de maynaxes*, on le trouve entouré d'une troupe d'enfans.

ENTOURA (S'), v. pro. S'Entourer, rassembler, réunir autour de soi : *Se cal touxoun entoura de brabos xens*, il faut toujours s'entourer de braves gens. (Racine *tour*.)

ENTOURNEXA, voyez ENTOURA.

ENTOURTIBILHA, *Entourtoubilha*, *Entourtilha*, v. act. Entortiller, entrelacer; Tordre quelque chose : *Entourtibilho un manat de paylho per tampa la catougnèyro*, tords une poignée de paille pour fermer la chatière. (Racine *tour*.)

Las dos couloubras qué l'aouzissoun,
Yé saoutoun dessus, lou sezissoun ;
Uña lé fay lou tour d'aou col,
L'aoutra, d'un cop dé quoueta à l'iol,
Yé foun las parpèlas è l'ussa ;
S'uña lou mor, l'aoutro lou sussa,
É toutos dos, dessus sas cars,
Travaïoun couma dous Cezars,
En bas, en naou, l'*éntourtouv toun*,
É tan lou saroun, tan lou bifoun,
Qu'anfin pot pas pus boulega.
El sóunja adoun dé las préga
Qué finigoun soun badinaje :
« M'escourjas, ié fay, lou vizaje,
M'éstoufas; fi, dé qué fazés?
Ancn, foullira, finissés...
Foucha ! per dé bélas vipéras
Aco soun dé sotas manièras. »   FAV.

ENTOURTIBILHA (S'), v. pro. S'Entortiller, s'attacher à... : *Lous fabouns s'entourtibilhou al mil*, les haricots s'entortillent aux pieds du maïs.

ENTOUZIASMA, v. act. Enthousiasmer, charmer, ravir en admiration : *Nous a toutes entouziasmats per sa saxesso*, il nous a tous enthousiasmé par sa sagesse.

ENTOUZIASMA (S'), v. pro. S'Enthousiasmer, devenir enthousiaste; se Prévenir aisément et fortement; Devenir admirateur outré, visionnaire. (Racine *entouziasme*.)

ENTOUZIASME, s. m. Enthousiasme, mouvement extraordinaire de l'âme préoccupée : *S'estroubat tout d'un cop dins l'entouziasme*, il s'est trouvé tout-à-coup dans l'enthousiasme; Exaltation de l'esprit et de l'imagination : *Que que bexo es dins l'entouziasme*, quoi qu'il voit le met dans l'enthousiasme; Admiration outrée, sorte de délire. (Du grec *enthousiasmos*.)

É lou patrioutisme à las alas de flamma,
Dé la jouyna bergeyra enjoulibava l'âma,
Bella d'*entouziasme* é dé résoulutioũ,
É dins un séut transport d'un pas fermé s'elança
A Chinoũn — per trouva lou mounarqua dé França
É li parla dé sa missioũ.  PEYR.

ENTOUZIASTO, s. m. Enthousiaste, celui qui se prévient aisément et fortement pour quelque chose; Admirateur outré; Visionnaire; Fanatique. (Racine *entouziasme*.)

ENTOYZA, v. act. Entoiser, mettre en tas carrés pour toiser plus facilement : *Coumençaras d'entoyza la peyro qu'es derrabado*, tu commenceras d'entoiser la pierre arrachée. (Racine *toyzo*.)

ENTRABA, *Entrava*, v. act. Entraver, mettre des entraves aux pieds des chevaux, etc.; fig., Faire tomber quelqu'un : *M'a entrabat et me souy ficat per terro*, il m'a entravé et je me suis jeté par terre; Paralyser les démarches que fait une personne pour réussir : *Y'a pas qu'el que b'entrabo tout*, lui seul paralyse tout.

ENTRABA (S'), v. pro. S'Entraver, se brouiller dans des entraves et tomber. (Racine *entrabos*.)

ENTRABÉS, adv. A travers, entre, parmi : *S'es anat mettre entrabés de la carreto*, il est allé se mettre à travers de la charrette. (Du latin *transversùm*.)

ENTRABESSA, *Entravessa*, v. act. Mettre en travers; Barrer un chemin, un passage : *An entrabessat lou cami ambé lous albres qu'an coupats*, ils ont barré le chemin par les arbres qu'ils ont coupé.

ENTRABOS, s. f. Entraves, liens qu'on met aux pieds des chevaux pour empêcher qu'ils ne s'enfuient; fig., Obstacle, empêchement : *Cal abé louxoun quasquos entrabos*, il faut toujours quelques entraves. (Suivant Ménage, des deux mots latins *in* dans, et *trabes* qui signifie proprement poutre, et qui est pris ici pour *bâton*, *bâton mis entre les jambes*.)

Ainsi l'ogriculturo és solido d'*entrabos*;
Journoliés, d'un Piqur sérés pas pus esclabos.  PRAD.

ENTRE, prép. Entre, au milieu ou à peu près : *Ero entre l'oustal et lou xardin*, il était entre le jardin et la maison; Parmi : *A càousit entre toutes*, il a choisi parmi tous; Dans; Aussitôt. (Du latin *inter*.)

Mais lou milliou sécret countro tont dé molhurs,
Es dé séga lous blats *entré* qué soun modurs.  PRAD.

ENTREBEZE, v. act. Entrevoir, voir imparfaitement ou en passant : *L'ei pas fax qu'entrebeze*, je n'ai fait que l'entrevoir; Commencer à voir dans l'éloignement : *Coumenci d'entrebeze lou clouquié*, je commence à voir le clocher. (Racine *beze*.)

ENTREBEZE (S'), v. réc. S'Entrevoir, se voir à peine, se trouver peu de temps ensemble; Avoir une entrevue.

ENTREBISTO, s. f. Entrevue, visite, rencontre concertée pour se voir, parler d'affaires : *A demandado uno entrebisto*, il a demandé une entrevue. (Racine *bisto*.)

ENTREBOUYLHA, *Entrabouylha*, v. act. Embrouiller, mettre dans la confusion : *B'as tout entrebouylhat, sabi pas trouba lou cap*, tu as tout brouillé, je ne trouve pas le commencement. (De l'italien *imbrogliare*.)

ENTREBOUYLHA (S'), v. pro. S'Embrouiller, perdre le fil de ses pensées, de son discours : *S'es talomen entrebouylhat que n'a pas sapiut fini ço que dizio*, il s'est tellement embrouillé qu'il n'a pas su finir ce qu'il disait.

ENTRE CAP ET COL, adv. A la nuque, à la partie postérieure du cou : *Y'a baylat un cop de bastou entre cap et col que l'a toumbat net*, il lui a appliqué un coup de bâton à la nuque qui l'a renversé tout net. (Du latin *inter caput et collum*.)

ENTRE-COSTOS, s. f. Entre-côtes, morceau de viande coupée entre deux côtes.

ENTRE-COUPA, v. act. Entre-couper, couper en divers endroits; Interrompre : *Ço que dizio ero entre-coupat per las larmos que respendio*, ce qu'il disait était interrompu par les larmes qu'il répandait. (Racine *coupa*.)

ENTRE-COUPA (S'), v. pro. S'Entre-couper, se couper.

ENTRE-CULI, v. n. Cueillir avant le temps.

ENTRE-DOURBI, v. act. Entr'ouvrir, ouvrir un peu : *Bay entre-dourbi la porto, per que lou fun s'en ango*, vas entr'ouvrir la porte pour que la fumée s'en aille.

ENTRE-DOURBI (S'), v. pro. S'Entr'ouvrir, s'ouvrir un peu, à demi.

ENTRE-DOUS, s. m. Entre-deux, ce qui est entre deux choses; Partie d'une coiffe qui sépare l'escofion du devant; Incertain, en balance : *Souy entre-dous*, je suis en balance; un peu ivre, fier : *Es entre-dous*, il est un peu ivre. (Du latin *inter duos*.)

ENTREFAXOS, s. f. Entrefaite, pendant ces temps-là : *Sur aquelos entrefaxos l'aoutre arribet*, pendant ce temps-là l'autre arriva. (Du latin *inter facta*.)

ENTREFEGOS, *voyez* TRUFFOS.

ENTREFIOL, *voyez* TREFIOL.

ENTREFIXO, s. f. Clavette qu'on passe dans l'œil d'un boulon : *L'Entrefixo se perdra se la dourbisses pas pla*, la clavette se perdra si vous ne l'ouvrez pas beaucoup. (Racine *fixa*.)

ENTREFOUYRA (S'), v. pro. S'Ingérer, s'intriguer partout mal à-propos.

ENTRELAÇA, v. act. Entrelacer, enlacer l'un dans l'autre.

ENTRELAÇA (S'), v. pro. S'entrelacer, s'enlacer l'un dans l'autre : *Las maylhos s'entrelaçou pla xust*, les mailles s'entrelacent bien juste. (Du latin *inter catée*, et *laquea* lacet.)

ENTRELARDA, v. act. Entrelarder, piquer de lard une viande; Ajouter quelque chose, y insérer des vers, des citations, de mauvaises paroles : *Touxoun sap entrelarda dins ço que dis quasques soustres*, toujours il trouve le moyen d'ajouter quelque gros mot à ce qu'il dit. (Du latin *inter larda*.)

ENTRELUZI, v. n. Entreluire, luire à peine, imparfaitement. (Du latin *interlucere*.)

ENTREMAL, s. m. Tramail, grand filet pour pêcher dans les rivières. On le tend à travers la rivière. Ce filet est contremaillé et composé de trois filets, *telos*, superposés l'un à l'autre. (Du mot *entre* et *maylho*.)

ENTREMELA, v. act. Entremêler, mêler des choses avec d'autres; Mêler parmi, insérer.

ENTREMELA (S'), v. pro. S'Entremêler, se mêler parmi : *Se y'es entremelat de paouros granos*, il s'y est mêlé de mauvaises graines. (Du latin *intermiscere*.)

**ENTREMEN**, adv. En attendant.

**ENTREMÈS**, s. m. Entremets, ce qu'on sert entre les viandes et les fruits : *Manco un entremès*, il manque un entremets. (Du latin *inter missa*, de *missus*, service, ce qu'on porte sur table à chaque service.)

**ENTREMÈTRE (S')**, v. pro. S'Entremettre, se mêler de...; s'Employer pour l'intérêt d'autrui, pour concilier : *Bous y caldra entremettre*, il vous y faudra vous entremettre.

**ENTREMIÉX**, *Entremièch*, s. m. Entre deux, le milieu, au milieu : *Entremiéx la porto et la fenestro*, entre la porte et la fenêtre.

**ENTREMIEJHO**, voyez TREMIOXO.

**ENTRENA**, v. act. Entraîner, traîner avec soi; Causer, occasionner : *Tout cambiomen entreno fosso despensos*, tout changement cause beaucoup de dépenses ; Porter à... : *La missanto coumpagno l'a entrenat à mal fa*, la mauvaise compagnie l'a porté à faire du mal. (Racine *trena*.)

Sies surprezo, heleou, qué yeou siogo tournado,
Mais aquestés Messius ayci m'an *entrenado* :
M'oou bisto dé fort len, et sé soun approuxats
Per mé counta quicon qué bous your abés fax.    D.

**ENTRENEC**, *Rampoyno*, s. m. Malaise, indisposition, reste de maladie; Retards, délais, lenteur.

**ENTRENECAT**, ADO, adj. Estropié, ée; convalescent, maladif, rachétique : *Aquel paoure maynaxe es entrenecat*, cet enfant est rachétique.

**ENTRENOMEN**, s. m. Entraînement; Force, attrait, charme qui entraîne : *Me souy dayssat ana à l'entrenomen das aoutres*, je me suis laissé aller à l'entraînement des autres.

**ENTREPAOUZA**, voyez ENTREPOUZA.

**ENTRE-PAS**, s. m. Entre-pas, amble rompu; Allure défectueuse : *A un missant entre-pas*, il a un mauvais entre-pas.

**ENTREPOT**, s. m. Entrepôt, lieu, magasin, où sont déposées les marchandises qui se vendent pour le compte du gouvernement. (Racine *entrepouza*.)

**ENTREPOUZA**, v. act. Entreposer, mettre des marchandises dans un lieu où on les garde. (Du latin *interponere*.)

**ENTREPOUZA (S')**, v. pro. S'Interposer, intervenir : *S'es entrepaouzat pla à perpaous dins aquel afa*, il est intervenu fort à-propos dans cette affaire.

**ENTREPRENE**, v. act. Entreprendre, prendre la résolution de faire; Commencer; s'Engager à une chose, se charger de l'exécution de...; Railler quelqu'un, l'attaquer de faits, de paroles : *Se l'entrepreni, s'en soubendra*, si je l'entreprends, il s'en souviendra. (Du latin *apprehendere*.)

**ENTREPRENUR**, s. m. Entrepreneur, celui qui se charge à forfait de l'exécution d'un ouvrage considérable, d'une grande fourniture : *Aco's l'entreprenur de la biando per la troupo*, c'est le fournisseur de la viande pour la troupe.

**ENTREPRES**, SO, adj. Entrepris, se; Embarrassé; Gauche, maladroit : *Qu'a l'ayre entrepres quand fa quicon*, qu'il a l'air gauche quand il fait quelque chose.

**ENTREPREZO**, s. f. Entreprise, dessein d'exécuter, exécution; Ce que l'on a entrepris, ce qu'on s'est chargé de faire à forfait. (Racine *entreprene*.)

**ENTREPREZOS**, s. f. Accords, convention, condition : *Aco's pas nostros entreprezos que bengo ba cerca ta len*, nos accords ne sont pas que je vienne le chercher si loin.

**ENTREQUE**, adv. Dès que, d'abord, après.

**ENTRE-SOL**, s. m. Entre-sol, étage entre le rez-de-chaussée et le premier; Logement pris sur la hauteur d'un étage.

**ENTRESOUNA**, v. n. Sommeiller, dormir légèrement, s'assoupir : *Benio de s'entressouna quand siès dintrat*, quand vous êtes entré il commençait à s'assoupir. (Du latin *inter somnia* pendant le sommeil, ou le rêve qu'on fait en dormant.)

**ENTRÈT**, s. m. Entrait, terme de charp. Pièce de traverse; Pièce principale d'un cintre; maîtresse pièce d'une ferme dans laquelle s'assemblent les arbalétriers et le poinçon : *Nous cal sousta l'entrèt afin que se xéte pas*, il nous faut soulager l'entrait afin qu'il ne se déjette pas.

**ENTRE-TAN**, adv. Cependant.

**ENTRETENE**, v. act. Entretenir, tenir en bon état : *Entreten fort pla soun xardin*, Il tient en bon état son jardin. Fournir à la subsistance : *Aco's el que lous entreten despey un an*, c'est lui qui fournit à leur entretien depuis un an. Faire subsister, rendre durable; Tenir conversation avec.... *Bous entretenio aqui d'uno caouso pla tristo*, votre conversation était d'une chose bien triste. (Racine *tene*.)

**ENTRETENE (S')**, v. pro. S'Entretenir, vivre d'une manière convenable et confortable : *s'Entretenou pla*, ils vivent convenablement.

**ENTRETIEN**, *Entretenencio*, s. m. Entretien, action d'entretenir; Subsistances et vêtements; Ce qu'on dépense, qu'on fournit pour maintenir une chose en bon état : *Gagno pas prou per soun entretien*, il ne gagne pas assez pour ses besoins. Terme d'art, de maç., de charp. : Ce que doit ronger la scie en fendant le bois; Le ciseau en faisant le lit d'une pierre, d'une pièce.

**ENTRIGUA**, v. act. Intriguer, inquiéter, donner du souci, causer de la défiance, inspirer des soupçons; Faire des intrigues, se donner beaucoup de peine et de soins pour ou contre le succès : *Y'a loung tems qu'entrigou per lou fa toumba*; Il y a longtemps qu'on cabale pour le faire tomber.

**ENTRIGA (S')**, v. pro. S'Intriguer, se donner beaucoup de peine pour réussir : *Lou paoure, s'entrigo be prou per bioure, amaï tray péno !* Le malheureux se donne bien assez de peine pour vivre, encore il a grand'peine. (Du latin *intricare*.)

**ENTRIGANT**, O, adj. Intrigant, te, portée à l'intrigue; Qui intrigue habituellement, brouillon, cabaleur : *Aco's un grand entrigant*, c'est un grand intrigant.

**ENTRIGAT**, ADO, adj. Intrigué, embarrassé, qui cherche à savoir : *Es fort entrigado de saoupre quant y douno soun payre*, elle est fort embarrassée de savoir combien lui donne son père.

**ENTRIGO**, s. f. Intrigue, pratique secrète pour ou contre le succès ; Machination, menée, cabale : *Boli pas estre dins cap d'entrigo*, je ne veux être d'aucune intrigue. Commerce secret de galanterie : *Y deou abé qualqu'entrigo*. (Du latin *intricatio*.)

Jutgés, pendent tout l'on lo chicano rusado,
En bous estourdiguen dé so boix enraucado,
Per bous douna d'*entriguo* emplégo millo tours :
Quoud un l'y russis pas, o qualqaoutré o recours;
                                                    PRAD.

**ENTRINCA**, v. act. Mettre en train.
**ENTROUNI**, voyez ENNEGRI.
**ENTUTA**, v. act. Enfermer dans un trou; Serrer, cacher : *B'ey pla entutat, b'atroubaroou pas*, je

## ENX

l'ai bien caché; on ne le trouvera pas. (Du latin *tutus, tuta*, sûr, hors de risque.)

## ENU

EN UNOS, adv. En repos, sans remuer, à la même place : *Pot pas demoura en unos un moumen*, il ne peut pas rester un moment en repos (Du latin *in unum*, sous entendu *locum* à la même place.)

## ENV

ENVEJHO, *voyez* EMBEXO.
ENVERNISSA, *voyez* BERNISSA.
ENVINADOUIRO, *voyez* GOURDO, COUXO.
ENVIROULA, *voyez* ENBIROUNA.
ENVIS, *voyez* BESC.
ENVISCA, *voyez* ENBESCA.

## ENX

ENXALADURO, *Enxeluro*, s. f. Angelure, enflure aux pieds, aux mains, causée par un froid excessif.

ENXANSO, *Anxanso*, s. f. Engeance, races; fig., Mauvaise race : *Qu'uno enxanso de mounde!* Quelle engeance! (Du latin *gens*, nation, race, peuple.)

ENXAOURA, *Enchaoura, Enxaouri*, v. n. Effaroucher, épouvanter, effrayer, faire, fuir : *M'as enxaourat las poulos*, tum'as effarouché les poules.

ENXAOURA (S'), v. pro. S'Effaroucher, s'effrayer subitement : *Lou bestial s'es talomen enxaourat que lou pouden pas remaouza en loc*, le bétail s'est tellement effarouché que nous ne pouvions pas le serrer nulle part. (Du latin *in aurâ*, au vent, parce que les bestiaux qui s'effarouchent lèvent la tête au vent.)

ENXAOURIT, IDO, *Enjaourit*, adj. Etourdi, ie; Léger, bandit; volage : *Aco's uno enxaourido*, c'est une volage.

ENXAOURO-BUDÈLOS, s. m. Alarmiste, qui jette l'épouvante, qui répand de mauvaises nouvelles et cherche à y faire croire: *Aco's un enxaouro-budèlos, l'escoutes pas*, c'est un alarmiste, ne l'écoutez pas.

ENXASSA, *Engraba, Entaylha*, v. act. Encastrer, enchasser, insérer dans... : *Cal enxassa aquelo cabosso, que parego pas*, il faut encastrer cette tête qu'elle ne paraisse pas.

ENXASSO, s. f. Entaille, coche faite dans une pièce de bois, pour y emboîter quelque chose; dans une pierre pour y loger un morceau de fer.

ENXE, *voyez* ENXO.

ENXENDRA, *Enjendra*, v. act. Engendrer, produire son semblable, en parlant de l'homme, et des animaux mâles; Produire, être cause de... (Du latin *ingenerare*.)

ENXIN, *Enjin*. s. m. Engin, toutes sortes de filets : *Cal arrenga toutes lous enxins per quand pouyren pesca*, il faut arranger tous les engins pour le temps où nous pourrons pêcher; Adresse, habileté : *A fosso enxin*. (Du latin *ingenium*.)

ENXINA, *Enjina*, v. act. Arranger, disposer, en parlant des choses qui demandent de l'adresse, du goût, d'habileté : *Cal counbeni que ba pla enxinat*; Il faut avouer qu'il l'a bien arrangé.

ENXINOUS, *Enxignous, Xignous, o*, adj. Ingénieux, euse; Plein d'adresse; Fort adroit : *Es tout ple enxinous*, il est fort ingénieux; Chose qui marque, annonce, exige de l'esprit, de l'invention, du génie dans son auteur. (Du latin *ingeniosus*.)

ENXO, *Enche, Enxe*, s. f. Anche, languette de roseau qu'on adapte à des instruments à vent, tels que le hautbois; fig., *Bagna, trempa l'enxo*, Boire sec, prendre du vin. (Du grec *agchô*, qui se prononce *anchô*, et qui signifie serrer la gorge.)

ENXOC, *Enjhoc*, s. m. Enjeu, ce que l'on met au jeu en commençant de jouer. (Racine *xoc*.)

ENXOUCA, *Enjhouca*, v. act. Mettre sous le joug; Atteler des bœufs en leur mettant le joug; Faire un joug pour les bœufs : *Lous bous an plar mal enxoucats*, on leur a fait bien mal le joug. (Racine *xouc*.)

ENXOULIBA, *Enjouliba*, v. act. Enjoliver, rendre joli, plus joli : *A tout ple pla enxoulibat soun oustal*, il a très-bien enjolivé sa maison. (Du bas breton *jolis*, qui signifie joli, agréable.)

## EOU

EOUNO, *voyez* LEOUNO.

EOUSSES, s. m. Hièble, plante, espèce de sureau. (Du latin *ebulus*.)

## EPI

EPITRO, s. m. Épître, petit discours, partie d'un discours d'un apôtre qui se lit à la messe avant l'évangile; fig., Lettre. (Du latin *epistola*.)

## EPO

EPOCO, s. f. Époque, date, point fixe d'une histoire : *A n'aquelo epoco lou Rey ero prisounié*, à cette époque le Roi était prisonnier. (Du grec *epochè*, date.)

## EQU

EQUIBALENT, O, adj. Équivalent, te, qui vaut autant qu'un autre. (Du latin *equivalens*.)

EQUIBOCO, adj. Équivoque, qui peut avoir deux sens; qui n'est pas suffisamment caractérisé; Douteux, suspect. (Du latin *æquus, vox*.)

EQUILIBRE, s. m. Équilibre, état des choses pesées en balance et d'un poids égal ; long Bâton pour se tenir en équilibre sur une corde. (Du latin *æquilibrium*, fait de *æqualibra*.)

EQUIPA, v. act. Équiper, pourvoir de tout ce qui est nécessaire. (Du latin barbare *æschipare*.)

EQUIPAXE, s. m. Équipage, train, suite de valets, de chevaux, de carrosses; Hardes; fig., Outils, machines d'un atelier; Lisses, cordes d'un métier ; Voiture et chevaux de luxe ; Charrette de roulier, d'entrepreneur de travaux publics. (Racine *equipa*.)

EQUITAPLE, O, adj. Équitable, qui a de l'équité, conforme à l'équité. (Du latin *æquus*.)

EQUITAT, s. f. Équité, droiture, justice ; Vertu qui nous porte à rendre à chacun ce qui lui est dû. (Du latin *æquitas*.)

EQUO, *voyez* Eco.

## ERA

ER, *Aïre*, *voyez* AYRE.

## ERB

ERBAXE, *Erbajhe*, s. m. Herbage, toutes sortes d'herbes; Pré qu'on ne fauche pas; Pacage; Pâtis, pâturage : *Y a pas d'erbaxe enloc*, il n'y a de pâturage nulle part. (Racine *erbo*.)

ERBEJA, v. act. Herboriser; Sarcler; Mettre au fourrage, au vert.

ERBETOS, *Persil, Xoulbert*, s. f. Persil, plante

potagère : *Axo las erbetos ambe lou lard*, hache le persil avec le lard. (Racine *erbo*.)

ERBO, s. f. Herbe, toute plante qui n'a pas de tige ou plutôt qui la perd en hiver; prov., *Manxa soun blat en erbo*, manger son revenu d'avance; *Coupa l'erbo xoust pès à calcun*, supplanter quelqu'un. (Du latin *herba*.)

Aoutré tems, aoutré soin, aro cal fénéja ;
Quond l'*herbo* dins lou prat coumenço o blonquéja,
L'en cal traïré, aoutromen lo mitat s'en estraillo.
PRAD.

ERBO DAOURADO, s. f. T. de bot. Cétérach, plante de la famille des fougères.
ERBO DE BREGANS, s. f. Jusquiame.
ERBO DE CIERXE, s. f. Salicaire.
ERBO DE CINQ COSTOS, *voyez* PLANTAXE.
ERBO DE CINQ FEYLHOS, s. f. Quintefeuille, plante rampante à fleur jaune, ressemblant au fraisier.
ERBO DE COUCUT, s. f. Digitale.
ERBO DE DEN, s. f. Jusquiame.
ERBO D'ESCLAYRE, s. f. Éclaire, chélidoine commune.
ERBO DE LA BESPO, s. f. Ophrys, plante des prés dont la fleur ressemble à une guêpe.
ERBO DE LA MERO, s. f. Matricaire.
ERBO DE LA PASSIOU, s. f. Passe-fleur, fleur de la passion.
ERBO DEL BEN, s. f. Pariétaire.
ERBO DE LIMOUNO, s. f. Mélisse.
ERBO DEL LUSERP, s. f. Pied de veau.
ERBO DEL SIEXE, s. f. Scrophulaire.
ERBO DE MÉL, *voyez* CAYLHO-LAX.
ERBO DE NOSTRO-DAMO, s. f. Herbe de Notre-Dame ; Orpin.
ERBO MAURELO, s. f. Morelle.
ERBO ROUMIBO, s. f. Tanaisie, plante médicale.
ERBOUX, OUSO, adj. Herbeux, euse.
ERBOULAT, s. m. Poirée, plante potagère à larges feuilles : *Faras la soupo à l'erboulat*, tu feras la soupe à la poirée.

## ERE

ERÉDITAT, s. f. Hérédité. (Du latin *hæreditas*.)

## ERG

ERGNO, s. f. Ennui, chagrin, inquiétude, mélancolie : *l'Ergno lou manxo*, la mélancolie le dévoré. (Du latin *hernia*, hernie, comme qui dirait malade d'une hernie.)
ERGNOLO, s. m. f. Hargneux, mécontent.
ERGNOUS, OUZO, adj. Hargneux, euse; Mutin; Querelleur ; Plaintif : *Es touxoun pla ergnous*, il est toujours plaintif. (Du latin *herniosus*, hernieux, incommodé d'une hernie.

Sabes pas dire rés sounco de mots faxousés :
Qui xamai pus a bist dé galans tant *ergnouses*. D.

## ERI

ERIS, s. m. Hérisson, petit animal couvert d'une sorte de poil long, dur, piquant et fort hérissé. (Du latin *hericius*.)
ERIS DE CASTAGNOS, *voyez* ERISSES.
ERISSA, v. act Hérisser, dresser ses poils, en parlant d'un animal : *A coumençal d'erissa la couo*, il a commencé à hérisser la queue ; Mêler les cheveux.

ERISSA (S'), v. pro. Se Hérisser ; se Dresser en parlant des cheveux : *La poou lou trapo, lous peisses s'erisseroun, lou capel y tenio pas sul cap*, la peur le saisit, les cheveux se dressent sur la tête, le chapeau n'y tenait plus. (Du latin *horreus* et *setis*, hérissé de poil.
ERISSAT, ADO, adj. Ébouriffé, ée ; Échevelé : *Es tout erissat*, il est tout échevelé.
ERISSES, s. m. Bogue, couverture piquante qui enveloppe les châtaignes : *Sou encaro dins lous erisses*, elles sont encore dans l'enveloppe.
ERITA, v. n. Hériter, obtenir par hérédité ; recueillir une succession : *Aben eritat d'uno taoulo fort belo*, nous avons hérité d'une belle table. (Du latin *hæreditas*.)

Ayci repaouzo, prisounié,
Lou paoure cos d'un almouynié
De qui la familho bibento
De cinq soous n'a pas *eritat*,
Car lou foc de la caritat
Que tenio soun amo rousento,
Fazec foundre tout soun argen
Sur la ma de la paouro gen.      G.

ERITAXE, s. m. Héritage, ce qui vient par succession ; Bien héréditaire ; Fonds de famille ; Patrimoine; fig., Ce que nous transmettent nos parents: *Per tout eritaxe, m'an layssat un oustal curat*, pour tout héritage on m'a laissé une maison vide. (Du latin *hæreditas*.)

Saouran bostré malhur, saouran bostré couratgé;
Aouran bostrés recits coumo un noplé *hérétatgé*,
Et sé demandaran, surprés,
Sé n'éres d'hómes coumo és.       J.

ERITIÉ, EYRO, s. m. f. Héritier, ère, celui qui hérite, qui recueille un héritage ; Celui qui succède par droit d'hérédité : *Aco sera nostre eritié*, ce sera notre héritier.

Yeou, Jean-Guilot Achéménida,
Récattère la pus manida :
M'avié cargat, couima *heritié*,
Dé paga lous deoutés qu'avié,
É lou toutal dé l'heritaje
Éra la crous dé moun vizajé ;
Lou poudioy pas repudia.      FAV.

## ERM

ERMINETO, *voyez* ARMINETO.
ERMITAXE, s. m. Ermitage, habitation d'un ermite ; Lieu solitaire ; Maison écartée et champêtre : *Ayci sion dins un ermitaxe*, nous sommes ici dans un ermitage.
ERMITO, s. m. Ermite, religieux solitaire : *Es touxoun soul coumo un ermito*, il est toujours seul comme un ermite. (Du latin *eremita*.)

## ERR

ERRA, v. n. Errer, Aller çà et là, à l'aventure. (Du latin *errare*.)
ERRANT, O, adj. Errant, te ; Vagabond, qui erre d'un côté et d'autre, qui court toujours. (Du latin *errans*.)
ERROU, s. f. Erreur, fausse opinion, fausse méprise : *Aben fax uno errou*, nous avons fait erreur; Mécompte : *Y'a uno errou*, il y a mécompte. (Du latin *error*.)

## ERS

ERSES, s. m. Ers, vesce noire : *Te cal fa bouli d'érses pes bourrets*, il faut faire renfler des ers pour les veaux. (Du latin *ervum*.)

ERSO, s. f. Herse, instrument de laboureur pour ratisser, herser, émotter la terre.

## ERU

ERUGO, *voyez* CANILHO.

## ESA

ESANTIÈL, ÈLO, adj. Essentiel, le, absolument nécessaire ; Très-important : *Es fort esantièl que bengo*, il est fort essentiel qu'elle vienne. (Racine *esenço*.)

ESANTIÈLOMEN, adv. Essentiellement; en matière importante.

## ESB

ESBALAOUZIT, *voyez* ESTOURDIT, ESTOUNAT.
ESBERLA, *voyez* DESCOURNA.
ESBOULDRA, *voyez* BUXA (SE).
ESBOURASSA (S'), *voyez* DEBOURRA (SE).
ESBOUZOUNA, *voyez* ENBOUZENA.
ESBOUZOUNADURO, *voyez* ENBALME.
ESBURDA, *voyez* BUXA, ENBENTRA.

## ESC

ESCABA, v. act. Échancrer, couper, tailler, vider en forme de demi cercle. (Du latin *excavare*.)

ESCABADURO, s. f. Échancrure : *l'Escabaduro ba fort pla*, l'échancrure va fort bien.

ESCABASSA, v. act. Étêter un arbre, une plante. (Du latin *caput*.)

ESCABÈLOU, s. m. Escabeau; Marche-pied; Agenouilloir : *Porto-me l'escabèlou*, porte-moi l'escabeau.

ESCABOUR, *voyez* SOUMBRE, COULC.

ESCABOUYLHA, v. act. Mêler, déranger, brouiller : *B'a tout escabouylhat*, il a tout brouillé; Séparer le millet de son enveloppe : *Escabouylhan tantos*, nous dépouillons le maïs ce soir. (Racine *caboul*.)

ESCABOUYLHADO, *voyez* DESCABOUYLHADO.

ESCABOUYLHAT, ADO, adj. Échevelé, ée, qui a les cheveux en désordre, les cheveux dehors.

ESCABOUYLHAYRES, *voyez* DESCABOUYLHAYRES.

ESCACH, *voyez* ESCAX.

ESCADABROUS, *voyez* ESCALABROUS.

ESCADROUN, s. m. Escadron, troupe de cavaliers faisant partie d'un régiment; petit Corps de cavalerie : *Es passat un escadroun d'aouzars*, il est passé un escadron de hussards. (De l'italien *squadrone*.)

Aco fouguet aquí qui se dounet de trax,
Car el soul arrestet un *escadroun* de plats.     D.

ESCADROUNA, v. n. Escadronner, se ranger, se former en escadron.

ESCAFIT, s. m. Espèce de Morue ; Stoch-fich.

ESCAFOUYRA, *voyez* AMAGA.

ESCAGAROL, s. m. Escargot, limaçon terrestre à coquille grise : *Boulèn manxa d'escagarols al gousta*, nous voulons manger des limaçons à goûter ; Vis d'Archimède, machine à élever les eaux : *Neyt et xoun fazen ana l'escagarol, mais l'aygo nous counpelis*, nous faisons aller nuit et jour le limaçon; cependant l'eau nous gagne. (Du grec *skarabos*.)

ESCAGAROULAYRE, s. m. Ramasseur d'escargots; Celui qui les vend ; Grand amateur d'escargots.

ESCAGASSA, *voyez* SURBAYSSA.

ESCAGASSA (S'), v. pro. S'Efforcer, faire des efforts pour aller à la selle ; Faire chichement une chose : *S'es pas escagassat, en te dounenaco*, il n'a pas fait grand effort en te donnant cela. (Du latin *cacare*.)

ESCAGNO, *voyez* MADAYSSO.

ESCAL, Cascal, s. m. Brou, écale, écorce des noix : *Gardas-me l'escal per fayre de tinto*, gardez-moi les écales pour faire de couleur. (De l'allemand *schale*, dont les italiens ont fait *squaglia*, et les anglais *scale*.)

ESCALA, v. act. Écaler, ôter l'écale des noix : *Qui bol beni m'aduxa a escala ?* qui veut venir m'aider à écaler ?

ESCALA (S'), v. pro. S'Écaler, sortir de son écale.

ESCALA, *Escalada*, v. act. Escalader, monter avec une échelle dans une maison, sur un mur : *A calgut escalada la murayllo per y pourta secours*, il a fallu escalader la muraille pour lui porter secours ; Écailler des poissons, des huîtres. (Du latin *scala*, échelle.)

Sans yeou, ni princes, ni souldas,
Jamay noun sérien *escalas*
Dins cèrtèn chival de sapina;
Mais ié louguère moun esquina,
É per mounèn d'aquel estriou
Troïa seguèt..... Ay, santafiou !
Lou diable manje moun histouèra !
Vaoutres sés, s'ay bouna mémouèra,
D'aquéles qué, perqu'in-aval,
Establères lou gran chival
As dépens de vostra carcassa,       FAY.

ESCALABRA, v. act. Escalader, gravir, monter avec danger de tomber comme font les enfants qui montent partout. (Racine *escala*.)

Baï pourta tous regards sul naout de la mountagno,
Toun froun es inspirat, un anxo t'accoumpagno ;
Podes t'*escalabra* sus lous rocs les pus naouts ;
Aqui bezi dal Cel las vierjos que bas faire,
Sourtissoun de tas mas, purós coumo la maire
Dal Dious que regno sur nous aous.     DAV.

ESCALABROUS, OUZO, adj. Scabreux, euse, difficile ; Embarrassant ; Épineux ; Hasardeux ; Dangereux : *Aquel cami es fort escalabrous, pren-y gardo*, ce chemin est dangereux, prends-y garde?

ESCALAPANDRO, s. f. Scolopendre, plante médicinale du genre des doradilles ou de la famille des fougères. (Du latin *scolopendra*.)

ESCALAPET, s. m. Coup de tonnerre, fort, retentissant : *Faguet un escalapet de trounouyre talomen fort que toumberi per l'oustal*, il fit un tel coup de tonnerre que je me laissai tomber dans la chambre. (Racine *pet*.)

ESCALAS, *voyez* TAYLHEYROS.

ESCALASSES, *voyez* CARCALAS.

ESCALEMPA, v. act. Taluter, mettre en talus, en pente : *Agaxo qu'estalempa prou*, vois qu'il talute assez ; Glisser : *Ey poou d'escalempa*, j'ai peur de glisser.

ESCALETO, *Esqueleto*, s. m. Squelette, ossements décharnés conservant leur situation naturelle ; fig., Personne extrêmement maigre. (Du grec *skeleton*, fait dans la même signification de *skélétos* desséché.)

**ESCALETOS**, s. f. Merelle ou marelle, jeu d'enfants qui poussent à cloche-pied un palet entre des lignes : *Bos que faguen à las escaletos*, veux-tu que nous fassions à la merelle ; Faire des ricochets en jetant un galet horizontalement sur la surface de l'eau : *Qui fara milhou d'escaletos ?* T. d'enfant, *Fa fa las escaletos*, faire jucher un oiseau sur un doigt, puis sur un autre comme par une échelle. (Du latin *scala*.)

**ESCALFA**, v. act. Échauffer, donner de la chaleur ; Rendre chaud ; fig., Animer, exciter ; Bassiner un lit : *Escalfo-me lou leyt*, bassine-moi le lit.

**ESCALFA (S')**, v. pro. S'Échauffer, devenir chaud ; s'Exciter, se passionner, s'emporter ; s'Animer en parlant du jeu, d'une querelle ; Prendre un mauvais goût en parlant du blé, du fourrage qui pour n'être pas assez sec fermente : *Toun fouraxe s'escalfara, n'es pas prou sec*, ton fourrage fermentera, il n'est pas assez sec. (Racine *calfa*.)

Your dires ço que cal et sans bous *escalfa*.    D.

**ESCALFAT**, s. m. Échauffé : *Sentis l'escalfat*, Odeur causée par une chaleur excessive ou la fermentation.

**ESCALFETO**, s. f. Réchaud, ustensile pour contenir la braise ardente : *Met lou soupa sur l'escalfeto*, mets le souper sur le réchaud. (Racine *calfa*.)

**ESCALFO-LEYT**, s. m. Chauffe-lit, bassinoire pour bassiner un lit.

**ESCALFOMEN**, s. m. Échauffement, augmentation de la chaleur du corps portée au point de déranger l'économie animale ; Échauffaison ; éruption rouge de la peau causée par une vive chaleur : *Aqueles boutous, aco's l'escalfomen que n'es caouso*, cette éruption vient de l'échauffement.

**ESCALFURA**, v. act. Réchauffer, rendre la chaleur à quelqu'un ou à quelque chose qui l'a perdue.

**ESCALIÉ**, s. m. Escalier, la partie d'un bâtiment qui sert à monter et à descendre : *l'Escalié es rude*, l'escalier est rude, droit. (Racine *escalo*.)

**ESCALIMPA**, v. n. Glisser, couler, passer sur un corps gras et se laisser tomber : *Lou pè m'a escalimpat et pataflosco per terro*, le pied m'a glissé, et par terre. (Racine *limpa*.)

**ESCALIMPADO**, s. f. Glissade, glissement involontaire du pied.

Coussi lo troboilla? tondisqu'ocado pas
Tous bioous sur lou grésil foriau l'*escorlimpado*,
Tu quittorios dé guerp, l'estébo é lo gulhado.    Prad.

**ESCALO**, s. f. Échelle, deux montants de bois unis par des bâtons pour monter et descendre : *Aben bezoun d'uno escalo*, nous avons besoin d'une échelle ; Ligne divisée par degrés, par parties égales pour mesurer la distance : *Cal beze l'escalo de proupourttou*, il faut consulter l'échelle de proportion. (Du latin *scala*.)

**ESCALOT**, OTO, s. m. f. Petite échelle : *Aben prou ambe un escalot*, une petite échelle nous suffit.

**ESCALOU**, *Esparrou*, s. m. Échelon, bâton d'une échelle : *A mesurat lous escalous*, il est tombé du haut de l'échelle.

**ESCALOUPETA**, *voyez* Frega.

**ESCALPRE**, s. m. Bec-d'âne, ciseau de charpentier tout en fer : *Caldra fa ambe l'escalpre, couparios lou cizèl*, il faut faire avec le bec-d'âne, tu casserais le ciseau. (Du latin *scalprum*.)

**ESCAMACHOU**, *voyez* Bourrils.
**ESCAMANDRE**, *voyez* Couloubre.
**ESCAMBARLA**, *voyez* Espalarga.
**ESCAMBATA**, *voyez* Descambata.

**ESCAMBI**, *Xunto*, s. m. Séance, le temps qu'on tient les bœufs, les vaches, etc., à la charrette, à la charrue : *Beni de fa l'escambi*, je viens de faire la séance ou le travail de cette partie de la journée. (Ce mot ne viendrait-il pas de *ex campo* du champ?)

**ESCAMBI**, *voyez* Cambi.
**ESCAMBIA**, *voyez* Descambia.

**ESCAMBOUTA**, *Escamouta*, v. act. Escamoter, changer, faire disparaître quelque chose par un tour de main sans qu'on s'en aperçoive ; Dérober subitement : *B'a escamboutat adrexomen*, il l'a escamoté adroitement.

**ESCAMBOUTAXE**, *Escamoutaje*, s. m. Escamotage, art, action d'escamoter ; Friponnerie : *Aco's pire qu'un escamboutaxe*, c'est pire qu'un escamotage.

**ESCAMBOUTUR**, *Escamoutur*, s. m. Escamoteur, celui qui escamote ; Adroit, qui amuse par des tours d'adresse.

**ESCAMPA**, v. act. Épancher, verser doucement, répandre : *A escampat tout l'oli de la boutano*, il a versé toute l'huile du cruchon ; Aller à la selle, uriner : *Es anat escampa d'aygo* ; *Escampa*, terme de jeu, voyez *creba*. (Du latin barbare *expansare*.)

**ESCAMPA, (S')** v. n. S'Épancher, se répandre, se verser : *Lou bi s'escampabo pel douzil*, le vin se répandait par le dousil.

A forço qu'aquital lous brassés your trambléroû
Las salços à cadun pés souliés s'*escampérou*.    D.

**ESCAMPADOU**, *Escampadouyro*, s. m. Épanchoir, issue pour épancher, déversoir par où se perd l'excédant de l'eau d'un moulin : *l'Escampadou coumenço de raxa, lou bezal es plè*, l'épanchoir commence à couler, la rigole est pleine.

**ESCAMPETO**, s. f. Escampette : *A fax poudro d'escampeto*, il a fui, il a décampé.

Alaro lou préni tout siaout, (l'enfant Jésus.)
Xoust lou brizaout,
Et dins un saout,
Foou poudro d'*escampeto*.    Puj.

**ESCAMPILHA**, v. act. Éparpiller, disperser, répandre : *B'a escampilhat per louto la crambo* ; Jetter, éparpiller le fumier dans un champ, un jardin : *Anas escampilha lou fens*, allez éparpiller je fumier.

L'avan-garda cridet : As armas !
Mais surpreza, é dins las alarmas
L'armada poussa dé grans cris,
S'espoouruga, s'baoussa é fugis.
Ni per aquéla, dé Céfiza
La troupa, qu'aco favouriza,
L'acoutis, lé tomba dariés,
É pétassaou sus mous ouvriés !
Deçay, délay lous *escampíla*
É tan adèrè lous desquifa
Qué per tout lou sçou nou vézias
Qué brassés é testas à bas.

    Fav.

**ESCANA**, v. act. Étrangler, faire perdre la respiration et la vie en serrant le gosier : *M'escanabo ambe sas mas*, il m'étranglait avec ses mains ; fig., Avoir grand soif : *Lou sét m'escano, podi pasmaytène* ; Resserrer trop une maison, un habit.

Oun sies?... pas mot; sayque en quicou
Per mé fa cerca sé rescon...
Avance, la sone, m'escane,
Et daou gran cami qué débane
Mé trove, paoure tarnagas
Ounté m'avien dich qu'era al jas.
FAY.

**ESCANADOU**, s. m. Lieu, endroit étroit, retiré, dangereux : *Sien ayci dins un escanadou*, nous sommes ici dans un coupe-gorges.

**ESCANADOUYRO**, s. f.—Synonime d'*escanadou*. (Une auberge isolée, au milieu des bois, est quelquefois appelée *uno escanadouyro* : *Dourmiguen pas dins aquel oustal es uno escanadouyro*, c'est une maison malfamée, où il s'est commis des crimes.)

**ESCANAT, ADO**, adj. Etouffé, ée, étranglé; trop petit, trop étroit : *Aquel cami es escanat, s'y pot pas passa*, ce chemin est trop étroit, on ne peut pas y passer.

Car aquel fat que cado jour s'embriaygo
Me fec toumba fort paurómen dins l'aygo.
Que detz aus a fonrez-el *escanat!* A. G.

**ESCANDALIA**, voyez ESCANDELIA.

**ESCANDALIZA**, v. act. Scandaliser, donner mauvais exemple : *Sa counduyto escandalizo touto la paroysso*, sa conduite scandalise toute la paroisse.

**ESCANDALIZA (S')** v. pro. Se Scandaliser, prendre du scandale ; s'Offenser ; *s'Escandalizo de tout, es un menut*, il se scandalise de tout c'est un petit esprit. (Du latin *scandalizare*.)

Fazés dounc coumo yeou, rés nou m'*escandalizo* :
Laïssi faïre un cadun, qué biscoun à your guizo :
Manxi quand eï talen, dourmissi quand eï soun,
Laïssi passa tabès l'aïgo dexoust lou poun. D.

**ESCANDALO**, s. m. Scandale, ce qui est occasion de chute, de péché : *Aqui qu'abès dounat escandalo an'aquel manayxe*, voilà que vous avez donné du scandale à cet enfant ! Mauvais exemple ; Eclat que fait une chose, une action honteuse ; *Aco's un escandalo*. (Du latin *scandalum*.)

**ESCANDALOUS, OUZO**, adj. Scandaleux, euse, qui cause de scandale ; fig., Dangereux, en parlant d'un pont, d'un précipice dont rien ne garantit.

**ESCANDEYLHA**, *Escandilha, Xaouxa*, v. act. Echantillonner, conférer une mesure avec le modèle ; Etalonner une mesure, y imprimer une marque pour certifier qu'elle a été vérifiée sur l'étalon : *Nous cal aban tout escandeylha las mesuros*, avant tout il nous faut échantillonner les mesures.

**ESCANDEYLHAYRE**, *Escandilhayre, Berificatur*, Etalonneur, vérificateur, préposé pour vérifier, étalonner les mesures.

**ESCANTI**, v. n. Eteindre, amortir ; Satisfaire, contenter : *Me cal escanti la fantezid*, il faut me satisfaire.

Et que nou cregio pas que d'aysso leu mentisquo
Car leu nou trobi res que lou set m'*escantisquo*
Et me souy assagit per escanti lou set
De mangia de fourmatge amay de fougasset. A. G.

**ESCAOUDA**, v. act. Echauder, blanchir les herbes pour le potage : *Escaouda l'oulado* ; Mouiller avec de l'eau chaude, brûler avec l'eau chaude, le fer chaud : *M'a escaoudat à la ma*. (Racine caout.)

**ESCAOUDA (S')**, v. pro. Se brûler avec l'eau bouillante, le fer brûlant : *Me souy pla escaoudat*

al pè ; fig., Être dupé, perdre dans une affaire : *S'es pla escaoudat dins aquel afa*, il s'est bien attrapé dans cette affaire.

Pierras, hountous è fol, dè ratgeo orticulabo
Oquel mot to gronat qué dis lou morechal
Quond s'*escaoudo* o lo forgeo ou qu'ottrapo un mochal.
PRAD.

**ESCAOUDADURO**, s. f. Brûlure.

**ESCAOUDAT, DO**, adj. Tourné, poussé : *Aquel bi es escaoudat*, le vin est tourné ; Avorté : *Las figos sou escaoudados*, les figues sont avortées ; Attrape, dupe : *Aqui gna un d'escaoudat*, voilà une dupe.

**ESCAOUDUFA**, voyez ESCALFURA.
**ESCAOUDURA**, voyez ESCALFURA.
**ESCAOUFAMEN**, voyez ESCALFOMEN.
**ESCAOUFETO**, voyez ESCALFETO.
**ESCAOUFEZI**, voyez RELAN.
**ESCAOUFOLIE**, voyez ESCALFO-LEYT.
**ESCAOUGNA**, voyez SINXA.
**ESCAOUPRE**, voyez ESCALPRE.
**ESCAOUSSELA**, voyez DESCAOUSSELA.
**ESCAOUTA**, voyez ENGRUMELA.
**ESCAOUTO**, voyez MADAYSSO.

**ESCAPA**, v. act. Echapper, esquiver, éviter : *L'as escapado aqueste cop*, tu l'as esquivé cette fois ; se Dérober à... ; s'Evader, se sauver de... ; Laisser échapper, dire par mégarde, ce qu'on voulait tenir caché ; *Y'a escapat de ba dire*, il lui a échappé de le dire.

**ESCAPA (S')** v. pro. S'Echapper, se sauver ; fig., s'Oublier, s'écarter du devoir ; *s'Escapèt à me dire de soutizos*, il s'oublia à me dire des sottises ; En parlant des choses, sortir de ce que contenait, renfermait... (Du latin *scapha*, barque, esquif ; se sauver dans un esquif lorsque le vaisseau coule à fond. Les Italiens disent : *scappare*, et les Espagnols *escapar*.)

Brillant astré del Cel, dount lo marcho rapido
Del tems qué nous *escapo* és lo réglo è lou guido.
PRAD.

**ESCAPADO**, s. f. Echappée, escapade ; Action imprudente : *A fax uno escapado dount s'en plandra*, il a fait une escapade dont il s'en plaindra ; adv. A la dérobée : *Soun bengudo d'escapado*.

**ESCAPADOU**, s. m. Echappatoire, défaite.

**ESCAPAT, ADO**, adj. Raisin, fève, pois noués, formés, : *Y'a de rasins d'escapats*.

**ESCAPIT**, voyez MILHASSO.

**ESCAPITA**, voyez DESCAPITA.

**ESCAPOMEN**, s. m. Echappement ; terme d'horloger et de mécanique, Palettes de la roue de rencontre : *L'escapomen se fa pla*, l'échappement se fait bien.

**ESCAPOUL**, s. m. Billot, morceau de bois qu'on n'a pas encore travaillé : *As aqui un brabe escapoul de bois*, tu as là un joli billot. (Du latin *escapus*, fût de colonne ; tige, tronc.)

**ESCAPOULA**, v. act. Ebaucher, dégrossir un ouvrage à la coignée : *Ey coumençat de b'escapoula*, j'ai commencé à le dégrossir ; Commencer un travail : *B'a dexa escapoulat*.

**ESCAPOULOUN**, voyez COUPOUN, ESCAX.

**ESCAPULLERO**, s. m. Scapulaire, partie de vêtement de certains religieux ; Longue pièce d'étoffe fendue pour passer la tête et qui retombe jusqu'à terre devant et derrière ; Deux petits morceaux d'étoffe bénite attachés avec des cordons, que l'on porte sur soi : *Porti touxoun l'escapullèro.* (Du latin *scapularium.*)

> Aquel bisatche dégaougnat,
> Lé fréluquet dount eï parlat,
> Un abuclé , un débigoussat
> Qué camino sur dè bequillos,
> Trés ou quatré poulidos fillos
> Qué ban as bans per lour santat,
> Uno sor dé la caritat,
> Quatré marchandos dé reliquos,
> D'*escapularis*, dé cantiquos, ..
> D'anels benits et dé courdous,
> Soun dé gens en pelérinatche,
> Qué ban , suivant un sant usatche,
> En déboutiou per rendre houmatche
> A Nostro-Damo de Limoux.
> DAV.

ESCARABAT, *voyez* ESCARBAT.
ESCARBAT, s. m. Scarabée, scarbot, genre de gros insecte qu'on trouve ordinairement dans les matières les plus dégoûtantes : *Es negre coumo un escarbat*, il est noir comme un scarabée. (Du latin *scarabœus*, pris du grec *skarabos*, scarabée) ; Lucane, cerf volant, gros insecte écailleux qui porte à l'avant de sa tête deux cornes osseuses qui imitent le bois du cerf : *Ey trapat un gros escarbat.*
ESCARBAT PUDENT, s. m. Blaps, les blaps marchent lentement, sont très fétides et se trouvent sous les plantes pourries et dans les caves.
ESCARBATA, *voyez* DESCARBATA.
ESCARABILIA (S'), *voyez* ENDIMENXA (S').
ESCARABISSE, *voyez* ESCRABIDO.
ESCARBOUTA, v. act. Fourgonner la braise pour y donner de l'air ; Faire tomber, détacher la braise du bois, des bûches qui sont au feu : *Escarboto las asclos per abé la brazo*, fourgonne les bûches pour avoir la braise. (Racine *carbou.*)
ESCARCALAS, *Escarcas*, *voyez* CARCALAS.
ESCARCAYLHA, v. n. Ecarquiller les yeux ; les ouvrir trop : *N'a pas besoun de tant escarcaylha lous èls*, il n'a pas besoin de tant écarquiller les yeux.
ESCARCELO, *voyez* ESCALETO.
ESCARDASSA, v. act. Etriller, battre quelqu'un : *L'a pla escardassat*, il l'a bien étrillé. (Racine *carda.*)
ESCARDASSAL, *voyez* CARDAL.
ESCARDEILHA, *voyez* ENXINNA.
ESCARDEL, *voyez* COUCARIL.
ESCARDUSSA, v. act. Etriller les chevaux, les bœufs : *Cal ana escardussa lous bioous*, (Racine *eardo.*)
ESCARDUSSAT, ADO, adj. Eveillé, ée ; Joli, ie : *Sios fort escardussat*, tu es fort éveillé.
ESCARIE, *voyez* ESCARRIE.
ESCARLATO, s. f. Ecarlate, couleur rouge fort vive : *Es rouxe coumo l'escarlato.* (De l'italien *scarlato.*)
ESCARLIMPA, *voyez* LIMPA.
ESCARLIMPADO, *voyez* GLISSADO.
ESCARMENA, *voyez* ESTRILHA, ROUSSA.
ESCARMOUSSO, s. f. Escarmouche, combat de parties détachées de deux armées voisines : *Y'abio de tems en tems qu'aleos escarmoussos*, il y avait de temps en temps des escarmouches. (De l'italien *scarmucia.*)
ESCARNI, v. n. Epouvanter, attraper quelqu'un, rebuter quelqu'un : *Aquelo emendo l'a escarnit*, cette amende l'a épouvanté.
ESCARNI, v. act. Contrefaire : *Aquel escarnis tout ple pla*, celui-ci contrefait les gens parfaitement bien.
ESCARNIT, IDO, adj. Epouvanté, ée, méfiant : *Souy escarnit, me y tournars pas trapa*, j'ai été attrapé, je n'y reviendrai pas.
ESCAROLO, *voyez* BARRAQUETO.
ESCAROUGNA, *voyez* ESCARAOUGNA.
ESCARPA, *Gruda*, v. act. Egrapper, détacher le raisin de la grappe : *Oungan boli fa tout escarpa*, cette année je veux faire tout égrapper. (Du latin *carpere.*)
ESCARPADOU, *Grudadou*, s. m. Egrappoir, outil en forme de trident en bois pour égrapper les raisins · *Nous manco un escarpadou*, il nous manque un égrudoir ; Lieu dans une vigne où l'on égrappe les raisins : *Nous troubares à l'escarpadou.*
ESCARPAYRES, s. m. Egrappeur, journaliers chargés d'égrapper pendant qu'on porte la vendange : *Nous cal al mens quatre escarpayres*, il nous faut au moins quatre égrappeurs.
ESCARPI, v. act. Chiqueter, déchirer, mettre en pièces : *De coulèro b'a tout escarpit*, à tout chiqueté de colère ; Chiqueter, démêler la laine : *Cal coumença per la pla escarpi*, il faut commencer par la bien chiqueter ; Effiler de vieux linge pour faire la charpie : *Baylas-me deque escarpi per m'amusa*, pour passer le temps. donnez-moi de quoi faire de la charpie.
ESCARPI (S'), v. pro. S'arracher les cheveux de colère ; Se dépiter. (Du latin *carpere.*)
ESCARPINA, *voyez* PRAOUTI.
ESCARPINS, s. m. Escarpin, souliers à semelle simple ; fig., Sabot grossièrement travaillé ; Fers qu'on met aux criminels : *Y'oou cargat de brabes escarpins*, on lui a mis de jolis escarpins. (De l'italien *escarpino.*)
ESCARPIS, s. f. Charpie, vieux linge effilé que l'on emploie pour les pan ements : *Nous cal touple d'escarpis.* (Du latin barbare *carpia*, de *carpere*, amasser.)
ESCARPO. *voyez* CARPO.
ESCARPOULETO, *voyez* DRINDOL, BRINDOL,
ESCARRA, *voyez* ESCALA, ESCALABRA.
ESCARRABILBAT, ADO, adj. Joli, ie, gentil, agréable, bien fait : *Es escarrabilhat coumo un sooul*, il est beau comme un sou. (Du latin barbare *caro*, *bella*, chair, visage beau.)
ESCARRAOUGNA, v. act. Egratigner, faire une légère déchirure à la peau avec des griffes, des ongles, une épingle, etc. : *M'as escarraougnat touto la ma*, tu m'as égratigné toute la main ; fig., Parler mal une langue ; *Escarraougno pla lou paouresant Francés*, il déchire bien la robe de saint François, dit-on de quelqu'un qui parle le français mal. (Du latin barbare *ingratinare*, employé avec la même signification dans la basse latinité.)
ESCARRAOUGNADO, s. f. Egratignure, légère blessure qui se fait en égratignant ; Eraflure, écorchure.
ESCARRIE, s. m. Gaucher, qui se sert de la main gauche plutôt que de la droite : *Souy escarrié*, je suis gaucher ; fig., Qui vient mal, à rebours : Qui n'est pas commode ; Qu'il faut aller trouver loin de chez soi ; *Aco m'es fort escarrié d'ana enlà*, cela me vient mal d'aller là bas.
ESCART, s. m. Ecart, déréglement d'imagination ou de conduite ; Erreur, faute grave : *Aco's un de sous escarts*, c'est une de ses erreurs ; t. de jeu, Cartes écartées : *Metti aqui l'escart*, je mets là mon écart ; Générosité extraordinaire et inatten-

due : *A fax un escart aqueste cop*, il a fait une générosité extraordinaire cette fois ; Écart que fait un cheval : *Me faguèt un escart que me penset fa toumba*, il me fit un écart qui faillit me faire tomber. (Du latin *ex parte*, comme on dirait sortir du lieu où l'on est.)

Dé lo coscado enfi qué m'o chormat lo bisto
S'encaro un bricou maï bolé ségré lo pisto,
Bésé qué fiéromen bo per saouts é per bounds
Fixa dins très moulis sous *escarts* bogobounds.
PRAD.

ESCART (A L'), adv. A l'écart, à part, en particulier : *Me prenguet à l'escart per ba me counta*, il me prit à l'écart pour me le conter.

ESCARTA, v. act. Écarter, détourner d'une direction : *l'a pla escartat de soun cami*, il l'a bien détourné de son chemin ; Séparer : *Cal pas escarta tant las cambos* ; Faire en aller, faire éloigner ; *Escartas lous maynaxes d'aquel xabal*, éloignez les enfants de ce cheval ; Mettre de côté des cartes pour en prendre d'autres ; *Escarti de dos* ; Éparpiller le plomb en parlant d'un fusil : *Escarto fort*.

ESCARTA (S'), v. pro. S'Écarter, se détacher, ne plus joindre ; s'Éloigner, se détourner : *Nous sien pla escartats de l'oustal*, nous nous sommes bien éloignés de la maison ; Faire quelque chose d'inaccoutumée : *Te sios bé fort escartat*. (Racine *escart*, ou du latin barbare *se expartere*, sortir de sa part.)

ESCARTAT, s. m. Écarté ; Lieu éloigné ; Vigne isolée, seule : *Dema bendemian l'escartat*, demain nous vendangeons l'écarté ; Jeu de cartes : *Fazen à l'escartat*.

ESCARTAYRA, v. act. Écarteler, mettre un criminel en quatre pièces en le tirant à quatre chevaux : *Lou coundannerou à estre escartayrat*. (Racine *cart*.)

ESCARTELA, voyez ESCARTAYRA.

ESCARTOMEN, s. m. Écartement, séparation de deux choses qui doivent être jointes ; Éloignement, distance : *Y a pas un fort escartomen de l'oustal à la gleyzo*, il n'y a pas une grande distance de la maison à l'église. (Racine *escart*.)

ESCAS (TOUT), voyez PENO (A).

ESCASSELA, v. act. Échanvrer, broyer la chenevotte pour séparer l'écorce qui doit être filée : *Es pla tems d'escassela*. (Du latin barbare *cassare*, casser, broyer, briser.)

ESCASSELOS, s. f. Broie, brisoir, macque, instrument pour briser le chanvre, le lin ; il est fait de cinq bouts de latte mince dont trois dessus, deux dessous, se mouvant sur un pivot commun et entrant l'un dans l'autre comme la lame d'un couteau dans son manche. On s'en sert pour espader ou échanvrer la filasse du chanvre, du lin et en détacher les menues chenevottes.

ESCASSITAT, s. f. Petite quantité, petit brin, un peu : *N'ed ras agut qu'uno pixouno escassitat*.

ESCASSOMEN, Per tapaouc, adv. A peine, tant soit peu : *Sourtis escassomen*.

ESCASSOS, s. f. Échasses, deux longs bâtons avec étriers ou fourchons pour s'élever en marchant : *Aourien bezoun d'escassos*, nous aurions besoin d'échasses. (Du latin barbare *scalacia*, de *scala*, échelle.)

ESCATA, v. act. Écailler le poisson, lui ôter les écailles : *Aoura leou finit de l'escata*, elle l'aura bientôt écaillé. (Racine *escato*.)

ESCATO, s. f. Écaille, petites pièces luisantes, glissantes et dures qui couvrent la peau des poissons : *l'Escato es pla grando, èro gros*, l'écaille est grande, le poisson était gros. (De l'anglais *scale*.)

ESCATS, s. m. Reste, ce qui demeure d'un tout, d'une quantité, d'une marchandise : *Croumpas-me l'escats*, achetez le reste.

Dé prunos otobé sécas un brab'*escach*,
Tout es bou dins l'hyber per rompli lou pifach.
PRAD.

ESCAUMASSI, voyez CALIMAS.
ESCAVA, voyez ESCABA.
ESCAVEL, voyez TRABOUL.

ESCAXA, v. act. Ébarber ; Diminuer, réduire à peu : *A pla escaxat ço qu'abio*, il a bien réduit ce qu'il avait.

ESCAZENSO, voyez AZART.

ESCLABAXE, s. m. Esclavage, servitude ; État d'un esclave ; fig., Soumission, grande dépendance, assujétissement extrême : *Souy dins l'esclabaxe despey que lou drolle es nascut*, je suis esclave depuis que l'enfant est né.

Guerro à mort ! guerro à mort ! *esclabatgé*, *esclabatgé*,
Guerro à mort ! guerro à mort ! libertat ! libertat !
Lou ploum part, lou sang coulo, et del miex del carnatgé
Lou tarriple aiglo blanc, l'èl de nostre coustat,
Crido : — En aban, francés ! per tu me souy m'astat.
J.

ESCLABISSA, voyez ROUSSA.

ESCLABO, s. m. f. Esclave, qui a perdu sa liberté ; fig., Qui est soumis à un travail, à un devoir qui exige toute l'application, l'assiduité, etc. : *Souy ayci couno un esclabo, podi pas manca un moumen*, je suis ici comme un esclave, je ne puis m'absenter un moment. (Du latin barbare *sclavus*.)

ESCLAFA, *Esclaoufi*, v. act. Écacher, aplatir, écraser : *A esclafat tout ço qu'abio dins lou pagnè*, il a écrasé tout ce qu'il avait dans le panier.

ESCLAFA (S'), v. pro. S'Éreinter en portant un fardeau trop lourd : *Y a de que s'esclafa*, il y a de quoi s'éreinter ; Avouer, découvrir une chose : *Aqui nous esclafèt ço que sabio*.

Cal que nous *esclafes* ayci bostro pensado ;
Bous sur aquel suxet sies pas embarrassado. D.

EXCLAMATIOU, s. Exclamation, cri d'admiration, de joie, de surprise, d'indignation. (Du latin *exclamatio*.)

ESCLANDRE, s. m. Esclandre, accident qui fait de l'éclat et est accompagné de honte : *Aco's estat un grand esclandre*, cela a fait un grand esclandre. (Du grec *skandalon* ou *skandalelhion*, scandale.)

ESCLAPA, voyez ASCLA.
ESCLAPAYRE, voyez ASCLAYRE.

ESCLAPO, s. f. Éclat, copeau de bois, de pierre : *N'ey tirat uno grosso esclapo*, j'en ai tiré un gros éclat.

ESCLAPOUS, voyez COUPROUS.
ESCLARCI, voyez ESCLAYRI.
ESCLARCIDO, voyez CLAYRIÈYRO.

ESCLARCISSOMEN, s. m. Éclaircissement, explication de ce qui est obscur : *Aco a besoun d'esclarcissomen*, cela a besoin d'éclaircissement.

ESCLAT, s. m. Éclat, pièce, partie d'un morceau de bois, de pierre ; Vive lumière, vive clarté ; Pompe, magnificence : *l'An recapiut amb'un grand esclat*, on l'a reçu avec un grand éclat ; Rumeur, scandale; Querelle. (Du latin *eclatum*, supin de *ecferre* pour *efferre*.)

**ESCLATA**, v. n. Éclater, se rompre, se briser par éclats : *l'Aben entendudo esclata dins de deforo*, de dehors nous l'avons entendue éclater; Avoir de l'éclat, briller, frapper les yeux; Faire un grand bruit; s'Emporter; Rire d'une manière bruyante : *M'a fax esclata de rire en lou bexan fa*, j'ai éclaté de rire en le voyant faire. (Racine *esclat*.)

**ESCLATANT, TO**, adj. Éclatant, te, qui a de l'éclat; Qui retentit en parlant de la voix, d'une église où la voix résonne : *A la bois esclatanto que xamay pus*, sa voix est éclatante au possible.

**ESCLATOS**, voyez CRÉBASSOS.

**ESCLAYRA**, v. act. Éclairer, répandre de la clarté, de la lumière : *Aquelo candèlo esclayro pla*, cette chandelle éclaire bien; Accompagner avec une lumière : *Esclayras aquel ome, aoutromen toumbario*, éclairez cet homme, autrement il tomberait; Donner de l'instruction, de l'intelligence : *Aque l libre m'a esclayrat*, ce livre m'a bien instruit; Avertir quelqu'un, le détromper, lui faire voir clair : *Urousomen que m'esclayreres à tems*, heureusement que vous m'éclairâtes à temps.

**ESCLAYRA (S')**, v. pro. S'éclairer, acquérir des lumières; Devenir plus clair, plus serein.

**ESCLAYRAT, ADO**, adj. Éclairé, ée, qui a de la lumière; très Instruit ; *Aco's un ome fort esclayrat*, c'est un homme instruit. (Racine *clar*.)

**ESCLAYRE**, *Enbelex*, *Belex*, s. m. Éclair, éclat de lumière subit et passager, précédant ordinairement le tonnerre.

Las nious et lous *esclayres*
N'oou d'aoutre mestre qu'el (Dious.) PUJ.

**ESCLAYRI**. *Esclarci*, v. act. Éclaircir, rendre clair, plus clair : *Ba cal esclayri encaro mayt*, il faut éclaircir cela davantage; Rendre moins épais : *Esclayris aquelos pastos*, éclaircis ces pâtes; Diminuer le nombre de...: *Aben esclayrit lous pibouls*, nous avons diminué les peupliers; fig., Rendre évident, clair, intelligible : *Aco's estat leou esclayrit*, cela a été bientôt éclairci.

**ESCLAYRI (S')**, v. impers. S'Éclaircir en parlant du temps. (Racine *clar*.)

Dins lo Gleyso ossemblats coumo lous jours de festo,
Dé boun cor prégou Dious d'escorta lo tempesto.
Per lo prégario enfi lou Cel ès désormat;
L'hourisoun *s'esclorcis*, l'aïré és oposimat. PRAD.

**ESCLAYROL**, s. m. Rayon de soleil pendant l'hiver; Intervalle que donne la pluie : *De temps en temps fa qualque esclayrol*, il y a de temps en temps des intervalles de beau temps; Éclaircie, clairière, endroit clair dans une forêt, dans un champ semé : *Y'a quasques esclayrols*, il y a quelque clairière.

**ESCLINSA**, voyez REXISCLA.

**ESCLIPSA**, v. act. Éclipser; Effacer en parlant du talent. (Racine *escluxi*).

**ESCLOP**, *Esclo*, *Esclot*, s. m. Sabot, chaussure de bois d'une seule pièce : *Cal cerca lous esclops, seroou leou de sazou*, il faut chercher les sabots, ils seront bientôt de mise. Le sabot est ordinairement couvert d'une bride de cuir qu'on appelle *bato*; quand il est tout en bois on le nomme *esclop boutis*; il y a ensuite l'*esclop palexayre* qui est un sabot très fort, qui sert de point d'appui pour lever et renverser la terre que lève le louchet ou *Anduzat*; Godet, espèce de vase attaché à une roue dont on se sert pour élever l'eau d'un puits : *Manco un esclop*; prov. *Touxoun fa coumo l'esclop d'un amoulayre*, elle parle toujours. (Racine *esclat*, parce que ordinairement c'est avec un éclat de bois qu'on fait les sabots.)

**ESCLOUPAT**, s. m. Plein un sabot : *A pourtat un escloupat d'escagarols*, il a porté un plein sabot de limaçons.

**ESCLOUPAT, ADO**, adj. Éclopé, ée, affligé d'une incommodité qui rend la marche pénible ; Infirme, languissant : *Es touxoun pla escloupat*.

**ESCLOUPEXA**, *Escloupejha*, v. n. Saboter, faire du bruit avec les sabots en marchant.

**ESCLOUPIÉ**, s. m. Sabotier, celui qui fait des sabots; Celui qui en porte. Le sabotier *escapoulo*, dégrossit à la cognée, *pigassou*, le tronçon de bois coupé de mesure; il le fixe ensuite avec des coins dans l'encoche, *estoc*, *entaylho*; il commence à creuser le trou du pied avec la tarière, *birouno*, l'élargit avec la cuillère, *cullier*, et finit le dedans avec la rouanne, *razo*; il achève le dehors déjà ébauché avec la plane, *coutel paradou*.

**ESCLOUPOU**, *Escloupé*, s. m. Petits sabots pour un enfant : *Cargo lous escloupous, paourot ! mets tes petits sabots, mon cœur !*

**ESCLURE**, v. act. Exclure, empêcher d'être admis, d'obtenir; Écarter, chasser, expulser, repousser, éloigner : *Lou cal exclure de la societat*, il faut l'exclure de la société. (Du latin *excludere*.)

**ESCLUSCAT, ADO**, adj. Vieilli, ie, dépéri, tombé : *Lou bexèri yer es pla escluscat*, je l'ai vu hier, il est bien dépéri.

**ESCLUXI**, *Escluzi*, *Esclissi*, s. m. Éclipse, du soleil, de la lune; Obscurcissement momentané causé par l'interposition d'une planète : *Tantos y'a un escluxi de luno*, ce soir, il y a éclipse de lune. (Du grec *ekleipsis*, défaut, privation.)

**ESCLUYSSIT, IDO**, adj. Usé, ée, dépéri, vieilli, tombant en ruine.

**ESCLUZIBOMEN**, adv. Exclusivement, à l'exception : *Excluzibomen à tout aoutre te prendrey à tu*, je te prendrai exclusivement à tout autre.

**ESCLUZIOU**, s. f. Exclusion, action d'exclure, acte par lequel on exclut. (Du latin *exclusio*.)

**ESCOBEL**, voyez DABANEL.

**ESCOBOSSA**, voyez ESCABASSA.

**ESCOGNO**, voyez ESCAOUTO.

**ESCOÏRE**, voyez ESCOYRE.

**ESCOLCI**, voyez ESCULLA.

**ESCOLO**, s. f. École, lieu où l'on enseigne à lire, à écrire, etc. : *Coumençam de lou manda à l'escolo*, nous commençons de l'envoyer à l'école; les Écoliers; Lieu où l'on enseigne le Droit, la médecine : *Es à l'escolo de Mountpellié*, il est à l'école de Montpellier. (Du latin *scola*.)

Es bray pourtant, qu'à trabès tout aco
Eri robur, que lou soul noum d'*escolo*
Me randio mut, et fazio sur moun co
Lo même éffet que lou soun d'uno biolo !
Mais aquel mot, d'ourdinari ta dous,
Me fazio mal quand ma may que filabo,
En me gaytan d'un ayre pietados,
A moun grand pay tout bas lou prounounçabo. J.

**ESCOMPILLA**, voyez ESCAMPILHA.

**ESCONTIT**, voyez ESCANTIT.

**ESCOOUTO**, voyez MADAYSSO.

**ESCORÇO**, s. f. Écorche, partie des végétaux qui enveloppe leur racine, leur tige, leurs branches; Peau épaisse de certains fruits. (Du latin *cortex*.)

**ESCORLIMPADO**, voyez ESCALIMPADO.

**ESCORNO**, voyez AFFROUN.

**ESCORTO**, s. f. Escorte, troupe, suite de gardes, d'amis, de gens qui escortent, qui accompagnent : *l'abio uno poulido escorto*, il y avait une brillante escorte. (De l'italien *scorta*.)

**ESCOT**, s. m. Ecot, cote part que chacun doit pour un repas commun ; Dépense de table dans un lieu public (De l'anglo-saxon *scot*, tribut, contribution) ; Sorte d'étoffe légère ordinairement noire : *Uno soutano d'escot*.

**ESCOUADO**, s. f. Escouade, détachement d'une compagnie d'infanterie : *Nostro escouado partiguèt sul cop per lous soustene*, notre escouade partit sur le champ pour les appuyer. (Suivant *Ménage*, ce mot est une corruption d'*escadre* ; les Italiens disent en effet dans le même sens *squadra d'infanteria*.)

**ESCOUAS**, *Caxo-niou*, s. m. Culot, l'oiseau le dernier éclos d'une couvée ; l'Animal le dernier né d'une portée : *Agaxas à qui l'escouas*, voilà le dernier né. Escouas est employé fréquemment en dérision en parlant du dernier enfant d'une famille : *Aco's tu que sios l'escouas ?* est-ce toi qui es le dernier ? (Racine *coua*, comme qui dirait de toute la couvée voilà le dernier.)

**ESCOUAS**, voyez ESCOUBAS.

**ESCOUATA**, v. act. Ecouer, couper la queue à un animal. (Racine *couo*.) Fig., Casser la queue à un pot, à une casserolle : *As escouatat toutes lous toupis*, tu as cassé la queue à tous les pots.

**ESCOUBAS**, *Escouas*, *Escoubal*, s. m. Ecouvillon de boulanger ; Haillons attachés au bout d'une perche pour balayer la cendre de l'âtre d'un four après qu'avec le fourgon on en a retiré la braise : *Bay bagna l'escoubas*, va tremper l'écouvillon. (Du latin barbare *scopa*, balai.)

**ESCOUBETTO**, voyez BALAXOU.

**ESCOUBILIA**, voyez BALAXA.

**ESCOUBILIAYRE**, s. m. Boueur, balayeur des rues.

**ESCOUBILIOS**, voyez ESCUBILHÉ.

**ESCOUBO**, voyez BALAXO.

**ESCOUDENC**, *Scoudenc*, s. m. Dosse, planche qui n'est sciée que d'un côté et équarrie seulement de l'autre : *Mettras lous escoudens à part*, Tu mettras les dosses à part. (Du grec *escatos* dernier.)

**ESCOUDOUSSA**, voyez ESPEYLHA, RABUGA.

**ESCOUDOUSSOS**, voyez RABUGAXÉ.

**ESCOUDRE**, voyez BATTRE LOU BLAT.

**ESCOUFIÉ**, s. m. Plein une assiette de soupe : *Qu'un escoufié n'as manxado*, quelle assiétée tu as mangé.

**ESCOUFIGNA**, voyez ACOUFIGNA.

**ESCOUFIOUN**, s. m. Escoffion, partie de la coiffure d'une femme du peuple. (De l'italien *cuffione*.)

**ESCOUFO**, voyez ESCROUO.

**ESCOUFREIO**, voyez COURDOUGNÉ.

**ESCOUISENDRE**, voyez ESCOUYSENDRE.

**ESCOULA**, v. act. Ecouler, vider, mettre à sec : *Anan escoula lou bibié*, nous allons mettre à sec le vivier ; Egouter une salade.

**ESCOULA (S')**, v. pr. Couler, passer insensiblement : *Tout aquel tems s'es escoulat sans y pensa*, tout ce temps s'est écoulé sans y penser. (Racine *coula*.)

**ESCOULADOU**, *Estourridou*, s. m. Egouttoir, ais, treillis, ustensile pour faire égouter : *Met la bayssélo dins l'escouladou*, mets la vaisselle dans l'égouttoir ; Conduit pour l'écoulement des eaux.

**ESCOULIÉ**, s. m. Écolier, celui qui va à l'école, celui qui prend des leçons d'un maitre, celui qui fait l'école aux autres : *Aben cambiat d'escoulié*, Nous avons changé d'instituteur. (Racine *escolo*.)

Qué fosès dins lo billo, *escouliés*, oboucats,
Sus librés, sus popiés, nucch é jour oboucats ?
Quittas-lo, crésés-mé, bénés o lo compagno,
Lous plosés innoucens bous y tendrau coumpagno.
PRAD.

**ESCOULOMEN**, s. m. Écoulement, flux de ce qui coule : *Aquel teoulat n'a pas prou d'escoulomen*, ce toit n'a pas assez de pente. (Racine *coula*.)

**ESCOUMBRE**, voyez DESCOUMBRE.

**ESCOUMENJHA**, voyez ESCOUMUNIA..

**ESCOUMENSA**, v. act. et n. Commencer, donner commencement, naissance, origine : *El coumensèt à semena de luzerno*, lui le premier a commencé à semer la luzerne ; Entreprendre, entamer, ébaucher ; Faire ce qui doit être fait d'abord ; fig., Lever une querelle : *Tu es escoumençat*, c'est toi qui as levé la querelle. (Racine *coumença*.)

**ESCOUMENÇOMEN**, s. m. Commencement, principe, origine : *Agaxas ayci l'escoumençomen de la disputo*, voici l'origine de la dispute ; Temps où l'on commence une chose, premier temps : *A l'escoumençomen de la reboululiou tout debio s'arrenga*, ce dont on se contente en attendant mieux : *Bous bayli l'escoumençomen et m'attendres pel resto*, je vous donne le commencement vous m'attendrez pour le reste.

**ESCOUMENÇOU**, voyez COUMENÇOU.

**ESCOUMOUS**, s. m. Bouchon, au fil, à la soie, à la laine : *Y'a fosso escoumousses*, il y a bien de bouchons ; fig., Fille courte, trapue, jouflue : *Qu'un escoumous !*

**ESCOUMPISSA**, voyez PISSA.

**ESCOUMUNIA**, v. act. Excommunier, retrancher de la communion de l'église ; fig., Chasser, repousser. (Du latin *excommunicare*.)

**ESCOUMUNICATIOU**, s. f. Excommunication, censure ecclésiastique par laquelle on excommunie.

**ESCOUNDRE**, voyez AMAGA, CAXA.

**ESCOUPERINO**, *Salibo*, s. f. Salive, humeur aqueuse qui humecte la bouche : *Podi pas abala l'escouperino*, je ne puis pas avaler la salive.

Bous cal un masclé biel qué sacho roppéla :
Car lo fémo, ol bésoun, tout escas sap pioula.
Désempégas lous dets on d'aïgo ou d'*escuperino*,
Omogas pla lo gabio ount conto lo cordino.
PRAD.

**ESCOUPEYRE**. *Escupeyre*, s. m. Cracheur, celui qui crache souvent.

**ESCOUPI**, *Escopir*, *Escupi*, v. act. Cracher, rejeter quelque chose de la bouche autrement que par le vomissement : *Me cal escoupi à tout moumen*, je crache à tout moment.

Nani, ba dirio pas : mais un tal persounaxo
Sé fario de ma part *escoupi* sul bixaxé ;
Car boumirio sul nas à tout aquelos xens
Qu'à your prumier abord bous fan de counplimens. D.

**ESCOUPIDOU**, voyez CRAXOIR.

**ESCOUPIT**, *Escupit*, s. m. Crachat, ce qu'on crache ; fig., Quelque chose de peu de valeur : *Ne fan cas coumo d'un escoupit*, on n'en fait pas plus de cas que d'un crachat.

Cregas ço qué bouldres, prenes bostré partit,
Yeou me xaouti d'aco coumo d'un *escoupit*. D.

**ESCOURBUT**, s. m. Scorbut, maladie contagieuse qui attaque principalement les marins, et qui s'annonce par le gonflement et le saignement des gencives, la chute des dents, etc. (Mot hollandais pris des Danois, qui appellent cette maladie *crobuth* ventre rompu. Cette maladie se manifesta vers l'an 1486.)

**ESCOURENSO**, voyez ESCOURRENÇO.

**ESCOURIDO**, voyez TROTO.

**ESCOURILIOS**, voyez FOUNZILHOS.

**ESCOURJHA**, voyez ESCOURXA.

**ESCOURJHADOU**, voyez ESCOURXADOU.

**ESCOURJHAIRE**, voyez ESCOURXAYRE.

**ESCOURNA**, v. act. Écorner, rompre la corne, les angles d'une pierre : *Trayte d'aqui, m'escournarios aquelo peyro*, garde-toi de là, tu écornerais cette pierre; fig., Diminuer, faire perdre une portion de... ; Manger son bien : *B'a fort escournat se b'a pas acabat*, il l'a bien abrégé s'il n'a pas fini. (Racine *corno*.)

**ESCOURNURO**, s. f. Écornure, éclat emporté de l'angle d'une pierre, etc. : *Baste que troubessi l'escournuro que n'a fax parti!* baste que je trouvasse l'éclat qu'il en a fait partir.

**ESCOURPELUT, UDO**, adj. Voûté, ée, en parlant d'une personne qui porte les épaules en forme de voûte : *Es tout ple escourpelut*, il est fort voûté.

**ESCOURPIOUN**, s. m. Scorpion, insecte vénimeux : *Qu'un escourpioun, benes bèze!* venez voir quel scorpion! (Du grec *skorpios*.)

**ESCOURRENÇO**, s. f. Cours de ventre, flux, dévoiement : *l'Escourrenço l'ou tuo despey tres xouns*, le flux le dévore depuis trois jours. (Racine *courre* à cause des fréquents mouvements qu'est obligée de faire la personne qui a cette maladie.)

**ESCOURSOUNELO**, s. f. Scorsonère, plante vivace et potagère, de la famille des chicoracées dont la racine sert d'aliment : *Crounparas un paquet d'escoursounèlo*. (De l'italien *scorza nera*, écorce noire.)

**ESCOURTA**, v. act. Escorter, faire escorte; Accompagner pour défendre, protéger, conduire. (Racine *escorto*.)

**ESCOURTINA**, v. act. Écourter, écouer, couper trop court; Brétauder, couper les oreilles d'un cheval ; Tondre inégalement : *L'abès pla escourtinat*, vous l'avez bien écourté.

**ESCOURTINAT, ADO**, adj. Écourté, ée, habillé trop court; Tondu trop court : *Sios pla escourtinat*. (Racine *court*.)

**ESCOURXA**, *Escourcha*, v. act. Écorcher, dépouiller un animal de sa peau; Faire une écorchure ; Déchirer une partie de la peau d'un animal ou de l'écorce d'un arbre : *Calcun l'a tout escourxat*, quelqu'un l'a écorché; fig., Faire payer trop cher ; *M'a escourxat* ; Parler mal une langue : *Escorxo lou francès* ; Faire une impression désagréable au goût, à l'oreille; Diffamer. (Du latin barbare *excoriare*.)

Una tampesta lou nèguèt,
E ieou, s'en manquèt pas dé gayré ;
Mais lou Ciel, qu'ès jusié, pecayré !
Me mètet, per ma bravétat,
Descambarlous dessus un mat.
Aoutour de ieou tan brasséjère,
Tan luchère, tan cambejère,
Qu'abourdère, d'un cop de mar,
Sur una costa, per hazard :
Es bray que seguèt pas sans péna,
Ni sans m'escourja la coudéna.
FAV.

**ESCOURXADOU**, *Escourchadou*, s. m. Écorcherie, lieu où l'on écorche les bêtes : *Lou cal mena à l'escourxadou*, il faut le mener à l'écorcherie.

**ESCOURXAYRE**, *Escourchayre*, s. m. Écorcheur, celui qui écorche les bêtes, équarrisseur; fig., Hôtelier, marchand qui exige trop : *Aco's un beritaple escourxayre*, c'est un véritable écorcheur.

Bous aoutrés dezempej maït de dous ou tres ans
Boulès pas pus abé ni Loup ni sant Amans,
Poulbriéyro èt Cadaous sou, dizès, *d'escourxayrés* ;
Ount nous adressarèn? décidas-bo, mous frayrès. D.

**ESCOURXAL**, *Escourchal*, s. m. Écorchure, endroit de la peau écorchée : *Y'a un brabe escourxal al xinoul*, il a une forte écorchure au genou; Rincée de coups : *N'a trapat un escourxal que counto*, il a attrapé une rincée qui compte.

**ESCOUSCOUL (FA)**, v. n. Faire une visite domiciliaire par autorité de justice et accompagné de quelque agent de la police pour retrouver ce qui a été volé; Quêter, épier à dessein de surprendre ; *Touto la neyt a fax escouscoul à la porto de la bilo*, il a guetté toute la nuit à la porte de la ville.

**ESCOUSSOU**, voyez FLAXEL.

**ESCOUTA**, v. act. Écouter, ouïr avec attention; Prêter l'oreille; Acquiescer à une proposition, accepter une offre : *Nous a parfètomen escoutats*, il nous a parfaitement écouté.

**ESCOUTA (S')**, v. pro. S'écouter, avoir un trop grand soin de soi : *S'escouto trop. xamay guerira pas*, il s'écoute trop, il ne guérira jamais; Parler avec lenteur et réflexion : *Aquel d'aqui s'escouto pla*. (De l'italien *ascoltare*.)

Bous escouti pas pus.

Tant milliou, finissés,
Et dounas bous de trax à gagna lou proucès. D.

**ESCOUTI**, voyez ABOURI.

**ESCOUTIA**, voyez ESCOUATA.

**ESCOUTOUS**, *Ana d'escoutous*, v. n. Être aux écoutes, écouter; prov. : *Qui va d'escoutous, aouzis sas doulous*, celui qui va écouter entend ce qui le peine.

**ESCOUXURO**, *Escoussuiro, Soulataxe*, s. f. Affanures, blé qu'on donne aux moissonneurs et aux batteurs au lieu d'argent ; *Trabaylhan à l'escouxuro*, notre travail est payé en blé.

**ESCOUYSENDRE**, voyez ENBRINDA.

**ESCOUZENT, ENTO**, adj. Cuisant, ante, âpre, aigu en parlant des douleurs physiques et morales : *Fa un frex escouzent*, il fait un froid aigu; Désagréable, fâcheux, contrariant : *Aco's pla escouzent de cale paga dous cots*, c'est fâcheux de payer deux fois.

**ESCOUZOU**, *Escouzenco*, s. f. Cuison, douleur d'un mal qui cuit : *Aco's uno escousou sans pareylho*, c'est une cuison sans pareille. (Racine *escoze*.)

**ESCOYRE**, *Escoze*, v. n. Cuire, causer par l'inflammation, la brûlure, etc., une douleur âpre et aigue; Éprouver une perte : *D'aqueste afa y'en escouyra*, d'après cela il sera en perte. (Du latin *coquere*.)

**ESCOZE**, voyez ESCOYRE.

**ESCRABAT**, voyez ESCARBAT.

**ESCRABIDAYRE**, s. m. Marchand d'écrevisses, celui qui les pêche.

**ESCRABIDO**, s. f. Écrevisse, poisson crustacé fort commun. (Du latin *carabus*, pris du grec *karabos* crabe, sorte d'écrevisse de mer.)

**ESCRACH**, *voyez* CRAXAS.
**ESCRAFA**, *voyez* RAYA, ESPAÇA.
**ESCRAMACHA**, *voyez* ESPOUTI, MOUXA.
**ESCRANCA**, *voyez* ESCLOUPAT.
**ESCRAOUMA**, *voyez* BOULI, ESCAOUDA.
**ESCRASSO**, *voyez* PAPIÉ DE CRASSO.
**ESCRAZA**, v. act. Écraser, briser et aplatir par le poids, par effort : *La cargo a escrazat la carreto*, la charge a écrasé la charrette ; Fatiguer par un poids trop lourd ; Surpasser de beaucoup : *Lou pixou l'escrazo en tout*, le plus jeune le surpasse en tout ; Empêcher de paraître.

Qu'un torriblé coumbat dins l'aïré és entendut :
Toutés lous élémens sé déclarou la guerro ;
Lou Cel semblo s'orma per *escroza* lo terro. PRAD.

**ESCRAZA (S')**, v. pro. S'Écraser, s'épuiser ; Faire au-dessus de son pouvoir, de ses forces : *S'escrazou per la fa pla plaça*, ils s'épuisent pour la bien placer.
**ESCREPULLE**, *voyez* ESCRUPULLE.
**ESCRIBEN**, s. m. Écrivain, celui qui écrit ; Homme qui écrit pour le public moyennant un salaire. (Du latin *scribens*.)
**ESCRIBO**, s. m. Scribe, écrivain, copiste : *Es per escribo dins un bureou*, il est pour écrivain dans un bureau. (Du latin *scriba*.)
**ESCRIDA (S')**, v. pro. S'Écrier, faire un grand cri, une exclamation : *S'és escridado, al miex de la carrièyro, que demandabo reparatiou*, elle s'est écriée au milieu de la rue qu'elle demandait réparation. (Racine *crida*.)
**ESCRIDASSA**, v. act. Huer quelqu'un ; Faire des cris de dérision après lui : *L'an escridassado per touto la plaço*, on l'a huée au milieu de la place ; fig., Publier les bans de mariage de quelqu'un : *Abey n'an escridassat dous parels*, aujourd'hui on a publié les bans de deux couples.
**ESCRIDASSA (S')**, *voyez* SE DEGUZA.
**ESCRIMA (S')**, v. pro. S'Escrimer, s'appliquer à.. ; se Sacrifier pour quelque chose, pour quelqu'un : *Me souy escrimat per y counserba lou paouc qu'abio*, je me suis appliqué à lui conserver son petit avoir. (De l'italien *schermire* fait de l'allemand *schirmen* se battre, escarmoucher, etc.)

Lous grands é lous pichous courrou sus l'énémic ;
Lou pus poultroun s'opresto o l'y soca soun pic.
Dé mêmés ol trobal lou méns boillent s'*escrimo*,
Del bras é dé la boix lou Pogés lous onimo.
PRAD.

**ESCRIMO**, s. f. Escrime, art de faire des armes : *Boli aprene l'escrimo*, je veux apprendre à faire des armes ; Patience, application pour apprendre : *Y'a perdudo l'escrimo à l'ensegna*, il a perdu patience à l'enseigner. (De l'italien *escherma*.)
**ESCRINZELA**, *voyez* GRABA, SE CREBASSA.
**ESCRIOURE**, v. act. Écrire, tracer, former des lettres : *Apren à escrioure*, il apprend à écrire ; Posséder l'art d'écrire ; Faire une lettre, une missive : *Benen d'escrioure al gouyat qu'aben à l'armado*, nous venons d'écrire au fils qui est au service. (Du latin *scribere*.)

M'oou dix qu'érés aici dins aqueste moumen,
Et d'abord eï sentit la pus grando impatienço
Dé beni bous trouba per fairé couneissenço.
Bous despeï fort loung tems dins moun cor siés *escrits*
Et sério fort xarmat qué fouguessen amix. D.

**ESCRITORI**, *Ancrié*, *Tincto*, s. m. Écritoire, boîte qui contient ce qui est nécessaire pour écrire, vase qui contient l'encre : *Porto l'escritori ambe la plumo et de papié*, portez l'écritoire, la plume et du papier.
**ESCRITURO**, s. f. Écriture, manière de former les lettres : *A uno pla poulido escrituro*, il a une belle main ; La parole de Dieu, les livres saints : *L'escrituro santo nous counsolo dins nostros penos*, dans nos peines nous trouvons consolation dans les saintes écritures. (Du latin *scriptura*.)

Bous aoutrés couneissés fort pla soun *escrituro* ;
Beïrés dins un moumen coussi nous descourduro. D.

**ESCRIX**, s. m. Écrit, acte portant promesse ou convention ; *ayci aben l'escrix que passéren alaro*, voici l'acte que nous passâmes alors ; Ce qui est écrit ; Papier écrit. (Du latin *scriptum*.)

Un omé mal fargat et dé maoubézo mino
Dematis és bengut xuscos dins la cousino,
Y'a laïssat un *escrix* sur dé papié timbrat,
Qué lou diaplé d'anfer n'aourio pas dexifrat. D.

**ESCROC**, s. m. Escroc, voleur qui emploie la fourberie, l'artifice, l'impudence ; Adroit fripon, *Aco's un beritaplé escroc*, c'est un véritable escroc. (De l'italien *scrocco*.)
**ESCROUA**, v. act. Écrouer, inscrire à son arrivée un prisonnier sur les registres de la prison : *L'an escrouat dematis*, on l'a écroué ce matin ; Placer, serrer les écrous des boulons : *Cal escroua fortoment toutes aquels boulouns*, il faut serrer fortement l'écroue de tous ces boulons. (De l'allemand *schraube*, vis.)
**ESCROUCA**, v. act. Escroquer, attraper par fourberie, par artifice : *Aco's aoutant d'escroucat*, c'est autant d'attrapé. (De l'italien *scroccare*.)
**ESCROUCARIÉ**, *Escroucario*, s. f. Escroquerie, action, tour d'escroc : *Touxoun se cal mesfiza de sas escroucariés*, il faut se méfier toujours de ses escroqueries.
**ESCROUCUR**, s. m. Escroqueur, celui qui escroque.
**ESCROUÉLOS**, s. f. Écrouelles, humeurs froides avec tumeurs à la gorge, aux glandes. (Du latin *scrophulæ*.)
**ESCROUFULOUS**, OUZO, adj. Scrofuleux, qui a les écrouelles.
**ESCROUO**, s. f. Écroue, trou dans lequel tourne la vis : *Manco uno escrouo à n'aquel abis*, pour cette vis il manque l'écroue. (Racine *Escroua*.)
**ESCROUPAT**, *voyez* ESCLOUPAT.
**ESCROUPELUT**, *voyez* ESCOURPELUT.
**ESCROUQUILLA**, *voyez* DESCABOUYLHA.
**ESCROUQUILHADO**, *voyez* DESCABOUYLHADO.
**ESCROUQUILHAÏRE**, *voyez* DESCABOUYLHAYRÉS.
**ESCRUPULLE**, *Escrepulle*, s. m. Scrupule, doute, inquiétude de conscience, qui fait regarder comme faute ce qui ne l'est pas, ou comme un crime, une faute légère ; Grande délicatesse en parlant de mœurs ; Grande exactitude à remplir ses devoirs, à observer les règles ; Reste de difficulté : *A touxoun calque escrupulle*, il a toujours quelque scrupule. (Du latin *scrupulus*.)
**ESCRUPULOUS**, OUSO, adj. Scrupuleux, cuse, qui a, qui affecte des scrupules ; Minutieux, très exact.

Oquel mot to gronat qué dis lou moréchal
Quond s'escaoudo o lo forgeo ou qu'ottrapo un mochal,
Mot qu'entré sé fissa prounounço un croquo pruno,
É qué n'ocobet pas l'*escrupulous* Neptuno. PRAD.

**ESCRUPULOUZOMEN**, adv. Scrupuleusement, avec exactitude : *Ba bous rendra escrupulouzomen*, il vous le rendra exactement.

**ESCRUTIN**, s. m. Scrutin, élection, admission délibération par suffrages secrets ; Billet plié ou roulé qui le contient. (Du latin *scrutinium*.)

**ESCRUYSSI**, v. n. Casser, endommager, user, une chose fragile ; Briser, écraser.

Oqui douno (l'aïgo) lou branlé o lo lourdo mochino
Qué del gro *qu'escrucis* fo roja lo forino,
É piey dins bingt bésals dé soun pur moubémen,
Per orrousa lous prats bo coula lentomen.   PRAD.

**ESCRUYSSIT**, IDO, adj. Dépéri, rie, perdu, défait : *Es pla escruyssit*.

**ESCRUZADO**, s. f. Lavage, boisson, bouillon clair : *Prendras uno escruzado dins dos ouros*, tu prendras un lavage dans deux heures.

**ESCU**, voyez ESCUR.

**ESCUBILHÉ**, Rouil, Escobolers, Balaxaduros, s. m. Balayures, ordures qu'on ramasse en balayant : *Aquesto crambo lebo fosso escubilhé*, cette chambre fait beaucoup de balayures.

**ESCUDARIÉ**, *Escudario*, s. f. Ecurie, logement pour les chevaux, les mulets; etc. , *Lou troubaras à l'escudarié*, tu le trouveras à l'écurie. (Du latin *scuria*.)

**ESCUDELADO**, s. f. Écuellée, plein une écuelle : *A manxat uno escudelado de soupo*, elle a mangé une écuellée de soupe. (Racine *escudelo*.)

Del dina cependent orribo lou moumen ;
O l'oumbro d'un gorric lo troupo és essemblado;
Cadun dé soupo o l'aïl mongeo uno *escudelado*,
Piey toquo lou friquot é lou bi del pégal.   PRAD.

**ESCUDELIE**, voyez ESTAGNÉ.

**ESCUDELO**, s. f. Ecuelle, pièce de vaisselle pour le bouillon, le potage : *Bol beoure ambe l'escudelo*, il veut boire avec l'écuelle. (Du latin *scutella*.)

Pastré, té soubendrios ol tour dé lo gomélo,
Qu'obios dé colibots to coumoulo *escudelo*;
Omai béleou dirios en courguen lou mousquet,
Cé qué diguet onton Toni del Mas Jounquet.   PRAD.

**ESCUDÉLOU**, *Scudélounel*, s. m. Petite écuelle : *Oungan caldra beoure ambe l'escudélou*, il faudra boire avec la petite écuelle.

**ESCULLA**, *Trempa*, v. act. Tremper la soupe, verser le bouillon sur les tranches de pain : *Béni d'escula*, je viens de tremper. (Racine *escudélo*.)

Piey moun troupel péris, faouto dé sal, pécaïre.
Dé luen en luen aumens l'in boudrio fa tosta ;
Mais ol prés qu'és, Moussu, toutés noun cal esta.
Pla souben *escullon* sens sal l'aïgo boulido ;
Ah ! só lou Rey sobio coussi posson lo bido,   PRAD.

**ESCULTA**, v. act. Sculpter, donner une forme, une figure au bois, au marbre, etc., en le taillant avec le ciseau. (Du latin *sculpere*.)

**ESCULTUR**, s. m. Sculpteur, artiste qui fait profession de sculpter : *Aco's un abille escultur*, c'est un habille sculpteur. (Du latin *sculptor*.)

Quand lé salpétro en floc escaïcho las mountagnos,
Qué lo trossés dé rocs, esfraïs dé las campagnos,
Esclatoun à grand bruch joux la ma dal minur,
Aquelis grosses blocs, mortis dins la naturo,
Prenoun souben un cos, uno amo, uno figuro
Joux lo cisel dé l'*escultur*.   DAV.

**ESCULTURO**, s. f. Sculpture, art du sculpteur; Ouvrage de sculpture : *Aquelos esculturos soun pla faxos*, ces sculptures sont bien faites. (Du latin *sculptura*.)

**ESCUMA**, *Escumejha*, v. n. Écumer, ôter l'écume: *Cal escuma la soupo per dema*, il faut écumer la soupe pour demain ; Jeter de l'écume : *Escumabo dé couléro de se poude pas benxa*, il écumait de rage de ne pouvoir pas se venger. (Du latin *spumare*.)

**ESCUMADOUYRO**, s. f. Écumoire, ustensile de cuisine pour écumer.

**ESCUMO**, s. f. Écume, mousse blanchâtre sur un liquide agité : *l'Escumo azoundo de pertout*, l'écume se répand de tous côtés. (Du latin *spuma*.)

**ESCUMOIR**, *Escumoiro*, voyez ESCUMADOUYRO.

**ESCUMOUS**, OUSO, adj. Écumeux, euse.

**ESCUPAGNO**, voyez ESCUPERINO.

**ESCUPERINO**, voyez ESCOUPERINO.

**ESCUPI**, voyez ESCOUPI.

**ESCUPIT**, voyez CRAXAT.

**ESCUR**, O, adj. Obscur, re, sombre ; Qui n'est pas éclairé ; Peu intelligible : *La passado es touple escuro*, le corridor est bien obscur. (Du latin *obscurus*.)

**ESCURA**, v. act. Écurer, frotter, nettoyer, éclaircir avec du grés, de la cendre, etc. : *Anan escura tout lou couyre de la couzino*, nous allons écurer le cuivre de la cuisine. (Racine *cura*.)

**ESCURASSA**, *Rabuga*, v. act. Émonder, couper les branches superflues d'un arbre : *A pla bezoun d'escurassa*, il a bien besoin d'être émondé. (Racine *cura*.)

**ESCURASSADUROS**, s. f. Emondes, branches superflues qu'on a retranché d'un arbre; Fagots : *Quant boulés de las escurassaduros?* combien voulez-vous des émondes ?

**ESCURASSAYRE**, s. m. Emondeur, celui qui émonde les arbres : *Es un ardit escurassayre, mounto coumo un esquirol*, c'est un intrépide émondeur, il grimpe comme un écureuil.

**ESCURAYLHA**, voyez ESCURA.

**ESCURAYRO**, s. f. Écureuse, celle qui écure la vaiselle : *Anas axuda à l'escurayro*, allez aider l'écureuse.

**ESCURCI**, v. act. Obscurcir, rendre obscur : *Aquel nuaxe a pla escurcit lou jouon*, ce nuage a fort obscurci le jour ; fig., Ternir l'éclat : *Lou fum de la crambo a escurcit lou miral*, la fumée de la chambre a terni le miroir. (Du latin *obscurare*.)

**ESCURCI (S')**, v. pro. S'Obscurcir, devenir obscur ; Perdre de son éclat : *Lou tems s'es escurcit pla bite, ploouro*, le temps s'est obscurci bien vite, il pleuvra.

**ESCURET**, TO, s. m. f. Prêle, plante dure au toucher dont on se sert pour écurer la vaisselle : *Fay ambe uno manado d'escuret*, fais avec la prêle. (Racine *escura*.)

**ESCUREZINO**, *Oubscuritat*, s. f. Obscurité, défaut de clarté : *Sien dins l'escurezino*, nous sommes dans l'obscurité. (Du latin *obscuritas*.)

Lou vin, lou son, l'*escurezi*na,
Faguéroun qué, dé la machina
Dégus lou souer noun s'occupét.
Sinoun, qué tourna nous dupet.
Ye vay, l'ouvris, save pas couma,
É d'un traou tapat es dé gouma,
Fay sourti, lou double Judas,
Un diable cargat dé souldas
Lous pus moustardiés dé la Gréça.   FAY.

**ESCURITAT**, voyez OUBSCURITAT.

**ESCUT**, s. m. Écu, ancienne pièce de monnaie de 3 ou de 6 livres : *N'aourios agut cent esculs almens*, tu en aurais eu cent écus au moins. (Du latin *scutum*.)

Mais n'es pas per l'aounou que les besets langui,
Aco's un sac d'esculs que s'en ban persegui;
Quand y'a pas may d'arjen touto l'ardou s'arresto.
(*Coursos de Toulouso*.)

**ESCUZA**, v. act. Excuser, disculper quelqu'un : Admettre les excuses de... : *Ané, es tout excuzat d'aprep ço que dizes*, allons, il est tout excusé d'après ce que tu dis; Pardonner, tolérer, supporter : *Men cal pla escuza per abe la pax*, je dois en bien supporter pour maintenir la paix. (Du latin *excusare*.)

**ESCUZA (S')**, v. pro. S'Excuser, se disculper; Chercher à se dispenser de faire une chose : *S'es escuzat tant qu'a pougut*, il s'est excusé tant qu'il a pu.

**ESCUZAPLE, O**, adj. Excusable, qui peut être excusé; Qui est digne d'excuse. (Du latin *excusabilis*.)

**EXCUZAS**, adv. Pardon, excusez : *Excuzas, se passi dabant bous*, pardon, si je vous passe devant.

**ESCUZO**, s. f. Excuse, raison pour excuser ou s'excuser, pour disculper ou se disculper : *N'as pa cap de bouno escuzo à me douna*, tu n'as pas d'excuse à me donner; Prétexte pour ne pas faire, pour s'exempter de...

Madama, vous démande *escuza*,
Vostra crezença vous abuza;
Sé iè chimèt dé bon vinèt,
D'ègrunèla èmbe dé campèt,
Et noou sestiés, je vous an pria,
D'ayga dé la reyna d'Houngria...
Anfin vèn quatorze rabas
Per malhur ma paou rabinas,
Mais qu'avièn jusqu'à la méjina,
Un gous esquis dé saouvajina :
En un mot; finirian pas d'ioy
Sé dizian cé què vengüet pioy.  FAV.

### ESF

**ESFAÇA**, *Efaça, Desfaça*, v. act. Effacer, ôter la figure, l'image, l'empreinte, la couleur : *La plexo b'a tout esfaçat*, la pluie a tout effacé : Rayer, raturer; fig., Réparer; Faire oublier; Surpasser en qualités : *Faire perdre le souvenir de...* : *Se souben pas pus de sa mayre, tout aco es efaçat de soun esprit*, il ne se souvient plus de sa mère, tout cela est effacé de son esprit; t. de métier, Faire disparaître. (Du latin barbare *exfaciare*.)

Toun trioumphe és segur, car ta caouso és sacrado;
Pharaoun aoura bel attissa soun armado,
Déjoux la ma dé Dious bèl beiras *éfaça*,
Et tandis que per èl grandira les oubstacles,
La mar, per nous moustra lé pus grand das miracles,
S'ouvrira daban tu per ié daicha passa.  DAV.

**ESFALA**, voyez DESFIALFRA.
**ESFANELAT**, voyez ESSOUFLAT.
**ESFAROUXA**, v. act. Effaroucher, épouvanter, effrayer, faire fuir : *A talomen esfarouxat lou bestial que galopo lous cams*, il a tellement effarouché le bétail qu'il court les champs. (Du latin *ex* et *forox*.)

**ESFAROUXA (S')**, v. pro. S'Effaroucher, s'effrayer subitement; s'Alarmer vivement : *Gna pas tant per s'esfarouxa*, il n'y a pas tant pour s'effaroucher.

**ESFATRIMELA**, voyez ENBRINDA.
**ESFAZOULIT**, voyez ESTEQUIT.
**ESFEXA (S')**, v. pro. S'Époumoner, crier, pleurer longtemps en parlant des enfants au berceau. (Racine *fexe*.)
**ESFLOUTA**, voyez DESCOUFA.
**ESFORCES**, voyez FORCES.
**ESFORS**, s. m. Effort, action faite en s'efforçant; Force avec laquelle un corps est mû; Peine, fatigue, travail; Emploi de toutes ses forces : *Me cal tout moun esfort per ba carga*, je dois employer toutes mes forces pour charger ce poids; Hernie, Descente : *A un esfort despey mayt d'un mes*, il a une hernie depuis plus d'un mois; Courbature, tour de reins; État d'une chose qui ne change plus, qui n'augmente pas : *Aquelo muraylho trabaylhabo, mais aro a fax soun esfort*, ce mur travaillait, mais il a fait son effort. (Racine *forço*.)

**ESFOUGALIA**, voyez ACCROUPI (S').
**ESFOULISSA**, voyez ENISSA, CRISPA.
**ESFOURÇA (S')**, v. pro. S'Efforcer, employer toutes ses forces pour faire une chose, toute son industrie pour une fin : *Me cal esfourça se boli reussi*, je dois m'efforcer si je veux réussir; Prendre un effort : *En leban la carreto me souy esfourçat*, j'ai fait un effort en levant la charrette. (Racine *forço*.)

**ESFOUYRA (S')**, v. pro. Foirer, aller à la selle par dévoiement; fig., se Vider en parlant des raisins trop murs : *s'Esfouyrou toutes*. (Du latin *foria*, fait avec la même signification de *foris* ou *foras*, dehors, parce que les excréments s'échappent alors avec une extrême facilité.)

**ESFRAY**, s. m. Effroi, frayeur, terreur, épouvante : *Ey agut un grand esfray aquesto neyt*, j'ai eu une grande frayeur cette nuit. (Racine *frayou*.)

Qu'aou cay trepa? diguet tout plan
La reyna, eu té quichan la man,
« Es ieou, té respoun, ma surèta, »
« Es vous? té répliquèt Annèta. »
Ay, cavalisca! quinte *esfray*!
Countave qu'èra quaouqus may :
Ebé, qué ià? — moun Dioù, prou péna;
M'amour, ayci cé qué meména!
Fourbia-té, fay-mé plaça, anèn,
Qué té countaray mouu tourmèn.  FAV.

**ESFRAYA**, v. act. Effrayer, donner de la frayeur : *M'a esfrayat de lou beze la palle*, il m'a effrayé par sa pâleur.
**ESFRAYA (S')**, v. pro. S'effrayer, s'épouvanter, prendre la frayeur : *s'Esfrayo de tout*. (Racine *frayou*.)
**ESFRAYANT, O**, adj. Effrayant, qui effraie, cause la frayeur.
**ESFREJHIMEN**, voyez FREZIMEN.
**ESFROUYABLE, O**, adj. Effroyable, qui cause l'effroi; Très-difforme.

### ESG

**ESGARGAMELA**, voyez DESGARGAMELA (SE)

### ESJ

**ESJHAVENTA**, voyez ESPAOUR.
**ESJHIRBA**, voyez ESTARUSSI.

## ESM

**ESMOULINA**, *voyez* ENBOUZENA.

## ESP

**ESPADASSO**, s. f. Sorte de graminée qui nuit beaucoup au blé.
**ESPADAYRE**, *voyez* PENXENAYRE.
**ESPADROUN**, s. m. Espadon, grande et large épée qu'on tenait à deux mains.
**ESPADROUNA**, v. n. Espadonner, se servir de l'espadon.
**ESPAGNOULETO**, s. f. Espagnolette, sorte de Ratine fine : *Porto uno besto d'espagnouleto touto nobo;* Ferrure de fenêtre à longue tige, crochets et bascule portant à hauteur d'appui le cul de poule sur lequel est attachée la poignée; la poignée s'arrête sur le support qui est fixé sur l'autre battant : *Boli mettre d'espagnouletos à las fenestros*, je veux garnir les fenêtres d'espagnolettes.
**ESPAL**, *voyez* SEDAS.
**ESPALANCA**, v. act. Éreinter. (De l'italien *ispalancare*.)
**ESPALANCAT**, ADO, adj. Estropié, ée, éreinté; Mal formé : *Lou paoure, es tout espalancat!* le pauvre, il est tout éreinté.
**ESPALARGA**, v. act. Écarquiller, écarter les jambes : *Cal pas espalarga las cambos dabant lou mounde*, on ne doit pas écarquiller les jambes devant les gens. (Racine *larxe*.)
**ESPALIA**, *voyez* SEDASSA.
**ESPALIADOUYRO**, *voyez* PASSADOUYRO.
**ESPALLA**, v. act. Épauler, rompre, disloquer l'épaule d'un animal. : *A espallat lou pus poulit bioou*, il a épaulé le plus joli de ses bœufs; fig., Aider, assister quelqu'un : *Qui pot lou ta pla espalla?* qui peut si bien l'aider? (Racine *espallo*.)
**ESPALLO**, *Espaulo*, s. f. Épaule, partie la plus élevée du bras chez l'homme, et de la jambe chez les quadrupèdes : *Me souy meurtri l'espallo en pourten aquel arbre*, je me suis meurtri l'épaule en portant cet arbre; fig. et prov., Lever les épaules par dégoût et par mépris; Donner secours à....; Aider : *Y'a dounat un boun cop d'espallo*, il l'a aidé à-propos; Être ennuyé, fatigué par quelqu'un, par quelque chose : *Porti aquelo xournado sur las espallos*, je porte cette journée sur les épaules; n'Avoir pas assez de bien, de capacité pour... *N'a pas las espallos prou fortos per b'entreprene*, il n'a pas assez de fonds pour l'entreprendre. (Du latin *spalla*, les italiens disent aussi *spalla*.)

Sus un parel dé vestas sallas,
Anchiza encamba mas *espallas*
Aou coustat aviey moun enfan
Qué, pécayre! toumban, léyan,
Trézanava én sounan sa mayre ;
Ère pas aqui sans afayre,
É ma fenna qu'éra dariès,
Semblava que muzèsse éspres. FAY.

**ESPALLOU**, s. m. Épaule du cochon qu'on garde pour saler : *Boli garda un espallou*, je veux garder l'épaule.
**ESPALLUT**, UDO, adj. Large d'épaules; Qui a les épaules écartées : *Es pla espallut*. (Racine *espallo*.)
**ESPALMAT**, ADO, adj. Paralytique, paralisé : *Es tout espalmat d'un coustat*, il est paralysé d'un côté. (Du grec *spasmos*, retirement des nerfs.)
**ESPALMOUNA** (S'), v. pro. S'Époumoner, se fatiguer les poumons en criant fort : *Me fazes espalmouna*, vous me faites époumoner. (Racine *palmou*.)
**ESPALOUFI**, *voyez* PALLUFEC.
**ESPANDI**, v. act. Étendre, étaler; Mettre dehors pour sécher; Faner le foin, l'éparpiller pour le faire sécher; Étendre les gerbes dans l'aire pour les battre : *Benen d'espandi*, nous venons d'étendre les gerbes. (Du latin *expandere*.)
**ESPANDI** (S'), v. pro. S'Épanouir, se déplier, s'ouvrir en parlant des fleurs.

Pren couratge, Pogés, tous blats au bouno caro,
Déja dé lo séguiol l'espigo se déclaro ;
Mais sé n'y pensos pas un horré m'esclodis
Omb'un airé insonlent sus tous comps *s'espondis*.
PRAD.

**ESPANDIDOU**, s. m. Étendoir, lieu où l'on fait sécher le linge, les étoffes, la laine : *Es encaro à l'espandidou*, c'est encore à l'étendoir.
**ESPANDIT**, IDO, adj. Épanoui, ie, en parlant des fleurs.
**ESPANGA**, v. act. Écraser, fouler : *M'as espangat lou pé ambe toun esclop*, tu m'as écrasé le pied avec ton sabot.
**ESPANI**, *voyez* DESTETA.
**ESPANTOULIA**, *voyez* DESPANXERLAT.
**ESPANXERLAT**, *voyez* DESPANXERLAT.
**ESPAOULA**, v. act. Épauler, faire un épaulement : *Cal fa ensorto d'espaoula aquel coustat*, faites en sorte d'épauler de ce côté.
**ESPAOULETO**, s. f. Épaulette, petite bande de toile sur l'épaule d'une chemise ; Galon d'or, de soie, sur l'épaule d'un militaire. (Racine *espallo*.)

Franço, tous fils, penden tres jours, zou sâbes,
A gros pichol te baillèrou lur san ;
Et soulomen sur cent milé de brabes
Quatorze cents an agut un ruban ;
Mais a-tengut, sur tous, la gloiro plano ;
Quand on lous bey, l'on dis hardidomen
L'aouno luzis sur l'*espaouleto* en lano
Coumo sur la d'arxen. J.

**ESPAOULOMEN**, s. m. Épaulement; t. de charp., Trait qui couvre la mortaise.
**ESPAOURI**, v. act. Épouvanter, effaroucher, faire peur : *Aco l'a talomen espaourit que lou pouden pas abourda*, cela l'a tellement effarouché que nous ne pouvons pas l'aborder.

Mais, juste Ciél! lou paoure énguèn,
Que nous pourtet un certén vén!
Quan seguèren lon dé la tèra,
La nioch, la ploja, lou tounèra,
Un tens gros, de nivous éspès
Survenou toutés à la fés.
Neptuna, dins l'escurezina,
Met soun capel à la mutina ;
La mar brama tout sé couflan,
N'aoutres l'aouzicén en tramblan,
Et la nioch, couma lou tapaje,
*Espaourugatoun* l'équipage. FAV.

**ESPAOURI** (S'), *Espaouruga*, v. pro. S'Épouvanter, prendre l'épouvante ; s'Effaroucher : *s'Espaouris de re*. (Racine *poou*.)
**ESPAOURIT**, IDO, adj. Épouvanté, ée, effarouché, qui a été victime de sa franchise : *Despey que l'an attrapado es fort espaourido*, depuis qu'on l'a attrapé elle est épouvantée.

En effet, n'en pot plus, l'abuglo es estarido;
La cordo que soun frai tant for ben de touca,

La fay fremi, la fay sousca.
Tout d'un cop, reculo espaourido;
Mais Paul!qué!l'estiro pel bras,
La fay marcha quatre ou cinq pas.   J.

**ESPAOUTIRA**, *voyez* PELTIRA.

**ESPAOUZA**, v. act. Exposer, découvrir, étaler, faire voir, mettre en vue, montrer; Exposer les criminels sur une place publique : *Lous debou espaouza dissatte que be*, on doit les exposer samedi prochain; Placer, situer, tourner d'un certain côté : *N'as pas pla espaouzat l'oustal*, tu n'as pas bien tourné ta maison; Abandonner, délaisser, livrer à la merci publique; Aventurer, hazarder, risquer, mettre en danger : *Se b'as pas perdut, b'as pla espaouzat*, si tu ne l'as perdu c'est bien exposé; Dire, déclarer, représenter : *Ba y'aben espaouzat de tout biays*, nous le lui avons représenté de toute manière.

Car un xoun calqu'un mait mé moustret per escrit,
Dé bersés qu'abio fait, et qu'el crézio poulits,
Yé digueri d'abord, en bexan soun oubraxé,
Qu'*espaouzabo* las xens à l'y riré al bizaxé.   D.

**ESPAOUZA** (S'), v. pro. S'Exposer, se mettre en péril; Se mettre au hazard de... *Te sios espaouzat à te fa roussa*, tu t'es exposé à te faire rosser. (Du latin *exponere*.)

**ESPARABISSA**, *voyez* ESPARRABISSA.
**ESPARAT**, *voyez* ESPARRAT.

**ESPARBIÉ**, s. m. Épervier, filet de pêcheur fait en long cône, dont la base est bordée d'un chapelet de plomb; Outil de maçon. (Du latin barbare *sparvarius*.)

**ESPARBIÉYRA**, v. act. Terme de maçon, enduire une muraille avec une planchette, ou un rond de bois qu'on promène sur la muraille au lieu de la truelle.

**ESPARCET**, *Esparce*, s. m. Éparcet, espèce de sainfoin dont la graine tient lieu d'avoine et d'orge : *Aben semenat l'esparcet*, nous avons semé l'éparcet.

Quont dé fés bas crida : Mestré dé lo noturo,
Dé los obros, grond Diou, qual pot fa lo pinturo !
N'as pas tout bist encaro; ogacho l'*esparcet*,
Lo tréflo, lo luzerno, émaillo lou prodet.
                                              PRAD.

**ESPARDEYLHOS**, s. f. Alpagattes, souliers de cordes : *Pourtabo pas que d'espardeylhos!*

**ESPARGNA**, v. act. Epargner, user d'épargne, d'économie; Ménager : *Lou boli espargna tant que pouyrey*, je veux le ménager tant que je pourrai; Employer avec réserve : *Te cal pla espargna l'arxen*; fig., Ne pas traiter rigoureusement : *Lou bous cal espargna*, il vous faut l'épargner; Ne pas agir, ne pas agir sa peine, ses pas : *Bous boli espargna aquelo courso*, je veux vous épargner cette course; Médire de tout le monde : *N'espargno pas digus*, Employer une personne : *l'Espargno pas brico*. (Du latin barbare *exparcinare*, fait de *parcere*.)

**ESPARGNA** (S'), v. pro. S'Épargner, se priver des choses nécessaires à la vie, par avarice : *B'a s'espargno tout*; Se traiter avec ménagement de part et d'autre : *Nous espargnan tan que pouden*.

Anén, anén, effans, tustas m'aqui dessus;
Amat sé mé crézés, n'*espargnés* pas digus.   D.

**ESPARGNE**, s. m. Épargne, économie dans la dépense; Trésor, caisse d'épargne destinée à recevoir le produit des économies de la classe ouvrière : *Boli plaça à la cayssu d'espargne*; Binet, gâte bout, ustensile qu'on place sur un chandelier pour brûler une chandelle jusqu'au bout : *Aro te cal metre l'espargne*, à présent mets le binet.

Co qué disés aneit, mé l'ei dit pla souben;
Din un calel, chez yeou, bal mai qué brullé d'oli
Qué dé ciro chez grands dins l'*espargne* d'argen.   J.*

**ESPARPILHA**, *Escampilha*, v. act. Éparpiller, épandre çà et là : *A tout esparpilhat lou floc*. (De l'italien *sparpagliare*.)

**ESPARPILHA** (S'), v. pro. S'Éparpiller; s'Épanouir en parlant des fleurs, des feuilles.

Fillos, dé l'omourié lou broutou s'*esporpillo*,
Mottés bité o coua lous yaus dé lo conillo,
Qué pendent quatre cops cal qué mudé dé pel,
Obont dé s'entorra dins soun ritché toumbel.   PRAD.

**ESPARRABISSA**, v. act. Bouleverser, déranger, détruire, renverser : *B'a tout esparrabissat*, il a tout dérangé.

**ESPARRACA**, v. act. Renverser, détruire : *Me cal esparraca aquelo murailho*, il faut que je renverse ce mur; Battre rudement quelqu'un : *L'a esparracat de cots*.

**ESPARRACA** (S'), v. pro. Tomber, se meurtrir en tombant : *Me souy esparracat*; s'Écarquiller les jambes : *Se cal pas tant esparraca*.

**ESPARRACAT**, ADO, adj. Éreinté, ée, déhanché.

**ESPARRAT**, s. m. Madrier, planche de chêne très épaisse ; fig., Personne très forte de corps : *Fario de bel esparrat*.

**ESPARROU**, s. m. Échelon, chacun des bâtons d'une échelle : *Manco un esparrou à l'escalo*, il manque un bâton à l'échelle; Bâton dont on garnit une cloison où l'on veut mettre du torchis : *Coupo per fa d'esparrous*.

**ESPARROUNA**, v. act. Garnir une échelle d'échelons; Une cloison de bâtons pour y mettre le torchis.

**ESPARSOU**, s. m. Aspersoir, goupillon : *Pren la croux et l'esparsou*, prends la croix et l'aspersoir. (Racine *aspersa*.)

Sourtés toutés, bénés sul lendar dé lo porto,
Bésés quonto né toumbo, omai n'és pas trop forto.
Souiel, per émoussa dé tous dards lou fissou,
Otal dé tems en tems fai jouga l'*esporsou...*
                                              PRAD.

**ESPARSOUNIÉ**, s. m. Parsonnier, espèce de métayer qui prend la moitié du produit de la terre d'un autre pour l'avoir travaillée : *Boli ba bayla à esparsounié*, je veux le donner à parsonnier (Du latin *partem sumens* qui prend sa part.)

**ESPART** (EN), adv. Séparément, à part l'un de l'autre.

**ESPASSA**, v. act. Espacer, mettre de l'espace, de la distance entre... (Racine *espace*.)

**ESPASSA** (S'), v. n. Cesser de pleuvoir : *Coumenço à s'espassa*.

**ESPASSE**, *Espassi*, s. m. Espace, étendue; Lieu, place : *l'Espasse me manco*, l'espace me manque; Étendue de temps : *Dins l'espasse d'uno ouro tout es estat bendut*, dans l'espace d'une heure tout a été vendu. (Du latin *spatium*.)

**ESPASSI**, *voyez* ESPASSE.

**ESPASSIOUS, OUZO**, adj. Spacieux, euse, étendu, vaste. (Du latin *spatiosus*.)

**ESPATA (S')**, *Espatara*, v. pro. Se Dodiner; Prendre ses aises, s'écarquiller : *Es bengudo s'espata dabant yeou*, elle est venu se placer presque sur moi.

Mais boli qualque joun l'arresta per la brido
Et l'y demandarey, ardit conmo un arché
Coussi s'es rémountat, et per quîno abanturo
S'espatarro dins la boëturo
D'ount jadis ero le couché.   *Coursos de Toul.*

**ESPATAT, ADO**, adj. Étendu, ue, couché nonchalament : *Ero espatat dins un faoutur*, il était étendu dans un fauteuil.

**ESPATRIA**, v. act. Expatrier, obliger quelqu'un à quitter sa patrie; Éloigner de sa patrie. (Du latin *ex patriâ*.)

**ESPATRIA (S')**, v. pro. S'Expatrier, quitter sa patrie pour s'établir ailleurs : *Nous sien pla espatriats*, nous nous sommes bien expatriés.

**ESPATULO**, s. f. Spatule, instrument d'apothicaire; Friquet, outil de cuisine : *Biro bo ambe l'espatulo*. (Du latin *spatula*.)

**ESPAURUGAT**, voyez **Esfrayat**.

**ESPAZADOU**, s. m. T. de cord. Espade, espèce de sabre de bois qui sert à affiner le chanvre.

**ESPAZO**, s. f. Épée, arme offensive et deffensive, à longue lame, ordinairement triangulaire : *Porto l'espazo al coustat*. (De l'espagnol *spada*.)

Nou cal pas, se vous play, so li diséri ieü;
Car moun espazo un cop me toumbec dins un rieü
Lou foulreü soul calféri, et bous poudi promettre
Que *l'espazo* dedins ieü nou poudio pas mettre. A. G.

**ESPEBINÇA**, v. act. Éplucher, nettoyer, trier; Oter ce qu'il y a de gâté: fig. Rechercher avec malice et curiosité les défauts des autres, ou les fautes dans un ouvrage d'esprit : *B'a pla espebinçat*.

**ESPECIAL, ALO**, adj. Spécial, le, déterminé; Particulier. (Du latin *specialis*.)

**ESPECIALOMEN**, adv. Spécialement, particulièrement, uniquement pour : *Souy bengut specialomen per bous parla*, je suis venu uniquement pour vous parler.

**ESPECIFIA**, v. act. Spécifier, déterminer, désigner nommément, Particulariser; Exprimer en détail : *A surtout especifiat ço que dounabo as paoures*, il a particularisé ce qu'il veut donner aux pauvres. (Du latin *specificare*.)

**ESPECIFIQUE, O**, adj. Spécifique, propre particulièrement à... (Du latin *specificus*.)

**ESPEÇO**, s. f. Espèce, sorte d'êtres : *Y'a fosso espeços de bestios*, il y a plusieurs sortes de bêtes; fig., Apparence; Imperfection, médiocrité; terme de botanique, Réunion de variétés : *Y'a fosso espeços de bioulies*, Argent monnoyé : *L'a pagat en bounos espeços*, il l'a payé en bonnes espèces; Dans l'eucharistie, apparences du pain et du vin après la transubstantiation : *Y'a pas pus que las espeços ou opparenços dal pa et dal bi*, il n'y a plus que les espèces ou apparences du pain et du vin. (Du latin *species*.)

**ESPECULA**, v. act. Spéculer, faire des raisonnements, de finances, de commerce. (Du latin *speculari*.)

**ESPECULATIOU**, s. f. Spéculation, calculs, projets de finances, de commerce,

**ESPECULAYRE**, *Especulatou*, s. m. Spéculateur, celui qui fait des combinaisons financières : *Aco's un grand speculayre*, c'est un grand spéculateur. (Du latin *speculator*.)

**ESPEDIA**. v. act. Expédier, terminer promptement : *Aco's estat leou espediat*, ça été vite terminé; Expédier les marchandises, les envoyer; Terme de pratique, Expédier un acte, le délivrer revêtu des formes nécessaires : *M'a proumes de l'espedia tantos*, il m'a promis de l'expédier ce soir; Faire mourir, tuer : *L'a lestomen espediat*, il l'a lestement expédié. (Du latin *expedire*.)

Regardats en effet aquel baste ribaxé
A la cimo d'alqual es asseit un bilaxé
Dount lous cultibatous de l'Estang, de Badens,
De Rustiquos, Meirac, Capendut et Douzens,
*Espédioun* lours gras per las bilos bezinos.

**ESPEDIENT**, s. m. Expédient, moyen de terminer; Conciliation : *A troubat un boun espedient*, il a trouvé un bon moyen; adj. *Es espedient que bengo*, il est à propos, nécessaire. (Du latin *expediens*.)

**ESPEDITIU, IBO**, adj. Expéditif, ive, qui dépêche, fait vite : *Es fort espeditif dins sas caouzos*, il est fort expéditif dans ses affaires.

**ESPEDITIOU**, s. f. Expédition, action d'expédier; Célérité d'exécution; Diligence; Copie légale d'un acte : *Me cal uno espeditiou dal xuxomen*, il me faut une expédition du jugement. (Du latin *expeditio*.)

**ESPEIRIGA**, voyez **Despeyra**.

**ESPELA**, v. act. Écorcher, dépouiller un animal de sa peau : *Cal espela aquel lebraout*, il faut écorcher ce levraut.

**ESPELA (S')**, v. pro. S'Écorcher, changer de peau, soit à un certain temps comme plusieurs animaux, soit après une sérieuse maladie : *M'espèli tout*. (Racine *pèl*.)

**ESPELFURIT, IDO**, adj. Grelottant, te; transi de froid; Mal peigné; Stupéfait.

**ESPELI**, v. n. Éclore, sortir de l'œuf, de la coque en parlant des oiseaux, des insectes; Commencer à sortir en parlant des fleurs : *Lous boutous coumençaran leou d'espeli*, les boutons commenceront d'éclore.

**ESPELI**, v. n. Dire un secret; Avouer une pensée : *Acabo de b'espeli*, finis de le dire; Commencer à se manifester en parlant d'une pensée; Donner jour à un ouvrage d'esprit.

Bouldrio dal meou cerbel qué fouguès *espèlit*;
Car y'a pas un soul bers qué nou siogo poulit.   D.

**ESPELIA**, voyez **Espela**.

**ESPELIAT**, voyez **Espeylhat**.

**ESPELIDO**, *Couado*, s. f. Éclosion, naissance des poussins, des vers à soie : *l'Espelido a pla reussit*, la naissance a bien réussi.

**ESPELOUFI**, voyez **Espelfurit**.

**ESPELUSSA**, voyez **Espebinça**.

**ESPEOUTIRA**, voyez **Peltira**.

**ESPEOUYLHO**, *Cabilheyro*, s. f. Ruban de fil : *Te cal uno cano d'espeouylho*, il faut une canne de ruban de fil.

**ESPERA**, v. act. et n. Espérer, être dans l'attente d'un bien; Avoir espérance de... : *Esperan que se troubarà milhou*, nous avons l'espérance qu'elle ira mieux; Patienter. (Du latin *sperare*.)

**ESPERANÇO**, s. f. Espérance, attente de ce qu'on désire et qu'on croit qui arrivera : *Ey l'esperanço que bendra aneyt*, j'ai l'espérance qu'il viendra ce soir; Objet d'espoir, personne, être de qui l'on espère: Es touto moun esperanço, il est tout notre espoir; l'Une des trois vertus théologales: l'Esperanço soulo dal Cel nous sousten al miex de las penos, l'espérance du Ciel nous soutient au milieu des peines. (De l'italien speranza.)

ESPERBOULI, v. n. Echauder; Laver d'eau chaude et bouillante.

ESPERDIGAYLHA, v. act. Dégourdir quelqu'un, le presser, le pousser au travail. (Racine perdigal.)

ESPERDIGAYLHA (S'), se Tourrouylha, v. pro. Se Câliner, s'épanouir à un bon abri, près d'un bon feu: Me souy pla esperdigaylhat.

ESPERECA, voyez Esparraca.

ESPERENC, voyez Esperlencou.

ESPERENÇO, voyez Esperanço.

ESPERIENÇO, s. f. Expérience, connaissances acquises par l'usage: l'esperienço passo stenço, l'expérience passe science; Action d'expérimenter, épreuve faite à dessein; Essai: A dexa fax l'esperienço dous cots, il en a fait l'expérience deux fois. (Du latin experientia.)

ESPERIMENTA, v. act. Expérimenter, éprouver, faire l'expérience: B'ey esperimental souben, je l'ai éprouvé souvent. (Du latin experiri.)

ESPERITOUS, OUZO, adj. Spiritueux, euse, qui a beaucoup d'esprit; Volatil; Subtil, pénétrant; Rempli de talent: Aco's un ome fort spiritous, c'est un homme fort pénétrant. (Racine esperituel.)

ESPERITUEL, O, adj. Spirituel, le, qui regarde l'âme, l'opposé de charnel; Qui regarde la religion, la conduite des âmes; Qui a de l'esprit, qui annonce de l'esprit: A l'ayre tout ple esperituel, il a l'air fort spirituel. (Du latin spiritualis.)

ESPERITUELOMEN, adv. Spirituellement, avec esprit, en esprit.

ESPERLENCOU, s. m. Brai, sorte de lacs ou piège à prendre les oiseaux, au moyen d'un bâton courbé en arc qui en se débandant arrête l'oiseau vivant; fig., Tout ce qui arrête: Sios à l'esperlencou.

ESPERO, s. f. Espère, attente, affût: Es à l'espero.

ESPEROS, voyez Esfors.

ESPEROU, s. m. Éperon, branche de métal armé d'une mollette qui se fixe au talon d'un cavalier pour piquer le cheval: n'aymo pas l'esperou; t. de maç. Contre-fort, arc-boutant qui sert à soutenir un mur, à diviser l'eau qui bat les piles d'un pont: Y cal un fort esperou. (De l'italien sperone.)

Ey les pès dins l'estriou; anen, pars, aï doun,
Chabal echarrenat. . . . . . . . . . . . . .
. . . . . . . . . . . . . . . . . . . . . . .
Malgre mous esperous, se toun palmou poussiou
Refuso de buffa; se toun garrou ta biou,
De courre roundomen, d'aouey n'es pas capable,
Couchô-te, biel fegnan! demoro dins l'estable. C. de T.

ESPEROUNEXA, v. act. Éperonner, donner de l'éperon; fig., Regimber, se débattre en parlant des enfants; Refuser d'obéir; Résister, se montrer récalcitrant: As bel esperounexa, ba te caldra fa, tu as beau résister, il faudra que tu le fasses.

ESPEROUNIÉ, s. m. Éperonnier, ouvrier qui fait, vend des éperons, des mors, des brides, etc.

ESPERRO, s. f. Résistance, défense que font les hommes, les animaux, contre ceux qui les attaquent.

ESPERS, Esperses, s. m. Expert, celui qui est choisi pour faire un rapport d'estimation, d'appréciation, d'examen: Caldra noumma d'esperses, il faudra nommer des expers. (Du latin expertus.)

ESPERT, O, adj. Expert, te, fort versé, fort expérimenté dans un art; Habile par la pratique.

ESPERTA, v. act. Examiner, priser une chose, baser un rapport; adv., fig., Esperta mati, Éveiller, faire lever matin: Lous boli esperta mati, cado xoun.

ESPERTI, Gousta, s. m. Goûter, léger repas entre le dîner et le souper: A l'ouro de l'esperti, bendra sans manco, à l'heure du goûter, il viendra sans faute.

Piey pendent lou trobal cal aousi lo godasso,
Sé cridou millo cops: grond bien, a prou bous fasso.
Désempiey lou dina jusquos'ol desporti,
Quond n'ogassou qu'ooucun, ah! bé lou fan poti.
PRAD.

ESPERTINA, Gousta, v. n. Goûter, manger entre le dîner et le souper: Anan espertina de quatre, nous allons goûter de quatre.

ESPERTIZO, s. f. Expertise, visite, opération, procès-verbal des experts: Aquelo espertizo coustara car, cette expertise coûtera cher.

ESPERXO, s. f. Asperge, plante potagère dont la tige sert d'aliment: Manxaren uno salado d'esperxos, nous mangerons une salade d'asperges. (Du grec asparagos.)

ESPES, O, adj. Épais, se, qui a de l'épaisseur: Dru, serré, en grand nombre: Lou blat es trop espes, le blé est semé trop épais; Qui manque de fluidité; Dense: Fa un brouylhart tout ple espes, il fait un brouillard très-épais; fig., Lourd, pesant, grossier. (Du latin spissus.)

Lo conobieyro és presto omaï lou conobou;
Lo terrado és coufido omb'un paouc dé migou.
Qué sousqué encaro un briou dé poou dé desfourtuno,
Qu'ottendo qué dé Mars siasquo roundo lo luno.
Qué séméné so grono olaro un paouc espes;
En cossen lous aussels qu'oun n'y loissprian rés.
PRAD.

ESPESSA, voyez Brisa, Despeça.

ESPESSI, v. act. Épaissir, rendre épais: Cal espessi la pasto, il faut épaissir la pâte.

ESPESSI (S'), v. pro. S'Épaissir, devenir épais.

ESPESSOU, s. f. Épaisseur, profondeur d'un solide; État de ce qui est dru, serré: A quatre pans d'espessou, il a quatre pans de profondeur.

Benes! plantas un mur d'uno triplo espessou! J.

ESPESSU, voyez Pessuc.

ESPESSUGA, voyez Pessuga.

ESPET, s. m. Pétard, sorte d'étincelle ou d'éclat de braise allumée qui s'élance avec explosion: l'Asclo a fax un gros espet; le Bruit d'un fouet, d'un fusil; le Bruit du tonnerre: A fax un espet de trounouyre que m'a fax trambla, il a fait un coup de tonnerre qui m'a fait trembler.

ESPETTA (S'), v. pro. Se Tenir raide, renversé en arrière; Crever, éclater par efforts: Aquelo branco s'espettara, cette branche s'éclatera.

Qué cap dé grup entié n'oun padé ol boulidou,
É lou tapo en loïssen miech dubert lou boundou:
Car lo forço del moust qué bouis ombé fougo,
Pourrio-bé, faouto d'air, n'espéta qualquo dougo.
PRAD.

ESPECTACLE, s. m. Spectacle, tout ce qui attire, fixe les regards, l'attention; Représentation théatrale; fig., Personne fâcheuse, déplaisante: Me cal touxoun beze aquel espectacle dabant yeou, il faut que je voie toujours cette personne devant moi. (Du latin *spectaculum*.)

Té, regarda, moun cher Acata,
Qué dé manobres, dé garçous
Emplègoun aval lous maçous !
Per basti pourtaous et muraia,
Veja, quinta peyras dé laïa !
Mais, diantre, dé qué fan alay?
Serie-ti pas quaouque palay ?...
Ah ! véze, véze... Aquel bazacle
Es una sala d'*espectacle*.   FAV.

ESPECTACLOUS, adj. Prodigieux.

ESPETI, v. n. Mordre une châtaigne, l'entamer, y faire une entaille pour l'empêcher de crever avec explosion lorsqu'on la met cuire sous la cendre chaude.

ESPETTATOU, s. m. Spectateur, témoin oculaire ; Celui qui est présent à... ; Celui qui regarde, observe sans agir : *Ero simple espettatou*, il était simple spectateur. (Du latin *spectator*.)

ESPETTRE, *Faramaouco*, s. m. Spectre, fantôme, figure effrayante qu'on croit voir ; fig., Personne grande, maigre, hâve. (Du latin *spectrum*.)

Sé l'y fourgeas un cap, dé brassés é dé pés,
Dégus n'oun ausero beyré oco dé trop prés;
Jusqu'o cé qué réduit en aïgo trèboulouso,
Lou *spectre* prétendut orrosé lo pelouso.   PRAD.

ESPEZI, voyez ESCARPI, TRIA.

ESPEYLHA, v. act. Émonder les arbres ; Déchirer, user les habits : *l'As tout espeylhat*, tu l'as tout déchiré. (Racine *peylho*.)

ESPEYLHANDRAT, ADO, *Espeylhoundrit, do*, adj. Vêtu, e, couvert de haillons, de vieux linges usés : *s'En ba tout espeylhandrat*, il s'en va tout couvert de haillons.

ESPEYLHAT, adj. Déguenillé, dont les habits sont en lambeaux : *Es tout espeylhat que fa poou*, il est tout deguenillé à faire peur. (Racine *peylho*.)

ESPEZOUYLHA (S'), v. pro. S'Épouiller, ôter les poux, en parlant des poules qui le font au soleil : *Las poulos s'espezouylhou*, les poules s'épouillent. (Racine *pezoul*.)

Mais del testut hyber crégnen lou rébiral ;
Encaro n'és pas dich qu'oun n'oun baillé un frétal...
Saïqué auraï débigaut ; lo soun s'*espeyouillo* ;
Lo rito dins l'estong fourfouillo ó réfourfouillo.   PRAD.

ESPI, voyez ESPIC.

ESPIA, *Agaxa*, v. act. Épier, observer secrètement ce que dit ou fait quelqu'un ; Être attentif à... pour saisir, pour profiter de... *Espiabo lou moumen ount y serien pas*, il épiait le moment où nous n'y serions pas. (De l'italien *spiare*.)

ESPIA, *Expia*, v. act. Expier, réparer un crime envers la Divinité, une faute envers les hommes, par une peine. (Du latin *expiare*.)

ESPIC, *Aspic*, s. m. Aspic, lavande, plante aromatique : *De bi d'espic es pla bou pes tals*, le vin d'aspic est bon pour les coupures. (Du latin *aspis*.)

ESPIC, voyez ESPIGO.

ESPIC DE MIL, s. m. Panicule. C'est la fleur du maïs qui fait une espèce d'épi en forme de bouquet.

ESPIÇA, v. act. Épicer, assaisonner avec des épices : *Agaxo de b'espiça pas trop*, vois de ne pas trop épicer. (Racine *espiçarié*.)

ESPIÇARIÉ, *Espiçario*, s. f. Épicerie, toutes les épices ; Drogues aromatiques, le poivre, le gérofle ou girofle, la canelle : *Las espiçariès soun fort caros*, les épiceries sont chères. (Du latin *species*.)

ESPIÇIÉ, s. m. Épicier, celui qui vend des épices, des drogues aromatiques.

ESPIÈCLARIÉ, *Espieclario*, s. f. Espièglerie, action d'espiègle ; Malice d'enfant : *Aco's uno drollo d'espieclarié que m'a fayto*, c'est une singulière espièglerie qu'il m'a faite.

ESPIECLE, O, adj. Espiègle, vif, malin, subtil, éveillé en parlant d'un enfant. (De l'allemand *ulespiegel*, qui se prononce *ulespiegle*, nom propre d'un personnage saxon, célèbre, vers 1480, par des tours et malices de ce genre.)

ESPIGA, v. n. Épier, monter en épi : *Lou blat coumenço d'espiga*, le blé commence de monter en épi. (Du latin *spicare*.)

ESPIGAL, s. m. Petit chiffon de drap, de cuir, espèce de doigtier avec lequel on tient le fil, quand on le dévide, pour le lustrer et ne pas se blesser les doigts : *Aben bezoun d'espigal, y'a fosso narridos*, nous avons besoin d'un doigtier, il y a beaucoup de chenevottes.

ESPIGAIRO, voyez MEYSSOUNAYRO.

ESPIGNA (S'), voyez POUNXA (SE).

ESPIGNO, voyez BOUISSO.

ESPIGO, *Espic*, s. f. Épi, tête de tuyau de blé, de seigle, etc., qui renferme le grain ; *Las espigos fan lou col d'aouco, sou plenos*, les épis se courbent comme le cou des oies, ils sont pleins. (Du latin *spica*.)

D'oquel mal gorontit, graços o Nostré-Seigné,
Lou blat encaro risco ; encaro oben o creigné
Qué lo rouillo l'ottrapé ou l'horré corbounat,
Ou qué d'un cop dé bent toumbé o terro engrunat.
Quond l'*espigo* sur-tout dé so grono és romplido,
Risquo maï qué jomaï d'estre désoborido.   PRAD.

ESPIGOTS, *Frézil*, s. m. Épis détachés de la paille, où il reste quelques grains et dont les bestiaux sont très friands : *Ramassas pla lous espigots*, ramassez bien ces épis. (Racine *espigo*.)

ESPIGOUTA, *Despiouza, Espiouza*, v. act. Épucer, ôter les puces d'un chien, d'un enfant : *L'ey dexa espigoutat*, je l'ai déjà épucé. (Du latin barbare *expulicare*, formé de *ex* et *pulex*, puce.)
Fig., Scruter les paroles, la conduite de quelqu'un: *Espigotto tout ço que foou*.

ESPILLA, v. act. Épingler, parer avec des épingles, placer certains ajustements avec des épingles: *Met fosso tems à l'espilla*, elle met bien du temps à l'épingler.

ESPILLA (S'), v. pro. S'Ajuster, se parer : *Abant que se siogo espillado !* avant qu'elle soit ajustée. (Racine *espillo*.)

ESPILLO, s. f. Épingle, bout de fil de laiton, etc., à tête et à pointe pour attacher ; fig. et famil. : *Tirat à quatre espillos*, très recherché dans la parure, en parlant d'une personne : *Tira l'espillo dal xoc*, tirer l'épingle du jeu ; se Dégager d'une affaire difficile, se retirer sans perte d'une entreprise hazardeuse.

ESPILLOS, s. f. Pot de vin, ce qu'on donne à titre de présent, de gratification à la femme de celui avec qui on a fait un marché considérable. (Du latin *spinicula*.)

ESPILLOU, s. m. Camion, épingle courte et déliée.

ESPILLOU, *Croc, Clabel, Inquet*, s. m. Hameçon, haïm pour pêcher : *M'as perdut un espillou*, tu as perdu un hameçon. (Racine *espillo*.)

Quond lou tems séro soumbré, ossétats sur l'herbéto,
Ol bori d'un pichot gourp jettorés le lignéto;
Per to paouc qué trémoussé, haussorés *l'espillou*,
É beyrés ol crouquet pindoula lou peyssou. PRAD.

ESPINARD, s. m. Épinards, herbage que l'on mange cuit. (Du latin *spinacium*.)
ESPINAS, *voyez* BARTAS.
ESPINÇA, *voyez* ESPINSSA.
ESPINCEL, s. m. Spencer, vêtement d'homme qui ne couvre que jusqu'aux hanches; vêtement de femme qui ne couvre que jusqu'à la ceinture : *Croumpo un espincel aro que fa frex*, achète un spencer puisqu'il fait froid. (De l'anglais *spencer*.)
ESPINCEL, *voyez* PINCEL.
ESPINCHA, *voyez* GUINÇA, AGAXA.
ESPINGA, v. n. Gigotter, gambader, gambiller, en parlant des enfants qu'on retient et qui se débattent : *As bèl espinga te n'aniras pas*, tu as beau te débattre, tu resteras.
ESPINGHETO, *voyez* ESPILLOU.
ESPINGO, *voyez* ESPILLO.
ESPINGOLO, s. f. Espingole, fusil à canon court et évasé; on le charge de sept ou huit balles.
ESPINO, *Rastel de l'esquino*, s. f. Épine, vertèbres du dos : *L'espino es entemenado*, l'épine est entamée; fig., Chose très pénible; Empêchements, difficultés : *Y'a pertout qu'asquos espinos*, partout il y a des difficultés. (Du latin *spina*.)
ESPINOUS, OUZO, adj. Épineux, euse, qui a des épines; Plein de difficultés, d'obstacles : *Aco's un afa fort espinous*, c'est fort épineux.
ESPINSA, v. act. Épinceler, épincer, nettoyer les draps avec l'épincette : *A pla bezoun d'espinsa*.
ESPINSAYROS, s. f. Épinceleuse, ouvrière qui épincelle les draps : *Aben las espinsayros den aout*, nous avons les épinceleuses dans le haut de la maison. (Racine *pinça*.)
ESPIOUGA, *voyez* ESPIGOUTA.
ESPIOULA, *voyez* CUTA.
ESPIOUN, s. m. Espion, celui qui épie, qui fait métier d'épier les ennemis; Celui qui observe la conduite de quelqu'un.
ESPIOUNA, v. act. Espionner, faire le métier d'espion; Épier, observer la conduite de : *Touxoun es aqui per espiouna ço que se fa*, il est toujours à espionner ce qui se fait. (De l'espagnol *espiar*.)
ESPIOUNAXE, s. m. Espionnage, action d'espion, métier d'espion.
ESPIOUZA, *voyez* ESPIGOUTA.
ESPIRA, v. act. Expirer, mourir, rendre l'âme, le dernier soupir : *Ben d'espira*, il vient d'expirer; fig., Prendre fin; Arriver au terme, échoir : *Lou tems es espirat y a quatre xouns*, le temps est échu depuis quatre jours. (Du latin *expira*.)
ESPIRAL, *voyez* SOUSPIRAL.
ESPIRALO, s. f. Spirale, courbe qui, à mesure qu'elle tourne, s'éloigne de son centre. (Du latin *spira*.)
ESPITAYLHÉ, EYRO, s. m. f. Enfant, habitant de l'hôpital : *Semblo un espitaylhé*, il semble un enfant d'hôpital.
ESPITAL, *Espitaou*, s. m. Hôpital, maison pour les malades, indigents ou militaires ; Lieu de retraite pour les pauvres, les infirmes, les orphelins ; fig., Maison où il y a plusieurs malades, où il y a presque toujours quelqu'un de malade : *Ayço semblo un espital*, cette maison semble un hôpital, prov. : *Ana à l'espital en carrosso*, se ruiner en folles dépenses. (Du latin *hospitium*.)

ESPITAL, s. m. Bouilloire, vaisseau de cuivre, de métal pour faire bouillir de l'eau.
ESPIZA, *voyez* ESCRAZA, ESPANGA.
ESPLANADO, s. f. Esplanade, lieu applani: Promenade publique : *Lou bexèt sur l'esplanado*, il le vit sur l'esplanade. (Du latin *planus*.)
ESPLANDIDE, O, adj. Splendide, qui fait les choses avec beaucoup de magnificence, en parlant des personnes; où il y a beaucoup de magnificence, en parlant des choses. (Du latin *splendidus*.)
ESPLANDIDOMEN, adv. Splendidement, d'une manière splendide : *Es louxat esplandidomen*, il est logé splendidement. (Du latin *splendidè*.)
ESPLANDOU, s. f. Splendeur, grand éclat de gloire, d'honneur ; Pompe, magnificence ; Faste, somptuosité. (Du latin *splendor*.)
ESPLEX (BIEL), adj. et s. Personne ennuyeuse, fatiguante : *Aquel biel esplex es touxoun pes cantous!* cette ennuyeuse est toujours sur le feu.
ESPLEXA, *Esplecha*, v. act. Ébaucher, travailler, faire quelque chose avec célérité : *Aco's estat leou espluxat*, cela a été bientôt fait.
ESPLEXO, *Esplecho*, *Outis*, s. f. Outil dont se servent les artisans chacun dans son état : *Cal fosso esplexos*, il faut beaucoup d'outils
ESPLICA, v. act. Expliquer, éclaircir, développer, faire comprendre ; Déclarer, faire connaître : *M'a esplicat tout aco fort pla*, il m'a expliqué tout cela fort bien. [Du latin *explicare*.)

Moussu, y'a'n ome abal qu'aro ben bous cerca,
Pel suxet de quicon qué bol pas *esplica*.
L'ei belcop tintaïnat afin qué ba diguesso,
M'a dix tant soulomen qu'es un afa qué presso... D.

ESPLICA (S'), v. pro. S'Expliquer, faire connaître nettement sa pensée, ses intentions ; Avoir ensemble une explication.
ESPLICATIOU, s. f. Explication, développement, renseignement, éclaircissement dans une querelle : *Nous cal abe uno esplicatiou ensemble*, il faut que nous ayons ensemble une explication. (Du latin *explicatio*.)

He bé, tenés anfin, sans cap d'enportomen,
Dounas *l'esplicatiou* d'aiço tant soulomen. D.

ESPLOYTA, v. act. Exploiter, débiter, mettre en œuvre ; Cultiver, faire valoir, mettre, tenir en valeur ; Abattre un bois : *Anan esployta la fourèst*, nous allons abattre la forêt. (Du latin barbare *explitare*.)
ESPLOYTATIOU, s. f. Exploitation, action d'exploiter les terres, des bois, etc. : *Aco's une grando esploytatiou qu'a entreprezo*, il a entrepris une grande exploitation.
ESPLUMASSA, *Esploumassa*, v. act. Plumer un oiseau, lui arracher les plumes; fig., Faire vite une chose. (Racine *plumo*.)
ESPORBIE, *voyez* ESPARBIÉ.
ESPORSET, *voyez* ESPARSET.
ESPOUTTI, *voyez* ESCRASA.
ESPOUBENTA, *Espaouri*, Épouvanter, causer de l'épouvante. (Du latin barbare *expaventare*.)
ESPOUBENTAL, *Carnabal*, s. m. Épouvantail, haillon suspendu en haut d'un long bâton pour épouvanter les oiseaux : *Manco un espoubental à la canabieyro*, il manque un épouvantail au champ semé de chanvre.
ESPOUBENTAPLE, O, adj. Épouvantable, qui cause l'épouvante; Étonnant, incroyable, étrange : *Es espoubentaple tout ço qué costo un oustal*, c'est

incroyable tout ce que coûte une maison.

**ESPOUBENTAT, ADO**, adj. Épouvanté, ée, effrayé, saisi d'épouvante : *Arribèt touto espoubentado*, elle arriva épouvantée.

**ESPOUBENTO**. *Esfray*, s. f. Épouvante, terreur soudaine causée par quelque chose d'imprévu : *Ey agut uno famuzo espoubento demati!* j'ai eu une grande peur ce matin.

Dins la raja brutala al sé dé ma patria,
L'Anglés, lou fier Anglés, claoufit dé barbaria;
Porta pertout lou fioc, l'espoubenta é la mort!...
O Charles! quan vézès mous yols négats dé larmas
Per bous mettré sul trôné à moun bras baylas d'armas,
É l'Anglés toumbara d'abor.
PEYR.

**ESPOUDASSA**, v. act. Charpenter, ébaucher, savater, travailler grossièrement : *B'as pas qu'espoudassat*, tu ne l'as que charpenté. (Racine *pouda*.)

**ESPOUDRA**, *voyez* Ajourta.

**ESPOUÈR**, s. m. Espoir, espérance fondée sur de grands objets; Confiance qu'une chose arrivera : *Ey l'espouèr que tournara pla pourtant*, j'ai la confiance qu'il reviendra bien portant. (Du latin *spes*.)

Aqui l'espouer trabat ba brisa sas cadénos;
L'abéni pus poulit lusix à l'hourizoun;
Et quant lé malhurous y ba counta sas pènos,
S'en tourno pas jamay sans ahé las mas plénos
Das trésors qué lò Cel y fa plaquré d'amoun.
DAV.

**ESPOUFIDA**, *Espouchiga*, v. n. Pouffer de rire, éclater involontairement : *A espoufidat de rire dabant toutes*, il a pouffé de rire devant tout le monde.

**ESPOUFIT**, s. m. Éclat de rire : *Ey entendut un espoufit, et mé souy arrestat*, j'ai entendu un éclat de rire et je me suis arrêté.

**ESPOUGUE (S')**, *voyez* Foula (Se).

**ESPOULSETA**, v. act. Épousseter, nettoyer avec une épousette; Secouer, ôter la poussière; fig., Battre quelqu'un : *Aquel d'aqui es estat espoulsetat en reclo*, celui-là a été battu comme il faut. (Suivant Ménage du latin *expulsare*, fait de *ex*, hors, et de *pulsare*, battre, chasser.)

**ESPOULSETO**, *Brosso*, s. f. Épousette, brosse ou vergette qui sert à nettoyer les habits : *Passas me l'espoulseto darrè las espallos*, passez-moi la brosse ou vergette du collet de l'habit; prov. : *Pourtas-y uno espoulseto*, dit-on à quelqu'un de mouillé par la pluie : *A bezoun d'espoulseto*.

**ESPOUNCHO**, *voyez* Espunto.

**ESPOUNDO**, s. f. Pans d'un bois de lit.

**ESPOUNDO**, *Espoundièyro*, s. f. Le côté de la muraille dans une alcove : *Met te à l'espoundo*, mets toi du côté de la muraille; Les côtés, les pans d'un bois de lit : *l'Espoundo s'es coupado xoust pès*.

**ESPOUNGA**, v. act. Éponger, nettoyer avec l'éponge; Passer l'éponge sur...

**ESPOUNGO**, s. f. Éponge, substance marine, légère, molle, élastique, très poreuse : *Semblo uno espoungo*, ce semble une éponge. (Du latin *spongia*.)

**ESPOUNPI**, *voyez* Moufle.

**ESPOUNPAT**, *voyez* Moufle.

**ESPOURGA**, *voyez* Pourga.

**ESPOURGOS**, *voyez* Pourgos.

**ESPOURIOU, IBO**, adj. Sans mélange, pur, premier choix : *Aco's espouriou, sans bous y troumpa*, c'est premier choix, sans vous y tromper.

**ESPOUSCA**, *Suspousca*, v. act. Humecter, mouiller légèrement : *A bezoun d'espousca*, il a besoin d'être humecté; Poudrer avec de la farine le poisson avant de le mettre à la poêle; Les viandes avec du sel pour les conserver : *Espouscas-bo ambe de sal trico*, poudrez-le avec du sel pilé.

**ESPOUSSADOU**, s. m. Saladier d'osier ou de fil de fer pour secouer la salade.

**ESPOUSSAT**, *voyez* Essouflat.

**ESPOUSSETO**, *voyez* Espoulseto.

**ESPOUTERLA**, *voyez* Despouterla.

**ESPOUTI**. v. act. Écraser, concasser, pulvériser; Briser, casser : *A espoutit lou yoous que pourtabo*, elle a écrasé les œufs qu'elle portait.

**ESPOUTI**, *Mouxa*, v. n. Écacher, écarbouiller, écraser un doigt, un pied : *M'a espoutit lou pè ambe l'esclop*, il m'a écrasé le pied avec son sabot.

**ESPOUTI (S')**. v. pro. Se Pincer avec un marteau ou autre chose; se Faire un pinçon, une meurtrissure : *Me souy espoutit un det*, je me suis pincé un doigt.

**ESPOUTIDURO**, *Espoutit*, *voyez* Mouxal, Mouxaduro.

**ESPOUZA**, v. act. Épouser, prendre en mariage pour femme ou pour mari : *Dema l'espouzara*, demain elle l'épousera; Prendre parti pour : *Boli pas espouza your querellos*, je ne veux pas épouser leurs querelles; s'Attacher par choix... Être obligé de se charger de... *Caldra be que l'espouze coumo un brabe efan*, il faudra bien qu'il s'en charge comme un bon garçon. (Du latin *sponsare*.); Bénir le mariage de... *Aco's Moussu l'abat que l'espouzet*.

Saouprés doun qu'aquésta princessa,
Néta é poulida couma un jour,
Tan per respec qué per amour,
Espouzét lou conte Sichéa,
Garçoun dé bouna renouméa,
Qué soun pèru y'avié caouzit
Pus riche qu'éla é for poulit.
Per malhur perdet aquel péra,
Mor, s'ou dizoun, de la couléra
Qué prenguét countro un siou vezi
Qu'én brucan près d'él aou jardi
Y'avié toussi una tulipa
É cazimen toumbat la pipa.
FAV.

**ESPOUZAYLHOS**, s. f. Épousailles, célébration du mariage. (Du latin *sponsalia*.)

**ESPOUZITIOU**, s. f. Exposition, étalage, montre; Placement, position, site, situation : *Aben uno poulidou espouzitiou*, nous avons un beau site; Exposé, récit, détail, déclaration : *Y'ey faxo l'espouzitio d'aquelo familho*, je lui ai fait l'exposé de cette famille. (Du latin *expositio*.)

**ESPRAGNO**, *voyez* Espagne.

**ESPREMI**, *voyez* Esprima.

**ESPRES**, *voyez* Messaxe.

**ESPRÈS**, *Espressi*, adj. Exprès, à dessein, avec intention, à certaine fin; adv. *Per exprès*, pour rire, sans malice : *Ba dizio per exprès*. (Du latin *expresso*.)

**ESPRESSIOU**, s. f. Expression, mot, parole, terme; Manière de s'exprimer : *Aco's uno drollo d'espressiou*, c'est une drôle manière de s'exprimer. (Du latin *expressio*.)

**ESPRESSOMEN**, adv. Expressément, d'une manière expresse : *Ba y'abio dix espressomen*, je le lui avais expressément dit. (Du latin *expressé*.)

**ESPRIMA**, *esprémi*, v. act. exprimer, tirer le suc, le jus en pressant; Pressurer; Dire, énoncer; Exposer, rendre par le discours, représenter les idées, rendre les pensées : *Podi pas bous esprima tout ço que sentissi*, je ne puis pas rendre tout ce que je sens; Espader, sérancer le chanvre, le lin : *Boulen esprima aquestes xouns*, nous voulons espader ces jours-ci.

**ESPRIMOS**, voyez MAYLHOS.

**ESPRIMOS**, s. f. Séran, espade, outil pour affiner le chanvre, le lin : *Prestas me las esprimos*, prêtez-moi le séran.

**ESPRIT**, s. m. Esprit, substance incorporelle : *Dious es un pur esprit*, Dieu est un pur esprit; Faculté de l'âme pour concevoir, discerner; de créer et combiner des idées; Vivacité, subtilité d'imagination; Pensées brillantes, ingénieuses : *A d'esprit coumo un anxo*, il a d'esprit comme un ange; Façon de penser; Adresse, intelligence : *N'a pas cap d'esprit*, il n'a aucune intelligence; Le Saint-Esprit, la troisième personne de la Sainte Trinité : *Lou Sant-Esprit descendèt sus Apostouls*, le Saint-Esprit descendit sur les Apôtres; Fluide très subtil; Vapeur très volatile : *Aquel bi a fosso esprit*, ce vin a beaucoup d'esprit. (Du latin *spiritus*.)

Mais abouas que siès un d'aqueles *esprits*
Qué n'aprobou pa rés que d'aoutrès axou dix.
Nou poudès pas souffri qu'on plouré ni qu'on canté,
Qu'on critiqué digus, ni mêmes qu'on lou banté. D.

**ESPRITOUS**, *Esprituel*, adj. Spirituel, ingénieux, habile : *Es fort espritous*, il est fort ingénieux.

**ESPROBO**, *Ensax*, s. f. Épreuve, essai, expérience qu'on fait en quelque chose : *Ne boli fa l'esprobo*, je veux en faire l'essai; adv. *A l'esprobo*, à l'épreuve, en parlant d'une chose qui résiste : *Aquelo coulou es à l'esprobo*. (Du latin *proba*.)

**ESPROUBA**, *Ensaxa*, v. act. Éprouver, essayer, Connaître par expérience; Expérimenter : *B'ey pla esproubat souben*, je l'ai expérimenté souvent; Faire l'expérience de... : *Nous cal esprouba la càrreto*; Sentir : *A esproubat uno grando peno*; Souffrir, être en butte à... : *A esproubat pla de pèrtos et de malurs*, il a éprouvé bien des pertes et des malheurs. (Du latin *probare*.)

Per yeou que souy sadoul d'ontendre dé soutisos,
Et mêmes d'esprouba tout cop dé maraoudizos,
M'en boou dins calqu'endrex qué sio pas abitat,
Per nou beze pas pus de xens sans proubitat. D.

**ESPROUPRIA**, *Exproupria*, v. act. Exproprier, priver, exclure, dépouiller de la propriété : *Lou ban esproupria se pago pas sul cop*, on va l'exproprier s'il ne paye pas sur le champ. (Du latin *ex de*, hors, et *proprietas*, propriété.)

**ESPROUPRIATIOU**, *Exproupriatiou*, s. f. Expropriation, action d'exproprier; Privation, exclusion de la propriété.

**ESPUNTO**, s. f. T. de nourrice, le Trait, le jet de lait; Flot de lait qui se répand. (Racine *punto*.)

**ESPUYZA**, v. act. Épuiser, tarir, mettre à sec; Perdre tout; Affaiblir beaucoup : *Aco l'a fort espuyzat*, cela l'a fort affaibli; fig., ne rien Oublier, mettre tout en œuvre : *A espuyzat toutos las ressources*, il a épuisé toutes les ressources.

**ESPUYZA (S')**, v. pro. S'Épuiser, tarir, finir; Perdre ses forces, détruire son tempérament; User sa fortune pour faire réussir ou une chose ou une personne : *Nous sien espuyzats per lou fa educa*, nous nous sommes épuisés pour le faire élever. (De la particule *è* et du verbe *puiser*, fait de puits, *puteus*.)

Dè l'aoubrè, jordiniés, sounjas o fa lo taillo :
Quond l'aurés pla purgat dé touto bourdufaillo,
Costias on lou poudet soun trop dé goillordio,
Pel luxé dé sous gèts lou trounc *s'espuisorio*. PRAD.

**ESPUYZOMEN**, s. m. Épuisement, perte des forces de corps, d'esprit.

## ESQ

**ESQUELETO**; voyez ESCALETO.
**ESQUER**, voyez GAOUXE.
**ESQUERLIE**, O, adj. Beau, joli, pris ironiquement : *Quicon d'esquerlie!* quelque chose de beau!
**ESQUÈRRE**, O, adj. La Partie gauche : *Dal coustat esquèrre*. (Du grec *skeire*.)
**ESQUIALASSA**, voyez GIOULA.
**ESQUIBA**, v. n. Esquiver, éviter adroitement un coup, un choc : *B'a esquibat adrexomen*; fig., Esquiver une personne, une rencontre, une affaire : *Cerco touxoun à m'esquiba, mais nous troubaren*, il cherche à m'esquiver, mais nous nous trouverons.
**ESQUIBA (S')**, v. pro. S'Esquiver, se tirer promptement et subtilement d'un lieu, d'un embarras; s'Enfuir à la dérobée : *Cal counbeni que s'es esquibat pla adrexomen*. (Du mot *esquif*, fait du grec *skaphe*, petit bateau, s'échapper comme dans un esquif.)
**ESQUICHA**, voyez SARRA.
**ESQUICHADO**, voyez CAXAL.
**ESQUIFO**, voyez BIAYS.
**ESQUINSA**, voyez ESQUYOUSSA.
**ESQUIOL**, voyez APPARENÇO.
**ESQUISSA**, voyez ESQUYOUSSA.
**ESQUYLA**, v. act. Sonner, tirer le cordon d'une sonnette : *Bous cal esquyla pla fort*, il faut sonner bien fort.

A mézura què davalava
Aouziguèt lou rey qu'*esquillava*;
Mais couma degus noun crezié
Qué séguèsse tan matinié,
Prenguet lonten à soun esquilla.
Una pena fort inutilla.
Se passèt meja houra amay may
Sans qué paréguèsse un laquay !  FAV.

**ESQUYLO**, s. f. Clochette de bureau; Sonnette à ressort attachée à un mur; Petite cloche de communauté : *l'Esquylo a dexa sounat*; Sonnailles qu'on attache au cou des bœufs, des mulets : *Entendi l'esquylo dal mouli*, j'entends la sonnaille du moulin.

**ESQUYLOU**, s. m. Clochette d'autel : *Ey entendut l'esquylou de la messo*; Grelot, clarine qu'on suspend au cou des animaux : *Las bacos an perdut un esquylou*, les vaches ont perdu une clarine.

**ESQUYNA**, v. act. Échiner, rompre l'échine : *D'un cop de bastou a esquynat lou pus poulit moutou*, d'un coup de bâton il a échiné le plus joli mouton.

**ESQUYNA (S')**, v. pro. Se Sacrifier, se ruiner pour faire avancer quelqu'un et lui procurer ce qui est nécessaire : *Nous sien toutis esquynats per y fa soun appun*, nous nous sommes sacrifiés pour lui faire son droit. (Racine *esquyno*.)

**ESQUYNANCIO**, s. f. Esquinancie, inflammation

à la gorge : *Agut uno esquynancio.* (Par corruption pour *synanchie*, fait dans la même signification du grec *sunagché*, dérivé d'*agchô*, je serre, je suffoque.)

**ESQUYNAT, ADO**, adj. Éreinté, ée; Qui n'en peut plus; Qui est ruiné; fig., Insolvable : *Es tout-à-fait esquynat*, il est ruiné.

**ESQUYÑO**, *Esquineto*, s. f. Échine, le dos. (De l'italien *schiena*, fait dans le même sens du latin *spina*, épine du dos.)

**ESQUYOUS**, *Esquis*, s. m. Accroc, déchirure, estafilade. : *A fax un esquyous d'un pan de loung*, il a fait un accroc d'un pan de long.

**ESQUYOUSSA**, *Esquyssa*, v. act. Estafiler, accrocher, mettre en pièces ; Déchirer : *A esquyoussat la besto de cap en cap*, il a estafilé la veste d'un bout à l'autre.

**ESQUYOUSSA (S')**, *Esquyssa (S')*, v. pro. Se Déchirer, user par des taillades à un habit : *Me souy tout esquyoussat*, je me suis tout déchiré.

**ESQUYPOT**, *Marrougal*, s. m. Esquipot, le magot d'un avare; l'Avoir d'une personne qui le tient caché : *Y'an pas pougut trouba l'esquypot*, on n'a pu lui trouver l'esquipot.

**ESQUYROL**, s. m. Écureuil, petit quadrupède fort vif; fig., Leste, dégourdi. (Du grec *skiouros*, fait de *oura* queue, qui se met à l'ombre de sa queue; parce qu'il la relève et s'en couvre comme d'un panache.)

**ESQUYS, IZO**, adj. Exquis, se, excellent en son espèce : *Aco's un plat esquys*, c'est un plat exquis; fig. et iron., Quelque chose de fort commun qui ne convient pas et ne peut pas convenir : *As croumpat aqui quicon de fort esquys!* tu as acheté quelque chose de beau! (Du latin *exquisitus*.)

**ESQUYXA (S')**, *Esquicha (S')*, v. pro. Faire de grands efforts quand on va à la selle : *Entendez-lou que s'esquyxo*.

## ESS

**ESSAFAOUDA**, *voyez* ECHAFAUDA.
**ESSAFAOUDAXE**, *voyez* ESCHAFAOUDAXE.
**ESSAFOT**, *Guylhoutino*, *voyez* ECHAFAUD.
**ESSANTIÈL, O**, adj. Essentiel, le; Absolument nécessaire, très important : *Es pla essantièl que y parle abant tantos*, il est très important qu'il lui parle avant ce soir. (Du latin *essentialis*.)

Que nou sies pas sourtit?

Nani, madoumoyzelo,
Car la counbersatiou sera fort *essantielo*. D.

**ESSANTIÈLOMEN**, adv. Essentiellement, en matière importante.

**ESSARPO**, *Issarpo*, s. f. Écharpe, large bande d'étoffe que l'on portait autrefois de la droite à la gauche en forme de baudrier; Écharpe municipale, bande d'étoffe autrefois toute blanche, aujourd'hui tricolore, que portent les officiers municipaux lorsqu'ils sont en fonctions : *A calgut que carguesso l'essarpo, lou boulioou pas recouneysse*, il a fallu qu'il ceignit l'écharpe, on ne voulait pas le reconnaître; sorte de Vêtement que portent les femmes; espèce de Bande dont on se sert pour soutenir un bras blessé : *Pourtabo lou bras en essarpo*, il portait le bras en écharpe; t. de charp., de men., Pièce placée diagonalement dans un bâtis : *Cal mettre uno essarpo de cado coustat.* (De l'italien *ciarpa*.)

**ESSE**, *Estre*, v. aux. Être, exister; Faire partie de : *Bos esse das nostres?* Veux-tu être des nôtres? Entrer en part, en société : *A dix qu'al mens ne boulio esse*, il a dit qu'il voulait être de la société; se Trouver en un lieu : *Pouyrio esse ayci dins uno ouro*, il pourrait se trouver ici dans une heure; indique l'état, la position, la situation : *Pouyrio be esse pla malaout*, il pourrait être bien malade. *Esse*, signifie connaître surtout les habitudes, la manière d'être, le caractère, l'humeur de quelqu'un. (Du latin *esse*.)

**ESSE**, s. m, État, existence, place : *Es tournat à soun esse*, il est revenu à son premier état.

**ESSENT**, *voyez* ENSEMBLE.
**ESSES**, *voyez* ETROS.
**ESSIOU**, *voyez* AYSSEL.
**ESSO**, s. f. Esse, morceau de fer en forme d'S; Crochet dont on se sert pour suspendre quelque chose; Outil de forgeron pour serrer les branches des tenailles quand elles sont au feu.

**ESSU**, *voyez* EYSSUX.
**ESSUGA**, *voyez* EYSSUGA.
**ESSUT**, *voyez* EYSSUT.

## EST

**ESTA**, v. n. Être : *Esta siaout*, se Tenir dans le silence ; *Esta pla*, Être bien dans sa personne; Être justement puni, avoir mérité ce qui arrive : *Aco y'esto pla;* Laisser en repos : *Laysso m'esta*; bien Aller, convenir : *Aco y'esto pla*, cela lui va, lui sied bien.

**ESTABANI (S')**, *voyez* ABAOUTI (S').
**ESTABAOUZI**, v. act. Abasourdir, étourdir, consterner.
**ESTABAOUZIT, IDO**, adj. Étonné, ée, étourdi, déconcerté : *Es estat estabaouzit de l'entendre parla aytal*, il a été déconcerté en l'entendant parler ainsi.

**ESTABLA**, v. act. Établer, mettre, tenir dans une étable : *Pouden pas tout estapla*, nous ne pouvons pas tout établer. (Racine *estable*.)

**ESTABLAXE**, *Establajhe*, s. m. Établage, ce que l'on paye pour la place, l'attache d'un cheval, etc., dans une écurie; Louage d'une étable : *l'Establaxe es encaro uno despenso*, l'établage est encore une dépense. (Racine *estable*.)

**ESTABLAYRE**, adj. Celui qui prend des chevaux à l'attache.

**ESTABLE**, *Estaple*, s. m. Étable, lieu où l'on renferme les bestiaux : *Nous cal basti l'estable;* prov. *N'es pas tems de ferma l'estable quand lou roussi n'es anat*, il n'est plus temps de fermer l'étable quand le cheval est parti; fig., Maison sale, dérangée : *Semblo un estable*, c'est comme une étable. (Du latin *stabulum*.)

Qualqu'un a decelat que porton per estrenos
Tres brustictos d'Encens, d'Or et de Myrro plenos
Que l'y ban humblomen ufri digomendiu
Que coufesson dejà qu'el es Rey, bome, Diu.
Elis parlou sampa de l'efantet aymable,
Qne nous aus l'autre jour troubeguen à l'*estable*. G.

**ESTABLE, O**, adj. Stable, qui est dans un état, dans une situation ferme, durable, permanente. (Du latin *stabilis*.)

**ESTABLI**, *voyez* ESTAPLI.
**ESTABOURDI**, *voyez* ESTOURDI.
**ESTABOUZI**, *voyez* ESTABAOUZI.
**ESTACA**, v. act. Attacher, joindre, lier une chose à une autre, l'y faire tenir; fig., Causer, inspirer de l'attachement : *Soun ayre de douçou*

*estaco tout de suito*, son air de douceur fait qu'on s'attache de suite ; Lier par quelque chose qui engage, oblige, plaît : *L'ounou l'estaco à tene ço qu'a proumes*, l'honneur l'oblige à tenir ce qu'il a promis ; Appliquer : *Lou desir d'aprene l'estaco sus libres*, le désir d'apprendre l'attache à l'étude.

ESTACA (S'), v. pro. S'Attacher, se prendre à quelque chose : *S'estacario à una barro de fer caout*, il se prendrait à une barre de fer chaud ; Prendre de l'amitié pour quelqu'un, se consacrer à son service : *Me souy estacado per touxouin*, je m'y suis attaché pour toujours. (De l'italien *attacare*, attacher.)

Amaï pla l'eï perdut dal xoun-que bous boxeri,
Et que per moun malur à bous yeou m'estaqueri :
L'eï perdut dezempei que bous m'abies xarmat,
Et qu'erî prou nigaout per creire d'estre aimat.     D.

ESTA CDOU ; OUNO, adj. Fou à lier : *Es estaca dou !*

ESTACADOU, OUNO, adj. Mûre, faite, en parlant de la salade qu'il est temps de serrer pour la faire blanchir : *Lous laxuarts soun estacadous*, l'endebio es estacadouno , les laitues, l'endive sont assez faites pour les mettre à blanchir.

ESTACAT, ADO, adj. Attaché, ée ; Avare, serré : *Es tout ple estacat*, il est fort avare.

ESTACO, s. f. Attache, lien, courroie ; Ce qui sert à attacher : *Cerco-me uno estaco*, cherche-moi une attache ; Ce qui sert à lier, unir, fixer : *Manco uno estaco*, il manque une attache. (Racine *estaca*.)

ESTACOMEN, s. m. Attachement, sentiment d'amour, d'amitié ou d'affection ; Grande application.

Avio d'amics , d'amics noumbrousés ,
Avio d'amics qu'à tout moumen
Se moustrayoun prou souciouses
Per me prouva d'*estacomen*.
Sas mans couronnayoun ma testa
De flous, qu'ay vist trop lèou terni !
De tout acos ara me resta
Un doux è cruel souvéni.          PEYR.

ESTADIS, voyez ESTANTIS.

ESTAFETO, s. f. Estafette, courrier qui ne porte les dépêches que d'une poste à l'autre : *La noubélo es arribado per estafeto*, la nouvelle est arrivée par estafette. (De l'italien *stafeta*, fait de *stafa*, étrier.)

ESTAFIÉ, s. m. Estafier, gros enfant potelé ; Gros mangeur : *Qu'un estafié me sios*, quel mangeur tu me parais ! (De l'italien *staffiere*.)

ESTAGNA, v. act. Combuger, abreuver ; Remplir d'eau les futailles avant de s'en servir : *Cal fa estagna las barricos*, il faut abreuver les barriques. (Du latin *stagnare*.)

ESTAGNA (S'), v. n. Se Gonfler, en parlant des futailles crevassées ; fig., Avoir assez bu et mangé : *S'es un paouc estagnat*, il a déjà passablement mangé.

ESTAGNÈ, *Baysoylhé*, s. m. Dressoir, buffet à mettre la vaiselle : *Met les sietos à l'estagnè*, mets les assiettes sur le dressoir. (Racine *estan*.)

ESTAJHA, voyez ESTAXA.
ESTAJHEYROS, voyez LAYSSOS.
ESTAJHO, voyez ESTAXO.

ESTALA, v. act. Étaler, exposer en vente des marchandises ; Étendre, déployer : *N'a pas encaro estalat*, il n'a pas encore étalé ; fig., Montrer avec ostentation ; Faire parade : *Ero touto oucupado à estala sas paruros, sas belizos*, elle était toute occupée à étaler ses parures. (Du latin barbare *stallare*.)

ESTALAXE, *Estalaje*, s. m. Étalage, exposition de marchandises à vendre ; Marchandises étalées pour la montre : *Y'a un estalaxe manefic*, il y a un étalage magnifique ; Ajustement, parure, surtout des femmes ; Montre affectée.

Ocos fach, lou Printems sounjo o plega bogatgé,
Dé sos flours paouc-o-paouc disporés l'*estalatgé*.
L'Estiou sur soun corriol orribo ol grond golop ;
É lo sur dé Prougné counto pel dorniè cop.     PRAD.

ESTALIOUS, voyez TAILHANS.

ESTALOS, *Formos*, s. f. Stalle, siège de bois qui se hausse et se baisse, placé dans le chœur d'une église : *Las estalos érou plenos de capelas*, les étales étaient remplies de prêtres. (Du latin *stalius*.)

ESTAMA, v. act. Étamer, enduire d'étain fondu le dedans des vaisseaux de cuivre, de fer : *Me cal fa estama las casserolos*, il faut que je fasse étamer les casserolles ; Mettre l'étain à une glace : *Aquel miral a bezoun d'estama*, ce miroir a besoin d'être étamé. (Racine *estan*.)

ESTAMAYRE, *Xarramagnou*, s. m. Étameur, celui qui étame.

ESTAMINAYRE, *Sargayré*, s. m. Étaminier, artisan qui fait, qui fabrique de l'étamine : *Ey encaro la sargo aco de l'estaminayre*, j'ai encore la serge chez l'étaminier.

ESTAMINO, *Sargo*, s. f. Étamine, étoffe de laine mince et claire ; Tissu de laine peu serré : *A fax un desabilhé d'estamino bluo*, elle a fait un déshabillé d'étamine bleue. (Du latin *stamen*.)

ESTAMINOS, s. f. Étamines, épreuve, examen sévère : *L'an passat per las estaminos*, on l'a passé par les étamines.

ESTAMPEL, voyez ESTANPÈL.

ESTAN, s. m. Étaim, partie la plus fine de la laine cardée : *Ey crounpat de debasses d'estan*, j'ai acheté des bas d'étaim. (Du latin *stamen*, trame.)

ESTAN, s. m. Étain, métal blanc très léger, très fusible : *Aco's de culiés d'estan*, ce sont des cuillers d'étain. (Du latin *stamnum*.)

ESTAN, s. m. Étang, grand amas d'eau sans cours : *l'Estan ero tout xalat*, l'étang était tout gelé. (Du latin *stagnum*.)

ESTANÇILHA, v. n. Corriger, châtier, punir : *L'a pla stancilhat*.

ESTANÇILHOS, *Ustancilhos*, s. f. Ustensile, petit meuble de ménage : *Cal fosso estançilhos dins un oustal*, il faut beaucoup d'ustensiles dans une maison ; fig., Correction, punition : *Merito las estançilhos*.

ESTANCO, voyez ARRESTO PASTO.

ESTANÇOU, s. m. Étançon, étrésillon, dosse, grosse planche de bois pour soutenir une muraille, des terres : *Trobo un fort estançou*, trouve un bon étançon.

ESTANÇOUNA, v. act. Étançonner, étrésilloner ; soutenir avec des étançons : *Cal prene la precaoutiou d'estançouna*, il faut prendre la précaution d'étançonner.

ESTANDAL, voyez TREMAL.

ESTANPA, v. act. Étamper, faire une empreinte d'une matière dure sur une autre plus molle ; Percer un fer de cheval : *As estanpat gras*, tu as percé trop en dedans. (De l'italien *stampare*.)

ESTANPANAL, voyez BOURRAL.

ESTANPÈL, s. m. Caquet : *Tendrio estanpèl à qui que sio*, elle tiendrait tête à qui que ce soit.

ESTANPO, s. f. Étampe, dans la serrurerie,

morceau d'acier dans lequel on creuse des moulures, et qui formant comme un cachet, sert à les imprimer sur le fer rougi au feu : *Aco se fa à l'estampo*, cela se fait à l'étampe ; Étampe, morceau de fer pointu et carré pour étamper les fers des chevaux : *l'Estampo ba pla*; Estampe, image que l'on imprime sur du papier : *Aco's de poulidos estampos*, ce sont de belles estampes. (De l'italien *estanpa*.)

ESTANTIS, ISSO, adj. Passé, ée, qui est vieux, qui a perdu de sa bonté.

ESTAOUTIÉS, s. f. Espièglerie, malice : *Anan fa estaoutié al bezi?* nous allons faire une malice au voisin?

ESTAOUVIA, voyez ESTARBIA.

ESTA PLA, v. n. Être bien, convenir : *Aquelo filho esto pla*, Mériter soit une punition, soit une récompense : *Aco y'esto pla*. (Du latin *stare*.)

ESTAPLA, voyez ESTABLA.

ESTAPLAIRE, voyez ESTABLAYRE.

ESTAPLAXE, voyez ESTABLAXE.

ESTAPLE, voyez ESTABLE.

ESTAPLI, v. act. Établir, rendre stable, fixer : *l'Aben establit à sa plaço*, nous l'avons fixé à sa place ; Mettre dans un état, un emploi avantageux : Procurer une condition stable, indépendante : *A estaplit toutes sous maynaxes*, il a établi tous ses enfans ; Nommer, constituer : *L'a estaplit soun procurur foundat*, il l'a nommé son procureur fondé ; Marquer d'une certaine manière soit les pierres d'une bâtisse, soit les pièces d'une construction pour les retrouver aussitôt qu'on voudra les employer : *Estaplis pla las peços*, marque bien tes pièces. (Du latin *stabilire*.)

ESTAPLI (S'), v. pro. S'Établir, se fixer en un lieu ; se Faire un établissement : *Me cal fini per m'estapli dins l'endrex*, il faut que je finisse par m'établir dans l'endroit.

ESTAPLISSOMEN, s. m. Établissement, institution ; Commencement ; Peste, demeure, condition avantageuse : *A fax un bel estaplissomen*, il a fait un bel établissement ; Bâtisses, d'une communauté, d'une usine magnifique ; Marque qui sert aux ouvriers pour distinguer les pièces : *A l'estaplissomen las troubara*, aux repères il les trouvera.

ESTAPO, s. f. Étape, ce qu'on distribue aux soldats quand ils sont en route : *Tant per estapo*, tant par étape ; Lieu où se fait cette distribution : *Tantos à l'estapo nous troubaras*, Brûler l'étape, passer outre sans s'arrêter : *Aben brullat l'estapo*. (Du latin barbare *stapula*.)

ESTARARAGNO, voyez IRAGNADO.

ESTARBIA, *Estalbia, Espargna*, v. act. Épargner, user d'épargne, d'économie ; Ménager, employer avec réserve : *Cal estarbia*, fig., Ne pas traiter rigoureusement : *Lou cal estarbia aqueste cop*, il faut l'épargner cette fois.

ESTARBIA (S'), *S'estalbia*, v. pro. S'Épargner, se traiter avec ménagement ; se Priver du nécessaire pour soulager les autres : *Me souy estarbiat per lou fa educa*, je me suis souvent privé pour le faire élever.

ESTARBI, *Estalbi, Espargne*, s. m. Épargne, économie dans la dépense : *Cal usa d'estarbi per arriba à la fi de l'annado*, il faut user d'économie pour arriver à la fin de l'année.

ESTARDOSSO, s. f. Extrados, terme d'architecture ; Côté extérieur d'une voûte opposée à la douelle : *A quatre pans d'estardosso*, il y a quatre pans d'extrados. (Du latin *extra*.)

ESTARENCLO, voyez ESTARENGLO.

ESTARENGLA (S'), v. pro. Se Blesser à une écharde, un picot.

ESTARENGLADO, s. f. Écorchure, enlèvement partiel de la peau.

ESTARENGLO, s. f. Écharde, picot qu'on prend à un doigt : *Uno estarenglo m'es dintrado xoust l'ounglo*, une écharde est entrée entre le doigt et l'ongle. (Du latin barbare *excarda*, fait de même sens de *carduus* chardon.)

ESTARI, voyez ESTOURI.

ESTARIGNA, voyez DERRANTELA.

ESTARIGNADOU, voyez DERRANTELADOU.

ESTARLOGO, *Estarloco*, s. m. Astrologue ; Vantard ; Bavard : *Semblo un estarlogo*, il semble un astrologue. (Du grec *astron* astre, et *logos* discours.)

ESTARTALISSA, *Degourdi*, v. act. Dégourdir, éveiller, faire agir : *A bezoun que calcun l'estartalisse*, il a besoin que quelqu'un le dégourdisse.

ESTARRUSSA, *Esturrassa*, v. act. Herser, émotter, briser les mottes d'un champ : *Cal ana estarrussa*, il faut aller émotter ; fig., Terrasser, étourdir : *D'un cop de pun l'a estarrussat*, il l'a étourdi d'un coup de poing.

ESTA SIAOUT, v. auxil. Se Taire, ne pas parler : *Te dizi d'esta siaout*, je te dis de te taire.

ESTAT, s. m. État, disposition, situation dans laquelle se trouve, peut se trouver une personne, une chose ; Liste, registre, mémoire, inventaire : *Aqui abes l'estat de toutos las despensos*, vous avez là l'état de toutes les dépenses ; Manière de vivre, de se vêtir ; Train, dépense : *Sourtis de soun estat*, il sort de son état ; Profession, condition : *A un boun estat*; Avoir ou n'avoir pas la force de... : *N'es pas en estat de coumanda*, il n'a pas la force de commander. (Du latin *status*.)

ESTATIOU, s. f. Station, pause ; Visite des églises ou chapelles désignées pour gagner les indulgences : *Me manco encaro dos estatious à fa*, j'ai encore deux stations à faire. (Du latin *statio*.)

ESTATUO, s. f. Statue, figure humaine, entière et de plein relief, en métal, en marbre, en pierre, etc. : *Aben recaptudo l'estatuo de la Bierxo*, nous avons reçu la statue de la Ste-Vierge ; fig., Personne qui a les mouvements lents. (Du latin *statua*.)

Mais, aqueste cot, la sourcièro
Pren uno figuro sebèro,
E debat sous perpils clarets et branquignous,
Sous dous èls semblou dus canous
Bracats sul nobi on bèsto bluo,
Qu'és plantat coumo uno *estatuo*,
Et qué bèn dé milo coulous,
Quand la bieillo sempiternèlo
Dé la noubieto pren la ma.
J.

ESTATUT, s. m. Statut, règle pour conduite d'une compagnie, d'un diocèse. (Du latin *statutum*.)

ESTAXA, *Estaja*, v. act. Étayer, appuyer avec des étais ; Faire dresser un échafaudage pour bâtir, etc. : *Nous caldra estaxa*, il faudra échafauder. (Racine *estaxo*.)

ESTAXO, *Estajo*, s. f. Étage, espace entre deux planchers : *Sien pas encaro à la prumièro estaxo*, nous ne sommes pas encore au premier plancher ; Échafaudage pour bâtir, etc. : *Cal agaxa de fa uno estaxo soulido*, voyons de faire un solide échafaudage. (Du grec *stege*.)

ESTAZIA, v. act. Extasier, ravir, transporter : *Lous a touies estaziats per soun sabe*, il les a tous ravis par sa science.

**ESTAZIA (S'), v. pro.** S'Extasier, être ravi, être dans l'admiration : *S'estaziabo de tout*, il est dans l'admiration de tout. (Du grec *ekstasis*.)

**ESTAZO, s. f.** Extase, admiration, ravissement, transport de l'âme.

**ESTEBO, s. f.** Mancheron, partie de la charrue que tient le laboureur pendant son travail.

**ESTEC, s. m.** Moyen, savoir, connaissance : *Podi pas y trapa l'estèc*, je ne puis pas lui attraper le moyen.

Disou qué fo so cargo ombé tout d'offectiou,
Qué sé cruso lou cap o cerca l'inbentiou
Dé fairé sus sutjets refourfa l'oboundénço.
É creyssé en mémé tems del mestré lo finanço.
Ah! Diou bolgo, Moussu qué trobé oquel *estec*;
Mais tromblé qué quicon noun lou rondé bufec. PRAD

**ESTÈFE (SANT), s. m.** St-Étienne : *Anan à Sant-Estèfe*. (Du latin *Stephanus*.)

**ESTELA, v. act.** Éclisser, mettre des éclisses à un membre rompu : *Benou de l'estela*, on vient de l'éclisser. (Racine *estèlo*.)

**ESTELAT, adj.** Étoilé, semé d'étoiles : *Lou cel es pla estelat*, *fara frex*, le ciel est brillant, il gèlera.

**ESTÈLO, s. f.** Étoile, astre, corps lumineux qui brille au ciel pendant la nuit : *Las estèlos brillou pla*; fig., Marque blanche sur le front des chevaux : *Auno estèlo sul froun;* Météore, matières ou exhalaisons enflammées qui, au moment où elles s'allument, ressemblent à des étoiles : *Es toumbado uno estèlo*. (Du latin *stella*.)

Sé vers lou Cel éléran la prunèlo,
Soun grand esclat, sa naoutou nous surpren :
Dé cado *estelo*
Del firmamen.
Lou lun, lou fioc, lou cours, lou mouvémen,
Sou dé rayouns de la glòiro immourtelo,
D'un Dious pus bel, pus naout infiniment. Puj.

**ESTELO, s. f.** Éclat, écaille de bois coupé avec la hache : *Caldra fa d'estèlos per tantos*, il faudra éclater de bois pour ce soir.

Bezio soun paouré corps d'espartit en *estelos*. G.

**ESTELOS, s. f.** Éclisses, attelle; t. de chirurg. petit Ais, ordinairement de roseau qu'on lie autour d'un membre rompu pour le tenir en état : *Las estèlos se sou reboundudos dins la car*, les attelles sont empreintes dans les chairs.

**ESTELOU**, Coupèous, s. m. Copeau, ce que les charpentiers, menuisiers, etc., séparent, enlèvent avec leurs outils en travaillant le bois.

**ESTENDAR, s. m.** Étendard, drapeau, enseigne de cavalerie, tout enseigne de guerre. (Du latin barbare *standardus*, qui vient de *stare*, être fixe, parce qu'anciennement l'étendard était une enseigne placée à demeure.)

Tals lés princés chrestias qué lé Tasso nous banto,
Qué portoan, en marchan bés la counquèto santo,
L'*estendar* dé la Croux al témplé dé Sioun;
Dal poplé d'Israël passéjan l'oriflamo,
Mouiso tout remplit per lo foc qué l'enflamo,
Dal Diou qué la caousit fa restounti le noum. DAV.

**ESTENDAXE, s. m.** Étendage, lieu où l'on étend la laine, les étoffes : *n'Aben encaro à l'estendaxe*, nous en avons encore à l'étendage.

**ESTENDOIR, Souleylhié, s. m.** Étendoir, local pour étendre le linge, etc.

**ESTENDRE**, *Espandi*, v. act. Étendre, déployer en long et en large; Alonger, élargir, augmenter, agrandir; Exposer, suspendre à l'air : *Cal estendre aquel linxe*, il faut étendre ce linge. (Du latin *extendere*.)

**ESTENDRE (S'), v. pro.** S'Étendre, s'agrandir; Alonger, ses membres : *s'Es estendut tant qu'a pougut*, il s'est allongé tant qu'il a pu; Être applicable à... : *Aquel article s'esten pas à n'el*, cet article ne s'applique pas à lui.

**ESTENDUDO, s. f.** Étendue, largeur, profondeur : *N'a pas prou d'estendudo*, cela n'a pas assez d'étendue.

**ESTENDUDOU**, voyez ESTENDOIR.

**ESTENDUT, UDO, adj.** Étendu, ue, spacieux, vaste : *Aquel ort es fort estendut dal coustat de bizo*, ce jardin est très étendu du côté du couchant. (Du latin *extentus*.)

**ESTENILIA (S'),** voyez ALLOUNGA.

**ESTENUA, v. act.** Exténuer, affaiblir peu à peu, ôter la vigueur, détruire les forces : *Lou carème l'a estenuat*, le carême l'a exténué.

**ESTENUA (S'), v. pro.** S'Exténuer, épuiser ses forces, son tempérament, par le travail, la fatigue. (Du latin *extenuare*.)

**ESTEQUIT, IDO,** *Raganit*, adj. Étique, maigre, décharné : *Es be pla estequit*, il est bien décharné; fig., Avorté, retrait, qui mûrit sans se remplir : *Y'a fosso d'estequit*, il y en a beaucoup d'avorté.

**ESTEQUIDURO, s. f.** Maigreur, maladie qui mine insensiblement.

**ESTERASSA**, voyez ESTARRUSSA.

**ESTERBEL**, *Estrebel*, s. m. Moulinet, petit moulin, jeu d'enfant qui se compose d'une noix percée, dans laquelle se meut, moyennant une ficelle, un pivot qui porte les ailes d'un petit moulin; fig., Dégourdi, éveillé : *Ba touxoun coumo un esterbel*, il va toujours comme un moulinet.

**ESTERBEYLHA**, voyez DERREBEYLHA.

**ESTERBEYLHAT, ADO, adj.** Leste, dégourdi, éveillé : *Aco's uno esterbeylhado*, c'est une dégourdie.

**ESTERIEUR**, *Exteriur*, s. m. Extérieur; Apparence, mine, air, dehors, maintien; adv. *à l'esterieur*, à l'extérieur, au dehors, en apparence : *A l'esterieur semblo brabo*. (Du latin *exteriore*.)

**ESTERIEUROMEN, adv.** Extérieurement, à l'extérieur, selon les apparences : *Esterieuromen se comporto pla*, selon les apparences elle se comporte bien.

**ESTERILLE, O, adj.** Stérile, qui ne produit pas de fruit, quoique de nature à en porter. (Du latin *sterilis*.)

**ESTERILLETAT, s. f.** Stérilité, rareté, manque de ce qu'on pourrait attendre : *Y'a uno grando esterilitat d'aygo*, il y a grande disette d'eau. (Du latin *sterilitas*.)

**ESTERMINA, v. act.** Exterminer, détruire, faire périr entièrement; Renverser totalement, ruiner de fond en comble : *B'a tout esterminat*; Abolir, déraciner, éteindre, extirper : *Ey finit per l'estermina*, j'ai fini par l'extirper. (Du latin *exterminare*.)

**ESTERMINATIOU, s. f.** Extermination, désolation entière; Renversement total; Anéantissement. (Du latin *exterminatio*.)

**ESTERNO, s. m.** Externe, élève qui n'est pas à demeure dans un collège, dans une pension. (Du latin *externus*.)

**ESTERS**, voyez ESPOURIOU.

**ESTERVEL**, voyez ESTERBEL.

ESP

**ESTIBADO**, *Estibajhe*, s. f. La Saison de l'été; le Travail, le gain que les journaliers font pendant cette saison : *Aben gagnat uno bouno estibado*, nous avons bien gagné cet été. (Racine *estiou*.)

**ESTIBA**, v. n. Passer l'été; Laisser en jachère, laisser reposer les terres : *Boulen layssa estiba*, nous voulons laisser reposer la terre. (Racine *estiou*.)

**ESTIBANDIÉ**, EYRO, *Estibadou*, s. m. f. Aoûteron, moissonneur, celui qui se loue pour la saison de l'été : *Aben un boun estibandié*, nous avons un bon aoûteron. (Du latin *æstivalis* qui passe l'été.)

**ESTIBAXE**, *Estibajhe*, s. m. Le gain de la saison de l'été : *Ambe l'estibaxe bous pagaren*, avec le gain d'été nous vous payerons.

**ESTIBLA**, *voyez* TIBA.

**ESTIBLASSA**, *voyez* ESTRILHA.

**ESTIFLA**, *voyez* FIOULA.

**ESTIGANSO**, *voyez* INTENTIOU, PENSADO.

**ESTIGNASSA**, *voyez* DEBOURRA.

**ESTILLET**, s. m. Stylet, petit poignard à fer triangulaire très aigu. (Du grec *stulos*, poinçon, à écrire.)

**ESTIMA**, v. act. Estimer, priser, évaluer : *B'estimo mayt que nou bal*, il évalue plus que cela ne vaut; Préférer : *Estimi mayt beni ambe bous*, je préfère venir avec vous; Faire cas de... : *L'estimo fort*. Du latin *æstimare*, fait de *œs* argent monnayé et du grec *timao*, j'estime.)

**ESTIMA-MIEL**, *voyez* PREFERA.

**ESTIMAYRES**, s. m. Estimateur, celui qui prise une chose, en détermine la valeur; Celui qui sait apprécier : *L'ey pres per estimayre*. (Du latin *æstimator*.)

**ESTIMATIOU**, *Estimo*, s. f. Estimation, évaluation prisée; Jugement qu'on fait du prix d'une chose : *Ba preni a l'estimatiou*, je le prends à son estimation. (Du latin *æstimatio*.)

**ESTIMO**, s. f. Estime, cas, état que l'on fait de... Opinion favorable : *Ey uno grando estimo per el*, j'ai une grande estime pour lui.

**ESTIMULA**, v. act. Stimuler, exciter, animer, aiguillonner. (Du latin *stimulare*.)

**ESTIMULATIOU**, s. f. Stimulation, émulation, désir noble d'égaler, de surpasser. (Du latin *stimulatio*.)

**ESTIOU**, s. m. Été, saison la plus chaude de l'année : *Arriban à l'estiou*, nous arrivons à l'été. (Du latin *æstas*.)

**ESTIPULA**, v. act. Stipuler, faire un stipulation; Convenir que.... : *Estipulan entre nous aoutres que...*, nous convenons entre nous que.... (Du latin *stipulari*.)

**ESTIPULATIOU**, s. f. Stipulation, clause, condition, convention : *Aben mes per estipulatiou que...* (Du latin *stipulatio*.)

**ESTIRA**, v. act. Étirer, étendre, allonger en tirant : *Cal estira aquelo bando de fer*, il faut allonger cette bande de fer; Dérider le linge qu'on a fait sécher; Secouer un écheveau de fil pour en démêler les brins. (Racine *tira*.)

**ESTIRA (S')**, v. pro. S'Étirer, s'allonger en étirant les bras : *Fa pla boun s'estira al soulel*, il fait bon s'étirer au soleil.

**ESTIRAGNA**, *voyez* DERRANTELA.

**ESTIRAIRO**, *voyez* ALIZAYRO.

**ESTIRAJHE**, *voyez* ALIZAXE.

**ESTIRAL**, s. m. L'Action d'étendre les bras par envie de dormir; Mouvement que fait un mourant en rendant le dernier soupir : *Aco's soun dargné estiral*

**ESTIRGOUGNA**, *voyez* COUTISSA, XIFOUNA.

**ESTIVA**, *voyez* ESTIBA.

**ESTOBOUIT**, *voyez* ABAOUTIT.

**ESTOC**, s. m. Étau, instrument pour serrer l'ouvrage que l'on travaille : *Cal ba sarra ambe l'estoc*, il faut le serrer à l'étau.

**ESTOFFO**, s. f. Étoffe, tissu de laine, coton, fil, etc., pour vêtements, meubles. (Du latin barbare *stuffa*, dérivé de l'allemand *estof*, matière.)

**ESTOLO**, s. f. Étole, longue bande d'étoffe terminée par deux larges pentes, ornement que porte le prêtre par-dessus l'aube ou le surplis : *Pourtabo l'estolo rouxo*, il portait l'étole rouge. (Du latin *stola*.)

> Véja quinte cop de bastou
> M'au fourat à qui sus ma gaouta...
> Qué vos?... ié dize ès pas ma faouta.
> É qu'aou tè la fiquat?.. un Grec...
> — Pardinja, avié pas gran respec :
> N'aviés pas dounc cargat ta raouba...
> —Abota! f'èré aube moun aouba,
> Moun *estolla*, amay moun courdou.
>          FAV.

**ESTORLOCO**, *voyez* ESTARLOGO.

**ESTORSO**, *voyez* ENTORSO.

**ESTOSSE**, *Estorse*, *Tosse*, v. act. Tordre, prendre une entorse au pied : *Me souy estouissut lou pé*, je me suis tordu le pied. (Racine *tosse*.)

**ESTOUFFA**, v. act. Étouffer, suffoquer, ôter la respiration; Tuer en suffoquant; Éteindre en ôtant toute communication avec l'air; Arrêter, cacher, dompter la colère, les soupirs; Faire cesser une querelle : *Estouffen tout aco*, étouffons tout cela. (Du grec *tuphein* ou du latin *stufa*, étuve.)

**ESTOUFFADO**, s. f. Estoufade, façon d'accommoder la viande dans un vase bien fermé : *Faren uno bouno estouffado per tantos*, nous ferons une estoufade pour ce soir.

**ESTOUFFANT**, O, adj. Étouffant, te, qui fait que l'on étouffe, que l'on respire mal : *Fa uno calou estouffanto*, il fait une chaleur étouffante.

**ESTOUFFAT**, s. m. Étuvée, manière de cuire et d'assaisonner la viande.

**ESTOUFFOMEN**, s. m. Étouffement, difficulté de respirer; Suffocation : *Ye ben de tems en tems un estouffomen fort bilen*, il lui vient de temps en temps un pénible étouffement. (Racine *estouffa*.)

**ESTOUMAC**, *Estouma*, s. m. Estomac, partie intérieure du corps qui reçoit et digère les aliments; Partie extérieure qui y répond. (Du grec *stomachos*.)

> Dizoun qu'un cèrtèn Encélada,
> Un das baous qué, per escalada,
> Crézien dé s'empara d'aou Ciel,
> Fay tout aquel escafarnèl.
> Quan, dejout l'Etna qué l'estoufa,
> Soun gros *estoumacas* sé cousla,
> Trambla, pèta, rota, voumis,
> E caouza oquel révaladis.
> S'ojessen aymat la driansa,
> Era prou bon mèstre dô dansa
> Pèr nous fayré alay diverti,
> Mais, foullira! vouïan parti.   FAV.

**ESTOUMACA**, v. act. Estomaquer; Surprendre; Pâmer : *M'a estoumacat de l'entendre fa*, il m'a pâmé de l'entendre faire. (Du latin *stomacari*.)

**ESTOUMACAL**, O, adj. Stomacal, bon pour l'estomac : *Aco's un sirop pla estoumacal*, c'est un sirop estomacal (Racine *estoumac*.)

**ESTOUMACAT, ADO**, adj. Pâmé, ée, surpris, étonné, interdit : *Es estat tout estoumacat de se trouba aqui*, il a été étonné de se trouver là.

**ESTOUMAGOUS, OUZO**, adj. Sujet à la pâmoison, à la défaillance : *Es fort estoumagous*, il est sujet à la pâmoison. (Racine *estoumac*.)

**ESTOUMIA**, v. n. Penser, réfléchir; Être oisif : *Qu'estoumios aqui*, que réfléchis-tu là?

**ESTOUNA**, v. act. Étonner, causer de l'étonnement, surprendre par quelque chose d'inopiné : *M'a pla estounat de lou beze lebat*, j'ai été bien étonné de le voir levé. (Du latin *attonare*, frapper de la foudre.)

**ESTOUNA (S')**, v. pro. S'Étonner, être surpris ; Trouver étrange; fig., Souffrir du froid, du chaud, de la sécheresse : *Las plantos se soun estounados*, les plantes souffrent du chaud.

**ESTOUNANT, O**, adj. Étonnant, te, qui surprend, étonne : *Es pla estounant que siogo pas bengut*, il est bien étonnant qu'il ne soit pas venu.

**ESTOUNOMEN**, s. m. Étonnement, surprise que cause une chose inattendue; Admiration : *A fax l'estounomen de toutis*, il a fait l'admiration de tout le monde.

**ESTOUPA**, *Restanca, Peylha*, v. act. Étouper, boucher avec des étoupes; Étancher une futaille qui fuit : *Nous cal estoupa la tino*, il nous faut boucher la cuve. (Du latin *stupare*.)

**ESTOUPAS**, s. m. Étouperie, toile d'étoupes fort grossière. (Racine *estoupos*.)

**ESTOUPOS**, s. f. Étoupes, rebut de la filasse du chanvre, du lin : *Mettét lou fioc à las estoupos*, il mit le feu aux étoupes. (Du latin *stupa*.)

**ESTOUPUT, UDO**, adj. Filamenteux, euse, défaut de certains fruits, certaines racines qui sont boisés au cœur. (Racine *estoupos*.)

**ESTOUR**, s. m. Autour, oiseau de proie du genre de l'épervier. (Du latin *astur*.)

**ESTOUR (PIXOU)**, s. m. Faucon; Émerillon, oiseau de fauconnerie qui est des plus petits et des plus vifs.

**ESTOUR DAS PIXOUNS**, s. m. Faucon cresserelle.

**ESTOUR NEGRE**, s. m. Faucon rochier. Il fait, dit-on, son nid dans les rochers.

**ESTOURA**, *voyez* ESTOURRI.

**ESTOURCA**, v. act. Extorquer, tirer, saisir, obtenir par force ou par menace. (Du latin *extorquere*.)

**ESTOURDI**, v. act. Étourdir, causer dans le cerveau un ébranlement qui en trouble ou en suspend les fonctions; Fatiguer, incommoder par le bruit : *M'estourdissoun de tant que cridoun*, on me fatigue à force de crier ; fig., Causer de l'étonnement, de l'embarras : *M'a estourdit per sa demando*. (De l'italien *stordire*.)

**ESTOURDI (S')**, v. pro. S'Étourdir, se distraire de quelque chose, s'empêcher d'y penser.

**ESTOURDIDOMEN**, adv. Étourdiment, inconsidérément, en étourdi : *A respoundut pla estourdidomen*, il a répondu bien étourdiment.

**ESTOURDISSOMEN**, s. m. Étourdissement, trouble d'esprit causé par un malheur, une mauvaise nouvelle : *Aco y'a dounat un estourdissomen sans pariou*, cela lui a donné un étourdissement incompréhensible.

**ESTOURDIT, IDO**, adj. Étourdi, ie, qui agit avec imprudence, avec précipitation, sans considérer les suites de ce qu'il fait : *Aco's un estourdit*.

**ESTOURI**, *voyez* ESTOURRI.

**ESTOURNEL**, s. m. Étourneau; Sansonnet; fig., jeune Présomptueux : *Aco's un estournel, n'a pas cap de tenezou*, c'est un présomptueux, il n'a aucune fixité.

**ESTOURNIDA**, v. n. Éternuer, faire un éternument; fig., Mourir : *A estournidat*, il est mort. (Du latin *sternuere*.) On croit ordinairement que l'usage de saluer ceux qui éternuent vient d'une maladie contagieuse qui s'était répandue en Italie, sous le pontificat de Grégoire-le-Grand, et qui débutait par l'éternument, d'où est venu l'usage d'appeler la miséricorde de Dieu sur ceux en qui se manifestait ce premier symptôme. *Dious bous benezigo! Dious bous cresco!* Dieu vous bénisse! Dieu vous fasse croître.

**ESTOURNIT**, *Estournu*, s. m. Éternument, mouvement subit et convulsif des muscles expirateurs, causé par quelque picottement qui se fait au fond des narrines.

**ESTOUROULIA**, *voyez* TOURROULIA.

**ESTOURRI**, v. act. Tarir, mettre à sec : *A estourrit lou poux*, il a tari le puits ; Égoutter : *Met la salado à estourri*, faites égoutter la salade.

**ESTOURRI (S')**, v. pro. S'Écouler : *La barrico s'es estourrido*, la barrique s'est écoulée.

**ESTOURRIDO**, *voyez* ESCOULADOU.

**ESTOURRINA**, *voyez* ASSUCA.

**ESTOURRIT, IDO**, adj. Égoutté, ée ; Vide, sans rien dedans : *La bouteylho es estourrido*, la bouteille est égouttée.

En loxo, aûin n'anguet que de plats *estourrits*
Et ye bexerou pas cap das caouleis farcits.   D.

**ESTRABAGA**, v. n. Extravaguer, penser, parler, agir sans raison ni sens; Faire des folies, des extravagances ; Être dans le délire : *Despey alaro estrabago*, depuis lors il est dans le délire. (Du latin *extrà, vagare*.)

**ESTRABAGANÇO**, s. f. Extravagance, action, discours extravagant; Étourderie, folie, bizarrerie, impertinence, délire : *Aco's uno estrabagançò de sa part*, c'est une folie de sa part.

**ESTRABAGANT, O**, adj. Extravagant, te, fou, bizarre, fantasque.

Anas, sies un gouxat das pus *estrabagants*.   D.

**ESTRAGOUL**, *voyez* ESTRAGOUN.

**ESTRAGOUN**, s. m. Estragon, plante potagère qu'on mange dans les salades : *Mét-y qualques brouts d'estragoun*, mettez-y quelques brins d'estragon. (Du latin *dracunculus*.)

**ESTRAL**, *voyez* LITIEVRO, PAYLIAT.

**ESTRALIA**, *voyez* ROUDA, GOURRINA.

**ESTRAMOUNIOUN**, s. f. Stramoine ou Stramonium, plante dangereuse.

**ESTRANGLA**, v. act. Étrangler, faire perdre la respiration et la vie en bouchant le gosier; fig., Resserrer trop, ne pas donner l'étendue nécessaire : *A estranglat lou courredou*, il a trop resserré le corridor. (Du latin *strangulare*.)

**ESTRANGLA (S')**, v. pro. S'Étrangler, s'ôter la respiration en se serrant le cou, en avalant trop vite ou mal; se Donner la mort en se serrant le gosier.

**ESTRANXÈ, EYRO**, adj. Étranger, ère, qui est d'une autre nation, d'une autre famille, d'une autre compagnie, etc. : *Aco's un estranxè*; Qui n'a aucun rapport à.... Qui ne participe point à.... Qui n'entre point dans.... : *Aco's tout à fait estranxè* à ço que dizen, cela est étranger à ce que nous disons. (Du latin *extraneus*.)

**ESTRANXE, O**, adj. Étrange, qui n'est pas dans l'ordre, ou selon l'usage commun : *Aco's pla estranxe dins aquesto sazou*, c'est bien étrange dans cette saison.

**ESTRANXE**, s. m. Étranger, les pays, les peuples étrangers : *Ben de l'estranxe, il vient de l'étranger*. (Du latin *extraneus*.)

**ESTRAOURDINARI**, s. m. et adj. Extraordinaire, ce qui ne se fait pas ordinairement : *Abey fazen un estraourdinari*, nous faisons un extraordinaire aujourd'hui; Nouveau, qui n'est pas selon l'ordre commun, rare; Grand, illustre, éclatant, mémorable : *Aco's un ome estraourdinari*, c'est un homme extraordinaire; Original, ridicule, bizarre, extravagant : *Es un paouc estraourdinari*. (Du latin *extraordinarius*.)

Orioun ou bourset pourtabo d'or tout plé;
Obio dé sos consous tira un grond solari,
È l'obio counserbat, cas *extraourdinari*.
Oquélos orpounillars qué sentou lou trésor,
Sons fa semblont dé rés, per joui d'oquel or,
Coumplotou dé néga lou mestré de lo bourso. PRAD.

**ESTRAOURDINARIOMEN**, adv. Extraordinairement, contre l'ordinaire; Etonnamment, prodigieusement; Contre toute attente; Bizarrement, ridiculement.

**ESTRASSASSADURO**, voyez ACCROC.

**ESTRASSES**, s. m. Les strasses ou la cardasse de la soie; Ce qui reste des cocons dans la bassine d'une tireuse de soie.

**ESTRATAXÈME**, s. m. Stratagème, tour d'adresse, artifice, tromperie. (Du grec *stratégèma*.)

**ESTRE, Esse**, v. auxil. Être, exister, durer; Faire partie de... : *Boli estre das bostres*, je veux être de vôtres; Se trouver en un lieu *Bol estre pertout*. (Du latin *esse*.)

**ESTRE, Cestre**, adv. Chose... vous savez.... chose... : *Digos à estre... que porte... cestre*, dites à chose... qu'il porte... chose.

**ESTREMA**, v. act. Serrer, cacher dans une armoire, quelque part, une chose : *B'a estremat, el a pla fax*, il l'a serré et il a bien fait; fig., Mettre en prison : *L'an estremat*, on l'a serré. (Du latin *extrà manus*, hors des mains, ou de la portée des mains.)

**ESTREMA (S')**, v. pro. Se Cacher, se dérober à la vue, aux regards : *Lou soulel s'es estremat*, le soleil s'est caché.

**ESTRÈME**, s. m. Extrême, qui donne dans l'excès en parlant des personnes · *S'en ba touxoun à l'estrème*, il va toujours à l'extrême. (Du latin *extremus*.)

**ESTREMENTI (S')**, v. pro. S'Émouvoir, se trémousser par un mouvement de surprise, de peur. (Du latin *extrà mentem* hors de ses sens.)

**ESTREMITAT**, s. f. Extrémité, le bout, la dernière partie d'une chose; Fin, terme de lieu, d'espace : *Sien ayci à l'estremitat dal bilaxe*, nous sommes au bout du village; Le dernier moment de la vie, l'agonie : *Es à l'estremitat*; Indigence, misère affreuse, détresse : *Es reduit à l'estremitat*. (Du latin *extremitas*.)

**ESTREMOMEN**, adv. Extrêmement, beaucoup, au dernier point.

**ESTREMOUNTIOU**, s. f. Extrême-onction, l'un des sept sacrements, application des saintes huiles sur un malade en danger · *Caldra y fa recaoure l'estremountiou*, il faudra lui faire recevoir l'extrême-onction. (Du latin *extrema unctio*.)

**ESTRENA**, v. act. Etrenner, se servir le premier de... Acheter le premier : *Bous m'abès estrenat*, vous êtes le premier qui m'a acheté; Donner, recevoir des étrennes; Faire la première vente; Recevoir le premier argent de la vente du jour. (Racine *estreno*.)

Lo porental s'ossemblo, ó tout és orrestat;
Tout l'orgen dé lo dot sus lo taoulo és countat;
Lou Noutari griffouno uno loungo escrituro;
Cadun, sélóun l'usatgé, *estreno* lo futuro.
PRAD.

**ESTRENO**, s. f. Étrenne, premier usage, premier débit, première recette; Présent à l'occasion du nouvel an : prov. *Boun xoun, boun an, l'estreno bous demandan*, bon jour, bonne année, nous vous demandons l'étrenne; Ce qu'on donne à une fille de service pour étrenne; Le pour boire des postillons · *Cal counta tant per las estrenos, tant pour le pour boire*. (Du latin *strena*.)

Dious aquesté prumié dé l'an
Nous douno soun fil per *estreno*. PUJ.

**ESTRÈT**, *Estrait*, s. m. Extrait, chose tirée d'une autre; Expédition, transcription : *Cal leba l'estrèt de nayssenço*, il faut lever l'extrait de naissance. (Du latin *extractum*.)

**ESTREX, O**, adj. Étroit, te, qui a peu de largeur : *Aquelo margo es estrexo*, cette manche est étroite. (Du latin *strictus*.)

**ESTREXI**, voyez RESTREXI.

**ESTRIBIEYROS**, s. f. Étrivières, coups de courroie; Mauvais traitement : *Meritabo las estribieyros*, il méritait les étrivières. (Du latin barbare *astrabarium*.)

**ESTRIDA**, voyez ESTARRUSSA.

**ESTRIFA**, voyez ESQUISSA.

**ESTRIGOUSSA**, voyez TRIGOUSSA.

**ESTRILHA**, v. act. Étriller, frotter avec l'étrille; fig., Maltraiter, battre, rosser quelqu'un.

**ESTRILHA (S')**, v. pro. S'Étriller, se battre : *Se sou estrilhats coumo cal*, ils se sont battus en règle. (Du latin *strigilare*.)

**ESTRILHADO, Roussoulal**, s. f. Volée de coups: *N'a trapado uno estrilhado que counto*, il a attrapé une volée qui compte.

**ESTRILBO**, s. f. Étrille, instrument de fer emmanché de bois pour ôter la crasse, la boue, attachée à la peau, au poil, des chevaux, mulets, etc. (Du latin *strigil*.)

**ESTRINGA**, voyez PIMPA (SE).

**ESTRIOU**, s. m. Etrier, sorte d'anneau suspendu à la selle au moyen d'une courroie, et qui sert à appuyer le pied du cavalier; Bande de fer qui sert à supporter une pièce : *Cal fa un fort estriou per la pourta*, il faut un étrier pour la supporter. (Du latin *streparium*.)

**ESTRIPA, Enbentra**, v. act. Étriper, ôter les tripes d'un animal, éventrer. (Racine *tripo*.)

**ESTRISSA**, voyez ESTARRUSSA.

**ESTRIT, O**, adj. Stric, te, Rigoureux, absolument nécessaire. (Du latin *strictus*.)

**ESTRITTOMEN**, adv. Strictement, rigoureusement. (Du latin *strictè*.)

**ESTROLI**, voyez LAS, ALANCAT.

**ESTROUN**, s. m. Etron, matière fécale solide. (Du latin barbare *struntus*.)

## EST

A Salbagnac, se metéc dins lou lech
Un qu'on noumo Capitani Vilado,
Et se lebéc aprep la miejio nech
De paur qu'abio qu'on dounez l'escalado.
Peys el cridec : « porto me lagulhado.
Dins lou foussat vezi qualque poultroun. »
Coumo voulguec tira la pistoulado
Fourec un porc que mangiabo un est.... A. G.

ESTROUNCA, v. pro. S'Attraper, se duper : Se y'es estrouncat a la fi, il a fini par s'y attraper. (Racine estroun.)

ESTROUP, s. m. Enveloppe, tout ce qui sert à envelopper : Te cal y metre un estroup, il faut y mettre une enveloppe; Maillot : Es encaro à l'estroup.

ESTROUPA, v. act. Envelopper, mettre au tour de quelque chose une étoffe, un linge ; Emmailloter ; Mettre dans une enveloppe ; Plier un mort, le mettre dans le suaire : Benou de l'estroupa; fig., Finir, terminer une chose : Benen de b'estroupa, nous venons de le terminer. (Du latin stuppa, étoupe.)

ESTROUPADO, s. f. Cataplasme, emplâtre ou remède externe pour fortifier, résoudre, etc. : Bous cal y metre une estroupado aneyt, il faut mettre un cataplasme ce soir.

ESTROUPAYRE, O, s. m. f. Plieur, euse, celui qui plie un mort : Cal aneyt aberti l'estroupayro, il faut avertir la plieuse ce soir.

ESTROUPIA, v. act. Estropier, mutiler, ôter l'usage d'un membre par un coup, une blessure, etc. : A mancat de l'estroupia d'un cop de peyro, il a failli l'estropier d'un coup de pierre; fig., Faire mal, parler mal : Estroupio ço que fa, il gâte ce qu'il fait. (De l'italien stroppiare.)

ESTROUPIAT, s. m. Estropiat, mendiant estropié ou qui feint de l'être : Axas coumpassiou d'un paoure estroupiat! ayez compassion d'un malheureux estropié.

ESTRUCA, voyez Felicita.
ESTRUC, voyez Instruit.
ESTRUTTURO, s. f. Structure, manière dont est construit un édifice, dont est conformé un corps animé. (Du latin structura.)

ESTUBA, v. n. Fumiger, faire recevoir à un corps les vapeurs d'un autre corps : Bous cal estuba la cambo ambe d'erbos fortos, il faut fumiger la jambe avec d'herbes fortes. (Racine estubo.)

ESTUBADO, s. f. Étuvée, sorte de ragoût : Faren uno estubado; Fumigation.

ESTUBO, s. f. Etuve, lieu qu'on chauffe pour faire suer; fig., Lieu, chambre bien close : Semblan ayci dins uno estubo, nous sommes ici comme dans une étuve. (Du latin barbare estuffa.)

ESTUCH, voyez Estuit.
ESTUCHA, voyez Estuxa.
ESTUDI, s. m. Etude, action d'étudier ; Travail, application d'esprit pour apprendre les sciences; Cabinet, papiers de notaire, etc.; Lieu de travail : Lou troubares à l'estudi; Education complète : A finit sous estudis. (Du latin studium.)

ESTUDIA, v. act. et n. Etudier, appliquer son esprit; Travailler pour apprendre les sciences, etc.; Faire ses études ; Tâcher d'entendre, de comprendre, d'apprendre par cœur : Estudio tant que pot, il étudie tant qu'il peut; Observer avec soin, tâcher de connaître. (Du latin studere.)

ESTUDIA (S'), v. pro. S'Étudier, chercher à se connaître, à découvrir ses vices, ses vertus; Prendre un air affecté, s'appliquer à... S'estudio à fa rire lou mounde, il s'étudie à faire rire les gens.

ESTUDIANT, s. m. Étudiant, jeune homme qui fait ses études; Aspirant à l'état ecclésiastique. (Du latin studens.)

ESTUFLA, voyez Fioula.
ESTUFLE, voyez Fioulel.
ESTUDIOUS, O, adj. Studieux, euse, qui aime l'étude, s'y applique avec zèle : Es fort estudious. (Du latin studiosus.)

ESTUIT, voyez Estux.
ESTUPIDE, O, adj. Stupide, hébété. (Du latin stupidus.)

ESTUPIDITAT, s. f. Stupidité, grande pesanteur d'esprit; État d'une personne hébétée et incapable de raisonnement. (Du latin stupiditas.)

ESTURASSA, voyez Estarrussa.
ESTUSTA, voyez Assuca.
ESTUX, Estuit, s. m. Étui, tout ce qui est fait pour contenir, pour conserver quelque chose et dont la forme est convenable aux objets qui doivent y être mis, etc.; Petit meuble de poche, long, cylindrique, carré ou plat, propre à recevoir des aiguilles, des épingles. (De l'italien stuccio.)

ESTUXA, v. act. Serrer, enfermer, avaler; fig., Emprisonner : Lou benou d'estuxa. (Racine estux.)

ESTUXA (S'), v. pro. Se Serrer, se mettre à l'abri; Prendre place : Me souy anat estuxa al leyt, j'ai été me serrer au lit.

Tu qué fas lou tutét al cap dé toun courdaigo
Per prené traytomen mousços et mouscaillous,
Veou meni, tararagno, à toun desabantaigé
Un brounzinaire bol dé grosses foussoulous ;
Qué dé toun cors arput aouran pio et pelado
Dabant qué dins un traouc té trobés estuxado. G.

## ÉTE

ÉTERNEL, O, adj. Éternel, le, qui n'a point eu de commencement, et n'aura jamais de fin; Qui durera toujours; Continuel, qui doit durer longtemps. (Du latin æternus.)

ÉTERNELOMEN, adv. Éternellement, sans commencement ni fin, sans fin, continuellement; Longtemps.

ETERNITAT, s. f. Éternité, durée sans fin; fig. Temps fort long. (Du latin æternitas.)

ETERNIZA, v. act. Éterniser, rendre éternel, faire durer longtemps.

Poplés! vénès li rendré hommagé!
En miech de soun pays natal
Admiras sus un piédestal,
Una estatua à soun imaxé,
Afin d'eterniza soun noum;
É qué Jous omes d'un aoutre âge
Siagou sézits per el d'un sentimen proufoun!
Peyr.

## ETI

ETIQUETA, v. act. Étiqueter, mettre une étiquette.

ETIQUETO, s. f. Étiquette, petit écriteau, sur un sac, un paquet; Cérémonial, de la société : Aqui cal marxa selouu l'etiqueto. (Corruption des mots latins est, hic, quæstio, que dans les temps où les procédures s'écrivaient en latin on mettait sur les sacs des procès.)

## ETR

ETROS, s. f. Êtres d'une maison, leur disposition, 'es pièces qui la composent : *Couneyssi toutos las étros*, je connais tous les êtres.

## ETT

ETTOLITRO, s. f. Hectolitre, dans le nouveau système, Mesure de capacité contenant cent litres. (Du grec *ekton*, cent, et *litra*, litre.)

## EVA

EVANJHELI, voyez EBANXELI.
EVES, voyez ENBEX.

## EXA

EXALANCA, *Debranca*, v. act. Ébrancher, élaguer un arbre : *L'an trop exalancat*; on l'a tout ébranché.
EXALANCAT, voyez DESPOUTENTIAT.
EXALA, v. act. Exhaler, pousser hors de soi des vapeurs, des odeurs, des esprits. (Du latin *exalare*.)
EXALATA, voyez ESSALATA.
EXALAZOU, *Bapou*, s. f. Exhalaison, ce qui s'exhale; Fumée ou vapeur qui sort d'une substance et qui se répand dans l'air. (Du latin *exhalatio*.)
EXALTA, v. act. Exalter, louer, vanter avec excès; Porter à l'enthousiasme. (Du latin *exaltare*.)
EXALTA (S'), v. pro. S'Exalter, s'enthousiasmer : *S'es exaltat l'esprit*, il s'est exalté l'esprit.
EXALTATIOU, s. f. Exaltation, exagération dans les idées; Chaleur d'imagination; Fanatisme : *A uno grando exaltatiou dins sas ideos*, il a une grande exaltation dans ses idées. (Du latin *exaltatio*.)

Dins soun *exaltatiou* lou grant hommé sé leva,
Fixa lous yols pertout, douta encara sé réva;
Lou plan vengut del Ciel es toujours davan el,
Ensi qué la clartat és davan lou carél.
L'illuminat Riquet, plé dé zéla é d'aoudaça,
Vo fayré lou canal : déjà soun cop-d'yol traça
Per ounté déou passa; lou vey presque finit.    PEYR.

EXAMEN, s. m. Examen, recherche exacte; discussion, observation soigneuse; Questions, interrogations pour apprécier la capacité : *N'a pas encaro passat l'examen*, il n'a pas encore subi l'examen. (Du latin *examen*.)
EXAMINA, v. act. Examiner, rechercher exactement; Discuter avec soin; Peser mûrement; Faire l'examen pour connaître; Regarder attentivement; Faire subir un examen : *Examino-lou coumo cal?* (Du latin *examinare*.)
EXAMINA (S'), v. pro. S'Examiner, s'étudier, se sonder, s'interroger soi-même; Scruter sa conscience, faire son examen pour se confesser : *Me cal ana examina*, il faut que j'aille faire mon examen.
EXANCRA, v. act. Échancrer, couper, tailler, vider en forme de cercle. (Du latin *cancer*, chancre ou cancer, parce que les cancers rongent la chair en forme d'arc.)
EXANCRURO, s. f. Échancrure, coupure faite en dedans, en forme de demi cercle. (Racine *exancra*.)
EXANTILHOUN, s. m. Échantillon, petit morceau d'une étoffe; Partie d'une chose quelconque qui sert de montre pour la faire connaître : *N'aben un paoure exantilhoun*, nous en avons un pauvre échantillon; t. d'art. Calibre, forme des moulures : *Faras suiban l'exantilhoun*. (Suivant Ménage, du latin barbare *cantillo*.)

## EXE

EXAR AZIT, IDO, Essoré, presque sec : *La fardo es xarrazido*, le linge est essoré.
EXAT, O, adj. Exact, te, qui a de l'exactitude; Régulier, ponctuel; Où il n'y a point d'erreur; Fidèle, conforme à l'événement. (Du latin *exactus*.)
EXATTITUDO, s. f. Exactitude, assiduité, diligence; Régularité, précision, justesse : *Y cal uno grando exattitudo*, il lui faut une grande exactitude. (Du latin *exactitudo*.)
EXATTOMEN, adv. Exactement, avec exactitude : *Es bengut exattomen à l'escolo*, il est venu exactement à l'école. (Du latin *exacté*.)
EXAZERA, *Ezaxera*, v. act. Exagérer, représenter par des images les choses beaucoup plus grandes ou plus petites, plus louables ou plus mauvaises qu'elles ne sont en effet : *B'an exazerat*; Grossir ou diminuer par les récits : *Tout aco es exazerat*. (Du latin *exaggerare*.)
EXAZERAT, ADO, *Ezaxerat*, adj. Exagéré, qui outre, exagère : *Aco's un exagerat*, c'est un exagéré.
EXAZERATIOU, *Ezaxeratiou*, s. f. Exagération, expression qui exagère, excès factice : *Aco's exazeratiou de sa part*, c'est une exagération de sa part. (Du latin *exaggeratio*.)

## EXE

EXECRA, v. act. Exécrer, avoir en exécration, détester : *Se fa execra à l'oustal*, il se fait détester à la maison. (Du latin *exsecrari*.)
EXECRAPLE, O, adj. Exécrable, détestable, horrible, abominable. (Du latin *exsecrabilis*.)
EXECRAPLOMEN, adv. Exécrablement, d'une manière exécrable.
EXECRATIOU, s. f. Exécration, horreur qu'inspire ce qui est exécrable; Personne, chose en exécration. (Du latin *exsecratio*.)
EXECUTA, v. act. Exécuter, mettre en action, à effet; Accomplir; Faire mourir par ordre de justice; Saisir, faire saisir chez lui et faire vendre ses meubles : *L'ou bol fa executa aquesto semmano*, il veut le faire séquestrer cette semaine; Chanter; Danser. (Du latin *exsequi*.)
EXECUTA (S'), v. pro. S'Exécuter, vendre pour se libérer, faire les sacrifices nécessaires; Prévenir les décisions de la justice par un arrangement : *Bal mayt s'executa que noun pas que nous executou*, mieux vaut s'exécuter soi-même que non pas qu'on vous exécute.
EXECUTIOU, s. f. Exécution, action d'exécuter; Manière dont on exécute. (Du latin *executio*.)
EXELENT, O, adj. Excellent, te, d'une qualité supérieure; Exquis : *Aco's un plat exelent*. (Du latin *excellens*.)

Beyrés coussi Sant-Xan lous apresto à merbeillo,
Y met dé cambaxou, dé lard à cado feillo :
A mesuro qu'apey tout aco sé coufis
Deben pus *exelent* qué lou millou pastis.    D.

EXEMPLARI, O, adj. Exemplaire, qui donne l'exemple; Proposé pour faire exemple, qui peut en servir : *Aquelo filho meno uno counduito exemplario*, cette fille mène une vie exemplaire. (Du latin *exemplarium*.)
EXEMPLE, s. m. Exemple, ce que les autres peuvent prendre pour règle de conduite; Action vertueuse ou vicieuse qu'on doit imiter ou éviter : *Aqui aben un exemple dabant lous éls*, nous avons un exemple sous les yeux; chose pareille à celle dont il s'agit et qui sert à la confirmer, rapproche-

ment à l'appui; Modèle d'écriture : *A fax un exemple superbe.* (Du latin *exemplum*.)

Me countabo otobé qu'un Prince obio quittat,
Per plonta dè caulets, lo Co:rouno é l'Estat.
Sus *d'exemples* poreils jutjas sé lou bouriaïré,
Olaro éro orguillous dé fa bolé l'oraïré,
É só per lou trobal se sentio d'offectiou,
Qu'on bésio dé tal moundé oïma so boucotiou.
PRAD.

**EXENT, O,** adj. Exempt, te, qui n'est point sujet ou assujetti à... *Sera exent dal sort*, il sera exempt du sort.

Dins un tems to sofrat, malhur os bouyotjaïres
Sé roncountrou lo nuech dé tals occoumpognaïrés
Qué radou lous comis toujours o bès porels,
En régossen lous uels qué semblou dé colels.
Olaro un cobolié n'és pas *exent* d'olarmos,
Quond, coumo un miquélet, sério tout claufit d'armos;
Sé malhurousomen toumbabo dé chobal,
You sério pas cautiou qu'oun l'in onesso mal.
PRAD.

**EXENTA,** v. act. Exempter, rendre exempt, affranchir; Dispenser de... (Du latin *eximere*.)

**EXENTIOU,** s. f. Exemption, action d'exempter; Droit, grâce, privilége qui exempte : *A uno bouno exentiou, es court de bisto*, il a une bonne exemption, il est myope. (Du latin *exemptio*.)

**EXERÇA,** v. act. Exercer, former, dresser; Donner de l'exercice; Mettre en action, en exercice : *Exerci pla las cambos despey calque xoun*, depuis quelques jours je donne de l'exercice aux jambes; En usage : *Exerci pla la patienço de ma mayre,* j'exerce bien la patience à ma mère; Pratiquer; User de... *Boli exerça moun drex*, je veux user de mon droit; Exercer une charge, en faire les fonctions : *Y'a bint ans qu'exerço*, il exerce depuis vingt ans. (Du latin *exercere*.)

**EXERÇA (S'),** v. pro. S'Exercer, faire des actes fréquents pour acquérir un art, un talent, une habitude : *Me y souy be prou exerçat,* je m'y suis bien exercé.

**EXERCICI,** s. m. Exercice, jeu, travail : Tout ce que l'on fait pour acquérir le talent, l'adresse, la force; Pratique, habitude; Évolutions militaires; fig., Peine, fatigue, embarras : *Aco me douno fosso exercici*, cela me donne beaucoup de fatigue. (Du latin *exercitatio*.)

Un cop s'éro fourrat dus lo colo un noubicé,
Pus hobillé o monja qu'o tout aoutré *exercicé*.
Goujat, sou li fosquet un biel tout grupellous,
De toun païré sios fil del cap jusquos tolous.
PRAD.

**EXÈS,** s. m. Excès, ce qui passe les bornes; Déréglement, débauche; adv. *A l'exès*, à l'excès, outre mesure. (Du latin *excessus*.)

**EXESSIBOMEN,** adv. Excessivement, d'une manière excessive.

**EXETTA,** v. act. Excepter, ne pas comprendre dans un nombre, une règle; Ne pas désigner pour être compris dans : *L'aben exettat, quand countaben*, nous l'avons excepté en comptant. (Du latin *excipere*.)

**EXETTAT,** prép. Excepté, hormis, à la réserve de... *Exettat que bengo soul*, hormis qu'il vienne seul.

**EXETTIOU,** s. f. Exception, action par laquelle on excepte; Ce qui doit être, ce qui est excepté. (Du latin *exceptio*.)

**EXIL,** s. m. Exil, bannissement; Lieu de ce bannissement; Séjour peu agréable : *Sien coumo dins un exil*. (Du latin *exilium*.)

**EXILA,** v. act. Exiler, envoyer en exil, bannir : *L'an exilat per dex ans;* Réléguer : *Es exilat al foun de la mountagno;* Frire des œufs : *Cal exila d'ioous*.

**EXIQUÈTA,** voyez ENBRICA.

**EXISTA,** v. n. Exister, avoir l'être actuellement; Vivre, subsister : *Existo paouromen.* (Du latin *existere*.)

**EXISTENÇO,** s. f. Existence; La vie, manière dont on vit : *Sé regreto l'existenço.*

Mais dévé-t'y, grand Dioù ! maoudire l'*existença* ?
Oh ! nou ; savé qué l'homme és nascut per souffri.
Sé m'as dounat lou mal, fay qué la patiença
Siéga un down qué vogués m'ouffri !
PEYR.

**EXITA,** v. act. Exciter, provoquer, émouvoir; Encourager, animer, stimuler : *Lou boun exemple exito al be*, le bon exemple porte au bien; Porter à... (Du latin *excitare*.)

**EXITA (S'),** v. pro. S'Exciter, se stimuler, s'animer à...

**EXITATIOU,** s. f. Excitation, exemple, encouragement : *A bezoun d'exitatiou*. (Du latin *excitatio*.)

**EXIZA,** v. act. Exiger, demander par droit ou par force; Obliger à... (Du latin *exigere*.)

Per qué doun *exizas* dé moun ama én souffrença
Quand per éla lou gaou n'és pas pus dé sazou,
Un rêvé de bounhur, un hymna d'espérença,
Tandis qué mé désolé al foun d'uno prisou ?
PEYR.

**EXIZANT, O,** adj. Exigeant, qui est dans l'habitude d'exiger trop de devoirs, d'attentions : *Aco's uno exizento.*

**EXIZENÇO,** s. f. Exigence, besoin, force de ce qui exige.

## EXO

**EXOURBITANT, O,** adj. Exorbitant, te, démesuré, énorme, étonnant. (Du latin *exhorbitans*.)

**EXOURCIZA,** v. act. Exorciser, chasser le démon par l'exorcisme. (Du grec *exorkizô*.)

**EXOURTA,** v. act. Exhorter, exciter, engager à... porter à.... par le discours. (Du latin *exhortari*.)

**EXOURTATIOU,** s. f. Exhortation, discours par lequel on exhorte, discours pour engager au bien. (Du latin *exhortatio*.)

## EYM

**EYME,** s. m. Discernement, connaissance : *N'a pas cap d'eyme.*

**EYME (A BEL),** adv. A vue d'œil, sans peser, sans compter : *Ba bous croumpi à bel eyme*, je vous l'achète à vue d'œil; adv. Sans connaissance, sans mesure : *Sans eyme.*

## EYS

**EYSSOURDA,** *Issourda*, v. act. Fatiguer, ennuyer par ses cris, ses demandes, etc. (Racine *sourd*.)

Bous aoutrés m'*eissourdas*; aco's be pla tarriplé;
Ço qué boulés dé yeou, digas-me s'es poussiblé ? D.

## EZA

**EYSSOURDOUS, O**, *Issourdous*, *o*, adj. Ennuyeux, euse, fâcheux; Incommode : *Es pla eyssourdous d'estre malaout*, il est bien fâcheux d'être malade.

**EYSSUGA**, *Issuga*, v. act. Essuyer, ôter l'eau, la sueur, la poussière en frottant; Essorer, sécher à demi; fig, Être exposé à...; Endurer, souffrir; Subir. (Du latin barbare *exsudare*.)

*Et Moussur me disec : tu t'és pensat negá,*
*Et te cal mettre al liech per te fayre essuga.* A. G.

**EYSSUGO-MAS**, *Cabessal*, s. m. Essuie-mains, linge pour essuyer les mains.

**EYSSUT, O**, *Issut, o*, adj. Presque sec, pas humide; pas assez Trempée en parlant de la soupe.

## EZA

**EZARBA**, voyez **AFOURRAXA**.

## EZE

**EZEMPLE**, voyez **EXEMPLE**.

## EZI

**EZITA**, v. n. Hésiter, s'annoncer avec embarras; Être en suspens, incertain : *M'a fax exita longtems*, il m'a tenu en suspens longtemps. (Du latin *hæsitare*.)

**EZITATIOU**, s. f. Hésitation, embarras; Incertitude, indécision : *Souy demourat dins l'ezitatiou touto la neyt*, j'ai été dans l'incertitude toute la nuit. (Du latin *hæsitatio*.)

## FA

**FA**, *Faze*, *fayre*, v. act. Faire, créer, produire, former : *Dious a fayt lou cel amayt la terro*, Dieu a fait le ciel et la terre; Agir, travailler, fabriquer, composer, exécuter : *Aco's el que b'a tout fax*, c'est lui qui a tout fait ; Construire; Causer; *Fa fa*, Commander, donner ordre qu'on fasse ; v. impers. Être, avoir lieu : *Fa caout, fa frex*, il fait chaud, il fait froid; se Faire à...; s'Habituer à...; se Faire faire; Commander une chose à son usage. (Du latin *facere*.)

*Figuras-vous un floc dé païa*
*Alumat déssus la muraïa,*
*As Grès faguét sinne de ion,*
*A véni, quan fazian un son,*
*Nous traouca ventré é gargaméla.*
*Manquoun pas; tout met a la véla,*
*Aborda, é sé rén aou signaou,*
*Doous Troïa ounté tout era siaou,*
*Réléban las gens que rouncavoun,*
*É quaouques aoutres que racavoun.* FAV.

## FAB

**FABARÈLO**, s. f. Fauvette, petit oiseau dont le plumage tire sur le fauve et qui chante agréablement : *Es pixou coumo uno fabarèlo*, il est petit comme la fauvette. (Du latin *fulva*.)

**FABARELO**, s. f. Féverole, petite fève.

**FABASSO**, s. f. Pampe, tige des fèves; prov. *Manca la fabasso*, Être mal traité, mal nourri. (Racine *fabo*.)

**FABIEYRO**, s. f. Champ semé de fèves.

**FABILS**, s. m. Féverolles, très-petites fèves, grains à peine formés.

**FABO**, s. f. Fève, légume long et plat qui vient dans des gousses; Plante qui le produit : *Aben semenat de fabos primaygos*, nous avons semé de fèves hatives; fig., *Manxo fabos*, un Bredouilleur. (Du latin *faba*.)

## FAB

*Malgré tout soun babil, lou gateou tout entié*
*Toumbo xoust lou coutel, à trosses sul papié.*
*Cadun ambe apetis, mais pas beleou sans crento*
*D'esprouba la coulico announçado et mourdento,*
*Manxabo sa pourtiou; quand X... tout d'un cop*
*Es fourçat de sas dents d'arresta lou galop;*
*Palle, rouxe, bioulet, sans pouls et sans aleno,*
*Douberto coumo un four, et de fouasso pleno,*
*Sa gorxo pot pas pus abala lou boussi*
*Que xust coumo un bouxoun ye tampo lou cami.*
*Dexa paboure X...! crezio que la camardo*
*Benio per te raya de sa daylho pilhardo;*
*Quand lou teou medeci la faguet escarta*
*Len, pla len al moumen que l'anabo tusta,*
*Car soun det te tiret, en touto delixenço,*
*Dal founs dal gargaylhol, sans doulou, sans souffrenço,*
*Lou legun qu'al mespres de nostro counbentiou*
*Tentabos d'abala sans nostro permissiou.*
*Et perque?... Per fuxi l'ounou que t'esperabo*
*D'estre per de gourmans sacrat rey de la fabo!!* A. B.

**FABOU**, s. f. Faveur, grâce; bienfait; Marque d'amitié, de bienveillance; Protection accordée : *A toutos sas fabous*, il a toutes ses faveurs; Ruban très-étroit : *Porto uno fabou*. (Du latin *favor*.)

*N'axes pas poou de manqua de pasturo,*
*Per tu, lou Cel me coumbio de fabous;*
*Et quand bouldras prene ta nourrituro,*
*Beni trouba lou paoure malhurous.* A. B.

**FABOUGNEYRO**, s. f. Champ, Planche de jardin semée de haricots.

**FABOUN**, *Fabol*, *Mounxo*, s. m. Haricot, plante légumineuse, son fruit. (Du latin *faba*.)

*al surplus,*
*Et per bous ebita tout discours superflus,*
*Benets beze la casserolo*
*Ount lous fabouns an fait à la pipo redolo,*

## FAB

Et mo direz aprep se bostre serbitou
De bostros doulous es l'aoutou.

**FABOUNADO**, s. f. Repas, goûter, ragoût de haricots : *Fazen uno fabounado*, nous mangeons des haricots.

**FABOUNASSO**, s. f. Pampe, tige des haricots.

**FABOUR**, s. m. Faubourg, partie d'une ville hors de son enceinte. (Du latin *foris*, dehors, en dehors, et *burgus*, bourg.)

 Entrévéjèt dins un *faoubour*
 Las pus grandas Damas dé cour,
 Tristas, pallas, esfoulissadas,
 Las gaoutas tout engraoufiguadas,
 Qu'èroun, sans aouboy, ni yiouloun,
 Mountados aou Palladiboun.
 Minerva aqui coûma una russa,
 En las vejan frounzissié l'ussa,
 É d'un iol qué fazié clartat,
 Las roudilava dé coustat.  FAV.

**FABOURAPLE**, O, adj. Favorable, convenable, commode, avantageux, propice : *Lou tems es fabouraple à la recolto*, le temps est favorable à la récolte. (Du latin *favor*.)

**FABOURAPLOMEN**, adv. Favorablement, d'une manière favorable : *L'a tratat pla fabouraplomen*, il l'a traité favorablement.

**FABOURI**, s. m. Favori, celui qui tient le premier rang dans les faveurs, les bonnes grâces de : *Aco's lou fabouri de l'oustal*, c'est le favori de la maison ; Barbe près de l'oreille. (Racine *fabou*.)

**FABOURIZA**, v. act. Favoriser, traiter favorablement ; Protéger aux dépens d'autrui : *A fabourizat aquel*, il a favorisé celui-là.

 Mais potienço ; oquel tems pourrio réuaïssé encaro,
 Disou qu'o nostré Rey l'ogriculturo és caro;
 É qu'ombé un grond Ministré olqual sé pot fisa,
 S'occupo dès mouyens dé lo *fobourisa*.  PRAD.

**FABRE**, *Faoure*, s. m. Forgeron, ouvrier qui travaille le fer. (Du latin *faber*.)

 Lou *Fabré* qué serbis oi Noutari dé Clergué,
 É qu'és-bé to sobent coumo cap del Rouergué,
 Countabo qu'aoutros fés un certain Orioun,
 Musiquié coumo un aoutré oppellat Omphioun,
 Ol mouyen dé soun art s'éro tirat d'offaïrés. PRAD.

**FABRICA**, v. act. Fabriquer, faire certains ouvrages manuels ; fig., Forger, imaginer, inventer : *Aco's tu qu'as fabricat aquelo noubelo*, c'est toi qui as fabriqué cette nouvelle ; Confectionner dans les ateliers, en parlant des particuliers. (Du latin *fabricare*.)

**FABRICANT**, s. m. Fabricant, celui qui tient fabrique d'étoffes : *Aco's un gros fabricant*, c'est un gros fabricant. (Du latin *fabricans*.)

**FABRICIEN**, s. m. Fabricien, fabricier, celui qui est chargé de la fabrique d'une église.

**FABRICO**, s. f. Fabrique, façon, manufacture de certains ouvrages : *Aco's d'uno bouno fabrico*, c'est d'une bonne fabrique ; Lieu de travail, atelier, etc. : *N'es pas encaro sourtit de la fabrico*, il n'est pas encore sorti de la fabrique ; Construction, aspect d'un grand édifice ; Corps des marguilliers : *La fabrico a croumpat un bel ornemen*, la fabrique a acheté un bel ornement. (Du latin *fabrica*.)

**FABULOUS**, OUSO, adj. Fabuleux, euse, feint, controuvé, inventé ; fig., Énorme, peu ordinaire. Du latin *fabulosus*.)

## FAC

**FAÇA**, v. act. Facer, donner, faire une farce à un travail, à une pièce, etc. (Racine *faço*.)

**FAÇADO**, s. f. Façade, face, partie antérieure d'un grand bâtiment : *Y'a uno belo façado*, il y a une belle façade. (Racine *faço*.)

**FACHIGNE**, voyez FAXEYLHÉ.

**FACHINA**, voyez ENSOURCELA.

**FACHOUYRO**, voyez FAYSSELO.

**FACILLE**, O, adj. Facile, aisé, qui ne donne point de peine, aisé à comprendre : *Aco's pla facille*, c'est bien facile ; Condescendant, indulgent; Sans fermeté, faible, mou : *Es trop facille, ba ye dizi touxoun*, il est trop facile, je le lui dis toujours. (Du latin *facilis*.)

**FACILLITA**, v. act. Faciliter, rendre aisé, facile ; Aplanir les difficultés ; Écarter les embarras, les obstacles. (Racine *facille*.)

**FACILLITAT**, *Ayzenço*, s. f. Facilité, moyen, manière de faire les choses sans peine, sans effort : *B'a fax ambe la pus grando facillitat*, il l'a fait avec la plus grande facilité, Commodité, absence d'obstacles ; Aisance d'élocution : *Parlo ambe fosso facillitat*, il parle avec beaucoup de facilité ; Condescendance, Indulgence, humeur accommodante; Commodité pour payer, terme, délai : *Bous dounarey touto facillitat*, je vous donnerai toute facilité. (Du latin *facilitas*.)

**FACILLOMEN**, adv. Facilement, aisément, avec facilité. (Du latin *facile*.)

**FAÇIO**, voyez FAÇO.

**FACIOS**, s. f. Figures du jeu de cartes : *Ey quatre facios*, j'ai quatre figures. (Racine *faço*.)

**FAÇO**, s. f. Face, superficie, surface ; Côté, façade : *Las faços sou pas egalos*, les faces ne sont pas égales ; Visage, figure, mine, physionomie ; fig., Etat, situation des affaires : *Lous affas an cambiat de faço*, les affaires ont changé de face ; fig., Etre tourné vers : *Fa faço à la plaço*, il fait face à la place ; Satisfaire a ses engagements ; En présence, vis-à-vis. (Du latin *facies*.)

 Nou sabi pas coussi bous obès prou d'aoudaço,
 Per gaouza soulomen m'agaxa pus en *faço*!
 Car l'on pourrio cerca tout un an amayt dous,
 Sans qu'on troubés digus que balgués mens que bous.
            D.

**FACULTAT**, s. f. Faculté, puissance, force, propriété ; Vertu naturelle ; Corps des professeurs d'une même science dans une université : *Es anat consulta la facultat de medecino*, il est allé consulter la faculté de médecine ; Biens, ressources, talens : *N'a pas cap de facultat per se tira d'aqui*, il n'a aucun moyen pour se tirer de là. (Du latin *facultas*.)

 Tout beu moulzé lou sé dè lo maïré coumuno,
 Tout généralomen hors l'engenço impourtuno
 Qué dé rouzéga l'omé aoura lo *focultat*,
 Sans cap dé distinctiou dé sexe ni d'éstat.  PRAD.

## FAD

**FADE**, O, adj. Fade, qui n'a point où que peu de saveur : *Aco's trop fade*, c'est trop fade. (Du latin *fatuus*.)

**FADA**, voyez ENSOURCELA.

**FA-DE-MENS**, v. n. Se dispenser : *Podi pas fa-de-mens*, je ne puis me dispenser.

**FADEXA**, v. n. Avoir des fadeurs d'estomac : *L'estoumac me fadexo*, j'éprouve des fadeurs d'estomac.

**FADEXA**, *Fadejha, Badina*, v. act. Folâtrer, badiner : *Aymo fort à fadexa.*

D'abord qu'aco's aïtal, deouriés pas bous faxa ;
Sabés qu'ambé cadun aïmi dé *fadexa ;*
Quoique y'axo pas rés, yeou saourio pas qué diré,
S'amb'un dé préferat m'axessés bisto riré. D.

**FADEXAYRE**, O, *Fadejhaire*, adj. Badin, inc, qui s'amuse comme les enfants, qui aime à s'amuser : *Es tout plé fadexayre*, il est très badin.

**FADEZO**, s. f. Fadaise, badinage ; Chose peu sérieuse : *Aco's pas que de fadezos*, ce ne sont que des fadaises. (Du latin barbare *fatuacia.*)

Remarcas, quoiqué sur *fadezos*,
Dé tournuros qué y'a qué nou sou pas mal presos ;
Amaï nou y'eï pas més dal ser al lendérna,
D'eï certos agut fax dins un birat dé ma. D.

**FADOU**, s. f. Fadeur, qualité de ce qui est fade. (Du latin *fatuitas.*)

**FADOURLAS**, *Fadourli*, s. m. et adj. Badin, enjoué : *Que sios fadourlas*, que tu es enjoué. (Du latin *fatuus.*)

**FADOURLEXA**, voyez FADEXA.
**FADOURLI**, voyez FADEXAYRE.
**FADOURLIZOS**, voyez FADEZOS.

### FAF

**FAF**, *Fafiè*, s. m. Jabot, poche membraneuse au-dessous du cou des oiseaux : *A lou fafiè ple*, il a le jabot plein.

**FAFIE**, voyez FAF.

**FAFIEYRAT**, s. m. Plein jabot : *Abio un fafièyrat de mil*, il avait le jabot plein de millet.

### FAG

**FAGHINO**, voyez FAÏNO.

**FAGOT**, s. m. Fagot, assemblage de menu bois lié en faisceau : *Un fagot de broustilho*, un fagot de broutilles ; fig., Personne mal vêtue, mal arrangée. (Du latin *fagus*, hêtre.)

Faïé veyre surtout sa mina
Dius aquel chival dé sapina,
Ounte cen das pus estourdis
Nous èren sans ime cabis,
Per surprêne la paouro Troia
Lou gaïar nadava dè joïa :
N'aoutres riguéren pas coumà él ;
Quan l'énémic tènguét counsel
Jout lou ventre dé postra rossa,
Gn'aviè que diziên, amay foça,
Que faïé pourta dé *fagos*
Et lé fa rousti lous gigos.
Poudés mé dire quinta aoubada
Ajèt aqui nósiro nizada !
Toun sacripan séguèt lou-soul
Que s'ostraïèt pas de l'emboul.
Lous aoutrés dins aquela eriza
Eroun pus blaus qué la camiza. FAY.

**FAGOUTA**, v. act. Fagoter, mettre en fagots ; Arranger mal : *Aco's pla mal fagoutat.*

**FAGOUTA** (SE), v. pro. Se Fagoter, s'habiller mal, sans goût : *Agaxas coussi se fagoto*, voyez comme elle se fagote.

**FAGOUTAYRE**, O, *Fagoutiè*, s. m. f. Fagoteur faiseur de fagots ; Bûcheron : *Nous cal tres ou quatre fagoutayres*, il nous faut trois ou quatre fagoteurs.

### FAI

**FAÏNO**, *Foyno*, s. f. Fouine, espèce de grosse belette : *La faïno nous sanno toutes lous poulets*, la fouine nous saigne tous les poulets ; fig., Misère, pauvreté, disette : *A la faïno que lou crebo*, la misère le crève. (Du latin *fuscina.*)

**FAÏNOUS**, O, adj. Misérable, pauvre, dénué de tout : *A l'ayre pla faïnous*, il a l'air bien pauvre.

### FAJ

**FAJHO**, voyez FAXO.

### FAL

**FALAPAT**, *Farramat*, s. m. Forte poignée de quelque chose.

**FALBALA**, s. m. Falbala, bande d'étoffe plissée au bas de certains ajustements de femmes : *Porto dous rengs de falbalas*. (De l'allemand *faldplat*, qui signifie proprement une feuille plissée ou pliée.) Les étymologistes disent, que falbala est un mot composé par M. de Langlée, maréchal-decamp sous Louis XIV, et qu'il ne se rattache à aucun sens primitif, à aucune langue. C'est donc un mot fait au hasard, à plaisir.

**FALCET**, voyez FALSET.

**FALCOU**, s. m. Faucon, oiseau de proie. (Du latin *falco.*)

**FALIA**, voyez PELA, PLUMA.
**FALIA**, voyez FELAT.
**FALIO**, voyez FENDO, SEDO.
**FALIO**, voyez BELUZO.
**FALIOU**, voyez FLAMBAS.

**FALQUIÈRO**, s. f. Avaloire ; Culière. C'est une pièce du harnais des chevaux, qui leur descend derrière les cuisses, un peu au-dessous de la queue et qui tient lieu de croupière.

**FALOUR**, NO, adj. Badin, gai, agréable, réjouissant, en parlant des personnes : *Que sios falour !*

Pierras, qu'és dégourdit coumo un porel dé bargos,
Boulguet faïré o lo lucho ambé Jean lou Coutal ;
Oquesté qu'és prou fier é mémé un paouc brutal,
L'y dis : Béni, bodaoud ! qué troubaras toun mestré.
Tu, moun mestré, *folourd ?* beyren cal ou pot estré.
PRAD.

**FALOUR**, NO, voyez TOURNEXOU.

**FALOUR**, NO, *Falorne*, adj. A qui la tête tourne : *Podi pas agaxa abal sans debeni falourne ;* Badin, vantard, hâbleur : *Que sios falour ?* Falot, le plaisant, grotesque, ridicule : *Fa de soun falour*, il fait de son falot.

**FALS**, O, adj. Faux, sse, Contraire au vrai, à la vérité, à la réalité : *Tout aco es fals*, tout cela est faux ; Qui manque de justesse, qui n'est point tel qu'il devrait être : *Aquelo coupo es falso*, cette coupe est fausse ; En parlant des personnes, qui affecte de beaux sentiments pour tromper ; Perfide, infidèle, fourbe : *Es fals coumo un xitou*, il est faux comme un jeton. (Du latin *falsus.*)

**FALS** (A), adv. A faux, injustement : *L'accusat à fals*, on l'a accusé à faux ; Hors d'aplomb ; *Porto à fals.*

**FALSA**, v. act. Fausser, rendre courbe un corps

## FAM

solide : *A falsado la claou*, il a faussé la clef; N'être pas fidèle à...

**FALSADO**, *voyez* Traïsou.

**FALSARI**, s. m. Faussaire.

**FALS-ESCAYRE**, *Saoutarelo*, s. m. Fausse-équerre, équerre à bras mobiles : *Fay ambe lou fals-escayre*, fais avec la fausse-équerre. (Racine *fals* et *escayre*.)

**FALSET**, *Bourset*, s. m. Gousset, petite poche du gilet.

**FALSETAT**, s. m. Plein un gousset : *Pourtabo un falsetat de centimos*, il portait un plein gousset de centimes.

**FALSETAT**, s. f. Fausseté, qualité de ce qui n'est point véritable : *Aco's uno falsetat*, c'est une fausseté; Mensonge. (Du latin *falsitas*.)

Coussi sé pot altal, grand Dious! qué l'on mentigo !
Mais per estré crégut sur calquo *falsetat*,
L'on dis almens quicon qu'axé l'aïré bertat. **D.**

**FALSIFIA**, *Falsifica*, v. act. Falsifier, contrefaire pour tromper; Altérer par un mauvais mélange, frelater. (Du latin *falsum facere*.)

**FALSO-COUO**, s. f. Fausse-queue. (Racine *couo*.)

**FALSO-COUPO**, s. f. Fausse-coupe, assemblage inégal, coupe à contre sens : *Cal fa uno falso-coupo*, il faut faire une fausse-coupe. (Racine *coupo*.)

**FALSOMEN**, adv. Faussement, à faux, contre la vérité : *M'a accusat falsomen*, il m'a accusé faussement. (Du latin *falso*.)

**FALSOS-GARBOS**, *voyez* Margoussis.

## FAM

**FAM**, *Fan*, s. f. Faim, besoin et désir de manger : *La fam se fa senti*, la faim se fait sentir. (Du latin *fames*.)

**FAM CANINO**, s. f. Faim canine, dévorante; Maladie dans laquelle on a toujours faim : *Crezi qu'as la fam canino*, je crois que tu as la faim canine. (Du latin *canis*, chien, parce que ceux qui sont atteints de cette maladie rejettent souvent les aliments comme les *chiens*.)

**FAMILIARITAT**, s. f. Familiarité, accès libre, étroite communication; Grande liaison, intimité; Manières libres, prévenantes. (Du latin *familiaritas*.)

**FAMILIARIZA**, v. act. Familiariser, rendre familier avec... Accoutumer à... *Lou pouden pas familiariza à l'oustal*, nous ne pouvons pas l'accoutumer à la maison. (Du latin *familia*.)

**FAMILIARIZA** (Se), v. pro. Se Familiariser, être sans façon, prendre des manières trop libres ; se Rendre familier : *Se familiarizo trop ambe lou mounde*; Prendre des manières trop libres.

**FAMILHIÈ**, **EYRO**, adj. Familier, ère, qui est dans l'intimité, qui en use familièrement avec... : *Es fort familhiè al nostre oustal*, il est fort familier dans notre maison; Libre, sans façon; Simple, sans prétention : *Es tout-à-fait familhiè*, il est tout-à-fait simple.

**FAMILHIÉYROMEN**, adv. Familièrement, d'une manière familière, librement.

**FAMILHO**, s. f. Famille, tous ceux d'un même sang, race, parenté, toutes les personnes d'une même maison : *Aqui abes touto la familho*, voilà toute la famille. (Du latin *familia*.)

Aladoun, la jouyna filla,
Aladoun à Charles sét,
Per rejougné sa *familla*

Li demanda soun coungèt.
É lou monarqua réfusa
En attestén per escusa
Qué dé soun bras a bésoun.
Mais la glouéra és passagèyra,
É nostra illustra guerrièyra
Pus tar és la prizounièyra
Del barbaré Bourguignoun. **Peyr.**

**FAMINO**, s. f. Famine, cherté, défaut, manque de vivres, disette extrême de vivres dans une contrée, un pays : *Aprep la guerro ben la famino*, après la guerre vient la famine. (Du latin *fames*.)

Dins Avignoun, una *famina*
Passava tout per l'estamina,
Et y'é ténié lou cuou déstrèch,
As mouynes méma dé l'endrech,
Jujas sé, dins aquela festa,
Y'avié grand traval per lou resta. **Fay.**

**FAMOUS**, **O**, adj. Fameux, euse, renommé, fort connu, célèbre; fig. et iron., Grand, considérable. (Du latin *famosus*.)

**FAMOUZOMEN**, adv. Fameusement, considérablement.

**FAMUS**, **USO**, *voyez* Famous.

**FAMUZOMEN**, *voyez* Famouzomen.

## FAN

**FANA**, v. act. Faner, étendre, tourner, retourner l'herbe fauchée pour la faire sécher ; Flétrir. (Du latin *fenum*.)

**FANA** (Sé), v. pro. Se Faner, se sécher, se flétrir en parlant des fleurs, de la beauté : *S'es pla fanado*, elle s'est bien fanée.

**FANAL**, *Fanaou*, s. m. Fanal, falot, grosse lanterne qu'on porte à la main. (Du grec *phanos*.)

Sant-Xan, atten beleou qué calqu'un l'abertigo,
Mounden-yé Galigné, perqué lou nous serbigo.
Galigné sul moumen aluquét lou *fanal*,
Sa fenno séguiguet (aduxo quand ba cal.) **D.**

**FANDALA**, *voyez* Faoudalat.

**FANDAOU**, *voyez* Faoudal.

**FANFARLUXO**, s. m. f. Fanfreluche, léger, vain : *L'escoutes pas, aco's un fanfarluxo*, ne l'écoutez pas, c'est un fanfreluche ; Ornement frivole, bagatelle, chose de rien : *Quantos de fanfarluxos*. (De l'italien *fanfaluga*.)

**FANFARO**, s. f. Fanfare, concert de trompettes; Air pour lancer un cerf, *Entendi xoua la fanfaro*. C'est une onomatopée du son des trompettes et des corps de chasse; Fanfare, signifie chant de trompette.

**FANFAROUN**, *Bantoloufos*, s. m. Fanfaron, faux brave, hâbleur, présomptueux. (Du mot *fanfare*, parce que les vanteries du fanfaron sont autant de fanfares que le vent emporte.)

N'aoutres, témouens d'aquel afayre,
Nous gardéren bé dé ié fayre,
Sus soun cami, lou méndre afroun.
Das Trouïens lou pus *fanfaroun*
Sans ié dire un mot s'escartava,
É daou pus ion las soludava,
Toutés méma toumbén d'acor
Qué Laocoon abié tor,
É qu'on vay pas embe ouragança,
D'aou bestiaou proufana la pansa,
Que tot ou tar antaou né coy. **Fay.**

**FANFAROUNA**, *Fanfarounexa*, v. n. Faire le fanfaron.

**FANFAROUNADO**, s. f. Fanfaronnade, fausse bravoure, forfanterie : *Aco's pas que fanfarounado de sa part*, ce n'est que forfanterie de sa part.

Tout acó dé sa part n'és que *fanfarounado*,
Car mêmes cresi pas qué n'axo la pensado. D.

**FANFASTI**, *voyez* DRAC.

**FANFRE**, s. m. Dragée, cendrée, menu plomb pour la chasse aux oiseaux.

**FANGANO**, *voyez* FAM CANINO.

**FANGAS**, s. m. Bourbier large, profond : *Y'a un fangas ount un ome s'enterrario*, il y a un bourbier où un homme s'enterrerait. (Racine *fango*.)

A perpaous, un tal broc n'és pas més en usatgé
Per entrouca bruguets ni per paouza sédous.
Ni per fa crabo és crabo entré mas dé maynatgé,
Ni tapaouc per fourni mercos as jougadous.
Mens és lou qu'al cubat répouso la grunado
Mens le qué del calel ten la meco atizado.
Ni le qu'un paouré pren per tira del *fangas*
Uno espillo rouillouzo, ou bira lou paillas. G.

**FANGASSEJHA**, *voyez* FANGUEXA.

**FANGO**, s. f. Fange, boue, crotte, bourbe des chemins. (Du latin *fima*.)

**FANGOUS, O**, adj. Bourbeux, euse, boueux, euse, fangeux ; Sali par la fange, la boue : *Sios tout fangous*, tu es tout sali par la fange.

**FANGUEXA**, v. act. Salir, tacher avec la boue : *As fanguexat lous souliès*, tu as sali les souliers.

**FANGUEXA (SE)**, v. pro. Se Tacher, se salir de boue, de crotte : *Me souy tout fanguexat*, je me suis tout crotté.

**FANI**, *voyez* SE FANA.

**FANTASQUE, O**, adj. Fantasque, sujet à des fantaisies, à des caprices ; Difficile, quinteux, délicat pour son manger.

**FANTASSIN**, s. m. Fantassin, soldat à pied : *Ero dins lous fantassins*, il était dans les fantassins. (De l'italien *fantassino*, diminutif de *fante*, valet de pied, piéton.)

**FANTASTI**, *voyez* FANTASQUE.

**FANTEZIE**, *Fantazio*, s. f. Fantaisie, imagination, idée, humeur · *Bol touxoun fa à sa fantezie*, il veut toujours faire à sa fantaisie ; Volonté sans raisonnement ; Goût frivole ; Désir irréfléchi, passager : *Aco's pas qu'uno fantezie*, ce n'est qu'une antaisie ; Envie d'une femme enceinte : *A uno fantezie*, elle a une fantaisie. (Du grec *phantazia*.)

Mais qu'aouzissen? toujour la brégouzo Ongloterro
Foro, sons dire goro, o lo Franço lo guerro?
Sons douté o *fontosio* dé sé faire estreilla;
Qué benguo, oben prou gens qué sabou ferroilla.
PRAD.

**FANTEZIEYROUS, ZO**, adj. Envieux, euse, plein de fantaisies ; Inconstant : *Es un fantezieyrous*, c'est un inconstant.

**FANTEZIO**, s. f. Fantaisie, sorte de bourre de soie : *De debasses de fantezio*, des bas de bourre de soie.

**FANTOMO**, s. m. Fantôme : apparition illusoire, figure fantastique, spectre ; fig., Personne très maigre et très pâle : *Semblo un fantomo*, il a l'air d'un fantôme. (Du grec *phastasma*.)

Toutos las banitats qué débòroun les hommes,
Lés titrés, las grandous, béritables *fantòmes*

Qué das paourés mourtels destraquoun lé cerbel,
Ban toumba joux les cops dé l'aigo qué labasso;
Hommes, bouffits d'ourgul, abaichats bostro aoudaço,
La mort sur l'Unibers ba paousa soun nibel. DAV.

## FAO

**FAOU**, *voyez* CAL, v. imperson. Il faut.

**FAOU**, s. m. Hêtre, fau, un des plus grands arbres de nos forêts : *Uno poste de faou*, une planche de fau. (Du latin *fagus*.)

**FAOUBESO**, *voyez* MOUSCAYROLO.

**FAOUÇADO**, adj. Jarretée, mule jarretée qui se heurte les jarrets en marchant.

**FAOUCET**, *voyez* FAOUS.

**FAOUCIL**, s. m. Martinet, hirondelle noire ; Ses jambes sont si courtes qu'il ne peut presque pas marcher, pour prendre son vol, il grimpe sur quelque chose d'où il se laisse tomber.

**FAOUCIL**, *faoucilho*, s. m. Faucillon, faucille, lame courbée emmanchée pour scier le blé, etc. (Du latin *fascicula*.)

L'ordi n'és pas ol sol, qu'ol ferré obondounado,
Dé lo fiéro séguiol lo tijo és ronbersado.
Enfi sons esta gaïré orribo lou moument
Dé possa lo *faucillo* o bel tal sul froument. PRAD.

**FAOUDADO**, s. f. Plein un tablier : *Uno faoudado d'estelous*, un plein tablier de copeaux.

**FAOUDAL, Dabantal, Debantal, Parodaban**, s. m. Tablier, morceau de cuir, etc., que divers artisans mettent devant eux pour préserver leurs vêtements : *Me cal cargá lou faoudal*, je dois mettre le tablier ; Morceau de toile, de taffetas, etc., que les femmes mettent devant elles.

Cé qué surtout los facho, és quond un jour dé festo,
Ombé lou soul riban qué l'y sarro lo testo,
Ombé so coiffo unido é soun blanc *domontal*,
Liso esfaço l'esclat de tout lour ottiral. PRAD.

**FAOUDALAT**, *Faoudalado*, *voyez* FAOUDADO.

**FAOUDO**, s. f. Giron, espace de la ceinture aux genoux étant assis : *L'a pres sur la faoudo*, il l'a pris sur ses genoux. (De l'espagnol *falda*, jupes de dessous.)

**FAOUFILA**, *Fialbasta*, v. act. Faufiler, faire une fausse couture à longs points avant de coudre à demeure : *Me cal ba faoufila abant*, je dois le faufiler avant.

**FAOUFILA (SE)**, v. pro. Se faufiler, s'introduire, se mêler, se lier d'intérêt, d'amitié, de plaisir : *Coussi to sios anat faoufila ambe aquel mounde*, comment t'es-tu faufilé avec ces gens là. (Racine *fial*.)

Quant aici préxariés penden dex ans dé suito,
Non y'aourio pas digus qué cambiés dé counduito.
Coussi qué ba prengas, bous beirés en tout tems
Dé couquis *faoufilats* ambé las brabos xens. D.

**FAOUFILO**, s. f. Faufilure, bâti d'un habit, le gros fil qui a servi à joindre ensemble l'étoffe et la doublure : *N'as pas pagat lou taylhur, y'as encaro las faoufilos*, tu n'as pas payé le tailleur, il y a encore les faufilures. (Racine *fal, fial*.)

**FAOUGNA**, *Pastinga*, *voyez* DESFLOURI.

**FAOUGNADOU**, *voyez* PRAOUTIDOUYRO.

**FAOUKIÉRO**, *voyez* FALQUIÉYRO.

**FAOUMARGUE**, s. m. Le Manche d'une faux

# FAR

Lou faoumargue ba pas pla, le manche ne va pas. (De *margue* et *faous*.)

**FAOUS,** *Faousse, Piat,* s. f. Faux, lame de fer recourbée pour couper le blé : *Se pouden prene la faou, lapey rai,* si nous pouvons prendre la faux, après nous serons dans l'abondance. (Du latin *falx*.)

**FAOUSET,** *voyez* Poudas.

**FAOUTA,** *voyez* Troumpa, Manca.

**FAOUTIF, IBO,** adj. Fautif, ive, sujet à faillir, à manquer ; Défectueux, imparfait, plein de fautes.

**FAOUTO,** s. f. Faute, manquement contre la loi; contre le devoir ; Action blâmable ; Délit, crime, offense, péché : *Aco's uno grando faouto,* c'est une grande faute ; Manquement contre les règles, défectuosité, imperfection, méprise ; adv. Par manque de... : *A faouto d'aoutre m'a pres à yeou,* par manque d'un autre, il m'a pris. (Du latin *falsum*.)

Mais nous occupen pas d'uno faouto prumieyro
Et laysson xoust lou poun galoupa la rebièyro :
Fieros de nostre sexe et lou pougnet sarrat,
Moustran qu'aben ee sang countro un marit ingrat !...
Tu, ta sorre, xuras !... Xuren ambe couraxe,
Que malgre la misèro et nostre laid bizaxe,
Paretren toutos tres couflados d'un capèl,
Quand lou futur marit cera pres al courdèl.
Et toutos tres al cop, la ma drexo lebado,
Foou d'aquel sermen restounti la teoulado. A. B.

**FAOUTUR,** s. m. Fauteuil, grand siège à bras et à dossier : *Es espatado dins un faoutur,* elle est étendue dans un fauteuil. (Du latin barbare *faldistorium*.)

## FAP

**FAPLO,** *Craco,* s. f. Fable, récit d'une action feinte ; Fausseté, chose controuvée, imaginée pour amuser : *Crezi que nous countos de faplos,* je crois que tu nous contes des fables. (Du latin *fabula*.)

## FAQ

**FAQUIN,** s. m. Faquin, homme de néant, vil, sans honneur, sans mérite, et plein de vanité. (De l'italien *facchino,* qui signifie crocheteur, portefaix, concussionnaire.)

**FAQUINA,** v. act. Faire le faquin : *Aymo de faquina,* il aime à faquiner.

## FAR

**FARA,** *voyez* Farra.

**FARANDOLE,** s. f. Farandole, danse particulière aux Provençaux, mais devenue fort populaire en bien d'endroits, où à chaque réjouissance publique on danse la farandole autour du feu de joie ; espèce de Danse en vogue pendant la révolution : *Dansabou la farandolo al tour de l'albre de la libertat,* on dansait la farandole au tour de l'arbre de la liberté.

Salut, Aoubré puissent, dount los bellos rocinos,
Del lac de Coroun sou besinos,
É dount lou Bounet Rougé és presqué dé nibel
Ombé los plonettos del Cel.
Sen toutés bien chormats dé to grondo prestenso :
Déja toutés en moubémen,
Per té morqua so joyo ó soun countentomen.
Déja lo forondolo o toun hounou sé fdonso :
Cadun, per fa lo royo, o doublat so pitonço.
É millo gorgoillols fau sons cesso en *Chorus*,
Del famus ÇA IRA rounfla lous hiatus. Prad.

**FARANDOULA,** v. act. Danser la farandole ; Danser vite, d'une manière précipitée : *n'Aymi pas de farandoula.*

Lou Génia atabé, couma una séntinella,
Fo rejiscla sus el lou fioc dé sa prunella,
Dé poou qué lou mâoudit déstourbé sous councers
Qué mountou dâou lou ciel, ensi qu'una fumada
Qué sourtis d'un brazas ó s'élança, animada,
En farandouléchén dins las planas des airs. Peyr.

**FARCEJHA,** *Farça,* v. act. Bouffonner.

**FARCI,** v. act. Farcir, remplir de farce ; fig., Mettre, insérer beaucoup et mal à-propos : *A farcit lou cabinet de nigaoudizos,* il a farci l'armoire de nigaudises. (Du latin *farcire*.)

Et dins aquel moumen de raxo ta cruel
Qu'as gaouzat desfiza Moussu A... en duèl,
A qui farcirio mayt ; à taoulo sa panouylho,
De fabouns engrayssats de coudeno et d'andouylho.
Hurousomen per tu, qu'en ome de boun sens,
A... n'a pas boulgut te regagna las dens,
Aoutromen t'aourien bist pus ple qu'uno barrico
Peta coumo un canou, et creba de coulico. A. B.

**FARCI (Se),** v. pro. Se Farcir, se remplir l'estomac avec excès.

**FARCIT,** s. m. Farce, viande achée menue et assaisonnée. (Du latin *farcire,* remplir.)

**FARÇO,** s. f. Farce, narration, action plaisante, bouffonne : *Aco's uno poulido farço,* c'est une joie farce.

**FARÇUR, URO,** s. m. f. Farceur, celui qui fait, dit des farces ; Bouffon : *Aco's un farçur finit,* c'est un farceur fini.

**FARDA,** v. act. Farder, mettre du fard ; fig., Cacher des défauts ; Colorer, déguiser, dissimuler, voiler.

**FARDA (Se),** v. pro. Se Farder ; se Déguiser, dissimuler : *Al mens se sap pla farda,* il sait au moins se bien farder. (De l'allemand *farbe,* couleur.)

**FARDAT, ADO,** adj. Fardé, ée ; Déguisé, dissimulé : *Fenno faraedo n'es pas de durado,* femme fardée n'est pas de durée.

D'oquel arc qué porés dins l'aèr niboulous,
Lo fueillo, tout d'un cop, o corgat los coulous.
Aï poou qu'oquel esclat séro pas dé durado ;
Sons douté auro lou sort dé lo fenno fordado. Prad.

**FARDEJHA,** *voyez* Fardexa.

**FARDEL,** *voyez* Liaçous.

**FARDEOU,** *Fardèl,* s. m. Fardeau, charge, poids ; Tout ce qui est à charge. (Du grec *phartos*.)

**FARDETOS,** *Fardotos,* s. f. Layette, linge, langes pour un nouveau-né.

**FARDEXA,** *Fardejha,* v. act. Toucher, palper sur les habits : *Touxoum cal que fardexe ;* Être dans un état de carpologie, mouvement que font certains malades, comme s'ils voulaient ramasser, plier, toucher : *Touxoun fardexo, es pla malaout,* il est dans un état de carpologie continuel, il est bien malade. (Racine *fardo*.)

**FARDO,** s. f. Linge, habit, hardes ; Tout ce qui sert à couvrir, habiller ; le Trousseau d'une nouvelle mariée : *A de poulidos fardos,* elle a un beau trousseau. (De l'anglais *haro,* lien, attache.)

Digueroun dounc aqui (tustan sur bostro ardo)
Que diouriés bous maïna dé ço qué bous regarde,
Qué quand on bol anfin critica sus las xens,
Cal s'estre regardats soi-mèmes pla loungtems. D.

FARFANIXA, *Farfanejha, Farfantejha*, v. act. Importuner, faire le nécessaire, l'entendu; Vouloir se mêler, vouloir faire: *Que ben farfanixa ayci?* que vient-il se mêler ici?

Aco nou fa pas rés, sans tant *farfanixa*,
Ba bous cal dire ayci sans nous maïnaxexa:
Car se nou boulés pas aufin ba nous aprené
Cregas qué saourei leou coussi ba me cal préné. D.

FARFANIXOS, s. m. Curieux; Officieux; Importun: *Aco's un farfanixos que se trobo pertout*, c'est un importun qui se trouve partout.

FARGA; v. act. Forger, donner la forme au fer, au métal, à l'aide du feu et du marteau: *Anan farga un ays*, nous allons forger un essieu; fig., Imaginer, supposer, inventer: *Aco's elo qu'a fargat aquelo noubélo*, c'est elle qui a forgé cette nouvelle; t. de manège, Heurter ses fers, en parlant du cheval. (Du latin *fabricare*.)

FARGAT, ADO, adj. Bâti, ie; Constitué: *Es pla mal fargado*, elle est bien mal bâtie.

FARGAYRE, s. m. Forgeur, celui qui forge les métaux.

FARGO, s. f. Forge, lieu où l'on forge et travaille le fer, les métaux; Fourneau et enclume pour forger: *Me cal cna à la fargo*, je dois aller à la forge; Tas, enclume à faux: *Presto-me la fargo per pica la daylho*, prête-moi ton tas pour rebattre la faulx. (Racine *farga*.)

FARIBOLO, s. f. Faribole, chose frivole et vaine; Conte, sornette. (Du latin *frivola*, sous-entendu *res*.)

FARIGNEYRO, s. f. Farinière, lieu où l'on serre la farine. (Racine *farino*.)

FARINAL, *Farino-folo*, s. m. Farine volante qu'on ramasse dans un moulin et dont on nourrit les bestiaux: *Ambe lous farinals, engrayssan tout l'an*, avec la farine volante, nous engraissons toute l'année; Sac à farine: *Te cal mettre un sac farinal as rens*, mets un sac à farine aux reins. (Racine *farino*.)

FARINÈL, s. m. Moulant, garçon meunier chargé de faire moudre le grain: *Es farinèl despey loungtems*, il est garçon depuis longtemps.

S'abios bist coumo jangoulabo
Biro toun aze, *farinèl*.
Et lou moulinié y cridabo:
Jes qu'un capel. (bis.)

FARINO, s. f. Farine, grain moulu dont on a séparé le son au moyen du blutoir. (Du latin *farina*.)

FARINOS, s. f. Bouillie, lait et farine, ou fécule, cuits ensemble; Pâte liquide: *Semblo de farinos*, cela semble de la bouillie.

FARINOUS, OUZO, adj. Farineux, euse, qui rend beaucoup de farine; De la nature de la farine. (Racine *farino*.)

FARLABIC, s. m. Frelaterie; fig., Rouerie, tromperie, artifice: *Y'a fosso farlabic dins tas paraoulos*.

FARLABICA, voyez FRELATA.

FARLABICAYRE, s. m. Frelateur, qui frelate les liqueurs.

FARLABICO, *Farlabic*, s. f. Frelaterie, altération d'une marchandise: *Y'a de farlabico*, il y a d'altération.

FARLOGOS, voyez BIGANAOUDOS.

FARMACIEN, *Apouticari*, s. m. Pharmacien, celui qui sait ou exerce la pharmacie.

FARMAÇIO, s. f. Pharmacie, art de composer et de préparer les médicaments; Lieu où l'on les prépare. (Du grec *pharmakeia*, chimie.)

FARNA, voyez BEOURE.

FARNO, voyez MECO.

FARNOUS, voyez MECOUS.

FARNOUS, voyez FARINOUS.

FAROT, adj. Bavard; Élégant, recherché: *Aco's un farot*, c'est un recherché.

FAROU, s. m. Chien de berger: *Lou farou me bal un pastre*, le chien me vaut un berger.

FAROUXE, O, *Farouche*, adj. Farouche, féroce, sauvage, non apprivoisé; fig., Insociable, misanthrope, austère, rigide: *Cal pas estre tant farouxe*, il ne faut pas être si rigide. (Du latin *ferox*.)

FARRA, *Ferra*, v. act. Ferrer, garnir de fer; Mettre le, ou les fers à un cheval; Mettre le ferret à l'aiguillette, au lacet: *N'es pas farrat de cado cap*, il n'est pas ferré de chaque bout; Embattre, couvrir une roue de bandes de fer: *Dema farraren las rodos*, nous embattrons les roues demain. (Racine *fer*.)

D'un gibré débourent lous aoubrés sou poudrats;
D'un pobat dé cristal lous comis sou *forrats*.
Lou mal tems o dé l'aïgo endurcit lo surfaço:
Un filet, tout escas, né coulo joust lo glaço. PRAD.

FARRADAT, *Ferratat*, s. m. Plein un seau: *Un farradat d'aygo*, un seau d'eau. (Racine *fer*.)

Un crespé général ocotabo lo terro;
Lous liousses è lous trons, imatgé dé lo guerro,
Lou sillomen dins dins lous airs débondats,
Lo pléjo qué del cél toumbabo o *forrodats*,
(È per malhur, dé grélo éro un bricou mesclado),
Tout pourtabo l'esfraï dins soun amo troublado.
PRAD.

FARRAMAOUCO, s. f. L'Ogre; le Moine bourru, épouvante qu'on fait aux enfants; fig., Femme mal ajustée: *Semblo la farramaouco*, elle ressemble au moine bourru.

FARRAMAT. adv. Beaucoup, plusieurs: *Pourtabo un farramat de papiés*, il portait beaucoup de papiers.

FARRAPAT, voyez FARRAMAT.

FARRAT, *Ferrat*, s. m. Seau, vaisseau pour puiser, transporter de l'eau: *Pourtabo lou farrat ple*, elle portait le séau plein. (Racine *fer*, à cause des cercles de fer dont il est garni.)

FARRATAYLHO, voyez FARRATEGOS.

FARRATEGA, v. act. Remuer de vieux fer, des vieilleries.

FARRATEGOS. s. f. Ferraille, petits morceaux de vieux fer; Vieillerie, chose de peu de valeur. (Racine *fer*.)

FARRAXO, voyez FERRAXO.

FARRAYLHA, *Ferraylha*, v. n. Ferrailler, faire du bruit en frappant des épées les unes contre les autres; s'Exercer à l'escrime. (Racine *fer*.)

FARRAYLHO, *Ferraylho*, s. f. Ferraille, vieux morceaux de fer usés ou rouillés: *Met-bo à la farraylho*, mets-le à la ferraille.

FARRET, voyez FERRET.

FARROMAOUCO, voyez FARRAMAOUCO.

FARROMEN, s. m. Ferrement, garniture de fer: *Lou farromen de las portos es acabat*, le ferrement des portes est fini. (Racine *fer*.)

FARROUL, voyez BARROUL.

FARROUX, s. m. Farrouch, espèce de foin, de fourrage.

FARRURO, *voyez* FERRURO.
FARRUTO, s. f. Caboche, petits clous à grosse tête pour mettre sous les sabots, les souliers. (Racine *fer.*)
FARS, *voyez* FARCIT.
FARSA, v. n. Farcer, faire, dire des farces: *Gna pas per farsa*, il n'y a pas pour rire.
FARSUN, *voyez* FARCIT.
FARTALIA, *voyez* TRIA.

## FAS

FASSOUNOUS, *voyez* FAYÇOUNOUS.
FASTI, s. m. Dégoût, nausée, soulèvement d'estomac causé par la vue de certaines choses, ou de certaines personnes dont la malpropreté soulève le cœur : *Fa fasti*, il soulève le cœur. (Du latin *fastidium.*)
FASTIDIOUS, OUZO, adj. Fastidieux, euse, qui cause du dégoût, un excessif ennui : *Aco's fastidious de lous beze fa*, c'est fastidieux de les voir agir. (Du latin *fastidiosus.*)
FASTIGA, v. act. Dégoûter, soulever l'estomac ; Donner des nausées. (Du latin *fastidire.*)
FASTIGOUS, OUZO, adj. Dégoûtant, te, fastidieux : *Lou bouylhoun es fastigous à un malaout*, le bouillon est dégoûtant pour un malade ; Délicat, difficile pour son manger : *Es tout ple fastigous*, il est très-délicat. (Du latin *fastidiosus.*)

Yeou beni d'un endrex ount se sou truffats
Dal paoure Guiraldenq, amaï yéou m'y sou fax.
Certos es *fastigous*, et talomen parlaïré,
Qué quand un cop bous ten, on pot pas s'en desfaïré.
D.

FASTIS, *voyez* FASTI.

## FAT

FAT, ADO, *Pirol*, adj. Fou, folle, extravagant ; fig., Réjoui, divertissant : *Que sios fat!* que tu es amusant. (Du latin *fatuus.*)

Et peys el sap, o ieu souy ta truffat
Que Caton dis que l'home es un gran fat
D'ana sur Tarn, en pax ni may en guerro,
Ni sur la mar, s'el pot ana pèl terro.
Soun dire el es, qu'el val may alounga
Qu'ana se mettre en dangié de nega. A. G.

FATA, *voyez* PEYLHA.
FATAL, O, adj. Fatal, le, funeste, nuisible, calamiteux, trajique. (Du latin *fatalis.*)
FATALEGOS, *Fexelegos*, s. f. Les Peaux, les nerfs de la viande : *M'a pas baylat que de fatalegos*, il ne m'a servi que des peaux.
FATALITAT, s. f. Fatalité, hasard malheureux : *Aco's uno fatalitat*, c'est une fatalité. (Du latin *fatalitas.*)
FATAYRE, *voyez* PEYLHAYRE.
FATETO, *voyez* FARDETO.
FATIGA, v. act. Fatiguer, donner de la fatigue, de la peine ; Lasser : *Fatigo pla cado xoun*, il fatigue beaucoup chaque jour ; fig., Importuner, ennuyer. (Du latin *fatigare.*)
FATIGA (SE), v. pro. Se Fatiguer, travailler beaucoup ; se Lasser.
FATIGANT, O, adj. Fatigant, te, qui donne de la fatigue ; Ennuyeux, importun.
FATIGO, s. f. Fatigue, travail pénible, capable de lasser ; Lassitude causée par le travail, la marche : *Sentissi uno grando fatigo*, je sens une grande fatigue. (Du latin *fatigatio.*)

Mais qu'és oïço ? Grond Diou ! cresé qué plocu dé flamo ;
Lou brondou del Soulel nous coy jusquos o l'amo ;
Sous fougoussés chobals dé *fotigo* oltérats,
Bubou l'humou dès comps, poumpou lou suc dès prats,
Los flours penjou lou col sur lour combo sécado,
Del riou lou pus hordit lo courso és orrestado,
PRAD.

FATO, *voyez* PEYLHO.
FATOU, *voyez* FATTOU.
FATRAS, s. m. Fatras, amas confus ; Haillon, chose usée, inutile : *Aco's pas qu'un fatras de mayt*, ce n'est qu'un embarras de plus. (Du latin *farta*, sous-entendu *scripta, verba*, papiers remplis, pleins.)
FATRASSA, *voyez* FATRASSEXA.
FATRASSARIÈ, *Fatrassario*, s. f. Bagatelles, choses de peu d'importance, de peu d'utilité.
FATRASSES, s. m. Guenille, chose plus embarrassante que utile : *Xeto-me toutes aqueles fatrasses*, jette toutes ces guenilles.
FATRASSEXA, *Fatrassejha*, v. act. Fatrasser, s'occuper à peu de chose ; Farfouiller, fouiller en brouillant.
FATRASSIÈ, adj. Qui s'occupe, qui sait employer utilement ses loisirs ; Ingénieux ; Incommode, tracassier, importun : *Stos un fatrassiè*, tu es un importun.
FATRASSOUS, OUZO, adj. Remuant, te, tracassier : *Laysso aco, fatrassous.*
FATTIOU, *Fatxiou*, s. f. Faction, guet, que fait un soldat en sentinelle. (Du latin *factio.*)
FATTIOUNARI, s. m. Factionnaire, soldat en faction : *Y'abio de fattiounaris à toutas las portos*, il y avait des factionnaires à toutes les portes. (Du latin *factionnarius.*)
FATTOU, s. m. Facteur, commis chargé de négoce : *Parlas al fattou*, parlez au commis ; Distributeur de lettres : *Quand lou fattou bendra, y baylaras la letro*, quand le facteur viendra, donnez-lui la lettre ; Faiseur d'instruments. (Du latin *factor.*)

Nous a mandat (Dious) per soun *fattou*
Soun fil, soun berbe adouraple. PUJ.

FATTURA, *voyez* FABRICA.
FATTURO, s. f. Facture, détail, état, mémoire des marchandises vendues, avec leur prix : *Abes aqui la fatturo*, vous avez là la facture. (Du latin *factura.*)

## FAV

FAVAROOU, *voyez* FABOUN, MOUNXO.
FAVIOU, *voyez* FABOUNS FRESQUES.
FAVO, *voyez* FABO.

## FAX

FAXA, *Facha*, v. act. Fâcher, causer du déplaisir ; Contrister ; Mortifier ; Choquer ; Offenser ; Courroucer : *M'a pla faxat*, il m'a bien fâché.
FAXA (SE), *Facha (Se)*, v. pro. Se Fâcher, prendre du chagrin, se mettre en colère : *Se faxo, amay a razou*, elle se fâche, et elle a raison ; Être blessé, choqué, offensé d'une chose : *Me faxi dal brux qu'entendi cado neyt*, je me fâche du bruit que j'entends toutes les nuits ; Cesser d'être d'accord ; Prendre mutuellement de l'humeur. (Suivant Ménage du latin *fascis*, dans le sens de *charge, fardeau.*)

**FAXAL**, *Fayal*, s. m. Batitures; t. de forg. Parcelles métalliques qui se détachent du métal que l'on forge.
**FAXARIÉ**, *Facharie*, s. f. Fâcherie, déplaisir.

Coumbe que *facharie* m'agiou dado fort grando
El lou me cal ayma peys que Dious o coumando. A. G.

**FAXAT, ADO**, *Fachat*, adj. Fâché, ée, blessé, choqué, mortifié : *Ne sabi un de pla faxat*, j'en connais un de bien fâché.
**FAXELIÉ, ÉYRO**, *Fachelié*, s. m. f. Sorcier, devin : *Te douti faxelié*, je te doute pour devin. (Du latin *fatum*, oracle, prédiction.)

Paouro Jano la *fatchillèro*,
Aro que zou bouldros nou la ses pas sourcièro !
Et beleou qu'al mati quand abios lou co ple
L'as estado sans zou boule. J.

**FAXELIÈYRO**, *Fachelièyro*, s. f. Tourbillon, vent follet qui fait tourner la poussière et tous les corps légers, et les élève fort haut en forme de colonne : *La faxelièyro b'a nemeno tout*, le vent follet enlève tout.
**FAXELHIÈYRO**, *Fachelièyro*, s. f. Cauchemar, sentiment d'un poids incommode sur la région épigastrique, pendant le sommeil, avec impossibilité de se mouvoir, de parler, de respirer, état qui finit par un réveil en sursaut, après une anxiété extrême : *La faxelhièyro m'a caxat aquesto neyt*, le cauchemar m'a fatigué cette nuit.
**FAXO**, *Facho*, s. f. Faîne, fruit du hêtre : *Cal ana ramassa la faxo*, il faut ramasser le faîne. (Du latin *fagina*.)
**FAXOUS, OUZO**, *Fachous*, adj. Fâcheux, euse, importun, incommode, qui ennuie, fatigue, excède, chagrine : *Aco's pla faxous*, c'est bien fâcheux. (Racine *faxa*.)

S'és bertat qué m'aïmés, ba fazés drollomen,
Car bous mé querélas, anfin, à tout moumen;
Sabés pas dire res, sounco de mots *faxouzés* :
Qui xamaï pus à bist dé galans tant ergnouzés. D.

## FAY

**FAYAL**, s. m. f. Intrigant, importun par trop de prévenances ; Un entendu : *Aco's un fayal*, c'est un entendu.
**FAYAL**, voyez FAXAL.
**FAYALEXA**, v. n. Fureter ; s'Informer, s'entremettre, s'intriguer : *S'en ba fayalexa pertout*, elle va furetant partout.
**FAYANÇARIÉ, ARIO**, s. f. Faïencerie, fabrique de faïence : *Es anat à la fayançarié*, il est allé à la faïencerie.
**FAYANCIÉ**, s. m. Faïencier, fabricant, marchand de faïence.
**FAYANÇO**, s. f. Faïence, sorte de poterie de terre fine vernissée. (De l'italien *faenza*.)
**FAYCHINO**, s. f. Coussin de portefaix.
**FAYÇOU**, s. f. Façon, manière dont une chose est faite; Sa forme : *N'a pas bouno fayçou*, il n'a pas bonne façon; Main d'œuvre, son prix : *La faiçou ha rand car*, la façon le rend cher ; labour donné à une vigne, à un champ ; Mine, port, taille : *A pla bouno fayçou*, elle a fort bonne façon. (Du latin *factio* de *facere*, faire.)

Bostro *fatçou* d'axi nou m'agrado pas brico,
Bous coumpourtas d'un biaïs qué cadun bous critico,

Sé bous counrexas pas, bésés, aqui dessus,
Souï tout determinat à bous parla pas pus. D.

**FAYÇOUGNÉ, ÉYRO**, adj. Façonnier, qui fait des façons ; Complimenteur, formaliste : *Es trop fayçougné*, il est trop complimenteur.
**FAYÇOUNA**, v. act. Façonner, donner la façon, orner, embellir la forme : *Aco's pla fayçounat, ne cal counbeni*, fig., Accoutumer, dresser, habituer; Fermer, instruire : *Aben agut peno à la fayçouna un briçou*, nous avons eu peine à la façonner un peu.
**FAYÇOUNA (SE)**, v. pro. Se Façonner, se former.
**FAYÇOUS**, s. f. Façons, refus pour être prié davantage; Manières cérémonieuses, minauderies: *Quant de fayçous!* combien de façons ! (Racine *fayçou*.)
**FAYLHÈYRO**, s. f. Fougère, sorte de plante dont la feuille est très dentelée : *Anan coupa las faylhèyros*, nous allons couper les fougères. (Du latin *filicaria*.)
**FAYLHITO**, s. f. Faillite, banqueroute non frauduleuse. (Du latin *fallere*.)
**FAYO**, s. f. Terme de bot., Jusquiame.
**FAYRE FA**, voyez FA.
**FAYRI**, *Enperlézi*, v. n. Perdre, égarer : *Sabi pas ount b'ey fayrit*, je ne sais où je l'ai égaré.
**FAYS**, s. m. Faix, charge, fardeau, masse, poids: *Y'a un gran fays*, il y a un grand faix. (Du latin *fascis*.)

Moun bentré n'és pas un polié
Qué réjoungo dé biendo o *faïssés* ;
Mais l'y cal per jour dous répaïssés :
Per to pla qu'el ajo dinat,
Quond l'oumbro ben cossa l'esclairé,
É qué cad'u…, dé poou dé l'aïré,
Met tras so porto un codénat,
Bé mé digas coussi roundino !
Ount qué mé trobé, oco n'ouat,
D'aussi-tôt cal bira l'esquino
Per ona jougné lo cousino ;
O qui l'opitarré, Dioùsap !
D'empiey lou founds jusquos ol cap :
Otal oppaïsé soun murmuré.
PRAD.

**FAYSSEJHA**, voyez FAYSSEXA.
**FAYSSELO**, s. f. Faisselle, caserette, fromager, vase troué pour faire égoutter le fromage : *Es encaro dins la fayssolo*, il est encore dans la faisselle.

Dins lo *foïssélo* oprès estourro l'oncolat,
É lou met o séca luen dé l'arpo del cat. PRAD.

**FAYSSES**, s. m. Fardeaux, charges : *Ey pourtat dous faysses à la plaço*, j'ai porté deux charges à la place; *A faysses*, à foison.
**FAYSSEXA**, *Faissejha*, v. act. Porter plusieurs charges de quelque chose. (Racine *fays*.)
**FAYSSIÉ**, s. m. Porte-faix, crocheteur. (Racine *pourta*, *fays*.)

Guilhomo franciman, coumpagnou pastissié,
Aouzic crida dé bi per un drolle *faïssié*.
Hau bi dé bigno bi, hau bi à quatre douplés
Et dissec, pa peïs allons faire un effort,
Allons boire d'un vin qui doit être bien fort,
Car le crieur a dit qu'il est à quatre doubles. G.

**FAYSSO**, voyez PESSO.
**FAYSSOU**, voyez FAYÇOU.
**FAYSSOUGNÉ, ÉYRO**, adj. et subs. Façonnier,

# FED     FEL    237

ère, qui fait trop de façons, trop de cérémonies.

**FAYSSOUS**, adj. Incommode, insupportable, fatiguant.

**FAYT, O**, adj. Fait, te; Exécuté, accompli; Qui s'est amélioré, en parlant de certaines choses; Qui commence à se faisander, en parlant des viandes; Dressé, exercé, formé : *Y'es pas encaro pla fayt*, il n'y est pas encore fait. (Du latin *factus*). Beau, de belle taille, de bonne mine : *Aco's segur, es pla fayto*, c'est une vérité, elle est bien faite.

## FAZ

**FAZANDAT**, voyez AFFAZANDAT.
**FAZEGO**, voyez ALFAZEGO.
**FAZEYRE, O**, s. m. f. Faiseur, euse, qui fait, qui fabrique : *Aco's uno bouno fazeyro de raoubos*, c'est une bonne faiseuse de robes. (Du latin *factor*.)

## FE

**FE**, s. f. Foi, croyance, soumission de l'entendement, de l'esprit; Adhésion aux vérités révélées : *N'a pas la fe*, il n'a pas la foi; Crédulité, simplicité, droiture, véracité : *Y'a de bouno fe*, il y a de bonne foi. (Du latin *fides*.)

O Laïssac! moun amic! — segounda prouvidença
Qué lou Ciel m'o dounat dins un jour dé souffrença,
Anja qué dins moun cor as ranimat la fé;
Del malhur m'as banit la soumbra inquiétuda
É coumma l'Homme-Diou, vechen ma lassituda,
M'as fach répaousa sus toun sé!     PEYR.

**FE**, s. m. Foin; herbe des prés coupée et séchée qui sert de nourriture aux chevaux, etc. : prov., *Annado de fe, annado de re*, année de foin, année d'erien. (Du latin *fenum*.)

## FEB

**FEBRES**, voyez FIEBRES.
**FEBRIÉ**, s. m. Février, second mois de l'année commune : *Al mes de febrié xournal entié*, au mois de février journée entière. (Du latin *februarius* fait de *februalia* fête que les anciens romains célébraient dans ce mois, et qui consistait dans une purification générale de tout ce peuple. Ce mot vient de *februare* expier, purifier.)

Aro, o cops dé destral récuras l'omellié;
Flouris, coumo sobés, en despiech dé *febrié*.     PRAD.

## FEC

**FECOUNDITAT**, s. f. Fécondité. (Du latin *fecunditas*.)

## FED

**FEDERAT**, s. m. Fédéré, membre d'une fédération : *Aco's un federat*, parce qu'il a fait partie de la fédération des 100 jours.
**FEDERATIOU**, s. f. Fédération, alliance, union des ordres d'un état; Pacte entre eux de défendre mutuellement leurs droits. La fédération eut lieu le 14 juillet 1790 : *Lou xoun de la federatiou diguèrou la messo al maylhe*, le jour de la fédération on dit la messe au Maille, à Castres.
**FEDO**, s. f. Brebis, femelle du bélier : prov. *Per uno fedo rougnouso cal pas bendre tout lou troupel*, pour une brebis galeuse il ne faut pas vendre tout le troupeau. (Du latin *fœta* sous-ent. *pecora*.)

D'un cousta t eroun lous agnèls
Dé l'aoutre messius lous védèls;
Et lous cabris avien sas clédas
Procha lous manis dè las *fédas*.
Trouvan de lach dins dé gràns pos
Dé téra dé Sen-Jan-dé Fos,
Et dé buré dé bona mèna
Dins dé banastas dé jounquino.     FAV.

## FEG

**FEGNAL**, s. f. Fenil, grange, grenier à foin, lieu où l'on serre le foin; fig., gros mangeur en parlant des bœufs. (Du latin *fenum*.)

A péno dal coutel, armat coumo un bourreou,
Anabi sans piétat embentra lou gateou,
Quand el mêmes, d'un saout que fa trambla la taoulo,
Se quilho dabant yeou, et prengan la paraoulo,
D'un ayre regassat me dis...: douple gourman!
A peno d'al soupa layssos la siéto neto
Que tres portos pus len benes ploura de fan
Et tournos sus xinouls desplega la sirbeto!
Qu'es dounc toun estoumac?... un poux... uno *fegnal*,
Per qu'un plat de fabouns, munit dé sas coudenous,
Nou fago qu'amuza toun tarripié coyssal
Sans te poude xamay layssa las tripos plenos!
Perce que me beyras moufle; tres et pla bel,
D'escorço de citroun l'esquino festounado
Crezes que balgo mayt qu'aquello fabounado
Que te fa muzica sans enxo ni fiouleł?...     A. B.

**FEGNANT, O**, s. m. f. Fainéant, te, paresseux, qui ne veut rien faire : *Aco's un fegnant*, c'est un fainéant; Négligent, indolent, oisif. (De l'italien *far nientes*.)

Dé missons gornimens monquo pas dins los billos
Persounos ol public, pér lou mens, inutilos :
Sus oquélés *fénians*, messiurs, bous cal clopa,
E loïssa dé répaous lous qué gognou lou pa.     PRAD.

**FEGNANTEXA**, v. n. Fainéanter, ne rien faire par paresse : *Es à prequis à fegnantexa*, il est par là à fainéanter. (Racine *fegnant*.)
**FEGNANTIZO**, s. f. Fainéantise, paresse lâche; Vice de fainéant : *La fegnantizo lou descaouzis*, la fainéantise le désole.

## FEJ

**FEJHE**, voyez FEXE.

## FEL

**FEL**, s. m. Fiel, liqueur jaunâtre et amère, contenue dans un petit réservoir attaché au foie. (Du latin *fel*.)

Aco's, besés, l'actiou la pus negro qué y'axo;
Yeou, per dex milo francs, bouldrio pas l'abé faxe;
Car sé m'éro aribat dé fairé un tret parel,
Crezi qué sul moumen m'arrancario lou *fel*.     D.

**FELA**, v. act. Fêler, faire un commencement de fente à un vase, un carreau.
**FELA (SE)**, v. pro. Se Fêler, se fendre, en parlant d'un vase, d'une cloche : *La campano s'es felado*, la cloche s'est fêlée. (Du latin *fissiculare*.)
**FELAT, ADO**, adj. Fêlé, ée, légèrement fendu, en parlant d'un vase, etc.; au fig., Personne un peu folle : *Cal que siogo un bricou felado*, il faut qu'elle soit un peu fêlée.

**FEL DE TERRO**, s. m. Centaurée petite.
**FELICITA**, v. act. Féliciter, complimenter, quelqu'un sur un bonheur, un avantage, un succès, etc. : *Bous pouden felicita*, nous pouvons vous féliciter. (Du latin *felicitas*.)
**FELICITA (SE)**, v. pro. Se Féliciter, s'applaudir de... : *Me podi felicita d'aquel coustat*, je puis me féliciter de ce côté.
**FELICITAT**, s. f. Félicité, jouissance parfaite, bonheur extrême : *Bous souàti touto sorto de felicitat*, je vous souhaite toute sorte de félicité. (Du latin *felicitas*.)
**FELICITATIOU**, s. f. Félicitation, compliment. (Du latin *felicitas*.)

### FEM

**FEME**, s. f. Femelle, l'animal qui conçoit et porte les petits ; fig., terme d'arts et métiers, Fer creusé pour recevoir un autre fer ; Couteau de dessous des forces des tondeurs. (Du latin *femina*.)
**FEMELO**, s. f. Espèce de choux.
**FEMOURAS**, voyez FOUMERIE.

### FEN

**FENAÏRA**, voyez FENEXA.
**FENAIRAZOUS**, voyez FENEXAZOU.
**FENASSA**, voyez APRADI.
**FENASSIE**, voyez ESTAPLAYRE.
**FENASSIÉ**, s. m. Marchand, débitant de foins ; Loueur d'étables ; Celui qui prend à l'établage des chevaux. (Du latin *fenum*.)
**FENAXE**, *Fenajhe*, s. m. Foin, fourrage que mange un cheval dans un jour : *Lou boli prène à fenaxe*, je veux le prendre en fourrière. (Racine *fe*.)
**FENAXE**, *fenajhe*, s. m. Fourrière, lieu où l'on met les bestiaux en pension ; Où l'on les nourrit à tant par jour : *Bal mayt lou mettre à fenaxe*, il vaut mieux le mettre en fourrière. (Racine *fe*.)
**FENAZOUS**, s. f. Fanaison, fenaison, temps de la coupe et du fanage des foins : *Aben de poulidos fenazous*, nous avons de belles fanaisons. (Du latin *fenum*.)
**FENDAILLAT**, voyez FENDILHAT.
**FENDASCLO**, voyez FENDO, SEDO.
**FENDILHA (SE)**, v. pro. Se Fêler, se gercer, se fendre ; s'Entrouvrir, bailler de sécheresse : *Las postes se sou toutos fendilhados*, les planches se sont entrouvertes. (Du latin barbare *fissiculare*.)
**FENDILHO**, voyez FENDO.
**FENDO**, *Fento*, s. f. Fente, ouverture longitudinale qu'on a faite en fendant, ou qui s'est faite d'elle-même : *Y'a uno grosso fendo*, il y a une grosse fente ; Gerçures des rochers : *De per la fendo sourtis uno racino*, de la fente sort une racine. (Racine *fendre*.)
**FENDRE**, *Ascla*, v. act. Fendre, diviser, séparer, couper en long ou autrement : *Nous cal fendre las aclos, sou trop grossos*, il nous faut diviser les bûches, elles sont trop grosses ; Traverser ; fig. Causer un violent mal de tête ; Causer une vive douleur. (Du latin *findere*.)
**FENEJA**, voyez FENEXA.
**FENESTRASSO**, s. f. Grande Fenêtre, grande ouverture.
**FENESTRO**, *Finestro*, s. f. Fenêtre, ouverture pour donner le jour ; sa Fermature en bois, en verre : *Dourbis la fenestro*, ouvre la fenêtre. (Du latin *fenestra*.)

Que y'abes attroubat per bous randre amourouzo ?
Sabi que cado neït, aban lou prumié soun,
Ben xous bostro *fenestro* et xogo dal bioulonn ;
Beloou qu'en bous dounen aytal la serenado,
Sera bengut à bout de bous abe xarmado. D.

**FENESTROU**, s. f. Petite Fenêtre.
**FENEXA**, *Fenejha*, v. act. Faner, étendre, tourner l'herbe fauchée pour la faire sécher : *Anas un paous fenexa aban de gousta*, avant goûter allez faner un peu. (Du latin *fenum*.)
**FENEXAYRE**, O, *Fenejhayre*, s. m. f. Faneur, euse ; Gens de journée pour faner : *Cal pourta lou gousta as fenexayres*, il faut porter à goûter aux faneurs. (Racine *fe*.)
**FENI**, voyez FINI.
**FENIOL**, voyez FEGNAL.
**FENIX**, s. m. Phénix ; fig., Personne, chose unique dans son genre : *Aco's un fenix*, c'est un phénix. (Du grec *phoinix*.)
**FENNASSIÉ**, adj. Coureur de femmes ; Homme de mauvaise vie. (Racine *fenno*.)
**FENNASSO**, s. f. Grande, grosse, vilaine femme.
**FENNIL**, *Fennoto*, s. f. Petite femme.
**FENNO**, s. f. Femme, femelle de l'homme ; Épouse : *Nostro fenno ba m'a dit*, ma femme me l'a dit. (Du latin *femina*.)

È yeou qué vaòu daou pus gran trin,
Yeou *fenna* amay sur dé Jupin,
Yeou, qué souy pourtada èn cadieyra,
Quan lous Dious van à la bandieyra,
Me faou lucha, despioy dech ans,
Countra un pougnat dé sacripans !
Qu'aou voudra, sé nou lous vencessé,
M'ouffri lou mèndre sacrifice ?
Restara-ti quaoucus prou baou
Per m'immoula vaca ni braou ?
Pecayre ! aouray pas una feda,
Pas un agnèl, pas una onéda ;
Baste un lazer, baste quicon,
Baste adoumens lou fun d'un estron. FAV.

**FENNUN**, s. m. Troupe de femmelettes.
**FENOMÈNO**, s. m. Phénomène, tout ce qui apparaît de nouveau, d'extraordinaire dans le ciel, dans l'air ; fig., Ce qui surprend par sa nouveauté, sa rareté. (Du grec *phainômai*, apparaître.)
**FENOUL**, s. m. Fenouil, plante aromatique, sa graine : *Bol fuma lous fenouls*, il veut fumer les fenouils. (Du latin *feniculum*.) Les semences de fenouil chassent les vents selon ce vers de l'école de Salerne :

Semen feniculi pellit spiramina culi.

On peut le traduire ainsi :

La grano de *fenoul*
Casso lou pets del xioul.

**FENOUYLHET**, s. m. Fenouillette, pomme qu sent le fenouil.
**FENOUYLHETO**, s. f. Millefeuille, fleur radiée.
**FENOUYLHEYRO**, s. f. Terre couverte de fenouils.
**FENS**, s. m. Fumier, litière des chevaux, du bétail, mêlée de leurs excréments, dont on se sert pour amender les terres ; Excréments de certains animaux : *Lou fens fa lou boun blat*, le fumier fait le bon blé. (Du latin *fimum*.)

Per l'onnado qué bé s'oun pensabos d'obonço,
Risquorios dé monja sons micho lo pitonço ;
Curo otobé l'estable, é corréjo lou *fens*,
N'espargnés pas lous biogus : aro, coumo ol printems,

L'herbo creys sul debés, oboundo dins lo prado,
S'y pourrau pla corra touto lo motinado. PRAD.

**FENSO**, s. f. Fiente; Excrément : *Fa la fenso per la bouco*, il rend les excréments par la bouche.

## FEO

**FEO**, s. f. Fée, vieille femme, singulière par son ajustement : *S'abilho coumo uno féo*, elle s'habille comme une fée. (Du latin *fata*, de *fari*, parler.)

**FEODISTO**, s. m. Feudiste, versé dans la matière des fiefs. (Du latin *fœdus*, traité, alliance, à cause des obligations respectives contractées par les Seigneurs et les feudataires.)

**FEOU**, *voyez* FEL.

**FEOUZE**, *voyez* FAYLHEYRO.

## FEP

**FEPLE**, s. m. Faible, défaut principal; Passion dominante : *Cadun a soun feple*, chacun a son faible; Affection excessive; Indulgence outrée; Disposition à tout pardonner : *M'a sentit lou feple*, il a senti mon faible.

Per sé mettré'o couhert d'un tems to rigourous,
Jusquos dins lous houstals bénou lous aussélous.
Qué rigou dé moun féblé, you non m'en chaouté gaïré;
Quond lous bésé offomats é morts dé frech, pécaïré,
Lour jetté, sons reproché, un pouguat dé froumen.
PRAD.

**FEPLE**, O, adj. Faible, qui manque de force; Débile : *Es touxoun pla feple*, il est toujours bien faible; Qui n'a pas assez de force, de vigueur, de consistance pour agir, porter, se mouvoir, soutenir; Qui manque de fermeté, d'énergie; Qui se laisse aller à toutes sortes d'impressions. (Du latin *flexibilis*, déplorable.)

**FEPLESSO**, s. f. Faiblesse, manque de force; Débilité; Infirmité; Défaillance; Evanouissement : *A agut dos feplessos*, elle a eu deux faiblesses; Défaut de ce qui est faible; Défaut de fermeté, de caractère : *A trop de feplesso per sa filho*, elle a trop de faiblesse pour sa fille.

Ma tourtourello, agaxo m'a *feplesso*,
Me laysses pas expira de doulou;
Finis lou dol qu'attristo ma xuynesso,
Raud-me toun cor dins un tendre poutou. A. B.

**FEPLI**, v. n. Faiblir; Mollir; Perdre de sa force, de son courage, de son ardeur; se Relâcher, se laisser gagner; Déférer; Céder; Fléchir, plier. (Racine *feple*.)

**FEPLOMEN**, adv. Faiblement, avec faiblesse; Médiocrement, à peine.

## FER

**FER**, s. m. Fer, métal dur, ductile; Instrument, outil en fer, partie en fer de certains instruments : *Abanço lou fer, douno de fer*, avance le fer, donne du fer; Chaines; Menottes; Peines des galères : *E coundamnat as fers*, il est condamné aux fers; Fer de cheval; t. de cord. Fer de corderie. (Du latin *ferrum*.)

Repetareï, se cal, aoutré cop, amaï dous,
Que l'oubraxé bal pas lous quatre *fers* d'un gous. D.

**FERA**, *voyez* FARRAT.

**FERADA**, *voyez* FARRADAT.
**FERAJHE**, *voyez* FERRAXE.
**FERAJHEIRO**, *voyez* FERRAXAL.
**FERAMENTO**, *voyez* FERRAYLHO, FERRURO.
**FER A CABILHOS**, s. m, T. de cordon. Fer à chevilles.
**FER A CAMBRURO**, s. m. Fer à cambrure.
**FER A COSTO**, s. m. Fer à côtes.
**FER A EMBOYTAXE**, s. m. Fer à emboîtage.
**FER A PICURO**, s. m. Fer à piqûre.
**FER A PIXOU PUN**, s. m. Fer à petit point.
**FER A UNI**, s. m. Fer à unir.
**FER A XUNTURO**, s. m. Fer à jointure.
**FERBENT**, O, adj. Fervent, te; t. de dévotion, Qui a de la ferveur; Ardent, zélé. (Du latin *fervens*.)

Diou puissent !... del leprous délayssat sur la terra,
Sé voulios escouta sa *fervento* priéra,
Quouèqué t'ache layssat loun-tens à l'abandou,
Veyrios dins toun éfan, ô grand Diou redoutablé,
Un éfan qué gémis d'estré à tous yols coupablé,
É qué ven à tous pès té demanda perdou. PEYR.

**FERBENTOMEN**, adv. Ferventement, avec ardeur, zèle.

**FER-BLANC**, s. m. Fer-blanc, fer en lames recouvertes d'étain : *Uno feylho de fer-blanc*, une feuille de fer-blanc. (Racine *fer*.)

**FERBLANTIÉ**, s. m. Ferblantier, ouvrier, artisan qui travaille le fer-blanc; Marchand d'ustensiles en fer-blanc : *Diras al ferblantié de beni*, tu diras au ferblantier de venir.

**FERBOU**, s. f. Ferveur, ardeur pour les choses de piété, de charité; Zèle. (Du latin *fervor*.)

**FERIEYRO**, *voyez* FERRIEYRO.

**FERLUQUET**, s. m. Freluquet, damoiseau, petit maître; Homme léger, frivole : *M'as pla l'ayre d'un ferluquet*, tu m'as bien l'air d'un freluquet. (De l'italien *fanfaluca*, fanfreluche.)

Sabés qué l'on pouirio baïssa bostre caquet.

Yeou me trufi de bous coumo d'un *freluquet*. D.

**FERMA**, Tanca, Tampa, v. act. Fermer, boucher, clore, enfermer, enclore, entourer, environner; Plier, cacheter : *Beni de ferma la lettro que y'escribi*, je viens de fermer la lettre que je lui écris; Fermer la porte à quelqu'un; Fermer les yeux, faire semblant de ne pas voir : *Cal ferma lous èls sur fossos caousos*; Imposer silence à quelqu'un : *Y'a fermado la bouco*. (Du latin *firmare*, affermir, assurer.)

**FERMATURO**, s. f. Fermeture, ce qui sert à fermer : *Manco las fermaturos*, il manque les fermetures.

**FERMAXE**, s. m. Fermage, loyer, louage, prix de ce qu'on afferme à loyer : *Lou fermaxe es fort car*, le fermage est fort cher.

**FERME**, O, adj. Ferme, dur, compacte; Fort, robuste, qui tient sans s'ébranler; Fixe, assuré, en parlant de la voix, de la contenance; fig., constant, invariable, qui ne change point, résolu; Hardi, intrépide, inflexible : *Es estat ferme*, il a été ferme. (Du latin *firmus*.)

Parés, ô mort ! l'espéré dé pè *fermé*;
La toumba és tout cé qué podés m'ouffri.
A mous malhurs mèt vité doun un termé,
Es bé qué trop dé vioure é dé souffri. PEYR.

**FERME**, adv. Ferme! Courage! Avec force, avec vigueur. (Du latin *firmè*.)

**FERMENTA**, v. act. Fermenter, causer la fermentation; s'Agiter, se diviser, se décomposer par la fermentation. (Du latin *fermentare*.)

**FERMENTATIOU**, s. f. Fermentation, mouvement interne d'un liquide qui se décompose; fig., Agitation, division des esprits : *Y'a uno grando fermentatiou dins aquesté moumen*, il y a une grande fermentation dans ce moment. (Du latin *fermentatio*.)

**FERMETAT**, s. f. Fermeté, dureté; fig., Assurance, constance, courage : *A uno grando fermetat*, elle a un grand courage. (Du latin *firmitas*.)

**FERMIÉ**, *Rendié*, s. m. Fermier, celui qui tient, qui prend à ferme : *Lou fermié es bengut*, le fermier est venu.

Mais, à l'hounou dé la patria
On pot bé diré as directurs,
*Fermiés*, coumisses, countroulurs,
Bravas sagatas qué la minoun,
Qu'on la sussén aoumén faquinoun;
Sóun pus fiers qué lous grans ségnous,
Croumpoun chivals, putas, bijous;
É dounoun cour aou racubatori
Qué n'an tirat dé l'escritori;
Mais, à la glouèra dé l'estat
Rouzigoun la souciétat :
Trouvaras doun pas may estranjo
Qu'un aoutre goufre bugue é manje. Fav.

**FERMO**, s. f. Ferme, domaine, bien rural; Bail ou louage d'un bien, d'une recette; Terme de charpentier, Ferme, elle se compose d'un entrait, *poudro, peço*; de deux arbaletiers, *balestriés*, et d'un poinçon, *poinçoun* : On place les fermes de distance en distance pour porter les pannes, *pansieyros*, et les chevrons, *cabirous*. (Du latin *firma*.)

**FERMOIR**, s. m. Fermoir, attache d'un livre; Agraffe qui sert à fermer. (Racine *ferma*.)

**FERMOMEN**, adv. Fermement, avec force; Invariablement : *Crezi fermomen que bendra*, je crois fermement qu'il viendra. (Du latin *firmiter*.)

**FEROU**, voyez CAXOU.

**FEROUCITAT**, s. f. Férocité, barbarie, cruauté. (Du latin *ferocitas*.)

**FERRA**, voyez FARRA.

**FERRADOU**, s. m. Ferretier, marteau de maréchal pour forger les fers.

**FERRASSO**, voyez PALO, RISPO.

**FERRATAYLHO**, voyez FERRAYLHO.

**FERRAXAL**, s. m. Fourragère, terre semée de ourrage. (Racine *ferraxo*.)

**FERRAXO**, *Farracho, farraxo, farraxe*, s. f. Fo irrage vert, fourrage en herbe. (Du latin *farrago*.)

**FERRAYLHA**, v. n. Ferrailler, bretailler; Se battre à l'épée : *Es touxoun prest à ferraylha*, il est toujours prêt à ferrailler. (Racine *fer*.)

**FERRAYLHO**, voyez FARRAYLHO.

**FERRAYLHUR**, s. m. Ferrailleur, breteur, qui fait profession de se battre. (Racine *fer*.)

**FERRET**, *Farret, Briquet*, s. m. Briquet, fusil pour tirer du feu. (Racine *fer*.)

**FERRIOS**, *Carbetos*, s. f. Chevrette, servante, étrier, instrument de cuisine qué l'on suspend à la crémaillère et sur lequel on pose une poêle à frire : *Penro las ferrios*, suspendez la chevrette. (Racine *fer*.)

**FERRIEYRO**, s. f. Ferronnerie, fabrique, lieu où l'on fait le fer. (Racine *fer*.)

**FERROMEN**, s. m. Ferrement, la ferrure d'une porte, d'une croisée, d'une charrette, etc. : *Boli un ferromen fort*, je veux un ferrement fort. (Du latin *ferrum*.)

**FERROUX**, *Ferrouch*, s. m. Trèfle à fleur pourpre, qu'on cultive pour les prairies artificielles. (Racine *fe rouxe*.)

**FERROUXE**, voyez FERROUX.

**FERRURO**, s. f. Ferrure; garniture en fer; Action, manière de ferrer : *La ferruro bal mayl que la porto*, la ferrure vaut mieux que la porte. (Racine *fer*.)

**FERRUTO**, voyez FARRUTO.

**FERS**, s. m. Fer à passer, lisser le linge : *Met lou fer à calfa*, mettez le fer à chauffer; Chaînes, menottes, peine des galères. (Du latin *ferrum*.)

**FERTILE**, O, adj. Fertile, abondant, fécond, qui produit beaucoup : *Aco's un terren fertile*, c'est un terrain fertile. (Du latin *fertilis*.)

**FERTILITAT**, s. f, Fertilité, abondance. (Du latin *fertilitas*.)

**FERTILIZA**, v. act. Fertiliser, rendre fertile, féconder : *A finit per fertiliza aquelo terro*, il a fini par rendre fertile cette terre. (Racine *fertile*.)

## FES

**FES**, voyez COP.

**FESTENAL**, *Festenaou*, s. m. Grande solennité, grande fête : *Es un gran festenal*, c'est une grande fête. (Du latin *festum*.)

Ah! sé bésios quonté trobal,
Quond orribo un grond *festenal*,
Aurias, pér-moi, péno os ou creyré;
Mais n'oun ou pousquérés poun beyré?
Per célébra nostré Potrou
Nous faguet-bé jongoula prou. Prad.

**FESTEXA**, *Festejha*, v. act. Festoyer, bien recevoir quelqu'un, le bien traiter, le fêter : *Nous a pla festexats*, il nous a bien reçus. (Du latin *festum*.)

**FESTEXAYRES**, *Festejhaires*, s. m. Convives, gens de la fête.

**FESTIN**, s. m. Festin, repas somptueux : *Fazen un gros festin*, nous fesons une grosse fête. (Du latin *festum*.)

**FESTO**, s. f. Fête, jour chômé, consacré; Jour de joie : *Faren fésto*, nous ferons fête; Fête patronale : *Per la nostro fésto*, à notre fête patronale; Caresser, faire accueil à quelqu'un : *Aco's uno fésto per nous aoutres*, c'est une fête pour nous. (Du latin *festum*.)

Sé d'una ardou moudèsta
É d'un air amistous,
Per canta vostra *festa*,
Courrissen près de vous,
Sé vostra vigilença
Per n'aoutres crey toujour,
Nostra recounouyssença
Respon à vostre amour. Peyr.

**FESTOUN**, s. m. Feston, ornement d'architecture; Découpures en demi cercle : *Aquel festoun es poulit*, ce feston est beau. (Du latin *festum*.)

**FESTOUNA**, v. act. Festonner, découper en festons; Broder en feston : *Coumenço à festouna*, elle commence à broder.

## FET

**FET**, *Fait*, s. m. Fait, acte, action, chose faite

Cas, chose dont il s'agit : S'axis pas encaro d'aquel fet, il ne s'agit pas encore de ce fait ; Surprendre durant une action qu'on voulait cacher : L'aben trapat sul fet, nous l'avons pris sur le fait ; Être bien instruit, avoir l'usage, l'habitude, les connaissances : Souy pla al fet d'aco, je suis au fait de cela. (Du latin factum.)

FEXE, Fetje, Feche, s. m. Foie, viscère le plus volumineux qui sépare la bile du sang : Lou cor parlo pas mal dal fexe, le cœur ne parle pas mal du foie. Du grec phógo, je brûle, parce que d'après les anciens, c'est le foyer où se cuit et se prépare le sang.)

  Al palfrenié et al laquay
  Ieu boli douna, se lour play,
  Lou fetje amay lous dous rounfous,
  Per so qué sou bous coumpanious.   A. G.

## FEY

FEYLHAT, ADO, adj. Pailleux, euse, qui a des pailles, en parlant des métaux.

FEYLHO, Fieillas, s. f. Feuille, partie de la plante qui garnit la tige, les rameaux : Las feylhos toumbou, les feuilles tombent ; Sa figure, sa forme ; Corps large très-mince : Es mince couno uno feylho, c'est mince comme une feuille ; Carré de papier blanc, écrit ou imprimé ; Lame d'un couteau. (Du latin folium.)

  Vésé toumba las floillas dé l'aoutouna,
  La birondella o troumpassat las marz :
  Moun àma cerquaçuna vida milhouna,
  É lou Ciel soul attira mous regars.   Peyn.

FEYLHURET, s. m. f. Feuilleret, rabot pour les feuillures.

FEYLHURO, s. f. Feuillure, entaille en long sur l'épaisseur, pour emboîter : La feylhuro n'es pas prou prioundo, la feuillure n'est pas assez profonde.

FEYLHUT, adj. Couvert de feuilles.

## FI

FI, s. f. Fin, ce qui termine, borne, bout, terme : Agaxas aqui la fi, voilà la fin ; Intention, motif, dessein, but ; La mort : A fax uno paouro fi, il a mal fini ; adv. A la fi, enfin, après tout, (Du latin finis.)

La fi d'aquel sounet a quicon dé xarmant ;
Bouldrio per fosso arxen né saoupré fairé aoutant :
Aquel dargnié couplet mé parés admirablé.   D.

FI, NO, adj. Fin, ne, délié et menu ; Délicat, recherché, exquis, excellent dans son genre : Aquel bi es pla fi, ce vin est très-fin ; Habile, ingénieux, pénétrant, adroit : Aco's uno fino. (De l'espagnol fino.)

Al pla poou, dis Françoun, qué bous fosés lou fi ;
Mais you sons esta may bolé fairé uno fi.
Coupen paillos, onen ; cresés qu'on s'en souscité ?
Per bous oparomen n'oben pas prou mérité,
Lo borlho qu'és pus ritcho és oco qué bous cal.   Prad.

## FIA

FIACRE, s. m. Fiacre, carrosse de place ; Cocher qui le mène. (D'une image de Saint Fiacre, qui servait d'enseigne à Paris, à un hôtel de la rue St.-Antoine où on a commencé à louer ces sortes de voitures.)

FIAL, Fiaou, Fiou, s. m. Fil, petit corps long, délié, formé de brins de chanvre, de lin, de soie, unis et tordus ; Tranchant d'un outil, d'un instrument qui coupe : Y a layssat lou fial, il y a laissé le fil ; Séparation dans la pierre ; Courant de l'eau. S'es layssat ana al fial de l'aygo, il s'est laissé aller au fil de l'eau ; fig., Continuité, ordre, suite d'un discours : A perdut lou fial, il a perdu le fil ; Savoir faire, adresse, savoir : Lou plangas pas, a lou fial, ne le plaignez pas, il a le fil ; Mains, productions menues et filamenteuses, par lesquelles la vigne et plusieurs plantes s'attachent aux corps qui en sont près. (Du latin filum.)

FIALA, v. act. Filer, faire du fil ; Tirer les métaux à la filière ; fig., Filer doux, se contenir, se modérer par crainte : Y a calque xoun que fialo dous, il y a quelques jours qu'elle file doux ; terme de vigneron, Couler : Las bignos an fialat.

FIALADO, s. f. Matière qu'on donne à filer ; La quantité : Aquesto fialo es bouno. (Racine fial.)

FIALAT, s. m. Filet, rets pour prendre des poissons, des oiseaux, etc. (Racine fial.)

FIALAXE, Fialajhe, s. m. Filage, manière de filer le lin, la laine ; Lieu où se fait le filage : Me cal manda al filaxe, je dois aller au filage. (Du latin filum.)

FIALAYRE, O, adj. Fileur, fileuse.

  Benen al brux das esquilons
  Das payrols, d'un xouyous tapaxe,
  Benen le rendre las ounous
  Qué merito toun mariaxé.
  Prumié fialayré dal pays
  Quoiqué béous, laid et dé pèl duro
  Lou marit qué prenes luzis...
  L'oli brillo sur sa figuro.   A. B

FIALBASTA, v. act. Faufiler, bâtir ; terme de métiers, fig., Bâtir, dresser, ébaucher, dégrossir un ouvrage : N'es pas encaro que fialbastat, ce n'est encore qu'ébauché. (Racine fial.)

FIALBASTO, s. f. Terme de charp., Pièce en écharpe pour arrêter momentanément une pièce ; terme de couturière, Fil qui unit les coutures à grands points, à points très-écartés. (Racine fial.)

FIAL DE RICHAR, s. m. Archal, fil de fer, ou de laiton, passé à la filière : Estaco bo ambe de fial de richar, attachez-le avec du fil d'archal. (Du latin filum aurichalcum.)

FIAL DREX, voyez Drex.

FIALFREXA, Fialfrecha, v. n. Filer, jetter des filandres, habits qui, par vieillesse, s'en vont à fils. (Racine fial.)

FIALFROS, s. f. Effilure, filet, filament, les franges d'une robe usée : Las fialfros toumbou de pertout, les effilures tombent de toute part. (Racine fial.)

FIALFROUS, OUSO, adj. Filamenteux, euse, en parlant des plantes ; Filandreux, en parlant de la viande : Aquelo biando es fialfrouso, cette viande est filandreuse. (Racine fial.)

FIALFRUT, Estouput, voyez Fialfrous.

FIALO, Lanbourdo, s. f. Lambourde, pièce de bois qui soutient un parquet, le bout des solives, etc. : Cal uno poulido fialo, il faut mettre une belle lambourde. (Racine fial, à cause de la délicatess de la pièce.)

FIALO PRIN, voyez Xixe.

FIALOUZADO, voyez Counouylhabo.

**FIALOUZO**, s. f. Filasse, tout ce qui doit être filé à la quenouille.

> Ensi qu'una aouba matinieyra
> Nous annouuça un jour des pus bels,
> Qual és doun aquela bergeyra
> Qu'en abandounen sous agnels,
> Per una vida glouriousa
> Jista lion d'éla sa *fialousa*,
> È renouncça à la pax des camps ?—
> Aco's la Vierja del village
> Què, dins lou printens de soun âgé,
> Cerqua lou tumulté des camps. PEYR.

**FIANÇA**, v. act. Fiancer, promettre mariage, faire la cérémonie des fiançailles : *Anan fiança lou nostré gouxat*, nous allons fiancer notre fils. (Racine *fiançaylhos*.)

**FIANÇAT, ADO**, adj. Fiancé, ée, celui, celle qui a fait promesse de mariage : *Aco's lou seou fiançat*, c'est son fiancé.

> Angélo espouzo ! Paul, l'as bisto !
> Qual secret, digus n'a poulsat ;
> Oh ! parlo ! quin es soun *fiançat*.
> — Et ma so, toun amit Baptisto ? J.

**FIANÇAYLHOS**, s. f. Fiançailles, promesse réciproque de mariage. (Du latin *fidentia*.)

## FIB

**FIBLA**, voyez FIPLA.

## FIC

**FIC**, s. m. Fic, excroissance de chair qui se place ordinairement au bout des doigts quand il y vient du mal : *Ey lou fic à un det*, j'ai le fic à un doigt. (Du latin *ficus*.)

**FICA**, v. act. Mettre : *Fica deforo*, Mettre dehors ; Contrarier : *Aco me fico pla*, cela me contrarie beaucoup. (Du latin *figo*, ficher.)

**FICA** (SE), v. pro. Se Moquer, rire de quelqu'un : *Se fico de tu, amay y sios*, il se moque de toi, et en ta présence ; se Faire une blessure : *Se fiquèt un tal*, il se fit une entaille.

> Ténio tout olouugat un quart dé sesteyrâdo.
> Cé maï lou piguèt d'oquélo dobolado,
> N'éro-pas lou tustal qu'on toumbon *sé fiquet*,
> Mais l'insultent hounou qué cadun l'y fosquet,
> En benguen tour-o-tour ombé uno grond godasso,
> Dé l'alo del copel l'y boloja lo plaço. PRAD.

**FICANT, O**, adj. Fichant, te, qui contrarie, traverse, fait de la peine : *Aco's pla ficant de cale paga dous cops*, il est bien fichant de falloir payer deux fois.

**FICAT, ADO**, adj. Fichu, ue, mal fait, ridicule ; Perdu, désespéré : *Aquel es ficat*, celui-là est perdu.

**FICELA**, v. act. Ficeler, lier, serrer fortement avec la ficelle ; fig., Passer plus de temps qu'il ne faut dans un séminaire, attendre : *L'an pla fax ficèla*, ils l'ont bien fait attendre. (Racine *ficelo*.)

**FICELO**, s. m. Ficelle, petite corde de chanvre pour lier des petits paquets : *Douno-me un bricou de ficèlo*, donnez-moi un bout de ficelle. (Du latin *fidicella*, diminutif de *fides*, *fidium*, cordes d'instrument.)

**FICHO**, voyez FIXO.

**FICHOU**, voyez FIXOUYRO.

**FICHU**, voyez MOUCADOU DE SUL COL.

**FICO-PERTOUT**, voyez BARROUL.

**FICRAL, LO**, adj. Nigaud, de ; Benêt, niais : *Sios un ficral de te rebeca pas*, tu es un nigaud de ne pas te raisonner.

**FICRAL**, *Bouci*, *Tros*, s. m. Morceau, grosse part : *Apres un gros ficral de pa*, il a pris un gros morceau de pain.

## FID

**FIDÈL, O**, adj. Fidèle, qui professe la vraie religion ; Qui a de la fidélité, qui garde sa foi : *Y poudes counta, aco's fidèl*, vous pouvez y compter, c'est fidèle ; Qui remplit ses engagements. (Du latin *fidelis*.)

> Hurous l'home *fidelo*
> Qué crento lou Seignou.
> Sa paraoulo éternelo
> Esclairo sa razou.
> Dins sa vido privado,
> L'aoudou de sa vertut,
> De countiado en countirado
> Semeno la vertut. PUI.

**FIDÉLILAT**, s. f. Fidélité, sincérité, loyauté, foi ; Attachement à ses devoirs ; Régularité à remplir ses engagements : *Es d'uno grando fidèlitat dins sous countes*, il est d'une grande fidélité dans ses comptes ; Vérité. (Du latin *fidelitas*.)

**FIDELO**, s. f. Traille, corde de bac : *Podi counta sur la fidèlo ?* puis-je compter sur la traille ? (Du latin *fidicella*.)

**FIDÉLOMEN**, adv. Fidèlement, d'une manière fidèle : *B'a bous randrey fidèlomen*, je vous le rendrai fidèlement. (Du latin *fideliter*.)

## FIE

**FIÈ**, s. m. Figuier, arbre qui produit les figues : *Lou que planto lou fiè manxo pas toutos las figos*, celui qui plante le figuier ne mange pas toutes les figues. (Du latin *ficus*.)

> Sé qualqué boïssel put, qué sé réparé bité :
> Sent qualqués cops lou bois ; qualqués cops lou mousit ;
> Enfi qu'un mal qué sio, del moust és léou sosit.
> Lo fuillo del *figuiè* pot guéri lo boïssélo. PRAD.

**FIÈBRADO**, s. f. Petit accès de fièvre ; Barbuquet, écorchure ou petite gale qui vient sur le bord des lèvres. (Racine *fièbre*.)

**FIÈBRE**, s. f. Fièvre, mouvement déréglé ; Circulation accélérée du sang avec fréquence du pouls, chaleur et frisson ; Inquiétude, émotion violente : *Me fas beni la fièvre de t'entendre*, tu me donnes la fièvre de t'entendre ; Aller de mal en pis : *Es toumbat de la fièbre al mal-caout*. (Du latin *febris*.)

> Mais oco n'és pas tout ; piey modamo lo *fièbre*
> È soun tristé morit, moussu lou mal dé cap,
> M'orrapou pel Coulet, m'ourréjou, Dious ou sap.
> PRAD.

**FIÈBROUS, O**, adj. Fiévreux, euse, qui cause de la fièvre, sujet à la fièvre : *Aquel pays es fièbrous*, cet endroit est fièvreux.

**FIEFFET**, *Fieffat*, adj. Fieffé, au suprême degré : *Aco's un mentur fièffèt*, c'est un menteur fieffé.

**FIEIRAOU**, voyez FIEYRAL.

**FIEL**, voyez FUL, FUYLHET.

**FIELFREJHA**, voyez FIALFREXA.

**FIELIO**, voyez FEYLHO.

**FIER, O**, adj. Fier, ère, altier, hautain, superbe; Content, bien portant: *N'es pas pla fiér*, il n'est pas bien portant; Considérable. (Du latin *ferus*, de l'italien *fiero*.)

Bous qué per dé baouxés ou dé caouzos plazentos,
Airiés al Carras escoutà las sirbentos,
Bous anfin ta curious, anas estre pla *fiér*,
Car bous boli counta quicon qu'arribet hier.   D.

FIÈROMEN, adv. Fièrement, avec fierté : *S'abançet fièromen*, il s'avança fièrement; Beaucoup, extrêmement.

FIÈROU, *Fièrtat*, s. f. Fierté, orgueil, arrogance : *Sa fiérou me desplay*, sa fierté me déplaît; Santé.

FIEROUS, voyez FIÈR.

FIERTAT, voyez FIÈROU.

FIÈYRADO, s. f. Plant de figuier : *Dounas-me uno fièyrado*, donnez-moi un plant de figuier. (Racine *fié*.)

FIÈYRAL, s. m. Foire, lieu où l'on s'assemble pour acheter et vendre à des époques fixes : *Nous troubaren al fièyral*. (Racine *fièyro*.) *Le fièyral*, est uniquement la portion du champ de foire qui sert de marché aux bestiaux. *Se bos me trouba à la fièyro, beni al fièyral. Lous marxans de télo soun à la fièyro et lous maquignous al fièyral*.

Et tout à la filo
D'introun dins la bilo
Omés et budèls,
Carretos, troupèls :
Et tout sé ramasso
Per fa sur la plasso
Ount és lou *fièyral*
Un brux infernal.   A. B.

FIÈYREXA, *Fièyrejha*, v. act. Acheter en foire; Faire bonne ou mauvaise foire; Rencontrer bien : *Aben pla fièyrexat*, nous avons bien rencontré.

FIÈYREXAYRES, OS, *Fièyrejhaires*, s. m. f. Gens qui viennent, qui vont à la foire; Marchands, acheteurs : *Y'abio pas gran fièyrexayres*, il n'y avait pas beaucoup d'acheteurs.

FIÈYRO, s. f. Foire, grand marché public à époques fixes; Présent fait au temps de la foire; Bruit, parlage, confusion : *Semblo uno fièyro*, ce semble une foire. (Du latin *forum*.)

A la fièyro das trucs el caillo qu'on lé bisso
Dan lou foulzé del bras esclata lou fer blanc,
Foulzé qué fazio courré un labassi dé sang
Et regita dé caps uno grosso granisso.   G.

FIG

FIGNOULA, v. n. Fignoler, s'efforcer de surpasser les autres par un ton prétentieux, des manières affectées : *Aymo de fignoula*, il aime à fignoler.

FIGNOULANÇO, s. f. Afféterie, vanité : *La fignoulanço lou destermeno*, la vanité le détraque.

FIGNOULUR, O, adj. Petit maître, pincé, adonisé.

FIGO, s. f. Figue, fruit du figuier; Les figues adventives qui viennent à maturité longtemps avant les autres. Ce sont les plus grosses et les meilleures.

Ah! dis Sinoun, qué lou tounèra
M'esclafé la *figo* d'aou nas !
Qué vous pogué veyré dannas,
Sé vous caché la mendra caouza !...
Atendés, faguen una paouza ;

É vous diray sincéramen
Lou sécrèt d'aquel istrumen.
Après cé qué m'a fach la Greça,
Passariey-bé per un jan-fessa,
Sembe Troïa qué m'a saouvat
Aviey quicon dé rézervat :
Lous couquis m'an trop cercat rena
Perqué noun vous lève dé péna.   FAV.

FIGO D'ESPAGNO, *Semélo dal Papo*, s. f. Cactier, raquette, plante charnue munie d'aiguillons et dépourvue de feuilles, des climats chauds de l'Amérique.

FIGURA, v. act. Figurer, copier, dessiner, peindre, représenter la forme; Paraître avec avantage, tenir un rang, faire figure : *Figuro fort pla dins lou païs*, elle représente bien dans le pays; Danser ensemble. (Du latin *figurare*.)

FIGURA (SE), v. pro. Se figurer, se représenter par l'imagination, se mettre quelque chose dans l'imagination : *Sabes pas que me figurabi?* vous ne savez pas ce que j'avais dans l'imagination.

Lé ségoun, al segur, és digné qu'on l'admire;
Qu'uno caro ! on pot pas la régarda sans rire :
*Figuras-bous* d'abord un nas coumo'n pubrot,
Empéontat dé guingoï sus dos bossos bizarros,
Et, coumo dous fabols, dos berrugos sul pot
Sembloun, quand bol parla, qué jogoun à las barros.   DAV.

FIGURO, s. f. Figure, forme extérieure d'un corps; Face, visage, mine, air : État des affaires: *Pren uno bouno figuro*, cela prend une bonne figure ; Représentation faite par art; Diverses situations des danseurs; Au jeu de cartes, les rois, dames et valets : *Ey tres figuros de la mémo carto*, j'ai trois figures de la même carte. (Du latin *figura*.)

Sé s'y trobo un nigaout, l'y jogoun qualqué tour,
Per riré et badina, noun per l'y faïré injuro,
Amb'un plen pun dé grâts l'y laboun la *figuro*.   PRAD.

FIL

FIL, s. m. Fils, enfant mâle, garçon : *Aco's soun fil que lou ben cerca*, c'est son fils qui vient le chercher. (Du latin *filius*.)

Mou *fil*, qué debendrio yeou', s'à moun arribado,
Mous els te bezioou pas dins ta bresso enblancado,
Touxoun fièrot, risent, superbe, panadou !
Et sé, triste, abatut, la figuro soufrento,
Te troubabi bruillant d'uno fièbre rousento,
Qui me guéririo dé ma doulou !!   A. B.

FILA, v. n. Filer, aller de suite l'un après l'autre ; Disparaître : *Tout aco a filat despey loungtems*, tout cela a disparu depuis longtemps. (Du latin *filum*.)

FILADO, s. f. File, suite, rangée de personnes ou de choses.

FILATURO, s. f. Filature, lieu où l'on file le coton, la laine, la soie, etc. : *Anan pourta la lano à la filaturo*, nous allons porter la laine à la filature. (Du latin *filum*.)

FILET, s. m. Filet, ligamen sous la langue; Morceau de bœuf; Petite quantité : *Un filet de binagre*, un filet de vinaigre. (Du latin *filum*.)

FILHANDRAN, s. f. Fille de mauvaise vie; Méchante fille. (Racine *filho*.)

244 FIL

**FILHASTRE, O, s. m. f.** Beau-fils, belle-fille, fils d'un autre lit : *Lou filhastre n'es pas pla dous,* le beau-fils n'est pas doux. (Racine *fil.*)

**FILHETO, s. f.** Jeune fille.

Nostras *fiétas*, dins la joïa,
Crézien dé sé léou coullouca,
May qué yé proguessou touca
Ou lou jarêt, ou la hobina,
Ou quaouqua aoutra pièça divina :
E, pécayre, en lou manéjan,
En l'alizan, lou paoupezan,
Cantaroun d'aou ioun loü pus tendre
D'ers qué fazin plézi d'èntendre. FAV.

**FILHIÈYRO, s. f.** Filière, outil d'acier troué pour filer les métaux; Écroue d'acier pour filer les métaux; Écroue d'acier pour faire les vis de fer, de bois : *Prestas-me la filhièyro,* prétez-moi la filière. (Racine *ful.*)

**FILHO, s. f.** Fille, personne du sexe féminin : *Belo-filho,* voyez *Noro.* (Du latin *filia.*)

Filla, glouèra à tus!
Glouèra à toun courage!
Glouèra à tas vertus!
A tus nostre hoummage.
Lou rey désirat
Qu'aymas sans partage,
Dins Rheims és sacrat! PEYR.

**FILHOL, O, s. m. f.** Filleul, filleule, celui, celle qu'on a tenu sur les fonts baptismaux. (Du latin *filiolus.*)

**FILHOL, s. m.** Signifie aussi repas, goûter, fête donnée à l'occasion d'un baptême : *Y'abio de boun bi blanc al filhol; Me pourtaras uno coco dal filhol.*

La mort que prou souben fa millon qu'on nou penso
Attrapec justomen moun *filhol* al poupel
Afi que pie de layt, yeou dizi d'innoucenço
Pel carrieyrou de layt el gagnesso lou Cel. G.

**FILIASTRE,** voyez FILHASTRE.
**FILIASTRO,** voyez FILHASTRO.
**FILIOL,** voyez FILHOL.
**FILIOLO,** voyez GAYÇOU.
**FILO, s. f.** File, suite, rangée de choses, de personnes à la suite l'une de l'autre. (Du latin *filum.*) Adv. : *De filo,* sans interruption; Bois qui fend bien : *Es pla de filo.*

Sur uno tour del poun anguen nous embusca;
Mentre que les carriols arribou *à la filo,*
A l'aïse pouyren reluca
Les equipatches de la bilo.

**FILOSOFIO, s. m.** Philosophie, science qui comprend la logique, la morale, la physique et la métaphysique. (Du latin *philosophia.*)

**FILOSOFO, s. m.** Philosophe, qui s'applique à la philosophie; En mauvaise part, qui se met au-dessus de ses devoirs, des sentiments religieux : *Aco's un filosofo,* c'est un philosophe; fig., Homme qui a, ou qui passe pour avoir de l'instruction, ou qui affecte d'en avoir : *Aco's un famus filosofo,* c'est un grand philosophe. (Du latin *philosophus.*)

**FILOSOUPHA, v. n.** Philosopher, raisonner d'une manière peu intelligible, à propos de rien.

**FILOU, NO, s. m. f.** Filou, qui vole par adresse; Escroc, fripon. (Du grec *phéléles.*)

FIN

Plusiurs indibidus, toucats de soun outrachè
Sourtissoun sul moumen; cridoun lou fals nebout,
Mountoun sur lou bateou, dintroun per l'aoutrè bout,
Le cercoun, le cridoun encaro,
Mais an bel fureta, crida, faïrè la carro,
Le fals nebout et lous bijous,
Tout a disparegut. Gardats-bous das *filous.*

**FILOUTA, v. act.** Filouter, voler avec adresse, friponner, escroquer; Tromper au jeu, tricher : *Cal pas beni ayci per filouta,* il ne faut pas venir filouter ici.

**FILOUTARIÉ,** *Filoutario,* s. f. Filouterie, vol subit, friponerie; Tricherie : *Aco's uno puro filoutariè,* c'est une pure filouterie.

**FILOUZÉLO,** *Firouzélo,* s. f. Filoselle, fleuret, grosse soie, provenant de la bourre de la soie et des cocons de rebut. (Racine *filum,* fil.)

**FILTRA, v. act.** Filtrer, clarifier une liqueur en la passant au filtre; Passer à travers, en parlant d'une liqueur; Couler goutte à goutte, dégoutter. (Racine *filtre*)

**FILTRE, s. m.** Filtre, papier, linge, tout ce qui sert à filtrer. (Du latin barbare *filtrum* ou *feltrum* feutre, parce qu'on filtre à travers des morceaux de feutre.)

FIN

**FINAÇA,** *Finacexa,* v. n. Finasser, user de petites, de mauvaises finesses.

**FINALOMEN, adv.** Finalement, à la fin, bref, définitivement : *Finalomen aco pot pas dura,* finalement cela ne peut pas durer.

**FINANCIÉ, YRO, s. m. f.** Financier, 1ère, adroit, rusé : *Qu'un financié tu me sios!* quel rusé tu es !

Fan dins aquel quartié d'alin,
Un martinet per la justiça,
Un réfectouèr per la pouliça;
Dé tinacus per lous uzuriés,
Dé castels per lous *financiés,*
Un espitaou per la noublessa,
É dé prisous per la féblèssa,
Y'a pas, maougré tout lou sagan,
Una ahéra d'aquél issan
Qué fague soun mèou per lous aoutres. FAV.

**FINANÇO, s. f.** Finance, argent comptant : *La finanço y manco,* la finance lui manque. (Du latin barbare *finare,* arrêter un compte.)

**FINESSO, s. f.** Finesse, qualité de ce qui est fin; Délicatesse d'esprit : *A fosso finesso d'esprit,* il a grande finesse d'esprit; Habileté, pénétration, ruse, astuce : *Tout aco n'es pas que finesso de sa part,* tout cela n'est que finesse de sa part. (Racine *fi, fino.*)

Ulissa èra may qu'encantat
Dé veyre èmbe qa'inta *finessa*
Yé marquavoun tan dé tendressa.
« Voulez qué cay reste? s'ou dis;
L'aze-quiia qu'aou s'en dédis!
Fazés fort bén : és pas per dire,
Mais Iéou trove pas rès dé pire
Qué d'ana coure lou peis
Quan on a trouvat un bon nis. »
Aco's una vida dé diablé;
Tantos couchas drins un establé
Ounte, per couyssi noun avés
Qu'un moulou de ce qué savès,
Tantos vous dounoun per pitança
Dé cos dé bita en aboundança. FAV.

**FINÉTUS**, s. m. Finaud, fin, rusé, même dans les petites choses. (Racine *fi*, *fino*.)

**FINI**, *Feni*, *Acaba*, v. act. Finir, achever, terminer; Cesser, prendre fin, mourir : *Ben de fini*, il vient de mourir ; Dévorer son bien : *B'a agut leou finit*. (Du latin *finire*.)

Yeou debini fort pla qu'un és aquel affaire :
S'axis qu'ambé Mounbosc bous siés cataraougniax
Per dé bersés qu'aïci y'ubés fort mesprosats
Et bolou peisigür qu'aquel affa *finigo*. D.

**FINIDO**, s. f. Le moment de la mort : *Souno la finido*, on sonne la fin d'un tel.

**FINIT, IDO**, adj. Fini, nie, terminé, achevé, parfait : *Tout aco's finit despey yer*, tout cela est fini depuis hier. (Du latin *finitus*.)

**FINOMEN**, adv. Finement, avec esprit, délicatement, avec adresse : *B'a trax finomen*, il l'a pris finement.

**FINOCHO**, voyez FINÉTUS.
**FINOUZÉLO**, voyez FILOUZÉLO.
**FINS**, voyez XUSCOS.
**FINTA**, v. n. Ruser pour attraper quelque chose : *Es aqui que finto lous éls*, il est là à dévorer des yeux.

**FINTO**, s. f. Feinte, dissimulation, artifice, ruse : *Aco's uno finto de sa part*, c'est une feinte de sa part. (Du latin *fingo*, je dissimule.)

## FIO

**FIOC**, *Fio*, *Foc*, s. m. Feu, élément chaud, sec et lumineux ; Incendie ; Cheminée, sa garniture : *Alumo lou fioc*, allume le feu ; Famille logée dans une même maison : *Y'a quatre fiocs dins lou même oustal*, il y a quatre ménages dans la même maison ; fig., Vivacité d'imagination, d'esprit ; s'Échauffer : *Pren fioc per res*; Entrer dans une grande colère : *Xeto fioc et flamos*. (Du latin *focus*.)

**FIOL**, voyez FIAL.
**FIOLO**, s. f. Fiole, petite bouteille, petit flacon de verre. (Du latin *phiala*.)
**FIOU**, voyez FIAL.
**FIOUCADO**, voyez FLAMBADO.
**FIOUCAS**, s. m. Grand feu.
**FIOULA**, v. n. Siffler, moduler un air par le sifflement; fig., Boire : *Crezi qu'as fioulat*, je crois que tu as bu. (Du latin *sibilare*.)
**FIOULADO**, s. f. Plein une fiole.
**FIOULEL**, *Fioulet*, s. m. Sifflet, flûteau, pipeau; fig., Caquet, babil : *Y'a coupat lou fioulèl*, il a rabaissé son caquet. (Racine *fioula*.)

Lou futur que dexa s'ero dix el bantat,
De fourça lou coussel à fa la boulountat,
Counfoundut, dal toupet de sa noubélo mayre ;
Gaouzo pas soulomen leba lous éls en l'ayre,
Boulega sur sous pés, respira dins sa pél ;
La poou d'estre espoutit y'e tampo lou *fioulèl*. A. B.

**FIOUNS**, s. m. Insulte, agaceries, grossièretés.
**FIOUZA**, v. act. Déchirer une étoffe pour en prendre une quantité. (Par imitation du bruit que fait une étoffe qu'on déchire.)

## FIP

**FIPLA**, *Bimaxa*, v. n. Fléchir, plier, lâcher : *M'a calgut fipla*, il m'a fallu plier. (Racine *feple*.)

Jean n'y fo pas o dous ; sus oquélo poraoulo,
Lou pren, lou *fibla* ol sol coumo on fiblo uno gaoulo,

É tout lou moundé o riré, you bous laissé o pensa.
D'oun maï Pierras cercabo o só déborrossa,
D'oun maï Jean, del ginoul, sus soun bentré oppuyabo.
PRAD.

## FIQ

**FIQUÈZO**, s. f. Bagatelle : *Uno bello fiquèzo !* la belle chose !

## FIS

**FISSA**, v. act. Piquer, en parlant d'une abeille, d'un cousin, d'une puce : *Un bigal m'a pla fissat*, un cousin m'a piqué ; fig., Donner de l'humeur, fâcher, irriter. (Du latin *fissura*, ouverture.)

**FISSA (SE)**, *Enbourgna (S')*, v. pro. Boire trop, devenir gai : *Nous sien un bricou fissats*, nous nous sommes un peu grisés.

**FISSADURO**, s. f. Piqûre, atteinte du dard d'un insecte, d'une abeille, etc. (Du latin *fissura*.)
**FISSAILLOUS**, voyez FOUSSOULOUS.
**FISSAR**, voyez XOYNE, RASSEGAYRE.
**FISSAT, ADO**, adj. Pris, ise, un peu par le vin, un peu fâché.
**FISSOU**, *Pounxou*, *Pounchou*, s. m. Aiguillon; Épine ; l'Aiguillon de la guêpe, de l'abeille ; le Dard de la couleuvre, de la vipère : *Sourtissio lou fissou*, elle sortait son dard ; fig., la Langue : *A boun fissou*; le Bec d'une vrille.

Ça foussalous quitats las tutos das albas
Per, à cop de *fissous*, l'y deffendré lou pas,
Car per la bous tení dins la razo campagno,
Yeou courreré cerca plus bite qu'un matras.
Lou broc que del traouquet tiro la tararaigno. G.

**FISSOUNA**, v. act. T. d'art, Tarauder une vrille pour qu'elle puisse entrer dans le bois : *A bezoun de fissouna*, elle a besoin d'être taraudée.
**FISSOUN**, voyez FRIPOUN.
**FISSOUNNEJHA**, voyez GUINÇA.
**FISTULO**, s. f. Fistule, ulcère à entrée étroite et fonds large : *Y'es bengut uno fistulo*, il lui est venu une fistule. (Du latin *fistula*.)

## FIT

**FITO**, s. f. Farlouse, espèce d'alouette.
**FITOU**, s. m. Pipi des buissons.

## FIX

**FIXA**, *Ficha*, v. act. Fixer, rendre fixe; Assurer, affermir, consolider ; Faire cesser l'instabilité; Rendre constant : *A bezoun d'estre fixat*, il a besoin d'être fixé ; Arrêter, déterminer. (Du latin *figere*.)

**FIXA (SE)**, v. pro. Se Fixer, s'arrêter, se borner, se déterminer : *Tray mal à se fixa sur aco*, il a peine à se fixer sur cela ; Établir sa résidence : *Me boli fixa ayci*, je veux me fixer ici.

**FIXO**, *Ficho*, s. f. Arête de poisson; Barbe du blé ; Fiche, espèce de penture légère pour les portes : *Ba faras tene ambe de fixos*, tu le feras tenir avec des fiches. (Du latin *fixa*.)

**FIXOMEN**, *Fichomen*, adv. Fixement, d'une manière fixe : *Agaxo fixomen*, il regarde fixement.
**FIXOUYRA**, *Fichouyra*, v. act. Pêcher à la fichure.
**FIXOUYRO**, *Fichouyro*, s. f. Fichure, espèce de trident pour darder le poisson dans l'eau : *Boli pesca à la fixouyro*, je veux aller pêcher à la fichure.

Ajax, s'ou dis, era un brutaou.
A Neptuna parlet tan maou,
Qu'aquel Diou, d'un cop de *fichouyra*
Lou faguet mouri de la fouyra.   FAV.

## FIY

FIYE, *voyez* FÏE.

## FIZ

FIZA, v. act. Fier, compter sur... (Du latin *fidere*.)

FIZA (SE), v. pro. Se Fier, avoir de la confiance en...; Compter sur : *On pot pas se fiza à tout lou mounde*, on ne peut pas se fier à tout le monde.

Ieü fouri moussel fat, prengueri soun coussel,
*Me fizan* qu'el saügués couro deü fa soulel,
Amay quant plaüré deü, quant es persouno antiquo.
A. G.

FIZANÇO, *voyez* FIZAT (A LA).
FIZAPLE, O, adj. Fidèle; Personne sûre, sur qui on peut compter : *Es pla fizaple*, on peut compter sur lui.
FIZAT (A LA), adv. En toute sureté, en confiance : *Pot beni à la fizat*, il peut venir en confiance.
FIZICIEN, s. m. Physicien, qui sait la physique; fig., Qui fait des tours de physique. (Racine *fizico*.)
FIZICO, s. f. Physique, science des choses naturelles; fig., Science de faire des tours d'adresse. (Du grec *phusiqué*.)

## FLA

FLAC, O, *Fla*, adj. Faible, qui manque de force; Débile, qui n'a pas assez de force : *Souy trop flac per me tene*, je suis trop faible pour me tenir droit. (Du latin *flaccidus*.)

Bous cal pendent l'hyber toujour joc, taoulo ou bal.
N'aoutrés pecaïré oïci pénou, é bè boun bal :
Eh ! qué forio sons pa touto bostro richesso ?
Qu'auriaś l'estoumac *flac* sé bibias dé noublesso !
PRAD.

FLACA, *Fibla*, *Flexi*, *Bimexa*, v. n. Fléchir, ployer, courber : *Me cal flaca xoust lou fays*, je dois fléchir sous le fais. (Du latin *flectere*.)
FLACIT, *voyez* PASSIT.
FLACOUN, s. m. Flacon, sorte de bouteille en verre qui se ferme avec un bouchon de même matière. (Du latin barbare *flasco*.)
FLAGUTA, v. n. Flûter, jouer de la flûte; fig., Boire. (Du latin *flatare*.)
FLAGUTAYRE, s. m. Flûteur; fig., Ivrogne, homme léger.
FLAGUTO, s. f. Flûte, flutet; prov. *Ço que ben per la flaguto s'en ba per lou tambour*, ce qui vient de la flûte s'en va par le tambour.
FLAIROU, *voyez* AOUDOU.
FLAJHEL, *voyez* FLAXEL.
FLAKIJHE, *voyez* FLAQUIEYRO.
FLAMAREL, *voyez* PRINFOUR.
FLAMBA, *Flama*, v. act. Flamber, passer sur la flamme; Jeter de la flamme : *Lou fioc bol pas flamba*, ce feu ne fait pas de flamme; fig., État d'une personne qui a mangé quelque chose de trop épicé; État d'un gourmand qui ne pense qu'à manger : *La gorxo y flambo*, il ne pense qu'à manger. (Du latin *flammare*.)
FLAMBADO, *Flamabo*, s. f. Feu clair et de courte durée : *Anan fa uno flambado*, nous allons faire un feu clair. (Du latin *flammare*.)
FLAMBAS, s. m. Flambart, brandon, tison allumé; Petit faisceau de paille allumée dont on se sert en guise de torche; Fouée, chasse nocturne aux oiseaux à la clarté du feu : *Anan cassa al flambas*, nous allons chasser à la fouée. (Racine *flambo*.)
FLAMBÈOU, s. m. Flambeau, torche de cire : *Pourtabo un flambèou*, il portait un flambeau; fig., Personne remarquable pour so i savoir, son esprit : *Aco's un flambèou*, c'est un flambeau
FLAMBO, *Fammo*, *Flamo*, s. f. Flamme, partie subtile et lumineuse du feu. (Du latin *flamma*.)

Ma lyra, tayza-té ! layssen prega soun ama.
A l'entour de soun cors couma mounta la *flamma* !
Soun corps trop precious n'aouro pas de toumbeous !
Parla inçara, — é lous mots qué dis sou lous dè *péra*,
*Charles*, *Fraûça* é *lou Christ?* — é coumR el, sa prièra
Es un perdou per sous bourrèous !   PEYR.

FLAMBOYZIÈ, s. m. Framboisier, arbrisseau épineux qui tient de la ronce. (Du latin *francus rubus*.)
FLAMBOYZO, s. f. Framboise, fruit rouge qui croît sur le framboisier.
FLAMBUSCA, v. act. Flamber un chapon ; Dévorer son bien, le dissiper : *B'a tout flambuscat*, il a tout dévoré. (Racine *flambo*.)
FLAMBUSCADO, s. f. Synonime de FLAMBADO : *Porto un gabèl et de cabouls per fa uno flambuscado*, porte une poignée de sirment et des coucarils pour prendre l'air du feu.
FLAMBUSQUET, *Saoulo laouxè*, s. m. Léger, volage, étourdi.
FLAMENOOU ou FLAMBEN-NOOU, adj. Tout neuf.
FLAN, s. m. Flan, sorte de crème composée d'œufs, de lait, de beurre : *Nous dounèt de flan pla bou*, il nous donna de flan très-bon. (Du latin *planus*, plat.)
FLAN, s. m. Flanc, partie du corps depuis le défaut des côtes jusqu'aux hanches. (Du latin *flaccus*, vide.)
FLANCA, *Laxa*, *Ceda*, v. n. Lâcher, s'abaisser, s'affaisser : *Aquelo peço a flancal*, cette pièce a lâché ; fig., Flanquer, donner, appliquer avec force un coup, un soufflet : *Y flanquèri un soufflet*, je lui flanquai un soufflet.
FLANDRIN, s. m. Flandrin, désœuvré.
FLANDRINA, v. n. Flâner, se promener en musant; Perdre son temps.
FLANÈLO, s. f. Flanelle, étoffe de laine pelucheuse et légère : *Porto un xilet de flanèlo*, il porte un gilet de flanelle. (Du latin *lana* ou *lanella*.)
FLAOUGNA, v. n. Mignarder, dorloter, gâter un enfant : *Cal pas tant flaougna lous maynaxes*, il ne faut pas tant dorloter les enfants.
FLAOUGNAC, *voyez* MANEL, MIGNART.
FLAOUGNAGA, v. n. Mignarder, dorloter, excuser ; Supporter les défauts.

Perdés bostre proucès, quand perdriés cent cops maï
*Flaougnagués* pas aïci calqu'un que me desplaï.   D.

FLAOUGNARDARIÈ, *voyez* FLATTARIÈ.
FLAOUGNARDEJHA, *voyez* FLAOUGNA.
FLAOUJHES, *voyez* LIOS, POUSSOS.
FLAOUME, s. m. Flamme, instrument pour saigner les animaux : *Un cop de flaoume suffira*, un coup de flamme suffira.

## FLA

**FLAOUMOS**, voyez FLEOUMOS.
**FLAOUZINO**, voyez COUTI.
**FLAP**, voyez MARCO, SIGNAL.
**FLAQUIÈYRO**, s. f. Faiblesse, lassitude : *Ey uno grando flaquièyro*, j'ai une grande faiblesse.
**FLAR**, s. m. Grande quantité de sang, d'un liquide.

>En attenden que s'accoumpligo
>La prouphetio dál gateou ;
>Qne nostre hentre ye serbigo
>De cabinet ou de fourreou...
>Per que doucille,
>Dous et tranquille,
>Sans prene floc, el garde sa prisou,
>De bi d'Espagno
>Ou de Champagno,
>De kircs, de rhum, à *flars* azaguen-lou ;
>Et d'un cor gay, sur ma paraoulo,
>Sentiren dins nostre alambic
>Fuxi lou farriple enemic
>Sans nous leba de taoulo.     A. B.

**FLASCO**, voyez COUXETO.
**FLASCOUL**, *Flascou*, *Cabeto*, s. m. Dame-jeanne, grande bouteille : *N'es anat cerca un plen flascoul*, il est allé en chercher une dame-jeanne. (Du latin barbare *flasco*.)

>Hélas! *flascou* vay-t'en dire à Moussu Dariat
>Qu'el paüre Aügié Gaillard es un patic alterat,
>Nou per abe mangiat cambagiou de Bayouno,
>Ny may arens salats, ni sardos de Boulounio,
>Ny per estre fachat per qualque gran proucés,
>Mas que darnieyromen ieü féri grand axcés.    A. G.

**FLASCOUNEJHA**, voyez PINTOUNEXA.
**FLASCOUNIE**, voyez IBROUGNO.
**FLASSADIÉ**, s. m. Tisseur de couvertures.
**FLASSADO**, *Flessado*, *Couberto*, s. f. Couverture de laine etc. : *Tiros touxoun la flassado sur tu*, tu tires la couverture sur toi.

>Un souèr tremoulave dé rech,
>É n'aviey per tout acatajé
>Qu'una servièta dé louage.
>Sans Ulissa n'aouriey crevat :
>Mais el qu'es un home rusat,
>Embe lou bout dé l'halebarda
>D'un viel souldat qu'éra dé garda,
>Te vay déspencha lou mantel
>Acroucat en d'un gros clavèl ;
>Tout crassous qu'èra, camarada,
>Serriguét for ben dé *flassada* ;
>É, ajost aquel mantel pégous,
>Rounquère couma un benhurous.     FAV.

**FLATTA**, v. act. Flatter, faire des caresses ; Cajoler, dire des douceurs, louer ; Tromper par des impostures : *L'a sapiut pla flatta*, il a su le tromper ; Excuser par une mauvaise complaisance ; Encourager les passions : *Cal pas flatta lou bici*, il ne faut pas flatter le vice ; Déguiser, représenter en beau ; Affecter agréablement, faire plaisir : *Aco flatto lou goust*, cela flatte le goût. (Suivant les uns de *flare* souffler, parce qu'on enfle de vanité et d'orgueil ceux qu'on flatte, selon les autres de *lactare*, nourrir de lait, ou lui dire des choses agréables.)

>Anen....
>Bous mé *flattas*, et bostro counplazenço...
>Nani bous flatti pas...     D.

## FLE

**FLATTA** (SE), v. pro. Se Flatter, avoir l'espérance, s'entretenir dans l'espérance ; Aimer à croire : *Me flatti encaro que bendra*, je me flatte qu'il viendra ; Croire par présomption.
**FLATTARIÉ**, *Flattario*, s. f. Flatterie, louange fausse, exagérée : *N'aymi pas las flattariès*, je n'aime pas les flatteries.

>Se bons bantou calqu'un, és pourtat à las nious,
>D'aoutres sou brabomen escourxais toutes bious ;
>Tout ba per *flattaries*, ou tout ba per maliço :
>Coussi que ba bires, aco's uno inxustiço.     D.

**FLATTAYRE, O**, adj. et s. m. f. Flatteur, euse, qui flatte ; Agréable : *Aco's pas qu'un flattur*, ce n'est qu'un flatteur.
**FLATTO-BIELHOS**, s. m. Patelin, flatteur.
**FLATTUR, UZO**, s. m. f. Flatteur, qui flatte : *Aco's un flattur, m'esfizo-t'en*, c'est un flatteur, méfiez-vous.

>L'uno, Reyno d'un joun, dé *flatturs* s'enbirouno ;
>Boto sa crouts et sa courouno ;
>D'un gros bouquet floco soun sé ;
>Et sé palayzo et se poumpouno,
>Et sé miraillo d'an plazé.     J.

**FLATTRI**, voyez TRIGOUSSA.
**FLAUTA**, voyez FLAGUTA.
**FLAUTO**, voyez FLAGUTO.
**FLAXEL**, *Flajel*, s. m. Fléau d'un batteur de blé. (Du latin *flagellum*.)

Il est composé de :

**BATILHO**, s. f. Fouet qui porte sur les gerbes.
**COUZEDOUR**, s. m. Courroies qui unissent le manche avec le fouet.
**MARGUE** ou **MENAL**, *Manièyral*, s. m. Manche.
**FLAXELLA**, *Flajella*, v. act. Flageller, fouetter : *Lou flaxellerou xuscos al sang*, ils le fouettèrent jusques au sang. (Du latin *flagellare*.)
**FLAXELLATIOU**, *Flajellatiou*, s. f. Flagellation, punition par le fouet. (Du latin *flagellatio*.)
**FLAXO**, *Flacho*, s. f. Flache ; t. de charpentier, Vide dans le bois où était l'écorche : *Y'a trop de flaxo*, il y a trop de flache.
**FLAXOULET**, *Flajoulet*, s. m. Flageolet, petite flûte à son clair et aigu. (Du grec *plaziaulos*.)

>Un cop yeou prenio la frescuro
>A souleil coulc sur la berdura,
>Et countro lou roussignoulet
>Fazio tinda moun *flajoulet*.     G.

**FLAYRA**, v. n. Flairer, sentir par l'odorat ; Fleurer, répandre, exhaler une odeur : *Aquel ort flayro*, ce jardin embaume.

>Per *flayra* soun parfun, Moussu Xarles tres cots
>N'aproxo soun bel nas en se lequen lous pots.
>Tres cots et a tentat de soun ounglo endiscreto
>De raouza lou boussi que debordo l'assietto,
>Et se l'abien pas bist, crezi que coumo un cat,
>Sans benedicite, lou nous acurié lecat.     A. B.

## FLE

**FLECO**, voyez MANELO, MANAT.
**FLEMO**, s. f. Paresse ; Engourdissement, nonchalance : *La flèmo l'a trapat*, la paresse le tient.
**FLEOUMOS**, *Gleyros*, s. f. Flegmes, humeurs épaisses et glutineuses ; Pituite. (Du grec *phlegma*.)
**FLEPI**, voyez FEPLI.
**FLESSADO**, voyez FLASSADO.

**FLETRI**, v. act. Flétrir, faner, ternir, ôter la couleur : *Lou soulel l'a fletrido*, le soleil l'a flétrie; fig., Diffamer, déshonorer.

**FLETRI** (Se), v. pro. Se Flétrir, se faner; fig., se Déshonorer : *S'es pla fletrit dins aquel affa*, il s'est déshonoré dans cette affaire. (Du bas breton *flastra*, écraser.)

**FLETRISSANT**, O, adj. Flétrissant, te, déshonorant : *Aco's fletrissant per el*, c'est déshonorant pour lui.

**FLETRISSURO**, s. f. Flétrissure; Peine juridique qui emporte l'infamie; fig., Tache à l'honneur, à la réputation.

**FLEXI**, *Flechi*, v. act. Fléchir, ployer, courber; fig., Adoucir, apaiser : *Tray mal à lou flexi*, elle prend peine à le fléchir; Perdre de la fermeté, de la sévérité; Céder ou par complaisance ou faiblesse. (Du latin *flectere*.)

A vostre noum, que tout ginoul *flechigo*,
Dins lous anfers, sus terro et dins lou Cel;
Que tout l'adore, et l'aime, et lou benigo!
Lou mounde entié n'a pas de noum pus bel. PUJ.

**FLEXIPLE**, O, *Flechiple*, adj. Flexible, facile à coucher, qui se plie aisément; Souple, pliable; fig., Doux, docile, obéissant. (Du latin *flexibilis*.)

**FLEXISSO**, *Flechisso*, voyez COUPLETS.

**FLEXO**, s. f. Flèche, longue pièce de bois qui joint le train de derrière d'une voiture à celui de devant; Couverture en pointe d'un clocher. (De l'allemand *flitz*.)

**FLEYS**, O, adj. Mignard, de, délicat; Caressant, doucereux; Mou, qui a peu de consistance. (Du latin *flebilis*.)

**FLEYSSEXA**, *Fleyssejha*, v. act. Mignarder; Dorloter, gâter par sa faiblesse : *Lou fleyssexo trop*, il le mignarde trop. (Racine *fleys*.)

**FLEYSSIZO**, s. f. Mignardise affectée.

## FLI

**FLIN FLAN**, adv. Flic Flac, mot emprunté au bruit produit par les coups de fouet, etc. : *Entenderi flin flan, dous soufflets*, j'entendis flic flac, deux soufflets.

**FLISCA**, voyez CLACA.
**FLISCO**, voyez LESCO.
**FLISQUE**, voyez FOUET.

## FLO

**FLO**, voyez BOUCI, TROS.
**FLOGEL**, voyez FLAXEL.
**FLORIBERT**, s. m. Chou vert.
**FLO**, OSSO, adj. Plat, te, soie plate qui n'a pas été tordue.
**FLOT**, s. m. Flot, houle, lame, vague. (Du latin *fluctus*.)

Car, quand bex al tour d'él las sourços ataridos,
Les *flots* encadenats, las aigos endurcidos
Joux lé souleil puissent qué d'amoun és toumbat,
L'estounomen lé prén! et l'armado qué passo
En regarden lé flot qu'és fourrat dius l'espasso,
Bex qué lé bén de Dious sur l'abîme és passat. DAV.

**FLOT**, ou mieux encore **FLOC**, s. m. Houppe, petite touffe, petite pelote de laine de soie, de neige ou de choses légères. (Du latin *floccus*.)

**FLOTO**, s. f. Touffe de cheveux entre l'oreille et le front.

O lo tlortat d'un lun penjat o lo trobado,
Sal bonc qu'és o l'entour s'ossetto l'houstolado.
Lou mestré qué sé pimpo ol cap dé l'orchibanc,
Fourbio en orré lo *floto* é coupo lou pa blanc. PRAD.

**FLOTTO**, s. f. Flotte, nombre de vaisseaux.

**FLOU**, s. f. Fleur, partie colorée et odorante des végétaux au temps de la floraison; Développement du bouton qui contient les parties de la génération; Plante qui fleurit : *Cultibo fort las flous*, il cultive beaucoup les fleurs; Fraicheur, velouté des fruits: *Y'a encaro la flou*, il y a encore la fleur; Choix, élite; adv. *Flou à flou*, à fleur de..., au niveau de... (Du latin *flos*.)

Dé roumecs dé doulou moun âmo randurado,
Fugic del grand soulel la pamparrugo d'or
Per ana dins un roc ploura d'el et dé cor.
Del parterro francés la bélo *flou* toumbado. G.

**FLOUCAT**, adj. Qui met des fleurs sur la tête ou à ses vêtements.

**FLOU DE MIL**, voyez ESPIC DE MIL.
**FLOUKEJA**, voyez AXIQUETA.
**FLOUNDEJHA**, voyez PENOUTEXA.
**FLOUNDO**, voyez FROUNDO.
**FLOUN FLOUN**, adv. A gros bouillons.

**FLOURAT**, ADO, adj. Fleuri, ie, vermeil, bien portant : *Es flourado coumo uno roso*, elle est vermeille comme une rose. (Racine *flou*.)

Libéralo sosou, nous coumblos dé présens;
Ofci l'omello ris en régognen los dens,
Olay brillo l'aubergeo é lo pruno *flourado*;
Pus luen penjo soun col lo figo bisoillado,
É dé soun piol-foulet lou coudoun despouillat,
Mostro so panso d'or o l'uel mirobillat. PRAD.

**FLOUREJA**, voyez DESFLOURA.
**FLOURET**, s. m. Fleuret, fil de soie grossière, formé du rebut des cocons.
**FLOURI**, v. n. Fleurir, pousser des fleurs; Être en fleur; Donner un bouquet à quelqu'un le jour de sa fête : *L'anan flouri*, nous allons lui porter un bouquet. (Du latin *florere*.)
**FLOURI** (Se), v. pro. Se Chancir, commencer à moisir : *Lou pa se flouris tout*, le pain se chancit, se moisit.
**FLOURIDURO**, s. m. Moisissure, chancissure.
**FLOURIÉ**, voyez CAYRIE.
**FLOURISTO**, s. m. Fleuriste, cultivateur, amateur, fabricant de fleurs artificielles.
**FLOURIT**, *Mouzit*, adj. Chanci, moisi.
**FLOUROUNC**, s. m. Furoncle, tumeur inflammatoire, dure, très-douloureuse, nommée vulgairement clou : *M'es bengut un flourounc al xinoul*, il m'est venu un furoncle au genou. (Du latin *furunculus*.)
**FLOUS**, s. m. Le Trèfle du jeu de cartes : *Biro de flous*, il tourne de trèfles.
**FLOUTA**, v. n. Flotter, être porté par, ou sur un fluide; Surnager; Etre agité par le vent. (Du latin *fluctuare*.)

Abant el, en déça das grands mouns Pyrénéses,
N'abiou pas jamay bist l'ensegno das francéses
*Flouta* sur nostres bords;
Aro bézen prachi lours pabillouns qu'oundejoun,
De baichels estranges qué dé pertout carréjoun
Les pus richés trésors. DAV.

## FLU

FLUET, O, adj. Fluet, te, délicat, mince, de faible constitution. (Du latin *fluens*, de *fluere*, dans le sens de s'amollir.)

FLURET, s. m. Fleuret, sorte d'épée au bout de laquelle il y a un bouton et qui sert seulement pour apprendre à faire des armes; Fil formé de ce qui reste des cocons.

FLURETOS, s. f. Fleurettes, cajoleries amoureuses : *Y ba counta fluretos*, il va lui conter fleurettes.

FLURI, voyez FLOURI.

FLUS, s. m. Flux, mouvement réglé de la mer vers le rivage à certaines heures du jour; t. de médecine, Évacuation d'humeurs; Dévoiement de ventre mêlé de sang pur : *Lou flus l'espuizo tout-à-fait*, le flux l'épuise totalement. (Du latin *fluxus*, de *fluere* couler.)

FLUXIOU, *Fluchiou*, s. f. Fluxion, dépôt d'humeurs; Enflure : *M'es bengudo uno fluxiou à la figuro*, il m'est venu une fluxion à la face. (Du latin *fluxio*.)

## FOB

FOBOU, voyez FABOU.

## FOC

FOC, voyez FIOC.

## FOG

FOGO, voyez FOUGO.

## FOI

FOIRE, voyez FOUXA.
FOÏSSO, voyez FAYÇOU.
FOIZOUN, s. f. Foison, abondance, grande quantité. (Du latin *fusio*.)

## FOL

FOL, O, adj. Fou, folle, qui a perdu le sens; Frénétique; Enragé, en parlant des chiens : *Un gous fol es passat*, un chien enragé est passé; Vénéneux, en parlant des champignons : *Aco's de campayrols fols qu'an manxat*, ce sont des champignons vénéneux qu'ils ont mangé; Aimer passionnément : *Ne souy fol*. (De *volitatus* suivant Barbazan. Ménage le dérive de *follus*, dont on a fait *follis*, soufflet, ballon à vent, auquel ressemble la tête d'un fou; d'autres ont pensé que *fol* était un mot gaulois.)

Bous aimi cent cops maït que nou ba méritas;
Moun amour es pus *fol* que nou ba saourio diré;
Souï pas d'aquelis, yeou, que fan l'amour per riré. D.

FOLOMEN, adv. Follement, d'une manière folle; Témérairement : *Es anat folomen trouba l'endebinayre*, elle est allé follement trouver le sorcier.

FOLQUIEYRO, voyez FALQUIEYRO.

## FON

FON, voyez FOUN.

## FOR

FORBIA, voyez FOROBIA.

FORCES, s. f. Forces, grands ciseaux pour tondre les draps : *Cal amoula las forces*, il faut émoundre les forces. (Du latin *forceps*.)

FORÇO, s. f. Force, faculté d'agir vigoureusement : *N'a pas prou de forço*, il n'a pas assez de force; Violence, contrainte; *Me y menara de forço*, il m'y conduira par force; Puissance, autorité, crédit, courage, fermeté. (Du latin barbare *forcia*.)

FORÇO (A LA), adv. A force, par des instances, des importunités : *A la forço es bengut*, par importunité il est venu.

FORÇO (A), adv. A force, en grande quantité : *M'en a bayllat à forço*; Avec peine.

Ombé los dés besis moscolados, counfoundudos,
Sos péços, tout d'un cop, l'y sou mescounescudos.
O forço de cerca, rencountro enfi soun prat
Crusat per lo robino é joul sablé entorrat,     PRAD.

FORMO, s. f. Forme, figure extérieure des corps; Ordre, actes, style de la procédure : *cal que siogo seloun la formo*, il doit être selon la forme; Modèle de bois sur lequel on fait un chapeau, un soulier : *Lou cal mettre à la formo*, il faut le mettre à la forme; Stalle de chœur; t. d'arts, Dessin, figure, plan, représentation : *Agaxas ayci sa formo*, voici sa forme. (Du latin *forma*.)

FORO, prép. Dehors : *Foro, foro!* dehors, dehors. (Du latin *foris*.)

FOROBANDI, voyez CASSA, BANI.

FOROBIA, *Fourbia*, v. act. Sortir d'un danger garantir; Égarer, perdre : *Aco's el que m'a forobiat de la carreto*, c'est lui qui m'a garanti de la charrette. (Du latin *foras via*.)

FOROBIA (SE), *Fourbia (Se)*, v. pro. Se Perdre sortir du chemin : *Me souy forobiat à tems per arriba*, je me suis tiré à temps pour arriver.

FOROGANDI, v. act. Sortir d'un mauvais pas, d'une mauvaise affaire; Mettre hors de danger : *Lou n'a forogandit*, il l'en a tiré.

FORONIZA, v. n. Dénicher, décamper; s'Évader : *A foronizat y'a lountems*, il a décampé depuis longtemps. (Racine *foro* et *nid*.)

FORONIZOU, s. m. Oiseau dru, assez fort pour sortir du nid *Ey trapat un foronizou*, j'ai pris un oiseau dru.

FOROTIEX, *Forojèt*, *Cap-latié*, *Teoule-bagnat*, s. m. Avant-toit, la partie d'une toiture de maison qui est en saillie sur la rue. (Racine *foro* et *tiéx*.)

FORRAT, voyez FARRAT.

FORSO, voyez FORÇO.

FORT, s. m. Fort, lieu fortifié, forteresse; Partie principale; l'Endroit le plus fort, ce en quoi l'on excelle : *Aco's soun fort*, c'est là son fort; Milieu, temps du plus haut degré, de la plus grande force : *Al fort de la calou*, au fort de la chaleur. (Du latin *fortis*.)

FORT, O, adj. Fort, te, robuste, vigoureux, Grand, épais de taille; Épais en matière : *Aquel gouxat es pla fort*, ce jeune homme est bien vigoureux; Rude, pénible: *Aco's pla fort d'estre batut et de paga l'emendo*, c'est bien pénible d'être battu et de payer l'amende; Impétueux, violent : *Lou ben es pla fort*, le vent est bien fort; Acre, piquant; Expert, habile : *Es fort sur aquelo partido*, il est fort sur cette partie. (Du latin *fortis*.)

FORT, *Forso*, *Fosso*, adv. Fort, beaucoup, extrêmement : *Bouldrio fort beni*, il voudrait beaucoup venir.

FORXO, *Fargo*, s. f. Forge, lieu où l'on forge et travaille le fer, les métaux; Boutique de maréchal: *Ero à la forxo*, il était à la forge. (Du latin barbare *forgia*.)

## FOS

FOSFORO, s. m. Phosphore; t. de chimie, Corps combustible, brûlant avec flamme par le contact de l'air. (Du grec *phôs* lumière, *phero* je porte.)
FOSSO, adv. Beaucoup, en abondance : *Gna fosso dexa*, il y en a déjà beaucoup.

## FOU

FOU, *voyez* FOUN.
FOUASSET, *Fougasset*, s. m. Petit Gâteau : *M'a dounat un fouasset*, il m'a donné un petit gâteau.
FOUASSO, *Fougasso*, s. f. Fouace, sorte de gâteau : *Manxan uno fouásso*, nous mangeons une fouace. (Du latin *focus* foyer, feu.)

Soul héritié dé la magagna,
Séguère, à la modo d'Espagna
Decourat d'un gran San-Bénét :
En Grèça fan un fougacet,
Ou, sé voulès, una *fougaça*,
Que vous emplastroun sus la faça.
Vous avouaray francamen,
Que d'aquel sent acoutramen,
En pécadou mé dégoustère
E, sans respect, m'en desfaguère. FAV.

FOUAYROU, *Fougayrou, Lar*, s. m. Foyer, âtre, l'endroit de la cheminée où l'on fait le feu : *Y'a pas res al fouayrou*, il n'y a rien au foyer. (Du latin *focus*.)
FOUCHAROU, adj. Reveche, bourru, bizarre. FOUCHE, *voyez* FOUXO.
FOUDRE, s. m. Foudre, grand tonneau d'Allemagne. (De l'allemand *fuder*.)
FOUDRO, s. f. Foudre, feu du ciel avec détonation : *La foudro es toumbado sur la gleyzo*, la foudre est tombée sur l'église. (Du latin *fulgur*.)

Accuso aquels paourets que dempey méjo annado,
En ma tegnon la *foudro* et nou l'an pas latçado.
Tous soun tacats de sang, de sang d'un puple fray,
Couro s'effaçara? Jamay, jamay, jamay ! J.

FOUET, *Foue*, s. m. Fouet, corde, lanière, attachée à un manche pour fouetter, pour châtier : *Trapo-me lou fouet*, prends-moi le fouet. (Du latin *fustis*, bâton.)

Oh! que s'abio pouəgut eupruntä ta maliço,
Et m'arman dé toun *fouet* dount lou petadou fisso,
Aouyo truquat d'aploum sur l'homme qu'es tarat !
Aquel bestial pourrit encoumbro nostres passes;
Car bésen, cado jour, de millés de Judasses
Ount nostres pès an trabucat. DAV.

FOUETA, v. act. Fouetter, donner des coups de fouet ; Battre de verges ; Fesser un enfant : *Lou cal pla foueta*, il faut le bien fouetter : Battre pour faire mousser : *Feuetaras lou bi dins la barrico*.
FOUGASSET, *voyez* FOUASSET.
FOUGASSO, *voyez* FOUASSO.
FOUGAYROU, *voyez* FOUAYROU.
FOUGNA, *voyez* BOUTA.
FOUGNADISSO, *voyez* BOUTADO.
FOUGNAIRE, *voyez* BOUTAYRE.
FOUGNETO, *voyez* RAPPOURTUR, COUTEL TRIPIÉ.
FOUGNO, *voyez* MINO.
FOUGO, s. f. Fougue, mouvement violent et colérique; Ardeur de la jeunesse, des passions. (Du latin *fuga*, fuite.)

FOUGOUS, OUSO, adj. Fougueux, euse, violent, emporté : *Aquel xabal es trop fougous*, ce cheval est trop fougueux.
FOUINO, *Faïno, Foyno, Feyno*, s. f. Fouine, espèce de grosse Belette : *La fouino me manxo lous poulets*, la belette me mange les poulets. (Du latin *fuscina*.)
FOUIRALADO, *voyez* FOUYRALADO.
FOUIRO, *voyez* FOUYNO.
FOUISSA, *voyez* POUNXA.
FOUISSADO, s. f. Coup d'aiguillon.
FOUISSE, *voyez* FOURCO.
FOUITA, *voyez* FOUETA.
FOUITO-FOULIETO, *voyez* POURGO-MOUST.
FOUJHA; *voyez* FOUXA.
FOUJHAIRE, *voyez* FOUXAYRE.
FOULA, v. act. Fouler, presser quelque chose; Traiter avec mépris : *A tout foulat as pès, l'hounestat, la relixiou*, il a tout foulé aux pieds, l'honnêteté, la religion.
FOULA, *Para*, v. act. Donner un apprêt aux étoffes, aux chapeaux. (Du latin barbare *fullare*.)
FOULA (SE), v. pro. Se Fouler, se faire une foulure au pied, à la main : *Me souy foulat un pé*, je me suis foulé un pied.
FOULADIS, *voyez* FOULET.
FOULART, s. m. Foular ou foulard, étoffe de soie peinte, des Indes, dont on fait des mouchoirs.
FOULAS, *voyez* FADOURLI.
FOULASTRADO, *voyez* BESTIZO.
FOULATADO, *voyez* INCARTADO.
FOULATEXA, v. n. Trémousser, battre des ailes en parlant des oiseaux qu'on tient par les pattes.
FOULATRA, *Foulatrexa*, v. n. Folâtrer, badiner, prendre ses ébats : *Aymo pas que de foulatra*, il n'aime qu'à folâtrer. (Racine *fol*.)
FOULAXE, s. m. Foulage, action de fouler les draps : Le lieu où il se fait ; Ce qu'il en coûte : *Es anat al foulaxe*, il est allé au foulage. (Racine *fouloun*.)
FOULAYRE, *Parayre*, s. m. Foulon, celui qui foule les draps : *Lou foulayre passara tantos*, le foulon passera ce soir. (Du latin *fullo*.)
FOULET, *Ben foulet*, adj. Tourbillon de vent qui forme une trombe ou colonne d'air ramassant les feuilles, la poussière et les élevant dans l'air : *A passat un bén foulet que ba n'empourtabo tout*, il a passé un tourbillon qui emportait tout ; Poil follet, duvet des petits enfants; Premier poil du menton : *N'a pas que de pèl foulet*, il n'a que de poil follet.
FOULIA, *voyez* PASTINGA, MASTINGA.
FOULIÉ, *voyez* FOUYLIÉ.
FOULIEIRO, *voyez* PRAOUTIDOUYRO.
FOULIETEJHA, *voyez* PINTOUNEXA.
FOULIETEJHAIRE, *voyez* PEXINO.
FOULIGAOU, *voyez* ESTOURDIT, SAOUTO-LAOUXÉ.
FOULIGAOUDEJHA, *voyez* FOULATREXA.
FOULIO-MERDO, s. m. Le Scarabée stercoraire, ou pillulaire : Gros insecte écailleux qui vole à l'entrée de la nuit dans les chemins, autour de la fiante des animaux dont il fait des boulettes qu'il pousse à reculons vers son trou et dans lequel il dépose ses œufs.
FOULLORO, s. f. Chose de peu de valeur; De qualité inférieure; d'Apparence trompeuse : *Aco's pas que de foulloro*, ce n'est que tromperie. (Racine *fol*.)
FOULO, s. f. Foule, multitude, presse, grand nombre de personnes, etc. : *Y'a uno grando foulo*,

FOU FOU 251

il y a une grande foule; Multitude de choses, d'affaires, d'idées : *A uno foulo d'affas*, il a une foule d'affaires. (De l'anglais *fullo, full*, plein.)

Quand la *foulo* en butan bous enlebo del sol
Semblo qué cap lé poun bous fa roumpré lé col;
Qu'un dandy mal appres, al miey dé la bagarro
Bous pousso dins lou nas lé fun dé la cigarro.

FOULOUN, *Paradou*, s. m. Foulon, moulin qui sert à fouler les draps : *L'aben encaro al fouloun*, nous l'avons encore au foulon. (Du latin *fullo*.)

FOULOUNAYRE, *Parayre*, s. m. Fouleur, foulon, ouvrier qui foule les draps.

FOULURO, s. f. Foulure, contusion, blessure d'un membre foulé : *Me souy fax uno fouluro à la ma*, je me suis fait une foulure à la main.

FOULZE, s. m. Tracassier, turbulent, violent, qui renverse tout, qui fait trembler tout : *Quand el y'es semblo que y'a lou foulze*, quand il y est il semble qu'il y a la foudre. (Du latin *fulgur*, foudre.)

A la fieyro das truts el caillo qu'on lou bisso
Dans lou foulzè del bras esclafa lou fer-blanc
Foulzè qué fazio courré un labassi dé sang.
Et regita dé caps uno grosso granisso. G.

FOUMERIÉ, s. m. Fosse à fumier, l'endroit où l'on ramasse le fumier : *Porto-bo al foumerié*, portez-le à la fosse au fumier; fig., Sale, dégoutante, mal arrangée : *Semblo un foumerié*, elle semble un fumier. (Du latin *fimus*.)

Ol resto, ol *foumerié* qué sé fo dins l'establé,
Lou qué proudis lou pargué encaro és préférablé.
Otobé, tout qué pot, lou bourialré sougnous,
Fo compa soun bestial jusqu'ol tems rigourous. Prad.

FOUN, *Terou*, s. f. Fontaine, eau vive qui se répand continuellement : prov., *Qui bol de bouno aygo, cal qu'ango à la foun*, qui veut de bonne eau doit aller à la fontaine. (Du latin *fons*.)

Dé la vertut soulo
D'un ta poulit noum,
La graço découlo
Coumo d'uno *foun*.
L'infirmé qué pouzo
D'aquel riou mayral
L'aigo salutouzo
Guéris dé tout mal. Puj.

FOUN, voyez FOUNZES.

FOUNÇA, v. act. Foncer, rembrunir; Payer, débourser : *Touxoun me cal founça*, il faut que je débourse toujours.

FOUNÇA, voyez FOUNZA.

FOUNÇAT, ADO, adj. Foncé, ée, chargé en couleur, sombre : *Boli un blu founçat*, je veux un bleu foncé.

FOUNÇAYLHOS, *Founzaylhos*, s. f. Effondrilles, parties grossières restées au fond d'un vase : *Y'a fosso founçaylhos*, il y a beaucoup d'effondrilles. (Racine *founs*.)

FOUNCIÉ, EYRO, adj. et sub. Foncier, ière. Bien-fonds; Qui concerne un fonds de terre ou en provient : *Lou founcié bal mayt*, le fonds vaut davantage. (Du latin *fundus*.)

FOUNCIÉYROMEN, adv. Foncièrement, à fonds, dans le fonds : *Es founciéyromen respounsaple*, il est foncièrement responsable.

FOUNCIOU, s. f. Fonction, action pour remplir une charge, un emploi; Occupation, charge : *Cadun a sa founciou*, chacun à sa fonction. (Du latin *functio*.)

FOUNCIOUNA, v. n. Fonctionner, bien opérer : *Tout founciouno pla*, tout fonctionne bien.

FOUNCIOUNARI, *Founxiounari*, s. m. Fonctionnaire, celui qui exerce une fonction publique : *Aco's un founciounari puplic*, c'est un fonctionnaire public. (Racine *founciou*.)

FOUNÇO, *Founçado*, s. f. Fond, lieu bas, vallon; La partie inférieure d'un arbre.

FOUNDA, v. act. Effondrer, défoncer un champ; Essarter, défricher en arrachant le bois, les épines : *Ne boulen founda un boussi*, nous voulons en défoncer une partie. (Du latin *fundare*.)

FOUNDA (SE), v. pro. Se Fonder, faire fonds sur, s'appuyer de... mettre son assurance en... : *Me foundabi sur ço que m'abio dit*, je me fondais sur ce qu'il m'avait dit.

Mais encaro qu'aqui yeou plaîrexessi fort,
Prouberou, malgré yeou, qu'abiés fosso dé tort,
Et qu'on diou pas xamai faîré parla lou moundé,
N'y your douna suxet per tapla qu'on sé *foundé*. D.

FOUNDAMEN, voyez FOUNDOMEN.
FOUNDAMENTAL, O, adj. Fondamental, le; Premier, primitif, principal, capital : *Aco's l'article foundamental*, c'est l'article fondamental. (Racine *foundomen*.)

FOUNDARIÉ, *Foundario*, s. f. Fonderie, lieu où l'on fond les métaux, les canons, etc. (Racine *foundre*.)

FOUNDAT, DO, adj. Fondé, ée, chargé des affaires de... : *Aco's soun proucurur foundat*, c'est son procureur-fondé.

FOUNDATIOU, s. f. Fondation, travaux pour fonder; Base, fondement; fig., Création, institution, commencement : *Es aqui despey la foundatiou*, il est là depuis la création; Dons, legs pieux : *A faxo uno foundatiou pes paourés*, elle a fait une fondation pour les pauvres.

FOUNDATOU, s. m. Fondateur, celui qui a fondé un établissement, un couvent, un hospice. (Du latin *fundator*.)

FOUNDEDIS, s. m. Cire, suif, qui coule sans se brûler. (Racine *foundre*.)

FOUNDENT, O, adj. Fondant, te, ce qui fond, dissout; Qui a beaucoup de jus en parlant des fruits : *Aquelo pero es pla foundento*, cette poire est fondante. (Racine *foundre*.)

FOUNDO, s. f. Novale, terre nouvellement défrichée : *La foundo prendra sazou*, la novale aura belle saison. (Racine *founda*.)

FOUNDOMEN, s. m. Fondement, creux pour commencer à bâtir, maçonnerie dont on le remplit : *Lou foundomen costo fort*, le fondement coûte beaucoup; fig., Apparence, vraisemblance, probabilité : *Tout aco n'a pas cap de foundomen*, tout cela n'a aucun fondement. (Du latin *fundamentum*.)

FOUNDRE, v. act. Fondre, rendre fluide par le feu; Mettre en fonte, en fusion; fig., Mêler ensemble : *Cal foundre aquelos coulous*, il faut fondre ces couleurs; Pleurer abondamment : *Foundio en larmos*, il fondait en larmes. (Du latin *fundere*.)

FOUNDRE (SE), v. pro. Se Fondre, se liquéfier, se réduire à rien : *Tout aco s'es foundut*, tout cela s'est fondu; se Consumer au service de queiqu'un : *Me souy foundut per el*, je me suis sacrifié pour lui.

FOUNDUR, s. m. Fondeur, celui qui fond les métaux; un Potier d'étain : *Anaras trouba lou foundur*, tu iras trouver le fondeur. (Racine *foundre*.)

FOUNS, *Founzes*, s. m. Enfonçure, pièces d'un tonneau, d'un armoire, d'un lit.

**FOUNS**, s. m. Fonds, sol, terrain; Héritage, propriété : *Aro couneys soun founs*, il sait quelle est sa portion; Marchandises d'une boutique ; la Partie la plus basse d'une chose : *M'a baylat lou founs*; Fin d'une chose; un Valon; Terre : *Aco's un boun founs*, c'est un bon fonds; Argent comptant : *N'a pas de founs*. (Du latin *fundus*.)

**FOUNS** (SANTOS), s. f. Fonts baptismaux ; large Vase fixe pour baptiser : *Anan en proucessiou à las santos founs*, nous allons en procession aux fonts baptismaux. (Racine *foun*.)

**FOUNSA**, voyez **FOUNÇA**.

**FOUNSIOU**, voyez **FOUNCIOU**.

**FOUNTANÉLO**, s. f. Creux de l'estomac : *La fountanélo me fa mal*, le creux de l'estomac me fait mal.

**FOUNTÉNO**, s. f. Fontaine pour garder l'eau pour se laver les mains dans les maisons. (Du latin *fons*.)

**FOUNTO**, s. f. Fonte, métal fondu ; Mélange de métaux ; Fourreaux de pistolets pour être placés aux selles : *I'as pas mes las fountos*, tu n'as pas mis les fontes. (Racine *foundre*.)

**FOUNZA**, *Founça*, v. act. Foncer, mettre un fond : *Cal beni founza las barricos*, il faut venir foncer les barriques.

**FOUNZADO**, s. f. Le fonds d'un arbre, le fonds d'un champ. (Racine *founs*.).

**FOUNZAXE**, s. m. Enfonçage, reliage des barriques : *Pagaren lou founzaxe de mitat*, nous payerons le reliage de moitié.

**FOUNZAYLHOS**, voyez **FOUNÇAYLHOS**.

**FOUNZAYRE**, s. m. Enfonceur, celui qui met le fonds à un tonneau. (Racine *founza*.)

**FOUNZES**, *Founces*, s. m. Enfonçure d'un tonneau : *A perdut sous founces*, il a perdu l'enfonçure. (Racine *founs*.)

**FOUNZILIOS**, voyez **FOUNÇAYLHOS**.

**FOUNZO**, voyez **FOUNÇO**.

**FOUNZUT**, UDO, adj. Profond, de, creux. *Es tout plé founzut*.

**FOUR**, s. m. Four à cuire le pain ; Four à chaux. (Du latin *furnus*.)

Moun coussel adouptat, de sa poxo cadun
Sourtis soous et dignés per fayre soun apun,
Et l'arxen sur la ma, sans tambonr ni trompeto,
Boou chez lou pastissié bizita la tireto,
Lou four et lou buffet, et m'axudan de l'él,
De la lengo, dal nas, das dets et dal coutel,
Caoussissi lou dessert que deou sur nostro taoulo
Desclaba de X... lous pots et la paraoulo.
Ambe yeou lou dessert à l'oustal arribat,
Et, coumo b'aben dix, sur la taoulo paouzat,
Dal gateou pretious attenden l'arribado,
Que deou sourti daourat del *four* de Carcanado :
Car dins aquel mestié Carcanado xouis
D'uno reputatiou qu'illustro lou pays,
Et per pas estre ingrat, Castros deou à sa gloiro
Uno estatuo en fer, dépôt de sa mémoiro,
Que representario Carcanado mitroun,
Courounat dal gateou qu'entourario soun froun,
Ambe aquelo inscriptiou d'un xinest enlassado,
*Castros, recouneyssent al mitroun Carcanado !*     A. B.

**FOURA**, voyez **FOURRA**.

**FOURADO**, voyez **NATO**, **PAYLHASSO**.

**FOURAGNA**, voyez **FORONISA**.

**FOURAJHE**, voyez **FOROFIEX**.

**FOUR-D'AOUBRE**, voyez **FOURCAT**.

**FOURATEXA**, voyez **FOULATEXA**.

**FOURBIA**, voyez **FOROBIA**.

**FOURBUT**, adj. Fourbu, ue, attaqué d'une fourbure; Cette maladie attaque les chevaux aux jambes pour avoir trop travaillé, ou bu trop chaud : *Aquel xabal es fourbut*, ce cheval est fourbu.

**FOURÇA**, v. act. Forcer, contraindre, violenter : *L'a calgut fourça*, il a fallu le forcer ; Emporter d'assaut, de force; Attenter à l'honneur ; Violenter; Enfoncer, briser, rompre avec violence: *An fourçados las portos per sourti*, ils ont enfoncé les portes pour sortir; Forcer un cheval ; etc., le faire trop courir, trop travailler. (Du latin *forcia*.)

**FOURÇA** (SE), v. pro. Se Forcer, faire avec violence : *M'a calgut fourça*, il m'a fallu faire violence.

Couneissi sous defaous, et sapiut lous blama :
Mais es pus fort qué yeou, souï *fourçat* de l'aïma.
Boli crezé pourtant qué bendra differento,
Qué sé courrexara, s'on ha yé réprezento.    D.

**FOURCADÈL**, s. m. Petite fourche. (Racine *fourco*.)

**FOURCADO**, s. f. Fourchée, tout ce qu'on prend d'un coup de fourche : *Douno-y uno fourcado de fé*, donne une fourchée de foin. (Racine *fourco*.)

**FOURCADO**, *Bigosso*, s. f. Tire-fiente, espèce de fourche recourbée qui sert à enlever le fumier des étables.

**FOURÇADOMEN**, adv. Forcement, par force, par contrainte, malgré soi : *Souy pla bengut fourçadomen*, je suis bien venu malgré moi.

**FOURCADURO**, *Fourcat*, s. f. Fourchure, endroit où un arbre fourche. (Racine *fourco*.)

**FOURCAT**, *Fourcas*, s. m. Fourchure d'un arbre; Charrue à brancard tirée par une seule bête. (Racine *fourco*.)

**FOURCAT**, voyez **BIGOS**.

**FOURCO**, s. f. Fourche, instrument de bois ou de fer, à manche à deux ou trois branches ou fourchons : *Uno fourco de tres dens*, une fourche à trois dents; Adverbialement, *à la fourco*, négligemment, grossièrement : *Aco's fax à la fourco*.

Oqui n'o prou dé dich. Per lou mestré onimats,
Lous borlets en comiso, é d'oquel fer ormais,
Fau sauta, sons piétat, l'ournomen dé lo prado :
Tout toumbo joust l'ofgino o l'ocout osugado.
Piey per bira lous rengs ben dé mounde un troupel;
Olaro on hey jouga lo *fourco* é lou rostel.    PRAD.

**FOURCUT**, DO, voyez **FOURCAT**.

**FOUR-DE-SEBOS**, voyez **REST-DE-SEBOS**.

**FOUREJHE**, voyez **FOUREXE**.

**FOUREN**, adj. Forain, du dehors, qui n'est pas du lieu. (Du latin *foras*.)

**FOURES**, s. m. Marchandise de halle, de peu de valeur : *Aco's de foures*, c'est de peu de valeur. (Tels que les ouvrages en fer qu'on porte dans les halles de St. Etienne en forez.)

**FOUREST**, s. f. Forêt, grand bois, grande étendue de terrain couverte de bois : *Dins la fourest an troubat de louts*, on a trouvé des loups dans la forêt. (Du latin barbare *foresta*.)

**FOURESTIE**, s. m. Forestier, celui qui a quelque emploi dans l'administration des forêts : *Aco's lou gardo fourestié*, c'est le garde forestier.

**FOURET**, s. m. Foret, instrument pour forer, percer des trous dans le fer, etc. : *Aco se fara al fouret*, cela se fera au foret. (Du latin *forare*.)

**FOUREXE**, O, adj. Volage, sauvage : *Es tout plé fourexe*, il est très-volage.

**FOURFOUL**, adj. Remuant, intrigant : *Aco's un fourfoul*, c'est un intrigant.

FOURFOUYLHA, v. n. Farfouiller, fouiller mal adroitement; Fourgonner le feu; Fouiller avec un bâton dans un endroit où l'on ne saurait aller avec la main. (Du latin barbare. *fodiculare*.)

FOURGNAL, s. m. Fournil, lieu où est le four, Couvert qui défend de la pluie un four : *Es ala xoust lou fourgnal*, c'est là-bas sous le fournil. (Racine *four*.)

FOURGNE, EYRÓ, s. m. f. Fournier, ière, celui, celle qui tient un four public. (Racine *four*.)

FOURGOUN, *Furgoun*, s. m. Fourgon, sorte de charrette à quatre roues, couverte : *Lous fourgouns pourtabou las proubezious*, les fourgons portaient les provisions ; Instrument pour remuer le feu dans le four, à la forge. (Du latin *furcone*.)

FOURGOUNA, v. act. Fourgonner; remuer le feu, la braise avec le fourgon.

FOURGOUNAT, s. m. Plein un fourgon.

FOURMA, v. act. Former, donner la forme; Produire, fabriquer; Concevoir dans son esprit; Élever, dresser, accoutumer à... : *L'a fourmat al trabal*, il l'a accoutumé au travail. (Du latin *formare*.)

St. Xan axet agut dè moundé uno nizado
Per pourta lous noou plats qué *fourmaboun* l'intradó.
D.

FOURMA (SE) v. pro. Se Former, être produit, recevoir la forme; se Façonner; s'Instruire, s'accoutumer à... : *Se formo pla*, elle se forme bien.

FOURMALITAT, s. f. Formalité, formule de droit : *Y cal fosso fourmalitats*, il faut beaucoup de formalités. (Du latin *formalitas*.)

FOURMALIZA (SE), v. pro. Se Formaliser; se fâcher, s'offenser de...; Trouver mauvais: *Se fourmalizo de tout*, il se formalise de tout. (Racine *formo*.)

FOURMATIOU, s. f. Formation, action par laquelle une chose est formée; Établissement. (Du latin *formatio*.)

FOURMAXE, *Fourmajhe*, *Froumaxe*, s. m. Fromage, lait caillé, égoutté et mis en moule. (Du grec *formos*, forme où l'on met le fromage pour le faire égoutter.)

Dins lo foisselo oprès estourro l'oncolat,
É lou met o séca luen dè l'arpo del cat.
Quond ès prou sec, d'obord sé despacho un messatgé
Qué porto o Roquofort lo fourmo dè *froumaigé*.
PRAD.

FOURMAXEYRO, *Fourmajheiro*, s. f. Fromagère, vase troué pour faire égoutter le fromage; Celle qui vend des fromages : *La froumaxeyro passara*, la fromagère passera.

FOURMAXOU, *Fourmajhou*, *Carcinou*, s. m. Fromage frais, petit fromage : *Ban dexuna ambe de fourmaxous*, on va déjeûner avec des fromages frais.

FOURMEN, s. m. Froment, la meilleure espèce de blé. (Du latin *frumentum*.)

FOURMENTAL, s. m. Terre à froment. (Du latin *frumentum*.)

FOURMIC, s. m. Fourmi, genre d'insecte qui vit en société : *Lous fourmic ramassou tout*, les fourmis ramassent tout. (Du latin *formica*.)

Déja lo dé soun cric cric, lou grel issourdo prou,
Et lo *fourmic* obaro ol camp ta carrieyrou. PRAD.

FOURMIGA, *Fourmiguexa*, *Fourmilhexa*, v. n. Fourmiller; Démanger, picoter entre cuir et chair. (Racine *fourmic*.)

FOURMILHA, v. n. Fourmiller, abonder; Être en grand nombre en parlant des êtres animés : *Ne fourmilhexo*, il en fourmille.

FOURMILHÉ, s. m. Fourmillére, retraite des fourmis; fig., Grand nombre de personnes : *Gna un fourmilhé*, il y en a une fourmillère. (Racine *fourmic*.)

FOURMILHEXA, voyez FOURMIGA.

FOURMILHIEYRO, voyez FOURMILHÉ.

FOURMILIOS, voyez BRUSCAYLHOS.

FOURMULARI, s. m. Formulaire.

FOURMILHOUN, voyez LIOUN DAS AFOURMIX.

FOURMO, voyez FORMO DE FOURMAXE.

FOURMULO, s. f. Formule, forme prescrite; Paroles consacrées par l'usage; t. de méd., Ordonnance conformément aux règles et au langage de l'art : *Ba pourtaras tout seloun la fourmulo*, tu porteras tout selon la formule. (Du latin *formula*.)

FOURNADO, s. f. Fournée, ce qu'on peut faire cuire à la fois dans un four : *N'aben encaro uno grosso fournado*, nous en avons encore une grosse fournée; adv. *A belos fournados*, à troupes, par pelotons. (Racine *four*.)

FOURNAXE, *Fournajhe*, s. m. Fournage, ce que l'on paye pour la cuite du pain.

FOURNEL, s. m. Fourneau, vaisseau pour faire la fonte des métaux, du verre; Fourneau de cuisine : *Despey ters ouros dal mati es al fournèl*, depuis trois heures du matin il est au fourneau. (Racine *four*.)

St. Xan, lou lendèma, sas margos rétroussados
Sé métet al *fournèl* préparet las intrados, D.

FOURNELA, *Fournejha*, *Fournexa*, v. act. Écouber, enlever l'herbe, la brûler et répandre les cendres sur le terrain.

FOURNELEXA, voyez FOURNELA.

FOURNI, v. act. Fournir, pourvoir, approvisionner; Livrer, donner; Vendre habituellement à quelqu'un; Subvenir, contribuer en tout ou en partie : *Elo fournis touxoun*, c'est elle qui fournit toujours.

FOURNI (SE), v. pro. Se Fournir, grossir; Acheter pour son usage : *Me fournissi de ço que me cal*, je me fournis de ce qu'il me faut. (De l'italien *fornire*.)

FOURNIAL, voyez FOURGNAL.

FOURNIÉ, voyez FOURGNÉ.

FOURNIMEN, s. m. Fourniment, tout ce qui est nécessaire pour un soldat : *A tout lou fournimen*, il a tout le fourniment.

FOURNIGHEJHA, voyez FOURMIGA.

FOURNIGHIÉ, voyez FOURMILHÉ.

FOURNIGO, voyez FOURMIC.

FOURNISSUR, s. m. Fournisseur, celui qui entreprend la fourniture de... : *Anaras trouba lou fournissur*, tu iras trouver le fournisseur. (Racine *fourni*.)

FOURNITURO, s. f. Fourniture, provision; Ce qui est fourni.

FOUROU, voyez FOURROU.

FOURQUETO, s. f. Fourchette, ustensile de table à fourchons : *Eren toutes la fourqueto à la ma*, nous étions tous la fourchette à la main ; Ce qui en a la forme; adv., *A la fourqueto*, d'une manière soignée, délicate : *nous trato touxoun à la fourqueto*, il nous traite toujours délicatement. (Du latin *furca*.) fig., La main, les doigts.

Grand bazard de France !
Qui bol d'amadou.

Grando councurrance !...
Pla sec et pla bou!
Grils, broches, brochettes!
Blanchir de *fourchettes*,
Couteaux repassez...
Qui bol dé salado,
Tendro, parfumado...
Tricots, tricotez.
Bezi la marxando
Fa la countrabundo
Xouts lou coutillou.
A. B.

**FOURQUEXA**, v. act. Remuer à la fourche; Faner l'herbe d'un pré pour la faire sécher : *Caldrio ana fourquexa l'erbo*, il faudrait aller remuer l'herbe à la fourche; fig., Brouiller les choses, les déranger : *B'a tout fourquexat*, il a tout dérangé. (Racine *fourco*.)

**FOURQUEXAYRE**, s. m. Faneur, celui qui avec la fourche fane l'herbe dans un pré; fig., Qui brouille tout, dérange tout : *Sios un fourquexayre*, tu es un dérangé.

**FOURRA**, v. act. Fourrer, garnir de fourrures; Habiller chaudement; Enfoncer, faire entrer, introduire : *L'a fourrat dins uno crambo, et a clabat*, il l'a fourré dans une chambre et a fermé à clef. (Du celtique *fourra*.)

Mais un ser coumo ol liech you bènio dè mé mettre,
Soun armo ol found dés pés mé benguet opporettre.
Dé froyou joul lensol you *fourrère* lou cap,
Car saïqué un gro dé mil m'aurio serbit dé tap.
PRAD.

**FOURRA**, v. act. Jouer un espèce d'écarté qu'on appelle *fourre*.

**FOURRA** (Se), v. pro. Se Fourrer, se garnir de fourrures : *Fourro-te pla, fa frexs?* fig., Entrer, pénétrer, se faufiler, s'insinuer, s'engager dans... : *Ount te sios anat fourra?* où t'es tu allé fourrer.

**FOURRATEXA**. voyez FOULATEXA.

**FOURRAXA**, *Fourajha*, s. m. Fourrager, couper, amasser du fourrage; Ravager, remuer. (Racine *fourraxe*.)

**FOURRAXE**, *Fourajhe*, s. m. Fourrage, grain, paille, foin, herbage servant de pâture aux bestiaux : *Lou fourraxe nous mancara pas*, le fourrage ne nous manquera pas; Bernage, mélange de graines céréales et de graines légumineuses, qu'on sème en automne pour avoir du fourrage au printemps : *Fazen fosso fourraxe oungan*, nous faisons beaucoup de fourrage cette année. (Du latin *farago*.)

**FOURRE**, s. m. Espèce de jeu de cartes dans lequel on joue avec ses cartes, ou bien on ne joue pas de tout.

Lou xoun de la fouasso es anfin arribat!!
Lous Reyzes sou benguts... lou *fourré* és accabat.
Que nostre tresaourié de sa bourso fidèlo
Sourtigue l'esquipot, qu'al fun de la candèlo
Sòout per soout, ueyt et xoun aben arremassat,
Et de poulos tabe, calque cop engrayssat.
Sans cronto per ta ma, pus fino que la sedo
Counto nous tu X..., touto aquelo mounedo
Per beze s'aouren prou d'aquel famus metal
Per ne foundre un gateou dè la taylho que cal.
A. B.

**FOURRÈOU**, s. m. Fourreau, gaîne de l'épée, du sabre; Étui, enveloppe; fig., Lit : *Es encaro dins lou fourreou*. (Racine *fourra*.)

**FOURRÈXE**, *Fourajhe*, adj. Volage, épouvanté, en parlant des oiseaux non privés qui se jettent par tout pour recouvrer la liberté.

**FOURRIÉ**, s. m. Fourrier, sous-officier d'infanterie chargé du logement et des vivres de sa compagnie : *Es passat fourrié*, il est passé fourrier. (De l'allemand *fahren*, conduire.)

**FOURRIÈYRO** (En), s. f. Fourrière, lieu de détention des bestiaux saisis pour délit et nourris aux dépens de ceux à qui ils appartiennent.

**FOURRO-BOURRO**, adv. Pêle-mêle, confusément.

**FOURROU**, *Pousso-cu*, *Recor*, s. m. Recors, celui qui suit un huissier pour lui servir de témoin, pour lui prêter main-forte au besoin. (Racine *fourra*.)

Souben, los del trimal dé touto lo journado,
Crésés d'ona monja to soupo mitounado;
É troubos un *Fourrou* qu'és mestrè o toun oustal.
PRAD.

**FOURRURO**, s. f. Fourrure, peau préparée, garnie de poils qui sert à fourrer. (Du celtique *fourra*.)

**FOURTEXA**, *Fourtejha*, v. n. Sentir l'aigre; Pointer. (Racine *fort*.)

**FOURTIFIA**, *Fourtifica*, v. act. Fortifier, rendre fort, plus fort; t. d'art. mil., Entourer de fortifications. (Du latin *fortificare*.)

**FOURTIFIA** (Se), v. pro. Se Fortifier, devenir plus fort; Faire des progrès : *S'es pla fourtifiat despey un mes*, il s'est bien fortifié depuis un mois.

**FOURTIFIANT**, O, adj. Fortifiant, te, qui fortifie, corrobore.

**FOURTIFICATIOU**, s. f. Fortification, ouvrage qui met une place en état de résister. (Du latin *fortificatio*.)

**FOURTOU**, s. f. Aigreur, qualité de ce qui est aigre.

**FOURTUNEJHA**, v. act. Chercher à gagner quelque chose; Hasarder, s'aventurer.

**FOURTUNO**, s. f. Fortune, hasard, chance : *Aco's uno bouno fourtuno per el*, c'est une bonne fortune pour lui; Bonheur, bon succès; Avancement, établissement : *A dexu fax fourtuno*, il a déjà fait fortune; Biens, richesses, tout ce que l'on possède : *A uno fourtuno incounegudo*, il a une fortune inconnue; adv. *A la fourtuno dat pot*, Recevoir quelqu'un qu'on n'attendait pas. (Du latin *fortuna*.)

**FOURUPA**, voyez XUCA.

**FOURXA**, *Fourja*, v. act. Forger, donner la forme au fer, au métal, à l'aide du feu et du marteau; fig., Imaginer, supposer, inventer : *Tout aco b'as fourxat*, tu as forgé tout cela. (Racine *forxo*.)

**FOURXA** (Se), v. pro. Se Forger, se former des idées : *Se forxo toutos sortos d'ideos*, il se forge toutes sortes d'idées.

**FOURXAYRE**, *Fourjhaire*, *Fourxeroun*, s. m. Forgeron, ouvrier qui forge.

**FOURXEROUN**, *Fabre*, voyez FOURXAYRE.

**FOURXETO**, *Fourchelo*, voyez FOURQUETO.

**FOUSSALOU**, voyez FOUSSOULOU.

**FOUSSAT**, s. m. Fossé d'une ville forte. (Du latin *fossa*, fosse.)

**FOUSC**, voyez LOUXE.

**FOUSSEYRE**, voyez FOUXAYRE.

**FOUSSOU**, s. m. Houe, outil de jardinier.

**FOUSSOULOU**, s. m. Frelon, bourdon, taon, mouche du genre des guêpes : *Un foussoulou m'a picat*, un frelon m'a piqué; fig., Leste, dégourdi, turbulent : *Semblos un foussoulou*.

**FOUXA**, *Foucha*, v. act. Piocher, travailler avec

la pioche; fig., Travailler durement, se donner beaucoup de peine : *Lou me cal fouxa per lou fa parla,* il me faut beaucoup de peine pour le faire parler. (Du latin *fossa,* fosse.)

FOUXADO, *Fouchado,* s. f. Travail fait avec la pioche.

FOUXAYRE, *Fouzeire,* s. m. Piocheur, qui essarte à la pioche, à la marre : *Aben de fouxayres,* nous avons des piocheurs.

FOUXAZOUS, *Fouchazou,* s. f. Temps de travailler les vignes à la pioche, à la marre : *Aben de belos fouxazous,* nous avons un beau temps pour travailler à la pioche.

FOUXE, *Fouche,* interj. Foin! espèce de juron : *Fouxe! me souy escaoudat,* foin! je me suis brûlé.

FOUYLHA, v. act. Fouiller, creuser en cherchant; fig., Examiner avec soin; Pénétrer, approfondir : *Cal pas ana tant fouylha per ba trouba,* il ne faut pas tant fouiller pour le trouver. (Du latin barbare *fodiculare.*)

FOUYLHE, *Fouilio,* s. f. Folie, toute espèce d'aliénation mentale; Extravagance, frénésie : *Faguet uno fouylhe que xamay pus,* il fit une extravagance; Imprudence, témérité : Choses plaisantes que l'on fait, que l'on dit; adv. *A la fouylhe,* à l'excès; Démesurément. (Du latin barbare *follicia.*)

Roujgat, lou bourxes, nascut dins la grandou,
Demando, en rouxigan, à bendre sa suzou;
Et l'oubrié qu'a perdut tout lou fruit de sa penó
S'en ba... courris... courris... la *foulie* lou nemeno.
A. B.

FOUYOLO, *voyez* BOUTIOLO.
FOUYOULA, *voyez* BOUTIOULA.

FOUYRAL, s. m. Espèce de raisin, de mauvaise qualité, qui se vide dans les doigts quand on le mange. (Racine *fouyro.*)

FOUYRALADO, s. f. Ejection, cours de ventre; Large, liquide, décharge du ventre en un jet.

FOUYRO, *Courento,* s. f. Foire, diarrhée, flux de ventre : *La fouyro l'a trapat,* la diarrhée l'a pris. (Du latin *foria* ou *foris,* parce qu'alors les excréments sortent avec une grande facilité.)

Baoutrés oïci n'ojerés pas l'olerto?

L'ogéren pas? oh si fait certo :
Omai soun boun sodoul qué cadun né ténio,
Quond doou-per-tout nous rébenio
Qu'oquel desterminat courietgé,
Qué mètio tout ò song, ò fioc,
Tout counm l'horro caouso obio lou pribiletgé
Dé sé trouba per-tout sons sé fa beyré en lioc.
Sé pot oco, digos, sons sourtiletgé?
Qué qué né siagué, oquel toundut monetgé
M'esfroyet talomen, qué porien per respet,
(Entré n'aoutrés sio dich) lo *f.....* m'otropet.
PRAD.

FOUYROUS, O, adj. Foireux, euse, qui a la foire.

FOUZEC, *Fouzeguet,* s. m. Turbulent, tracassier, remuant, en parlant des enfants : *Aco's un fouzec,* c'est un turbulent.

FOUZEGA, v. act. Fouiller, remuer; Brouiller les choses : *B'a tout fouzegat,* elle a tout brouillé.

Sous pas puleou portits, qué lo maïré é los fillos.
O l'hort qu'an fouséyut bau fa los séménillos.
PRAD.

FOUZEZOU, *voyez* LABOURA, BOOURO.

FOUZILHA, v. n. Fouiller, fouger, se dit des pourceaux, du sanglier qui fouille la terre pour arracher les racines avec son boutoir. (Du latin barbare *fodiculare.*)

Coumo lou loup cruel et coubés al carnatgé
Anirio dins un parc gourdilha lous moutous
Sé lou pastré fournit dé bras é dé couratgé
Nou l'y fazio fuma quasqués cops dé bastous,
Atal nou ya counfin, tant foro d'escalado,
Ount uno tararagno'on nou bis enjoucado
Qu'en bel arpatéjan débalario pus bas
Per nous cura lous els, ou *fouzilla* lou nas. G.

FOUZILHADO, s. f. Fouillures, travail fait par un cochon, un sanglier : *Es tout fouzilhados,* il est tout fouillures.

## FRA

FRAC, s. m. Frac, frague, sorte d'habit.

FRACAS, *Fracaje,* s. m. Fracas, rupture avec violence et grand bruit; Destruction bruyante : *Entendi un grand fracas,* j'entends un grand fracas; Grand bruit, tumulte, tapage, vacarme. (De l'italien *fracasso.*)

Lou jour à la fin paréguet;
Mais, Diou sap cé qué nous moustret!
Lou *fracaje* d'una tampesta,
Qué séguet brayamen funesta,
Yé perdéri moun béou mantèl
Ma peruqua amay mou capèl,
D'un paou may la testa ye restaya,
Dé tan qué lou vèn mé butava. FAV.

FRACASSA, v. act. Fracasser, rompre, casser, briser, mettre en morceaux. (De l'italien *fracassare.*)

FRACASSAT, ADO, adj. Fracassé, ée, meurtri, moulu : *Es tout fracassat,* il est tout fracassé.

FRACHO, *voyez* BREXO.

FRAI, *voyez* FRÉRO, FRAYRE.

FRAMAÇOUN, s. m. Francs-Maçons, associés qui s'obligent à garder un secret inviolable sur tout ce qui caractérise leur ordre, et qui, au moyen de quelques signes secrets, peuvent se reconnaître au milieu des étrangers qu'ils appellent *profanes.* L'origine de la maçonnerie, suivant des écrivains, remonte au temps des croisades; ils croient que les chrétiens dispersés dans la Palestine parmi les infidèles, obligés d'avoir la facilité de se rallier, convinrent de signes et de paroles qui ne furent communiqués aux chevaliers chrétiens que sous le sceau du secret, et qui se perpétuèrent entre eux à leur retour en Europe. La réédification des temples détruits par les Musulmans pouvait être, ajoutent-ils, un de leurs vœux; de là le nom de *maçon,* ainsi que les symboles d'architecture dont on se sert encore dans cette association. Et enfin, comme les *français* ou les *francs* ont été plus ardents que toutes les autres nations à la conquête de la Terre-Sainte, on a pu leur donner l'épithète de *francs-maçons.*

FRAMEO, *Frami,* s. f. Grande quantité, grand nombre de personnes : *Meno uno frameo de mounde,* il mène une grande quantité de gens.

FRAN, s. m. Franc, pièce de vingt sous, une livre monnaie de compte : *Me costo cinq francs,* cela me coûte cinq francs. (De *Franço,* France, ou monnaie de France.)

FRANC, O, adj. Franc, che, loyal, sincère, vé

ridique, qui est de bonne foi, qui ne déguise rien: *Es pla franc*, il est bien franc; Entier, complet; Exempt de dettes, de charges, d'impôts: *Ba preni franc de tout*, je le prends quitte de tout; t. de jard., Qui porte de fruit doux sans avoir été greffé: *Aco's de poumié franc*. (Du latin *francus*.)

FRANCES, s. m. Français, celui qui est né en France; la Langue française: *Parlo pas que frances*, il ne parle que français. (Du latin *francus*.)

A bostré francés rafinat
Bous counpreni pas gayré.                    Poï.

FRANCIL, *Frances*, s. m. François, nom d'homme.

FRANCIMAN, NDO, *Franchiman*, adj. Celui, celle, qui parle habituellement français: *Aco's un franciman*; par ironie, qui parle mal cette langue: *Espèço de franciman*.

De sabens *francimins*
La coundannoun à mort dezempey tres cens ans;
Tapla biou saquela; tapla sous mots brounziaou.   J.

FRANCO (A LA), adv. A la franquette, à la bonne, sans façon, bonnement: *Y ba pla à la franco*, il va bien à la bonne.

FRANCOMEN, adv. Franchement, avec franchise, sans mentir: *Ba bous dizi francomen*, je vous le dis franchement.

Cal qu'axas diaplomen près lous Omès en tisso:
Coussi, gna pas un soul à qui randas xustiço?

Nani, y en a pas cap: aboui *francomen*
Qu'aïssi tout lou moundé, am il sincéromen.       D.

FRANÇO, s. f. France, royaume considérable d'Europe, dont la superficie est de 27,000 lieues carrées et la population de 35,400,000 habitants: *Bibo la Franço!* vive la France!

FRANÇOUN, s. f. Françoise, nom de femme.

FRANQUIZO, *Franquetat*, s. f. Franchise, exemption, privilège, immunité; Bonne foi, loyauté, droiture, candeur, sincérité: *Aqui y'a de franquizo*, là il y a de franchise. (Racine *franc*.)

Crezi pas d'abé fax cap de maouhezo actiou.

Si fait, et né deouriés mouri de counfuziou,
Car yéou bous eï bist fairé un trait de pendardizo
Que m'announço pla prou qu'abés pas de *franquizo*.
                                                 D.

FRANXA, *Franja*, v. act. Franger, garnir, orner de franges. (Racine *franxo*.)

FRANXI, *Franjhi*, v. act. Franchir, passer par dessus en sautant: *A franxido la murayllo à pè xunt*, elle a franchi la muraille à pieds joints; Payer e port d'une lettre en l'envoyant: *Cal franxi la lettro*, il faut affranchir la lettre. (Du latin barbare *franchire*, affranchir, rendre libre.)

FRANXO, *Franjho*, s. f. Frange, tissu étroit, à filets pendants, pour orner: *A mezos de franxos pertout*, elle a mis des franges partout. (Du latin *fimbria*.)

FRAOUDA, v. act. Frauder, tromper, décevoir: *M'a pla fraoudat*, il m'a bien fraudé; Frustrer par ruses, par mauvaise foi; Introduire des marchandises en contrebande, faire la fraude: *Fraoudo tant que pot*, il fraude tant qu'il peut. (Racine *fraoudo*.)

FRAOUDO, s. f. Fraude, tromperie, Tourberie, déception; Contravention, contrebande: *Aco's uno fraoudo*, c'est une fraude; adv. *En fraoudo*, frauduleusement. (Du latin *fraus*.)

FRAOUDULOUS, OUSO, adj. Frauduleux, euse.

FRAOUGNOUS, voyez BOUXART.

FRAOUZIL, voyez REBUT, RAFATUN.

FRAPPA, v. act. Frapper, faire impression sur les sens; Étonner, surprendre, émouvoir, toucher: *M'a frappat*, il m'a étonné.

FRAPPA (SE), v. pro. Se Frapper l'esprit, se monter l'imagination.

FRAPPANT, O, adj. Frappant, te, qui fait une impression vive sur les sens: *Aco's quicon de frappant*, c'est une chose frappante.

FRAPPAT, ADO, s. m. f. Frappé, ée; Flambure; t. de teinturier, Tache d'une étoffe teinte inégalement: *Aquelo besto es frappado*, cette veste est frappée.

FRATERNITAT, s. f. Fraternité. (Du latin *fraternitas*.)

É coumma Socrata lou sagé,
Amic dé la sana razou,
Que perdèt pas mêmé couragé
En buguèn lou fatal pouyzou;
As hommés, éfan dé Maria,
Préchas la sénta égalitat,
L'éstacamen à la patria,
L'amour é la *fraternitat*.               PEYR.

FRATTOIR, voyez BARBIÉ, PANRUQUIÉ.

FRATTURA, v. act. Fracturer, faire une fracture. (Racine *fratturo*.)

FRATTURO, s. f. Fracture, rupture avec effort. (Du latin *fractura*.)

FRAXAN, Frachan, *Menudaylhos*, s. m. Fressure; t. de boucher, le cœur, la rate, le foie, les poumons, pris collectivement les parties les moins bonnes: *M'a pas bayllhat que de fraxans*, il ne m'a donné que fressure. (Du latin *frixura*.)

FRAXILLE, O, *Frajille*, adj. Fragile, aisé à rompre, sujet à se casser: Cassant: *Aco's fort fraxille*, c'est fort fragile. (Du latin *fragilis*.)

FRAXILLETAT, *Fragilitat*, s. f. Fragilité, facilité à se rompre, à se casser; fig., Facilité à tomber en faute; Dispositions à céder aux penchants de la nature: *La fraxilletat de l'ome es tant grando*, la fragilité de l'homme est si grande. (Du latin *fragilitas*.)

FRAYA, v. act. Frayer, marquer, tracer; s'Approcher pour la génération, en parlant des poissons; fig., Convenir ensemble; s'Accorder, se fréquenter, se hanter. (Du latin *fricare*.)

FRAYOU, *Poóu*, s. f. Frayeur, crainte vive, épouvante: *La frayou lou trapet*, la frayeur le prit. (Du latin *fragor*.)

L'astré del jour, coubert d'oquélo capo escuro,
Semblo pourta lou dol dé touto lo noturo.
Joust oquel faïs lugubré, estoufat dé colou,
Lou moundé é lou bestial ottend dins lo *froyou*.
                                                 PRAD.

FRAYRA (SE), v. pro. Fraterniser, se cousiner, hanter: *Se frayrou fort*, ils fraternisent trop.

FRAYRASTRE, s. m. Demi-frère, celui qui n'est frère que de père ou de mère.

FRAYRE, s. m. Frère, celui qui est né d'un même père et d'une même mère, ou seulement de l'un des deux: *Sienpla frayres*, nous sommes bien frères; *Frayre de nouyrrisso*, frère de lait. (Du latin *frater*.)

Dans le *Magasin pittoresque*, on lit sur le mot *frère* une remarque qui trouvera sa place ici:

Le mot correspondant à l'idée de *frère*, considéré dans les différentes langues de l'Europe, présente des analogies remarquables. La diversité des organes vocaux, se marque dans les variations plus ou moins grandes qu'éprouve ce mot quand on passe d'une langue à une autre. Mais, quelles que soient ces variations, on y sent toujours un fond commun. Le principal changement est celui de *f* en *b* quand on quitte les langues du midi pour celles du nord; mais on sait que c'est là un changement régulier qui se présente fréquemment dans les occurrences du même genre, et qui tient seulement à un certain goût des peuples du nord pour la prononciation rude. D'ailleurs, rien n'est plus coulant que le passage de *f* à *v*, et de *v* à *b*; ce sont des consonnes qui se prononcent également avec l'extrémité des lèvres, et le changement le plus léger y fait toute la différence. Ainsi, le *brother* des Anglais peut être regardé comme différant à peine du *frater* des latins. Dès-lors on reconnaîtra sans peine la même parenté dans tous les vocables suivants : latin, *frater*; italien, *fratello*; français, *frère*; allemand, *bruder*; anglais, *brother*; gothique, *brothar*; flamand, *broeder*; danois, *brodz*; suédois, *broder*; gallois, *brawd*; Cornouaillais, *bredar*; breton, *breur*; irlandais, *brathair*; russe, *brate*; polonais, *brat*; dalmat, *brath*; bohème, *bradz*.

**FRAYSSE**, s. m. Frêne, grand arbre à bois blanc. (Du latin *fraxinus*.)

**FRAYSSES**, s. m. Frais, dépens, dépenses: *touxoun de noubèles fraysses*, toujours de nouveaux frais. (Du latin barbare *fredum*, amende.)

A sous *fraysses*, d'abord, coummença l'entrépréza.
Una armada d'ouvriès joust sous ordrès s'és méza.
Entré dé rudas mans, dé palas, d'ayssadous,
Per coumbas é per piochs formou dé grands séyous.
Cadun véchén toumba lous diversés oubstaclés,
Fazio diré as échos : « Riquet fo dé miraclés,
» L'impoussiblé toujours s'ouffris à cada pas,
» É l'aoudaça adaré jamay lou quitta pas,
» Jusqu'à fayré un vallat dins lous flancs d'Ensaruna !
PEYR.

**FRAZO**, s. f. Phrase, réunion de mots formant un sens complet : *N'a pas dit uno frazo que tengo*; il n'a pas dit une phrase qui suive. (Du grec *phrasis*.)

FRE

**FREDELUC**, voyez FREXELUC.

**FREDENO**, s. f. Fredaine, folie de jeunesse; Trait de libertinage : *Touxoun fas calquo fredéno*, tu fais toujours quelque fredaine. (Suivant Ménage, du latin barbare *fraudana*, fait de *fraus*, fraude, tromperie.)

**FREDOUNA**, v. n. Fredonner faire des fredons; Chanter à fredons, chanter à demi voix : *Entendi fredouna*, j'entends fredonner. (Du latin barbare *fringultire*.)

**FREGA**, v. act. Frayer, frôler, frotter, toucher légèrement : *A peno l'a fregat*, à peine il l'a touché. (Du latin *fricare*.)

**FREGADIS**, s. m. Frôlement, froissement : *Lou fregadis l'a endegnat*, le froissement l'a envenimé.

**FREGADO** (DE), adv. En passant, rapidement, sans y toucher presque.

**FREJHI**, voyez FREZINA.

**FREJHOU**, voyez FREXOU.

**FREJOULUC**, voyez FREXELUC.

**FRELATA**, v. act. Frelater, falsifier le vin, etc. (Du latin *translata*, de *transferre*, transporter.)

**FRELATARIE**, s. f. Frelaterie, altération des liqueurs, des drogues : *Y'a fosso frelatarié*, il y a beaucoup de frelaterie.

**FREMI**, v. n. Frémir, commencer à bouillir en parlant des liqueurs; fig., Frissonner de crainte, de peur, d'horreur : *M'a fax fremi d'y pensa*, il m'a fait frémir d'y penser. (Du latin *fremere*.)

**FREMISSOMEN**, s. m. Frémissement, émotion avec tremblement. (Du latin *fremitus*.)

Hélas ! oïci l'oben oquel mounstré borbaro ;
Omb'un sceptré dé ferré o régna sé préparo.
Déja lou jour pollis. Toutés lous élémens
Onnounçou soun rétour per lours *frémissomens*.
PRAD.

**FRENETICO**, s. m. Frénétique, furieux, fou. (Du grec *phrenès*.)

**FRENEZI**, s. m. Frénésie, altération d'esprit, accompagnée de fureur; Délire, emportement : *Es dins lou frenèzi*; Chagrin, attente cruelle. (Du grec *phrenèsis*.)

**FREOULE**, O, Frioule, adj. Frêle, mince, délié : *Es tout ple fréoulé*, il est très-frêle; fig., Faible, délicat : *Es fort fréoule*. (Du latin *fragilis*.)

**FREQUENTA**, Anta, v. act. Fréquenter, aller voir souvent, être en grande liaison; Aller souvent en un lieu; Hanter : *Frequento fort lou cabaret*, il fréquente beaucoup le cabaret; Faire de fréquentes visites. (Du latin *frequentare*.)

**FREQUENTATIOU**, s. f. Fréquentation, commerce d'habitude avec quelqu'un; Relation familière et habituelle : *N'aymi pas aquelos frequentatious*, je n'aime pas ces fréquentations. (Du latin *frequentatio*.)

**FREQUENTOMEN**, adv. Fréquemment, souvent. (Du latin *frequenter*.)

**FRERO**, s. m. Frère, celui qui est né d'un même père et d'une même mère, ou seulement de l'un des deux ; Membre d'une société, religieux qui n'est point dans les ordres. (Du latin *frater*.)

Dal tems que lou répaïs anfin sé mitounabo
Qué l'ouro dal soupa gaïrébé s'aprouxabo
En Loxo das prumiès anguet *frero* Debrus
Car touxoun él a poou qu'atendou pas digus.   D.

**FRESC**, O, adj. Frais, aiche, un peu froid, qu tempère la chaleur ; Nouvellement produit, cueilli Nouvellement annoncé, arrivé : *Aco's tout fresc*, c'est tout frais ; Qui n'a point été sali ; Qui n'a point été employé ni fatigué ; Beau, bien coloré, vif : *Es fresc coumo uno roso*, il est frais comme une rose. (Du latin barbare *frescum* pour *friscum* de *frigere* avoir froid.)

Del dina cépendent orribo lou moumen ;
O l'oumbro d'un gorcié lo troupo és ossemblado ;
Cadun dé soupo o l'ail mongeo uno escudélado,
Piey toquo lou friquot é lou bi del pégal,
Un coupet d'aïgo *fresco* olaro és un régal.   PRAD.

**FRESCOU**, s. f. Fraîcheur, frais agréable ; Froidure : *Toumbo de frescou*; Éclat, vivacité des fleurs, des couleurs, du teint : *A fosso frescou*, elle a beaucoup de fraîcheur.

Semblo lou printems même oquélo postourélo,
Quond en miech dès porfums dé lo sosou noubélo,
Souléto ombé soun chi fodéjo dins lou prat,
Qu'un uel to pétillent ! qu'un minois to flourat !

Ombé un despiech joloux lós fillos del Billatgé,
Regardou lo *frescou* d'oquel poulit bisatgé.   PRAD.

**FRESCUN**, *Seren*, s. m. Fraîcheur, froid de la nuit. (Racine *fresc*.)

**FRESCURET**, O, adj. Pétillant, te, dégourdi, vif, alerte. (Du latin *fretillus*, cornet qui sert à remuer et à jeter les dés.)

**FRESCURO**, s. f. Fraîcheur, froideur, humidité de la nuit : *La frescuro y fara mal*, la fraîcheur lui fera mal. (De l'italien *fresco*.)

Dé moumen en moumen disporés lo *frescuro*:
Lo terro sé coubris d'un tapis de berduro :
Déja lous ausselous, sur dé tendrés romels,
Ensajou yours gouziés o dé councers noubels.  PRAD.

**FRESQUEXA**, *Fresquejha*, v. n. Après la pluie ou l'arrosage, un champ, un pré *fresquejo*, a de la fraîcheur, de la montre. Ne pas confondre avec *berdeja*, verdoyer. La terre qui vient d'être labourée peut *fresqueja*, offrir de la fraîcheur, au milieu d'une campagne desséchée.

**FRESQUIEIRO**, *voyez* FRESCUN.

**FRESSO**, *voyez* BAN, COURAXE.

**FRETA**, v. act. Frotter, faire des frictions; Nettoyer avec un frottoir; Oindre, enduire : *Ba cal freta de sal*, il faut l'enduire de sel; fig., Battre; frapper, maltraiter : *L'an fretat coumo cal*, on l'a battu comme il faut. (Du latin *fricare*.)

**FRETA** (SE), v. pro. Se Frotter, se frictionner, se racler contre, en parlant des animaux : *Touxoun se ben freta à l'albre*, toujours il vient se frotter à l'arbre; s'Adresser à quelqu'un qui rançonne, qui fait payer trop cher : *S'y cal pas ana freta*, il ne faut pas aller s'y frotter; s'Attaquer, se battre : *Se sou pla fretats*.

Qu'és plosento! éh! sap pas qué lo mar és coumuno?
En tout cas cal qu'ou saché, omaï sons gaïré esta;
Risquo fort cependent dé sé faïré *fréta*.   PRAD.

**FRETADO**, s. f. Maladie; Amende; Volée de coups.

**FRETADOU**, *voyez* ESSUGO-MAS.

**FRETAL**, *Raspal*, s. m. Violente maladie; Volée de coups : *Gna baylat un brabe fretal*, il lui en a donné une volée.

Mais del testut iber crenten lou rébiral;
Encaro n'és pas dith qué n'oun baillé un *frétal*.   PR.

**FRETAT**, ADO (MOURRE), s. m. f. Hardi, ie, fin, rusé : *Aco's uno mourre fretado*, c'est une rusée.

**FRETILHA**, v. n. Frétiller, s'agiter par des mouvements vifs et courts. (Du latin *fretillus*, cornet à remuer les dés.)

**FRETO**, *voyez* FRETADO.

**FRETO**, *voyez* XICANAOUDO.

**FREX**, *Frech*, s. m. Froid, froidure, gelée; fig., Air sérieux et composé; Grave, morne. (Du latin *frigus*.)

Cantas, Moussus, cantas poulidos doumayzéllos,
Bous aoutres que sabés de ta tendres couplets;
Cantas d'aqueste iber las souffrenços cruellos,
Lou paoure mor de fam et tridolo de *frex*.   A. B.

**FREX**, O, *Frech*, s. m. f. Froid, de, privé de chaleur, où le froid se fait sentir; fig., Flegmatique, apathique, insensible : *Es frexo coumo la glaço*, elle est froide comme la glace; Grave, sérieux, modéré, posé. (Du latin *frigidus*.)

L'aoutro, lou froun mouillat d'uno *fredo* suzou,
Junis las dios mas, s'aginouillo,
Et dis, tout bas, penden qué soun fray desfarrouillo.
O moun Dious! perdouno-me zou!   J.

**FREXELUC**, GO, adj. Frileux, euse, fort sensible au froid : *Es bengut tout ple frexeluc*, il est devenu frileux. (Du latin *frigidus*.)

**FREXOMEN**, *Frechomen*, adv. Froidement, de manière à sentir le froid; fig., Avec froideur, indifférence : *M'a reçapiut frexomen*, il m'a reçu froidement.

**FREXOU**, *Frechou*, s. f. Froideur; fig., Sécheresse dans les paroles; accueil froid; Insensibilité : *Es d'uno frexou dezoulanto*, il est d'une froideur désolante. (Racine *frex*.)

**FREXOUS**, *Frechous*, s. f. Froideur, naïveté, saillie d'esprit : *Touxoun a quasquos frexous à bous dire*, il a toujours quelques froideurs à vous dire.

**FREZA**, v. act. Fraiser, ôter la peau des fèves; t. d'arts et métiers, Faire un enfoncement pour cacher la tête d'un clou; Élargir : *Cal freza aquel traouc*, il faut fraiser ce trou.

**FREZADOS**, adj. Fèves dérobées, dépouillées de leur première peau.

**FREZARDS**, *Maxoufos*, s. m. Grosse, grasse fraise qui a peu de parfum. (Racine *frézo*.)

**FREZI**, v. n. Frissonner; Etre fortement ému : *M'a fax frezi de l'entendre*, il m'a fait frissonner de l'entendre. (Du grec *phrissein*, se hérisser, avoir peur.)

**FREZIÉ**, *Maxoufié*, s. m. Fraisier, plante qui produit les fraises : *Cal arresta souben lous freziés*, il faut châtrer souvent les fraisiers. (Racine *frézo*.)

**FREZIL**, s. m. Fretille, paille de van, menue paille, paille hachée.

**FREZILHA**, v. act. Réduire la paille en petits brins; Froisser légèrement une étoffe, ou pour enlever une tache ou tout autre chose : *Te cal frezilha un bricou lou founs de la besto*, il faut froisser un peu le fonds de la veste.

**FREZIMEN**, s. m. Frisson, tremblement inégal et régulier qui précède la fièvre : *Ey sentit quasques frezimens*, j'ai senti quelques frissons. (Du grec *phriké*.)

**FREZINA**, v. n. Frémir, en parlant du bruit que fait la graisse, l'huile, qui commence à se chauffer dans la poêle : *Coumenço de frezina*, boulira leou, elle commence à frémir, elle bouillira bientôt.

**FREZO**, s. f. Fraise, fruit du fraisier, très-agréable au goût; Mésentère et boyaux du veau, etc.; t. d'art. Outil pour fraiser : *Serbis-te de la frèzo*, sers-toi de la fraise. (Du latin *fraga*.)

Bésen déja soli l'obouribo cérieyro;
Oquel fruit sobourous qu'és dé toutés l'aynat,
É qu'ébloúis lous uels dé soun rougé incornat,
Ben gorni lous desserts ombé lou *fraiso* aoudouso,
É lo fromboiso ombrado, ó lo grauseillo isprouso.
PRAD.

**FREZO**, *voyez* BRIZADO.

## FRI

**FRIANDIZO**, *Gourmandizo*, s. f. Friandise, amour des morceaux délicats; Goût raffiné; Passion pour les morceaux exquis; Mets délicats, morceaux exquis; Pâtisseries, bonbons, etc. : *Touxoun y cal quasquos friandizos*, il lui faut toujours quelques friandises. (Racine *friand*.)

**FRIAND, O**, adj. Friand, de, qui aime les bons morceaux; Connaisseur en bon mets. (Du latin *frigens*, de *frigere*, fricasser.)

**FRIBOULITAT**, s. f. Frivolité, chose vaine, sans solidité. (Du latin *frivolus*.)

**FRICANDÉOU**, s. m, Fricandeau, ragoût de veau piqué: *Un bèl fricandéou*, un beau fricandeau. (Du latin *frigere*, fricasser.)

**FRICAOUDÈL, O**, s. m. f. Amoureux, euse; Alerte, éveillé, gentil: *M'as pla l'ayre d'un fricaoudèl*, tu m'as l'air d'un alerte.

Lou pus cour és dé répassa,
S'ayèn lou mouïeu, dins la Gréça;
Y'e faren fayre una Déessa
Qu'aje pas aquel èr brutaou,
É qu'espadroune pas antaou,
Una pichota Minérvéta,
Poupina, douça, frécaoudéta,
Que nous coustara tout aou plus
Un afayré dé dech éscus.    FAY.

**FRICASSA**, v. act. Fricasser, faire cuire dans la poêle avec d'huile, de graisse, du beurre; fig., Dissiper en bonne chère, en folles dépenses: *B'a fricassat despey lountgems*, il a tout fricassé depuis longtemps. (Des deux mots *frit*, participe de *frire* et *casse*, qu'on dit encore pour *poêle*.)

**FRICASSÉO**, s. f. Fricassée; Viande, mets fricassés: *Uno fricasséo de poulets*, une fricassée de poulets.

**FRICASSIÉ, Fricoutiè**, s. m. Fricasseur; Gargotier, mauvais cuisinier; fig., Apothicaire: *Aco's un ficut fricassié*, c'est un fichu cuisinier.

**FRICASSO**, s. f. Fricot, toute espèce de mets préparés. (Racine *fricassa*.)

Aquel xoun és reclat, quicon maït m'embarrasso,
Bouldrio saoupre, diguet, qui fara la *fricasso*.    D.

**FRICOT, Fricò**, s. m. Fricot; Repas, régal, festin: *Fazen grand fricot dema*, nous faisons grand festin demain. (Racine *fricassa*.)

Dé nostres patrouns lou pus fin
Prenié lou grec per lou garbin,
É nous layssaya una la vela
Sus la bona fé dé sa téla;
Aqui per una. Daou *fricot*
Avian sussat lou darnié pot.
Mais a quïa pans et galetas
É rendut nostras boutas netas;
Aqui per dos. Nostres habis,
Lous mens pudéns éroun pouris:
La malandra, la fau canina,
Escourbut, quéytivié, vermina,
Nous douminavoun à la fés;
Per lou mens aco fay bé trés.    FAY.

**FRICOUTA**, v. n. Fricoter, manger avec plaisir; Faire bonne chère: *Nous cal pla fricouta*, il nous faut fricoter.

**FRICOUTAYRE, O**, s. m. f. et adj. Gourmands, gens de bonne chère: *Uno troupo de fricoutayres*.

**FRICOUTIÉ**, voyez FRICASSIÉ.

**FRIGOULO**, s. f. Thym, plante odoriférante.

**FRILLA, Trafana**, v. n. Frétiller; Gambader en parlant des enfants. (Du latin *fretillus*, cornet qui sert à jeter les dés.)

**FRILHA**, v. act. Froisser; Frotter fortement: *Fritho-bo dins las mas*, froisse-le dans les mains.

**FRIMBA**, v. n. Déchirer, user, briser: *Ba frimbo tout*, il use tout. (Du latin *fimbria*.)

**FRINGA**, v. act. Cajoler; Coqueter; Courtiser; Faire l'amour. (Du latin *fringultire*.)

**FRINGANT, O**, adj. Fringant, te; Alerte, éveillé: *Aquel xabal es trop fringant*, ce cheval est trop fringant.

**FRINGAYRE**, s. m. Amant, amoureux, galant.

**FRINGO**, voyez BANDO, LISTRO.

**FRIPA**, v. act. Friper, chiffonner, gâter, user; fig., Consumer, dissiper. (Suivant le Duchat, de l'allemand *werfen*, qui signifie *jeter*. Des hardes fripées, dit-il, sont des hardes qu'on a jetées pour ne plus les porter.)

Paouc-o-paouc en effet lou loup d'oous el s'opprocho,
Ben ombé soun musel l'y soulfina lo pocho,
Marquo qu'o pla tolen, é qué cerquo o *fripa*.    PRAD.

**FRIPARIÉ, Friparìo**, s. f. Friperie, trafic de vieilles hardes, de vieux meubles, etc.; Lieu où il se fait: *Cal ana à la friparié*, il faut aller à la friperie; Meubles, habits usés: *Aco's pas que de fripariès*, ce n'est que de la friperie.

**FRIPIÉ**, s. m. Fripier, brocanteur, marchand de friperie: *S'es mes fripié*, il s'est fait fripier.

**FRIPOUN**, s. m. Fripon, voleur adroit; Homme sans foi, sans honneur, ni probité: *Aco's un fripoun*, c'est un fripon; fig., Petit enfant malicieux. (Racine *fripié*, parce que c'est à des *fripiers* que ces escrocs vendent les hardes qu'ils dérobent.)

**FRIPOUNA**, v. act. Friponner, dérober avec adresse; Attraper par fourberie; Escroquer: *Touto sa bido a fripounat*, toute sa vie il a friponné.

**FRIPOUNARIE, Fripounario**, s. f. Friponnerie, action, tour de fripon: *Aco's uno fripounarié bisiplo*, c'est une friponnerie visible.

Bèl la *fripounarié* pertout és praticado,
Cap dé maoubézo actiou n'es pas pus mesprezado.    D.

**FRISSOUN**, s. m. Frisson, tremblement inégal et irrégulier qui précède la fièvre. (Du grec *phikè*, horreur, tremblement.)

**FRISSOUNA**, v. n. Frissonner, avoir le frisson; fig., Être fortement ému: *M'a fax frissouna de lou beze*, il m'a fait frissonner de le voir.

**FRITURO, Begnet**, s. f. Friture; Beignet, pâte frite à la poêle. (Du latin *frigo*, je rôtis.)

Per bonhur avian en bégnès
Dous céns calosses dé caoulés.
Cén tartiflas dé béla ména,
Dé cougourlas una vinténa,
É força escorcha dé méloun,
Lou tout espousçat d'amidoun.
Aquela *fritura* envalada,
Toumbéren sus una enselada,
(En aténdén véni lou roi)
Garnida émbe d'oli dé not,
Lou pus rance dé tout Butrota;
Jujas coussi l'on la descrota.    FAY.

**FRIXIOU, Frichiou**, s. f. Friction, frottement d'une partie du corps: *Cal fa de frixious ambe d'oli camfrat*, il faut faire des frictions avec de l'huile camphrée. (Du latin *frictio*.)

**FRIXIOUNA, Frichiouna**, v. act. Frictionner, faire des frictions.

**FRIXIOUNA (SE)**, v. pro. Se Frictionner, se frotter quelque partie du corps. (Du latin *fricare*.)

**FRIXIOUNOMEN, Frichiounomen**, s. m. Frictionnement, action de se frictionner.

**FRIXO, Fricho**, s. f. Friche, terre inculte; Pièce de terre qu'on a laissée quelque temps sans culture. (Du latin *friscum*.)

**FRIZA**, v. act. Friser, crêper, boucler; fig., Toucher légèrement: *Y'a frizat l'aoureylho*, il l'a touché légèrement à l'oreille. (Du latin *Phrygii, Phryigens*, qui portaient les cheveux frisés.)

**FRIZA (SE)**, v. pro. Se Friser, friser ses cheveux : *Aymo de se pla friza*, il aime à se bien friser.

**FRIZAT, ADO**, adj. Frisé, ée, crêpu, dentelé.

**FRIZO**, s. f. Frise, t. d'archit. Pièce entre l'architrave et la corniche : *La frizo es trop grando*, la frise est trop grande; t. de manuf. Machine à friser les étoffes : *Es anat ba pourta à la frizo*, il a été le porter à la frise. (Racine *friza*.)

### FRO

**FROCHIBO**, voyez Bousigo.

**FROUMAXE**, *Fourmajhe, Fourmaxe*, s. m. Fromage, lait caillé, égoutté et mis en moule qu'on sale ensuite et qu'on laisse sécher.

**FROUMAXEYRO**, *Froumajheiro*, voyez Fourmaxeyro.

**FROUMAXOU**, *Froumajhou*, voyez Fourmaxou.

**FROUMENTAL**, voyez Fourmental.

**FROUN**, s. m. Front, partie du visage qui s'étend de l'origine des cheveux aux sourcils, et d'une tempe à l'autre; la Tête entière; Devant, face d'une armée, d'un édifice; fig., Audace, impudence : *A agut lou froun de-me saluda*, elle a eu le front de me saluer; adv. *De froun*, de front, côte à côte, sur une même ligne : *Erou dex de froun*. (Du latin *frons*.)

Taleou qué sur soun *froun* sé paouzec la couroụno,
L'englazi s'en anguet al rîou del débrembié,
La pats y ba beni qué dé soun oulibié
Y fec un bel empeout sul laourié dé Bellouno. G.

**FROUNÇA**, v. act. Froncer, rider le sourcil; Plisser menu du linge, une étoffe, etc. (Du latin *frons*.)

**FROUNÇOMEN**, voyez Frounzimen.

**FROUNDA**, v. act. Fronder : Blâmer, critiquer; se Déclarer contre. (Racine *froundo*.)

**FROUNDO**, s. f. Fronde, tissu de cordes pour lancer des pierres : *Anan fa a la froundo*, nous allons faire à la fronde. (Du latin *funda*.)

**FROUNTAL**, s. m. Frontal, partie de la têtière qui passe au-dessus des yeux d'un cheval. (Du latin *frons*.)

**FROUNTIÈYRO**, s. f. Frontière, extrémité, bornes, limites d'un pays : *L'an coundezit à la frountièyro*, on l'a conduit à la frontière. (Du latin barbare *frontaria*.)

**FROUNTOUN**, s. m. Fronton, ornement en triangle sur le frontispice. (Racine *froun*.)

**FROUNZI**, v. act. Froncer, rider, plisser; fig., Faire siffler une pierre par la vitesse qu'on lui donne en la lançant : *L'a fax frounzi*, il l'a fait siffler.

**FROUNZIDURO**, voyez Frounzimen.

**FROUNZIMEN**, *Frounziduro*, s. m. Froncis, plis que l'on fait à une robe, une chemise, etc., en la fronçant : *Lou frounzimen ba relèbo pla*, le froncis le relève.

**FROUSTI**, voyez Praouti.

**FROYSSA**, v. act. Froisser, meurtrir par une impression violente; Frotter fortement; Friper, chiffonner. (Du latin barbare *fressare*.)

**FROYSSOMEN**, s. m. Froissement, action de se froisser.

### FRU

**FRUCH**, voyez Fruit, Fruxo.

**FRUCHIÉ**, voyez Fruxié.

**FRUCHO**, voyez Fruxo.

**FRUGAL, O**, adj. Frugal, le, peu abondant, simple en ses mets. (Du latin *frugalis*.)

**FRUGALITAT**, s. f. Frugalité, simplicité dans les aliments; Sobriété : *La frugalitat fa pla pourta*, la frugalité fait bien porter. (Du latin *frugalitas*.)

**FRUGALOMEN**, adv. Frugalement, avec frugalité. (Du latin *frugaliter*.)

**FRUIT**, *Frux*, s. m. Fruit, tout ce que la terre produit pour la nourriture des hommes et des animaux; plus particulièrement, Production des arbres fruitiers qui succède aux fleurs : *Lou fruit nous manco ougan*, le fruit nous manque cette année; fig., Utilité, avantage, profit: *N'a pas tirat cap de fruit*. (Du latin *fructus*.)

**FRUITIE**, voyez Fruxe.

**FRUITIÈYRO**, voyez Fruxeyro.

**FRULLO**, s. f. Férule, petite palette de bois pour frapper les écoliers dans la main; un Coup de cet instrument : *Ey trapat la frullo*, j'ai eu la férule. (Du latin *ferula*.)

Fazes peta sus dets las *frullos* à l'escolo.

**FRUSTRA**, v. act. Frustrer, priver de ce qui est dû ou attendu : *Nous a pla frustrat*, il nous a fort frustré. (Du latin *frustrare*.)

**FRUTO**, voyez Fruxo.

**FRUTTIFIA**, v. n. Fructifier, rapporter du fruit; Rapporter du bénéfice; Produire un effet avantageux. (Du latin *fructificare*.)

**FRUTTUOUS, O**, adj. Fructueux, euse, utile, profitable, avantageux. (Du latin *fructuosus*.)

**FRUXE**, *Fruchié*, s. m. Fruitier; Jardin, lieu où l'on recueille les fruits : *Lous fruxes dounou pas pla*. (Racine *fruit*.)

**FRUXEYRO**, *Fruchièyro*, s. f. Fruitière, marchande de fruit; Fruiterie, lieu où l'on tient le fruit.

**FRUXO**, *Fruto*, s. f. Fruit de toute espèce : *Y'a fosso fruxo*. (Racine *fruit*.)

Sus l'onçonello esclato un rougé pus founçat,
É del dur grato-quioul lou cuer s'és odouçat.
Dé *frucho* tout-o-léou lo terro és ocolado;
Coumo dins lou berdié brillo ol comp, sus lo prado.
PRAD.

### FUG

**FUGAIROU**, voyez Fouayrou.
**FUGI**, voyez Fuxi.

### FUI

**FUILHET**, voyez Ful.

### FUJ

**FUJHI**, voyez Fuxi.

### FUL

**FUL**, *Fuilhet*, s. m. Feuillet d'un livre. (Du latin *folium*.)

És pla bértat, helas ! tout passo, tout s'oublido,
Tout fugits, aïchi-bas, la bite qu'un laoucet.
A cado pas qué fa dins l'album de sa bido,
L'hommé bets à régret toumba qualque *fuillet*. DAY.

**FULMINA**, v. n. Fulminer, s'emporter en invectives, en menaces. (Du latin *fulminare*.)

## FUM

**FUMA**, v. act. Fumer, amender avec du fumier; Jeter de la fumée, exhaler des vapeurs, prendre du tabac en fumée : *Aymo de fuma*; Être de mauvaise humeur, en colère; S'en aller vite : *Fumo, fumo!* Il s'en va vite, vite; Convoiter quelque chose. (Du latin *fumare*.)

Se Moussu A.... boulio, per azart te prexa,
Sur ta resolutioû, te foutimassexa,
Te banta sous fabouns d'uno pasto pla fino,
Couxouyres à rempli dins tres bouls la toupino,
Lous te moustra bouylhens, quand *fumon* dins lou plat,
Que xélou dius loustal un parfum ensucrat;
Te dire que sou coys dins lou xus d'uno andouylho;
Qu'entr'eles un xigot de moutou se gourgouilho;
Se, disi, Moussu A.... de sous poulides mots,
Boulio te mettre espres la salibo pes pots,
Respoun-ye, sans fayçous, que xamay de la bido
Nou tournos pes fabouns attrapa la pepido,
Que per eles bos pas, surtout quand fa pla frex,
Abe à cado moumen las culotos as dets,
Ni coumo l'aoutre sér empouysouna la télo
En boulgan de sul leyt attuda la candélo.   A. B.

**FUMADO**, s. f. Amendement d'une terre : *Aco y bal uno fumado*, cela vaut un amendement; Fumée d'une cheminée : *La fumado nous estoufo*. (Du latin *fumus*.)

O, mor! s'as maysounat moun pera
Al pu léou maysouna soun fil.
Régrelé pa-ré sur la terra,
Qu'és per lou sage un lioc d'exil.
Moun ama, ensi qu'una *fumada*
S'enfougis del mouc d'un flambeou
Al Ciel mountara ranimada,
É moun corps n'aouro qu'un toumbeou!   PEYR.

**FUMAYRE**, s. m. f. Fumeur, celui qui fume habituellement de tabac.

**FUMARÈL**, *Fumayrou*, s. m. Fumeron, charbon qui jette de la fumée : *Y'a un fumarèl*, il y a un fumeron; Lieu de sa naissance. (Racine *fun*.)

**FUMARESTO**, voyez FUMATIÈYRO.

**FUMEIROU**, voyez FUMARÈL.

**FUMET**, s. m. Fumet, odeur, vapeur du vin, des viandes qui flatte l'odorat. (Racine *fun*.)

Mais parlen dal *fumet* de tout aquelis plats
Farian mifa las xens lous pus enraoumassats.   D.

**FUMIÉ**, voyez FOUMERIÉ.

**FUMIGA**, voyez ESPERFUMA.

**FUMIGATIOU**, s. f. Fumigation, médicament externe appliqué sous la forme de vapeur : *Cal y fa de fumigatious*, il faut lui faire des fumigations. (Du latin *fumigatio*.)

**FUMOTERRO**, s. f. Fumeterre, plante médicinale. (Du latin *fumaria*.)

**FUMOUS**, O, Fumeux, euse, rempli de fumée; Disposé à l'orage en parlant du temps. (Du latin *fumus*.)

**FUMUR**, voyez FUMAYRE.

## FUN

**FUN**, s. m. Fumée, vapeur plus ou moins épaisse, résultant de la décomposition des corps par le feu; prov. : *Y'a pas fioc ta prioun que fun noun sorte*, il n'y a pas feu si profond qu'il n'en sorte de fumée; fig., Chose vaine, frivole, passagère; adv. : *Un fun*, une infinité, une grande quantité : *Un fun de mounde*; *fa fosso fun*, parler haut, trancher de l'homme d'importance. (Du latin *fumus*.)

Se l'errou malfazento
Sur el voumis soun *fun*,
Dious meme l'y presento
La clartat de soun lun.
Sa graço lou preserbo
Del mal lou pus laoujé
Et sa ma lou counservo
Dins lou pus grand danjé.   PUJ.

**FUNESTE**, O, adj. Funeste, malheureux, sinistre. (Du latin *funestus*.)

**FUNS**, *Crabos*, voyez BROUYLHARD.

## FUR

**FUR ET MESURO** (A), adv. A fur et mesure, à mesure que... (Du latin *forum*, marché, que dans la basse latinité on a dit du prix auquel se vendaient les marchandises : *A fur et mesuro*, signifie selon le prix et la mesure.)

**FURA**, voyez ATTUDA.

**FURE**, voyez MIRGO.

**FURET**, s. m. Furet, petit animal du genre des belettes, ennemi des lapins : *Anan cassa al furet*, nous allons chasser au furet; fig., Curieux, fureteur, homme qui se mêle de tout : *Aco's coumo un furet*, c'est comme un furet. (Du latin *furo* fait de *furvus* noir.)

**FURETA**, *Furetejha*, v. act. Fureter, chasser avec un furet; fig., Chercher partout avec curiosité, indiscrétion : *B'a tout furetat*, il a tout cherché.

**FURETAYRE**, s. m. Fureteur, celui qui chasse au furet : *Lous furetayres b'an tout rabaxat*, les fureteurs ont tout ravagé.

**FURETO**, s. f. Femelle du furet; t. de char. Frette, lien de fer au tour d'un moyeu de roue; Grande, large virole : *Anan metre la fureto*, nous allons placer la frette.

**FURG**, voyez RESSERC.

**FURGA**, v. act. Fouiller, mettre la main dans la poche pour chercher quelque chose : *Lou cal furga*, il faut le fouiller.

**FURGA** (SE), v. pro. Se Fouiller, chercher dans ses poches : *Ey bèl me furga, ba trobi pas*, j'ai beau me fouiller, je ne le trouve pas. (Du latin barbare *fodiculare*.)

Baïlo dounc hitomen ; m'as bé prou tracassat....
Aro té *furgaras* xuscos deman passat,   D.

**FURGAYLHA**, *Furga*, v. act. Fouiller avec un bâton dans un trou, dans les racines pour en chasser le poisson : *Te cal pla furgaylha*, il faut bien fouiller.

**FURGAYRE**, O, s. m. f. Qui aime à fouiller les poches des autres.

**FURGO**, s. f. Grande et mince personne.

**FURGON**, s. m. Fourgon, attisoir, barre à crochet pour attiser le feu dans le four. (De *furcone*, ablatif du mot barbare *furco* fait de *furca* fourche.)

**FURGOUN**, voyez FOURGOUN.

**FURIBOUN**, DO, adj. Furibond, de, sujet à la fureur; Furieux : *Ero furiboun*. (Du latin *furibundus*.)

**FURIO**, s. f. Furie, emportement de colère aveugle; Rage. (Du latin *furia*.)

Al noum de Mario,

Lou fort Lucifer
Fugis en *furio*
Al foun de l'Enfer.
Mais tout es en festo,
Tout se rejouis :
Dins la Cour celesto
Tout canto, tout ris. Puj.

FURIOUS, O, adj. Furieux, euse, qui est en furie; Véhément, impétueux : *Fa un ben furious.* (Du latin *furiosus.*)

FURIOUZOMEN, adv. Furieusement, extrêmement, prodigieusement : *Ma coustat furiouzomen*, cela m'a coûté prodigieusement.

FUROU, s. f. Fureur, manie, frénésie : *A la furou de dansa*, elle a la fureur de danser; Violent transport de colère, de haine, de vengeance; Passion. (Du latin *furor.*)

FURUN, *Frun*, s. m. Fumet du gibier : *N'aymi pas aquel furun*, je n'aime pas ce fumet. (Du latin *fumus.*)

## FUS

FUS, s. m. Fuseau, petit instrument qu'on tourne en filant et au tour duquel s'entortille le fil. (Du latin *fusus.*)

Dins la coumbo bézino agaxe la pastréto
Bestido soulomen d'uno camizouléto,
Qu'en garden lous agnels fa tournexa sous *fus,*
Es, quan lous bey saouta, pus fiéro qué digus. Prad.

FUSTAJHE, *voyez* Magazin de bois.
FUSTARIÉ, *voyez* Charpantarié.
FUST, s. m. Planches de sapin faites d'un même arbre et liées ensemble. (Du latin *fustis.*)
FUSTIÉ, *voyez* Charpantié.
FUSTO, *Poudro*, s. f. Poutre, grosse pièce de bois. (Du latin *fustis*, bâton.)

Vous aùtres me parlats d'une caüso fort justo
Mas e caldrio que ieü foures un tros de *fusto*
De garric ou nouguié, d'alba o be de faü
Per nou me ressenti de la perdo que faü.
Vous aoutros besets-be qu'el m'es un grand doumatge
Helas! que farey ieü de moun paùre maynatge?
Tal lour fasio de be qu'aros lour fara tort
Qu'aros fous ello bibo, et que ieü foussi mort! A. G.

FUSTO, *voyez* Barrico.

## FUT

FUTAILHO, *Baysselo*, *voyez* Barrico.
FUTO (A), adv. En toute hâte : *S'en anguèt à futo.*
FUTUR, O, s. m. f. Futur, future, ceux entre lesquels il y a promesse de mariage : *Aco's lou seou futur*, c'est son futur. (Du latin *futurus.*)

Lou Noutari griffouno uno loungo escrituro;
Cadun, seloun l'usatge, estréno la futuro.
D'un coffré lou payré l'y fasquet un présen
Et lo gran proumettet qué quond serio josen,
L'y trosmétrio lou brés ombé los ménudaillos
Qué gordabo ol pus-haout dempiey sos occouchaillos.
Prad.

## FUX

FUXI, v. act. Fuir, courir pour se sauver, prendre la fuite : *De fuxi, calqu'un s'en salbo*, de fuir, quelqu'un se sauve. (Du latin *fugere.*)

Déjà pertout, helas! lés poplés en priéros

Apprénoun qué las mars an franchit lours barriéros,
Qué l'aïgo s'espandix dé toutis lés coustats.
An aquél bruch affrous, espaourugats d'abanço,
Les hommés, en bézen l'Océan qué s'abanço
*Fugissoun* dabant él toutis espoubentats. Day.

FUXI (Se), v. réc. Se Fuir, s'éviter l'un l'autre.

Quand mêmés *fuxiriés* aïci toutos las xens,
Digus n'oun fario pas per aco maït ni mens. D.

## FUY

FUYARD, s. m. Fuyard, soldat qui s'enfuit du combat.
FUYLHA, *Fouylha*, *Furga*, v. act. Fouiller, chercher avec soin dans les poches de quelqu'un : *Lou cal fuylha.*
FUYLHA (Se), v. pro. Se Fouiller, chercher dans ses poches : *Ey bél me fuylha, trobi pas res*, j'ai beau me fouiller, je ne trouve rien.
FUYLHAXE, *Fuilhajhe*, s. m. Feuillage, toutes les feuilles d'un arbre; Ombrage de feuilles : *Lou fuylhaxe paro lou soulel*, le feuillage garantit du soleil. (Du latin *folium.*)

Del grond caout joust sous pés lo terro sé crébasso,
Olaro on noun bey pus un aussélou boula;
Cadun joust un *fuillatge* és topit sous pioula. Prad.

FUYLHETA, v. act. Feuilleter, tourner les feuillets d'un livre que l'on parcourt; Étudier, consulter : *M'a calgut pla feuylheta*, il m'a fallu bien feuilleter; Préparer la pâte de manière qu'elle se lève en feuillets. (Racine *ful.*)
FUYLHO, s. f. Feuille de papier, carré de papier blanc ou imprimé. (Du latin *folium.*)
FUYTO, s. f. Fuite, évasion, désertion. (Du latin *fuga.*)

## FUZ

FUZADO, s. f. Fusée, fil au tour du fuseau : *Ey fax trés fuzados*, j'ai fait trois fusées.

Lo moïrino, ol contou, dés pichous entourado,
Oquesto nous boillet, en biren lo *fusado* :
You souy, coumo sobés, biouso dempiey trento ons.
Lou nostré, en trespossen, mé loïsset cinq éfons.
Prad.

FUZADO, s. f. Pièce d'artifice qui s'élève trèshaut; Partie de l'essieu qui entre dans le moyeu de la roue. (Du latin *fusus.*)
FUZIÉYRO, s. f. Ratelier, support pour placer les fuseaux. (Racine *fus.*)
FUZIL, s. m. Fusil, petite pièce d'artillerie, propre à la chasse : *Lou fuzil à ratat*; le fusil à raté; Tourne fil, outil pour donner le fil aux outils. (De l'italien *focile* fait du latin *focus*, feu.)

En aban! en aban! repétoun sous tambours;
Mais, ô crimé! ô doulou! lous ministrés soun sourds;
Et d'houms dé juillet enclaban nostro aoudaço
Sans poulsa, cap bachat, lou *fuzil* al répaous
Daichou mouri dé frays qué moroun per nous aous. J.

FUZILHA, v. act. Fusiller, tuer à coups de fusil un homme condamné à ce supplice.
FUZILHADO, s. f. Fusillade, plusieurs coups de fusil tirés à la fois : *Entendién la fuzillado dins d'ayci*, nous entendions la fusillade d'ici.
FUZILHÉ, s. m. Fusilier, fantassin armé d'un fusil.
FUZOL, *voyez* Ayssél, Ays.
FUZOL, *Ays, Ayssél*, s. m. Essieu de charrette, de voiture. (Du latin *fusus.*)

## GA

**GA**, s. m. Gué, endroit d'une rivière où l'on peut passer sans perdre fonds : *Passaren al ga*, nous passerons au gué. (Du latin *vadum*, dont on a fait dans la basse latinité *guadum*.)

## GAB

**GABACH**, voyez MOUNTAGNOL.
**GABARROT**, voyez GARRABOT.
**GADÈL**, *Manal*, s. m. Poignées de crêtes du maïs coupées avant la maturité du grain.
**GABEL**, voyez GABÈLO.
**GABELA**, *Attabela*, voyez TABELA.
**GABELAT**, s. m. La quantité de javelles d'un champ : *Y'a fosso gabelat*. (Racine *gabèlo*.)
**GABÈLO**, s. f. Javelle, poignée de blé que coupe un moissonneur ; tout ce qu'un gerbeur ramasse pour serrer en une gerbe ; Javelle, poignée de sarment : *Porto uno gabèlo de sirmen*, porte une javelle de sarment. (Du latin *capella*, fait de *caput*, poignée.)
**GABEN**, s. m. Soc, carrelet de fer, pointu ou tranchant de chaque bout, qui fouille la terre quand on laboure : *Cal caoussa lou gaben*, il faut recharger le soc, il est usé.
**GABIO**, s. f. Cage, logette à jour, d'osier ou de fil de fer, pour mettre des oiseaux : *Bal mayt estre aouzèl de camp qu'aouzèl de gabio*, mieux vaut être oiseau de champ, qu'oiseau de cage. (De l'italien *gabbia*.)
**GABOU**, voyez GANBOUL.
**GABRE**, *Guit*, s. m. Canard, le mâle de la cane : *Lou gabre nous es mort*, le mâle de la cane est mort. (Du syriaque *gaber*.)

## GAC

**GACH**, voyez GAX.

## GAD

**GADALOUS, OUZO**, adj. Bien portant, te, jouissant d'une bonne santé : *Souy pas pla gadalous*, je ne suis pas bien portant. (Du latin *gaudialis*.)

Lou toroboul dé l'on, qué ben d'estré escautat,
Per lo grâcio dé Diôus, *godolousés* nous laïsso :
Otal pousquen bira, cadun dé soun coustat,
Sons nouds é sons romboul, lo noubello modaïsso.
PRAD.

**GADASSO**, s. f. Brouhaha, bruit confus ; Assemblée tumultueuse.
**GADOOUSSE**, . m. Ajonc, genêt épineux : *Lou cal fouéta ambé de gadoousses*, il faut le fouetter avec un genêt.

## GAF

**GAF**, voyez GA.
**GAF**, s. m. Profit, gain qu'on a fait : *N'a quatre de gaf*, il en a quatre de profit, croc.

**GAFFA**, voyez AGAFFA.
**GAFFAL**, voyez AGAFFAL.
**GAFFAROT**, *Gaffiros*, s. m. Tête de glouteron ou de bardanne que les enfants se jettent aux cheveux et qui s'y prend par différents crochets au point qu'il est difficile de l'en sortir.
**GAFFAROT DE BERGNE**, *Luzerno de xoun*, s. m. Hoplie charmante, petit insecte du genre des coléoptères ; elle est longue de quatre lignes environ, couverte d'écailles bleues en dessus et argentées en dessous.
**GAFFET**, voyez CROUXET.
**GAFFO**, s. m. Gaffe, perche armée d'un ou de plusieurs crocs ; Traitoire, tirtoir, instrument de tonnelier pour allonger les cerceaux : *Me cal lou fa beni ambe la gaffo*, il faut le faire venir avec la traitoire ou tirtoir.
**GAFFOU**, s. m. Gond, morceau de fer coudé qui soutient la penture. (Du latin *gomphus*.) Il est composé d'une queue, *pato*, qui est scellée dans la muraille, et d'un mamelon, *pibot*, qui entre dans la douille de la penture. Il y a de deux sortes de gonds ; les uns à pointe pour le bois, les autres à queue pour être scellés et alors on les appelle *à repaous*.
**GAFFOUGNÈYRO**, s. f. L'Emplacement d'un gond : *N'a pas encaro fax las gaffougnèyros*, il n'a pas encore fait l'emplacement des gonds.

## GAG

**GAGNA**, v. act. Gagner, faire du gain, tirer un profit : *N'a pas tant gagnat aquieste cop*, il n'a pas tant gagné ce coup ; Tirer de l'utilité ; Retirer un avantage ; Acquérir ; Venir à bout ; Attirer à un parti : *L'an gagnat*, on l'a gagné ; s'Emparer, se rendre maître : *L'aygo a gagnat tout lou cami*, l'eau a gagné tout le chemin ; Mériter par sa conduite, ses discours : *A gagnat la croux*, il a gagné la croix ; en mauvaise part, Prendre un mal ; Travailler pour vivre : *Aben peno à gagna la bido*, nous avons peine à gagner la vie ; Ménager le temps pour avancer une affaire. (De l'italien *guadagnare*.)

Camini ma sazou darnièyro,
Lou tems m'a sillounat la pèl ;
L'hyber me poudro la crignèro,
La mort m'a guignat d'un cop d'èl
Et ma counscienço souffrento
Me crido d'uno boux doulento :
Qu'as-tu fayt per *gagna* le Cèl. DEBAR.

**GAGNADOU**, voyez GAGNO-PA.
**GAGNO-PA**, s. m. Gagne-pain, ce qui fait gagner la vie à quelqu'un ; Talent, outil, métier : *Aco's soun gagno-pa*, c'est son gagne-pain.

Aquel payre tramblabo a la soulo pensado
D'aquel noum d'espital ; crezio de l'ebita
Quand per paga lou fisc, presque à la deraoubado,
El bendio l'aoutro neyt soun darnié *gayno-pa*.

GAGNO-PETIT, s. m. Gagne-petit, rémouleur ambulant.

### GAJ

GAJHA, voyez ENGAXA.

### GAL

GAL, Poul, Gáou, s. m. Coq, mâle de la poule. (Du latin *gallus*.)
GALAFATA, voyez PEYLHA, RESTANCA.
GALAFOCH, voyez GAFFAROT.
GALAMINA, v. pro. Prendre ses ébats; s'Égayer; Fainéanter : *Se galamino tout lou xoun*, il fainéante tout le jour.
GALAMOU, voyez GAOUTISSOU.
GALANCIÉ, voyez GARRABIÉ.
GALANT, s, m. Galant; Amant, amoureux : *Aco's lou seou galant*, c'est son amoureux. (Suiv. le Duchat du latin *valente*.)

Tout aco de sa part n'és res pus que grimaço
Dins l'amo nou b'es pas ; saben prou dount se dol :
Bouldrio fayre un *galant*, mais que cap nou la bol.   D.

GALANTARIÉ, *Galantario*, s. f. Galanterie, chose agréable : Politesses, choses agréables : *M'a fax la galantarié de beni*, il m'a fat la galanterie de venir.
GALANTINO, s. f. Galantine, mets composé de viandes de volaille désossée et lardée, ou avec de veau qu'on assaisonne de fines herbes et d'autres ingrédients.
GALANTIZO, voyez GALANTARIÉ.
GALAPIAN, DO, adj. Leste, dégourdi.
GALARIÉ, *Galario*, s. f. Galerie, allée de communication, corridor; Espèce de tribune continue dans une église, dans un théâtre.
GALATAS, *Galatras, Trast*, s. m. Galetas, dernier étage sous le toit. (De l'hébreux *galisath*, chambre haute.)
GALAVAR, voyez GOURMAN.
GALAVESSA (SE), voyez GOULUDA (SE).
GALBAOU, voyez SAOUTO LAOUXÉ.
GALBE, voyez PANEL.
GALBIAT, voyez FARGAT, BASTIT.
GALÉFRE, voyez GOULAOUT.
GALÉRIEN, s. m. Galérien, celui qui est condamné aux galères; Forçat · *Triman coumo de galèriens*, nous travaillons comme des forçats.
GALÉRO, *Galignèyro*, s. f. Épinette, cage à poules : *Aben la galéro garnido*, nous avons la cage garnie.
GALÉROS, s. f. Galère, bâtiment où les condamnés aux travaux publics sont retenus et mis à la chaîne ; fig. , Lieu, état, condition où l'on a beaucoup à souffrir : *Aco's uno galéro*, c'est une galère. (Du latin *galea*, qui signifie proprement un poisson long appelé *espadon*, et qui, dans le *Grand Etymologiste*, se prend pour un vaisseau de pirate, à peu près de la forme des galères.)
GALET (A), adv. A la régalade, boire en renversant la tête et versant de haut dans la bouche : *Nous caldra beoure à galet*. il nous faudra boire à la régalade. (Par onomatopée, du bruit que fait celui qui boit ainsi.)

Lou tombour o lo testo ombé lo colomino ;
Fosion, tout cominen, péta lau pistoulet,
É d'un poillou ponsut flutaben ol *golet*.   PRAD.

GALETO, s. f. Galette, sorte de gâteau plat. Dans la marine, il se dit des pains de biscuit, durs et plats, dont on fait provision pour les voyages de long cours. (De *galet*, caillou plat, dont la galette a la forme.)
GALGO, adj. Terre meuble, facile à travailler : *Es tout ple galgo*, elle est bien meuble.
GALIAR, voyez GAYLIAR.
GALIE, voyez MANXAYRE.
GALIETOS, voyez BRILLOS, BARBOLOS.
GALIGNÉYRO, *Poulaylhè*, s. f, Poulailler, juchoir, juc, lieu où les poules juchent. (Racine *galino*.)

Dé qué créziés, croqua poularda,
Tus é ta banda galavarda,
Qu'on vous layssesse ayci pléga
Nostré *galinié* sans paga ;
S'és pas d'una traça dé ména ;
Nous raoubes é nous cerques réna ?...
Mais ayci cé qué Lucifér
M'a dich à l'aoureia cu aufer,
Sus l'avèni qué vous espèra,
Tus, tas géus, toun fil é toun pèra.   FAV.

GALIMAN, voyez GALUZAN.
GALIMATIAS, s. m. Galimathias, mélange confus de paroles et d'idées incohérentes, que l'on ne saurait entendre, quoiqu'elles semblent dire quelque chose : *Aco's un galimatias ount on coumpren pas res*, c'est un galimathias où l'on ne comprend rien. (Des mots latins *Galli, Mathias*, que prononça en s'embrouillant, au lieu de dire *Gallus Mathiœ*, l'avocat d'une cause où il s'agissait d'un coq appartenant à un nommé *Mathias*. Huet.)
GALINASSO, s. f. Fiente de poule : *Cal mettre la galinasso à trempa*, il faut mettre la fiente de poule à dissoudre. (Racine *galino*.)
GALINE, voyez POULET.
GALINIE, voyez GALINIÈYRO.
GALINO, *Poulo*, s. f. Poule, femelle du coq ; prov. : *Ount y'a de poul lar galinos cantou pas*, là où il y a de coq les poules ne chantent pas. (Du latin *gallina*.)

Eh ! qu'un n'és pas l'esfrai dé lo paoura *golino*,
Quond bey plona dins l'aïré un aussel dé ropino ?
PRAD.

GALIO, voyez PRESURET.
GALIPIAN, voyez GALAPIAN.
GALITRAN, voyez GALUZAN.
GALLUREN, voyez FRICAOUT.
GALO, *Rougno*, s. f. Gale, maladie de peau ; Pustule et démangeaison contagieuse ; Maladie de peau des animaux. (Du latin *galla*, noix de galle, à laquelle ressemblent les boutons.)
GALOP, s. m. Galop, allure d'un cheval qui court très-vite ; Course précipitée. (Du grec *kalpé*, qui signifie proprement le trot d'un cheval.)
GALOUN, s. m. Galon, tissu de soie, de fleuret, d'or, d'argent, en forme de ruban ; mais qui a perdu de corps : *Lou galoun es usat*, le galon est usé.
GALOUNA, v. act. Galonner, orner, border de galon.
GALOUNAT, adj. Galonné, garni de galons : *Ero tout galounat*.
GALOUPA, v. act. Galoper, poursuivre quelqu'un, aller le galop ; fig., Dépêcher une chose, la faire vite : *N'a pas bezoun de tant galoupa*, il n'a pas besoin de se tant presser. (Du grec *kalpazein*.)
GALOUPADO, s. f. Galopade, action de galo-

per; Espace parcouru en galopant.

GALOUPAYRE, O, s. m. f. Qui galope, qui court vite, bon marcheur : *Es un galoupayre*, c'est un bon marcheur.

GALOUPIN, s. m. Galopin, petit commissionnaire; Leste, éveillé.

GALOUS, OUZO, s. m. f. Galeux, euse, qui a la gale, couvert de gale : *Sou toutes galouses*, ils sont tous galeux.

Porten un paouc pus clar; n'ori pas godolous,
Tout lou corps me pruzio coumo aquel d'un *golous*.
PRAD.

GALOXOS, s. f. Galoche, sorte de chaussure à semelle de bois; Bottes, terre molle, neige qui s'attache à la chaussure quand on marche : *Fazen de galoxos*, disent les enfants qui s'en font un amusement. (Du latin *gallicana*, chaussure des anciens Gaulois, qui était à peu près la même chose.)

GALUZAN, s. m. Fainéant, oisif, indolent, flandrin : *Aquel grand galuzan!* ce grand flandrin !

## GAM

GAMA (SE), v. pro. Se Gâter, en parlant de l'ail, de l'oignon : *L'al s'es tout gamat*, l'ail s'est tout gâté, beaucoup d'autres plantes périssent ainsi.

GAMACHO, voyez GATO, BARQUET.

GAMACHADO, voyez BARQUETAT.

GAMADURO, s. f. Corruption qui attaque l'ail.

GAMAT, DO, adj. Gâté; Charbonné, ée; fig., Languissant de maladie; Goitreux, euse, en parlant des brebis : *Uno fedo gamado*.

GAMBEL, voyez GARREL.

GAMBOUL, s. m. Chaleur suffocante; Temps à l'orage : *Fa pla gamboul*, il fait une chaleur d'orage.

GAMELO, s. f. Gamelle, grande écuelle de bois pour la soupe des soldats; Son contenu. (Du latin *camella*.)

GAMIOUN, s. m. Traînoir à quatre roues pour le transport des marchandises, des magasins aux fabricants, ou débitans, etc.

GAMO, s. f. Gamme, série, suite, table des notes de musique selon l'ordre des tons naturels : *Sap pas mounta la gamo*, il ne sait pas monter la gamme; fig. : *Cambia de gamo*, changer de conduite. (Du grec *gamma*.)

## GAN

GAN, s. m. Gain, profit, lucre; prov. : *Lou gan douno ban*, le gain donne courage.

GAN, voyez GANS.

GANACHO, voyez GANNAXO.

GANCHO, voyez ARPO, CROC.

GANDAL, voyez TOCOTAOULIÉ.

GANDALIA, voyez ROUDOULA.

GANDI, v. act. Sauver, mettre hors de danger : *La gandit saquela!* il l'a sauvé néanmoins !

Degus nou se *gandis* del rébès de sas armos
Lous jouenes et les biels, lous pietouns, les gendarmos,
Relebou de sas lés; elo n'a ré de car.
Helas! ount es bous aous, brabes souldats de guerro,
A qui tout ero court? Alexandro, Cesar,
Justomen soun benguts en un pugnat de terro. G.

GANDOLO, Bassi, s. f. Gondole, rigole pavée; Bassin oculaire. (De l'italien *gondola*.)

GANDOUEZUS, voyez FADOURLIZOS.

GANDRE, voyez FOSSO, PLA.

GANEL, voyez TRUFFET.

GANELS, voyez ANDOT.

GANGRENA (SE), v. pro. Se Gangrener, se corrompre en devenant gangreneux : *coumenço a se gangrena*, il commence à se gangrener. (Racine *gangreno*.)

GANGRENO. voyez CANGRENO.

GANIBO, *Coutelo*, s. f. Long Couteau dont on se sert pour trancher la soupe. (Racine *ganif*.)

GANIDA, *Signoula*, v. n. Geindre, se plaindre en parlant d'un chien qu'on a battu, ou qui est à l'attache : *Fa pas que ganida*, il ne fait que se plaindre.

GANIF, s. m. Canif, petite lame d'acier, emmanchée de bois, d'ivoire, etc., pour tailler les plumes : *Lou ganif n'es pas aguzat*, le canif n'est point aiguisé. (De l'anglais *knife*, couteau.)

GANITEL, voyez GARGAYLHOL.

GANNAXO, s. f. Habit de femme : *Aquesto gannaxo me parara*, cet habit me garantira.

GANS, s. m. Gant, partie de l'habillement qui couvre la main et en a la forme; fig., *Souple coumo un gan*, très accommodant, très soumis. (De l'ancien allemand ou flammand *wante* qui a la même signification.)

GANSA, v. act. Relever les bords d'un chapeau, au moyen de ganse : *N'es pas pla gansat*, il n'est pas bien relevé des bords. (Racine *ganso*.)

GANSO, s. f. Ganse, cordonnet d'or, de soie, d'argent, pour attacher, border, orner; Signe de ralliement, attaché au chapeau : *La ganso negro, la ganso xaouno*, etc.; Porte, anneau de fer ou d'autre matière où l'on accroche un crochet; bords d'un chapeau : *L'ey trapat per la ganso dal capèl*, je l'ai pris par le bord du chapeau. (Du latin *ansa*, anse.)

GANTIÉ, s. m. Gantier, celui qui fait des gants.

GANTO, voyez AOUCO SALBAXO.

## GAO

GAOU, voyez GAOUX.

GAOUBI, voyez COURAXE, ENBEXO.

GAOUBIT, voyez GOBI.

GAOUBIA, voyez GOUBIA.

GAOUDADO, voyez TERRINADO.

GAOUDUFO, s. f. Toupie, jouet d'enfant en forme de poire qu'on fait tourner rapidement au moyen d'une ficelle dont on la revêt dans toute sa partie conique; en la jetant avec force contre terre la corde lui imprime, sur son clou qui lui sert d'axe, un mouvement de rotation qui se continue longtemps quand elle est à terre : ce clou est nommé *pual*, *clabèl*, *pounxou*, *calpré*.

Hier al souèr en me retiran
De toun manouèr poulit et grand,
Ninabi coum'uno *gaoudufo*,
Et le bentre sans cap de ruflo,
Eri couuten coum'artaban. DEBAR.

GAOUDUFET, s. m. Petit enfant qui commence à marcher.

GAOUFELOS, s. f. Branchies, ouïes, organes de la respiration chez les poissons : *Trapo lou per las gaoufelos*, prends-le par les ouïes.

GAOUFELUT, UDO, adj. Bouffi, ie; Moufflard; Joufflu : *Es pla gaoufelut*, il est bien joufflu.

GAOUGNAS, voyez FANGAS.
GAOUGNAS, s.f.m. Laideron, femme sale.
GAOUGNOS, voyez GAOUFELOS.
GAOULA, v. act. Jabler les douves d'un tonneau : *Lou me cal gaoula de noou*, il me faut le jabler à neuf; Butter, serrer la terre au pied d'un arbre, d'une plante; fig., Ne pas laisser cuire le pain.
GAOULADOU, s. m. Jabloire, instrument de tonnelier pour jabler un tonneau : *N'ey pas pourtat lou gaouladou*, je n'ai pas porté la jabloire.
GAOULAS, s. m. Verge pour châtier quelqu'un : *Trapo me un brabe gaoulas*, prends une verge. (Racine *gaoulo*.)
GAOULE, *Xable*, s. m. Jable, rainure des futailles qui reçoit et contient les bouts amincis des fonds : *Lou gaoule n'es pas pla fax*, le jable n'est pas bien fait.
GAOULO, *Lato*, s. f. Gaule, houssine dont on se sert pour gauler, pour chasser un cheval, etc. (Suiv. Borel, du latin *caulis*, tige de plante.)

Aro té furgaras xuscos deman passat.
Sios urous qu'aissital n'axo pas eap de *gaoulo*.    D.

GAOUPAS, *Filhandran*, s. f. Gaupe, méchante fille; Dévergondée.
GAOUTEJHA, voyez SOUFFLETA.
GAOUTIMAS, *Birogaout*, s. m. Grand soufflet.

De la redou de las dos mas
Li secoutet un *gaoutimas*.

GAOUTISSOUS, s. m. Oreillons, ou orillons, tumeur des *parotides*, ou partie des joues près des oreilles. (Racine *gaouto*.)
GAOUTO, s. f. Joue, partie latérale du visage : *A la gaouto liso*, il a la joue potelée. (De l'italien *gota*.)

Me brenbo que souben dan lou beyre a la ma
El fazio countro tous à qui millou rima,
Mais el ero ta fort en raretat de dire
Que se caillo cala per esclata de rire.
Un rufadis de nas, un cop del de trabes
Biraon à cadun las *gaoutos* de trabes.    G.

GAOUTUT, UDO, adj. Joufflu, e.
GAOUX, s. m. Envie, désir, fantaisie : *Me fa gaoux*, il me fait envie.

Entre que lous Princes intréroun,
Poudés mé dire sé badéroun
A veyre un tan poulit ousteou!
Tout y'era beou, tout fazié *gaou*.
Dins de grandas salas blanchidas
Y'avié de taoulas ben garnidas;
Tout l'entour y'avié de mirals;
Sus las napas de perdigals.    FAV.

GAOUX (EN), *Gaouch*, adv. Souhait qu'on se fait en se quittant ; Au revoir · *En gaoux nous y trouben l'an que be!* que l'année prochaine nous nous retrouvions! (Du latin *in gaudio*, en bonne santé.)

De *gaoux*, coumo un poussel, oqui sembl'embescat.
O l'oumbro d'un poumié, sus moun couyde opuyat
O qui de lo naturo yeou countempli l'oubratgé.
                                              PRAD.

GAOUXÉ, ÉYRO, *Gaouché*, s. m. f. Gaucher, re, qui se sert habituellement de la main gauche: *ouy gaouxé*, je suis gaucher.

GAOUXE, *Gaouche*, s. m. Gauche, le côté, la main gauche; *Lou coustat gaouxe*, le côté gauche; adj. Gêné, contraint, sans grâce, maladroit : *A l'ayre pla gaouxe*, il a l'air bien gauche; fig., Mal fait, mal tourné; Défaut dans le bois dans une pierre dont tous les points ne sont pas dans le même plan. (Suiv. Guichard, du grec *gauson*, tortu, oblique.)
GAOUXO, *Gaoucho*, s. f. Gauche, le côté gauche, la main gauche ; adv. : *Biras-bous à gaouxo*, tournez à gauche.
GAOUXOMEN, *Gaouchomen*, adv. Gauchement, avec maladresse : *S'en serbis pla gaouxomen*, il s'en sert bien gauchement.
GAOUZA, v. act. Oser, avoir la hardiesse, l'audace de... : *A gaouzat ba demanda*, il a osé le demander ; Avoir le courage; Prendre la liberté. (Du latin *audere*.)

Dins un prepaous inutille, boulache,
Lous libertins, lous moundens, lous devots,
*Gaouzou* noumma, per ourna lou lengache,
Tantot Jesus, tantôt de vilains mots.    PUJ.

GAR

GARA (SE), v. pro. Se Garer, se garder, se préserver, se ranger pour éviter d'être foulé : *Garas bous*, serrez-vous, gare! (Racine *se garda*.)
GARABIE, voyez GARRABIE.
GARABOT, voyez GARRABOT.
GARABUSTO, voyez GRIGOUSTO.
GARACHAOU, voyez ARDIOL.
GARAFAT, voyez GAFFO, SARXAN.
GARAFO, voyez GARRAFO.
GARANÇO, s. f. Garance, plante vivace, dont l'herbe sert de fourrage aux bestiaux et dont la racine fournit une teinture rouge; on s'en sert en médecine; elle est apéritive. (Du latin barbare *varantia*, dit par corruption de *verantia*, fait de *verus* vrai, parce que cette couleur est *vraie* et de bon teint.)
GARANT, s. m. Garant, caution, celui qui répond du fait d'autrui et de son propre fait : *Ycou souy garant per el*, je suis garant pour lui. (Du latin barbare *warantus* fait dans le même sens de l'allemand *waren* qui a signifié prendre garde, garder.)
GARANTI, v. act. Garantir, cautionner, répondre pour assurer la bonté, la qualité; Affirmer, certifier, rendre témoignage : *Bous podi garanti qu'es bertal*, je puis vous assurer que cela est vrai; Préserver; Prendre sous sa sauvegarde, mettre en sûreté, exempter, défendre. (Racine *garant*.)

Astré dount l'uel percent bey touto lo noturo,
Tu dount cado créat ottend so nourrituro,
Dè lo cruello fom sé nous bos *goronti*,
Ajos piétat del blat qué coumenço o poti.    PRAD.

GARANTI (SE), v. pro. Se garantir, se préserver de quelque chose de nuisible · *Aben peno à nous garanti de la miséro*, nous avons peine à nous garantir de la misère.
GARANTIDO, s. f. Garantie, assurance, sûreté, cautions ; *Bous fara sa garantido*, il vous fournira une garantie.
GARBASSO, *Garbassat*, s. f. Chêneau, jeune chêne : *Cal pas coupa las garbassos*, il ne faut pas couper les jeunes chênes.
GARBELO, voyez RESCAN.
GARBERLIÉ, IO, adj. Boîteux, euse.

**GARBEXA**, *Garbejha*, v. act. Engerber, ramasser les gerbes, les porter sur l'aire où doit être formé la meule ou gerbier : *N'aben pas encaro garbexat*, nous n'avons pas encore ramassé les gerbes. (Racine *garbo*.)

**GARBEXAYRE**, *Garbejhaïre*, s. m. Ouvrier occupé à engerber, à charrier les gerbes.

**GARBIE**, *Garbièyro*, s. m. Gerbier, tas, pile de gerbes engerbées. On distingue dans le gerbier: la muraille, *paromen*, qui est le rang des gerbes extérieures; le remplissage, *lou fars*, qui est l'épaisseur intérieure entre les murailles et le chapeau, *lou crestou*, qui défend tout l'édifice contre la pluie.

**GARBIL**, *voyez* GUYRGUYL.

**GARBO**, s. f. Gerbe composée de plusieurs javelles ou poignées de blé, liées ensemble au moyen d'un lien, *lio*, fait avec la paille qui n'est pas dépouillée de ses grains. (Du latin barbare *garba*.)

Oh! dounax-y, bous aous qué lé trop ablozigo,
Ritchés, qué bostré cor démoré pas tampat!
Dounax, sé boulès pas qué lé Cel bous maoudigo ;
Dé la *garbo* dé blat quand trazets uno espigo,
Dious, qué la bex douna, bous sourix de bountat.
DAV.

**GARBO**, *Rèst*, s. f. Botte d'oignons, d'ail; Glane; Tresse d'oignons : *Ey croumpat uno garbo de sebos*, j'ai acheté une botte d'oignons.

**GARBO DE SALCLES**, s. f. Molle de cerceaux, paquet de cerceaux liés ensemble : *M'en cal dos garbos*, il m'en faut deux molles.

**GARBOS** (FALSOS), *Margoussis*, s. f. Chondrille, on mange la racine et les jeunes feuilles en salade.

**GARBOUL**, *voyez* MOURMOUL.

**GARCHO**, s. f. Vieille Brebis qui n'a point porté.

**GARÇO**, s. f. Garce, femme, fille prostituée.

**GARÇOU**, s. m. Garçon, ouvrier sous un maître : *Aco's un boun garçou*, c'est un bon ouvrier.

**GARDA**, *Serba*, *Counserba*, *Preserba*, v. act. Garder, conserver, réserver, mettre en réserve : *Boli garda aquelo barrico de bi*, je veux mettre en réserve cette barrique de vin; Soigner; Surveiller, veiller sur...; Protéger, garantir; Observer, accomplir : *A gardat la defenso que y'abio faxo*, il a accompli la défense que je lui avais faite; Prendre soin d'un malade; Empêcher la fuite d'un prisonnier; Veiller, prendre garde. (Du latin *servare*.)

Abés bostros razous quand ba cresés atal;
Yeou per creire aoutromen atabes ei las meounos;
Cal dounços un cadun aïci *garda* las seounos. D.

**GARDA (SE)**, v. pro. Se Garder, se conserver, se défier de...; se Préserver de...; Avoir soin de ne pas : *Gardo-te pla de sourti*, gardez-vous de sortir.

**GARDAXE**, *Gardiajhe*, *Pacaxe*, *Couderc*, s. m. Pacage, lieu où paissent les bestiaux : *Aben fosso gardaxe*, nous avons beaucoup de pacages.

**GARDAYRE**, O, s. m. f. Gardeur, euse, celui qui garde les bestiaux.

**GARDIEN**, O, *Gardian*, s. m. f. Gardien, ne, celui qui est commis à la garde, à la conservation: *Es lou gardien de l'oustal*, il est le gardien de la maison; Protecteur, défenseur : *Aben un boun gardien*, nous avons un bon gardien; Supérieur des cordeliers, des capucins.

**GARDO**, s. m. f. Garde, celui à qui l'on commet la garde de quelque chose; Gardien; Charge, commission de garder : *M'en a layssat la gardo*, il m'en a laissé la garde; Action de garder pour n'être pas surpris; Guet : *Es en gardo*, il est en garde.; Gens de guerre qui font le guet, qui occupent un poste: Durée de leur service : *Sera de gardo dema*, il sera de garde demain ; fig., Pouvoir être gardé, conservé, en parlant des comestibles, des liqueurs : *N'es pas de gardo dins aquesto sazou*, on ne peut point le conserver dans cette saison; Femme qui sert, qui soigne les malades, les femmes en couches : *La gardo ben de mounta*, la garde vient de monter; Protection : *A la gardo de Dious*, à la garde de Dieu; Ce qui couvre la poignée d'une épée ; t. d'arts et métiers, Ce qui garantit ; Garniture d'une serrure; t. de relieur, Feuillets blancs au commencement et à la fin d'un volume. (Du latin barbare *warda*.)

**GARDO** (PRENE), v. act. Avoir soin, veiller attentivement, faire en sorte de ne pas; Être sur ses gardes, se défier, veiller pour éviter ; Réprimander vivement : *Y'ey mountat uno gardo*, je l'ai vivement réprimandé.

**GARDO BIGNOS**, s. m. Messier, gardien des vignes.

**GARDO-CASSO**, s. m. Garde-chasse, garde qui veille à ce qu'on ne chasse point sans droit.

Couma avian bezoun dé pitança
É qué l'avié foça gibié,
Lou pessugueren sans quartié ;
Mèttéren à bas bioous é fédas,
Galinas, pouls, guindas, anédas ;
Digus noun nous dizié perqué,
É l'on travaïava aderé.
Quan y'a pas gés dé *garda-cassa*,
Qué lou gibié douna à la passa,
On caouzis cé qué i'a dé bon, FAY.

**GARDO CHAMPÊTRO**, s. m. Garde champêtre, celui qui veille à la conservation des récoltes d'une commune.

**GARDO-FIOC**, s. m. Garde-feu, grille, plaque devant une cheminée.

**GARDO FOURESTIÉ**, s. m. Garde forestier, celui qui est préposé à la garde d'une forêt.

**GARDO-MANXA**, s. m. Garde-manger, armoire à chassis, garni de toile, pour garder les aliments: *Lou gardo-manxa es pla garnit*, le garde-manger est bien garni.

**GARDO PILO**, s. m. Garde pile, bâtiment près de l'aire, dans lequel on met le blé non vanné.

**GARDO NATIOUNALO**, s. f. Garde nationale, nom que pendant la révolution on avait donné en France à la force armée (1795). Par ordonnance de Louis XVIII, la garde nationale, ou milice bourgeoise, fut organisée pour maintenir la paix intérieure : *N'es pas encaro de la gardo natiounalo*, il n'est pas encore de la garde nationale.

**GARDO-RAOUBO**, s. f. Garde-robe, lieu où l'on serre les hardes ; ses Hardes : *Sa gardo-raoubo n'es pas pla garnido*, sa garde-robe n'est pas bien garnie; Lieux d'aisance : *Ba pas à gardo-raoubo*, il ne fait pas ses fonctions.

**GARDO TERRO**, *voyez* GARDO CHAMPÊTRO.

**GAREL**, *voyez* BARRAT.

**GARELEJHA**, *voyez* GARRELEXA.

**GARENO**, s. f. Garenne, lieu peuplé de lapins; Clapier. La garenne a plusieurs entrées ou halots. (De l'allemand *warende*.)

**GARGALIZA**, *Gargalia*, v. act. Gargariser, laver la gorge avec de l'eau ou toute autre liqueur, en la repoussant pour ne pas l'avaler : *Bous cal gargaliza souben*, il vous faut gargariser souvent. (Du grec *gargarizó*, les latins disent également *gargarisare.*)

**GARGAMÉLA (SE)**, *voyez* DEGARGAMELA (SE).

**GARGAMÉLO**, *Gargamèl*, s. f. Voix : *A bouno gargamèlo*, il a bonne voix; fig., le Gosier.

Quand le roussignoulet uflo sa *gargamelo*,
Quand lou merle tabes fioulo dins les balouns,
Quand on aougis de leng la tristo tourtourello,
Quand on bey le soulel desplega sous rayouns.
DEBAR.

**GARGANTO**, *Gargato*, s. f. Trachée - artère qui porte l'air aux poumons : *L'a trapat per la garganto*, il l'a pris par la gorge. (Du grec *agchó* qui se prononce *ancho* et qui signifie serrer la gorge.)

**GARGASTIEIROS**, *voyez* BRASSADÈLS.

**GARGATA**, *voyez* GOURGOUTA.

**GARGATE**, *voyez* GARGAYLHOL.

**GARGATO**, *voyez* GALET.

**GARGAVALIOS**, *voyez* POURGOS.

**GARGAYLHOL**, s. m. Gosier, partie intérieure de la gorge par où passent les aliments de la bouche dans l'estomac.

Jantis pastourelets que dejoust las oumbretos
Sentets apazima le calimas del jour,
Tant que les auzelets per saluda l'amour
Uflou le *gargailhol* de milo cansounetos.
G.

**GARGHIL**, *voyez* BABIL.

**GARGOUTA**, *Gourgouta*, v. n. Gargouiller, bouillonner, on le dit du bruit que fait le potage qui bout, d'un liquide dans la gorge, l'estomac, les entrailles : *Lou bentre me gargoto*, le ventre me grouille; Gorgoter, manger, boire sans propreté.

Sul fioc penden qualqu'houro ou forés gorgouta,
Sur bostro taoulo oprés bo pouyres presenta. PRAD.

**GARGOUTIÉ**, ÈYRO, s. m. f. Gargotier, ière, mauvais cuisinier : *Aco's un gargoutié*, c'est un gargotier.

**GARGOTO**, s. f. Gargote, petit cabaret où l'on donne à manger à bas prix; Tout lieu où l'on sert à manger malproprement : *Aco's uno beritaplo gargoto*, c'est une vraie gargote. (Du latin *gurgustium*, qu'on trouve dans Cicéron avec le même sens.)

**GARI**, *voyez* LAMPADO.

**GARI**, *voyez* GRIOULE.

**GARIC**, *voyez* GARRIC.

**GARIGO**, *voyez* BOUZIGO.

**GARILIAS**, *voyez* XAOUXAS.

**GARIMEL**, *voyez* XIMEL.

**GARIPOU**, *voyez* BATO.

**GARLANDÈOU**, s. m. Place couverte, arcades, portiques; Tas de maisons séparées par une rue ; *Tout lou garlandèou poudio peri*, tout le quartier pouvait périr.

**GARLANDO**, s. f. Guirlande, couronne de mariée : *Porto pas la garlando*, elle ne porte pas la couronne. (De l'italien *ghirlanda*.)

**GARLEMO**, *voyez* LARMO.

**GARLES**, s. m. Chant d'une poule qui veut imiter un coq : *Aquelo poulo canto lou garles*, cette poule veut imiter le coq. Bien des gens croient que ce chant est d'un mauvais augure.

**GARLIAPAT**, s. m. Dégourdi, leste, éveillé.

Moussu, tout travaïau dé tèsta,
Ye respoundère, una tampèsta

Et Neptuna qué nous voou maou
Nou lous an més à l'ayga-saou.
A mezura qué m'escoutava
Lon *galipiandas* nous touèzava
Embe un iol rouje, tout cirous,
Et gran coumo l'orle d'un pous.
Aufin, d'un parèl dé paoutadas,
Mé prén dous de mous camaradas,
Couma s'avié prés dous baréns,
Yé fen l'esquina jusqu'as réns
Lous fréta én dé buré lous sala
Et couma un'huitra lous envala.
FAY.

**GARLOPO**, s. f. Varlope, instrument de menuisier, charpentier, qui sert à lisser le bois. Le bois de la varlope s'appelle fût; il a une anse, *pougnado*, pour placer la main qui doit la pousser, la *lumièro*, lumière qui reçoit *lou fer*, qui coupe ; ce fer est assujetti par un coin.

**GARLOUPA**, v. act. Varloper, polir à la varlope : *Semblo garloupat*, ce semble varlopé.

**GARNI**, v. act. Garnir, pourvoir de tout ce qui est nécessaire pour la commodité, l'usage, l'ornement, la conservation, la défense; Assortir, meubler, ajuster, entourer, assaisonner : *Garnis la soupo*, assaisonne la soupe; Charger, coiffer la quenouille ; Emplaigner, lainer, garnir les draps aux chardons : *N'aben pas encaro finit de garni*, nous n'avons pas encore fini de garnir. (De l'allemand *wahren*, garder, ou du latin barbare *warnire*.)

**GARNIMEN**, s. m. Garniture, ce qui sert à garnir, orner ; Assortiment complet : *A un poulit garnimen de crambo*, elle a une belle garniture de chambre ; Garnement, mauvais sujet, libertin, vaurien : *Aco's un missant garnimen*, c'est un mauvais garnement.

**GARNISSARI**, *Garnizari*, s. m. Garnisaire, homme en garnison chez les contribuables en retard : *Ban manda lous garnissaris*, on va mander les garnisaires.

**GARNISSUR**, s. m. Garnisseur, laineur, celui qui laine les draps avec la croix de chardons ; t. de métiers; Celui qui garnit.

**GARNITURO**, s. f. Garniture, ce qui sert à garnir, orner ; Assortiment complet ; Petits artifices dans les pots à feu, les fusées ; t. de serrur., Fers qui passent dans les fentes d'une clef : *La garnituro es difficillo*, la garniture est difficile.

**GARNIZOU**, s. f. Garnison, soldats dans une place de guerre, dans une ville qu'ils la défendre : *La garnizou n'es pas pla forto*, la garnison n'est pas bien forte ; Place, ville où les soldats sont en garnison : *Aco's uno missanto garnizou*, c'est une mauvaise garnison ; Sergents, archers chez un débiteur : *Y'a mandat la garnizou*, on lui a envoyé les archers.

**GARNOS**, *voyez* COUDERLOS.

**GARO !** Impératif, interj. pour avertir de se ranger ; Gare ! : *Garo la carreto*, gare la charrette !

Soun barcot avie tan saoutat,
Qu'èra tout demantibulat,
Endaco, per pas fa naufraje ;
Se debatié contra l'aouraje ;
Quan un cop de bén fort brutaou
Lou pren, et yé fay fa lou saou
A trento passes de la barqua :
Lou trait es dinne de remarqua.
Ce qu'èra Ulissa aqui, sé vey,
Car tenguét l'halé coumo un péy.

# GAR

Sur l'ayga revengut encara
Una verga, sans dire gara,
Yé met la barqua en mila flos.
El vite arapa lou pus gros
Vous lou fica joust las culotas
Et sans séla, ni brida, ni botas,
Tout lou tens que duret lou bal
Dansèt la bouréia à chival.  FAY.

**GARO**, *voyez* GARRO.
**GAROU**, *voyez* GARROU.
**GARRABIÉ**, *Garabelhè*, s. m. Églantier, buisson, rosier sauvage; Le fruit appelé gratte cu (*Gratoxioul*) sert à faire la confiture de cynorrhodon; fig., t. de mépris; On le dit d'une fille volage, dissipée, alerte : *Qu'un garrabié m'as l'ayre d'estre!* Quelle volage tu me parais!
**GARRABOT**, *Négo fol*, s. m. Bachot, batelet de pêcheur ou de passeur de rivière : *Lou garabot ero prest à s'enfounça*, le bachot était prêt à couler.

O grand Dious! al secours, ou ma mort es siguro;
As peyses cardra dounc serbi de nourrituro !
Alabets un marin, as pelses toutis blans,
Arribo amb'uno arpeto et m'acrocho pes flans.
Soul, dins moun *garrabot*, sur uno aygo rapido,
Cregni de poude pas te counserba la bido,
Ça me dits lou biellard, car se tiri pus fort
Quatre pouces de fer te ban caousa la mort.
Yeou que dejà bebioy coumo un papié dé traço,
De bese pas d'espoir fazioy tristo grimaço.  VESTR.

**GARRAFFADO**, s. f. Plein une carafe : *Ey begut uno garraffado d'aygo*, j'ai bu plein une carafe d'eau. (De l'italien *caraffa*, qui a la même signification.)
**GARRAFFO**, s. f. Carafe, vase de terre ou de crystal, large par le bas et étroit par le haut. (De l'italien *caraffa*.)
**GARRAMAXOS**, s. f. Gamache, housseau, sorte de large bas sans pied, en toile ou en étoffe, quelquefois à boutons, comme les guêtres, que les habitants de la campagne mettent souvent sur les bas et le plus souvent sans bas pour se garantir du froid; l'usage s'en perd beaucoup depuis que le pantalon a remplacé la culotte courte : *Sans que garramaxos acurio frex*, sans les gamaches j'aurais froid. (Du latin *gamacha*, qui a eu la même signification dans la basse latinité.)
**GARREL**, O, s. m. f. Boiteux, euse, qui boite : *Es doumaxe que siogo garrel*, il est dommage qu'il soit boiteux.
**GARRELAS**, ASSO, s. m. Méchant boiteux : *Aquel garrelas*, ce méchant boiteux.
**GARRELEXA**, *Garreleja*, v. n. Boiter, clocher, ne pas marcher droit, soit parce qu'on n'a pas les jambes d'égale longueur, soit parce qu'on est blessé; Feindre, en parlant du cheval qui boite.
**GARRELEXADIS**, s. m. Boitement.
**GARRIC**, *Casse*, s. m. Chêne, grand arbre qui produit le gland; son Bois dur : *De postes de garric*, des planches de chêne. (Du latin *quercus*.)

Cal aoutre qu'el, prouduis, counserbo
L'aïgo molo, lou dur metal;
Lou fort lioun, lou flac mouscal,
Lou grand *garric*, la petito erbo?
Cantas del grand Seignou,
La gloiro, la grandou.  PUJ.

**GARRIGADO**, s. f. Pousse, jet de chêne; Bolet pérenne, champignon qui vient aux pieds des vieux chênes, sur les racines pourries des vieux arbres :

# GAS

*Qu'unó poulido garrigado !* quels jolis champignons!
**GARRO**, s. f. Jarret : *A bouno garro, il est bon piéton*.
**GARROU**, s. m. Jarret de porc, de mouton, etc.: *Aquel garrou fara la soupo bouno*, ce jarret fera une bonne soupe.

Dins lo couiréto coï lo mitat d'uno fédo,
Lo tuffo é lous *gorrous* dé l'hobillat dé sédo.  PRAD.

**GARROU CARNUT**, s. m. Cuisse, t. de boucher.
**GARROU DE DABAN**, s. m. Jambe de devant, t. de boucher.
**GARROUGNEYRO**, s. f. Sablière, pièce de charpente posée sur le couronnement d'un mur dans le sens de sa longueur, sur laquelle s'appuie le bas des chevrons : *Es tems de plaça la garrougnèyro*, c'est le moment de mettre la sablière.
**GARROUTA**, v. act. Garrotter, attacher fortement, serrer avec de forts liens : *A calgut lou garrouta pla fort*, il a fallu le garrotter fortement.
**GARROUYLHAT**, *Garroulho*, *Garroussat*, s. m. Cépée, jet produit par la mère-souche d'un chêne : *un garrouylhat coumo lou bras*, un jet comme le bras.
**GART**, s. m. Duvet, menue plume douce, molle, courte et délicate.
**GARUT**, *voyez* NERBUT.

## GAS

**GAS**, *voyez* GAX.
**GAS**, *voyez* GA.
**GASCOU**, s. m. Gascon, qui est de la Gascogne; Hâbleur : *Aco's un trait de gascou*, c'est un trait de gascon. (Du latin *vasconia*, Gascogne.)

Seras *Gascou* touxoun et Franciman jamaï.

**GASCOUNA**, v. n. Gasconner, parler avec l'accent gascon; Hâbler; Mentir; Promettre plus qu'on ne peut tenir : *M'a pla gascounat*, il m'a bien badiné.
**GASCOUNADO**, s. f. Gasconnade, fanfaronnade, vanterie outrée : *Aco's uno gascounado*, c'est une gasconnade.
**GASCOUNUR**, *Gascounayre*, *voyez* GASCOU.
**GASPIL**, *voyez* POUSQUINO.
**GASPILIEJHA**, *voyez* ROUZINA.
**GASPILLA**, *voyez* LAMBRUSQUEXA.
**GASPO**, s. f. Rafle, axe qui supporte les grains d'une grappe de raisin.
**GASTA**, v. act. Gâter, endommager, altérer; Mettre en mauvais état : *B'a pla gastat*, il l'a bien gâté : Corrompre, infecter, pourrir, putréfier; Travailler mal, bousiller, estropier : *Ba gastos*, tu gâtes le travail; fam., Être trop indulgent, entretenir les défauts par excès d'indulgence : *Elo ba gasto tout*, c'est elle qui gâte tout; User. (Du latin *vastare*.)
**GASTA** (SE), v. pro. Se Gâter; en parlant des personnes, Contracter des mauvaises habitudes, des vices : *Aquel drolle s'es pla gastat*, cet enfant s'est bien gâté; en parlant des choses, se Corrompre
**GASTO BEZOUGNO**, s. m. Mauvais ouvrier, bousilleur, qui gâte tout ce qu'il fait : *Aco's pas qu'un gasto bezougno*, ce n'est qu'un bousilleur.

Pouïrio be coumo bous estro un *gasto bezougno*,
Mais ba moustrario pas, n'aourio trop de bergougno.  D.

**GASTO FER**, s. m. Gâte fer, mauvais forgeron.
**GASTO-LENSOOUS**, voyez FEYGNANT.
**GASTO-MESTIÉ**, s. m. Gâte-métier, celui qui vend ou travaille à trop bon marché : *Touxoun y'a qualque gasto-mestié*, toujours il y a quelque gâte-métier.
**GASTO-SALSO**, voyez BRULLO-SALSO.
**GASTOUS**, voyez DEGAST.

## GAT

**GAT**, voyez CAT.
**GATADO**, voyez BARQUETAT.
**GATÉOU**, *Fouasso*, s. m. Gâteau, sorte de pâtisserie ronde et aplatie ; Ce qui en a la forme ; Galette contenant la fève du jour des Rois. (Suivant les uns, du latin barbare *pastellum*, de *pasta*, pâte ; suivant les autres, du mot *vastellum*, de *vastus*, grand, à cause de la grandeur des premiers gâteaux qu'on a faits, qui étaient les gâteaux des Rois, par comparaison aux pains ordinaires.)
**GATIMELOS**, voyez CARESSOS.
**GATO**, voyez CATO.
**GATOU**, voyez CATOU.
**GATOUNADO**, voyez CATOUNADO.
**GATOUNAT**, voyez BARQUETAT.
**GATOUN**, s. m. T. de cordier, Manuelle.

## GAV

**GAVEL**, voyez MANAT.
**GAVELA**, voyez SIRMENTA.
**GAVELADO**, voyez GABELO.
**GAVELAYRO**, voyez SIRMENTAYRO.

## GAX

**GAX**, s. m. Geai, oiseau d'un plumage bigarré, du genre de la pie ; fig., Babillard, parleur. (Du latin *varius*, bigarré, dont par corruption on a fait d'abord *vaius*, ensuite *gaius*, et enfin *geai*. Ménage.)
**GAXA**, *Gajha*, v. act. Gager, mettre en gage ; Salarier un domestique ; Exposer un pari ; Faire une gageure. (Racine *gaxe*.)
**GAXE**, *Gajhe*, s. m. Gage, ce qu'on livre pour sûreté d'une dette, d'un engagement : *A dayssat un gaxe*, il a laissé un gage ; Assurance, marque ; signe, témoignage ; Chose déposée à certains jeux : *Cal que bayle un gaxe*, il doit donner un gage : Salaire des domestiques : *Bol mayt de gaxe*, il veut un plus fort gage. (Du latin barbare *vadium*, fait de *vas, vadis*, caution, répondant.)

La bouno fe n'es plus d'uzatje,
N'es pas may res dins les counfrats.
Dius les affas n'abeu per *gatje*
Que d'estre may ou mens troumpats.
Le pus ruzat es le que primo ;
Se s'enrechis, cadun s'escrimo
A prouclama sas qualitats. DEBAR.

**GAXET**, s. m. Mue, sorte de panier à claire-voie, sous lequel on enferme la volaille.
**GAXETIÉ**, *Poulaylhié*, s. m. Poulailler, marchand qui dans les foires, les marchés, achète la volaille et la transporte dans des mues : *Lous gaxetiés soun pas encaro passats*, les poulaillers ne sont pas encore passés.
**GAXINA**, voyez REGAXINA.
**GAXO**, *Gacho*, s. f. T. de serrurier, Gâche, pièce de fer dans laquelle entre le pêne d'une serrure : *La gacho n'es pas bis-à-bis*, la gâche n'est pas en regard.
**GAXURO**, *Gajuro*, s. f. Gageure, promesse réciproque des gageurs : Chose gagée : *Qui s'en dedis pert la gaxuro*, qui s'en dédit perd la gageure.

## GAY

**GAY, YO**, adj. Gai, aie, joyeux, qui marque, qui inspire la gaieté ; Temps frais, serein ; Belle humeur de l'ivresse : *Es alaro fort gay*, il est alors fort gai. (Du latin *gaudium*.)

Yeou te besi touxoun d'un umou fort risento,
Gayre cap de souci xamaï nau te tourmento ;
Tu sios anfin fort *gay* mais serio pla curious
De saoupre qu'es aco que te rand ta xouyous. D.

**GAYA (SE)**, v. pro. S'Égayer, se distraire, se réjouir.

Aïs acords que lou paoure escouto de deforo,
(Lou paoure dintro pas ount lou rixe demoro,)
Sa tristesso *se gayo*, s'a frex ou talen,
L'espoir de bostre cant l'escalfo et lou sousten.
A. B.

**GAYÇA**, voyez GAYÇOUNA.
**GAYÇOU**, s. m. rejeton, OEilleton, talle ; Marcotte d'artichaud ou de toute autre plante qui prend de bouture : *M'a dounat un gayçou*, il m'a donné un rejeton.
**GAYÇOUNA**, v. n. Taller, pousser des talles ; Rejetonner : *Aquel rouzié a pla gayçounat*, ce rosier a bien rejetonné.
**GAYETAT**, *Xoyo*, s. f. Gaieté, joie, belle humeur : *Es pla en gayetat*, il est en belle humeur. (Du latin *gaudium*.)
**GAYLHARD, O**, adj. Gaillard, de ; Vigoureux, fort, découplé ; Entre deux vins : *Ero un bricou gaylhard*, il était entre deux vins. (Suiv. M. de Paulmy de *gallus ardens*, gaulois hardi.)
**GAYLHARDIE**, *Bigou*, s. f. Vigueur, qu'on remarque dans les plantes, les arbres : *A fosso gaylhardié*, il a beaucoup de vigueur.

Belos, de qui lou Cel malleho lou bisatge
Quand lou brouda de luns soun grand habilhomen
Et dount la *gailhardié* forço ta douçomen
Que tout cor ba bouca joust l'arquet d'un maynatge. G.

**GAYLHOS**, s. f. Espèces de coins ; Petites lames de fer qu'on met dans l'entaille qu'on fait à la pierre quand ou la fend ou qu'on l'extrait de la carrière ; Elles servent à contenir le coin et à l'amorcer.
**GAYRE**, adv. Guère, guères, presque pas ; Pas beaucoup : *Ne boli pas gayre*, je n'en veux pas beaucoup. (Selon quelques grammairiens et notamment Roubaud, *guère* dérive de *ger*, *gar*, amas, tas, d'où le mot *gerbe* signifie *beaucoup* et non pas *peu* ; il ne prend ce dernier sens qu'en vertu de la particule négative *ne*.)

Lous omes sou cadun dins la maoubezo fe,
Sans que y'en axe cap que rouxigo de re :
Tabes yeou de digus me boli pas pus faire,
Boli bioure tout soul ; amay sun tarda *gayre*. D.

**GAYREBE**, adv. Presque, il ne s'en manque guère : *Es arribat qu'ero gayrebe neyt*, il est arrivé à la nuit.

Semblorio *gairebe* que prenes aquel biaïs
Per me dire tabes que lous meous sou mal faïs. D.

## GAZ

**GAYRIT, IDO** (MAL), adj. Mal habillé, ée, mal arrangé : *Es pla mal-gayrido*, elle est bien mal arrangée.
**GAYSSA**, *voyez* GAYÇOUNA.
**GAYSSOU**, *voyez* GAYÇOU.
**GAYSSOUNA**, *voyez* GAYÇOUNA.
**GAYTA**, *voyez* GUEYTA.

### GAZ

**GAZ** ou **GAS**, s. m. Gaz ; en chimie, Fluide aériforme, compressible, élastique, transparent, sans couleur, invisible, incondensable par le froid ; on s'en sert pour éclairer. Ce mot a été inventé par Van Helmont.
**GAZA**, v. act. Gazer, couvrir d'un voile.
**GAZA** (SE), v. n. Se Voiler en parlant des yeux d'un mourant : *Lous èls se sou gazats*, les yeux se sont voilés.
**GAZAYLHO**, *voyez* BOURATIE.
**GAZAYLHO**, s. f. Enfants qu'il faut soigner ; menu Bétail : *Aben fosso gazaylho*, nous avons beaucoup de bétail,
**GAZAYLHO (A)**, adv. Cheptel, bail de bestiaux à profit commun entre le bailleur et le preneur : *B'abeu pres à gazaylho*, nous l'avons à profit.
**GAZEL**, *voyez* CRABIT.
**GAZETIE**, s. m. Gazetier, celui qui compose ou publie une gazette ; Rédacteur de gazette : *Toutes lous gazetiès sou de menturs*, tous les gazetiers sont des menteurs. (Racine *gazeto*.)
**GAZETO**, s. f. Gazette, feuille journalière qui contient les nouvelles publiques : *La gazeto ne parlo pas*, la gazette n'en parle pas ; t. de potier, Etui de terre dans lequel on met la fayence dans le four de cuisson. (De l'italien *gazetta*, petite monnaie qui était à Venise le prix de la feuille des nouvelles publiques.)

> Quan ajèroun lèvat las taoulas,
> Manquèt pas, certa, dé paraoulas,
> Sé tratèt d'afayrés d'estat,
> Daou tén presen, daou tén passat,
> Espuizeroun la poulitiqua,
> Quinte malhur que dins la cliqua,
> Lou segoundari dé Cournou
> Sourtiguèsse pas d'un cantou !
> Aourien vis, aquelas maxètas,
> Qu'entre qué s'agis dé *gazètas*,
> Lou gaïar las devigna aou fun,
> Élas légis dé nioch sans lun.   FAY.

**GAZO**, s. f. Gaze, tissu léger, clair, transparent, pour la parure des femmes ; toute Matière qui est légère, transparente. (De *Gaza*, ville de Syrie.)
**GAZOUN**, *Pelouzo, Pelenc*, s. m. Gazon, pelouse, herbe courte et menue : *Nous anan seyre sul gazoun*, nous allons nous asseoir sur le gazon. (Du latin barbare *waso*, forgé de l'allemand *wasen*, qui signifie la même chose.)
**GAZOUYLHA**, v. n. Gazouiller, faire un petit bruit doux et agréable comme les oiseaux qui commencent à chanter, les enfants qui veulent parler: *Coumenço à gazouylha*, il commence à gazouiller. (Suivant Ménage de *garrire*.)

> N'entendèr'un qué *gazouïava*
> Douçamènèt et piot pus for,
> Tant téndramén èl souspirava
> Qué fasiò palpita moun cor.
> Yeou mé rescoundiei, yeou siblave,
> Arengeabe moun trébuchèt ;

> Risiei tout soul et m'afrescave
> A prondre lou roussignoulèt.   RIG.

**GAZOUYLHOMEN**, s. m. Gazouillement, ramage des oiseaux.

### GEL

**GÈLÈO**, s. f. Gelée, extrait mucilagineux ou gélatineux retiré des substances animales ou végétales, et prenant par le refroidissement une consistance molle et tremblotante : *Aquelo gèlèo es parfàyto*, cette gelée est parfaite. (Du latin *gelu*.)

### GEN

**GENERAL**, *Xeneral*, s. m. Général, chef militaire ; Supérieur d'un ordre de religieux.
**GENERAL, O**, *Xeneral, o*, adj. Universel ; Commun à un grand nombre. *En general*, loc. adv. En commun ; Ordinairement.
**GENERALITAT**, *Xeneralitat*, s. f. Généralité. (Du latin *generalitas*.)
**GENERALIZA**, *Xeneralisa*, v. act. Généraliser, rendre général ; Étendre une hypothèse.
**GENERALIZATIOU**, *Xeneralizatiou*, s. f. Généralisation, action de généraliser.
**GENERALO**, *Xeneralo*, s. f. Générale, batterie de tambour ; Femme d'un général.
**GENEROUS, OUSO**, *Xenerous, ouso*, adj. Généreux, euse.
**GENEROUSITAT**, *Xenerousitat*, s. f. Générosité. (Du latin *generositas*.)
**GENEROUSOMEN**, *Xenerousomen*, adv. Généreusement.
**GENI**, s. m. Génie, faculté créatrice ; Inspiration ; Talent. (Du latin *genius*.)

> Filla dé Lenga-d'Oc ! ò Béziés adourada !
> Dounaras al *genia* un sublime géan
> Qué jounguèt, per grandi la fertila countrada,
> La Méditerranéa à l'immancé Océan.   PEYR.

**GENS**, *voyez* XENS.
**GENTILHESSO**, *voyez* XANTILHESSO.

### GEO

**GEOGRAFIO**, s. f. Géographie, description de la terre. (Du grec *geometria*, fait de *gé*, terre, et de *graphó*, je décris.)

> Azinus voou dire bouriqua,
> Nous fay moun pèra tout rizen.
> Noun savoun, dins aquel couvén,
> Dé touta la *géografia*
> Qué sous dourtouèrs, la sacristia,
> La couzina, lou poulaïé,
> Lou refectouèr é lou ceïé,
> É vous ven parla de Veniza ?
> Maus enfans, éscoutas Auchiza :
> Aou couvén ounte ère mitroun,
> Jan-que-sap-tout èra moun noum.   FAY.

**GEOMETRO**, s. m. Géomètre, savant en géométrie ; Arpenteur. (Du grec *geometria*, fait de *gé*, terre et *metron*, mesure.)

### GES

**GES**, *voyez* BRICO.
**GESPINA**, *voyez* REPOUXINA.

### GHE

**GHECHE**, *voyez* GUEXE.

GHEINE, *voyez* RAYNART.
GHEREJHA, *voyez* GUERREXA.
GHERIDOUN, *voyez* GUERIDOUN.
GHERLE, *voyez* GUÈXE.

## GHI

GHI, *voyez* BESC.
GHICHE, s. m. Bouton qui fait mouvoir le pêne d'une serrure.
GHIDOUN, *voyez* GUYDOUN.
GHIGNA, *voyez* GUYGNA.
GHIGNADO, *voyez* GUYGNADO.
GHILIA, *voyez* GUYLHA.
GHINCHA, *voyez* AFUSTA.
GHINDOUL, *voyez* GUYNDOUL.
GHINGASSOU, *voyez* GUYNGASSOU.
GHIRAOU, s. m. Faux poids.
GHITO, *voyez* GUYTO.

## GIG

GIGOT, *voyez* XIGOT.

## GIN

GINOUL, *voyez* XINOUL.
GINOUILLOUS (A), *voyez* XINOULS (A).

## GLA

GLAÇA, v. act. Glacer, coaguler, durcir, congeler ; fig., Intimider, embarrasser, repousser par un abord froid, glacial ; Remplir, pénétrer d'effroi ; t. d'arts et mét. Revêtir d'un enduit luisant ; Lustrer ; Fondre les nuances des couleurs ; Cirer le cuir : *Aco's glaçat*, c'est glacé. (Du latin *glaciare*.)
GLAÇA (SE), v. pro. Se Glacer, se prendre, se durcir par le froid.
GLACIAL, O, adj. Glacial, le, qui glace : *Ben un ben glacial*, il vient un vent glacial ; fig., Indifférent, insensible, morne, sérieux.
GLACIALO, s. f. Glaciale ou glacée, Plante brillante ; Ficoïde.
GLACIÈYRO, s. f. Glacière, lieu où l'on conserve la glace en été ; fig., Endroit très-froid.
GLACIS, s. m. Glacis, esplanade ; Talus, pente insensible : *Lou glacis es pas prou fort*, le talus n'est pas assez fort.
GLAÇO, s. f. Glace, eau, liquide, durci par le froid : *La glaço a un pan d'espes*, la glace a un pan d'épaisseur ; Liqueur, fruits glacés ; Plaque de crystal, table, lame de verre fin, épaisse, étamée ou non ; Miroir : *A croumpat uno grando glaço*, elle a acheté une grande glace. (Du latin *glacies*.)

Disou que Sant-Éloy s'appelo lou gourman
Perço que la seou festo arribo dous cops l'an ;
La dal nostré patrou seguis la mémo traço,
Car ben quand fa pla caout, tourno quand y'a de glaço.
                                                              D.

GLAÇOU, s. m. Glaçon, morceau de glace.
GLAN, *voyez* AGLAN.
GLANDO, *Glandoulo*, s. f. Glande, partie molle, spongieuse, qui sert à la sécrétion des humeurs ; Tumeur : *Y'es bengut uno glando al col*, il lui est venu une glande au cou. (Du latin *glandula*.)
GLAOUXOL, *Glaoujol*, s. m. Arum, pied de veau.
GLARO, *voyez* GLEYRO D'IOOU.
GLASSIÈYRO, *voyez* GLACIÈYRO.
GLASSOU, *voyez* GLAÇOU.

GLATI, *voyez* TRIDOULA.

## GLE

GLEBO, *Jhirbo*, s. f. Gazon, terre couverte d'herbe courte et menue. (Du latin *gleba*.)
GLEIO, *voyez* GLEYZO.
GLENA, *voyez* MEYSSOUNA.
GLEOUS, *Cayre, Tarras*, s. m. Motte de terre dans un champ : *Y'a pas cap de gleous*, il n'y a pas une motte.
GLEYRO, s. f. Blanc de l'œuf : *Cal pas y mettre que las glèyros*, il ne faut mettre que les blancs.
GLEYROS, *Flèoumos*, s. f. Flegme, humeur épaisse et glutineuse qu'on rend par la bouche : *A fax touple de glèyros*, il a vomi beaucoup de flegmes.
GLEYZO, *Gleyo*, s. f. Église, assemblée des fidèles, gouvernée par de légitimes pasteurs ; Temple des chrétiens : *Aben uno poulido glèyzo*, nous avons une belle église. (Du latin *ecclesia*.)

## GLI

GLIJHOU, *voyez* RESTOUYLHO.
GLIOUS, *voyez* GLEOUS.
GLISSA, *Lempa, Limpa*, v. act. Glisser ; Mettre subtilement ; Insérer avec adresse ; v. n. Couler involontairement sur un corps gras et uni : *A glissat al miex de la crambo*, il a glissé au milieu de l'appartement ; Couler vite sur la glace par un élan qu'on se donne ; fig., Passer légèrement, insister peu : *A glissat sur aco*, il a glissé sur cela. (Racine *glaço, glacies*.)

Lou gus, s'ou faguet pas redire,
Fazié l'ivrougna per rire ;
Mais quan l'ajère entaou sa poou,
Breziet couma un rossignoou.
Vous faou saoupré, sou dis, Ulissa
Que taou marcha bén drêch que *glissa*.         FAY.

GLISSADO, *Limpado*. s. f. Glissade, glissement involontaire du pied : *A fax uno glissado*, il a fait une glissade.
GLISSADOUYRO, s. f. Glissoire, chemin, lieu où l'on glisse par amusement.
GLISSAYRE, s. m. Glisseur, celui qui glisse sur la glace.

## GLO

GLOBERT (SAL DE), s. m. Sel de glauber, combinaison de l'acide marin avec l'acide vitriolique : *M'a dounat de sal de globert*, il m'a donné du sel de glauber.
GLOBO, s. m. Aérostat, globe de toile, etc., rempli de fumée ou de gaz qui s'élève en l'air : *Faran parti un globo*, on fera partir un globe. (Du latin *globus*.) L'aérostat fut inventé par le célèbre Montgolfier en 1783.
GLORIO, *Banitat*, s. f. Gloire, vanité, amour de la parure : *La glorio y fa perdre lou cap*, la vanité lui fait perdre la tête. (Du latin *gloria*.)
GLORIOLO, s. f. Gloriole, vanité qui a pour objet des petites choses ; Petite gloire, vaine gloire.
GLOUP, s. m. Gorgée de vin, etc.
GLOUPEJHA, v. n. Boire goutte à goutte.
GLOURIÈTO, s. f. Gloriette, fournil, petite chambre chaude derrière le four où l'on pétrit et fait fermenter la pâte.
GLOURIFIA, v. act. Glorifier, rendre honneur et gloire à Dieu ; En parlant de Dieu, faire parti-

ciper à la gloire éternelle : *Diousïnous glourifiara dins lou Paradis*, Dieu nous glorifiera dans le Paradis.

**GLOURIFIA (SE)**, v. pro. Se Glorifier, faire gloire d'une chose, s'en faire honneur, en tirer vanité : *Me podi glourifia d'aco*, je puis me glorifier de cela. (Du latin *glorificare*.)

**GLOURIOUS, OUZO**, adj. Glorieux, euse, qui s'est acquis beaucoup de gloire ; Qui donne, procure de la gloire ; Qui mérite beaucoup de gloire, de louanges : *Aco's uno counduyto fort glouriouso*, c'est une conduite fort glorieuse ; Qui jouit de la gloire céleste ; fig., en mauvaise part, Vain, vaniteux, orgueilleux, présomptueux, superbe : *Aco's pas qu'uno glouriouzo*, ce n'est qu'une orgueilleuse.

**GLOURIOUSOMEN**, adv. Glorieusement, avec gloire, avec honneur ; d'Une manière digne d'éloges. (Du latin *gloriosè*.)

**GLOUT**, voyez GOUTTO.

**GLOYRO**, *Glorio, Glouéro*, s. f. Gloire, honneur, estime, louange, réputation méritée par les vertus en actions ; Illustration, renommée ; Célébrité ; Hommage, témoignage d'estime, assentiment, Honneur, hommage à Dieu ; Béatitude céleste : *La gloyro das sants dins lou Cèl*, la gloire des saints dans le Ciel ; Orgueil, sotte vanité : *N'a pas que la gloyro pel cap*, il n'a que la vanité en tête ; Mettre sa gloire à... ; Se faire honneur, se vanter de... : *Podi dire qu'ey la gloyro de l'abe salbat*, je puis me vanter de l'avoir sauvé ; t. de peint., Représentation du Ciel ouvert avec les anges. (Du latin *gloria*.)

An aquel doux espouer moun amo s'abandouno ;
La glorio trop soubén n'és pas qu'un traité mot ;
A tout l'esclat que l'enbirouno,
Préfèri lés dinnas que l'amitié me douno
Joux lés platanos de Pitiot.   DAY.

## GLU

**GLUANT**, voyez PEGOUS.

## GNA

**GNARE**, *Gnarrou*, s. m. Goret, petit cochon, le plus petit d'une ventrée : *Demoro pas pus que lou gnarre*, il ne reste que le goret.

## GNO

**GNOCH**, voyez NEYT.
**GNOYZO**, s. f. Envie, plaisir, déplaisir, peine, souffrance : *Lou xoun me fa gnoyzo*, le jour me fatigue.

## GNU

**GNUÉ**, voyez NEYT.

## GO

**GO**, voyez GOT.

## GOB

**GOBEL**, voyez GABÉLO.
**GOBI, IO**, adj. Déjeté, ée ; en parlant d'un corps qui travaille comme le bois : *Aquelo porto es gobio*, cette porte est déjetée.

## GOD

**GODASSO**, voyez GADASSO.

**GODO**, s. m. Bon, franc, docile, fainéant ; Vieille brebis qui n'est plus bonne à rien.
**GODOLOUS**, voyez GADALOUS.

## GOF

**GOF**, voyez RAXENT.
**GOFE**, voyez RUDE.
**GOFFIO**, *Soffio, Brillo, Brigno*, s. f. Vandoise, dard, poisson blanc, à écailles argentées, de forme allongée, qui est très-commun dans nos rivières ; la chair est molasse et peu estimée en été : *La goffio mounto*, la vandoise fraye.

## GOG

**GOGO (A)**, adv. En abondance.

## GOI

**GOIRO**, voyez GOYRO.

## GOL

**GOLFE**, voyez COUFLE.

## GOO

**GOOUGNAS**, s. m. T. de mépris, Femme sale, mal rangée : *Qu'ur goougnas!*
**GOOUGNO**, *Recasso*, s. f. Ravin, fondrière, précipice : *Es toumbat dins la googno*, il est tombé dans le ravin.

## GOR

**GORGOILLOL**, voyez GARGAYLHOL.
**GORMO**, s. f. Gourme, maladie des jeunes chevaux. (Suiv. *Huet* de *gormes*, qui en gallois signifie tout à la fois oppression, violence, coup et pus.)
**GORP**, s. m. Corbeau, gros oiseau à plumage noir qui recherche les pays froids.
**GORP CARNASSIÉ**, s. m. Le grand corbeau à plumes noires qui est charnassier
**GORP**, s. m. Hotte, banneau, sorte de pannier à bretelles sur le dos : *Cal carga lou gorp et parti*, il faut charger la hotte et partir.
**GORRO**, voyez TREXO.
**GORXO**, *Gorjho, Bouco*, s. f. Bouche, organe du goût, recevant les aliments et composée des lèvres, *pots*, des dents, *dens*, des gencives, *xinxibos*, des deux machoires, *mayssos*, et du palais, *lou cèl de la gorxo* : *La gorxo lou fa courre*, la gourmandise le fait courir.
**GORXO**, *Gorjho*, (BIRAT, DO), adj. Difforme, qui a la bouche de travers.
**GORXO SANS DENS**, *Gorjho*, s. m. f. Brèche-dent, celui, celle qui a perdu une ou plusieurs dents de devant : *Que bol aquelo gorxo sans dents*, que veut cette brèche-dents ! (Du latin *gurges*.)

La fillo qu'aymo pla your pares accomplido :
Fougues gorxo sans dens, la trobou fort poulido.   D.

## GOT

**GOT**, *Goubelet, Beyre*, s. m. Gobelet, verre pour boire.

## GOU

**GOUALIO** voyez TRUFFARIÉ.
**GOUBELETAT**, s. m. Verrée, lampée de vin : *N'a begut tres goubeletats*, il a bu trois verrées.

**GOUBELETS**, *Gots*, s. f. Fossette, petits creux que font les enfants pour jouer: *Fazen as goubelets*, nous jouons à la fossette. (Du latin *capella*.)

*Un goubelet de boy tout machucat pes bors.* J.

**GOUBÉR**, s. m. Gouvernail, planches unies, attachées à l'arrière d'un bateau avec un timon mobile pour gouverner ce navire, ce bateau ; Queue d'un moulin à vent ; Maîtrise, qualité de maître : *Laxes pas lou goubêr*, ne lâchez pas la maîtrise : *Esse de boun, de missan goubêr*, être facile, difficile à gouverner. (Racine *gouberna*.)

**GOUBERNA**, v. act. Gouverner, exercer l'autorité souveraine ; Administrer, diriger, conduire : *Y'a pas qu'el que goubèrne*, lui seul gouverne ; Avoir de crédit sur l'esprit de.... (Du latin *gubernare*.)

**GOUBERNA (SE)**, v. pro. Se Gouverner, se conduire de telle ou telle manière : *Se goubèrno fort pla*, il se conduit bien.

**GOUBERNANTO**, s. f. Gouvernante, femme qui a soin d'un enfant, d'un ménage de garçon : *La nostro goubernanto sera pas countento*, notre gouvernante ne sera pas contente. (Du latin *gubernans*.)

**GOUBERNAYRE**, O, s. m. f. Gouverneur, administrateur, directeur, régisseur : *Cal aqui un boun goubernayre*, il faut là un bon administrateur.

**GOUBERNOMEN**, s. m. Gouvernement, constitution d'un état : *Lou goubernomen a cumbiat*, le gouvernement a changé ; Ceux qui gouvernent ; Action, manière de gouverner. (Du latin *gubernatio*.)

**GOUBERNUR**, s. m. Gouverneur, celui qui gouverne une province, une ville, une place : *Lou goubernur tenguèt bou*, le gouverneur tint bon. (Du latin *gubernator*.)

**GOUBIA**, *Laga*, v. act. Ployer, courber, plier.

**GOUBIA (SE)**, v. pro. Se Déjeter en parlant du bois qui se tourmente, ou du fer qui se déjete par la trempe : *Aquelo faous s'es goubiado*, cette faux s'est déjetée.

**GOUBIO**, *Gouxo*, s. f. Gouge, ciseau à biseau concave pour creuser en rond ; elle est à l'usage de beaucoup de métiers. (Du vieux mot gaulois *guvia*, qui a la même signification.)

**GOUDAL**, s. m. Traquet, petit oiseau brun du genre du bec-figue.

**GOUDASSO**, *Francas*, voyez GODO.

**GOUDINO**, voyez GOUNDINO.

**GOUDROUN**, s. m. Goudron, composition de graisse, de poix, etc., pour calfater. (De l'arabe *kitran*, poix.)

**GOUDROUNA**, v. act. Goudronner, enduire de goudron ; Calfater une barque.

**GOUDUFLAT**, voyez ANFLAT, COUFLE.

**GOUEL**, voyez TRUFET.

**GOUFFIÉ**, s. m. Espèce de tramail dont on se sert principalement pour pêcher la vandoise. (Racine *goffio*.)

**GOUFFRA**, v. act. Gaufrer, imprimer des figures sur une étoffe avec des fers chauds, des cylindres gravés.

**GOUFFRE**, s. m. Gouffre, profond très considérable, où l'eau tournoie, et engloutit tout ce qui flotte à la surface : *Es toumbat dins lou gouffre*, il est tombé dans le gouffre. (Du latin *gurges*.) ; fig., Grande quantité : *Gna un gouffre*, il y en a beaucoup.

*La justiço a parlat, les humens dins un gouffre*
*Soun passats de l'aygat dins de flammos de souffre*
*Et sans jamai mouri, quoique mors per toujours*
*Penden un tens sans fi souffriran sans secours.* DEBAR.

**GOUJHA**, voyez GOUXAT.
**GOUJHATO**, voyez FILHO.
**GOUJHO**, voyez GOUXO.
**GOUJHO**, voyez SIRBENTO.
**GOULAOUDIZO**, voyez GOURMANDIZO.
**GOULAOUDOMEN**, adv. Gloutonnement.

*Mais lou coumissiounari enbouyat tout esprès*
*Per pourta lou gateou, arribo as quatre pès :*
*A peno pot poulsa.... L'on bey à sa grimaço*
*Que soun bentre languis de tasta la fouasso.*
*Per aco n'es pas soul.... à peno d'al pagnè*
*Lou gateou es sourtit, d'estreupat d'al papiè*
*Et douçomen paouzat al bèl miex de la taoulo*
*Que quatre ou cinq gourmans, sans dire uno paraoulo*
*Et flexes dabant el, lou maxegou de l'èl*
*Et bruflon dins sous flans d'enfonça lou contel.*
*Un d'eles, sans bergougno, (et me play de ba dire,)*
*Ne diouguesso rouxi pus leou que de ne rire,*
*Proufitan d'un moumen de trouple et d'embarras*
*Surbengut quand digus mou ye pensabo pas,*
*Axet l'effrountarié d'enleba de sa plaço*
*Lescorço de citroun que bordo la fouasso;*
*Et ta gouludomen la boulguet abála*
*Que sans un tustassial, anabo s'estrangla.* A. B.

**GOULAOUT, DO**, *Goulut*, s. m. f. Glouton, ne, qui mange avec avidité et excès. (Du latin *gluto*.)

**GOULEFRE**, voyez GOULUT.

**GOULEMI, O**, voyez BOULEMI.

**GOULIMANDAS**, s. m. Fainéant, vaurien.

**GOULIMANDO**, s. f. Femme, fille publique.

**GOULLAMAS**, voyez PARESSOUS.

**GOULUDA (SE)**, Se vanter, s'enfoncer, s'étendre dans la boue ; Prendre ses ébats comme tous les jeunes chiens qui se roulent à terre par gaillardise.

**GOULUDARIÉ**, s. f. Gloutonnerie.

**GOULUDOMEN**, voyez GOULAOUDOMEN.

**GOULUT**, voyez GOULAOUT.

**GOULUT, DO**, s. m. f. Glouton, ne, gourmand. (Du latin *gluto*.)

*Oquel bilen cobal, jusquos dins lous billatgés,*
*Deboura lou bestial qué toumbo joust so den :*
*Quaouquos fés, lou goulut, jusqu'o l'hômé s'en pren.*
PRAD.

**GOUMA**, voyez ABOUNDA.

**GOUMA**, v. act. Gommer, enduire de gomme ; Chômer, ne pas aller, être sans débit ; Couver en parlant du feu qui fait des progrès en secret : *Goumabo despey tres xouns*, il couvait depuis trois jours.

**GOUMO**, s. f. Gomme, substance épaisse qui découle de certains arbres. (Du latin *gummi*, fait du grec *kommi* qui a la même signification.)

**GOUMP**, s. m. Marzeau, excroissance charnue sous le cou des cochons : *A lou goump*, il a le marzeau.

**GOUN**, voyez GOUMP.

**GOUNDINO**, s. f. Gourgandine, femme de mauvaise vie ; Coureuse : *Aco's uno goundino*, c'est une gourgandine.

**GOUNGA**, v. act. Bouiller, troubler l'eau avec la bouille ; Fourgonner dans les racines pour déloger le poisson ; fig., Barboter dans l'eau quand on y est tombé : *Goungabi*, je barbotais.

GOUNGO, *Boumbo*, s. f. Bouille, perche garnie à son bout d'une masse de bois ou d'un talon de soulier, et qui sert à bouiller, c'est-à-dire à faire du bruit dans l'eau pour effrayer le poisson, le faire sortir des crones ou trous dans lesquels il se retire : *Ambe la goungo, treboulo l'aygo*, avec la bouille, trouble l'eau.

GOUPILHA, v. act. Goupiller, mettre une goupille : *Cal goupilha*, il faut goupiller. (Racine *goupilho*.)

GOUPILHO, *Clabeto*, s. f. Goupille, sorte de petite clavette ou cheville de fer, c'est une espèce de clou qui n'a ni tête, ni rivure et qui n'est que passé dans un trou. (Du latin *Cuspula*, diminutif de *Cuspis*, pointe.)

GOUR, *voyez* GOURP.
GOURA, *voyez* TROUMPA.
GOURAOU, *voyez* BOURRAOU.
GOURBAOU, *voyez* GOULAOU.
GOURDILHA, v. act. Mordre, en parlant des chiens, surtout des chiens enragés.
GOURDISSA, *voyez* GOURDILHA.
GOURDISSAT, *Gourdilhat*, adj. Mordu, ue, par un chien enragé; fig., Violent, colère.
GOURDO, s. f. Gourde, calebasse, servant de bouteille : *Cal rampli la gourdo*, il faut remplir la gourde. (Du latin *cucurbita*.)

Ma mayre! iè crida Enéas,
Qué la récounouy, ounte anas ?.....
Abé, santapa, ploy qu'és sourda,
Diguen un mot à nostra *gourda*.    FAY.

GOURDADO, s. f. Plein une gourde.
GOURE, *voyez* GNARE.
GOURGA, v. n. Regorger, abreuver d'eau.
GOURGADO, s. f. Le Plein du bassin d'un moulin, la quantité d'eau que contient le canal d'un moulin : *Cal attendre la gourgado*, il faut attendre le plein.
GOURGO, *Boto, Xampo*, s. f. Cloaque où se ramassent les eaux, bien souvent les immondices d'une cour : *La gourgo es pleno*, le bassin est plein.
GOURGOTOMEN, s. m. Grouillement, bruit que fait l'eau dans la gorge, quelquefois dans l'estomac.
GOURGOUL, *Quyssou*, s. m. Cosson, charançon qui attaque les pois, les fèves, le blé : *Y'a tout ple de gourgouls*, il y a beaucoup de cossons.

Gardo-te pla surtout per te dedoumaxa
D'axma d'aoutres leguns et de l'amouraxa
Dal cecerou curat ount lou *gourgoul* xapoto,
Dal pezé couslo-bentre et fuzilho culotto;
Layssô dins sa coulèfo et lèn de toun oustal
La fabo se seca pèn nouyri lou xabal.
Salpiquet ou purèa, à purga trop fidélo,
La xeysso noyt et xoun fa laxa la brutélo,
Et la trayto dentilho en zephir endiscret
Bol fayre trop souben ressenti soun éffet.
Un bentre qu'es prudent et que bol estre saxe
Se pribo d'aliments que foou tan de rabaxe.
    A. B.

GOURGOULINO, *voyez* BOUTEL.
GOURGOULI, *voyez* PAT.
GOURGOUTA, v. n. Bouillir à gros bouillons : *Y'a lountems que gourgotou*, il y a longtemps qu'il bout; Grouiller.
GOURGOUYLHA, v. n. Grouiller, se dis du bruit que ces flatuosités causent quelquefois dans le ventre : *Lou bentre me gourgouylho*, le ventre me grouille.

GOURGOUYLHADO, *Fricassèo*, s. f. Fricassée de poulets, etc. : *Ne faras uno gourgouylhado*, tu en feras une fricassée.
GOURI, *voyez* GOURRI.
GOURINA, *voyez* GOURRINA.
GOURINO, *voyez* GOURRINO.
GOURJHADO, *voyez* GOURXADO.
GOURMAN, DO, s. m. f. Gourmand, de; Friand: *Aco's un gourman*, c'est un gourmand. (Du persan *khourmand*.)

Nostro sirbento qu'es *gourmando*
Sousten que la gleyzo coumando,
Per qué carnabal sio joyous,
De fa saouta de pescajous;
Et per nou bioula pas la règlo,
Tout abouel crido coum'un églo
Qu'en fara tantos de pla bous.
Cal qu'aco sio, car la coummèro
(Es Janetoun, et noun pas Clerô)
Fort proprômen les a pastats,
Amaï les a pla parfumats,
Car crezen dins le besinatge,
Les qu'au un boun nas al bizatge,
Que forgos, que sap soun mestié,
Se sio mudat dins le cartié.    DEBAR.

GOURMANDAS, s. m. Goinfre, celui qui met tout son plaisir à manger.
GOURMANDIZO, s. f. Gourmandise; Vice de gourmand; Intempérance dans le manger : *Aco's pla per gourmandizo*, c'est bien par gourmandise; Friandise, chose qu'on aime beaucoup.

Lous omes, de tout tems, pécou per *gourmandizo*,
Et despey Esaü, dount sabes la soutizo,
Xuscos à C..... G..... et sous cousis,
Bezen touxoun calqu'un se danna pes toupis,
S'encaro lou suxèt d'aquelos pecadilhos
Abi'un aoutre parfum qu'un parfum de dentilhos,
Yeou crezi qu'on pouyrio pla bendre sans regret
Sa qualitat d'aynat à soun frayre cattèt.    A. B.

GOURMANDS, s. m. Gens, qui aiment à faire bonne chère.

É só lo fénno, o soun accoustumado,
Nous crido ol diablè lous *gaurmans*,
Qué sou toujours oïci céans,
N'oscuilloren uno grondo rozado,
É l'y diren : Santé, paouro d'escobestrado.    PRAD.

GOURMET, O, s. m. f. Gourmet, celui, celle qui s'entend à goutter le vin.
GOURMETO, s. f. Gourmette, chaînette de fer qui tient à l'un des côtés du mors, et qu'on accroche à l'autre en la faisant passer sous la ganache : *Fay tene la gourmeto*, tiens la gourmette. (Racine *gormo*, parce qu'on la passe à l'endroit où vient la gourme.
GOURMOUS, O, adj. Morveux, euse, qui a la morve en parlant des chevaux : *Pren gardo, es gourmous*, prends garde, il est morveux.
GOURMOUYLHA, *Gourmouïra*, v. n. Faire du bruit avec l'eau qu'on tient dans la bouche, en la lâcher dans un verre pour la reprendre encore; Tremper le visage dans un bassin.
GOUMOUYLHADOS, s. m. Action de celui qui sans l'avaler prend et rejette l'eau ou le vin.
GOURP, *Gourgo*, s. m. Gouffre profond; Creux plein d'eau; Où l'eau est plus profonde; prov. *A ount l'aygo dourmis aqui y'a un gourp*, là où l'eau dort il y a un gouffre. (Du latin *gurges*.)

**GOURPAT**, s. m. Hottée, plein une hotte : *Un gourpat d'estélous*, une hottée de copeaux.

**GOURPATEXA**, *Gourpatejha*, v. act. Porter avec la hotte la vendange : *Me cal gourpatexa tout bey*, je dois porter la vendange tout aujourd'hui avec la hotte.

**GOURPATEXAYRE**, *Gourpetayre, Carrexayre*, s. m. Porteur, celui qui porte la hotte, qui charrie la vendange.

**GOURPETO**, *Gourpeco*, s. f. Escapade d'écolier; Échappée d'un jeune libertin qui échappe de la maison paternelle pour aller courir la campagne : *Fa la gourpeto*, il fait une escapade.

**GOURRAOU**, voyez BOURRAOUS.

**GOURRI, INO**, adj. Lâche, paresseux, fainéant; Vagabond : *Aco's pas qu'un gourri*, ce n'est qu'un fainéant.

**GOURRINA**, *Gourrinexa*, *Goura*, v. n. Errer, courir, couler ; Battre le pavé, fainéanter, gueuser ; Courir après les femmes.

Petits rious dount l'arxen beziadomén *gourrino*,
Pradels ount lou plazé nous embesco lous els,
Quand la jouëne sazou bous cargo de ramels,
Augets coussi se plaing uno nympho moundino. G.

**GOURRINA**, voyez GOURRINEXA.

**GOURRINAS**, voyez GOULIMANDAS.

**GOURRINO**, s. f. Fainéantise, désœuvrement.

**GOURRO** (FA LA), v. n. Battre le pavé, errer ; Vaquer : *Y'es pas, fa la gourro*, il n'y est pas, il bat le pavé.

**GOURXA** (SE), *Gourjha*, v. pro. Se Quereller, se disputer : *Touxoun sou prestes à se gourxa*, ils sont toujours prêts à se quereller. (Racine *egourxa*.)

**GOURXADO**, *Gourjhado*, s. f. Une Gorgée, une bouchée : *N'a pas uno gourxado de pa*, il n'a pas une bouchée de pain ; Guculée, ce qui tient dans la bouche d'un animal. (Racine *gorxo*.)

**GOURXASSO**, *Gourjhasso*, s. f. Grande Bouche; Gourmandise, goinfrerie. (Racine *gorxo*.)

Dieu sap sé pel comi sa *gourgasso* n'engruño,
Rencountro pas un cat qu'oun l'in digo qu'acucuno. PRAD.

**GOUS, Co, Xi**, s. m. Chien, animal domestique qui aboie, qui est très-docile, familier, intelligent, On dit très-fréquemment *Cagnot* dans certaines localités, où l'on ne connaît d'autre variante que celle de Co. *Cagnot* signifie un gros chien, tout aussi bien que *Co*; le diminutif est *Cagnoutou*. (Du latin *canis*, par la transposition du *c* en *g*.)

S'on bol bous escouta, reçaoures cats et *gousses*,
Amay dires qu'ey tort de bous fa de courroussés. D.

**GOUSSAS**, *Dogoul*, s. m. Mâtin, gros chien de garde : *Y'a un gros goussas à la porto*, il y a un gros chien à la porte; fig., Sale, malpropre.

**GOUSSATIÉ, EYRO**, adj. Passionné, ée, pour les chiens ; Qui aime les chiens.

**GOUSSET**, *Gousselou, Goussou, Cagnot*, s. m. Petit Chien : *Un pixou gousset*, un petit chien.

**GOUSSO**, *Cagno*, s. f. Chienne; fig., Sale : *Sios uno gousso*, tu es une sale ; Paresse, fainéantise : *A la gousso*, il a la fainéantise.

**GOUSSOU**, voyez GOUSSET.

**GOUST**, s. m. Goût, le sens qui discerne la saveur; Saveur ; fig., Affection, attachement, inclination, penchant ; Inclination pour un état : *N'a pas cap de goust per aco*, il n'a aucun goût pour cela. (Du latin *gustus*.)

Sabi qu'aco's lou *goust* d'al tems à l'ount bibeu,
Mais lous nostres anciens l'abioou pas ta bileu. D.

**GOUSTA**, *Espertina*, v. act. et n. Goûter, manger entre le diner et le souper ; Savourer, approuver, trouver bon : *Gousti pas aquelos razous*, je ne goûte pas ces raisons. (Du latin *gustare*.)

Aqui Goustarey lou plase,
Sans poou, sans dangé, sans critico.
Dious fara coula de soun sa
Uno vouluptat angelico.
Aqui trouvarai per abric
Uno citadélo tant forto
Que cap d'espéço d'enemic
Ne veyra pas meme la porto. PUJ.

**GOUSTA**, *Esperti*, s. m. Goûter, léger repas entre le diner et le souper : *Al gousta nous troubaren!* nous nous trouverons au goûter.

**GOUTEXA**, *Gloupa, Gouteja, Xima*, v. n. Dégoutter, couler goutte à goutte, avec bruit ; Laisser tomber goutte à goutte en parlant d'un toit, d'un tonneau : *La barrico goutexo*, la barrique suinte. (Racine *gouto*.)

**GOUTIÉYRO**, s. f. Goutière, creux sur la tranche d'un livre quand il est rogné; Voie d'eau, trou, tuile cassé ou fendu qui laisse pénétrer l'eau dans une maison : *manco pas de goutiéyros*, il ne manque pas de goutières; Goutière, canal par où les eaux de la pluie coulent de dessus les toits : *Las goutiéyros podou pas prene l'aygo*, les tuiles ne peuvent pas recevoir les eaux. (Racine *gouto*.)

Lous bens qué del brutal sou los troupos laugieyros,
Déja dés bostimens destacou los *goutiéyros*. PRAD.

**GOUTO**, s. f. Goutte, petite partie d'une chose liquide : *Uno gouto d'oli*, une goutte d'huile ; prov. : *Se semblou coumo dos goutos d'aygo*, ils se ressemblent comme deux gouttes d'eau ; Maladie, fluxion âcre, douloureuse, qui attaque les jointures, les articulations, les nerfs : *A la goutto*, il a la goutte ; Roupie, goutte d'eau qui pend au nez, qui en tombe : *La gouto ba toumba*, la roupie va tomber ; Prendre un petit verre d'eau-de-vie, etc.; adv. Point de tout : *Gna pas gouto*, il n'y en a pas goutte. (Du latin *gutta*.)

**GOUTO-SERENO**, s. f. Goutte-sereine, affection caractérisée par la perte complète ou incomplète de la vue : *Aco's la gouto-sereno*, c'est la goutte-sereine.

**GOUTOUS, OUSO**, adj. Goutteux, euse, qui a la goutte : *Aco's un paoure goutous*, c'est un pauvre goutteux.

**GOUVER**, voyez GOUBER.

**GOUXAT**, *Goujha*, s. m. Garçon, jeune homme non marié : *Lou nostre gouxat*, notre fils.

**GOUXATAS**, *Goujhatas*, s. m. Grand garçon, mauvais sujet, vaurien; Insulte adressée à une fille peu modeste.

**GOUXO**, *Gougio*, s. f. Une fille.

**GOUXO**, *Goubio*, s. f. Gouge, ciseau à biseau concave pour creuser en rond ; Outil de maréchal. (Du vieux mot gaulois *guvia* qui a la même signification); t. de charron, voy. bouysso.

**GOUXOUN**, *Goujhoun*, s. m. Goujon, petit poisson ; Cheville de fer pour lier deux parties ensemble. (Du latin *gobio*.)

GOUYLHAS, *Xaouxas*, s. m. Gachis, bourbier, vase : *Es toumbat dins uu gouylhas*, il est tombé dans un bourbier.

GOUYRIL, HO, s, m. f. Le second d'un compère ou d'une commère : *Cad'un meno soun gouyril*, chacun mène son second.

GOUYSSA, *Bouissa*, v. act. Boiter une roue, mettre une boite soit en métal, soit en bois dans le moyeu d'une roue : *Me cal gouyssa las rodos*, il me faut boiter les roues.

GOUYSSO, *Bouisso*, s. f. Boite d'une roue qui reçoit la fusée de l'essieu : *La gouysso xunto pas, a b otte ne joint pas.*

GOUZIÉ, *Gargailhol*, voyez GARGAILHOL.

## GOX

GOX, voyez GOUBELETS.

## GOY

GOYRO, s. f. Buse, milan, qui fond sur la volaille; fig., Fille, femme mal coiffée. (Du latin *buteo*.)

GOYRO NEGRO, s. f. Buse, oiseau de proie.

GOYRO ROUSSO, s. f. Bondrée, ou buse bondrée, oiseau de proie.

## GRA

GRA', voyez GRO.

GRABA, v. act. Graver, tracer sur un corps dur, en creusant; fig., Imprimer fortement dans le cœur, l'esprit, la mémoire : *Ba me cal pla graba dins l'esprit*, je dois me le bien graver dans l'esprit. (Du grec *graphein* écrire, comme faisaient les anciens en gravant les lettres avec un poinçon sur des tablettes de cire.); Sabler une allée; Couvrir de gravier; Entretenir, ferrer un chemin en mettant du gravier : *A pla besoun de graba*, il a besoin de graver.

GRABAT, ADO, adj. Gravé, ée, marqué de la petite vérole : *Es grabat coumo un molle de curbelets*, il est gravé comme un moule à gauffres; Ferré, couvert de gravier.

GRABELEXA, voyez GRABILHEXA.

GRABIÉ, s. m. Gravier, gros sable mêlé de pétits cailloux; l'Endroit de la rivière où l'on trouve le gravier. (Du latin barbare *graveira*.)

GRABIEYRO, s. f. Carrière d'où l'on tire le gravier, pour l'entretien des routes.

GRABIL, s. m. Emérillon, t. de cordier.

GRABILHEXA, v. n. Craquer sous la dent par l'effet de petits fragments de caillou : *Aquel pa grabilhexo*, ce pain craque sous la dent. (Racine *grabo*.)

GRABILHO, s. f. Gravier, petites pierres qu'on trouve dans les aliments; Qui entrent dans les yeux : *M'es dintrat uno grabilho dins l'èl*, il m'est entré du gravier dans l'œil.

GRABILHOUS, OUSO, adj. Graveleux, euse, pierreux; *Aquel camp es grabilhous*, ce champ est pierreux.

GRABITAT, s. f. Gravité, maintien sérieux, extérieur imposant ; *A fosso grabitat dins ço que fa*, il a beaucoup de gravité dans ce qu'il fait. (Du latin *gravitas*.)

GRABO, s. f. Gravier, pierraille, menu cailloutage. (Du latin barbare *graveira*.)

GRABOMEN, adv. Gravement, avec gravité. (Du latin *graviter*.)

GRABOUS, voyez GRABILHOUS.

GRABURO, *Imaxé*, s. f. Gravure, empreinte de planche gravée. (Racine *graba*.)

GRACH, voyez GRAX.

GRACIO, *Graço*, s. f. Grâce, secours surnaturel que Dieu donne aux hommes pour faire leur salut : *Ambé la graçio de Dious*, avec la grâce de Dieu; Aide, bienfait du Ciel; Abolition, oubli, pardon; Bon office, plaisir, service : *Aco's uno graçio que m'a faxo*, c'est un service qu'il m'a rendu; Agrément, beauté, bon air. (Du latin *gratia*.)

Tout tramblo, tout frèmix ! et pertout, dins les aïres,
N'entendén qu'a qués crix : *Graço per les pécaïrés* !
Oh! perdouno, moun Dious, nostros iniquitats.
Mais, dins aquesté jour dé béngénço dibino,
Ount d'aïchi-bas le Cel ba caousa la ruïno,
Lés crix dé la doulou seran pas escoutats.  DAV.

GRACIOUS, OUSO, adj. Gracieux, euse, doux, honnête, civil. (Du latin *gratiosus*.)

.... Mais es bertat qu'abes touxoun agut
Un aïre trop *graçious* amb'el prumié beugut.  D.

GRACIOUZA, v. act. Gracieuser, faire des démonstrations d'amitié : *M'a tout plé graciouzat*, il m'a toujours témoigné d'amitié.

GRACIOUZETAT, s. f. Gracieuseté, honnêteté, civilité : *M'a pas fax la graciouzetat de me coubida*, il n'a pas daigné m'inviter.

GRACIOUZOMEN, adv. Gracieusement; d'une manière gracieuse : *M'a parlat graciouzomen*, il m'a parlé gracieusement. (Du latin *gratiosè*.)

GRAÇO, voyez GRACIO.

GRADAYLHA, v. act. Frotter avec de l'ail un grignon de pain; fig., Rosser quelqu'un : *L'an gradaylhat en réclo*, il l'a rossé.

Bal maï per uno filho
Soun croustil *gradaïlhat*,
Que len de sa famillho
Lou budel engraissat.  PUJ.

GRADE, s. m. Grade, degré d'honneur, de dignité : *N'es pas encaro en grade*, il n'est point en grade. (Du latin *gradus*.)

GRADIN, s. m. Gradin, petit degré sur un autel ; Banc en emphitéâtre. (Du latin *gradus*.)

GRAFFAT, voyez MANAT, POUGNAT.

GRAFIOU, voyez GREFFE.

GRAFFUT, voyez ARRAPUT.

GRAGNA, voyez MEYSSOUNA.

GRAGNÉ, s. m. Grenier, lieu où l'on serre le grain et autres choses. (Du latin *granarium*.)

GRAGNEYRAT, s. m. Plein un grenier.

GRAGNOTO, voyez ENGRAGNOTO.

GRAISSOUS, voyez CREYSSELOUS.

GRAMECIS, *Messio*, adv. Merci, je vous remercie. *Gramecis* se dit entre personnes de la même condition; envers les personnes à qui l'on porte respect, on dit *messio* ou *merci*. (Du latin *merces*, grâce, remerciement.)

Mais fazes-me pourta truquéta,
Qué l'envale a la gargaféta. »
Lou Prince n'ajet la bountat.
« *Gramecis*, à vostra santat,
Amay dé touta la coumpagna.....
Es houn..... sembla de vi d'Espagna !
S'aviey sajut cé qué ténié ;
Tou'n aouriéy demandat piché ;
Aco réfrésca la mémouèra.  FAV.

GRAMMÈRO, s. f. Grammaire.

**GRAMP**, *Grame*, s. m. Chiendent, herbe vivace, graminée; fig., Difficulté pour apprendre : *Trobo de gramp*, il trouve de difficulté. (Du latin *gramen*.)

**GRAMPO**, *Crampo*, *Rampo*, s. f. Crampe, contraction convulsive, douloureuse à la jambe, au pied : *La grampo l'a trapat*, la crampe l'a pris. (De l'allemand *kramp*.)

**GRAN**, DO, adj. Grand, de, fort étendu dans ses dimensions; Ample, vaste, spacieux : *A un gran xardin*, il a un grand jardin; de Haute taille; Remarquable, distingué, considérable; Magnifique; fig.; Orgueilleux, vaniteux : *Es fort gran; tranxo dal gran*, il tranche du grand. (Du latin *grandis*.)

Lou cousel jujèt à bel ime
Qu'aquel avis èra sublime;
Et beleou méma aourié passat
S'un *grand* l'ajesse prepaouzat;
Mais so sap que paoura personna
Gasta tout percé qué résouna. FAV.

**GRAN**, s. m. f. Grand-père, grand-mère.

**GRAN** (EN), adv. En grand, de grandeur naturelle, d'une manière grande, noble, élevée : *Nous a tratats en gran*, il nous a traités grandement.

**GRANA**, v. n. Grainer, grener, monter en graine, produire la graine, rendre beaucoup de graine ; en terme de magnanerie, Pondre. (Du latin *granum*.)

Quand dé tous tristés jours lé flambéou s'atudabo,
Poudios, moustran toun froun ount la gloiro brillabo,
Dire : à trent'ans, qu'és léou !... y'abio quicon aqui !
Sans doute. Mais la mort, das hommes enemigo,
N'atten pas qu'un laourié finisquo de *grana*;
Et tandis qué das camps démouran qué l'espigo
Sio ramplido dé gras per poudé la séga ,
Ello ha daillo tout , et les crix d'uno maïré ,
Las larmos d'un amic, d'uno sor et d'un fraïré ,
Podoun pas l'arresta. DAV.

**GRANADIÉ**, s. m. Grenadier, soldat qui autrefois jetait des grenades au milieu des ennemis ; aujourd'hui Soldats composant la compagnie d'élite : *Aco's un bèl granadiè*, c'est un beau grenadier ; fig., Pou : *Lous granadiès mancou pas*, les poux ne lui manquent pas. (Du latin *granatum*, grenade.)

Lous *granadiès* à la sourdino,
Sablouu lou boun bi de maouzat ;
Mais se bidoun bien la cantino,
Bidoun la giberno al coumb
Pel Dious de las bataillos
Quand seran amalits ;
Piri que de miquaillos
Mettran lous ennemits ! J.

**GRANAL**, s. m. Pour grener : *Caoulet granal*, Chou de graine pour multiplier; fig., on appelle *Poul granal* un fils unique ou celui des fils qui doit continuer la famille, qui est en état d'avoir des enfants. Pierre avait trois filles, il lui naît un garçon qui sera *lou poul granal de l'oustal*. Jean a deux frères qui se sont faits prêtres, il est donc le *Poul granal de l'oustal*, destiné à avoir des héritiers de son nom. (Racine *grano*.)

**GRANAT**, ADO, adj. Grenu, ue, plein de grain, bien grenelé, bien nourri, bien articulé.

**GRANAYLHO**, s. m. Grenaille, métal réduit en grain ; fig., Paroles peu exactes.

**GRANAYRE**, *Granatié*, *Sebaïre*, s. m. Grenetier, celui qui vend des graines en détail : *Lous granayres sou arribats*, les grenetiers sont arrivés.

**GRANDET**, O, adj. Grandelet, ette : *Es dexa grandeto*, elle est déjà grandelette. (Du latin *grandis*.)

**GRANDI**, v. n. Grandir, devenir grand, plus grand; Croître en hauteur; Augmenter. (Du latin *grandescere*.)

Moun efan , sé *grandissés*
N'achés pas dé remor ;
Inçabal sé souffrissés
Maoudigos pas toun sor.
La prouvidença
Te beniro ,
Et l'espérança
Te bressaró. PEYR.

**GRANDOMEN**, adv. Grandement, avec grandeur, éclat, magnificence ; Beaucoup, copieusement : *L'a pagat grandomen*, il l'a largement payé. (Racine *gran*.)

**GRANDOU**, s. f. Grandeur, longueur, largeur, ampleur, espace , étendue : *N'a pas prou de grandou*, il n'a pas assez de grandeur; Opulence, richesse, éclat, majesté : *Bibou dins la grandou*, ils vivent dans l'opulence. (Du latin *grandis*.)

Ben , plexo , brouïno , jalado !
Louas , benissez lou Seignou ,
Moustras sa beoutat , sa *grandou* ,
De countrado en countrado. PUJ.

**GRANDUSSO**, *Furgo*, s. m. Homme, femme de haute taille, mais chétif. (Racine *gran*.)

**GRANIOU**, IBO, adj. Fécond, de, qui produit beaucoup : *Aquel camp es graniou*, ce champ produit beaucoup. (Racine *gra*, *gro*.)

**GRANISSA**, v. imp. Grésiller, grêler légèrement : *Crezi que granisso*, je crois qu'il grésille. (Racine *granisso*.)

**GRANISSO**, *Pezés*, s. f. Grésil, menue grêle : *Toumbo de granisso*, il tombe de menue grêle. (Du latin *grando*.)

**GRANO**, s. f. Graine, semence des plantes : *Nous cal croumpa de grano*, il nous faut acheter de graine; fig., La graine des vers à soie : *Boli cambia la grano*, je veux changer la graine; Petit grain de folie : *N'a uno grano*, il en a un grain. (Du latin *granum*.)

Que séméné sa *grono* olaro un paouc espés,
En cossen lous aousels qu'oun n'y layssorian rés. PRAD.

**GRANO DE CHAPELET**, s. f. Larme de Job.

**GRANOUILHO**, s. f. Crapaudine, grenouille, pièce de fer ou de fonte sur laquelle roule le pivot d'une porte : *La granouilho es manxado*; fig., la crapaudine est usée : *Manxa la granouilho*, enlever la bourse, manger son St.-Crépin. (Du latin *ranula*.)

**GRANUT**, UDO, voyez GRANAT.

**GRANXO**, *Granjho*, s. f. Grange, lieu où l'on serre le blé en gerbes, où l'on met le foin, les fourrages : *La granxo es pleno*, la grange est pleine. (Racine *gra*, *gro*.)

O forço dé tustals, quond lo grono és solido,
Lo paillo dins lo *grangeo* ombé soin és cobido. PRAD.

**GRAOULE**, voyez FOUSSOULOU.

**GRAOULO**, s. f. Grolle, freux, espèce de corbeau.

**GRAOUMEL**, *Rangoul*, s. m. Râle, râlement d'un malade : *Es al graoumèl*, il est au râle. (Par onomatopée.)

**GRAOUMELEXA**, v. n. Râler, avoir le râle, en parlant d'un malade à l'agonie : *Graoumelexo despey dematis*, il est au râle depuis ce matin; fig., Filer, en parlant du chat on dit qu'il *file* lorsqu'il fait un certain bruit continu qui imite le bruit du rouet.

**GRAOUPIGNA**, *Graoufigna*, voyez ENGRAOUGNA.

**GRAOUPIGNADO**, voyez ENGRAOUPIGNADO.

**GRAOUSSAL**, *Graoussaylhos*, voyez POURGOS.

**GRAPA**, *Gratta*, v. act. Gratter, frotter avec les ongles, ratisser, fouiller légèrement la terre; fig., Travailler. (De l'allemand *kratzen*.)

**GRAPADO**, voyez GRAFFAT.

**GRAPAOUDINO**, s. f. Crapaudine, morceau de fer, de cuivre, creux dans lequel entre le gond d'une porte, et y roule : *Mettras d'oli dins la grapaoudino*, tu mettras d'huile dans la crapaudine; t. de cuisine, Pigeons ouverts, aplatis, et rôtis sur le gril : *Lous mettras à la grapaoudino*, tu les mettras à la crapaudine. (Racine *grapaout*.)

**GRAPAOUT**, *Grapal*, s. m. Crapaud, reptile amphibie, ovipare, venimeux, qui ressemble à la grenouille; fig., Petit enfant. (Du latin *crepare*, se fendre, parce que le crapaud s'enfle tellement qu'il semble prêt à crever.)

**GRAPASSES**, voyez COLSES.

**GRAPITAOUTOS**, adv. A quatre pattes : *Marxo touxoun à grapitaoutos*, il marche toujours à quatre pattes. (Racine *grata*.)

**GRAPO**, *Gaspo*, *Carpo*, s. f. Grappe, grains en bouquet pendants : *N'ey pas manxat qu'uno grapo*, je n'en ai mangé qu'une grappe.

D'uno forto calou lo *grapo* pénétrado
Dins mens de quinze xouns sera touto beyrado. PRAD.

**GRAS**, s. m. Gras, partie où il y a de la graisse; Graisse des viandes : *Boli pas tant de gras*, je ne veux pas tant de gras; adv., Faire gras, manger de la viande; Parler gras, être peu réservé dans ses paroles; Grasseyer : *Parlo tout ple gras*; État de maladie des vers à soie : *Aco's un gras*, c'est un gras.

**GRAS, SO**, adj. Gras, asse, qui a beaucoup de graisse; Dodu, potelé; Qui a de l'embonpoint; Graisseux, onctueux; Sali, taché de graisse, d'huile; fig., Libre, licencieux, sale, obscène; Fertile, tenace, fangeuse, humide; Pâturage gras, vert, bon; *Mourtié gras*, où il y a trop de chaux; *Tenou gras*, tenon qui ne peut pas entrer dans la mortaise; *Fa un tems gras*, couvert, brumeux, et humide; *Lou dimenxe gras*, le dimanche de la Quinquagésime. (Du latin *crassus*.)

**GRASSEXA**, *Grassejha*, v. n. Grasseyer, prononcer certaines consonnes, et principalement les rr, avec difficulté : *L'entenden pas de tant que grassexo*, nous ne l'entendons pas, tant il grasseye.

**GRASSIOUS**, voyez GRACIOUS.

**GRASSOMEN**, adv. Grassement, commodément, généreusement, largement.

**GRASSOT, TO**, adj. Grasset, ette, qui est un peu gras.

**GRAT**, s. m. Gré, bonne volonté de faire, d'agir; Contentement, satisfaction, (Du latin *gratum*.)

Lé chef-d'obro parex; al *grat* dé soun embéjo,
A sourtit dé sas mas, d'aquélo peïro fréjo,
Lés hommés trop dé téns pes hommés débrembats!
Et soun cisel aïzit, en tounquan aqués cosses
Lés a rabits al clot : Cadun a prés sous osses,
Et lés morts soun rébiscoulats. DAV.

**GRATA**, v. act. Gratter, frotter avec les ongles; en parlant des animaux, Ratisser avec les ongles; prov. : *Pertout las poulos gratou en ré*, partout les poules grattent en arrière, c'est-à-dire, il fait mal vivre partout; fig., Écrire. (Racine *grapa*.)

**GRATA (SE)**, v. pro. Se Gratter, passer le bout des ongles sur l'endroit où l'on éprouve une démangeaison; prov. : *Qui se grato ount se prus fa pas tort à digus*, se gratter où l'on se démange ne nuit à personne.

L'Iscariota, en sé *gratan*,
E, surtout eu fazen semblan
Dé dire la veritat néta
Countinua antaou sa sourneta. FAV.

**GRATABOU**, s. m. Créton, résidu de la graisse de porc fondue : *Anan manxa de gratabous*, nous allons manger des crétons.

**GRATADISSO**, voyez PRUZOU.

**GRATELO**, *Rougno*, s. f. Grattelle, petite gale. (Racine *grata*.)

**GRATIBOUL**, *Gratil*, *Caouquélo*, s. m. Chatouillement, sensation vive qui provoque ordinairement un rire convulsif, et cause un état de spasme général : *A touple de gratibouls*, il est sensible aux chatouillements.

**GRATIFIA**, *Gratifica*, v. act. Gratifier, favoriser par des libéralités. (Du latin *gratificari*.)

**GRATIFICATIOU**, s. f. Gratification, don, libéralité : *M'a fax uno gratificatiou*, il m'a fait une gratification. (Du latin *gratificatio*.)

**GRATILHA**, v. act. Chatouiller, causer par un attouchement léger un tressaillement qui provoque ordinairement à rire. (Du latin *catullire*.)

**GRATIPAOUTOS**, voyez GRAPITAOUTOS.

**GRATIS**, adv. Gratis, sans frais, gratuitement, sans intérêt: *Ba y'ey prestat gratis*; s. m. Mauvaise couche, mauvais lit. (Du latin *gratis*.)

**GRATOLARD**, s. m. Gargotier, mauvais cuisinier.

**GRATOLOURD**, s. m. Lourdeaud, grossier, maladroit : *Aco m'a l'ayre d'un gratolourd*, ça m'a l'air d'un lourdeaud.

**GRATOPAOUTOS**, voyez GRAPITAOUTOS.

**GRATO-PAPIÉ**, s. m. Gratte-papier; t. de mépris, Celui qui gagne sa vie dans la basse-pratique. (Racine *grata*, *papié*.)

Toujour per rétorda troubo qualquo onicrocho,
Del malhurous ploïjaïré otal curo lo pocho;
Ou d'un *grato-papié* lou monetgé cruel,
Rondrio, sé lou crésias, un proucés éternel. PRAD.

**GRATOXIOUL**, *Gratokiou*, s. m. Gratte-cul, fruit du rosier, de l'églantier.

**GRATOYR**, s. m. Grattoir, outil pour gratter, nettoyer, polir. (Racine *grata*.)

**GRATS**, s. m. Terre meuble, bien travaillée; Où il y a fonds de terre; adv. : *De boun grats*, volontairement, de bon gré; Au gré, selon l'avis, l'opinion d'une personne. (Du latin *gratum*.)

Bous aissi me fazes aro nada dins l'oli;
Car aïssi las xens, amaï xuscos al pun
Que rouxirio, bezes, d'estr'al *grats* de calqu'un. D.

GRATULIA, voyez GRATUSSA.
GRATUIT TO, adj. Gratuit, te, fait ou donné gratis, ou sans obligation : *Aco's pla gratuit de sa part*, c'est bien gratuit de sa part. (Du latin *gratuitus*.)
GRATUITOMEN, adv. Gratuitement, gratis, de pure grâce. (Du latin *gratuitò*.)
GRATUSSA, *Estrilha*, v. act. Étriller légèrement un cheval, un bœuf. (Racine *grata*.)
GRATUSSO, *Estrilho*, s. f. Étrille; vieille Carde dont on se sert pour étriller les bœufs, les vaches.
GRATUZA, voyez RASPA.
GRATUZO, voyez RASPO.
GRAVEIROUS, voyez GRABILHOUS.
GRAVENEJHA, voyez GRABILHEXA.
GRAVIEYRO, voyez GRABIÈYRO.
GRAVO, voyez GRABO.
GRAYLA, v. n. Jouer du hautbois; fig. Pousser vite, en parlant des plantes que l'on a fumées : *Las beyras grayla, tu les verras croître*.
GRAYLAYRE, s. m. Joueur de hautbois.
GRAYLE, s. m. Hautbois, instrument à vent et à anche : *Ey entendut lou grayle*, j'ai entendu le hautbois.
GRAYLHO, s. f. Freux, espèce de corbeau.
GRAYS, s. m. Graisse, substance animale, molle, blanche, huileuse, aisée à fondre. (Du latin *gracities*.)
GRAYS DE CARRETO, s. m. Cambouis.
GRAYS-DOUS, *Saï, Sagut*, s. m. Saindoux : *Y cal metre de grays dous*, il faut y mettre du saindoux.
GRAYSSA, *Ounxa*, v. act. Graisser, oindre de graisse; fig., Payer pour corrompre : *Y cal grayssa la pato*, il faut le payer grassement.
GRAYSSIÉ, voyez DOURC.
GRAYSSO, s. f. Graisse, substance onctueuse répandue dans le corps de l'animal; Cambouis, panne de porc dont on graisse l'essieu d'une charrette : *Mel-y de graysso*, mets-y de graisse. (Du latin *crassities*.)
GRAYSSOUS, OUZO, adj. Graisseux, euse; Taché de graisse : *Aquel faoudal es grayssous*, ce tablier est graisseux.
GRAZAL, *Grazaou, Grezal*, s. m. Bassin de terre de grés, beaucoup plus grand qu'un plat.

Nostro sirbento qu'es glouriouso,
Et qu'es pér counsequent jalouso
De la las caouzos coumo cal,
Tantos diou sé donna la peno
De sa saouta dins la padeno
De pescajous un plen *grazal*.
Daja sa regusso la margo
Do soun deshabillé de sargo,
Et cintado d'un grand faoudal
De fort bello télo d'houstal,
La bézi que pren de farino
Flou de minot dé la pus fino,
De layt cremat, d'aygo de foun
Et d'ioous frésques pounduts del joun.
De tout aco ba fa melange,
Sans d'oublida la flou d'ourange,
Nimay l'essenço de citroun. DEBAR.

GRAZALAT, *Grezalat*, s. m. Plein un grand plat. (Racine *gres*.)
GRAZALO, s. f. Bassin de grés qui sert pour prendre un bain de pieds, pour savonner du linge.
GRAZAYROU, *Grazo, Cel*, s. m. Margelle, pierre percée; Assises de pierres du tour d'un puits : *Lou grazayrou n'es pos prou naout*, la margelle n'est pas assez haute.

GRAZO, voyez GRAZAYROU.
GRAZELET, voyez RASTEL DE L'ESQUINO.
GRAZILIA, voyez GRILHA.
GRAZILIO, voyez GRILHO.

## GRE

GREBA, v. act. Grever, faire tort et dommage; Charger de contributions, d'impôts. (Du latin *gravare*.)
GREDA, v. act. Marquer à la craie : *M'as gredado la porto*, tu m'as marqué la porte à la craie.
GREDIN, s. m. et adj. Gredin, gueux; Mesquin, avare. (Du mot *gradin*, degré. Autrefois chez les grands Seigneurs les valets du dernier ordre se tenaient toujours sur le degré ou *gradins* de l'escalier, sans entrer jamais dans l'appartement; on les nommait *gredins*, et leur nom est devenu une injure.)
GREDINS, voyez GRADINS.
GREDO, s. f. Craie, blanc d'Espagne dont on marque les portes, etc.; fig., Argent : *La gredo me manco*, l'argent me manque. (Du latin *creta*.)
GREFFA, *Anta, Empeouta*, v. act. Greffer, enter; on greffe à la fente, *à la fento*; à l'ecussoun, à l'écusson; *à l'èl dourment*, au dormant, etc. (Racine *greffe*.)
GREFFAYRE, *Greffur, Empeoutayre*, s. m. Greffeur, celui qui greffe, ente les arbres.
GREFFE, s. m. Greffe, bureau où l'on expédie les jugements, où l'on garde les registres; ses Droits; ses Employés : *Me cal ana al greffe*, il me faut aller au greffe. (Du grec *graphein*, écrire.)
GREFFE, *Gréffo, Anto*, s. m. Greffe, ente, petit bout de branche, œil d'arbre enté, inséré dans un autre : *Aquel greffe a bouno mino*, cette greffe a bonne mine. (Du grec *graphéion*, poinçon à écrire, auquel ressemble en quelque sorte la greffe qu'on insère sur ce sujet.)
GREFFIÉ, *Escribent, Clerc*, s. m. Greffier, celui qui expédie les actes de justice; Secrétaire dans un bureau : *Anas parla al greffié*, allez parler au greffier. (Du grec *grapheus*, écrivain.)

Per escriouré tos merbeillos,
Tos boillontioso sons porellos,
N'aurio pas prou de popié :
Uno dé tos motinados
Emplegorio los onnados
Del pus hobillé *Greffié*. PRAD.

GREFFOYR, s. m. Greffoir, petit couteau pour greffer : *N'ey pas lou greffoyr*, je n'ai pas le greffoir.
GREFUÉLIO, voyez GRIFFOUL.
GREGHEJA, voyez MASTINGA.
GREGO, adv. Terme qui dans une querelle est un défi : *Digos grego*, parle et tu vas voir.
GREL, s. m. Grillon, insecte qui fait un bruit aigu et perçant. (Du latin *gryllus*.)
GREL, s. m. Germe, partie de la semence dont le développement opère la reproduction de la plante : *A peno lou grel sourtis*, à peine le germe sort; la Partie, le cœur de la salade; les Caïeux du céleri; fig., prov., *Leba lou grel*, Reparaître, se rétablir dans ses affaires, ou après une flétrissure; se Redresser, en parlant des plantes flétries par la gelée ou la sécheresse.

Yeou plantère aqui moun mestié
Per ana culi de laourié;
Mais gayre nou s'én amassava,
Amay bén cher qu'on lou pagava;

Chaca *grel* nous coustava un bras ;
Una camba, un ioi ou lou nas :
Aqui faguère pas fourtuna. FAY.

**GREL DE CEBO**, s. m. Germe d'ognon ; *Grel de salado*, le cœur d'une salade.

**GRELA**, *Benta, Pourga*, v. act. Vanner, nettoyer le grain, le cribler : *A pla bezoun de grela*, il a besoin d'être vanné.

**GRELIA**, voyez GREYLHA.

**GRELIO**, voyez MESO, POUSSO, REBROUT.

**GRELLA**, v. imp. Grêler, frapper de la grêle ; Gâter ; Dévaster ; Ruiner ; Vanner, nettoyer le blé : *Anan grella*, nous allons vanner le blé. (Du latin *grandinare*.)

**GRELLAT**, ADO, adj. Grêlé, ée, ravagé par la grêle ; Marqué de la petite vérole ; fig., Pauvre, dénué de tout : *Es pla grellat*.

**GRELLO**, s. f. Grêle, pluie congelée tombant par grains : *La grello y'a pas layssat res*, la grêle n'a rien laissé. (Du latin *grando*.)

Neous qu'acatats tout lou campestre,
*Grellos* et malico dal tems !
Et toutos las raços de bens.,
Benissez bostre mestre ! PUJ.

**GRELO**, voyez CURBELO.
**GREP**, voyez GUERP.
**GREP**, voyez TAP, TUF.

**GREPI**, *Pati*, v. n. Souffrir ; Vivre dans le besoin : *Aymo mayt grepi que demanda*, il aime mieux souffrir que de demander.

**GREPIO**, s. f. Crèche, mangeoire des bœufs, des chevaux : *Es urous coumo un xabal à la grepio*, il est heureux comme un cheval à la mangeoire. (De la basse latinité *grappia*, corrompu de *præseps*, crèche.)

**GRÉPITAT**, *Faïno*, s. f. Misère, dénuement : *Es dins la grepitat*, il est dans le dénuement.

**GRESPE**, voyez CRESPE.

**GREYLHA**, v. n. Germer, pousser le germe en dehors ; fig., Épier, surveiller ; Tacher de surprendre : *Te greylharey*, je te surveillerai.

**GREZAL**, voyez GRAZAL.
**GREZALAT**, voyez GRAZALAT.
**GREZIE**, voyez GUIZIE, PAF.

**GREZIL**, s. m. Grésil, menue grêle très-blanche et très-dure : *Toumbo de grezil*, il tombe du grésil.

**GREZILHA**, *Grezina*, v. imp. Grésiller, tomber, en parlant du grésil ; Grésiller, en parlant des outils qui ne prennent pas le morfil, mais s'en vont à petites écailles : *La pigasso grezilho touxoun*, la hache grésille toujours.

**GREZILHADO**, *Grezinado*, s. f. Abat de grésil.
**GREZINOL**, voyez GREZIL.
**GREZO**, voyez RAOUZO.

## GRI

**GRI**, *Gueri*, v. act. Guérir, délivrer de maladie, d'un mal ; Rendre la santé : *Aquel remedi m'a grit*, ce remède m'a guéri ; fig., Désabuser, détromper, tirer d'erreur ; v. n. Recouvrer sa santé : *Souy grit*.

**GRIBO**, s. f. Grive, espèce d'oiseau, passereau du genre des tourdres, des merles ; sa viande est recherchée : *Las gribos manxou lou xenibre*, les grives mangent le genièvre.

**GRIBOIS**, OIZO, s. m. f. Grivois, bon compagnon, bon drille, bon vivant.

Lou bon rey Priau ié demanda
Dó qu'és, d'ount'és, quaou lou manda ;
En un mot s'on pot se fiza
D'un *grivoués* qu'anavoun pencha. FAY.

**GRIÈBOMEN**, adv. Grièvement, énormément.

**GRIÉF**, s. m. Grief, préjudice, tort ; adj. Fâcheux, triste, douloureux ; Grave, énorme.

**GRIFFA**, v. act. Griffer, donner un coup de griffe ; Égratigner.

**GRIFFO**, s. f. Griffe, ongle crochu, pointu et mobile ; fig., Pouvoir injuste ; Rapacité : *Es xoust sa griffo*, il est sous sa griffe ; Propos malin ; Médisance, calomnie ; Empreinte d'un nom : *Y manco pas que la griffo*, il n'y manque que la griffe ; Outil de forgeron, de serrurier, f. de fleuriste, Caïeux de renoncule, d'anémone, etc. (Du latin *gryphium*.)

Yeou, dé veyre aquel poulissoun
Tout barba et pas ges dé vizaje,
Un bartas per tout habitaje,
Per brasses dous prou louns flajèls,
Pér mans dos *griffas* d'estournèls ;
Salle é puden, tau qu'on pot èstre,
Fayre encara lou pichot mestre,
Me soumjère : *quinta pietat !...*
Y'a doun pertout dé vanitat. FAY.

**GRIFFOUL**, *Teroun*, s. m. Fontaine jaillissante : *Aco's un poulit griffoul*, c'est une jolie fontaine. (De *Griffon*, animal fabuleux, moitié aigle, moitié lion.)

**GRIFFOUL**, s. m. Grand Houx.

**GRIFFOUL**, s. m. Houx, arbrisseau toujours vert. On fait la glue avec la seconde écorce qu'on fait macérer dans l'eau.

**GRIFFOUNA**, v. act. Griffonner, écrire mal et peu lisiblement : *Aco's pla griffounat*, c'est bien griffonné. (Racine *griffo*, comme si l'on écrivait avec les griffes d'un chat.)

**GRIFFOUNAXE**, s. m. Griffonnage, écriture indéchiffrable : *Qu'un griffounaxe*, quel griffonnage.

**GRIFFOUNUR**, s. m. Griffonneur, celui qui griffonne en écrivant ; par ironie, Auteur qui écrit beaucoup.

**GRIGOU**, NO, s. m. f. adj. Grigou, homme, personne avare, sordide ; Gredin : *Aquel grigou*. (Du mot Grec, surnom injurieux que donnaient aux plus mauvais sujets, les Français revenus des croisades, à cause du mépris qu'ils avaient conçu pour les Grecs de Constantinople. Ils les appelèrent d'abord *Grieux*, et ensuite *Grigous*.)

**GRIGOUSTO**, *Grigoustou*, *Gourbiat*, s. f. Boulin, panier servant de nid aux pigeons : *Y'a pas res dins las grigoustos*, il n'y a rien dans les boulins.

**GRILHA**, v. act. Griller, faire cuire sur le gril ; Clore, fermer par une grille ; Garnir de barreaux ; Treilliser ; fig., Désirer avec ardeur, être impatient : *Grilho de dansa*, elle grille de danser.

**GRILHADO**, s. f. Grillade, viande grillée ; Plein un gril. (Du latin *craticula*.)

**GRILHAT**, voyez GRILHAXE.

**GRILHAXE**, s. m. Grillage, ouvrage de fils de fer ou de laiton, qui s'entrelacent ; se croisent et laissent un vide.

**GRILHO**, s. f. Grille, gril, barreaux de fer, de bois, croisés pour fermer ; Cloture, porte à barreaux droits ; Parloir des couvents de femmes : *L'ey bisto à la grilho*, je l'ai vue à la grille ; Barres de fer sur lesquelles on expose au feu, on met le charbon, etc. : *Cal que la grilho sio forto*, il faut que la grille soit forte. (Du latin *craticula*.)

GRILIE, voyez GREL.

GRIMAÇA, v. n. Grimacer, faire la grimace ; fig., Faire des grimaces, des minauderies ; Minauder ; Faire de mauvais plis en parlant d'une étoffe : *Aquelo besto grimaço*, cette veste fait de mauvais plis. (De l'allemand *grim*, colère.)

Beseis que, quand saourio de fa un traouc à la luno,
Le paoure, per brilla, *grimaço* la fourtuno.

GRIMACIÉ, ÉYRO, adj. et s. Grimacier, ère, qui fait souvent des grimaces ; fig. Cérémonieux, façonnier ; Hypocrite, faux dévot.

GRIMAÇO, s. f. Grimace, contorsion du visage ; fig., Air, façons, manières ; Affectation ; Mauvaise mine. (De l'allemand *grim*, colère,]

Coumo lous Reyzes dounc n'arribou qu'un cop l'an,
Et qu'un an es pla loung surtout per un gourman,
Prepaouzi d'entoura nostro dito fouasso,
Que soulo, nous farió fort missanto *grimaço*,
D'un bricou de dessert finot, poulit, sucrat,
Et ta mignounomen sur la taoulo arrengat,
Qu'à soun prumié cop d'él, boli que tout lou moundé
S'alispe l'estoumac, en salibo se founde. A. B.

GRIMAOUT, s. m. Le Diable ; le Mauvais esprit : *Es d'accordi ambé grimaout*, il est d'accord avec le diable.

GRIMOUÉNO, s. f. Aigremoine, plante.

GRIMOYRO, s. m. Grimoire, discours obscur ; Écrit inintelligible ; Écriture indéchiffrable : *Coumpreni pas rès à toun grimoyro*, je ne comprends rien à ton grimoire. (De l'italien *rimario*, livre de rimes.)

GRIMPA, v. n. Grimper, monter en s'aidant des pieds et des mains ; Gravir ; Monter : *Coussi y'a pougut grimpa*, comment a-t-il pu y grimper? en parlant des plantes, s'Attacher, s'entortiller en s'élevant. (Du grec *chrimptein*, approcher.)

GRIMPANT, O, adj. Grimpant, te, qui grimpe, qui a l'habitude de grimper ; Qui s'attache aux corps voisins par les vrilles.

GRINÇA, v. n. Grincer des dents, les serrer de douleur, de colère : *Me fa grinça las dens de l'entendre*, il me fait grincer des dents de l'entendre. (Du latin *ringere*.)

Lou mechant counsidéro
Lou sort das innoucents,
Fremis dins sa couléro
Et *grinço* de las dens.
Soun embejo s'irrito,
Sa maliço s'agris,
Et sa passiou maoudito
Amb'el toumbo et peris ! Puy.

GRINÇOMEN, s. m. Grincement, action de grincer les dents.

GRINGALE, voyez SECANTO.

GRINGOT, voyez GRIMAOUT.

GRINGOUTA, voyez MANXUQUEXA, MARMOUTA.

GRIOOU, voyez RASSET.

GRIOTO, s. f. Griotte, cérise ferme, noirâtre, douce ; Marbre tacheté de rouge et de brun.

GRIOULA, *Guioula*, v. n. Crier, faire un cri ; Pousser un cri aigu.

GRIOULE (RAT), *Missarro*, s. m. Loir, petit quadrupède de la taille de l'écureuil, qui dort tout l'hiver ; Rongeur.

GRIPA, v. act. Gripper, attraper, ravir subitement.

GRIPE, voyez DRAC.

GRIPIO, voyez GREPIO.

GRIPO, s. f. Grippe, prévention, haine, aversion : *M'a pres à grippo*, il m'a pris à grippe ; Catarrhe épidémique. (Par contraction de *correptio*.)

GRIPOS, *Irpos*, *Arpos*, voyez GRIFFOS.

GRIS, s. m. Gris, couleur grise : *Aquel gris me counben*, ce gris me convient.

GRIS, O, adj. Gris, se, qui est de couleur mêlée de noir et de blanc : *Lou tems es gris*, Temps couvert et froid. (De l'italien *grigio*, gris.)

GRIT, DO, voyez GUERIT.

GRIZA, v. act. Griser, boire jusqu'à rendre demi ivre ; Grisailler, barbouiller de gris : *Boli griza lou planxé*, je veux grisailler le plancher.

GRIZA (SE), v. pro. Se Griser, boire jusqu'à devenir gris.

GRIZASTRE, O, adj. Grisâtre, presque gris, tirant sur le gris.

GRIZAYLHO, s. f. Grisaille, peinture avec deux couleurs brune et neire.

GRIZETO, s. m. Grisette, jeune ouvrière coquette ; jeune Fille de petite condition et de vertu suspecte : *Aco's uno grizeto*. (De *grisette*, étoffe grise dont les femmes de cette classe étaient autrefois vêtues.)

GRIZOLO, voyez ENGRIZOLO.

GRIZOUN, s. m. Grison, homme qui grisonne.

GRIZOUNA, v. n. Grisonner, devenir gris ; commencer à avoir les cheveux gris ; Vieillir : *Coumencan à grizouna*, nous commençons à grisonner.

## GRO

GRO, *Gra*, s. m. Grain, semence du blé, de graminées ; Fruit de plantes, sa figure ; Inégalité dans la surface du cuir, d'une étoffe, etc. ; *Lou gro n'es pas pla poulit*, le grain n'est pas bien joli ; Petite partie de sable, de sel, etc. ; fig., Petite portion d'esprit, de folie : *N'a un gro*, il en a un grain ; t. d'art, de métier. (Du latin *granum*.)

GRO, s. m. Pater de lait, grain de verre ou d'agathe que quelques nourrices portent au cou pour avoir beaucoup de lait.

GRO D'AL, s. m. Gousse d'ail.

GRONA, voyez GRANA.

GROS, s. m. Gros, la partie principale, la plus forte, la plus épaisse, etc. : *Aco's aqui lou gros de l'affa*, c'est là la partie principale de l'affaire.

GROS, adv. Gros, beacoup ; Beaucoup à la fois : *Ba bendut en gros* ; Sans entrer dans le détail, les particularités : *Ba m'a dix en gros* ; d'une Manière peu soignée : *Ba fax en gros*.

GROS, SO, adj. Gros, se, qui a beaucoup de circonférence, de volume ; Qui a de l'embonpoint ; Dodu, épais : *Es bengut tout ple gros*, il est devenu fort gros ; Considérable, qui passe la mesure ordinaire ; Riche, opulent ; Femme enceinte ; fig., Gonflé de chagrin, de peine : *N'ey lou cor gros* ; Parler avec hauteur, menace : *Y'ey parlat ambe las grossos dens*, je lui ai parlé avec les grosses dents ; Faire de l'important : *Fa dal gros*, il fait le gros. (Du latin barbare *grassus*, *crassus*.)

Per ço qu'es das caoulets, eroun dins uno xato
Qu'un *gros* ome pourtét ambe ço que l'acato. D.

GROS, s. m. Rognons de coq, testicule de volaille, ou petits rognons qu'on arrache aux jeunes coqs pour en faire des chapons : *Aneyt me boli trala, manxarey de gros*, ce soir je veux me traiter, je mangerai des rognons de coq.

GROSEYLHÉ, s. m. Groseillier, arbrisseau qui donne les groseilles en grappes.

GROSEYLHO, *Coulintous*, *Coulindrous*, s. f. Groseille, petit fruit acide, rouge ou blanc, en grappes. (Du latin *grossulus*, diminutif de *grossus*, petite figue, par la ressemblance que la groseille a avec les figues naissantes.)

GROSSO, s. f. Grosse, douze douzaines : *Uno grosso de boutous*, une grosse de boutons; Expédition d'un acte en forme exécutoire.

GROU, s. m. Frai, génération des poissons; son Temps; OEufs fécondés; petits Poissons. (Du latin *grana*.)

Amo de l'Unibers, o l'ordou dé toun lun,
Jusqu'ol sound dés estougs s'onimo lou grouun.
PRAD.

GROUA, v. n. Frayer, s'approcher pour la génération, en parlant du poisson : *Aro lou peys coumenço à groua*, le poisson commence à frayer.

GROUFIGNA, *voyez* ENGRAOUGNA.

GROUGNA, v. n. Grogner, il se dit proprement des cochons qui grognent; fig., Grommeler entre ses dents.

GROUGNAOUT, *voyez* TREGAN.

GROULASSOUT, s. f. Traîneuse de savate.

GROULIEJHA, v. n. Savater, travailler grossièrement à un ouvrage.

GROULO, *Groullo*, s. f. Savate, soulier usé; fig. : *Trigoussa la groulo*, Baisser l'aile, en parlant d'une jeune mariée qui n'est pas aussi pimpante.

GROUMAN, *voyez* GOURMAN.

GROUMANDIZOS, *voyez* GOURMANDIZOS.

GROUMEL, *voyez* MECO, MORBO.

GROUNDA, v. act. et n. Gronder, gourmander de paroles : Murmurer, se plaindre entre les dents: *Touxoun te cal grounda*; certains animaux grondent; fig., Faire un bruit sourd, en parlant du tonnerre, du vent, d'un orage. (Mot formé par onomatopée.)

GROUPELA, *voyez* AGROUPELA.

GROUPO, *Groupe*, s. f. Groupe, assemblage; réunion de plusieurs objets, de plusieurs personnes : *Y'a uno groupo de mounde al barri*, il y a une grande réunion au faubourg. (De l'Italien *groppo*.)

GROUSSA, *voyez* REXUNTA, REBATIRE.

GROUSSAGNO, s. m. Gros blé.

GROUSSESSO, s. f. Grossesse, état d'une femme enceinte; sa Durée: *Es à la fi de sa groussesso*, elle est à la fin de sa grossesse.

GROUSSI, v. act. Grossir, rendre gros, plus gros; Faire paraître plus gros : *Aquelo luneto groussis pla*, cette lunette grossit beaucoup; Accroître, augmenter : *Groussis cado xoun sous rebenguts*, il grossit chaque jour ses revenus; fig., Amplifier, exagérer : *Ba groussissou touxoun*, on exagère toujours; v. n. Devenir gros, plus gros; Augmenter, croître. (Racine *gros*.)

GROUSSIÉ, s. m. Grossier, homme peu civilisé, qui a les manières rudes, les reparties malhonnêtes : *Aco's un groussié*, c'est un grossier.

GROUSSIÉ, ÉYRO, adj. Grossier, ère, épais, qui n'est pas délié; Brut, mal fait, mal travaillé : *Aco's fort groussié*, c'est fort grossier; Qui n'est pas civilisé, Rustre, malhonnête ; Contraire à la pudeur, obscène : *Aco's trop groussié*, c'est trop grossier.

GROUSSIÉYRETAT, s. f. Grossièreté, manque de délicatesse, de civilité; Parole grossière, malhonnête : *Respoun per uno groussiéyretat*, il répond par une grossièreté.

GROUSSIÉYROMEN, adv. Grossièrement, d'une manière grossière.

GROUSSOU, s. f. Grosseur.

GROUYLHA, v. n. Grouiller, remuer, fourmiller; Bruit qui se fait entendre dans les intestins : *Lou bentre me grouylho*, le ventre me grouille.

GROUYLHÉ, s. m. Savetier, ravaudeur, raccommodeur de vieux souliers : *Lou grouylhé ne fara proufit*, le savetier en fera ses profits.

GROUYLHOMEN, s. m. Grouillement; Bruit de ce qui grouille : *Entendi lou grouylhomen dal bentré*.

## GRU

GRU, *voyez* GRUT.
GRUA, *voyez* MUZA.
GRUDA, *voyez* ENGRUNA, ESCARPA.
GRUDA, *voyez* FREZA.
GRUDAYRE, *voyez* ESCARPAYRE.
GRUDIÉ, s. m. Arêtier, pièce de bois bien équarrie qui forme l'arête ou le côté triangulaire d'une couverture, soit en pavillon, soit en croupe: *Lou grudié a mancat*; Faîtière ou tuilée, tuile courbé sur le faîte : *Lous grudiés n'acatou pas tout*, la faîtière ne couvre pas tout.

GRUIOU, *voyez* PAVLHASSO DE L'AGLAN.
GRUMA, *voyez* ESCUMA.

GRUMEL, s. m. Peloton, petite pelote de fil, etc.; fig., Accroupi : *Es coumo un grumel*, il est comme un pelot ; Caillot de sang. (Du latin *grumellus*.)

Quand de *grumels* de bers que le talen affâmo
Nous rounjoun dins le clot la culèsso de l'anço,
Qui sap se nostres èls cluats dins lour fourreou
Nou besoun pas l'hourrou d'aquel affrous tableou?
DEBAR.

GRUMELA, *voyez* ENGRUMELA.
GRUMEOU, *voyez* MOLO DE BIOOU.
GRUMILLOS, *voyez* LARMOS.
GRUMO, *voyez* BENDEMIO.
GRUMO, *voyez* LARMO.
GRUMO, *voyez* BABO, MOUSSO.
GRUN, *voyez* GRUT.

GRUNADO, s. f. Grains de raisin séparés de la rafle, les grains tombés au pied de la souche : *Amassas la grunado*, ramassez les grains. (Racine *grut*.)

GRUNEJHA, *voyez* SANGLOUTA.
GRUNEL, *voyez* LIT, LIXARIÉ.

GRUO, *Gruyo*, s. f. Cerf-volant, machine de papier qui s'élève en l'air moyennant une ficelle qui la retient, amusement d'enfant: *Anam fa boula la gruo*, nous allons faire voler le cerf-volant ; Grue, machine pour élever les pierres à bâtir, les gros fardeaux : *Faren ambe la gruo*, nous ferons avec la grue. (Du latin *grus*.)

GRUP, *voyez* GUERP.
GRUPELA, *voyez* ESCARPA.
GRUPELOUS, *voyez* LAGAGNOUS.

GRUT, s. m. Grain de raisin ; Grain de folie : *N'a un grut*, il en a un grain. (Du latin *granum*.)

GRUTA, *voyez* PICA UN RAZIN.

GRUYÉYRO, s. m. Gruyère, sorte de fromage qui tire son nom d'une petite ville de Suisse.

GRUZA, v. act. Gruger, ruiner petit à petit; Attraper quelqu'un : *M'a touxoun gruzat*, il m'a toujours grugé. (Du grec *graô*, je mange.)

GRUZIE, *Grudié*, s. m. Affiloir, grès, pierre à aiguiser : *Ey pla bezoun d'un gruzié*, j'ai bien besoin d'un grès. (Du celt. *craig*.)

GRUZUR, s. m. f. Qui gruge, qui dévore ; Qui incommode par sa présence, etc.

## GUE

GUENILHO, s. f. Guenille, haillon, chiffon, vieilles hardes : *Que sou toutos aquelos guenilhos !* que sont toutes ces guenilles !

Qu'à lo cimo d'un pal, qualco bieillo *guen'lho*
Boultije al grats dal bea ; aquo lous escompillo.
PRAD.

GUENILHOUS, O. adj. et s. Déguenillé, ée, dont les habits sont en lambeaux.

GUERI, v. act. Guérir, délivrer d'une maladie, d'un mal, rendre la santé ; Désabuser, détromper ; v. n. Recouvrer la santé ; Revenir d'un préjugé, d'une erreur. (Du latin *curare*.)

GUERI (SE), v. pro. Se Guérir, se rétablir, se délivrer d'un mal : *Me souy pla guerit*, je me suis bien rétabli.

GUERIT, IDO, adj. Guéri, ie.

GUERIDOUN, s. m. Guéridon, petite table ronde à trois ou à un seul pied.

GUERISOU, *Guarisou*, s. f. Guérison, recouvrement de la santé : *Aco's estat sa guerisou*, cela a été sa guérison.

GUERITO, s. f. Guérite, petite loge pour une sentinelle : *Ero dins sa guerito*; petit Cabinet, petit appartement.

Ol tour d'aquélo masso on bey quatré *guéritos*
Qué lous bens lous pus fols au causit per lours gitos.
PRAD.

GUERLHE, O, adj. De travers, qui n'est pas droit.

GUERP, s. m. Onglée, engourdissement douloureux au bout des doigts, causé par le froid : *Lou guerp m'en a trax*, l'onglée m'en a tiré.

GUERREXA, *Guerrejha*, v. n. Guerroyer, faire la guerre ; Être toujours en dispute : *Cal touxoun se guerrexa*, il faut toujours guerroyer.

GUERREXAYRE, *Guerrejhayre*, s. m. Guerroyeur, celui qui fait, qui a fait la guerre.

GUERRIE, s. m. Guerrier, celui qui fait, qui a fait la guerre.

Endaco lous apouticaris
Pus terribles qué dé coursaris
Eroun aqui qué tenién bon
Per batre l'énémic de Ion.
Hurous s'oguessoun près la larga
Quand Jé faguéroun la descarga !
Mais, helas ! d'aquélés *guerriés*
A vingt passes on és trop près ;
Tiréroun d'aquela distancia)
E poudés mé diré la dansa !
FAY.

GUERRO, s. f. Guerre, différent, contestation entre deux souverains, deux nations, qui se décide par la voie des armes : *Anan declara la guêrro*, nous allons déclarer la guerre ; Brouillerie, débat, discussion, dispute ; Division, inimitié : *Sien touxoun en guêrro*, nous sommes toujours en guerre. (Du celtiq. *gerra*.)

L'Esprit de neyt, qu'al paraban
Nous fasio ta cruélo *guéro*,
Aro fuch un Soulel loban.

Qué ben enlumina la terro.
Ouèy nasquec Nostre Seigne
Que le Cél en rabissomen
Nou pot hounoura dignomen,
Ni la terro prou creigne,
Mésclen y nostre moutet
A l'hounou del bél Efantet.
G.

GUESPO, *voyez* BESPO.
GUETA, *voyez* GUETRA.
GUETO, *voyez* GUETROS.
GUETOUS, s. m. Petites, courtes Guêtres.
GUÊTROS, s. f. Guêtres, chaussure qui couvre la jambe et le dessus du pied : *Ambe las guêtros me pari dal frex*, avec les guêtres je me garantis du froid. (Du bas breton *gueltron*.)

Él se gratèt, haoussèt sas braïas
Chimarèt las quatré muraïas
Soulfièt un duo tout soul,
Faguèt un sounèt plé d'emboul,
Saoutèt ver la cramba barada
Ounte la Princessa èra intrada ;
Espiochan, cridet per un traou,
Açu, m'amour, adiou, m'en vaou.
D'aqui Moussu vira l'esquina,
Vay fa vite un tour dé couzina,
Déjuna dé boun apétit,
Carga sas *guêtas* é partis.
FAY.

GUÈXE, O, adj. s. Bigle, louche ; qui a un œil, ou les yeux tournés en dedans ou en dehors.

GUEYTA, v. act. Guetter, faire le guet ; Épier à dessein de surprendre, de nuire : *Gueytabo de lous trapa*, il guettait de l'attraper.

GUEYTO, s. f. Guet, action d'épier, de guetter : *Es touxoun en gueyto*, il est toujours au guet.

## GUL

GULA, v. n. Gueuler, crier très-fort ; Chanter haut.

GULARD, s. m. Gueulard, celui qui parle haut et beaucoup ; Qui chante fort et haut.

GULO, s. f. Gueule, bouche des animaux ; par mépris, la Bouche de l'homme ; fig., t. de menuisier, Gueule de loup, ouverture du milieu d'une croisée dont un battant est fouillé et creux sur le champ pour recevoir l'autre ; *Gulo de lioun*, se dit de certaines plantes monopétales dont la fleur forme deux lèvres. (Du latin *gula*.)

## GUS

GUS, O, adj. et s. Gueux, euse, coquin, fripon, misérable, vagabond, qui mendie.

## GUY

GUYDA, v. act. Guider, conduire dans un chemin ; Indiquer : *M'a pla guydat*, il m'a bien indiqué. (Du latin *videre*.)

GUYDO, *Guyda*, s. m. Guide, celui qui précède ou accompagne pour guider : *Abien un boun guydo*, nous avions un bon guide ; le Timon d'une charrette ; t. de jardin, Pièce horizontale placée sur la fourche d'une bascule ; Branche d'arbre. (Racine *guyda*.)

Lou superbé canal qué vaou fa dé mas mans
Aoura dé tout coustat dé bords lous pus charmans ;
Lous vouyajurs pourroou, sus l'una é l'aoutra riva,
Veyré rougi la grappa ét verdécha l'ouliva ;
Et lou miéchjour per él recaoupre lous trésors
Qué las marz pourtaraou dins nostres richés ports.

Diguét, é davalén la mountagna rapida,
Lou risèn avèni li serviguét dé *guido*. **Peyr.**

GUYDOU, s. m. Aiguille d'une montre solaire : *Lou guydou y'es pas encaro*, l'aiguille n'y est pas encore ; Grande Penne des ailes d'une oie propre à écrire ; Petite enseigne d'une compagnie de gendarmes ; Visière, la mire d'un fusil qui sert à mirer ; t. de musiq., Marque au bout d'une ligne qui indique la note suivante.

GUYGNA, v. act. et n. Guigner, regarder du coin de l'œil entr'ouvert, lorgner ; Montrer au doigt : *Tout lou mounde la guygnat al det*, tout le monde l'a montré au doigt. (De l'espagnol *guinar*.)

GUYGNADO, s. f. Signe, clin-d'œil : *M'a fax uno guygnado*, il m'a fait un signe.

GUYGNIÉ, s. m. Guignier, arbre qui porte les guignes.

GUYGNO PASTRE, s m. Bergeronnette, espèce de hochequeue, joli petit oiseau noir et blanc.

GUYGNOUN, s. m. Guignon, malheur constant, surtout au jeu ; Envie, jalousie.

GUYLHA, adv. Ce mot n'est employé que dans ce proverbe : *Tal bol guylha Guylhot que Guylhot lou guylho*, le trompeur est trompé.

GUYLHAOUMES, s. m. Guillaume, nom d'homme ; t. de métier, sorte de Rabot : *Ne trayrey ambe lou guylhaoumes*, j'en sortirai avec le guillaume.

GUYLHOUTINA, v. act. Guillotiner, trancher la tête avec la guillotine.

GUYLHO, voyez Aguylho.

GUYLHOUTINO, s. f. Guillotine, instrument de supplice inventé par un médecin nommé *Guillotin*, pour trancher la tête par une opération purement mécanique.

GUYN, *Aresto*, s. m. Arête d'une pierre, d'une pièce de bois : *Lou guyn m'a fendut la pèl*, l'arête m'a fendu la peau.

GUYNÇA, *Guynda*, v. act. Lorgner, regarder le coin de l'œil ; Plomber.

GUYNDA, v. n. Viser, mirer, ajuster, regarder un but ; Bornoyer, regarder d'un seul œil une surface pour juger de son alignement.

GUYNDOUL, *Guyndoulot*, s. m. Gros Guin ; grosse Cerise aigre-douce.

GUYNGAÇOU, s. m. Petite Broquette, très petit clou à tête.

Un miral sans cadre et crumous,
Plaquat à la paret d'ambe tres *guingaçous*. **J.**

GUYNGOY, adv. Guingois, état de ce qui n'est pas droit : *S'en ba tout de guyngoy*, il s'en va tout de guingois.

GUYNGUETO, s. f. Guinguette, petit cabaret hors de la ville : *Lou troubares à la guingueto*, vous le rouverez à la guinguette. (De *Guinguet*, petit mauvais vin qu'on boit dans ces cabarets.)

Un frèra, én vénguén dé la quéta,
Aprenguét dins una *guingueta*
Quo venié d'ariva dé blat
Dins una plaça daou Counta ;
Vite s'en porta la nouvèla ;
Lous mouynes, tout louant soun zéla,
Alaoujéyravou lou paquet
Qué pourtava dins soun saquet. **Fav.**

GUYNO, s. f. Guigne, sorte de cérise noirâtre et douce.

GUYOULA, *Guyssa*, v. n. Gueuler, pousser un cri perçant comme font les jeunes filles qui folâtrent : *Guyssou coumo de fados*, elles gueulent comme des folles.

GUYOULADIS, s. m. Cri aigu et perçant, ordinaire aux jeunes filles.

GUYRAOUT-PESCAYRE, s. m. Héron, oiseau à long bec qui vit de poisson ; fig., grande Fille, mince, sans contenance.

GUYRGUYL (CERCA), v. n. Chercher noise, querelle à quelqu'un : *Touxoun cal que cerque guyrguyl à calqu'un*, il faut qu'il cherche querelle à quelqu'un.

GUYRLANDO, voyez Garlando.

GUYT, O, *Canart*, s. m. f. Canard ; fig., Trempé jusqu'aux os.

GUYTTARRO, s. f. Guitare, instrument de musique à six cordes ; petit Instrument à vent dont on tire quelque son en le pressant contre les lèvres et en aspirant l'air. (De l'espagnol *guitarra*.)

GUYTO, voyez Tiro.

GUYTOUS, voyez Tirous.

GUYZIÉ, *Paf*, s. m. Gésier, second ventricule des oiseaux granivores : *N'a un plen guyzié*, il en a un plein gésier ; fig., Désir, envie : *Ba tenio à miex guyzié*, il le tenait pour avalé. (Du latin *gigerium*.)

GUYZO, s. f. Guise, coutume, habitude, manière, façon d'agir : *Cadun fa à sa guyzo*, chacun fait à sa guise. (De *weise* qui, dans la langue teutonique, signifie la même chose.)

## GUZ

GUZA, *Guzassexa*, v. n. Guéuser, mendier, en faire le métier.

GUZAYLHO, s. f. Gueusaille, canaille, troupe de gueux.

GUZARIÉ, *Guzario*, s. f. Gueuserie, mendicité ; Friponnerie : *Aco's uno guzarié*, c'est une friponnerie.

GUZART, s. m. Busard, oiseau de proie ; Gueux : *Aquel guzart*.

GUZASSEXA, voyez Guza.

GUZIÉ, voyez Guyzié.

## I

**I**, v. imp. Va, pars, marche; Commandement que fait à ses chevaux un charretier. (Du latin *i*, va.)

### IBE

**IBÈR**, s. m. Hiver, saison la plus froide de l'année, du 22 décembre au 22 mars : *Sièn à l'ibèr*, nous sommes à l'hiver. (Du latin barbare *hibernum*.)

Oh! qué dé mal l' *hiber* daïcho aquesto passado ;
Qué la terro souffris joux aquélo tourrado !
Lés albrès das camis, enrétézits, jalats,
Pe'l ben fol de la nèït soun toutis débrancats ;
L'ourtalessio su'l pè toumbo rabastinado ;
Pe'l campestrè l'aouzel ba cerqua la bèquado ;
Mais, helas! en pertout la nèou coubrix lès blats.
DAV.

**IBÈRNA**, v. n. Hiverner, passer l'hiver, être en quartier d'hiver.

**IBÈRNEXA**, v. n. Hiverner, en parlant du temps de l'hiver qui se prolonge beaucoup.

**IBÈRSENC**, s. m. Nord : *Es à l'ibèrsenc*, c'est au nord ; adj. Exposé au froid, au vent. (Racine *ibèr*.)

### IBO

**IBOYRO**, *Ibori*, s. f. Ivoire, dent de l'éléphant, etc., mis en œuvre ; sa blancheur, son poli. (Du latin *ebur*.)

### IBR

**IBROUGNA**, v. n. Ivrogner, faire boire quelqu'un avec excès. (Racine *ibrougnarié*.)

Tu poëto, tous cants *ibrougnoun* d'ambroisio !
L'âmo que lous aougis es dins l'encantomen,
Et s'abioy soulomen l'oumbro de toun genio
Lançarioy moun bayssèl sans cregne cap de ben.
DEBAR.

**IBROUGNA (S')**, v. pro. S'ivrogner, boire avec excès: *Fa pas que s'ibrougna*, il ne fait que s'ivrogner.

**IBROUGNARIÉ**, *Ibrougnario*, s. f. Ivrognerie, habitude de s'enivrer : Passion du vin : *L'ibrougnarié fa lou pus gran mal*, l'ivrognerie fait le plus grand mal. (Du latin *ebrietas*.)

**IBROUGNASSO**, *Pexino*, s. m. Ivrogne, adonné au vin, habitué à se soûler ; Qui est habituellement dans le vin.

**IBROUGNO**, s. m. Ivrogne, sujet à s'enivrer : *Finiras per estre un ibrougno*, tu finiras par être un ivrogne.

### ICH

**ICHAGA**, *voyez* EYSSAGA, ISSAGA.

### IDE

**IDÉAL**, s. m. f. et adj. Idéal, qui n'existe qu'en idée; Imaginaire, chimérique.

**IDÉO**, s. f. Idée, notion que l'esprit se forme de quelque chose : *M'es bengut uno idéo*, il m'est venu une idée ; Mémoire : *N'ey pas cap d'idéo*, je n'en ai aucune idée ; Imagination, esprit : *A fosso idéo*. (Du grec *idéa*.)

### IDI

**IDIOT, O**, adj. et s. Idiot, te, stupide, imbécille. (Du grec *idiótés*.)

### IDO

**IDOLO**, s. f. Idole, statue, figure, image d'une fausse divinité exposée à l'adoration ; fig., Objet d'une passion violente: *Aco's soun idolo*, c'est son idole. (Du latin *idolum*.)

**IDOULA**, v. n. Hurler, en parlant des chiens à l'approche du loup : *Lou gous idolo plà*, sabi pas que y'a, le chien hurle beaucoup, je ne sais pas ce que c'est.

**IDOULATRA**, v. act. Idolâtrer, être idolâtre de; Aimer passionnément, immodérément. (Du grec *eïdôlolatrés*.)

**IDOULATRIO**, s. f. Idolâtrie, adoration des idoles ; Culte des idoles ; Paganisme.

**IDOULATRO**, *Idolatro*, adj. Idolâtre, qui adore les idoles ; fig., Qui aime avec excès : *N'es idoulatro*, elle en est idolâtre.

**IDOUS, O**, adj. Hideux, euse, difforme, affreux, dégoûtant. (Du latin *hispidus*.)

### IDR

**IDROPICO**, *Itroupico*, s. m. f. Hydropique, atteint d'hydropisie. (Du grec *hudrópikos*.)

### IE

**IÉ**, pron. Lui.

### IEO

**IÉOU**, voyez YEOU.

### IER

**IÈR**, *Yer*, adv. de temps désignant la veille d'aujourd'hui, Hier. (Du latin *heri*.)

### IF

**IF**, s. m. If, arbre toujours vert.

### IGA

**IGANAOUT**, *Proutestan*, s. m. f. Huguenot, nom donné en France aux Calvinistes. On appelle huguenot un catholique qui n'a point de religion : *Aco's un iganaout*. (Suivant l'étymologie la plus vraisemblable, du mot suisse *eidgnossen*, alliés en la foi; de ce titre, dont se qualifiaient entre eux les protestants de Genève, on a fait par contraction *egnot*, et ensuite par corruption *huguenot*.)

## IGN

IGNOMINIO, s. f. Ignominie, infamie, déshonneur : *Aco's uno ignominio per la familho*, c'est une ignominie pour la famille. (Du latin *ignominia*.)

IGNOUMINIOUS, OUSO, adj. Ignominieux, euse.

IGNOUMINIOUSOMEN, adv. Ignominieusement, avec ignominie, d'une manière flétrissante.

IGNOURA, v. act. Ignorer, ne pas savoir, ne pas connaître; n'Être pas instruit, averti, informé de... : *B'ignori*, je l'ignore; Faire semblant de ne pas voir, de ne pas connaître : *M'a ignourado*, elle m'a ignoré. (Du latin *ignorare*.)

IGNOURENÇO, s. f. Ignorance, manque d'étude, de connaissance, de savoir; Inexpérience : *Aco's per ignourenço*, c'est par ignorance. (Du latin *ignorantia*.)

Endurcit dins lou mal et ramplit *d'ignourenço*,
Aquel qu'a pas cregut à la touto-puissenço
D'aquel que l'a creat, a bist dins soun effraï
Qué lé jour és bengut ount anfin nous cal creïre
Qu'el pot sus nostré cap fa toumba soun trouneïre
Et desparrabissa lé moundé quand y plaï. DAV.

IGNOURENT, O, adj. Ignorant, te, qui n'a pas de savoir ; Illettré ; Qui ignore une chose, un fait : *N'es encaro ignourent*, il ne le sait pas encore.

Yeou conneyssi de mounde, amay pla brabos xeus,
Et qu'a n'aquel mestié y'e sou fort *ignourens*. D.

## ILA

ILARITAT, s. f. Hilarité. (Du latin *hilaritas*.)

## ILL

ILLEXITIME, O, adj. Illégitime, qui n'a pas les conditions requises par la loi pour être légitime; Illicite; Bâtard. (Du latin *illegitimus*.)

ILLEXITIMOMEN, adv. Illégitimement; Illicitement.

ILLITERAT, ADO, adj. Illettré, ée, ignorant. (Du latin *illiteratus*.)

ILLIXIPLE, O, adj. Illisible, qu'il est impossible de lire, de déchiffrer, dont la lecture est pénible. (Racine *lexi*.)

ILLUMINA, *Esclayra*, v. act. Illuminer, éclairer, répandre de la lumière sur... ; Faire des illuminations ; fig., Boire, se griser : *Abien un bricou illuminat*, nous avions bu un peu. (Du latin *illuminare*.)

ILLUMINATIOU, s. f. Illumination, quantité de lumières disposées avec symétrie pour une fête : *Tantos y'aoura illuminatiou*, ce soir il y aura illumination. (Du latin *illuminatio*.)

ILLUMINADO, *voyez* FLAMBAS.

ILLUSIOU, s. f. Illusion, apparence trompeuse aux yeux, à l'imagination; Chimère. (Du latin *illusio*.)

ILLUSTRA, v. act. Illustrer, rendre illustre ; Donner de l'éclat : *A illustrat aqueste pays*, il a illustré ce pays. (Du latin *illustrare*.)

ILLUSTRA (S'), v. pro. S'illustrer, acquérir de la célébrité : *Dins aco s'es illustrat*, il s'est illustré en cela.

ILLUSTRATIOU, s. f. Illustration, célébrité, éclat. (Du latin *illustratio*.)

ILLUSTRE, O, adj. Illustre, célèbre, par le talent, le mérite, les succès ; en parlant des choses, Distingué, renommé : *Aco's un païs illustre*. (Du latin *illustris*.)

## ILO

ILO, *Nizoulo*, *Mexano*, s. f. Ile, espace de terre entouré d'eau. (Du latin *insula*.)

## IMA

IMAJHE, *voyez* IMAXE.

IMAXAYRE, *Imajhayre*, s. m. Imager, celui qui vend des images, des estampes. (Racine *imaxe*.)

IMAXE, *Imajhe*, s. m. Image, représentation, en sculpture, en peinture, en gravure; Tableau d'un culte religieux : *Quun poulit imaxe*, quelle belle image. (Du latin *imago*.)

Oh ! qu'es hourrible aquel *imatge*
Ount sou pintrados las passious
Que m'an empachat d'estre sage
Et d'estre fidèl à moun Dious!
Las bezi toutos demascados
Et hountous de mas incartados
Jou cregni las maledictious. DEBAR.

IMAXENA, *Imajhena*, v. act. Imaginer, se représenter dans son esprit ; Former en idée ; Concevoir, penser, trouver, découvrir, inventer. (Du latin *imaginari*.)

IMAXENA (S'), *Imajhena (S')*, v. pro. S'Imaginer, croire, juger, penser ; se Persuader, se figurer : *Que te bas imaxena?* qu'allez-vous vous imaginer ?

Yeou crezi miexomen qu'aquelo campardino
Lou menara pus len qu'el nou ba *s'imaxeno*. D.

IMAXENATIOU, s. f. Imagination, pensée, idée qu'on se forme d'une chose ; Opinion peu fondée ; Vision : *Aco's pas qu'uno imaxenatiou*, ce n'est qu'une imagination.

IMAXENAPLE, O, *Imajhenaple*, adj. Imaginable, qu'on peut imaginer ; Concevable, croyable : *N'es pas imaxenaple çò que me costo*, ce n'est pas croyable ce qu'il me coûte.

IMAXINA, *Imajhina*, v. act. Imaginer, combiner, se représenter dans son esprit ; Penser ; Trouver, découvrir, inventer. (Du latin *imaginari*.)

IMAXINA (S'), *Imajhina (S')*, v. pro. S'Imaginer, croire, penser ; se Figurer, se persuader : *M'imaxinabi que bendrio*, je me figurais qu'il viendrait.

IMAXINARI, *Imajhinari*, adj. Imaginaire, qui n'est que dans l'imagination, dont l'imagination est faussement affectée.

IMAXINATIOU, *Imajhinatiou*, *voyez* IMAXENATIOU.

## IME

IME, *voyez* EYME.

## IMI

IMITA, v. act. Imiter, prendre pour modèle Copier plaisamment ; Singer : *Boulio l'imita, mais sap pas*, il voulait, mais il n'a pas sçu l'imiter. (Du latin *imitari*.)

## IMM

**IMITATIOU**, s. f. Imitation, chose imitée d'une autre; Titres de certains livres de piété : *L'imitatiou de Xesus-Chri.t*, l'imitation de Jésus-Christ. (Du latin *imitatio*.)

**IMITATOU**, s. m. Imitateur, celui qui imite. (Du latin *imitator*.)

## IMM

**IMMANCAPLE**, O, adj. Immanquable, qui ne peut manquer d'être, d'arriver, de réussir; Sûr, infaillible : *Aco's immancaple*, c'est immanquable. (Racine *manca*.)

Mais coumparas un amic perissaple
Al tendre cor de l'aimable Jésus :
Aqui bezes l'impuïssenço, l'abus ;
Aíci troubas un tresor *immancaple*. Puj.

**IMMANCAPLOMEN**, adv. Immanquablement, à coup sûr : *Bendra immancaplomen*, A coup sûr il viendra.

**IMMANSE**, O, adj. Immense, qui ne peut être mesuré ; Illimité ; Très-grand, très-étendu, très-vaste : *Aquel prat es immanse*; fig., Démesuré, énorme, excessif. (Du latin *immensus*.)

**IMMANSETAT**, *Immansitat*, s. f. Immensité, grandeur, étendue immense ; Nombre considérable : *Y'en abio uno immansitat*, il y en avait sans nombre. (Du latin *immensitas*.)

**IMMANSOMEN**, *Fosso*, adv. Immensément, démésurément, énormément.

**IMMEDIATOMEN**, adv. Immédiatement, directement, sans intermédiaire. (Du latin *immediate*.)

**IMMEMOURIAL**, adj. Immémorial, dont il ne reste aucune mémoire ; Très-ancien : *De temps immemourial*, du temps immémorial.

**IMMOUBILE**, O, adj. Immobile, qui ne se meut pas ; fig., Constant, ferme, tranquille, indolent. (Du latin *immobilis*.)

Lou juste es coumo un albre
Que s'elevo a las nious :
Pus ferme que lou malbre
Quand se foundo sur Dious,
El demoro *immoubille*
Countro lous ouragans
Et vey d'un él tranquille
Sous ribals, sous tirans. Puj.

**IMMOUDERAT**, ADO, adj. Immodéré, ée, qui est sans modération ; Déréglé, désordonné. (Du latin *immoderatus*.)

**IMMOUDESTE**, O, adj. Immodeste, en parlant des personnes qui manquent de modestie, de pudeur. (Du latin *immodestus*.)

**IMMOUDESTIO**, s. f. Immodestie, manque de modestie, de pudeur ; Indécence, action, propos immodestes : *Aco's uno immoudestio*, c'est une indécence. (Du latin *immodestia*.)

**IMMOUDESTOMEN**, adv. Immodestement, d'une manière peu modeste. (Du latin *immodeste*.)

**IMMOULA**, v. act. Immoler, offrir en sacrifice ; v. pro. s'Immoler, se dévouer, se livrer, se sacrifier.

Dious se présento
Coum'un agnèl
Et tu per nous l'*immolos* sur l'aoutèl. Puj.

**IMMOURTALISA**, v. act. Immortaliser, rendre immortel ; Perpétuer le souvenir de...

**IMMOURTALISA (S')**, v. pro. S'Immortaliser, se rendre immortel dans le souvenir. (Du latin *immortalitas*.)

**IMMOURTALITAT**, s. f. Immortalité, espèce de vie perpétuelle dans le souvenir des hommes, d'âge en âge. (Du latin *immortalitas*.)

Atal l'art ès sublime, et sa caouso pus bélo,
Atal l'homme répren uno formo noubélo ;
Lé génio rénaich per l'*immourtalitat* ;
Templés et panthéouns, chapitéous, esplanados,
Se puploun en pertout dé glorios admirados
Qué lour siècle abio débrumbat. Dav.

**IMMOURTÈL**, O, adj. Immortel, le, qui n'est point sujet à la mort : *Nostro amo es immourtèllo*, notre âme est immortelle ; fig., Dont la mémoire doit durer toujours.

Atal sieguèt aquel qu'o touto nostra amoür
L'*immourtel*, creatou dél canal dél miechjour,
Riquét, lou gran Riquét dount lou noum dins nostra âma
Séro gravat saus cessa ambé dé traits dé flammag
Riquét qué las natious s'empressou dé béni,
È gardou dé sa glouèra un toucant souveni. Peyr.

**IMMOURTELO**, s. f. T. de botan. Immortelle, genre de plantes corymbifères dont la fleur ne se fane point.

**IMMUPLE**, s. m. Immeuble, se dit des biensfonds et de ce qui en tient lieu. (Du latin *immobilis*.)

## IMO

**IMO**, s. f. Zéphir, petit vent froid, pénétrant · *Fa uno imo que n'es pas caoudo*, il fait un zéphir presque froid. (Du latin *imus*, le plus haut.)

**IMOU**, *Umou*, s. f. Humeur, substance fluide dans les corps organisés : *Aco's uno imou que lou rodo*, c'est une humeur qui l'afflige ; fig., Disposition de tempérament, de l'esprit, du caractère : *Es touxoun de bouno imou*. (Du latin *humor*.)

**IMOUROUS**, adj. Humide, moite.

## IMP

**IMPAOUZA**, voyez Impouza.

**IMPERIALO**, s. f. Impériale, dessus d'une diligence, dessus d'un lit ; sorte de jeu de cartes qui tient du piquet.

**IMPERIOUS**, OUSO, adj. Impérieux, euse.

**IMPÈRT**, adj. Impair, qui n'est pas pair, qu'on ne peut diviser. (Du latin *impar*.)

**IMPIETAT**, s. f. Impiété, mépris pour la religion ; Action, parole impie. (Du latin *impietas*.)

**IMPIO**, s. et adj. Impie, qui n'a point de religion, qui la méprise ou la brave : *L'impio dis y'a pas de Dious*, l'impie a dit dans son cœur il n'y a pas de Dieu. (Du latin *impius*.)

Impio! appren ta lixou d'un maïtuachè ;
Te moustrara toun principi et toun but ;
Per soun lengache
Encaro mut,
Toun esprit fort sera leou counfoundut ;
S'as toun boun sen, à Dious randras boumachè,
Del soul depen ta perto ou toun salut. Puj.

**IMPITOYAPLE**, O, adj. Impitoyable, insensible à la pitié ; Inflexible ; Inexorable : *Es estat impitoyable*, il a été inexorable. (Racine *piétat*.)

**IMPITOYAPLOMEN**, adv. Impitoyablement, sans pitié.

**IMPLICA**, v. act. Impliquer, envelopper, comprendre dans une accusation. (Du latin *implicare*.)

IMPLOURA, v. act. Implorer, demander avec ardeur et humblement; Réclamer, solliciter, recourir à...: *Beni imploura bostro proutectiou*, je viens réclamer votre protection. (Du latin *implorare*.)

IMPOSTO, s. f. Imposte; t. de menuisier, Traverse d'un dormant de croisée, d'une porte, qui sépare les chassis du bas d'avec ceux du haut. (De l'italien *impostatura*.)

IMPOT, *Cargo*, s. m. Impôt, charge publique, droit qui se lève. (Du latin *impositum*.)

IMPOULIT, IDO, adj. Impoli, ie, sans politesse; Incivil, malhonnête : *Aco's fort impoulit*, c'est fort malhonnête. (Du latin *impolitus*.)

IMPOULITESSO, s. f. Impolitesse, Incivilité, malhonnêteté : *Cal pas fa impoulitesso à digus*, il ne faut faire impolitesse à personne.

IMPOUPULARI, adj. Impopulaire, qui n'est pas populaire.

S'aprèp abé cruchit un tròne *impopuldri*,
N'a pas lou juste dret de fa soun mandatari;
N'abio doun pas, tapaou, lou dret de fa soun Rey,
Car lou puple de yèr es lou puple d'anèy. J.

IMPOURTA, v. act. Importer, apporter du dehors dans un pays; v. n. et impers. Etre avantageux, de conséquence.

IMPOURTANÇO, *Impourtenço*, s. f. Importance, qualité, avantage; Considération : *A uno grando impourtanço*, il jouit d'une grande considération.

IMPOURTANT, O, adj. et s. Important, te, qui importe; Considérable, de conséquence: *Aco's uno causo inpourtanto*, c'est une chose importante ; Qui jouit d'un grand crédit, qui a de l'autorité ; Constitué en dignité ; Revêtu d'un grand pouvoir ; Eminent par son pouvoir, ses talents : *Aco's un òme impourtant*, c'est un homme important. (Du latin *in portare*.)

IMPOURTUN, O, adj. Importun, une, qui importune, qui fatigue à force de soins, d'assiduités, de demandes; en parlant des choses, Qui inquiète, agite, tourmente ; Déplaisant, ennuyeux, incommode, gênant, embarrassant. (Du latin *importunus*.)

IMPOURTUNA, v. act. Importuner, se rendre importun ; Fatiguer à force de soins, d'assiduités, de questions : *Me bengas pas impourtuna*, ne venez pas m'importuner ; en parlant des choses, Inquiéter, agiter, tourmenter, déplaire; Incommoder, gêner: *Nous impourtuno pla*, cela nous gêne beaucoup.

D'aquel maoudit amour se poudio me desfaire,
Me beiriez pas aíci bous *impourtuna* gaîre. D.

IMPOURTUNITAT, s. f. Importunité; Assiduité fatigante, instances trop répétées : *Sas impourtunitas m'allassou*, ses importunités me fatiguent. (Du latin *importunitas*.)

IMPOUSSIBILITAT, s. f. Impossibilité; Empêchement invincible, obstacle insurmontable : *Es de touto impoussibilitat*. (Du latin *impossibilitas*.)

IMPOUSSIPLE, O, adj. Impossible, qui ne peut être ou se faire ; Qui ne saurait avoir lieu ; Infaisable ; Impraticable : *Aco's impoussiple*, c'est impraticable. (Du latin *impossibile*.)

IMPOUSTUR, *Mentur*, s. m. Imposteur, fourbe, trompeur, calomniateur : *Aco's un impoustur*, c'est un imposteur. (Du latin *impostor*.)

IMPOUSTURO, *Messourgo*, s. f. Imposture, mensonge prémédité ; Calomnie, artifice, hypocrisie. (Du latin *impostura*.)

IMPOUTENT, O, adj. Impotent, te, privé du mouvement de ses membres ; Perclus : *Aco's un impoutent*, c'est un impotent. (Du latin *impotens*.)

IMPOUZA, *Impaouza*, v. act. et n. Imposer, mettre dessus...: *L'abesque impaouzo las mas*, l'évêque impose les mains ; Soumettre à un impôt, à une taxe : *L'an trop impaouzat*, on l'a trop chargé d'impôts ; Inspirer de la crainte, du respect : *Sa presenço n'impouzabo*, sa tenue en imposait; fig., avec la négation, Mentir, tromper : *N'oun a impouzat*, il nous a tous trompés. (Du latin *imponere*.)

IMPOUZA (S'), v. pro. S'imposer, se donner une tâche, une nouvelle charge, un nouvel impôt.

IMPOUZITIOU, *Taylho*, s. f. Imposition, impôt, tribut : *Las impouzitious an aoumentat*, l'impôt a augmenté. (Du latin *impositio*.)

IMPRATICAPLE, O, adj. Impraticable, qui ne peut se faire, s'exécuter ; Impossible.

IMPRECATIOU, s. f. Imprécation, souhait de malheur fait contre quelqu'un ; Malédiction. (Du latin *imprecatio*.)

IMPREÇIOU, s. f. Impression, idée, pensée, persuasion dans l'esprit ; Opération, résultat de l'imprimerie : *Aco's uno bello impreçiou*. (Du latin *impressio*.)

IMPREÇIOUNA, v. act. Impressionner, faire impression; Emouvoir : *Aco m'a impreçiounat*, cela m'a ému.

IMPRIMA, *Enprima*, v. act. Imprimer, faire une empreinte sur...; Empreindre sur le papier; fig., Inculquer, graver, faire impression sur les sens. (Du latin *imprimere*.)

IMPRIMARIO, *Enprimariè*, s. f. Imprimerie, tout ce qui sert à imprimer, lieu, local, état, talent, etc.

IMPRIMAT, *Enprimat*, s. m. Imprimé, Livre, papier imprimé.

IMPRIMUR, *Enprimur*, s. m. Imprimeur, celui qui sait, exerce l'art d'imprimer les livres.

Per so quant ieu ey vist en foïso de passatges
Que l'on se deü fa ayma de toutis personnatges;
Mas tan s'en fal, Moussur, d'abe aquerit amix,
Que per tal de moun libre ieü ey fo enemix.
Per tal, so disoun els, quant fouri ta mal satge
D'abe fach *enprima* un ta missant oubratge;
Mais ieu ero un gran sot de me voule vanta
Que ieü toutos las gens voulguesi countenta.
De lous countenta tous ero caüso impoussiblo,
Car moun libre aürio fach may que noun pas la Biblo.
A. G.

IMPROUBA, v. act. Improuver, condamner, blâmer. (Du latin *improbare*.)

IMPROUBATIOU, s. f. Improbation, blâme, censure. (Du latin *improbatio*.)

IMPROUBISTO, adv. A l'Improviste, soudain, subitement, tout à coup : *Arribèt à l'improubisto*, il arriva à l'improviste. (Du latin *improvise*.)

IMPRUDENÇO, s. f. Imprudence, défaut de prudence; Action imprudente : *Aco's uno imprudenço*, c'est une imprudence. (Du latin *imprudentia*.)

IMPRUDENT, O, adj. Imprudent, te, contraire à la prudence : *Souy estat imprudent*, j'ai été imprudent. (Du latin *imprudens*.)

IMPRUDENTOMEN, adv. Imprudemment, avec imprudence. (Du latin *imprudenter*.)

IMPUDENÇO, s. f. Impudence, effronterie, audace, insolence : *A agut l'impudenço de me parla*, il a eu l'effronterie de me parler. Du latin *impudentia*.)

**IMPUDENT, O**, adj. Impudent, te, sans pudeur, sans honte; Insolent : *Cal que sio pla impudento*, il faut qu'elle soit bien impudente. (Du latin *impudens*.)

**IMPUDENTOMEN**, adv. Impudemment, effrontément.

**IMPUDICITAT**, s. f. Impudicité, vice contraire à la pudicité, à l'honnêteté. (Du latin *impudicitas*.)

La debaoucho de touto espèço
S'afficho ambe banitat,
*L'impudicitat* que la prèsso
Se passejo le froun lebat
Et per subre-pes la glouriolo
Qu'es un demoun que nous dezolo
Se lotjo pertout sans piétat. DEBAR.

**IMPUDICO**, adj. Impudique, qui se livre à l'impudicité; Contraire à la chasteté. (Du latin *impudicus*.)

**IMPUISSENÇO**, s. f. Impuissance, manque de force, de moyens; Inefficacité. (Du latin *impotentia*.)

**IMPUISSENT, O**, adj. Impuissant, te, qui a peu ou point de pouvoir : *Sien impuissents countro la mort*, nous ne pouvons rien contre la mort. (Du latin *impotens*.)

**IMPUNITAT**, s. f. Impunité, manque de punition. (Du latin *impunitas*.)

**IMPUNOMEN**, adv. Impunément, sans encourir aucune punition, aucune peine; Sans danger : *Pouden ba fa impunomen*, nous pouvons le faire impunément. (Du latin *impuné*.)

**IMPUR, O**, adj. Impur, re, qui n'est pas pur, corrompu par le mélange; au moral, Impudique, luxurieux. (Du latin *impurus*.)

**IMPURETAT**, s. f. Impureté, ce qu'il y a de grossier, d'étranger dans....; Luxure, impudicité. (Du latin *impuritas*.)

Oui : lou que viou dins l'inoucenço
En gardo countro lou pecat,
Et que preservo sa counscienço
De maliço et d'*impuretat*,
A gagnat d'alos de couloumbo;
Et dins aquel estat nouvèl
Quand soun corps descen dins la toumbo,
Soun amo mounto dins lou Cèl. PUJ.

**IMPUTA**, v. act. Imputer, accuser; Attribuer à quelqu'un une chose blâmable : *Ba y cal pas imputa*, il ne faut pas le lui imputer. (Du latin *imputare*.)

## IN

**IN**, Contraction de, lui en, leur en, ou de, en y : *Dounas-in*, donnez-leur en.

## INA

**INABITAPLE, O**, adj. Inhabitable, qu'on ne peut habiter : *Aquel oustal es inabitaple*. (Du latin *inhabitabilis*.)

**INABOURDAPLE, O**, adj. Inabordable, qu'on ne peut aborder ; Difficile à vivre.

**INACTIOU**, s. f. Inaction, repos, loisir, nonchalance. (Racine *actiou*.)

**INAPLICAPLE**, adj. Inaplicable.

**INATENDUT, DO**, adj. Inattendu, ue, imprévu : *Aco's pla inatendut*, c'est bien imprévu. (Racine *attendre*.)

**INATENTIOU**, s. f. Inattention, défaut d'attention : *Per inatentiou ey pres aco*, c'est par inattention que je lui ai pris cela. (Racine *attentiou*.)

## INB

**INBALIDOS**, s. m. et f. Invalide, blessé, estropié, impotent, faible, languissant, qui ne saurait travailler, ni gagner sa vie : *Aco's un inbalido*; adv. *Douna las inbalidos*, Garder et soigner jusqu'à la mort. (Du latin *invalidus*.)

**INBARIAPLE, O**, adj. Invariable, qui ne varie point; Qui ne fléchit point. (Racine *baria*.)

**INBARIAPLOMEN**, adv. Invariablement, d'une manière invariable.

**INBECILLE, O**, adj. et s. Imbécille, qui a l'esprit faible, qui est dépourvu de raisonnement, de sens; Idiot : *Es embecille*. (Du latin *imbecillis*.)

**IMBECILLITAT**, *Bestizo*, s. f. Imbécillité, faiblesse d'esprit; Simplicité, sottise : *Aco's uno inbecillitat de sa part*, c'est une sottise de sa part. (Du latin *imbecillitas*.)

**INBINCIPLE, O**, adj. Invincible, qu'on ne saurait vaincre; fig., Qui ne peut être surmonté; A quoi on ne peut résister. (Du latin *invincibilis*.)

**INBENTA**, v. act. Inventer, créer, imaginer, découvrir, trouver quelque chose de nouveau dans les sciences, les arts; fig., Supposer, controuver : *A inbentat aquelo maliço*, il a inventé cette malice. (Du latin *invenire*.)

**INBENTARI**, s. m. Inventaire, rôle, mémoire, état, détail, dénombrement par écrit de tous articles d'effets, meubles, etc. : *N'an fax l'inbentari*, on en a fait l'inventaire. (Du latin *inventarium*.)

**INBENTIOU**, s. f. Invention, faculté d'inventer; Chose inventée, création, découverte : *La bapou es uno grando inbentiou*, la vapeur est une grande invention ; fig. et en mauvaise part, Adresse, artifice. (Du latin *inventio*.)

**INBENTUR**, s. m. Inventeur, celui qui invente, qui a inventé : *L'inbentur dal télégrafo es M. Chappe* (en 1793). (Du latin *inventor*.)

**INBIBA**, v. act. Imbiber, abreuver, humecter, pénétrer de liquide. (Du latin *imbibere*.)

**INBIOULAPLE, O**, adj. inviolable, qu'on ne doit jamais violer, enfreindre ; Vénérable, sacré. (Du latin *inviolabilis*.)

**INBIOULAPLOMEN**, adv. Inviolablement, d'une manière inviolable.

**INBISIPLE, O**, adj. Invisible, qui échappe à la vue, par sa nature, sa distance, ou la petitesse de ses parties ; fig., Qui disparaît, ne se trouve jamais, ne se laisse pas voir. (Du latin *invisibilis*.)

**INBISIPLOMEN**, adv. Invisiblement, d'une manière invisible.

**INBITA**, v. act. Inviter, convier, engager à....; Prier de se trouver : *Beni bous inbita*. (Du latin *invitare*.)

**INBITA (S')**, v. pro. S'Inviter, arriver de soi-même sans être convié; se Faire mutuellement des invitations : *s'Inbitou*.

**INBITATIOU**, *Enbitatiou*, s. f. Invitation : *Beni de recapoure uno inbitatiou*, je viens de recevoir une invitation. (Du latin *invitatio*.)

**INBOUCA**, v. act. Invoquer, appeler à son aide, une puissance surnaturelle, protectrice : *Inboucabo soun anxo gardien*, il invoquait son ange gardien. (Du latin *invocare*.)

Qué sias inconnséquén! — ô Casimir, arrestá!
Lou courroux d'Apoulloun planario sus ma testa;

Se youlio l'invouca n'aourio qu'un gran réfus ;
Las nocu savantas surs, qué soun dé doumayzellas,
Qué n'aymou pas dé tout lous rimurs infidellas,
Mé crévarioou lous yols èn mó pis... dessus,   PEYR.

INBOUCATIOU, s. f. Invocation, action d'invoquer : *Fagan souben d'inboucatiou à la Santo Biervo*, invoquons souvent la Sainte Vierge. (Du latin *invocatio*.)

INBOULOUNTARI, O, adj. Involontaire, indépendant de la volonté, sans la participation. (Du latin *involuntarius*.)

INBOULOUNTARIOMEN, adv. Involontairement, contre son gré, sans le vouloir.

## INC

INCANT, *Incan*, s. m. Encan, cri public pour vendre à l'enchère ; Vente qui se fait ainsi. (Du latin *in quantum*, à combien ?)

INCANTA, v. act. Faire un encan ; Enchanter, charmer : *M'a incantat*, il m'a charmé. (Du latin *incantare*.)

INCANTAYRE, s. m. Crieur public, celui qui crie pour vendre à l'encan : *A tant, ou demoro per l'incantayre*, à tant la chose, ou elle me reste.

INCAPACITAT, s. f. Incapacité, défaut de capacité, insuffisance, inaptitude. (Du latin *incapacitas*.)

INCAPAPLE, O, adj. Incapable, en parlant des personnes, qui est dans une disposition, une situation, un état qui ne lui permet pas de..... : *Es incapaple de sinna ;* Qui a trop de vertu, de probité pour.... : *N'es incapaple*, fig., Ignorant, maladroit, sans capacité : *Es incapaplo de ba pla fa*, elle est incapable de le bien faire. (Du latin *incapax*.)

INCARNAT, adj. Incarnat, qui tire sur la couleur de chair : *Aco's un roso incarnat*, c'est un rose incarnat. (Du latin *incarnatus*.)

INCARNATIOU, s. f. Incarnation, union du verbe divin avec la nature humaine : *Lou mystèri de l'incarnatiou*, le mystère de l'incarnation. (Du latin *incarnatio*.)

INCARTADO, s. f. Incartade, folie, extravagance ; Débauche ; Saillie brusque et hors de propos : *Aco's uno incartado*. (De *carto*, carte, dit *Le Duchat* comme celle d'un joueur qui entre en *cartes* hors de son rang.)

INCENDIARI, s. m. Incendiaire.

INCERTÉN, O, adj. Incertain, ne, douteux, variable, indéterminé : *Lou tems es pla incertén ;* Qui ne sait pas, qui doute : *Es touxoun incertén se bendra*, il est toujours incertain s'il viendra. (Du latin *incertus*.)

INCERTITUDO, s. f. Incertitude, irrésolution : *Souy dins l'incertitudo*, je suis dans l'incertitude. (Du latin *incertitudo*.)

INCIBILITAT, s. f. Incivilité, action contraire à la civilité ; Impolitesse. (Racine *cibilitat*.)

INCISIOU, s. f. Incision, coupure, taillade en long. (Du latin *incisio*.)

INCITA, *Encita*, v. act. Inciter, induire à... ; Animer, pous er à.... : *N'a pas besoun de l'incita*, il n'a pas besoin d'être excité. (Du latin *incitare*.)

Si fait, morblue, si fait, perço que l'incitat
A de messancetats qu'ello nou dirio pas.   D.

INCLINA, *Enclina*, v. act. Incliner, baisser, pencher, coucher : *Cal inclina la trabésso*, il faut incliner la traverse ; Avoir du penchant pour, être porté à ; Pencher d'un côté, en parlant d'un corps: *Aquelo cantounado inclino en bizo*, cet angle incline vers le couchant. (Du latin *inclinare*.)

INCLINA (S'), *Se Bayssa*, v. pro. S'Incliner, se baisser, se coucher, pencher la tête par respect : *Se cal inclina dabant yno croux*, il faut s'incliner devant une croix.

INCLINATIOU, *Enclinatiou*, s. f. Inclination, action de pencher ; Mouvement de la tête, du corps qui se baisse ; fig., Disposition, pente naturelle, affection, amour : *Se sentis d'inclinatiou pel trabal*, il a un grand goût pour le travail. (Du latin *inclinatio*.)

INCLINAZOU, *Enclinazou*, s. f. Inclinaison, état de ce qui penche : *Y'a uno forto inclinazou*, Il y a une forte inclinaison. (Du latin *inclinatio*.)

INCONNITO, adv. Incognito, sans être connu : *Es arribat inconnito*. (De l'italien *incognito*.)

INCOUMEDITAT, voyez INCOUMOUDITAT.

INCOUMODE, O, adj. Incommode, qui n'est pas commode, dont on ne peut se servir avec aisance, facilité : *Aquel margue es incoumode*, ce manche est incommode ; Ce qui cause quelque peine, de l'embarras, où l'on n'est pas à l'aise. (Du latin *incommodus*.)

INCOUMODOMEN, adv. Incommodément, avec incommodité, d'une manière gênante.

INCOUMOUDA, v. act. Incommoder, causer quelque incommodité, du dommage ; Gêner, ennuyer, être à charge. (Du latin *incommodare*.)

INCOUMOUDANT, O, adj. Incommodant, te, qui gêne.

INCOUMOUDAT, ADO, adj. Incommodé, ée, infirme, estropié ; Indisposé, un peu malade : *Es un bricou incoumoudado*, elle est un peu dérangée. (Du latin *incommodus*.)

INCOUMOUDITAT, s. f. Incommodité, dérangement de santé, indisposition, infirmité : *A uno incoumouditat*, il a une infirmité. (Du latin *incommoditas*.)

INCOUNBENENÇO, s. f. Inconvenance, défaut, manque de bienséance : *Aco's uno grando incounbenenço*, c'est une grande inconvenance. (Du latin *inconvenientia*.)

INCOUNBENENT, O, adj. Inconvenant, te, qui manque de bienséance, qui blesse les convenances: *Es incounbenent que siogo aqui*, c'est inconvenant qu'elle soit là.

INCOUNBENIENT, s. m. Inconvénient, difficulté, embarras, empêchement, obstacle ; Contretemps, accident, malheur. (Du latin *inconveniens*.)

INCOUNCEBAPLE, O, adj. Inconcevable, qui ne peut imaginer ; Fort étrange : *Es incouncebaple, ço qu'a fax*, ce qu'il a fait est étonnant.

INCOUNDUYTO, s. f. Inconduite, mauvaise conduite, dérèglement de mœurs, libertinage. (Racine *counduyre*.)

INCOUNEGUT, DO, adj. et s. Inconnu, ue, homme de rien dont on ignore l'état et l'origine ; Qui n'est pas connu ; Qui n'a point de renommée, de réputation ; Qu'on n'a pas éprouvé · *Aco's un mal incounegut*, c'est un mal inconnu. (Du latin *incognitus*.)

Bei, sans ana pus len, siez anat embrassa
Calqu'un d'incounegut que benio de passa.   D.

INCOUNPARAPLE, O, adj. Incomparable, à qui, à quoi rien ne peut être comparé : *A uno recollo incounparaplo*, une récolte fabuleuse. (Du latin *incomparabilis.*)

**INCOUNPARAPLOMEN**, adv. Incomparablement, sans comparaison.

**INCOUNPATIPLE**, O, adj. Incompatible, opposé, contraire, inaliable, inconciliable.

**INCOUNPATIBILITAT**, s. f. Incompatibilité, antipathie d'humeur, de caractère, d'esprit; Impossibilité légale de posséder à la fois deux charges, etc. : *Y'a incounpatibilitat.*

**INCOUNPREANSIPLE**, adj. Incompréhensible, qui ne peut être compris, qui passe notre intelligence; Inconcevable. (Du latin *incomprehensibilis.*)

**INCOUNSEBAPLE**, O, *Incouncebaple*, adj. Inconcevable.

**INCOUNSEQUENÇO**, s. f. Inconséquence, défaut de conséquence dans les idées, les discours, les actions; Actions, discours irréfléchis; Contradiction. (Du latin *inconsequentia.*)

**INCOUNSEQUENT**, O, s. et adj. Inconséquent, te, parlant des personnes, qui agit, qui parle sans réflexion, contre ses propres principes; Irréfléchi : *Sios uno incounsequento*, tu es une inconséquente. (Du latin *inconsequens.*)

**INCOUNSIDERADOMEN**, adv. Inconsidérément, imprudemment, étourdiment.

**INCOUNSOULAPLE**, O, adj. Inconsolable, qui ne peut se consoler, qu'on ne peut consoler : *Es incounsoulaplo*, elle est inconsolable. (Du latin *inconsolabilis.*)

**INCOUNSOULAPLOMEN**, adv. Inconsolablement, de manière à ne pouvoir être consolé.

**INCOUNTESTAPLE**, O, adj. Incontestable, certain, évident, manifeste : *Aco's incountestaple*, c'est incontestable.

**INCOUNTESTAPLOMEN**, adv. Incontestablement, évidemment, certainement, manifestement.

**INCOUNTINENÇO**, s. f. Incontinence, vice opposé à la continence, à la chasteté; Écoulement involontaire de l'urine. (Du latin *incontinentia.*)

**INCOURPOURA**, v. act. Incorporer, mêler; t. mil. Mettre, faire passer dans un corps. (Du latin *incorporare.*)

**INCOURRIXIPLE**, O, adj. Incorrigible, qui ne peut, ne veut pas se corriger; Indocile, obstiné, opiniâtre. (Racine *courrixa.*)

**INCOURRUPTIPLE**, O, adj. Incorruptible, qui ne peut se corrompre, non sujet à la corruption; fig. Incapable de se laisser corrompre; Droit, équitable, intègre. (Du latin *incorruptibilis.*)

**INCOUSTENÇO**, s. f. Inconstance, facilité à changer d'opinion, de résolution, d'affection, de goût, etc. : *L'incoustenço es soun partaxe*, l'inconstance fait son partage : en parlant des choses, Inégalité, instabilité, variabilité. (Du latin *inconstantia.*)

**INCOUSTENT**, O, adj. et s. Inconstant, te, volage, léger, sujet à changer. (Du latin *inconstans.*)

**INCREDULITAT**, s. f. Incrédulité, difficulté, répugnance à croire; Manque de foi à ce qui est enseigné par la religion révélée : *L'incredulitat gagno pertout*, l'incrédulité gagne partout. (Du latin *incredulitas.*)

**INCREDULLE**, O, adj. et s. Incrédule, qui croit difficilement, qu'on a peine à persuader : Qui ne croit pas aux mystères de la religion : *Aco's un incredulle*, c'est un incrédule. (Du latin *incredulus.*)

**INCROYAPLE**, O, adj. Incroyable, qui ne mérite pas de foi; Qui ne peut être cru, invraisemblable; par ext. Difficile à croire; Excessif, extraordinaire. (Du latin *incredibilis.*)

**INCULCA**, v. act. Inculquer, mettre, imprimer une chose dans l'esprit à force de la répéter : *Ey finit per ba y'inculca*, j'ai fini par le lui inculquer. (Du latin *inculcare.*)

**INCULI**, v. act. Cueillir prématurément; Cueillir avant le temps : *B'abès inculit*, vous l'avez cueilli avant le temps.

**INCULPA**, v. act. Inculper, attribuer, imputer une faute; Accuser de.... : *M'angos pas inculpa*, he vas pas m'inculper. (Du latin *in* et *culpa.*)

**INCULTE**, O, adj. Inculte, non cultivé, désert, en friche : *Y'a fosso terro incultro*, il y a beaucoup de terre en friche. (Du latin *incultus.*)

L'égoïsme soul a soun culte,
Es lou soul Dious qu'es encensat;
Tout ço qu'es sacrat es *inculte*,
Nou bézon pas may d'amistat.
Le fil abandounó lou payre,
Le frayre mesprézo soun frayre,
Aufin tout es cambobirat.  DEBAR.

**INCURAPLE**, O, adj. et s. Incurable, qui est sans remède; Inguérissable : *Aco's un mal incuraple*, c'est un mal incurable. (Du latin *in curare.*)

## IND

**INDAMNITAT**, s. f. Indemnité, dédommagement. (Du latin *indamnitas.*)

**INDAMNIZA**, v. act. Indemniser, payer le dommage, réparer la perte, restituer la valeur; Récompenser; Dédommager par justice, devoir : *Es xuste de l'indamniza*, il est juste de l'indemniser.

**INDAMNIZA (S')**, v. pro. S'Indemniser, se dédommager.

**INDAMNIZATIOU**. voyez INDAMNITAT.

**INDEBIS**, adj. Indivis, non divisé, non partagé, possédé en commun : *Es encaro indebis.* (Du latin *indivisus.*)

**INDEBOT**, O, adj. et s. Indévot, te, qui n'est pas dévot. (Du latin *indevotus.*)

**INDEBOTOMEN**, adv. Indévotement, d'une manière indévote : *Se ten à la gleyzo indebotomen*, il se tient à l'église d'une manière indévote.

**INDEBOUTIOU**, s. f. Indévotion, manque de dévotion.

**INDECENÇO**, s. f. Indécence, manque de décence; Action, discours indécents : *Aco's uno indecenço*, c'est une indécence. (Du latin *indecentia.*)

**INDECENT**, O, adj. Indécent, te, contraire à la pudeur, à l'honneur, à la bienséance. (Du latin *indecens.*)

**INDECENTOMEN**, adv. Indécemment, contre la décence, avec indécence.

**INDECIS**, *Endecis*, adj. Indécis, se; en parlant des choses, Qui n'est pas décidé; en parlant des personnes, Qui a de la peine à se décider, à se déterminer; Qui hésite.

**INDENNITAT**, s. f. Indemnité. (Du latin *indemnitas.*)

**INDEPENDENÇO**, s. f. Indépendance, liberté de tout engagement, de tout lien : *Biou dins l'independenço*, il vit dans l'indépendance. (Racine *dependre.*)

**INDEPENDENT**, O, adj. Indépendant, te, qui ne dépend de personne; Libre de toute sujétion, de toute dépendance : *Souy pla independent*, je suis bien indépendant.

**INDEXISTIOU**, *Indixestiou*, s. f. Indigestion, mauvaise coction des aliments dans l'estomac : *A agut uno indexistiou*, il a eu une indigestion; fig.

Lassitude, fatigue ; Ennui occasionné par un travail, une conduite, des manières, etc. : *M'en a fax beni l'indexistiou*, il m'en a donné une indigestion. (Du latin *indigestio*.)

Per un bouci d'*indigestiou*,
Quë bous tourmentet qualqué briou,
Bous bous hermorias lo pitanço ;
Mettrias lou caïs en désubranço ?
O bostré aïsé, forio pas you :
Prendrio pas tout dé précaution.
És plo gordat cé qué Diou gardo.
Coumenças dounc, ol noum dé Diou,
Dé rompli d'un fromi dé fardo,
É soutano, é subrépèlis,
Per réberta pas uno sardo ;
Car, pel ségur, sérés pla lis.    PRAD.

INDIBIS, *voyez* ENDEBIS.
INDIBISIPLE, O, adj. Indivisible, qu'on ne peut pas diviser.
INDICA, v. act. Indiquer, montrer avec le doigt ; Marquer, désigner, donner à connaître : Enseigner, faire savoir : *Indicas-me lou cami*, montrez-moi le chemin. (Du latin *indicare*.)
INDICATIOU, s. f. Indication, action d'indiquer, signe qui indique. (Du latin *indicatio*.)
INDIÇO, s. f. Indice, signe apparent et probable d'une chose : *L'indiço serio falso*, le signe serait faux. (Du latin *indicium*.)
INDIGNA, *voyez* ENDIGNA.
INDIRECT, O, adj. Indirect, te, détourné, écarté ; Oblique, sinueux : *Y'es arribat d'uno manièyro indirecto*, cela lui est arrivé d'une manière indirecte. (Du latin *indirectus*.)
INDIRECTOMEN, adv. Indirectement, d'une manière détournée.
INDIXENT, O, s. m. f. Indigent, te, très-nécessiteux, très-pauvre. (Du latin *indigens*.)

*Indixent* de la Loiro ou de nostre païs,
Un soulel pus luzent per bous m'entreluzis.....
Se poudiés, coumo yeou, temouan d'aquesto festo,
Saoupre lou bel presen que Castros bous apresto !.....
Se sabiés quant d'amour, et qu'un rixo tresor
Lou mounde dal councert bous gardo dins soun cor !...
Dins bostr'âmo bouldries entié lou poudé claoure,
Et souffri per l'ayma, lou malhur d'estre paoure.
   A. B.

INDIXÈSTE, O, adj. Indigeste, difficile à digérer : *Aco's indirèste*, c'est de difficile digestion.
INDIOUGUDOMEN, adv. Indûment : Sans que la chose soit due : *Ey pla pagat indiougudomen*, j'ai payé sans devoir. (Du latin *indebitè*.)
INDIOUGUT, DO, adj. Indu, ue, contre le devoir, la règle, la raison ; A contre-temps. (Du latin *indebitus*.)
INDOULENÇO, s. f. Indolence, inertie, insouciance, apathie : *Quuno indoulenço*, quelle apathie. (Du latin *indolentia*.)
INDOULENT, O, adj. et s. Indolent, te, insensible à tout ; Négligent. (Du latin *indolens*.)
INDUBITAPLE, O, adj. Indubitable, dont on ne peut douter ; Assuré, certain : *Aco's un proufit indubitaple*.
INDUBITAPLOMEN, adv. Indubitablement ; Assurément ; Certainement : *Arribara indubitaplomen*, il arrivera certainement.
INDULXENÇO, *Indulgenço*, s. f. Indulgence, facilité à pardonner, à excuser : *Cal abe d'indulxenço per el*, il faut user d'indulgence envers lui. (Du latin *indulgentia*.)

Tout és finit per yéou ! Mais Dioù qu'és tant boun pèra,
Vol méttré dins moun cor la countritioù sincèra ;
Sé m'a dounat lou mal èra per m'esprouva.
Ara quand lou Lèproux va fayre pénitença
Anén, anén moun âma, imploura l'*indulgença*,
D'aquel d'oun lous décrets té dévioou resprouva.
   PEYR.

INDULXENT, O, adj. Indulgent, te, qui a de l'indulgence, qui pardonne aisém t. (Du latin *indulgens*.)
INDUSTRIO, *Biays*, s, f. Industrie, adresse à faire une chose ; Intelligence : *Cal abe fosso industrio per aco*, il faut avoir une grande intelligence. (Du latin *industria*.)

O mous councitoyeus ! qu'aymas tant la Patria,
É qué bous exaltas as souls mots d'*industria*,
Dé sciença, ou progrès, ou civilisatiou,
Vostra âma ressentis una aoutra creatiou,
Quan, én prenguèn soun vol, la rénoummada alerta
Announça un gran proujet ou quaouqua descouverta
Qu'o lançat dins lou monde un hommé aoudacioux
A la fi dé trasmettré un titré précioux
A sous pichots nèvouts per béni sa mémouèra,
Tant és bel, tant és vray l'amour sent dé la glouèra !
   PEYR.

INDUSTRIOUS, ZO, adj. et s. Industrieux, se, qui a de l'industrie, fait avec industrie.
INDUSTRIOUZOMEN, *Abillomen*, adv. Industrieusement, avec habileté.

## INE

INEBITAPLE, O, adj. Inévitable, que l'on ne peut éviter, dont on ne peut se garantir : *Aco's inebitaple*, c'est inévitable. (Du latin *inevitabilis*.)
INEBITAPLOMEN, adv. Inévitablement, nécessairement, sans qu'on puisse l'éviter.
INEBRALLAPLE, O, adj. Inébranlable, que rien ne peut ébranler ; Ferme, solide.
INEBRALLAPLOMEN, adv. Inébranlablement ; d'une manière inébranlable.
INEFAÇAPLE, O, adj. Ineffaçable, qui ne peut être effacé.
INEFAPLE, O, adj. Ineffable, qui ne peut être exprimé par la parole : *Dious nous aymo d'un amour inefap.o*, Dieu nous aime d'un amour ineffable. (Du latin *ineffabilis*.)
INEGAL, O, adj. Inégal, le, qui n'est point de niveau ; fig., Changeant, capricieux, fantasque : *Es fort inegalo dins sas manièyros*, elle est fort fantasque dans ses manières. (Du latin *inœqualis*.)
INEGALITAT, s. f. Inégalité, défaut de ce qui n'est pas de niveau, etc. ; Défaut d'égalité, de condition, de fortune, de mérite. (Du latin *inœqualitas*.)
INEGALOMEN, adv. Inégalement, d'une manière inégale.
INEPUISAPLE, O, adj. Inépuisable, qu'on ne peut épuiser, tarir.
INESCUSAPLE, O, adj. Inexcusable, qui ne peut être excusé ; Impardonnable : *Sios inescusaplo*, tu es inexcusable. (Du latin *inexcusabilis*.)
INESPERAT, ADO, adj. Inespéré, ée ; Heureux, que l'on n'osait, ne pouvait espérer. (Racine *esperat*.)
INESPLICAPLE, O, adj. Inexplicable, qu'on ne peut expliquer, dont on ne peut se rendre compte. (Racine *esplica*.)
INESTIMAPLE, O, adj. Inestimable, qu'on ne peut assez estimer, assez priser : *M'a fax un pre-*

sen inestimaple, c'est un présent sans prix. (Racine estima.)

INEXOURAPLE, O, adj. Inexorable, qu'on ne peut fléchir, apaiser par les prières : Dur, trop sévère : *Es estat inexouraple*, il est demeuré inexorable. (Du latin *inexorabilis*.)

INEXPRIMAPLE, O, adj. Inexprimable, qu'on ne peut exprimer, dont on ne peut faire connaître toute l'étendue. (Racine *exprima*.)

## INF

INFAMA, v. n. Injurier, traiter d'infame ; Accabler de sottises : *M'a infamat*, il m'a accablé de sottises. (Du latin *fama*.)

INFAME, O, adj. et s. Infame, diffamé, flétri par la loi, par l'opinion publique ; Honteux, déshonorant, indigne : *Aco's infame*, c'est infame. (Du latin *infamis*.)

INFAMIO, s. f. Infamie, flétrissure imposée à l'honneur, au nom, à la réputation, par la loi, par l'opinion publique ; Avilissement, décri, déshonneur, opprobre : *Aco's uno infamio*, c'est une infamie. (Du latin *infamia*.)

INFANTARIE, *Infantario*, s. f. Infanterie ; Soldats à pied ; Fantassins : *l'Infantarie touto soulo dounèt*, l'infanterie seule battit. (Suivant quelques auteur anciens, d'une *Infante* d'Espagne qui, volant au secours du roi son père, entièrement défait par les Maures, battit ceux-ci à la tête d'une troupe de gens de bien qu'elle avait rassemblés, et dont l'usage pour les combats était alors inconnu. En mémoire de cet événement, les piétons Espagnols prirent le nom d'*Infanterie*, lequel a passé depuis aux piétons des autres nations.)

INFATIGAPLE, O, adj. Infatigable, que rien ne fatigue, qui ne se lasse point : *Es infatigaple*, il est infatigable. (Racine *fatiga*.)

INFATIGAPLOMEN, adv. Infatigablement, sans se lasser.

INFATUAT, ADO, adj. Infatué, ée ; Prévenu excessivement, sans retour. (Du latin *infatuatus*.)

INFAYLHIPLE, O, adj. Infaillible, qui ne peut faillir, errer, ni tromper, en parlant d'une chose certaine : *Aco's infaylhiple*.

INFAYLHIPLOMEN, adv. Infailliblement, certainement.

INFER, s. m. Enfer, lieu du supplice des damnés ; fig., Lieu de bruit et de désordre. (Du latin *infernus*.)

Quan del sé dés *infers* un démoun en coulèra
Sourtis, plé de furou, per véni sus la terra
Tourmenta lou mourtel que préga nioch é jour,
Un anja, ambé transpor, dé la voûta éternella
Davala ; ... é procha d'él sé paouza en sentinella,
Ou lou couvris dé soun amour.  PEYR.

INFERIEUR, *Inferiur*, s. m. Inférieur, celui qui est au-dessous d'un autre, en rang, en dignité, en science.

INFERIEUR, RO, adj. Inférieur, re, qui n'est point égal en qualité, en valeur : *Es d'uno qualitat inferiuro*, c'est d'une qualité inférieure ; en parlant d'une personne qui est au-dessous d'un ou de plusieurs autres en rang, en dignité, en mérite : *Y'es fort in erieur*, il lui est bien inférieur. (Du latin *inferior*.)

INFERNAL, O, adj. Infernal, le, qui appartient à l'enfer, qui tient de l'enfer, digne de l'enfer ; Pierre infernale, substance caustique faite avec de l'argent et de l'esprit de nitre : *Caldra passa la peyro infernalo*, il faudra passer la pierre. (Du latin *infernus*.)

INFÈT, TO, adj. Infect, te ; Puant, corrompu ; Qui infecte. (Du latin *infectus*.)

INFETTA, *Pudi*, v. act. Infecter, exhaler une mauvaise odeur, répandre une odeur fétide ; Empuanter, rendre infect : *Nous sios bengut infesta*, tu es venu nous infecter ; fig., Corrompre l'esprit, l'âme, les mœurs : *Lou malurous! b'a tout infettat*. (Racine *infèt*.)

INFETTATIOU, *Pudicino*, s. f. Infection, corruption, mauvaise odeur.

INFIDÈL, O, adj. Infidel, èle, déloyal, qui manque de foi, de fidélité ; Qui trahit son devoir ; Inexact, défectueux, fautif. (Du latin *infidelis*.)

INFIDELITAT, s. f. Infidélité, manque de fidélité ; Déloyauté, trahison : *Aco's uno infidelitat cridanto*, c'est une infidélité criante. (Du latin *infidelitas*.)

Que debendrey sans aquelo coumpagno,
Soul, plé d'un mal que n'ey pas meritat!...
M'en anirey pla lèn dins la campagno
Ploura à sadoul soun *infidelitat*.  A. B.

INFIDÈLOMEN, adv. Infidèlement, d'une manière peu fidèle.

INFILTRA, *Xima*, v. pro. S'infiltrer, passer comme par un filtre dans les pores d'un solide. (Racine *filtre*.)

INFINIT, IDO, adj. Infini, ie, qui n'a point de bornes, sans commencement, ni fin, sans fin ; Innombrable ; Très-grand, très-considérable ; *Y'a un trabal infinit*, c'est un travail considérable. (Du latin *infinitus*.)

INFINITAT, *Fosso*, s. f. Infinité, grand nombre, grande quantité : *Gna uno infinitat*, il y en a une infinité. (Du latin *infinitas*.)

INFIRMARIE, *Infirmario*, s. f. Infirmerie, lieu destiné aux malades dans un établissement public, un collége, une communauté : *Ero à l'infirmarie*, il était à l'infirmerie.

INFIRME, O, s. et adj. Infirme ; Faible, débile ; Maisain ; Maladif, valétudinaire : *Aco's un infirme*, c'est un infirme. (Du latin *infirme*.)

INFIRMIÈ. EYRO, s. m. f. Infirmier, celui qui a soin d'une infirmerie, qui sert les malades : *Es un boun infirmiè*, c'est un bon infirmier.

INFIRMITAT, s. f. Infirmité, faiblesse, débilité ; Maladie actuelle ou habituelle ; Vice d'organisation qui prive d'un organe, d'un sens, d'un membre : *A uno grando infirmitat*, il a une grande infirmité. (Du latin *infirmitas*.)

INFLAMMA, voyez ENFLAMMA.

INFLAMMATIOU, s. f. Inflammation ; t. de méd., Acreté, ardeur aux parties échauffées du corps : *Aco's uno inflammatiou de poitrino*, c'est une inflammation de poitrine. (Du latin *inflammatio*.)

INFLAMMAPLE, O, adj. Inflammable, qui s'enflamme aisément.

INFLEXIPLE, O, adj. Inflexible, qui ne cède à aucune compression ; fig., Qui demeure invariable dans ses volontés, dans ses résolutions, dans son courroux : *Es estat inflexiple*, il est resté inflexible. (Du latin *inflexibilis*.)

A mous regrets siogos pas *inflexiplo*,
Sur un malaout xeto un él amistous.....
Lou Cel benis la couloumbo sansiplo
Que pren pietat dal paoure malurous.  A. B.

INFLIXA, v. act. Infliger, déterminer ; Fixer, or-

## ING

donner, imposer une peine, une punition. (Du latin *infligere*.)

**INFLUA**, v. act. Influer, communiquer; Agir, déterminer; Faire impression; Agir par influence; Contribuer à...; Faire prendre un parti : *Y'a pla influat*, il a beaucoup influé. (Du latin *influere*.)

**INFLUENÇO**, s. f. Influence, action supposée des astres sur les corps terrestres; fig., Action d'une cause qui aide à produire un effet; Impression sur l'esprit, etc., causée par les discours, les exemples : *A usat de touto soun influenço*, il a usé de toute son influence. (Du latin *influentia*.)

**INFLUENT**, O, adj. Influent, te, qui exerce de l'influence; Qui a de l'ascendant : *Es lou pus influent*, il est le plus influent. (Du latin *influens*.)

**INFORME**, O, adj. Informe, qui n'a pas de forme déterminée; Mal formé; fig., Imparfait, incompris; Confus. (Du latin *informis*.)

**INFOURMA**, v. act. Informer, avertir, donner avis : *L'a infourmat*, il l'a averti; t. de palais, Faire une information, une enquête : *N'a pas encaro infourmat countro el*, il n'a pas fait d'enquête contre lui. (Du latin *informare*.)

Yéou crezé, mardiou ! que sès fols,
Coussi ! qué caouques parassols
Devou fayre rèndre una vila ?
Diguet un viél tout plè de bila :
Mardiou, *infourmas-vous* aoumens
Dé qué voloun aquélas jèns...
An siblat... Mais amay on sible,
On n'és pas pourtan pus terrible. FAV.

**INFOURMATIOU**, s. f. Information, action de s'informer : *Cal prene d'infourmatious*, il faut prendre des informations; t. de palais, Audition de témoins : *Las infourmatious an coumençat*, on a commencé les informations. (Du latin *informatio*.)

**INFOURTUNAT**, ADO, adj. Infortuné, ée; Disgracié de la fortune; Malheureux. (Racine *fourtuno*.)

**INFOURTUNO**, s. f. Infortune, événement fâcheux; Perte; Revers; Disgrace : *Aco's uno grando infourtuno*, c'est une grande infortune. (Racine *fourtuno*.)

Sé l'*infortuna* nous arresta ;
Sé lou gaou sé chanja en doulou ;
Sé per lou jour dé vostra festa
Bous ouffrissen pas una flou,
Aoumèns vostra senta patrouna,
Qu'és dins la celesta Citat,
Tréssa per bous una courouna,
E bous éspèra à soun coustat. PEYR.

**INFRUCTUOUS**, O, adj. Infructueux, euse, qui ne produit point, ou qui produit très-peu ; Infécond ; fig., Qui ne rapporte point ou peu de fruit; Tenté sans succès ; Vain, inutile. (Du latin *infructuosus*.)

**INFUZA**, v. act. Infuser, mettre tremper, faire tremper pendant quelque temps dans un liquide : *Ea cal infuza touto la neyt*, il le faut faire infuser toute la nuit. (Du latin *infundere*.)

**INFUZIQU**, s. f. Infusion; Chose infusée; Liqueur dans laquelle on la fait infuser. (Du latin *infusio*.)

## ING

**INGAMBE**, *Degourdit*, adj. Ingambe, alerte, agile, souple. (Corruption des deux mots *en jambe*.)

**INGENIOUS**, *Enxenious*, adj. Ingénieux, euse, plein d'esprit, d'invention, d'adresse; en parlant des choses, Qui marque, annonce de l'esprit, de l'invention dans son auteur. (Du latin *ingeniosus*.)

**INGENIUR**, s. m. Ingénieur, qui trace et conduit l'attaque et la défense des places, la construction des édifices, des ponts, etc. ; Qui lève des plans. (Du latin *ingenium*.)

**INGRAT**, O, s. et adj. Ingrat, te, insensible aux bienfaits; Qui manque de reconnaissance, de gratitude; Qui ne répond pas à l'amitié ; *Sios un ingrat*, tu es un ingrat ; en parlant des choses, Infécond, infertile, infructueux : *Aquel terren es ingrat*, cette terre est infertile. (Du latin *ingratus*.)

**INGRATITUDO**, s. f. Ingratitude, insensibilité aux bienfaits; Manque de reconnaissance, de gratitude; Oubli, mépris, haine des bienfaits reçus. (Du latin *ingratitudo*.)

M'accusaras d'*ingratituda*,
Paradis dés hommés puissèns :
Ah ! dins toun sé, l'inquiétuda
Randio mous jours trop languissèns.
Clarmoun-l'Héraoult ! douça patria !
A tus moun amour éternel !
Oy, toùta moun idoulatria
Es pèr lou tioulat paternel. PEYR.

**INGRATOMEN**, adv. Ingratement, avec ingratitude : *M'a tratat ingratomen*, il m'a traité avec ingratitude.

## INI

**INIMITAPLE**, O, adj. Inimitable, qu'on ne peut imiter; Trop beau, trop parfait pour être égalé par l'imitation.

**INIMITIÉ**, s. f. Inimitié, haine ouverte et durable; Malveillance, rancune. (Du latin *inimicitia*.)

**INIQUITAT**, s. f. Iniquité, injustice excessive ; Action contre les lois ; Méchanceté, malice ; Offense envers Dieu ; Péché; Prévarication : *Nostros iniquitats*, nos iniquités. (Du latin *iniquitas*.)

**INITIA**, v. act. Initier, admettre à la participation des cérémonies d'une religion, d'une société; fig., Communiquer la connaissance de...; Mettre au fait d'une science, d'un art, etc. (Du latin *initiare*.)

## INL

**INLITÈRA**, *voyez* ILLITERAT.

## INO

**INOUCENÇO**, s. f. Innocence, état d'ignorance du bien et du mal; Pureté de mœurs : *Es encaro dins l'inouçenço*, il est encore dans l'innocence ; État de celui qui n'est point coupable; Simplicité niaise. (Du latin *innocentia*.)

Dins toun cor pur l'*innoucenço* refoufo,
Joux tous pènous la terro réflourits;
Toun leit d'ourtis pas un cambio én moufo
Et cado neït fas dé rèbes poulits.
En te moustran, as cessat d'estré paouré;
Toutos tas flous dal poulit més dé mai,
Et soun rouzal que d'amoun Diou fa plaoure,
T'an embaoumat d'un parfum que nous plai. DAV.

**INOUCENT**, O, adj. et s. Innocent, te, qui n'est pas coupable de...; Exempt de crime, de malice; Qui ne porte point préjudice; Qui n'est point malfaisant; fig., Qui a de l'esprit. *Es inoucent*. (Du latin *innocens*.)

INOUCENTIZO, *Nigaoudizo*, s. f. Simplicité, nigauderie, niaiserie : *Aco's uno inoucentizo de sa part*, c'est simplicité de sa part. (Du latin *innocentia*.)

INOUCENTOMEN, adv. Innocemment, avec innocence, simplicité ; Sans dessein de mal faire, sans fraude : *B'ey fax inoucentomen*, je l'ai fait innocemment. (Du latin *innocenter*.)

INOUNBRAPLE, O, adj. Innombrable, qu'on ne peut nombrer ; En très-grand nombre. (Du latin *innumerabilis*.)

INOUIT, IDO, adj. Inouï, ie, qui est tel qu'on n'a rien ouï dire de pareil. (Du latin *inauditus*.)

INOUNDA, v. act. Inonder, couvrir entièrement d'eau ; Jeter beaucoup d'eau dessus : *M'a inoundat coumo passabi*, il m'a inondé comme je passais. (Du latin *inundare*.)

INOUNDATIOU, s. f. Inondation, débordement des eaux qui submergent un pays ; les Eaux débordées. (Du latin *inundatio*.)

## INP

INPAGAPLE, O, Impayable, qu'on ne peut assez payer ; Hors de prix ; Sans prix ; Excellent ; Admirable : *Es inpagaple*, c'est impayable. (Racine *paga*.)

INPALPAPLE, O, adj. Impalpable, qu'on ne peut sentir, qui se dérobe au toucher ; si Fin, si délié qu'il échappe au tact. (Racine *palpa*.)

INPARFÈT, O, adj. Imparfait, te, qui n'est pas achevé ; Qui a des défauts, des imperfections ; Mal fait, défectueux, incomplet. (Du latin *imperfectus*.)

INPARFÈTOMEN, adv. Imparfaitement, d'une manière imparfaite : *B'a bist imparfètomen*, il l'a vu imparfaitement. (Du latin *imperfectè*.)

INPATIENÇO, s. f. Impatience, agitation ; Sentiment d'inquiétude causé par la douleur, l'attente, l'espoir ; Empressement, ardeur, désir ardent ; Vivacité, emportement. (Du latin *impatientia*.)

INPATIENT, O, adj et s. Impatient, te, qui manque de patience dans le mal, dans l'attente ; Inquiet, agité, ardent, vif, empressé. (Du latin *impatiens*.)

INPATIENTA, v. act. Impatienter, faire perdre patience ; Fâcher, irriter, pousser à bout : *Me fagos pas impatienta*, ne m'impatiente pas. (Racine *inpatienço*.)

INPATIENTA (S'). v. pro. S'Impatienter, perdre patience ; s'Inquiéter, s'agiter, s'emporter : *Gna per s'impatienta*, il y a de quoi s'impatienter.

INPENETRAPLE, O, adj. Impénétrable, qui ne peut être pénétré ; Dur, épais, solide ; fig., Inabordable, inaccessible, où l'on ne peut pénétrer. (Racine *penetra*.)

INPENITENÇO, s. f. Impénitence, état de l'homme impénitent ; Endurcissement du cœur ; Obstination au mal, persévérance dans le péché. (Du latin *impœnitentia*.)

INPENITENT, O, s. et adj. Impénitent, te, endurci dans le péché ; Opiniâtre dans le crime ; Insensible aux remords : *Aco's un inpenitent*, c'est un impénitent. (Du latin *impœnitens*.)

INPERATRIÇO, s. f. Impératrice, femme d'un empereur.

INPERCEPTIPLE, O, adj. Imperceptible, qui ne peut être senti, aperçu ; Impalpable, invisible, insensible. (Du latin *in* et *percipere*.)

INPERDOUNAPLE, O, adj. Impardonnable, qu'on ne peut pardonner, qui ne mérite point de pardon.

INPERFECTIOU, s. f. Imperfection, manque, défaut qui empêche la perfection : *Aco's uno inperfecttou*, c'est une imperfection. (Du latin *imperfectio*.)

INPERTINENÇO, s. f. Impertinence, ce qui choque la bienséance ; Action, parole impertinente ; Propos déplacé ; Indiscrétion ; Sottise ; Vanité dédaigneuse : *Quuno inpertinenço*, quelle impertinence. (Racine *inpertinent*.)

Obb'aqui pel segur y'aourio d'*inpertinenço*,
Se d'elis à your nas dizien tout ço qu'on penso.
D.

INPERTINENT, O, s. et adj. Impertinent, te, qui parle, agit ; et en parlant des choses, Qui est contre la raison, la discrétion, la bienséance ; Qui montre une vanité dédaigneuse. (Du latin *impertinens*.)

INPERTURBAPLE, O, adj. Imperturbable, qu'on ne peut troubler, émouvoir. (Du latin *imperturbabilis*.)

INPETUOUS, O, adj. Impétueux, euse, violent, rapide ; Qui s'emporte facilement. (Du latin *impetuosus*.)

INPETUOUSITAT, s. f. Impétuosité, rapidité, violence. (Du latin *impetuositas*.)

INPIÉTAT, s. f. Impiété, mépris pour la religion ; Action, parole impie.

INPIO, *voyez* IMPIO.

INPITOYAPLE, *voyez* IMPITOUYAPLE.

INPITOYAPLOMEN, *voyez* IMPITOUYAPLOMEN.

INPLACAPLE, O, adj. Implacable, dont rien ne peut éteindre le ressentiment, le désir de vengeance ; Que rien ne peut apaiser ; Inflexible : *Es estat inplacaple*, il est resté implacable. (Du latin *implacabilis*.)

INPLICA, v. act. Impliquer, envelopper, comprendre dans une accusation : *L'an implicat dins un missant affa*, on l'a impliqué dans une mauvaise affaire. (Du latin *implicare*.)

INPLOURA, *voyez* IMPLOURA.

INPOSTO, s. f. T. d'archit. Imposte, partie du pied droit sur lequel commence un arc, une arcade ; t. de menuis. Traverse du milieu d'un dormant de croisée. (De l'italien *impostatura*.)

INPOT, s. m. Impôt, charge publique, droit qui se lève. (Du latin *impositum*.)

INPOULITESSO, s. f. Impolitesse, défaut, action, discours opposé à la politesse ; Incivilité ; Grossièreté dans le discours, dans les manières. (Racine *pouli*.)

INPOURTA, *voyez* IMPOURTA.

INPOURTANÇO, *voyez* IMPOURTANÇO.

INPOURTANT, *voyez* IMPOURTANT.

INPOURTUN, *voyez* IMPOURTUN.

INPOURTUNA, *voyez* IMPOURTUNA.

INPOURTUNITAT, *voyez* IMPOURTUNITAT.

INPOUSITIOU, *voyez* IMPOUZITIOU.

INPOUSSIBILITAT, *voyez* IMPOUSSIBILITAT.

INPOUSSIPLE, *voyez* IMPOUSSIPLE.

INPOUSTUR, *voyez* IMPOUSTUR.

INPOUSTURO, *voyez* IMPOUSTURO.

INPOUTENT, *voyez* IMPOUTENT.

INPRATICAPLE, *voyez* IMPRATICAPLE.

INPREBIST, O, adj. Imprévu, qu'on n'a pas prévu, qui surprend ; Soudain, subit : *Aco's ero inprebist*.

INPRENAPLE, O, adj. Imprenable, inexpugna-

## INS

ble, qui ne peut être pris, très-difficile à prendre en parlant d'une ville, d'une place forte. (Du latin *inexpugnabilis*.)

INPRESSIOU, *voyez* IMPREÇIOU.
INPRESSIOUNA, *voyez* IMPREÇIOUNA.
INPROPRE, O, adj. Impropre, qui ne convient pas, n'est pas propre, n'est pas juste.
INPROPROMEN, adv. Improprement.
INPROUBISTO, *voyez* IMPROUBISTO.
INPRUDENÇO, *voyez* IMPRUDENÇO.
INPRUDENT, *voyez* IMPRUDENT.
INPRUDENTOMEN, *voyez* IMPRUDENTOMEN.
INPUDENÇO, *voyez* IMPUDENÇO.
INPUDENT, *voyez* IMPUDENT.
INPUDICO, *voyez* IMPUDICO.
INPUISSENÇO, *voyez* IMPUISSENÇO.
INPUISSENT, *voyez* IMPUISSENT.
INPUNITAT, *voyez* IMPUNITAT.
INPUNOMEN, *voyez* IMPUNOMEN.
INPUR, *voyez* IMPUR.
INPURETAT, *voyez* IMPURETAT.

## INQ

INQUET, *voyez* ESPILLOU, CROC.
INQUIETUDO, *voyez* ENQUIETUDO.
INQUIOS, adv. Jusqu'à ce que : *Plouraras inquios dema?* tu pleureras jusqu'à demain?

## INS

INSANSIBILITAT, s. f. Insensibilité, manque de sensibilité physique ou morale. (Du latin *insensibilitas*.)
INSANSIPLOMEN, adv. Insensiblement : *Insansiplomen bendra*, insensiblement il viendra.
INSATIAPLE, O, adj. Insatiable, qui ne peut être rassasié. (Du latin *insatiabilis*.)
INSCRIOURE, v. act. Inscrire, un nom sur un registre, donner, mettre son nom sur un registre. (Du latin *scribere*.)
INSCRIPTIOU, s. f. Inscription, indication en peu de mots et gravés sur un monument, etc. ; Ecrit sur un registre, sa copie : *Aben ayci l'inscriptiou*. (Du latin *inscriptio*.)
INSENSIPLE, O, adj. Insensible, qui n'est pas sensible à... : *Es insensiple à tout*, il est insensible à tout. (Du latin *insensibilis*.)
INSEPARAPLE, O, adj. Inséparable, qui ne peut être séparé, indivisible; Constamment unis. (Du latin *inseparabilis*.)
INSEPARAPLOMEN, adv. Inséparablement, d'une manière inséparable.
INSERA, v. act. Insérer, mettre dans, placer parmi; Couler, glisser, ajouter. (Du latin *inserere*.)
INSI, adv. Ainsi, de cette manière, de la sorte, de cette sorte; Par conséquent. (Ménage le dérive du latin *insic*, composé de la prép. *in* et de l'adv. *sic*.)

Insi, se me crezes, serez pla pus moudesto
Sur de caouzos qu'alci fan pas ounou de resto. D.

INSIDIOUS, O, Trayte, adj. Insidieux, euse, qui renferme quelque piège, captieux. (Du latin *insidiosus*.)
INSIGNIFIANT, O, adj. Insignifiant, te, qui ne signifie rien. (Racine *signifia*.)
INSINUA, v. act. Insinuer, faire entrer adroitement dans l'esprit : *M'a insinuat de y'ana*, il m'a insinué d'y aller. (Du latin *insinuare*.)
INSINUA (S'), v. pro. S'insinuer, s'introduire adroitement et peu à peu dans... : *A finit per s'insinua*, il a fini par s'introduire.
INSINUANT, O, adj. Insinuant, te, qui a l'adresse, le talent d'insinuer, de s'insinuer : *Es fort insinuant*, il est fort insinuant.
INSINUATIOU, s. f. Insinuation, adresse d'insinuer; Suggestion, incitation. (Du latin *insinuatio*.)
INSIPIDE, O, adj. Insipide, qui n'a point de saveur, de goût; fig., Qui n'a point de piquant, de touchant, fade, fastidieux, dégoûtant. (Du latin *insipidus*.)
INSIPIDITAT, s. f. Insipidité, qualité de ce qui est insipide. (Du latin *insipiditas*.)
INSISTA, v. n. Insister, persévérer à demander, faire instance, appuyer fortement : *Te cal insista*, il te faut insister. (Du latin *insistere*.)
INSOUCIENÇO, s. f. Insouciance, état, caractère d'une personne insouciante.
INSOUCIENT, O, s. et adj. Insouciant, te, qui ne se soucie, ne s'affecte de rien ; Négligent, nonchalant, indolent : *Es touxous insoucient*, il est toujours insouciant. (Racine *souci*.)
INSOULBAPLE, O, adj. Insolvable, qui n'a pas de quoi payer. (Du latin *insolubilis*.)
INSOULENÇO, s. f. Insolence, trop grande hardiesse, arrogance, effronterie, manque de respect : *Aco's uno insoulenço de sa part*, c'est une insolence de sa part; Action, parole insolente. (Du latin *insolentia*.)

Oh! té respon lou pèra priou,
Monségnur on pren trop aou viou,
N'aourien pas aquéla *insoulenço*;
Vénén dire à soun eccélénça
Qu'à Cadaroussa es arrivat
Quatre cens caradas dé blat.   FAY.

INSOULENT, O, adj. Insolent, te, trop hardi, qui annonce l'insolence, qui perd le respect, blesse la modestie. (Du latin *insolens*.)

Per me faxa tabes aourio prou de matièro;
Mais bous-mespreziz trop per me mettre en couléro ;
Car yeou foou cas de bous, *insoulento* que sies,
Tout coumo l'on ne fa de sous bieilles soullies,   D.

INSOULENTIZO, *voyez* INSOULENÇO.
INSOULENTOMEN, adv. Insolemment, effrontément.
INSPECTA, v. act. Inspecter, examiner en qualité d'inspecteur ; Examiner indiscrètement. (Du latin *inspectare*.)
INSPECTIOU, *Rebuo*, s. f. Inspection, action de regarder, de considérer, d'examiner ; Charge, soin de veiller à... : Visite d'un inspecteur : *Passan l'inspectiou, dema*, nous passons la revue, demain. (Du latin *inspectio*.)
INSPECTUR, s. m. Inspecteur, celui qui a inspection, qui veille sur... (Du latin *inspector*.)
INSPIRA, v. act. Inspirer, faire naître une pensée, une idée, un sentiment; Suggérer, insinuer: *M'a inspirat uno bouno idéo*, il m'a suggéré une bonne pensée. (Du latin *inspirare*.)
INSPIRATIOU, s. f. Inspiration, action par laquelle l'air entre dans les poumons ; Lumière du ciel, grâce par laquelle Dieu éclaire l'esprit et pousse la volonté à... : Idée, pensée, suggestion : *As aguda uno bouno inspiratiou*, tu as eu une bonne pensée. (Du latin *inspiratio*.)
INSTALLA, *Estalla*, v. act. Installer, mettre en possession, en exercice. (Du latin *in*, dans, et *stallus*, stalle, siège des chanoines au chœur.)

INSTALLA (S'), v. pro. S'Installer, s'établir, commencer sa demeure; se Placer commodément.

INSTALLATIOU, s. f. Installation, mise en possession d'une cure, d'un office, etc. (Du latin *installatio*.)

INSTANÇO, s. f. Instance, sollicitation pressante; Demande, poursuite en justice. (Du latin *instantia*.)

INSTIGATIOU, s. f. Instigation, incitation, sollicitation pressante; Demande, poursuite en justice. (Du latin *instigatio*.)

INSTITUA, *Estitua*, v. act. Instituer, créer; Donner commencement; Établir quelque chose de nouveau. (Du latin *instituere*.)

INSTITUTIOU, *Estitutiou*, s. f. Institution, action d'établir; Nomination; Établissement; Éducation : *Aco's uno santo institutiou*, c'est une sainte institution. (Du latin *institutio*.)

INSTITUTOU, s. f. Instituteur, celui qui institue; Fondateur; Gouverneur; Maître de pension. (Du latin *institutor*.)

INSTRUMEN, s. m. Instrument, outil, tout ce qui sert à exécuter manuellement : Tout ce qui sert à faire quelque chose; Cause, agent : *Y'a servit d'instrumen*, il lui a servi d'instrument. (Du latin *instrumentum*.)

Aqui countent et glourious,
Aoutant qu'un servitou pot estre,
Cantarei cent milo cansous
A l'hounou del Souveren Mestré.
An ma voix et mous *instruments*
Prouvarai ma recouneyssenço :
Dious même randra mous presens
Dignes de sa magnificenço.                    Puj.

INSTRUMENTA, v. act. Instrumenter; Faire; Agir; Dresser des actes, etc.

INSTRUXIOU, s. f. Instruction, éducation, enseignement, leçons; Connaissances acquises : *A fosso instruxiou*, il a de grandes connaissances. (Du latin *instructio*.)

INSTRUYRE, *Estruyre*, v. act. Instruire, enseigner; Donner des leçons pour les sciences, des préceptes pour les mœurs ; Faire savoir, avertir, informer, donner avis : *M'an instruyt d'uno caouso*, on m'a averti d'une chose; t. de palais, Faire les enquêtes nécessaires pour pouvoir juger un procès en matière criminelle.

INSTRUYRE (S'), v. pro. S'Instruire, acquérir par soi-même de l'instruction; v. récip. se Communiquer mutuellement de l'instruction, du savoir. (Du latin *instruere*.)

INSTRUYT, O, adj. Instruit, te, qui a de l'instruction ; Informé. (Du latin *instructus*.)

INSU (A L'), adv. A l'insçu, sans qu'on le sache.

INSUFIZENÇO, s. f. Insuffisance, manque de suffisance. (Du latin *insufficientia*.)

INSUFIZENT, O, adj. Insuffisant, te, qui ne suffit pas. (Du latin *insufficiens*.)

INSULTA, v. act. Insulter, faire une insulte; Injurier : *M'a insultat*; Manquer aux égards dus, par bravade, humeur querelleuse, dessein d'humilier. (Du latin *insultare*.)

INSULTANT, O, adj. Insultant, te, qui insulte; Injurieux.

INSULTO, s. f. Insulte, mauvais traitement de fait ou de paroles avec dessein d'offenser. (Du latin *insultatio*.)

Déja tous vols rajou dé larmas
En véchén dins moun atélié
Un coumissari, dous jandarmas,
Un suppléan é soun greffié.
S'as voulgut imprima l'*insulta*
Vénou counfisqua toun gachis.
Quan vésés cé qué né résulta,
Musa, vay-t'én, crey-me, fougis.        PEYR.

INSUPOURTAPLE, O, adj. et s. Insupportable, qui ne peut être souffert, supporté : *Es insupourtaplo*, elle est insupportable. (Racine *pourta*.)

Aco's un babillard que sap pas ço que dis ;
Quand coumenço quicon, xamai pus nou finis.
Coussi n'a pas d'amic que sio prou caritaple
Per y fa saoupre al mens qu'es un *insuppourtaple*.
                                                    D.

INSUPOURTAPLOMEN, adv. Insupportablement, d'une manière insupportable.

INSURMOUNTAPLE, O, adj. Insurmontable, qui ne peut être surmonté.

INSURREXTIOU, s. f. Iusurrection, soulèvement contre un gouvernement. (Du latin *insurrectio*.)

INSURXA, v. act. Insurger, mettre en insurrection : *Ba tout insurxat dins l'endrex*, il a tout insurgé dans le pays.

INSURXA (S'), v. pro. S'Insurger, se soulever contre un gouvernement. (Du latin *insurgere*.)

## INT

INTACT, O, adj. Intact, te, entier, à quoi l'on n'a pas touché. (Du latin *intactus*.)

INTAMPERANÇO, s. f. Intempérance, excès : *L'intamperanço tuo mayt de mounde que tout aoutre mal*, l'intempérance tue plus de gens que tout autre mal. (Du latin *intemperantia*.)

INTAMPERANT, O, adj. Intempérant, te, qui est sans retenue. (Du latin *intemperans*.)

INTANDANÇO, s. f. Intendance, administration d'un prince, d'un homme riche; Soin et conduite d'affaires importantes; Gouvernement; Direction ; Régie ; Inspection ; Fonction ; Maison d'un intendant, durée de sa fonction. (Racine *intandant*.)

INTANDANT, O, s. m. f. Intendant, te, fonctionnaire chargé du gouvernement de la maison d'un prince ; Homme chargé de l'administration des biens, de la conduite des affaires d'un homme riche; Magistrat préposé à l'administration d'une province ; Gouverneur ; Directeur ; Inspecteur. (Du latin *intendens*.)

INTARISSAPLE, O, adj. Intarissable, qui ne peut se tarir.

INTEGRE, O, adj. Intègre, d'une probité incorruptible : *Aco's un ome integre*, c'est un homme probe. (Du latin *integer*.)

INTEGRITAT, s. f. Intégrité, probité, vertu incorruptible : *Y'a pas pus d'integritat dins lous affas*, il n'y a plus de probité dans les affaires. (Du latin *integritas*.)

INTELLEC, voyez COUNPRENORI.

INTELLIXENÇO, s. f. Intelligence, capacité de comprendre, de connaître, de concevoir, d'entendre, de saisir une idée; Goût; Habileté; Adresse; Industrie : *Manco pas d'intellixenço*, il ne manque pas d'intelligence ; Union, amitié réciproque, conformité, accords de sentiments : *Biben en bouno intellixenço*, nous vivons en bonne intelligence ; Communication, correspondance entre des personnes qui s'entendent ensemble dans un but, pour tromper ; Connivence : *Eres d'intellixenço*, vous viviez d'intelligence. (Du latin *intelligentia*.)

**INTELLIXENT**, O, adj. Intelligent, te, qui a du bon sens et de la pénétration; Habile, versé dans une matière. (Du latin *intelligens*.)

**INTELLIXIPLE**, O, adj. Intelligible, aisé à comprendre; Qui peut être ouï facilement et distinctement : *A naoulo et intellixiplo bois*, à haute et intelligible voix.

**INTENTA**, v. act. Intenter, commencer une action, un procès contre quelqu'un. (Du latin *intentare*.)

**INTENTIOU**, s. f. Intention, dessein par lequel on tend à une fin; Projet; Vue; Idée : *N'a pas aquelo intentiou*, il n'a pas ce projet. (Du latin *intentio*.)

**INTENTIOUNAT**, ADO, adj. Intentionné, ée, qui a certaine intention : *Es pla mal intentiounat*, il est mal intentionné.

**INTERBALO**, s. m. Intervalle, espace d'un lieu, d'un point, d'un objet quelconque à un autre; Éloignement entre deux; Espace d'un temps à un autre; Délai, remise, retard : *A tres xouns d'interbalo*, à trois jours d'intervalle. (Du latin *intervallum*.)

**INTERCEDA**, v. n. Intercéder, prier; s'Employer, s'entremettre; Solliciter pour quelqu'un. (Du latin *intercedere*.)

**INTERCEPTA**, v. act. Intercepter, interrompre le cours, la communication; s'Emparer par surprise d'une chose envoyée. (Du latin *intercipere*.)

**INTERCESSIOU**, s. f. Intercession, prière en faveur de... (Du latin *intercessio*.)

**INTERCESSOU**, s. m. Intercesseur, celui qui réclame, qui intercède pour... (Du latin *intercessor*.)

**INTERDIRE**, v. act. Interdire, défendre quelque chose à quelqu'un; Ôter par sentence le pouvoir de contracter la gestion des biens, à un insensé, à un dissipateur; fig., Étonner, troubler, décontenancer : *M'a interdit*, il m'a étonné. (Du latin *interdicere*.)

**INTERDIT**, TO, adj. Interdit, te, étonné, ée, (Du latin *interdictus*.)

**INTERDIT**, s. m. Interdit, sentence épiscopale qui suspend un prêtre de ses fonctions; Celui contre lequel a été prononcée une interdiction judiciaire. (Du latin *interdictus*.)

**INTERÈS**, s. m. Intérêt, amour de la fortune, désir des richesses; Cupidité, avarice, avidité, passion pour l'argent; Gain, profit, ce que rapporte un capital prêté : *Pago d'interès*, il paye des intérêts.

**INTERESSA**, v. act. Intéresser, associer, mettre de part; Faire prendre part à...; Attirer, gagner : *A sapiut l'interessa*, il a su l'intéresser; Importer; Engager; Attacher : *Aco l'interesso*, Fixer l'attention, provoquer la curiosité; Rendre sensible, émouvoir, toucher. (Du latin *interesse*.)

**INTERESSA** (S'), v. pro. s'Intéresser, prendre parti pour...; Prendre part dans...; Prendre intérêt à... : *S'interesso fort à sa pousitiou*, il prend grand intérêt à sa position; fig., Devenir avare; ne Respirer que les biens de la fortune : *S'interesso be trop!* il est bien trop avare!

Car la sinceritat que bous ei counegudo
Fa que yeou d'alount sies me soui touxoun plagudo :
Sabi que balés mai que fosso d'aoutros xens
Et m'interessi fort à bous despei loungtems.  D.

**INTERESSANT**, O, adj. Intéressant, te, qui fixe l'attention, excite la curiosité; Digne de compassion, de considération; Grave; Qui prévient naturellement en sa faveur; Attachant, attirant.

**INTERESSAT**, ADO, adj. Intéressé, ée, mu par l'intérêt; Fort attaché à ses intérêts, visant en tout à ses intérêts; Avare, avide, passionné pour l'argent; Qui a intérêt à une chose, dans une affaire : *Y'es fort interessat*, il y est fort intéressé.

**INTERIEUR**, *Interiur*, s. m. Intérieur, le dedans, en général; fig., Chez soi; Ménage, vie privée, ce qui est caché, secret : *Digus pot pas beze l'interieur*, personne ne peut voir notre intérieur. (Du latin *interior*.)

**INTERIEUROMEN**, *Interiuromen*, adv. Intérieurement : *Interieuromen ba penso pas*, intérieurement il ne le pense pas.

**INTERMEDIARI**, s. m. Intermédiaire.

**INTERPRETA**, v. act. Interpréter, traduire verbalement, mot pour mot d'une langue dans une autre; Débrouiller, éclaircir, commenter, trouver, voir dans un discours un sens bon ou mauvais, prendre en bonne ou en mauvaise part : *Touxoun cal pa interpreta las caousos*, il faut interpréter toujours les choses en bien. (Du latin *interpretari*.)

**INTERPRETATIOU**, s. f. Interprétation, sens que l'on donne à...; Explication, développement, éclaircissement. (Du latin *interpretatio*.)

**INTERPRETO**, s. m. Interprète, celui qui traduit verbalement d'une langue dans une autre; Truchement. (Du latin *interpres*.)

**INTERROUGA**, v. act. Interroger, faire une question, une demande à quelqu'un; Questionner; Examiner; Faire subir un examen; Consulter : *Interrougats lous anciens*, interrogez les anciens; t. de pal., Faire des questions à un accusé, à un témoin. (Du latin *interrogare*.)

Oquel n'o pas lou mal dé tont dé miech-Sobens
Qué fau del liech estent lo plèjo é lou mal tems;
Ou qué del cobinet sons couneyssé l'oraïré,
Sé maïnou dé douna dé loïçous ol bouriaïré.
Soun tic és différent; el n'o pas soun miech lec,
Quond ottaquo soun sutget, sé noun lou pousso o plec.
Souben en sous bossals aïmo dé fa lo raillo;
Quond né troubo quaôuqu'un ou qué sègo ou qué daillo,
Qué laouro ou qué s'occupo o qualqu'aoutré trobal,
L'interroujo sur tout jusqu'ol mendré détal.
PRAD.

**INTERROUGATIOU**, s. f. Interrogation, question, demande faite à quelqu'un. (Du latin *interrogatio*.)

**INTERROUGATOYRO**, s. m. Interrogatoire, question que fait un juge, et réponses de l'accusé, procès verbal qui les contient : *L'interrougatoyro a durat dos ouros*, l'interrogatoire a duré deux heures.

**INTERROUMPRE**, v. act. Interrompre, empêcher la continuation, arrêter, suspendre; Empêcher quelqu'un de parler : *Me bengos pas interroumpre*, ne viens pas m'interrompre. (Du latin *interrumpere*.)

**INTERROUMPRE** (S'), v. pro. s'Interrompre, cesser momentanément de parler, etc.

**INTERRUPTIOU**, s. f. Interruption, discontinuation, suspension. (Du latin *interruptio*.)

**INTIMA**, v. act. Intimer, signifier avec autorité légale; Assigner. (Du latin *intimare*.)

**INTIME**, O, adj. Intime, qui a, pour qui l'on a une amitié vive et sincère : *Sien intimes*, nous sommes intimes. (Du latin *intimus*.)

**INTIMIDA**, v. act. Intimider, troubler, décontenancer, interdire; Effrayer. (Du latin *in* dans, et *timor* crainte.)

INTIMITAT, s. f. Intimité, liaison étroite, intime; Confiance réciproque : *Y'a entre elles uno grando intimitat*, il y a grande intimité entre eux. (Du latin *intimitas*.)

INTIMOMEN, adv. Intimement, étroitement; Intérieurement. (Du latin *intimé*.)

INTITULA, v. act. Intituler, donner un titre, donner pour titre à...; Écrire le titre. (Du latin *intitulare*.)

INTOUNA, voyez ENTOUNA.
INTOUNATIOU, voyez ENTOUNATIOU.
INTRA, voyez DINTRA.

INTRADO, s. f. Entrée, lieu par où l'on entre : *L'intrado es pla belo*, l'entrée est belle; Droit d'entrer chez quelqu'un; Droit payé en entrant; fig., Commencement : *A l'intrado de l'iber*, au commencement de l'hiver; t. de cuisine, Premier mets : *Me manco uno intrado*, il me manque une entrée; Droit que l'on paye à l'entrée d'une ville; Entrée d'une serrure : *Y'a quicon dins l'intrado*, il y a quelque chose à l'entrée. (Racine *dintra*.)

Sant-Xan lou lendema, sas margos retroussados
Se mettet al fournel preparet las *intradas*,
Nou manquet pas tapaouc coumo bay'afian dits
De prepara tabes lous dous caoulets farcits.. D.

INTRAN, TO, adj. Hardi, assuré, délibéré.
INTRATAPLE, voyez INSUPOURTAPLE.

INTREPIDE, O, adj. Intrépide, qui ne craint pas le danger, qui l'affronte; Vaillant, laborieux. (Du latin *intrepidus*.)

INTREPIDITAT, s. f. Intrépidité, fermeté, courage inébranlable dans le péril, dans une situation forcée; Hardiesse, assurance. (Du latin *intrepiditas*.)

INTRIGA, v. act. Intriguer, inquiéter, donner du souci, causer de la défiance, inspirer des soupçons : *Aquelo noubèlo l'intrigo fort*, cette nouvelle lui donne du souci; Faire des intrigues, se donner beaucoup de peine et de soins pour, ou contre le succès. (Du latin *intricare*.)

INTRIGA (S'), v. pro. S'Intriguer, se donner beaucoup de peine pour réussir : *Se cal pla intriga per gagna la bido*, il faut se bien donner de la peine pour gagner la vie.

INTRIGANT, O, adj. et s. Intrigant, te, porté à l'intrigue; Brouillon.

INTRIGO, s. f. Intrigue, pratique secrète pour ou contre le succès; Menée, cabale; Commerce secret de galanterie. (Du latin *intricatura*.)

INTRODUYRE, v. act. Introduire, faire entrer, fourrer, mettre dedans, donner entrée. (Du latin *introducere*.)

INTRODUYRE (S'), v. pro. S'Introduire, entrer dans...; Prendre faveur; s'Immiscer dans...

INTRUS, s. m. Intrus, nom donné aux prêtres qui, pendant la révolution de 93, s'installaient par force, par violence dans les postes dont on avait chassé les titulaires. (Du latin *intrusus*.)

## INU

INUTILLE, O, adj. Inutile, qui n'est d'aucune utilité; Qui ne sert à rien. (Du latin *inutilis*.)

INUTILLITAT, s. f. Inutilité, manque d'utilité; Choses, paroles, pensées, etc., inutiles. (Du latin *inutilitas*.)

INUTILLOMEN, adv. Inutilement, en vain : *Inutillomen l'abertisses*, vous l'avertissez inutilement.

## IRA

Mais perque bous faxas tant *inutillomen*,
Digas-me, se bous plai, s'abes perdut lou sen?  D.

## INX

INXURIA, *Injuria*, v. act. Injurier, offenser par des propos; Dire des injures : *Es touxoun prest à inxuria calquun*, il est prêt toujours à offenser quelqu'un. (Racine *inxurio*.)

INXURIO, *Injurio*, s. f. Injure, affront; Insulte de paroles ou de fait. (Du latin *injuria*.)

INXURIOUS, OUZO, *Injurious*, adj. Injurieux, euse, offensant, insultant.

INXURIOUZOMEN, adv. Injurieusement, d'une manière injurieuse.

INXUSTE, O, *Injuste*, adj. Injuste, qui n'a point de justice, qui est contraire à la justice. (Du latin *injustus*.)

INXUSTIÇO, *Injust'ço*, s. f. Injustice, violation des droits d'autrui; Action injuste. (Du latin *injustitia*.)

Certos, n'aprobi pas las caousos que ban mal,
Et bei gayre digus n'axis coumo ba cal.
Las xens per certen mounde an trop de coumplazenço,
Per d'aoutres atabes an trop de maldisenço;
Se bous banto calquun, es pourtat à las nious;
D'aoutres sou brabomen escourxats toutis bious;
Tout ba per flatteriès, ou tout ba per maliço :
Coussi que ba bires, aco's uno *inxustiço*.  D.

INXUSTOMEN, adv. Injustement, contre la justice.

## IOC

IOCH, voyez BEÏT.

## IOL

IOL, voyez EL.

## IOO

IOOU, s. m. OEuf, substance qui se forme dans la femelle de certaines espèces d'animaux, composée d'une enveloppe dure ou molle, et d'un fluide renfermé dans cette enveloppe, destiné à recevoir le germe d'où les petits doivent éclore, et de plus à les nourrir jusqu'à ce qu'ils soient éclos. (Du latin *ovum*.)

Alors, dé tout coustat, un rire fol esclato;
Nous trigoussan pertout, nous escaïchan la rato;
Mais rèbenguts enfin d'aquel débordomen,
Quand abèn pla rigut, nous disèn : qué faren?
Anèn chez lé bourat, crido la troupo entièro;
Nous ba cal adouba lé millou que pourren.
Lé gigot, lès fabols, tout ba pétassaren
Amés *ioous* dé la galiniéro.  DAY.

## IPO

IPOUTECO, s. f. Hypothèque.
IPOUTECARI, adj. Hypothécaire, qui a ou donne droit d'hypothèque.

## IRA

IRAGNADO, s. f. Araignée; Toile d'araignée: *Y'a d'iragnados pertout*, il y a des araignées.

IRAGNE, *Iràgno, Tararagno*, s. m. Araignée, insecte aptère, très-commun et d'espèces variées, la plupart filant et se nourrissant de mouches; fig., Maigre, sec. (Du latin *aranea*.)

IRANXE, voyez OURANXE.
IRANXÉ, voyez OURANXÉ.

### IRE

IRÈXE, O, *Irejhe*, adj. Cruel, le, à voir; Désagréable à voir; Transporté; Colère : *Es irèxe*. (Du latin *iratus*.)

### IRI

IRIS, voyez ERIS. ERISSES.

### IRO

IROUNDÈLO, s. f. Hirondelle, oiseau de passage qui fuit le froid; Outil de métier; Rond de fer mobile, plat, sur l'essieu. (Du latin *hirundo*.)
IROUNDELOU, *Iroundou*, s. m. Petite Hirondelle, petits de l'hirondelle.

### IRP

IRPOS, voyez ARPOS.

### IRR

IRRELIGIOUS, OUSO, adj. Irréligieux, euse.
IRRITA, v. act. Irriter, fâcher, courroucer, mettre en colère : *Lou cal pas irrita*. (Du latin *irritare*.)
IRRITA (S'), v. pro. S'Irriter, se mettre en colère.

Tabes aco's finit, et boli be estre un gus,
Se me beses anfin ye parla xamai pus.
Mais es aïci que ben, et mouu cor pus *s'irrito*
Me dis de la trata tout coumo ba merito. D.

IRRITANT, O, adj. Irritant, te; qui excite les organes outre mesure.
IRRITATIOU, s. f. Irritation, ce qui irrite les humeurs, les nerfs, l'esprit. (Du latin *irritatio*.)

### ISS

ISSA, *Nilha*, v. n. Hennir, en parlant des chevaux. (Du latin *hennire*.)
ISSAGA, *Ixaga*, v. n. Rouir, faire macérer dans l'eau ou à la rosée, le chanvre, le lin, pour les rendre plus faciles à briser; se Pourrir par trop d'humidité.

Mais Ieou, couma un hardit couqui,
Saouta à l'aiga é lous plante aqui.
Pioy nade é vène fa buguda
Sus lou cuou d'aquesta cournuda.
Daou Ciel preze tan la bountat
Que vole buoure à sa santat.
Anen, vite, moun camarada,
Boujas una bona lampada;
Quan s'ajèsse dé m'*issaga*,
Es un déoute qué faou paga.
Ténés, trinquèn de bouna graça
Toutés dous, é bon prou nous fassa. FAV.

ISSALANCA, v. act. Ébrancher, rompre les branches d'un arbre; fig., Battre rudement quelqu'un.
ISSALATA, v. n. Couper le bout des ailes aux oiseaux, aux poules pour les empêcher de s'envoler. (Racine *alo*.)

Aro l'aben attrapat
L'aouzel de las grossos alos,
Aro l'aben attrapat
Et l'aben *issalatat*.
(*Chanson Toulousaine de 1815*.)

ISSALATA (S'), v. pro. Se dit des poules qui battent des ailes, se vautrent dans la poussière pour se délivrer des poux.
ISSAMA, v. n. Essaimer, faire produire un essaim : *Aquel buc n'a pas issamat*, cette ruche n'a pas essaimé.
ISSAN, s. m. Essaim, volée de jeunes abeilles séparées des vieilles : *Partis un issan*, un essaim part, s'envole; fig., Multitude. (Du latin *examen*.)
ISSARPA, *Ixarpa*, v. n. Égratigner, ensanglanter quelqu'un : *M'a issarpat*, il m'a ensanglanté. (Racine *arpos*.)
ISSARTA, voyez GREFFA.
ISSER, voyez ANTO, GREFFE.
ISSO! I! Cri des ouvriers ponr soulever, ébranler un fardeau; Pousse! *Anen toutes! isso!* allons tous! isso! (Du latin *ito*, allez.)
ISSON, voyez ISSAN.
ISSORBO, s. f. Sorbe, fruit du sorbier.
ISSOURBIÉ, s. m. Sorbier, cormier.
ISSOURDA, v. n. Contrarier; Assourdir, rompre les oreilles à force de crier. (Racine *sourd*.)
ISSOURDOUS, OUSO, adj. Ennuyeux, euse, fatigant, incommode : *Que sios issourdous*.

### ISP

ISPRE, O, adj. Apre, acide, rude au goût : *Aquelo poumo es pla ispro*, cette pomme est bien âpre. (Du latin *asper*.)
ISPROUS, OUZO, adj. Acide, aigre : *Es encaro isprous*.

### IST

ISTA, voyez ESTA.
ISTOURIA, v. act. Historier, accompagner, enjoliver de petits ornements; Arranger avec soin et recherche : *Ba bous sap istouria qu'es mannat*, il sait vous enjoliver cela, c'est charmant.
ISTOURIEN, s. m. Historien, auteur d'histoire, qui écrit l'histoire.
ISTOYRO, s. f. Histoire, narration, récit des faits, des choses dignes de mémoire; Livre qui les contient; Récit d'aventures particulières; famill., Chose compliquée, difficultueuse, embarrassante : *Ayci l'istoyro*, voici l'histoire. (Du latin *historia*.)

Alerta, Muza de gariga,
Tus, qu'amay l'on noun sé pruziga
Saves grata tan finamen
Qu'on té trova countèntamén,
Veni, l'*histouèra* és fòr poulida,
Mais faguèn pas una Eneïda
Qué sembla aquela dé Scaroun,
Encara men la dé Maroun;
Bufa-m'én una qué sié miouna
É layssen à chacun la siouna.
Lou toun dé Virgila es trop bél,
Lou dé l'aoutre és pas naturèl.
Vole una Eneïda galofa,
Simpla é qué mete tout en joïa,
Per tan qué conte dé guignoun. FAV.

### ITE

ITÈN, s. m. Sujet. Ordinairement on le prend en mauvaise part : *Aco's un paoure itèn*, *aco's un boun itèn!* c'est un mauvais sujet, un bon sujet.

## ITI

ITINERARI, s. m. Itinéraire.

## IUE

IUEL, voyez ÈL.
IUR, voyez Xur.

## IXA

IXAGA, voyez Issaga.
IXALATA, voyez Issalata.
IXAOU, s. m. Mesure de vin, demi litre à peu près.
IXARPA, voyez Issarpa.

## IXO

IXOURDA, voyez Issourda.

## JHA

IXOURDOUS, voyez Issourdous.

## IZA

IZABÈL, s. f. nom de femme; Élisabeth.
IZANEXA, s. m. Taquiner, inquiéter, se plaindre toujours et contre tout le monde : *Que fa la fenno? izanexo*, que fait la femme? elle se plaint.
IZAGNO, s. f. Inquiétude habituelle; Malaise qui fait se plaindre: *L'izagno lou manxo*, l'inquiétude le dévore.
IZAGNOUS, *Izagno*, adj. Inquiet, incommode, fâcheux : *Sios un izagnous*, tu es un inquiet.

## IZO

IZOP, s. m. Hysope, plante aromatique.

## JHA

JHA, *Dia.* Terme de charretier, qui signifie à gauche.
JHABOT, voyez Xabot.
JHABOUTA, voyez Xabouta.
JHABOUTADIS, voyez Xaboutadis.
JHACILIO, voyez Xacilho.
JHAÇO, voyez Xaço.
JHACOU, voyez Xacou.
JHACOUMAR, voyez Xacoumar.
JHACOUPIN, voyez Xacoupin.
JHACOUTI, voyez Xacouti.
JHAÏRE, voyez Xayre.
JHAL, voyez Xal.
JHALA, voyez Xala.
JHALADOU, voyez Xaladou.
JHALAREIO, voyez Geleo.
JHALIBA, voyez Xaliba.
JHALIBADURO, voyez Xalibaduro.
JHALIBRA, voyez Xibra.
JHALIBRE, voyez Xibre.
JHALOTO, voyez Xaloto.
JHALOUN, voyez Xaloun.
JHALOUNA, voyez Xalouna.
JHALOUS, voyez Xalous.
JHALOUZA, voyez Xalouza.
JHALOUZIÉ, voyez Xalouzié.
JHAMAI, voyez Xamay.
JHAMAI PUS, voyez Xamay pus.
JHAMBIE, voyez Xambie.
JHAMBOURLIA, voyez Xambourlia.
JHAN, voyez Xan.
JHANADO, voyez Xanado.
JHANDARMA, voyez Xandarma.
JHANDARMARIÉ, voyez Xandarmarié.
JHANDARMO, voyez Xandarmo.
JHANENC, voyez Xanenc.
JHANENCA, voyez Xanenca.
JHANET, voyez Xanet.
JHANETO, voyez Xaneto.
JHANFENNO, voyez Xanfenno.

## JHA

JHANGOULA, voyez Xangoula.
JHANGOULAIRE, voyez Xangoulayre.
JHANTI, voyez Xanti.
JHANTILLESSO, voyez Xantillesso.
JHANTIMEN, voyez Xantimen.
JHAOU, voyez Gaoux.
JHAOUDEL, voyez Xaoudel.
JHAOUJHA, voyez Xaouxa.
JHAOUJHO, voyez Xaouxo.
JHAOUJHOLO, voyez Xaouxolo.
JHAOUNE, voyez Xaoune.
JHAOUNI, voyez Xaouni.
JHAOUNISSO, voyez Xaounisso.
JHAOUPA, voyez Xaoupa.
JHAOUPADIS, voyez Xaoupadis.
JHAOUPAIRE, voyez Xaoupayre.
JHAOUPINA, voyez Xaoupina.
JHAOUTA, voyez Xaouta.
JHAOUVER, voyez Xoulbert.
JHAPA, voyez Xapa.
JHAPADIS, voyez Xaoupadis.
JHAPAÏRE, voyez Xapayre.
JHARATIÉ, voyez Cagnous.
JHARDIN, voyez Xardin.
JHARDINAJHE, voyez Xardinaxe.
JHARDINEJHA, voyez Xardinexa.
JHARDINIÉ, voyez Xardigné.
JHARGOU, voyez Xargou.
JHARGOUNA, voyez Xargouna.
JHARRA, voyez Xarra.
JHARRETA, voyez Xarretta.
JHARRETIEYRO, voyez Xarratieyro.
JHARRO, voyez Xarro.
JHAS, voyez Xas.
JHASSINO, voyez Xacilho.
JHASSO, voyez Xasso.
JHATADO, voyez Xatado.
JHATO, voyez Xato.
JHAUBET, voyez Xoulbert.
JHAYAN, voyez Xayan.

## JHA

JHAYET, *voyez* XAYET.
JHAZEN, *voyez* XAZEN.

## JHE

JHEMI, *voyez* XEMI.
JHENA, *voyez* XENA.
JHENANT, *voyez* XENANT.
JHENDRE, *voyez* XENDRE.
JHENERAL, *voyez* XENERAL.
JHENERALO, *voyez* XENERALO.
JHENERALOMEN, *voyez* XENERALOMEN.
JHENERATIOU, *voyez* XENERATIOU.
JHENEROUS, *voyez* XENEROUS.
JHENEROUSITAT, *voyez* XENEROUSITAT.
JHENEROUSOMEN, *voyez* XENEROUSOMEN.
JHENIBRE, *voyez* XENIBRE.
JHENIBRIE, *voyez* XENIBRIE.
JHENO, *voyez* XENO.
JHENOUL, *voyez* XINOUL.
JHENOULIADO, *voyez* XENOULIADO.
JHENS, *voyez* XENS.
JHEOU, *voyez* GLAÇO.
JHERGAOUT, *voyez* ARGAOUT.
JHERMA, *voyez* XERMA.
JHERMA, *voyez* XIRMA.
JHERME, *voyez* XERME.
JHESTICULA, *voyez* XESTICULA.
JHESTO, *voyez* XESTO.
JHESUS, *voyez* XESUS.
JHET, *voyez* XET.
JHETA, *voyez* XETA.
JHETADOU, *voyez* XETADOU.
JHET D'AIGO, *voyez* XET D'AYGO.

## JHI

JHIBECIERO, *voyez* XIBECIERO.
JHIBERNO, *voyez* XIBERNO.
JHIBESSIERO, *voyez* XIBESSIEYRO.
JHIBIE, *voyez* XIBIE.
JHIBRA, *voyez* XIBRA.
JHIBRE, *voyez* XIBRE.
JHIFLO, *voyez* XIFLO.
JHIGO, *voyez* XIGO.
JHILET, *voyez* XILET.
JHIMA, *voyez* XIMA.
JHIMBEL, *voyez* XIMBEL.
JHIMBELETO, *voyez* XIMBELETO.
JHIMBLA, *voyez* TOSSE, ATOURTI.
JHIMEL, *voyez* XIMEL.
JHIMELO, *voyez* XIMELO.
JHINES, *voyez* XINEST.
JHINESTIERO, *voyez* XINESTIERO.
JHINGLA, *voyez* XINGLA.
JHINIEBRE, *voyez* XINIEBRE.
JHINOUFLADO, *voyez* XINOUFLADO.
JHINOUL, *voyez* XINOUL.
JHINOULIA, *voyez* AXINOUYLHA.
JHINTET, *voyez* PINQUET.
JHIOULIE, *voyez* XIOULIE.
JHIPA, *voyez* XISPA.
JHIPASSES, *voyez* ROUINO, DESCOUMRRE.
JHIPIE, *voyez* PLASTRIE.
JHIPOU, *voyez* XIPOU.
JHIRANDOLO, *voyez* XIRANDOLO.
JHIRMA, *voyez* XIRMA.
JHIROFLE, *voyez* XIROFLE.
JHIROU, *voyez* XIROU.
JHIROULETO, *voyez* XIROULETO.
JHIROUNA, *voyez* XIROUNA.

JHISCLET, *voyez* XISCLET.
JHISCLETA, *voyez* XISCLETA.
JHISPA, *voyez* XISPA.
JHISPOU, *voyez* XISPOU.
JHITOU, *voyez* XITOU.

## JHO

JHO, *voyez* XOC.
JHOC, *voyez* XOC.
JHOUA, *voyez* XOUA.
JHOUADOU, *voyez* XOUADOU.
JHOUAIRE, *voyez* XOUAYRE.
JHOUATIE, *voyez* XOUATIE.
JHOUATO, *voyez* XOUATO.
JHOUBE, *voyez* XOUBE.
JHOUBENOT, *voyez* XOUBENOT.
JHOUBENTUT, *voyez* XOUBENTUT.
JHOUC, *voyez* XOUC.
JHOUCA, *voyez* XOUCA.
JHOUCADOU, *voyez* XOUCADOU.
JHOUET, *voyez* XOUET.
JHOUGA, *voyez* XOUA.
JHOUGADOU, *voyez* XOUADOU.
JHOUGUET, *voyez* XOUET.
JHOUI, *voyez* XOUÏ.
JHOUISSENÇO, *voyez* XOUISSENÇO.
JHOUISSENT, *voyez* XOUISSENT.
JHOULBET, *voyez* XOULBERT.
JHOUN, *voyez* XOUN.
JHOUNCADO, *voyez* XOUNCADO.
JHOUNCASSE, *voyez* XOUNCASSES.
JHOUNCHURO, *voyez* XOINTURO.
JHOUNCIBO, *voyez* XOUNXIBO.
JHOUNQUINO, *voyez* XOUNQUINO.
JHOUR, *voyez* XOUN.
JHOURNADO, *voyez* XOURNADO.
JHOURNAL, *voyez* XOURNAL.
JHOURNALIE, *voyez* XOURNALIE.
JHOURNAOU, *voyez* XOURNAL.
JHOURNELOMEN, *voyez* XOURNELOMEN.
JHOUST, *voyez* XOUST.
JHOUST BARBO, *voyez* XOUST BARBO.
JHOUZIOU, *voyez* XOUZIOU.
JHOUYOUS, *voyez* XOUYOUS.
JHOUYOUZOMEN, *voyez* XOUYOUZOMEN.
JHOYO, *voyez* XOYO.

## JHU

JHUBILE, *voyez* XUBILE.
JHUBILATIOU, *voyez* XUBILATIOU.
JHUCA, *voyez* XUCA.
JHUGNE, *voyez* XUGNE.
JHUILET, *voyez* XULHET.
JHUILIOS, *voyez* XULHOS.
JHUJHA, *voyez* XUXA.
JHULOS, *voyez* XULIOS.
JHUN, *voyez* XUN.
JHUNA, *voyez* XUNA.
JHUNE, *voyez* XUNE.
JHUNT, *voyez* XUNT.
JHUNTA, *voyez* XUNTA.
JHUNTAT, *voyez* XUNTAT.
JHUNTO, *voyez* XUNTO.
JHUR, *voyez* XUR.
JHURA, *voyez* XURA.
JHURAIRE, *voyez* XURAYRE.
JHURAT, *voyez* XURAT.
JHURLA, *voyez* XURLA.
JHUROMEN, *voyez* XUROMEN.
JHUS, *voyez* XUS.

304 LAB

JHUSQUOS, voyez Xuscos.
JHUSTE, voyez Xuste.
JHUSTIÇO, voyez Xustiço.
JHUSTIFIA, voyez Xustifia.
JHUSTIFICATIOU, voyez Xustificatiou.

JOL

JOLAD, voyez Xalado.

LAG

JON

JONGOULA, voyez Xangoula.

JOS

JOSEN, voyez Xasen.

JOU

JOUGA, voyez Xouga.
JOUNCHO, voyez Xunto.

LA

LA, art. des noms féminins La : *La fenno*, *la filho*, la femme, la fille.
LA, adv. démonst. Là opposé à *ici*.
LA, LA, interj. pour consoler, réprimer, Là, là.
LA, voyez Lax.

LAB

LABA, v. act. Laver, nettoyer avec un liquide; fig., Effacer.

Es teou ! respoun ma may, que de coulèro grillo ;
Counsolo-te, paoure Jannillo !
Tu soul as fex battre moun co :
Quin es aquel *Pouilloun?* aquel *grand calico*
Qu'a dit que per el te troumpabi ?
Bay souy torto, mais quand *lababi*,
Se quaouque freluquet s'ero approuchat de jou
Li'aouyoy flauquat sus pots un col de macadou. J.

LABA (SE), v. pro. Se Laver, se nettoyer avec l'eau, etc.; fig., Prouver son innocence; se Décharger de toute responsabilité : *M'en labi las mas*, je m'en lave les mains. (Du latin *lavare*.)
LABADOU, s. m. Lavoir, lieu destiné à laver du linge.
LABANDIÈYRO, voyez Bugadièyro.
LABASSI, *Labassiat*, *Abèrso*, s. m. Lavasse, giboulée, ondée, pluie orageuse et subite : *Lou labassi l'a trapat*, la lavasse l'a surpris.

Pes *labassis* dal Cel, las ribièyros anflados
A trabes lous camis se lançou debourdados
Et piri qu'uno mar tourmentado pes bens,
Das bilaxes enties minou lous foundomens.
Per un mourmoul de pople, un grand malhur s'anounço,
Prep d'el un poun s'escroulo, uno barco s'enfounço.
D'al coumble d'un oustal pel tourren entourat
Partis un crid affrous dount lou cor es barrat.
A. B.

LABAXE, s. m. Lavage, nettoiement avec un liquide : *Nous cal fa lou labaxe de la lano*, nous devons faire le lavage de la laine. (Du latin *lavatio*.)
LABETS, voyez Alaro.
LABOMEN, s. m. Lavement, clystère : *Prendra un labomen*, il prendra un lavement.
LABOURIOUS, O, adj. Laborieux, euse, qui aime le travail, qui travaille beaucoup. (Du latin *laboriosus*.)

LAB

LABOURIOUSOMEN, adv. Laborieusement, péniblement.

LAC

LAC, s. m. Lac, grande étendue d'eaux dormantes au milieu d'une contrée; fig., Gâchis d'eau qu'on a répandue : *Qui a fax aquel lac?* qui a fait ce gâchis ? (Du latin *lacus*.)
LAÇA, v. act. Lacer, serrer avec un lacet : *Cal la laça cado xoun*, il faut la lacer chaque jour.
LACA, voyez Alaca.
LACET, s. m, Lacet, cordon ferré par un bout pour se lacer.
LACH, voyez Lax.
LACHÉIRO, voyez Laxèyro.
LACHÉIROU, voyez Laxèyrou.
LACHEN, voyez Tetou.
LACO, s. f. Billon, sillon en dos.
LACUNO, s. f. Lacune, ce qui manque dans un livre; Interruption; Intervalle. (Du latin *lacuna*.)

LAD

LADRARIO, *Ladrarié*, s. f. Ladrerie.
LADRE, O, adj. et s. Ladre, attaqué de ladrerie : *S'es ladre lou boli pas*, s'il est ladre je ne le veux pas; fig., Avare sordide : *Aquel ladre*. (Du vieux mot *lasre* ou *lazre*, dérivé de *Lazare*, parce que le *lazare* était chargé d'ulcères.)
LADRIÈYRO, s. f. Ladrerie; fig., Avarice.

LAG

LAGA, *Fipla*, *Plega*, v. act. Plier, donner un pli à un arbre; prov. *Tant qu'un albre es xoube lou cal laga*, tant que l'arbre est jeune il faut le plier.
LAGAGNO, *Ciro*, s. f. Chassie qui se forme au tour des yeux; fig., Renoncule des champs, pèce de chicorée : *Y'a toutple de petolagagno*, il y a beaucoup de renoncules des champs.
LAGAGNOUS, O, adj. Chassieux, euse, rempli de chassie.
LAGAT, ADO, adj. Tortu, ue; Crochu : *Es touto lagado*, elle est toute tortue.
LAGHI, voyez Xagrin.
LAGNO, voyez Exquiètudo.
LAGREMO, voyez Larmo.

LAM LAN 305

### LAI

LAÏAT, *voyez* LASSAT, LAS.
LAÏRONICI, *voyez* BOL.
LAÏRE, *voyez* ARAYRE.

### LAL

LALLA, interj. Là là : *Coussi te portos? lalla?* comment te portes tu? tout doucement!
LALLERO (FA), *voyez* GOURRINA.

### LAM

LAMANTA, v. act. Lamenter, plaindre avec gémissement.
LAMANTA (SE), v. pro. Se Lamenter, pousser des gémissements; Pleurer; se Désoler. (Du latin *lamentari*.)
LAMANTAPLE, O, adj. Lamentable, douloureux, plaintif. (Du latin *lamentabilis*.)
LAMANTAPLOMEN, adv. Lamentablement.
LAMANTATIOU, s. f. Lamentation, cris plaintifs; Plaintes réitérées: *Me cal entendre sas lamantatious cado xoun*, il me faut entendre ses lamentations chaque jour. (Du latin *lamentatio*.)
LAMBIN, O, adj. Lambin, ne, qui agit ordinairement avec lenteur : *Aco's un lambin finit*, c'est un lambin fini. (De Denis Lambin, professeur de langue grecque au collège royal de France, dans le 16ᵐᵉ siècle, homme très érudit mais très lent, qui s'appesantissait sur les plus petits détails.)
LAMBINA, v. n. Lambiner, agir lentement; Muser, tarder : *Que pot tant lambina!* que peut-il tant lambiner!
LAMBINO, *voyez* LAMBIN.
LAMBOURDA, v. act. T. de charp. Placer les lambourdes d'un parquet, etc.
LAMBOURDO, s. f. Lambourde, pièce de bois qui soutient un parquet, les ais d'un plancher : *Aquelo lambourdo es naouto*, cette lambourde est trop haute.
LAMBRE (FI COUMO UN), adj. Fin, rusé, adroit.
LAMBRE, s. m. Amble, allure d'un cheval entre le pas et le trot.
LAMBREJA, v. n. Scintiller.
LAMBRIS, s. m. Lambris, revêtement d'un plancher, d'un mur intérieur, en menuiserie, marbre. (Du grec *lampros*, brillant, parce que dans toutes les maisons des grands les lambris sont ordinairement décorés de peintures.)
LAMBRUSCO, s. f. Lambruche, lambrusque, tout petit raisin : *Troubaras encaro calquo lambrusco*, tu trouveras encore quelques lambrusques. (Du latin *labrusca*.)
LAMBRUSQUEXA, v. act. Grappiller, cueillir ce qui reste de grappes après les vendanges.
LAMBRUSQUEXAYRE, O, s. m. f. Grappilleur, euse, celui, celle qui grapille.
LAMINA, v. act. Laminer, donner à une lame de métal une épaisseur uniforme au moyen de deux cylindres d'acier qui donnent une pression uniforme.
LAMINOIR, s. m. Laminoir, machine pour laminer.
LAMO, *Feylho*, s. f. Lame de couteau, de sabre ; fig., Celui qui manie bien l'épée : *Aco's la milhouno lamo*, c'est la meilleure lame. (Du latin *lamina*.)
LAMPA, *voyez* LANPA.
LAMPET, *voyez* ENBELEX.
LAMPOURDO, *voyez* GAFAROT.

LAMPREZO, s. f. Lamproie, espèce d'anguille.

### LAN

LANAYRE, s. m. Lainier, laineur, marchand de laine ; Celui qui la travaille.
LANÇA, v. act. Lancer, jeter avec force; Faire partir.
LANÇA (SE), v. pro. Se Lancer, se jeter sur... *Toutes s'y sou lançats*, tous s'y sont jettés.
LANCETO, s. f. Lancette, instrument de chirurgie. (Du latin *lancea*.)
LANCEXA, *Lancejha*, v. n. Élancer, éprouver des élancements : *La ma me lancexo fort*, la main me donne des élancements.
LANCEXADO, *Lancejhado*, s. f. Élancement, impression d'une douleur : *Sentissi de lancexados*, je sens des élancements.
LANCIE, s. m. Lancier, cavalier armé d'une lance : *Ero dins lous lanciés*, il était dans les lanciers.
LANÇO, s. f. Lance, arme à long manche et à fer pointu. (Du latin *lancea*.)
LANÇOL, s. m. Linceul, drap de lit. (Du latin *linteolum*.)
LANDINIÉIRO, *voyez* LENDAT.
LANDRINA, *Landrinexa*, *voyez* LAMBINA.
LANDRINAYRE, O, adj. Lambin, ne.
LANDRINO, *voyez* LAMBIN, FEGNANT.
LANEJHA, v. act. Garnir, couvrir de laine.
LANGASTO, *Langousto*, s. f. Sauterelle, langouste.
LANGOU, *voyez* LANGUYZOU.
LANGOUROUS, OUSO, adj. Langoureux, euse.
LANGOUSTO, s. f. Langouste, sorte de sauterelle ; fig., Maigre, sec : *Semblo uno langousto*, il semble une langouste. (Du latin *locusta*.)
LANGUY, *Langhi*, v. n. Languir, être abattu, en langueur; Attendre impatiemment; Espérer depuis longtemps : *Me fa pla languy*, il me fait bien languir. (Du latin *languere*.)

Ela que *languis*
Dé saouva la França,
Pren vité una lança,
As coumbats s'elança. —
Dunois la séguis.
Tout rintra en campagna,
É tout l'accoumpagna
E pren soun avis.—
La cruéla raça
D'inlay l'Océan,
A força d'aoudaça
Cernava Oriéan.
Per saouva la plaça
Del feroça Anglés,
Jhanna d'Arc parés,
É soun bras lou chassa
Dés forts qu'avio prés;
É pioy lou Francés
Qué l'hounou doumina
Presque l'extermina.
Dins aquélés moumens, l'amiga del souldat
Doun la celesta voués lou butava al coumbat,
Per l'estranjé siéguet blassada,
Dins aquélés moumens l'Anglés déja vencut
S'anava relèva ; — mais tout n'es pas perdut,
Jhanna n'ès pas qu'ensanglantada. PEYR.

LANGUYMEN, s. m. Langueur, abattement, défaut de courage. (Du latin *langor*.)
LANGUYNO, *voyez* LANGUYMEN.
LANGUYOU, IBO, adj. Langoureux, euse, qui

porte à la langueur, à la tristesse : *Aqueste oustal es languyou*, cette maison porte à la tristesse.
LANGUYSSANT, O, adj. Languissant, te, affecté de langueur, qui languit, qui porte à la langueur.
LANGUYZOU, *Taïno*, s. f. Langueur.

S'el *testamen del Porc* ligetz en un chapitre,
Per ta fachiat que siatz quant et quant seretz vitro.
Tout espres ieü l'ey fach per vous da guarisou
Amay per vous garda de qualque *languisou*;
Per so que vous aymats toutos caüsos plasentos
May cinq cens milo cox que las gens mal disentos.
A. G.

LANO, s. f. Laine, poil frisé des moutons, etc. (Du latin *lana*.)
LANOUS, OUSO, adj. Laineux, euse.
LANPA, v. n. Lamper, boire avidement des lampées : *N'aben lanpat uno litro à galet*, nous en avons lampé un litre à la régalade.

Riquet s'assétét, las, d'un calimas d'estioù.
Aqui s'abandonnèn à la countemplatioù
Pensava tour-à-tour al sagé patriarcha
Qué sé sauvét dé l'ayga amagat dins soun archa;
È qué plantét après aquel plant tant famus
Dount el s'onchichourlet en né *lampén* lou jus.
PEYR.

LANPADO, s. f. Lampée, grand verre de vin : *Gna uno bouno lanpado*.
LANPISTO, s. m. Lampiste, ouvrier qui fait des lampes.
LANPO, s. f. Lampe, où l'on met de l'huile avec une mèche pour éclairer. (Du latin *lampas*.)
LANSOL, s. m. Drap de lit, grande pièce de toile pour le lit.
LANSOULAT, s. m. Plein un drap de lit.
LANT, O, adj. Lent, te, qui agit avec lenteur ; Négligent, nonchalant : *Sios un lant*, tu es un lent. (Du latin *lentus*.)
LANTERNA, *Lanternexa*, voyez LAMBINA.
LANTERNIÉ, *Ferblantié*, s. m. Lanternier, celui qui fait, vend des lanternes.
LANTERNO, s. f. Lanterne, boîte transparente pour renfermer une lumière et empêcher que le vent ne l'éteigne : *Cal aluma la lantèrno*, il faut allumer la lanterne ; petite Roue formée de fuseaux, dans laquelle engrènent les dents d'une autre roue : *La lantèrno es coupado*, la lanterne est coupée ; fig., Badeau, musart ; Personne maigre : *Semblo uno lantèrno*, il semble une lanterne. (Du latin *laterna*.)

Prou léon trouvan una caverna
Ounte intran sons lun, ni *lanterna* ;
Foça moutous, cabras et bicous,
Roumiavoun aqui per lous soous.
Vis-àvis d'aquéla booumassa
Véjéren una cabanassa
D'un quar dé léga dé loungou
Sur dous cén touézas de larjou
Endaco bén historiada,
Et prou passablomen mublado.
FAV.

LANTERNO MAJICO, s. f. Lanterne magique, sorte d'optique qui porte sur un plan extérieur les objets peints sur le verre.
LANTOMEN, *Douçomen*, adv. Lentement.
LANTOU, s. f. Lenteur, paresse.
LANUT, UDO, adj. Laineux, euse, bien fourni de laine : *Aquel drap es lanut*, ce drap est laineux.
LANXE, voyez DANXE.
LANXEYROUS, voyez DANXEYROUS.

LAOUCET, voyez EMBELEX.
LAOUQUETO, s. f. Loche, petit poisson d'eau douce.
LAOURA, v. act. Labourer, retourner la terre avec la charrue ; Tracer, il se dit des arbres dont les racines s'étendent en rampant. (Du latin *laborari*.)
LAOURADO, s. f. Labour, façon donnée à la terre ; Terre labourée ; prov. *Uno bouno laourado bal uno fumado*, un bon labour vaut un fumier.
LAOURAXE, *Laourajhe*, s. m. Labour, labourage, travail du labourage.
LAOURAYRE, s. m. Laboureur, cultivateur, celui qui laboure.

Quand en trucats tabé per un méchant désairé,
Quand un démoun fatal buffo dé mals cruels,
Quand le Cel a rabit la sémen al *laouraïre*,
Quand lou paouré ourphélin en dol plouro sa maïré,
Sa mancto sul cop bén eïchuga sous éls.
DAV.

LAOURIÉ, s. m. Laurier, arbre toujours vert, d'un grand nombre d'espèces. (Du latin *laurus*.)

Soun pas d'aques fadots que l'ambitiou assiéjo :
De grimpa sus rougnous se m'a pres uno embejo,
N'es pas per m'en ana quista le grato-quioul
As raoukis Troubadours que counduiseu la poumpo ;
Nou ! me beyras toutchoun, rette coumo un piboul,
Mespresa lous *laouriés* que la bassesso croumpo.

LAOURINO, s. f. Laurier-amandier ; il est ainsi appelé parce qu'on se sert de ses feuilles pour donner au lait un goût d'amande amère.
LAOUXÈ, EYRO, adj. Léger, ère, qui ne pèse guère ; Qui n'a pas le poids qu'il doit avoir ; Facile à digérer ; Mince ; Peu considérable ; fig., Inconstant, étourdi, inconsidéré, frivole : *Es touxoun fort laouxè*, il est toujours fort léger. (Du latin *levis*.)
LAOUXÈYRETAT, *Laoujeyretat*, s. f. Légèreté, agilité, souplesse, vitesse ; fig., Instabilité, inconstance ; Humeur volage ; Étourderie ; Inattention, irréflexion : *Ba fa per laouxèyretat*, il l'a fait par légèreté. (Du latin *levitas*.)
LAOUXÈYROMEN, *Laoujeyromen*, adv. Légèrement ; Faiblement, très-peu ; Inconsidérément, sans examen.
LAOUZA, v. act. Couvrir d'ardoise un toit, une tour : *La boli fa laouza*, je veux la couvrir d'ardoise.
LAOUZAYRE, s. m. Ardoisier, ouvrier qui travaille aux carrières d'ardoise ; Couvreur.
LAOUZÈRP, *Luzerp*, s. m. Lézard, quadrupède ovipare à longue queue, gris, vert, etc. (Du latin *lacertus*.)
LAOUZERTO, s. f. Sainfoin, excellent fourrage.
LAOUZET, s. m. Rousseline, espèce d'alouette.
LAOUZETAYRE, s. m. Chasseur aux alouettes ; on les prend ordinairement aux lacets avec des appeaux.
LAOUZETO, s. f. Alouette, petit oiseau un peu plus gros que le moineau : *un salmis de laouzetos*, un salmis d'alouettes. (D'*Alaudeta*, diminutif de *alauda*, nom latin de cet oiseau.)
LAOUZO, s. f. Ardoise, pierre bleuâtre par feuilles, qui sert à couvrir les toits. (D'*Ardesia*, nom latin d'*Ardes* en Irlande, d'où les premières ardoises ont été tirées.)

Attendés..... faguon una paouza ;
Car savé pas onnte né souy...
Era bon vostre sanquèt... ouy...
Adissias, ara me vaou jayre,
Holà ! ïé dize, repapiayré !
Quan m'aourés énstruit una fés,
Dourmisses pioy tan que voudrès ;
Mais s'agis ara d'aoutra caouza :
Metés-vous sus aquéla *laouza*
Et parlas d'una aoutra façoun,
Ou vous engrune à cots de poun. FAY.

## LAP

**LAPARASSO**, s. f. Bardane ; t. de bot., Glouteron dont on fait usage en médecine.
**LAPASSES**, voyez BLAYZAN.
**LAPIN**, s. m. Lapin, petit quadrupède herbivore à poil gris-roux qui se loge dans des terriers ; fig., Dégourdi : *Galopo coumo un lapin*, il galope comme un lapin. (Du latin *lepus*, dont on a fait *lepinus*.)

D'abord piquat de lard... un bèl *lapin* pribat
Lour es serbit tout caout aloungat dins un plat.
Cadun à soun aspect en saliban s'inclino,
Et le paoure lapin baptizat sur sa mino,
A l'unanimitat ès appelat lébraout.
L'hoste que l'a serbit, et que n'es pas nigaout,
D'un rire de boun cor counfirmo lou baptèmo,
Et sans perdre de tems l'entouro d'uno crèmo
E; d'un flan ombaoumat negat dins un cramèl.
DEBAR.

**LAPINA**, v. n. Mettre bas, en parlant des lapins.
**LAPINO**, s. f. Lapine, femelle du lapin.
**LAPINS** (FA DE), T. de journalier, Faire des pâtés, laisser dans la culture des vignes, etc., une certaine quantité de terre sans travailler, la couvrir de terre remuée pour laisser croire qu'on en fait beaucoup et bien : *Mais fazioou de lapins !* mais ils faisaient de pâtés !

## LAR

**LAR**, voyez LARD.
**LAR**, *Fouayrou*, s. f. Atre, foyer, l'endroit de la cheminée où l'on fait feu ; la Partie unie, plane d'un four : *La lar n'es pas caoudo*, l'âtre n'est pas chaud. (Du latin *Lares*, Lares, Dieux domestiques des payens.)
**LARA**, v. act. Carreler, paver un four : *A pla besoun de lara*, il a besoin de paver.
**LARC**, voyez LARXE.
**LARD**, s. m. Lard, graisse ferme entre la peau et la chair du porc, de la baleine : *Uno tranxo de lard*. (Du latin *laridum*.)

Peys al couziné, per sa part,
Ieu li voli douna lou *lard*
Car lou roussit serio trop dous
S'el n'y metio fosso lardous,
Amay li voli da las leüs
Que tratte pla tous mous bourreus. A. G.

**LARDA**, v. act. Larder ; t. de cuisine, Garnir, piquer de lardons : *Cal larda aquelo pèço*, il faut larder cette pièce ; Percer en beaucoup d'endroits : *L'aourio lardat de part en part*.
**LARDADOUYRO**, s. f. Lardoire, instrument pour larder les viandes.
**LARDOYR**, *Lardoyro*, voyez LARDADOUYRO.
**LARFES**, *Prin*, s. m. Filasse la plus fine et peignée : *Lou larfes es poulit*, la filasse est belle.

**LARGA**, v. act. Larguer, lâcher une corde, donner de large à un corps qu'on retient : *Largo lou caple ?* lâche le cable. (Racine *larxe*.)
**LARGASSIÉ**, ÉYRO, s. m. f. et adj. Généreux, euse ; Libéral, qui donne facilement : *Es fort largassié*, il est fort généreux.
**LARMO**, *Garlemo*, *Lagremo*, s. f. Larme ; Pleurs : *N'a pas bersat uno larmo*, il n'a pas versé une larme. (Du latin *lacryma*.)

Lo moïrino, ol contou, dés pichous entourado,
Oquesto nous boillet, en biren lo fusado :
You souy, coumo sobés, biouso dempièy trenta ons.
Lou nostré, en trespossen, mé loïsset cinq éfons.
Tout cop qué m'en récordo o l'uel mè ben lo *larmo*,
Lou paouré ! en sé muden (dobout Diou sio soun armo),
O l'entour dé soun liech nous fosquet romossa,
É nous diguet, béléou miéjo houro obont possa,
Ausés :..... PRAD.

**LARMOUYANT**, O, adj. Larmoyant, te, ayant les larmes aux yeux, fondant en larmes.
**LART**, voyez LARD.
**LARXE**, O, *Larje*, adj. Large, qui a de la largeur ; Spacieux, vaste : *Es pla prou larxe*, c'est bien assez large ; Qui a de la générosité. (Du latin *largus*.)
**LARXESSO**, *Larjesso*, s. f. Largesse, libéralité ; Dons d'argent, etc. : *Touxoun y fa calco larxesso*, elle lui fait toujours quelque largesse. (Du latin *largitas*.)
**LARXOMEN**, *Larjomen*, adv. Largement, autant et plus qu'il ne faut. (Du latin *largiter*.)
**LARXOU**, *Larjou*, *Amplou*, s. f. Largeur, ampleur : *Douno-y prou de larxou*, donnez-y assez de largeur. (Du latin *largitas*.)

## LAS

**LAS**, O, adj. Las, se, fatigué, harassé : *Souy las*; Ennuyé à l'excès ; Importuné : *Ne souy pla las*, j'en suis bien las. (Du latin *lassus*.)

Jousep ! laisso l'armineto
Per soustéuc dins tas mas
L'éfan que dins sa maueto
Sousten tout sans estre *las*.
Qu'uno allegresso !
Que de plours, que de poutous !
Coulado sus sous penous,
Ta bouco se foun de tendrésso. PUJ.

**LASSA**, v. act. Lasser, causser de la lassitude, fatiguer ; fig., Ennuyer, excéder : *M'a lassat*, il m'a excédé ; Lacer, serrer avec un lacet.
**LASSA** (SE), v. pro. Se Lasser, se fatiguer ; Prendre de l'ennui de..., du dégoût : *T'en lassaras léou*, tu t'en fatigueras bientôt.

Mais l'homme es coumpousat d'uno talo naturo
Que *se lasso* de tout, memo de la pasturo,
Et per nouyri soun corps ; soun âmo et soun esprit,
A bezoun calque cop d'azuga l'apetit.
Pèr aco se bey pla la santo proubidenço
Que beillo sur nous aous d'ambe tant de coustenço,
En boulen toujours may nous larga sas sabous
Per flata l'apétit, dounét lous cournichous,
Las capros, le persil, las cèbos, l'echaloto,
L'èstragoun, le cerful, le rafe, la carroto,
La moustardo, l'apit, l'ailletto, l'articliaoud
Et t'én dioy pla may..... DEBAR.

**LASSES**, voyez ABRIC.
**LASSIÉYRO**, *Lassitudo*, s. f. Lassitude, abatte_

## LAX

ment, épuisement ; Dégoût, ennui. (Du latin *lassitudo*.)

**LASCUS**, *voyez* Naout.

## LAT

**LATA**, v. act. Latter, mettre des lattes, garnir de lattes : *Sien prestes à lata*, nous sommes prêts à mettre la latte. (Du latin *latere*, cacher.)

**LATAS**, *voyez* Lato, Gaoulo.

**LATENC**, O, adj. Franc, che, à fil droit en parlant du bois dont on fait la latte : *Es pla latenc*, il est franc.

**LATI**, s. m. Latin, la langue latine. (Du latin *latinum*.)

**LATINISTO**, s. m. Latiniste, celui qui entend et parle le latin ; Celui qui l'apprend.

**LATITUDO**, s. f. Latitude ; Étendue ; Liberté d'action, faculté de s'étendre : *A touto la latitudo poussiplo*, il a toute la latitude possible. (Du latin *latitudo*.)

**LATO**, s. f. Latte, petite pièce de bois longue, étroite et plate pour porter la tuile, pour les plafonds ; Houssine : *M'a ficat un cop de lato*, il m'a donné un coup de houssine. (Du latin *latus*.)

**LATOU**, s. m. Laiton, cuivre jaune mêlé avec la mine de zinc. (Du flamand *latéon*, qui a la même signification.)

**LATRINOS**, Coumu, s. f. Latrines, lieux d'aisance. (Du latin *latrina*.)

## LAU

**LAUZIÉ**, *voyez* Laouxé.

## LAV

**LAVA**, *voyez* Laba.

**LAVADOU**, *voyez* Labadou.

**LAVABO**, s. m. Lavabo, action du prêtre qui se lave les doigts à la messe ; son Moment : *Ero al lavabo*, il en était au lavabo ; Carton sur lequel sont écrites les paroles que le prêtre prononce ; petit Linge avec lequel le prêtre s'essuie les doigts après se les être lavés. (Du latin *lavabo*.)

**LAVASSI**, *voyez* Labassi.

## LAX

**LAX**, *Layt*, s. m. Lait, liqueur blanche qui se forme dans les mamelles de la femme et des femelles des animaux ; Liqueur blanche de certaines plantes. (Du latin *lac*.)

**LAXA**, v. act. Lâcher, diminuer la tension ; Desserrer, détendre ; Laisser aller, laisser échapper : *A finit per la laxa*, il a fini par la laisser aller. (Du latin *laxare*.)

Lous anguet espèra costo las tres perdrizes ;
Lou loc es pla marxant, s'appelo nou t'y fixes.
Aco fouguet aqui que se dounet de trax,
Cal arrestet tout soul un escadroun de plats ;
Your moustret prep das pots calqué boussi de trico,
Bous boou roussa, diguet, se cridas cap de brico :
S'axis de me laxa cadun ço que pourtas,
Anas estré aoutromen toutis sans cap de bras.    D.

**LAXA** (Se), v. pro. Se Lâcher, perdre de sa tension.

**LAXARIO**, É, *Laytario*, é, s. f. Laiterie.

**LAXE**, O, adj. Lâche, qui n'est pas tendu, qui l'est peu ; Qui n'est pas serré ; Nonchalant, paresseux ; Qui manque de cœur, de courage : *Stos un laxe se y bas pas*, tu es un lâche si tu n'y vas pas. (Du latin *laxus*.)

**LAXE-COUREDOU**, s. m. Nœud coulant, qui court : *Fa-y un laxe-couredou*, faites-y un nœud coulant.

**LAXES**, *Laxeyrous*, s. m. Laiteron, plante annuelle, laiteuse. (Racine *lax*.)

**LAXET**, s. m. Étoquiau, ganse de fer destinée à arrêter ou contenir une autre pièce.

**LAXETAT**, s. f. Lâcheté, nonchalance, mollesse, paresse ; Poltronnerie : *Quuno laxetat !* quelle lâcheté. (Du latin *laxitas*.)

**LAXEYRO**, s. f. Laitière, celle qui vend du lait.

**LAXEYROU**, s. m. Caillette, quatrième estomac des animaux ruminants, qui contient la présure ; Laceron, plante laiteuse.

**LAXUC**, *Laxugart*, s. m. Laitue romaine, plante potagère.

**LAXUGART**, *voyez* Laxuc.

**LAXUGO**, s. f. Laitue, plante laiteuse qui a beaucoup de variétés. (Du latin *lactuca*.)

## LAY

**LAYAT**, *voyez* Alayat.

**LAYRA**, v. n. Dévorer des yeux.

**LAYRE**, *voyez* Aratre.

**LAYROU**, *Layre*, s. m. Larron, voleur ; prov. : *Se y'abio pas de recatadous, y'aourio pas de layrous*, s'il n'y avait pas de receleur, il n'y aurait pas de voleur. (Du latin *latro*.)

**LAYSSA**, v. act. Laisser, quitter, abandonner : *Ba layssat tout*, il a tout abandonné ; Confier, mettre en dépôt ; Céder, léguer, donner l'usage, la propriété ; Permettre, souffrir, ne pas empêcher : *La laysso trop fa*, elle la laisse trop faire. (Du latin *laxare*.)

**LAYSSO**, s. f. Tablette ; Étagères, planches pour mettre quelque chose : *Ba troubaras sur la laysso*, tu le trouveras sur l'étagère.

**LAYZANEXA**, *voyez* Gourrina.

**LAYZANO**, *voyez* Gourri.

## LAZ

**LAZEGOS**, *voyez* Laxes.

## LE

**LÈ**, s. f. Loi, règle qui ordonne ou qui défend : *la lè ba defen*, la loi le défend ; Puissance, autorité : *A la lè en ma*, il a l'autorité en main. (Du latin *lex*.)

**LE**, s. f. Haleine, respiration : *A la le forto*. (Du latin *halitus*.)

**LE**, *voyez* Mando.

## LEB

**LEBA**, v. act. Lever, hausser, dresser ce qui était penché ; Amasser, ramasser, recueillir ; Habiller, tirer quelqu'un du lit : *Lou boou leba*, je vais le lever ; Faire expédier un acte ; Tracer un plan ; fig., Faire cesser : *A lebado la difficultat*, il a levé la difficulté ; Fermenter en parlant de la pâte ; t. de jeu, Faire la levée : *Lèbi, et atoux*, je lève et à tout. (Du latin *levare*.)

**LEBA** (Se), v. pro. Se Lever, sortir de son lit ; se Mettre debout sur ses pieds ; Paraître sur l'horizon : *Lou soulet se lèbo*, le soleil se lève ; Commencer à souffler en parlant du vent ; Hausser, en

## LEC

parlant du prix d'une chose : *Lou blat s'es lebat*, le blé a haussé.

LEBADO, s. f. Levée, action de recueillir les fruits, les grains, etc. ; Enrôlement, recrue : *Ban fa uno lebado en masso*, on va faire une levée en masse ; t. de jeu, Cartes jetées en jouant et prises par la plus forte : *Fas aquesto lebado*, tu fais cette levée : Maladie des vers à soie : *Es à la segoundo lebado*, il est à la seconde evée. (Racine *leba*.)

LEBAN, s. m. Levain, morceau de pâte aigrie qui fait fermenter la pâte dont on fait le pain : *Presto-me lou leban*, prêtez-moi le levain. (Du latin barbare *levanum*, fait de *levare*, lever, parce que le levain fait *lever* la pâte.)

LEBAN, s. m. Est, orient, levant, contrée où le soleil se lève : *Al leban dal cami*, il est au levant du chemin.

LEBANDIÈYRO, s. f. Accoucheuse. On dit plus communément Sage-femme.

LEBAT, s. m. Quantité de raisins qu'on lève dans une tinette pour la mettre dans la cuve : *Aben fax bint lebats*, nous avons versé vingt fois dans la cuve.

LEBET, s. m. Troussis, pli à une robe, à une jupe, etc., pour la racourcir : *A besoun d'un lebet*, elle a besoin d'un troussis. (Racine *leba*.)

LEBIE, voyez ALús.

LEBITO, s. f. Levite, sorte de vêtement descendant à mi-jambe. (Du latin *levita*, de la robe des Levites de l'ancienne loi.)

LEBO, s. f. Levée au jeu de cartes : *Fas la lebo*, tu fais la levée.

LEBON, voyez LEBAN.

LEBRAOUT, s. m. Levraut, jeune lièvre ; fig., Dègourdi : *Quun lebraout !*

LEBRE, s. f. Lièvre, quadrupède ; Hase, la femelle du lièvre. (Du latin *lepus*.)

LEBRIÉ, s. m. Levrier, chien de chasse pour les lèvres ; fig., *Set de lebrié*, Appétit de chasseur.

## LEC

LEC, s. m. Legs, don laissé par un testateur : *A fax de lècs*, il a fait des legs. (Du latin *legatum*.)

LEC (A MIÈX), Concupiscence d'un gourmand : *Ba teni à mièx lec*, je le dévore des yeux.

Quant aben ?... trexe francs. La soumo es rasounaplo,
Mais l'apetit es gran et la set fort aïssablo.
La fouasso beyt francs, et cinq franes de bi blanc,
(Roquos à douxe soous n'a que fouèto lou sang),
Dizon que doublo l'él piri qu'uno luneto
Et fa saouta lou tap tapla que la blanqueto.
Lou bi blanc, aben dix, cinq francs, lou gateou beyt,
N'aouren pas *à mièx lec*, ni may pér cag.. al leyt ;
Et dema lous bezis en leban la nazico
D'un pandourél merdous beyroou pas la relico.
                                                   A. B.

LECA, v. act. Lécher, passer la langue sur.....;
Endurer : *Ba me cal leca*, il faut que je l'endure. (Du grec *leïchô*, qui a la même signification.)

O que Platon dis pla, quant dis que qui sey sequo,
Amay dis atambe que qui va tout-jour lèquo,
Se ièu al fougayrou me fous tout-jour jagut,
Aco qu'ey gasaniat ièu n'aurio pas agut.      A. G.

LECAL, *Lecado*, s. m. Petit, léger Repas : *Gna pas mièx lecal*, il n'y a pas demi-repas.

LECO SIÈTOS, s. m. Gourmand.

## LED

LEDOU, s. f. Laideur.

LEDOUN, s. f. Laideron, laide. (Du latin *lœsus*, gâté.)

LEDRO, voyez LEOUNO.

## LEF

LEFFRA, *Liffra*, v. n. Convoiter, désirer ardemment : *Leffrabo de beni*, il mourait d'envie de venir.

## LEG

LEGA, v. act. Léguer, accorder, assurer par testament. (Du latin *legare*.)

LEGAL, O, adj. Légal, le, selon la loi.

LEGAT, voyez LEC.

LEGATARI, s. m. Légataire, celui ou celle à qui on a fait un legs. (Du latin *legatarius*.)

LEGHENA, voyez GLISSA, PASSA.

LEGI, voyez LEXI.

LEGIOU, s. f. Légion, corps d'infanterie ; Régiment ; fig., Grand nombre, grande multitude. (Du latin *legio*.)

LEGIOUNARI, *Croux d'ounou*, s. m. Légionnaire, membre de la légion d'honneur. (Du latin *legionnarius*.)

LEGNE, *Mounto*, s. m. Bûcher, pile de bois à brûler ; Stère : *Me cal tres legnès*, il me faut trois stères. (Du latin *lignum*.)

LEGNEYRO, *Legnè*, s. f. Bûcher, lieu où l'on met le bois de chauffage.

LEGNO, s. f. Bois de chauffage : *La legno costo pla*, le bois de chauffage coûte beaucoup. (Du latin *lignum*.)

LEGO, s. f. Lieue, mesure itinéraire de 2,282 toises, 2,739 pas géométriques ; prov. : *Pertout y'a uno lègo de missant cami*, partout il y a une lieue de mauvais chemin. (Du latin *leuca*.)

Achèn sacrifiat sous bés é sa fourtuna,
N'avio pas qn'una *lega* à fayre del canal,
Quan la cruèlla mor..... li porta un cop fatal !......
El subis, resignat, lou destin dé MOOÏSA !
Aoumens en mouriguen sap que s'immourtalisa !
Mais tout soun desir èra, avan d'estre in amoun,
Dé fini lou canal, et li douna soun noum !  PEYR.

LEGUN, s. m. Légume, surtout les légumes secs, comme pois, haricots, etc. (Du latin *legumen*.)

## LEI

LEI, voyez LÈ.

## LEN

LÈN, adv. Loin, à une grande distance. (Du latin *longé*.)

Sénta Jérusalem ! sé toun éfan t'oublida ;
Sé jamay t'abandoupa as Dioùs dé tous bourreous ;
Lion dé tus, ô moun bres ! bolè perdré la vido ;
Bolé pas dè mous grans révèyré lous toumbeous.
                                                   PEYR.

LENÇOL, voyez LANÇOL.

LENDAGNÈYRO, voyez LENDAT.

LENDAT, *Sulhet*, s. m. Seuil, pièce de bois ou pierre, au bas de l'ouverture d'une porte, en travers : *Ero sul lendat*.

## LEN

Sourtez toutes, benés sul *lendat* de lo porto,
Bezes quanto ne toumbo, omai n'es pas trop forto.
PRAD.

**LENDE**, s. f. Lente, œuf de pou : *Es tout lendes*, il est tout lentes. (Du latin *lens, lendis*.)

**LENDEMA**, s. m. Lendemain, le jour suivant : *Arribèt lou lendema*, il arriva le lendemain.

Ensi, quan finis sa carrièyra;
Lou soulel, à pas dé géan,
S'en va coucha dins l'Ocean,
Las de sa coursa journalièyra.
Lou *lendema* parés pus bel
Après que l'aouba matinièyra
A cantat dins sa lenga un hymna à l'Eternel !
PEYR.

**LENGABIT**, s. m. Enfermé, renfermé : *Sentis à lengabit*, il sent le renfermé.

**LENGADO**, s. f. Coup de langue; Bavardage : *Uno lengado a fax tout aquel brenaxe*, un coup de langue a fait tout ce ravage. (Racine *lengo*.)

**LENGAXE**, *Lengaje*, s. m. Langage, idiome d'un peuple, d'une nation; Manière de parler : *Qu'es aquel lengaxe?* quel est ce lengage? (Racine *lengo*.)

Jou bouldrio fort coum'el dins moun plus dous *lengatge*
Pintra de l'amistat le cor et le bisatge;
Fa beze de sous els le regard empressat,
De sa bouco de mèl le sourrire ensucrat,
De soun se, toujours ple, le poupél que goutéjo
Le sarral de sas mas, et de soun cor l'embejo
De se sacrifia se cal per un amic.....
Mais per fa tal pourtrèt, te fa sans farlabie,
Vialas, nou podi pas, sans abe de moudèlo,
Le cerca dins la neyt al lun de la candèlo,
Le cerca dins le jour quand le soulel luzis,
Le cerca dins Bourdeous, dins Roumo, dins Paris;
Le tems que cour me dis qu'y serio per ma peno.
DEBAR.

**LENGO**, s. f. Langue, principal organe du goût et de la parole chez l'homme, et du goût chez les animaux; fig., Ce qui a la forme d'une langue : *Uno lengo de terro*, une langue de terre. (Du latin *lingua*.)

Qui sap se tasto pas, nostro *lengo* glaçado,
Le goust qu'an nostros cars quand soun en marmelado,
Et se nostre estoumac d'aquel affrous ragoust
Se cambobiro pas. ço de dessus, dejoust !
DEBAR.

**LENGO DE BIOOU**, s. f. Scolopandre, plante médicale.

**LENGO DE CAT**, s. f. Langue de chat, plante médicale.

**LENGOUSTO**, voyez LANGOUSTO.

**LENGUETO**, s. f. Languette, pièce mobile de métal sur un trou d'instrument à vent : *La lengueto xogo pas*, la languette ne joue pas. (Racine *lengo*.)

**LENGUEXA**, v. act. Langueyer, visiter la langue d'un porc pour voir s'il est ladre ou sain : *L'a pla lenguexat*, il l'a bien questionné. (Racine *lengo*.)

**LENGUEXAYRE**, s. m. Langueyeur, celui qui langueye les porcs; fig., Indiscret, questionneur : *Sios un lenguexayro*, tu es un indiscret.

**LENGUT, DO**, s. m. f. Babillard, parleur, indiscret. (Racine *lengo*.)

**LENPA**, voyez GLISSA.

**LENPADO**, voyez GLISSADO.

**LENPAT**, s. m. Patience; t. de bot., Plante vivace, médicale.

**LENPREZOU**, s. m. Lamproyon, poisson d'eau douce qui a beaucoup de ressemblance avec la lamproie de mer.

**LENSOQU**, voyez LENSOL.

## LEO

**LEOUNO**, *Lèdro*; s. f. Lière, sorte de plante rampante au tour des arbres et contre les murailles : *Uno feylho de lèouno*, une feuille de lière.

**LEOU**, adv. Vite, en peu de temps; Lestement : *Es bengut lèou*, il est arrivé vite.

**LEOUS**, s. f. Mou, poumon d'agneau, de veau : *Faras de bouylhouns de lèous*, tu feras du bouillon du mou de veau.

**LEOUXE**, *Sioure*, s. m. Liège, sorte de chêne vert, son écorce légère spongieuse : *Cal croumpa de lèouxe*, il faut acheter du liège. (Du latin *levis*, léger.)

## LEP

**LEPRO**, s. f. Lèpre, croûte galeuse sur tout le corps par la décomposition du sang. (Du latin *lepra*.)

La *lepra* sus moun corps fa d'affrouses ravages;
Lou mounde me fougis couma un loup enrajat;
Tout maoudis lou leprous ! — dins de deserts saouvages
A toutes lous regards me vaou tené cachat !
PEYR.

**LERPO**, voyez LIERPO.

## LES

**LES**, s. m. Lé, laize, la largeur d'une étoffe, entre deux lisières : *Me çaldra mayt d'un lès*, il me faudra plus d'un lé.

**LESCO**, s. f. Lèche, tranche de pain, etc.; Loque, lambeau.

**LESSIOU**, s. f. Lessive, eau chaude que l'on verse sur du linge à blanchir : *Lou lessiou es trop caout*, la lessive est trop chaude.

**LESTE**, voyez DEGOURDIT.

**LESTOMEN**, adv. Lestement.

## LET

**LET, DO**, adj. Laid, de; en parlant des personnes, Mal fait, mal bâti, mal conformé : *Qu'es lèdo!* qu'elle est laide; fig., Contrairo à la bienséance, déshonnète, indécent. (Du latin *lœsus*, gâté.)

**LETRO**, s. f. Lettre, chacun des caractères de l'alphabet : *Couneys pas uno letro*, il ne connaît pas une lettre; Epitre, missive : *Y'a mandat uno lettro*, il lui a envoyé une lettre; Lettre de change, mandement d'un banquier sur un autre : *A uno letro de cambi*, il a une lettre de change; fig., Trou au bas d'une personne : *As uno letro à la posto*, tu as un trou au bas. (Du latin *littera*.)

**LETRUT, DO**, adj. Lettré, ée, qui a de l'instruction, qui est instruit : *Aco's un letrut*, c'est un lettré. (Du latin *litteratus*.)

**LETTURO**, s. f. Lecture, action de lire; Ce qu'on lit ou qu'on a lu. (Du latin *lectio*.)

## LEV

**LEVA**, voyez LEBA.
**LEVADO**, voyez RETERME.
**LEVAN**, voyez LEBAN.
**LEVANDIÈYRO**, voyez LEBANDIÈRO.

## LEX

LEXEYRE, O, *Leitou*, s. m. f. Lecteur, celui qui lit, qui aime à lire. (Du latin *lector*.)
LEXETIMA, v. act. Légitimer, donner à un enfant naturel les droits d'un enfant légitime; Donner les formes légales : *Ba calgut lexetima*, il a fallu le légitimer. (Racine *lexetimo*.)
LEXETIME, O, adj. Légitime, conforme à la loi, qui a les qualités requises par la loi; Juste, équitable, fondé en raison : *Aco's pla lexetime*, c'est bien juste. (Du latin *legitimus*.)
LEXETIMO, s. f. Légitime, portion accordée aux enfans par la loi sur les biens du père ou de la mère, à la mort de l'un d'eux : *Aro prendra sa lexetimo*, à présent il prendra sa légitime. (Du latin *legitima*, sous entendu *pars*.)
LEXETIMOMEN, adv. Légitimement.
LEXI, v. act. Lire, parcourir des yeux les lettres d'un mot, les mots avec l'intelligence de leur valeur, de leur signification; Prendre connaissance du contenu d'un livre, etc.; t. de tisserand. (Du latin *legere*.)
LEXIPLE, O, adj. Lisible, facile à lire.
LEXIPLOMEN, adv. Lisiblement, d'une manière lisible.
LEXOFRITO, voyez Bassio.

## LEY

LEYDA, v. n. Foisonner. On dit en parlant de la manière d'employer telle viande, qu'elle foisonne plus d'une manière que de l'autre : *En salso leydo pla mayt qu'al sec*, en sauce cela foisonne beaucoup plus qu'au sec.
LEYT, s. m. Lit, meuble pour se coucher la nuit, ou étant malade; tout ce qui le compose : *Un leyt coumplèt*; Canal d'une rivière; Couche d'une substance sur une autre; Chose étendue, mince, disposée par couches : *Un leyt de fens*, *un leyt de terro*; t. de maçon, Côté d'une pierre sur lequel elle reposait dans la carrière : *La cal metre per soun leyt*, il faut la placer sur son lit. (Du latin *lectus*.)

## LEZ

LEZ, voyez LES.
LEZA, v. act. Léser, offenser, faire tort, porter préjudice : *M'a fort lezat*, il m'a fort lésé. (Du latin *lædere*.)
LEZARDA (SE), pro. Se Lézarder, se couvrir de lézardes : *Aquelo muraylho se lezardo*, cette muraille se lézarde. (Racine *lezardo*.)
LEZARDO, s. f. Lézarde, crevasse qui se fait dans les murs par vétusté. (Du latin *lacerta*, lézard, parce que la crevasse donne passage aux lézards.)
LEZE, s. m. Loisir, temps où l'on n'a rien à faire : *A fosso leze*, il a beaucoup de loisirs. (Suivant *Huet*, du latin *otium*, dont on a fait *oisir* et ensuite *loisir*.)
LEZINA, v. n. Lésiner, muser.
LEZINO, s. f. Lésine, avarice basse; Désœuvrement, désœuvré. (De l'italien *lesina*.)
LEZIOUNARI, s. m. Légionnaire.

## LI

LI, s. m. Lin, herbe dont la graine fournit une huile et la tige une écorce que l'on file; Fil, filasse résultant de l'écorce du lin : *Lou li es loung*, le lin est grand. (Du latin *linum*.)

## LIA

LIA, v. act. Lier, attacher, serrer avec une corde, etc.; Faire un nœud; Joindre ensemble; Mélanger, donner du corps, épaissir; Engerber, enjaveler, fagoter les javeles : *Presso de lia*, il presse d'engerber; t. de maçon, Liaisonner, disposer les pierres en liaison : *Cal pla lia la bastisso*, il faut liaisonner la bâtisse.
LIA (SE), v. pro. Se lier, s'obliger; Former une amitié.
LIADOU, s. m. Cheville, bâton court, pointu par un bout avec lequel on serre la gerbe en formant le nœud.
LIAN, s. m. Bande de fer mince qu'on applique contre deux parties pour les réunir : *Met-y un boun lian*, mettez-y une bonne bande.
LIANT, O, adj. Liant, te, souple; fig., Affable, doux; complaisant. (Du latin *ligans*.)
LIARDA, v. n. Liarder, boursiller, payer liard à liard : *Es aqui à liarda*, il est là à liarder.
LIARDO, *Ardido*, s. f. Pièce de deux liards.
LIASSO, s. f. Liasse, papiers liés ensemble : *Uno grosso liasso*, (Du latin *ligatio*.)
LIASSOU, voyez Tripos, Baoudanos.
LIATURO, s. f. Ligature, bande de linge; Manière de lier avec. (Du latin *ligatura*.)
LIAYRES, s. m. Lieur, qui enjavèle.
LIAZOU, s. f. Liaison; Union; Trait délié qui unit les jambages d'une lettre; fig., Union, d'amitié : *Y a uno grando liazou*, il y a une grande liaison; t. de cuis., Sorte de sauce épaisse; t. de maçon, Mortier qui sert à jointoyer les pierres.

## LIB

LIBARDO, s. f. Frottoir; en terme de cordier, C'est une planche dont la superficie est travaillée de telle sorte qu'elle semble couverte de pointes de diamants. Il y a au milieu un trou dans lequel on passe les poignées de chanvre; où le frottant sur la superficie raboteuse, il s'affine.
LIBERA, v. act. Libérer, décharger de quelque obligation; Rendre quitte, tenir quitte. (Du latin *liberare*.)
LIBERA (SE), v. pro. Se Libérer, acquitter ses dettes : *Me souy liberat*, je me suis libéré.
LIBERAL, O, adj. Libéral, le, qui aime à donner, se plaît à donner; Bienfaisant; fig., Libéral, ennemi du pouvoir légitime, changeant selon l'intérêt. (Du latin *liberalis*.)

Autouno, orribos dounc; siagos lo bien bengudo,
Noun risquoras pouden d'estré mal réçaupudo.
*Libéralo* sosou, nous coumblos dé présens.   PRAD.

LIBERALITAT, s. f. Libéralité, bienfaisance, générosité. (Du latin *liberalitas*.)
LIBERALOMEN, adv. Libéralement, avec libéralité.
LIBERATOU, s. m. Libérateur, celui qui délivre. (Du latin *liberator*.)
LIBERTAT, s. f. Liberté, pouvoir d'agir sans obstacle : *N'a pas xamay la libertat*, il n'a jamais la liberté d'agir; État d'une personne libre; Manière libre, familière, hardie : *Prend trop de libertat*, il prend trop de liberté; Absence d'arbitraire; Constitution d'un état par laquelle le peu-

ple participe à la puissance législative. (Du latin *libertas*.)

**LIBERTIN**, O, s. m. f. Libertin, ne, déréglé, débauché : *Aco's un libertin*, c'est un libertin. (Du latin *libertina*.)

**LIBERTINAXE**, *Libertinaje*, s. m. Libertinage, déréglement de vie; Débauche.

**LIBOUREYO**, *Libreyo*, s. f. Livrée, habits de couleurs particulières ou bigarrées que portent les pages, les laquais, tous ceux qui portent la même livrée. (Les *livrées* étaient anciennement des espèces de capes uniformes que nos Rois, dans les assemblées solennelles appelées d'abord *Champ de Mars*, ensuite *Champ de Mai*, et enfin *Parlement*, distribuaient, livraient aux Seigneurs qui s'y rendaient. Ceux-ci les revêtaient par-dessus leurs habits. (*Anquetil*, Histoire de France.)

Tout enfi per lo nòço ès déja préporat.
Très semmonos oprès ben lou jour désirat.
Païrés, maïrés, porens, omies on lo *lieuréyo*,
Toutés occoumpognon lous nobis o lo gléyo.
PRAD.

**LIBRA**, v. act. livrer, mettre en main, en la possession de... : *Y'a librados las claous*, il lui a livré les clefs; Mettre à la merci. (Du latin *liberare*.)

**LIBRA** (SE), v. pro. Se Livrer, se confier, s'abandonner; Consacrer ses soins, ses travaux, etc. : *S'es librat al coumèrce*, il s'est livré au commerce.

Lou pus grand, sur lou qual Sant Xan se repaouzabo,
Trefouliguet de poou, tramblet coumo uno crabo;
Se layssèt sul moumen arranca de pes dets
La xato que pourtabo ambé lous dous caoulets:
Lous aoutrès espaourits cadun se preparabo
A y'é *libra* tabé las caouzos que pourtabo. D

**LIBRARI**, *Librayre*, s. m. Libraire, celui qui fait commerce de livres, qui vend de livres : *Lou librayre n'a pas pus*, le libraire n'en a plus. (Du latin *librarius*.)

**LIBRARIÉ**, *Librario*, s. f. Librairie, commerce de livres; Fonds de librairie : *Aquelo librarié bal d'arxen*, cette librairie vaut de l'argent. (Du latin *libraria*.)

**LIBRE**, s. m. Livre, feuilles de papier écrites ou imprimées et réunies; Écrit, ouvrage : *Me cal croumpa aquel libre*, il me faut acheter cet ouvrage; t. de commerce, Registre : *Ba mes sul libre*, il a couché cela sur le registre. (Du latin *liber*.)

Angels coussi se plan uno Nympho moundino.
Quand del coumu malhur uno niboul escuro
Entrumic la clartat de moun astre plus bel,
Yeu disi quand la mort dan le tal d'un coutel
Crouzec le Grand Henric sul *libre* de naturo. G.

**LIBRE**, O, adj. Libre, qui n'est pas contraint, qui agit selon sa volonté : *Sios pla libre*, tu es bien libre; Hardi, téméraire, indiscret. (Du latin *liber*.)

MORTROU.

Bouillasso! eh! què foren, sé pouden pas porla?
Uno fillo, grond Diou! coundonnado ol silenço!...
Qu'un jutgé o pouscut rondré uno talo sentenço?
Oqui n'o per sé désoula...
Coussi qué quond lou loup bendro finta lo jaso,
Nous sèro pas permés dé l'y crida : Souyrasso!
Nous mentissio dounc, Bourtoumiou,

Quond nous disio qué dins lou libré
Qu'oppelou lo Countestotiou,
Ohio legit qu'aro-métiou
Dé diré cé qu'on bol cadun sério pla *libré*. PRAD.

**LIBRÉO**, voyez LIBOUREYO.

**LIBRET**, s. m. Livret, petit livre délivré par les autorités locales aux ouvriers et contenant leur nom, âge, domicile, etc. : *Y'a sinnat lou libret*, il lui a signé le livret; Table de multiplication : *Sabi tout lou libret*, je sais tout le livret. (Du latin *liber*.)

**LIBROMEN**, adv. Librement, sans cérémonie.
**LIBROU**, voyez LIBRET.

## LIC

**LICENCIA**, v. act. Licencier, réformer, congédier, renvoyer des troupes ; *An licenciat ma classo*, on a licencié ma classe.

**LICENCIOUS**, OUSO, adj. Licencieux, euse.

**LICENÇO**, s. f. Licence, trop grande liberté, liberté excessive; Liberté contraire au respect, à la modestie; Temps que les bacheliers sont sur les bancs; t. de régie, Imposition pour obtenir le droit de vendre ou de déplacer le vin : *Me cal uno licenço*, il me faut une licence. (Du latin *licentia*.)

**LICITE**, O, adj. Licite, non défendu, qui n'est pas interdit par la loi. (Du latin *licitus*.)

**LICITOMEN**, adv. Licitement, sans aller contre la loi. (Du latin *licitè*.)

**LIÇO**, s. f. Mèche de cheveux : *Y'a derrancat uno liço de pèl*, il lui a arraché une mèche de cheveux.

**LICOL**, *Cabestre*, s. m. Licou, lien de cuir, de corde qu'on met à la tête d'un cheval, etc. : *Lou licol y fa plagne*. (Du latin *ligare collum*.)

O say pas; mais m'an dit qu'un peillot éspagnol
Y'ero estat embouyat per garni le *licol*
Que le forço boulaba à flechi soun esquino
Jusquos à l'os bertran de la reyno Cristino.

**LIÇOS**, s. f. Lices, promenade publique. (Du latin *liciæ, arum*, employé avec la même signification dans la basse latinité.

**LICOU**, s. f. Liqueur, boisson qui a pour base l'eau-de-vie. (Du latin *liquor*.)

Per *liquous*, lou rey, sans mezura,
Nous mandava dé man én man,
D'oli pétroli dé Gabian ;
Ou, sé la fantezié lou poussà,
Dous dés d'oli d'amellà douça,
É, per digéri lou fricot,
Un paouc dé sirop de pavot. FAV.

**LICOURISTO**, s. m. Liquoriste, celui qui fait des liqueurs.

**LICOUROUS**, OUSO, adj. Liquoreux, euse, qui a de la liqueur.

## LIE

**LIE**, voyez LIEX.
**LIÉN**, s. m. Lien, ce qui sert à lier; Ligament, ligature : *Y cal un fort liên*. (Du latin *ligamen*.)
**LIERPO**, voyez LAGAGNO.
**LIERPOUS**, voyez LAGAGNOUS.
**LIÈRRO TERRESTRO**, s. f. Lierre terrestre ou herbe de St-Jean, plante vivace d'une odeur forte et d'une saveur amère, usitée en médecine.
**LIETO**, voyez COFFRE.
**LIEUTÉNAN**, s. m. Lieutenant, officier d'une

compagnie, au-dessous du capitaine; Celui qui est sous un officier en chef: *Moun lieutenan me mando*, mon lieutenant me mande. (Du latin *locum tenens*.)
LIEX, *voyez* LEYT.

## LIF

LIFFA, v. act. Toucher légèrement, à peine.
LIFFADO (DE), adv. A peine, d'une manière insensible.
LIFFRA, *voyez* LEFFRA.

## LIG

LIGNA, v. act. Ligner, tringler; t. de charp., Tracer une ligne droite sur une poutre, etc., avec le cordeau frotté de blanc, de noir, de rouge: *N'aben pas encaro lignat*, nous n'avons pas encore tringlé; Pêcher à la ligne. (Du latin *lineare*.)
LIGNAYRE, s. m. Celui qui ligne une pièce de bois; Celui qui pêche à la ligne.
LIGNO, s. f. Ligne, trait: *La ligno se bey pas*; Suite de mots sur un même rang: *A saoutat uno ligno*, il a omis une ligne; Mesure, 12mo partie d'un pouce: *S'en manco d'uno ligno*, il s'en faut d'une ligne; Cordeau, ficelle pour aligner; Fil, petite corde avec un hameçon; Descendance, lignage; Marche, conduite. (Du latin *linea*.)
LIGNOL, Lignoou, s. m. Ligneul, fil ciré de cordonnier; prov.: *Sans la pego et lou lignol serian noples xuseos al col*, sans la cire et le ligneul ils seraient nobles jusques au cou. (Du latin *linum*, lin, parce qu'on employait le lin à cet usage.
LIGO, *voyez* LIO.
LIGOUSSA, *voyez* LIA.

## LIL

LILLA, s. m. Lilas, arbre à fleurs printannières, odorantes.

## LIM

LIMA, v. act. Limer, polir, amincir à la lime: *Cal lima la rassègo*, il faut limer la scie; fig., Châtier; Corriger, mettre la dernière main, en parlant d'un ouvrage d'esprit; Faire attendre, impatienter. (Du latin *limare*.)
LIMANDO, s. f. Grande Armoire à deux battants.
LIMAOUS, *Milhaous*, *Milhaouco*, s. m. Limace, limas, limaçon sans coquille. (Du latin *limax*.)
LIMALHO, s. f. Limaille, petites parties d'un métal, détachées avec la lime.
LIMAZE, *voyez* LIMAOU.
LIMBEOU, *voyez* TROS.
LIMITA, v. act. Limiter, borner, fixer des limites. (Du latin *limitari*.)
LIMITO; s. f. Limite, borne qui sépare les territoires, etc. (Du latin *limites*.)
LIMO, s. f. Lime, lame d'acier couverte de lignes creuses qui se croisent pour enlever la superfluité des métaux, des corps durs, pour les polir, les user. (Du latin *limâ*.)
LIMOU, s. m. Limon, pièce de bois qui soutient les marches d'un escalier; chacune des deux Branches d'une voiture, formée de deux limons; le cheval du brancart; t. de bot., Valisnière, plante aquatique, dont la fleur, qui imite celle du jasmin, est portée sur une tige contournée en spirale, celle-ci s'allonge ou se racourcit selon que l'eau monte ou baise de sorte que la fleur se maintient toujours à fleur d'eau; Lentille d'eau, plante aquatique qui surnage comme une espèce de mousse verte sur les eaux dormantes, et dont les feuilles orbiculaires imitent la forme d'une lentille. (Du latin *limus*.)
LIMOUGNE, s. m. Limonier, cheval qu'on attèle entre les deux limons; Arbre qui porte les limons. (Du latin *limus*.)
LIMOUNADIE, s. m. Limonadier, celui qui fait et vend de la limonade, de l'orgeat, des liqueurs: *Es limounadié à la plaço*, il est limonadier à la place.
LIMOUNADO, s. f. Limonade, boisson faite avec le jus du limon, du sucre et de l'eau.
LIMOUNO, s. f. Limon, citron qui a beaucoup de jus: *Cal abe uno limouno*, il faut avoir un limon. (Du latin *limus*.)
LIMPA, *voyez* GLISSA.
LIMPADO, *voyez* GLISSADO.
LIMPO, *voyez* BASO, PRAOUDO.

## LIN

LINETO, s. f. Linette, graine oléagineuse. (Du latin *linum*.)
LINOUN, s. m. Linon, toile de lin, claire, très-blanche et très-fine. (Du latin *linum*.)
LINOT, O, s. m. f. Linotte, petit oiseau gris-brun, du genre pinson, dont le chant est agréable; fam., Sans mémoire, sans jugement; Léger: *Q'un cap de linot!* quelle tête de linotte! (Du latin *linaria*.)
LINXARIE, *Linxario*, s. f. Lingerie, magasin, marchandise, commerce de linge; Endroit où l'on met, où l'on serre le linge; Boutique où se confectionne le linge: *Es touxoun à la linxarié*, il est à la lingerie. (Du latin *lintearia*.)
LINXE, s. m. Linge, chemises, draps, nappes, serviettes, etc.; Morceau de toile pour nettoyer: *Me cal un linxe*, il me faut un morceau de linge. (Du latin *linium*.)
LINXE, O, adj. Élancé, ée, effilé, maigre: *Es pla linxe*, il est bien effilé.
LINZA, *voyez* GLISSA.
LINZADO, *voyez* GLISSADO.
LINZADOUYRO, *voyez* GLISSADOUYRO.

## LIO

LIO, s. f. Lie, sédiment d'une liqueur qui se précipite par le repos, partie la plus grossière, qui va au fonds; Lien, corde, ligature: *Y metras uno lio*, tu y mettras un lien.
LIOC, *voyez* LOC.
LIO, s. f. Hart, longue et menue branche torse servant à lier des fagots, des bourrées. (Du latin *ligamen*.)
LIOU, *voyez* ENBELEX.
LIOUN, s. m. Lion, animal féroce et fier; fig., Homme hardi, courageux, intrépide: *Coumo un lioun*. (Du latin *leo*.)

Qual soutre qu'el proudois, counserbo
L'aigo molo, lou dur métal;
Lou fort *lioun*, lou flac mousçal,
Lou grand garric, la petito erbo.    PUL.

LIOUN DAS AFOURMIX, s. m. Fourmi-lion, insecte qui se nourrit de fourmis.
LIOUREIO, *voyez* LIBOUREYO.
LIOURO, s. f. Livre, poids de seize onces. (Du latin *libra*.)
LIOUS, *voyez* ENBELEX.

## LIQ

**LIQUIDA**, v. act. Liquider, rendre clair ce qui était incertain; Payer un compte : *A tout liquidat*, il a tout liquidé.

**LIQUIDA (SE)**, v. pro. S'Acquitter, se libérer envers ses créanciers.

**LIQUIDATIOU**, s. f. Liquidation, arrêt de comptes.

**LIQUIDE, O**, adj. Liquide, dont les parties sont fluides ; fig., Clair, net, libre de toute créance : *Aquel be es pla liquide*, ce bien est bien liquide. (Du latin *liquidus*.)

**LIQUOU**, voyez Licou.

**LIQUIDOMEN**, adv. Liquidement.

## LIR

**LIRI**, s. m. Lis, plante bulbeuse; sa fleur blanche, odorante; Blancheur extrême : *Es blanco coumo un liri*, elle est blanche comme le lis. (Du latin *lilium*.)

Et quand benio, pus blanco que lou *liri*,
Me caressa de soun bèc amistous ;
Perdio lou sen, et dins aquel deliri
La coubrissio de larmos, de poutous.     A. B.

## LIS

**LIS**, voyez Liri.

**LIS, ZO**, adj. Lisse, uni, poli : *Es pla lizo, passara pas*, elle est bien usée, elle ne passera pas. (Du grec *lissos*.)

**LISCO**, voyez Lesco.

**LISSA**, v. act. Lisser, unir, polir.

**LISSES**, s. m. Lissoir, instrument pour lisser, polir.

**LISSO**, s. f. Lisse, t. de tisserand, assemblage de fils sur des tringles pour recevoir ceux de la chaîne.

**LISTEL**, s. m. Liteau, listeau, petite tringle de bois. (Du latin *lectus*, lit, parce qu'un liteau repose sur un autre corps comme sur un lit.)

**LISTELA**, v. act. Garnir de liteaux un plancher qu'on veut plafonner : *Acabo de listela*, il achève de placer les liteaux.

**LISTO**, s. f. Liste, suite de noms, de mots; Catalogue : *N'a uno listo*, il en a une liste. (Du latin barbare *lista* fait dans la même signification, de l'allemand *leiste* bordure, bande, parce que l'on écrivait ces petits catalogues sur des lanières de parchemin.)

**LISTRO**, s. f. Bande de toile dont on garnit les chemises, les coiffes; Tranche de pain, etc.; Langue de terre; Bribe, chanteau, gros morceau de pain.

## LIT

**LITANIOS**, s. f. Litanies, prières en forme d'énumération; fig., Longue et ennuyeuse énumération de peines, de besoins : *Souy pla lasso d'entendre sas litanios*, je suis bien fatiguée d'entendre ses litanies. (Du grec *litaneia*.)

**LITARZO**, s. f. Litharge, Oxide de plomb demi-vitreux.

**LITIÈYRO**, *Palhat*, s. f. Litière, paille répandue dans les écuries, dans les étables, sur laquelle se couchent les bœufs, les chevaux, etc.; Ancienne voiture, ou chaise couverte, portée sur des brancards par des mulets : *Arribèt en litièyro*, il arriva en litière. (Du latin *lectica*.)

Esclabo pla soumes, besi un pitchou faquin
Occupa le daban de la ritcho *litiero*,
Et per coumpleta l'arlequin
D'un ruban pallurec larda sa boutougnero.

**LITRO**, s. f. Litre, mesure de capacité, un décimètre carré. (Du grec *litra*.)

**LITROU**, s. m. Petit litre, demi litre.

**LITSO CRABO**, voyez Chebrofulho.

## LIU

**LIUEN**, voyez Len.

## LIX

**LIXARIÉ, ARIO**, s. f. Lit, endroit où l'on va prendre son repos, se loger pour la nuit : *Cal ana à la lixarié*, il faut aller au lit.

**LIXOU**, s. f. Leçon, instruction du maître à l'élève; Chose donnée à apprendre; fig., Avis, remontrance, réprimande : *Y'a fax uno lixou*, il lui a fait une leçon; Événement fâcheux, perte, malheur : *Aco's uno bouno lixou*, c'est une bonne leçon; Partie de l'office à matines. (Du latin *lectio*.)

## LIZ

**LIZETTO**, s. f. T. de tuilier, Lissoir, instrument pour lisser.

**LIZIEYRO**, s. f. Lisière, extrémité de la largeur d'une étoffe ; Partie qui borde, avoisine un champ : *Es sur la lizièyro*, il est sur la lisière.

**LIZO**, s. f. Glaise, terre argileuse.

## LOC

**LOC**, s. m. Lieu, local, pays; Place, rang : *En segoun loc*, en second lieu; Occasion, moyen; Remplacer, suppléer : *Y ten loc de payre*, il lui tient lieu de père : *Al loc*, conj. au lieu de... (Du latin *locus*.)

**LOC**, s. m. Looch, médicament liquide pectoral, adoucissant. (De l'arabe *laouak*, potion.)

**LOCO**, voyez Marxo.

## LOG

**LOGAT**, voyez Ablazigat.

**LOGO, Loo**, s. f. Marché aux moissonneurs, etc., où se réunissent ceux qui veulent se louer. (Racine *louga*.)

## LOT

**LOT**, s. m. Lot, portion d'un tout partagé entre plusieurs; Part de chacun dans un héritage. (Du flamand *lot*.)

Mais, aban, arresten
Qu'unis seran los plats que nous empourtaren ;
Faguen autant de *lots* et qu'un sort équitable
Los assinn'à cadun, sans aoutre prealaple.

## LOU

**LOU**, voyez Loung.

**LOU**, voyez Loup.

**LOU**, art. Le : *Lou pè, lou loup*, le pied, le loup.

**LOUA**, v. act. Donner des louanges, faire l'éloge, louanger : *Cal loua sas bounos qualitats ;* Bénir, remercier Dieu. (Du latin *laudare.*) Ne pas confondre *Loua*, v. act. Louer, faire l'éloge, avec *Louga*, v. act. Louer, prendre, donner à louage. Le premier vient de *laudare* et le second de *locare*. En patois il n'existe pas la même confusion qu'en français entre ces deux verbes distincts. Si dans la rapidité du discours le g de *louga* est quelquefois peu sensible, il n'en est pas moins vrai qu'on en reconnaît la présence dans la bouche des paysans les plus étrangers au français : *Lous baylets se logou per Sant-Jan; lous omes lououn Dious*, les valets se louent à la Saint-Jean ; les hommes louent Dieu. Ne pas faire sentir cette différence serait nier la supériorité, dans ce cas, de la langue patoise sur la française.

**LOUA** (SE), v. pro. Se Louer, contracter l'obligation de servir, de travailler moyennant un gage : *S'es louat per l'estiou*, il s'est loué pour l'été ; se Donner des louanges, dire du bien de soi, témoigner son contentement, avoir sujet de satisfaction.

**LOUADO**, s. f. T. de métayer, Espace qu'une paire de bœufs tient à l'écurie, cet espace est marqué par deux poteaux formant cloison : *Ya sept louados*.

**LOUANXA**, v. act. Louanger, donner des louanges : *Lou cal pas trop louanxa*, il ne faut le trop louanger.

**LOUANXA** (SE), v. pro. Se rendre le témoignage, se donner la louange de.... : *Me podi louanxa d'aco*, je puis me rendre justice en cela.

**LOUANXO**, s. f. Louange, témoignage du mérite d'une personne, d'une chose. (Du latin *laudatio*.)

Grand Dious ! lous mechans anxos,
Lous mors, et lous reprouvats,
Toujours de vostros *louanjos*
Ignouraroou las beoutats.
Per nous, que de vostro graço
Pourtan la marquo sul froun !
Countemplaren vostro faço,
Et beniren vostre noum. Puj.

**LOUAPLE**, O, adj. Louable, qui mérite d'être loué, digne de louange, estimable, honorable.(Du latin *laudabilis*.)

**LOUATIÉ**, s. m. Louvetier, chef de la louveterie. (Racine *loup*.)

**LOUATOU**, s. m. Louveteau, petit loup ; fig., Misanthrope, insociable, sauvage : *Semblo un louatou*, il semble un louveteau.

**LOUAXE**, s. m. Louage, loyer, cession d'une chose pour un temps moyennant un prix. (Du latin *locatio*.)

**LOUAYRE**, s. m. Loueur, celui qui donne à louage, qui prend à louage.

**LOUBATADO**, s. f. Portée d'une louve.

**LOUBATIÉ**, voyez LOUATIÉ.

**LOUBATOU**, voyez LOUATOU.

**LOUBET**, voyez LOUP (DE TÉOULADO).

**LOUBO**, s. f. Louve, femelle du loup ; Fer en queue d'aronde qu'on enclave dans une pierre pour la lever.

**LOUCAL**, s. m. Local, emplacement, situation : *Abes un bèl loucal*. (Du latin *locus*.)

**LOUCALITAT**, s. f. Localité, qualité de ce qui n'appartient qu'à un certain lieu : *Seloun la loucalitat*, selon la localité. (De l'italien *localitas*.)

**LOUCATARI**, *Lougatari*, s. m. Locataire, celui, celle qui tient à loyer tout ou partie d'une maison. (Du latin *locatus*.)

**LOUFFA**, v. n. Vesser, lâcher une vesse : *As louffat*.

**LOUFFAYRE**, O, adj. Vesseur, euse, celui qui vesse habituellement.

**LOUFFO**, s. f. Vesse, vent qui sort sans bruit.

**LOUFFO-DE-GO**, s. f. Vesse de loup, genre de champignon.

**LOUGA**, v. act. Louer, donner, prendre à gage ; *Aben lougat un baylet*, nous avons loué un valet. (Du latin *locare*.)

**LOUGA** (SE), v. pro. Se Louer, contracter l'obligation de servir, de travailler moyennant un salaire.

**LOUGADOU** (MESTRE), voyez BAYLET.

**LOUIRIO**, voyez LOUYRIO.

**LOUJHIS**, voyez LOUXIS.

**LOUMBART**, DO, s. m. f. Espèce de laitue.

**LOUNG**, O, adj. Long, gue, étendue en longueur ; Qui dure long-temps ; Tardif, lent. (Du latin *longus*.)

**LOUNG** (TOUT DE), adv. De son long, tout de son long.

**LOUNGAGNEXA**, voyez LANBINA.

**LOUNGAGNO**, voyez LANBIN.

**LOUNGARUT**, DO, adj. Long, gue, étiré, longuet : *Es trop loungarut*, c'est trop long.

**LOUNGOMEN**, adv. Longuement, au long, en détail.

**LOUNGOU**, s. f. Longueur, étendue d'un bout à un autre ; Défaut d'activité. (Du latin *longitudo*.)

**LOUNGOUSTO**, voyez LANGOUSTO.

**LOUNTEMS**, adv. Long-temps, pendant un long espace de temps.

**LOUNXA**, v. act. Longer, aller le long de..... : *Aben lounxat la rebièyro*, nous avons longé la rivière.

**LOUNXO**, s. f. Longe, corde, lanière de cuir qu'on attache à l'anneau du licou ; les Bords d'une chose, d'un champ : *Boli touto la lounxo*, je veux tout le bord. (Du latin *longa*.)

**LOUO**, s. f. Louve.

**LOUP**, s. m. Loup, quadrupède sauvage et carnassier ; Lucarne, petite fenêtre pour aller sur les toits : *Lou loup es tampat*. (Du latin *lupus*.) *A bist lou loup*, dit-on d'une personne qui a perdu la voix. Les anciens croyaient que lorsqu'un loup jettait les yeux sur un homme avant que celui-ci eût aperçu l'animal, l'homme perdait la voix. Erreur populaire fondée sur un passage de Pline. Il est reconnu que cette qualité malfaisante n'est nullement inhérente au loup, mais que cet accident dépend simplement de la frayeur éprouvée par celui qui, à l'improviste, se voit fixé par un animal de cette espèce.

**LOUP-GAROU**, s. m. Loup-Garou, loup dont il faut se garer ; Sorcier déguisé en loup ; Esprit malin qui court les nuits ; fig., Homme bourru, fantasque, farouche, insociable : *Aco's un loup-garou*.

**LOUPIO**, s. f. Loupe, tumeur enkystée, indolente, sous la peau ; Excroissance ligneuse. (Du latin *loba*.)

**LOURD**, O, adj. Lourd, sale, malpropre : *Aco's pla lourd*, c'est bien sale. (De l'italien *lordo*.)

**LOURDEXA**, *Lourdejha*, v. act Salir, tacher : *S'es touto lourdexado*, elle s'est toute tachée.

**LOURDIZO**, s. f. Lourdise, souillure, ordure ; Chose, action peu séante. (De l'italien *lordo*.)

**LOURDOOU**, s. m. Lourdeau, grossier, maladroit, sale.

**LOUTA**, v. act. Faire une loterie, mettre quel-

que chose en loterie : *Boli fa louta un xabal.*
LOUTARIÉ, *Loutario, Lutarié*, s. f. Loterie, sorte de banque où le gain est déterminé par le hasard du tirage. (Du flamand *lot*, sort.)

D'aqui créet amploués, ouficés,
Charjas, dignitas, bénéfices,
Et lou tout sans frippounarié,
Car sé faguét per *lutarié.*
Avias, per una grossa miza,
Hounou, lucre é fénéantiza,
E quaou couflava l'esquipot
S'en anava embe lou gros lot. FAV.

LOUXA, v. act. Loger, donner le couvert; Héberger, donner un gite, un logement, en payant : *Lou louxarèy se bol*, je le logerai s'il veut; v. n. Avoir domicile, résider, habiter : *Loxo à la plaço*, il habite à la place. (Du latin *locare*.)

Porlen un paouc pus clar : n'éro pas godolous ;
Tont lou corps mé prusio coumo oquel d'un golous.
Éolo en discrétiou *loutjabo* dins moun bentré;
Dés bens moun estoumac semblabo estré lou centré;
Coumo de braîs lutins y téniau lou sobat :
Dé lour empertinenço oco qué m'o saubat,
És lo grono d'onis, é l'extrait de ginièbre. PRAD.

LOUXA (SE), v. pro. Se Loger, se bâtir une maison ; se Choisir un logement : *Sièn pla louxats,* nous sommes bien logés.
LOUXADO, s. f. Logement, étape assignée à un soldat, un charretier : *Nous troubaren à la louxado*, nous nous trouverons à la couchée.
LOUXAPLE, O, adj. Logeable, habitable.
LOUXE, adj. Louche, qui n'est pas clair, trouble : *Aquel bi es louxe*, ce vin est louche; Douteux, équivoque, embrouillé : *Tout aco es louxe*, tout cela est bien louche. (Du latin *luscus*, qui signifie borgne, qui n'a qu'un œil.)
LOUXIS, *voyez* CABARET.
LOUXISSIÉ, *voyez* CABARETIÉ.
LOUYAL, O, adj. Loyal, le, plein d'honneur, de droiture, de probité. (Du mot *loi*, qu'on écrivait *loy*, qui est conforme à la loi.)
LOUYALOMEN, adv. Loyalement.
LOUYRIO, s. f. Loutre, quadrupède amphibie qui vit de poisson; fig., Amateur de poisson : *Q'uno louyrio!* (Du latin *lutra*.)

Una *louyra* bén aprestada,
En sa boura é soun embounnada,
Cen fés pus tendra qu'un poulét,
Nous embaoumét de soun fumet. FAV.

## LOX

LOXA, *voyez* LAXA.
LOXO, s. f. Loge, petite hutte ; Cabane pour un gros chien ; Logement du portier ; petit Cabinet ouvert par devant dans une salle de spectacle : *Ero à la prumièyro loxo*, Lieu d'assemblée des francs-maçons. (De l'italien *loggia*.)

Talomen que los xens qu'eroun al seminari
Cregueroun qu'aquel tren fougues un caribari.
En *loxo* anfin n'anguet que de plats estourrits
Et ye bexerou pas cap des caoulets farcits, D.

LOXOMEN, s. m. Logement, tout lieu qui est ou peut être habité; Réduit, asile, demeure ; *Quand on a un bricou de loxomen, raï!* quand on a un petit réduit, passe ! Logis, gite assigné à un soldat, soit en marche, soit en garnison : *Un billet de loxomen*, un billet de logement.

## LUB

LUBET, *voyez* LEBET.

## LUC

LUCANO, *Lucarno*, s. f. Lucarne, petite ouverture qui éclaire un galetas, un escalier, etc. (Du latin *lucerna*.)
LUCHA, *voyez* LUXA.
LUCHET, *voyez* ANDUZAT.
LUCHETA, *voyez* PALEXA.
LUCHO, *voyez* LUXO.
LUCIFER, s. m. Lucifer, chef des démons; fig., Étourdi, dissipé : *Sios piri que Lucifer*, tu es pire que Lucifer. (Du latin *lucifer*.)
LUCO CRAMBO, *voyez* LUSCRAMBO.
LUCRE, s. m. Lucre, gain, profit de l'industrie, du travail ; t. d'hist. nat., petit Oiseau, voisin du Tarin.

## LUG

LUGARD, s. m. Étoile du matin qui devance l'aurore : *Lou lugard se lèbo*, L'étoile matinale se lève. (Du latin *lux*.)
LUGO, *voyez* RENNURO.
LUGREJHA, *voyez* BRILHA.
LUGUBRE, O, adj. Lugubre, triste, sombre, funèbre. (Du latin *lugubris*.)

## LUM

LUMIÈRO, s. f. Lumière, clarté, ce qui éclaire : *Pares uno grando lumièro*, il paraît une grande clarté ; Éclaircissement, indice : *Aco's uno lumièro de mayt*, c'est un indice de plus; t. d'arts et mét. Trou d'un outil, d'un instrument, d'une arme à feu : *La lumièro es bouxado*, la lumière est bouchée. (Du latin *lumen*.)

En esclairan la terro entièro,
Astres de la neit et dal jour
Benisses Dious dins bostre tour
El fa bostro *lumièro.* PUJ.

LUMINADO, *voyez* FLAMBAS.
LUMINARI, s. m. Luminaire, cierges, etc., dans les cérémonies religieuses. (Du latin *luminare*.)
LUMINOUN, s. m. Lumignon, bout brûlant d'une mèche allumée.
LUMINOUS, OUSO, adj. Lumineux, euse.

## LUN

LUN, *Calel*, s. m. Lumière, lampe, vase où l'on met de l'huile avec une mèche pour éclairer : *Ye bese pas que luns*, n'y rien voir, avoir la berlue; Juger mal d'une chose, en juger de travers. (Du latin *lumen*.)
LUNAT, ADO, *Lunar*, adj. Lunatique, fantasque, capricieux ; *Xabal lunatico*, cheval sujet à une fluxion périodique sur les yeux, selon le cours de la lune. (Du latin *lunaticus*.)
LUNATICO, *voyez* LUNAT.
LUNDA, *voyez* LENDAT.
L'UN-DIN-L'AOUTRE, *voyez* UN-DIN-L'AOUTRE.
LUNETAYRE, *Lunetié*, s. m. Lunettier, celui qui fait, qui vend des lunettes.
LUNETOS, s. f. Lunettes, verre taillé, instrument pour soulager la vue, rapprocher les objets ; Ouverture ronde des latrines ; Trou rond ; Os fourchu à l'estomac d'un oiseau ; Ronds de feutre à côté des yeux d'un cheval. (Du latin *luna*, de leur res-

semblance par leur figure ronde à une petite lune.) Chez les corroyeurs; Instrument de fer de forme circulaire, évidé au milieu, tranchant dans toute sa circonférence extérieure, qui sert à ratisser les cuirs.

Lou maréchal met sas *lunétas*,
Mais sans doute èrou pas bén nétas
Car prén lou papié d'haout en bas,
Et léjis cé qué y'abié pas.    FAV.

LUNO, s. f. Lune, planète qui tourne au tour de la terre, l'éclaire la nuit : *La luno se lèbo* : famil. Large face; *Semblo la luno;* Lucarne; Pelotte; Marque blanche placée sur le front des chevaux.

### LUO

LUOU, s. f. Lueur, clarté.

### LUQ

LUQUET, s. m. Allumette, petit bois de chanvre souffré, dont on se sert pour allumer la chandelle, le feu : *Axo un luquet*, prends une allumette. (Du latin *lux*.)
LUQUETAYRE, O, s. m. f. Marchand, de, d'allumettes.
LUQUETO, s. f. Chenevotte, tuyau de chanvre dépouillé de son écorce. On s'en sert pour faire les allumettes.

### LUR

LURGO, s. f. T. de charp. Entaille, rainure pour loger les marches dans le limon d'un escalier.
LUROUN, s. m. Luron, fin, éveillé, bon enfant : *Q'un luroun!*
LURRA, v. act. Leurrer, attraper, tromper : *T'a lurrat!*
LURRAT, ADO, adj. Leurré, ée, fin, adroit : *Aco's un lurrat*, c'est un leurré.
LURRO, s. f. Leurre, appât; Attrape. (Du latin *lorum*, courroie, parce qu'on façonnait un morceau de cuir rouge en forme d'oiseau pour rappeler l'oiseau de proie.)

### LUS

LUSCRAMBO, *Luzèrno*, s. f. Ver luisant; Lampyre. (Du latin *lux*.)
LUSTRA, v. act. Lustrer, donner du lustre à une étoffe.
LUSTRAYRE, s. m. Lustreur, ouvrier qui lustre.
LUSTRE, s. m. Lustre, éclat des choses, naturel ou donné par art : *A un bél lustre*, il a un beau lustre ; Chandelier de crystal à plusieurs branches, qu'on suspend au plancher. (Du latin *lux*, crépuscule, lumière faible qui précède le soleil levant ou suit le soleil couchant jusqu'à la nuit.
LUSTRINO, s. f. Lustrine, étoffe.
LUSTRO, *voyez* NITRO.

### LUT

LUTA, v. act. Lutter, s'exercer à la lutte; Faire des efforts; Tenir ferme. (Du latin *luctari*.)
LUTO, s. f. Lutte, combat corps à corps. (Du latin *lucta*.)
LUTRIN, *voyez* PUPITRE.
LUTRO, *Lutrino*, s. f. Dissipation : *N'a pas que la lutro pel cap*, il n'a que la dissipation en tête.
LUTS, *voyez* LUN, LUMIÈRO.

### LUX

LUXA, *voyez* LUTA.
LUXE, *Luche*, s. m. Luxe, excès de somptuosité dans les meubles, les habits. (Du latin *luxus*.)
LUXO, *Lucho*, s. f. Lutte, amusement d'enfants: *Tres cots fa luxos*, à la troisième fois, gare!

A la coursa, aou saou daou moutou,
Pirrhus èra un pichot garçou.
A la *lucha*, poudié se fayre
Qué m'ajèsse agut, lou coumpayre!
Mais, saoupre coure vaou cèn fès
May qu'un parél dé pistoulés :
Souvent afés aquel fay blanqua,
É quan prén, quaouqua fès on manqua :
Alioga qu'un souple ginoul
Vous tira toujours dé l'émboul.    FAV.

### LUZ

LUZENT, O, adj. Luisant, te, poli, qui réfléchit la lumière; Gras, bien portant.
LUZERNO, *Laouzèrto*, s. f. Luzerne, fourrage.
LUZERNO, *voyez* LUSCRAMBO.
LUZERNO DE XOUN, *voyez* GAFFAROT DE BERGNE.
LUZETO, *voyez* LUSCRAMBO.
LUZI, v. n. Luire, répandre la lumière; Éclairer: Briller par sa dépense, son luxe; *Luzis pla*, il brille beaucoup. (Du latin *lucere*.)

Endaco, moun cor frémissié
Daou fioc qué pertout *luxissié*,
Dé cris poussats dins las alarmas,
Daou bruch qué menayoun las armas,
É qué rédoublave à soun tour,
Lou son daou fifre é daou tambour...
Daval, rolle, me fracasse,
Cargua moun casquou, mé cuirasse,
Prénè boutinas, espérous,
Mous gaus, é pioi comma uu furious
Vaou veyre dé tè coumpagna
Per mètre ordre tan dé magagna :
S'éra qué n'en trouvèsses pas,
Tourna, diziéy, té coucharas.    FAV.

LUZINA, *voyez* LEZINA.
LUZINO, *voyez* LEZINO.
LUZOU, *voyez* CLARTAT.

## MA

**MA**, pro. possessif : *Ma terro*, ma terre. (Du latin *mea*.)

**MA**, *Man*, *Mo*, s. f. Main, extrémité du bras, divisée en doigts : *La ma drexo*, la main droite ; Levée au jeu de cartes : *A dos mas*, il a deux mains ; Être en main : *Tu raï, sios en ma de ba fa*, toi passe, tu es en main de le faire ; adv., *A plenos mas*, à pleines mains. (Du latin *manus*.)

Oh ! nou, certa, moun Diou !... ta *man* touta puissenta
Quan fayçounet moun corps qué lou mal bioy tourmenta,
Li joungnét un trésor que durara toujour :
L'éssença dé toun souflé, éssença pura é bella !
Savé qu'aco's moun ama ! és éstada rébella !
É pourtant és lou troné ounté siéja l'amour !  PEYR.

## MAC

**MAC**, s. m. Espèce de Pinçon, oiseau.

**MACA**, v. n. Meurtrir, faire une contusion : *As macat aguelo poumo* ; Agacer, causer aux dents une espèce de sentiment désagréable et incommode : *Aquel perot m'a macat las dens* ; Chasser les oiseaux à la glue : *Anan maca*.

**MA-CAOUDO**, s. f. Main-chaude, jeu de frappe main.

**MACARÈLO**, s. f. Maquerelle, celle qui fait métier de débaucher les filles, les femmes : *Aco's uno macarèlo*. (De l'hébreu *makare*, vendre.)

**MACARI** (Cousigne), s. m. Gargotier, mauvais cuisinier.

**MACARONI**, s. m. Macaroni, pâte de farine, de fromage, etc. (De l'italien *macaroni*.)

**MACAROUNS**, s. m. Macarons, petite pâtisserie de pâte d'amandes, de sucre. (De l'italien *macaroni*.)

Nostre gourman punit, l'ouro dixo sounado,
Seyt ouros de la neyt, la xouyouso assemblado
Approxo de la taoulo, ci prep d'elo sentis
Soun estoumac brulla, redoupla d'apetis.
Dragèos de tout noum et de touto nuenço,
Ximbeletos, biscuits de touto residenço,
Craquelos, *macarouns*, destructurs de las dens,
Cremos et pastissous eres aqui presents !
Bostre cop-d'èl randio nostro embexo ta bibo,
Qu'aban de bous tasta nous foundien en salibo.
A. B.

**MACAYRE**, voyez ENBESCAYRE.
**MACH**, voyez MAX.
**MACHAL**, voyez MOUXAL.
**MACHUCA**, voyez MAXEGA.
**MACHUGA**, voyez MAXEGA.
**MACINA**, *Maxina*, v. act. Machiner, faire des menées sourdes ; Former des mauvais dessins. (Du latin *machinari*.)
**MACINALOMEN**, *Maxinalomen*, adv. Machinalement, sans volonté.
**MACINO**, *Maxino*, s. f. Machine, tout instrument pour mettre en mouvement, tirer, lever, lancer, traîner : *Nous caldra uno macino*, il nous faudra une machine ; Assemblage combiné de ressorts mécaniques, de pièces mobiles. (Du latin *machina*.)

Saves-bé la *machina*,
Aquel gros chival dé sapina
Qué monérèn ayci dedins ?...
É bé, Sinoun, dé sous boudins
N'a fech sourti cen mizéraples
Qué fan may dé maou qué cen diables ;
É daou por l'on né vèy vení
Cen mila per lous soustení,   FAY.

**MACO**, s. f. Pipée, chasse à la glue : *Es à la maco*.
**MAÇOU**, s. m. Maçon, ouvrier en maçonnerie. (Du vieux français *mas*, qui signifiait *maison*.)

La soulo ma dòl Creatou
Bastis l'oustal et lou reparo.
Sans el lou pus balent *maçou*
Pot pas fa que d'aïge claro ;
Sans el toutos las précaoutious,
La pus alerto sentinèlo
Garantira pas d'incurtious
La bilo, ni la citadèlo.   PUJ.

Les outils d'un maçon sont :

| | |
|---|---|
| BROUXÈYRO. | MAYLHET. |
| CISEL. | MAYLHETÓ. |
| COUMPAS. | NIBEL. |
| COURDÈL. | PLOUM. |
| ESCAYRE. | PLOUM-REGLO. |
| ESCAYRE (FALS). | RÈCLO. |
| ESPARBIÈ. | TABART. |
| MARTEL. | TAYLHAN. |
| MARTEL TESTUT. | TRUÈLO. |

Voyez ces différents mots.

**MAÇOUNA**, v. act. Maçonner, bâtir, clôre en maçonnerie.
**MAÇOUNARIÉ**, *Maçounario*, s. f. Maçonnerie, ouvrage de pierres, de briques, etc., liées avec le mortier : *La maçounarié costo cari*, la maçonnerie coûte cher.
**MAÇOYRO**, s. f. Mâchoire, os dans lequel les dents sont implantées ; fig., Personne qui s'énonce mal et pesamment : *Q'uno maçoyro !*

## MAD

**MADAYSSO**, *Madacho*, *Escoouto*, s. f. Echeveau de fil, de laine, etc. : *La madaysso s'embrouilho*.
**MADAYSSOU**, s. m. Petit écheveau.
**MADAMO**, *Madame*, s. f. Madame, qualification d'une femme mariée. (Du latin *mea domina*.)
**MA-D'OBRO**, s. f. Main-d'œuvre, travail de l'ouvrier ; Façon, ce qu'elle coûte.
**MADONO**, s. f. Madone ; fig., Paisible, tranquile : *Q'uno madono*, quelle personne paisible. (De l'italien *madonna*.)

## MAG

**MADOUMAÏSELO**, s. f. Mademoiselle, qualification des personnes du sexe non mariées.

**MADRIÉ**, s. m. Madrier, planche de bois très épaisse : *Un fort madrié.* (De l'espagnol *madera*, bois, ou du latin *materia*, toute sorte de bois coupé.)

**MADUR**, O, adj. Mûr, re, qui est dans sa maturité ; fig., En parlant des personnes, Qui n'est plus jeune : *Sios maduro.* (Du latin *maturus.*)

L'homme coumo un razin quilhat sur la souqueto
Diou senti qualque jour lou tal de sa piqueto :
Dias lou clot per paniés l'Auribo met abas
Lou negre dan lou blanc, le *madur* dan l'agras.   G.

**MADURA**, v. act. Mûrir, rendre mûr ; Venir à maturité : *Lou soulel maduro lous rasins*, le soleil mûrit les raisins.

## MAF

**MA FOI**, adv. Ma foi : *Ma foi, qui s'en dedis pagara*, ma foi, qui se dédit payera.

## MAG

**MAGAGNA**, v. act. Bousiller, sabrenauder un ouvrage, le gâter ; Inquiéter, tourmenter.

**MAGAGNANOUNA**, v. act. Sabrenauder ; Sabrenasser, travailler mal ce que l'on fait.

**MAGAGNO**, *Magagnou*, s. m. Mazette, sabrenas, mauvais ouvrier : *Sios un magagno*.

**MAGAGNOU**, *voyez* MAGAGNO.

**MAGAZIN**, s. m. Magasin, dépôt de marchandises ; Son local : *Es en magazin.* (De l'arabe *Maghazin*, lieu où l'on ferme les choses précieuses.)

**MAGAZINA**, v. act. Emmagasiner, mettre en magasin.

**MAGAZINAXE**, s. m. Magasinage, temps du séjour en magasin ; Droit pour ce séjour.

**MAGICIEN**, s. m. Magicien, enchanteur, sorcier. (Du grec *magos*.)

**MAGIO**, s. f. Magie, art prétendu de produire des effets merveilleux ; Illusion. (Du grec *magéia*, fait de *magos* magicien.)

**MAGISTER**, s. m. Magister, maître d'école de village : *Aco's lou magister.* (Du latin *magister.*)

**MAGISTRAT**, s. m. Magistrat, officier de police, juge, etc. (Du latin *magistratus.*)

**MAGNAC**, *voyez* MANEL.

**MAGNAN**, *Magna*, *Bébo*, s. m. Ver à soie, ver qui produit la soie. (Ce nom lui vient de ce qu'il mange presque continuellement pendant sa courte vie, *magnan*, mangeant, de l'italien *mangiare*, manger.)

**MAGNANDIÉ**, ÉYRO, *Magnachié*, s. m. f. Magnanier, chef des ateliers où l'on élève les vers à soie.

**MAGNANDIÈYRO**, s. f. Magnanière, lieu où l'on élève les vers à soie.

**MAGNIAYRAL**, *Maniéyral*, s. m. Manche de fléau à battre le blé. (Racine *ma*, parce qu'on tient cette partie dans la main.)

**MAGNIÈYRAT**, ADO, adj. Maniéré, plein d'afèterie, d'affectation ; Étudié outre : *Es trop magnièyrat*, il est trop maniéré.

**MAGNIÈYRO**, s. f. Manière, façon ; Usage, coutume ; habitude : *Aco's sa magniéyro*, c'est sa coutume.

**MAGNIFIC**, *voyez* MANIFIC.

**MAGNIFICENÇO**, *voyez* MANIFICENÇO.

**MAGNIFICOMEN**, *voyez* MANIFICOMEN.

## MAL

**MAGOT**, *Eskipot*, s. m. Magot, amas d'argent caché ; Argent mis en réserve : *Y'e trapara lou magot*, il lui prendra le magot.

**MAGRE**, O, adj. Maigre, qui manque de graisse ; Sec, décharné, où il n'y a ni viande ni jus de viande : *Manxi magre ;* Qui n'a pas la force nécessaire : *As coupat magre*, tu as coupé court.

Mais sans canou, sans tambour, sans troumpè o
Tapla grandis l'efan del puple al brés l
Bien encoucat dins de panels groussiès
Tout petassais; conchat sur ma couyneto
Touto sarcido, eu plumo de laouzeto;
*Magré*, menut, mais nourrit de boun léy,
Tan grandissioy coumo lou fil d'un Rey.       J.

**MAGRI**, v. n. Maigrir, devenir maigre : *Magris à bisto d'él.* (Du latin *emaciare.*)

**MAGRIÈYRO**, *Magrou*, s. f. Maigreur, état d'un corps animal maigre. (Du latin *maceries.*)

**MAGROMEN**, adv. Maigrement.

**MAGROU**, *voyez* MAGRIÈYRO.

**MAGROUSTIS**, adj. Maigrelet, un peu maigre.

## MAI

**MAIRO**, s. m. Maire, chef, premier officier public d'une commune : *Cal ana trouba lou mairo.* (Du latin *major.*)

RAMOUN.

Te, Mathiou, bien aban que coupessen lous mils,
Doutze maynes armats de daillos, de fuzils
Festèjeren juillet, nostrés canous peterou
Touts per la libertat, lous murs ne tramboulerou
Quand lou *Mairo* en finin soun discours ta coumun
Cridet : Bibo lou Rey ! Qui respoundet ?....

MATHIOU.

Digun.   J.

## MAJ

**MAJESTAT**, s. f. Majesté. (Du latin *majestas.*)

**MAJHE**, *voyez* AYNAT, GRAND.

**MAJHENCA**, *voyez* BINA.

**MAJHENO**, *voyez* MEDALHO.

**MAJHISTRAOU**, *voyez* BISO.

**MAJHOUFIÉ**, *voyez* FREZIÉ.

**MAJHOUFO**, *voyez* FREZO.

**MAJHOURAL**, *voyez* MAXOURAL.

**MAJHOURANO**, *voyez* MAXOURANO.

**MAJHOURAQU**, *voyez* XAOUNE D'IOOU.

**MAJHOURIE**, *voyez* PESSO.

**MAJUR**, RO, adj. Majeur, qui a atteint l'âge de majorité ; Très important : *Aco's un affa majur*, c'est une affaire importante. (Du latin *major*, *majus.*)

## MAL

**MAL**, s. m. Mal, péché, mauvaise action : *Aco's un mal ;* tout ce qui nuit ; Tort, dommage, chagrin, accident ; Douleur, infirmité, maladie. (Du latin *malum*); Aigre, âpre, fort : *Lou binagre es mal*, le vinaigre est fort.

**MAL** (SE TROUBA), v. n. S'Évanouir ; Tomber en défaillance : *S'es troubat mal à la gleyzo*, il s'est évanoui à l'église.

**MAL** (SE FA), v. n. Se Faire mal, se blesser : *S'es pla fax mal.*

**MAL** (SE SAOUPRE), v. n. Se Piquer, être fâché ; Prendre en mauvaise part.

**MAL** (FA), v. imp. Il est fâcheux : *Fa mal n'abe*

42

*pas d'arxen*, il est fâcheux de n'avoir pas d'argent.

MAL (ABE DAL MAL DE), v. n. Ressembler : *A dal mal de yeou, es paoure ;* il me ressemble, il est pauvre.

MAL (TOUMBA D'AL), v. n. Tomber du mal caduc, du haut mal : *Toumbo d'al mal.*

MAL, adv. Mal, autrement qu'on ne fait : *Te y prenes mal.*

MAL, s. m. Gros marteau de forge : *Trapo lou mal*, prends le gros marteau. (Du latin *malleus*.)

MAL-ABISAT, ADO, adj. Mal-avisé, ée, qui prend, ou fait quelque chose à contre-temps.

MALADEJHA, voyez MALAOUTEXA.

MALADRESSO, s. f. Maladresse, défaut d'adresse, manque d'art ; Gaucherie, bévue : *Qu'no maladresso !*

MALADREX, O, s. et adj. Maladroit, oite, qui manque d'adresse : *Seras touxoun un maladrex*, tu seras toujours un maladroit.

MALADREXOMEN, adv. Maladroitement, d'une manière maladroite.

MALAFAXO, *Malafacho*, s. f. Délit, mauvaise action. (Du latin *malè factus*.)

MALAMEN, voyez MALOMEN.

MALAOUT, O, *Malaoute, aouto*, s. m. f. Malade, attaqué de maladie; Infirme, languissant, souffrant : *Es touxoun malaout*, il est toujours malade. (Suivant *Robert*, *Henri Etienne*, du grec *malakos*, mou, faible, languissant ; suivant *Ménage*, du latin barbare *malatus* fait de *malè*, mal.)

MALAOUTAS, adj. Convalescent, un peu malade : *Es malaoutas*, il est un peu malade.

MALAOUTEXA, *Malaoutejha*, v. n. Traîner, languir par l'effet de la maladie : *A malaoutexat un an*, il a fait une maladie d'un an.

MALAOUTIÉ, TIO, s. f. Maladie, dérangement, altération de la santé : *A uro forto malaoutié*, il a une grosse maladie.

Pa-meus m'escusaras, car nna toumbaduda
Pot mé précipita dins una *malaoutié*.
Lou téns dissiparo touta ma plagnituda ;
Mais n'empourtaro pas lou mal dé l'amitié.
PEYR.

MALAOUTIS, ISSO, adj. Maladif, ive, sujet à être malade : *Es fort malaoutis*, il est sujet à être malade.

MALAPESTO, interj. de surprise : *Malapesto qu'es car*, peste que c'est cher !

MALAPRES, O, adj. Mal appris, mal apprise, peu poli, peu courtois : *Aco's un malapres*, c'est un mal appris.

MALAYZAT, DO, adj. Malaise, ée, pénible, fatigant, difficile à faire ; Peu fortuné : *Crezi qu'es malayzat*, je crois qu'il est malaise.

MALAYZE, s. f. Malaise, état fâcheux, incommode ; fig., Gêne pécuniaire, détresse ; Souffrance momentanée : *Ey un espéço de malayze*, je suis dans une espèce de malaise.

MALAYZIT, IDO, voyez MALADREX.

MALBADO, s. f. Inflammation locale.

MALBERSA, v. n. Malverser, se rendre coupable de malversation ; Se laisser aller au mal, au crime : *A finit per malbersa*, elle a fini par malverser.

MALBERSATIOU, s. m. Malversation, délit grave commis dans l'exercice d'une charge.

MALBEYLHANT, s. m. Malveillant, qui a de la malveillance, capable de faire peine à quelqu'un.

MALBEYLHENÇO, s. f. Malveillance, dessein.

MALBIBENT, O, s. m. f. Homme, femme de mauvaise vie : *Aco's un malbibent*, c'est un homme de mauvaise vie.

MALBIC, s. m. Althéa, plante médicinale.

MALBO, s. f. Mauve, plante vivace, médicinale. (Du latin *malva*.)

MALBOULE, v. n. Mésestimer, haïr : *Se fa malboule*, il se fait haïr.

MALBOULENÇO, s. f. Mauvais vouloir, haine, inimitié : *Y'a uno grando malboulenço*, il y a grande inimitié. (Du latin *malevolentia*.)

MALBOULENT, O, adj. Malveillant, qui veut du mal ; *Aco's un malboulent*, c'est un malveillant. (Du latin *malevolus*.)

MALBRA, v. act. Marbrer, imiter par la peinture les couleurs du marbre.

MALBRADO, s. f. Fromage de cochon en forme de gâteau qui ressemble au marbre par les diverses couleurs : *Uno liouro de malbrado*, une livre de fromage de cochon.

MALBRAGAT, *Malfargat*, adj. Mal bâti, mal fait, mal habillé : *Que bol aquel malbragat?* que demande ce mal bâti ?

MALBRAT, ADO, adj. Marbré, qui a des taches, des veines comme le marbre : *De papié malbrat*.

MALBRE, s. m. Marbre, pierre calcaire, colorée, très dure : *Dur coumo lou malbre*, dur comme le marbre. (Du latin *marmor*.)

Quan dins l'oustal dé l'oupulença
Pertout brilla lou *malbre* é l'or,
Dins la casa dé l'indigença
Tout és tristé couma la mor.
Aquésta, qué l'aoutra délayssa,
Couma un miral sus una layssa,
A péna estala un paou dé pan,
Qué lou manja avan la journada,
Qu'anfin talla és sa destinada,
Trambla éu pénsen al léndéman.
PEYR.

MALBRIÉ, s. m. Marbrier, celui qui travaille le marbre, le vend : *Me cal parla al malbrié*, il me faut parler au marbrier.

MALBRIEYRO, s. f. Marbrière, carrière de marbre.

MALCOUAT, ADO, adj. Indisposé, souffrant : *Sios malcouado ?* tu es souffrante ?

MALCOUNTENT, O, adj. Mécontent, ente, mal satisfait. (Du latin *malè contentus*.)

MALCOUNTENTA, v. act. Mécontenter, rendre mécontent, donner sujet de l'être : *Me malcountentos pla !* tu me mécontentes beaucoup.

MALCOUNTENTOMEN, s. m. Mécontentement, déplaisir ; Mauvaise humeur : *N'ey pas que malcountentomen de sa part*.

MALCOURA, v. n. Décourager ; Détourner d'un projet ; Indisposer : *M'a pla malcourat*, il m'a bien découragé.

MAL-DE-BENTRE, voyez COULICO.

MAL-DE-COR, s. m. Déplaisir, peine cuisante.

Le Dious qu'a tout poudé, le Dious qu'es eternel,
Aquel qu'a fayt de res la terro amay le Cèl,
Et que coumoul d'amour, fourmet à soun imatge
L'homme dins l'intentiou que serio toujours sage
Aget le mal-de-cor de se beze troumpat.
Les humens, en usan de trop de libertat,
Sapièrou pas garda la perlo d'innoucenço,
S'attirèrou dél Cèl la tarriblo bengenço,
Et Dieus per lés puni justomen, sans cartié
Inoundet d'un aygat lou moundé tout entié.
DEBAR.

**MAL DE DENS**, s. m. Mal aux dents.
**MAL DE LA MORT**, s. m. Maladie mortelle : *Trapparas lou mal de la mort*, tu prendras le coup de la mort.
**MAL D'ESTOUMAC**, s. m. Évanouissement, mal de cœur ; *A de mal d'estoumac*.
**MALDIOUGUDOMEN**, adv. Injustement : *Aço's maldiougudomen que pago*, c'est injustement qu'il paye. (Du latin *male debitus*.)
**MALDIRE**, v. n. Médire, mal parler de quelqu'un par imprudence ou malignité. (Du latin *maledicere*.)
**MALDISENÇO**, s. f. Médisance, imputation maligne sans fondement. (Du latin *maledicentia*.)
**MALDISENT**, O, adj. et s. Médisant, te, qui médit, qui a l'habitude de médire. (Du latin *maledicens*.)
**MALEDITTIOU**, s. f. Malédiction, fatalité, mauvaise destinée : *La maledittiou es sus aquesto familho*, la malédiction est sur cette famille. (Du latin *maledictio*.)

Mais le juste à l'abric de las *maledictious*,
Aquel qu'a trespettat la santo lé de Dious,
A trouba soun salut. Noé, ni sa familho
Fousquéroun pas daillats d'aquel cop de faoucillo.
Lour fousquét coumandat, per un ordre dal Cél,
De basti bitomen un immanse baïssél,
D'y pratica dedins dé millés de cabanos,
De l'approubisiouna de bioures et de granos
Per y loutja dedins, ellis et de bestial,
Un parel de cadun que caillo fde granal.         DEDAR.

**MALENTENDUT**, s. m. Malentendu, erreur, méprise ; Paroles prises en sens contraire : *Aco's un malentendut*, c'est un malentendu.
**MAL-ENXINAT**, ADO ; adj. Mal arrangé, ée, dérangé.
**MALFA**, *Malfar*, v. n. Faire mal ; se Comporter mal ; Nuire à quelqu'un : *Es touxoun prest à malfa*, il est toujours prêt à faire mal. (Du latin *malè facere*.)
**MALFAMAT**, ADO, adj. Malfamé, ée, qui a mauvaise réputation : *Aco's un oustal mal famat*, c'est une maison malfamée. (Du latin *mala fama*.)
**MALFARAS**, s. m. Malfaisant, qui se plaît à faire du mal : *Ount ba aquel malfaras?* où va ce malfaisant ? (Du latin *malefactor*.)
**MALFARGAT**, adj. Malfait, mal habillé.

Un ome *malfargat* et de maoubezo mino,
Dematis es bengut xuscos dins la couzino,
Y'a daissat un escrix sur de papié timbrat
Que lou diaples d'enfer n'aourio pas dexifrat       D.

**MAL-FAXOUS**, ZO, adj. Malfaisant, te, qui se plaît à faire du mal, à nuire : *Aquelo plexo es malfaxouzo*, cette pluie est malfaisante.
**MAL-FAYT**, O, adj. Malfait, te ; en parlant des personnes, Laid, mal tourné, contrefait. (Du latin *malè factus*.)
**MAL-FAZENT**, O, adj. Malfaisant, te, qui se plaît à faire du mal.
**MALFIE**, adj. Qui a les mains engourdies par le froid.
**MALFOUNDRE (SE)**, v. pro. Se Morfondre, perdre sa santé par un refroidissement : *S'es malfoundudo*, elle s'est morfondue.
**MALFRE**, O, adj. Éventé, ée, flétri, fané ; Souffrant : *Sios pla malfro*, tu es bien flétrie.
**MALFRI**, v. n. Se Faner, se flétrir ; Perdre la beauté : *S'es pla malfrido*.
**MALFRIT**, DO, adj. Fané, ée, flétri.

**MALGAYRIT**, *voyez* MALFARGAT.
**MALGRACIOUS**, O, adj. Malgracieux, euse ; Grossier : *Sios uno malgraciouso*, tu es une grossière. (Du latin *malè gratus*.)
**MALGRACIOUSOMEN**, adv. Malgracieusement.
**MALGRE**, *Maougrè*, adv. Malgré, contre le gré ; Nonobstant : *Malgre la plexo*, nonobstant la pluie.

Eliza maougré soun prépaou
Bén ion dé garda lou repacu
S'evanouïguét à l'intrada
D'una béoutat touta esplourada
Que y'embrassava à chaque pas
Soun bén-aymat Astianas.         FAY.

**MALHA**, v. act. Mailler, battre au maillet ; Battre un fer chaud avec un gros marteau pour lui donner la forme voulue ; Travailler péniblement. (Racine *mal*.)
**MALHAYRE**, s. m. Frappeur, ouvrier qui frappe dans une forge : *Me cal de bounes malhayres*, il me faut de bons frappeurs.
**MALHE**, (La première syllabe longue.) s. m. Mail, masse de bois à manche long, flexible, pour pousser une boule au jeu du même nom ; Lieu où l'on y joue : *Es anat al malhe*. (Du latin *malleus*.)
**MALHE**, *voyez* MOUFFUT.
**MAYLHET**, (La première syllabe brève.) s. m. Toupin ; Cochoir ; Cabre ; Masson ; Cabien ; chacun de ces noms est employé dans diverses corderies, pour désigner un instrument consistant en un cône tronqué le long duquel sont des rainures pour le mettre entre les fils ou torons qu'on peut *commettre*, c'est-à-dire réunir par le tortillement.
**MALHETO**, s. f. Masse de fer des mineurs, des carriers, des charrons. (Du latin *malleus*.)
**MALHO**, s. f. Maille, chaque anneau de divers tissus, des filets, des réseaux : *Te cal leba aquelo malho*. (Du latin *macula*.)
**MALHOCHO**, s. f. Terme de cordonnier, Fer à lisser.
**MALHOL**, *voyez* PLANTIÉ.
**MALHUR**, *voyez* MALUR.
**MALICIADO**, *voyez* BACAYRAL.
**MALICIOUS**, O, adj. Malicieux, euse ; Espiègle.
**MALICIOUSOMEN**, adv. Malicieusement, avec malice, par malice.
**MALIÇO**, s. f. Malice, malignité ; Penchant au mal : *Ba fa pas per maliço*, il n'a pas agi par malice ; Parole dite avec malice ; Inclination de jouer des tours malins pour rire ; Attrape, espièglerie : *Touxoun fa qualquo maliço*, il fait toujours quelque espièglerie. (Du latin *malitia*.)
**MALIÉTE**, *voyez* CROUXETO.
**MALIN**, O, adj. Malin, igne, qui se plaît à faire du mal ; Mordant, satirique. (Du latin *malignus*.)
**MALINCOUGNO**, *voyez* TRISTESSO.
**MALINGRE**, O, adj. Malingre, qui ne jouit jamais d'une bonne santé ; d'une Complexion faible, délicate : *Es touxoun malingre*, il est toujours chétif.
**MALINNO**, s. f. Malinne, dentelle de Flandre : *Porto uno malinno*, elle porte une malinne.
**MALINTENTIOUNAT**, ADO, adj. Malintentionné, ée, qui a des intentions mauvaises.
**MALINNITAT**, *voyez* MALIÇO.
**MALINNOMEN**, adv. Malignement.
**MALIOOU**, *voyez* PROUBAXO.
**MALLEBA**, v. n. Emprunter, demander et recevoir un prêt : *A calgut malleba*, il a fallu emprunter. (Du latin *malè levare*, lever avec peine.)

## MAL

Coussi! Minerva, ma filiastra,
Qu'és beoucop mèns què la mayrastra,
Per un mot què lajèt Ajas,
L'aoura crebat countra un roucas
Embé un tron què, per aco fayre,
Un souèr *manlèvet* à soun payre,
Aoura sayounat à la fés
Cen Grès què f'èroun pas per rés,
Sans qu'amoun sus tela bezougna
Y'ajoun fach la mendra vergougna !
FA

MALLÈOU, s. m. Emprunt : *Trobo pas à mallòu.*

MALMADUR, O, adj. Qui n'est pas mûr, qui n'a pas sa maturité : *Es encaro mal madur.*

MALMAGAXO, s. m. f. Borgne, bigle, louche : *Aco's un malmagaxo*, c'est un borgne.

MALMENA, v. act. Malmener, maltraiter quelqu'un ou de paroles ou d'action ; Insulter, traiter durement : *L'a pla malmenat*, il l'a traité durement ; Dissiper, faire périr par de folles dépenses : *Ba malmenos, durara pas*, tu le dissipes, cela ne durera pas.

MALO, *voyez* CAYSSO.

MALOMEN. adv. Méchamment, avec malice.

MALO-MORT, s. f. Mort cruelle, violente : *Periras de malo mort*, tu périras de mort violente.

MALO-POSTO, s. f. Malle-poste, voiture du service de la direction générale des postes pour le transport des dépêches, et qui peut contenir cinq personnes.

MALOS (A), adv. Au sérieux, au criminel. Les enfants se battent d'abord pour essayer leurs forces, et puis ils font au sérieux : *Finires per fayre à malos.* (Du latin *ad malum.*)

MALOTRU, adj. Malotru ; Maussade, mal appris. (Du latin *malè instructus.*)

MALOU, s. f. Malice, violence.

MALOUNESTE, O, adj. Malhonnête, qui n'est pas honnête, contraire à l'honnêteté, à la bienséance ; Incivil, impoli, grossier : *Aco's un malouneste*. c'est un grossier. (Du latin *malè honestus.*)

MALOUNESTETAT, s. f. Malhonnêteté, manque de bienséance ; Défaut de politesse, manque d'égards affecté ; Action, discours malhonnête : *M'a fax malounestetat*, il m'a fait malhonnêteté. (Du latin *mala honestas.*)

MALOUNESTOMEN, adv. Malhonnêtement.

MAL-PARLA, v. n. Parler mal, avec malice. avec intention de nuire, de faire peine : *Aymos pla de mal-parla*, tu te plais à parler mal.

MALPAR-LANT, *voyez* MALDISENT.

MALPLAGNE, EYRO, adj. Qui n'est pas uni, sans enfoncement : *Lou cami es malplagne*, le chemin est mal uni.

MALPLAZENT, O, adj. Malplaisant, te; Désagréable : *L'oustal es malplazent*, la maison est malplaisante. (Du latin *malè placens.*)

MALPROPRE, O, adj. Malpropre, sale, dégoûtant : *Es pla malpropre*, il est bien malpropre.

MALPROPROMEN, adv. Malproprement, d'une manière sale.

MALPROUPRETAT, s. f. Malpropreté, défaut de propreté : Saleté.

MALSAPIOUS, OUSO, adj. Qui se fâche, se pique, sait mauvais gré facilement.

MAL REXUNT, O, adj. Mal rangé, dérangé, hors de sa place.

MAL ROUS, s. f. Teigne blanche, qu'on appelle aussi Croûte de lait qui vient au visage, surtout au front des très-jeunes enfants ; Feu sauvage ; Gale.

## MAN

MALTOTO, s. f. Maltôte, contrebande, fraude, friponnerie : *Toutis fan la maltoto*, tous font la maltôte. (Du latin *malè tollo.*)

MALTRATA, v. act. Maltraiter, traiter durement, outrageusement, avec brutalité : *La maltrato cado xoun;* Faire éprouver une perte, un dommage : *La grello m'a maltratat la bigno.*

MALTRATOMEN, s. m. Mauvais traitement.

MALTRAYRE, v. n. Être en peine sur le compte de quelqu'un : *Me fas pla maltrayre.*

MALUNIT, *voyez* MALPLAGNE.

MALUR, s. m. Malheur, mauvaise fortune ; Accident fâcheux ; Infortune ; Désastre.

*Malhur*, malhur à tus ! ô Babyloûna impura !
Dés crimés qu'as coumés as toun cor satisfach ;
É tous débordomèns révoltou la natura.
Héroux qué té rendra lé mal qué nous as fach ! PEYR.

MALUROUS, O, adj. et s. Malheureux, euse, qui est dans la misère, la pauvreté ; Homme méchant, sans honneur : *Aquel malurous !* Qui porte malheur, qui annonce malheur. (Du latin *mala hora*, heure malheureuse.)

Bouy ! qué sioy *malhuroux !...* accablat dé souffrença,
Rioy porte mous régars daou la voûta d'azur,
Imploré l'Etèrnel, sioy ramplit d'éspérénça ;
Mais l'espouèr al léproux n'és qu'un sounge troumpur. 
PEYR.

MALUROUSOMEN, adv. Malheureusement, par malheur.

MALXUNTAT, *voyez* MALBRAGAT, MALFARGAT.

## MAM

MAMA, s. f. Maman, t. de nourrice, premières syllabes que prononce un enfant. (Du latin *mater.*)

MAMA, *Béoure*, v. n. T. de jeu, à la marelle ou merelle, quand le joueur pose le pied sur les raies tracées à terre, où que le palet s'arrête également sur la ligne : *A mamat*, on dira't *béou*, il boit ; au jeu d'oublies, quand l'aiguille se repose au centre d'une ligne : *Mamo* ou *béou.*

MAMAOU, s. m. T. de nourrice, Bobo, petit mal, petite douleur.

MAMETO, *voyez* MININO.

MAMO, s. f. Ligne. marque de convention à certains jeux, celui qui pose sur cette ligne, celui qui en est le plus près, perd ou gagne selon les conventions.

## MAN

MANADA. *voyez* AMANADA.

MANADO, Menal, s. f. Poignée, botte, jointée de quelque chose : *Uno manado de sal*, une poignée de sel ; Manique de repasseuse pour prendre son fer à repasser ; Manivelle. (Du latin *manus.*)

MANADOS (A), adv. A poignées, à pleines mains.

MANAT, *Paquet*, s. m. Paquet, poignée : *Un manat de bimos*, un paquet d'osier ; Beaucoup : *M'en a baylat un manat*, il m'en a donné une poignée ; t. de cord., Peignon, paquet de chanvre que les fileurs prennent autour d'eux pour faire le fil de la longueur de la filerie.

MANAT, *voyez* TAMARIT.

MANCA, v. n. Manquer, ne pas attraper ; laisser

partir : *L'cy mancat d'uno ouro*, il m'a devancé d'une heure ; ne pas Frapper, atteindre en visant ; ne pas Réussir : *A mancat soun cop*, il a manqué son coup ; Être de moins, ne pas être ; ne pas Partir, rater, en parlant d'une arme à feu : *Lou fuzil y'a mancat*, le fusil a raté ; Omettre, oublier de...; Manquer à quelqu'un, oublier le respect qu'on lui doit : *Y'as mancat*, tu lui as manqué ; Faire une faute. (Du latin *mancus*, manchot, dont on a fait dans la basse latinité le mot *mancare*, que les Italiens ont conservé.)

  Ulissa qué, dins la Frigia,
  *Manquava* vespras et coumplia,
  Qué n'aouzissié pas un sermoun,
  Véritable enfan daou démoun,
  Qué dins lou cor éra déysta,
  É jansénista, é moulinista,
  É qu'aou sap ? bèleou luthérien,
  Mais toujour un rudé vaourien,
  Un bèou mati, sus un toun fèrmé,
  Demanda, après soun lua-verme,
  A nostre proufeta Calcas
  Quaou crézié qu'éra dins lou cas
  Dé sé fa fayre una sannada. Fav.

**MANCAMEN**, *voyez* Mancomen.
**MANCHO**, *voyez* Margo.
**MANCIPA**, v. act. Émanciper, mettre hors de la tutelle, hors de la puissance paternelle. (Du latin *emancipare*.)
**MANCIPA (Se)**, v. pro. S'Émanciper, prendre trop de liberté, de licence : *Te sios pla mancipat*, tu t'es bien émancipé.
**MANCO**, s. f. Manque, défaut, absence de..... : *Y'a fosso mancos*, il y a bien de défauts. (Du latin *mancus*.)
**MANCOMEN**, s. m. Manquement, faute, faiblesse, séduction ; Manque à l'honneur : *A fax un mancomen*, elle a manqué a son honneur.
**MANDA**, v. act. Mander, donner avis de venir, faire venir : *Beni de y'e manda*, je viens de lui en donner avis ; Avertir pour faire le pain : *N'a pas encaro mandat*, on n'a pas encore averti ; au jeu de quilles, Fixer l'endroit d'où l'on tirera, et qui tirera : *Qui mando?*
**MANDAREL**, s. m. Garçon fournier qui avertit les pratiques des moments où le pain doit être porté.
**MANDAT**, s. m. Mandat, ordre de payer sur les fonds dont on est dépositaire ; Papier-monnaie. (Du latin *mandatum*.)
**MANDATARI**, s. m. Mandataire, celui en faveur de qui est le mandat ; Chargé de procuration : *M'a fax soun mandatari*, il m'a fait son mandataire.
**MANDAYRE**, *Messaxè*, s. m. Messager, celui qui fait un message, qui vient annoncer de la part d'autrui ; Qui vont annoncer la mort de quelqu'un : *Lous mandayres sou benguts*, les messagers sont venus. (Du latin *mandans*.)
**MANDIA**, v. act. Mendier, demander l'aumône ; Rechercher, solliciter avec une espèce de bassesse : *Es anat mandia de botes*, il a été mendier de votes. (Du latin *mendicare*.)
**MANDIANT**, O, s. m, f. Mendiant, te, qui mendie ; Misérable : *Semblabo un mandiant*, il ressemblait un mendiant. (Du latin *mendicans*.)

  Es qué lou paouré proulètary,
  Joust dé misérables haillouns,
  Per satisfayré sous bézouns,
  Manqua toujour del necessary ;
  É sé per fés al vouyajur
  Demanda per soun existença,
  Va dins l'asile del malhur
  Fayre douz'ans dé pénitença.
  Aoubé ! per un moucel dé pan
  Qué réclama dins sa prièra,
  A l'oupulença qué prouspèra,
  Las légs punissoun lou *mandian* ;
  É l'indigença sus la terra
  Trahino, é pioy mouris dé fan ! Peyr.

**MANDICITAT**, s. f. Mendicité, excès d'indigence qui réduit à mendier : *Es à la mandicitat*, il est à la mendicité. (Du latin *mendicitas*.)
**MANDIL**, *Xacouti*, s. m. Habillement d'enfant. (Du latin *mantellum*, manteau.)
**MANDO**, s. f. Butte, endroit d'où il faut jouer : *Ount es la mando ?* où est la butte ?
**MANDOMEN**, s. m. Mandement, ordre, écrit, ordonnance d'un évêque. (Du latin *mandatum*.)
**MANDOUL (Enbourgna)**, adv. Marcher sur un excrément humain : *As enbourgnat mandoul !* tu as marché sur...
**MANDRE**, *voyez* Fi, Mandiant.
**MANDRIGOULO**, s. f. Mandragore, plante narcotique ; fig., quand une Personne fait plus que ses moyens connus le permettent : *A la mandrigoulo*, il a la mandragore.
**MANDRIN**, s. m. Mandrin, arbre de tour ; t. de serr., Poinçon pour percer le fer chaud : *Cal abe lou mandrin*, il faut faire avec le mandrin ; Boîte en cuivre, en bois, taraudée sur l'arbre du tour pour servir à divers travaux.
**MANDRINA**, v. act. Se Servir du mandrin ; Percer un morceau de fer à la bascule : *Cal mandrina xust*, il faut percer juste.
**MANDRO**, *voyez* Escuret.
**MANDRO**, s. m. et adj. Vilaine, méchante : *Aquelo mandro !* cette méchante !
**MANDROU**, s. m. Manivelle.
**MANEFLARIE**, s. f. Rapport, flagornerie.
**MANEFLAYRE**, O, s. m. f. Flagorneur, euse ; Rapporteur ; Flatteur ; Hypocrite : *Escoutes pas aquelo maneflayro !* n'écoutez pas cette flagorneuse.
**MANÈFLE**, *voyez* Maneflayre.
**MANÈFLEJHA**, v. n. Rapporter, faire des rapports vrais ou faux.
**MANÈFLOS**, s. f. Flagornerie, rapports insidieux, trompeurs.
**MANÈL**, O, adj. Maniable, doux, franc, traitable : *Es toutple manèl*, il est fort doux. (Racine *ma*.)
**MANÈLO**, s. f. Poignée de filasse, de chanvre, d'étoupes : *Porto-me uno manèlo*, porte-moi une poignée d'étoupes.
**MANEQUIN**, s. m. Mannequin, panier long et étroit ; fig., Personne sans caractère qu'on fait agir comme on veut : *Aco's un beritaple manequin*, c'est un vrai mannequin. (De *man*, qui, en allemand et en anglais, signifie *homme*, mannequin, petit homme.)
**MANETO**, *voyez* Manoto.
**MANEX**, s. m. Petite Pelotte ou bourrelet de graisse que l'on sent à la main près de la naissance de la queue des bœufs, des veaux et des moutons : *A un brabe manex*.
**MANEXA**, v. n. Être gras : *Aquel budèl manexo*, ce veau est gras à la main.
**MANEXA**, v. act. Manier, toucher, tripoter : *Ba manexes pas*, ne le tripote pas. (Du latin *manus*, main, dont les italiens ont fait *maneggiar*.)

**MANEXE**, s. m. Manège, exercice du cheval pour le dresser ; Lieu où l'on dresse les chevaux, où se donnent les leçons d'équitation ; fig., Conduite adroite, artificieuse : *Counpreni pas aquel manèxe*, je ne comprends rien à ce manège. (De l'italien *maneggio*.)

**MANEXOMEN**, s. m. Maniement, action de manier.

**MANIBÈLO**, s. m. Manivelle, pièce de fer, de bois, qui sert à faire mouvoir un arbre, un essieu : *La manibèlo ba pla*, la manivelle va bien. (Du latin *manulea*.)

**MANICLO**, s. f. Manique, sorte de demi gant d'artisan ; fig., Société, coterie, bande : *Es de la maniclo*, il est de la société. (Du latin *manica*.)

**MANIEYRAL**, s. m. Manche du fléau à battre le blé. (Racine *ma*.)

**MANIEYRAT**, **ADO**, adj. Maniéré, ée, plein d'affectation ; Recherché, outré ; Qui a de bonnes manières.

**MANIEYRO**, s. f. Manière, façon de dire, de faire ; Usage, coutume ; Délicatesse outrée. (Du latin barbare *maneries* ou *maneria*, employé dans la même signification dans la basse latinité.)

**MANIFACIÉ**, adj. Industrieux, adroit, qui fait bien de choses de ses doigts sans l'avoir appris : *Es toutple manifacié*, il est fort adroit. (Du latin *manu factor*.)

**MANIFESTA**, v. act. Manifester, faire connaître, faire paraître ; Annoncer, déclarer. (Du latin *manifestare*.)

**MANIFESTATIOU**, s. f. Manifestation, action de manifester, de se manifester. (Du latin *manifestatio*.)

**MANIFESTE**, O, adj. Manifeste, qui est à la connaissance de tout le monde : *La caouso es manifesto*, la chose est manifeste. (Du latin *manifestus*.)

**MANIFESTOMEN**, adv. Manifestement, clairement, évidemment.

**MANIFIC**, O, adj. Magnifique, éclatant, fastueux, splendide, très-beau : *Aco's magnific*. (Du latin *magnificus*.)

**MANIFICENÇO**, s. f. Magnificence, somptuosité, dépense excessive ; Beauté, splendeur. (Du latin *magnificentia*.)

**MANIFICOMEN**, adv. Magnifiquement.

**MANIGANÇA**, v. act. Manigancer, tramer ; Arranger une affaire en faisant des sacrifices : *B'aben m'anigançat prou pla*, nous l'avons assez bien manigancé. (Du latin *manu agere*.)

**MANIGANÇO**, s. f. Manigance, petites intrigues, petites manœuvres : *Cal touxoun que y'axo calquo maniganço*, il faut qu'il y ait toujours quelque manigance.

**MANILHO**, s. f. Poignée qu'on met à bout d'un manche ; t. de tiss. Poignée que tient l'ouvrier pour battre l'étoffe sur le métier. (Du latin *manus*.)

**MANILIO**, voyez **ANSO**, **CARBO**.

**MANIO**, s. f. Manie ; Passion, goût excessif ; Caprice, fantaisie. (Du grec *mania*.)

**MANIPULO**, s. m. Manipule, petite étole au bras gauche d'un officiant pendant la messe.

**MANIPOUL**, voyez **MANILHO**.

**MANJHA**, voyez **MANXA**.

**MANJHADOU**, voyez **MANXADOU**.

**MANJHADURO**, voyez **MOUSSEGADURO**.

**MANJHAYRE**, voyez **MANXAYRE**.

**MANJHILIO**, voyez **MANXALHO**.

**MANJHO-FABOS**, voyez **MANXO-FABOS**.

**MANJHUFEJHA**, voyez **MANXUQUEXA**.

**MANLEVA**, voyez **MALLEBA**.

**MANNA**, v. act. Arranger, soigner : *B'a mannat*.

**MANNE** (TOUT LOU), adv. Tout le long du jour : *Tout lou manne dal xoun crido*, tout le long du jour il crie.

**MANNO**, s. f. Manne, suc mielleux, concret et purgatif, qui découle d'une espèce de frêne ; Nourriture que Dieu envoya aux Israélites dans le désert ; Pluie propice, favorable : *Aco's uno manno !* t. de pêche, éphémères Insectes qui ne vivent qu'un jour. Ils éclosent quelquefois en si grand nombre et périssent si promptement, que les eaux des rivières en sont couvertes, c'est alors qu'on les nomme la manne des poissons. (Du latin *manna*.)

**MANOBRO**, s. m. Manouvrier, manœuvre, aide-maçon. (Du latin *manu operator*.)

Lous gipiès, traçayres, maçous,
Mestres, *manobros* è garçous,
Embé saun martel é sa tibla
Tènien una mina rizibla.
Sus soun esténdar descouvèr
L'on vezié toumba d'un couvèr
Un manobra qué s'entanjava
Couma sé la caouza pressava
En bas y'avié per escritéou :
*Languigues pas*, *çay seray léou*. FAV.

**MANOTOS**, s. f. Menottes, liens pour les poignets : *Y'an cargat las manotos*, on lui a mis les menottes ; Cinq-parts, espèce de champignon branchu et bien découpé. (Du latin *manus*.)

**MANOUBRIÈ**, voyez **MANOBRO**.

**MANOUL**, voyez **MANOULHO**.

**MANOULHO**, *Garbo*, s. f. Chapelet, glane d'ognons ou d'aulx.

**MANQUIQUO** (FA), v. n. Friper la classe, s'en absenter ; Faire l'école buissonnière. (Racine *manca*.)

**MANREGO**, voyez **PATRACO**.

**MANTÈL**, s. m. Manteau, vêtement sans manches, long et fort ample, que l'on porte par-dessus les autres ; Manteau de cheminée : *Lou mantèl flancara pas*, le manteau ne fléchira pas. (Du latin *mantellum*.)

**MANTELET**, s. m. Mantelet, sorte de petit manteau à coqueluchon, à l'usage des femmes.

**MANTENE**, v. act. Maintenir, tenir au même état ; Continuer, perpétuer. (Du latin *manus tenere*.)

**MANTENE** (SE), v. pro. Se Maintenir, se conserver dans le même état : *S'es pla mantengudo*, elle s'est bien conservée.

**MANTILHO**, s. f. Mantille, mantelet orné de dentelles. (Racine *mantèl*.)

**MANTO**, s. f. Mante, vêtement de femme, ample et très-commode.

**MANTOUL**, s. m. Manteau.

Aqui, marchant sur la glacièro
Sans *mantoul*, capa ni routiero,
Et groudat fort laougèromen
Uno oumbrèlo per paroben,
Ma foi lou fret me intouyabo
El d'arriba pa me tardabo ;
Sentissioy que noun poudioy plus ;
Quand entenderi l'angelus
De la campano del bilatge :
Alabets repreni couratge
En fan à la mayre de Dious
Las debotos salutatious
Dount tout chrestia l'y diou l'houmatge.
DEBAR.

MANTOULA (Se), v. pro. Se Couvrir, s'envelopper, se rouler dans son manteau.

MANTOUGNEYRO, s. f. Mentonnière, partie d'un casque, d'une coiffe, destinée à serrer le menton.

MANTUN, voyez Fosso.

MANTUZA, v. act. Continuer, poursuivre; Travailler sans se rebuter.

MANUBRA, v. act. et n. Manœuvrer, faire la manœuvre; fig., Employer des moyens de succès: *S'alasso pas de manubra*, il ne se lasse pas de manœuvrer.

MANUBRO, s. f. Manœuvre, mouvement; Exercice des troupes pour s'exercer. (Du latin *manus operatio*.)

MANUEL, s. m. Manuel, livre de prières; Livre portatif d'instruction : *A croumpat un manuèl*, il a acheté un manuel. (Du latin *manuale*.)

MANUFACTURO, s. f. Manufacture, lieu où est établie la manufacture. (Du latin *manufacere*.)

MANUSCRIT, s. m. Manuscrit, original écrit à la main. (Du latin *manu scriptus*.)

MANXA, *Manjha*, *Minja*, v. act. Manger, mâcher et avaler; fig., Ronger, user, détruire peu à peu; Dissiper son bien : *A tout manxat*, il a tout dissipé; Inquiéter, tourmenter quelqu'un : *Lou manxo*. (Du latin *manducare*, dont les italiens ont fait *mangiare*.)

MANXADOU, *Manjhadou*, s. m. Mangeoire, auge de cheval, etc.

MANXADOUYRO, voyez Manxayre.

MANXALHOS, *Manjaylhos*, s. f. Mangeaille, nourriture pour les animaux domestiques, pour les hommes : *Cal fosso manxalhos*, il faut beaucoup de mangeailles.

MANXAPLE, O. adj. Mangeable, bon à manger: *N'es pas manxaplo*, ce n'est pas mangeable.

MANXAYRE, O, *Manjayre*, *Manxadouyro*, adj. Mangeur, euse, qui mange beaucoup; Gourmand, dissipateur : *Aco's un manxayre*, c'est un mangeur.

Xuscos al Catis ireche
Amb'un nas et d'els de cat,
Dins la neyt ba fa son preché
Et lou joun resto enfraoncat.
D'uno bois paourugo, soumbro,
Aquel *manjayre* de car
Nous apren que Dious fa l'oumbro
Coumo lou joun lou pus elar.   Puj.

MANXAZOU, voyez Demanxazou.

MANXETO, *Mancheto*, s. f. Manchette, ornement du poignet de la chemise : *Pourtabo de manxetos*, il portait manchettes.

A vostre èr, mardiou, jougariey
Qué v'aoutrés s'es grana dé Rey.
Pourtas dé trop bèlas *manchetas*
Et vostras cars soun trop finetas.
Pareysses nascut per régna;
Mais ou saoupren après dinna.   Fav.

MANXINA, v. n. Inquiéter, vexer, taquiner: *La manxino tout lou xoun*, il la taquine tout le jour.

MANXIOUSSO, s. f. Vermine, celle qui attaque la tête, etc.; fig., mauvaises Herbes dans les jardins, les blés : *Quant de manxiousso*, combien de vermine!

MANXO-BAOUDANOS, voyez Baoudanos.

MANXO-FABOS, *Bourdoulho*, s. m. Bredouilleur : *Qu'n manxo-fabos !* quel bredouilleur!

MANXOMEN, *Rouzegarié*, s. m. Mangerie, exactions par lesquelles on ruine les pauvres gens : *Quantes de manxomens !* que de faux frais!

MANXORLO, voyez Manxayre.

MANXOU, *Manchou*, s. m. Manchon, fourrure cylindrique dans laquelle on entre les deux mains par les deux bouts. (Du latin *manus*.)

MANXOT, O, *Manchot*, adj. Manchot, te, estropié, privé d'une main, d'un bras. (Du latin *mancus*.)

MANXUQUEXA, v. act. Pignocher, manger peu et à petits morceaux.

## MAO

MAOU, voyez Teoulo.

MAOU, voyez Mal.

MAOUBÉS, O, adj. Mauvais, e, qui n'est pas bon; Incommode, nuisible; Qui cause du mal.

MAOU COURA, voyez Malcoura.

MAOU CREZEN, voyez Mescrezen.

MAOUDIRE, v. act. Maudire, faire des imprécations; Donner des malédictions: *L'a maoudit*, elle l'a maudit. (Du latin *maledicere*.)

Mais dèvé-t'y, grond Diou! *maoudire* l'existença?
Oh! non; savé qué l'hommé és nascut per souffri.
Sé m'as dounat lou mal, fay qué la patiença
Siégua un doun qué vogués m'ouffri!   Peyr.

MAOUDISENT, voyez Maldisent.

MAOUDURA, v. act. Prendre la mouture ou le salaire du meunier.

MAOUDURO, s. f. Mouture, salaire du meunier, ce qu'il prend pour le droit de moudre. (Racine *molo*.)

MAOUGRE, voyez Malgre.

MAOULO, voyez Malco.

MAOURELO, s. f. Morelle; son fruit est une baie noire qui est un poison.

MAOURIO, voyez Maouro.

MAOURO, s. f. Truie, femelle du porc.

MAOUZAC, s. m. Raisin noir, d'un goût agréable.

## MAQ

MAQUIGNOUN, s. m. Maquignon, marchand, traficant, revendeur de chevaux. (De l'hébreux *makar*, maquignon.)

MAQUIGNOUNA, v. act. n. Maquignoner, faire le maquignonage; Tromper en vendant un cheval; Intriguer pour vendre à profit : *A calgut pla maquignouna*, il a fallu maquignoner beaucoup.

MAQUIGNOUNAXE, s. m. Maquignonage, métier de maquignon.

MAQUIGNOUNUR, voyez Maquignoun.

## MAR

MAR, s. f. Mer, amas des eaux qui environnent la terre; prov. *Quand on a begut la mar, on pot beoure lous peysses*, quand on a bu la mer, on peut boire les poissons. (Du latin *mare*.)

Quillat sus aquel pic dount lou raïjol s'elanço,
As èls dal mounde entié ba moustra l'obr'immanso
Qué ben dé l'enflamma ;
Dé soun cap en trabal lé génio s'azoundo,
Dos *mars* sortoun sul cop dé sa taquo prigoundo
En sé baïllau la ma!...   Dav.

MARAOUDEXA, v. n. Marauder, demeurer en arrière pour voler.

MARAOUDIZO, *Pendardizo*, s. f. Espièglerie :

*Touxoun calquo maraoudizo*, toujours quelque éspièglerie!

**MARAOUT, O**, adj. Maraudeur, euse; Espiègle, méchant, lutin.

**MARBIT**, *voyez* Amarbit.

**MARC**, s. m. Marc, ce qui reste des fruits pressurés, des substances bouillies; Maîtresse, branche d'un gros arbre: *Lou ben a coupat un marc.* (Du latin *amurca*.)

**MARCA**, v. act. Marquer, faire une marque; Laisser des marques, des traces; Imprimer le fer chaud: *L'an marcat*, on l'a marqué; Indiquer, désigner; en parlant d'un cheval, Avoir des taches noires aux dents: *Marco pas pus*, il ne marque plus; en parlant des plantes, Pousser des boutons; Marcher sur les pieds de quelqu'un. (De l'allemand *marchen*.)

**MARCADOUYRO**, s. f. Talon sur lequel presse le pied de celui qui travaille au lochet: *La marcadouyro es manxado*, le talon est usé.

**MARCANDEXA**, *Marcandejha*, v. act. et n. Marchander, demander, débattre le prix d'une chose: *Aymo de marcandexa*, elle aime à marchander; Hésiter, balancer dans sa résolution: *Cal pas tant marcandexa*, il ne faut pas tant hésiter (Du latin *mercatum ducere*.)

Quant de moubemen!...
De remuomen!...
Dins aquèlo foulo
Qu'axito l'arxen!
Mar d'aygo treboulo
Que fouèto lou ben.
Lous uns *marcandexou*,
Tripotou, palpexou
Bioous, bacos, budèls;
Ayci de pousséls
Que d'aoutres lenguexou;
Aqui, sans fayçous,
La trioxo aloungado
Douno sa tétado
A douze pixous.       A. B.

**MARCANDEXAYRE, O**, *Marcandejhayre*, adj. Qui aime à marchander: *Sios uno marcandexayro*, tu aimes trop à marchander.

**MARCHAN**, *voyez* Marxan.

**MARCHANDIZO**, *voyez* Marxandizo.

**MARXIOULE**, *voyez* Maxigoul.

**MARCO**, s. f. Marque, tout ce qui désigne, distingue, sert à reconnaître: Entaille; Instrument pour marquer; Impression, trace, chiffre, etc., mis à un ouvrage, lettre initiale sur le linge de ménage, Jeton, fiche; Signe aux dents d'un cheval; Impression juridique du fer chaud; Empreinte qui demeure sur la peau: *La marco se pares*, la marque s'y voit. (De l'allemand *mark*.)

**MARCOT, TO**, s. m. f. Marcotte, branche couchée en terre, pour qu'elle s'enracine. (Du latin *mergus*.)

**MARCOUTA**, v. act. Marcotter, faire des marcottes.

**MARCUR**, s. m. Marqueur, celui qui marque à un billard.

**MARDI**, *Mardiounes*, *Sarnedi*, Espèce de juron.

**MARÉ**, s. f. Marée, flux et reflux de la mer. (Du latin *mare*.)

**MARECAXE**, s. m. Marécage, terrain bas et humide.

**MARECAXOUS, OUSO**, adj. Marécageux, euse.

**MARECHAUSSÉ**, s. f. Maréchaussée, compagnie de cavaliers chargés de veiller à la sûreté publique; Gendarmerie.

**MARELA**, v. n. Peindre de diverses couleurs.

**MARELO**, *voyez* Col de poux.

**MAREXAL**, s. m. Maréchal, artisan qui ferre et panse les chevaux; le maréchal a pour outils principaux,

Broncadou.                Mouscal.
Butaban.                  Raougno pé.
Ferradou.                 Taplié.
Flaoume.                  Tenalhos.
Martel ferradou.          Tricoisos.
Mourdassos.

Lous *maréchals* pichota troupa,
Mais qué prén fioc couma d'éstoupa,
Marchoun lou martèl d'uno man
É dé l'aoutro lou butavan.
Lous énémis lous défiavoun;
Mais dé véyre qué s'avançavoun
En démouns sourtis das anfers,
Qu'èroun sóustenguts das fraters,
É séguis das apouticaris,
Dé la mort fermiers ourdinaris:
Oh! diguèroun, per ara, hélas!
Nous podoun souna nostre clas.
Faoudrié qué lou diable pétèsse
Quand embe n'aoutres sé métèsse;
Mais pourtan, mouri per mouri,
Embé glouéra aoumen faou péri.   Fav.

**MAREXAL**, s. m. Maréchal, officier militaire supérieur, de divers grades.

**MAREZO**, *voyez* Couxo.

**MARFEGO**, s. f. Paillasse, toile cousue en forme de matelas, remplie de paille pour un lit; fig., Gros mangeur.

**MARFI**, *voyez* Malfri.

**MARGA**, v. act. Emmancher, mettre un manche; Arranger: *Ba margos pas pla*, tu n'emmanches pas bien.

**MARGALIA**, *voyez* Mirgalhat.

**MARGARIDOS**, s. f. Reine marguerite, fleur d'automne.

**MARGASSAT**, s. m. Petit de la pie.

**MARGASSO**, s. f. Pie grivelée.

Sé vos pas té veyre énvala
Per Caribda, ni per Silla,
Sé vos passa dé Trinacria
A paou fresses en Italia,
Te caou, sus l'avis d'Apoulloun,
Oufri, quicoumet à Junoun;
Qu'an non sérié qu'una *margassa*.
Ioy, dins lou Cel, tout sé récassa;
Lous Dious soun toutes éstèquis
É, maougré qu'ajoun apétis,
Réduis, pecayre! à la coungrua,
Ié caou pas, ni gabian, ni grua:
La mendra bistièta, à toun choués,
Réndra Junoun douceta à soués.   Fav.

**MARGHE**, *voyez* Margue.

**MARGUE**, s. m. Manche, partie d'un outil, d'un instrument par où on le prend pour s'en servir; fig., Adresse pour faire une chose: *Aco depen d'al rayre margue*, cela dépend de l'adresse. (Du latin *manubrium*.)

**MARGO**, s. f. Manche, partie du vêtement dans lequel on entre le bras; Sorte de filet. (Du latin *manica*.)

**MARGOULIN**, *voyez* Mazeto, Petassou.

**MARGOUSSIS**, *Falsos-garbos*, s. m. Chicorée

sauvage, espèce de salade qui vient dans les terres travaillées et pousse de longues tiges blanches et tendres. (De *amar*, amer.)

**MARGULHE, EYRO**, s. m. f. Marguillier, administrateur de la fabrique d'une paroisse; Personne chargée de l'ornement ordinaire d'une chapelle, d'un autel. (Du latin *matricularius*, de *matricula*, rôle matricule où l'on inscrivait les pauvres de la paroisse.)

**MARGULIEYRARIE**, s. f. Marguillerie, charge de marguillier.

**MARI**, voyez PERDUT.

**MARI**, voyez MISSANT.

**MARIAXA**, v. n. Traiter, négocier un mariage.

**MARIAXAYRE**, *Mariajhayre*, s. m. Marieur, faiseur de mariages : *Sios un paoure mariaxayre*, tu es un triste marieur.

**MARIAXE**, *Maridatge*, s. m. Mariage, union conjugale de l'homme et de la femme; Sacrement; Cérémonie pour marier : *A fax un boun mariaxe*, il a fait un bon mariage. (Du latin *matrimonium*.)

Lou dich d'Iponates nou trobi pas fort satge :
Qu'el n'y a que dous jours de bous en *maridatge*.
Lou jour de las nossos es un des bous, so dis,
Et l'aütre peys aprep quand la fenno mouris. A. G.

**MARIDA**, v. act. Marier, donner la bénédiction nuptiale; Unir par mariage; fig., Unir, joindre deux choses. (Du latin *maritare*.)

**MARIDA (SE)**, v. récip. Se Marier, se prendre pour mari et femme.

Té souvénes-ti quan Sichéa
Dé un ama, éniin Galinét,
Adouzitèt lou roubinet?
Venguere baouja, éstacadouna,
Batiey mas gens, mourdiey ma bouna ;
Nioch et jour m'enténdias crida,
Mé play! mé volé *marida* ?
É bé, savès déqué m'arriva ?
Aco tourna mé récaliva.
Sentisse quicon qué mé dis :
Anèn, Foullou, dé qué sertis ?
Las languidouyras daou veouzaje
Soun bé trop rudas à toun aje ;
Prén vite un aoutre home, mardi,
Dé qu'as poou ?... daou charivari ?
Avay!... lou fan à la carieyra
É l'on s'amaga à la païeyra,
Ou per un escut de sieys francs
On fay cala palos, sartans ;
É pioy, veouza qué sé marida
Deou perdre lou veyre é l'aouzida. FAV.

**MARIDADO**, s. f. Mariée, nouvelle épousée.

**MARIDADOU, NO**, adj. Mariable, en état d'âge d'être mariée.

**MARIN**, s. m. Marin, homme de mer, le vent de mer. (Du latin *marc*.)

Prêt de peri sans assistenço,
Helas ! nostre jouyne *marin*
Couney trop tard que lou destin
Lou punis de soun imprudenço. J.

**MARINIE**, voyez MARIN.

**MARINEXA**, *Marinejha*, v. act. Mariner, tremper dans le vinaigre, la saumure ; Assaisonner pour conserver ; Vaciller en parlant de la lumière : *Aquelo candélo marinexo*, cette lumière vacille. (Du latin *mare*.)

**MARINO**, s. f. Marine ; matelots, troupe de mer ; Goût, odeur de la mer.

**MARIO-MICOS**, voyez SANTO-NITOUSSO.

**MARIOUNETOS**, s. f. Marionnette, petite figure mobile à l'aide de la main, de ressorts, leur jeu, le lieu où on les fait jouer; fig., Personne frivole, sans caractère, que l'on fait mouvoir, changer de manière d'agir : *Semblo uno mariouneto*, il semble une marionnette ; petite Pièce mobile qui tient les fuseaux des rouets. (De marion petite *marie*, dont *marionnette* est un diminutif.)

**MARIT**, s. m. Mari, celui qui est joint à une femme par le lien conjugal. (Du latin *maritus*.)

Per bonhur una dé sa suita
Mountèt aou boun ; é tout dé suita
La lévet daou soou, la couchet,
É tan, é tan l'arpatéjet
Qu'à la fin lou doulenta Eliza
Ouvrissen l'iol, véjet Céfiza.
« Ay, ma fia, s'ou dis, és tus ?
Souy morta, nous veyren pas pus :
Helas! moun *marit*, m'abandouna....
— É véjaqui cé qué m'estouna. » FAV.

**MARMALHA**, voyez RAMBALHA.

**MARMALHO**, s. f. Marmalhe, troupe de petits enfants ; Marmots.

**MARMELA**, v. n. Mettre en marmelade.

**MARMELADO**, s. f. Marmelade, confiture de fruits très cuits : *Aco's uno marmelado*, c'est une marmelade. (Du portugal *mermelada* fait avec la même acception de *mermello*, qui, dans cette langue, signifie *coing*.)

**MARMITADO**, s. f. Plein une marmite : *Uno marmitado de soupo*, plein une marmite de soupe.

**MARMITO**, s. f. Marmite, vaisseau de fer, de terre, pour l'usage de la cuisine. (Du latin *marmor*, marbre, parce que, dit Ménage, les premières marmites ont été des pôts de marbre, en forme de mortiers.)

**MARMITOU**, s. m. Marmiton, valet de cuisine.

Un *marmitou* pares decourat d'un faoudal,
Et quand a retirat l'atiral del poutage
Lour serbis un aoucat en poumpous apanatge
Dount le fars enbaoumat qui gounflabo la pel
Le tegno dins lo plat rette coum'un camel.
Al tour d'aquel aouzèl, que sourtissio de l'oulo
Douze plats differens arriberoun en foulo
Et dins l'affa de res se bejet entourat
D'andouillos, de boudins, de pastis, de melsats. DEB.

**MARMOT**, s. m. Marmot, petit garçon.

**MARMOTO**, s. f. Marmotte, quadrupède, qui dort l'hiver ; Coiffure négligée à l'usage des femmes.

**MARMOUTA**, v. n. Marmotter, parler confusément entre les dents : *Que marmotos aqui*, que marmottes-tu là : Murmurer.

Lo masquo, en *mormounio*, l'emméno ol golotas :
Dis trés mots, é trés cops fo rouda lou sédas.
Tout escas, o finit lo troisièmo répréso,
Qué l'y té dis lou noum d'oquel qu'o fach lo préso. PRAD.

**MARMOUTOU**, voyez MOUTOU.

**MARMUL**, voyez MOURMOUL.

**MARNA**, v. act. Marner, répandre de la marne sur un champ.

**MARNAXE**, s. m. Marnage, action, opération de marner les terres.

La terro de Lugan, per jou terro estranjèro,
N'abio dins moun esprit per toutos raretats
Que sous campayrols renoummats

328 MAR

Et sa magroustino bruyèro.
Dins moun esprit éri troumpat.
De sur soun plateou ennayrat
Begéri sa richo campagno
Qu'es un pays tout de coucagno
Despey que'l brabe moussu Pous,
Fort sapient en agricultyro,
A fourçat la naturo
Sur un terren tout paressous.
Es el qu'y pourtet le *marnatge*
Et dins Lugan cad'heritage
A may que doublat de balou.
Ço qu'ero paoure es bengut bou,
La terro qu'es ja pus laougèro
Et que n'ero pas que bruyèro
Beritable pastenc de gril
Abouey, marnado, se ten fièro
De poudé pourta blat et mil.       DĖBĀR.

MARNIÈYRO, s. f. Marnière, carrière de marne.
MARNO, s. f. Marne, terre calcaire, propre à amender les terres en culture, la marne n'est composée d'autre chose que de débris de coquiles. (De *marga*, ancien mot celtique dont Pline fait mention.)
MAROTO, *Tic*, s. f. Marotte, objet d'un goût passionné, irréfléchi, ridicule : *Aco's uno maroto*, c'est une marotte.
MAROUKIN, *voyez* MARROUQUIN.
MARQUETARIÉ, s. f. Marqueterie, ouvrage de pièces de rapport de diverses couleurs.
MARQUR, *voyez* MARCUR.
MARRA, v. act. Travailler avec la marre ou la houe des vignerons; Travailler péniblement et long-temps : *Me cal marra cado xoun*, il me faut travailler péniblement chaque jour.
MARRAFÉC, *Rassou*, s. m. Maïs le plus mauvais, celui dont l'épi n'est pas tout formé, dont le grain est mauvais.
MARRANO, s. f. Maladie, épidémie : *A trappat la marrano*, il a pris la maladie.
MARRASSIÉ, adj. Laborieux, vaillant, entreprenant : *Aco's un marrassié*, c'est un laborieux.
MARREGO, *voyez* CAPO.
MARRELA (SE), v. n. Se Serrer comme font les brebis avec la chaleur.
MARRELS, *voyez* MATTARRADO.
MARRIT, IDO, adj. Marri, te, affligé, contristé: *N'es pla marrit*. (Du latin *mœrens*.)
MARRO, s. f. Marre, espèce de houe de vigneron. (Du grec *marrhon*.)
MARRO, s. m. Marre, bélier, mâle de la brebis; fig., Entêté, capricieux, borné, incapable : *Aco's un marro*; les Vers des cérises : *Y'a un marro dins cad'uno*.
MARROT, *voyez* MARRO.
MARROUAL. *voyez* ESQUIPOT.
MARROUFLO, adj. Marroufle, rustre, impertinent : *Aco's un marrouflo*.
MARROUN, s. m. Marron d'Inde, fruit du marronnier d'Inde.
MARROUNIÉ, s. m. Marronnier d'Inde, arbre plus agréable qu'utile.
MARS, s. m. Mars, troisième mois de l'année commune. (Du latin *mars*.)
MARSESC, O, *Marsen*, adj. Menus Grains qu'on sème au mois de mars.

O sutta lo besougno el tout prémié coumenço,
O déja dins un sac préporat lo sémenço ;
Monjou quatré cauiets, é hau toutés essens
Sus un rostoul birat seména lous *morsens*.    PRAD.

MAR

MARTEL, s. m. Marteau, outil de fer pour cogner, forger; Heurtoir aux portes : *N'a pas troubat lou martel*, il n'a pas su trouver le marteau. (Du latin *martellus*.)
MARTELA, v. act. Marteler, frapper avec le marteau ; fig., Grelotter de froid : *Martelabo de las dents*, il grelottait.
MARTELOU, s. m. Martelet, petit marteau.
MARTINET, s. m. Martinet, marteau mû par un moulin, marteau de forge ; fig., Parleuse, qui babille toujours ; t. de tisserand, Points d'appui sur lesquels se meut le cadre.
MARTINGALO, s. f. Martingale, t. de manège, courroie qui tient par un bout à la sangle sous le ventre du cheval et par l'autre à la muserole, pour empêcher qu'il ne porte au vent. On la met également aux vaches.
MARTI-PESCAYRE, s. m. Martin-pêcheur, petit oiseau bleu qui se nourrit de poisson.
MARTIR, s. m. Martyr, celui qui a été tué, à souffert pour la foi ; par analyse, Celui qui a beaucoup souffert. (Du latin *martyr*.)

Dins pàou l'Univers s'illumina
Del floc dé tous dernièrs souspirs.
É la terra, per ta douctrino,
Incara infanta dé *martyrs*.
Coumma éllés moun àma ravida,
Dés Reys brava l'aoutouritat,
É ma mouralа ès per ta vida
D'amour é dé fraternitat.       PEYR.

MARTIRI, s. m. Martyre, mort, tourment enduré pour la foi ; par analyse, Souffrances extrêmes : *Aco's souffri lou martiri*, c'est souffrir le martyre. (Du latin *martiryum*.)
MARTIRIZA, v. act. Martyriser, faire souffrir le martyre ; Tourmenter.
MARTO, s. f. Marte, sorte de fouine à gorge jaune, sa peau sert de fourrure : prov. : *Enten marto per reynard*, il entend marte pour renard. (Du latin *martes*.)
MARTRO, *voyez* MARTO.
MARTROU, *Toutxans*, s. m. La Toussaint au premier novembre. (Du latin *martyres*.)
MARTROUNADO, s. f. Les quinze jours avant, les quinze jours après la Toussaint : *Fa uno poulido martrounado*. On ne peut pas rendre cette locution en français. Il faudra dire : Il fait bien beau à la Toussaint.
MARXA, *Marcha*, v. act. Marcher, fouler avec les pieds, avancer par ce moyen des pieds : *Podi pas marxa*, je ne puis marcher. (Du latin *varicare*.)
MARXAN, *Marchan*, s. m. Marchand, celui qui vend, achète ; Celui dont le métier est d'acheter, de vendre : *Es un paoure marxan*, c'est un pauvre marchand; adj., Propre à être acheté, vendu, de bonne qualité : *Aquel blat n'es pas marxan*, ce blé ne sera pas vendu facilement. (Du latin *mercator*.)
MARXAN CRASSOUS, s. m. Marchand épicier, surnommé *crassous*, à cause de la crasse de l'huile, savon, etc., qui est une partie de leur débit.

Et tu grand Goudouli, poëto sans parèl,
Presto-me se te play toun aymable pincèl,
Presto-me tas coulous, toujours plenos de bido,
Presto-me le bernis de la lengo pouliido
Que fasios caqueta millou qu'es troubadours;
Se nou m'ajudos pas, se n'ey pas toun secours
Mous cants baldran pas res, oube baldran pas gayre,

Et les beyrey mouri chez un apouticayre,
Ou beleou, se pot pla, serioy prou malburous
Les beyrioy trespassa chez un *marchand crassous*.
                                                                DEB.

**MARXAN DE PELS**, s. m. Pelletier.
**MARXANDIZO**, *Marchandizo*, s. f. Marchandise, chose à vendre, objet de commerce.

Tout d'un cop sa fenna Louïza
Yé cridet : diga vilagnë,
Salop, béligas, racagnë,
Què noun chanjaves de camiza
E surtout d'abord que faïé
Qu'estalessés ta *marchandiza*?
Mais Simoun, sans sè desfara
E sans quita soun atitude,
Yé réspoun : tayza-te lénguda,
Toujours vas per tout te foura?..                FAY.

**MARXAYRE**, O, *Marchayre*, s. m. f. Marcheur, celui qui marche.
**MARXO**, *Marcho*, s. f. Marche, mouvement en allant : *la marxo lou fatigo*, la marche le fatigue; Mouvement des troupes par jour; Air de musique; Degré pour monter, descendre : *Y'a bint marxos*, il y a vingt marches; t. de tisserand, Levier mû avec le pied. (De l'allemand *mark*, borne, limite.)
**MARXOPIE**, s. m. Marchepied, escabeau, petit escalier portatif.

## MAS

**MAS**, *Mazaxe*, s. m. Hameau, petit nombre de maisons champêtres à une courte distance les unes des autres : *Y'a bint fiocs dins lou mas*, il y a vingt familles dans le hameau. (Du latin *mansum*, supin de *manere*, demeurer.)
**MASCA**, v. n. Masquer, couvrir d'un masque; fig., Intercepter la vue, y dérober, cacher : *Aquel albre me masco pla*, cet arbre me cache bien la vue. (Racine *masco*.)
**MASCAGNA**, voyez AXIQUETA, MASSACRA.
**MASCARA**, v. act. Charbonner, noircir, barbouiller; prov. : *Lou payrol bol mascara l'oulo*, comment rendre ce proverbe en français. Il faudrait dire : le chaudron veut salir le pot; ce qui ne rend pas l'énergie du patois.
**MASCARADO**, s. f. Mascarade, déguisement avec des masques par divertissement; Troupe de masques.
**MASCARADURO**, s. f. Noircissure, saleté.
**MASCARAT**, ADO, adj. Barbouillé, sali.
**MA-SCARRIÉ**, adj. Gaucher, qui se sert habituellement de la main gauche : *Souy ma-scarrié*, je suis gaucher.
**MASCLE**, s. m. Mâle, celui qui est du sexe masculin; le Couteau supérieur des forces des tondeurs. (Du latin *masculus*.)
**MASCO**, s. f. Masque, faux visage de carton peint dont on se couvre la figure pour se déguiser; fig., Femme, figure vieille et laide : *Aquelo bielho masco*. (De l'italien *maschera* ou de l'espagnol *mascara* composé de *mas*, visage de plus.)

O moun anja dé pouèsia !
Sè prou souven ay dérabat
Lou *masquo* dé l'hypoucrisia
A tus las hounous del coumbat.
Mais dé la vèngença d'un juge,
Sé touu froun moudestè rougis
Dins lous deserts cerqua un réfuge.
Musa, vay t'en, crey-me, fougis.             PEYR.

**MASCOT**, voyez PALOT.
**MASSACRA**, v. act. Massacrer, tuer cruellement sans distinction; fig., Gâter ce qu'on fait par inhabileté, maladresse, faute de soin : *B'a massacrat*, il l'a massacré. (Du latin *mactare*.)
**MASSACRE**, s. m. Massacre, tuerie, carnage; fam., Ouvrier maladroit, mauvais ouvrier : *Sios un massacre*, tu es un maladroit. (Du latin *mactator*.)
**MASSET**, s. m. Loupe, masse de fer purifié. (Du latin *massa*.)
**MASSETO**, voyez MASSO.
**MASSIBOMEN**, adv. Massivement, d'une manière lourde.
**MASSIF**, IBO, adj. Massif, qui est ou paraît pesant, lourd : *Es d'or massif*, c'est d'or massif. (Du latin *massa*.)
**MASSIGOUL**, voyez MAXIGOUL.
**MASSIP**, *Massipo*, s. m. f. Jeune homme, jeune fille.
**MASSIROT**, voyez MASSOT.
**MASSO**, s. f. Masse, amas, quantité de matière; Corps gros et pesant; le Trésor, la caisse d'un corps; Somme d'argent mise au jeu; Fonds d'argent d'une société; espèce de gros Marteau : *La masso d'al charroun*. (Du latin *massa*.)

Ta *masso* pesanto et soulido
Se plego à soun coumandomen ;
L'abime de la mar liquido
Deven toun ferme foundomen.
Dious parlo, et ta nudo carcasso
S'armo de milo prouductious,
Et dessus ta seco surfasso
Serpentou ribièyros et rious.            PUY.

**MASSO**, *Casqueto*, *Escaouseladou*, s. f. T. d'agriculture, Émottoir, casse mottes.
**MASSOS** (LAS), Martinets d'un moulin à papier.
**MASSOT**, *Massirot*, *Masseto*, s. m. f. Maillet de bois dont s'amusent les enfants; fig., Enfant incapable, peu ouvert : *Aco's un massot*. (Du latin *massa*.)
**MASSOU**, voyez MAÇOU.
**MASSOU**, voyez MANAT.
**MASSOULA**, voyez ASSOUMA.
**MASTANECOS**, adj. Nigaud, badeau.
**MASTARGAGNOS**, s. m. Importun, incommode, grognard.
**MASTEGA**, *Pastinga*, v. n. Manier. (Du latin *manu tangere*.)
**MASTIC**, s. m. Mastic, enduit pour boucher. (Du grec *mastiché*.)
**MASTICA**, v. act. Mastiquer, boucher, joindre avec du mastic.
**MASTINGA**, *Mastroulia*, v. act. Manier, patiner, toucher. (Du latin *manu tangere*; toucher des mains.)
**MASTIS**, s. m. Mâtin, gros chien de garde très vigoureux; fig., Enfant très gros : *Semblo un mastis*.
**MASTULIA**, voyez MAXEGA.

## MAT

**MAT**, E, adj. Mat, matte, qui n'a point d'éclat, qui n'est pas poli : *Es tout mat*; Mat, sans douceur en parlant du vin : *Aquel bi es mat*. (Du latin *malus*.)
**MATA**, v. act. Mater, mortifier, humilier; Affaiblir, réduire à l'impuissance de.....; Surpasser en esprit ou adresse : *L'ey pla matat*. (Du grec *mathein*, dompter.)

**MATABLE**, voyez BATTAN.
**MATADOR**, s. m. Matador, homme riche, renommé, considérable dans son état : *Aco's un rixe matador*. (De l'espagnol *matador*.)
**MATAFLE**, voyez PATAPOUF.
**MATALAS**, s. m. Matelas, sorte de grand sac piqué rempli de laine pour les lits. (Du latin *masta*, natte, parce que les anciens et depuis les moines couchaient sur des nattes.)
**MATALASSAYRE**, *Matalassié*, s. m. Matelassier, celui qui fait les matelas, les rebat, les carde.
**MATARRADO**, s. f. Cépée, touffe de tiges, de bois, d'herbes, sortant d'une même souche.
**MATAT**, ADO, adj. Étonné, ée, désapointé, fâché : *Es estat pla matat*. (Du latin *maciatus*.)
**MATE**, voyez MAT.
**MATELOT**, s. m. Matelot, marin.

Lou marinas, lou ven d'Afriqua,
Lou grec, célèbre schismatiqua.
Dins l'émboul unis toutes très
Couma dé grans coupa-jarés.
Fazien tricoula tan d'aygaje
Qu'aco passava badinaje.
Dé veyre antaou saouta lous flos,
Moussé, pilota, *matélos*,
S'agafan à la mendre corda,
Cridoun toutes mizéricorda !
E, per l'en doua may sujet
Sus la mar la nioch s'ajasset. FAV.

**MATELOTO**, s. f. Matelotte, espèce de ragoût qu'on fait à la morue ; Veste à l'usage des hommes : *Cargo la mateloto*.
**MATERIAL**, s. m. Matériaux, les matières qui entrent dans les bâtisses : *Cal fosso materials*. (Du latin *materies*.)
**MATERIEL**, O, adj. Matériel, le, composé de matière ; Qui a beaucoup de matière, épais : *Es fort materiel*. (Du latin *materialis*.)
**MATERIEL**, s. m. Matériel, le fonds, la substance, le bagage : *Lou materiel es counsideraple*.
**MATERNEL**, O, adj. Maternel, qui est, qui vient du côté de la mère.
**MATERNELOMEN**, adv. Maternellement.
**MATERNITAT**, s. f. Maternité, qualité de mère. (Du latin *maternitas*.)
**MATEZI**, v. act. Faner le foin, l'herbe ; Blanchir les légumes, la poirée.
**MATI**, s. m. Matin, temps du lever du soleil ; Moitié de la journée de minuit à midi : *Aqueste mati*. (Du latin *mane*.)
**MATIEYRO**, s. f. Matière, substance corporelle : Ce dont une chose est faite : *La matièyro es bouno* ; Cause, sujet, motif, occasion : *Aqui y a matièyro à proucès*. (Du latin *materies*.)
**MATIGNE**, EYRO, adj. Matineux, euse, qui a l'habitude de se lever matin ; Vaillant, laborieux : *Es fort matigné*. (Du latin *matutinus*.)
**MATINADO**, s. f. Matinée, le temps qui s'écoule depuis le point du jour jusqu'à midi : *Dourmis la matinado*.
**MATINOS**, s. f. Matines, première partie de l'office divin ; Livre de prières : *Prendras las matinos* ; fig., Griffes d'un chat : *Dourbis las matinos*. (Du latin *preces matutinæ*.)

An bist mêmés, an bist coumo d'amos damnados,
A l'entour dal crémal dansa las cansalados;
Lés payrols, lés cassets, las mourdaços, l'ander,
Per flatta lou démoun dounoun un grand counceri;
Et dins Mouncla m'an dit, qu'aban d'aousi *matinos*,

Sus la laïcho quiquon tustabo las cantinos,
En fasén un boucan d'enfer. DAV.

**MATO**, voyez MATARRADO.
**MATO-FAN**, voyez TAPO-FAN.
**MATOIS**, OISE, adj. Matois, oise, fin, rusé : *Aquel matois m'a trapat*. (Du vieux mot français *mate*, tromperie, dérivé d'une place du même nom à Paris, où s'assemblaient les filous et les escrocs.)
**MATOU**, voyez MATOIS.
**MATRAS**, s. m. Tronçon de la queue qu'on vient de couper à un cheval.
**MATRASSA**, v. act. Malmener, maltraiter une chose, une personne : *N'a pas besoun de matrassa*. (Du latin *male tractare*.)
**MATRASSAT**, ADO, adj. Matrassé, indisposé, souffrant, malade, moulu de coups : *Es fort matrassado*.
**MATRICAIRE**, s. f. Matricaire, plante médicinale.
**MATRIÇO**, s. f. Matrice, partie où se fait la conception et la première nutrition ; Étalon des poids et mesures ; Copie originale des rôles : *B'a escrit sur la matriço*. (Du latin *matrix*.)
**MATRICULO**, s. f. Matricule, livre, rôle où l'on inscrit des noms. (Du latin *matricula*.)
**MATURITAT**, s. f. Maturité, état, qualité de ce qui est mûr, en parlant des fruits, des graines. (Du latin *maturitas*.)

## MAX

**MAX**, s. f. Maye d'un pressoir ; Huche des particuliers, pétrin des boulangers : *N'a fax uno pleno max*. (Du latin *mactra*.)

. . . . Un boussi de farino
Déstrempado ambe d'ioous pla batuts et sucrats
Layssado calque tems fermenta dins la *max*
Et qu'apey lou mitroun à tourtura s'escrimo,
Es de ma création lou xerme principal.
Sus un papié pus tard, arroundit ambe grasso
Sucrat et bouxouinat, luzent coumo uno glasso,
Ressabi dins lou four, calfat al pun que cal,
Lou finit, ço que fa que m'appeli fouasso. A. B.

**MAXA**, v. act. Mâcher, briser, broyer, ronger avec les dents : *Ba tout maxat* ; fig., Ébaucher, dégrossir : *Ba pas que maxat*. (Du grec *massasthai*, qui a la même signification.)

Es vray qué, joust un roc dézèr,
Davan manjarés, per désser,
Lous quatre cayres d'una taoula,
Mais sé countas sus ma paraoula,
Noun aourés péna à lous *macha*
Ni poou de vous éngavancha. FAV.

**MAXADO**, s. f. Plein la maye d'un pressoir, d'une huche : *Gna uno grosso maxado*.
**MAXADURO**, s. f. Mâchure, défaut de ce qui n'est pas coupé net ; Ce qui a été coupé avec les dents : *Boli pas la maxaduro*.
**MAXAL**, s. m. Coup de dent : *Y'a baylat un maxal*.
**MAXEGA**, v. n. Mâchonner, mâcher avec peine, négligemment ; Pignocher, parler entre dents : *Maxego ço que dis*.
**MAXESTAT**, s. f. Majesté, grandeur suprême de Dieu, des souverains ; Grandeur imposante des choses : *Qu'no maxestat !* (Du latin *majestas*.)
**MAXESTUOUS**, O, adj. Majestueux, euse, plein de grandeur, de dignité.

## MAY

**MAXESTUOUSOMEN**, adv. Majestueusement.
**MAXIGOUL**, s. f. Tithymale, plante dont le suc tue les verrues, les cors.
**MAXIMOUN**, s. m. Maximum, nom donné aux taux qu'on ne pouvait excéder, pendant la révolution, d'une denrée ou marchandise dont le prix avait été fixé : *Ba croumpaben al maximoun.* (Du latin *maximum*.)
**MAXOR**, s. m. Major, officier supérieur, chargé des détails, de la comptabilité, du recrutement de son régiment : *Ero chez lou maxor.* (Du latin *major*.)
**MAXOUFIA**, voyez FREZIE.
**MAXOUFOS**, voyez FREZOS.
**MAXOURAL**, s. m. Maître berger qui a sous lui des aides appelés *pillars*.
**MAXOURANO**, s. f. Marjolaine, plante vivace, labiée, aromatique : *Un brout de maxourano.* (Du latin barbare *majorana*, fait dans la basse latinité de *major*, plus grand, et qu'on n'aura dit d'abord que de la plus grande espèce de marjolaine.)

## MAY

**MAY**, *Mait*, adv. Davantage, plus : *Bal pas may.*
**MAY**, s. m. Mai, cinquième mois de l'année : *Lou mès de may fresc et gay*, le mois de mai frais et gai; Arbre orné de rubans qu'on plante le premier jour du mois de mai devant la porte de quelqu'un. (Du latin *majores*, parce que ce mois chez les anciens Romains, était consacré aux vieillards. D'autres disent qu'il fut ainsi nommé en l'honneur de la Déesse *Maia*, mère de Mercure.)
**MAYNA (SE)**, v. pro. Se Méler, s'aviser, s'apercevoir : *S'en es pas maynat*, il ne s'en est pas aperçu.

Quand lou Tout-Puissant s'en *mayno*,
Lou pus fort cedo al pus flac ;
Del roc coulo uno fountayno ;
Et la peyro enfanto un lac.
A vous dounc, Dious de clemenço !
Noun pas à l'home mourtel,
Gloiro, hounou, grandou, puissenço
Sus la Terro et dins lou Cel. PUJ.

**MAYNADO**, s. f. Fille déjà venue ; Famille en corps : *Touto la maynado ba pla*, toute la famille se porte bien.
**MAYNAJHE**, s. m. Ménager, qui tient ménage.
**MAYNAXE**, *Maïnájhe*, *Maïnache*, s. m. Enfant, jeune enfant : *Lou poulit maynaxe*, le bel enfant; Étourdi, léger : *Que sios maynaxe*, que tu es enfant.

Uno maïre sus flots.... pallo.... désfigurado,
Péris ambé sou fil. Sus un albre, à pourtado,
Un homme per sas mas parben à la sasi ;
La ten un gros moumen en l'aïre ame'l *maïnatche*,
Sas forços ban manqua, et per tout lé ribatche
N'éntenden pas qu'un crit : Salbax-lés, ban péri.
DAVEAU.

**MAYNAXEXA**, v. n. Ménager; employer avec économie, sagesse; ne pas Abuser : *Ba cal maynaxexa*, il faut bien ménager ; Traiter avec égard, ne pas heurter ; Pratiquer avec art ; ne pas Fatiguer, ne pas exposer mal à propos.
**MAYNAXEXA (SE)**, *Maïnajhejha*, v. pro. Se Ménager, se traiter avec ménagement.

Counbeni que tout cop me ben roundoulexa,
Mais ei casquos rasous per lou *maïnaxexa* ;

Coumo dins moun proucès me pot rendre serbici
Par rapport à n'aquo, prep de yeou lou soufrici. D.

**MAYNAXEXOMEN**, *Maïnajhejhomen*, s. m. Ménagement, précaution, retenue, soin : *A besoun de maynaxexomen*, elle a besoin de soins.
**MAYNAXIZO**, *Maïnajhizo*, s. f. Enfantillage, paroles, manières qui ne conviennent qu'à un enfant : *Aco sou de maynaxizos*, Ce sont des paroles d'enfant.
**MAYNERI**, voyez FAYAL.
**MAYNIT**, IDO, voyez PIXOU, PIXOUNO.
**MAYO**, s. f. Poupée que les enfants placent au coin d'une rue le premier mai ; ils l'ornent de fleurs, de rubans, de feuillage et quêtent des passants quelque chose *per la paouro mayo*, donnez pour la maïa. (Le mois de mai était consacré à la déesse *Maia*, mère de *Mercure*; ce pourrait être l'origine de la *mayo* de nos jours.)
**MAYQUEMAY**, adv. Le plus souvent, ordinairement : *Mayque may la neyt*, ordinairement la nuit.
**MAYRAL**, adj. Matériel ; Principal, qui fournit : *Lou rec mayral*, le ruisseau principal.
**MAYRAN**, s. m. Merrain, Bois de chêne, fendu en menues planches dont on fait les douves des barriques : *Aco's per de mayran.* (Du latin *materies* dont on a fait dans la basse latinité *materiamen*.
**MAYRASTRO**, s. f. Marâtre, belle-mère, femme très sévère envers les enfants d'un autre lit de son mari : *Aco's uno mayrastro*, c'est une marâtre. (Du latin barbare *matrasta*.)
**MAYRE**, *Mái*, s. f. Mère, femme qui nous a mis au monde : *Sa mayre*, Femelle qui a un ou des petits : *Es pas bouno mayre*, elle n'est pas bonne mère ; Lie, sédiment d'une liqueur : *La mayre dal bi* ; Lit principal d'un ruisseau : *Cal tourna l'ayga dins la mayre*, il faut remettre l'eau au ruisseau. (Du latin *mater*.)

Quand baou quista de bourdetto en bourdetto,
Aco's la fam qué m'y fa galoupa :
Al noum de Dious, al noum de sa Maïretto,
De lèn en lèn mé bén un paouc de pa.
Soun un éfan qué n'a pas maï de *maïré* ;
Digus per yeou poulso pas un badal ;
Soun aissi-bas coumo l'aouzel en l'aïré
Qu'a tout perdut dinquios à soun nizal.
VESTREPAIN.

**MAYRINO**, s. f. Marraine, celle qui a tenu sur les fonds de baptême un enfant : *Sios sa mayrino*; la Grand-mère : *Ma mayrino.* (Du latin *matrina*.)
**MAYSSADO**, s. f. Bouchée d'une chose; Coup de dent : *D'uno mayssado b'a acabat*, d'une bouchée il l'a fini.
**MAYSSANT**, O, adj. Méchant, te, qui a de la méchanceté : Mauvais : *Seras un mayssant suxet*, tu seras un mauvais sujet.
**MAYSSO**, s. f. Mâchoire, os dans lequel les dents sont implantées : *A missanto maysso*, il a la dent cruelle. (Du latin *mandibula*.)

Es vray qué la fan lous butava
E que Mounsegnur la goustava ;
Car aourien parlat aouiromen,
S'avien manjat soun ramplimen ;
Mais l'esprit, quand lou ventre bayssa
Prén pas coussel qué de la *mayssa*. FAV.

**MAYSSUT**, UDO, adj. Qui a de grosses mâchoires.

## MEC

**MAYT**, adv. Plus, davantage : *N'aourios mayt, tu en aurais davantage.* (Du latin *magis*.)

**MAYZOU**, *Máizo*, s. f. Château, hôtel, la demeure du plus riche d'un endroit : *Es anat à la mayzou.* (Du latin *mansió*.)

## MAZ

**MAZADO**, s. f. Tout un hameau : *Touto la mazado b'a bist*, tout le hameau l'a vu.

**MAZAMETADO**, s. f. L'action de trinquer à table : *Anan fa uno mazametado*, nous allons trinquer. (De Mazamet, où ce doit être l'usage.)

**MAZEL**, s. f. Charcuterie, le cochon qu'on égorge : *Fazen mazèl* ; Tuerie : *Aco semblabo un mazél.* MAZEL signifie encore aujourd'hui Boucherie : *Cal ana croumpa de car al mazèl*, c'est-à-dire à la boucherie. L'opinion de l'abbé De Sauvages a induit en erreur. Si *fazen mazèl* signifie nous égorgeons le cochon dans notre maison, pour notre usage, ce ne peut-être que figurément, car au sens propre *fazen mazèl* veut dire nous tenons une boucherie publique.

Quond lous glonds sul gosoun dé l'aoubré toumboroou,
Coussi tous pourcélets s'en orrigoulloroou.
Piey quond foras *mosel* beyras qu'uné solatgé,
Lo car séro pus fermo, è foro maï d'usatgé.
PRAD.

**MAZELA**, v. act. Charcuter, couper mal proprement ; Taillader maladroitement les chairs, en parlant d'un chirurgien : *L'a mazelat.*

**MAZELIÉ**, EYRO, s. m. f. Charcutier, ère, celui, celle qui vend la chair de porc ; Celle qui va dans les maisons charcuter les cochons.

**MAZERA**, *voyez* AMAZERA.

**MAZERAT**, *voyez* AMAZERAT.

**MAZERGNOS**, adj. Hargneux, inquiet : *Que sios mazergnos!* que tu es inquiet !

**MAZETA**, v. n. Faire gauchement une chose, la faire en mazette.

Moun pèra carga sas lunetas
É mé dis : « Soun pas dé *mazetas*
Tas gens, an déyiniat, parbiou,
Aco's aco ; car, santoñou,
L'on veyrié pas tan dé ginguètas
S'era pas l'illa de Curètas.
Dé vespré vaou dé soun vinet
Me boura jusqu'aou gargatet. FAV.

**MAZETADO**, s. f. Gaucherie, balourdise : *Aco's uno mazetado*, c'est une balourdise.

**MAZETO**, s. m. f. Mazette, mauvais ouvrier : *Un mazeto b'a fax*, une mazette l'a fait.

**MAZICIEN**, O, s. m. f. Magicien, ne ; Enchanteur, sorcier.

**MAZICO**, *voyez* LANTERNO MAGICO.

**MAZIÉ**, *voyez* BOURATIÉ.

**MAZURO**, s. f. Masure, vieille maison, vieux bâtiment en ruines : *Aco's pas qu'uno mazuro*, ce n'est qu'une masure. (Du latin *mansura*.)

## MEC

**MECALAS**, s. m. Morveau, morve plus épaisse.

**MECANICIEN**, s. m. Mécanicien, celui qui est versé dans la mécanique ; Habile pour exécuter : *Es un abille mecanicien*, c'est un habile mécanicien. (Du grec *méchaniké*.)

**MECANICO**, s. f. Mécanique, connaissance des lois du mouvement ; Établissement où des machines sont mises en mouvement par la mécanique ; Filature : *Trabaylhara à la mecanico*, il travaillera à la filature.

**MECANISME**, s. m. Mécanisme, structure d'un corps suivant les lois de la mécanique.

**MECHANT**, *voyez* MISSANT.

**MECO**, s. f. Mèche de lampes, cierges, chandelles, qui procure la lumière artificielle. (Du latin *mixa*.)

**MECO**, *Farno*, s. f. Morve, humeur visqueuse des narines : *La meco y'e raxo*, la morve coule. (Du grec *muxa*.)

**MECOUS**, *Farnous*, adj. Morveux ; fig., Enfant qui veut faire l'entendu : *Aquel mecous!* ce vilain !

**MECUT**, *voyez* MECOUS.

## MED

**MEDALHO**, s. f. Médaille, pièce de métal frappée en mémoire d'un événement ; Pièce de métal représentant un sujet de dévotion : *Porto la medalho miraculouso*, il porte la médaille miraculeuse. (Du latin *metallum*.)

**MEDALHOUN**, s. m. Médaillon, bijou à charnière, suspendu au cou des femmes, et contenant un portrait, des cheveux, etc.

**MEDECI**, s. m. Médecin, celui qui sait, exerce la médecine : *Cal ana counsulta lou medeci*, il faut aller consulter le médecin. (Du latin *medicus*.)

Sé Caribda é Silla, pecayré !
Grujoun, quan podouu, gens é bens,
Lous *médecis* né fan-ti méns ?.
Vous désséçoun, vous émpouyzounoun
Sous malaoutes adéré couhoun ;
Pioy, vén lou mémouèra tout frés
Dé las gran-pèuas qué ï'an prés.
Chacuu viou dé soun endustria. FAV.

**MEDECINA**, v. act. Médeciner, faire prendre de fréquentes médecines : *Lou medecinos trop*, tu le médecines trop. (Du latin *medicari*.)

Tan s'en fal de crenta d'en recebre doumatge ;
Forso tirouu prouñech de prou bestial salbatge,
Car els mangiou lour carn, s'habiliou de lour pel,
Amay se *medecinoun* encaro de lour fel. A. G.

**MEDECINO**, s. f. Médecine, art de traiter les maladies ; Potion purgative : *A pres uno medecino*, il a pris une médecine. (Du latin *medicina*.)

**MEDIATIOU**, s. f. Médiation, intervention, entremise : *Per bostro mediatiou*, par votre intervention. (Du latin *mediatio*.)

**MEDIATOMEN**, adv. Médiatement, d'une manière médiate.

**MEDIATUR**, s. m. Médiateur, celui qui ménage un accommodement ; Réconciliateur. (Du latin *mediator*.)

**MEDIOCRE**, O, adj. Médiocre, qui est entre le bon et le mauvais, le trop et le peu. (Du latin *mediocris*.)

**MEDIOCRITAT**, s. f. Médiocrité, milieu entre le trop et le trop peu. (Du latin *mediocritas*.)

**MEDIOCROMEN**, adv. Médiocrement. (Du latin *mediocriter*.)

**MEDITA**, v. n. et act. Méditer, occuper son esprit de l'examen d'une pensée ; Penser attentivement à... ; Avoir dessein de... ; Faire une méditation pieuse : *Gna pla per medita*, il y a bien de quoi méditer. (Du latin *meditari*.)

**MEDITATIOU**, s. f. Méditation, oraison mentale : *Fa la meditatiou*, faire la méditation. (Du latin *meditatio*.)

> Faou cado jour per v'aoutrés dé priéras ;
> Sès lou sujèt dé ma *meditatioû*,
> Sérés toujour mous amics é mous frèras ;
> Car toutés sén éfan del mème Diou.
> É sé respendé un baoumé salutary
> Ambé douçou sus vòstré ma} rounjur,
> En rédiguén ious cants del prouletary,
> Paourés ouvriés, réyarés lou bounhur.   PEYR.

MÉDITERRANÉO, s. f. Méditerrané, mer qui est entourée de terres. (Du latin *mediterranea*.)
MEDIZENÇO, voyez MALDIZENÇO.
MEDIZENT, voyez MALDIZENT.

## MEG

MEGARDO (PER), adv. Par mégarde, par manque d'attention, de soin.

## MEI

MEÏSSO, voyez FLEYSSIZO.
MEISSOU, voyez MEYSSOU.

## MEJ

MEJHAUCIÉ, voyez MEXAOUCIÉ.

## MEL

MÈL, s. m. Miel, suc doux des abeilles. (Du latin *mel*.)
MELA, v. act. Mêler, brouiller ensemble plusieurs choses ; Unir sans ordre : *B'a tout melat*, il a tout brouillé. (Du latin barbare *misculari*.)
MELANCOLICO, adj. Mélancolique, triste, chagrin, dominé par la mélancolie : *És fort mélancolico*, il est fort mélancolique.
MELANCOLÏO, s. f. Mélancolie, tristesse ; Disposition à la tristesse qu'elle cause ; Chagrin sans cause ; Tristesse habituelle : *La melancolïo la quitto pas*, la mélancolie ne la quitte pas. (Du grec *melâgcholia*, formé dans le même sens de *mélas*, noir, et de *chólé*, bile.)
MELANXA, v. act. Mélanger, faire un mélange : *Aymo fort de melanxa*, il aime fort à mélanger. (Du latin *miscere*.)
MELANXE, s. m. Mélange, agrégation de choses diverses ; Réunion de diverses couleurs : *Lou melanxe es poulit*, le mélange est bien.
MELOU, s. m. Melon, fruit à côtes, chair sucrée fondante, de beaucoup de variétés. (Du latin *melo*.)

> Darrièyromen el me mandec à l'hort
> Per l'y cauişi un *melou* per dinna.
> Despey m'an dich qué lou cal foulsina
> Que l'on counoys se soun bous an lou nas,
> Aquo d'aqui jamay nou creyrio pas ;
> Coumo féri éra lou pus segur,
> Que que digo lou mounde, ni Moussur,
> Ieu tastéri dé cadun un tailbou
> Per counoysse qual ero lou milhou.   A. G.

MELOUDIOUS, O, adj. Mélodieux, euse, plein de mélodie. (Du latin *melodia*.)
MELOUGNÈYRO, s. f. Melonnière, lieu où l'on cultive les melons : *La melougnèyro n'es pas len*, la melonnière n'est pas loin.
MELOUNENCO, *Melouno*, adj. Courge qui a des rapports avec le melon par la couleur de sa chair et son goût.

MELOU SALBAXE, s. m. T. de bot. Concombre sauvage.
MELSAT, *Tripo blanco*, Boudin blanc, s. m. Boudin blanc fait avec du lait, du pain, de la viande de cochon : *Uno rudèlo de melsat*, une rouelle de boudin blanc.
MELSO, s. f. Rate, partie du corps molle, spongieuse au flanc gauche ; fig., Fille, femme fantasque, petite dans ses idées, ennuyeuse : *M'a l'ayre d'uno mèlso*, elle a l'air d'une fantasque.

## MEM

MÈMÈS, *Meme*, pron. adj. Même, qui n'est point autre, point différent : *Es touxoun lou mème*, il est toujours le même ; adv. En outre, aussi, encore : *A pres mème lou pouli*, en outre il a pris le poulin. (De l'italien *medesimo*.)
MEMOMEN, adv. Mêmement.
MEMORI, *Memoiro*, s. m. Mémoire ; Écrit ; Sommaire pour conserver le souvenir, pour instruire ; État, liste d'objets vendus et fournis ; Détail d'ouvrages faits et leur prix.
MEMORIO, *Memoiro*, s. f. Mémoire, faculté de conserver le souvenir, de retenir ; Relation de faits, d'événements, etc.; Réputation après la mort. (Du latin *memoria*.)
MEMOURAPLE, O, adj. Mémorable, digne de rester dans la mémoire, louable, glorieux, éclatant : *Sera un xoun memouraple*, ce sera un jour mémorable. (Du latin *memorabilis*.)
MEMOURIAL, s. m. Mémorial, chose destinée à rappeler la mémoire d'un fait.

## MEN

MEN, voyez MENS.
MENA, v. act. Mener, conduire, guider, conduire par force : *L'an menat en prisou*, on l'a mené en prison ; Commander, être à la tête, faire marcher : *Lous menabo toutes*, il les menait tous ; se Faire accompagner de...; Présenter en un lieu une personne : *Lou m'a calgut mena*, il m'a fallu le mener. (De l'italien *menare*.)

> Que vos ? diséc Moussur, abansen dounc cami
> Ieu couuouyssio fort pu qu'el se risio de mi ;
> Car ieu vesio quant el qualquo borio troubabo
> En loc de m'i *mena* tout-jour el s'alienabo
> S'el se fousso voulgut, al se fous abricat
> Dedins aquelo bordo alant tnérou lou cat.   A. G.

MENAÇA, v. act. Menacer, faire des menaces. (Du latin *minare*.)
MENAÇANT, O, adj. Menaçant, te, qui indique, annonce, exprime la menace ; Courroucé, en parlant du temps : *Lou tems es menaçant*. (Du latin *minax*.)
MENAÇO, s. f. Menace, parole, geste pour faire craindre à quelqu'un le mal qu'on lui prépare, pour annoncer le mal qui s'approche : *N'a fax la menaço*, il en a fait la menace. (Du latin *minatio*.)
MENADO, *Maourado*, s. f. Portée d'une truie, les cochons qu'elle mène : *Aco's uno poulido menado*, c'est une belle portée.
MENADOU, *Menal*, s. m. Manivelle d'une meule à aiguiser, branloire d'un soufflet à forge : *Trapo lou menadou*, prends la manivelle ; Tout ce qui sert à mener, guider.
MENAL, voyez MENADOU.
MENAXA, v. act. Ménager, employer avec éco-

nomie, sagesse; ne pas Abuser, conserver avec soin.

**MENAXARIÉ**, *Menaxario*, s. f. Ménagerie, lieu où l'on nourrit des animaux étrangers; Soins que l'on donne à un ménage, aux choses qui lui sont nécessaires.

**MENAXE**, *Menaxeyro*, adj. et s. Ménager, ère, économe, qui entend le ménage, l'épargne : *Es uno menaxeyro*, c'est une ménagère.

**MENAXOMEN**, s. m. Ménagement, précaution, retenue, soin : *A besoun de menaxomen*, Elle a besoin de ménagement.

**MENAZÈRO**, s. f. Nécessaire, espèce de boîte renfermant tout ce qui est utile à une femme pour coudre : *Porto-me la menazèro*, apporte-moi le nécessaire.

**MENBRAT, DO**, adj. Membru, ue, qui a de membres gros et forts.

**MENBRE**, s. m. Membre, chacune des parties extérieures et mobiles du corps : *Cado membre me fa mal*, chaque membre me fait mal; Celui qui fait partie d'une société. (Du latin *membrum*.)

**MENBRUT**, *voyez* MENBRAT.

**MENDIXO**, *Mendicho*, s. f. Rabais, diminution de prix et de valeur : *A la mendixo*, au rabais.

**MENDRE, O**, adj. Moindre, plus petit en étendue, etc., moins considérable : *Es mendre que l'aoutre cop*, il est moindre que l'autrefois. (Du latin *minore*.)

**MENDRE BRICOU**, s. m. adv. Tant soit peu, bien peu.

**MENESCOUNTA**, *voyez* MESCOUNTA.

**MENESPREZA**, *voyez* MESPREZA.

**MENESTRIE**, *Sounayre*, s. m. Ménétrier, mauvais joueur de violon : *An louat lous menestriés*, on a loué les ménétriers. (Du latin *minor histrio*.)

Jacqués lou *menestrié*, bénio dé mageo-festo,
Per orriba chés el obio dé jour de resto;
Mais, tout presté o portí, l'hosté plé d'ottentious,
Lo bouteillo o lo ma l'y ben fa sous odious.
Jacqués, en oquel clas, fo pas lo sourdo aureillo,
S'osséto, é brabomen s'offraïro o lo bouteillo.
Enfi part quond és bouydo, é lo nuech lou surpren.
Un gros loup ò sous uels porès dins lou moumen.
Lous pelsès, dins d'obord, sus soun cap sé dressèrou,
Per ona pus obont los combos l'y monquèrou.
Crey beyré l'onimal presté o lou débourá,
É n'o qué soun hautbois per sé poudé oppora.
Paouc-o-paouc en effet lou loup d'oous el s'opprocho,
Ben ombé soun musel l'y souffna lo pocho,
Marquo qu'o pla tolen, é qué cerquo o fripa.
Jacqués qu'éro munit d'un contèlet dé pa,
D'un quignoun dé froumatgé é d'un tros dé fougasso,
Traï tout prémieyromen lo micho o lo souyrasso,
Qué l'ojet engoulado en dous ou trés mochals,
É piey per omusa sous robustés coïssals,
L'y jetto lo fougasso, omaï piey lou froumatgé;
Rès n'oun pot rossosia soun coumpognou dé biatgé.
Ocos dounc fach, dis-el, mo bido ès ols obois,
Tiren, pel dornié cop, un aïré dé l'hautbois.
Mouillo l'enché, lou plaço, é d'uno ma tromblento,
Jougo, ol millou qué pot, l'aïré dé lo courento.
Hurouso descouberto! entr'entendré oquel bruch,
Lou loup espoubentat descompò, encaro fuch.
                                              PRAD.

**MENI**, s. m. Minium, oxyde de plomb rouge dont on se sert pour empêcher l'écoulement d'une bouteille fêlée.

**MENIMOUS**, *voyez* MINIMOUS.

**MENINGRE, O**, adj. Malingre, d'une santé faible, délicate : *Es touxoun meningro*, elle est toujours malingre.

**MENO**, *voyez* MAÇO.

**MENSOUNA**, v. act. Mentionner, faire mention de...; Nommer : *L'a pas mensounat*, elle ne l'a pas nommé.

**MENSOUNGE**, *voyez* MESSOURGO.

**MENTASTRE**, s. m. Beaume sauvage; Marrube, espèce de menthe.

**MENTENE**, *voyez* MANTENE.

**MENTI**, v. n. Mentir, dire un mensonge, affirmer pour vrai ce qu'on sait être faux : *Mentisses coumo un raynard*, tu ments comme un renard. (Du latin *mentiri*.)

Arré lou faou! boli lou bray!
Qu'en se pintran, d'aoutres *mentisquen*,
Et se farden, et s'enbelisquen,
Jou me faou tel que souy, res de may, res de men,
Se nou souy pas pouli, me boli ressemblen.   J.

**MENTO**, s. f. Menthe, plante labiée et odoriférante, d'un grand nombre d'espèces.

**MENTOR**, s. m. Mentor, guide, conseil, gouverneur.

**MENTUR, TURO**, adj. et s. Menteur, euse, sujet à mentir.

El, d'un froun dé répétassayre
Juran sus l'hounou de soun payre,
Respoun au Prince : «Mounségnur,
Souy paouré, mais souy pas *mentur*;
Souy, vèzes, la véritat mema,
Et das drolles avez la créma.
Prémié, per pas éstre suspec,
Vous avouaray qué souy Grec;
Mais fases-mé pourta truquèta,
Qué l'envale à la gargaïéta.»
                                              FAY.

**MENUDA**, *voyez* AMENUDA.

**MENUDALHOS**, s. f. Menuaille, quantité de petites choses, de peu de valeur; Béatilles, menues choses qu'on met dans les pâtés, les ragoûts; la Fressure d'un cochon, etc.

**MENUÈT**, s. m. Menuet, danse grave où l'on fait des petits pas : *Danserou lou menuèt*, on dansa le menuet.

**MENUR**, s. m. Meneur, celui qui conduit, celui qui est à la tête d'une intrigue; Chef de parti.

**MENUT, DO**, adj. Menu, ue, délié, qui a peu de volume; Qui n'est pas encore à sa croissance; Inquiet, susceptible, scrupuleux : *Es menut menut*. (Du latin *minus*.)

Mais sans canou, sans tambour, sans troumpeto,
Tapla grandis l'efan del puple al bres!
Bien encoucat dins de panels groussiès
Tout petassats; couchat sur ma couyneto
Touto sarcido en plumo de laouzeto;
Magre, *menut*, mais nourrit de boun ley,
Tan grandissioy coumo lou fil d'un rey.    J.

**MENUZA**, v. act. Menuiser, travailler, soigner quelque chose.

**MENUZARIÉ, ARIO**, s. f. Menuiserie, art, ouvrage de menuisier; Boiserie : *La menuzarié ès finido*, la menuiserie est achevée.

**MENUZAT, DO**, adj. Menuisé, poli, uni, fini; fig., Bien mis, bien soigné.

**MENUZIÉ**, s. m. Menuisier, artisan qui travaille en menus bois, pour l'intérieur d'une maison : *Lou menuzié finira leou*, le menuisier achèvera bientôt. (De *minutarius*, fait dans la basse latinité de *minu-*

*tus*, menu, parce que les ouvrages des menuisiers sont menus et délicats.

## MEO

**MÉOU**, pron. possessif Mon : *Aco's meou*, c'est à moi; le Mien : *Aco's lou meou*. (Du latin *meus*.) Une mère appelle souvent son enfant *meou* (le mien, toi qui es à moi) *beni, meou*, viens, mon (petit.)

**MÉOUCO** (FA), v. n. Rater, ne pas prendre, ne pas partir en parlant d'une arme à feu : *Y'a fax méouco*, son fusil a raté; fig., Manquer de parole : *M'as fax méouco*, tu m'as manqué de parole.

## MER

**MERBÈLHO**, s. f. Merveille, chose admirable, extraordinaire; Prodige; Chef-d'œuvre : *Aco's uno merbelho*, c'est une merveille. (De l'italien *maravigilia*.)

Quand per lé prumié cop las dos mars sé juntéroun,
Dins l'Europo, pertout les poplés s'estounéroun
D'un miraclé tant bel;
Car, despei qué lé moundé accoucho dé *merbeillos*,
N'abion pas jamaï bist dé rarétats pareillos
Joux la capo del Cel!... DAY.

**MERBÉLHOUS**, O, adj. Merveilleux, admirable, étonnant; Digne d'admiration, qui l'excite; Excellent dans son genre : *Es un trabal merbelhous*, c'est un travail merveilleux.

**MERBELHOUSOMEN**, adv. Merveilleusement, à merveille.

**MERCA**, *voyez* MARCA.

**MERCADIAL**, s. m. Marché, lieu public où l'on vend les denrées, les bestiaux : *Lou mercadial n'èro ple*, le marché en était plein.

**MERCANDEXA**, *voyez* MARCANDEXA.

**MERCANDEXAYRE**, *voyez* MARCANDEXAYRE.

**MERCAT**, *voyez* MERCADIAL.

**MERCENARI**, s. m. Mercenaire, celui, celle qui travaille pour de l'argent : *Trabalho coumo un mercenari*, il travaille comme un mercenaire. (Du latin *mercenarius*.)

**MERCI**, s. m. Merci, remerciment : *Digos-y merci*.

**MERCO**, *voyez* MARCO.

**MERDALHO**, s. f. Merdaille, troupe importune de petits enfants.

**MERDAOUSSOU**, s. m. Merdeux, tout petit enfant.

**MERDEXA**, v. act. Embrener, salir d'ordures.

**MERDO**, s. f. Merde, excrément de l'homme et de quelques animaux.

**MERDO-DAL-DIAPLE**, s. f. Assa fœtida, gomme-résine, rougeâtre, amère, à odeur d'ail que donne la racine de l'assa fœtida.

**MERDO-D'AOURELHO**, s. f. Cérumen, cire des oreilles, humeur jaune qui s'amasse dans la partie intérieure du conduit de l'oreille.

**MERDO-DE-COUCUT**, s. f. Gomme, suc extravasé et concentré des arbres, comme des amandiers, cérisiers, abricotiers.

**MERDOUS**, O, adj. Merdeux, euse, sale.

**MERIDIÈNO**, s. f. Méridienne, sommeil après le dîner : *Fa la meridièno*, il fait la méridienne. (Du latin *meridianus*.)

**MERIDIONNAL**, O, adj. Méridional, e.

**MERINOS**, s. m. Mérinos, mouton d'Espagne ou de race espagnole; Sa laine; Tissu qu'on en fait : *Uno raoubo de merinos*, une robe de mérinos. (De l'espagnol *merino*, errant, qui se dit des troupeaux qu'on promène de pâturage en pâturage.)

**MERINOT**, s. m. Mélilot, plante bisannuelle, odorante, qu'on nomme aussi trèfle.

**MERIO**, *Coumuno*, s. f. Mairie, lieu d'audience du maire, ses bureaux : *Es à la merio*.

**MERITA**, v. act. Mériter, être, se rendre digne de...; se Mettre dans le cas de...; Valoir la peine de... : *Merito que lou soignes*, il mérite que tu le soignes. (Du latin *mereri*, ou plutôt *meritare*, qu'on lit dans Pline avec la même signification.)

**MERITI**, s. m. Mérite, ce que les personnes, ou les choses ont de bon, d'estimable; Ce qui rend digne de récompense ou de punition : *Dious nous recoumpensara seloun nostre meriti*, Dieu nous récompensera selon nos mérites. (Du latin *meritum*.)

**MERITOYRO**, adj. Méritoire, qui mérite les récompenses de l'autre vie.

**MERLAN**, s. m. Merlan, poisson de mer, à chair très légère.

**MERLE**, s. m. Merle, genre d'oiseaux chanteurs, à plumes noires et bec jaune; prov., *Fi merle*, homme adroit, rusé; *Poulit merle*, homme laid, malfait, sans esprit. (Du latin *merula*.)

**MERLE-D'AYGO**, s. m. Merle-d'eau, ce n'est pas un merle quoiqu'il en porte le nom, c'est un oiseau aquatique, il ressemble au merle par sa taille quoique un peu plus courte et par la couleur presque noire de son plumage.

**MERLE-ROUQUIÉ**, s. m. Merle à plastron blanc.

**MERLO**, s. f. Femelle du merle.

**MERLUSSADO**, s. f. Ragoût de morue.

**MERLUSSO**, s. f. Merluche, morue sèche; fig., Linge gelé : *Semblo uno merlusso*; Personne maigre, sèche : *Es magro coumo uno merlusso*; Lent, paresseux, nonchalant : *Es pastat ambe d'aygo de merlusso*. (Du latin *maris lucius*, brochet de mer.)

Pioy tout lou moundé s'assétet,
É sus la taoulo sé présentet
Una vieïa et superba russa
Farcida dé bouna *merlussa*;
Vint douïénas dé passèrous
Trento chos, souessanta agassous
Bon pétit pié, fina pitança
Qué charmet touta l'assistança :
La saoussa era aou jus dé razin
Ben liada embe dé réprin.
Dech gabians boulis dins dé maoula,
Entournéjavoun sus la taoula
Un pastis dé touto bountat :
Lou Couzinié l'avié pastat
Emb'una éccelénta farina
Dé miïas, passada ben fina.
Quatre-vint patas dé guindars,
Cen douje testas dé canars,
Cinquante-é-cinq gréziés dé guinda,
Quinze liouras dé marouns d'Inda,
Dé régalussia per coulis,
Fazien lou dedins d'aou pastis. FAV.

**MERMA**, *Diminua*, v. act. Diminuer en parlant d'un bas : *Cal coumença de merma*, commence les diminutions.

**MERMADO**, s. f. Diminution d'un bas : *Sios à las mermados*, tu es aux diminutions.

**MÈRO**, *Mayre*, s. f. Mère, femme qui a mis au monde un enfant. On ne dit *mèro* que dans un rang un peu élevé, le peuple dit *mayre*. Ma mayre. (Du latin *mater*.)

**MÈRO**, *voyez* MAYRO.

MERSA, voyez MARCANDEJHA.
MERULIA, v. n. Amander, être en meilleur état, se trouver mieux.

## MES

MES, s. m. Mois, douzième partie de l'année : *Al mes d'abrial*, au mois d'avril. (Du latin *mensis*.)

MES, s. m. Mets, tout ce qu'on sert sur table pour manger : *Aco's un boun mèts*, c'est un bon mets.

MÈS, conj. adversative qui marque contrariété, exception, différence ; *Mès, que ba prengo ou que ba laysse*, mais qu'elle le prenne ou qu'elle le laisse. (Du latin *magis*.)

MESCLA, *Barrexa*, v. act. Mélanger, mêler, brouiller ; v. n. Tourner, commencer à noircir en parlant des raisins, à rougir en parlant des cerises : *Mesclou pas encaro*, elles ne rougissent pas encore. (Du latin *miscere*.)

MESCLA (SE), v. pro. Se Mêler à....., s'unir, s'incorporer.

Prendrei dounc part al mysteri inefaple :
Al cor d'un Dious moun cor ba se mescla,
Jesus aimaple !
Ba crezi pla.
Bostro berlat, que pot pas me troumpa,
Mostro à ma fé bostre corps adouraple
Quoique mous els nou bejou que de pa. PUJ.

MESCLADIS, s. m. Mélange, agrégation de diverses choses, confuses, mêlées : *Y'a un grand mescladis*, il y a une grande confusion.

MESCLO, *Mesturo*, s. f. Méteil, froment et seigle semés, récoltés et moulus ensemble : *Un sac de mesclo*, un sac de méteil.

MESCLO (BI DE), s. m. Vin coupé, mêlé avec d'autre vin.

MESCOULA, voyez COUQUA.

MESCOULO, voyez COCO DE FUS.

MESCOUNEGUT, DO, adj. Méconnu, ue.

MESCOUNEYSSAPLE, O, adj. Méconnaissable, qu'on a peine à reconnaître.

MESCOUNEYSSE, v. act. Méconnaître, ne pas reconnaître, manquer de gratitude, paraître avoir oublié la bassesse ou la dignité.

MESCOUNEYSSE (SE), v. pro. Se Méconnaître, oublier ce qu'on a été ce qu'on est : *S'es pla mescounegudo*, elle s'est bien méconnue. (Du latin *non agnoscere*.)

MESCOUNTA, v. pro. Se Mécompter, se tromper dans un calcul, un compte ; fig., Dans une affaire, ses espérances : *Nous sien pla mescountats*, nous nous sommes bien mécomptés.

MESCOUNTE, s. m. Mécompte, erreur de calcul dans un compte, compte fautif : *Un mescounten'es pas counte*, un mécompte n'est pas un compte ; fig., Espérance frustrée, erreur en conjecture : *S'atendio pas à n'aquel mescounte*, il ne s'attendait pas à ce mécompte. (Du latin *mala computatio*.)

MESCREZENT, s. m. Mécréant, incrédule, impie : *Aco's un mescrezent*, c'est un mécréant. (Du latin *male credens*.)

MESFIZA, v. pro. Se Méfier, manquer de confiance en...; Craindre par prudence, soupçonner en mal : *Se cal touxoun mesfiza*, il faut se méfier toujours. (Du latin *male fidere*.)

Met toun espoir dins lou soul Dious supremé :
Mesfizo-te de tout secours humain.
Cap de mourtel, ou Prince, ou Souberain,
Pot pas res fa per tu ni per el memè. PUJ.

MESFIZENÇO, s. f. Méfiance, inclination à se méfier ; Défaut de confiance : prov. *La mesfizenço es la mayre de la suretat*, la méfiance est la mère de la sûreté. (Du latin *diffidentia*.)

MESFIZENT, O, adj. Méfiant, te, soupçonneux, ombrageux : *Es tout ple mesfizent*, il est très méfiant.

MESPRENE (SE), v. pro. Se Méprendre, prendre une chose pour une autre, se tromper : *Se y'es mesprezo*, elle s'y est trompée.

MESPREX, s. m. Mépris, dédain, manque d'égard, d'attention ; État de celui qui est méprisé : *Trobo pas que mesprex*, (Du latin *minus pretium*.)

Ensi tu C.... tu te dannos per dous
Quand bantos lous fabouns al mesprex das capous ;
Car anfin yeou t'ey bist raffi lou pot, à taoulo
Cossa de caqueta, tu qu'aymos la paraoulo,
Perce qu'un boun cibet, de lèbre ou de lapin,
En plaço das fabouns, ournabo lou festin,
Et se bezios, pus tard, paretre sur la napo
Un plat coumo lou fa lou cousignel dal papo,
Quand perdios tout espoir d'estre per tous leguns
Entourat, embrieygat das pus grassés parfums,
Alaro s'azoundan coumo uno cafetièyro
Ta raxo maoudissio cousino et cousigneyro. A. B.

MESPREZA, v. act. Mépriser, n'avoir, ne montrer aucune estime pour...; n'Attacher aucun prix à une chose.

Bel la fripounarié pertout es praticado,
Cap de maoubezo actiou n'es pas pus mesprezado,
Lous Omes sou cad'un dins la maoubezo fé,
Sans que y'en axe cap que rouxigo de ré. D.

MESPREZAPLE, O, adj. Méprisable, digne de mépris.

MESPREZAYRE, O, adj. Méprisant, te, qui marque du mépris.

MESPREZIOU, IBO, adj. Méprisant, te, qui marque du mépris, qui fait mépris : *Es un mespreziou*.

MESQUE, conj. Pourvu que, en cas que, supposé que : *Mesque bengo, ray*, pourvu qu'il vienne !

MESQUIN, O, adj. Mesquin, ne, chiche, qui dépense beaucoup moins qu'il ne peut ou doit. (De l'italien *meschino*, pauvre, misérable.)

MESQUINARIE, ARIO, s. f. Mesquinerie, épargne outrée, sordide.

MESQUINOMEN, adv. Mesquinement, avec avarice.

MESSANCETAT, *Mayssantetat*, *Missancetat*, s. f. Méchanceté, malice, malignité ; Action méchante : *Aco's uno messancetat*.

MESSANT, O, *Mayssant*, o, *Michant*, o, adj. et s. Méchant, te, qui a de la méchanceté, qui se plaît à faire le mal ; Nuisible, dangereux.

Mechants, armats per ma perto
Delargas vostro furou ;
La ruso, ou la forço ouverto,
La caresso, ou la rigou ;
Vostre cop lou pus tarrible
Pourtara toujours à fals ;
Et me voyres insensible,
Pus fort que toutes lous mals. PUJ.

MESSANTIZO, *Mayssantizo*, voyez MESSANCETAT.

MESSAXARIE, *Messaxario*, s. f. Messagerie, voiture publique ; Entreprise des voitures publiques : *Cal ana à la messaxarié*.

**MESSAXE,** *Messáge,* s. m. Message, charge, commission de dire, de porter.

**MESSAXÈ,** *Messaghè, Mandayre,* s. m. Messager, celui qui vient annoncer quelque chose, une mort de la part de.... : *Lous messaxès sou benguts, les messagers sont venus.* (Du latin *missus.*)

**MESSÈ,** voyez **MERCI.**

**MESSO,** s. f. Messe, sacrifice du corps et du sang de J.-C. avec les prières et cérémonies, suivant le rite catholique : *Anan à la messo,* nous allons à la messe. (Du latin *missa,* fait de *missio,* renvoi, parce qu'anciennement on renvoyait, on fesait sortir les catéchumènes et les pénitents avant de commencer l'action du sacrifice, et qu'aujourd'hui encore, comme autrefois, lorsque le sacrifice est fini on renvoie les fidèles par ces mots : *Ite, missa est,* allez, la messe est finie.)

**MESSORGO,** voyez **LÉOUXÈ DE MOULI.**

**MESSOURGO,** *Messorgo, Messounxo, Mensounge,* s. f. Mensonge, discours contre la vérité à dessein d'en imposer, de tromper : *Aeo's uno brabo messourgo,* c'est un bon mensonge ; fig., Envie, petits filets, souvent douloureux, qui s'élèvent de la peau autour des ongles ; Copeaux que fait un menuisier avec la varlope : *Un manat de messourgos per aluma lou fioc,* une poignée de copeaux pour allumer le feu. (Suivant Sylvius, de *mentis somnium,* rêve de l'esprit, ou de *mendacium.*)

Ré n'es tan bel
Coumma lou Ciel.
Soun harmonia,
Sa pouésia
Formoun d'accords
Dins sous transports.
La terra, azile del *mensounge,*
N'es pas qu'un sounge
Près del séjour mysterioux
D'un cor pioux.
Ouy, per una ama,
Touta dé flamma ;
Ré n'es tan bel
Coumma lou Ciel.    PEYR.

**MESSOURIÉ, ÈYRO,** adj. et s. Menteur, euse, qui ment, qui a l'habitude de mentir : *Sios un messouriè,* tu es un menteur.

**MESTIÉ,** s. m. Métier, profession d'un art mécanique ; toute occupation habituelle qui tend à procurer l'argent ; prov. : *Qui a mestiè a digné,* qui a métier a denier ; Machine pour manufacturer : *Lou mestiè n'es pas mountat.* (Du latin *ministerium.*)

**MESTIÉS (AS),** s. m. Métier deviné ; sorte de jeu d'enfant.

**MÈSTRE, O,** s. m. f. Maître, maîtresse, celui qui exerce la domination ; Propriétaire, possesseur ; Celui qui fait travailler des ouvriers : *Parlas al mèstre,* parlez au maître ; Celui qui enseigne un art, une science. (Du latin *magister* ou de l'italien *maestro.*)

Per grabi le truquèl del sublime Parnasso,
Nou sullis pas, rimurs, d'estre coufles d'aoudaço
Et de creyre qu'on pot, hardit et banitous,
Del poèto nascut egala las cansous !
L'art que Dious enhentèt per exalta sas obros,
Bol de *mestres* caouzits et noun pas de manobros ;
Hurons le qu'es triat, car tal que nou l'es pas,
Nou farà que rampa de fangas en fangas.   DEBAR.

**MÈSTRE,** s. m. Mètre, mesure de longueur valant 36 pouces 11 lignes et demie.

**MESTRESSO,** *Xoubè,* s. f. Maîtresse, celle à qui l'on fait la cour, pour qui l'on a de l'amour. (Du latin *magistra.*)

Ha ! quand nostres auciens dounaboun uno festo,
Les brabes chevaillès benion tenta le sort
Et disputa le cor d'uno *mestresso.*
Del pus adret et del pus fort,
Uno poulido ma courounabo l'adresso.

**MESTREXA,** v. act. Maîtriser, gouverner en maître, avec un pouvoir absolu.

Aquel que remet sa bido
A la gardo de soun Dious,
Ten et *mestrejo* la brido
De sas pus fortos passious.
Que fago bel tems ou plejo,
Que tout ane mal ou pla,
Joust la ma que lou proutejo
Re pourra pas lou troubla.    PUJ.

**MESTREXA (SE),** v. pro. Se Maîtriser, se vaincre : *Se cal mestrexa un paouc.*

**MESTRIZO,** s. f. Maîtrise, qualité de maître ; Charge ; Dignité : *A la mestrizo,* il a la maîtrise.

**MESTURET,** s. m. Pain de maïs cuit au four dans des feuilles de chou : *Al boun mesturet caout !*

**MESTURO,** voyez **MESCLO.**

### MET

**METAL,** s. m. Métal, corps minéral, ductile, malléable, fusible au feu. (Du latin *metallum.*)

**METAPLE, O,** adj. Qui est de mise, dont on peut se servir : *Es encaro pla metaple,* on peut bien encore s'en servir.

**METI,** locution adv. Je suppose, faisons le cas : *Meti que gagnes,* je suppose que tu gagnes.

**METICO,** s. m. Émétique, vomitif violent : *A pres lou metico,* il a pris l'émétique. (Du grec *émétikos.*)

**METODO,** s. f. Méthode, manière de dire, de faire, d'après certain ordre, certains principes : *Seguissez pas la metodo,* vous ne suivez pas la méthode ; fig., Viande de cochon, etc., confite et conservée pour l'usage d'un ménage : *Soupo de metodo,* soupe à la viande confite. (Du latin *methodus,* pris du grec *methodos.*)

**METRICO,** adj. Métrique, qui est selon la longueur du mètre.

**METTRE,** v. act. Mettre, placer en un lieu. (Du latin *mittere.*)

**METTRE (SE),** v. pro. Se Mettre ; se Placer ; s'Habiller : *S'es meso sul trento-un,* elle s'est mise sur le trente-un.

**METTRETANT,** adv. En attendant : *Mettretant b'as attrapat,* en attendant tu l'as attrapé.

Aquel crit fa trambla moun amo
Dount l'estuch déjà cussounat
Sentis ma bido que se pamo ;
Et moun darnié jour arribat,
*Mettretan* la poou me tutejo
Et le remord, ben abarrejo,
Me moustra l'horré del pecat,    DEBAR.

### MEX

**MEXANO,** *Nizoulo,* s. f. Javeau, île de sable, de limon, formée par un débordement ; Ile de sable au milieu d'une rivière.

**MEXAOUCIÉ, ÈYRO,** adj. Moyen, médiocre, de moyenne grandeur: *Que siogo un paouc mexaouciè,* que ce soit de moyenne grandeur.

**MEXÉ**, *Separatiou*, s. m. Séparation qui fait deux compartiments : *T'y cal mettre un mexè*, il faut y mettre une séparation ; adv. *de mexè*, de société, de compte à demi : *B'an pres de mexe*.

**MEXÈYRO**, s. f. Mesure, la huitième partie d'un sac.

**MÉXO**, s. f. Mèche, partie qui perce ; dans le vilebrequin, la Vrille : *La mèxo es pixouno*, la mèche est petite.

## MEY

**MEYE**, *voyez* FLEYS.

**MEYSSOU**, *Gleno*, s. m. Glane, poignée d'épis ramassés çà et là dans le champ, après que le blé en a été emporté : *A fax dex meyssous*, elle a fait dix glanes. (Du latin *manus*, main.)

**MEYSSOUNA**, *Glena*, v. act. Glaner, ramasser les épis laissés dans un champ moisonné : *Bal la peno d'ana meyssouna*, on gagne sa peine d'aller glaner.

**MEYSSOUNAYRE**, O, *Glenayre*, o , s. m. f. Glaneur, euse, celui qui glane.

**MEIZOS**, *voyez* FLEYSIZOS.

## MEZ

**MEZADO**, s. f. Mois ; Prix convenu ; Salaire pour un mois : *Cal paga la mezado*, il faut payer le mois.

**MEZESTIMA**, v. act. Mésestimer, n'estimer pas, n'estimer plus. (Du latin *malè œstimare*.)

**MEZESTIMO**, s. f. Mésestime, disposition de ne pas estimer.

**MEZO**, s. f. Mise, somme exposée au jeu ; Fonds placé dans une société ; Offre ; Enchère ; t. d'art., Pièce de fer forgée, préparée pour être soudée avec une autre ; Pièce de bois pour soutenir, égaliser une autre pièce : *Y cal uno mezo d'un pan*, il faut une pièce d'un pan ; Pousse d'un arbre : *A fax uno poulido mezo*, il a fait une belle pousse.

**MEZOS**, s. f. Cépées, touffes de tiges de bois sortant d'une même souche.

**MEZOULHO**, *Mezoulo*, s. f. Moelle, substance molle et grasse dans la cavité des os longs ; Substance spongieuse qui dans certains végétaux occupe le centre : *Cal trayre la mezoulho*. (Du latin *medulla*.)

Lous moussis, servis à déspar,
Dé ion tout en lurgnan la car,
Sussavoun, qu'aco réviscoula,
Las pèls, lous ossés, la *mézoula*,
D'ayga, n'avièn tan qué vouïen,
É lous guzés sé planissièn.    FAV.

**MEZURA**, v. act. Mesurer ; Peser ; Jauger ; Toiser ; Arpenter : *Ba cal mezura*, il faut le mesurer. (Du latin *mensurare*.)

**MEZURAYRE**, s. m. Mesureur ; Radeur, celui qui mesure.

**MEZURET**, s. m. Petite Mesure : *Ne boli dous mezurets*, j'en veux deux petites mesures.

**MEZURIÉ**, EYRO, adj. De mesure ; Juste à la mesure : *La cantino es mezurièyro*, la bouteille est de mesure.

**MEZURO**, s. f. Mesure, ce qui sert de règle pour déterminer une quantité ; Vaisseau, instrument pour mesurer ; Quantité mesurée : *Ne pren quatre mezuros*, il en prend quatre mesures ; Prudence, précautions pour le succès : *Cal prene sas mezuros*, il faut prendre ses mesures ; adv. *A mezuro que*... : Selon, suivant, à proportion.

Ay din ma pocha una ourdounança
Qué m'a rémés, alay davan,
Moussu lou général Serjan ;
L'ay maou légida, mais n'importa.
La susdito ourdounança porta
Qué tout dé suita pagarés
Lou mendré réfut qué farés :
Prénés ara vostras *mezuras*.    FAV.

## MIA

**MIAOU**, s. m. Cri du chat ; le Chat lui-même : *Entendi lou miaou*, j'entends le chat.

**MIAOUNA**, v. n. Miauler ; Il se dit proprement du chat : *l'Entendi miaouna*, je l'entends miauler.

**MIAOULADIS**, s. m. Miaulement du chat.

## MIC

**MICA**, *voyez* PANA.

**MICALHOS**, *voyez* MICO.

**MICAT**, ADO, adj. Pané, ée.

**MICHAN**, *voyez* MESSANT.

**MICHANTIZO**, *voyez* MESSANTIZO.

**MICHO**, *voyez* MIXO.

**MICO**, s. f. Mie, partie du pain entre les deux croûtes ; la Chair des citrouilles, etc. ; fig., la Graisse d'un animal : *Y'a de mico*. (Du latin *mica*.)

Sios pas doume estounat qu'un rimur campagnard
Qu'espelis qualque cop de cansous per hazard,
Dins l'espouer d'adouci sa muzo qu'es abaro,
Bengo te demanda, coum'uno caouzo raro,
Un panet de tas mas per tant que sio menut ;
Pasto-le, se te play, de la formo d'un luth.
Quand jou n'aourey bayzat la crousto amaï la *mico*,
Le gardarey entiè per me fa'no reliquo
Que mettrey propromen dins un boucal daourat,
D'amb'el noum de l'oubriè que me l'aoura pastat.
Del boulange Reboul, del célèbre poéto
Dount Paris bouldrio fort abe fach la counquèto ;
D'aquel noble artizan, que fier, de soun estat
Dedegno las grandous, aïmo sa libertat,
Et que sans s'occupa se l'Uropo l'admiro,
Encanto qui l'aouzis, quand fabibra sa liro.    DEBAR.

**MICOS**, *Tognos*, s. f. Pâte de farine de maïs cuite dans la soupe.

**MICUT**, DO, adj. Plein ; Gras ; Bien nourri : *Es micut*. (De *mica*.)

## MIE

**MIÈX**, *Mié*, s. m. Milieu ; Centre ; Séparation en deux parties égales : *Coupo pel mièx*, partage en deux. (Du latin *dimidium*.)

D'ount benou tant de crits, que la foulo s'assemble,
Que se passo d'affrous d'abant aquel oustal,
Cinq palles effantous plourou toutes ensemble
Et seguissou, *mièx* nuts, your payre a l'espital.    A. B.

**MIÈXO**, *Miejho*, s. f. Chopine, demi pot de vin ; t. de tiss. 16 fils de la chaîne.

**MIÈXOMEN**, *Miejhomen*, *Mièx*, adv. Presque, à peu près.

**MIÈXONEY**, *Miejhoneit*, s. f. Minuit, milieu de la nuit : *Es arribat à mièxoney*. (Du latin *media nox*.)

**MIÈXOS** (A), adv. A moitié fruits : *Ba prenon à mièxos*, nous le prenons à moitié fruits.

**MIÈXOUN**, *Miejhoun*, s. m. Midi, le milieu du

jour; un des quatre Points cardinaux : *Bers miéxoun*. (Du latin *medius dies*.)

Oh ! que moun amo éro Countento
Quand partien tous, taléou *metjour sounat*,
En entounan : l'*Agnel que m'as dounat*.
D'aquel plazé lou soubeni m'ennarto.  J.

## MIF

MIFFA, v. n. Renifler, retirer l'air, l'humeur des narines en respirant avec force : *Que miffos tant !*

Mais parlen dal fumet de tout aquelis plats,
Farian *miffa* las xens lous pus enraoumassats.
Lou parfun qu'en marxen pertout s'escampillabo,
Pouriabo dins lou nas quicon que restaourabo.  D.

MIFFAYRE, O, s. m. f. Renifleur, euse, celui, celle qui renifle habituellement.
MIFLO, *voyez* SOUFLET.

## MIG

MIGNARD, O, adj. Mignard, de, mignon, caressant, délicat, doucereux : *Sios uno mignardo*, vous êtes une mignarde.
MIGNARDEXA, *Mignardejha*, v. act. Mignarder, traiter délicatement; Dorloter : *Lou mignardexas trop*, on le mignarde trop. (De l'allemand *minuen*, aimer.)
MIGNARDIZO, s. f. Mignardise, affectation de gentillesse, petits moyens pour plaire ; Caresses, cajoleries : *Quantos de mignardizos sabes fa !* que de cajoleries tu sais faire !
MIGNARDOMEN, adv. Mignardement, d'une manière mignarde.
MIGNATURO, s. f. Miniature, sorte de peinture très-délicate, très-fine pour de petits objets ; fig., petite Femme mignonne : *Aco's uno mignaturo de fenno*. (Du latin *minium*, parce que c'est une des couleurs qu'on y emploie le plus ordinairement.)
MIGNOUN, O, adj. et s. Mignon, ne, bien aimé, chéri, préféré : *Aco's lou mignoun*, c'est le mignon.
MIGNOUNOMEN, adv. Mignonnement, avec délicatesse.
MIGNOUTA, v. act. Mignoter, mignarder, caresser.
MIGOU, *voyez* GALINASSO, CROUTIN DE FEDO.

## MIL

MIL, *Mel*, s. m. Millet, maïs, blé de Turquie : *Lou mil s'amaduro*, le blé mûrit. (Du latin *milium*.)
MILANTOS, adv. Cet adverbe ne saurait se rendre en français que par le mot Myriade.
MILAZIMO, s. f. Millésime, date d'une monnaie, d'un édifice, etc. : *Y'a encaro la milazimo*, il y a le millésime.
MIL DE BALAXO, Mil ou Millet, sorte de grain fort petit. La tige qui le porte sert à faire des balais.
MILGRAGNE, s. m. Grenadier, arbrisseau myrtoïde qui produit de belles fleurs, et dont quelques espèces portent le fruit appelé Grenade.
MILGRANO, s. f. Grenade, fruit du grenadier : *Te porti uno milgrano*. (Du latin *granatum*, à cause de la multitude de grains dont le fruit est rempli.)
MILIAOUC, O, s. m. f. Limace, animal du même genre que les limaçons, mais qui n'a pas de coquilles.

MILITARI, s. m. Militaire, soldat, homme de guerre. (Du latin *militarius*.)
MILHARGOU, s. m. Maïs de fourrage.
MILHAS, s. m. Miliasse, bouillie de farine de millet; fig., Femme, fille, grasse et petite : *Semblo un milhas*.
MILHASSAT, s. m. Quantité de farine nécessaire pour une miliasse : *Presto-me un milhassat de farino*, prêtez-moi de quoi faire une miliasse.
MILHASSIE, s. m. Tas, pile de tiges de maïs : *Nous cal fa plusiurs milhassiès*, il nous faut faire plusieurs piles de tiges de maïs ; adj. Mangeur de millasse : *Sios un gran milhassié*, tu es un gros mangeur de millasse.
MILHASSO, s. f. Tige, bâton, feuilles qui enveloppent les épis ; Fouet de millet qu'on coupe après la floraison et qu'on donne comme pâture aux bestiaux : *Cal ana sarra la milhasso*, allez serrer le fouet du millet.
MILHE, adj. numér. Mille, dix fois cent. (Du latin *mille*.)
MILHERGOU, *voyez* MILHARGOU.
MILHIEYRAT, s. m. Mille, environ mille.
MILHIEYRO, s. f. Champ de millet ; Terre à millet : *La milhièyro pren sazou*, le champ à millet prend la saison.
MILHOU, s. m. Mieux, état meilleur. (Du latin *melius*.)
MILHOUN, s. m. Million, mille fois mille ; Nombre indéterminé : *Ba y'ey dix un milhoun de cops*, je le lui ai dit un million de fois.
MILHOUNARI, s. m. Millionnaire, riche d'un, de plusieurs millions ; Extrêmement riche : *Es milhounari*.
MILO, s. m. Mille, dix fois cent : *Milo frans*, mille francs. (Du latin *mille*.)

Des brigans qu'ai pres en filo,
Abatuts per moun tranchant,
A gaoucho n'es toumbat *milo*,
A drecho dex cops aoutant,
Et dins aquelo avanturo,
Après un carnache affrous,
Me soui troubat sans blassuro
Pus fort et pus vigourous.  PUJ.

MILO COTS, adv. Mille fois, très-souvent.
MILOCOUTOUN, s. m. Brignon, espèce de pavie, espèce de pêche.
MILO-FELHOS, s. f. Mille-feuilles, plante vivace à petites feuilles.
MILO-FLOUS (AYGO DE), s. f. Mille-fleurs ; Urine de vache employée comme remède ; Eau distillée de la bouse de vache.
MILO-PATOS, s. m. Mille-pieds ; Myriapodes, insecte qui a un très-grand nombre de pieds.

## MIM

MIMARELO, *voyez* PLANT, SIRMEN.

## MIN

MINA, v. act. Miner, faire une mine ; Caver, creuser ; fig., Affaiblir, détruire peu à peu : *La fièbre lou mino*, la fièvre le mine. (Racine *mino*.)
MINAPLE, O, adj. Minable, pitoyable, qui fait pitié ; dans la plus grande Misère : *Es minaple*, il est minable.
MINCE, O, adj. Mince, qui a peu d'épaisseur ; fig., Modique. (Du latin *minutus*.)
MINÇOMEN, adv. Modiquement.

**MINE**, voyez MINOU.
**MINÉRAL**, O, adj. Minéral, le, qui tient des minéraux : *Aygos minéralos*, eaux minérales.
**MINGANOS**, *Minganélos*, s. f. Minauderies; Grimaces; Agaceries; Simagrées : *Pas tant de minganos!* pas tant de grimaces ! (Du grec *mimos*.)
**MINGANOUS**, O, adj. Minaudier, qui minaude, fait des grimaces.
**MINIMOUS**, voyez PINPILHOUS.
**MININO**, s. f. Grand'mère; la plus vieille femme d'un endroit : *Aco's la minino*, c'est la grand'mère; fig., Dame-jeanne : *Qu'no minino!*
**MINISTÈRI**, s. m. Ministère, emploi, charge ; Entremise : *Per soun ministèri b'a agut*, par son ministère elle l'a eu. (Du latin *ministerium*.)
**MINISTRE**, s. m. Ministre, homme public chargé d'une branche de l'administration de l'État : *Lou ministre de la guerro*, le ministre de la guerre ; chez les protestants, Celui qui fait le prêche; dans quelques ordres religieux, Supérieur du couvent. (Du latin *minister*.)
**MINO**, s. f. Mine, face, figure ; Air du visage; Physionomie : *A pla bouno mino*, elle a bonne mine; Apparence, dehors; Accueil que l'on fait à quelqu'un : *Cal fa bouno mino al mounde*, il faut faire bon accueil aux gens; Minauderie, grimace, gestes affectés : *Es touto minos*, elle est toute grimacés ; Lieu où se forment les minéraux, ces minéraux ; Cavité souterraine pour faire sauter une fortification, un roc, au moyen de la poudre : *La mino ba parti*, la mine va partir. (De l'allemand *mine*.)

Cependent es bengut lou moumen de sourti,
   Per la daïssa dourmi;
Mais àban, nou soun que *minetos*,
   Fayssounetos,
   Paraouletos,
   Amouretos;
Que fan de nostre bres un nizal de poutous :
Coussi ! n'ero pas prou, se dits, lou gat jalous,
D'abé escoutat las milantos merbeillos
   Qu'an debitat à mas aoureilhos ;
   Calé encaro entendre poutouneja,
   Calineja,
Qui nou sap que ploura !!.....
                                        M. CEREN.

**MINOT**, s. m. Farine toute blutée.
**MINOU**, s. m. Minet, minon ; petit Chat.
**MINOURITAT**, s. f. Minorité, le petit nombre ; État d'un mineur, sa durée. (Du latin *minoritas*, ou *minor ætas*.)
**MINOUS**, O, adj. Minaudier, prétentieux, affecté, qui fait la mine. (Du grec *mimos*.)
**MINOUTARIÉ**, s. f. Moulin à faire le minot, Minoterie.
**MINOYS**, s. m. Minois, visage d'une personne dont les traits ont quelque chose de remarquable en beau ou en laid.

Vous diray, doun, counfidamen,
Répliquèt l'assoumanta Annèta,
Qu'ayço n'és pas una sournèta ;
Qu'attendoun vostre chivalé,
Aval nou foun dé l'escaïé,
— Mais quaou ! — quaou ? pardine, una dama,
Amay charmanta, sus moun ama ;
Car mé sembla fort dé la vouès,
É vous dé l'ér é daou *minouès* :
Es vray qu'a pas tant dé jouynessa ;
Mais per la mina é la uoublessa,

Lou carnén, tout lou bataclan,
Vous poudés bé touca la man.       FAV.

**MINUR**, O, adj. Mineur, eure, qui n'a pas atteint l'âge prescrit par les lois pour disposer de sa personne ou de ses biens : *Es encaro minur*, il est encore mineur. (Du latin *minor*.)
**MINUR**, s. m. Mineur, qui tire les minéraux des mines ; Qui travaille aux mines.
**MINUTIO**, s. f. Minutie, chose de nulle importance : *Aco's uno minutio*, c'est une minutie. (Du latin *minutia* ou *minuties*, qui signifie proprement *poussière, paresse*.)
**MINUTIOUS**, O, adj. Minutieux, euse, qui s'attache aux minuties.
**MINUTIOUZOMEN**, adv. Minutieusement.
**MINUTO**, s. f. Minute, 60ᵐᵉ partie de l'heure; par ext., très court Espace de temps : *Sera fax dins uno minuto*, ce sera fait dans une minute ; Brouillon, original d'un acte. (Du latin *minutus*.)
**MINUTO**, s. f. Mantille, petit mantelet de femme.

## MIO

**MIOL**, voyez MULET.
**MIOPE**, voyez SUP.
**MIOU**, voyez MÉOU.
**MIOUGRAGNE**, voyez MILGRAGNE.
**MIOUNE**, voyez MÉOU.

## MIQ

**MIQUÈLOS**, (LEBA LAS), v. n. Badauder, niaiser.

## MIR

**MIRACLE**, s. m. Miracle, acte de la puissance divine contraire aux lois connues de la nature; par ext., Effet extraordinaire : *Aco's un miracle*, c'est un miracle. (Du latin *miraculum*.)

O Cel, qu'es aquel grand *miracle!*
Moun amo à soun Dious per espous
Moun cor deben lou Tabernacle
De l'infinimen glourious !
Yeou bous adori dins yeou même,
Fil et Verbe de l'Éternel.
Per estr'an bous, ô Dious suprême,
N'ey pas besoun de mount'al Cel.    Puy.

**MIRACULOUS**, O, adj. Miraculeux, opéré par miracle, qui tient du miracle. (Du latin *miraculosus*.)
**MIRACULOUSOMEN**, adv. Miraculeusement, par miracle.
**MIRAL**, s. m. Miroir, verre étamé, métal poli, qui rend la ressemblance des objets qu'on lui présente; Exemple : *Aqui as lou miral*, tu as là un exemple.
**MIRALIÉ**, s. m. Petit Miroir.
**MIRANTOS** (FA), v. n. Faire parade d'une chose, la faire admirer : *Ne fa mirantos*; Faire des choses étonnantes : *Fa mirantos!* faire des choses étonnantes. (Du latin *mirantes*, qui admire.)
**MIRALHA** (SE), v. pro. Se Mirer, se regarder dans un miroir ou autre chose qui réfléchit l'image; s'Admirer, se complaire en soi-même en se regardant : *Touxoun es à se miralha*, elle est à se mirer toujours. (Du latin *mirari*.)
**MIRGALHA**, v. n. Bigarrer, barioler, mettre diverses couleurs : *Aymos de ba mirgalha*, tu aimes de le barioler.

Al tour d'ello, al printèns, lé gazoun sé *mirgaylhó*
Dé pounpouns, dé muguets; l'airé n'es enbaoumat;
Et dins lou riou clarèt ount l'aiguettó baraillo,
Taleou qué lou soulèl, en passant s'y miraille,
Lé prat ben pus poulit, lou riou pus argentat. Dvv.

**MIRGALHAT**, **ADO**, adj. Bigarré, ée, bariolé, émai)lé de diverses couleurs : *Es tout mirgalhat*, il est tout émaillé.

**MIRGO**, s. f. Souris, petit quadrupède rongeur du genre des rats.

**MIRGOULO**, s. f. Morille, champignon à tête ronde et charnue criblée de trous.

**MIRMIDOUN**, s. m. Mirmidon, homme, personne très petite, pleine de suffisance : *Aquel mirmidoun!* Ce mirmidon! (Du grec *murmédôn*.)

**MIROCOUTOUN**, voyez MILOCOUTOUN.

**MIROULENGO**, s. f. Charbonnière, grosse mésange, fig., Enfant précoce pour le parler : *Semblo uno miroulengo*, il parle facilement.

**MIRTO**, s. m. Myrte, arbrisseau rosacé, toujours vert. (Du grec *murtos*.)

## MIS

**MISSAL**, *Missaou*, s. m. Missel, livre contenant les prières de la messe. (Du latin *missale*.)

**MISSANÇETAT**, *Missantizo*, s. f. Méchanceté, malice, malignité : *Aco's uno missancetat*, c'est une méchanceté.

**MISSANT**, voyez MESSANT.

**MISSANTIZO**, voyez MESSANTIZO.

**MISSARRO**, *Grioule*, s. f. Loir, petit quadrupède qui dort tout l'hiver; fig. Personne endormie : *Dourmis coumo uno missarro*, il dort comme un loir.

**MISSIOU**, s. f. Mission, envoi avec pouvoir d'agir, pouvoir de prêcher; Prédicateur d'une mission : *S'es counbertit à la missiou*, il s'est converti à la mission. (Du latin *missio*.)

**MISSIOUNARI**, s. m. Missionnaire, prêtre chargé d'aller dans les contrées éloignées pour travailler à la conversion des infidèles, ou de parcourir divers lieux pour s'y occuper de l'instruction des chrétiens : *Lous missiounaris ban arriba*, les missionnaires sont près d'arriver.

**MISSOU**, voyez SALCISSOT, ANDOULHO.

**MISTIFIA**, v. act. Mystifier, rendre quelqu'un ridicule en abusant de sa crédulité : *L'a pla mistifiat*, elle l'a bien mystifié.

## MIT

**MITAN**, s. m. Milieu; *al mitan dal cami*, au milieu du chemin.

En *mitan* de ta paourieyro
As un Dious per apendris;
Tenes per ta mainacheiro
La Reyno del Paradis.
Dins cap d'histoire
Es-ti de Palais Roüyal,
Coumo toun petit oustal,
Resplandissent de tant de gloiro? Puj.

**MITAT**, *Mita*, Moitié, une des deux parties égales d'un état : *Pren-ne la mitat*, prends-en la moitié. (Du latin *medietas*.)

**MITO**, *Miténo*, s. f. Mitaine, gant sans séparation pour les doigts : *Que cargue de mitos*, qu'il mette des mitaines. (Du celtique *mittain*.)

**MITOUNA**, v. act. Mitonner, faire tremper longtemps sur le feu en bouillant : *Aymi que mi-*
*toune*, j'aime qu'elle mitonne; Dorloter; Préparer doucement une affaire pour la faire réussir : *Y a lounglems que ba mitounabo*, il y a longtemps qu'il le mitonnait.

**MITOUYÈN**, O, adj. Mitoyen, e, qui appartient en commun aux propriétaires des deux fonds qu'il sépare : *Es estat touxoun mitouyèn*, il a été toujours mitoyen. (Du latin *medianus*.)

**MITRALHA**, v. act. Mitrailler, tirer à mitraille sur...

**MITRALHO**, s. f. Mitraille, vieille ferraille, menue ferraille, morceaux de cuivre, balles de mousquets, vieux clous, etc., qu'on met dans des boîtes et dont on charge les canons pour en rendre l'effet plus meurtrier : *La mitralho nous ploubio dessus*; Menue, basse monnaie : *Quanto de mitralho!* que de sous!

Éro toumbat ol sort. S'enfugis, lou bau querré :
Lou bardou per dobon d'uno plaquo dé ferré;
Qué mé corgas, dis-el, qu'ès oquel otiral?
T'essagé, dis l'Orchié, lo gardo del peytral.
Sé sobios qué fo gaouch dins un jour de botaillo,
Quond lou solpètro gronndo, é qué plouo dé *mitraille*!
Per qué cal robola, dis Toni, oquel fotras,
Senté qué fugiraï, soccas lou mé dètras. PRAD.

**MITRO**, s. f. Mitre, ornement des archevêques, évêques; en habits pontificaux. (Du grec *mitra*.)

**MITROUN**, s. m. Mitron, garçon boulanger, gindre, garçon qui pétrit. (Du grec *mitra*, mitre, parce que les garçons boulangers portaient autrefois des bonnets semblables, pour la forme, à la coiffure des femmes grecques, appelée *mitre*.)

## MIX

**MIXARÈL**, *Misou*, s. m. Petite miche de pain.

**MIXO**, s. f. Miche, pain rond, ou oblong, d'une ou plusieurs livres : *Pourtaras uno grosso mixo*, tu porteras une grosse miche. (Dans la basse latinité on dit *mica* pour petit pain.)

On appelle aussi mixo, une *ravaille*, petit pain de première qualité qui ne pèse que un quart ou demi livre. C'est là véritablement la miche, ce n'est sans doute que par extension qu'on a donné le nom de *mixo* aux pains de plusieurs livres.

Anfin ma may nous dit,
D'un ayre malhurous et tendre :
« Aro paourots que sert d'attendre,
» Nou l'acuren plus, aco finit. »
Mais jou : que n'aouren plus? oh! respoun-me de graço!
Aquel mysteri me terrasso,
Trambli, trambli de debina;
Ma may, qu'attendias doun?.. la *micho* per dinna. J.

## MIZ

**MIZANTROPO**, voyez LOUPGAROU.

**MIZERAPLE**, O, adj. Misérable, qui est dans la misère, dans la souffrance : *Es pla mizeraple*, il est bien misérable. (Du latin *miserabilis*.)

**MIZERAPLOMEN**, adv. Misérablement, d'une manière misérable.

**MIZERICORDO**, s. f. Miséricorde, vertu qui porte à la compassion. (Du latin *misericordia*.)

**MIZERICORDIOUS**, O, adj. Miséricordieux, euse, enclin à pardonner.

**MISÉRÈRE**, s. m. Miserere, colique violente avec sortie des excréments par la bouche.

**MIZÈRO**, s. f. Misère, grande pauvreté, indigence, dénûment de tout : *Es dins la miséro*, elle est dans la misère. (Du latin *miseria*.)

Ës que l'hommé del pople, accablat dé *misèra*,
Desira la paix inçaval,
É qué la trovo pas, car manqua sus la terra,
A soun bras..., dé traval.
É sé pot travailla, lou paouré proulétary,
Sé vey retrancha soun salary
Per un barbaré fabrican,
É pioy l'hiver quan ven, sa moudesta familla
Manqua dé fardas é de pan ;
É per la secouri, souven on vey sa filla
Lou vespré sé véndré......
PEYR.

### MOC

MOCHAL, voyez MOUXAL.
MOCHUGA, voyez MOUSSEGA.

### MOD

MODAÏSSO, voyez MADAYSSO.
MODISTO, *Moudisto*, s. f. Modiste, celle qui travaille en modes.
MODO, s. f. Mode, manière de se mettre, de se vêtir, vogue de certaines parures : *Cal siegre la modo ou beni fat*, il faut suivre la mode ou venir fou. (Du latin *modus*.)
MODO (A QUE LA), adv. De la manière que.
MODUR, voyez MADUR.

### MOI

MOÏ (PER), Ma foi, certes : *Per moï ne faras trop*, ma foi tu en feras trop.
MOINA, voyez MAYNA (SE.)

### MOJ

MOJOURAL, voyez MAXOURAL.

### MOL

MOL, O, adj. Mou, molle, qui cède facilement au toucher ; fig., Énervé, nonchalant, sans vigueur : *Es mol coumo uno figo*, il est mou comme une figue. (Du latin *mollis*.)
MOLDRE, *Mole*, *Morre*, v. act. Moudre, broyer, pulvériser, réduire en poudre au moyen de la meule d'un moulin : *Es anat mole*, il est allé moudre. (Du latin *molere*.)

Dins lou por qué vène dé dire,
Enéa, après tant dé martire,
Embé sous vaysséous sé fiquèt,
Dé quatorze reduits à sét.
Pioy faguet sinne à mestre Acata
D'ana quere sus sa frégata
La bouëta ounte èra l'amadou
Per fa dé fioc dins un cantou.
D'uns révaléroun la pasticyra;
D'aoutres, sus una larja peyra
*Mouguéroun quaouque paou dé blat*
Qu'èra pourit é bien salat,
N'éu fagueroun una fougassa
Goustouza qué.... bon prou lé fassa.
FAV.

MOLE, voyez MOLDRE.
MOLHOL, voyez PLANT, BARBAT.
MOLICONOS, voyez SALBAXO.
MOLIOMEN, adv. Mollement, faiblement, sans activité.
MOLLE, s. m. Moule, matière creusée pour donner la forme au métal fondu, au plâtre, à la cire : *Caldrio abe un molle esprès*, il faudrait avoir un moule exprès; fig., Marque de la petite vérolle : *Semblo un molle*. (Du latin *modulus*.)
MOLLE DE CURBELETS, s. m. Gaufrier, ustensile de fer dans lequel on fait cuire de gaufres ; fig., Gravé de la petite vérole : *Semblo un molle de curbelets*.
MOLO, s. f. Meule, corps solide, rond et plat, pour broyer, réduire en poudre ; Roue de grès pour aiguiser ; t. de bouch., le Cimier, partie de la cuisse : *Boli de la molo*, je veux du cimier. (Du latin *mola*.)
MOLTO, voyez MOOUTO.

### MON

MONEL, voyez MANÉL.
MONGILLO, voyez MANXAYLHO.
MONOPOLO, s. m. Monopole, commerce de marchandises dont la vente devrait être libre, fait par un seul individu, un seul peuple, au préjudice des autres ; Convention inique entre des marchands pour faire hausser ou baisser le prix. (Du grec *monos*, seul, *polein*, vendre.)
MONQUOS, voyez MANCOS.
MONTES ET COLLES (PER), Façon de parler adv. par monts et par vaux.

### MOO

MOOUDURA, voyez MAOUDURA.
MOOURE, voyez MOLDRE.
MOOUTO, *Molto*, s. f. Mouture, la quantité qu'on mout : *Uno grosso moouto*.

Alerto ! aici Sant Xan qu'announço la récolto
De farino atabes n'abian plus qu'uno moouto.
PRAD.

### MOP

MOPLE, s. m. Meuble, tout ce qui sert à garnir, orner une maison ; Ce qui peut se transporter. (Du latin *mobilis*.)

### MOR

MORÇO, s. f. Amorce d'une arme à feu : *La morço n'a pas pres*.
MORDEFAN, adj. et s. Famélique, affamé, un va-nu-pieds : *Aco's un mordefan*, c'est un va-nu-pieds.
MORDICUS, adv. Mordicus, avec ténacité, obstination.
MORGA, voyez MARGA.
MORGO, s. f. Morve, humeur visqueuse des narines ; Maladie contagieuse des chevaux. (Du latin *morbus*, maladie.)
MORGO (POURTA), v. n. Garder rancune, conserver de l'humeur contre quelqu'un.
MORIDA, voyez MARIDA.
MORNE, O, adj. Morne, triste, sombre : *Es touxoun morne*, il est toujours triste.
MOROUL, s. m. Noiraud, nègre : *Semblo un moroul*, il semble un nègre.
MORS, s. m. Mors, partie de la bride qui entre dans la bouche du cheval : *A pres lou mors à las dents*, il a pris le mors aux dents. (Du latin *morsus*.)
MORSO, voyez MORÇO.
MORT, s. f. Mort, fin, cessation de la vie. (Du latin *mors*.)

## MOU

Mas de sabe sa mort, de quino mort, ni couro,
Degus nou sap deque ni may quant sera l'houro.
Aquel secret à nous Dious n'a pas rebelat
Es suffis que sapian que nous semblan lou blat
Que quand qualque pages en terro lou semeno
Peys el se reberdis et noubel fruch el meno. A. G.

MORT, s. m. Mort, celui qui a cessé de vivre. (Du latin *mortuus*.)

MORTO SAZOU, s. f. Morte saison, époque où l'on fait peu de travail, de commerce : *Sien dins uno morto sazou*, nous sommes dans une morte saison.

MOSEL, voyez MAZEL.

MOSTIS, voyez MASTIS.

MOSTRO, s. f. Montre, petite horloge portative ; Échantillon, ce qu'on montre pour faire juger du reste ; Marchandises exposées au dehors des boutiques. (Du latin *monstro, de monstrare*.)

MOSTRO SOULARIO, s. f. Cadran solaire.

## MOT

MOT, s. m. Mot, parole ; Ce qu'on dit ou écrit : *N'a pas dix un mot*, il n'a pas dit un mot. (De l'italien *motto*.)

Lou payré d'Alexandro, appelat Philippus,
Disio qu'ero belcop tengut als embegiouses,
Per so qu'en li disan talis *moutz* aultragiouses,
El regardabo peys de vioure coumo cal,
Per tal de fa menti lous que d'el disiou mal. A. G.

MOTO, s. f. Motte, petite masse de vieux tan, ronde et aplatie, pour le chauffage ; petit Morceau de terre détachée par la charrue ou la bêche ; Terre adhérente aux racines d'un végétal déplanté : *Caldra lou prene ambe la moto*, il faudra le prendre avec sa motte. (Du latin *meta*, borne.)

MOTUR, s. m. Moteur, ce qui donne le mouvement, fait agir. (Du latin *motor*.)

## MOU

MOUBEMEN, s. m. Mouvement, agitation, déplacement d'un corps ; Ressort d'une montre : *Lou moubemen es bou*, le mouvement en est bon.

MOUBENT, O, adj. Mouvant, te, qui se déplace, cède sous les pieds. (Du latin *movens*.)

MOUBILHÉ, s. m. Mobilier, de la nature des meubles ; les Meubles : *Tout lou moubilhé es seou*, tout le mobilier est à lui.

MOUBILE, O, adj. Mobile, qui se meut, peut être mu ; fig., Léger, inconstant.

MOUBILITAT, s. f. Mobilité. (Du latin *mobilitas*.)

MOUC, voyez MOUQUET.

MOUCA, v. act. Moucher, ôter la morve du nez ; Enlever le bout superflu du lumignon : *Mouco la candèlo*, mouche la chandelle ; fig., Mortifier : *L'as pla moucat*. (Du latin *mucare*.)

MOUCA (SE), v. pro. Se Moucher, ôter sa morve.

MOUCADOU, s. m. Mouchoir, linge pour se moucher : *Moucadou de nas*, un Mouchoir, linge dont les femmes se couvrent la gorge, le cou ; *Ey croumpat un moucadou de col*, j'ai acheté un fichu ; Cravatte pour un homme.

MOUCADOUNAT, s. m. Plein un mouchoir.

MOUCADURO, s. f. Mouchure, mouchon, ce qui est retranché d'une chandelle lorsqu'on la mouche.

MOUCARIE, voyez TRUFARIE.

MOUCEL, voyez BOUCI.

MOUCHETOS, voyez MOUXETOS.

MOUCHOU, voyez PAQUET.

MOUDELA, v. act. Modeler, imiter, faire en petit pour pouvoir exécuter en grand : *Te cal moudela sur aquel*, il faut te modeler sur celui-là.

MOUDELO, *Moudella*, s. m. Modèle, ce qu'on se propose d'imiter, Exemple à suivre : *As aqui un moudélo*, tu as là un modèle ; t. d'arts, Objet d'imitation ; Essai en petit d'un ouvrage qu'on veut exécuter en grand. (Du latin *modulus*.)

Quan vêchèras la peccadouna
Doun lou poplé voulio la mor ;
Quan cridèras : « Diou la perdouna,
« Qual és, aquél qu'és sans rémor ?
« Vay-l'en, l'enna, é siagas fidella..... »
Lou poplé admira ta bountat,
É dis qué sios lou vray *moudella*
D'amour et de fraternitat. PEYR.

MOUDERA, v. act. Modérer, adoucir, tempérer : *La plexo a mouderat lou ben*, la pluie a adouci le vent. (Du latin *moderare*.)

MOUDERA (SE), v. pro. Se Modérer, se tempérer en parlant du froid ; Avoir de la modération ; se Posséder, se contenir, se retenir : *S'es mouderat, aoutromen !* il s'est modéré, autrement !

MOUDURADOMEN, adv. Modérément, avec modération, sans excès. (Du latin *moderate*.)

MOUDERATIOU, s. f. Modération, vertu qui consiste à garder une sage mesure en tout : *Qu'uno mouderatiou !* quelle modération ! (Du latin *moderatio*.)

MOUDERNE, O, adj. Moderne, récent, nouveau, des derniers temps : *Es mes à la mouderno*, il est habillé au dernier goût. (Du latin barbare *modernus*.)

MOUDESTE, O, adj. Modeste, qui a de la modestie, qui marque de la modestie. (Du latin *modestus*.)

MOUDESTIO, s. f. Modestie, retenue dans la conduite, le discours ; Décence, pudeur : *A uno grando moudestio*, elle a une grande modestie. (Du latin *modestia*.)

MOUDESTOMEN, adv. Modestement.

MOUDIFIA, v. act. Modifier, adoucir, alléger, tempérer, limiter : *B'an fort moudifiat*, on a fort modifié. (Du latin *modificare*.)

MOUDIFICATIOU, s. f. Modification, action de modifier ; Adoucissement, allègement, tempérament : *A oubtengut de moudificatious*, il a obtenu de modifications. (Du latin *modificatio*.)

MOUDIQUE, O, adj. Modique, médiocre. (Du latin *modicus*.)

MOUFIA, v. act. Flairer, mordre dans..... en parlant des animaux qui ont mordu un fruit, etc. : *Lou gous b'a moufiat*, le chien l'a flairé. (Racine *mour*, museau.)

MOUFIADURO, s. f. Ce qui a été flairé.

MOUFFLE, O, *Espounpat*, *do*, adj. Mafflé, ée, bouffi, potelé, dodu : *Es pla mouffle*, il est bien potelé. (De l'allemand *moffel*.)

MOUFFLE, O, adj. Douillet, ette ; Doux et mollet.

MOUFFO, s. f. Mousse, petite herbe très menue et fort épaisse, qui s'engendre sur les terres sablonneuses, sur les toits, les arbres, les pierres : *La mouffo l'a gagnat*, la mousse l'a gagné.

MOUFFO DE MAR, s. f. Coralline rouge, officinale, administrée comme vermifuge.

MOUFLUT, DO, adj. Moufle, mouflard, jouflu. (De l'allemand *moffel*.)

**MOUGNO**, *voyez* MINO.

**MOUGNO** (FA LA), v. n. Faire la moue, être fâché : *Fas la mougno?* tu fais la moue? (Du latin *mulier*.)

**MOUGNOU**, s. m. Moignon, excroissance, superfluité de chair : *Aquel mougnou ba pas pla*, cette excroissance n'a pas bonne mine ; Partie qui reste d'un bras, d'une jambe, de la cuisse quand elle a été coupée. (Suivant *Trévoux*, du celtique ou bas breton *moign*, qui signifie également *manchot*.)

**MOUILHE**, *voyez* MOULIÉ.

**MOUISSE**, adj. Écourté, qui a les oreilles courtes.

**MOUISSELO**, *voyez* LAMBRUSCO.

**MOULA**, *voyez* MOULINA.

**MOULADO**, *voyez* SOULADO.

**MOULATAYRE**, s. m. Meulier, celui qui fait, qui taille les meules. (Du latin *mola*.)

**MOULESSO**, s. f. Mollesse, vie oisive ; Manque de vigueur ; Excès d'indulgence. (Du latin *mollities*.)

**MOULESTA**, *voyez* ENQUIÉTA.

**MOULETO**, s. f. Omelette, œufs battus et cuits dans la poêle avec la graisse, etc.; Molette, cône de marbre pour broyer les couleurs. (Dans ce sens de *mola*.)

*Aco séguèroun las intradas :*
*Tout escats las avian brafadas ,*
*Qué nous portoun per éntrèmès*
*Una aoumeletta d'icous glatiés (couats) ,*
*Ounte sè vézien las figuras*
*Dé cèn nouvèlas créaturas.*     FAV.

**MOULETO**, s. f. Molette. En terme de cordier, petit Rouleau de bois creusé en forme de poulie dans le milieu, où répond la corde à boyeau, et traversé par une broche de fer qui se termine en crochet par un de ses bouts. C'est à ce crochet que les fileurs attachent leur chanvre, qui tord quand la molette vient à tourner.

**MOULETOUN**, s. m. Molleton, étoffe de laine douce et mollette : *Uno doupluro de mouletoun*, une doublure de molleton.

**MOULI**, s. m. Moulin, machine pour moudre, broyer, fouler. Il y en a de plusieurs sortes. Blutoir pour passer la farine : *Passaras la farino al mouli*, tu passeras la farine au blutoir. (Du latin *molina*.)

*Tout aichi nous rabix : l'aigo de las rigolos*
*D'un rustique mouli fa baraïlla las molos,*
*Aou-taléou qu'an lèbat las claous ;*
*Et d'aqui s'escapan en superbos raïjolos ,*
*Ba, cour, tourno en fasèn fosso pipo-redolos ,*
*Tantot al miech d'un prat et tantot sus caillaous.*    DAV.

**MOULIA** (SE), *voyez* BAGNA (SE).

**MOULIÉ**, s. f. Épouse, femme mariée : *Se passexabou marit et moulié*, ils se promenaient mari et femme. (Du latin *mulier*.)

*Per joui del cop d'èl, sul bord de la carrièro*
*Les paysans embourgnats abalou la poussièro ,*
*Et penjado a lour bras, lour sensiblo mouilhé*
*Toussis coumo uno mano et cratcho de mourtiè.*

**MOULIGNÈ, ÈYRO**, s. m. f. Meunier, ère, celui, celle qui gouverne un moulin à blé. (Du latin barbare *molinarius*.)

**MOULINA**, v. act. Faire pivoter une poutre, une grosse pierre, en plaçant dessous et vers le centre un caillou : *Fagan-lo moulina*, faisons-la pivoter.

**MOULINET**, s. m. Moulinet, tourniquet pour tirer, enlever.

**MOULINO, Moulinasso**, s. f. Moulin à canelle. (Du latin *molina*.)

**MOULLA**, v. act. Mouler, faire au moule, donner la forme par un moule : *Moullaren tout bey*, nous moulerons tout aujourd'hui ; Faire avec une grande perfection : *Aco's moullat*.

**MOULLA** (SE), v. pro. Se Mouler, prendre pour modèle : *Se moullara sus tu*, il prendra modèle sur toi. (Racine *molle*.)

**MOULLAYRE**, s. m. Mouleur, ouvrier qui jette au moule, qui moule : *Aben un boun moullayre*, nous avons un habile mouleur.

**MOULLURO**, s. f. Moulure, ornement simple, uni et prolongé.

**MOULOU**, s. m. Tas de pierres, de fumier, de foin.

**MOULOUN**, *voyez* GARLANDÉOU.

**MOULOUNADO**, *voyez* BANDO, TROUPO.

**MOULZE**, v. act. Traire les vaches, les chèvres, les brebis : *Te val ana moulze*; t. de cueilleur de feuilles, Cueillir à poignées, effeuiller un scion d'un coup de main : *Fa pas boun moulze*, il n'est pas facile à effeuiller. (Du latin *mulcere*, caresser.)

**MOULZO, Trach**, s. f. Traite, quantité de lait qu'on trait en une fois.

**MOUMEN**, s. m. Moment, temps court. (Du latin *momentum*.)

**MOUN**, pron. possessif Mon : *Moun payre*, mon père. (Du latin *meus*.)

**MOUNA**, *voyez* BOUTA.

**MOUNAYRE**, *voyez* BOUTAYRE.

**MOUNARCO**, s. m. Monarque, celui qui a l'autorité, le pouvoir souverain dans un état. (Du grec *monos* seul, *arches* chef.)

**MOUNASTÈRO**, *voyez* COUBÉN.

**MOUNDA**, *voyez* POURGA.

**MOUNDANITAT**, s. f. Mondanité, attachement aux vanités mondaine : *Cal pas siègre la moundanitat*, il ne faut pas suivre la mondanité. (Du latin *mundanitas*.)

**MOUNDAYRE**, *voyez* CURBÉLO.

**MOUNDE**, s. m. Monde, ensemble du Ciel et de la terre; l'Univers : *Dious a fax lou mounde d'uno soulo paraoulo*, Dieu a fait le monde d'une seule parole ; les hommes, le commun, le plus grand nombre : *Tout lou mounde fa aytal*, tout le monde fait ainsi ; Nombre plus ou moins considérable : *Y' abio fosso mounde*. (Du latin *mundus*.)

*Et sa paraoulo bèi cal que siosque escoutado.*
*Selon que b'a boulgut , l'archo bite es tampado :*
*Le mounde sera lèou coumo'n baste toumbel.*
*Trop loungtens ouffençat dins sa justo coulèro ,*
*Per néga les méchants que coubrissou la terro ,*
*Ben d'alanda sul cop las enclusos dal Cel.*    DAV.

**MOUNDEN, O**, adj. Mondain, ne, qui est attaché aux vanités du monde : *Lou moundèn penso pas à mouri*, le mondain ne pense pas à mourir. (Du latin *mundanus*.)

**MOUNÉCO**, *voyez* FLEYSSO, NENO.

**MOUNEDAT**, *voyez* AMOUNEDAT.

**MOUNEDO**, s. f. Monnaie, pièce de métal pour le commerce ; menues espèces : *N'ey pas de mounedo*, je n'ai pas de monnaie. (Du latin *moneta*.)

*Un poulit moure é dé mounéda*
*Empourtaryoun moutous é féda,*

## MOU

    Mais lou qué prenié dé birés
    Sus soun mérita avié pas rés.
    Quinta lutarié qu'un rey founde
    Atirara toujours lé mounde;
    Aco's la foulé d'aou public.     FAV.

**MOUNI**, adj. Laid; Sombre, en parlant du temps : *Lou tems es mouni*, le temps est sombre.

**MOUNIL**, s. m. Nombril, creux au milieu du ventre.

**MOUNINADO**, s. f. Caprice, incartade : *Aco's uno mouninado*, c'est un caprice.

**MOUNINO**, s. f. Guenon, singe; Femme très-laide : *Aquelo mounino!* cette laide! Ivrognerie, excès de vin : *A trapat la mounino*.

**MOUNO**, s. f. Moue, boutade : *Fa la mouno*.

**MOUNOU**, voyez MINOU.

**MOUNSEGNUR**, s. m. Monseigneur, titre d'honneur qu'on donne aux personnes d'une dignité éminente.

**MOUNTA**, v. act. Monter, gravir, grimper; Arranger, disposer, ajuster, assembler, joindre, réunir les pièces d'un ouvrage; Bander les ressorts d'une montre; Établir, mettre en état; Pourvoir de choses nécessaires : *L'ey pla mountat*, je l'ai bien pourvu; fig., Inspirer une résolution, Imprimer fortement une idée : *L'angos pas mounta*, ne vas pas le monter; Passer à un emploi, à un grade supérieur : *A mountat pla bite*. (Du latin barbare *montare*.)

**MOUNTA**, voyez GRANA.

**MOUNTA**, voyez COUSTA.

**MOUNTADO**, s. f. Montée, pente de colline; Chemin qui va en montant; fig., Époque où les denrées sont plus rares : *A la mountado baldra may*, plus tard, il vaudra davantage.

**MOUNTAGNO**, s. f. Montagne, grande masse de terre ou de roche : *Semblo uno mountagno*, cela ressemble une montagne. (Du latin *mons*.)

                                         [hômme
Hioy, mous councitouyens, bous canté aquel grand
Sus la *mountagno* négro ensi qu'un blan fantômo
Qué parés quaouqua fés daou la cima d'un pioch,
A la fi d'esfraya sul toumban dé la nioch,
Lou paouré bouyajur, izoulat sus la routa,
Qué trémola dé poou coumma li vey pas goutta;
Biquèt s'assétet, pas d'un calimas d'estiou.    PEYR.

**MOUNTAGNOL**, O, s. m. f. Montagnard, de, qui habite les montagnes; Grossier : *Semblos un mountagnol*, tu ressembles un montagnard; Souci, espèce de moineau. (Du latin *montanus*.)

        Un tros de *mountaynol*
Que gaouso préféra, sans hounto ni bergougno,
Las brumos de Paris al blu de nostre cel;
Renégo le patouès que parlabo sa maïre,
Et, per parla pus gras, en cresen de nous plaïre,
S'escaraougno le ganitel.

**MOUNTAGNOUS**, O, adj. Montagneux, euse; Pays accidenté où il y a beaucoup de montagnes.

**MOUNTAN**, s. m. Montant, pièce de bois, de fer, posée debout dans certains ouvrages de menuiserie, serrurerie : *Aquel mountan es court*, ce montant est court; Ce qu'il y a de spiritueux dans...: *Aquel bi a fosso mountan*; Total d'un compte : *Agaxas aqui lou mountan*, voilà le montant.

**MOUNTAT**, ADO, adj. Fourni, ie; Muni, pourvu : *Es pla mountat*, il est bien pourvu.

**MOUNTAXE**, s. m. Montage; t. de métier, Ac-tion de monter; Travail pour monter; son Salaire : *Lou mountaxe es car*.

**MOUNTAYROU**, s. m. Monceau, tas, amas : *Beses la mostro amay lou mountayrou*, vous voyez le tas et la montre.

**MOUNTICULO**, s. f. Monticule, petit mont.

**MOUNTO**, s. f. Monte, haras, étalons : *Es anat à la mounto*, il est allé à la monte; Mesure de bois de chauffage de 5 pans de long : *Bous porti uno poulido mounto*, je vous porte une belle mesure de bois.

**MOUNTURO**, s. f. Monture, bête sur laquelle on monte pour aller d'un lieu en un autre; t. d'arts et métiers, Bois, etc., sur lequel on monte un fusil, etc.; Or, argent, métal, dont on entoure les perles, les diamants; Assemblage des pièces d'une machine.

**MOUNUMEN**, s. m. Monument, édifice public; Chapelle ornée pour le jeudi saint, où l'on porte le Saint Sacrement : *An fax un poulit mounumen*, on a fait un beau monument. (Du latin *monumentum*.)

    Mais quand dé tout coustat lés grans mouns se coubrisson
Qué lés grands *mounuméns* dal mounde s'abalissoun,
Et qué bézen pléga dé millés dé nations;
De la terro et dal cel passan las interbalos,
Sur soun archo, Noé, pourtat coumo sus d'alos,
Al miech d'aqueis périls es proutéjat per Dious.
                                                          DAV.

**MOUNXASSO**, s. f. La Paille des haricots.

**MOUNXE**, s. m. Moine, religieux; Meuble pour chauffer le lit : *Bay mettre lou mounxe al leyt*, allez mettre le moine au lit.

**MOUNXIL**, voyez FABOUNS.

**MOUNXO**, s. f. Religieuse.

**MOUNXOS**, voyez FABOUNS.

**MOUPLA**, v. act. Meubler, garnir de meubles.

**MOUQUET**, O, adj. Capot, attrapé, puni : *Es estat pla mouquet*, il a été bien attrapé.

**MOUQUET**, s. m. Bout de chandelle : *Cal brulla lou mouquet*, il faut brûler les bouts.

**MOUQUETOS**, s. f. Mouchettes, ciseaux à petit coffre pour moucher une chandelle : *Pren las mouquetos*, prends les mouchettes.

**MOUR**, voyez MOURRE.

**MOURAL**, O, adj. Moral, e.

**MOURALITAT**, s. f. Moralité.

**MOURALO**, s. f. Morale : Réprimande, remontrance : *Fazes-y la mouralo*, faites-lui la réprimande. (Du latin *moralis*.)

**MOURBUT**, DO, s. m. f. Morveux, euse, enfant qui fait l'entendu.

**MOURDALHOS**, s. f. Morailles, instrument de maréchal avec lequel on pince le nez d'un cheval impatient ou vicieux.

**MOURDASSOS**, *Pincettos*, s. f. Mordache, tenailles pour remuer le gros bois du feu : *Fay ambe las mourdassos*, fais avec les mordaches. (Du latin *mordere*.)

**MOURDENT**, s. m. Mordant, vernis pour fixer l'or, etc., sur les métaux. (Du latin *mordens*.)

**MOURDENT**, O, adj. Mordant, te; Malin, satirique.

**MOURDI**, v. n. Mordre, saisir, serrer, entamer avec les dents : *T'a mourdit*. (Du latin *mordere*.)

    *Mourdis* ta lengo, ô mourtel temerari!
Parles pas pus sans cousel et sans but :
S'agis d'un noum tarrible ou salutari
Que caousara ta perto ou toun salut.       PUJ.

**MOURDIDO**, s. f. Morsure, plaie, meurtrissure, marque faite en mordant : *La mourdido se bey*, la morsure se voit. (Du latin *morsus*.)

**MOURDISSAL**, voyez MOURDIDO.

**MOURENT**, O, adj. Mourant, te, agonisant, expirant, qui est prêt de mourir : *Ero mourent*. (Du latin *moriens*.)

**MOURESTIL**, *Negreto*, s. m. Raisin noir à petits grains et qui donne ordinairement beaucoup.

**MOURFIA**, *Mourfina*, *Soulfina*, v. n. Flairer : Entamer quelque chose ; Sentir quelque chose : *Lou cat b'a mourfiat*, le chat l'a flairé.

**MOURFINAYRE**, O, adj. Gourmand, e ; Indiscret ; Curieux : *Mesfizo-te d'aquelo mourfinayro !* méfiez-vous de cette curieuse !

**MOURGA**, v. act. Morguer, braver en regardant avec fierté, insolence : *Sios bengut per nous mourga*, tu es venu pour nous morguer.

**MOURI**, v. n. Mourir, décéder, rendre l'âme, perdre la vie : *Ben de mouri* ; Cesser de végéter en parlant des plantes ; s'Éteindre, en parlant du feu, de la chandelle : *Ba mouri*. (Du latin *mori*.)

Mejoney souno : ah ! senti dins mas benos
D'ambe plazé coula lou glas mourtèl ;
Deja moun co, libre de sas cadenos,
N'aspiro plus qu'al repaous del toumbèl.
Moun el feblis, ma forço s'amatigo.
Astré de neyt que te sort de luzi ;
Animes tout, et len de moun amigo,
Jou baou mouri !..., jou baou *mouri* !... J.

**MOURINO**, voyez MOURTALITAT.

**MOUR-LEBAT**, adj. Coquet, insolent, étourdi.

**MOURMOUL**, s. m. Brouhaha, bruit confus, murmure : *Lou mourmoul fa mal*, le murmure fait mal. (Du latin *murmur*.)

**MOURNIFLO**, voyez SOUFLET.

**MOURRE**, *Mour*, s. m. Museau. On dit le museau d'un chien, d'un âne, etc.; le Groin d'un pourceau ; le Mufle d'un taureau, d'un lion, etc.; fig., la Figure d'une personne : *A un poulit mourre*, elle a une belle figure.

Per la barba en tant dé coulèra
Rebalava un révéran pèra
Qué sé lou péou avié tengut,
*Moure* et péou, tout serié vengut.
Per bonhur la senta crinièyra
Era d'una boura estranjéyra. FAV.

**MOURRELOU**, s. m, Mouron, plante à graine pour les oiseaux.

**MOURREXA**, *Mourejha*, v. n. Badauder ; Épier, se placer à la dérobée pour voir sans être vu : *Mourrexo pertout*, elle badaude partout.

**MOURRIAL**, *Mouraou*, s. m. Sac à foin, à avoine qu'on suspend à la tête des chevaux, des mulets, pour les faire manger en chemin ; Sac qu'on met aux ànons pour les empêcher de téter la mère dont on réserve le lait ; Muselière qu'on met à certains animaux pour les empêcher de mordre, de paître : *Y metras lou mourrial*, tu lui mettras la muselière.

**MOURRIALA**, voyez ENMOURRIALA.

**MOURRUT**, DO, adj. Hardi, ie, insolent ; Rusé, fin.

**MOURSA**, v. act. Amorcer, mettre l'amorce ; Garnir d'amorce une arme à feu ; Priser, prendre une prise de tabac.

**MOURTAL**, O, *Mourtaou*, *Mourtèl*, adj. Mortel, le, sujet à la mort ; Qui cause la mort. (Du latin *mortalis*.)

A qui des *mourtels* lou partage !
Pertout de grans é dé pichots !
Dioù faguèt l'homme à soun imagy,
É dins lou mounde lio dous lots.
L'un és baylat ambé largéssa
A lou qué ris dé la sagéssa
Joust lou masquou dé l'impoustur ;
É l'aoutré à l'homme sans ressourça
Qu'en trahinen finis sa coursa
Déssus las alas del malhur. PEYR.

**MOURTALITAT**, *Mourino*, s. f. Mortalité, mort d'une quantité de personnes, de bestiaux, par une même cause et dans un même temps : *l' a uno grando mourtalitat*, il y a une grande mortalité. (Du latin *mortalitas*.)

**MOURTALOMEN**, adv. Mortellement, de manière à devoir mourir : *L'a blassat mourtalomen*, il l'a blessé mortellement.

**MOURTAYZA**, v. act. Faire des mortaises, t. de charp., de menuis. : *Anan mourtayza*.

**MOURTAYZO**, s. f. Mortaise, entaillure faite dans une pièce de bois pour y assembler un tenon : *La mourtayzo es forto*, la mortaise est forte. (Du latin *mordere*, mordre, comme si l'on disait *mordesia* ou *mortesia*, parce qu'au moyen de la *mortaise* une pièce de bois mord dans une autre. *Caseneuve* et *Ménage*.)

**MOURTEL**, voyez MOURTAL.

**MOURTIÉ**, s. m. Mortier, mélange de chaux, de sable, détrempés ; Vase pour piler ; Pièce d'artillerie pour lancer des bombes. (Du latin *mortarium*.)

**MOURTIFIA**, v. act. Mortifier, humilier par une réprimande, un refus, etc.; Donner de la confusion, de la honte : *L'as mourtifiat*, tu l'as confusionné. (Du latin *mortificare*.)

**MOURTIFIA (SE)**, v. pro. Se Mortifier, se livrer aux pratiques de la mortification, de la pénitence : *Aro se cal mourtifia*, il faut se mortifier à présent.

**MOURTIFIANT**, O, adj. Mortifiant, te, qui humilie, cause de la confusion.

**MOURTIFICATIOU**, s. f. Mortification, action de mortifier son corps, ses sens ; Chagrin causé par quelque chose d'humiliant ; Honte, déplaisir qu'on reçoit : *Qu'uno mourtificatiou !* quelle mortification ! (Du latin *mortificatio*.)

**MOURTUARI**, s. m. et adj. Mortuaire, appartenant aux funérailles, relatif aux enterrements, concernant les morts.

**MOUS**, voyez MOUST.

**MOUSCAL**, s. m. Moucheron, petite mouche : *Un mouscal m'es dintrat dins l'èl* ; Émouchoir, queue de cheval attachée à un manche pour émoucher : *Pren lou mouscal*, prends l'émouchoir ; Émouchette, réseau caparaçon, avec des cordelettes flottantes pour garantir les chevaux des mouches : *Cargo-y lou mouscal*, mets l'émouchette au cheval. (Racine *mousco*.)

**MOUSCALHA**, v. act. Émoucher, chasser les mouches ; fig., Jeter quelque chose à la figure de quelqu'un.

**MOUSCALHAYRE**, s. m. Émoucheur, celui qui chasse les mouches.

**MOUSCALHOU**, s. m. Moucheron, il y en a de plusieurs espèces ; ceux du vinaigre, etc.

**MOUSCAYROLO**, s. f. Fauvette, petit oiseau.

**MOUSCO**, s. f. Mouche, petit insecte, à ailes transparentes et sans étui : *Uno mousco m'a fissat*, une mouche m'a piqué. (Du latin *musca*.)

MOUSCO DE BIOOU, s. f. Faon, grosse mouche qui s'attache ordinairement aux bœufs, aux vaches et autres gros animaux, elle est grise et longue.

MOUSCO DE TABAT, s. f. Capricorne, insecte de l'ordre des coléoptères.

MOUSCO DE XABAL, s. f. Hippobosque, ces mouches importunent aussi les bœufs, les chiens.

MOUSCOILLOUS, voyez Mouscalhous.

MOUSQUEXA, v. pro. S'Émoucher en parlant des chevaux qui s'émouchent avec la queue.

MOUSQUIÉ, adj. Sensible aux mouches : *Es tabomen mousquié que touxoun se boulego*, il est tellement sensible aux mouches qu'il se remue toujours.

MOUSQUIL, s. m. Moucheron.

MOUSSA, v. n. Mousser, se couvrir de mousse en parlant de certaines liqueurs : *Aquel bi mousso*, ce vin mousse. (Du latin *muscari*.)

Poudets beni sans fà la barbo
N'aouren que l'amic, Moussa Barbo,
El qu'es tabès pertout aïmat
Pot beni sans estre razat.
Bous trataret sans etiquetto
Et faren *moussa* la blanquetto
Que pouf.... fa saouta le bouchoun
Dincos al saoumié del plafoun.
DEBAR.

MOUSSA, v. act. T. d'agriculture, billonner, labourer avec la charrue à versoir : *Cal ana moussa*, il faut aller billonner.

MOUSSADO, s. f. T. d'agriculture, Sillon en dos, billon, enrue.

MOUSSADOMEN, adv. Maussadement, d'une manière maussade.

MOUSSAYRE, s. m. Billonneur, qui travaille avec le versoir; Ouvrier qui fait les versoirs, les jougs, etc. : *Attenden lou moussayre*, nous attendons l'ouvrier aux versoirs.

MOUSSAYROU, s. m. Mousseron, potiron, petit champignon qui croît dans la mousse au printemps. (Du latin *muscus*.)

MOUSSEGA, *Moussica*, v. act. Mordiller, entamer avec les dents, mordre dans... : *B'a moussegat*, il l'a mordillé.

MOUSSEGADURO, s. f. Entamure, l'endroit où l'on a mis les dents; Restes du pain où l'on a mordu : *Boli pas las moussegaduros*, je ne veux pas les restes.

MOUSSIÉ, s. m. Ouvrier qui fait les charrues à versoir.

MOUSSO, s. f. Charrue à versoir.

MOUSSO, *Babo*, s. f. Mousse, écume qui se forme sur certaines liqueurs.

MOUSSO, *Mouffo*, s. f. Mousse, sorte de petite herbe et très menue qui s'engendre sur les toits, les arbres, les pierres.

MOUSSO, s. m. T. de marine, Mousse, jeune matelot.

MOUSSOLO, s. f. Froment, la meilleure espèce de blé.

MOUSSOULINAYRE, O, s. m. f. Marchand de mousseline.

MOUSSOULINO, s. f. Mousseline, toile de coton très fine et très claire : *Dous pans de moussoulino*, deux pans de mousseline. (Ainsi nommé de *Mosul*, ville d'Asie d'où les premières toiles de ce genre sont parvenues en Europe.)

Coumo un dogo gafat que lou heren rabatjo,
Passo subitomen dès tourmens à la ratjo,
De mêmo lon trio, respiran lou pouyzou,
Se touèzo, se menaço, et babo de furou.
Toineto, enfin, cedan al mal que la doumino
Biro, daban darré, sa coffo en *mousselino*,
Saouto sur un bastou proche del gabinet,
Et foun sur la Birono en fan lou moulinet. J.

MOUSSU, *Moussur*, s. m. Monsieur, titre donné par civilité; *Moussurot*, jeune Monsieur.

MOUSSURET, *Moussurot*, s. m. Jeune Monsieur.

Oh! qu'es mannat! per l'él qué té regardo,
N'as pas besoun d'estré ritchomen més;
Es pus poulit ambé ta simplo fardo
Qué's *Moussurets* que nous parloun francés.
Car quand tu fas ta prégario poulido,
Yeou pensayo, tant parlos à rabi,
Sé sabios pas de qui tènes la bido
Qu'és un pitchou nascut dé Goudouli. DAY.

MOUST, s. m. Moût, jus exprimé des raisins, vin nouvellement fait qui n'a pas encore fermenté. (Du latin *mustum*.)

MOUSTADO, s. f. Lavage fait à une barrique, soit pour l'étancher, soit pour la purifier, la nettoyer : *A besoun d'uno bouno moustado*, elle a besoin d'un bon lavage.

MOUSTARDO, s. f. Graine de sènevé, délayée avec du vinaigre ou du moût; prov. : *La moustardo me mounto al nas*, je me sens bouillonner. (Suivant Scaliger de *mustum*, moût, et *ardor*, chaleur.) — Le Magasin Pittoresque donne une autre étymologie : il dit que moutarde vient du vieux français *moult-arde* qui revient au latin *multum ardens* qui brûle beaucoup. On ne peut mieux caractériser la moutarde.

MOUSTARDIÉ, s. m. Moutardier, celui qui vend, fait la moutarde; Petit vase pour la moutarde; prov. : *Se crey lou prumié moustardié dal Papo*, il se croit le premier moutardier du Pape : il est à présumer que ce proverbe doit être rapporté à l'histoire de Clément VII. Perius Valirius nous apprend en effet que ce pape qui était de la famille des Médicis, avait développé à sa cour le goût de la moutarde, à ce point, que le désir de préparer la moutarde la plus digne de la table du souverain pontife avait excité parmi les serviteurs une émulation terrible. Valirius, sous l'influence de cet enthousiasme unanime, va jusqu'à élever la moutarde pontificale au-dessus de l'ambroisie. C'est de là, probablement, que date notre proverbe. De quel magnifique orgueil ne devait pas se sentir animé le cuisinier à qui était dévolu ce privilége de préparer et sans doute de servir aux jours de cérémonie cette ambroisie nouvelle!

MOUSTAXA, *Moustacha*, v. act. Faire des moustaches à quelqu'un, lui noircir la figure : *Lou te cal pla moustaxa*, il te faut le bien noircir.

MOUSTAXO, *Moustacho*, s. f. Moustache, barbe au-dessus de la lèvre supérieure : *Porto un parel de moustaxos*, il porte une paire de moustaches. (Du grec *mustax*.)

MOUSTAXUT, DO, *Moustachut*, adj. Qui porte moustaches; prov. *Entre uno luno mecrudo et uno fenno moustaxudo, cado cent ans gna prou ambe uno*, une lune du mercredi et une femme à moustaches, à tous les cent ans une suffit.

MOUSTELO, *Poulido*, s. f. Belette vulgaire, quadrupède carnassier, long, roux, très vif et agile qui se nourrit d'oiseaux et surtout d'œufs d'oiseau, de volaille. (Du latin *muttela*.)

## MOU

**MOUSTÉS, OUZO**, adj. Plein de moût, poisseux de moût ; Trop humide, pas assez sec.

**MOUSTEXA**, *Moustejha*, v. n. Suinter le moût, rendre le moût en parlant des raisins qu'on foule : *Moustexou pla*, ils rendent bien le moût. (Racine *moust*.)

**MOUSTIFLAOU**, adj. Joufflu, poupard.

**MOUSTINOUS**, *voyez* MOUSTOUS.

**MOUSTO**, *voyez* MOULZO.

**MOUSTOUS**, *voyez* MOUSTÉS.

**MOUSTRA**, v. act. Montrer, faire voir; Indiquer, faire connaître : *Mostro-y lou cami*, indique-lui le chemin; Enseigner : *El b'a ma moustrat*, lui me l'a enseigné. (Du latin *monstrare*.)

Al pus naout escalou dé la glorio francézo,
L'abea hist occupat d'uno grando entréprézo
Faïto per estouna ;
Et sé de leng en leng rancountret pla d'oubstaclés,
Fasquéroun pla millou ressourti les miracles
Qué nous bouïllo *moustra*.                    DAV.

**MOUSTRA (SE)**, v. pro. Se Montrer, se faire voir, faire preuve de courage ; se Tenir d'une manière peu décente : *Acato-te, que te mostros*, cache-toi, tu es indécent.

**MOUSTRE**, s. m. Monstre, être animé, végétal d'une conformation contre nature; fig., Personne barbare, cruelle, dénaturée : *Aco's un moustre*, c'est un monstre. (Du latin *monstrum*.)

**MOUSTRUOUS, O**, adj. Monstrueux, euse, prodigieux, excessif.

**MOUTIBA**, v. act. Motiver, alléguer les motifs, donner les raisons.

**MOUTIF**, s. m. Motif, cause, raison déterminante; Ce qui porte à dire, à faire une chose : *Per qu'un moutif a fax aco?* pour quel motif a-t-il fait cela ? (Du latin *motus*.)

**MOUTIFLAOU**, *voyez* MASSUT.

**MOUSIOU**, s. f. Motion, proposition faite dans une assemblée. (Du latin *motio*.)

**MOUTO**, *voyez* MOTO.

**MOUTOU**, s. m. Mouton, bélier : *Baï cerca un moutou*; Sonnette, machine pour enfoncer les pilotis : *Cal fa xouga lou moutou*, il faut jouer la sonnette; Contre poids d'une cloche. (De l'italien *moutone*.)

Lous *moutous* fuxissou,
Lous agnels seguissou
De poou empourtats ;
Lous farous xaoupayres,
Oou fendut lous ayres,
Lous oou arrestats.                    A. B.

**MOUTOUGNÉ**, s. m. Conducteur de moutons.

**MOUTOUNAS**, s. m. Vieux, gros mouton.

**MOUTTET**, s. m. Motet, paroles sacrées en musique. (A cause de la vriéveté de la composition.)

**MOUXA**, v. pro. Écacher, se pincer entre deux corps durs : *Me souy pla mouxat*, je me suis bien pincé.

**MOUXADURO**, s. f. Ecchymose, tache livide, noirâtre ou jaunâtre, résultant de sang extravasé dans le tissu cellulaire par l'effet d'une contusion.

**MOUXAL**, *voyez* MOUXADURO.

**MOUXETOS**, *voyez* MOUQUETOS.

**MOUYEN**, s. m. Moyen, voie, expédient pour faire réussir ; Faculté de pouvoir faire; au plur., Richesses, ressources, commodités de la vie : *Cal abe lous mouyèns*, il faut avoir les moyens. (Du latin *medium*.)

## MUL

**MOUYENANT**, prép. Moyennant, par le moyen de....

**MOUYNE, O**, adj. Inquiet, ètte, sombre, soucieux, mélancolique.

**MOUZE**, *voyez* MOULZE.

**MOUZL**, v. n. Se Moisir, se chancir, se couvrir d'un duvet blanc, verdâtre, qui annonce un commencement de corruption : *Coumenço de se mouzi*, il commence de se moisir. (Du latin *mucere*.)

**MOUZIDURO**, s. f. Moisissure, espèce de duvet blanc et verdâtre qui annonce le commencement de corruption. (Du latin *mucedo*.)

**MOUZIT, IDO**, adj. Moisi, ie, chanci : *Lou pa es mouzit*, le pain est moisi; fig,, Dégourdi, leste : *N'es pas-mouzit*.

**MOUZIT (BRAGUETO)**, s. m. Culottin, enfant nouvellement en culotte.

## MOY

**MOYLOUN**, s. m. Moellon, fragment de pierre plus ou moins gros pour la bâtisse. (Du latin *medulla*, parce que le moellon est au milieu d'un mur comme la moelle au milieu des os.)

**MOYLOUS, O**, adj. Moelleux, souple, doux à toucher : *Aquel drap es moylous*, ce drap est moelleux. (Du latin *medullosus*.)

**MOYRA**, v. act. Moirer, donner les ondulations de la moire.

**MOYRINO**, *voyez* MAYRINO.

**MOYTÉ, O**, adj. Moite, un peu humide.

**MOYTOU**, s. f. Moiteur, sueur peu abondante : *Sentissi un bricou de moytou*, je sens un peu de moiteur. (Du latin *mador*.)

**MOYZO**, *Écharpo*, s. f. T. de charp., moise, pièce de bois qui en lie d'autres.

## MU

MU, *voyez* MUT,

## MUD

**MUDA**, v. act. Changer de place, de lieu ; Mourir : *Nous cal muda*. (Du latin *mutare*.)

**MUDA (SE)**, v. pro. Se Changer, déménager, prendre un autre logement : *Nous mudaren per Tout-Sants*, nous nous changerons à la Toussaint.

**MUDADIS**, s. m. Déménagement, changement : *Lou mudadis fa pla peri lous moples*, le déménagement gâte bien les meubles.

**MUDO**, s. f. Mue, changement de peau dans les vers à soie.

## MUE

**MUET**, *Muglie*, s. m. Muguet, plante printanière, odoriférante. (Du latin *muscatus*.)

## MUL

**MULATIÉ**, s. m. Muletier, celui qui soigne, qui conduit des mules.

**MULATRE, O**, s. m. f. Mulâtre, né d'un nègre et d'une blanche, ou d'un blanc et d'une négresse. (De *mulet*, animal engendré de deux différentes espèces.)

**MULET**, *Miol*, s. m. Mulet, animal de somme d'un cheval et d'une ânesse ou d'un âne et d'une cavale. (Du latin *mulus*.)

La Princessa pronguet un fouet
Carguet lou bridel sou *mulet*

## MUR

L'atalo aou cari, trioumfanta,
Et se yé met embe Dimanta.
Fagüeroun chaca oura é demi
Soun quar de léga dé cami,
Et dins trés houras que marcheroun
Sus lou bord d'aou riou arriveroun
Es'un gran dire, en véritat,
Qué dé sé trouva bén monntat.  FAV.

MULO, s. f. Mulo, animal engendré d'un âne et d'une cavale, ou d'un cheval et d'une ânesse. (Du latin *mula*.)

Mountat sur sa *mulo*
Morto às cox de fouet,
Lou paxes calculo;
Et sur cado det
El trobo sans peno
Deque s'entexi,
Et sa borio pleno
De blat et de bi.  A. B.

MULTA, voyez FAXA.
MULTIFLORE, s. et adj. Multiflore, terme de bot., qui porte un grand nombre de fleurs. (Du latin *multus*, beaucoup, et *flos*, fleur.)
MULTIPLIA, *Multiplica*, v. act. Multiplier, augmenter le nombre, la quantité : *Lous boli multiplia*, je veux les multiplier ; terme d'arithmétique, Répéter un nombre autant de fois qu'il y a d'unités dans un autre nombre donné. (Du latin *multiplicare*.)
MULTIPLIA (SE), v. pro. Se Multiplier, croître en nombre, augmenter.
MULTIPLICATIOU, s. f. Multiplication, règle, opération pour multiplier.
MULTIPLICITAT, s. f. Multiplicité, nombre considérable. (Du latin *multiplicitas*.)
MULTITUDO, s. f. Multitude, nombre considérable de choses, de personnes. (Du latin *multitudo*.)

## MUN

MUNI, v. act. Munir, pourvoir, garnir du nécessaire : *L'as pla munido*, tu l'as bien pourvue.
MUNI (SE), v. pro. Se Munir, se pourvoir, s'armer de... : *S'ero munit d'un fusil*, il s'était muni d'un fusil. (Du latin *munire*.)
MUNICIPAL, O, adj. et s. Municipal, le, d'une municipalité, membre d'une municipalité. (Du latin *municipalis*.)
MUNICIPALITAT, s. f. Municipalité, corps des municipaux ; Lieu de leurs séances, leurs bureaux : *L'an menat à la municipalitat*, on l'a mené à la municipalité.
MUNIFIZENÇO, s. f. Munificence, penchant à faire de grandes largesses. (Du latin *munificentia*.)
MUNIT, IDO, adj. Muni, te, qui a ce qui est nécessaire, convenable : *Es pla munit*, il est bien muni. (Du latin *munitus*.)
MUNITIOU, *Monitiou*, s. m. Munition ; Approvisionnement ; Provisions, vivres, armes : *Manxaras lou pa de munitiou*, tu mangeras le pain de munition. (Du latin *munitio*.)
MUNITIOUNARI, voyez FOURNISSUR.

## MUR

MURALHA, *Muralia*, v. act. Murer, entourer de murs ; Boucher avec de la maçonnerie.
MURALHO, s. f. Muraille, mur étendu dans ses différentes dimensions : *Cal uno forto muralho*, il faut une forte muraille. (Du latin *murus*.)

Qu'un spectaclé cruel per l'âmo piétadouso !
Tout périx joux lés cops dé l'ouudo furiouso.
Qué dé morts dins un jour ! l'èl n'és espoubentat.
A tout moumen la mor boumix de sas antraillos
Dé tròssés dé palaich, dé bilos, dé *muraillos*,
Malhurousés débris d'un rouyaoumé négat.  DAV.

MURMURA, v. n. Murmurer, faire un bruit sourd en se plaignant : *L'entendi touxoun murmura*, je l'entends toujours murmurer ; Parler faiblement, légèrement d'une chose, l'ébruiter : *N'ey entendut murmura*, j'en ai entendu parler. (Du latin *murmurare*.)
MURMURE, s. m. Murmure, plaintes à demi-voix d'une personne ; Bruit sourd et confus de plusieurs personnes qui parlent ensemble. (Du latin *murmur*.)
MUROMEN, adv. Mûrement, attentivement.
MURTRE, s. m. Meurtre, homicide, assassinat : *Aco's un murtre*, c'est un meurtre. (Du latin barbare *mordrum* ou *murdrum*, qui se trouve souvent avec cette acception dans les auteurs de la basse latinité, et qui dérive du saxon *mord*.)
MURTRI, v. act. Meurtrir, faire une meurtrissure, une contusion : *L'as tout murtrit*, tu l'as tout meurtri.
MURTRIE, EYRO, adj. Meurtrier, ère, qui cause la mort habituellement : *Lou cop es murtrié*, le coup est mortel.

## MUS

MUSC, s. m. Musc, parfum liquide.
MUSCADEL, s. m. Poires petites, très odorantes.
MUSCADIN, O, s. m. f. Muscadin, ine, fat musqué, petit maître : *Fa dal muscadin*, il fait le muscadin. (Nom donné par les terroristes de 1793 aux milices bourgeoises, dont la tenue propre donnait à penser qu'elles faisaient usage du musc.)
MUSCADINA, v. n. Faire le muscadin, le petit maître.
MUSCARDIN, s. m. Muscardin, ver à soie mort de la muscardine. *Lous muscardins nous rouynou*, les muscardins nous ruinent ; Pastille où il entre du musc ; Seringat, arbrisseau d'une odeur agréable.
MUSCAT, DO, adj. Muscat, de, qui a une sorte de parfum tirant sur le musc : *De bi muscat*, du vin muscat.

Trouvèroun ber touta ressourça,
Jout lou sèré, una brava sourça
D'ayga douça : aouriên may aymat
Sans doute una foun dé *muscat*;
Mais lou paouré moundé, fouliră !
N'a pas toujour cé qué désira.
N'en buguèroun chacun un dét
Soulamen per leva la set.
È pioy toutés s'estrantalèroun
Sus de lacuzas qué jé trouvèroun ;
Dé coustuma sus un roucas,
Lous sétis soun pas dé safas.  FAV.

MUSCLES, s. m. Muscles, partie charnue et fibreuse ; Organe des mouvements de l'animal ; la Partie supérieure des épaules : *Porto-bo sus muscles*, porte-le sur les épaules. (Du latin *musculus*.)

## MUT

**MUT, DO,** *Mu,* s. m. f. Muet, te, celui qui est privé de la parole par défaut de l'organisation : *Aco's un mut,* c'est un muet. (Du latin *mutus.*)

**MUTATIOU,** s. f. Mutation, changement. (Du latin *mutatio.*)

**MUTILA,** v. act. Mutiler ; Briser, détruire, en parlant des ouvrages d'art : *B'an tout mutilat,* on a tout mutilé.

**MUTIN, O,** adj. Mutin, ine, entêté, obstiné ; Enclin à la révolte : *Sou de mutins,* ce sont des mutins.

**MUTINA (Se),** v. pro. Se Mutiner, s'entêter, se porter à la sédition : *S'anabou mutina,* ils allaient se mutiner. (Du latin *movere, motum,* mouvoir.)

**MUTINARIÈ,** *Mutinario,* s. f. Mutinerie, méchanceté, opiniâtreté ; Penchant à la sédition.

**MUTO,** s. f. Meute, troupe de chiens dressés pour la chasse. (Du latin *mota,* participe de *movere* mouvoir, lancer.)

**MUTUEL, O,** adj. Mutuel, le, réciproque entre deux ou plusieurs personnes : *Aco's un serbici mutuel,* c'est un service mutuel. (Du latin *mutuus.*)

**MUTUELOMEN,** adv. Mutuellement, tour-à-tour.

## MUZ

**MUZA,** v. n. Muser, s'amuser à des riens ; Lambiner, badauder : *Muzo pertout,* il muse partout.

**MUZAYRE, O,** adj. Musard, de, qui s'arrête partout.

**MUZÈL,** s. m. Museau, muselière.

**MUZÈLA,** v. act. Emmuseler, boucler un cochon.

**MUZELIEYRO,** s. f. Muselière.

**MUZETO,** *voyez* MOURRIAL.

**MUZICAL, O,** adj. Musical, e, qui appartient, est propre à la musique.

**MUZICIEN, O,** s. m. f. Musicien, qui sait, compose, enseigne la musique : *Es un fort muzicien,* c'est un fort musicien.

**MUZICO,** s. f. Musique, science du rapport et de l'accord des sons ; Papier, cahier qui contient des morceaux de musique : *Aymi pla la musico.* (Du latin *musica.*)

## MYS

**MYSTÈRI,** s. m. Mystère, vérité de la religion chrétienne, dont le fonds est inaccessible à la raison humaine ; par ext. Chose incompréhensible, secret de la nature ; Secret. (Du latin *mysterium.*)

Paouro, toun abeni se coubrix d'un *mystèri...*
Qui sap ço qué lé Cèl té reserbo aïchi-bas...
Aro qu'an empourtat toun païre al cementèri,
Ourphélino que débendras?... DAv.

**MYSTERIOUS, O,** adj. Mystérieux, euse, qui contient quelque mystère ; Qui fait mystère de tout.

**MYSTERIOUZOMEN,** adv. Mystérieusement, avec mystère.

## NA

**NA,** *voyez* NAP.

## NAB

**NABAL, O,** adj. Naval, e.

**NABETO,** s. f. Navette, vase de métal d'argent, en forme de navire, pour l'encens ; Instrument de tisserand pour faire courir le fil de la trame ; fig. *Semblo uno nabeto,* il va et vient à tout moment. (Du latin *navis.*)

**NABIGA,** v. n. Naviguer, voyager sur mer, sur les fleuves. (Du latin *navigare.*)

**NABIGAPLE, O,** adj. Navigable, où l'on peut naviguer.

**NABIGATIOU,** s. f. Navigation, voyage sur mer, sur les fleuves. (Du latin *navigatio.*)

**NABIRE,** *Bayssèl, Batèou,* s. m. Navire, bâtiment de mer à voiles et gouvernail. (Du latin *navis.*)

**NABO,** *voyez* NAP.

**NABRA,** v. act. Navrer, causer une extrême affliction, accabler de douleur : *M'a nabrat,* cela m'a navré.

## NAC

**NACRO,** s. f. Nacre, coquillage luisant et argenté : *De boutous de nacro.* (De l'espagnol *nacar.*)

## NAD

**NADA,** v. n. Nager, se soutenir sur l'eau par le mouvement : *Nado coumo un peys,* il nage comme un poisson ; Flotter sur l'eau ; être porté sur l'eau : *Nado dins l'oli,* être dans la joie, le plaisir, le bonheur. (Du latin *natare.*)

**NADADO,** s. f. Nagée, espace parcouru à la nage.

**NADADOU,** *Bagnadou,* s. m. Baignoire, endroit d'une rivière propre à se baigner ; Lieu public où l'on va se baigner.

**NADAL,** *Naddou,* Noël, fête de la nativité de J.-C. ; Temps des fêtes de Noël : *Bendren per nadal,* nous viendrons aux fêtes de la Noël. (Du latin *natalis.*)

**NADALENC, O,** adj. de Noël. *Souc nadalenc,* la souche de Noël. *Uno nadalenco,* Vache qu'on assomme à la Noël.

**NADALET,** *Nadalè, Glaoudinos,* s. m. Les huit jours dans les villes et onze dans les campagnes qui précèdent la fête de Noël, on sonne les cloches pour annoncer cette grande solennité : *Sounou nadalet.*

## NAP

**NADAYRE**, O, s. m. f. Nageur, euse, celui, celle qui nage, sait nager.

**NADILHA**, v. act. Placer les gavèls ou queue d'arônde pour fixer la mousse dans les joints d'une barque ; Mettre l'anille à une meule courante.

**NADILHO**, *Nadilio*, s. f. Gavel, espèce de latte qu'on emploie pour retenir la mousse dont on garnit les joints d'un bateau ; Anille, pièce de fer en forme de queue d'aronde qui supporte la meule tournante d'un moulin.

**NADO** (A LA), adv. A la nage, en nageant.

Saouven-nous, saouven-nous, saouven-nous *à la nada!*
Cridavas ;— é moùn âma és estada éstounada
Quand del sol dé la Glouèra avèn toucat lous bors.
E l'immourtalitat, en nous rénden hoummage,
M'o dich : « Es quan l'aoucel o vist passa l'ourage
Qué récoummença sous accors.     PEYR.

## NAI

**NAÏBETAT**, s. f. Naïveté, simplicité ; Franchise, bonhomie : *Bous direy ambe naïbetat*, je vous dirai avec naïveté. (Du latin *nativus*, employé dans le même sens.)

**NAÏBOMEN**, adv. Naïvement, avec naïveté.

**NAÏF**, IBO, adj. Naïf, ive, sans fard, qui représente bien la vérité.

## NAN

**NANANTO**, adj. numéral Nonante, quatre-vingt-dix : *A pourtat nananto*. il a tiré quatre-vingt-dix. (Du latin *nonaginta*.)

**NANET**, *voyez* NEN.

**NANI**, *Nanis*, partie négative Nenni, non : *Te disi que nani*, je te dis que non. (Du latin *non*.)

**NANOUN**, *Nanèto*, s. f. Anne, nom de femme.

**NANQUIN**, s. m. Nankin, étoffe de Chine, étoffe qui l'imite : *Un abilhomen de nanquin*, un habit de nankin.

**NANTI** (SE), v. pro. Se Nantir, se garnir, se munir par précaution : *S'es nantit d'un croustil de pa*, il s'est muni d'un quignon de pain.

## NAO

**NAOUC**, s. m. Auge, pierre, pièce de bois creuse pour donner à boire, à manger aux animaux domestiques. (Du latin *navis*, vaisseau, parce que l'auge est une espèce de vaisseau.)

**NAOUCAT**, s. m. Augée, plein l'auge de.....

**NAOUQUET**, s. m. Auget, petite auge pour les oiseaux, etc.

**NAOUQUETO**, s. f. T. de tiss., espèce d'Auge divisée en compartiments pour ourdir.

**NAOUT**, O, s. et adj. Haut. e, élevé : *A naouto bois*, à haute voix. (Du latin *altus*.)

**NAOUTOU**, s. f. Hauteur, étendue en élévation, éminence.

**NAOUTRES**, TROS, pro. Nous autres : *Naoutres bendren*, nous viendrons.

## NAP

**NAP**, s. m. Navet, racine bonne à manger. (Du latin *napus*.)

Fier coumo un poul bagnat, et rouge coumo un *nap*,
Arribi tout ragent des pès d'iuquos al cap.
Moun campagnard surprès, quand béjec que tournaï
Trempe jusqu'à la pèl, que de frech tridoulaï,
S'afanec d'aluca dus fagots de restoul
Qu'abarejo y'abio de cambos de fenouil.   VESTRE.

**NAPO**, s. f. Nappe, linge dont on couvre une table à manger ; Linge qui couvre un autel ; Chûte d'eau qui tombe en forme de nappe. (Du latin *nappa*.)

Tout èra quioch, *napa* espandida,
Vinet aou fres, taoula servida ;
Un fumét pus dous qué l'éncens
Béviscoulava lous cin séns.
Y'é courissian dé cor é d'âma ;
Quan per trahizoun... Ay, Madama,
N'ay cujat mouri dé chagrin !
Santapa✝ n'érèn pas en trin,
Quan las infernalas Harpias,
Embe un apetis de furias,
Brafoun sa par dé chaca plat,
È cagoun sus l'aoutra mitat.
Encara s'aquélas brégouzas
N'éroun pas estadas fouyrouzas,
Dé sus en sus, èmbe un cuïé,
N'aourien lévat la quéytivié,
È mardiou ! proufitat lou resta ;
Mais sé pouguét pas, malapesta !
Éra bé trop bén embibat
D'aquéla saoussa daou sabat.   FAY.

## NAR

**NARRIDA**, *voyez* DENARRIDA.

**NARRIDOS**, s. f. Chenevotte ; Filasse, étoupes très grossières.

**NARRIO**, *voyez* NAZICO.

## NAS

**NAS**, s. m. Nez, partie éminente du visage entre le front et la bouche ; Organe de l'odorat : *A boun nas*, il a bon nez. (Du latin *nasus*.)

Qui sap se nostre *nas*, aprep la sepulturo,
Nou sentis pas l'aoudou de nostro pourrituro,
Et se de nostre aougi lous tïmpans rougagnats
Nou randou pas le bruts des bers qu'es an roungats ?
    DEBAR.

**NAS A NAS**, adv. Nez à nez, en face : *L'a troubat nas à nas*, il l'a trouvé nez à nez.

## NAT

**NATA**, v. act. T. de jard. Natter, couvrir de nattes les fleurs, etc.

**NATAL**, O, adj. Natal, le, où l'on est né. (Du latin *natalis*.)

**NATIBITAT**, s. f. Nativité, naissance de J.-C., de la Sainte-Vierge, de Saint-Jean. (Du latin *nativitas*.)

**NATIF**, IBO, adj. Natif, ive, né à... : *Es natif de Paris*, il est né à Paris. (Du latin *nativus*.)

**NATIOU**, s. f. Nation, tous les habitants d'un même pays qui vivent sous les mêmes lois, parlent la même langue ; Classe d'individus suivant les mêmes principes : *Qu'no natiou de mounde*, quelle espèce de gens. (Du latin *natio*.)

Qué d'ouratches surtout soun toumbats sus lours massos !
Un nouvel créatou ba touqua lours carcassos !
Lés bieillis soubènis sourtiran del néan ;
La bido passara sus aquilis rascasses,
Et dabant los *natious* qu'y pourtaran lours passes,
Aquelos petros parlaran.   DAY.

**NATIOUNAL**, O, adj. National, le, qui concerne toute une nation, lui appartient, en dépend, lui est propre : *L'esprit natiounal*, l'esprit national.

NATO, s. f. Natte, tissu de paille, de jonc; Tresse de cheveux.
NATURALISA, v. act. Naturaliser, acclimater.
NATURÉL, O, s. et adj. Naturel, le; Tempérament; Constitution; Nature; Humeur : *A un boun naturél*, elle a un bon naturel; Qui est conforme au cours ordinaire de la nature : *Aco's pla naturél*, c'est bien naturel. (Du latin *naturalis*.)
NATURÉLOMEN, adv. Naturellement, suivant le cours de la nature, sans art, sans apprêt : *Ba bous douno naturélomen*, il vous le donne naturellement.
NATURO, s. f. Nature, l'universalité des choses créées; Propriété de chaque être particulier; Parties de la génération. (Du latin *natura*.)

 Quan la *natura*
 Mét sa parura,
 Al poulit téns
 Dé soun printéns ;
 Quan al bouscage
 Rénd soun fioyagé ;
 Quan dé coulous
 Orna las flous ;
 Quan per sé fayré una famillo
 L'aougniol brésilla ;
 Al sagé assétat près d'un riou
 Fo d'impréssioù.
 Mais per una âma,
 Touta dé flamma,
 Ré n'és tant bel
 Coumma lou Ciel.   PEYR.

## NAY

NAYSSE, v. n. Naître, venir au monde : *Ben de naysse*, il vient de naître. (Du latin *nasci*.)
NAYSSEDURO, s. f. Abcès, tumeur inflammatoire qui se termine par la suppuration. Quand c'est au bout du doigt, il prend le nom de *Batedis* ; quand c'est au pied, on l'appelle *cassélado*.
NAYSSENÇO, s. f. Naissance, sortie de l'enfant, d'un animal, du ventre de sa mère : *V ben de nayssenço*. (Du latin *nascentia*.)

 Lou printéns réprén sa *nayssença*,
 Lous parterras s'ornou dé flous,
 Tout sé ranima à sa présença,
 Jusqu'as timidés aoussélous.
 Flora, déjà sus la verdura,
 En escouten lous mots d'amour,
 Envita touta la natura
 D'ayma toujour.   PEYR.

NAYSSENT, s. m. Source qui apparaît, se découvre : *Y a un nayssent*, il y a une source qui paraît, naît. (Du latin *nascens*.)

## NAZ

NAZICAT, DO, adj. Mouliné, ée, piqué des vers en parlant du bois dans lequel les vers ont fait des trous : *La pésso es touto nazicado*, cette pièce est toute piquée.
NAZICO, s. f. Narine, chacune des deux ouvertures du nez d'un homme; les Naseaux des animaux quadrupèdes. (Du latin *naris*.)
NAZILHA, v. n. Nasiller, parler du nez; Aller à la découverte.
NAZILHART, DO, adj. Nasillard, de, qui parle du nez; Curieux; Indiscret.
NAZITORT, s. m. Nasitort, cresson alénois. (Du latin *nasturtium*.)

## NEA

NÉAMOINS, adv. Néanmoins, cependant.
NÉANT, s. m. Néant, rien.

## NEB

NEBA, v. impers. Neiger, il se dit de la neige qui tombe.
NEBLA, voyez NÉPLA.
NEBLADURO, voyez NÉPLO.
NEBLO, voyez NÉPLO.
NEBOUT, DO, s. m. f. Neveu, fils du frère ou de la sœur : prov. *Lous nebouts, las neboudos, sou de loups et de loubos*, les neveux, les nièces, sont des loups et des louves. (Du latin *nepos*.)

## NEC

NECESSARI, s. m. Nécessaire, ce qui est indispensable; Boîte renfermant diverses choses à l'usage d'une personne, soit en voyage, soit autrement : *Baylo-me lou necessari*, donne-moi le nécessaire. (Du latin *necessarium*.)
NECESSARI, RIO, adj. Nécessaire, dont on a besoin, très utile; Qui est d'obligation, qu'il faut faire : *Un bouyaxe necessari*, un voyage nécessaire. (Du latin *necessarius*.)
NECESSARIOMEN, adv. Nécessairement, infailliblement.
NECESSITA, v. act. Nécessiter, obliger, contraindre à...
NECESSITAT, s. f. Nécessité, ce à quoi il est impossible de se soustraire; Contrainte, urgence; Devoir indispensable; Besoin pressant, disette : *Es dins la necessitat*, il est dans la misère. (Du latin *necessitas*.)
NECESSITOUS, SO, adj. et s. Nécessiteux, euse, indigent, pauvre, qui est dans le besoin : *Es necessitous*, il est nécessiteux.
NECHIJHE, voyez BESTIZO.
NÉCI, voyez NIGAOUT.

## NEG

NEGA, v. act. Noyer; faire mourir dans l'eau; Inonder : *La plexo nous a negat lous camps*, la pluie a inondé nos champs. (Du latin *necare*.)

 Ah! salut, camarada Eòla,
 É bé, fazèn toujours l'escola?
 Mé semblo qu'aquestés manis
 Languissoun dé n'estre pas sourtis?
 Quintes bous ouvriés dé la gança!
 Anen, ié vaou douna vacança,
 Qu'an dize ayço, sayqué crezès
 Qué parle un paou per intérés?
 Avez pas tor; car tréfoulisse
 Contra una flota qu'acoutissa
 E bonamen véne préga
 Eòla dé mé la *néga*.   FAV.

NEGA (SE), v. pro. Se Noyer, se perdre sans ressource : *S'es pla negat*, il s'est bien mal associé.
NEGADIS, ISSO, adj. Bas-Fonds, qui est sujet à être inondé : *Aquel camp es negadis*, ce champ est sujet à être inondé.
NEGADOU, Xetadou, adj. Ivre-mort, qui ne peut se tenir : *Ero negadou*, il était ivre-mort; s. Endroit dangereux dans une rivière : *Aco's un negadou*, c'est un endroit dangereux.
NEGATIBOMEN, adv. Négativement. (Du latin *negative*.)

## NEG

**NEGLIXA**, *Neglija*, v. act. Négliger, n'avoir pas le soin nécessaire; Ne pas cultiver: Laisser échapper: *A neglixat l'oucasiou*, il a laissé échapper l'occasion. (Du latin *negligere*.)

Aquelas paraoulas perfidas
Playdéjeroun tan ben per él
Qué *négligéren* soun cousel.
Ah! qu'aourien bén fach de lon préne!
Paoures baous, nous layssen surpréne.   FAY.

**NEGLIXENÇO**, s. f. Négligence, manque de soin, défaut d'application, indolence: *La neglixenço n'es caouso*, la négligence en est cause. (Du latin *negligentia*.)

**NEGLIXENT, TO**, adj. Négligent, te, qui a peu de soin, inatentif. (Du latin *negligens*.)

**NEGLIXENTOMEN**, adv. Négligemment.

**NEGOCI**, s. m. Négoce, commerce; pluriel, Embarras, tracas: *Boli pas tant de negocis*, je ne veux pas tant d'embarras. (Du latin *negotium*.)

**NEGOFOL**, s. m. Batelet, bachot.

**NEGOUCIA**, v. act. Négocier, traiter une affaire; Faire le négoce. (Du latin *negotiare*.)

**NEGOUCIANT**, s. m. Négociant, celui qui fait le négoce, le commerce.

**NEGOUCIATIOU**, s. f. Négociation, action de négocier, affaire qu'on négocie: *La negouciatiou es abançado*, la négociation est avancée.

**NEGRAOU**, adj. Noiraud, qui a le teint brun.

**NEGRE, O**, adj. Noir, re, Qui est de la couleur noire; Livide, meurtri: *Es negre de cops*, il est livide des coups; Obscur, ténébreux: *L'escalié es negre*, l'escalier est obscur; Temps couvert, à l'orage: *Lou tems es negre*, le temps est à l'orage; Affreux, odieux. (Du latin *niger*.)

**NEGREXA**, *Negrejha*, s. m. Paraître noir, tirer sur le noir, devenir noir: *Lous rasins negrexou*, les raisins deviennent noirs.

**NEGRIL**, s. m. Puceron, genre d'insecte noir, qui vit et dévore les jeunes plans de choux: *Lous negrils b'açabou*, les pucerons dévorent tout.

**NEGROU**, s. f. Noirceur, tache noire, Nuage sombre: *Y'a uno negrou*, il y a un nuage sombre.

## NEM

**NEMANDA**, v. act. Renvoyer, donner congé, éconduire quelqu'un: *Lou m'a calgut nemanda*, il m'a fallu le renvoyer. (Racine *manda*.)

**NEMENA**, v. act. Emmener, mener d'un lieu dans un autre: *Benou de lou nemena*, on vient de l'emmener. (Racine *mena*.)

## NEN

**NEN, NO**, s. m. Nain, ne, qui est d'une taille beaucoup au-dessous de la médiocre; Petit nabot: *Semblo un nèn*, il ressemble un nain. (Du latin *nanus*.)

**NENPOURTA**, v. act. Emporter; Remporter: *L'a nenpourtat facillomen*, on l'a emporté facilement. (Racine *pourta*.)

**NENET**, *Nanet*, s. m. Terme de nourrice, Petit poupon.

Alcido pot birà lé cours d'uno ribièro;
Dins Bersaillo, Marly fa toumba soun aiguièro
A bélis ratjouièts:
Mais aquelis trabals, qué l'ourguil soul estimo,
Plaçadis al coustat dé soun obro sublimo,
Soun pas qué dé *nanets*.   DAY.

**NENO**, *Mounèco*, s. f. Poupée: fig., Doigt enveloppé: *As uno nèno*, Nouet, linge noué dans lequel on a mis une drogue, quelque poudre pour la faire tremper, bouillir.

## NEO

**NÈOU**, s. f. Neige, vapeur gelée dans l'atmosphère, qui tombe en flocons blancs; fig., Blancheur extrême: *Es coumo la taffo de la nèou*, il est blanc comme neige. (Du latin *nix*.)

Nèous qu'acatas tout lou campestre!
Grellos et maliços del tems.
Et toutos las raços de bens
Benissez bostre Mestré.   PUJ.

## NEP

**NEPLA**, *Bruma*, v. n. Nieller, terme d'agricult. être gâté par la nièle.

**NEPLADURO**, *voyez* NEPLO.

**NEPLAT, ADO**, adj. Niellé, ée, broui, gâté par le brouillard.

**NEPLO**, *Brumo*, s. f. Nielle, brouillard, brouissure, maladie des graminées qui convertit la substance farineuse en une poussière noire: *La neplo ba nous a tout gastat*, la nielle nous a tout gâté. (Du latin *nigella*, fait de *niger* à cause de la couleur noire qu'elle laisse.)

**NEPOURTA**, *voyez* NEMPOURTA.

## NER

**NERBI**, *Nervi*, s. m. Nerf, tendon: *As ouffensat un nèrbi*, tu as offensé un tendon. (Du latin *nervus*.)

**NERBOUS, OUSO**, adj. Nerveux, euse, maladie qui affecte les nerfs: *Es nerbous*, fort, vigoureux, nerveux: *Cal estre nerbous per ba pourta*, il faut être vigoureux pour le porter. (Du latin *nervosus*.)

**NERBUT**, *voyez* NERBOUS.

## NES

**NESPOULO**, s. f. Nèfle, fruit acidulé, pâteux, à noyaux.

**NESPOULHÉ**, s. m. Néflier, arbre rosacé qui produit des nèfles. (Du latin *mespilus*.)

## NET

**NET, TO**, adj. Net, tte, propre, sans souillure; Distinct; Vide: *A troubat la crambo neto*, il a trouvé la chambre propre: Non ambigu, non équivoque, positif, précis: *Aco's net et clar*; Innocent: *Ne souy net*. (Du latin *nitidus*.)

**NETETAT**, *voyez* PROUPRETAT.

**NETEXA**, *Netejha*, v. act. Nettoyer, rendre net; Brosser; fig., Emporter tout ce qui est dans un endroit: *Anas netexa la crambo*, allez nettoyer la chambre. (Du latin *nitidare*.)

**NETOMEN**, adv. Nettement, franchement: *A respoundut netomen que nou*, il a répondu nettement, non.

## NEY

**NEYT**, *Nioch*. Nuit, temps durant lequel le soleil est sous l'horizon; Ténèbres qui l'accompagnent: *Es pla neyt*. (Du latin *nox*.)

La *nioch* era éncara soumbra,
É tout plan cercayen à l'oumbra

Lous camis lous pus rescoundus.
Countave b'un paouc sus Venus.
Mais cargat dé ma pacoutiía
Tramblave couma la bequiía
Dé l'ancien pèra Barnabas.
Auchiza mé dis : Barabas,
Entancha-té, la cuousa préssa ;
Aouzisses pas véni la Greça,
Qu'és aqui sus nostres talous ?
Entén tout aquéles brégous ?
Coussi vistéjoun..... coussi furoun...
Coussi nons cercoun..... coussi juroun !...
Té, pouías, veja-lous aqui.
Cay lous avén ; marcha, couqui,
Arri !........................ FAY.

### NI

**NI**, *Niou*, *Nix*, s. m. Nid d'oiseau : *Sabi un ni*, je sais un nid. *Ni de pixougné*, Boulin, pot servant de nid aux pigeons. (Du latin *nidus*.)

Quand lé faouré a trucat l'ourme dount lé fuillatche.
Proumetio dé gandi les paourés acuselets,
Lé *nix* qué bastission per esquiba l'ouratche,
Lé cerquouon, én pioulan, à trabets lés branquéts.
Ensi, cruello mort, quand dé tas mas arranquos
Moun albré proutectou dount la bido finix,
Accabalat pe'l malhur, mé soun pres à las branquos,
Espéran, yeou tabes, d'y poudé fa lé nix. DAV.

### NIB

**NIBÈL**, s. m. Niveau, instrument pour connaître si un plan est horizontal : *Axo lou nibèl*, prends le niveau. Il y a plusieurs espèces de niveau. (Du latin *libellum* pour *libella*, qui signifie proprement Verge, fléau d'une balance, laquelle, pour être juste, doit se tenir horizontalement.)

**NIBÉLA**, v. act. Niveler, mettre de niveau : *Nibélo pla xust*, nivèle bien juste.

**NIBÉLAYRE**, s. m. Niveleur, qui fait profession de niveler, qui nivèle.

**NIBÉLO** (Co de Xan de), *voyez* Co.

**NIBOUL**, *Niou*, *Nuagé*, *Crun*, s. m. Nuage, nuée, nuage épais chargé de pluie : *Y'a uno niou que m'agrado pas*, il y a un nuage qui ne me convient pas. (Du latin *nubes*.)

**NIBOULOUS**, *Cargat*, adj. Nuageux, couvert de nuages.

É pioy lou Ciel dins paouc s'és cargat dé *nuagés* ;
É lous avant-coururs dé toutés lous ouragés,
Lous glaous, à tout moumen ésclayravoun lous airs,
Lous trons en brounzinén frizayou nostra testa ;
É tus d'una voués ferma, al sé dé la tempesta,
Mé dizios :— Amic, siéguen fiers, PHYN.

### NIC

**NI CAR NI PEYS**, adj. Faible, maladif : *N'es pas ni car ni peys*.

**NICO** (FA LA), v. n. Faire la nique ; Exciter l'envie de quelqu'un ; Faire envie : *Me fas pla la nico*, tu me fais bien la nique ; Hocher la tête en signe de moquerie. (De l'allemand *niken*.)

Aousselous dount la musico,
Lous tendres gazouilhamens,
En nous charman *fan la nico*
As pus brilhans instrumens !
En cantan dins lou campestre,
Prestas à tout ço qu'es mut,
Per beni lou divin Mestre,
Vostre sol, fa, mi, ré, ut. PUJ.

**NICOIS**, O, adj. Niais, se, simple, nigaud.

**NICOU**, NO, s. m. f. Niais. (D'un certain *Nicou de Dourgne*, qui a fait les amusements de Castres pendant longues années.)

### NIE

**NIÈIRO**, *voyez* PIOUZE.

### NIF

**NIFLA**, *voyez* MIFA.
**NIFLO**, *voyez* MECO.

### NIG

**NIGAOUDEXA**, v. n. Nigauder, faire le niais, le badaud. (Du latin *nugari*.)

**NIGAOUDIZO**, s. f. Nigauderie, niaiserie : *Brabo nigaoudizo*.

**NIGAOUT**, DO, adj. Nigaud, de, sot, niais.

### NIL

**NILHA**, v. n. Hennir, en parlant du cheval.

### NIM

**NI MAYT**, NI MENS, adv. Ni plus, ni moins.

### NIN

**NINA**, v. n. Tourner, en parlant d'une toupie d'enfant : *Sabi la fa nina*, je sais la faire tourner.

**NINARÉL**, *voyez* NENET.

### NIO

**NIOU**, *voyez* NIBOUL.
**NIOYZO**, *voyez* GNOYZO.

### NIP

**NIPA**, v. act. Nipper, fournir de nippes, de hardes, une personne : *L'as pla nipado*, tu l'as bien nippée. (Racine *nipo*.)

**NIPASSO**, *Nipo*, adj. Méchante, de mauvaise vie. (Suivant Ménage, de l'espagnol *naypes* ; cartes à jouer, qu'on a dit par extension des meubles de peu de valeur.)

**NIPO**, s. f. Femme, fille de mauvaise vie.

**NIPOS**, s. f. Guenilles.

### NIS

**NISSARDARIÉ**, *voyez* BAXACADOS.

**NISSO**, s. f. Niche, enfoncement dans un mur pour y placer une statue ; petit Reposoir pour les expositions du très-saint Sacrement. (De l'italien *nicchia*.)

### NIT

**NITOUSSO** (SANTO), s. f. Sainte Nitouche, hypocrite qui fait semblant de ne pas y toucher : *Semblo uno Santo Nitousso, et s'y cal pas fiza*, elle semble une Sainte Nitouche, mais il ne faut pas s'y fier.

**NITRO**, s. f. Nitre, sel.

**NI TU**, NI BOUS, exp. prov. Irrésolu, qui n'a ni sentiment, ni volonté ; Qui est tantôt d'un parti, tantôt d'un autre : *Aco n'es pas ni tu, ni bous*, il n'est ni tu, ni vous.

## NIV

NIVOU, *voyez* NIBOUL.
NIVOULETO, *voyez* UZO.

## NIZ

NIZA, *voyez* ANIZA.
NIZADO, s. f. Nichée, couvée d'oiseaux encore au nid; il se dit encore des souris : *Uno nizado de rats*, une nichée de rats; fig., Réunion de personnes: Famille nombreuse : *Qu'uno nizado !* quelle nichée !
NIZAL, *voyez* AMAGATAL.
NIZIÉ, *Nizdeu*, s. m. Nid, endroit où se trouve une quantité de...: *Un nizié de piouzes*, un nid de puces.
NIZOU, *Couo-niou*, s. m. Nichet, œuf qu'on met dans un nid pour que les poules aillent y pondre.
NIZOULO, *Mexano*, s. f. Ile, espace de terre entouré d'eau. (De l'italien *isola*.)

## NOB

NOBET, *voyez* NAP.
NOBI, BIO, s. f. Fiancé, ée : *Es nobi*, il est fiancé.

## NOC

NOÇO, s. f. Noce, mariage; Cérémonies et réjouissances du mariage ; les Convives qui y assistent : *La noço ben de passa*, les convives viennent de passer.

Lendouma dé mati nous anèren à Rious
Et nous troubéren là may dé morts qué dé vious.
S'enten lebraüs, perlix, capous et bestios grossos,
Qu'elis abion aücits per tal de fa las *nossos*.  A. G.

## NOI

NOIR, s. m. Noir, couleur noire : *De noir de fumé*. (Du latin *niger*.)
NOIRCI, v. act. Noircir, rendre noir, barbouiller de noir; fig., Diffamer. (Du latin *nigrare*.)
NOISO, s. f. Noise, querelle, dispute : *Cerco touxoun noiso à calcun*, il cherche toujours noise à quelqu'un. (Du latin *nocentia*.)

## NOL

NOLE, v. n. Sentir bon.

## NON

NONANTO, *voyez* NANANTO.

## NOO

NOOU, s. m. Neuf, chose nouvelle : *Abilhomen noou*, un habit neuf. (Du latin *novus*.)
NOOU, *Naou*, adj. num. Neuf, chiffre 9; Carte empreinte de neuf piques, neuf trèfles, etc. : *Porti un noou*. (Du latin *novem*.)

## NOP

NOPLE, O, s. m. f. Noble, placé par son rang, sa naissance, au-dessus des autres citoyens; Distingué, relevé au-dessus des autres : *A un ayre nople*, il a un air noble. (Du latin *nobilis*.)
NOPLOMEN, adv. Noblement, avec dignité.

## NOR

NORD, s. m. Nord, septentrion, partie du monde opposée au *midi* ; Pays, état, chose, situé de ce côté : *Al nord y fa pus frex*, au nord il y fait plus froid.
NORO, *Filiádo*, s. f. Bru, belle-fille, femme du fils : *La nostro noro*, notre belle-fille. (Du latin *nurus*.)

## NOS

NOSCUT, *voyez* NASCUT.
NOSTRE, O, pro. posses. Notre, qui est à nous : *Aco's nostre*; c'est à nous ; par antonomase, le Mari d'une femme; la Femme d'un mari : *La nostro ba bol pas*. (Du latin *noster*.)

## NOT

NOTO, s. f. Note, marque sur un écrit ; Mémoire; petit Extrait; Caractère de musique, de plainchant : *Sabi pas la noto*, je ne connais pas la note. (Du latin *nota*.)
NOTORIETAT, s. f. Notoriété, évidence d'un fait, certitude démontrée.

## NOU

NOU, adv. négat. Non : *Te disi que nou*, je te dis non. (Du latin *non*.)
NOUAL, *voyez* NOUALHOU.
NOUALHOUS, s. m. Cerneaux, amandes fraiches de la noix avec son zeste, détachées de l'écaille de la noix : *Fa de noualhous*, faire des cerneaux. (Du latin *nux*.)
NOUAT, *Nougat*, s. m Tourte, marc des noix, lin, chanvre, et autres graines dont on tire de l'huile par le pressoir.
NOUBÈL. O, adj. Nouveau, elle, qui commence d'être, de paraître; fig., Sans expérience, Inconnu : *Un bisaxe noubèl*, un visage nouveau. (Du latin *novus*.)
NOUBELARI, RIO, s. m. f. Nouveau marié, nouvelle mariée : *Lous noubelaris dibou arriba tantos*, les nouveaux mariés doivent venir ce soir.
NOUBELISTO, s. m. Nouvelliste, curieux de nouvelles ; Raconteur de nouvelles ; Fabricateur, inventeur de nouvelles.
NOUBELO, s. f. Nouvelle, premier avis d'une chose arrivée récemment: *Uno bouno noubèlo*, une bonne nouvelle. (Du latin *nova*.)

Soui dins un plazé sans egal,
Despey que m'an dich la *nouvèlo*
Que Dious nous donvris soun oustal
Per nostro demoro eternèlo.
Couro es aco que te veirai
Jerusalem, vilo celesto !
Dins tu trovi ce que me plai ;
N'ai pas assa de tout lou resto.     Puj.

NOUBÈLOMEN, adv. Nouvellement, depuis peu.
NOUBENBRE, s. m. Novembre, 11$^{me}$ mois de l'année commune. (Du latin *november*.)
NOUBENO, s. f. Neuvaine, neuf jours de suite ; Prières, dévotions pendant neuf jours ; Cérémonie funèbre pour un mort : *Fazen la noubeno*, nous faisons la neuvaine. (Du latin *novem*.)
NOUBIAL, O, adj. Nuptial, le, qui appartient au mariage ; les Noces : *Porto encaro l'abilhomen noubial*, il porte encore l'habit nuptial. (Du latin *nuptialis*.)
NOUBIAXE, s. m. Parures, préparatifs de noce: *Es anat croumpa lou noubiaxe*, il est allé acheter

les parures de noce; Temps qui précède le mariage.

**NOUBICI**, O, s. m. f. Novice, celui, celle qui a pris nouvellement l'habit religieux pour s'éprouver avant de faire profession ; Qui est peu exercé, peu habile : *Sios pla noubici*, tu es bien novice. (Du latin *novitius*.)

**NOUBICIAT**, s. m. Noviciat, état des novices ; sa durée.

**NOUÈOU**, s. m. T. de charp. Dévéloppement de la seconde volée d'un escalier.

**NOUFRAXE**, *Noufraje*, s. m. Naufrage, submersion, perte d'un navire : *A fax noufraxe*, il a fait naufrage. (Du latin *naufragium*.)

> Quan l'on n'aourié dins soun voulajo
> Qué l'ayzença dé fa *naoufraje*,
> Dé sé poudé véyre envala
> Ou per Caribda ou per Silla;
> Dé cabussa dins quaoque goufre,
> Dé sé gargariza dé soufre,
> Coumprenés qué souër et mati
> On sé pot garda dé langui.     FAV.

**NOUFRAXA**, *Noufraja*, v. n. Faire naufrage.

> La fe, qu'es la barco que salbo,
> Es brizado per l'ouragan;
> La charitat tramblo sur l'algo
> Del plus inhumen ocean,
> Et l'esperenço que counsolo,
> A bist *noufraja* sa goundolo
> Et s'es enfugido en boulan.   DEBAR.

**NOUGAL**, voyez NOUAL.
**NOUGAT**, voyez NOUAT.
**NOUGHIE**, voyez NOUYÉ.
**NOUIRI**, voyez NOUYRI.

**NOUM**, s. m. Nòm, mot qui désigne une personne, une chose : *Aco's soun noum*. (Du latin *nomen*.)

> Se vostre *noum* nous charmo et nous estouno
> Per sa vertut, soun poudé, sa veoutat :
> Jesus ! fazes que de vostro persouno
> Vejan anfin brilla la Majestat.     PUJ.

**NOUMBRA**, v. act. Nombrer, compter, calculer les unités d'une quantité. (Du latin *numerare*.)

**NOUMBRE**, s. m. Nombre ; Multitude de personnes ou de choses : *N'ey pas bist un grand noumbre*, je n'en ai pas vu un grand nombre. (Du latin *numerus*.)

**NOUMBROUS**, O, adj. Nombreux, euse, qui est en grand nombre.

**NOUMMA**, v. act. Nommer, donner, imposer un nom; Donner une qualification, un surnom ; Donner sa voix, son suffrage; Élire : *Noumman un tal*, nous nommons un tel. (Du latin *nominare*.)

**NOUMMA** (SE), v. pro. Se Nommer, porter tel ou tel nom.

**NOU'N**, syncope de Nous en : *Cal que nou'n dounes*, il faut que vous nous en donniez.

**NOUNEN** (DE), adv. Insensiblement, sans secousse ; Doucement : *Paouzo-lo de nounen*, posez-là sans secousse.

**NOUNXALENÇO**, *Nounchalenço*, s. f. Nonchalance, lenteur, indolence, manque de soin.

**NOUNXALENT**, O, adj. Nonchalant, te, qui agit lentement, mollement, par paresse : *Sios un nounxalent*, tu es un nonchalant. (C'est le participe du vieux mot *nonchaloir*, qui signifiait avoir peu de soin d'une chose, formé de la particule négative non, et de *chaloir*, se soucier, se mettre en peine. *Chaloir*, suivant le père Labbe, dérive du latin *calere*, avoir chaud, parce que lorsqu'on veut quelque chose, on s'échauffe pour la faire ou pour l'avoir.)

**NOUPLESSO**, s. f. Noblesse, qualité par laquelle on est noble. (Du latin *nobilitas*.)

> Aro besi passa sus un tros d'aridèlo
> Un fringan moussurot, que tiro la ficèlo
> Per prene à nostre nas l'aïre d'un grand Segnou.
> Doublido les croustets que manget sa jouenesso !
> Et sabets le castel oun nasquet sa *nouplesso* ?
> La barraco d'un petassou !

**NOURIDAT**, voyez NOUYRISSOU.
**NOURIT**, voyez PAYRE DE NOUYRISSO.
**NOURRITURO**, *Nouyrituro*, s. f. Nourriture, tout ce qui nourrit ; Aliment. (Du latin *nutrimentum*.)

**NOUS**, pron. pl. de *yeou* : *Nous oou dits de beni*, on nous a dit de venir. (Du latin *nos*.)

**NOUS**, voyez NOUZÈL.
**NOUSELETO**, voyez CROUXETO.
**NOUTARI**, s. m. Notaire, officier public qui reçoit et passe les actes : *Lou noutari bendra*, le notaire viendra. (Du latin *notarius*.)

**NOUTARIA**, v. n. Notarier, passer devant notaire un acte, etc.

**NOUTARIAT**, s. m. Notariat, charge, fonction, étude de notaire : *Y'a croumpat lou noutariat*, il lui a acheté le notariat.

**NOUTA**, v. act. Noter, apposer un signe, faire une marque ; Remarquer : *B'ey noutat mayt d'un cop*, je l'ai remarqué plus d'une fois. (Du latin *notare*.)

**NOUTAPLE**, LO, adj. Notable, remarquable, considérable : *Es un das noutaples*, c'est un des notables. (Du latin *notabilis*.)

**NOUTAPLOMEN**, adv. Notablement, considérablement. (Du latin *notabiliter*.)

**NOUTIFIA**, *Noutifica*, v. act. Notifier, faire savoir dans les formes légales; Signifier : *Y'ey noutifiat que partiguèsso*, je lui ai notifié de partir. (Du latin *notificare*.)

**NOUTIFICATIOU**, s. f. Notification, acte par lequel on notifie. (Du latin *notificatio*.)

**NOUTUR**, voyez REMARQUR.

**NOUYÉ**, s. m. Noyer, grand et bel arbre qui produit les noix ; Son bois : *Esclots de nouyé*. (Racine, *nouze*.)

**NOUYRI**, v. act. Nourrir, allaiter : *L'a pla nouyrit*, elle l'a bien nourri. (Du latin *nutriri*.)

**NOUYRI** (SE), v. pro. Se Nourrir, prendre de la nourriture : *Se nouyris pla*, il se nourrit bien.

**NOUYRIDOU**, s. m. Cochon d'un an.

**NOUYRISSENT**, TO, adj. Nourrissant, te, qui a la propriété de nourrir, qui nourrit beaucoup. (Du latin *nutriens*.)

**NOUYRISSO**, s. f. Nourrice, femme qui allaite un enfant étranger : *La nouyrisso se porto pla*, la nourrice se porte bien; Nourricier : *Lou payre de nouyrisso*. (Du latin *nutrix*.)

> Item, voli que la *nouyrisso*
> Agio per sa part la salsisso
> Per tal que s'el lach li taris
> Ne doune peys al que nouyris.     A. G.

**NOUYRISSOU**, NO, s. m. f. Nourrisson, enfant confié à une nourrice. (Du latin *nutritus*.)

**NOUZA**, v. act. Nouer, faire un nœud ; Assujétir par un nœud : *B'as pla nouzat*, tu l'as bien noué. (Du latin *nodare*); fig., v. n. Passer à l'état de fruit en parlant des fleurs : *Las cerièyros coumençou de nouza*.

NOUZE, s. f. Noix, fruit du noyer, à amande divisée en plusieurs lobes, *queyssos*, par un zeste : *Anan debatrè las nouzes*. (Du latin *nux*.)

NOUZÈL, *Nous*, s. m. Nœud, enlacement de quelque chose de pliant : *Fay-y un brabe nouzèl*; jointure de doigt; terme de maç., Ferret, noyau dur dans la pierre. (Du latin *nodus*.)

NOUZÈL COURREDOU, s. m. Nœud coulant.

NOUZELUT, DO, adj. Noueux, euse, qui a des nœuds, beaucoup de nœuds. (Du latin *nodosus*.)

NOUZEMEN, s. m. Froid, refroidissement que prend une nourrice, qui lui fait perdre le lait : *A trapat un nouzemen*, elle a pris un refroidissement. (Du latin *nocere*, nuire.)

## NOV

NOVI, voyez NOBI.

## NOZ

NOZE, v. n. Nuire, causer du dommage, faire tort, faire obstacle : *Aco y nouzera*, cela lui nuira. (Du latin *nocere*.)

NOZE (SE), v. pro. Se Nuire, se porter préjudice.

## NUA

NUANÇA, v. act. Nuancer, assortir les couleurs.

NUANÇO, s. f. Nuance, tous différends d'une même couleur; Mélange.

NUAXE, voyez NIBOUL.

NUAXOUS, adj. Nuageux, euse, couvert de nuages : *Lou cèl es nuaxous*, le ciel est nuageux.

## NUD

NUDITAT, s. f. Nudité, état d'une personne nue; Parties que la pudeur oblige de cacher. (Du latin *nuditas*.)

## NUE

NUECH, voyez NEYT.

## NUI

NUIRE, voyez NOZE.

NUISIPLE, PLO, adj. Nuisible, qui peut nuire : *La plexo y'es nuisiplo*, la pluie est nuisible. (Du latin *nocivus*.)

## NUL

NUL, LO, adj. Nul, nulle, aucun, pas un; Sans valeur, sans effet; Inutile, sans talent, sans mérite : *Aco's un ome nul*, c'est un homme nul. (Du latin *nullus*.)

NULLITAT, s. f. Nullité, vice qui rend un acte nul; Défaut absolu de talent, de capacité; Inaction : *Es de touto nullitat*, c'est de toute nullité. (Du latin *nullitas*.)

NULLOMEN, adv. Nullement, d'aucune manière.

## NUM

NUMERARI, s. m. Numéraire.

## NUS

NUS, s. m. Nœud, ornement en forme de nœud : *Porto de nus al capèl*, elle porte des nœuds au chapeau. (Du latin *nodus*.)

## NUT

NUT, DO, adj. Nu, nue, qui n'est pas vêtu, qui n'est pas couvert; par ext., Mal vêtu, qui a de méchants habits : *Es presque nut*, il est presque nu. (Du latin *nudus*.)

NUTRE, TRO, adj. Neutre, qui ne prend pas de parti : *Boli demoura nutre*, je veux rester neutre. (Du latin *neuter*.)

NUTRALIZA, v. act. Neutraliser, tempérer; Mitiger, réduire à l'inaction : *A sapiut nutraliza tout aco*, il a sçu neutraliser tout.

# O

O, *loc*, adv. Oui : *Bendras? o; M'a respoundut qu'ioc*, Il m'a répondu que oui. Quand on parle d'égal à égal, on dit *o* si l'on se tutoie, et *obe* si l'on se dit *vous*. Le riche répond *obe* au pauvre s'il ne le tutoie pas.

## OBA

OBALO, s. m. Ovale, figure ronde et oblongue : *Y cal fa un obalo*, il faut faire un ovale. (Du latin *ovum*.)

OBANSAT, voyez ACAPLAT.

## OBB

OBBACO, part. d'affirm. Oui, vraiment, je consens : *Bendras? obbaco!* viendras-tu? oui, certainement!

## OBE

OBE, adv. Oui. On dit *obe*, oui, quand on parle à une personne à qui on doit le respect; *o*, quand on parle d'égal à égal.

OBELUGUT, voyez ABERIT.

OBENAT, voyez ABENAT.

OBEROMEN, adv. Oui probablement, oui je le veux bien.

## OBI

OBIOURA, voyez Abeoura.
OBIT, s. m. Obit, service fondé pour le repos d'une âme. (Du latin *obitus*, mort.)
OBIT, s. m. Cep de vigne.

## OBO

OBOUCAT, voyez Aboucat.
OBOURRIT, voyez Abougrit.

## OBR

OBRIC, voyez Abric.
OBRO, s. f. OEuvre bonne ou mauvaise; Action morale et chrétienne : *Las bounos obros randou lou cor countent*, les bonnes œuvres rendent le cœur content; Fabrique, revenus d'une paroisse, assemblée des marguilliers, leur banc : *Lous troubares al banc de l'obro*, vous les trouverez au banc de l'œuvre; Employer en travaillant : *B'ey mes en obro*, je l'ai mis en œuvre. (Du latin *operis*, génitif d'*opus*, qui a la même signification.)
OBROS, s. f. T. de vigneron, Courson, branche de vigne taillée court; Branche réservée, taillée a trois ou quatre yeux : *Cal espargna las obros*, il faut épargner les coursons.

## OBU

OBURE, voyez Abe, Axa.
OBUS, s. m. Obus, petite bombe sans anse. (De l'allemand *haubitz*, obusier.)
OBUZIÉ, s. m. T. d'artil. Obusier, espèce de mortier monté sur un affût à roues pour lancer les obus.

## OCE

OCÉAN, s. m. Océan, la grande mer qui environne toute la terre. (Du latin *oceanus*, pris dans la même signification du grec *okéanos*.)

## OCH

OCHO, voyez Olze.

## OCL

OCLENCAT, voyez Amourrat.

## OCO

OCOBA, voyez Acaba.
OCOMPA, voyez Campexa.
OCOTAT, voyez Acatat.
OCOUT, voyez Acout, Coudii.

## OCR

OCRO, s. m. Ocre ou Ochre, mélange de terre et de fer à divers dégrés d'oxidation : *La ribièyro semblo d'ocro*, la rivière semble l'ocre. (Du grec *ochra*, fait dans la même signification d'*ochros*, pâle, à cause de sa couleur.)

## OCT

OCTOBRE, *Outtobre*, s. m. Octobre, le dixième mois de l'année commune; prov. *Quand octobre pren la fi, Toussants es lou lendema mati*, quand octobre prend la fin, la Toussaint est le lendemain matin. (Du latin *octo*, huit, parce que ce mois était le huitième de l'année Romaine, qui commençait au mois de mars.)
OCTROI, s. f. Octroi, droit que payent presque toutes les denrées pour entrer dans une ville; Bureau où il faut payer ce droit : *T'arrestaras à l'octroi*, tu t'arrêteras à l'octroi. (Suivant Du Cange, du latin barbare *ortogare*, employé avec la même signification dans la basse latinité, et d'où les Espagnols ont fait aussi *otorgar*.)

## OCU

OCULISTO, s. m. Oculiste, celui qui fait profession de traiter la maladie des yeux. (Du latin *oculus*.)
OCUPA, *Oucupa*, v. act. Occuper, remplir un espace de lieu ou de temps; Demeurer, habiter : *Ocupo tout lou denaout*, elle occupe tout le haut de la maison; Employer, donner du travail, de l'occupation : *L'ocupi tout l'an*, je l'emploie toute l'année; Donner de la peine, exiger beaucoup de soins : *Nous ocupo pla*, il nous occupe beaucoup. (Du latin *occupare*.)
OCUPA (S'), v. pro. S'Occuper, employer utilement son temps.
OCUPANT, O, adj. Occupant, e, qui occupe, donne de peine, demande de soins : *Aco's fort ocupant*. (Du latin *occupans*.)
OCUPATIOU, *Oucupatiou*, s. f. Occupation, ce à quoi l'on emploie son temps; Affaire; Emploi : *Aco's soun ocupatiou cado xoun*, c'est son occupation de chaque jour. (Du latin *occupatio*.)

## ODI

ODI, voyez Azir.

## OEI

OEI, voyez Bei.

## OFE

OFERTOIRO, *Ouffertort*, s. f. Offertoire, prière qui précède l'offerte de l'hostie à la sainte messe. (Du latin *offertus*, participe d'*offero*.)

## OFF

OFFONA (S'), voyez Affana (S').

## OFR

OFRO, s. f. Offre, ce qu'on offre; Proposition de donner ou de faire à telle condition : *Te fa uno poulido ofro*, il te fait une belle offre.

## OGA

OGASSO, voyez Agasso.

## OGO

OGOCHA, voyez Agaxa.
OGONIT, voyez Aganit.

## OGR

OGRE, s. m. Ogre, monstre imaginaire; fig., grand Mangeur : *Manxo coum'un ogre*, il mange comme un ogre. (Peut-être comme le conjecture M. Morin, du grec *agrios*, sauvage, farouche.)

OGRETO, voyez Bineto.
OGRUNEL, voyez Prunel.

## OI

OÏ, interj. Ouais, qui marque la surprise, l'opposition, l'ironie : *Ne boli tres francs. Oï!!* Ouais. (Du grec *oé*, dont les latins ont fait *ohe*, employé par Horace.)

## OIL

OILLADO, voyez Aylhado.

## OIS

OISSADO, voyez Ayssado.

## OJU

OJUDA, voyez Axuda.

## OLA

OLARO, voyez Alaro.
OLAUSETO, voyez Lauseto.

## OLI

OLI, s. m. Huile, liqueur grasse, onctueuse, extraite des animaux, des végétaux : *Oli de Sant-Xan*, espèce de Gale creuse qui croît sur les feuilles des ormeaux, et qui contient une sorte d'huile dont on se sert pour les coupures : *Metez-y d'oli de Sant-Xan*. (Du latin *oleum*.)

> Noum de Jesus! aï que sies inefaple,
> Fourmas lou soun lou pus meloudious :
> Sies à la bouco un ragoust delectaple,
> L'oli, lou méï n'oou pas res de ta dous.
>         Puj.

## OLO

OLONDAT, voyez Alandat.
OLOTEJA, voyez Alatexa.

## OLU

OLUCA, voyez Aluca.

## OLZ

OLZE, s. m. Clavette, au bout d'un essieu de charrette.

## OME

OME, s. m. Homme, animal raisonnable, ayant l'idée et la conscience d'un être supérieur, de l'éternité, du bien et du mal : *L'ome soul es capable de couneysse Dious*, l'homme seul est capable de connaître Dieu. (Du latin *homo*, dérivé de *humus*,

> A vaste dôme
> Ounté va l'*hommé*
> Qu'és sans remor
> Après sa mor!
> A toun image,
> Per rendré hoummagé,
> Ay bé d'accéns
> Trop impuisséns!
> O dé l'Éternel, sént ampiré,
> D'aou tus souspiré!
> Oy, sans régrèt perdray lou jour
> Per toun séjour;
> Car per una ama
> Touta dé flamma,
> Ré n'és tant bel
> Coumma lou Ciel!!!
>         Peyr.

OMELLO, voyez Amello.

## OMI

OMIC, voyez Amic.

## OMO

OMODURA, voyez Amadura.
OMOGA, voyez Amaga.
OMOGNE, *Oumougné*, s. m. Aumônier, prêtre attaché à un régiment, à un vaisseau, à une habitation, etc., pour dire la messe, etc.
OMORINOUS, voyez Bins, Bedisso, Bimo.
OMOSSAÏRE, voyez Amassayre.

## ON

ON, pro. pers. indéfini On, quelqu'un, plusieurs : *On ba, on ben, sans se xena*.

## ONA

ONA, voyez Ana.

## ONC

ONCOLAT, voyez Fourmaxou.
ONCOS, voyez Ancos.

## ONE

ONEL, voyez Anèl, Bago.

## ONI

ONIEL, voyez Agnèl.
ONISSES, voyez Anisses.

## ONO

ONOUNAT, voyez Madur, de présó.

## ONS

ONSONELO, voyez Sanelo.

## ONT

ONTO, voyez Anta.
ONTON, voyez L'an passat, l'an dela.

## OOU

OOUTO, s. f. Autan, vent du midi : *L'oouto bol poulsa*, l'autan veut souffler ; fig.; Personne violente, mais qui se calme facilement.

## OPI

OPIUM, voyez Oupiom.

## OPL

O PLA, adv. Oh! que non : *Bendras? o pla!* non.

## OPO

OPORTUN, NO, adj. Opportun, ne, à-propos, selon le temps : *Lou moumen n'es pas oportun*, le moment n'est pas opportun. (Du latin *opportunus*.)

## OPP

OPPERTEGA, voyez Aproufita.
OPPITROSSA, voyez Accoumouda.
OPPLECHA, voyez Esplexa.
OPPLONAT, voyez Aplanit.

OPPORA (S'), voyez APARA (S').
OPPOSIMAT, voyez APPASIMAT.

## OPR

OPROBRE, voyez DESOUNOU.

## OQU

OQUEL, voyez AQUEL.
OQUI, voyez AQUI.

## OR

OR, s. m. Or, métal parfait, jaune, éclatant; prov. *Tout ço que luzis n'es pas d'or*, tout ce qui brille n'est pas d'or. (Du latin *aurum*.)

 Que lou moundèn imbecille
 Se fargue un regret amar,
 Al pè d'un *or* inutille,
 Ou d'uno idolo de car !
 Per yeou, ço qu'es perissable
 N'es qué messourgo et malhur.
 Dins-vous soul, Dious veritaple,
 Es la gloiro et le bounhur.  PUJ.

OR, particule Or, elle sert à lier une proposition, un discours à un autre : *Or, se bos trabalha, te pagarey*, or, si tu veux travailler, je te payerai.

## ORA

ORAIRE, voyez LAYRE, ARAYRE.

## ORB

ORBIATAN, *Ourbiètan*, s. m. Orviétan, sorte de contre-poison, ainsi appelé d'un charlatan d'*Orviette*, ville d'Italie, qui l'apporta à Paris vers le milieu du 17ᵐᵉ siècle.

## ORD

ORDAL, voyez BANDO, TROUPO.
ORDI, s. m. Orge, sorte de grain; Escourgeon, sorte d'orge hâtive qu'on fait manger en vert aux chevaux : *Tisano d'ordi*. (Du latin *hordeum*.)
ORDRE, s. m. Ordre, arrangement, état : *Es tout en ordre*, c'est tout en ordre; Devoir, règle, discipline; Ordre, sorte, espèce, qualité : *Croumpa de perous d'ordre*, acheter de petites poires de bonne espèce ; *La frucho del seou xardin es de boun ordre*, le fruit de son jardin est de bonne espèce ; Commandement d'un supérieur : *A l'ordre d'axi*, il a l'ordre d'agir ; Compagnie de personnes qui ont fait vœu de vivre sous certaines règles : *Tout l'ordre ne baldra mens*, toute la compagnie en souffrira ; le Sixième des sacrements ; Mot du guet, t. de milit. : *Abanças à l'ordre*; t. de finan., Cession, transport au dos d'un effet : *L'a passat à l'ordre d'un tal*; t. d'arch. Ornement, proportion de la colonne et de l'entablement : *N'es pas tout dal même ordre*; populairement, les Sacrements qu'on administre à un malade : *A recapiut toutes lous ordres de la gleyzo*, il a reçu tous les sacrements des malades. (Du latin *ordo*.)

## ORE

ORE, voyez ORRE.
ORET, voyez MARRO, MOUTOU.

## ORF

ORFÈBRO, *Alfèbro*, s. m. Orfèvre, celui qui fait, qui vend les ouvrages d'orfévrerie : *Aco n'es pas mestiè d'orfèbro*, ce n'est pas métier d'orfèvre. (Du latin *auri faber*.)
ORFEBRARIÉ, *Ourfebrario*, s. f. Orfévrerie.
ORFELIN, O, *Ourfeli, no*, s. m. f. Orphelin, ine, enfant qui a perdu son père ou sa mère, ou l'un des deux : *Un paoure orfelin*. (Du grec *orphanos*.)

## ORG

ORGANISTO, s. m. Organiste, celui, celle qui touche de l'orgue ; Facteur d'orgues. (Du latin *organicus*.)
ORGUE, *Orghe*, s. m. Orgue, grand instrument de musique à vent, à tuyaux inégaux, claviers et soufflets ; Lieu de l'église où sont placées les orgues : *Ero mountat à l'orgue*, il était monté à l'orgue. (Du latin *organum*.)

## ORI

ORIAN ou ORIGAN, s. m. Origan, plante médicinale.

## ORJ

ORJEAT, s. m. Orgeat, boisson rafraichissante faite avec de l'eau d'orge, du sucre et des amandes. (Racine *ordi*.)

## ORM

ORMI, prép. Hors, excepté, à la réserve, si ce n'est : *Ormi que siogo malaout, bendra*, excepté qu'il soit malade, il viendra.

## ORN

ORNOMEN, s. m. Ornement, ce qui orne, sert à orner ; Décoration, embellissement : *Lous ornomens s'axustou pla*, les décorations s'ajustent bien; Habits sacerdotaux : *Aben un poulit ornomen*, nous avons un bel ornement. (Du latin *ornamentum*.)

## ORO

ORORO, s. f. Aurore, lumière qui précède le lever du soleil : *Se lèbo à l'ororo*, il se lève à l'aurore. (Du latin *aurora*.)

 La béla et matinousa *aourora*
 Vén dé bouta lou nas déforà ;
 Dacura lous pibouls élevàs,
 Vendemiairés, ounté restas ?
 Vénes veyré sus las flourétas
 Brila mila et mila perlétas.
 Anén, anén, despachas-vous.
 Entendés-ti lous aoussélous
 Coussi couménçou soun ramage ?
 Anén, fiétas, à l'ouvrage.  RIG.

OROSCOPO, s. m. Horoscope, prédiction des événements de la vie par l'inspection des astres, au moment de la naissance; fig., Annonce de ce que promet d'être tel ou tel. (Du grec *hora*, heure, et *escopeó*, je considère.)

## ORP

ORP, voyez COUAT.
ORPA, voyez IRPA.

## ORQ

ORQUET, voyez ARQUET.

## ORR

ORRE, O, adj. Affreux, euse, laid, vilain, horrible. (Du latin *horrendus*.)

## ORT

ORT, *Jardin*, *Xardin*, s. m. Jardin pótager; *Orto*, grand Jardin : *Es à l'ort*, il est au jardin. (Du latin *hortus*.)

ORTOLAN, *Ourtoulan*, s. m. Ortolan, petit oiseau de passage du genre bruant, exquis au goût.

ORTANSIA, s. m. Hortansia, rose du Japon, belle plante ombellifère : *Lous ortansias bolou l'oumbro et l'umiditat*, les hortansias veulent l'ombre et l'humidité. (Selon quelques-uns de *Hortense*, épouse du fameux horloger *Lepaute*; auquel Commerson la dédia; et, selon quelques autres, du nom de la reine *Hortense*, sœur de l'empereur *Napoléon*. Cette plante a été apportée de la Chine en Europe par lord Macartney, et cultivée pour la beauté de ses fleurs.)

ORTOGRAFO, s. f. Orthographe, art d'écrire correctement les mots d'une langue. (Du latin *orthographia*.)

## OS

OS, s. m. Os, partie du corps humain, dure, solide, insensible, qui soutient et unit les autres parties; Chacune des parties solides et dures qui forment la charpente des corps des animaux : *S'es coupat un os*. (Du latin *os*.)

On nou se pot tene de forso qu'on es viel,
Car alaros on n'a qu'els osses et la pel. A. G.

## OSB

OS BERTRAN, s. m. Sacrum, l'os du croupion qui est situé à la partie postérieure du bassin, et fait partie de la colonne vertébrale.

## OSC

OSCO, s. f. Coche, entaille faite ordinairement sur du bois pour y marquer un nombre : *Fay-y tres oscos*.

## OSD

OS DE MADAMO, s. m. Os de madame, t. de boucher, Pièce entre la fesse et la cuisse.

## OSE

OSEGA, voyez ENXEGA.

## OSI

O-SI, conj. Si, certainement : *Bendras pas? o-si!* tu ne viendras pas? si certainement!
O-SI-FARO! Oh! je t'en réponds!

## OSS

OSSO, voyez Os.

## OST

OSTANSOIR, s. m. Ostensoir, pièce d'orfévrerie dans laquelle on expose le très Saint Sacrement.
OSTE, voyez LOUXISSÉ, AOUBERXISTO.

## OU

OU, Conjonct. alternative; Ou : *Aco's tu ou el*.

## OUB

OUBCENITAT, s. f. Obscénité. (Du latin *obscenitas*.)

OUBEÏ, v. n. Obéir, se soumettre à la volonté, aux ordres de... : *Cal oubeï*. (Du latin *obedire*.)

OUBEÏSSENÇO, s. f. Obéissance, soumission : *L'oubeïssenço abant tout*, l'obéissance avant tout. (Du latin *obedientia*.)

OUBEÏSSENT, TO, adj. Obéissant, te, qui obéit, est soumis. (Du latin *obediens*.)

OUBERT, TO, adj. Ouvert, te, qui n'est pas fermé, embarrassé, gêné : *Cal estre oubèrt*, il faut avoir un air ouvert. (Du latin *apertus*.)

OUBERTOMEN, adv. Ouvertement, publiquement, sans déguisement. (Du latin *aperte*.)

OUBERTURO, s. f. Ouverture, fente, trou, espace vide : *L'oubertura es trop pixouno*, l'ouverture est trop petite; fig., Commencement; Proposition que l'on fait; Occasion de proposer, de parler de... : *Y'en farey l'ouberturo*, je lui en ferai l'ouverture.

OUBJET, s. m. Objet, tout ce qui s'offre à la vue, tout ce qui frappe les sens; Matière, sujet, but, fin : *Agaxas aycí l'oubjet de ma bisito*, voici le sujet de ma visite. (Du latin *objectum*.)

OUBJETTA, v. act. Objecter, faire une objection, difficulté, observation. (Du latin *objectare*.)

OUBLATIOU, *Oufrando*, s. f. Oblation, offrande à Dieu. (Du latin *oblatio*.)

OUBLIDA, voyez DEBREMBA, DOUBLIDA.

OUBLIDAT, voyez DEBREMBAT, DOUBLIDAT.

OUBLIGATIOU, s. f. Obligation, engagement qu'impose le devoir : *Aco's uno oubligatiou per el*, c'est une obligation pour lui; Acte qui oblige à payer : *Agaxas aqui moun oubligatiou*, voilà mon obligation. (Du latin *obligatio*.)

OUBLIOS, s. f. Oublies, sorte de pâtisserie très mince. (Du latin *oblata*, on a dit autrefois *oblée*, et *oblaye*, chose offerte.)

OUBLIT, s. m. Oubli, manque de souvenir : *Aco's un oublit*, c'est un oubli. (Du latin *oblitus*.)

OUBLIUR, s. m. Oublieur, celui qui fait et vend des oublies.

OUBLIXA, *Ouplixa*, v. act. Obliger, imposer obligation; Mettre dans la nécessité de...; Contraindre à... : *L'oublixos à te quitta*, tu l'obliges à te quitter; Rendre service : *Te pregui de l'oublixa*; Lier par un acte. (Du latin *obligare*.)

OUBLIXA (S'), v. pro. S'Obliger, s'engager à...; se Rendre des services mutuels.

OUBLIXANT, TO, adj. Obligeant, te, qui aime à obliger; Complaisant.

OUBLIXAT, DO, adj. Obligé, ée, redevable; Qui est dans l'obligation...; Prescrit, nécessaire, indispensable : *Aco's uno bisito oublixado*, c'est une visite intéressée.

OUBLOUN, s. m. Houblon, plante graminée, de la famille des orties, qui sert à faire la bierre. (Du latin *lupulus*.)

OUBRA, v. act. Ouvrer, travailler, fabriquer : *Podi pas oubra*, je ne puis pas ouvrer. (Du latin *operari*.)

OUBRADOU, *Moulladou*, s. m. Ouvroir, table en pierre sur laquelle les briquetiers moulent leur ouvrage.

OUBRAPLE, O, adj. Ouvrable, jour où il est

## OUB

permis de travailler : *N'es pas uu xoun oubraple*, ce n'est pas un jour ouvrable.

**OUBRAXE**, *Ouvraxe*, s. m. Ouvrage, ce qui est produit par l'ouvrier : *Agaxas aqui de soun ouvraxe*, voilà de son ouvrage ; Façon, travail : *N'a pas d'oubraxe*, il n'a pas d'ouvrage ; Occupation, travail qu'on fait : *Porti pas l'oubraxe*, je ne porte pas mon ouvrage ; Travail déjà moulé des briquetiers. (Du latin *opus*.)

**OUBRIÉ**, s. m. Ouvrier, celui qui vit du travail journalier de ses mains ; Celui qui exerce un métier : *Manco pas d'oubriés*, il ne manque pas d'ouvriers ; fig., Dégourdi, fin, mangeur ; *Qu'un oubrié !* (Du latin *operarius*.)

Lous *oubriés*, qu'on besio flourissens de xuynesso
Rebeni das xantiés en canten de cansous,
Trigossoun, l'èl bayssat, uno morno tristesso,
D'un cruèl desespoir, moun Dious, preserbas-lous !!
A. B.

**OUBRIÉ** (XOUN), s. m. Jour ouvrable, jour ouvrier, jour où les lois de l'église permettent de travailler.

**OUBSCUR**, RO, *Escur*, adj. Obscur, re, sombre qui n'est pas clair : *La crambo es oubscuro*, la chambre est obscure ; fig., Peu intelligible, peu connu : *Aco's fort oubscur*, c'est fort obscur. (Du latin *obscurus*.)

**OUBSCURITAT**, *Escuritat*, s. f. Obscurité, absence de lumière ; Défaut de clarté ; fig., Ambiguité. (Du latin *obscuritas*.)

**OUBSCUROMEN**, adv. Obscurément.

**OUBSERBA**, *Ousserba*, v. act. observer, accomplir ce qui est prescrit par... : se Soumettre à.... ; Porter toute son attention vers un objet pour en découvrir la nature, les qualités, les rapports : *B'a souben oubserbat*, il l'a souvent observé ; Regarder, contempler, épier, remarquer : *B'ey oubserbat mayt d'un cop*, je l'ai remarqué plus d'une fois. (Du latin *observare*.)

**OUBSERBATIOU**, s. f. Observation, remarque ; Objection modérée : *Te foou l'oubserbatiou...*, je vous fais l'observation... (Du latin *observatio*.)

**OUBSERBATOU**, s. m. Observateur, celui qui pratique avec exactitude... ; Celui qui considère avec attention, qui tire des résultats, des remarques : *Aco's un grand oubserbatou*, c'est un grand observateur. (Du latin *observator*.)

**OUBSTACLE**, *Enpaxomen*, s. m. Obstacle, empêchement, résistance ; Opposition, difficulté, embarras : *Y'a touxoun calque oubstacle*, il y a toujours quelque obstacle. (Du latin *obstaculum*.)

Aladoun lou Génia, anja d'humanitat,
Lou caoufa al fouéyrou dé sa divina flamma,
Qué paouc à paouc s'én vo penètra dins soun àma,
É dé soun él ségu lé mostra l'avéni :
L'homme vey davan él l'*oubstacle* s'aplani ;
Per sous regards lou moundé o pas jés dé barricyras,
É lou but qué cerquava o, dins paouc, dó carriéyras !
PEYR.

**OUBSTINA** (S'), v. pro. S'Obstiner, s'opiniâtrer : *S'es oubstinat à y'ana*, il s'est obstiné à y aller. (Du latin *obstinare*.)

**OUBSTINAT**, DO, adj. *voyez* ACCAPRIÇAT.

**OUBTABO**, *voyez* OUCTABO.

**OUBTENE**, v. act. Obtenir, parvenir à ses fins, à se faire accorder ce qu'on sollicite, ce qu'on désire : *A finit per b'oublene*, il a fini par l'obtenir. (Du latin *obtinere*.)

**OUBXET**, *voyez* OUBJET.

## OUF
### OUC

**OUCASIOU**, s. f. Occasion, circonstance opportune ; Conjoncture propre à.... : *L'oucasiou es bouno*, l'occasion est bonne ; Circonstances particulières : *Marxandisos d'oucasiou*, à bon compte. (Du latin *occasio*.)

**OUCASIOUNA**, v. act. Occasionner, donner lieu à... ; Être cause de... : *M'a oucasiounat pla de penos*, elle m'a occasionné bien de peines. (Racine *oucasiou*.)

**OUCTABO**, s. f. Octave, huitaine pendant laquelle on solennise les principales fêtes de l'année ; Dernier jour de cette huitaine : *Dema es l'ouctabo de Martrou*, c'est demain l'octave des martyrs, de touts les saints. (Du latin *octava*.)

### OUD

**OUDIOUS**, SO, adj. Odieux, euse, qui excite l'aversion, la haine, l'indignation : *Aco's uno démarxo oudiouso*, c'est une démarche odieuse. (Du latin *odiosus*.)

**OUDOURANT**, *Odorant*, adj. Odorant, te, qui répand une odeur suave : *Lou sanxemin es oudourant*. (Du latin *odorans*.)

**OUDOURAT**, s. m. Odorat, le sens q i perçoit les odeurs.

### OUE

**OUÉIT**, *voyez* BÈIT.

### OUF

**OUF**, interj. Qui marque une douleur subite, l'étouffement, etc.

**OUFFENSA**, v. act. Offenser, faire une injure, une insulte, un outrage : *L'as pla ouffensat*, tu l'as bien offensé ; fig., Blesser : *Y'as ouffensados las racinos*, tu lui as blessé les racines. (Du latin *offendere*.)

**OUFFENSA** (S'), v. pro. S'Offenser, se tenir pour offensé, se piquer, se fâcher : *S'ouffenso de tout*, il se fâche de tout.

**OUFFENSANT**, TO, adj. Offensant, te, choquant, injurieux, insultant.

**OUFFENSIF**, IBO, adj. Offensif, ive, qui attaque ; Propre à attaquer.

**OUFFENSO**, s. f. Offense, injure de fait ou de parole ; Péché, faute : *Aco's uno grando ouffenso*, c'est une grande offense. (Du latin *offensio*.)

**OUFFICI**, s. m. Office, devoir à remplir ; Fonction : *Cadun soun ouffici*, chacun son office ; Prières journalières d'un prêtre : *Dis l'ouffici* : Service divin : *A manquat l'ouffici, es malaout*, il a manqué à l'office, il est malade ; fig., Lieu où l'on prépare, où l'on conserve, où l'on garde, la vaisselle, le linge, dessert, etc. : *Pren la claou de l'ouffici*, prends la clef de l'office. (Du latin *officium*.)

**OUFFICIA**, v. n. Officier, célébrer l'office divin : *M'en boou ouffficia*, je vais officier.

**OUFFICIANT**, s. m. Officiant, célébrant, prêtre qui officie.

**OUFFICIÉ**, s. m. Officier, celui qui est revêtu d'un caractère public par l'autorité : *Es oufficié municipal*, il est officier municipal ; Celui qui a un grade militaire : *Ero ouffficié dé dragouns*, il était officier de dragons. (Racine *ouffici*.)

Un *oufficié* qu'avié servit
A taoula fossa jens d'esprit,
Home, aoutras fés de bounamina,

OUL

Quand fazié floc à la couzina,
Mais qué dé la rigou daou tens,
N'avié saouvat qué sas dens,
Simple oufficié dé bourjouèzia
Diguet, d'un air de courtouèzia.  FAV.

OUFFICIÈL, LO, adj. Officiel, ile, déclaré, publié par l'autorité, le gouvernement : *La noubèlo es oufficiélo*, la nouvelle est officielle.

OUFFICIOUS, ZO, adj. Officieux, euse, porté à rendre service, obligeant : *Es fort oufficiouzo*, elle est fort officieuse. (Du latin *officiosus*.)

OUFFICIOUZOMEN, adv. Officieusement, d'une manière obligeante.

OUFRANDO, *Ouferto*, s. f. Offrande, ce qu'on offre à Dieu, à quelqu'un : *A pourtat uno oufrando*, elle a porté une offrande; Cérémonie pour recevoir les dons des fidèles pendant l'office : *Cal ana à l'oufrando*, il faut aller à l'offrande.

Lou Cel pot pas rejeta nostro *oufrando* :
Oubtendren tout ambé l'Agnèl de Diou.
Pero Eternèl, sur nostro humblo demando
Accourdas-nous bostro benediciou.  PUJ.

OUFRI, v. act. Offrir, présenter, prier d'accepter : *Bous beni ouffri mous serbicis*, je viens vous offrir mes services ; Proposition de donner, de faire ; Dire un prix : *Quant m'en oufrissès?* combien m'en offrez-vous? Étaler à la vue. (Du latin *offerre*.)

Mais quand *ouffrix* sous douns, sa caritat timido.
S'amago dins soun cor coumo'l suc dins la flour.
Talo qué lou rouzal dount la terro és païchido
Berso discrètomen le baoumé dé la bido
Sur l'albré débrumbat qué languix sans secour.  DAV.

OUFRI (S'), v. pro. S'Offrir, se proposer : *S'en sou pla prou ouffers*, il s'en est bien assez présentés.

OUFUSCA, v. act. Offusquer, choquer la vue, donner de l'ombrage ; Déplaire : *Tout l'oufusco*, tout lui porte ombrage. (Du latin *offuscare*.)

OUI

OUI, adv. Oui, affirmation, consentement.

V'aoutres, espouzas-ti démam?
— Nou, yoy mèma, lé dis Fénissa !
— E hé, lou bon Diou vous benissa !
Vaou dire à Moussu lou Curat
Qué porté soun bounet carrat ;
Soun surpélis é soun estola,
Bén béléou lou mestre d'escola,
Sé cargara dé l'espoussou
E d'aou libre maridadou.
Emb'aco, dins yostra capéla,
Munis chacun d'una candéla,
Vous faran dire un *ouy* bén nét
É cracha dins lou bassiéét.
Intras pioy dins la sacristia
Ounte sinna la coutèria ;
Aco finit, vous én anas
Soupas bona-houra é vite aou jas.  FAV.

OUILLO, voyez FEDO.

OUL

OUL, voyez OURME.

OULADO, s. f. Potée, contenu d'un pot : *Aben uno oulado de truffos*, nous avons une potée de

OUM

pommes de terre ; Herbes potagères ; Toute sorte de légumes dont on fait la soupe : *N'aben pas cap d'oulado*, nous n'avons aucune herbe potagère. (Racine *oulo*.)

OULANDA, v. act. Hollander, passer les plumes dans la cendre chaude pour les dégraisser : *Te cal oulanda la plumo*, il faut hollander la plume.

OULANDO, adj. Toile de Hollande, fromage de Hollande : *Un fourmaxe d'Oulande*, un fromage de Hollande.

OULIBA, v. act. Oindre d'huile, garnir d'huile : *N'es pas prou oulibat*, ce n'est pas assez garni d'huile. (Du latin *oleum*.)

OULIBAYRE, s. m. Marchand, fabricant d'huile : *Quand l'oulibayre passara*, quand le marchand d'huile passera.

OULIBASTRE, RO, adj. Olivâtre, qui tire sur la couleur d'olive.

OULIBETO, s. f. Olivette, plante dont la graine donne une huile : *L'oulibeto a pla granat*, l'olivette a bien grené. (Racine *oli*.)

OULIBIÉ, s. m. Olivier, arbre toujours vert, qui produit l'olive : *Lous oulibiès sou xalats, l'oli sera car*, les oliviers sont gelés, l'huile sera chère.

OULIBIÉYRO, *Uliéyro*, s. f. Huilière, vase de verre ou de fer-blanc à mettre l'huile : *Porto l'oulibiéyro*, porte l'huilière.

OULIBO, s. f. Olive, fruit de l'olivier ; Poignée d'une porte en forme d'olive : *Al loc d'uno bartabèlo, boli uno oulibo*, au lieu d'un loquet, je veux une olive ; Ornement d'archit., etc., en forme d'olive. (Du latin *oliva*.)

OULIBOUS, ZO, adj. Huileux, euse, onctueux, gras, empreignt d'huile : *Es tout oulibous*, il est tout huileux. (Racine *oli*.)

OULIEYRO, s. f. Ovaire, partie où se forment les œufs chez les femelles ovipares. (Du latin *ovum*.)

OULIOU, voyez OULIBIÉ.
OULIVA, voyez OULIBA.
OULIVIÉ, voyez OULIBIÉ.
OULIVO, voyez OULIBO.

OULO, s. f. Marmite, vaisseau de métal, de terre, pour faire la soupe, etc. : *Te cal netexa l'oulo*, il faut nettoyer la marmite ; Boulin, pot de terre servant de nid aux oiseaux. (Du latin *olla*.)

Sabioy qu'aquelo fenno, à figuro sebéro,
Que benio lou mati d'ambe l'*oulo* al coustat,
Pourtabo à ma grand'may, malaouto et jouyne enquèro,
Lou bouilloun de la caritat.  J.

QUM

OUMAXE, *Oumache*, s. m. Hommage, acte par lequel on se reconnaît dépendant ; fig., Soumission, respect, vénération : *Randen oumaxe à qui es dioguit*, rendons hommage à qui il est dû. (Du latin barbare *hommagium*, fait dans la basse latinité de *homo*, homme, serviteur, vassal.)

Joust un brillant equipache,
Sus un pedestal plaçat,
Lou fals Dious ressaou l'*oumache*
De l'ouvrié que l'a farguat.
O Diou ! lou ver te devoro
Et se nourris de toun cru !
Qui t'a fait et qui t'adoro
Devengo semblable à tus.  PUJ.

OUMBRAXA, *Oumbracha*, v. act. Ombrager, donner, faire de l'ombre : *Lous albres n'oumbraxoun pas pus*, les arbres n'ombragent plus. (Du latin *obumbrare*.)

**OUMBRAXE**, *Oumbrache*, s. m. Ombrage, amas de branches, de feuilles qui donnent de l'ombre : *Fa bou à l'oumbraxe*, il fait bon à l'ombre ; fig., Défiance, soupçon : *Aquelo letro y fa oumbraxe*, cette lettre lui fait ombrage. (Racine *oumbro*.)

**OUMBRAXOUS**, ZO, adj. Ombrageux, euse ; Défiant, soupçonneux.

**OUMBRENC**, s. m. Nord : *A l'oumbrenc fa frex*, il fait froid au nord.

**OUMBRO**, s. f. Obscurité, espace privé de lumière ; Ténèbres; Couvert des arbres; Ombrage : *Fa bou à l'oumbro*, il fait bon à l'ombre ; fig., Apparence ; Ame séparée du corps. (Du latin *umbra*.)

Esclayrats à la lux de torchos que potillon,
Lours oumbros sul terren en tramblan s'escampillon.
Soun daban le toumbèl oumbrajat de fenouls,
Al signal qu'es dounat se meltoun à ginouls.
Cadun le cap bayssat, mes l'èl sur la pechino,
Respoundou as bersels d'une ourezoun latino
D'ount lou refren traduit bol dire mot à mot :
Que Pancrasso es bibent quoique sio dins lou clot,
Et que l'aze mignoun, qu'a cantat sans relatge
En pleno libertat, courrera d'atge en atge.
La pregario a finit, et les échos en tren
D'uno boux que se perd an repetat Amen. Debar.

**OUME**, voyez Ourme.

**OUMENAS**, s. m. Homme très gros ; fig., Hommasse, femme qui a les traits, le port, la voix d'un homme : *Semblo un oumenas*, elle ressemble à une hommasse. (Du latin *homo*.)

**OUMENOU**, s. m. Petit Homme : *Qu'un oumenou!* (Du latin *homo*.)

**OUMETRE**, v. act. Omettre, manquer à faire, à dire une chose d'obligation, ou ce qu'on s'était proposé ; Oublier, ne pas mentionner. (Du latin *omittere*.)

**OUMICIDO**, s. m. Homicide, meurtre, assassinat : *Aco's un oumicido*, c'est un homicide. (Du latin *homicidium*.)

**OUMISSIOU**, voyez Oublit.

## OUN

**OUN**, adv. Où.
**OUNCH**, voyez Ounx.
**OUNCHA**, voyez Ounxa.
**OUNCHURO**, voyez Ounxuro.

**OUNCLE**, s. m. Oncle, frère du père ou de la mère, mari de la tante : *Moun ouncle bendra*, mon oncle viendra. (Du latin *avunculus*.)

**OUNÇO**, s. f. Once, poids de huit gros : *Uno ounço de tabat*, une once de tabac ; Phalange du doigt : *S'es empourtat l'ounço dal det*, il s'est emporté la phalange du doigt. (Du latin *uncia*.)

**OUNDADO**, *Ounzado*, s. f. Onde, flot, soulèvement de l'onde agitée : *Las oundados l'acatabou*, les ondes le couvraient. (Du latin *unda*.)

Aqui passèren tout l'hiver ;
Mais aou printèn, éntré qué l'ér
Ajèt radoucit sas bufadas,
E la mar réglat sas *oundadas*,
Embrassan Moussu lou curat ;
Après y'avedre bén furat
Lous armazis é sa paniêyra,
Dounan l'estrèna à sa chambrièyra,
C'est-à-dire ta tapinan ;
Buyen un cop è nou'n anan
Lou dé la rada dé Corcira. Fav.

**OUNDO**, voyez Boul.

**OUNEROUS**, ZO, adj. Onéreux, euse, à charge, incommode. (Du latin *onerosus*.)

**OUNESTE**, O, adj. Honnête, digne d'estime, plein d'honneur ; Affable, poli, civil : *Es fort ounèste*, il est fort civil. (Du latin *honestus*.)

**OUNESTETAT**, s. f. Honnêteté, probité, bienséance ; Modestie, pudicité, chasteté : *L'ounèstetat abant tout*, la modestie avant tout ; Affabilité, civilité, politesse : *Axis ambe fosso ounèstetat*, elle agit avec politesse. (Du latin *honestas*.)

**OUNESTOMEN**, adv. Honnêtement, avec honneur, probité, vertu, selon les convenances ; fig., Suffisamment, beaucoup : *M'en a baylat ounèstomen*, il m'en a donné suffisamment. (Du latin *honeste*.)

**OUNGAN**, adv. Cette année, cette année courante : *Oungan sièn countents*, cette année, nous sommes contents. (Du latin *hoc anno*.)

**OUNGHEN**, voyez Enguen.

**OUNGLADO**, s. f. Coup d'ongle ; Égratignure : *Las oungrados y sou*, les coups d'ongle y sont.

**OUNGLET**, s. m. Onglet. t. d'arts et mét. : t. de menuisier, Assemblage à angle : *Aquel ounglet n'es pas xust*, cet onglet n'est pas juste. (Racine *ounglo*.)

**OUNGLO**, s. f. Ongle, substance blanchâtre, transparente, semblable à la corne qui couvre le dessus du bout des doigts ; Griffe de plusieurs animaux : *Lou cat ambe sas ounglos briso la palho de las cadièyros*, le chat avec ses griffes brise la paille des chaises. (Du latin *ungula*.)

**OUNOU**, *Aounou*, s. m. Honneur, estime de soi-même ; Vertu, probité : *Es ple d'ounou*; Gloire acquise par de belles actions ; Réputation, démonstration de respect, d'estime, de considération : *Merito qu'on y e fago ounou*, elle mérite qu'on lui fasse honneur ; en parlant des femmes, Pudicité, chasteté : *L'as atacado dins soun ounou, as tort*, tu l'as attaquée dans son honneur, tu as tort. (Du latin *honor*.)

Mounde, plazes, *ounous*, richesso !
Bous foou moun eternel adiou.
Jésus ! bostro soulo proumesso
Rebeillara moun ambition.
Coumo lou serbidur fidèlo,
Aourei toujour lous èls sur bous ;
Toujour bous prendrei per moudèlo,
Tant sul Tabor que sur la crous. Puj.

**OUNOURA**, v. act. Honorer, rendre honneur et respect ; Témoigner de l'estime pour... ; Faire honneur à... : *Cal ounoura qui ba merito*, il faut faire honneur à qui le mérite. (Du latin *honorare*.)

**OUNOURAPLE**, O, adj. Honorable, digne d'être honoré ; Qui fait honneur, attire de la considération ; Splendide, magnifique : *Es presque trop ounouraple chez el*, il est presque trop splendide chez lui. (Du latin *honorabilis*.)

**OUNOURAPLOMEN**, adv. Honorablement, généreusement, magnifiquement.

**OUNOURARI**, s. m. Honoraire, salaire des médecins et autres personnes d'une profession honorable ; Rétribution donnée à un prêtre pour la messe, etc. (Racine *ounou*.)

**OUNSO**, voyez Ounço.

**OUNT**, *Ounte*, adv. de lieu Où, en quel lieu, en quel endroit. (Du latin *ubi*.)

**OUNTIOU**, *Ounctiou*, s. f. Onction que fait le prêtre en donnant le sacrement de l'extrême-onction : *N'a pas pougut y fa toutos las ounctious*, il n'a pas pu lui faire toutes les onctions. (Du latin *unctio.*)

OUNTO, *Bergougno*, s. f. Honte, tristesse de l'âme; Trouble causé par le déshonneur; ce Déshonneur; Affront, injure; Avilissement : *M'a fax toumba d'ounto*, il m'a fait tomber de honte. (De l'italien *onta*.)

OUNTOS, s. f. Les Parties sexuelles : *Amago tas ountos*, cache-toi.

OUNTOUS, ZO, adj. Honteux, euse; en parlant des personnes, Qui éprouve de la honte; Timide, embarrassé, déconcerté : *Ero ountous al miex dal saloun*, il était embarrassé au milieu du salon; en parlant des choses, Malhonnête, *Aco's ountous*, c'est indécent.

OUNTOUZOMEN, adv. Honteusement, ignominieusement. (Racine *ounto*.)

OUNX, O, adj. Oint, te; Sale, graisseux : *Es tout ounx*, il est tout graisseux. (Du latin *unctus*.)

OUNXA, *Unta, Grayssa*, v. act. Oindre, frotter d'une substance onctueuse : *Cal pla ounxa las rodos*, il faut bien oindre les roues. (Du latin *ungere*.)

Al miey d'un triple reng de Damos et de flous,
Les jokeys, mirgaillats de toutos las coulous,
Coumençou del chabal, que sio mascle ou femello,
D'un coujet d'airgorden d'*unta* la gargamelo.

OUNXOUS, ZO, adj. Huileux, euse; *Es trop ounxous*, c'est trop huileux.

OUNXURO, s. f. Graisse, huile, assaisonnement : *Regreti pas l'ounxuro*, je ne regrette pas l'assaisonnement.

OUNZADO, voyez OUNDADO.

OUNZE, adj. num. Onze, dix et un : *Ounze xouns abant Nadal*, onze jours avant la Noël. (Du latin *undecim.*)

OUP

OUPERA, v. act. Opérer; Faire; Travailler; Faire une opération de chirurgie; Produire son effet, en parlant d'un remède : *La purgo a pla ouperat*, la médecine a produit son effet. (Du latin *operare*.)

OUPERATIOU, s. f. Opération, action d'une puissance, d'un agent qui opère; Action méthodique d'un chirurgien sur quelque partie du corps; Amputation, etc. : *Debou y fa l'ouperatiou*, on doit lui faire l'amputation. (Du latin *operatio*.)

OUPERATOU, s. m. Opérateur, celui qui fait les opérations; fig., Convives : *Abiès de bounes ouperatous*, vous aviez de bons convives. (Du latin *operator*.)

OUPIATOS, s. f. Opiat, composé d'ingrédients choisis, le plus souvent d'opium : *Me cal prene d'oupiatos cado xoun*, je dois prendre des opiats chaque jour. (Racine *oupiom*.)

OUPINA, v. n. Opiner, dire son avis dans une assemblée sur une chose mise en délibération : *Yeou oupinabi per el*, j'opinais pour lui. (Du latin *opinari*.)

OUPINIATRA (S'), v. pro. S'Opiniâtrer, mettre de l'opiniâtreté : *S'es touxoun oupiniatrat que nou*, il s'est opiniâtré à dire non.

OUPINIATRE, adj. Opiniâtre, obstiné, entêté; en bonne part, Ferme, constant, persévérant: *Es oupiniatre quand ba cal*, il est constant quand il le faut.

OUPINIATRETAT, voyez CAPRICI.

OUPINIATROMEN, adv. Opiniâtrement, avec ermeté.

OUPINIOU, s. f. Opinion, avis de celui qui opine; Sentiment, jugement sur une personne : *N'ey bouno oupiniou*, j'en ai bonne opinion. (Du latin *opinio*.)

OUPIOM, *Opium*, s. m. Opium, suc épaissi du pavot blanc. (Du grec *opion*.)

OUPO, s. f. Houppe, filets de laine, de soie, de fil, liés en bouquets : *L'oupo dal bounet carrat*, la houppe du bonnet carré. (Du latin *upupa*.)

OUPOURTUNITAT, s. f. Opportunité. (Du latin *opportunitas*.)

OUPOUZA, v. act. Opposer, mettre vis-à-vis, en contraste, en parallèle; Objecter, répliquer : *Me pot pas oupouza res*, il ne peut me rien opposer. (Du latin *opponere*.)

OUPOUZANT, O, adj. Opposant, te, qui s'oppose judiciairement à une chose.

OUPOUZITIOU, s. f. Opposition, empêchement; Contrariété; Partie d'une assemblée politique qui contrarie habituellement la partie dominante : *L'oupouzitiou a pla cridat*, l'opposition a bien crié. (Du latin *oppositio*.)

OUPOUZITO (A L'), adv. A l'opposite, en face, vis-à-vis : *L'ey à l'oupouzito*, je l'ai vis-à-vis.

OUPRESSA, v. act. Oppresser, gêner la respiration. (Du latin *opprimere*.)

OUPRESSIOU, s. f. Oppression, serrement, étouffement, suffocation : *A uno grando oupressiou de poitrino*, elle a une grande oppression de poitrine. (Du latin *oppressio*.)

OUPRESSOU, s. m. Oppresseur, persécuteur, tyran. (Du latin *oppressor*.)

Lou paouré, pople és immourtel :
Lou téns o vist pénas sus pénas :
Lounténs un poudé criminel
O fourjat per él dé cadénas.
Lou passat à sous pés mouris;
L'avéni dé lion li souris,
É lou mestré dé la natura
Qu'affransiguét del joug lous éfans d'Israël,
Dis as fiers *ouppressous* : malgré vostra impousture,
Lou paouré poplé és immourtel !
Lou riche o dins l'infer una plaça ségura :
Lou Lazare es al ciel !    PEYR.

OUPRIMA, v. act. Opprimer, accabler par violence, par abus de pouvoir; Persécuter, tyranniser. (Du latin *opprimere*.)

OUPULENÇO, s. f. Opulence, abondance de biens, grandes richesses : *Es dins l'oupulenço*, il est dans l'opulence. (Du latin *opulentia*.)

Rixes, que sies dins l'*oupulenço*,
Bostre bounhur n'es pas dins l'or.
Se d'uno puro xouissenço
Boules senti battre lou cor :
Al paoure que tridolo,
Sans destourna bostr'èl,
Dounas pixouno obolo,
La troubares al Cél.    A. B.

OUPULENT, O, adj. Opulent, te, très riche, puissamment riche. (Du latin *opulentus*.)

OUR

OURACLE, s. m. Oracle, vérités énoncées dans l'écriture, déclarées par l'église; Décision donnée par des personnes d'autorité et de savoir : *Aco's l'ouracle dal pays*, c'est l'oracle du pays. (Du latin *oraculum*.)

OURAGAN, s. m. Ouragan, tempête violente accompagnée de tourbillons; Choc, concours de vent. (De l'indien *orancan*.)

Un tarrible *ouragan* dins l'aïré sé préparo ;
Lé téns s'és escurcit, lé cel fa lédo caro ;
Dé millés dé leoucets sé crousoun enflamats,
Et tout d'un cop dal cel uno grosso granisso
Toumbo, truquo, remberso, endouloumbo, esclapisso,
Et la mar se ramplits dé morts ét dé blassats. Day.

**OURANXADO**, s. f. Orangeade, boisson faite avec le jus d'orange, de sucre et de l'eau : *Beoura d'ouranxado tout bey*, il boira d'orangeade tout aujourd'hui. (Racine *ouranxe*.)

**OURANXARIÉ**, *Ouranxario*, s. f. Orangerie, serre où les orangers passent l'hiver.

**OURANXÉ**, s. m. Oranger, bel arbre toujours vert, qui produit les oranges : *Lous ouranxés sou pla cargats*, les orangers sont bien chargés de fruit. (Du latin barbare *aurantia*, dorée, de couleur d'or.)

**OURANXE**, s. m. Orange, fruit rond, à pépins, d'un jaune doré, qui a beaucoup de jus.

**OURATORI**, s. m. Oratoire. (Du latin *oratorius*.)

**OURAXE**, *Ouratge*, s. m. Orage, grosse pluie mêlée d'éclairs et de tonnerre. (Du latin *aura*, d'où on fait dans la basse latinité *auragium*, suivant Ménage.)

Batut pes bens et pes *aouratges*,
Lou bateou demastat
Jusquos al mitan des nuatges
Se bey tout d'un cot ennartat,
Et tout d'un cot precipitat
Jusquos al foun de l'aygo améro,
S'abalis, sort, tourno mounta,
Tourno descendre, mounto enquèro,
Et tourno sé precipita. J.

**OURAXOUS, ZO**, adj. Orageux, euse, qui cause, amène l'orage : *Lou ben d'Albies ouraxous*, le vent du nord est orageux.

**OURDI**, v. act. Ourdir, disposer les fils pour faire un drap, etc.

**OURDIDOU**, s. m. Ourdissoir, outil sur lequel on dispose les fils qui doivent former la trame d'un drap, etc. (Du latin *ordiri*.)

**OURDINANT**, s. m. Ordinand, appelé aux ordres sacrés. (Du latin *ordinandus*.)

**OURDINARI**, s. m. Ordinaire, ce qu'on a coutume de servir pour un repas : *N'aben pas pla d'ourdinari*, nous n'avons pas beaucoup d'ordinaire ; Ce qu'on a coutume de faire ; Habitude, usage : *Aco's soun ourdinari*, c'est son habitude, adv. Suivant la coutume, à l'ordinaire : *Cousi anas? à l'ourdinari!* comment allez-vous ? à l'ordinaire ! (Du latin *ordinarius*.)

**OURDINARIOMEN**, adv. Ordinairement. (Du latin *ordinariè*.)

**OURDOUNA**, v. act. Ordonner, ranger, disposer, mettre en ordre ; Régler, statuer, enjoindre, donner commission : *Beni d'ourdouna lou dinna*, je viens d'ordonner le dîner ; Conférer les ordres ; t. de médec. Donner une ordonnance : *Y'a ourdounat uno purgo*, il lui a ordonné une purgation. (Du latin *ordinare*.)

**OURDOUNANÇO**, s. f. Ordonnance ; Loi, constitution, règlement d'une autorité supérieure : *L'ourdounanço porto aytal*, l'ordonnance porte ainsi. (Du latin *ordinatio*.)

**OURDURIE**, voyez Deboucat.

**OURDURO**, s. f. Ordure, excréments ; Tout ce qui s'attache de malpropre aux habits, meubles, etc. ; Chose malpropre ; fig., Actions honteuses.

Dizou qu'as tens anciens, dizou qué lou pouèta
Avio dins l'univers lou titre dé prouphéta ;
É per rendré al bounhur la paoura humanitat,
Dizou qué fazio dé miracles,
Qu'anfin por sa voués, Diou rendio lous *ouracles*.
O tus, qu'aymas la veritat,
Sus lous téns qué vendroou n'aouzas pas nous rés dire !
— Lou pople o meritat la palma del martyre,
É n'aourio jamay rés per sa felicitat?
É cependen de tus, n'aven d'aoutra respounsa
Qué lous mots dé chagrin qué ta bouca prounounça !
Anén, — per counsoula lou pople malhuroux,
Layssa escapa quicon dé toun cor généroux ! Peyr.

**OURFELIN, NO**, s. m. f. Orphelin, ne, enfant qui a perdu son père et sa mère, ou l'un des deux : *Aco's de paoures ourfelins*, ce sont de pauvres orphelins. (Du latin *orphanus*.)

Couro bendra la mort, qué tant mé trigo ?
Couro prendra lou paouré *ourphelin* ?
Dins soun rastoul laisso pas cap d'espigo
Carrejo tout dins soun négré couhin....
Pot pla béni, n'ei pas loc dé la crégné,
Car you soun pas encaro pécadou,
Paouré innoucen ! béléou qué nostré Seigné,
Aprèp ma mort, aoura piétat de yóu.... Vest.

**OURGANIZA**, v. act. Organiser, donner une forme fixe, déterminée ; Régler les mouvements politiques d'une administration : *Ben de tout ourganisa*, il vient de tout organiser. (Racine *ourgano*.)

**OURGANISATIOU**, s. f. Organisation, ensemble des parties qui composent un être organisé ; Constitution d'un état ; Action d'organiser une compagnie.

**OURGANISTO**, voyez Organisto.

**OURGANO**, s. m. Organe, la voix : *A un bel ourgano*, il a un bel organe. (Du latin *organum*.)

**OURGUINOUS**, voyez Orgue.

**OURGUL**, *Superbo*, s. m. Orgueil, opinion trop avantageuse de soi-même ; Fierté, hauteur, insolence : *L'ourgul la perdra*, l'orgueil la perdra. (Du grec *orgilos*, colère, sujet à la colère.)

Mais lus musos n'an pas toutos la même forço.
L'*orgul*, aquel demoun que toujour nous amorço
Bouldra pas que cadun faguesso soun mestié ;
Kara creyre al macou que pot fa lo plastrié,
Al taillur que n'a fait jamay cap de pelisso
L'y dira qu'és nascut per habilla le suisso. Deb.

**OURGULHOUS, ZO**, adj. Orgueilleux, euse, rempli d'orgueil.

**OURGULHOUZOMEN**, adv. Orgueilleusement, avec orgueil.

**OURIANT**, *Leban*, s. m. Orient, point du Ciel où le soleil se lève. (Du latin *oriens*.)

**OURIANTA**, v. act. Orienter, disposer une chose, une bâtisse suivant la situation qu'elle doit avoir par rapport à l'orient et aux trois autres points cardinaux : *Agaxo de pla ourianta*, voyez de bien orienter. (Racine *ouriant*.)

**OURIANTA (S')**, v. pro. S'Orienter, trouver par l'examen le lieu où l'on est, la route à suivre, la conduite à tenir : *Te cal pla ourianta d'abord*, il faut d'abord vous bien orienter.

**OURIXINAL, O**, *Ouriginal*, adj. Original, le, d'une nouveauté singulière ; Singulier, bizarre : *Sios un ourixinal*, tu es un original.

**OURIXINALITAT**, *Ourixinalitat*, s. f. Originalité, singularité, bizarrerie dans l'esprit, dans les manières : *Touxoun fa beze soun ourixinalitat*, toujours elle fait connaître son originalité.

**OURIXINARI, RIO**, *Ourixinari*, adj. Originaire, qui tire son origine de.... : *Es ourixinari d'Espagno*, il est originaire d'Espagne.

**OURIXINO**, *Ourigino*, s. f. Origine, principe, commencement : *Dins l'ourixino*, au commencement ; Extraction d'une personne ; Étymologie. (Du latin *origo*.)

**OURIZOUN**, s. m. Horizon, ce que l'on voit du ciel et de la terre. (Du grec. *horizon*.)

**OURJHOOU**, *voyez* ARDIOL.

**OURKET**, *voyez* BLEDO.

**OURMARADO**, s. f. Jets, pousses qui se forment au pied des ormes.

**OURME**, *Oul*, s. m. Orme, arbre de première grandeur : *L'ourme dal bilaxe*, l'orme du village. (Du latin *ulmus*.)

Coum'un *ourmé* pla naout dins uno plano d'herbo
Anounço fièromen uno testo superbo,
A la faço dal Cel que bex en lé braban :
Atal és Pharaoun al miech dé soun armado.
Sap pas dounc, l'insoulent, que Dious, d'uno buffado
Ou d'un simple cop-d'èl, pot lé métro al néant? DAV.

**OURMEOUS**, s. m. Ormeaux, lieu planté d'ormes ; Promenade.

**OURMILHO**, s. f. Ormille, plant de petits ormes.

**OURNA**, v. act. Orner, embellir par des ornements. (Du latin *ornare*.)

**OURO**, s. f. Heure, vingt-quatrième partie du jour ; Temps marqué : *Es arribat à l'ouro*, il est arrivé à l'heure ; Temps employé ; Espace de chemin : *Gna pla per uno ouro*, il y en a pour une heure ; adv. *A la bouno ouro*. (Du latin *hora*.)

Cepandan et tandis que la naturo plouro,
L'Éternel, dits al tems que cal que soune l'*houro*
Qu'announçara pertout que lé Cél es benjat.
Aquelo houro sounèt. L'unibers despuplat
N'a d'aoutres habitans que l'archo benazido,
Que porto dins soun sé la semenço caouzido,
Pourgado tout espres per un mounde noubèl.
Mais la terro gemis de beze pas le Cél.
Et le Cél és nabrat de beze pas la terro.
L'homme n'es que neant quand Dious l'y fa la guerro,
Et tal que nou siéc pas le cami qu'a traçat
Se preparo l'infer per uno eternitat. DEBAR.

**OUROS**, s. f. Heures, parties de l'office de l'église, relatives aux heures du jour ; Prières de l'église ; Livre de prières : *Croumpo-me d'ouros*, achetez-moi un livre de prières.

**OURRIPLE, O**, adj. Horrible, qui fait horreur ; Excessif, extrême en mal : *Es d'un prèx ourriple*, il est d'un prix excessif. (Du latin *horribilis*.)

**OURRIPLOMEN**, adv. Horriblement, extrêmement.

**OURROU**, s. f. Horreur ; Détestation, haine violente ; Objet d'horreur ; Crime monstrueux ; Saisissement de crainte, de respect ; fig., Personne, chose laides : *Aco's uno ourrou*, c'est une horreur ; Mécompte, erreur : *Y'a uno ourrou dins nostres countes*, il y a une erreur dans nos comptes. (Du latin *horror*.)

**OURS**, s. m. Ours, quadrupède féroce, plantigrade, à longs poils ; fig., Homme fort velu ; homme farouche, qui fuit la société ; Mal élevé : *Semblo un ours*, il semble un ours. (Du latin *ursus*.)

Drex sur un théâtre,
Un ome enrouxat
Crido que fa batre
Un *ours* miex pelat.
Et d'uno grimaço,
Lou sinxo palhasso
Bostit en souldat;
Derrabo la peço
Al payzan badeco
Curious dal coumbat. A. B.

**OURTALISSOS**, s. f. Les Hardes d'une fiancée ; les Légumes nécessaires pour un ménage : *Me souy reserbat las ourtalissos*, je me suis réservé les hardes. (Du latin *hortus*.)

**OURTIC**, *Ourtigo*, s. f. Ortie, plante à feuilles piquantes. (Du latin *urtica*.)

**OURTIGA**, v. act. Piquer quelqu'un avec des orties : *L'an ourtigat*, on l'a piqué avec les orties.

**OURTOU**, s. m. Petit Jardin.

**OURTOULAN**, *voyez* ORTALAN.

## OUS

**OUSCA**, v. act. Faire des coches, des entailles à.

**OUSCURITAT**, s. f. Obscurité. (Du latin *obscuritas*.)

**OUSPITALITAT**, s. f. Hospitalité, vertu consistant à recueillir, loger, nourrir les voyageurs : *Bous dounaren l'ouspitalitat*, nous vous donnerons l'hospitalité. (Du latin *hospitalitas*.)

Aoutros fés dins aqueste *oustaou*,
Vivian, mardiou ! bén én répaou,
Moun paouré mestre çay countava,
Chaca fés qué só passéjava,
Tan dé moutous dins sous rastouls,
Couma vous avès dé pezouls :
E say qué aco n'és pas trop dire ;
Car, de quinte biay que vous vire,
Ay déja bén counsiderat
Qué n'avès un diable cargat. FAV.

**OUSSILHOU**, s. m. Petit Os.

**OUSSO**, s. f. Housse, couverture de cheval. (Du latin *ursa*, ourse, parce que les anciens se couvraient avec des peaux d'ours.)

**OUSSUT, UDO**, adj. Osseux, euse, fort, nerveux. (Racine *os*.)

**OUSTAL**, s. m. Maison, habitation : *Bastis un oustal*, il bâtit une maison. (Du latin *hospitium*.)

Et bous aous, chers débris de la grando famillo,
Bous aous que, dins l'exil, lou malhur escampillo,
Cadun, à soun cousin, burlo de bous abé.
Benes, nostro patrio es la nostro atabé ;
De l'*houspitalitat* bous alandan la porto ;
Fiéro de bous senti, la terro que bous porto
Jamay n'arrazara las piados que fazes ;
Nostres nebouts beyran oun paouzeres lous pes. J.

**OUSTALADO**, s. f. Famille toute entière : *L'oustalado a soupat*, toute la famille a soupé.

**OUSTALIÉ, EYRO**, s. m. f. Casanier, ère, bon ménager.

**OUSTALOU**, *Barraco*, s. m. Petite Maison ; Maisonnette.

**OUSTELARIÉ, O**, s. f. Hôtellerie.

**OUSTILITAT**, s. f. Hostilité. (Du latin *hostilitas*.)

**OUSTIO**, s. f. Hostie, pain consacré ou destiné à l'être ; Pain à cacheter : *Douno-me uno oustio*, donne-moi un pain à cacheter. (Du latin *hostia*.)

## OUT

**OUTARDO**, s. f. Outarde, gros oiseau gallinacé, de passage. (Du latin *avis tarda*.)
**OUTIS**, voyez ESPLEXO.
**OUTRA**, v. act. Outrer, pousser les choses au-delà des bornes : *Cal pas outra las cavuzos*, il ne faut pas outrer les choses. (Du latin *ultrà*.)
**OUTRAXA**, Outrajha, v. act. Outrager, faire outrage; Offenser : *L'as outraxat*, tu l'as outragé. (Du latin *ultra agere*.)
**OUTRAXANT**, O, adj. Outrageant, te, qui renferme des injures graves.
**OUTRAXE**, s. m. Outrage, injure grave de fait ou de parole : *Aco's un outraxe*, c'est un outrage. (Du latin barbare *altragium*.)
**OUTRE**, prép. Outre, au-delà ; Par-dessus ; En sus de : *Outre lou sac, gn'as encaro uno mezuro*, par delà le sac, tu en as une mesure. (Du latin *ultrà*.)
**OUTRO-PASSA**, v. act. Outre-passer, aller au-delà, dépasser les bornes : *A outro-passat lou drex*, il a dépassé le droit. (Racine *passa*.)

## OUY

**OUYRE**, *Embaysso*, s. m. Outre, peau de bouc cousue en sac pour les liquides; fig., gros Mangeur. (Du latin *uter*.)

Eola ten jousi sa conduita
Lou fier aquiloun et sa suita,
Trémountana, aguialas, marin,
Narbounés et calamandrin.
Pioy, aquel prince que doumina
Jusqu'à sus la mendra bussina,
El-méma emb'un courdil for béou
Destaca l'ouyre à moun batéou,
Et pèr coumble de poulitéssa
Nous tira un gros vén de sa fessa,
Qué s'ajossa bufat toujour,
Eren aou peïs dins un jour.
Mais mas gens, qu'aymavoun lou couyre,
En crézén qué gn'avié dins l'*ouyre*,
N'anéroun destapa lou traou
Et paguéroun lou petassaou.    FAV.

## OYS

**OYSIBETAT**, s. f. Oisiveté, désœuvrement, inaction : prov. *L'oysibetat es la mayre de toutes lous bices*, l'oisiveté est la mère de tous les vices. (Du latin *otium*.)

## OZE

**OZENADO**, voyez BESTIZO, BOURRIQUETADO.

## PA

**PA**, Po, Pan, s. m. Pain, aliment fait de farine de blé, de seigle, et mis au four ; *Fazen de pa*, nous faisons au four ; fig., Nourriture, subsistance; Donner une chose à bas prix : *Ba baylat per un boussi de pa*, il l'a donné pour un morceau de pain; Procurer à quelqu'un les moyens de vivre, d'avancer : *M'a mes lou pa à la ma*; *Pa-segnat*, Pain béni; *Pa de nobi*, le Baiser qu'on fait à de nouveaux fiancés en leur faisant compliment. (Du latin *panis*.)

Prendrei dounc part al misteri inéfable :
Al cor d'un Dious moun cor ba se mescla.
Jesus aimaplé !
Ba cresi pla,
Bostro beriat, que pot pas me troumpa,
Mostro à ma fé bostré corps adouraplé
Quoique mous els bejou pas que de *pa*.
    PUJ.

## PAB

**PABA**, v. act. Paver, couvrir une rue de pavés; fig., Abonder : *N'ero tout pabat*, il y en avait partout. (Racine *pabat*.)
**PABANA** (SE), v. pro. Se Pavaner, marcher d'une manière fière, superbe. (Du latin *pavo*, paon.)
**PABANO**, s. f. La Vie, courir la nuit; Battre le pavé : *Cado xoun bat la pabano*, tous les jours il bat le pavé. (Racine *pabat*.)

Quand fasquèt jour, dourmioy; moun bourgés me rebéillo,
Me fixo de trabés, trambli coumo la féillo.
—Oun èros yèr de sé ? respoun, drollé ! qu'as fèy
Per nou rintra qu'à méjouèy ?
— La coumedio èro tan bèlo !
— Ah ! me zou dizon-bé que bas perdre l'estèlo ;
Qu'un bèrme curo toun cerbèl ;
Patari ! jusqu'al jour nous as fèy la *pabano* !
As cantat, declamat, digun n'a clucat l'èl ;
Et n'en rougissez pas, tu qu'as pourtat soutano ?    J.

**PABAT**, s. m. Pavé, pierre qui sert à paver ; Chemin, rue revêtue de pavé ; fig., Être sans gîte, sans demeure : *Es sul pabat*. (Du latin *pavimentum*.)
**PABAXE**, s. m. Pavage, ouvrage du paveur; le Coût du pavage.
**PABAYRE**, s. m. Paveur, celui qui pave les rues.
**PABILHOUN**, s. m. Pavillon, tente carrée ou ronde terminée en pointe par le haut ; Corps de bâtiment qui accompagne un grand corps de logis ; Tour d'étoffe sur le ciboire ; Étendard de vaisseau ; Dais sous lequel on porte le Saint Sacrement dans les processions : *Fazen un poulit pa-*

## PAF

bilhoun, nous faisons un beau dais. (Du latin *papilio*.)

**PABO**, s. f. Paonne, femelle du paon : *La pabo couo*, la paonne couve. (Du latin *pavo*.)

**PABOT**, s. m. Pavot, plante annuelle, soporifique. (Du latin *papaver*.)

**PABOYSA**, v. act. Pavoiser, garnir de pavois.

## PAC

**PACAN**, s. m. Gueux, mal habillé, misérable : *Semblos un pacan*, tu sembles un gueux.

Cantabi aquistis jouns las tristos abanturos
Des prisouniés qu'Abdel-Kader
Coumo un latche *pacan* a tuat dins l'Alger !

**PACANDEXA**, v. n. Gueuser, mendier : *Aymo de pacandexa*, il aime à mendier.

**PACAXE**, voyez **PASTURAL**.

**PACHACAIRE**, voyez **PAXACAYRE**.

**PACHACO**, voyez **PAXACO**.

**PACHO**, voyez **PREX**.

**PACHOUCA**, voyez **TRIPOUTA**.

**PACIENSO**, voyez **PATIENÇO**.

**PACIFIA**, v. act. Pacifier, faire cesser la guerre ; Etablir la paix, la concorde : *Es tout pacifiat*, c'est tout pacifié. (Du latin *pacificare*.)

**PACIFIANT**, O, adj. Pacificateur, qui pacifie ; Conciliateur. (Du latin *pacificans*.)

**PACIFICOMEN**, adv. Pacifiquement, tranquillement : *Tout s'es passat fort pacificomen*, tout s'est passé pacifiquement. (Du latin *pacificé*.)

**PACIFIQUE**, O, adj. Pacifique, ami de la paix ; d'une humeur douce, endurante : *Es fort pacifico*, elle est fort endurante. (Du latin *pacificus*.)

**PACOUTILHO**, s. f. Pacotille, petite quantité de marchandises que l'on embarque gratis avec soi pour son compte sur un vaisseau où l'on sert ; fig., Bagages, paquets, etc. ; fig., *Aco's de pacoutilho*, c'est de peu de valeur. (De *pactum* fait de *pango*, contracter.)

## PAD

**PADE**, *Casset*, s. m. Poêlon, espèce de casserolle à longue queue.

**PADELO**, s. f. Omoplate, os plat, large et triangulaire de l'épaule. (Du latin *platus*, large.)

**PADENADO**, s. f. Poêlée, plein une poêle : *Uno padenado de castagnos*, une poêlée de châtaignes.

**PADENEXA**, *Padenejha*, v. act. Frire, fricasser, cuire à la poêle.

**PADENO**, s. f. Poêle à frire : *La padeno sentis*, la poêle sent. (Du latin *patella*.)

Talèou dit, talèou fayt : nous pressan un paouquet,
Et dins l'affa dé rés, fousquèren chez Jaquet.
Aïchi tout cambio dé faço,
Aïchi tout és débrumbat ;
Lé moumen présent effaço
Lé moumen qu'abèn passat.
Un camhajou s'entéméno ;
Les iooùs su'l cop per douxéno
Soun batudis dins un plat ;
Et D...., sans préne halèno,
Fabriquo dins la *padéno*
Un repaich improubisat.               DAY.

## PAF

**PAF**, *Fafié*, s. m. Jabot d'un oiseau, poche d'une volaille : *A lou paf tout ple*, il a le jabot plein.

## PAG

**PAGA**, v. act. Payer, acquitter une dette ; Donner la paye, la solde, le salaire : *B'a tout pagat*, il a tout payé ; fig., Éprouver des suites malheureuses, funestes : *B'a pla pagat*, il l'a payé cher ; s'Acquitter, satisfaire ses créanciers, se libérer de ses dettes. (Du latin *pacare*, calmer, parce qu'on calme un créancier lorsqu'on le paye ; les Italiens ont fait dans le même sens *pagare*, et les Espagnols *pagar*.)

**PAGA** (SE), v. pro. Se Payer, retenir le montant de sa créance sur l'argent, etc., qu'on a entre les mains : *Nous sien pagats entre mas*, nous nous sommes payés entre mains.

**PAGADOU**, s. m. Payeur, caution responsable : *Lou boli pas per pagadou*, je ne le veux pas pour caution. (Du latin *pacator*, dans le sens de *pacare*.)

**PAGANISME**, s. m. Paganisme, religion des payens, culte des faux Dieux. (De l'italien *paganismus*.)

**PAGAPLE**, O, adj. Payable, devant être payé : *Es pagaplo à la fi d'al mes*, elle doit être payée à la fin du mois.

**PAGAYRE**, O, s. m. f. Payeur, euse, celui qui paye : *Sios un missant pagayre*, tu es un mauvais payeur.

**PAGNE**, s. m. Panier, manne, corbeille pour mettre diverses choses ; Le contenu d'un panier : *Un pagné de rasins*, un panier de raisins. (Du latin *panis*, pain.)

Tondis qu'os uels bésens, sé flouris lo pélouso,
Lou berdié nous onnounço uno onnado oboundouso.
Cado aoubré oungon proumet soun tribut ol gronié,
Bé pourren, s'o Dious plaï, fa trouta lou *ponié*.
                                                            PRAD.

**PAGNE**, voyez **BASTARDEOU**.

**PAGNEYRADO**, s. f. Panerée, plein un panier : *Uno pagnèyrado de fardo*, une panerée de linge.

**PAGNEYRAYRE**, s. m. Vannier, celui qui fait des paniers en osier : *Coumandaras lou pagnèyrayre*, tu commanderas le vannier.

**PAGNEYRAT**, voyez **PAGNEYRADO**.

**PAGNEYRO**, s. f. Grande corbeille, ordinairement à deux anses pour porter soit le jardinage, soit le linge : *Manco uno pagnèyro*, il manque une corbeille.

**PAGNEYROU**, *Pagnèyroto*, s. m. f. Corbillon, petit panier.

Ar'un an, cado sero, à l'houro tan rizento
Oun podi, tout soulet, reba, cansouneja,
Dins l'oumbro bezioy blanqueja
Lou fântômo poulit de la paouro innoucento
Que, trento ans, dins Agen, bibèt dé caritat,
Et que, drolles, nous aous, tourmentaben sans crento,
Quand sourtio per rampli soun *panérou* bidat.    J.

**PAGO**, s. f. Paye, solde des gens de guerre ; Salaire : *Anas cerca la pago*, allez chercher la paye ; famil., *Per pago*, en revanche, en compensation : *Per pago ou per en pago*, en compensation, à la place. (Suivant Du Gange, du latin barbare *pagua* ou *paga*.)

Ballets d'un Mestré liberal
Quant aourés finit la journado,
La *pago* de bostre trabal
Surpassara bostro pensado ;
Sérés adouptats per éfans ;
Crentarés pas pus l'esclabatgé.

Al reng des Anxos et des Sants
Aourés lou Cel per éritaxé. Puj.

**PAGOMEN**, s. m. Payement, le salaire d'un ouvrier, le prix d'une chose : *M'a pourtat lou pagomen, il m'a apporté le prix.* (Du latin barbare *pagamentum*.)

## PAI

**PAÏS**, s. m. Pays, région, contrée, province, canton : *Tout lou pays ba sap;* Patrie, lieu de naissance; popul., un Compatriote : *Aben ayci un païs,* nous avons ici un compatriote. (Du latin *pagus*.)

### JONOU

M'en disés prou, Miquel..... S'en rouillen lou *pots*,
Qualqu'un mé disio : *Dont tu biens, camarado?*
Coussi l'y respoundrio, lo testo pla lébado :
*Dont je biens, me dis-toi.....? De Millau que j'en sis.
De Millau, qu'il est-il?* un trace de bilage.
*Trace toi même, mal après.
Il est bile d'hounur, qu'on le dit à Paris.
Qu'est-ce ça..... ton ficut parlage.....?
Passe ton chemin, je te dis.
Si tu contugnes d'abantage,
Je te descarro le bisage.*                    PRAD.

## PAJ

**PAJHELA**, *voyez* PAXELA.
**PAJHELO**, *voyez* PAXELO.
**PAJHES**, *voyez* PAXES.

## PAL

**PAL**, s. m. Pal, pieu, perche; Barre; gros Bâtons; *Pals semalhés,* Perches propres à transporter une tinette; Pivot que font certaines plantes dans la terre. (Du latin *palus*.)
**PALA**, v. act. Remuer la terre avec la pelle.
**PALABES**, *Palabesso, Anduzat,* s. m. Bêche, outil de jardinier, d'agriculteur, à fer large, carré, plat, avec un long manche pour travailler la terre : *Lou palabes n'es pas dal meou pé,* la bêche ne va pas à mon pied. On l'enfonce dans la terre par le poids de son corps. Le fer fixe ou mobile sur lequel repose le pied pour renforcer la bêche s'appelle appui, *marcadouyro;* le manche de la bêche est souvent garni à son bout d'une petite pièce transversale qu'on appelle main, *manilho* ou *banilho*. (Racine *palo*.)
**PALABESSA**, v. act. Bêcher, pelle bêcher, couper et retourner la terre avec la bêche; Remuer, labourer la terre avec la bêche : *Es tens de palabessa,* il est temps de pelle bêcher.
**PALABESSADO**, s. f. Travail fait à la bêche : *La palabessado pren sazou,* le travail à la bêche prend la saison.
**PALABESSAYRE**, s. m. Ouvrier qui bêche.
**PALADA**, s. m. Lampas, enflure au palais du cheval, qu'on appelle aussi fève, et qu'on guérit avec un fer chaud : *Crezi qu'a lou palada,* je crois qu'il a le lampas; fig., t. d'art. Espace entre deux dents d'une scie, passe-partout. (Du grec *lampas*.)
**PALADO**, s. f. Pellée, pelletée, autant qu'il en peut tenir sur une pelle : *Uno palado de cendres,* une pellée de cendres. (Racine *palo*.)
**PALADO**, s. f. Écousse, élan, mouvement subit avec effort pour sauter, franchir un fossé : *Prene palado,* Reculer pour sauter.

**PALALIN-PALALAN**, adv. Clopin-clopant : *S'es retirat palalin-palalan,* il s'est retiré clopin-clopant.
**PALAN**, s. m. Palan, cordes, moufles, poulies pour enlever les fardeaux : *Cal fa ambe lou palan,* il faut faire avec le palan. (Du latin *palancus;* pièce de bois unie.)
**PALANCO**, *Poylo,* s. m. f. Faible, qui se tient avec peine, qui se tient difficilement.
**PALASTRE**, s. m. T. de serr. Palastre, pièce de fer qui forme la partie extérieure d'une serrure et sur laquelle sont montées toutes les pièces qui la font agir.
**PALAYRE**, s. m. Homme de journée qui travaille à la pelle.
**PALAYS**, s. m. Palais, édifice; grande Maison somptueuse; Lieu où l'on rend la justice. (Du latin *palatium*.)

Roumo besquet un jour sur soun illustro plaço
Un grand Ome affrounta touto uno populaço;
Acampa la discordo et saouba lou senat,
En se presenten soul al puplé reboultat,
Atal, atal Agen bey Moussu Gas, d'un geste,
Fa cessa lou peril d'aquel coumbat funeste;
Et cad'un redoutan la foudro del *palay*,
Tramblo, bacho lou cat, se rebiro et s'en bay.    J.

**PALAYZA** (SE), v. pro. Se Pavaner.
**PALEJHA**, *voyez* PALABESSA.
**PALEJHAIRE**, *voyez* PALABESSAYRE.
**PALET**, s. m. Palet, morceau de pierre ou de métal plat et rond pour jouer, en le jettant à un but. (Du latin *patulus,* large, étendu.)
**PALET**, *voyez* CARRETTO.
**PALETO**, s. f. Petite Pelle; Paleron, partie plate et charnue de l'épaule de plusieurs quadrupèdes. (Racine *palo*.)
**PALEXA**, *voyez* PALABESSA.
**PALEXADO**, *voyez* PALABESSADO.
**PALEXAYRE**, *voyez* PALABESSAYRE.
**PALFER**, s. m. Levier en fer pour soulever des fardeaux : *Cal abe lou palfer,* il faut avoir le levier. (Racine *pal* et *fer*.)
**PALFIC**, s. m. Jeu d'enfant qui consiste à jeter avec force un petit bâton pointu dans une terre un peu molle. Celui qui en jettant le sien à terre fait tomber celui de son camarade, a le droit de l'enfoncer en frappant dessus plusieurs coups, et de l'obliger de le retirer avec les dents.
**PALHA**, v. act. Empailler, garnir de paille, les chaises, les sabots : *Palha lous esclots,* Empailler les sabots; Faire la litière aux chevaux, aux bœufs: *Es a l'estaple que palho,* il est à l'écurie, il fait la litière. (Racine *palho*.)
**PALHADO**, s. f. Couche de paille répandue soit dans une rue, soit dans une écurie; fig., Lit provisoire pour plusieurs personnes.
**PALHASSADO**, s. f. Plein un panneton : *Uno palhassado de bren,* plein un panneton de son. (Racine *palho,* paille avec laquelle est bâti le panneton.)
**PALHASSO**, s. f. Panneton, sébille, jatte de paille dont on se sert pour mettre la pâte : *Enfarino las palhassos,* Enfarine les pannetons; Cupule alvéole, calotte du gland.
**PALHASSO DE LEYT**, s. f. Paillasse, toile cousue en forme de grand sac pleine de paille pour un lit : *La palhassso n'es pas prou pleno,* la paillasse n'est pas assez pleine.
**PALHASSO**, *Pierrot,* s. m. Paillasse, bateleur qui contrefait gauchement les tours de ses camara-

des : *Beni de beze palhasso*, je viens de voir le paillasse.

**PALHASSOU**, s. m. Paillasson, natte de paille; Paille fixée avec de la ficelle des bâtons pour servir d'abri : *Anas espandi lous palhassous*, allez étendre les paillassons; Petit panneton.

Dés Dimengès oltal se passo lo beillado :
Es lous jouns de trobal aoutromen emplegado.
L'un bastis de pognés, l'aoutré de *poilhassous*;
Les fillos, tout fiolan, fan peta de consous.
PRAD.

**PALHASSOUNAT**, s. m. Plein un panneton : *Un paillassounat de farino*, plein un panneton de farine.

**PALHAT**, s. m. Litière pour les chevaux, etc.; fig. : *Fa palhat*; Prodiguer, mal user d'une chose.

**PALHÉ**, s. m. Pailler, meule, grand tas de paille dressé en gerbier : *Anan acaba lou palhé*, nous allons terminer la meule de paille. (Racine *palho*.)

Quand lé Soulél a finit sa tournado,
N'éi pas dé lieit a poudè répaousa;
Mais aouta-léou qué l'estélo és lébado,
Dins un *paillé* yeou m'en baou estuja :
Tout arrucat réciti ma prégario,
Démandi a Dious qué m'enboyé la mort,
Et talomen mé dében necessario,
Qué neit et jour mé cal ploura moun sort. VEST.

**PALHÉ** *de mouli*, s. m. Lançoir, haussoire, vanne, espèce de porte de bois dont on se sert dans les moulins; elle se lève ou se baisse dans des coulisses pour laisser aller l'eau ou la retenir : *Leba lou palhé*, lever le lançoir. (Du latin *paleta*, petite pelle, à cause de sa forme.)

**PALHETO**, s. f. Jonchets, petites lames de roseau minces qui ont servi de dents d'un rôt ou peigne de tisserand et avec quoi les enfants jouent, en les enlevant une à une du tas sans remuer les autres : *Fa a las palhetos*, jouer aux jonchets.

**PALHETO** *de fuzil*, s. f. Gâchette, petit morceau de fer coudé sous la détente d'un fusil, pour faire partir le chien : *Toques pas la palheto*, ne touchez pas la gâchette; Paillette, petite lame de métal percée pour être appliquée sur une étoffe : *Es garnit de palhetos*, c'est garni de paillettes; petits Brins de paille dont on se sert pour chasser les oiseaux à la glue.

Sé bous pren fontosio dé préné l'ausel biou,
Obés plusiurs mouyens; ouesté és per l'estiou :
Ol bort d'un ribotel, sus un pont dé peyrétos,
Ounchados on dé besc on met quaouquos *poilléios*;
Dé set miech ogonit, entré sé déjouca,
L'aussel hey l'aïgo, y bolo, é sé hén embesca.
PRAD.

**PALHEXA**, v. act. Sauter la paille, secouer, soulever la paille après avoir battu les gerbes pour en séparer le grain : *Palhexas pla*, sautez bien la paille.

**PALHEYRAS**, s. m. Augmentatif de *palhé*, grand Tas de paille.

**PALHEYROU**, s. m. Diminutif de *palhé*, petite Meule de paille.

**PALHO**, s. f. Paille, tuyau et épi du blé, ou seigle, etc., quand le grain en est dehors : *La palho es raro*, la paille est rare; Crasse, écaille que le marteau détache du fer; Défaut dans la liaison des métaux : *Y'a uno palho*, il y a une paille. (Du latin *palea*.)

Ramounet a gagnat, et, couroünat de flous,
Rifagno soun ribal, counfus coumo uno desco;
Le mestre del chabal à sous paoures gorrous
Douno per recoumpenso un paouc de *palho* fresco;
El empotcho l'argen.

**PALHOBART**, s. m. Bousillage, chaume et terre détrempée et melée pour bâtir : *Cal fa un palhobart*, il faut faire un bousillage.

**PALHO COURTO**, s. f. Courte paille, manière de tirer au sort avec des brins de paille, d'une longueur inégale.

**PALHOU**, *Brandou*, s. m. Brandon de paille ou de foin pour s'éclairer pendant la nuit : *Beyren fosso palhous aneyt*, nous verrons beaucoup de brandons cette nuit; Espèce de jalon en paille que place un semeur pour bien semer son champ; Petite poignée de paille attachée à un arbre ou fixée sur un pieu pour avertir que ce champ est réservé.

**PALHOUN**, *Clinclan*, s. m. Paillon, petite feuille de cuivre battu, vernie de différentes couleurs.

**PALHOUNA**, v. act. Jalonner un champ pour le semer; Placer des poignées de paille pour empêcher qu'on entre dans un champ qu'on réserve.

**PALHOUS**, adj. Pailleux, euse, qui a des pailles, en parlant des métaux : *Aquel fer es palhous*, ce fer est pailleux.

**PALIASSO**, voyez MARFÈGO, PALHASSO.
**PALIASSOU**, voyez PALHASSOU.
**PALIÉ**, voyez PALHÉ.
**PALIEJHA**, voyez PALHEXA.
**PALIETO**, voyez PALHETO.

**PALIGOT**, s. m. Gros Bâton : *Te, pren un paligot et partis*, tiens, prends un bâton et va.

**PALISSADA**, v. act. Palissader, dresser des palissades dans un jardin : *Boli tout palissada l'ort*, je veux palissader tout le jardin.

**PALISSADO**, s. f. Palissade, clôture en pieux; Arbres plantés près à près, qui forment un mur de verdure. (Du latin *palus*.)

**PALISSOU**, s. m. Gâteau cuit ou sur la pelle ou sous la cendre; fig., Férule qu'a reçue un écolier : *As trappat un palissou*, tu as attrapé une férule.

**PALLE**, O, adj. Pâle, blême, décoloré : *Es pla palle*, il est bien pâle. (Du latin *pallidus*.)

La fillo qu'aïmou pla your parés accoumplido :
Fougues gorxo sans dents la trohou fort poulido;
S'és negro per fa poou, s'és coumo lou cremal
Diroou qu'és uno bruno, et qu'es pla ço que cal;
*Pallo* coumo la mort mettez encaro piri,
Soun galan bous dira qu'és blanco coumo un liri.
D.

**PALLEXA**, *Pallejha*, v. n. Pâlir, devenir pâle; Blanchir, en parlant des étoffes. (Du latin *pallere*.)

**PALLI**, v. n. Pâlir, devenir pâle : *Pallis, es coupaple*, il pâlit, il est donc coupable. (Du latin *pallere*.)

Mais soun astré *paliguet*
Tout-à-fait
Quand nostro poutounéto,
Un bricou may fayteto,
Encadénèt dé sous brassous
Soun papa tout glourious,
Et qué lous jocs, lous ris, ensemblé ambé la gracio,
Coumo aoutant d'aouzélous escapats de lour nits,
A peino espelfèrits,
Bengueroun boultéja, fadéja sus sa facio
Et randré soun pourtrèt
Parfèt.

Oh! despey, tout fousquet per la poulido Loro,
Elo aoujet sous aoutas, coumo ço qu'on adoro,
Tandis que lou gat soul, à sa grando doulou,
Nou rancountrèt pertout qué rébuts et fredou.
                                                CEREN.

**PALLIA**, v. act. Pallier, colorer, couvrir, déguiser. (Du latin *palliare*.)
**PALLO COULOU**, s. f. Pâle couleur, maladie qui affecte les jeunes filles : *Fa la pallo coulou*, elle fait une pâle couleur. (Racine *pallo* et *coulou*.)
**PALLOU**, s. f. Pâleur, manque absolue de teint: *Abio la pallou d'un mort*, elle avait la pâleur d'un mort. (Du latin *pallor*.)
**PALLUFEC**, O, adj. Malingre, chétif, languissant.
**PALMA**, v. act. Mesurer, vérifier : *Me cal palma*, disent les enfants dans leurs jeux pour savoir qui jouera le premier. (Du latin *palma*, main.)
**PALMA**, v. n. Se dit de l'élasticité des balles dont jouent les enfants : *Palmo tout ple*, elle rejaillit très bien. (Racine *palmo*.)
**PALMADELOS**, s. f. Traverses qui portent le plancher d'une charrette : *Uno palmadelo a manquat*, une traverse a manqué.
**PALMO**, s. f. Balle, espèce de pelotte dont s'amusent les enfants : *Xouga à la palmo*; fig. et prov. : *Pourta sur la palmo de la ma*, aimer, chérir quelqu'un. (Du latin *palma*.)

Jhanna qu'era destinnada
A fayre l'admiratioù
De l'Uropa, — ès coundamnada
Per dé gens dé sa natioù !
Mais la jouyna vierja és calma ;
Sap qu'o méritat la *palma*
Qué Dioù reserva as martyrs ;
É d'el sor béou lou calici,
En ésperén soun supplicé,
É lou Ciel, lioc dé délicé,
Récap sous brùlans souspirs.             PEYR.

**PALMOU**, s. m. Poumon, principal organe de la respiration : *Met aco sus palmous*, avale ce morceau. (Du latin *pulmo*.)
**PALMOULO**, s. f. Paumelle, espèce de grain: *La palmoulo manco*, la paumelle manque.
**PALMOUNISTE**, O, s. m. f. Poitrinaire, qui a la poitrine attaquée : *Es palmouniste coumo uno rabo*, il est poitrinaire comme une rave.

Autal parlava al foun dé sa cabana
Un *pdoumoniste* attristat dé soun sor ;
Très jours après, lou soun dé la campana
As païsans anouncava sa mor !           PEY.

**PALO**, *Rispo*, s. f. Pelle, instrument de fer, ou de bois large et plat, à long manche, pour remuer, soulever quelque chose ; Pale, carton carré, couvert de linge qu'on met sur le calice ; Bout piat de l'aviron ; Pièce de bois qui retient l'eau d'une écluse. (Du latin *palla*.)
**PALOS**, *voyez* ALETS.
**PALOT**, O, s. m. f. Palot, rustre, nigaud ; Lourdeau, maladroit : *Sios un palot*, tu es un maladroit ; Écope de bateau pour en jeter l'eau.

Ey reçut ta lettro flatouzo,
Tous bers flourits coumo lou més de may,
Ma muzo s'y miraillo et s'és un bri glouriouzo
De se beyre anfin graciouso
Al pun que toun pincél la fay,
Pouéto excuzo-lo ! dous coumo mèl d'abeillo,
Toun encen dins soun co, s'és enjoucat tout dret !

Sabes d'aillurs, que pel flattur adret,
Fillo moudesto a toujour une aoureillo ;
Sabes qu'un coumplimen, tèl que lou gout lou bol,
Es un large couchi, pla doucet et pla mol,
Oun sans rougi, lou may sage s'apuyo ;
Tout bas cadun se prézo, et souben dins la ruyo,
Debat uno casqueto, en capèl, ou plumet,
May d'un *palot* se carro et se crey quaoucoumet.   J.

**PALOUGNIÉ**, *Panonié*, s. m. Palonnier, pièce du train d'un carrosse, à laquelle tiennent les traits: *Lou palounié es coupat*, le palonnier est cassé.
**PALOUMBO**, s. f. Palombe, espèce de pigeon ramier.
**PALOUTIZO**, *Coutralizo*, s. f. Gaucherie, nigauderie : *Aco's uno paloutizo*, c'est une gaucherie.
**PALP**, s. m. Tact, sens que reçoit l'impression des objets sur lesquels s'exerce le toucher : *B'ey counegut al palp*, je l'ai connu au toucher. (Du latin *palpatus*.)
**PALPA**, v. act. Palper, manier, toucher, prendre avec la main : *Ba gaouzo pas palpa*, il n'ose pas le toucher ; fig., Battre quelqu'un ; Rançonner quelqu'un : *M'a pla palpat*, il m'a bien rançonné. (Du latin *palpare*.)
**PALPAPLE**, O, adj. Palpable ; Évident, manifeste : *Aco's palpaple*, c'est évident.
**PALPAYRE**, O, adj. et s. Inconstant, e, indécis, irrésolu : *Sios un palpayre*, tu es un inconstant.
**PALPITA**, v. n. Palpiter, battre inégalement et précipitamment, en parlant du cœur : *Lou cor me palpitabo*, le cœur me battait. (Du latin *palpitare*.)
**PALPITATIOU**, *Battomen*, s. f. Palpitation, battement inégal et précipité du cœur. (Du latin *palpitatio*.)
**PALPOS** (A), adv. A Tâtons, en tâtonnant ; fig., en essayant, sans lumière, sans connaissance : *Fa à palpos*, Aller à tâtons.
**PALPUGA**, *voyez* PALPA.
**PALS SEMALHES**, s. m. Bâtons aux cornues ; *Porto lous pals*, porte les bâtons à cornue. (Du latin *palus*.)
**PALSIEYRADO**, s. f. Éclusée, la quantité d'eau que contient le bassin d'un moulin pour faire tourner la meule : *Cal attendre la palsieyrado*, il faut attendre l'éclusée. (Racine *pal*, parce que c'est avec des pieux plantés qu'on forme les chaussées.)
**PALSIEYRO**, *voyez* PAYSSIEYRO.
**PALUSSA** (SE), *voyez* SE PELUSSA ; fig., Frayer quelqu'un ; Choyer, se frotter à... : *Se bouljo ana palussa an d'aquelo fillo*, un aoutre a pres sa plasso, il voulait aller s'y frotter, dirait-on vulgairement en français, un autre l'a supplanté.

## PAM

**PAMA**, v. n. Pâmer, tomber en pâmoison ; s'Évanouir. (Du grec *spasma*.)
**PAMOULO**, *voyez* PALMOULO.
**PAMPARUGO**, *voyez* PERRUCO.
**PAMPO**, s. f. Pampe, feuille de graminées : *Lou blat a fosso pampo*, le blé a beaucoup de pampe.

## PAN

**PAN**, *voyez* PA.
**PAN**, s. m. Pan, mesure de neuf pouces ; Le pan représente 22 centimètres : *Un pan d'estofo*, un pan d'étoffe.

# PAN

BOSC.

Bos-tu que per escrix nous moustren sans faïssous
Cal es lou pus aïmat anfin de toutes dous !
Et que l'aoutrè dabord, sans tambour ni troumpeto,
Descampè d'aïssital tout coumo qui lou fouèto ?

MARCEL.

B'accepti de boun cor, mais que t'en plangos pas,
Car boli sur aco te bézé un *pan* de nas.
                              D.

**PAN**, s. m. Jeu de la patte ; Jeu où l'on jette une pièce de monnaie contre un mur, et où l'on gagne quand il n'y a que l'extension de la main entre la dernière pièce jettée et l'autre : *Xougan al pan*, nous jouons au jeu de la patte.

**PAN CARRAT**, s. m. Brique carrée dont on se sert pour carreler un appartement : *Me cal cent pans carrats*, il me faut cent briques carrées.

**PAN COUPAT**, s. m. Angle coupé par une ligne oblique.

**PANA**, v. act. Voler, dérober, prendre ce qui est à autrui : prov. *Pa panat dérebeylho l'apetis*, pain volé double l'appétit ; De pain émietté : *Cal pana aquelos coustelos*, il faut paner ces côtelettes. (Dans ce dernier sens du latin *panis*.)

Uü cop que yeu prenio la frescuro
A souleI coulc sur la berduro,
Et countro lou roussignoulet,
Fazioi tinda moun flajoulet,
Tant que sur l'herbeto pradièro
Mous els se dounaoun carrièro
Quand amour qu'èro pus en là
Qu'aouzie l'un et l'aoutrè fioula
Ben douçomen, coumo qui *pano*,
Ou que camino sur de lano,
Et tout d'assietous costo jou,
Bol jutja qui fara milhou.
                                G.

**PANADÈLO**, s. f. Patience frisée.

**PANADO**, s. f. Panade, pain émietté et longtemps mitonné dans du bouillon : *Pren pas qu'un bricou de panado*, il ne prend qu'un peu de panade ; Panée, adj. Eau où l'on met un morceau de pain rôti : *L'aygo panado*. (Du latin *panis*.)

**PANADOU**, adj. Tentatif, convoité, aimé avec passion.

**PANASSA**, v. n. Panacher ; il se dit des fleurs qui prennent des couleurs variées : *Balsamino panassado*, balsamine panachée. (Racine *panasso*.)

**PANASSAT, DO**, adj. Panaché, ée, de diverses couleurs mélangées.

**PANASSO**, s. m. Panache, assemblage de longues plumes flottantes pour ornement soit d'un casque, soit d'un dais. (De l'italien *pennachio*, fait avec la même signification de *penna*, plume.)

**PANATALIO**, voyez PARATALHO.

**PANATORI**, s. m. Lieu, endroit qui facilite le vol : *Aco's un brabe panatori*, c'est un lieu où l'on vole facilement.

**PANAYRÈ**, voyez BOULUR.

**PANCARTO**, s. f. Pancarte, placard ; Affiche : *Y'a uno grando pancarto d'affixado*, il y a une grande pancarte d'affichée ; fam. et iron. Papier écrit, paperasse. (Du grec *pan*, tout, et *chartès*, papier ; Papier qui contient le tarif de tous les droits.)

**PANDOUR**, s. m. Pandour, homme dont les manières sont brusques, rudes et impolies. (Nom de certains soldats Hongrais. Ce sont des troupes légères, propres surtout pour le pillage.)

**PANDOURÈL**, *Pandarèl*, s. m. Pan de la chemise : *Lou pandourèl sourtis*, le pan de la chemise sort. (Du latin *pannus*.)

Tous couyrots alabets fendion lou bourracan !
Et bers le founds de ta culotto griso,
     Le *pendarèl* de ta camiso
Penjabo coumo un ram qu'anounço le bi blan.

**PANDRO** (DIRE LOU PIC ET LOU), espèce de locution adv. Dire pis que pendre de quelqu'un.

**PANEJHA**, v. n. Fournir, foisonner en parlant de la farine. (Racine *pa*.)

**PANEL**, s. m. Pan, basques d'un habit ; Layette d'un enfant : *L'a trapat per panèl*, il l'a pris par les basques de son habit. (Du latin *pannus*.)

**PANÈOU**, s. m. Panneau, bois, vitrage encadré ; Modèle, patron pour tailler une pierre : *Lou panèou es magre*, le modèle est maigre. (Du latin *panellum*.)

**PANET**, s. m. Pain blanc, petit pain : *Manxi pas un panet per xoun*, je ne mange pas un petit pain par jour. (Du latin *panis*.)

**PANETIÈ**, s. m. Panetier, celui qui dans une communauté est chargé de porter le pain à table. (Du latin *panis*.)

**PANETO**, s. f. Pain de munition ; Ration qu'on donne aux soldats : *Pot pa acaba la paneto*, il ne peut pas achever sa ration. (Du latin *panis*.)

**PANICAOUT**, s. m. Panicaut, sorte de plante, autrement appelée *Chardon Roland*.

**PANLE**, voyez PALLE.

**PANO**, s. f. Panne, sorte d'étoffe à chaîne et trame de laine, fabriquée à peu près comme le velours. (Du latin *pannus*, qui désigne toute sorte d'étoffes de laine.)

**PANOS**, s. f. Lentilles, taches rousses sur la peau : *Es tout panos*, il est tout taches rousses.

**PANOT**, s. m. Pain, nourriture : *Dious nous doune de panot*, Dieu nous donne du pain.

**PANOULHO**, s. f. Gros Ventre ; Graisse que portent les oies ; Épi de millet : *Trigosso la panoulho*, il traîne son ventre.

**PANOUS**, *Tressalat*, adj. Lentilleux, tavelé, taché de rousseurs.

**PANOUTEJHA**, v. act. Griveler, escroquer.

**PANSA**, v. n. Perdre l'aplomb, surplomber : *Panso en foro*, ce mur surplombe ; Grossir dans sa panse. (Racine *panso*.)

**PANSAR**, voyez PANSUT.

**PANSEL**, voyez PAYSSEL.

**PANSIÉYRO**, s. f. Panne ; t. de charp. Pièce placée sous les chevrons : *La pansiéyro a flancat*, la panne a manqué.

**PANSO**, s. f. Panse, ventre ; prov. *La panso fa la danso*, la panse fait la danse. (Du latin *pantex*, gros ventre.)

Dema mati, quand la campano
Dira qu'es tems de dexuna,
Que sul fricot, coumo qui pano,
Toun estoumac se xetara ;
     Quand creyras prene,
     Xoust las dens tene
Lou pus presat, lou pus fi das boussis ;
     Et que d'abanso,
     Ta grando *panso*
Se dourbira, flambanto d'apetis ;
Un ben cruèl, sur ma paraoulo,
Te couflara coumo un balot,
Et sans que tastes lou fricot
Te cassara de taoulo.
                              A. B.

**PANSOT, O**, s. et adj. Pansu, ue, ventru; fainéant : *Aco's un pansot,* c'est un ventru. (Racine *panso*.)

**PANSUT**, *voyez* PANSOT.

**PANTALOUN**, s. m. Pantalon, habit tout d'une pièce qui descend jusqu'aux pieds : *As lou pantaloun traoucat,* tu as le pantalon percé. (Ce mot vient des Vénitiens qui portent cette espèce de vêtement, et qu'on appelle *Pantaloni,* à cause de St-Pantaléon, qui était autrefois le patron de Vénise.)

**PANTAYS**, s. m. Respiration gênée, précipitée, soit pour cause de maladie, soit par une course : *M'a pres un pantays que m'estouffo,* j'ai un essoufflement qui m'étouffe.

**PANTAYSSA**, v. n. Panteler, haleter, être hors d'haleine. (De l'anglais *to pant,* qui a la même signification.)

**PANTO**, s. f. Pente, inclination, disposition à... ; Tic : *Aco's sa panto,* c'est son goût. (Du latin *propensio*.)

**PANTOCOUSTO**, *voyez* PENTOCOUSTO.

**PANTOS**, s. f. Pentes, bandes qui pendent au tour d'un lit: *Las pantos sou trop courtos,* les pentes sont trop courtes.

**PANTOUFLOS**, s. f. Pantoufle, chaussure légère pour la chambre; famil. *Rasouno coumo uno pantouflo,* il résonne comme une pantoufle. (De l'allemand *pantoffel,* qui signifie la même chose.)

**PANTUROS**, *voyez* RELHOS.

**PANXE**, s. m. Collet du vêtement autour du cou : *L'a trapat pel panxe,* il l'a pris au collet.

## PAO

**PAOU**, *voyez* PAL.

**PAOU**, s. m. Paon, gros oiseau domestique ayant un cri aigre, un beau plumage et une queue couverte de marques de différentes couleurs en forme d'yeux : prov. *Se couflo coumo un paou,* il se gonfle comme un paon. (Du latin *pavo*.)

**PAOUBALI**, *Paoucibal,* s. m. Mauvais sujet ; Femme perdue : *Qu'un paoubali me sios,* quel mauvais sujet tu es. (Du latin *pauci valere*.)

**PAOUC**, adv. Peu, en petite quantité, en petit nombre, pas beaucoup, si faiblement que... : *Per ta paouc,* pour si peu. (Du latin *paucus*.)

Bcleou qu'en bous dounan aïtal la serenado
Séra bengut à bout de bous abé xarmado ;
Poirio b'esiré tabés que bous aoura plagut
Ammé calqué prepaous que bous aoura tengut ;
Car a bous ne cal *paouc* per qu'aco bous engaxé.     D.

**PAOUC À PAOUC**, adv. Peu à peu ; Petit à petit ; Insensiblement : *Paouc à paouc arribaren,* nous arriverons peu à peu.

Lou Soulel qué déja dintro dins lo bolonço
O moudérat l'ordou dés royouns qué nous lonço.
Lo frescuro dé l'aïré un bricou niboulous,
O costiat, *paouc-à-paouc,* dé l'Estiou los colous.
                                                    PRAD.

**PAOUFERE**, *voyez* PALFER.

**PAOUMÈLO**, s. f. Paumelle, sorte de penture à deux bandes ondées ou bien repliées en rond pour les portes légères; Pommelle, outil de corroyeur pour faire venir le grain au cuir.

**PAOUMO**, *voyez* PALMO.

**PAOUMOULO**, *voyez* PALMOULO.

**PAOUQUET**, adv. Bien peu; Tant soit peu.

**PAOURAS**, s. m. Pauvre; Mal à son aise : *Es pla paouras,* il est bien pauvre; Malade, convalescent : *Es touxoun paouras,* il est toujours convalescent.

**PAOURE**, O, s. m. f. Pauvre, qui manque du nécessaire; Sans bien; Qui n'a pas de quoi vivre selon sa condition; Chétif, mauvais en son genre : *Aquel blat es paoure,* ce blé est mauvais; par manière de compassion : *Lou paoure! ben de parti,* le pauvre! il vient de partir. (Du latin *pauper*.)

Un païs tout entié xoust las aïgos s'escroulo.
Paoures, rixes, benez, benez toutes en foulo,
Lou cor ple de doulou, lous èls bagnats de plours,
Pourta bostre digné, bostr'or à soun secours ;
Empaxa, pel poude d'uno oufrando sincéro,
Un pople de peri de fan et de miséro ;
Et per que bostr'oufrando axe maït. de balou ,
Mesuras-lo, boun pregui, à la tristo doulou
Que sentis bostre cor ple d'un noble couraxe,
Quand d'un malhur ta grand se desplego l'imaxe.
                                                    A. B.

**PAOURETAT**, s. f. Pauvreté, état de besoin ; Manque de biens : prov. *Paouretat n'es pas bici,* la pauvreté n'est pas un vice. (Du latin *paupertas*.)

**PAOUREXA**, v. n. Faire le pauvre, se plaindre ; Crier misère: *Paourexo touxoun,* il crie misère toujours.

**PAOURIÈYRO**, *voyez* PAOURETAT.

Es juste, après una butada.
Qu'on sounje à fayre la béguda,
Titan dé fioc émb'un fusil,
Ramplissen marmitas ó gril,
Dansan davan la cheminièra
É nous mouquan dé la *paourièyra*.
Faou pas pamen s'en mouqua trop,
Quaouquas fés révèn aou galop ;
É taou crey l'avédre espoussada
Qu'aou coupét à la porta émpégada.     FAY.

**PAOUROMEN**, *Paouramen,* adv. Pauvrement, dans la pauvreté, l'indigence, d'une manière pauvre, médiocre: *Fazen pla paouromen,* nous vivons pauvrement.

Qui *paouromen* nasquèt, d'ambé paou sé countento ;
Hurous dins moun oustal ; nat castel nou me tento ;
Et s'es bray, dins ma paouretat,
Qu'attendi de la Glorio un regard de bountat,
Dibèsse m'en accorda trento
Jamay lous croumpayoy d'ambé ma libertat !     J.

**PAOUROT**, O, adj. Pauvret, tte ; t. de commisération : *Lou paourot gaouzo pas manxa!* le malheureux, il n'ose pas manger !

**PAOURUC**, GO, adj. Peureux, euse, timide, craintif; Poltron : *Crey d'abe à fa amb'un paouruc,* il croit d'avoir à faire à un poltron ; Ombrageux, farouche, hagard : *Aquel xabal es paouruc,* ce cheval est ombrageux. (Racine *poou*.)

O Pologno ! Pologno ! o nostro biello amigo,
Se poudios beyre aoumen coumo te regretan ;
Cadun repon sur tu de grumillos de san ;
De te benja que nous attrigo !
Bay, nous accuzes pas !..... mais accuzo puleou
Un ministèri lâche el soul es toun bourrèou !
Accuzo aques *paourucs* que dempey mèjo annado
En ma tegnon la foudro et nou l'an pas latçado.     J.

**PAOUTEJHA**, *voyez* MASTINGA.

**PAOUTOU**, *Gaffo,* s. m. Crochet d'une corde de puits.

**PAOUTRADO**, *voyez* PRAOUDO.

**PAOUTRO**, *voyez* PRAOUDO.

**PAOUZA**, v. act. Poser, mettre doucement une chose sur une autre ; Placer : *B'as paouzat sus la taoulo*, tu l'as placé sur la table ; Mettre dans le lieu, dans la situation qui convient ; Fixer sur une base. (Du latin *ponere*.)

Dé mêmés ol trobal lou mens boillent s'escrimo,
Del bras é dé lo boix lou Pogès lous onimo ;
L'auxissés quond quaouqu'un s'aousó un bricou *pausa*,
Crida coumo un obuclé : You bésę cal y fa. PRAD.

**PAOUZA** (SE), v. pro. Se Poser, se reposer, prendre haleine : *Se cal tene paouzat*, il faut respirer de temps en temps.

**PAOUZADIS**, O, adj. Reposé, ée ; Tranquille, oisif : *N'es pas pla paouzadis*, il n'est pas bien reposé. (Du latin *positus*, de *ponere*.)

Muso, quitten lo plano, é mounten o lo bigno.
D'estré to *pausodis* lou fouseyré s'endrigno,
N'o rosou ; lou répaous douno pas o dina.
Bénés dounc, brabos gens, couratgé, onen bina.
PRAD.

**PAOUZADOMEN**, adv. Posément ; Doucement ; Modérément ; Lentement ; Gravement : *Cal parla paouzadomen*, il faut parler posément.

**PAOUZAT**, ADO, adj. Posé, ée, tranquille ; Rassis ; Grave.

**PAOUZAXE**, *Paouzage*, s. m. Posage, travail et dépense pour poser certains ouvrages : *Lou paouxaxe es encaro car*, le posage est encore cher.

**PAOUZAYRE**, O, s. m. f. Poseur, euse ; Coucheur, ouvrier briquetier qui couche l'ouvrage, le pose : *Cal uno paouzayro lésto*, il faut une poseuse leste.

**PAOUZO**, s. f. Pause, suspension, cessation d'action : *Cal fa uno paouzo*, il faut faire une pause. (Du latin *pausa*.)

Moun Dious ! devant vous prousternat
N'ei pas reclamat qu'uno caouso :
Jusqu'à ce que siogue exaouçat,
Yeou n'aourey *ni fi*, *ni paouso*.
Moun âmo accablado de mal
Vous demando d'estre guerido,
Et d'habita dins vostre oustal
Per toutes lous jours de ma vido. Puj.

**PAOUZO BELO**, adv. Patience ! patience ! Tout beau ! Arrêtez. *Paouzo bèlo*, *paouzo bèlo*, dit-on, aux abeilles qui quittent leur ruche afin d'arrêter l'essaim.

## PAP

**PAPA**, voyez FAF.

**PAPA**, s. m. Papa ; terme enfantin ; Père : *Lou papa b'a dits*, papa l'a dit. (Du grec *papas*.)

**PAPALARDO**, s. f. Grasse et grosse Femme.

**PAPARASSO**, s. f. Paperasse, papier écrit et inutile : *Touxoun porto calquo paparasso*, il tient toujours quelque paperasse. (Racine *papié*.)

**PAPASSAR**, s. m. Affiche, placardée aux coins des rues.

**PAPELINO**, s. f. Papeline, sorte d'étoffe tramée de fleuret : *Porto un coutilhou de papelino*, elle porte un jupon de papeline. (Étoffe fabriquée à bord à Avignon, autrefois terre *papale*, d'où lui est venu son nom.)

**PAPETARIÉ**, *Papetario*, s. f. Papéterie, fabrique, lieu où l'on fabrique le papier ; Commerce de papier. (Racine *papié*.)

**PAPETIÉ**, s. m. Papetier, fabricant, marchand de papier.

**PAPIÉ**, s. m. Papier, composition faite de vieux linge détrempé dans l'eau, broyé par un moulin et étendu par feuilles, pour écrire, imprimer, etc. (Du grec *papuros*, papyrus, petit arbrisseau d'Égypte, dont l'écorce intérieure servait autrefois à faire le papier.) Lettre de change ; Billets payables au porteur : *A tout soun be en papié*, il a tout son avoir en portefeuille ; Preuves écrites ; prov. *Papiés parlou*, *barbos tayzou*, les écrits parlent, les bouches se taisent.

**PAPILHOTO**, s. f. Papillote, morceau de papier dans lequel on enferme une mèche de cheveux pour la tenir frisée ; les Cheveux frisés ; Morceau de veau cuit dans du papier. (Racine *papié*.)

Quand Pegazo reguinno, et que d'un cot de pé
M'enboyo friza mas marotos,
Perdi moun tems, es bray ; mais noun pas lou papé ;
Bouti mous bers en *papillotos !* J.

**PAPILHOUTA**, v. act. Papilloter, mettre les cheveux dans des papillotes ; fig., ne jamais se fixer par un mouvement involontaire, en parlant des yeux : *Me fa papilhouta lous èls*, cela me fait clignoter.

**PAPITRE**, *Pupitre*, s. m. Pupitre, lutrin, ce qui soutient le livre de chant à l'église : *S'en ba al papitre*, il s'en va au lutrin. (Du latin *pulpitum*, qui signifie proprement un lieu élevé d'où l'on parle en public.)

**PAPO**, s. m. Pape, l'évêque de Rome, chef de l'église universelle : *Nostre sant pèro lou Papo*, notre saint père le pape. (Du grec *pappas*, père, nom qu'on donnait autrefois à tous les évêques et notamment à celui d'Alexandrie. Ce n'est que depuis 1073, sous Grégoire VII, qu'il est demeuré exclusivement à l'évêque de Rome.)

## PAQ

**PAQUET**, s. m. Paquet, assemblage de choses liées, réunies ensemble ; fig., Femme lourde, vêtue sans grâce : *Semblos un paquet*, tu sembles un paquet. (De l'allemand *pack*, qui a la même signification.)

**PAQUETA**, v. act. Paqueter, mettre en paquets : *Cal paqueta lou li*, il faut paqueter le lin.

**PAQUETO**, s. f. Raisin sec et serré en paquet : *Ey manxat un bricou de paqueto*, j'ai mangé un peu de raisin sec.

**PAQUETOU**, s. m. Colporteur, marchand ambulant : *Lous paquetous bendroou leou*, les marchands ambulants arriveront bientôt ; fig., Personne bien embarrassée par ce qu'elle porte. (Racine *paquet*.)

## PAR

**PAR**, voyez PART.

**PARA**, v. act. Défendre, garder, prendre garde : *Paro pla !* garde bien ! Tendre la main pour recevoir : *Paro la ma*, avance la main ; Fouler une étoffe, la dégraisser, la blanchir dans un moulin à foulon : *La me parares pla*, vous la foulerez bien ; Parer, orner, embellir ; t. de mét. Préparer, apprêter. (Du latin *parare*.)

Mais o *pora* lous prats sério tems qué soungessés.
Escortas-né, coutals, tout lou bestial ménut ;
L'herbo naïs : é sans faouto oquel pòplé lonut
Dé so goulaoudo dent né couparió lo pouncho. PRAD.

**PARA (SE)**, v. pro. Se Parer, s'ajuster, faire toilette; se Tenir sur la défensive : *Paro-te*, défends-toi.

**PARABAN**, s. m. Paravent, chassis de bois unis par des charnières recouvertes de toile et de papier, pour garantir du vent dans une chambre : *Boli abe un paraban*, je veux avoir un paravent. (Racine *para* et *ben*.)

**PARABELAT, ADO**, adj. Déjà gros, déjà formé : *Es dexa parabelat*, il est déjà gros. (Du latin *paratus*.)

**PARABOLO**, s. f. Parabole, similitude qui enveloppe une vérité importante; Instruction cachée sous une fiction. (Du grec *parabolé* comparaison, fait de *parabolló* je compare.)

**PARADIS**, s. m. Paradis, séjour des bienheureux; fig., Lieu très agréable; Lieu d'abondance : *Sien dins un paradis*, nous sommes dans un paradis; au théâtre, Amphithéâtre, au plus haut rang des loges. (Du grec *paradeisos*, jardin.)

Ple de pietat et d'affecciù,
Diu prenguec nostro coundicciù,
Et l'amour qu'encaro nous porto
Qui l'i causoc mort et passiù
A touts Seignous,
Toutos aounous,
Et nous aus hounouren d'un Nouèl agreable
Le fil de Diu que poussedis
Touts los tresors de *Paradis*
Et per l'amour de nous nayt ouey dins un estable.  G.

**PARADO**, s. f. Parade, montre, étalage; Faste, ostentation; Vanité : *Ne cal pas fa tant parado*, il ne faut tant en faire montre; Imitation ridicule; Farce; t. mil., Exercice, revue. (Du latin *parata* pour *paratus*, préparatif.)

**PARADOU, Fouloun**, s. m. Foulon, moulin à fouler : *Encaro l'estoffo es al paradou*, encore l'étoffe est au foulon; Paroir, couteau à parer, instrument avec lequel les sabotiers donnent la dernière façon aux sabots : *Passo-y lou paradou*, Passez-y le paroir.

**PARAFEL, Latto**, s. m. Latte de sciage, taillée à la scie.

**PARAFERNAL**, adj. Bien dont la femme s'est réservé l'administration et la jouissance. (Du grec *para*, outre, au-delà, et *pherné*, dot; outre la dot.)

**PARAFULHA**, v. act. Boiser, lambrisser une couverture de maison : *Boli tout parafulha lou trast*, je veux boiser toute la maison.

**PARALITIC, Paralitico**, s. m. f. Paralytique, atteint de paralysie. (Du latin *paralyticus*.)

Mais ieu prengueri la tout moun mal en passienso,
Que per me mena al Rey ieu n'abio cap d'amic.
Et m'anec soubeni d'aquel *paralitic*
Qu'ero en Jerusalem al-prep de la piscino
Que bels trento-huech ans el fec la paouro mino,
A faouto d'un amic per lou y debala
Per aco la lountems el demoures à là.
Et tous lous pus bragars, quand el voulio descendre,
L'y passabon dabant quand el ero lou mendre.
A. G.

**PARANBUL**, voyez PREANBUL.

**PARAOULASSO**, s. f. Parole sale, mauvaises paroles, grossières : *Touxoun dis calquo paraoulasso*, il a toujours en bouche quelque grossièreté.

**PARAOULETOS**, s. f. Discours frivoles, paroles emmiellées : *Ambe sas paraouletos!* avec ses belles paroles !

**PARAOULEXA, Paraouleja**, v. n. Bavarder, caqueter : *Que paraoulexos tant?* que bavardes-tu tant?

**PARAOULI**, voyez PARAOULUN.

**PARAOULO**, s. f. Parole, faculté, action de parler; Ton de la voix; Mot prononcé : *Douna sa paraoulo*, donner sa parole; Discours sans réalité : *Aco's pas que de paraoulos*, ce ne sont que des mots; Discours aigres, piquants; Gros mots, termes offensants : *Cal touxoun abe de paraoulos*, avoir toujours des querelles. (Du latin *parabola*.)

Cependen cal se mestreja,
Car la messo se dit deja;
Lou preste ès à la santo taoulo,
L'anel és benezit, et Batisto lou ten;
M: is aban de lou metre al ditou que l'atten,
Cal que prounouncé uno *paraoulo*...
Es dito ; mais taleou, del coustat del dounzel,
Uno boués counescudo a cridat : Aco's el !!!

**PARAOULOUS**, adj. Verbeux, babillard.

**PARAOULUN**, s. m. Parlage, verbiage, abondance de paroles inutiles : *Quant de paraoulun*, combien de paroles. (Racine *paraoulo*.)

**PARAPET**, s. m. Parapet, mur à hauteur d'appui sur un pont, une terrasse : *Lou parapet es bas*, le parapet est bas. (De l'italien *parapeto*, fait dans la même signification de *parare*, parer, garantir, et *petto*, poitrine.)

**PARAPLEXAYRE**, s. m. Marchand, fabricant de parapluies.

**PARAPLEXO**, s. m. Parapluie: petit pavillon portatif pour se garantir de la pluie: *Un paroplexo es coumode*, un parapluie est commode. (Du latin *parare pluviam*.)

**PARASOL**, s. m. Parasol, petit pavillon portatif pour se garantir du soleil. (Du latin *parare solem*.)

Aben un pla bel jour, mais lé souleI acaoumo;
Per amourti soun foc, n'aben qu'un *parasol*;
Tandis qué per abric tout lé mounde lé bol.
Sabi pas qu'un mouscal bèn piqua nostro saoumo :
Sans aberti digus, s'agouludo pe'l sol.  DAV.

**PARASSO**, voyez LAPARASSO.

**PARATALHO**, s. f. Pariétaire, plante ainsi nommée, parce qu'elle croit sur les murailles. (Du latin *parietaria*.)

**PARATOUNEYRE**, s. m. Paratonnerre, conducteur, appareil qui, en soutirant l'électricité d'un nuage, garantit, *pare du tonnerre*. (Cette importante découverte est due à l'Américain *Franklin*.)

**PARAXE**, s. m. Parage, extraction, naissance; au pl., Contrées, rives : *Sur aquestes paraxes*, sur ces bords. (Du latin barbare *paragium*.)

**PARAYRE**, s. m. Pareur, foulon, qui foule les draps, les étoffes.

**PARBENGUT**, s. m. Parvenu, homme de néant qui a fait une fortune subite : *Un noubèl parbengut*, un nouveau parvenu.

**PARBENI**, v. n. Parvenir, arriver au terme avec difficulté; fig., Arriver à ses fins, venir à bout de.... : *Y'es parbengut*, il en est venu à bout; Arriver à...., en parlant d'une lettre, d'un rapport, d'une médisance; s'Élever en dignité, faire fortune : *Toutes parbenoupas*, tous ne réussissent pas. (Du latin *pervenire*.)

Toutis marchou de froun, quand moun besi lour crido :
Le que may sera prep del courdel destoupas
Gagnara pel sigur ; le sac d'escuts s'accordo

PAR

Al prumié qu'a pouscut moustra le bout dàl nas !
Sabets, per *parbeni*, que cal frisa la cordo.

**PARC**, s. m. Parc, grande étendue de terre entourée de murailles pour la conservation des bois, pour le plaisir de la chasse ; Entourage de claies en plein champ où l'on met coucher les moutons. (Du celtique *pferch*, qui signifie un lieu clos.)

**PARCA**, v. act. Parquer, mettre dans une enceinte ; Enfermer dans un parc.

**PARCE QUE**, *voyez* **PARÇO QUE**.

**PARCOURI**, v. act. Parcourir, aller d'un bout, d'une extrémité à l'autre ; Courir çà et là ; Courir en tout sens ; Feuilleter un livre, en lire quelques endroits. (Du latin *percurrere*.)

**PAR DELA**, adv. Par delà, de l'autre côté.

**PARE**, *voyez* **PARET**.

**PAREDOU**, *Calfo panso*, s. m. Atre, contrecœur, fond d'une cheminée, entre les jambages, contre lequel on met le bois : on le revêt ordinairement d'une plaque de fer fondu, etc., qui conserve la maçonnerie et réfléchit une plus grande quantité de chaleur : *Cambia lou paredou*, renouveler l'âtre. (Du latin *paries*, muraille.)

**PARELHAT**, s. m. Un Couple ; une Paire ; Quelques : *Bendren un parelhat*, nous viendrons au moins deux. (Du latin *par*, paire.)

**PARELHOMEN**, adv. Pareillement, semblablement. (Du latin *pariter*.)

**PAREL**, s. m. Paire, couple d'animaux de la même espèce ; Deux choses de même espèce, de même forme : *Un parel d'esclots*, une paire de sabots ; Chose unique composée essentiellement de deux pièces : *Un parel de lunettos*, une paire de lunettes. (Du latin *par*.)

**PAREL**, *Pariou*, adj. Pareil, eille, égal, semblable : *N'a pas troubat lou parèl*, il n'a pas trouvé son semblable. (Du latin *par*.)

**PARENT**, s. m. Parent, de même famille, unis par le sang ; Proche ; Allié. (Du latin *parens*.)

Moussu ! bostre brillant esclat
M'encanto et me traballio ;
Mais perqué sur ma paouretat
Benes faire uno raillo ?
Bous apprendrei, sans coumplimens,
Que mous *parens*
Soun brabos gens
Et noun pas de canaillo.        PUJ.

**PARENTAT**, *Parentalho*, s. f. Parenté, qualité de parent, tous les parents d'une personne : *Touto la parentat b'a sapiut*, toute la parenté l'a appris. (Du latin *parentela*.)

É bé, ié cride, qu'és ayco ?
Bela Iris, esti couma aco
Qué l'on récap sa *parantéla* ?
Pardinche, és aquesta qu'és béla !
Per ma fista, s'aviéy saouput
Jamay noun çay sériéy vengut.
Embe las gens de sa familia
L'on saouta, l'on s'escarabiña ;
Anen, béla-sor, adissias ;
Parlas-me, coussi vous pourtas ?...   FAY.

**PARENTAXE**, *Parentajhe*, *voyez* **PARENTAT**.

**PARESSO**, *Pigrezo*, s. f. Paresse, négligence des choses qui sont de devoir : Goût, habitude de l'oisiveté ; Indolence ; Nonchalance : *La paresso lou ten*, la nonchalance le tient. (Du latin *pigritia*.)

**PARESSOUS**, ZO, adj. et s. Paresseux, euse, qui évite l'action, le travail ; Indolent, Nonchalant : *Es fort paressous*, il est fort paresseux ; Lent, qui n'arrive pas à son temps ; Qui ne fait pas ses fonctions : *L'estoumac paressous*, l'estomac paresseux. (Du latin *piger*.)

**PARET**, *Muralho*, s. f. Mur, ouvrage de maçonnerie : *Aquelo paret toumbara leou*, ce mur tombera bientôt. (Du latin *paries*.)

Quand le Cel en plen jour s'amantoulo d'oumbratge
Et le sers et l'aouta se gourmoun toutis dous,
Lou bestial espaourit d'un ta rabent aouratge,
Se cour agourruda dins sous amagadous ;
A tal la mousco ba dejoust uno teoulado,
O countro uno *paret* gandi-se la trumado ;
Mais taleou que se crey seguro dins le jas,
La taragnagno sort d'oun nou se tracho pas,
Que l'y stroupo les pès et le cap l'i rougagno.    G.

**PARETRE**, *Paresse*, v. n. Paraître, se faire voir, se montrer, s'offrir à la vue : *Lou xoun coumenço de paretre*, le jour commence à paraître ; Briller, se distinguer, se faire remarquer ; Avoir l'air, sembler : *Pares soun payre*, on le prendrait pour son père ; Être publié ; Il y a apparence que..... : *Pares que bendra*, il viendra apparemment. (Du latin *parere*.)

Mètjour sono, taléou, quittan la santo taoulo
Lou biél preste *parex* dan la fillo al froun pur ;
Sous perpils soun baychats sur sous eillous d'azur ;
Es bergougnouzo, es sans paraoulo,
Car es touto à soun co que l'i crido. bounhur !!
La foulo à l'entour d'es s'apilo.
Tout aco heu de prene un ayre de grandou ;
Diyon que lou païs atten un grand segnou.    J.

**PARFAIT**, O, adj. Parfait, te, qui réunit toutes les qualités requises, à qui ou à quoi il ne manque rien ; Accompli dans son genre : *Aco's quicon de parfait*, c'est quelque chose de parfait. (Du latin *perfectus*.)

**PARFAITOMEN**, adv. Parfaitement, d'une manière parfaite : *A respoundut parfaitomen*, il a répondu parfaitement. (Du latin *perfecte*.)

**PARFUMA**, v. act. Parfumer, exhaler une odeur suave : *Las flous parfumou l'ayre*, les fleurs parfument l'air ; Purifier l'air par des odeurs fortes : *Caldrio parfuma la crambo*, il faudrait parfumer la chambre.

**PARFUMA** (SE), v. pro. Se Parfumer, remplir de bonnes odeurs ses habits, son linge ; Embaumer sa peau : *Aymo fort de se parfuma*, elle aime beaucoup de se parfumer. (Racine *parfun*.)

**PARFUMUR**, s. m. Parfumeur, celui qui fait et vend des parfums.

**PARFUN**, *Sentou*, s. m. Parfum, senteur agréable ; Corps d'où elles s'exhalent : *Aquel parfun es agreaple*, ce parfum est agréable. (Du latin *per*, au milieu, à travers, et *fumus*, fumée.)

Aquel noum exhalo
Un *parfun* aoudous
Que charmo et regalo
Lou cor vertuous.
Soun risent oumbratché
Es pus gayalous
Qu'un brillant rivatche
Tapissat de flous.        PUJ.

**PARGAN**, *Parxemin*, s. m. Parchemin, peau de mouton préparée pour écrire : *Uno fulho de pargan*, une feuille de parchemin. (De *pergamenus*.)

**PARGANTEXA**, *Pargantejha*, v. n. Bruire, en parlant du parchemin qu'on remue, d'une étoffe qui fait une espèce de bruissement quand on la touche ou quand on la porte : *Pargantexo pla*, elle frôle beaucoup.

**PARGUE**, s. m. Parc à brebis.

**PARI**, *Gaxuro*, s. m. Pari, engagement éventuel de payer ; Gageure, ce qu'on a gagé : *Te foou lou pari de parti*, je te fais le pari de partir. (Du latin *paris*, génitif de *pars*, pareil, égal ; parce qu'on gage ordinairement des sommes pareilles.)

**PARIA**, *Gaxa*, v. act. et n. Parier, faire un pari, une gageure : *Paria double countro simple*, parier double contre simple.

**PARIAYRE**, O. s. m. f. Parieur, celui qui parie.

**PARIOU**, voyez **PAREL**.

**PARITAT**, *Égalitat*, s. f. Parité, égalité, comparaison : *Y'a pas cap de paritat*, il n'y a pas de parité. (Du latin *paritas*.)

**PARLA**, v. act. Parler, s'exprimer en telle ou telle langue : *Parla espagnol*, s'Entretenir de... Articuler des mots, prononcer ; Discourir, déclarer ses intentions : *N'a pas encaro parlat*, il ne s'est pas encore prononcé.

Les mandayrels del four erou per la carriéro,
Et l'on augio pertout souna la courdelièro ;
Toutés les rebeillés, de courré tracassats,
Abion fayt prega Dious pes paoures trespassats;
Les pouls del besinan, dan la cresto lebado,
Al gran'payre del jour abion sounat l'albado ;
Morpheo, meño-soun, dans-sous tristes pabots
M'avio fretat lous èls, le nas amay lous pots ;
Et per dire en un mot, cro'nta miejo neyt
Que jou m'éri tout siau fourrat dedins moun leyt.
Quan besi tout du cop qu'yeou baü beyre uno flambo,
Uno gregno clartat que m'aluco la crambo,
Un'oumbro me parés dedins un gran linçol
Que prep de moun cabés se tourmento et se dol,
Et semblo demanda per soun mal qu'alqu'ajudo,
Tantot me bol parla, pey tantot fa la mudo. G.

**PARLA** (SE), v. récip. Se Parler, s'adresser mutuellement la parole ; Avoir ensemble un entretien. (Du latin barbare *parabolare*, fait de *parabola*, qui s'est dit autrefois dans le sens de *parole*.)

**PARLADIS**, s. m. Parlerie ; Commérage, long propos : *Quand de parladis !* quel long propos !

Yeou beni d'un endrex ount se sou pla truffax
Dal paoure Guiraldenc, amaï yeou m'y soui fax.
Certos es fastigous, et talomen *parlarea*,
Que quand un cop bous ten, on pot pas s'en desfaïre. D.

**PARLA MAL**, v. act. Parler mal, mal parler de quelqu'un.

**PARLANT**, O, adj. Parlant, te, qui parle : *Aco's parlant*, c'est clair.

**PARLA SIAOUT**, v. n. Chuchoter, parler bas à l'oreille de quelqu'un.

**PARLATEXA**, *Parlatejha*, v. n. Caqueter, parler, causer.

**PARLAXE**, *Parlaje*, s. m. Parlage, caquetage, verbiage ; Abondance de paroles inutiles, dépourvues de sens : *Qu'es tout aquel parlaxe?* qu'est tout ce parlage ? (Racine *parla*.)

**PARLAYRE**, O, *Parlur*, s. m. f. Parleur, euse, celui qui parle beaucoup : *Aco's un parlayre*, c'est un parleur.

**PARLOYR**, s. m. Parloir, endroit d'une maison religieuse destiné pour parler aux personnes du dehors : *L'ey bisto al parloyr*, je l'ai vue au parloir.

**PARLOMEN**, s. m. Parlement ; avant 93, Cour souveraine qui rendait la justice, enregistrait les édits ; sa Juridiction, son ressort, durée de la session ; espèce de Capeluche, capuchon en taffetas. (Du latin barbare *parlamentum*, qui signifiait originairement un pourparler, une conférence de plusieurs personnes assemblées pour délibérer de leurs affaires communes.)

**PARLOMENTA**, v. n. Parlementer, entrer en arrangements.

**PARLOMENTARI**, s. m. Parlementaire, t. mil., Celui qui est commis pour faire ou pour écouter des propositions : *An mandat un parlomentari*, on a envoyé un parlementaire.

**PARLUR**, voyez **PARLAYRE**.

**PARMI**, prép. Parmi, entre, au milieu, dans le nombre de... : *Es parmi las aoutros*, il est parmi les autres. (Du latin *per medium*, par le milieu.)

**PARO-FIOC**, s. m. Garde-feu, grille, plaque devant une cheminée ; Écran. (Racine *para* et *fioc*.)

**PARO-FREX**, s. m. Défense contre le froid ; Habit neuf et fort : *Porti un boun paro-frex*, je suis bien vêtu. (Racine *para* et *frex*.)

**PAROMEN**, s. m. Parement, ornement ; ce qui pare ; Revers au bout des manches : *Lous paromens sou usats*, les parements sont usés ; Gros bâtons d'un fagot ; t. de maçon, Côté d'une pierre qui paraît en dehors du mur : *Aquel paromen n'os pas poulit*, ce côté n'est pas joli. (Du latin *paramentum*.)

**PARPALHETA**, v. n. Papilloter, ne jamais se fixer par un mouvement involontaire, en parlant des yeux.

**PARPALHETOS**, s. f. Berlue, éblouissement passager ; Bluette que les yeux : *Y bezi pas que parpalhetos*, je ne vois que bluettes.

**PARPALHOL**, s. m. Papillon, insecte à ailes poudreuses et colorées ; on en connaît près de quinze cents espèces : *Cal tua lous parpalhols que ban sus caoulets*, il faut tuer les papillons qui vont pondre sur les choux. (Du latin *papilio*) ; au fig., les Enfants : *Sans counta lous parpalhols*, sans compter les enfants.

Quaoucoumet may me rendio triste enquèro;
Baci coumen ; d'uzatgé, cado fièro
Begno rampli moun pichou boursiquet ;
Or, quand abioy pourtat quaouque paquet,
Biste à ma may dounabi ma bourseto;
Y'abio de sos, souben uno pesseto ;
Eh-bé, toujours en souspiron un paou.
Dizio : « Paourot, bènes bien a perpaous ! »
Diou ! sul moumen aco me coutelàbo !
Mais sur mous pots, lèou moun rire tournabo,
Et laougé coumo un *parpaillol*,
May que jamay tournabi faribol. J.

**PARPALHOUNA**, v. n. Naître, en parlant des papillons qui sortent des cocons des vers à soie : *Coumençou de parpalhouna*, ils commencent à naître.

**PARPEL**, s. m. Cil, le poil des paupières.

**PARPEL**, voyez **LAGAGNO**.

**PARPELOUS**, voyez **LAGAGNOUS**.

**PARQUET**, s. m. Parquet, assemblage de pièces de bois en compartiments qui couvre un plancher, menuiserie en pièces de rapport pour placer une glace ; Espace entre les sièges des juges et le barreau. (C'est un diminutif de *parc* dans le sens de clôture, enceinte.)

**PARQUETA**, v. act. Parqueter ; mettre du parquel dans un appartement : *B'a fax tout parqueta*, il a fait tout parqueter.

**PARRABAS**, adv. A bas! à bas la boutique, dit-on, quand on entend le bruit de quelque chose qui tombe.

**PARRABIN**, *Parraban*, s. m. Bruit, fracas : *Lou parrabin parraban das esclots me fa mal*, le bruit des sabots m'incommode.

**PARRABISSA**, voyez ESPARRABISSA.

**PARRABUSTELA**, v. n. Tomber avec fracas, faire beaucoup de bruit : *On enten parrabustela tout lou xoun*, on entend le bruit tout le jour.

**PARRABUSTELADO**, s. f. Batelée, une grande quantité : *Ne benguet uno parrabustelado*, il en vint une grande quantité.

**PARRAFA**, v. act. Parapher, apposer son paraphe : *Parafat à cado paxo*, paraphé à chaque page.

**PARRAFO**, *Parraflo*, s. f. Paraphe, sorte de marque qu'on met après sa signature. (Du grec *paragraphé*, signe posé près de l'écriture.)

**PARRANQUET**, voyez PE-RANQUET.

**PARRES**, *lte*, s. m. Rien, nulle chose ; N'être ni parent, ni allié : *M'es parres, il n'est pas mon parent*. (Racine *re*.)

**PARROQUIO**, voyez PARROYSSO.

Sus oquélo crésenço, ou l'espoir del solari,
D'obord mounto ol clouquié lou sounur mercénari :
Oqui, del bon del bras, quon coumenço o trouna,
Enquio qu'ajo cessat quitto pas dé souna ;
El sap qué lo *Porroquio* és pla persuodado
Qu'ombé soun corriloun biro lo niboulado. PRAD.

**PARROUQUET**, s. m. Perroquet, oiseau grimpeur, frugivore, qui apprend facilement à parler et qui imite la voix humaine ; fig., Personne qui ne comprend pas ce qu'elle dit. (De *Perrot*, diminutif de pierre ; nom qu'on a donné à cet oiseau, comme *Margot* à la pie.)

Omé! enten l'aousél parlaïré,
Counsulto lou *parrouquet* :
T'apprendra, sans pougna gaïré,
Dount a tirat soun caquet.
Dis que tout soun bredouillaxé,
Coumo touto ta razou
Egalomen sou l'oubraxé
Del celesté Créatou. PUJ.

**PARROUQUIE**, voyez PARROYSSIEN.

**PARROYSSIAL**, O, adj. Paroissial, de la paroisse : *Messo parroyssialo*, la messe paroissiale. (Racine *paroysso*.)

**PARROYSSIEN**, O, s. m. f. Paroissien, ne, habitant d'une paroisse ; Livre d'heures : *Me cal un noubél parroyssien*, il me faut un autre paroissien.

**PARROYSSO**, s. f. Paroisse, territoire d'une cure ; Ses habitants ; Son église. (Du grec *paroikia*, qu'on trouve dans ce sens dans quelques conciles, et qui signifie proprement *demeure voisine*, *réunion de maisons voisines*.)

**PARRUCO**, s. f. Perruque, coiffure de faux cheveux : *Porto parruco*, il porte perruque ; fig., Réprimande, avis : *Me y'en cal bayla uno parruco*, il faut que je l'avertisse vertement. (Du grec *purrhichos*.)

**PARRUQUIÉ**, *Fratoyr*, s. m. Perruquier, celui qui vend ou fait des perruques ; Coiffeur, barbier : *Attendi lou parruquié*, j'attends le perruquier.

**PARSEMAT**, ADO, adj. Parsemé ; orné de....

*Parsemat de flous*, tout parsemé de fleurs. (Du latin *per seminatus*.)

**PART**, s. f. Part, chaque portion d'une chose divisée ; Partie, partage, lot, quote-part : *Aqui as ta part*, tu as la ta part ; Personne d'où vient une chose : *Me ben de la part de ma sor*, cela me vient de la part de ma sœur ; Concourir à..., être admis à... ; Prendre part, s'intéresser, être sensible, contribuer à... : *Preni pla part à...*, je prends bien part... ; Faire savoir, communiquer une nouvelle : *Bous beni fa part de moun establissomen*, je viens vous faire savoir mon mariage.

Sabi que nou siés pas coumo d'aoutrés esprix,
Et que pendrez pas mal aco que bous ci dix.

Al countrari, car yeou bous souï fort oublixado,
Bostr'abertissomen pot pas m'abé faxado :
Aco's de bostro *part* talomen amistous,
Que bous direï tabés ço que disou de bous. D.

**PARTAXA**, *Partajha*, v. act. Partager, distribuer, diviser en plusieurs parts : *B'an partaxat*, on l'a partagé ; Donner en partage, donner part à.... : *M'abès pla mal partaxat*, vous m'avez mal partagé ; s'Acquitter d'une chose conjointement avec d'autres personnes : *Ba nous partaxan*, nous nous le partageons ; Séparer en parties opposées. (Du latin *partiri*.)

Et yeou de moun coustat, ba dizi sans faïssous,
Boli pas *partaxa* lou soou cor ambé bous. D.

**PARTAXAYRE**, O, *Partajhayre*, s. m. f. Celui qui fait les portions, les parts, qui divise, partage. (Du latin *partitor*.)

**PARTAXE**, *Partajhe*, s. m. Partage, division d'une chose en plusieurs portions ; acte qui s'opère en droit : *L'Atte de partaxe*, l'acte de partage porte.... ; fig., Égalité de suffrages parmi les juges, etc. : *Y'a agut partaxe*, il y a eu égalité de suffrages. (Du latin *partitio*.)

Ritché, cé qu'as dé trop, douno ol paouré toun fraïré,
Talo és lo bouloutat dé nostré coumun Païré ;
E tu qué per poti semblos estré noscut,
Noun murmurés jomaï, paouré, séras poscut.
Lou ritché o l'ossista troubo trop d'obontatgé,
Sap qué dé l'omournié lou Cel és lou *portatgé*. PRAD.

**PARTERRO**, s. m. Parterre, jardin en compartiments ; Jardin tenant au logis et destiné à la culture des fleurs ; Dans une salle de spectacle, espace entre l'orchestre et l'amphithéâtre, les spectateurs qui sont au parterre ; fig. et fam., Faire un parterre, tomber : *Ey fax un parterro*, j'ai fait un parterre. (Du latin *pars terra*.) Portion, partie d'une terre.

De roumecs de doulou moun amo randurado,
Fugic del grand soulel la pamparrugo-d'or
Per ana dins un roc ploura d'él et de cor
Del *parterro* francés la belo flou toumbado. G.

**PARTI**, voyez PARTAXA.

**PARTI**, v. n. Partir, se mettre en chemin, commencer un voyage : *Ba parti*, il va partir ; S'en aller ; Abandonner un lieu ; s'Éloigner ; se Mettre en route peur tel endroit. (Du latin *partiri*, partager, séparer ; *Partir* d'un lieu, c'est s'en séparer.)

**PARTIAL**, O, adj. Partial, le, qui favorise un parti, une personne au préjudice d'une autre : *Es*

*trop partial*, il est trop partial. (Racine *part*.)
**PARTIALITAT**, s. f. Partialité, préférence injuste, attachement partial.
**PARTICIPA**, v. n. Participer, avoir, prendre part à....; Entrer en participation; Être de connivence, de société : *Ta pla y'as participat*, tout de même tu y as participé. (Du latin *participare*.)
**PARTICIPATIOU**, s. f. Participation, communication, connaissance d'une affaire; Part qu'on y prend, qu'on y a prise; Consentement : *B'a fax sans ma participatiou*, il l'a fait sans ma participation. (Du latin *participatio*.)
**PARTICULARISA**, v. act. Particulariser, entrer dans les détails d'un fait, d'un événement : *Cal pla tout particularisa*, il faut tout bien expliquer.
**PARTICULARITAT**, s. f. Particularité, détail incident, propriété particulière : *Boli bous counta uno particularitat*, je veux vous raconter une particularité.
**PARTICULIÉ**, s. m. Particulier, personne privée : *Un simple particulié*, un simple particulier; Chez soi : Intérieur d'un ménage : A part, en secret, notamment : *En particulié*, en particulier. (Du latin *particularis*.)
**PARTICULIÉYROMEN**, adv. Particulièrement, notamment, expressément; D'une manière fixe, déterminée.
**PARTIDO**, s. f. Partie, portion d'un tout; Projet entre plusieurs; Projet de divertissement : *Aben fax la partido de....*, nous avons fait le projet de....; Celui qui a un procès contre.... : *L'aoutro partido*; t. de jeu, Suite de coups jusqu'à ce que l'on ait perdu ou gagné : *Fayre la partido*, faire la partie; Au pluriel, les parties sexuelles ou honteuses. (Du latin *pars, partis*.)

La festo soyo pus poulido,
Moun cor aouyo tout ço qué bol,
Si poudios, t'emménant Aouriol,
Té trouba d'aquélo *partido*.
Mais qué bos! dins aquesto bido
N'abén pas dé bounhur parfet;
Car s'esprouban dins l'existenço
Un bounhur, uno jouissenço,
S'empouïsouno per un régret.        **DAV.**

**PARTIÉLOMEN**, adv. Partiellement, par parties : *Ba bendra partiélomen*, il le vendra par parties.
**PARTIT**, s. m. Parti, ligue, faction, conspiration : *N'es pas de nostre partit*, il n'est pas de notre parti; Détermination, résolution : *Cal prene soun partit*, il faut se décider; Moyen, expédient, ressource : *Sabi pas qu'un partit prene*, je ne sais quel parti prendre; Personne à marier considérée sous le rapport des avantages qu'elle apporte : *Aco's un boun partit*, c'est un bon parti; Prendre le parti, les intérêts, la défense de quelqu'un. (Du latin *partes de pars*.)

Y'a de caousos qu'on fa dins certaino sasou
Que las xens pourrioou de critica sans rasou :
Car dins un certain tems l'on courris el l'on troto,
Pey ben un aoutre tems ount on fa la bigoto.
De certainos rasous fan prene aquel *partit*
Quand lou bizaxé es prest à paretré rafit.
Aftal on n'atten pas que lou mounde nous quitte
Certos nou disi pas qu'un xoun nou bous imité.   **D.**

**PARTIZAN**, s. m. Partisan, celui qui est du parti de quelqu'un, qui soutient son parti, prend sa défense; Celui qui s'attache à tel ordre de choses, qui adopte telle opinion, tel système : *Ero partizan de Bounoparto*, il était attaché à Bonaparte. (Racine *part*.)
**PARTIZOU**, *Booulo*, *Borno*, s. f. Division, séparation, borne : *La partizou es aqui*, la borne est là. (Du latin *partitio*, partition.)
**PARURO**, s. f. Parure, ornement, ajustement; Ce qui pare, sert à parer; fig., Rognures de peaux pour faire de la colle. (Racine *para*.)

Sur soun char enflamat, tout radious sé lanço
Per respendre la lux, la bido et l'aboundanço.
La naturo souris à sa douço calou,
La planto que soufris bey fugi sa doulou;
Las flous à soun aspect reprenen lour *paruro*,
Les bousquets et les prats estalou lour berduro;
Le pastourél countent entouno sas cansous.
Sus l'herbeto que creys, les jouènes agnelous
Machucoun le tréflet amay la pimpanèlo;
L'or é l'argen luzis sur lour lano noubélo,
    De plaze gambadou pel sol,
    La joyo bey fugi le dol;
    Dins la campagno tout festejo,
    Et le soulel se mirailléjo
Sur las alos del parpailloĸ.            **DEDAR.**

**PARXEMIGNÉ**, *Parchemigné*, s. m. Parcheminier, celui qui vend, prépare le parchemin.
**PARXEMIN**, *Parchemin*, *Pargan*, s. m. Parchemin, peau de mouton préparée pour écrire : *Uno fulho de parxemin*, une feuille de parchemin; au plur. et fam. Titres de noblesse : *Counserbo sous parxemins*, il tient à sa noblesse. (Du latin *pergamenus*, de Pergame, parce que suivant *Isidore*, les rois de Pergame furent les premiers qui, à défaut de papier, se servirent de cette peau pour écrire.)
**PARXURA (SE)**, *Parjura*, v. pro. Se Parjurer, faire un faux serment; Violer son serment : *S'es parxurat mayt d'un cop*, ce n'est pas pour la première fois qu'il se parjure. (Du latin *perjurare*.)
**PARXURE**, *Parjure*, s. m. Parjure, faux serment; Serment violé; Qui fait un faux serment. (Du latin *perjurium*.)
**PARXURO**, voyez **PARXURE**.

## PAS

**PAS**, s. m. Pas, mouvement que fait l'homme, l'animal, en marchant : *Podi pas fayre un pas*, je ne puis faire un pas; Mesure précise de distance : *Quinze passes d'un coustat*, quinze pas de longueur d'un côté; Espace compris entre deux filets d'une vis; Passage, entrée, porte; Préséance : *M'a dounat lou pas*, il m'a cédé le pas; fig. Bourbier, embarras, danger : *Y'a un missant pas*, il y a un bourbier. (Du latin *passus*.)
**PAS**, nég. Pas : *Ba boli pas*, je ne le veux pas.

Aquel que remet sa bido
A la gardo de soun Diou,
Ten et mestrejo la brido
De sa pus forto passiou.
Que fago bel tems ou plejo,
Que tout ane mal ou pla,
Joust la ma que lou proutejo
Re pourra *pas* lou troupla.       **PUY.**

**PASCAL, O**, adj. Pascal, de Pâques : *Al tems pascal*, au temps pascal. (Du latin *paschalis*.)
**PASCOS**, s. f. Pâques, le jour où Jésus Christ est ressuscité d'entre les morts : *A Pascos*, à la Pâques. (Du latin *pascha*.)

**PA-SEIGNAT**, voyez PA.

**PASQUE**, adv. Rien que, pas autre chose : *Bendra pas que dema*, il ne viendra que demain.

**PASQUETOS**, s. f. Pâques closes, le dimanche de Quasimodo.

**PASQUIN**, s. m. Pasquin, statue mutilée d'un ancien gladiateur, qui est à Rome, et à laquelle on a accoutumé d'attacher des placards plaisants et satiriques. (Du nom d'un cordonnier de cette ville, fameux par ses railleries et ses lardons, après la mort du quel on trouva cette statue en creusant devant sa boutique.) Esprit bouffon et satirique qui fait rire par ses saillies : *Sios un pasquin*, tu es un pasquin.

**PASQUINADO**, s. f. Pasquinade ; Raillerie satirique.

**PASSA**, v. act. Passer, traverser : *Passa la ribièyro*, passer la rivière ; Transporter d'un lieu dans un autre ; Aller au-delà, plus loin, trop loin ; Devancer ; fig., Être au-dessus de la pensée, de l'intelligence : *Aco passo moun esprit*, cela dépasse mon intelligence ; en parlant du temps, Employer, consumer le temps : *Passa soun tems à lexi* ; Endurer, supporter, tolérer, pardonner ; *Y'ey passat fossos caousos*, je lui ai pardonné beaucoup de choses ; Laisser, négliger, omettre, faire ; ne pas Voir en cherchant, par inattention, par étourderie ; Accorder, admettre, approuver, allouer : *Y'a ben passat tout ço qu'a boulgut*, nous lui avons alloué tout ce qu'il a voulu ; Faire, en parlant des actes : *Anan passa l'atte*, nous allons passer l'acte ; Faire entrer dans... ; Filtrer, tamiser ; v. n. Aller d'un lieu dans un autre : *Es passat en Angloterro*, il est passé en Angleterre ; Dépasser, Aller au-delà ; Être plus long, plus large, plus haut, plus nombreux ; Échoir en partage, changer de possesseur : *A passat à nous aoutres*, il nous est échu ; s'Écouler, en parlant du temps : *Aquel tems a passat*, ce temps a passé ; Cesser, finir, en parlant de la douleur, du plaisir ; se Faner, se flétrir, en parlant des fleurs, de la beauté ; n'Être plus de mode ; en parlant d'une pièce de boucherie, on dit *hazardée* ; famil., Mourir ; t. de jeu, ne point Jouer le coup ; Passé ; Être réputé : *Passo per un boulur*, il est réputé pour un voleur ; ne pas Approfondir une chose : *A passat sur aco*, il n'a pas approfondi cela ; Passer outre, malgré les obstacles ; Continuer d'exécuter ; Émoudre un couteau, etc. : *A besoun de passa*, il a besoin d'émoudre. (Racine *pas*.)

Sur aco, Castelpers qu'abio tout escoutat,
Repaousats-bous, diguet, sur yeou d'aquel coustat,
Car bous ey descoubert un fort boun aprestaïre
Que nous regalara sans que nou'n coste gaïre,
Porto lou même noum que Xan nostre patrou.
Certos es recula(t)..., h à Bilogoudou.
Counbeni qu'es fort len, cal *passa* la ribièyro,
Maïs Sant-Xan bal tout soul et Cadaous et Poulbrièyro ;
Aco's lou cousigné qu'ero de Moussu Aouriol,
A fricassat aqui per may d'un gargaillol.      D.

**PASSA (SE)**, v. pro. Se Passer, s'écouler, en parlant du temps ; Avoir lieu, en parlant des événements : *Se passou de caousos fort paouros*, il se passe de bien tristes choses ; Supporter le besoin, l'absence, la privation de... ; Savoir se priver de... ; n'Avoir pas recours à... ; prov. *Cal saoupre se passa de ço qu'on pot pas abe*, il faut savoir se priver de ce qu'on ne peut se procurer. (Racine *pas*.)

**PASSABAN**, s. m. Passavant ou passe-avant, t. de douanes, Ordre écrit de laisser passer des marchandises, du vin : *Nous cal abe lou passaban*, il nous faut le passavant.

**PASSADO**, s. f. Passade, passage dans un lieu où l'on fait peu de séjour : *N'es pas ayci que de passado*, elle n'est ici qu'en passant.

**PASSADO, Coridor, Courredou**, s. f. Passage dans une maison : *Dins la passado*, dans le corridor.

**PASSADOUYRO**, s. f. Bâton ou Châssis à passer la farine, ou sur quoi on fait mouvoir le sas dans une huche.

**PASSAPLE, O**, adj. Passable, supportable, admissible comme n'étant pas mauvais dans son espèce.

**PASSAPLOMEN**, adv. Passablement, d'une manière supportable.

**PASSARILIA**, v. n. Rider, flétrir, sécher.

**PASSARILHO**, s. f. Passarilles, raisins secs qu'on prépare à Frontignan : *Uno liouro de passarilho*, une livre de passarilles. (Du latin *passulæ*, raisins cuits au soleil ou au four.)

**PASSAT**, s. m. Passé, temps écoulé : *Lou passat tourno pas*, le passé ne revient plus ; Chose faite, chose qui s'est passée : *Parlen pas dal passat*, ne parlons pas du passé ; sorte de Broderie : *Aco's fax al passat*, fait au passé.

**PASSAT, DO**, adj. Passé, ée, vieux ; Qui a perdu son lustre.

**PASSATIOU**, s. f. Passation, action de passer un contract, un acte ; le Coût : *Las passatious sou caros*, les passations coûtent cher.

**PASSAXE, Passajhe**, s. m. Passage, action, moment de passer, de traverser ; Lieu par où l'on passe : *A lou passaxe ayci*, il a ici droit de passage ; Endroit d'un livre, d'un auteur : *Ey entendut un passaxe*, j'ai entendu un passage ; t. d'hist. nat. Oiseaux qui viennent dans une saison et s'en vont dans une autre : *Aouzèls de passaxe*, oiseaux de passage.

**PASSAXE, EYRO**, s. m. f. Passager, ère, celui, celle qui s'embarque pour passer en quelque lieu ; Voyageur ; Qui a peu de durée.

**PASSAXEYROMEN**, adv. Passagèrement, en passant, pour peu de temps : *Lous louxan passaxeyromen*, nous les logeons passagèrement.

**PASSE**, adv. Passe, à la bonne heure ; Soit.

**PASSEJHA**, voyez PASSEXA.

**PASSERAT, Passerou**, s. m. Passereau, moineau franc ; fig., un petit Enfant : *Nostre passerat*, notre petit. (Du latin *passer*.)

Déja lou *possérat* bisito lo toupino ;
On dé borgun, dé paillo, é quolquo plumo fino,
Bo gorni soun lichet d'un mouflé motolas,
Qu'o sous pichous noïssens séro d'un grond soulas.
PRAD.

**PASSEROU**, voyez PASSERAT.

**PASSEXA, Permena, Proumena, Passejha**, v. act. Promener ; Mener à la promenade : *Anan nous passexa*, nous allons promener. (Racine *pas*, *passes*.)

**PASSEXA (SE), Passejha**, v. pro. Se Promener, aller à pied, à cheval, etc., pour faire de l'exercice, ou par amusement.

Cap d'Omo nou bal pas res, certos al xoun de bey,
Lous qu'on creï brabos xens, cal pas que balgou gaïré
Dabord que lous couquis sou segurs de jour plaïré :
Alloc de lous cassa, lous tene mesprezats,
Puleou qu'à calqu'un may your fan ounestetat.
Lou fripoun qu'ammé yeou bous sabes que plaïdexo,

Amb'elis cado xoun lou beyrés que *passexo* ;
Sabou que bai pas rés, ni xamaï rés balgut,
Aco n'emparo pas, touxoun es pla bengut. D.

**PASSEXADO**, *Passejhado, Proumenados*, Liços, s. f. Promenade, action de se promener; Lieu où l'on se promène; Course : *Y'a uno brabo passexado*, il y a une bonne course.

**PASSI**, v. act. Faner, flétrir, ternir : *Dexa b'a tout passit*, déjà il a tout flétri.

**PASSIF, IBO**, adj. Passif, ive, ce qui est opposé à actif : *Ero passif, layssabo fa*, il restait neutre. (Du latin *passivus*.)

**PASSIOU**, s. f. Passion, ensemble des souffrances de J.-C. ; Récit de ces souffrances dans les évangiles ; Sermon à ce sujet : *Prexa la passiou*, prêcher la passion ; Mouvement impétueux de l'âme, excité par un objet, par le désir, la haine ; Affection violente, vive, profonde, pour un objet : Habitude insurmontable : *Aco's uno passiou*, c'est une passion. (Du latin *passio*.)

> Moun cor ! mounto à ta destinnado,
> Sios fach per lou souveren be :
> Fugis la joyo empouizounado
> Del mounde et de soun fals plaze.
> Guerro à las *passious* criminelos
> Et dins tu la pax regnera.
> Levas-vous, portos eternelos !
> Et lou Rey de gloiro dintrara. PUJ.

**PASSIOUNA (SE)**, v. pro. Se Passionner, se laisser aller à la passion ; s'Emporter ; s'Affectionner vivement ; s'Attacher éperdument ; s'Animer ; s'Enflammer : *Passiounat per la casso*, passionné pour la chasse. (Racine *passiou*.)

**PASSIOUNADOMEN**, adv. Passionnément, avec passion, d'une manière passionnée.

**PASSIT, IDO**, adj. Fané, ée, passé, flétri.

**PASSO**, s. f. Passe, partie d'un bonnet de femme à laquelle sont attachés le fond et les papillons: t. de jeu, petit Arc en fer au jeu de billard ; Occasion favorable : *Fas pla la passo*, tu es bien servi par la circonstance ; Temps où passent certains oiseaux : *Sien pas encaro à la passo*, nous ne sommes pas à la passe.

**PASSO-CARREOU**, s. m. Passe-carreau, t. de tail., Morceau de bois pour repasser les coutures.

**PASSO-CINQ**, s. m. Coupe-Tête, jeu d'enfant qui consiste à sauter, de distance en distance, celui qui est penché : *Fazen al passo-cinq*, nous jouons au coupe-tête.

**PASSO-COURDÈLO**, s. m. Passe-corde, outil de bourrelier ; grosse Aiguille à enfiler.

**PASSO-DEBOUT**, s. m. Passe-debout, permission de passer des marchandises à travers une ville sans payer des droits : *Aqui abes lou passo-debout*, vous avez là le passe-debout.

**PASSO-DREX**, s. m. Passe-droit, grâce accordée contre l'usage, ou au préjudice de quelqu'un ; Promotion injuste d'un nouveau venu, d'un protégé : *Aco's un passo-drex que y fan*, c'est un passe-droit qu'on lui fait.

**PASSO-GROULO**, *voyez* COUTELOU.

**PASSO-LIS**, s. m. Passe, pertuis, ouverture à une digue.

**PASSOMANTIÈ**, s. m. Passementier, celui qui fait, vend des passements, galons, rubans, franges : *Cal ana aco dal passomantiè*, il faut aller chez le passementier.

**PASSOMEN**, s. m. Passement, tissu plat et peu large servant d'ornement : *Me cal uno cano de passomen coumo lou moudèlo*, il me faut une canne de passement semblable au modèle.

**PASSO-PASSO**, s. m. Passe-passe, tour d'escamoteur ; Tromperie adroite ; Filouterie : *Un tour de passo-passo*, un tour de passe-passe.

**PASSO-PERTOUT**, s. m. Passe-partout, clef qui sert à ouvrir plusieurs portes ; Clef commune à plusieurs personnes pour une même porte : *Presto-me lou passo-pertout*, prêtez-moi le passe-partout.

**PASSO-PORT**, s. m. Passe-port, permission de passer librement, et qui porte ordre pour la liberté et la sûreté du passage : *N'a pas de passo-port*, il n'a pas de passe-port.

**PASSO-POYL**, s. m. Passe-poil, petit liseré bordé d'or, d'argent, etc., sur les coutures qui dépasse l'étoffe.

**PASSO-ROSO**, s. f. Passe-rose, rose de Damas.

**PASSOYR**, *Couladou*, s. m. Passoir, ustensile de cuisine, percée d'un grand nombre de petits trous pour passer : *Met-bo dins lou passoyr*, mets-le dans le passoir.

**PASTA**, *Pestri*, v. act. Pétrir, détremper la farine avec de l'eau, la remuer et en faire de la pâte. On pétrit la farine, on corroie le mortier et la glaise dont on se sert pour bâtir : *Anas pasta la terro*, allez corroyer la terre. (Racine *pasto*.)

**PASTADO**, s. f. La Quantité de pain qu'on a pétri ; le Mortier qu'on a corroyé et qui est prêt à être employé : *Uno bouno pastado de mourtié*, une forte quantité de mortier.

**PASTANARGOS**, *Pastanegos*, s. f. Passenade, panais, plante sauvage dans notre climat, mais qu'on cultive aussi dans les jardins pour en manger la racine semblable à la carrotte. ( Par contraction du latin *pastinaca*, fait dans la même signification de *pastus*, nourriture, ou de *pastinago*.)

**PASTANDIÈYRO**, *voyez* MATS, GLOURIETO.

**PASTAYRE, O**, s. m. f. Pétrisseur, euse, celui, celle qui pétrit : *La pastayro a mancat la fournado*, la pétrisseuse a mal réussi la fournée.

**PASTECO**, *Citroun*, s. f. Pastèque, melon d'eau.

**PASTEL**, s. m. Pastel, plante bisannuelle, remarquable par la couleur bleue qu'on en retire. (Du mot *pâte*, qu'on écrivait et prononçait autrefois *paste*.)

**PASTÈLO**, s. m. Marquette, tout ce qui a la forme d'un gâteau : *Uno pastèlo de glaço*; Tourte, le gâteau ou résidu de la graine de chanvre, de lin, de noix quand on en a extrait l'huile : *Uno pastèlo de nouat*, une marquette de noix.

**PASTIÇA**, *Pastissa, Pastissexa*, v. n. Patiner, manier malproprement. (Du latin *pastinare*, remuer la terre avec la houe.)

**PASTIÇARIÈ**, *Pastissariè*, s. f. Pâtisserie, pâte préparée et assaisonnée d'une certaine manière et cuite au four ; fig., Patrouillis, tripotage : *Cal touxoun que fago quàlquo pastiçariè*, il ne peut se passer de faire quelque tripotage.

**PASTICIÈ**, *Suisso*, s. m. Pâtissier, celui qui fait et des pâtés et autres pièces de four ; fig., Chipotier ; Tripotier ; Derrangé.

**PASTIÈYRO**, *voyez* MAX.

**PASTILHO**, s. f. Pastille, composition de pâte d'odeur bonne à manger ou à brûler : *Pastilhos à la poumo*, pastilles à la pomme. (Du latin *pastillus*.)

**PASTINGA**, v. n. Patiner, manier malproprement : *Ba pastingo tout*, il patine tout ; Patrouiller, barboter. (Du grec *patein*, fouler aux pieds.)

**PASTIS**, s. m. Pâté, pièce de pâtisserie creuse ;

renfermant de la viande, du poisson : *Un pastis de lèbre*, un pâté de lièvre; Goutte d'encre tombée sur du papier; Enfant potelé. (Racine *pasto*.)

PASTISSARIÉ, *voyez* PASTIÇARIÉ.

PASTISSES, s. m. Espèce de Citrouille dont la forme approche de celle d'un pâté.

PASTISSEXA, *Pastissejha*, *voyez* PASTIÇA.

PASTISSIÉ, *voyez* PASTIÇIÉ.

PASTISSOUS, s. m. Petits Pâtés; fig., Férule que reçoit un écolier : *As trapat un pastissou*, tu as reçu une férule.

PASTO, s. f. Pâte, farine détrempée et pétrie : *La pasto ba pla*, la pâte va bien; fig., Complexion; Naturel : *Pasto d'ome*, bonne pâte d'homme. (Du latin *pasta*.)

PASTO-MOURTIÉ, *Rabot*, s. m. Rabot, Hoen à corroyer le mortier.

PASTOUL, *voyez* PASTADO.

PASTOURAL, O, adj. Pastoral, e, des bergers; s. m. du Pasteur : *Letro pastouralo*, la lettre pastorale. (Du latin *pastoralis*.)

PASTOUREL, O, s. m. f. Pastoureau, petit berger, jeune bergère. (Du latin *pastor*.)

PASTOURELETO, s. f. Petite Bergère, jeune bergère.

PASTOURELO, s. f. Bergeronnette, petit oiseau qui a l'habitude de suivre les bergers et de se reposer sur le dos des vaches et des moutons.

PASTOURO, s. f. Bergère.

PASTOUS, ZO, adj. Pâteux, euse, qui n'est pas assez cuit: *Aquel pa es pastous*, ce pain est pâteux; Qui fait dans la bouche l'effet qu'y ferait la pâte ; Détrempé, gras, mou : *Terro pastouzo*, terre grasse, molle. (Racine *pasto*.)

PASTRE, O, s. m. f. Pâtre, conducteur et gardien de troupeaux. (Du latin *pastor*.)

Lo pesto lou malhur ! s'en-bé mal o chobal.
Cad'on, d'oqueste tems oben oquel rombal !
Coumissaris, au-mens esporgnas lo compagno.
Dé *pastrés*, dé boilets, qué déja lo poou gagno,
Boulés qué dé lo guerro opprengous lou mestié,
E qu'ajou prou dé cor per tua sous quortié ? PRAD.

PASTURA, *Pasturga*, v. n. Pâturer, paître, prendre de la pâture; Donner leur ration aux bestiaux: *Es anat pastura*, il est allé pâturer. (Du latin *pasci*, paître.)

PASTURAL, s. m. Pacage, pâturage, lieu où paissent les bestiaux; Herbe qui s'y trouve; Usage des pâturages : *N'a pas drex al pastural*, il n'a pas droit au pacage. (Du latin *pascua*.)

Quond lou bestial sodoul rében del *postural*,
Lo mestro, lo serbento, ombé lou mojoural,
Toutés trés ossétats sui lundar dé lo jasso,
Tondis qué lou mostiṡ és enlaï qué s'ojasso,
Sus lo fédo é l'oret fau laura lou ciséou. PRAD.

PASTURGA, *voyez* PASTURA.
PASTURGAJHE, *voyez* PASTURAXE.
PASTURGAOU, *voyez* PASTURAL.

PASTURO, s. f. Pâture, pacage; Herbe donnée aux bestiaux; Nourriture des bêtes en général : *Cal fosso pasturo*, il faut beaucoup de pâture. (Du latin *pastus*.)

Graços o tous éfons, préciouso ogricullturo,
Onon dins paouc dé tems régourja dé *posturo*,
Sérion léou morts dé fom, sé nous disioou dé nou ; PRAD.

PAT, s. m. Tique, insecte qui s'attache à la peau des animaux et en suce le sang; prov. *Manxario uno fedo ambe lou pat al xioul*, il mangerait une brebis galeuse.

PATA, *Tusta*, v. act. Frapper, donner un ou plusieurs coups : *Patabo coumo un sourd*, il frappait comme un sourd. (Racine *pato*.)

PATADO, s. f. Fessée, claque, coup de main sur les fesses. (Racine *pato*.)

PATAFLOC, *Pataflosco*, adv. Pouf, onomatopée exprimant le bruit sourd d'un corps qui tombe.

PATALÉ, *voyez* COUTRAL.

PATANOS, *voyez* TRUFFOS.

PATANTA, v. n. Patenter, soumettre à la patente. (Racine *patanto*.)

PATANTEYNO, s. f. Prétantaine ; *Couri la patanteyno*, Battre le pavé.

PATANTO, s. f. Patente, sorte de brevet qui confère le droit d'exercer un état, un métier; Impôt sur l'industrie. (Du latin *patens*, ouvert.)

PATAOUSIAL, *voyez* CARPAL.

PATAOUT, DO, adj. Pataud, épais, lourd.

PATAPOUF, *Patafle*, adj. Gros, gras, de lourde mine.

PATARI, NO, s. m. f. Gueux, euse ; Vagabond ; Gens de mauvaise vie.; fig., Petit Plat.

*Patari!* jusqu'al jour nous as fey la pabano !
As cantat, declamat, digun n'a clucat l'él ;
Et n'en rougisses pas, tu qu'as pourtat soutano ?
J.

PATARINALHO, s. m. Gueux, gens de mauvaise vie : *Aquelo patarinalho*, ces gueux.

PATARINEJHA, *Patarinejha*, v. n. Gueuser ; Vagabonder ; Faire la vie.

PATAROT, *voyez* BOURDOUS.

PATAS DE BART, s. m. Jeu d'enfant qui consiste à faire des calottes d'argile molle qu'ils lancent avec force sur une pierre pour faire crever la calotte avec explosion ; fig. et prov. *Es toumbát coum'un patas de bart*, il s'est laissé choir.

PATATINTEYNO, *Patanteyno*, s. f. Pretentaine. *Patatinteyno* est employé dans une ronde patoise, comme le *lou, lon, la* des anciennes chansons françaises. Dans ce cas il n'a aucun sens, et ce n'est que par analogie avec *patanteyno* que je pense qu'il a la même signification. *Patatinteyno, patatinteyno*, dans une chanson patoise, est absolument la même chose que le *turlurette, turlurette*, des chansons françaises.

PATATOS, *voyez* TRUFFOS.

PATE, *voyez* PATET.

PATELETO, s. f. Patte d'un gousset, d'une poche.

PATELIN, O, s. m. f. Patelin, ine, artificieux, flatteur, insinuant pour tromper. (D'un personnage d'une ancienne comédie.)

PATÉNO, s. f. Patène, vase sacré en forme de petit plat qu'on met sur le calice. (Du latin *patena*.)

PATÉR, s. m. Pater, oraison dominicale; Grain de chapelet qui l'indique : *Me manco un patér al xapelet*, il manque un pater au chapelet ; Patère, ornement dont on se sert pour tenir les rideaux.

As pès d'un crucifix, uno lampo brullabo ;
La doulou fasio entendre un régret escouzent,
Et protcho d'un malaout, qué déja trespossabo

Uno fillo à ginouls, èn plouran récitabo
Un *pater* per l'agounizent.       DAV.

**PATER BOURRUT**, s. m. Jurement.
**PATERLO**, s. f. Fesse, partie charnue du derrière. Il se dit de l'homme, du singe, du cheval : *La patèrlo me fa mal*, la fesse me fait mal.
**PATERNEL**, O, adj. Paternel, elle, du père, tel qu'il convient à un père, du côté du père : *Aco's dal coustat paternèl*, c'est du côté paternel. (Du latin *paternus*.)
**PATERNELOMEN**, adv. Paternellement, en père.
**PATERNEXA**, *Paternejha*, v. act. Dire des patenôtres; Marmoter des prières. (Racine *pater*.)

Souvèn en miech d'una nioch soumbra
Cerqué lou son... mais, ô despiech !
Dé moun pèra sans cessa l'oumbra
*Paternecha* al tour de moun liech.
Se per honnoura sa memoèra
Garda una flotta de soun pèou,
Qu'un jour aché la trista glouèra
De l'emporta dins lou toumbèou.       PEYR.

**PATERNEXAYRE**, O, *Paternejhayre*, s. m. f. Patenôtrier, qui dit force prières.
**PATERON**, s. m. Béat, dévot. (Racine *pater*.)
**PATES**, *Patouès*, s. m. Patois, langage du peuple, particulier dans chaque province : *Parla pates*, parler patois. (Suivant Ménage, du latin *patriûs sermo*, langage du pays.)

An bostré francés rafinat,
Bous coumpreni pas gayré.
Sé sabès, parlats en Castrés,
En boun *patés*,
Coume un pajés :
Esplicas-me l'affayré.       PUJ.

**PATET**, O, s. et adj. Lent, te, simple, scrupuleux, timoré : *Un patèt*, un maladroit.
**PATETO MANETO**, s. f. Pied de bœuf, Jeu d'enfant.
**PATETEXA**, *Patetejha*, v. n. Lambiner, vétiller, faire lentement. (Racine *pato*.)
**PATEXA**, voyez PATTEXA.
**PATI**, v. n. Pâtir, souffrir, être dans la misère, supporter avec peine : *Lou pot pas pati*, il ne peut le sentir. (Du latin *pati*.)
**PATIENÇO**, s. f. Patience, vertu qui fait supporter avec modération, les adversités, les douleurs, les injures, les contrariétés, les importunités, le mal en général : *Cal abe de patienço*, il faut avoir de patience. (Du latin *patientia*.)

BRUNET, ammé coulero:
Anfin aquel papié que se pòt pas lexi
Nou pot pas t'abé dix que me calgo fuxi !
PIERROT :
Ho mais que demouras... un moumen de *patienço* :
Tout de suito calqu'un de bostro connèissenço
Benio per bous parla d'un affa fort pressat;
Et coumo y'erés pas à ycou s'es adressat,
Per bous dire quel cal... mardiou... coussi s'appello?
Nou m'en soubèni pas... n'ei pas pus de cerbèlo.
                              D.

**PATIENÇO**, s. f. Patience, ou parelle, plante fort commune qu'on nomme aussi *lempat*, voyez ce mot.
**PATIENT**, O, adj. et s. Patient, te, qui a de la patience; celui qu'on va supplicier, ou qu'on supplicie. (Du latin *patiens*.)
**PATIENTA**, v. n. Patienter, prendre patience :

*Aben dinnat, pouden patienta*, nous avons dîné, nous pouvons attendre; Souffrir, supporter en espérant mieux. (Racine *patienço*.)
**PATIENTOMEN**, adv. Patiemment, avec patience. (Du latin *patienter*.)
**PATIMEN**, s. m. Souffrance, misère : *Es dins lou patimen*, il est dans la misère.
**PATIN**, s. m. Patin, chaussure pour glisser; t. de charp. Ais qui sert de base; Pièce de fer d'un sabot de voiture; Grenouille d'une mécanique. (Du grec *patein*, fouler aux pieds.)
**PATINA**, v. n. Patiner, glisser avec des patins; Manier indiscrètement.
**PATIN PATOURLO**, *Pati pata*, Expression qui marque le peu de cas et d'attention qu'on fait de ce que dit une personne.
**PATINUR**, s. m. Patineur, celui qui patine.
**PATO**, s. f. Patte, pied des quadrupèdes qui ont doigts, ongles et griffes; Des oiseaux, des écrevisses, araignées, mouches, etc.; fig. Main, pied; Coup de patte, trait malin : *Baylo soun cop de pato*, il dit son mot; Ce qu'a la ferme d'une patte, sorte de clou à tête applatie et trouée. (Du grec *patein*, fouler aux pieds.)

Dous jouènis maridats, encaro fort noubicis,
Abion un petit gat qué fasio lours délicis,
May lour abio panat un bricounet d'amour,
Tant sabio gentimen fa *pato* de bélour !
Tapla qu'ero poulit; sa fourruro d'hermino
D'un président de cour l'y dounabo la mino;
Dé mirgos et dé rats fasio sa coulaciou
Tabés dins lou païs ero uno admiraciou :
Mais, tout qual qu'ayssi bas finisque de bouno liouro
Se l'on rits un moumen, lou lendema lou plouro ;
Or, nostré petit gat, al coumblé del bounhur,
Pensabo pas jamay bézé soun cel escur :
El-caressabo dounc ta rizènto esperènço
Quand, sur un leyt pla dur, al miet de la souffrènço
La Damo de l'oustal benguet donna lou jour
A n'un petit amour,
Qué per lou prumié cop parésguet en droulleta.
                              M. CERÈN.

**PATOLO**, s. m. f. Lent, te, ventru, qui marche avec peine : *Qu'un patolo me sios !* que tu es lent !
**PATOMOL**, voyez PIGRE.
**PATOU**, s. m. Genou, t. de boucher.
**PATOULIA**, voyez PATROULHA.
**PATRACO**, s. f. Patraque, machine, montre usée ou mal faite; Personne dolente, souffrante : *Souy uno patraco*, je suis sans courage.

Coussi bous pourtas?...
— Prou bén, mé respon Andromaqua :
É vous?... — Ieou, couma una *patraqua* ;
Ay lou véntre tout déglézit.
— Bon, longa-may ; é iou manit
Sembla-ti qaouqus dé sa raça?...
Soun oncle, Hector ? Ma foué lou passa ;
Sembla soun pèra tout cagat.
— Es doun bén lourdèt? — és pintrat.
— Fort bén; et vostre pèra Anchiza ?
— Pissa toujour dins la camiza,
Couma savés ; mais aoutramèn
Repapia encara honnèstamèn.       FAY.

**PATRAOUSSOU**, s. m. Petit bambin : *Beni ayci, patraoussou*, viens ici petit.
**PATRAT** (TOUT), adv. Tout craché ; *Lou semblo tout patrat*, il lui ressemble tout craché : *Aco's un aze tout patrat*, c'est un âne achevé; la locu-

tion vulgaire *tout craché*, répond à *tout patrat*. (Du latin *patratus* de *patro*, je fais.)

**PATRIARSO**, *Patriarcho*, s. m. Patriarche, saint personnage de l'ancien testament: fig., Vieillard respectable : *Semblo un patriarso*, il semble un patriarche. (Du latin *patriarcha*.)

**PATRIC, PATRAC**, Onomatopée du mouvement et du bruit que fait le cheval qui est au trot.

La mestro, en petassen, nous debito sas proisos :
Nous fasquet creyre un ser qu'abio troubat lon drac
Deguizat en xabal que fazio *patatrac*.   PRAD.

**PATRIMOYNO**, s. m. Patrimoine, bien venant du père et de la mère ; Bien de la famille : *A manxat tout soun patrimoyno*, il a mangé tout son bien. (Du latin *patrimonium*.)

**PATRIO**, s. f. Patrie, lieu, pays, où l'on est né. (Du latin *patria*.)

Es que l'homme del puple ayma tant la *Patria*,
Qué tout soun fanatisme é soun idoulatria.
Es de bayla soun sang quan o besoun del siou,
Es qu'al soun del tambour, sans arpanta l'abime
Qué s'ouvris davan el , d'un pas fermé é sublime
Dezarta sa cabana al noum de la natiou ;
Tandis qué l'égoïsme ambé la courrruptiou
Li barrou las bounons doun lous grans sacrifices
É lous noblés servicés
Qu'o rendut al païs
L'oou saouvat del peril. — É souven quan s'entorna ,
Lou paour'él és réduit à demanda l'aoumorna
Al chef qué lou trahis.   PEYR.

**PATRIOTICO**, adj. Patriotique, du patriote ; De la patrie.

**PATRIOTO**, adj. et s. Patriote, attaché à sa patrie, zélé pour sa patrie ; dévoué à sa patrie : *Un boun patrioto*, un bon patriote ; Malgré cette acception qui est juste, on prend en mauvaise part l'emploi qu'on fait de ce mot : *Aco's un patrioto*, c'est un patriote. (Racine *patrio*.)

Assétado sus l'herbo , en gorden moun troupel ,
Qué sé corrabo o plec , en miech d'uno rostouillo ,
You commençabé o gorni mo counouillou :
N'obio pas ocobat d'espézi lou trochel,
Qué dé détras uno bicasso
Té solis un gros houménas
Qué pourtabo sul col uno grondo pigasso,
É qué , d'un toun brutal , mé ben diré joul nas:
Que tu fais la , digo , droulloto ?
Faou païsse moun bestial , coumo bésés , moussur.
É n'es-tu bouno *patrioto*?
Obbé pla bouno , pel ségur.
É touto soulo oçi , tu n'as pas pur?
Dé qu'aurio poou , siou poun moucrato.
Brabo! brabo! Sé n'étés istoucrato ,
Par là samblu , cette destral
Te saquerait la tête à bal . . . .
PRAD.

**PATROU**, s. m. Patron , saint dont on porte le nom ; Sous l'invocation duquel une église, etc., est dédiée : *St.-Xan es nostre patrou*, St.-Jean est notre patron ; Maître de la maison : *Cal parla al patrou*, il faut parler au patron ; Celui qui commande aux matelots d'un navire ; t. d'arts et mét., Carton, papier coupé, évidé, pour rendre un plan, un dessin , un modèle sur lequel on fait un travail, un ouvrage : *Me cal prene un patrou*, il me faut prendre un patron. (Du latin *patronus*.)

Fillos! prenes tant que voudres
Lous noums ressereals de la Fablo ,
Aqueles grands mots n'aou pas res
Qu'uno beoutat mespresaplo.
Trovi pus poulit ,
Et millou caouzit ,
Lou noum benezit que me douno
La Reyno del Cel per *patrouno*.
PUJ.

**PATROULHA**, v. act. Patrouiller, faire patrouille : *M'a fax patroulha touto la neyt*, il m'a fait patrouiller toute la nuit, Agiter de l'eau sâle, bourbeuse : *Aben patroulhat may d'uno ouro*, nous avons pataugé pendant plus d'une heure.

**PATROULHO**, s. f. Patrouille, tournée d'une escouade de garde, surtout la nuit ; Ceux qui la font : *La patroulho l'a arrestat*, la patrouille l'a arrêté. (Du grec *patein*, fouler aux pieds.)

**PATROUNALO**, adj. Patronale, qui appartient au patron : *La festo patrounalo*, la fête patronale. (Racine *patrou*.)

**PATTE**, s. m. Pacte, accord, convention : *Aben fax patte*, nous avons fait accord. (Du latin *pactum*.)

**PATTEXA**, *Pattejha*, v. n. Pactiser, faire un pacte ; Marchander ; Débattre un prix. (Du latin *pacisci*.)

**PATTEXAYRE**, O, s. m. f. Pacteur, qui aime à débattre longtemps avant de conclure.

**PATUDAS**, voyez PATUT.

**PATUROUN**, s. m. Paturon, partie de la jambe du cheval entre le boulet et la couronne. (Racine *pato*.)

**PATUS**, *Couderc*, *Coumunal*, s. m. Patis, pâture, lieu où l'on met paître les bestiaux. (Du latin *pastus* de *pascor*.)

**PATUT, DO**, adj. Pattu, ue, qui a de la plume jusqu'aux pattes en parlant des pigeons : *Un pixoun patut*, un pigeon pattu ; fig., Lourd, pesant, lent.

## PAU

**PAUSODIS**, voyez PAOUZADIS.

## PAV

**PAVOUN**, voyez PAOU.
**PAVOUNA (SE)**, v. pro. Se Pavaner, marcher avec affectation.

## PAX

**PAX**, *Pès*, s. f. Paix, état des peuples, des pays qui ne sont point en guerre : *Sien en pax*, nous sommes en paix ; Réconciliation, concorde dans les familles : *Aro aben la pax*, nous vivons d'accord ; Calme, silence, repos ; Absence de trouble. (Du latin *pax*.)

Alabets l'Amperur qu'entrounabo la guerro,
Encrumissio lou noum des may famus souldats,
Fazio fibla lous Reys , batsacabo la terro;
Apey li jetabo la *pats*.   J.

**PAXACAYRE**, *Paxacur*, s. m. Faiseur de mauvaises affaires.

**PAXACO**, s. f. Mauvaise affaire, tromperie : *A fax calquo paxaco*, il a fait une mauvaise affaire.

**PAXACUR**, voyez PAXACAYRE.

**PAXAXAC**, Onomatopée du bruit qu'on fait en

**PAXE**, s. m. Page, enfant d'honneur qu'on met auprès des princes, etc. : *Insoulent coumo un paxe*, hardi comme un page.

**PAXELA**, *Apaxela*, v. act. Couper de longueur le bois de chauffage, le mettre en piles : *N'aben pas tout paxelat*, nous n'avons pas fini de couper de longueur.

**PAXELO**, *Mounto*, s. f. Voie de bois, mesure de bois de chauffage de neuf pans de long. (Du latin *paxillus*.)

**PAXES, SO**, s. m. f. Tenancier, ère, propriétaire aisé à la campagne : *Un rixe paxes*, un riche tenancier. (Du latin *pagus*, hameau.)

**PAXIC, PAXOC**, voyez **PAXAXAC**.

**PAXINGA**, *Paxinguexa*, voyez **XAMBOURLHA**.

**PAXO**, s. f. Page, un des côtés d'un feuillet de papier; l'Écriture contenue dans une page. (Du latin *pagina*.)

### PAY

**PAYEN, O**, s. m. f. Payen, ne, adorateur des faux dieux, idolâtre. (Du latin *paganus*.)

Payens ! vostro sourdo idolo
Que brillo d'or et d'argen,
N'es qu'uno masso frivolo
Sans amo, sans mouvemen ;
Sourdo, mudo, et toujours tristo,
Sentis pas res de soun nas,
An sous dous els es sans visto,
Toco pas re de sas mas.  **PUJ**.

**PAYRAL**, adj. Paternel, du côté du père : *Lou be payral*, le bien paternel. (Du latin *paternus*.)

**PAYRASTRE**, s. m. Beau-père, second mari de notre mère : *Soun payrastre l'aymo pla*, le beau-père l'aime beaucoup.

**PAYRE**, *Péro*, s. m. Père, celui qui a un ou plusieurs enfants; par ext. Homme bienfaisant : *Es coumo lou payre de toutes*, il est comme le père de tous. (Du latin *pater*.)

Souy fil d'un *péra* respéctable :
A Troïa, un Grec invulnérable,
Dins un coumbat bon é doutous
Tuhét aquel home famous,
Maougré sa força é soun adréssa.
Après sa mor, touta la Greça,
Dins la crenta qué soun énfan,
Un jour nous vénjésse soun san,
Démandét la miouna aou pus vite.
Ma méra, senna dé mérite,
Tant préguét lous Dious per soun fil,
Qué destournét aquel péril;
Mais helas ! quinte esfor, Madama,
Faouguet qué faguésse soun ama
Per oubténe aquéla favou.  **FAV**.

**PAYRE DE NOUYRISSO**, s. m. Nourricier, le mari d'une nourrice.

**PAYRI**, s. m. Parrain, celui qui tient un enfant sur les fonts baptismaux : *Sios soun payri*, tu es son parrain ; le plus Vieux de la maison ; le Grand'père : *Moun payri se porto pla*, mon grand-père se porte bien. (Du latin *patrinus*.)

**PAYROL**, s. m. Chaudron, petite chaudière à anses, vase de cuisine en cuivre, prov. *Lou payrol bol mascara l'oulo*, le coupable en suppose d'autres.

**PAYROLO**, s. f. Chaudière, grand chaudron où l'on fait bouillir et cuire quelque chose.

Fosés lo mémo caouso o los péros toumbados,
Bulissés douçomen los qué sou pas torados.
Gordas lo perbésiou per faïré lou pérat,
Sécas lou resto ol four quond lou pa n'és tirat ;
É piey, quond dé tolen d'oou jonbier tout jongolo,
Né mettrés un clunchat o coïré o lo poïrolo.  **PRAD**.

**PAYROULADO**, s. f. Chaudronnée, ce que contient un chaudron : *Uno payroulado de moust*, une chaudronnée de moût.

**PAYROULAOU**, voyez **PAYROL**.

**PAYROULAT**, voyez **PAYROULADO**.

**PAYROULET**, s. m. Petit Chaudron ; le Bénitier de l'aspersoir : *Pourtabo lou payroulet*, il portait le bénitier.

**PAYROULIÉ**, s. m. Chaudronnier, celui qui fait ou vend des chaudrons et autres ustensiles de cuisine.

**PAYSAN**, s. m. Paysan, homme de village, de campagne ; Personne grossière : *Aquel paysan*. (Du latin *pagus*, bourg, village.)

**PAYSANDARIE**, s. f. Rusticité, grossièreté ; Manières de paysan.

**PAYSANDEXA**, v. n. Agir, parler, se comporter en paysan.

**PAYSSE**, v. n. Paître, brouter l'herbe sur pied : *Lous agnels payssou pla*, les agneaux paissent bien ; v. act. t. de tisser. Tramer, passer la trame entre les chaînes : *N'ey pas prou de fial per paysse*, je n'ai pas assez de fil pour tramer. (Du latin *pasci*.)

**PAYSSEL**, *Paychel*, s. m. Paisseau, échalas, branche d'arbre pour ramer les poits, les haricots; Perche mince pour soutenir les ceps de vigne.

**PAYSSELA**, v. act. Paisseler, ramer, échalasser, garnir une vigne d'échalas ; Palisser des ceps ; Ramer les pois, les haricots: *Es tems de payssela*, il est temps de paisseler.

**PAYSSELANE**, s. m. Échalassement.

**PAYSSIEYRADO**, s. f. L'Eau contenue par une chaussée : *Cal fa à payssièyrpdos*, il faut attendre que la chaussée se remplisse.

L'auto désourdounat dé sous reddés buffals,
Despouncho nous clouquiés, ébranlo lous oustals ;
Dins l'aïré tourmentat ossemblo dé nuatgés,
D'ount s'escapo un tourrent qu'entraïno lous ribatgés,
Briso dins so furou *poïssièyros* é moulis,
Innoundo prats, perdiés, comps, bignos é toillis.
**PRAD**.

**PAYSSIEYRO**, *Païsiéyro*, s. f. Digue, chaussée pour lever et retenir les eaux : *La païsiéyro es partido*, la digue est enlevée.

**PAYZANDARIE**, voyez **PAYSANDARIE**.

### PAZ

**PAZIMEN**, *Teoulo*, s. m. Carreau de terre cuite pour carreler : *Me cal cent pazimens*, il me faut cent carreaux de terre. (Du latin *pavimentum*.)

**PAZIMENTA**, v. act. Paver, carreler une chambre.

**PAZIMENTAXE**, s. m. Carrelage, ouvrage de celui qui pose le carreau.

**PAZIPLE, O** *Paysiple*, adj. Paisible, qui aime la paix; Posé, rassis : *Lou tems es pla paziple*, le temps est bien calme. (Racine *pax*.)

Dés pibouls lous pus naouts los cimos ogitados
S'élébou tout escas sur los oundos onflados....
Mais ocos trop bioulent per poudé maï dura;
Lou nuatgé o lo fi coumenço s'estounra.
Lo tompesto s'oflaquo ; en oquel trin hourriblé
Succédo, paouc-o-paouc, un tems dous ó *pésiplé*. **PRAD**.

PAZIPLOMEN, *Payziplomen*, adv. Paisiblement, tranquillement.

## PE

PÈ, s. m. Pied, partie du corps de l'homme, de l'animal, jointe à l'extrémité de la jambe et qui lui sert à se soutenir et à marcher : *Lous pès me mancou*, les jambes me manquent ; Partie inférieure, base : *Lous pès d'un leyt*, la partie d'un lit opposée au chevet : *Es as pés dal leyt ;* Condition, état : *Me cal ana à pè ;* je suis réduit à aller à pied ; Veiller, *Estré sul pè touto la neyt*. (Du latin *pes*.)

Besés, yeou nou soui pas d'aquelis estourdits ;
Nou me flatarei pas , ba me tendres per dix ;
Insi nou cerques pas cap pus de rebiscolo ;
Leharies pas lou pè , que bous beirien la solo.  D.

PÉ (TENE), v. act. Piéter, terme dont on se sert à plusieurs jeux et qui marque qu'il faut tenir le pied à l'endroit qui a été marqué pour cela : *Coumenço per tene pè*, commence par piéter.

## PEB

PEBEROU, *voyez* PEBRINO.
PEBIGNA (SE), v. n. Pleurnicher, faire semblant de pleurer.
PEBRA, v. act. Poivrer, mettre du poivre; Mettre, assaisonner de poivre : *B'a trop pebrat*, il l'a trop poivré ; fig., Vendre, acheter chèrement : *Ba te fara pebra*, on te le vendra cher. (Racine *pebre*.)
PEBRADO, s. f. Poivrade, sauce de poivre, de sel, d'huile et de vinaigre.
PEBRAYRE, O, adj. Qui aime le poivre.
PEBRAT, DO, adj. Poivré, ée, où le poivre domine : *Es trop pebrat*, c'est trop poivré.
PEBRE, s. m. Poivre, fruit aromatique des Indes ; fig., *Fa de pebre*, Languir, pester. (Du latin *piper*.)
PEBRIÉYRO, s. f. Poivrière, boîte pour le poivre ; prov. *A escampat la pebriéyro, malur arribara !* il arrivera malheur, on a renversé le poivre. C'est une espèce de superstition fort répandue.
PEBRINO, s. f. Poivron, plante potagère.

## PEC

PÈC, *Péco*, adv. Mal: *A pres pèc*, il a pris mal ; fig., *N'es pas pèc*, il n'est pas sot, il entend ses intérêts.
PECA, v. n. Pécher, transgresser la loi de Dieu : *Ey pecat*, j'ai péché ; Manquer à un devoir, faillir ; en parlant des choses, n'Avoir pas les qualités requises : *Aquelo fusto péco per la loungou*, cette poutre manque de longueur ; fig., Manquer un but; ne pas Rencontrer une personne; Manquer à quelqu'un : *L'a pecat en quicon*, il lui a manqué en quelque chose. (Du latin *peccare*.)

Et s'el n'aguet plaügut , encaro ieu ey crento
Debant de nou'n tourna n'aguèren presos trento,
O quatre per lou mens ; car las dos que *pequèren*
En caüso fouri pla quant nous nou las prenguèren ,
Et sabets-vous per que ?         A. GAL.

PECADOU, NO, *Pecayre*, s. m. f. Pécheur, celui qui pèche, a péché : *Un biél pecadou*, un vieux pécheur. (Du latin *peccator*.)

Lou *pecadou*, dins soun humblo prièro .
Deou pas crenta de ressaoure un refus,
Quand attendris lou cor de Dious lou péro ,
En lou pregan al sant noum de Jésus.       Puy.

PECAT, s. m. Péché, transgression de la loi de Dieu : fig. et prov. *Aco's un pecat de lou soigna*, il y a conscience de le soigner ; *Aco's un pecat de ba manxa*, ce n'est pas mur ; *Aco's per mous pecats*, c'est ma croix. (Du latin *peccatum*.)

Bilenomen le *pecat* tuo l'armo
Et met souben le cos en perdiciu ;
Més au taléou le trayta se desarmo
Que dins lou cor nous sent la countriciu.
Hau doune Nouél , Nouél,
Diu mando de son Cél
Soun fil tant caritable,
Que per l'home perdut ,
De Princc s'es randut
Estatjan dins un estable.             G.

PECETTO, s. f. Piècette, monnaie d'argent espagnole d'un franc environ ; petite Pièce d'argent : *Dounas-y la pecetto*, donnez-lui la piècette. (De l'espagnol *piezeta*.)
PECHAIRE, *Pecaire*, *lou paoure !* interj. de compassion, de tendresse, etc., qui se rendent différemment en français : *Un tal es pla de plagne*, *pechaire !* un tel est bien à plaindre, le pauvre homme ! *Que faran aqueles efans*, *pecaire !* que deviendront ces pauvres petits enfants !
PÉÇO, t. f. Pièce, portion, partie, fragment ; Morceau dont on raccommode ; Partie d'un logement ; Valeur monnayée : *Uno pèço de bint francs*, une pièce de vingt francs ; Choses formant un tout complet : *Uno péço de drap*, *de telo*, une pièce de drap, de toile ; Bouche à feu : *Uno péço de douxe*, une pièce de douze ; fig. et famil. Tour de malice : *Y cal fayre uno péço*, il faut lui faire une malice ; Ouvrage dramatique ; t. de prat. Écriture ; Titre : *Cal pouria toutos las pèços*, il faut apporter tous les titres ; Portion de terre couverte de blé, d'avoine, etc. ; Poutre qui supporte un plancher. (Racine *pecetto*.)
PÉCO (PRENE), v. n. Prendre mal : *A pres péco*, il a pris mal.
PÉCORO, s. f. Pécore, personne sotte, stupide. (Du latin *pecora*, de *pecus*.)
PECOUL DE LEYT, s. m. Pied d'un lit ; Quenouille de lit : *Lou cal estaca al pecoul dal leyt*, il faut l'attacher au pied du lit ; fig. *A de cambos coumo de pecouls*, il es très fort.
PECOULA, s. m. Crottin de bergerie.
PECUGNO, s. f. Pécune, argent : *Manco pas de pecugno*, il ne manque pas d'argent. (Du latin *pecunia*.)

## PED

PEDALO, s. f. Pédale, gros tuyau d'orgue dont on meut la touche avec le pied ; cette touche ; Morceau de bois sur lequel on pose le pied pour faire mouvoir une meule, le tour, etc. (Du latin *pes*.)
PÉ-D'ALOUETO, s. f. Pied-d'Alouette ou Dauphinète, fleur en épi de différentes couleurs.
PÉ-DE-BOUMBO, s. m. Pied-bot, pied contrefait.
PÉ DE TAOULO, s. m. Châssis, ouvrage de menuiserie qui supporte le dessus d'une table.
PEDANT, s. m. Pédant, t. de mépris, celui qui affecte de montrer du savoir, qui étale à tout propos de l'érudition ; Celui qui affecte un ton arro-

gant, décisif. (Du grec *pais*, *paidos*, enfant.)
PEDANTIZO, s. f. Pédanterie, air pédant.
PÈ DESCAOUS, Pied nu.
PEDESTAL, s. m. Piédestal, partie basse de la colonne sur laquelle porte son fût. (Du français *pied*, et du teutonique *stall*, base, soutien.)

Cupidoun es malin ! sans cessa d'estre angéto,
Nostro poulido drollo, al loc d'abé un arquet,
Coumo lou diou nenet,
Qu'adoroun en Cythéro,
A coustat de sa mèro
Abio dous souleillets
Per eillets,
Pla d'amouretos
Per aletos
Car tout soun bisatchou.
N'éro pas qu'un poutou,
Et sa bouqueto
Merbeilleto
Qu'un broutou
De flou :
Certo, ta belo miniaturo
De toutis la bèsiaduro
N'abio pas nat besoun de touto sa beoutat,
Per brisa sans retour lou *pedestal* dal gat.
M. CEREN.

PÈ DREX, s. m. Pied droit, la partie du jambage d'une porte qui comprend le chambranle, *xanbranle*, le tableau, *trumeou*, la feuillure, *felhuro*, l'embrassure, *enbrazuro*, l'écoinson, *alandimen* ou *escounsous*; toute sorte de soutien qui, posé d'aplomb, représente un pied. (Du latin *pes*.)

### PEF

PEFI, O, voyez ENTRENECAT.
PEFIO, voyez ENTRENEC.
PEFOU, voyez BOUN BIBANT.
PEFOUNARIO, voyez PLEZENTARIE.

### PEG

PEGA. voyez EMPEGA.
PEGA, s. m. Pot de vin, mesure de Toulouse, pesant huit livres.
PEGAL, voyez PEXE.
PÈ GARREL, s. m. Pied gauche : *Lou cargos dal pè garrèl*, tu le chausses au pied gauche.
PÉGO, s. f. Poix, matière gluante et noire, faite de résine brûlée et mêlée avec la suie du bois, d'où la résine est tirée : *Pego de Boulougno*, poix de Bourgogne d'un blanc jaunâtre qui s'emploie surtout dans les emplâtres : *Pego de courdougnè*, cire des cordonniers. (Du latin *pix*.)

D'un persounaxe aïtal on es pla leou sadoul,
Cepandant quand se seÿ, porto de *pego* al xioul;
Car aïsi tà souben que se y'es enplastrado
Bous y'a tranquillomen passat l'aprep dinnado. D.

PEGO ROUSINO, s. f. Poix résine, gomme jaunâtre qui sort des arbres résineux après qu'on les a incisés.
PEGOUS, O, adj. Poisseux, euse, gluant, visqueux; fig., Difficile, fantasque, fâcheux : *Aco's un pegous*, c'est un fantasque.
PEGOT, s. m. Injure adressée à un cordonnier à cause de la poix ou cire dont ils se servent : *Aco's lou pegot*. (Du latin *pix*.)

### PEI

PEILA, voyez CLABA.
PEILE, voyez PELLE.
PEIRADO, voyez PAYROULAT.
PEIRADO, voyez ACOUDOIR.
PEIRIE, voyez MAÇOU.
PEIRIE, voyez TRAÇAYRE.
PEIRIEIRO, voyez PEYRIEYRO.
PEIRO, voyez PEYRO.
PEIROLO, voyez PAYROLO.
PEIROL, voyez PAYROL.
PEIROU, voyez MARC.
PEIROULADO, voyez PAYROULADO.
PEIROULIE, voyez PAYROULIE.
PEISSEL, voyez PAYSSEL.
PEISSIEIRO, voyez PALSIEYRO.
PEISSONIE, voyez PEYSOUNIE.

### PEL

PÈL, s. f. Peau, partie extérieure de l'homme, de l'animal qui enveloppe toutes les autres parties; Cette peau détachée de l'animal : *La pèl bal quinze francs*, la peau vaut quinze francs; Enveloppe des végétaux : *Pèl de cebo*, peau de chien : *Pèl de xagrin*; fig., *Uno pèl*, Femme de mauvaise vie. (Du latin *pellis*.)

Qui sap se nostros mas de lour *pèl* despuillados
A palpos troboun pas nostros cars enlebados,
Et qui pot affirma que dins l'estat de mort,
De l'homme qu'es damnat, aco n'es pas lou sort ?
DEBAR.

PEL, Sincope *de per lou* : *Lou troubaras pel cami*, tu le trouveras en chemin.
PÈL (ESTRE AL), *Estre al pèl*, c'est-à-dire au point, tout juste, affleurer : *La porto és al pèl*, elle n'a qué le jeu nécessaire pour (rouler) pivoter, l'espace d'un fil, d'un cheveu entre le bas de la porte et le parquet.
PÈL, PELSES, *Piol*, s. m. Cheveux de la tête; fig. et adv. : *Troubario de pelses dins un toou*, il trouve à redire à tout; *Pèl rouxé*, un rousseau; *Pèl foulet*, Poil follet; *Fa pas un pèl d'aïre*, il ne fait pas un brin d'air. (Du latin *pilus*.)

Olaro en l'y tiren uno flotto de *piol*,
Jean l'y dis : Quaï es mestré ? et ba corga soun miol.
PRAD.

PÈL, Sedo, s. m. Paille dans le fer; Moye, fil ou séparation naturelle dans une pierre de taille sujette par là à se fendre : *Es doumaxe y'a un pèl*, c'est dommage il y a un fil.
PÈL MORTO, s. f. Calus, durillon aux pieds, aux mains.
PELA, v. act. Peler, ôter la peau, l'écorce; fig., Cuire en parlant du froid : *Fa un frex que pèlo*, il fait un froid cuisant; Châtier, punir, celui qui l'a mérité : *L'a pelat*, il l'a bien châtié. (Du latin *pellis*.)
PELADO, voyez PIC.
PELALHOS, s. f. Pelures, d'ail, etc.
PELALHOS, s. f. Épluchures, pelure de pomme, poire, etc. : *Xeto las pelalhos al fioc*, jette les épluchures au feu.
PELALHOUS, voyez CARCINOUS.
PELAL, s. m. Écorchure, coup de fouet, d'étrivière : *N'a trapat un pelal*, il a été fouetté d'importance. (Racine *pèl*.)
PELAT, ADO, adj. Pelé, dépouillé de la peau; Galeux; Pauvre : *A l'aïre pla pelat*.

PEL PEL 389

Sus un roc tout *pelat*, ol found dé lo Scytio,
Ount soufflo, nuech é jour, lou morit d'Éribio,
S'élébo, en pa dé sucré , un ontiqué Costel
Embégurat dé gibré é mosticat dé gel.
PRAD.

**PELATIE**, s. m. Peaussier, marchand de peaux. (Du latin *pellis*.)

**PELAXE**, *Pelajhe*, s. m. Pelage, couleur du poil des chevaux, des bœufs, etc. : *Aquel pelaxe es poulit*, ce pelage est joli. (Du latin *pilus*.)

**PELEJHA**, *voyez* PELEXA.

**PELENC**, s. m. Pâtis, lieu où l'on fait paître ; L'herbe : *Y'a pas un bricou de pelenc*, il n'y a pas un peu de pâtis.

Lou Pastré , cependen, en sourten dé lo jasso,
O lo pouncho del jour d'aou per-tout sé régasso,
Bey déja lou *pelenc* qu'éro obont-hier tout sec
Brilla d'un bert sur-tout qué l'endimergou o plec.
PRAD.

**PELENQUEXA**, *voyez* SE TRANTALHA.

**PELERIN**, s. m. Pélerin, celui qui va en pélerinage. (Du latin *peregrinus*.)

Dé *pélerins* rengats dé dous én dous ,
S'abançou lantomen am'un aïré pious,
Joux l'ardou d'un soulel cargat dé bapous caoudos ,
En lougos proucessious-mountou de gratipaoudos ;
Escourtats per l'espouer que meno al sant réduit,
Se prousternou as pès de la statuo antiquo
Ount les douns das chrestias et la fé cathouliquo
Désespeï sieïs cents ans n'an pas jamaï tarit. DAV.

**PELERINAXE**, s. m. Pélerinage, voyage entrepris par dévotion pour visiter des lieux saints.

**PELERINO**, s. f. Pélerine, ajustement de femme sur les épaules.

**PELEXA**, *Pelejha*, v. act. Peloter, battre, maltraiter.

**PELEXAL**, *Pelejal*, s. m. Coups, punition.

**PELFERIT**, IDO, adj. Engourdi par le froid : *Soui tout pelferit*, je suis tout engourdi par le froid.

**PEL FOULET**, s. m. Poil follet, duvet des petits oiseaux, premier poil du menton : *N'a pas que lou pél foulet*, il n'a que le poil follet. (Du latin *pilus*.)

Libéralo sosou , nous coumblos dé présens ;
Oïci l'omello ris en régognen los dens,
Olaï brillo d'un aubergeo é lo pruno flourado ;
Pus luen penjo soun col lo figo bisoillado,
É dé soun *pél foulet* lou coudoun desppuillat,
Mostro so pauso d'or o l'uel mirobillat.
PRAD.

**PELHA**, v. act. Calfeutrer, boucher avec des vieux linges un tonneau qui fuit, une porte fendue. (Racine *Pelho*.)

**PELHANDRAN**, s. m. Guenille, chiffon, déguenillé : *Aco's un pelhandran*, c'est un chiffon.

**PELHAROC**, *Pelharot*, s. m. Peiller, chiffonnier, marchand de chiffons ; adv. *A pelharoc*, à califourchons.

**PELHAROUCAYRE**, AYRO, s. m. f. Chiffonnier, ère, celui, celle qui ramasse les chiffons.

**PELHO**, s. f. Chiffon, vieux linge : *Aco's pas que de pelhos*, ce ne sont que des chiffons ; adv. *A la pelho!* Gribouillette, jeu d'enfants qui se disputent une chose qu'on leur a jettée. (Du latin *pilus*, poil, parce que le vieux linge se reconnaît aux filaments qui proviennent de l'usage.)

**PELHOC**, *Pelhot*, *Pelhos*, s. m. Petit chiffon, vieux linge : *M'en xaouti coumo d'un pelhoc*, je m'en soucie comme d'un vieux chiffon.

**PELHOUS**, O, adj. Déguenillé, ée, mal vêtu.

**PELIA**, *voyez* PELHA.

**PELIAROT**, *voyez* PELHAROC.

**PELICAN**, s. m. Pélican, oiseau aquatique. (Du latin *pelicanus*.)

**PELICULO**, s. f. Pellicule, peau très mince.

**PELIGOUSTO**, *Pelegousto*, s. f. Peau dans de la viande de boucherie : *Aco's pas que de peligoustos!* ce ne sont que des peaux. (Du latin *pellis*.)

**PELIO**, *voyez* PELHO.

**PELIOFO**, *voyez* PELOTO.

**PELIOT**, *voyez* PELHOC.

**PELISSO**, s. f. Pelisse, sorte de manteau ou mantelet fourré : *Podes carga la pelisso*, tu peux mettre la pelisse. (Du latin *pellis*.)

**PELISSOUS**, s. m. Cheveux, petites mèches de cheveux : *N'a pas que quatre pelissous*, il n'a que quatre cheveux. (Du latin *pili*, cheveux.)

**PELLE**, s. m. Pêne, morceau de fer long et carré qui sort de la serrure et entre dans la gâche quand on ferme une porte.

**PELLE-MELLE**, adv. Pêle-Mêle, sans dessus dessous, sans ordre.

**PELLEBA** (SE) v. n. Hausser le ton, se mettre en colère ; Se Hérisser, se révolter : *N'as pas besoun de te tant pelleba*, tu n'as pas besoin de tant te courroucer. (Du latin *pedem levare*.)

**PELLECA**, v. n. Choyer quelqu'un, avoir grand soin de quelqu'un. (Racine *pel* et *leca*.)

**PELLERO**, *voyez* GOURRINO.

**PELOFOS**, *voyez* COUTOUFELOS.

**PELOS**, *voyez* CROUSTOS.

**PELOTO**, s. f. Pelote, coussinet pour les épingles, les aiguilles : *L'a mes à la peloto*, il l'a mis à la pelote. (Du latin *pila*.)

**PELOUFOS**, *voyez* COUTOUFELOS.

**PELOUFRE**, s. m. Inquiétude ; Ennui : *Me fa beni lou peloufre*, il commence à me fatiguer.

**PELOUIROS**, *voyez* PELS.

**PELOUS**, *voyez* ERISSES.

**PELOUZO**, *Pelenc*, s. f. Pelouse, herbe courte, épaisse et douce ; le Terrain qui en est couvert : *Eren sur la pelouzo*, nous étions sur la pelouse. (Du latin *pilus*.)

**PELS**, s. f. Peaux flasques et pendantes des vieilles gens. (Du latin *pellis*.)

**PELSIGUR**, adv. Certainement : *Bendra pelsigur*, il viendra sûrement ; Certes.

RIGAOUD A BRUNET.

Yeou debini fort pla qu'un es aquel affairé :
S'axis qu'ambé Mounbosc-bous sies cataraougnats
Per de bersés qu'aïci y'abés fort mesprezats ,
Et bolou *pel sigur* qu'aquel affa finigo.
D.

**PELTIRA**, v. act. Tirailler ; Tirer quelqu'un tantôt d'un côté, tantôt de l'autre : *Fa pas que me peltira*, il ne fait que me tirailler. (Racine *tira*.)

Mais sé bous dins soun cor crezés d'estré louxat,
Perque bous alarmas quand es amb'un gouxat ?
BRUNET.

Parcé qué n'aïmi pas que digus la *peltire* ;
Tabes per un boun cop b'a yé boli pla diré.
D.

**PELTIRI**, s. m. Peine, embarras, difficulté : *Dins qu'un peltiri!* dans quel gâchis!

**PELUCA**, *voyez* TRIA.

PELUSSA (SE), v. pro. Se Frotter les épaules comme font ceux qui veulent se soulager de la vermine qui leur cause cette démangeaison; fig., Frayer quelqu'un; Choyer; se Frotter à...
PELUT, voyez BOURRUT.

PEN

PENA, v. act. Peiner, donner, faire de la peine; Causer du chagrin : *Cal que touxoun me bengo pena*, il faut qu'il vienne toujours me peiner; Travailler beaucoup, difficilement, avec effort. (Du latin *pœna*.)
PENABLE, voyez PENIPLE.
PENADO, voyez PEZADO.
PENAL, O, adj. Pénal, qui assujétit à quelque peine, qui concerne les peines légales : *Lou code penal*, le code pénal. (Du latin *pœnalis*.)
PENAT, DO, adj. Peiné, ée, fâché, affligé, chagrin : *Es toutple penado*, elle est très fâchée. (Racine *peno*.)
PENCHE, voyez PENXE.
PENCHENADO, voyez PENXENAL.
PENCHIGNE, voyez PENXENAYRE.
PENCHINA, voyez PENXENA.
PENCHINADO, voyez CARDOU.
PENDAPLE, O, adj. Pendable, qui mérite la potence : *Un trait pendaple*, un trait pendable. (Du latin *pendens*.)
PENDARDISO, s. f. Espièglerie, gaillardise d'enfant; Malice : *Ba fa de pendardiso*, il le fait par espièglerie.

RIGAOUD.

Crezi pas d'abé fax cap de maoubeso actiou.

BRUNET.

Si fait, et né diouriés mouri de counfusiou :
Car yeou bous ey bist faïré un trait de *pendardiso*
Que m'anounço pla prou qu'abés pas dé franquiso.

D.

PENDART, DO, adj. Pendard, de, fripon, vaurien, malin : *Sios un pendart*, tu es un malicieux. (Du latin *pendens*, qui mérite d'être pendu.)
PENDELETO, s. f. Pendeloque, pierreries ajoutées à des boucles d'oreilles. (Du latin *pendens*.)
PENDEN, s. m. Pendant, partie qui pend, pareil, ce qui correspond; Bijoux suspendus aux oreilles des femmes : *Porto de grosses pendens*, elle porte de gros pendants. (Du latin *pentilis*.)
PENDEN, prép. Pendant, durant un espace de temps : *Penden aqueste estiou*, pendant cet été.
PENDIGOULA, voyez PINXOURLA.
PENDULAYRE, s. m. Pendulier, horloger qui vend des pendules.
PENDULO, s. f. Pendule, horloge à pendule, toute horloge d'appartement : *A la pendulo es miexxoun*, il est midi à la pendule. (Du latin *pendulum*.)
PENECA, voyez PENA.
PENÉCOS, s. f. Figues sèches, figues de cabas.
PENETRA, v. act. Pénétrer, percer, passer à travers, entrer bien avant : *A Penetrat xuscos à la cabosso*, c'est entré jusqu'à la tête; fig. Découvrir, discerner; Toucher le cœur; Affliger vivement. (Du latin *penetrare*.)
PENETRA (SE), v. pro. Se Pénétrer, se remplir, se mettre dans l'esprit.
PENETRANT, adj. Pénétrant, qui pénètre, qui se fait sentir : *Fa un ben penetrant*, il fait un vent qui perce.
PENETRAPLE, O, adj. Pénétrable, où l'on peut pénétrer, qui peut être pénétré.
PENETRATIOU, s. f. Pénétration, vivacité d'esprit; Finesse de jugement; Facilité à pénétrer dans la connaissance des choses. (Du latin *penetratio*.)
PENIPLE, O, adj. Pénible, qui donne de la peine, qui se fait avec peine : Qui affecte d'un sentiment douloureux; Qui se donne beaucoup de peine, laborieux : *Es trop peniple, aco y nouzera*, c'est trop pénible, cela lui nuira.
PENIPLOMEN, adv. Péniblement, avec peine.
PENITENÇO, s. f. Pénitence, repentir, regret des offenses envers Dieu; Un des sept sacrements; Peine qu'impose le confesseur : *Ne cal fa penitenço*, il faut en faire pénitence; Jeûnes, mortifications; Punition imposée pour une faute : *Metez-lo en penitenço*, mettez-la en pénitence. (Du latin *pœnitentia*.)
PENITENT, O, s. m. f. Pénitent, te, celui qui confesse ses péchés; Membre d'une confrérie où l'on pratique certains exercices de pénitence : *Lous penitens blans*, les pénitents blancs. (Du latin *pœnitentia*.)

Lou *penitent* trobo dins vous un pèro;
Lou que souffris, un amic pietadous;
Lou que vous cerco a deja ce qu'espèro;
Per lou que trovo, helas quand de favous!

PUJ.

PENIA, voyez PENXA.
PENJHOURLA, voyez PINXOURLA.
PENNEJHA, voyez PENOUTEXA.
PENO, s. f. Peine, douleur, affliction, chagrin, inquiétude, souci : *Souy dins uno retto peno*, je suis dans une peine; Travail, fatigue, soin : *Qu'uno peno me douno!* quelle peine elle me donne! Difficulté, empêchement, obstacle : *Cal abe touxoun calquo peno*, il faut avoir toujours quelque peine; adv. : *A peno*, à peine, aussitôt que...: *A peno a parlat qu'es oubert*; Fort peu, presque pas : *Baylo m'en a peno*, donne m'en à peine. (Du latin *pœna*.)

Ieu ey be d'enemix qualque miejo douxeno;
Mais ieu nou bouldrio pas vese-ne cap en *peno*
Ni may nou vouldrio pas que cap ne fourés mort
Encaro bé que touts m'agiou blaymat à tort.

A. G.

PÈNO, s. f. Panne, bout aplati d'un marteau : *Pèno!* crie le forgeron en battant le fer avec des frappeurs.
PENOUS, s. m. Petits Pieds d'un enfant : *De qui sou aques penous?* à qui sont ces petits pieds ?
PENOUTEXA, v. n. Piétiner, remuer fréquemment les pieds avec vivacité. (Racine *pé*.)
PENPILHOUS, Menut, adj. Difficile, inquiet, hargneux : *Sios un penpilhous*, tu es un difficile.
PENSA, v. act. Penser, avoir dans l'esprit; Inventer, imaginer; Former dans son esprit l'idée, l'image d'une chose : *Pensabi y'a lountgems*, je pensais depuis longtemps; Faire réflexion, attention; Avoir telle opinion, tel sentiment, tel système politique, moral, religieux : *Penso pla*, se souvenir de.... (Du latin *pensare*, peser, examiner.)

BRUNET.

Mé xaouti pas d'acô : coussi que ba prengas,
Yeou direï pas xamaï ço que nou pensi pas.

D.

PENSA, v. act. Panser, appliquer à une plaie les remèdes nécessaires; Brosser, étriller un cheval,

PEN

en avoir soin.: *Lou pensi mati et ser*, je le panse matin et soir.

PENSADO, s. f. Pensée, faculté, action de penser, ce que l'esprit pense ; Chose pensée et exprimée, soit de vive voix, soit par écrit : *Aco's uno paouro pensado*, c'est une mauvaise pensée ; Sentiment, opinion, avis : *Aco's ma pensado;* Intention, dessein, projet : *Me diras ta pensado*, tu me diras ta pensée ; espèce de Violette à fleur nuée de violet et de jaune ; cette fleur inodore. (Racine *pensa*.)

Dins la Natiou la pus barbaro
Ou trovo d'effans d'Israël :
Lou negre Africain, le Tartaro,
A drech al rouyalme dal Cél,
Se d'un cor exempt de maliço
Sercou lou veritable Dious
Et se reglou dins la justiço
Your *pensados* et your actious.        Puj.

PENSIF, IBO, adj. Pensif, ive, qui songe, qui rêve ; Occupé d'une pensée qui attache fortement.

PENSIOU, s. f. Pension, maison où l'on est logé, nourri pour un certain prix ; Ce prix : *Cal paga la pensiou à l'abanço*, il faut payer la pension à l'avance ; Maison d'éducation ; Prix pour être enseigné, logé, nourri : *L'anan metre en pensiou*, nous allons le mettre en pension ; Revenu annuel, récompense annuelle des services : *Sa pensiou lou nouyris, sans fa re*, sa pension le fait vivre sans rien faire ; Ce qu'on donne à un cheval, d'avoine, de fèves : *Y cal douna la pensiou*, il faut donner la pension. (Du latin *pensio*, qui signifie proprement *payement*.)

PENSIOUNA, v. act. Pensionner, donner, faire une pension ; Donner la ration à un cheval.

PENSIOUNARI, O, s. m. f. Pensionnaire, celui, celle qui paye ou pour qui l'on paye pension ; Celui, celle à qui l'on paye une pension : *Aco's lou pensiounari*, c'est le pensionnaire. (Du latin *pensionarius*.)

PENSIOUNAT, s. m. Pensionnat, logement des pensionnaires d'un collége ; Maison d'éducation où l'on prend des pensionnaires : *A lebat un pensiounat*, il a établi un pensionnat.

PENSOMEN, s. m. Pansement, action de panser une plaie, les chevaux : *Lou pensomen ba beni*, le pansement va arriver.

PENTI, voyez PUNIT, ATTRAPAT.

PENTO, s. m. Pente, surface inclinée, terre qui va en descendant ; Cours des eaux : *N'a pas prou de pento*, il n'a pas assez de pente ; Bande qui pend autour d'un ciel de lit, d'un dais : *Aquelos pentos sou courtos*, ces pentes sont courtes; fig., Inclination, penchant ; Disposition à.... : *A fosso pento pel xoc*, il a un grand penchant pour le jeu. (Du latin *pronitas*.)

Moun uel mirobillat admiro lous détours
D'un rojol qu'oun couneis d'aoutro ley qué so *pento*;
Tontôt il tout d'un roc bésadomen serponto,
Tontôt en murmuren quitto soun liech notal,
S'élonço é s'espondis en nappo dé cristal.        PRAD.

PENTOCOUSTO, *Pantocousto*, s. f. Pentecôte, fête anniversaire, solennelle, en mémoire de la descente du St.-Esprit ; prov. : *De Pascos à Pantocousto lou dessert es uno crousto*, de Pâques à Pentecôte le dessert n'est qu'une croûte. (Du grec *Penté chosté*.)

PENXA, *Penjha*, v. n. Pencher, incliner, baisser de quelque côté : *Penxo d'aqueste coustat*, il pen-

PEN 391

che de ce côté ; Aller en baissant, en descendant, en pente ; fig., Avoir de la propension, de l'inclination ; Donner la préférence. (Du latin *pendere*.)

PENXA, *Penjha*, v. act. Pendre, attacher une chose en haut de manière qu'elle ne touche pas en bas ; Suspendre ; Attacher et étrangler au gibet : *Meritario d'estre penxat*, il mériterait la corde ; Être suspendu ; Tomber trop bas, descendre trop. (Du latin *pendere*.)

É procha de l'Uphrata, anfin nous assétèren ;
La fatiga avio tant espuisat nostrés corps !
Après un court répàous tristamen nous lévèren
Per *penja* nostrés luths as saouzés dé sous bords.        PEYR.

PENXAN, *Penchan*, s. m. Penchant, pente ; Propension ; Inclination : *Se seguissio moun penxan*, si je suivais mon penchant.

PENXAT, DO, s. m. f. Pendu, ue, celui qu'on a étranglé à une potence : *Semblo un penxat*, il a l'air d'un pendu.

PENXAZOU, s. f. Pendaison, exécution de pendus.

PENXE, *Pegne*, s. f. Peigne, instrument de buis, de corne, d'ivoire, etc., à dents, pour démêler les cheveux ou décrasser la tête ; Instrument de métal ou d'écaille, à dents, pour fixer les cheveux des femmes : *Uno penxe d'or*, un peigne en or ; Instrument pour apprêter le chanvre, le lin, la laine ; sorte de Châssis long et étroit, rempli d'une multitude de petites ouvertures par où passent les fils de la chaîne : *La penxe n'es pas prou fino*, le peigne n'est pas assez fin. (Du latin *pecten*.)

En mé saran dé soun cagnar,
É bé, té dize, moun gaïar !
Qué cay fazèn ! — Ioy qu'és dimenche,
Sou dis, mé doue un cop dé *penche*,
Couma vèzès tranquilamen,
Procha dé mou apartémen.
Voulès-ti prène una cadièyra ?...
Anen, Messius, chacun sa peyra :
Entre amis pas gés dé façoun.        FAV.

PENXE DE PENXENAYRE, s. f. Serans, grande carde pour préparer le lin, le chanvre ; *Penxes*, les dents de la roue de champ d'un puits à roue : *Y manco plusiurs penxes*, il y manque plusieurs dents.

PENXEGNÉ, *Penchegné*, s. m. Peignier, ouvrier qui fait ou vend des peignes.

PENXENA, *Penchena*, v. act. Peigner, démêler, nettoyer, arranger les cheveux : *Beni de lou penxena*, je viens de le peigner ; Battre, maltraiter quelqu'un ; Sérancer, passer au séran le chanvre, le lin : *Tout bey a penxenat*, il a sérancé tout aujourd'hui. (Du latin *pectere*.)

PENXENA (SE), v. pro. Se Peigner ; se Maltraiter, se battre ; ne pas se Donner de souci d'une affaire : *S'en cal penxena en rè*, il ne faut pas se mettre en peine.

Lou cor tout pénétrat d'oquélés sentimens,
Lou paouré sé counsolo, é bo, sens perdré tems,
Trarré dé l'hort, nobets, entréfégos, rocinos ;
O boun nàs, o sentit los jolados bésinos.
Tras l'aureillo en effet lou cat *s'es penchénat*,
Sigué qu'o l'oquiloun l'aîré es obondounat.        PRAD.

PENXENAYRE, s. m. Peigneur, chanvrier, filassier, artisan qui sérance ou peigne le chanvre, le lin. Le chanvrier a deux sortes de sérans, l'un

51

à dégrossir, et l'autre à affiner le peignon, *manat*, qu'il tient à la main.

PENXENAL, *voyez* PATAOUSSIAL, CARPAL.

PENXO, *Fial de rasins*, Paquet de raisins dont on suspend au plancher plusieurs grappes avec du fil de penne. *pezel: Ey i ax quasquos penaxos*, j'ai suspendu quelques paquets.

## PEO

PEOU, PIOL, *voyez* PÈL.
PEOULHO, *voyez* ESPEOULHO.
PEOUT (A). Terme de nageur, Fond de l'eau : *Trobi pas à péout*, je ne trouve pas à toucher du pied. (Du latin *à pede*, toucher du pied.)

## PÉP

PÉPI, *voyez* NIGAOUT, TONI.
PÉPIDO, s. f. Pépie, pellicule qui vient au bout de la langue des oiseaux et qui les empêche de boire et de crier ; Soif ardente. (Du latin *pituita*.)

Bougea toujour, brava manida,
Ou savé qu'aï bégut béoucop ;
Mais séntissé qu'aï la *pepida*,
Aih ! faï-me beoure un apoutre cop. RIG

PEPIGNÈYRISTO, s. m. Pépiniériste, jardinier qui soigne et cultive une pépinière.

PEPIGNÈYRO, s. f. Pépinière, terrain semé de pépins, de noyaux ; Plant de petits arbres pour replanter : *Cal ana à la pepignèyro*, il faut aller à la pépinière. (Du mot *pepin*, parce que les pépinières ont été d'abord formées des pepins de pommes qu'on y avait semés.)

PÉPIO, s. f. Pecque, femme, fille sotte et ennuyeuse.

PÉPOULI, s. m. Tussilage ; Pourpier, plante potagère annuelle à fleur rosacée. (Du latin *pulipos* ou du français *poule-pied*, parce que l'espèce surtout qui naît dans les vignes représente le pied d'un poussin.)

## PEQ

PEQUIOU, IBO, adj. Susceptible, facile à manquer.

## PER

PER, prép. Pour, en faveur de... : *Aco's per el que souy aycí*, c'est pour lui que je suis ici ; Afin de : *Per recla definitibomen*, afin de regler définitivement ; Au lieu de... : A la place de... : *M'a pres per el*, il m'a pris pour lui ; En égard à... : A l'égard de... ; Par rapport à... : *Es abançat per soun tems*, il est avancé en égard à son âge ; Envers : *Es bou per toutis*, il est bon envers tous ; En qualité de... : *Se presento per cousigné*, il se présente en qualité de cuisinier ; Comme, de même que : *L'a layssat per mort*, il l'a laissé pour mort. (Du latin *per*.)

PER ACO, adv. Pourtant, néanmoins, cependant : *Per aco se b'abios dit*, si cependant vous l'aviez dit.

RIGAOUD.

Tant millou, finissés,
Et dounas-bous de trax à gagna lou proucés.

BRUNET.

A grand péno, se yeou per aco boou pus bite. D.

PÈ-RANQUET, adv. A cloche-pied, sur un seul pied : *Fazien à pè-ranquet*, nous faisions à cloche-pied.

Paul, counsoulo-te ! sèn de fèsto ;
Douma mati prendras la bésto !
Mais dacho-me soulo un paouquet ;
Paul sort et fau al *pè ranquet*. J.

PER AQUI, adv. Par là : *Es per aqui*, par ce moyen. Là, là, tout doucement, répond un malade, à qui on demande des nouvelles de sa santé.

PERAT, s. m. Poiré, confiture de poire.

PER AYSSO, adv. Pour cela : *Per aysso te perdouni pas*, pour cela je ne te pardonne pas.

PERBALÈJHE, *voyez* PRIBILÈXE.

PERBERSITAT, s. f. Perversité, méchanceté, Dépravation. (Du latin *perversitas*.).

PERBERTI, v. act. Pervertir, faire changer de bien en mal en fait de religion et de morale.

PERBERTI (SE), v. pro. Se Pervertir, se corrompre. (Du latin *pervertere*.)

PERBILÈXE, s. m. Privilège, faveur : *N'a pas mayt de perbilèxe que tu*, il n'a pas plus de privilège que toi ; petite Carte imprimée qu'on donne à un écolier studieux comme un bon point. (Du latin *privilegium*.)

PERBOULI, *Escaouda*, *Blanzi*, v. act. Blanchir quelques légumes dans l'eau bouillante : *Met-lous à perbouli*, mets-les à blanchir. (Racine *bouli*.)

PERÇA, v. act. Percer, faire une ouverture de part en part ; se Découvrir, se Montrer : Avoir une issue ; se Découvrir, se Montrer : *Sa finesso perço*, sa ruse se laisse voir. (Du latin *pertusum*, de *pertundere*.)

PERCALO, s. f. Percalle, toile de coton blanche, fine et serrée, qui vient originairement des Indes orientales.

PERÇANT, O, adj. Perçant, ce qui pénètre ; Froid vif ; Voix aiguë ; Esprit pénétrant.

PERÇAOURE, *Persaoupre*, v. act. Percevoir, faire la recette de... ; Voir une chose ; en recevoir l'impression par les sens. (Du latin *percipere*.)

PERCASSA, v. act. Chasser, éloigner, donner la fuite.

PERCASSA (SE), v. pro. Se Donner du mouvement pour avoir ce qui est nécessaire : *Se cal percassa*, il faut se donner des soins.

PERCATORI, *voyez* PURGATOIRO, PURGATORI.

PER CE, adv. A cause de.

PERCEPTIOU, s. f. Perception, recouvrement des revenus ; Charge de percepteur. (Du latin *perceptio*.)

PERCEPTOU, *voyez* COULLETTOU.

PERCLUS, O, adj. Perclus, se, qui est privé de l'usage d'un ou de plusieurs de ses membres ; Impotent de tout le corps. (Du latin *præclusus*.)

PERÇO QUE, conj. Parce que, à cause que, attendu que : *Perço que fa frex*, parce qu'il fait froid.

PERCURA, *voyez* PROUCURA.

PERCURAYRE, *voyez* PROUCURAYRE.

PERCURO, *voyez* PROUCURO.

PERCURUR, *voyez* PROUCURUR.

PER DARRÈ, s. m. Par derrière, le derrière d'une chose.

PERDESSUS, s. m. Pardessus, la partie supérieure ; adv. Au-dessus, en sus : *Par-dessus lou mercat*, en delà du marché.

PERDIAL, *Perdigal*, *Perdris*, *Perlic*, s. m. Perdrix rouge, oiseau de la grosseur d'un pigeon

dont la chair est très estimée; fig., petit Enfant :
*Lou nostre perdigal !* (Du latin *perdix*.)

L'hounou de nostros couzinos,
Perdigals, callos, fezans,
Poulets, capous, becassinos,
Tourxes, gribos, ortolans!
Bostro car es insipido,
Quand on penso à la bontat
De la biando qu'es serbido
Dins l'hurouzo Eternitat.   Pys.

PERDIGALHOU, s. m. Perdreau, le petit de la perdrix; fig., Argent, louis d'or : *Y'a troubat lous perdigalhous*, il lui a découvert le trésor.
PERDIO, voyez PERTO.
PERDIOU, adj. Chanceux, sujet à perte : *Aquel affa es perdiou*, c'est une affaire chanceuse.
PERDITIOU, s. f. Perdition; Dégât; Désolation. (Du latin *perditio*.)
PERDIZE, voyez PERDIGAL.
PERDOU, s. m. Pardon, rémission d'une faute, d'une offense. (Racine *perdouna*.)
PERDOUNA, v. act. Pardonner, accorder le pardon; Faire grâce; ne Garder aucun ressentiment d'une injure; Supporter; Tolérer; Excuser; Épargner; Excepter : *M'a perdounat aqueste cop*, il m'a épargné cette fois. (Du latin barbare *perdonare*, fait de la particule augmentative *per* et *donare*, donner, accorder.)
PERDOUNAPLE, O, adj. Pardonnable, qui mérite pardon.
PERDRE, v. act. Perdre, être privé de ce que l'on avait; Cesser d'avoir; Être vaincu en quelque chose : *As perdut*, tu as perdu; Faire un mauvais emploi; Manquer à profiter de...; Perdre, égarer quelqu'un dans un chemin, s'en trouver séparé : *L'ey perdut per la plaço*, je l'ai perdu sur la place; fig., *Perdre lou cap*, perdre la tête, ne savoir plus où l'on en est; Devenir fou.

Quoiqu'on axe boun drex, souben on perd sa caouso
L'on se met en coulèro et pei l'on s'arremacuzo.   D.

PÉRDRE (SE), v. pro. Se Perdre, ne plus trouver son chemin, s'égarer; se Ruiner; se Débaucher; se Damner : *Coussi se sou perduts!* comme ils se sont perdus! (Du latin *perdere*.)
PERDRIS, voyez PERLIC.
PERDUT, DO, adj. Perdu, ue, égaré; Inefficace, inutile, infructueux : *Un tems perdut*, temps perdu. (Du latin *perditus*.)

Tont qué duro lo néou, sul gibié fréjoulut,
Lou meudré escoulieyrot tiro coumo un *perdut*.
PRAD.

PEREZINO, voyez PEGO ROUZINO.
PERFERI, voyez REBATTRE.
PERFERIMEN, voyez REBATTOMEN.
PERFETTIOU, s. f. Perfection, achèvement, dernière main; Qualité excellente de l'âme ou du corps : *Aco's uno perfettiou*, c'est une perfection. (Du latin *perfectio*.)
PERFETTIOUNA, v. act. Perfectionner, corriger les défauts; Rendre parfait. (Du latin *perficere*.)
PERFETTIOUNA (SE), v. pro. Se Perfectionner, atteindre à la perfection : *S'es pla perfettiounat*, il s'est bien perfectionné.
PERFETTIOUNOMEN, s. m. Perfectionnement; Action de perfectionner.
PERFIALA, v. n. Raconter du fil à l'aiguille.

PERFIDE, O, adj. Perfide, qui manque à sa parole; Traître, déloyal. (Du latin *perfidus*.)

Se lou soun effaçabo uno actiou ta *pérfido*,
Bouldrio pas cluga l'èl xamai pus de ma bido.
Tabes aco's finit, et boli b'estre un gus,
Sé mé bèsés anfin yé parla xamai pus.   D.

PERFIDITAT, Perfidio, s. f. Perfidie, abus de confiance; Trahison. (Du latin *perfidia*.)
PERFIDOMEN, adv. Perfidement, avec perfidie.
PERI, v. n. Périr, prendre fin, tomber en ruine; Faire une fin malheureuse : *A périt miserablomen*, il a péri misérablement; Être abîmé, englouti; Chagriner quelqu'un, l'inquiéter : *Lou peris cado xoun*, il l'inquiète chaque jour. (Du latin *perire*.

Mais un aoutre grand puple, al soun de las troumpetos,
Fort coumo un fier geant qu'a cent milès de bras,
L'y crido, en apuntan un mur de bayounetos :
Alto, tyran del Nord ! s'abanços, *periras !*   J.

PERICLE, voyez FOUDRO.
PERIDILIOS, voyez PELALHOS.
PERIDURO, voyez SALLETAT.
PERIE, voyez GUIZIÉ. PAF.
PERIE, s. m. Poirier, arbre fruitier. (Du latin *pirus*.)
PERIÉVRADO, s. f. Poirier sauvage ; Jet, rejeton d'un poirier.
PERIEYRO, s. f. Perrière, carrière d'où l'on extrait les pierres. (Racine *peyro*.)
PERIL, voyez DEBANADOU, TRABOUL.
PÉRIL, s. m. Péril, état où il y a quelque chose à craindre; Risque ; Danger : *N'es pas sans peril. qu'es arribat*, ce n'est pas sans danger qu'il est arrivé. (Du latin *periculum*.)
PERILIA, voyez RISCA.
PERILHOUS, O, adj. Périlleux, euse; Dangereux : Difficile ; Chanceux : *Es fort perilhous*, c'est fort chanceux. (Du latin *periculosus*.)
PERIMA, v. n. Périmer, se perdre par la prescription, par une trop longue interruption de procédure. (Du latin *perimere*.)
PERISSAPLE, O, adj. Périssable, sujet à périr, peu durable.
PER L'AMOUR, adv. A cause de..., pour l'amour de... : *Par l'amour de tu*, à cause de toi.
PERLAT, DO, adj. Perlé, couvert de globules, d'yeux, en parlant des liquides. (Racine *perlo*.)
PERLIC, s. m. Perdrix grise.
PÈRLO, s. f. Perle, corps dur, brillant, nacré, rond, qui se forme dans certaines coquilles; fig., Ce qui l'emporte sur tous les autres : *Aco's la pèrlo de l'endrex*, c'est celle qui l'emporte dans le pays; prov. *Enfila de pèrlos*, s'Amuser à des riens. (Du latin barbare *pirula*, diminutif de *pirum*, poire, à cause de la forme des perles qui les fait ressembler à de petites poires.)
PERLO (FA VRELA), v. n. Faire le fil. Il se dit d'un sirop qui s'attache au doigt et s'allonge en forme de fil : *Fa la pèrlo*, il fait le fil.
PERMENA, Proumena, Passexa, v. act. Promener, mener çà et là ; Mener à la promenade. (Du latin *prominare*.)
PERMENA (SE), v. pro. Se Promener, aller à pied, à cheval, pour faire de l'exercice ou par amusement.
PERMENADO, Liços, Passerado, s. f. Promenade, action de se promener; Lieu où l'on se promène : *L'ey troubat à la permenado*, je l'ai trouvé à la promenade.

**PERMENANÇO**, *Permanenço*, s. f. Permanence, durée constante d'une chose ; État d'une assemblée constamment en fonction. (Du latin *permansio*.)

**PERMETTRE**, v. act. Permettre, donner pouvoir, liberté de dire, de faire ; Tolérer, autoriser, Donner le moyen : *Lou mèstre ba permet*, le maître le permet. (Du latin *permittere*.)

**PERMETTRE** (SE), v. pro. Se Permettre, s'accorder à soi-même ; se Donner la liberté de... : *Te sios permes de dintra*, tu t'es permis d'entrer.

**PERMIÉIREN**, *voyez* PRÆMAYC.

**PERMISSIOU**, s. f. Permission, pouvoir donné, liberté accordée de dire, de faire : *Aben la permissiou*, nous avons la permission. (Du latin *permissio*.)

Ambe la *permissiou*, Moussu, de la coumpagno,
Ğous bouldrio dire un mot. D.

**PERMOY**, *Permoyotos*, adv. En vérité ; Certes : *Permoy, b'a ye digueri aytal*, en vérité, je lui parlai ainsi.

**PERMUTA**, v. act. Permuter, faire une permutation, un échange. (Du latin *permutare*.)

**PERMUTATIOU**, s. f. Permutation, échange d'un bénéfice. (Du latin *permutatio*.)

**PERNA**, v. act. Fendre, diviser en long : *As pernat l'esclop*, tu as fendu le sabot.

**PERNA** (SE), v. n. Se Fendre, se rompre ; Travailler, en parlant du bois qui est plein de gélivures.

**PERNIL, PERNO**, *voyez* BOURRASSO.

**PERNITIOUS, O**, adj. Pernicieux, euse, nuisible, mauvais, dangereux : *Pernitious à la santat*, pernicieux à la santé. (Du latin *pernitiosus*.)

**PERNITIOUSOMEN**, adv. Pernicieusement, d'une manière pernicieuse.

**PERNO**, *voyez* FENDO, BOURRASSO.

**PERO**, s. f. Poire, fruit du poirier ou qui en a la forme. Il y en a de beaucoup d'espèces ; prov. *Garda uno pero per la set*, ménager une poire pour la soif, ménager quelque chose pour les besoins à venir. (Du latin *pirum*.)

**PÈRO**, *voyez* PAYRE.

**PEROT**, s. m. Petite Poire. Il y a une grande variété de ces petites poires.

**PEROT MOL**, *voyez* CLOUCO.

**PEROT SEC**, *voyez* COUDERLO.

**PEROU**, s. m. Pérou, contrée de l'Amérique méridionale, très-riche en mines d'or, d'argent, etc. On dit prov. *Aco's pas lou Perou*, ce n'est pas le Pérou.

**PEROUTIÈ**, *voyez* PERIE.

**PERPAOUS**, s. m. Propos, discours de conversation : *Avo's un missant perpaous*, c'est un mauvais propos ; adv. *A perpaous*, Convenablement au temps, au lieu, au sujet ; *Pla à perpaous*, Bien à propos, hors de propos, sans raison, sans convenance ; *Pla mal à perpaous*, Bien mal à propos. (Du latin *propositum*.)

Quan ajèt finit sa prièra,
En rénégan, lou brutaou qu'èra,
Se vira vers lou mèma roc
Et nous n'en manda un aoutre floc
Que nous esquinsèt nostra vèla ;
Bèn nou'n vouguèt qu'avian dé tela ;
Mais jugéren pas *d perpaou*
D'espèra d'aoutre petassaou,
Car aourié tout mès en coumpota. FAV.

**PERPAOUZA**, *Prepaouza*, v. act. Préposer, commettre, charger de... : *M'an perpaouzat per aqueste trabal*, on m'a chargé de surveiller ce travail. (Du latin *præponere*.)

**PERPELOS**, *voyez* POPIÈRO.

**PERPETUA**, v. act. Perpétuer, rendre perpétuel, faire durer sans cesse. (Du latin *perpetuare*.)

**PERPETUA** (SE), v. pro. Se Perpétuer, se renouveler ; Durer toujours.

**PERPETUÈL, O**, adj. Perpétuel, le, continuel, qui ne cesse point : *Un mal perpetuèl*, un mal continuel. (Du latin *perpetuus*.)

**PERPETUÈLOMEN**, adv. Perpétuellement, toujours, sans cesse : *Perpetuèlomen malaout*, toujours malade. (Du latin *perpetuè*.)

**PERPETUITAT**, s. f. Perpétuité, durée sans interruption : *Las galèros à perpetuitat*, les galères à perpétuité, pour toujours. (Du latin *perpetuitas*.)

**PERPILLA**, *voyez* SOURCILHA.

**PERPIL**, *voyez* CILHOS.

**PERPLEXITAT**, s. f. Perplexité, incertitude pénible, embarras, anxiété : *Sien toutis dins uno grando perplexitat*, nous sommes tous dans une grande perplexité. (Du latin *perplexitas*.)

**PERPRENE**, *voyez* ENTREPRENE.

**PERPREZOS**, *voyez* ENTREPREZOS.

**PERQUE**, s. m. Pourquoi, la cause, la raison : *A boulgut saoupre lou perque de tout* ; Propriété, fortune, bien : *Y'a mes soun perque*.

**PERQUE**, conj. Pourquoi, pour quelle cause : *Perque sios bengut?* pourquoi es-tu venu ?

**PERQUO**, Sorte d'imprécation, Peste : *Pèrquo te fago!* peste de toi !

**PERQUISITIOU**, s. f. Perquisition, recherche exacte et rigoureuse : *Fan de perquisitious*, on fait des perquisitions. (Du latin *perquisitio*.)

**PERRE**, *voyez* REBERENCIO.

**PERREXI**, *Perrejhi*, v. n. Nourrir, entretenir, soigner, comme on soigne les enfants.

Nani trouban pas dins l'histoiro
D'aoutre Dious coumo l'Eternel,
Occupat, al naout de sa gloiro,
A *perrexi* l'Omè mourtel.
Cal aoutré quel, proudais, counserbo
L'aïgo molo, lou dur métal ;
Lou fort lioun, lou flac mouscal,
Lou gran garric, la petito herbo ? PUJ.

**PERSEBERA**, v. n. Persévérer, dire, faire, agir d'une manière stable ; Poursuivre ses desseins ; Être constant dans le bien. (Du latin *perseverare*.)

**PERSEBERENÇO**, s. f. Persévérance, constance à faire ou à demander ; Constance dans la foi, dans la piété. (Du latin *perseverentia*.)

Per fayre fini lous tourmens,
Dount moun amo es environado,
Ai dins la Terro das vivens
Pourtat mous èls et ma pensado.
O moun Seignou ! tout moun recours
Es dins vostro ma liberalo
Attendi per vostre secours
La *perseverenço* finalo. PUJ.

**PERSECUTA**, v. act. Persécuter, inquiéter, tourmenter par des poursuites injustes et violentes ; Vexer, fatiguer, harceler, accabler d'importunités : *Lou persecuto countinuèlomen*. (Du latin *persequi*.)

**PERSECUTAT, ADO**, adj. Persécuté, inquiété, tourmenté. (Du latin *persecutus*.)

**PERSECUTIOU**, s. f. Persécution, poursuite injuste et violente ; Vexation, suite continuelle d'importunités; La persécution de 93 : *Al tems de la persecutiou*, du temps de la persécution. (Du latin *persecutio*.)

PERSECUTOU, s. m. Persécuteur, celui qui persécute; Celui qui presse, importune à l'excès. (Du latin *persecutor*.)

PERSIÈGRE, v. act. Poursuivre, courir après pour atteindre : *L'an be prou perseguit*, on l'a bien assez poursuivi; fig., Persécuter : *Lou bolou persiègre;* Continuer après quelque interruption; Continuer ce qu'on a commencé, suivre sa route, son entreprise : *Boulen persiègre*, nous voulons poursuivre. (Du latin *persequi*.)

L'aousissés quond calqu'un s'aouso un bricou paouza,
Crida coumo un ohuglé : yeou bezi cal y fa.
Soun uel del cap ol founds *persiec* toujour lo colo
Et de tontis de souens l'espoir soul lou counsolo.
PRAD.

PERSIÉNKO, s. f. Persienne, sorte de jalousie montée sur châssis.

PERSIL, *Xoulbert*, *Xourbert*, *Erbetos*, s. m. Persil, plante cultivée dans les jardins et employée dans les cuisines comme assaisonnement. (Contraction de *petrosil* formé du grec *petroselinon*, espèce de persil sauvage qui croit dans les pierres, formé de *pétros*, pierre, et de *sélinon* nom grec du persil commun.)

PERSILHADO, s. f. Persillade, assaisonnement au persil.

PERSISTA, v. n. Persister, demeurer ferme dans sa résolution, dans son dire; ne se point Départir; Tenir bon : *A touxoun persistat dins sa resoulutiou*, il a toujours persisté dans sa résolution. (Du latin *persistere*.)

PERSISTENÇO, s. f. Persistance, constance, fermeté dans une pensée, une résolution.

PERSOUNALITAT, s. f. Personnalité, ce qui constitue un individu dans sa qualité de personne; Injure, invective, trait piquant contre une personne désignée. (Du latin *personalitas*.)

PERSOUNAXE, *Persounajhe*, s. m. Personnage, rôle que joue un acteur : *Fa pla soun persounaxe*, il joue bien son rôle.

Demostenes disio : Se desplase vos fayre
A un toun enemic, non l'apeles trufayre,
Ni may abaricious, ni rouffia, ni paliard,
Ni bornie, ni boussut, ni gourman, ni babard;
Mas mostro-te, dis el, hounesté *persounatge*,
Et que nou fasquos tort à degus, ni doumatge. A. G.

PERSOUNÈL, s. m. Personnel, taxe, impôt par personne. (Du latin *personalis*.)

PERSOUNÈL, O, adj. Personnel, particulier à chaque personne : *Las actious sou persounèlos*, les actions sont personnelles.

PERSOUNO, s. f. Personne, un homme, une femme. (Du latin *persona*.)

Mais parlen de las gens, leyssen esta las bestios,
Bélomen erets touts de *persounos* hounestios. A. G.

PERSPETTIBO, s. f. Perspective, aspect des objets vus de loin; fig., Espérances ou craintes fondées : *Abenuno tristo perspettibo*, nous avons une triste perspective. (Du latin *perspecto*, je regarde.)

PERSUADA, v. act. Persuader, porter, décider, déterminer à croire ou à faire : *M'a persuadat d'ana amb'el*, il m'a déterminé d'aller avec lui.

PERSUADA (SE), v. pro. Se Persuader, se mettre fortement dans l'idée; Croire, s'imaginer : *S'es persuadat que l'aymabi pas*, il s'est imaginé que je ne l'aimais pas. (Du latin *persuadere*.)

PERSUASIF, BO, adj. Persuasif, ve, qui a la force, le pouvoir de persuader.

PERSUASIOU, s. f. Persuasion, art, talent de persuader, État de celui qui est persuadé; Ferme croyance. (Du latin *persuasio*.)

PERTAOU, *Pertant*, conj. Parce que..., afin de..., à cause de...

PER TAPAOUC, adv. Pour si peu; Avec économie : *Per tapaouc que y'en dounes*, *sera countent*, pour si peu que vous lui en donniez, il sera content.

PERTEZI, *voyez* PERDRE, EGARA.

PERTIÈYRO (A), adv. A coupé réglée, sans lacune.

PÈRTO, *Perdio*, *Pérdo*, s. f. Perte, dommage, ruine : *Me caousara uno grando pèrto*, il me causera une grande perte; Absence, mort; Mauvais emploi; Altération, déchet: adv. : *Y'aben de pèrto*, nous y avons du déchet: adv. : *A pèrto*, vendre avec perte : *A pèrto de bisto*, à perte de vue. (Du grec *persis*, ravage, perte.)

Mas ieù me fizi tant que vostro Magestat
Me recoumpensara de la *perdo* qu'ey fachio :
Car moun ebtendomen consideren agachio
La liberalitat del paoure Sant Marti,
Que soun propre mantel pel miech anec parti
Per vesti un paoure nut qu'ero per la carrieyro.
A. G.

PERTOUCA, v. n. Toucher, concerner, regarder : *Aco me pertoco de prep*, cela m'importe fort. (Racine *touca*.)

PERTOUT, adv. Partout, en tout lieux.

Nou foou pas coumo bous, que *pertout* ount anas
D'abord me sies dessus, aqui m'entemenas. D.

PERTURBA, v. n. Troubler, inquiéter, chagriner quelqu'un : *Cal que touxoun me bengo perturba*, il faut que toujours elle vienne m'inquiéter. (Du latin *perturbare*.)

PERTURBATIOU, s. f. Perturbation, trouble, émotion, inquiétude. (Du latin *perturbatio*.)

PERTURBATUR, s. m. Perturbateur, tapageur, celui qui cause du trouble. (Du latin *perturbator*.)

PERUCO, *voyez* PARRUCO.

PERXA, *voyez* ARPENTA.

PERXO, *voyez* BERXO.

PERXO, s. f. *Lato*, Perche, brin de bois long; fig., Fille, femme, grande et maigre : *Qu'uno pèrxo!* (Du latin *pertica*.)

## PES

PÉS, s. m. Pieds, partie du corps de l'homme; de l'animal, jointe à l'extrémité de la jambe et qui lui sert à se soutenir : *Lous pés y joou mal*, il souffre des pieds. (Du latin *pes*.)

PES, s. m. Poids, pesanteur; Mesure de gravité pour peser; Masse de métal, etc., pour mouvoir un rouage : *Lou pes es trop fort*, le poids est fort; fig., Tout ce qui fatigue, embarrasse, chagrine; Importance, force, solidité d'un exemple, d'une raison : *Sas paraoulos sou d'un grand pes*, ses paroles sont d'un grand poids. (Du latin *pondus*.)

Pla different dé sa natiou
Que per tout exerço l'usuro,
Quoique siog'un marchan jousiou
Fa boun *pés*, bouno mesuro. TOS.

**PESCA**, v. act. Pêcher, prendre des poissons à la pêche. (Du latin *piscari*.)

L'idéo de *pesca* m'abio tant tourmentat
Que tout moun atiral fousquec leou aprestat.
Dins un pagné Jubert tressat d'ambé de sesco
Meti tout ço que cal et parti per la pesco. VEST.

**PESCAXOU**, *Pescajhou*, s. m. Crêpe, pâte frite et plate.

Sabio sapiut quand n'eri que farino,
Pél de citroun, xaoune d'ioou, aygo, sal,
Sabio sapiut lou sort que me destino,
Toun apetis affamat et brutal....
Dins un grand plat destrempat ambe peno
N'aourios pas bist moun quintuple elemen
Per de gourmans rousti dins la padeno
Et *pescaxou* nou bioure qu'un moumen. A. B.

**PESCAYRE**, s. m. Pêcheur, celui qui fait métier de pêcher. (Du latin *piscator*.)

**PESCO**, s. f. Pêche, art, action, droit de pêcher; Poisson qu'on a pêché. (Du latin *piscatus*.)

Differens xihiés de la *pesco*!
Que gardas dins l'aigo un grand chut,
Benisses, d'un lengaxe mut,
La ma que bous refresco. PUJ.

**PESQUIÈ**, voyez BIBIÉ.

**PESSA**, Tourroulha, Espalla, v. act. Choyer, soigner, emmailloter, changer de linge un petit enfant; Donner à manger à quelqu'un. (Du latin *pascere*.)

**PESSAMEN**, voyez PESSOMEN.
**PESSAMENTOUS**, voyez SOUCINOUS.
**PESSO**, s. f. Le Maillot, les langes dont on enveloppe un enfant : *Es encaro à la pesso*, il est encore au maillot.

**PESSO**, s. f. Pièce, portion ; Morceau dont on raccommode : *La pesso es trop pixouno*, la pièce est trop petite ; Valeur monnayée : *Uno pesso de cinq francs*, un écu de cinq francs.

**PESSOMEN**, *Coupo cap*, s. m. Casse tête, peine, souci, chagrin, inquiétude : *A fosso pessomen*, il a beaucoup de soucis.

**PESSUC**, s. m. Pinçon, action de pincer quelqu'un : *M'a fax un pessuc*, il m'a fait un pinçon.

**PESSUGA**, v. act. Pincer, serrer fort entre les doigts ; Presser et causer une douleur vive.

**PESTA**, v. n. Pester, murmurer avec vivacité : *A pestat tout lou cami*, il a pesté tout le long du chemin.

**PESTO**, s. f. Peste, maladie éminemment contagieuse ; fig., Personne ou chose capable de corrompre l'esprit et le cœur : *Aco's uno pesto per la coumuno*, c'est une peste pour la commune. (Du latin *pestis*) ; Sorte d'imprécation ; Interj. : *Pesto! qu'acos car!* peste! que c'est cher!

Daou ten qu'èren toutés en trin
Qué méma gn'avié qué laouravoun,
É foça qué s'encougnoulavoun,
Té vén un certén caoumagnas.
Qué nous coupa cambas é bras;
Gran fioc as rens, gran maou dé testa;
Madama, ansin venguet la *pésta*.
La flou dé mas gens n'en créhèt;
Homes, bestiaou, tout té passet. FAV.

**PES XUNT**, voyez Pè-XUNT.

**PET**, s. m. Vent qui sort du fondement avec bruit : *As fax un pet que m'a derrebelhat*, tu as fait un vent si fort qu'il m'a éveillé. (Du latin *peditus*.)

Eï fax, (escoutas pla, car pouyrez pas ba creïré)
Un *pet* qu'èi près d'abord per un cop de trouneïré!
Aprep aco, me soul asseït;
Sur un immense pot de neit.

**PETA**, v. n. Péter, faire un pet ; Éclater avec bruit : *Ey entendut peta la mino*, j'ai entendu éclater la mine; fig. : *Fa peta uno messourgo*, lâcher un mensonge. (Du latin *pedere*.)

**PETALO**, s. f. Pétale, t. de bot., chacune des pièces qui composent la corolle d'une fleur. (Du grec *pétalon*, feuille.)

**PETARADO**, s. f. Pétarade, suite de pets que fait un cheval en ruant.

**PETARDA**, voyez MINA.

**PETART**, s. m. Pétard, pièce d'artifice ; Mine de carrier, de mineur pour briser et faire sauter des blocs de roches : *Cal un gros petart*, il faut une grosse mine.

**PETAS**, s. m. Pièce, morceau d'étoffe ou de toile pour rapiécer un habit, une chemise ; Lorsque ces pièces sont vieilles et usées, ce sont des lambeaux de guenilles, des haillons : *Aco's pas que de petasses*, ce ne sont que des guenilles ; fig., Fille, femme débauchée ; Coup de langue contre quelqu'un : *Y'a balhat un petas*, il lui a donné son coup de langue.

N'es pas ni blanc, ni rouge, aquel *petas*, qu'es doun?
I'n bouci de coudeno? uno pel de coudoun?
Es qu'a boulgut salli la blancou mounarchico
Ou destinta la republico?

**PETASSA**, v. act. Rapiécer, mettre des pièces à quelque chose ; On dit rapiécer, lorsqu'on bouche de trous proprement, et rapetasser lorsqu'on rapièce grossièrement : *Es pla mal petassat*, c'est mal rapetassé ; fig., Rhabiller ; Justifier ; Accorder un différent : *Agaxen de ba petassa*, tâchons d'y remédier.

**PETASSAL**, *Petassdou*, voyez PELEXAL.

**PETASSARIÉ**, ARIO, s. f. Rapiècetage, action de rapiéceter ; Hardes rapiécetées : *Aquelos petassariés prenou fosso tems*, ces rapiècetages prennent bien d' temps.

**PETASSES**, s. m. Pièces, chiffons : *Ramasso aques petasses*, ramassez ces chiffons.

**PETASSOU**, s. m. Petite pièce ; Ravaudeur, fripier.

**PETAYRE**, O, s. m. f. Péteur, euse, celui, celle qui pète beaucoup, qui a l'habitude de péter ; fig., Personne envers qui on ne fait pas de façons qu'on traite rondement : *La rambouyat coumo un petayre*, il le congédia sans façons.

**PETAVROLO**, s. f. Digitale, plante médicale.

**PETEGA**, voyez PENA.

**PETEGO**, s. f. Embarras, inquiétude ; Noise, bruit : *Quand de petegos!* quels embarras!

**PETEJHNA**, voyez PETOUNEXA.

**PETELEGO**, voyez TIFOTAFO.

**PET-AN L'AIR**, s. m. Pet-en-l'air, vêtement fort court que portaient les femmes en négligé.

**PETÉTO**, s. f. Jeune fille.

**PETIÉ**, s. m. Bouleau, dont on fait les balais, le grand genêt à balais : *Uno balaxo de petié*, un

## PET

balal de bouleau. (Du bruit que fait la gousse, où est renfermée la graine, en s'ouvrant.)

PETILHA, v. n. Pétiller, éclater avec un bruit réitéré en sautillant; fig., Briller avec éclat: *Petilho d'esprit*. (Diminutif de *peter*.)

Garnit de concarils, d'uno seco broustillo,
Dins tres cots de buffet lou fioc flambo, *petilho*.
La raoubo retroussado et lou faoudal dessus,
Corali la prumieyro, as soubais das Moussus,
Dourbis graciousomen la seenço xouyouso
En nous abertignan de sa boués amidouzo,
Qu'un pramié pescaxou se denu sacrifia
Per esproubalou fioc, la padèno et la ma. A. B.

PETIT, O, adj. Petit, te, de peu de valeur, de volume, d'étendue; Fort jeune; Bas, vil; Peu considérable, sans importance; prov., *Petit meou que taut bales !* petit avoir que tu as du prix ! (De l'ancien mot latin *petulus* employé dans le sens de mince, délié, petit.)

PETIT BENTRE, *Bas-bentre*, s. m. Bas ventre, abdomen.

PETITESSO, s. f. Petitesse, bassesse de cœur; Défaut d'élévation d'âme.

PETITIOU, s. f. Pétition, demande adressée à une autorité. (Du latin *petitio*.)

PETITIOUNA, v. n. Pétitionner, adresser fréquemment des pétitions.

PETITIOUNARI, s. m. Pétitionnaire.

PETIT-LAX, s. m. Petit-lait, sérosité du lait: *Cal que prengo lou petit-lax*, il doit prendre le petit-lait. (Racine: *lax*.)

PETIT MÈSTRE, s. m. Petit maître, jeune homme fat, freluquet et damoiseau: *Fa dal petit mestre*, il fait le damoiseau.

PETO, *voyez* CHOTO, REXISCLADIS.

PETO (LA COUR DU ROI), s. f. Ce mot n'est usité que dans cette phrase familière: *La cour du Roi péto*, lieu de confusion ou de désordre, où tout le monde commande et personne n'obéit: *Ayço semblo la cour dal Rey péto*. (Autrefois, en France, toutes les communautés se nommaient un chef qu'on appelait *Roi*. Les mendiants même en avaient un que par plaisanterie on nommait le *Roi petaud*, corruption du latin *peto*, je demande.)

PETO-BAS, s. f. Trousse petite, t. de mépris en parlant d'une petite fille.

PETOFIO, s. f. Sornettes, entretiens inutiles, médisants: *Aco sou de petofios*, ce sont des sornettes.

PETOLAGAGNO, s. f. Primevère, fleur jaune à tube qui vient dans les prés.

PETOSSAL, *voyez* PATADO.

PETOUDIÈYRO, *voyez* PETO (LA COUR DU ROI).

PETOUFIA, *Petoufiexa*, *Petoufie ha*, v. n. Dauber quelqu'un; Railler; Médire; Critiquer; Accuser: *Fa pas que petoufia tout lou xoun*, elle ne fait que critiquer tout le jour.

PETOUFIOUS, OUZO, adj. Daubeur, euse; Flagorneur; Rapporteur.

PETOUNEXA, *Petounejha*, v. n. Pétiller, éclater avec un bruit réitéré en sautillant: *L'amourié petounexo fort*, le bois du mûrier pétille beaucoup. (Racine *pet*.)

PETOUNEXADIS, s. m. Crépitation, bruit redoublé d'une flamme qui pétille, ou de toute autre chose qui pétille étant jetée au feu.

PETOUS, *voyez* PETAYRE.

PETOUYRE, s. m. Bruit, tracas, embarras, empressement: *Meno fosso petouyre*, il fait ses embarras. (Racine *pet*.)

## PEY

PETRAOUSSOU, *voyez* PATRAOUSSOU.

PETRIFIA, v. act. Pétrifier, glacer, stupéfier, rendre immobile d'étonnement. (Du latin *petram facere*.)

PETRIFIA (SE), v. pro. Se Pétrifier, devenir pierre.

PETRIFICATIOU, s. f. Pétrification, conversion d'une substance végétale ou animale en matière pierreuse.

PETS ET COUMBOS, *voyez* PIOTS, COUMBO.

PETTORAL, O, adj. Pectoral, le, qui se p rte sur la poitrine; Bon pour la poitrine. (Du latin *pectoralis*.)

PETULANT, O, adj. Pétulant, te, vif, brusque, impétueux, qui a peine à se contenir. (Du latin *petulans*.)

## PEX

PÈX, *voyez* PIOX.

PEXARRADO, s. f. Plein un broc de lait, de vin: *Uno pexarrado suffira pas*, un plein broc ne suffira pas.

PEXARRO, s. f. Broc, vase de fer-blanc conique pour le lait, le vin.

PEXÈ, s. m. Broc de terre dont on se sert pour tirer le vin d'une barrique et remplir les bouteilles; fig., Gros: *Rasin gros coumo un pexè*.

Atabé dé lon las cariéyras,
Dins lous oustaous, dins las bandièyras,
Noun entendias qué carii ou :
Viva lou Rèy! viva Didoun!
Anèn viva!... ençara truquèla...
N'avés mentit, n'en caou fouréta.....
N'as répétit, pourtas *peché*...
Aqui dessus grans cos dé pè,
Cos dé pouns baylas à bel ime...
Bèn fach, moun ami, vous estime... FAV.

PEXELSI, adv. Bien loin: *L'ey mandat à pexèlsi*, je l'ai envoyé promener. (De *pèx pioz*, et de l'adjectif *excelsus*, élevé.)

PEXEYRAT, s. m. Plein un broc.

PEXIMO, *voyez* IBROUGNO.

PÈ XUNTS (SAOUTA AS), v. act. Sauter à pieds joints un fossé, etc.

Cepandan as pès xunts gna pla calqu'un qu'arribo
Al bout de soun cami, cadun lou col tendut
En affustan le mour, bel attegne lou but.

## PEY

PEY, *voyez* APEY.
PEY, *voyez* PEYS.
PEYRADO, *voyez* BALAT PEYRIÉ.
PEYRE, Pièrro, Pièrrot, Peyras, Lapièrro, Pièrrou, s. m. Pierre, nom d'homme. (Du latin *petrus*.)

PEYRENC, Peyrous, adj. Pierreux.

PEYRIÈYRO, s. f. Carrière, lieu d'où l'on extrait la pierre.

PÈYRO, s. f. Pierre pour bâtir: *Pèyro de talho*, pierre de taille; *Pèyro de lèbo*, Moëllon, pierre pour la bâtisse; *Pèyro de dalho*, Cous, coyer, pierre à aiguiser; *Pèyro de fusil*, pierre à fusil; *Pèyro*, t. de tanneur, Queurse, pierre à aiguiser que les tanneurs emploient à dépiler les cuirs fig., *Souffri la pèyros*, Être attaqué de la pierre; Être dans une place, une position pénible: *Me fa souffri la pèyros*, il me fait souffrir les pierres. (Du latin *petra*.)

N'erou jamay troumpats, (lous Roumains)
Car quand elis voulion accourda uno pax,
Lou que n'abio la cargo, al mitan d'uno plasso,
En presenço das grands et de la poupulasso,
Estacabo uno trejo, et d'uno grosso peyro
L'assoumabo disen : En d'aquesto manièyro
Coumo an aquesto trejo à mi m'en prengo aytal,
Si en d'aquest'affayre ieū pensi en degun mal.  A. G.

**PÈYRO**, s. f. A aussi la même signification donnée plus bas au mot *pialos*. La *peyro* est le plus souvent pris pour la halle aux grains : *Quand bal lou mil à la pèyro? Lou bous croumpi al prex de la pèyro*, je vous l'achète au prix de la halle.

**PEYROL**, voyez PAYROL.

**PÈYROU**, s. m. Banc de pierre sur une promenade, sur le devant d'une maison : *Es abal sul pèyrou*, il est assis sur le banc de pierre. (Racine *pèyro*.)

**PEYROUS**, voyez PEYRENC.

**PEYS**, adv. Par, dans : *Peys oustals, peys camis*, dans les maisons, par les chemins.

**PEYS**, s. m. Poisson; *de Peys menut*, Alevin, Blanchaille. (Du latin *piscis*.)

Coumo lou Rey de touto creaturo,
L'home vey tout se soumettre à sas leis
Dins la naturo,
L'aousèl, lou *peis*,
Planto, animal, tout y naïs, tout y creis
Per soun usacho et per sa nourrituro ;
El n'es doune fach que per lou Dious das Reis.
PUJ.

**PEYS D'ABRIAL**, voyez ABRIAL.

**PEYS ROUXE**, s. m. Cyprin doré, petit poisson rouge qui fait l'ornement de quelques bassins.

**PÈYSSOS**, adv. Après, dans un autre moment.

Ei bel entemena cent suxets differens,
Ye parla de la plexo et *peyssos* dal bel tems,
Qu'un que sio lou prepaous d'ount alaro on s'axudo,
D'abord aco's tarit, deben aoutre cop mudo. D.

**PEYSSOUGNÉ, ÈYRO**, s, m. f. Poissonnier, ère, marchand de poisson.

**PEYSSOUNARIÉ**, s. f. Poissonnerie.

## PEZ

**PEZ**, voyez PEZES.

**PEZA**, v. act. Peser, déterminer la pesanteur avec des poids : *Benen de ba peza*, nous venons de le peser; fig., Examiner attentivement pour connaître : *Cal peza toutos aquelos razous*, il faut examiner toutes ces raisons ; Être important, Embarrasser : *Your pezo pla*, il lui embarrasse beaucoup ; Être difficile à digérer : *Me pezo sur l'estoumac* ; Causer du ressentiment, du regret, du chagrin : *Aco me pezo sul cor*, cela me donne du regret. (Du latin *pensare*.)

**PEZADO**, s. f. Pesée, ce qu'on pèse en une fois; fig., Trace, l'empreinte du pied sur la terre molle : *Las pezados se bezou encaro*, on voit encore l'empreinte; t. d'archit. Foulée, le giron d'une marche d'escalier : *Un pied de pezado*, un pied de foulée ; fig., Cas qu'on devrait faire d'une personne bienfaisante : *Ye caldrio bayza las pezados*, on devrait baiser les traces de ses pas. (Dans ce sens, racine de *pè*.)

Len... pla len, darre tu, courbat sur tas *pezados*,
Serqui... serqui pertout... foxi, foxi touxoun ;

Et quand de ma suzou las goutos sou *touimbados*,
Pas un pixou ramel per m'eyssuga lou froun.  A. B.

**PEZANT, O**, adj. Pesant, te, d'un grand poids : Lent : *Es bengut fort pezant*, il est devenu fort lourd : de difficile digestion ; Accablant, en parlant du temps qui est à l'orage : *Lou tems es pezant*.

**PEZANTOMEN**, adv. Pesamment, d'une manière pesante.

**PEZANTOU**, s. f. Pesanteur, qualité de ce qui pèse : *Y'a fosso pezantou*, il y a un grand poids ; fig., Malaise, lourdeur : *Pezantous d'estoumac*, malaise.

**PEZASSO**, s. f. La Paille des pois ; au fig., Embarras que fait une personne vieille dans certains ménages : *Y fan manxa de pezasso*, il leur pèse.

**PEZAXE**, *Pezajhe*, s. m. Le Droit pour peser : *Paga lou pezaxe*, payer le droit du poids.

**PEZAYRE**, s. m. Peseur, celui qui pèse.

**PEZE**, s. m. Pois, plante légumineuse dont la semence sert d'aliment ; petite Grêle en forme et de la grosseur d'un pois. (Du latin *pisum*.)

**PEZEL**, *Espezel*, s. m. Peune, paine, pesne, bouts du fil de la chaine, attachés à l'ensuble, lorsque la toile est ôtée de sur le métier.

Dins uno crambo éren cranto de setuls ;
Penjat al bout d'un tros de carumèlo,
Un biél carel nous prestabo sa luts ;
A bint quounouls, bint gros fuzèls brouncuts
Fazion de fiél gros coumo de ficèlo ;
Un loun silenço se fuzio,
Et debanan lou *pèzi* que nouzaben,
Nous aous, setuls sul souquet, escoutaben
Lous countes biéls qu'uno biéllo dizio.  J.

**PEZENA**, voyez GRANISSA.

**PEZENADO**, *Granissado*, s. f. Petite Grêle ; Abat de petite grêle ; Giboulée. (Racine *peze*.)

**PEZES**, s. m. Poids, mesure de gravité pour peser ; Masse de métal, etc., pour faire mouvoir un rouage : *Lous pèzes sou pas prou forts*, les poids ne sont pas assez forts ; Grêle. (Du latin *pondus*.)

**PEZI**, voyez PEZEL.

**PEZOLO**, s. f. T. de tiss. Poids qui est accroché à la *bergo*.

**PEZOTO**, s. f. Piétinement, action de remuer fréquemment les pieds par vivacité.

**PEZOUL**, s. m. Pou, vermine, insecte qui s'engendre surtout à la tête des enfants. (Du latin *pediculus*.) Puceron, genre d'insectes hémiptère, vivant en société sur les plantes, les rosiers, les fèves : *Lous pezouls lous acabou*, les pucerons les dévorent.

Moun ome resoulguet de pourta pas pus len
Le moumeu que debio remaousa tant de tren.
Se lèho boun mati countro sa coustumado,
Se bouxoũio de fresc, serco sa belo fardo,
Cargo soun capel noou, sas caousos de belous,
Soun frac de bourraean et soun xilet de flous,
Sous débassés burels, sous souillés à grand taxos,
Soun xabot à bental, caousso sas garramaxos,
Met soun bastou xoul bras, et reté coumo un pal,
Couffa coumo un *pezoul* en boun municipal,
Camino coumo un grel bes la maïsou coumuno.

**PEZOULHET** (FA), v. n. Commencer une convalescence, en parlant d'un malade qui se lève quelques heures : *Coumenço à fayre pezoulhet*, il commence à se lever.

**PEZOULHOUS, ZO**, adj. Pouilleux, euse ; Gueux : *Calo-te, pezoulhous!* tais-toi, pouilleux !

PEZOUL REBENGUT, s. m. Gueux revêtu.
PEZOULINO, s. f. Vermine : *La pezoulino loù degarò*, la vermine le ronge.
PEZUC, voyez PEZANT.

## PI

PI, *Pigné*, s. m. Pin.

## PIA

PIADO, voyez PEZADO.
PIAFRA, *Xapa*, voyez MANXA.
PIALA, voyez APPIALA.
PIALHA, v. n. Piailler, gronder.
PIALHARIO, *Pialharié*, s. f. Piaillerie ; Criaillerie.
PIALHAYRE, s. m. Piailleur, qui crie souvent.
PIALO, *Pilo, Mountayrou*, s. f. Pile, tas, monceau.
PIALO, *Xarro*, s. f. Auge à huile : *N'aben uno pleno pialo*, nous en avons une pleine auge.
PIALOS, s. f. Mesures publiques de grains, scellées dans les marchés, dont les vendeurs sont obligés, sion l'exige, de se servir sans qu'on demande aucun droit : *Mesuraren à las pialos*, nous mesurerons à la place.
PIALOT, voyez MOUNTAYROU.
PIASSAIRE, voyez PIGASSAYRE.
PIASSO, voyez PIGASSO.
PIASSOU, voyez PIGASSOU.
PIASTRO, s. f. Piastre, monnaie d'argent espagnole valant un écu ; fig., Avare : *Un sarro piastros*.

## PIB

PIBÈC, voyez PARLAYRE.
PIBOT, s. m. Pivot, métal, bois arrondi sur lequel tourne le corps qu'il soutient ; principal Agent, principal mobile ; grosse Racine enfoncée perpendiculairement. (Suivant *Huet*, de *pieuvot*, diminutif de *pieu*.)

L'eï touxoun counegut ferme coumo un *pibot*.
Nou sa retracto pas... amaï que n'es pas sot. D.

PIBOUL, s. m. Peuplier, grand arbre à bois blanc, de plusieurs espèces : *Uno poulido alèo de pibouls*. (Du latin *populus*.)
PIBOULADO, s. f. Jet d'une souche de peuplier ; Champignons qui viennent par touffes aux pieds des vieux troncs des peupliers.
PIBOULIÈYRO, s. f. Lieu planté de peupliers ; Pépinière de peupliers.
PIBOUTA, v. n. Pivoter, pousser une racine perpendiculaire.
PIBOYNO, s. f. Pivoine, plante renonculacée à très-grosse fleur.

## PIC

PIC, s. m. Pic, instrument de fer courbé et pointu pour ouvrir la terre : *Caldra fa ambel pic*, il faudra faire avec le pic ; t. d'hist. nat. genre d'Oiseaux grimpeurs qui percent l'écorce des arbres pour se nourrir des vers qu'ils recèlent : *Magre coumo un pic*, sec comme un pic ; Coup qu'on donne ; Blessure qu'on se fait en travaillant : *S'es fax un brabe pic*, il s'est fait une entaille profonde ; prov. *De pic ou de pelado ne tirara quicon*, il en tirera quelque chose ; *Fa lou pic et lou pandre*, il fait les quatre coups. (Du latin *picus*.)

Es magre coumo un *pic*, sec coumo un estelou,
Maïfre coumo un coudoun, tout rous coumo un melou ;
Y'a dexa pla lountems qu'a la parruco griso
Et tout aco nou ben que de sa pendardiso.

PICA, v. act. Picoter, becqueter, manger seul ; Croquer çà et là des grains de raisin ; fig., Manger ; Rebattre une faulx : *Pica la dalho* ; Larder une pièce de veau : *Pica uno tranxo* ; Piquer un matelas ; Donner de l'humeur, fâcher : *M'a picat* ; Offenser la langue, le palais, en parlant des aliments acides : *Oï que pico !* se Faire sentir, en parlant du temps froid : *Aquesto bizo pico* ; Manier un cheval avec les éperons. (Du celtique *picken*, qui a la même signification.)
PICA (SE), v. pro. Se Piquer, se blesser, se faire une piqûre. (Du latin *spicare*, aiguiser en épi.)

Quond n'ogassou qu'aoucun, ah ! bé lou fau poti.
Per riré o s'égoya pulèou qué per moliço ;
L'i reprochou sons cesso oco qué maï lou fiço ;
É cal pas fa semblount oqui dé sé *piqua*,
On n'és qué maï broudit s'on acuso réplìqua ; PRAD.

PICACOUANO, s. m. Ipécacuanha, racine usitée en médecine.
PICAGNA, voyez CAPIGNA.
PICAGNAYRE, voyez CAPIGNOUS.
PICAGNEXA, voyez CAPIGNA.
PICAGNOUS, voyez CAPIGNOUS.
PICAL, voyez PICASSAL.
PICANT, O, adj. Piquant, te, qui pique ; Acide, aigre, qui est de haut goût : *Uno salço picanto*, une sauce piquante ; fig., Malin, mordant, caustique, offensant : *Paraoulo pla picanto*, parole piquante ; Agréable, animé, plein de finesse ; Qui excite la curiosité. (Racine *pica*.)
PICARDAN, s. m. Espèce de raisin noir.
PICASSA, v. n. Becqueter, donner des petits coups de bec.
PICASSAL, s. m. Coup, marque que fait un corps sur un autre en le frappant : *Lou picassal se bey*, la marque s'y voit.
PICASSAT, *Pincalhat*, adj. Tacheté de diverses couleurs : *Es tout picassat de negre*, il est tout tacheté de noir.
PICASSOS (A), Terme de jeu de toupie.
PIC MARC, s. m. Épeiche, oiseau grimpeur de la famille des cuneirostres dont le plumage est tacheté de noir et de blanc, avec l'occiput écarlate.
PICHE, voyez PEXE.
PICHINO, voyez PEXINO.
PICHO, voyez PIXOU.
PICHOL, voyez PISSOL.
PICO, s. f. Pique, une des quatre couleurs du jeu de cartes : *Xogo uno pico*, joue un pique ; Arme, fer pointu au bout d'un long bâton ; fig., Brouillerie, petite inimitié à la suite d'une querelle : *Encaro y'a qualquos picos*, il reste encore quelque brouillerie. (Racine *pica*.)

Sus pots de Maltro, anfin, un dous rire flourejo ;
Damo de co parey, baylot de flous la sièt ;
Se nado *piquo* aro negrejo,
Jaques sara saoubat, et lou jot zou promèt ;
Sèt piquos soun dessoro, uno souleto resto,
Et n'au res à cregne d'aillur ;
La dounayro li rits, la badino, s'arresto....
Maïs coumo un cat de mort jetat dins uno festo,
Damo de piquos toumbo et bén crida malhur ! J.

PICOMENUT, s. m. Avare, serré.

PICO-NICO, s. m. Pique-nique, repas où chacun paye son écot.
PICOPOUL, s. m. Sorte de raisin noir.
PICOTO, s. f. Picote, petite vérole. (Racine *pic*.)
PICOU, *voyez* PIC, TRAME.
PIC OU PELADO, adv. Quelque chose, ou la chair, ou l'os : *Ne tirarey pic ou pelado*, j'en aurai quelque chose.

Tu que fas le tutet al cap de toun courdatge
Per prene traytomen mouscos et mouscaillous,
Yeou meni tararbignò, à toun desabantatge,
Un brounzinayre bol de grosses foussalous
Que de toun corps arput aouran *pic ou pelado*
Debant que dins un traouc le trobes estuxado. G.

PICOUREYUR, s. m. Qui va à la picorée, maraude ; Picoreur.
PICOUTA, v. n. Picoter, causer des picotements; fig., Agacer, provoquer, attaquer par de petits traits malins.
PICOUTAT, ADO, adj. Picoté, ée, marqué de la petite vérole : *Es tout picoutat coumo un molle*, il est gravé comme un moule.
PICOUTOUS, O, adj. Atteint de la petite vérole.
PICUR, s. m. Piqueur, qui surveille et dirige les ouvriers dans les réparations de chemins : *Lou picur ba marcara*, le piqueur le tracera.
PICURO, s. f. Piqûre, atteinte d'une chose qui pique; Morsure d'un insecte; Sorte d'ouvrage à l'aiguille.

## PIE

PIECETO, *voyez* PECETO.
PIECO, *voyez* PEÇO.
PIEDESTAL, s. m. Piédestal, partie basse de la colonne sur laquelle porte son fût. (Du français *pied*, et du teutonique *stall*, base, soutien, appui.)
PIEPLAT, s. m. Pied-plat, celui dont le pied n'a pas de cambrure en dedans et touche à terre dans toutes ses parties quand il est posé : *Es estat refourmat, es pieplat*, il est réformé, il est pied-plat.
PIERROT, s. m. Sorte de coiffure de femme du peuple.

La Françoun de Rasclet, qu'es toujour degourdido
Et la fenno, Laounart, qu'ero la pus poulido,
Couffado d'un *pierrot* de bèl bazin gouffrat,
Soun coutillou burél, soun dabantal rayat,
Soun large petanlor de sargetto crouzado,
Que de soun pè mignoun caoussat de pèl brounzado
Nous dounet le taillou qu'ero le plus parfèt,
Daban lo bourriquet dansèl un menuèt ;
Fasquèt pas un soul pas, sans marqua la mesuro;
Sa graço, soun mentien, sa taillo, sa tournuro,
Nous flatet talomen de toutis sous ayrots
Que'l bourriquet charmat, bramèt beleou cent cops.
DEBAR.

PIETADOUS, O, adj. Piteux, euse, digne de pitié ; Tendre, compatissant : *N'es pas pietadous*, il n'est pas tendre.

Lou pènitent trobo dins bous un pèro;
Lou que souffris, un amic *piétadous* ;
Lou que bous cerco a déja ço qu'espèro ;
Per lou que trobo, helas ! quant de fabous ! PUJ.

PIETAT, s. f. Piété, affection, respect pour les choses de la religion, sentiments religieux, dévotion. (Du latin *pietas*.)

PIETAT, *Pieta*, s. f. Pitié, douleur qu'on ressent du mal, d'autrui : *Me fa pietat*, il me fait pitié. (Du latin *pietas*.)

Al sé d'aqueste azile
Ramplit de piétat,
Lou paouré viou, tranquille,
Sans estré inquiétat :
Car vostra vouès l'éntréna
Lion d'un mounde troumpur ;
É vostra man lou mena
Sul cami del bounhur. PEYR.

PIETOUN, s. m. Piéton, homme qui va à pied ; Soldat à pied. (Racine *pé*.)
PIETRE, O, adj. Piètre, chétif ; Eh mauvais état ; Malade. (Suivant *Le Duchat*, chose qui a été *foulée aux pieds* ou qui mérite de l'être.)
PIETROMEN, adv. Piètrement, chétivement, en mauvais état.
PIEX, s. m. Pis, tetine de vache, de chèvre, de brebis. (Du grec *pipizó*, je suce, je tète.)
PIEXA, v. act. Étayer, étançonner, soutenir avec des étançons ; Étrésillonner : *Ba nous cal piexa*, il nous faut l'étançonner. (Du latin *pes*, pied.)
PIEXADIS, s. m. Étaiement, action d'étayer.
PIEXE, s. m. Piège, embûche, machination pour tromper. (Du latin *pedica*, fait dans le même sens de *pes*, *pedis*, pied, parce que les animaux s'y prennent ordinairement par les pattes.)
PIEXO, s. f. Étai, étançon, étrésillon, pointal, pièce de bois qu'on met pour soutenir un plancher, une muraille : *Cal mettre uno piexo*, il faut mettre un étai. (Du latin *pes*, pied.)

## PIF

PIFRA, *voyez* MANXA.
PIFRE, s. m. Fifre, sorte d'instrument dont le son est aigu ; Flageolet ; prov. : *Es rouxe coumo un pifre*, il est rouge comme un coq. (De l'allemand *pseisse*, qui a la même signification.)

## PIG

PIGALHOUS, s. m. Le Magot d'un avare ; Argent, or, richesse : *A fosso pigalhous*, il a beaucoup d'écus.

JONOU.
É lo penjabou pas, oquélo bergondaillo ?
MIQUEL.
Oh ! penjou-hé souben lo bouluro rocaillo ;
Mais jômaï lous grossés filous
Qué fan lugi de *pigotlous*. PRAD.

PIGAL, adj. et s. m. Poulet bigarré comme une pie.
PIGASSA, v. act. Hacher, bûcher, dégrossir, équarrir le bois : *Cal pigassa tout lou xoun*, il faut bûcher tout le jour.
PIGASSAYRE, s. m. Équarrisseur ; prov. : *Baldrio mayt estre d'arre un cagayre que d'arre un pigassayre*, il vaudrait mieux être derrière un chieur que derrière un équarrisseur.
PIGASSO, s. f. Hache, cognée, dont se servent les charrons, les charpentiers : *Presto-me la pigasso*, prete-moi la hache. (Du latin *ascia*.)

Vous pregan humblomen mettre en vostro memorio
Un rimayre noubel, noummat Augié Gaillard,
Del loc de Rabastens, et roudié de soun art.

## PIL

Sounquo de patié en ça que qualque canailhasso
Me paneroun à mi la mio pauro *pigasso*
Amay me derraüberou aytal mous ferramens
An la mayssanto guerro, et touts mous estrumens.
A. G.

**PIGASSOU**, s. m. Hachette, hachereau, hachot : *Porto lou pigassou*, porte la hachette.

**PIGNASTRE**, adj. Têtu, opiniâtre.

**PIGNÉ**, s. m. Pin, grand arbre résineux toujours vert, produisant un fruit appelé pomme de pin, *pigno*. (Du latin *pinus*.)

**PIGNO**, s. f. Pomme de pin; fig., Avare : *Es sarrat coumo uno pigno*, il est serré comme une pomme de pin.

**PIGNOU**, s. m. Pignon, amande de la pomme de pin; Mur d'une maison terminé en pointe et portant le haut du faîtage : *Manco pas que lou pignou*, il ne manque que le pignon; t. de méc., petite Roue dentée. (Suivant *Bochart*, du latin *tignum*; poutre, solive, par le changement du *t* en *p*.)

**PIGOTO**, voyez PICÒTO.

**PIGOUTÁ**, voyez PICOUTA.

**PIGOUTOUS**, voyez PICOUTOUS.

**PIGRE, O**, s. m. f. Paresseux, euse, celui, celle qui a le défaut de la paresse; Indolent, nonchalant : *Es touxoun pigre pèl trabal*, il est toujours lent au travail. (Du latin *piger*.)

You m'hosardé o bira l'escobel dé l'onnado
Qu'en quatré tems égals és to pla portojado,
Qué soun cours n'oun finis, qué quond cado Sosou
Sul même toroboul o fach soun escautou.
Dirat doune del Printems los flours é lo berduro;
Dé l'Estiou los colous é lo richo posturo;
Lou dous jus dé l'Autoumno é sous aoutrés présens;
Enfi del *pigré* Hyber piutroraï-lou mal tems.
PRAD.

**PIGRESSO**, *Pigreso*, *Pigrezo*, s. f. Paresse : *La pigresso lou ten al leyt*, la paresse le retient au lit. (Du latin *pigritia*.)

## PIJ

**PIJHA**, voyez PIÈXA.
**PIJHOUN**, voyez PIXOUN.
**PIJHOUNIÉ**, voyez PIXOUNIÉ.

## PIL

**PILA**, v. act. Piler, broyer, égruger, écraser dans un mortier avec un pilon; Mettre en morceaux en frappant, en marchant dessus : *Ba cal pla pila*, il faut le bien piler; fig., Manger beaucoup : *Pilo pla*, il mange beaucoup; Languir en attendant quelqu'un : *Me fa pla pila*, elle me fait bien languir. (Du latin *pilare*.)

**PILADOU**, *Pilou*, s. m. Pilon, instrument pour piler dans un mortier : *Fay ambe lou piladou*, fais avec le pilon.

**PILASTRE**, s. m. Pilastre, pilier carré, orné et proportionné comme une colonne. (Du latin *pila*.)

**PILAYRE**, s. m. Pileur, celui qui pile, chez un droguiste, etc.

**PILHA**, v. n. et act. Piller, s'emparer et emporter par violence le bien d'autrui; Voler, extorquer : *B'an tout pilhat*, on a tout volé. (De l'ancien verbe latin *pilare*, qui se trouve encore dans les composés *compilare* et *expilare*.)

**PILHARD**, s. m. et adj. Pillard, voleur, mauvais sujet : *Aço's un pilhard*, c'est un pillard; fig.,

Berger en second qui obéit au berger, *maxoural*.

**PILHAXE**, s. m. Pillage, action de piller, désordre qui en résulte; Butin fait en pillant : *Bibou pas que de pilhaxe*, ils ne vivent que de pillage.

**PILHÉ**, s. m. Pilier, ouvrage de maçonnerie, haut et étroit pour soutenir; Support en bois, etc. : *Nous cal cerca un pilhé*, il nous faut procurer un pilier; fig., Celui qui ne bouge pas d'un endroit : *Un pilhé de cabaret*, un pilier de cabaret, un ivrogne. (Du latin *pila*.)

**PILIO**, voyez PEYLHO. (A LA.)

**PILLULO**, s. f. Pilule, composition médicale en petites boules; fig., Forcer quelqu'un à faire ce qui lui répugne : *Fayre abala la pillulo*. (Du latin *pilula*.)

**PILO**, *Mountayrou*, s. f. Pile, amas de choses entassées les unes sur les autres; Maçonnerie qui soutient les arches d'un pont : *Las pilos sou fortos*, les piles sont fortes; Côté sans effigie d'une pièce de monnaie : *Faren à pilo ou ome*, nous ferons à croix ou pile. (Du grec *pilos*, qui signifie proprement laine entassée, feutre.)

**PILOT**, voyez PILO.

**PILOTO**, s. m. Pilote, celui qui gouverne un navire; fig., Celui qui est à la tête des affaires : *Cal un boun piloto*, il faut un bon pilote. (De *pile*, vieux mot français, navire.)

Piloto, arbitre de moun sort !
Presidares à moun vouyache.
Arrivaraï dins l'hurous port,
Malgre la furou de l'ourache.
A l'oumbro de vostre secours,
L'iniquitat es dementido :
L'ou tourren va countro soun cours,
Et la mort respecto la vido.
PUJ.

**PILOU**, voyez PILADOU.

**PILOUTA**, v. act. Piloter, enfoncer des pilotis : *Coumençou de pilouta*, on commence de piloter. (Du latin *pila*.)

**PILOUTAXE**, s. m. Pilotage, ouvrage de pilotis.

**PILOUTIS**, s. m. Pilotis, gros pieux enfoncés en terre ou au fond de l'eau pour asseoir les fondements d'une construction quand on ne trouve pas le ferme : *Caldra basti sur piloutis*, il faudra bâtir sur pilotis. (Du latin *pila*.)

## PIM

**PIMA**, v. act. Traiter avec soin, soigner avec attention une chose : *B'a pimat*, il l'a soigné.

**PIMEN**, s. m. Nourriture exquise.

**PIMPA (SE)**, v. pro. Se Parer, s'attifer.

**PIM, PAM**, Onomatopée, mot imitatif du bruit que fait un homme qui en soufflète un autre : *Y'a baylat dous soufflets, pim, pam*, il lui a appliqué deux soufflets, pim, pam.

## PIN

**PIN**, s. m. Pin, il y en a de plusieurs espèces. (Du latin *pinus*.)

**PINACLE**, s. m. Pinacle, la partie la plus élevée d'un édifice; fig., grande Élévation de fortune; Élever au-dessus des autres : *Quand aymo calqu'un lou mounto al pinacle*, quand elle aime quelqu'un elle le monte au pinacle. (Du latin *pinnaculum*.)

**PINÇA**, v. act. Pincer, serrer fortement entre les doigts; Punir, arrêter; t. de jard., Couper avec les ongles, avec le sécateur pour arrêter la sève;

## PIN

t. de mét., Avoir prise, mordre, porter sûr : *Pinço pas prou*, cela ne mord pas assez. (Du latin *pinsare*.)

**PINÇA**, voyez AXOUGA (S').

**PINÇADO**, s. f. Pincée, ce que l'on prend d'une chose avec deux ou trois doigts : *M'a dounat uno pinçado de farino*, elle m'a donné une pincée de farine.

**PINÇAT, ADO**, adj. Pincé, affecté, manièré : *Es touxoun pinçado*, elle est toujours pincée.

**PINÇAYRO**, s. f. voyez ESPINSSAYRO.

**PINCÈL**, s. m. Pinceau, faisceau de poils, tuyau de plume garni de poils pour étendre les couleurs : *Cal abe un aoutre pincèl*, il faut avoir un autre pinceau. (Du latin *penicellus*.)

Moun sutjèt, es sigur, ba parestre fort drolle,
Les francimans d'abord ban crida : *tolle, tolle !!*
Mais que podi risqua ? Per prex de mas cansous
Beleou m'appelaran le Boileau des Gascous !
Et jou me couflarey, sans cregne l'anathémo,
Et jou serey countent d'aquel noubèl baptemo ;
Car Boileau counnescut, es dins le mounde entiè
Le rimur qu'a sapiut le millou soun mestié,
Et se n'a pas uzat de nostre bel lengatge,
Es que l'a pas appres del tems qu'éro maynatge,
Aoutromen el, creat poèto ple de foc,
N'aourio pas dedegnat la noblo lengo d'Oc ;
Aourio bist soun caquet fourmillan d'harmounio,
L'aourio bisto pertout coumblo de poèsio,
Et nous aourio moustrat dan soun saben *pincèl*,
Qu'es dinno de parla de la terro et del Cèl.    DEBAR.

**PINCETOS**, voyez MOURDASSOS.

**PINÇO**, s. f. Pince, bout du pied de certains animaux : *Marxo pas que de la pinço*, il ne marche que de la pince ; le Devant d'un fer de cheval ; Lévier de fer : *Cal fa ambe la pinço*, il faut faire avec le levier ; petite Tenaille ; Nom de divers outils de métiers, de divers instruments de chirurgie.

**PINÇOMEN**, s. m. Pincement ; t. de jard. Action de pincer les arbres.

**PINDOURLA**, voyez PINXOURLA.

**PINPA (SE)**, v. pro. Se Parer, s'orner, s'attifer ; se Pavaner : *S'es pla pinpado*, elle s'est bien parée.

**PINPANÈLO**, *Pinparèlo*, s. f. Pimprenelle, plante vivace.

**PINPANT, O**, adj. Pimpant, te, bien paré, élégamment vêtu ; Superbe, magnifique en habits : *Es touxoun pinpanto*, elle est toujours élégante. (Du latin *pompa*.)

**PINPARÈLO**, s. f. Paquerette, marguerite blanche qui vient dans les prés.

Oh ! Moussus ! uno lengo atal
De lountems nou se dechiffragno !!
Et trabailloun pourtant à la dechiffragna !
Et bous, nous cridas pas, MOUSSU, de l'espargna ?
Bous, que dedins sous prats, oun nay la *pinparèlo*,
Abès poupat sa ley, marchat dins sa trousselo,
Roupillat dins sous bras, recebut sous poutous,
Saoutat à sous roudeous, sisclat à sas cansous !    J.

**PINPILHOUS, OUSO**, adj. Pointilleux, euse, fantasque ; Difficile : *Es un pinpilhous*, c'est un fantasque.

**PINQUET (FA)**, Manger plus de pain que de viande ; Règle de diète qu'on donne aux enfants : *Cal fa pinquet*, il faut manger modérément.

**PINQUO**, voyez PINTARDO.

**PINSA**, v. act. Pincer, serrer fort, mordre avec la pince : *Podi pas lou pinsa*, je ne puis pas le pin-

## PIO

cer ; Énouer, purger un drap de tous les corps qui diminueraient sa valeur.

**PINSADO**, voyez PINÇADO.

**PINSART**, s. m. Pinson, petit oiseau à bec gros et dur, à plumages de diverses couleurs. (Du latin *spinthio*.)

**PINSART MARI**, s. m. Bouvreuil, oiseau de la grosseur d'une alouette, qui a le bec noir et le plumage de plusieurs couleurs ; son ramage est assez agréable.

**PINSO**, voyez PINÇO.

**PINSAYRO**, voyez ESPINSAYRO.

**PINTA**, v. n. Pinter, chopiner, faire débauche de vin.

**PINTA**, voyez PINTRA.

**PINTARDO**, s. f. Pintade, oiseau gallinacé, espèce de poule. (De l'espagnol *pintada*.)

**PINTAYRE**, s. m. Ivrogne, buveur de profession : *Un fort pintayre*, un fort buveur.

**PINTO**, s. f. Pinte, mesure de vin qui vaut à peu près un litre et demi. (Du grec *pinein*, boire.)

**PINTOU**, s. m. Demi pinte.

**PINTOUNEXA**, *Pintourlexa*, v. n. Chopiner, godailler, buvotter : *Aben pintounexat tout bey*, nous avons chopiné tout aujourd'hui.

**PINTOUNEXAYRE**, voyez PINTAYRE.

**PINTOURLEXA**, v. n. Peinturlurer, peindre mal : *Aco's pla pintourlexat*, c'est bien peinturluré.

**PINTRA**, v. act. Peindre, enduire de couleurs ; Appliquer des couleurs sur... ; Représenter, figurer les objets, tirer leur ressemblance par les traits, les couleurs. (Du latin *pingere*.)

Tous berses ples de sens, de foc et d'harmonio,
Dins soun brillant esclat, courounado de flous,
M'an *pintrat* trèt per trèt la bello poèsio
Parado de ribans de milanto coulous.    DEBAR.

**PINTRE**, s. m. Peintre, celui dont la profession est de peindre ; Celui qui exerce l'art de la peinture. (Du latin *pictor*.)

Lou *pintre* xenerous, dount lou sabent pincèl
A semenat ayci las rixessos d'un Cèl,
A boulgut, ourguilhous de nostro biello gloiro,
Traça las armariés que gardou sa memoiro ;
Et de nostro debizo, illustrado pertout,
Entourat de laouriés, moustra lou fier DEBOUT.
                                      A. B.

**PINTURO**, s. f. Peinture, ouvrage de peintre ; Couleur en général. (Du latin *pictura*.)

**PINXOURLA**, *Pindourla*, v. n. Pendiller, être pendu en l'air et agité par le vent : *Qu'es aco que pinxorlo alà ?* que pendille-t-il là bas ?

**PINXOURLA (SE)**, v. pro. Se Suspendre par les mains ; se Balancer.

## PIO

**PIOLO**, voyez PIGASSO.

**PIOSSO**, s. f. Pioche, bezoche, bêche de pépiniériste.

**PIOT**, s. m. Dindon, coq d'Inde ; fig., Sot, niais, imbécille : *Sios un piot*, tu es un niais. (Par onomatopée du cri du dindon.)

Encaro se d'un *piot*, ou d'un capou truffat,
Presentabi la car, lou fun et la tournuro,
Touyrios de ta culotto alarxi la cinturo ;
Me manxa, coum'on dis : bentre deboutounat ;
Maïs, ba bezes, nou souy qu'uno pasto daourado,
Sans fexes de canard, sans trufos, sans axis,

# PIR

Et que deourios layssa sur souu papié trapado,
Mouzi dins un cantou, len de toun apetis.
Car ba te caxi pas... se malgre ma suplico
Persistos à boule me passa xoust las dens,
Glissarey dins toun bentre uno negro coulico
Dount las tripos pouyran se soubeni loun tems.
                                                    A. B.

**PIOTO**, s. f. Dinde.; fig., Excès de boisson : *A trapat uno pioto*, il s'est enivré.

**PIOUÇA**, v. n. Pincer quelqu'un : *M'a pioupat*, il m'a pincé; Chiqueter, démêler la laine : *La cal pla piouça*, il faut la bien chiqueter.

**PIOUÇAL**, s. m. Pince; Action de pincer.

**PIOULA**, v. n. Piailler, crier d'une voix glapissante. (Du latin *pipillare*.)

**PIOULÈL**, *Fioulèl*, s. m. Appeau, sifflet pour appeler les alouettes : *N'ey pas de pioulèl*, je n'ai pas d'appeau.

**PIOU PIOU**, Pi pi, Cri des poussins; fig., Personne toujours convalescente : *Aco's un piou piou*, c'est une convalescente.

**PIOUN**, s. m. Pion, petite pièce du jeu d'échecs, de dames; prov. *Dama lou pioun*, supplanter quelqu'un.

**PIOUS, O**, adj. Pieux, euse, qui a de la piété, qui part d'un sentiment de piété : *Es estat touxoun pious*, il a été toujours pieux. (Du latin *pius*.)

**PIOUSOMEN**, adv. Pieusement, d'une manière pieuse. (Du latin *pié*.)

**PIOUSSA**, voyez PIOUÇA.

**PIOUTA**, v. n. Pépier, piauler en parlant des oiseaux; fig..Piailler : *Fa pas que piouta*, elle ne fait que piailler. (Du latin *pipire*.)

**PIOUTADO**, s. f. La Couvée d'une dinde : *Uno belo pioutado*, une forte couvée.

**PIOUTAREL**, s. m. Piailleur, dont la voix est perçante.

**PIOUTAYRE, O**, s. m. f. Dindonnier, gardeur de dindons.

**PIOUZADO**, s. f. Chiûre de puce, piqûre de puce : *Es tout piouzados*, il est tout piqûre de puce.

**PIOUZE**, s. f. Puce, insecte qui s'attache à la peau et suce le sang; fig., *Degourdit coumo uno piouze*. Éveillé. (Du latin *pullex*.)

**PIOUZEL, O**, s. m. f. Puceau, pucelle, garçon, fille vierge. (Du latin *puella*.)

**PIOUZIE**, s. m. Endroit où les puces se ramassent; Endroit sale où il y a des puces.

**PIOX**, *Supèl*, s. m. Monticule, coteau : *Cal mounta sul piox*, il faut monter sur ce tertre.

**PIOYNES**, voyez XOYNES.

# PIP

**PIPA**, v. n. Fumer du tabac, prendre du tabac en fumée.

L'Estatua, en fièra souldata
Tout *pipan*, un sabre à la pata
Espadrounèt couma un baouzar.
Lou fioc qu'avié dins soun regar
Aourié fach coyre una poularda.
Gran Diou ! dé qué lou sor nous garda !
Dizian, en jangoulan dé Ion.       FAV.

**PIPADO**, s. f. Plein une pipe de tabac : *Fuma uno pipado*, fumer une pipe.

**PIPARDO**, s. f. Grosse Barrique.

Tené l'lou barricayre al pè d'un brés feillut,
Que canto al brut de soun maillat :

« Anen, campagnards, campagnardos !
« Tusten assemals et *pipardos* !
« Tusten ! car lou bourrou de may
« Pleno lou cabot et lon chay. »       J.

**PIPAYRE**, voyez FUMAYRE.

**PIPI**, s. m. Pipi; t. d'enfant, Urine, pissat; *Fa pipi*, Pisser.

**PIPI**, *Pupi*, *Payri*, s. m. Pàrrain, grand'père, aïeul : *L'ou pipi b'a m'a dix*, mon aïeul me l'a dit.

**PIPIDO**, voyez PEPIDO.

**PIPO**, s. f. Pipe, tuyau avec un godet pour fumer le tabac ; grande Futaille contenant deux barriques : *Uno pipo de bi*, une pipe de vin. (De l'anglo-saxon *pipe*, *chalumeau*.)

**PIPOT**, adj. et s. Petit Tonneau; fig., Homme court, gros : *Semblo un pipot*.

Toutes y perdou la paraoulo,
É la pruzou nous ben as pots,
Qu'an perlics et lebraous en taoulo
Cabussoun à quatre *pipots*.       G.

# PIQ

**PIQUET**, s. m. Piquet, petit pieu; Bâton fiché en terre pour arrêter, attacher, aligner : *Cal planta un piquet*, il faut planter un piquet ; petit Nombre de soldats prêts à marcher : *Es partit un piquet sul cop*; sorte de Jeu de cartes; fig., *Leba lou piquet*, Fuir, Décamper. (Racine *piqueta*, *pica*.)

**PIQUETA**, v. act. Planter des piquets ; Donner un alignement : *Benou de piqueta*, on vient de piqueter. (Du celtique *picken*, qui veut dire *percer*.)

**PIQUETO**, s. f. Piquette, boisson inférieure, faite d'eau, de marc de raisin, qui pique désagréablement le gosier.

**PIQUINI**, s. m. Pique-nique, repas où chacun paye son écot.

**PIQUO**, voyez PICO.

**PIQUR**, voyez PICUR.

**PIQURO**, voyez PICURO.

# PIR

**PIRAMIDALO**, s. f. Pyramidale; t. de botan. Campanule qui s'élève très-haut.

**PIRAMIDO**, s. f. Pyramide, construction à plusieurs côtés qui s'élève en diminuant et se termine en pointe. (Du grec *puramis*.)

L'Egypto, per banta de raços escantidos,
Aoura bel nous moustra sas grandos *pyramidos*
A l'ourguillous soumet ;
Quoiqué portoun un froun pla bezi des nuatches,
Caldra bé saquéla qu'aquatoun lours bisatches
Al dabant de Riquet.       DAV.

**PIRATO**, s. m. Pirate, voleur de mer. (Du grec *peirates*.)

Monte tourna sus ma fregata,
É m'entorna fa lou *pirata*.
M'acole embe d'aoutres vaouriens,
Per veyre se lous Égypciens
Voudrien trouca sas marchandizas
Per quaouques traous dins sas camizas ;
Ou s'aourien, per hazar, bezoun
D'un cargamen dé cos dé poun ;
Aco's lou coumèrce ourdinari
Qué fay tout hounèste coursari.       FAV.

**PIRI**, adj. Pire, de plus mauvaise qualité; plus

## PIS

Nuisible ; plus Dangereux ; plus Méchant : *Sios piri que toun payre*, tu es plus méchant que ton père. (Du latin *pejor*.)

PIROL, *voyez* FAT, FADOURLI.

### PIS

PIS, s. m. Urine, pissat. (Racine *pissa*.)
PISSA, v. n. Pisser, uriner. (De l'allemand *pissen*, qui a la même signification.)

 Per aco, s'ère fil d'Ulissa,
 Fariey, parbiou, bona justiça ;
 Y'anariey grata lous gigos,
 Qué y'é layssariey pas qué l'os.
 Volé qu'un aze sié moun payre,
 Sé, may qué mé quitessoun fayre,
 Nou'n vous lous couave un per un
 D'un cop de sartan à chacun ;
 É, s'un jour vénien à l'ou dire,
 Ulissa *pissarié* d'aou rire.    FAV.

PISSADOU, s. m. Pissoir, lieu, baquet, pour pisser dans certains endroits publics ; Pot de chambre.

 Es tus Télémaqua ? ay bén son,
 Mardi, s'as bezoun dé quicon,
 As aqui, procha de la testièyra,
 Un toupi joust una cadièyra,
 Té servira dé *pissadou* ;
 Tira-lou, sé vos rampli-lou,
 É layssa-me dourmi tranquille.    FAV.

PISSADOUNAT, s. m. Plein un pot de chambre.
PISSAGNO, *voyez* PIS.
PISSALLEYT, s. m. Pissenlit ; Enfant qui pisse au lit.
PISSARRADO, s. f. Pissat, la quantité d'urine qu'on fait en une fois ; la Tache que fait l'urine.
PISSAYRE, O, s. m. f. Pisseur, euse, qui pisse souvent.
PISSOCO, s. m. Espèce de Champignon.
PISSO-FREX, s. m. Pisse froid, ladre, avare.
PISSOGOUSSES, s. m. Touffe d'herbe où les chiens ont l'habitude de pisser et de fienter ; espèce de Champignons bons à manger.

XANETOUN.

Mais es per m'insulta qu'aïssi m'abes menado !

BRUNET.

 Nani : mais es bertat qu'abes touxoun agut
 Un aïre trop gratious amb'el prumié bengut :
 Un cadun sur aquo bous hen fa lous èls douces,
 Et yeou bous aïmi pas tantis de *pissogousses*.   D.

PISSOIR, *voyez* PISSADOU.
PISSOL, *Pichol*, s. m. Jaillissement, jet : *Raxabo à gros pissol*, le sang coulait à gros jet.

 Franço, tous fils, penden tres jours, zou sàbes,
 A gros *pichols* te bailléron lur san.    J.

PISSO MENUT, *voyez* PISSO FREX.
PISSO PRIN, *voyez* PISSO FREX.
PISSOULIÉ, s. m. Pissotière, pissoir ; Pissat ramassé dans une fosse : *Aquel pissoulié put pla*, cette pissotière pue beaucoup.
PISSOURLET, s. m. Petit jet d'eau, etc. ; la Pissote d'un cuvier.
PISSOURLEXA, *Pissourlejha*, v. n. Pissoter : *Aquelo foun fa pas que pissourlexa*, cette fontaine ne coule pas, elle pissote.

PISSOUS, OUZO, adj. Pisseur, euse, qui sent le pissat.
PISTO, *voyez* PISTRO.
PISTOLO, s. f. Pistole, valeur de compte de dix livres : *Ne bol bint pistolos*, il en veut vingt pistoles, (200 fr.) (Racine *pistoulet*.)

 Soun oncle, un jour, l'y dis al soun de sa cramboto :
 « Per attegne al bonhur que bos,
 « Cal millo *pistolos*, Maltreto,
 « Et las aouras bien léou : pichou pilot ben gros ;
 « Nou bendron pas l'oustal ; regayto la tireto,
 « Dan l'argen de ma bigno et ço que t'as gagnat
   « N'as deja may de la mitat ;
 « Atten encaro un bri ; que bos ? lou bonhur costo ;
 « Mais as deja grimpat lous tres quarts de la costo ;
   « Ma fillo, acabo toun cami ;
   « Souy counten ; aban de mouri
   « Te beyrèy bien hurouzo, espèri !   J.

PISTOULET, s. m. Pistolet, arme à feu qu'on tire d'une main ; petit Pain. (De *Pistoie*, ville d'Italie, où se fabriquaient de petits poignards, qui apportés en France, furent appelés *pistoyers*, *pistoliers* et enfin *pistolets*. Ce nom fut donné ensuite à de *petites* arquebuses, et même étendu à tout ce qui dans son genre était au-dessous des dimensions communes des *petits* chevaux, aux écus d'Espagne réduits d'une moindre valeur que les écus de France, et qui ont retenu le nom de *pistoles*. Celui de *pistolet* n'a été conservé qu'aux petites armes à feu.)

 Païrés, maïrés, porens, omics en lo liourèyo,
 Toutés occoumpognon lous nobis o lo gléyo.
 Guiral obio soun pel toursègut en trénels ;
 Froncèsetto sous dets toutés bondats d'onels :
 N'aoutrés, sons bontotiou, téñon prou bouno mino,
 Lou tombour o lo testo ombé lo colomino ;
 Fosien, tout cominen, péta lou *pistoulet*.
 É d'un poillou ponsut flutaben ol golet.    PRAD.

PISTOUN, s. m. Piston, cylindre mobile dans le corps d'une pompe : *Lou pistoun es crebat*, le piston a crevé.
PISTRO, *Pisto*, s. f. Piste, trace des animaux : *Anan à la pistro*, nous allons à la piste. (Du latin *pista*.)

 Mos té baou beyré dous cossarés
 Ol dorré d'un paouré lopin,
 Qué fosio trouta l'escorpin,
 É qu'éro mal dins sous offairés ;
 Dé courré éro talomen las,
 Qué s'omourrabo o cado pas.
 Lous cos né séguissiau lo *pisto*,
 Quond you lou perdéré de bisto ;
 Mais per oco l'ogérou pas.    PRAD.

### PIT

PITANSA, v. n. Faire bombance ; Ripailler.
PITANSO, *Coumpanaxe*, s. f. Le Mets d'un repas : *M'a dounat fosso pitanso*, elle m'a donné beaucoup à manger. (Du latin *pistacium*, ration de soldat.)
PITORESQUE, adj. Pittoresque, rustique, qui représente la nature dans toute la vérité. (De l'italien *pittoresco*.)
PITOUN, *Gaffou*, s. m. Piton, fiche, clou à tête percée en anneau : *Aquel pitoun ba pas pla*, ce piton ne va pas bien.
PITOUYAPLE, O, adj. Pitoyable, qui excite la pitié ; Digne de pitié : *Soun estat es pitouyaple*,

## PLA

son état est pitoyable; fam., Mauvais, détestable dans son genre : *Aco's pitouyaple*, c'est pitoyable. (Racine *piétat*.)

**PITOUYAPLOMEN**, adv. Pitoyablement, on ne peut pas plus mal.

**PITROU**, *voyez* CABIROU.

**PITUITO**, *voyez* BILLO.

## PIV

**PIVOU**, *voyez* PIBOUL.

## PIX

**PIXOU, NO**, *Petit*, s. m. f. et adj. Petit, jeune; Étroit, qui n'habille pas bien.

Quand le monde se bastissio
El ero Diü coumo soun Pero,
Aro per ta *petit* que sio
Nou resto pas d'estre ce qu'ero.
Rejouiscan-nous br. bomen
Diü porto nostre salbomen.      G.

**PIXOUGNE, EYRO**, *Pijounié*, s. m. f. Pigeonnier, lieu où l'on élève des pigeons.

**PIXOUGNERO**, s. f. Fuie, colombier construit dans une maison.

**PIXOUN**, *Pijoun*, s. m. Pigeon, oiseau domestique; fig., Grosse et pesante personne : *Un pixoun patut*, un pigeon pattu : *Pixoun de mar*, Mouette. (Du latin *pipio*.)

L'armo claro mé crido : « Escouto, Cothorino,
» N'aï pas restituat un bouissel dé forino
» Qué sé mesclet onton on lo miouno ol mouli;
» Baï lo rondré, é sui cop dé péno you baou soli. »
You, per lou sotisfa sul cas qué mé prépaouso,
L'y-dise : Onas en pax perqué sés bouno caouso :
Pierras, segas tronquillé, oco sero rondut;
Deja mémé ou serio s'erés pus léou bengut :
Sons faouto o-bel-déma beyraï lo moulinieyro.
L'armo claro en sourten per lou traouc de l'éguieyro,
Per mé fa sous odious crido tres cops : Roucou :
Sons douté éro bengut en formo dé *pijou*.    PRAD.

## PIZ

**PIZA**, *voyez* ESCRAZA.
**PIZAYRE**, *voyez* ESCRAZAYRE.

## PLA

**PLA, Ben**, adv. Bien, très-bien : *Aco ba pla*, cela va bien; Beaucoup, en quantité : *N'aben pla*, nous en avons beaucoup.

Sur qu'un prepaous que sio cal que trobe à redire;
Mais certos *pla* souben y'en a mémes per rire :
Co qu'aoura dix cent cops, apeï ba countrodis
D'abord que s'aperçaou que calqu'aoutre b'a dis.  D.

**PLAÇA**, v. act. Placer, situer, mettre dans un lieu; Désigner à une place; Donner de l'emploi à une personne : *L'a plaçat dins un boun magazin*, elle l'a placé dans un bon magasin; Mettre de l'argent à l'intérêt. (Racine *plaço*.)

**PLAÇA (SE)**, v. pro. Se Placer, se mettre en un lieu; se Procurer une place, un emploi : *S'es pla plaçat*, il s'est bien placé.

**PLACA**, v. act. Plaquer, appliquer une chose plate, mince, sur une autre. (Racine *placo*.)

**PLACARD**, s. m. Placard, affiche imprimée; t. de menuisier, Boiserie sans saillie appliquée pour boucher un vide : *Me cal fa mettre un placard*, je dois faire mettre un placard.

N'y teni plus; gayti ma crambo,
Et moun él de coulèro flambo;
Et ma disgraço aro m'escoy;
Moun grand Diou ! qu'ey jou bist foro de ma pourtado:
Un pichou *placard* bert, doun la porto es fermado
D'amb'un soul biroulet de boy.
Coumo farey-jou per l'atenge ?
Oh! per qu'aquel placard me benge
Diou des gourmans, à moun secours !    J.

**PLACARDA**, v. act. Placarder, afficher un placard : *An placardat per toutes lous cantous*, on a placardé par tous les coins. (Racine *placo*.)

**PLACAXE**, s. m. Placage, ouvrage de bois scié en feuilles et appliqué sur d'autre bois de moindre prix : *Lou placaxe n'es pas pla soulide*, le placage n'est pas fort solide.

**PLACO**, s. f. Plaque, table de métal, quel qu'il soit; Grande plaque de fer ou de fonte qu'on attache au contre-cœur d'une cheminée; Morceau de ferblanc que les charretiers sont obligés de tenir cloué à leur charrette et sur lequel est gravé leur nom, leur demeure. (Du grec *plakos*, table, tablette.)

**PLAÇO**, *Plasso*, s. f. Place, lieu, endroit; Espace qu'occupe ou peut occuper une personne : *Ten fosto plaço*, cela tient beaucoup de place; Dignité, charge, emploi : *Uno bouno plaço*, une bonne place; Rang d'un écolier dans sa classe; Lieu public découvert et environné de bâtiments : *Demoro sur la plaço*, il demeure à la place; Ville de guerre, forteresse : *Plaço! plaço!* interj. Place! place! rangez-vous, faites place. (Du latin *platea*.)

Jean l'y dis : Qual és mostré ? é ho corga soun miol;
Pierras, en rélében lo floto que li penjo,
L'y crido : Ho! noun pas tu ; bouto auraï mo rebenjo.
Sé lébo en mème-tems per courré sul bainqur;
Mais un obit l'entrabo, é toumbo per malhur;
Ténio tout cloungat un quart dé sesteyrado.
Cé qué maï lou piquet d'oquélo dobolado,
N'éro-pas lou tustal qu'en toumben sé fiquet.
Mais l'insulten hounou qué cadun l'y fosquet,
En henguen tour-o-tour ombé uno grond godasso,
Dé l'alo del copel l'y boloja lo *plaço*.    PRAD.

**PLAÇOMEN**, s. m. Placement, action de placer de l'argent; Argent placé.

**PLAFOUN**, s. m. Plafond, le dessous d'un plancher garni de plâtre : *Lou plafoun es toumbat*, le plafond est tombé. (Autrefois l'on écrivait *plat fond*, ce qui donne l'étymologie.)

**PLAGNE, EYRO**, adj. Plain, aine, uni, plat, sans inégalités : *Es tout plagné*, c'est tout plain. (Du latin *planus*.)

**PLAGNE, Planxe, Regretta**. v. act. Plaindre, avoir pitié, compassion : *Es de plagne*, il est à regretter; fam., Donner à regret, faire avec peine.

Un dilus, aou por dé Drépana,
Anchiza tomba é sé tréspana :
A quicon crézé qué bruquét
Mais tant y a qué mouriguét.
Lou *planiguéri*, tout viél qu'éra,
Portaou qu'anfin éra moun péra
Et qu'à la dicha dé Venus,
Lévat aquél, n'aviey pas pus.    FAV.

**PLAGNE (SE)**, v. pro. Se Plaindre, se lamenter,

pousser des gémissemens; Former une plainte en justice : *Te cal ana plagne*, tu dois aller te plaidre; Témoigner du mécontentement : *Se plan de tout*, il n'est content de rien. (Du latin *plangere*.)

Aï! Toinoun, *plagnès*-mé d'un xagrin que m'accaplo;
Denxas-mé d'uno actiou qu'es maït qu'abouminaplo !
D.

PLAGNENT, O, adj. Plaignant, te, qui porte ou a porté plainte en justice : *Toutes lous plagnens sou pas à Paris*, tous les plaignants ne sont pas à Paris. (Du latin *plangens*.)

PLAGO, s. f. Plaie, endroit du corps entamé par une humeur corrodante; Entaille dans la chair vive; Blessure, cicatrice. (Du latin *plaga*.)

Tondis qué lou mostis és enlaï qué s'ojasso,
Sus lo fédo et moutou fau laura lou ciséou.
Orribo qualquos fès per boulé fa' trop léou
Qué sul cuer del potient s'imprimo uno zitzago;
Mais lou corbou brisat fermo o l'instent lo *plago*.
PRAD.

PLAN, s. m. Plan, surface plane, superficie plate, sa représentation; Dessin d'un bâtiment : *N'a fax tira lou plan*, il en a fait faire le plan; Projet formé pour quelque chose : *Aco's nostre plan*, c'est notre projet. (Du latin *planum*.) Cep de vigne pour planter; Plainte, gémissement.

PLANA, v. act. Planer, polir à la plane; Unir, égaler. (Du latin *planum*.)

PLANÇA, *Poustama*, v. act. Planchéier, garnir dé planches un plancher· *N'es pas encaro plancat*, ce n'est pas encore planchéié.

PLANCO, s. f. Planche pour passer un ruisseau : *L'ey troubat à la planco*, je l'ai trouvé à la planche. (Du latin *planca*.)

A de fillos que sou, conmo bous, degourdidos,
S'y cal pas maït fiza qu'à de *plancos* pouyridos. D.

PLANES, EZO, s. m. f. Habitant de la plaine.
PLANKETO, *voyez* ESCALFETO.

PLANO, s. f. Plane, outil tranchant à deux poignées pour planer : *Faras ambe la plano*, tu feras avec la plane; t. de tuilier. Règle qui sert à enlever du moule l'excédant de la terre. (Du latin *planula*.)

PLANO, *Planos*, s. f. Plaine, grande étendue de terrain unie, plate campagne, rase campagne : *Bibo la plano!* vive la plaine ! (Du latin *planum*.)

PLANOULET, s. m. Petit espace de terrain uni.

PLANT, s. m. Plant, jeune arbre, jeune plante récemment plantés ou bons à mettre en place; Scion qu'on tire d'un arbre pour le planter : *M'en cal prene de plant*, je veux en prendre de plant.

Quond dé l'aubret binous aurés crusat lou jas,
Couchas-l'y dè foïçou qu'oun moustré qué lou nas.
Otal, d'empicy lou founds jusqu'ol cap dè lo bigno,
Renjorés bostré *plant* toujour en drécho ligno.
PRAD.

PLANTA, v. act. Planter, mettre en terre pour faire végéter; Enfoncer en terre; fig., Abandonner une entreprise, une chose commencée : *B'a plantat aqui*, il l'a laissé là; Reprocher quelque chose à quelqu'un : *Ba y'a plantat sus pots*, il le lui a reproché. (Du latin *plantare*.)

PLANTADO, s. f. Plantade, planche, ou plant de choux, etc. · *Azaga la plantado*, arroser la plantade.

PLANTATIOU, s. f. Plantation, action de planter : *Fayre uno plantatiou*, faire une plantation; Terrain où l'on a planté : *Es à la plantatiou*. (Du latin *plantatio*.)

PLANTAXE, *Plantajhe*, s. m. Plantain, plante basse à larges feuilles et graines en épi : *De plantaxe pes canaris*, du plantin pour les canaris.

PLANTAYRE, s. m. Planteur, qui plante des arbres : *Es un grand plantayre*, c'est un grand planteur d'arbres.

PLANTIÉ, *Maillól*, s. m. Plantat, vigne d'un an : *Lou plantié a bouno mino*, le plantat a belle mine.

PLANTO, s. f. Plant de choux : *Pourtaras cent plantos capus*, tu porteras un cent de choux cabus; Dénomination de toute plante végétale : *Aco's uno poulido planto*, voilà de belles plantes; fig., grande et belle Personne : *Uno bèlo planto*, une belle personne. (Du latin *planta*.)

Del naout dé la demoro santo,
Dious despartis tout ço que eal :
Al roc, à la bestio, à la *planto*,
Cadun sap et fa soun trabal.
Mais, al cap de vostro mountagno,
Cal es aquel que pot mounta ?
Grand Diou ! d'estre à bostro coumpagnó,
Un mourtel pouyrio se banta ?
PUJ.

PLANTOIR, *voyez* CABILHO.
PLANTOS, s. f. Jeunes Plants de choux.
PLANTOU, s. m. Jeune Plant de salade : *Lou plantou m'a perit*, le plant de salade a péri.
PLANTOULHÉ, s. m. Semis de salade, d'oignon, etc.; *Cal fuma lou plantoulhé*, il faut amender le semis.
PLANXA, *Plança, Poustama*, voyez PLANCA.
PLANXE, *voyez* PLAGNE.
PLANXÉ, s. m. Plancher, séparation entre les étages : *Al prumié planxè*, au premier plancher; Abaisse, fond, dessous d'une pièce de pâtisserie : *Dounas-me un boussi de planxè*, donnez-moi un peu du fond.
PLANXETO, s. f. Planchette, petite planche.
PLANXEYRA, *voyez* PLANCA.
PLANXO, *Poste, Plancho*, s. f. Planche, morceau de bois de sciage, beaucoup plus large que épais : *Uno planxo d'un pan suffira*, une planche d'un pan suffira; Morceau de bois, de cuivre, etc., large, mince, gravé; Estampe. (Du latin *planca*.)
PLASSA, *voyez* PLAÇA.
PLASSOMEN, *voyez* PLAÇOMEN.
PLASSO, *voyez* PLAÇO.
PLASTRA, v. act. Plâtrer, enduire de plâtre; Cacher, déguiser quelque chose de mauvais sous des apparences spécieuses; Fumer avec du plâtre; répandre du plâtre : *Es tems de plastra*, c'est le temps de plâtrer ou de marner.
PLASTRARIÉ, *Plastrario*, s. f. Plâtrage, ouvrage en plâtre : *La plastrariè costo*, la plâtrerie coûte cher; Plâtrerie, carrière d'où l'on tire le plâtre.
PLASTRE, s. m. Plâtre, pierre calcaire, friable, qui se calcine au feu; Statue, relief en plâtre. (Du grec *plaster*, modeleur.)
PLASTRIÉ, s. m. Plâtrier, ouvrier qui prépare, marchand qui vend le plâtre.
PLASTROUN, s. m. Plastron, espèce de corselet rempli de bourre et couvert de cuir que le maître d'armes met devant sa poitrine lorsqu'il donne ses leçons; Celui qui est en butte aux railleries des autres : *Serbis de plastroun*, (De l'italien

PLA

*plastrone*; fait dans le même sens d'*impiastro*, emplâtre.)

**PLAT**, s. m. Plat, sorte de vaisselle creuse où l'on sert le potage, etc. ; Ce qui est contenu dans le plat : *Un plat de truffos*, un plat de pommes de terre. (Du grec *platus*, large.)

> Entrèmén, per la répétiïa,
> Tout lou mondé s'escarabiïa ;
> É dégus nouu s'endourmissié,
> Maougré lou sermoun qu'él fazié:
> Oulas, *plats*, cassayrolas, brocha,
> Tout és en varal : cruza ou quiocha,
> La vianda das cerfs savalis.
> Lou rey, qu'èra sans apétis,
> D'un cerf manjèt pas, paoure diable !
> Qué lous dous-gigots é lou rablé.   FAV.

**PLAT**, O, adj. Plat, tè, dont la surface est unie, égale ; fig., Sans sel, sans force.

**PLATAGNÉ**, *Platano*, s. m. Platane, grand et bel arbre : *Lous platagnès benou pertout*, les platanes croissent partout. (Du latin *platanus*.)

**PLATAT**, s. m. Un plat de soupe, de viande, de salade.

**PLATÉOU**, s. m. Plateau, plat en bois des grosses balances ; petit Plat de tôle, etc., vernissé ; Terrain élevé, mais uni ; Madrier, planche de bois épaisse : *Y a tres platéous*, il y a trois madriers.

**PLATINO**, s. f. Platine, pièce d'un fusil dans laquelle sont fixées toutes celles qui servent à faire partir la détente.

**PLATITUDO**, s. f. Platitude, action sotte, basse : *Aco's uno platitudo de sa part*, c'est une sottise de sa part. (Racine *plat*.)

**PLATO**, voyez ALAYRE.

**PLATO-BANDO**, s. f. Plate-bande ; t. d'archit., Ornement uni et peu large ; Pièce de bois au-dessus des ouvertures ; t. de jardin, Planche étroite et longue à côté des allées, pour les fleurs et arbres d'agrément.

**PLATO-FORMO**, s. f. Plate-forme, toit en terrasse.

**PLATOU**, *Platet*, s. m. Petit Plat. *Platou* s'emploie aussi pour *Cataplasme* : *Y caldra mettre sur l'estoumac un platou de grano de li*.

**PLATOUNAT**, s. m. Petit Plat plein de quelque chose : *Un platounat de truffos*, un petit plat de pommes de terre.

**PLATOUNEL**, s. m. Très-petit Plat.

**PLATRARIÉ**, voyez PLASTRARIÉ.

**PLAXO**, s. f. Plage, rivage de la mer plat et découvert. (Du grec *plax*.)

**PLAY ?** interj. Quoi ? Comment ? Que vous plaît-il ?

**PLAYDEXA**, voyez PLAYREXA.

**PLAYDEXAYRE**, voyez PLAYREXAYRE.

**PLAYRE**, *Agrada*, v. n. Plaire, être agréable à... ; être au gré de... ; v. impers. Vouloir ; Avoir pour agréable ; Trouver bon : *Fara coumo y playra*, il fera à sa guise.

> Vostre noum m'agrado, me *play* :
> Sa douçou me ravis, m'encanto,
> L'estimi, l'aymi tant et may
> Qu'uno fourtuno brillanto.
> Lóu voli garda
> Sans lou degrada ;
> Et lous que m'apelou Mario
> Veyroou dins yeou vostro coupio.   Puj.

**PLAYRE** (SE), v. pro. Se Plaire, se convenir en parlant des personnes ; Profiter ; Venir bien ; en

PLÉ

parlant des arbres, des végétaux. (Du latin *placere*.)

**PLAYREXA**, *Playdejha*, v. act. et n. Plaider ; contester, défendre en justice ; Parler en faveur de... ; prov. *Qui playrexo ; malaoutexo*, qui plaide, souffre ; fig., Hésiter ; ne pas prendre un parti. (Du latin *placitare*.)

> La foulo amé regret dal barréou sé separo,
> Car fort loungtems après qu'as agut *playrejat*,
> Lé poplé estabaousit crésio t'entendre encaro
> Al Palaïch oun ta bouès lé tenio clabelat.   DAV.

**PLAYREXAYRE**, O, s. m. f. Plaideur, celui qui est en procès, qui aime à plaider.

**PLAZE**, s. m. Plaisir, sentiment agréable ; Délices, joie, contentement ; Amusement ; Grâce, faveur, service : *Beni bous demanda un plaze*, je viens vous demander un service. (Du latin *placere*.)

> M'en boou et caminan à trabes un bouscatge,
> Te bezi un gros lebraout al jats demets l'herbatge ;
> L'ajusti coumo cal et l'aourio mitraillat,
> Mais lou fuzil crebèt de tant qu'ero rouillat.
> Taleou lou cop partit arriboun dous gendarmos
> Qu'aban de m'empougna demandou lou port-d'armos.
> — Le port-d'armos, n'ey pas ! — Et be, trobes pas mal
> Se nous cal countro tu dressa procès-verbal.
> Mais digo-nous toun noum, toun estat, ta demoro,
> Si nou d'aquesto neyt coucharas pas deforo.
> — Que lou Diaple bous crame et le qu'a fach la le !
> Et que m'empacharès de prene moun *plaze* !   VEST.

**PLAZE** (SE), voyez PLAYRE (SE).

**PLAZENÇO**, s. f. Plaisance, lieu, endroit agréable.

**PLAZENT**, O, s. m. f. et adj. Plaisant, te, qui récrée, divertit, fait rire ; Ridicule. (Du latin *placens*.)

**PLAZENTA**, v. act. Plaisanter, tourner en dérision, railler ; Badiner, ne pas parler sérieusement : *Aymo dé plazenta*, il aime à plaisanter.

**PLAZENTARIÉ**, *Plazentario*, s. f. Plaisanterie, chose dite ou faite pour divertir ; Raillerie : *Uno puro plazentarié*, une vraie plaisanterie.

**PLAZENTOMEN**, adv. Plaisamment, d'une manière plaisante.

PLE

**PLE**, NO, adj. Plein, pleine, rempli entièrement, sans vide ; Qui abonde, qui contient beaucoup de... ; Tout occupé, bien pénétré de... ; fig., *N'abio mas plenos caoussos*, je n'en pouvais plus, j'étais à bout. (Du latin *plenus*.)

**PLEC**, s. m. Pli, double fait à une étoffe, à du linge ; Marque qui reste à une étoffe pour avoir été pliée ; Endroit où le genou, le bras se plient : *Al plec dal bras* ; fig., Habitude ; Tour, tournure : *Pren missant plec* ; s'Arranger, marcher sans obstacles en parlant d'une affaire *Aco fara pas un plec*, ça ne fera pas un pli. (Du latin *plica*.) Adv. *A plec*, à biais.

> Per favouriza la marchò
> D'aquel grand evenomen,
> A l'aspec de la santo Archò
> Tout se met en mouvemen.
> Lou Jourden quitio sa coursò
> Et sap prene un aoutre *plec* ;
> Tourno l'aïgo vers sa sourçò
> Et laysso soun leyt à sec.   Puj.

**PLECA**, voyez PLISSA.

PLEGA, *Plecha*, v. act. Ployer, courber par la force, avec effort; fig., Reculer ; Fléchir ; Faiblir : *A calgut plega*, il a fallu fléchir. (Du latin *plicare*.)
PLEGA (SE), v. pro. Se Ployer, se conformer, céder à la nécessité.
PLEGADIS, SO, adj Souple, flexible, pliant.
PLEGADOUYRO, s. f. T. de charp. Plioir ; t. de tiss. Levier pour tendre la chaîne et la laisser arriver devant l'ouvrier.
PLEGAYRE, O, s. m. f. Plieur, euse, celui qui plie.
PLEGO, s. f. T. du jeu de cartes, une Main, une levée : *A fax sa plego*, il a fait sa part.
PLEIJA, voyez PLAYREXA.
PLIJHO, voyez PLEXO.
PLENITUDO, s. f. Plénitude, abondance excessive. (Du latin *plenitudo*.)
PLENOMEN, adv. Pleinement, entièrement, tout-à-fait.
PLEN-PÉ, s. m. Plain-pied, appartement de niveau.
PLENTO, s. f. Plainte, gémissement ; Mécontentement exprimé de vive voix ou par écrit : *Me cal abe touxoun calguo plento*, il faut qu'on m'adresse toujours quelque plainte. (Du latin *planctus*.)
PLENTO, s. f. Plinthe, plate-bande qui règne dans les ouvrages de menuiserie et de maçonnerie : *Las plentos sou trop bassos*, les plinthes sont trop basses. (Du grec *plinthos*, brique.)
PLETI ? Plaît-il ? que souhaitez-vous ? fig., *Fayre lou pléti*, Valeter, faire des démarches désagréables.
PLEXADO, s. f. Ondée, averse, pluie subite; Giboulée.

Qu'un délobit, grand Dious ! et que fa de rabatches !
Les albres les pus forts, las bilos, les bilatches
Ban plega joux les cops de sous raijols, brutals ;
L'aîgo toumbo à tourrens, et dal cel las *pleijados*
Creichoun ta prountomen, que déja las oundades
Menaçou de coubri la cimo das oustals.   DAV.

PLEXO MENUDO, voyez ROUSINO, BRUMACO.
PLEXOUS, OUSO, adj. Pluvieux, euse, abondant en pluie. (Du latin *pluviosus*.)

PLI

PLIAN, s. m. Pliant, sorte de lit qui se plie : *Dourmiras sul plian*, tu coucheras sur le pliant.

Mounti dins un crambot besi dal galata,
Ount caillo tout cap nut de miey pam s'acata.
D'un antique *plian* las postes cussounades
Proubaon qu'abion bist un centenat d'annades :
Countabi de trouba sur aquel biel plian
Ou de paillo de mil ou de plumo d'aoujan,
Mais pas me demaca des trucs de la journado :
Me calguet alounga sur d'abets de sibado.
Soun pas talcou cubrit que le bois de biellum
Crico, toumbo, s'esclafo, et m'attudo lou lun.
La poou me sasisquec d'uno talo manièro,
Que crezio de me beyre à moun ouro darnièro.
  VESTREPAIN.

PLIOYR, s. m. Plioir, instrument pour plier, couper le papier.
PLISSA, *Pleca*, v. act. Plisser, faire des plis. (Du latin *plicare*.)
PLISSAYRO, s. f. Ouvrière qui plisse.

PLO

PLO, s. m. Plain, uni, plat ; Pâtis, lieu où l'on met paître es bestiaux.

PLOGNE, voyez PLAGNE.
PLOOURE, *Plaoure*, v. imp. Pleuvoir, tomber de la pluie ; par ext. Tomber en grande quantité, arriver avec abondance : *Tout y ploou*, tout abonde. (Du latin *pluere*.)

Dins la gardo de Bounaparto,
Quand lou drapéou floto et s'ennarto,
Un souldat, toujours lou prumé
A la bayouneto eschabarto
Lous que gaouzen li tene pé !
Cal qu'un poste d'aounou s'enlèbo,
Que la mitraillo, tounè, plèbo,
L'enlèbo countro lous may fort ;
Cal qu'un drapéou floto à l'aouratge,
Au bél li barra lou passatge,
Lou planto et l'escourro de mort !!   J.

PLOSE, voyez PLAZE.
PLOUBINEXA, *Plaoubinexa*, *Ploubinejha*, *Pousquina*, *Rouzina*, v. imp. Bruiner.
PLOUBINEXADO, *Ploubinejhado*, s. f. Bruine passagère.
PLOUBIOUS, OUSO, *Ploujhous*, adj. Pluvieux, euse. (Du latin *pluviosus*.)
PLOUMA, voyez PLUMA ; PELA.
PLOUMO, voyez PLUMO.
PLOUN, s. m. Plomb, métal d'un blanc bleuâtre, mou, très-pesant ; nombreuses petites Balles dont on charge un fusil pour la chasse : *De ploun de casso* ; Instrument pour dresser, élever perpendiculairement : *Abe lou ploun*. (Du latin *plumbum*.)
PLOUN MENUT, voyez FANFRE.
PLOUNBA, v. act. Plomber, vernir la poterie avec la mine de plomb ; Garnir d'un plomb un paquet ; Aligner avec le plomb.
PLOUNBADO, s. f. Plombée, chapelet de plomb dont est garnie la base d'un filet.
PLOUNXA, *Cabussa*, v. n. Plonger, s'enfoncer dans l'eau en s'y jettant pour reparaître ensuite. (Racine *ploun*.)
PLOUNXAYRE, voyez CABUSSAYRE.
PLOUNXOUN, *Cabussou*, s. m. Plongeon, oiseau qui plonge souvent ; Espèce de bouteille d'étain qu'on plonge dans l'eau froide pour rafraîchir l'eau.
PLOUR, s. m. Pleurs, larmes versées en abondance : *A touxoun lou plour as els*, il a toujours les larmes aux yeux.

Escouto. El permenabo o l'entour de Bersaillos,
Sons estre oquéló fés de gardos entourat ;
( E qu'opprehendo un Rey de soun Poplé-odourat ?)
Dous pauréts, d'un toun tristé, omb uno mino morno,
Lous uels beignats de *plours* l'y demondou l'aumorno :
Louis d'obord sonsiblé o jour situotiou,
Per lo counçyssé o founds lour fo qualquo questiou.
Moussu, l'y dis l'oïnat, fosen dol de lo mairé,
É soulet sons secours oben loïssat lou pairé
Engrepésit de frech, tout occobìat de mal ;
N'és beléou d'ouesto houro o soun dornié bodal.
Sons creigné d'eboïssa l'hounou del diodémé,
Lou Rey dins lour taudis se fo couduire el mémé :
Y dintro : qu'un oubjet bey lou molaout tout soul,
Presqué mort, estendut sur un liech de rostoul.
  PRAD.

PLOURA, v. n. Pleurer, verser des larmes : *As plourat*, tu as pleuré ; Jeter de l'humidité des gouttes. (Du latin *plorare*.)

Dous jouénis maridats, oncaro fort nonbicis,
Abioou un petit gat que fasio lours délicis,

May lour abio penat un bricounet d'amour,
Tant sabio gentimen fa palto de belour !
Tapla qu'èro poulit ; sa fourruro d'hermino
D'un Président de Cour l'y dounabo la mino ;
De mirgos et de rats fasio sa coulaciou,
Tabès dins lou pais ero uno admiraciou.
Mais, tout cal qu'ayssi-bas finisque de bouno houro
Se l'on ris un moumen , lou lendouma l'on *plouro;*
Or, nostre petit gat, al coumbled del bounhur,
Pensabo pas jamay bézé soun Cel oscur :
El caressabo dounc la rizento esperenço,
Quand sus un leyt pla dur al miet dé la souffrenço,
La Damo de l'oustal benguet douna lou jour
A n'un petit amour,
Qué , per lou prumié cop , paresquet en droulleto.
CEREN.

PLOURAYRE, O, s. m. f. Pleureur, pleureuse, qui pleure facilement ; Gens payés pour pleurer aux funérailles. (Du latin *plorans.*)
PLOURAYRE, s. m. Saule pleureur.

Mais ta perto, Riquet, nous coumblet dé tristesso :
Lampy, ramplit per tu d'amour et dé tendresso ,
Té démandet loungtems;
Et lous saouzés-ploururs que bordoun nostros ribos,
Barréjan lours doulous a las séounos tant bibos,
Dé plours éroun ratjens.
DAV.

PLOUROMICOS, s. m. Pleureux, qui pleure facilement.
PLOUROUS, O, adj. Pleureux, euse, larmoyant.
PLOURS, *voyez* PLOUR.
PLOUVINEJHA, *voyez* PLOUBINEXA.
PLOUVINEJHADO, *voyez* PLOUBINEXADO.

## PLU

PLUBIÉ D'AOURAT, s. m. Pluvier doré, espèce d'oiseau.
PLUGA, *voyez* CLUGA.
PLUGOS, s. f. Flaquières des mulets.
PLUMA, v. act. Plumer, arracher les plumes : fig., Tirer beaucoup d'argent de quelqu'un ; lui en gagner beaucoup ; Châtier sévèrement. (Racine *plumo.*)
PLUMAÇOUN, s. m. Plumeau, balai de plumes.
PLUMAL, s. m. Aile d'oie, de canard dont on se sert en guise de plumeau.
PLUMALHA, v. act. Balayer avec le plumeau.
PLUMAXE, s. m. Plumage, toutes les plumes qui couvrent un oiseau : *A un poulit plumaxe*, il a un beau plumage.

Noun soulomen s'es cantaïres
Mais richomen habillats ;
Digas, habitants das aires
D'ouut tiras tant de beoutat ?
— Lou qu'a fach nostre ramache
Tant tendro, tant bariat,
A pintrat nostre *plumache*
Tant poulit, tant mirgaillat.
PUJ.

PLUMET, s. m. Plumet, plumes en faisceau sur la coiffure des militaires.
PLUMO, s. f. Plume , chacun des tuyaux garnis de barbe et de duvet qui couvrent l'oiseau ; Tuyau de plume, de métal pour écrire : *Presto-me la plumo*, prête-moi la plume. (Du latin *pluma.*)

Ma fenno qu'abio la coustumo,
En prumé , quand lous bérs n'eroù pas argentous,
De sarra moun papé , de brigailla ma plumo,
Aro, m'offro toujours, d'un ayre gracious
La *plumo* la pus fino et lou papé pus dous.
J.

PLUMOUN, s. m. Edredon, duvet de certains oiseaux qui sert à faire des couvertures.
PLUPLART (LA), *Puspart (La)*, s. f. La Plupart, la plus grande partie, le plus grand nombre : *La plupart a perit*, le plus grand nombre a péri.
PLURALITAT, s. f. Pluralité, le plus grand nombre ; Multiplicité. (Du latin *pluralitas.*)
PLUSIEURS, *Plusiurs*, s. m. Plusieurs, un certain nombre.
PLUSIEURS COTS, adv. Plusieurs fois.

## POC

POCHO, *voyez* POXO.

## POD

PODAGRE, s. m. Podagre, qui a la goutte aux pieds.
PODEROS, *voyez* POUDEROUS.

## POE

POÉSIO, s. f. Poésie, art de faire des ouvrages en vers. (Du grec *poiésis.*)

Mais mon amo, Reboul , nouyrido d'harmonio
Countemplo neyt et jour la bello *poésio*,
La bey sul mouscaillou , coumo sul parpaillol,
La bey sus aouzelets et dins lour gargaillol,
La bey sul fier lioun , sur la timido sedo,
Sul berp miraculous que nous douno la sedo,
Sur la niboul que cour, quand l'ayre es agitat ,
Sul trounoyre que fa quand le tems courroussat
Semblo d'ambe soun foc boule brulia la terro,
Sur l'anjo de la pax, sul demoun de la guerro,
Sur la cimo das mouns, sur lours flans escarpats,
Sur la mar quand mugis, sus temples ruinats,
Dins le riche palays, amay dins la chomièro,
Sur l'homme resignat à souffri la misèro,
Sur aquel qu'aïci-bas a toutos las aounous
La bey dins les pradels boultija sur las flous,
Sus astres, dins le Cel , la bey dins sa pauretat
Penden l'esclat del jour, penden la neyt escuro
Brillanto, sans cesso, dire à soun Creatou :
La puissenço, l'amour, l'eternello grandou
La bey fillo de Dious rajouïa de sa sourço !
BEBAR.

## POI

POILLOSSOU, *voyez* PALHASSOU.
POÏRI, *voyez* PAYRI.
POITO, s. m. Bouffon, badin : *Fa de soun poito*, il fait le bouffon. (Du latin *poeta.*)
POITRAL, s. m. Poitrail, partie du cheval comprise entre les deux épaules, au-dessous de l'encolure ; Pièce du harnais.
POITRINARI, s. m. Poitrinaire, qui a la poitrine attaquée. (Racine *poitrino.*)
POITRINO, *Pouëtrino*, s. f. Poitrine, partie contenant les poumons et le cœur, portion extérieure de cette partie. (Du latin *pectus.*)

Couma davale aou gran galop
Un Cerf ven aqui buoure un cop.
Per bonhur aviey ma rapièyra,
Moun fuzil et ma gibécieyra :
Mé meté dariès un bouyssou
Et vous le tire à l'espallou :
La bala intret per la *petrina*
Et ye sourtiguet per l'esquina.
S'ajesses vis aquel ouvrié
Quintas espèrgas que fazié !
Mais, après cen cambiroulotas,
S'alonga , tiba sas cambetas,

Trambla, badaïa, ren l'esprit
Et lou tout per nostre proufit.
FAV.

## POL

POLIE, *voyez* PALHE.
POLIGONO, s. m. Polygone, t. d'art militaire, Lieu destiné aux exercices d'artillerie.
POLIPO, s. m. Polype, amas, excroissance qui se forme dans les fosses nasales. (Du grec *polupous*.)
POLLEJA, *voyez* PALLEXA.

## PON

PONA, *voyez* PANA.

## POO

POOU, s. f. Peur, crainte, effroi : *La poou l'a sezit*, la peur l'a saisi; Timidité : *Axos pas poou*, n'aye pas peur ; *L'annado de la poou*. (Du latin *pavor*). Le 27 juillet 1789, des courriers partis de Paris par toutes les routes qui aboutissent à cette capitale, se répandirent sur toute l'étendue du royaume pour y semer l'alarme et forcer, par ce moyen, les citoyens à s'armer pour leur défense personnelle. En arrivant dans chaque ville, bourg ou hameau, ces courriers échevelés, halctans, couverts de sueur et de poussière, simulaient la frayeur, la consternation, le désespoir : ils annonçaient que des hordes étrangères mettaient tout à feu et à sang dans telle localité voisine de deux ou trois lieues. Partout ils trouvèrent des dupes ou des complices qui se chargeaient de propager l'effroi. Les femmes, les enfants, les vieillards fuyaient éplorés, tandis que la population virile courait aux armes. Jamais plus complète mystification n'a abusé de la niaiserie d'un peuple. La France fut debout comme un seul homme et elle ne posa pas les armes qu'on lui avait fait prendre. C'est l'effet qu'avaient voulu obtenir les moteurs de cet ébranlement qu'on appela, dans le temps, une *Mirabelle*, parce qu'on en attribuait l'idée et le conseil à Mirabeau, l'un des principaux agents de la faction d'Orléans.

Loïssen oco : tournen sus oquel jour d'olarmos
Ount, tont embobouchit, cadun prenio per armos
Tout cé qué l'y bénio d'obon,
Lou sabré, lou fusil, lo dailho, lou boulou,
Lo dostral, lou bigos, é l'asté, é lo fichouyro.
Qué dirios qu'orribat dins oquélo bouldouyro ?
Morchaben dous a dous, lou noblé on lou bourgés,
L'ortisan ombé lou pogés,
Sons distinctiou, sons préférenço,
Quond tout d'un cop, sus un mal-ontendut,
Dé bouquo en bouquo respendut,
Nous ben qualqué soubçoun, dintron en mesfisenço;
Raï-te fa querré, oco cujet
Débolisa touto lo troupo,
É nous faïré toumba l'un l'aoutré sus lo croupo :
Maïs qué té fo Bounal, quond oppren lou sutget
Qué fosio murmura touto lo populaço :
Sé bo quilla sus lo crous dé lo plaço.
Sul bounhur dé lo pax oqui to pla porlet,
Qué dins d'obord tout lou bruch s'ocolet.
Béjo, Jonou, dé qu'uno counséquenço
És d'obeyré per maïro un homé dé prudenço :
Sons el, béléou, sur lous dits é rédits,
Qué nous escaufabo lo bilo,
Ol lioc dé courri sus bondits,
Oaben embronda lo bilo.
PRAD.

## POP

POPIÈRO, s. f. Paupière, peau bordée de cils qui couvre l'œil.
POPIO, s. f. Espèce de fourgon pour tisonner le feu.
POPLE, s. m. Peuple, ensemble des habitants d'un pays; Nation; la Partie des habitants la moins notable, la plus nombreuse, la plus laborieuse et la moins riche; Multitude. (Du latin *populus*.)

Per un ambitious lou Trone es un bel muple,
Eh be, lou Rey qu'aben, de qui lou ten ? del puple;
Tabe lou banto, al puple, et nou parlo qué d'el,
A la crambo, pertout, hormi dins soun cousel. J.

## POR

PORA, *voyez* PARA.
PORC, *Tessou*, s. m. Porc, cochon; fig., Sale, dégoûtant. (Du latin *porcus*.)

Dous boulurs mal bostits, negres et moustajuts,
Me demandou la bido ou sinou lous escuts.
Milo noum d'un canou, aprep moun abanturo
Dins aqueste bousquet ma bido es pas siguro?
Messius, diguebi yeou, benets mal à perpaous,
Qui bous emboyo aïci per troubla moun repaous ?
Se bous aous seguissez la le del brigandatge
Soun pas gayre d'abist de bous douna d'oubratge :
D'aquel diaple d'argent que fa coupa lou col,
N'ey pas per me croumpa la cordo d'un licol,
Maïs se m'eri doutat d'abe bostro bisito
M'aouriés pas rancountrat tout soul coumo un ermito.
Se boli de renfort n'ey à fioula qu'un cop,
Et beyrez arriba tout de suito, al galop
Cinq ou siez jounnaïlliés, cadun d'ambé ça pico
Qu'entendoun la rasou coumo un *porc* la musico.
VEST.

PORC MARI, s. m. Cochon d'Inde, animal domestique de la grosseur d'un rat.
POREL, *voyez* PAREL.
PORET, *voyez* PARET.
PORGAM, *voyez* PARGAN.
PORJHE, *voyez* PONXE.
PORRE, s. m. Porreau, poireau, plante potagère du genre des aulx : *Al porre xalat*, jeu d'enfant. (Du grec *porós*.)
POR SINGLA, *voyez* SINGLA.
PORT, s. m. Port, lieu de départ, d'arrivée des navires; Abri pour eux contre le gros temps; Lieu sur le bord de la mer, d'une rivière où l'on débarque : *Arriba al port;* Action de porter, droit qu'on paye pour le transport des meubles, des marchandises. (Du latin *portus*.)
PORT D'ARMOS, s. m. Port d'armes, permission écrite qui autorise à porter des armes pour chasser.

Taleou dit taleou fayt, et dessus mas espallos
You meti pla cargat lou bourreou de las callos,
Malgré que toun fusil siosque dur et rouillous,
Beleou fara rampli l'abrassac d'aouselous.
M'en boou, et caminan à trabes un bouscatge,
Te bezi un gros lebraut al jats demets l'herbatge,
L'ajusti coumo cal et l'aourio mitraillat
Maïs lou fusil crebec de tant qu'ero rouillat.
Se le fer del fusil me respectec le nas
La poudro ambe lou ploum me l'espargnerou pas.
Taleou lou cop partit arribon dous gendarmos
Qu'aban de m'enpougna demandou lou *port d'armos*.
VEST.

**PORTO**, s. f. Porte, ouverture pour entrer dans un lieu clos et pour en sortir; Assemblage de charpenterie, de menuiserie fermant toute ouverture pour entrer ou sortir. (Du latin *porta*.)

Aqui goustarei lou plasé,
Sans poou, sans dangé, sans critico,
Djous fara coula de soun sé
Uno bouluptat angelico.
Aqui troubarei per abric
Uno Citadelo tant forto,
Que cap d'espéço d'enemic
Ne boira pas même la porto.     PUJ.

**PORTO-BAGUETTO**, s. m. Porte-Baguette, anneau qui reçoit et porte la baguette d'un fusil, etc.

**PORTO-BEN**, s. m. Porte-Vent, qui porte le vent des soufflets dans le sommier de l'orgue.

**PORTO-BOIX**, s. m. Porte-Voix, instrument en forme de trompette pour porter la voix au loin.

**PORTO-BROXO**, s. m. Porte-Broche, t. de mét., Manche mobile de différents outils.

**PORTO-CRAYOUN**, s. m. Porte-Crayon, instrument de métal dans lequel on assujettit un crayon.

**PORTO-CROUX**, s. m. Porte-Croix, celui qui porte la croix aux processions; Espèce de baudrier qui soutient le bâton de la croix.

**PORTO-DRAPEOU**, s. m. Porte-Drapeau, celui qui porte le drapeau dans un régiment d'infanterie.

**PORTO-ESFRAX**, voyez CARNABAL.

**PORTO-FAYS**, s. m. Porte-Faix, celui dont le métier est de porter des fardeaux; Crocheteur.

**PORTO-FOURET**, s. m. Porte-Foret, outil d'orfèvre, etc.

**PORTO-FULHO**, s. m. Porte-Feuille, carton plié et couvert de peau avec plusieurs séparations en dedans pour mettre des papiers, les porter dans la poche.

**PORTO-GUIDOUN**, s. m. Porte-Enseigne.

**PORTO-MANTEL**, Porte-Manteau, sorte de valise de cuir ou d'étoffe; Bois fixé au mur pour suspendre les habits.

**PORTO MECO**, voyez ESPAGNE.

**PORTO-MOSTRO**, s. m. Porte-Montre, coussinet sur lequel porte une montre suspendue à une cheminée.

**PORTO-MOUXETOS**, s. m. Porte-Mouchettes, plateau oblong pour mettre les mouchettes.

**PORTO-PIEÇO**, s. m. Porte-Pièce, outil de cordonnier.

**PORTO-TAOULO**, s. f. T. de tisserand, Traverse qui porte les martinets.

**PORXE**, *Porche, Coubèrto*, s. m. Porche, parvis, portique d'église. (Du latin *porticus*.)

## POS

**POSCOLADO**, voyez BASCALAL.
**POSSERAT**, voyez PASSERAT.
**POSSES**, voyez POSTES.
**POSTA**, voyez PASTA.
**POSTURAL**, voyez PASTURAL.
**POSTE**, *Planxo*, s. f. Planche, ais, bois de sciage.
**POSTO**, s. m. f. Poste, charge, emploi; Lieu où est placé un factionnaire; Relais établi pour les voyageurs; Vitesse, hâte; Bureau pour la réception, l'envoi et la distribution des lettres, journaux. (Du latin *positus*.)

Partigueri l'après-dinnado
Et sur la fi de la journado
N'eri pas encaro arribat;
Car quoique bouyatgessi en *posto*
La neyt m'attrapet per la costo
Tout soul coum'un brabe goujat.    DEBAR.

## POT

**POT**, *Pout*, s. m. La Lèvre, partie extérieure de la bouche devant les gencives; -fig. : *Rire sus pots*, rire au nez de quelqu'un : *Ba plantat sus pots*, reprocher en face à quelqu'un; le Bord du goulot d'une bouteille : *A begut à pot*. (Du latin *potus*, parce que les lèvres sont nécessaires pour boire.)

Me xaouti pas d'aco; coussi que ba prengas,
Yeou direi pas xamai ço que nou pensi pas;
Surtout pes coumpliments, saourio pas dount lous traïre
Per lous randre à calqu'un qu'estimario pas gaïre :
Mêmes quand sout sigur que bal pas grand arxen
Ba ye metti sus *pots*, al loc d'un coumplimen.    D.

**POT**, s. m. Pot, sorte de vase de terre, de métal, destiné à contenir quelque liqueur, etc. (Du latin *potus*, employé dans la basse latinité avec la même acception.)

As be bis, sul tablèou del lioun de Flourenço
Aquelo may, sans assistenço,
Que bey soun maynatge adourat
Al moumen d'estre debourat;
L'as bisto, l'él en fét, al despen de sa bito,
Coumo, en cridan soun fil, elo se precipito
Cats al lioun, que tout de suito
De sa fièbre escantis lou tarrible brazé,
Et li torno soun fil sancé.
Eh be, coumo la may, la poulo sur la figuro,
El, saouto, cats à jou, cridan : «ma counfituro!»
Maïs jou, nou poudjoy pas fa coumo lou lioun :
Lou *pot* ero miey bide et s'en bezio lou foun.   J.

**POT A L'ANCRO**, s. m. Gueusette, petit godet où les cordonniers mettent le noir dont ils noircissent les souliers.

**POT-A-LO**, s. m. Pot à l'eau, vase de terre ou de métal contenant l'eau dont on se sert pour se laver la figure, les mains.

## POU

**POUCE**, s. m. Pouce, le plus gros doigt de la main et du pied; fig., *Mettre lou pouce*, Céder, se soumettre; *Laxa lou pouce*, Glisser de l'argent, donner de l'argent; Mesure de douze lignes : *A un pouce de mayt*, il a un pouce de plus. (Du latin *pollex*.)

**POUCEL**, *Pourcèl*, s. m. Pourceau, porc, cochon. (Du latin *porcellus*.)

**POUCELA**, v. n. Cochonner.

**POUCELADO**, *Maourado*, s. f. Cochonnée, ce qu'une truie fait de petits en une portée : *Uno bèlo poucelado*, une belle cochonnée.

**POUCELO**, *Maouro, Trioxo*, s. f. Truie, femelle du porc.

**POUCELOU**, s. m. Petit cochon; au fig., Enfant sale : *Sios un poucelou*, tu es un sale.

**POUCHA**, voyez POUXETA.
**POUCHADO**, voyez POUXADO.
**POUCHIOU**, voyez EMBARRAS.
**POUCHOU**, voyez POUXOU.
**POUCIOU**, s. f. Potion, remède liquide qui s'administre ordinairement par cuillerées. (Du latin *potio*, fait de *potare*, boire.)

**POUDA**, v. act. Tailler la vigne; Recéper la tête d'un arbre franc. (Du latin *putare*.)

**POUDADOUYRO** (Poudo), s. f. Serpe à tailler la vigne; cet instrument porte au dos un tranchant en saillie appelé *talon*, qui sert à couper les petreaux des ceps et les chicots de bois mort.

**POUDAS**, *Poudar*, *Poudo bouscassièyro*, s. m. Serpe à couper les ronces, à faire la bruyère : *D'un cop de poudas*, d'un coup de serpe.

**POUDAYRE**, s. m. Vigneron qui taille la vigne.

**POUDAZOUS**, s. f. Saison où l'on taille la vigne, l'action de tailler la vigne; le Coût.

**POUDE**, s. m. Pouvoir, autorité, crédit; Autorisation, délégation : *M'a dounat lou poude*, il m'a autorisé. (Du latin *posse*.)

> Ço qu'aro bous eï dix *pot* b'anfin bous surprene,
> Mais es uno bertat qu'eï boulgut bous aprene :
> Sentissi que moun cor és tout pourtat per bous ;
> So gaouzabi, tenès, bous fario de poutous. D.

**POUDEROUS**, adj. Puissant, bien portant.

**POUDIC**, *Serpetto*, s. m. Serpette, petite serpe de poche.

**POUDICO**, s. f. Petite Serpe sans ressort pour couper les raisins.

**POUDILHOS**, *Escoussaduros*, s. f. Émoudures, menus brins, les scions qu'on retranche d'un arbre avec la serpette.

**POUDO**, s. f. Serpe à tailler la vigne.

**POUDRA**, v. act. Poudrer, couvrir légèrement de poudre les cheveux.

**POUDRIÈYRO**, s. f. Poudrière, lieu où l'on fabrique la poudre à tirer; Magasin de poudre; Poire pour mettre la poudre.

**POUDRO**, s. f. Poudre, substance pulvérisée, composition médicale desséchée et broyée : *Poudro de cantarillos*; Amidon pulvérisé pour les cheveux; Composition de soufre, de salpêtre et de charbon pilé pour charger les armes à feu. (Du latin *pulvis*.)

**POUDRO**, voyez Pèço, Poutro, Fusto.

**POUDRO DE QUISSOU**, s. f. Vermoulure, poudre qui sort de la trace que les vers laissent dans le bois qu'ils ont rongé.

**POUDROIR**, s. m. Sac à poudre.

**POUDROUS**, O, adj. Poudreux, couvert de poussière.

**POUF**, s. m. Pouf, sorte de coiffure de femme : *A mes d'estoupos al pouf*, elle a mis des étoupes dans la coiffure; adv., Onomatopée exprimant le bruit sourd d'un corps qui tombe.

**POUGNA**, v. n. Tarder, différer, demeurer, aller lentement : *As pla pougnat*, tu as bien tardé.

**POUGNADO**, *Xunxat*, s. f. Poignée, jointée, ce que les deux mains jointes peuvent contenir; la Poignée d'un sabre, d'une épée.

**POUGNAL**, s. m. Couperet de cuisine, de boucher.

**POUGNARDA**, v. act. Poignarder, frapper, tuer avec un poignard.

**POUGNART**, s. m. Poignard, arme courte pour frapper de la pointe. (Du latin *pungo*, je perce.)

**POUGNAT**, *Pughat*, s. m. Poignée, ce qu'une main contient de grain, etc. (Du latin *pugnus*.)

**POUGNE**, voyez Poundre.

**POUGNEDURO**, voyez Piquro.

**POUGNET**, s. m. Poignet, endroit où le bras se joint à la main; fig., Force : *A boun pougnet*, il a bon poignet. (Du latin *pugnus*.)

> Malgré lou calimas que nous fa tant de peno
> De mounde et de bestial l'aïro n'es pas mens pleno.
> Jous effors redouplat d'un *pougnet* bigourous
> A dexa succoumbat del garbié lous crestous. PRAD.

**POUGNO**, s. f. Force : *Qu'uno pougno!* quelle force!

> As-ti toujour l'himou mutina ?
> — Nou, mardi, n'ay pas qué la mina.
> Car una fés qué l'on és mor
> On n'a pas ni *pougno*, ni cor.
> Vaou may un amoulayré en vida
> Qu'un rey de curs que l'a finida.
> Faou mouri lou pus tar qu'on pot ;
> Yéou mé préssere, couma un sot ;
> Atabe bén mé répentisse ;
> Et Diou sap se îeou çay languisse !
> Res per ayci noun me fay gaou ;
> Lou mendre cuistre és mon égaou. FAV.

**POUINT**, adv. Point, pas, nullement.

**POUIRI**, voyez Pouyri.

**POUL**, s. m. Coq, mâle de la poule : *S'erisso coumo un poul*, il s'anime comme un coq.

> Anfin de tout coustat las tribus réunidos ,
> Seloun l'ordre dounat, prountomen soun partidos
> A la punto dal joun ; et le *poul* rèbeillat ,
> Sus remparts de Memphis , en saludan l'armado,
> Al Dious libératou semblo douna l'albado
> En jétan bés le Cel soun crit de libertat. DAV.

**POULACRE**, s. m. Gros poulet. (Racine *poulo*.)

**POULALHÉ**, s. m. Poulaillier, marchand de poules; Lieu où juchent les poules.

> Tondis qu'o soun trofié baquo lo cobonièyro ;
> Dé soun coustat, lo mestro , en bouno meynotgeyro,
> Sounjo o rénoubella lou found del *poulolié* ;
> Entré toutés lous yoous qué trobo ol nisolié ,
> Causis , o joul dubet d'uno clouquo'scaufado,
> N'omago en noumbré imper uno bouno escouado.
> PRAD.

**POULALHÉYRO**, voyez Galignèyro.

**POULALHO**, s. f. Poulaille, volaille.

**POULARDO**, s. f. Poularde, poule jeune et grasse. (Racine *poulo*.)

**POULBEYRO**, *Pousco*, voyez Poulsièyro.

**POULCET**, s. m. Poudre, ce qu'on met ordinairement sur l'écriture pour la sécher.

**POULEJHO**, voyez Callejo.

**POULET**, s. m. Poulet, cochet, jeune coq. (Racine *poulo*.)

**POULETOU**, **NÈL**, s. m. Poussin, petit poulet.

**POULHA**, v. act. Pouiller, dire des pouilles, des injures : *M'a pla poulhado*, il m'a bien rebuté.

**POULHOS** (Canta), Chanter pouilles.

**POULHOS** (Cerca), v. act. Lever une querelle; Gourmander, commencer, attaquer quelqu'un de paroles : *Aco's tu qu'as coumençat de cerca poulhos*, c'est de toi qu'est venu le bruit.

**POULI**, v. act. Polir, rendre uni et luisant à force de frotter; fig., Rendre clair, exact; Perfectionner. (Du latin *polire*.)

**POULI**, s. m. Poulain, petit d'une jument; t. de jard., la Graine des oignons, des porreaux. (Du latin *pullus*.)

**POULIA**, voyez Poulha.

**POULIÇA**, v. act. Policer, mettre, établir une police; Faire des règlements; Soumettre à des lois.

**POULIÇO**, s. f. Police, ordre établi pour la sûreté. (Du grec *politéia*, fait de *polis*, ville.)

POULIDO, voyez Moustèlo.
POULIDOMEN, *Poulidamen*, adv. Poliment, doucement, sans bruit : *S'en es anat tout poulidomen*, il est parti sans bruit.
POULIDOU, voyez Beoutat.
POULIGNIÈYRO, adj. Poulinière ; Jument poulinière destinée à produire des poulains.
POULINA, v. n. Pouliner, mettre bas en parlant des cavales ; fig., Jeter bas son cavalier : *Poulino souben*. (Racine *pouli*.)
POULINO, s. f. Pouliche, cavale jusqu'à trois ans.
POULINO, *Crabo*, s. f. Coulotte, le Baudet des scieurs de long ; Hout, petite poutre dont un bout porte à terre, et le bout de devant soutenu par un chevalet, supporte la bille à scier.
POULIO, voyez Carrèllo.
POULISSOIR, s. m. Polissoir, instrument, outil pour polir, pour passer les rasoirs.
POULISSOUN, O, s. m. f. Polisson, ne, vagabond ; Celui qui se permet, qui dit des choses libres, licencieuses.
POULISSOUNA, v. n. Polissonner, dire ou faire des polissonneries ; Vagabonder.
POULISSOUNARIE, *Poulissounario*, s. f. Polissonnerie ; Tour, espièglerie de polisson ; Plaisanterie ; Action licencieuse ; Obscénité.
POULIT, s. m. Poli, lustre, éclat de ce qui a été poli. (Du latin *politus*.)
POULIT, IDO, adj. Poli, ie, qui a la superficie unie et luisante ; Beau, bien fait, bien traité ; Doux, honnête.
POULITÈSSO, s. f. Politesse ; Savoir vivre ; Urbanité ; Courtoisie ; Parole, action polie : *Y'a faxos fosso poulitèsso*, il l'a comblé de politesse.

Achila èra pas tan bourut :
Me tuèt Hector dins la pressa,
Es vray ; mais embé *poulitèssa*.
Per vint éscus que m'èn coustèt,
Quan séguèt mor mé lou rendèt :
Sus lou mercat paquet fouèta,
É trinquèren à la méméta ;
Parlas-me d'aquel, santafiou !
Èra pa'n home, èra mié-Dièu...        Fav.

POULITICA, v. n. Politiquer, raisonner sur les affaires politiques : *Aben bél poulitica*, nous avons beau raisonner.
POULITICO, s. m. Politique, celui qui est versé dans la conduite des affaires publiques ; s. f. Connaissance du droit public ; Art de gouverner ; Conduite adroite dans les affaires ; Manière adroite de se comporter dans diverses situations de la vie ; Ruse, finesse, dissimulation : *Axis touxoun ambe poulitico*, il agit toujours avec ruse. (Du grec *politikos*.)
POULITICOMEN, adv. Politiquement, selon les règles de la politique ; d'une Manière fine, adroite, hypocrite.
POULLEBIS, s. m. Pont-levis, qui se hausse et se lève ; Partie d'une culotte qui s'abaisse pour certains besoins.
POULO, s. f. Poule, oiseau domestique ; Femelle du coq ; fig. *Beni car de poulo*, Ressentir une impression pénible de sensibilité. (Du latin *pulla*, fait de *pullus*, qui, au rapport de St-Augustin, se dit des poulets de toute sorte d'âge.)

Cent cox m'a fach mangia d'amb'el la *poulo grasso*,
Amay cent aütres cox pastisses et perlix,
Que per aquo sap mal à qualques fantastix
Quant vesou que ieu souy à la sio bouno grasso.   A. G.

POULO D'AYGO, s. f. Poule d'eau.
POULOS, s. f. Ampoules, cloches qui viennent aux mains peu accoutumées au travail pénible. (Du latin *ampulla*.)
POULOTO, s. f. Poulette, jeune poule ; t. de caresse en parlant d'une jeune fille : *La meou pouloto, ma chère*.
POULPRE, s. m. Pourpre, maladie maligne qui se manifeste au-dehors par de petites taches rouges sur la peau. (Du latin *purpura*.)
POULS, s. m. Pouls, battement des artères ; fig., *Tasta lou pouls à...* Tâter le pouls à quelqu'un, le sonder sur une affaire ; *Fa pas un pouls d'ayre*, il ne fait pas un zéphyr ; *Tene lou pouls, se Taire*, ne rien dire ; *Pouls, pousco, poulsièyro*, Poussière. (Du latin *pulsus* et *pulvis*.)
POULSA, v. n. Respirer, prendre haleine : *Me layso pas poulsa*, il ne me laisse pas respirer. (Du latin *pulsare*.)
POULSA, v. n. S'Éventer, se gâter, s'altérer par le contact de l'air : *Aquel bi a poulsat*.
POULSADO, s. f. Respiration ; Travail soutenu pendant un certain temps ; Repos après un travail pénible : *Prene poulsado*, se Reposer.
POULSA ESPES, v. n. Haleter, respirer avec force et précipitation, ce qui arrive après une course, un exercice pénible.
POULSET, s. m. T. de tuilier, Sable très-fin pour mouler.
POULSIÈYRO, *Poulveyro*, s. f. Poussière. (Du latin *pulvis*.)

Deja doutze chabals, trepejan la carrièyro,
Juscos à nostre nas fan saouta lo *poulsièyro* ;
Toutis cranes bidets ! Per prouba sous cartiers,
Cado bestio, à soun tour, a moustrat sous papiers.

POULSO, s. f. L'Asthme d'une personne ; la Pousse des chevaux : *A la poulso*, il est asthmatique.
POULSOUS, O, adj. Poudreux, euse.
POULTRI, voyez Praouti.
POULTROUN, NO, s. m. f. Poltron, ne, peureux, qui manque de courage. (Contraction des deux mots latins *pollice truncus*, qui s'est coupé le pouce, parce que c'est dans cette mutilation que, chez les Romains, celui qui ne voulait pas aller à la guerre, cherchait le moyen de s'en dispenser ; il était noté d'infamie et quelquefois réduit en esclavage.)
POULTROUNARIE, *Poultrounario*, s. f. Poltronnerie, lâcheté, manque de courage.
POUMA, v. n. T. de jard. Pommer, se former en pomme, en parlant des choux, des laitues.
POUMAREL, voyez Mountayrou.
POUMACELA, voyez Apoumacela.
POUMADA, v. act. Pommader, enduire de pommade.
POUMADO, s. f. Pommade, composition de graisses épurées et d'ingrédients avec ou sans parfums, pour les cheveux. (Jus de *pomme*.)
POUMIE, s. m. Pommier, arbre fruitier d'un grand nombre d'espèces, produisant les pommes ; prov. : *Qui bol manxa las poumos diou pas derranca lous poumiés*, qui veut manger des pommes ne doit pas arracher les pommiers ; Ustensile pour faire cuire les pommes. (Du latin *pomus*.)
POUMO, s. f. Pomme, fruit du pommier, ce qui a la forme d'une pomme ; Ornement en forme de pommes. (Du latin *pomum*.)

Per uno *poumo* soulomen,
A dam crassiec loungomen
Dins l'un des arbouts de la terro,
Mes el sourtié de languisou
Quand le Diù de pats et de guérro
Anec englanda la prisou.
Honouren le retour
De l'admirable jour
Que le Prince del Cèl
Nasquet Efan per l'home,
Afi que dins l'ifer
Satan nou l'endouloume. G.

POUMO D'AMOUR, *voyez* TOUMATO.
POUMO DE TERRO, *voyez* TRUFFO.
POUMOUNISTO, *voyez* PALMOUNISTE.
POUMPI, *voyez* POUNPI.
POUN, adv. Bien, aussi : *Ba pagarey poun, Ba y'e randra poun*, aussi il le lui rendra.
POUN, s. m. Pont, ouvrage en pierre, en bois, en fer, élevé d'un bord à l'autre d'une rivière, etc., pour la traverser. (Du latin *pons*.)

Aro, moun bel criquet, anguen passa le *poun*,
Fringuan, le nas al ben, en afustan la couéto
Béni me passeja le loun de la banqueto,
Et que toun cabalié se bejo pas d'affroun !!

POUNÇA, v. act. Poncer, calquer un dessin avec la ponce ; Régler avec le poncis.
POUNCHA, *voyez* POUNXA.
POUNCHEJA, v. n. Commencer à poindre.
POUNCHO, *voyez* PUNTO.
POUNCHOU, *voyez* FISSOU, AGULHOU.
POUNCHOUNA, *voyez* POUNXA.
POUNCHU, *voyez* POUNXUT.
POUNCIF, s. m. Poncis, dessin qui a été p'qué et sur lequel on passe du charbon en poudre ; Papier coupé avec le canif et la règle, le plus droit qu'il se peut, qu'on met sur le papier où l'on veut écrire, pour aller droit.
POUNÇO, s. f. Ponce, sorte de petit sachet de toile contenant du charbon broyé pour poncer un dessin.
POUNÇO, s. Pierre ponce, pierre extrêmement sèche, poreuse et légère, dont on se sert pour poncer, polir.
POUNDA, *Pouslama, voyez* PLANCA.
POUNDE, *voyez* PLANXE.
POUNDEYRO, s. f. Pondeuse, poule qui donne beaucoup d'œufs ; fig., Femme très-féconde.
POUNDRE, v. act. Pondre, faire ses œufs ; fig., Contribuer de son argent : *Te caldra poundre*, il te faudra payer. (Du latin *ponere*, sous-entendu *ova*.)
POUNDUDO, s. f. Ponte, action de pondre ; Temps où les oiseaux pondent ; Quantité d'œufs pondus.
POUNDUT, DO, adj. Pondu ; Ressemblant : *Me semblo tout poundut*, il me ressemble entièrement.
POUNLEBIS, *voyez* POULLEBIS.
POUNPA, v. act. Pomper, faire agir une pompe, soit pour élever l'eau, soit pour la pousser ; Sucer.
POUNPAYRÉ, *voyez* POUNPIE.
POUNPET, *Flomarel, Prinfour*, s. m. Galette, morceau de pâte applatie qu'on fait cuire à l'entrée du four ; Poupelin, pâtisserie de farine, d'œufs, sel et beurre frais. (Du latin *popanum*.)
POUNPI, v. act. Frapper, battre rudement : *L'a pounpit coumo de mil*, il l'a frappé rudement.
POUNPIE, s. m. Pompier, soldat pour les incendies.

Lous *pounpiès* pounpoun à merbeillo,
Et may d'un beyre an estourrit.
Mais, se pounpon à la bouteillo,
Pounparan countre l'ennemit.
L'y mouillaran sa poudro,
Et, quand bouldra tira,
Sandis ! pa-may de foudro !
Soun canou ratara.

POUNPIL, s. m. Mollet, le gras de la jambe : *Es estat à St.-Malo, y'an manxat lous pounpils*, il est passé à St.-Malo, les chiens lui ont mangé les mollets. Ce proverbe vient de qu'en 1155, à St.-Malo, une ou deux douzaines de bouledogues furent dressés à la garde des navires, qui, demeurant à sec sur la plage, étaient exposés aux larrons. Renfermés pendant le jour, ces chiens étaient lâchés le soir vers dix heures, et faisaient une ronde sévère jusqu'au matin où le son d'une trompette les rappelaient. Jusqu'en 1770, la garde fut faite et souvent cruellement par ces terribles gardiens ; mais le 7 mars de cette année, un officier de marine, ayant voulu forcer le passage pour entrer dans la ville, fut attaqué avec fureur par toute la bande. Son épée ne lui fut qu'un inutile secours, et, près de succomber, il se jetta à la mer ; mais les chiens l'y suivirent et le mirent en pièces.
POUNPIL, *voyez* TINDOU.
POUNPILHAT, adj. Qui a de gros mollets.
POUNPISSAL, *voyez* CARPAL.
POUNPISTO, *Pounpiè*, s. m. Pompier, celui qui fait les pompes, qui les fait agir.
POUNPO, s. f. Pompe, machine pour élever l'eau ; Lampe à pied qui se compose d'un corps de pompe et d'un porte mèche ; Appareil superbe ; Eclat : *Es arribado en grando pounpo*, elle est arrivée en grande pompe. (Du grec *ponpé*.)
POUNPOUN, s. m. Pompon, ornement en laine que les militaires portent à leur coiffure : *Lou pounpoun de granadiè*.
POUNPOUS, O, adj. Pompeux, euse, où il y a de la pompe ; Magnifique, recherché : *Ero pounpous*, il était magnifique.
POUNPOUSOMEN, adv. Pompeusement, avec pompe.
POUNTIFIA, *Pountifica*, v. act. Célébrer pontificalement.
POUNTIFICALOMEN, adv. Pontificalement, avec le cérémonial et les habits pontificaux.
POUNTIL, s. m. Ponceau, petit pont : *Xoust lou pountil*.
POUNTIOU, s. f. Ponction, t. de chir. Ouverture faite à une cavité du corps, dans le but d'évacuer le liquide qui y est épanché. (Du latin *punctio*.)
POUNTUA, v. act. Ponctuer, distinguer les sens d'un discours par des points et des virgules. (Du latin *punctum*.)
POUNTUEL, O, adj. Ponctuel, lle, très-exact, très-régulier ; Qui fait à point nommé toutes choses : *Cal estre pountuel ambe bous*, il faut être ponctuel.
POUNTUELOMEN, adv. Ponctuellement.
POUNXA, *Pouncha*, v. act. Piquer, aiguillonner ; se Blesser à un buisson, à une épingle.
POUNXADO, *Pounxaduro*, s. f. Piqûre, atteinte d'une chose qui pique.
POUNXAL, s. m. Piqûre, coup d'aiguillon.
POUNXARUT, *voyez* POUNXUT.
POUNXIL, *Pouncho, Cabos et testo*, s. m. Jeu d'enfant : Il consiste à cacher une épingle dans une

main, sur laquelle un autre enfant en place une, au risque de la perdre, s'il ne devine pas de quel côté est la tête de celle qui est cachée.

POUNXIMPERLO, *voyez* BUXET.

POUNXO, s. f. Pointe, bout aigu et piquant; Extrémité de ce qui va en diminuant : *A la pounxo dal clouquié*, au bout du clocher.

POUNXOU, *Fissou*, s. m. L'Aiguillon d'une abeille, d'une guêpe; Aiguillon pour faire avancer un âne, un mulet.

POUNXUT, DO, adj. Pointu, aigu, qui se termine en pointe; fig., Habile, entendu : *Es pounxut*, il est rusé. (Du latin *punctum*, parce que ce qui est bien pointu finit par un point.)

POUPA, *voyez* TETA.

POUPAYRE, *voyez* TETAYRE.

POUPELOU, *Tetelou*, *Poupèl*, s. m. Le Bout de la mamelle d'une femme.

POUPIEYRO, s. f. Teton artificiel pour l'écoulement du lait après les couches.

POUPLA, *voyez* PUPLA.

POUPO, *voyez* TETO.

POUPOU, s. m. Poupon, mignard : *Aco's lou poupou*, c'est l'enfant gâté. (Du latin *pupus*.)

POUPOUNA, v. n. Mignarder, choyer, dorloter un enfant.

POUPULARI, O, adj. Populaire, du peuple; Qui parle avec le peuple, se familiarise. (Du latin *popularis*.)

POUPULARIOMEN, adv. Populairement, à la manière du peuple. (Du latin *populariter*.)

POUPULARITAT, s. f. Popularité, caractère de l'homme populaire; Affabilité envers le peuple; Faveur populaire. (Du latin *popularitas*.)

POUPULASSO, s. f. Populace, petit peuple, bas peuple, la lie du peuple; Canaille. (Du latin *populus*.)

Douma, per t'eloigna d'aquélo *poupulasso*,
Aniras à la pesco, ou se bos à la casso,
Attraparas de peys, tuaras de gibié,
Et jouiras atal das plazés d'un rentié.     VESTREP.

POURADO, *voyez* POURRADO.

POURBOYUR, s. m. Pourvoyeur, celui qui est chargé de fournir les provisions de bouche.

POURBU QUE, conj. Pourvu que, en cas que, supposé que : *Pourbu qu'arriboun*, pourvu qu'ils arrivent.

Sur l'aygo poudioy pas counserba moun aploum,
Car nadabi à puprep coumo un boussi de ploum.
O grand Dious ! al secours, ou ma mort es siguro;
As peyses caldra doune serbi de nouyrituro.
Alabets un marin, as pelses toutis blancs,
Arribo amb'uno arpeto et m'accrocho pes flans.
Soul dins moun garrabot sur uno aygo rapido,
Cregni de pouden pas te counserba la bido,
Ça, me dits lou biellard, car se tiri pus fort
Quatre pouces de fer te ban caousa la mort.
You que dejà bebioy coumo un papié de trasso,
De bese pas d'espoir fasioy tristo grimaço.
Moun Dious, cridi labets, me caldra doune mouri,
Sans rebesé Toulouso et surtout Sant-Sarni !
Mais nou; tiras toutjoun, reparàren la brecho,
Pourbu que ful cluquié posque bese la flecho.
Et talèon y'abe dit que tiresso pus fort,
A l'ayde del croutchet me ramenec à bord.    VESTREP.

POURCADO, s. f. Cochonnée; Troupeau de cochons qu'on garde pour plusieurs individus. (Racine *porc*.)

POURCARIÉ, *Pourcario*, s. f. Viande de porc; Cochonnerie, saleté, ordure : *Qui a fax aquèlo pourcarié?* qui a fait cette ordure ?

POURCAS, s. m. Cochon très-gros; fig., Homme grossier, mal propre : *O lou pourcas !*

POURCATIÉ, EYRO, s. m. f. Marchand de cochons; Porcher, gardeur de cochons; prov. *N'es pas pourcatié qui sous porcs gardo*, n'est pas porcher qui garde ses cochons.

POURCATIEYRO, *Bordo*, s. f. Porcherie, toit à cochons.

POURCÈL, s. m. Pourceau, porc.

POURCELÉNO, s. f. Porcelaine, sorte de terre très-fine et cuite sous différentes formes. (Du latin *porcellanæ*.)

POURCINO, *voyez* POURCADO.

POURETO, *voyez* POURRETO.

POURGA, v. act. Purger, monder, nettoyer le blé, le froment : *A besoun de pourga*. (Du latin *purgare*.)

POURGOMOUST, s. m. Ivrogne : *Aco's un pourgomoust*, c'est un ivrogne.

POURGOS, *Colses*, s. f. Purges, criblures; mauvais Grain séparé du bon par le crible; Ordures séparées du grain : *Y'a fosso pourgos*, il y a beaucoup de purges.

POURJHA, *voyez* BAYLA, POURTA.

POURQUET, s. m. Porc frais.

Tu régnaras touta la vida
Dins aquéla vila bénida,
Qué fournira tout l'environ
Dé boun *pourquet* dins la sézoun,
É qu'aoura dé manufacturas
Dé for goustouzos elléyuras.    FAY.

POURQUIÉ, *voyez* POURCATIÉ.

POURRADO, s. f. Durée; Visite; Vie : *Faras pas loungo pourrado*.

POURRETO, s. f. L'usage a consacré le mot *Porrette*, mais les Dictionnaires ne le portent pas, il faut dire Semis d'arbres, plant d'arbres.

POURRICINÉLO, s. m. Polichinel, auteur de farces, bossu par devant et par derrière, qui a passé du théâtre italien à celui des marionnettes; fig., Bouffon de société : *A fax de soun pourricinélo*, il a fait le polichinel.

POURRIOL, s. m. Poireau sauvage, poireau des chiens.

POURRITURO, s. f. Pourriture, altération, corruption. (Du latin *putredo*.)

POURROU, *Biberoun*, s. m. Espèce de Callebasse pour tenir le vin.

POURROUNA, v. n. Boire à goulot, à régal : *Aouras prou pourrounat !* tu auras assez bu !

POURSUYTO, s. f. Poursuite, action de poursuivre; Action en justice. (Du latin *persecutio*.)

POURTA, v. act. Porter, transporter; Charrier; Avoir sur soi; Faire aller, conduire, pousser; fig., Être cause : *Y'a pourtat bounhur*, il lui a porté bonheur; Déclarer, règler, ordonner : *La pouliço porto aytal*, la police dit ainsi; Produire, en parlant des arbres, etc.; Atteindre, en parlant des armes : *Aquel fuzil porto pla*, ce fusil porte juste.

Ero un dilus, mous dets aris s'acababon;
Fazian as jots, cri Rey, m'escourtaban.
Mais, tout d'un cot, qui ben me desturba ?...
Un biel setut sur un faoutul d'aouba
Que sur dus païs das carretés *pourt'abon*;
Lou biel s'aprocho; enquéro, enquéro may...    J.

POURTA (SE), v. pro. Se Porter bien ou mal; se Livrer, s'abandonner à...; se Présenter pour tel emploi, telle place : *So porto per mairo*, il se met sur les rangs pour la place de maire.

**POURTABLE**, adj. Portatif, qu'on peut porter aisément.

**POURTADO**, s. f. Portée, ventrée, tous les petits que porte une femelle de quadrupède; Distance à laquelle une arme à feu peut porter; Distance à laquelle la main peut atteindre; Ce qu'on peut faire eu égard à sa fortune: *Aco's pas de sa pourtado*, ce n'est pas en rapport avec sa fortune.

**POURTALHÈYRO**, *Croundo, Cambaxè*, s. f. Les Montants d'un cadre de porte.

**POURTAL**, *Pourtàou*, s. m. Portail, principale porte d'une église; Porte cochère, principale porte d'une maison : *Es sul pourtal*.

**POURTANEL**, s. m. Guichet, petite porte qui fait partie d'une plus grande. (Du latin *portula*.)

**POURTANT**, adv. Pourtant; Cependant; Néanmoins. (Du latin *pro tanto*.)

**POURTANT, O**, adj. Portant, e : *A bout pourtant*, Tirer de fort près en parlant d'un pistolet; *Plà pourtant*, qui jouit d'une bonne santé. (Du latin *portans*.)

**POURTATIF, BO**, adj. Portatif, ive, facile à porter.

**POURTAPLE**, *voyez* POURTATIF.

**POURTAYRE, O**, s. m. f. Porteur, euse, celui, celle qui porte un mort. (Du latin *portans*.)

**POURTICA** (SE), *voyez* BRINDOULA (SE).

**POURTIÉ**, s. m. Portier, gardien de la porte d'une maison, d'un couvent : *Cal parla al pourtié*, il faut parler au portier.

**POURTIÈYRO**, s. f. Portière, femme de portier; Gardienne d'une porte; Ouverture d'un carrosse pour y monter et descendre. (Racine *porto*.)

**POURTIOU**, s. f. Portion, part d'un tout; Certaine quantité d'aliments. (Du latin *portio*.)

Un floc diben rélebo moun couraché,
Et me ramplis d'uno noblo ambitiou.
Qu'un abantaché!
Lou fil de Diou
Ba per toujoun debeni ma *pourtiou*.
De moun salut dins el besi lou gaché;
Esperi tout d'uno talo caoussiou.  PUJ.

**POURTOULAYGO**, *voyez* BOURDOULAYGO.

**POURTRET**, s. m. Portrait, ressemblance d'une personne, tracée au pinceau, au crayon. (Du latin *protractus*, fait de protrahere tirer de...)

Aco's pla soun *pourtret*, amat d'aprep naturo;
Car certos es bertat que n'a pas d'aoutro aluro.  D.

**POUS**, *voyez* POULS.
**POUS**, *voyez* POUTS.
**POUSCO**, *Pous*, *voyez* POULSIÈYRO.
**POUSCOUS**, *voyez* POULSOUS.
**POUSQUEXA**, v. act. Faire élever la poussière : *Me pousquexos tout*, tu me couvres de poussière.
**POUSQUINA**, *voyez* ROUZINA.
**POUSQUINO**, *voyez* ROUZINO.
**POUSSA**, v. act. Pousser, faire effort pour ôter de place, pour faire avancer, mettre en mouvement; Poursuivre, chasser, offenser; Jeter des tiges, des rameaux en parlant des végétaux; se Serrer : *Pousso-te*, fais place. (Du latin *pellere*.)

L'abuglo *pousso* un crit, et pas may nou respoun;
La blanceu de la ley s'esten sur soun bizatge.  J.

**POUSSADO**, *voyez* BUTADO.
**POUSSADOU**, *voyez* CAXADOU.
**POUSSAL**, *voyez* BUTADO.
**POUSSEDA**, v. act. Posséder, avoir à sa disposition, en son pouvoir, être maître; Bien savoir, être versé dans... : *Poussèdo soun estat*, il sait son métier. (Du latin *possidere*.)

**POUSSEDA** (SE), v. pro. Se Posséder, être maître de soi, de ses passions.

**POUSSEDAT, DO**, adj. Possédé, ée, tourmenté du démon : *Cal que siogo poussedat!* il faut qu'il soit possédé! (Du latin *possessus*.)

**POUSSEJHA**, *voyez* POUSQUEXA.
**POUSSEL**, *voyez* PORC.
**POUSSELA**, *voyez* POUCELA.
**POUSSELADO**, *voyez* POUCELADO.
**POUSSELO**, *voyez* POUCELO.
**POUSSES**, *voyez* ABEST.

**POUSSESSIOU**, s. f. Possession, jouissance d'un bien quelconque : *Es en poussessiou*, il est en possession. (Du latin *possessio*.)

**POUSSEZI**, v. n. Saisir, s'emparer de... : *La poou l'a poussezit*, la peur l'a pris. (Du latin *possidere*.)

**POUSSIBILITAT**, s. f. Possibilité, qualité de ce qui est possible. (Du latin *possibilitas*.)

**POUSSIEIRO**, *voyez* FAMFRE.
**POUSSIF**, *voyez* POUSSIOU.
**POUSSIOU, IBO**, adj. Poussif, ive, qui a la maladie de la pousse.

**POUSSIPLE, O**, s. m. et adj. Possible, ce qui peut être, avoir lieu, tout ce qu'on peut faire, autant qu'on peut. (Du latin *possibile*.)

Bous aoutres m'issourdas : aco's be pla tarriple,
Ço que boules de yeou, digas-me vès *poussiple* ?
Dexa bous ci prou dix aco que me reten :
Fagan-bo decida per la Toinoun que ben.  D.

**POUSITIBOMEN**, adv. Positivement, d'une manière sûre, certaine : *Bendra pousitibomen*, il viendra certainement. (Du latin *positivé*)

**POUSITIF, BO**, adj. et s. Positif, ive, qui ne laisse aucun doute; Certain, assuré.

**POUSITO** (A), adv. A Portée, à la main.
**POUSSO**, *voyez* MEZO.
**POUSSOCU**, *voyez* RECORS.

**POUSTA**, v. act. Poster, placer dans un poste, dans un endroit quelconque : *Me poustèt al cantou del camp*, il me plaça au coin du champ. (Racine *posto*.)

**POUSTA** (SE), v. pro. Se Poster, se mettre, se placer en un lieu pour observer, pour attendre.

**POUSTAMA**, *Pousta*, *voyez* POUNDA.
**POUSTAN**, s. m. Planches, bois de sciage, long, étroit et peu épais.

**POUSTAREL**, s. m. Petite Planche, reste de planche : *Aqueste poustarèl fara*, ce bout de planche suffira.

**POUSTELIOS**, *Estèlos*, s. f. Attèles, minces et petits ais employés dans les fractures des os pour les tenir en état lorsqu'on les a remis en place.

**POUSTERITAT**, s. f. Postérité, descendants d'une même origine. (Du latin *posteritas*.)

**POUSTIÇO**, adj. Postiche, fait et ajouté après coup. (Du latin *posticus*.)

**POUSTIÈYRO**, (NASSÈGO) s. f. Scie de scieur de long. (Racine *poste*.)

**POUSTILHOUN**, s. m. Postillon, valet de poste, conducteur de chevaux de poste : *Lou poustilhoun ero estrenat*, le postillon tenait l'étrenne.

**POUSTULA**, v. act. Postuler, demander avec

instance; Faire des démarches pour être admis, agrégé, reçu. (Du latin *postulare*.)

POSTULANT, O, s. m. f. Postulant, te, qui demande à être reçu dans un corps religieux, (Du latin *postulans*.)

POSTURO, s. f. Posture, attitude du corps. (Du latin *positura*.)

Chut que le Gril es eu *pousturo*
De canta quicon per naturo,
Prengon-le per l'acoustuma
De fa gric gric sur nostro ma.                G.

POUTARRI, s. m. Lippe. On appelle ainsi la lèvre inférieure lorsqu'elle est trop grosse : *Abanço un poutarri*, il a une lippe. (Racine *pot*.)

POUTAXE, *Poutajhe*, s. m. Potage, bouillon et pain; Soupe. (Du latin *potagium*.)

Quand à miéxoun, ple d'esperenço
De te refayre dal mati
Bendras ambe touto assurenço
Tasta la soupo, lou boun bi,
Qué lou nuaxe
D'un boun *poutaxe*
Eu dous parfun bes tu se lebara,
Que dins un beyre
Gran à s'en creyre
Un biel nectar per tu petilhara,
Un double rout sur ma paraoulo
Soullebara toun estoumac
Et sans qu'axes ramplit lou sac
Te cassara de taculo.                A. B.

POUTAXE, (FOURNEL), s. m. Potager, fourneau de cuisine pour faire les potages.

POUTENCIO, s. f. Potence, supplice du gibet : *Aco's de xibié de poutencio*, c'est du gibier de potence, un pendard. (Du latin *potentia*.)

POUTENTAT, s. m. Potentat; Souverain.

POUTEOU, s. m. Poteau, pilori où l'on attache ceux que la justice veut punir en les exposant à la vue du public. (Du latin *postis*.)

POUTERLUT, UDO, adj. Lippu, lippue, qui a la lèvre d'en bas trop grosse et trop avancée. (Racine *pot*.)

POUTET, *Poutou*, s. m. Baiser, action de celui qui baise. (Racine *pot*.)

POUTEXA, v. n. Grimacer, froncer, t. de couturière, on le dit d'une pièce mal appliquée.

POUTICAIRE, *voyez* APOUTICAYRE.

POUTIE, *voyez* TERRASSIÉ.

POUTINEXA, v. act. Marmoter, parler entre ses dents. (Racine *pot*.)

POUTINGA, v. act. Droguer, médicamenter, donner trop de médicaments : *Lou poutingas trop*, vous lui donnez trop de remèdes.

POUTINGA (SE), v. pro. Se Droguer, se médicamenter à l'aide de drogues.

POUTINGO, s. f. Drogue; remède, médicament : *Ambe sas poutingos!* avec ses drogues!

POUTINTOU, *voyez* TINTOU.

POUTOTO, *voyez* MOUNECO.

POUTOU, *Poutet*, s. m. Baiser. (Racine *pot*.)

RIGAOUD.

Mais se benio calqu'un amb'un aïré amistous
Que bous saoutés al col, prest à fa de *poutous*,
En diguan qu'os xarmat de faire couneissenço,
Pouïriés pas bounomen y'e faire impertinenço;
Quant l'aouriés pas pus bist et per ounestetat
Y'en diriés tout aoutant quand fouguesso pas bertat.                D.

POUTOUNEXA, *Poutounejha*, v. act. Baisotter, faire beaucoup de baisers : *N'aymi pas que me poutounexou tant*, je n'aime pas tant de caresses.

El saoutexo sul bras, risouleto, babilho
Et soun pixou babil counsolo la familho;
Car lou paouré, es nascut dins lous plours et lou dol,
Et cadun à soun tour lou pren, lou *poutounexo*;
Et quand ne pot pas pus, que soun el cluatexo,
Per l'endourmi cadun lou bol.                A. B.

POUTOUNEXAYRE, O, s. m. f. Baiseur, euse, celui, celle qui se plait à, qui a l'habitude de baiser.

POUTOURAS, *voyez* PEXÉ.

POUTRO, *voyez* FUSTO.

POUTROULHO, s. f. Boue, limon que l'eau trouble dépose; la Lie d'une liqueur; fig., Embarras, difficulté : *Troubaras de poutroulho*, tu rencontreras des difficultés.

POUTROUNCAN, *voyez* PATRACO, EMPLASTRE.

POUX, *Pous*, s. m. Puits, trou profond pour avoir de l'eau. (Du latin *puteus*.)

POUXADO, *Pouchado*, s. f. Plein une poche. (Racine *poxo*.)

POUXET, *voyez* POUXOU.

POUXEXA, *Pouchecha*, v. act. Pocheter, porter dans ses poches pendant quelque temps; Fouiller dans les poches : *N'as pas besoun de me pouxexa*, tu as beau chercher dans mes poches.

POUXOU, *Pouchou*, *Falset*, s. m. Pochette, petite poche de gilet.

POUZA, v. act. Puiser, prendre de l'eau avec un vase plongé dans un puits, dans une fontaine : *Pouza d'aygo*; fig., Prendre, tirer de : *Podi ana pouza dins sa bourso*, je puis recourir à sa bourse. (Racine *poux*.)

POUZADOU, *Balet*, *Carras*, s. m. Endroit de la rivière où l'on peut facilement puiser : *Es anado al pouzadou*, elle est allée au puisoir.

POUZARACO, s. f. Grand puits; Puisard.

POUZAYRE, O, s. m. f. Qui puise l'eau d'un puits.

POUZAXE, *Pouzajhe*, s. m. Puisage, le droit de puiser : *Aben lou pouzaxe*, nous avons le droit de puiser.

POUYRE, *voyez* PUS.

POUYRI, v. n. Pourrir, s'altérer par la pourriture; fig., Demeurer, croupir : *Caldra que pouyrigo en prisou*, il lui faudra mourir en prison. (Du latin *putrere*.)

POUYRI (SE), v. pro. Se Pourrir, se gâter, se corrompre, tomber en pourriture.

POUYRIT, IDO, adj. Pourri, ie, gâté par la pourriture.

POUYZOU, s. m. f. Poison, suc vénéneux, drogue qui peut donner la mort, fig., Exemples dangereux; Société, personne dont la conversation peut faire mauvaise impression : *Aco's la pouyzou dal mas*, c'est la peste du hameau.

## POX

POXO, *Pocho*, s. f. Poche, sorte de petit sac en divers endroits des vêtements servant à mettre ce que l'on veut porter sur soi; Faux pli que forme une étoffe cousue; Partie creuse d'une navette; Jabot des oiseaux; Filet pour prendre des lapins. (Dérivé du saxon *pach*, sac, besace.)

## POY

POYLO, s. f. Fainéant, lent, tardif en parlant

des enfants qui marchent tard : *Sios pla poylo!* tu es bien lent!

POYLO, *Pouèlo*, s. m. Poêle, poîle, sorte de fourneau de terre, de fonte, à tuyau pour chauffer un appartement. (Du latin *pyrale.*)

POYNÇOUN, s. m. Poinçon, outil de fer ou d'acier aigu pour graver, marquer : Pièce de bois de bout, arbre d'une machine. (Du latin *pugio.*)

POYNÇOUNA, v. act. Marquer d'un poinçon.

POYNÇOUNAYRE, s. m. Celui qui marque d'un poinçon les mesures, les poids après vérification.

POYNTO, s. m. Pointeau, poinçon d'acier trempé.

POYSSARDO, s. f. Poissarde, femme de la lie du peuple, de la halle.

POYSSIEYRO, *voyez* PALSIEYRO.

## PRA

PRA, *voyez* PRAT.
PRADARIÉ, ARIO, *voyez* PRADO.
PRADÉL, s. m. Petit Pré, coin de pré.

Petits rious dount l'arjen beziadomen gourrino,
*Pradels* ount lou plazé nous enbesco lous els
Quand la jouèno sasou bous cargo de ramels,
Aoujets coussi es plan uno Nympho moundino.   G.

PRADELET, s. m. Champignon des prés.

PRADO, *Pradario*, *Pradariè*, s. f. Prairie, étendue de terre couverte d'herbe verte. (Racine *prat.*)

Tené ! lou bourdilé, fenejan dins lou *prado*;
Que crido as jouynes pastourels :
« Pichous ! embarras lous agnels !
» L'arc-au-ciel de là matinado
» Tiro lou boué de la laourado ! »   J.

PRAOUDO, *voyez* BRAOUDO.

PRAOUTI, v. act. Fouler la vendange ; Patrouiller.

PRAOUTI DAS PÈS, v. act. Trépigner de colère : *Praoutissio coumo un mulet*, il trépignait comme un mulet ; Fouler l'herbe ou autre chose : *B'a tout praoutit*, il a tout foulé.

PRAOUTIDOUYRO, *Praoutidou*, s. f. Fouloire, huche pour fouler la vendange.

PRAOUTO, *voyez* BRAOUDO.

PRAT, s. m. Pré, prairie peu étendue qu'on fauche. (Du latin *pratum.*)

PRATICA, v. act. Pratiquer, mettre en pratique ; Hanter, fréquenter ; Ménager pour construire, bâtir : *Pratica uno porto*, ménager une porte. (Racine *pratico.*)

PRATICA (SE), v. pro. Se Pratiquer, se faire souvent ; Être en usage : *Aco se pratico pas pus*, ce n'est plus d'usage.

PRATICAPLE, O, adj. Praticable, qu'on peut pratiquer ; Faisable.

PRATICO, s. f. Pratique, usage habituel ; Chaland d'un marchand, d'un ouvrier. (Du grec *praktikê*, fait de *prassô*, j'agis.)

Toutes lous oubjets de bertut
Occupou sa bélo fabrico.
Mourtels que cercas lou salut
Dounas-y bostro *pratico.*   PUJ.

## PRE

PREALAPLE, O, adj. Préalable, qui doit être dit, fait, examiné avant le reste. (Du latin *præ*, avant.)

PREALAPLOMEN, adv. Préalablement, avant toute chose.

PREANBUL, s. m. Préambule, espèce d'exorde ; fam., Discours vague, inutile.

PREBALE, v. n. Prévaloir, avoir, emporter l'avantage sur... (Du latin *prævalere.*)

PREBALE (SE), v. pro. Se Prévaloir, tirer avantage ou vanité : *Gna pas tant per se prebale!* ce n'est pas tant la peine de se glorifier ; Avoir, retirer un avantage de...

PREBENDIÉ, s. m. Prébendier, bénéficier inférieur au chanoine.

PREBENDO, s. f. Prébende, bénéfice du bas chœur. (Du latin *præbenda* fait de *præbere*, donner.)

PREBENENÇO, s. f. Prévenance, manière obligeante de prévenir.

PREBENENT, O, adj. Prévenant, te, obligeant, complaisant. (Du latin *prævenire.*)

PREBENGUT, DO, adj. Prévenu, ue, qui a de la prévention ; t. de pal., Accusé de crime.

Coussi, que bous aouriés soulomen la pensado
Que yeou de bostro part me xaouté d'estr'aimado ?
Pel segur s'es bertat qu'atal b'axas cregut,
Cal qu'en bostro fabou sougas pla *prebengut !*   D.

PREBENI, v. act. Prévenir, devancer ; Faire le premier ce qu'un autre voulait faire ; Détourner par des précautions les maux, les dangers ; Faire de soi-même ce qu'on croit devoir être agréable à quelqu'un ; Rendre service sans en être sollicité ; Informer par avance. (Du latin *præveniens.*)

PREBENI (SE), v. pro. Se Prévenir ; s'Avertir mutuellement.

PREBENTIOU, s. f. Prévention, opinion favorable ou contraire avant examen ; t. de pal., État de celui qui est prévenu d'un crime. (Du latin *præventio.*)

PREBEZE, v. act. Prévoir, juger, estimer par avance qu'un événement arrivera, qu'une chose aura lieu. (Du latin *prævidere.*)

PREBOT, s. m. Prévôt, titre de divers officiers préposés pour avoir soin. (Du latin *prepositus.*)

PREBOUYENÇO, s. f. Prévoyance, habitude de prendre des précautions contre...

PREBOUYENT, O, adj. Prévoyant, te, qui prévoit ; Attentif à ce qui peut arriver. (Du latin *prævidens.*)

PRECAOUTIOU, s. f. Précaution, ce qu'on peut faire pour éviter un mal, un inconvénient ; Ménagement, prudence. (Du latin *præcautio.*)

BRUNET.

Quant on s'es mal caousit l'amitié bol pas creïssé ;
Toutis dous, crezés-me, se cal miliou couneïsse :
Pourrien abe cadun de talis sentimens,
Que beleou dal mercat nou serien pas countents.

MOUNBOSC.

Aquelo *precaoutiou* certos es be pla raro.   D.

PRECAOUTIOUNA, v. act. Précautionner, prémunir contre.... ; Donner les moyens de se garantir de...

PRECAOUTIOUNA (SE), v. pro. Se Précautionner, prendre ses précautions, ses mesures, ses sûretés ; Faire ses provisions : *Me souy precaoutiounat per aqueste hiber*, j'ai pris mes mesures pour cet hiver. (Racine *precaoutiou.*)

PRE

PRECAOUTIOUNAT, ADO, adj. Précautionné, ée, avisé, prudent.

PRECEDA, v. act. Précéder, aller, marcher devant. (Du latin *præcedere*.)

PRECEDENT, O, adj. Précédent, antérieur, qui est avant. (Du latin *præcedens*.)

PRECEDENTOMEN, adv. Précédemment, antérieurement.

PRECEPTE, voyez COUMANDOMEN.

PRECEPTOU, s. m. Précepteur, celui qui est chargé de l'éducation d'un jeune enfant. (Du latin *præceptor*.)

PRECIOUS, OUSO, adj. Précieux, euse, qui est de grand prix, d'une grande valeur; fig., Plein de prétentions, d'affectations. (Du latin *pretiosus*.)

PRECIOUZOMEN, adv. Précieusement, avec grand soin. (Du latin *pretiose*.)

PRECIPICI, Precepici, Percipici, s. m. Précipice, espace vide, profond, escarpé. (Du latin *præcipitium*.)

Tantòt, quand bèn l'aïgat, fado dins sous capricis,
S'escapo de soun leit, fa milo desatcis,
S'emmèno lés oustals et lés camps et lés prats,
Et trigosso, én braman, as pès das *précipicis*,
Les trossès dé rascas qué les flots au minats.
Anfin, lasso dé courre et dé faïre la guerro,
Dé pourta lé dégats dins les camps dal país
Sé briso bès la digo en baban de coulèro,
Sur lés flans das mourrals bésis.                    DAV.

PRECIPITA, v. act. Précipiter, jeter dans un précipice; Jeter de haut en bas; fig., Jeter, plonger dans...; Accélérer, donner un mouvement rapide; Trop hâter. (Du latin *præcipitare*.)

PRECIPITA (SE), v. pro. Se Précipiter, se jeter de haut en bas, s'élancer dans...; se Hâter trop.

PRECIPITADOMEN, adv. Précipitamment, à la hâte.

PRECIPITAT, ADO, adj. Précipité, ée, hâté.

PRECIPITATIOU, s. f. Précipitation, extrême vitesse; Trop grande hâte; Vivacité. (Du latin *præcipitatio*.)

PRECIPUT, s. m. Préciput; t. de droit, Don mutuel des époux; Prélèvement avant le partage d'hérédité : *Y'a dounat lou quart et lou preciput*, il lui a donné le quart par préciput. (Du latin *præcipuum*, sous-entendu *jus*.)

PRECIS, s. m. Précis, sommaire de ce qu'il y a d'important, d'essentiel dans une affaire; Abrégé. (Du latin *præcisus*.)

PRECIS, O, adj. Précis, se, fixe. déterminé, arrêté : *A dèx ouros precisos*, à dix heures précises.

PRECISA, v. act. Préciser, fixer, déterminer; Dire, présenter d'une manière précise. (Du latin *præcidere*.)

PRECISIOU, s. f. Précision, brièveté, clarté, justesse; Exactitude dans le mouvement, dans l'action. (Du latin *præcisio*.)

PRECISOMEN, adv. Précisément, exactement, tout juste, comme cela, de touts points. (Du latin *præcisé*.)

Mais s'abes ta boun drex, bous cal faïre un appel.

Aco's *precisomen* ço que boli pas faïre
Quand saourio per aqui de gagna mou affaïré.
Dins aquel xuxomen trobi quasques plazes
A poudé remarqua l'inxustiço que y'es.    D.

PRECO, adv. Cependant.

PRE            419

PRECO (DE), adv. Par cœur.

PRECOCE, O, adj. Précoce, mûr avant la saison; et par ext., Qui produit, qui est fait avant le temps accoutumé. (Du latin *præcox*.)

PRECOUNISA, v. act. Préconiser, louer excessivement; Prôner, vanter, exalter. (Du latin *præconium*, louange.)

PRECURSUR, voyez AVANT-COURUR.

PREDECESSOU, s. m. Prédécesseur, celui qui a précédé quelqu'un dans un emploi; Devancier. (Du latin *præcessor*.)

PREDESTINAT, ADO, adj. Prédestiné, ée, que Dieu a destiné à la vie éternelle. (Du latin *prædestinatus*.)

PREDICA, Prexa, v. act. Prêcher, annoncer en chaire la parole de Dieu. (Du latin *prædicare*.)

PREDICAYRE, voyez PREXAYRE.

PREDICATIOU, Prèxo, s. f. Prédication, sermon, (Du latin *prædicatio*.)

PREDICATOU, Predicayre, s. m. Prédicateur, celui qui annonce en chaire la parole de Dieu. (Du latin *prædicator*.)

PREDICTIOU, s. f. Prédiction, chose prédite : *Uno predictiou se ba abertada*, une prédiction va se vérifier. (Du latin *prædictio*.)

PREDIRE, v. act. Prédire, annoncer par inspiration, calcul, divination ou conjecture. (Du latin *prædicere*.)

PREFAÇO, s. f. Préface, avertissement mis à la tête d'un livre; Partie de la messe avant le canon. (Du latin *præfatio*.)

PREFATS, s. m. Entreprise à forfait; Tâche; Entreprise à la tâche. Le forfait est un marché par lequel on s'oblige à faire une chose pour un prix convenu. La tâche est un ouvrage qu'on donne à faire dans un certain espace de temps. Travailler à la tâche, c'est travailler à un ouvrage dont on doit être payé en gros sans égard au nombre de journées qu'on y a employées. (Du latin *pretium factum*.)

PREFAXE, Prefaché, s. m. Entrepreneur, ouvrier d'un travail à la tâche.

PREFERA, v. act. Préférer, choisir une personne, une chose plutôt qu'une autre; Donner l'avantage, mettre au-dessus; Affectionner plus : Aimer davantage; Favoriser l'un plus que l'autre. (Du latin *præferre*.)

PREFERAPLE, O, adj. Préférable, meilleur, plus estimable, plus utile : *Es preferaplo de belcop*, elle est de beaucoup préférable.

PREFERAPLOMEN, adv. Préférablement, par préférence.

PREFERAT, ADO, adj. Préféré, plus aimé, plus favorisé : *Sios preferat*, tu te le bien aimé.

PREFERENÇO, s. f. Préférence, choix d'une personne, d'une chose par goût ou après examen. (Racine *prefera*.)

PREFET, s. m. Préfet, magistrat qui administre un département.

Quatre chabals fringans, toutis de belo raço
De Moussu lou *Prefet* trigossou la carcasso;
Aquelis passou al grand trot;
Lusens, millou nouyrits que le countribuable
Que lour fournis lou fé, que courbis lour estable
En descourbin soun oustalot,
Et que counto en grougnan do sa bouco affamado
Quant cal de sacs de blat per paga lour cibado.

PREGA, v. act. et n. Prier, s'adresser à Dieu, à la Sainte Vierge, aux Saints, pour obtenir des grâces; Requérir, demander par grâce; Intercéder pour....; Inviter, convier. (Du latin *precari*.)

*O boun Jesus! pregan bostro clemenço*
*De nous doubri bostre cor amourous;*
*Coumo un abric countro bostre courrous*
*Quand pareirès al joun de la benjenço.* PUJ.

PREGARIO, voyez PRIÈRO.
PREGODIOUS, voyez PRIODIU.
PREGODIOUS BERNADO, s. f. La grande Mante, insecte ailé et cependant rampant; fig., Grande dévote : *Semblo uno pregodious bernado*, il a l'air d'une grande dévote.

PRELEBA, v. act. Prélever, lever une somme avec avantage; Lever préalablement une portion avant le partage du reste. (Racine *leba*.)

PRELIMINARI, s. m. Préliminaire.

PREMAÏC, GO, adj. Hâtif, ive, précoce, fruit dans la primeur. (Du latin *primus*.)

*L'home coumo un razin quilhat sur la souqueto*
*Diou senti qualque jour lou talh de la piqueto;*
*Dins le clot per panié l'Auribo met à bas*
*Le negro dan lou blanc, le madur dan l'agras.*
*Toutis n'en qu'un souspir à sa tristo musico*
*Que la probo de nau à soun arithmetico,*
*Oumbro, poulbero, sou, fum, bourdoufletos d'aigo,*
*Petit mouli de prat à la sazou premaïgo.* G.

PREMEDITA, v. act. Préméditer, former un dessein. (Du latin *præmeditari*.)
PREMEDITATIOU, s. f. Préméditation; Délibération en soi-même avant d'agir.
PREMIE, voyez PRUMIÈ.
PREMIEYROMEN, voyez PRUMIÈYROMEN.
PREMUNI, v. act. Prémunir, précautionner contre....
PREMUNI (SE), v. pro. Se Prémunir, se précautionner contre.... (Du latin *præmunire*.)
PRENE, v. act. Prendre, saisir avec la main; Dérober, s'emparer de...; Attraper à la chasse, à la pêche; Arrêter pour emprisonner; Avaler; Prendre un parti, une résolution; Prendre racine, pousser en parlant des plantes; se Cailler en parlant du lait; se Geler en parlant des liquides exposés à l'action du froid. (Du latin *prehendere*.)

*Quant aici prexariès penden dex ans de suito*
*Nou y'aurio pas digus que cambiès de counduito.*
*Coussi que ha prengas, bous beyrez en tout tems*
*De conquis faoufilats ambé las brabos xens.* D.

PRENEYRE, O, adj. Preneur, euse, celui qui prend; Facile, difficile à prendre les remèdes.
PRENSO, voyez PRESSADO.
PREOCUPA, v. act. Préoccuper, prévenir fortement l'esprit. (Du latin *præoccupare*.)
PREOCUPA (SE), v. pro. Se Préoccuper.
PREOCUPATIOU, s. f. Préoccupation, préjugé; Infatuation; État d'un esprit trop occupé d'un objet pour faire attention à un autre.
PRÈP, prép. Près, auprès, proche; Sur le point de mourir. (Du latin *propè*.)

*Dins uno coumbo ayrejado, poulido,*
*Touto claousido*
*De frut, de flous;*
*Prép d'uno may de bouno houro abeouzado,*
*Abion grandit al ben fres de la prado,*
*As caous poutous,*
*Dus frays bessous.* J.

PREPAOUS, s. m. Propos, résolution formée; Discours, conversation; adv., Convenablement, quand il faut; Sans raison, sans sujet. (Du latin *propositum*.)
PREPAOUZA, v. act. Préposer, commettre, établir avec pouvoir de...; Charger de la conservation de...; Proposer, mettre en avant une chose à examiner. (Du latin *præponere*.)
PREPAOUZA (SE), v. pro. Se Proposer, avoir formé la résolution de... : *Me prepaouzi de parti*, je me propose de partir.
PREPAOUZATIOU, voyez PROUPOUSITIOU.
PREPARA, v. act. Préparer, apprêter, disposer pour...; Composer, mélanger; fig., Ménager en parlant des personnes, les disposer à... (Du latin *præparare*.)
PREPARA (SE), v. pro. Se Préparer, s'apprêter, se disposer : *Se prepara de penos*, se chercher des soucis.
PREPARATIF, s. m. Préparatif, apprêt, dispositions.
PREPARATIOU, s. f. Préparation, apprêt, composition des remèdes. (Du latin *præparatio*.)
PRES, O, adj. Pris, se, saisi; A demi-ivre; Attrapé; Bien fait dans sa taille.
PRESCRIOURE, v. act. Prescrire, ordonner avec autorité; Marquer la conduite à tenir; Acquérir par la prescription. (Du latin *præscribere*.)
PRESCRIPTIOU, s. f. Prescription, t. de droit, Acquisition de la propriété par la jouissance non interrompue pendant un certain nombre d'années déterminées par la loi : *Y'a prescriptiou*, il y a prescription. (Du latin *præscriptio*.)
PRESEN, voyez PREZEN.
PRESENÇO, voyez PREZENÇO.
PRÈSQUE, adv. Presque, à peu près, près de.. : *Demoro prèsque countro yeou*, il reste presque à côté de chez moi. (De l'italien *pressochè*.)
PRESSA, v. act. Presser, serrer avec force, comprimer, fouler, mettre en presse; fig., Poursuivre vivement, avec ardeur; Accélérer, précipiter; Faire qu'on se hâte.
PRESSA (SE), v. pro. Se Presser, se hâter, se diligenter; se Serrer les uns contre les autres. (Du latin *pressum de premere*.)
PRESSADO, s. f. Pressée, ce qu'on met sur la presse en une fois.
PRESSANT, O, adj. Pressant, te, en parlant des personnes, qui presse, insiste sans relâche; En parlant des choses, qui ne souffre pas de délai; Violent, aigu.
PRESSAYRE, s. m. Presseur, ouvrier qui presse les étoffes; Pressureur, celui qui conduit un pressoir.
PRÈSSE, s. m. Presse, t. de jard., Sorte de petite pêche qui ne quitte pas le noyau. (Du latin *persica*.)
PRESSENTI, v. act. Pressentir, avoir un pressentiment de...; Tâcher de connaître : *N'a pressentit quicon*, il l'a pressenti en partie. (Du latin *præsentire*.)
PRESSENTIMEN, s. m. Pressentiment, sentiment comme inspiré de ce qui doit arriver.
PRESSIÈ, s. m. Pêcher, arbre qui porte la presse ou petite pêche.
PRESSO, s. f. Presse, machine pour presser, imprimer; l'imprimerie, ce qui la concerne; t. d'arts et de mét., Morceau de bois, de fer, etc., qui sert à presser, serrer étroitement; Machine pour presser et catir les étoffes.

*Mais, en Franço, pertout la presso ou santinello,*

PRE   PRÉ   421

Talo qu'uu roc gèant ount lé flot ben mouri,
Semblo dire al poudé qué sans cesso l'harcelo :
Tous flots souu impuissens, pouïras pas mé crucki!
                                                    DAV.

PRÈSSO (BI DE), s. m. Pressurage, vin tiré du marc par le pressoir.
PRESSOIR, s. m. Pressoir, machine pour exprimer le jus du raisin, des fruits.
PRÈST, s. m. Prêt, action de prêter ; Chose, argent prêté. (Racine presta.)
PRÈST, O, adj. Prêt, te, apprêté, arrangé ; Disposé, préparé à....

 Mais de la faço emplumado
 Prendras uno aoutro lixou,
 Se bas, quand es alterado
 La bezé à l'abeouradou.
 Bers lou Cel lèbo la testo
 Per rendre graços à Diou
 De l'aigo que trobo presto,
 Quand a floulat lou loung d'un riou.   PUJ.

PRESTA, v. act. et n. Prêter, donner à charge de rendre ; Donner pour un temps ; fig., Prêter l'oreille, écouter. (Du latin prestare.)

Aimas qu'on parle franc ? cal dounquos ba bous dire :
Bostro maoubeso humou presto souben à rire,
Lou mounde qu'an sapiut per que sies tant hergnous
Ne risoun your sadoul et se truffou de bous.   D.

PRESTA (SE), v. n. Se Prêter, s'étendre quand on le tire en parlant d'un cuir, d'une étoffe, etc.; se Prêter à....; se Montrer facile ; Favoriser, tolérer.
PRESTAYRE, O, adj. Prêteur, euse, qui prête.
PRESTANÇO, s. f. Prestance, bonne mine accompagnée de gravité, de dignité.
PRESTATIOU, s. f. Prestation, ce que chacun, d'après la nouvelle loi sur les chemins vicinaux, est obligé de payer en argent, ou en travail.
PRESTIXE, s. m. Prestige, illusion opérée sur l'imagination. (Du latin præstigia.)
PRESTO-NOUM, s. m. Prête-nom, celui qui prête son nom à quelqu'un pour une affaire, qui prend sous son nom les opérations des autres.
PRETENDANT, O, Prétendant, te, celui, celle qui prétend, aspire à...
PRETENDRE, v. n. et act. Prétendre, croire que l'on a droit à...; Avoir des prétentions à...; Avoir intention, dessein; se Proposer ; Soutenir, affirmer que...; Être persuadé que... (Du latin prætendere.)
PRETENDUT, UDO, s. m. f. Le Futur époux, la future épouse : Lou meou pretendut es arribat, mon futur est arrivé.
PRETENTIOU, s. f. Prétention, droit qu'on a ou qu'on croit avoir de prétendre à...; Espérance, projet, vue; Opinion avantageuse de son mérite; Désir de briller par son esprit.
PRETESTA, v. act. Prétexter, prendre pour prétexte.
PRETÈSTE, s. m. Prétexte, cause simulée, raison apparente qui cache le vrai motif. (Du latin prætexta, fait de prætexere.)
PRETIOUS, voyez PRECIOUS.
PRETIOUSOMEN, adv. Précieusement, avec grand soin. (Du latin pretiosè.)
PRETRISO, s. f. Prêtrise, sacerdoce chez les chrétiens. (Du latin presbyter, prêtre.)
PREX, Prech, s. m. Prix, évaluation d'une chose; Ce qu'on donne d'une chose; fig., Récompense, ce qu'on donne à ceux qui ont le mieux réussi dans un exercice de corps ou d'esprit. (Du latin pretium.)

 Aquel doublé enboué réunit,
 Si cap d'encountré nou l'abouquo,
 Pouïra tout én charmant l'ésprit,
 Fa lous délicés de la bouquo.
 Ensi dounc, cal pas perdré tens,
 Courto-té dé fa toun enboyo;
 Mettras al coumblé dé la joyo
 Nostré esprit amé nostros dèns;
 Et si per cas lo prèx t'arresto
 Croumpo toujours, saren counténs,
 Cinq soous dé maï, cinq soous dé méns
 Débou pas enpatcha la festo
 Que proujetau despeï loungtens.   DAV.

PREXA, Precha, v. act. Prêcher, annoncer en chaire la parole de Dieu. (Du latin prædicare.)

 La Loxo prep dal four, et qu'es pla da l'oun cal,
 S'assemblet abant-hier lendema de Nadal :
 Lou Bénéraple aqui mountet dessus un trône
 D'ount prexet al rebès d'aquel que fa lou prône.
 L'un announço lou xuné et nous y fa pensa,
 L'aoutre indiquet lou xoun que caillio pitansa.   D.

PREXAYRE, Prechàire, Predicayre, s. m. Prêcheur, prédicateur : Aben un grand prexayre, nous avons un grand prédicateur. (Du latin prædicator.)
PRÈXE, Prèche, Predicatiou, Sermou, s. m. Prêche, instruction que fait celui qui prêche.
PREX-FAX, s. m. Forfait, marché, convention, stipulation pour le prix fixe d'une entreprise.
PREXUDICI, Préjudici, s. m. Préjudice, tort, dommage, perte. (Du latin præjudicium.)
PREXUXAT, Prejhujhat, Imaxinatiou, s. m. Préjugé, opinion sans jugement. (Du latin præjudicium.)
PREZA, v. act. Priser, estimer, faire cas.
PREZAXA, v. act. Présager, annoncer par des signes une chose future. (Du latin præsagire.)
PREZAXE, Prezájhe, s. m. Présage, conjecture, augure. (Du latin præsagium.)
PREZENÇO, s. f. Présence; Assistance. (Du latin præsentia.)
PREZEN, s. m. Présent, don, cadeau. (Racine prezenta.)

 Per prézen ajet, péra Anchiza,
 Una brava saouméta griza,
 Qu'en lioc fazié pas uu faou pas
 Quan, per hazar, brucava pas,
 Lou coumplimentet sur soun aje
 É fé souétet un boun vouïaje.   FAV.

PREZENT, O, adj. Présent, te, assistant, témoin (Du latin præsens.)
PREZENTA, v. act. Présenter, offrir, prier d'accepter, de recevoir ; Amener pour faire connaitre. (Du latin præsentare.)
PREZENTA (SE), v. pro. Se Présenter, se faire voir, venir à la présence de...
PREZENTATIOU, s. f. Présentation, action de présenter, de se présenter. (Du latin præsentatio.)
PREZENTOMEN, adv. Présentement, maintenant.
PREZERBA, v. act. Préserver, détourner un mal, empêcher qu'il n'arrive. (Du latin præservare.)

Moun Dious, preserbas-me d'uno peno ta grando!
A xinouls, lou mati, moun cor ba bous demando.

Lou paourel!... ta pixou! qu'aourio fayt, per souffri!
Y'apreni cado xoun à bous fa la priéro
A bous ouffri soun cor, pur de touto miséro,
Dostre noum à benezi.                          A. B.

PREZERBA (SE), v. pro. Se Préserver, se garantir de...

PREZERBATIF, s. m. Préservatif, remède qui préserve, qui garantit.

PREZERBATIOU, s. f. Préservation, conservation.

PREZIDA, v. act. Présider, occuper la première place dans une assemblée; Avoir le soin, la direction..., (Du latin præsidere.)

PREZIDENÇO, s. f. Présidence, action de présider; Dignité, fonction de président. (Du latin præsidentia.)

PREZIDENT, s. m. Président, celui qui préside. (Du latin præsidens.)

PREZO, s. f. Prise, capture; Endroit par lequel on saisit; Quantité que l'on prend en une fois : Ne faras dos prezos, tu le prendras en deux fois. (Racine prene.)

PREZOU, voyez PREZUROU.

PREZUMA, v. act. et n. Présumer, conjecturer, juger sur des probabilités. (Du latin præsumere.)

PREZURA, v. act. Cailler le lait.

PREZURIE, s, m. Chardonnette ou cardonnette, espèce d'artichaud épineux dont la fleur sert à cailler le lait. (Du latin pressura.)

PREZURO, s. f. Présure, ce qui sert à faire prendre le lait; Fleur de la cardonnette.

PREZUROU, s. m. Caillette, présure, acide tiré du ventricule des veaux, agneaux, chevreaux, qui caille le lait. (Du latin pressura, action de presser, parce qu'elle presse, épaissit et caille le lait.)

PRI

PRIBA, v. act. Priver, ôter à quelqu'un ce qu'il possède; le dépouiller de...; Apprivoiser. (Du latin privare.)

Pendent qué dé soun fruit lo souquo és descorgado,
Leu mestré sus sos gens ten lo bisto fixado;
Dé mongea de rosins noun pas per lous priba,
Mais dé poou qu'un coubés, coumo pot orriba,
D'un moulounet d'uillats dount o fach lo traiillo,
Dins uno cabo d'aoubré oné fa rescoundaillo.
                                            PRAD.

PRIBA (SE), v. pro. Se Priver, s'imposer une privation; Devenir familier en parlant des animaux sauvages.

PRIBAT, ADO, Apribat, adj. Privé, ée, apprivoisé; Domestique, en parlant des animaux.

PRIBATIOU, s. f. Privation, perte d'un bien qu'on avait; Retranchement, perte d'un bien ou d'un avantage. (Du latin privatio.)

T'en pregui dounc, crey-mé, se bos pas pus d'affrouns
Te cal entièyromen destaca das fabouns.
D'aquelo pribatiou beyras leou l'abantaxe,
Toun bentre ne sera que pus souple et pus laxe,
Et quand calqu'un bouldra que parles lou dargnié
A respoundre per tu sera pas lou prumié.
Alaro tous amits, tas sorres toun bel-payre,
Tous maynaxes pus tard, surtout ta tendro mayre
Que pregou, cado xoun, brullats de deboutiou,
Per ta bouno santat et ta cunserbatiou,
T'agaxaroou rampli, cura siètos et beyre,
Sans crenta das fabouns lou tarriple trounouyre.
                                            A. B.

PRIBILÈXE, Perbilèxe, s. m. Privilège, faculté accordée à un seul ou à plusieurs de faire quelque chose, de jouir d'un avantage à l'exclusion des autres; Petite carte imprimée qu'on donne à un écolier studieux, comme un bon point. (Du latin privilegium.)

PRIBILEXIAT, ADO, adj. Privilégié, ée, qui jouit d'un privilège.

PRIÉRO, Pregario, s. f. Prière, acte par lequel on prie Dieu, la Sainte Vierge, les Saints; Formule d'oraison. (Du latin precatio.)

Lou pecadou, dins soun humblo priéro,
Deou pas crenta de ressaouré un refus,
Quand atendris lou cor de Dious lou péro,
En lou pregan al sant noum de Jesus.     PUJ.

PRIÉYÇO, s. f. Chalandise, concours d'acheteurs, de chalands; Frèze, faim extrême des vers à soie avant la mue.

PRIGOUN, voyez PRIOUN.

PRIM, MO, adj. Fin, fine, menu en son genre.

PRIMA, v. act. Primer, devancer, surpasser; Tenir la première place; Avoir sur les autres un avantage marqué. (Du latin primus.)

PRIMAYC, voyez PREMAYC.

PRIMALBO, s. f. La Pointe du jour, l'aube. (Du latin prima alba.)

PRIMEXA, Premeza, Permeza, v. act. Faire attention; Aller doucement, avec précaution : Gna per primexa, il vaut la peiné d'y regarder de près. (Du latin apprimè agere.)

PRIMEXAYRE, O, Primoutié, s. m. f. Qui regarde de trop près; Avare.

PRIMITIBOMEN, adv. Primitivement, dans l'origine.

PRIMO, s. f. Prime, la première des heures canoniales; Prix pour encourager le commerce, etc. (Du latin prima, le printemps.)

PRIMOMEN, Primamen, adv. Chichement, avec trop d'épargne et d'économie : Y ba trop primomen, il y regarde de trop près.

PRIMOUTÉJHA, voyez PRIMEXA.

PRIMOUTIÉ, voyez PRIMEXAYRE.

PRIN, PRIMO, adj. et s. m. Mince, fin, délié :
Agaxo qu'es prin! vois comme il est délié.

PRIN, s. m. Filasse du chanvre, du lin peigné; fig., Faim : Coumenço d'abé prin, il commence à sentir l'appetit. (Du latin primus.)

De sa courolo l'orro pel
Luzis coumo un quiqul de calel,
Et dan lou prin de sa tuffo
N'encourdarian uno baoudufo.            G.

PRINCE, s. m. Prince, celui qui est issu d'une maison souveraine; fig., Bossu. (Du latin princeps.)

Cal es dounc aquel Rey de gloiro?
— Aco's lou Dious puissent et fort,
Que douno à l'homme la victoiro
Countro lou Prince de la mort.
Toutos las vertus l'environou,
Et d'aquelos celèstos flous,
Las mas d'aquel grand Rey couronou
Lou froun de cado benhurous.             PUJ.

PRINCESSO, s. f. Femme, fille de prince; fam., Personne qui affecte les grands airs : Semblo uno princesso, elle ressemble à une princesse.

PRINCIPAL, s. m. Principal, ce qu'il y a de plus important, de plus considérable; Somme capitale qui produit; Chef de collége. (Du latin *principalis*.)

Mais, tandis que lou sort me benjo de la sorto,
Qui mounto tout d'un cot? qui sargouillo ma porto?
Qui l'oubro? qui dintro?... ò terrou!
Aco lou *principal!* pourtabo moun perdou.       J.

PRINCIPAL, O, adj. Principal, e.
PRINCIPALOMEN, adv. Principalement, particulièrement, surtout, sur toutes choses. (Du latin *principaliter*.)
PRINCIPI, *Prencipe*, s. m. Principe, cause naturelle de ce qui est, qui a lieu : Origine, source naissance, commencement : *Tout aco ben dal principi*, tout cela vient de l'origine; Règles de conduite. (Du latin *principium*.)
PRINCIPIA, v. n. Donner des principes, tracer des règles : *Es estat mal principiat*, il a été mal dirigé au commencement.
PRINFIALADO, adj. Coquette, mijaurée : *Agaxo la prinfialado!* voyez la mijaurée!
PRINFOUR, voyez POUNPÈT.
PRINTAGNEYRO, s. f. Printanière, étoffe légère, de printemps.
PRINTEMS, *primo*, s. m. Printemps, la première et la plus agréable des quatre saisons. (Du latin *primum tempus*.)

Aici lou *printén*,
Aco's la sazoun la pu béla
Vité prouñtén,
D'aquél agreablé moumen.
L'hiver és finit,
Aro lou plèzi nous apéla,
Atèn trop languit
Anén dins lou pradét florit.       RIG.

PRIOU, s. m. Prieur, supérieur d'un monastère, possesseur d'un prieuré. (Du latin *prior*.)
PRIOUN, DO, adj. Profond, onde; fig., Sensible : *Aco me ba prioun*, ceci me touche au vif.
PRIOUNDI, voyez APRIOUNDI.
PRIOUNDOU, voyez PROUFOUNDOU.
PRIOURITAT, s. f. Priorité, antériorité. (Du latin *prioritas*.)
PRIVA, voyez PRIBA.
PRIVA, voyez COUMU.
PRIZA, v. act. Priser, apprécier; Prendre du tabac. (Du latin *appretiare*.)
PRIZOU, s. f. Prison, lieu de détention ; fig., Lieu où l'on est dans une espèce de prison. (Du latin *prehensio*.)

Gendarmos, anirets requeri la jouenesso,
D'amb'elo saouren leou se parlo per finesso;
Mais coumo saben pas s'aoura tort ou rasou
Menats-lou se bous play, pèr prudenço, en *prisou*.       VESTREP.

PRIZOUGNÉ, ÉYRO, s. m. f. Prisonnier, ère, celui, celle qui est détenu en prison, ou arrêté pour être mis en prison; Qui est pris à la guerre ou comme ennemi: *Faguèren tres milo prisougnés*, nous fîmes trois mille prisonniers; fig., t. de serrurier, Rivure enchassée dans le fer, sans traverser.

Aïci repaouzo *prizougné*,
Lou paoure cor d'un Almouynié
De qui la famillo bibento
De cinq soous n'a pas heritat;
Car le foc de la Caritat

Que tenio soun amo rousento
Fazec foundre tout soun argen
Sur la ma de la paouro gen.       G.

## PRO

PROBE, O, adj. Probe, qui a de la probité. (Du latin *probus*.)
PROBO, s. f. Preuve, ce qui constate un fait, une vérité. (Du latin *proba*.) *A probo*; adv., t. de métier, A portée, à la main : *Met-bo à probo*, mets-le à portée.
PROCURA, voyez PROUCURA.
PROCURUR, voyez PROUCURUR.
PRODOUL, s. m. T. de charretier, de bouvier, Renfort, double attelage pour monter une côte.
PRONE, s. m. Prône, instruction pastorale faite à la messe paroissiale; fig., Remontrance importune : *Te recoumandarey al prone*, j'avertirai qui de droit à ton sujet. (Du latin *præconium*.)
PROP, voyez PREP.
PROPRE, O, adj. Propre, qui appartient exclusivement à...; Convenable, qui peut servir à...; Net, bien arrangé. (Du latin *proprius*.)
PROPRETAT, voyez PROUPRETAT.
PROPRIETARI, voyez PROUPRIETARI.
PROPROMEN, adv. Proprement, avec propreté, avec soin.
PROSPECTUS, s. m. Prospectus, programme qui contient l'annonce et la description d'un ouvrage d'esprit ou d'art, d'un établissement public. (Du latin *prospectus*, vue, perspective.)
PROU, *Proun*, adv. Prou, assez, beaucoup.

Qu'ino bountat! al miey del bent que taillo
Nostro-Seignet s'es boulgut estroupa,
Et per moustra que sera nostre pa
Coumo bél blat es nascut sus la paillo.
Aco's *prou* dourmit coumpagnous
Les Angelets parloun à nous :
Anjo Peyret... et que? l'admirablo noubélo
Que Diù s'es fay Efan d'uno Mero pincélo.       G.

PROU, voyez PROUFIT.
PROUBA; v. act. Prouver, mettre en évidence. (Du latin *probare*.)

Mais encaro qu'aqui yeou plaîrexessi fort,
*Proubéri* malgré yeou que bous abiez fort tort,
Et qu'on dious pas xamaï faire parla lou mounde
Ni your douna suxet per tapla qu'on se founde.       D.

PROUBABILITAT, s. f. Probabilité, vraisemblance, apparence de vérité. (Du latin *probabilitas*.)
PROUBAJHINA, voyez PROUBAXA.
PROUBAJHO, voyez PROUBAXO.
PROUBAPLE, O, adj. Probable, vraisemblable. (Du latin *probabilis*.)
PROUBAPLOMEN, adv. Probablement, selon toute apparence. (Du latin *probabiliter*.)
PROUBAXA, *Proubajha*, v. act. Provigner; t. d'agric., Coucher en terre les brins d'un cep pour qu'ils prennent racine; v. n. Multiplier.
PROUBAXO, *Proubaïno*, *Rebosto*, s. f. Provin, rejeton d'un cep provigné. (Racine *bigno*.)
PROUBENÇO, s. f. Pervenche, t. de bot., Plante vivace. (Du latin *pervinca*.)
PROUBENI, v. n. Provenir, procéder, dériver; Revenir au profit de... (Du latin *provenire*.)
PROUBERBI, s. m. Proverbe, sentence, vulgaire et concise : *Lou prouberbi n'es pas mentur*. (Du latin *proverbium*.)

Car, selounn lou *prouberbi*, on n'es pas ibernat
Que la luno d'Abrial nou n'axo treluçat. PRAD.

**PROUBEZI**, v. act. Pourvoir, fournir, garnir, munir. (Du latin *providere*.)

**PROUBEZI** (SE), v. pro. Se Pourvoir, se munir, se fournir : *A sapiut se proubezi, il a su se prémunir.*

**PROUBEZIOU**, s. f. Provision, amas ; Fourniture des choses nécessaires pour la subsistance. (Racine *proubezi*.)

**PROUBIDENÇO**, s. f. Providence, sagesse suprême de Dieu qui conduit toutes choses : *La proubidenço es grando* ; fig., Personne qui pourvoit à tout, à nos besoins. (Du latin *providentia*.)

Un xoun, et yeou b'ei bist, uno maire plourabo.
Soun mainaxe abio fan : de tout elo manquabo ;
Quand lous bens, d'un councert, yé repelou lou soun.
Sul cop soun èl s'allumo et s'essugan lou froun,
Enten, mou fil, enten, dis elo dins la xoyo,
Aquel soun ta poulit, lou Cel lou nous emboyo.
Abal, dins un saloun pei councert preparat
De garlandos de bouis, et de flous entourat
Tout luzent d'or, d'arxen, d'un milliè de candèlos
Qu'esclatou de clartat piri que las estelos :
Dins aquel bel saloun . superbe randez-bous
De Castros lou couquet, lou tendre, l'almouinous,
Per tu lou rixe canto et plouro ta misèro,
Et dema, quand per el aouras fax ta prièro,
Troubaras prèp de tu deque te rexoui,
De floc per te calfa, de pa per te nouiri.
Et l'espoir dins lou cor ambé mai de patienço
Lou paourot attendio sa douço *proubidènço*. A. B.

**PROUBINÇO**, s. f. Province, étendue considérable de pays qui fait partie d'un état et porte un nom particulier : *La proubinço dal languedoc*. (Du latin *provincia*.)

**PROUBITAT**, s. f. Probité, droiture d'esprit, de conduite : *Sa proubitat me tranquiliso*. (Du latin *probitas*.)

**PROUBIZIOU**, voyez PROUBEZIOU.

**PROUBIZIOUNARI**, s. m. Pourvoyeur, celui qui est chargé de fournir les provisions de bouche. (Du latin *provisor*.)

**PROUBIZOIROMEN**, adv. Provisoirement.

**PROUBIZUR**, s. m. Proviseur, chef d'un college. (Du latin *provisor*.)

**PROUBLÈME**, s. m. Problème, question à résoudre ; Proposition douteuse ; fig., Personne dont la conduite est difficile à expliquer. (Du grec *probléma*.)

**PROUBOUCA**, v. act. Provoquer, inciter, exciter à... ; Défier : *Aco's el qu'a prouboucat*, c'est lui qui a été l'agresseur. (Du latin *provocare*.)

**PROUBOUCATIOU**, s. f. Provocation, chose, action capable de provoquer.

**PROUBOUCATOU**, s. m. Provocateur, qui provoque, qui commence une querelle. (Du latin *provocator*.)

**PROUCEDA**, v. n. Procéder, se comporter de telle ou telle manière envers les autres ; Agir dans une affaire. (Du latin *procedere*.)

**PROUCEDAT**, s. m. Procédé, manière d'agir envers quelqu'un ; t. d'arts et mét. Méthode pour une opération.

**PROUCEDURO**, s. f. Procédure, manière de procéder en justice ; Actes pour l'instruction et le jugement d'un procès : *La prouceduro es coumençado*.

**PROUCÈS**, s. m. Procès, instance devant un tribunal sur un différend. (Du latin *processus*.)

**PROUCÈS-VERBAL**, s. m. Procès-verbal, narré, exposé par écrit pour rendre témoignage.

**PROUCESSIF**, O, adj. Processif, qui aime à intenter, à prolonger les procès.

**PROUCESSIOU**, s. f. Procession, cérémonie religieuse où l'on marche en ordre en chantant des prières. (Du latin *processio*.)

**PROUCESSIOUNEL**, s. m. Processionnel, livre de chant contenant les prières qu'on chante à la procession. (Du latin *processionale*.)

**PROUCESSIOUNELOMEN**, adv. Processionellement, en procession.

**PROUCLAMA**, v. act. Proclamer, publier à haute voix et avec solennité ; Publier en tous lieux : *Prouclama la pax*. (Du latin *proclamare*.)

**PROUCLAMATIOU**, s. f. Proclamation, publication solennelle ; Écrit qui la contient. (Du latin *proclamatio*.)

**PROUCURA**, v. act. Procurer, faire avoir, faire obtenir ; Être la cause de. (Du latin *procurare*.)

**PROUCURA** (SE), v. pro. Se Procurer, obtenir par ses soins.

**PROUCURATIOU**, *Proucuro*, s. f. Procuration, pouvoir donné par quelqu'un à un autre d'agir en son nom comme il pourrait le faire lui-même ; Acte qui le contient. (Du latin *procuratio*.)

**PROUCURO**, *Précuro*, voyez PROUCURATIOU.

**PROUCURUR**, s. m. Procureur, premier officier du ministère public près un tribunal ; Celui qui est chargé de la procuration d'un autre ; son Procurateur. (Du latin *procurator*.)

**PROUDIGA**, v. act. Prodiguer, dépenser follement, avec excès ; Donner, répandre avec profusion. (Du latin *prodigare*.)

**PROUDIGA** (SE), v. pro. Se Montrer au public ; Aller dans le monde plus qu'on ne devrait.

**PROUDIGALITAT**, s. f. Prodigalité, profusion, vaine dépense. (Du latin *prodigalitas*.)

**PROUDIGALOMEN**, adv. Prodigalement, avec prodigalité.

**PROUDIGUE**, O, adj. et s. Prodigue, qui dissipe son bien en dépenses folles. (Du latin *prodigus*.)

**PROUDIXE**, *Proudige*, s. m. Prodige, effet, événement extraordinaire, surprenant ; fig., Chose, personne qui excelle dans son genre. (Du latin *prodigium*.)

Qu'un *proudige*, moun Diou ! qu'es grando ta puissenço
Té mostros, et la mar s'oubrix en ta présenço !
Qui d'un poudé ta grand resto pas atterrat !
Qui n'es pas effrayat de tas santos menaços !
Tas armos soun las mars d'ount soulèbos las massos
Per englouti pélèou lés que l'an ouffençat. DAV.

**PROUDIXIOUS**, O, adj. Prodigieux, qui tient du prodige ; Surprenant, qui passe l'imagination.

**PROUDUIRE**, v. act. Produire, rapporter du fruit, du bénéfice ; Livrer à l'examen ; Présenter des pièces, des titres. (Du latin *producere*.)

**PROUDUIRE** (SE), v. pro. Se Produire, se faire connaître, se mettre en relation.

**PROUDUIT**, s. m. Produit, rapport, revenu, ce que produit la terre, une plante, etc. (Racine *produire*.)

**PROUDUTTIOU**, s. f. Production, ce qui est produit par la nature, les arts, le génie. (Du latin *productio*.)

**PROUESOS**, s. f. Contes de vieille.

**PROUFANA**, v. act. Profaner, traiter avec irrévérence, dérision, outrage, les choses saintes. (Racine *proufane*.)

PROUFANATIOU, s. f. Profanation, abus des choses saintes; Abus des choses précieuses ; Mauvais emploi d'un talent. (Du latin *profanatio*.)
PROUFANE, O, adj. et s. Profane, qui n'appartient pas à la religion ; Celui qui manque de respect aux choses saintes. (Du latin *profanus*.)
PROUFERA, v. act. Proférer, articuler, prononcer, dire. (Du latin *proferre*.)
PROUFERTO, *Oufferto*, s. f. Offrande d'un pain fait à l'église, afin que le prix qu'on en retire, en le vendant à la porte de l'église, serve à faire dire des messes pour les âmes du purgatoire.
PROUFERTO, *voyez* SOULENCO.
PROUFESSA, v. act. Professer, mettre en pratique; Enseigner publiquement ; fig., Exercer un état, une profession. (Du latin *profiteri*.)
PROUFESSIO, s. f. Prophétie, prédiction des choses futures par inspiration divine. (Du latin *prophetia*.)
PROUFESSIOU, s. f. Profession, acte solennel par lequel on fait des vœux de religion : *Fayre proufessiou;* État ; Condition. (Du latin *professio*.)
PROUFESSOU, s. m. Professeur, celui qui enseigne une science. (Du latin *professor*.)
PROUFETIZA, v. act. Prophétiser, prédire par inspiration divine. (Du latin *prophetare*.)
PROUFETO, s. m. Prophète, celui qui prophétise ; prov. : *Nul proufèto dins soun pays*, nul prophète dans son pays. (Du latin *propheta*.)
PROUFIECH, *voyez* PROUFIT.
PROUFIL', s. m. Profil, délinéation, représentation d'un visage vu d'un seul côté ; t. d'archit., Délinéation d'un édifice représenté dans son élévation comme coupé par un plan perpendiculaire. (Du latin *filum*.)
PROUFILA, v. act. Profiler, représenter en profil.
PROUFIT, s. m. Profit, avantage; Gain; Utilité. (Du latin *profectus*.)

Mas Xenophon disio que, s'on és pacific,
L'on pot tira *proufiech* fort gran d'un enemic.
A. G.

PROUFITA, v. n. Profiter, tirer avantage ; Faire un gain; Tirer de l'utilité ; Croître ; Faire des progrès. (Du latin *proficere*.)
PROUFITAPLE, O, adj. Profitable, qui donne du produit; Utile; Avantageux.
PROUFOUN, DO, adj. Profond, de, dont le fond est éloigné de la surface ; fig., Grand, extrême en son genre. (Du latin *profundus*.)
PROUFOUNDI, *voyez* APROUFOUNDI.
PROUFOUNDOMEN, adv. Profondément.
PROUFOUNDOU, *Prioundou*, s. f. Profondeur, étendue d'une chose depuis la surface jusqu'au fond. (Racine *proufoun*.)
PROUFUZIOU, s. f. Profusion, excès de libéralité ou de dépenses : *Aco's trop de proufuziou*, c'est trop de dépenses. (Du latin *profusio*.)
PROUGRÉS, s. m. Progrès, augmentation de bien ou de mal. (Du latin *progressus*.)
PROULETARY, s. m. Prolétaire. Chez les anciens Romains, citoyen de la dernière classe qui ne pouvait être utile à l'État que par les enfants qu'il lui donnait ; chez les modernes, celui qui n'a aucune propriété. (Du latin *proles*, enfant.)

Bous qu'avés l'ama libra é fièra,
Edoun lou paouré, cada jour,
Juung vostré noum à sa prièra,

Bous qu'avés un cor plé d'amour,
Bous qu'estimé parmi lous hommés,
Bous qué mesprezas lous fantômés,
Qué sou lous Dioûs dé la grandou,
Aouzas mé trouva témérari
Quan mé titré dé *prouletari;*
S'ay tor vous demandé perdou. PEYR.

PROULOUNGA, *Prouloungueza*, v. act. Prolonger, faire durer longtemps. (Du latin *prolongare*.)
PROULOUNGA (SE), v. pro. Se Prolonger, s'étendre en durée, en longueur.
PROULOUNGATIOU, s. f. Prolongation, temps ajouté à la durée fixe. (Du latin *prolungatio*.)
PROUMENA, v. act. Promener, mener çà et là; Mener à la promenade. (Du latin *prominare*.)
PROUMENA (SE), v. pro. Se Promener, aller à pied, à cheval, pour faire de l'exercice.
PROUMENADO, *Passexado*, *Liços*, s. f. Promenade, action de se promener; Lieu où l'on se promène.

Lou lendema,
Sans may tarda,
Penden qué nostro bouno èro à la *prouménado*,
Ambe la maynado ;
Après abe daïssat la crambeto alandado,
Nostre gat, ou puleou nostre arpiou,
Prousitan del moumen qu'y fan pas attentiou,
S'en ba, coumo qualqu'un que pano,
Ou que douçoumentet camino sur de lano,
Et se glisso furtibomen
Dins lou susdit appartomen.
N'es pas taléou dins la crambeto,
Que sans besoun d'escaléto
Se trobo dins lous bras soun unique embejeto ;
Aqui, fièrot, d'él et de cor,
Se met à fa de rèbés d'or.
Mais, penden que s'y paousabo,
Que s'y carrabo
Coumo un pacha,
Qu'attend qu'on bengo l'adoura,
La bressayrolo dintro ambe la belo Armido,
Sur soun bras endourmido,
Court bite bers lou bres, que trobo embarrassat
De sa majestat
Lou gat!
Estounado de tant d'aoudaço,
Qui t'a permes, l'y dits, de pana aquelo plaço?
Atten, atten, atten, bilen usurpatur,
Yeou te baou fa paga lou mestié de boulur,
Et pren un martinet, penjat d'arre la porto,
Pey, flisc, flasc, flosc, sul gat, per l'y serbi d'escorto.
Et nostre gat hountous, fouetat d'inquios al saug,
Fouinet en buffan. M. CEREN.

PROUMENAYRE, O, s. m. f. Promeneur, euse, qui aime à se promener.
PROUMES, O, adj. Promis, ise, dont on a fait la promesse ; prov. *Caouso proumeso, diougudo es*, chose promise est due.
PROUMESSO, s. f. Promesse, assurance qu'on donne de dire ou de faire ; Engagement de contracter mariage : *Proumessos de mariaxe*. (Du latin *promissio*.)
PROUMETTRE, v. act. Promettre, donner une assurance verbale de...; s'Engager verbalement ou par écrit ; Annoncer, présager. (Du latin *promittere*.)

Eh-bé ! perqué zou bos, per qué zou *proumétéri*,
Te baou racounta tout, mémo coumo nasquèri :
Biel et cruchit, l'aoutre siècle n'abio
Qu'un parel d'ans à passa sur la terro,
Quand al recoueu d'uno bièllo carrièro,

Dins un oustal ount may d'un rat bibio,
Lou ditchaou gras, darré la porto,
A l'houro ount fan saouta lou pescaxou,
D'un pay boussut, d'uno may torto,
Nasquét un drolle, aquel drolle... aco jou.    J.

**PROUMETTRE (SE)**, v. pro. Se Promettre, former des espérances.

**PROUNOUNÇA**, v. act. Prononcer, articuler, faire entendre distinctement; Déclarer avec autorité juridique; Déclarer son sentiment; Décider. (Du latin *pronunciare*.)

Dins nostros alarmos
Digan aquel Noum;
Y troubaren d'armos
Countro lou Demoun.
L'âmo qu'es tentado,
En lou *prounounsan*,
Se vey delivrado
De soun fier tiran.    PUJ.

**PROUNOUNÇA (SE)**, v. pro. Se Prononcer, manifester son sentiment; Énoncer nettement avec force sa volonté, son intention, sa résolution : *Me souy prounounçat prou claromen*, je me suis expliqué clairement.

**PROUNOUNCIATIOU**, s. f. Prononciation, manière de prononcer, de réciter.

**PROUNOUSTIC**, s. m. Pronostic, jugement, conjecture de ce qui doit arriver. (Du grec *prognôstikon*.)

Enéa, en vejen l'escritura
Sé sara, n'en fay la lectura,
É couma adoun éra lou tic
N'en tiret un gran *prounoustic*.
« Anen, s'ou dis, téla défensa
Çay supaouza pas l'abstinença.
Per n'aoutres qu'aven tan junat
E qu'encara aven pas dinnat,
N'aven pas qu'à nous mouqua dé l'ordre
Sus n'aoutres i'a pas rés à mordre.    FAV.

**PROUNOUSTICA**, v. act. Pronostiquer, prédire.

**PROUNTE**, O, adj. Prompt, soudain; Actif, diligent, qui fait avec promptitude; Porté à la colère. (Du latin *promptus*.)

**PROUNTITUDO**, s. f. Promptitude, vitesse, précipitation; Colère; Emportement. (Du latin *promptitudo*.)

**PROUNTOMEN**, Sutte, adv. Promptement. (Du latin *prompte*.)

N'es pas questiou d'aco : s'axis tant soulomen
De ye douna counxet, et que sio *prountomen* :
Car eï poou que sougas d'aquelos doumaïsellos
Qu'aïmou d'abe tout cop lou quioul entre dos selos.    D.

**PROUPRIÉTARI**, s. m. Propriétaire, celui, celle qui possède en propriété.

**PROUPRIÉTAT**, *Deque*, s. f. Propriété, droit par lequel une chose appartient en propre; Bien foncier; Domaine; Héritage : *Uno bélo proupriétat*; Vertu particulière des plantes. (Du latin *proprietas*.)

**PROUSCRIRE**, *voyez* CASSA.

**PROUSPERA**, v. n. Prospérer, avoir la fortune favorable; Être heureux; Tourner à bien. (Du latin *prosperare*.)

**PROUSPERITAT**, s. f. Prospérité, heureux succès; Aisance; Fortune. (Du latin *prosperitas*.)

**PROUSTERNA (SE)**, v. pro. Se Prosterner, se Baiser jusqu'à terre. (Du latin *prosternere*.)

**PROUSTERNATIOU**, s. f. Prosternation; Génuflexion.

**PROUTETTOU**, *Proutectur*, s. m. Protecteur, celui qui protège : *A un boun proutettou*. (Du latin *protector*.)

Lou celeste heritache,
Lou bounhur eternél
Ranimo soun couratche
Dins lou cami del Cél.
Et la ma *proutectriço*
Que gardo sous effans,
Preserho de granisso
Sas vignos et sous cams.    PUJ.

**PROUTEXA**, *Proutejha*, v. act. Protéger, donner protection à...; Prendre la défense de... (Du latin *protegere*.)

**PROUTEXAT**, ADO, *Proutejat*, s. m, f. Protégé, ée, celui qu'un autre protège. (Du latin *protectus*.)

**PROUTEXIOU**, *Proutechiou*, s. f. Protection, appui, secours. (Du latin *protector*.)

**PROUVENCO**, *voyez* PROUBENCO.

**PROUXEN**, *Prouchen*, s. m. Prochain, chaque homme en particulier et tous les hommes en général. (Du latin *proximus*.)

**PROUXENOMEN**; *Prouchènomen*, adv. Prochainement, bientôt. (Du latin *proximè*.)

**PROUXET**, *Proujét*, s. m. Projet, dessein de faire, d'entreprendre. (Du latin *projectum*.)

**PROUXETA**, *Proujheta*, v. act. Projeter, former le projet, le dessein de... : *Prouxéto touxoun et fa pas xamay*, il dit beaucoup et fait peu.

**PROUXIMITAT**, *Prouchimitat*, s. f. Proximité, petite distance; Voisinage. (Du latin *proximitas*.)

**PROXE**, *Proche*, adv. et prép. Prés', auprès. (Du latin *propè*.)

**PROXE**, *Proche*, adj. Proche, peu éloigné; Parent; Allié. (Du latin *proximus*.)

**PROYO**, s. f. Proie, provision, abondance. (Du latin *præda*.)

## PRU

**PRUDENÇO**, s. f. Prudence, discernement de ce qu'l faut faire ou ne pas faire. (Du latin *prudentia*.)

Gendarmos, anirets requeri la jouenesso,
D'amb'elo saouren leou se parlo per finesso;
Mais coumo saben pas s'aoura tort ou rasou,
Menats-lou, sé bous play, per *prudenço* en prisou.
    VESTREP.

**PRUDENT**, O, adj. Prudent, te, qui a la prudence; fig., Vif; Chaud; Coupant bien : *Aquélo lamo es prudento*, cette lame coupe bien, (Du latin *prudens*.)

**PRUDENTOMEN**, adv. Prudemment, avec prudence. (Du latin *prudenter*.)

**PRUD'OME**, s. m. Prud'homme, expert pour juger une chose qui regarde des tiers ou une communauté : *Lous prud'omes sou noumats*. (Du latin *homo prudens*.)

**PRUGNÉ**, s. m. Prunier, arbre. (Du latin *prunus*.)

**PRUGNÉYRADO**, s. f. Prunelaie; Jet, pousse du prunier.

**PRUMIÉ**, adj. et s. Premier, qui précède par rapport au temps, au lieu, etc. : *Es lou prumié*

## PUE

qu'axo bist; Qui l'emporte en talent: *Ero touxoun prumié*. (Du latin *primus*.)

**PRUMIEYROMEN**, adv. Premièrement, d'abord.

**PRUNEL**, s. m. Prunelle, petite prune sauvage : *Lous prunels sou bous*. (Du latin *pruuella*.)

**PRUNELIE**, s. m. Prunelier, arbrisseau qui porte les prunelles. (Du latin *prunellus*.)

**PRUNELO**, s. f. Prunelle, partie de l'œil au milieu par où passent les rayons : *L'aymo coumo la prunélo de l'él*; fig., sorte d'Étoffe : *De souliés de prunélo*.

> Car savé qué l'anja éternella,
> Qué veilla sus l'humanitat,
> Bous garda couma sa *prunella*
> Doun vous séguissés la clartat ;
> Car sé nadaz dins l'oupulença,
> Savé qué vous l'azés vioulença
> Quan vézés, pecayre , oufleusa
> Lou poplé qué de michants richés ,
> Qué crezou fayré dé proudichés ;
> Car pensas coumo cal pensa !      Peyr.

**PRUNO**, s. f. Prune, fruit à noyau de plusieurs espèces. (Du latin *prunum*.)

**PRUS**, *voyez* Fial, en parlant des outils.

**PRUZE**, *Pruzi*, v. n. Démanger, avoir , éprouver, causer, exciter la démangeaison ; prov. : *Qui se grato ount se prus, fa pas tort à digus*, qui se gratte où il se démange, ne fait tort à personne. (Du latin *prurire*.)

**PRUZENT**, O, adj. Qui démange, qui occasionne une forte démangeaison. (Du latin *pruriens*.)

**PRUZI**, *voyez* Pruze.

**PRUZINO**, *Pruzou*, s. f. Démangeaison, picotement. (Du latin *pruritus* ou *prurigo*.)

**PRUZOU**, *Pruzijhe*, *voyez* Pruzino.

## PSA

**PSALME**, s. m. Psaume, cantiques composés par David ou qui lui sont attribués. (Du latin *psalmus*.)

## PUA

**PUAL**, s. m. Dent : *A boun pual*, il a bonne dent ; Pointe de fer que les enfants mettent à une toupie.

**PUATIÈ**, s. m. Ouvrier qui fait les peignes des tisserands.

## PUD

**PUDENT**, O, adj. Puant, te, qui sent mauvais, qui pue ; prov. : *Aygo courento n'es pas ni agro, ni pudento*, eau courante n'est ni aigre, ni puante. (Du latin *putens*.)

**PUDI**, v. act. Puer, exhaler une mauvaise odeur, infecter : *Put qu'enfaléno*, il pue jusqu'à asphyxier. (Du latin *putere*.)

**PUDISSINO**, s. f. Puanteur, infection. (Du latin *putor*.)

**PUDOU**, s. f. Pudeur, bienséance ; Puanteur. (Du latin *pudor*.)

**PUDRE** (Cat), s. m. Putois, espèce de fouine noirâtre d'une odeur fétide. (Du latin *putidus*.)

**PUDROU**, *voyez* Pudre (Cat.)

## PUE

**PUECH**, *voyez* Piox.

**PUERILITAT**, s. f. Puérilité. (Du latin *puerilitas*.)

## PUG

**PUGNADO**, *voyez* Pougnado.
**PUGNASTRE**, *voyez* Pigre.
**PUGNAT**, *voyez* Manado.
**PUGNET**, *voyez* Pougnet.
**PUGNI**, *voyez* Parètre, Punta.

## PUI

**PUIOS**, *voyez* Puos.

**PUISSENÇO**, s. f. Puissance, pouvoir, autorité, domination, force, vertu. (Du latin *potentia*.)

> Toléou dich , toléou fach. Sosit per un moraout ,
> Lou chantré dé Lesbos bò fa lou dornié saout.
> Lou paouré infourtunat qu'és oqui sons défenso,
> Bol aumens dé soun art esprouba lo *puissenço*.
> Fermets, dis ol bourréou qué lou ten suspendut,
> Qu'encaro obont mouri fasco tinda moun luth.
>                                  Prad.

**PUISSENT**, O, adj. Puissant, te, qui a beaucoup de pouvoir, très-fort, très-robuste. (Du latin *potens*.)

> O noum *puissent* ! quand lou pecat me tento
> Me ranimas et me raudes pus fort :
> Coubertissez lou desespoir, la crento,
> En counfienço à l'houro de la mort.      Pui.

**PUISSENTOMEN**, adv. Puissamment. (Du latin *potenter*.)

## PUL

**PULBERIZA**, v. act. Pulvériser, réduire en poudre. (Du latin *pulverare*.)

**PULEOU**, adv. Plutôt : *Puléou mouri que de peca !* mourir plutôt que de pécher.

**PULLULA**, v. n. Pulluler, multiplier en abondance et en peu de temps. (Du latin *pullulare*.)

> L'on vech coumunomen que lous que nous aïssou
> Els sou lous que *puleü* nostre mal descrubissou.  A. G.

## PUN

**PUN**, s. m. Le Poing, la main jusqu'au bras, la main fermée : *Un cop de pun*. (Du latin *pugnus*.)

> Atal, cad'an, passabi mas journados,
> Dempey lous Reys jusqu'à las segazous ;
> Mais quand St.-Jean, diou guerrié das pichous
> Per fa soun fet lebabo sas armados,
> Prenioy moun reu permi sous diablatous.
> Malhur à jou quand dins uno carréro
> Dus regimens se battion ! me battioy ;
> Mais cots de *puns*, cots de sabres de boy,
> Sur tout moun corp pétaboun de maniéro
> Que jou, paouras, jou, dins cado coumbat
> Lou men hardit, eri lou may boumbat.      J.

**PUN**, s. m. Point, fil, etc., passé dans la piqûre d'une aiguille pour joindre des étoffes ; Petite marque à la fin d'une phrase pour indiquer le repos ; au jeu, Nombre qu'on marque à chaque coup ; Division du compas de cordonnier ; Petits trous à des étrivières, etc., pour y passer l'ardillon ; fig. , Question , article , difficulté : *Aco's aqui lou pun*, c'est là le difficile ; Division d'un sermon : *prumié pun*.

**PUN** (A), adv. A Point, à propos : *A pun noummat*. (Du latin *punctum*.)

**PUN EN PUN** (De) adv. De Point en point, exactement, sans rien omettre.

**PUN, MARTI PERDET SOUN AZE (D'UN)**, prov.; D'un Martin, abbé d'une maison appelée *Asello*, sur la porte de laquelle il fit inscrire ce vers :

Porta patens esto. Nulli claudaris honesto.

L'ouvrier ignorant ayant mis le point après *nulli*, ce qui donnait au vers un sens entièrement opposé, le Pape priva Martin de son abbaye. Le successeur de celui-ci fit réformer la ponctuation du vers auquel il ajouta le suivant :

Pro solo puncto caruit Martinus Asello.

Et comme *asellus*, en latin, signifie âne, on a traduit ce vers par : *Faute d'un point Martin perdit son âne.*

**PUNGEN**, *voyez* Pounxut.

**PUNI**, v. act. Punir, infliger une peine, un châtiment : *Lou te cal pla puni*, il faut le punir. (Du latin *punire*.)

**PUNI (Se)**, v. pro. Se Punir, s'imposer une punition.

**PUNITIOU**, s. f. Punition, correction, châtiment, peine infligée. (Du latin *punitio*.)

**PUNTA**, v. act. Pointer, diriger vers un point en mirant ; t. de manuf., Arrêter les plis d'une étoffe par quelques points sur les lisières. (Du latin *pungere*.)

**PUNTEXA**, *Puntejha*, v. n. Poindre, commencer à paraître en parlant du jour ; à Percer, en parlant des herbes : *Coumenço de puntexa*, il commence à...

De l'albo que pares las brillantos coulous
Acampou de la noyt lo lugres tenebrous,
Lo mayti frescuret bey lo jour que *puntejo*
Al souffle del zephir la calou s'abarrejo,
  L'ayre s'atiédis
Et lou souleï pares, et tout se rejouis.
L'Unibers tout entié renays à sa bengudo,
La terro que lo bey tressaillis et saludo
  L'astre que la nouyris.   DEB.

**PUNTIÉ**, *voyez* Drexié.

**PUNTO**, s. f. Pointe, bout aigu et piquant : *La punto d'uno gulho ;* Extrémité de ce qui va en diminuant ; Outils aigus : *Uno punto fino ;* Morceau d'étoffe, de toile, coupée en angle aigu ; Sorte de fichu de dentelle ; fig., Saveur piquante : *N'a pas prou de punto*, il n'a pas assez de piquant ; t. d'agric., Piochée, la quantité ou profondeur de terre que fait la pioche. (Du latin *punctio*.)

**PUNTO D'AL XOUN**, s. f. Point du jour, pointe du jour.

**PUNTO DE COUSTAT**, s. f. Point au côté, point de côté, douleur violente qui se fait sentir au côté.

## PUO

**PUO**, s. f. Dent de peigne, menuts éclats de roseau qui composent le ros ou peigne des tisserands.

**PUOS**, s. f. Les dents d'un rateau, etc. : *Y manco de puos*.

## PUP

**PUPIDOS**, *voyez* Messourgos.

**PUPILLE**, O, s. m. f. Pupille, orphelin, ne, sous la conduite d'un tuteur. (Du latin *pupillus*.)

**PUPITRE**, *voyez* Papitre.

**PUPLA**, v. act. Peupler, établir des habitants dans un pays, un endroit ; Mettre beaucoup d'animaux dans un lieu. (Racine *pople*.)

**PUPLADO**, s. f. Peuplade, multitude d'habitants qui passent d'un pays dans un autre pour le peupler.

**PUPLE**, s. m. Peuple, ensemble des habitants d'un pays, d'une nation ; La partie des habitants la moins notable, la plus nombreuse, la moins riche. (Du latin *populus*.)

**PUPLIA**, *Puplica*, v. act. Publier, rendre public, notoire : *An publiat bendemios*, on a publié le ban des vendanges ; Dire partout. (Du latin *publicare*.)

Tout canto et *publio*,
Dins milo councers,
Lou noum de Mario
Per tout l'Unibers.
Ambe lous Arcanjos,
Qu'aou dounat lou toun ;
Coumblen de louanjos
Aquel ta bel Noum       Puj.

**PUPLIC**, s. et adj. Public, tout le monde : *Lou puplic*.

**PUPLICA**, v. act. Publier.

**PUPLICAIN**, s. m. Publicain, cet homme dont l'Evangile raconte et la peine et la posture.

**PUPLICATIOU**, s. f. Publication, action de rendre public ; Bans de mariage : *Aco's la troisièmo puplicatiou*. (Du latin *publicatio*.)

**PUPLICOMEN**, adv. Publiquement, en public. (Du latin *publicè*.)

**PUPUT**, s. f. Huppe, genre d'oiseaux passereaux qui portent sur la tête une touffe de plumes qu'ils redressent lorsqu'ils sont inquiétés. (Du latin *upupa*, ce mot lui vient de son cri *pupu*.)

## PUR

**PUR**, s. m. T. de charpent., maçon., etc. ; Epure, le dessin d'une pièce, de trait tracé sur un mur, sur un plancher, de la grandeur dont elle doit être exécutée, et sur laquelle l'appareilleur prend les mesures nécessaires pour la coupe des pierres, etc. : *Tira lou pur*, tracer l'espace.

**PUR**, O, adj. Pur, re, sans mélange ; fig., chaste, sans tache. (Du latin *purus*.)

Janti barril as pres la peno
De nous arriba plu boundat
Et t'anan dire per estreno
Las bertus del bi qu'as pourtat.
Aquel bi n'es pas paouc de caouzo,
Janti barril, et sabes pas?
Que bierge, *pur*, sans cap de raouzo
Flato la gorjo amai lou nas?
Et pey, quand on ne beou razado,
Lo cor, l'estoumac, la courado,
L'amo, la razou, le cerbèl,
Entr'ellis fan talo musiquo
Que de chagrin on n'a pas brico
Et qu'on se crey pourtats al Cèl.     DEB.

**PURÉO**, s. f. Purée, fécule exprimée des légumes cuits à l'eau : *Puréo de fabos*.

**PURETAT**, s. f. Pureté, chasteté, innocence, virginité. (Du latin *puritas*.)

**PURGA**, v. act. Purger, faire évacuer les humeurs par les médicaments internes. (Du latin *purgare*.)

**PURGA (Se)**, v. pro. Se Purger, prendre une médecine.

**PURGATIF**, BO, adj. Purgatif, qui purge.

## PUS

**PURGATIOU**, s. f. Purgation, remède pris pour purger.
**PURGATOIRO**, *Purgatori*, s. m. Purgatoire, lieu où les ames des justes expient les fautes légères, qui n'ont pas été purifiées durant la vie : *Las amos dal purgatori*. (Du latin *purgatorium*.)
**PURGO**, s. f. Purgation, médicament pour se purger. (Du latin *purgatio*.)
**PURIFIA**, *Purifica*, v. act. Purifier, rendre pur. (Du latin *purificare*.)
**PURIFICATIOU**, s. f. Purification, action du prêtre qui, après avoir bu le sang de J.-C., prend du vin dans le calice ; Fête de la très Sainte Vierge le 2 février. (Du latin *purificatio*.)
**PURIFICATOIRO**, s. m. Purificatoire, linge avec lequel le prêtre essuie le calice après la communion. (Du latin *purificatorium*.)
**PUROMEN**, adv. Purement, uniquement : *puromen et simplomen*. (Du latin *purè*.)
**PURXEL**, s. m. T. de charp., Petit pied droit qui supporte une pièce ; Partie d'une cloison en torchis.
**PURXELAT**, Toutes les pièces qui sont employées à élever une cloison en torchis.

## PUS

**PUS**, adv. Plus. (Du latin *plus*.)

## PYR

Sa résponsa séguèt flatouza,
Courtéta, et bravamen graciouza :
Pecayre ¡ sé virèt tout nét,
E mé régalèt d'un gros pét.
Yeou tapè moun nas et mé vire,
Sans avedre *pus* mot à dire. FAV.

**PUS**, *Pouyre*, s. m. Pus, matière, sang corrompu qui sort d'une plaie.

## PUT

**PUTAGNÈ**, ÈYRO, s. m. f. Putassier, homme de mauvaise vie.
**PUTO**, s. f. Putain, femme de mauvaise vie. (De l'italien *puta*.)

## PUZ

**PUZAOU**, voyez GALATAS.

## PYR

**PYRAMIDALO**, s. f. Pyramidale, t. de bot., Campanule qui s'élève très-haut.
**PYRAMIDO**, s. f. Pyramide, construction qui s'élève en diminuant et se termine en pointe. (Du grec *puramis*.)

## QUA

**QUAI**, s. m. Quai, levée en pierre le long de l'eau pour la contenir.
**QUAL ?** Qui ? (Du latin *qualis*.)
**QUALITAT**, s. f. Qualité, bo ine ou mauvaise d'une chose : *De bouno qualitat*. (Du latin *qualitas*.)
**QUAND**, adv. Quand, dans le temps que..., lorsque. (Du latin *quando*.)
**QUANT**, *Quantè*, adv. Combien. (Du latin *quantùm*.)
**QUANTIÈME**, s. m. Quantième, la date du jour.
**QUANTITAT**, s. f. Quantité, ce qui peut être mesuré ou nombré ; Abondance, multitude : *Uno grando quantitat*. (Du latin *quantitas*.)
**QUART**, *Quar*, s. m. Quart, la quatrième partie d'un tout. (Du latin *quarta pars*.)
**QUARTAYROU**, s. m. Le quart d'un tout.
**QUARTIEYRO**, s. f. Double Mesure.
**QUATRE**, s. m. Quatre, chiffre qui marque quatre unités : *Quatre de chiffre*, piège pour prendre les rats. (Du latin *quatuor*.)

N'oben pas tout lou'sieys, ni lou prémiè dè l'on,
Quond mestrés é boflets per tour nous régolon.
Eren dex coumpognous coubidats o lo festo,
Qué né toumbèren bé *quatré* conoïs per testo. PRAD.

## QUE

**QUATRE-BINS**, adj. Quatre-vingts.
**QUATRIÈME**, s. m. Quatrième ; Écolier qui est en quatrième ; Celui, celle qui est au quatrième rang.
**QUATRIÈMO**, s. f. Quatrième classe : *Es à la quatrièmo*, il est en quatrième.
**QUATRIÈMOMEN**, adv. Quatrièmement.

## QUE

**QUE**, pron. relat. Quoi : *Que demandas ?* (Du latin *quid*.)
**QUÈQUE**, voyez BÈGUE.
**QUÈQUEXA**, voyez BEGUEXA.
**QUÈQUEXADIS**, s. m. Bégaiement, action de bégayer.
**QUÈR**, s. m Cuir, peau d'animal, de l'homme ; Peau d'animal corroyée. (Du latin *corinus*.)
**QUÈRBO**, voyez CARBO.
**QUERELA**, v. act. Quereller, faire querelle à quelqu'un, gronder, réprimander. (Du latin *quærela*.)

S'es bertat que m'aimès ba fases drollomen,
Car bous me *querelas*, anfin, à tout moumen ;
Sabes pas dire res sounço de mots faxousés.
Qui xamaï pus a bist de galans tant hergnousés. D.

QUERÈLO, s. f. Querelle, dispute aigre, animée; Contestation, démêlé. (Du latin *quærela*.)
QUERÉLOUS, *Querelur*, s. m. Querelleur, qui aime de quereller : *Sios un querelous*, tu es un querelleur.
QUÉRRE, v. act. Chercher, prendre. (Du latin *quærere*.)
QU'ES ACO, QU'ES ACO? adv. Devine ce que c'est; Expression qu'on emploie en proposant un énigme.
QUESTIOU, s. f. Question, interrogation, demande faite pour s'instruire : *Respoun à la questiou*; Ce dont il s'agit, ce qu'on examine, dont on dispute. (Du latin *questio*.)

Encaro yer al ser dins un endrex ount eri
Lou mounde que y'abio calque tems escouteri ;
Parlerou de las xens qu'en fosso deboutiou
Et sur aquel suxet de bous fouguet *questiou*. D.

QUESTIOUNA, v. act. Questionner, faire des questions; En faire beaucoup.
QUESTIOUNUR, s. m. Questionneur, curieux, indiscret.
QUEYSSO, s. f. Cuisse : *Uno queysso de poulet*; il se dit d'un quartier de noix : *Uno queysso de nouze*.

## QUI

QUI, QUAL, pron. relat. Qui, lequel, lesquels. (Du latin *qui*.)
QUICHA, *voyez* CAXA.
QUICON, s. m. Quelque chose.

Sies faxat countro yeou, beleou mal à perpaous
Et quant on a *quicon*, on ba dis, on s'esplico. D.

QUICOUNQUO, pro. Quiconque, qui que ce soit, tout homme qui... (Du latin *quicumque*.)
QUIDI, s. m. Soldat qui par son peu d'instruction, dit à chaque moment *quidi* pour signifier *dit-il*; ou voilà que ; je parlai au capitaine, *quidi*.
QUILHA, *Quilia*, v. n. Quiller, replacer les quilles abattues.
QUILHA (SE), v. pro. Se Placer, se planter devant quelqu'un.
QUILHÉ, s. m. Quillier, espace carré dans lequel on range les quilles.
QUILHO, s. f. Quille, chacun des neuf morceaux de bois longs, arrondis plus gros en bas qu'en haut, qui servent au jeu de ce nom. (Suivant Trevoux du celtique ou bas breton *quille*, employé dans la même signification.) Adv. : *Fayre la quilho dal rey*, faire l'arbre fourchu, avoir la tête en bas les pieds en haut.
QUILHOU, *Quil*, s. m. Palet, jeu du palet. Le *quil*, *quilhou*, est un tronçon de bois, un bouchon de liége, sur lequel on met quelque argent, etc.: D'un point fixé on essaye d'abattre ce tronçon, et l'argent qui était dessus appartient à celui près du palet duquel il tombe.
QUINA, s. m. Quinquina, arbre du Pérou; son écorce est spécifique contre les fièvres intermittentes.
QUINCALHARIE, ARIO, s. f. Quincaillerie, marchandise de quincaille; fig., Marchandise-légère, de peu de durée.
QUINCALHÉ, s. m. Quincaillier.
QUINCALHO, s. f. Quincaille, ustensiles de fer, de cuivre, etc.; Chose de peu de valeur.

QUINCAYROLO, s. f. L'Extrémité du croupion.
QUINQUANÉLO, *voyez* BANCOROUTO.
QUINQUET, s. m. Quinquet, sorte de lampe à courant d'air : *Cal aluma tous quinquets*. (Ainsi nommé du nom de son inventeur.)
QUINO, s. m. Quine, combinaison de cinq numéros pris ensemble à la loterie; au Trictrac, deux, cinq ; au Loto, cinq numéros sur la même ligne orizontale : *Quino!*
QUINTAL, *Quintáou*, s. m. Quintal, poids de cent livres.
QUINTALENC, O, adj. Du poids d'un quintal : *Couxo quintalenco*.
QUINTALHE, EYRO, adj. Qui fait, qui pèse un quintal : *Roumano quintalhèyro*, romaine à peser par quintaux.
QUINTO, s. f. Quinte, toux violente avec redoublement.
QUINTOUS, O, adj. Quinteux, euse, sujet aux quintes, aux caprices, aux bizarreries.
QUINZE, s. m. Quinze, le quinzième jour : *Lou quinze d'aoust*.
QUINZIEME, adj. Quinzième.
QUINZENO, s. f. Quinzaine, espace de quinze jours; Époque des payements.
QUIOUL, *voyez* XIOUL.
QUISCABEL, *Esquilou*, s. m. Grelot, petite boule creuse de métal, dans laquelle il y a un petit morceau de métal qui la fait raisonner quand on la remue.
QUISCARROS, *voyez* QUISCABEL.
QUISSOU, s. m. Artison, petit ver qui s'engendre dans le bois; Charançon, qui ronge le blé. (Du latin *cossus*.)
QUISSOU, OUNO, adj. *voyez* SARRO PIASTROS.
QUISSOUNA (SE), v. pro. Se Piquer; On le dit du bois quand les vers le mangent et le réduisent en poudre ; Du blé, quand les charançons le mangent.
QUISSOUNAT, ADO, adj. Artisonné, ée ; Carié, cussonné en parlant du bois, rongé par les charançons en parlant du blé et des légumes.
QUISTA, v. act. Quêter, faire la quête, demander, recueillir des aumônes : *Cal ana quista*. (Du latin barbare *quæstare* fait de *quæstum*, supin de *quærere*.)

Ma muzo s'en anguèt *quista* de sas noubèlos
De tout bors, à trabès cansos, et pimparèlos ;
Nou m'èri pas troumpat : doulento me tournèt,
Et bous baou dire anèy tout ço que me diguèt. J.

QUISTO, s. f. Quête, collecte pour les pauvres, pour les œuvres pieuses : *Debou beni fa la quisto*.
QUISTOU, s. m. Quêteur, celui qui quête.
QUITTA, v. n. Quitter, laisser en quelque lieu, se séparer de... : *Nous cal quitta aycital*; Se retirer d'un bien : *A guittat*. (Du latin *quietare*, laisser tranquille.)

On lou prendrio per baoux s'on lou couneissio pas.
Mais abel me fuxi, lou boou xoigne al pus bite :
Pot arriba quicon ; cal pas que yeou lou *quitte*. -D.

QUITTANÇA, v. act. Quittancer, donner quittance.
QUITTANÇO, s. f. Quittance, acte par lequel le créancier reconnaît que le débiteur est quitte envers lui : *L'acte porto quittanço*.
QUITTI, O, adj. Quitte, libéré de ce qu'il devait, qui a payé sa dette : *Soui pla quitti*; Délivré, débarrassé de... : *Ne sien quittis*. (Du latin *quietus*.)

## RAB

**QUITTI-PER**, Loc. adv. Sauf à... : *Fazen à quitti-per*, nous jouons sauf à recommencer.

**QUITTIS**, adv. Quitte à quitte, sans plus rien se devoir l'un à l'autre : *Sien quittis*.

**QUIXA**, voyez SARRA.

**QUIXAL**, voyez SARRAL.

**QUIXO, QUIXOUS**, adv. Attrape que se font les enfants. Ordinairement les moins avisés y sont pris. On les engage à aller doucement, et sans le voir, prendre des oiseaux sous un chapeau ou autre chose. Ils n'y trouvent qu'une ordure, et les petits polissons, de rire.

### QUO

**QUOIQUE**, conj. Quoique, encore que, bien que : *Quoique bengo pas, pagara*, quoiqu'il ne vienne pas, il payera.

RIGAUOD.

*Quoiqu'on axo boun drex, souben on pert sa caouso
L'on se met en coulèro et pey l'on s'arremaouzo.
Pouities perdre la bostro, et sies pas alarmat ?* D.

**QUOTITAT**, s. f. Quotité, somme fixe à laquelle monte chaque cote-part.

### QUU

**QU'UN, QU'UNO**, Lequel, laquelle : *Qu'un que sio m'es egal*, lequel que ce soit, ça m'est égal.

## RA

**RA**, voyez RAT.

## RAB

**RABAGNA**, voyez REFOUTEGA.

**RABALA**, v. act. Ravaler, abaisser, avilir, décrier. (Racine *abal, ad vallem*.)

*Saourio pas dire prou coussi bous counsideri,
Mais me cal ambe bous demoura d'alount n'eri :
Bous ouffri lou rebut d'uno que bous bal pas,
Serio certainomen bous rabala trop bas.* D.

**RABALA** (Se), v. pro. Se Ravaler, déroger à sa dignité, se rabaisser, s'avilir : *S'es pla rabalat*, il s'est bien avili.

**RABANEL**, voyez XANADO.

**RABANELO**, s. f. Raifort sauvage : *Aniras ramassa de rabanelos*, tu iras ramasser les raiforts sauvages.

**RABANELO**, s. f. Grillade de châtaignes.

**RABASTINA**, v. act. Mitonner, Sentir le brûlé, en parlant d'un potage qui reste trop longtemps sur le feu : *Ba layssaras rabastina*, tu le laisseras brûler.

**RABASTO**, voyez BASTO.

**RABASTRAYRE**, *Rabastejha, Rambalha*, v. n. Troubler, importuner, tracasser : *Que me benes rabastrayre ?* que viens-tu me troubler ?

*Atal rapidomen fazio marcha soun obro,
S'espandissén pertout, talo qu'uno coulobro
Qué fa dé rébirets ;
Et sans la mort qu'aïchi toujours bén rabastrayre,
Aouyo entourtibillat, se labio daïchat faire,
La Franço dins sous lilets.* DAV.

**RABAT**, s. m. Rabat, ornement de toile, etc., sous le menton des gens de robe, d'église.

**RABAXA**, *Rabajha*, v. act. Ravager, causer, faire du ravage : *La grèlo b'a tout rabaxat*, Rabâcher, revenir souvent sur une chose. (Suivant Ménage, du latin barbare *rapagium*, fait de *rapax, cis*, ravisseur, ravissant, d'où cet étymologiste dérive le verbe non moins barbare *rapagiare*, ravager.)

**RABAXE**, *Rabatge*, s. m. Ravage, dommage, dégât fait avec violence et rapidité : *Qu'un rabaxe !* quel ravage !

*Description du déluge.*

*Un parèl soubeni fa trambla la courado.
Le Cèl se treboulét ; des flans d'uno trumado
Le trouneyre en trounan delarguet sous lambrets,
Et sans cap de repaous, de sous escalapets
Fazio degousilla l'écho de las mountagnos.
Tigres, ourses et loups hurlants dins las campagnos,
D'an le cri des vautours, des eglos et des gors,
Semblaboun prelude le carrilloun des morts.
Les bens, descadenats en se fasen la guerro,
Cambobirabou tout, desoulabou la terro.
Les albres les pus forts erou derracinats ;
Les temples, les castels, les oustals empourtats ;
Et las aygos del Cèl que toumbaboun en masso,
Dispersan lours débris, se metion à lour plaço.
Le pople et le bestial erou negats pertout.
La terro, dins le dol de l'un à l'aoutre bout,
Librado, sans piétat, al bezouch del rabatge,
Debenguet d'aquel fleou uno mar sans ribatge.
Les hommes abion bèl espera qualque port,
La mort éro pertout, pertout éro la mort,
Et d'au soun bras de fer et sa dago emmalido
Daillabo à pleno faoux, coum'un enferounido.* DEBAR.

**RABAXUR**, s. m. Ravageur, qui ravage.

**RABAYS**, s. m. Rabais, diminution de prix, de valeur : *Y'a un grand rabays*, il y a un grand rabais.

**RABAYSSA**, *Rebayssa*, v. act. Rabaisser mettre plus bas : *Cal rabayssa aquel albre*, il faut rabaisser cet arbre; Diminuer; Déprécier; Humilier. (Racine *abayssa*.)

RABAYSSA (SE), v. pro. Se Rabaisser; s'Humilier.

RABE, voyez RAFFE.

RABEJHA, voyez RABOUXA.

RABI, v. act. Ravir, enlever de force; Oter; fig., Transporter d'admiration, de joie : *M'a rabit de l'entendre*, j'ai été ravi de l'entendre. (Du latin *rapere*.)

RABI (A), adv. A ravir, admirablement bien : *Canto à rabi*, elle chante à ravir.

RABIBA, v. act. Raviver, rendre plus vif; Redonner de l'éclat.

RABIGOUTA, v. act. Ravigoter, remettre en force, en vigueur : *Aco m'a rabigoutat*, cela m'a ravigoté.

RABILHA, v. act. Rhabiller, raccommoder; Rectifier; Remettre une partie luxée; Arranger : *Cal agàxa de ba rabilha*, il faut tâcher de l'arranger.

RABILHAXE, *Rabilajhe*, s. m. Rhabillage, raccommodage : *Res annuyo pas mayt que lous rabilhaxes*, rien n'ennuie comme les rhabillages.

RABILHUR, voyez ADOUAYRE.

RABIN, voyez GOOUGNO.

RABINA, v. n. Raviner, en parlant de la pluie qui emporte les terres : *Lou labassi a tout rabinat la laourado*, l'averse a raviné le champ labouré. (Du latin *labina* ou *lavina*, employé avec la même signification dans la basse latinité, et fait de *labi*, tomber, parce que la ravine est l'effet de la chûte des eaux.)

RABIS, *Rabissâna*, Fane d'une rave des radis; *Coup o-y lou rabis*, coupe la fane.

RABISSANT, O, adj. Ravissant, te, qui transporte d'admiration, de joie : *Ero rabissanto de beoutat*, elle était ravissante de beauté. (Du latin *rapiens*.)

RABISSOMEN, s. m. Ravissement, transport d'admiration, de joie : *Eren toutis dins lou rabissomen*, nous étions tous dans le ravissement.

Quinis *rabissomens!* uno Bérges és Méro
En coumpagno de Jousèp soun marit :
Soun bél Efan es Fil de Diü le Péro,
Et councebut del Sant-Esprit.
Per Adam et tout pecadou,
Diü ben acata sa grandou ;
Hau bezis, en recouneyssenço ,
Canten Nouél à sa nayssenço. G.

RABISSUR, s. m. Ravisseur, celui qui ravit, enlève avec violence.

RABITALHA, v. act. Ravitailler, pourvoir une place de guerre de provisions de bouche, etc. ; fig., Approvisionner quelqu'un. (Racine *bitualhos*.)

RABIZA (SE), v. pro. Se Raviser, se décider à... contre son premier avis : *Oh! que me souy rabizat, urousomen*, oh! que je me suis ravisé, heureusement! (Racine *abiza*.)

RABO, s. f. Rave, navet rond, plante potagère. (Du latin *rapa*.)

RABOT, s. m. Rabot, outil de menuisier pour aplatir et polir le bois : *Un cop de rabot*, un coup de rabot; Doloire, instrument de maçon pour gâcher le mortier : *Fa-y proumena lou rabot*, fais promener la doloire dessus.

RABOT, O, adj. Ragot, te, nabot, trapu, court : *Qu'uno raboto!* quelle ragote !

RABOUGRI (SE), v. n. Se Rabougrir, ne pas profiter en croissant; ne pas Grandir, en parlant des plantes. (Du latin *aborire*, avorter.)

RABOULO, s. f. T. de bot. Garance.

RABOUSSEXA, voyez RABOUSSA.

RABOUSSA, *Rabousseхa*, v. act. Guéer; aiguayer, baigner, remuer dans l'eau, avant de le tordre, le linge qu'on a lavé : *Lou te cal pla rabouxa*, il faut bien le guéer ; fig., Malmener quelqu'un, le maltraiter : *Coussi l'as raboussat!* comme tu l'as mené !

RABOUTA, v. act. Raboter, polir avec le rabot; Gâcher le mortier : *N'a pas prou raboutat lou mourtié*, il n'a pas assez gâché le mortier.

RABUGA, *Escurassa*, v. act. Élaguer, émonder un arbre; fig., Éveiller, dégourdir quelqu'un : *Oh! que lou t'ey rabugat!* oh! que je l'ai dégourdi !

Mais per jamay la terro lou capélo ;
Cruélo mort! aro que nous l'as prés,
Ta daillo, de l'aoure Agenés,
A rabugat la brenco la pus bélo.
Passo! passo! as bes arts coumo à l'homme des cans
Fas may de mal aney que n'as fey dins trento ans. J.

RABUGAXE, *Rabugajhe*, s. m. Émondes, branches superflues qu'on a coupées en émondant : *Lou rabugaxe bal pas la fayçou*, les émondes ne valent pas le prix de la façon.

## RAC

RACA, v. n. Reculer; Éviter, refuser la rencontre d'une personne capable de nous faire du mal : *As racat*, disent les enfants à ceux qui ne veulent pas se battre, ou tenir tête à quelque jeu où ils pourraient perdre.

RACADO, voyez MOUSTADO.

RACAIRE, voyez LAMBRUSQUEXAYRE.

RACALHO, s. m. Racaille, le rébut du peuple : la plus vile populace; Marmaille, petits enfants, *Se bous bení, racalho!* si je viens, marmaille ; fig., Chose de rebut. (Ce mot ne viendrait-il pas du *racha* de l'évangile, qui signifie léger d'esprit, fou, évaporé, imbécille ?)

RACET, s. m. Recoupe, petit son : *De pa de racet*, pain de petit son.

RACEXA, *Rassejha*, v. n. Être de la race, de la famille, en avoir les vices ou les vertus : *Touxoun la raço racexo*. On ne peut pas traduire ce mot, il faut se contenter de dire qu'une race, une espèce est toujours avec ses bonnes ou mauvaises qualités. (Racine *raço*.)

RACIÉ, voyez MOYLOUN.

RACINA, v. n. Raciner, pousser des racines, en parlant des arbres, des plantes. (De *radix*.)

RACINO, s. f. Racine, partie de la plante qui reçoit le premier suc de la terre, qui le transmet aux autres, et qui croit dans la terre ; Plante dont ce qu'il y de bon à manger est ce qui vient en terre; Rave, carotte, etc. : *Ayman fort las racinos*, nous aimons beaucoup les racines. (Du latin *radix*.)

Quaouqu'un intro, aco es Annetou sa bezino.
Al prumé cot d'él on bey be
Qu'aquelo a dins lou co de pèssomen tabe ;
Un moumen apey l'on debino
Que lou mal dins soun co glisso et pren pas *racino*. J.

RACINUT, DO, *Racinat*, adj. Pourvu de racines, raciné : *Pendra, es pla racinudo*, elle prendra, elle est pourvue de beaucoup de racines.

**RACLOIR**, s. m. Racloir, instrument pour râcler, unir. (Du latin *radula*.)

**RACLURO**, s. f. Râclure, petites parties enlevées en râclant.

**RACO**, s. f. Eau-de-vie de très-mauvaise qualité; le Marc de la vendange.

**RACO** (FA LA), v. act. Faire les quatre coups : *Fan la raco tout bey*, ils font les quatre coups tout aujourd'hui; Être dans une bonne convalescence : *Coussi ba? fa la raco!* comment va-t-il? il fait merveille !

**RAÇO**, s. f. Race, naissance, origine, parenté ; Tous ceux qui viennent d'une même famille : *Sièn toutis de la raço*, nous sommes tous de la race. (Du latin *radix*.)

> Oui : la divino grâço
> Que lou ran tant hurous,
> Saoura de raço en raço
> Randre soun Noum famous.
> Sa semenço benido,
> Que gaissara pertout,
> Proumet de fruits de vido
> Jusqu'al darnié nevout.       Puj.

**RACOUCHET**, *voyez* RIATOU.

**RACOUMOUDA**, v. act. Raccommoder, mettre en état ; Rajuster, réparer ; Appaiser les différends, les réconcilier. (Du latin *accommodare*.)

**RACOUMOUDAT**, DO, adj. Raccommodé, ée, rhabillé.

**RACOUMOUDAXE**, *Racoumoudajhe*, s. m. Raccommodage, chose raccommodée; Prix pour raccommoder : *Lou racoumoudaxe es car*, le raccommodage est cher.

**RACOUMOUDUR**, s. m. Raccommodeur, celui qui raccommode, qui rhabille.

**RACOUMPLI**, *voyez* AZOULHA.

**RACOUNTA**, v. act. Raconter, narrer, conter; Faire le récit de... : *Nous racountabo uno istoiro*. (Racine *counta*.)

**RACOUNTUR**, s. m. Raconteur, qui aime à raconter, qui a la manie de raconter.

**RACOURCI**, *voyez* RACOURXA.

**RACOURCISSOMEN**, *voyez* ACOURXISSOMEN.

**RACOURDA**, v. act. T. d'archit. Raccorder, réunir deux superficies à un même niveau : *B'as pla racourdat*, tu l'as bien raccordé. (Racine *cordo* ou *courdèl*.)

**RACOURNI**, v. act. Racornir, rendre dur, coriace, donner la consistance de la corne. (Racine *corno*.)

**RACOURNI** (SE), v. pro. Se Racornir, se retirer, se replier, se durcir : *Aquelo biando s'es racournido*, cette viande s'est durcie.

**RACOURXA**, *Racourxi*, v. act. Raccourcir, rendre plus court : *B'anan pla racourxa*, nous allons le bien raccourcir.

**RACROC**, s. m. Raccroc; t. de jeu, Coup de hasard : *Aco's pla per racroc*, c'est par hasard.

**RACROUXA**, v. act. Raccrocher, accrocher de nouveau.

**RACROUXA** (SE), v. pro. Se Raccrocher, regagner les avantages perdus : *Me souy pla racrouxat*, je me suis bien raccroché. (Racine *a-crouxa*.)

**RACUR**, s. m. Peureux, poltron : *Sios un racur*, tu es un peureux.

## RAD

**RADABÈL**, s. m. Riblette, petites tranches de lard qu'on met dans une omelette : *Aymi lo grosses radabèls*, j'aime les grosses riblettes.

**RADEOU** : Trin, s. m. Radeau, assemblage de pièces de bois qui forment une espèce de plancher mobile sur l'eau ; Train de bois qui vient à flot sur la rivière. (Du latin *rate*, ablatif de *ratis*.)

**RADELOS**, *voyez* TELHEYROS.

**RADIA**, v. act. Radier, rayer : *A calgut lou fa radia*, il a fallu le faire radier. (Du latin *radiare*.)

**RADIATIOU**, s. f. Radiation, action de rayer. (Du latin *radiatio*.)

**RADICAL**, O, adj. Radical, e, qui est comme la racine ; Complet : *Aco's un remèdi radical*, c'est un remède radical. (Du latin *radicalis*, formé de *radix*, racine.)

**RADICALOMEN**, adv. Radicalement, entièrement.

**RADIOUS**, ZO, adj. Radieux, euse ; Brillant de santé, de joie : *Ero radious de bounur*, il était radieux de bonheur. (Du latin *radians*.)

**RADO**, s. f. Rade, espace de mer enfoncé dans les terres, où les vaisseaux jettent l'ancre et sont à l'abri de certains vents : *Erendins la rado*, nous étions dans la rade. (De l'allemand *rand*, rivage.)

**RADOUA**, *Radouba*, v. act. Radouber, remettre en état, réparer : *B'aben radoubat coumo aben pougut*, nous l'avons radoubé comme nous avons pu. (Racine *adoua*.)

**RADOUCI**, v. act. Radoucir, rendre plus doux ; fig., Calmer, apaiser.

**RADOUCI** (SE), v. pro. Se Radoucir, devenir plus doux, se calmer. (Racine *adouci*.)

**RADOULET**, *voyez* RUDELET.

**RA-DOURMEIRE**, *voyez* MISSARRO.

**RADOUTA**, *Reba*, *Repapia*, v. n. Radoter, tenir des discours sans suite et dénués de sens ; Déraisonner par vieillesse : *N'es pas lèt que radote*, il n'est pas étonnant qu'il radote. (De l'anglais *dote*, délirer.)

> Mais dins vint ans las nièyras lou chanjou...
> Aboutas ! las nièyras lou manjoun,
> Yé respon lou mèstre-varlet ;
> S'es courbat què sembla un nanèt ;
> Repapia, baya, toujour ploura,
> É languis què vèngue soun houra
> D'ana vèyre enco dé Plutoun
> Sé l'on és mihou qu'ayçamoun.
> Sa fènna, qué i'és dayalada,
> N'és pas aoumen pus remountada,
> Sinne qué s'en soussita pas,
> Ou bélèou l'endrech és trop bas.      FAV.

**RADOUTARIÈ**, *Radoutario*, s. f. Radoterie, extravagances dites en radotant.

**RADOUTAXE**, *Radoutajhe*, s. m. Radotage, discours sans ordre et dénué de sens : *Aco's un radoutaxe*, c'est un radotage.

**RADOUTUR**, s. m. Radoteur, celui qui radote, qui a perdu l'esprit.

## RAF

**RAFA**, *voyez* RAFLA.

**RAFANÈLO**, *voyez* RABANÈLO.

**RAFASTIGNA** (SE), v. n. Faire le difficile, le fantasque : *Gna pas per se tant rafastigna*, il n'y a pas de quoi faire tant le difficile.

**RAFASTIGNOUS**, O, adj. Fantasque, difficile pour son manger : *Sios un rafastignous*, tu es un fantasque.

RAFASTIGOUS, O, adj. Délicat, te; Dédaigneux.
RAFATAL, Racié, Rebut, s. m. Débris, rebut, chose de peu de valeur : *M'a pas layssat que lou rafatal*, il ne m'a laissé que le rebut.
RAFATALHO, s. f. Choses communes et de peu de valeur; Gens du peuple : *Aco n'es pas que la rafatalho*, ce n'est que les gens du peuple.
RAFATUN, voyez RATALHO.
RAFE, s. m. Raifort, radis, plante potagère. (Du latin *raphanus*.)

Ey cantat, dins le temps, les melous et les coujos,
Blederabos tabes, las jaounos et les roujos,
Les porres, les caoulets, las bledos, l'espinard,
Et pel *rafe*, Mengaoud, encaro n'es pas tard.
Quoiqu'ajoy le pêl gris, bezi sur moun relotje
Que s'ans trop trabuca podi fa soun elotje.
Labaou me saoura grat de ma resoulutiou,
Car lou rafe geant es soun illustratiou.
Le rafe et Jacoumart, s'entend, pas aoutro caouzo.
Anfin baou coumença, farey pas d'aoutro ępaouso.
DEBAR.

RAFÉGO (PEYRO DE), s. f. Fragments de pierre ressemblants par la forme à l'ardoise, parce qu'elle est à couches.
RAFERMI, v. act. Raffermir, rendre plus ferme. (Racine *afermi*.)
RAFI, v. act. Rider, causer des rides; Brûler, en parlant du froid : *La xalado b'a rafit*, la gelée l'a brûlé.

Aqui barril la liquou bouno
D'ount lou teou heutre es le cachot;
Malhur quand le bouu-cor la douno
An aquel que *rafis* le pot.
Car quand fermento dins le beyre,
En tremoussan d'ambe fracas,
Es que menaço del trouneyre
Aquel que nou l'abalo pas. DEBAR.

RAFI (SE), v. pre. Se Rider par la vieillesse, par la sensation désagréable d'un acide : *M'a jax rafi*, cela m'a fait rider.
RAFIDUROS, voyez RIDOS.
RAFIÉ, voyez BITRIÉ, BITRAYRE.
RAFINA, v. act. Raffiner, rendre plus fin, plus pur; Faire de nouvelles découvertes; Subtiliser; Enchérir; Parler avec affectation : *Rafino lou frances*, il parle le français avec prétention. (Racine *afina*.)
RAFINARIE, Rafinario, s. f. Raffinerie, lieu où l'on raffine le sucre.
RAFINAXE, Rafinajhe, s. m. Raffinage, action, manière de raffiner.
RAFINOMEN, s. m. Raffinement, trop grande, extrême subtilité; Art; Adresse : *Touxoun qualque rafinomen noubèl*, toujours quelque raffinement nouveau.
RAFINUR, s. m. Raffineur, celui qui raffine le sucre; Celui qui subtilise trop : *Aco's un rafinur*, c'est un prétentieux.
RAFIT, IDO, adj. Ridé, ée, qui a des rides : *Es touto rafido*, elle est toute ridée.
RAFITE, voyez SOUFLET.
RAFLA, v. act. Rafler, enlever, prendre, emporter tout promptement, avec violence; Faire rafle : *B'an tou raflat*, on a tout emporté. (De l'allemand *raffen*.)
RAFLO, s. f. Rafle, trois dés amenant le même point; espèce de jeu : *Qui bol jouga à la raflo ?* qui veut jouer à la rafle ?

RAFLUR, s. m. Celui qui fait la rafle, qui fait jouer à la rafle.
RAFOULA, v. n. Raffoler, être follement passionné pour... : *Ne rafolo*, il en raffole. (Racine *fol*.)
RAFUDA, Rafuza, Refuza, v. n. et act. Refuser, ne pas accepter ce qui est offert, ne point accorder ce qu'on nous demande : *M'a rafudat tout court*, il m'a refusé tout court. (Du latin *refutare*.)
RAFUDA (SE), v. pro. Se Refuser, se priver de... : *Se rafudo pas cap de plaze*, il ne se refuse rien.

Lou bantarei, se bol, de quasqu'aoutros maniéyros.
Nou *me rafudi* pas à diré se ba cal :
Qu'a fort bouno faissou, quand es sur un xabal.
D.

RAFUS, Rafut, Refut, s. m. Refus, chose refusée : *N'aourey pas lou refus*, je n'en aurai pas le refus.

## RAG

RAGANIT, voyez ESTEQUIT.
RAGOUST, s. m. Ragoût, mets apprêté pour exciter l'appétit : *Aquel ragoust restaouro*, ce ragoût restaure.
RAGOUSTA, v. act. Ragoûter, provoquer, réveiller l'appétit : *Bous boli ragousta*, je veux vous ragoûter. (Racine *goust*.)
RAGOUSTA (SE), v. pro. Se Ragoûter, se traiter délicatement.

Per refresca le pot benguet uno salado
Que dayssao lou goust del fens qu'ero fumado;
Et per me *ragousta*, les dus aoucats roustits
Sentission le nougat que lous abio nouyrits. VESTREP.

RAGOUSTANT, O, adj. Ragoûtant, te, qui provoque, réveille l'appétit; Bien assaisonné; Délicat, friand.
RAGOUSTERI, s. m. Repas des funérailles : *Anan al ragousteri*, nous allons à un repas de funérailles; fig., mauvaise Nouvelle : *Un brabe ragousteri !* j'ai là un triste ragoût !
RAGUZO, s. f. Coursier, chemin par où l'eau arrive aux aubes, alets, de la roue d'un moulin, et qu'on ferme quand on veut avec une vanne ou lançoir, *palhè*.)

## RAI

RAÏ (ACO), adv. A la bonne heure; Passe : *Aco raï, fay-bo*, passe cela, tu peux le faire.
RAIL, voyez RALHO.

## RAJ

RAJHA, voyez RAXA.
RAJHADO, voyez RAXADO.
RAJHO, voyez RAXO.
RAJHOL, voyez RAXOL.

## RAL

RAL, s. m. Caquet, babil, longue conversation : *N'aben toumbat un brabe ral*, nous avons fait une longue conversation.
RALANQUI (SE), v. pro. Se Retarder, ne pas suivre à la course : *S'es ralanquit*, il n'a pu suivre.
RALANTI, v. act. Ralentir, rendre plus lent : *La fango ralantis*, la boue ralentit.

RALANTI (Se), v. pro. Se Ralentir, perdre de sa vivacité, de son ardeur; se Fatiguer par la course. (Racine *lant*.)

RALHA, v. n. Railler, plaisanter; Tourner quel-qu'un en ridicule, se moquer : *L'aben pla ralhat, nous l'avons bien plaisanté*; Badiner, ne pas parler sérieusement; Faire l'amour. (Du latin barbare *ridiculare*.)

RALHARIÉ, *Ralhario*, s. f. Raillerie, moquerie; Trait malin, piquant : *Aco's uno ralharié*; Plaisanterie, badinage : *Passo la ralharié*, ceci passe la plaisanterie.

A l'illa dé Ciclopédia
Ajèren bal é simfounia
Qué passayoun la ra*ï*ar*i*é.
Sé lou diable sé ié métié,
Tout diable qu'ès aourié vergougna
Dé fayre tan hora bezougna.  FAY.

RALHAYRE, O, adj. Railleur, euse, qui aime à railler, porté à la raillerie : *Sios un ralhayre*, tu es un railleur; Amoureux.

RALHO, s. f. Raillerie, paroles légères; Badinage; Mensonge : *M'a countat fosso ralhos*, il m'a conté beaucoup de mensonges.

RALIA, v. act. Rallier, rassembler des troupes en désordre. (Racine *lia*.)

RALIA (Se), v. pro. Se Rallier, se réunir a... : *Nous sien urousomen raliats*, nous nous sommes heureusement ralliés.

RALIOMEN, s. m. Ralliement, réunion de troupes dispersées; Endroit assigné pour se réunir : *Abien toutis lou mot de raliomen*, nous avions tous le mot de ralliement.

RALUMA, v. act. Rallumer, allumer de nouveau. (Racine *aluma*.)

## RAM

RAMA, v. act. Ramer, tirer fortement les draps à la rame; Pousser, faire avancer un bateau à la rame : *Ayci cal rama*, ici il faut ramer; v. n. Pousser des feuilles, en parlant des arbres : *Coumençou de rama*, ils commencent à pousser des feuilles; Prendre bien de la peine : *Me cal rama la galèro*, il me faut ramer la galère; Effeuiller, ramasser la feuille des mûriers pour les vers à soie : *N'aymi pas de rama*, je n'aime pas d'effeuiller. (Racine *ramo*.)

L'Esanique nays dins la neyt entrumido
Es le boun jour un qui benen à port,
Quand paûres orbs, dan lou pecat per guido,
Raman de caps al goufre de la mort.
Hau dounc Nouël, Nouël,
Diû mando de soun Cél
Soun fil tant caritaple,
Que per l'home perdut,
De Prince s'es randut
Estajan dins un estable.  G.

RAMADO, *Xouncado*, s. f. Jonchée de feuillage répandue sur un chemin, devant la porte d'une fille courtoisée.

RAMADO, *voyez* PLEXADO.

RAMAOUZA, *Ramaiza*, v. act. Calmer, adoucir; Apaiser : *Poudioy pas lou remaouza*, je ne pouvais pas le calmer. (Racine *remaous*.)

RAMAOUZA (Se), v. pro. S'Abriter, se réfugier, s'arrêter : *Nous sien remaouzats xoust lou fournial*, nous nous sommes abrités sous le fournil.

RAMAS, *voyez* MOUNTAYROU.

RAMASSA, v. act. Ramasser, faire un ramas de choses, de personnes, fig., Prendre, relever ce qui est à terre. (Racine *amassa*.)

RAMASSADO, *voyez* PLEXADO.

RAMASSAL, *voyez* BRANDISSAL.

RAMASSAT, *voyez* TRAPUT.

RAMASSIS, *Ramasses*, s. m. Amas, ramassis; Assemblage sans choix.

RAMAT, ADO, adj. Feuillé, ée, rempli de feuilles.

RAMAXA, *Ramacha*, v. n. Ramager, chanter en parlant des oiseaux; fig., Faire des ramages sur une étoffe, etc. : *Toun faoudal es pla ramaxat*, ton tablier est bien ramagé.

RAMAXE, *Ramache*, s. m. Ramage, chant des oiseaux; Branchage; Rameau; Feuillage, sa figure sur une étoffe : *Un xilet à ramaxe*, un gilet à fleurs. (Du latin barbare *ramagium*, fait dans la basse latinité de *ramus*, rameau, à cause des rameaux sur lesquels chantent les oiseaux.)

Pouyrio pas pus entendre lou *ramaxe*
Que de soun cor endourmis lous doulous;
Ni countempla lou rixe et bel plumaxe
Que rexouis lou paoure malhurous!  A. B.

RAMAYRE, O, adj. Cueilleur, euse, de feuilles de mûrier : *Lous ramayres s'esquissoun pla*, les cueilleurs se déchirent beaucoup; Rameur, qui tire à la rame.

RAMBAL, *voyez* BARAL.

RAMBALHA, v. act. Tracasser; Brouiller; se Mêler mal-à-propos : *Que bas rambalha?* que vas-tu tracasser?

RAMBALHANT, O, adj. Embarrassant, te, qui occupe beaucoup, demande beaucoup de soins, d'attention : *Aco's rambalhant*, cela demande beaucoup de soins.

RAMBALHUR, *voyez* QUERELOUS.

RAMBERSA, v. act. Renverser, jeter par terre, faire tomber : *M'a rambersat en passan*, il m'a renversé en passant; Mettre de haut en bas, sens dessus dessous. (Racine *bersa*.)

RAMBERSO (A LA), adv. A la renverse, sur le dos : *Es toumbat à la ramberso*, il est tombé à la renverse.

RAMBERSOMEN, s. m. Renversement; Dérangement; Désordre; Confusion : *Y'a qualque grand rambersomen*, il y a quelque renversement.

RAMBIT, s. m. Renvi, t. de jeu, Ce que l'on met par dessus la vade ou mise au jeu : *Un soout de rambit*, un sou de vade.

RAMBITA, v. n. T. de jeu, Mettre par-dessus la vade ou la première mise : *Sien mestres de rambita*, nous avons le droit d'ajouter à la vade.

RAMBLE, s. m. Remblai, travail pour niveler, combler avec des terres transportées, des terres : *Y'aben pourtat fosso ramblé*.

RAMBLEYA, v. act. Remblayer, combler avec des terres de rapport : *Aben finit de rambleya*, nous avons fini de remblayer. (Racine *deblaya*.)

RAMBOI, s. m. Renvoi, congé donné à un domestique, etc.; Marque, signe qui renvoie à une autre ligne dans un livre, etc.

RAMBOUL, *Enboul*, s. m. Gâchis; Difficulté, Obscurité : *Qu'un ramboul!* quel gâchis! *Dins aquel affa y'a un ramboul de malur*, dans cette affaire il y a beaucoup d'obscurité.

RAMBOULHA, v. act. Mettre en désordre; Mettre dessus dessous, devant derrière.

RAMBOULHAYRE, O, s. m. f. Brouillon, onne, embrouilleur.

**RAMBOURRA**, v. act. Rembourrer, garnir de bourre, de laine, de crin; fig., Rabrouer, rebuter avec mépris : *Coussi lou t'a rambourrat! comme il l'a rabroué!* (Racine *bourro*.)

**RAMBOURSA**, v. act. Rembourser, rendre à quelqu'un l'argent qu'il a déboursé; Acquitter; Payer : *L'a ramboursat, il l'a remboursé.* (Racine *bourso*.)

**RAMBOURSOMEN**, s. m. Remboursement, payement d'une somme due ; Somme pour payer : *Porti tout lou ramboursomen*, je porte tout le remboursement.

**RAMBOUYA**, v. act. Renvoyer, envoyer une chose apportée avec refus de l'accepter; Faire retourner : *Ramboyo-lou tout de suito*, faites-le retourner tout de suite; Remettre une cause à la décision d'un autre tribunal, au jugement d'un tiers; Différer, reculer à un autre temps : *Touxoun ba ramboyo*, il renvoie toujours. (Racine *embouya*.)

**RAMBRUNI**, v. act. Rembrunir, rendre brun ; Attrister.

**RAMBRUNI (SE)**, v. pro. Se Rembrunir, devenir brun ; s'Obscurcir, en parlant du temps; Prendre un air sombre. (Racine *brun*.)

**RAMBULIA**, voyez RAMBOULIA.

**RAMÈL**, s. m. Rameau, petite branche d'arbre ; Bouchon de cabaret servant d'enseigne ; fig., Réputation ; prov. : *Tu portos lou ramèl, lous aoutres bebou lou bi*, tu passes pour voleur et les autres le sont réellement ; famil. : *A mes ramèl*, dit-on de celui qui a la culotte percée et dont la chemise se voit; *Ramèl de cerièyros*, Trochet de cerises, bouquet de fruits qui tiennent à un même brin : *Un ramèl de perots*. (Du latin *ramus*.)

Les espics dins les camps manifestou lour joyo ;
Sa bezen couberts d'or, lou soulel lour emboyo,
La forço, la bigou. Dins lour rabissomen,
S'enclinou dabant el, per l'y fa coumplimen.
Les fruits sur lour *ramèl* prenoun coulous noubélos.
L'ayre rebiscoulat, ple d'aoudous muscadèlos,
Gourrino douçomen à trabers sous rayouns.
Las brincos des bouysous risen dins les balouns.
 La tourtourèlo se counsolo.
 Lou roussignol, la mouscayrolo,
 Lou gargaillol ufflat d'amour,
 Sur la branqueto que trambolo
 Celèbrou tabes soun retour. DEBAR.

**RAMELET**, s. m. Goûter que font certaines personnes le jour des Rameaux. (Racine *ramèl*.)

**RAMENA**, v. act. Ramener, remettre une personne, un animal, au lieu d'où ils étaient partis: *Lous ey ramènats*, je les ai ramenés; fig., Faire revenir d'une passion, de l'erreur ; Réconcilier ; Adoucir : *L'a ramenat saquela*, elle l'a adouci néanmoins. (Racine *mena*.)

**RAMIÈ**, s. m. T. d'oiseleur, nombre de Lacets plantés en un champ : *Y'ey dous ramiès*; t. de tis. Traverse qui porte les poulies.

**RAMIÉS**, s. m. Ramier, pigeon sauvage, gris, qui se perche. (Racine *ramèl*.)

**RAMFERMA**, v. act. Renfermer, enfermer; Mettre en prison : *Te faren ramferma*, nous te ferons enfermer. (Racine *ferma*.)

**RAMFLA**, v. n. Renfler, augmenter de volume, etc. (Racine *anfla*.)

**RAMFLOMEN**, s. m. Renflement; t. d'architec. Augmentation insensible.

**RAMO**, s. f. Rame, pièce de bois longue, aplatie par un bout, pour faire voguer un bateau ; Vingt mains de papier réunies : *Uno ramo de papiè*, une rame de papier ; Feuille d'arbre ; Feuille de mûrier pour les vers à soie : *Manquaren de ramo*, nous manquerons de feuille. (Du latin *ramus*.)

**RAMOULI**, *Remouli*, v. act. Ramollir, rendre plus mou, plus souple : *Te cal ramouli lou mourtiè*, il te faut ramollir le mortier. (Racine *amouli*.)

**RAMOULISSANT**, O, adj. Ramollissant, te, qui relâche.

**RAMOULADO**, voyez REMOULADO.

**RAMOUNA**, v. act. Ramoner, nettoyer de haut en bas le tuyau d'une cheminée ; fig., Gourmander quelqu'un : *L'a pla ramounat*, elle l'a bien gourmandé. (De *ramon*, vieux mot français qui signifiait un vieux balai fait de rameaux, de branches d'arbres, pour nettoyer les cours, les rues, etc.)

**RAMOUNUR**, s. m. Ramoneur, celui qui ramone les cheminées; fig., Sale, noirci : *Semblos un ramounur*, tu sembles un ramoneur.

**RAMPA**, v. n. Ramper, se traîner sur le ventre ; fig., s'Abaisser à l'excès devant quelqu'un : *Lou caldrio beze rampa per abe uno plaço*, il faudrait le voir ramper pour obtenir une place. (Du latin *repere*.)

**RAMPAN**, *Rampàou*, s. m. Rameau bénit; le Dimanche des Rameaux ; les Arbres en fleur : *Flourit coumo un rampan*. (Contraction de *rami palmæ*, rameau, branche de palmier.)

**RAMPANT**, s. m. Rampant, inclinaison : *Lou rampant és trop fort*, le rampant est trop vif.

**RAMPANT**, O, adj. Rampant, te, qui rampe ; fig., Bas, servile, abject; Qui n'est pas de niveau, qui a de la pente : *Un cami rampant*, un chemin rampant.

**RAMPART**, s. m. Rempart, levée qui environne et défend une place : *Erou toutis sul rampart*, ils étaient tous sur le rempart. (De l'espagnol *amparo*, protection, défense.)

 Hai! que tous *rampars* sou charmans
 Et ta coustructiou magnifiquo !
 Las peiros sou tous habitans,
 Lou pus pur amour las mastiquo.
 Soun architecto se couplai
 Et se mesclo ambe soun ouvrache ;
 El-mème vol estre à jamai
 Ta felicitat, toun partache. PUJ.

**RAMPÈOU**, voyez RAMBIT.

**RAMPLAÇA**, v. act. Remplacer, faire un remplacement ; Succéder à...; Tenir lieu de...; Remplir momentanément la place de... : *Lou boou ramplaça*, je vais le remplacer. (Racine *plaço*.)

**RAMPLAÇANT**, O, s. m. f. Remplaçant, te, celui qui remplace.

**RAMPLAÇOMEN**, s. m. Remplacement, action de remplacer; Substitution d'un homme de bonne volonté à un conscrit : *A dexa manxat soun ramplaçomen*, il a déjà dévoré le prix de son remplacement.

**RAMPLEC**, voyez REPLEC.

**RAMPLEGA**, voyez REPLEGA.

**RAMPLI**, v. act. Remplir, emplir de nouveau ; Achever d'emplir ; Combler, boucher les vides ; Occuper une place ; Accomplir sa promesse ; s'Acquitter de... : *A ramplit sa proumesso*, il a tenu sa promesse ; Écrire ce qui avait été laissé en blanc. (Du latin *implere*.)

**RAMPLISSAXE**, *Ramplissaje*, s. m. Remplissage; Choses dont on remplit : *Lou ramplissaxe n'es pas bou*, le remplissage ne va pas.

**RAMPLUMA**, v. act. Remplumer, regarnir de plumes. (Racine *plumo*.)

RAMPLUMA (Se), v. pro. Se Remplumer; Reprendre de l'embonpoint; Rétablir ses affaires : *O que l'oubrié s'es ramplumat!* oh! l'ouvrier s'est remplumé!

RAMPO, s. f. Crampe, contraction spasmodique et douloureuse de certains muscles, particulièrement de ceux de la partie postérieure de la jambe : *La rampo l'a trapat*, la crampe l'a pris. (De l'allemand *krampf*.)

RAMPO, *Balustrado*, s. f. Balustrade, rampe de fer, de bois, etc., qui borde un escalier : *Trapo-te à la rampo*, prends la rampe.

RAMPOGNO, s. f. Différend, noise, querelle : *Angos pas cerca rampogno?* ne vas pas lever querelle?

RAMPOYNO, s. f. Reste de maladie; Reste de quelque mauvaise affaire : *Touxcoun cal abe qualquo rampoyno*, il faut toujours avoir quelque mauvaise affaire.

RAMUT, UDO, adj. Feuillu, ue, qui a beaucoup de feuilles; Touffu : *L'amourié n'es pas pla ramut*, le mûrier n'est pas bien feuillu.

## RAN

RANBIA, voyez RAMBIA.
RANC, voyez GARREL.
RANCE, O, adj. Rance, goût, odeur des corps gras qui en vieillissant sont devenus jaunes, d'une odeur acre; fig., Vieillard : *Aquélo biélho ranço!* cette vieille ! (Du latin *rancidus*.)

RANCELHA, v. n. T. d'agricult. Ne pas Semer uniformément à cause du vent qui transporte le grain et le ramasse dans les sillons : *Oungan rancelharen*, cette année nous ne semerons pas uniformément. (Racine *silhoun*.)

RANCHES, voyez RANXES.
RANCI, v. n. Rancir, devenir rance; Contracter de la rancidité : *Ba te cal manxa, se bos pas que rancigo*, il faut le manger, si tu ne veux pas qu'il rancisse.

RANCIO, s. m. Rancio, vin d'Espagne devenu jaunâtre en vieillissant.

RANÇOU, voyez RANCE.
RANCOUGNAT, partic. Accroupi dans un coin.
RANÇOUNA, v. act. Rançonner, exiger plus qu'il ne faut : *Nous an rançounats*, on nous a rançonnés. (Du latin *redemptio*, rachat, rançon.)

RANCOUNTRA, v. act. Rencontrer, trouver en cherchant ou par hasard; Trouver en son chemin : *L'a rancountrat*, il l'a rencontré; Deviner : *B'as rancountrat*, tu l'as deviné; fig., Avoir la même pensée, la même manière de voir : *Nous sien rancountrats*; Toucher au but : *L'a rancountrat sul froun*, il l'a touché au front. (Du latin *contra*, contre, vis-à-vis.)

RANCOUNTRA (Se), v. pro. Se Rencontrer, se trouver; Avoir la même pensée.

RANCOUNTRE, s. m. Rencontre, hasard qui réunit deux personnes : *Aco's pla per rancountre*, c'est bien par hasard; fig., Occasion, circonstance : *Aco's un boun rancountre*, c'est une bonne rencontre; Endroit d'une planche où les deux traits de la scie, venant de chaque bout, se rencontrent.

RANCUGNA, v. act. Acculer, pousser dans un coin : *M'a rancugnat countro la muralho*, il m'a acculé contre la muraille. (Racine *cun*.)

RANCUNO, *Agrou*, s. f. Rancune, ressentiment profond et caché; Souvenir d'une offense : *Y porto rancuno*, il lui porte rancune. (Du latin *rancor*.)

RANCUNOUS, ZO, adj. Rancunier, ère, qui garde rancune : *Es un rancunous*, c'est un rancunier.

RANCURA (Se), voyez SE FAXA, SE PLAGNE.
RANDALMA, voyez RANDURA.
RANDE, *Randuro*, s. m. Clôture faite de haie vive : *Cal talha lou rande*, il faut tailler la haie.

RANDE-BOUS, s. m. Rendez-vous, désignation d'un lieu pour s'y trouver à heure fixe; Ce lieu : *Eri al rande-bous*, j'étais au rendez-vous.

RANDOUREJHA, voyez ROUNDOULEXA.
RANDRE, v. act. Rendre, restituer, remettre ce qu'on a reçu, emprunté : *Beni bous randre cò que bous debi*, je viens vous rendre ce que je vous dois; Conduire, transporter, voiturer : *Cal que ba y rando*, il doit le lui porter; Rejeter par les voies naturelles : *Ba m'a calgut randre*, il m'a fallu le rejeter; fig., Faire recouvrer : *Y'a randut la saniat*, ce remède lui a rendu la santé; Tirer de peine : *M'a randut urous*; Faire aux autres comme on nous a fait : *Ba te randra*, il t'en rendra autant; Rapporter à quelqu'un un propos : *Ba m'oou randut aytal*, on me l'a rendu ainsi; Expirer : *Ben de randre l'amo*. (Du latin *reddere*.)

RANDURA, v. act. Clore, fermer, un champ, un jardin d'une haie vive : *Boli randura l'ort*, je veux clore le jardin.

RANDURAS, voyez BARTAS.
RANDURO, voyez RANDE.
RANDUT, DO, adj. Rendu, ue, remis, arrivé; Excédé de fatigue : *Souy randut*, je suis rendu, je n'en puis plus.

RANFORT, *Prodoul*, s. m. Renfort, augmentation de force; On met un plus grand nombre de bêtes pour les côtes, ou les mauvais pas : *Nous cal abe un ranfort*; t. de cord., Pâton, morceau de cuir dont on renforce le quartier d'un soulier : *Y cal un ranfort*, il faut un pâton. (Racine *fort*.)

RANFOURÇA, v. act. Renforcer, rendre plus fort.

Aqui dessus buguèt un cop
Què lou *ranfourtiguèt* beoucop.
Embe sa mancha de camiza,
Né tourquet pioy sa barba griza;
Crachet, se mouquet dins sous dis,
A réprenguet couma veyres.             FAV.

RANFOURÇA (SE), *Ranfourti*, v. pro. Se Renforcer, se fortifier, devenir plus fort.

RANFOURTI, voyez RANFOURÇA.
RANGOUL, *Ranghil*, voyez GRAOUMEL.
RANIMA, v. act. Ranimer, rappeler à la vie; Faire revivre; Redonner de la vigueur; Rendre les forces : *M'a ranimat*, il m'a ranimé.

RANQUET, voyez PE-RANQUET.
RANQUEXA, v. n. Boiter, clocher : *Me fa ranquexa*.

La balesto, qui me la sap?
Qu'yeou m'en ano bailla sul cap
An'un lebraout que dins la bigno
Countro uno souquo s'acoufigno.
Ça, ça, jou la bezi delà,
Capdenou se nou sap pas boula,
Per tant que guimbe ni que courro;
Be li farè saouta la bourro.
Ah! Moussur, me semblo déjà
Que lou bous bezi *ranquexa*.            G.

RANSE, voyez RANCE.
RANSI, voyez RANCI.

RANSIDURO, *voyez* RANÇOU.
RANSUN, *voyez* RANCE.
RANTELÀT, ADO, adj. Couvert de toiles d'araignée; fig., Temps qui se couvre; Ivrogne qui ne voit pas clair : *Lou tems es rantelat*, le temps est couvert.
RANTELADOU, *voyez* DERANTELADOU.
RANTÈLO, *Rantialo*, s. f. Toile d'araignée ; Nuage qui se forme : *Y'a abal uno rantèlo*, il y a un nuage. (Racine *tèlo*, toile.)
RANTRA, v. act. Rentraire, rejoindre deux morceaux de drap; Raccommoder des déchirures, en sorte que la couture, le fil, ne paraisse pas : *Te cal ba rantra*, il te faut le rentraire. (Du latin *retrahere*.)
RANTRAYRE, O, s. m. f. Rantrayeur, euse, celui, celle qui sait rentraire.
RANTRO, s. f. Rantraiture, couture de ce qui est rantrait : *A besoun d'uno rantro*, cela a besoin d'une rentraiture.
RANXES, *voyez* CARRETO.

## RAO

RAOU, *voyez* RAOUC.
RAOU, *voyez* ROUSSIT.
RAOUBA, v. n. Voler, dévaliser : *An raoubat lou mestre*, on a dévalisé le maître. (De l'allemand *rauben*, rober.)

Un vèspre venguet dins l'idéa
D'Ulissa é daou fil de Tidéa,
Dé *raouba* lou Palladihoun
Qu'era dins lou for d'Ilihoun.
Save pas coussi s'én préngueroun,
Mais pas mên que s'en sézigueroun.
FAV.

RAOUBO, s. f. Vêtement long de femme, d'enfant, qui enveloppe tout le corps et varie dans la forme suivant les personnes et les pays ; Vêtement long et ample que portent les juges, les avocats, etc. (Du latin barbare *raupa* ou *rauba*, qui a la même signification.)
RAOUC, CO, adj. Rauque, enroué, éc : *Sios raouc*, tu es rauque. (Du latin *raucus*.)
RAOUFELEJHA, *voyez* GRAOUMELEXA.
RAOUFELOUS, *voyez* RAOUQUILHOUS.
RAOUGNA, v. n. Rognoner, grogner, se plaindre : *Fa pas que raougna*, il ne fait que grogner. (Du latin *grunio*, de *grunire*.) Rogner; ôter, retrancher : *Ten cal raougna*, il t'en faut retrancher. (Du latin *rodere*.)

Aou palay régnét la justiça ;
Dins la villa bona pouliça
*Raougnèt* las ploumas as financiès,
É las ounglas as grans fermiés.
Sus la tera é sus la marina
Establiguét la disciplina ;
Semblava, anfin, qué prevezté
L'evénemen qu'arrivarié.
FAV.

RAOUGNADURO, s. f. Rognure, effélure, rognure de peau blanche dont on fait la colle.
RAOUGNAYRE, O, adj. et s. Grognard, de, grogneur; Enfant gâté qui se fâche toujours, qui geindre toujours.
RAOUGNOLO, adj. Grognon, grognard : *Sios un raougnolo*, tu es un grognard.
RAOUGNO-PÈ, s. m. Rogne-pied, outil de maréchal pour rogner la corne.
RAOUMAS, s. m. Rhume, fluxion sur la gorge et la tranchée artère, qui ordinairement excite la toux et rend la voix rauque : *Ey trapat un boun raoumas*, j'ai pris un gros rhume. (Du grec *rheuma*.)
RAOUMASSAT, *voyez* ENRAOUMASSAT.
RAOUQUEXA, *Raouquilexa, Raouqueja*, v. n. Être rauque, avoir la voix rauque; fig., Être félée : *Aquèlo campano raouquilexo*, cette cloche est félée.
RAOUQUIEYRO, s. f. Raucité, enrouement, rhume : *La raouquièyro m'estouffo*, le rhume m'étouffe.
RAOUQUILHOUS, Ô, adj. Rauque, rude, enroué.
RAOUZA, *Raougna*, v. act. Retrancher, rogner, ôter : *N'a raouzat*, il en a rogné. (Du latin *rodere*.)
RAOUZADURO, *Raougnuro, voyez* RAOUGNADURO.
RAOUZÈL, s. m. Bout de planche, de pièce de bois : *Gardo-me aquel raouzèl*, garde ce bout de planche.
RAOUZÈLA, v. n. T. d'agricult., Maladie du blé, le rachitisme, qui rend sa tige basse, tortue et nouée, et qui l'empêche de monter en épi : *Lou blat a raouzelat*.
RAOUZIL, *voyez* RAOUZÈL.
RAOUZILHOS, s. f. Restes, quelques provisions : *Troubares touxoun quasquos raouzilhos*, vous trouverez toujours quelques restes.
RAOUZO, s. f. Tartre, dépôt terreux et salin produit dans les tonneaux par la fermentation du vin, et qui s'attache aux douves : *Y'a fosso raouzo*, il y a beaucoup de tartre; fig., Nuage à l'horizon : *Se lèbo uno raouzo*, il se forme un nuage.

## RAP

RAPACITAT, *Abiditat*, s. f. Rapacité, ardeur à la rapine. (Du latin *rapacitas*.)
RAPATALHO, *voyez* RACALHO.
RAPÈL, s. m. Rappel, t. militaire, Manière de battre le tambour pour faire revenir les soldats : *Batioou lou rapèl*, on battait le rappel.
RAPELA, v. act. Rappeler, appeler de nouveau, faire revenir; Faire souvenir : *Me rapelaras de te douna ço que sabes*, tu me rappeleras de te donner ce que tu sais; t. de milit., Battre le rappel. (Racine *apela*.)
RAPELA (SE), v. pro. Se Rappeler, se souvenir de....

El se *rappelo* anfin, y ben en soubenenço
Que despey qualque tems, que despey la naïssenço,
L'y tenoun pla clabats certens appartomens,
Ount anabo jadis coulca soun passo-tems :
Penden qua'quel pensa i'y capigno la closco....
M. CEREN.

RAPETISSA, *voyez* APIXOUNA.
RAPIDE, DO, adj. Rapide, qui se meut avec vitesse; Est fait avec célérité. (Du latin *rapidus*.)
RAPIDITAT, s. f. Rapidité, vitesse, célérité, promptitude : *B'a fax ambe rapiditat*, il l'a fait avec rapidité. (Du latin *rapiditas*.)
RAPIDOMEN, adv. Rapidement, avec rapidité. (Du latin *rapidè*.)
RAPIÈÇA, *voyez* PETASSA.
RAPINA, v. act. et n. Rapiner, voler : *Aco's aytal que rapino*, c'est ainsi qu'il rapine. (Du latin *rapere*.)
RAPINO, s. f. Rapine, larcin, pillage : *Un*

aouzèl de rapino, un òiseau de rapine. (Du latin rapina.)

Eh! qu'un n'és pas l'esfraï dè lo paouro golino,
Quond hey plona dins l'aïré un aussèl dé ropino?
Sè tourmento, s'hérisso, é d'un crit saubertous,
Jous l'obric dé soun alo ossemblo sous pichous.
PRAD.

RAPINUR, voyez BOULUR.
RAPLE, voyez REPLE.
RAPORT, s. m. Rapport, revenu, produit : Lou raport es pixou, le rapport est petit; Narration, récit, compte rendu; Relation indiscrète ou maligne de ce qu'on a vu ou entendu; Relation de choses entre elles, à leur fin : Y'a pas cap de raport, il n'y a aucun rapport; Communication, commerce : N'aben pas cap de raport, nous n'avons aucun rapport.

RAPORT (PER), adv. Par rapport à....; Par comparaison.

RAPOURTA, v. act. Rapporter, remettre une chose au lieu où elle était, à la personne à qui on l'avait prise : Ba-me rapourtaras, tu me le rapporteras; Produire en parlant des terres, des choses qui fructifient; Narrer, raconter, faire le récit de... : Me rapourtabo un fait, il me rapportait un fait; Redire par indiscrétion ou malignité; Citer, alléguer un passage. (Racine pourta.)

RAPOURTA (S'EN), v. pro. S'en Rapporter à...; Prendre pour arbitre.

RAPOURTUR, s. m. Rapporteur, celui qui fait des rapports faux ou indiscrets : Escoutes pas lous rapourturs, n'écoutez pas les rapporteurs; Celui qui fait le rapport d'un procès.

RAPROUXA, Raproucha, v. act. Rapprocher, considérer les choses sous leurs rapports réciproques; Préparer, ménager, procurer une réconciliation : Lous nous cal raprouxa, il nous les faut rapprocher. (Racine aprouxa.)

RAPROUXA (SE), v. pro. Se Rapprocher, revenir vers...

RAPROXOMEN, Raprochomen, s. m. Rapprochement, réconciliation.

## RAQ

RAQUIN, s. m. Requin, gros poisson de mer, très-vorace. (De requiem, parce que ce terrible poisson dévore tout ce qui se trouve à sa portée.)

## RAR

RARE, RO, adj. Rare, qui arrive, se trouve peu souvent; Qui n'es pas commun : Es rare. (Du latin rarus.)

RARETAT, s. f. Rareté, disette : Y'a raretat de blat, il y a rareté de blé; Chose rare, singulière, curieuse : Aco's uno raretat, c'est une rareté. (Du latin raritas.)

Nani, jamay plus n'es estat
Ni nou beyren la raretat
Qu'uno filho fasso maynatge,
Et mantengo sense doumatge
La flou de sa Birginitat.
A touts Seignous,
Toutos aunous,
Et nous aous honnouren d'un Nouël agréable
Lou fil de Diu que poussedis
Toutes lous tresors de Paradis
Et per l'amour de nous pays ouey dins un estable.
G.

RAROMEN, adv. Rarement, peu souvent : Ben raromen. (Du latin raró.)

## RAS

RAS, O, adj. Ras, se, qui a le poil coupé jusqu'à la peau; Plat, uni; Plein sans être comble : Lou goubelet éro ras, le verre était plein. (Du latin rasus.)

RAS (TOUT), adv. et prép. Tout près, joignant : Demouran al ras, nous restons tout près.

RASCA, voyez TIGNO.

RASCAGNA, v. act. Égratigner, déchirer légèrement la peau : M'as rascagnat la ma, tu m'as égratigné la main; fig., Déchirer les oreilles, donner une impression pénible par de faux tons : Me rascagno las aourelhos, il me déchire les oreilles.

RASCAGNUT, DO, adj. Grossier, ère, rude, âpre : Es tout ple rascagnut, c'est très-rude.

RASCAL, voyez CASCAL.
RASCALA, voyez ESCALA.

RASCAS, s. m. Pierrée, chaussée d'un ruisseau, d'un ravin; Arceau en maçonnerie au-dessus d'une porte, d'une fenêtre, pour soulager le linteau, ou pierre de taille : Fazes-y un rascas, faites-y un arceau.

Lés trossés dé rascas, dé mourrals, dé mountagnos
Qu'abion fait abouqua l'engin das Charlomagnos
Toumbèroun joux sas mas ;
Et tandis qu'altour d'èl l'ignourenço acharnado
Disio : Succoumbara...; sé fousquèt pas birado
Qu'èl passèt lé Malpas.
DAY.

RASCASSA, v. act. Faire une pierrée, passer un arceau au-dessus d'une fenêtre.

RASCLA, v. act. Râcler, toucher à peine, légèrement ; A peno y rasclo, à peine cela y touche; fig., Prendre légèrement au gosier, en parlant d'une boisson; Râcler du violon; Ratisser une allée; Écailler un poisson. (Du latin radiculare.)

RASCLADURO, s. f. Râclure, ce qu'on a enlevé en râclant.

RASCLAOUZADO, voyez PALSIÈYRADO.

RASCLAYRE, s. m. Râcleur, mauvais joueur de violon.

RASCLE, s. m. Perdrix grise; t. de tan., voyez Coutèl rascle.

RASCLE, voyez RACLOIR.
RASCLO, voyez RAYMAX.
RASCOUS, voyez TIGNOUS.
RASO, voyez RAZO.

RASPA, v. act. Raper, mettre en poudre avec la rape, limer avec la rape; fig., Battre quelqu'un, le gagner au jeu : La raspat, il l'a gagné. (De l'allemand raspeln.)

RASPADO, voyez BRANDIDO.

RASPALHA, v. act. Rafler, enlever tout, faire vite : B'as agut leou raspalhat, tu l'as eu bientôt enlevé.

RASPAL, s. m. Reste, le plus mauvais de ce qui était dans une planche de jardin ou dans une chenevière quand on a déjà arraché : Y demoro pas que lou raspal, il n'y a plus que les restes.

RASPASSAL, voyez BRANDISSAL.

RASPAYRE, O, adj. Ouvrier qui rape; Habile au jeu.

RASPI, v. act. Ravir, prendre violemment : Ba y'a raspit de pes dets, il le lui a pris des doigts. (Du latin rapere.)

RASPO, s. f. Râpe, ustensile pour mettre en

poudre par le frottement ; Espèce de lime des sculpteurs, menuisiers. (Du latin *radura*.)

**RASPURO**, s. f. Râpure, ce qu'on enlève avec la râpe; Croûte de pain réduite en poudre pour paner la viande. (Racine *raspo*.)

**RASSA**, v. n. Rejeter, ne pas admettre, ne mettre pas au nombre : *L'an rassat*, on l'a rejeté.

**RASSADO**, *voyez* RAÇO.

**RASSAZI**, *Rassazia*, v. act. Rassasier, apaiser entièrement la faim; fig., Contenter : *Poudio pas lou rassazia*, je ne pouvais pas le rassasier. (Du latin *satiare*.)

Quoique soumes et ple d'oubeïssenço
Al suxomen randut per toun gouzié ;
Te fizes pas que bolgo sans benxenço
*Rassazia* toun enorme fasié.
Quoique parfait, et pescaxou moudèlo,
Mince, daourat, sucrat, delicious,
Te foursarey à laxa la brutèlo
A m'escupi de toutos las fayssous. A. B.

**RASSAZI** (SE), v. pro. Se Rassasier, contenter son appétit.

**RASSAZIANT**, TO, adj. Rassasiant, te, qui rassasie.

**RASSEGA**, *Ressega*, *Ressa*, v. act. Scier, couper, diviser, partager avec la scie; fig., Faire l'usure : *Sap pla rassega*. (Du latin *secare*.)

En besen soun col dret qu'y *ressego* l'aoureillo,
Soun capel de rouillé sur soun froun descarnat
Et soun frac pet-en-l'air, et soun col empesat
Qui pouyo s'empatcha d'y toumba sur la peillo ?

**RASSEGAYRE**, *Ressegayre*, *Ressayre*, s. m. Scieur, celui qui scie, scieur de long; fig., Usurier : *Aco's un rassegayre*, c'est un usurier. (Racine *rassega*.)

**RASSEGAXE**, *Ressegaxe*, s. m. Sciage, ouvrage de scieur, ce qu'il coûte de faire scier : *Lou rassegaxe ba rand car*, le sciage le rend cher.

**RASSEGO**, *Ressego*, *Resso*, s. f. Scie, lame de fer longue et mince, à dents pour couper le bois : *Tira la rassego*, voyez MIFFA; *Fayre ana la rassego*, prendre de gros intérêts. (Du latin *serra*.)

**RASSEGO**, s. f. Bran de scie; Sciure, ce qui tombe du bois quand on scie. (Du latin *serratura*.)

**RASSEMBLA**, v. act. Rassembler, mettre ensemble; Amonceler; Réunir : *Trazi mal de lous rassembla*, j'ai peine à les réunir. (Racine *assembla*.)

**RASSEMBLOMEN**, s. m. Rassemblement; Concours de personnes : *Y'abio un grand rassemblomen*, il y avait un grand rassemblement.

**RASSET**, *voyez* RACET.

**RASSEXA**, *voyez* RACEXA.

**RASSIÉ**, *voyez* RACIÉ.

**RASSO**, *voyez* RAÇO.

**RASSOU**, *voyez* MARRAFEC.

**RASSURA**, v. act. Rassurer, mettre en état de sûreté ce qui n'y était pas, rendre plus ferme; fig., Remettre d'un trouble; Rendre la tranquilité, la confiance : *M'a pla rassurat*, il m'a bien tranquilisé.

**RASSURA** (SE), v. pro. Se Rassurer, se remettre d'un trouble; Redevenir beau en parlant du temps. (Racine *assura*.)

Se la criminelo flamo
Escalfavo ta passiou,
Rassegure-te, moun amo !
Joust las alos de toun Diou.
Toun interès lou regardo ;
El soustendra ta vertut ;
Exprés soun Anjo te gardo
Et veillo sur toun salut. FUJ.

**RASSURENÇO**, s. f. Tranquillité, espérance d'être tranquille.

**RASTÈL**, *Puadèl*, s. m. Râteau, instrument d'agriculture, de jardinage; l'Épine ou les vertèbres auxquels tiennent les côtes, le râtelier d'une écurie : *A lou rastèl ple*, le râtelier est plein ! Râteau de cordier servant à soutenir le fil à proportion qu'on le travaille. (Du latin *rastellum*.)

**RASTELA**, v. act. Râteler quand on unit avec le rateau; Faucheter quand on ramasse avec le fauchet l'herbe fanée d'un pré, et la paille de dessus le blé quand il est battu. (Racine *ra-tèl*.)

**RASTELADO**, s. f. Râtelée, ce qu'on ramasse en un coup de râteau.

**RASTELAYRE**, O, s. m. f. Râteleur, celui qui râtèle les foins, faneur.

**RASTELIÉ**, s. m. Râtelier, espèce d'échelle placée en long dans une écurie, au-dessus de la mangeoire, pour y mettre le foin : *Lou rasteliè es naout*, le râtelier est haut; Bois garni de chevilles pour poser les fusils, les miches de pain : *Aben lou rasteliè garnit*, nous avons le râtelier garni.

Eh ! quai boulés qué l'of bous bengo,
Sé nous haussas lou *rostèliè* ;
Sé clobas ouflicé é céliè ?
Noun pas Jan-Glaoudés, Diou mé prengo. PRAD.

**RASTELO**, s. f. Fauchet, espèce de râteau qui a des dents de bois des deux côtés et qui sert à ramasser l'herbe fanée dans un pré. (Du latin *rastellum*.)

**RASTOULHO**, *voyez* RESTOULHO.

### RAT

**RAT**, s. m. Rat, petit quadrupède rongeur à longue queue. (De l'allemand *ratze*.)

Aourioy prou pla dourmit, s'al galatas les gats
N'abion pas més à mort un regiment de *rats* ;
You creziou que l'infer d'ambe touto sa clico
Abio mudat aqui sa negro mécanico. VESTREP.

**RATA**, v. n. Rater, ne point partir; En parlant d'une arme à feu : *Lou fusil a ratat*; Ne pas manquer de payer au moment fixé : *Podès beni, aco ratara rés*; Donner la chasse aux rats : *Bay-t'en rata*, dit-on à un chat.

**RATADO**, s. f. Mangeure, endroit d'un pain mangé des rats, des souris.

**RATADURO**, s. f. Rongeure, mangeure des rats.

**RATAFIA**, s. m. Ratafia, liqueur composée d'eau-de-vie, de sucre et de jus de certains fruits: *Un beyre de ratafia*, un verre de ratafia. Les anciens faisaient affaires le verre à la main. Au moment de conclure le marché, on apportait du meilleur vin de la cave, et l'on buvait après avoir prononcé ces mots : *Res rata fiat* (que la chose soit ratifiée); on ne revenait jamais contre un pareil acte. On n'a conservé que les deux derniers mots pour désigner le *ratafiat*.

**RATATINA** (SE), v. pro. Se Ratatiner, se rabougrir, se rapetisser; se Faner, se flétrir, se rider : *Que s'es ratatinado !* qu'elle s'est ridée !

## RAT

**RATAT, ADO**, adj. Mangé, rongé des rats, des souris.

**RATAYRE**, *Ratié*, adj. Qui fait bonne guerre aux rats : *Es boun ratié*; fig., Ratier, bizarre, capricieux : *Crezi qu'es ratié*, je crois qu'il est ratier.

**RAT BUFFOU**, s. m. Musaraigne, petit mammifère, espèce de souris des champs à long museau.

**RAT D'AYGO**, s. m. Rat d'eau, grosse variété aquatique du rat ordinaire.

**RAT DE CABO**, s. f. Rat de cave, employé des contributions pour la visite des liqueurs en cave : *Garo lous rats de cabo!* gare les rats de cave.

**RATETOS**, *voyez* RATOUNOS.

**RAT GRIOULÉ**, *voyez* MISSARRO.

**RATIÉ**, s. m. Épervier, oiseau de proie très vorace dont on compte plusieurs espèces; Crécerelle, oiseau de proie à voix très aigu.

**RATIÉYRO**, s. f. Ratière, machine, piège pour prendre les rats : *Cal garni la ratiéyro*, il faut garnir la ratière.

**RATIFIA**, v. act. Ratifier, approuver, confirmer ce qui a été fait ou promis : *B'a tout ratifiat*, il a tout ratifié. (Du latin *ratum*, *facere*.)

**RATIFICATIOU**, s. f. Ratification, approbation, confirmation : *Aben la ratificatiou de tout ço qu'es fax*, nous avons la ratification de tout ce qui est fait.

**RATINO**, s. f. Ratine, étoffe de laine croisée.

**RATIOU**, s. f. Ration, portion de vivres : *Trobo la ratiou pixouno*, il trouve la ration petite. (Du latin *ratio*.)

**RATISSA**, v. act. Ratisser, emporter les ordures des allées d'un jardin : *Cal ratissa las aléos*, il faut ratisser les allées.

**RATISSOIR**, s. m. Ratissoire, instrument pour ratisser les allées.

**RATO**, s. f. Rate, partie du corps, molle, spongieuse au flanc gauche : *Aco t'egayara la rato*, cela te rendra joyeux; les Quenottes d'un enfant.

**RATO-PLENO**, *Ratoperno*, s. f. Chauve-souris, sorte d'oiseau nocturne qui a des ailes membraneuses; fig., Personne pieuse et dévote; (De ce que pendant la révolution les prêtres, qui rentraient de l'exil, pour n'avoir pas voulu faire le serment, étaient forcés de faire la *soumission*, ou ils ne pouvaient pas dire la messe dans les églises; alors ils la disaient dans des maisons la nuit. Les personnes qui y assistaient étaient de *rato-plenos*.)

> Tout éscas nous ataoulavian,
> Qué lous moustres qué fugissian,
> Embé milla cris éspantables,
> Introun aqui couma dé diables;
> Aviên voulat sus lou dinna,
> Venguèroun à pé per soupa.
> Las maouditas *ratapénadas*,
> Sus lou coustit énfurénadas,
> Mordoun, brafoun, éstripoun tout,
> E soun bel ésfouyras al bout.         F.AY.

**RATO-PLENO (Gnosso)**, s. f. Oreillard, chauve-souris plus grande.

**RATOU**, s. m. Ratillon, petit rat; t. de nour., Petit enfant : *Lou meou ratou*.

**RATOUNOS**, s. f. Quenottes, dents de petit enfant : *Las ratounos y fan mal*, les dents lui font mal.

**RATRAPA**, v. act. Rattraper, attraper de nouveau; Recouvrer ce qu'on avait perdu.

**RATUMAT**, *Ratat*, adj. Raté, qui sent à rat, qui a été rongé des rats : *Aquel fe sentis lou ratumat*, ce foin sent le raté.

**RATURA**, v. act. Raturer, effacer par un trait de plume : *A raturat un mot*, il a raturé un mot. (Du latin *radere*.)

**RATURO**, s. f. Rature, trait de plume, passé sur l'écriture : *Y'a pas cap de raturo*, il n'y a pas une rature. (Du latin *ratura*.)

## RAX

**RAX**, *Rach*, s. m. Jet : *Lou prumié rax*, le premier jet.

**RAXA**, *Rajha*, *Rigoula*, v. n. Couler : *La barriquo bol pas raxa*, la barrique ne veut pas couler; Apostumer, jeter de pus; Fuir, suinter : *La barriquo raxo*; Découvrir, s'assurer si un œuf est fécondé et le poulet développé : *Me cal raxa lous toous*.

> Pas prou léou : l'ennemit acampat és a futos;
> Soun san per tout *rigolo* et lou sol n'es trempat
> Gn'a del nostre tabe, car dins aquelos lutos
> Lou trioumfe éro chèr croumpat.      J.

**RAXADO**, *Rajhado*, s. f. Le Pardessus, la bonne mesure, la réjouissance · *Faxes-me la raxado*, mettez-y le pardessus; Filet, un peu : *Uno raxado d'oli*, un filet d'huile.

**RAXENT, TO**, *Rajhent*, adj. Dégouttant, te, de pluie, de sueur : *Souy tout raxent*, je suis tout dégouttant de pluie.

**RAXENTA**, *Rajhenta*, v. act. Mouiller entièrement : *M'a raxentat*, il m'a tout mouillé.

**RAXETA**, *Racheta*, v. act. Racheter, délivrer à prix d'argent. (Du latin *redimere*.)

**RAXO**, *Rajho*, s. f. Rage, délire furieux accompagné d'horreur pour les liquides et qui revient par accès; fig., Transports furieux de dépit, de colère; Passion violente; Manie portée à l'excès: *A la raxo das xabals*, il a la manie des chevaux; Au grand soleil : *Es à la raxo dal soulel*.

**RAXO**, *voyez* CONVOULO.

**RAXOL**, *Rajhol*, s. m. Jet; coulant d'une fontaine, le fil, le courant de l'eau : *Al raxol de l'aygo*, au coulant de l'eau.

**RAXO PÉ (DE)**, *Rajho*, adv. D'Arrache-pied, sans discontinuité, sans quitter son travail : *B'aben fax tout de raxo pé*, nous l'avons fait d'arrache-pied.

**RAXOULA**, *Rajhoula*, *voyez* RAXA.

**RAXOULADO**, *Rajhoulado*, *voyez* RAXADO.

**RAXUNI**, *Rajhuni*, v. act. Rajeunir, rendre l'air, la fraicheur de la jeunesse.

**RAXUSTA**, *Rajhusta*, v. act. Rajuster, raccommoder. (Racine *axusta*.)

## RAY

**RAYA**, v. act. Rayer, faire une raie; Effacer par des ratures; fig., Ôter d'une liste : *L'an rayat*. (Du latin *radere*.)

> Rayas-bo, se bous plaï, d'alount b'abes escrix.
> Aboï qu'aoutrés cots certos hous estimabi,
> Mais y'eï pla renouuçat desper quicon que sabi.   D.

**RAYMAX**, *Raimach*, s. Coupe-pâte, instrument dont se sert le boulanger pour détacher la pâte du pétrin : *Baylo-me la raymax*, donne-moi le coupe-pâte. (Racine *rayre* et *max*.)

**RAYNARDIÉYRO**, s. f. Lieu qui sent le renard.

**RAYNART**, *Gueyne*, s. m. Renard, quadrupède carnivore du genre chien, très-rusé; fig., Homme fin, rusé : *Qu'un raynart!* quel fin renard! (De l'allemand *reinhard*.)

**RAYNETO**, s. f. Raine, petite grenouille verte; Petite crécelle, ou moulinet de bois dont se servent les enfants; fig., Enfant qui pleure : *Qu'uno Rayneto!* Rainette, sorte de pomme très-estimée; Outil de charpentier pour tracer et pour arranger les scies : *Presto la rayneto*, prête-moi la rainette. (Du latin *rana*.)

**RAYO**, s. f. Raie, trait de plume; Ligne sur la peau, les étoffes, etc.; Poisson de mer cartilagineux : *Uno grosso rayo*, une grosse raie. (Suivant *Ménage*, du latin *radia*.)

**RAYOUN**, s. m. Rayon, trait de lumière, surtout du soleil; sa Représentation : *N'ey bist un rayoun*, j'en ai vu un rayon. (Du latin *radius*.)

La coulèro de Dious un cop apazimado
L'aygo s'abalisquèt, et la terro negado
Tournet moustra le nas as *rayouns* del soulel.
L'Unibers tout raspat semblabo pas pus el.  DEB.

**RAYOUNA**, v. n. Rayonner, jeter, répandre des rayons; Briller, être éclatant de... : *Rayounabo de xoyo*, il rayonnait de joie. (Du latin *radiare*.)

**RAYOUNANT, TO**, adj. Rayonnant, te; Brillant, radieux.

**RAYRE**, v. act. Rader, passer la radoire, *razouyro*, pour ôter le trop-plein d'une mesure : *Cal rayre xust*, il faut rader juste. (Du latin *radere*.)

**RAYR'EL** (DE), adv. Du coin de l'œil, de mauvais œil : *M'agaxabo de rayr'èl*, elle me regardait de mauvais œil. (Racine *él*.)

**RAYRE MARGUE**, s. m. Adresse, dextérité : *Aco depen dal rayre-margue*, cela dépend de l'adresse.

**RAYRE-PUN**, s. m. Arrière point, terme de couturière.

**RAYS**, voyez BRASSOU.

**RAYSSA**, *Moulina*, v. act. Glisser, faire avancer une grosse pierre, une grosse pièce, moyennant un corps qui lui sert de point d'appui; Cahoter, en parlant d'une voiture qui cahote.

**RAYSSADO**, s. f. Cahot, saut d'une voiture, d'une charrette sur un chemin inégal; Inégalités d'un chemin : *Manco pas de rayssados*, il ne manque pas d'inégalités.

**RAYSSEXA**, *Raissejha*, Cahoter, essuyer des cahots : *Aqueste boussi anan rayssexa coumo cal*, pendant cet espace nous serons cahotés en règle; (Par onomatopée du bruit que fait une charrette qui glisse, cahote.)

**RAYSSO**, s. f. Cris, gémissement que fait une roue qui n'est pas graissée.

## RAZ

**RAZA**, v. act. Raser, couper le poil, surtout la barbe, tout près de la peau avec un rasoir; Démolir entièrement; Passer tout auprès avec rapidité : *Razabo l'aygo*, il effleurait l'eau; Combler un fondement, un trou : *Aben razat lou foundomen*, nous avons comblé le fondement; Rader, en parlant des grains qu'on mesure; on Rade, en faisant glisser la radoire sur la mesure pour retrancher ce qui déborde. (Du latin *radere*.)

**RAZADO**, s. f. Rasade, verre plein jusqu'au bord.

**RAZADOUIRO**, voyez RAZOUYRA.

**RAZAYRE**, voyez BARBIÉ.

**RAZEN**, *Tenen*, adv. Tout près, attenant : *Demoro razen la gleyzo*, il reste tout près l'église.

**RAZIBUS**, voyez RAZEN.

**RAZIGOT**, *Razic*, s. m. Chicot, la partie de la dent qui reste après que la couronne a été détruite ou enlevée : *Y'ey encaro calque razigot*, Ce qui reste d'une branche d'arbre coupée.

**RAZIMAT**, s. m. Raisiné, confiture liquide de raisinet, de poires. (Racine *razin*.)

**RAZIMELO**, voyez AGRAS.

**RAZIN**, s. m. Raisin, fruit de la vigne en grappe; il y en a de plusieurs espèces. (Du latin *racemus*.)

Dins aquel parc tout aboundava :
Lou *razin* surtout, quan dounava,
Rendié dous mios, et souven très,
D'un vi qu'era un paouquét éspés,
Mais d'un brave gous de faouterna.
Per lou mouyen d'una cisterna,
Fort aboundanta quan plouvié,
Paro, castel, vila, tout buvié.  FAV.

**RAZIN DE FARDO**, s. m. Phytolorgue.

**RAZIN DE LA MATALENO**, s. f. Morillon ou raisin de la Magdeleine.

**RAZO**, s. f. Petite fosse qui fait la séparation d'une vigne avec celle du voisin : *La razo n'ero pleno*, le fossé en était plein; Rouanne, instrument de sabotier : *Passo-y la razo*, passez-y la rouanne.

**RAZOU**, s. f. Raison, faculté intellectuelle qui distingue l'homme de la bête; Ce qui est de droit, de justice, d'équité : *Aco's aytal, a razou*, c'est ainsi, il a raison. (Du latin *ratio*.)

Mais Maltro brino nou soupiro,
Tramblabou qu'anguèsse mouri
Se trompou, n'en mort pas, parey que s'en counsolo;
Fixo Jaques beziadomen,
Apey ris, ris coumo uno folo...
Helas! nou poudio plus aro rire aoutromen,
La fillo paouro ero innoucento
As mots que l'infidel abio deychats toumba
Maltro begno, paouro souffrento,
De perdre sa *razou* per nou plus la trouba.  J.

**RAZOU**, s. m. Rasoir, instrument à manche et tranchant très fin pour raser : *As un boun rasou*, tu as un bon rasoir.

**RAZOUYRA**, voyez RAYRE.

**RAZOUYRO**, s. f. Radoire, instrument pour rader les mesures de grain.

**RAZOUNA**, v. act. Raisonner, ne pas agir sans se rendre compte de ce que l'on fait : *Aban de fa, cal razouna*, avant de faire, il faut raisonner; se Servir de la raison pour connaître, pour juger : *Bol pas razouna*, il ne veut pas raisonner; Murmurer, ne pas convenir de son tort : *Touxcoun cal que razoune*, il faut qu'il murmure toujours. (Du latin *ratiocinari*.)

**RAZOUNAPLE**, O, adj. Raisonnable, doué de raison, conforme à la raison; Equitable, juste, convenable; Au-dessus du médiocre. (Du latin *rationabilis*.)

**RAZOUNAPLOMEN**, adv. Raisonnablement, avec raison, convenablement, passablement : *B'a bendut razounaplomen*, il l'a vendu raisonnablement.

**RAZOUNAYRE**, RO, adj. Raisonneur, euse, qui allègue des excuses, qui réplique, murmure contre les ordres de son supérieur : *N'aymi pas lous razounayres*, je n'aime pas les raisonneurs.

**RAZOUNOMEN**, s. m. Raisonnement, faculté,

action de raisonner : *A un fort boun razounomen, il a un fort bon raisonnement.*

Quand on es amourous on n'a pas cap de sen
Atabé l'on fa pas cap de *razounomen.*  D.

RAZOUNUR, *voyez* RAZOUNAYRE.

## RE

RE, Particule qui entre dans la composition des mots, auxquels elle donne un sens itératif ou augmentatif : *Redire, rebattre, relaxa.*

RÉ, s. m. Ré, seconde note de la gamme : *Aco's un ré.*

RE, *Res, Ren*, s. m. Rien, nulle chose, presque rien : *N'a pas agut re,* il n'a rien eu. (Du latin *re* ablatif de *res,* chose.)

### REA

REABILITA, v. act. Réhabiliter, rétablir dans le premier état, dans les anciens droits ; Réparer les vices d'un premier mariage. (De la particule latine *re* et de l'adj. *habilis,* propre à...)

REACTIOU, s. f. Réaction, vengeance d'un parti opprimé, lorsqu'il devient le plus fort : *Cal crenta uno reactiou,* il faut craindre une réaction.

REALITAT, s. f. Réalité, chose réelle : *Aco's uno realitat* (Du latin *realitas.*)

REALIZA, v. act. Réaliser, rendre réel et effectif : *Boli realiza lou prouzèt de beni,* je veux réaliser le projet de venir. (Racine *réel.*)

REARPENTA, v. act. Réarpenter, arpenter de nouveau. (Racine *arpenta.*)

REAXI, v. act. Réagir, abuser à son tour de la force. (Racine *axi.*)

### REB

REBA, v. n. Rêver, faire un rêve ; Être en délire, extravaguer : *Rèbo soun plen cap,* il rêve sa pleine tête. (Du grec *rhembein.*)

REBADIS, s. m. Rêvasserie, rêves sans suite pendant un sommeil agité : *Aquel rebadis me fa mal,* cette rêvasserie me fait mal.

REBALA, *voyez* TRIGOUSSA.

REBAOUSSA, *voyez* RETROUSSA.

REBARIÉ, RIO, s. f. Rêverie, rêve sans dormir ; Idée extravagante ; Pensée qui absorbe l'esprit : *Qu'uno rebarié!* quelle rêverie !

REBASSEXA, v. n. Rêvasser, faire des rêves.

REBASSO, s. f. T. de tisserand, pièce inférieure du cadre mouvant.

REBASTI, v. act. Rebâtir, bâtir de nouveau. (Racine *basti.*)

REBATEDIS, *voyez* REBATOMEN.

REBATOMEN, s. m. Crépissure, enduit de mortier sur un mur : *Te cal aqui un boun rebatomen,* il faut une bonne crépissure ; Réflexion, réverbération du soleil : *S'es anat metre al rebatomen d'al soulel,* il s'est placé à la réverbération du soleil.

REBATRE, v. act. Recrépir, hérissonner, enduire un mur de mortier : *Cal rebatre lou capial,* il faut recrépir le mur de fonds ; Aux quilles, Jouer de rabat : *Laysso-me rebatre;* Réverbérer en parlant du soleil : *Lou soulel y rebat,* le soleil réverbère ici. (Racine *batre.*)

REBATUDO, s. f. Rabat ; Au jeu de quilles, coup que l'on joue de l'endroit où la boule s'est arrêtée.

REBAYRE, O, adj. Rêveur, euse, qui s'abandonne à ses pensées ; Mélancolique, radoteur.

REBAYS, *Rabays*, s. m. Rabais, diminution de prix et de valeur : *Y'a un rabays,* il y a un rabais.

REBAYSSA, *voyez* RABAÏSSA.

RÈBE, s. m. Rêve, assemblage confus, combinaison d'idées qui se présentent à l'esprit pendant le sommeil : *Ey fax un rèbe afrous,* j'ai fait un rêve affreux ; fig., Idée, projet chimérique. (Du grec *rhembé.*)

Oh ! coumma s'és partis, *rêvés dé ma jouynessa,*
Qué m'avés tant bressat dé douças illusioûs
Quan fasias vioûró én yéou l'amour é la téndréssa
Que fasioou mas occupatioûs !  PEYR.

REBECA (SE), v. pro. Se Rebéquer, répondre avec fierté, tenir tête à... : *Se rebéco souben,* il tient tête souvent. (Racine *bec.*)

REBECAYRE, *voyez* RAZOUNAYRE.

REBEL, s. m. Réveil, cessation, interruption du sommeil ; Réveille-matin, horloge dont la sonnerie réveille à l'heure sur laquelle on a placé l'aiguille d'avance : *Lou rebèl n'a pas sounat,* le réveille-matin n'a pas sonné.

REBELA, v. act. Révéler, déclarer, découvrir ce qui était inconnu. (Du latin *revelare.*)

REBELHA, v. act. Réveiller, éveiller de nouveau, tirer du sommeil ; fig., Renouveler, exciter de nouveau : *Bas rebelha uno bielho caouso,* tu vas renouveler une vieille affaire ; Agacer quelqu'un : prov., *Qui derebelho lou co quand dor, se lou mourdis y fa pas tort,* qui réveille le chien qui dort, s'il le mord, il n'a pas tort.

Ambé touto counfiençọ
Dis, à Dious, sies moun abric :
Munit de vostro assistençọ
Crenti pas cap d'enemic.
Tant que vostre èl sus yeou veillọ
Lou Diaple a bèl me tenta
Vostre det que me revelho
Lou forçọ à me laissa sta.
PUJ.

REBELLE, O, adj. Rebelle, qui refuse d'obéir à un supérieur, à son souverain ; fig., Qui résiste : *Es touxoun rebelle,* il est toujours rebelle. (Du latin *rebellis.*)

REBENANT, s. m. Revenant, prétendu esprit qui revient de l'autre monde ; Spectre, fantôme ; *Semblos un rebenant,* tu sembles un revenant. (Du latin *veniens.*)

Oh ! que sentioy de plazés et de penos
Quand dizio l'*Ogro et lou picho Poucet ;*
Mais quand pintrabo, al brut de cent cadenos,
Cent *Rebenans* dins un biel oustalet,
Quand nous dizio *Lou Sourcié, Barbo-Bluyo,*
*Lou Lout-Garou* qu'hurlabo dins la ruyọ,
Miey mort de poou, gaouzabi plus poulsa,
Et quant sourtioy, que méjoney sounabo,
Sourciers et Louts-Garous, à ço que me semblabọ,
Eroun toutjour darré préstes à m'accoursa. J.

REBENDA, *voyez* PROUBAXA.

REBENDRE, v. act. Revendre, vendre ce qu'on avait acheté : *Ba bol rebendre,* il veut le revendre. (Racine *bendre.*)

REBENDEYRE, O, s. m. f. Revendeur, euse ; celui, celle qui fait métier de revendre ; Fripier ; Regrattier ; Femme qui achète des jardiniers de quoi revendre : *B'ey baylat à la rebendeyro,* je l'ai donné à la revendeuse.

REBENGUT, s. m. Revenu, produit annuel, rente : *As un pixou rebengut*, tu as un petit revenu.

REBENI, v. act. Revenir, retourner au lieu d'où l'on était parti; Croître de nouveau; Causer des rapports, des vapeurs, en parlant des aliments. (Racine *beni*.)

> Oh ! sourtissex dé ma pensado,
> Régrets, sounax un tristé clas :
> Coumo la sourço tréboulado
> Per la pleijo dal cel toumbado
> Fugissex et *rebenguex* pas. DAV.

REBENI (FA), v. n. Blanchir, faire revenir la viande sur la braise ou dans l'eau chaude : *La te cal fa rebeni*, il faut la faire revenir.

REBENXA, v. act. Revancher, défendre quelqu'un qui est attaqué. (Racine *Benxa*.)

REBENXA (SE), v. pro. Se Revancher, rendre la pareille.

REBENXO, s. f. Revanche; t, de jeu, Seconde partie accordée au perdant, pour se racquitter : *Fazen la rebenxo*, nous faisons la revanche.

REBERA, v. act. Révérer, avoir en vénération; Porter un grand respect : *Lou te cal rebera*, tu dois le révérer. (Du latin *revereri*.)

REBERBÈRO, s. m. Réverbère, lanterne suspendue : *Lou reberbèro s'es atudat*, le réverbère s'est éteint. (Du latin *reverbero*, fait de *re* pour *retro*, en arrière, et de *verberare*, frapper en arrière.)

REBERDI, v. n. Reverdir, redevenir vert. (Racine *bert*.)

> Aco's Dious, ô fenno sterillo !
> Que *reverdis* tous darniés ans;
> Et te rand la mayre fertillo
> D'uno pepinieyro d'effans,
> Que, sansibles à ta tendresso,
> Te fialaran lous pus bels jours,
> Seran la gloiro, lou secours,
> Et lou plase de ta vielhesso. PUJ.

REBERENÇIO, s. f. Révérence, mouvement pour saluer, salutation : *Fay-y la reberençio*, fais-lui la révérence. (Du latin *reverentia*.)

REBERENTIOUS, OUSO, adj. Révérencieux, euse.

REBERSIPLE, O, adj. Reversible, qui doit retourner à... : *La pensiou es rebersiplo*, la pension est reversible.

REBERTA, *Retrayre*, v. n. Ressembler, avoir de la ressemblance avec... : *Reberto pla à calqu'un que couneyssi*, il ressemble beaucoup à quelqu'un que je connais. (Du latin *revertor*, revenir.)

REBES, s, m. Rebours, le contre-poil; Envers d'un habit : *L'as cargat al rebès*, tu l'as mis au rebours; le Devant d'un habit de militaire dont la couleur est différente : *Abien lou rebès xaoune*, nous avions les revers jaunes. (Du latin *reversus*.)

> Sur un luth mal fargat d'uno boux surannado,
> De retals mal cousuts ay fayt uno azinado,
> Ey cantat, Dious dou sap, beleou tout de trabèst
> Et sans doute birat las reglos al *rebèst*.
> Mais que bos, l'animal qu'a caouzat moun extazo,
> Probo per sous papiés qu'es parent de Pegazo,
> Et jou qu'ey dins le cap un d'aques bers roungurs
> Qu'engendrou may que tant de paoures rimurs,
> Aprèp abe souscat, me souy dit : pos escaze
> Per mounta sul roussi, te cal exalta l'aze.
> Un parent pot belcop sur l'esprit d'un parent,
> Aouras la prouteçtiou d'un bourriquet puissent
> Et beleou qualque jour aquel aze de raço
> Te pouyo fa plaça marguillé del Parnasso. DEBAR.

REBESSIÈ, ÈYRO, adj. Qui ne va pas droit, qui ne vient à main : *Aquel margue es rebessiè*, ce manche n'est pas à la main.

REBESSINA, v. pro. Se Réveiller, prendre courage; se Recoquiller; Devenir froid en parlant du temps.

REBESSO, s. m. T. de tricot; Point tourné, tresse d'un bas.

REBESTI, v. act. Revêtir, donner des habits à quelqu'un, couvrir; fig., Donner pouvoir : *L'an rebestit d'uno cargo*, on l'a revêtu d'une charge. (Racine *besti*.)

REBESTISSOMEN, s. m. Revêtissement : *Un boun rebestissomen de mourtiè*, un revêtissement de mortier.

REBEXE, O, s. m. f. Revêche, peu traitable : *Sios fort rebèxe*, tu es fort revêche.

REBEZE, v. act. Revoir, voir de nouveau; Examiner de nouveau. (Racine *beze*.)

> Moun paysan que cresio que m'en eri entournat,
> Jujats quand me bejec se fousquec estounat :
> Eh ! qu'in ben ta buffat, jamay pouyros pas crese
> La joyo qu'esprouban de poude te *rebeze*. VEST.

REDIÈYRO, *Ribièyro*, s. f. Rivière, assemblage d'eaux qui coulent dans un lit d'une étendue plus ou moins considérable et qui se jettent dans une autre rivière, ou fleuve, ou dans la mer. (De *ripa*, rivage.)

REBILIA, voyez RABILHA.

REBILIAJHE, voyez RABILHAXE.

REBIOURE, v. n. Revivre, revenir de la mort à la vie : *Aco l'a fax rebioure*, cela l'a fait revivre. (Racine *bioure*.)

REBIRA, v. act. River, abattre une pointe qui dépasse; *Rebira lous clabèls à calqu'un*, Rabrouer, rabaisser le caquet; Rebrousser chemin : *M'a calgut rebira sul cop*, il m'a fallu rebrousser chemin sur-le-champ. (Racine *bira*.)

REBIRADO, *Robirou*, s. f. Tournant, endroit où il faut faire un coude, un détour pour passer : *Pren gardo à la rebirado*? prends garde au tournant.

REBIRAL DE MA, s. m. Coup d'arrière-main : *Se te bayli un rebiral de ma*, si je te donne une claque.

REBIROU, voyez REBIRADO.

REBISCOTO, *Rebiscolo*, s. f. Détour, adresse, subtilité pour éluder une poursuite, pour échapper à un péril : *A fax uno rebiscoto et s'es salbat*, il a fait un détour et s'est sauvé.

> Bezès, yeou nou souy pas d'aquelis estourdits;
> Nou me flatarei pas, ba me tendrei per dits :
> Insi nou cerques pas cap pus de *rebiscolo*,
> Lobaries pas lou pè que bous beiríen la solo. D.

REBISCOULA, v. act. Ravigoter, regaillardir, ranimer : *Un bricou de soupo lou rebiscoulara*, un peu de potage le ravigotera.

> Aquel Noum counsolo
> Lou cor desoulat,
> Gueris, *reviscolo*
> L'esprit avuclat.
> Douno lou courache
> Al tems de la mort,

Et dins lou noufrache
Fa trouba lou port.   PUJ.

REBISSINA, *voyez* REBESSINA.
REBIZIOU, s. f. Révision, nouvel examen : *Passan la rebiziou*, nous passons la révision. (Du latin *revisio*.)
REBLA, *voyez* REPLA.
REBLANQUI, *Reblanxi*, v. act. Reblanchir, tenir blanc et propre. (Racine *blanc*.)
REBLE, *voyez* REPLE.
REBOLTO, s. f. Révolte, soulèvement contre l'autorité légitime; Émeute. (Du latin *rebellio*.)
REBORT, s. m. Rebord, bord replié, renversé : *Lou rebort de la camiso*, le rebord de la chemise. (Racine *bort*.)
REBOUCA, v. act. Révoquer, priver d'un emploi ; en parlant des choses, Annuler : *A reboucat soun testomen*, il a révoqué son testament ; v. n. Refluer, en parlant de l'eau : *La rebidyro reboucabo xuscos ayci*, la rivière refluait jusques ici. (Du latin *revocare*.)
REBOUCATIOU, s. f. Révocation ; Annulation. (Du latin *revocatio*.)
REBOULTA, v. act. Révolter, porter à la révolte ; Soulever ; fig., Choquer, indigner : *Aco m'a reboultat*, cela m'a indigné. (Du latin *rebellare*.)
REBOULTA (SE), v. pro. Se Révolter, se soulever, refuser obéissance.
REBOULUTIOU, s. f. Révolution, renversement du mode de gouvernement : *Aben bist plusiurs reboulutious*, nous avons vu plusieurs révolutions ; t. de méd. Mouvement extraordinaire dans les humeurs : *S'es faxo uno grando reboulutiou*, li s'est fait une grande révolution. (Du latin *revolutio*.)

Gna tant d'aoutres d'aillurs qu'an pres la grando routo
De la *reboulutiou* et de la banquoroulo !...
Esquiba la galèro es la grando bertut.

REBOULUTIOUNA, v. act. Révolutionner, faire adopter, propager les principes révolutionnaires ; Mettre en révolution. (Racine *reboulutiou*.)
REBOULUTIOUNARI, s. m. Révolutionnaire, partisan, moteur d'une révolution, qui la propage : *Aco's un grand reboulutiounari*, c'est un grand révolutionnaire.
REBOUNBET, TO, adj. Frais, fraîche ; Gras ; Dodu ; Bien portant.
REBOUNBI, *voyez* RESTOUNTI.
REBOUNBOS, s. f. Sonnailles de mulets, gros Grelots que les meuniers attachent au cou de leurs mulets pour avertir de leur passage : *Entendi las rebounbos*, j'entends les sonnailles du moulin.
REBOUNDRE, *Entarra*, v. act. Ensevelir, enterrer ; Enfoncer : *L'a reboundut dins la terro*, il l'a enterré. (Du latin *abscondere*.)

L'aire és bestit dé dol, lé soulél dins sa courso
Ba *reboundré* soun lum dins las glaços dé l'ourso ;
Las brumos dins lous flancs trigossoun la terrou ;
Cad'un dabant sous éls bex uno mort séguro ;
La néit succedo al jour, et touto la naturo
S'es arrucado dé frayou.   DAV.

REBOURDA, v. act. Reborder, garnir d'un second bord.
REBOUSTERI, *voyez* RAGOUSTERI.
REBOUSTILIA, *voyez* RETROUSSA.
REBOUT, *voyez* REBÉS.
REBOUTELA, *voyez* ESCARCALHA.
REBOUTILIA, *voyez* ESCARCALHY.

REBROUA, v. n. Rabrouer, rebuter avec rudesse et mépris.
REBROUSSA, v. act. Rebrousser, relever en sens contraire le poil d'un drap ; v. n. Retourner subitement en arrière : *M'a calgut rebroussa cami*, il m'a fallu rebrousser chemin. (Du latin *reverti*.)
REBROUTA, v. n. Bourgeonner, jeter des bourgeons une seconde fois ; se Répéter, se renouveler en parlant des boutons de la face ou de la gale : *Y rebrouto calque cop*. (Racine *brout*.)
REBROUTUN, s. m. Jet qui vient au pied d'un arbre et l'épuise : *Cal coupa lou rebroutun*, il faut couper les jets.
REBUFA, v. act. Rebuter quelqu'un, le rabrouer : *M'a rebufat de cent passes*, il m'a rebuté de cent pas.
REBUFADO, s. f. Rebuffade, mauvais accueil, refus avec mépris : *M'a baylat uno rebuffado*, il m'a fait une rebuffade. (Du vieux mot français *bufle*, soufflet.)
REBUFAL, s. m. Brusquerie, brusque incartade : *As bist qu'un rebufal?*
REBUGA, *voyez* RABUGA.
REBUO, s. f. Revue, inspection exacte ; Inspection des troupes : *Passabou la rebuo*, on passait la revue.

Qu'en figuoulan passe la cabaleado,
Noutaran les pus bels et les pus degourdits ;
Coumo les généraus quand sur uno esplanado
Pan la *rebuo* des couscrits.

REBUSSINA, *voyez* REBESSINA.
REBUT, s. m. Rebut, chose rebutée, dédaignée ; Ce qu'il y a de pire dans chaque espèce : *Aco's lou rebut*, c'est le rebut. (Suivant Ménage, de *but*, éloigné du but.)

Oh! despey, tout fousquet per la poulido Loro,
Lo aoujet sous aoutas, coumo ço qu'an adoro.
Tandis que lou gat soul, à sa grando doulou,
Nou rancountrèt pertout que *rebuts* et fredou.
M. CEREN.

REBUTA, v. act. Rebuter, rejeter, refuser avec rudesse ; Décourager ; Empêcher de poursuivre ; Dégoûter par des obstacles : *Tout aco m'a rebutat*, tout cela m'a rebuté.
REBUTA (SE), v. pro. Se Rebuter, se décourager.
REBUTANT, O, adj. Rebutant, te, qui décourage, dégoûte, déplaît.

REC

REC, s. m. Ruisseau de la rue : *Es toumbat al miex dal rèc*, il est tombé au milieu du ruisseau ; t. de jard., Rigole qui conduit l'eau entre les planches d'un jardin : *Bay-t-en cura lous rècs*, va nettoyer les rigoles ?

Qué l'aygo d'aquél *rec* me semblabo poulido !
Qué dé cops, à régret, yeou l'ey bisto fugi !
Image trop cruél ; aquél rèc és ma bido
Qué sans cesso s'én ba sans jamaï rébéni.
Oh ! sourtissex dé ma pensado
Régrets, sounax un triste clas :
Coumo la sourço treboulado
Per la pleijo dal cel toumbado,
Fugissex et rebenguex pas.   DAV.

RECABILHA, v. act. Serrer plus fort un pressoir en changeant la barre pour faire descendre la vis d'un demi tour : *Nous caldra recabilha*. (Racine *cabilho*.)

RECABUSSA, *Recaliba*, v. n. Rechoir, faire une rechute; Retomber dans la même maladie : *A recabussat dous cots*, il a rechuté deux fois. (Racine *cabussa*.)

RECABUSSADO, s. f. Rechute, retour de la maladie : *A fax uno recabussado*, il a fait une rechute.

RECALCITRA, v. act. Récalcitrer, résister avec opiniâtreté, avec humeur. (Du latin *recalcitrare*.)

RECALCITRANT, O, adj. Récalcitrant, te, qui s'oppose avec opiniâtreté; Obstiné; Rétif.

RECANTOU, voyez RECOYN.

REÇANXA, v. act. Rechanger, changer de nouveau.

REÇANXE, *Recanjhe*, s. m. Rechange, de quoi changer de nouveau : *N'a pas de reçanxe*, il n'a pas de rechange.

RECAOUCA, voyez RECOUÇA.

RECAOUÇA, v. act. Rechausser; Charger de nouveau fer un outil : *Lou me recaouçaras*, tu me le rechausseras. (Racine *caouça*.)

RECAOUCAYRE, voyez RECOUCAYRE.

REÇAOUPRE, *Reçaoure*, v. act. Recevoir, accepter, prendre ce qui est offert, présenté; Éprouver, ressentir : *A recapiut un affroun*, elle a reçu un affront; Agréer; Admettre dans un corps, dans une compagnie : *L'an recapiut*, on l'a reçu; Donner retraite à... (Du latin *recipere*.)

RECAOUQUILHA (SE), v. pro. Se Recroqueviller, en parlant des feuilles des plantes et des arbres trop desséchées par le soleil : *Las felhos se sou recaouquilhados*, les feuilles se sont recroquevillées; fig., se Remettre d'une maladie ; Rétablir ses affaires : *S'es un bricou recaouquilhat*, il s'est un peu rétabli.

RECAPITULA, v. act. Récapituler, redire sommairement; Résumer : *Anan recapitula ço que m'es diougut*, nous allons récapituler ce qui m'est dû. (Du latin *recapitulare*.)

RECARGA, v. act. Recharger, charger de nouveau; Imposer une nouvelle charge : *Descarga ray! mais aco's per recarga !* Décharger passe! mais c'est pour recharger !! (Racine *carga*.)

RECARRELA, v. act. Recarreler, carreler de nouveau : *Lou me recarrelaras*.

RECATA, v. act. Receler, garder et cacher le vol de quelqu'un ; Donner retraite à des gens poursuivis par la justice : *L'as recatat*, tu l'as recelé. (Du latin *celare*.)

RECATADOU, s. m. Receleur, celui qui recèle un vol; prov. *Se y'abio pas de recatadous, y'aourio pas de layrous*, s'il n'y avait pas de receleurs, il n'y aurait pas de voleurs.

RECATAYRE, voyez RECATADOU.

RECAXETA, v. act. Recacheter, cacheter de nouveau. (Racine *caxeta*.)

RECEBAPLE, O, adj. Recevable, qui peut être admis, qui doit être reçu : *Ero pla recebaple*, c'était bien recevable.

RECEBUR, s. m. Receveur, celui qui est chargé de faire une recette ; Celui qui est chargé de recevoir les deniers publics : *Aniras aco dal recebur*, tu iras chez le receveur. (Du latin *receptor*.)

RECENSA, v. act. Recenser, faire le recensement de...

RECENSOMEN, s. m. Recensement, dénombrement d'effets, de suffrages, d'individus : *D'aprèp lou darniè recensomen*, d'après le dernier recensement. (Du latin *recensio*.)

RECEPTACLE, s. m. Réceptacle, lieu où s'assemblent plusieurs personnes : *Aco's lou receptacle de la canalho*, c'est le réceptacle de la canaille. (Du latin *receptaculum*.)

RECEPTIOU, s. f. Réception, manière de recevoir les personnes; Accueil; Cérémonie pour recevoir, installer : *Y'an fax uno belo receptiou*, on lui a fait une belle réception. (Du latin *receptio*.)

RECERCA, v. act. Rechercher, chercher de nouveau; Chercher avec vigilance; Faire effort pour trouver; Tâcher d'avoir, d'obtenir : *Recerco lo filho despey lountemps*, il recherche la fille en mariage depuis longtemps. (Racine *cerca*.)

RECERCAT, ADO, adj. Recherché, ée, rare; Affecté, maniéré, très-soigné.

RECERC (FA), voyez ESCOURCOUL.

RECERCO, s. f. Recherche, perquisition pour trouver, pour connaire; Soin pour perfectionner; Soin dans l'habillement; Affectation de manières : *Es d'uno grando recerco*.

RECES, voyez ABRIC.

RECETO, s. f. Recette, ce qui est reçu en argent ou autrement : *La recèto ba pla*, Charge, fonction de receveur : *Auno bouno reçeto*; Composition de certains remèdes, écrit qui l'enseigne : *Te prestarey la receto*; Connaissance qu'on acquiert de certains secrets : *Y'a trapado la recèto*. (Du latin *recepta*.)

RECHUTO, *Reçuto*, s. f. Rechute, nouvelle chute.

RECIDIBA, v. n. Récidiver, retomber dans la même faute : *Te cal pas recidiba, aoutromen gar o!* (Du latin *recidere*.)

RECIDIBO, s. f. Récidive, rechute dans la même faute : *Sios en recidibo*, tu es en récidive.

RECIPROQUE, O, adj. Réciproque, mutuel : *Te randra lou reciproque*. (Du latin *reciprocus*.)

RECIPROQUO, s. f. Réciproque, la pareille : *T'attendi à la reciproquo*.

RECIPROQUOMEN, adv. Réciproquement, mutuellement. (Du latin *reciproce*.)

RECIRA, v. act. Recirer, cirer de nouveau.

RECIT, s. m. Récit, narration d'un fait, etc.; Ce que l'on a appris par cœur : *Sabi pas lou recit*.

RECITA, v. act. Réciter, dire de mémoire; Raconter : *Ba m'a recitat tout coumo anabo*. (Du latin *recitare*.)

RECITATIOU, voyez RECIT.

RECLA, v. act. Régler, tirer des lignes sur le papier; Soumettre à un ordre uniforme; Diriger selon certaines règles; Arrêter; Décider; Fixer : *B'aben tout reclat*; Régler une pendule, la mettre à l'heure; Soigner les enfants, les bestiaux : *Beni de lous recla*. (Du latin *regulare*.)

RECLA (SE), v. pro. Se Régler, prendre quelqu'un pour modèle; se Conformer à ce qui a été décidé.

RECLACA, voyez RESTOUNTI.

RECLADOMEN, adv. Réglément.

RECLAMA, v. act. Réclamer, implorer, invoquer, demander avec instance; Revendiquer; v. n. Exposer ses droits, ses raisons, en opposition à...; s'Élever ou revenir contre : *Te cal reclama toun drex*. (Du latin *reclamare*.)

RECLAMATIOU, s. f. Réclamation, demande de revenir contre un acte; Exposition des motifs pour ne pas accéder à... : *Ayci ma reclamatiou*.

RECLET, s. m. Réglet, petite règle de fonte, de bois, pour aligner les lettres; *Ordo*, livre qui règle l'office ecclésiastique.

RECLO, *Tabart*, s. f. Règle, instrument pour tirer des lignes droites : *Es à la reclo*, c'est à la règle; fig., Principes de conduite; Précepte, maxime; Loi particulière ; Usage : *Aco's la nostro reclo*, c'est notre règle ; Ordre, règlement, discipline : *S'en cal tene a la reclo* ; t. d'arith. Opération sur des nombres donnés : *Faras la reclo*, tu feras l'opération. (Du latin *zegula*.)

RÉCLOMEN, s. m. Règlement, règle ; Ordonnance ; Statut : *Agaxas lou reclomen*, voyez le règlement.

RÉCLOMENTARI, s. m. Réglementaire : dans une communauté, Celui qui sonne pour les choses prescrites par le règlement.

RECLUS, O, adj. Réclus, se, prisonnier. (Du latin *reclusus*.)

RECLUSIOU, s. f. Réclusion, détention, prison ; *Lou meterou en reclusiou*, on le mit en réclusion. (Du latin *reclusio*.)

RECOLTO, s. f. Récolte, action de recueillir les biens de la terre : *Penden la recolto penan pla*, pendant la récolte nous peinons beaucoup ; Produit en nature qui en résulte : *La recolto es paouro, oungan*, la récolte est mauvaise cette année. (Du latin *recollecta*.)

Qouro de tous laouriès bos fini la *recolto*
Et t'aperçaoupre anfin que flacos xoust your pes?
Lou Parnasso xalous, countro tu se *rebolto*.
O t'en pregui, Jasmin, sfogos pas ta coubes, A. B.

RECONTRE, voyez RANCOUNTRE.

RECORS, *Pousso-cu*, s. m. Recors, celui qui suit un huissier pour lui servir de témoin, pour lui prêter main-forte au besoin : *N'aymi pas lous recors*, je n'aime pas les recors.

RECOUBRA, *Recubri, Recoubri*, v. act. Recouvrer, rentrer en possession de... : *L'aben recoubrat*, nous l'avons recouvré. (Du latin *recuperare*.)

RECOUBRI, *Recurbi*, v. act. Recouvrir, couvrir de nouveau ; Remanier la toiture d'une maison : *La cal recoubri*, il faut la faire recouvrir. (Racine *coubri*.)

RECOUBROMEN, s. m. Recouvrement, action de recouvrer ce qui était perdu ; Recette des deniers publics.

RECOUCA, v. act. Rabâcher, revenir trop souvent sur ce qu'on a dit : *N'aymi pas que recoque*, je n'aime pas qu'elle rabâche.

REDOUCAYRE, O, s. m. f. Rabâcheur, euse, celui, celle qui rabâche : *Aco's un recoucayre*, c'est un rabâcheur.

RECOULA, voyez ROUCOULA.

RECOUMANDA, v. act. Recommander, demander qu'on soit favorable à... ; Prier de prendre soin de... : *Lou bous recoumandi pla*, je vous le recommande bien ; Charger, ordonner de faire ; Enjoindre expressément de... : *Y'ey recoumandat de beni*, je lui ai enjoint de venir ; Faire ses compliments à... : *Nous recoumandares a toutes*, tu feras nos compliments à tous. (Du latin *commendare*.)

RECOUMANDA (SE), v. pro. Se Recommander, prier qu'on se souvienne ; Faire ses compliments, ses amitiés : *Nous recoumandan pla*, nous faisons bien nos compliments.

RECOUMANDAPLE, O, adj. Recommandable, digne de recommandation ; Louable, estimable. (Du latin *commendabilis*.)

RECOUMANDATIOU, s. f. Recommandation ; Protection pour faire obtenir ; Compliments qu'on fait faire.

RECOUMENÇA, v. act. Recommencer, commencer de nouveau : *A recoumençat dous cots*, il a recommencé deux fois.

Un paou pus l'on mestre Sizifa
S'escourjava touta sa grifa,
Per mena déssus un couteou
Un gros caiaou raspous et greou,
Entre qu'à la cima toucava,
Crac, veja que davalava,
Et tourna l'anava acouti
Per *recoumença* lou cami.  FAV.

RECOUNCILIA, v. act. Réconcilier, faire une réconciliation : *Lous aben recounciliats*, nous les avons réconciliés. (Racine *councilia*.)

RECOUNCILIA (SE), v. pro. Se Réconcilier, se confesser une seconde fois ; se Remettre bien avec quelqu'un.

RECOUNCILIATIOU, s. f. Réconciliation, raccommodement de personnes brouillées. (Du latin *reconciliatio*.)

RECOUNCILIATUR, s. m. Réconciliateur, celui qui réconcilie, qui aime à réconcilier.

RECOUNDUYRE, v. act. Reconduire, accompagner avec civilité, au départ, quelqu'un dont on a reçu la visite ; Ramener, remener. (Racine *counduyre*.)

RECOUNEYSSE, v. act. Reconnaître, se remettre dans l'esprit l'image d'une chose ; d'une personne, en les voyant : *L'ey pla recounegut*, je l'ai bien reconnu ; Distinguer à certains caractères ; Apercevoir enfin ; Observer, remarquer ; Convenir, tomber d'accord ; Avoir de la reconnaissance, en donner des marques : *B'a pla recounegut*, il a été bien reconnaissant. (Racine *couneysse*.)

André lou *recouney*, saouto sur el, l'embrasso :
«Moun fray! moun fray! qu'as fey?—Moun debe, zou caillo,
« Despey un an as pres ma plaço
« Et souy bengut prene la tio. »  J.

RECOUNEYSSE (SE), v. pro. Se Reconnaître, reprendre ses sens ; se Déclarer ; s'Avouer : *S'es recounegut coupaple*, il s'est déclaré coupable.

RECOUNEYSSENÇO, s. f. Reconnaissance, souvenir d'un bienfait, gratitude qu'on en témoigne ; Examen détaillé ; Aveu de bouche ou par écrit ; Écrit par lequel on se reconnait redevable au dépositaire : *Agaxo aqui ma recouneyssenço*, voilà ma reconnaissance. (Du latin *recognitio*.)

Boun pregui, laissas-me, you souf pas mut,
Parlarei prou sans bous, demourarei pas xut,
Quand prendries afcital milo cots ma defenso,
Moun cor bous sentis pas cap de *recouneyssenço*.
D.

RECOUNPENSA, v. act. Récompenser, donner une récompense ; Compenser ; Dédommager. (Du latin *compensare*.)

RECOUNPENSO, s. f. Récompense, prix d'une bonne action, d'un service rendu ; Compensation, dédommagement ; Châtiment, punition : *Aqui ta recounpenso*, voilà ta récompense ; adv., D'autre côté ; En revanche : *En recounpenso*.

RECOUNTA, v. act. Recompter, compter de nouveau, une seconde fois : *Cal touxoun recounta l'arxen*, il faut toujours recompter l'argent. (Racine *counta*.)

RECOUNTRA, voyez RANCOUNTRA.

RECOUPA, v. act. Recouper, couper de nouveau : *A calgut ba recoupa*, il a fallu le recouper. (Racine *coupa*.)

**RECOUPAMEN**, voyez Recoupomen.
**RECOUPOMEN**, voyez Redouplomen.
**RECOUPOS**, s. f. Recoupes, débris de pierres qu'on taille; Farine grossière de son; Chapelure: *M'a pas baylat que las recoupos*, il ne m'a donné que les recoupes.
**RECOURBA**, *Plega*, v. act. Recourber, plier en rond par le bout. (Racine *courba*.)
**RECOURBA (SE)**, v. pro. Se Recourber, se plier en rond: *Se recourbo fort bite*, il se recourbe vite.
**RECOURDA**, voyez Soubeni (Se).
**RECOURI**, v. n. Recourir, demander du secours à...: *Agut couyto de recouri à yeou*, il a eu presse de recourir à moi. (Du latin *recurrere*.)
**RECOURS**, s. m. Recours, action de chercher de l'assistance, du secours. (Du latin *recursus*.)
**RECOUSTRUIRE**, v. act. Recoustruire, rebâtir, réédifier, rétablir un bâtiment: *Me cal recoustruire à noou*, il me faut reconstruire à neuf. (Racine *coustruire*.)
**RECOUSTRUXIOU**, s. f. Reconstruction, action, coût pour reconstruire.
**RECOYGNA**, v. n. Recogner, cacher dans un coin, serrer dans un coin: *Ount b'aoura recoygnat?* où l'aura-t-il recogné?
**RECOYN**, *Recantou*, s. m. Recoin, petit coin caché: *Es dins qualque recoyn*, c'est dans quelque recoin.
**RECOZE**, v. n. Recuire, cuire de nouveau; t. de forgeron. (Racine *coze*.)
**RECREA**, v. act. Recréer; Remettre sur pied, rétablir, refaire; Amuser, égayer, divertir: *Nous a pla recreats*, il nous a bien récréés. (Du latin *recreare*.)
**RECREA (SE)**, v. pro. Se Récréer, prendre de la récréation; s'Amuser.
**RECREATIF**, IBO, adj. Récréatif, ive, qui amuse; Divertissant.
**RECREATIOU**, s. f. Récréation, amusement pour faire diversion au travail: *Cal ana prene la recreatiou*, il faut aller prendre la récréation. (Du latin *recreatio*.)
**RECRÉOMEN**, voyez Recreatiou.
**RECRIDA**, v. act. Récrier, crier pour la seconde fois; Annoncer à son de trompe: *An recridat la fièyro*. (Racine *crida*.)
**RECRIDA (SE)**, v. pro. Se Récrier, se déclarer, s'élever contre: *Nous sien toutis recridats*, nous nous sommes tous récriés.
**RECRIMINA**, v. n. Récriminer, accuser son accusateur; Opposer injure à injure. (Du latin *recriminari*.)
**RECRIMINATIOU**, s. f. Récrimination, accusation contre l'accusateur.
**RECROUSTIL**, s. m. Relief de table, restes de viandes; Mets desservis: *Lous recroustils sou bous*, les reliefs sont bons.
**RECRUO**, s. f. Recrue, nouvelle levée de soldats pour remplacer ceux qui manquent; Soldats de cette levée: *Aco sou lous recruos*, ce sont les recrues.
**RECRUTA**, v. act. Recruter, faire des recrues. (Suivant le *Duchat*, de *recroître*, parce qu'on recrutant une armée on la fait *recroître* au moyen des hommes par lesquels on remplace ceux dont elle est *décrue* par quelque défaite.)
**RECRUTOMEN**, s. m. Recrutement, action de recruter: *L'ouflicié de recrutomen es bengut*, l'officier de recrutement est venu.

**RECRUTUR**, s. m. Recruteur, celui qui recrute, enrôle.
**RECTIFIA**, v. act. Rectifier, redresser, remettre en ordre; corriger ce qu'il y a de défectueux dans...: *A calgut ba rectifia*. (Du latin *recté facere*.)
**RECTIFICATIOU**, s. f. Rectification, action de rectifier. (Du latin *rectificatio*.)
**RECTITUDO**, s. f. Rectitude, équité, intégrité; Conforme à la droite règle, aux vrais principes, à la saine raison. (Du latin *rectitudo*.)
**RECTUR**, s. m. Recteur, chef d'une université, d'une académie. (Du latin *rector*.)
**REÇU**, s. m. Reçu, quittance sous seing privé: *Fazes-me lou reçu*, faites-moi le reçu. (Du latin *receptus*.)
**RECUL**, s. m. Recueil, amas, réunion d'actes, d'écrits, de pièces, de vers, etc.
**RECULA**, v. act. Reculer, tirer, pousser en arrière, placer plus loin; fig., Éloigner, retarder: *Ba reculo touxoun*, il éloigne toujours; Plier, faiblir, avoir du désavantage: *A calgut que reculèsso*, il a fallu qu'il recule; fig., Différer, hésiter, éviter de dire, de faire: *A bel recula*, il a beau reculer; Bâtir plus loin: *Lou fan recula*; se Négliger: *Alloc d'abança reculo*. (De la particule latine *re*, pour *retrò*, en arrière, et *culus*, cul, derrière.)

Entre morts et blessats, André, foro d'el, passo;
Et debat soun drapéou, touts reculoun en masso;
Crezon qu'un rebenan de soun clot dejà sort...
André matat nou sap que creyre,
Mais lous pu frets, d'un geste, à bint pas li fan beyro
Un aoutre André blassat à mort..... J.

**RECULADO**, s. f. Reculade, action d'une voiture qui recule; Espace nécessaire pour reculer: *Y'a pas prou de reculado*, il n'y a pas assez de reculade.
**RECULHOMEN**, s. m. Recueillement, état de l'esprit recueilli: *Ero dins lou reculhomen lou pus proufoun*, il était dans le recueillement le plus profond.
**RECULI**, v. act. Recueillir, cueillir, amasser, serrer les fruits de la terre; Ramasser, rassembler des choses dispersées; Accueillir, recevoir, retirer chez soi par humanité: *Lous a toutes reculits*, il les a tous recueillis; fig., Recueillir les voix, les suffrages; Entendre l'avis de chacun dans une délibération. (Du latin *recolligere*.)
**RECULI (SE)**, v. pro. Se Recueillir, rappeler son attention pour ne s'occuper que d'une chose.
**RECULOMEN**, s. m. Reculement, action de reculer; Pièce du harnais qui soutient le cheval lorsqu'il recule: *Arrengo lou reculomen*, arrange le reculement; t. de maç., Retraite, diminution dans l'épaisseur d'une muraille: *Aro quatre pouces de reculomen*, à présent quatre pouces de retraite; Espace pour reculer; Ce que l'on laisse en bâtissant plus loin.
**RECULOUS (DE)**, adv. A reculons, en reculant.

Oubjets sans intelligenço!
Digas: per que tout d'un cop
Abes sentit la presenço
Et l'èl del Dious de Jacob?
Perque, mountagnos groussièyros,
Saoutas coumo d'agnelous?
Perque, rapidos rivièyros,
Caminas de reculous?
Puj.

RECUPERA (Se), v. pro. Se Récupérer, se dédommager d'une perte : *Me souy pla recuperat*, je me suis bien récupéré. (Du latin *recuperare*.)

RECURA, v. act. Recurer, élaguer, ébrancher, dépouiller un arbre de tout le bois inutile : *Aben dexa recurat*, nous avons déjà ébranché. (Racine *cura*.)

RECURAXE, *Recurun*, s. m. Élagage, les branches qu'on a élaguées : *Te douni lou recuraxe*, je te donne l'élagage.

RECURAYRE, s. m. Élagueur, celui qu'on emploie à élaguer, etc.

RECURBI, voyez RECOUBRI.

RECURUN, s. m. Élagage, les branches qu'on a retranchées en élaguant.

RECUTA, v. n. Rechoir, faire une rechute en maladie.

RECUTO, s. f. Rechute, nouvelle maladie ou rechute dans la première maladie : *La reçuto es tarriplo*, la rechute est terrible.

RECUZA, v. act. Recuser, alléguer des raisons pour ne pas se soumettre à la décision d'un juge, pour rejeter des témoins : *Lou te cal recuza*, il faut le recuser. (Du latin *recusare*.)

### RED

REBABLE, voyez BRIOX.

REDACTUR, s. m. Rédacteur, celui qui rédige. (Du latin *redactum*, de *redigere*.)

REDAOURA, v. act. Redorer, dorer de nouveau : *Cal redaoura lou calici*, il faut redorer le calice. (Racine *daoura*.)

REDDE, voyez RETTE.

REDEBAPLE, O, adj. Redevable, débiteur d'un reliquat de compte ; Qui a obligation à... : *Me sios redebaple*, tu m'es redevable. (Racine *dioure*.)

REDEBENÇO, s. f. Redevance, rente ; Charge annuelle ; Dette annuelle.

REDEBENI, v. n. Redevenir, recommencer à être ce qu'on était auparavant : *Redeben debot*. (Racine *debeni*.)

REDEMANDA, v. act. Redemander, demander pour qu'on rende. (Racine *demanda*.)

REDEMPTIOU, s. f. Rédemption, rachat du genre humain par Jésus-Christ : *A dounat tout soun sang per nostro redemptiou*, il a donné tout son sang pour notre rédemption. (Du latin *redemptio*.)

Les cops d'un miracle ta gran
En Mario soulomen se fan,
En qui n'es gracio que n'abounde ;
Et pey la *Redemptiou* del mounde
Nou bol pas que Diü tourne Efan.
A toutis Seignons
Toutos bounous,
Et nous aüs bounouren d'un Nouël agreable
Le fil de Diü que poussedis
Touts les tresors de Paradis,
Et per l'amour de nous nays, oney, dins un estable.
G.

REDEMPTUR, s. m. Rédempteur, Jésus-Christ qui a racheté le genre humain. (Du latin *redemptor*.)

REDICULLE, voyez RIDICULLE.

REDICULITAT, voyez RIDICULITAT.

REDICULISA, voyez RIDICULIZA.

REDICULLOMEN, voyez RIDICULLOMEN.

REDINGOTO, voyez REGINGOTO.

REDIRE, v. act. Redire, dire de nouveau ; Raconter ; Révéler ce qu'on savait par confidence ; Blâmer, reprendre, censurer : *Trobo à redire à tout*, il trouve à blâmer tout. (Racine *dire*.)

Semblario, gaïre-bc, que prenes aquel biais
Per me dire tabes que lous meous sou mal faïs.
A mous berses anfin troubariès à *redire* ? D.

REDITO, s. f. Redite, répétition fréquente et fastidieuse ; Rapports : *Toutos aquelos reditos fan pas que broulha*, tous ces rapports ne font que brouiller.

REDORTO, voyez LÏO.

REDOUL, voyez ROUDOU.

REDOULA, voyez RULLA.

REDOULET, voyez RUDELET.

REDOUN, DO, adj. Rond, de, circulaire ; Potelé, rebondi. (Du latin *rotundus*.)

REDOUNA, v. act. Redonner, rendre à celui qui a donné, ou qui a déjà possédé ; fig., Rendre, faire renaître : *Aco y'a redounat de forço*, cela lui a rendu la force. (Racine *douna*.)

REDOUNDO, voyez CARRETO.

REDOUPLA, v. act. Redoubler, mettre une nouvelle doublure : *A besoun de redoupla*, il a besoin de doubler de nouveau ; Renouveler, réitérer avec augmentation : *Lou ben a redouplat aneyt*, le vent a redoublé cette nuit ; Accroître, augmenter. (Du latin *reduplicare*.)

REDOUPLOMEN, s. m. Redoublement, accroissement, augmentation ; t. de méd. Augmentation périodique ou irrégulière d'une fièvre continue : *Attendi lou redouplomen*, j'attends le redoublement.

REDOUTA, v. act. Redouter, craindre fort, appréhender extrêmement : *Lou redouto coumo lou fioc*, il le craint comme le feu.

REDOUTAPLE, O, adj. Redoutable, fort à craindre : *Es un ome redoutaple*, c'est un homme redoutable.

REDOUTO, s. f. Redoute, fortification détachée : *Calho mounta à la redouto*, il fallait monter à la redoute. (Du latin *reductus*.)

REDRESSA, v. act. Redresser, rendre droit ce qui l'a été ou doit l'être : *Cal redressa la reclo*, il faut dresser de nouveau la règle ; Relever, remettre debout ; Châtier, Mortifier. (Racine *dressa*.)

REDRESSA (Se), v. pro. Se Redresser, redevenir droit, se tenir droit : *Lou blat s'es un boussi redressat*, le blé s'est redressé un peu.

REDUTTIOU, s. f. Réduction, action de réduire ; Diminution de revenu, de dépense. (Du latin *reductio*.)

REDUYRE, v. act. Réduire, rendre moindre en quantité, en volume ; Supprimer en partie, borner, restreindre ; Résoudre une chose en une autre : *B'a reduyt en cendres*, il l'a réduit en cendres ; Dompter, subjuguer, soumettre : *Xamay lou poudien pas reduyre*, nous ne pouvions jamais le réduire ; Contraindre, obliger à... ; Mettre dans un état fâcheux. (Du latin *reducere*.)

REDUYRE (Se), v. pro. Se Réduire, aboutir à... ; se Contenter de... : *S'es reduyt d'un soul repays*, il s'est contenté d'un seul repas.

REDUYT, s. m. Réduit, petite habitation, petit logement : *Souy dins moun reduyt*, je suis dans mon petit logement. (De l'italien *ridotto*.)

### REE

REEL, LO, adj. Réel, le, qui est en effet, sans fiction ; Véritable, vrai ; Certain : *Aco's pla reèl*, c'est bien certain. (Du latin *realis.*)

REELOMEN, adv. Réellement, en réalité ; Véritablement. (Du latin *realiter.*)

RÉEMPRESSIOU, s. f. Réimpression, nouvelle impression.

REEMPRIMA, v. act. Réimprimer, imprimer de nouveau. (Racine *imprima.*)

## REF

REFA, *Refayre*, v. act. Refaire, faire encore ce qu'on a fait ; Faire de nouveau, Réparer, raccommoder, rajuster : *A calgut ba refa,* il a fallu le réparer. (Racine *fa.*)

REFA (SE), v. pro. Se Refaire, se dédommager ; Reprendre vigueur.

REFALSADO (DE), adv. En trahison, sans préméditation : *L'ey troubat de refalsado,* je l'ai trouvé par hasard. (Racine *fals.*)

REFASTIGA, voyez RAFASTIGNA.

REFASTIGOUS, voyez RAFASTIGNOUS.

REFECTIOU, s. f. Réfection, repas : *Après ma refectiou fumi uno pipo*, après ma réfection, je fume une pipe. (Du latin *refectio.*)

REFECTOYRO, *Refeitori*, s. m. Réfectoire, salle à manger d'une communauté, d'un collége. (Du latin *refectorium.*)

REFEND, s. m. Refend, t. de maçon, mur qui sépare les pièces d'un bâtiment : *Las muralhos de refend sou pas prou fortos,* les murs de refend ne sont pas assez forts.

REFENDO, voyez RASSEGO.

REFENDRE, v. act. Refendre, fendre de nouveau ; Diviser, scier, fendre en long : *Anan la refendre,* nous allons la scier. (Racine *fendre.*)

REFENDUT, DO, adj. Refendu, ue, qui a été divisé en deux, en plusieurs.

REFERMA, v. act. Refermer, fermer de nouveau. (Racine *ferma.*)

REFISTOULA, v. act. Rapetasser, raccommoder : *B'a rafistoulat prou pla,* il a assez bien rapetassé.

REFISTOULA (SE), v. pro. Se Remettre d'une maladie, sortir de peine : *S'es un bricou refistoulat,* il s'est un peu remis.

REFLEXI, v. n. Réfléchir, penser mûrement, examiner attentivement, méditer : *Reflexis aban de fa,* réfléchir avant de faire. (Du latin *reflecteré.*)

REFLEXIOU, s. f. Réflexion, méditation sérieuse, considération : *Ayci uno reflexiou que me ben,* voici une réflexion qui me vient. (Du latin *reflectio.*)

REFLUA, v. n. Refluer, retourner vers sa source au propre et au fig. : *Lou sang refluo al cap,* le sang reflue à la tête. (Du latin *refluere.*)

REFLURI, v. n. Refleurir, fleurir de nouveau. (Racine *flouri.*)

REFLUS, s. m. Reflux, mouvement rétrograde de la mer après le flux. (Du latin *refluxus.*)

REFORMO, s. f. Réforme, rétablissement dans l'ordre, dans l'ancienne forme ; Retranchement des abus introduits : *A besoun de reformo,* il a besoin de réforme ; t. mil. Réduction de troupes, licenciment, congé donné à des soldats, à des conscrits qui ne sont pas propres au service : *Es de la reformo,* il est de la réforme ; Action de réformer les chevaux ; Chevaux réformés : *Boli ne croumpa à la reformo,* je veux en acheter un de la réforme. (Racine *formo.*)

REFOUFA, v. n. Regorger, s'épancher, déborder en parlant de l'eau, d'un liquide qui se répand lorsqu'on l'entonne dans un vaisseau : *Refofo ;* Refouler, aller contre son cours en parlant de la rivière, de la fumée : *Lou fun refofo,* la fumée refoule ; Être dans l'abondance : *Refofo de tout,* il est dans l'abondance. (Par onomatopée.)

REFOULA, v. act. Refouler, descendre en parlant des eaux que le vent avait poussées ; Doubler un morceau de fer, le refouler sur lui-même quand il est trop mince. (Racine *foula.*)

REFOUNÇA, v. act. Foncer de nouveau une barrique. (Racine *founs.*)

REFOUNDRE, v. act. Refondre, mettre à la fonte une seconde fois ; Refondre pour rendre meilleur ; Corriger : *Lou te cal refoundre,* il faut le refondre. (Racine *foundre.*)

REFOURMA, v. act. Réformer, rétablir dans l'ancienne forme, en donner une nouvelle, meilleure ; Détruire les abus ; Déterminer, modérer : *Cal tout refourma,* il faut tout réformer. (Du latin *reformare.*)

REFOURMA (SE), v. pro. Se Réformer ; Changer en bien.

REFRATTARI, s. m. Réfractaire, soldat, conscrit qui ne se soumet pas aux ordres supérieurs ; Désobéissant, rebelle : *Aco sou de refrattaris,* ce sont des réfractaires. (Du latin *refractarius.*)

REFREJHA, voyez REFRESCA.

REFRENA, v. act. Refréner, réprimer, dompter : *Caldrio refrena la lengo,* il faudrait refréner la langue. (Du latin *refrenare.*)

REFRESCA, *Refrejha,* v. act. Rafraîchir, rendre frais : *Bay mettre lou bi refresca,* va mettre le vin à rafraîchir ; Diminuer la chaleur, donner de la fraîcheur : *La plexo a refrescat lou tems,* la pluie a rafraîchi le temps ; Renouveler, rappeler : *Ba ye ten refrescat,* il ne lui renouvelle de temps en temps ; Laver les assiettes une seconde fois : *Las as pas resfrescados,* tu ne les a pas lavées une seconde fois. (Du latin *refrigerare.*) ; Aigayer, guéer le linge : *Me cal refresca lou linxe ;* Rincer un verre, une bouteille ; Ragréer, couper avec la serpe la superficie des branches qu'on a sciées ; *Aro cal refresca lous tals.*

REFRESCA (SE), v. pro. Se Rafraîchir, devenir plus frais ; Boire un coup et manger un peu : *Bous eal refresca un bricou ;* Prendre un bain de rivière : *Anan nous refresca.*

Différents gibiès de la pesco,
Que gardas dins l'aigo un gran chut,
Benisses, d'un lengache mut,
La ma que bous *refresco.*

Puj.

REFRESCADIS, voyez REFRESCADURO.

REFRESCADOU, s. m. Endroit d'une rivière où l'on peut se baigner ; Seau à mettre les bouteilles à rafraîchir.

REFRESCADURO, s. f. Rinçure, l'eau qui a servi à rafraîchir la vaisselle une fois lavée ; l'Eau dont on lave une barrique.

REFRESCANT, TO, adj. Rafraîchissant, te, qui rafraîchit : *La salado de creysselous es refrescanto,* la salade de cressons est rafraîchissante.

REFRESCOMEN, s. m. Rafraîchissement, effet de ce qui rafraîchit ; Liqueurs, fruits, etc., qu'on sert dans une réunion de personnes : *Prendres calque refrescomen,* vous prendrez quelque rafraîchissement.

REFRESQUERI, s. m. Nouvelle triste, imprévue : *Aouras un poulit refrésqueri,* tu auras une triste nouvelle.

**REFREXI**, *Refrejhi, refrexa*, v. act. Rafraîchir, refroidir, rendre froid : *Met-bo à refrexi*, mettez-le à rafraîchir. (Du latin *refrigerare*.)

**REFREXI** (SE), v. pro. Se Refroidir : *Lou tems s'es refrexit*, le temps s'est refroidi ; fig., N'avoir plus tant d'ardeur, d'affection : *Aco s'es fort refrexit*, cela s'est bien refroidi.

**REFREXISSOMEN**, *Refrejhissomen*, s. m. Refroidissement, diminution de chaleur ; fig., Altération, diminution d'amitié : *Y'a fosso refrexissomen despey loungtemps*, il y a beaucoup de refroidissement depuis longtemps.

**REFRAOUGNAT, DO**, adj. Refrogné, ée, inquiet, brusque, sot : *Abio un ayre refraougnat*, elle avait un air refrogné.

**REFRIN**, *Refrèn*, s. m. Réfrain, répétition de mots à la fin de chaque couplet ; fig., Ce qu'une personne ramène sans cesse dans ses discours : *Aco's touxoun lou même refrin*, c'est toujours le même réfrain. (De l'espagnol *refran*.)

**REFUDA**, *voyez* RAFUDA.

**REFUGIA** (SE), v. pro. Se Réfugier, se retirer en lieu de sûreté ; v. act. Donner refuge à quelqu'un : *Lous aben refugiats à l'estaple*, nous les avons abrités dans l'étable. (Du latin *refugere*.)

**REFUS**, *voyez* RAFUS.

**REFUSA**, v. act. Refuser, combattre, détruire par des raisons solides ce qu'un autre a avancé. (Du latin *refutare*.)

**REFUTATIOU**, s. f. Réfutation, discours par lequel on réfute.

**REFUXI**, s. m. Refuge, asile, retraite, lieu de sûreté : *A troubat un boun refuxi*, elle a trouvé un bon refuge ; fig., Soutien, sauvegarde : *Aco's moun refuxi*; Maison de pénitence et d'épreuve pour les personnes qui ont eu des faiblesses. (Du latin *refugium*.)

## REG

**REGA**, *voyez* RAYA.

**REGACHA**, *voyez* REGAXNA.

**REGAGNA**, v. act. Rebuter, répondre durement, sottement : *M'a tout ple regagnat*, il m'a fort rebuté ; Tenir tête à quelqu'un, se moquer de quelqu'un : *Quand y parlabi m'a regagnat las dents*, quand je lui parlais elle m'a montré les dents ; Prédominer, paraître davantage : *Y'a uno punto que regagno*, une pointe domine.

**REGAGNADOMEN**, adv. De mauvaise grace, en rechignant : *Ba m'a baylat regagnadomen*, elle me l'a donné en rechignant.

**REGAGNAL**, *voyez* REBUFAL.

**REGAGNAT, ADO**, adj. Rechigné, ée, inquiet, hagard : *Es touxoun regagnado*, elle est toujours inquiète.

**REGAGNOU**, *voyez* RESOUPET.

**REGAGNUT**, *Ragagnut*, adj. Raboteux, euse, noüeux : *Es tout ragagnut*, c'est tout raboteux.

**REGAL**, s. m. Régal, festin, grand repas, aliment, mets qui plait beaucoup au goût : *Aco's un regal*, c'est un régal ; Grand plaisir. (De l'espagnol *regalo*.)

Qu'un baoumé per lou nas ! Qu'un regal per lo bisto !
De tous bijous, Printems, cal pourrio fa lo listo ?
PRAD.

**REGALA**, v. act, Régaler, donner un festin ; Manger de bonnes choses ; fig., Donner un divertissement ; Raconter pour faire plaisir : *Nous a tout ple regalats*, il nous a fort régalés. (De l'espagnol *regalar*.)

**REGALA** (SE), v. pro. Se Régaler, faire un bon repas, se donner une chose qui plait beaucoup : *Me souy pla regalat*, je me suis bien régalé.

**REGALA**, v. n. Vomir : *A regalat pertout* ; il a vomi partout ; s'Ébouler, régorger en parlant des terres qui découlent : *Aquel terme regalo*.

**REGALADO**, *Regaladuro, Degoubilis*, s. f. Degobilis, choses dégobillées ; *A la regalado*, adv. Boire à la régalade, en versant le liquide, de haut, dans la bouche.

**REGALASSO**, s. f. Affouillement, ravin creusé par les eaux dans un champ : *A fax uno regalasso al miex dal camp*, il s'est fait un ravin au milieu du champ.

**REGALIEXO**, *Regalussio*, s. f. Reglisse, plante à racines sucrées : *Un bricou de regalièxo de broc*, (Du latin *glycyrrhisa*.)

Mais Héléna, pus délicada,
Vouguét régala l'assemblada :
Mandét quére un gran coucoumar.
Et chacun ajét per sa par
Un plén veyre de *régalissa*
Per beoure à la santat d'Ulissa. FAY.

**REGANIT**, *voyez* ESTEQUIT.

**REGANTA**, v. n. Regretter, se repentir trop tard : *Demoro! ba regantaras*, va! tu le regretteras.

**REGAOUSSA**, *voyez* REGASSA.

**REGARD**, s. m. Regard, manière dont on regarde habituellement : *A un missant regard*, il a un mauvais regard.

**REGARDA**, v. act. Regarder, jeter la vue sur... ; fig., Considérer, examiner, concerner. (De l'italien *riguardare*.)

**REGARDA** (SE), v. pro. Se Regarder, s'examiner dans un miroir ; se Considérer comme... ; s'Imaginer être... : *Me regardi coumo soun mèstre*, je me considère comme son maître.

**REGARDADURO**, s. f. Regard.

**REGARDANT**, s. m. Regardant, aspect : *Al regardant dal soulel*, c'est à l'aspect du soleil.

**REGARDÉOUS**, s. m. Expression adverbiale, qui désigne la misère et le manque de tout : *Ambe que dinnaras? ambe de regardèous*, je dinerai par cœur, ou des yeux en regardant les autres.

**REGARNI**, v. act. Regarnir, garnir de nouveau.

**REGASSA**, v. act. Ecarquiller les yeux : *Regassabo lous èls coumo uno crabo morto*, il écarquillait les yeux comme une chèvre morte ; Parler durement, sottement ; Rebuter : *M'a tout ple regassado*, elle m'a fort rebuffée.

**REGASSAT**, *voyez* REGAGNAT.

**REGAXINA**, *Regacha*, Muer, se dit des poules qui perdent les plumes : *Regaxino, pound pas*, elle mue, elle ne pond plus.

**REGHERGHILIA**, *voyez* REQUINQUILHA.

**REGHINNA**, *voyez* REGUINNA.

**REGINGOTO**, *Redingoto*, s. f. Redingote, vêtement d'homme plus ample qu'un habit : *Porto uno regingoto*. (De l'anglais *riding-coat*, formé dans le même sens de *to ride*, aller à cheval, et de *coat*, habit ; Casaque pour aller à cheval.)

**REGIO**, s. f. Régie, administration chargée de la recette des impôts indirects ; Ses bureaux, ses agents. (Du latin *rego*, j'administre.)

**REGLA**, *voyez* RECLA.

**REGLE**, *voyez* RECLET.

REGNA, v. n. Régner, être sur le trône, gouverner comme souverain; fig., Dominer, exister présentement en parlant d'une maladie épidémique : *Las fièbres regnou pla*, les fièvres régnent bien partout. (Du latin *regnare*.)

REGNE, s. m. Règne, gouvernement d'un état par un roi; Sa durée; Grande vogue : *Aco's lou regne de las flous*, c'est le règne des fleurs. (Du latin *regnum*.)

REGO, s. f. Raie, sillon que fait le soc de la charue : *Aco's de regos pla faxos*; Longue file de chemin : *Qu'uno rego de cami!* État, parti : *Sabi pas qu'uno rego siegre*, je ne sais quel parti prendre. (Suivant Ménage, de *radia*, employé dans la basse latinité, et fait de *radius*, baguette.)

L'aigo reculo, s'entasso,
Et d'ouvris un bel cami
Al pople de Dious que passo
Sans hezita, sans fremi.
Mais quand dins la *rego*
L'enemic a defilat,
L'aigo alaro se desplego
N'escapo pas un souldat.    PUJ.

REGOLO, *voyez* RIGOLO.
REGOMO, *Rikiki*, s. m. Eau-de-vie. (Le grand Thomas, célèbre arracheur de dents du 18$^{me}$ siècle, après avoir arraché une dent envoyait le patient se rincer la bouche avec de l'eau-de-vie à la boutique d'une femme, Madame *Rogomme*, qui se tenait auprès de lui. « Allez, disait-il, allez bóire un peu de rogomme » ; c'est ainsi qu'il appelait l'eau-de-vie, du nom de cette femme, et ce nom de rogomme s'est conservé jusqu'à nos jours.)

REGORXOMEN, s. m. Regorgement : *Un regorxomen de sang l'a trapat*, un regorgement de sang l'a pris.

REGOSSA, *voyez* REGASSA.
REGOULIJHE, *voyez* BOMI.
REGOU, *voyez* REGO.
REGOULIT, *voyez* SADOUL.
REGOUNDRE, *voyez* REBOUNDRE.
REGOURDILS, *voyez* RECROUSTILS.
REGOUSTERI, *voyez* RAGOUSTERI.
REGOURXA, v. n. Regorger, s'épancher, déborder, en parlant de l'eau, du sang, des humeurs ; fig., Restituer forcément : *A calgut que regourxesso*, il a été obligé de restituer; Être dans l'abondance, abonder : *Regorxo de tout*.

REGREA, v. act. Ragréer, réparer, rajuster; t. de maç., Unir les parements d'un mur : *Manco pas que de ba regrea*, il ne manque plus que ragréer.

REGREOMEN, s. m. Ragrément, action de ragréer ; Ses effets.

REGRÈT, s. m. Regret, chagrin d'avoir perdu, manqué de faire, mal fait ; Repentir. (Du latin *regressus*, retour.)

REGRETA, v. act. Regretter, éprouver du regret; Plaindre quelqu'un, quelque chose ; prov. : *Regreta n'es pas gueri*, plaindre n'est pas guérir.

REGRETAPLE, O, adj. Regrettable, qui mérite d'être regretté.

REGUINNA, v. n. Ginguer, ruer ; Les mulets sont enclins de ruer : *Fa pas que reguinna*, il ne fait que ruer ; fig., Rechigner, régimber : *As bél reguinna*, tu as beau régimber.

REGUINNADO, s. f. Ruade : *M'a baylat uno reguinnado*, il m'a lancé une ruade.

REGUINNAYRE, O, adj. Sujet à ruer ; fig. Difficile à vivre : *Es un paouc reguinnayre*, il est sujet à ruer.

REGULARITAT, s. f. Régularité, conformité aux règles, aux devoirs; stricte observation des règles : *Es d'uno grando regularitat*, il est d'une grande régularité. (Du latin *regula*.)

REGULARIZA, v. act. Régulariser, rendre régulier : *Cal regularisa aquel cadre*, il faut régulariser ce cadre. (Du latin *regula*, règle.)

REGULATUR, s. m. Régulateur, pendule sur laquelle on règle les autres.

REGULIÉ, EYRO, adj. Régulier, ère, conforme aux règles, à la régularité; Bien proportionné ; Qui procède avec régularité, exact, ponctuel : *Es fort regulié*, il est très-régulier. (Du latin *regularis*.)

REGULIÈYROMEN, adv. Régulièrement, avec régularité. (Du latin *regulariter*.)

REGUS, s. m. Repli, retroussis : *Lou regus dal capel*, le repli du chapeau; Border un lit; Engager le bout des draps et de la couverture entre le bois et la paillasse : *Fay lou regus coumo cal*, bordez la couverture comme il faut.

REGUSSA, v. act. Retrousser, replier, relever en haut ce qui était détroussé.

REGUSSA (SE), v. pro. Se Retrousser immodestement.

## REI

REI-DE-CALLOS, s. f. Râle de terre ou roi des cailles.

REINTEGRA, v. act. Réintégrer, rétablir dans la possession de... (Du latin *integrare*.)

REITERA, v. n. Réitérer, dire, faire de nouveau : *B'a y'oy reiterat souben*, je le lui ai réitéré souvent.

## REJ

REJAILLI, *voyez* REXALHI.
REJENERA, *voyez* REXENERA.
REJENTA, *voyez* REXENTA.
REJETA, *voyez* REXETA.
REJETOU, *voyez* REXETOU.
REJI, *voyez* REXI.
REJIMBA, *voyez* REXIMBA.
REJIME, *voyez* REXIME.
REJIMEN, *voyez* REXIMEN.
REJISCLA, *voyez* REXISCLA.
REJISSUR, *voyez* REXISSUR.
REJISTA, *voyez* REXISTA.
REJISTENÇO, *voyez* REXISTENÇO.
REJISTRE, *voyez* REXISTRE.
REJOINDRE, *voyez* REXOINDRE.
REJOUGNE, *voyez* REXUGNE.
REJOUI, *voyez* REXOUI.
REJOUISSENÇO, *voyez* REXOUISSENÇO.
REJOUISSENT, *voyez* REXOUISSENT.
REJUGNE, *voyez* REXUGNE.
REJUNT, *voyez* REXUNT.
REJUNTA, *voyez* REXUNTA.

## REL

RELAÏS, s. m. Inflexion de voix qui finit les mots d'une manière désagréable : *Fagos pas de relaïs*, ne fais pas d'inflexion de voix.

RELAN, *Relanc*, s. m. Relent, évent, mauvais goût que contracte une viande renfermée : *A un goust de relan*, elle a un goût d'évent.

RELANQUI, *voyez* RALANQUI.

RELANTI, voyez RALANTI.

RELATA, v. act. Relatter, garnir un toit de lattes neuves; Relater, rapporter, mentionner : *Tout n'es pas relatat dins lou proucès-berbal*, tout n'est pas mentionné dans le procès-verbal. (Du latin *relata*, de *referò*.)

RELATIBOMEN, adv. Relativement, par rapport à, au sujet de... (Du latin *relativè*.)

RELATIF, IBO, adj. Relatif, ive, qui a rapport à...

RELATIOU, s. f. Relation, rapport d'une personne, d'une chose à une autre; Liaison de parents, d'amitié, d'affaires; Commerce de lettres; Récit de ce qu'on a vu, entendu, d'un fait : *An fax uno relatiou*. (Du latin *relatio*.)

RELAXA, *Relacha*, v. act. Relâcher, rendre moins tendu; Détendre; Laisser aller, remettre en liberté : *L'an relaxat*. (Du latin *relaxare*.)

RELAXA (SE), v. pro. Se Relâcher, se détendre; fig., n'Être plus si actif, si prompt, si sévère : *S'es fort relaxat*, il s'est beaucoup relâché.

RELAXE, *Relache*, s. m. Relâche, interruption; Allègement momentané de souffrance : *A un bricou de relaxe*, il a un peu de relâche; Calme, repos, délassement.

RELAXOMEN, *Relachomen*, s. m. Relâchement, diminution de sévérité; Délassement : *Aben un bricou de relaxomen*, nous avons un peu de délassement. (Du latin *relaxatio*.)

RELÈ, s. m. Relais, lieu où sont des chevaux frais qui doivent en remplacer d'autres en route : *Anan arriba al relè*, nous allons arriver au relais. (Du latin *relictus*, sous-entendu *equus*.)

RELEBA, v. act. Relever, remettre debout ce qui était tombé, remettre droit; Rebrousser : *Relebo las caousos*, retrousse la culotte; Hausser, exhausser; Rebâtir, reconstruire : *Me cal releba lou capial*, je dois relever le mur de tête; Faire briller d'avantage, donner plus de lustre, d'éclat : *Aco ba relèbo pla*, cela le relève bien; Renouveler, ranimer; Répondre vivement à... : *L'a relébado coumo cal*, on lui a répondu comme il faut; en parlant des mets, leur Donner plus de goût, de saveur : *Met-y quicon per ba releba*, mets-y quelque chose pour relever le goût; t. milit., Remplacer une sentinelle; t. de maréchal, Faire des rassis, placer un vieux fer avec des clous neufs : *A besoun de releba*. (Racine *leba*.)

Tabés quand qualqu'un lançabo
Un gros mot qué crésio fi,
Já toun amic régrétabo
Qué fousquessès pas aichi.
Car quand t'escalfoun la billo,
*Rélebos* les mots ardits;
Et toujour, amé maliço,
Quand un insoulent te fisso
Sabès y tusta sus dits.                     DAV.

RELEBALHOS, s. f. Relevailles, cérémonie de la bénédiction d'une femme lorsqu'elle va à l'église pour la première fois après ses couches : *N'a pas encaro fax sas relebalhos*, elle n'a pas fait encore ses relevailles.

RELEBAT, s. m. Relevé, extrait des articles : *Ayci lou relebat de tout*, voici le relevé de tout; t. de maréchal, Rassis, ouvrage fait en levant et remettant le fer à un cheval : *A besoun d'un relebat*, il a besoin d'un rassis. (Racine *leba*.)

RELÈBO-CARTIÈ, s. m. Relève-quartier, outil de cordonnier.

RELÉBO-GRABURO, s. m. Relève-gravure, outil de cordonnier.

RELEGA, v. act. Reléguer, mettre, tenir à l'écart : *L'a relegat al graniè*, il l'a relégué au grenier. (Du latin *releguare*.)

RELEGA (SE), v. pro. Se Reléguer, se retirer à.

RELENC, voyez RELAN.

RELEXIOU, *Relegiou*, s. f. Religion, culte rendu à la Divinité; Foi, croyance : *N'a pas cap de relexiou*, il n'a aucune religion. (Du latin *religio*.)

RELEXIOUS, ZO, *Relixious*, zo, *Relegious*, o, s. m. f. Religieux, euse, celui, celle, qui est attaché par des vœux à un ordre monastique : *Un relexious es passat*, un religieux est passé: adj. Qui a la foi, le respect des choses saintes; Consciencieux; Exact : *Aco's un ome relexious, y podes counta*, c'est un homme religieux, vous pouvez y compter. (Du latin *religiosus*.)

RELEXIOUZOMEN, adv. Religieusement, avec religion; Consciencieusement. (Du latin *religiosè*.)

RELHA, v. act. Placer les pentures d'une porte, d'une fenêtre : *N'a pas acabat de relha*, il n'a pas fini de placer les pentures.

RELHAXE, *Relayhe*, s. m. Payement qu'on donne à un forgeron, en grain, pour tout ce qu'il fait dans son état pour un métayer : *Pagan tant de relhaxe*, nous donnons tant au forgeron.

RELHO, s. f. Penture, bande de fer qui sert à soutenir une porte, une fenêtre; elle se termine à un bout par une ganse ou collet qui reçoit le gond : *Aquèlo relho ba pas pla*, cette penture ne va pas bien; Soc, partie de la charrue, voyez ARAYRE.

Lou bouriaïré endustrit, è qu'o cerbello en closco,
L'hosardo pas otal; sap trop qué né bal l'osco.
D'obord, ombé ottentiou, l'y mésuro lou jas,
Lo jetto, oprés oco, dé tout lou hon del bras.
Lo reilho en même-tems dount el guido lo routo,
Fend lou sé dé lo terro è soullebo lo mouto,
Qu'en rétoumben en pousso enséběélis lou blat,
Qu'o lo prémieyro humou séro rébiscoulat.
                                            PRAD.

RELHO-RELHO CAOUDO, s. f. Espèce de Jeu.

RELIA, v. act. Relier, lier de nouveau; Mettre des cercles à un tonneau; Coudre et couvrir les feuilles d'un livre : *A besoun de relia*, il a besoin d'être relié. (Du latin *re et ligare*.)

RELIAXE, *Reliage*, s. m. Reliage des tonneaux; Coût.

RELIAYRE, s. m. Relieur, celui qui relie les livres; Tonnelier : *Aben lou reliayre*, nous avons le tonnelier pour relier.

RELICARI, s. m. Reliquaire, boîte où l'on enchâsse des reliques; sorte de Bouquets d'église. (Racine *relico*.)

RELICAT, s. m. Reliquat, reste de compte.

RELICO, s.f. Relique, restes du corps d'un saint; Débris des choses qui lui ont appartenu; fig., Chose que l'on conserve avec grand soin : *Ba gardi coumo uno relico*, le conserve comme une relique. (Du latin *reliquia*.)

RELIÉF, s. m. Relief; t. de sculp. Ouvrage relevé en bosse; fig., Lustre, éclat, distinction : *A fosso reliéf*. (De l'italien *reliebo*.)

RELIO, voyez RELHO.

RELIUR, voyez RELIAYRE.

RELIURO, s. f. Reliure, ouvrage d'un relieur; Couverture d'un livre relié : *La reliuro bal mayt*

REM

*que lou libre*, la reliure vaut plus que le livre.

RELOPI, *Pugnastre*, adj. et s. Rétif, qui résiste à la main qui le gouverne : *Es relopi;* Paresseux; Lent; Capricieux : *Sios touxoun relopi,* tu es toujours lent.

Dins aqueles coumbats,
Nou, nou souy pas *relopi;*
Mais as aoutres debats
Xamay yeou noun galopi.
Tabes despey dex ans
Ma fourtuno aoumentabo,
Et d'un milhoun de frans
Moun coffre refoufabo.
A. B.

RELOUA, v. n. Relouer, louer de nouveau : *Me souy relouat,* je me suis reloué. (Racine *loua.*)

RELOUXE, *Reloujhé, Pandulayre,* s. m. Horloger; celui qui fait ou répare les montres, les pendules, etc. : *A bezoun dal relouxé,* elle a besoin d'horloger.

RELOXE, *Relojhe,* s. m. Horloge qui marque et sonne les heures : *Lou reloxe ba souna,* l'horloge va sonner; Tourne-broche, machine faisant tourner la broche : *Mounto lou reloxe per metre la broxo,* monte le tourne-broche. (Du latin *horologium.*)

Le *relotje* del temps dins sa marcho reglado
Aban leou ba souna ma soixantièmo annado,
Et camini deja ma darnièro sazou ;
Moun pel negre aoutres cops, a cambiat de coulou,
L'aige me l'a tintat presque d'un gris de perlo,
Tout moun corps se rafis, ben coum'uno couderlo ;
Sa beoutat s'abalis à pas accelerat,
Fugis coum'un lebraout, qu'un cassayre a manquat ;
Et mas forços tabes, feblos et denouzados
S'en ban, sans dire adiou à mas tristos annados;
Mais moun amo, Kehoul, qu'es un retal de Diou
Et que n'aoura jamai cap de bariatiou
Perd pas res de soun tout....
DEBAR.

RELUBRE, *Rebouxouïre, Reboulibre,* s. m. Regain, herbe qui repousse dans un pré fauché : *Lou relubre nous refara,* le regain nous refera. (Du latin *re* et *lucrum,* second profit.)

REM

REMANEXA, *Remanejha,* v. act. Remanier, refaire, raccommoder : *Angan pas ba remanexa,* n'allons pas le remanier.

REMANEXOMEN, *Remanejhomen,* s. m. Remaniment, action de remanier.

REMAOUS, *voyez* ABRIC.

REMAOUZA, *voyez* ARREMAOUZA.

REMARCA, v. act. Remarquer, marquer une seconde fois; Faire attention; Apercevoir, distinguer : *B'ey remarcat dexa,* je l'ai déjà remarqué. (Racine *marco.*)

REMARCO, s. f. Remarque, observation : *A fax uno remarco,* il a fait une remarque.

REMARCUR, s. f. Remarqueur, celui qui est chargé de remarquer : *As un boun remarcur,* tu as un bon remarqueur.

REMARIDA, v. act. Remarier, marier de nouveau. (Racine *marida.*)

REMARIDA (SE), v. pro. Se Remarier, passer à de nouvelles noces.

REMASULLA, *voyez* RAPELA (SE).

REMEDI, s. m. Remède, tout ce qui sert à guérir, à prévenir le mal : *Sabi un boun remèdi,* je sais un bon remède. (Du latin *remedium.*)

REM

Qué disé ? aurios-bé bel lo poultri, lo chobla,
Qué toujour dins tous comps d'oquélo biléno herbo
Lou lèbon malhuroux, maigré tu, sé counserbo.
Lou soul *rémèdi* olaro és, quond mounstro lou nas,
Dé lou li tourna torsé, ofi qu'oun groné pas....
PRAD.

REMEDIA, v. n. Remédier, apporter remède à... : *Ye cal remedia sul cop,* il faut y remédier sur le champ.

REMEMOURIA, v. act. Remémorier, faire ressouvenir : *Ba te cal rememouria souben,* il faut te le rappeler souvent. (Du latin *rememorare.*)

REMENA, v. act. Remuer en rond : *Cal remena lou milhas,* il faut remuer la millasse; Réprimander quelqu'un : *Coussi l'a remenat !* (Du latin *removere.*)

REMENA (SE), v. pro. Se Tortiller, marcher avec grande affectation : *Agaxo-lo coussi se remeno,* vois comme elle se tortille.

REMENDA, *Rebenda, voyez* PROUBAXA.

REMENILHO, s. f. Espèce de danse très-précipitée.

REMENTIDO, *voyez* REMORS.

REMERCIA, v. act. Remercier, faire des remerciments, témoigner sa reconnaissance : *Beni bous remercia,* je viens vous remercier; Refuser honnêtement; Congédier, renvoyer, destituer : *L'an remerciat,* on l'a congédié. (Du latin *merces,* récompense.)

REMERCIOMEN, s. m. Remerciment, action de grâces; Paroles pour remercier : *Faras tous remerciomens,* tu feras tes remerciments.

REMETTRE, v. act. Remettre, mettre de nouveau; Replacer, reposer; Rétablir les personnes, les choses dans l'état où elles étaient; Redonner de la vigueur; Faire revenir d'un trouble, de l'agitation : *Trazien mal de lou remettre,* nous avions peine h le faire revenir; Rendre à quelqu'un une chose qui lui appartient : *Bay-y remettre la claou,* allez lui remettre la clef; Faire grâce de...; Retarder, reculer, différer : *Touxoun l'on ba remet,* on retarde toujours; Reconnaître; Livrer, consigner : *L'an remets entre las mas de la xustiço.* (Du latin *remittere.*)

REMETTRE (SE), v. pro. Se Remettre, se rétablir, recouvrer la santé; Revenir de son trouble; Recommencer à... : *S'es remes al trabal,* il se remet au travail.

REMEZO, s. f. Remise, délai, retardement; Émolument d'un receveur en proportion de sa recette; Somme abandonnée sur une dette : *M'a fax uno remezo,* il m'a fait une remise ; Endroit pour mettre à couvert une charrette, une voiture. (Du latin *remissa* participe de *remitto,* remettre.)

REMEZURA, v. act. Remesurer, mesurer une seconde fois. (Racine *mesura.*)

REMIFFA, v. n. Rebuter, rejeter avec dureté.

REMIFFADO, *voyez* REBUFADO.

REMIRA, v. n. Considérer avec attention, avec complaisance : *Ba remiraras tout bey.* (Du latin *mirari.*)

REMISSIOU, s. f. Rémission, pardon; Sans rémission, sans pardon. (Du latin *remissio.*)

REMIZA, v. act. Remiser, placer sous la remise un carrosse, etc.

REMIZO, *voyez* REMEZO.

REMO, *voyez* RAMO, RENC.

REMORS, s. m. Remords, reproche vif et amer de la conscience : *N'a pla de remors,* il en a bien de remords. (Du latin *remorsum* supin de *remordere,* bourreler.)

## REN

Sioy résignat ! — un souvèni pécayré !
Mét dins moun âma un *remort* qu'és pla gréou ;
Dins sous viels ans cal souegnara ma mayré
Quan soun éfan sero dins lou toumbeou ?

PEYR.

**REMOULADO**, s. f. Remoulade, sauce piquante.
**REMOULI**, *voyez* RAMOULI.
**REMOULIMEN**, s. m. Tournoiement, les tournants de l'eau près d'un moulin qui est en jeu ; Endroit où le vent ramasse les feuilles.
**REMOULINA**, v. n. Tournoyer, tourbillonner ; on le dit de l'eau d'un moulin qui s'engloutit et qui produit à la surface des tourbillons creux en entonnoirs : *L'aygo remoulino*. On le dit encore du vent, qui, en battant contre un mur, etc., produit une espèce de tournoiement. (Racine *mouli*.)
**REMOULINADO**, *Remoulinadis*, s. f. Bouffée de vent ; Tourbillon de fumée : *Quno remoulinado !* quelle bouffée de vent !
**REMOUNDA**, *voyez* RABUGA.
**REMOUNTA**, v. act. Remonter, monter de nouveau ; Donner une nouvelle monture ; Donner les choses nécessaires ; Remettre sur pied ; Rétablir, remettre à neuf : *As remountat las botos ?* tu as remis à neuf les bottes ; Mettre à l'aise : *L'abez remountat ;* Favoriser, être utile : *La plèxo remounto lou pays*, la pluie est très-utile au pays. (Racine *mounta*.)
**REMOUNTATIOU**, s. f. Richesse, fortune, aisance : *Aco farió ma remountatiou*, cela ferait ma fortune.
**REMOUNTO**, s. f. Remonte, chevaux pour remonter des cavaliers ; Aisance, bien-être : *Aco sera sa remounto*, ce sera là son bien-être.
**REMOUS, ZO**, adj. Retiré, ée, seul, à son devoir : *Ten-te remous*, tiens-toi retiré. (Du latin *remotus*.)
**REMOUSTRA**, v. act. Remontrer, représenter les inconvénients de... : *Ba y'aben pla remoustrat*, nous le lui avons bien remontré. (Racine *moustra*.)
**REMOUSTRANÇO**, s. f. Remontrance, représentation ; Avis d'un supérieur : *Fázes-y calquo remoustranço*, faites-lui quelque remontrance.
**REMOUSTRATIOU**, *voyez* REMOUSTRANÇO.
**REMOUTELOU**, s. m. Nielle, agrostème des blés.
**REMUANT, TO**, adj. Remuant, te, brouillon.
**REMUDA**, *voyez* RELEBAT.

## REN

**RENA**, *Brena*, v. act. Raffler, amener tout le blé et la balle sur un point de l'aire, où l'on en fait une pile ; on se sert d'un instrument appelé *reno* ; t. de laboureur, Transporter les terres d'un bord de champ au milieu où il y a un enfoncement, avec une espèce de traineau, sans roues, qui ne fait que glisser derrière les bœufs qui le tirent. Un homme le charge, en présentant le devant qui fend la terre et le remplit ainsi : *Aben pla bezoun de rena aquel camp, es negadis al miex*, nous avons besoin de transporter les bords de ce champ au milieu, où la récolte se noie.
**RENA**, v. n. Pleurer, geindre comme font les enfants : *Fa pas que rena*, il ne fait que geindre.
**RENAYRE**, s. m. Pleurard : *Sios un renayre ;* Ceux qui travaillent à raffler le blé, à transporter les terres.
**RENAYSSE**, v. n. Renaître, naître de nouveau :

*Me semblo que renayssi*, il me semble que je renais. (Du latin *renasci*.)

David, del troupèl que fa paisse,
Al reng des Reis es elevat.
Job, de soun fumié vei *renaisse*,
La richesso ambe la santat.
Paourot ! sus un Trône sublime
Al Cél seras leou courounat.
Ourguillous ! veiras ta fiertat
Ambe tu peri dins l'abime.

PUJ.

**RENC**, s. m. Aviron, rame dont se servent les bateliers, pour faire voguer les bateaux ; Rang, ordre, place qui convient à une personne, une chose ; prov. : *Cadun à soun renc, y'a pas res de trop*, chacun à son rang c'est là le droit ; t. de faucheur, Redens, l'espace que fauche un homme. (De l'allemand *ring*.)

Un *renc* suprême,
Un diadêmô,
Un gran palay,
Tout aco play.
Esclat qué troumpas,
Vay per tas poumpas
N'as d'acoutè pris
Qué lou mèspris.
Trèsors, richessas passagèyras,
Sés messourguleyras ;
L'égouismé fa soul accul
A vostré ourgul.
Mais per una âma,
Touta dé flama,
Ré n'és tant bel
Couma lou Ciel.

PEYR.

**RENDIE, EYRO**, s. m. f. Locataire, fermier d'une maison, d'un jardin : *Lou rendiè nous quito*, le fermier nous quitte.
**RENDO**, s. f. Fermage, loyer d'une métairie, d'un champ, d'une maison : *Es pla car de rendo*, c'est bien cher de loyer. (Du latin *reddita*.)
**RENEC**, *voyez* XUROMEN.
**RENEGA**, v. n. Jurer, dire des jurons ; Pester : *Fa pas que renega*, il ne fait que jurer ; en parlant des choses, qui Contrastent : *Aco renego*, cela contraste.

Et bous, nou cridas pas, Moussu, per l'espèrgna ?
Bous, que dins sous prats oun nay la pimparélo,
Abes poupat sa ley, marchat dins sa troussélo,
Roupillat dins sous bras, recebùt sous poutous,
Saoutat à sous roundeous, sisclat à sas cansous ;
Nani ! la *renegas* ; sa biellesso bous jayno. (dal pates.)

J.

**RENEGAYRE**, *Renegadou*, s. m. Renieur ; Jureur, celui qui jure par habitude, par colère, par grossièreté : *Aco's un renegadou*, c'est un grossier.
**RENGA**, *voyez* ARRENGA.
**RENGADO**, *Rengo*, s. f. Rangée, suite de choses sur une même ligne ; *Gn'abio uno rengadô*, il y en avait une rangée.
**RENGLORO**, *voyez* ENGRISOLO.
**RENGO**, *voyez* RENGADO.
**RENGUETO**, *voyez* RENGADO.
**RENNURO**, s. f. Rainure, entaillure en long dans du bois pour assembler, pour une coulisse : *La rennuro è laxo*, la rainure est lâche.
**RENO**, s. f. Traineau, meuble de ferme pour trainer la terre des bords d'un champs dans le milieu ; Rène, courroie de la bride d'un cheval ;

*La reno es coupado*, la rêne est coupée; fig., Enfant qui pleure toujours : *Sios uno reno*; t. de battage du blé, Rafle, instrument composé d'une planche qui porte sur son champ et qui a un manche qui sert au rafleur à pousser en avant la planche qui entraîne le blé et la balle.

RENOS, s. f. Fête qu'on donne quelques jours après une noce : *Fazen lou renos*. (De *noces* ou *nuptiæ*, et de *ré*, de rechef.)

RÉNOS, s. f. Rênes, courroies de la bride d'un cheval : *Ten ferme las rénos*. (Du latin *retinacula*.)

RENOUBELA, v. act. Renouveler, rendre nouveau en substituant une chose à la place d'une autre de même espèce ; Faire revivre ; Contracter de nouveau avec les mêmes personnes et aux mêmes conditions ; Commencer de nouveau : *Bas renoubela la querelo* ; Rappeler le souvenir : *Que bas renoubela !* (Du latin *renovare*.)

RENOUBELOMEN, s. m. Renouvellement, réitération ; Augmentation ; Action de renouveler un bail, un billet : *Cal un renoubelomen, il faut un renouvellement*.

RENOUNÇA, v. act. et n. Renoncer, renier, Désavouer : *Te renounçi per parent*, je te désavoue pour parent ; Abandonner la possession, la prétention, le désir ; Cesser de faire usage de... : *Y'ey renounçat, y'a lountems*, j'y ai renoncé depuis longtemps. ; t. de jeu, Manquer de quelque couleur ; Couvrir une carte avec une carte d'une autre couleur : *A renounçat*. (Du latin *renuntiare*.)

RENOUNCLE, s. m. Grenouillette, espèce de renoncule.

RENOUNÇOMEN, s. m. Renoncement.

RENOUNCULO, s. f. Renoncule, plante à racines en griffes, d'un grand nombre d'espèces. (Du latin *ranunculus*.)

RENOUM, s. m. Renom, réputation bonne ou mauvaise : *A missant renoum*, il a mauvaise réputation. (Racine *noum*.)

RENOUMMA, v. act, Renommer, nommer une seconde fois ; Donner du renom ; Citer avec éloge : *Es fort renoummat*, il est fort renommé.

RENOUMMADO, s. f. Renommée, réputation, célébrité ; Bruit public : *La renoummado b'a dit*, la renommée l'a dit.

Un moustre noummat *Rénouméa*,
Sore d'Encélada et de Céa,
Masqua qué Tellus en furou
Pissét dins sa michanta imou ;
Aquéla viéfa tartalassa,
Pus caquétuza qu'una agassa,
Pus vérinouza qu'una ser
É qué couma l'éliaou fén l'èr,
Tout iois, tout aouréfas, tout lenga,
Diou garde qué vous entrépréng a !
D'abord es un pichot enfan
É tout de suita és un géan
Qué toca lou Ciel é la téra ;
Pus terribla qué lou tounèra,
Pertout sa bouès, embé fracas,
Dis cé qu'és, é cé qué n'és pas.
Empouyzouna tout cé qué passa
Per sa redoutabla mayssassa.       FAV.

RENOUS, *voyez* RENAYRE.

RENS, s. m. Reins, le bas de l'épine du dos: *Lous rens me fan mal*, j'ai mal aux reins. (Du latin *renes*.)

É dés pés jusqu'as *rens*, é dés rens à la testa,
Lou mal semblo qu'o dich : « li yole demoura ;

« Coumma efan de l'anfer, yeou risé, — car te resta
« Un cor per mé maoudire, é dous yols per ploura.
PEYR.

RENXA, *voyez* ARRENGA.

REP

REPABA, v. act. Repaver, paver de nouveau : *An repabado la carrièyro*, on a repavé la rue.

REPABAXE, s. m. Nouveau Pavage ; Coût.

REPALMA, v. n. Rebondir, faire un ou plusieurs bonds. (Du latin *palma*.)

REPAOUS, s. m. Repos ; Sommeil ; Tranquillité : *A un bricou de repaous*, il a un peu de repos ; Exemption de trouble : *Qu'un repaous !* État d'une arme à feu dont le chien n'est ni bandé, ni abattu : *Es al repaous* ; fig., Vesser : *T'en bas dal repaous ?* (Du latin *pausa*.)

REPAOUZA, v. act. Reposer, poser de nouveau ; Mettre dans un état, dans une situation tranquille ; Dormir, sommeiller : *Es anat repaouza*, il est allé reposer. (Du latin *reponere*.)

Milo noum d'un canou, aprep moun abanturo,
Dins aqueste bousquet ma bido es pas seguro ?
Messius, diguebi you, benets mal à perpaous,
Qui bous enhoyo aici per troupla moun *repdous* ?
VESTREP.

REPAOUZA (SE), v. pro. Se Reposer, cesser d'agir, de travailler : *Aro me boli repdouza*, je veux me reposer à présent ; Prendre du repos : *Se repdouzo*.

N'ari que *se repaouza*, sans bruno ni tourrado,
Dins un joun toutis dus an gagnat la cibado.

REPAPIA, *voyez* RADOUTA.
REPAPIADIS, *voyez* RADOUTAXE.
REPAPIAYRE, *voyez* RADOUTUR.
REPAPIJHE, s. m. Radotage, radoterie.

REPARA, v. act. Réparer, restaurer, raccommoder ; Compenser, dédommager ; Faire réparation d'une offense, d'une injure : Expier : *B'a pla reparat*, il l'a dignement réparé. (Du latin *reparare*.)

A l'egard dal proucés, y'abes d'espoir encaro.
Quand nous oou mal xuxats, cal qu'un mal ba *reparo*.
S'axis pas de bira las cambos hès lou Ciel,
Mais s'abes ta boun drex, bous cal faire un appel.
D.

REPARATIOU, s. f. Réparation, ouvrage fait ou à faire pour réparer : *Aco's uno pixouno reparatiou*, c'est une petite réparation ; Satisfaction exigée ou donnée d'une injure, d'une offense : *Y fara reparatiou*, il lui fera réparation. (Du latin *reparatio*.)

REPARETRE, v. n. Reparaître, paraître de nouveau : *Tourno reparetre*. (Racine *paretre*.)

REPARTI, v. act. Répartir, partager, distribuer : *B'a your ey repartit*. (Du latin *dispartire*.)

REPARTI, v. n. et act. Repartir, répliquer ; Partir de nouveau ; Retourner : *Es repartit, y'a lountems*. (Racine *parti*.)

REPARTIDO, s. f. Repartie, réplique prompte, vive, ingénieuse : *Y'a fax uno bélo repartido*.

Yeou n'aourio pas cregut, xamai dedins la bido,
Que bous m'axesses fax aquélo *repartido* ?
Cependant ey coumpres, (aleou qu'abes badat,
Qu'aro tout ço qu'ey dix bous a pas agradat. D.

**RÉPASSA**, v. n. Repasser, passer de nouveau; Traverser une seconde fois : *Ben de repassa*; Examiner, considérer en détail : *Ba boli repassa tout soul*; Répéter par cœur pour être plus sûr de sa mémoire : *B'a repassat tres cots*; Battre, châtier : *L'a repassat en recio*; Aiguiser des ciseaux, etc.; *Lou cal repassa*; Repasser du linge avec un fer chaud; Reteindre un chapeau et lui donner un nouvel apprêt : *Lou me cal fa repassa*.

**REPASSAXE**, s. m. Repassage, action de repasser, de remoudre, etc.

**REPASSO**, s. f. Correction, châtiment : *A agut la repasso*.

**REPATRIA**, v. act. Rapatrier, réconcilier des personnes : *Lous cal repatria*.

**REPATRIA (SE)**, v. pro. Se Rapatrier, se réconcilier. (Racine *patrio*.)

**REPAYS**, s. m. Repas, nourriture que l'on prend à des heures réglées; fig., Dégoût, ennui d'une chose : *Ne'foou moun repays*, j'en ai mon soûl. (Du latin *pastus*.)

D'aquel ta grand *repais* gaousi pas announça
Tout ço qu'à l'amagat yeou me calguet rouuça :
Dempey lou prumié plat jusqu'al darnié serbici,
Lous gousses et lous gats fasquéroun moun oufflici
VESTREP.

**REPAYSSA**, v. n. Prendre son repas : *N'aben pas repayssat*, nous n'avons pas pris le repas.

**REPENTENT**, O, adj. Repentant, te, qui se repent de ses fautes, de ses péchés : *N'es pla repentento*.

**REPENTI (SE)**, v. pro. Se Repentir, avoir de la douleur, du regret : *Me repentissi de l'abe escoutat*. (Du latin *pœnitere*.)

B'accepti de boun cor, mais que t'en repentigos pas,
Car boli sur aco te beze un pan de nas;
T'en mourdiras lous dets, crezi pas que t'en rigos.
Anfin b'aouras boulgut, cai que t'en *repentigos*.
D:

**REPENTIR**, s. m. Repentir, regret d'avoir fait, ou de n'avoir pas fait; Douleur profonde de ses péchés.

Sioy plé de *repenti*; mais lou passat me biama.
Diou ! que véses mous plours, sé ta voués me reclama,
Trouvaray lou bounhur dins mous jours d'afflictiou.
Recounnouyssa a jamay ta justiça éternelle;
Mais tira de dessus ma testa criminella
Lou terrible courroux de ta maledictiou. PEYA.

**REPÈR**, s. m. Repère, t. d'arts et mét. Trait marqué pour reconnaitre les pièces d'assemblage : *Cerco lour repèr*. (Du latin *reperire*, retrouver.)

**REPERTOIRO**, *Repertori*, s. m. Répertoire, table, index; Inventaire, recueil de choses par ordre : *Ba troubaren al repertoiro*. (Du latin *repertorium*.)

**REPESCA**, v. act. Repêcher, retirer de l'eau ce qui y était tombé : *B'aben repescat*; v. n. se Répandre, déborder, en parlant d'un liquide qui jeté trop fort dans un vase tombe, se répand, quoique le vase ne soit pas plein : *Aquelo semal repesco*.

**REPETA**, v. act. et n. Répéter, dire ce qu'on a déjà dit; Rapporter ce qu'on a entendu; Dire par cœur; Faire des répétitions; Recommencer : *Repetos touxoun ço mêmes*, tu répètes toujours la même chose; Horloge, Pendule qui répète les heures. (Du latin *repetere*.)

**REPETASSA**, v. act. Rapetasser, raccommoder de vieilles hardes, y mettre des pièces : *Repetassa touxoun*, rapetasser toujours. (D. grec *rhaptein*.)

**REPETELAT**, ADO, adj. Dodu, ue, mollet, potelé : *Que sios repetelat!* que tu es dodu !

**REPETIT**, voyez RIATOU.

**REPETITIOU**, s. f. Répétition, redite; Leçon qu'on donne à des écoliers pour leur expliquer plus amplement celle qu'ils ont reçue en classe ; Pendule, montre à répétition qui répète l'heure à volonté. (Du latin *repetitio*.)

**REPIC**, s. m. Répétition d'une pendule, d'une horloge : *Lou repic ba souna*, la répétition va sonner.

**REPICA**, v. n. Repiquer, piquer de nouveau; Enlever avec un outil un peu de bois : *Te cal repica aquelo croundo*; t. de batteur de blé, Battre une seconde fois : *Dins un moumen caldra repica*, dans un moment il faudra battre une seconde fois.

**REPINÇA**, v. n. Faire une pince à un habit trop ample : *A besoun de repinça*; t. de jardin. Pincer les arbres pour arrêter la sève : *Es tems de repinça*, il est temps de pincer.

**REPINÇO**, *Repinso*, s. f. Pince, pli qu'on fait à du linge, à un habit trop ample : *Faras uno brabo repinço*, tu feras une forte pince.

**REPIT**, voyez REPIC.

**REPLA**, v. act. Bloquer, remplir de petits moëllons, ou de blocailles, les vides d'un mur qu'on bâtit : *Ba bous cal pla repla*, il vous faut bien le bloquer. (Du latin *replere*.)

**REPLAÇA**, v. act. Replacer, remettre en place ; Donner de nouveau un emploi, une place : *Benou de lou replaça*, on vient de le replacer. (Racine *plaça*.)

**REPLANTA**, v. act. Replanter, planter de nouveau, planter ce qui était déplanté : *Bay bo replanta*, va le replanter. (Racine *planta*.)

**REPLASTRA**, v. act. Replâtrer, remettre du plâtre. (Racine *plastra*.)

**REPLE**, s. m. Raple, partie d'un lapin, d'un lièvre, depuis l'épaule jusqu'à la queue. (Du latin *rapum*, qui a signifié la queue, d'où les Espagnols ont fait *rabo*, queue d'animal.)

**REPLE**, *Replou, Riplou*, s. m. Blocaille, menu moëllon pour remplir les vides d'un mur : *Porto quasques reples*, porte quelque blocaille.

A palpos, en marchan, troubat jouts lous pés
De testes, de *riplous* et de boussis de bois.
A forço de cerca demest la riplounaillo
Trouhèri cependan un bricounet de paillo,
Que les plours, les sanglots et le negre chagrin
Abio fayto beni coumo de poulberin. VESTREP.

**REPLEC**, s. m. Repli, pli redoublé : *B'ey troubat dins lou replec dal bounet*, je l'ai trouvé dans le repli du bonnet.

**REPLEGA**, v. act. Replier, plier ce qui avait été déplié; Faire plusieurs plis. (Racine *plega*.)

**REPLEGA (SE)**, v. pro. Se Replier, faire des plis et replis.

**REPLET**, TO, adj. Replet, ète, qui a trop d'embonpoint : *Es fort replet*, il est fort replet. (Du latin *repletus*.)

**REPLICA**, v. act. et n. Répliquer, faire une réplique; Répondre; Repartir : *Boli pas l'entendre replica*, je ne veux pas l'entendre répliquer. (Du latin *replicare*.)

**REPLICO**, s. f. Réplique, réponse à ce qui a été dit ou écrit : *A touxoun la replico presto*, l a toujours la réponse prête. (Du latin *replicare*.)

REPLOU, voyez REPLE.

REPO, s. f. Provision, abondance, surtout en habits : *A fosso repos*, elle a beaucoup de provisions.

REPOSOIR, s. m. Reposoir, autel élevé momentanément dans un lieu où doit passer la procession de la Fête-Dieu : *Abiez fax un bél reposoir*, vous aviez fait un beau reposoir. (Du latin *repono*, je repose.)

REPOU, s. m. Tampon de bois que les charpentiers mettent dans les mortaises pour contenir les solives d'un torchis.

REPOUNA, v. act. T. de chap. Assujétir les montants d'un torchis.

REPOUNPI, voyez RESTOUNTI.

REPOUNXOU, *Repounchou*, s. m. Raiponce, plante bisannuelle à longues racines, qui se mangent en salade.

REPOUSSA, v. act. Repousser, faire reculer en poussant ; Rejeter ; Renvoyer : *L'a calgut repoussa à cots de martéls*, il a fallu repousser à coups de marteaux.

Aqui la tendro mayre, en liouno xalouso,
Disputo soun maynaxé à l'ounzado furiouso,
Et de soun bras de fer la *repousso* bint cots ;
Se crampouno à la bido et desfizo lous flots. A. B.

REPOUSSADOU, s. m. Repoussoir, t. d'arts et mét. Instrument pour faire sortir une cheville : *Cal abé lou repoussadou*, il faut avoir le repoussoir.

REPOUSSANT, TO, adj. Repoussant, te, qui inspire de l'aversion, du dégoût : *Es repoussanto de lourdizo*, elle est repoussante de saleté. (Du latin *repulsare*.)

REPOUTEGA, v. n. Clabauder, criailler, répondre avec emportement : *Repoutégo touxoun*, il clabaude toujours fig., Grouiller, en parlant du bruit que font les boyaux dans le ventre.

REPOUTEGAYRE, O, adj. Inquiet, te ; Fâcheux, qui se plaint toujours, qui redit à tout, qui marmotte entre ses dents : *Siós uno repoutegayro*, tu es une inquiète.

REPOUTELA, voyez ESCARCALHA.

REPOUTELAT, voyez REPETELAT.

REPOUTINA, *Repouxina*, v. n. Murmurer, bourdonner entre ses dents ; se Fâcher ; se Plaindre : *Aymi pas d'entendre repoutina*, je n'aime pas d'entendre se plaindre.

REPOUXINAYRE, voyez REPOUTEGAYRE.

REPREANSIPLE, O, adj. Répréhensible, qui mérite répréhension ; Blâmable : *Siós fort repreansiple*, tu es fort répréhensible. (Du latin *reprehensibilis*.)

REPRENE, v. act. et n. Reprendre, prendre de nouveau ; Continuer ce qui avait été interrompu : *B'anan reprene* ; Trouver à redire ; Blâmer : *Lou te cal reprene*, Revenir attaquer, en parlant des maladies : *Las fiébres l'an repres*.

REPRENE (SE), v. pro. Se Reprendre, se rejoindre ; s'Interrompre pour mieux dire.

REPRESENTA, v. act. Représenter, présenter de nouveau ; Mettre sous les yeux, fig., Figurer par le pinceau, le crayon ; Offrir l'image, la figure ; Imiter sur la scène par l'action, par le discours ; Jouer une pièce de théâtre ; Ag r au nom de quelqu'un, tenir sa place : *Representi moun payre*, je représente mon père ; Faire des remontrances, faire envisager : *B'a y ey pla representat*, je le lui ai bien représenté ; Faire bien les honneurs de sa place, avoir un grand train. (Du latin *representare*.)

REPRESENTA (SE), v. pro. Se Représenter, se présenter de nouveau, se rappeler le souvenir de ; se Mettre dans l'esprit : *Quand ba me representi ! quand je me le mets dans l'idée !*

REPRESENTANT, s. m. Représentant, celui qui en représente un autre, qui en tient la place dans une cérémonie, dans une succession ; Député : *Aco's nostre representant*, c'est notre représentant.

REPRESENTATIOU, s. f. Représentation, exposition devant les yeux ; Imitation par le pinceau, le burin ; Catafalque ; Extérieur avantageux ; belle Apparence d'une personne : *A uno belo representatiou*, elle a un bel extérieur ; Action de représenter une pièce de théâtre ; Objection, remontrance respectueuse : *Y farey mas representatious*, je lui ferai mes représentations. (Du latin *representatio*.)

REPRESO, s. f. Reprise, continuation après interruption ; Raccomodage à l'aiguille ; Rechute d'une maladie : *A agut uno forto represo*, il a eu une forte rechute.

REPRIMA, v. act. Réprimer, arrêter l'effet ou e progrès ; Contenir ; Rabattre : *Tant que podes, reprimo-lou*, ta it que tu peux, contiens-le.

REPRIMANDA, v. act. Réprimander, faire une réprimande : *L'a pla reprimandat*.

REPRIMANDO, s. f. Réprimande, correction verbale avec autorité : *Garo la reprimando !* gare la correction !

REPRIN, voyez RECOUPES.

REPROCHES, voyez RAPPORT.

REPROUBA, v. act. Réprouver, rejeter, désavouer ; Condamner : *Ey reproubat sa counduyto*, j'ai réprouvé sa conduite. (Du latin *reprobare*.)

REPROUBAT, ADO, s. m. f. Réprouvé, damné ou sur la voie de la damnation : *Semblo un reproubat*, il a l'air d'un réprouvé.

REPROUBATIOU, s. f. Réprobation, état des réprouvés. (Du latin *reprobatio*.)

REPROUCHA, voyez REPROUXA.

REPROUDUIRE, v. act. Reproduire, produire de nouveau. (Racine *prouduire*.)

REPROUDUIRE (SE), v. pro. Se Reproduire, se montrer, se présenter de nouveau.

REPROUDUTTIOU, s. f. Reproduction, naissance de nouvelles parties, de nouvelles tiges : *La reprouduttiou se fara al printems*.

REPROUXA, v. act. Reprocher, objecter une chose humiliante, etc. : *Ba y boli reprouxa*, je veux le lui reprocher ; Faire sentir durement à quelqu'un ce qu'on a fait pour lui ; Rappeler avec reproche d'ingratitude un service rendu : *Cal pas reprouxa co qu'on a fax*, il ne faut pas reprocher un service rendu ; v. n. Donner des rapports : *Co qu'ey manxat me reproxo*. (Du latin *reprobare*.)

REPROUXA (SE), v. pro. Se Reprocher, se Repentir : *Me reproxi d'abe tant fax*.

Mais es aycí que ben, et moun cor que s'irrito
Me dis do la trata ccumo ba se merito.
M'y cal per darnié cop *reprouxa* co qu'a fax
Et ye dire aycital quatre mots pla sarrats. D.

REPROXI, *Reproche*, s. m. Reproche, ce qu'on objecte à quelqu'un en le blâmant, en le réprimandant ; en l'accusant d'une chose repréhensible : *N'es pas sensiple as reproxis*, il n'est pas sensible aux reproches ; adv. : *Sans reproxis*, de bon cœur.

Per la d'aquel faquin le digne parallèlo,
Baou des aoutres lioûns presenta le moudèlo.
Coumo l'ero Bayar des anciens chebaliés,
Aquel es pas sans poou et ni may sans *reprosche*!
Beyrets un fier lioun et des pus carnassiés!

**REPUA**, v. act. T. de maç., réparer une muraille en sous-œuvre : *A besoun de repua*, elle a besoin de réparer.

**REPUDIA**, v. act. Répudier, renoncer à une succession : *Boli repudia*, je veux répudier. (Du latin *repudiare*.)

**REPUGNA**, v. n. Répugner, être plus ou moins opposé, contraire à...; Inspirer, avoir de la répugnance : *Me repugno de ba demanda*, il me répugne de demander. (Du latin *repugnare*.)

**REPUGNENÇO**, s. f. Répugnance, sorte d'aversion, opposition, éloignement de goût. (Du latin *repugnantia*.)

**REPUNNA**, v. n. Rechigner, témoigner du dégoût, de la répugnance, du chagrin : *Aqui cal pas repunna*, là il ne faut pas rechigner.

**REPUOMEN**, s. m. Réparation en sous-œuvre pour consolider une muraille.

**REPUPLA**, v. n. Peupler de nouveau.

**REPUPLICAIN**, s. m. Républicain, qui appartient à la, à une république; Partisan du gouvernement républicain : *Aco's un repuplicain*, c'est un républicain.

**REPUPLICO**, s. f. République, état gouverné par plusieurs. Celle de 1848 aura-t-elle une plus longue vie que son ainée!! (Du latin *res publica*.)

**REPUTA**, v. act. Réputer, estimer, présumer, croire, regarder comme... : *Lou reputou fort rixe*, il est réputé fort riche. (Du latin *reputare*.)

**REPUTATIOU**, s. m. Réputation, opinion dont on jouit dans l'esprit des autres : *A bouno reputatiou*, elle a bonne réputation. (Du latin *reputatio*.)

Coumo l'on nou fa pas souben prou d'attentiou
Sur ço que porto cop à la *reputatiou*
Et que caldrio touxoun à l'egard d'uno amigo
Se quicon ye fa tort, al mens qu'on l'abertigo,
Bel sur aquel suxet, fort amicalomen,
Beni per bous douna calque abertissomen. D.

**REQ**

**REQUERI**, v. act. Requérir, prier de..., demander, exiger avec l'autorité nécessaire, demander en justice : *Cal requeri la forço armado*, il faut requérir la force armée. (Du latin *requirere*.)

**REQUETO**, s. f. Requête, demande verbale, par écrit, en justice, etc. : *Te cal presenta ta requeto*, il faut présenter ta requête. (Du latin *requisitio*.)

**REQUIEM**, s. m. Messe de morts : *Ben de canta un requiem*, il vient de chanter une messe de morts.

**REQUIL (AL)**, T. de jeu de palet, à recommencer.

**REQUINQUILHA**, v. act. Ragaillardir, redonner de la force, de la gaieté : *Aquelo soupo m'a requinquilhat*, cette soupe m'a redonné de force.

**REQUINQUILHA (SE)**, v. pro. Se Reguinguer, s'approprier, se mettre dans un état de propreté : *S'es pla requinquilhado*, elle s'est bien appropriée.

**REQUISITIOU**, s. f. Réquisition, demande faite par autorité publique qui met une chose à la disposition du gouvernement; Levée d'hommes, de chevaux : *Ban tout mes en requisitiou*, on a tout mis en réquisition. (Du latin *requisitio*.)

**REQUISITORI**, s. m. Réquisitoire.

**RES**

**RES**, *Ren*, s. m. Rien, nulle chose : *N'a pas res*.

— Sés countento, Annetou, la prumèro li dit;
N'en soun deforo doun?... oh! parlo, n'es sourtit?
— N'en sabi *res* enquèro, amigo, pren couratge,
Baci meljour, zou saouren leou;
Mais trambles coumo un jun; me fay poou toun bizatge,
Et se Jaques partio, n'en mouriyos beleou?
— N'en sabi res, — As tort; mouri! que sés maynatge!
Aymi Jouzèt; se part, pouyrey m'endouloufi;
Pouyrey toumba quaouquo grumillo,
Cependen, en l'ayman, l'attendrey sans mouri;
Nat gouyat mort per nado fillo,
Et n'an pas tort, n'és que trop bray:
Digua nou pèr may
Que lou que s'en bay. J.

**RES**, voyez **RUST**.

**RESCALFA**, *Rescalfura*, *Rescaouda*, v. act. Réchauffer, chauffer ce qui était refroidi; Rendre de la chaleur : *Podi pas lou rescalfa*, je ne puis pas le réchauffer. (Racine *calfa*.)

**RESCALFA (SE)**, v. pro. Se Réchauffer, s'animer.

Pus de lax dins moun se, per tu, paoure maynaxe,
Dis uno tendro mayre, en s'amaguen lou froun.
Me restabo un tresor, l'anèl de moun mariaxe,
Mais per te *rescalfa*, l'ey bendut l'aoutre xoun.
A. B.

**RESCAOUDA (SE)**, v. pro. Tourner, s'altérer, se gâter, en parlant du vin : *S'es rescaoudat*, le vin s'est tourné.

**RESCLAOUZA**, voyez **TANCA**.

**RESCOUNDRE**, voyez **AMAGA**.

**RESCOUNDOUS (DE)**, voyez **AMAGAT (D')**.

**RESEAU**, s. m. Reseau, tissu de soie, de laine, etc., en forme de coiffe.

**RESERBA**, v. act. Réserver, garder, retenir quelque chose d'un total; Garder une chose pour un autre temps, un autre usage : *B'a reserbi pel pixou*, je le réserve pour le petit. (Du latin *reservare*.)

**RESERBA (SE)**, v. pro. Se Réserver, se retenir ou se conserver quelque chose : *Me reserbi que bendres me bexe*, je me réserve que vous viendrez me voir.

**RESERBAT, ADO**, adj. Réservé, ée, prudent dans ses démarches, dans ses actions : *Es fort reserbat*, il est fort prudent.

**RESERBATIOU**, s. f. Réservation, droit qu'on s'est réservé dans un acte, une police : *Faras tas reserbatious*, tu feras tes réservations. (Du latin *reservatio*.)

**RESERBO**, s. f. Réserve, chose réservée; Troupes à l'arrière pour les employer au besoin; Nombre de conscrits qui n'est point mis en activité : *Es de la reserbo*, il est de la réserve; Retenue dans la conduite, le discours, les manières; Discrétion.

**RESERBOYR**, s. m. Réservoir, lieu où l'on tient l'eau amassée pour conserver du poisson : *Lou reserboyr es ple*, le réservoir est plein.

**RESIDA**, v. n. Résider, faire sa demeure, habiter ordinairement : *Resido ayci touto l'annado*, il réside ici toute l'année. (Du latin *residere*.)

**RESIDENÇO**, s. f. Résidence, demeure ordinaire,

habituelle; Séjour actuel dans un lieu: *Aco's uno bèlo residenço*, c'est une belle résidence.

**RESIGNA**, v. act. Résigner, se démettre d'un office en faveur de quelqu'un: *Y'a resignado la plaço*, il lui a résigné sa place. (Du latin *resignare*.)

S'ay peccat, m'as punit. — Podés même, tout-ara,
Mé puni may so vos; — ou se vos, layssa incara
Toun courroux permanèn... A tas leys sioy soumés.
Oy, sioy tout *resignat*; — et moun cor qu'apprécia
Cè que sios may que l'homme, aouméns te remercia
Qué te siegués venjat dés crimes qu'ay coumés.
PEYR.

**RESIGNA (SE)**, v. pro. Se Résigner, se soumettre à son sort, à la volonté de Dieu: *De se resignane ba pas pus mal*, de se résigner il n'en vient pas plus de mal.

**RESIGNATIOU**, s. f. Résignation, soumission à son sort, à la volonté de Dieu. (Racine *resigna*.)

**RESILIA**, v. act. Résilier, casser, annuler un acte: *Anan resilia la bento*, nous allons résilier la vente. (Du latin *resilire*.)

**RESISCLADO**, voyez REXISCLADO.

**RESKINLA**, voyez PATINA.

**RESKINLADO**, voyez GLISSADO.

**RESKINLADOU**, voyez GLISSADOUYRO.

**RESOLDRE**, v. act. Résoudre, déterminer à...; Décider une question, etc. (Du latin *resolvere*.)

**RESOULGUT, UDO**, adj. Résolu, ue, décidé, arrêté: *Aco's un affa resoulgut*, c'est une affaire arrêtée; Hardi, déterminé: *Agaxo que, es un resoulgut!* prends garde, c'est un résolu! (Du latin *resolutus*.)

**RESOULUTIOU**, s. f. Résolution, décision d'une question; Dessein formé; Détermination: *Souy dins la resoulutiou*, je suis dans la résolution; Fermeté, courage, hardiesse: *Cal de resoulutiou per l'entreprene*, il faut du courage pour l'entreprendre. (Du latin *resolutio*.)

**RESPELI**, voyez REBISCOULA.

**RESPÈCT**, s. m. Respect, déférence, vénération: *Ye cal pourta respèct*, il faut lui porter respect. (Du latin *respectus*.)

**RESPECTA**, v. act. Respecter, honorer, vénérer, révérer; Avoir égard à...: *Diourios respecta l'axe*, vous devriez avoir égard à l'âge; ne point Endommager.

Bous moustres pas cafart, salle, ni libertin.
*Respectas* ço qu'es sant, et sans jamay medire
Plaçats adretomen lo petit mot per rire;
S'entend dins un sujet ount mou cal pas ploura.
S'escribets d'aquel biays cadun bous legira;
Bostre libre prounat, chez toutes les librayres,
Se beyra neyt et jour ontourat de croumpayres.
DEBAR.

**RESPECTA (SE)**, v. pro. Se Respecter, garder avec soin les convenances de son âge, de son sexe, de son état: *Se respecto pas prou*, il ne se respecte pas assez. (Du latin *respicere*.)

**RESPECTAPLE, O**, adj. Respectable, qui mérite du respect, qu'on doit respecter.

**RESPECTAPLOMEN**, adv. Respectablement, d'une manière respectable.

**RESPECTIBOMEN**, adv. Respectivement, d'une manière respective.

**RESPECTIF, IBO**, adj. Respectif, ive, mutuel, réciproque, relatif. (Du latin *respectivus*.)

**RESPECTUOUS, ZO**, adj. Respectueux, euse; en parlant des personnes, Qui porte, qui témoigne du respect: *Aco's uno filho respectuouzo*, c'est une fille respectueuse; en parlant des choses; Qui annonce, marque le respect: *Mino fort respectuouzo*, Contenance respectueuse.

**RESPECTUOUZOMEN**, adv. Respectueusement, avec respect.

**RESPENDRE**, v. act. Répandre, verser, laisser couler: *Quand de larmos a respendudos!* que de larmes elle a répandues! Étendre au loin, publier: *An respendut uno paouro noubèlo*, on a répandu une mauvaise nouvelle. (Du latin *expandere*.)

**RESPÈT**, s. m. Forcet, sorte de ficelle pour mettre au bout des fouets: *Met-y de respèt*, attachez-y du forcet.

**RESPIRA**, v. act. Attirer par le mouvement de la poitrine; v. n. Attirer et repousser l'air par le mouvement des poumons: *Respiro ambé peno*, il respire avec peine; Prendre, avoir quelque relâche: *N'aben pas lou tems de respira*, nous n'avons pas le temps de respirer. (Du latin *spirare*.)

Dés puechs déja dobalo uno bopou groussieyro
Qué romplis lou bolloun dé brouillards é d'aubeyro.
L'holé, quond respiron, fumo coumo un fournel.
Mais qué bésen? lo lano aro toumbo del Cel,
PRAD.

**RESPIRATIOU**, s. f. Respiration, mouvement de la poitrine qui attire l'air et le repousse: *A la respiratiou xenado*, il a la respiration gênée. (Du latin *respiratio*.)

**RESPLANDI**, v. n. Resplendir, briller d'un vif éclat. (Du latin *splendere*.)

**RESPLANDISSANT, O**, adj. Resplendissant, te: *Ero resplandissanto de xoyo*, elle était resplendissante de joie.

**RESPOUNDENT**, *Respoundant*, s. m. Répondant, caution, garant: *Ey un boun respoundent*, j'ai une bonne caution. (Du latin *respondens*.)

**RESPOUNDRE**, v. act. Répondre, repartir sur ce qui a été dit, écrit, demandé; Répliquer: *Aco's pas pla respoundut*, ce n'est pas bien répondu; v. n. Faire réponse à une demande; Faire réponse à une lettre: *N'a pas encaro respoundut*, il n'a pas encore répondu; Payer de retour; Cadrer, convenir, s'accorder à...: *La porto respoun pas al resto*, la porte ne répond pas avec le reste; Aboutir à..., se Faire sentir par communication d'une partie à l'autre, en parlant de la douleur; se Porter caution, être responsable: *Respoundra per yeou*, il répondra pour moi. (Du latin *respondere*.)

**RESPOUNSABILITAT**, s. f. Responsabilité, état de celui qui est responsable; Obligation d'être responsable de...: *N'ey la respounsabilitat*, j'en ai la responsabilité.

**RESPOUNSAPLE, O**, adj. Responsable, qui doit répondre, est garant de...: *N'es respounsaple*, il en est responsable.

**RESPOUNSO**, s. f. Réponse, ce qu'on répond; prov. *A sotto demando point de respounso*, à sotte demande point de réponse; Lettre par laquelle on répond à une autre réfutation. (Du latin *responsio*.)

**RESPOUTI**, v. n. Mentir doublement. Ce mot n'est employé que dans cette sotte réponse que font les personnes grossières à ceux qui leur disent malhonnêtement: *N'abes mentit? n'abès respoutit?* reprend-on brutalement.

**RESQUIXA (SE)**, v. pro. Se Racquitter, regagner ce qu'on avait perdu au jeu: *Me souy resquixat*, je me suis racquitté.

RESSA, *voyez* RASSEGA.
RESSADOU, *voyez* CRABO, POULINO.
RESSAIRE, *voyez* RASSEGAYRE.
RESSANXA, *voyez* REÇANXA.
RESSANXE, *voyez* REÇANXE.
RESSAOUPRE, *voyez* REÇAOUPRE.
RESSAOURE, *voyez* REÇAOUPRE.
RESSAOUT, s. m. Ressaut, t. d'architect. Saillie hors de la ligne droite : *Aquel ressaout se bey pla*, cette saillie se voit bien ; Bond que fait un corps en tombant ; Cahot d'une voiture sur un chemin inégal ; les Inégalités d'un chemin ; *Anan abe fosso ressaouts*, nous allons trouver bien de cahots.
RESSAOUTA, v. act. Ressauter ; Bondir ; Cahoter ; Glisser.
RESSARRA, v. act. Resserrer, serrer de nouveau, serrer davantage. (Racine *sarra*.)
RESSAZI, *voyez* RESSEZI.
RESSE, *voyez* RASSEGO.
RESSECA (SE), v. pro. Bailler, s'entrouvrir ; se Déjoindre ; Périr par trop de sécheresse : *Ba layssos trop resseca*, tu le laisses trop sécher. (Racine *seca*.)
RESSEGAOU, *voyez* RASSEGO.
RESSEGRE, *voyez* RESSIÈGRE.
RESSEMBLA, v. n. Ressembler, avoir de la ressemblance avec... : *Y ressemblo coumo dos gouttos d'aygo*, il lui ressemble comme deux gouttes d'eau.
RESSEMBLA (SE), v. pro. Se Ressembler, avoir de la conformité.
RESSEMBLANT, TO, adj. Ressemblant, te, qui ressemble.
RESSEMBLENÇO, *Ressamblanço*, s. f. Ressemblance, conformité, rapport entre des personnes ou des choses : *Y'a fosso ressemblenço*, il y a grande ressemblance. (De l'italien *sembianza*.)
RESSEMELA, v. act. Ressemeler, mettre de nouvelles semelles : *Balouu pas lou ressemelaxe*, ils ne valent pas qu'on les ressemelle. (Racine *semelo*.)
RESSEMELAXE, s. m, Ressemelage, carreture de vieux souliers : *Un boun ressemelaxe*, un bon ressemelage.
RESSENTI, v. act. Ressentir, éprouver : *A ressentit un frex tarriple*, il a éprouvé un froid terrible.
RESSENTI (SE), v. pro. Se Ressentir, sentir quelque atteinte ou les suites d'un mal : *M'en ressentirey touxcoun*, je m'en ressentirai toujours. (Racine *senti*.)
RESSENTIMEN, s. m. Ressentiment, souvenir de l'injure avec le désir de la vengeance : *N'a touxoun de ressentimen*, il en a toujours du ressentiment.
RESSERC, *Escouscoul*, s. m. Fouille, visite domiciliaire faite par un officier public, afin de découvrir un vol : *An fax reserc*, on a fait une visite domiciliaire. (Racine *cerqua*.)
RESSERCA, *voyez* RECERCA.
RESSERCO, *voyez* RECERCO.
RESSES, *voyez* ABRIC.
RESSIÈGRE, v. act. Suivre de nouveau, rechercher ; Revenir sur ses pas pour ramasser avec plus de soin, pour retrouver ce qu'on aurait laissé tomber : *Ben de resiègre tout lou cami*, il vient de suivre de nouveau tout le chemin. (Racine *siègre*.)
RESSILIA ou RASKILIO, *voyez* RASSEGO.
RESSO, *voyez* RASSEGO.
RESSOOU, *voyez* TAPOUNAXE.
RESSORT, s. m. Ressort, force de réaction contre la pression ; Morceau de métal qui se détend progressivement, ou tout-à-coup, selon que la pression diminue peu-à-peu ou cesse subitement : *Cal que lou ressort siogo bou*, il faut que le ressort soit bon.
RESSOUNTI, *voyez* RESTOUNTI.
RESSOULA, *voyez* RESSEMELA.
RESSOUNTISSOMEN, *voyez* RESTOUNTISSOMEN.
RESSOUPA, v. n. Souper une seconde fois.
RESSOUPET, s. m. Réveillon, repas au milieu de la nuit, surtout de Noël : *Faren lou ressoupet*, nous ferons le réveillon.
RESSOUPETA, v. n. Faire le réveillon.
RESSOURÇO, s. f. Ressource, ce à quoi on a recours ; Moyen de sortir d'embarras ; Moyens de subsistance : *N'a pas cap de ressourço*, il n'a aucune ressource. (Du latin *resurgo*, je me relève.)
RESSOURTI, v. n. Ressortir, sortir après être rentré. (Racine *sourti*.)
RESSUSCITA, v. act. Ressusciter, rappeler, ramener de la mort à la vie ; Renouveler, faire renaître. (Du latin *resurgere*.)
REST, s. m. Glane, botte d'ognons, d'aulx : *Quatre soous lou rèst*, quatre sous la glane.
RESTA, v. n. Rester, être de reste ; Demeurer après la séparation, le départ ; ne pas sortir ; s'Arrêter plus qu'on ne se l'était proposé : *Sien restats à taoulo*, nous sommes restés à table. (Du latin *restare*.)
RESTANCA, v. act. Étancher, arrêter l'écoulement d'un liquide : *Poudièn pas lou restanca*, nous avions peine à l'étancher. (Racine *tanca*.)
RESTANCO-BIOOU, s. m. Arrête-bœuf, luzerne sauvage, plante épineuse des terres à blé, à fleurs pourprées, légumineuse, qui par ses longues racines arrête les bœufs lorsqu'ils labourent.
RESTANT, s. m. Restant, ce qui reste de... : *Aco's lou restant dal dinna*, ce sont les restes du diner.
RESTAOURA, v. act. Restaurer, réparer, rétablir : *Cal restaoura la gleyzo*, il faut restaurer l'église. (Du latin *instaurare*.)
RESTAOURA (SE), v. pro. Se Restaurer, réparer ses forces en prenant des aliments.
RESTAPLI, v. act. Rétablir, remettre au même, en bon, en meilleur état.
RESTAPLI (SE), v. pro. Se Rétablir, recouvrer sa santé. (Du latin *restibilire*.)
RESTAPLISSOMEN, s. m. Rétablissement ; Retour à la santé.
RESTITUA, v. act. Restituer, rendre une chose prise, une chose possédée contre le droit ; fig., Vomir : *A restituat*. (Du latin *restituere*.)
RESTITUTIOU, s. f. Restitution, action de restituer, de rendre ce qu'on a pris, gardé illicitement ; prov. *Ou restitutiou, ou dannatiou*, ou restitution, ou damnation. (Du latin *restitutio*.)
RESTO, s. f. Reste, ce qui demeure d'un tout, d'une quantité, d'un pain, d'un mets : *Aco soun las restos*, ce sont les restes ; Ce qu'on ne veut pas, on ne peut pas exprimer : *Bous disi pas la resto*, je ne vous dis pas le reste.
RESTOUBLA, *voyez* RESTOULIA.
RESTOUL, *Rastoul*, s. m. Chaume, le champ qui a produit le blé. (Du latin *stipula*.)

Mais beyrets, d'un aoutre coustat,
Dins qualque biel carriol, à trabets qualquo fendo,
S'esplandi de grigous qu'arribouu d'un castèl ;
Et pleno de *rastoul* que li crebo la pél,
Tourtejan d'un coustat et borgno al mens d'un èl,
Uno rosso traïna bint millo frans de rendo !

**RESTOULHA**, v. act. Étraper, échaumer, chaumer, ramasser le chaume, l'herbe, pour faire une espèce de pâture : *Cal fa restoulha*, il faut faire chaumer.

**RESTOULHAYRE**, s. m. Celui qui échaume un champ.

**RESTOULHO**, s. f. Chaume ; Herbes mêlées avec le chaume qui restent dans un champ après la moisson et qui servent de pâture : *Y'a de bouno restoulho*. (Du latin *stipula*.)

**RESTOUNTI**, v. n. Retentir, résonner, répercuter : *Restountis pla*. (Du latin *retinnire*.)

**RESTOUNTIMEN**, *Restountidis*, s. m. Retentissement, le résonnement d'une voûte, le bruit du tonnerre.

**RESTOURA**, *voyez* RESTAOURA.

**RESTOURATIOU**, s. f. Restauration, rétablissement de la dynastie des Bourbons sur le trône de France en 1814 et 1815. (Du latin *restauratio*.)

**RESTRECI**, *voyez* RESTREXI.

**RESTREXI**, *Restreci*, *Restrechi*, v. act. Rétrécir, rendre plus étroit : *An restrexit lou cami*, on a rétréci le chemin. (Racine *estrex*.)

**RESTREXI (SE)**, v. pro. Se Rétrécir, en parlant d'un habit, etc.

**RESTREXISSOMEN**, s. m. Rétrécissement.

**RESTRIXIOU**, s. f. Restriction, modification ; Condition qui restreint : *Meti per restrixiou de beni pas*, je mets par restriction de ne pas venir. (Du latin *restrictio*.)

**RESULTA**, v. n. Résulter, s'en suivre : *N'a pas resultat res*, il ne s'en est rien suivi. (Du latin *resultare*.)

**RESULTAT**, s. m. Résultat, ce qui résulte de... ; Conséquence, effet, suite : *A agut un boun resultat*, il a eu un bon résultat.

**RESUMA**, v. act. Résumer, réduire en peu de mots en conclure.

**RESUMA (SE)**, v. pro. Se Résumer, reprendre sommairement ce qu'on a discuté avec étendue. (Du latin *resumere*.)

**RESUMAT**, s. m. Résumé, précis d'un discours, d'une histoire.

**RESURECTIOU**, s. f. Résurrection, retour de la mort à la vie : *A la resurectiou xeneralo*, à la résurrection générale. (Du latin *resurrectio*.)

Jamaï s'éro pas bist *resurrectiou* tant belo :
Dé grans noums, descenduts dins la neit éternèlo,
Sé soun rebiscoulats et sé mostroun as els.
L'on créyo qué d'un Dious la bouloutat propiço,
D'un siècle trop ingrat, réparan l'injustiço,
Lour a dix : Sourtéx das toumbels.    Dav.

### RET

**RETAL**, s. m. Retaille, rognure d'une étoffe ou d'un habit : *Y'a pas un retal couimo la ma*, il n'y a pas une retaille comme la main ; Reste de...

**RETALHA**, v. act. Retailler, couper, tailler de nouveau : *Cal retalha aquelo besto*, il faut retailler cette veste. (Racine *talha*.)

**RETAPA**, v. act. Retaper un chapeau, le réparer à neuf ; Calfeutrer une chambre, un appartement : *A retapat sa crambo touplé pla*, il a calfeutré sa chambre fort bien ; t. de perruq., Peigner les cheveux à rebours pour les faire renfler : *Me boou fa retapa*, je vais me faire retaper.

**RETAPLE**, s. m. Rétable, t. d'arch. Ornement contre lequel l'autel est appuyé : *Lou retaple ba relébo pla*, le rétable le relève bien.

**RETARD**, s. m. Retard, délai, remise, retardement : *Sios en retard*, tu es en retard ; t. d'horl. Pièce qui fait retarder : *Te cal touca lou retard*. (Du latin *retardatio*.)

**RETARDA**, v. act. Retarder, différer, reculer, renvoyer à un autre temps : *Ba retardi touxoun*, je le retarde toujours ; Arrêter, retenir, empêcher : *Lou retardes pas*, ne le retardez pas ; Diminuer la vitesse d'une horloge : *L'a retardat*, Venir plus lentement. (Racine *tarda*.)

**RETARDATARI**, s. m. T. de finances, Retardataire, celui qui est en retard de son payement : *Lous retardataris aouran la garnisou*, les retardataires auront la garnison.

**RETARDOMEN**, s. m. Retardement, remise, délai : *Aymi pas lous retardomens*, je n'aime pas les délais.

**RETENAL**, s. m. Tout ce qui sert à retenir quelque chose ; Réserve ; Modération : *N'a pas cap de retenal*, elle n'a aucune réserve.

**RETENE**, v. act. Retenir, tenir encore une fois ; Garder ce qui est à autrui ; Conserver, ne point se désaisir : *Ba boli retene xuscos que pague*, je veux le retenir jusqu'à ce qu'il paye ; Empêcher d'aller, de s'échapper, s'Assurer par précaution de... ; Empêcher de tomber en le saisissant ; Empêcher de sortir : *Reten lou pouls*, il retient la respiration ; Réprimer ; Modérer ; Garder, conserver dans sa mémoire : *Reten tout ço qu'a lexit*, il se souvient de tout ce qu'il a lu ; Empêcher une charrette, une voiture d'aller trop vite dans une descente : *Ayci cal pla retene*, ici il faut retenir fort. (Du latin *retinere*.)

Parlas-nous francomen, que res vou bous *retengo* ;
Digas-nous aicital qu'un bous agrado maït ?
Un cop qu'aoures caousit, apeissos aço raï.    D.

**RETENE (SE)**, v. pro. Se Retenir, s'empêcher de tomber ; fig., se Modérer, etc. : *Se me retenio pas...* si je ne me retenais pas !!

**RETENGUDO**, s. f. Retenue, modération, réserve, discrétion, modestie : *Es d'uno grando retengudo*, elle est d'une grande retenue. (Racine *retene*.)

**RETENTIOU**, s. f. T. de méd. Rétention d'urine, difficulté, impossibilité d'uriner. (Du latin *retentio*.)

**RETIF, IBO**, adj. Rétif, ive, qui résiste à la main qui le gouverne, en parlant des chevaux : *Es retif couimo un diaple*, il est rétif comme un diable. (Du latin *retivus*.)

**RETINTA**, *Retegne*, v. act. Reteindre, teindre de nouveau en une autre couleur : *Lou boli fa retinta*, je veux le faire reteindre. (Racine *tinta*.)

**RETIRA**, v. act. Retirer, tirer une seconde fois ; Tirer en arrière ; Oter une chose, une personne de l'endroit où elle était ; Écarter, éloigner ; Reprendre ce qui était en dépôt, en gage : *B'a retirat à la fi*, il l'a retiré à la fin ; Percevoir un revenu : *Ne retiro pas res* ; Donner asile, retraite : *Cal retira lous que soun deforo*, il faut donner asile à ceux qui sont dehors. (Racine *tira*.)

**RETIRA (SE)**, v. pro. Se Retirer, quitter le lieu où l'on est ; s'Eloigner, se reculer ; Rentrer chez soi ; *Nous retiraben ensemble*, nous nous retirions ensemble ; Aller fixer sa demeure en quelque lieu : *Se retiro à la campagno*, il s'est retiré à la campagne ; Quitter le commerce : *Se bol retira* ; Rentrer dans son lit, en parlant d'une rivière : *L'aygo se retiro* ; se Raccourcir, s'étrécir : *La télo se retiro pla*, la toile se rétrécit beaucoup.

**RET**

**RETIRADO**, *voyez* Retiro.
**RETIRO**, s. f. Hospitalité : *Dounen-y la retiro*, donnons-lui l'hospitalité ; Heure à laquelle on doit se retirer : *Souno la retiro*.

En prenen souu essor, Roso l'ourphélinetto
Chez bous aneit bendra tusta.
Descendudo dal Cél, ount anet la paourelto,
Bous dira les malhurs qu'y l'an failo mounta ;
Et s'y dounax la *rétirado*,
Qu'un soul plour dé piètat bengo bagna bostre èl.
Oh ! la plandreï pas pus ; car la paouro maïnado
N'aura fait que cambia de Cèl. Dav.

**RETOIZA**, v. act. Retoiser, toiser de nouveau.
**RETOS**, SO, adj. Retors, se, qui a été retordu ; fig., Rusé, artificieux : *As à fa amb'un retos*, tu as à faire avec un rusé. (Du latin *retortus*.)
**RETOSSE**, v. act. Retordre, tordre une seconde fois. (Du latin *retorquere*.)
**RETOUCA**, v. act. Retoucher, toucher de nouveau ; Corriger les défauts : *A besoun de retouca*. (Racine *touca*.)
**RETOUMBA**, v. n. Retomber, tomber une seconde fois, tomber encore ; fig., Être attaqué de nouveau d'une maladie : *Es retoumbat piri que xamay*, il est retombé pire que jamais. (Racine *toumba*.)
**RETOUR**, s. m. Retour, arrivée au lieu d'où l'on était parti : *Souy de retour*, je suis de retour ; Déclin de l'âge : *Es dexà sul retour*, il est déjà sur le déclin ; Gratitude, reconnaissance, sorte d'équivalent d'un bienfait ; Compensation, ce qu'on ajoute pour rendre un troc : *Boli bint frans de retour*, je veux vingt francs de retour ; fig., Angle saillant qui forme une encoignure : *Lou retour n'es pas pla fax*, le retour n'est pas bien fait. (Racine *tour*.)

Jesus, moun tout ! aprep bous yeou souspiri ;
Benez regna dins moun cor per toujour.
Yeou nou desiri
Que bostre amour
Et d'estre au bous et la neit et lou jour.
Couro pouyrei, dins bostre dous empiri,
Bous pousseda sans terme et sans retour !!
Puj.

**RETOURNA**, v. n. Retourner, tourner dans un autre sens : *L'as dexa retournat*, tu l'as déjà retourné ; Aller au lieu où l'on est déjà allé : *Y'es dexà retournat*, il y est déjà revenu.
**RETOUSSADOUYRO**, *Retoussedou*, s. f. Retordoir, machine pour retordre.
**RETOUSSEDIS**, s. m. Retordement, retordage, action de retordre.
**RETOUSSEDOU**, *voyez* Retoussadouyro.
**RETOUSSEYRE**, O, s. m. f. Retordeur, euse.
**RETOUSSUT**, *voyez* Retos.
**RETRAÇA**, v. act. Rétracer, tracer de nouveau ; fig., Décrire le passé. (Racine *traça*.)
**RETRACH**, *voyez* Pourtrait.
**RETRATTA**, v. act. Rétracter, déclarer qu'on n'a plus la même opinion : *Retratti ço qu'ey dix*, je retracte ce que j'ai dit. (Du latin *retractare*.)
**RETRATTA** (Se), v. pro. Se Rétracter, se dédire : *Me retratti*, je me rétracte.
**RETRATTATIOU**, s. f. Rétractation, acte par lequel on se rétracte : *Faguèt sa retrattatiou dabant touto la paroysso*, il fit sa rétractation devant toute la paroisse. (Du latin *retractatio*.)
**RETRAYRE**, *voyez* Reberta.
**RETREL**, s. m. Pressurage, vin tiré du marc ; Droit dû au maître d'un pressoir banal : *Aqui metten lou retrèl*, nous mettrons là le pressurage.
**RETREMP**, *voyez* Trempe.
**RETREMPA**, *voyez* Trempa.

**REV**

**RETRETO** s. f. Retraite, lieu où l'on se retire, où l'on se réfugie ; Éloignement momentané du monde pour se livrer à des actes de piété : *Esgana! à la retrèto*, il est allé à la retraite ; Pension, etc., donnée à un fonctionnaire retiré ou supprimé, à un militaire qui a servi pendant un certain nombre d'années : *Es à la retrèto*, il est à la retraite ; t. de milit. Batterie de tambour pour faire rentrer les soldats ; Marche rétrograde : *Battèrou en retrèto*, ils battirent en retraite ; t. d'archit. Diminution d'épaisseur donnée à un mur d'étage en étage : *Cal uno retrèto de quatre pouces*, il faut une retraite de quatre pouces ; t. de charretier, Longe attachée à la bride des chevaux qui précèdent le limonier, pour servir de rêne ; t. de maréchal, Pointe de clou dans l'ongle du cheval. (Du latin *recessus*.)
**RETRIBUA**, v. act. Rétribuer, donner une rétribution : *N'es pas pla retribuat*, il n'est pas bien rétribué. (Du latin *retribuere*.)
**RETRIBUTIOU**, s. f. Rétribution, salaire, récompense d'un travail, d'un service ; Honoraire d'un ecclesiastique pour droit de présence : *La retributiou n'es pas pla forto*, la rétribution n'est pas bien forte. (Du latin *retributio*.)
**RETROGRADA**, v. n. Rétrograder, aller en arrière, reculer. (Du latin *retrogradi*.)
**RETROUBA**, v. act. Retrouver, trouver une seconde fois ; Trouver ce qu'on avait perdu, oublié : *B'as retroubat*. (Racine *trouba*.)
**RETROUBA** (Se), v. pro. Se Retrouver, se reconnaître soi-même : *Me souy retroubat saquela !* je me suis reconnu néanmoins !
**RETROUSSA**, v. act. Retrousser, relever ce qui était détroussé, baissé : *Podes pla retroussa las caousos*, tu peux bien retrousser ton pantalon.
**RETROUSSAT**, ADO, adj. Retroussé, ée ; Résolu, déterminé : *Sios un retroussat!* tu es un résolu !
**RETRUS**, *voyez* Resto.
**RETTE**, O, adj. Raide, fortement tendu ; Qui plie avec peine : *Es trop rette*, il est trop raide ; fig., Droit, fier : *Se ten rette*; Fort, vigoureux : *Es rette*; adv. Beaucoup, vite. (Du latin *rigidus*.)

**REU**

**REUNI**, v. act. Réunir, rapprocher, rassembler ce qui était épars ; Rassembler des personnes : *Boli reuni quasques amics*, je veux réunir quelques amis ; fig., Rapprocher, réconcilier. (Racine *uni*.)
**REUNI** (Se), v. pro. Se Réunir, se rejoindre, en parlant des chairs, etc. ; se Rassembler, se réconcilier.
**REUNIOU**, s. f. Réunion, assemblage de choses unies, assemblage de qualités, de défauts dans un même sujet ; Assemblée : *Aco's uno bèlo reuniou*, c'est une belle réunion. (Racine *uniou*.)
**REUSSI**, v. n. Réussir, avoir un succès quelconque : *B'a pla reussit*. (De l'italien *uscire*.)
**REUSSITO**, *Reussido*, s. f. Réussite, issue, succès ; Bon succès : *A agut uno bouno reussito*, il a eu une belle réussite.

**REV**

**REVEILHA**, *voyez* Rebelha.
**REVELIOU**, *voyez* Rebeliou.
**REVENDAIRE**, *voyez* Rebendeyro.

REVENI, *voyez* REBENI.
REVERENCIAOU, *voyez* REBERENTIOUS.
REVERTA, *voyez* REBERTA.
REVES, *voyez* LABASSI.
REVESSA, v. n. Être pire.
REVESSO, *voyez* ESQUERRO.
REVEZI, *voyez* TIRA AL SORT.
REVIOURE, *voyez* RELUBRE.
REVIRA, *voyez* REBIRA.
REVIRADO, *voyez* REBIRADO.
REVISCOTO, *voyez* REBISCOTO.
REVOULUMA, *voyez* REMOULINA.
REVOULUMADO, *voyez* REMOULINADIS.

## REX

REXALHI, *Rejailli*, v. n. Rejaillir, revenir, retomber sur : *Tout rexalhira sur el*, tout rejaillira sur lui. (Du latin *resilire*.)

REXAOUXOU, s. m. Le Pardessus, la bonne mesure, la réjouissance : *Me cal un rexaouxou*, il me faut un pardessus; un Surcroît, une augmentation de poids.

REXENERA, *Rejenera*, v. act. Régénérer, renouveler. (Du latin *regenerare*.)

REXENTA, *Rejenta*, *voyez* GOUBERNA.

REXENT, *Rejent*, s. m. Régent, celui qui enseigne dans un collége. (Du latin *regens*.)

REXÉT, s. m. Rejet, action d'exclure, de rejeter. (Du latin *rejectus*.)

REXETA, *Rejeta*, v. act. Rejeter, repousser : *B'a rexetat pla lèn*, il l'a rejeté bien loin; Revomir : *A tout rexetat*, Improuver, condamner : *Ba rexeti tant que podi*, je l'improuve tant que je puis. (Du latin *rejicere*.)

REXETOUN, s. m. Surgeon; Drageon; Pétreau; Jet, nouvelle pousse.

REXI, *Reji*, v. act. Régir, conduire, gouverner, avoir l'administration, la direction de... : *Ba rexis tout soul*, il le régit tout seul. (Du latin *rexi*, prétérit de *rego*, je dirige.)

REXIMBA, *Rejimba*, v. n. Regimber; fig., Refuser d'obéir, résister : *As bèl reximba*, tu as beau résister.

REXIME, *Rejime*, s. m. Régime, règle qu'on observe dans la manière de vivre par rapport à la santé : *Seguissi un rexime*, je suis un régime; Mode de gouvernement; Administration : *Aqueste rexime nous escrazo*, ce régime nous écrase. (Du latin *regimen*.)

Andromaqua qu'èra aou *regime*,
É qué sé serié facha un crime
De prene sa part d'un festin,
Toutéscas mangèt, doous la fin,
Un cuou-blanc, una bécassina,
Un perdigal, una galina,
Dos alas d'aouquas, très fezans
É cinq doujènas d'ourtalans :
Aqui lou tout. La paoura dama,
Santafiou, vous dounava à l'ama
Sé vézié bé qu'aou foun daou cor
Noun pensava qu'à soun Hector,
Car buguèt pas qué cinq truquétas
Dé vin daou Rozo; très fouiétas,
Amay sayque mèn dé muscat,
É dous pichés dé ratafiat.
On la planissié; mais que fayre?
Chacun l'on penso à soun afayre.   FAY.

REXIMEN, *Rejimen*, s. m. Régiment, corps de gens de guerre, composé de plusieurs bataillons ou escadrons : *Lou reximen es arribat*, le régiment est arrivé. (Du latin barbare *regimentum*, qui dérive de *regimen*, gouvernement.)

Uu an se passo atal; Maitro, hurouzo, trabaillo,
Car Jaques n'es pas mort, l'an bis.
May d'un cot soun bras toumbo et soun él s'escantis
Quan ben lou brut d'uno bataillo;
Mais soun couratge es léou tournat
Se lou brut nou dit res d'un *regimen* que sat.    J.

REXISCLA, *Rejiscla*, v. n. Rejaillir, si c'est de l'eau; Éclabousser, si c'est de la boue en pâte liquide.

Herous aquél d'aqui qu'al jour dé ta rouïna
Trouvara soun plasé d'esclafa sus lous rocs
Lous éfans qué soun bras prèndra dé la tétina,
Per fayre *rejiscla* sas cars en milla flocs.    PEYR.

REXISCLADIS, *Rejiscladis*, s. m. Éclaboussure, rejaillissement; Crotte; Boue; Ordure qui s'attache au bord des robes, des habits; les Mouches de boue dont on a été éclaboussé : *Sios tout rexiscladis*, tu es tout éclaboussures.

REXISCLADURO, *voyez* REXISCLADIS.
REXISCLE, *voyez* REXISCLADIS.

REXISSUR, *Rejissur*, s. m. Régisseur, celui qui a la régie de...; Administrateur; Intendant : *Parlas al rexissur*, parlez au régisseur.

REXISTA, *Rejista*, v. n. Résister, ne pas céder au choc; ne pas Fléchir, plier; se Défendre, opposer la force à la force : *Calguèt rexista*, il fallut résister; s'Opposer aux ordres, aux vues de...; Supporter, endurer sans inconvénient; ne pas Succomber à... : *A rexistat al frex de l'iber passat*, il a résisté au froid de l'hiver passé; ne pas s'User vite, se conserver, durer longtemps : *Y'a lountems que rexisto*, il y a longtemps qu'elle résiste. (Du latin *resistere*.)

REXISTENÇO, *Rejistenço*, s. f. Résistance, défense contre l'attaque; Opposition aux volontés; Désobéissance, rébellion : *La rexistenço es pas permezo*, la rébellion n'est pas permise.

REXISTRE, *Rejistre*, s. m. Registre, livre où l'on inscrit les actes, etc., où l'on écrit, jour par jour, la vente, la recette, etc., pour y avoir recours au besoin : *Ba troubares sul rexistre*, vous le trouverez sur le registre. (Du latin *registrum*.)

REXOINDRE, *Rejoindre*, v. act, Rejoindre, réunir les parties séparées; Revenir au corps dont on fait partie : *Cal qu'ane rexoindre à Lyoun*, il doit aller rejoindre à Lyon. (Du latin *jungere*.)

REXOUI, *Rejoui*, v. act. Réjouir, causer, donner de la joie; Inspirer de la gaieté; Mettre en belle humeur; Amuser : *Nous a toutes rexouis*, il nous a tous réjouis.

REXOUISSENÇO, *Rejouissenço*, s. f. Réjouissance, démonstration de joie; Fêtes publiques: *Dimenxe y'aoura rexouissenço*, dimanche il y aura réjouissance.

REXOUISSENT, O, adj. Réjouissant, te, qui réjouit; Amusant; Plaisant.

REXUGNE, *Rejugne*, v. act. Serrer, enfermer, ranger, mettre chaque chose à sa place : *Bay rexugne la crambo*, va ranger tout dans la chambre.

REXUNT, TO, *Rejunt*, adj. Serré, ée; fig., Couché, en parlant des enfants: *Soun rexunts*; Mort et enseveli : *Aquel es rexunt*.

REXUNTA, *Rejunta*, v. act. Rejoindre, rejointoyer, ragréer les joints; Hourder, mettre un gros-

## REY

sier enduit sur un mur avant de le crépir. (Du latin *jungere*.)

### REY

REY, s. m. Roi, souverain d'un royaume : *Lou rey de Franço es mort*, le roi de France est mort; Chacune des quatre premières figures du jeu de cartes : *Biro dal rey*. (Du latin *rex*.)

Et las cartos taléou birados, rebirados
Soun mezos à pilots et tres cots barlutados.
 Cal coupa tres cots, aco's fèy..;
 Boun sinne ! la prumèro, un *Rey !*
Las coulous en toumban s'arrengou sur la taoulo ;
 Las dios boucos soun sans paraoulo,
 Lous quatre éls jouyous, espaourits,
 Siègou lou moubemen des dits.   J.

REYNO, s. f. Reine, femme d'un roi : *Disoun que la reyno es piêtadouso*, on dit que la reine est portée à la pitié.

El a repres sans perdre haleno
Et m'a proubat dan soun esprit,
Que dibioy pas me mettre en peno
Per l'hounou del rey qu'aben dits ;
Car sousten, et soun pas de fablos,
Que s'aquel rey bol se cazi,
Troubara *reynos* tant aimablos
Que saoura pas qu'ino caouzi.
Ey mes aco d'arré l'aoureillo,
Et lou sounge escarrabillat
A fayt tres saoutets sur la peillo,
M'a dits adiou, s'en es anat ;
Et jou, Vialas, ba pos pla creze,
Souy demourat soi et mounard
De nou poude pas trouba leze
 D'ana hous beze,
Pro del festin, prene ma part.   DEBAR.

REYNO-CLODO, s. f. Reine-claude, prune verte et rouge, très-sucrée.

REYNO-MARGUERITO, s. f. Reine-marguerite, belle plante d'agrément.

REYRE (A), adv. De rechef, de nouveau, une seconde fois : *A reyre bous beni prega*. (Du latin *rursum*.)

JONOU.
Cal pourtant qu'oquel homé ajo uno reddo suquo.

MIQUEL.
Suiban qu'és joubénas, car porto pas porruquo,
Té cal imogina qué sap è *reyré* sap.
Beléou pla luen d'oïci s'en trouberio pas cap
Qu'oun s'estimesso hurous d'opertéga soïs sobros.
   PRAD.

REYZES, s. m. pl. Le jour des Rois : *Pes Reyzes faren festo*, nous ferons fête le jour des Rois. (Du latin *reges*.)

### REZ

REZERBA, *Garda*, v. act. Réserver, garder, retenir quelque chose; Garder une chose pour un autre temps, un autre usage; la Ménager pour certaines occasions : *La reserban per quand bendres*, nous la réservons pour quand vous viendrez. (Du latin *reservare*.)

REZERBA (Sɛ), v. pro. Se Réserver, se retenir; se Conserver quelque chose : *Me souy rezerbat uno pensiou*, je me suis réservé une pension.

REZERBATIOU, s. f. Réservation, droit qu'on s'est réservé dans un acte. (Du latin *reservatio*.)

REZERBO, voyez RESERBO.
REZERBOIR, voyez RESERSOIR.
REZIDA, voyez RESIDA.
REZIDENÇO, voyez RESIDENÇO.
REZIDU, voyez RESTAN.
REZIGNA, voyez RESIGNA.
REZIGNATIOU, voyez RESIGNATIOU.
REZOLDRE, voyez RESOLDRE.
REZOU, voyez RAZOU.
REZOULUTIOU, voyez RESOULUTIOU.
REZOUNA, voyez RAZOUNA.
REZUL, voyez RANTRO.
REZULTA, voyez RESULTA.
REZUMA, voyez RESUMA.
REZUMAT, voyez RESUMAT.
REZURRECTIOU, voyez RESURRECTIOU.

### RIA

RIATOU, *Reyatou*, s. m. Roitelet, fort petit oiseau qui est dans un mouvement presque continuel.

Aouzels, en l'aïre coumo d'anjos,
De l'eclo jusqu'al *riatou* !
Fazes à qui canto millou
Las dibinos louanjos.   PUJ.

### RIB

RIBA, *Ripla*, v. act. River, abattre, aplatir une pointe qui dépasse : *Te cal riba aquelo punto*, il faut river cette pointe; fig., Rabattre le caquet à quelqu'un : *Y'a ribat lous clabèls*. (De l'allemand *reiben*.)

RIBACHE, voyez RIBAL.

RIBAL, *Ribache*, s. m. Rivage, bord d'une rivière, d'un ruisseau : *Dins lou ribal y fa bou*, dans le rivage il y fait bon. (Du latin *ripa*.)

RIBAL, O, adj. et s. Rival, le, qui aspire, qui prétend à la même chose qu'un autre ; Concurrent en amour : *Aco's sa ribalo*, c'est sa rivale. (Du latin *rivalis*.)

Qu'és helo ta vido escuro,
Aimable travailladou !
Quand gagnos la nourrituro
Per l'adouraple Efantou.
Dins ta miséro,
S'os lou trezorié del Cél
Lou *rival* de l'Eternel
Dount lou fil t'apelo soun Pèro.   PUJ.

RIBALITAT, s. f. Rivalité ; Concurrence : *Y'a touxoun ribalitat*, il y a toujours rivalité. (Du latin *rivalitas*.)

RIBALIZA, v. n. Rivaliser, disputer de mérite, de talent, de gloire, etc. : *Bol ribaliza amb'el*, il veut rivaliser avec lui. (Racine *ribalitat*.)

RIBAN, Ruban, s. m. Ruban, long tissu de soie, de fil, etc. : *Portos un poulit riban*, tu portes un beau ruban; fig., longue file de chemin : *Qu'un riban !* (Suivant Ménage, du latin *rubens*, rouge, parce que, dit-il, les plus beaux rubans sont couleur de feu.)

Boularen pas tapaoue coumo l'aoutre Gascou
Que, quand le foc dibin circulo dins sas benos,
De toutis lous tyrans encenso las cadenos
Et gagno en flagournant un *ruban* de l'oounou.

RIBANTA, voyez ENRIBANTA.

RIBATEL, s. m. Petit Ruisseau : *N'aben pas qu'un ribatèl*, nous n'avons qu'un petit ruisseau. (Racine *ribo*.)

RIBAXE, voyez RIBAL.
RIBE, voyez TRESPUNTO.
RIBET, voyez RIBURO.
RIBIÉYRO, *Rebièyro*, s. f. Rivière, assemblage d'eaux qui coulent dans un lit d'une étendue plus ou moins considérable et qui se jettent dans une autre rivière, dans un fleuve ou dans la mer : *La ribièyro es pla salto*, la rivière est bien sale. (Suivant Du Cange, du latin barbare *riparia*, fait de *ripa*, rivage.)
RIBIÉYRENC, O, s. m. et adj. Riverain, ne, qui habite, qui a des possessions sur une rive, près d'une rivière. (Du latin *riparius*.)
RIBLA, voyez RIPLA.
RIBLO, voyez BATTO, DOUMAYSELO.
RIBLOU, voyez RIPLOU.
RIBO, *Ribaxe*, s. f. Rive, bord de la rivière : *Ero sul bord de la ribo*, il était sur le bord de la rivière. (Du latin *ripa*.)
RIBON, voyez RIBAN.
RIBOTEL, voyez RIBATEL.
RIBOTO, s. f. Ribote, action de boire et manger beaucoup : *Aben fax uno riboto de diaple*, nous avons fait une ribote d'enfer.
RIBOUTA, v. n. Riboter, se régaler; Faire débauche ; *Anan ribouta*, nous allons nous régaler.
RIBOUTUR, s. m. Riboteur, celui qui mange tout ce qu'il gagne : *Aco's un riboutur*, c'est un riboteur.
RIBOYR, s. m. Rivoir, outil d'acier pour couper et river des pointes et des clous : *Fay-me passa lou riboyr*, passe-moi le rivoir.
RIBURO, s. f. t. de serr. Rivure, broche de fer qui entre dans les charnières des fiches; Broche qui, mise dans un corps, quel qu'il soit, est rivée en place : *Cal que la riburo tengo cop*, il faut que la rivure tienne fort. (Racine *riba*.)

## RIC

RIC-A-RIC, adv. Ric-à-ric, avec une exactitude rigoureuse : *Cal ana ric-à-ric*. (Suivant Ménage, corruption de *rigidè*, à la rigueur.)
RICANA, v. n. Ricaner, rire à demi par malice, ironie ou sottise : *N'as pas besoun de tant ricana*, tu n'as pas besoin de tant ricaner. (Suivant Vergy, contraction des deux mots *ridere cum cachinno*, rire aux éclats.)
RICANUR, s. m. Ricaneur, celui qui ricane, a l'habitude de ricaner.
RICHAR (FIAL DE), s. m. Archal, fil simple de métal : *Ambe lou fial de richar lou traparas*, avec un fil d'archal tu le prendras.
RICHEN (OLI DE), s. m. Ricin ; t. de botan. genre de plantes dicotylédones. Huile formée par les graines de cette plante; on s'en sert en médecine.

## RID

RIDA, v. act. Rider, causer des rides : *La peno l'a ridado*, la fatigue l'a ridée. (Du latin *rugare*.)
RIDA (SE), v. pro. Se Rider, prendre des rides : *Coumenço de se rida*, elle commence à se rider.
RIDÉOU, s. m. Rideau, étoffe suspendue à une tringle avec des anneaux, autour d'un lit, devant une fenêtre : *Tampo lous ridéous*, ferme les rideaux. (Racine *rido*.)

A tres lièys flerlangous, siez biels *ridèous* do telo
Penjabou paquromen, ô quant orou barrats,
 Aouyon goufla coumo uno belo,
Se lou tems et la dun des rats,
Nou lous abio pas mes à jour coumo un grelo.    J.

RIDICULLE, *Rediculle*, s. m. Ridicule, ce qui est digne de risée ; Défaut qui prête à rire : *Aco's un ridiculle*, c'est un ridicule ; petit Sac à cordons que les femmes portent à la main et qui leur tient lieu de poches : *Porto ridiculle*, elle porte ridicule. (Du latin *ridiculum*.)
RIDICULLE, O. adj. Ridicule, digne de risée, de moquerie : *Aco's uno caouso ridiculло*, c'est une chose ridicule. (Du latin *ridiculus*.)
RIDICULLITAT, s. f. Ridiculité, action, parole, chose ridicule. (Du latin *ridicula*.)
RIDICULIZA, v. act. Ridiculiser, rendre ridicule ; Tourner en ridicule. (Racine *ridiculle*.)
RIDICULOMEN, adv. Ridiculement, d'une manière ridicule, plaisante. (Du latin *ridiculè*.)
RIDO, s. f. Ride, pli du front, du visage, des mains, qui est l'effet ordinaire de la vieillesse : *Quantos de riuos!* que de rides ! (Du grec *rhutidos*.)

## RIE

RIEJHA, voyez GRIGUA.
RIEJHE, voyez GRILHO, GRILHAXE.
RIEXA, v. n. Pleuvoir localement.
RIEXO, s. f. Nuage qui dans le lointain laisse tomber la pluie comme par des rayons perpendiculaires poussés par le vent : *Y'a uno rièxo que m'agrado pas*, il y a un nuage qui ne me convient pas. (Du latin *riga*, raie, ligne droite.)

## RIF

RIFFADO (DE), adv. A la volée : *L'a attrapat de riffado*, il l'a pris à la volée ; De champ : *Biro lo de riffado*, tourne-la de champ.
RIFLA, v. act. Riper, gratter avec la ripe : *Riflo un paouc*, ripe un peu.
RIFLARDA, *Rifla*, v. act. Rifler, adoucir, dégauchir avec le riflard : *Cal d'abord ba riflarda*, il faut d'abord le rifler.
RIFLART, s. m. Riflard; t. de menuis. gros Rabot; t. de maç. Ciseau dentelé pour riper une pierre.

## RIG

RIGAOUDOUN, s. m. Rigodon, sorte de danse très-animée : *Te farey dansa lou rigaoudoun*, je te ferai danser le rigodon.
RIGOL, *Sadoul*, s. m. Soûl ; Satiété ; Impatience à supporter quelque chose, quelqu'un : *Ne fas un brabe rigol*, tu en as bien ton soûl.
RIGOLO, s. f. Rigole, petit fossé, petite tranchée pour arroser : *Faras uno rigolo*. (Du latin *rega*, arroser, ou de *riguum*, rigole.)
RIGOU, s. m. Rigueur, sévérité dure, impitoyable; excessive Austérité ; grande Exactitude ; Inclémence ; Dureté; Apreté : *La rigou dal tems*, la rigueur du temps; adv. *A la rigou*, à la lettre. (Du latin *rigor*.)

Quand bas quista dé bourdetto én bourdetto,
Téndre ourphelin, toun bouci dé panet;
M'agrados tant, que ma Muso paouretto
Dé qualquos flours bol té faïre un bouquet ;
Et s'és bertat qu'atjos pas pus dé maïré,
Et qué dal sort esprobès la *rigou*,
Rémercio Dious que t'a dounat un païre
Qu'a fait un fil glaoufit dé poulidou.    DAV.

RIGOULA, voyez ARRIGOULA.
RIGOURITAT, voyez RIGOU.

## RIP

**RIGOUROUS, O,** adj. Rigoureux, euse, très sévère dans sa conduite; Sévère envers les autres jusqu'à la dureté; qui ne pardonne rien : *Es trop rigourous*, il est trop sévère; Apre, dur : *Lou frex es rigourous*, le froid est rigoureux. (Racine *rigou*.

Me dounas un xagrin qu'aïci me desespèro :
Yeou deourio me faxa, bous metès en coulèro !
Oh ! qué couneïssés pla tout l'amour qu'eï per bous !
Coussi poudés abé l'aïre ta *rigourous* ?  D.

**RIGOUROUZOMEN,** adv. Rigoureusement, avec rigueur, sévérité.

## RIM

**RIMA,** v. n. Rimer, faire des vers; fig., Avoir un sens, une raison : *Aco rimo pas*, cela n'a pas de sens. (Racine *rimo*.)

Tu que s'es le prumié dount la muso badino
A cantat jantimen nostro lengo moundino,
Immourtèl Goudouli, que bebes à la foun
Qu'abeouro las noou sors et le Dious Appoulloun,
Faï-me qu'un rajoulet d'aquelo aygo muscado
M'azague, coumo cal, l'aoureillo et la pensado,
Per que posquoy, espert sur moun rustique ambois ,
Enseigna le grand art de *rima* le patois.  DEDAR.

**RIMALHA,** v. n. Rimailler, faire mal des vers.

Mo Muso, cher omic, loung-tems persécutado
Enfi bo *rimoilla* los Sosous dé l'onnado.
L'y mé fas entrèprené un ennuyous trobal
D'ount crègné, ombé rosou, qué non s'ocquité mal;
Lo couneissé bé trop ; outro qu'és poressouso,
Jomaï mulo d'Aubergné oun tousquet tont quintouso.
PRAD.

**RIMAYRE,** s. m. Rimeur; Poète.
**REMIÈÏRO,** *voyez* RAZIMÈLO.
**RIMO,** s. f. Rime, uniformité de sons dans la terminaison de deux mots. (Du latin *rhythmus*.)

Messus, ieû souy marrit que las gens fantastiquos
Me troublou de rima, beleû b'abest saûgut ?
Mas ieû n'entendi pas d'abé moun tens perdut;
Car las *rimos* que faû nou soun pas hèretiquos.
A. G.

**RIMOUNA,** *voyez* REPOUXINA.

## RIN

**RINÇA,** v. act. Rincer, nettoyer en lavant et en frottant.

## RIO

**RIOSTO,** s. f. Contre-fiche, pièce en écharpe pour assujétir plusieurs pièces ensemble: *La riosto ba tendra tout*, la contre-fiche tiendra tout.
**RIOTO,** *voyez* QUERÈLO.
**RIOU,** s. m. Ruisseau, petit courant d'eau ; son lit : *Es al riou*, elle est au ruisseau. (Du latin *rivulus*.)
**RIOUSTA,** v. act. Placer des contre-fiches pour assujétir plusieurs pièces.

## RIP

**RIPALHA,** *voyez* FRICOUTA.
**RIPALHO,** *voyez* BOUNBANÇO.
**RIPALHUR,** *voyez* RIBOUTUR.
**BIPLA,** *voyez* RIBA, REPLA.
**RIPLE,** *voyez* RIBURO.
**RIPLOU,** *voyez* RÈPLE.
**RIPLURO,** *voyez* RIBURO.
**RIPOPÉ,** s. f. Ripopée, mélange de vins, de liqueurs, de sauces : *Nous a dounado de ripopé*, elle nous a donné de la ripopée. (De la particule *re* ou *ri*, et de *vapatum*, sous-entendu *vinum*, fait de *vappa*, vin poussé, éventé. *Le Duchat*.)
**RIPOSTO,** s. f. Riposte, repartie prompte ; Réponse vive pour repousser une raillerie : *A la riposto prèsto*, il a la repartie prête.
**RIPOUSTA,** v. n. Riposter, repartir vivement, repousser une injure : *Aco's pla ripoustat*, c'est bien reparti.

## RIQ

**RIQUET,** *voyez* GREL.
**RIQUIQUI,** s. m. La Liqueur après le repas : *Anan prene lou riquiqui*, nous allons prendre la liqueur.

## RIR

**RIRE,** v. n. Rire, exprimer la joie, le dédain, par un mouvement des lèvres, de la bouche, et souvent avec bruit : *Ris souben*, il rit souvent; Railler, se moquer ; Plaisanter, badiner : *Gna per rire*, il y en a pour rire ; fig., Frémir, commencer de bouillir, en parlant d'un liquide qu'on chauffe; Montrer la corde, en parlant d'un vieux habit. (Du latin *ridere*.)

Ieû laissï lour ezuro et lour prounoustiqua.
De tal troumpur mestié nou me voli fiqua ;
Tous lous que fan aquo mal de pipos lous vire ;
Car lou prounoustiqua et l'ezuro qu'els fan ,
Se fa per fa mouri las paûros gens de fam ,
Et ieû n'ey fach aysso sinoun que per fa *rire*.  A. G.

## RIS

**RIS,** s. m. Riz, plante annuelle des pays chauds, genre de graminées ; Grain alimentaire qu'elle produit : *Faras de tisano de ris*, tu feras de tisane de riz. (Du latin *oryza*.)
**RISCA,** v. n. Risquer, hasarder, mettre en danger : *A riscado la bido*, elle a hasardé la vie ; Courir le risque de... : *Risqui de lou trouba pas*, je risque de ne pas le trouver.
**RISCO,** *Risque,* s. f. Risque, hasard, péril, danger.
**RISENT, O,** adj. Riant, te, agréable, amusant : *Es fort risent*, il est fort riant. (Du latin *ridens*.)
**RISOULET, O,** adj. Rioteur, euse, qui riote habituellement : *O la risouleto !* oh ! que tu es rieuse !.
**RISPET,** *voyez* ADOUAYRE.
**RISPO,** *voyez* PALO.
**RISTE,** *voyez* MANTÈL.

## RIT

**RITE,** *voyez* CANARD.
**RITOU,** *Curat,* s. m. Curé d'une paroisse : *Aben perdut lou ritou*, nous avons perdu le curé. (Du latin *rector*.)
**RITOUNEXA,** v. n. Fréquenter les curés, se Mêler des choses qui les regardent; les Obséder de conseils, de visites : *Aymo de ritounexa*, elle aime à faire le curé.
**RITUEL,** s. m. Rituel, livre concernant les rites, les cérémonies, les prières, etc., qui concernent l'administration des sacrements : *Porto-me lou rituel*, porte-moi le rituel. (Du latin *rituale*.)

### RIV

RIVATEL, voyez RIBATEL.

### RIX

RIXART, s. m. Richard, homme riche et de condition médiocre : *Aco's un rixart*, c'est un richard.

RIXE, O, s. m. f. Riche, celui qui a de la fortune, qui jouit d'une grande fortune. (Suivant Ménage, du gaulois *rich* ou *rix*, fort, puissant.)

Astré del Cel, ma perpeillo sé cluquo,
Bési pas pus ta brillanto ciartat;
Uno aoutro luts aouei per yeou s'aluquo,
Et qu'ino luts?... la de l'éternitat !...
Dins lou toumbèl on és léou én poussièro,
Qué l'on sio richè ou qué l'on sio paouret ;
Mais sé moun cos sé reboun dins la terro,
Moun àmo ba d'ombé Nostré Seignet,      VESTREP.

RIXESSO, s. f. Richesse, biens, fortune, opulence; Éclat, magnificence : *Pays d'uno grando rixesso*, contrée d'un grand revenu.

RIXIDE, O, adj. Rigide; Exact; Sévère; Austère : *Es rigide*. (Du latin *rigidus*.)

RIXIDITAT, s. f. Rigidité; Exactitude; Sévérité; Austérité. (Du latin *rigiditas*.)

RIXIDOMEN, adv. Rigidement, avec rigidité. (Du latin *rigidé*.)

RIXOMEN, adv. Richement, d'une manière riche, opulente : *Es maridat rixomen*, il est marié richement.

### RIZ

RIZE, voyez RIRE.

RIZEO, s. f. Risée, raillerie; Moquerie; Persiflage : *Aco's uno rizéo;* c'est une moquerie; Personne, objet dont on rit : *Es la rizéo de toutes*, il est la risée de tous.

RIZENT, voyez RISENT.

RIZEYRE, voyez RISENT.

RIZIPLE, O, adj. Risible, propre à faire rire ; Digne de moquerie : *Sios riziple, tu!* tu me fais rire, toi !

RIZOULET, voyez RISOULET.

### RO

RO, voyez ROC.

### ROB

ROBOLA, voyez TRIGOUSSA.

ROBUSTE, O, *Roubuste*, adj. Robuste, fort, vigoureux : *Es robuste coumo un xabal*, il est robuste comme un cheval. (Du latin *robustus*.)

### ROC

ROC, s. m. Roc; Rocher; Caillou ; Pierre : *Se trapi un roc, beyras!* si je prends une pierre, gare! (Du grec *rhox*.)

Sus la cimo d'un roc, ménaçats pés ouratches,
Fennos, hommés, goujats, fillos, bieillards, maïnatches,
Per l'aïgo couxéguits, sé soun escalabrats ;
Mais le roc attaquat per le trou qué l'esquisso,
S'ébranlo tout d'un cop et sé desparrabisso,
Et dins l'abime ouberl toutis sé soun négats !  DAV.

ROCAILLO, voyez RACALHO.
ROCO, s. f. Berges, bords escarpés d'une ri-

vière ; Rocher à pic : *Es toumbat cambal la roco*, il est tombé du haut en bas du rocher.

ROCOFORT, s. m. Roquefort, fromage de lait de brebis passé dans les caves de Roquefort : *Te dounarey de Rocofort*, je te donnerai du Roquefort.

ROCOSSA, voyez ASSELA.
ROCOTA, voyez REPARA.

### ROD

RODO, s. f. Roue, machine ronde et plate, tournant sur un essieu ou axe; sa forme : *Uno rodo de carreto*, une roue de charrette; la Roue des couteliers, des tourneurs., des cordiers, etc. : *Cal bira la cordo*, il faut tourner la roue ; la Roue d'un moulin qui est garnie d'aubes, *palos ;* la Roue d'une cuisine pour tourner la broche. (Du latin *rota*.)

RODO MAZES, voyez ROUDOULI.
RODOMEN DE CAP, voyez ABOULIMEN.

RODOUL, *Rodou*, s. m. Ensouple, ensuple, rouleau sur le devant du métier, sur lequel on roule la chaîne d'une étoffe : *Lou rodoul sera léouple*, l'ensouple sera bientôt plein; adv. *Al rodoul*, Manière de cribler le grain, par laquelle on ramasse au milieu du crible toutes les balles du grain. (Racine *rodo*.)

### ROF

ROFOTUN, voyez RAFATUN.

### ROI

ROI, voyez XOYO.
ROI, voyez REY.
ROIRE, voyez ABALA.

### ROJ

ROJHE, voyez FREZO, t. boucher.

### ROL

ROLLE, s. m. Rôle; Liste; Catalogue : *Sios pas sul rolle*, tu n'es pas sur le rôle ; Ce qu'un auteur doit réciter, jouer dans une pièce : *Xogo pla soun rolle*, il joue bien son rôle ; fig., Personnage qu'on joue dans le monde : *Xogo un paoure rolle*. (Du bas latin *rotulus* ou *rotulum*, rouleau, fait de *rotare* rouler, parce qu'autrefois on roulait ces rôles comme toutes les expéditions de justice, lesquelles étaient écrites sur des parchemins ou papiers cousus et collés ensemble.)

ROLLOMEN, s. m. Roulement, mouvement, bruit de ce qui roule : *Entendi lou rollomen de la boyturo*, j'entends le roulement de la voiture; t. mil. Batterie de tambour sans interruption : *Batou lou rollomen*.

Al roullomen del tambour que murmuro,
Oumbros, sourtés del séjour qu'habitas ;
La FRANÇO libro, à bostro sépulturo,
Accordo anfin l'aounou que meritas.   J.

### ROM

ROMBAL, voyez RAMBAL.
ROMOSSADO, voyez PLEXADO.

### RON

RONSA, voyez ROUNSA.

## ROP

**ROPPELLAYRE**, voyez Apèl.

## ROS

**ROS**, s. m. Rosée du matin : *Y'a fosso ros*, il y a beaucoup de rosée. (Du latin *ros*.)
**ROSCLADURO**, voyez Rascladuro.
**ROSO**, s. f. Rose, fleur odoriférante, très-belle, d'un grand nombre de variétés ; fig., Jeune Fille fraîche et jolie : *Es poulido coumo uno roso*, elle est belle comme une rose. (Du latin *rosa*.)
**ROSSADO**, voyez Parentat.
**ROSSE**, voyez Rossoul.
**ROSSO**, s. f. Rosse, cheval usé, sans valeur ; Mauvais cheval : *M'a pla l'ayre d'uno rosso*, cela m'a l'air d'une rosse. (De l'allemand *ross*, cheval.)

Mais un brillan couché fa peta soun flisquet !...
Plaço ! aici lou jousion din soun brillan carrosso !...
Qu'as fait de tous esclots et qu'as fait de la *rosso*
Que benguet dins Toulouso en pourtan toun paquet ?

**ROSSOUL**, *Rosse*, *Roulleou*, s. m. Brise-motte, herse, instrument de labourage avec lequel on brise les mottes des terres labourées, qu'on passe après les gelées sur les blés pour tasser les terres soulevées par la gelée : *Boli passa lou rossoul* ; Abondance : *Ne fa rossoul* ; adv. A l'abandon : *Al rossoul*.
**ROSTEL**, voyez Rastèl.

## ROU

**ROUAL**, voyez Rousal.
**ROUAN**, s. m. Rouennerie ; Toiles de Rouen.
**ROUAT**, voyez Lurrat.
**ROUAXE**, s. m. Rouage, toutes les roues d'une machine : *Quant de rouaxes !* que de rouages ! (Racine *rodo*.)
**ROUB**, voyez Trounc d'albre.
**ROUBE**, voyez Garric.
**ROUBILLA**, voyez Rouilha.
**ROUBINET**, *Rouinet*, s. m. Robinet, tuyau de bois ou de métal qu'on applique aux tonneaux, fontaines, et qu'on ouvre et ferme au moyen d'un bouchon percé, nommé clef.
**ROUCALHO**, s. f. Rocaille, caillou.
**ROUCALHOUS**, OUZO, adj. Rocailleux, euse, où il y a des cailloux ; Inégal, raboteux.
**ROUCOULA**, *Roucouna*, v. n. Roucouler, faire un certain bruit avec le gosier, en parlant des pigeons, des tourterelles : *L'entendi roucoula*, je l'entends roucouler. (Par onomatopée.)
**ROUCOUNA**, voyez Roucoula.
**ROUDA**, v. n. Rôder, aller et venir ; Courir çà et là ; Errer d'un côté et d'autre : *Ount bas rouda ?* où vás-tu rôder ? (Du latin *rotare*.)

Que souy countent quand lou souel te *rodo* !...
Que de toun col caresso tas coulous !...
L'azur et l'or, lou floc de l'emerodo
Foou clignouta lou paoure malhurous.   A. B.

**ROUDAYRE**, O, adj. Fainéant, te, désœuvré : *Aco's un roudayre*, c'est un désœuvré.

Aqui dessus vén à sourti,
Achila, Ajax emb'Antiloqua
Qué s'amuzavoun à la croqua.
Achila, entre qué mé véjèt,
Sus lou chan mé récounouguèt,
Et, couma èra un paou renegayre

Ay, sucre ! me faguèt, *roudayre*,
Coussi diantre as fach, santafiou,
Per décèndre ayçaval tout viou ?
Toutes dé nostre ancien coursaje
Paouzèren amoun l'équipage ;
Et cé qué dé n'aoutres se véy
Noun és, mardion, ni car, ni pey.   Fav.

**ROUDAYRE**, voyez Batedis.
**ROUDAL**, s. m. Ornière, trace que les roues font sur terre : *Lou roudal es fresc*, l'ornière est encore récente. (Racine *rodo*.)
**ROUDAT**, adj. Roulé, bois dont les couches circulaires se séparent aisément : *Aquel piboul es roudat*, ce peuplier est roulé.
**ROUDELA**, voyez Rudela.
**ROUDELEJHA**, voyez Roundinexa.
**ROUDELO**, voyez Rudèlo.
**ROUDET**, s. m. Rouet de moulin qui est placé horizontalement et qui porte des alluchons, Alets : *Nous cal fa salcla lou roudet*, il nous faut garnir de cercles le rouet. (Racine *rodo*.)
**ROUDETO**, voyez Rouleto, Poulio.
**ROUDIE**, voyez Charroun.
**ROUDIE (POUX)**, s. m. Puits à roue.
**ROUDOL**, voyez Esclayrol.
**ROUDOMEN**, voyez Rodomen.
**ROUDOU**, s. m. Roudou, redoul, corroyère, espèce de sumac dont on emploie les feuilles pour tanner les cuirs.
**ROUDOULA**, voyez Rouda.
**ROUDOULEXA**, v. n. Lambiner, aller sans but ; Faire des assiduités ; Roder : *Ben roundoulexa, aco m'agrado pas*, il vient lambiner, cela ne me convient pas.
**ROUDOULI**, voyez Roudayre.
**ROUDUR**, voyez Roudayre.
**ROUET**, s. m. Rouet, machine à filer, pour filer. (Racine *rodo*.)
**ROUFLA**, *Rounfla*, v. n. Ronfler, faire un bruit sourd de la gorge et des narrines, en respirant pendant le sommeil ; Être dans l'abondance de tout : *Rouflo de tout* ; Ébrouer, ronfler par frayeur, en parlant d'un cheval : *Rouflabo que xamay pus*, il ronflait beaucoup. (Du latin barbare *ronculare*, diminutif de *ronchare*.)

Qu'eri countent quant la corno *rounflabo* !
Mais de plazé que moun cor se gounflabo,
Quand pes illots, pourtan moun brespailla,
Pè nut, cat nut, anabi broucailla.   J.

**ROUFLAYRE**, O, s. m. f. Ronfleur, euse, qui ronfle habituellement.
**ROUGAGNA**, v. n. Ronger : *Un rat a rougagnat lou pa*, un rat a rongé le pain. (Du latin *rodere*.)
**ROUGAZOUS**, s. f. Rogations, prières publiques et processions pour les biens de la terre, pendant les trois jours qui précèdent l'Ascension : *Per las rougazous*, aux rogations. (Du latin *rogatio*.)
**ROUGNO**, s. f. Rogne, gale invétérée ; la Gale ordinaire ; prov. *Qui a la rougno n'es pas sans besougno*, qui a la rogne n'est pas sans besogne ; fig., Indisposition ; Chagrin ; Perte : *Touxoun cal abe calquo rougno*, il faut toujours avoir quelque perte. (Du bas breton *rong*, rogne.)

Ah ! Messius, finissès : que n'abes pas bergougno ?
Per un afía de res bous anas cerca *rougno* !   D.

**ROUGNOU**, s. m. Rognon, rein bon à manger de certains animaux : *Planto m'aco sus rougnous*, mets moi cela dans l'estomac. (Du latin barbare *renio*, forgé de *renis*, génitif de *ren*, rein.)

— ROUGNOUS, OUSO, adj. Rogneux, euse, qui a la rogne.; Galeux.

ROUIL, s. m. Rouille, oxide qui se forme à la surface de certains métaux, comme le fer, le cuivre ; les Balayures, les ordures d'une chambre, d'une cour : *Xèto lou rouil*, jette les balayures. (Du latin *rubigo*.).

ROUILHA (SE), v. pro. Se Rouiller, se couvrir de rouille ; fig., Perdre de sa vivacité, de sa force : *Me souy pla rouilhat*, je me suis bien rouillé.

ROUILHADO, *voyez* ROUIL.

ROUINA, v. act. Ruiner, abattre ; fig., Ravager les biens de la terre, en parlant des orages, etc.; Saccager, détruire ; Causer la perte de... : *Nous rouino toutes*, cela nous ruine tous. (Racine *rouino*.)

ROUINA (SE), v. pro. Se Ruiner, causer sa ruine; Dissiper son bien.

ROUINET, *voyez* ROUBINET.

ROUINO, s. f. Ruine, dépérissement d'un bâtiment ; Désastre ; Désolation ; Destruction : *Aco's la rouino dal pays*, c'est la ruine du pays ; Débris d'un bâtiment ; Plâtras : *Boli xeta de rouino pel xardin*, je veux jeter du plâtras dans le jardin. (Du latin *ruina*.)

ROUJHE, *voyez* ROUXE.

ROUJHEJHA, *voyez* ROUXEXA.

ROUJHINA, *voyez* ROUNDINA.

ROUL, s. m. Tronçon d'arbre, de bois : *Porto un roul al fioc*, porte un tronçon de bois au feu ; Rouleau ; Pièce de toile en rouleau : *N'a pourtat un gros roul*, il en a porté un gros rouleau.

ROULAXE, s. m. Roulage, facilité de rouler des tonneaux ; Transport des marchandises sur des charrettes ; Établissement pour ce transport ; Lieu où il est situé : *Porto aco al roulaxe*, porte cela au roulage.

ROULETO, s. f. Roulette, petite roue sous les pieds d'un meuble pour le mouvoir : *Te y cal fa metre de rouletos*, il faut y faire mettre des roulettes.

ROULETO A EMBOITAXE, s. f. Roulette à emboitage, t. de cordon.

ROULELO A FAL PUN, s. f. Roulette à faux point.

ROULIA, *voyez* ROULHA.

ROULIÉ, s. m. Roulier, charretier public de roulage : *Lous rouliés partissou dema*; t. de tuilier, Outil pour aplanir le sol.

ROULIO, s. f. T. de tiss., Cylindre qui reçoit l'étoffe travaillée.

ROULHA, v. act. Couper, scier un arbre à longueurs : *Roulhas-bo à noou pans*, coupez-le à neuf pans ; fig., Battre, rosser de coups.

É nostrés ouppressous én véchen la tristéssa
Qu'afflijavo nostra âma, entr'éllés s'én risioou ;
É quan per lou cami toumbavén dé féblessa,
En nous *roulliên* dé cops, lons cruels nous disioou :
Cantas-nous, cantas-nous tout aquéllés cantiquas
Qué cantavés lous jours dé vostrés festénals,
Pourrian, én escoutén vostrés cants prophétiquas,
Quitta per vostré Dioù, nostrés Dioùs infernals.
PEYR.

ROULHADO, s. f. Billot, longueur : *Y'aoura tres roulhados*, il y aura trois billots.

ROULLA, v. act. Rouler, faire avancer, en roulant sur soi-même, un tonneau, etc. ; Plier en rouleau : *Rollo aquel papié*, roule ce papier ; Voyager : *A pla roullat*; Battre le pavé : *Es enlà que rollo*. (Racine *rouda*.)

ROULLADO, s. f. Volée de coups : *N'a trapat uno roullado*, il en a attrapé une volée.

ROULLANT, O, adj. Roulant, te, qui roule aisément ; sur quoi on roule aisément ; *Lou camt es roullant*, le chemin est roulant.

ROULLEOU, *voyez* ROSSOUL.

ROULLUR, s. m. Rodeur, faineant ; Désœuvré : *Qu'un roullur !*

ROUMAN, s. m. Roman, récit fictif de diverses aventures de la vie humaine, avec peintures des passions, surtout de celle de l'amour; fig., Histoire sans vraisemblance : *Nous a fax un rouman*, il nous a fait un roman. (De la langue *romane*, parce que c'est dans cette langue qu'on a écrit les premiers romans.)

ROUMANÇO, s. f. Romance, récit touchant, en vers, pour être chanté: Chanson tendre.

ROUMANEL, s. m. Orange, le plus délicat des champignons.

ROUMARI, s. m. Romarin, arbuste toujours vert et odorant. (Du latin *romarinus*.)

ROUMANO, s. f. Romaine, instrument pour peser avec un seul poids placé à différentes distances du point de suspension : *Pesaras à la roumano*, tu péseras à la romaine.

ROUMATICO, *voyez* RUMATISME.

ROUMAZEGOS, *voyez* ERGNOUS.

ROUMBA, *voyez* ROULLA.

ROUME, Roumec, Roumets, s. f. Ronce, arbrisseau rampant, armé d'aiguillons ; t. de maçon, Barre de fer pour fermer une petite ouverture, armée de pointes comme une ronce. (De l'italien *ronca*.)

Un ridéou relebat daisso bese à plen joun,
Sur un banc pecouillat de quatre cambos d'azé,
Un grazal bernissat, appelat lou grand base,
Que éounten, enginats coum'un bouquet de flous,
De *roumecs*, de sanfoin, de gram et de cardous.
Altour d'aquel aoutar es uno balustrado
Fayto de bosc de pin et ritchomen ournado
De dessens esculitats ount se bey, à parels,
De Princes entourats d'ages per your cousels.
DEBAR.

ROUMEGAS. s. m. Ronceraie, lieu rempli de ronces.

ROUMETS, *voyez* ROUME.

ROUMI, s. f. Mûre de ronce.

ROUMIA, v. n. Ruminer ; Remâcher, en parlant des ruminants ; fig., Penser et repenser à une chose, la bien peser dans son esprit : *B'a souben roumiat*, il y a pensé souvent. (Du latin *ruminare*.)

ROUMIOU, s. m. Voué à un saint : *Aco's un roumiou de Sant-Estèfe*, c'est un voué à Saint-Etienne. (Du latin *Roma*, Rome, pélerin qui fait le voyage de Rome pour acquitter un vœu.)

ROUN, DO, *Redoun, do*, adj. Rond, de. Poteté ; Rebondi, enflé de graisse : *Roun coumo uno bolo*, rond comme une boule ; Qui n'est pas manière, qui agit sans façon : Franc, sincère : *Es roun*; Coulant dans les affaires. (Du latin *rotundus*.)

ROUNCA, *voyez* ROUFLA.

ROUNCADIS, s. m. Ronflement, bruit sourd qu'on fait en ronflant.

ROUNCAYRE, *voyez* ROUFLAYRE.

ROUNCIENÇO (A), adv. A discrétion, en abondance, à foison : *A de tout à rouncienço, il a de tout en abondance.*

ROUNCO COR (A), adv. A contre cœur, forcément : *Ba fa pla à rounco cor, il le fait bien à contre cœur.*

ROUNDÈL, s. m. Rondeau, planche sur laquelle on dresse les pains à bénir.

ROUNDELEJHA, *voyez* ROUDA.

ROUNDELO, *voyez* PALET.

ROUNDIL, s. m. Rondin, bûche ronde, gros bâton ; Fer rond ; Tringle de fer rond : *Lou roundil fara*, le roundin suffira. (Racine *roun*.)

ROUNDINA, v. n. Grouiner, grogner en parlant des pourceaux qui grognent toujours : *Roundinexo touaroun*, il grogne toujours. (Du latin *grunnire*.)

ROUNDINEXA, *voyez* ROUDA, GOURRINEXA.

ROUNDO, s. f. Ronde, écriture ronde ; sorte de Danse en rond ; Visite de nuit ; Ceux qui la font : *Aben troubat la roundo sul poun*, nous avons trouvé les soldats de ronde sur le pont ; adv. Les uns après les autres : *A la roundo.*

ROUNDOMEN, adv. Rondement ; Sans façons ; Franchement.

ROUNDOU, s. f. Rondeur.

ROUNDOULA, *voyez* ROUDA.

ROUNDOULAYRE, *voyez* ROUDAYRE, GOURRI.

ROUNDOULEXA, *voyez* ROUDA.

ROUNFLA, *voyez* ROUFLA.

ROUNFLANT, O, adj. Ronflant, te ; Sonore ; Bruyant.

ROUNFLAYRE, *voyez* ROUFLAYRE.

ROUNFLE, *voyez* ROUNCIENÇO (A).

ROUNGA (SE), *voyez* MÉSFIZA (SE).

ROUNPRE, v. act. Rompre, casser en ployant, mettre en pièces en brisant ; fig., Arrêter, détourner le mouvement droit d'une chose ; Faire cesser, rendre nul : *A rounput lou mercat per trento dignés*, il a rompu le marché pour trente deniers. (Du latin *rumpere*.)

ROUNSA, v. act. Jeter, lancer au loin ; Jeter par dépit : *B'a rounsat per terro*, il l'a jeté par terre.

ROUNSE, *voyez* ROUME.

ROUNXA, *voyez* ROUZEGA.

ROUNZAS, *voyez* BOURTIGAS, BARTAS.

ROUNZE, *voyez* ROUME.

ROUPILHA, v. n. Roupiller, sommeiller à demi : *Fa pas que roupilha.*

ROUPILIO, *voyez* ROUPO.

ROUQUET, s. m. Rochet, surplis à manches étroites ; Camail d'évêque : *Porto lou rouquet*, il porte le rochet ; Bavolet, sorte de coiffure de paysanne qui pend sur le dos ; grosse Bobine : *Baylo-me quasques rouquets !* Rochet de dévideuse, Bobine à rebords.

ROUQUETO, s. f. Roquette, plante potagère que l'on mange en salade. (Du latin *eruceta*.)

ROUS, SO, adj. Roux, rousse, de couleur entre le jaune et le rouge. (Du latin *russeus*.)

ROUSETO, *voyez* ROUZETO.

ROUSIE, *voyez* ROUZIE.

ROUSIGA, *voyez* ROUSEGA.

ROUSSA, v. act. Rosser, battre violemment.

ROUSSA (SE), v. pro. Se Rosser, se fatiguer, prendre peine : *Me souy roussat en ba pourtan*, je me suis rossé en le portant. (De *rosse*, mauvais cheval qu'il faut frapper sans cesse pour le faire marcher.)

ROUSSATI, s. m. Chevaline, cheval ou jument : *Lou roussati se bendio*, la chevaline avait cours.

ROUSSEGA, v. act. Traîner quelque chose : *Ba m'a calgut roussega*, j'ai été obligé de le traîner ; Battre quelqu'un ; fig., Traîner par cause de maladie : *l'atno lountens que roussegalo*, il traînait depuis longtemps.

ROUSSEGADO, s. f. Volée de coups : *N'a trapat uno roussegado*, il en a attrapé une volée ; Traînée, trace qu'on a fait avec ce qu'on traîne : *La roussegado se couneys*, la traînée se connaît.

ROUSSEGAL, *voyez* ROUSSEGADO.

ROUSSÈL, O, adj. Blond, e ; Roux : *Es roussèl que xarmo*, c'est blond à charmer.

ROUSSELET, s. m. Rousselet, sorte de petite Poire.

ROUSÈRBE, s. m. T. de botan., Moutarde sauvage.

ROUSSI, v. act. Roussir, donner une couleur rousse ; Rendre roux en brûlant un peu : *Ba te cal roussi*, il faut le roussir ; v. n. Devenir roux, en parlant des étoffes : *A roussit.*

ROUSSI, s. m. Roussin, cheval entier ; prov. *A roussi dounat cal pas agaxa las dens*, à cheval donné ne regardez pas les dents. (Racine *rosso*.)

Vous me vouliez mounta sus un fort boun rouci
Qu'appelais Favourit que n'a cap de boun si ;
El reçpinno et mourdis quant el es à l'estable,
Amey quant es as cains, que semblo lou grand diable ;
Et me vouliats mounta sus aquel rouci fol
Que m'aguéro rounsat, incountinent, pel sol. A. G.

ROUSSIGNOL, *Roussignóou*, s. m. Rossignol, petit oiseau de passage qui tient le premier rang parmi les oiseaux chanteurs ; Crochet pour ouvrir les serrures, crocheter une porte : *Pourtabo un paquet de roussignols.* (Du latin *lusciniolus*.)

ROUSSIT, s. m. Roux ; t. de cuisine, Couleur qu'on donne à une sauce, etc.

ROUSSOULADO (A LA), t. de pêche, v. act. Pêcher avec le chalon, grand filet que les pêcheurs traînent dans la rivière : *Anan fa uno roussoulado*, nous allons pêcher au chalon.

ROUSSOULAL, *voyez* TRIGOUSSAL.

ROUSTI, v. act. Rôtir, faire cuire en tournant devant le feu ; Griller ; v. n. Cuire à la broche, sur le gril, dans les cendres : *Fazen rousti de castagnos*, nous faisons griller des châtaignes.

ROUSTI (SE), v. pro. Se Rôtir, être exposé aux ardeurs d'un feu, du soleil : *Me roustissi*, je me rôtis. (De l'allemand *rosten*.)

ROUSTIDO, s. f. Rôtie, tranche de pain grillée qu'on met dans du vin ou sous certains oiseaux à la broche : *Un bricou de roustido*, un peu de rôtie.

ROUSTIDOU, *voyez* RESSES.

ROUSTIT, s. m. Rôti, rôt, service de mets rôtis : *Aqui nostre roustit*, voilà notre rôti.

Tout de suita vén lou *roustit* :
Certa, n'én séguère estourdit.
Créziey pas qué lou rèy d'Epira
Pouguèsse dou soun ampira
Tira la mitat d'aou giiié
Qué de la brocha sourtissié. FAY.

ROUT, s. m. Rot, vent, vapeur de l'estomac qui s'échappe avec bruit par la bouche : *A fax un rout.* (Du latin *ructus*.)

ROUTA, v. n. Roter, faire un rot, des rots : *Fa pas que routa*, il ne fait que roter. (Du latin *ructare*.)

ROUTAYRE, O, adj. Qui rote, est sujet aux rots.

ROUTINIÉ, EYRO, s. m. f. Routinier, ère, celui ou celle qui agit par routine : *Es routinié.*

ROUTINO, s. f. Routine, facilité acquise par la pratique et l'expérience beaucoup plus que par l'étude ; Habitude qui résulte d'une longue pratique : *Ba fa per routino*, il agit par routine. (Racine *routo*.)

ROUTO, s. f. Route, grand chemin public : *Aco's uno bèlo routo ;* Chemin de terre ou de mer que l'on suit ou que l'on doit suivre ; Chemin, logement qu'on marque aux gens de guerre qui voyagent par étapes. (De l'italien *rotta*.)

D'un focqué ben d'amoun, la clartat merbeillouso
Esclairo dal cami la *routo* ténébrouso ;
Aquel foc qu'espandis las pus bibos coulous,
Es la lampo d'argén qué sans cesso rayouno,
Lé lum mystèrious qu'à soun poplé Dious douno,
Per esclaïra, la neit, sous santis bataillous.    DAV.

ROUTURIÈ, s. m. Roturier, qui n'est pas noble.

ROUVE, *voyez* GARRIC.
ROUVIL, *voyez* ROUÏL.
ROUVILIA, *voyez* ROUÏLHA.
ROUXAL, s. m. Espèce de Raisin rouge.
ROUXASTRE, O, *Roujhastre*, o, adj. Rougeâtre, qui tire sur le rouge.

ROUXE, *Roujhe*, s. m. Rouge, la couleur rouge ; adj. Dont la couleur ressemble à celle du feu, du sang : *Es rouxe coumo lou fioc*, il est rouge comme le feu. (Du latin *rubeus*.)

ROUXEXA, *Roujhejha*, v. n. Rougir, devenir rouge, se teindre en rouge : *Lous razins rouxexoun.*

ROUXET, *Roujet*, s. m. Rouget, poisson de mer.

ROUXEYRO, *Roujhèiro*, s. f. Alevin, vairon, petit poisson qui se propage dans les ruisseaux.

ROUXI, *Roujhi*, v. n. Rougir, devenir rouge ; fig., Avoir honte, confusion : *Ne deourios rouxi.* (Du latin *rubescere*.)

ROUXOLO, *Roujolo*, s. f. Rougeole, maladie qui cause des rougeurs sur la peau : *A la rouxolo, semblo uno escrabido.*

ROUXOU, *Roujou*, s. f. Rougeur.
ROUXOUS, s. f. Rougeurs, taches sur la peau.
ROUYAL, O, adj. Royal, e, qui appartient à un roi ; Grand ; Magnifique. (Du latin *regalis*.)

ROUYALISTO, s. m. Royaliste, partisan de la royauté.

ROUYALME, s. m. Royaume, état gouverné par un roi. (Du latin *regnum*.)

De *rouyaoumés* entiès de la bieíllo Amériquo,
Trigoussats per lés flots dé la mar Atlantiquo,
Sé soun perduts al miéch d'aquel grand ouragan ;
Et d'aoulrés én truquan sur lés pilles d'al mounde,
Sé soun esbrézénats, sans qu'uno bouès responde
Al bruch assourdissént qu'an fait én sé brisan.    DAV.

ROUZA, *voyez* ISSAGA.
ROUZADO, s. f. Rosée de la nuit.
ROUZAL, s. m. Rosée fraîche qui tombe le matin : *Lou rouzal es frex.*
ROUZALA, *voyez* ENROUZALA.
ROUZARI, s. m. Rosaire, chapelet à quinze dizaines de grains ; Confrérie : *Ero dal rouzari*, elle était de la confrérie du rosaire. (Du latin *rosarium*.)

ROUZASSO, s. f. Rosace, ornement en forme de rose.

ROUZEGA, v. act. Ronger, détruire avec les dents ; Tourmenter : *Lou rouzego dal mati al ser*, elle le tourmente du matin au soir ; Mordre dans le pain ; Gruger quelqu'un, être sur sa croûte. (Du latin *rodere*.)

ROUZEGADURO, s. f. Mangeure, endroit mangé d'une étoffe, d'un pain.

ROUZEGOMEN, s. m. Rongement, colique : *A un rouzegomen de mal de bentre que lou tuo*, il a une colique qui le tue.

ROUZELO, s. f. Coquelicot, petit pavot des champs qui croît parmi les blés : *La rouzelo a atacal aquel camp*, le coquelicot a attaqué ce champ. (Racine *rouxe*.)

ROUZENT, O, adj. Ardent, e ; Rouge, rougi au feu. (Du latin *rubeus*.)

ROUZENTA, *Rouzenti*, v. n. Chauffer jusqu'au rouge : *Fay-lou rouzenta*, chauffe-le jusqu'au rouge.

ROUZERA, *voyez* ROZERA.

ROUZETO, s. f. Rosette, petit ornement en forme de rose ; petit Clou : *Metras uno rouzeto*, tu mettras une rosette.

ROUZIÈ, s. m. Rosier, arbrisseau épineux qui porte les roses. Il y en a d'une grande variété. (Du latin *rosarium*.)

ROUZIÈYRO, s. f. Rosière, jeune villageoise qu'on couronne d'un chapeau de roses pour prix de sa vertu. (Racine *roso*.)

ROUZIGA, *voyez* ROUZEGA.
ROUZINA, *Rouzinexa, Brouïna*, v. impers. Bruiner, tomber en parlant de la bruine.

ROUZINO, s. f. Bruine, petite pluie froide, fine et lente. (Du latin *pruina*.)

ROUZINO, s. f. Résine, substance grasse, onctueuse, inflammable, qui découle de certains arbres et dont il existe un grand nombre d'espèces. (Du latin *resina*.)

Anfin, al cap d'un paouc d'intri dins la cousino
Ount cramo en petillan un mouquet de *rouzino*.
Moun paysan que cresiò que m'en eri entournat,
Jujats quand me bejec se fousquet estounat.    VEST.

## ROZ

ROZERA, s. m. Réséda, plante basse, annuelle, très-odorante. (Du latin *reseda*, de *sedare*, calmer.)

## RUA

RUA, *Requinna*, v. n. Ruer, jeter avec force en l'air les pieds de derrière, en parlant des chevaux, des mulets. (Du latin *ruere*.)

RUADO, *voyez* REGUINNADO.

## RUB

RUBAN, *voyez* RIBAN.
RUBARBO, s. f. Rhubarbe, plante purgative de la Chine. (Du latin *rhabarbarum*.)
RUBES, *voyez* REBES.
RUBRICO, s. f. Rubrique ; fig., Ruse, détour, finesse : *Sap mayt d'uno rubrico*, il sait plus d'une ruse ; Règles sur la manière d'officier, marques rouges qui les indiquent au Missel : *Cal lexi la rubrico*, il faut lire la rubrique. (Du latin *rubrica*.)

## RUC

RUCO, *voyez* CANILHO.

## RUD

RUDE, O, adj. Rude, âpre au toucher, au goût ; Fatigant ; Pénible : *Aco's un rude trabal*, c'est un rude travail ; Austère ; Sévère ; Brusque, Bourru. (Du latin *rudis*.)

## RUP

**RUDEJHA**, voyez Rudexa.
**RUDELA**, v. n. Dégringoler, descendre avec précipitation : *A rudelat l'escalié*, il a dégringolé l'escalier. (Du latin *rotare*.)
**RUDELET**, *Cabirolo*, s. m. Roulade, action de rouler de haut en bas ou de tourner d'un côté et d'autre : *Fazien de rudelets*.
**RUDELO**, s. f. Rouelle, tranche de boudin, de saucisson : *M'en a dounat uno grosso rudèlo*, elle m'en a donné une grosse rouelle.
**RUDÈLO**, *Palet*, voyez Carreto.
**RUDEXA**, *Rudejha*, v. act. Rudoyer, dire des duretés ; Maltraiter : *Lou rudexo trop*, elle le maltraite trop.
**RUDO**, s. f. Rue, plante amère, vivace, médicinale. (Du latin *ruta*.)
**RUDOMEN**, adv. Rudement, avec rudesse.

## RUE

**RUELO**, s. f. Ruelle, espace entre un lit et la muraille : *Dourmissi à la ruèlo*, je dors à la ruelle.

## RUF

**RUFA**, v. n. Froncer ; Rider ; Grimacer ; Faire un faux pli : *La besto rufo*, la veste grimace.
**RUFADIS**, s. m. Froncement.
**RUFO**, s. f. Ride ; Pli ; Froncement : *Y'as uno rufo al bras*, tu as un ride au bras.

## RUI

**RUINO**, voyez Rouïno.

## RUL

**RULIA**, voyez Frounça.
**RULLA**, voyez Roulla, Rudela.
**RULLE**, voyez Sadoul.
**RULLÈOU**, voyez Roullèou, d'où vient cet usage chez les enfants d'aller crier sous les fenêtres d'une maison où l'on fait la fête d'une noce : *Rullèou, rullèou, que la car de sur la taoulo bengo lèou?*

## RUM

**RUM**, *Rom*, s. m. Rhum, espèce d'eau-de-vie tirée par distillation des cannes à sucre.
**RUMA**, v. n. Brûler ; Roussir : *Ba rumaras*; Rissoler.
**RUMADURO**, *Rumat*, s. f. Gratin, ce qui demeure attaché au fond du poêlon ; la Brûlure du pain.
**RUMAT**, ADO, adj. Brûlé, ée ; Odeur de roussi, de rissolé ; Odeur de linge, d'étoffe qui se brûle :

*Sentissi de rumat;* fig., Qui a manqué un mariage : *Sentisses a rumat*.
**RUMAT**, s. m. Julienne ; Vélar, herbe de Ste-Barbe, plante vulnéraire.
**RUMATISME**. s. m. Rhumatisme, douleurs dans les muscles, les membranes, le périoste, avec difficulté de mouvement : *Un rumatisme lou fa soufri*, (Du grec *rheuma*.)
**RUMINA**, voyez Roumia.
**RUMO-SALSO**, voyez Gargoutie.
**RUMOU**, s. f. Rumeur, bruit confus de voix qui s'élève tout-à-coup à la suite d'un accident ; Bruit qui court dans le public : *Aco's de rumou puplico*, (Du latin *rumor*.)

## RUO

**RUOS**, voyez Ridos.

## RUP

**RUPTURO**, s. f. Rupture ; Scission, division entre des particuliers ; Cassation d'un acte public : *Y'a rupturo de mariaxe*.

## RUS

**RUSC** (A boun), adv. Bonne santé : *Cal qu'axe boun rusc*.
**RUSCADO**, voyez Bugado.
**RUSCO**, s. f. Écorce des arbres, celle des jeunes chênes propre à tanner les cuirs, les peaux : *La rusco n'es pas moouto;* fig., Femme de mauvaise vie : *Aco's uno rusco;* Crasse, saleté : *Y'a un pan de rusco*.
**RUSQUEJHA**, v. act. Écorcher un arbre pour les tanneries.
**RUSQUIÈ**, voyez Bugadou.
**RUSSI**, voyez Reussi.
**RUSSO**, adj. et s. Russe, qui est de Russie ; fig., Brutal, dur : *Aco's un russo*.
**RUSTAMBOOU**, voyez Brutal.
**RUSTE**, voyez Rude.

## RUX

**RUXI**, voyez Grounda.
**RUXISSOMEN**, s. m. Rugissement.

## RUZ

**RUZAT**, voyez Afiroulat.
**RUZO**, s. f. Ruse, astuce, finesse : *Couneyssi tas ruzos*. (Du latin *usus*, pratique. En y joignant la particule *re* cela veut dire expérience consommée.)

**S**

S, s. f. S, pièce de fer de la forme d'un S dont se servent les serruriers, les forgerons, pour serrer fortement les tenailles au feu; Pièce d'une charrue. *Me faras uno S,* tu me feras une S.

**SA**

SA, pro. f. Sa: *Sa filho ben d'arriba,* sa fille vient d'arriver. (Du latin *sua.*)
SA, voyez SAPIN.
SA, voyez SAC.

**SAB**

SABA, v. n. Rosser, battre, assommer de coups; Tanner.
SABARNAOU, voyez PETASSOU.
SABAT, s. m. Bruit, confusion: *Qu'un sabat dins l'oustal!* Quel bruit dans cette maison! (Nom originairement hébreu.)
SABATIÉ, *Groulhè,* s. m. Savetier, raccommodeur de vieux souliers; prov. *Sabatié fay toun mestié,* savetier fais ton métier.
SABATO, s. f. Savate, soulier usé: *N'a pas que de sabatos,* il n'a que des savates. (Du latin barbare *sapata,* diminutif de *sapa,* lame, ou de l'espagnol *zapato,* soulier.)
SABATOS, s. f. Savates gros souliers mal faits: *M'as fax de sabatos!* Tronchon de bois qu'on met sous un pied droit pour lui donner plus d'élévation et le rendre plus solide.
SABATOU, prov. *Troubaras sabatou de toun pè,* tu trouveras ton pareil à qui parler.
SABE, v. n. Savoir; Science; Connaissances acquises par l'étude: *A un grand sabe,* il a un grand savoir. (du latin *sapientia.*)

Es atal qué soubén sa musetto proupiço
Dins lé mondé saben a serbit dé nourrisso;
Et barrejan toujours la bountat al sabé,
Al bonhur de cadun soun amo counsacrado,
N'a pas cregut jamai pla fiui sa journado
Quand fasio pas un paouc dé bé. Dav.

SABE, *Saoupre,* v. act. Savoir; Connaître: *Sap soun deber,* il connaît son devoir; être Instruit dans une science; être Versé dans la pratique; Avoir de la mémoire: Apprendre: être Informé; *Sabi quicon,* Avoir l'esprit orné, rempli de connaissance. (Du latin *sapere.*)
SABENT, O, *Sapient, o,* s. m. f. Savant, te, érudit, qui a beaucoup de science; Docte; Habile, bien instruit, bien informé: *N'eri sabent,* j'en étais informé. (Du latin *sapiens.*)
SABENTAS, s. m. Savantas, pédant qui n'a qu'un savoir confus: *Aco's un sabentas, mesfizote!* c'est un pédant, méfie-toi!
SABENTIZO, *Sapienço,* s. f. Science, érudition.

instruction acquise par l'étude; fig., Connaissance mal digérée, incomplète. (Du latin *sapientia.*)
SABENTOMEN, adv. Savamment, d'une manière savante. (Du latin *sapienter.*)
SABLAS, voyez SAPLIEYRO.
SABLIÉ, voyez SAPLIE.
SABO, s. f. Sève, humeur nutritive des végétaux; Liqueur limpide, incolore, insipide, inodore. (Du latin *sapa.*)
SABOT, s. m. Sabot, corne du pied d'un cheval: Outil de cordier, outil de menuisier; Sabot, savate de fer qu'on met sous une roue de voiture, etc., dans une descente: *Caldra metre lou sabot,* il faudra mettre le sabot. (Suivant Ménage, du latin barbare *sapatus,* fait de *sapa,* lame de bois.)
SABOU, s. m. Savon, composition formée d'huile et autres matières grasses, d'alcali, etc., pour blanchir le linge, nettoyer les étoffes: *Porto-me lou sabou?* porte moi le savon? (Du latin *sapo.*)
SABOU, voyez GOUST.
SABOUNA, v. act. Savonner, blanchir, nettoyer au savon; fig., Réprimander vertement.
SABOUNADIS, *Sabounarié, Sabounaxe,* s. m. Tout ce qu'on passe au savon pour le nettoyer.
SABOUNADO, s. f. Savonnage, blanchissage au savon: *Y'aben fosso sabounado,* nous avons beaucoup de savonnage; le Résidu du savon; fig., Réprimande: *N'aoura uno sabounado.*

D'abord paouzéroun lo bugada
Per la métre à la *savounada;*
Dos chambriéyras la toussissien
Et dos aoutros l'espandissien. Fav.

SABOUNAXE, voyez SABOUNADO.
SABOUNETO, s. f. Savonnette, boule de savon préparé pour faire la barbe: *Cal abé la sabouneto* il faut avoir la savonnette.
SABOUNELO, *Sabouneto,* s. f. Saponaire, plante vivace dont le mucilage contient un vrai savon végétal.
SABOUNIÉ, s. m. Savonnier, celui qui fabrique le savon.
SABOURA, v. act. Savourer, goûter avec attention et plaisir; fig., Jouir avec délice. (Racine *sabou.*)

Cor de Jesus, fountaino salutouso!
Couro moun cor, à toun dous rouïnel,
Per apaïza moun amourouzo set;
*Sabourara* toun aïgo bibo, aoudouzo! Puj.

SABOURA, *Sabouray,* s. m. Savouret, gros os de trumeau de bœuf qu'on met au pot; espèce de gâteau cuit sous la cendre, fait avec la farine de blé noir: *Té dounaren de sabouray.* (Racine *sabou.*)
SABOUROUS, OUZO, adj. Savoureux, euse,

agréable au goût, qui flatte le goût: *Es pla sabourous.* (Du latin *saporus.*)

Et dins sa ma per tu touxoun douberto,
Aouras un blat poulit et *sabourous;*
Se la sel ben, ma bouco t'es oufferto,
Becquetaras lou paoure malhurous.                A. B.

SABOUTI, *voyez* SALGOUTI.
SABRA, v. act. Sabrer, frapper à coups de sabre; fig., Faire vite, sans soin, sans attention: *Aco's sabrat,* c'est assassiné. (Racine *sabre.*)
SABRACO, s. f. Sabretache, espèce de poche suspendue au ceinturon d'un hussard. (De l'allemand *sabel,* sabre, et *tache,* poche.)
SABRE, s. m. Sabre, grand coutelas recourbé ou droit, qui ne tranche que d'un côté: *Trigoussabo un grand sabre.* (De l'allemand *sabel.*)

Segnur, diguère, quintés gabré !
Mais Messius, avèn nostres *sabres,*
Dagas, fuzils é pistoulès,
Faguen couma lous Miquelès,
Què, quan an gratat la raspéta,
S'aloungoun sus soun escoupéta.
Tuhen lou vèrme èn dé tabac,
E méten-nous vite aou bivouac:
Faou, morblu, que traouquen la pansa
Dé la prumièyra poūc s'abança.
Mé vantavé cèrta dé trop,
Moun fuzil, en lachen lou cop,
Répoussa, m'éndegna una aourélia,
E mét én flos una boutéïa.                FAV.

SABRUR, s. m. Sabreur, sanguinaire, qui aime à sabrer.

## SAC

SAC, s. m. Sac, poche de toile, etc., de toute sortes de grandeur: son contenu: *Gna un sac*; Prendre son parti: *Podes pla fayre toun sac.* (Du latin *saccus.*) Prov.: *Mettre al sac.* Ce proverbe vient d'un certain Rauber, gentilhomme allemand, célèbre au 16ème siècle par sa force, par la hauteur de sa taille, et surtout par la longueur de sa barbe. Il demanda en mariage, à Maximilien II, une fille noble; mais il avait pour rival un cavalier espagnol, aussi recommandable par sa naissance que par sa bravoure, et d'une taille encore plus avantageuse que celle de Rauber. L'empereur déclara que le plus fort épouserait Hélène: voici à quelle épreuve bizarre il soumit leur vigueur: il les fit lutter chacun un sac à la main; la victoire devait être pour celui qui enfermerait le premier son adversaire. Les deux rivaux s'engagèrent donc en présence de l'empereur dans un combat où ils déployèrent leurs plus grandes forces, Rauber l'emporta, et mit l'espagnol *dans le sac.*

Dios semmanas apèy, de la gleyzo floucado,
La laougèro Annetou sourtio, touto ennoubiado;
Et dins l'oustal en dol, un couscrit malhurous,
Jaques, la larmo à l'èl et lou *sac* sur l'esquino,
Dizio, d'un ayre pi-tadous,
A sa mestresso aqui, louio, touto chagrino,
Et touto bag ado de plous:
« Me fan parti, Maitreto, et lou bonhur nous quitto;
« Mais de la guerro on pot tourna;
« N'ey res, ni pay, ni may; n'ey que tu per ayma;
« Se la mort espargno ma bito,
« Ma bito t'apparten, espèro! à nostre aouta,
« Coumo un bouquet d'amour hendrey te la pourta!!                J.

SACADO, s. f. Sac, mesure de grain, de farine, de charbon.
SACAL, *voyez* TUSTASSIAL.

SACAMAN, DO, adj. Coureur, euse, mauvais Garnement: *Aco's un sacaman.*
SACAMANDEXA, *Sacamandejha,* voyez PATARINEXA.
SACARIÈ, s. f. Sacs; Nombre de sacs, leur contenu: *Aouren fosso sacarié.*
SACAT, s. m. Sachée, ce qu'un sac peut contenir: *Un sacat de mil.*
SACAXA, *Sacaja,* v. act. Saccager, mettre sens dessus dessous, bouleverser: *B'a tout sacaxat.*
SACELA, *Soçala,* s. m. Chasselas, sorte de raisin blanc.
SACO, s. f. Grand Sac; fig., Habit mal fait: *Semblos dins uno saco,* tu sembles dans un sac.
SACO s. m. Schako, bonnet de militaire: *Lou saco y ba pla,* le schako lui sied bien.
SACOL, *voyez* CABESSAL.
SACOSSO, s. f. Sacoche deux grandes bourses en cuir jointes ensemble et assujetties à l'arçon de la selle: *La sacosso es pleno,* la sacoche est pleine. (Racine *sac.*)
SACOU, s. m. Sachet, petit sac.
SACOUNAT, s. m. Le contenu d'un petit sac: *Amb'un sacounat n'ey prou,* avec le contenu d'un petit sac j'en ai assez.
SACRA, v. act. Sacrer, donner l'onction sainte; Conférer un caractère sacré, v. n. Jurer, blasphémer: *N'as pas besoun de tant sacra,* tu n'as pas besoin de tant blasphémer. (Du latin *consecrare.*)
SACRAMANTÈL, O, adj. Sacramentel, le, qui appartient à un sacrement, fig., Mot essentiel, décisif pour une affaire. (Du latin *sacramentalis.*)
SACRAMEN, *voyez* SACROMEN.
SACRAT, ADO, adj. Sacré, ée, saint qui mérite une vénération religieuse; Consacré au culte; par ext. Mis en réserve: *Aco's sacrat per el,* c'est chose sacrée pour lui. (Du latin *sacer.*)
SACRE, s. m. Sacre, action de sacrer, cérémonie à cet effet; fig., gros Juron; *A dix un sacre,* il a dit un gros juron.
SACRE-MOUN-AMO, s. m. Jureur, blasphémateur, Bouche à jurons; fig., un Coupe jarrets, un déterminé: *Aco's un sacre-moun-amo,* c'est un coupe jarrets.
SACREXA, *Sacrejha,* v. n. Jurer à tout moment, ne parler que par sacre: *Fa pas que sacrexa.*
SACREXAYRE, *voyez* RÉNÉGAYRE.
SACRIFIA, *Sacrifica,* v. n. et act. Sacrifier, se priver de quelque chose; Sacrifier quelqu'un, l'abandonner, le livrer.
SACRIFIA (SE), v. pro. Se Sacrifier, se dévouer entièrement à…; Faire, souffrir tout pour……: *Me souy sacrifiat per el,* je me suis sacrifié pour lui. (Du latin *sacrificare.*)
SACRIFICATOU, s. m. Sacrificateur, il ne se dit qu'en parlant de Jésus-Christ qui est sur l'autel l'hostie et le sacrificateur. (Du latin *sacrificator.*)
SACRIFICI, s. m. Sacrifice, offrande à la divinité, fig., Renoncement à……; Perte volontaire; Abandon: *Ne foou un sacrifici,* j'en fais un abandon. (Du latin *sacrificium.*)

Louas lou Grand Dious, l'adourable:
Benisses-lou, braves effans!
En agradan al soul a mable,
Coulas lo flou de vostres ans.
Se counsacras à soun servici
Et vostre corps et vostres sens,
Lou Cel sera, dins paouc de tems,
Lou prex de vostre *sacrifici.*
Cantas del Grand Seignou,

La gloiro, la grandou :
Pourtas vostre cant
Del souléi levant
Jusqu'al couchant
Per lou Noum tres cops Sant. Puj.

SACRILÈXE, s. m. Sacrilège, action impie, profanation, abus des choses saintes : *Aco's un sacrilèxe*, c'est un sacrilège. (Du latin *Sacrilegium*.)

SACRIPAN, *Sacripandas*, adj. Bandit, vagabond, malfaisant : *Qu'un sacripan!* Quel bandit!

SACRIPANDEXA, v. n. Vagabonder, gueuser.

SACRISTÉN, s. m. Sacristain, celui qui a soin d'une sacristie ; qui sert le prêtre dans l'administration des sacrements etc. : *Lou sacristèn y'es pas*, le sacristain n'y est pas.

SACRISTIÒ, s. f. Sacristie, lieu où les prêtres se revêtent de leurs ornements, où l'on serre les ornements du culte, les vases sacrés. (Du latin *Sacrarium*.)

SACROMEN, s. m. Sacrement, signe visible d'une grâce invisible, institué par J.-C. pour la sanctification des hommes : *S'aprouxa das sacromens*; se confesser et communier. (Du latin *sacramentum*.)

### SAD

SA-DIS, imper. Il dit : *Sa-dis que bendra*, il dit qu'il viendra.

SADOULHA, v. act. Soûler, rassasier avec excès ; paître les bestiaux à discrétion : *A pla sadoulhat*.

SADOUL, *Bentrat, Rigol*, s. m. Soûl, rassasiement : *Ne foou un sadoul*, j'en fais un repas. (Du latin *satur*.)

SADOUL LO, adj. Soûl, soûle, pleinement repus, rassasié.

SADOULADO, voyez BENTRAT, RIGOL.

### SAF

SAFAOUDAXE, voyez ESSAFAOUDAXE, ESTAXO.

SAFRA, *Safro*, s. m. Safran, plante vivante liliacée, médicinale, bonne pour la teinture ; prov. *Qui a de safro ne met as caoulets*, qui a du bien s'en sert.

SAFRANA, v. act. Jaunir avec du safran.

SAFRANIÉ, s. m. Marchand de safran.

### SAG

SAGACITAT, s. f. Sagacité. (Du latin *sagacitas*.)

SAGAGNA, v. act. Charcuter, découper avec peine et maladroitement ; Bousiller : *B'as pla sagagnat*, tu l'as bien bousillé.

SAGAGNO, *Sagagnou*, s. f. Mazette, maladroit : *Aco's uno sagagno*.

SAGAN, s. m. Bruit, tapage, querelle : *Y'aoura sagan à ço que besi*, il y aura tapage à ce que je vois.

SAGNA, voyez EMPALHA.

SAGNAS, *Sagnassenc*, s. m. Fondrière, molière, terre grasse et marécageuse : *Y'a touxoun un sagnas*, il y a toujours une fondrière.

SAGNÈYRO DE NAS, s. f. Hémorrhagie, perte de sang par le nez.

SAGNO, voyez SESCO.

SAGOU, *Sáou*, s. m. Sagou, moelle de plusieurs espèces de palmiers ; Fécule qu'on en tire : *Pren lou sagou*, il prend le sagou.

SAGOULIA, voyez XAMBOUTA.

SAGROUNLA, voyez DEBRANLA.

SAGUT, *Sáut*, s. m. Sureau, arbre de moyenne grandeur, plein de moelle. La fleur est bonne pour calmer les irritations : *Faras bouli la flou de sagut*, tu feras bouillir la fleur de sureau. (Du latin *sambucus*.)

### SAI

SAI, *Grayssa*, s. m. Panne d'un porc. On s'en sert avec cette dénomination pour graisser l'essieu des charrètes, c'est alors le Cambouis.

SAIQUE, adv. Apparemment.

### SAL

SAL, s. m. Sel, substance friable, dissoluble, âcre au goût, tirée des eaux de la mer, des salines, etc., et qui sert à l'assaisonnement des aliments : *Manco de sal*. (Du latin *sal*.)

SAL (AYGO), s. f. Eau de sel, eau dans laquelle on fait dissoudre du sel : *Dounas-y un bricou d'aygo sal*, donnez-lui un peu d'eau de sel.

SALA, voyez SALAT.

SALA, v. act. Saler, assaisonner de sel ; Mettre de sel ; Couvrir de sel pour empêcher la corruption : *Agaxo de ba prou sala*, vois de le saler assez. (Du latin *salire*.)

SALADIÈ, s. m. Saladier, vase dans lequel on sert la salade : *Porto lou gran saladiè*, porte le grand saladier. (Racine *sal*.)

SALADIÈYRAT, s. m. Plein un saladier : *N'aourio manxat un saladièyrat*.

SALADO, s. f. Salade, mets, herbes potagères destinées à être assaisonnées crues : *Uno salado d'apit*, une salade de céleri ; Saumure, eau chargée de sel pour conserver les viandes : *Ba me cal metre d la salado*, je dois le mettre à l'eau de sel. (Racine *sal*.)

SALADOUYRO, *Saladou*, s. f. Saloir, vaisseau pour mettre les viandes qu'on sale pour conserver avec le sel.

SALARI, s. m. Salaire, prix du travail, des petits services : *Cadun gagno soun salari*, chacun gagne son salaire. (Du latin *salarium*, racine *sal*, sel.)

SALAT, s. m. Salé, chair de porc salée.

SALAXE, *Salatjhe*, s. m. Salage, salaison ; Viande de porc pour la salaison : *Nous cal un gros salaxe*, il nous faut un gros salage.

SALBA, v. act. Sauver, tirer du péril, délivrer : *El l'a salbat* ; Mettre en sûreté ; Conserver : *N'a pas pougut salba res*, il n'a rien sauvé ; Épargner ; Éviter ; Observer ; Garder : *A salbat las aparenços*. (Du latin *salvare*.)

SALBA (SE), v. pro. Se Sauver, s'échapper ; Fuir ; se Retirer dans un lieu sûr : *S'es salbat, a pla fax* ; Faire son salut, gagner le ciel : *Cerquen à nous salba*, cherchons à nous sauver ; se Dédommager d'une perte : *Encaro m'en souy salbat*, encore je me suis dédommagé.

SALBAT, adv. Voilà qui est dit, voilà qui est fait : *T'en douny dex francs, — salbat*, je t'en donne dix francs, c'est fini.

SALBATIOU, voyez SALUT.

SALBAXE, O, *Salbajhe, o*, adj. Sauvage, homme, femme vivant dans les bois, sans lois, sans habitation fixe, etc. ; Qui aime à vivre seul ; Brusque, bourru : *Semblo un salbaxe*, il vit en sauvage ; Féroce, farouche ; Qui n'est point apprivoisé : *Un lapin salbaxe* ; Désert, inculte : *Qu'un pays ta salbaxe*. (Du latin *silvaticus*.)

SALBAXENC, *Salbaxun*, s. m. Sauvageon, pousse d'arbre qui n'est point greffée.

SALBAXINO, *Salbajino*, s. f. Bêtes fauves, telles que le loup, le renard, le blaireau : *Y deou abe calquo salbaxino*, il doit y avoir quelque bête fauve.

SALBAXUN, *Salbajun*, *Furun*, s. m. Sauvagin, goût de la chair de quelques animaux : *Sentis pla lou salbaxun*, il sent bien le sauvagin.

SALBE (N'A PAS), v. impers. Ce n'est pas la peine de... ; Il est inutile de... : *Ne bal pas lou salbe*, cela n'en vaut pas la peine.

SALBI, s. m. Le Point de départ pour certains jeux ; l'Endroit où il faut se rendre pour gagner : *Aco's aqui lou salbi. Salbi tout*, tout pour moi ; *Salbi ma part*, j'en veux ma part, dit-on à quelqu'un qui ramasse quelque chose de trouvé.

SALBIA, v. n. T. de Jeu de cligne-musette, de barres ; Toucher le point de départ : *A salbiat*.

SALBIO, s. f. Sauge, plante aromatique : *Tisano de salbio*. (Du latin *salvia*.) La sauge a eu sa vogue sous le rapport médical, témoin ces deux vers de l'école de Salerne :

*Cur moriatur homo cui crescit salvia in horto ?*
*Contrà vim mortis non est medicamen in hortis.*

SALCIÈ, s. m. Saucière, vase pour servir certaines sauces.

SALCISSIÈ, s. m. Charcutier qui vend du boudin, de la saucisse ; Qui aime la saucisse.

SALCISSO, voyez SALSISSO.

SALCLA, v. act. Sarcler, arracher les mauvaises herbes : *Salcla lou blat ;* Relier une futaille, l'armer de nouveaux cerceaux : *Cal fa salcla la barrico*, il faut faire relier la barrique. (Du latin *sarculare*.)

SALCLADOU, *Salclet*, s. m. Sarcloir, instrument pour sarcler ; adj. État du blé qu'il faut sarcler : *Es pla salcladou*.

SALCLAYRE, O, s. m. f. Sarcleur, euse, celui qui sarcle ; Cerclier, ouvrier qui fait les cercles : *Nous cal abe lou salclayre*, il nous faut avoir le cerclier. (Racine *salcla*.)

SALCLE, s. m. Cerceau. Le cerceau à tonneau diffère de nom du cercle à cuve ; le premier se fait de gaules de saule, etc., *Perxos* ; le second est fait de jantes de chêne ou autre bois dur assemblées avec des boulons et s'appelle *Courbel*. (Du latin *circulus*.)

SALCLET, s. m. Sarcloir, instrument pour sarcler.

SALGOUTA, voyez SALGOUTI.

SALGOUTADIS, s. m. Secousse, cahot, ébranlement.

SALGOUTI, *Brandi*, v. n. Ébranler, secouer ; Fatiguer ; Cahoter, en parlant d'une voiture, d'une monture : *M'a pla salgoutido*, elle m'a bien cahottée.

SALGOUTIDO, *Brandido*, s. f. Secousse, ébranlement, cahotage : *M'a baylat uno salgoutido*, il m'a fait une secousse ; Maladie ; Alerte : *N'ey agut uno salgoutido*, j'en ai eu une alerte.

SALI, *Sourti*, v. n. Saillir, sortir, passer dehors ; ne pas Rester ; s'en Aller : *Ben de sali*, il vient de sortir ; Couvrir sa femelle, en parlant du cheval, du taureau : *La fayto sali*. (Du latin *salire*.)

SALI, s. m. Un Grenier à sel : *Es al sali*. (Du latin *sal*.)

SALIBA, *Escoupi*, v. n. Saliver, rendre beaucoup de salive : *Fa pas que saliba*, il ne fait que saliver ; Irriter l'appétit par l'odeur d'un mets ou l'idée qu'on en fait naître : *Me fa saliba pas que d'y pensa*, d'y penser l'eau m'en vient en bouche.

La padeno sul floc, dexa lou grays frezino ;
La pasto qu'es dedins se cof, se ratatino :
Et parbengudo enfin al degré de couzou
Dins un biral de ma bezen, un pescaxou
Mince, rous come l'or et dount l'aoudou sucrado
Nous restaouro et nous fa *saliba* la pensado.     A. B.

SALIBO, *Escouperino*, s. f. Salive, humeur aqueuse qui humecte la bouche. (Du latin *saliva*.)

Labaou per soun paquet ajet lou rafe negre.
Et s'y trobo tant pla, que ni prevost, ni priou
Nou l'an pousçut jamay deloutja de soun niou.
Nous arribet poumpous en formo de gaoudufo
Le jour que dins Graoulbet recepieroun la trufo ;
Jacoumart le prumiè le saludet tres cops,
Et disen que loungtems, la *salibo* sus pots,
Per ne tasta puleou, dins sas empressadouros,
Soubén sounet miech-jour que n'eroun pas onze houros.
Atal aclimatat, nostre rafe es d'un biays
Que douze dins un sac cargoun un porto-fays.     DEBAR.

SALIDO, *Sourtido*, s. f. Sortie, porte, passage en un autre lieu ; Fin, sortie de la messe : *Souno la salido de la messo*, on sonne la sortie de la messe.

SALIÈYRO, s. f. Salière, vase ; Coffre, espèce de chaire de bois formant un coffre où l'on met le sel : *Te ségos pas sur la saliéyro*, ne t'assieds pas sur le coffre à sel.

SALIGNE, EYRO, s. m. f. Égrugeoir, mortier pour piler le sel : *Ne cal un plen saligne*, il en faut un plein mortier.

SALIGOT, voyez LOURDOOU.

SALLA, v. act. Couvrir, envelopper : *Sallas-bous pla*, couvrez-vous bien ; Cerner, environner de toutes parts : *Nous oou sallats de tout coustat*, on nous a cernés de tout côté.

SALLE, s. m. Schail ; sorte de grand mouchoir en laine, soie, dentelle, etc., dont les femmes se couvrent les épaules ; Housse, couverture de cheval, de mules, de bœufs : *Met-y lous salles aro que suzoun*, mettez-leur la couverture puisqu'ils suent.

SALLE, O, adj. Sale, en parlant des personnes ; Qui n'est point propre ; Qui n'a point l'habitude de la propreté : *Sios un salle*, tu es un sale ; en parlant des choses, Malpropre ; Plein d'ordures : *Qu'uno crambo la sallo*, quelle chambre si sale ; Déshonnête ; Obscène : *Ba digos pas, aco's salle*. (De l'allemand *sal*, ordure.)

SALLETAT, s. f. Saleté, état de ce qui est sale ; Malpropre, chose malpropre.

SALLI, v. act. Salir, rendre sale ; Ternir : *Lou fun sallis la muralho*, la fumée salit la muraille.

SALLI (SE), v. pro. Se Salir, devenir sale ; Perdre son éclat ; fig., s'Avilir, se déshonorer par quelque chose de honteux : *S'es pla sallit*, il s'est bien sali.

SALLISSENT, O, adj. Salissant, te, qui salit, qui se salit aisément : *Es fort sallissento*.

SALMI, s. m. Salmis, ragoût de pièces de gibier déjà cuites à la broche : *Un salmi de laouzetos*, un salmis d'alouettes.

SALMIGONDI, s. m. Salmigondis, ragoût composé d'un mélange de viandes réchauffées ; fig., Discours, ouvrage entremêlé de choses disparates : *Coumpreni pas res à n'aquel salmigondi*, je ne comprends rien à ce salmigondi. (Contraction de deux mots latins *salmaga condita* ; les anciens appelaient *salmaga* toutes sortes de légumes, etc., que l'on mettait dans un pot avec du sel, etc., pour les conserver.)

SALMITE, voyez SALBI.

SALMOU, s. m. Saumon, poisson de mer à chair rouge. (Du latin *salmo*.)

478   SAL   SAM

**SALMOUNADO**, adj. Saumonée ; Truite dont la chair est rouge comme celle du saumon.

**SALMOURRO**, s. f. Saumure, liqueur formée du sel fondu et du suc de la chose salée : *Nous servissen de salmourro*, nous nous servons de la saumure. (Racine *sal*.)

**SALO**, s. f. Salle, pièce principale d'un appartement : *Abès uno bèlo salo*, vous avez une belle salle ; grande Galerie d'hôpital où sont les lits : *Eren de la mémo salo*. (De l'allemand *saal*.)

Aou milan d'una granda sala
Fumava una soupa rouiala,
Facha en dé lapins, dé fidéou.
D'arèns de courals é dé mèou.
L'envalèren toula caoudèla,
Sans siéta, cuié, ni fourchéta.   Fav.

**SALOP**, O, adj. Salope, sale, malpropre ; Femme de mauvaise vie.

Quand a de banitat, que mesprezo les xens,
Y trobou lou cor naoul et de grands sentiments.
Mémes d'uno *salopo*, un cop que your agrado,
Dirrou qu'ès sans faïcous et se 'en neglixado.
Quand anfin lous galans aïmou fort un calqu'un,
Pot abe cent defaous que y'en trobou pas un.   D.

**SALOPOMEN**, adv. Salement, avec saleté.

**SALOTOUPI**, s. m. Tâte-poule, idiot qui se mêle trop des petits détails du ménage : *Aco's un salotoupi*, c'est un tâte-poule.

**SALOUN**, s. m. Salon, pièce d'un appartement plus grande, plus ornée, pour recevoir la société, donner à manger : *Lou saloun èro ple*, le salon était plein.

Dins un aoutre tableou qu'es pintrat à grans trèts,
On bey de bourriquets que soun d'azes varfets ;
Couffats à la pierrot, bestils de chamarratge.
La barbo lour coubris les tres quarts del bizatge,
Et taleou qu'on les bey dins aquel attiral,
Es pla clar qu'on les pren per d'azes coumo cal.
Et ne soun en effet, car n'e pas un miracle
De beze lour pourtrèt ol *saloun* del bazacle.   Debar.

**SALOUPARIE**, s. f. Saloperie, saleté, malpropreté ; Obscénité.

**SALOUPAS**, *Saloupiè*, voyez Salop.

**SALPÈTRO**, s. f. Salpêtre, acide nitreux combiné avec l'alcali volatil fixe ; Sel terrestre tiré des vieux murs, base de la poudre : *La salpètro manxo la muralho*, le salpêtre ronge les murs. (Du latin *sal petræ*.)

**SALPETROUS**, OUSO, adj. Salpêtreux, euse, qui contient de salpêtre.

**SALPIQUET**, s. m. Saupiquet, sauce piquante ; Mets de haricots : *Bous dounaren de salpiquet*, nous vous donnerons de saupiquet. (Des deux mots *sel* et *piquer*.)

**SALSA**, v. act. Saucer, tremper dans la sauce le pain qu'on veut manger ; Participer à une action, y prendre part : *Y'a salsat un boussi*, il y a pris part un peu. (Racine *salso*.)

**SALSAYRE**, O, adj. Saucier, qui aime les sauces : *Sios pla salsayre*, tu es bien saucier.

**SALSE**, voyez Alba.

**SALSIÈ**, voyez Salciè.

**SALSIFIC**, s. m. Salsifis, plante potagère bonne à manger.

**SALSISSAYRE**, s. m. Mangeur de saucisse ; Dénomination de ceux qui voudraient, à la faveur d'une révolution, aller dans les maisons manger et boire ; les Communistes ou Partageux d'aujourd'hui : *Sios pas qu'un salsissayre !*

**SALSISSO**, s. f. Saucisse, petit boyau de porc rempli de chair achée et assaisonnée : *Croumpo un pan de salcisso*, achète un empan de saucisse. (Du latin *salsa*, sous-entendu *intestina*.)

**SALSISSOU**, s. m. Petit Morceau de saucisse qu'on donne aux enfants pour avoir gardé le cochon : *Te dounarey lou salcissou*.

**SALCISSOT**, s. m. Saucisson, sorte de grosse saucisse : *Uno rudèlo de salcissot*, une rouelle de saucisson.

**SALSO**, s. f. Assaisonnement liquide ; prov. : *La salso coustara mayt que lou peys*, la sauce coûtera plus que le poisson. (Du latin *salsa*.)

La poou your faguet fa dedins aquel endrex
Tout coumo a n'un calqu'un que tridolo de frex.
A forço qu'aquital lous brasses your trambierou,
Las *salsos* a cadun pés soulièr your toumbèrou.   D.

**SALSO** (DOUNA), v. n. Renoncer à deviner quelque chose : *Douni salso*, j'y renonce.

**SALSO-AL-PAOURE-OME**, s. f. Sauce à pauvre homme.

**SALSUFIC**, voyez Salsific.

**SALUA**, *Saluda*, v. act. et n. Saluer, donner des marques extérieures de respect, de civilité : *Cal salua las xens*, il faut saluer les gens. (Du latin *salutare*.)

Te *saludan* barril bentrut,
Nous dises de la part que venes,
Janti barril ; et tu coumprenes
Que seras le pla recepiut.
La liquour que l'es counfiado,
D'amistat touto parfumado
Nous ben d'un amic qu'es aïmat,
Et sansibles à soun houmatge,
Saoura per mai d'un temoignatge
Que lou beoureu à sa santat.   Debar.

**SALUBERT**, s. m. Petite Cour intérieure.

**SALUBRITAT**, s. f. Salubrité, qualité de ce qui est salubre. (Du latin *salubritas*.)

**SALUDA**, voyez Salua.

**SALUDAYRE**, O, adj. Qui salue, aime à saluer : *Aco's un grand saludayre*.

**SALUT**, s. m. Salut ; Félicité éternelle ; Action de saluer, prov., *Lou salut n'es pas nostre*, le salut ne nous appartient pas. Malgré ce proverbe l'usage s'en perd chaque jour.

Mous bes, moun *salut*, moun estat,
Sou dins la mas de Nostre-Seigne.
Tant qu'implouraray sa bountat,
Aourai-li jamai res a cregne ?
Es moun Pèro, moun Createu :
Mesprezario-ti soun ouvrache ?
Joust lous éls d'un tal proutectou,
Res n'abattra moun courache.   Pey.

**SALUTARI**, O, adj. Salutaire, utile, avantageux pour la conservation de la santé, de la vie, de l'honneur : *Ye sera fort salutari*, ce lui sera fort salutaire. (Du latin *salutaris*.)

**SALUTARIOMEN**, adv. Salutairement, utilement. (Du latin *salutariter*.)

**SALUTATIOU**, voyez Salut.

**SALUTOUS**, OUSO, voyez Salutari.

## SAM

**SAMBRIOU**, sorte de jurement, Sambleu : *Sambriou, se y boou !* Sambleu, si j'y vais !

Tant mieux, *sambriou*, tant mieux, aco's ço que yeou boli,
Bous ayssi me fares aro nada dins l'oli.   D.

## SAN

**SAMPA**, adv. Sans doute.
**SAMPEXA**, voyez GARRELEXA.
**SAMPO**, Xampo, voyez BOTO.

### SAN

**SAN**, voyez SANT.
**SANA**, v. act. Châtrer, priver les bestiaux de la faculté d'engendrer ; Ramasser un point à un bas; Rapiéceter grossièrement un habit : *B'as pas que sanat.* (Du latin *castrare*.)
**SANADO**, *Sanaduro*, s. f. Reprise, rentraiture : *Y'a fax uno sanado*, elle y a fait une reprise.
**SANAYRE**, s. m. Châtreur, celui qui fait métier de châtrer.
**SANCER**, O, *Sancè*, adj. Sain, ne, qui n'est pas sujet à être malade ; Qui n'a point en soi des principes morbifiques ; Qui n'est pas encore gâté, en parlant des fruits : *Sou sanceros, y poudés counta*, elles sont saines, vous pouvez y compter. (Du latin *sincerus*.)
**SANCULOT**, s. m. Jaquette, habillement court de paysan ; Veste : *Boli fa un sanculot*, je veux faire une jaquette.
**SAN-CULOTO**, s. m. Sans-culotte, nom donné d'abord à la classe la plus indigente du peuple, et dont on a voulu faire ensuite un titre honorable qu'affectaient surtout de porter les partisans de la Constitution de 1793 : *Ero un sans-culoto*, il était des sans-culotte.
**SANDALO**, s. f. Sandale, chaussure qui ne couvre qu'en partie le dessus du pied : *Porto de sandalos*, il porte des sandales.
**SANÈLO**, s. f. Senelle, baie d'aubépine ; fig., Maigre, sec : *Semblos uno sanèlo*.
**SANFLOURA**, voyez SUSFLOURA.
**SANFOIN**, s. m. Sainfoin, plante vivace à fleur pourprée, excellent fourrage : *Cal dalha lou sanfoin*, il faut faucher le sainfoin.
**SANG**, s. m. Sang, fluide rouge qui circule dans les veines ; Qualité du tempérament : *As lou sang trop mol*, tu as le sang trop mou ; Descendance, lignée : *Sou dal même sang* ; Meurtre, carnage : *Ba mettiou tout à fioc et à sang*, on mettait tout à feu et à sang. (Du latin *sanguis*.)

O Christ ! ô Rédemptou del mounde !
En té célébrén dins mous vers,
Que toun sang incara m'inounde
Couma inoundèt l'univers.
Dé v.bri ma lyra coumença.
Anen ; dins moun cor exaltat
Versa-li ta pura semença
D'amour é dé fraternitat.    PEYR.

**SANGHINADO**, voyez SANGUINADO.
**SANGLA**, v. act. Sangler, ceindre, serrer avec des sangles : *B'a pas sanglat res que balgo*, il n'a pas sanglé rien qui vaille ; Appliquer un coup de fouet : *Y'a sanglat un cop de fouet*, il lui a appliqué un coup de fouet. (Racine *sanglo*.)
**SANGLANT**, O, adj. Sanglant, te, taché de sang : *Es encaro tout sanglant*, il est encore tout sanglant ; Outrageant, offensant : *Aco's sanglant*.
**SANGLASSA** (SE), v. pro. Se Morfondre, se refroidir de manière à prendre mal : *S'es sanglassado*, elle s'est morfondue.
**SANGLIÉ**, s. m. Sanglier, porc sauvage. (Du latin *singularis*.)
**SANGLO**, s. f. Sangle, bande plate et large pour ceindre : *Passo la sanglo dins la bouclo*, passé la sangle dans la boucle. (Du latin *cingulum*.)
**SANGLOT**, s. m. Sanglot, soupir redoublé d'une voix entrecoupée : *Poudio pas retene lous sanglots*, elle ne pouvait pas retenir les sanglots. (Du latin *singultus*.)
**SANGLOUT**, s. m. Hoquet, mouvement convulsif du diaphragme avec bruit : *A touxoun lou sanglout*, il a toujours le hoquet. (Du latin *singultus*.)
**SANGLOUTA**, v. n. Avoir le hoquet ; Sangloter, comprimer une colère qui se manifeste par des sanglots : *Que l'entendo pas sanglouta !* que je ne l'entende pas sangloter.
**SANGUIN**, s. m. Sanguinelle ; t. de bot., Cornouiller sanguin dont on fait des balais d'écurie : *Balaxo de sanguin*, balai de sanguinelle.
**SANGUIN**, INO, adj. Sanguin, ine, qui abonde en sang, en qui le sang domine ; de Couleur de sang : *Es fort sanguin*. (Du latin *sanguis*.)
**SANGUINADO**, s. f. Sang mêlé avec la salive ; Sanie, le pus corrompu d'une plaie.
**SANGUINARI**, adj. Sanguinaire, qui aime à répandre le sang ; Cruel.
**SANGUINO**, s. f. Sanguine, crayon rouge : *Prestome la sanguino*, prête-moi la sanguine. (Racine *sang*.)
**SANGUINOUS**, OUSO, adj. Sanieux, euse, qui est chargé de sanie : *Lou pelhoc es sanguinous*, le chiffon est sanieux.
**SANISSOU**, s. m. Séneçon, plante à graine pour les oiseaux. (Du latin *senecio*.)
**SANNA**, v. act. Saigner, tirer du sang en ouvrant la veine : *Lou benou sanna*, on vient pour le saigner ; Faire des rigoles pour l'écoulement ; Perdre, faire du sang : *A sannat tout lou cami*, il a perdu du sang tout le long du chemin ; Égorger, en parlant des bouchers : *Ba sanna*. Se dit encore du cœur vivement affligé : *Lou cor me sanno de lou beze peri*, le cœur me saigne de le voir périr. (Racine *sang*.)
**SANNADO**, s. f. Saignée, ouverture de la veine ; Sang tiré : *Y'an fax uno forto sannado*, on lui a fait une forte saignée ; Rigole.
**SANNADOU**, *Brout*, s. m. Le Bout saigneux, c'est l'endroit d'un veau, d'un mouton, etc., où se fait la plaie pour les égorger : *Y'a troubat lou sannadou* ; l'Endroit du bras où un chirurgien pique la veine ; Banc à écorcher les moutons, etc.; Couteau de boucher : *Fay amb'el coutel sannadou*.
**SANNAYRE**, s. m. Saigneur, médecin qui ordonne souvent la saignée ; Chirurgien qui pratique la saignée ; Égorgeur, celui qui égorge les cochons, etc.
**SANNO-CLOUCOS**, s. m. Mauvais Couteau qui n'est assujetti par aucun ressort : *As un brabe sannocloucos*, tu as un mauvais couteau.
**SANNOUS**, OUSO, adj. Saignant, te, sanglant, ensanglanté, taché de sang : *Encaro tout sannous*, encore tout sanglant.

Soulo, la mort s'y repaouzo joyouso
Sur de pilos de corps à la terro proumés ;
Soun bras es fatigat et soun fil es surprés
En beyren estenduts, sur la terro sannouzo,
Bint Russos à l'entour de cado Poulounès.    J.

**SAN PUS**, *San mayt*, adv. Sans plus, tout de suite : *San pus attendre*.
**SANQUET**, O, s. m. Sang d'agneau, de chavreau, etc. : *Aymi pla lou sanquet ;* Recevoir le sang dans un plat où l'on a mis du lard, du persil, etc. : *Boqu para la sanqueto*, je vais recevoir un sang.

Daou ten qu'èla so dézoulava,
Sa nouriça la counsoulava :
Ay ! s'ou dis, perque plouras tan ?

Sembla qu'es mor aquèl éfan !
Baouja, quan s'es més en campagna
Y'avié de Dious à sa coumpagna.
Sayque la dèessá Pallas
Per l'apara n'a pas bon bras?
Regal-n-la d'un sacrifice,
Et veyres ploy se vous mentisse.
Ayma for lou *sanguès* d'agnèl
Faguen vite, ayci moun coutél...
Pardi ! per lé paga sa pena,
Faou bé lou men aquéla estrena.  Fay.

SANQUETO, voyez Sánquet.

SANS, prép. exclusive Sans : *Sans bici, sans bertut*, sans vice, sans vertu. (Du latin *sine*.)

Nou sabi pas coussi bous abes prou d'acudaço
Per gaouza soulomen m'agaxa pus en faço!
Car l'on pouïrio cerca tout un an, amaï dous,
*Sans* qu'on troubés digus que balgo mens que bous. D.

SANSCULOTO, voyez Sanculot.

SANSIBILITAT, s. f. Sensibilité ; Tendresse en amitié, en amour ; Sentiment d'humanité qui fait qu'on est touché des maux d'autrui. (Racine *sansiple*.)

SANSIPLE, O, adj. Sensible, disposé aux impressions surtout douloureuses ; Qui reçoit facilement les impressions du froid, du chaud : *Es fort sansiplo*, elle est fort sensible ; Qui est aisément touché, ému : *Es touple sansiplo*, elle est fort sensible ; Tendre ; Humain ; Compatissant ; Qui s'affecte, s'irrite facilement ; en parlant des choses qui tombent sous les sens, Clair, manifeste, évident, frappant : *Es pla sansiple que perdra*, il est bien manifeste qu'il perdra. (Du latin *sensibilis*.)

SANSIPLOMEN, adv. Sensiblement, d'une manière qui se fait apercevoir ; Profondément.

SANSITIBO, s. f. Sensitive, plante exotique dont les feuilles se replient et semblent se faner quand on les touche.

SANSAGNO, voyez Crabo.

SANSOYNO, *Sansogno*, adj. Négligent, sans souci : *Qun sansoyno !* quel négligent!

SANSUALITAT, s. f. Sensualité, attachement aux plaisirs des sens ; Goût pour ces plaisirs ; Mollesse ; Gourmandise : *Aco's trop de sansualitat*, c'est trop de sensualité. (Du latin *sensualitas*.)

SANSUÈL, LO, adj. Sensuel, le, attaché aux plaisirs des sens ; Livré à la mollesse ; Voluptueux ; Gourmand : *Q'un sansuèl !* quel sensuel. (Du latin *sensualis*.)

SANSUÈLOMEN, adv. Sensuellement, d'une manière sensuelle.

SANSUO, s. f. Sangsue, espèce de limace aquatique qui suce le sang des parties du corps auxquelles on l'applique : *Y'an mes las sansuos*, on lui a mis les sangsues ; fig., Exacteur avide ; Personne qui soutire l'argent d'un autre ; Importun, qui fatigue : *L'ey aqui coumo uno sansuo*, je l'ai là comme une sangsue. (Du latin *sanguisna*.)

SANSURO, voyez Sansuo.

SANT, O, s. m. f. Saint, te, celui qui mène, qui a mené une vie selon la loi de Dieu ; Celui qui participe à la sainteté de Dieu ; Bienheureux : *Aco's un sant*, c'est un saint. (Du latin *sanctus*.)

SANTAT, s. f. Santé, état de celui qui se porte bien : *Es en bouno santat*, il est en bonne santé ; Salutation en buvant : *A bostro santat !* à votre santé ! (Du latin *sanitas*.)

SANTÉ, s. f. Santé, salutation en buvant.

Miquel.

É bé, l'espéró, souren uno lebado
Qué dei millou cal que siague orrjusado ;

É sé lo fenno o soun acoustumado,
Nous crido : ol diaplé lous gourmans
Qué sou touxoun oïci céans
N'escuilloren uno grondo rosado,
É l'y diren : santé ! paouro d'escobesirado :
N'escouton pas d'uno saoumo lous brons.
Oïci sien dous brabés essons
Qué nous truffon dé lo mol moridado.  Prad.

SANTE MANNE DAL XOUN, adv. Tout le long du jour : *Cale demoura à la raxo dal soulel, tout lou sante manne dal xoun*.

SANTE PRESÈRBE (Diou t'en), adv. Prends garde ; Garde-toi bien de cela ; Dieu t'en préserve : *Dious t'en sante presèrbe de ba coupa*.

SANTETAT, s. f. Sainteté, perfection divine ; Qualité de celui qui, de ce qui est saint : *Biou dins uno grando santetat*, elle vit dans une grande sainteté. (Du latin *sanctitas*.)

SANTIFIA, v. act. Sanctifier, rendre saint ; Mettre dans la voie du salut ; Rendre conforme à la loi divine : *Cal santifia soun trabal*, il faut sanctifier son travail ; Célébrer, fêter suivant les lois de l'église ; Bénir. (Du latin *sanctificare*.)

SANTIFICATIOU, s. f. Sanctification, effet de la grâce qui sanctifie ; Célébration des fêtes selon les lois de l'église. (Du latin *sanctificatio*.)

SANTIOUNA, v. act. Sanctionner, donner la sanction à... ; Confirmer, approuver, ratifier. (Du latin *sancire*.)

SANTO BIDO, partic. d'admiration : *Santo bido, que sios poulit !* oh ! que tu es joli !

SANTOMEN, adv. Saintement, d'une manière sainte : *Es mort santomen*, il est mort saintement. (Du latin *sancté*.)

SANTO-MITOUSSO, s. f. Sainte-mitouche, hypocrite, fin, matois, sournois : *Semblo uno santo-mitousso, mais se y cal pas fiza*. (De *mie* négation, et du verbe *toucher*, personne qui n'y touche *mie*.)

SANTORÈO, s. f. Centaurée, espèce de gentiane dont les sommités fleuries sont très-amères, toniques et fébrifuges.

SANTUARI, s. m. Sanctuaire, partie d'une église où est le maître-autel : *Lou santuari es pla*, le sanctuaire est bien. (Du latin *sanctuarium*.)

SANTUS, s. m. L'Endroit de la messe où se trouve le *sanctus* ; grand Coup qu'on reçoit : *A trapat un brabe santus*, il a attrapé un gros coup. On dit proverbialement : *Al santus t'esperi*, je t'attends à l'occasion.

Un certain Moussu d'Encanaoulo,
(Lou Ritou lou pus joubial
Qu'axo nourrit la santo taoulo),
Prenguet dins un coufessionnal,
Sans brux ; mais noun pas sans adresso,
Un d'aquels apasserais
Dount la babillardo tendresso
Troublabo lous habituats,
Les xantres, lous clers et la messo :
Lou mètel bité dins soun sé
Et tournet à l'aouta : lou drollé
Qué sentissio lé desplazé
Estacat en un pareil rolle,
Lou picabo tant que poudio.
D'Encapaoulo s'impatientabo ;
Tustabo das pès, et dizio,
Et puléou tout bas marmoutabo :
« Paoure aouzèl, mé fas pla souffri,
« Mé débigossos la poitrino,
« Al *santus* t'esperi ; couqui !
« i almareï toun ardou mulino.
Lou *sanctus* benguet. Lou curat
Faguet *sanctus* de talo sorto
Qu'aban de s'estre rélébat,
La paouro bèstio fouguet morto.  Vestrep.

SANXEMIN, s. m. Jasmin, arbuste sarmenteux, sa fleur odorante : *Un bouquet de sanxemin*. (Du persan *iasmin*.)

## SAO

SAOU, *voyez* SAL.
SAOUBAJHE, *voyez* SALBAXE.
SAOUBASSIOU, *voyez* SALUT.
SAOUBUR, s. m. Sauveur, celui qui sauve : *Aprep Dious aco's moun saoubur*, dit un malade en parlant de son médecin.
SAOUCISSO, *voyez* SALCISSO.
SAOUCLETO, *voyez* SALCLETO.
SAOUDA, *Seouda*, v. act. Souder; joindre par le moyen de la soudure. On soude le ferblanc, l'étain, l'argent, l'or ; on brase le fer, le cuivre : *Ba cal saouda*, il faut le souder. (Du latin *solidare*.)
SAOUDURO, s. f. Soudure, composition métallique qui sert à souder ; Endroit soudé ; Travail de celui qui soude : *La saouduro se couneys pas*, la soudure ne se connaît pas.
SAOUMIÉ, s. m. Grosse, maîtresse Pièce : *Nous cal un fort saoumié*, il nous faut une grosse pièce. (Du latin *sagmarius*.)
SAOUMIL, *Azirou*, *voyez* BOURRICOU.
SAOUMO, *voyez* SôOUMO.
SAOUNEJA, *voyez* PENSA.
SAOUPRE, *Saoure*, v. act. Savoir, connaître : *Sabi lou que me cal*, je connais celui qu'il me faut ; Connaître par l'étude : *Sap fossos caousos*; Avoir dans la mémoire ! *Ba sap pla*; Apprendre, être informé : *Beni de saoupre*, je viens d'apprendre ; Avoir l'esprit, l'adresse de faire : *Ba sap fa.* (Du latin *scire*.)

Ha! bos fa dal testut, mais ambé la ferraillo
Qué lusis coumo un beyre à forço qué traballio,
T'aouren léou trigonssat daban Moussu l'Adjouen
Per sabe s'és d'aïci, ou s'és un Toulousen. VESTREP.

SAOUPRE BIOURE, s. m. Savoir vivre, habileté, industrie ; connaissance des usages : *A fosso saoupre bioure*, il a un grand savoir vivre.
SAOUPRE MAL, v. pro. Être fâché, trouver mauvais : *S'en cal pas saoupre mal*, il ne faut pas le trouver mal.
SAOUSSOLHOS, *voyez* BAYSSALHOS.
SAOUSSETO, (fa) *voyez* XAOUXOLO.
SAOUT, s. m. Saut, mouvement par lequel on saute : *Cal fa un brabe saout*, il faut faire un grand saut. Avancement de grade, dignité : *A dexa fax un saout.* (Du latin *saltus*.)
SAOUTA, v. act. Sauter, franchir, traverser d'un saut ; *n'a pas qu'à saouta la carrièyro*, traverser la rue ; Omettre en parlant, en transcrivant, en lisant : *N'a saoutat un ful*, il a omis une feuille ; S'élever de terre par un élan ; se Porter vivement vers... : *Y'e saoutèt al coulet*, il lui sauta au collet ; Être de toute évidence : *Aco saouto aïs èls*, cela saute aux yeux ; Renverser, détruire par explosion : *A fax saouta la roco*, il a fait sauter le rocher ; Faire perdre une place, un emploi : *Lou faran saouta.* (Du latin *saltare*.)

Cabaliés et chabals an redoulat per sol,
S'an demoulit l'epallo ou s'an roumput lou col?
En *saoutan* sul coustat, un aoutre qu'es ibrougno
S'en ba coumo un truchan roulla per Pouligouno,
Et casso les badaous d'ount on enten les crits,
Coumo fa lou farou pes moutous espaourits.

SAOUTARELEXA, *Saoutarelejha*, v. Sautiller, faire de petits sauts : *Fās pas que saoutarèlexa*, tu ne fais que sautiller.
SAOUTARÈLO, s. f. Sauterelle, insecte à longues antennes qui ne se meut qu'en sautant ; Instrument de menuisier, charpentier, etc., pour prendre toute sorte d'angles ; Équerre mobile ; Fausse-équerre : *Pren la coupo ambé la saoutarèlo*, prends la coupe avec la sauterelle.
SAOUTINBANCO, s. m. Saltimbanque, charlatan qui vend des drogues sur les tréteaux ; Bateleur ; Bouffon : *A l'ayre d'un saoutinbanco.* (De l'italien *saltinbanca* ou *saltinbanco*, formé dans la même signification de *saltare in banco*, sauter sur un banc.)
SAOUTO-BOUYSSOUS, *Saouto-laouxé*, *voyez* SAOUTINBANCO.
SAOUTUR, s. m. Sauteur, celui qui saute souvent ; Funambule, danseur de corde : *Es anat bese lous saouturs*, il a été voir les funambules ; Homme sans consistance, sans idées posées : *Aco's un saoutur*, c'est un sauteur.
SAOUVAJHINO, *voyez* SALBAXINO.
SAOUVIO, *voyez* SALBIO.
SAOUZE, *voyez* ALBA.

## SAP

SAPEROUN, *Xaperoun*, s. m. T. de charp. Chaperon, coupe qui recouvre le faux d'une pièce : *Manques pas de fa lou saperoun*, ne manquez pas de faire le chaperon.
SAPIENÇO, s. f. Science ; Sagesse ; Instruction acquise : *Uno grando sapienço*, une grande science. (Du latin *sapientia*.)
SAPIENT, O, *voyez* SABENT.
SAPIN, s. m. Sapin, grand arbre résineux toujours vert, son bois employé à la charpente : *Un planxé de sapin*, un plancher de sapin. (Du latin *sapinus*.)
SAPINETTO, s. f. Sapinette, sapin du Canada, nommé aussi épinette.
SAPINO, s. f. Planche de sapin.
SAPLA, v. act. Sabler, couvrir de sable ; Assassiner quelqu'un en le frappant avec du sable dans une poche ou mouchoir. On prétend que c'est mortel.
SAPLE, s. m. Sable, terre fine, légère, sèche, sans consistance, mêlée de gravier ; Gravier des fleuves, rivières : *Lou saple nous mancara*, nous manquerons de sable. (Du latin *sabulum*.)

Faou, 'yé dis Neptuna tout plan,
Qué me dounés un cop dé man
Per tira daou foun dé la *sabla*
Lous vayssèous qué, couma una diabla,
Ma sore a fach néga dé fres,
Mais aoumens qu'aouzigue pas rés!
Car vendrié couma la patrouïa,
E ségu nous cantarié pouïa. FAV.

SAPLIÉ, s. m. Sablier, sorte d'horloge qui indique l'heure par du sable qui tombe d'une fiole supérieure dans une autre en dessous : *Lou saplié n'a pas finit*, le sablier n'a pas fini.
SAPLIÈYRO, s. f. Sablière, lieu d'où l'on tire le sable ; t. de charp., longue Pièce de bois qui porte les solives, une cloison. On l'appelle encore solo.
SAPLOU, s. f. Sablon, sable très-fin dont on se sert pour nettoyer la vaisselle : *Faras ambe de saplou*, tu feras avec du sablon.
SAPLOUNENC, O, adj. Sablonneux, euse, où il y a beaucoup de sable.

**SAPUR**, s. m. Sapeur, soldat armé d'une hache et employé au travail de la sape.

## SAQ

**SAQUELA**, adv. Cependant; En outre; Malgré cela : *Saquela ne fas trop*, cependant tu en fais trop.
**SAQUET**, *voyez* SACOU.
**SAQUETAT**, *voyez* SACOUNAT.
**SAQUETO**, *voyez* SACOU.
**SAQUEXA**, *Saquejha*, v. act. Secouer un sac de grain pour qu'il en contienne davantage : *Ten-lou saquexat*, secoue-le souvent; fig., Gourmander quelqu'un, le secouer : *Coussi l as saquexat?*

## SAR

**SARCELO**, s. f. Cercelle, Sarcelle, oiseau aquatique semblable au canard, mais beaucoup plus petit; fig., Avare: *Aquelo bielho sarcelo!* cette vieille avare!
**SARCI**, *voyez* RANTRA.
**SARCIDO**, *voyez* RANTRO.
**SARCLA**, *voyez* SALCLA.
**SARCLAYRE**, *voyez* SALCLAYRE.
**SARCLETO**, *voyez* SALCLET.
**SARDO**, s. f. Sardine, poisson de mer, espèce de petit hareng; proverbe : *Uno sardo, un tros de pa, xuco la mico, bay-t'amaga*, disent les enfants pour désigner ceux qui au jeu de cligne-musette se cachent, tandis qu'un autre les cherche.
**SARGAYRE**, s. m. Serger, sergier, fabriquant, marchand de serge.
**SARGO**, s. f. Serge, étoffe légère de laine ou de soie : *Coutilhou de sargo*.
**SARGOUTA**, *voyez* SALGOUTI.
**SARGOUTI**, *voyez* SALGOUTI.
**SARGOUTIDO**, *voyez* SALGOUTIDO.
**SARJHAN**, *voyez* SARXAN.
**SARNALHO**, *voyez* ENGRIZOLO.
**SARNEDI**, *Sarnediélo*, espèce de juron, Sambleu: *Sarnedi se te beni!*
**SARPARTIE**, *voyez* CHARPANTIE.
**SARRA**, *Sara*, v. act. Serrer, presser fortement en liant, embrassant: *N'a pas prou sarrat*; il n'a pas assez serré; Mettre à couvert, en sûreté; Enfermer, mettre en réserve : *Ba sarraras dins lou cabinet*, tu le serreras dans l'armoire. (Du latin *serere* approcher.)
**SARRA** (SE), v. pro. Se Serrer, se retrécir; se Presser les uns contre les autres : *Sarren-nous que fa frex*, serrons-nous il fait froid.
**SARRADO**, *voyez* SARRAL.
**SARRALHE**, s. m. Serrurier, artisan qui fait des serrures et autres ouvrages en fer: *Lou sarralhè bendra*, le serrurier viendra.

Le serrurier se sert de:

BASSOCULO, Bascule.
BEC-D'AYNE, Bec-d'âne.
BIGORNO, Bigorne.
BRUNISSOIR, Brunissoir.
CARRÉOU, Carreau, forte lime.
CASSO-FER, Casse-fer.
CASSO-PUNTO, Chasse-pointe.
CHASSO, Chasse.
CISAILHO, Cisaille.
CISEL, Ciseau.
CLABELIÈYRO, Cloutière.
CLAOU ANGLESO, Clef anglaise.
CLAOU, Clef.
COUMPAS, Compas.
COUNSIENÇO, Conscience.
ESTAMPO, Estampe.
FILIÈYRO, Filière.
FOURET, Foret.
FRAISO, Fraise.
GOUPILIOUN, Goupillon.
GRIFFO, Griffe.
LENGO DE CARPO, Langue de carpe.
LIMO, Lime.
MANDRIN, Mandrin.
MARTÉL, Marteau.
MEXO, Mèche.
MOURDASSO, Mordache.
PINÇO, Pince.
POINTO, Pointeau.
TARAOU, Taraud.
TAS, Tas.
TENALHOS, Tenailles.
TIRO-POINT, Tiers-point.
TISOUNIÈ, Tisonnier.
TOURNO A GAOUXO, Tourne à gauche.
TOURNOBIS, Tournevis.
TRANXO, Tranche.
TRANXET, Tranchet.
TRAOUCADOU, Perçoir.

*Voyez ces différents mots.*

**SARRALHEXA**, *Saraliéjha*, v. n. Tourmenter une serrure, y remuer inutilement la clef pour ouvrir.
**SARRALHO**, *Saralio*, s. f. Serrure, en fer, etc. fixée à une porte, à un coffre etc. servant à les ouvrir et à les fermer au moyen d'une clef. Elle est composée du *Pelle*, pène, qui entre dans la *Gaxo*, gâche; des gardes ou petites lames de fer qui entrent dans les fentes du panneton de la clef, *Planxos*; il y a des serrures qui se ferment par la chute des couvercles : *A luquet*. (Du latin *sera*.)

Blassuro sur blassuro, et malhur sur malhur,
Encaro soun clabat dins un cachot escur,
Car lou joun qué benio dal traouc de dos *sarralhos*
Me poudio pas sufi per bésé las muralhos. VESTREP.

**SARRAL**, *Sarrado*, s. m. Étreinte, serrement : *m'a baylat un sarral*; il m'a fa it une étreinte.
**SARRAMPIOU**, s. m. Espèce d'Herbe très-odorante, sentant presque la térébenthine.
**SARRAT**, ADO, s. f. Serré, ée; Avare : *L'oubrié, oh! qu'es sarrat!* que l'ouvrier est serré!
**SARRAYC**, s. m. Millet verticillé, plante graminée dont l'épi étrangle souvent les oisons en s'arrêtant dans leurs gosiers.
**SARRO**, s. f. Angrois, t. de mét., petit Coin pour affermir un marteau avec son manche : *Me cal uno sarro*, il me faut un angrois.
**SARRO-CAP**, s. m. Serre-tête, sorte de coiffe de nuit en toile avec des cordons : *Porto-me un sarrocap*, porte-moi un serre-tête.
**SARROMEN**, s. m. Serrement; fig., État d'un cœur oppressé : *Abio un sarromen de cor*, j'avais un serrement de cœur.
**SARRO-PIASTROS**, s. m. Pince-maille, avare : *Qu'un sarro-piastros!* quel avare!
**SARROUN**, *Charroun*, s. m. Charron, artisan qui fait des voitures, charriots, charrêtes, etc. : *Cal ana trouba lou sarroun*, il faut aller trouver le charron. (Racine *char* ou *carrèto*.)

Le charron se sert de

AMOURÇADOU, Amorçoir.
BIROUNO, Tarière.

## SAT

Cintre, Cintre.
Claou a enraya, Clef à enrayer.
Crabit, Chèvre.
Crabo, Chèvre.
Culié, Cuiller.
Enrayadou, Enrayoir.
Entaylho, Entaille.
Escalpre, Bec-d'âne.
Goubio, Gouge.
Malheto, Maillette.
Plumetto, Plumette.
Racloir, Racloir.
Selo a xoindre, Selle à joindre.
Xantié, Chantier à jantes.
Xantié a boutou, Chantier à moyeu.
*Voyez ces différents mots.*

SARROUNAXE, s. m. Charronage, travail, ouvrage de charron.

SARTAN, *voyez* Padeno.

SARTRE, *voyez* Talhur.

SARXAN, *Sarjhan*, s. m. Sergent, officier de justice qui donne les assignations, fait les saisies : *Lou sarxan es arribat ;* Sous-officier d'une compagnie d'infanterie au-dessus du caporal : *Es passat sarxan de grenadiés*, il est passé sergent de grenadiers ; t. de charp., etc. Outil en barre à deux crochets dont l'un est mobile pour serrer les pièces : *Lou sarxan ba fara beni*, le sergent le fera venir. (Du latin *serviens*, participe de *servire*, parce que le sergent est le ministre et comme le serviteur du juge.) Il y a encore le sergent *Dabit*, des tonneliers, qui sert à retenir un cerceau du bord d'un tonneau, tandis qu'on le tire du côté opposé avec le tirtoir.

SARXETO, s. f. Sergette, sorte de serge très-légère.

## SAS

SASSIETAT, s. f. Satiété, réplétion d'aliments qui va jusqu'au dégoût ; Abondance : *N'aben à sassietat*, nous en avons à satiété. (Du latin *satietas*.)

## SAT

SATA, v. n. Entre-bâiller, entr'ouvrir légèrement une porte : *Sato la porto*, entre-bâille la porte.

SATAN, s. m. Satan, le chef des démons.

SATANAS, s. m. Satan. (Du latin *satanas*.)

SATI, s. m. Satin, étoffe de soie, plate, douce, moelleuse et lustrée. (Du latin *seta*, soie.)

Cependen lou tems foch; Durrens lou campanayre
De naou truts cadançats fazio retenti l'ayre;
Quan l'Auroro fourrado en raoubo de *sati*,
Desbarouillo, sans bruts, las portos del mati. J.

SATINA, v. act. Satiner, donner l'œil, le lustre du satin.

SATINAT, ADO, adj. Satiné, ée, tirant sur le blanc du satin.

SATISFA, v. act. Satisfaire, contenter, donner sujet de contentement : *Aro me satisfa pla*, à présent, elle me contente bien ; Payer ; Indemniser ; Dédommager ; Indemniser : *Beni bous satisfa*, je viens vous satisfaire. (Du latin *satisfacere*.)

SATISFA (Se), v. pro. Se Satisfaire, se contenter.

SATISFATTIOU, s. f. Satisfaction ; Contentement, Joie ; Plaisir : *A uno grando satisfattiou*, il a une grande joie ; Réparation d'une offense, d'un tort : *Aco's en satisfattiou*, c'est en satisfaction ; Expiation de ses péchés. (Du latin *satisfactio*.)

## SEC

SATISFAX, O, adj. Satisfait, te ; Content.

SATISFAZENT, O, adj. Satisfaisant, te, qui contente.

## SAX

SAXE, O, *Satge*, *Sage*, adj. Sage, qui pense, parle, agit avec prudence, retenue ; Réglé dans ses mœurs, sa conduite ; Modeste, chaste, en parlant d'une femme, d'une fille ; Qui n'est pas turbulent, obéit, apprend : *Es fort saxe*. (Du latin *sapiens*.)

SAXESSO, *Sajesso*, s. f. Sagesse ; Circonspection ; Discrétion : *A fosso saxesso*, elle a beaucoup de discrétion ; Habitude constante d'une vie réglée et exempte de vices ; en parlant du sexe, Modestie, pudeur, chasteté : *Cal bioure dins la saxesso*, il faut vivre dans la sagesse. (Du latin *sapientia*.)

## SE

SE, s. m. Sein, partie du corps humain depuis le bas du cou jusqu'au creux de l'estomac ; les deux mamelles des femmes. (Du latin *sinus*.)

SE, conjonct. Si : *Se ben, tant miux !* s'il vient, tant mieux ! (Du latin *si*.)

SE, *voyez* Set.

SE, *voyez* Sec.

SE, pron. de la 3ᵐᵉ personne : *Se permeno*, elle se promène. (Du latin *se*.)

## SEB

SEBAYRE, s. m. Marchand de graine, de plant d'oignon : *Lous sebayres soun arribats*, les marchands de graine, de plant d'oignon sont arrivés (Racine *sebo*.)

SEBEN, *voyez* Flouroun.

SEBÈRE, O, adj. Sévère, rigide, qui pardonne peu ou point : *Es trop sebèro*, elle est trop sévère. (Du latin *severus*.)

SEBERITAT, s. f. Sévérité, qualité de celui qui est toujours sévère : *Axis touxoun ambe seberitat*, elle agit toujours avec sévérité. (Du latin *severitas*.)

SEBEROMEN, adv. Sévèrement, avec sévérité : *Y'a parlat seberomen*, il lui a parlé sévèrement. (Du latin *severè*.)

SEBI, v. n. Sévir, agir avec rigueur ; Punir sévèrement. (Du latin *sævire*.)

SEBIL, s. m. Petit Oignon.

SEBO, s. f. Oignon, plante potagère : *Bas manxa uno sebo*, tu vas manger un oignon. (Du latin *cepa*.)

SEBOTO, s. f. Petit Oignon.

SEBRA, *voyez* Desteta.

SEBROFUILLO, *voyez* Serbo-mayre.

## SEC

SEC, O, s. m. f. Sec, sèche, qui a peu ou point d'humidité ; Aride : *Aco's un terren seo*, c'est un terrain sec ; Maigre, décharné : *Es sec coumo un estelou*, il est sec comme une allumette ; fig., Qui n'est point affable, gracieux : *Es touxoun sec ambe yeou*, il est toujours sec envers moi. (Du latin *siccus*.)

SEC, adv. Sèchement : *Beou sec*, il boit sec, sans eau ; fig., A sec, sans argent : *M'a mès à sec*. (Du latin *siccè*.)

SECA, v. act. Sécher, rendre sec : *Cal agaxa de la seca*, il faut tacher de la sécher ; v. n. Sécher, devenir sec, être consumé de langueur. (Du latin *siccare*.)

SECA (Se), v. réc. Se Sécher, se morfondre de peine, de tristesse, d'amour.
SECA, voyez Cuta.
SECADO, s. f. Sécheresse, temps chaud, sans pluie : *Fa secado*. (Du latin *siccitas*.)
SECADOU, *Espandidou*, s. m. Étendoir, séchoir, endroit pour faire sécher : *Aben un brabe secádou, nous avons un beau séchoir*.
SECAL, *Seguilhous*, s. m. Bois mort, branches sèches qui sont encore attachées aux arbres : *Coupo lous secals*, enlève les chicots.
SECANSO, s. m. f. Personne sèche, maigre habituellement : *Qu'uno secanso !* (Racine *sec*.)
SECOURAPLE, O, adj. Secourable, charitable, bienfaisant.
SECOURI, v. act. Secourir, donner du secours : *L'a pla secourit*, elle l'a bien secouru. (Du latin *succurrere*.)
SECOURI (Se), v. réc. Se Secourir, s'aider, s'assister mutuellement : *Se cal touxoun secouri*, il faut toujours se secourir.
SECOURS, s. m. Secours, aide, assistance dans le danger, l'embarras, le besoin : *Aben besoun dal secours de toutis*, nous avons besoin du secours de tous. (Racine *secouri*.)
SECOURS (al), adv. Au secours ! exclamation pour demander secours dans un danger.
SECOUSSO, s. f. Secousse.
SECOUTRE, v. act. Appliquer vivement une claque, un soufflet : *Y'en boli secoutre*, je veux lui en donner comme il faut ; Jeter avec colère, par impatience : *Ba secoutrio per la fenestro*, je le jetterais par la fenêtre.

## SED

SEDA, voyez Ceda.
SEDA, v. act. Fêler, faire un commencement de fente à un verre, à un carreau, à une cloche : *L'a sedado*, il l'a fêlée.
SEDAS, s. m. Sas, tissu de crin, de soie, fixé sur un large cerceau pour passer la farine, le plâtre, etc. : *Presto-me lou sedas*. prête-moi le sas. (Du latin *seta*; gros poil des animaux, soie, crin, dont on a fait *setatium*.)
SEDASSA, v. act. Sasser, passer au sas ; fig. : Examiner, éplucher : *Aco's prou sedassat*, c'est assez examiné.
SEDASSAYRE, s. m. Marchand de sas, fabriquant de sas.
SEDO, s. f. Soie, produit de certaines chenilles ; ce Produit préparé et filé ; Poil long et dur du cochon, du sanglier et de quelques autres animaux : *A las sedos pla loungos*, il a les soies bien longues ; Partie d'une lame, d'une lime qui entre dans un manche, dans la poignée : *La sedo se y'es coupado dedins*, la soie s'est cassée dans le manche. (Du latin *seta*.)
SEDOU, s. m. Lacet, petit cordon de fil ou de soie, surtout de crin de cheval, pour attraper des oiseaux : *Anan planta de sedous*, nous allons placer des lacets. (Du latin *seta*.)
SEDOU, s. m. Seton, t. de chirurgie et de méd. vét., petit Cordon passé à travers les chairs pour faire écouler quelques humeurs : *Y caldra plaça un sedou*, il faudra lui placer un seton.

## SEG

SEGA, v. act. Scier, couper le blé, moissonner ; faire la moisson : *Coumençan de sega*, nous commençons de scier le blé. (Du latin *secare*.)

SEGA (Se), v. n. S'Érailler, en parlant d'une étoffe qu'on a tirée avec effort, de sorte que le tissu se relâche, se sépare : *S'es touto segado*, elle s'est toute éraillée.
SEGADO, s. f. Endroit où l'on coupe le blé ; les Personnes occupées à la moisson : *Aben uno grosso segado*, nous avons une grosse moisson. (Racine *sega*.)
SEGALA, voyez Siala.
SEGAYRES, OS, s. m. f. Moissonneur, gens occupés à scier la moisson : *Cal pla nouyrri lous segayres*, il faut bien nourrir les moissonneurs. (De l'espagnol *segador*, ou du latin *secator*.)
SEGAZOUS, *Segos*, s. f. Temps de moissonner, époque où l'on moissonne : *Aben de paouros segazous*, nous avons une mauvaise époque pour couper la récolte.
SEGNA, v. act. Faire le signe de la croix sur un mourant au moment où il rend l'âme à son Dieu. Pratique pieuse qui devrait être souvent répétée dans ce moment suprême : *Beni de lou segna*, je viens de lui faire le dernier signe de croix. (Du latin *signare*.)
SEGNA (Se), Se Signer, faire sur soi le signe de la croix : *Se cal segna abant de dinna*, il faut se signer avant de dîner. Cet usage se perd tout-à-fait, et l'on voit bien de personnes, même religieuses, ne pas faire le signe de la croix après le repas, de sorte qu'un observateur ne sait plus qui est chrétien ou qui ne l'est pas.
SEGNADOU ; voyez Aygo segnadiè.
SEGNAOU, voyez Signal.
SEGNAT, voyez Pa segnat.
SEGNE, *Segnou*, s. m. Seigneur, Notre Seigneur Jésus-Christ : *Nostre Segne nous douno l'exemple*. (Du latin *senior*, plus vieux, plus ancien.)

Pecadous, pla nous a balgut
Que nostre Seigne siò bengut
Al secous de nostro misèro ;
Aro digan de cor contrit :
Benedicius à Diù le Péro,
Dan le Fil et le Sant Esprit.     G.

SEGOS, voyez Segazous.
SEGRE, voyez Siègre, Segui.
SEGU, voyez Segur.
SEGUI, v. act. Suivre, aller après : *Seguis touxoun pertout*, il suit partout ; Aller ; Accompagner ; Escorter ; Courir pour atteindre : *L'an seguido mayt d'uno ouro*, on l'a suivie plus d'une heure ; Observer ; Épier ; Continuer d'aller dans une direction : *Seguissez tout drex*, suivez toujours tout droit ; se Conformer à... ; se Conduire à l'exemple de... ; s'Abandonner à... ; se Consacrer à... ; Faire tout ce qu'il faut pour mener une chose à son but : *Boli ba segui xuscos al bout*, je veux le suivre jusqu'au bout ; Fréquenter ; Être assidu à... : *Seguis pla lous ouffícis*, il suit bien les offices ; v. impers. Résulter : *Seguis d'aqui qu'a fax mal*, il suit de là qu'il a mal fait. (Du latin *sequi*.)
SEGUI (Se), v. récip. Se Suivre, se succéder : Avoir de la liaison ; prov. : *Lous xouns se seguissou mais se semblou pas*, les jours se suivent mais ils ne se ressemblent pas.
SEGUIDO, *Suito*, s. f. Suite ; Enchaînement ; Liaison : *N'a pas cap de seguido*, cela n'a aucune suite ; Effet, résultat d'un événement : *Agaxas n'aqui la seguido*, en voilà la suite. (Du latin *sequela*.)

## SEI

SEIGNO, voyez Pouzaraco.
SEIRE, voyez Seyre, Assièta.
SEITAYRE, voyez Rassegayre.

## SEL

SELA, v. act. Seller, mettre la selle sur le dos d'un cheval : *Bay sela la cavalo*, va seller la jument; Appliquer le scellé sur... ; Arrêter, fixer une pièce de bois, de fer, dans un mur avec du plâtre, etc. : *Te cal sela aquel gaffou*, il faut sceller ce gond. (Dans cette dernière acception, du latin *sigillare*.)
SELÈ, s. m. Scellé, sceau de justice apposé sur des portes, des armoires, etc., pour en interdire l'entrée : *An mes lou sellè*, on a mis le scellé. (Du latin *sigillum*.)
SELÉRAT, s. m. Scélérat, homme coupable des plus grands crimes : *Aco's un selerat finit*, c'est un scélérat fini. (Du latin *sceleratus*.)

 Uno bando de sélérats,
 Counduits per la pus negro trame,
 Coumo de tigres enrachats,
 Venion per devoura moun âmo.
 Mais en entrepide souldat
 Ai soustengut aquélo guerro.
 La victoiro es de moun coustat ;
 Et l'enemic mourdis la terro.   Pu..

SELERATESSO, s. f. Scélératesse, crime affreux; Atrocité; Méchanceté noire.
SELETO, s. f. Sellette, siège des prévenus pendant leur jugement : *L'an tengut sur la seleto mayt d'uno ouro*, on l'a tenu sur la sellette plus d'une heure. (Racine *selo*.)
SELIÈ, s. m. Sellier, artisan qui fait des selles, des carrosses : *Cal passa aco dal selië*, il faut passer chez le sellier.

Le sellier se sert de :

Alzèno a bredi, Aleine à bredir.
Alzèno a courdura, Aleine à coudre.
Bast, Bât à bourre.
Coumpas, Compas.
Couo de porc, Queue de cochon.
Espazo, Épée.
Falso berxo, Verge à enverger.
Fer a cadrilha, Fer à cadriller.
Formo, Forme.
Formoir, Formoir.
Lisseto, Lissette.
Lissoir, Lissoir.
Maniclo, Gant royal.
Passo-cordo, Passe-corde.
Pincel, Pinceau.
Pinços, Pinces de bois.
Poinçou, Poinçon.
Rayneto, Renette.
Rembourroir, Rembourroir.
Rousetto, Rosette.
Sarro-estaco, Serre-attache.
Sarro-pun, Serre-point.
Tiro-bourro, Tire-bourre.

SELIO, voyez Farrat, Ferrat.
SELIOU, *Sillou*, s. m. Sillon, longue ouverture faite en terre par le choc de la charrue ; Élévation entre les raies : *Lou seliou n'es pas prou proufoun*, le sillon n'est pas assez creusé. (Du latin *sulcus*.)
SELIOUNA, v. act. Sillonner, tracer des sillons.
SELO, voyez Crus.

## SEM

SÈLO, s. f. Selle, petit siège en bois qui sert ordinairement aux enfants et qui est souvent un sujet de dispute entr'eux, de là ce proverbe : *Qui se lèbo pren sa sèlo, qui pot mayt lou ne tray*, qui se lève prend sa selle, qui est le plus fort prend sa place.

N'es pas question d'aco, s'axis tout soulomen
De ye douna counxet, et qué sio prountomen :
Car a poou que sougas d'aquélos doumaiselos
Qu'aïmou d'abe, tout cop, lou xioul entre dos sèlos,    D.

SÈLO, s. f. Selle, sorte de siège rembourré qu'on met sur le dos d'un cheval, etc. : *Y'as mes la sèlo?* y as-tu mis la selle ? t. d'arts et mét. Chevalet, table, banc; t. de méd. Évacuation de gros excréments faite en une fois : *A agut uno forto sèlo*. (Du latin *sella*.)

*Elle se compose de :*

Arçou, s. m. Arçon, l'une des deux pièces courbées en arc qui servent à faire le corps de la selle.
Countro-singlo, s. f. Contre-sanglon, courroie clouée sur l'arçon de la selle, dans laquelle on passe la boucle de la sangle pour l'arrêter.
Coutssinets, s. m. Panneau, chacun des deux coussinets qui rembourrent les deux côtés de la selle.
Croupièyro, s. f. Croupière, sangle de cuir attachée à l'arçon de derrière qui porte un bourrelet appelé *Culerou*, qui passe sous la queue du cheval.
Culièyro, s. f. Culière, sangle de cuir qui, partant des deux côtés de la selle, passe en forme d'avaloire sur le cul du cheval et soulage la croupière dans les descentes.
Estriou, s. m. Étrier, espèce d'anneau de fer attaché de chaque côté de la selle, dans lequel le cavalier pose son pied.
Falquièyro, voyez Falquiero.
Fountos, s. f. Fontes, sorte de sacs coniques de cuir très-fort, attachés aux deux côtés de la selle pour recevoir les pistolets.
Ousso, s. f. Housse, sorte de couverture qu'on attache à l'arçon de derrière et qui couvre la croupe du cheval.
Quartiés, s. m. Quartiers, pièces de cuir qui, de chaque côté de la selle, couvrent à l'extérieur le panneau et descendent jusqu'au niveau du ventre du cheval.
Singlo, voyez Bentrièyro.
SÈLO BARDO, s. f. Bardelle, selle de grosse toile, piquée de bourre.
SELOU, *Escabelou*, s. m. Sellette, petit siége de bois; Planchette, boîte de décroteur pour poser le pied.
SELOUN, *Siloun*, prép. Selon, suivant; Eu égard à... ; A proportion de... : *Seloun ço que dira*, suivant ce qu'il dira. (Du latin *secundum*.)

## SEM

SEMA, v. act. Tirer le moût d'une cuve trop pleine pour y remettre de vendange.
SEMAL, *Semaou, Cournudo*, s. f. Cornue, tinette, petite cuve, vaisseau de bois plus large par en haut, dont on se sert habituellement pour porter les liquides. (Du latin *simul*, ensemble, parce qu'il faut être aidé de quelqu'un pour la porter.)
SEMAL, voyez Cournut.
SEMALADO, s. f. Plein une cornue : *Uno semalado de bi*, une cornue de vin.
SEMALART, *Cournut*, s. m. Grande Cornue dont on se sert pour les vendanges : *Cal prene de semalars*, il faut prendre des cornues.

SEMALHÉ, *Cargadou*, s. m. Foulerie, endroit d'une vigne où l'on égrappe la vendange et où l'on la charge.
SEMALHÈS (PALS), s. m. Bâtons à tinette.
SEMALOU, *Cournudel*, s. m. Petite Cornue.
SEMALOUNAT, s. m. Plein une tinette, une petite cornue.
SEMAOU, *voyez* SEMAL.
SEMBLA, v. n. Sembler; Paraître; Avoir telle ou telle qualité : *Semblabo pla forto*, elle semblait bien forte; Avoir apparence : *Semblo que xalara*, il paraît qu'il gélera. (Du latin *simulare*.)

*Sembla que lou malhur, dins sa granda coulèra*
*Sembla que ambé soun dét m'ache marquat al froun;*
*Sembla que m'o nourrit del lach dé la misèro*
*En me diguen :* « Léproux, ta vida és un affroun ! »
                                                              PEYR.

SEMBLA, v. n. Ressembler, avoir de la ressemblance avec... : *Lou semblo tout patrat*, il lui ressemble trait par trait. (Du latin *simulare*.)
SEMBLA (SE), v. pro. Se Ressembler, se copier; v. récip. Avoir de la conformité; prov. : *Qui se semblo s'assemblo*, qui se semble s'assemble.
SEMBLAN, s. m. Semblant; Apparence; Faire semblant de... : *Fa semblan*, faire semblant.
SEMBLAPLE, O, adj. Semblable; Pareil; De même nature ou qualité : *Pla semblaplo*, bien ressemblante. (Du latin *similis*.)
SEMBLAPLOMEN, adv. Semblablement; Aussi. (Du latin *similiter*.)
SEMELA, *voyez* RESSEMELA.
SEMELAJHE, *voyez* RESSEMELAXE.
SEMELAXE, *voyez* RESSEMELAXE.
SEMELO, s. f. Semelle, pièce de cuir, etc., qu'on met au-dessous d'un soulier : *La semelo manco*, la semelle manque; Nom de diverses parties de métiers; Pièce de bois dont on fortifie une poutre : *Y cal uno forto semelo*. (Du latin *sapa*.)
SEMENA, v. act. Semer, ensemencer; répandre sur une terre préparée du grain, de la graine : *Coumençan de semena*, nous commençons à semer; Éparpiller : *A semenat lou moucadou*, il a perdu le mouchoir. (Du latin *seminare*.)

*Lou qué bol o perpaous emplega lo semenço;*
*Un paouc d'obont Toutsons o lo jetta coumenço ;*
*Car lou boun seména (lou prouberbis és espres)*
*Ès quinze jours obont, é quinze jours oprés*.     PRAD.

SEMENAJHE, s. m. Semaille ou l'action de semer.
SEMENALHOS, s. f. Semailles ou saison, action de semer.
SEMENARI, s. m. Séminaire, collège d'ecclésiastiques; Ces ecclésiastiques : *Lou semenari ba passa*, le séminaire va passer ; fig., Prison : *Es al semenari*, il est en prison. (Du latin *seminarium*.)
SEMENAT, s. m. Champ nouvellement ensemencé : *Lou semenat pren sazou*, le champ prend bien la saison ; fig. : *Lou birarey dal semenat*, dit-on de quelqu'un qu'il faut pousser pour vaincre sa paresse.
SEMENAYRE, O, s. m. f. Semeur, semeuse, celui qui sème. (Du latin *seminator*.)
SEMENAZOU, s. f. Semaille; Temps de semer; Action de semer : *Aben de poulidos semenazous*, nous avons de belles semailles.
SEMENÇO, s. f. T. de cordon., Semence, espèce de petits clous.
SEMENILHOS, s. f. Menues semences, menus grains : *Cal fa las semenilhos*.

SEMENSILIOS, *voyez* SEMENILHOS.
SEMENTÈRI, s. m. Cimetière, lieu découvert où l'on enterre les morts. (Du latin *cœmeterium*, pris avec la même signification du grec *koiméterion*, dortoir.)

*Se troumpabo, lou paouré biél :*
*A quinze jours d'aqui la mort cluguét soun èl ;*
*Et Maltro sur un clot plourabo al cementèri.*
*Un sero, quaouqu'un l'entendèt*
*Dire aqués quatre mots* « Ma forço m'abandouno :
« Oumbro d'un ouncle que m'aymèt ,
« Podi plus attendre, perdouno ;
» Moussu Curé, me zou permét !!.            J.

SEMEOUÇO, s. f. Semence, semaille, ce que l'on sème : *Tant per semeouço*. (Du latin *semen*.)
SEMESTRE, s. m. Semestre, espace, permission de six mois accordée à un militaire : *A un semestre*, il a un semestre. (Du latin *semestrium*.)
SEMINARI, *voyez* SEMENARI.
SEMINARISTO, s. m. Séminariste, élève de séminaire.
SEMIS, s. m. Semis, lieu où l'on a semé des arbres, des fleurs : *Beni de fayre un semis*, je viens de faire un semis.
SEMMANADO, s. f. Prix, paye du travail d'une semaine : *M'a pagat la semmanado*, il m'a payé le prix de la semaine.
SEMMANIÉ, s. m. Semainier, celui qui est de semaine ; Livre qui contient les offices de la semaine sainte.
SEMMANO, s. f. Semaine, suite de sept jours : *Touto la semmano a plougut*, toute la semaine il a plu ; Travail de six jours, son prix ; Paye : *Me diou touto la semmano*; la Semmano santo, la semaine avant Pâques; *Estre de semmano*, être chargé de certaines fonctions pendant une semaine. (Du latin *septimana*.)
SEMMANOU, s. m. Les deux derniers jours du carnaval : *Aben dos semmanos et lou semmanou*, nous avons deux semaines et les deux jours gras.
SEMOUNÇA, v. act. Semoncer, faire une réprimande, une semonce : *Lou cal semounça*, il faut le semoncer. (Du latin *submonere*.)
SEMOUNÇO, s. f. Semonce, réprimande, avertissement de mieux se conduire : *Y'a fax uno bouno semounço*, il lui a fait une bonne semonce. (Du latin *submonitio*.)
SEMPITERNEL, O, adj. Sempiternel, le, qui existe, dure toujours : *Aquelo bielho sempiternelo*, cette vieille sempiternelle. (Du latin *sempiternus*.)

## SEN

SEN, s. m. Sens, faculté de comprendre : *N'a pas lou sen*, il n'a pas le sens ; Sagesse, bonne conduite : *A fosso sen*. (Du latin *sensus*.)

*Quand un es amouros on n'a pas cap de sen*,
*Atabés l'on fa pas cap dé rasounomen.*           D.

SÈN, s. m. Seing, nom de quelqu'un écrit par lui-même au bas d'une lettre, etc. : *Aco's pla soun sèn*, c'est bien son seing. (Du latin *signum*.)
SENATUR, s. m. Sénateur, membre d'un sénat. (Du latin *senator*.)
SENÇADOMEN, adv. Sensément, sagement, avec bon sens.
SENÇAT, ADO, adj. Sensé, ée ; en parlant des personnes, Qui a de la raison, du bon sens, du jugement ; Sage, prudent : *Es pla sençado*, elle est fort sensée. (Du latin *sensatus*.)
SENÇATIOU, s. f. Sensation, impression que re-

SEN   SEP

çoit l'âme par les objets : *Aco's uno agreaplo sençatiou*, c'est une agréable sensation. (Du latin *sensatio*.)
SENCE, *voyez* SANCER.
SENCHE, *voyez* CINTURO.
SENCIAT, *voyez* SENÇAT.
SENCIO, *voyez* SIENÇO.
SENDIC, s. m. Syndic, agent chargé des affaires d'une Communauté ; Créancier chargé de veiller aux intérêts de tous dans une faillite. (Du grec *sundikos*.)
SENDRAOUSSOU, *voyez* CENDRAOUSSOU.
SENDRES, *voyez* CENDRES.
SENDRIÈ, *voyez* CENDRIÈ.
SÈNE, s. m. Séné, plante purgative. (Du latin *senna*.)
SENEPIO, *voyez* SEREN.
SENET, s. m. Bavardage qui a lieu dans une assemblée de femmes : *Beni dal senet, je viens du caquet*. (Du latin *scena*.)
SENIGRE, s. m. T. de bot. Trigonelle, genre de légumineuse.
SENIL, s. m. Venturon, espèce de serin dont le chant est très-agréable.
SÈNO, s. f. Scène ; Vive querelle ; Attaque brusque et violente : *N'aben tout cop qualquo sèno*. (Du latin *scena*.)
SENSIAT, *voyez* SENÇAT.
SENSIBILITAT, *voyez* SANSIBILITAT.
SENTENÇO, s. f. Sentence, arrêt décisif ; Jugement des tribunaux inférieurs : *An pourtado la sentenço*, on a rendu la sentence. (Du latin *sententia*.)

Dins aquel xuxomen trobi quasqués plazés
A poudé remarca l'inxustiço que y'es.
Lous xuxés en clugan oou randul la *sentenço*
Sans examina rés, sans lexi ma défenso.    D.

SENTENO, s. f. Sentène, bout de l'écheveau à dévider ; prov. : *A la madaysso cal uno senteno*, il faut une sentène à l'écheveau.

Mot de Didoun qu'on coumprenguèt,
« Enfans, tendramen te dignèt :
Dé tout emboul, dé touta pena,
Lous Dious fan trouxa la *senténa*,
È sé mas gens soun dé bregous,
V'aoutres sies un paouc ergnous,
Car sé l'avias dich, sen dé *Troia*,
Lous aourias fach dansa dé joia.    FAV.

SENTENTIOUS, OUSO, adj. Sentencieux, euse, qui parle par sentence.
SENTI, v. act. Sentir ; Ressentir ; Éprouver ; Avoir l'âme émue : *B'a pla sentit*, il l'a bien senti ; Conjecturer ; Pressentir ; se Douter : *Sentissi que serey malaout*, je pressens que je serai malade ; Connaître par l'odorat : *Se fa senti de lèn*, Exhaler une odeur : *Sentis pas bou*, cela ne sent pas bon ; Faire un reproche : *Ba ye boli fa senti*, je veux le lui faire sentir ; Sentir mauvais : *Sentis*. (Du latin *sentire*.)
SENTI (SE), v. pro. Se Sentir, connaître en quel état de santé l'on est : *Se sentis pas pus*, il ne se sent plus ; Participer à un bien, à un mal ; Éprouver les suites de..... : *S'en sentira lountens*, il s'en ressentira longtemps.

Cependen, lou minet, graço à sa gentillesso,
Encaro qualque temps counserbèt la tendresso
      Del mestre de l'oustal,
      Sans que l'paoure animal
Se *sentiguesse* trop d'aquélo preferenço
Qu'an doupat de tout temps lou reng la naïssenço :
      Mais soun astre palliguèt
      Tout-à-fait,

Quand nostro poutouneto,
Un bricou may fayteto,
Encadénet de sous brassous
Soun papa tout glourious ;
Et qué lous jocs, lous ris, ensemblé ambé la graçio,
Coumo aoutant d'aousselous escapats de lours nits,
   A peno espelferits
Benguèronn bonltéja, faddeja sur sa facio,
   Et randre soun pourtrèt
      Parfèt.    CEREN.

SENTIDO, s. f. Odorat : *A bouno sentido*, il a bon odorat ; Prévision, conjecture : *N'a agut uno sentido*, il en a eu connaissance.

Aytal es l'embegious, ol a puleü *sentido*
Del mai qu'es dedins nous et del mal que fazen,
Que del bé qu'aben fach, ni del be que dizen.
                                A. G.

SENTIMEN, s. m. Sentiment, faculté de recevoir les impressions que les objets font sur l'âme, se dit des affections, etc. ; Opinion, avis : *Souy de soun sentimen*, je suis de son avis ; Probité, générosité, honneur : *N'a pas cap de sentimen*, il n'a aucun honneur.
SENTIMENTAL, O, adj. Sentimental, le, qui a le sentiment pour principe ou pour objet.
SENTINÈLO, s. m. Sentinelle, soldat qui fait le guet : *Ero en sentinèlo*. (Du latin barbare *sentinella*, fait de *sentire*, dans le sens d'entendre le son, le bruit.)

Quand del sé des infers un démoun en coulèra
Sourtis, plé de furou, per veni sus la terra
Tourmenta lou mourtel qué prègo nioch é jour,
Un anja ambé transport dé la vouta éternella
Davala ; — et procha d'él sé paouza en *sentinella*,
   Ou lou couvris dé soun amour.    PEYR.

SENTIT, *voyez* FELAT, CEDAT.
SENTOU, *voyez* AOUDOU.

SEO

SEOU, NO, pron. adj. posses., Sien, ne, qui est à lui, à elle : *Aco's seou*. (Du latin *suus*.)
SÉOU, s. m. Suif, graisse de mouton, de bœuf, etc., dont on fait des chandelles : *Porto pas fosso séou*, il ne porte pas beaucoup de suif. (Du latin *sebum*.)
SÉOUDA, *voyez* SAOUDA.
SÉOUDA, *voyez* PAGA.
SÉOUDURO, *voyez* SAOUDURO.

SEP

SEPA, *voyez* COUPA, ARRESTA, TALHA.
SEPARA, v. act. Séparer, désunir ce qui était uni ; Faire que des animaux, des personnes qui étaient unies ne le soient pas ; *M'a calgut separa*; ne pas Confondre ; Distinguer ; Rompre l'union. (Du latin *separare*.)

Qu'èron poulits ! que la may n'èro fièro !
Toujours bestits d'uno estofo parièro,
   Aciou, delay,
Se fazion siègre ; et quan sé *separabon*,
Touts à l'un cot s'y pregnon, s'y troumpabon
   Hormi la may.....
   Et quaouqu'un may !!...    J.

SEPARA (SE), v. pro. Se Séparer, se diviser en plusieurs parties, se détacher, ne plus suivre le même chemin : *Nous separaren al crouziè*, nous nous séparerons à l'embranchement du chemin ; en parlant des époux, Cesser de vivre ensemble : *Se sou separats*, ils se sont séparés.

SEPARADOMEN, adv. Séparément, en particulier.

SEPARATIOU, s. f. Séparation, éloignement des personnes, des choses séparées ; Cloison, mur de refend, etc. : *Cal y metre uno separatiou*, il faut y mettre une séparation ; Cessation légale de cohabitation, de communauté de biens entre les époux. (Du latin *separatio*.)

SEPIO, s. f. Sèche, poisson de mer dont les os servent à divers usages. On en met dans les cages des oiseaux granivores. (Du latin *sepia*.)

SEPULCRE, s. m. Sépulcre ; Tombeau. (Du latin *sepulcrum*.)

SEPULTURO, *Entarromen*, s. f. Sépulture, inhumation : *Benioou de fayre uno sepulturo*, on venait de faire une sépulture. (Du latin *sepultura*.)

## SEQ

SEQUELO, voyez COURNOUTADO.

SEQUESTRA, v. act. Séquestrer, mettre en séquestre ; Mettre à part, à l'écart, de côté. (Du latin *sequestrare*.)

SEQUESTRA (SE), v. pro. Se Séquestrer, s'éloigner : *S'es sequestrat de tout*, il s'est éloigné de tout.

SEQUESTRE, *Siquèstre*, s. m. Séquestre, état d'une chose litigieuse, remise provisoirement en mains tierces ou en lieu sûr : *Ba cal plaça en sequèstre*, il faut le placer en séquestre ; fig., Importun, fatigant : *L'ey aqui cado xoun coumo un sequèstre*, je l'ai là tous les jours comme un archer.

## SER

SER voyez SERP.

SER, *Bespre*, s. m. Soir, première partie de la nuit : *Bendra sul ser*, il viendra sur le soir. (Du latin *sero*.)

Penden qu'un gran coumbat s'apresto,
Uno sero de poulido niéy,
André blassat, garit à miéy,
De sa bito esperan bien leou bailla lou resto
Se fay soulet foro del can,
Et l'él al cièl atal se plan :
    Estèlo
    D'angèlo
    S'ès bèlo
    Anéy ;
    - La nèy
    Es claro ;
La beyras tout aro
Sul sieti qu'èy fey :
Perqu'es un crime de li'escrioure,
Digo-li que toujour André suguet l'ayma.!
Que nou pot l'oublida pér bioure,
Qué bay mouri per l'oublida !!    J.

SERADO, *Soirado*, s. f. Soirée, espace de temps depuis le déclin du jour jusqu'à ce qu'on se couche : *Passaren la serado ensemble*, nous passerons la soirée ensemble.

SERBA, v. n. Conserver, réserver : *Ba serban per dimenxe*, nous le conservons pour dimanche. (Du latin *servare*.)

SERBANT, s. m. Servant, qui a charge de servir ; Servant à la messe : *N'a pas de serbant*, il n'a pas de servant. (Du latin *serviens*.)

SERBI, v. act. Servir, remplir les fonctions de domestique ; Donner des mets à un convive : *Bous serbici de soupo*, je vous donne la soupe ; Mettre les mets sur la table ; Aider, assister, rendre de bons services : *M'a pla serbit, me plagni pas*, il m'a bien assisté, je ne me plains pas ; Être militaire : *A serbit dal tems de Bounoparto*, Procurer, fournir quelque chose : *Lou serbissi dempey dex ans*, je le pourvois depuis dix ans ; Travailler pour..... : *Lous serbissen*. (Du latin *servire*.)

Anfin mé permettrés dé parla francomen ;
Se trufférou dé bous amaï fort amploumén.
Qué yé *serbis*, disioou, dé fa tant la moudesto,
Quand soun aïré bigot respoun pas amb'el resto ?    D.

SERBI (SE), v. pro. Se Servir, faire pour soi ce qu'on pourrait faire faire par un domestique ; se Donner des mets qui sont sur la table : *Serbissesbous*, servez-vous ; Faire usage ; Employer ; s'Aider de... : *Me serbissi de cambaxou*, je me sers de jambon.

SERBI, voyez CERBI.

SERBIAPLE, O, adj. Serviable, qui aime à rendre service : *Es fort serbiaple*, il est fort obligeant.

SERBICI, s. m. Service, usage qu'on tire de... ; Secours, assistance, bons offices, plaisirs qu'on fait : *Me faxes pla serbici dins aqueste moumen*, dans ce moment, vous m'obligez beaucoup ; Condition, emploi d'en domestique : *Aco's un serbici agreaple*, c'est un agréable service ; le Service militaire, temps que l'on a passé dans un service : *A bint ans de serbici*, il a vingt ans de service ; Messe haute et prières pour les morts : *Me cal fa un serbici*, je dois faire un service ; Art, manière, action de diriger l'ordonnance d'un repas ; certaine Quantité de vaisselle, de linge, de table ; Mets que l'on sert : *Y'abio un poulit serbici*, il y avait un beau service. (Du latin *servitium*.)

Ocabo toun oubratgé, ô puissent Diou del jour !
Rond lou dornié *serbicé* ol fruit dé toun omour :
Qué lou magé fissou dé to regordodouro
Toumbé o ploumb sus l'espigo, é lo beyren moduro...
    PRAD.

SERBICIAL, s. m. Garde-malade, femme qui sert les femmes accouchées ; Servante dans une maison : *Aben un boun serbicial*, nous avons un bon garde-malade.

SERBIETO, s. m. Serviette, linge de table pour garantir les vêtements, s'essuyer. (Du latin *servire*, servir, à cause de l'usage qu'on en fait, ou plutôt de *servare*, conserver, parce que la serviette empêche qu'on gâte son habit.)

Escouto C.... xamay tu nou creyras
Lou grand countontomen, lou plaze que me fas,
Quand à taoulo, pla seyt, munit de ta *serbieto*
Té bezi sus fabouns manexa la fourqueto.
Nous probos per aqui que n'as pas de soucis
De troupla ta santat, ni toun rixe apetis.
Mais le caxarey pas que ma xoyo s'enquièto
Quand tres cops de fabouns tournos rampli l'assièto
En renegan, tout siaout, perce qué la Rousil
Dins l'ardou dal trabal, lou fioc dé soun babil,
N'abio pas de fabouns mes las xatos prou plenos,
Ni l'andouillo prou mouflo, ni mayt prou de coudènos.
Te bourros talomen que souben lou papa
En coulèro, te forço à fini de soupa,
Quand de cops l'ey pas bist te figura la grimaço,
Tresfouzi sur soun xioul, se leba de sa plaço
Per ta dros pots lou tarriple legun
Que te fa per darré laxa ta missant fun !!    A. B.

SERBITUDO, s. f. Servitude, dépendance d'autrui ; Asservissement : *Aco's uno grando serbitudo*, c'est un grand asservissement ; t. de droit, Obligation à laquelle est assujetti un immeuble : *Y'a uno serbitudo fort issourdouzo*, il y a une servitude fort ennuyeuse. (Du latin *servitudo*.)

SERBITUR, s. m. Serviteur ; Domestique : *As un paoure serbitur* ; adv. Révérence. (Du latin *servus*.)

SERBO, s. f. T. de pêche, Boutique, nasse, réservoir en bois pour le poisson; Fontaine, espèce de vivier fermé où l'on conserve le poisson : *N'aben dins la serbo*, nous en avons dans la fontaine. (Rocine *serba*.)

SERBO-MAYRE, s. m. Chèvre-feuille, plante qui porte des fleurs très-odorantes.

SERCA, voyez CERCA.

SERCO, voyez CERCO.

SERE, voyez SERRO.

SEREN, *Sero*, s. m. Serein, vapeur froide et malfaisante qui tombe après le coucher du soleil pendant l'été : *Toumbo fosso seren*, il tombe beaucoup d'humidité; adj. Clair, net, pur, sans nuages : *Lou tems es pla seren*, le temps est bien pur ; Goutte sereine, privation subite de la vue causée par l'obstruction du nerf optique : *A la goutto sereno*. (Du latin *serotinus*.)

SERENA, v. n. Exposer à la fraîcheur, à la rosée de la nuit.

SERENADO, s. f. Sérénade, concert donné le soir, la nuit, dans les rues, sous les fenêtres : *Y'an dounat la serenado*, on lui a donné une sérénade. (Du latin *serotina*, sous-entendu *musica*.)

Mais tout acos deja fazio brut dins las prados,
Et deja lou païs, per élo, tout debou,
S'éro pres del pu bél amou;
Acos ero la ney de loungos *serenados*;
De guirlandos de flous à sa porto estacados,
Et lou jour de prezens caouzits
Que las fillos aufin, à sa caouzo entraynados,
Begnon li prezenta d'ambe d'èls tout amits. J.

SERENO, s. f. Sirène, monstre fabuleux à voix très-harmonieuse, moitié belle femme et moitié poisson : *Canto coumo uno sereno*, elle chante comme une sirène. (Du latin *siren*.)

SERFUL, s. m. Cerfeuil, plante potagère, annuelle.

SERINETO, s. f. Serinette, très-petit orgue à manivelle pour apprendre à chanter aux oiseaux.

SERINGA, *Muscardin*, s. m. Seringat, arbrisseau à fleur blanche très-odorante.

SERINGLA, voyez XERINGLA.

SERINGLO, voyez XERINGLO.

SERIOUS, OUZO, adj. Sérieux, euse, grave, posé; Qui n'est pas gai ; Sincère, vrai ; Qui peut avoir des suites fâcheuses, dangereuses : *Es pus serious que nou penso*, c'est plus dangereux qu'il ne pense. (Du latin *serius*.)

Aro besès anfin per bostro expérienço
Qué souben nou cal pas diré tout ço qu'on penso;
Car aqui bous siés fax un affa qu'és *sérious*. D.

SERIOUZOMEN, adv. Sérieusement, sans rire, tout de bon. (Du latin *serio*.)

SERMOU, s. m. Sermon, discours chrétien prononcé dans une église; fig., Remontrance longue et ennuyeuse. (Du latin *sermo*.)

SERMOUNARI, s. m. Sermonaire, recueil de sermons.

SERNE, voyez SEDASSA.

SERO, voyez SER.

SEROMEN, s. m. Serment, affirmation en prenant Dieu à témoin; Promesse solennelle : *N'a fax sèromen*, il en a fait serment. (Du latin *sacramentum*.)

SERP, s. m. Couleuvre, serpent non vénimeux. (Du latin *serpens*.)

Ah! juste ciél; quinte paról!...
Eroun dos longas *sers*, permoyssa,
Tan grossas couma vostra quioyssa :
Es vray dé dire qué n'ay pas

Mezural lou tout aou coumpas,
Per ou bén saoupré; mais estime
Qu'és couma vous dize, à bél ime,
Per la loungou coumprénés bé:
Qué vostra quioyssa n'és pas ré,
Aou rèspèt d'aquélas quouétassas
Qué réménavoun las bestiassas :
Eroun loungas couma tout joy. FAV.

SERP-A-COULIÉ, s. f. Couleuvre à collier.

SERPELHEYRO, s. f. Serpillière, toile grosse et claire dont on enveloppe certaines marchandises.

SERPEN, s. m. Serpent, animal rampant, de plusieurs espèces, dont quelques-unes sont vénimeuses. (Du latin *serpens*.)

SERPENTA, v. n. Serpenter, avoir une direction, un cours, une marche tortueuse ; Tournoyer: *Lou cami serpento tout lou loung*, la route serpente tout le long. (Racine *serpen*.)

SERPENTEOU, s. m. Serpenteau, petite fusée volante qui tournoie.

SERPETO, s. f. Serpette, petite serpe de poche pour tailler les arbres : *La serpeto ba pla*, la serpette va bien.

SERPOULET, s. m. Serpolet, plante odoriférante, espèce de thym. (Du latin *serpillum*.)

SERRO, s. f. Serre, lieu pour mettre les plantes à l'abri du froid, de la gelée; Tertre, élévation.

Solut, jouino Sosou, mairé dé tout dé flours;
Per lou plosé dos uels diourios dura toujours.
Mais que mé boutou pas oquélos d'un porterro
Qué pousso obont lou tems lou fournel dé lo *serro*.
PRAD.

SERTI, voyez SERBI.

SERVICIAOU, voyez SERBICIAL.

SERVITUR, voyez SERBITUR.

## SES

SES, voyez SANS.

SESCO, s. f. Masse-d'eau, laiche, plante aquatique servant à empailler les chaises : *Cal croumpa de sesco*, il faut acheter de laiche.

SESSIOU, s. f. Session, séance d'un concile; Espace de temps consacré aux délibérations d'un corps qui ne s'assemble qu'à certaines époques : *A la session dal mes de may*, à la session du mois de mai. (Du latin *sessio*.)

SESSO, s. f. T. de cout., Pièce carrée qu'on met à l'ouverture d'un sac pour l'évaser davantage.

SESSOU, s. m. T. de cout. Gousset, morceau de toile qu'on met à la manche d'une chemise sous l'aisselle.

SESTAYRADO, s. f. Sétier, mesure de terrain : *M'en baylo uno sestayrado*, il m'en cède un setier.

Se ieu l'ey dich, qu'uno lébre ieu fousso,
Et dex lebriés me bailhessou la cousso,
Al miex d'un cam de milo *sestayrados*
Ses un bouysson, soungue tout en arados. A. G.

SESTIÈ, s. m. Setier, mesure de grain : *Un sestié de sigal*, un setier de seigle. (Du latin *sextarius*.)

SESSIÈYRO, voyez SESTAYRADO.

SESTRE, adv. Chose, expression vague pour suppléer à un nom propre qui ne se présente pas à la mémoire : *Sestre, dacos... sabes-be!*

## SET

SET, s. m. Soif, envie de boire ; Besoin de boire

*Ey un set que lou besi courre*, j'ai une soif ardente. (Du latin *sitis*.)

> Atal rejunt jou caminabi,
> Toutos las xens que rancountrabi
> S'aperçabion facillomen
> Que n'abio ni *set*, ni talen.
> En effet, en besen ma pa so,
> Et moun bisatge cramoisi;
> Ero clar qu'a:)oy fait boumbanço
> Amay estuflat de boun bi;
> Et pey sourtissio de mas uffos
> Uno ta forto aoudou de truffos,
> Qu'un Moussu qu'es fort abizat
> Me prenguèt per un piot truffat
> Et me dic, las mas à la pocho,
> Que se me metison à la brocho
> Tout lou cartié serio embaoumat.  DEBAR.

SET, adj. num. Sept, chiffre qui indique le nombre sept (7); Carte empreinte de sept trèfles, de sept piques, etc. : *Porti un sèt*, j'ai un sept. (Du latin *septem*.)

SETANTO, adj. num. Septante, soixante-dix : *N'ey setanto*. (Du latin *septuaginta*.)

SETEMBRE, s. m. Septembre, neuvième mois de l'année : *Al mes de setembre lous rasins sou bous*, au mois de septembre les raisins sont bons. (Du latin *september*.)

> Eren à la sazou ount lou ben déjà fort
> Raten lou mariniè, lountems, pla leng del port,
> Ero un jour de *septembre*, abio plagut la beillo,
> Lous rious ramplidis d'aïgo, eroun couberts de feillo,
> Tant lou ben que fazio menabo de ramboul,
> Tant brandissio souben lou superbe piboul. CEREN.

SÈTI, Sièti, Banc, s. m. Siége, meuble pour s'asseoir : *Porto un sèti*, porte un siége.

> Aymabon Jaques; oun m'assèti
> Deja lou ban cerca des èls;
> Oh! poudès biroula tout al tour de mon *sièti*;
> Jaques gn'es plus, paoures aouzèls!!   J.

SETIÈME, s. m. Septième, la septième partie d'un tout : *N'aouras pas que lou sitième*, tu n'auras que le septième: s. m. f. Celui qui, celle qui, ce qui occupe le septième rang : *Es lou setième*. (Du latin *septimus*.)

SETIÈMO, s. f. Septième, classe au-dessous de la sixième : *Es à la setièmo*, il est en septième. (Du latin *septima*.)

## SEX

SEXE, s. m. Seize, seizième partie, seizième jour : *Lou sexe de la luno*.

SÈXE, s. m. Sexe, les femmes, les filles : *Lou sèxe est fort moudeste*, le sexe est fort modeste. (Du latin *sexus*.)

SEXIOU, s. f. Section, division d'un ouvrage, d'un compte, d'un pays, d'une ville : *N'es pas de nostro sexiou*, il n'est pas de notre section. (Du latin *sectio*.)

SEXOUR, *Sejour*, s. m. Séjour, temps pendant lequel on demeure dans un lieu, ce lieu : *Abès un poulit sexour*, vous avez un beau séjour.

SEXOURNA, *Sejourna*, v. n. Séjourner, demeurer quelque temps dans un lieu, y faire séjour : *Sexournèren à Lyoun*, nous séjournâmes à Lyon ; par ext., Stagner dans un lieu, en parlant des eaux : *L'aygo y sexournèt loun tems*, l'eau y a séjourné longtemps.

## SEZ

SEZI, v. act. Saisir, prendre vivement et avec effort; Arrêter, prendre au collet : *L'a sezit abillomen*, il l'a arrêté habilement ; Arrêter juridiquement les biens, les meubles d'un débiteur : *B'a y an tout sezit*, on lui a tout saisi ; Étonner : *Aco m'a sezit*, cela m'a étonné. (Du latin barbare *saccire*.)

SEZIDO, s. f. Saisie, arrêt par huissier des biens, meubles, etc.; Acte qui la constate : *Benou fa la sezido*, on vient faire la saisie.

SEZILIO, *voyez* COUNTENENÇO.

SEZISSOMEN, s. m. Saisissement, impression violente et subite sur les sens ou sur l'esprit : *M'a pres un sezissomen*, un saisissement m'a pris.

## SI

SI, conjonction Si ; Hypothèse, supposition : *Te disi que si*. (Du latin *si*.)

SI, *Sic*, *Sin*, s. m. Défaut, mauvaise qualité ; Mot très-laconique et très-expressif : *Touxoun y a un si*, toujours il y a un défaut.

## SIA

SIAL, *voyez* SIGAL.

SIALA, s. m. Terrain à seigle, terre légère, terre de mauvaise qualité : *Aco's un siala*, c'est un mauvais terrain.

SIAOUT, DO, adj. Taciturne, qui parle peu : *Es fort siaoudo*, elle est très-taciturne ; v. n. *Esta siaout*, se Taire ; *Parla siaout*, Parler bas. (Du latin *silentium*.)

SIATICO, s. f. Sciatique, goutte aux hanches : *A la siatico*.

## SIB

SIBADILHO, *voyez* CIBADILHO.
SIBADO, *voyez* CIBADO.
SIBET, *voyez* CIBET.
SIBIÈ, *voyez* XOUNGAS.
SIBIEYRO, *voyez* CIBIEYRO.
SIBLA, *voyez* FIOULA.
SIBLE, *voyez* FIOULÈL.
SIBLO, *voyez* SIPLO.

## SIC

SIC, s. m. Nœud, défaut dans une planche, une pièce : *Y'a un sic pla bisiple*, il y a un défaut bien visible ; adv. *Cadun a soun sic*, chacun a son côté faible.

SICAP, *voyez* CICAP.
SICOUTRI, *voyez* CICOUTRI.

## SIE

SIÈCLE, s. m. Siècle, durée, espace de cent ans ; le Temps où l'on vit : *Dins aqueste siècle ne besèn pla de noou*, dans ce siècle nous voyons bien de nouveau ; par exag., Temps qu'on trouve trop long : *Me semblo que y'a un siècle*, il me semble qu'il y a un siècle. (Du latin *sæculum*.)

> Despey que la razon bufèco,
> En pretextan la perfectiou,
> Négligo d'entuza la mèco
> Del flambeou de la Religiou,
> Le *siècle* que cour es sans guido,
> La lè de Dious s'es abalido
> Et toumban dins la counfusiou.   DEBAR.

**SIÈGRE**, *Segui*, v. act. Suivre, aller après ; Accompagner, escorter ; Aller, courir après pour a'teindre : *Seguissez-lous, lous attrapares*, suivez-les, vous les atteindrez ; Continuer d'aller dans la même direction ; Être après, par rapport au temps, au lieu, à la naissance ; se Conformer à... : *Faras pla de siègre soun cousel*, tu feras bien de suivre son conseil ; se Conduire à l'exemple de... ; s'Abandonner à... ; Fréquenter, être assidu à... (Du latin *sequi*.)

Estounat et surpres d'uno ta brusquo fuito
Sans prené lour cousèl, el sé mét à lour suito,
 Lous *seguis* pas à pas,
Ambé pla d'atten íou que sé rebiren pas.
 A peno dins la crambo ,
Qu'amagat dins un couen , oun soun èl brillo et flambo ,
Bey soun moundé entouraŭ un bres que l'éblouis
 A forço que lazis ;
Sa formo, qué parés trabels la moussoulino,
 La pus claro, la pus fino ,
 Que l'emblanquis coumo la neou ;
 Ressémblo à n'un bateou ;
Toutos las flous de la pradario
Y soun plaçados en broudario,
 Et sas franjos d'or
 Gretillou talomen lou cor,
Qu'on creîo que l'an fayt exprès per uno idolo,
S'où nou bejo à coustat la grosso bressayrolo.
       M. Ceren.

**SIENÇO**, s. f. Science, connaissance fondée sur des principes ; Instruction acquise par l'étude ; Savoir : *Cal abe fosso siençe per aco*, il faut une grande science pour cela. (du latin *scientia*.)

Jesus, ambe counfiençe,
Ai tout moun recours en vous !
Trovi la grando *siençe*
Al libre de vostro crous.
M'apprenes que las souffrenços
Et lou pus rude trabal
Sou, malgre las apparenços ,
Del Cèl lou cami rouyal.   Puj.

**SIÈSTO**, s. f. Sieste, repas, sommeil pendant la chaleur du jour ou après le repas : *Fa la sièsto*. (Du latin *sexta*, sous-entendu *hora*.)

**SIÈTADO**, s. f. Assiettée ; plein une assiette.

**SIÈTI**, voyez Seti.

**SIÈTO**, s. f. Assiette, vaisselle plate dont on se sert pour dîner, souper.

**SIÈTOU**, s. m. Petite assiette ; *Siètounat*, Plein une petite assiette : *Un siètounat de farinos*, une petite assiette de bouillie.

**SIÈXA**, v. n. Siéger ; tenir les séances, en parlant des juges, des jurés : *Me calguèt sièxa cado xoun*, il me fallut siéger chaque jour. (Racine *sièxe*.)

**SIÈXE**, s. m. Siége, place en avant d'un carrosse pour asseoir le cocher : *Ero dexxa sul sièxe*, il était déjà sur le siége ; t. d'art mil. Opération d'une armée pour s'emparer d'une place forte, d'une ville : *Ne calguet fa lou sièxe*, il fallut en faire le siége. (Du latin *sedes*.)

D'abord toutés sé regardèroun
É l'un l'aoutre sé demandèroun :
Pioy qué s'ajis d'un *siéje* ayci,
Dé qu'és un sièje, moun ami ?  Fav.

**SIÈXO**, s. f. Poisson blanc d'eau douce.

**SIÈYS**, s. m. Six, chiffre qui exprime le nombre six (6) ; Carte empreinte de six trèfles, etc. : *N'as pas qu'un sièys*, tu n'as qu'un six. (Du latin *sex*.)

## SIF

**SI FAIT**, adv. Je vous fais excuse : *Ba portos pas ? si fait*, tu ne le portes pas ? je vous fais excuse.

**SIFOUN**, s. m. Siphon, tuyau recourbé propre à faire passer un liquide d'un vase dans un autre. (Du grec *siphôn*.)

## SIG

**SIGAL**, *Segol*, s. f. Seigle, plante graminée en épis barbus, grain qu'elle produit dont on fait du pain : *Manxan de bélo sigal*, nous mangeons de beau seigle. (Du latin *secala*.)

**SIGALO**, voyez Cigalo.

**SIGARRO**, s. f. Cigare ou Cigarre, tabac roulé propre à fumer. (De l'espagnol *cigarro*.)

**SIGNAL**, *Signdou*, s. m. Signal, signe convenu pour avertir : *Al prumiè signal m'aouras aqui*, au premier signal, tu m'auras là ; petit Instrument dons se servent les Frères de la doctrine chrétienne pour reprendre, sans parler, les enfants ; Signe, tanne, petite tache naturelle sur la peau ; prov. : *Qui a lou signal entre cap et col, es pus urous que nou bol*, qui porte un signe entre la tête et le cou est plus heureux qu'il ne veut. (Du latin *signum*.)

**SIGNALA**, v. act. Signaler, donner le signalement de... ; Avertir par des signaux ; fig., Rendre remarquable ; Agir avec éclat par l'impulsion de... : *A signalat sa forço*. (Du latin *signare*.)

**SIGNALA** (SE), v. pro. Se Signaler, se rendre remarquable, célèbre.

**SIGNALOMEN**, s. m. Signalement, description des traits, du visage, de l'extérieur d'une personne pour la faire reconnaître : *Benou de demanda soun signalomen*, on vient de demander son signalement.

**SIGNATURO**, s. f. Signature, nom d'une personne écrit de sa main à la fin d'une lettre, d'un billet, d'un acte : *Aco's pla sa signaturo*, c'est bien sa signature. (Du latin *signatura*.)

**SIGNET**, s. m. Signet, petit bout de ruban fort étroit, attaché au haut d'un livre pour servir de marque. (Du latin *signum*.)

**SIGNIFIA**, *Significa*, v. act. Signifier, être le signe de... ; Dénoter, marquer, exprimer, vouloir dire : *Aco signifio que fara frex* ; Déclarer, notifier juridiquement : *Y'an signifiat lou xuxxomen*, on lui a signifié le jugement. (Du latin *significare*.)

**SIGNIFICATIF**, IBO, adj. Significatif, ive, qui rend bien la pensée, qui contient un grand sens : *Aco's pla significatif*, c'est bien significatif. (Du latin *significativus*.)

**SIGNIFICATIOU**, s. f. Signification, ce que signifie une chose ; Acception d'un mot : *N'a pas d'aoutro significatiou*, il n'a pas d'autre signification ; Notification juridique. (Du latin *significatio*.)

**SIGNOCO**, s. f. Balafre à la figure : *A uno signoco sul froun*, il a une balafre au front ; Entaille à un arbre, etc. : *Y'a fax uno signoco*, il y a fait une entaille.

**SIGNOUCA**, v. n. Blesser, balafrer, estafilader : *L'a signoucat en rèclo*, il l'a balafré en règle.

**SIGNOULA**, voyez Idoula.

**SIGROMEN**, voyez Seromen.

**SIGUI**, voyez Siègre.

**SIGUR**, adv. Sûrement, certainement : *Bendra al sigur*, il viendra sûrement.

## SIK

**SIKESTRE**, *voyez* Sequestre.

## SIL

**SILENÇO**, s. f. Silence, état d'une personne qui s'abstient de parler ; Cessation de bruit : *Qu'un silenço!* (Du latin *silentium*.)
**SILHOS**, *voyez* Cilhos.
**SILHOU**, s. m. Sillon, longue ouverture faite en terre par le choc de la charrue : *Nous manco tres silhous*, il nous manque trois sillons. (Du latin *sulcus*.)
**SILHOUNA**, v. act. Sillonner, faire des sillons.
**SILLA D'IOOUS**, v. n. Pocher des œufs, les frire à la poêle.
**SILLABERO**, s. m. Syllabaire, livre pour apprendre à lire : *Es encaro al sillabèro*, il est encore au syllabaire.
**SILLABO**, s. f. Syllabe, une ou plusieurs voyelles jointes ou non à une consonne ou à plusieurs et ne formant qu'un son : *N'a pas prounounçat uno sillabo*, il n'a pas prononcé une syllabe. (Du grec *sullabé*.)

## SIM

**SIMBALOS**, *voyez* Cymbalos.
**SIMBEL**, *voyez* Appél.
**SIMBOLO**, s. m. Symbole, le symbole des apôtres ; Formulaire contenant les articles fondamentaux de la foi. (Du latin *symbolum*.)
**SIMBOULO**, s. f. Sonnaille, clochette attachée au cou des bêtes lorsqu'elles paissent ou qu'elle voyagent : *Entendi las simboulos*, j'entends les sons nailles.
**SIMÈGRO**, adj. Maigre, sec : *Qu'un simègro!* quel sec !
**SIMÈTRIO**, s. f. Symétrie, arrangement, ordonnance, régularité : *Y'a pas la simètrio*, il n'y a pas la symétrie. (Du grec *summetria*.)
**SIMÉTRIZA**, v. n. Symétriser, faire symétrie.
**SIMFOUNIO**, s. f. Symphonie, concert d'instruments où les voix se trouvent mêlées. (Du latin *symphonia*.)
**SIMILOR**, s. m. Similor, alliage de cuivre et de zinc. (Du latin *similis*, semblable, et du français *or*, semblable à l'or.)
**SIMOURRO**, s. f. Morceau de brebis.
**SIMOUS**, *voyez* Cimous.
**SIMOUSSA**, *voyez* Cimoussa.
**SIMPATIO**, s. f. Sympathie, analogie de goût, Conformité de penchants ; Rapports d'humeur, ressemblance de dispositions : *Y'a pas cap de simpatio*, il n'y a aucune sympathie. (Du grec *sumpathéia*.)
**SIMPATIZA**, v. n. Sympathiser, se convenir, s'accorder, se rapporter : *Encaro simpatizou prou*, encore ils s'accordent assez.
**SIMPLARDEJHA**, *voyez* Nigaoudexa.
**SIMPLE**, O, adj. Simple, seul, unique : *Pren un simple fuilhet*, prends un seul feuillet ; Sans ornement, sans accessoire ; Facile à faire, à comprendre : *Aco's uno caouso simplo*, c'est une chose fort simple : Sans condition, sans restriction : *Uno dounatiou simplo*, une donation simple ; Sans double sens : *Res de pus simple* ; Naïf, ingénu, sans malice ; Niais, crédule ; Innocent, simple d'esprit : *Simple d'esprit*. (Du latin *simplex*.)
**SIMPLETAT**, *voyez* Simplicitat.
**SIMPLICITAT**, s. f. Simplicité, candeur, naïveté : *Abio la simplicitat de ba dire*, il avait la simplicité de le dire ; Modestie dans sa mise : *A fosso simplicitat*, elle a beaucoup de simplicité. (Du latin *simplicitas*.)
**SIMPLIFIA**, v. act. Simplifier, rendre simple, facile.
**SIMPLOMEN**, adv. Simplement, naïvement, de bonne foi : *Y'arribi simplomen*. (Du latin *simpliciter*.)
**SIMTOME**, s. m. Symptôme, signe précurseur d'une maladie ou qui en dénote sa présence : *N'a calque simtome*, elle en a quelque symptôme. (Du grec *sumptôma*.)
**SIMULA**, v. act. Simuler, faire en apparence ; Feindre. (Du latin *simulare*.)
**SIMULACRE**, s. m. Simulacre, spectre, fantôme, vaine représentation : *Aco's un simulacre de santat*, c'est un simulacre de santé.

## SIN

**SINA**, v. act. Chiner, t. de manufactures de soie, Donner aux fils de la chaîne de l'étoffe des couleurs différentes et tellement disposées que l'étoffe achevée présente un dessin dont le trait quoique tremblant est reconnaissable.
**SINAGOGO**, s. f. Synagogue, assemblée religieuse des Juifs.
**SINAPISME**, s. m. Sinapisme, topique dont la moutarde est la base : *Y cal metre lous sinapismes*, il faut lui mettre les sinapismes. (Du latin *sinapis*.)
**SINCÈRE**, O, adj. Sincère, sans feinte, sans déguisement. (Du latin *sincerus*.)
**SINCERITAT**, s. f. Sincérité, ouverture de cœur; Véracité : *La sinceritat aban tout*, la sincérité avant tout. (Du latin *sinceritas*.)
**SINCEROMEN**, adv. Sincèrement, avec sincérité. (Du latin *sincerè*.)
**SINGLA**, *voyez* Cingla.
**SINGLA**, s m. Sanglier, porc sauvage : *Semblo un singla*, il ressemble à un sanglier. (Du latin *singularis*, seul.)
**SINGULARITAT**, s. f. Singularité, chose remarquable, peu commune ; Manière extraordinaire d'agir, de parler, etc. : *Qu'uno singularitat!* quelle singularité ! (Racine *singuliè*.)
**SINGULARIZA** (Se), v. pro. Se Singulariser, se faire remarquer par quelque singularité, par des actions singulières, des manières, des opinions différentes de celles des autres.
**SINGULHÈ**, EYRO, adj. Singulier, ère, unique, particulier, qui ne ressemble point à d'autres ; Bizarre, extraordinaire : *Aco's quicon de singulhè*, c'est quelque chose de singulier ; en parlant des personnes, Qui n'agit point comme les autres ; Fantasque, original : *Es trop singulhè*, il est trop original. (Du latin *singularis*.)
**SINGULHÈYROMEN**, adv. Singulièrement, spécialement, d'une manière affectée, bizarre : *Es touxoun abilhat singulhèyromen*, il est toujours habillé singulièrement.
**SINISTRE**, O, adj. Sinistre, qui cause, présage des malheurs ; Effrayant.
**SINNA**, v. act. Signer, mettre sa signature au fonds d'une lettre, d'un billet, d'un acte : *N'a pas encaro sinnat*, il n'a pas encore signé. (Du latin *signare*.)
**SINNATURO**, *voyez* Signaturo.
**SINNE**, s. m. Signe, marque, indice ; Démonstration extérieure, geste : *Al mendre sinne bendra*, au moindre signe elle viendra. (Du latin *signum*.)

SINOUS, voyez Nouzelut.
SINSO, voyez Amadou.
SINXA, v. n. Singer, contrefaire, imiter : *Sinxo tout lou mounde*, elle contrefait tout le monde.
SINXARIÉ, s. f. Singerie, grimace, geste, tour de singe ; Tour malicieux : *Cal que fago touxoun calquo sinxarié*, il faut qu'il fasse toujours quelque singerie.

Mais nostres miquelots, al loc de l'escouta
Fan millo *sinjariés* per lou fa despita ;
L'un l'y fa'n pau de nas ou l'y tiro la lengo,
Et l'aoutre en se truffan repéto soun harengo.
CERÉN.

SINXE, s. m. Singe, animal quadrumane ; fig., Personne qui contrefait, imite ; Adroit, imitateur : *Adrex coumo un sinxe*, adroit comme un singe. (Du latin *simia*.)

## SIO

SIOGO, conj. alter. Soit : *Siogo tard, siogo d'ouro, arribara*, qu'il soit tard ou de bonne heure, il arrivera ; adv., Soit, qu'il soit ainsi, d'accord.
SIOU, voyez Séou.
SIOULA, voyez Guioula.
SIOULIES, s. m. Sillons, raies profondes qui croisent les autres sillons pour assainir et égoutter les eaux d'un champ : *Anas dourbi lous sioulies*, allez ouvrir les sillons.
SIOUPLET, adv. Contraction de s'il vous plaît : *Y diras siouplet*, tu lui diras s'il vous plaît.
SIOURE, voyez Léouxe.
SIOURIÉ, s. m. Chêne vert, arbre à liège.

## SIP

SIPLO, s. f. Cibe ou Cible, planche ou but contre lequel on tire : *Anan tira à la siplo*, nous allons tirer à la cible.
SIPRÉ, voyez Ciprié.

## SIR

SIRBENTO, s. f. Servante, domestique femelle ; *Sirbento groussièyro*, Souillon, dont l'emploi est de laver la vaisselle ; Chambrière, ustensille de cuisine sur laquelle on pose une poêle à frire : *Porto la sirbento*, t. de fileuse, petit Ruban ou autre chose plié en deux et attaché au haut du sein pour tenir la quenouille en état lorsqu'on file.
SIRBETO, voyez Serbieto.
SIRENO, voyez Sereno.
SIRMEN, s. m. Sarment, rameau souple de la vigne ; *d'Oli de sirmen*, le vin de la vigne. (Du latin *sarmentum*.)
SIRMENTA, v. act. Javeler, ramasser le sarment à poignée pour en faire des javelles : *Es tems de sirmenta, la bigno bourrouno*, il est temps de javeler, la vigne pousse.
SIRMENTAYRE, O, s. m. f. Javeleur, euse, celui, celle qui ramasse le sarment : *Lous sirmentayres finiroou dema*, les javeleurs finiront demain.
SIROP, s. m. Sirop, liqueur de suc épaissi, des fruits, herbes, fleurs, et de sucre clarifié : *Cal prene de sirop de goumo*, il faut prendre du sirop de gomme. (De l'arabe *ssarouph*, lait chaud.)

## SIS

SISCLA, voyez Guioula.
SISCLET, voyez Xisclet.
SISTEMATICO, adj. Systématique, qui fait, qui aime à faire des systèmes ; Réglé d'après un système.
SISTÉME, s. m. Système, réunion de principes de conduite, etc. : *d'Aprep moun sistème*, d'après mon système. (Du grec *sustema*.)

## SIT

SITUA, v. act. Situer, placer, construire dans telle situation : *Ount sies anats situa aquel oustal !* où êtes-vous allé placer cette maison ! (Racine *situatiou*.)
SITUATIOU, s. f. Situation, position d'une ville, d'une maison, etc. ; Posture des hommes, des animaux : *Trobo pas de situatiou per repaouza*, il ne trouve pas de posture pour reposer. (Du latin *situs*.)

## SO

SO, Ço, pron. démons. Ce : *So que proumeti teni*, ce que je promets, je le tiens.

## SOB

SOBO (A), adv. A l'abri, hors de danger : *Es à sobo*, il est hors de danger.
SOBOTOUS, voyez Souliés.
SOBRE, O, adj. Sobre, modéré, retenu : *Es fort sobre*. (Du latin *sobrius*.)
SOBRIÈTAT, s. f. Sobriété, tempérance dans le boire et le manger ; prov. : *La sobrièlat es lou prumié medeci*, la sobriété est le premier médecin. (Du latin *sobrietas*.)
SOBROMEN, adv. Sobrement. (Du latin *sobrié*.)
SOBUR, voyez Saoubur.

## SOC

SOCLE, s. m. Socle ; t. d'architect. Base carrée, piédestal. (Du latin *soccus*.)
SOCO, voyez Clacos.

## SOD

SODOUL, voyez Sadoul.

## SOF

SOF, prép. Sauf, sans préjudice ; Hormis, excepté : *Ba te bayli tout sof la plumo*, je te donne tout sauf la plume.
SOFA, s. m. Sopha, lit de repos servant de siége : *Mettes-bous sul sofa*, mettez-vous sur le sopha. (Du persan *ssoffah*.)

Amay faoudrié carga l'estola,
Diguèt un seijan escaufat,
É s'aloungua déou un *sofát*,
Qué couma aco prendrian la vita
D'una manièra pus tranquilla.       FAV.

SOFRO, s. f. Dossière, surdos, bande de cuir sur le dos d'un cheval, qui soutient les traits : *Met la sofro*, mettez la dossière.

## SOG

SOGRE, O, s. m. f. Beau-père, belle-mère.

## SOI

SOI, pron. Soi : *Soi-mêmes on y penso*, soi-même on y pense. (Du latin *se ipsum*.)
SOIGNA, v. act. Soigner, avoir soin de quelqu'un, de quelque chose : *Lou soigno pla*, elle le soigne bien ; Travailler avec beaucoup de soin à... : *Ba bous cal pla soigna*, il faut bien soigner l'ouvrage. (Racine *soin*.)

**SOIGNOUS, OUZO**, adj. Soigneux, euse, qui agit, travaille avec soin ; Attentif, vigilant : *Aco's un soignous*, c'est un soigneux.

**SOIGNOUSOMEN**, adv. Soigneusement, avec attention, exactitude.

**SOIN**, s. m. Soin, attention à ce qu'on fait ; Application d'esprit à... ; Esprit d'ordre, inquiétude, peine d'esprit ; *Douna fosso soin*, Demander beaucoup de soin ; Démarches ; Vigilance. (Suivant *Ménage*, du latin *senium*, ennui, peine.)

**SOIR**, *voyez* SER, BESPRE.

**SOIRADO**, *voyez* SERADO, BESPRADO.

**SOIT**, s. m. Souhait, vœu, désir : *A tout à soit*, il a tout en abondance.

**SOIT**, adv. Soit, qu'il soit ainsi, d'accord, j'y consens. (Du latin *sit*.)

**SOITA**, v. n. Souhaiter, former des souhaits, désirer : *Bous soiti la pax et lou bounhur*, je vous souhaite paix et bonheur ; *Soita la bouno annado*, Faire des compliments de bonne année. (Du latin *sub optare*.)

Calque cop, es bertal, la raxo mé néméno ;
Mais, paouro Xanetoun, bous aïmi talomen,
Qué sembli débarlat, soui dins l'égaromen ;
Car *soiti* qué digus, bous trobé pas aïmaplo.    D.

## SOL

**SOL**, s. m. Aire, place unie et préparée pour y battre les grains : *Coumença de fa lou sol*, commencer de préparer l'aire. (Du latin *solum*.)

**SOLAT**, *voyez* SALAT.

**SOLDO**, s. f. Solde, paye donnée aux gens de guerre ; Complément de payement : *Per fi de soldo*, pour fin de solde. (Du celtique *sold*.)

**SOLFIA**, v. act. Solfier, chanter en nommant les notes : *Escoumenço de solfia*, il commence de solfier. (De la note *sol* et du verbe *facere*, faire.)

**SOLI**, *voyez* SALI.

**SOLO**, s. f. Plante des pieds, c'est le dessous des pieds de l'homme, la partie qui pose à terre quand il est debout : *La solo das pès me fa mal*, la plante des pieds me fait mal. (Du latin *solum*.)

**SOLO**, s. f. Sole, t. de charp. pièce de bois posée de plat : *La solo es pla bouno*, la sole est bien bonne ; Poisson de mer qui est plat et de figure un peu ovale. (Du latin *solum*.)

**SOLSA**, *voyez* SALSA.

## SON

**SON**, *voyez* SOUN.

**SONNA**, *voyez* SANNA.

## SOO

**SOOUMETO**, *Sooumilho*, s. f. Anesse, femelle de l'âne.

**SOOUMIE**, *voyez* SAOUMIE.

**SOOUMO**, *Bourrico*, s. f. Bourrique, ânesse.

**SOOUT**, *Sóou*, s. m. Sou, monnaie de cuivre : *N'ey pas un soout dessus*, je n'ai pas un sou sur moi. (Du latin *soldus*.)

## SOR

**SOR**, *Sorre, Sur*, s. f. Sœur, celle qui est née d'un même père et d'une même mère, ou seulement de l'un des deux : *Agaxas aqui ma sor*, voilà ma sœur. (Du latin *soror*.)

Angèlo la nobio es passado !
Ey bis sa noço, jou, là-bas ;

Digo, ma *so*, perqué nou t'an pas enbita lo ?
Gna qué nous aous que ué sen pas !    J.

**SORBO**, s. f. Sorbe, fruit du sorbier.

**SORGO** (TENE), *voyez* ESTAMPEL.

**SORRAILLO**, *voyez* SARRALHO.

**SORRE**, *voyez* SOR.

**SORT**, s. m. Sort, destinée, rencontre fortuite des événements bons ou mauvais : *Aco's abe un paoure sort*, c'est avoir une pauvre destinée ; Moyens d'existence : *Y'a fax un sort* ; Manière de décider quelque chose par le hasard : *Tiraren al sort*, nous tirerons au sort ; Subir, tirer le sort comme conscrit : *Tirara lou sort oungan*. (Du latin *sors*.)

Prêt des bors qué le Lot, sans brut, cado moumen,
     Poutounejo fresquetomen
     D'ambé soun aygo fino-claro,
Debat d'ourmes feuilluts un oustalet se sarro,
Et dins aquel oustal un bèl mati d'abriou,
A l'houro oun dins Tounens uno jouynesso hardido
Attendio que lou sort marquèsse sa caouzido,
Uno fillo pensabo ; apey pregabo Dièu,
Apey nou sabio plus que fa, coumo se mètre ;
S'assetio, se lebabo et tournabo s'assètre ;
Aouyas crezut qu'abio las mourenos trabès,
Ou que lou sol burlen l'i cramabo lous pès.    J.

**SORTO**, s. f. Sorte, nature, espèce, genre ; Manière : *d'Aquèlo sorto n'aouren pas res*, de cette sorte nous n'aurons rien.

## SOT

**SOT, O**, s. m. f. Sot, te, qui manque d'esprit, de bon sens ; Qui dit, qui fait des sottises : *Aco's un sot*, c'est un sot. (Du saxon *sot*.)

Per l'homme, lou Génia abandounet las anjas.
Qui sap l'apprécia, li rend milla louanjas,
E couma un chi fidel lou séguis pas à pas ;
Tandis qu'un *sot* sé dis dins sa bacuja pensado ;
Dé qu'és doun lou Génio ? — ama descabèstrado,
Aco's un séns dé may qué tout mourtel n'a pas.    PEYR.

**SOTOMEN**, adv. Sottement, d'une manière sotte : *S'en es trayt pla sotomen*, il s'en est tiré sottement.

## SOU

**SOU**, *voyez* SOUC.

**SOU**, s. m. Son, ce qui frappe l'ouïe ; Bruit des instruments. (Du latin *sonus*.)

Alabex, eï sentit uno flambo noubèlo ;
Dé moun luth enraouquat la sourdo cantarèlo
A brounzinat un *sou* qué bouldrio faire aïma.
Amic, dal foc dal Cel poussèdos la magio,
Car m'as ensoursoillat amé ta pouésio,
L'hurous jour qu'as boulgut canta.    DAV.

**SOUA**, v. act. Attacher fortement : *Agaxo de ba pla soua*, vois de l'attacher solidement.

**SOUAÇANTO**, adj. numéral Soixante, six fois dix : *A souaçanto ans*, il a soixante ans. (Du latin *sexaginta*.)

**SOUANS**, s. m. Chouants, nom donné à ceux qui dans la guerre de la Vendée, en 1791, parcouraient les villages pour lever des soldats, et s'étaient mis en pleine insurrection contre le gouvernement. (Suivant quelques-uns de deux frères appelés *Chouant*, qui furent les premiers chefs ; suivant quelques-autres du mot *chouant*, nom que les Bretons donnent au hibou, parce qu'ils ne marchaient d'abord que la nuit.)

**SOU-BARBO**, s. f. Sous-barbe, partie d'un casque qui croise sous le menton ; Partie de la bride qui porte la gourmette.

SOU-BANDO, s. f. Sous-bande.
SOUBATEJHA, voyez SALGOUTI.
SOUBEN, adv. Souvent, maintes fois, beaucoup de fois : B'a y'ey dit souben, je le lui ai dit souvent. (Du latin subindè.)
SOUBENENÇO, s. f. Souvenance, souvenir, mémoire : A encaro bouno soubenenço, il a encore une bonne mémoire.

Mais l'ayré dal pays qué nous douno nayssenço
Et jamay nou mor dins nostro soubenenço,
N'y ha zec lous esprits, afin qu'encaro mait
Le bier per aci pus brabe que jamay.   G.

SOUBENI (SE), v. pro. Se Souvenir, avoir mémoire de, garder la mémoire d'un bienfait, le ressentiment d'une injure : M'en soubendrey touxoun, je m'en souviendrai toujours. (Du latin subvenire, venire sub, se présenter à l'esprit, à la mémoire.)
SOUBENIR, Soubenenço, s. m. Souvenir, impression, image conservée dans la pensée ; Ce qui fait conserver la mémoire de... ; Tablettes pour écrire ce qu'on ne veut pas oublier.

Es elo que m'a dit lous tendres soubenis
De mous prumièris ans, de moun poulit matis ;
Es elo qu'a toujours tindat à moun aoureillo
Quand debalo lou jour, quand l'albo se rebeillo
   CEREN.

SOUBEREN, NO, adj. Souverain, ne, qui a l'autorité suprême ; Qui surpasse tous les autres ; Très-excellent en son genre ; Très-efficace : Aco s un remedi souberén, c'est un remède souverain. (De l'italien sovrano.)
SOUBERENOMEN, adv. Souverainement; Excellemment.
SOUBERTOUS, voyez ESFRAYANT.
SOUBRA, voyez MAYNAXEXA.
SOUBRIÉTAT, voyez SOBRIÉTAT.
SOUC, s. m. Le Mouton d'une cloche ; Souche, tronc d'arbre : Porto un souc al fioc, porte un tronc, une souche au feu ; Billot de cuisine à couper la viande ; Billot de maréchal. (De l'allemand stoch.)
SOUCAREL (DOULÉ), voyez GARRIGADOS, PIBOULADOS.
SOUCI, s. m. Souci, soin avec inquiétude ; Chagrin : Me douno grand souci, cela me donne du souci. (Du latin sollicitum.)

Sion ! soui pas pus en souci
Per cap de terrestro tourtuno ;
Per que dins paouc de t-ms d'aici
Me rendras la teouno coumuno.
De tas portos troyi lus claous
Dins aquelo douço pensado,
Me semblo que dins toun enclaous
Moun amo es dejà transpourtado.   PDJ.

SOUCI, s. m. Souci, genre de plantes à fleurs radiées. (Du latin solsequinum.)
SOUCI (SANS), adv. s. m. Sans-Souci, personne que rien n'inquiète, que rien n'empêche de se divertir : Sios un rette sans-souci ! tu es un grand sans-souci !
SOUCIANÇO, voyez SOUCI.
SOUCIAPLE, O, adj. Sociable, fait pour vivre en société, avec qui il est aisé de vivre en société ; Doux, accommodant : Aco's uno persouno fort souciaplo, cette personne est fort accommodante. (Du latin sociabilis.)
SOUCIETARI, s. m. Sociétaire, qui fait partie d'une association : Es soucietari de San-Marti, il est sociétaire de Saint-Martin.
SOUCIETAT, s. f. Société, union, commerce naturel des hommes ; Assemblée d'hommes unis par le même intérêt, le même but : Sien de la mémo soucietat, nous sommes de la même société ; Habitants d'un pays, d'une ville, relativement à la manière dont ils vivent entre eux ; Cercle, compagnie : N'es pas de nostro soucietat, il n'est pas de notre société ; les Personnes que l'on fréquente habituellement ; Liaison particulière : Ne foou ma soucietat, j'en fais ma société. (Du latin societas.)
SOUCINOUS, OUZO, adj. Soucieux, euse, qui a, qui marque de souci ; Inquiet, pensif, chagrin : Es touxoun soucinouzo, elle est toujours soucieuse.
SOUCO, s. f. Cep de vigne, pied de vigne : Racine d'arbres morts : Anem derranca de soucos. (De l'allemand stock ; tronc.)

Lous soupirs de ta bouca
   Saludou l'aveni.
Dins tus, doun souy la souca,
   Me semblé rajouyni.
Ta proubidença
Té beniro,
E l'espérença
Té bressaro.   PEYR.

SOUD, voyez POURCATIÈYRO.
SOU-DIACRE, s. m. Sous-diacre, celui qui a reçu le sous-diaconat. (Du latin subdiaconus.)
SOUEGNA, voyez SOIGNA.
SOUEGNOUS, voyez SOIGNOUS.
SOUEGNOUZOMEN, voyez SOIGNOUZOMEN.
SOUER, voyez BESPRE.
SOUET, voyez SOIT.
SOUETA, voyez SOITA.
SOUFLA, Bufa, v. n. et act. Souffler, faire des vents sur... ; fam., Escamoter, enlever ; Souffler quelqu'un, lui dire tout bas pour aider la mémoire ce qu'il doit répéter tout haut : Me souflaras, tu me souffleras ; t. du jeu, Souffler une dame, l'ôter à l'adversaire qui a oublié de s'en servir pour prendre ; se Faire sentir en parlant du vent : La bizo bol souffla, la bise veut souffler. (Du latin sufflare.)
SOUFLE, s. m. Souffle, haleine, respiration : Reten lou soufle, retiens la respiration ; Vent léger. (Du latin sufflatus.)
SOUFLET, s. m. Soufflet, coup du plat de la main sur la joue : Y'a baylat un souflet que n'a pas bist que luns, il lui a donné un soufflet qui l'a étourdi ; fig., Échec, revers ; Contradiction ; Mortification, affront : A agut aqui un brabe souflet, il a eu là un grand affront. (Suivant Casenewve ; parce que d'ordinaire on fait enfler les joues aux enfants qu'on veut, par plaisanterie, frapper à cette partie du visage.)
SOUFLET, voyez BUFFET.
SOUFLETA, v. act. Souffleter, donner un soufflet, des soufflets : Gn'aourio per la soufleta, il y en aurait pour la souffleter. (Du latin alapa, soufflet.)

A vostres plours ay crézegut,
Pardi, qué tout éra perdut ;
— Nou ; tout és gagnat ; mé maride.
— Vous?... embé quaou ?.. – d'un toun rapide
Céfiza le dis : embé Ièou.
Souèl ; que siègue couma sè déou,
Repliqua la boussignoléta.
Mais, ma sur, soui vostra cadéta,
E maougré mila é mila apas,
Per Ièou degus s'avança pas,
Eper vous, mardi, lo n se pressa ;
Faou qué sachoun pas moun adressa,
Car... mais anfin aco hendra.
D'abord Acata mé préndra,
A beou couri ; saxe qu'estima
Moun altessa sérénissima.

L'aoutro jour quan mé *souflètèt*,
Es dé dézéspouer qu'ou faguét;
Ou counouyssièy bèn à sa mina ;
Ou couma a l'unou for badina,
Bélèou sé vouguèt déverti
Un moumèn aban dé parti. Fav.

SOUFLUR, s. m. Souffleur, celui qui souffle : Chou-fleur, variété de choux : *Y'a dexa de souflurs*, il y a déjà des chou-fleurs

SOUFLURO, s. f. Soufflure, cavité dans la fonte, dans le verre : *Y'a pas cap de soufluro*, il n'y a pas de soufflure.

SOUFRAXE, *Soufrajhe*, s. m. Dommage, perte, préjudice ; *Pourta pla souffraxe*, Causer du dommage ; Besoin, privation : *Es prou en souffraxe*, il est bien dans le besoin.

SOUFRENÇO, s. f. Souffrance, douleur, peine du corps, de l'esprit : *Es dins uno grando soufrenço*, il est dans une grande souffrance. (Du latin *sufferentia*.)

Mais lous Pharisiens égouïstas,
Ambé lous douctous dé la léy,
Disiοou : « lou poplé aouro dé vistas,
Prouclamato lou Christ per rey.
Al poplé accablat dé *soufrença*
Lou Christ énspira ambé bountat
Dé préceptes dé toulérença,
D'amour ò dé fraternitat. Peyr.

SOUFRENT, O, adj. Souffrant, te, qui souffre; Patient, endurant : *Cal que siogo pla soufrent*, il faut qu'il soit bien souffrant. (Du latin *sufferens*.)

SOUFRI, v. act. Souffrir, endurer, supporter : *Cal soufri lou caout amay lou frex*, il faut supporter le froid et le chaud ; Permettre par tolérance, ne point s'opposer à... : *Ba bous cal soufri*, il faut le souffrir; Éprouver une douleur : *Soufrissi pla* ; Éprouver des dommages ; Pâtir ; Endurer , supporter. (Du latin *sufferre*.)

Lou que *souffro* crey may enquèro ;
Maltro se daycho ana, nou tramblo plus, espèro;
Cependen an tan poou d'aquel terrible jot,
Que l'amistouzo et la laougèro
Dizou aquel refrin toutos dios à l'un cot :
Cartos blancos et poulidos,
Nou siasques pas amalidos:
*Damo de co', baylet de flous*,
Sourtès sans dol pes amourous. J.

SOUFRIÈYRO, s. f. Ensoufroir, lieu où l'on blanchit les étoffes à la vapeur du soufre.

SOUFRO, voyez Sofro.

SOU-GARDO, s. f. Sous-garde, demi cercle qui couvre la détente d'une arme à feu.

SOUL, O, adj. Seul, le, sans compagnie : *Es touxoun soulo*, elle est toujours seule ; Sans liaison, sans amis, sans suite : *Es arribat tout soul*, il est arrivé tout seul. (Du latin *solus*.)

SOULA, voyez Souleta.

SOULADO, s. f. Airée, quantité de gerbes qu'on met en une seule fois dans l'aire : *Aben uno forto soulado*, nous avons une grosse airée ; Abatis, jonchée d'herbes, de fleurs, de fruits : *Qu'uno soulado! quelle jonchée!* fig., Plusieurs personnes réunies et couchées à terre par délassement : *Uno brabo soulado*. (Du latin *solum*.)

Jamay cap d'aoutre Rey nou fec talo *soulado*
De cossés de souldats esquissats an la mort,
Et Caroun jamay plus nou troubec à soun port
D'esperits desoussats ta rabento menado. G.

SOULAIRA, voyez Soulelha.

SOULAMNEL, O, ad. Solenne, le, accompagné de cérémonies religieuses, publiques, extraordires : *Tout aco ero soulamnèl*, tout cela était solennel. (Du latin *solemnis*.)

SOULAMNELOMEN, adv. Solennellement, d'une manière solennelle. (Du latin *solemniter*.)

SOULANNITAT, s. f. Solennité, cérémonie publique qui rend une chose solennelle. (Du latin *solemnitas*.)

SOULANNIZA, v. act. Solenniser, célébrer avec appareil.

SOULAS, s. m. Soulas, soulagement, diminution de mal, de douleur : *Trobo pas cap de soulas*, elle ne trouve aucun soulagement ; Compagnie qu'on fait à quelqu'un qui a peur : *Te bendrey fa soulas*. (Du latin *solatium*.)

SOULATAXE, *Escouxuro*, s. m. Ce que coûte le blé pour le couper et le fouler : *Lou soulataxe nou'n pren un bouci*, la façon nous coûte.

SOULATIÈS, s. m. Batteur de blé, journalier qui bat le blé à l'aire : *Sièn per soulatiès à la borio*, nous sommes comme batteurs à la métairie. (Racine *sol*.)

SOULAXA, v. act. Soulager, alléger le fardeau, la charge ; Diminuer le travail, la fatigue : *M'a pla soulaxat*, il m'a bien soulagé ; fig., Adoucir, diminuer la douleur, la peine ; Assister, secourir : *Cal soulaxa lous paoures*, il faut soulager les pauvres. (Du latin barbare *solatiari*.)

Nous plognèrio sons douté ; és, sou disou, tont bou ;
Nou pot pas estré may, l'y diguèt lou Seignou ;
Car imogino-té qu'el souspiro é sousquèno
Désempièy qu'es instruit qué soun Poplé és en péno;
É dé soulotja to forto és so possiou,
Què del bostou rouyal entr'estré en poussessiou
Ol simplé nécessari el boulguet sé restreigné. Prad.

SOULAXA (SE), v. pro. Se Soulager, se procurer du soulagement : *Se cal soulaxa tant qu'on pot*, il faut se soulager tant qu'on peut.

SOULAXOMEN, s. m. Soulagement, diminution de mal, de douleur, de peine : *Trobi de soulaxomen*, j'éprouve du soulagement. (Du latin *solatium*.)

SOULBAPLE, O, adj. Solvable, qui a de quoi payer : *Es pla soulbaple se ba bol fa*, il est solvable s'il veut le faire. (Du latin *solvo*, je paye.)

SOULDA, v. act. Solder, payer le reliquat d'un compte : *A tout souldat*.

SOULDAT, *Soullàt*, s. m. Soldat, militaire : *Aben un souldat à l'oustal*, nous avons un militaire à la maison. (Du latin *soldarius*, fait du celtique *sold* et de *sould* qui signifient la paye qu'on donne à un officier.)

Oh! qu'un poulit tableou? d'immançōs carabanos
Raijoun dé tout coustat et coubrissoun las planos
Dé chars, dé caballiès, dé piétouns, dé camels ;
Dins l'armo das *souldats* lo soulel sé miraillo
Et lé Nil esclairat en pertout sè mirgaillo
Dé taut bibos coulous qué fan clouqua lés els Dav.

SOULDADAS, s. m. Femme grande et effrontée : *Qu'un souldadas! quelle effrontée!*

SOULE, voyez Soul.

SOULEL, s. m. Soleil, grand astre qui éclaire le monde, dont la présence constitue le jour et réchauffe la terre : *Lou soulel es la mitat de la bido*, le soleil est la moitié de la vie ; Représentation, figure du soleil ; Pièce d'artifice qui l'imite ; Cercle d'or ou d'argent, garni de rayons, dans lequel est enchâssé un double cristal destiné à renfermer la sainte hostie. (Du latin *sol*.)

Un mayti, le *soulel* coumençabo sa courso,
Le tems ero pouli, le janti mes de may,
En estalan sas flous charmabo tant el may !
Aquel bèn frescuret que play et que ranimo,
D'un tillul, moun besi balançabo la cimo,
Et le roussignoulet que no fa soun castèl
Cantabo sas amours, trinchat sur soun ramèl.
Pourtat à countemplà, tout èls et tout aouzido,
Poudioy m'extazià de caouso tant poulido,
Mais d'un aoutre plazè fasqueri moun sadoul.
Jou tenio dins las mas toun bèl libre, Reboul.
Legissioy tas cansous, tant jantimen rimados,
Y bezioy de tableous, y bezioy de pensados
Que benen raromen de nous-aous artizaus,
Amay plus raromen dès seignous les plus grans ;
Et tout en admiran toun arl et toun genio,
Begèri que fazios le pa de pouèsio.                DEBAR.

SOULELHA, v. act. Exposer au soleil : *Cal soulelha lous lançols*, il faut exposèr au soleil les draps de lit.
SOULELHA (SE), v. pro. Se Réchauffer au soleil : *Fa boun se soulelha*, il fait bon se réchauffer au soleil.
SOULELHADO, s. f. Rayons du soleil paraissant par intervalles : *Fa quasquos soulelhados*; Coup de soleil malfaisant ou bienfaisant : *A besoun d'uno soulelhado* ; *A trapat uno soulelhado*, il a pris un coup de soleil.
SOULELHÈ, *Galatas*, s. m. Galetas, le haut d'une maison : *Mounto-bo al soulelhè*, montez-le au galetas. (Du latin *sol*.)
SOULEL COULC, s. m. Soleil couchant : *Arribaras à soulel coulc*, tu arriveras au soleil couchant.
SOULENCO, *Prouferto*, s. f. Nom de la fête qui se fait après la moisson, après un long travail : *Seras pas à la soulenco, se trabalhos pas*, tu ne seras pas de la fête, si tu ne travailles pas. (Du latin *solum linquo*, je quitte le sol, le travail.)

Mais oîci lou grond jour, lou jour de lo *soulenco*;
Déjà dins lo coufreto estoundèjo lou ris.
E dins l'oulo soupieyro uno garcho boulis.       PRAD.

SOULEOU, *voyez* BOUCI.
SOULETA, v. act. Ressemeler des bas, y mettre des semelles : *Cal souleta lous debasses*; il faut ressemeler les bas. (Du latin *solum*.)
SOULETOS, s. f. Semelles des bas : *Marxabo de souletos*, il marchait avec ses bas.
SOULFIA, *voyez* SOLFIA.
SOULFINA, *voyez* FLAYRA.
SOULIARDO, *voyez* SOLHARDO.
SOULIDA, *Assoulida*, v. act. Affermir, rendre solide. (Du latin *solidare*.)
SOULIDARI, O, adj. Solidaire, qui rend les co-obligés cautions les uns des autres : *Sien toutis soulidaris*, nous sommes tous solidaires.
SOULIDARIOMEN, adv. Solidairement, en se cautionnant les uns ; les autres.
SOULIDE, O, adj. Solide, qui a de la consistance, qui n'est point mou, qui est de nature à durer beaucoup; fig., Réel, durable : *Aco's uno amitiè soulido*, c'est une amitié solide. (Du latin *solidus*.)
SOULIDITAT, s. f. Solidité : *Aymi la souliditat*, j'aime la solidité. (Du latin *soliditas*.)
SOULIDOMEN, adv. Solidement ; d'une manière solide. (Du latin *solidè*.)
SOULIÈ, s. m. Soulier, chaussure, qui contient le pied. Elle se compose de la *semello*, semelle, qui porte à terre, de l'*empegno*, empeigne, qui revêt plus ou moins le pied; *lou cartiè*, quartier, se lie à l'empeigne et couvre le talon ; *la trespunto*, trépointe, est une bande de cuir cousue d'abord avec l'empeigne, sur laquelle on coud la semelle; *lous tirans*, sont les deux oreilles dans lesquelles passent les cordons qui servent à lacer la chaussure. (Du latin *solea*, semelle.)

Tous *soulliès* aquioulais, à trabes lour empegno,
Laïssabou respira tous artels engourdits,
Et, pes traous des debas, coumo uno tristo ensegno,
Begnon s'enfinestra dus talous enluzits !

SOULIS, *voyez* LENDAT.
SOULITARI, s. m. Solitaire, qui vit seul, qui aime à vivre seul : : *Es fort soulitari*, il est fort solitaire. (Du latin *solitarius*.)
SOULITUDO, s. f. Solitude, lieu éloigné de la vue, de la fréquentation des hommes : *Sien ayci dins la soulitudo*, nous sommes ici dans la solitude. (Du latin *solitudo*.)
SOULLEBA, v. act. Soulever, lever quelque chose de lourd à une petite hauteur et avec peine ; Lever un peu, lever doucement : *B'ey soullebat saquela*, je l'ai soulevé néanmoins ; fig., Provoquer, exciter l'indignation ; Porter à la sédition, à la révolte : *Tout aco soullèbara lou pople*, tout cela révoltera le peuple ; v. n. Éprouver un extrême dégoût en parlant du cœur : *L'idéo de boulhoun me soullèbo l'estoumac*, l'idée du bouillon me soulève l'estomac. (Du latin *sublevare*.)
SOULLEBA (SE), v. pro. Se Soulever, se révolter. (Du latin *sublevare*.)
SOULLÈBOMEN, s. m. Soulèvement ; Mal d'estomac causé par un extrême dégoût ; fig., Mouvement populaire, sédition, révolte.
SOULLICITA, v. act. Solliciter, demander fortement, avec instance : *L'a soullicitat lountems*, elle l'a sollicité longtemps. (Du latin *sollicitare*.)
SOULLICITATIOU, s. f. Sollicitation ; Instigation ; Soins, démarches, pour le succès d'une affaire ; Recommandation à des juges, à des supérieurs, etc. : *A forço de soullicitatious a russit*, à force de sollicitations il a réussi. (Du latin *sollicitatio*.)
SOULLICITUDO, s. f. Sollicitude, soin inquiet ; Souci : *Ey pla de soullicitudos*, j'ai bien des sollicitudes. (Du latin *sollicitudo*.)

Aymo-le toujoun pla, haïs l'ingratitudo ;
Nou troumpes pas jamay, bat may estre troumpat.
Se trobos un amic, que la *soulliciudo*
L'y probe à tout moumen que se t'aymo, es aymat.
                                                                MENGAUD.

SOULLICITUR, s. m. Solliciteur, celui qui sollicite pour lui ou pour les autres. (Du latin *sollicitator*.)
SOULOMEN, adv. Seulement, en tout, pour tout ; Au moins : *Bendra un cop soulomen*, elle viendra une fois seulement. (Du latin *solum*.)
SOULOUMBRA (SE), v. pro. Se Mettre à l'ombre, à l'abri du soleil : *Sien ayci que nous souloumbran*, nous sommes ici à l'ombre. (Du latin *se obumbrare*.)
SOULPRA, *Ensoulpra*, v. act. Soufrer, mécher, faire entrer dans un tonneau la vapeur du soufre avec une mèche : *Cal soulpra las barricos*, il faut mécher les barriques.
SOULPRE, s. m. Soufre, substance jaune, très-inflammable, qui en brûlant, répand une flamme bleuâtre, accompagnée d'une odeur pénétrante et suffocante ; on s'en sert pour soufrer les allumettes. (Du latin *sulfur*.)
SOULPRIÈYRO, *voyez* SOULFRIÈYRO.
SOUMAIROU, *voyez* SAOUMIÈ.
SOUMBRE, O, adj. Sombre, peu éclairé, obscur, ténébreux : *Lou tems es pla soumbre*, le temps est bien sombre ; fig., Mélancolique ; rêveur, triste,

chagrin : *Es fort soumbre, a quicon*, il est fort sombre, il a quelque chose. (Du latin *umbra*.)
SOUMES, voyez PIÈX.
SOUMETRE, v. act. Soumettre, ranger sous l'autorité, réduire sous la puissance, la dépendance; Conquérir : *Xarles X a soumes Alger en 1830*, Charles X soumit Alger en 1830; fig., Présenter une chose à quelqu'un afin qu'il en juge et dans l'intention de déférer au jugement qu'il en portera : *Ba nous y cal soumetre, passaren coumo dira*, nous allons le lui soumettre, nous en passerons par ce qu'il en dira. (Du latin *submittere*.)
SOUMETRE (SE), v. pro. Se Soumettre, se ranger sous l'autorité, reconnaître pour maître ; s'Engager, consentir à..., s'en rapporter à...
SOUMIA, *Soumjha*, v. n. Songer, rêver : *Fa pas que soumia*, il ne fait que rêver. (Du latin *somniare*.)
SOUMIADIS, voyez REDADIS.
SOUMIAYRE, voyez REDAYRE.
SOUMICA, v. n. Geindre, pousser des pleurs plaintifs : *Que soumicos tant !* que te plains-tu tant !
SOUMICAYRE, voyez PLOUROMICOS.
SOUMISSIOU, s. f. Soumission, disposition à obéir; Déférence respectueuse; Docilité envers les supérieurs : *A marcat fosso soumissiou*, il a montré beaucoup de soumission ; Engagement d'exécuter certains ouvrages, de faire certaines fournitures à telles conditions : *A presentado sa soumissiou*, il a fait sa soumission ; Obligation, engagement de payer une certaine somme. (Du latin *submissio*.)
SOUMISSIOUNA, v. act. Soumissionner, s'engager par écrit à exécuter un ouvrage, à faire une fourniture moyennant tel prix, à payer tant, etc. : *Aben toutis soumissiountat*, nous avons tous soumissionné.
SOUMISSIOUNARI, s. m. Soumissionnaire, celui qui fait sa soumission pour un travail, une fourniture, etc. : *Y'abio plusiurs soumissiounaris*, il y avait plusieurs soumissionnaires.
SOUMMA, v. act. Sommer, signifier, enjoindre juridiquement ou dans certaines formes usitées ; Requérir absolument : *L'an soummat de se randre*, on l'a sommé de se rendre. (Du latin *summare*.)
SOUMMATIOU, s. f. Sommation, action de sommer, écrit qui la constate.
SOUMO, s. f. Somme, certaine quantité d'argent: *M'a demandat uno pixouno soumo*, il m'a demandé une petite somme. (Du latin *summa*.)
SOUMP, adj. Profond, creux : *N'es pas prou soump*, ce n'est pas assez creux. (Du latin *summus*.)
SOUMPO, voyez BOTO, XAMPO.
SOUN, *Son*, s. m. Sommeil ; entier assoupissement des sens ; Envie de dormir : *Mori de soun*, je meurs de sommeil. (Du latin *somnus*.)

Souvèn én miéch d'una nioch soumbra
Cerquè lé *son*.. Mais, ô despièch !
Dé moun pèra sans cessa l'oumbra
Paternécha altour de moun liéch.
Sé per hounoura sa memouéro
Gardé uno flotta de soun péou,
Qu'un jour aché la trista glouéra
Dé l'empourta dins lou toumbéou !   PEYR.

SOUN, pron. posses. Son : *Aco's soun payre*, c'est son père. (Du latin *suus*.)

Tu dounc qu'un cop de sort a seculut cambat,
Nou desesperés pas de *soun* arrest fatal ;
D'un jour à l'outre pot cambia ta destinado,
Temoueñ l'ébénomen de la paouro negado.
Qu'en se salben, nous dits ; qu'i pus grand ennemic
Pot tapla debeñi nostre pus grand amic.   CHAEN.

SOUN, Son, s. m. Son, ce qui frappe l'oreille en général ; Bruit des instruments de musique : *Aco's un poulit soun*, c'est un beau son. (Du latin *sonus*.)
SOUNA, v. act. Sonner, faire rendre un son : *An sounat la campano*, on a sonné la cloche ; Indiquer, annoncer quelque chose par un certain son : *A sounat lou segoun de bespros*, le second de vêpres est sonné ; v. n. Rendre un son : *La campano souno*. (Du latin *sonare*.)
SOUNADIS, *Sounomen*, s. m. Sonnerie, son de plusieurs cloches ensemble: *Lou sounadis me fa mal*, la sonnerie me fait mal.
SOUNADO, s. f. Coup de cloche.
SOUNALIO, s. f. Sonnaille.
SOUNAMBULO, s. m. f. et adj. Somnambule, celui, celle qui se lève tout endormi, marche, agit, sans s'éveiller.
SOUNARIE, *Sounario*, s. f. Sonnerie, totalité des cloches d'une église; Tout ce qui sert à faire sonner une horloge, etc. : *La sounarie es derengado*, la sonnerie est dérangée.
SOUNAYRE, s. m. Sonneur, celui qui sonne les cloches ; les Ménétriers qui vont jouer aux fêtes votives : *Tendras lous sounayres, ouñgan ?* tu auras les ménétriers cette année ?
SOUNBRE, voyez SOUMBRE.
SOUNCI, v. act. Fouler, user, battre.
SOUNCO, adv. Si ce n'est, à moins que ce soit ; Mais : *Bendra pas dema, sounco aprep dema*, il ne viendra pas demain, mais après demain.

S'ces bertat que m'aïmas, ba fazès drollomen,
Car lious me querelas, anfin à tout moum n :
Sabès pas dire rés, sounco dé mots faxouzes.
Qui xamaï pus m'a bist dé galants tant ergnouzés.   D.

SOUNDA, v. act. Sonder, mettre la sonde dans une plaie, etc.; Chercher à connaître la profondeur, la nature du fond par le moyen d'une sonde ; fig., Tâcher de connaître l'inclination, l'intention, la pensée : *M'a pla boulgut sounda*. (Du latin *solidare*.)
SOUNDO, s. f. Sonde, instrument de chirurgie, d'arts et métiers, pour sonder. (Du latin *funda*.)
SOUNJHA, voyez PENSA.
SOUNJHE, voyez SOUNXE.
SOUNSI, v. act. Fouler aux pieds ; Battre quelqu'un : *L'a sounsit de cots*, il l'a rossé ; User : *A sounsit aquel capèl dins beyt xouns*, il a usé ce chapeau dans huit jours.
SOUNSIDO, s. f. Dégât ; Usage ; Maladie : *N'ey agut uno sounsido*, j'ai eu une maladie.
SOUNXA, voyez SOUMIA.
SOUNXAYRE, voyez SOUMIAYRE.
SOUNXE, *Rèbe*, s. m. Songe, rêve : *Ey fax un sounxe pla missant*, j'ai fait un rêve mauvais. (Du latin *somnium*.)

Un sounxe à la boux ensucrado
Aneyt, per flute moun soumèl,
En fardejhan sur ma flaçado,
Pardiou, m'a dit quicon de bèl :
M'a dits que dimonche dins l'islo
L'amislat beyrio reunits
De Damos la flou de la bilo
Et de Moussus toutes caouzits.
Après d'uno boux grabo,
Lou sounge à dits, amai ba crey,
Que la coco porto uno fabo
Et que s'acouchara d'un Rey.
Alabéts, jou, ciboun, cibeyno,
El respoundut miéc b endourmit :
Qu'acouche tabès d'uno reyno
Qu'el fillol sera pus poulit.   DEBAR.

SOUPA, v. act. Souper, prendre le dernier repas

de la journée : *Te cal soupa ambé nous aoutres*, tu vas souper avec nous. (De l'allemand *supp*, potage, bouillon, parce qu'à ce repas l'on mange la soupe ordinairement.)

Bon ! bon ! nous sounou per soupa.
Moussu Bénit hat la jamada
Uh ! gnia per riré, sautapa !
Dé soun esquilla enraoumassada!
N'és parés, maï que *soupen* ben;
Aï prou courit, aï prou talén,
Maïs vésé pas grande pitança...
Moussu Bénit alors s'avança:
« *Mesdames, le docteur Durand,*
« *Notre hypocrite de céans,*
« *Dit qu'en soupant légèrement.....* »
Mé fichè dé soun ourdounança,
Mé souï purgat, et tout le jour
Aï begut d'aïga couma un gour.
Moun ventre rounfina et gourgouia...
Et envalat quaouqua granouia.     Rig.

SOUPA, s. m. Souper, soupé, repas du soir; Mets qui le composent : *Aben un paoure soupa*, nous avons un triste souper.

SOUPAPO, s. f. Soupape, languette mobile d'une pompe, d'un tuyau d'orgue, pour donner issue à l'eau, à l'air : *La soupapo es derengado*, la soupape est dérangée.

SOUPAYRE, O, s. m. f. et adj. Soupeur, euse, celui, celle, dont le principal repas est le souper; Invité à souper : *Aben de soupayres*, nous avons des invités à souper.

SOUPIÈ, EYRO, s. m. f. Soupier, ière, celui qui aime beaucoup la soupe, en mange beaucoup : *Souy pas brico soupié*, je ne suis pas soupier.

SOU-PIÉ, s. m. Sous-pied, petite courroie qui passe sous le pied : *Me manco un sou-pié*, il me manque un sous-pied.

SOUPIÈYRO, *Tarrino*, s. f. Soupière, vase creux dans lequel on sert la soupe : *Metras la grando soupièyro*, tu mettras la grande soupière.

SOUPLE, O, adj. Souple, maniable, flexible; Qui se replie et se redresse facilement; fig., Docile, complaisant, soumis : *Es fort souple*, il est fort souple. (Du latin *supplex*.)

SOUPLESSO, s. f. Souplesse, facilité à se mouvoir; Flexibilité du corps; fig., Docilité, complaisance, soumission : *Y'a fosso souplesso dins soun caractari*, il y a beaucoup de souplesse dans son caractère.

SOUPLOMEN, adv. Souplement.

SOUPO, s. f. Soupe, aliment, mets de tranches de pain dans du bouillon de viande ou autre potage : *Me cal talha la soupo*, il faut dresser le potage; fam., Trempé de pluie ou de sueur : *Souy trempat coumo uno soupo*, je suis trempé comme une soupe. (De l'allemand *supp*.)

SOU-PRÉFET, s. m. Sous-Préfet, magistrat qui administre un arrondissement. (Racine *sous* et *préfet*.)

SOU-PREFETTURO, s. f. Sous-Préfecture, charge, fonctions de Sous-Préfet, son hôtel, ses bureaux.

SOUPSOUN, s. m. Soupçon, opinion, croyance désavantageuse; Simple opinion qu'on a d'une chose; Conjecture; fig., Apparence légère : *Y'a calque soupsoun sur el*, il y a quelque soupçon sur lui. (Du latin *suspicio*.)

Lous *soupsouns* sou bitens maï que tout aoutro caouso,
Car yeou nou bouldrio pas qué m'axessés dix rés
Qu'aco nou fougués clar coumo un et dous fan tres.    D.

SOUPSOUNA, v. n. Soupçonner, avoir des soupçons; Conjecturer, pressentir : *Me soupsounabi que bendrios*, je pressentais que tu viendrais. (Du latin *suspicari*.)

Beleou nou crezés pas qué sapio ço que sabi.
Oh ! que n'abio pas tort, quan yeou bous *soupsounabi* !
Quand mé besiés enquiet, qu'eri tout alarmat...    D.

SOUQUET, *Souquil*, *Souc*, s. m. Petite Souche de bois mort : *Met un souquet al foc?* petit Bloc de bois servant de siège aux enfants autour du feu : *Sey-te sul souquet?* (De l'allemand *stock*.)

Un loung silenço se fazio,
Et debanan lou pezi que nouzaben,
Nous aous setuts, sul *souquet*, escoutaben
Lous countes biels qu'uno bello dizio.    J.

SOUQUIL, *Souquillou*, s. m. Bras, cornes, mères-branches, celles qui portent des ceps.

SOURASTRO, s. f. Sœur utérine ou consanguine.

SOURBIÉ, s. m. Sorbier, arbre qui fait les sorbes.

SOURCELÈXE, *Sourcelejhe*, s. m. Sortilège, maléfice : *Y'a calque sourcelèxe*, il y a quelque sortilège. (Du latin *sortilegium*.)

É l'Anglès toumbaro d'abor,
Disio la jouyna filla ; — é soun risen visagé
D'un triounphé certain pourtava lou présagé.
Cépendan Charles VII l'interoja ; — é doutoux
En miech dé sous malhurs què lou ciel lou proutégé,
Pensa qué lou démoun cerqua à li tendre un piégé,
E qué lou cor de Jhanna és un cor vanitoux,
E l'accusa en sécret de fayra un *sourcilégé*.
Maïs soun ama de vierja en gagnan lous esprits,
Ensi qu'un ven-foulet dissipa las alarmas,
Chivaliès é souldats vité prenou las armas,
E de *França ou la mor !* on n'entén qué lous cris.
E Charles aladeun à Jhanna d'Arc counfia
Sous intérès dé rey, soun pople é sa patria.    Peyr.

SOURCIÉ, EYRO, s. m. f. Sorcier, ière, celui, celle qui d'après une vieille opinion populaire a fait un pacte avec le diable pour faire des maléfices et produire des effets surnaturels : *Aco's un sourcié*, c'est un sorcier; Personne qui a le bord des paupières rouges : *Te douti, sourcié!* je te doute, sorcier ! (Du latin *sortiarius*.)

Maïs perque, tout d'un cop, uno fenno troublado
A l'aspect de Mouncla, bitemen s'es segnado?
Qué pot donne la sazi?... Bezez pas, nous a dit,
Un oustal isoulat, dé formo singulièro,
Qué semblo d'archi-tal uno hieillo ratièro?
Es dounat al démoun, et joux soun tét maoudit,
Déspeï maï dé bint ans ha ito uno *sourcièro*.    Dav.

SOURCIL, *Cilhos*, s. m. Sourcil, poil en arc au-dessus de la paupière. (Du latin *supercilium*.)

SOURCILHA, v. n. Sourciller, remuer les sourcils ; Avoir toujours le même calme dans le visage : *N'a pas brico sourcilhat*, il n'a pas même sourcillé.

SOURÇO, s. f. Source, eau qui sort de terre pour se former en fontaine, en ruisseau, en rivière, en fleuve : *Cal uno bélo sourço*, il faut une belle source; fig., Principe, origine : *Cal remounta à la sourço*, il faut remonter à la source; Endroit d'où une chose procède, premier auteur de... (Du latin *surgere*, sortir.

SOURD, O, adj. Sourd, de, qui entend peu, qui n'entend pas : *Es sourd*, il est sourd ; Inexorable, inflexible, insensible : *Es estat sourd à tout*, il a été sourd à tout. (Du latin *surdus*.)

SOURDAGNO, s. m. f. Sourdaud, un peu sourd : *Qu'un sourdagno !* quel sourdaud !

SOURDIÈYRO, *Surdijhe*, s. f. Surdité, perte totale ou grande diminution de l'ouïe : *La sour*-

dièyro la tracasso, la surdité l'incommode. (Du latin *surditas*.)

**SOURDINO** (A LA), adv. A la sourdine, sans bruit, en cachette : *Tout s'es fax à la sourdino*, tout s'est fait à la sourdine.

**SOURDOMEN**, adv. Sourdement, sans bruit, en secret. (Du latin *surdè*.)

**SOURELIA**, voyez SOULELHA.

**SOURELIADO**, voyez SOULELHADO.

**SOURELIADOU**, voyez SOULELHE.

**SOURIRE**, v. n. Sourire, rire sans éclater par un léger mouvement des lèvres et des yeux ; en parlant des choses, Présenter un aspect agréable, des idées riantes : *Aco y souris prou*, cela lui sourit assez. (Du latin *subridere*.)

**SOURIRE**, s. m. Sourire, souris, ris léger et de courte durée ; Ris modeste, ris de complaisance : *Abio lou sourire sus pots*, il avait le sourire sur les lèvres. (Du latin *subrisus*.)

Lou paysan oppuyat de bostra prouteectiou,
Sentirio pel mostié creysse soun offectiou
Un cop d'uel, un *sourire*, uno paraoulo offablo,
Un rés tour fo trouba lo péno suppourtablo... Prad.

**SOURNOIS**, O, adj. Sournois, se, qui cache sa pensée, agit furtivement ; Pensif, morne, sombre : *Es touxoun sournois*, il est toujours sournois.

**SOURTAPLE**, O, adj. Sortable, convenable : *Aco's un partit sourtaple*, c'est un parti sortable.

**SOURTI**, Sali, v. act. Sortir, passer dehors : *Ben de sourti*, il vient de sortir ; Tirer quelqu'un d'une mauvaise affaire : *Ba m'a calgut tout per lou n'en sourti*, j'ai eu toutes les peines du monde pour l'en sortir ; Pousser au-dehors par la végétation : *Tout coumenço de sourti*, tout commence à pousser ; Être issu, tirer son origine : *Sourtis d'uno brabo famillo*, il est d'une bonne famille. (Du latin *oriri*.)

Le maytis, quand la mar l'y pares pla tranquillo,
Le pescayre, mountat dins sa barquo doucillo,
Glisso sur l'Océan.
A peno sa cansou fa respoumpi les ayres,
Que le Cél s'entrumis, et del miey das esclayres
*Sourtis* un ouragan. Mengaud.

**SOURTIDO**, voyez Salido.

**SOURTILÈXE**, voyez Sourcelèxe.

**SOUS-AFERMA**, v. act. Sous-fermer, donner, prendre à sous-ferme.

**SOUS-AFERMO**, s. f. Sous-ferme, rétrocession d'une partie de ce qui a été affermé sous bail.

**SOUSCA**, voyez Estoumia.

**SOUSCRIOURE**, v. act. Souscrire, approuver par sa signature ; v. n. Donner de l'argent d'avance ou s'engager à en donner pour l'édition d'un livre, pour un travail, etc. ; Consentir, donner son approbation : *A souscrit à tout*, il a souscrit à tout. (Du latin *subscribere*.)

**SOUSCRIPTIOU**, s. f. Souscription, signature en bas d'un acte pour l'approuver ; Engagement pour l'exécution d'un travail proposé, d'une entreprise. (Du latin *subscriptio*.)

**SOUSCRIPTUR**, s. m. Souscripteur, celui, celle qui a souscrit pour un journal, un livre, etc. : *A fosso souscripturs*, il a beaucoup de souscripteurs.

**SOUS-ENTENDRE**, v. act. Sous-Entendre, retenir dans l'esprit, donner à entendre quelque chose qu'on ne dit pas.

**SOUS-ENTENDUT**, s. m. Sous-Entendu, ce qu'on sous-entend artificieusement, ce qu'on sous-entend sans arrière pensée : *Aco's sous-entendut que toutes bendres*, c'est entendu que vous viendrez tous.

**SOUS-LIEUTENENT**, s. m. Sous-Lieutenant, officier d'une compagnie au-dessus d'un lieutenant.

**SOUSPEZA**, v. act. Soupeser, soulever avec la main par dessous pour connaitre le poids à peu près : *B'ey pas souspezat*, je ne l'ai pas soupesé.

**SOUPIR**, s. m. Soupir, aspiration forte, prolongée, causée par le chagrin, la douleur, le plaisir. (Du latin *suspirium*.)

**SOUSPIRA**, v. n. Soupirer, pousser des soupirs : *Me fa pla souspira*, il me fait bien soupirer souvent ; Désirer ardemment. (Du latin *suspirare*.)

Jesus, moun tout ! aprep bous yeou *souspiri*:
Benes regna dins moun cor per toujour.
Yeou non desiri
Que bostré amour. Puj.

**SOUSPIRAL**, s. m. Soupirail, ouverture à une cave, à un tonneau pour donner passage à l'air, au jour : Évent, trou du fausset que l'on débouche pour donner passage à l'air, afin que le vin coule : *Dourbis lou souspiral*, ouvre le soupirail.

**SOUSQUENA**, voyez Soumica.

**SOUSSELA**, voyez Gratilha.

**SOUSTA**, v. n. Aider, épargner la peine à quelqu'un : *La te cal sousta*, tu dois l'aider ; Pardonner, être indulgent : *Lou me cal pas brico sousta, perço que s'en prebal*, je ne dois pas être indulgent, parce qu'il s'en prévaut. (Du latin *sustinere*.)

**SOUSTENE**, v. act. Soutenir, servir d'appui ; Étayer : *Ba te caldra soustene* ; Souffrir, endurer : *Ba podi pas mayt soustene*, je ne puis le supporter plus longtemps ; Favoriser, protéger, secourir : *Es urous que lou soustenou*, il est heureux qu'on le protège ; Défendre une opinion : *Amay ba soustendrey*, et je le soutiendrai ; Assurer, attester, affirmer : *Ba podi pla soustene*, je puis bien l'assurer ; Aider, assister, pourvoir aux nécessités de la vie. (Du latin *sustinere*.)

Ah ! malgré lous destins countrarys
Qu'assiéjou l'homme cada jour,
Sé *sousténé* lous proulétarys,
Sioy proulétari per toujour.
E may qué digués qué poussédé,
Crégués pas per aco qué cédé
Al réproché qué m'ayés fach ;
E quoïqué lou mot siégué tristé,
A m'én para toujour persisté
Car moun cor n'és pas satisfach. Peyr.

**SOUSTENE** (SE), v. pro. Se Soutenir, se tenir ferme sur ses jambes : *A peno podi me soustene*, je puis à peine me soutenir ; Demeurer au même point de santé, de crédit, de faveur, *Se sousten touxoun*, il se soutient toujours ; Prendre le parti l'un de l'autre, se prêter une mutuelle assistance : *se Soustenou*, ils se soutiennent.

**SOUSTIEN**, s. m. Soutien, ce qui appuie, supporte, empêche de tomber ; fig., Appui, protection, défense : *As un brabe soustien*, tu as un bon soutien.

**SOUSTO**, voyez Credit.

**SOUSTRA**, voyez Apalha.

**SOUSTRAL**, s. m. Nigaud ; gros Morceau de... : *Un soustral de pa*, un gros morceau de pain.

**SOUSTRATXIOU**, s. f. Soustraction, action de soustraire.

**SOUSTRAYRE**, v. act. Soustraire, ôter par adresse ou par fraude : *Cal que n'axou soustrayt*, on a dû en soustraire. (Du latin *subtrahere*.)

**SOUSTRE**, s. m. Espèce de Juron ; Manière peu réservée de parler, souvent par f..... : *A dix un soustre*, il a dit un juron.

## SUA

**SOUSTREXA**, v. n. Ne Parler que par b..... et par f..... : *Fa pas que soustrexa.*
**SOUSTREXAYRE**, *voyez* RENEGAYRE, SACRE-XAYRE.
**SOUT**, *voyez* XOUST.
**SOUTA**, *voyez* PROUBAXA.
**SOUTANO**, s. f. Soutane, vêtement long des ecclésiastiques. (De l'italien *sotana.*)

    La darrèro semmano
Lutèren per un pris et moun thèmo j'aguèt ;
    Aquel pris èro uno *soutano*
Biello, seco coumo de brano.
Per me beyre, ma may lou dilus gras benguèt.    J.

**SOUTENAPLE, O**, adj. Soutenaple, qu'on peut appuyer par de bonnes raisons ; Supportable, tolérable : *Aco n'es pas soutenaple,* ce n'est pas soutenable.
**SOUTERAIN**, s. m. Souterrain, lieu voûté sous terre ; Cavité, retraite sous terre : *Y'a calque souterain,* il y a quelque souterrain.
**SOUTIEN**, *voyez* SOUSTIEN.
**SOUTIZIÉ**, s. m. Sottisier, celui qui débite des sottises, dit des choses obscènes : *Sios un soutiziè,* tu es un sottisier.
**SOUTIZO**, s. f. Sottise, action, discours de sot ; Parole, action injurieuse, impertinence ; Obscénité : *Sap pas que dire de soutizos,* il ne sait que dire des sottises. (Racine *sot.*)

Per yeou qué souy sadoul d'entendré dé *soutizos*.
Et mêmes d'esprouba tout cop de maraoudizos,
M'en boou dins calqué endrex qué sio pas habitat
Per nou bézé pas pu dé xens sans proubitat
Aici l'un bous trais et l'aoutre bous descrido ;
Bous foou dounc mous adious, amai pla per la bido.
                                                   D.

**SOUVENE**, *voyez* SOUBENI.
**SOUXOUN**, *voyez* SOUPSOUN.
**SOUXOUNA**, *voyez* SOUPSOUNA.
**SOUXOUNOUS**, adj. Soupçonneux, enclin à soupçonner ; Défiant.

## SPE

**SPECTRE**, *voyez* FANTOME.

## SPL

**SPLENDOU**, s. f. Splendeur. (Du latin *splendor.*)

## STA

**STABILITAT**, s. f. Stabilité. (Du latin *stabilitas.*)

## STE

**STERILITAT**, s. f. Stérilité. (Du latin *sterilitas.*)

## STU

**STUC**, s. m. Stuc, composition de marbre broyé et de chaux ; Imitation du marbre. (De l'italien *stucco.*)
**STUCA**, v. act. Travailler le stuc : Imiter le marbre.
**STUPIDITAT**, s. f. Stupidité. (Du latin *stupiditas.*)

## SUA

**SUABITAT**, s. f. Suavité, douceur, agrément ; fig., Charme, délice : *Qu'uno suabitat de beoure fresc!* quelle suavité de boire frais ! (Du latin *suavitas.*)

## SUB

**SUABOMEN**, adv. Suavement. (Du latin *suaviter.*)
**SUANT, O**, adj. Suant, te, qui sue : *Es tout suant,* il est tout suant. (Du latin *sudens.*)
**SUARI**, *voyez* SUZARI.
**SUAT**, s. m. Cuir préparé au suif.

## SUB

**SUBDELEGA**, v. act. Subdéléguer, commettre avec pouvoir d'agir, de négocier. (Du latin *subdelegare.*)
**SUBDELEGAT**, s. m. Subdélégué, celui qui est investi de pouvoirs pour agir.
**SUBDIBIZA**, v. act. Subdiviser, diviser une ou plusieurs parties d'un tout déjà divisé : *Ba cal encaro subdibiza,* il faut encore le subdiviser. (Du latin *subdividere.*)
**SUBDIBIZIOU**, s. f. Subdivision, division d'une des parties d'un tout.
**SUBI**, v. act. Subir ; Essuyer ; Supporter ; Souffrir ; Endurer : *Cal subi soun sort,* il faut subir son sort. (Du latin *subire.*)
**SUBIT, O**, adj. Subit, te, prompt, soudain : *Uno mort subito,* une mort subite. (Du latin *subitus.*)
**SUBITOMEN**, adv. Subitement, tout-à-coup, soudainement : *Lou fioc a pres subitomen,* le feu a pris subitement. (Du latin *subitò.*)
**SUBJUGA**, *voyez* DOUNDA.
**SUBLIME, O**, adj. Sublime, qui est le plus haut, le plus élevé, le plus noble dans son genre. (Du latin *sublimis.*)
**SUBLIMITAT**, s. f. Sublimité, qualité de ce qui est sublime. (Du latin *sublimitas.*)
**SUBLIMOMEN**, adv. Sublimement, d'une manière sublime : *Escriou sublimomen,* il écrit sublimement.
**SUBOURDINATIOU**, s. f. Subordination, dépendance d'une personne à l'égard d'une autre : *Cal bioure dins la subourdinatiou,* il faut vivre dans la subordination.
**SUBOURNA**, v. act. Suborner, séduire ; Porter à une action coupable, à agir contre le devoir : *Lou demoun subournèt Ebo,* le démon séduisit Eve. (Du latin *subornare.*)
**SUBRE**, prép. Sur, marque la situation d'une chose à l'égard de celle qui la soutient, la position d'une chose au-dessus d'une autre : *Met la boutelho subre la taoulo,* mettez la bouteille sur la table ; Environ, vers la fin : *Subre la fi de la luno,* sur la fin de la lune. (Du latin *super.*)
**SUBRECARGA**, v. act. Surcharger, charger trop.
**SUBRECARGO**, s. f. Surcharge, charge trop forte ; Surcroît de charge : *Per subrecargo es malaout,* par surcroît il est malade.
**SUBRECEOU**, *voyez* SURCIEL.
**SUBREDEN**, s. f. Surdent, dent qui vient hors du rang, sur une autre ou entre deux dents : *A uno subreden,* elle a une surdent.
**SUBREFUZO**, *voyez* TOURRIL.
**SUBRELART**, s. m. Levure, ce qu'on lève de dessus et de dessous le lard : *Met-y casques subrelarts,* mettez-y quelques levures ?
**SUBRENOUM**, s. m. Surnom, nom après le nom propre : *Coussi t'appelos de subrenoum ?* comment t'appelles-tu de surnom ?
**SUBREPAGO**, s. f. Surpaye, gratification en sus de la paye ; Haute paye.
**SUBREPELIS**, s. m. Surplis, vêtement d'ecclésiastique, en toile. (Du latin *super pellicium.*)

## SUC

**SUBREPES**, s. m. Surcharge, excédant d'un poids; Réjouissance, la bonne mesure : *Boli que y'axo de subrepes*, je veux qu'il y ait de réjouissance.

**SUBRE SEMMANO**, Pendant le cours de la semaine : *Un xoun de subre semmano ba farey*, un jour de la semaine, je le ferai.

**SUBREXOUN**, *Subrejhoun*, s. m. Dans le courant de la journée : *Podi pas de subrexoun*, je ne puis pas dans le jour.

Lou Douriaïré engourdit n'oun quittabo so caso
Qu'un paouc sul *sutréjour* per faïre quaouquo raso. -
Aro ol premié sisclal del motinous aussel,
Saouto coumo un cobrit del liech sons cubercel. PRAD.

**SUBROUNDA**, voyez SURNADA.

**SUBSIDI**, s. m. Subside, levée des deniers pour l'État ; Impôt : *Touxoun calque noubèl subsidi*, il faut chaque jour quelque nouvel impôt. (Du latin *subsidium*.)

**SUBSISTA**, v. n. Subsister, continuer d'être ; Durer : *Encaro subsisto*, il dure encore : Avoir sa subsistance, vivre : *Aben peno à subsista*, nous avons peine à vivre. (Du latin *subsistere*.)

**SUBSISTENÇO**, s. f. Subsistance, nourriture et entretien. (Du latin *subsistancia*.)

**SUBTIL**, O, adj. Subtil, le, délié, fin, qui pénètre promptement ; fig., Fin, adroit : *A un esprit subtil*, il a un esprit subtil. (Du latin *subtilis*.)

**SUBTILITAT**, s. f. Subtilité, tour d'adresse ; Finesse ; Tromperie : *Ambe qu'uno subtilitat b'a atrapat*, avec quelle adresse il l'a pris. (Du latin *subtilitas*.)

**SUBTILOMEN**, adv. Subtilement, avec adresse. (Du latin *subtiliter*.)

**SUBTILIZA**, v. act. Subtiliser, tromper subtilement ; Raffiner, chercher trop de finesse : *Cal pas tant subtiliza las caousos*, il ne faut pas tant raffiner les choses.

## SUC

**SUCARDO**, s. f. Lessive qu'on fait à la laine pour la nettoyer du suint.

**SUCCURSALISTO**, s. m. Prêtre desservant une succursale.

**SUCCURSALO**, s. f. Succursale, église qui relève d'une église paroissiale : *Aben la nostro gleyzo succursalo*, nous avons notre église succursale.

**SUCO**, voyez CAP, TESTO.

**SUCOUMBA**, v. n. Succomber, fléchir, être accablé sous le poids, le fardeau que l'on porte ; fig., Avoir le désavantage, le dessous ; Céder, ne pas résister : *A calgut sucoumba*, il a fallu succomber ; se Laisser vaincre par... : *A sucoumbat à la tentatiou*, il a succombé à la tentation. (Du latin *succumbere*.)

**SUCRA**, v. act. Sucrer, mettre du sucre ; Assaisonner avec du sucre : *Cal pla sucra la tisano*, il faut sucrer beaucoup la tisane.

**SUCRARIÉ**, s. f. Sucrerie, choses dans la composition desquelles il entre beaucoup de sucre ; Bonbons ; Dragées ; Confitures : *N'aymi pas las sucrariés*, je n'aime pas les sucreries.

**SUCRAT**, ADO, adj. Sucré, ée, où il y a du sucre ; Qui en a le goût ; fig., Doucereux, mielleux : *Agaxas qu'un ayre la sucrat*, voyez quel air sucré.

**SUCRE**, s. m. Sucre, suc cristallisé de cannes des Indes, de raisin, de fruits, de racines, etc. : prov. : *Lou sucre fa pas mal qu'à la bourso*, le sucre ne fait mal qu'à la bourse. (Du latin *saccharum*.)

**SUCRIÉ**, s. m. Sucrier, vase pour le sucre.

## SUE

**SUÉTO**, s. f. Suette, maladie épidémique accompagnée d'une sueur excessive. Il y en eut une vers le siècle dernier de presque générale en France.

## SUF

**SUFFI**, *Suffire*, v. n. Suffire, être assez grand, assez étendu, assez fort : *Suffis*, cela suffit ; Pouvoir, fournir, subvenir, satisfaire à... : *Y podi pas suffire*, je ne puis y pourvoir ; Voilà qui est bien : *Aco suffis*. (Du latin *sufficere*.)

Bous boli pas pus bézé ; aco d'iou bous *suffire*.
Mais m'en boou d'aisi tal, car de bous soui fort las.
D.

**SUFFIS**, adv. Parce que, à cause que : *Suffis qu'es rixe me mesprézo*, parce qu'il est riche, il me méprise.

**SUFFISENT**, O, adj. Suffisant, te, qui suffit : *Es pla suffisent*, c'est bien suffisant ; Qui a de la vanité, de la présomption : *Parlo d'un toun suffisent*, elle parle d'un ton suffisant. (Du latin *sufficiens*.)

**SUFFIZENÇO**, s. f. Suffisance ; Capacité ; Présomption ; Vanité : *A trop de suffizenço*, il a trop de présomption. (Du latin *sufficientia*.)

**SUFFIZENTOMEN**, adv. Suffisamment, autant qu'il faut.

**SUFFOUCA**, v. act. Suffoquer, faire perdre la respiration ou la gêner beaucoup ; v. n. Étouffer, perdre la respiration : *Quicon me suffoco*, quelque chose m'étouffe ; Être animé d'une vive colère : *L'actiou me suffoco*, la vivacité me surmonte. (Du latin *suffocare*.)

É baoutres, Bignieyrous,
Osugos ol pus leon lous coutels poudodous ;
Es tems o lour tronchant d'obandouna lo souquo,
Qué sé bol descorga d'un faïs qué lo *suffouquo*. PRAD.

**SUFFOUCATIOU**, s. f. Suffocation, étouffement, malaise : *A de tems en tems uno suffoucatiou*, elle a des suffocations de temps en temps.

**SUFFRAXE**, s. m. Suffrage, voix donnée en matière d'élection ; Témoignage de satisfaction : *A lou suffraxe de tout lou mounde*, il a le suffrage de tout le monde ; Prières pour les morts ; fig., voyez SOUFFRAXE. (Du latin *suffragium*.)

## SUI

**SUIBAN**, prép. Suivant, selon, à proportion de... : *Suiban l'arxen aouras de marxandiso*, à proportion d'argent tu auras de marchandise.

**SUIBANT**, O, adj. et s. Suivant, te, qui suit, qui accompagne. (Du latin *sequens*.)

**SUISSO**, s. m. Suisse ; Portier d'une grande maison : Bedeau ; prov. : *Point d'arxen, point de suisso*, point d'argent, point de suisse.

## SUJ

**SUJHO**, voyez SOXO.

## SUK

**SUKERLI**, voyez SUQUERLI.

## SUL

**SUL**, voyez SUR.

SUL COP, adv. Tout de suite, sur le coup : *Es arribat sul cop*, il est arrivé tout de suite.

SULHA, v. act. Salir, rendre sale ; Ternir : *A sulhat la crambo*, il a sali la chambre.

SULHA (SE), v. pro. Se Salir, devenir sale ; Attraper des salissures : *Te sios sulhat ;* fig., s'Avilir, se déshonorer par quelque chose de honteux ; Dire des paroles qui servent ensuite contre soi : *Aro te sulhos*.

SULHARDO, *Souilhardo*, s. f. Souillarde, grand vase pour laver la vaisselle ; Souillon, servante qui est employée à laver la vaisselle, et autres bas services qui exposent à se salir.

SULHET, *Lendat*, *Solo*, s. m. Seuil d'une porte. (Du latin *solium*.)

SUL-SER, adv. Sur le soir, vers le soir : *Sul-ser fara frex*, vers le soir il fera froid.

SUL-XIOUL, s. m. Fessée, coup de main ou de verges sur les fesses : *Baylo-y sul-xioul*, donne-lui sur les fesses.

## SUP

SUP, O, adj. Myope, qui a la vue près : *Es pla sup*. (Du latin *super*, parce que le myope porte les yeux sur le livre.)

SUPA (SE), voyez CAPA (SE).

SUPEL, voyez SIPPEL.

SUPERBE, O, adj. Superbe, pompeux, magnifique, somptueux : *Lou repays ero superbe ;* Très-bien fait, très-beau, de belle apparence : *Aco's un ome superbe*, c'est un superbe homme. (Du latin *superbus*.)

SUPERBO, s. f. Superbe, orgueil : *N'a pas que de superbo*, il n'a que d'orgueil. (Du latin *superbia*.)

SUPERBOMEN, adv. Superbement, d'une manière superbe, orgueilleuse ; Magnifiquement : *Ero superbomen abilhado*, elle était magnifiquement habillée. (Du latin *superbè*.)

SUPERFICIEL, O, adj. Superficiel, le, qui n'est qu'à la superficie ; fig., Qui ne connaît rien à fonds, qui n'approfondit pas : *Es fort superficiel*, il est fort superficiel. (Du latin *superfacies*.)

SUPERFLU, s. m. Superflu, ce qui est de trop : *N'aoura prou mais noun pas de superflu*, il en aura assez mais non pas de superflu. (Du latin *superfluus*.)

SUPERIOURITAT, s. f. Supériorité ; Autorité, prééminence du supérieur. (Du latin *superioritas*.)

SUPERIUR, *Superieur*, s. m. Supérieur, celui qui commande, qui dirige, gouverne : *Aco's nostre superiur*, c'est notre supérieur. Du latin *superior*.)

SUPERIUR, O, *Superieur*, o, adj. Supérieur, re, qui est au-dessus ; Poste plus élevé : *Mais aqueste es superiur*, celui-ci est supérieur.

SUPERIOUROMEN, *Superieuromen*, adv. Supérieurement, beaucoup mieux ; Parfaitement.

SEPERSTITIOU, s. f. Superstition, extrême crédulité en matière de religion ; fausse idée de certaines pratiques religieuses : *Es pleno de superstitious*, elle est pleine de superstitions ; Vain présage qu'on tire de certains accidents fortuits : *As escampat la pebrieyro*, *arribara malhur*, tu as renversé la salière, il arrivera malheur. (Du latin *superstitio*.)

SUPERSTITIOUS, O, adj. Superstitieux, euse, qui a de la superstition, où il y a de la superstition. (Du latin *superstitiosus*.)

SUPPEL, *Sukel*, *Serro*, *Truquel*, s. m. Tertre,

sommet, élévation, côteau : *Aniras sur supel beze se ben*, tu iras sur le tertre voir s'il vient. (Du latin *supercilium*.)

SUPPLANTA, v. act. Supplanter, faire perdre à quelqu'un son emploi, etc., et lui succéder : *M'a supplantat*, elle m'a supplanté. (Du latin *supplantare*.)

SUPPLEA, v. act. Suppléer, fournir, ajouter ce qui manque à... ; Remplacer, remplir la place de... : *El me suppleara*, lui me suppléera ; Tenir lieu de... (Du latin *supplere*.)

SUPPLEANT, s. m. Suppléant, celui qui est nommé pour suppléer quelqu'un dans des fonctions publiques : *Es noummat xuxe-suppleant*, il est nommé juge-suppléant. (Du latin *supplens*, de *supplere*.)

SUPPLIA, *Supplica*, v. n. Supplier, prier humblement et avec instance : *Beni bous supplia*, je viens vous supplier. (Du latin *supplicare*.)

SUPPLIANT, O, adj. Suppliant, te, qui supplie.

SUPPLICA, voyez SUPPLIA.

SUPPLICATIOU, s. f. Supplication, humble et instante prière. (Du latin *supplicatio*.)

SUPPLICI, s. m. Supplice, punition corporelle ordonnée par la justice ; fig., Douleur, affliction ; Peine violente, vive inquiétude : *Aco's un supplici affrous*, c'est une peine affreuse. (Du latin *supplicium*.)

SUPPLICO, s. f. Supplique, requête pour demander une grâce ; Requête au Pape : *Cal fa la supplico*, il faut dresser la supplique. (Du latin *supplicatio*.)

SUPPORT, s. m. Support, ce qui soutient une chose, ce sur quoi elle repose : *Lou support n'es pas bou*, le support n'est pas bon ; Outil dans divers métiers : *Aro un support*, prends un support ; Patience, bonne intelligence dans le ménage : *Cal abe de support*, il faut avoir du support entre vous.

SUPPOURTA, v. act. Supporter, servir de support ; fig., Endurer, tolérer ; Souffrir avec patience : *Me cal la suppourta*, je dois la supporter.

Cado xoun on ye bex calque galan noubel ;
Toutis arrenassais farrou mait d'un troupel,
Tout aco pel segur bous agrado pes gayre :
Coussi ba suppourtas, perquo la laissas faire !

SUPPOURTA (SE), v. réc. Se Supporter, vivre en bonne intelligence : *Nous suppourtan prou pla*, nous nous entendons assez bien. (Du latin *suppourtare*.)

SUPPOURTAPLE, O, adj. Supportable, qu'on peut supporter, qu'on peut souffrir, qu'on peut tolérer, excuser : *Aco's pas suppourtaple*, ce n'est pas supportable.

SUPPOURTAPLOMEN, adv. Supportablement.

SUPPOUSCA, v. act. Saupoudrer, poudrer de sel, de farine, etc. : *Las le cal suppousca de farino*, il faut le saupoudrer de farine.

SUPPOUZA, v. act. Supposer, admettre l'existence d'une chose sans en être certain : *Suppouzen que siogo beriat*, supposons que ce soit vrai ; Produire une pièce fausse : *A suppouzat un acte*, il a produit un faux acte. (Du latin *supponere*.)

SUPPOUZE, s. m. Supposé, supposition : *Foou un suppouze*, je fais une supposition. (Du latin *suppositum*.)

SUPPOUZITIOU, s. f. Supposition, proposition mise en avant comme vraie ; Fausse allégation, chose controuvée : *Aco n'es pas qu'uno suppouzitiou*, ce n'est qu'une supposition. (Du latin *suppositio*.)

**SUPRÊME**, O, adj. Suprême, au-dessus de tout en son genre, en son espèce : *Aco's lou suprème hounnur*, c'est le suprême bonheur. (Du latin *supremus*.)

**SUPRESSIOU**, s. f. Suppression, retranchement; Action de supprimer. (Du latin *suppressio*.)

**SUPRIMA**, v. act. Supprimer, empêcher ou faire cesser de paraître ; Annuler, abolir. (Du latin *supprimere*.)

**SUPURA**, v. n. Suppurer, apostumer, rendre, jeter du pus : *A acabat de supura*, il a fini de suppurer. (Du latin *suppurare*.)

**SUPURATIOU**, s. f. Suppuration, écoulement du pus. (Du latin *suppuratio*.)

## SUQ

**SUQUÈL**, s. m. Petit Tertre.

**SUQUÈRLI**, s. m. Tertre, petite élévation : *Mounto sul suquerli*, monte sur le tertre.

## SUR

**SUR**, adj. Sûr, ce qui est certain : *Aco's sur*. (Par contraction de *securus*.)

**SUR**, s. f. Sœur, religieuse vivant en communauté. (Du latin *soror*.)

Quan la sur Pelagia
Adoucis nostré éxil ;
Bouna Vierja Maria,
Pregus vos re cher fil,
Qu'aquela qué nous guida
Dins aquésté séjour,
Véché fini la vida
Lou vespré d'un bel jonr.        PEYR.

**SUR**, RO, adj. Sûr, re, vrai, certain, indubitable ; qui doit arriver indubitablement : *Es uno caouso suro*, c'est une chose sûre.

**SUR**, prép. Sur, marqué la situation d'une chose à l'égard de celle qui la soutient, la position d'une chose au-dessus d'une autre : *Ba mes sur la taoulo*, il l'a mis sur la table ; Dans : *A lexit sur un libre*. (Du latin *super*.)

« Sur qu'un prépaous qué sio calqué trobé à rédiré ;
« Mais certos pla sonben yén a mêmes per riré ;
« Ço qu'aoura dit bint cols apeï ba controdis,
« D'abord qué saperçaou qué calqu'aoutré ba dis.  D.

**SURABOUNDA**, v. n. Surabonder, abonder excessivement. (Racine *abounda*.)

**SURABOUNDANT**, TO, adj. Surabondant, te, qui surabonde.

**SURABOUNDANÇO**, s. f. Surabondance, abondance excessive.

**SURBAYSSA**, v. act. Surbaisser, t. d'arch. ne pas construire une arcade en plein cintre : *Cal surbayssa aquel cindre*, il faut surbaisser ce cintre ; v. n. s'Affaisser en parlant des terres. (Racine *baysse*.)

**SURBAYSSOMEN**, s. m. T. d'arch. Surbaissement, état de ce qui est surbaissé ; Ce dont une arcade est surbaissé : *N'a pas prou de surbayssomen*, il n'y a pas assez de surbaissement.

**SURBELHA**, v. act. Surveiller, veiller avec soin et ordinairement avec autorité sur quelqu'un, sur quelque chose ; Observer la conduite d'une personne : *La te cal surbelha*, il faut la surveiller. (Racine *belha*.)

**SURBELHANT**, s. m. Celui qui surveille, observe.

**SURBELHENÇO**, s. f. Surveillance, action de surveiller.

**SURBELHO**, *voyez* ABAN-BEILHO.

**SURBENDRE**, v. n. Survendre, vendre trop cher. (Racine *bendre*.)

**SURBENI**, v. n. Survenir, arriver inopinément, de surcroît : *Y'es surbengut un eritaxe*, il lui est survenu un héritage. (Racine *beni*.)

**SURBIBENT**, TO, adj, Survivant, te, qui survit : *Lou surbibent b'aoura tout*.

**SURBIOURE**, v. n. Survivre, demeurer en vie après un autre : *Se me surbibes*, *te layssarey moun be*, si tu me survis, je te laisserai mon bien. (Racine *bioure*.)

**SURCARGA**, *voyez* SUBRECARGA.

**SURCARGO**, *voyez* SUBRECARGO.

**SURCIÈL**, *voyez* CURBICKEL.

**SURCROIT**, s. m. Surcroît, accroissement, augmentation : *Et per surcroit es malaout*, et par surcroît il est malade.

**SURDEN**, *voyez* SUBREDEN.

**SURDITAT**, *voyez* SOURDIÈVNO.

**SURDOS**, *voyez* SOFFRO.

**SURETAT**, s. m. Sûreté, état de celui qui, de ce qui est à l'abri de tout danger : *Es en suretat*, elle est en sûreté ; Où il n'y a rien à craindre, en prison : *L'an mes en suretat*, on l'a mis en lieu sur. (Du latin *securitas*.)

**SURFA**, v. act. et n. Surfaire, demander trop cher d'une chose à vendre : *Cal pas trop surfa*, il ne faut pas trop surfaire.

**SURFAÇO**, s. f. Surface, extérieur d'un corps : *La surfaço es liso*, la surface est lisse. (Du latin *superficies*.)

**SURFUL**, *voyez* SERFUL.

**SURINTANDANT**, s. m. Surintendant, celui qui a une surintendance.

**SURJHE**, *voyez* SURXE.

**SURLENDEMA**, Surlendemain, le jour qui suit le lendemain.

**SURMOUNTA**, v. act. Surmonter, monter, s'élever au-dessus ; Avoir l'avantage ; Surpasser : *Lous a toutes surmountats*, il les a tous surpassés ; Vaincre, triompher de : *Soun couraxe a surmountat tout*, son courage a tout surmonté.

**SURMOUNTA** (SE), v. pro. Se Surmonter, maîtriser ses penchants : *Abe calgut se surmounta*, il a bien fallu se surmonter. (Racine *mounta*.)

**SURNADA**, v. n. Surnager, se soutenir sur un fluide : *l'oli surnado*, l'huile surnage. (Racine *nada*.)

**SURNATUREL**, LO, adj. Surnaturel, le, au-dessus des forces de la nature ; Extraordinaire : *Tout es surnaturèl dins aquel affa*, tout est extraordinaire dans cette affaire. (Du latin *supernaturalis*.)

**SURNATURÈLOMEN**, adv. Surnaturellement, d'une manière surnaturelle.

**SURNOUN**, *voyez* SUBRENOUN.

**SURNOIS**, *voyez* SOURNOIS.

**SURNUMERARI**, s. m. Surnuméraire, commis sans paye, aspirant à un emploi lucratif ou honorifique.

**SUROMEN**, adv. Sûrement, avec sûreté, en assurance ; Certainement : *Bendra suromen*, il viendra sûrement. (Du latin *securé*.)

**SURPAGA**, v. act. Surpayer, acheter trop cher ; Payer au-delà de ce qui est dû : *B'as surpagat*, tu l'as surpayé.

**SURPASSA**, v. act. Surpasser, être plus élevé ; Excéder ; fig. Être au-dessus, en bien ou en mal ; l'Emporter sur ; Excéder les forces, l'intelligence ;

*Aco surpasso l'imaxinatteu*, cela dépasse l'imagination. (Du latin *superare*.)

SURPASSA (SE), v. pro. Se Surpasser, faire encore mieux qu'à l'ordinaire : *Te sios surpassat aqueste cop*, cette fois tu t'es surpassé ; l'Emporter tour à tour l'un sur l'autre : *Se tenou surpassat*.

SURPELIS, voyez SUBREPELIS.

SURPLUS, s. m. Surplus, l'excédant, le reste : *Lou surplus sera teou*, le surplus sera pour toi.

SURPRENE, v. act. Surprendre, prendre sur le fait, à l'improviste, au dépourvu, dans une action, un état où l'on ne s'attendait pas à être vu : *L'ey pla surpres*, je l'ai bien surpris ; Arriver, attaquer, subitement : *Nous surprenguérou pendent la neyt*, on nous surprit pendant la nuit; Prendre furtivement, obtenir frauduleusement ; Tromper : *L'a surpres*, Étonner : *Me surprenes pla*, tu m'étonnes bien ; Havir, dessécher la viande à grand feu, sans qu'elle cuise en dedans : *Lou foc surprendra aquel xigot*, le feu desséchera cette gigue. (Racine *prene*.)

SURPRENENT, TO, adj. Surprenant, te, qui surprend, étonne : *Aco's pla surprenent*, c'est bien surprenant.

SURPRES, ZO, adj Surpris, se, pris sur le fait, au dépourvu; fig., Étonné : *Es estat fort surpres*, a été fort surpris.

Estoumat et *surprés* d'uno la brusque fuito,
Sans préné lour cousél, él sé mét à lour suito,
Lous seguis pas à pas
Ambé pla d'attenciou qué sé rébiren pas.
 A péno dins la crambo
Qu'amagat dins un couen, oun soun él brillo et flamho,
Bél soun mounde entouran un bres que l'éblouis
 A forço que luzis,
Sa formo, qué parés trabets la moussoulino.
 La pus claro, la pus fino
 Que l'emblanquis coumo la neou,
 Ressémblo à n'un bateou ;
 Toutos las flous de la pradario
 Y soun plaçados en broudario,
 Et las franjos d'or
 Gratillou, talomen lou cor,
Qu'on crey-que l'an fayt espiés per uno idolo,
S'on nou béjo à coustat la grosso bressayrolo.
 CEREN.

SURPREZO, s. f. Surprise, action de surprendre; Étonnement, trouble : *Dins qu'uno surprezo m'as mes*, dans quel étonnement tu m'as jeté ; Tromperie : *Per ebita touto surprezo*, pour éviter toute surprise.

SURSAOUT, s. m. Sursaut, brusque interruption du sommeil : *Me souy derebelhat en sursaout*, je me suis éveillé en sursaut.

SURSEENÇO, s. f. Surséance, suspension d'une affaire, délai pour la décision.

SURSIS, s. m. T. de pal. Sursis, délai : *Y'an accourdat un sursis*, on lui a accordé un sursis.

SURTAXA, v. act. Surtaxer, taxer trop haut.

SURTAXO, s. f. Surtaxe, taxe trop forte, taxe ajoutée à d'autres.

SURTOUT, s. m. Surtout, vêtement ample au-dessus des autres; Vêtement d'enfant : *M'y cal fa un poulit surtout*, je veux lui faire un beau surtout.

SURTOUT, adv. Surtout, avant toute chose ; Notamment : *Surtout, toques pas res à digus surtout*, ne touche rien à personne.

SURXE, s. m. Suint, humeur épaissie qui suinte du corps des animaux, et s'attache au poil ; Odeur qu'exhale le suint : *Aquelo lano sentis lou surxe*, cette laine sent le suint ; Laine crue, dans son suint : *La lano surxo es pla caro*, la laine en suint est chère.

SURXEN, s. m. Chirurgien, celui qui exerce la chirurgie : *Cal abe lou surxen per la sanna*, il faut avoir le chirurgien pour qu'il la saigne. (Du latin *chirurgus*.)

SURXO, adj. Grasse, en suint : *Met de lano surxo al coustat*, mets de laine en suint sur le côté.

## SUS

SUSCEPTIBILITAT, s. f. Susceptibilité, disposition à se choquer trop aisément ; Sensibilité excessive.

SUSCEPTIPLE, O, adj. Susceptible, qui s'offense très-facilement ; Trop sensible ; Qui peut recevoir telle modification ; Capable de... : *Aquel oustal es susceptible de reparatious*, cette maison est susceptible d'être réparée. (Du latin *susceptibilis*.)

SUSCITA, v. act. Susciter, faire naitre, causer, exciter : *M'a suscitat un affa peniple*, il m'a suscité une affaire pénible. (Du latin *suscitare*.)

SUSDIT, TO, adj. Susdit, te, nommé, annoncé ci-dessus.

SUSFLOURA, v. n. Écrémer, prendre ce qu'il y a de meilleur : *Bouldrio susfloura tout lou panic*.

SUSPENDRE, v. act. Suspendre, élever, attacher, soutenir un corps en l'air de sorte qu'il pende : *Cal suspendre lous cambaxous al planxè*, il faut suspendre les jambons au plancher ; Interrompre ; Différer : *Cal suspendre lou trabal*, il faut suspendre le travail ; Interdire à quelqu'un pour un temps l'exercice de ses fonctions : *L'an suspendut per un mes*, on l'a interdit pour un mois. (Du latin *suspendere*.)

SUSPENS, adj. Suspens, interdit ; adv. Dans l'indécision, le doute, l'incertitude : *Es en suspens se ba fara*, il est dans l'indécision s'il le fera. (Du latin *suspensus*.)

SUSPENTO, s. f. Soupente, courroie large et épaisse servant à tenir suspendu le corps d'un carrosse : *La suspento es laxo*, la soupente est lâche; espèce d'Entresol, de faux plancher.

SUSPÉT, TO, adj. Suspect, te, dont il faut se défier, dont on n'est pas sûr : *Aco's tant suspèt*, c'est fort suspect. (Du latin *suspectus*.)

SUSPETTA, v. act. Suspecter, regarder comme suspect, tenir pour suspect ; Soupçonner : *Lou suspettou*, on le soupçonne. (Du latin *suspectare*.)

SUSPÈZA, voyez SOUSPÈZA.

SUSPOUSCA, voyez SUPPOUSCA.

SUSTANTIÉL, LO, adj. Substantiel, le, plein de substance : *Aco's uno terro sustantiélo*, c'est une terre substantielle. (Du latin *substantialis*.)

SUSTANTIÉLOMEN, adv. Substantiellement, quant à la subtance.

SUSTENÇO, s. f. Substance, toute sorte de matières ; Ce qu'il y a de succulent ; Quintessence, suc ; fig., Ce qu'il y a d'essentiel, le principal, le fonds : *La sustenço es bertado*, le fonds est vrai. (Du latin *substantia*.)

SUSTENTA, v. act. Substanter, donner une nourriture suffisante pour entretenir la vie : *Lou sustentan ambe de bi*, nous le substantons avec du vin. (Du latin *substentare*.)

SUSTITUA, v. act. Substituer, mettre à la place de : (Du latin *substituere*.)

SUSTITUT, s. m. Substitut, officier judiciaire chargé de soulager ou de suppléer l'officier principal : (Du latin *substitutus*.)

SUSTITUTIOU, s. f. Substitution, action de mettre une personne ou une chose à la place d'une autre ; Disposition par laquelle on appelle quelqu'un à l'hérédité de la totalité ou d'une partie de ses biens. (Du latin *substitutio*.)

## SUT

SUTTA, v. n. Hâter, diligenter, faire dépêcher : *Se cal sutta*, il faut se hâter.

SUTTE, adv. Promptement, diligemment, à l'improviste : *Aco's bengut pla sutte*, c'est venu promptement. (Du latin *subito*.)

SUTTO, s. f. Frayeur, peur.

## SUX

SUXEDA, v. n. Succéder ; en parlant des personnes, Prendre la place d'une autre, la remplacer ; en parlant des choses, Venir après : *La plèxo a suxedat al bèl tems*, la pluie a succédé au beau temps. (Du latin *succedere*.)

Lou nuagté o lo fi coumenço o s'estourra
Lo tompestó s'oflaquo ; en oquel trin hourriblé
Succèdo paouc-o-paouc, un tems dous et pésible. PRAD.

SUXÈS, s. m. Succès, issue quelconque d'une affaire ; Heureuse issue, réussite : *A agut de suxès*, il a eu du succès. (Du latin *successus*.)

SUXÈSSIF, IBO, adj. Successif, ive, qui se succède sans interruption.

SUXÈSSIOU, s. f. Succession, biens qu'une personne laisse en mourant : *Y'a uno grosso suxessiou*, il y a une grosse succession. (Du latin *successio*.)

SUXESSOU, s. m. Successeur, celui qui succède à un autre : *Sera soun suxessou*, il sera son successeur. (Du latin *successor*.)

SUXESTIOU, s. f. Sujétion, dépendance, assujettissement ; Assiduité gênante ; Incommodités ; Servitudes, etc.

SUXÈT, TO, adj. Sujet, te, qui est dans la dépendance de ; Soumis à..., assujetti à... ; Habitué, accoutumé à..., *Es suxèt al bi*, il est sujet au vin. (Du latin *subjectus*.)

Per coumpletà tout lou devis,
Et per activa l'édifici
Arivou dins lou Paradis
De sujets caousits et sans vici.
Venguts d'Espagno ou del Japoun,
Toutes an lou même lengache,
Toutes à l'adourable noum
Randou lou même témoignache. PUJ.

SUXÈT, s. m. Sujet, celui qui est soumis à une autorité souveraine ; Personne considérée sous le rapport du talent, de la conduite : *Es un paoure suxèt*, c'est un triste sujet ; Cause, fondement, raison, motif : *Aco sera un suxèt de crida*, ce sera une raison de crier ; terme de jard. Arbre à greffer : *Lou suxèt es pla pixou*, le sujet est bien petit.

SUXO, Sexo, s. f. Suie, matière épaisse et noire, que la fumée laisse attachée aux parrois de la cheminée. (De l'anglo-saxon *soate*.)

## SUZ

SUZA, v. n. Suer, rendre de la sueur ; Suinter, en parlant des corps inanimés : *La muralho suzo*, les murs suintent ; Peiner, travailler péniblement : *Me fa pla suza*, il me fait bien peiner. (Du latin *sudare*.)

SUZARI, s. m. Suaire, linceuil pour plier un mort : *Sera pas pus blanc quand sera sur suzari*, il ne sera pas plus pâle au suaire. (Du latin *sudarium*.)

Incara per ma tendra lyra
La doulou mé presta de cants ;
É lou dol que porté m'inspira
D'accéns funèbres et toucans.
Mor ! cerque dins toun sanctuari
Un péra que réjoindray léou ;
Un péra qu'an més al suzari ;
Un péra qu'es dins lou toumbéou. PAYA.

SUZAYRE s. m. Qui sue facilement, beaucoup.

SUZOU, s. f. Sueur, humeur aqueuse qui sort par les pores : *Nado de suzou*, il est tout en sueur. (Du latin *sudor*.)

L'aoutro, lou front mouillat d'uno frédo *suzou*,
Junis sas dios mas, s'aginouillo,
Et dis, tout bas, penden que soun fray desfarrouillo,
O moun Diou ! perdouno me zou ! J.

SUZOUN, s. f. Suzanne, nom de femme.

## TA

TA, voyez TAP.

TA, pro. posses. Ta : *Ta filho, ta fenno*, ta fille, ta femme. (Du latin *tua*.)

TA, *Tant*, adv. Tant, aussi : *Agaxo que siogo pas ta ple*, vois qu'il ne soit aussi plein. (Du latin *tantum*.)

## TAB

TABART, *Rèclo*, s. m. Grosse Règle pour niveler : *Pourtaras lou tabart*, tu porteras la règle.

TABASTÈLO, voyez TRABASTÈLO.

TABAT, s. m. Tabac, nicotiane, plante usuelle dont on mâche et fume les feuilles, et dont on fait une poudre qu'on aspire par le nez : *Ne dounario pas uno preso de tabat*, je n'en donnerai pas une prise de tabac. (Le tabac n'a été importé en France qu'en 1560 il est originaire de l'île de

TAC

*Tabasco*, voilà l'étymologie.)

TABATIÈYRO, s. f. Tabatière, boîte portative pour le tabac en poudre : *Sourtis la tabatièyro*, sort la tabatière.

TABATOU, NO, adj. Grand Priseur, qui prend beaucoup de tabac : *Sios uno tabatouno*.

TABATOUS, OUSO, adj. Qui prend beaucoup de tabac ; Grand priseur.

TABATTAYRE, s. m. Débitant de tabac.

TABATTAYRO, s. f. Débitante de tabac.

TABAZIO, *Blago*, s. f. Sac à tabac ; Tabagie, lieu où l'on fume.

TABE, *Attabe*, adv. Aussi, aussi bien : *Tabe ba s'es cercat*, aussi il se l'est cherché.

> *Tabes, dins lou pradel, tout respiro ambe aïsenço,*
> *Digus noun se ressent de sa traito présenço,*
> *Lou gaunti parpailiol boultijo sur las flous*
> *E proumeno al soulel sas brillantos couleurs ;*
> *La nymphn de l'endret, la doumaisello alado,*
> *Bon per se miraïlla, dins l'oundo de la prado,*
> *Fièro d'abe panat sas aletos al cel,*
> *Se prouclamo pertout, la reyno del pradel.*
> CEREN.

TABEL, s. m. Dizeau, tas de dix gerbes : *l'a bint tabèls de mens*, il y a vingt dizeaux de moins.

TABELA, v. act. Former les dizeaux.

TABELO, s. f. Garrot d'une charrette dont le moulinet est sur le devant.

TABERNACLE, s. m. Tabernacle, espèce de petit temple sur l'autel où l'on enferme le ciboire : *Lou tabernacle ero brillant*, le tabernacle était brillant. (Du latin *tabernaculum*.)

TABERNO, voyez CABARET.

TABES, voyez TABE.

TABLEOU, voyez TAPLEOU.

TABOURET, s. m. Tabouret, petit siège à quatre pieds sans bras, ni dos : *Abanso-y lou tabouret*, avance-lui le tabouret.

TABOURI, s. m. Tambourin, petit tambour.

TABOURGNEYRO, voyez ABOULIMEN.

TAC

TAC, s. m. Tact, sens qui reçoit l'impression des objets sur lesquels s'exerce le toucher ; Justesse, finesse du jugement : *A lou tac*, il a le tact. (Du latin *tactus*.)

TACA, v. act. Tacher, faire une tache, des taches ; Souiller, salir : *B'as tout tacat*, tu as tout taché. (Racine *taco*.)

> De la negrou d'aquel pecat
> Un cadun de nous es *tacat*,
> Aco's le payral heritage,
> Atal tout home mort ou biu
> Aurio ressentit le doumatge
> De jamay nou countempla Diu.
> Hounouren lou retour
> De l'admirable jour,
> Que le Prince de cel
> Nasquec efan per l'home,
> Afi que dins l'ifer
> Satan nous l'endoulome. G.

TACA (SE), v. pro. Se Tacher ; Se salir ; Se déshonorer : *Aro te tacos*.

TACAN DE PAS, s. m. Coupe-jarret, assassin de profession, brigand : *Aco's un tacan de pas*, c'est un assassin.

TACITOMEN, adv. Tacitement, sans être formellement énoncé. (Du latin *tacité*.)

TACITURNO, adj. Taciturne, qui parle peu ; Sombre, mélancolique. (Du latin *taciturnus*.)

TAL 507

TACO, s. f. Tache, salissure : *As fax uno taco à la coffo*, tu as fait une tache à la coiffe ; fig. Résultat d'une action coupable : *Aco's uno taco dount se labara-pas*, c'est une tache dont elle ne se lavera pas ; Marque naturelle ou accidentelle sur la peau de l'homme : *A uno taco sur la ma* ; *Taco d'oli*, adv. c'est fini ; *Taco dins un el*, Taie, pélicule blanche qui se forme sur l'œil : *A la taco sur l'el*. (Du bas breton *tache*.)

TAF

TAFETA, *Tafata*, s. m. Taffetas, étoffe de soie, mince, tissue comme la toile : *Uno raoubo de tafeta*, une robe de taffetas. (Suivant Bochart, le Duchat, par onomatopée, de tif, taf, à cause du bruit que fait cette étoffe. Le Duchat ajoute qu'on prononçait autre fois *taffetaf*.)

TAFO, (DE LA NEOU.) s. f. Blancheur, éclat de la neige : *Blanc coumo la tafo de la néou*, blanc comme neige.

TAFURA, v. n. Inquiéter, donner envie de savoir : *Aco la tafuro*, cela l'intrigue.

TAH

TAHUT, voyez TAUT.

TAI

TAINA, *Tainexa*, *Crassima*, v. n. Attendre avec impatience : *Me fas pla taïna*, tu me fais bien languir.

TAINEXA, voyez TAINA.

TAINO, *Languimo*, s. f. Mélancolie, langueur, inquiétude, *La taïno l'a trapat*, la mélancolie l'a pris.

TAINOUS, OUZO, adj. Inquiet, te, mélancolique, langoureux.

TAL

TAL, s. m. Tranchant d'un couteau, d'une coignée, etc. : *Aco's un boun tal*, c'est un bon tranchant ; Taillade sur quelque partie du corps : *S'es fax un gros tal*, il s'est fait une grosse taillade ; Tranchée : *Doubriras lou tal bès bizo*, tu ouvriras la tranchée du côté de la bise.

> Mes que la mal-hurouso gen
> Lou vi blous on lou farlabiquo,
> Et vous, del *tailh* de la barriquo
> Lou vse mandats quant on l'a trach,
> Dè la sorto que Diou lo fach,
> D'aquel que beu bostre marit. A. G.

TAL (A BEL), adv. De suite, sans choix, indifféremment : *Ba prendras à bèl tal*, tu le prendras de suite.

> « Escantit es lou lun, usat es lou bel moplé
> « De qui la terro sec l'aounou de soun oustal,
> « La descarado mort un cop tout *à bel tal*
> « Endrouin dedins lou clot lou pagès et lou nople. G

TAL, LO, adj. Tel, telle, pareil, semblable : *L'aouras talo que bouldras*, tu l'auras telle que tu voudras. (Du latin *talis*.)

> « O certos, dins lou fonds, me serio fort égal,
> « Cependant bouldrio pas y'abé fax cap dé péno,
> « Sabi, quand és brouillat, coussi sé descadéno ;
> « Mais per se fairé pas dé *talés* énèmis,
> « Lou reçabi quand ben, amm'aco tout es dix. D.

TALA, v. act. Tailler, une vigne à mort ; Donner beaucoup de bois afin de l'épuiser parce qu'on veut l'arracher : *Boli tala la bigno*, je veux tailler à mort la vigne.

**TALABRENO**, voyez BLANDO.

**TALAMEN**, voyez TALOMEN.

**TALAN**, s. m. Talent, aptitude naturelle à...; Habileté dans une partie quelconque : *A un grand talan per s'enrexi*, il a une grande adresse pour s'enrichir ; Commerce, industrie : *Meno un grand talan*, il fait un grand commerce ; Pour l'exploitation d'un bien : *A tout lou talan d'uno borio ; Es en talan de borio*, il est outillé pour une métairie. (Du latin *talentum*.)

 É toujour lou talan sublime
 Es dins lou moundé malhurous ;
 Toujours dé lâchés détractous
 Cruzou jouts sous pés un abimé ;
 Mais la justa pousléritat
 Al *talan* rand pus tard l'éstimé,
 En transmétten soun obra à la pousléritat !
          PEYN.

**TALASPIC**, s. m. Thlaspi, plante qui croît dans les lieux humides.

**TALASTRE**, s. m. Hasard ; Cas fortuit : *Se per talastre troubabi uno toupino pleno*, si par hasard je trouvais un trésor. (Racine *tal* et *astre*.)

**TALAYRE**, voyez TARAYRE.

**TALBIRA**, v. n. Reboucher, émousser le tranchant d'un outil : *A talbirat la pigasso*, il a rebouché la hache.

**TALEN**, s. m. Faim, besoin, désir de manger : *Ey un talen que lou besi courre*, j'ai une faim dévorante ; fig. Accord, harmonie dans un ménage : *Quand un a talen, l'aoutre diou abe set*, quand un a faim, l'autre doit avoir soif.

 Mais ço qu'es bray, trop bray : Maltreto,
 Escapèt à touts uno ney ;
 Et dins nostro bilo dunpey,
 Penden trento ans au bis l'innoucento paoureto,
 A nostro caritat para las mas, souben ;
 Dins Agen dision, quand passabo,
 Maltro sort, diou abe *talen*.    J.

**TALÉOU**, adv. aussitôt, dans le même moment, prov. : *Taléou badat, taléou mentit*, aussitôt parlé, aussitôt menti.

 Taléou m'estré oscurat, moun paysan mé signaló
 Qué ma crambo à coucha n'és cai bout de l'escalo.
 Mounti dins un crambot bez, dal galata
 Ount caillo tout cap nut de miex pan s'aclata.
         VESTREP.

**TALÉOU DIT, TALÉOU FAX**, adv. Sitôt dit, sitôt fait.

**TALHA**, v. act. Tailler, couper en plusieurs morceaux ; Retrancher avec les ciseaux ; Recéper une vigne, une souche d'osier ; Châtrer un cheval, un bœuf : *Lou nous cal fa talha*, Tailler la pierre pour une construction : *Nous cal fosso tems per talha*, il nous faut beaucoup de temps pour tailler. (Du latin barbare *taliare*, fait de *talia*, qu'on a dit pour *talea*, branche coupée d'un arbre.)

**TALHA** (SE), v. pro. Se Couper au doigt, etc., s'y faire une entaille, une coupure : *Me souy pla talhat*, je me suis coupé.

**TALHADO**, s. f. Un Taillis, bois en coupe réglée ; jeune Bois de 25 ans : *Abès uno bèlo talhado* vous avez un beau taillis ; Tranche de pain coupée fort mince ; soupe : *Y metras dos talhados soulomen*, vous mettrez deux tranches seulement.

 Elos d'uno *talhado*
« Sourtigueroun pel prat l'én d'uno pistoulado
« Ieu tenio dous lebriés que mé preguèrou fort

« Que lous layssés ana, que las meirion à mort,
« Ieu lous layssèri ana à may de milo passes
« Nous las prenguèrou gez per ço qu'èrou trop lasses
« Et peys el plouvjo trop, las fanguos erou molos,
« Mais las lèbres figiou coumo serou de folos.
         A. G.

**TALHADOU**, s. m. *Croundèl*, Tranchoir, tailloir, hâchoir, plateau de bois dur sur lequel on coupe la viande, on tranche le pain : *Raspo lou talhadou*, nettoye le hâchoir.

**TALHAN**, s. m. Taillant, tranchant d'un couteau, etc. : *Lou talhan s'es affoulat*, le tranchant s'est émoussé ; Outil de maçon pour tailler la pierre, il est à deux fins ; d'un côté il est en pointe pour smiller la pierre, de l'autre en tranchant pour la finir.

**TALHANDIÉ**, s. m. Taillandier, celui qui fait, vend les gros outils en fer pour les charpentiers, charrons, etc. : *Trobi pas un boun talhandié*, je ne trouve pas un bon taillandier.

**TALHANS**, s. m. Gros Ciseaux de tailleur.
**TALHAPLE**, adj. Taillable, sujet à la taille.
**TALHÉ**, *Teilhé*, s. m. Métier de tisserand.
**TALHÉYRO**, *Tailleyro*, s. f. voyez CARRETO.
**TALHIS**, voyez TALHADO,

**TALHO**, s. f. Taille, stature du corps : *Uno béllo talho*, une belle taille ; Manière dont on coupe les étoffes pour en faire des vêtements : *Aquelo besto n'a pas uno poulido talho*, cette veste n'a pas une belle coupe ; Les pierres pour la construction, les arbres pour qu'ils fructifient ; *La talho y fa fort*, la taille y fait beaucoup ; Bois pour marquer par des entailles ce que l'on fournit ou reçoit : *Porto-me ta talho*, porte-moi ta taille ; l'Imposition que l'on paye : *An lebado la talho*, fig. *Ana leba la talho*, aller demander l'aumône. (Dans ces derniers sens de *talea*.)

 És vray qué nostré dévignayre
 Quèn couma aco lou faguèt fayre (Le cheval de Troie.)
 Dounet una bona rézoun,
 Ma vista, diguèt lou fripoun,
 En té dounan aquélo *tala*.
 Es qué ni porta, ni muraïa,
 Dins Troïa, sans las démouli,
 Noun lou pogoun pas engouli ;
 Per taou qué s'una fés l'intrava,
 La Greça serié vostra esclava ;
 Aoutramén sé l'intrava pas,
 Ou qué n'en faguèsse pas cas,
 Troïa, per aquel tour d'adressa
 Sérié l'esclava de la Greça
 Péndén tout una éternitat.    FAY

**TALHOU**, s. m. Partie d'une chose bonne à manger ; on dit un morceau de lard, ou de salé ; une Tranche de pâté, de jambon, de saucisson, de fromage ; une Rouelle d'orange ; un Quartier de pomme, de poire : *Douno-y en un talhou*, donnez-lui en un quartier ; Ce que l'on met pour assaisonner la soupe : *Met-y un gros talhou abey*, mets-y une grosse portion aujourd'hui.

 Qui ba creyra pus tard !.... Un joun la poupulasso,
 Dins un délir affrous s'assemblo sur la placo ;
 Ou bestio dins las mas pigassos et bastous ;
 L'ayre respoumpissio de bruts et de cansous ;
 Quand un home cridec, d'uno bouts en couléro :
 Anguen-noun, mous amics, anguen-noun al calbéro !
 Derrancaren la crouts ! cal pas que pus lountemps
 Nous ofusque lous éls ! — Abets rasou, Laourens !
 Digueroun les pus fols de toulo aquelo bando ;
 Marchen, mounten sul cop ! qu'un es le que coumando ?
 Es you, respoun Laourens, leban soun pigassou,
 Car, boli le prumié n'en fa saoula un *taillou* !

Perden pas un moumen; et qu'aqueslo journado,
D'ambe moun noum al cap, dins cent ans sio citado.
MEN.

**TALHOUNA**, v. act. voyez ATTALHOUNA.
**TALHUR**, s. m. Tailleur, celui qui taille;
Tailleur d'habits: *Lou talhur ben dema*, le tailleur vient demain; Carabé doré, petit insecte à brillantes couleurs.

Sul cop l'espes tailhur à n'aquelo boutado,
Tiro d'entre sas dens sa pipo culoutado,
Et de poou, dins soun floc, de la briza pes deis,
La glisso doucomen dins soun fourrecou destres;
La pipo dins l'estuit, el fa faço à l'aouraxe,
Et respoun à sa fenno en mestre de menaxe:
Ba l'ey dix milo cox, milo cox repetat,
Ta glorio nous perdra pus leou que lou tabat.
Ha! se la fantezié de boule beni damo,
N'abio pas estoufat la razou dins toun âmo,
Saourios, que lou faiset d'un *tailhur* sans crédit,
De pelassés que d'or es pus souben farcit.
D'ailhurs sans flattarié yeou ba te podi dire,
Un capel sul teou cap, fario creba de rire;
Et lou mounde d'abey a mourdi touxoum prest
Pouyrio te rappela l'estroun sur un xinest. A. B.

**TALIA**, voyez TALHA.
**TALIADO**, voyez TALHADO.
**TALIADOU**, voyez TALHADOU.
**TALIANT**, voyez TALHANT.
**TALIN**, **TALAN**, Onomatopée de la lenteur d'une personne: *S'en ba talin, talan*, Convalescence longue: *Coussi bas? Talin, talan*, comment vas-tu? Là, là?
**TALIO**, voyez TALHO.
**TALIOU**, voyez TALHOU.
**TALOMEN**, adv. Tellement, de telle sorte, à tel point que; Certainement: *Bendras? talomen*, viendras-tu? Certainement. (Du latin *taliter*.)
**TALOS**, s. m. Morceau de bois qu'on attache à une clef pour qu'elle risque mois de s'égarer; Billot, entrave, morceau de bois court qu'on met au cou des cochons, des chiens, des vaches pour les empêcher d'aller trop vite, parce que ce morceau de bois bat contre les jambes de ces animaeux et leur fait perdre l'envie d'aller courir; fig. le Mariage pour certaines filles qui ne s'arrêtent, n'écoutent rien, ne doutent de rien et se réduisent bien vite une fois mariées: *D'ayssolo, l'arestaroou sans talos*, laissez-la on l'arrêtera sans entraves.
**TALOSSO**, *Talocho*, s. f. T. de platrier; espèce de Raisin blanc.
**TALOU**, s. m. Talon, la partie postérieure du pied: *Ey de mal al talou*, j'ai du mal au talon; Fuir, décamper: *Te boou fa bese lous talous*, je vais te montrer les talons, (Du latin *talus*.)

M'o coignt cependant tourna préné lou souen
Dé faire désempéy dé recercos noubelos.
Per tous fa per qualquaoutré otteigné lou bretélos.
Mais oun es tênes pouûn? Ombé oco, fisas-hous
Qué n'oun aurés jomais los bragos sus *tolous*.
PRAD.

**TALOUNA**, v. act. Talonner; poursuivre de très-près; Presser vivement: *La misèro lou talouno*, la misère le talonne: Faire un nouveau talon à un bas; etc.

« Enfin tout es réjunt: aro aben Dieu merci,
« Blat, castagnos, leguns, fés, paillos, frucho et bi.
« Beyren bénj l'hiber ... Mais déja nous *talouno*.
« Ben mêmes obant tems, despousséda l'Aoutouno.
PRAD.

**TALOUNE**, voyez TALOU.
**TALOXO**, *Talosso*, s. f. Raisin blanc de mauvaise qualité, peut-être originaire du pays de Chalosse.
**TALPA**, v. n. Fouiller, en parlant des taupes qui labourent la terre: *Ben de talpa*, elle vient de fouiller. (Racine *talpo*.)
**TALPADO**, *Talpinado*, s. f. Taupinée, taupinière, petit monceau de terre que la taupe soulève en fouillant: *Ye manco pas de talpados*, il y a beaucoup de taupinières. (Racine *talpo*.)
**TALPAT**, (NEGRE COUMO UN) adj. Noir, brun de figure: *Es negre coumo un talpat*, il est noir comme taupe.
**TALPAYRE**, s. m. Taupinier, preneur de taupes.
**TALPIÈYRO**, s. f. Taupière, piège pour les taupes.
**TALPINADO**, voyez TALPADO.
**TALPINAT**, *Talpat*, adj. Plein de taupinières; Tout fouillé par les taupes, qui ravagent les prés, les jardins: *Es tout talpinat*, c'est tout fouillé des taupes.
**TALPO**, s. f. Taupe, petit quadrupède noir, insectivore, qui habite sous terre: *Las talpos an de pixous èls*, les taupes ont de petits yeux. (Du latin *talpa*.)
**TAL-PULEOU**, adv. Le Plutôt possible, le plutôt que: *Tal-puleou que pouyra*.
**TALUS**, s. m. Pente donnée à un mur, à une terrasse, etc.: *N'a pas prou de talus*, il n'a pas assez de talus.
**TALUSSA**, v. act. Taluter, mettre en talus; Donner de talus à une berge de fosse: *Ba cal mayt talussa*, il faut le taluter davantage.

## TAM

**TAMARI (SE)**, *Se Mana*, v. n. Se Carier, en parlant du bois: *Aquel arbre s'es tamarit sur pé*, cet arbre s'est carié sur pied.
**TAMARIT**, *Manat*, adj. Carié, en parlant du bois attaqué de la carie qui le réduit en poussière en le pourrissant: *Es tout tamarit*, il est tout carié.
**TAM-BAL**, adv. Voilà, c'est fini, je suis décidé: *Benes? Tam-bal*, viens-tu? tant il vaut. (Du latin *tanti-valet*.)
**TAMBOUR**, s. m. Tambour caisse cylindrique fermée par deux peaux tendues, sur lesquelles on frappe avec des baguettes: *Rasouno coumo un tambour bagnat*, il raisonne comme un tambour mouillé; Celui dont la fonction est de battre un tambour; Retranchement de bois avec porte à l'entrée d'une église pour empêcher la vue des passants et l'incommodité du vent: *Ero xout lou tambour*, il était était sous le porche. (De l'espagnol *tambor*.)

Et talcon por cami lou *tambour* bronzinayre
Lanço soun rire tapatjous
Que se bay marida dins l'ayre
Dambé lous piffres joayous
Et dan las folos cansous.
On debino qu'acos éro
Lous burous en libertat
Que lou gran demoun de la guerro
Daycbàbo al pais per natat.
Tous, saoutiquan, dansan sur dios rengados;
Cadun porto al capèl soun chiffre saoubandou
Et lèou, toutos las mays, al tour d'es apitados
rlouron de joyo ou de doulou.  J.

**TAMBOUR DE BASQUE**, s. m. Tambour de basque, petit tambour à un seul fond dont le cylindre est entouré de grelots et de plaques de cuivre; fig. Personne qui ne veut entendre aucune raison: *Rasouno coumo un tambour de basque*, elle raisonne comme un tambour de basque.

**TAMBOUR** (DE L'AOURELHO), s. m. Tympan de l'oreille.

**TAMBOUR BESTIT**, voyez DAMOXANO, CANTINO BESTIDO.

**TAMBOURINA**; v. n. Tambouriner, proclamer, réclamer au son des tambours; Battre le tambour: *Sabi pas que tambourino tant*, je ne sais ce qu'on tambourine tant; t. de serrur. Former une espèce de tambour afin de plier le fer à la demande d'un plan.

**TAMBOURINAYRE**, s. m. Tambourineur, celui qui tambourine.

**TAMBOUR-MAXOR**, s. m. Tambour ou chef qui commande les tambours.

**TA=MIEUX**; adv. Tant mieux, j'en suis bien aise. (Du latin *tantò meliùs*.)

**TAMPA**, *Tanca*, v. act. Fermer, boucher, enclore, enfermer, entourer: *Tampa uno porto*, fermer une porte; fig. Cesser; *n'a pas tampat de béy*, il n'a pas cessé d'aujourd'hui.

« Car bezos dal despieu qu'aquel gouxat y-bengo,
« Ré nou iné pot para dé sa maoubéza lengo.
« Mé xaouti pas anfin qu'aici melo léu pè,
« Sé ben un aoutré cop me *tamparei* darré. D.

**TAMPADOU**, *Tancadou*, s. m. Tampon, bouchon de bois, de liége etc.: *Porto lou tampadou*, porte le bouchon.

**TAMPERA**, v. act. Tempérer, modérer, diminuer l'excès; Adoucir, calmer, soulager: *La tisano m'a tamperat un bricou*, la tisane m'a un peu tempéré. (Du latin *temperare*.)

**TAMPERANÇO**, s. f. Tempérance, sobriété: *La tamperanço fa pla pourta*, la tempérance fait qu'on se porte bien. (Du latin *temperantia*.)

**TAMPERANT**, TO, adj. Tempérant, te, qui a de la tempérance.

**TAMPERAT**, ADO, adj. Tempéré, ée, ni trop chaud, ni trop froid; fig. Mesuré, sage, prudent.

**TAMPERATURO**, s. f. Température, état actuel; Qualité, disposition de l'air: *La tamperaturo es caoudo*, la température est chaude. (Du latin *temperatura*.)

**TAMPEROMEN**, s. m. Tempérament, organisation, complexion, constitution: *Un bouin temperomen*, un bon tempérament. (Du la tin *temperamentum*.)

**TAMPESTO**, *Tempèto*, s. f. Tempête, violente agitation de l'air; Vents impétueux avec ou sans orage: *Aouren cdiquo tempèto*, nous aurons quelque tempête. (Du latin *tempesta*.)

Poudés mè diré quinta fèsta,
Quan nobn vèjerom la *tampèsta*
Qu'à la ciartat das grossas liaous
Seguis das trouns lous pus foulinous!
È la mor bravamen quilada
Sa daia en man sus ch ca oundada! FAV.

**TAMPESTA**, *Tampeta*, v. n. Tempêter, faire un grand bruit de paroles; s'Emporter, se déchaîner, mettre en furie: *Layssas-lou tempesta*, laissez-le tempêter.

**TAMPIS**, adv. Tant pis, j'en suis fâché. (Du latin *tantò pejus*.)

**TAMPO**, *Tanco*, s. f. Fermeture d'armoire; Fermeture d'une boutique; Bouchoir d'un four.

**TAMPOS**, s. f. Tempe, partie latérale de la tête au front: *Sé l'abio toucat sur las tampos!* s'il l'avait touché sur les tempes! (Du latin *tempora, um*.)

**TAMPOUN**, s. m. Tampon, bouchon de bois, de liége, de linge etc.; Petit paquet de linge pour frotter, polir, vernir: *Presto-me lou tampoun*, prête-moi le tampon. (Du celtique *tampon*.)

**TAMPOUNA**, v. act. Tamponner, boucher avec un tampon.

**TAMPOUNO** (FA LA), v. n. Faire débauche; Passer les nuits en ribote: *Fa la tampouno toutos las neys*, faire débauche toutes les nuits.

**TAMPOUREL**, LO, adj. Temporel, le, qui passe avec le temps. (Du latin *temporalis*.)

**TAMPOURIZA**, v. n. Temporiser, retarder, différer avec espoir de meilleur temps; Gagner du temps. (Du latin *tempus*.)

## TAN

**TAN**, *Rusco*, s. m. Tan, écorce de chêne pilée pour taner les cuirs. (Du latin *tannum*.)

**TANA**, v. act. Tanner préparer les cuirs avec le tan.

**TANARIDO** voyez; ERBO ROUMIBO.

**TANARIE**, *Tanario*, s. f. Tannerie, lieu où l'on tanne les cuirs.

**TANC**, s. m. Chicot d'arbre coupé qui sort de terre et contre lequel on se heurte: *A rancountrat un tanc*, il a rencontré un tronc d'arbre; fig. Fort, ferme, qui ne change pas facilement: *Aco's un tanc*, c'est comme un rocher.

**TANCA**, voyez TAMPA.

**TANÇA**, v. act. Tancer, gronder, réprimander vivement: *L'ey tançat coumo cal*, je l'ai tancé en règle.

**TANCADOU**, voyez TAMPADOU.

**TANCO**, s. f. Pieu planté pour arrêter; Fixer quelque chose: *Y cal plusieurs tancos*, il faut plusieurs pieux; fig. Personne importune par ses assiduités: *L'aben aqui cadoxoun coumo uno tanco*, nous l'avons là tous les jours comme un piquet.

**TANDIS QUE**, conj. Tandis que, pendant le temps: *Tandis que babillas la besougno demoro*, pendant que vous bavardez le travail vaque,

Et quand débat sous pès, la malhurouso fillo
Sen craça lou laouré dahan lou sent oustal,
Et qué fasco del cat, *tandisque* Paul babillo ;
« La courouno de canatillo
« Que penjo à l'arçeou del pourtal
« Se couney plus, ....... J.

**TANÈCO**, s. m. f. Nigaud, maussade: *Qu'un tanèco!* quel baddau!

**TANEZIO**, voyez ERBO ROUMIBO.

**TANOC**, *Rasigot*, s. m. Chicot, tronc d'arbuste; fig., Nigaud, hébété: *que sios tanoc!* que tu es nigaud!

**TANOTS**, s. m. Tuyaux, plumes en tuyau des jeunes oiseaux: *N'a pas encaro que lous tanots*, il n'a encore que le duvet.

**TANT**, adv. Tant, en si grande quantité: A tel point; Autant: *N'abien pas agut xdmay pus tant*, nous n'en avions jamais en autant. (Du latin *tantum*.)

L'aymabi *tant* aquelo tourtourélo!.....
Quand la bezio, pleurabi de plazé;

## TAO

Moun cor dixio qu'es poulido !.... qu'es belo !...
Lou cel per yeou, l'embòyo de soun se. A. B.

**TANTAYNA**, v. n. Solliciter, tourmenter, presser pour faire dire quelque chose ; Consentir à quelque chose : *Lou ma calgut pla tantayña,* il m'a fallu le bien tourmenter.

**TANTARO.** *voyez* TAMPOUNO.

**TANTES,** *Tantos,* adj. Tous, toutes : *Tantes et tantos que siès, bous coubidi,* je vous invite tous tant que vous êtes.

**TANT MILHOU,** adv. Tant mieux, j'en suis bien aise. (Du latin *tantô meliùs.*)

**TANTO,** s. f. Tante, Sœur du père ou de la mère ; Femme de l'oncle : *Ma tanto m'axudo pla,* ma tante m'aide beaucoup.

**TANTOS,** adv. Ce Soir, à la fin de la journée : *Partiras tantos,* tu partiras ce soir.

Vous abets bel fa, que jamay à la casso
Nou mé farets ana ses un cor de courayss;
Se n'aguès agut un *tantos* quand éy cassat
La plegio moun ginou n'aurio pas trabersat. A. G

**TANTOT,** adv. Tantôt, marque l'alternative :
*Tantot ris, tantot plouro,* tantôt elle rit, tantôt elle pleure. (De l'italien *tantosto.*)

**TANUR,** s. m. Tanneur, celui qui tanne les cuirs.

**TANT-Y-A,** adv. Enfin, après tout : *Tant-y-a m'a dix que l'eyssourdabi,* enfin il a fini par me dire que je l'ennuyais.

## TAO

**TAOULA,** *voyez* TAOULEXA.

**TAOULADO,** s. f. Tablée, tous ceux qui sont à la même table : *Y'abio uno taoulado d'omes,* il y avait une tablée d'hommes. (Racine *taoulo.*)

**TAOULETO,** s. f. Tablette, petite table : *Es aqui à sa taouleto,* il est là à sa petite table.

**TAOULEXA,** *Taoulejha,* v. n. Rester longtemps à table : *Abés pla taoulexat,* vous êtes restés longtemps à table.

**TAOULEXAYRE,** s. m. Qui reste longtemps à table ; Qui fait sa passion de rester à table.

**TAOULIÉ,** *Taoulé,* s. m. Écofrai, établi des ouvriers qui travaillent en boutique : *Ba me metras sur taoulié,* tu le mettras sur l'établi ; Ouverture ordinairement en arçeau pour éclairer une boutique : *Fermaras lou taoulié,* tu fermeras la boutique.

**TAOULO,** s. f. Table, meuble ordinairement de bois, soutenu par des pieds et servant à divers usages : *Taoulo à manxa :* Mets qu'on sert sur une table : *Y'a bouno taoulo,* il y a bonne table ; La sainte table où l'on communie : *S'és aprouxat de la santo taoulo,* il s'est approché de la sainte table ; Liste des choses contenues dans un livre : *Agaxo la taoulo,* regardez à la table ; Table d'hôte, à laquelle on mange ensemble au prix fixe : *Éren à taoulo d'oste,* nous étions à table d'hôte ; Place qu'occupe un élève dans une classe : *Es à la segoundo taoulo ;* Planche de jardin : *Beni de semena uno taoulo de carrotos,* je viens de semer une planche de carottes. (Du latin *tabula.*)

É pioy, una trioja pléna
Qu'agandégueroun en prou péna
A *taoula,* en sé crévan las pèls,
Acouchet dé tréjo poussèls,
Sans parla dé la pacoulita
Qué sourtiguét dé sa bèdila :

## TAP

Home viou n'a jamay tastat
Un régoulon tant délicat.  Fiv.

**TAOULUTS,** *voyez* ARISCLE, DOVOS.

**TAOUPADO,** *voyez* TALPINADO.

**TAOUREL,** *Braou,* s. m. Taureau, mâle de la vache ; fig., Extrêmement fort : *Es fort coumo un taourel,* il est fort comme un taureau. (Du latin *taurus.*)

**TAOUS,** s. m. Taux, prix établi : *Aco n'es pas lou taous,* ce n'est pas le taux ; Fixation d'intérêts pour les prêts. (Racine *taxa.*)

**TAOUTAS,** *voyez* XAOUXAS.

## TAP

**TAP,** s. m. Bouchon, ce qui sert à boucher une bouteille ou tout autre vase : *Met-y lou tap,* mettez-y le bouchon ; fig., Ce qui éteint une dette : *Aqui lou tap,* voilà le bouchon. (De l'espagnol *tapa.*)

**TAP,** s. m. Tuf, terre jaune ou rougeâtre et dure sous la terre végétale : *Sien pas encaro al tap ;* Tcrire. (Du latin *tofus.*)

**TAPA,** *Rouxa,* v. act. Boucher, tamponner : *Je cal pla tapa las barricos,* il te faut bien tamponner les barriques ; Taper, donner des tapes ; Battre quelqu'un : *L'a tapat coumo cal,* il la tapé en règle ; Rassasier : *Aquelo soupo m'a tapat ;* Faire adroitement, lestement et bien une chose : *Aco's estat leou tapat,* cela a été fait lestement. (De l'espagnol *tapar.*)

**TAPAOUC,** adv. Aussi, tout de même : *Tapaouc boli pas paga,* aussi je ne veux pas ayer ; Aussi peu, pour si peu : *Tapaouc que m'en bayle, n'aourey prou,* pour si peu qu'il m'en donne j'en aurai assez. (De l'espagnol *tampoco.*)

Ieu nou dic pas ausi dire
Ni may *tapaous* per vous fa riré
Car l'autré jour, en uno part
Né manderi croumpa miech quart
Que tout lou mounde lou vantabo
Quant per la vilo s'encantabo
Mais l'hoste mayssant es estat
Que m'a vendut de vi gastat
Et sentio fort à la vayssela.  A. G.

**TAPAXA,** *Tapaja,* v. act. Faire tapage ; Lever une dispute, une querelle : *Que benes tapaxa ayci ?* que viens-tu faire tapage ici ? (Du latin *turbare.*)

**TAPAXE,** *Tapajhe,* Tapage, désordre avec grand bruit : *Entendi un grand tapaxe,* j'entends un grand tapage ; Querelle : *Bas cerca tapaxe, t'en plendras,* tu vas lever querelle, tu t'en repentiras. (Du latin *turba.*)

Aco's-tu, se m'a dits, qu'es aquel Toulousen
Qu'à la danso de yer anguec sa tant dé tren !
Apren qu'un bon beni dins aquesté bilatge
Per pla sé coundèzi noun pas per sa *tapatgé.*
VESTREP.

**TAPAXUR,** *Tapajhur,* Tapageur, celui qui fait, qui a l'habitude de faire tapage : *Siòs un tapaxur,* tu es un tapageur.

A péno sien dintrats dins lou maoudit bilatgé
Que toutis à plazé m'insultoun al passatgé
Lous unis se dizion aqui lou *tapajur,*
Lous aoutris respoundion : a l'aire d'un boulur,
Et laouriou pas cargat d'uno grossô cadeno
S'abio pas meritat l'uno tarriplo péno.  VESTREP.

**TAPI,** *voyez* ATTAPI.

**TAPI (SE),** v. n. Se Tapir, se cacher en prenant une posture contrainte : *Se tapissio darrè la porto*, il se tapissait derrière la porte.

> Alaro on beï plus un aouzélou boula
> Cadun xoust un fuillaxé, *se lapis* sons ploula.
> PRAD.

**TAPIN**, s. m. Taloche, petite tape, petit coup de main : *Baylo-ye un tapin*, donne-lui une taloche.

**TAPINA**, v. act. Tapoter, donner des petits coups à plusieurs reprises : *Se lou tapinabos coumo cal*, si tu le tapotais en règle.

**TAPIO**, voyez TOURTIS.

**TAPIS**, s. m. Tapis, pièce d'étoffe dont on couvre une table, un paquet ; par anal., Herbe basse et menue sur un sol uni : *Y'a un tapis de berduro*, il y a un tapis de verdure. (Du latin *tapes, etis*.)

> « Hurous qui dins un bosc, sus un *tapis* dé mousso
> « Pot aro del zéphir huma l'holéno douço !
> « Ou qué per omourti lou brosiè de l'éstiou,
> « Se plounjo jusc'ol col dins lou cristal d'un riou.
> PRAD.

**TAPISSA**, v. act. Tapisser, revêtir, orner de tapisseries ; fig., Joncher, semer : *An tapissat lous camis de flous*, on a jonché les chemins de fleurs.

**TAPISSARIÈ**, *Tapissario*. s. f. Tapisserie, ouvrage à figures en points, sur du canevas avec de la soie, de la laine ; Tentures sur les murs d'un lieu ; Papier peint sur les murs d'une chambre : *La tapissariè es pla de modo*, la tapisserie est de mode. (Racine *tapis*.)

**TAPISSIÈ**, s. m. Tapissier, celui qui travaille en tapisserie, en meubles d'étoffes, les vend, les dispose dans les appartements.

**TAPLA**, adv. Aussi bien, si bien : *Ba farey tapla*, je le ferai aussi bien.

**TAPLATURO**, s. f. Tablature, embarras, peine : *Aco ye dounara fosso taplaturo*, cela lui donnera beaucoup de tablature.

**TAPLÈOU**, s. m. Tableau, ouvrage de peinture, sur une surface, sur une toile, représentant un sujet quelconque : *Aquel taplèou represento sant Xan*, ce tableau représente saint Jean ; Liste des membres d'une compagnie : *N'es pas encaro sul taplèou*, il n'est pas encore sur la liste. (Du latin *tabula*.)

> Protche d'aquél *toblèou* qué nous escaïcho l'âmo,
> Grand Dious ! tu qu'as boulgut aquel hourriblé dramo,
> Aquo's lè mendré truc qué tas mas an pourtat !
> Qu'es en effet aquo, quand lè moundé succoumbo,
> Quand dé la terro en dol né bas faire uno toumbo
> Qué téndra l'unibers dins soun immansitat ? DAV.

**TAPLETO**, s. m. Tablette, planche posée pour mettre quelque chose dessus ; petit Ais ; Pierre plate qui termine les murs d'appui et autres ouvrages de maçonnerie ; Pièce de bois, pièce de marbre posée à plat sur le chambrale de la cheminée : *La tapleto es trop d'estrexo*, la tablette est étroite ; Médicaments en pâte solide, d'une forme plate : *Me cal prene de tapletos per boumi*, je dois prendre des tablettes pour vomir. (Du lat n *tabella*.)

**TAPLIÈ**, *Faoudal*, s. m. Tablier, morceau de cuir etc. que divers ouvriers mettent devant eux pour préserver leurs vêtement ; t. de maréchal, Ferrière, sac de cuir qui contient ce qui est nécessaire pour ferrer un cheval : *Porto-me lou tapliè ?* porte-moi le tablier ? (Du latin *tabella*.)

**TAPO**, s. f. Tape, coup de la main ; *M'a baylat uno tapo*, il m'a donné une tape (De l'espagnol *lapa*.)

**TAPOCU**, s. m. Tapecu, mauvaise voiture, cahotante et découverte : *Eren sur un tapocu*, nous étions sur un tapecu.

**TAPO-FAM**, s. m. Abat-faim, grosse pièce de viande qu'on sert pour abattre la première faim des convives : *Your ey baylat un brabe tapo-fam*, je leur ai donné un bon abat-faim.

**TAPOU**, s. m. Pièce de cuir que les cordonniers mettent au talon des souliers pour les redresser : *Met-y un tapou*.

**TAPOUNA**, v. act. t. de cordon. Remettre le talon aux souliers : *Lous topounaras*.

**TAPOUTA**, voyez CALOUTA, TAPA.

## TAQ

**TAQUIN**, NO, adj. Taquin, ine, querelleur, mutin, contrariant : *Es un taquin finit*, c'est un mutin fini ; Avare : *Qu'un taquin !* (Suivant *Huet*, corruption de *tasquin*, fait du vieux mot *tasque*, pris de l'italien *tasca*, bourse, poche ; Homme qui ne pense qu'à remplir sa bourse.)

> La talen mé destraquo,
> Et per coumble de cruautat,
> Déjà de l'asté que trabaillo,
> Déjà de la cousino en trin,
> Lou fun grasset, lou fun *taquin*,
> Passan per triouc de la sarrailo
> Ben, en parfuman tout l'oustal,
> Mé rappela qu'es carnabal. J.

**TAQUINA**, v. act. Taquiner, agacer, contrarier : *Lou taquinos touxoun*, tu l'agaces toujours.

> Daban sa carrado
> Molhomen tirado,
> Croussat et mirat,
> Lou houyé landrino
> S'amuzo, boulzino,
> Et de l'aguyllat
> Calque cop *taquino*
> Soun parel roussat. A. B.

**TAQUINARIÈ**, *Taquinario*. s. f. Taquinerie, vilenie ; Avarice sordide : *Uno taquinariè sans egalo*, une taquinerie sans égale.

## TAR

**TARA** (SE), v. n. Se Tarer, se corder, se cotonner ; les raves, les raiforts, les oranges, les pommes se cotonnent, c'est-à-dire deviennent molasses, spongieuses, sans goût : *Toutos las racinos se sou tarados*, toutes les racines se sont cordées, tarées. (Racine *taro*.)

**TARA**, v. act. Tarer, peser un vase avant de le remplir, pour avoir au juste ce que l'on donne ou ce que l'on reçoit : *Coumençen per tara la boutelho*, commençons par tarer la bouteille.

**TARABASTÈLO**, *Trabastèlo*, *tabastèlo*, s. f. Crécelle, espèce de moulinet de bois, amusement d'enfant ; fig., Personne qui va vite et ne s'écoute pas en parlant : *S'en ba coumo uno tarabastèlo*.

**TARABASTEJHA**, v. act. Tracasser, aller, venir, s'agiter pour peu de chose.

**TARABOUL**, voyez TRABOUL.

**TARAOU**, s. m. Taraud, outil d'acier en vis pour faire des écrous : *Lou taraou ba pla*, le taraud va bien ; Espèce de tarière.

TARAOUDA, v. act. Tarauder, percer avec le taraud ; Passer le taraud dans les écrous pour les visser. (Racine *tarayre*.)

TARAT, ADO, adj. Taré, ée, cotonnée, vicieux, défectueux : *Es tout tarat*, il est tout taré.

TARAYRE, s. m. Tarière, outil de charron etc., pour percer des trous ronds. (Du latin *terebra*.)

TARD, voyez TART.

TARDA, v. n. Tarder, différer de faire ; Demeurer longtemps : *Tardo pla d'arriba*, il tarde bien d'arriver. (Du latin *tardare*.)

TARDIÉ, ÈYRO, adj. Tardif, ive, qui vient tard ; Lent : *Seras tardiè*, tu sera tardif. (Du latin *tardus*.)

TARDIOU, IBO, adj. Tardif, ive, qui ne vient qu'à la fin de la saison : *Lou mil sera tardiou*, le maïs sera tardif. (Du latin *tardus*.)

TARI, v. act. Tarir, mettre à sec : *Aben tarit lou poux ;* Cesser de couler, se sécher ; fig., Parler longtemps : *Taris pas xamay*, il ne tarit jamais. (Du latin *arire* pour *arere*, être à sec.)

TARIDA, voyez QUEBELA.

TARIÈYRO, voyez TARAYRE.

TARIF, s. m. Tarif, rôle des droits, qui marque le prix de certaines denrées ou les droits d'entrée de sortie, de passage que chaque marchandise doit payer : *Agaxas lou tarif*, regardez le tarif. (De l'arabe *arafa*, connaître.)

TARIFA, v. act. Tarifier, réduire à un tarif.

TARLANQUEXA, voyez TARRANQUEXA.

TARLAYBOOU, s. m. Nigaud, niais, hébété : *M'as l'ayre d'un tarlayboou*, tu m'as l'air d'un nigaud.

TARO, s. f. Tare, déchet, diminution dans la quantité ; Diminution du poids de l'enveloppe etc. ; Poids des barils, pots, embalage : *Cal trayre la taro*, il faut distraire la tare. (Suiv. Menage de l'arabe *tharachh*, rejeter, rebuter.)

TAROU, voyez BOUTANO.

TARRA, v. act. Terrer, garnir de nouvelle terre : *Cal tarra la crambo*, il faut garnir de terre la chambre. (Du latin *terra*, terre.)

TARRABUSTEXA, *Tarrabustejha*, v. act. Tarabuster, fatiguer par le bruit : *Fa pas que tarrabustexa*, il ne fait que tarabuster.

TARRADOS, s. f. Terreau, platras, décombres, immondices qu'on ramasse dans les rues ; Curures, ce qu'on trouve au fond d'un égout, d'une mare qu'on dessèche, d'une cour qu'on nettoie : *Ramassas las tarrados*, ramassez les platras. (Racine *terro*.)

TARRALHA, *Cascalhexa*, v. n. Raisonner, en parlant des pots cassés qui produisent un son fêlé en se heurtant ; Sourd mugissement, craquement qui annonce une avalanche, la chute d'une maison etc. : *B'entendio tarralha, y'abio un bricou*, je l'entendais craquer depuis un moment.

TARRALHO, s. f. Terraille, poterie, vaisselle : *Me cal croumpa de tarralho*, je veux acheter de poterie.

TARRANQUEXA, *Tarlanquexa*, v. n. Traîner, être toujours souffrant ; ne se jamais porter bien : *Touxoun tarranquexo*, il traîne toujours.

TARRAS, voyez CAYRE, GLEOUS, GLIOUS.

TARRASSA, v. act. Terrasser, jeter par terre, renverser : *A agut peno à lou tarrassa*, il a eu peine à le terrasser ; fig., Consterner, ôter les forces, accabler : *Aquelo noubèlo la tarrassat*, cette nouvelle l'a consterné. (Racine *terro*.)

TARRASSIÉ, *Poutié*, s. m. Potier, celui qui fait, vend des vases en terre cuite : *Aco's un paoure tarrassié*, c'est un triste potier.

TARRASSO, *Terrasso*, s. f. Terrasse, levée de terre, ouvrage en forme de balcon, sorte de galerie découverte : *Ero sur la tarrasso*, elle était sur la terrasse. (Du latin *terra*.)

TARRIÉ, *Gareno*, s. m. Terrier, creux, trou dans la terre servant de retraite à certains animaux, surtout aux lapins : *Lou tarrié n'es ple*, le terrier en est plein.

TARRINADO, *Terrinado*, s. f. Terrinée, plein une terrine : *A manxat uno tarrinado de soupo*, il a mangé une terrinée de soupe.

TARRINO, *Terrino*, s. f. Terrine, vase de terre en cône tronqué : *Me rempliras la tarrino*, tu rempliras la terrine. (Racine *terro*.)

TARRINOU, *Patari*, s. m. Petit vase de terre pour certains usages et surtout pour mettre un peu de feu : *Garnis-me lou tarrinou?*

TARRIPLE, O, adj. Terrible, qui cause, qui est capable de causer la terreur ; fam., Extraordinaire, étonnant, étrange : *Aco's tarriple*, c'est extraordinaire. (Du latin *terribilis*.)

TARRIPLOMEN, adv. Terriblement, d'une manière épouvantable. (Du latin *terribiliter*.)

TARRISSA, v. act. Piser, rendre la terre compacte en la battant.

TARRISSO, *Terrisso*, s. f. Pisé, construction en terre rendue compacte. (Racine *terro*.)

TART, adv. Tard, après l'heure marquée, assignée : *Arribos tart ;* Vers la fin du jour, sur le soir : *Sera tart quand souparem*, il sera tard quand nous souperons. (Du latin *tardè*.)

TARTUFFO, s. m. Tartufe, faux dévot, hypocrite : *M'as l'ayre d'un tartuffo*, tu m'as l'air d'un tartufe. (De l'italien *tartufo*.)

## TAS

TASSADO, s. f. Tassée, plein une tasse : *Uno tassado de bi*, une tassée de vin.

TASSETOS, voyez TAXETOS.

TASSO, s. f. Tasse, vase à boire : *Pren la tasso et paro*. (De l'arabe *thas*.)

TASSOU, *Tassounel*, s. m. Petite tasse : *Paro lou tassou*.

TASSOUNAT, s. m. Plein une tasse.

Quond lo beillado cesso ou qu'ès presto o fini,
Sen souben règolas d'un tossounat dé bi. PRAD.

TASTA, v. n. Tâter, essayer, éprouver ; Tâcher de connaître par expérience ; prov. : *Ne cal tasta per ba saoupre*, il faut en passer pour le savoir ; Goûter pour essai : *Aymo fort de tasta*; Sonder quelqu'un, l'éprouver : *Lou cal tasta abant*, il faut le sonder avant. Du latin *tactum*, supin de *tangere*.)

TASTA (SE), v. pro. Se Tâter, s'examiner, se sonder ; s'Épargner : *Se tasto trop*, il se tâte trop.

TASTAYRE, O, adj. Tâteur, euse, celui qui tâte ; fig., Homme irrésolu : *Sios un tastayre*, tu es un irrésolu.

TASTO, s. f. Échantillon, petite quantité de vin qu'on porte pour montre ; prov. : *Bi à tasto, blat à mostro*, le vin on le déguste, le blé on le voit.

TASTOUNEXA, *Tastounejha*, v. act. Tâtonner, chercher dans l'obscurité en tâtant ; Tâter des mains, des pieds pour se conduire : *M'a calgut tastounexa*

514 TEB

*lountems*, j'ai dû tâtonner longtemps.
TASTOUNEXAYRE, O, adj, Tâtonneur, euse, qui hésite : *Sios uno tastounexayro.*
TASTUQUEJHA, v. act. Tâter avec la main.

## TAT

TATA, *voyez* TANTO.
TA-TA-TA, interj. qui marque le peu de foi qu'on ajoute à une chose, ou le peu de cas qu'on en fait : *Ba te dizi, aco's toun affa... — ta-ta-ta!..* je te le dis, c'est ton affaire... — ta-ta-ta!...

## TAU

TAUT, s. m. Catafalque, représentation.

## TAV

TAVEL, *voyez* BALCO, PILO, TRACO.

## TAX

TAXA, *Tacha*, v. act. Taxer, régler le prix, les frais de... ; Imposer une taxe : *Lou me cal taxa pel trabal*, je dois le taxer pour le travail. (Du latin *taxare*.)

*Un malhur aouta grand desoulario toun payre,*
*Per que t'arribe pas, tacho d'interessa ;*
*Apey, dins quauque tems, t'enbouyarey un frayre ..*
*Te l'ey deja proumes, et le pos announça.* MENGAUD.

TAXA (SE), *Tacha (Se)*, v. pro. Se Taxer, soit pour le travail, soit pour la dépense.
TAXA MOUYEN, v. n. Tâcher, faire en sorte, son possible : *Taxarey mouyen de ba ye presta*, je ferai en sorte de le lui prêter.
TAXETO, *Tacheto*, s. f. Basque, petite partie d'étoffe qui est au bas d'un corps de jupe : *Las taxetos sou trop grandos*, les basques sont trop longues.
TAXO, *Tacho*, s. f. Clou à caboche à mettre sous les souliers, les sabots : *Met-me ye quasquos taxos*, mettez-y quelques caboches.
TAXO, *Tacho*, s. f. Tâche, ouvrage donné à faire dans un temps fixé ; Travail imposé : *Aqui as ta taxo*, voilà ta tâche. (Du latin *taxa*.)

## TAY

TAYS, s. m. Taisson, Blaireau, animal sauvage à museau de chien, qui se terre : *Rudelabo coumo un tays*, il roulait comme un taisson.
TAYZA (SE), *voyez* SE CALA.

## TE

TÈ, s. m. Thé, arbrisseau de la Chine ; Infusion qu'on fait de ses feuilles.

## TEA

TEATRE, *voyez* COUMEDIO.

## TEB

TEBES, O, adj. Tiède, qui est entre le froid et le chaud ; *Es pas tebes*, il n'est pas tiède. (Du latin *tepidus*.)
TEBEZI, v. n. Tiédir, devenir tiède : *Met-bo à tebezi*, fais-le tiédir.
TEBRUZO, s. f. Tubéreuse, plante à racines bulbeuses, à fleur blanche, très-odorante. (Du latin *tuberosus*.)

TEM

## TEC

TECH, *voyez* GOUTO.
TECHA, *voyez* DEGOUTA.

## TEF

TEFLE, *voyez* CANTEL.
TEFLO, *voyez* SOUFLET.

## TEG

TEGNE, *voyez* TINTA.

## TEI

TEISSE, *voyez* TEYSSE.

## TEL

TEL, *voyez* TILHUL.
TELAT, s. m. T. de charp. Dans les cloisons en bois, tout ce qui est entre deux pieds droits : *Nous cal toumba aquel telat*, nous avons à tomber cet espace.
TELEGRAFO, s. m. Télégraphe, machine pour les communications par signaux. C'est Claude Chappe qui inventa le télégraphe en 1792. On dit qu'étant pendant sa jeunesse au séminaire d'Angers, et ses frères se trouvant à quelque distance, l'idée du télégraphe, tel qu'il existe aujourd'hui, lui fut suscitée par le désir de communiquer avec eux. Chappe est mort en 1805. Il donna à sa machine le nom de *télégraphe*, qui vient du grec *tele* de loin, *graphôs*, j'écris.
TELETA, v. act. Entoiler un drap, le mettre sous toile.
TELETO, s. f. Tavaïolle, linge carré servant à porter des pains bénits, ou à couvrir les enfants qu'on va présenter au baptême. Chaque corps de métier en a une à l'usage de ceux de la même association : *Lou sendic gardara la teleto*, le syndic gardera la tavaïolle. (Du latin *toralis*.)
TELHE, *voyez* TALHE.
TELHEYRO, *voyez* CARRETO.
TELHUT, UDO, adj. Filamenteux, euse, fibreux, Coriace ; Fort ; Nerveux.
TELIEIROS, *voyez* TELHEYROS.
TELIOUS, *voyex* TELHUT.
TELO, s. f. Toile, tissu de fil de lin ou de chanvre : *Boli fa de telo*, je veux faire de la toile. (Du latin *tela*.)
TELOS, s. f. Panne, crépine, épiploon, membrane graisseuse, fine et transparente, qui couvre la partie des intestins ; on le dit surtout des cochons : *A de poulidos telos*, il a de belles pannes.

## TEM

TEME *Temo* (PRENE), v. n. Prendre en considération ce que dit une personne ; ne pas Ajouter foi à ce que l'on entend : *Preni pas teme à res de ço que dis*, je n'ajoute aucune foi à ce qu'il dit. (Du grec *théma*.)
TEMERARI, O, adj. Téméraire, en parlant des personnes, Hardi avec impudence : *Cal estre temerari*, il faut être téméraire ; en parlant des choses, Hazardé : *Aco's un discours fort temerari*, c'est un propos fort hazardé. (Du latin *temerarius*.)

*Mourdis ta lengo, ô mourtel temerari !*
*Parles pas pus sans cousel et sans but :*
*S'agis d'un Noum tarrible ou salutari*
*Que caousara la perto ou toun salut.* PEY.

TEN

TEMERARIOMEN, adv. Témérairement, avec témérité. (Du latin *temere*.)
TEMERITAT, s. f. Témérité, hardiesse imprudente, inconsidérée : *Qu'uno temeritat de mounta aqui*, quelle témérité de monter là. (Du latin *temeritas*.)
TEMOIGNA, v. act. Témoigner, servir de témoin; Porter témoignage : *Aro me cal temoigna*, je dois aller servir de témoin; fig., Faire connaître; Indiquer; Marquer; Prouver. (Racine *temoignaxe*.)
TEMOIGNAXE, *Temoignage*, s. m. Témoignage, rapport d'un ou de plusieurs témoins sur un fait; Sentiment, opinion contre ou en faveur de...; Preuve, marque : *N'aben un temoignaxe pla clar*, nous en avons un témoignage bien clair. (Du latin *testimonium*.)
TEMOIN, s. m. Témoin, celui qui a vu ou entendu, qui peut faire rapport d'un fait qu'il a vu ou entendu : *Aben de temoins*, nous avons des témoins; Celui qui rend témoignage. (Du latin *testimonium*.)

Pharaoun et soun armado
Oou jurat d'estermina
La santo troupo emigrado
Que bious counduis per la ma;
La mar, *temoin* de yours crimes,
Vol. per un tour merbeillous,
Estouffa dins sous abimes
Toutes lous persecutous. Puj.

TEMPIE, voyez LABASSI.
TEMPLE, s. m. Temple, édifice public consacré au culte réformé : *Anan pas al temple*, nous n'allons pas au temple. (Du latin *templum*.)
TEMPOURA, voyez TAMPOURIZA.
TAMPOURI, v. act. Finir son temps, sa journée. On le dit des ouvriers, des apprentis qui finissent le temps pour lequel ils sont engagés.
TEMS, s. m. Temps, succession de moments; Partie de la vie humaine; Durée de la vie; Terme préfix; Heure; Moment : *Sios arribat à tems*; Délai : *Y'a dounat de tems*. (Du latin *tempus*.)

Adiou, paoure pitchou! bay, tourno dins la prado,
Bay-t'en cuilli de flous, seguis le parpailloi.
Laysso pla lèn de tu touto tristo peusado,
Le *tems* bendra trop léou oun beyras tout en dol.
Meng.

TEN

TENACITAT, s. f. Ténacité, opiniâtreté; Avarice : *Es d'uno tenacitat sans parelho*, il est d'une ténacité sans égale. (Du latin *tenacitas*.)
TENAÇO, *Tenace*, adj. Tenace, entêté; Qui tient opiniâtrement à son avis, à son opinion; Qui s'opiniâtre dans ses entreprises; Avare; Crasseux : *Aco's un tenaço*, c'est un tenace. (Du latin *tenax*.)
TENALHA, v. act. Tenailler, arracher, déchirer, tourmenter avec des tenailles : *Quand lou tenalharios, ba dirio pas*, quand on le tenaillerait, il ne le dirait pas.
TENALHOS, s. f. Tenaille, instrument de fer pour saisir, arracher : *Fay ambe las tenalhos*, fais avec les tenailles. (Racine *tene*, *tenere* en latin.)
TENANCIÉ, s. m. Tenancier, propriétaire dont les champs touchent à ceux d'un autre : *Aben un missant tenancié*, nous avons un mauvais voisin.
TENAPLE, O, adj. Tenable, où l'on peut rester sans trop de peines, d'incommodités : *La plaço n'es pas tenaplo*, la place n'est pas tenable.
TENCHO, voyez ANCRO.
TENCHURA, voyez TINTA.
TENCHURIÉ, voyez TINTURIÉ.

TEN 515

TENDENÇO, s. f. Tendance, direction de mouvement d'un corps vers un point; fig., Disposition de l'âme qui la dirige vers un objet.
TENDILHO, s. m. Croc, crochet à suspendre la viande : Garde-manger *Abès la tendilho pla garnido?* avez-vous le garde-manger garni?
TENDILHOS, voyez ARAYRE.
TENDO, voyez TENTO.
TENDRE, v. act. Tendre, bander, raidir; Préparer, en parlant des filets, des pièges : *Es anat tendre lous fialats*, il est allé préparer les filets. (Du latin *tendere*.)
TENDRE, O, adj. Tendre, qui n'est pas dur; Qui peut être aisément coupé, divisé; Aisé à broyer, à manger : *Es touple tendre*, c'est très-tendre; Flexible, faible, aisément pénétré par les impressions de l'air : *Aquelo flou es pla tendro*, cette fleur est bien délicate; Délicat, douillet; fig., Aisé à émouvoir; Facile à toucher; Bon, humain : *Es fort tendre*. (Du latin *tener*.)
TENDRESSO, s. f. Tendresse, sensibilité à l'amitié, à l'amour : *A fosso tendresso per el*, elle a beaucoup de tendresse pour lui; Amour tendre, passionné.

Se sabiés qu'es poulit !...... Es cande coumo un liri...
L'aymares, coumo yeou, per foço, ambe deliri,
Tant lou troubares roso et saun ayre amistous !
S'en passen debant el, ye fecu uno caresso ;
Sa bouqueto me ris ambe tant de *tendresso*
Que me pano milo poutous. A. B.

TENDRETAT, s. f. Tendreté, qualité de ce qui est tendre, en parlant des viandes, des fruits, des légumes : *Aqueles fabouns soun d'uno grando tendretat*, ces haricots sont d'une grande tendreté. (Du latin *teneritas*.)
TENDROMEN, adv. Tendrement, avec tendresse. (Du latin *teneriter*.)
TENDROU, s. f. Tendreté, qualité de ce qui est tendre.
TENDROUN, s. f. Tendron, personne délicate, sensible, que la plus petite chose fâche : *Agaxas aquelo tendroun!* voyez cette tendron!
TENDUDO, s. f. Tendue, ce qu'on tend à chaque fois sur une table, un métier : *N'aben encaro tres brabos tendudos*, nous en avons encore trois fortes tendues.
TENDUT, DO, adj. Tendu, ue, bandé; fig., Fortement appliqué : *A l'esprit touxoun tendut*, il a l'esprit toujours tendu. (Du latin *tensus*.)
TENE, v. act. Tenir, avoir à la main, entre les mains : *Ba teni*; Occuper un espace : *Ten fosso plaço*, cela tient beaucoup de place; Contenir, renfermer : *Ten mayt que mesuro*, il contient plus que mesure; Garder, occuper : *M'a tengut dos ouros*, il m'a tenu deux heures; Maintenir, entretenir : *Ten l'oustal pla net*, elle tient la maison bien propre; Arrêter, fixer, empêcher d'aller : *Lou podi pas tene dedins*, je ne puis pas le retenir dedans : Réputer, estimer, croire : *Teni per certen que b'a fax*, je tiens pour sûr qu'il l'a fait ; ne pas Dire : *Te cal tene ta lengo*, il faut garder ta langue; Faire ce qu'on a dit, remplir ses engagements ; *un ounèste ome ten sa paraoulo*, un honnête homme tient sa parole; être Attaché à quelque chose : *Y'e teni fort*, j'y tiens fort; être Difficile à arracher : *Ten que xamay pus*; être Contigu : *Nous tenèn*, nous sommes voisins ; Avoir de la ressemblance, du rapport à... : *Ten de sa mayre*, il tient de sa mère ; Tenir pour, être partisan de... : *Ten per Philippo*; Payer pour : *Ten lous sounayres*.

A nous tendra que lou mal s'amourtisco
En cercan Diu per trouba le perdou :
D'asos-en-la quadun se counbertisco;
Diu nou bol pas la mort del pecadou.
Hau doune Nouël, Nouël,
Diu mando de soun Cél
Soun fil tant caritaple,
Que pér l'home perdut,
De Prince s'es randut
Estaljan d'un estable.                G.

TÉNE (SE), v. pro. Se Tenir : *Se ten ourdinariomen ayci*, il se tient ordinairement ici ; Avoir lieu, en parlant d'une assemblée : *Dema se ten l'assemblado*, demain aura lieu l'assemblée ; Tenir fortement quelque chose pour ne pas se laisser tomber : *Tenés-bous pla à la rampo ;* se Contenter de... ; se borner à... (Du latin *tenere*.)

TENÈBROS, s. f. Ténèbres, privation de lumière : *Sien dins las tenèbros*, nous sommes dans les ténèbres. (Du latin *tenebræ*.)

TENÈBROUS, OUZO, adj. Ténébreux, euse, entièrement privé de lumière.

TENEN, adv. et prép. Attenant, joignant, tout proche : *Demoro tenen la gleyzo*, il demeure attenant l'église.

TENENCIOS, *voyez* COUNTENENÇO.

TENE PÈ, v. act. Piéter, terme dont on se sert en jouant à la boule, aux quilles, etc., et qui signifie tenir pied à l'endroit qui a été fixé pour cela : *Cal tene pè*, il faut piéter.

TENEYRAL, *voyez* TINAL.

TENEZOU, s. f. Corps, consistance : *N'a pas cap de tenezou*, il n'a aucune consistance ; fig., Résolution, courage : *Y countes pas, n'a pas de tenezou*, ne comptez pas sur lui, il n'a aucun courage.

TENGUDO, s. f. Tenue, durée d'une assemblée ; Manière de se tenir à cheval ; Manière de s'habiller : *A uno drollo de tengudo*, elle a une drole de tenue.

TENGUDOS, *voyez* ANADOS.

TENGUEN-TENGUAN, adv. Troc à troc, but à but ; Tiens et je tiens, disent les enfants, qui voulant troquer quelque bagatelle se défient les uns des autres et conviennent en disant : *Ebe, faguen tenguen-tenguan*, soit, nous ferons tu tiendras, je tiendrai.

TENOU, s. m. Tenon, ce qui entre dans la mortaise : *Lou tenou es fort*, le tenon est fort. (Racine *tene*.)

TENS, *voyez* TEMS.

TENTA, v. act. Tenter, porter au mal, à ce qui est défendu : *N'a pas besoun de tenta*, il n'a pas besoin d'être tenté ; Fournir l'occasion pour éprouver : *Lou boli tenta*, je veux l'éprouver ; Exciter le désir, donner envie : *Aco me tento pla*, cela me donne bien envie ; Essayer, faire l'épreuve : *Ba cal tenta* ; Hasarder, risquer, s'exposer à... : *Ba boli tenta*, je veux le hasarder (Du latin *tentare*.)

O Noum puissent! quand lou pecat me *tento*,
Me ranimas et me randés pus fort.
Counbertissés lou desespoir, la crento,
En counfiénço à l'ouro de la mort.        PUJ.

TENTATIBO, s. f. Tentative, action, démarche pour réussir ; Essai : *La tentatibo y'á reussit*, la tentative a réussi.

TENTATIF, IBO, adj. Tentant, te, qui tente, est de nature à tenter.

TENTATIOU, s. f. Tentation, mouvement intérieur qui porte au mal : *Cal repoussa la tentatiou*, il faut repousser la tentation ; Vif désir, grande envie de... : *N'ey pla la tentatiou*. (Du latin *tentatio*.

TENTATOU, s. m. Tentateur, celui qui tente, qui cherche à séduire. (Du latin *tentator*.)

TENTO, s. f. Tente, pavillon en toile pour divers usages. Les uns couvrent les charrettes, les bateaux, alors on l'appelle *banne*; les autres la mettent sur le devant de leur boutique, alors on l'appelle *serpillière*, *banne*. (Du latin *tentorium*.)

TENTURO, s. f. Tenture, tapisserie, étoffe qui couvre les murs d'une chambre, etc.

## TEO

TEOLOGAL, s. m. Théologal, chanoine chargé d'enseigner la théologie.

TEOLOGIEN, s. m. Théologien, celui qui sait, enseigne la théologie, ou fait son cours de théologien. (Du latin *theologus*.)

TEOLOGIO, s. f. Théologie, science qui a pour objet Dieu et la religion ; Classe où on l'enseigne. (Du grec *theologia*, formé de *théos*, Dieu, et *logos*, discours.)

TEORIO, s. f. Théorie, principes d'un art sans la pratique ; Ouvrage sur cet objet ; t. d'art milit., Développement des principes de la manœuvre : *Me cal apprene la teorio*, je dois apprendre la théorie. (Du grec *theória*.)

TÉOU, NO, adj. posses. Tien, tienne : *Aco's eou*, c'est à toi. (Du latin *tuus*.)

Cal que tu, paoure Bosc, nous lexigos ço *teou*,
Quand aco sera fax, bous lexireï ço meou.        D.

TÉOU, *Téougne*, *Fréoule*, adj. Mince, qui a peu de consistance : *Es pla téou*. (Du latin *tenuus*.)

TÉOUGNE, *voyez* TÉOU.

TEOULA, v. act. Couvrir une maison de tuiles.

TEOULADO, *Coubert*, *Teoulat*, s. f. Toit, couverture d'une maison. Il y a des toits en appentis, ou à un égout, *à uno aygo*; en dos-d'âne, ou à deux égouts, *à dos aygos*; à pavillon, ou à quatre égouts, *à quatre aygos*. Le faîte d'un toit, *biscro*, est la partie la plus saillante et la plus haute ; elle est couverte d'une faîtière ou tuilée, *teoules grudiés*. (Du latin *tectum*.)

L'aoutan dezourdounat, dé sas rudos buffados,
Das palaichs lés pus naouts fa saouta las *téoulados* ;
A sous cops redoublats l'unibers a tramblat !
Et coumo'n char lançat, qué sans cesso trabuquo,
Nostré globo empourtat pér lë bén qué l'assuquo,
Si Dious nou lé rétén, risquo d'estré engrunat.        DAV.

TEOULADOTO, s. f. Toit, auvent, petit toit en saillie pour garantir de la pluie.

TEOULAT, *voyez* TEOULADO.

TEOULARIÈ, *Teoulario*, *Teouliéyro*, s. f. Tuilerie, lieu où l'on fait la tuile. (Racine *teoule*.)

TEOULE, s. m. Tuile, pièce de terre cuite pour couvrir les bâtiments. Elles ont deux noms différents selon l'emploi qu'on en fait ; l'une se nomme *canal*, quand elle est destinée à recevoir les eaux ; l'autre *couberto*, quand elle recouvre pour porter les eaux dans le *canal* ou tuile imbricée. (Du latin *tegula*.)

TEOULE BAGNAT, s. m. Larmier, entablement, saillie qui est au haut d'un mur et soutient la couverture : *Eren al teoule bagnat*, nous étions au larmier.

TEOULÈL, s. m. Tuileau, morceau de tuile rompue : *M'a xetat un teoulèl*, il m'a jeté un tuileau.

TEOULIÈ, s. m. Tuilier, briquetier, ouvrier qui fait des tuiles, des briques, de la chaux, etc. : *Aben un boun teoulié*, nous avons un bon tuilier.

## TER

**TEOULIÈYRO**, s. f. Tuilerie, briquetterie, lieu où l'on fait les tuiles, où on les cuit : *Cal manda à la teoulièyro*, il faut envoyer à la briqueterie; la Femme du tuilier.

**TEOULO**, s. f. Tuile, plaque de terre cuite dont on carrèle les appartements, dont on bâtit dans les endroits où la pierre est rare. (Du latin *tegula*.)

**TEOULO** (XOUGA A LA), v. act. Jouer au franc carreau. Ce jeu se fait en jettant en l'air une pièce de monnaie. Celui dont la pièce tombe le plus loin des bords du carreau gagne le coup.

**TEOUNE**, *voyez* TEOUGNE.

## TER

**TERADO**, *voyez* CAMP.
**TERAJHADO**, *voyez* MARNO.
**TERALIÈ**, *voyez* TERRASSIÈ, POTIÈ.
**TERÇOU**, s. m. Tierçon, tiers d'une mesure de liquide : *Ne prendrey un terçou*, j'en prendrai un tierçon.

**TÈRME**, s. m. Terme, temps préfix de payement; Somme due au bout de ce temps : *M'a pagat un tèrme*, il m'a payé un terme; Temps où une femme doit accoucher : *N'es pas à tèrme*, elle n'est pas à temps; Talus de verdure ou de gazon élevé en terrasse au bord d'un champ : *Cal releba aquel tèrme*, il faut faire relever ce talus. (Du latin *terminus*.)

**TERMENTINO**, s. f. Térébenthine, résine tirée par incision du térébinthe et de plusieurs autres arbres : *Te cal abe de termentino*. (Du latin *terebinthina resina*.)

**TERMINA**, v. act. Terminer, achever, finir : *A terminat l'entreprezo*, il a fini l'entreprise. (Du latin *terminare*.)

**TERMOMÈTRO**, s. m. Thermomètre, instrument qui indique les degrés du froid et du chaud. (Du grec *thermos*, chaud, et *métron*, mesure.) Le thermomètre a eu pour inventeur Corneille Delbrel, physicien hollandais du 17ᵐᵉ siècle.

**TERNE**, O, adj. Terne, qui n'a point l'éclat qu'il doit avoir : *Es pla terne*, c'est bien terne.

**TERNI**, v. act. Ternir, ôter ou diminuer l'éclat, la couleur; fig., Porter atteinte à la réputation.

**TERNI** (SE), v. pro. Se Ternir, perdre de son éclat, de son lustre.

**TEROUN**, Foun. s. m. Fontaine où l'on va puiser de l'eau : *Es anat al teroun*, il est allé à la fontaine.

**TERRA**, *voyez* TARRA.
**TERRADOS**, *voyez* TARRADOS.
**TERRALHO**, *voyez* TARRALHO.
**TERRAS**, *voyez* CAYRE, GLEOUS.
**TERRASSA**, *voyez* TARRASSA.
**TERRASSO**, *voyez* TARRASSO.
**TERREJHA**, v. act. Remuer la terre comme font les enfants.

**TERRÈN**, s. m. Terrain, espace de terre propre à quelque chose : *Aquel terrèn fario de blat*, cette terre ferait du blé; fig., Sujet, objet : *Maynaxexco lou terrèn*, il agit avec prudence; *Gagna de terrèn*, Avancer peu à peu; *Sounda lou terrèn*, Tâcher de connaître les intentions, les dispositions d'une personne. (Racine *terro*.)

Las campagnos, abant ta berdos, ta puplados,
Sou nudos, sans troupels, beouzos, defigurados
Lous *terrèns* ount naïssion las pus rixos meïssous,
Rafusou dal souleI lous pus tendres poutous.
Pertout, de tout coustat, loü païzan sans ressourço
Se trigosso et nou sap ount dirixa sa courso.  A. B.

**TERRÈSTRE**, O, adj. Terrestre, existant sur la terre; fig., Qui dépend entièrement des sens, sensuel, charnel. (Du latin *terrestris*.)

**TERRINO**, *voyez* TARRINO.
**TERRITOIRO**, *Territori*, s. m. Territoire, espace de terre qui dépend d'une juridiction : *Bengos pas sur nostre territoiro*, ne viens pas sur nos terres. (Du latin *territorium*.)

**TERROIR**, s. m. Terroir, espèce de terre considérée dans ses qualités relatives à l'agriculture : *Lou terroir y fa fort*, le terroir y fait fort.

**TERRO**, *Tero*, s. f. Terre, un des quatre éléments des anciens; Cette substance considérée d'après les façons qu'elle reçoit, d'après les usages auxquels on l'emploie : *Terro trabalhado, terro de terrassiè*; le Globe terrestre : *Touto la terro sera purifiado pel fioc à la fi dal mounde*, toute la terre sera purifiée par le feu à la fin du monde; Domaine, propriété, héritage : *Y'a dayssat uno poulido terro*, il lui a laissé une belle terre. (Du latin *terra*.)

*Terro!* respoun, d'ount sios sourtido?
Ount eros abant sieys milo ans?
Cal douno et counserbo la bido
A tous differents abitans?
Tout ço qu'ès, tout ço que pos estre,
Demoro clar à la razou,
Qué dépen d'un soubéren mestre;
Et qu'aquel mestre es lou Seignou.    Puj.

**TERROU**, s. f. Terreur, grande crainte, celui qui la cause : *Semblo la terrou à l'entendre*, à l'entendre, on dirait la terreur.

La *terrou* das mourtals à tout moumen augmento
Le trouneïre pertout ba groussi l'espouhento;
Toutos las mars al cop fan un bruch infernal!
Dins lous flots irritats cal qué tout sè rébounde!
Hommes, bilos, bestia! Et sus débris dal mounde
Noë regnara soul.... Dious b'a boulgut atal !!  Dav.

**TERROUS**, OUZO, adj. Terreux, euse, mêlé de terre; Gâté; Sali de terre, de Couleur de terre : *Es tout terrous*. (Du latin *terrenus*.)

## TES

**TES**, *voyez* TEST.
**TESCOU**, *voyez* ALAYRE.
**TESCUN**, *voyez* TRAMO.
**TESIC**, *voyez* TIC.
**TESICOUS**, *voyez* TICOUS.
**TESSOU**, *voyez* POUCEL.
**TESSOUNA**, *voyez* POUCELA.
**TESSOUNADO**, *voyez* POUCELADO.
**TESSOUNO**, *voyez* MAOURO.

**TEST**, s. m. Tèt; tesson; morceau d'un pot cassé, fragment d'un vase de terre ou de grès : *Axo un tèst*, prends un tèt. (Du latin *testa*.)

**TESTA**, v. n. Tester, faire son testament; fig., Témoigner, déposer comme témoin : *Podi testa que b'ey bist*, je puis assurer que je l'ai vu. (Du latin *testari*.)

**TESTATOU**, s. m. Testateur, celui qui fait ou a fait son testament : *Lou testatou s'es pla esplicat*, le testateur s'est bien expliqué. (Du latin *testator*.)

**TESTEJHA**, *voyez* CAPEXA.

**TESTES** (FA), v. n. Casser, briser par inquiétude ou par accident : *Aben fax testes*, nous avons cassé.

**TESTIÈYRO**, s. f. Tétière, partie d'une coiffe de femme, partie d'un couvert de maison : *La testtèyro a laxat*, la tétière a faibli; Partie d'une bride.

**TESTO**, *Cap*, s. f. Tête, partie de l'homme, de l'animal, qui tient au corps par le cou, qui renferme la cervelle, les yeux, etc.; par ext., Personne, individu : *Tant per testo*, tant par tête ; fig., Sens, intelligence, jugement : *A bouno testo*, il à bonne tête ; par anal., Cime, sommet des arbres ; Extrémité de certaines plantes : *Uno testo de pabot*. (Du latin *testa*, employé par les anciens dans la signification de *crane*.)

Osses, ranimats-bous ! juste, lého la testo !
Per castia le michand la ma de thous s'apresto !
L'houro dal jutjomen aouro sounat,
Et tout s'en ba dintra dins soun éternitat. Rfvêl.

TESTO DE PABOT, s. f. Tête de pavot.
TESTOMEN, s. m. Testament, acte déclaratoire des dernières volontés d'une personne : *Ben de fa testomen*, il vient de faire testament ; fig., Mourir : *A fax testomen*. (Du latin *testamentum*.)
TESTOULO, s. f. Gros Bout d'une tuile que les charpentiers mettent pour former la chaîne d'un toit, *la trespunto*.
TESTUDARIÈ, s. f. Entêtement, opiniâtreté, obstentation.
TESTUT, s. m. Têtu, gros marteau de maçon : *Faras ambel testut*, tu feras avec le têtu. (Racine *testo*.)
TESTUT, UDO, adj. Têtu, ue, entêté, opiniâtre, obstiné : *Sios un testut*, tu es un têtu.

Mais testut ! aymos mayt fayre l'a sourde aourelho
Et me beze lou irouu estroupat d'uno pelho,
Poùrbu que per tuyeou de toun brutto-tahat
L'arxen de moun capèl en fun tengo passat !!
Nou, nou, boli pas pus endura toun caprici.
Me priba d'un capèl que fazio toun supplici !...
Me xétario pus léou dins lou fioc de l'anfer ;
Per lou te dispûta de mas ounglos de fer. A. B.

## TET

TETA, *Poupa*, v. act. et n. Téter, sucer le lait : *Fa pas que teta*, il tète toujours. (Du grec *titthe*.)
TETADO, *Poupado*, s. f. La Quantité de lait que prend un enfant chaque fois qu'il tète : *Y'a dounat uno missanto tetado*. On ne peut pas rendre cette phrase d'une manière supportable en français, il faudra dire : elle lui a donné une fois de mauvais lait.
TETAYRE, O, *Poupayre*, o, adj. Qui tète beaucoup, souvent.
TETE, s. m. Petit Chien, comme on le dit aux enfants : *Agaxo lou tete*, vois le petit chien.
TETELOU, s. m. Tétin, bout de la mamelle de la femme : *Lou letelou s'es crebassat*, le tétin s'est crevassé.
TETINO, s. f. Tétine, pis de la truie, etc.
TETO, *Poupo*, s. f. Mamelle, organe du corps des femelles où se forme le lait ; Partie charnue et glanduleuse du sein des femmes : *L'a touxoun à las tetos*, elle a toujours son enfant au sein. (Du grec *tithos*, teton.)
TETO-LÈBRE, adv. Espèce de Jeu qui consiste à glisser un ongle sous l'ongle de quelqu'un, ce qui est très-douloureux.
TETOU, NO, s. m. f. Petit Cochon qui tète encore : *Ey croumpat un tetou*, j'ai acheté un cochon de lait.

## TEX

TEXTE, s. m. Texte, les propres paroles d'un auteur ; Extrait littéral, passage, citation d'un écrivain ; Passage de l'Écriture qui fait le sujet d'un sermon : *A caousit un poulit texte*, il a choisi un beau texte. (Du latin *textus*.)

## TEY

TEYSSE, v. act. Tisser, faire un tissu. (Du latin *texere*.)
TEYSSEYRE, s. m. Tisserand, artisan qui fait de la toile, etc. : *Lou teysseyre pourtara la troco*, le tisserand portera la toile

## TEZ

TEZIC, voyez Tic.
TEZICOUS, voyez Ticous.
TEZO, s. f. Thèse, proposition, question dans le discours ordinaire ; Conversation : *Y'e boli pas lene tezo*, je ne veux pas allonger la conversation.

## TIB

TIBA, *Tibla*, v. act. Bander, tendre quelque chose avec effort : *N'as pas prou tibat la cordo*, tu n'as pas assez tendu la corde.
TIBA, v. act. Ivrogner quelqu'un, le griser.
TIBA (SE), v. pro. Se Griser, s'ivrogner : *S'es tibat coumo un cun*.
TIBADURO, s. f. Tension.
TIBEL, voyez Fougasso.
TIBLADO, voyez Truelado.
TIBLE, voyez Truelo.
TIBURÇO, voyez Brutal.

## TIC

TIC, s. m. Tic, habitude ridicule : *Aco's un tic*, c'est une habitude. (Du latin *spasticus*, sous-entendu *motus*, mouvement convulsif.)
TICOUS, OUSO, adj. Inquiet, te, quinteux, hargneux : *Es fort ticous*.

## TIE

TIÈDE, O, adj. Tiède, qui est entre le froid et le chaud, qui n'est ni froid ni chaud ; fig., Qui manque d'ardeur, d'activité, de ferveur : *Es fort tiède*, il est fort tiède. (Du latin *tepidus*.)
TIÉDI, v. n. Tiédir, devenir tiède. (Du latin *tepere*.)
TIÉDOMEN, adv. Tièdement, avec nonchalance. (Du latin *tepidè*.)
TIÉDOU, s. f. Tiédeur ; fig., Relentissement, diminution, manque d'ardeur, de ferveur, de zèle : *La tiédou l'a gagnat*, la tiédeur l'a gagné. (Du latin *tepor*.)
TIERÇO, v. act. Tiercer ; t. d'agric.; Donner un troisième labour.
TIERS, s. m. Tiers, l'une des trois parties égales d'un tout ; Partie d'un tout divisé en trois : *N'a agut un tiers*, il en a eu un tiers. (Du latin *tertius*.)
TIÈX, s. m. Gouttière, canal par où les eaux pluviales de tout toit coulent ou tombent dans la rue : *Te metos pas soul tièx*, ne te mets pas sous la gouttière. (Du latin *tectum*, toit.)
TIÉYRO, s. f. Rangée, rang de ceps de vignes, etc. : *Me reserbi aquelo tièyro*, je me réserve ce rang.

## TIF

TIFO TAFO, adv. Démangeaison, envie immodérée de dire ou de faire une chose : *La lengo me fa tifo tafo*, la langue me démange.

Aco's bé dé ségur un boun rasounomen.
Mais xetas amm'aco las paraoulas al ben.
Soui d'un'umou, bésés, que quand aco m'agaffo,
La lengo mé pruzis, et mé fa *tifo tafo*. B.

## TIG

**TIGNAS**, s. m. Teignasse, tignasse, tout ce qui y ressemble.

**TIGNO**, s. f. Teigne, sorte de gale plate, sèche, à la tête de l'homme : *A la tigno*, il a la teigne. (Du latin *tinea*.)

**TIGNOS**, voyez ANXÉLUROS.

**TIGNOUS**, OUZO, adj. Teigneux, euse, qui a la teigne : *Aquel tignous!* ce teigneux !

**TIGRAT**, ADO, adj. Tigré, ée ; Bigarré de taches comme le tigre, etc. ; Figuré comme le pelage d'un tigre : *Un xalal tigrat*.

**TIGRE**, s. m. Tigre, grand quadrupède très-féroce, du genre chat ; fig., Homme barbare, féroce, sanguinaire : *Semblo un tigre*, il semble un tigre. (Du latin *tigris*.)

> Las celestos bertuts cassados,
> Toutis les bicis delargats,
> Toutos las passious de ridados
> Soun coumo tigres enrajats,
> Lou berin mourtal les enfiamo
> Et ben courroumpre nostro amo
> Sans les poude tene b.rats.   DEBAR.

## TIL

**TILHUL**, s. m. Tilleul, grand et bel arbre, à fleurs rosacées : *De tisano de tilhul*. (Du latin *tilia*.)

> La ploja, penden la tampesta,
> Del superbé *tillul* fa courba lous ramels;
> Quand l'ouragé és passat, on lous vey, mais pus bels,
> Sè rilèva d'abord daou la voûta celesta,
> Ensi, rélèvas vostré froun,
> Poples! aboulissès las leys de l'esclavagé,
> É vostres ouppressous aoureou per soun partagé
> Lou remor, la raja é l'affroun !   PEIR.

**TILIENT**, voyez TELHUT.

## TIM

**TIMIDE**, O, adj. Timide, craintif; Qui a une timidité modeste ; Qui manque d'assurance dans l'occasion : *Es fort timide*, il est fort timide. (Du latin *timidus*.)

**TIMIDITAT**, s. f. Timidité, manque de hardiesse, d'assurance : *Aco's la timiditat que n'es caouso*, la timidité en est cause. (Du latin *timiditas*.)

**TIMIDOMEN**, adv. Timidement, avec timidité, sans assurance. (Du latin *timidé*.)

**TIMOU**, s. m. Timon, longue pièce d'un carrosse, etc., à laquelle on attache des chevaux ; Limon de charrette ; Poids public ; grandes Balances dont les plateaux sont en bois pour peser les grosses choses. (Du latin *temo*.)

**TIMOUNIÉ**, s. m. Timonier, cheval qu'on attèle au timon.

**TIMOURAT**, ADO, adj. Timoré, ée, timide; Qui craint d'offenser Dieu ; Pénétré d'une crainte salutaire : *Aco's uno persouno fort timourado*, c'est une personne très-timorée. (Du latin *timoratus*.)

**TIMPLAT**, voyez TINPLAT.

## TIN

**TIN**, s. m. Tintement, son d'une cloche : *N'a pas boun tin*, elle n'a pas bon son ; le Teint du visage. (Du latin *tinnitus*.)

**TINADO**, s. f. Cuvée, plein une cuve de vendange. (Du latin *tina*.)

**TINAL**, *Tinalié*, s. m. Cellier, lieu au rez-de-chaussée d'une maison dans lequel on serre les vins et autres choses : *Ba troubaras al tinal*, tu le trouveras au cellier.

> Coumo lous jets noumbrousés
> Qu'embrassou l'oulivié,
> Sous enfans amistouzés
> Lou coumblou d'amitié,
> Sa fenno es uno abeillo
> Que claoufis soun oustal,
> Et sa gaillardo trelilo
> Innoundo soun *tinal*.   PEYR.

**TINBALOS**, voyez XIMBALOS.

**TINERA**, v. act. Timbrer, mettre le timbre à.... sur.... : *La lettro es timbrado de Paris*, la lettre porte le timbre de Paris.

**TINBRAT**, ADO, adj. Timbré, ée, empreint d'un timbre : *Y'e cal fa beze de papié tinbrat*, il faut lui envoyer du papier timbré ; fig., un peu Fou : *Cal que siego un bouci tinbrat*, il doit être un peu fou.

**TINBRE**, s. m. Timbre, cloche que frappe un marteau ; Son qu'elle produit : *A un poulit timbre*, elle a un bon son ; fig., Son naturel de la voix ; Marque du gouvernement empreinte sur le papier dont on se sert pour les actes judiciaires ; Marque particulière au bureau de poste de chaque ville : *Aco's lou timbre de Paris*, c'est le timbre de Paris. (Du latin *tympanum*.)

**TINDA**, v. n. Tinter, faire entendre un tintement en parlant d'une cloche ; fig., se dit de l'oreille de quelqu'un, dont on parle en son absence. (Du latin *tinnire*.)

**TINDELO**, s. f. Petite Tranche de lard, de jambon qu'on fait cuire à la poêle : *Metras uno tindelo de mayt*, tu mettras une tranche de plus.

**TINDOMEN**, s. m. Tintoin, bourdonnement, bruit dans les oreilles comme si on entendait des cloches : *Entendi un espèço de tindomen countinuel*, j'entends un bourdonnement continuel.

**TINDOUNA**, voyez ENTINDOUNA.

**TINDOU**, *Pounpil*, s. m. Chantiers, pièces de bois sur lesquelles on assied les tonneaux dans une cave : *Coumenço per pla couta lous tindous*, commencez par bien caler les chantiers.

**TINETO**, voyez BUGADOUNEL.

**TINO**, *Tinel*, s. f. Cuve à cuver : *Aben la tino pleno*, nous avons la cuve pleine ; t. de tanneur, Plain, sorte de grande cuve servant à mettre les peaux dont on veut faire tomber le poil par le moyen de la chaux : *Met-los à la tino dal lessiou*, mettez-les dans le plain ; t. de moulin, Tonnelle, cuve de moulin à farine ; dans cette espèce de Cuve, tantôt de pierre tantôt de bois ; tourne la roue horizontale, *lou roudet*, qui est supportée par une pièce de bois en bascule, *leouxe*. (Du latin *tina*.)

**TINPLAT**, *Timplou*, s. m. Templu, tamplon, t. de tisserand, peigne destiné à tendre l'étoffe sur le métier.

**TINT**, s. m. Teint, manière de teindre : *Aco's un boun tint*, c'est bon teint ; Teinturerie, atelier d'un teinturier : *Es encaro al tint*, c'est encore chez le teinturier.

**TINTA**, v. act. Teindre, faire prendre à une chose une couleur différente de celle qu'elle avait : *A bezoun de tinta*, elle a besoin de teindre ; Mettre à la teinture. (Du latin *tingere*.)

**TINTAMARO**, s. m. Tintamarre, bruit éclatant, vacarme : *Qu'un tintamaro!* On trouve dans les vieilles chartres du Berri que Jean, fondateur de la chapelle de Bourges, allant un jour à la chasse, rencontra un grand nombre de vignerons dans un état si misérable, qu'il les interrogea et en eut pitié. Il apprit d'eux qu'on les faisait travailler quinze ou seize heures par jour, et il ordonna qu'il n'eussent à se rendre au travail qu'à six heures, et qu'ils s'en revinssent à cinq heures en hiver, et à six en été. Le Duc enjoignit à ceux qui étaient les plus près de la ville, et qui entendraient les premiers sonner l'heure, d'en prévenir les voisins, qui devaient l'annoncer aux plus éloignés : « Tellement, dit l'auteur de ce récit, qu'en toute la contrée s'entendait une grande huée et clameurs, par laquelle chacun était finalement averti qu'il fallait faire retraite en sa maison. » Tous donnaient cet avertissement en *tintant* avec une pierre sur une *marre*, espèce de Houe à travailler la vigne.

TINTAYNA, *Tintaynexa*, v. n. Tenter quelqu'un, le harceler pour lui faire faire quelque chose : *Lou m'a calgut pla tintaynexa per que ba fagués*, j'ai du le tenter longtemps pour qu'il le fît. (Du latin *tentare*.)

TINTAYNO, s. f. Souci, tintoin, inquiétude, mélancolie, humeur : *Quand la tintayno l'atrapo!* quand la mélancolie le prend !

TINTIÉ, s. m. Pot à teinte des charpentiers, etc.

TINTO, s. f. Teinte, couleur donnée à certaines étoffes ; Noir dont se servent les charpentiers pour battre la ligne : *Y'a pas de tinto*, il n'y a plus de noir. (Du latin *tinctura*.)

TINTOU, adv. : *Tescouti coumo tintou*, je ne tiens pas compte de ce que tu dis, je m'en moque comme du son d'une cloche fêlée.

TINTURIÉ, s. m. Teinturier, celui qui exerce le métier de teindre : *A las mas coumo un tinturié*, il a les mains comme un teinturier ; sorte de Raisin. (Racine *tinto*.)

TINTURO, s. f. Teinture, préparation liquide pour teindre ; Impression qu'elle fait sur l'étoffe : *La tinturo n'a pas pres*, la teinture n'a pas pris ; fig. Connaissance superficielle d'une science, d'un art : *N'a calquo tinturo*; Teinturerie, lieu où l'on teint les étoffes : *Es anat à la tinturo*, il est allé à la teinturerie. (Du latin *tinctura*.)

## TIO

TIOU, voyez TEOU.
TIOUL BLANC, voyez XIOUL BLANC.
TIOULO, voyez TEOULO.

## TIR

TIRA, v. act. Tirer, amener à soi ; Oter, tirer l'eau d'un puits : *Bay tira d'aygo fresco*, va puiser d'eau fraîche ; Etendre ; Dégager, délivrer : *M'a pla tirat de peno*, il m'a bien tiré de peine ; Recevoir, recueillir, tirer profit : *N'as pla tirat*; Soutirer, tirer au clair, séparer la partie éclaircie d'un liquide d'avec son sédiment : *Tiro la boutelho al clar*, tirez au clair cette bouteille ; Vérifier une chose, un compte : *Ba me cal tira al net*, je veux le tirer au clair ; se Venger : *N'a tirat benxenço*; Dire la bonne aventure, tirer l'horoscope ; Décharger des armes à feu : *A tirat souben sus tua res*, il a souvent tiré sans tuer ; Faire, savoir faire des armes : *Tiro pla*; Adresser une lettre de change : *Ba tira sur tu un bi-lhet*, il va tirer un billet sur toi ; Décider par la voie du sort : *Anan tira al sort*, nous allons tirer au sort ; Aller vers.... s'Acheminer : *A tirat debés abal*, il est allé vers là-bas. *Tira*, veut encore dire, faire exécuter un dessin, une peinture, un plan ; *Se fa tira*, faire faire son portrait ; *Aquel moussu a tirat lou plan de l'oustal*, se dira d'une personne qui a dessiné ou peint une vue, mais on dit plus régulièrement, *tira lou castèl*, prendre une vue de château, et *ne tira lou plan*, en faire le plan : *Aquel pintre la pla tirat*, ce peintre a bien fait son portrait, il l'a fait bien ressemblant. (Du latin *trahere*.)

S'abiats b'st alahets aquelo troupo folo,
Partisquec en un cop coumo un roc quand redolo.
Un gagno le daban, et quand ba s'acata,
Un aoutre, en le poussan, sul cap lu fa toumba :
D'aoutres benoun aprép, se batoun, se pelijon ;
Janou la ten déja, dus gaillards y la *tiron*
L'arrapon toutis dos et fan à qui l'aoura ;
Plusiurs sacouton al pel per la lour fa latcha.
Penden aquel rambouj, la poumo toumbo à terro ;
Francès bite y courgnèc, et per fini la guerro
La lèbo, pey, cop sec, la boulo jouts l'caysal,
En lour discu : — cfans, bous anos cresios, alal,
Que fousquésse prou piot per bous douna la poumo?
Se jamay ba besets, b'anirey dire à Roumo,
Abets pas bits, palots, que houlioy m'amusa?
Aro que soun countep, anais-bous passeja.
MENGAUD.

TIRADIS, SO, adj. Qui se renouvelle souvent, en parlant de l'eau d'un puits, parce qu'on puise beaucoup : *Es fort tiradisso*.

TIRADO, s. f. Tirade, longue suite, continuité : *Ba cal fa tout d'uno tirado*, il faut le faire tout d'une suite.

TIRADOU, voyez CARRETO, ALAYRE.

TIRALHA, v. act. Tirailler, tirer à diverses reprises d'un côté et de l'autre avec violence ; v. n. Tirer d'une arme à feu, souvent et maladroitement ; t. mil. Commencer l'attaque par un feu irrégulier : *Coumencèren de tirralha al xoun*, au jour nous commençâmes à tirailler. (Du latin *trahere*.)

TIRALHOMEN, s. m. Tiraillement, secousse douloureuse dans une partie du corps : *Sentissi de tirailhomens dins lous rens*.

TIRAIHE, voyez TIRAXE.

TIRAN, s. m. Tirant, cordon pour ouvrir ou fermer une bourse ; Cuir, ruban pour boucler les souliers : *Lou tiran s'es coupat*, le tirant s'est coupé ; Ruban pour mettre les bottes ; sorte de Nœud de cuir pour serrer les cordes et tendre les peaux d'un tambour ; Pièce de bois pour maintenir les charpentes unies : *Cal plaça calque tiran*, il faut placer quelques arrêts.

TIRAN, s. m. Tyran, celui qui a usurpé le pouvoir souverain ; Celui qui gouverne sans aucun respect pour les lois ; Souverain injuste, cruel : *Aco's un tiran*, c'est un tyran. (Du grec *turannos*.)

A peno de juillet l'arc-en-ciel radious
Tournèt fa lambreja l'èl del grand poupie libre,
Que lou Czar, ca rioulan sous bataillouns noumbrous
Et sous canous à gros calibre,
Nous cridabo déjà ; « Francès me beyras lèou,
« Et pel troisième cot guerro al triple drapéou ! »
Mais un aoutre grand puple, at soun do sus troumpetos,
Tout coumo un flor geant qu'à cent milés de bras,
L'y crido en apuntan un mur de bayounetos ;
« Allo tiran del nord ! s'abances, periras ! » J.

TIRANNEXA, *Tirannejha*, v. act. Tyranniser, gouverner, traiter en tyran : *Tirannexos toun moun-*

**TIR**        **TIT**      521

de d'al matis al ser, du matin au soir tu tyrannises les gens.

**TIRANNIO**, s. f. Tyrannie, domination usurpée; Toute sorte d'oppression, de violence: *Aco's uno beritaplo tirannio*, c'est une véritable tyrannie.

**TIRASSA**, v. act. Tirasser, chasser, prendre à la tirasse: *Anan tirassa*, nous allons tirasser. (Du mot *tira* parce que ce filet se ferme en *tiran*.)

**TIRASSAYRE**, s. m. Chasseur à la tirasse.

**TIRASSO**, s. f. Tirasse, filet pour prendre des perdrix, des cailles, etc. (Racine *tira*.)

**TIRAXE**, *Tiraje*, *Fialaxe*, s. m. Tirage, action de tirer; Tirage de la soie, action de faire passer le fil du cocon sur le dévidoir; Tirage au sort: *Boli beni pel tiraxe*, je veux venir à mon tirage.

**TIRAYRE, O**, s. m. f. Tireur, euse; t. d'art. mil. Celui qui tire; Celui qui tire, file la soie.

**TIRÉ**, adv. Commandement qu'on fait aux chiens de s'en aller: *tiré, deforo*.

**TIRÈLS**, s. m. T. de pêcheur, petites ficelles qui portent les hameçons qu'on place dans la rivière à une corde qui la traverse.

**TIRETADO**, s. f. Plein un tiroir: *Uno tiretado d'arxen*, plein un tiroir d'argent.

**TIRETO**, s. f. Tiroir, petite caisse sans dessus, emboîtée dans une armoire, etc. que l'on tire au moyen d'un bouton. (Racine *tira* parce qu'on ouvre en tirant.)

> L'aoutro, abuglo, dins sa crambeto,
> N'a ni couronno, ni bouquet;
> Mais en plaço, à tastous, bay prene qu'aoucoumet
> Que sat al foun d'uno tirelo,
> Et per debat soun justé en bel cocolico,
> Zou sarro en fremin sur soun co. J.

**TIRGOUSSA**, voyez TRIGOUSSA.

**TIRLANCES**, voyez ALLELUYAS.

**TIRO**, voyez GUITO.

**TIRO**, voyez DIFFERENT, DIFFERENÇO.

**TIRO-BOURRO**, s. m. Tire-bourre, crochet en vis, pour tirer la bourre, la charge d'une arme à feu; *Caldra abe lou tiro-bourro*, il faudra avoir le tire-bourre.

**TIRO-BOTO**, s. m. Tire-botte, tissu attaché à la botte pour la chausser; Machine qui emboîte le talon de la botte, et qui sert à l'ôter.

**TIRO-BOUXOUN**, s. m. Tire-bouchon, vis de métal pour déboucher les bouteilles; Mèche de cheveux frisés en forme de tire-bouchon.

**TIRO-BRAZO**, s. m. Tire-braise, instrument pour tirer la braise du four.

**TIRO-FOUNDS**, s. m. Tire-fond, instrument de tonnelier.

**TIROIR**, *Tiradou*, voyez TIRETO.

**TIROLANCE**, voyez BIROBOUQUET.

**TIROLIGOS**, s. m. Peine, embarras, tracas; Bruit: *Qu'un tiroligos!*

**TIROLO**, voyez CARRELO, POULIO.

**TIROMANDIL**, *Picomandil*, s. m. Peine, difficulté d'avoir ce qui est légitimement dû: *M'a calgut fa al tiromandil per l'abe*, pour l'avoir il m'a fallu des peines sans fin.

> Zou dit bé la cansou que nous canto toun fil,
> Sur nostre aoure fruté sau al *pico mandil*;
> Et pu fis que nous aous, que lou toucahen présque,
> Es se bourrouro lou frut et nous jeton lou clésque. J.

**TIRO-PÉ**, *Tiro-piè*, s. m. Tire-pied, t. de cord. lanière de cuir pour maintenir l'ouvrage sur le genou: *Garo lou tiro-pé!*

> Lous pégos prenguèroun sa plaça,
> L'air menaçan, l'iol plen d'oudaça,
> Partisoun én pican d'aon pè
> Espadrounoun d'aoui tira-pè,
> Degaynoun tranchet et lézèna
> Et s'anavoun baire sans pena,
> Mais sé viréroun en cridan:
> Antouéna i'és, gara davan! FAY.

**TIRO-PELSES**, s. m. Gribouillette, jeu d'enfants qui se disputent une chose qu'on leur a jetée: *Ane, drolles, as tiro-pelses?* allons, enfants, à la gribouillette!

> Attendets un moumen, m'apparten, you coumardi,
> Ça dig ïéce le Francés, ammi'un ayre taquin.
> Reculats-bous un paouc, et ço que bous demandi
> De me layssa parla sans fayre tant de trin.
> D'abord arrenguats-bous toutis en ligno, coumo
>     Quand fascu as souldats,
>     Pla alignats,
>     You jetarey le poumo:
> Le que l'attrapara la gardara pel el;
> Mais caldra que la gagne en fan al *tiro pel*.
> — A rasou, ba boul n, meten-nous en renguelo;
> Y sian, coumando-nous, lusio sur ta casquelo,
> As tres cops partiren. — Digus nou digas res,
> Fasèts-y pla moumen!... y siats?... ... un... dus... et tres!
>                               MENG.

**TIRO-POINT**, s. m. Tiers-point, sorte de lime: *Lou tiro-point es tout noou*, le tiers-point est tout neuf.

**TIROU**, voyez GUITOU.

**TIRUR**, s. m. voyez TIRAYRE.

**TIS**

**TISOU**, s. m. Tison, reste d'un morceau de bois dont une partie a été brûlée; fig., Personne importune: *L'ey touxoun aqui sus tisous*, je l'ai toujours sur les tisons (Du latin *titio*.)

**TISOUNA**, v. n. Tisonner, remuer les tisons pour qu'ils brûlent.

**TISOUNAYRE, O**, s. m. f. Tisonneur, euse, qui aime à tisonner.

**TISOUNEXA**, v. n. Tisonner pour s'amuser: *Me cal tisounexa*, j'ai besoin de tisonner.

**TISOUNEXAYRE**, s. m. Tisonneur.

**TISSO**, s. f. Tic, manie, habitude: *Aco's uno tisso*. (Racine *tic*.)

> Lous destins, qué soun de pignastres,
> Y'an fach souffri mila dezastres,
> En *tissa* pécayro l'an prés,
> Yéou lou ploure una rés lou més,
> El may de vint fés la journado.
> A sa santat buve rasada:
> Se moun vu n'és pas exouçat,
> Aoumén tout n'és pas estraçut. FAY.

**TISSU**, s. m. Tissu, ouvrage de fils entrelacés, fait au métier. (Du latin *textum*.)

**TIT**

**TITO TITO**, pour *Petito Petito*. Cri qu'on fait aux poules pour les appeler et leur donner à manger.

**TITOULET**, s. m. Point qu'on met sur les i: *Aqui manco un titoulet*, là il manque un point.

**TITRA**, v. act. Titrer, donner un titre à une personne par honneur.

**TITRE**, s. m. Titre, inscription à la tête d'un livre, d'un chapitre, etc.; Qualification honorable; Nom de dignité; *A fosso titres*, il a beaucoup de titres ; Acte authentique qui établit un droit, une qualité : *Agaxas avci mous titres*, voici mes titres ; Droit de posséder, de faire ; Justes prétentions à....; ce qui les justifie : *A presentat sous ti'res.* (Du latin *titulus*.)

TITULARI, s. m. Titulaire, celui qui a un titre sans possession, sans fonction. (Du latin *titularis*.)

## TIZ

TIZANAYRE, adj. Qui aime à prendre la tisane.

TIZANEXA, *Tisanejha*, v. n. Boire de la tisane ; fig., Inquiéter, tourmenter ceux avec qui on vit : *L'al be que tisanexe*, il faut bien qu'il inquiète.

TIZANO, s. f. Tisane, breuvage d'une décoction de plantes, etc. (Du grec *plisanné*.)

TIZO, s. f. Tige, partie de l'arbre, de la plante qui tire sa naissance de la racine et qui soutient les branches, les feuilles, les fleurs : *A uno belo tizo*, une belle tige ; Corps de clou : *Es mince de tizo;* Partie de la clef depuis l'anneau jusqu'au bout du panneton : *La tizo es courto*, la tige est courte ; le Corps de la botte. (Du latin *thyrsus*.)

TIZOUNEXA, *Tizounejha*, v. n. Fourgonner, remuer le feu sans besoin.

## TOB

TOBO, *voyez* NIGAOUT.

## TOC

TOC, s. m. Grain de folie : *N'a un toc*, il en a un grain.

TOC-E-TOC, *voyez* TENGUEN-TENGUAN.

TOCO, *voyez* TROCO.

TOCO, s. f. Toque, sorte de coiffure : *Porto uno toco rouxo*, il porte une toque rouge. (Du bas-breton *tocq*.)

TOCO, *voyez* MANDO.

TOCO TOCO, adv. Côte-à-côte : *Demouran toco toco*, nous demeurons côte-à-côte.

TOCOTAOULIE, s. m. Bateur de pavé, désœuvré, fainéant.

Prou dé truqu'au-tooulies trouborés dins los billos
Persounos ol public per lou méns inutilos ;
Sus oquelés fénions bous cal redde clupa,
E loïssa dé répaous lous qué goguou lou pa. PRAD.

TOCXIN, *voyez* CASSO-COUQUIS.

## TOG

TOGNO, adj. Stupide, grossière.

## TOI

TOILLOUS, *voyez* TALHOUS.

TOIZA, v. act. Toiser, mesurer avec la toise ; fig., Examiner quelqu'un attentivement et avec dédain.

TOIZO, s. f. Toise, mesure, dimension, étendue de six pieds. (Suivant *Ménage*, du latin barbare *tesa*, fait de *tensus*, tendu, étendu.)

## TOL

TOLASTRE, *voyez* TALASTRE.
TOLEN, *voyez* TALEN.
TOLUS, *voyez* TALUS.
TOLLE, s. m. Tollé, exciter l'indignation contre quelqu'un : *Tout lou mounde cridabo tollé.* (Du latin *tolle*.)

TOLO, s. f. Tole, fer en feuille : *A un poylo de tolo*, un poêle de tole. (Du latin *tela*.)

## TOM

TOME, s. m. Tome, chaque volume d'un ouvrage *Ey lexit lou segoun tome*, j'ai lu le second tome. (Du latin *tomus*.)

TOMPESTO, *voyez* TAMPESTO.

## TON

TONI, s. m. Antoine, nom d'homme ; fig., Nigaud, imbécile : *Sios un toni*, tu es un nigaud.

## TOP

TOPINAMBOUR, *voyez* TOUPINAMBOUR.

## TOR

TOR, s. m. Lime-bois, insecte qui vit dans le bois sous la forme d'une larve et le perce : *Lous tors an tout nazicat aquel bois*, les limes-bois ont piqué ce bois.

TOR, *voyez* XALADO.

TORAT, *voyez* TARAT, BERMENAT.

TORCO, s. f. Lavette, morceau de torchon, de mauvais linge pour laver la vaisselle : *Ambe la torco saoutara*, avec la lavette cela disparaîtra. (Racine *tourca*.)

TORCO-XIQUL, s. m. Torche-cul, linge, papier dont on s'essuie le derrière ; fig., Écrit, chose très-méprisable.

TORDIOU, *voyez* DERRAYC.

TORO, s. f. Salure très-forte : *Es salat coumo la toro*, c'est très-salé.

TORO, s. f. T. de bot., Aconit.

TOROBOUL, *voyez* TRABOUL.

TOROLLORO, s. f. Le Hautbois ; en général tout instrument à vent : *M'assemblo qu'ey entendut las torolloros*, il me semble avoir entendu les hautbois. (Par onomatopée.)

TOROU, *voyez* ROUNDIL.

TORSE, *voyez* TOSSE.

TORT, s. m. Tort, lésion, dommage qu'on souffre, ou que l'on fait souffrir : *M'as fax un tort*, il m'a fait un tort ; Ce qui est contre le droit, la justice, la raison : *Aco's un tort*, c'est un tort ; Injustement : *A tort.* (Du latin *tortum*.)

TORT, O, adj. Tortu, ue, qui n'est pas droit ; Contrefait : *Es pla torto*, elle est bien contrefaite. (Du latin *tortus*.)

TORTICOLIS, s. m. Torticolis, douleur du cou qui empêche de tourner la tête : *A trapat un torticolis*, il lui est venu un torticolis. (Du latin *torti collis*.)

TORTO, *voyez* GARRELO.

TORXO, s. f. Torche, flambeau d'un bâton de sapin, d'un bout de grosse corde enduit de résine ou de cire : *Allumaras la torxo*, tu allumeras la torche. (Du latin *torquo*, je tors, parce que leur forme est quelquefois torse, ou qu'on les fait avec du fil *tors*.)

## TOS

TOS, *Retos*, adj. Tors, tordu : *N'es pas prou tos*, ce n'est pas assez tordu. (Du latin *torsus*.)

TOSSE, *Toussi*, v. act. Tordre, tourner en long et de biais en serrant : *Axudo-me à tosse lou lançol*, aidez-moi à tordre le linceul ; fig., Réduire quelqu'un, le mettre à l'ordre : *Lou m'a calgut tosse*, j'ai dû le tordre. (Du latin *torquere*.)

TOSSE (SE), v. pro. Se Tordre, prendre une entorse au pied, à la main : *S'es toussut lou pé*, il s'est foulé le pied.

TOSSE ET ABALA, v. n. Manger avidement : *Fazio pas que tosse et abala*, il ne faisait que tordre et avaler.

TOSSOU, *voyez* TASSOU.

## TOT

TOT OU TARD, adv. Tôt ou tard, dans un temps indéterminé mais infailliblement.

TOTAL, *Toutal*, s. m. Total, le tout, la totalité : *Lou toutal bous sera randut*, le total vous sera rendu. (Du latin *totus*.)

TOTALITAT, s. f. Totalité, tout formé de l'assemblage des parties. (Du latin *totalitas*.)

TOTALOMEN, adv. Totalement, entièrement. (Du latin *totaliter*.)

TOTOUL, s. m. Toton, espèce de dé à pivot que l'on fait tourner.

## TOU

TOU, TOUAT, *voyez* DOUAT.
TOU, *voyez* TOUT.
TOUALIO, *voyez* NAPO.

TOUCA, v. act. Toucher, mettre la main, le doigt sur...; Frapper, battre : *L'a pla toucat*, elle la bien battu ; Emouvoir, causer de l'attendrissement : *M'a toucat de lou bese ploura*, j'ai été ému de le voir pleurer ; Concerner, regarder : *Aco lou touco pas*, cela ne le regarde pas ; Heurter le fond, un rocher, en parlant d'une barque, d'un vaisseau : *Aben toucat* ; Être proche, contigu : *Nous toucan*, nous nous touchons ; Atteindre à... : *A toucat la marco* ; Prendre, ôter quelque partie d'une chose : *Calqu'un y'a toucat*, quelqu'un y a touché ; Toucher, manier : *Ba cal pas touca*, il ne faut pas le toucher. (De l'italien *tocare*.)

TOUCADOU, s. m. Aiguillade, gaule dont se servent les laboureurs pour piquer les bœufs.

Elo (lou francés) qu'es ta besiado en fan la doumayzelo
Nous sayo dins lous cams qu'uno grando girèlo ;
Et quand caldra laoura, carrexa qu'soucoumel,
    La paloto, tristo mourrudo,
Debat lou *toucadou* restayo toujours mudo,
Et dachayo tous boués estifla lur couplet,
Sans dire soulomen : à Caoubet ! à Bermet !! J.

TOUCANT, O, adj. Touchant, ce qui touche le cœur, *Aco's toucant*.

TOUCAT, ADO, adj. Un peu Fou : *Es un bricou toucat*.

TOUCHINARIE, *voyez* COUQUINARIE.
TOUFLO, *voyez* MATARRADO.
TOUGALIOU, *voyez* SIBRETTO.
TOUGNAS, *voyez* TONI.

TOULERA, v. act. Tolérer, souffrir ce qui n'est pas ou qu'on ne croit pas bien, ce qu'on ne devrait pas permettre d'après ses principes : *Ne touleros tropos*, tu en tolères trop. (Du latin *tolerare*.)

TOULERAPLE, O, adj. Tolérable, qu'on peut tolérer, supporter, souffrir.

TOULERENÇO, *voyez* SUPPORT.
TOULIAOU, *voyez* MOUSTIFLAOU.

TOULIPAN, s. m. Tulipe, plante printanière d'un grand nombre d'espèces. (Du turc *tulipant*, ou *tulibant*.)

TOULIPIÉ, s. m. Tulipier, arbre tulipifère.

TOULZO, s. m. Petite Monnaie qui n'est plus d'usage : *Ne dounario pas un toulzo*, je n'en donnerais rien.

TOUMATO, *Poumo d'amour*, s. f. Tomate, variété de la pomme d'amour dont on fait une sauce pour la viande. (De l'espagnol *tómate*.)

TOUMBA, v. n. Tomber, être emporté de haut en bas par son propre poids ; Faire une chute ; Etre abattu, renversé : *Souy toumbat coumo un patas de bart*, je suis tombé comme une savate ; Tomber malade, le devenir : *Nous es toumbat malaout*, il est tombé malade chez nous ; se Jeter, fondre sur... : *Y'es toumbat dessus coumo la miséro sus paoures*, il lui est tombé dessus, comme la misère sur les pauvres ; Passer d'un état dans un autre pire : *Es toumbat dins la miséro* ; Discontinuer, cesser en parlant du vent, d'un bruit fâcheux : *Tout aco es toumbat* ; Coïncider, avoir lieu en parlant d'un jour, etc. : *La fièyro toumbo un dilus*, la foire tombe le lundi ; Abattre, renverser : *Cal que toumbe lou capial*, il faut qu'il tombe le mur de tête ; Laisser tomber quelque chose : *As toumbat lou moucadou*, tu as laissé tomber le mouchoir. (Racine *toumbo*.)

Quand douno, maï que jamaï, l'oundo la ten captibo
Quand creï, pel darnié cop. heze l' cel et la ribo,
Un aoutre cop de ben, pus fort que lou prumié,
L'y trigosso en passan, un brancal d'oulibié,
Que *toumto* justomen al pun de la rigolo,
Ount la paouro negado è plouro é se desolo ;
L'aiman n'a pas d'effet, ni pus proumt, ni pus biou,
Que n'aouzet lou branquet, dins aquesto occasiou,
La caniho en effet l'poujet pas bisi à peno,
Que sentisquet toumba la pesanto cadeno,
Et sans perdre un moumen, car abio prou begut,
S'arrapet al branquet, sa plancho de salut ;
Apeï, on la bejec, quand sousquet pus captibo,
Remira ambe plazé, lou cel, ainaï la ribo.
                             CEREN.

TOUMBA, *voyez* LENGUEXA.

TOUMBADO, s. f. Chute : *A fas uno toumbado tarriplo*, il a fait une chute terrible ; fig., Affluence, abord : *Y'a uno bouno toumbado*, il y a une grande affluence ; t. de peseur : *Fazes me la toumbado*, qu'il y ait le trait, ou le surplus ; le Trait ou l'excédant du poids que le marchand donne à chaque pesée ; *A la toumbado de la neyt*, adv. à l'entrée de la nuit.

TOUMBAN, *En leban*, adv. Avec grand peine, si peu que mal : *Manxan de pa en toumban en leban*, nous mangeons du pain avec peine.

TOUMBAREL, s. m. Tombereau, voiture faite à bascule qui tombe à chaque fois qu'il faut la décharger : *Un toumbarèl es pus coumode*, un tombereau est plus commode. (Du verbe *toumba*, parce que le tombereau se renverse et fait une espèce de culbute lorsque pour le décharger on appuie un peu fort sur la partie de derrière.)

Ah ! souben, en traïnan un sale *tumbarel*
Doun le brancal cruchit y'entemeno la pel,
Un paoure biel chabal trimo touto l'annado,
Recèou de cops de fouet, noun trobo jouts sa den
Que de sanfouen mouzit, e sa dits tristomen :
Que le richte segnan gagno leou sa journado.

TOUMBARELAT, s. m. Tombereau, la charge

d'un tombereau : *Pourtaras un toumbarelat de sable*, tu porteras un tombereau de sable.

**TOUMBARELAYRE** ; s. m. Tombelier, charretier qui conduit un tombereau.

**TOUMBASSIÉ**, s. m. Fossoyeur, celui qui creuse les fosses pour les morts. (Racine *toumbel*.)

**TOUMBAYRE**, voyez **LENGUEIXAYRE**.

**TOUMBÈL**, s. m. Tombeau, monument élevé à la mémoire d'un mort au lieu dont il est inhumé : *Ey pregat Dious sur soun toumbèl*, j'ai prié sur son tombeau. (Du grec *tombos*.)

> Quand la bièillo sempiternèlo
> De la noubieto pren la ma,
> Damb'un brigal de carmmèlo
> Y fay la crouts et dit : « douma,
> Diou balgo ; faribolo Angèlo,
> Qu'en espouzan Batisto l'infidèl
> N'aiges pas cruzat un *toumbèl* ! »         J.

**TOUMBO**, s. f. Tombe, fosse, trou dans lequel on place un mort ; prov. : *Pasquos marsescos fan toumbos frescos*, Pâques au mois de mars font beaucoup de fosses nouvelles. (Du grec *tombos*.)

**TOUN**, s. m. Ton, inflexion de la voix : prov. *Lou toun fa la cansou*, le ton fait la chanson ; Manières, langage, procédés : *A un boun toun* ; Vanité, parure : *Porto trop de toun*, elle porte trop de parure. (Du latin *tonus*.)

> L'y crido d'nn *toun* raouc : Adiou, tros dé goulard ;
> Quond t'ai to pla serbit, sobio pas qué moun art
> Ogosso lo bertut dé té douna lo casso,
> Qué t'ourio-bé gardat lo micho e lo fongasso.
>                               PRAD.

**TOUN**, s. m. Thon, gros poisson de mer. (Du grec *thumos*.)

**TOUN**, pron. posses. Ton : *Aco's toun mèstre*, c'est ton maître. (Du latin *tuus*.)

**TOUNDAZOUS**, s. f. Tondaison, temps où l'on tond les troupeaux.

**TOUNDÈLO**, s. f. Tonture, poil tondu sur les draps avec les forces : *La toundèlo ès bouno*, la tonture est bonne.

**TOUNDEYRE**, s. m. Tondeur, celui qui tond les draps, les moutons, etc.

**TOUNDEZOUS**, voyez **TOUNDAZOUS**. (Racine *toundre*.)

**TOUNDRE**, v. act. Tondre, couper la laine, le poil des animaux, les branches d'arbres ; Couper les cheveux : *L'as pla toundut*, tu l'as bien tondu. (Du latin *tondere*.)

> Oban que sul troupel trop de caout bengo foundré
> Lou bouriayré obisat monco pas dé lou *toundré*
>                               PRAD.

**TOUNDUR**, s. m. Tondeur de draps.

**TOUNDUZO**, s. f. Tondeuse, machine à tondre les draps : *La tounduzo n'alantis fort*, la tondeuse en avance beaucoup.

**TOUNÈL**, s. m. Tonneau, vaisseau en bois, revêtu de cercles à deux fonds et un peu renflé par le milieu. (De l'allemand *tonne*.)

**TOUNELIÉ**, s. m. Tonnelier, celui qui fait, raccommode les tonneaux, les cuviers.

**TOUNÈTO**, s. f. Antoinette, nom de femme.

**TOUNO**, s. f. Tonne, grand tonneau ; fig., Personne très-grosse : *Semblo uno touno*, elle semble une tonne. (De l'allemand *tonne*.)

**TOUNSURA**, v. act. Tonsurer, donner la tonsure ; fig., Couper les cheveux, les branches d'un arbre : *Lou me tounsuraras*.

**TOUNSURO**, s. f. Tonsure, cérémonie par laquelle celui à qui l'évêque coupe les cheveux, entre dans la cléricature ; Endroit de la tête d'un ecclésiastique où les cheveux sont rasés en rond : *Porto la tounsuro*. (Du latin *tonsura*.)

**TOUPA**, v. n. Toper, demeurer d'accord ; Accepter une proposition : *Boulio pas xamay y toupa*, il ne voulait jamais y consentir ; Reconnaître, en parlant des compagnons du devoir : *Lou te cal toupa*. (De l'hébreux *thoub*, bon, agréable.)

**TOUPET**, s. m. Toupet, petite touffe de cheveux, généralement les cheveux : *Trapo-lou pel toupet*, prends-le par le toupet ; fig., Hardiesse, effronterie : *Cal abe de toupet per fayre aco*, il faut avoir du toupet pour agir ainsi.

**TOUPETO**, s. f. Fiole de sirop, d'orgeat, etc.

**TOUPI**, s. m. Pot, vase de terre ou de métal, dans lequel on fait la soupe, etc. : *Aben lou toupi sul fio*, nous avons le pot au feu ; sorte de Coiffe de femme.

> Caïqn'un diguet tabes, aqui demets la foulo,
> Qué souben lou *toupi* b uldrio mascara l'oulo.   D.

**TOUPINADO**, s. f. Potée, plein un pot : *Uno toupinado de car*, une potée de viande.

**TOUPINAMBOUR**, s. m. Topinambour, plante à gros tubercules, semblable aux pommes de terre, ses tubercules sont bons à manger : *manxaren de toupinambours*, nous mangerons des topinambours.

**TOUPINAT**, s. m. Plein un pot : *Un toupinat de fabouns*, plein un pot d'haricots.

**TOUPINEXA**, *Toupinejha*, v. n. Remuer les pots, s'en servir ; Faire une grosse cuisine : *Souy lasso de toupinexa*, je suis fatiguée de cuisiner.

**TOUPINO**, s. f. Pot avec des anses, espèce de marmite de terre ; Boulin, pot servant de nid aux pigeons, aux oiseaux.

> Déjà lou posserat bisito lo *toupino* ;
> On dé borgun, de paillo, et qualquo plumo fino,
> Bo gorni sou lichet d'un mouflié motolas,
> Qu'o sous pichous noïssens sero d'un grond soulas.
>                               PRAD.

**TOUR**, s. m. Tour ; Mouvement en rond ; Allée et venue ; Promenade : *Es anat fayre un tour*, il est allé faire un tour ; Circuit, circonférence ; *Lou tour de la bilo* ; Agilité, grande force ; Trait d'habileté, de ruse : *Aco's un poulit tour*, c'est un joli tour ; Rang successif : *Cadun soun tour*, chacun son tour ; Niche, attrape, *Y'ey xougat un tour*, je lui ai joué un tour ; Machine pour façonner en rond le bois, l'ivoire, le fer : *Cal fayre aco al tour*, il faut faire cela au tour ; Tour à filer, à carder, etc. : *Sap pas traballia qu'al tour*, elle ne sait travailler qu'au tour ; Construction élevée en forme de clocher : *Aco's la tour de M. Camus*, c'est la tour de M. Lecamus ; le Moulinet d'une charrette qui sert à bander le cable pour assujettir la charge : *Sarro lou tour*, serre le moulinet ; Tour pour lever de grands fardeaux : *Cal abe uno crabo ou un tour mort* ; la Grivelée, les pots de vin que savent faire certains fonctionnaires : *A douxe cents frans et lou tour dal bastou*, il a douze cents francs et les pôts de vin. (Du latin *tornus*, Touret, instrument de cordier.)

> Madoumayselle de Constans,
> El a beleü may de cent ans
> Qu'on ne fec pas de talis *tours*,
> Coumo fan aros touts lous jours,

TOU

Per ço qu'un hoste qu'es troumpur
A fach crida de vi tout pur,
Et peys et bailho del beuratge,
Nou fa pas ei un grand outratge? A. G.

**TOURA**, v. act. Scier en travers un billot; Débiter un tronc d'arbre: *Lou cal toura sul cop, il faut le débiter tout de suite.*

**TOURA**, voyez XALA.

**TOURADISO**, voyez XALADO.

**TOURADOU**, *Louvo*, s. m. Passe-partout des scieurs de long, ce n'est qu'une lame dont les dents ne sont pas dévoyées et qui porte pour manche un simple bâton à chaque bout d'un pied de long: *Aouren besoun dal touradou*, nous aurons besoin du passe-partout.

**TOURBILHOUN**, s. m. Tourbillon, vent, feu, eau qui tourbillonne: *Un tourbilhoun de ben a derroncat aquel oul*, un tourbillon de vent a arraché cet orme. (Du latin *turbo*.)

**TOURCA**, v. act. Torcher, essuyer, ébréner un enfant; fig., Faire à la hâte, mal travailler: *Es pla mal tourcat*, c'est bien mal fait.

Moun pèra, dins sas sentas patas,
Pour ava nostres Dious pénatas,
Car ieou, saygue, per lous touca,
Aviey bezoun de mè *tourca*:
Mas dos mans éstan prou sannouzas,
È s'on fasu dire, un paou merdouzas;
Dé façoun que lous ouncharièy,
E disoun que mé dannarièy,
Vole pas fa rire lou diable
Per un pecat tan graciable. FAV.

**TOUR DE RENS**, s. m. Tour de reins.

**TOURDRE**, voyez TOURXE.

**TOURIBO**. s. f. Brebis maigre que mangent les pauvres: *Aco's un boussi de touribo*, c'est un morceau de brebis maigre.

**TOURIL**, voyez TOURRIL.

**TOURJHE**, voyez TOURXE.

**TOURMEN**. s. m. Tourment, douleur, supplice; Grande peine d'esprit, vive inquiétude: *Souy dins un grand tourmen*, je suis dans un grand tourment. (Du latin *tormentum*.)

« Ah! qué counèsses pla tout l'amour qu'ei per bous!
« Coussi poudès abé l'aire tant rigourous?
« D'oun m'en gueri d'un tourmen qué m'accap'o
« Bous és indiferent qué bous crego coupaplo? D.

**TOURMENTA**, v. act. Tourmenter, faire souffrir quelque tourment de corps ou d'esprit; Importuner, harceler: *Fa tout ço que pot per me pla tourmenta*, elle fait tout ce qu'elle peut pour me tourmenter.

**TOURMENTA (SE)**, v. pro. Se Tourmenter, se mettre fortement en peine: *Se tourmento inutilomen*, elle se tourmente inutilement; se Déjeter en parlant du bois: *Que s'es tourmentat*, qu'il s'est déjeté!

**TOURMENTATIOU**, voyez TOURMEN.

**TOURMENTINO**, voyez TREMENTINO.

**TOURNA**, v. n. Rendre ce qu'on avait emprunté: *Bous tourni la palo*, je vous rends la pelle; Faire de rechef; Revenir: *Es tournat*: Rembourser: *M'a tournat l'arxen*, il m'a remboursé l'argent.

Quand l'esponer es perdut, on detesto la bido;
Dins aqueles moumens on se souben de Dious,
Oh! que l'homme es ingrat! s'es burous le doublido,
Et nou *tourno* bers el que dins las afflictious.
MENGAUD.

**TOURNADO**, s. f. Tournée, voyages en plusieurs endroits; Voyage périodique: *Es en tournado*, il est en tournée.

**TOURNANT**, s. m. Tournant, espace où l'on tourne une voiture; Coin, coude d'une rue, d'un chemin: *L'a troubat al tournant*, il l'a trouvé au tournant.

**TOURNEXA**, *Tournejha*, v. act. Tourner, travailler au tour; Éprouver un étourdissement pour être sur une grande élévation: *Lou cap me tournexo*, la tête me tourne; Chercher à influencer quelqu'un; Ceindre, entourer; *Boli tournexa l'ort de bouyssous*, je veux entourer le jardin de buissons.

Dins lo coumbo bésino agacho lo postrèlo
Bestido soulomen d'uno comisouléto,
Qu'en garden lous ognels la *tournegra* soun fus;
Es, quand lous bey boundi, pus fièro qué dégus.
PRAD.

**TOURNEXOMEN**, *Tournejomen*, s. m. Tournotment; Indisposition du cerveau qui fait qu'on s'imagine voir tous les objets tourner autour de soi, et qu'on croit tourner soi-même.

**TOURNEXOU**, *Falour*, s. m. Mouton, brebis qui a le ver-coquin; ce ver s'engendre dans la tête des moutons, etc., et après leur avoir fait éprouver de violentes agitations les fait mourir: *Manxan un tournexou, tantos*, ce soir nous mangeons un mouton qui a le ver.

**TOURNILIOU**, voyez TOURNUR.

**TOURNIQUET**, s. m. Tourniquet, dévidoir, outil de charpentier.

**TOURNO**, s. f. Retourne, la carte que l'on retourne à certains jeux: *Fay beze la tourno*, fais voir la tourne.

**TOURNO-BIS**, s. m. Tournevis, instrument pour tourner les vis.

**TOURNO-BROXO**, *Tourno-brocho*, s. m. Tournebroche, machine pour faire tourner la broche; Petit garçon, chien qui la fait aller: *Aben perdut lou tourno-broxo*.

**TOURNO-GAOUXE**, *Tourno-gaouxe*, s. m. Tourne-à-gauche, crochet de forgeron; Outil de serrurier qui sert à tourner les autres outils, outil qui sert à tourner le tareau pour faire des vis.

**TOURNOS**, s. f. Retour, compensation, ce qu'on ajoute pour faire un troc égal, *Boli cinquanto frans de tournos*, je veux cinquante francs de retour.

**TOURNUR**, s. m. Tourneur, ouvrier qui façonne des ouvrages au tour.

**TOURNURO**, s. f. Tournure, conformation, disposition, habitude du corps: *A prou bèlo tournuro*, il a assez belle tournure; fig., Résultat de la direction donnée à une affaire: *Aco pren uno ficudo tournuro*, ceci prend une fichue tournure.

L'espoir...
Remarcas, quoique sur dé fadézos
De *tournuros* que ya qué nou sou pas mal prézos
Amai nou y'ei pas més dal ser al lendéwa
D'ei certos agui fax dins un biral de ma. D.

**TOUROUN**, s. m. Touron, nougat blanc.

**TOURRA**, voyez XALA.

**TOURRA**, v. act. Griller, torrifier, sécher au feu.

**TOURRADO**, voyez XALADO.

**TOURREN**, s. m. Torrent, courant d'eau impétueux qui dure peu.

**TOURRIÉ** (Pixoun), s. m. Colombin, biset ou pigeon biset.

**TOURRIÈYRO**, s. f. Tourière; dans un couvent de femmes, Domestique qui fait passer au tour ce qu'on y apporte.

**TOURRIL**, s. m. Soupe à l'ognon : *Anan fa un tourril*, nous allons faire une soupe à l'ognon.

**TOURRILHOUN**, s. m. Tourillon, pivot d'une porte, d'un pont-levis, d'un canon.

**TOURROULHA**, v. n. Chauffer, soigner : *L'ey pla tourroulhat, es al leyt. Tourroulha*, dérive de *toral, alis*. Couverture de lit : *Tourroulha un malaout dins soun leyt*, signifie faire prendre la couverture sous le matelas pour l'empêcher de tomber, de se déplacer. Le malade ainsi *tourroulhat* ressemble un enfant au maillot : *Tourroulha un maynaxe*, signifie d'après l'étymologie, Envelopper un enfant dans une couverture, un linge destiné à couvrir. Voilà sans doute le sens primitif; ce n'est que figurément qu'on lui a attribué la signification de chauffer, soigner.

**TOURROULHA**, v. act. Emmailloter un enfant.

**TOURTEXA**, *Tourtejha*, voyez GARRELEXA.

**TOURTIÉYRO**, s. m. Tourtière, ustensile de cuisine pour faire les tourtes, les croustades.

**TOURTILHA**, v. act. Tortiller, tordre à plusieurs tours; Embrouiller : *Sabi pas coussi b'as tant tourtilhat*, je ne comprends pas comment tu l'as tant tortillé.

**TOURTILHOUN**, s. f. Boiteuse.

**TOURTIS**, s. m. Torchis, bauge, boussillage; Terre grasse mêlée de paille pour faire des murs : *Aqui, un tourtis suffira*, là un torchis suffira.

**TOURTISSA**, v. act. Boussiller, maçonner avec de la paille et de terre détrempée : fig. Fagoter, mettre en désordre : *Aco's pla tourtissat*, c'est bien fagoté.

**TOUTOUREL**, s. m. Fig. : *Sios un poulit tourtourel*, tu es un joli merle.

**TOURTOURELO**, s. f. Tourterelle, oiseau du genre des pigeons : *Un parel de tourtourelos*, un couple de tourterelles. (Du latin *turtur*.)

> Philoméla, toun bèl ramagé
> Es admirat de l'univers,
> Fay restoundi dins lou bouscagé
> L'echo dè tous brillans councerts,
> É y'aoulras, tendras *tourtourellas*
> Qué proudigas tout vostre amour,
> Sèròs à jamay lous moundellas,
> D'ayma toujour.       PEYR.

**TOURTOUYRA** (SE), v. n. Se Remuer par l'excès de la souffrance; ne pas pouvoir agir : *Me podi pas tourtouyra*, je ne puis pas me remuer.

**TOURTOULIÈYRO**, voyez TOUR DE CARRÈTO.

**TOUTOURO**, voyez TOURTOURELO.

**TOURTRO**, s. f. Tourte, sorte de pâtisserie remplie de viande, de fruits, etc.; Tarte, pâtisserie plate couverte de confitures.

**TOURTUO**, s. f. Tortue, quadrupède amphibie, couvert d'une écaille dure et qui marche avec une extrême lenteur : *Marxo coumo uno tourtuo*, il marche comme une tortue. (De l'espagnol *tortuga*.)

**TOURTUOUS**, O, adj. Tortueux, euse, qui fait plusieurs tours et retours : *Aquel cami es fort tourtuous*, ce chemin est bien tortueux.

**TOURTURA**, v. act. Torturer; Fatiguer ennuyer. (Du latin *torquere*.)

**TOURTURO**, s. f. Torture, en général, tourments que l'on fait souffrir; Être à la torture, souffrir violemment : *Souy à la tourturo despey yer*, je suis à la torture depuis hier.

**TOURTUT**, voyez TORT.

**TOURXE**, *Tourche*, s. m. Tourde, tourdelle, espèce de grive. (Du latin *turdus*.)

> Dè moust lou *tourdré* ébrieyc, jouist lo souco ironioio,
> Ou lo pelouffo ol bec dè bronquo en bronquo bolo,
>                                   PRAD.

**TOURXOUN**, *Tourchoun*, s. m. Torchon, morceau de grosse toile pour essuyer la vaisselle, les meubles; fig., Fille, femme malpropre : *Semblo un tourxoun*, elle semble un torchon. (Suivant Caseneuve, du latin *torquere*, tordre, parce que les premiers *torchons* ont été des bottes de paille ou de foin tordu, tortillé.)

**TOUS**, s. f. Toux, mouvement convulsif de la poitrine, accompagné de bruits : *La tous m'empaxo de dourmi*, la toux m'empêche de dormir. (Du latin *tussis*.)

**TOUSSEXA**, *Toussejha*, *Toussi*, v. n. Tousser, faire l'effort et le bruit de la toux : *Cal pas tant toussexa*, il ne faut pas tousser si souvent. (Du latin *tussire*.)

**TOUSSEYRE**, O, s. m. f. Tousseur, euse, qui tousse souvent.

**TOUSSI**, voyez TOUSSEXA.

**TOUSSIMEN**, s. m. Tousserie, action de tousser : *Aco's lou toussimen que l'oucoupo*, la toux le fatigue.

**TOUSSIO**, s. f. Prise de tabac : *Douno-m'en uno toussio*, donne-m'en une prise.

**TOUSSUDO**, *Toussido*, voyez ENTOUSO.

**TOUSTOU**, s. m. Poupon, mignard : *Aco's lou seou toustou*. (De l'anglais *toast*, *toste*, rôti. Les anglais disent d'une belle personne, que c'est une des premières *tostes* de l'Angleterre.)

**TOUSTOUNA**, v. n. Mignarder, dorloter : *Lou cal pas tant toustouna*, il ne faut pas tant le mignarder.

**TOUT**, s. m. Tout, chose considérée en son entier : *Boli tout, ou res*, je veux tout, ou rien; Toutes choses: *Ba pren tout*, il prend tout; adv. Entièrement, enfin : *Tout countat et rebatut, cal que pague*, tout compté et recompté, il doit payer. (Du latin *totum*.)

> Tout es triste labets, tout se remplis de dol
> La glaciulo niou cubris d'un grand lançol
> Lescaus, les grayls, les prats, las gleyzos, las chaoumièros;
> Le soulet n'a pas may que du patios clarieros;
> Dins sa feblo bigou noun pot res escalfa
> On dir:o qu'aquel astre es prets à s'altuda,
> Ou que n'aben pas may qu'uno calou bufféco,
> Le grand calel dèl cél semblo manqua de méco.
>                                   MENGAUD.

**TOUT-ARÒ**, voyez AROMETEOU.

**TOUT-COP**, adv. De temps en temps : *Tout-cop me ben beze*, de temps en temps il vient me voir.

Coumbéni qué *tout-cop* me ben roundoulexa. D.

**TOUTES**, *Toutis*, adj. Tous : *Bendres toutes*, vous viendrez tous.

**TOUTOURO** (PRUNOS DE), s. f. Prunes grosses, longues, bonnes à manger et à confire. (Des mots *touto ouro*.)

**TOUT-PUISSANT**, O, adj. Tout puissant, toute puissante, qui a un pouvoir sans bornes : *Es tout puissant*, il est tout puissant.

## TRA

**TOUT-SANTS**, *Martrou*; s. m. Toussaint, la fête de tous les saints, le 1ᵉʳ novembre : *Bendren per tout-sants*, nous viendrons à la Toussaint.

**TOUXOUN**, *Toujour*, adv. de temps, Toujours, sans cesse, sans relâche : *Mé cal trabalha touxoun*, il faut travailler sans cesse.

**TOUZÈLO**, s. f. Touselle, froment à épi sans barbe.

## TRA

**TRABA**, v. act. Entraver, embarrasser ; Arrêter un écheveau ; Assujettir une corde, un tour : *Agaxo de pla traba*, voyez de bien assujettir ; Mettre des entraves aux chevaux : *Las te cal traba*, il faut les entraver. (Racine *trabo*.)

**TRABA (S'EN)**, v. pro. S'Entraver ; s'Empêtrer, s'embarrasser en parlant des chevaux, etc. *S'es trabat*, il s'est entravé.

**TRABADO**, s. f. T. de charp. Espace entre deux poutres, ou deux chevrons : *La trabado es trop forto*, l'espace est trop grand.

**TRABAL**, s. m. Travail, labeur, fatigue qu'on prend : *Lou trabal lou tuo* ; Machine en charpente pour comprimer les mouvements d'un cheval fougueux que l'on ferre : *Lou cal metre al trabal*. (Suiv. Le Duchat, contraction et corruption du latin *trans vigilia*, au-delà ou à travers des veilles.

Lé téns, qué prén d'arrèou, dins sa marcho fatalo;
Tout ço qu'és joux lé tal de sa daillo brutalo,
Respecto cependan,
Lés trabals qu'an déchat d'hommes coumouls de glorio,
Trabals qué restaran toujour dins la mémorio
Das siècles qué bendran. **DAVEAU**.

**TRABALHA**, v. act. Travailler, façonner la matière ; Faire, exécuter avec soin : *Aco's pla trabalhat*, c'est bien travaillé ; fig. , Travailler quelqu'un, le poursuivre, le fatiguer pour obtenir quelque chose de lui : *Lou m'a calgut pla trabalha*, il m'a fallu le bien travailler ; v. n. Faire un travail de corps ou d'esprit, s'occuper : *Trabalho cado neyt*, il travaille toute la nuit ; se Déjeter, en parlant du bois, se lézarder en parlant d'un mur : *A trabalhat*. (Racine *trabal*.)

And'aquéla raça appartène.
Jamay l'abandounaray pas ;
Dins moun éstacomen li tène
Couma al roube ten lou léounas
*Trabaillé*, car souy prouletary,
Travaillé per moun necessary
E sans espoué̀r de survéni ;
Mais quan ma journado és finida ;
Ouillat sul cami de la vida,
Jitté un cop d'yòl d'àou l'aveni. **PEYR**.

**TRABALHADOU**, adj. Ce qu'on veut travailler, façonner, mettre en travail : *N'es pas encaro trabalhadou*, ce n'est pas prêt à être travaillé.

**TRABALHAYRE**, s. m. Travailleur, celui qui est adonné au travail, qui l'aime, qui travaille beaucoup : *Aco's un trabalhayre*, c'est un vaillant.

Car ayman a canta mémo dins la tristesso;
Qué boulés, semblo qu'en cantan
Lou fel des péssomens n'amarejo pas tant;
Et qu'aouyan per zou fa? la pichouno mestresso,
La lengo das Moussus? mais a trop de fadesso:
Aquelo missardo en rabat,
Qué capélo sa paouretat
Dan lous bobos de la richesso;
Sayo lédo, minablo, en fourréou d'estoupas;

Cassayo lous plazés del prat, de la garéno,
N'aouyo cat de refrin pel paoure dins la peno
Nimay pel *trabailhayre* las. **J.**

**TRABASTE**, v. n. Tourner, pencher en parlant d'un bât qui penche plus d'un côté que de l'autre.

**TRABASTELO**, voyez **TARABASTELO**.

**TRABATÈL**, s. m. Travon, soliveau, petite solive : *Manco un trabatèl*, il manque un soliveau. (Du latin *trabs*.)

**TRABATELA**, v. act. Placer les solives dans une charpente : *Coumençan de trabastela*, nous commençons à placer les solives.

**TRABATELAXE**, s. m. Solivage ; t. de charp., supputation du nombre des solives qui entreront dans un plancher : *Tant de trabatelaxe*.

**TRABÈS**, s. m. Travers, coteau, petite monticule en pente douce : *Sien sur un trabès pla bou*, nous sommes sur un coteau fertile ; adv. de Biais ; Obliquement ; à contre sens, mal : *Ba pren tout de trabès*, il le prend à contre sens. (Du latin *transversum*.)

Semblo qu'abès quicon : qu'és aco que bous faxo ?
Qué bol dire surtout aquel a're qu'abès,
Et per qu'uno razou m'agaxas de *trabès*? **D**.

**TRABESSA**, v. act. Traverser, passer à travers, d'un côté à l'autre : *A trabessat la carrièyro*, il a traversé la rue ; Être en travers de..; Percer de part en part, pénétrer.

**TRABESSADO**, s. f. Traversée, trajet.

**TRABESSIÉ**, s. m. Traversine, solive entaillée qui en assujettit plusieurs autres ; t. de charp., de menuis.

**TRABESSIÉ, EYRO**, adj. Traversier, ère, qui sert à traverser ; Qui empêche de faire ; Raies traversières qui coupent l'enrayure et servent à l'écoulement des eaux dans les champs : *Cal ana dourbi l'as trabessièyros*, il faut aller ouvrir les raies traversières.

**TRABÈSSO**, s. f. Traverse, pièce de charpente en travers : *Aquelo trabèsso es simplo*, cette traverse est simple ; Chemin qui coupe d'un lieu à un autre et qui abrège la distance : *Cal segui la trabèsso*, il faut suivre la traverse ; Affliction, revers, opposition : *Touxoun cal abe calquos trabèssos*, il faut avoir toujours quelques traverses. (Du latin *trabs*.)

**TRABESTI**, v. act. Travestir, déguiser.

**TRABESTI (SE)**, voyez **SE DEGUIZA**.

**TRABESTISSOMEN**, s. m. Travestissement, déguisement.

**TRABETO**, s. f. Solive, pièce de charpente. (Racine *trabesso*.)

**TRABOS**, s. f. Entraves, liens aux pieds des chevaux, etc., pour les empêcher de fuir : *Cerco las trabos*, cherchez les entraves ; fig., empêchement, obstacle.

**TRABOUL**, *Taraboul*, s. m. Dévidoir, instrument pour dévider les écheveaux.

**TRABOULHA**, voyez **ENTRABOULHA**.

**TRABUC**, voyez **NIGAOUD**.

**TRABUCA**, v. n. Trébucher, chopper, broncher : *As trabucat !* tu as trébuché ! (Suiv. Ménage, du latin barbare *trabuccare*, comme si l'on disait *in buccam cadere*, tomber dans un creux, dans un trou. Les Italiens disent *traboccare*.)

**TRABUCADOS**, s. f. Trébuchement, faux pas.

**TRABUXET**, *Trabuchet*, s. m. Trébuchet, petite balance pour peser les monnaies ; Machine pour prendre les oiseaux en vie : *l'ey trapat al trabuxet*, je l'ai pris au trébuchet.

Lou riou qu'aou miech dô las flourètas
Permenava lou loung d'aou prat,
Sous diamans et sas pampaïetas,
Murmurava d'un toun bésial :
Yéou qué soui un brave cassaïre
Aviei pourtat moun *trébuchet*,
Savèz pas dé qué vouyeï faïre?
Vouyeï prendre un roussignoulet.
RIG.

**TRAÇA**, v. act. Tracer, tirer les lignes d'un dessin : *B'a m'a traçat*, il me l'a tracé; Étendre ses racines horizontalement, en parlant des arbres; Être mouillé jusqu'à la peau : *Traci de pertout*, je suis mouillé jusqu'aux os; Fouiller, tirer la pierre d'une carrière : *Es pla duro à traça*. (Suiv. *Caseneuve*, du latin barbare *trassare*, qu'on trouve employé avec la même acception dans la basse latinité, et qui a été formé de *tractare*, tirer, trainer.)

O lo boix del Bouyé, d'un pas lent é tronquillé,
Ol joug bénou lous bioous oufri lour col douciilé.
Coumpognous del trobal marchou dé dous o dous ;
Lou mestré ombé un porel bo trossa lous sillous.
PRAD.

**TRACANART**, s. m. Traquenard, piège pour les bêtes fauves; Traquet pour les rats, sorte de piège, composé de deux mâchoires armées de pointes, qu'un ressort fait détendre pour serrer fortement l'animal qui a donné dans le piège ; fig. Un trotte-menu, qui marche très-vite et à petits pas : *S'en ba coumo un tracanart*, il va comme un traquenard. (Par corruption du latin *tricenarius*, qui se dit de ceux qui marchent, formaient des pas prompts et mal réglés. *Ménage*.)

Coussi, tu biél raynard,
De ta fino nasico
N'as pas d'al *tracanard*
Flayrat la mecanico !
Encaro de tas dens,
De ta griffo coubezo
Plumarios per loun tems
La poulaylho castrezo.
A. B.

**TRACANE**, voyez TROTO-MENUT.

**TRACAS**, s. m. Tracas, mouvement accompagné de désordre, d'embarras; Peines, inquiétudes : *Touxoun me cal abe calque tracas*, j'ai toujours quelque tracas.

**TRACASSA**, v. act. Tracasser, tourmenter pour des bagatelles ; Donner de l'inquiétude : *Aymos pla de lou tracassa*, tu aimes à le tracasser; se Donner beaucoup de mouvement pour peu de chose; Aller, venir en agissant : *Aymo dé tracassa*; Secouer, en parlant d'un cheval, d'une voiture : *Me tracasso fort*.

**TRACASSA (SE)**, v. pro. Se Tracasser, se tourmenter, s'inquiéter : *S'en tracasso trop*, elle s'en tourmente trop.

Al ritou qu'in qué sio l'on deou la capelado ;
Sans ba pourta pus l'en lé cal ana trouba,
Dire ço qué boulen et lou faïré espliqua
Que risquan? dé lepa calco bouno semounço?
Mais nous manxara pas ; quand aouren sa respounso,
Quand saouren sur qu'un pé pouden millou dansa,
Prendren nostrés mouyens sans tant *nous tracassa*.

**TRACASSARIÈ**, s. f. Tracasserie, mauvaise difficulté, chicane; *Cal que touxoun cerque calquo tracassariè*, il cherche toujours quelque tracasserie.

**TRACASSAT, ADO**, adj. Malade, indisposé : *Es pla tracassat*, il est bien souffrant.

**TRACASSIÉ, ÈYRO**, adj. Tracassier, ère, porté à tracasser, à tourmenter pour les moindres choses : *Sou fort tracassiés*, il sont fort tracassiers.

**TRAÇAYRE**, s. m. Traceur ; Carrier, celui qui exploite une carrière, qui lève la pierre à la trace.

**TRACH**, voyez TRAX.

**TRACHEL**, voyez MANOULHO, COUET.

**TRAÇO**, s. f. Trace, vestige d'un homme, d'un animal, où il a passé : *Las traços se bezou*, les traces se voient; Marcher sur les traces, suivre les traces, prendre pour modèle : *Baste que seguigos m'as traços*, Dieu veuille que tu suives mes traces; espèce de Papier gris : *De papié de traço*, (Du latin *tractus*.)

Les hommes, efantet, soun uno tristo raço
Se n'es qualqu'un de bou, le noumbre es léou countat,
Dins paouc de la bertut s'effaçara la *traço* ;
Cal fugi les mechants, et n'y a de tout coustat.
MENGAUD.

**TRAÇO**, *Brouxeyro*, s. f. Outil en fer pointu dont se servent les carriers pour lever la pierre des carrières.

**TRACO**, s. f. Pile de planches de bois de charpente.

**TRADITIOU**, s. f. Tradition, voie par laquelle les faits, les dogmes, etc., sont transmis d'âge en âge ; Chose transmise oralement : *Ba saben per traditiou*, nous le savons par tradition. (Du latin *traditio*.)

**TRADUIRE**, v. act. Traduire, transférer quelqu'un d'un lieu dans un autre; Citer en justice : *L'an traduit deban lou tribunal*, on l'a traduit devant le tribunal. (Du latin *traducere*.)

**TRAFANA**, voyez TRAFEGA.

**TRAFEGA**, *Trafeguexa*, v. act. Remuer, brouiller; Travailler à un travail léger mais occupant : *Cal que trafegue*, il faut qu'il travaille toujours ; Ravauder, arranger les hardes d'une maison ; *Aymo de trafega*, elle aime à ravauder.

**TRAFEGOUS, ZO**, adj. Brouillon, qui fait ce qui ne le regarde pas, qui touche à tout et le dérange : *Que sios trafegous*.

**TRAFEGUEXA**, voyez TRAFEGA.

**TRAFIC**, s. m. Trafic, commerce, négoce ; fig., Vente, convention, etc, illicite : *Coumpreni pas toun trafic*, je ne comprends rien à ton trafic. (De l'italien *traficco*.)

« Quoique sapian aïci que bous siès fort rusado,
« Pourtant aqueste cop serés embarrassado ;
« Car aben descoubert lou *trafic* qué faziés ;
« Cadun nous sien moustrat ço que nous escribiés. D.

**TRAFICA**, v. act. et n. Trafiquer, faire trafic; Agioter : *Fa pas que trafica*, il ne fait que trafiquer.

**TRAFICANT**, s. m. Trafiquant, commerçant, négociant : *Aco's un rixe traficant*, c'est un riche trafiquant.

**TRAFICAYRE**, s. m. Trafiqueur, qui aime les tripots.

**TRAFICHO**, voyez TRESFIXO.

**TRAFIGUIÉ, ÈYRO**, voyez TRAFEGOUS.

**TRAFIMAXE**, voyez TUIPOUTAXE.

**TRAHI**, voyez ROUZEGA.

**TRAI**, v. act. Trahir, faire une perfidie à quelqu'un, lui manquer de foi : *M'a traït*, il m'a trahi ; ne pas Répondre à l'attente, ne pas secon-

**TRA**           **TRA**      529

der : *Aco m'à pla traït*, cela m'a bien trompé ; Faire connaître, déceler, révéler : *Lou pus xoubé lous a traïts*, le plus jeune les a décélés. (Du latin *trahere*.)

**TRAI** (SE), v. pro. Se Trahir, se découvrir par ses discours, par ses actions ; se Déceler par indiscrétion, par imprudence.

**TRAIDOU**, *voyez* GARGAILHOL.

**TRAIDOURICI**, *voyez* TRAÏZOU.

**TRAINA**, *voyez* TAÏNA.

**TRAINÈL**, *voyez* GARGALHOL.

**TRAINÉLO**, *Espadasso*, s. f. Espèce de Chiendent.

**TRAINO**, Faux chiendent.

**TRAISOU**, s. f. Trahison, action de traître ; Perfidie : *Aco's uno traïsou*, c'est une trahison. (Du latin *traditor*.)

    Crezés mé, sé bous plaï, fagués pas la xarmanto.
    Dioûriès puleou rouxi, n'aouriès maï de raxous
    Aro qu'eï descoubert las bostros *traïsous* ;
    Beleou nou cresès pas que sapio ço que sabi... D.

**TRAJICO**, adj. Tragique, funeste : *Aco's uno mort trajico*, c'est une mort tragique.

**TRALHA**, *voyez* PRAOUTI.

**TRALHOS**, s. f. Trailles, Cordes en guise de rênes qui servent à guider les mules à la charrue, ou à la charette : *Las tralhos sou courtos*, les trailles sont courtes. (Du latin *trahere*.)

**TRALLET**, **TRALLET**, *voyez* TRAQUET.

**TRAMA**, v. act. Tramer, machiner, comploter : *Dibou trama quicon*, on doit tramer quelque chose. (Racine *tramo*.)

**TRAMBLA**, v. n. Trembler, n'être pas ferme ; Éprouver une grande crainte : *Tramblabo coumo un fenoul*, il tremblait comme un fenouil ; Avoir grand peur : *Gn'a pla per trambla*, il y a de quoi faire trembler ; Trembler de froid, grelotter : *Trambli ;* Branler. (Du latin *tremere*.)

    Lou lendéma, dé boun matï :
    Tout aco couris averti
    Lou Vicé-Legat de l'afayre
    Qué y'avié racountat lou frayre.
    A sa porto aquéles toundus
    Boumberou couma dé perdus,
    Tant qu'à la fi un doumestiça
    En *tramblan* lé cridet : Qu'aou pica ?
    Naoutres, diguèrou, ouvrissés....
    Oh! diga-mé dé què voulés !
    A vostré mèstre vénèn dïre
    Quicon qué lou vay bén fa rire,
    Amay sayque vous atabe.      FAV.

**TRAMBLA** (FA), adv. Cette expression se rend différemment : *A d'esprit que fa trambla*, il a de l'esprit infiniment : *Despenso que fa trambla*, il fait une dépense horrible ; *A de be que fa trambla*, il est excessivement riche ; *Y'a dé mounde que fa trambla*, il y a affluence ; *Aco fa trambla*, c'est étonnant, c'est prodigieux.

**TRAMBLANT**, TO, adj. Tremblant, te, qui tremble : *Ero tout tramblant dé poou*, il était tremblant de peur. (Du latin *tremens*.)

**TRAMBLAYRE**, O, adj. Tremblant ; te.

**TRAMBLOMEN**, s. m. Tremblement, agitation de celui qui, de ce qui tremble : fig., Grande crainte ; t. de méd., Agitation involontaire du corps ou de quelque membre : *A un tramblomen dins las mas*, il a un tremblement dans les mains.

**TRAMBLOUTA**, v. n. Trembloter.

**TRAMBLOUTEXA**, v. n. Trembloter.

**TRAMBOULA**, *voyez* TRAMBLOUTA.

**TRAME**, *voyez* PIC, MARRO.

**TRAMO**, s. f. Trame, fil conduit par la navette entre les chaines d'une étoffe : *La tramo garnis pla ;* Machination, complot : *Y'a calquo tramo dins aqui*. (Du latin *trama*.)

    Entre Jesus et Mario
    Rendes toun darnié badal.
    Faï dounc que nostro agounio
    Et nostro mort siogo aital.
    Et se à nostr'amo
    Proucuros un tal secours,
    Sans tarda, de nosires jours
    Faï que la mort coupe la *tramo !*      PUJ.

**TRAMPOUN**, *voyez* PEXINO.

**TRANDOUL**, *voyez* BRINDOL.

**TRANDOULA**, *voyez* BAINDOULA.

**TRANQUILIZA**, v. act. Tranquilliser, rendre tranquille, calmer : *Lou boou tranquiliza*. (Racine *tranquille*.)

**TRANQUILIZA** (SE), v. pro. Se Tranquilliser, cesser d'être agité, d'être inquiet.

**TRANQUILIZANT**, TO, adj. Tranquillisant, te, qui tranquillise : *Aben de noubélos tranquilizantos*, nous avons des nouvelles rassurantes.

**TRANQUILLE**, O, adj. Tranquille, qui n'est point agité : *Lou tems es pla tranquille*, le temps est bien tranquille ; Paisible, calme, sans inquiétude : *Souy pla tranquille sur aco*, je suis tranquille sur cela. (Du latin *tranquillus*.)

**TRANQUILLITAT**, s. f. Tranquillité, calme, paix, sécurité : *Qu'uno tranquillitat quand ye sios pas !* qu'elle tranquillité quand tu n'y es pas ! (Du latin *tranquillitas*.)

    Aï vists ambé *tranquillitat*,
    Aï counsiderat sas alarmos,
    Moun fier enemic escourtat
    De cent bataïllouns joust las armos.
    Toutes dins lou fort daï coumbat
    Oou plegat joust ma resistenço :
    Et cado cop que m'oou pouriat
    A ranimat ma counfienço.      PUJ.

**TRANQUILLOMEN**, adv. Tranquillement, avec calme : *Parlo-ye tranquillomen*. (Du latin *tranquille*.)

**TRANSBAZA**, v. act. Transvaser, verser d'un vase dans un autre.

**TRANSCRIOURE**, v. act. Transcrire, copier un écrit. (Du latin *transcribere*.)

**TRANSCRIPTIOU**, s. f. Transcription, action de transcrire ; Mise au net ; Copie ; Expédition. (Du latin *transcriptio*.)

**TRANSFOURMA**, v. act. Transformer, changer d'une forme en une autre. (Du latin *transformare*.)

**TRANSFOURMA** (SE), v. pro. Se Transformer, prendre la forme de....

**TRANSFOURMATIOU**, s. f. Transformation, changement de forme.

**TRANSFUXI**, *Transfujhi*, s. m. Transfuge ; fig., Celui qui abandonne son parti pour s'attacher au parti contraire. (Du latin *transfuga*.)

**TRANSGRESSA**, v. act. Transgresser, contrevenir à une loi, un ordre, etc. : *Cal pas transgressa lous coumandomens*. (Du latin *transgredi*.)

**TRANSGRESSIOU**, s. f. Transgression, violation d'une loi ; Infraction. (Du latin *transgressio*.)

**TRANSIT**, *voyez* PASSABAN.

**TRANSLATIOU**, s. f. Translation, action de transférer : *Faran la translatiou de las reliquos*, on fera la translation des reliques. (Du latin *translatio*.)

aire passer ses droits, sa possession à un autre: *Caldrio transmetre aquelo listo*, il faudrait transmettre cette liste. (Du latin *transmittere*.)

**TRANSPARANT**, s. m. Transparent, papier, verre, etc., à travers lequel on voit: *Un transparant roso*. (Du latin *trans* et *parens*.)

**TRANSPIRA**, v. n. Transpirer, suer; fig., Commencer à être su, connu du public, à s'ébruiter: *Coumenço de transpira*. (Du latin *transpirare*.)

**TRANSPIRATIOU**, s. f. Transpiration, sortie imperceptible des humeurs par les pores: *Aquel ayre arrestara la transpiratiou*. (Du latin *transpiratio*.)

**TRANSPLANTA**, v. act. Transplanter, déplanter et replanter ailleurs. (Des mots *trans* et *plantare*.)

**TRANSPLANTATIOU**, s. f. Transplantation.

**TRANSPORT**, s. m. Transport, action par laquelle on transporte d'un lieu dans un autre: *Lou transport costo pla*, le transport coûte cher; fig., Mouvement violent d'une passion; Emportement: *Ero dins un transport de coulèro*, il était dans un transport de colère.

Or nostre cupidoun, un que rassigurat
Repren, ambe *transport*, soun cant de libertat,
Oh! pel cop, dits Pierrou, que reben à la bido,
Seras pla fi, paourot, se troumpos moun aouzido;
Mais en bon me prudent, qu'a pa res doublidat,
S'abanço, à pas de loup, bers l'endret desirat.
CEREN.

**TRANSPOURTA**, v. act. Transporter, porter d'un lieu dans un autre; Céder, transmettre juridiquement; fig., Mettre quelqu'un hors de lui-même; en parlant des passions, Animer, échauffer: *La coulèro lou transporto*. (Du latin *transportare*.)

**TRANSPOURTA (SE)**, v. pro. Se Transporter, aller, se rendre en un lieu: *M'y caldra transpourta, sabi pas coussi*, je ne sais comment m'y transporter; s'Échauffer, s'emporter: *Cal pas se transpourta tout de suito*, il ne faut pas s'emporter tout de suite.

**TRANSSIT**, IDO, adj. Transi, ie, pénétré de froid; Saisi de frayeur, pénétré de crainte.

**TRANSSOS**, s. f. Transe, grande appréhension d'un mal qu'on croit prochain; Peur, frayeur, qui glace: *Souy dins las transsos*, je suis dans les transes. (Du latin *strictum* supin de *stringere*, serrer étroitement.)

**TRANTALHA (SE)**, v. pro. Se Promener, se mouvoir avec peine: *Podi pas me trantalha*, je puis à peine me mouvoir.

**TRANTANEL**, voyez TRENTANEL.

**TRANTO (EN)**, voyez BALANÇO (EN).

**TRANTOUL**, voyez BRINDOL.

**TRANTOULA**, v. n. Chanceler, vaciller, n'être pas sûr sur les jambes: *Trantoli coumo un enbrieyc*, je chancèle comme un ivrogne.

**TRANXA**, *Trancha*, v. act. Trancher, séparer en coupant; fig., Dire la vérité toute entière, donner une parole décisive: *Y'a pas tranchat lou mot*, il ne lui a pas tranché le mot; Expliquer, terminer en peu de mots: *Cal tranxa court*, trancher court. (Du latin *transcindere*.)

**TRANXAN**, *Tranchan*, s. m. Tranchant, la partie tranchante d'un couteau, d'un sabre: *A fax ambe lou tranxant*, il a fait avec le tranchant; adj. Tranchant, décisif: *Aco's tranxant*.

**TRANXET**, *Tranchet*, s. m. T. de cord., Tranchet, outil pour couper le cuir.

**TRANXO**, *Trancho*, s. f. Tranche, viande, morceau coupé un peu mince: *Uno simplo tranxo me suffira*, une simple tranche me suffira; Tranchet, taillet outil de forg. pour couper le fer chaud; Outil de carrier: *Dourbis-lo ambe la tranxo*; t. de reli. Bord rogné d'un livre: *Sera tranxo daourat*, il sera doré sur tranche.

**TRANXOFILA**, *Tranchofila*, v. act. T. de reli. Tranchefiler.

**TRANXUT**, UDO, *Tranchut*, adj. Tranchant, qui coupe: *Aquelo lamo es pla tranxudo*, cette lame est bien tranchante.

**TRANZI**, v. n. Transir, pénétrer et engourdir de froid; fig., Saisir de frayeur: *La poou l'a transit*, la peur l'a saisi. (Du latin *stringere*.)

**TRANZIT**, IDO, adj. Transie, ie; Pénétré de froid, de frayeur.

**TRANZIT**, voyez PASSABAN.

**TRANZITOIRO**, adj. Transitoire, passager: *Aco's un arrengomen tranzitoyro*, c'est un arrangement transitoire. (Du latin *transitorius*.)

**TRAOUC**, s. m. Trou, ouverture, creux: *Pren gardo, y'a un traouc*, prends garde au creux; fig., Payer une dette: *As tampat un traouc*; Boire beaucoup: *Beou coumo un traouc*, il boit comme un trou; Faire un trou pour planter un arbre: *Lou traouc n'es pas prou gran*. (Du grec *truó*.) Fossette, petit creux au bout du menton, ou au milieu de la joue quand certaines personnes rient.

Nostrés pétachous sans fuzil,
Sans parassol è sans babil,
Embé cent *traous* dins la coudéna
Sé rélébéroun en prou péna
E revengueroun tort mouqués
Tout récitant sous chapelets.
FAV.

**TRAOUCA**, v. act. Trouer, faire une ouverture, un trou; Percer: *Me cal traouca la barrico*, il me faut percer la barrique; Pousser, percer les dents: *A traoucados dos dens*, il a poussé deux dents.

Per *traouca* your estuch, mouscos et mouscaillous
Dins un tristé silenço otendioou los culous.
PRAD.

**TRAOUC BARRIE**, s. m. Boulin, trou où l'on met les pièces de bois qui doivent porter les échafaudages.

**TRAOUCADOU**, s. m. Perçoir, tout ce qui sert à percer.

**TRAOUCAT**, ADO, adj. Troué, ée,: *Es tout traoucat*, il est tout troué; Prodigue qui ne réserve rien: *A las mas traoucados*.

**TRAOUCO-PÉ**, s. m. Perce-oreille, forficule. Ces insectes vivent sous les pierres, dans les murs, sous les écorses des arbres et dans le calice des fleurs.

**TRAOUCO SAC**, s. m. Brome des champs, graminée qui vient dans les récoltes et dont l'arête est très-longue.

**TRAOUPI**, *Praouti*, v. act. Fouler la vendange: *Benén de traoupi*, nous venons de fouler; Fouler une terre travaillée, l'herbe d'un pré, le blé d'un champ: *B'a traoupisses tout*; Trépigner de colère: *traoupissio coumo un mulet*, il trépignait comme un mulet.

**TRAOUPIDOUYRO**, s. f. Fouloire, instrument pour fouler la vendange.

**TRANSMETRE**, v. act. Transmettre, céder,

TRAOUPILHA, voyez TRAOUPI.
TRAOUQUIL, s. m. Petit trou: *Besi un traouquil*, je vois un petit trou.
TRAOUQUILHA, v. n. Cribler de petits trous: *Es tout traouquillat*, c'est tout criblé de petits trous.
TRAOUQUILLAT, ADO, adj. Qui a des yeux, plein d'yeux.
TRAPA, voyez ATTRAPA.
TRAPADELO, s. f. Trappe, abat-foin, ouverture au-dessus du ratelier pour y mettre le foin: *Xélo-ne per la trapadélo*, jettez-en par la trappe; Sorte de piége pour prendre les oiseaux.
TRAPADO, voyez TRAPEDOU.
TRAPET, TO, adj. Trapu, ue, gros, court, ramassé: *Qu'uno trapeto!* quelle courtaude!
TRAPISTO, s. m. Trapiste, religieux de la trappe.
TRAPO, s. f. Trappe, sorte de porte au niveau des planches, son ouverture: *La trapo douno fosso frex*, la trappe porte beaucoup de froid; Sorte de piége pour prendre les bêtes dans un trou que l'on fait en terre, on le recouvre de menus branchages qui s'affaissent et entrainent la bête dans le trou; Couvent de trappistes. (Du latin barbare *trappa*.)
TRAPUT, voyez TRAPET.
TRAQUET TRAQUET, adv. Qui exprime la lenteur ou la précaution d'un convalescent qui marche à petits pas: *S'en es anat traquet traquet*, il s'en est allé doucement.

Le lendouma mayti le tems s'èro esclayrit
Le soulet se lebèc pus rous et pus poulit;
Fasquèc lusi pertout las goutos de rousado
Coumo de diamants escampats per la prado.
A labets nostre gril qu'èro défout un tap,
Quand bejèc le soulet, tournèc leba le cap,
Brandisquèc sas aletos
Et las fasquèc crica:
Cantèc sas amourêtos
Aban de s'en ana.
Et poy, bers soun trouquet
Et se rendèc de suito;
Anguèc, traquet, traquet,
Per regagna soun gito.                      MENGAUD.

TRAS, voyez DARRÉ.
TRASCALAN, voyez TRESCALAN.
TRASPORT, voyez TRANSPORT.
TRASPOURTA, voyez TRANSPOURTA.
TRASPOURTAT, voyez TRANSPOURTAT.
TRASSA, voyez TRAÇA.
TRASSAYRE, voyez TRAÇAYRE.
TRASSEGRE, voyez SIEGRE.
TRASSEJHA, voyez TRAFEGA.
TRASSO, voyez TRAÇO.
TRASSO, adj. Des choses vieilles et usées: *Uno trasso de capèl*, un vieux chapeau.
TRAST, s. m. Galetas, le plus haut étage d'une maison qui est destiné à serrer le bois, etc.: *N'aben pas res sul trast*, nous n'avons rien au galetas; fig., Personne chétive, d'une santé délabrée: *Souy touxoun trast*, je suis toujours malade; Vieux meubles, embarras: *Aco's pas que de trastes*, c'est à dire des choses uniquement bonnes à être mises au galetas, par conséquent sans valeur, hors d'usage.
TRASTA, v. act. Poser le plancher d'un galetas: *B'aben pas encaro pougut trasta*, nous n'avons pas encore pu le planchéier.
TRASTALOUS, voyez TRESTALOUS.
TRASTES, s. m. Embarras; Inquiétudes; Peines: *Touxoun me cal abe calques trastes*, j'ai toujours quelques embarras.
TRASTEXA, *Trastejha*, v. n. Tripoter dans une maison, tracasser: *Me cal touxoun trastexa*, j'aime à tracasser. *Trastexa* signifie au sens propre, courir les galetas; *Lous gats et las mirgos fan pas que trastexa touto la neyt*, les chats et les souris courent les galetas (se poursuivent, sautent, renversent, font du bruit) pendant toute la nuit. *Lou loucatari dal segoun fa pas que trastexa*, c'est à dire qu'il marche, s'agite, déplace les meubles et se rend incommode à ceux qui logent au-dessous de lui. — *Qual trastexo dins l'aoutro crambo?* qui remue, bouscule tout dans la chambre voisine? *Trastexa* est bien rendu par tracasser, v. n. c'est à dire s'agiter pour peu de chose.
TRATA, v. act. Traiter, agir avec quelqu'un, en user avec lui de telle ou telle manière: *L'a pas pla tratat*, il ne l'a pas bien traité; Qualifier: *L'a tratat de couqui*; Donner à manger, régaler: *Bous boli pla trata*, je veux vous bien traiter; Traiter un malade, en prendre soin: *Aco's lou medeci que lou trato*, voilà le médecin qui le traite; t. d'art., Il fait bien, il soigne bien: *Trato pla ço que fa*, il soigne bien ce qu'il fait; Travailler à un accommodement: *Aben coumençat de ha trata*, nous avons commencé de le traiter; Passer des actes, faire des conventions: *Tout aco es tratat*; Parler, discourir, raisonner: *B'ey entendut pla trata*, j'en ai entendu bien raisonner; se bien Soigner, faire bonne chère: *Se trato pla*, il fait bonne chère. (Du latin *tractare*.)

Tabés aco's finit, et boli b'estrè un gus,
Sé mé bezés anfin yé parla xamai pus.
Mais es aïci que ben, et moun cor que s'irrito,
Mé dis de la *trata* tout coumo ba merito.         D.

TRATAPLE, O, adj. Traitable, accommodant; Affable: *Calque cop n'es pas trataplo*, des fois elle n'est pas traitable.
TRATAT, s. m. Traité, ouvrage qui traite de...; Convention: *Lou tratat ero sinnat*, le traité était signé. (Du latin *tractatus*.)
TRATÈOU, voyez CRABO.
TRATOMEN, s. m. Traitement, accueil, réception: *M'an fax un paoure tratomen*, on m'a fait mauvais accueil; Appointement d'un employé d'un homme en place: *A un poulit tratomen*, il a un bel appointement; Manière de soigner un malade; Remèdes, pansements: *Lou tratomen sera car*.
TRATUR, s. m. Traiteur, celui qui donne à manger à toute heure dans un restaurant: *Aco's un boun tratur*.
TRAVALIADOU, voyez BRASSIE.
TRAVES, voyez TRABES.
TRAVESSAN, voyez TRABERSO.
TRAVESSIÉ, voyez COUYSSI.
TRAVESSO, voyez TRABERSO.
TRAX, s. m. Soin, mouvement, intrigue: *Se douno pla de trax*, il se donne bien du mouvement.
TRAXET, s. m. Trajet, espace à traverser, à parcourir: *Y'a un fort traxet*, il y a un fort trajet (Du latin *trajectus*.)
TRAXO, *Tracho*, s. f. Traite, distance: *Y'en a uno bouno traxo*, il y a une bonne traite.
TRAYRE, v. act. Oter; Tirer, jeter; Arracher: *Lou podi pas trayre dal pè dal fioc*, je ne puis l'ôter de sur les tisons; Faire du feu avec un fu-

sil et de l'amadou ; Être en peine sur le compte de quelqu'un : *Trazi pla mal ount pot estre*, je suis en peine de savoir où il peut être. (Du latin *trahere*.)

*Cal besés estré franc, et touxoun que qu'on digo
Sio trax dal found del cor, et que d'aqui partigo.* D.

TRAYRE (SE), v. pro. Se serrer, se sortir d'un danger : *Tray te de pes pès*, tire-toi de par les pieds.

TRAYRE-MAL, v. n. Être en peine de....

TRAYTE, TO, s. m. f. Traître, esse ; Qui trahit ; Perfide.

*Traîtés, amagats-bous, car Joly bous régardo,
Ca to mot qué sourtis dé sa bouco bous lardo,
Sa lengo, coumo'n fouet armat dé petadous,
Fa boutioula la pél, tant bous fa de fissous !*
 Dav.

TRAYTISO, s. f. Trahison, perfidie, tour de traître : *Aco's uno traytiso de ta part.*

TRAYTOMEN, adv. Traîtreusement en trahison.

TRAZANA, voyez S'AQUFEGA.

TRAZEGAT, voyez ALAYRE.

### TRÈ

TREBA, v. n. Tapager pendant la nuit, comme font les prétendus revenants ; s'Agiter, se remuer, pendant que les autres sont au lit : *Fas pas que treba touto la neyt*, tu ne fais que tapager toute la nuit.

*Enfi tontés qué sès, Dious, masclés é fémélos
Que trébas sur un puech bèsi dé los estèlos,
Quittas bostré pus-haout, courès despochas-bous,
Bénès perségré ombé you lou trin de los Sosous.*
 Prad.

TREBARRA, v. act. Barrer une porte une fenêtre par sûreté : *Bay trebarra l'estaple*, va barrer l'étable.

TREBARRO, s. f. Barre qu'on met en travers d'une porte, d'une fenêtre, sur le derrière, pour les bâcler : *Met la trebarro*, mets la barre. (Des mots *tras* derrière et *barro*.)

TREBAZA, v. act. Transvaser, verser une liqueur d'un vase dans un autre. (Du latin *trans* au delà et *vas* vase.)

TREBIRA, voyez CAMBOBIRA.

TREBO, s. f. Bruit nocturne ; Isomnie qui fait qu'on s'agite la nuit : *A fax la trebo touto la neyt*, elle s'est tracassée toute la nuit ; Trève, cessation, relâche : *Aro fan trèbos*, il sont en relâche. (Du latin barbare *trenga*, employé dans la basse latinité.)

TREBOUL, adj. Trouble, qui n'est pas clair : *Lou bi es treboul*, le vin est trouble. (Du latin *turbidus*.)

TREBOULA, *Treboulia*, v. act. Troubler, rendre trouble : *Qui a treboulado l'aygo ?* qui a troublé l'eau ? (Du latin *turbare*.)

*De l'aouratge ommalit d'uno guerro coumuno,
Tu bouillos treboula le calme de la pats
Mais tous cops en noun ré foureguen dissipats
Taleou que d'un Dalphi Diou fazeu un Neptuno.*
 G.

TREBOULINO, s. f. Effondrille, baissière, ce qui reste du vin, de l'eau, près de la lie du fond : *Aco's tout de treboulino*, ce n'est qu'effondrilles.

TREBUZO, voyez TEBRUZO.

TREDOULA, voyez TRIDOULA.

TREFIOL, s. m. Trèfle des prés. (Du latin *trifolium*.)

TREFIXO, voyez ENTREFIXO.

TREFLO, s. f. Trèfle, plante vivace, légumineuse, à feuilles ternées de diverses espèces, employées comme fourrage : *La trèflo aboundara*, le trèfle donnera. (Du latin *trifolium*.)

TREFLO D'AYGO, s. f. Trèfle d'eau, sorte de plante qui croit dans les marais et autres lieux aquatiques.

TREFLOS, s. f. Trèfle, couleur noire du jeu de cartes : *Biro de treflos.*

TREFOULI, *Trefouzi*, v. n. Griller, pétiller ; Mourir d'envie de faire ou de dire quelque chose ; Languir en attendant quelqu'un : *Y'a uno ouro que trefoulissi*, il y a une heure que je languis.

*Aco's es Jhana d'Arc, filla d'un proulétary,
Qué vey lou fier Anglès, doun lou bras téméraey
Vol soumestré à sas leys nostre charman païs.
Aco's és Jhana d'Arc ! — plena de counfiença
Dins ço qué lio dictat la saja Prouvidença
Sentis soun cor que tréfoulis.* PEYR.

TREGAN, s. m. Goujon, petit poisson de rivière, fort délicat.

TREILHO, s. f. Treille, cep de vigne.

TREJHI, voyez TRANSPORT.

TREJHIRIÈ, voyez BOITURIÈ.

TRÈL, voyez TRIOL.

TRELEPA, v. n. Frétiller, démanger.

TRELIAT, s. m. Treille.

TRELIMA, voyez TREFOUZI.

TRELIS, s. m. Treillis, espèce de toile croisée. *Boli de trelis, noun pas de tèlo*, je veux du treillis et non de toile.

TRELISSA, v. act. Treillisser, faire la toile nommée treillis.

TRELUC, *Treilus*, s. m. La pleine lune : *La luno fa soun treluc*, la lune fait son plein ; fig. Figure ronde, pleine : *Semblo lou treluc.*

TRELUCA, v. n. Être dans son plein, quand la lune fait son plein : *La luno treluco dema*, la lune fait son plein demain.

*Ara que la luna treluqua,
Preués gardí à vostra peruqua,
E n'anés pas couma de baous
Vous freta d'aquélés brutaous
Qué vous an pélas dins l'Azia,
É qu'ara toundoun l'Aouzounia,
Sé lous supas, amagas-vous
E caoula à caouta fourbias-lous.* FAU

TRELUZI, voyez LUZI.

TREMAL, *Entremal*, s. m. Tramail, grand filet pour pêcher qu'on tend en travers d'une rivière. (Du latin barbare *tramallum* pour *tremalcum*, formé dans la basse latinité de *tres* trois et *macula* maille.)

TREMENTINO, voyez TERMENTINO.

TREMOULA, voyez TRAMBLA.

TREMOUNTAYNO, s. f. Tramontane, Colère, vivacité, emportement : *Sentissi que la tremountayno me trapo, m'en cal ana*, je sens que la vivacité me gagne, je m'en vais. (De l'italien *tramontana*.)

TREMP, O, adj. Trempé, ée, extrêmement mouillé : *Souy tout tremp*, je suis tout mouillé.

TREMPA, v. act. Tremper, mouiller : *Anan trempa la soupo, demoro*, nous allons tremper la soupe, reste ; en parlant du fer, de l'acier, le Plonger tout rouge dans l'eau pour le durcir : *Trempo lou fort.*

TREMPA (SE), v. pro. Se Tremper, se mouiller par la pluie, ou par la sueur : *S'es tout trempat*, il s'est tout trempé ; fig., Participer, être de connivence : *Y'a trempat en quicon*, il y a trempé en quelque chose. (Du latin *temperare*.)

TREMPE, s. m. Trempe, action, manière de tremper le fer, l'acier ; Qualité qu'il contracte quand on le trempe : *Aco's lou milhoun faoure pel trempe*, pour le trempe c'est le meilleur forgeron.

TREMUDA, voyez TRANSBAZA.

TREN, s. m. Train, allure d'un cheval : *Ba d'un boun tren;* Façon d'aller d'une personne ; Manière de conduire une maison, etc. : *Ba meno grand tren;* Mettre en train, en mouvement : *Aco's el que b'a met tout en tren*, c'est lui qui met tout en train ; fig., Cours des choses, courant des affaires : *Ba cal d'ayssa ana soun tren*, il faut laisser aller les choses leur train ; Bruit, tapage : *Qu'es tout aquel tren?* Suite de valets, de chevaux : *Meno un gran tren;* Charronnage qui porte le corps d'une voiture, etc. : *Lou tren es tout coupat*, le train est tout cassé ; Tout l'attirail nécessaire pour le service de l'artillerie : *Lou tren es arribat*, le train est arrivé.

TRENA, v. act. Traîner, tirer après soi ; Entraîner : *Lou m'a calgut trena*, il m'a fallu le traîner ; Différer, prolonger : *Ba fa trena espres*, il allonge exprès ; Traîner, marcher avec peine : *Treno*, Pendre jusqu'à terre : *Lou lançol treno*, le linceul traîne à terre ; n'Être pas à sa place, n'être pas rangé : *Ba daysso tout trena*, elle laisse tout traîner ; Être languissant, malade : *Fa pas que trena*, il ne fait que traîner ; Tresser, tordre, corder : *Ba te cal pla trena*, il faut le bien tresser. (Du latin *trahere*.)

TRENADO, s. f. Traînée, petite quantité de certaines choses répandues en long : *Y'a encaro uno trenado de palho*, il y a une traînée de paille.

TRENANT, O, adj. Traînant, te, qui traîne ; fig., Maladif, valétudinaire : *Es touxoun trenant*, il est toujours maladif.

TRENART, s. m. Traînard, qui traîne, ne suit pas les autres.

TRENCA, voyez COUPA.

TRENCADO, voyez TRINCADO.

TRENCO, voyez AYSSADO.

TRENEL, s. m. Cheveux en cadenette.

TRENKEJHA, voyez FOUXA.

TRENQUEJHAYRE, voyez FOUXAYRE.

TRENO, s. f. Tresse de paille pour les chapeaux des femmes : *Quant bos de la treno?*

TRENOIR, s. m. Traîneau, voiture sans roues pour transporter des marchandises, pour faire des courses sur la glace. (Du latin *traha*.)

TRENOUN, s. m. Bruit, tapage : *A fax lou trenoun*, il a fait grand bruit. (Du latin *tonitruum*.)

TRENTENO, s. f. Trentaine, nombre de trente. (Du latin *triginta*.)

TRENTO, s. m. Trente, le trentième jour d'un mois ; adj. Trois fois dix. (Du latin *triginta*.)

TRENTANEL, s. m. Sainbois, écorce d'un certain arbrisseau employé en pharmacie.

TREOULE, O, adj. Maigre, efflanqué, défait sans embonpoint : *Es treoule coumo un bastou*, il est mince comme un bâton ; Sans force, faute de nourriture : *A lou bentre pla treoule*, sen argent : *A lou falset treoule*, il a la poche vide.

TREPA, *l'adexa*; v. n. Folâtrer, gambader, sauter : *Aymo fort de trepa*, il aime à folâtrer ; Être longtemps à faire une chose, la faire avec peine : *M'a calgut pla trepa per desclaba*, j'ai été longtemps pour ouvrir.

Admiren dins las campagnos
Milo treis surnaturels,
Las coulinos, las mountagnos
Trepou coumo lous agnels,
La naturo rejouido
Semblo prene un joc nouvel
Per hounoura la sourt do
Del boun pople d'Israël.   Pcy.

TREPADOU, s. m. Palier, repos, l'endroit d'un escalier où la suite des marches est interrompue par une espèce de plate forme : *B'ey dayssat sul trepadou;* Lieu où les enfants se réunissent pour jouer : *Abes troubat un brabe trepadou*, vous avez trouvé une bonne place pour vous amuser.

TREPAYRE, voyez BADINAYRE.

TREPEXA, *Trepejha*, v. act. Fouler, presser avec les pieds ; Trépigner de colère ; Travailler longtemps pour faire une chose : *Y'a trepexat pla lountems*, il y a travaillé bien longtemps.

TREPI, voyez PRAOUTI.

TREPIE, voyez TRESPES.

TREPIGNA, v. n. Trépigner, frapper des pieds contre terre par colère. (Du latin *trepidare*.)

TREPIGNOMEN, s. m. Trépignement, action de trépigner.

TREPOIR, voyez CAPOUN, TREPADOU.

TRES, s. m. Nom de nombre ; Trois ; Troisième jour d'un mois : *Ero lou tres d'agoust;* Carté marquée de trois piques, etc. (Du latin *tres*.)

TRESANNA, v. n. Prescrire, être prescriptible par trois ans : *A tresannat*, il a prescrit par trois ans.

TRESCA, v. act. Sauter, se réjouir en faisant des sauts, des bonds.

TRESCABILHO, voyez CARRETO.

TRESCALAN, s. m. Millepertuis commun, on met la fleur infuser dans l'huile d'olive, et on s'en sert comme d'un dissicatif prompt : *T'y cal metre d'oli de trescalan*, il faut y mettre d'huile de millepertuis.

TRESCAMBA, v. n. Marcher péniblement, avec peine : *Podi pas trescamba*, je ne puis presque pas marcher.

TRESCAMPA, v. act. Déssoler, laisser une certaine étendue de champ en jachère, de trois années l'une : *Boli que trescampe*.

TRESCANTOUS, s. m. Lieu où aboutissent trois chemins : *M'attendras as trescantous*, tu m'attendras aux trois chemins.

TRESCOULA, voyez TRANSBAZA.

TRESFIXO, voyez ENTREFIXO.

TRESPAS, s. m. Trépas, mort, en parlant de l'homme : *Es al trespas de la mort*, il est au trépas de la mort. (Du latin *trans* au-delà, de l'autre côté et *passus* pas, passage.)

TRESPASSA, v. n. Trépasser, mourir de mort naturelle : *Ben de trespassa*, il vient de trepasser. (Racine *trespas*.)

TRESPES, s. m. Trépied, ustensile de cuisine à trois pieds. (Du latin *tres pes* trois pieds.)

TRESPLOUMBA, v. n. Surplomber, n'être pas

# TRE

d'aplomb : *Aquelo muralho tresploumbo fort*, ce mur surplombe beaucoup.
**TRESPOURTA**, *voyez* TRASPOURTA.
**TRESPUNTO**, s. f. T. de cord. Trépointe; bande de cuir sur laquelle on coud la semelle ; t. de charp. Chaîne d'un toit.
**TRESQUIN**, *voyez* TROUSQUIN, GAOULADOU.
**TRESSA**, v. act. Tresser, cordonner en tresse; Faire une tresse : *A tressat lou pel*, elle a tressé les cheveux. (Racine *tresso*.)
**TRESSALI**, v. n. Tressaillir, éprouver subitement une agitation vive et passagère ; Être vivement ému : *M'a fax tressali de plaze*, cela m'a fait tressaillir de plaisir. (De la particule applicative *très*, et de *saillir*, dans le sens de.... Du latin *salire*, sauter, bondir.)
**TRESSO**, s. f. Tresse, tissu plat de fils, de cordons, de cheveux : *Bos que te fago la tresso?* veux-tu que je te fasse la tresse? (Du grec *trissos*.)
**TRES-SUZOUS**, s. f. Sueur froide causée par l'idée d'un mal imminent : *Las tres-suzous m'attrapou d'y pensa*, la sueur me prend seulement d'y penser.
**TRESTALOU**, s. m. Talonnière, morceau de cuir qui garantit les talons du froid, et les bas quand on porte des sabots : *Cal carga de trestalous*, il faut mettre des talonnières.
**TRESTIRA**, v. act. Enlacer, percer, trouer un tenon et une mortaise pour les cheviller : *Trestiro-bo pla xust*, perce bien just. (Racine *tira*.)
**TRESTIRO**, s. f. Cheville qui assujettit un tenon dans une mortaise.
**TRESTOULO**, *voyez* TESTOULO.
**TRET**, s. m. Trait ; Fait, événement ; Action, procédé : *Aco's un missant tret que y'as fax*, c'est un mauvais trait que vous lui avez fait. ; Ligne qui a été tirée ; Chacun des linéaments du visage ; Ligne tracée à la plume : *Y'a fax un trait de plumo* ; Longe de corde ou de cuir au moyen de laquelle les chevaux traînent ; Passage que fait la scie en coupant un morceau de bois. (Du latin *tractus*.)

   Ma foi bous abes fax uno bi'eno actiou
   Cresi pas qu'aquel tret atrobé soun pariou,
   Xamai n'aourio cregut uno caouso pareillo. D.

**TRETAPLE**, O, *voyez* TRATAPLE.
**TRETO**, *voyez* TRAXO.
**TRETUR**, *voyez* TRATUR.
**TREVA**, *voyez* TREBA.
**TREVIRA**, *voyez* (SE) BIRA.
**TREXE**, s. m. Treize, le treizième jour : *Lou trexe d'abrial*, le treize d'avril. (Du latin *tredicum*.)
**TREXENA**, v. n. Conter, parler sans se donner à entendre : *Sabi pas que trexenos*, je ne comprends rien à ce que tu contes.
**TREXENAXE**, s. m. Tripotage, manigance, intrigue : *Counpreni pas your trexenaxe*, je ne comprends pas leur tripotage.
**TREXENAYRE**, *voyez* TRIPOUTAYRE.
**TREXIÈME**, adj. Treizième.
**TREXO**, *voyez* MAOURO, POUCELO.
**TREZAOURIE**, s. m. Trésorier, celui qui est chargé de la garde d'un trésor, des deniers d'une communauté.
**TREZENAT**, adj. Blé trop mur, et surpris par le chaud.
**TREZOR**, s. m. Trésor, amas d'or, d'argent ; Amas de choses précieuses mises en réserve ; fig. ; Chose d'une excellence, d'une utilité singulière ; On le dit aussi des personnes : *A un trezor ambe aquelo fenno*, il a un trésor dans cette femme. (Du latin *thesaurus*.)

# TRI

**TRIA**, v. act. Trier, choisir parmi, séparer le bon du mauvais ; Séparer les couleurs, les espèces : *Cal pla tria*, il faut bien choisir ; t. de jard. Préparer ce qu'on veut apporter à la place, comme la salade, les racines, etc. : *Cal ana tria per dema*, il faut aller préparer pour demain ; Éplucher les cocons, choisir pour faire la graine ; Écosser des poids, des fèves. (Du latin *trahere*.)
**TRIA**, *voyez* TRIGA.
**TRIADO**, s. f. Choix, première qualité : *Aco's tout de triado*, c'est tout de choix.
**TRIALHOS**, *Bayssaylhos*, *Saoussaylhos*, s. f. Épluchures, le rebut d'une denrée après qu'on en a fait le triage : *M'a pas layssat que las trialhos*, il ne m'a laissé que le rebut.
**TRIANGLE**, s. m. Triangle, figure qui a trois côtés et trois angles ; Instrument qui en a la forme.
**TRIAXE**, s. m. Triage ; choix ; Chose triée.
**TRIAYROS**, s. f. Trieuses ; t. de fab. femmes qui font le triage des laines : *Pourtas bo a las triayros*, portez aux trieuses.
**TRIBULANT**, O, adj. Turbulent, te, porté à faire du bruit, à exciter des troubles. (Du latin *turbulentus*.)
**TRIBULATIOU**, s. f. Tribulation, adversité, affliction : *Las tribulatious mancou pas*, les tribulations ne manquent pas. (Du latin *tribulatio*.)
**TRIBUNAL**, s. m. Tribunal, siége des juges ; le lieu où ils rendent la justice. (Du latin *tribunal*.)
**TRIBUNO**, s. f. Tribune, lieu d'où parlent les orateurs dans une assemblée délibérante ; Lieu où se tiennent les personnes qui assistent au séances sans appartenir à l'assemblée ; dans une église, Galerie élevée, estrade pour les musiciens, pour certains assistans en particulier. (Du latin *tribunal*, d'où, par corruption, on a fait *tribuna*.)
**TRIBUT**, s. m. Tribut ; Impôt, subside ; fig. ; Ce qu'on est obligé d'accorder ; Dette, devoir. (Du latin *tributum*.)
**TRIBUTARI**, IO, adj. Tributaire.
**TRICO**, *Tricot*, s. m. Trique, gros bâton.
**TRICOISOS**, s. f. Tricoises, sorte de tenailles dont se servent les maréchaux pour couper les clous avant de les river, ainsi que pour déferrer.
**TRIGOLORO**, adj. Tricolore, de trois couleurs. (Du latin *tres color*.)
**TRICOT**, s. m. Tricot, espèce de gilet de laine tricoté : *Cal cerca lou tricot*, il faut chercher le tricot ; Bâton gros et court : *Garo lou tricot*, gare le bâton. (De l'allemand *strick*.)
**TRIDO**, s. f. Draine, espèce de grive.
**TRIDOULA**, v. n. Grelotter, trembloter de froid jusqu'à faire claquer les dents : *Tridoulabo*, il grelottait.

   Quand l'hiber soumbre a tourrat las rigolos,
   Que le soulel amago sa claritat,
   Sasit p'el frech tu calque cop *tridolos*.
   Joux un pourtal beouze de caritat,
   Et si la fam que souben te talouno,
   De l'oupulent d'aicho lou cor tampat ;

TRI                                   TRI      535

Coünsolo-te, nostré Seigné le douno
Lé pa del Cel qué sus mas au pastat.
                                    DAVEAU.

TRIDOULET, s. m. Tic, train, coutume : *A pres lou tridoulet de pipa*, il a pris la coutume de fumer.
TRIGA, *Tria*, v. n. Languir, attendre avec impatience : *Me trigabo pla de sourti*, il me tardait bien de sortir.
TRIGOS, voyez TRIMAL.
TRIGOULET, voyez TRIDOULET.
TRIGOUSSA, v. n. Tirailler, traîner : *Ba trigossos pertout*, tu le traînes partout ; Battre quelqu'un. (Du latin *trahere*.)

Grand Dious ! siogos pas sourd à la bouts que l'imploro ;
Fay cessa lou malhur que nous ten agaffats ;
Que de la libertat béjan lusi l'aouroro,
Et que l'ben anfin de frounts lountems courbats !
Quatre siècles pa-sats sur la terro estrangèro,
Trigousseren pertout la doulou, la misèro.
Rand-nous libres aouéy, béniren toun grand noum ;
Delibro-nous, Segnur, del cruel Pharaoun !
                                    MENG.

TRIGOUSSA (SE), v. pro. Se Traîner ; Marcher avec peine : *Se pot pas trigoussa* ; se Battre, se prendre aux cheveux : *Se sou pla trigoussats*.
TRIGOUSSAL, s. m. Volée de coups : *N'a trapat un trigoussal*, il a attrapé une volée.
TRIGOUZOS, voyez GARRAMAXOS.
TRIKETOS, voyez CLIQUETOS.
TRILHAT, *Trilhaxe*, s. m. Treillage, berceau couvert de vignes ; Ceps élevés contre un mur : *Lou trilhat es en fer*, le treillage est en fer.
TRILHO, s. f. Treille, cep de vigne élevé en échalats : *Boli planta de trilhos tout lou loung*, je veux planter des treilles tout le long. (Du latin *trichila*.)
TRIMA, v. n. Trimer, peiner, fatiguer, travailler péniblement : *Me cal pla trima per gagna de pa*, il me faut bien peiner pour gagner du pain. (Du latin *triremis*, galère, condamné aux galères.)
TRIMAL, s. m. Peine, fatigue, difficulté : *Aco's un trimal apey per b'abe*, c'est une difficulté puis pour l'avoir.

Moussu lou coumissari o sochut rosouna ;
Begen qué tont-o-léou nous colio meyssona,
El o fach réfléchiou qu'ol trofic dé lo terro
Eren millou dressats qu'ol *trimat* dé lo guerro.
                                    PRAD.

TRIMANDIÈ, voyez MARRASSIÈ.
TRIMAXE, voyez TRIMAL.
TRIMAYRE, voyez MARRASSIÈ.
TRIMESTRE, s. m. Trimestre, espace de trois mois ; Payement pour trois mois : *Lou trimestre arribara pla a perpaous*, le trimestre viendra bien à propos.
TRIN, *Rambal*, s. m. Train, tapage, disposition : *Souy pas en trin*, je ne suis pas en train.
TRINCA, v. act. Trinquer, choquer le verre avant de boire : *Roulés pas trinca ?* (De l'allemand *trinken*.)

Dins lou resta de la coumpagna
Tout aco batié la campagna ;
Aqui *trincavoun* en cantan ;
Ayci manjavoun en routan :
L'un qu'avié perdut la mémouèra,
Boutè for counta soun histouèra ;
L'aoutre dizié pourtas de vi
Qué n'aven pas pus per ayci !
Pus bas choplavoun las assiètas,

En se rebilan las serviètas
Anfin, dins aquél béou régal,
Tout avié prés un èr roujal.      FAY.

TRINCADO, s. f. Tranchée, coliques violentes : *A de trincados de tems en tems*, elle a des tranchées de temps en temps.

N'avié suçat quaoucas lampadas,
E vous y'e vengué dé *trinquadas*,
Méssius, pus vivas qu'un malaou
Noun las sentis à l'espitaou.
Faouguèt d'abord que s'assétèsse,
Pioy, dins un mouinen qué faguèsse,
Déqué ! ... Passen sur aquél fét
Grossa purgo fay grand éfèt.       FAY.

TRINCAYRE, s. m. Qui trinque chaque fois qu'il boit.
TRINCO BALANÇO (EN), adv. Dans l'indécision : *Souy en trinco balanço, sabi pas que fa*, je suis indécis, je ne sais que faire.
TRINEJHETE, voyez CLAOUPORTO.
TRINFLA, v. n. Triompher, tirer vanité de... : *Agaxo lo coussi trinflo*, voyez la comme elle triomphe. (Du latin *triumphare*.)
TRINFLANT, TO, adj. Triomphant, te, Plein de vanité, orgueilleux, paré : *Es trinflant*, il est triomphant.
TRINFLE, voyez ATOUX.
TRINGLO, *Barretto*, s. f. Tringle, verge de fer pour supporter des rideaux, etc. (Du latin barbare *taringula*.)
TRINITAT, s. f. Trinité, un seul Dieu en trois personnes ; Fête en l'honneur de la trinité : *Per santo trinitat faren la prumièro coumuniou*, à la sainte trinité nous ferons la première communion. (Du latin *trinitas*.)

Dousso méro Mario regino benazido
Pregats per nous la santo *trinitat*,
Qu'en bouno paix mantengo nostro bido
Et nous counserbe la santat.
Per adam et tout pecadou
Diu ben acata sa grandou ;
Hau bezis en recounéissenço
Canten Nouël à sa naissenço.       G.

TRINTANELO, s. f. Le sain-bois.
TRIO, s. f. Choix, élite : *Aco's la prumièro trio*, c'est le premier choix.
TRIOJHO, voyez MAOURO.
TRIOL, *Trèl*, s. m. Pressoir, grande presse pour serrer la vendange : *Es anat al triol*, il est allé au pressoir. (Du latin *trituro*, je presse.)
TRIOUNFA, v. n. Triompher, vaincre, être ravi de joie, tirer vanité de... : *Triounfabo dexa*. (Du latin *triumphare*.)
TRIOUNFANT, TO, adj. Triomphant ; Content : *Benio d'un ayre triounfant*, il venait d'un air triomphant. (Du latin *triumphans*.)

Aco m'arrestec pas, el dé moun bras nervous
Desprouflti à moun tour la maysso del jalous,
Coumo dus gousses fols cop sec nous agafien
El dins un pas de pousco alors nous gourdisséen ;
L'ablazigui de cops, lou trepissi et pla léou,
Dayssi moun turbulent estendut sul carreou,
Eri donc *triounfant*, mais malgré moun couratge
Pousquéi pas bira lou pus fort de l'ouratge.
                                    VESTREP.

TRIOUNPHE, s. m. Triomphe, grande victoire ; Avantage remporté sur ; Joie d'avoir réussi : *Qu'un triounfe !* quel triomphe ! (Du latin *triumphus*.)
TRIOXO, voyez MAOURO, POUCELO.
TRIPADO, s. f. Œufs à la tripe.

**TRIPALHOS**, s. f. Tripailles, brouailles, intestins, de volaille ou de poisson qu'on vide pour les apprêter : *Lou cat a manxat toutos las tripalhos*, le chat a mangé toutes les tripailles. (Racine *tripo*.)

**TRIPE**, voyez DIAPLE.

**TRIPIÉ**, ÈYRO, s. m. f. Tripier, ière, celui qui vend des tripes.

**TRIPIÉ** (COUTÈL), s. m. Couteau de tripière ; fig., Personne qui aime à faire des commérages, des tripots ; Qui fait des rapports : *T'y fizes pas aco's un coutèl tripié*, ne vous y fiez pas c'est une tripotière.

**TRIPLA**, v. act. Tripler, rendre triple, gagner beaucoup.

**TRIPLE**, O, adj. Triple, qui contient trois fois une quantité. (Du latin *triplex*.)

**TRIPO**, s. f. Tripe, partie des entrailles d'un animal. (Du latin *thrips*.)

**TRIPOLI**, s. m. Tripoli, sorte d'argile ferrugineux qui sert à polir les métaux.

**TRIPO-LIZO**, s. f. Côlon, le plus ample des gros intestins qui va se terminer au rectum.

**TRIPOS**, *Liassous, Bentre*, s. f. Gras-double, ventre de veau. *Manxaren de tripos*, nous mangerons un ventre de veau. (Du latin *thrips*.)

**TRIPOS-ET-BUDÈLS**, s. m. Vomissement causé par quelque nourriture indigeste : *M'a calgut randre tripos-et-budèls*.

Cependant d'pres patienço,
Mé souf mêmes coulcat, mais sans poudé dourmi.
Tandis qué moun esprit fazio fosso cami
Dins les camps de la poulitico,
Et que moun paouré doumestico
Bounissio, presque xouts mous els,
*Tripos-et-budèls.*
Eïfax....(Escoutas pla, car pouires pas ba creïre)
Un pet qu'el pres dabord per un cop de trounèire

**TRIPOT**, s. m. Tripot, tripotage, intrigue, commérage ; Rapports propres à brouiller les gens les uns avec les autres : *Cal que touxoun fago calque tripot*, elle fait toujours quelque tripotage. (Du latin *tripudium*.)

**TRIPOU**, s. m. Boudin noir.

L'on pendrio sá man rufado
Per cinq *tripous* que portoun dol. G.

**TRIPOUTA**, v. act. Tripoter, toucher, manier souvent : *Ba tripotos trop*; Faire un tripotage ; Mêler, mélanger ; Faire quelque commérage : *Aymo à tripouta*, elle aime à faire des commérages.

**TRIPOUTARIÉ**, *Salouparié*, s. f. Tripotage, mélange désagréable au goût : Malpropreté ; fig., Intrigue, manigance.

**TRIPOUTAYRE**, O, voyez] TRIPOUTIÉ.

**TRIPOUTIÉ**, ÈYRO, s. m. f. Tripotier, ière ; Qui aime à tripoter ; Qui intrigue, qui se met dans toute les intrigues, les commérages : *Qu'uno tripoutièyro !*, qu'elle tripotière !

**TRIPOUTUR**, s. m. Tripotier, qui se mêle des affaires, qui les brouille : *A pres coussel d'un brabe tripoutur*, il a pris conseil d'un fameux tripotier. Racine *tripot*.)

**TRIS**, SO, adj. Pulvérisé, pilé, fin, meuble : *La terro es pla trisso*, la terre est bien meuble. (Du latin *tritus*.)

**TRISSA**, voyez ESTARRUSSA.

**TRISSO MOUTOS**, voyez MASSO.

**TRISTAS**, adj. Triste, souffrant : *Es tristas aquestes xouns*, il est dolent ces jours-ci.

**TRISTE**, O, adj. Triste, attristé, affligé, chagrin : *Es pla tristo*, elle est bien triste ; Soucieux, mélancolique : *Es touxoun triste*; Malheureux, funeste : *Aco's pla triste per el*, c'est bien triste pour lui ; Obscur, sombre, en parlant des lieux, du temps : *Lou tems es triste*. (Du latin *tristis*.)

Uno fenno, moun Diou, d'ambe Jaques ! oun bay ?
Maitro a tous èls sur es, *tristo* coumo uno morto,
Amay lou Preste, amay l'escorto ;
Tout fremis, tout es mut ; es dus s'abançon may...
Baci lous, soun foro d'balèno ;
Mais que se passo doun ? Jaques a l'ayre en peno,
Et tout d'un cop tremblan, hountous, s'es arrestat...
Lou Preste n'y ten plus : de sa boués forto et pieno,
Que fay arruca lou pecat,
« — Jaques, qu'uno es aquelo fenno ? »
Et coumo un criminel Jaques ! baychan lou cat :
« La mio, Moussu ; souy maridat.... » J.

**TRISTESSO**, s. f. Tristesse, grand déplaisir, affliction : *Sien pla dins la tristesso*, nous sommes bien dans la tristesse ; Humeur sombre, mélancolie. (Du latin *tristitia*.)

Tandis qu'una affrouso *tristessa*
Livra moun ama à la doulou,
Vésé ma risenta jouynessa
Sé désséca couma una flou ;
Moun sang se glaça dins las vénas,
En véchén lou cruol tablèou
Qué mé caousa toutas mas pénas.
Ay moun péra al foun d'un toumbèou !
PEYR.

**TRISTOMEN**, adv. Tristement, avec tristesse (Du latin *tristè*.)

**TRIUN**, voyez TRIO.

**TRIXA**, *Tricha*, v. n. Tricher, tromper au jeu : *Cal pas trixa*, il ne faut pas tricher. (Du latin *tricari*.)

**TRIXARIÉ**, *Tricharié*, s. f. Tricherie, tromperie au jeu : *A fax de trixariés il* a fait des tricheries. (Du latin *tricæ, arum*.)

**TRIXUR**, *Trichur, Trixayre*, s. m. Tricheur, celui qui triche.

## TRO

**TRO**, TRON, voyez TROUNOUYRE.

**TRO**, voyez TROP.

**TROBERSES**, voyez TRABÈSSES.

**TROC**, s. m. Troc, échange : *Anan fayre un troc*, nous allons faire un troc ; Une chose pour une autre : *Fazen troc à troc*, nous faisons troc pour troc. (Racine *trouca*.)

**TROCO**, s. f. Rouleau de toile, pièce de toile que rend un tisserand : *M'a pourtado la troco*, il m'a porté la toile.

**TROCOSSÉJAIRE**, voyez TRACASSEXAYRE.

**TROISIÈME**, O, s. m. f. Troisième, la troisième partie d'un tout ; Le troisième dimanche du mois : *Bendren pel troisième*, nous viendrons le troisième dimanche. (Du latin *tertiarius*.)

**TROMBLOUTTA**, voyez TRAMBLOUTA.

**TRON**, voyez TROUNEYRE.

**TRONE**, *Trono*, s. m. Trône, siège d'un souverain dans ses fonctions solennelles ; siège d'un évêque dans les cérémonies : *Ero sur soun trone*, il était sur son trône. (Du latin *thronus*.)

Per un ambitious lou *trôno* es un bel muple,
Eh bé ! lou rey qu'aben, dé qui lou teu ? del puple.
Tabé, lou banto, al puple, et noun parlo que del
A la crambo, pertout, hormi dins soun coussel. J.

TRONTOULA, voyez TRANTOULA.

TROP, s. m. Trop, ce qui y a de trop ; Exédant, superflu : *Me reserbi lou trop*, je me réserve le trop ; (Suivant Ménage, du latin barbare *troppum*, d'où les italiens on fait *troppo*; *troppum*, a d'abord signifié multitude, et ensuite excès.)

TROPES, *Tropis*, *pos*, adj. Trop, plus qu'il ne faut : *Siès tropis dins la barco*, vous êtes trop dans le bateau.

TROS, *Bouci*, s. m. Tronçon, morceau, pièce, éclat, fragment : *A pres un gros tros de pa*, il a pris un gros morceau de pain. (Du latin *trunculus*.)

TROT, s. m. Trot, allure d'un cheval, entre le pas et le galop : *Sien benguts al petit trot*, nous sommes venus au petit trot. (Du celtique *troat*.)

TROTO, s. f. Trote, traite, espace de chemin, course : *As fax uno bouno troto*, tu as fait une bonne trote.

TROTOIR, s. m. Trottoir, chemin élevé et pratiqué le long des quais, des ponts, des rues, pour les piétons.

Trinchados sus *trottoirs*, tres rens de bellos damos
Brillon coumo un jardin tout semenat de flous.

TROTO-MENUT, s. m. f. Trote-menu, personne de courte taille et bonne jambe.

TROU, voyez TROUNEYRE.

TROUBA, v. act. Trouver, rencontrer une personne une chose que l'on cherche ; Rencontrer une personne que l'on ne cherche pas : *L'ey troubat per azart*, je l'ai rencontré par hasard ; Découvrir, inventer ; Sentir, éprouver : *A troubat un grand plaze à bous entendre*, il a senti un grand plaisir à vous entendre ; Remarquer, observer : *Trobi fosso cambiomen*, je remarque beaucoup de changement ; Estimer, juger : *Trobi que ne pren trop*, j'estime qu'il en prend trop ; Aller trouver quelqu'un, lui parler : *Lou souy anat trouba*. (De l'allemand *troffen*.)

Un joun, parmi l'gibiè pes cassayres menat
Un paoure goussetou se *troubec* entraynat :
Mort de frex et de poou, la coueto entre las cambos,
Bous aourio fats pietat; pey quant bejec las flambos
Que sourtissien des èls del lioun estounat
Juijats-me se fousquèc milliou rassigurat.
Le rey de la fourets, en relebant la pato,
L'y diguec : qui sios-tu ? dount benes ? respoun, bato ?
— Monseigner, se bo is play, pietat pel goussetou
Noun bous ey pas fach res; oh! per you siouscas bou!
Bous direy qui soun you, més dayssais-me la bido!
                                               MENG.

TROUBA (SE), v. pro. Se Trouver, se rencontrer ; se Présenter : *Si se troubabo l'ouccasiou*, si l'occasion se présentait ; Être dans tel état, dans telle situation : *Se trobo pla dins la xèno*, il est bien dans la gêne.

Troubaras trop souben de gens à l'amo soumbro,
Le rire dessus pots, et dins lou cor lou fèl.
Te diran: l'aymi pla! cependant, dedins l'oumbro
Se poden, te perdran; oh! te perdran agnèl!
                                               MENG.

TROUBALHO, s. f. Trouvaille, chose trouvée heureusement : *A fax uno bouno troubalho*, il a fait une bonne trouvaille ; Chose agréable, personne capable de contenter : *Aco's uno troubalho, qu'aquelo sirbento*, c'est une trouvaille que cette servante.

TROUBAIRE, voyez ENDEBINAYRE.

TROUBLA, voyez TROUPLA.

TROUCA, v. act. Troquer, faire un troc, donner en troc, échanger. (De l'anglo-saxon *to truck*, commercer, et surtout faire le commerce de change.)

TROUCAYRE, s. m. Troqueur celui qui aime à troquer.

TROUCHADO, s. f. Omelette faite avec des œufs, de la mie de pain et du sucre.

TROUCHO, voyez TROUXO.

TROUGNO, s. f. Trogne, visage d'ivrogne : *Qu'uno trougno !* Mine, moue ; *Fa la trougno*. (Du bas-breton *tron*, visage.)

TROULHA, v. act. Fouler la vendange, presser, mettre en presse, pressurer la vendange : *Anan troulha*, nous allons presser. (Du latin *teró*, presser.)

TROULHADOU, voyez PRAOUTIDOUYRO.

TROULHAXE, *Troulhajhe*, s. m. Foulage de la vendange ; Droit pour fouler : *Cal aco pel troulhaxe*.

TROULHÈ, *Trulhè*, s. m. Fouleur, pressureur, celui qui conduit un pressoir : *Aco's un boun troulhè*, c'est un bon pressureur.

TROUMPA, v. n. Tromper, induire en erreur par artifice : *L'a troumpat endinnomen*, il l'a trompé indignement ; Échapper à la vigilance : *A troumpat lous counises*. (Du bas-breton *trompa*, qui a la même signification.)

Et quant te sentiras debourat de souffrenço,
Aouras besoun l'obets d'un bricou d'amistat.
Aquel sur qui souben foundarats l'esperenço
Se lou bos esprouba, beyras que la *troumpat*.
                                               MENG.

TROUMPA (SE), v. pro. Se Tromper, être dans l'erreur : *Me troumpabi pla*, je me trompais bien ; se Tromper de jour, de chemin : *Me souy troumpat*, je me suis trompé de chemin.

TROUMPARIÈ, ARIO, s. f. Tromperie, artifice, déception, fraude : *Aco's uno troumpariè*, c'est une tromperie.

TROUMPAYRE, O, s. m. f. Trompeur, euse, qui trompe, fourbe, imposteur.

TROUMPETA, v. n. Trompeter, publier à son de trompe ; Divulguer : *Tant baldrio ba fa troumpeta*, *coumo de b'a ye dire*, tant il vaudrait le faire trompeter, que de le lui dire. (Racine *troumpeto*.)

TROUMPETAYRE, s. m. Trompette, crieur public, celui dont la fonction est de publier à son de trompe : *A de gaoutos coumo un troumpetayre*, il a des joues comme une trompette.

TROUMPETO, s. f. Trompette, instrument de métal en forme de tuyau dont on sonne à la guerre, etc. : *La troumpeto reclacabo*, la trompette retentissait.

TROUMPETO, *Troumpil*, s. m. Trompette, celui dont la fonction est de sonner de la trompette : *Ero lou milhou troumpeto*, c'était le meilleur trompette. (Suivant le *P. Labbe*, ce mot est une simple onomatopée, formée du son *tron*, *tron*, que fait entendre la trompette.)

TROUMPIL, voyez GAOUDUFO.

TROUMPIOU, IBO, adj. Trompeur, euse, faux, hypocrite : *Es pla troumpibo*, elle est bien trompeuse.

TROUMPO, s. f. Trompe, long museau de l'éléphant : *Ambe sa troumpo debouro uno boutelho*, avec sa trompe il débouche une bouteille.

TROUMPO-PASTRE, s. m. Poire fondante, espèce de bergamote.

TROUNA, v. impers. Tonner, se faire entendre en parlant du tonnerre: *Ben de trouna*, fig., Parler avec force, menacer avec autorité: *Quand ba disio semblabo que trounabo*, quand il le disait il semblait qu'il tonnait; on dit d'un homme courageux, qui ne s'épouvante pas facilement: *A entendut trouna*, il a entendu tonner. (Du latin *tonare*.)

TROUNC, s. m. Tronc, le gros d'un arbre, la tige considérée sans les branches: *Aco's un poulit trounc*, c'est un joli tronc; Boîte pour les aumônes: *Lou trounc douno pas grand caouso*, le tronc ne donne pas beaucoup. (Du latin *truncus*.)

TROUNCA, v. act. Tronquer, retrancher une partie: *B'a tout trouncat*, il a tout tronqué. (Du latin *truncare*.)

TROUNEYRE, *Trounouyre*, s. m. Tonnerre, bruit éclatant produit par le feu électrique s'élançant d'une nuée: *Lou trouneyre es toumbat*, le tonnerre est tombé; fig., Voix forte et sonore; Jeu d'enfant, Lame de bois attachée par un bout à une ficelle qu'il agite circulairement et avec vitesse. (Du latin *tonitru*.)

Benissès, esclaïrés, *tounerro* !
La ma qué fa bostrés esclats:
Fourçats lous hommes estounats
A lou béni sus terro.          Puj.

TROUNFLE, s. m. Triomphe, atout, la carte qu'on retourne: *A tres trounfles*, il a trois triomphes; fig., Figure pleine et brillante de santé: *Qu'un trounfle*. (Du latin *triumphus*.)

TROUPEL, s. m. Troupeau, troupe d'animaux domestiques sous la conduite d'un homme, etc.: *Menabi lou troupel*, je menais le troupeau. (Racine *troupo*.)

TROUPELADO, voyez TROUPO.

TROUPLA, *Troubla*, v. act. Troubler, rendre trouble: *As trouplado l'aygo*, tu as troublé l'eau; fig., Agiter, inquiéter, intimider; Faire perdre la mémoire, la suite: *Aco l'a trouplado*, cela l'a troublée. (Du latin *turbare*.)

Aquel malhur affrous ben *troubla* nostro festo;
Mais apazimo-tè, n'aben pas tout perdut,
Aben qualquès fabols, et le gigot nous resto:
A la joyo sul cop moun cor es rebengut,
M'abanci proumptomen per salba la cassolo,
Mais la rosso tourna fa le pipo-rédolo
Et mèl én cent boucis ma plancho dè salut.
DAV.

TROUPLA (SE), v. pro. Se Troubler, devenir troublé; fig., Perdre sa présence d'esprit, s'embarrasser.

TROUPLE, s. m. Trouble, désordre; Altération dans les sens, dans la voix: *Lou trouple lou gagnèt*, le trouble l'a gagné; Émotion populaire: *Dizou que y'a agut de trouple*, on dit qu'il y a eu du trouble. (Du grec *turbe*.)

TROUPLE, O, adj. Trouble, brouillé, qui n'est pas clair: *Lou bi es trouple*, le vin est trouble. (Du latin *turbidus*.)

TROUPO, s. f. Troupe, multitude d'hommes, d'animaux; Soldats, gens de guerre réunis: *Arribo de troupo, tantos*, ce soir arrive la troupe; Bande, compagnie: *Sien benguts uno troupo*, nous sommes venus en bande. (Du latin *turba*.)

Pensava,
Al saouvur dés Jousioous qué séguèn pas trop gouja
Dé poou dé sé néga, partajèt la mar rouja,
E couma aco sa *troupa*, ansin passèt à sec,
Tandis qué l'énémic après buguèt à plèc.
PEYR.

TROUS, *Tanel*, *Bouxil*, s. m. Trognon, milieu d'un légume dont on a ôté tout ce qu'il y avait de bon: *Un trous de caoulet*, un trognon de choux.

TROUSQUIN, s. m. Trusquin guilboquet, outil pour tracer des lignes parallèles: *Passo-y lou trousquin*, passez-y le trusquin; espèce de Voiture.

Dé l'oustal das tcoulliés abèn passat la porto,
Et tardis que filan long das quatre camis
Bésén dabant nous aous courré quatre *trousquis*
Qué ban d'un trin qu'on crey qué lou bèn les emporto.
DAV.

TROUSQUINA, v. act. Passer le trusquin afin de débiter le bois.

TROUSSA, v. act. Trousser, replier, relever les vêtements qui pendent: *Trousso-te las caoussos*, trousse ton pantalon; Expédier lestement: *Aco's estat leou troussat*; Plier une volaille pour la mettre à la broche: *L'as pas troussado re que balgo*, tu l'as mal pliée.

TROUSSAL, s. m. Gros morceau: *A pres un troussal de pa*, il a pris un gros morceau de pain.

TROUSSAT, voyez GARBEL.

TROUSSEL, voyez TROUS.

TROUSSELO, voyez LISIEYRO.

TROUSSEOU, s. m. Trousseau, linge qu'on donne à une fille qui quitte la maison, soit pour aller en pension, soit pour se marier. (De la basse latinité *trossa*.)

TROUSSO, s. f. Trousse, à la suite, derrière; Monter en croupe: *M'a pres en trousso*, il m'a pris en croupe. (De l'allemand *trosse*.)

Helas? me bachi doun déforo;
Déforo, en carnabal, sans èstre defraougnat
Jou tout couber de condougnat,
Jou que souy negre coumo un moro !
Al masquo ! al masquo ! dit qu'aouqu'un;
Ciel ! enquèro d'aoutros secoussos;
Boli m'escapa, mais un fun
De drolles affadits se boton à mas *troussos*
En cridan darrè mous talous,
Al masquo ! al masquo mousifinous !  J.

TROUSSO, voyez CARGO.

TROUTA, v. n. Trotter, aller au trot; Marcher beaucoup, faire bien des courses: *M'a calgut pla trouta*, il m'a fallu trotter. (Du latin *trottare*.)

TROUTADO, s. f. Trottade, petite course à cheval: *Fazen uno troutado?* faisons-nous une trottade? (De l'italien *trottare*.)

TROUTAYRE, s. m. Trotteur, cheval dressé à n'aller qu'au trot: *Aco's un boun troutayre*, c'est un bon trotteur; Flaneur, qui passe son temps à des courses inutiles: *D'ount arribos troutayre?* d'où arrives-tu trotteur?

TROUTUZOS, s. f. Espèce de Brodequins: *Me faras de troutuzos*.

TROUXO, *Troucho*, s. f. Truite, poisson de rivière, fort délicat, du genre saumoné. (Du latin *trutta*, que quelques-uns dérivent du verbe *trudere*, pousser, parce que les truites avancent toujours contre le fil de l'eau.)

## TRU

TRUC, s. m. Coup, heurt, coup donné ou reçu: *A trapat un truc*, il a reçu un coup. (Du flamand *hurten*.)

TRUC, adv. Au jeu de Colin-Maillard, Cri

## TRU

qu'on fait à celui qui a les yeux bandés afin qu'il ne s'approche pas d'un endroit où il pourrait se blesser : *truc, truc.*

TRUCA , *voyez* TOUCA.

TRUCO TAOULIÈ , *voyez* TOCO TAOULIÈ.

TRUÈLADO , s. f. Truellée , la quantité de mortier , ou de plâtre qui peut contenir sur une truelle : *Ambe uno truèlado n'aouras prou*, avec une truellée tu en auras assez.

TRUÈLO , s. f. Truelle , instrument de maçon, de plâtrier pour remuer , employer le plâtre , le mortier. (Du latin *trulla*.)

TRUFFA (SE) , v. pro. Se Moquer , rire de quelqu'un , de quelque chose ; Tourner en ridicule une personne : *Bous truffas pla*, vous vous moquez bien ; n'Avoir pas égard à.... ; ne pas Craindre , mépriser : *M'en truffi.* (Du latin *stropha* ou du grec *strophè*, tour de finesse.)

> Diménge , aprèp dinna , me menec à la casso,
> Coumo partissian moun risto leu pourtabo ;
> Mais quand el ma viguec el de mi *se trufabo*,
> Et me disec : « Augiè, riste nou te cal gez,
> N'agios pas paur de plègia , el nou plaurà d'un mez.
> A. G.

TRUFAYRE , O , *Truffet, to*, s. m, f. Moqueur, euse ; Qui se moque , a l'habitude de tourner en ridicule : *Sios un truffayre;* Marchand de truffes.

TRUFFANDIÈ , EYRO, adj. et s. Moqueur , euse, qui aime à se moquer.

TRUFFARIÈ , *Truffario*, s. f. Trufferie , moquerie, action , parole , par laquelle on se moque ; Chose absurde , impertinente : *Aco's uno beritaplo truffariè*, c'est une vraie moquerie.

TRUFFET , s. m. Contre-cœur , plaque de fer qu'on attache contre le milieu du mur d'une cheminée; Pierre qu'on met à la place de celle que le feu a rongée : *Cal cambia lou truffet*, il faut changer le contre-cœur.

TRUFFET , TO , adj. Truffeur, badin, moqueur, qui aime à rire aux dépens des autres : *Sios uno truffeto ;* Tufeau, pierre de tuf , spongieuse , légère.

> Descenden ; et tandis qu'aro costre berlino
> S'abanço al pitchou pas su'l naoul dé la coulino ,
> Qué cadun a rèprès sous séns ,
> En popèlo *truffet*, per égaya lé téns
> Dé nostrès bouyaichurs baou dépinta la mino.
> DAV.

TRUFIÈ (Porc) , s. m. Pourceau dressé à découvrir et faire trouver les truffes.

TRUFFO , *Patano, perilho,* s. f. Pomme de terre, plante tubéreuse dont le fruit sert d'aliment : *Las truffos an mancat ougang*, les pommes de terre ont manqué cette année. (Du latin *tuber*.) C'est Parmentier qui a introduit ce précieux tubercule en France , et Mgr de Barral ancien évêque de Castres , l'a surtout acclimaté dans notre pays.

TRUFFOS NEGROS , s. f. Truffe, substance végétale souterraine ; sans tige , ni racine, charnue, informe, raboteuse , tirant sur le noir, qui fournit un aliment recherché , et dont le mode de reproduction est inconnu.

> Jutcho se moun cor és jouyous !
> Per un plasé qu'el té démando ,
> Tu su'l cop , né proumétés dous ,
> Amic , qué ta bountat és grando !
> N'agrados dé milo faïchous
> Quand toun esprit plé dé douçous

## TUB

> Ouffrix à ma muso friando
> Dé *truffos* et dé bérs gascous.   DAV.

TRUILHA , *voyez* TROULHA.

TRUILHAYRE , *voyez* TROULHÉ.

TRUILHE , *voyez* TROULHE.

TRUITO , *voyez* TROUXO.

TRUMADO , s. f. Orage, tempête; Menace d'orage: *Se lèbo uno trumado*, il s'élève un orage. (Ce mot vient de *tonitruum*, tonnerre qui accompagne l'orage.)

TRUMÈOU , s. m. Trumeau , espace intérieur entre deux fenêtres ; Glace appliquée , ou destinée à être appliquée sur cet espace : *Aqui manco un grand trumèou.* (Du grec *trumé*.) *voyez* TRUFFET, si on parle d'un contre-cœur de cheminée.

TRUN , *Soumbre*, adj. Sombre , pas clair , obscur : *Es pla trun.*

TRUQUEL , *voyez* SUPÈL.

TRUS , s. m. *voyez* BARAL.

TRUSSA , *voyez* MARRA , PENA.

TRUSSAYRE , *voyez* MARRASSIÈ.

## TUA

TUA , v. act. Tuer , ôter la vie par violence , par surprise, par accident : *L'a tuat per hazart*, il l'a tué par hasard. (Du grec *thuein*.) En parlant des animaux ; Assommer , égorger ; *Boulen tua la semmano que be*, nous voulons égorger le cochon la semaine prochaine.

> Al grand riou franciman n'ey pas bist l'aïgo candol
> Triste, dezenluzit , tourné prep de ma foun ;
> Aro , per jou, Moussu Dumoun,
> La pichouno patrio es bien abant la grando.
> Et bous que sès en dol quand la bozes souffri ;
> Bous , lassus , assetut à la prumèro rengo,
> Prenes bien gardo aoumen de may l'endoulouri;
> Tiras-l'y la misèro et dacha-li sa lengo ;
> Si l'y prenès, la *tûa* en boulen la gari   J.

TUA (SE) , v. pro. Se Tuer , altérer sa santé, fatiguer excessivement : *Se tuo de trabal*, il se tue de travail ; se Donner la mort, se suicider.

TUADOU , *Bouxariè*, s. m. Tuerie , abattoir , lieu où l'on tue les animaux pour en vendre la chair.

TUARIÈ , ARIO, s. f. Abattoir ; Massacre, carnage.

TU AUTEM , s. m. *Tu autem*, le point essentiel ; la Difficulté ; *Prene , ray , mais caldra paga , aco's aqui lou tu autem*, prendre , passe ; mais il faudra payer, voilà le *tu autem.*

TUAYRE , *Sannayre*, s. m. Tueur , celui qui égorge les porcs , etc. ; fig. , Bretteur , ferrailleur, qui aime à se battre.

## TUB

TUBA , *voyez* ESTUBA.

TUBERCULO , s. f. Tubercule , t. de bot. , petite Excroissance. (Du latin *tuberculum*.)

TUBO , s. f. Brouillard, vapeur épaisse et ordinairement froide qui obscurcit l'air : *Las tubos nous quitaroou pas de bey*, les brouillards ne nous quitteront pas de la journée.

> De l'aoutouno primaigo albèyro,
> Benis lou grand Mestré del tems.
> *Tubos* et rouzals del printems-
> Benissez-lou à pertieyro.   PUJ.

## TUC

TUCO, voyez CAP, TESTO.

## TUD

TUDA, voyez ATUDA.

## TUF

TUF, s. m. Tuf, sorte de pierre tendre; Terre blanchâtre et dure sous la terre végétale. (Du latin *tofus*.)

TUFARINO, s. f. Alouette huppée, cochevis.

TUFAT, ADO, adj. Huppé, ée, qui a une huppe.

TUFO, s. f. Huppe, il se dit de la touffe de plumes que certains oiseaux portent sur la tête; Tête de cochon, hure de sanglier. (Du latin *upupa*.)

## TUI

TUIADOU, voyez TUADOU.

## TUL

TULE, s. m. Tulle, sorte de dentelle: *Porto fosso tulles*, elle porte beaucoup de tulles.

## TUM

TUMOU, s. f. Tumeur, abcès, apostème: *Y'es bengut uno tumou*, il lui est venu une tumeur. (Du latin *tumor*.)

TUMULTE, s. m. Tumulte, grand mouvement, avec bruit et désordre: *Y'a un grand tumulte*, il y a un grand tumulte. (Du latin *tumultus*.)

TUMULTUOUS, O, adj. Tumultueux, euse, confus, bruyant. (Du latin *tumultuosus*.)

TUMULTUOUSOMEN, adv. Tumultueusement.

## TUP

TUPEL, voyez SUPEL.

## TUQ

TUQUET, voyez XOTO.

## TUR

TURBULANT, TO, adj. Turbulent, te, impétueux, porté à faire du bruit: *Es un turbulant*, c'est un turbulent. (Du latin *turbulentus*.)

TURC, s. m. Turc; fig., Homme inexorable, sans pitié: *Aco's piri qu'un turc*, c'est pire qu'un turc. (Du latin *turca*.)

TURLOS, s. f. Souches d'arbrisseaux, de la bruyère, du buis, etc.: *Las turlos fan boun fioc*, les souches font bon feu.

TURLUBURLU, s. m. Hurluberlu, étourdi, inconsidéré.

TURLUPIN, s. m. Turlupin, mauvais plaisant qui fait des allusions froides et basses; Faiseur de mauvais jeux de mots. (Nom d'un auteur de nos anciennes comédies et qui a servi depuis à désigner un mauvais plaisant.)

> Quantis, al jour do bey, caldrio de cops de fouet,
> Mais aoutromen cinglats qué's cops de martinet;
> Se l'on bouillo cessa la scariolo raço,
> De touts lous *turlupins* qu'an usurpat lour plaço!
> CEREN.

TURLUPINA, v. act. Turlupiner, se moquer, tourner en ridicule; Faire des turlupinades: *L'a turlupinat drollomen*, il l'a turlupiné drollement.

TURLUPINADO, s. f. Turlupinade, plaisanterie, mauvais jeux de mots.

TURPITUDO, s. f. Turpitude, ignominie provenant de quelque action honteuse. (Du latin *turpitudo*.)

TURRO, voyez TURLO.

## TUS

TUST, s. m. Heurt; Choc; Coup: *A trapat un tust*, il a pris un coup. (De l'allemand *turten*.)

TUSTA, v. act. Heurter, frapper pour qu'on ouvre: *Tusto pus fort*, heurtez plus fort; Battre. (Du grec *tuptô*.)

TUSTADIS, s. m. Action de frapper; Bruit.

TUSTAL, *Tustassial*, voyez PELEXAL; BOURNAL.

TUSTET, *Martel*, s. m. Heurtoir pour heurter à une porte: *Trobo pas lou tustet*, il ne trouve pas le heurtoir.

TUSTO BOUYSSES, voyez SOURNOIS.

## TUT

TUTEJHA, v. n. Tutoyer quelqu'un.

TUTEL, voyez TUYEOU.

TUTELO, s. f. Tutelle ou tutèle, autorité donnée par la loi, le magistrat, par un testament, pour avoir soin de la personne et des biens d'un mineur: *L'an cargat de la tutèlo*, on l'a chargé de la tutelle. (Du latin *tutela*.)

TUTO, s. f. Gîte, trou, repaire, tannière: *Es dintrat dins la tuto*, il est dans le gîte; fig., Maison, habitation. (Du latin *tutus, tuta*, en sûreté.)

TUTOU, *Titou*, s. m. Tuteur, celui qui a la tutèle d'un mineur; t. de jard. Perche, bâton, qui soutient un jeune arbre: *Cal renoubela lous tutous*, il faut renouveler les soutiens.

TUTOUYA, v. n. Tutoyer, user des mots *tu*, *toi*, *te*, en parlant à quelqu'un: *A la coustumo de tutouya tout lou mounde*, il a l'habitude de tutoyer tout le monde. (Du latin *tu, te*.)

## TUY

TUYEOU, s. m. Tuyau, canal de métal, de terre cuite, etc.; Bout creux des plumes; Partie de la cheminée qui sert de conduit à la fumée: *Aquel tuyéou es pixou*.

TUYEYRO, s. f. Tuyère, ouverture d'un fourneau de forge pour le bec du soufflet: *Me cal rebasti las tuyeyros*, je dois rebâtir les tuyères. (Du latin *tubus*.)

## TUZ

TUZO, voyez TOMAREL.

TUZOU, voyez TISOU.

TUZOUNA, voyez TISOUNA.

TUZOUNAYRE, voyez TISOUNAYRE.

## U

U, adv. Égal : *Aco's tout u*, c'est la même chose.

## UCA

UCARISTIO, s. f. Eucharistie, sacrement par lequel on reçoit le corps et le sang de J.-C. sous les espèces du pain et du vin. (Du latin *eucharistia*.)

## UCH

UCHAOU, voyez IXAOU.
UCHE, voyez USSIE.

## UEL

UEL, voyez ÈL.

## UFE

UFER, voyez ENFER.

## UFL

UFLA, voyez ENFLA.

## UGN

UGNE, voyez OUNXA.

## UIT

UITANTO, voyez QUATRE-BINTS.
UITRO, s. f. Huître, mollusque acéphale renfermé dans une coquille à deux valves, dont l'une est plate et l'autre convexe.

> Yeou buve, salude é mé vire,
> Lou rey adoun, sans mé rés dire,
> Fay pourta sus nostres vaysseous
> Dé qué lous rendre un paou pus gréous :
> Un béou présen d'escaïas d'*huitras*,
> D'éccélen mastic per las vitras,
> Un gran pot ben envernissat,
> Qu'avié tengut dé razimat,
> Una oulada d'enguen dé péga,
> D'oli dé pè qué fazié léga,
> Dé lar viel, dé cira à cira,
> Dé tout ce qu'on pot dezira. FAV.

## ULC

ULCÉRO, s. m. Ulcère, ouverture des chairs causée par la corrosion des humeurs âcres et malignes : *A un ulcèro à la cambo*, il a un ulcère à la jambe. (Du latin *ulcus, eris*.)

ULCÉROUS, O, adj. Ulcéreux, euse, de la nature de l'ulcère ; Couvert d'ulcères.

## ULI

ULIA, voyez AZOULIA, OULIA.
ULIADO, s. m. Coup-d'œil, regard.
ULIÉ, ÈYRO, s. m. f. Huilier, vase, burette à l'huile : *Porto l'ulié*, portez l'huilier.

## ULH

ULHIAC, s. m. Raisin noir très-délicat.
ULHIAL, *Uliaou*, s. m. Œillère. On appelle ces dents œillères parce que leur racine est proche de l'œil. (Du latin *oculus*, œil.)
ULHIET, s. m. Œillet, petit trou qu'on fait à du linge, à un habit, pour passer un cordon, un lacet : *Garnis-me pla lous ulhiets ?* garnissez bien les œillets. (Du latin *oculus*.)
ULHET, s. m. Œillet, fleur odoriférante qui a diverses nuances. (Du latin *ocellus, i*.)
ULHOT, s. m. Fausse Camomille.

## UMA

UMAIN, NO, *Humen*, adj. Humain, ne ; Sensible à la pitié ; Débonnaire, doux, affable, secourable : *Es fort umain*, il est fort humain. (Du latin *humanus*.)

> Cependan le demoun satisfait et jouyous,
> Alando de l'infer les larges courredous ;
> Et d'un soufle empesiat emmalissio las flamos
> Ount des *humens* negats engouffrabo las amos. DEBAR.

UMAINOMEN, adv. Humainement, suivant le pouvoir, la portée, la capacité de l'homme ; Avec humanité, avec bonté : *L'a tratat fort umainomen*. (Du latin *humaniter*.)
UMANITAT, s. f. Humanité, condition de l'homme ; Faiblesse humaine ; Sensibilité pour les maux d'autrui ; Bonté, douceur, bon naturel : *A pas d'umanitat*, elle n'a pas de cœur. (Du latin *humanitas*.)
UMANIZA, *Adoumexi*, v. act. Humaniser, inspirer des sentiments, donner des mœurs ; Rendre plus doux, plus traitable ; Adoucir.
UMANIZA (S'), v. pro. S'Humaniser, devenir moins cruel, plus humain ; se Mettre à la portée de...

## UMB

UMBLE, O, adj. Humble, qui a de l'humanité, qui a, qui marque du respect, de la soumission ; Modeste : *A un ayre fort umble*, il a l'air fort humble. (Du latin *humilis*.)
UMBLOMEN, adv. Humblement, avec respect, soumission. (Du latin *humiliter*.)

## UME

UMECTA, v. act. Humecter, arroser, rendre humide : *Cal umecta aquel linxe per lou poudé plega*. (Du latin *humectare*.)

> Ocos fach, fi dé néou, dé gibré ó dé jolado,
> Lo comboto dou blat dé dous pans s'és haussado ;
> Mais soun cap dé lo rajo un bricou trop suttat,
> Aurio déja besoun d'estré un paouc *humectat*. PRAD.

## UMI

**UMIDE, O**, adj. Humide, mouillé, moite : *La sal es umido, plooura*, le sel est humide, il pleuvra. (Du latin *humidus*.)

> Mais un hibor moun sounjnal restet bide...
> Oh ! ce qu'alors u triste ebênomen
> M'abio trucat d'un ta grand pessomen
> Que de larmos, dempey, seutioy moun el *humide*.  J.

**UMIDITAT**, s. f. Humidité, vapeur ; Exhalaison de la terre ; Moiteur : *L'umiditat ye fa mal*, l'humidité lui nuit. (Racine *umide*.)

**UMIDOMEN**, adv. Humidement, dans un lieu humide. (Du latin *humide*.)

**UMILIA**, v. act. Humilier, blesser l'amour-propre ; Donner de la confusion ; Avilir, dégrader : *L'an pla umiliat*, on l'a bien humilié. (Du latin *humiliare*.)

**UMILIA (S')**, v. pro. S'Humilier, s'abaisser.

**UMILIANT, O**, adj. Humiliant, te, qui humilie, donne de la confusion ; Honteux, bas, avilissant.

**UMILIATIOU**, s. f. Humiliation, action par laquelle on humilie ; État de celui qui est humilié ; Mortification, honte, confusion : *Sou toutes dins l'umiliatiou*, ils sont tous dans l'humiliation. (Du latin *humiliatio*.)

**UMILITAT**, s. f. Humilité, vertu chrétienne qui nous donne le sentiment de notre faiblesse ; Abnégation, mépris de soi-même ; Abaissement, modestie. (Du latin *humilitas*.)

## UMO

**UMOU**, s. m. Humeur, substance fluide dans les corps organisés : *Las missantos umous lou rodou*, les mauvaises humeurs l'atteignent ; fig., Disposition du tempérament, de l'esprit, du caractère : *Es toucoun de missanto umou*, il est toujours de mauvaise humeur. (Du latin *humor*.)

## UN

**UN, UNO**, adj. numér. Un, une ; Seul, unique : *Y'a pas qu'un Diou*, il n'y a qu'un seul Dieu. (Du latin *unus*.)

> Mais canto la bertut, se per hazard la trobes;
> Fay couneysse à cadun toutos las bounos obros;
>         Banto la caritat !
> Banto la caritat que, coumo Dious, n'es qu'*uno*,
> Fay-nous bese l'emploue qu'on fa de la fourtuno
>         Quand on n'es esclayrat.    MENG.

## UNA

**UNANIME, O**, adj. Unanime, qui est d'une commune voix, d'un commun accord, d'un même sentiment : *Soun estats unanimes*. (Du latin *unanimis*.)

**UNANIMITAT**, s. f. Unanimité, conformité de sentiment ; Universalité des suffrages : *L'an noummat à l'unanimitat*, il a été nommé à l'unanimité. (Du latin *unanimitas*.)

**UNANIMOMEN**, adv. Unanimement, d'une commune voix, d'un accord commun. (Du latin *unanimiter*.)

## UND

**UN DINS L'AOUTRE**, adv. L'un portant l'autre.

## UNE

**UNENC, O**, adj. De même taille, de même force : *Aquel blat es unenc*, ce blé est bien venu.

## UNI

**UNI**, v. act. Unir, rendre égal, aplanir : *Cal ana uni lou sol*, il faut aller aplanir l'aire ; Joindre deux ou plusieurs choses ; fig., Marier. (Du latin *unire*.)

**UNI (S')**, v. pro. S'Unir, se joindre, en parlant des choses ; s'Attacher par alliance, par amitié ; s'Associer, faire cause commune : *Sou units coumo lou det ambe l'ounglo*, ils sont intimes.

**UNIBERS**, s. m. Univers, le monde entier ; la Terre, tous les habitants : *L'Unibers pot pas contenta lou desir de l'ome, y'a pas que Dious*, l'univers n'est pas capable de contenter l'homme, il n'y a que Dieu. (Du latin *universus*.)

> Dious a parlat : et lou Neant doucille
> Enteu sa bois, tout nais et tout parés.
> A coumandat : à soun ordre fertille
> Tout l'*unibers* espelis de pas res.    Poj.

**UNIBERSEL, O**, adj. Universel, le, général, qui s'étend à tout, partout ; Propre à tout.

**UNIBERSELOMEN**, adv. Universellement, pour tous les hommes, pour tous les lieux.

**UNIBERSITAT**, s. f. Université. (Du latin *universitas*.)

**UNIDOMEN**, adv. Uniment, d'une manière unie ; Simplement, sans façon : *Y'a dix unidomen sa pensado*.

**UNIFORME**, s. m. Uniforme, habillement propre aux soldats de chaque régiment. (Du latin *uniformis*.)

**UNIFORME, O**, adj. Uniforme, égal, pareil, semblable, qui n'a rien de différent.

**UNIFORMITAT**, s. f. Uniformité, ressemblance.

**UNIFORMOMEN**, adv. Uniformément, avec uniformité.

**UNIMEN**, adv. Uniment, sans façon.

**UNIOU**, s. f. Union, jonction de deux ou de plusieurs choses ; Mariage ; Société ; Accord : *Y'a uno grando uniou entre eles*. (Du latin *unio*.)

**UNIQUE, O**, adj. Unique, seul ; Qui n'a point son semblable : *Aco's l'uniquo que axo*; fig., Singulier, bizarre, très-extraordinaire : *Sios uniquo !* tu es drôle ! (Du latin *uniquus*.)

**UNIQUOMEN**, adv. Uniquement ; Seulement : *Beni uniquomen le beze*, je viens seulement te voir.

**UNITAT**, s. f. Unité. (Du latin *unitas*.)

## UNP

**UN PER UN**, adv. Un à un, l'un après l'autre : *Lous a seguits un per un*, l'un après l'autre, on les a tous suivis.

## UNT

**UNTA**, voyez OUNXA.

## URB

**URBANITAT**, s. f. Urbanité, politesse acquise par l'usage du monde. (Du latin *urbanitas*.)

## URI

**URINA**, v. n. Uriner, évacuer l'urine.

**URINO**, s. f. Urine, fluide excrémentiel dont la sécrétion se fait dans les reins. (Du latin *urina*.)

## URL

URLA, v. n. Hurler, pousser des hurlements : *L'entendèn urla dins d'ayci.* (Du latin *ululare*.)
URLOMEN, s. m. Hurlement, cri lugubre et prolongé du chien, du loup ; Cri violent de colère, de douleur.
URNO, s. f. Urne, sorte de vase pour les scrutins ; Vase de forme antique servant d'ornement. (Du latin *urna*.)

## URO

UROUS, O, adj. Heureux, euse, qui jouit du bonheur ; Favorisé de la fortune : *Es estat urous.* (Du latin *hora*. Les anciens admettaient des heures favorables et des heures funestes, d'où sont venues les expressions à la bonne heure, à la mal'heure : *Es arribat à la mal ouro.*)

Cal be que de troumpa nou rando pas *hurous*,
Perque Batisto al mièy d'un trioumfe tan dous,
Mut coumo un intènèr, triste coumò la bèillo,
Nou saounejo qu'as mots terribles de la bièllo.       J.

UROUSOMEN, adv. Heureusement, d'une manière heureuse ; Avec succès, avantage, bonheur ; Par bonheur ; Aisément : *Es arribat urousomen.*

## URP

URPO, voyez IRPO, ARPO.

## URX

URXENT, voyez PRESSANT.

## USC

USCLA, v. n. Brûler ; Hâler ; Rendre basané, hâlé : *Lou soulel t'usclara.*
USCLAT, adj. Hâlé ; Bruni, en parlant du pain qui a pris trop de couleur : *Es tout usclat.*

## USS

USSA, v. n. Froncer les sourcils, rider le front.
USSIÈ, *Uxè*, s. m. Huissier, officier de justice qui ajourne, signifie les arrêts, assigne, saisit, etc. : *Me caldra y manda l'ussiè.* (Du latin *ostium*, parce que c'est un huissier qui garde la porte dans une assemblée, une juridiction, un tribunal. De là on dit encore *à huis clos*, portes fermées.)
USSOS, s. f. Mines, bouderies : *Fa las ussos, laysso-lo !*

## UST

USTANCILHA, v. act. Ustensiler, garnir d'ustensiles : *Bous cal ustancilha abant de bous marida.*
USTANCILHOS, s. f. Ustensiles, petits meubles de ménage, surtout de cuisine : *N'a pas grandos ustancilhos.* (Du latin *utensile*.)

## UTI

UTILLE, O, adj. Utile, dont l'usage, la possession sont profitables : *Aquelo crambo m'es pla utillo ;* Qui apporte du pain, du profit ; Qui sert ou peut servir : *Aco te sera utille.*(Du latin *utilis*.)

Ma fillo,
Aquel albre es pla bel, tu dises la berlat :
Escouto, cepandant, se demoro floucat
De sa caudeou que brillo,
D'umellos n'aouras pas.
Reflecchis et beyras,
Car te sera facile
Que bai may, pla souben.

Layssa l'agradomen
Et prefera l'*utille*.                 MENG.

UTILLITAT, s. f. Utilité, usage, secours qu'on tire de... ; Avantage : *M'es d'uno grando utillitat de saoupre.* (Du latin *utilitas*.)
UTILLOMEN, adv. Utilement, d'une manière utile ; Avec fruit.
UTILIZA, v. act. Utiliser, rendre utile, profitable : *Cal saoupre utiliza soun tems.*
UTIS, voyez OUTIS.

## UTR

UTRIÈ, EYRO, adj. D'égale grosseur partout ; Tout d'une pièce : *Cal que siogo utrièyro per que siogo soulido.*

## UXE

UXÈ, voyez USSIÈ.

## UZA

UZA, v. n. User, consommer : *B'aben uzat coumo èro ;* Détériorer imperceptiblement par l'usage : *A dexa uzat lou capel ;* Diminuer par le frottement : *L'ayssel es uzat ;* fig., User, fatiguer, épuiser : *Lou trabal l'a uzat ;* Faire usage de... : *Uzo fosso purgos.*
UZANÇO, s. f. Usure, dépérissement des hardes, des meubles, par l'usage : *N'a pas fax pla d'uzanço ;* S'en ana per uzanço, s'User à force d'être porté.
UZAT, ADO, adj. Usé, ée, dépéri, hors de service.
UZAXE, s. m. Usage, coutume, pratique reçue : *Aco's l'uzaxe ;* Emploi : *N'a pas d'aoutre uzaxe ;* Manière dont on emploie : *Aco's moun uzaxe aytal ;* Expérience, facilité acquise ; Exercice : *A fosso uzaxe ;* Droit de se servir, de jouir personnellement d'une chose dont la propriété est à autrui : *De tout tems n'aben l'uzaxe ;* Espace de temps que dure une chose : *N'a pas fax pla d'uzaxe.* (Du latin *usus*.)
UZAXE, EYRO, *Usajhè*, adj. Usager, celui qui a droit ; Coutumier : *Es fort uzaxè dins aquesto oustal.*

## UZI

UZINO, s. f. Usine, établissement pour une forge, filature, etc.

## UZO

UZO, *Nivouleto*, s. f. Luette, épiglotte, substance glanduleuse, molasse, de figure oblongue à l'entrée du gosier et qui le partage : *L'uzo y'es toumbado ;* Craspédon, chute ou relâchement de la luette. (Du latin *uva*, raisin, à cause de sa forme.)

## UZU

UZUEL, ELO, adj. Usuel, elle, dont on se sert, pour faire servir ordinairement.
UZUFRUIT, s. m. Usufruit, jouissance du revenu d'un bien dont on n'a point la propriété : *Y'a dounat l'uzufruit.*
UZUFRUITIÈ, voyez XOUISSENT.
UZURA, v. n. Usurer, tirer de l'usure.
UZURARI, adj. Usuraire, où il y a usure.
UZURIÈ, s. m. Usurier, celui qui prête à usure,

qui fait un gain illégitime : *Aquel biél uzurié.* (Du latin *usurarius*.)

Encaro quaouqués jours, ó lo récollo és presto,
Ah! qué bengo, moun Diou, qué bengo oquélo festo.
Lou pauret offomat dé pa só couflero,
E lou pallé *usurié* dé despiech créboro..... — PRAD.

UZURO, s. f. Usure, intérêt de l'argent à un taux illégal ; Profit illégitime sur des marchandises : *Presto à uzuro.* (Du latin *usura*.)

UZURPA, *Azurpa*, v. act. Usurper, s'emparer par ruse, par violence d'un bien, d'un titre qui appartient à autrui : *B'a uzurpat.*
UZURPATIOU, s. f. Usurpation, action d'usurper : *Aco's uno beritaplo uzurpatiou.*
UZURPATUR, *Uzurpatou*, s. m. Usurpateur, celui qui par ruse, par violence s'empare d'un bien, d'un titre, etc., qui ne lui appartient pas : *Aco's un uzurpatur, mais y gagnara pas.*

## VAC

VACACIOU, *voyez* BACACIOU.
VACAIRIAL, *voyez* BACAYRIAL.
VACANSO, *voyez* BACANSO.
VACOS, *voyez* PANOS.

## VAI

VAIGHE, *voyez* NOUNXALENT.
VAIROULETO, *voyez* ROUXOLO.

## VAL

VAL, *voyez* BALOUN.
VALA, *voyez* BALAT.
VALADA, v. act. Fossoyer, entourer un champ de fossés.
VALAT-RATIE, *voyez* BALAT-PEYRIE.
VALE, *voyez* BALE.
VALENTO, *voyez* BALOU.
VALIEN, *voyez* BALENT.

## VAN

VAN, *voyez* BAN, BENTAYRE.
VANA, *voyez* BENTA.
VANELO, *voyez* BANELO.
VANO, *voyez* COUNTRO-PUNTO.
VANTAL, *voyez* FAOUDAL.
VANTASSIOU, *voyez* BANITAT.
VANTOUER, *voyez* BENTAL.

## VAO

VAOUTRES, *voyez* BOUS AOUTRES.

## VAR

VARAL, *voyez* BARAL.
VARALIA, *voyez* BARALIA.
VARLE, *voyez* BAYLET.
VAROU, *voyez* BOUTOU, BISSOL.

## VAS

VASO, *voyez* BAZO.

## VEC

VECHIGOUS, *voyez* FASTIGOUS.

## VED

VEDEL, *voyez* BUDEL.
VEDELA, *voyez* BUDELA.
VEDIL, *voyez* BEDISSOS.

## VEI

VEIRAT, *voyez* GOUBELETAT.
VEIRE, *voyez* BEZE.
VEIRIEIRO, *voyez* BEYRIEYRO.

## VEL

VELIA, *voyez* BEILHA.
VELIE, *voyez* CALLEBO.
VELIOLO, *voyez* BELIOLO.
VELOS, *voyez* BELOS.

## VEN

VENDEMIA, *voyez* BENDEMIA.
VENDEMIOS, *voyez* BENDEMIOS.
VENI, *voyez* BENI.
VENJHA, *voyez* BENXA.
VENJHAIRE, *voyez* BENXAYRE.
VENO, *voyez* BENO.
VENTA, *voyez* BENTA.
VENTOBEN, *voyez* BENTOLOFOS.
VENTRAILHO, *voyez* BENTRALHO.
VENTRE, *voyez* BENTRE.
VENTRESCO, *voyez* BENTRESCO.

## VEO

VEOUZE, *voyez* BEOUS.
VEOUZO, *voyez* BEOUZO.

## VER

VER, *voyez* BERT.
VER VERGNE, *voyez* BERGNE.
VERAMEN, *voyez* BEROMEN.
VERDE, *voyez* BERDET.
VERDEJHA, *voyez* BERDEXA.
VERDIE, *voyez* BERDIE.
VERDOU, *voyez* BERDOU.
VERE, *voyez* BERRE.
VERGA, *voyez* BERGAT.
VERGADO, *voyez* BATILHO.

## VIJ

VERGADO, *voyez* Riexo.
VERGOUGNO, *voyez* Bergougno.
VERGOUGNOUS, *voyez* Bergougnous.
VERI, *voyez* Berin, Brin.
VERINOUS, *voyez* Brenous.
VERKIEIRO, *voyez* Berquieyro.
VERMA, *voyez* Merma.
VERME, *voyez* Berp.
VERMENO, *voyez* Bermeno.
VERMENOUS, *voyez* Bermenat.
VERO, *voyez* Primo.
VERTEL, *voyez* Bertel.
VERT ESPERO, *voyez* Bert espero.
VERTURIOUS, *voyez* Bigourous.
VERVENOS, *voyez* Bergolos.

### VES

VES, *voyez* Bes.
VESPO, *voyez* Bespo.
VESPRE, *voyez* Bespre.
VESPROS, *voyez* Bespros.
VESSA, *voyez* Escampa.
VESSARO, *voyez* Besso.
VESTI, *voyez* Adilhomen.

### VEZ

VEZE, *voyez* Beze.
VEZEDOU, *voyez* Bizitaire.
VEZI, *voyez* Bezi.
VEZIA, *voyez* Beziat.
VEZIADO, *voyez* Beziado.
VEZIADURO, *voyez* Beziaduro.
VEZINEJHA, *voyez* Besinexa.

### VI

VI, *voyez* Bi.

### VIA

VIAJHE, *voyez* Biaxe.
VIAJHEJHA, v. fréquentatif Être souvent en voyage.

### VID

VIDASSO, *voyez* Bidasso.

### VIE

VIEL, *voyez* Biel.
VIELIUN, *voyez* Bielhuno.

### VIG

VIGAGNEXA, *voyez* Gourrinexa.
VIGNO, *voyez* Bigno.

### VIJ

VIJHES, *voyez* Bins.

## VOU

VIJOULA, *voyez* Amistança.

### VIL

VILEN, *voyez* Bilen.
VILO, *voyez* Bilo.

### VIN

VINAJHE, *voyez* Binaxe.
VINETO, *voyez* Bineto.
VINOUTEJHA, *voyez* Pintounexa.

### VIO

VIOL, *voyez* Carrièyrou.
VIOULETO, *voyez* Flou de mars, Canitorto.
VIOULIE, *voyez* Bioulie.
VIOULOUNA, *voyez* Bioulouna.
VIOURE, *voyez* Bioure.

### VIR

VIRA, *voyez* Bira.
VIRADO, *voyez* Biro, Cantou, Birado.
VIRAIRO, *voyez* Menayro.
VIRO, *voyez* Biro, Tourno.
VIROGAOU, *voyez* Birogaout.
VIROLENGA, *voyez* Birolenga.
VIRO SOUREL, *voyez* Biro Soulel.
VIROULET, *voyez* Biroulet.

### VIS

VISTALIO, *voyez* Bisito.

### VIT

VITURIN, *voyez* Boiturin.

### VIZ

VIZAJHE, *voyez* Bizaxe.
VIZETO, *voyez* Bis, Escagarol.
VIZOU, *voyez* Bistou.

### VOL

VOLTO, *voyez* Boouto.

### VOT

VOTO, *voyez* Boto.

### VOU

VOULA, *voyez* Boula.
VOULADO, *voyez* Boulado.
VOULADOU, *voyez* Bouladou.
VOULATHEJHA, *voyez* Boulatexa.
VOULE, *voyez* Boule.
VOULOUNTA, *voyez* Boulounta.
VOULUR, *voyez* Boulur.
VOUTO, *voyez* Bouto.

## XAB

**XABAL**, *Chabal*, s. m. Cheval, quadrupède domestique à longue crinière, qui hennit : *Me cal croumpa un xabal,* par extens., Être à cheval, à califourchon sur : *Me calguèt metre à xabal sus uno poste ;* fig., Personne robuste, laborieuse, grossière : *Aco's coumo un xabal.* (Du latin *caballus.*)

> Aquesle saquela, *chabal* des pus testuts,
> S'en ba de reculous coumo uno escarabisso ;
> N'en besi de pla len un aoutre à miech cami,
> S'enbarlificouta pes talous del besi,
> Et quand d'abe le prech rebon la gloriolo
> L'un sur l'aoutre amourats fan uno cabirolo.

**XABAL**, *Chabal*, s. m. Estomac d'une volaille, la partie antérieure de ce qui reste, après que les cuisses et les ailes ont été levées : *Douno-me lou xabal.*

**XABALET**, *Chabalet*, s. m. Chevalet, outil de serrurier, etc.

**XABOT**, *Jabot*, s. m. Jabot, mousseline, etc., à l'ouverture supérieure d'une chemise d'homme, pour ornement : *Porto de xabot à las camisos ;* fig., Caillot, grumeau de sang caillé : *Y'abio un xabot de sang,* il y avait une flaque de sang ; l'Estomac : *N'ey pas encaro garnit lou xabot.*

**XABOUTA**, *Chabouta*, v. n. Gargouiller ; se dit du bruit que fait une liqueur dans un vaisseau à demi-plein : *L'entendi xabouta,* je l'entends gargouiller ; Troubler une bouteille de vin, etc., qu'on n'a pas tiré au clair : *Agaxo de la xabouta pas ;* Barboter dans l'eau ; Tremper, laver : *Bay-bo xabouta,* vas le tremper.

**XABOUTADIS**, *Chaboutadis*, s. m. action de tremper dans l'eau, de remuer, de troubler un liquide : *Lou xaboutadis b'a gustat.*

## XAC

**XAÇILHO** (ES DE MISSANTO), *Jaçilho*, s. f. locution adv. Il est mauvais coucheur, il se remue toujours : *Sios pla de missanto xaçilho,* tu es bien mauvais coucheur.

**XAÇO**, *Jaço*, s. f. Empreinte, impression, marque : *La xaço y'es encaro,* la Litière des vers à soie : *La xaço your fa mal,* la litière leur nuit.

**XACO**, *Jaco*, s. m. Merle-litorne.

**XACOU**, *Jacou*, s. m. Jacques, nom d'homme ; fig., Nigaud : *Sios un fier xacou,* tu es un grand nigaud.

**XACOUMART**, *Jacoumart*, s. m. Jaquemart, figure d'homme qui frappe les heures.

**XACOUPIN**, *Jacoubin*, s. m. Jacobin, religieux qui suit la règle de St-Dominique, ainsi nommé de la rue *Saint-Jacques* à Paris, où fut établi la première maison que les *Dominicains* eurent en France.

**XACOUTI**, *Jacouti*, s. m. Corps de jupe d'un enfant ; *Baylo-me lou xacouti ;* fig., l'Estomac : *A pla remplit lou xacouti.*

## XAG

**XAGRIN**, *Chagrin*, s. m. Chagrin ; Peine, affliction : *Aben un rette xagrin.* (Racine *agre* en latin *accer, acris.*)

> Oh ! lou Prèstè des cans, l'aymi lou trobi bèl :
> De soun sèti de boy res n'escapo à soun èl ;
> Sa clocho casso al lén la grèlo et lou tounerre ;
> Non perpillo pas soun troupèl :
> Un pécadou lou fuch, zou councy, lou bay querre ;
> Per las faoutos a de perdous ;
> Pes *chagrins* un baoume bien dous ;
> Soun noum cour benezit ; las coumbos n'en soun plenos ;
> Cadun l'appèlo dins soun co,
> Lou gran medeci de las pénos
> Et b'aqui perque Maltro abio
> Troubat dins aquel Preste un baoume per la sio.
>   J.

**XAGRIN** (PÈL DE), *Chagrin*, s. f. Peau de chien de mer : *Cal fa ambe la pèl de xagrin.*

**XAGRINA**, *Chagrina*, v. act. Chagriner, rendre chagrin, causer du chagrin, attrister : *Xagrinos pla ta mayre,* tu chagrines bien ta mère.

**XAGRINA** (SE), *Se Chagrina*, v. pro. Se Chagriner, s'affliger, s'attrister.

## XAI

**XAI**, *Tinal*, voyez TINAL.

**XAIRE** (SE), *Se Jayre*, v. pro. Se Coucher, se reposer, se laisser vaincre par la fainéantise : *Demando pas que de se xayre,* il ne demande qu'à fainéanter. (Du latin *jacere.*)

> Per ci-debon, lo reilho ero fort mesprésado.
> Oquélos grossos gens, qu'oun fau d'aoutré méstio
> Qué dé sé diberti, mongea, beoure, sé *xaire*,
> Nous counsiderabou pas gaïre :
> Sons n'aoutrés, cépendent, dé fon tout néricio.
>   PR. D.

## XAL

**XAL**, **XALADO**, *Jal*, s. m. Gelée, froid assez fort pour durcir la surface de l'eau. (Du latin *gelu.*)

**XALA**, *Jala*, v. n. Geler, se durcir par le froid, se glacer : *Xalo pla.*

**XALA** (SE), *Jala se*, v. pro. Se Geler, se durcir par le froid, se glacer : *En 1829 l'Agoût se xalèt, fosso y passèren dessus,* en 1829 l'Agoût se glaça, bien des gens passèrent dessus la glace.

**XALADO**, *Jalado*, s. f. Gelée, solidification de l'eau, des liquides par le froid : *A fax de fortos xalados.* (Du latin *gelu.*)

**XALADOU**, *Jaladou*, s. m. Lieu exposé au froid ; Maison mal fermée : *Aco's un xaladou.*

**XALIBA** (SE), *Jaliba se*, v. pro. Se Fendre, en parlant du bois que les fortes gelées, comme les

## XAM

grandes chaleurs, remplissent de gélivures : *S'es tout xalibat.* (Du latin *gelare*.)

**XALIBADURO**, *Jalibaduro*, s. f. Gélivure, fente dans le bois qui nuit à son emploi : *Sans aquelo xalibaduro lou prendrio*, sans cette gélivure je le prendrais. (Du latin *gelu*.)

**XALOTO**, *Jaloto*, s. f. Échalote, plante potagère à racine bulbeuse, du genre de l'ail : *Un bouci de boulit ambé de xalotos.* (Du latin *ascalonia*, qui se trouve dans *Pline* avec la même signification, et qui, suivant plusieurs, a été fait d'*Ascalon*, ville de Judée, autour de laquelle croissait en abondance cette sorte d'ognon.)

**XALOUN**, *Jaloun*, s. m. Jalon, bâton droit planté pour aligner.

**XALOUNA**, *Jalouna*, v. act. Jalonner, planter des jalons : *An xalounat lou cami*, on a jalonné le chemin.

**XALOUS, O**, *Jalous*, s. m. f. Jaloux, ouse, qui a de la jalousie en amour : *Es xalouso de soun oumbro*; Attentif à conserver ; Curieux, soigneux de..... : *Es fort xalous de ço qu'a*, il est fort soigneux de ce qu'il a. (De l'italien *geloso*, ou du grec *zêlôtés*.)

<small>Anas, bous sies un baoux, un perqu'o de *xalous'*
Que nou méritas pas l'amour qu'on a per bous ;
Apres bous abé dix cent cots que bous. aimabi,
Malgr'aco cependant creses que bous troumpabi !
D.</small>

**XALOUSIÈ**, *Jalousiè*, s. f. Jalousie, affliction, chagrin, peine, dépit des avantages d'autrui : *La xalousiè lou secco*, la jalousie le dessèche ; Inquiétudes d'un époux soupçonneux. (De l'italien *gelosia*.)

**XALTRE**, *Chaltre*, s. m. Proyer, oiseau de passage.

**XALTROUS**, *Chaltrous*, s. m. Chartreux, religieux de l'ordre de St-Bruno.

**XALTROUZO**, *Chaltrouso*, s. f. Chartreuse, couvent de chartreux. (De la montagne de *Chartreuse* en Dauphiné, où St-Bruno bâtit son premier monastère.) ; fig., Maison basse sans premier : *Es en formo de xaltrouso.*

## XAM

**XAMAY**, *Jamay*, adv. Jamais, en aucun temps, en aucune occasion : *Xamay nou m'y beyras*, jamais tu ne m'y verras ; Beaucoup, avec une grande abondance : *M'en a dounat xamay pus.* (Des deux mots latins *jam, magis*.)

<small>You souffririo per tu le résto de ma bido,
Al prep d'aquel moussu calo-te, se te play;
Se te parlou, respoun d'uno fayssou candido.
En agissen atal l'en plandras pas *jamay*.
MENG.</small>

**XAMAILHA**, *Chamailha*, v. n. Chamailler, disputer, contester : *Fan pas que xamailha*, ils ne font que chamailler. (Du vieux mot *camail*, armure de tête et de cou, sur lequel on frappait à grands coups d'épée dans les mêlées.)

**XAMAILHUR**, s. m. Celui qui chamaille.

**XAMAY-PUS**, *Jamay*, adv. Jamais plus : *Xamay pus nou t'en parli*, je ne t'en parlerai plus.

**XAMARRA**, *Chamarra*, v. act. Chamarrer, charger d'ornements ridicules : *B'a tout xamarrat.* (Suiv. Trevoux, de *chamarre*, vieux mot Gaulois qui signifiait : Un habit de berger fait de peau de mouton ou de chèvre, et sur les coutures duquel il y avait des passements.)

**XAMARRAT, ADO**, *Chamarrat*, adj. Chamarré, ée, orné ridiculement.

**XAMBELLAN**, s. m. Chambellan.

**XAMBIÈ**, *Jambiè*, s. m. Janvier, le premier mois de l'année, suivant l'usage actuel. Anciennement l'année commençait à Pâques. (Du latin *januarius*, fait dans la même signification, de *Janus*, à qui le mois de janvier était dédié.)

<small>Quand lou brumous *jambiè* nous porto la tourrado,
Que les caillaous luscns à forço de xalado,
Fan cregne en leguenan de t'esclaffa le nas
Dessus caïque biél tést ou sur un tros de glas,
Eolo le joufflut ten sas gaoutos gounflados
Et buffo forço souben sas fredos haienados:
Res nou pot ebita sous redoulats buffals
Que fan pela's garrics et craqua les oustals.
MENG.</small>

**XAMBOURLIA**, v. n. Patrouiller, remuer l'eau sale et bourbeuse, avec les mains, les pieds : *Aymo fort de xambourlia.*

**XAMBOUTA**, voyez XABOUTA.

**XAMBRALLE**, *Chambralle*, s. m. Chambranle, ornement de menuiserie ou de pierre, qui borde les côtés des portes, des fenêtres et des cheminées : *Lou xambralle es destrex*, le chambranle est étroit.

**XAMBRIÈYRO**, *Chambrièyro*, s. f. Chambrière, femme, servante chargée de tous les soins du ménage ; Bâton, support sous une charrette qui sert à soulager le limonier quand la charrette est chargée et en repos.

<small>Mais éspère tout d'un prézén
Qué vous sèra pas désplazén.
Ay amoun quatorze *chambrièyras*
A pintra sus de tabatièyras,
Dé tan poulidas qué soun.
Mais ; santapa! per la façoun,
Gn'a pas jés couma Déjoupéla.
Es un paou guinja, sé voulés,
E fay lou pountil dariés;
Mais, sé la vézias lou dimenche
Qu'an s'és dounada un cop dé penche
E qu'a cargat soan pétenier !
FAY.</small>

**XAMPEXA**, voyez GARRELEXA.

**XAMPO**, voyez BOTO.

**XAMPOURLIA**, voyez XAMBOURLIA.

**XAMPOURLIADIS**, s. m. Patrouillis, patrouillage.

**XAMPOURLIAYRE, O**, adj. Qui patrouille, barbotte.

## XAN

**XAN**, *Jan*, s. m. Jean, nom d'homme. (Du latin *joannes*.)

**XANADO**, *Jannado*, s. f. Feu de la St-Jean ; Feu de joie, qu'on allume dans les rues, sur les places publiques, etc., en signe de joie : *Cal fayre uno xanado.* (De St-Jean, en patois *xan*, parce qu'à cette fête on en voit un grand nombre.)

**XANDARMA (SE)**, v. pro. Se Gendarmer, s'emporter pour peu de chose : *Te cal pas tant xandarma per aco*, Il ne faut pas tant se gendarmer pour cela.

**XANDARMARIÈ**, *Xandarmario*, s. f. Gendarmerie, corps de gendarmes : *La gandarmariè ba beni lou guerre.*

**XANDARMO**, s. m. Gendarme, soldat d'un corps chargé de veiller à la sûreté publique : *Lous xandarmos l'an arrestat*, les gendarmes l'ont arrèté. (Du mot *gent*, personne.et *arma*, arme, homme d'armes.)

**XAN DE NIBÈLO**, *voyez* Co.

**XANENC**, O, adj. De la Saint-Jean : *Un perié xanenc.*

**XANENCA**, v. n. Passer de l'herbe, des gousses d'ail, etc, par le feu de la Saint-Jean ; Espèce de croyance populaire qui attache certaines vertus à ce qu'ils ont ainsi purifié: *Ba te cal xanenca.*

**XANETO**, s. f. Jeannette, narcisse des poëtes.

**XAN-FENNO**, **SALOTOUPI**, s. m. Tâte-poule, homme qui se mêle des plus bas soins d'un ménage : *Aco's un xan-fenno,* c'est un tâte-poule.

**XANGOULA**, v. n. Crier, brailler : *Fa pas que xangoula.*

**XANGOULAYRE**, O, adj. Braillard.

**XANICOT**, *voyez* TANECO, NICOU.

**XANTÉOU**, s. m. Chanteau, morceau d'étoffe qui entre dans la composition d'un manteau, d'une soutane ; Pièce en forme de segment de cercle : *Me cal aqui un gros xantéou,* j'ai besoin là d'un grand chanteau.

**XANTI**, IO, adj. Gentil, ille ; Agréable, délicat, mignon : *Cal coumbeni qu'es xanti.* (Du latin *gens, gentis,* parce que dit *Charles l'Oiseau,* ce qui est à la mode chez un peuple, y est trouvé joli, agréable, *gentil.*)

**XANTIÈ**, s. m. Chantier, atelier où l'on travaille les pièces de bois, la pierre, etc. : *Ben encaro dal xantiè ;* Lieu où l'on décharge le bois, la pierre, pour les travailler : *Qu'un xantiè ta garnit ! ;* Morceau de bois sur lequel on place la pierre, le bois qu'on va travailler : *Abanço lou xantiè ;* Ouvrage déjà commencé : *B'a dexa mes en xantiè.* (Suiv. *Nicot*, du latin *cantherius,* employé dans la même signification.)

**XANTIGNOLO**, s. f. Chantignole, pièce de bois qui soutient l'essieu contre les montants de la charrette.

**XANTILHESSO**, s. f. Gentillessé, agrément, bonne grâce ; Badinage agréable, bon mot, joli propos : *Aco's uno xantilhesso pla troubado.*

Cependen, lou minet, graço à sa *gentillesso*,
Encaro qualque tems counserbet la tendresso
Del inestré de l'oustal,
Sans qu'el paouré animal,
Se sentigessé trop d'aquelo preferénço
Qu'an dounat dé tout tems lou reng et la naissenço.
CEREN.

**XANTIMEN**, *voyez* FOSSO.

**XANTRE**, *Chantre,* s. m. Chantre, celui qui chante dans une église : *Agaxas aqui un xantre,* voilà un chantre. (Du latin *cantor.*)

Dé ribaxés en ribaxés
Petits *xantrés* del grand Diou,
Inspiras à sous oubraxés
Uno santo émulatiou        PUJ.

## XAO

**XAOUDÈL**, *Xaoudelet,* s. m. Échaudé, espèce de gâteau en rond : *Semblo un xaoudèl.*

**XAOUMA**, v. n. Chômer, se reposer, ne rien faire faute de travail : *Tout xaoumo dins aqueste moumen,* tout chôme dans ce moment.

**XAOUNE**, O, adj. Jaune, qui est de couleur jaune ; couleur d'or, de citron, de saffran, etc.

**XAOUNE D'IOOU**, s. m. Jaune d'œuf.

**XAOUNI**, v. n. Jaunir, devenir jaune : *Lous blats xaounissou.*

**XAOUNISSO**, s. f. Jaunisse, maladie causée par la bile répandue, qui jaunit la peau.

**XAOUPA**, *voyez* XAPA.

**XAOUPADIS**, *voyez* XAPADIS.

**XAOUPINA**, *voyez* XAMBOURLIA.

**XAOUTA** (SE), *Soucita,* v. pro. Se Soucier, s'embarrasser, se mettre en peine : *S'en xaouto pas brico,* il ne s'en met pas en peine.

Eurimaqua dis aou vièïar :
Vous nou mé sés qu'on babiïar,
De parés fazés un bazacle :
Agajas lou poulit miracle,
De veyre voula dous aoussèls !
Amay, dessegu, sé soun téls,
L'on ou dirié pas qu'à gran pena,
Car soun d'una vilèna mèna ;
Mais quand s'agirié d'un gabian,
Tan paou nous en *soucitarian :*
Regla-te, tus, sus la voulada
S'as poou d'una ratapenada.    FAV.

**XAOUXA**, v. act. Jauger ; mesurer avec la jauge : *Cal xaouxa la barrico,* il faut jauger la barrique.

**XAOUXAS**, *Gouilhas,* s. m. Gâchis, une mare d'eau ; une Flaque d'eau, ou petite mare dans un chemin, dans une rue. Ces mares dans les rues sont occasionnées par les flaches, ou pavés enfoncés par les roues : *A mes lou pè dins un xaouxas,* il a posé le pied dans une flache.

**XAOUXINA**, *voyez* PATROULHA.

**XAOUXO**, s. f. Jauge, vergé pour mesurer la capacité des futailles ; Futaille servant d'étalon aux autres : *Ayci la xaouxo ;* fig., Comparaison qu'on fait des autres à soi-même : *Sien pas toutes de la mémo xaouxo.* (Suiv. *Ménage,* du latin *golba,* mot d'origine gauloise, qui signifie *gros, gras,* la jauge étant proprement la mesure d'un vaisseau par l'endroit le plus gros.)

**XAOUXOLO**, *Chaoucholo, voyez* PEXINO.

**XAOUXOLO** (FA), *Chaoucholo,* v. act. Faire une soupe au vin : *Boli fa uno xaouxolo.*

Descoubrissèn lé clouquié dé Limoux.
A sous pés paouso la biletto
Tant graciouso, tant poulidetto,
Ount l'on bouldrio poudé toujours
Munit de sous fouacetś burrats, sourtén del four
Fa *chaoucholo* dins sa banquetto
Et canta lés plazés et la glorio et l'amour.
DAV.

## XAP

**XAPA**, v. n. Japper, aboyer, glapir en parlant des chiens et du renard : *Fa pas que xapa touto la neyt,* il ne fait que japper toute la nuit; fig., Manger : *As quicon a xapa ? ;* Crier, se plaindre avec bruit, en parlant des personnes : *Tout bey xapo, et sup pas ço que dis,* tout le jour il clabaude sans savoir ce qu'il dit. (Du latin *latrare.*)

Aufin un pitchou brut que se fasquéc aouji,
Abertisquéc Bichou, pey no bejéc lusi
Uno binteno d'éis que dobés el morchabon,
Que tantòt lusission et tantòt s'atudabon.
Alabets douçomen s'en anguéc pas à pas.
Se fasquéc tant pichou que le bejéren pas.
Anguòc prèp de soun rey pus laougé qu'uno abeillo
Et tres ou quatre cops l'y *jaoupéc* dins l'aoureillo.
Le lioun rebeillat, bejéc tout lou dangé,
Se beléo en disen, gousset me benjaré,
M'as salbat en fasen uno fidélo gayto ;
Justiço se fara et sul cop fousquéc sayto.
MENG.

XAPADIS, s. m. Glapissement, jappement, aboiement, en parlant des chiens ; fig., Clabaudage, cris, bruit : *Aco's un xapadis à s'entendre pas*, c'est un clabaudage infernal.

XAPAYRE, s. m. Qui jappe beaucoup, en parlant des chiens : *Es un boun xapayre;* fig., Criard, clabaudeur, qui se plaint toujours et pour peu de chose : *Sios un xapayre.*

XAPELET, s. m. Chapelet, suite de grains enfilés sur chacun desquels on dit un *ave Maria: N'as pas dix lou xapelet;* en hydraulique, Machine à élever les eaux, composée de plusieurs godets ou petits sceaux attachés de suite à une chaîne.

XAPELETAYRE, s. m. Faiseur de chapelets; Marchand qui les vend.

XAPEROUN, voyez SAPEROUN.

XAPIÑA, v. act. Clabauder, crier, faire du bruit sans sujet, mal à propos : *Que xapinos tant!*

XAPIÑAYRE, O, s. m. f. Clabaudeur, euse, qui clabaude, qui crie sans raison.

XAPITÉOU, s. m. Chapiteau, t. d'arch., partie du haut d'une colonne qui pose sur le fût. (Du latin *caput*, tête.)

XAPITRA, v. act. Chapitrer, tancer, réprimander fortement : *L'a xapitrat en rèclo.*

XAPITRE, s. m. Chapitre, division d'un livre, d'un compte ; Matière, sujet dont on parle : *Layssen aquel xapitre ;* Corps, assemblée de chanoines, de religieux ; Lieu de leur réunion : *Èrou toutes al xapitre.* (Du latin *capitulum*.)

## XAR

XARDIN, voyez ORT.

XARDINAXE, s. m. Jardinage, art de cultiver les jardins : *N'enten pas res al xardinaxe*, il n'entend rien à cultiver un jardin ; Légumes qu'on porte à la place, légumes pour l'usage d'une maison : *Nous cal fosso xardinaxe.*

XARDINEXA, v. n. Jardiner, travailler un jardin ; s'Occuper de jardinage.

XARDIGNÈ, EYRO, s. m. f. Jardinier, celui qui cultive un jardin, fait son état du jardinage; fig., Tout ce qui ravage un jardin, les poules, etc. : *Aco's de brabes xardignés.*

XARGOU, s. m. Jargon, langage corrompu, mauvais parler ; Patois, langue étrangère : *N'entendi pas aquel xargou*, je n'entends pas ce jargon. (De l'espagnol *gerigonza*.)

XARGOUÑA, v. n. Jargonner, parler un jargon, une langue que les personnes présentes n'entendent pas.

XARLATAN, s. m. Charlatan, vendeur d'orviétan, de drogues sur les places publiques ; Médecin ignorant et hableur : *Qu'un xarlatan!* fig., Celui qui trompe par de belles paroles : *M'as pla l'ayre d'un xarlatan*, tu m'as bien l'air d'un charlatan. (De l'italien *ciarlatano*.)

XARLATANARIÈ, Xarlatanario, s. f. Charlatanerie, action, discours, manière d'un charlatan.

XARLATANISME, s. m. Charlatanisme, manège de charlatan.

XARMA, v. act. Charmer ; Plaire extraordinairement, entraîner, ravir : *M'a xarmat.* (Racine *xarme*.)

XARMANT, TO, adj. Charmant, te, qui ravit, qui plait extrêmement ; Agréable : *Aco's un endrex xarmant*, c'est un endroit charmant.

XARME, s. m. Charme, effet produit sur le cœur par les choses qui frappent vivement ; Arrangement, effet produit par la réunion de certaines choses : *Aco's un xarme de ba beze.* (Du latin *carmen*.)

XARMILHO, s. f. Charmille, plant de petits charmes ; Palissade, haie, allée en petits charmes.

XAROL, s. m. Spipolette, espèce d'alouette.

XARRA, voyez BRASTEGA.

XARRABALI, *Xarribali*, *Carribari*, s. m. Charivari, bruit confus de poêles, de chaudrons, avec cris et huées lors du deuxième mariage d'un veuf ou d'une veuve avec un célibataire : *Se te maridos garo lou xarrabali*, si tu te remaries gare le charivari. (Du latin *chalybarium*, vaisseau d'airain.)

Car à sept ans me semblo dé mé beyrè,
La corno en ma, couffat en papé gris
Siègre moun pay dins lous *chalibaris* J.

XARRAYRE, voyez BRASTEGAYRE.
XARRAMAGNOU, voyez ESTAMAYRE.
XARRATIEYRO, voyez CAMBAYLHÈ.

XARRET, s. m. Jarret, partie postérieure du genou ; Endroit où se plie la jambe de derrière des animaux : *A lou xarret un bouci gros;* Défaut dans le contour d'un chemin : *Fa xarret;* t. d'arch. Bosse dans une ligne : *Ya mayt d'un xarret;* Facilité pour bien marcher : *A boun xarret.* (Du bas breton *garr*, jambe.)

Crey-me, moun fil, as boun *jarret*,
Couris vite à toun oustalet,
E t'arestes pas per carièyra
Quan toumbèsses ta jarratièyra ;
Passa aou bèou mitan daou réguié,
Car tout s'engruna à toun quartié :
A tas gens vay douna man-forta. FAV.

XARRETA, v. n. Jarreter, avoir un angle, une inégalité : *Se bey, aco xarreto*, on le voit, cela jarrete.

XARRETA (SE), v. pro. Se Jarreter, se heurter des jarrets en parlant du cheval, etc.

XARRETIÈ, voyez CAGNOUS.

XARRETIÈYRO (MULO), s. f. Mule jarretée ou jarretière, *Es tout à fait xarretièyro*, elle est toute jarretière.

XARRIBALI, voyez XARRABALI.

XARRO, *Pialo*, s. f. Jarre, grand vase de grès pour conserver l'huile : *N'aben uno pleno xarro*, nous en avons une pleine jarre. (De l'espagnol *jarro*.)

## XAS

XAS, s. m. Gîte, lieu où le lièvre repose : *La tuat al xas ;* Celle des deux meules qui est immobile : *pouden pas touca lou xas.*

XASSIS, s. m. Chassis, ouvrage de menuiserie formant plusieurs carrés où l'on met des vitres ; *Fermo lou xassis.* (Du latin *capsicum*.)

XASSO, s. f. Litière des vers à soi ; Marque, empreinte : *La xasso se bey encaro*, la marque se voit encore.

## XAT

XATTADO, s. f. Jattée, plein une jatte : *N'aben uno xattado.*

XATTO, s. f. Jatte, vase rond et sans bord : *Met-bo dins la xatto*, mets-le dans la jatte. (Du latin *gabata*.)

## XAY

**XAYRE**, voyez XAIRE.
**XAYAN**, ANDO, s. m. f. Géant, te, celui, celle qui excède de beaucoup la taille ordinaire des hommes : *Semblo un xayan*. (Du latin *gigas*.)
**XAYET**, s. f. Jais, bitume fossile, solide et très noir : *Es negre coumo lou xayet*, c'est noir comme jais. (Du latin *gagates* à cause du fleuve *Gagès*, en Lycie, près duquel on le trouvait.)

## XAZ

**XAZEN**, s. f. Femme en couches, nouvelle accouchée : *Coussi ba la xazen?* comment va la nouvelle accouchée? (Du latin *jacens*.)

## XEA

**XEAN**, voyez XAYAN.

## XEI

**XEISSO**, s. f. Gesse, pois carré, plante légumineuse : *Faras de puréo de xeissos*.

## XEM

**XEMI**, *Gemi*, v. n. Gémir, pousser des gémissements ; se Plaindre, se lamenter : *Fa pas que xemi*; fig., Gémir de...; Être sensiblement affecté de... : *Ne xemis cado xoun*. (Du latin *gemere*.)

Fazio nèy ; — dins un oustalet ;
Penden qu'al bos, la feillo, en *gemin*, debalabo ;
Al brut amèr et dous d'un l'aougè chastelet
Que debat sas mas biroulabo,
Uno bièllo, en fan sous grumèls,
Me cantèt, d'uno boués plagnento,
Uno historio d'amou tan tristo, tan doulento,
Que me fasquèt beni las grumillos os èls.
J

**XEMINIEYRO**, s. f. Cheminée, endroit où l'on fait du feu dans les maisons, et où il y a un tuyau par où passe la fumée : *La xeminieyro fumo*. (Du latin barbare *camineta*.)
**XEMISSOMEN**, *Gémissomen*, s. m. Gémissement, plainte douloureuse, lamentable. (Du latin *gemitus*.)

## XEN

**XENA**, v. act, Gêner; Contraindre : *Lou xenas pla*, vous le gênez beaucoup.
**XENA** (SE), v. pro. Se Gêner, se retenir, se contraindre, ne pas se laisser aller à ses passions, etc : *Se cal be xena per randre serbici*, il faut se gêner pour obliger ; s'Imposer des privations pour faire telle ou telle chose : *Nous xenan pla per ba fa*. (Racine *xéno*.)
**XENANT**, TO, adj. Gênant, te, qui gêne; Embarrassant, fatigant, onéreux, pénible : *Aco's pla xenant*.
**XENDRE**, s. m. Gendre, mari de la fille : *Nous cal prene un xendre*. (Du latin *gener*.)
**XENERAL**, s. m. Général, Officier supérieur qui commande une armée : *Lou xeneral es estat tuat*. (Du latin *generalis*.)
**XENERAL** (EN), adv. En général, d'une manière générale ; Le plus grand nombre : *En xeneral fan pas coumo tu*, en général on ne fait pas comme toi.
**XENERALITAT**, *Generalitat*, s. f. Généralité. (Du latin *generalitas*.)
**XENERALO**, s. f. Générale, batterie de tambours dans le péril ou pour réunir toutes les troupes : *La xeneralo batio*.
**XENERALOMEN**, adv. Généralement, communément.
**XENERATIOU**, s. f. Génération, postérité, descendants : *Aquesto xeneratiou s'en ressentira*, cette génération s'en ressentira. (Du latin *generatio*.)
**XENEROUS**, O, adj. Généreux, euse, libéral, bienfaisant : *Se pot dire qu'es xenerous*; Courageux : *Es lou pus xenerous*. (Du latin *generosus*.)
**XENEROUSITAT**, s. f. Générosité, libéralité, bienfaisance : *A fosso xenerousitat*, il a une grande générosité. (Du latin *generositas*.)
**XENEROUSOMEN**, adv. Généreusement, libéralement ; Vaillamment, d'une manière courageuse : *S'es presentat xenerousomen*. (Du latin *generosè*.)
**XENIBRE**, s. m. Genièvre, arbrisseau portant la baie qu'on nomme genièvre.
**XENO**, s. f. Gêne, violence, peine d'esprit ; Situation incommode ; Manque d'argent : *Es pla dins la xéno*; État voisin de la pauvreté : *Es tout à fait dins la xèno*. (Du latin *gehenna*.)
**XENS**, s. f. Gens, personnes : *Seloun las xens dioù de boun xoun*, selon les gens, le salut. (Du latin *gentes*.)

Bous que d'aquelos *xens* prénes tant lou partit
Hier né disiés aoutant, et yeou mêmes aouzit.

## XEO

**XEOUSSES**, s. m. Grande Absinthe.

## XER

**XERINGLA**, v. act. Seringuer, pousser une liqueur avec une seringue : *Cal xeringla la plago mati et ser*, il faut seringuer la plaie matin et soir.
**XERINGLA**, s. m. Syringa.
**XERINGLO**, s. f. Seringue, sorte de petite pompe, on s'en sert pour donner des lavements et à d'autres usages : *Me cal cerca uno xeringlo*. (Du grec *surigx* flûte, et qui signifie également tout autre corps creux et cylindrique.)
**XERMA**, v. n. Germer, pousser le germe en dehors : *Coumenço de xerma*. (Du latin *germinare*.)
**XERME**, s. m. Germe, partie de la semence dont le développement opère la reproduction de la plante ou de l'animal. (Du latin *germen*.)
**XERXEL**, s. m. Gesse des blés. C'est la gesse ou pois carré sauvage.

## XES

**XES**, voyez BRICO.
**XESTICULA**, v. act. Gesticuler, se mouvoir indécemment ; s'Agiter trop : *Que xesticulo tant!* que gesticule-t-il tant! (Du latin *gesticulari*.)
**XESTE**, XESTO, s. m. Geste, mouvement du corps, surtout de la main, des bras : *A un xeste que m'agrado pas*. (Du latin *gestus*.)
**XESUS**, s. m. Nom du sauveur des hommes, Jésus-Christ.

Et se nou voulez creyre, esmats pla coumo ieu
Que *Jésus-Christ* nous dis, al cinq de St. Mathieu,
Que nostres enemix nous cal ayma, se dis
Se nous voulen intra un jour en paradis.
A. G.

## XET

XÈT, s. m. Jet, espace parcouru par la chose jetée : Y'a pas mayt d'un xèt de peyro; Bourgeon, scion : Aco's un bèl xèt. (Du latin jactus.)

XETA, Rounsa, v. act. Jeter, lancer au loin; Abattre; Répandre, semer : A coumençat de xeta la grano, il a commencé à jeter la graine; Faire tomber, renverser par colère : B'a xetat per l'oustal; Pousser dehors, en parlant des arbres : Lous albres coumençou de xeta. (Du latin jactare.)

XETA (Sɛ), v. pro. Se Déjeter, se courber, se retirer, en parlant du bois : Aquelo poste s'es pla xetado, cette planche s'est bien déjetée.

XETADOU, NO, adj. Plein de vin; Ivrogne qui tombe partout : Es xetadou.

XÈT D'AYGO, s. m. Jet d'eau, volume d'eau qui jaillit d'un tuyau : Y'a un xèt d'aygo al miex de l'ort, il y a un jet d'eau au milieu du jardin; Larmier, saillie qui empêche que l'eau ne coule le long d'un mur; Larenier, t. de ménuis, rebord d'un chassis pour chasser l'eau : Fay lou xèt d'aygo en garric, fais le larenier en chêne.

## XI

XI, Co, Gous, s. m. Chien; prov.: Qui aymo mi, aymo moun xi, qui m'aime, aime mon chien.

## XIB

XIBAILHÈ, s. m. Chevalier; Galopin, leurré : Qu'un xibailhè me sios! quel galopin tu es!

XIBÈRNO, s. f. Giberne, partie de l'équipage d'un soldat dans laquelle sont placées les cartouches : La xibèrno es pla garnido.

XIBESSIÈYRO, s. f. Gibecière, sac pour la chasse, pour la pêche.

XIBIÈ, Gibiè, s. m. Gibier, animaux bons à manger, qu'on prend à la chasse; fig. : Xibiè de poutencio, Malfaiteur, vagabond. (Du latin cibaria, vivres.)

Lou jouyne et valurous Ascagna,
A cos dé peyras, en campagna,
Aouriè tuat foça gibiè
Dé l'ardou qué l'acoutissiè;
Malhurousomen lou manquava,
Cè qué jusqu'aou viou lou piquava.
Quinte plézi per lou pichot
S'ajesse endévèngut un chot,
Una nichoula ou qu'aouqua pièça,
Pécayre, d'una mendra espeça !
Mais tout sé lévèt dé davan ;
Y'a pas bélèou per un enfan,
Un désplezi d'aquéla ména. Fav.

XIBRA, v. n. Faire du givre, du verglas : A pla xibrat.

XIBRE, s. m. Givre, brouillard glacial, frimat, gelée blanche qui s'attache aux arbres, aux corps: Es tout blanc de xibre, c'est tout blanc de givre.

## XIC

XICA, v. act. Chiquer, mâcher du tabac : Fa pas que xica; Manger : Xicario pla quicon.

XICANA, v. act. Chicaner, faire un procès mal-à-propos ; User de chicanes dans un procès, dans une affaire : Tromper au jeu : As xicanat.

XICANAYRE, O, s. m. f. Chicaneur, euse, celui qui chicane, qui cherche à chicaner dans les affaires; qui Trompe au jeu : Es un xicanayre, xogues pas amb'el, ne joue pas avec lui, c'est un chicaneur.

XICANAOUDO, s. f. Chiquenaude, coup du doigt du milieu, plié et raidi contre le pouce, puis lâché sur le nez : Te bayli uno xicanaoudo. (Du bas breton chiquanaden, qui a la même signification.)

XICANARIO, s. f. Chicanerie.

XICANO, s. f. Chicane, contestation mal fondée; subtilité captieuse dans un procès ; Tricherie au jeu : Aco's uno xicano. (Du grec sikanos.)

XICANUR, voyez XICANAYRE.

XICO, s. f. Zizi ou Bruant des haies.

XICO MARINO, s. m. Bruant fou.

XICO, s. f. Chique, espèce de tabac à mâcher : Douno-m'en uno xico ; Mauvais cocon de soie : Y'a pas que de xicos.

XICOS-E-MICOS, adv. Chiquet-à-chiquet; Peu à peu, par petites parcelles : Ba m'a pagat à xicos-e-micos, il m'a payé chiquet-à-chiquet.

XICOURÈYO, s. f. Chicorée, plante potagère et apéritive : Me cal fa de xicourèyo. (Du grec kichorè.)

XICUR, s. m. Celui qui chique.

## XIF

XIF, s. m. Gravier naturel qui se trouve après la terre végétale : Sien al xif.

XIFLO, voyez SOUFLET.

XIFOUNA, v. act. Chiffonner, bouchonner, froisser un linge, une étoffe : Ba xifounes pas ; fig., Inquiéter, tourmenter, donner du souci : Aquelo letro lou xifouno pla, cette lettre le chiffonne bien.

Adiou, terro dé dol! adiou Franço enemigo !
Sa crido la discordo en suzan de fatigo,
M'entourni te maoudi dins lou founds des infers.
Mais bous aous, proucururs, aboucats, jouynes clers,
A qui tant proumetioy de que bien grècha l'oulo,
Anas mouri de fan, anas trayna la groulo :
Adichas ! adichas ! pourtant, se me crezès,
Sourtirez d'un endret oun l'on bíou sans proucès ;
Quittarez un païs oun la chicano es morto.
La fourtuno pus len bous oubrira sa porto.
J.

XIFRA, v. act. Chiffrer, marquer, exprimer par des chiffres ; Calculer avec des chiffres ; Compter : N'as pas pla xifrat, tu n'as pas bien chiffré.

XIFRAYRE, O, s. m. f. Chiffreur, qui calcule au moyen des chiffres.

XIFRO, s. f. Chiffre, caractère qui marque, désigne un nombre : Cal couneysse las xifros. (De l'italien cifra.)

## XIG

XIGO, Xigot, Gigot, s. m. f. Gigot, éclanche, cuisse de mouton : Manxan uno xigo, nous mangeons un gigot.

Jutcho dé ma doulou ! figuro-té nostro aïre
Quand bésen le gigot et les fabols en l'aïre !
Toutis nous regardan lé bisatcho matat;
L'un arranquo un souspir, l'aoutre pousso uno plainto ;
D...... qué s'és purgat àm'un bèrre d'absintho ,
Dé toutis lous plagnens es lou pus attrapat.
Dav.

## XIL

XILET, s. m. Gilet, sorte de veste courte : Boutouno lou xilet, boutonne le gilet.

## XIM

**XIMA**, v. n. Suinter, en parlant des tonneaux, des voûtes qui soutiennent les eaux; Transsuder: *Ximo calque bricou.* (Du latin *sudare.*)

**XIMAGRÉO**, s. f. Simagrée, grimaces, façons: *Sas ximagréos m'agradou pas*, ses simagrées ne me reviennent pas. (Du latin *simia.*)

**XIMBA**, voyez BINGA.

**XIMBALOS**, *Timbalos*, s. f. Timbale, instrument de musique guerrière. (Du grec *tabala.*)

Et surtout alabets, qu'al brut de las *timbalos*
De las troumpetos, des canous,
Un milloun de Francés s'en anabou, jouyous
Mestreja fièromen toutos las capitalos;
Brigeillabou, fazion fugi
Tout ço que barrabo cami;
Et nou pregnon balé sur la terro estrangèro
Que per courre pus lén enquèrro. J.

**XIMBÈL**, voyez BIROU.

**XIMBELET**, voyez BIROU.

**XIMBELETO**, s. f. Gimblette, petite pâtisserie, dure, sèche, faite en forme d'anneau: *Te dounarey uno ximbeleto*, je te donnerai une gimblette.

**XIMÈLOS**, s. f. Jumelles, deux pièces de bois parallèles servant d'appui dans un pressoir: *Las ximèlos flancaran;* fig., Grande Fille, sans grâce: *Qu'uno ximèlo!*

**XIMÈL**, *Ximelets*, s. m. Trochet, espèce de petites poires à bouquets.

## XIN

**XINÈST**, s. m. Genêt, arbuste à fleur jaune.

**XINESTIÈYRO**, s. f. Genêtière, lieu couvert de genêts.

**XINÈSTO**, s. f. Fagots de genêt pour chauffer le four.

**XINESTOU**, s. m. T. de bot. Genestrale ou genêt des teinturiers.

**XINGLA**, v. act. Cingler, frapper avec quelque chose de délié et de pliant: *Trappo uno gaoulo et xinglo-lou*, prends une houssine et cingle-le. (Du latin *cingulum.*)

Quantis, al jour de bey, caldriq de cops de fouets
Mais aoutromen *cinglats* qué's cops de martinets,
Se l'on boulio cassa la scariolo raço
De touts lous turlupins qu'an usurpat lour plaço!
CEREN.

**XINOUL**, s. m. Genou, articulation de la jambe avec la cuisse: *Lou xinoul me fa mal;* Mettre à genoux un enfant pour le punir: *L'a mes à xinouls.* (Du latin *genu.*)

Moussu Pritxard l'anglès,
Respec à sa mémoiro!
Dira, qu'en fi francés,
Ey boutat per sa gloiro;
Et que l'or sur la ma,
Lous dous *xinouls* à terro
De nous fa pas la guerro. A. B.

**XINOUFLADO**, s. f. Giroflée, sorte de fleur dont l'odeur ressent un peu à celle du girofle: *Es fresco coumo uno xinouflado*, elle est fraîche comme une giroflée.

**XINOUFLIÈ**, s. m. Giroflier, plante qui porte la giroflée; espèce de Violier.

**XINOUILHADO**, s. f. Marque, empreinte du genou.

## XIO

**XIOUL**, s. m. Cul, le derrière, le fondement et les fesses; Partie inférieure, fond de plusieurs choses: *Lou xioul de la semal toumbo*, le fond de la cornue tombe. (Du latin *culus.*)

De fa so qu'el disèc feu nou fèri pas fauto;
Mas me disèc vertat, que lou mal de la gaûto
Nou me doulguec pas pas; mas feu al lech tout soul
Cridabo nech et jour, coumo un fol: ay lou *quioul!*
A. G.

**XIOUL BLANC**, s. m. Motteux, hirondelle à croupion blanc.

**XIOUL COIT**, s. m. Persicaire. C'est une espèce de renouée.

**XIOULÉTO**, s. m. Culotin, enfant nouvellement en culottes: *Beni m'ayci xiouléto*, viens ici culotin.

**XIOULIÈ**, ÈYRO, s. m. f. Geôlier, celui qui a la garde d'une prison; *Es tendre coumo un xioulié*, il est tendre comme un geôlier. (Du latin barbare *gabiola.*)

## XIP

**XIPO**, voyez TOTOUL.

**XIPOU**, *Coutilhou*, (SE METTRE PEL), adv. Se cacher de crainte, de peur: *Quand l'enten beni se metrio pel xipou.*

**XIPOUTA**, v. n. Chipoter, arranger mal, sans goût, sans ordre: *Coussi b'as xipoutat?* comment l'as-tu arrangé?

## XIR

**XIRANDOLO**, s. f. Girandole, girande, chandelier à branches: *Cal garni las xirandolos*, il faut garnir les girandoles (De l'italien *girandola*, amas de lumière.)

**XIRGOU**, s. m. Bruit confus; Cri des oiseaux le soir: *Qu'un xirgou!*

**XIRINGLA**, voyez XERINGLA.

**XIRINGLO**, voyez XERINGLA.

**XIRMA**, NO, adj. Germain, issu de deux frères, de deux sœurs, ou d'un frère et d'une sœur: *Sou cousis xirmas.* (Du latin *germanus.*)

**XIROFLE**, s. m. Girofle, gérofle, embryon desséché des fleurs du giroflier, semblable à un clou et nommé communément, clou de gérofle: *Met-y dous ou tres clabels de xirofle.*

**XIROU**, *Betoun*, s. m. Béton, mélange de chaux, de sable et de gravier que l'on jette dans les fondements d'un bâtiment, et qui se pétrifie en terre.

**XIROULETO**, s. f. Girouette, plaque mobile sur une tige que fait tourner le vent: *La xirouleto es al ben plèx*, la girouette est à la pluie. (Du latin *girare*, tourner.)

**XIROUNA**, v. act. Bâtir en béton.

## XIS

**XISCLET**, s. m. Targette, sorte de petit verrou: *Pousso lou xisclet*, pousse la targette.

**XISCLETA**, v. act. Mettre, pousser la targette: *Sougas en repaous, cy xiscletat*, soyez en repos, j'ai poussé la targette.

**XISPA**, v. act. Plaquer du plâtre avec la truelle contre un mur, un plafond: *Coumenço de xispa.*

**XISPOU**, s. m. T. de cord. Tampon pour passer le suif en noir aux empeignes.

## XIT

**XITA**, voyez XETA.
**XITOU**, s. m. Jeton, pièce ronde pour calculer, marquer au jeu : *Es fals coumo un xitou.* (De *jactare*, jeter, parce qu'on se sert des jetons en les jetant sur la table.

## XIX

**XIXARIÉ**, s. f. Avarice, économie ridicule ; Ladrerie.
**XIXE**, O, adj. Chiche, qui dépense le moins qu'il peut, et regrette ce qu'il est obligé de dépenser : *Es trop xixe;* fig., Libéral, qui donne facilement : *L'abès troubat lou xixe!* (Du latin *siccus*, sec, aride.)

## XOC

**XOC**, *Jot*, s. m. Jeu, divertissement, récréation : *Aco's un xoc pla amusant;* Amusement soumis à des règles : *Aco n'es pas lou xoc;* Cartes qui viennent : *preni pas un xoc.*

Ebé! del co, se sembiou may enquéro :
Ço qu'un atten l'aoutre tabe l'espéro,
Ou l'esperèt.
Cad'un d'es, per soun fray, mouriyo sans regret;
Pes jots et pes plazes ban sur la mêmo routo;
L'un aco's l'aoutre un tout : quan nasquéron sans douto,
L'amo de fèt,
Que per un debalet
Se partajèt. J.

**XOC**, s. m. Jeu, t. de mécau., Liberté de mouvement : *N'a pas prou de xoc;* t. d'art., Mouvement, accord des parties d'une machine; *Encaro n'es pas à xoc;* fig., Mettre en jeu, donner le branle, dans une affaire, dans une partie de plaisir : *El ba metra tout en xoc.* (Du latin *jocus*.)

## XOI

**XOIGNE**, v. act. Joindre, atteindre, attraper : *La xoint al carretal,* elle l'a joint au chemin.
**XOINDRE**, v. act. Joindre, approcher et faire toucher; Atteindre, parvenir à... : *Anan xoindre lou grand cami;* se Rendre au corps, en parlant d'un soldat : *Es anat xoindre à Lyoun.* (Du latin *jungere*.)
**XOINT**, s. m. Joint, point de jonction, de contact des pierres, etc.
**XOINTURO**, s. m. Jointure, joint, ce qui joint : *Me fa mal à la xointuro,* je sens le mal à la jointure. (Du latin *junctura*.)

## XOL

**XOL**, s. m. T. de bot., Ivraie.

## XOT

**XOT**, s. m. Chat-huant, oiseau de nuit; fig., espèce de Misanthrope qui ne voit personne, qui se tient habituellement dans l'obscurité : *Regasso d'èls coumo un xot,* il écarquille des yeux comme un chat-huant.
**XOTO**, s. f. Chouette, oiseau de nuit : *Aben l'oouto, la xoto s'enten,* nous aurons le vent d'autan la chouette chante. (Du latin *otus*.)
**XOTO-COURNUDO**, s. f. Moyen-Duc.

## XOU

**XOU**, s. f. T. de charp. Pièce de bois qui porte les solives pour laisser passer le canon d'une cheminée : *Metren un xou.*
**XOUA**, *Xouga, Joua*, v. n. Jouer, faire une partie de jeu : *Qui bol xoua?* Jouer une carte, la jeter en jouant : *Beni de xoua;* fig., Jouer son jeu, agir selon ses intérêts : *Sap pla xoua soun xoc,* il sait bien jouer son jeu ; Représenter une pièce de théâtre ; Ridiculiser quelqu'un, le tromper par artifice : *M'a pla xouat;* s'Amuser à un jeu quelconque : *Aben pla xouat;* Parier, faire une gageure : *Te xogui douple countro simple.* (Du latin *jocare*.)
**XOUATIÉ**, s. m. Ouvrier qui fait les jougs pour les bœufs : *Attenden lou xouatié.*
**XOUATO**, *Jouato*, s. f. Espèce de joug pour atteler les mules à la charrette.
**XOUAYRE**, O, *Jouayre*, s. m. f. Joueur, euse, celui qui fait une partie de jeu ; Celui qui a la passion du jeu : *Sios un xouayre,* tu es un joueur.
**XOUBE**, *Jouyne, Joube*, adj. Jeune, peu avancé en âge : *Es pla xoube encaro;* fig., Galant, amant : *N'ey pas encaro cap de xoube,* je n'ai pas encore de galant. (Du latin *juvenis*.)

Planissès moun déstin, pécayre !
Hommes, perque hioy me blama?
Lou ciel m'avio creat per playre,
Lou ciel m'avio fach per eyma.
Jouyné, ma vida éra una festa
Qué crésio pas véyré fini;
Dé tout acos ara mé resta
Un doux et cruel souveni. PEYR.

**XOUBENOT**, TO, *Joubenot*, adj. Très-jeune.

Adiou, mou fil, adiou ! coumenço ta carrièro !
Belèou trop joubenot you te layssi parti,
Més, que bos! sios l'aynat, et coumo sios boun fréro
De mous aoutres goujats me diras l'abeni.
MENG.

**XOUBENTUT**, *Joubentut*, s. f. Jeunesse, partie de la vie humaine entre l'enfance et l'âge viril : *La xoubentut passo bite,* la jeunesse passe vite ; les Jeunes gens, les jeunes filles : *La xoubentut n'escouto pas res,* les jeunes gens n'écoutent rien. (Du latin *juventus*.)
**XOUC**, *Jouc*, s. m. Joug, pièce de bois pour atteler, contenir les bœufs : *Your cal carga lou xouc,* il faut leur mettre le joug ; Juchoir où les poules juchent : *Bay tampa lou xouc.* (Du latin *jugum*.)
**XOUCA** (SE), v. pro. Se Jucher, se percher sur un bâton, une branche pour dormir, en parlant des poules : *Se xoucou sur l'ourme ;* fig., se Loger, se placer en un lieu élevé : *Ount s'es anat xouca ?*
**XOUET**, *Jouet*, s. m. Jouet, hochet qui sert à amuser un enfant : *Croumpo-y un xouet;* fig., Personne dont on se moque, dont on se joue : *Ne fan lou xouet,* on en fait le jouet ; espèce de Plumet, orné de grelots, dont les muletiers parent les mulets : *Te cal metre lou xouet.*
**XOUG**, voyez XOUC.
**XOUGA**, voyez XOUA.
**XOUGADOU**, voyez XOUAYRE.
**XOUGAYRE**, voyez XOUAYRE.
**XOUGUET**, voyez XOUET.
**XOUI**, v. n. Jouir, avoir l'usage, la possession d'une chose : *Ne xouissen dempey bint ans,* nous en jouissons depuis vingt ans ; Goûter le

plaisir de...: *Xouïssen de la frescuro.* (Du latin *gaudere.*)

XOUISSENÇO, s. f. Jouissance, usage, possession : *N'a la xouïssenço.*

XOUISSENT, TO, adj. Jouissant, te, qui jouit.

XOUKIÉ, voyez Xouc.

XOULBERT, voyez ERBETOS, PERSIL.

XOULBERTINO, s. f. Ciguë, herbe vénéneuse, qui ressemble au persil.

XOUN, *Joun*, s. m. Jour, clarté, lumière du soleil : *Lou xoun me fa mal as èls*, la clarté me fait mal aux yeux; Journée : *Tout un xoun;* Temps assigné : *Aben pres xoun;* Ouverture par où vient le jour : *Me caldra fayre un xoun aqui;* A la pointe du jour : *Al xoun.* (De l'italien *giorno.*)

XOUNC, *Jounc*, s. m. Jonc, plante aquatique dont on se sert pour attacher de petites choses : *Tramblabo coumo un xounc.* (Du latin *juncus.*)

XOUNCADO, *Jouncado*, s. f. Jonchée de fleurs devant la porte d'une maîtresse ; fig., Jonchée d'ossements et de charrogne devant la porte d'une personne qu'on veut humilier.

XOUNCASSES, *Jouncasses*, s. m. Jonchaie ; lieu rempli de joncs : *Manco pas de xouncasses,* il y a beaucoup de jonchaies.

XOUNQUILHO, *Xounquino, Jounquilho*, s. f. Jonquille, plante tubéreuse, sa fleur jaune, odoriférante : *Me cal coupa uno xounquilho,* je veux couper une jonquille.

XOUNXIBOS, s. f. Gencives, chair qui entoure les dents : *Las xounxibos me fan mal,* les gencives me font mal. (Du latin *gingiva.*)

XOUR, voyez Xoun.

XOURNADO, *Journado*, s. f. Journée, intervalle entre le lever du soleil et son coucher ; Travail, chemin fait ou à faire ou que l'on peut faire dans l'intervalle d'une journée : *Gn'abès per tres xournados;* Salaire, bénéfice d'un jour : *A gagnat uno bouno xournado,* il a gagné une bonne journée. (De l'italien *giorno.*)

Atal l'home ayssi bas, beï fini *sa journado.*
Coumo la que Pierrou passo à trabès la prado ;
En se tourmenten pla per cerca lou bounhur,
Rèbe d'un maynatchou qu'es pas jamaï madur!
CERES.

XOURNAILHÈ, ÈRO, *Journailhè*, s. m. f. Journalier, ère, de chaque jour ; Qui se fait chaque jour : *Aco's xournailhè ;* Celui qui travaille à la journée : *Es un boun xournailhè,* c'est un bon journalier; Sujet à changer, inégal : *Es fort xournailhè,* il est fort journalier.

XOURNAL, *Journal*, s. m. Journal, mémoire, relation par jour : *B'a escrits dins soun xournal;* Écrit périodique jour par jour : *Lou xournal n'es pas arribat,* le journal n'est pas arrivé ; Mesure de vigne, souche formant ce qu'on appelle, *un xournal ;* il est composé de 500 souches.

XOURNÈLOMEN, *Journèlomen,* adv. Journellement, tous les jours, très-souvent : *S'embrieygo xournèlomen,* il se grise journellement.

XOURRI, voyez TARI, FORO-NIZA.

XOUST, *Joust*, prép. marquant la situation d'une chose à l'égard d'une autre, Sous : *Xoust la taoulo,* sous la table ; la subordination, la dépendance : *Cal estre xoust sous ordres,* il faut lui obéir ; Ce qui masque, déguise : *xoust pretexte;* Secrètement : *Xoust ma le pagarey.* (Du latin *sub.*)

XOUST-BARBO, s. f. Sous-barbe, partie de la bride qui porte la gourmette.

XOUST-PIÈ, s. m. Sous-pied, petite courroie qui passe sous le pied.

XOUYOUS, O, *Jouyous,* adj. Joyeux, euse, rempli de joie, qui donne, inspire de la joie : *Es touxoun xouyouso,* elle est toujours joyeuse. (Du latin *jucundus.*)

XOUYOUZOMEN, *Jouyousomen,* adv. Joyeusement, gaîment. (Du latin *jucundè.*)

XOUZIOU, *Jousiou*, s. m. Juif, descendants des Hébreux ; fig., Homme âpre au gain, vendant trop cher ; Usurier, fripon : *Aco's un xouziou.* (Du latin *judeus.*)

## XOY

XOYNÈ, *Aoubergnas, Rassegayre,* s. m. Scieur de long, qui scie le bois en planches.

XOYO, *Joyo,* s. f. Joie, plaisir, satisfaction, contentement. (Du latin *gaudium.*)

Dious t'a caousit demest las nations infidèlos
Per repaïché toun cor dé joyos éternèlos,
Per qu'oubserbés sous bus sur la peïro transcrits,
Boi què sur sous aoutas beï soun culté sé foundo;
Et dabant soun soulel qu'esclaïrara lé mounde,
Cal que lous aoutrés lums s'enterroun escantits.
DAY

## XUB

XUBILÈ, s. m. Jubilé, indulgence plénière et solennelle accordée par le Pape : *L'annado dal xubilè plantèren la croux,* l'année du jubilé nous plantâmes la croix. (Du latin *jubilæus.*)

XUBILATIOU, s. f. Jubilation, réjouissance. (Du latin *jubilatio.*)

## XUC

XUC, *Xus,* s. m. Suc, liquide qu'on obtient en exprimant une substance ; Liquide substantiel des viandes : *Manco pas de xuc;* fig., Prendre grande part à une chose, s'y intéresser : *Ye pren xuc,* il y prend goût. (Du latin *succus.*)

XUCA, v. act. Sucer, attirer avec les lèvres un suc, une liqueur : *Fa boun xuca;* Faire fondre en gardant dans la bouche : *Laysso-bo me xuca;* fig., Tirer peu à peu l'argent, le bien de quelqu'un : *L'a pla xucat,* il l'a bien soutiré. (Du latin *sugere.*)

## XUD

XUDICIOUS, OUSO, adj. Judicieux, euse.

## XUG

XUGNE, v. act. Atteler, attacher les bœufs au joug pour leur faire tirer la charrette, la charrue : *Cal ana xugne,* il faut aller atteler. (Du latin *jungere.*)

## XUI

XUILHET, s. m. Juillet, 7me mois de l'année chrétienne. (De *julius,* nom qui fut donné à ce mois par Antoine en l'honneur de Jules César, né dans ce mois.)

XUILHOS, s. f. Longes, lanières de cuir, ou courroies avec lesquelles on attache le joug sur la tête des bœufs.

XUINESSO, s. f. Jeunesse, jeunes gens, jeunes filles. (Du latin *juventus.*)

## XUM

**XUMIMIÈYRO**, voyez XEMINIÈTRO.

## XUN

**XUN**, s. m. Juin, 6me mois de l'année chrétienne. (Du latin *junius*.)

**XUNA**, v. n. Jeûner, ne point prendre d'aliments ; Manger peu : *M'en cal xuna*, je dois m'en priver ; Observer les jeûnes de l'Église : *Aro me caldrio xuna*, à présent je devrais jeûner. (Du latin *jejunare*.)

**XUNE**, s. m. Jeûne, abstinence d'aliments, abstinence de viande, en ne faisant qu'un repas : *Se couneys qu'es xune!* (Du latin *jejunium*.)

**XUNT**, s. m. Joint, l'endroit où certaines choses se joignent : *Lou xunt se bey pas*, le joint ne paraît pas.

**XUNTA**, v. act. Joindre, approcher et faire toucher : *Fay-bo xunta de pertout*, fais-le joindre de partout ; *Xunta*, au fig., signifie s'accorder, coïncider, paraître conforme à la vérité : *Aco xunto pas pla*, cela ne peut pas bien se concilier, se rattacher avec ce que l'on sait déjà : *Co que disio lou mati xuntabo pas ambe sous dires dal ser*, ce qu'il disait le matin s'accordait mal avec.... (Du latin *jungere*.)

**XUNTAT**, *Junxat*, s. m. Jointée, autant que les deux mains rapprochées peuvent en contenir : *Un xuntat de mil*, une jointée de millet.

**XUNTO**, s. f. Arure, séance de labourage, espace de temps pendant lequel on laboure sans dételer : *M'as faxos dos xuntos*, tu m'as fait deux arures.

**XUNXAT**, voyez XUNTAT.

## XUR

**XUR**, voyez XUROMEN.

**XURA**, v. n. Jurer, faire un serment ; Affirmer, confirmer par serment : *Ne podi xura*, je puis en faire serment ; Promettre avec serment ; Proférer des jurements, balsphémer : *Fa pas que xura*, il ne fait que jurer ; famil., en parlant des choses, ne pas s'accorder, contraster désagréablement : *Aco xuro*. (Du latin *jurare*.)

Mais qui sat ! beleou m'a quittado !...
Malhurouso ! qu'ey dit ! cadro bé m'enterra !...
Boun Diou, qualo negro pensado !
Me fay poou, cassan-lo ! Batisto tournara !
O ! tournara ! n'ey res à cregné !
Me zou juret sur nostre Segne,
N'a pas pouscut beni taleou
Es las ; es bien malaou beleou !
Beleou que soun co me preparo
Quaouquo surprezo per tout aro.
Mais entendi qu'aonqu'un ; oh ! pas may do doulou
Moun co me troumpo pas ! acos el ! bachi lou !...
J.

**XURAYRE**, voyez RENEGAYRE.

**XURAT**, s. m. Juré, homme choisi pour décider un fait, pour assister aux assises et donner sa voix sur la culpabilité de ceux qui y sont traduits. (Du latin *juratus*.)

**XURLA**, v. n. Sicoter, boire souvent et à petits coups : *N'a pla xurlado tout bey*, il en a bu tout aujourd'hui.

**XUROMEN**, s. m. Jurement, blasphème, imprécation : *On n'enten pas que xuromens*. (Du latin *juramentum*.)

## XUS

**XUS**, voyez XUC.

**XUSCOS**, Jusques, préposition qui désigne le terme, le but, la fin du temps, des lieux : *Anan xuscos al cami*, nous allons jusqu'au chemin. (Du latin *usquè*.)

Atal, moun boun amic, y'a deja qu'elqu'annado,
Yeou, sul Languedoucién, te dizio ma pensado :
Et tu, de soun debut *jusquos* al dargné bers,
Admirabos lé toun, le joc de sous couocerts ;
Sous tableous animats, sa richo pouëzio,
Soun cop-d'él, el soun plan, el sonn rare genio,
Que s'estenden al tout dins sa dibersitat,
L'embrasso sans esfort, le met à l'unitat,
Sans que trinque jamay ni rimo, ni cadanço,
Nous enuartan amb'el, à mesuro qu'abanço,
En nous fazen trouba de l'un à l'aoutre bout,
Nostre Dious achi-bas, amoun naout et pertout.
REVEL.

**XUST**, adv. Juste : *Parlo xust*, *arribo xust*, il parle juste, il arrive juste. (Du latin *justè*.)

**XUSTE**, O, adj. Juste, qui agit selon l'équité ; Légitime : *Es pla xuste* ; Qui a la justesse convenable : *La mesuro es pla xusto*, la mesure est juste ; Trop étroit : *Lou soulié m'es trop xust*. (Du latin *justus*.)

**XUSTIÇO**, *Justiço*, s. f. Justice ; Bon droit, raison : *As la xustiço de toun coustat* ; Ordre judiciaire ; les Juges : *La xustiço*, *déou beni*. (Du latin *justitia*.)

I as hounous, la richesso,
Un toun de voix egal ;
La candou, l'allegresso
Regnou dins soun oustal.
Sa *justiço*, sa gloiro,
Que re pot pas terni
Passaroou dins l'histoiro
Das siécles à veni. PUJ.

**XUSTIFIA**, v. n. Justifier, montrer, prouver l'innocence ; Mettre en évidence.

**XUSTIFIA** (SE), v. pro. Se Justifier, prouver son innocence, la justice de ses actions : *S'es xustifiat*, il s'est justifié. (Du latin *justificare*.)

**XUSTIFICATIOU**, s. f. Justification, rémission des péchés ; Preuve en faveur de l'innocent. (Du latin *justificatio*.)

**XUSTOMEN**, adv. Justement, avec justesse, à point nommé. (Du latin *justè*.)

## XUT

**XUT**, adv. Chut, paix ! silence ! : *Carga un grand xut* ; se Taire.

Boun pregui, l'aïssas-me, crégas que souï pas mut ;
Parlarei prou sans bous, demourareï pas *xut*.
D.

## XUX

**XUXA**, v. act. Juger, rendre la justice, décider en justice ou comme arbitre ; Prononcer un jugement : *Benou de la xuxa*, on vient de la juger, Connaître, discerner, apprécier ; Dire son avis ; Pressentir, se faire l'idée : *B'abio pla xuxat* (Du latin *judicare*.)

**XUXE**, s. m. Juge, celui qui est préposé pour juger les procès, les criminels ; Arbitre : *Lou prenen per xuxe*, nous le prenons pour juge ; fig., le Nez : *B'a pourtat al xuxe*. (Du latin *judex*.)

XUXOMEN, s. m. Jugement, décision prononcée en justice, sentence, arrêts.: Lou xuxomen es randut; le Jugement dernier par lequel Dieu jugera tous les hommes: Al grand xoun dal xuxomen, au grand jour du jugement; le Sens, la raison: N'a pas grand xuxomen, il n'a pas grand jugement. (Du latin judicium.)

## YEO

YEOU, pro. Je: Yeou bous aymi de tout moun cor, ô Dious infiniment aymaple, je vous aime de tout mon cœur, ô Dieu infiniment aimable.

## YER

YER, adv. de temps, Hier, désignant le jour de devant. (Du latin heri.)

## YIO

YIOOU, s. m. OEuf: Un Yioou, un œuf.

## ZEL

ZELAT, ADO, adj. Zélé, ée, qui a du zèle, d'ardeur pour: Es fort zelado, elle est fort zélée.
ZÉLÉO, s. f. Gélée, extrait mucilagineux, ou gélatineux retiré des substances animales ou végétales et prenant par le refroidissement une consistance molle et tremblante.
ZÈLO, s. m. Zèle, affection ardente, ferveur; Grand empressement: Mostro fosso zèlo. (Du latin zelum.)

## ZEF

ZEFIR, voyez Imo.

## ZER

ZÉRO, s. m. Zéro, caractère d'arithmétique sans valeur, qui décuple la valeur des chiffres devant lequel il est placé: Te counti coumo un zèro en xiffro, je te compte comme un zéro.

## ZIC

ZIC-ZAC, s. m. Zic-zac, suite de lignes formant entre elles des angles très-aigus: faire des Zic-zac, marcher tantôt d'un côté tantôt d'un autre, comme font les ivrognes.

## ZIN

ZINC, s. m. Zinc, demi-métal qui approche le plus des métaux.

## ZUR

ZURI, voyez JURI.

## ZUZ

ZUZUBO, s. f. Jujube, fruit doux et mucilagineux du jujubier.

FIN DU DICTIONNAIRE PATOIS-FRANÇAIS.

# CATALOGUE ABRÉGÉ

### DES NOMS PATOIS

DE LA

# FLORE CASTRAISE.

# CATALOGUE ABRÉGÉ

### DES NOMS PATOIS

DE LA

# FLORE CASTRAISE.

## A

ABAJERO, s. f. Airelle.
ABAJOUS, *Aouajous*, s. m. Le fruit de l'airelle.
ABELANIÉ, s. m. Noisetier, son fruit *Abelano*, aveline.
ABET, *Abes*, s. m. Balle du blé; *Arofo*, se dit de la balle d'avoine.
ACACIA, s. m. Acacia, d'après le journal de médecine, février 1789, les feuilles d'acacia, soit fraîches, soit sèches, peuvent fournir une nourriture plus agréable et même plus succulente que la *luzerne*, le trèfle, et le sain-foin.
AGRAM, *voyez* GRAMP.
AGRAN, *voyez* GRAMP.
AGNÈLO, s. f. Nielle.
AGNEROU, *voyez* PRUNEL.
AGRADÈLO, s. m. Petite oseille.
AGRAS, s. m. Verjus.
AGRASSOL, *voyez* GROUZELIÉ, COULIÑTOUS.
AGRETO, *voyez* BINETTO.
AGREU, *voyez* GRIFOUL.
AGUILHOS, s. f. Peigne de Vénus.
AILHOLOS, *Pouriols*, s. f. Ail des vignes.
AJOUNC, *voyez* GADOOUS.
AL, s. m. Ail, jeune plant; *Ailhet*.
ALBA, *Saouse*, s. m. Saule. Plusieurs médecins ont essayé d'administrer l'écorce du saule, *alba*, contre les fièvres intermittentes et déclarent avoir obtenu de bons résultats.
ALBRICOUTIÉ, *Aoubricoutié*, s. m. Abricotier, son fruit *albricot*.

AILHET, s. m. Jeune ail.
AILHASSO, s. f. *voyez* POURRIOL.
ALIÉ, *Alegriè*, s. m. Alisier, son fruit *Aliás*.
ALIGO, *voyez* ALIÉ.
ALIROU, s. m. Fruit de l'érable.
ALISIÉ, *voyez* ALIÉ.
ALTHÉA, s. m. Althéa.
AMALBIC *voyez* AMALBIC.
AMELLIÉ, s. m. Amandier, son fruit *Amillo*.
AMOURETTO, *Erbo d'amour*, s. f. Amourette tremblante.
AMOURIÉ, s. m. Mûrier, son fruit *Amouros*.
AMOURO DE BARTAS, s. f. Mûres de hailler.
AMOURO DE CAMP, s. f. Mûre de la petite ronce.
ANDORTO, *voyez* ANDOT.
ANGELICO, s. f. Angélique.
ANGELICO SALBAXO, s. f. Angélique sauvage.
ANEMONO, s. m. Anémone.
ANIS, s. m. Anis.
ANITORT, *voyez* NAZITORT.
AOUBERXÉ, s. m. Pêcher, le fruit *Aouberxo*, pêche; cet arbre est sujet à une maladie appelée *cloque*; l'onguent mercuriel préparé à parties égales et appliqué sur ses jointures en est le souverain remède.
AOUBERXINO, *Aouberjino*, s. f. Aubergine.
AOURELHO D'AZE, s. f. Consoude.
AOURIOLO, s. f. Jacée d'automne.
AOUSSANÈLO, *voyez* SANÈLO.
AOUZERAL, s. m. Erable des champs.
APIT, *voyez* APIT.
ARACHO, *voyez* RAXO, COUYOULO.
ARAGNOU, *voyez* PRUNEL.

72

ARBOUSIÉ, s. m. Arbousier.
ARTIXAOU, *Artichaou*, s. m. Artichaut
ASPERXO, *Esperxo*, s. f. Asperge.

# B

BALÉRIANO, s. f. Valériane.
BALSAMINO, s. f. Balsamine.
BAOUME, s. m. Baume des jardins.
BASILI, s. m. Basilic.
BECUT, *voyez* CESSEROU.
BELO-DE-NEYT, s. f. Belle-de-nuit.
BEOUZO, s. f. Scabieuse.
BERGOUGNOUSO, s. f. Perce-neige.
BERJO-D'OR, s. f. Verge-d'or.
BERJUS, s. m. Verjus.
BERLO, s. f. Berle à larges feuilles.
BERMENO, s. f. Verveine; on peut employer ses feuilles qui exhalent une odeur suave, à la place du thé de la Chine.
BEROUNICO, s. f. Véronique.
BESC, s. m. Guy.
BESSARADO, s. f. Vesce des blés.
BESSIL, s. m. Vesce sauvage.
BESSO NEGRO, s. f. Vesce noire.
BICLOSCO, s. f. Buglose.
BIDAILHADO, *voyez* BRILHADO.
BIDALBO, s. f. Clématite.
BIGARREOU, s. m. Bigarreau, grosse cérise.
BIGNO, s. f. Vigne.
BIGNO BLANCO, *voyez* BIDALBO.
BIGNO SALBAXO, *voyez* RASIMELO.
BIM, s. m. Osier.
BINAGRE, s. m. Vinaigre.
BINETO, s. f. Oseille.
BIOULIÉ, s. m. Violier des fenêtres.
BIOULIÉ CRANTEN, s. m. Violier qui fleurit plusieurs fois l'année.
BIOULETO, *voyez* CANITORTO, FLOU DE MARS.
BLAGUETO, s. f. Centaurée.
BLAT, s. m. Blé, la tige encore verte; *caramèl*; l'épi; *espic*, *espigo*; la balle, *abet*, *boulofo*.
BLADETO, s. f. Blé trémois.
BLEDERRABO, s. f. Betterave, il y en a de deux couleurs.
BLEDO, s. f. Blette; Poirée.
BLET, s. m. Amaranthe-blette.
BOLO DE NEOU, s. f. Boule de neige.
BOUGNO, *voyez* TURLOS.
BOUISSOU BLANC, s. m. Aubépine.
BOUIS, s. m. Buis.
BOULOFO, *voyez* ABET.
BOULUR, s. m. Aigrette de la barbe de bouc.
BOURRAXO, s. f. Bourrache.
BOURDOULAYGO, s. f. Pourpier des jardins.
BOUTOU D'OR, s. m. Bouton d'or.
BOUTOU D'ARXEN, s. m. Bouton d'argent.
BOUXICRABO, s. f. Barbe de bouc.
BRANO, *voyez* PETIÉ.
BREZEGOU, s. m. Houx-frelon.
BRILHADO, s. f. Petit liseron, liset.
BROCOLI, s. m. Brocoli, choux d'Italie.
BRUC, s. m. Brusc, bruyère.
BRUGO, s. f. Bruyère.
BRUGUET BLANC, s. m. Bolet, sorte de champignon.

# C

CABARLAT, s. m. Champignon.
CAGARRINO, *voyez* CATAPUSSO.
CALPOTREPO, *voyez* CAOUSSOTREPO.
CALPRE, s. m. Charme.
CAMBORLO, *voyez* CALOSSES.
CAMOUMILO, *voyez* CAMBOMILO.
CAMPANELO, *voyez* CAMPANULLO.
CAMPANETO, *voyez* BRILHADO.
CAMPAYROL, *voyez* CAMPAYROL.
CAMPAYROL XAOUNE, s. m. Oronge.
CAMPAYROL D'AMADOU, s. m. Amadouvier.
CAMPAYROL D'OURME, *voyez* OURMARADO.
CAMPAYROL DE PIBOUL, *voyez* PIROULADOS.
CANABIEYRO, *voyez* CARABENO.
CANABIEYRO SALBAXO, s. f. Roseau à balais.
CANABOU, *voyez* CANABOU.
CANDELO DE SANT-XAN, *voyez* BLAYZAN.
CANNOUILHO, *voyez* CABOUL.
CAOULET, *voyez* CAOULET.
CAOUSSIDO, *voyez* CAOUSSIDO.
CAOUSSOTREPO, *voyez* CAOUSSOTREPO.
CAP DE PABOT, s. m. Tête de pavot.
CAPILLÉRO, *voyez* CAPILLERO.
CAPRIÉ, *voyez* CAPRIÉ.
CAPUCINO, *voyez* CAPUCINO.
CARAMEL, *voyez* CARAMÉLO.
CARBE, *voyez* CARBES.
CARDO, *voyez* CARDO.
CARDOU, *voyez* CARDOU.
CARDOU BLANC, s. m. Chardon blanc.
CARROTO, *voyez* CARROTO.
CARROUILLOU, *voyez* MARRAFEC.
CASSE, *voyez* AGLANDIE.
CASSENADO, *voyez* GARRIGADO.
CASSOULETO, *voyez* CASSOULETO.
CASTAGNE, *voyez* CASTAGNE.
CATAPUSSO, *voyez* CATAPUSSO.
CEBO, *voyez* CEBO.
CEBETTO, *voyez* CEBETTO.
CEDRA, s. m. Citronnier.
CEPET, s. m. Champignon; Cep.
CERBE, *voyez* MOUSTARDO.
CERFUL, *voyez* CERFUL.
CERIÉ, *voyez* CERIÉ.
CERIÉRO, *voyez* CERIÉYRO.
CEZE, *voyez* CESSEROU.
CHALOTO, *voyez* XALOTO.
CHERBI, *voyez* BERLO.
CHICOURÉO, *voyez* XICOUREO.
CHOUFLUR, *voyez* CHOUFLUR.
CIBOULETO, *voyez* CIBOULETO.
CIPRIÉ, *voyez* CIPRIÉ.
CITROUNELO, *voyez* CITROUNELO.
CITROUN, *voyez* CITROUN, LIMOUNO.
CITROUNIÉ, *voyez* CITROUNIÉ.
CLESC, *voyez* CLESC.
CLOSCO DE MORT, *voyez* BOLO DE CIPRIÉ.
COL DE SEIGNOURO, *voyez* BOURRAOUT.
COR DE GALINO, *voyez* COR DE CAPOU.
CORMO, s. f. Le fruit du cornouiller.
CORNOUILHÉ, s. m. Cornouiller
COUCARIL, *voyez* COUCARIL.
COUDERLO, *voyez* COUDERLO.
COUDOUGNAT, *voyez* COUDOUGNAT.
COUDOUGNÉ, *voyez* COUDOUGNÉ.
COUDOUN, *voyez* COUDOUN.

COUJARASSO, voyez Couxooudó.
COUJO, voyez Couxo.
COUJOUS, voyez Couxous.
COUJOUS d'AYGO, s. m. Nénuphar.
COULINDROU, voyez Coulintou.
COUNCOMBRE, voyez Councoundre.
COURAL, voyez Coural.
COURNISSOUN, voyez Cournissoun.
COUSSODRO, voyez Couxooudo.
COUTOU, voyez Coutou.
CRESTO DE PIOT, voyez
CREYSSELOU, voyez Creysselou.

# D

DENTILHO, voyez Dentilho.
DOUSSETO, voyez Douceto.

# E

ENDEBIO, voyez Endebio.
ENGLANTINO,
ERBO d'AGACI, s. f. Herbe aux verrues, héliotrope d'Europe.
ERBO d'AMOUR, s. f. Amourette tremblante.
ERBO DE BENI ME QUERRE, s. f. Sauge des prés.
ERBO DE BEN, voyez Paratalho.
ERBO DE BERS, s. f. Tanaisie.
ERBO DE BESC, s. f. Gui.
ERBO DE CAMBO DE POUL, voyez Bourdoulaygo.
ERBO DE CINQ COSTOS, voyez Erbo de cinq feylhos.
ERBO DE LI, s. f. Cuscute, tige du lin.
ERBO DE MASCLOU, s. f. Turquette, herniole.
ERBO DE MOUNIL, s. f. Cotylet.
ERBO DE NOSTRO DAMO, voyez Erbo de nostro damo.
ERBO DE PALMO, s. f. Pulmonaire.
ERBO DE PIC, s. f. Mille feuilles.
ERBO DE PRAT, s. f. Flouve odorant.
ERBO D'EL SETCHE, s. f. Herbe du siège, scrophulaire.
ERBO DE TAUREL, s. f. Herbe au taureau, orobanche.
ERBO DE SABOUNETO, s. f. Savonnière, saponnaire.
ERBO DE TIGNOUSES, s. f. Tussilage, pas-d'âne.
ERBO ROUGNERO, s. f. Aunée dysentérique.
ERBO ROUMIBO, voyez Erbo roumibo.
ERBO RUGO, s. f. Pied-d'oiseau.
ERBO SANS COSTO, s. f. Langue de serpent.
ERBO SANNOUSO, s. f. Renouée, trainasse.
ERBO TALHENTO, s. f. Laîche.
ERS, voyez Ers.
ESTRAGOUN, voyez Estragoun.
ESCAL, voyez Escal.
ESCARLATO, voyez Escarlato.
ESCAROLO, voyez Escarolo.
ESCOURSOUNELO, voyez Escoursounelo.
ESCURET, voyez Escuret.
ESPIC, voyez Espic.
ESTOUMAGUET, voyez Poumo d'amour.

# F

FABARIL, voyez Fabie.
FABASSO, voyez Fabasso.
FAILHERO, voyez Falheyro.
FAJO, voyez Faxo.
FALSOS-GARBOS, voyez Falsos-garbos.
FAROUCH, voyez Farroux.
FAUGERO, voyez Falheyro.
FAY, voyez Faou.
FENOULHETO, voyez Fenouylhet.
FENOUL, voyez Fenoul.
FIGUE, voyez Fie.
FIGO, voyez Figo.
FLAMBOISIE, voyez Flamboyzie.
FLOU DE LA PASSIOU, voyez Flou de la passiou.
FRAYSSE, voyez Fraysse.
FREZIE, voyez Frezie.
FREZO, voyez Frezo, Maxoufo.
FUMOTERRO, voyez Fumoterro.

# G

GAFFAROT, voyez Gaffarot.
GARRABIE, voyez Garrabie.
GARROUFFO, voyez
GASPO, voyez Carpo, Gaspo.
GAZOUN, voyez Gazoun.
GENIBRE, voyez Xenibre.
GEYSSO, voyez Xeysso.
GLACIALO, voyez Glacialo.
GLAOUJOL, voyez Glaouxol.
GRA DE XENIBRE, voyez Grano de xenibre.
GRANO DE CAYSSAL, s. f. Jusquiame.
GRANO DE CANARI, s. f. Phalaris.
GRANO DE CHAPELET, voyez Grano de xapelet.
GRATAPUSSO, voyez Catapusso.
GRATOQUIOUL, voyez Gratoxioul.
GRAVCILOU, voyez Creysselou.
GRENADIE, voyez Milgranie.
GRIMOINO, s. f. Aigremoine.
GRIOTO, voyez Grioto.
GROUZELIE, voyez Groseylhe.
GRUT, voyez Grut.
GUIDO, voyez Guydo.
GUINDOUL, voyez Guyndoul.
GULO DE LIOUN, voyez Gulo.

# I

IMMOURTELO BLANCO, s. f. Immortelle gnaphale.
IMMOURTELO XAOUNO, s. f. Immortelle perlière.
IMMOURTELO ROUXO, s. f. Immortelle rouge, amaranthine.
IMMOURTELO SALBAXO, s. f. Immortelle blanche, xéranthème.
IRAGNO, voyez Raxo, coutoulo.
IRANXE, voyez Iranxe.
IRANXE, voyez Iranxe.
ISOP, voyez Isop.

## J

JALOUSIO, s. f. Jalousie, bouquet fait.
JANITORT, voyez Nazitort.
JAOUNELO, voyez Bioulié saldaxe.
JENCHEMIL, voyez Sanxemin.
JINESTO, voyez Xinesto.
JIROUFLADO, voyez Xinouflado.
JOUNC A TRES COSTOS, voyez Xounc.
JOUNC EN CABOSSO, voyez Xounc en cabosso.
JOUNC-FLOURIT, voyez Xounc-Flourit.
JOUNC NOUZAT, voyez Xounc nouzat.
JOUNC PELUT, voyez Xounc pelut.
JOUNC PIXOU, voyez Xounc pixou.
JOUNC POUNXUT, voyez Xounc pounxut.
JOUNQUILHO, voyez Xounquilho.

## L

LAGAGNO, voyez Petolagagno.
LAMBRUSCO, voyez Lambrusco.
LAOURIÈ, voyez Laourié.
LAOURIÈ-CERISE, s. m. Laurier-cerise.
LAPARASSO, voyez Laparasso.
LAPUÇOU, s. m. Lampourde.
LAPUT, s. m. Bardanne.
LAXEYROU, voyez Laxes.
LAXUGARD, voyez Laxuc.
LAXUGO, voyez Laxugo.
LEDRO, voyez Leouno.
LENGO DE BIOOU, s. f. Patience.
LENGO DE GOUS, s. f. Synoglosse, langue de chien.
LEOUXE, voyez Léouxe, sioure.
LEPIN BLANC, s. m. Lupin blanc, espèce de pois.
LI, voyez Li.
LIMAOUCADO, s. f. Psoralier.
LIMOUNO, voyez Limouno.
LINETO, voyez Lineto.
LIOTROP, voyez Eliotropo.
LIRI, voyez Liri.
LISOP, voyez Isop.
LOCO, voyez Erbo maourelo.
LOUETO, voyez Aloueto.
LOUFO, voyez Louffo-de-co.
LUZERNO, voyez Luzerno.

## M

MALBO, voyez Malbo.
MALVIC, voyez Amalbic.
MANETOS, s. f. Clavaire, champignon.
MARGARIDETO, s. f. Marguerite.
MARROUNIÈ, voyez Marrounié.
MAURELO, voyez Erbo maourelo.
MAXOUFFO, voyez Frézo.
MAXOUFIÈ, voyez Frezié.
MAXOURANO, voyez Maxourano.
MAYRE, voyez Mayre dal bi.
MAZOUFLIÈ, voyez Frezié.
MECO DE PIOT, s. f. Persicaire d'orient.
MELOU, voyez Melou.
MELOU D'AYGO, s. m. Melon tardif.
MENTASTRE, voyez Mentastre.
MENTO, voyez Mento.
MENTO DE XARDIN, s. f. Tanaisie.
MENTO DE RESTOUL, s. f. Menthe des champs.
MIGNARDO, s. f. Mignardise.

MIL, voyez Mil.
MILGRANO, voyez Milgrano.
MILHARGOU, voyez Milhargou.
MILHASSO, voyez Milhasso.
MIL DE BALAXO, voyez Mil de balaxo.
MIL MENUT, s. m. Millet étalé.
MIL RASSOU, voyez Rassou, marrafec.
MIRTE, voyez Mirto.
MOUFO D'ALBRE, s. f. Sphaigne des arbres.
MOUFO DE BALAT, s. f. Bysse blanc.
MOUFO DE BARRICO, s. f. Bysse des barriques.
MOUFO DE GARRIC, s. f. Pulmonaire de chêne.
MOULI DE PRAT, s. m. Pissenlit.
MOUNXO, voyez Faboun.
MOURRELOU, voyez Mourrelou.
MOUSSAYROU, voyez Moussayrou.
MOUSIDURO, voyez Mouziduro.
MOUSSOLO, voyez Moussolo.
MUGUET, voyez Muet.

## N

NABETO, voyez Nap.
NAP, voyez Nap.
NAZITORT, voyez Nazitort.
NEFLIÈ, voyez Nespoulié.
NEGOFOL, s. m. Renoncule aquatique.
NEGREPUT, s. m. Nerprun, bouc épine.
NOUGALHOUS, voyez Noualhous.
NOUIÈ, voyez Nouyé.

## O

OLI DE St-XAN, voyez Oli.
ORDI, voyez Ordi.
OULIBIÈ, voyez Oulibié.
OURMARADO, voyez Ourmarado.
OURME, voyez Oul, ourme.
OURTIC, voyez Ourtic.

## P

PABOT, voyez Pabot.
PAILHOCO, voyez Milhasso.
PALMOULO, voyez Palmoulo.
PANADELO, voyez Panadelo.
PANICAOUT D'AZE, s. m. Centaurée tachetée de blanc.
PASSO-ROSO, voyez Passo-roso.
PASTEL, voyez Pastel.
PASTANARGO, voyez Pastanargo.
PATANOS, voyez Patanos.
PATO D'AL DIAPLE, s. f. Raquette.
PATO DE LAPIN, s. f. Trèfle.
PÈ D'AOUZÈL, s. m. Pied d'oiseau.
PEBRINO, voyez Pebrino.
PECHE, voyez Aouberxe.
PEL DE LI, voyez Erbo de li.
PENSADO, voyez Pensado.
PEPOULI, voyez Pepouli.
PERIÈ, voyez Perié.
PERSIL, voyez Persil.
PETAREL, s. m. Passe-fleur, lampette.
PETOLAGAGNO, voyez Petolagagno.

PEZE, voyez PEZE.
PIBOUL, voyez PIBOUL.
PIGNE, voyez PIGNE.
PIGNO, voyez PIGNO.
PINPANELO, voyez PINPARELO.
PIRAMIDALO, voyez PIRAMIDALO.
PISSOCO, voyez PISSOCO.
PIXOURLI, voyez PETOLAGAGNO.
PLANTAXE, voyez PLANTAXE.
PLOURAYRE, voyez PLOURAYRE.
PORRE, voyez PORRE.
POUMIE, voyez POUMIE.
POUMO D'AMOUR, voyez TOUMATO, POUMO D'AMOUR.
POUPO CRABO, voyez TETO CRABO.
POURRIOL, voyez POURRIOL.
PRADELET, voyez PRADELET.
PRESSIE, voyez PRESSIE.
PRESSE, voyez PRESSE.
PRIMADELO, voyez PINPARELO.
PROUBENCO, voyez PROUBENCO.
PRUNEL, voyez PRUNEL.
PRUNIE, voyez PRUNIE.

## R

RABANELO, voyez RABANELO.
RABO, voyez RABO.
RAFFE, voyez RAFFE.
RAQUETTO, voyez PATO D'AL DIBLE.
RASPETO, s. f. Rapette.
RAZIN, voyez RAZIN.
RAZIMAT, voyez RAZIMAT.
RAXO, s. f. Folle avoine.
REBOULO, s. f. Garance.
REDOU, voyez ROUDOU.
REGALIEXO, voyez REGALIEXO.
RENOUNCLE, voyez RENOUNCLE.
REPOUNXOU, voyez REPOUNXOU.
RESEDA, voyez ROSERA.
REYNO MARGARIDO, voyez REYNO MARGARIDO.
ROSO, voyez ROSO.
ROUMANI, voyez ROUMANI.
ROUME, voyez ROUME.
ROUMEGAS, voyez ROUMEGAS.
ROUQUETO, voyez ROUQUETO.
ROUSIE, voyez ROUZIE.
ROUZELO, voyez ROUZELO.
RUDO, voyez RUDO.

## S

SAFRA, voyez SAFRO.
SAHUT, voyez SAGUT.
SALBIO, voyez SALBIO.
SALSOFIC, voyez SALSEFIC.
SANFOIN, voyez SANFOIN.
SANGUI, voyez SANGUIN.
SANISSOU, voyez SANISSOU.

SANNOUSO, voyez ERBO SANNOUSO.
SAOUSE, voyez ALBA.
SARRAIC, voyez SARRAYC.
SCABIOUSO, voyez BEOUZO.
SCAROLO, voyez ESCAROLO.
SCOLOPANDRE, voyez ESCALAPANDRO.
SERPOULET, voyez SERPOULET.
SERINGA, voyez COULINTOU, SERINGLA.
SESCO, voyez SESCO.
SIEOURE, voyez SIOURE, LEOUXE.
SIBADO, voyez SIBADO.
SOUCI, voyez SOUCI.
SOUCO, voyez SOUCO.
SOURBIE, voyez SOURBIE.
SORBO, voyez SORBO.
SOULEL, voyez BIRO-SOULEL.
SPINAR, voyez ESPINART.
STANCO-BIOOU, voyez RESTANCO-BIQOU.
STRAGOUN, voyez ESTRAGOUN.

## T

TABAT, voyez TABAT.
TALPIE, s. m. Pomme épineuse.
TANC, voyez CALOS.
TAN, voyez ESCAL, CASCAL.
TARASPIC, voyez TALASPIC.
TOULIPAN, voyez TOULIPAN.
TOUMATO, voyez TOUMATO.
TOUPINAMBOUR, voyez TOUPINAMBOUR.
TOUTO BOUNO, voyez SALBIO.
TRAMBLE, voyez TRAMBLE.
TRAYNO, voyez TRAINO.
TREFIOL, voyez TREFIOL.
TREMOUL, voyez TREMOUL.
TRESCALAN, voyez TRESCALAN.
TRUFFO, voyez TRUFFO.
TULIPAN, voyez TOULIPAN.
TULIPO, voyez TOULIPO.

## U

ULHET, voyez ULHET.
ULHET D'ESPAGNO, voyez ULHET D'ESPAGNO.

## X

XOUNC A TRES COSTOS, s. m. Souchet, chaume à trois angles.
XOUNC EN CABOSSO, s. m. Jonc conglomeré.
XOUNC-FLOURIT, s. m. Butome.
XOUNC NOUZAT, s. m. Jonc articulé.
XOUNC PELUT, s. m. Jonc poilu.
XOUNC PIXOU, s. m. Jonc des crapauds.
XOUNC POUNXUT, s. m. Jonc pointu.
XOUNQUILHO, voyez XOUNQUILHO.

FIN.

www.ingramcontent.com/pod-product-compliance
Lightning Source LLC
Chambersburg PA
CBHW070313240426
43663CB00038BA/1616